中国

认证认可年鉴

2004

CNCA

下

中国标准出版社

图书在版编目（C I P）数据

中国认证认可年鉴. 2004 / 中国国家认证认可监督管理委员会编. —北京：中国标准出版社，2004
ISBN 7-5066-3590-9

Ⅰ. 中...　Ⅱ. 中...　Ⅲ. 产品质量—质量管理—中国—2004—年鉴　Ⅳ. F273. 2—54

中国版本图书馆 CIP 数据核字(2004)第 104921 号

中国认证认可年鉴 2004
责任编辑：赵荣刚　刘东旭
曹剑锋　孙海军
中国标准出版社出版发行
北京复兴门外三里河北街 16 号
邮政编码：100045
网址 www. bzcbs. com
电话：68523946　68517548
北京翠明文印中心　印刷
各地新华书店经销
*
开本 889×1194　1/16　印张 97　字数　2700 千字
2004 年 10 月第 1 版　2004 年 10 月第 1 次印刷
*
定价（上、下）:380. 00 元

2003年6月国家质检部门及有关领导视察SAC

SAC

上海质量体系审核中心

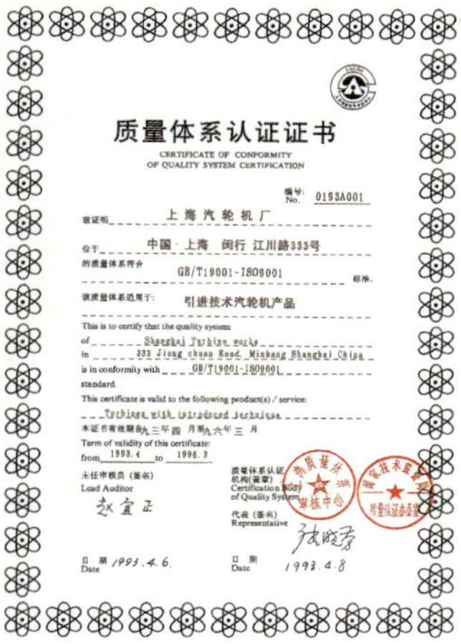

质量体系认证证书

CERTIFICATE OF CONFORMITY OF QUALITY SYSTEM CERTIFICATION

编号: No. 0193A001

兹证明 上海汽轮机厂

位于 中国·上海 闵行 江川路333号

的质量体系符合 GB/T19001-ISO9001 标准。

该质量体系适用于: 引进技术汽轮机产品

This is to certify that the quality system of Shanghai Turbine works in 333 Jiang chuan Road, Minhang Shanghai China is in conformity with GB/T19001-ISO9001 standard.

This certificate is valid to the following product(s) / service: Turbines with introduced technique

本证书有效期自九三年四月至九六年三月

Term of validity of this certificate: from 1993.4 to 1996.3

主任审核员（签名） Lead Auditor

质量体系认证机构(盖章) Certification Body of Quality System

代表（签名） Representative

日期 Date 1993.4.6.

日期 Date 1993.4.8

1993年中国第一张质量体系认证证书

上海质量体系审核中心（SAC）成立于1992年12月22日，是中国内较早成立的体系认证机构，并经国家认证认可监督管理委员会批准，获得中国认证机构国家认可委员会（CNAB）、美国国家注册认可委员会（ANSI-RAB）和荷兰认可委员会（RvA）等认可机构认可。SAC严格按照《中华人民共和国认证认可条例》、国际认可准则等各项规定从事认证活动。

SAC坚持信誉第一、公正至上的宗旨，严格执行认证基本规范、认证规则规定的程序，以科学严谨、灵活求实的作风，认真为各类组织开展质量、环境、职业健康安全、食品安全管理体系及汽车、通讯、医疗器械行业质量管理体系认证服务，确保认证的完整、客观、真实。为各类组织提升管理水平，增强竞争力作出积极贡献。通过一次审核可以同时颁发CNAB、ANSI-RAB、RvA认可的各类认证证书。

SAC的服务领域遍及各行各业，服务地域立足长江三角洲，辐射山东、辽宁、北京、天津、陕西、甘肃、新疆、四川、云南、广西、湖南、广东、海南、福建等29个省、直辖市、自治区；2002年起又在日本的名古屋、爱知、三重、神奈川、大阪等地区为日本企业提供认证服务。

SAC有一批既有丰富实践经验、专业能力，又熟悉掌握质量、环境、职业健康安全、食品安全管理体系及相关法律法规等知识的审核人员、管理人员和技术专家，专业范围包括汽车、机械、电子、建筑、食品、化工、石化、橡胶和塑料、医药、造纸、金属、非金属、通讯、教育、医疗器械、卫生保健、信息技术与安全、科技服务、商贸、物流、金融、房地产、宾馆与餐饮、公共行政管理等。SAC以严格的管理、专业的培训，不断提升人员的职业素养，提高专业技能、完善审核能力。

1993年SAC审核员企业现场审核

2004年SAC启用新办公大楼

地址：中国上海市武夷路258号	邮编：200050
电话：021-52387700(总机) 52388977	传真：021-52388978
网址：www.sac.org.cn	电邮：service@sac.org.cn
青岛分中心	地址：青岛市延安三路123号检测大楼三楼
西安办事处	地址：西安市建西街3号悦洋酒店517室
南京办事处	地址：南京市洪武路239号新大都大厦11楼E座
福州办事处	地址：福州市八一七北路五洲大厦13楼
武汉办事处	地址：武汉市汉阳经济技术开发区龙阳大道599号A2-604
苏州办事处	地址：苏州市人民路91号科技大楼102室
兰州办事处	地址：兰州市城关区南昌路1734号

中国检验有限公司
CHINA INSPECTION COMPANY LIMITED

立足香港
背靠大陆
走向世界

中检公司顺利通过ISO/IEC17020质量体系年度及扩项审

2004年4月21日，由中国实验室国家认可委员会（CNAL）副秘书长宋桂兰女士一行五人组成的审查组，到中检公司进行ISO/IEC17020质量体系年度跟踪及扩项审查，经过连续三天严格认真的审查，公司顺利通过审查组的评审。

本次参加ISO17020年度跟踪审查的部门包括：经理部、财务部、代理报验部、本港业务部、海外业务部、机电产品检验及认证部、动植物及其产品检验中心、再生资源检验中心及中龙公司；年度审查业务共6项，包括集装箱检验、水尺计重、旧机电产品装运前检验、木材检验、消费品测试、废料装运前检验及扩项业务1项，即产品认证工厂审查。

中检公司领导对审查工作高度重视并给予全力支持。公司董事长张利强先生亲自参与机构认证协调组与各部门举行的质量认证推进会议，积极地落实相关工作。在2003年首次取得ISO/IEC17020机构认证后，中检公司的质量体系运行良好，全年检验报告、证书的责任差错率小于0.28%；而客户对公司的服务有效投诉率亦低于0.1%，达到质量方针和质量目标的要求。

除了保持及改进原有申请之业务外，公司还申请扩展产品认证工厂审查业务项目，在申请扩项过程中，公司积极筹备，起草文件，对检验人员资格进行培训和考核，务求符合ISO/IEC17020体系标准，在本次扩项审查中成功取得认可资格，成为公司第7项获检验机构认证体系认可的检验业务。

另外，中龙检验认证（香港）有限公司以及中检公司汽车检验中心ISO17025实验室质量体系标准也顺利通过了CNAL的年度跟踪审查工作。

在本次审查中，审查组亦给予中检公司高度评价，认为公司的管理能力强，工作质量和效率高，仪器设备先进齐全，能做到这样的水平，实属难得。中检公司取得各项认可资格的延续，有赖领导班子的正确领导，全体员工的积极准备和努力。中检公司将继续秉承公正、准确、快捷的优良传统，不断提高服务水平，为客户提供更优质及系统化的服务，并为香港的繁荣稳定和持续发展作出自己的贡献。

评审组人员与中检公司领导及各级人员进行评审见面

评审员对再生资源中心进行废料检验操作现场评审

评审员对各类认证文件进行审查

中龙公司员工向评审员讲解消费品检验程序

地址：香港干诺道中168-200号信德中心东翼29楼　电话：(852)2503 1011　传真(852)2566 2423　网址：www.cichk.com

NANCHANG MOTORCYCLEQUALITY
SUPERVISION & INSPECTION INSTITUTE

南昌摩托车质量监督检验所

▶▶ 单位简介

南昌摩托车质量监督检验所是国家授权面向全国摩托车行业的具有独立法人地位的检验机构。

本所于1988年由原中国汽车工业联合会批文成立，通过了国家计量认证、CNAL实验室国家认可及CCIBLAC商检实验室国家认可、是国家认监委强制性产品认证（摩托车、发动机）指定检测机构、国家发改委授权的摩托车质检机构、国家环保总局授权的新生产机动车排放污染检测单位、全国工业产品生产许可证办认可的内燃机产品生产许可证检测单位。是中国质量认证中心（CQC）、中国方圆认证委员会（CQM）、中国汽车产品认证中心（CCAP）的签约实验室。与德国莱茵技术监督顾问股份有限公司（T ü V）签约，承担Emark认证产品检测工作。

本所现有员工43人，科技人员占88%。有日本进口的CH-DY 37kW摩托车底盘测功机，噪声测量装置，HL-3033SM大灯试验台，5.5kW和15kW发动机直流测功机，奥地利进口的CEB-200工况法废气分析系统，AVL400型五组份气体分析仪及无线电干扰检测设备、前照灯、后视镜、车轮等零部件检测仪器设备共180项，价值2000万元，试验室面积3000m^2；室内恒温、恒湿、吸音，隔墙操作，是国内高水平的试验室，并傍有2500m长、70m宽的机场跑道及标准噪声测试专用路面等，检测手段完善，能满足强制性产品认证、环保、安全节能项及摩托车主要性能的检测和摩托车及零部件商品检测。

认可检测业务范围为：摩托车和轻便摩托车、助力车/电动车、发动机、小型汽油机、前照灯、车速表、光信号装置、后视镜、燃油箱、锁止防盗装置、轻合金车轮、轮辋、蓄电池、减震器、车用喇叭、磁电机、点火线圈、点火开关、调压器、起动电机、起动继电器、回复反射器、排气消声器、制动器、制动操纵杆、制动踏板等零部件检测。

所 长:钱仲明　　联系人:张陆传　　电 话:0791-8448694
地 址:南昌市新溪桥　　邮 编:330034　　传 真:0791-8430119
Email:ncmjs@vip.163.com

卫生部临床检验中心

National Center for Clinical Laboratories (NCCL)

卫生部临床检验中心是负责全国临床检验质量管理、业务指导、科学研究的事业单位，工作地点在北京医院内，由北京医院代管，有独立的工作场所、财务管理和通讯设施。现有工作人员32人，其中有高级职称者12人，中级职称5人，具有硕士以上学位的有10人；博士生导师1人，硕士生导师6人。

中心检验设备和环境设施配套齐全，检测技术完善，人员结构合理，管理手段科学。配备有60台（套）同检测任务相适应的仪器和设备，总值近2000万元（人民币）；拥有结构配置合理、与检测范围和任务相适应的高、中、初级专业技术人员和管理人员；实验室有良好的测试环境和配套设施，实验室面积约1000平方米。中心设主任一名（申子瑜研究员），副主任二名（郭健研究员、陈文祥研究员），中心下设临床化学室、临床血液体液室、临床免疫室、临床微生物室、特检室、分子生物学室、综合办公室七个科室。

目前中心能够开展临床化学、临床血液（体液）学、临床免疫学、临床微生物学、分子生物学等多项常规检测，并为在京医疗机构开展社会化服务。

卫生部临床检验中心于2000年12月12日作为临床检验实验室首家通过国家实验室认可委员会ISO /IEC 导则25认可。2004年3月通过国家实验室认可委员会ISO/IEC 17025认可。并首家通过医学校准实验室（血细胞分析）认可。

卫生部临床检验中心是国内最大的临床检验室间质量评价组织机构，目前已开27项室间质量评价计划，共计有1516家医疗机构、采供血机构、疾病控制中心、出入境检验检疫局，合计6878家临床实验室参加了中心的室间质评。

中心曾完成过多项国家和部级科研题目，并获得过国家科技进步二等奖、卫生部医药科技进步二等奖以及其他局级奖多项。目前承担着国家自然科学基金、科技部以及卫生部等多项科研课题，很多研究已达到或接近国际先进水平。中心现是临床检验与诊断学的博士点和硕士点，担负着为国家培养临床检验高层次人才的任务，现已培养了博士 15 名，硕士 35 名。

中心每年都要派出多人参加国际学术会议及进行学术交流。还有来自世界不同国家和地区的专家到我中心讲学和交流。目前已与美国、欧洲、日本等多个国家的实验室建立了合作关系。

中心是中华医院管理学会临床检验管理专业委员会秘书处，卫生部临床检验标准化委员会秘书处。已积极参与起草了12项临床检验标准化文件。

面向未来，我们一定会秉承坚持科学、实事求是，努力为临床实验室提供优质服务的信念。有信心通过自己的努力工作，对检验事业的高度热情和责任感，推动国内检验医学事业的发展，迎接新世纪的挑战。

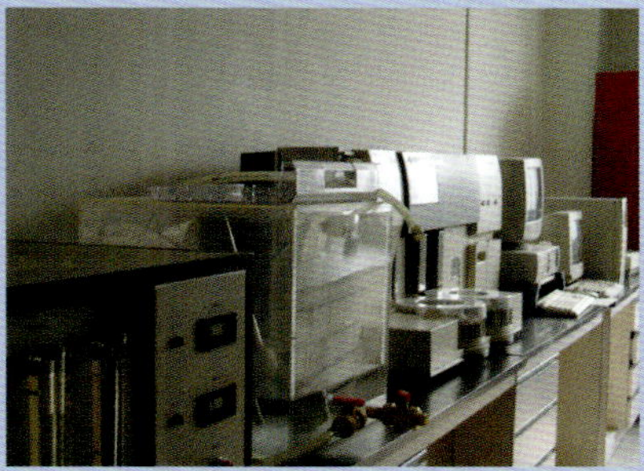

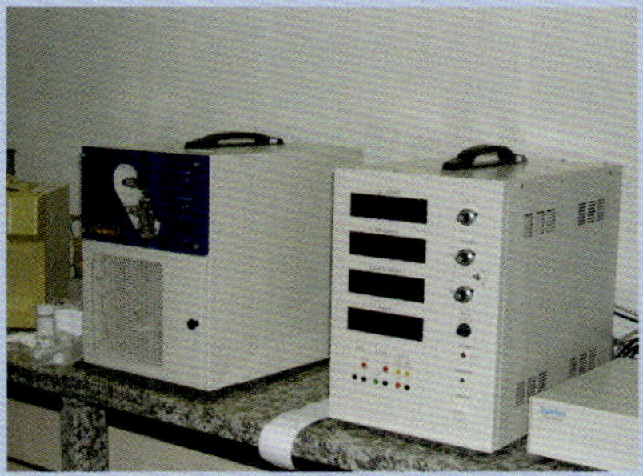

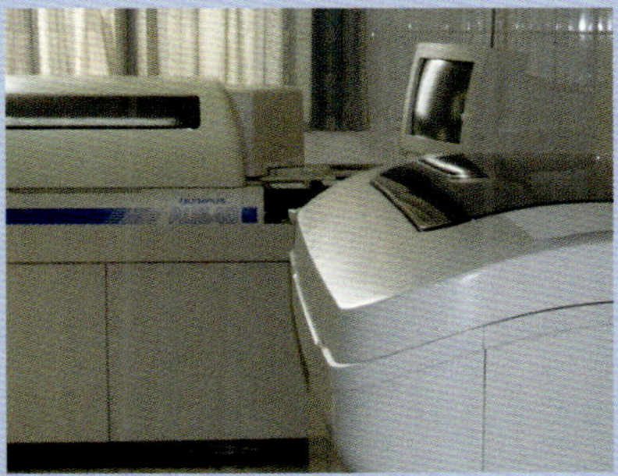

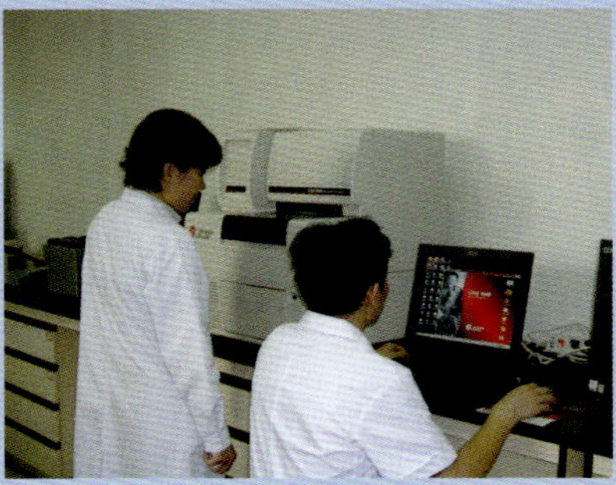

卫生部临床检验中心
National Center for Clinical Laboratories (NCCL)
网址：http://www.nccl.cn
电子邮件：cnccl@mx.cei.gov.cn
电话：（010）65273025

2004年4月1日，国家质检部门有关领导在中心主任冯鸣树的陪同下参观排放与节能试验室。

地址：上海市安亭镇于田南路68号
邮编：201805
电话：021-69502222
传真：021-69502111
网址：www.smvic.com.cn

科学、公正的检测技术机构

—— 国家机动车产品质量监督检验中心（上海）

碰撞实验室

排放底盘测功试验系统

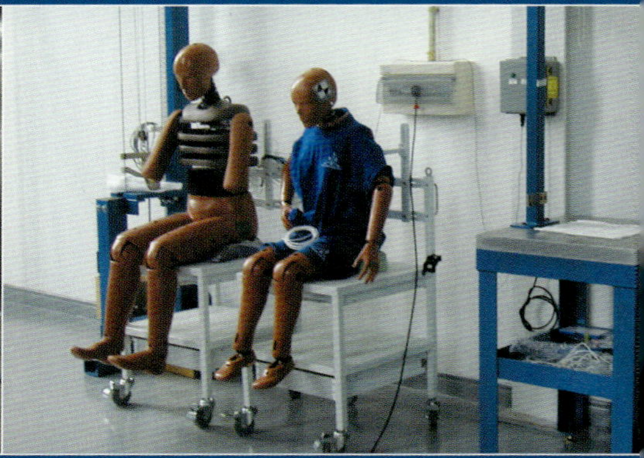

部分碰撞假人及标定设备

国家机动车产品质量监督检验中心（上海）是为了适应机动车产业迅猛发展和我国加入WTO的形势要求，采用多元出资方式组建的具有第三方公正地位的国家级综合性机动车检测机构。

国家机动车产品质量监督检验中心（上海）是在集成和逐步整合上海现有的机动车检测资源基础上建立的，是目前我国投资规模最大、技术门类最齐全、技术装备水平最高、组建体制最新的非营利性中立技术机构。

国家机动车产品质量监督检验中心（上海）坐落于上海安亭国际汽车城内，总投资达7.2亿元人民币，规划占地面积12万余平方米。本中心技术力量雄厚，检测试验设备精良，拥有国际一流水平的汽车被动安全实验室、机动车排放实验室和机动车安全部件实验室。

国家机动车产品质量监督检验中心（上海）是通过商检实验室认可和环保检测授权的权威性检测实验室。能够承接汽车、摩托车、拖拉机行业各种整车、整机、灯具以及其它零部件的检测、试验任务；能够承接各种零件及其材料的物理、化学性能测试、环境试验以及各种金属零件的无损探伤、失效分析；承接汽车专用计量器具的校准与检定；并且可以为企业的质量管理提供全面服务。在其发展历程中，培养了一支经验丰富、技术过硬的质量审核、产品检验队伍。在汽车整车、摩托车、灯具、材料分析、计量校准、检测技术研究等领域具有行业知名的技术专家，并且拥有一批具备机动车企业技术质量工作经验背景的国家级审核员。

特别是，国家机动车产品质量监督检验中心（上海）下属的上海摩托车研究所、上海汽车灯具研究所分别是摩托车和汽车灯具的国家标准的起草和归口单位，在行业中具有权威地位。

国家机动车产品质量监督检验中心（上海）的全体员工愿与全国同行和各界人士共同努力，为中国汽车工业新一轮发展作出贡献。

第十五部分 大事记

2001 年

8月20日，党组书记王凤清主持国家认监委成立后的第一次党组会，宣读了国家质检总局关于设立国家认监委党组的批复，关于国家认监委党组成员和副主任、总工程师任职的通知。党组会议研究了人事问题和国家认监委领导的工作分工。

8月28日，党组书记王凤清主持召开第一次党组扩大会议，宣读国家质检总局关于张际文等9人任职的通知，并对任职的国家认监委八个部门的负责人提出希望和要求，部署国家认监委近期工作。

8月29日，国家认监委成立大会在人民大会堂召开。吴仪国务委员到会代表国务院祝贺认监委成立，并做重要指示，李长江局长、王凤清主任做了重要讲话。吴仪指出，国家认监委的成立是中国经济生活中一件很有意义的事情，标志着中国的产品质量和认证认可工作步入了一个新阶段。国务院办公厅、国务院法制办、中央编办、财政部、外经贸部、国防科工委、公安部、农业部、卫生部、海关总署、环保总署、工商总局、药监局、解放军总装备部、武警总部后勤部等23个部委和军队单位的负责人出席了会议。

9月2日~8日，由CNAB、CNACR共同承办的太平洋认可合作组织(PAC)第八届年会在京举行。王凤清主任到会并讲话。会议分别举行了技术委员会、宣传委员会、发展中认可制度委员会、多边承认协议集团、执行委员会和全体成员会议，以及发展中认可制度研讨会和合格评定国际研讨会。来自中国、日本、韩国、澳大利亚、加拿大、墨西哥、新加坡等国家和地区的56个成员参加了会议。

9月10日，国家质检总局召开认证认可工作征询意见座谈会。会议由总局李长江局长主持，李传卿副局长、国家认监委王凤清主任讲话。来自中央编办、国防科工委、公安部、建设部、经贸委、信息产业部、农业部、卫生部、环保总局、药监局、旅游局等11个部委办的部领导及代表出席了会议。与会单位表示，拥护国务院的决定，支持国家认监委的工作，并对如何做好下一步工作提出了意见和建议。

9月12日，国家认监委发布《关于对生产果汁和蔬菜汁企业实行HACCP认证的通知》。

9月18日~19日，国家认监委在北京召开进口食品卫生注册和出口农产品认证工作座谈会，全面布置清理食品注册文件，启动进口食品卫生注册配套法规的制定工作。

9月12日~9月28日，国家认监委王凤清主任率代表团访问瑞士、德国、英国，期间出席了在日内瓦召开的国际电工委员会电工产品合格测试与认证组织管理委员会第四届年会并讲话；访问SGS并就WTO中瑞双边协议执行情况、双边合作等问题与SGS副总裁丹尼尔进行会谈；访问了德国巴伐利亚TUV总部、TUV产品服务公司、TUV莱茵总部，并分别参观了实验室，就电子、电器产品的检测设备和有关技术问题进行了交流；与德国国家卫生、营养和消费品部的政府官员及英国贸工部的

Johnson 女士等人进行了会谈，广泛宣传了国家质检总局和国家认监委成立的意义，新的认证制度，以及质检部门为提高出口商品质量，促进双边贸易发展所做的工作。代表团还参观了英国生产小家电温控器的专业化企业 STRIX 公司。

9 月 27 日，国家认监委发布《关于批准侯马检验检疫局综合实验室等 13 个实验室为出入境检验检疫注册实验室的通知》。

10 月 15 日~19 日，荷兰皇家认可组织 RVA 对 CQC 进行了监督审核。

10 月 22 日~25 日，国家认监委在北京举办果汁/蔬菜汁 HACCP 法规培训班，并组织编写了《出口果蔬汁 HACCP 体系的建立和实施》的培训教材。16 个直属检验检疫局、认可中心和认证中心、商检总公司、商检研究所的代表 55 人参加了培训班。

10 月 24 日，国家认监委发布《关于批准动植物检疫实验所等 25 个单位具备转基因产品定性检测资格的通知》。

10 月 22 日~26 日，由 CCIBLAC 和 CNACL 共同承办的 APLAC2001 年年会在京召开，CCIBLAC 正式获准参加亚太实验室认可组织多边相互认可协议(MRA)。国家认监委王凤清主任出席开幕式并讲话。来自亚太区域 18 个国家地区的 24 个实验室认可机构的近 80 名代表参加此次会议。

11 月 1 日，国家认监委召开委主任办公会，研究强制性产品认证"四个统一"有关管理办法及工作安排。

11 月 9 日，(1)国务院马凯副秘书长主持国务院认证认可工作情况通报会。国家质检总局李长江局长，国家认监委王凤清主任，梁杰、夏铮铮、程方副主任，裘亦良总工程师及中央编办等 22 个部委局级领导参加了会议。(2)党组书记王凤清主持党组扩大会，传达国务院召开的认证认可工作情况，通报会议精神，部署落实有关工作。

11 月 7 日~9 日，APEC 标准的管理体系专家研讨会在西安召开。国家认监委梁杰副主任到会并讲话，介绍了国家认监委的职能以及改革中的中国认证认可制度。来自亚太地区 12 个经济体的 20 位专家参加了此次研讨会。

11 月 11 日~16 日，国家认监委王凤清主任率调研组到广东南海、珠海、深圳召开认证认可工作座谈会。听取质检系统主管和从事认证工作的人员及当地有关认证机构的代表对整顿认证市场、如何开展认证工作的意见和建议。国家质检总局李长江局长参加了南海座谈会并做重要指示。中央编办王明珠司长，国家认监委办公室、法律部、认可部和评定认可中心的负责人参加了调研。调研组还考察了南海市的信息化建设情况，参观了广东、深圳质检机构的部分实验室。

11 月 19 日，国家认监委召开委主任办公会，研究下属单位的改革问题，听取认证部与有关部门协调强制性产品认证"四个统一"的情况汇报。会议由王凤清主任主持。

11 月 7 日~22 日，国家认监委刘卓慧副主任以中国产品质量认证机构国家认可委员会秘书长的身份参加了在日本召开的国际认可论坛(IAF)/国际实验室认可合作组织（ILAC）年会；以国际审核员培训与注册协会（IATAC）执委的身份参加了 IATAC 在意大利召开的执委会和年会。

11 月 27 日，国家认监委发布《关于出口商品质量许可制度有关问题的通知》。

11 月 28 日，(1)国家认监委王凤清主任主持第 66 届国际电工委员会大会(IEC)工作组会议。会议对 2002 年在京召开的 IEC 大会准备工作进行了部署。(2)党组书记王凤清主持党组会，研究强制性产品认证目录、委机关财务制度和下属单位改革问题。

11 月 27 日~30 日，国家认监委召开认证认可法规清理和立法研讨会。夏铮铮副主任到会并讲话。会议对《国务院关于加强我国认证认可工作的决定(初稿)》进行了讨论；听取了法律部关于对认证认可行政立法的意见和建议的介绍；会议拟定了法规清理的原则和方法，研究部署了具体的清理工作。认监委有关部室、地方出入境检验检疫机构和质量技术监督部门从事认证、法规工作的 24 名代表参加了会议。

11 月 30 日，国家认监委王凤清主任参加国家质检总局党组会，梁杰、夏铮铮、程方、刘卓慧副主任，裘亦良总工程师列席了国家质检总局党组会，对《强制性认证产品管理规定》进行了审议。

12 月 3 日，(1)中华人民共和国国家质量监督检验检疫总局令第 5 号公布《强制性产品认证管理规定》，《规定》的主要内容包括：强制性产品认证的组织管理；强制性产品认证制度的实施；强制性产品认证的监督管理；罚则。《规定》自 2002 年 5 月 1 日起施行。(2)国家认监委公告 2001 年第 1 号发布《强制性产品认证标志管理办法》，内容包括：认证标志的式样；认证标志的使用；认证标志的监督管理。《管理办法》自2002年5月1日起施行。(3)中华人民共和国国家质量监督检验检疫总局、中国国家认证认可监督管理委员会公告2001年第33号发布《第一批实施强制性产品认证的产品目录》,《目录》共有19类132种产品,对列入《目录》内的商品,从2002年5月1日起受理申请,自2003年5月1日起,未获得强制性产品认证证书和未加施中国强制性认证标志的产品不得出厂、进口、销售。(4)国家认监委公告2001年第2号公布《关于实施强制性产品认证制度有关问题的通知》。

12月5日,国家认监委王凤清主任会见日本质量保证组织高级董事主席/亚洲网络组织主席MASONORIOSUMI,就双方合作及亚洲认证网络论坛组织的发展问题进行了协商。

12月6日,国家认监委和国家工商总局联合发出了《关于对认证机构违规认证行为进行查处的通知》,共同组织广东、上海、北京三省市的出入境检验检疫局、质量技术监督局、工商行政管理局有关人员组成联合工作组,从2001年12月下旬开始对被投诉的有关认证机构进行调查。

12月7日,国家认监委与国家质检总局在人民大会堂联合召开强制性产品认证"四个统一"新闻发布会。国家质检总局党组书记、副局长李传卿主持新闻发布会,总局李长江局长、国家认监委王凤清主任到会并讲话。会议公布了《强制性产品认证管理规定》、《强制性产品认证标志管理办法》、《第一批实施强制性产品认证的产品目录》,国家强制性产品认证标志名称为"中国强制性认证",英文名称为"China Compulsory Certification",缩写为"CCC"。国务院办公厅、中央编办、财务部、外经贸部、国防科工委、国家计委、公安部、农业部、卫生部、海关总署、环保总局、工商总局、解放军总装备部、武警总后勤部等40个部委和军队单位的负责人,美国、日本、瑞士、加拿大、韩国等27个驻华使馆的公使、参赞,港、澳驻京机构有关人士出席了会议。国内各大新闻单位的记者以及部分外国记者也出席了会议。

12月12日,(1)国家认监委王凤清主任会见了越南以科技环境部副部长Bui Manh Hai为团长的代表团。双方就落实中越进出口商品质量保证和互认协议问题进行了会谈。鉴于中国实施的产品强制性认证制度,双方商定越方承认中国摩托车发动机和头盔的认证结果,并准备签署一个备忘录。(2)国家认监委2001年第2号公告发布《实施强制性产品认证制度有关安排的规定》,《规定》对新制度的实施和老制度的废止时间、新老制度适用产品的监督管理、认证申请的受理和费用等做了明确的规定。

12月14日~16日,国家认监委王凤清主任、梁杰副主任参加在广东南海召开的全国出入境检验检疫系统局长会。

12月18日,国家认监委与国家标准委联合举办GB/T28001-2001《职业健康安全管理体系 规范》新闻发布会。梁杰副主任到会并讲话。国家安全生产监督管理局、公安部、卫生部等单位的代表出席了会议。

12月20日,国家认监委《关于批准陕西榆林检验检疫局综合实验室等15个实验室为检验检疫注册实验室的通知》。

12月24日,国家认监委发布了以印章为主体形态的"中国认证认可"徽标。

12月24日~25日,国家认监委梁杰副主任参加全国质量技术监督系统局长会。

12月25日,国家认监委发布《进口食品国外生产企业注册程序》。《程序》规定凡向中国输出《实施企业注册的进口食品目录》所列食品的国外生产企业,必须先向国家认监委提交进口食品卫生注册的书面申请。《程序》对申请程序、企业评审和监督管理都做了明确的规定。

12月26日,国家认监委发布《关于批准思茅检验检疫局检验检疫综合实验室等单位为检验检疫注册实验室的通知》。

12月27日,国家认监委召开委主任办公会,研究如何贯彻落实全国出入境检验检疫系统局长会和全国质量技术监督系统局长会精神。会议由国家认监委王凤清主任主持。

12月28日,国家认监委召开2001年工作总结会,国家质检总局领导李长江、李传卿、葛志荣、蒲长城等参加了会议,李长江局长讲了话,对认监委在2001年取得的成绩给予了充分肯定。王凤清主任致新年贺词。程方副主任代表委领导做工作总结。

2002 年

1月7日,国家认监委召开委主任办公会,审议修改拟报送国务院的《国务院关于加强认证认可工作的决定》(修改稿)。

1月8日~11日,国家认监委王凤清主任出席上海市委、市政府举办的上海市领导干部"WTO技术性贸易壁垒政策”专题研讨班，并作《认证认可与国际贸易》的专题讲座。

1月11日，国家认监委王凤清主任在青岛出席德国莱茵TUV公司与商检总公司合作新闻发布会暨合资公司开业典礼，并与德国莱茵TUV公司亚洲地区总裁WILDE先生一行就对合作、强制性产品制度情况等问题进行了会谈。

1月12日，国家认监委王凤清主任出席外经贸企业协会、中国检验检疫协会在京举办的“2002年中国出口企业发展论坛”，并作《加强认证认可工作促进外贸发展》的专题讲座。

1月7日~15日，(1) 国家认监委梁杰副主任参加CNAB组团对台湾企业进行认可。(2)梁杰副主任主持委主任办公会，传达国务委员吴仪和国务院副秘书长马凯、尤权对有关国内认证认可市场混乱情况报道的批示；讨论了认可部起草的关于建立认证认可部际联席会议章程的草案；研究了认证认可单位的改革工作安排。王凤清主任，夏铮铮、程方、刘卓慧副主任及各部室的负责人参加了会议。

1月22日，国家认监委召开委主任办公会，研究与环保总局、国家经贸委有关认证认可工作方面的职责交叉问题。

1月24日，国家认监委王凤清主任出席大连市委举办的《大连讲坛》，为大连市领导干部作《WTO/认证认可与国际贸易》的专题讲座，并获得大连市委颁发的《大连讲坛》荣誉证书。

1月25日，(1)国家认监委王凤清主任出席辽宁局举办的辽宁国际旅行卫生保健中心、大连友谊商城获ISO9001认证颁证大会并讲话；到大连质量监督检验所参观并讲话。(2)国家认监委与国家质检总局标准法规中心在深圳为部分检验检疫系统标准起草人员举办了标准化工作导则培训班，袭亦良总工程师到会并讲话。

1月28日，国家认监委召开委主任办公会，讨论修改《关于中国认证认可/合格评定体系设想(提纲)》。

1月29日，刘卓慧副主任、袭亦良总工程师在上海参加了强制性产品认证说明会。

1月30日，国家认监委召开委主任办公会，研究了将与农业部、质检总局联合发布的《无公害农产品管理办法》有关问题。

2月1日，国家认监委在上海举办强制性产品认证制度说明会，刘卓慧副主任、袭亦良总工程师到会并讲话，华东地区近210名企业代表参加了大会。

2月4日，(1) 国家认监委王凤清主任参加农业部召开的《无公害农产品管理办法》修改协调会。(2)国家认监委在北京举办强制性产品认证制度说明会。刘卓慧副主任、袭亦良总工程师到会并讲话。230家驻京的外企代表参加了大会。

2月5日，国家认监委发布《认证认可法规和行政规范性文件制定程序的规定》，内容包括认证认可和行政规范性文件制定的立项、起草、审查、决定、发布与解释。

2月6日~7日，国家认监委在北京举办强制性产品认证制度宣传贯彻会。会议由刘卓慧副主任和袭亦良总工程师主持，王凤清主任到会并讲话。有近100家企业的216名代表参加了大会。

2月11日，国务院办公厅发布《国务院办公厅关于加强认证认可工作的通知》，《通知》中提出当前主要的任务和工作重点是：建立统一的国家认可制度；建立适应市场经济发展要求的认证制度；整顿和规范认证市场；建立健全工作制度，完善法制。

2月19日，党组书记王凤清主持2002年第2次党组会议，研究了学习贯彻《国务院办公厅关于加强认证认可工作的通知》、筹备召开全国认证认可工作会议和百家认证企业新闻发布会及部际联席会议等问题；研究了下属单位的改革问题。

2月22日，国家认监委王凤清主任在长沙出席湖南检验检疫局举办的湖南省农行系统500家网点个人储蓄业务获得ISO9000认证颁证仪式。

2月24日，国家认监委袭亦良总工程师与美国商务部国际贸易署通讯办公室主任及美国驻华大使馆有关人员会谈，双方就今年在美国召开中美贸易研讨会事宜达成一致意见。

2月20日~24日，国家认监委梁杰副主任在新加坡出席IEC亚太地区中心成立大会。

3月1日，国家认监委召开委主任办公会，讨论了《出口食品生产企业卫生注册登记细则》(修改稿)和《出口食品生产企业卫生要求》(修改稿)以及新制定的《出口食品生产企业危害分析与关键控制点(HACCP)管理体系认证管理规定》(修改稿)。会议由梁杰副主任主持，程方副主任，总局食品局、法律部、认可部、注册部及河北、浙江、山东、河南、广东检验检疫局的负责人参加了会议。

3月4日，国家认监委王凤清主任会见了VDE测试和认证所总裁为首的代表团，双方就该所与中国在有关机构认证领域的合作问题进行了会谈。

3月5日，国家认监委2002年第2号公告发布《认证认可申诉、投诉处理办法》，自发布之日起施行。《办法》规定任何组织和个人认为认证认可工作机构、人员或者获证组织的行为属于违法违规的，均有权依据本办法向国家认监委提出申诉、投诉。《办法》规定了处理申诉、投诉应当遵循的原则；受理认证认可申诉、投诉的部门；申诉的处理程序；投诉的处理程序；申诉、投诉的监督管理。

3月6日，国家认监委王凤清主任、梁杰副主任会见了荷兰KEMA代表团，双方就合作问题进行了磋商。

3月8日，(1) 国家认监委梁杰副主任参加质量万里行如何开展认证认可工作座谈会。(2)国家认监委裘亦良总工程师在深圳参加强制性产品认证说明会。

3月11日，国家认监委裘亦良总工程师在广州参加强制性产品认证说明会。

3月12日，国家认监委程方副主任在沈阳主持召开东北地区出入境检验检疫局、质量技术监督局座谈会，征求对国家认监委王凤清主任在全国认证认可工作会议主题报告的意见。

3月13日，国家认监委召开委主任办公会，(1)讨论修改了国家认监委拟与国家质检总局、外经贸部、国家工商总局联合发布的《认证机构及认证培训、咨询机构审批与监督管理办法》；讨论了《出口食品厂、库卫生要求》。(2)审议《建立国家认证认可/合格评定体系方案》；听取委信息化工作领导小组关于委信息化工作建设情况的汇报。

3月14日，中华人民共和国国家质量监督检验检疫总局令第16号公布施行《进口食品国外生产企业注册管理规定》，自公告之日起施行。《规定》规定国家认监委统一管理进口食品国外生产企业注册和监督管理工作，负责制定、公布《实施企业注册的进口食品目录》，凡向中国输出《目录》内产品的国外生产企业，须向国家认监委申请注册。未获得注册的国外生产企业的食品，不得进口。《规定》还对注册条件、注册申请及批准、监督管理等做了明确的规定。

3月15日，国家认监委王凤清主任参加全国认证认可工作会议主题报告征求意见座谈会，华北局分管认证认可工作的局领导和认证处长参加了座谈会。

3月18日，(1) 国家认监委王凤清主任出席吉安检验检疫局挂牌仪式。(2)国家认监委裘亦良总工程师会见越南政府代表团，重点介绍了机构改革情况，以及国家认监委的机构设置、职能、任务等对方感兴趣的问题。

3月19日，国家认监委召开委主任办公会，研究“3C”标志印制、收费、征订、发放等有关问题。

3月20日，国家认监委2002年第3号公告发布《食品生产企业危害分析与关键控制点(HACCP)管理体系认证管理规定》，自2002年5月1日起施行。《规定》规定国家鼓励从事生产、加工出口食品的企业建立并实施HACCP管理体系。列入《出口食品卫生注册需要评审HACCP管理体系的产品目录》的企业，必须建立和实施HACCP管理体系。各地出入境检验检疫机构负责所辖区域内企业HACCP管理体系的验证工作，并根据国外食品卫生管理机构的要求，出具HACCP验证证书。国家认监委监督管理HACCP管理体系的实施和出入境检验检疫机构的验证工作，负责调整和公布《目录》。《规定》还对企业HACCP管理体系建立和运行的基本要求、HACCP认证、验证、监督管理等方面做了明确的规定。

3月22日，王凤清主持党组会，听取认可部和办公室关于百家获证企业颁证及认证市场监管新闻发布会、全国认证认可工作部际联席会议成立暨第一次会议、全国认证认可工作会议准备情况的汇报；对委党组成员分管的工作进行了调整。

3月26日，国家认监委在人民大会堂召开“‘百家’获证企业颁证及认证市场监督新闻发布会”。会议由国家认监委梁杰副主任主持，国家质检总局党组书记李传卿、国家认监委王凤清主任到会并讲话。会议发布了“我国整顿认证市场秩序工作取得实质性进展新闻发布稿”，公布了对6家认证机构在认证业务活动中违规操作、弄虚作假的查处结果，向10家“联合倡议”发起单位推荐的100家企业颁发了认证证书。全国人大副委员长布赫、全国人大常委、金利来集团董事局主席曾宪梓及中编办、外经贸部、国家工商行政管理总局、国家质检总局的有关负责人参加了会议。

3月28日，王凤清主持召开国家认监委委主任办公会，审议了认证部关于承担强制性产品认证任务的认证机构、检测机构的指定方案；拟向国家计委、财政部报批的强制性产品认证收费办法方案；听取了财务部关于强制性产品认证标志印制及收费办法方案，以及对认可中心等4个下属单位清产核资情况的汇报。

3月29日，中国国家认证认可监督管理委员会公告2002年第4号公布批准的9家机构即日起在指定的业务范围内承担强制性产品认证工作；中国国家认证认可监督管理委员会公告2002年第5号公布68家检测机构即日起在指定的业务范围内承担强制性产品认证的检测工作。

4月1日,王凤清(1)会见阿根廷生产部部长何塞依格纳西奥·德·门迪古仁一行。(2)会见巴西发展、工业和外贸部部长阿马拉尔及农业部常务副部长一行。(3)国家认监委公告2002年第6号公布:自2002年10月1日起,中国的摩托车、摩托车发动机和头盔产品必须经过中国强制性产品认证并加贴"CCC"认证标志后方可出口至越南,并公布了《摩托车、头盔类产品强制性认证的实施规则》。

4月2日,国家认监委召开委主任办公会,审议了《关于各地质量技术监督部门与出入境检验检疫机构认证分工的意见》(征求意见稿);讨论修改了《王凤清主任在全国认证认可工作会议上的总结讲话》(提纲)。会议还向各部室的领导传达了中组部到国家质检总局考核"两委"干部的反馈情况。会议由王凤清主任主持。

4月2日,国家认监委梁杰副主任会见香港机电工程署余少权总工程师。商谈关于香港参加IEC相关活动、在港建立IEC的国家认证机构等问题。

4月2日,国家认监委、国家质检总局、国家工商总局、外经贸部联合发布《认证机构及认证培训、咨询机构审批登记与监督管理办法》(国认可联 [2002]21号),自2002年5月1日起施行。《管理办法》明确规定了设立认证机构、认证培训机构、认证咨询机构、外商投资认证机构及认证培训、咨询机构应当具备的条件和审批与登记注册的程序、监督管理和罚则。同时还对外商投资认证机构及认证培训、咨询机构设立的非法人性质的分支机构、办事机构、在华常驻代表机构的监督管理做了明确规定。

4月3日,国务院信息办、国家认监委联合召开国家信息安全测评认证体系工作组成立暨第一次工作会议。会议由夏铮铮副主任主持,国信办曲维枝副主任及王凤清主任到会并讲话。中办机要局、保密局、安全部、公安部、信息产业部、国家标准化管理委员会等来自16个部门的27位领导、专家参加了此次会议。

4月4日,国家认监委发布《国家认可机构监督管理办法》(国认可[2002]20号),自2002年5月1日起施行。《管理办法》明确了国家认可制度和国家认可机构的含义、国家认监委和其他国务院有关行政主管部门为建立和实施国家认可制度履行的职责、各方面参与国家认可制度的建立和实施的方式、国家认监委对国家认可机构及认可制度的执行情况实施监督等。

4月5日,(1)王凤清主持党组会,听取办公室和认可部关于全国认证认可工作部际联席会成立暨第一次会议、全国认证认可工作会议准备工作情况汇报;研究下属单位领导班子和内设机构问题。(2)裘亦良总工程师在西安参加摩托车强制性产品认证说明会。

4月2日~5日,国家质检总局、国家认监委在重庆联合召开2002年检验检疫科技和标准计划项目审议会。裘亦良总工程师到会并讲话。会议就今年拟下达的检验检疫科技和标准计划项目进行审议并形成了初步意见。原检验检疫科技委和专业委的近70名委员参加了会议。

4月8日,国家质检总局、国家认监委在京联合召开全国认证认可部际联席会议暨第一次会议。会议由国家质检总局党组书记李传卿主持。国家认监委王凤清主任对国家认监委近期工作进行了总结,通报了认证认可工作面临的客观形势。国家计委、国家经贸委、科技部、国防科工委、公安部、建设部、交通部、信息产业部、外经贸部、农业部、卫生部、工商总局、海关总署、环保总局、民航总局、药监局、知识产权局、旅游局等18个部门的有关负责人和联络员参加了会议。

4月9日,国家质检总局、国家认监委在人民大会堂联合召开全国认证认可工作会议。国家质检总局党组书记李传卿主持会议,中共中央政治局候补委员、国务委员吴仪、总局局长李长江出席了大会并作重要讲话。会议的主要任务是全面贯彻国务院办公厅《关于加强认证认可工作的通知》精神,研究认证认可改革与发展的重要问题,部署全国认证认可的工作任务和重点。国家认监委王凤清主任在会上作了题为《全面建立国家认证认可工作新体制努力开创我国认证认可工作新局面》的主题报告。全国认证认可部际联席会议成员单位、国务院有关部门的负责人、国家质检总局各地方质量技监局、出入境检验检疫局及下属单位的负责人、认证机构代表300多人参加了会议。

4月16日,国家认监委裘亦良总工程师率领代表团在日本东京举行中国强制性产品认证制度说明会,会期一天,与会人员达300多人。大阪说明会于4月18日召开,会期一天,与会人员约150人。

4月18日~19日,国家认监委夏铮铮副主任参加在北京召开的全国标准化工作会议。

4月19日,国家质检总局令2002年第20号发布《出口食品生产企业向国外卫生注册管理规定》,自2002年5

月20日起施行。原国家进出口商品检验局1994年11月14日公布的《出口食品厂、库卫生注册细则》同时废止。《规定》规定：国家对出口食品生产、加工、储存企业实施卫生注册、登记制度。凡在中华人民共和国境内生产、加工、储存出口食品的企业，必须取得卫生注册证书或者卫生登记证书后，方可生产、加工、储存出口食品。《规定》对申请、评审和发证、监督管理等做了规定，《规定》的附件《出口食品生产企业卫生要求》，自2002年5月20日起施行。原国家商检局1994年11月14日公布的《出口食品厂、库卫生要求》(国检监[1994]79号)同时废止。

4月20日，国家认监委发布《关于对<认证机构及认证培训、咨询机构审批登记与监督管理办法>审批条件若干解释的通知》(国认可[2002]26号)。《通知》对设立认证机构、认证培训机构、认证咨询机构应当具备的条件、提交的书面申请报告和相关证明材料等内容做了解释。《通知》还对外商投资认证机构及认证培训、咨询机构(包括中外合资、合作机构和外商独资机构)的设立条件、关于外国认证机构及认证培训、咨询机构在华设立常驻代表机构等方面做了进一步的解释。

4月24日，中国质量认证中心正式挂牌办公。国家认监委梁杰副主任主持了揭牌仪式，国家质检总局党组书记李传卿为中心揭牌并作重要讲话。国家质检总局有关司室、国家标准化委员会、直属单位、国家认监委各部室的负责人出席了揭牌仪式。

4月22日~26日，国家认监委在郑州召开《中华人民共和国质量认证认可管理条例》(草拟稿)研讨会。国家认监委夏铮铮副主任到会并讲话。会议对国家认监委成立的背景和任务、国际国内认证认可制度发展和现状、技术法规和合格评定程序、WTO/TBT协议等问题做了阐述，并对《条例》谈了一些具体的修改意见和看法。各地方质量技术监督局和地方出入境检验检疫局从事认证、法制工作的近25名代表参加了会议。

4月25日，国家认监委袭亦良总工程师率领代表团在韩国汉城举办了中国强制性产品认证制度说明会。说明会由韩国产业资源部技术标准院(ATS)承办。与会人员达400多人。

4月12日~27日，国家认监委王凤清主任率代表团一行5人访问芬兰、瑞典、丹麦IEC国家委员会和FEMKO、SEMKO、DEMKO 3个认证机构，广泛宣传国家认监委的职能以及新实施的强制性产品认证制度，探讨加强工作往来和合作等问题。作为IEC中国国家委员会主席，王凤清主任还出席了在瑞士召开的国际电工委员会理事局2002年第1次会议，并就10月份将在北京举行的IEC66届大会的准备情况做了专题发言。

4月14日~27日，国家认监委在日本和韩国分别召开强制性产品认证制度说明会。国家认监委袭亦良总工程师到会并讲话。日本、韩国的有关政府部门及认证和检测机构的有关人员参加了会议。

4月28日，第九届全国人民代表大会常务委员会第二十七次会议通过《关于修改〈中华人民共和国进出口商品检验法〉决定》。

4月29日，(1)由农业部、国家质检总局令2002年第12号发布《无公害农产品管理办法》，自发布之日起施行。《管理办法》对无公害农产品的定义、政府各部门职责、产地条件与生产管理、产地认定、无公害农产品认证、标志管理、监督管理和法律责任都做了明确规定。(2)中国质量认证中心管理体系工作会议在北京召开。袭亦良总工程师到会并讲话。会议通过了《中国质量认证中心三查措施实施方案》，各评审中心签订了行业自律责任书。来自全国35个评审中心的负责人参加了会议。

4月30日，(1)国家认监委王凤清主任主持国家认监委委主任办公会，研究强制性产品认证制度实施中的几个具体问题，听取实验室部关于实验室有关情况的汇报。(2)国家认监委公告2002年第7号公布"CCC认证标志发放管理中心"统一负责中国强制性产品认证标志——CCC标志的发放管理工作及"CCC认证标志发放管理中心"的具体任务。(3)国家认监委(国认可[2002]26号)下达《关于对〈认证机构及认证培训、咨询机构审批登记与监督管理办法〉审批条件若干解释的通知》。

5月8日，中国质量认证中心(CQC)向青岛海尔空调器有限公司颁发了编号为2002010707030000001号的CCC认证(中国国家强制性产品认证)家电行业第一张证书。这是CQC自承担CCC认证业务以来所颁发的首张证书，也是中国自实施新的强制性认证制度以来在全球范围内所颁发的首张CCC证书。

5月9日，国家认监委袭亦良总工程师会见英国标准协会(BSI)亚洲区执行经理Duncan Lilley一行。双方介绍了各自的职能，并就合作问题进行了协商。

5月9日~11日，国家认监委在福州召开第二次全国计量认证/审查认可工作会议，夏铮铮副主任到会并作了题为《适应时代发展需要，进一步做好计量认证/审查认可工作》的报告。全国各省、市、自治区、直辖市质量技术监督局负责计量认证/审查认可工作的近60名代表参加了会议。

5月10日，(1)国家认监委发布《关于清理整顿和规范认证市场的通知》。(2)国家认监委下达《关于实施<出口食品生产企业卫生注册登记管理规定>有关问题的通知》。

5月12日~14日，国家认监委王凤清主任应吉林省委、省政府邀请，在长春为吉林省领导干部学习“WTO技术性贸易壁垒政策”专题报告会作《WTO/认证认可与国际贸易》讲座。期间，出席了吉林检验检疫局处以上干部会并讲话，到吉林省产品质量检验院、计量院和长春一汽调研。

5月14日，国家认监委发布《关于下发<出口食品生产企业卫生注册登记编号规则>的通知》。

5月15日，国家认监委在福州召开了《认证机构及认证培训、咨询机构审批登记与监督管理办法》宣传贯彻学习培训班，国家认监委刘卓慧副主任到会讲话，各地质量技术监督局负责认证工作的干部近90人参加了会议。

5月14日~16日，(1)国家认监委王凤清主任应黑龙江省委邀请，在哈尔滨为黑龙江省省领导干部学习“WTO技术性贸易壁垒政策”专题报告会作《WTO/认证认可与国际贸易》讲座。期间，视察了黑龙江检验检疫局新办公楼实验室。(2)国家认监委在北京举办汽车安全带产品强制性认证制度说明会，裘亦良总工程师到会并讲话，汽车安全带产品生产厂家、进口商和代理商共60多名代表参加了会议。

5月16日~17日，国家认监委在北京召开了《认证机构及认证培训、咨询机构审批登记与监督管理办法》说明会，国家认监委刘卓慧副主任到会并讲话。有关认证机构、认证培训机构代表和社会各界关注此项工作的人士近400人参加了会议。

5月20日，国家认监委梁杰副主任在海南参加中国质量认证中心为海南分中心颁发ISO9000证书大会。

5月21日，(1)国家认监委公告2002年第8号公布《无需办理或可申请免于办理强制性认证的产品范围》，自公告发布之日起施行。公告规定了无需办理强制性认证的产品范围和免于办理强制性认证的产品范围、获得《免办强制性产品认证证明》的程序。(2)国家认监委公告2002年第9号公布《举办强制性产品认证制度说明活动的有关规定》。

5月22日，(1)党组书记王凤清主持召开国家认监委党组会，研究强制性产品认证制度实施中的几个具体问题，研究认证中心设立分中心问题，研究人事问题。党组成员及办公室、认证部、认证中心的负责人参加了会议。(2)国家认监委裘亦良总工程师接见了日本日产自动车株式会社代表团，介绍了强制性产品认证制度的最新情况，回答了日方提出的问题，并就下一次中日汽车产品认证交流会的有关问题交换了意见。

5月14日~23日，国家认监委夏铮铮副主任率中国信息安全共同准则代表团参加在加拿大渥太华召开的第三届国际信息安全共同准则大会(ICCC)。

5月24日，(1)国家认监委梁杰副主任在厦门参加国家质检总局召开的全国质量监督工作会议。(2)国家认监委在柳州召开安全玻璃产品强制性认证制度说明会，裘亦良总工程师到会并讲话。安全玻璃产品生产厂家、进口商和代理商近200名代表参加了会议。

5月28日，国家认监委与日本电气安全环境研究所(A-PEX)、日本品质保证机构(JET)、日本A-PEX国际株式会社等三家机构签署谅解备忘录，裘亦良总工程师代表认监委在备忘录上签字。王凤清主任、梁杰副主任出席签字仪式。

5月27日、29日~31日，国家认监委王凤清主任出席国家质检总局在北京召开的在京直属单位和检验检疫系统高级职称评审会。

5月29日，国家认监委、外经贸部联合发布《关于对认证机构及认证培训、咨询机构进行重新确认和登记有关事项的通知》(国认可联[2002]33号)。《通知》规定凡在2002年5月1日前已依法设立的认证机构及认证培训、咨询机构，应当按《通知》规定的要求于2002年7月31日前重新确认登记，逾期不办理的，不得继续开展相关的经营活动，并规定了认证机构及认证培训、咨询机构重新办理确认和登记的有关具体程序。凡是已依法设立的外国认证机构和认证培训机构在华常驻代表机构，应当在2002年6月15日前向国家认监委提交相关的文件。凡是已依法设立的外国认证咨询机构在华常驻代表机构，应当在2002年6月15日前向所在地直属出入境检验检疫局提交相关的文件。自2002年5月1日起，凡是登记注册或批准的经营或业务范围没有明确包含“认证”及“认证培训”、“认证咨询”的单位，在未获国家认监委批准(外商投资企业同时应经外经贸部批准)、未经工商行政管理部门登记注册之前，继续从事认证及认证培训、咨询经营性活动的,按《通知》的有关规定依法予以查处;要求继续开展相应的经营活动的,应当按《通知》的规定办理审批和登记手续。

5月31日,(1)国家认监委在京召开了CCC标志印制、发放与管理工作座谈会。梁杰、程方副主任到会并讲话。会议对前期的工作进行了全面总结,并对今后的工作做出了安排。机关服务中心、商检技术研究所和中国质量认证中心的有关人员参加了会议。(2)国家认监委在山东泰安召开轮胎产品强制性认证制度说明会,裘亦良总工程师到会并讲话。轮胎产品生产厂家、进口商和代理商共80多名代表参加了会议。

6月4日,(1)党组书记王凤清主持召开国家认监委党组会,听取法律部关于《中华人民共和国认证认可监督管理条例》(征求意见稿)的起草、修改和征求意见的情况汇报;讨论《中华人民共和国进出口商品检验法实施条例(修订草案)》;对国家质检总局征求国家认监委意见的《食品质量安全监督管理办法》进行了研究;讨论了《2002年认监委调研工作安排》;听取服务中心关于CCC标志防伪网项目的情况介绍。党组成员梁杰、夏铮铮、程方、刘卓慧及认监委各部室负责人参加了会议。(2)国家认监委在台州举办农机产品强制性认证制度说明会,国家认监委裘亦良总工程师到会并讲话。农机产品生产厂家、进口商和代理商共80多名代表参加了会议。

6月6日,国家认监委公告2002年第10号公布《第一批室内装饰装修材料有害物质限量标准检测机构名录》。

6月7日,国家认监委发布《关于明确认证咨询机构审批登记工作有关问题的通知》(认办可函[2002]77号)。《通知》对认证咨询机构审批登记工作的、与审批相关的问题,重新登记,审批文件、报送材料与审批周期,监督管理的系统结构,审批与监督等问题做了解释,并明确了原国家质量技术监督局、原国家出入境检验检疫局发布的《关于认证咨询机构、内审员培训机构的管理办法》同时废止。

6月8日~11日,国家认监委、国家质检总局和美国玩具协会在广州联合举办了第八次中美玩具和工厂安全研讨会,国家认监委王凤清主任出席会议并讲话。来自欧美、香港及国内玩具企业的200多名代表参加了会议。

6月11日,(1)(国家认监委计价格 [2002]889号)公布《国家计委关于强制性产品认证收费标准的通知》。(2)国家认监委(国认可[2002]34号)发布《关于调整质检部门所属认证咨询机构审批登记和监督管理工作有关职责分工的通知》。

6月12日,国家认监委党组书记王凤清主持召开认监委党组会,讨论研究认证中心、认可中心与收费收入管理相关的单位性质及财务管理问题。

6月18日,国家认监委党组书记王凤清同志主持召开国家认监委党组会,听取认可部关于认证机构认可委(CNAB)、实验室认可委(CNAL)、认证人员认可委(CNAT)等3个认可委员会组建情况的汇报,决定成立认监委"认证认可专家咨询委员会";听取关于对9个认证机构组织状况调查情况的汇报。

6月20日,(1)认可中心在北京召开全国认证机构认可工作会议,国家认监委王凤清主任出席会议并讲话,梁杰、刘卓慧副主任出席了会议。来自全国100多家认证机构的近300名代表参加了会议。(2)国家认监委裘亦良总工程师会见香港标准检定中心总裁冯立中一行,双方介绍了各自的职能,并就合作问题进行了协商。

6月25日~26日,国家认监委在南京召开迎接美国食品与药物管理局(FDA)检查输美水产品企业HACCP工作座谈会,程方副主任到会并讲话。江苏、浙江、宁波、辽宁检验检疫局的有关人员参加了会议。会议认真研究了《FDA水产品指南第三版》的修改内容,考察了江苏省宿迁市的沭阳双裕食品有限公司,对工厂的情况交换了看法,统一了认识。

6月26日,国家认监委王凤清主任会见美国UL公司代表团,梁杰副主任、裘亦良总工程师参加了商检总公司与美国UL公司合资合同签字仪式。

6月27日,国家认监委王凤清主任参加由吴仪国务委员主持召开的全国重点省市科技兴贸和机电产品出口工作座谈会。

6月27~29日,国家认监委王凤清主任出席上海市认证工作会议并讲话。

6月28日,(1)国家认监委梁杰副主任主持召开国家认监委主任办公会,审议《中华人民共和国认证认可监督管理条例》(送审稿),并就其中重点问题进行了研讨。国家认监委夏铮铮、程方、刘卓慧副主任和认监委各部室负责人及认证中心、认证机构认可委(CNAB)、认证人员认可委(CNAT)、实验室认可委(CNAL)的领导参加了会议。(2)国家认监委裘亦良总工程师会见SGS公司来访客人,双方介绍了各自的职能,并就合作问题进行了协商。

7月1日,(1)商检总公司在北京召开商检机构改革座谈会,国家认监委王凤清主任到会并讲话,梁杰副主任出席了会议,部分商检公司的总经理参加了会议。(2)中华人民共和国国家质量监督检验检疫总局、中国国家认证认可监督管理委员会公告2002年第60号公布《<第一批实施强制性产品认证的产品目录>中产品的适应范围》,自公告发布之日起施行。《公告》规定了第一批实施强制性产品认证的产品目录中产品的适用范围。

7月3日,中国认证机构国家认可委员会(CNAB)在北京召开成立大会暨第一次全体会议,国家认监委王凤清主任到会讲话并为各位委员颁发了聘书。梁杰、夏铮铮、刘卓慧副主任、裘亦良总工程师出席了会议,来自CNAB各成员单位的委员参加了会议。

7月4日,中国实验室国家认可委员会(CNAL)在北京召开成立大会暨第一次全体会议,国家认监委王凤清主任到会并讲话,夏铮铮副主任出席了会议。

7月5日,国家认监委党组书记王凤清主持召开认监委党组会,听取法律部关于《中华人民共和国认证认可管理条例》(送审稿)修改情况的汇报,并对法律部提出的5个需明确和解决的问题进行了讨论;审议法律部标准处的职能配置建议,确定有关职责,并根据主要工作任务确定其名称为"行业标准管理处";研究讨论国家质检总局人事司《关于认监委、标准委干部人事管理权限的意见》。

7月8日,国家认监委裘亦良总工程师参加国家质检总局召开的《商检法实施条例》研讨会。

7月11日~12日,国家认监委在北京召开了全国质检系统强制性产品认证工作座谈会。各省、自治区直辖市及计划单列市、副省级市和新疆生产建设兵团质量技术监督局,各直属检验检疫局负责强制性产品认证工作的处领导参加了会议。

7月7日~12日,国家认监委王凤清主任率国家质检总局代表团一行11人赴俄罗斯联邦访问。期间,在海参崴与俄标准和计量委员会第一副主席、国务秘书乌索夫共同主持了中俄总理定期会晤机制下设的中俄标准、计量、认证和检验监管常设工作组第一次会议。会议根据今年4月双方总理会谈精神和本工作组工作准则就影响双边贸易的问题进行了广泛的磋商,在解决影响互供商品双方检验检疫方面存在的突出问题和双方合作的原则问题上达成共识,并签署了会议纪要。王凤清主任还对中俄、中朝的边贸问题进行了调研。

7月8日至19日,由国家认监委政策与法律事务部主任袁俊明带队的国家认监委代表团,出访荷兰、英国,就认证认可法律制度问题进行了调研,代表团分别走访了荷兰KEMA质量保证机构、荷兰国家认可机构(RVA)、荷兰经济部、公共卫生部、荷兰机械电子和金属制造商协会、荷兰标准化研究院(NEN)、英国标准协会(BSI)、英国贸工部(DTI)和英国国家认可机构(UKAS)。

7月17日~23日,国家认监委王凤清主任率国家质检总局代表团一行8人赴朝鲜民主主义人民共和国访问。期间,王凤清主任会见了朝鲜内阁总理郭范基,参观了朝鲜计量研究所和中央品质鉴定所,与朝鲜国家品质监督局就双方合作问题进行了会谈,双方一致同意加强在认证认可领域的合作,探讨商签有关合作协议。双方还签署了访问纪要。

7月20日至7月31日,国家认监委裘亦良总工程师率代表团在泰国、马来西亚和新加坡举办了3次中国强制性产品认证制度说明会。

7月23日,国家认监委梁杰副主任会见德国TüV莱茵公司总裁威尔德,双方就TüV与商检总公司的合作有关问题交换了意见。

7月23日~26日,国家认监委在郑州召开全国出口食品卫生注册工作会议,国家认监委王凤清主任到会并讲话,国家认监委程方副主任作了关于出口食品卫生注册工作情况的报告。来自全国34个直属检验检疫局的代表共60多人参加了会议。

7月26日,(1)国家认监委王凤清主任参加国家质检总局采标工作会议。(2)中国认证人员与培训机构国家认可委员会(CNAT)在北京召开成立大会暨第一次全体会议,王凤清主任到会并讲话,国家认监委梁杰、夏铮铮、刘卓慧副主任出席了会议。

7月27日,国家认监委发布《关于印发〈计量认证/审查认可(验收)工作程序〉及有关工作表格的通知》,自发布之日起施行。

7月29日,国家认监委党组书记王凤清主持认监委党组会议,听取刘卓慧副主任关于环认委、环注委现有人员基本情况以及环保总局人员在评定认可中心岗位安排情况的汇报;听取认可部关于环境管理体系认证认可工作衔接过渡的原则意见的情况汇报;讨论并通过中国质量认证中心部分人员拟任职务的请示;听取刘卓慧副主任关于中国合格评定国家认可中心成立新闻发布会的准备情况汇报。

7月19日~31日,国家认监委在泰国、马来西亚和新加坡分别召开了强制性产品认证制度说明会。国家认监委裘亦良总工程师主持会议并讲话。泰国、马来西亚和新加坡的有关政府部门、认证和检测机构的有关人员参加了会议。

8月5日,(1) 国家认监委王凤清主任会见朝鲜品质监督代表团一行,梁杰副主任参加了会见。(2)国家认监委夏铮铮、程方副主任参加国家质检总局在京召开的《党政领导干部选拔任用工作条例》电视电话会议。(3)刘卓慧副主任出席中国汽车管理体系认证中心在青岛举办的认证经验交流研讨会并讲话。(4)国家认监委裘亦良总工程师会见德国奔驰汽车公司副总裁 Bhara Balasubramanian。

8月7日~8日,国家认监委王凤清主任主持召开认监委主任办公会,讨论香港《大公报》提议的与国家认监委在港联合举办“2002中国认证认可(香港)论坛”的方案。听取注册部关于召开全国出口食品生产注册会议及贯彻落实会议精神的汇报。听取国家认监委委信息化工作小组关于CCC标志网络征订和管理、监控系统建设情况的汇报,讨论了相关合同的问题。审议法律部提交的《认证认可若干行为处罚暂行规定》(报批稿)和《强制性产品认证代理申办机构管理办法》(报批稿)。

8月9日,国家认监委刘卓慧副主任会见香港品质保证局行政总裁陈锦新先生一行,双方介绍了各自的机构组成和职能情况。

8月12日,国家认监委程方副主任出席国家质检总局召开的促进山东省农副产品出口领导小组会议。

8月13日,国家认监委王凤清主任听取新西兰商检公司负责人汇报工作。

8月14日,国家认监委梁杰副主任出席机械工业联合会在长春召开的机械工业质检机构联络网网员大会。

8月15日,(1)国家认监委王凤清主任参加国务院关于朱镕基总理访问非洲四国有关事宜会议。(2)王凤清主任主持召开认监委主任办公会。听取关于国家质检总局、认监委于8月20日在人民大会堂召开中国合格评定国家认可中心成立新闻发布会筹备情况的汇报。讨论报请国家计委重新核定的认可收费标准。讨论认证公告的发布问题。决定将《中国质量认证》期刊更名为《中国认证认可》。听取与环保总局协商安排环保总局原环境管理认可机构人员的情况汇报。讨论CNAB、CNAL、CNAT的标志图案,研究认可证书的签发人问题。讨论向国家经贸委、环保总局通报认可工作统一管理及职业健康安全管理体系、有机食品认可等工作情况的问题。(3)国家认监委程方副主任出席CCC标志管理与监管系统政府采购商务谈判。

8月16日,(1)国家认监委王凤清主任会见美国农业部副部长威廉·霍克斯。(2)国家认监委梁杰副主任出席神华煤炭公司颁证大会。(3)国家认监委裘亦良总工程师出席认监委与香港标准检定中心合作备忘录签字仪式。

8月20日,国家认监委在北京举行中国合格评定国家认可中心成立新闻发布会,国家认监委王凤清主任出席会议并讲话。

8月21日,(1) 中国认证机构国家认可委员会(CNAB)在北京召开全国获证企业经验交流会,国家认监委王凤清主任出席会议并讲话。70多家认证机构从7.2万个获证企业中推荐了160家企业的代表参加了会议。(2) 国家认监委在青岛召开商检公司体制改革工作座谈会,梁杰副主任出席会议并讲话。

8月23日,出台《全国节水规划纲要》(2001~2010年),要求强化用水节水设施和节水器具、设备生产质量的监管,实行节水产品标识制度。

8月24日,国家认监委裘亦良总工程师出席检验检疫协会举办的2002年企业管理论坛暨进出口商品技术法规高级论坛。

8月26日,中国国家认证认可监督管理委员会公告2002年第11号公布《第二批室内装饰装修材料有害物质限量标准检测机构名录》。

8月27日,国家认监委王凤清主任,梁杰、夏铮铮副主任参加中美信息通讯技术合格评定与标准研讨会。

8月28日,国家认监委、信息产业部联合发布关于《软件过程及能力成熟度评估指南》(试行稿)的通知(国认可联[2002]49号)。《通知》中的附件《软件过程及能力成熟度评估指南》为支持一致性的软件过程及能力成熟度评估活动和保证评估结果的可信度提供了科学的评估方法,是评估机构规范评估管理的依据。

8月30日~9月3日,国家认监委在福州召开商检公司机构改革座谈会,国家认监委王凤清主任到会并讲话,国家认监委梁杰副主任出席了会议,部分直属检验检疫局局长及商检公司的总经理参加了会议。

9月2日,国家认监委在北京举办卫生注册主任评审员培训班,国家认监委程方副主任出席开班仪式并讲话,来自33个检验检疫局的30多名主任评审员参加了培训。

9月4日,国家认监委发布《计量认证/审查认可(验收)获证检测机构监督管理办法》和《计量认证/审查认可评审员管理办法》。

9月5日,国家认监委梁杰副主任会见荷兰KEMA品质公司副总裁Mataater J Ver Der Dussen,双方介绍了各自的职能情况,并就合作问题进行了讨论。

9月6日,国家认监委王凤清主任主持召开第66届IEC大会准备工作会议,梁杰副主任,国家标准委、国家质检总局有关司和国家认监委有关部室负责人参加了会议。

9月9日,国家认监委程方副主任到中国农业大学听取对有机农产品认证的意见。

9月10日,国家质检总局与国家认监委、国家标准委在北京联合举办第66届IEC大会新闻发布会,国家认监委王凤清主任致新闻发布辞,国家认监委梁杰、程方副主任及首都各大报刊和新闻媒体的人员参加了会议。

9月11日,(1)国家认监委梁杰、刘卓慧副主任出席中国实验室国家认可委员会在北京召开的第一次实验室评审员研讨会。(2)国家认监委裘亦良总工程师会见新加坡标准、生产力和创新局代表团一行,双方讨论了合作备忘录的签署问题。

9月12日,(1)国家认监委梁杰副主任会见德国质量协会总经理托马斯博士,双方讨论了德国质量协会在中国开展业务活动和今后的合作问题。(2)国家认监委裘亦良总工程师参加指定的电工产品检测机构、认证机构强制性产品认证技术协调会。

9月5日~13日,国家认监委夏铮铮副主任在云南、广西开展认证认可立法调研。

9月9日~13日,由国家认监委主办、中国认证人员与培训机构国家认可委员会(CNAT)承办的国际审核员和培训注册协会(IATCA)第八届年会在北京召开,国家认监委王凤清主任到会并讲话,刘卓慧副主任及来自国内外认证机构、认证培训机构和认证咨询机构的代表100多人参加了会议。

9月13日,国家认监委在北京召开强制性认证制度宣传光盘审定会。

9月14日,中国实验室国家认可委员会在北京召开检查机构认可研讨会,国家认监委夏铮铮副主任到会并讲话。

9月14日~17日,国家认监委程方副主任出席商检总公司在金华举行的金华爱斯曼食品有限公司HACCP颁证会,并对浙江的有机农业情况进行调研。

9月17日,国家认监委梁杰、夏铮铮副主任会见美国商务部副部长帮办奥尼尔,双方对合作情况进行了总结,表示将继续扩大合作领域并初步探讨了下一步的合作意向。

9月18日,中国质量认证中心在北京召开分中心主任会,宣布成立11个产品认证分中心,国家认监委梁杰副主任出席会议并讲话。

9月17日~20日,国家认监委在海南召开与欧美汽车界关于强制性产品认证制度交流会,国家认监委裘亦良总工程师主持会议,来自大众、克莱斯勒、福特等10家欧美著名汽车生产企业和指定的认证、检测机构代表近50人参加了会议。

9月23日,国家认监委裘亦良总工程师代表认监委出席了天津汽车检测中心对向CQC申请强制认证的进口汽车实施的首次碰撞实验活动。

9月24日~25日,国家认监委在北京召开农产品认证认可工作研讨会,程方副主任到会并讲话,来自部分质量技术监督局、直属出入境检验检疫局、生产厂家和认证机构的代表及大专院校的专家近30人参加了会议。

9月13日~28日,国家认监委王凤清主任率国家质检总局代表团对加拿大和美国的农业及检验检疫部门进行了访问,与加方签署了《关于验收检验中国出口到加拿大的低酸性蔬菜罐头的备忘录》和中国从加拿大输入牛体外受精胚胎、牛精液和牛等三个检疫议定书,扩大了中、美、加三方检验检疫部门的合作与交流;顺访了与CCIC有多年合作关系的CSA和UL,展望和探讨了更进一步合作问题;检查了CCIC北美分公司有关工作,并就CCIC业务改革发展问题进行了调研。

9月26日~29日,国家认监委程方副主任参加国家质检总局在济南召开的进出口动植物源性食品检验检疫管理工作。

10月8日,国家认监委王凤清主任主持召开第66届IEC大会准备工作会,国家认监委梁杰副主任,国家标准委、国家质检总局有关司和国家认监委有关部室负责人参加了会议。

10月10日,国家认监委公告2002年第12号公布《机动车辆类强制性认证实施规则》,该《规则》自发布之日起施行。

10月11日,国家认监委刘卓慧副主任出席汽车认证机构联盟成立大会并讲话,来自国家认监委、中国合格评定国家认可中心和相关的9家认证机构的20多名代表参加了会议。

10月14日，国家标准委、国家认监委在北京联合举办"第33届世界标准日纪念酒会"，国家认监委梁杰副主任代表认监委致辞，刘卓慧副主任及各部室负责人出席了会议。

10月14日~15日，国家质检总局、国家认监委在北京召开商检公司体制改革征求意见座谈会，国家质检总局葛志荣副局长主持会议。国家质检总局李长江局长、国家认监委王凤清主任到会讲话。国家认监委梁杰副主任、部分直属检验检疫局局长及商检总公司及部分分公司经理参加了会议。

10月17日，(1) 国家认监委王凤清主任会见北京出入境检验检疫局聘请的荣誉顾问、诺贝尔生理及医学奖获得者、来自美国的盖达塞克博士，出席北京局为其举办的荣誉证书颁证仪式并讲话。(2)王凤清主任陪同国家质检总局李长江局长会见欧盟主管贸易的委员拉米。(3)中国质量认证中心在成都举行成都分中心挂牌仪式，梁杰副主任出席仪式并讲话。

10月9日~18日，应美国商务部邀请，国家认监委分别在美国洛杉矶和华盛顿举办了两场强制性认证制度说明会，国家认监委裘亦良总工程师主持会议。来自美国部分知名企业和相关行业协会的150多名代表参加了会议。

10月18日，(1) 国家认监委召开主任办公会，审议《无公害农产品标志管理办法》(讨论稿)；研究出入境检验检疫实验室注册工作向计量认证转化问题。(2)国家认监委梁杰、刘卓慧副主任会见巴基斯坦国家认可委员会代表团一行，商谈中巴第十五届科技协定问题，并就帮助巴基斯坦建立符合国际标准的国家认可体系问题进行了磋商。

10月21日，国家认监委王凤清主任与加拿大驻华大使签署9月份中国代表团访问加农业部时双方的会谈纪要。

10月22日，(1) 国家认监委王凤清主任到国务院汇报工作。(2)国家认监委夏铮铮副主任与总局法规司和法律部有关人员到国务院法制办商谈有关《中华人民共和国认证认可监督管理条例》事宜。(3)10月22日，召开"贯彻落实节水产品标准、实施节水产品认证、促进水资源可持续利用"新闻发布会，正式启动了中国的节水产品认证制度。

10月25日，国家认监委印发《出入境检验检疫标准化工作管理办法》和《出入境检验检疫标准制(修)订工作细则》。

10月27日至11月8日，由国家认监委组团，国家认监委刘卓慧副主任带队的中国代表团，对澳大利亚和新西兰进行了为期12天的工作访问。

10月28日，国家认监委在北京召开全国实验室资源调查实施工作暨调查技术培训会议，国家认监委夏铮铮副主任主持会议，国家认监委王凤清主任出席会议并作动员讲话。来自国家各计量认证行业评审组、各省(自治区、直辖市)技术监督局、各直属检验检疫局和中国实验室国家认可委员会秘书处负责实验室管理工作的110多名代表参加了会议。教育部、科技部主管实验室方面的领导应邀到会指导。

10月29日，国家认监委裘亦良总工程师出席公安部举办的首批通过安全防范产品认证企业颁证仪式。

10月30日，国家认监委裘亦良总工程师出席国家质检总局、国家认监委、国家标准委与欧洲电工委员会的交流活动并讲话。

10月31日，(1) 国家认监委裘亦良总工程师会见美国UL副总裁Mader一行，双方商谈了合作及更新原双边合作协议问题。(2)裘亦良总工程师会见新加坡标准、生产力和创新局标准和合格评定经理张南光先生，商谈签署双边谅解备忘录的问题。

10月22日~11月1日，第66届国际电工委员会(IEC) 大会在北京召开，IEC官员和来自63个国家的1800多名代表参加了本届大会。本届大会主题是：标准化和合格平定在国际贸易中的作用。10月22日~27日举行了各技术委员会、分技术委员会及工作组会议。10月28日大会举行了开幕式，IEC中国国家委员会主席、国家认监委主任王凤清在开幕式上致辞并出席了随后几天召开的IEC理事会、理事局执委会会议。大会闭幕式于11月1日晚在人民大会堂举行，国务委员吴仪出席闭幕式并讲话。国家主席江泽民10月31日在中南海接见了IEC主席高柳诚一博士等IEC重要官员及理事局全体成员，国务委员吴仪和国家质检总局局长李长江、党组书记李传卿、王凤清主任等参加了会见。

11月4日，国家认监委王凤清主任会见瑞士电工委员会主席沃汉文先生，双方商谈了国际合格评定的发展前景，以及中欧在此领域的合作方向问题。

11月5日，国家认监委王凤清主任会见美国动植物局局长 Bobby Racord，双方介绍了各自的职能情况并初步探讨了合作意向。

11 月 6 日，(1)国家认监委袭亦良总工程师出席中国质量认证中心(CQC)与日本电气安全环境研究所(JET)《关于委托执行认证企业监督检查协议书》、《关于委托认证样品检测协议书》的签字仪式。(2)袭亦良总工程师会见法国国际检验局(BV)副社长前田孝士一行，双方商谈了 BV 在中国建立合资机构的问题。

11 月 6 日，国家质检总局令 2002 年第 32 号发布《强制性产品认证代理申办机构管理办法》，自 2002 年 12 月 10 日起施行。原国家出入境检验检疫局 2000 年 5 月 31 日公布的《进口商品安全质量许可申请代理机构管理办法》同时废止。《办法》规定：国家认监委对代理申办机构实行注册制度。代理申办机构应当向国家认监委申请注册，取得国家认监委颁发的注册证书后，方可从事强制性产品认证代理申办业务。《办法》还对代理申办机构资格审定和注册、代理业务和监督管理(年审制度)等做了规定。

11 月 7 日~8 日，国家认监委组团参加了第 18 届 ISO/CASCO 年会，就国家认监委全面参与 CASCO 各工作组工作、推动国际合格评定相关标准转化为国内标准等工作提出意见。

11 月 8 日，国家认监委程方副主任会见美国使馆农业专员，双方商谈了有关美国注册企业对华出口事宜。

11 月 15 日，中国国家认证认可监督管理委员会公告 2002 年第 13 号公布“浙江方圆检测股份有限公司承担 CCC 检测任务”。

11 月 19 日，国家认监委袭亦良总工程师会见美国国家标准委员会代表团一行 16 人，双方商谈了双边合作问题。

11 月 20 日，国家认监委袭亦良总工程师代表国家认监委与新加坡标准、生产力与创新局签署合作谅解备忘录。

11 月 22 日，国家认监委夏铮铮副主任主持召开《认证认可监督管理条例(草案)》修改会，国家认监委程方、刘卓慧副主任，袭亦良总工程师和有关部门负责人参加了会议。

11 月 25 日~12 月 2 日，国家认监委刘卓慧副主任率团访问巴基斯坦，按照中巴第 15 次科技协定的要求，帮助巴基斯坦建立国家认可体系。

11 月 25 日，农业部、国家认监委 2003 年第 231 号公告发布《无公害农产品标志管理办法》，自公告之日起实施。《管理办法》对标志的监督管理部门及其职责、基本图案、规格和颜色、承担无公害农产品认证的认证机构的职责、无公害农产品标志的使用管理制度、标志的印制工作、法律责任等都做了明确的规定。

12 月 5 日，国家认监委迁入北京市海淀区马甸东路 9 号 B 座新办公大楼办公。

12 月 19 日~20 日，中国认证机构国家认可委员会(CNAB)在成都召开全国认证机构主任座谈会，刘卓慧副主任到会并讲话，来自全国 90 家认证机构的近 100 名主任、副主任参加了会议。

12 月 19 日，(1) 国家认监委 2002 年第 12 号公告发布《出口食品生产企业申请国外卫生注册管理办法》，自 2003 年 1 月 18 日起施行。《管理办法》对出口食品生产企业向国外申请卫生注册应当具备的条件、程序、审批、监督管理、费用等做了明确规定。原国家进出口商品检验局 1993 年 4 月 24 日发布的《出口食品生产企业向国外卫生注册管理规定》(国检监[1993]125 号)和原国家出入境检验检疫局 1999 年 1 月 12 日发布的《关于规范推荐出口食品加工企业对国外卫生注册做法的通知》(国检认[1999]6 号)，同时废止。(2)中国国家认证认可监督管理委员会公告 2002 年第 14 号公布《超过国家计量认证有效期的质检机构》。

12 月 24 日，国家认监委袭亦良总工程师与中国船级社高照杰副总裁等商谈中国强制认证制度与中国船检制度有关船用产品重复检测、认证问题。

12 月 28 日，国家认监委在京召开认证认可专家咨询委员会成立大会暨第一次工作会议。委员会由全国人大环境资源委员会主任曲格平，全国政协委员沈烈初、原国家出入境检验检疫局局长田润之，全国工商联副主席王以铭，国务院经济体制改革办公室副主任潘岳，国务院参事、卫生部食品卫生监督检验检疫所教授戴寅，清华大学经济管理学院教授魏杰，中国农业大学教授韩纯儒，共 8 位专家学者组成。委员会的主要职责是对国家认证认可工作方针、政策提出前瞻性的意见和建议，反映社会各界对认证认可工作的意见和要求，协助国家认监委监督有关部门改进工作、提高效率，并监督有关认证认可工作的法律、法规实施，协助向上级有关部门反映情况。王凤清主任向各位委员颁发了聘书。会议通过了认证认可专家咨询委员会章程。

2003年

1月19日,节水认证产品列入原国家经贸委公布《当前国家鼓励发展的节水设备(产品)目录》(第二批),享受优惠政策。

2月9日,国家认监委王凤清主任主持召开委主任办公会,听取法律部关于《认证认可监督管理条例》出台进展情况报告;听取实验室部关于召开全国出入境检验检疫系统实验室注册向实验室认可、计量认证转化工作会议筹备情况的汇报;通报了近期汽车产品认证工作和国内外汽车产品认证制度实施方案的汇报。

2月14日,国家认监委在京召开强制性产品认证机构座谈会,裘亦良总工程师主持会议。9家指定认证机构的负责人和代表参加了会议,汇报了强制性产品认证工作的进展情况,探讨了目前存在的问题,研究了这些问题的解决方案,并就如何进一步加强强制性产品认证工作进行了座谈。

2月10日~17日,国家认监委刘卓慧副主任在澳大利亚参加2003年IATCA第一次执委会会议。

2月11日~20日,国家认监委王凤清主任率代表团一行5人到香港宣布中国检验(香港)有限公司领导班子的任免文件;对中国检验(香港)有限公司领导班子进行测评、考察;拜访香港中联办有关负责人,建立双方工作联系渠道;赴中国检验(澳门)有限公司检查指导工作。受国家质检总局李长江局长委托,在听取广州检验检疫局关于"大通关"现场会情况的汇报。

2月20日,国家认监委印发《国家认监委认证认可专家咨询委员会第一次会议纪要》和《国家认监委认证认可专家咨询委员会章程》。

2月26日,国家质检总局和国家认监委在人民大会堂举行中国汽车、摩托车产品强制性认证颁证会,上海通用汽车有限公司等32家国内外汽车、摩托车企业的产品获得中国强制性产品认证证书。全国人大副委员长姜春云出席会议,总局局长李长江、认监委王凤清主任为获证企业颁证并讲话。

2月27日,国家认监委在京召开出入境检验检疫系统实验室注册工作向计量认证/实验室认可转换工作会议,会议总结了实验室注册工作,并表彰了21个先进单位和59名先进个人。

2月27日,(1)国家认监委、国家质检总局、农业部、国家经贸委、外经贸部、卫生部、环保总局、工商总局、国家标准委联合印发《关于建立农产品认证认可工作体系实施意见》。(2)国家质量监督检验检疫总局、国家认监委联合发布《关于明确强制性产品认证制度和工业产品生产许可证制度管理范围有关问题的通知》(国质检认联[2003]46号),自发布之日起施行。《通知》决定,实施强制性产品认证制度的产品和实施工业产品生产许可证制度的产品原则上不再交叉。对低压电器等17种与强制性产品认证有关的产品,不再实施工业产品生产许可证制度。同时,对食品电烤炉等6类产品实施强制性产品认证制度和实施工业产品生产许可证制度的适用范围做了进一步明确。

3月3日,国家认监委发布《关于对室内空气质量检测机构开展计量认证的通知》。

3月4日,中国国家认证认可监督管理委员会公告2003年第1号公布《2002年通过行业计量认证评审组评审、经国家认监委审查批准的国家计量认证合格质检机构(实验室)》。

3月18日,国家认监委王凤清主任主持召开委主任办公会,听取与国务院法制办共同探讨、修改《认证认可管理条例》(草案)的情况汇报;听取法律部会同认证部到福建、广州、四川、湖南为全国强制性产品认证行政执法工作会议进行前期调研的情况汇报;听取信息中心关于2003年委信息化工作安排的汇报。

3月20日,王凤清主任主持召开委主任办公会,审议、修改《认证认可管理条例》(草案)。

3月25日,水利部、国家认监委、国家标准委在北京联合召开"落实《管理通则》推动节水型产品认证工作"的新闻发布会。

3月26日~28日,国家质检总局和国家认监委在京联合召开全国强制性产品认证行政执法工作会议,国家质检总局局长李长江、党组书记李传卿到会讲话,国家认监委王凤清主任在会上作了工作报告。会议对强制性产品认证行政执法工作提出要求并进行了工作部署。来自各省、自治区、直辖市质量技术监督局,各直属出入境检验检疫局和9家指定的强制性产品认证机构的代表共150多人参加了会议。

3月31日,国家质检总局召开特种设备安全监察条例宣贯暨特种设备安全监察工作会议。

4月7日~9日,国家认监委在扬州召开检验检疫行业标准计划项目审议会,国家认监委裘亦良总工程师出席会议并讲话,国家质检总局有关业务司、原检验检疫科学技术委员会和各专业技术委员会部分专家共60多名代表参加了会议。

4月10日，《国家认监委发布关于对实施强制性产品认证制度的产品不再实施出口质量许可制度的通知》(国认证[2003]19号)，自发布之日起施行。《通知》规定：对部分实施强制性产品认证制度的产品，不再实施出口质量许可证制度。

4月14日，国家认监委王凤清主任主持召开《认证认可管理条例(草案)》学习讨论会，委全体职工及下属单位领导班子成员参加了学习讨论。

4月15日，(1)国家认监委王凤清主任参加国家质检总局在京召开的全国质量技术监督执法打假工作会议。(2)国家认监委刘卓慧副主任就中国强制性产品认证制度接受中央电视台《经济半小时》栏目的采访。(3)国家认监委2003年第2号公告发布《强制性产品认证代理申办机构名录》。自公告发布之日起，承担强制性产品认证任务的认证机构、标志发放管理机构不得受理未经注册的代理机构的申办业务。拟申请获得强制性产品认证的生产企业、进口商、经销商本着自愿的原则，可以自由选择以上经注册的机构代理申办业务；任何部门、单位和个人，不得采取强迫或不正当竞争等手段干涉生产企业、进口商、经销商的申办业务，影响他们的自由选择。违反以上原则的行为一经发现，国家认监委将予以严厉查处。

4月17日，(1)农业部、国家认监委2003年第264号公告联合发布《无公害农产品产地认定程序/无公害农产品认证程序》，自发布之日起施行。《无公害农产品产地认定程序》对无公害农产品产地认定工作的主管部门、申请程序、评审等做了明确规定。《无公害农产品认证程序》对承担无公害农产品认证工作的认证机构、《实施无公害农产品认证的产品目录》的发布部门、申请认证的程序和监督管理做了明确规定。(2)国家认监委发布《关于强制性产品认证承认质量体系认证证书有关问题的通知》(国认证函[2003]65号)。《通知》规定，国家认监委同意授权45家质量认证机构作为强制性产品认证可承认的质量体系认证证书的颁发机构。各强制性产品认证指定认证机构在受理强制性产品认证时，企业凡获得上述机构在授权业务范围内所颁发的质量体系认证证书，且证书在有效期内的，经指定认证机构审核确认，可以免于对企业有关质量保证能力相同部分的审查，并根据审核工作量酌情减收工厂检查费。

4月25日，国家认监委发布《关于对室内空气质量检测机构开展计量认证的补充通知》。

4月29日，中国检验认证有限公司召开首次股东会，通过《中国检验认证有限公司章程》，选举产生了公司董事会、监事会领导及其成员。

5月8日，国家认监委王凤清主任会见加拿大驻华大使柯杰，双方就中国强制性认证制度的有关政策及具体操作等问题进行了探讨，并就加拿大标准协会(CSA)与国家认监委及其指定认证机构在认证认可领域的交流与合作进行了会谈。

5月9日，国家认监委党组书记王凤清主持2003年认监委第3次党组扩大会，审议《中国进出口商品检验总公司改制方案》。党组成员梁杰、夏铮铮、程方、刘卓慧、裘亦良，总局人事司、计划财务司领导和委有关部室负责人、商检总公司领导班子成员参加了会议。

5月12日，国家标准化管理委员会正式颁布无线局域网(WLAN)国家标准GB15629.11—2003《信息技术 系统间远程通信和信息交换 局域网和城域网特定要求 第11部分：无线局域网媒体访问(MAC)和物理(PHY)层规范》、GB15629.1102—2003《信息技术 系统间远程通信和信息交换 局域网和城域网特定要求 第11部分：无线局域网媒体访问(MAC)和物理(PHY)层规范：2.4GHz频段较高速物理层扩展规范》，并于12月1日正式实施。

5月13日，(1)国家认监委王凤清主任到中国质量认证中心现场办公，听取中心领导关于强制性产品认证工作进展情况及存在问题的汇报，对中心下一步工作的开展做出指导。(2)国家认监委夏铮铮副主任主持召开专题会议，研究讨论《认证认可管理条例》(草案)。

5月19日，国家认监委王凤清主任主持专题会议，研究CB实验室扩项和2005年中国承办IECEE会议的有关问题。

5月26日，国家认监委王凤清主任、裘亦良总工程师与认证监管部、办公室研究强制性产品认证工作，会议提出要采取更有力的措施，全面推进强制性产品认证制度的实施。

5月27日，国家认监委党组书记王凤清主持认监委2003年第3次党组会，听取办公室关于申请成立"中认信息技术有限公司"的情况汇报，对公司成立的可行性进行了讨论研究；听取法律部对各部门会签《认证认可管理条例》(草案)意见处理情况的汇报，对法律部提出的5月23日修改稿进行了讨论和审定。

6月3日，国家认监委王凤清主任与国务院法制办有关人员商谈《认证认可管理条例》的制定问题，夏铮铮、程方副主任参加了会议。

6月5日，国家认监委裘亦良总工程师主持认证部、9家认证机构及标志发放管理中心联合召开会议，研究进一步推动强制性产品认证的有关问题。

6月6日~8日，国家认监委王凤清主任与国家质检总局李长江局长一行赴上海宣布上海检验检疫局主要领导调整的决定；到上海质量技术监督局、上海质量协会认证中心、浙江质量技术监督局、浙江检验检疫局、杭州万泰认证中心检查工作。

6月10日，(1)国家认监委王凤清主任出席农业部召开的全面推行无公害食品行动计划电视电话会议并讲话。(2)中国国家认证认可监督管理委员会公告2003年第4号公布《吊销三家出口肠衣企业的对欧盟注册资格名单》。

6月11日，国认证函[2003]94号《关于对强制性产品认证代理申办机构加强管理的通知》公布有关要求及强制性产品认证代理申办机构名录。

6月20日，国家认监委在济南召开质检系统强制认证宣传工作座谈会，总结前一阶段强制认证宣传工作，并对下一阶段的强制认证宣传工作进行全面部署，国家认监委刘卓慧副主任出席会议并讲话。来自各省、自治区、直辖市质量技术监督局，各直属检验检疫局的代表70多人参加了会议。

6月23日，国家认监委公告2003年第5号公布《电气电子产品强制性认证实施规则电线电缆产品电线电缆补充件》，该《补充件》自2003年7月1日起实施。

6月24日~7月1日，国家认监委王凤清主任到成都、重庆就如何搞好检验检疫大通关，抓紧CCC认证，扩大和促进外贸出口问题进行了调研。在成都期间，宣布了国家质检总局党组关于四川检验检疫局主要负责人调整的决定；召开了部分出口企业座谈会；听取了四川、重庆质量技术监督局和检验检疫局的工作汇报；考察了四川、重庆评审中心和中国质量认证中心成都分中心的工作；出席了四川省认证认可工作领导小组成立暨获证企业颁证大会、中国质量认证中心(重庆)颁证大会，对如何全面加强和规范四川省的认证工作做了指示；参观了重庆检验检疫局的实验室以及刚落成的成都质量技术监督局新办公楼；考察了部分出口企业；会见了当地政府领导。

7月15日，国家认监委王凤清主任在天津出席由天津市质量技术监督局和天津检验检疫局联合召开的国家强制性认证产品颁证暨天津市强制性产品认证推进会并讲话。

7月22日，国家认监委刘卓慧副主任主持《ISO19011标准理解与实施》定稿会。(2)国家认监委公布了国家首批通过认证的节水产品型号以及其生产企业名单，8家企业率先通过了节水产品认证，获得认证证书。

7月25日，(1)国家认监委王凤清主任听取四川省质量技术监督局关于强制性产品认证工作情况的汇报。(2)中国国家认证认可监督管理委员会公告2003年第6号公布《部件自愿性认证机构和实施规则》。(3)国家认监委2003年第7号公告发布《属于CCIB、CCEE管理的产品目录及CCIB和CCEE重复管理的产品目录》。公告规定，2003年7月31日前已经进口（指完成报关手续）、出厂销售的未获得强制性产品认证的产品准许继续销售。但其中属于原进口安全质量许可证目录内的进口产品，无CCIB或CCC标志的和属于原安全认证强制性监督管理(CCEE认证)目录内的产品，无长城标志或CCC标志的，不得销售。对于进口安全质量许可证目录与安全认证(CCEE认证)目录内重复的产品，获得其中任意一种认证证书均予以承认。

7月27日，国家认监委、国家质检总局和商务部联合在北京王府井百货大楼广场举行“全国百家大型商场不销售无3C认证标志相关商品”活动，程方副主任出席活动并讲话。

7月30日，国家认监委发布《关于调整承担强制性产品认证检测任务的机构及其业务和地域范围的通知》(国认证函[2003]133号)。《通知》决定增加23家承担强制性产品认证检测任务的机构，同时对已指定的检测机构的业务及其范围进行了调整。国家认监委国认证函[2002]39号、国认证函[2002]65号和国认证函[2003]8号文件有关检测机构、业务和领域的规定同时废止。

8月1日，(1)北京市质量技术监督局和北京出入境检验检疫局主办的强制性认证执法检查授旗仪式暨电子信息类产品CCC认证推广会在北京召开，国家质检总局李长江局长、认监委王凤清主任、夏铮铮副主任、裘亦良总工程师出席。(2)国家认监委发布《关于部件自愿性认证有关要求的通知》(国认证函[2003]134号)。《通知》要求强制性产品认证机构在整机认证中，对6家具备规定资质和技术能力的认证机构出具的部件自愿性认证证书，经审核符合规定的，承认其认证结果，免于对部件进行单独测试。《通知》还规定了承认部件自愿性认证结果的具体要求、对部件自愿性认证机构的要求和监督管理要求。

8月3日,国家认监委2003年第8号公告发布《承担强制性产品认证检测任务的机构及其业务范围》。公告增加了承担强制性产品认证检测任务的机构,同时对已指定的检测机构的业务范围进行调整,将增加和调整后的承担强制性产品认证检测任务的机构及其业务范围予以公告。 国家认监委2002年第5号公告、国家认监委国认证函[2002]65号和国认证函[2003]8号文件同时废止。

8月5日,国家认监委召开全体干部会,由国家质检总局人事司朱光沛副司长宣布总局及总局党组关于孙大伟任国家认监委副主任、党组成员的任命文件。

8月6日,国家认监委王凤清主任和裘亦良总工程师会见澳大利亚标准协会主席 George Edward 一行并签署了《中华人民共和国国家认证认可监督管理委员会与澳大利亚标准协会谅解备忘录》。

8月12日,国家认监委发布《〈第一批实施强制性产品认证的产品目录〉中部分产品详细适用范围的通知》(国认证[2003]46号)。《通知》对《〈第一批实施强制性产品认证的产品目录〉中产品的适用范围》(国家质检总局、国家认监委2002年联合公告第60号)中的低压电器、电线电缆、电路开关保护或连接用电器装置、小功率电动机等产品的适用范围做了补充说明。

8月13日,国家认监委裘亦良总工程师到陆桥印刷厂检查CCC标志印刷工作。

8月13日~14日,国家质检总局在广州、深圳召开检验检疫大通关工作会议,国家认监委王凤清主任、程方副主任参加。期间,王凤清主任陪同吴仪副总理视察了广州呼吸病研究所、国际汇展中心和虎头电池集团有限公司。王凤清主任、程方副主任还参观了蛇口、皇岗口检验检疫大通关现场并听取广东、深圳检验检疫局大通关工作汇报。

8月14日,国家认监委裘亦良总工程师出席中国质量认证中心在上海召开的CB实验室扩项工作会议,来自18个实验室的46名代表出席了会议。

8月18日,国家认监委王凤清主任同国家质检总局李长江局长、李传卿书记,发改委马凯主任研究汽车认证与《公告》制度有关问题。

8月20日,(1)国家认监委王凤清主任列席国务院第18次常务会议,会议审议并原则通过了《中华人民共和国认证认可条例(草案)》。(2)王凤清主任、刘卓慧副主任会见巴基斯坦政府代表团一行,双方就中巴16届科技合作项目以及双方合作的具体操作问题进行了研究。

8月25日,国家认监委召开第6次党组会。会议研究了召开全国认证认可工作会议和《认证认可条例》的宣贯问题,确定《条例》颁布后的学习、宣传、培训等相关事项;听取注册部《关于建立农产品暨食品认证补贴机制的建议》。党组书记王凤清、党组成员孙大伟、梁杰、夏铮铮、程方、刘卓慧参加了会议,各部室主任以及有关人员列席会议。

8月27日~9月6日,国家认监委裘亦良总工程师率团对瑞典电气设备测试认证研究院(SEMKO)、比利时国家认证机构(CEBEC)和德国莱茵TUV柏林勃兰登堡集团进行了访问,并分别签署了《中华人民共和国国家认证认可监督管理委员会与瑞典电气设备测试认证研究院谅解备忘录》、《中华人民共和国国家认证认可监督管理委员会与比利时国家认证机构谅解备忘录》和《中华人民共和国国家认证认可监督管理委员会与德国莱茵TUV柏林勃兰登堡集团谅解备忘录》。

9月1日,(1)国家认监委王凤清主任出席国家质检总局召开的中国名牌暨质量兴市表彰大会。(2)国家认监委公布《关于调整强制性产品认证指定认证机构业务范围的通知》(国认证函[2003]170号)。《通知》对已指定的部分认证机构的业务范围进行调整,公布了变更和调整后的承担强制性产品认证任务的认证机构及其业务范围。(3)国认证函[2003]171号公布《关于调整指定的强制性产品认证检测机构及业务范围的通知》。《通知》增加了承担强制性产品认证检测任务的机构,同时对已指定的检测机构的业务范围进行调整。《通知》还规定,认证机构在受理强制性产品认证申请时,对于同一区域可承担检测任务的机构有两家或两家以上的,认证机构应明示申请人,由申请人根据需要自主选择检测机构。

9月2日,(1)国家认监委公告2003年第11号公布经变更和修改过的《承担强制性产品认证工作的认证机构及其业务范围》,公告宣布国家认监委2002年第4号公告同时废止。(2)国家认监委公告2003年第12号公布增加的《承担强制性产品认证检测任务的机构及其业务范围》。

9月3日,国务院总理温家宝签发第390号国务院令,公布了《中华人民共和国认证认可条例》,自2003年11月1日起施行。《条例》确立了"国家实行统一的认证认可监督管理制度”、“国家实行统一的认可制度”、“对认证机构的设立实行许可制度”、“对实验室、检查机构能力的认定制度”、“允许外资进入并加强监督管理的制度”和“对认证培训机构、认证咨询机构加强监督管理的制度”等基本的认证认可制度。

8 月 26 日~9 月 5 日,国家认监委裘亦良总工程师访问德国、瑞典、比利时,与德国 TUV、瑞典 SRMKO 和比利时国家认证机构签署了谅解备忘录。

9 月 10 日,国家质检总局、国家认监委联合召开《中华人民共和国认证认可条例》新闻发布会。国家质检总局党组书记李传卿、国家认监委王凤清主任出席会议,国家质检总局新闻发言人、法规司司长刘兆彬就《条例》的立法背景、主要内容和重要意义向新闻界做了介绍。在京各大媒体的 50 多名记者参加了新闻发布会。

9 月 11 日,国家认监委王凤清主任主持全国认证认可部际联席会、认证认可专家咨询委员会第二次会议,通报了《中华人民共和国认证认可条例》的公布情况及一年来认监委的主要工作。与会代表纷纷表示要支持和配合《中华人民共和国认证认可条例》的贯彻实施。国务院副秘书长徐绍史、国家质检总局局长李长江出席了会议并讲话。22 个部际联席会议成员单位的领导、联络员及认证认可专家及咨询委员会的有关专家出席会议。

9 月 13 日,(1)国家认监委王凤清主任在澳门出席澳门卫生局举行的“2003 年捐血者嘉宾典礼暨 ISO9001:2000 质量管理系统证书颁发仪式”,对获得 ISO9001 认证的澳门卫生局颁发了认证证书并讲话。仪式开始前,王凤清主任还会晤了澳门特别行政区行政长官何厚铧先生。(2)国家认监委梁杰副主任会见朝鲜品质监督局代表团并出席合作签字仪式。

9 月 16 日,中检集团与美国 UL 合资成立的 UL 美华认证有限公司在人民大会堂举行公司开业典礼,国家质检总局李长江局长到会并致贺词,国家认监委王凤清主任出席并讲话。国家认监委梁杰、刘卓慧副主任,裘亦良总工程师出席了典礼活动。

9 月 17 日,中欧联合举办了中国强制性产品认证和国际认证实践研讨会。国家质检总局局长李长江、欧盟委员企业和信息社会委员利卡宁先生、国家认监委王凤清主任出席会议并致开幕词和欢迎词。研讨会期间,中欧政府主管部门代表以及认证专家分别就中国强制性认证的国家管理体系、做法和具体实施情况进行了专题讨论。国家认监委梁杰副主任、欧盟驻华使团以及中国加入 WTO 项目办公室的有关同志参加会议。

9 月 13 日~17 日,国家认监委程方副主任带领全国认证认可会议材料起草小组有关人员在江西召开认证认可工作座谈会,听取对全国认证认可工作会主题报告的意见。上海、江苏、浙江、福建、广东、江西技术监督局、检验检疫局主管认证认可工作的副局长和相关业务处长参加了会议。

9 月 13 日~29 日,国家认监委夏铮铮副主任在阿根廷出席第 26 届 ISO 大会,会后访问巴西标准化协会。

9 月 18 日,(1) 国家认监委梁杰副主任会见意大利 IMO 总经理 Ciancarbo Zappa 先生一行,双方就合作问题进行了协商。(2)国家认监委裘亦良总工程师在苏州出席 UL 美华认证公司开业典礼。

9 月 18 日至 9 月 30 日,国家认监委刘卓慧主任率团对英国和西班牙进行了工作访问。

9 月 19 日,(1)国家认监委召开委主任办公会,研究全国认证认可工作会议主题报告和会议议程。(2)国家认监委裘亦良总工程师参加中美信息技术标准化与合格评定研讨会。

9 月 19 日~28 日,国家认监委刘卓慧副主任率认监委代表团访问英国标准协会(BSI),赴西班牙了解欧洲农产品认证认可工作情况。

9 月 22 日,国家认监委王凤清主任主持主任办公会,研究了《中华人民共和国认证认可条例》配套规章和规范性文件的制订问题;研究近期各部室的工作及相关的财务问题,并对认证认可网站信息发布和及时更新问题,提出了具体要求。

9 月 22~23 日,在北京召开了“政府机构节能国际研讨会”,国内外 70 余名代表出席了会议。

9 月 24 日,国家认监委梁杰副主任会见了美国 ASQ 全球发展部经理 MichaelDonoghue 先生一行,双方就合作问题进行了协商。

9 月 26 日,国家认监委裘亦良总工程师会见了越南标准质量局副局长 PhamNgocTran 一行,并签署了认监委与越南标准质量局会谈纪要。

9 月 25 日~27 日,国家质检总局、国家认监委在京召开了第二次全国认证认可工作会议。中心议题是宣传贯彻《中华人民共和国认证认可条例》,部署下一阶段工作。国家认监委王凤清主任做了工作报告,国务院副总理吴仪向大会发来了贺信,国务院副秘书长徐绍史、国务院法制办副主任张琼、总局局长李长江出席了会议开幕式并讲话。国家质检总局副局长王秦平出席会议闭幕式并讲话。各直属检验检疫局,各省、自治区、直辖市、新疆生产建设兵团质量技术监督局,国家标准委、国家质检总局机关各司(局),新闻媒体记者共300多人参加了会议。

9月28日,国家认监委公告2003年第13号公布《注销卫生注册资格的13家企业名录和范围》。

10月8日,国家认监委王凤清主任主持主任办公会,听取法律部关于拟订《中华人民共和国认证认可条例》配套规章、规范性文件制修订意见的汇报;就如何贯彻落实全国认证认可工作会议精神进行了研究。会议决定由办公室负责规划认证认可工作工具书的整理印制工作,并要求有关各部积极配合。

10月10日,(1)国家认监委王凤清主任主持主任办公会,听取并原则同意了注册管理部关于分别与农业部、商务部拟订《饲料产品认证管理办法》和《绿色市场认证管理办法》的汇报,对相关问题进行了研究。(2)国家认监委裘亦良总工程师会见加拿大标准协会(CSA)副总裁卢克基先生,并签署双方合作谅解备忘录。国家认监委梁杰副主任参加了签字仪式。

10月3日~10日,国家认监委刘卓慧副主任在美国出席IATCA执委会全委会。

10月15日,国家认监委程方副主任参加美国FDA在北京举办的食品注册及通关事务培训班。

10月23日,国家认监委、商务部2003年第14号公告联合发布《绿色市场认证管理办法》,自发布之日起施行。《管理办法》对绿色市场的定义、主管部门的职责、从事绿色市场认证的认证机构的职责、认证程序、认证标牌(志)管理、监督管理、收费等做了明确规定。

10月24日,认证中心在云南举办中国与欧美汽车认证研讨会,国家认监委裘亦良总工程师到会并讲话。来自认证机构、检测机构的15名专家参加了会议。

10月13日~25日,国家认监委王凤清主任率团在加拿大出席国际电工委员会第67届年会。大会选举王凤清为IEC理事局(IEC/CB)成员,标准委宿忠民为IEC标准局(IEC/SMB)成员,国家认监委谢军为国际电工产品检测与认证组织(IEC/IECEE)副主席。会议期间,王凤清主任与欧洲电工委员会(CENELEC)和IEC美国国家委员会就建立IEC框架下的长效合作机制进行了双边会谈。会后赴美国洛杉矶检查中检集团北美公司的工作。

10月9日~11日、10月13日~15日、10月26日~28日,国家认监委共举办三期《中华人民共和国认证认可条例》学习培训班。国家认监委夏铮铮、程方、刘卓慧副主任到会并讲话。各地方技术监督局和各出入境检验检疫局的相关负责人员、认证机构138个认证机构近170多名代表参加了此次培训。

10月27日,国家认监委发布《关于法定计量检定机构申请办理计量认证合格证书的通知》。

10月28日~30日,国家认监委在上海召开第二届HACCP应用及水产品论文研讨会.程方副主任到会并讲话。会议共征集论文136篇,规范了食品生产企业HACCP管理体系的建立、实施、验证以及HACCP的认证工作,为推动中国HACCP的认证认可工作打下了良好基础。

10月28日,国家认监委公告2003年第15号公布《第一批室内空气质量检测机构名录、第三批室内装饰装修材料有害物质限量检测机构名录》。

10月29日~31日,国家认监委在福建召开强制性产品认证技术专家组成立暨工厂检查技术研讨会。国家认监委裘亦良总工程师出席开幕式并讲话。来自20多家认证机构、检测机构的49名代表参加了会议。

11月6日,(1)国家认监委梁杰副主任会见荷兰KEMA质量认证公司总裁Erik J. Duim先生一行5人,就KEMA在中国业务发展及与国家认监委的进一步合作等问题进行了会谈。(2)国家认监委裘亦良总工程师会见美国UL亚太区审查部总监Michael Hopfinger一行5人。双方就如何控制和约束伪造未经授权的UL标志等问题进行了会谈。

11月7日,国家认监委王凤清主任、程方副主任出席全国农业标准化工作会议。

11月11日,国家认监委程方副主任参加了认监委与美国FDA联合举办的美国FDA反恐法规区域性联合电视会议。会议使中国检验检疫和各出口企业更进一步了解了美国FDA即将实施的进口食品、饲料加工注册等相关的法律法规。美驻华使馆农业专员、商务部、总局、各相关直属检验检疫局以及部分企业的代表参加了会议。

11月8日~13日,国家认监委王凤清主任、程方副主任在福州出席全国质检系统科技工作会议。期间,王凤清主任出席了总局与福建省政府"建立更紧密工作联系机制、扩大福建出口"合作备忘录签字仪式,到漳州灿坤实业有限公司、漳州信华食品(漳州)有限公司、宁德地区调研,并到福建检验检疫局、福建省质量技术监督局所属中心检验所检查工作。

11月18日，(1)国家认监委王凤清主任会见香港标准检定中心(STC)总裁冯立中先生一行。就STC在中央政府有关政策下，根据《中港更紧密经贸关系安排(CEPA)》，加强与大陆机构在认证认可领域的合作，更好地为推动香港地区的经济发展和为香港工业界提供服务等问题进行了会谈，裘亦良总工程师参加了会见。(2)认可中心在北京召开荷兰及欧盟HACCP体系实施与认证国际研讨会，国家认监委程方副主任到会并讲话。来自20多家认证机构、科研单位的近100名代表参加了会议。

11月17日~18日，国家认监委王凤清主任主持委主任办公会，审议并通过了法律部提交的《认监委实施行政处罚若干规定》；审议了《强制性产品认证机构、检查机构和实验室指定管理办法》；讨论了认证部提交的关于成立网络安全认证中心及无线局域网产品认证的问题；研究了对部分建筑装饰装修材料实施强制性产品认证的有关问题；听取了注册部关于农产品认证的情况汇报，并对有关问题进行了研究。

11月19日~21日，国家认监委王凤清主任出席总局与河南省政府签署《关于促进河南重点农产品出口合作备忘录》的签字仪式，到三门峡湖滨果汁厂调研，并到洛阳检验检疫局、洛阳市质量技术监督局检查工作。

11月21日，国家认监委公告2003年第16号公布《第二批室内空气质量检测机构名录》。

11月25日~26日，国家认监委在宜兴市召开全国出口陶瓷认证监管工作会议。国家认监委程方副主任出席开幕式并讲话。会议总结了近几年来全国出口陶瓷质量许可证和输美陶瓷认证实施情况，通报了全国陶瓷铅、镉溶出量检测能力的验证工作。来自各地检验检疫局负责陶瓷认证和检验监管工作的70多位专家参加了会议。

11月25日，国家认监委程方副主任参加浙江省有机产品发展研讨暨颁证大会，为11家获得有机产品证书的农副产品加工企业颁发证书。

12月1日，国家质检总局、国家认监委2003年第113号公告发布《无线局域网产品实施强制性产品认证》，自2004年6月1日起施行。公告决定对无线局域网产品实施强制性产品认证。自2004年6月1日起，未获得强制性产品认证证书和未加施中国强制性认证标志的无线局域网产品不得出厂、进口、销售或者在其他经营活动中使用。自2004年1月1日起，委托人可以向指定机构提出认证产品的检测、认证委托。

12月2日，国家认监委刘卓慧副主任在广州参加建设部举办的2003年度中国工程建设管理体系论坛年会。

12月1日~2日，国家认监委在北京召开《中华人民共和国认证认可条例》英文版定稿会，国家认监委梁杰、夏铮铮副主任、国务院法制办外事司及认可中心、认证中心的相关人员参加了会议。

12月8日，(1)国家认监委在贵州召开HACCP认证、有机农产品认证与西部开发研讨会。国家认监委程方副主任到会并讲话。贵州省经贸厅、农业厅、林业厅、环保局及相关的行业协会共101名代表参加了会议。(2)国家认监委裘亦良总工程师会见德国南德集团执行副总裁艾克萨一行，双方就进一步合作问题进行了协商。

12月9日，国家认监委2003年第17号公告发布《国家认监委实施认证认可行政处罚若干规定》，自发布之日起施行。《规定》明确了国家认监委法制工作机构具体负责组织实施国家认监委行政处罚工作、实施行政处罚的案件范围、应当予以立案的案件、案件的审理、签发行政处罚决定或者其他行政处理决定、行政处罚的期限等。

12月10日~11日，国家认监委裘亦良总工程师出席重庆市政府举办的重庆长安铃木汽车有限公司“20万辆扩能工程”启动仪式。海关总署、商务部、发改委及相关行业协会的近80名代表参加了会议。

12月10日~12日，国家认监委王凤清主任主持总局2003年度检验检疫高级专业技术职务任职资格评审会议并参加评审。

12月10日~24日，国家认监委应加拿大国际开发署(CIDM)“小农户适应全球市场发展”项目的邀请，派员赴加拿大进行了考察访问。此次访问分别考察了加拿大JR实验室、加拿大食品检验局(CFIA)、加拿大食品检验局植物检疫中心、加拿大标准化委员会(SCC)、加拿大食品检验局动物疾病研究中心、加拿大外来动物疾病中心和加拿大B.C省理工学院食品技术部。

12月15日，中国国家认证认可监督管理委员会公告2003年第18号公布《无线局域网产品强制性认证实施规则》。该规则自2004年1月1日起施行。

12月16日，(1)国家认监委王凤清主任会见日本协荣产业株式会社社长古泽荣一先生一行，双方探讨了废物回收利用问题。(2)国家认监委裘亦良总工程师主持中韩标准化和合格评定分委会成立暨第一次会议。会议确定了分委会的主席和联络员，中韩双方就进一步合作问题达成了一致意见。韩国产业资源部技术标准院院长韩章燮一行5人参加了会议。

12 月 23 日~29 日，国家认监委王凤清主任、程方副主任在广西参加全国检验检疫局长会。期间，王凤清主任还到北海、东兴、防城港进行了考察调研；到广西检验检疫局和质量技术监督局看望了干部职工，并到三亚检验检疫局听取了有关培训中心建设项目的汇报和进行实地考察。

12 月 31 日，(1) 国家认监委 2003 年第 20 号公告发布《承担无线局域网产品强制性认证、检测工作机构》。公告暂时指定的 3 家认证机构、1 家检测机构从即日起在指定的业务范围内承担无线局域网产品的强制性产品认证、检测工作。(2)国家认监委 2003 年第 19 号公告发布《饲料产品认证管理办法》，自发布之日起施行。《管理办法》对饲料产品认证的含义、主管部门及其各自的职责、认证机构的职责、饲料产品认证的组织实施、证书、标志管理、监督管理等做了明确规定。

第十六部分 综合工作

一、机构组建

为了落实党中央、国务院成立国家认监委的重大战略部署，按照国务院领导的指示要求，积极开展了机构的组建工作。及时组织干部认真学习党中央、国务院的有关文件和中央领导讲话精神，从建立和完善社会主义市场经济体制，转变政府职能；扩大对外开放，促进对外贸易发展，解决认证认可职责交叉，提高工作的有效性和从源头上抓产品质量等方面，充分认识组建国家认监委的重大意义，切实把思想和行动统一到党中央、国务院的重大决策上来。在此基础上，组织力量，经过认真酝酿、研究和科学论证，草拟了国家认监委的“三定”方案，对国家认监委的职责、权限等做出了明确的规定。积极与国务院办公厅、中央编办联系，完成了“三定”方案的报批工作，经总局党组批准，及时组建了国家认监委党组；按照“三定”规定，在充分听取意见的基础上，从工作实际出发，组建起8个职能部室，调配了干部。在国家质检总局的支持和关怀之下，修建了办公室，筹措了基本办公设施，实现了东西区合署办公。及时办理了机构法人代码证书、公章刻制、建立银行账户、安装财务软件等工作。办公室等综合部门在人员缺乏的情况下加班加点工作，保证了国家认监委日常工作的正常运转。8月29日，在人民大会堂举行了隆重热烈的国家认监委成立大会，认证认可工作从此步入了一个新的历史发展时期。

二、思想政治工作

把提高人员的政治素质作为重要的工作来抓，切实加强对所属人员的教育。根据总局机关党委和委党组的要求，积极组织了江泽民“5·31”重要讲话、党的十六大精神、“三个代表”重要思想、胡锦涛“7·1”重要讲话、十六届三中全会精神等的学习，委党组率先垂范，坚持每月组织一期“三个代表”理论学习，通过学习，使全体人员的思想觉悟和理论水平得到了提高。组织委机关和下属单位的人员赴延安革命圣地接受革命传统教育，组建了机关党委和党政工青妇等组织。开展了丰富多彩的教育和文化娱乐活动，培养了大家的爱岗敬业精神，增强了单位的凝聚力。

三、秘书工作

加快了建章立制的步伐，健全了公文管理、会议管理、人事(外事)管理、办公用品登记管理、车辆管理、档案管理等各项规章制度，使各项工作做到了有章可循。

认真做好文件、资料、信函的送呈及领导活动的安排工作。2002年全年发文514份，收文710份，内部请示、会签等566份，办理全国人大代表、政协委员提案和议案答复7件。收集整理了2001年文书档案，归档案卷72卷，其中永久保管24卷、长期保管28卷、短期保管20卷。2003年编发委领导工作安排276期，整理传阅文件近400人次，1000余份，对2001年、2002年重要文件进行汇编，加强会议管理，精简各类会议培训班21个，完成对全国人大代表建议案、政协委员提案的答复6件，汇总、确定2004年认监委政协提案选题。整理了2002年文书档案，归档案卷268卷，其中永久保管92卷、长期保管102卷、短期保管74卷；2003年约700件。

四、人事和外事管理

人事和外事管理工作坚持“高效、准确、有序”的宗旨，加强管理，突出重点，以制度建设为根本，在人手少、任务重的情况下努力工作，圆满完成了干部任免调配、机构编制建设、工资管理、教育培训等工作任务。2002全年办理了40名干部的任免手续，完成了机关和下属事业单位的机构编制建设，对机关、下属单位80多人次进行了工资调整，组织各类人员培训10多期，发放培训证书640多份。组织实施了商检公司改制工作。

在外交部授予国家认监委一定的外事审批权后，抓紧做好了相关工作。2002年接收国家质检总局下发的批件119件，团组涉及人员384人次，国家认监委及下属单位人员出国153人次，涉及签证国家170国次。2003年签发出国(境)任务批件256件，为102个团组办理政审手续。

五、行政后勤服务

进一步完善了固定资产管理，对固定资产情况进行了较为全面的调查和登记，建立了固定资产管理数据库。加强了办公用具的登记管理二作；明确了办公用品、办公设备、固定资产管理流程，完成国家认监委“固定资产管理系统”、“中央在京单位职工住房档案管理信息系统”的建立。认真贯彻《政府采购法》，按照总局要求执行政府采购程序。会同总局资产处及下属“两个中心”，完成对甲10号楼资产的清查、登记、移交及办公用房分配工作。协助完成国家质检总局对认监委及下属机构现有小汽车配备使用情况的全面清理的工作，努力协调，保障了委机关的车辆服务工作。

六、信息化建设

为国家认监委网站进行了版面更新和信息分类调整，加快了网站信息的更新速度。为国家认监委网站更换了邮件系统，加入了病毒检测等多项功能，保证了业务联系的多样性。建立了中国认证认可信息网网站，为正式运营打下了基础。

七、财务工作

1、2001年财务工作概况

国家认监委财务部作为一个内设职能部室，承担着国家认监委机关的经费支出会计核算，财务预、决算编制，外汇额度、政府采购计划编制，国有资产管理，认证认可收费办法拟定申报及对下属单位财务工作进行管理、监督等工作。

(1)组建队伍，开户建账。财务部于2001年9月开始组建，11月，人员基本到位。当年完成了开设银行账户、税务登记、建立账簿、安装设置CIQ会计核算软件、申请开办经费等一系列前期准备工作。确定执行《出入境检验检疫单位会计制度》和《出入境检验检疫单位财务制度》。为今后财务工作的顺利开展打下了良好的基础。

(2)建章立制。2001年12月，根据《中华人民共和国会计法》和有关财政法规，结合国家认监委的实际情况，制定印发了《国家认监委机关财务管理办法（试行)》和《国家认监委财务报销程序(试行)》。

(3)编制上报2002年财务预算、人民币购汇限额预算。2002年预算是国家认监委成立后的第一个财务预算，在没有任何数据可供参考的情况下，财务部经过调研、分析，整理编制了国家认监委2002年财务预算，并按期上报国家质检总局。

(4)固定资产登记。国家认监委成立初期，大部分的办公设备、桌椅等固定资产是由国家认监委统一购买的，但也有一部分是两局调入人员从原单位带来或是由其他单位垫支购买的。针对这种情况，财务部与行政部门配合，对固定资产进行全面清查登记，使各项资产的管理全部落实到人。

2、2002年财务工作概况

2002年，财务部在做好会计核算等基础财务工作的同时，继续围绕国家认监委的中心工作积极做好财务管理。申请追加项目经费，合理安排使用资金，严格控制各项经费支出，很好地执行了2002年预算，为强制性产品认证工作顺利开展提供了资金保障。

(1)细化预算，严格控制各项支出。按照国家加强预算管理的要求，认真做好细化预算工作。发动各业务部室，从编制预算开始，到各项经费使用，坚持一事一议，保证每一笔支出必要、合理。经过一年的努力，2002年预算执行情况良好，在各明细科目均未超支的情况下，预算总额略有节余。

(2)为IEC大会顺利召开提供资金保障。由国家认监委承办的第66届国际电工大会(IEC大会)于2002年10月22日在北京召开。从大会前期筹备到召开、闭幕，财务部全过程参与，按财政规定审核每笔会议支出，严格管理，全方位服务，做好资金保障工作。

(3)布置下属单位进行清产核资。2002年2月，研究并提出下属单位的整合方案，根据国家质检总局党组会议精神和国家认监委主任办公会决定，布置中国合格评定国家认可中心、中国进出口评定认可中心、中国进出口质量认证中心、中国电工产品认证委员会秘书处进行清产核资，并委托深圳南方会计师事务所分别对中国电工产品认证委员会、中国电工产品认证委员会秘书处进行财务状况审计。通过这次清产核资和审计，摸清了下属单位的资产状况和存在的问题，为下一步的整合做好了前期准备。

(4)进一步加强对下属单位的财务管理。12月，国家质检总局《关于中国合格评定国家认可中心和中国质量认证中心财务管理体制有关问题的通知》(国质检财函[2002]909号)，进一步明确"由国家认监委对两中心的日常财务工作进行管理、监督及审计"。根据这一规定，国家认监委及时召开下属单位主管财务领导和财务人员工作会，征求意见，提出要求，理顺关系，规范管理。

3、2003年财务工作概况

2003年财务部在国家认监委党组和主管领导的正确领导下，与有关部门密切配合，较好地完成了各项工作。

(1)编制预算，争取专项经费。编制2003年国家认监委财务预算是财务部的一项重要工作。根据财政部对事业单位预算改革的要求，本着"保证重点，兼顾一般"的原则，编制出2003年财务预算，同时申请追加了一笔认证认可专项经费，使认证认可工作有了一定的资金保障。

(2)加强管理，合理安排使用资金，协调专项资金的分配和使用。对2003年拨付的认证认可专项经费，本着"节约使用，保证重点"的原则，将专项经费落实到各个业务部门，并对每一笔专项资金的使用都严格按照预算进行审核把关，使有限的资金发挥最大的效用。

(3)加强宏观管理，做好对下属单位的监督管理工作。2003年财务部加强了对下属事业单位认证中心、认可中心和中检集团的财务监督管理工作，要求各单位按时报送财务报表，坚持重大财务活动报告制度，并及时转发国家有关财政法规和总局下发的有关文件。

根据国家质检总局和国家认监委党组的决定，财务部对中检集团体制改革给予了全力支持，组织中检集团的下属单位进行清产核资。财务部负责人会同国家质检总局计财司的领导到浙江、江苏、上海等地检查督办中检集团核心企业的清产核资工作，协调处理相关问题，较好地完成了清产核资工作，保障了中检集团体制改革的顺利进行。

鉴于中国质量认证中心和中国合格评定国家认可中心实行新的财务管理体制，需制定与之配套的财务管理办法，财务部与两个中心的财务管理人员就如何制定好新的财务管理办法进行讨论、研究，使这项工作得以顺利进行。

(4)积极配合海关审计局的财务收支审计工作。7月，审计署驻海关审计局对国家认监委2002年财务收支情况进行了审计。这是国家认监委成立以来第一次接受审计署的审计。委领导对此极为重视，财务部门和有关人员密切配合，使这项工作进行得很顺利，保证了海关审计局在较短时间内完成了审计。

(5)完成两种财务制度转换、新旧财务软件数据转换工作。2002年年底前，国家认监委财务核算执行检验检疫系统财务制度，使用检验检疫系统财务软件。为适应近年来国家财政改革的需要，经国家质检总局计财司批准，从1月1日起执行事业单位财务制度，使用"用友"财务软件。并在较短的时间内完成了科目转换工作。

八、宣传工作

2001年国家认监委成立以后，及时开展了对外宣传工作，充分利用参加国际国内会议和重大活动的机会宣传国家认监委的职能和工作。先后组织了国内外各大新闻媒体对国家认监委成立大会、PAC国际会议、APLAC大会的新闻采访，在《人民日报》、《国际商报》上编发了认证认可工作专版；结合认证认可重大业务工作，开展了相关宣传活动，广泛宣传了认证认可工作的重要性，提高了国家认监委的知名度。

本着"让社会了解认证认可，让认证认可服务社会"的宗旨，2002年，在人民大会堂等地，组织了5次大型新闻发布会、11次大型会议。组织新闻单位对国办《关于加强认证认可工作的通知》、全国认证认可工作会议、中美合资测试认证公司组建签字仪式、中国合格评定国家认可中心成立、中国首次对进口汽车碰撞实验、全国实验室资源调查等多项重要工作进行了采访报道。接待人民日报、朝日新闻、美联环球电视等国内外媒体采访1200人次，发稿数达1 500篇以上。其中，中央电视台《新闻联播》先后10次报道了认证认可活动，国家认监委的所有重大活动都在《新闻联播》中播出。中央电视台一、二、四、九套等频道和栏目播出了9集反映认证认可工作的宣传片；在中央电视台焦点访谈、中国报道等栏目和《人民日报》、《国际商报》分别制作了专题节目，在《国际商报》上开辟了全年宣传专栏，制作了4个宣传光盘、3套宣传材料(新闻宣传稿件附在文后)。

组织撰写了各类重要材料191篇，向国务院上报了内参1份、信息专报2份、政务信息20多条，编发认证认可工作简报6期，2002年全年信息报送得分62分，数量、质量均居国家质检总局机关、直属单位前列。

2003年，为使认证认可制度深入人心，有针对性开展了宣传工作。为确保CCC认证的顺利实施，从系统抽调人员，专门组成了宣传策划小组，先后组织了"3·15"活动宣传、汽车及摩托车产品CCC认证获证颁证会、"全国百家大型商场不销售无CCC标志产品活动"、"强制认证执法授旗仪式"等。制作了十秒和三十秒三段CCC认证公益广告，在中央电视台多套节目中滚动播出了三个月。为配合整顿和规范认证市场秩序进行宣传，邀请了中央电视台等媒体记者赴深圳采访调查违规认证机构情况。为配合《中华人民共和国认证认可条例》(以下简称《条例》)开展宣传，与总局共同召开了《条例》新闻发布会，赶制了条例宣传画，免费下发到地方两局。此外，还先后组织了有关新闻单位对全国认证认可工作会议、全国认证机构会议、中国检验认证集团成立、美国实施反恐注册通报制度等多项重要工作进行了采访报道，有力配合了业务工作的开展。认真做好文字综合工作，保证了国家认监委领导的行政要求。及时落实全国认证认可会议精神，组织赴浙江、四川等地开展信息调研，2003年为总局提供向中办报送专项信息两篇、日常政务信息40余条。

附 认证认可工作新闻宣传稿件

国家认监委在成立之后，为建立国家统一的认证认可制度、清理整顿认证市场、增进国际合作和交流、促进中国的认证认可与国际接轨、打破国外贸易技术壁垒，采取了一系列重要的举措，并取得了显著的成效。在让社会各界广泛了解国家认监委的各项职能，并认真履行国家认监委的各项政策、法规方面，新闻宣传部门做了大量切实有效的工作。在此附上关于国家认监委所举行的重大活动的新闻宣传稿件，以便于社会各界对国家认监委的各项活动的开展及其意义有更清楚的了解和认识。

2001年

中国国家认证认可监督管理委员会正式成立

经国务院批准，中国国家认证认可监督管理委员会(简称认监委)正式成立。8月29日，认监委在北京举行成立大会。中共中央政治局候补委员、国务委员吴仪出席大会并作了重要讲话。

中国国家认证认可监督管理委员会是国务院为加强对全国认证认可工作的统一管理而决定组建的。认监委按照国务院的授权，履行行政管理职能，统一监督、管理和综合协调全国认证认可工作，同时使用中华人民共和国国家认证认可监督管理局的名称。

吴仪在成立大会上作了重要讲话。她代表国务院对认监委的成立表示热烈的祝贺，对在认证认可工作中做出了成绩和贡献的同志们表示谢意和慰问。

吴仪指出，国务院决定成立国家认证认可监督管理委员会，是为了统一监督、管理和协调全国认证认可工作，为了加强认证认可工作，加强质量建设的力量。国家认监委的成立是我们国家经济生活中一件很有意义的事情，标志着我们产品质量和认证认可工作步入了一个新阶段，也要求我们的认证认可工作要上一个新台阶。

吴仪强调，质量水平是衡量一个企业管理水平的重要尺度，也是衡量一个国家生产技术和科学管理水平的重要尺度。从某种意义上说，没有一定的质量水平，就很难有企业在市场上的地位，就不会有这个国家的现代化，不可能有这个国家的可持续发展。质量水平与质量认证和合格评定是密不可分的。质量认证和合格评定作为质量管理的贯彻标准的新兴手段，正逐步为世界各国所重视。

吴仪说，我们党和政府历来十分重视质量建设，十分重视认证认可在推动质量水平提高上的重大作用。"十五"规划把结构调整作为一个重要的指导方针，这对我们的质量建设提出了新的更高的要求。去年到现在，我们下大力气抓整顿和规范市场经济秩序，重点打击假冒伪劣，取得了很大成绩，但是还不够，还要深入持久地抓下去。更重要的是要规范化，推动我国质量整体水平的提高。这是我们经济工作中一个紧迫的任务，必须采取强有力的措施。成立认证认可和标准化两个委员会，就是我们采取的措施之一，是我们完善社会主义市场经济体制的一个举措。

吴仪郑重表示：认证认可委员会将建立内外一致、统一规范的认证认可工作体系，以前那种对一些进口产品重复检验、重复认证的现象决不会再出现了。中国即将加入世贸组织。作为世贸组织的一员，中国一定会按照世贸组织规则办理。中国人说话从来是算数的，一定履行所作的承诺。中国的对外开放将进入一个新阶段，在经济全球化的大潮中，中国一定会按国际通行的规则办事。广阔的潜在市场和规范的市场秩序，一定会为朋友们与中国贸易、来中国投资创造一个良好的条件。

吴仪希望，认监委成立后尽快落实国务院"三定"规定，抓好机构的组建工作。强化对全国认证认可工作的监管；认真整顿和规范认证市场；进一步加强认证认可国际合作，积极开拓认证认可工作新领域。

吴仪特别强调，认证认可工作涉及方方面面，为了使我国的认证认可工作快速、健康发展，希望全社会都来关心推动这项工作。各有关部门要按国务院的决定，进一步提高对做好这一工作重要性的认识，要积极支持认监委的工作，共同做好认证认可工作。

国家质检总局局长李长江在会上作了讲话，对认监委成立后如何做好工作提出了希望和要求。认监委主任王凤清在会上表示，要认真按照吴仪国务委员和李长江局长的讲话精神，抓好认监委的组建和今后的工作。要做好加入世界贸易组织的准备工作，尽快使认证制度与国际规范接轨。要按照世界贸易组织的有关要求和国际通行规则，抓紧做好法律、法规、工作程序、工作方法等的修订和完善。认真贯彻落实国务院领导关于强制性产品认证"统一目录、统一标准技术法规和合格评定程序、统一标志、统一收费"指示精神，出台新的国家强制性产品认证管理办法和收费办法，将国家强制性认证标志统一为新的"中国认证"标志。要切实加强对全国认证认可工作的监督管理。要按照国际通行规则，研究建立符合世贸规则要求的合格评定程序，逐步统一和规范各行业、专业的合格评定程序。要制定全国认证认可工作部际联席会议的议事规则和程序等，形成认证认可工作部门间的"横向合力"。要整顿和规范认证市场。会同工商、外经贸部门对外国(地区)认证和检测、检查机构及咨询机构在中国境内的经营活动进行整顿和规范；整顿和规范自愿性认证、认证咨询及其相关的机构；加强市场上认证商品的监督检查，严肃查处强制性认证产品不加贴标志和加贴假冒认证标识等行为；坚决查处虚假认证和买证、卖证等行为，强化认证的后续监管工作的力度。推进认证、认证咨询等中介组织的改革，引导认证中介服务组织开展有序竞争。要加强认证认可国际合作。开拓认证认可新领域，加强队伍建设，全面开创认证认可工作的新局面。

会议由国家质检总局副局长、党组书记李传卿主持。国务院有关部门领导、部分驻华使团代表、中外企业界、认证认可和检测机构代表及首都各大新闻单位记者应邀出席了大会。

太平洋认可合作组织(PAC)
第八次年会在北京召开

由中国质量体系认证机构国家认可委员会(CNACR)和中国国家进出口企业认证机构认可委员会(CNAB)共同承办的太平洋认可合作组织(PAC)第八次年会，9月3日至8日在北京召开。来自中国、日本、韩国、加拿大、澳大利亚、新西兰、墨西哥、德国、新加坡、印度尼西亚、马来西亚、菲律宾、泰国、越南、印度、中国台北等国家和地区21个认可组织、有关机构的56名代表参加了本次会议。

此次年会是太平洋认证合作组织成立以来第一次在中国召开的重要会议，也是中国国家认证认可监督管理委员会成立后，第一次在中国召开的有关认证认可工作的国际会议。与会代表对中国认证认可工作实行国家统一管理以及中国新的认证认可管理体制的建立都非常感兴趣，这也是适应中国加入世贸组织形势和进一步与国际规则相适应的需要，实现中国认证认可与合格评定的国际化进程的要求。中国国家认证认可监督管理委员会主任王凤清、国际认可论坛(IAF)主席大平孝至博士出席了本次年会。

在本届年会上，来自墨西哥的认可机构(EMA)被批准加入并签署了PAC质量管理体系(QMS)多边承认(MLA)。至此，PAC QMS MLA的成员已发展到11个。PAC有关环境管理体系(EMS)与产品认证MLA方针与程序得到全体成员会议的批准，EMS与产品MLA的同行评审进入实质性的启动阶段。PAC与亚太经合组织(APEC)的合作进一步密切，PAC的国际互认工作正日益受到APEC的关注与经济上的大力支持。APEC为帮助PAC建立与实施产品认证MLA，专门提供了专向资助。资助来自APEC发展中经济体的认可机构与认证机构，其内容包括：帮助建立产品认证制度及认可制度等，APEC的大力资助将为PAC产品认证MLA的建立，促进APEC地区的经贸合作起到积极的作用。

在9月8日召开的PAC合格评定国际研讨会上，王凤清主任代表认监委，就认监委的成立、职责任务以及新的认证认可体系的建立，发表了讲话。

王主任说，中国政府决定成立国家认证认可监督管理委员会，是为了统一领导和管理全国的认证认可工作，促进认证认可工作更加规范、有序和健康地发展。这一决定,是适应建立和完善中国社会主义市场经济体制,转变政府职能的需要;是进一步扩大对外开放,消除技术贸易壁垒,促进对外贸易发展的需要;从根本上解决认证认可工作中的职责交叉,发挥整体优势,提高认证有效性的需要。

王主任说,中国认证认可工作是与国际认证认可工作同步发展的。通过二十年的努力,中国的认证认可工作从无到有,从小到大,发展到今天,已经建立起了比较完整的工作体系,形成了一整套促进国家产品质量提高和保障质量管理水平的工作机制,得到了国内外的普遍认同。但是,由于中国的认证认可工作开始于中国的计划经济时代,管理体制带有明显的计划经济的特点,与我们现在正在建立和完善的市场经济还有一些不相适应的地方。我国存在着对内、对外的两套认证、认可管理体系,造成了国产品与进出口商品采用两种认证的做法;对同一进口商品,实施两次认证、使用两种标志。这不但影响和制约了我国认证认可工作的发展,还一度成为我国入世谈判中被质疑的问题。中国的认证认可工作是在政府众多部门共同培育下发展壮大的,所取得的成绩与政府各个部门的支持是分不开的。但由于政府许多部门都在从事认证工作,国家对认证认可工作又缺乏统一管理,这种多头管理、各自为政的现象,导致了部门职责交叉、政出多门、重复认证、重复收费。成立中国国家认证认可监督管理委员会,将彻底改变计划经济体制下形成的认证认可管理方式,建立统一的内外一致的认证认可及合格评定制度,真正兑现我国入世谈判中的有关承诺,对强制性产品实施统一目录、标准、法规和标志,在合格评定领域中进一步消除技术性贸易壁垒,推动全方位、多层次、宽领域的对外开放。

王主任向与会代表介绍了认监委的工作职能和工作重点。她强调:中国国家认证认可监督管理委员会的成立,标志着中国的认证认可工作进入了一个新的发展阶段。在经济全球化的大潮中,中国一定会履行政府做出的承诺,按照国际通行规则办事。中国的统一协调、规范有序的认证认可新秩序,将为世界各国的认证认可组织与我国认证认可组织的合作与交流创造更好的条件,将为国内外朋友们在中国的贸易和投资活动提供更多的便利。

国际认可论坛(IAF)主席大平孝至博士在研讨会上就全球合格评定制度、欧洲统一市场的发展、WTO与TBT、国际合格评定原则、有关合格评定的国际标准和指南、国家合格评定认可制度、国际及区域性认可合作组织以及ISO9000和ISO14000认证和发展做了专题发言。

亚太经合组织标准和合格评定分委会(SCSC)主席就亚太经合组织国家之间实现贸易便利化工作计划的实施;食品合格评定MRA;玩具安全信息交换协议;APEC食品召回信息交换协议;APEC电子电气合格评定MRA,以及APEC/SCSC今后的工作,也在研讨会上做了发言。

国家质检总局 国家认监委召开
全国认证认可工作征求意见座谈会

9月10日,国家质检总局和国家认监委在北京国际俱乐部召开了全国认证认可工作向各有关部门征询意见座谈会,来自中编办和国家经贸委等11个部门的有关领导同志参加了会议。座谈会由质检总局局长李长江主持。会议首先由国家认监委王凤清主任向与会的各部门领导报告了国务院决定成立认监委的重要意义、认监委担负的职责和任务以及认监委组建五个月来所做的一些工作和近期的工作任务及目标。会上,环保总局宋瑞祥副局长、农业部张宝文副部长、信息产业部娄勤俭副部长、卫生部殷大奎副部长、药监局邵明立副局长、经贸委赵家荣司长、公安部消防局郑玉海副局长、建设部党组成员齐骥、旅游局李任芷司长、中编办王明珠司长等各部门领导先后发言。

各位领导的发言一致认为:认证认可工作非常重要。国务院成立国家认监委,统一管理、监督和综合协调全国的认证认可工作是很有必要的,是我们长期盼望的事情。对于建立社会主义市场经济体制、适应我国加入世界贸易组织、整顿规范全国认证认可工作秩序具有重要意义。一致表示拥护国务院的决定,要认真学习、深刻领会国务院的决定精神,服从认监委的整体工作安排,接受认监委的宏观指导和具体领导,支持配合认监委开展工作,共同促进认证认可工作健康有序地向前发展。

与会人员在发言中还谈到,认监委成立以后,既要解决许多历史遗留问题,又要解决加入世界贸易组织后可能带来的新问题,工作任重道远。为了统一规范全国的认证认可工作,大家建议:

一、认监委要按照国务院的授权积极开展工作,切实实现全国认证认可工作的统一管理、监督和综合协调,提高工作的有效性。

二、要努力从根本上理顺认证认可的工作关系，克服计划经济体制下形成的认证工作格局中的弊端，要对目前认证工作部门分割的情况进行深入调研，摸清情况，一个一个地进行协调与理顺。

三、要充分调动方方面面的积极性，遇事多沟通、多商量。各单位要主动向认监委提出方案，认监委要主动做好与各部委认证认可工作的衔接，逐个与有关部门洽谈、对接工作，在强化对认证认可的统一领导中服务行业、促进行业的发展。

四、在目前国务院批准的认监委"三定"方案与国家的一些法律、法规还不一致的情况下，可以采取逐步过渡和完善的办法。一方面积极为修订法律、法规创造条件，另一方面通过发布行业规章、研究提出过渡办法等措施，促进工作的积极开展。

五、建议尽快制定一个认证认可管理条例，将认证工作纳入规范化管理。

国家认监委主任王凤清感谢各有关单位对认监委工作的支持和所提出的很多积极的有建设性的建议。她表示这次会是认监委向国务院各部委请教、求教的会，认监委要对大家提出的意见和建议进行认真研究，下一步还要主动到各部门逐一征求意见，商讨共同做好认证工作的措施。认监委一定按照国务院的授权积极开展工作，充分处理好与各部委的关系，充分发挥各部委和系统下属单位从事认证认可工作的积极性。团结大家齐心协力做好认证认可工作。

质检总局党组书记李传卿也在座谈会上发言，他代表质检总局对到会的各部委领导表示感谢，对大家畅所欲言、关心和支持国家的认证认可工作很受感动，并谈了三点体会。希望认监委不辜负国务院的授权，切实完成好对全国认证认可工作实施统一协调、监督和管理的职能，提高认证的有效性，服务于国民经济的发展和促进对外贸易。这次会议的召开为认监委建立部际联席会议制度，做好部际间的工作协调奠定了良好的基础。

国家认监委发布"中国认证认可"徽标

继公布"中国强制认证"标志（CCC 标志）之后，国家认证认可监督管理委员会（国家认监委）又于近日正式确定并发布了以印章为主体形态的"中国认证认可"徽标。这是国家认监委适应加入 WTO 要求，按照国际通行规则规范认证认可工作的一个重大举措，也是中国认证认可发展近二十年来，首次统一使用规范徽标。新徽标将广泛应用于国家对内对外有关认证认可协议、协定、授权书、认证证书等各类规范性文件中，对于促进认证认可工作的统一规范，促进全国认证认可工作新秩序的建立，具有极其重要的意义。

中国认证认可徽标又称 CNCA 徽标，主要含义有五点：

一、徽标的整体形象为印章造型，充分体现出国家认监委的权威性和公正性。寓意在当前国内认证认可市场较为混乱的形势下，认监委将不负众望，担负起统一规范、监督和管理全国认证认可工作的职责，发挥出应有的权威。

二、徽标的几何图形为正方形，象征认监委的各项工作将秉承公正、公开、公平的原则。内中的四个正方形字母与徽标的正方形外框相呼应，体现内部与外部一致，寓意认监委将按照国际规则建立内外一致的认证认可工作机制，实现"国民待遇"，促进认证认可工作的国际化。

三、徽标中的英文字样经过变形，以反白的形式出现，与底色形成恰当的对比，庄重大方。四个英文字母间保持适当的间距，结构紧凑，体现认监委工作的科学、严谨和规范。

四、徽标整体色彩简洁明快，蓝白相应。蓝色作为底色，象征着广博与深邃，蕴涵着稳重与坚实，透射出认监委踏实稳健的工作风格，寓意认监委按照国务院的授权，对认证认可工作实行跨行业、跨领域的统一监督管理和综合协调。反白体现出纯粹简洁，体现出认监委公平公正、高效廉洁的作风，和团结各部委共同做好认证认可工作的决心和态度。

五、徽标中"CNCA"四个英文字母为国家认证认可监督管理委员会（Certification and Accreditation administration of the People´s Republic of China）的英文缩写，符合国际通行规则，既简单明了、易读好记，又易为国内外大众认可和接受，更有利于开展广泛的国际交流与合作。

据了解，国家认监委自今年 9 月底开展了徽标征集活动，先后在《中国国门时报》、《中国质量报》及国家质检总局的有关网站上刊载了徽标征集启事，共收到专业广告公司的参选作品百余幅，社会应选作品 300 余（件）幅。经过初选、复选及征求方方面面的意见，最终确定了由易难广告公司设计的这款以印章为主体形态的徽标。

2002 年

国务院办公厅下发通知 全面加强和规范认证认可工作

为适应社会主义市场经济发展的需要，促进我国认证认可工作健康、有序地发展，经国务院批准，国务院办公厅日前发出了《关于加强认证认可工作的通知》(以下简称《通知》)。《通知》强调了加强认证认可工作的重要意义，明确了认证认可工作的指导思想、主要任务。

质量是经济工作的生命线，认证认可是质量管理和质量保证的一个重要手段。改革开放以来，我国认证认可工作从无到有，迅速发展，取得了明显成绩。但由于缺乏统一管理，也存在着政出多门、多重标准、重复收费、监督不力等问题。为了切实解决这些问题，促进我国认证认可工作健康、有序发展，党中央、国务院于去年作出重大决定，组建国家认证认可监督管理委员会，统一管理、监督和综合协调全国的认证认可工作。《通知》的下发，有利于充分发挥认证认可工作的作用，促进经济和贸易发展，提高产品质量，增强我国经济实力。

《通知》指出，开展认证认可工作，对从源头上确保产品安全，规范市场行为，指导消费和促进对外贸易具有重要作用。当前，加强认证认可工作，既是我国加入世贸组织和参与经济全球化的需要，也是适应社会生产力发展和满足人民群众日益增长的物质文化需求的需要；既是规范市场秩序的重要手段，也是提高我国产品质量、增强出口产品竞争力的重要举措。

《通知》要求，加强认证认可工作要按照"三个代表"重要思想的要求，坚持统一规划、强化监管、规范市场、提高效能和与国际接轨的原则，建立在国家认证认可监督管理委员会统一管理、监督和综合协调下，各有关方面共同实施的工作机制，建立全国统一的国家认可制度和强制性认证与自愿性认证相结合的认证制度，积极推进认证机构及相关机构的改革，逐步实现认证机构的社会化。

《通知》特别指出：国家只建立一套认可制度体系。国家认监委要按照国际通行做法，建立统一的国家认可制度。要对我国现有的认可机构进行调整，建立集中统一的国家认可机构，履行国家认可职责，对认证机构、认证咨询机构、认证培训机构、认证人员实施资格认可；对校准、检测、检验机构及实验室实施统一资格认定。

《通知》中明确，对涉及人类健康和安全、动植物生命和健康，以及环境保护和公共安全的产品要实行强制性认证制度。并尽快对这类产品实行统一目录，统一技术法规、标准和合格评定程序，统一标志，统一收费标准，尽快实现强制性认证与生产许可证的统一。同时，国家鼓励并积极推行自愿性认证，制定统一的自愿性认证管理办法，统一标准和合格评定程序。自愿性认证应当坚持企业自愿申请的原则，政府管理部门不得干预企业的自主权。

《通知》对认证、认证咨询和认证培训机构的管理作了具体规定。指出要积极推动认证机构改革，逐步实现社会化。认证机构要从行政管理部门分离出来，成为独立承担民事责任的主体。认证机构要对其认证结果负责。使用认证标志的产品，因产品不符合认证要求给消费者造成损害的，认证机构要承担连带责任。

要加强对认证机构及认证咨询、培训机构的管理。认证机构及认证咨询、培训机构(包括中外合资、合作机构和外商独资机构)的设立必须事前经国家认监委批准，工商部门凭批准文件依法登记注册。其他机构一律不得从事与认证有关的经营性活动。认证机构应取得国家认可机构的资质认可并接受管理和监督。认证机构在认证活动中要公平竞争，不得与认证咨询机构有任何利益关系，不得开展与认证有关的任何咨询业务。对违法违规的机构和人员，依法追究其相应责任。

要加强行业指导，建立自律机制。建立健全认证机构、认证咨询机构、认证培训机构的行业自律组织，形成认证工作机构的行业自律机制。

《通知》将整顿和规范认证市场作为一项重要的工作任务，要求国家认监委集中力量对国内自愿性认证、认证咨询及相关机构和国外认证、检测、咨询、培训机构在我国境内的活动进行整顿和规范；加强市场上认证商品的监督检查，严肃查处强制性认证产品逃避认证和加贴假冒认证标志等行为；查处虚假认证和买证、卖证行为，强化认证的后续管理。要严格对从事认证活动人员的管理，规范认证认可收费行为，严肃处理违法违规的机构和人员。

《通知》还要求国家认监委要抓紧建立健全和规范认证认可的各项工作制度，并积极创造条件加快立法，使这项工作纳入法制化、规范化轨道。各有关部门要积极支持国家认监委的工作，在国家认监委的统一规划与有效监管的基础上，各负其责，密切配合，共同搞好我国的认证认可事业。

大力清理整顿和规范认证市场

为了进一步整顿和规范认证市场，消除认证市场存在的违法违规行为，国家认证认可监督管理委员会(以下简称国家认监委)近日发出通知，决定对我国认证市场进行一次全面的清理整顿，通知内容主要包括：

一、国家认可机构要按照国家认监委的要求，严格把关，强化监控。

作为国家认监委授权对认证机构、认证培训机构和认证人员进行认可和注册的机构，国家认可机构不仅要严格按照国际准则的要求，加强对认证机构、培训机构的技术能力认可，对认证人员的资格条件进行严格把关，而且要严格按照国家认监委的要求，强化对它们的日常监控。

对目前认证机构存在的问题，特别是一些隐蔽性的违规行为，要研究提出有效办法进行调查处理。要将对认证机构的监督延伸到对获证企业，通过对认证企业进行抽查等手段，掌握认证的有效性，促使认证企业持续不断地满足认证的要求。要加强对培训有效性的管理，加强对审核员等认证人员申请人的工作经历、学习经历的核实，严格把好审核人员的培训、申请、经历核实等关口，保证认证人员质量。对于认证机构、认证培训机构和认证人员及认可过程中存在的问题，提出具体的方案和措施予以解决。

二、各认证机构及认证相关机构等要结合本机构的具体情况搞好自查。

一是要重点清查本机构咨询认证一体化服务、低价无序竞争、审核/检查走过场，以及审核/检查组在专业能力配备、认证标准掌握、认证标志的管理、对外宣传、审核/检查人日(天)数、认证记录不实、对分支机构和办事处控制等方面存在的问题；二是要对本单位使用的认证人员进行检查和加强管理。要对认证人员的思想水平、职业道德和业务素质进行一次全面的考评，对那些思想水平差、业务水平低、不讲职业道德，违反审核/检查员准则，不按规定和计划进行审核/检查，伪造审核/检查员资格，伪造审核/检查经历、学历和工作经历的审核/检查人员要坚决予以清理；三是重点对认证的有效性进行清理。对申请/获证单位的质量管理体系运行是否有效、内审和管理评审是否到位、必须的资源包括检测资源是否具备、产品和服务过程是否进行了有效的控制、不合格纠正措施是否得到有效实施、认证标志使用和认证资格宣传是否正确、以及审核/检查组的专业能力配备是否合理等方面进行一次全面的清理，保证认证的有效性。

国家认监委要求，本次的整顿规范活动从现在开始，整个活动分为三个阶段：第一阶段是全面自查，各有关单位要认真检查工作质量方面存在的问题，深刻分析产生这些问题的原因。第二阶段是落实整改，针对查出的问题和薄弱环节，制定整改措施，明确整改要求，抓好整改措施的落实。并将本单位的自查情况、存在问题、纠正措施和有关建议意见以书面形式上报国家认监委。第三阶段，国家认监委将组织对部分单位的自查及整改措施的落实情况进行抽查。对于自查不力、措施不实、仍然存在上述有关问题的，一经发现，将按照《认证机构及认证培训、咨询机构审批登记与监督管理办法》的有关规定予以严肃处理。

两企业伪造质量管理体系认证证书被曝光

日前，浙江省平湖市远大锻件有限公司和江苏省泰州市春阳科学仪器厂两家企业伪造质量管理体系证书的行为被国家认证认可监督管理委员会曝光，对于这两家企业伪造认证证书的行为，国家认监委已向社会发布通告，提请社会各界予以注意。

根据群众投诉，国家认监委对浙江省平湖市远大锻件有限公司和江苏省泰州市春阳科学仪器厂伪造质量管理体系认证证书的行为进行了立案调查，并查明：浙江省平湖市远大锻件有限公司在根本未通过中国船级社质量认证公司质量管理体系认证、江苏省泰州市春阳科学仪器厂在根本未通过北京天一正质量体系认证中心质量管理体系认证的前提下，伪造上述两认证机构的认证证书，用于企业的宣传材料中，欺骗用户和消费者。

据了解，国家认监委为整顿和规范认证市场，进一步加强对认证认可申诉、投诉工作的统一管理和监督，严肃查处认证认可工作中的违法违规行为，方便社会各界对认证相关活动不规范行为的投诉和举报，已于今年 4 月开通了申诉、投诉热线电话(010-65994121)，受理了大量社会各界对认证违法违规行为的申诉、投诉，目前已经对较为典型的 30 多起违法违规案件进行了立案。

为进一步加大打击和查处认证认可违法行为的力度，规范和净化认证市场，国家认监委近期还将出台对认证认可违法行为的处罚规定。

中国集中统一的国家认可体系正式建立

2002年8月20日，中国合格评定国家认可中心在北京人民大会堂正式揭牌。这是我国加入世界贸易组织后，按照国际规则建立我国认可工作新体制的又一重大成果，是我国社会主义市场经济走向成熟的一个重要标志，它表明我国集中统一的认可体系基本框架已经初步建立，我国认证认可体系工作的改革取得了突破性的进展，我国认证认可的发展从此步入了一个新的历史时期。

国家认证认可监督管理委员会主任王凤清在发布会上说，中国合格评定国家认可中心的成立，将认证认可的改革和发展推向了一个新的阶段。按照国务院的授权，国家认监委统一管理、监督和综合协调全国的认证认可工作。中国合格评定国家认可中心根据国家认监委的授权，负责对在中国境内所有质量管理体系认证和产品认证的认证机构进行资格认可和监督管理；对实验室、检查机构以及相关机构实施统一的国家认可；对全国的认证培训机构实施认可，对各类认证人员的培训课程进行批准，对各类认证人员进行考核和资格注册。中国合格评定国家认可中心成立以后，我国的认可体系已经实现了集中统一，中国合格评定国家认可中心是中国惟一合法的国家认可机构。

王主任希望中国合格评定国家认可中心要认真履行国务院的授权，严格按照国际标准，对各类认证机构和人员资格进行认可，同时也要严格按国际有关准则要求自己，做到高标准、严要求、公正、廉洁，确保认可工作质量。

国家质检总局党组书记、副局长李传卿出席发布会并讲话。他在讲话中说，国家认监委成立以来，在建立统一的认可制度、强制性产品认证制度、部际联席会议制度、规范认证行业等方面开展了卓有成效的工作，取得了可喜的成绩。建立集中统一的国家认可体系，是国际上为保证认证认可权威性、惟一性和可信性而广泛采用的通行做法，是国际认证认可的发展方向。中国合格评定国家认可中心的成立，就是适应建立社会主义市场经济体系的需要，按照国际通行做法，对现有的认可机构进行调整，建立集中统一的国家认可机构，履行国家认可职责的一项重要举措，顺应了时代的发展，适应了改革开放和现代化建设对认证认可工作提出的新要求。

中国合格评定国家认可中心成立以后，要以江泽民总书记"三个代表"重要思想为指导，按照"发展要有新思路，改革要有新突破，开放要有新局面"的要求，发扬与时俱进、开拓创新的精神，立足高起点，坚持高标准，确保高质量，力争高水平。一要切实按照国办《通知》精神，依照国际准则和国家的有关法律法规开展工作；二要增强大局意识、责任意识、服务意识；三要切实加强自身建设，提高自身的素质和能力；四要继续保持国际互认的资格，加强与国际相关组织的联系。

全国政协副主席、全国工商联主席经叔平，全国部际联席会议成员单位共24个部委局的代表，国办、中编办、财政部等部门的有关同志，新华社、人民日报、中央人民广播电台、中央电视台等近40家新闻媒体的70多名记者参加了新闻发布会。

2002中美信息与通讯技术合格评定与标准研讨会在京举行

8月27日，由国家质检总局与美国商务部联合主办，国家认监委、国家标准委、美国联邦通信委员会、美国信息技术产业商会、美国信息产业机构协办的2002中美信息与通讯技术合格评定与标准研讨会在京举行。国家认监委主任王凤清和美国商务部副部长帮办吴旭淳到会并致开幕辞。

经济全球化、贸易自由化和信息网络化的迅速发展对经济、生活等各方面已经并正在产生更加广泛和深刻的影响。信息与通讯产业是全球经济中融合度最高、潜力最大、增长最快的领域。同时，极大地促进了人们生产方式和生活方式的变革，带动传统产业的前进，推动了经济结构的调整与人类社会的进步。中国国家质检总局、认监委和标准委共同与美国商务部联合举办这一研讨会，就是为信息和通信业界提供加强交流、了解的机会，为企业便利地进入中美市场提供咨询和服务，为双方信息和通信行业的发展与合作创造更良好的环境。

研讨会期间，来自中美信息与通讯领域政策制定部门、标准和技术法规制定部门、合格评定实施部门以及工商界的代表，将分别就两国对信息及通讯业的政策、技术法规、标准、行业管理情况、参与相关国际组织情况以及如何积极向国际标准靠拢来促进两国贸易等问题作专题发言，并就上述问题展开讨论，广泛交换意见。

会议认为，中美互为重要的贸易伙伴，又同是WTO成员，为促进中美贸易稳步健康地发展，定期开展在技术法规、标准和合格评定领域的交流，并在有关技术法规、标准和合格评定程序的制定过程中进行研讨和磋商，有利于双方在相互谅解的基础上，更加合理妥善地解决贸易争端，减少技术贸易壁垒对双边贸易的影响，从而达到便利贸易的作用。

来自中国国家质检总局、信息产业部、国家认监委、国家标准委、美国商务部、美国贸易代表办公室、美国联邦通讯委员会、美国驻华使馆有关人员及信息与通讯业专家、标准、检测与认证机构代表和中美信息与通讯企业的 90 名代表参加了研讨会。

国家认监委与中央电视台联合举办中国首家电视媒体颁证暨认证工作机构审查登记新闻发布会

由国家认监委与中央电视台联合举办的中国首家电视媒体颁证暨认证工作机构审查登记新闻发布会于 9 月 8 日在北京人民大会堂举行。中共中央政治局委员、全国人大常委会副委员长姜春云出席并颁发认证证书。中宣部副部长、国家广播电影电视总局局长徐光春，国家质检总局党组书记李传卿，国家质检总局副局长葛志荣，国家认监委主任王凤清，中央电视台台长赵化勇出席。

国家认监委在发布会上公布了按照国家认监委与国家质检总局、国家工商总局、外经贸部联合发布《认证机构及认证培训、咨询机构审批登记与监督管理办法》后，对认证、认证培训、咨询机构审查登记情况。

为了保证《办法》的顺利实施，国家认监委以及各省区市质量技术监督局和直属出入境检验检疫局从 5 月份以来，采取多种形式广泛宣传《办法》的要求，组织专门人员投入重新登记的审查确认工作。已经依法设立的认证机构及认证培训、咨询机构，按照重新审查登记的要求，做了大量的准备工作。国家质检总局、国家工商总局、外经贸部、国家环保总局等部门对重新审查登记工作也给予了大力的支持，保证了重新审查确认和登记工作的顺利进行。

目前，对国内已经依法设立的认证机构及认证培训、咨询机构重新审查登记的工作已经告一段落。截止到 9 月 1 日，获得国家认监委重新确认批准的认证机构 92 家，分包认证机构 11 家，认证培训机构 90 家，认证咨询机构 529 家，台港澳及外国认证机构和认证培训、咨询机构常驻代表机构 10 家。为方便社会各界随时了解获准开展认证及认证培训、咨询活动的机构情况，国家认监委已经在“中国认证认可”网站(www.cnca.gov.cn)上公布并将随时更新获得批准的全部认证机构及认证培训、咨询机构的名单及相关信息。

在新闻发布会上，国家认监委所属中国质量认证中心 (CQC) 向中央电视台新闻评论部颁发了 ISO9001：2000 质量管理体系认证证书。中央电视台是我国规模最大、实力最强的国家级电视台，其新闻中心新闻评论部创业十年来，硕果累累，群星璀璨，名牌栏目深入人心、影响深远。为更好地应对入世后媒体所面临的市场化、产业化和国际化竞争态势，他们率先把 ISO9000 这种先进的国际管理理念融入到电视传媒业中，建立了 ISO9001：2000 质量管理体系。经过半年多的努力，新闻评论部于今年 8 月 28 日，正式通过了中国质量认证中心组织的 2000 版 ISO9001 质量管理体系认证。其获得的质量管理体系认证证书，是我国第一张电视传媒业 ISO9001：2000 证书。国际认证联盟的调查结果证实，它也是世界范围内第一张 ISO9001：2000 版电视传媒专业认证证书。

中央电视台新闻评论部通过认证，对提高管理水平，增强栏目竞争力，促进更好更快地发展具有十分重要的意义。中国质量认证中心与中央电视台联手，将国际先进的管理理念引入电视传媒的管理，拓展了质量认证的新领域，促进了认证事业的新发展，具有开创性的意义。

IATCA 第 8 届年会在北京召开

国际审核员和培训注册协会(IATCA)第 8 届年会今天在北京亮马河大厦召开。参加本次会议的有来自澳大利亚、英国、美国、意大利、法国、日本、新加坡等国成员机构的代表，及国内的认证机构、认证培训机构、认证咨询机构的代表共 100 多人。会议为期一周。代表们将对 IATCA 上一年度的工作做回顾总结，探讨 IATCA 未来的发展，并就人员注册和培训课程批准以及国际标准的应用进行广泛的讨论。

IATCA 成立于 1995 年 8 月，是由各国从事审核员注册和审核员课程批准工作的机构组成的非政府性的国际组织。其目的是在世界范围内建立管理体系审核员及培训课程批准的国际间相互承认制度，促进对审核员注册和审核员培训课程批准的等同性的普遍接受，以消除对审核员多方认证/注册以及审核员培训课程提供的多方批准。

目前，IATCA 拥有来自 29 个国家的 34 个成员机构，秘书处常设在澳大利亚。现在，IATCA 已在质量、环境管理体系审核员咨询师的培训和注册领域开展了工作，并在质量管理体系审核员的培训和注册方面建立了国际互认机制。

随着国际标准的不断推陈出新，IATCA 人员注册和培训课程批准等准则也将面临新的挑战。因此，本次会议也就是显得尤为重要。本次会议将以开放式论坛和专题研讨等多种形式进行。论坛将就国际新标准，如 ISOFDIS19011 质量和/(或) 环境管理体系审核指南、ISO DIS 17024 人员注册机构的通用要求等对 IATCA 准则的影响、IATCA 的发展方向、IATCA 与其他相关国际组织的合作等多个议题进行论讨。专题研讨将就一体化管理体系的建立、实施和审核等工作进行探讨和交流。

本次大会是由国家认证认可监督管理委员会(CNCA)主办、中国认证人员与培训机构国家认可委员会(CNCA)承办的。多年来，我国的认证人员培训与注册机构一直积极参与 IATCA 的活动，并且成为首批签署 IATCA 多边国际承认协议的机构。

本次 IATCA 年会在我国召开，将进一步加强我国认证人员及培训机构与国际的交流，进一步促进我国和国际认证事业的发展。

中国认证中介机构审批登记制度全面实施

——国家认证认可监督管理委员会认证机构及认证培训、咨询机构审批登记新闻发布稿

各位来宾，女士们、先生们，新闻界的朋友们：

国家认证认可监督管理委员会最近向社会公布了对认证机构及认证培训、咨询机构重新审批登记的结果。截止到 9 月 8 日，获得国家认监委重新确认批准的认证机构 90 家，分包认证机构 11 家，认证培训机构 81 家，台港澳及外国认证机构和认证培训、咨询机构常驻代表机构 10 家。这次重新审批登记工作是根据国家认监委、国家质检总局、国家工商总局和外经贸部联合发布的《认证机构及认证培训、咨询机构审批登记与监督管理办法》等文件的要求进行的，是国家认监委深入贯彻国务院办公厅《关于加强认证认可工作的通知》精神，进一步清理整顿我国认证市场的一项重要举措。

近年来，随着我国社会主义市场经济的发展，我国的认证认可工作也已经取得了很大的发展。通过认证工作的推行，广大获证组织的产品、服务、工程质量进一步得到了保证、管理体系进一步得到了改进、市场竞争能力进一步得到了提高，为我国的经济建设和对外贸易发挥了积极的作用。

在我国认证事业的发展过程中，我们也注意到我国的认证市场秩序还存在一些混乱的因素，尤其是一部分未经国家认可的认证中介机构的违法违规行为，严重地扰乱了我国认证市场的正常秩序，影响了认证的声誉。为此，国家认监委自 2001 年 8 月 29 日成立一年来，对我国的认证市场逐步展开了清理整顿和规范的工作。从去年年底开始，对部分认证机构违法违规认证行为的查处工作取得了明显的效果，在国内认证市场中起到了强大的震慑作用，在国际认证认可界也受到了广泛的关注和积极的评价。

为了贯彻落实国务院办公厅今年年初发出的《关于加强认证认可工作的通知》的有关要求，进一步加强对认证机构及认证培训、咨询机构的监督管理，从源头上管理认证市场，完善我国认证中介机构的监管体系，建立我国认证市场的长效监管机制，国家认监委、国家质检总局、国家工商总局和外经贸部于今年 4 月联合制定发布了《认证机构及认证培训、咨询机构审批与监督管理办法》。《办法》规定，任何机构未经国家认监委批准并依法办理登记注册，一律不得从事与认证相关的经营性活动。《办法》发布的通知还明确要求，已经依法设立的认证机构及认证培训、咨询机构必须按《办法》规定的要求办理重新审批和登记手续。

为了保证《办法》的顺利实施，国家认监委以及各省区市质量技术监督局和直属出入境检验检疫局从 5 月份以来，采取多种形式广泛宣传《办法》的要求，组织专门人员投入重新登记的审查确认工作。已经依法设立的认证机构及认证培训、咨询机构，按照重新审批登记的要求，做了大量的准备工作。国家质检总局、国家工商总局、外经贸部、国家环保总局等部门对重新审批登记工作也给予了大力的支持，保证了重新审批确认和登记工作的顺利进行。

随着认证机构及认证培训、咨询机构重新审批登记工作的结束，并在认证机构整顿规范自查的基础上，国家认监委将继续与有关部门密切合作，组织对我国的认证市场开展进一步的清查和深入的规范工作。对未经批准和登记的机构继续从事认证、认证培训或认证咨询活动的，将依法予以查处。对依法批准和登记的认证中介机构发生违规行为的，也将予以严肃的处理。同时，国家认监委也希望社会各界继续关注和支持认证市场的整顿和规

范工作,欢迎社会各界对认证工作共同进行监督。为方便社会各界随时了解获准开展认证及认证培训、咨询活动的机构情况,国家认监委网站(www.cnca.gov.cn)已公布批准的全部认证机构及认证培训、咨询机构的名单及相关信息,并将随时更新,欢迎大家登录查阅。

各位来宾,女士们、先生们,新闻界的朋友们:

我国的认证认可工作已经取得了长足的发展,在国际认证认可界具有了相当的地位,为我国的产品安全、产品质量、企业管理、生产力水平的提高和经济的发展发挥了重要的作用。近两年来,我国的认证市场出现了一些不规范甚至严重违规的行为,经过前一段时间的重点查处和全面的重新审批登记工作,已经初见成效。随着我国市场经济秩序整顿工作的不断深入,随着我国认证认可监督管理体系的不断完善和监管力度的进一步加强,在社会各界的共同支持和大力配合下,我们相信,我国的认证认可事业将会取得长期健康的发展,在我国的经济建设中发挥更大的作用。

谢谢大家!

中加检验检疫会谈纪要签署

10月21日下午,加拿大驻华大使馆柯桀大使、麦若彬公使、庞高德参赞应邀拜会质检总局,与国家认监委主任王凤清进行了礼节性会谈,宾主双方就共同关心的问题再次交换了意见和看法,并签署了中加检验检疫会谈纪要。

这次签署纪要,是中国质检总局代表团出访加拿大的后续活动。应加拿大和美国主管当局的邀请,国家质检总局党组成员、国家认监委主任王凤清率中国质检总局代表团于9月13日~28日对加拿大和美国进行了工作访问。由于与加拿大的谈判议题多、时间紧,中加双方来不及就达成的共识签署会谈纪要,双方约定待中方归国后由加方授权,加驻华大使代为签署。

王凤清主任率中方代表团访加期间,与加拿大食品检验署代署长格莱沃为团长的加方代表团举行了为期两天的紧张谈判。经过友好协商,双方共同签署了《关于验收检验中国出口到加拿大的低酸性蔬菜罐头的备忘录》、中国从加拿大输入牛体外受精胚胎、牛精液和牛三个检疫议定书,双方还就加拿大批准中国68家肠衣加工厂注册,中国输加苹果解禁,恢复中国输加水产品和蜂蜜按常规水平进行残留抽样检测,批准加拿大18家肉类工厂注册、解除加拿大一家海产品和一家猪肉加工企业的进口禁令等问题进行了广泛磋商并达成共识。加农业部部长范克利夫出席了双方备忘录和议定书的签字仪式并会见了代表团部分成员。王凤清还向范克利夫部长通报了最近中国连续发现加拿大木质包装松材线虫问题,并指出如果反复发生,中国将采取限制措施的情况。

结束对加拿大的友好访问之后,王主任一行开始了对美的工作访问。与美食品和药物管理局(FDA)举行了友好和富有成效的会谈。美方首先向中方通报了自2002年10月1日起,对中国的14家蘑菇罐头企业取销自动扣留,不再进行批批检验。FDA还希望CNCA推荐更多的蘑菇罐头企业向美出口。王凤清主任表示,通过中国对美出口蘑菇罐头和陶瓷备忘录的实施,实践证明经中国CNCA注册的企业产品质量有充分的保障,希望不久会有第2、第3批蘑菇罐头企业得到批准向美出口。

王凤清主任还向FDA详细介绍了中国的注册体系以及AQSIQ、CNCA对罐头生产企业的质量控制情况,介绍了中国对水产品氯霉素的控制和实施批批检验的情况,提请FDA对AQSIQ要有信心,不轻信媒体消息,尽快解除美两个州对中国水产品进口的禁令。

9月21日,美农业部两位副部长霍克斯(负责动植物检疫局)和斯万尼(负责食品安全检验署)和王凤清主任举行了工作会谈。双方回顾了前一时期中美SPS高层研讨会和互访情况。王凤清对美同意出资在中国举办SPS研讨会表示感谢,双方还就河北和山东鸭梨对美出口,中国盆景出口等问题交换了意见,并就鸭梨对美出口达成共识。双方还探讨了如何缩短PRA周期,提高工作效率问题。

代表团在出访美加期间,还顺访了与CCIC有多年合作关系的CSA和UL两家公司,展望和探讨了今后进一步的合作前景;检查了CCIC北美分公司的工作,并就CCIC业务改革问题进行了调研。

美、加是我国的重要贸易伙伴,发展中美、中加检验检疫合作至关重要。这次中国质检总局代表团工作访问取得的一系列成果,是在我国加入WTO后,按照WTO的有关规则,进一步发展检验检疫国际合作与交流取得进展的体现。对于推动我国外贸出口,进一步加强检验检疫国际合作,促进中美、中加贸易的共同发展,促进国际贸易便利化,都具有十分重要的意义。

中国国家认证认可监督管理委员会和新加坡标准、生产力和创新局在京签署谅解备忘录

受王凤清主任委托，裘亦良总工程师代表国家认监委与新加坡标准、生产力和创新局(SPRING)代表李香泉局长于2002年11月20日在京签署了中国国家认证认可监督管理委员会和新加坡标准、生产力和创新局谅解备忘录。此备忘录的签署是在双方长期友好合作的背景下，双方认为加强在技术领域的合作符合双方的共同利益，其目的是便利两国间经济合作和贸易的发展。

1995年原国家进出口商品检验局与新加坡共和国标准与工业研究院(PSB)曾签署过合作谅解备忘录。经过7年多的合作，为适应经济的发展，我国和新加坡的政府部门已经改革和调整。我国政府为适应社会主义市场经济的需要，去年组建了国家质量监督检验检疫总局，同时成立了国家认证认可监督管理委员会和国家标准化管理委员会。新加坡负责合格评定的职能部门也进行了调整，原PSB实行企业化，其标准、生产力和创新局是主管标准和合格评定的部门。本次签署的备忘录规定双方在广泛的认证认可领域开展全面的合作，并确定了合作形式和活动的原则。

美国拟出台食品注册通报制度
国家认监委提醒企业及时应对

"9·11"恐怖袭击之后，美国以应对生化恐怖袭击为由，颁布了《公众健康安全与生物恐怖主义预防应对法》。根据该法案，美国将对外国食品及饲料生产、加工、包装、仓储企业实施严格的注册通报制度，目前，国家认证认可监督管理委员会等有关部门正在对美方这一政策对我出口造成影响的问题进行研究，积极对美国的法规草案提出意见，同时，提醒广大对美出口的生产、加工、包装、仓储和出口企业要未雨绸缪，做好应对工作，最大限度地避免美食品注册通报制度对我农产品造成负面影响。

美国《公众健康安全与生物恐怖主义预防应对法》是美国总统布什于2002年6月签署的，其中两项规定涉及进口食品管理，一是要求美国本国和对美出口的外国食品及饲料生产、加工、包装、仓储企业必须在美国食品药品管理局(FDA)进行登记注册，未登记的外国食品及饲料将在入境港口遭到扣留；二是要求进口食品在运抵美国之前必须向FDA进行通报，否则也将遭扣留。目前，FDA正在制定具体法规，法规将于10月12日之前出台，注册和通报的要求最迟从2003年12月12日开始执行。

据了解，美国是世界第一大农产品进口国，2002年进口金额达419亿美元。我国2002年对美出口农产品16.3亿美元，占全部农产品出口的9%左右，主要出口品种为水产品和园艺产品。美国现在是我农产品出口的第四大市场，此次美国出台的食品注册通报制度实施范围很广，若国内相关企业不能按时申请注册或者注册程序不符合要求，我农产品可能无法继续正常对美出口，会造成不良社会影响和经济损失。为了最大限度地避免美国食品注册通报制度对我农产品出口造成负面影响，国家认证认可监督管理委员会的有关负责人指出，相关企业应注意以下问题：

一、FDA自今年10月12日起才开始接受食品及饲料生产、加工、包装、仓储企业的注册申请，此前不受理申请。各地对美出口食品、饲料的生产、加工、包装、仓储企业，应立即与当地出入境检验检疫部门联系，及时、准确地了解美国注册要求，做好注册准备工作。

二、此次美国注册的方式比较灵活，虽然可以由美国代理人(不一定是进口商)代为注册，但企业自己在国内通过登陆FDA网站进行注册也是完全可行的。况且这样做一旦企业有关情况有变化时，重新变更注册更加方便。

三、虽然此次美国注册只是程序性要求，美国官方不直接检查工厂，但以前美国发布的其他法规依然有效，对美出口企业应注意同时满足其他法规的要求。如水产品企业和果蔬汁企业要有HACCP计划，食品企业要符合PART110法规规定条件等。

四、我国出口食品卫生注册制度已实施多年，对美出口食品企业必须首先取得出口卫生注册登记资格，方可对美出口食品。因此，对美出口食品生产、加工、仓储企业应在取得出口注册登记资格的基础上申请在美注册。

五、对美出口食品和饲料的生产、加工、包装、仓储企业在取得在美注册后，应及时将信息告知当地出入境检验检疫部门，以方便其产品出口时报检查验。

六、国家有关部门已组织人员对美国法规进行了翻译研究，需要邮购资料或提供培训和咨询服务的企业，可与中国商检研究所北京陆桥质检认证咨询中心联系。

解放思想 转变作风 集思广益 共谋发展

——认监委召开机关工作座谈会

为进一步推动认监委深入学习领会江泽民总书记“七一”重要讲话和中共中央十五届六中全会精神,激发全体同志锐意改革、致力发展、投身认证认可工作的积极性,10月16日,认监委召开了全委机关工作座谈会。总局党组书记李传卿到会并讲话。

与会同志围绕着学习江总书记“七一”讲话和中共中央十五届六中全会精神的体会及对下一步如何更好地开展认证认可工作等话题各抒己见,会场气氛热烈。大家纷纷表示,认监委决定以这种形式召开工作座谈会,充分反映出委党组坚持党的群众路线的强烈意识和密切联系群众的良好作风,使我们看到了落实十五届六中全会的实际效果,看到了委党组务实开拓的新气象。有16位同志在发言中结合工作实际,针对认监委如何有效履行职责,加强内部建设,建立高效运行机制和工作模式等问题提出了富于建设性的意见和建议。

李传卿书记在会上发言。他首先肯定了认监委召开座谈会学习“七一”讲话和中共中央十五届六中全会精神的这种别开生面的方式。他说,这种形式正是认监委领导按照党中央的要求,走群众路线,解放思想、实事求是,根据实际情况决定工作方针的最好体现。

李传卿书记在讲话中充分肯定了认监委成立后所做的工作及取得的成绩。他说,认监委成立半年多来,工作开展得有板有眼。目前,队伍组建工作已经基本完成,切实做到了思想不散、工作不断、秩序不乱。认监委根据国务院的授权,对不少业务工作进行了有益的探索,也取得了一定的成绩,开局良好。要完成党中央、国务院赋予的重任,认监委全体工作人员就必须坚定信心、知难而进,实现有序、有效、有竞争力的工作目标:

一是要实现工作的有序发展。目前,国内认证市场较为混乱,暴露出来的问题也比较尖锐,有些地方还存在花钱买证、假冒认证证书的现象。认监委要担负起统一管理、监督的职责,抓紧对国际新标准的学习、培训,增强自身实力,实现工作的有序发展。二是要有效地开展工作。国内获证企业较多,存在部分获证企业产品质量不过硬甚至出现问题的情况。因此,还要切实提高认证工作的有效性。三是要有竞争力。随着全球经济一体化趋势的增强,我们的认证认可工作也必须与国际通行标准接轨,通过国际互认不断扩大影响,提高自身的竞争力。当前要抓好以下几项工作:首先,尽快实现认证认可的“四个统一”,这也是总局的工作重点之一。其次,以整顿认证市场作为抓手,按照国务院整顿和规范市场经济秩序的要求,改变国内认证市场混乱、无序的状况。第三,在深入调查研究的基础上,尽快出台认证认可管理条例,使认证认可工作有法可依。第四,进一步统一思想、坚定信心、扎实工作,树立服务意识。认监委要按照国务院的授权,充分发挥自身、各部门、各地区的工作积极性,多协调、多沟通,树立为各部门服务的思想,强化为各部门服务的意识。对于协调不了、需要总局出面的问题和困难,总局会全力给予支持。

王凤清主任作了总结讲话,她对传卿书记在百忙中抽出时间参加座谈会表示感谢。她说,认监委成立以来,总局在组织建设等方面给予了大力的支持。传卿书记的讲话体现出总局对认监委的工作寄予厚望,这也是对认监委工作的鞭策和鼓励。我们一定要按照总局党组的要求扎实做好各项工作。

王凤清主任说,认监委成立以来,工作千头万绪。但越是在关键时刻,越要倾听群众的意见,发挥大家的聪明才智,确定认证认可工作进一步发展的大政方针,加强内部的沟通、融合。王主任要求全体同志在今后的工作中,一是要解放思想,实事求是。要有与时俱进的精神,结合当前形势,按照国际通行标准,准确判断实际情况。认监委机关同志来自不同单位,工作做法有所不同,要尽快出台认监委的管理办法、工作程序。二是要加强协调,树立服务意识。要敢于和善于协调,讲究工作方法,以理服人。三是要谦虚谨慎、作风踏实。在工作中要不图虚名,只求务实,扎扎实实地开展工作。四是要树立勤政、廉洁、艰苦奋斗的工作作风。要坚持“两手抓、两手都要硬”的方针,建立健全各项规章制度,廉洁自律、勤奋工作。

认监委全体人员、下属事业单位负责人参加了会议,总局有关司室负责同志应邀出席会议。

2003年

中国汽车、摩托车产品强制认证颁证会

2003年2月26日,中国汽车、摩托车产品强制认证颁证会在人民大会堂举行,上海通用汽车有限公司等32家国内外汽车、摩托车企业的产品获得中国强制性产品

认证(简称 CCC 认证)证书。此次会议由国家质量监督检验检疫总局和国家认证认可监督管理委员会共同举办。会议由国家质检总局党组书记李传卿主持。全国人大常委会副委员长姜春云出席并为获证企业颁证，国家质检总局李长江局长、国家认监委王凤清主任在会上作了讲话。

强制性产品认证制度是各国政府为保护广大消费者人身和动植物生命安全、保护环境、保护国家安全,依照法律法规实施的一种产品合格评定制度。为履行中国加入 WTO 的承诺，国家认监委根据国务院赋予的工作职责，于 2001 年 12 月 3 日对外发布了强制性产品认证制度。自 2002 年 5 月 1 日起,开始受理第一批列入强制性产品认证目录的 19 大类 132 种产品的认证申请,2003 年 5 月 1 日,将对这些产品的认证开始实施执法监督。在党中央、国务院的正确领导及有关各方的大力支持下,强制性产品认证工作进展顺利。截至 2003 年 2 月 24 日,已有 25 212 家国内外企业向中国质量认证中心等 9 家认监委指定的强制性产品认证机构递交了认证申请，其中国内企业共 21 881 家,国外企业 3 331 家。9 家认证机构颁发强制性产品认证证书共 37 388 份,其中国内证书 34 005 份,国外证书 3 383 份。

国家认监委王凤清主任在讲话中说，新的车辆产品强制性认证制度，是国家强制性产品认证制度的重要组成部分,是国家认监委按照国务院领导同志的指示,根据国务院“三定方案”规定和有关文件精神,在征求有关部委意见的基础上，结合中国国情并参考国外车辆产品认证管理经验的基础上建立起来的。她说,车辆产品强制性认证制度在实施过程中遇到了很多困难，但在有关部门和企业的大力支持下,这项工作最终取得了重大进展。目前强制性产品认证制度得到了国内外的广泛认可，国内外主要的汽车、摩托车企业均已申请认证。

王凤清指出，新的车辆产品强制性认证制度具有以下四个特点：一是符合政府机构改革和市场经济发展的需要。车辆产品的质量监管通过认证制度实现,是社会主义市场经济发展的要求。二是符合国际通行做法,实现了国民待遇原则。目前欧洲、美国、日本对车辆产品的质量管理制度均为认证制度。我国强制性产品认证制度以原国家出入境检验检疫局的进口安全许可制度和原国家质量技术监督局的安全认证制度为基础，对进口车及国产车实现了国民待遇,兑现了我国加入 WTO 的有关承诺。三是有明确的法律依据和完善的管理机制，明确了产品的生产企业及合格评定机构应能承担相应的法律责任。四是严格遵循国际准则,工作程序公正、透明,解决了产品一致性和执法监督问题。

王主任介绍,此次获证的 32 家汽车、摩托车企业都是各自行业的骨干和知名企业，分别代表了该行业的先进水平。据不完全统计,上述 21 家国内汽车公司的产量、产值均占 2001 年全国产量和产值的 70%；已经获得和正在申请 CCC 认证的国内摩托车企业的产量占 2001 年全国产量的 90%;国际知名的国外汽车生产企业都已经获得或正在申请 CCC 认证。上海通用汽车有限公司、中国嘉陵工业股份有限公司作为我国轿车企业和摩托车企业的代表率先通过了 CCC 认证工厂审查，并分别获得首张汽车产品 CCC 证书和首张摩托车产品 CCC 认证证书，对推动汽车产品和摩托车产品的 CCC 认证起到了带头作用。

王主任强调,按照强制性产品认证制度的安排,自今年 5 月 1 日起,强制认证的执法监督工作将开始实施,未获得强制性产品认证证书和未加施强制性认证标志的产品将不得出厂销售、进口和在经营活动中使用。强制性产品认证制度的实施,关系到每一位公民的切身利益。希望全社会都来积极关怀和支持这项工作，自觉购买加贴了强制性产品认证标志的产品。发现该认证而没有认证或没有加贴认证标志的，要及时向当地质量技术监督局和出入境检验检疫局举报。

李长江局长在讲话中要求，各地质量技术监督局和各直属检验检疫局要切实承担起监督管理的工作职责，在国家认监委的领导下，做好强制性产品认证的执法监督工作,确保认证结果的公正性和有效性;各有关部门要进一步转变观念,充分利用强制性产品认证结果,加强行政执法,促进政府职能转变;有关企业要积极申请认证，为保证我国强制性产品认证制度的顺利实施，为推动我国产品质量的整体提高,为维护消费者权益、保护环境，做出应有的贡献。

中编办、国家计委、国家经贸委、公安部、外经贸部、海关总署、国家环保总局、国家工商总局、国家广电总局、机械联合会等有关单位的领导和来宾出席了会议（与会单位和人员以当日公布为准)。

中国将建立统一规范的农产品认证认可体系

随着群众生活水平的不断提高，农产品的质量安全卫生日益成为人们关注的热点问题。日前,国家认证认可监督管理委员会、国家质检总局、农业部、国家经贸委、外经贸部、卫生部、国家环保总局、国家工商总局、国家标准委联合下发《关于建立农产品认证认可工作体系实施意见》,提出了建立统一、规范的农产品认证认可体系的总体构想。

《实施意见》要求,在中国建立农产品认证认可工作体系必须全面贯彻“三个代表”重要思想,坚持国务院确定的统一规划、强化监管、规范市场、提高效能和与国际接轨的认证认可工作原则,在国家认证认可监督管理委员会统一管理、监督、综合协调和各有关方面共同实施的工作机制下,建立并完善中国农产品认证认可工作体系,提高农产品认证评价的一致性和有效性,促进“菜篮子”产品及其他农产品等的质量卫生安全水平的提高,为农业结构调整、增加农民收入,保护和改善中国生态环境,扩大农产品出口创汇服务。

《实施意见》指出,在今后一段时间里,中国建立农产品认证认可工作体系的重点,一是要建立统一、规范的农产品认证认可体系,借鉴和引入工业产品认证认可的经验和做法,统一认可制度、统一认可机构、统一认可标准和认可程序,保证认可工作的公正、公开、公平,加快农产品认证工作。实行统一的农产品认证机构、认证咨询机构和认证培训机构的国家认可制度。对从事农产品认证、认证咨询和认证培训等业务的机构要办理审批和登记注册;农产品认证机构应当取得国家认证认可监督管理委员会授权的认可机构的资质认可;对农产品认证培训机构、农产品认证人员实施注册、备案制度。

同时,还要以与国际接轨为目标,结合中国国情,建立国家农产品认证标准,逐步使中国农产品认证与国际通行的认证标准和认证形式接轨。制定有利于社会监督和促进有序竞争的农产品认证标志(标识)管理办法,通过认证标志,建立认证质量的可追溯制度。

《实施意见》要求,要积极推动建立贯穿农产品种植、养殖、加工、储运、经销全过程的质量卫生安全管理体系。在农产品生产、加工、储运、经销企业(包括种植业、养殖业、加工业、储存运输业、批发、零售业等)中开展质量管理体系认证、环境管理体系认证、职业健康安全管理体系认证,促进农产品生产、加工、经销企业质量管理水平的全面提高。利用WTO“绿箱”政策和借鉴国外做法,对获得农产品认证的生产、加工企业给予一定的政策优惠。

通过这些方式,加强政策引导和监督管理,引入市场竞争机制,同时发挥各种农村经济组织和行业(产业)协会在农产品认证活动中的示范和桥梁、纽带作用,培育一批运作规范、社会信誉高、符合国际通行规则要求的农产品认证机构。坚持循序渐进、逐步推广的工作方针,为实现我国发展优质、高产、高效、生态、安全农业,全面提高农产品质量安全水平,实现农产品的优质化、区域化、专业化的总体目标服务。

《实施意见》明确了中国农产品认证认可工作体系的指导思想和目的,确定了建立农产品认证认可工作体系的基本原则和工作重点,为科学、合理地建立中国农产品认证认可工作体系指明了方向,同时也标志着中国农产品认证认可工作走上了规范化发展的道路。

附件:

获证企业名单

获证的21家国内汽车企业是:上海通用汽车有限公司、上海大众汽车有限公司、一汽轿车股份有限公司、一汽大众汽车有限公司、一汽解放汽车有限公司、东风汽车股份有限公司、东风汽车公司载重车公司、神龙汽车有限公司、江西昌河铃木汽车有限责任公司、江西昌河汽车股份有限公司、哈飞汽车股份有限公司、沈阳飞机工业(集团)有限公司、广州本田汽车有限公司、长安汽车(集团)有限责任公司、北汽福田汽车股份有限公司、徐工集团徐州重型机械厂、郑州日产汽车有限公司、江铃汽车股份有限公司、郑州宇通客车股份有限公司、东南(福建)汽车工业有限公司、厦门金龙联合汽车工业有限公司。

获证的6家摩托车企业是:中国嘉陵工业股份有限公司(集团)、钱江集团有限公司、隆鑫集团有限公司、重庆宗申摩托车科技集团有限公司、江门市大长江摩托车有限公司、重庆力帆实业(集团)有限公司。

获证的5家国外汽车企业是:丰田公司、日产公司、本田公司、马自达公司、大发公司。

全国强制性产品认证行政执法工作会议

新的国家强制性产品认证制度将于5月1日起正式开展行政执法,为进一步推动强制性产品认证行政执法工作的深入开展,3月26日,国家质检总局和国家认监委联合召开全国强制性产品认证行政执法工作会议。国家质检总局党组书记李传卿主持会议,李长江局长出席会议并讲话,国家认监委主任王凤清作了工作报告。

李长江局长在讲话中说,实施强制性产品认证制度,是质检系统落实党的十六大、新一届人大政协会议精神的重大举措。强制性产品认证执法监督是强制性产品认证制度的重要组成部分，也是质量监督检验检疫行政执法工作的重要组成部分。强制性产品制度能否真正顺利实施，能否真正发挥出其应有的作用，关键要看行政执法是否到位。各级质检部门一定要从全面贯彻落实十六大和十届全国人大、政协一次会议精神的高度，从全面建设小康社会的高度，从促进国家质量水平提高、维护市场经济秩序、促进外经贸发展，推动国家经济建设和对外开放的大局出发，按照国务院领导提出的希望和要求，竭尽全力，采取各种有效措施，确保强制性产品认证制度的全面实施，确保强制性产品认证行政执法工作健康有序的进行，开创强制性产品认证行政执法工作新局面。

李长江局长强调，各级质检部门要高度重视、科学安排，全面推动强制性产品认证执法工作的落实。要切实提高思想认识，建立有效的工作机制，利用多种渠道，广泛进行宣传。要规范行政执法行为，禁止行政执法不作为和滥作为。服从工作大局，严格工作纪律，切实加强行政执法队伍建设。

李长江局长指出，强制性产品认证制度是一项崭新的制度，这项制度的实施牵涉到方方面面，要正确处理好各种的工作关系，争取各方面的支持与配合，营造全社会齐心协力共同推动强制性产品认证制度实施进程的良好社会氛围。

王凤清主任在工作报告中说，强制性产品认证制度是我国按照国际通行规则建立起来的一种全新的产品市场准入手段。强制性产品认证制度实施以来，各项工作取得了重大进展，但任务仍然相当艰巨，必须采取有效措施，推动强制性产品认证制度顺利实施。当前一段时间，要突出抓好五件大事：一是要统一思想认识。二是要科学安排。三是要深入进行调查摸底。四是要突出重点。五是要深入宣传。

王凤清主任说，强制性产品认证制度行政执法的主要任务，就是要在总局和认监委的统一部署下，建立科学、公正、廉洁、高效、文明的强制性产品认证行政执法管理体系，按照专项治理和综合治理相结合、市场整顿和转变政府职能、为企业服务相结合的原则，加快形成政府主导、部门配合、中介机构为基础的工作格局，克服和解决强制性产品认证行政执法工作面临的各种问题。要坚持以强化行政执法、加大行政执法力度为中心，提高行政执法能力和行政执法保障两个基础建设为重点，加强行政执法队伍建设，特别要注意五个方面的问题：一是要切实提高行政执法的有效性。二是要服从总局和认监委的统一安排。三是要严格依法行政，提高执法工作水平。四是要畅通行政执法信息渠道，提供行政执法保证。五是要齐抓共管，力求实效。

国家认监委副主任梁杰、夏铮铮、程方、刘卓慧，总工程师裘亦良出席了会议，总局各司室的负责同志及各地质量技术监督局和各直属出入境检验检疫局的 170 名代表参加了会议。

中国进出口商品检验总公司与美国 UL 安全检测试验室共建合资测试认证公司

为落实中央关于“走出去”开放战略，应对我国加入世贸组织新形势，有效促进我国企业出口，进一步扩大对外开放，中国进出口商品检验总公司决定与美国 UL 安全检测试验室合作，在国内共同建设合资测试认证公司。6 月 26 日，合资测试认证公司组建签字仪式在北京国际俱乐部举行。国家质检总局局长李长江、国家认证认可监督管理委员会主任王凤清、中国进出口商品检验总公司总经理周文惠、美国 UL 总裁兼首席执行官诺布朗等参加了签字仪式。

美国是中国的第二大贸易伙伴和第一大外国直接投资来源国，2001 年双边贸易额超过 800 亿美元。机电产品是我国的第一大类出口商品，占外贸出口总额的 40%以上，其中出口美国的机电产品，在我国出口机电产品总额和对美贸易总额比重中都超过 20%。主要出口种类有计算机类、通讯类、家电类、视听产品类等。

由于机电产品直接或间接与电气安全密切相关，世界各国对其安全性能都有一定的技术要求。美国客户普遍要求中国机电产品在进入美国前，必须先行获取美国 UL 认证。

美国 UL 安全检测试验室公司(UL)是一家独立的、非赢利的产品安全检测和认证机构，是北美地区乃至全世界最具影响力的国际认证机构之一，UL 安全认证标志在北美市场得到了广泛的认可和信赖，已经成为机电产品进入美国甚至北美市场的通行证。

中国进出口商品检验总公司(CCIC)是经国务院批准成立的国内第一家从事进出口商品检验、鉴定和认证等业务的国有企业，现已发展成为网络覆盖全国和世界主要地区、服务种类齐全的综合性检验认证机构，在全国有 36 家分支公司，在海外有 18 家分公司或办事处。与美国

UL 公司有长期的良好合作。

目前，中国大陆已成为 UL 公司在美国本土以外最大的海外市场。经 UL 授权工厂已经超过 7 100 家，占全世界 UL 授权工厂的 11.5%，授权的档案数达到 18 100 个，且每年以 20%速度在不断增长。但是，获取 UL 安全认证存在诸多障碍：产品必须送到国外检测，检测周期长、进出口报关等手续繁琐；国外检测人工费用比较高，国内企业负担较重；国外送样检测语言不便，沟通困难；付款必须用外汇，手续相当复杂。这在一定程度上制约了我国对外贸易的发展。

为此，中国进出口商品检验总公司决定与美国 UL 安全检测试验室公司在 20 多年友好合作的基础上，在国内合资共同建立测试认证公司，引进美国 UL 公司的技术与服务，利用双方的优势为国内企业提供一流的本地化测试和认证服务，降低企业的认证成本，缩短认证周期，为国内的产品进入国际市场提供便利，促进我国出口。

双方同意各按 50%的比例投资 1 500 万美元，合资期限 10 年，将在苏州和北京分别设立两个实验室，为视听产品、照明、家电、信息技术设备、马达、电动工具等产品提供安全测试。到 2005 年，80%的 UL 测试将可在中国完成。

合资公司成立后，将使用本地区语言、人民币结算方式的本地化服务，提供通达北美、欧洲和世界主要市场的一站式产品认证服务；帮助企业了解其需求，特别是在新产品研发阶段，帮助企业了解适用于新产品的安全规范；大部分的工程评估和测试可在国内完成，从而为企业节省需寄送样品至国外的费用和手续；使客户更容易直接了解工程测试的进展状况，为国内的企业获得突破世界主要市场技术壁垒的安全认证提供极大的便利。

根据入世承诺，我国将从 2004 年开始，逐步开放国内检测市场。这次世界著名检测机构与中国最大的检验认证机构的合作，不仅将为我国企业出口提供更多便利，还将为我国逐步开放检测市场后如何加强监管进行有益的探索，提供新鲜的经验，并为我国检测认证机构引入国外先进的管理和技术，壮大自身实力，以积极姿态参与国际竞争创造条件。

严查认证市场 确保认证质量
国家强制性产品认证执法检查 8 月 1 日正式启动

国家认证认可监督管理委员会主任王凤清今天宣布，国家强制性产品认证制度执法检查工作 8 月 1 日起正式启动，全国质检机构将在全国范围内全面开展 CCC 认证执法检查。按照强制性产品认证制度的有关规定，从今天起，凡列入 CCC 认证目录内的产品、未获得指定机构的认证证书并加施认证标志的，不得进口、出厂销售和在经营性活动中使用。

王主任是在今天举行的强制认证执法检查授旗仪式暨电子信息类产品 CCC 认证推介会上说这番话的。国家质检总局局长李长江、北京市副市长范伯元等领导出席了此次活动。李长江局长、范伯元副市长为 CCC 标志揭牌，李长江局长、王凤清主任向北京市 26 个强制认证执法大队授旗。

王凤清主任在会上发表讲话。她说，强制性产品认证制度是国家为了保护广大消费者人身和动植物生命安全，保护环境、保护国家安全，根据国际惯例，依照国家法律法规实施的一种产品市场准入制度。这项制度自 2001 年 12 月正式颁布实施以来，在社会各界的大力支持下，通过有关各方的通力合作，圆满完成了第一阶段的工作目标。目前已颁发认证证书 82 810 份，已经认证和已申请认证产品涉及的企业达 20 143 家，其产品市场覆盖率达 90%以上。CCC 认证制度执法检查的各项条件已经完全具备。

王凤清主任指出，今天举行的活动是一个重要的里程碑，它标志着 CCC 认证制度实施的重点已经从推动认证向加强执法检查、巩固认证成果、提高认证有效性转变，CCC 认证对推动质量工程建设、规范市场行为、保护环境和维护消费者生命财产安全等方面的重大作用正在逐步显现。

王凤清主任强调，CCC 认证执法检查是政策性很强、影响广泛的一项重要工作。一方面，要通过执法检查实施严格的市场准入，把不符合标准的产品坚决地摒弃在市场大门之外，更加有力地促进国家产品质量和安全水平的提高，更加有效地保护广大人民群众的生命财产安全。另一方面，必须树立正确的指导思想，坚持为国家经济发展服务，为企业发展服务，为广大人民群众服务的工作方针，积极稳妥地推进。

王凤清主任要求，各级质检部门要按照有关法律法规的规定和国家质检总局、国家认监委的部署及要求，认真把好厂门和国门，切实从源头上抓起，有重点、分步骤地积极推进；要以科学、公正、廉洁、高效为原则，坚持依法行政，规范执法行为，严格按相关程序规定办案，杜绝和防止不作为与滥作为；要正确处理好行政执法与服务企业的辩证关系，以推进CCC认证制度实施为根本目的，对相关企业多指导、多帮助、多督促，通过执法检查促进更多企业通过CCC认证；要切实维护CCC认证制度的严肃性，对不遵守CCC认证制度规定、8月1日后仍生产和销售达不到强制标准要求的产品生产企业，对伪造和假冒CCC认证标志等违法违规行为，要坚决进行严厉查处。

范伯元副市长在讲话中说，近年来，北京市的质量工作在国家质检总局和国家认监委和市委、市政府的高度重视和领导下，取得了显著的成绩。国家强制认证执法检查授旗仪式暨电子信息类产品CCC认证推介会的举行，将有力地推动北京地区强制性产品认证制度的实施。一方面体现行政执法的保驾护航作用，另一方面中国名牌生产企业像联想(北京)公司、北京北大方正集团公司和清华同方股份有限公司等生产企业按规定并首先取得国家强制性产品认证，将对电子信息类产品乃至其它类产品强制性产品认证工作起到推动作用。北京市政府各有关职能部门、各区县人民政府和各有关单位要加强宣传、督促引导企业认真贯彻执行强制性产品认证制度。企业自身应提高认识，积极按照国家的有关规定进行生产经营活动。对于违法生产、经营者，北京市质量技术监督检验检疫部门要按照国家质检总局和国家认监委的部署，认真履行职责，使强制性产品认证工作作到稳步推进。

会上，联想控股有限公司董事长曾茂朝代表方正、清华同方等一批知名IT企业讲话，倡议全行业认真遵守CCC制度，为促进IT行业产品的质量管理水平提高、保护消费者权益做出努力。国家质检总局、北京市政府、海淀区政府、北京市质量技术监督局、北京检验检疫局等有关部门负责人参加了此次活动。

应对美国实施注册通报制度
中国企业应注意的问题

"9·11"恐怖袭击之后，美国以应对生化恐怖袭击为由，颁布了《公众健康安全与生物恐怖主义预防应对法》。美国食品药物管理局(以下简称FDA)据此于10月10日正式发布"食品企业注册法规"和"进口食品提前通报法规"，并于今年12月12日开始生效。国家认监委提醒企业未雨绸缪，做好准备工作，并就注册过程中出现的问题做出了解答。

一、注册过程中出现的问题

1、对美出口食品、饲料的企业，应抓紧时间申请向FDA办理注册。

2、企业应明确是否需要注册，如仓储设施，存放对美注册的产品，根据FDA注册法规规定，如果单一储藏企业或含有储藏设施的生产/加工或包装企业储藏的产品，在FDA注册法规涵盖的食品范围内，且对美出口，则这些企业必须注册其储藏设施。例如，火车站、港口、机场拥有或经营的存放须注册食品的储藏设施。

3、企业注册的设施的数量。当企业拥有或经营的必须注册的生产/加工和(或)包装和(或)储藏设施处于不同的地址时，企业应对这些设施分别注册，取得多个相应的注册号。当企业拥有或经营的必须注册的生产/加工和(或)包装和(或)储藏设施处于单一地址(一座建筑物或相邻建筑群)时，企业可将其作为一个设施进行注册，取得一个FDA注册号。

4、注册的信息应尽可能的详实准确，符合美国FDA"食品企业注册"法规的要求。

二、提醒企业应该注意的问题

1、美国《生物恐怖法》所要求的注册只是程序性的要求，而中国的出口食品卫生注册和FDA其他法规要求的注册都有具体的技术要求。按照该法规对FDA注册与中国出口食品企业卫生注册和其他FDA法规要求的注册并不矛盾，企业要同时满足这些注册的要求。

2、美国代理人必不可缺。

企业应慎重选择和确定代表本企业的美国代理人，以维护企业的利益。由于美国代理人受美国法律约束，企业在做出选择时应非常谨慎，才能避免各种潜在危险，保证企业的利益不受到损害。为此，作为企业代表的美国代理人至少需符合以下条件：1)安全可靠；2)稳定长久；3)可信赖。总之，只有站在中方立场为中国企业谋利益和具有专业技术能力的美国代理人才是可以信任依赖的。

3、企业可以自行注册，有困难的企业可以寻求服务性机构帮助。

目前帮助企业注册的服务性机构很多，企业需慎重选择有专业能力、安全可靠的机构帮助注册。

4、企业应在12月12日前完成对美注册，并及时向当地CIQ备案，以便于出口检验放行。国家认监委将与FDA保持联系，并在各地CIQ设有咨询服务热线，企业如遇到问题要及时反映，确保对美顺利出口。

相关的网站信息包括：

1、美国FDA"生物恐怖法规"网站：

http://www.cfsan.fda.gov/~dms/fsbtact.html

http://www.cfsan.fda.gov/~dms/fsterr.html

2、国家认监委的专题主页：

http://www.cnca.gov.cn/zctb.htm

韩国发布进口食品事前确认登记制度 国家认监委提醒企业积极应对

韩国食品医药品安全厅近日向外国驻韩138个使馆发出通报称，韩国决定从2003年10月10日起，实行"进口食品等事前确认登记制度"，其主要内容如下：

一、为提高进口食品检查制度的效率及加强对进口食品的管理，韩国食品医药品安全厅修订了"食品卫生法实行规则"(2003年8月18日保健富祉部令第254号)，决定从2003年10月10日起，开始实施"进口食品等事前确认登记制度"。凡经事前确认的食品在进口时可免于精密检查，减少通关程序，提高通关速度，为进口申报人提供方便。

二、与此相关，韩国食品医药品安全厅请求各国政府积极协助宣传该制度，以便各国食品生产、加工企业等能积极运用韩国的"进口食品等事前确认登记制度"。

三、"进口食品等事前确认登记制度"的主要内容是：通过事前的现场检查确认出口国工厂制造/加工的食品符合韩国食品卫生法的规定，并进行注册登记的食品(产品)，在进口申报时只需接收书面资料审查。

据了解，该制度的具体规定和执行方法将在近期公布。国家认监委负责人表示，将继续密切关注韩国方面的最新相关动态，并提请有关部门和企业积极做好应对准备，确保相关产品顺利出口韩国。

美国正式发布食品企业注册和 进口食品提前通报法规

"9·11"恐怖袭击之后，美国以应对生化恐怖袭击为由，颁布了《公众健康安全与生物恐怖主义预防应对法》。美国食品药物管理局(以下简称FDA)据此于10月10日正式发布"食品企业注册法规"和"进口食品提前通报法规"，并于今年12月12日开始生效。

一、根据FDA"食品企业注册"法规，美国本土和对美出口的外国食品及饲料生产、加工、包装、仓储企业必须在FDA进行登记注册，未登记的外国食品及饲料将在入境港口遭到扣留。注册时必须提供的信息包括：

1、企业及其总公司(母公司)的名称、地址和电话号码；

2、企业的所有者、经营者或其代理的地址和电话号码；

3、企业使用的所有贸易名称；

4、按照美国有关法规分类的产品类别；

5、注册提交人被注册企业授权的声明；

6、国外企业的美国代理人的名称、地址和电话号码；

7、外国企业还需提供紧急联系电话。

二、按照"进口食品提前通报法规"，FDA要求进口食品、饲料到达之前5日之内由电子方式接收并确认申报相关的信息。根据运输方式不同，FDA对最迟接受信息的时间有不同的规定：

1、通过陆路运输，抵达前2小时；

2、通过空运或铁路运输，抵达前4小时；

3、通过水路运输，抵达前8小时。

货物到港时，承运人必须持有提前通报确认件，否则无法通关。

美国是世界第一大农产品进口国，2002年进口金额达419亿美元。我国2002年对美出口农产品16.3亿美元，占全部农产品出口的9%左右，主要出口品种为水产品和园艺产品。美国现在是我农产品出口的第四大市场，此次美国出台的食品注册和提前通报制度实施范围很广，相关单位应积极应对，确保我相关产品对美国的顺利出口。

国家认证认可监督管理委员会、商务部针对美国的这些法规已经做了大量细致的应对准备工作，分别提前发文和通过媒体通报、宣传了法规草案的要求以及应对措施。中国进出口商品检验技术研究所、中国食品土畜进出口商会等有关部门也做了大量工作，其中包括法规的翻译、培训和咨询服务工作。FDA的"食品企业注册"和"进口食品提前通报"法规已经发布，并即将实施，为最大限度地避免美食品注册、通报制度对我农产品出口造成负面影响，国家认监委强调要继续做好以下工作：

一、各地出入境检验检疫机构、外经贸主管部门要高度重视美方相关法规，尽快将上述信息通报给辖区内对美出口农产品、食品和饲料的生产、加工、包装、仓储和出口等相关企业。按照以前摸底所掌握的情况做好上述企业的注册通报工作的落实。要主动了解上述企业(尤其是中小企业)进行注册和通报所面临的主要困难和问题，指导协助企业解决困难。

二、各地出入境检验检疫机构要按照美国新发布的法规要求把好关，对辖区内相关企业取得FDA注册的情况进行跟踪，掌握企业注册信息。今年12月12日后，在接受出口美国的食品、饲料货物报检时，应注意审核相关企业对美的注册信息，对未注册企业的货物，要提示报检人及时办理在美注册。还要提醒企业向FDA提前通报进口货物有关信息。

中国进出口商品检验技术研究所将继续发挥技术资源上的优势，翻译FDA正式法规，并编写《输美食品、饲料企业注册通报指南》，做好相应的培训、咨询工作。

全国认证机构会议在京召开

8月26日，全国认证机构会议在京召开。这是国家认证认可监督管理委员会成立后召开的第一次大规模的认证机构会议，也是我国认证认可工作有史以来召开的第一次全国性认证机构会议。国家质检总局党组书记李传卿、国家认监委主任王凤清及国家工商总局、公安部等有关部门领导出席了会议并发表重要讲话，来自全国认证机构、认证培训机构的232名代表参加了会议。

会议通报了国家认监委对认证市场进行清查的最新情况。据了解，从去年年底开始，国家认监委会同国家工商总局、公安部等三部门联合在上海、广东、深圳、湖北四省、市开展打击非法认证经营活动专项行动，对投诉和各地局清查结果中反映问题较为严重的机构(作业点)进行查处，共查获11家未经国家认监委批准擅自从事认证活动的认证机构和作业点。这些机构(作业点)的主要违法违规行为包括：未经认监委批准进行非法认证相关活动；无照经营或超范围经营；冒用外国认证机构名义和认可资格进行认证诈骗，发假证；涉嫌以认证名义进行合同诈骗，骗取钱财；认证行为不符合认可准则要求，认证审核人日数不足、认证审核员资格不明等。此次查处的11家机构、作业点分别为：广州盖洛普认证服务有限公司，上海嘉特仕企业管理服务有限公司、广州优亚仕企业管理咨询有限公司、URS东莞长安办事处、URS武汉办事处、EQAICC美国EQA国际认证中心、美国EQAICC国际认证中心、广州益客友技术标准服务有限公司、美国西雅士认证公司/志杰企业管理服务有限公司、世界认证服务中心/广州沃德企业管理服务有限公司、深圳悦科贸易咨询公司。根据国家质检总局29号令《认证违法行为处罚暂行规定》，国家认监委已责令其立即停止认证相关活动，属无照经营或超范围经营的由当地工商部门按规定进行处罚，涉嫌假冒、诈骗的经进一步查证后移交公安部门处理。此外，国家认监委还撤销了在审批过程中提供虚假证明的上海信华质量认证有限公司的认证机构资格。

会议还公布了国家认监委对部分认证机构认证有效性监督抽查的结果。自今年年初以来，国家认监委派出稽查审核组，对部分认证企业的认证有效性进行了不事先通知的监督抽查。根据抽查结果，绝大多数认证机构的质量体系认证有效性是好的，经其认证的企业是合格的。但也有极少数机构的认证有效性存在问题，经其认证的企业被判定为不合格企业。对此，认监委及时进行了处理，已责令RWTUV/汉德技术监督服务(香港)有限公司北京代表处、上海代表处、深圳鹏程国际认证中心和北京恩格威质量体系认证中心进行三个月停业整顿；对北京埃尔维质量体系认证中心给予了严重警告，要求进行内部整顿。

国家认监委主任王凤清在讲话中指出，国家认监委成立两年来，按照统一规划、强化监管、规范市场、提高效能和与国际接轨的原则，在建立认证认可新体制、建立和完善认证认可法律法规、实施新的强制性产品认证制度、清理整顿认证市场等方面做了大量的工作，初步建立起了全国统一的认可制度、强制性产品认证制度、检测实验室管理制度，与农业部、质检总局联合发布了《无公害农产品管理办法》及《无公害农产品认证标志管理办法》，对进出口食品注册工作实施了严格有效的管理。目前，《认证认可条例》已经国务院常务会议审议并原则通过，经进一步修改后，不久将由国务院颁布施行。《认证认可条例》的颁布施行，体现了党中央、国务院对认证认可工作的高度重视，标志着我国认证认可工作法制化向前迈出了一大步。这是我国认证认可工作中的重大事件，是我国认证认可事业发展史上的一个重要里程碑。王凤清主任要求广大认证机构必须认清当前我国认证市场面临的基本形势，采取切实有效的措施，保证认证的公正性、规范性和有效性。

国家质检总局党组书记李传卿在讲话中对国家认监委成立两年来所做的工作，特别是在国家工商总局、公安部等部门的配合下，在整顿规范认证市场、查处违法违规认证机构所取得的成绩给予了充分的肯定。他要求各地质检部门要在国家质检总局和国家认监委的统一部署下，切实履行职责，依法对认证市场存在的违法违规行为进行查处。

国家认监委成立认证认可专家咨询委员会

为广泛听取社会各界对认证认可工作的意见和建议,充分发挥熟悉、精通认证认可业务,关怀、支持认证认可工作的专家的工作特长,加强和改进认证认可工作,促进国家认证认可体系的全面建立,国家认监委决定成立认证认可专家咨询委员会。专家咨询委员会由全国人大环境资源委员会主任曲格平,全国政协委员沈烈初,原国家出入境检验检疫局局长田润之,全国人大代表、全国工商联合会副主席王以铭,国务院经济体制改革办公室副主任潘岳,国务院参事、卫生部食品卫生监督检验检疫所教授戴寅,清华大学经济管理学院教授魏杰,中国农业大学教授韩纯儒等组成,主要职责为:对国家认证认可工作方针、政策提出前瞻性的意见和建议,反映社会各界对认证认可工作的意见和要求,协助国家认监委监督有关部门改进工作,提高效率,并监督有关认证认可工作的法律、法规实施,协助向上级有关部门反映情况。

2003年12月28日,专家咨询委员会成立大会暨第一次工作会议在国家认监委部际联席会议办公室举行。专家委员会成员从国家认监委主任王凤清手中接过了聘任证书。大会讨论通过了认证认可专家咨询委员会工作章程。国家认监委主任王凤清在会上作了重要讲话。她对各位专家们应邀参加专家咨询委员会的工作表示感谢和欢迎,希望在各位专家的关心、支持、帮助和监督下,认证认可工作能够更加健康、规范和快速发展。与会专家纷纷表示,认证认可是推动全面建设小康社会的重要力量,是国家质量建设的重要组成部分,一定积极发挥作用,尽己所能,多提意见建议,加强监督,为国家认证认可工作的发展作出应有的贡献。

第十七部分　统计资料

一、强制性产品认证统计

表 1　不同认证中心颁发的强制性产品认证证书数（截至 2003 年底）

序号	机　　构	强制性产品认证获证企业数（家）			强制性产品认证证书数(张)
		国外	国内	总计	
1	中国质量认证中心	884	20 452	21 336	97 906
2	中国电磁兼容认证中心	106	3 107	3 213	15 290
3	中国安全技术防范认证中心	3	38	41	128
4	北京环宇赛福特认证中心（中国安全玻璃认证中心）	45	353	398	2 126
5	北京中化联合质量认证有限公司	17	376	393	1 391
6	中国农机产品质量认证中心	1	102	103	105
7	中国汽车产品认证中心	19	32	51	54
8	公安部消防产品合格评定中心	19	209	228	1 583
总　计		1 094	24 669	25 763	118 583

表2 不同产品大类颁发的强制性产品认证企业及证书数量统计（截至2003年底）

类 型	获证企业数（家）	比 率%	证书数量（张）	比 率%
电线电缆产品	3 789	14.71	9 021	7.61
电路开关及保护或连接用电器装置	2 172	8.43	5 794	4.89
低压电器	3 784	14.69	22 143	18.67
小功率电动机	1 747	6.78	3 283	2.77
电动工具	377	1.46	2 432	2.05
电焊机	616	2.39	1 762	1.49
家用和类似用途设备	4 657	18.08	26 950	22.73
音视频设备	1 960	7.61	8 198	6.91
信息技术设备	1 577	6.12	8 268	6.97
照明电器	2 141	8.31	4 925	4.15
机动车辆及安全附件	1 001	3.89	16 071	13.55
机动车辆轮胎	431	1.67	2 448	2.06
安全玻璃	458	1.78	2 585	2.18
农机产品	103	0.40	105	0.09
乳胶制品	102	0.40	249	0.21
电信终端设备	452	1.75	2 041	1.72
医疗器械产品	120	0.47	586	0.49
消防产品	228	0.88	1 583	1.33
安全技术防范产品	48	0.19	139	0.12
总 计	25 763	100.00	118 583	100.00

表 3 全国各省（自治区、直辖市）颁发的强制性产品认证证书数量以及企业数量

地区	2002 年				2003 年			
	发证数量（张）	比率 %	发证企业（家）	比率 %	发证数量（张）	比率 %	发证企业（家）	比率 %
北 京	1 046	3.88	254	3.77	3 777	4.66	762	4.05
天 津	569	2.11	115	1.71	1 528	1.88	347	1.84
河 北	701	2.60	263	3.90	1 610	1.98	535	2.84
山 西	28	0.10	10	0.15	169	0.21	75	0.40
内蒙古	11	0.04	4	0.06	151	0.19	25	0.13
辽 宁	262	0.97	63	0.93	1 347	1.66	277	1.47
吉 林	54	0.20	7	0.10	910	1.12	70	0.37
黑龙江	109	0.40	38	0.56	293	0.36	72	0.38
上 海	2 824	10.48	699	10.37	8 258	10.18	1 655	8.80
江 苏	3 087	11.46	722	10.71	8741	10.77	1 814	9.64
浙 江	5 505	20.44	1 477	21.91	14 304	17.63	3 613	19.21
安 徽	403	1.50	98	1.45	1 149	1.42	219	1.16
福 建	678	2.52	143	2.12	1 633	2.01	384	2.04
江 西	148	0.55	46	0.68	544	0.67	132	0.70
山 东	1 612	5.99	254	3.77	4 783	5.90	970	5.16
河 南	491	1.82	151	2.24	1 578	1.95	325	1.73
湖 北	237	0.88	69	1.02	1 329	1.64	229	1.22
湖 南	215	0.80	74	1.10	983	1.21	258	1.37
广 东	7 446	27.65	1 943	28.82	21 373	26.35	6 013	31.97
广 西	621	2.31	30	0.45	540	0.67	117	0.62
海 南	14	0.05	6	0.09	35	0.04	13	0.07
重 庆	155	0.58	54	0.80	2 923	3.60	225	1.20
四 川	399	1.48	128	1.90	1 494	1.84	362	1.92
贵 州	26	0.10	7	0.10	275	0.34	61	0.32
云 南	63	0.23	33	0.49	202	0.25	83	0.44
西 藏	—	—	—	—	15	0.02	3	0.02
陕 西	164	0.61	30	0.45	611	0.75	159	0.85
甘 肃	38	0.14	10	0.15	199	0.25	28	0.15
青 海	7	0.03	3	0.04	20	0.02	6	0.03
宁 夏	5	0.02	3	0.04	59	0.07	13	0.07
新 疆	16	0.06	7	0.10	290	0.36	65	0.35
总计	26 934	100.00	6741	100.00	81 123	100.00	18 910	100.00

表 4　强制性产品认证情况调查统计（截至 2003 年 4 月 1 日）

地 区	工厂总数（家）	获证产品涉及企业数（家）	正在办理申请的企业数（家）	未办理申请/未获证企业数（家）	未办理申请/未获证企业占工厂总数的百分比
北 京	444	397	47	–	–
天 津	332	123	123	86	25.90
河 北	811	336	107	368	45.38
山 西	91	13	34	44	48.35
内蒙古	66	9	22	35	53.03
辽 宁	847	51	124	672	79.34
吉 林	134	7	20	107	79.85
黑龙江	72	10	47	15	20.83
上 海	597	208	16	373	62.48
江 苏	3 840	895	128	2 817	73.36
浙 江	10 075	672	3 018	5 385	53.45
安 徽	290	107	122	61	21.03
福 建	148	55	9	84	56.76
江 西	223	48	109	66	29.60
山 东	1 977	162	212	1 603	81.08
河 南	415	170	49	196	47.23
湖 北	323	20	39	264	81.73
湖 南	660	24	18	618	93.64
广 东	5 055	1 954	1 258	1 843	36.46
广 西	137	36	47	54	39.42
海 南	19	6	10	3	15.79
重 庆	324	173	120	31	9.57
四 川	451	147	191	113	25.06
贵 州	69	11	37	21	30.43
云 南	129	20	61	48	37.21
西 藏	1	–	–	1	100.00
陕 西	60	3	21	36	60.00
甘 肃	54	2	15	37	68.52
青 海	28	3	11	14	50.00
宁 夏	46	5	5	36	78.26
新 疆	86	1	11	74	86.05
总 计	27 804	6 668	6 031	15 105	54.33

二、国家认监委批准的认证机构、咨询机构和认证培训机构统计

表 5 全国各省（自治区、直辖市）认证机构统计

地 区	2002 年		2003 年	
	认证机构（家）	比率%	认证机构（家）	比率%
北 京	66	70.97	15	78.95
天 津	3	3.23	–	–
河 北	–	–	1	5.26
山 西	–	–	–	–
内蒙古	–	–	–	–
辽 宁	1	1.08	–	–
吉 林	–	–	–	–
黑龙江	1	1.08	–	–
上 海	5	5.38	1	5.26
江 苏	1	1.08	–	–
浙 江	4	4.30	–	–
安 徽	1	1.08	–	–
福 建	2	2.15	–	–
江 西	–	–	–	–
山 东	1	1.08	2	10.53
河 南	–	–	–	–
湖 北	1	1.08	–	–
湖 南	–	–	–	–
广 东	6	6.45	–	–
广 西	–	–	–	–
海 南	–	–	–	–
重 庆	–	–	–	–
四 川	1	1.08	–	–
贵 州	–	–	–	–
云 南	–	–	–	–
西 藏	–	–	–	–
陕 西	–	–	–	–
甘 肃	–	–	–	–
青 海	–	–	–	–
宁 夏	–	–	–	–
新 疆	–	–	–	–
总 计	93	100.00	19	100.00

表6　全国各省（自治区、直辖市）培训机构统计

地　区	2002年		2003年	
	培训机构（家）	比率%	培训机构（家）	比率%
北　京	51	54.84	20	71.43
天　津	5	5.38	–	–
河　北	1	–	–	–
山　西	–	–	–	–
内蒙古	–	–	–	–
辽　宁	3	3.23	–	–
吉　林	–	–	–	–
黑龙江	–	–	–	–
上　海	7	7.53	1	3.57
江　苏	2	2.15	1	3.57
浙　江	4	4.30	1	3.57
安　徽	2	2.15	–	–
福　建	2	2.15	1	3.57
江　西	–	–	–	–
山　东	4	4.30	1	3.57
河　南	–	–	1	3.57
湖　北	–	–	–	–
湖　南	–	–	–	–
广　东	9	9.68	1	3.57
广　西	–	–	–	–
海　南	–	–	–	–
重　庆	–	–	–	–
四　川	2	2.15	1	3.57
贵　州	–	–	–	–
云　南	–	–	–	–
西　藏	–	–	–	–
陕　西	1	1.08	–	–
甘　肃	–	–	–	–
青　海	–	–	–	–
宁　夏	–	–	–	–
新　疆	–	–	–	–
总　计	93	100.00	28	100.00

表7 全国各省（自治区、直辖市）咨询机构统计

地 区	2002年		2003年	
	咨询机构（家）	比率%	咨询机构（家）	比率%
北 京	109	16.69	18	22.22
天 津	26	3.98	5	6.17
河 北	21	3.22	1	1.23
山 西	13	1.99	—	—
内蒙古	2	0.31	1	1.23
辽 宁	45	6.89	3	3.70
吉 林	6	0.92	2	2.47
黑龙江	13	1.99	—	—
上 海	46	7.04	11	13.58
江 苏	50	7.66	3	3.70
浙 江	57	8.73	4	4.94
安 徽	9	1.38	2	2.47
福 建	15	2.30	3	3.70
江 西	9	1.38	—	—
山 东	36	5.51	5	6.17
河 南	25	3.83	—	—
湖 北	18	2.76	6	7.41
湖 南	10	1.53	1	1.23
广 东	47	7.20	6	7.41
广 西	5	0.77	1	1.23
海 南	2	0.31	—	—
重 庆	20	3.06	2	2.47
四 川	23	3.52	3	3.70
贵 州	9	1.38	—	—
云 南	7	1.07	—	—
西 藏	—	—	—	—
陕 西	18	2.76	1	1.23
甘 肃	6	0.92	—	—
青 海	—	—	—	—
宁 夏	—	—	—	—
新 疆	6	0.92	3	3.70
总 计	653	100.00	81	100.00

三、中国实验室国家认可委员会（CNAL）认可统计

截至2003年12月31日，CNAL共认可实验室1 323个，其中含校准实验室157个，认可港、澳、台及国外实验室13个（香港特别行政区4个、澳门特别行政区2个、台湾地区1个、日本2个、韩国1个、加拿大2个、挪威1个），共认可检查机构9个，能力验证计划提供者1个。

表8　CNAL批准认可情况统计

项　目	总数（家）	比率%
批准认可含校准项目实验室	157	5.91
批准认可检测实验室	1 166	43.90
合计认可实验室	1 323	49.81
批准认可检查机构	9	0.34
批准认可能力验证计划提供者	1	0.04
总　计	2 656	100.00

表.　能力验证开展情况

统计项目 / 能力验证类别	次　数	项目数	参加实验室数
组织国内能力验证/比对试验	141	457	5 296
组织参加国际能力验证/比对试验	62	286	232

表.　注册级别评审员(整合后)及技术专家情况

类　别	数量（人）	比率%
主任评审员	171	4.36
技术评审员	538	13.72
见习评审员	1 038	26.47
技术专家	2 174	55.45
总　计	3 921	100.00

表 11 CNAL 认可实验室进度统计

年 度	认可实验室数量（家）
1993	17
1994	24
1995	15
1996	13
1997	31
1998	101
1999	132
2000	157
2001	240
2002	301
2003	292
总计	1323

表 12 全国各省（自治区、直辖市）及国外 CNAL 认可实验室统计

地 区	总数（家）	比率 %	地 区	总数（家）	比率 %
北 京	176	13.30	广 东	171	12.93
天 津	52	3.93	广 西	13	0.98
河 北	27	2.04	海 南	1	0.08
山 西	15	1.13	重 庆	15	1.13
内蒙古	9	0.68	四 川	29	2.19
辽 宁	76	5.74	贵 州	6	0.45
吉 林	31	2.34	云 南	11	0.83
黑龙江	23	1.74	西 藏	–	–
上 海	133	10.05	陕 西	34	2.57
江 苏	146	11.04	甘 肃	12	0.91
浙 江	67	5.06	青 海	2	0.15
安 徽	16	1.21	宁 夏	–	–
福 建	34	2.57	新 疆	9	0.68
江 西	13	0.98	台 湾	1	0.08
山 东	86	6.50	香 港	4	0.30
河 南	40	3.02	澳 门	2	0.15
湖 北	42	3.17	国 外	6	0.45
湖 南	21	1.59	总 计	1 323	100. 00

四、中国认证机构国家认可委员会（CNAB）认证统计

截至2003年12月31日，经认可的认证机构颁发的现行有效认证证书情况如下：质量管理体系认证证书96 715张；环境管理体系认证证书5 064张；职业健康安全管理体系认证证书1 376张；自愿性产品认证证书801张。

表13　不同认证标准的质量管理体系认证证书的分类统计

标　　准	证书数（张）	比率%
GB/T19001-2000—ISO9001:2000	95 819	99.07
QS-9000:1998	887	0.92
TL9000　3.0	9	0.01
总　　计	96 715	100.00

表14　全国各省（自治区、直辖市）及国外质量管理体系认证证书的统计

地　区	证书数（张）	比率%	地　区	证书数（张）	比率%
北　京	6 841	7.07	广　东	9 466	9.79
天　津	1 607	1.66	广　西	830	0.86
河　北	4 204	4.35	海　南	357	0.37
山　西	1 350	1.40	重　庆	1 831	1.89
内蒙古	599	0.62	四　川	3 726	3.85
辽　宁	4 829	4.99	贵　州	693	0.72
吉　林	1 417	1.47	云　南	1 035	1.07
黑龙江	1 864	1.93	西　藏	35	0.04
上　海	5 692	5.89	陕　西	1 912	1.98
江　苏	12 793	13.23	甘　肃	641	0.66
浙　江	11 558	11.95	青　海	90	0.09
安　徽	2 147	2.22	宁　夏	153	0.16
福　建	3 841	3.97	新　疆	814	0.84
江　西	2 286	2.36	台　湾	3	0.00
山　东	5 767	5.96	香　港	967	1.00
河　南	3 040	3.14	澳　门	11	0.01
湖　北	2 577	2.66	国　外	94	0.10
湖　南	1 645	1.70	总　计	96 715	100.00

表 15 不同质量管理体系覆盖产品所属专业范围的质量管理体系认证证书的统计

类型代码	产品所属专业	证书数（张）	比率%
1	农业、渔业	330	0.33
2	采矿业及采石业	471	0.47
3	食品、饮料和烟草	4 093	4.06
4	纺织品及纺织产品	3 871	3.84
5	皮革及皮革制品	737	0.73
6	木材及木制品	559	0.56
7	纸浆、纸及纸制品	1 368	1.36
8	出版业	28	0.03
9	印刷业	922	0.92
10	焦炭及精炼石油制品	403	0.40
11	核燃料	10	0.01
12	化学品、化学制品及纤维	6 907	6.86
13	医药品	170	0.17
14	橡胶和塑料制品	5 787	5.75
15	非金属矿物制品	2 891	2.87
16	混凝土、水泥、石灰、石膏及其他	2 709	2.69
17	基础金属及金属制品	12 472	12.39
18	机械及设备	10 291	10.22
19	电子、电气及光电设备	15 081	14.98
20	造船	106	0.11
21	航空、航天	29	0.03
22	其他运输设备	5 002	4.97
23	其他未分类的制造业	1 467	1.46
24	废旧物资的回收	7	0.01
25	发电及供电	248	0.25
26	气的生产与供给	53	0.05
27	水的生产与供给	91	0.09
28	建设	11 296	11.22
29	批发及零售 汽车、摩托车、个人及家庭用品的修理	2 855	2.84
30	宾馆及餐馆	379	0.38
31	运输、仓储及通讯	1 672	1.66
32	金融、房地产、出租服务	2 180	2.16
33	信息技术	1 472	1.46
34	科技服务	2 891	2.87
35	其他服务	413	0.41
36	公共行政管理	801	0.80
37	教育	173	0.17
38	卫生保健与社会公益事业	160	0.16
39	其他社会服务	302	0.30
总计		100 697	100.00

注：因为一张证书所覆盖的产品可能涉及专业范围中的几个类别，所以按质量管理体系覆盖产品所属专业范围统计的证书总数大于其他方法统计的证书总数。

表 16　不同体系认证机构统计

认 证 机 构	总数（家）
CNAB 质量管理体系认证机构	64
CNAB 环境管理体系认证机构	40
具备认可资格尚未换发 CNAB 认可证书的机构	9
CNAB 职业健康安全认证机构	39
CNAB 产品认证机构	13
CNAB 食品安全管理体系认证机构	5
CNAB 软件过程及能力成熟度评估机构	3
CNAB 有机产品认证机构	1
总　　计	174

五、中国认证人员与培训机构国家认可委员会（CNAT）认证统计

表 17　CNAT 认证人员统计表（截至 2003 年 12 月 30 日）

<table>
<tr><td colspan="8">受理各类注册申请：本年度 33 177 人</td></tr>
<tr><td colspan="8">批准各类注册申请：本年度 27 761 人项（含年度确认 3 039 人）；累计 48 287 人项（注）</td></tr>
<tr><td colspan="8">各 级 别 审 核 员 注 册 情 况 统 计</td></tr>
<tr><td rowspan="2">类别</td><td colspan="3">质量管理体系（QMS）</td><td colspan="2">环境管理体系（EMS）</td><td colspan="2">职业健康安全管理体系（OHS）</td></tr>
<tr><td>本年累计（人）</td><td>总累计（人）</td><td>处置情况</td><td>本年累计（人）</td><td>总累计（人）</td><td>本年累计（人）</td><td>总累计（人）</td></tr>
<tr><td>实习审核员</td><td>13 672</td><td>24 833</td><td>－</td><td>4 463</td><td>9 362</td><td>1 652</td><td>1 652</td></tr>
<tr><td>审核员</td><td>1 472</td><td>4 616</td><td>注销 5 人，暂停 84 人，恢复 1 人</td><td>274</td><td>994</td><td>998</td><td>998</td></tr>
<tr><td>高级审核员</td><td>1 651</td><td>4 930</td><td>注销 8 人，暂停 49 人，恢复 4 人</td><td>169</td><td>531</td><td>371</td><td>371</td></tr>
<tr><td>审核员合计</td><td>16 795</td><td>34 379</td><td>恢复资格共 5 人</td><td>4 906</td><td>10 887</td><td>3 021</td><td>3 021</td></tr>
</table>

附　录

1、主要机构和标准体系名称中英文对照

ABCB　英国认证机构协会
ANF　亚洲认证网络论坛
ANSI　美国国家标准学会
APEC　亚太经合组织
APLAC　亚太实验室认可合作组织
ASEM　亚欧会议
BCS　校准实验室认可组织
BSI　英国标准学会
CA　行动委员会
CAB　合格评定委员会
CAC　食品法典委员会
CACEB　环境管理体系认证机构认可委员会
CASCO　合格评定委员会
CB　理事会理事局
CBBC　英中贸易协会
CCEE　中国电工产品认证委员会
CCFICS　进出口食品检验与认证体系分委员会
CCIBLAC　中国出入境检验检疫实验室认可委员会
CCIC　中国检验认证集团
CCQSEM　中国出口商品生产企业质量体系工作委员会
CFIA　加拿大食品检验局
CNAB　中国认证机构国家认可委员会
CNACL　中国实验室认可委员会
CNACP　中国产品认证机构国家认可委员会
CNACR　中国质量体系认证机构国家认可委员会
CNAL　中国实验室国家认可委员会
CNAS　中国合格评定国家认可中心
CNAST　全国职业安全健康管理体系认证机构认可委员会
CNAT　中国认证人员与培训机构国家认可委员会
CNCA　中国国家认证认可监督管理委员会
CO　中央办公室
COFRAC　法国国家认可委员会
COPOLCO　消费者政策委员会
CQC　中国质量认证中心
CQM　方圆标志认证中心
CRBA　中国认证人员国家注册委员会
CRCEA　中国认证人员国家注册委员会环境管理专业委员会
CSA　加拿大标准协会
CSBTS　国家技术监督局
CTL　测试实验室委员会
DANAK　丹麦认可组织
DAR　德国认可委员会
DEVCO　发展中国家事务委员会
DTI　英国贸易和工业部
EEMRA　电子电器产品互认协议联合咨询委员会
EXCO　董事局常委会
FAO　联合国粮农组织
FDA　美国食品和药物管理局
FINAS　芬兰国家认可委员会

GAMA 美国燃器具制造商协会
GATT 关贸总协定
GHTF 全球医疗器械协调组织
HACCP 危害分析与关键控制点
HKSTC 香港标准检定中心
IAAR 美洲认证机构独立协会
IAF 国际认可论坛
IAF/MOU 国际认可论坛谅解备忘录
IATCA 国际审核员培训与注册协会
IEC 国际电工委员会
IECEE 电工产品测试合格评定组织
IECEx 国际电工委员会安全认证体系
IECQ 国际电工委员会电子元器件质量评定体系
IIOC 国际独立认证机构
ILAC 国际实验室认可组织
IMQ 意大利质量标志院
INFCO 情报委员会
IQNET 国际认证联盟
IQNet 国际认证联盟
IQ-NET 质量体系评定与注册国际网络
IRCA 英国国际审核员注册委员会
ISO 国际标准化组织
ISO14000 环境管理体系
ISO9000 质量管理体系
ITF 有机农业协调与统一国际组织
ITI 美国信息技术产业理事会
JAS-ANZ 澳大利亚和新西兰联合认可组织
JET 日本电气安全环境研究所
JQA 日本品质保证局
NA 挪威国家计量与认可组织
NAB 爱尔兰国家认可委员会
NACCB 英国认证机构国家认可组织
NATlas 检测实验室认可组织
NEMA 美国电器技术产业理事会
NEMKO 挪威电气设备检测认证研究所
OECD 经济合作发展组织
OECD TRACTOR CODES 经济合作发展组织拖拉机协定
OHSMS 职业健康安全管理体系
PAC 太平洋认可合作组织
PASC 太平洋地区标准会议
QCCECC 中国电子元器件质量认证委员会
QuEST 国际电信行业论坛
QS-9000 汽车行业质量管理体系
RAB 美国注册机构认可委员会
RVA 荷兰认可委员会
SAC/TC261 全国认证认可标准化技术委员会
SAI 澳大利亚标准协会
SANAS 南非国家认可制度
SAS 瑞士认可委员会
SCC 加拿大标准委员会
SCC 加拿大标准理事会
SCO 上海合作组织
SCSC 标准和一致化分委员会
SEMKO 瑞典电气安全实验室
SEMKO 瑞典电气设备测试认证研究院
SINCERT 意大利认证机构国家认可委员会
SIRIMQAS SDN BHD 马来西亚标准工业研究院
SMB 标准管理局
SPRING 新加坡标准与生产力创新局
SPS 实施卫生与植物卫生措施协定
SWEDAC 瑞典认可委员会
TBT 技术性贸易壁垒协定
TFAP 亚欧会议贸易便利化行动计划
TL9000 通讯业质量管理体系
UKAS 英国国家认可委员会
UN/ECE/WP29 联合国欧洲委员会车辆结构工作组
UNCTAD 联合国贸发会议
WHO 世界卫生组织
WP29 世界车辆法规协调论坛
WTO 世界贸易组织

2、国外认证认可和合格评定法律法规

立陶宛共和国合格评定法

1998 年 10 月 6 日 第Ⅷ - 870 号

维尔纽斯

第一章 总 则

第一条 适用范围

本法建立了包括产品、过程、服务、质量体系和人员资格、授权机构的权利和义务、国家认可局、认证机构、测试和校准实验室、检验机构和供方的合格评定体系的结构,及体系中的其他原则。

本法不适用于保健活动的认可。

第二条 基本定义

符合是满足对产品、过程或服务的特定要求。

合格评定是直接或间接确定产品、过程或服务满足特定要求的程度的所有活动。

符合性监督体系是确定持续符合特定要求的符合性评价。

合格证书是按照认证体系规则发布的一种文件,为给定的产品、过程或服务满足特定标准或其他规范文件提供信心。

合格(认证)标志是一种受保护的标志,依据认证体系的规则颁发和使用,表明为相关产品、过程和服务符合特定的标准或其他规范性文件提供信心。

认可是国家认可局正式承认一法人,也可以是没有法人权利的企业具有执行合格评定活动的能力的程序。

测试是一种依照指定程序测定给定产品、过程或服务的一种或几种特性的技术操作。

校准是测定一个测量仪器是否符合测量标准。

检验机构是一个法人及没有法人权利的企业,他们通过观察资料及经过适当的测量、测试和测定得出的判断来进行符合性评估。

能力证书是一种按照认证体系规则颁发的文件,证明一个自然人有能力根据国际标准或欧洲标准的指定要求履行特定的职责。

质量体系是实施质量管理所需的组织结构、程序、过程和资源的全体。

产品是行为或过程的结果。

过程是有关输出的更改结构的全部行为的全体。

服务供方为满足客户需求所从事的活动的结果。

通告机构由国家指派合格评定职责并通知其他国家的测试实验室、认证或检验机构。

认证是认证机构担保产品、过程服务或自然人能力符合特定的要求的一种程序。

认证机构是执行认证程序的法人,也可以是没有法人权利的企业。

供方是一法人,也可以是没有法人权利的企业。这一概念适用于制造商、分销商、进口商、装配商、服务商等。

供方声明是一个供方书面保证产品、过程或服务符合特定要求的程序。

强制性评定范围是授权机构确定对产品、过程或服务的健康与环境安全、无害要求进行强制性合格评定活动的范围。

非强制评定范围是授权机构未确定对产品、过程或服务的健康及环境安全、无害要求进行强制性合格评定活动的范围 。

授权机构是由立陶宛共和国政府或法律指定其与合格评定有关的管理职能的机构。

第二章 合格评定体系的结构

第三条 合格评定的对象

依据本法合格评定的对象如下:

1) 产品、过程或服务;

2) 质量体系;

3) 从事特定类型工作的人员的能力。

第四条 合格评定体系的参与者

合格评定体系的参与者如下:

1) 授权机构;

2) 国家认可局;

3) 认证机构;

4) 测试和校准实验室;

5) 检验机构;

6) 供方。

合格评定体系的参与者应遵循本法律、其他法案、国际协定和标准,符合国际和欧盟的法案和标准的要求。

第五条 强制性和非强制性范围中的合格评定

授权机构应确定强制性合格评定范围中规则。只有通告或认可的认证和检验机构及测试实验室可参与合格评定活动。

在非强制性范围中,合格评定的行为应以自愿为基础,供方主动争取满足市场需要。认可或未认可的认证和检验机构和测试实验室均可参加合格评定活动。校准服务只能由认可的校准实验室提供。

第三章 合格评定体系参与者的主要权利和义务

第六条 授权机构

授权机构：

1)应按照特定的国际和欧盟法案、确定如本法中第3条指明的强制性合格评定的特定对象和适用他们的要求。

2)应通告认证和检验机构及测试实验室合格评定的责任，如果这些机构没有遵守按照政府确定的程序批准的通告规定，则中止或撤销给予他们的授权。

第七条 国家认可局

政府或其授权的机构，应建立国家认可局并批准其法令。

国家认可局应：

1)评定由授权机构提议通告的认证和检验机构及测试实验室；

2 应请求认可认证和检验机构及测试和校准实验室，颁发认可证书并按国家认可局规定的程序向他们提供相关信息；

3)对认可的和通告的认证和检验机构及测试和校准实验室的活动进行监督；

4)如果认可的和通告的认证和检验机构及测试和校准实验室没有遵守本法第4条第2款的规定，按照国家认可局确定的程序撤销合格证书或中止他们的有效性；

5)寻求国际上对认可的认证和检验机构及测试和校准实验室的认可结果和活动的承认；

6)根据权限，在国际组织和外国代表立陶宛共和国的利益发布合格评定

第八条 认证机构及其类型

符合第四条第2款和第五条的规定的法人，也可以是没有法人权利的企业可作为认证机构。

认证机构是：

1) 产品认证机构；

2) 质量体系认证机构；

3) 人员认证机构。

第九条 产品认证机构

产品认证机构应：

1) 证明产品、过程或服务合格并颁发合格证书；

2) 对认证产品、过程或服务进行监督；

3) 如果供方没有遵守认证规则，按照管理合格评定的法案确定的程序，撤销合格证书或中止其有效性或中止其使用合格标志；

4) 按照规定程序寻求国际上对合格证书的承认，并承认其他国家的证书。

第十条 质量体系认证机构

质量体系认证机构应：

1) 证明质量体系合格并颁发合格证书；

2) 对质量体系进行监督；

3) 如果没有遵守认证规则，按照管理合格评定的法案确定的程序，撤销质量体系证书或中止其有效性。

第十一条 人员认证机构

人员认证机构应：

1) 证明人员承认他们具备执行特定类型工作的能力；

2) 监督认证人员的活动；

3) 如果人员没有遵守认证规则，按照管理合格评定的法案确定的程序，撤销能力证书或中止其有效性。

第十二条 测试和校准实验室

符合本法第四条第2款和第五条的规定的法人，也可以是没有法人权利的企业可作为测试和校准实验室。

第十三条 测试实验室

测试实验室应：

1) 执行试验；

2) 发布试验结果报告。

第十四条 校准实验室

校准实验室应：

1) 执行测量仪器的校准；

2) 颁发校准证书。

第十五条 检验机构

符合本法第4条第2段和第5 条的规定的法人，也可以是没有法人权利的企业可作为检验机构。

检验机构应：

1) 证明产品、过程或服务是否符合对其特定的要求；

2) 按照他们的权限进行符合性监督；

3) 发布检验报告和/或颁发检验证书。

第十六条 供方

供方应确保产品、过程和服务合格。

供方应声明产品、过程和服务满足声明中提及文件的要求。

第十七条 偿付合格评定工作的费用

希望被认可的法人及没有法人权利的团体应支付按政府规定的程序核准的费用。

法人或自然人应支付按政府规定的程序核准的认证和监督其满足条件、在强制性评定范围内的检验和测试

费用。

第十八条 上诉检查

在15天内可以对国家认可局及其认可的合格评定体系参与者做出的决定在上诉委员会前上诉。上诉委员会的法令应按政府或其授权的机构确定的程序批准。如果对这一委员会的决定有争议,可上诉到地方法院。

第四章 最后条款

第十九条 外国发布的合格评定文件的承认

外国发布的合格评定文件应按照国际协定确定的程序予以承认。

第二十条 合格评定体系参与者的责任

违反本法要求的合格评定体系参与者应按照共和国法律确定的程序受到处罚。

我通过立陶宛共和国 Seimas 发布本法

共和国总统

VALDAS ADAMKUS

日本电气设备和材料安全法

电气设备和材料安全法 1

[No.234/1961 号法律/暂定译本]

第一章 总 则

(目的)

第一条

本法的目的在于规范电气设备和材料的制造、销售等,并促进私营企业为确保电气设备和材料安全、防止电气设备和材料引发的危险和干扰而采取的自愿行为。

(定义)

第二条

1、本法所称"电气设备和材料"应定义为:

(1) 内阁令规定的通用电气设备("通用电气设备"在《电力工业法》[1964 年 No. 170 号法律第三十八条第1款中做了定义)或机器、设备的零部件,或与之相连接的材料;

(2) 内阁令规定的便携式发电机。

2、本法所称"指定电气设备和材料"系指那些内阁令规定的,由于结构、使用方法或其他使用条件而特别容易引起危险或干扰的电气设备和材料。

第二章 营业报告

第三条

所有从事电气设备和材料制造或进口业务的人员,都应按照经济、贸易和产业省省令(以下略作"METI 省令")规定的电气设备和材料分类,在开始营业的30天内,向经济、贸易和产业大臣报告下列事项。

1、姓名或企业名称、地址,法人代表姓名;

2、按 METI 省令规定的电气设备和材料分类的产品类型;

3、生产相关电气设备和材料的工厂或营业场所的名称和地点(从事电气设备和材料进口业务的人员,应提供相关电气设备和材料制造商的姓名或企业名称和地址)。

(接替)

第四条

1、当已按前条规定提交报告的人员(以下略作"报告提供人")将其所报告的全部业务要求转给他人,或出现涉及报告提供人的继承、合并或分割事件(仅限于对其所报告全部业务的继承而做的分割),获得报告提供人全部业务的当事人,继承者(或在有多个继承者的情形下,由所有继承者一致推选出的一个继承者),合并后继续留任或作为合并结果而新确定的法人,或作为分割结果而继承全部业务的法人,应接替报告提供人的位置。

2、据前款规定接替报告提供人位置的人员应立即向经济、贸易和产业大臣报告这一结果,并提交确定这一事实的文件。

(变更的报告)

第五条

当第三条第1~3项内容有任何变更时,报告提供人应立即向经济、贸易和产业大臣报告此类变更。然而,依照 METI 省令规定,次要细节的变更不适用本规定。

(解散的报告)

第六条

当报告提供人解散其所报告的企业时,应立即向经济、贸易和产业大臣报告。

(涉及报告事项相关资料的规定)

第七条

任何人均可请求经济、贸易和产业大臣提供与第三条第1~2项规定事项有关的资料。

第三章 电气设备和材料的合格评定

(遵守要求的义务)

第八条

1、制造或进口据第三条规定所做报告中指定产品类型(以下略作"报告中指定的产品类型")电气设备和材料的报告提供人,应遵守 METI 省令规定的技术要求(以下略作"技术要求")。然而,本规定不适用于下列情形:

(1) 制造或进口电气设备和材料的专项申请已经得到经济、贸易和产业大臣批准。

(2)制造或进口只是用于实验目的。

2、根据 METI 省令,报告提供人应对制造的或进口的前款指定电气设备和材料（前款附带条件适用的制造的或进口的电气设备和材料除外)进行测试,并且应备妥和保存测试记录。

(指定电气设备和材料的合格评定)

第九条

1、当前条第 1 款涉及的制造或进口的电气设备和材料（该款附带条件适用的制造的或进口的电气设备和材料除外)是指定的电气设备和材料时,报告提供人应在售前使它们经由经济、贸易和产业大臣认可或批准的机构按照下款任何一项规定进行评定（以下略做“合格评定”),并应依照该款规定取得并保存证书。然而,对于已经取得并保有如该款第 2 项规定证书的、与有关指定电气设备和材料相同产品类型的指定电气设备和材料,如果自取得有关证书之日算起，内阁令为每一指定电气产品和材料规定的时段尚未过期，或如该款规定已经保有 METI 省令规定的作为证书等效物的文件，本规定不适用上述情形。

(1)相关的指定电气产品和材料。

(2)放置在报告提供人与所述指定电气设备和材料相关的工厂或营业场所的测试用指定电气设备和材料以及测试设施和 METI 省令规定的其他物品。

2、前款规定的经认可或批准的机构,应按照 METI 省令对该款任一项目规定的事项进行评定，当这些事项符合技术要求、METI 省令规定的与测试设施相关的其他要求以及 METI 省令在该款第 2 项规定的其他事项的要求时，应可根据 METI 省令就此向相关报告提供人颁发证书。

(标志)

第十条

1、当报告提供人按照第八条第 2 款关于遵守报告中指定产品类型的电气设备和材料(在第八条第 2 款和第九条第 1 款指定电气设备和材料的情况下）的技术要求规定，履行了报告提供人的义务时，报告提供人可以按照 METI 省令就有关电气设备和材料规定的方法加贴标志。

2、如果报告提供人未根据前款就报告中指定产品类型的电气设备和材料的规定加贴标志，任何人不得在电气设备和材料上加贴该款规定的标志，或任何其他类似标志。

(改进令)

第十一条

当经济、贸易和产业大臣认定报告提供人违反第八条第 1 款规定时，经济、贸易和产业大臣可命令报告提供人采取必要措施,以改进电气设备和材料的制造、进口或测试方法或者完成其他工作的方法。

(标志禁令)

第十二条

有下列情形之一的,经济、贸易和产业大臣可以依照第十条第 1 款关于报告中指定产品类型的电气设备和材料的规定，禁止报告提供人在一年或少于一年的时间内加贴标志。

(1) 报告提供人制造或进口的报告中指定产品类型的电气设备和材料不符合技术要求（第八条第 1 款附带条件适用的制造或进口的电气设备和材料除外),以及经济、贸易和产业大臣认为特别需要防止的危险或干扰:与报告中指定产品类型相关的电气设备和材料不符合技术要求。

(2) 报告提供人制造或进口的报告中指定产品类型的电气设备和材料，违反第八条第 2 款或第九条第 1 款规定：与报告中指定产品类型相关的电气设备和材料违反这些规定。

(3) 报告提供人制造或进口的报告中指定产品类型的电气设备和材料,违反据前条规定制定的规则:与报告中指定产品类型相关的电气设备和材料违反这些规则。

第十三~第二十六条已经删除

第四章　销售及其他方面的限制

(销售限制)

第二十七条

1、任何从事制造、进口或销售电气设备和材料的人员不得出于销售目的而售卖或展示没有加贴第十条第 1 款规定标志的任何电气设备和材料。

2、当前款规定人员处于下列任何情形时,前款的规定不适用。

(1) 出于销售目的而售卖或展示的电气设备和材料用于经济、贸易和产业大臣批准的特殊用途。

(2) 出于销售目的而售卖或展示的电气设备和材料已取得第八条第 1 款第 1 项规定的批准。

(使用限制)

第二十八条

1、《电力工业法》第二条第1款第10项规定的电力供应经营人员、该法第三十八条第4款规定的为私营用途安装电力设施的人员，不得是《电气工作专家法》(1960年No.139号法律）第二条第4款规定的电气工作专家；该法第三条第3款规定的特种电气工作专家，以及该法第三条第4款规定的经认可的电气工程师，在安装或维修《电力工业法》第二条第1款第14项规定的电力设施时，不得使用根据第十条第1款规定加贴标志的电气设备和材料之外的任何电气设备和材料。

2、任何从事内阁令规定的使用电气设备和材料为其零部件或附件的产品制造业的人员，不得使用根据第十条第1款规定加贴标志的电气设备和材料之外的电气设备和材料。

3、前条第2款规定经必要修正适用于前两款的情形。

第五章　经认可的合格评定机构

第一节　经认可的合格评定机构

(认可)

第二十九条

1、进行第九条第1款规定的认可，应自意欲根据METI省令规定的每一分类按照METI省令进行合格评定的个人(在海外营业场所进行评定的人员除外)提出申请起始。

2、当经济、贸易和产业大臣收到前款规定的申请后，不论相关申请是否符合第三十一条的每一款，只要他认为需要，即可要求作为独立行政机构的国家技术与评估研究院(以下略做“国家研究院”)进行必要的调查。

(不合格)

第三十条

任何属于下列各项范围之一的人员，均不能获得第九条第1款规定的认可。

(1) 由于违反本法或据本法规定所做部署，因而被处以罚款或更重处罚的任何人员，并且自判决已经执行或被延缓执行之日起，至少两年内不予准许。

(2) 已经据第四十一条之规定撤消经济、贸易和产业大臣授权的任何人员，从撤消之日起至少两年内不予准许。

(3) 有官员为其经营业务的任何法人以及属于前两项范围之一的任何法人。

(认可标准)

第三十一条

除非经济、贸易和产业大臣认定按照第九条第1款规定的认可申请符合下列每一项，该大臣不得给予任何申请人认可。

(1) 申请人具有足够的财力和技术能力准确、顺利地进行合格评定业务。

(2)　如果申请人是法人，其高级职员的组成以及METI省令中根据法人类型规定的组成成员，没有阻碍合格评定公正执行的风险。

(3) 除前项规定标准外，申请人符合METI省令规定的要求，因而没有不公正进行合格评定的风险。

(认可的更新)

第三十二条

1、如果第九条第1款规定的认可在不少于内阁令规定的3年期间内没有更新，则一当该期间结束认可即告终止。

2、前三条的规定经必要修正适用于前款规定的认可更新。

(进行合格评定的义务)

第三十三条

1、当要求已经取得第九条第1款规定认可的人员(以下略做“经认可的合格评定机构”)进行合格评定时，经认可的合格评定机构应不加延迟地进行所述合格评定，除非有正当理由不能这样做。

2、经认可的合格评定机构应采用符合技术要求的方法公正地进行合格评定。

(营业地址的变更)

第三十四条

若经认可的合格评定机构拟变更进行合格评定的营业场所的位置，应至少在变更日期两周前向经济、贸易和产业大臣通报。

(业务规程)

第三十五条

1、经认可的合格评定机构应建立合格评定业务规程(以下略作“业务规程”)，并应在开始进行合格评定之前向经济、贸易和产业大臣通报。本规定亦适用于计划中对业务规程的任何修改。

2、业务规程中要规定的事项应在METI省令中予以规定。

(业务的暂停或放弃)

第三十六条

当经认可的合格评定机构计划全部或部分暂停或放弃其合格评定业务时，应按照METI省令事先向经济、贸易和产业大臣通报。

(遵守令)

第四十条

当经济、贸易和产业大臣认定已经认可的合格评定机构不再遵守第三十一条的任何一项规定时，该大臣可责令其采取必要措施遵守这些规定。

(改进令)

第四十——二条

当经济、贸易和产业大臣认定已经认可的合格评定机构违反第三十三条规定时，该大臣可责令其实施合格评定或采取必要措施改进其包括合格评定方法在内的经营方法。

(认可的取消及其他)

第四十一条

当已经认可的合格评定机构归入下列各项任一范围时，经济、贸易和产业大臣可取消认可或可命令在该大臣规定的期间内暂停全部或部分合格评定业务。

(1)当已经认可的合格评定机构归入第三十条第1项或第3项范围时。

(2)当违反了第三十三条；第三十四条；第三十五条第1款；第三十六条或第四十二条规定时。

(3)当违反了依照前两条规定发布的命令时。

(4)当违反了第四十三条第1款的条件时。

(5)当用欺诈手段获得第九条第1款规定的认可时。

(用于存档的簿记)

第四十二条

1、经认可的合格评定机构应准备簿记以备存档，其中应记述METI省令规定的关于合格评定的各件事项。

2、前款规定的用于存档的簿记应按METI省令予以保存。

(由经济、贸易和产业大臣处理的合格评定)

第四十二——二条

1、因自然灾害或其他原因导致经认可的合格评定机构在进行合格评定过程中全部或部分业务遇到困难，在经济、贸易和产业大臣认为必要时可由其处理有关合格评定的全部或部分业务。

2、在前款的事件中，如果经济、贸易和产业大臣认为有必要，可要求作为独立行政管理机构的国家工业技术实验室(以下略作“国家实验室”)或国家研究院承担有关合格评定的全部或部分业务。

3、当根据前两款，经济、贸易和产业大臣处理或要求国家实验室或国家研究院承担合格评定的全部或部分业务时，合格评定业务和其他必要事项的转移由METI省令予以规定。

第二节 经批准的合格评定机构

(批准)

第四十二——三条

1、进行第九条第1款规定的批准，应自意欲根据METI省令第二十九条规定的每一分类按照METI省令进行合格评定的个人(限于将在海外营业场所进行评定的人员)提出申请起始。

2、第二十九条第2款和第三十条到第三十二条的规定，在细节上做必要的修改后，应适用于第九条第1款规定的批准，并且第三十三条到第三十六条、第四十条、第四十——二条和第四十二条的规定，在细节上做必要的修改后，应适用于已取得第九条第1款规定的批准的人员，以下简称“已批准的合格评定机构”。在这些情况下，第四十条和第四十——二条中的用语“命令”应视为“要求”。

(批准的取消)

第四十二——四条

1、当已经批准的合格评定机构归入下列各项任一范围时，则经济、贸易和产业大臣可取消该项批准。

(1)归入第三十条第1项或第3项范围内，这些条款在细节上经必要修改用于前条第2款。

(2)当违反第三十三条、第三十四条、第三十五条第1款、第三十六条或第四十二条的规定时，这些条款在细节上经必要修改用于前条第2款。

(3)当未能符合第四十条或第四十——二条规定的要求时，这些条款在细节上经必要修改适用于前条第2款。

(4)当违反第四十三条第1款的条件时。

(5)当通过欺诈手段取得第九条第1规定的批准时。

(6)对于经济、贸易和产业大臣认为可归入前列各项范围的经批准的合格评定机构，在该大臣规定的期间内未能遵守暂停其全部或部分合格评定业务的要求。

(7)未能提交报告或当经济、贸易和产业大臣认为有必要并且要求经批准的合格评定机构就其业务提交报告时，提交了虚假报告。

(8)当经济、贸易和产业大臣认为有必要且意欲要求其法律代表在经批准的合格评定机构的办公室或业务场所对第四十六条第2款涵盖事项进行检查或查询，而遭到拒绝、阻碍、逃避或无正当理由对查询不做回答、或者做出虚假回答对。

(9)不承担下款项下的各项费用。

2、前款第8项规定的检查所需费用(仅限于内阁命令所确定的费用)应由接受有关检查的经批准的合格评定机构承担。

3、当经济、贸易和产业大臣认为必要时,可要求国家研究院根据第1款第8项的规定进行检查和查询。

4、当经济、贸易和产业大臣要求国家研究院根据上述条款的规定进行检查和查询时,应指明检查的地点及其他必要的事项并指示国家研究院进行检查。

5、当国家研究院根据第3款的规定,按照前款规定的大臣的指示进行检查和查询后应将结果报告给大臣。

第五 ——二章 危险预防令

(危险预防令)

第四十二——五条

6、当经济、贸易和产业大臣认为由于下列任何一项所列原因可能导致发生危险或干扰时,并且认为特别需要防止这种危险或干扰的扩大,该大臣可以命令相应各项中规定的人员召回已售出的电气设备和材料,或采取必要的措施以防止由这种电气设备和材料所造成的危险或干扰的扩大。

7、当从事制造、进口或销售电气设备和材料的机构违反第二十七条第1款的规定销售电气设备和材料时。

8、当报告提供人制造、进口或销售的报告中规定产品类型的电气设备和材料不符合技术要求时(第八条第1款适用的制造或进口除外)。

第六章 其他规定

(批准的条件)

第四十三条

1、批准条件可附于根据第八条第1款第1项、第九条第1款或第二十七条第2款第1项的规定授予的批准书或授权书之后。

2、前款规定的条件应仅限于确保与批准书或授权书所及事项的最低需要,而不应将不合理的义务强加给意欲获取所述批准书或授权书的机构。

(通告)

第四十四条

对于下列情形,经济、贸易和产业大臣应在《官方公报》中予以通告。

(1)已根据第九条第1款做出授权或批准。

(2)已根据第十二条的规定禁止加贴标志。

(3)已收到第三十四条规定的通报(包括在细节上已做必要修改的第四十二——三条第2款规定的申请)。

(4)已收到第三十六条规定的通报(包括在细节上已做必要修改的第四十二——三条第2款规定的申请)。

(5)已根据第四十一条的规定取消授权或已责令暂停合格评定业务。

(6)经济、贸易和产业大臣决定根据第四十二——二条第1款的规定,处理全部或部分合格评定业务,或决定不再处理该大臣此前已经处理的全部或部分合格评定业务。

(7)经济、贸易和产业大臣决定根据第四十二——二条第2款的规定,要求国家实验室或国家研究院承担全部或部分合格评定业务,或决定不要求国家实验室或国家研究院之中任一承担全部或部分合格评定业务。

(8)根据第四十二——四条第1款的规定,批准已被撤消。

(收集报告)

第四十五条

1、在执行本法必需的限度范围内并如内阁令所规定,经济、贸易和产业大臣可命令从事电气设备和材料制造、进口或销售业务的人员,或从事第二十八条第2款规定业务的人员就其业务提交报告。

2、在执行本法必需的限度范围内,经济、贸易和产业大臣可命令经认可的合格评定机构就其业务和财务状况提交报告。

(现场检查)

第四十六条

1、在执行本法必需的限度范围内,根据第二十八条第2段的规定,经济、贸易和产业大臣可命令其法律代表进入从事电气设备和材料制造、进口或销售业务的人员,或者从事第二十八条第2款规定业务的人员的办公室、工厂、业务场所、商店或仓库,以检查电气设备和材料、记录簿、文件或其他事项,或者对有关各方进行查询。

2、在执行本法必需的限度范围内,经济、贸易和产业大臣可命令其法律代表进入经认可的合格评定机构的办公室或业务场所,以检查业务条件、记录簿、文件或其他事项,或者对有关各方进行查询。

3、任何根据前两款规定从事现场检查或查询的官员应携带证明其官方身份的证书,并向有关人员出示。

4、当经济、贸易和产业大臣认为必要时,可以要求国家研究院根据第1款和第2款的规定,进行现场检查或查询。

5、当经济、贸易和产业大臣根据前款规定要求国家研究院进行现场检查或查询时，应指明现场检查的地点和其他必要的事项，并指导国家研究院进行现场检查或查询。

6、当国家研究院已经根据第4款的规定并按照前款规定的经济、贸易和产业大臣所做的指导进行了现场检查或查询，国家研究院应将结果报告给大臣。

7、根据第4款规定从事现场检查或查询的国家研究院的任何官员应携带证明其官方身份的证书，并向有关人员出示。

8、根据第1款或第2款规定授予的现场检查权不得解释为授权以调查犯罪为目的进行现场检查。

(电气设备和材料的提交)

第四十六——二条

1、当经济、贸易和产业大臣的法律代表根据前条第1款规定进行检查时，或者当国家研究院根据前条第4款规定进行检查时，如果认为在现场检查电气设备和材料极其困难，该大臣可命令这些货物的货主或持有者在规定的时间期限内提交这些货物。

2、日本政府应(若根据前款规定属经济、贸易和产业大臣权限范围内的管理由内阁令规定的地方长官进行，则由地方政府按照第五十五——二条的规定）补偿货物的所有者或持有者因其遵守据前款规定所发命令而招致的损失。

3、根据前款规定应考虑予以补偿的损失，是那些根据第1款规定所发命令而通常导致的损失。

(对国家研究院的命令)

第四十六——三条

当经济、贸易和产业大臣认为必要时，为保证根据第四十二——四条第3款规定进行的检查或查询、或根据第四十六条第4款规定进行的现场检查或查询的正常执行，该大臣可以对国家研究院就有关活动签发必要的命令。

第四十七条和第四十八条已经删除

(公众听证)

第四十九条

当根据第二条或第二十八条第2款的规定计划制定法律、或提议修改或废除内阁命令的任何部分时，经济、贸易和产业大臣应召集公众听证会以广泛听取公众意见。

(关于对国家实验室或国家研究院所做处置进行调查的请求)

第五十条

任何对与国家实验室或国家研究院所做合格评定有关的处置或违约行为有意见的人员，均可要求经济、贸易和产业大臣根据《行政管理缺陷调查法》(1962年No. 160号法律)进行调查。

(有关异议的听证程序)

第五十一条

1、经济、贸易和产业大臣应就调查请求或针对根据本法规定或基于本法的命令所做部署的反对意见做出判断或决定，接着在事先通知涉及该部署的人员以给他们足够的时间后召集公开听证会。

2、在前款所提事先通知中应阐明时间、地点和主题。

3、在第1款提到的公众听证会上，应给予涉及该部署的人员及其他有关人员机会陈述与案件有关的证词，并阐明其观点。

(经济、贸易和产业大臣关于合格评定的处理和命令)

第五十二条

1、当已经认可的合格评定机构不对报告提供人制造或进口的指定电气设备和材料进行合格评定，或者报告提供人对已经认可的合格评定机构所做合格评定的结果持有异议时，报告提供人可以向经济、贸易和产业大臣提出申请，请求大臣签发命令，要求该经认可的合格评定机构进行合格评定或重新进行合格评定。

2、当经济、贸易和产业大臣收到前款规定的申请，并且认为与申请有关的经认可的合格评定机构违反了第三十三条的规定，该大臣应签发命令给根据第四十——二条规定所提申请中提到的经认可的合格评定机构。

3、在实施前款的情况下，当经济、贸易和产业大臣决定是否发根据第四十——二条规定签发命令时，应立即通知提出申请的报告提供人。

4、前三款经必要修改后，适用于经批准的合格评定机构。在此情况下，第1款中的“应命令”应改为“应要求”；第2款中“第三十三条”应被改为“根据第四十——三条第2款做必要修改后适用于第三十三条”；第2款和第3款中“第四十——二条”应改为“根据第四十——三条第2款做必要修改后适用于第三十三条”；而且条款中的“命令”应视为“要求”。

(收费)

第五十三条

1、根据第四十——二条第1款的规定，申请由经济、贸易和产业大臣处理合格评定、或者根据第四十——二条第2款的规定由国家实验室或国家研究院进行合格评定的人员，应支付内阁令考虑到实际花费而确定的费用。

2、前款规定的收费，在申请由经济、贸易和产业大臣处理合格评定的情况下应成为大藏省的国家财政收入；在申请由国家实验室进行合格评定的情况下为国家实验室的财政收入；在申请由国家研究院进行合格评定的情况下为国家研究院的财政收入。

(对出口电气设备和材料的特殊规定)

第五十四条

根据内阁令，出口电气设备和材料可以部分免除本法的适用，或给予其他必要的特殊考虑。

(临时措施)

第五十五条

在制定、修订或废除内阁令或在本法规定基础上制定的 METI 省令时，在判定此项制定、修订或废除活动中合理需求的范围内，可分别由内阁令或 METI 省令规定所需的临时措施。

(地方政府进行的管理)

第五十五——二条

根据内阁令，本法规定的经济、贸易和产业大臣的部分管理工作可由地方长官进行。

(权力的委托)

第五十六条

如内阁令所规定的，本法规定的经济、贸易和产业大臣权限范围内的事项可授权给各经济、贸易和产业局的局长。

第七章　罚则

第五十七条

任何违反下面任意一项条款的人员，应处以不超过一年的拘役和(或)不超过一百万日圆的罚金。

(1) 违反第十条第 2 款规定加贴标志的任何人员。

(2) 违反第十二条规定禁令(限于与第 1 款有关的部分)的任何人员。

(3) 违反第二十七条第 1 款规定已售出或出于销售目的而展示电气设备和材料的任何人员。

(4) 违反第二十八条第 1 款或第 2 款规定使用电气设备和材料的任何人员。

(5) 违反根据第四十一条规定所发暂停业务命令的任何人员。

(6) 违反根据第四十——五条规定所发命令的任何人员。

第五十八条

任何违反下面任意一项条款的人员，应处以不超过三十万日圆的罚金。

(1) 任何未按第三条规定出具报告或出具虚假报告的人员。

(2) 任何违反第八条第 2 款规定，未能进行测试，未能备妥测试记录，准备了虚假的测试记录，或未能保存测试实验的人员。

(3) 任何违反第九条第 1 款规定未能获取证书或持有证书的人员。

(4) 任何未按第三十六条规定进行通报或做出虚假通报的人员。

(5) 任何违反第四十二条第 1 款规定未能记述该条规定的事项，或违反第四十二条第 2 款规定未能保存所作记录的人员。

(6) 任何未按第四十五条第 1 款或第 2 款规定出具报告或出具虚假报告的人员。

(7) 任何拒绝、妨碍或逃避第四十六条第 1 款或第 2 款规定的检查，没有正当理由而不答复根据这些条款规定的查询或做出虚假答复的人员。

(8) 任何违反按第四十六——二条第 1 款规定签发的命令的人员。

第五十九条

当一法人的代表或一法人的代理、雇员或任何其他员工或者个人违反下面与所述法人或个人业务有关的任意一项规定时，除违法者外，有关法人应受所述项下的处罚，有关个人应受所述条款的处罚。

(1) 第五十七条(限于与第 2 条和第 6 条有关的部分)：不超过 1 亿日圆的罚金。

(2) 第五十七条(除了与第 2 条和第 6 条有关的以外部分)或者前条：每一条中规定的罚金。

第六十条

任何未按第四条第 2 款、第五条或第 6 条规定通报或提供虚假报告的人员，应处以不超过二十万日圆的罚金。

第六十一条

违反根据第四十六——三条规定所发命令的国家研究院的任何官员，应处以不超过二十万日圆的罚金。

亚美尼亚共和国关于产品与服务标准要求的合格评定法

(1999 年 12 月 9 日亚美尼亚议会批准通过)

第一章　总则

第一条　法律作用范围

本法对生产和货物(以下称产品)、劳动和服务(以下称服务)是否符合标准要求(normative requirement)而进行的自愿性和强制性合格评定活动作了规定。本法还制定了国家在合格评定领域实施管理的法律基础，确定了合格评定的模式和产品销售的条件，明确了合格评定参与各方的权利和义务。

第二条 定义

本法主要使用以下定义：

a) 合格评定(Conformity Assessment) ——用合格声明或合格认证的方式评定产品或服务符合标准要求的一项活动。

b) 强制性合格评定 (Compulsory Conformity Assessment)——亚美尼亚共和国各项法或其他法律制定的某些产品或服务的合格评定，是为保证这类产品或服务的安全,依据标准要求而强制实施的合格评定。

c)合格标志(Conformity Mark)——按照合格评定体系的各项规定而正式登记的标志,加贴于产品上,表示该产品符合标准要求。

d)合格声明(Declaration on Conformity)——一种证明文件。产品生产者或服务的提供者依据合格评定的证明,以书面形式声明其产品或服务符合标准要求。

e)标准要求(Normative Requirements)——标准文件中对产品或服务的各项要求。在合格评定的过程中,产品或服务的各项特征将逐一与该标准的各项要求进行对比。

f)标准文件(Normative Documents)——对产品或服务提出标准要求的各项技术法规、标准以及公布的指令(established order)所采用的其他文件。

g)安全(Safety)——产品或服务对于生命、健康、财产和环境无不许可的危险。

h)合格证书(Conformity Certificate)——由认证机构颁发的一种文件，确定依据法规进行鉴定后的产品或服务是符合标准要求的。

i)产品识别(Product Identification)——依据合格评定体系的各项规定,对于送交合格评定的产品,识别确定其名称和特征的过程。

j)认证(Certification)——认证机构书面确认产品或服务符合标准要求的过程。

ja)国家合格评定机构(National body for conformity assessment)——亚美尼亚共和国政府授权的国家机构,负责管理合格评定体系。

jb)认证机构(Certification body)——经过认可的法人团体,为指定的产品或服务实施合格评定。

jc)测试实验室(Testing laboratory)——经过认可的法人团体,进行指定范围的测试。

jd)申请人(Applicant)——向认证机构提出证明产品或服务合格申请的产品生产者和销售商、提供服务的人或他们的代理。

je)合格评定计划(Conformity assessment scheme)——综合各项操作过程，其肯定的结果被视为是保证产品或服务符合标准要求。

jf) 认可 (Accreditation)——认可委员会(Accreditation Board) 正式承认法人团体具备在一定的领域开展合格评定的资格,同时还正式声明该团体与生产者和销售商、提供服务的人无关。

jg)自愿性合格评定(Voluntary conformity assessment)——由申请者主动提出并开展的、按照申请人所声明的标准与技术要求而实施的合格评定。

第三条 产品或服务合格评定的立法

产品或服务合格评定的各项事务在亚美尼亚共和国各项法和其他法律中都有规定。

第四条 亚美尼亚共和国的国际协定

如果亚美尼亚共和国签订的国际协定比亚美尼亚本国法律对产品合格评定有更多规定的，则应优先执行国际协定的规定。

第五条 强制性合格评定的目的

a) 保证产品消费者人生和健康安全；

b) 保护环境和动植物；

c) 保护消费者免受欺骗；

d) 协调合格评定与国际规则、地区性合格评定体系的关系，减少不正当的技术障碍。

第六条 合格评定采用的标准文件

1、合格评定采用的标准文件应包括针对各类产品或服务的标准要求和合格判定的方法。

对产品或服务的标准要求可以包含在一个或几个标准文件中。

2、用于产品或服务合格评定的有国际性、地区性、洲际或其他国家与亚美尼亚建立的、程序一致的标准要求。

3、产品或服务有关的技术法规应适用于强制性合格评定。

第七条 实施强制性合格评定的产品或服务

实施强制性合格评定的产品或服务目录应由国家合格评定机构与其他有关的国家机构联合制定，并经过亚美尼亚共和国政府的批准。

第八条　合格评定体系

1、合格评定体系是由合格评定的各分支体系、有关的各项程序和详细规则组成的整体。

2、通过合格评定的各分支体系，建立起使用同样标准文件和同样评定程序的产品或服务合格评定体系。

第九条　合格认证与合格标志

1、合格认证(conformity certificate)的形式(下称"认证")，以及认证的要求，应在合格评定体系中加以制定。

2、合格标志(conformity mark)的设计、标志的技术要求和使用方法应由亚美尼亚共和国政府制定。

第十条　合格声明(Declaration on Conformity)

1、对产品或服务的符合性发表声明(下称"声明")提出申请时，应有正确的产品生产商、进口商、服务的提供者。

2、声明应以合格评定计划、卫生监督管理结论、兽医卫生证书和指定产品或服务的标准文件所规定的数据为依据。

3、声明的申请应包括以下内容：

a)为声明提出申请的申请人姓名、地址；

b)产品或服务的名称或分类代码；

c)为保证产品或服务符合标准要求，申请人应履行的责任；

d)按照标准文件，声明中的产品或服务应符合哪些要求；

e)按照卫生监督结论、兽医卫生证书、产品检验结果和亚美尼亚共和国为指定产品或服务制定的其他相关文件，从而保证该产品或服务的质量与安全。

声明的申请应由申请单位的经理或其受托人签字。

4、声明应在认证机构登记并予以证明。

登记后的声明应复印同时交认证机构、申请人各保留一份。如有要求，还应交其他的国家监督管理机构(state control bodies)各一份。

5、合格声明和合格认证在亚美尼亚共和国境内同等有效。

第十一条　合格评定计划

1、产品或服务的合格评定依据合格评定计划进行。

2、合格评定的计划和亚美尼亚共和国通用的分类代码，按合格评定体系的规则制定。

3、强制性合格评定的产品或服务，可制定等效的几种计划。

第十二条　法人团体的认可

1、作为法人团体进行合格评定的认证机构或测试实验室，应按照亚美尼亚共和国政府制定的程序，接受亚美尼亚共和国政府授权的认可委员会的认可。

2、认可委员会根据认可结果，正式承认认证机构或检验实验室具备进行合格评定的法人资格，同时承认该法人团体与产品生产者(销售商、购买商)或服务的提供者无关。

3、认可委员会暂时无某特定领域的机构可供认可时，能够委托而不是认可某合适的机构实施强制性认证的，时间最长不超过1年。

第十三条　强制性合格评定的参与者

强制性合格评定的参与者包括国家合格评定机构、各认证机构、各检验实验室和合格评定的申请方。

第十四条　国家合格评定机构

1、国家合格评定机构(下称国家机构)是亚美尼亚共和国政府授权的负责合格评定的管理机构。

2、国家合格评定机构的职责：

a) 执行合格评定政策；

b) 为亚美尼亚国的合格评定制定规则；

c) 对符合标准文件要求的产品或服务进行管理，监督强制性合格评定规则的执行；

d) 为国际性、地区性合格评定体系提出建议；

e) 就国际性、地区性、洲际双边互认合格评定结果汇总讨论意见；

f) 代表亚美尼亚共和国参与国际性、地区性组织与合格评定相关的活动；

g) 正式公布合格评定的综合性规则和程序、公布经认可的各认证机构和各检验实验室名单，以及在亚美尼亚共和国使用的合格标志。并将这类信息及时提供给国际性、地区性合格评定组织；

h) 执行亚美尼亚共和国法律所授权的其他任务。

第十五条　认证机构

1、认证机构在其被认可的认证范围内应：

a)考虑合格评定的申请；

b)登记、证明申请人提出的合格声明；

c)依据合格评定计划和申请人、认证机构达成的协议，对被认证的产品和服务的合格性进行监督；

d)产品抽样；

e)按照为指定产品或服务所拟议的合格评定计划，开展强制性合格评定工作；

f)执行产品或服务的认证工作，并颁发认证证书；

g 对违反合格评定规定的合格声明或合格证书，取消或终止有效；

2、认证机构应在2天内决定是否予以证明申请人的声明。

3、产品或服务不合格时，认证机构应立即通知政府各管理部门的相关机构。

4、根据亚美尼亚共和国法律的规定，认证机构应承担违反合格评定规定的责任。

第十六条　检验实验室

1、在其被认可的检验范围内，检验实验室应进行产品检验或型式试验，向认证机构提交检验证书。

2、根据亚美尼亚共和国法律的规定，检验实验室应承担违反合格评定规定的责任。

第十七条　申请人

1、产品或服务的强制性认证申请人应：

a)了解合格评定计划，向认证机构提出认证申请或准许合格声明的申请；

b)对于强制性合格评定的产品或服务，只有在合格声明获批准或取得认证时，才可销售产品或提供服务；

c)保证合格声明或合格认证所规定的产品或服务的合格性；

d)对于已通过强制性合格评定的产品或服务，一旦不再符合合格声明或合格认证所规定的标准要求时，申请人应停止销售产品或提供服务。否则，申请人按照亚美尼亚共和国法律承担责任；

e)当技术文件或生产工艺发生变化，有可能影响已认证产品或服务的合格性时，申请人应通知认证机构；

f)在国家进行合格监督过程中，申请人应保证认证机构的官方代表持续不间断地履行其职责；

g)按照亚美尼亚共和国政府规定的程序，交纳强制性合格评定所需费用。

2、申请人有权自行选择认证机构提交合格声明或合格评定的申请。

第十八条　实施强制性合格评定产品的销售条件

1. 进入亚美尼亚共和国市场的强制性合格评定产品，应确认其符合标准要求。

2.在亚美尼亚共和国销售和流通的强制性合格评定的产品，应具有合格标志或合格声明或合格认证证书。

第十九条　亚美尼亚共和国对实施强制性合格评定产品的进口条件

1、亚美尼亚共和国拟进口实施强制性合格评定的产品时，应向海关(custom authorities)出具认证机构登记的合格声明或合格认证证书，或拥有合格标志的证明。

2、进口产品的国外合格认证或国外合格标志的认可，应按亚美尼亚共和国与该国达成的合格评定双边互认协定，或按亚美尼亚共和国单方认可决议，拟订认可证明。

3、亚美尼亚共和国境内实施强制性合格评定产品的进口过程中，其国外合格证书和合格标志的互认程序或单方认可程序，应由亚美尼亚共和国政府制定。

第二十条　自愿性合格评定

1、自愿性合格评定由申请人主动提出进行。自愿性合格评定的依据是申请人自选的、用于评定产品或服务合格性的标准、技术条件、技术规范和其他技术文件的要求，包括质量管理体系和环境管理体系的要求。

自愿性合格评定由认证机构在其被认可的范围内，依据认证机构与申请人达成的协议进行。

2、属强制性合格评定的产品或服务，其自愿性合格评定不应代替这类产品或服务的强制性合格评定。

第二十一条　对有关合格评定行为的上诉

对合格评定参与者的行为有异议，可上诉到国家合格评定机构、法院。

第二十二条　国家监督管理的范围

1、对于标准文件规定产品或服务的强制要求和强制性合格评定的各项规则的实施情况，国家进行监督管理，并分为产品生产、成品化、运用(开发)、储藏、运输和使用、服务等阶段具体落实。

2、国家对本条款第1部分规定的强制要求和规则进行监督管理的程序应由亚美尼亚共和国政府制定。

3、法人团体或企业独立法人应为国家监督管理的实施提供必要的条件。

第二十三条　国家实施监督管理的机构

1、国家对本法第二十二条规定的强制要求和各项规则进行监督管理，由亚美尼亚共和国国家合格评定机构实施。

2、国家监督管理由国家机构的国家级总检验员(chief state inspector)和国家级检验员们(state inspectors)具体执行。

3、国家级总检验员和各国家级检验员的资格应由亚美尼亚共和国政府制定。

第二十四条　对国家级总检验员和各国家级检验员行为的上诉

1、对国家级总检验员行为有异议，可上诉法院。对国家级总检验员行为的上诉不应影响其给出检验结论。

2、对国家级检验员行为有异议，可上诉国家级总检验员或法院。

第二十五条 结束条款

对于应实施强制性合格评定的产品或服务，如果其有关的技术法规不再存在，应按照本法生效前采用的标准文件强制要求进行合格评定，直到2004年12月31日为止。

第二十六条 生效条款

1、本法自发布之日起生效。

2、自本法生效之日起，1997年4月30日国家议会(National Assembly)批准通过的亚美尼亚共和国“标准与认证法”废止。

亚美尼亚共和国主席

Kocharyan Yerevan

1999年12月3日

英国贸工部部长与联合王国认可服务公司(UKAS)之间的谅解备忘录

前 言

贸工部部长(以下略作“部长”)与联合王国认可服务公司(以下略作“UKAS”)签订如下谅解备忘录(以下略做“备忘录”)，备忘录记述了他们关于在英国维护和发展强大而统一的国家认可服务以提高质量并改善英国工业竞争力的共同承诺。

第一条

(承认UKAS作为惟一的国家机构)

在本备忘录存续期间，部长承认UKAS为惟一对合格评定机构进行评定和认可的国家机构。合格评定机构的活动包括：抽样、测试、校准、检验或认证。认证包括产品认证、人员认证或体系认证(包括环境管理体系和审核体系)。附录1规定了UKAS作为部长承认的惟一国家机构在本备忘录条款和相关发放许可证协议项下的各项活动。对所列活动的变更和修改，只有上述双方以书面形式同意方才有效。部长将不设立或不鼓励其他部门设立其他机构在英国担负认可职能。

第二条

(政府对UKAS的支持)

部长将采取适当的方式支持UKAS完成其目标。他特别要鼓励包括政府出于采购和管理的目的而依赖其服务的合格评定机构在内的各个合格评定机构寻求认可。部长将鼓励公共部门和私营业界的其他采购团体支持这种统一安排。

在要求通过测试、检验和认证以证明符合欧共体的指令、法规、决定、意见或建议，或任何国际机构任何法规、指南或类似规则或建议的情况下，部长将保证政府一般会指定使用经UKAS认可或推荐的实验室、检验机构或认证机构。

UKAS一般将通过向客户收取费用自行筹措资金开展各项活动。然而，部长将考虑UKAS提出的为帮助创立支持政府政策所需的新的服务项目而提供财政资助的请求，让UKAS从自有资金中解决所需费用是不合理的。

适当情况下，政府代表将利用政府的人力物力资源参与UKAS的活动。

只要可行，部长将随时向UKAS通报政府有关认可政策的变化和发展，而且只要可行，部长将在与UKAS磋商后改变其政策。部长将随时向UKAS通报政府间任何有关认可的商讨，除非由于保密原因不能这样做。

第三条

(对相互认可伙伴认证的承认)

尽管UKAS在英国享有特殊的地位，但是，部长将鼓励承认那些与UKAS已就相互认可达成协议的国家认可机构出具的证书。

第四条

(对政府提出建议的规定)

UKAS将主动呼应政府要求，向部长和政府其他各部就与认可有关的事项提出所有合理建议（包括向政府建议EC指令项下通报机构的选择)。一经要求，UKAS还将向政府提供与其顾问委员会接触的机会，以就政策问题进行磋商。

第五条

(UKAS作为英国在EAL、ILAC、EAC和LAF中的成员)

UKAS将是欧洲实验室认可合作组织(EAL)、国际实验室认可组织(ILAC)，欧洲认证认可组织(EAC)、国际认可论坛(IAF)中的英国成员，并且借其他可能出现的此类国际认可机构出现后与部长签订的协议成为其中的英国成员。部长将以具体项目为基础考虑UKAS提出的对其国际活动提供财政资助的请求。

第六条

(在相互认可协议和其他国际协议的谈判中UKAS的作用)

部长认可UKAS在适当情况下将作为英国机构与其

他国家认可机构进行谈判。在这些协议的谈判中，部长将对 UKAS 提出适当的建议。当那些国际协议的谈判和签署要求政府介入时，UKAS 将为部长提供适当的建议。

第七条

（UKAS 寻求并考虑与国际事务有关建议的义务）

在面向第 5 条和第 6 条项下的国际事务时，UKAS 应确保寻求并考虑包括 UKAS 建立的任何有关顾问委员会在内的所有有代表性的同业人员的建议。无论政府是否要求，在涉及重大政府利益或广大公众利益的情况下，UKAS 应就所有国际认可问题与政府磋商。

第八条

（上诉机制）

UKAS 经与部长磋商并得到部长批准后，将制定公正客观的程序与政策用以解决针对其认可决定发生的上诉。

第九条

（促进英国认可体系）

UKAS 将推动国际上对英国认可体系的承认。在其工作中，UKAS 将设法促进把英国的做法作为公认的国际模式来采用。

第十条

（UKAS 按国家标准和国际标准行事的义务）

UKAS 将按照有关的国家标准、欧洲标准和国际标准、法规、指南和要求，以及本备忘录的条款开展工作。UKAS 将定期接受第三方审核以证明这种符合性。UKAS 将依据部长同意的可公开获得的标准进行认可。

第十一条

（诚实行事的义务）

UKAS 将以与英国国家认可机构地位相称的方式开展全部工作。UKAS 将保持以诚实公正的方式应用有关标准并判定与这些标准的符合性。在与各条款和条件相关的任何服务的提供方面，UKAS 不会表现出不适当的偏向，或有不适当的歧视行为，此外 UKAS 会确保其收费安排是公平合理的。

第十二条

（UKAS 应考虑最广泛的公众利益）

UKAS 在其所有的活动中将确保充分考虑到公众在认可方面的利益，并且将在工作中为所有相关利益方寻求一个公平且可接受的平衡。

第十三条

（备忘录的审议）

部长和 UKAS 将时常会面，一起讨论并审议备忘录的实施。

第十四条

（备忘录的存续期）

本备忘录自 1995 年 8 月 1 日起生效。在任何一方与对方充分磋商后，即可以协议方式修订该备忘录，或由任何一方在通知后 12 个月内终止该备忘录。如果 UKAS 是此终止通知的接受方，则需与 UKAS 的每一成员进行充分磋商。如果部长已就违约的性质通报了 UKAS，并给予 UKAS 合理的机会以补救其违约行为，则部长可随时因其违约行为而终止该备忘录。一当支配 UKAS 使用王室标志的单独且有法定约束力的协议终止，则可立即终止本备忘录。

第十五条

（谅解备忘录的法律作用）

部长和 UKAS 承认并接受，本备忘录不产生任何对法律有约束作用的权利、责任或义务。

附录 1

根据本备忘录的条款规定，部长承认的作为唯一国家机构的 UKAS 的活动如下：

——据国际标准 ISO/IEC 17025，对进行测试和/或校准、包括抽样的实验室进行认可。

——据分别涵盖产品认证、执行 ISO9000 的质量体系认证和人员认证的欧洲标准 EN45011、EN45012 及 EN45013，对认证机构进行认可并对第二方评定机构进行认定。

——据英国标准 BS7750 和 BSENISO14001，对按用于进行环境管理体系认证的欧洲标准 EN45012 进行符合性认证的认证机构进行认可。

——据英国标准 BS7799：第 2 部分：1998，对按用于进行信息安全管理体系认证的欧洲标准 EN45012 进行符合性认证的认证机构进行认可。

——据欧盟理事会法规 1836/93 关于生态管理和审核方案，对环境审核员进行认可。

——据欧洲标准 EN45004，对不同类型从事检验的机构进行认可。

2000 年 5 月据如下人员授权修订：

签字：D Reed

D Reed 标准与技术法规部主任以部长名义

签字：L Campbell

L Campbell UKAS 首席执行官以联合王国认可服务公司名义。

3、国际和区域性组织介绍

(1)国家质检总局组织参加的有关国际和区域性组织介绍

世界贸易组织(WTO)的TBT和SPS 世界贸易组织(World Trade Organization,英文缩写WTO),成立于1995年1月1日,总部设在日内瓦。其宗旨是促进经济和贸易发展,以提高生活水平、保证充分就业、保障实际收入和有效需求的增长;根据可持续发展的目标合理利用世界资源、扩大货物和服务的生产;达成互惠互利的协议,大幅度削减和取消关税及其他贸易壁垒并消除国际贸易中的歧视做法。该组织现有成员147个。

作为正式的国际贸易组织,WTO在法律上与联合国等国际组织处于平等地位。它的职责范围除了关贸总协定原有的组织实施多边贸易协议以及提供多边贸易谈判场所和作为一个论坛之外,还负责定期审议其成员的贸易政策和统一处理成员之间产生的贸易争端,并负责加强同国际货币基金组织和世界银行的合作,以达成全球经济决策的一致性。WTO协议的范围包括从农业到纺织品、服装,从服务业到政府采购,从原产地规则到知识产权等多项内容。

WTO的最高决策权力机构是部长会议,至少每两年召开一次会议。下设总理事会和秘书处,负责世贸组织日常会议和工作。总理事会设有货物贸易、非货物贸易(服务贸易)、知识产权三个理事会和贸易与发展、预算两个委员会。总理事会还下设贸易政策核查机构,它监督各个委员会并负责起草国家政策评估报告。对美国、欧盟、日本、加拿大每两年起草一份政策评估报告,对最发达的十六个国家每四年起草一份政策评估报告,对发展中国家每六年起草一份政策评估报告。上诉法庭负责对成员间发生的分歧进行仲裁。

国家质检总局设立有WTO办公室,国家认监委处理与职责范围相关的WTO事务的窗口设在国家认监委国际合作部国际组织处。国家认监委负责对与认证认可、合格评定相关的WTO事务进行处理,诸如成员方的通报、评议、咨询、答复等。

亚太经合组织(APEC)的标准与合格评定活动 亚太经和组织(Asian Pacific Economic Cooperation,英文缩写APEC)成立于1989年。该组织的目标是为了促进亚太地区经济的发展并增强各方的团体意识。在成立之初,亚太经合组织是一个非正式的对话组织,现在通过达成一致进行运作。各成员承诺在公开对话的基础上开展活动和执行工作计划,所有成员的意见都将得到同等的尊重。

亚太经合组织作为一个重要的国际组织积极推动太平洋地区21个成员"经济体"之间的开放贸易和经济合作。1999年,亚太经合组织21个成员经济体的国内生产总值达18万亿美元,占世界贸易总额的43.85%。

最初,亚太经合组织有12个成员国,即澳大利亚、文莱、加拿大、印度尼西亚、日本、韩国、马来西亚、新西兰、菲律宾、新加坡、泰国和美国,1991年11月,亚太经合组织吸纳了3个新成员,他们是中华人民共和国、香港(1997年7月1日起改名为中国香港)和中国台北。1993年11月,亚太经合组织接受墨西哥和巴布新几内亚作为新成员,同时决定智利将在1994年11月成为正式成员。1997年11月,亚太经合组织经济领导人会议决定吸纳秘鲁、俄罗斯和越南作为新成员加入亚太经合组织大家庭,这项决定从1998年起生效,三国的正式成员身份起自1998年11月。亚太经合组织有三个"观察员",即:东盟秘书处、太平洋经济合作委员会及太平洋岛屿论坛秘书处。

亚太经合组织主席由各成员经济体每年轮任,负责主办一年一度的外长和财长会议。

APEC组织机构图:

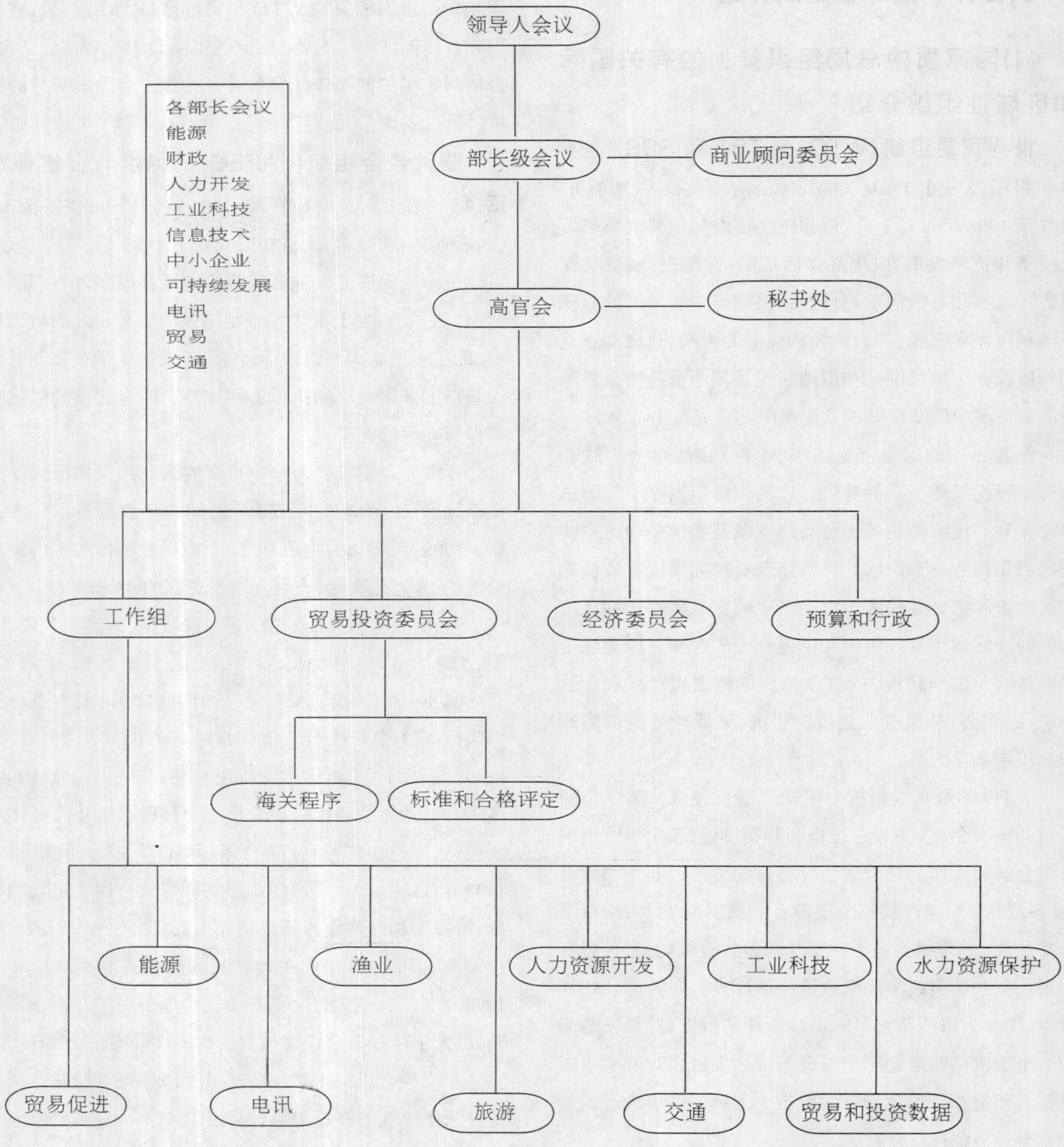

中国曾在2001年担任APEC主席国。与中国认证认可有关的分委员会是标准和一致化分委员会(SCSC)。国家认监委认证部刘卫军主任现任SCSC电子电器产品互认协议联合咨询委员会（EEMRA）主席，任期自2004年至2006年。中国台湾和香港地区为APEC正式成员。

APEC网址是http://www.apec.org

亚欧会议(ASEM)的标准与合格评定 亚欧会议(Asia Europe Meeting,英文缩写ASEM),召开亚欧会议的倡议由新加坡总理吴作栋于1994年10月提出,并得到了有关亚洲国家和欧盟各国的积极响应。

1996年3月1日至2日，首届亚欧首脑会议在泰国曼谷举行。来自亚、欧两大洲的25国和欧盟委员会的领导人参加会议。其中,亚洲的参与国为泰国、马来西亚、菲律宾、印度尼西亚、文莱、新加坡、越南、中国、日本和韩国。欧洲的参与国为欧盟15个成员国,即意大利、德国、法国、荷兰、比利时、卢森堡、丹麦、爱尔兰、英国、希腊、西班牙、葡萄牙、奥地利、芬兰、瑞典以及欧盟委员会。会议确定每两年召开一次首脑会议 。

第二届亚欧首脑会议于1998年4月3~4日在英国伦敦举行。第三届亚欧首脑会议于2000年在韩国汉城举行。2002年9月23日至24日,第四届亚欧首脑会议在丹麦哥本哈根举行。

根据首次亚欧会议通过的《主席声明》,亚欧会议的目标是在亚欧两大洲之间建立旨在促进增长的新型、全面的伙伴关系,加强相互间的对话、了解与合作,为经济和社会发展创造有利的条件,维护世界和平与稳定。

亚欧会议进程应遵循以下原则:各成员国之间对话的基础应是相互尊重、平等、促进基本权利、遵守国际法规定的义务、不干涉他国的内部事务;进程应是开放和循序渐进的,后续行动应在协商一致的基础上进行;扩大新成员应由国家元首和政府首脑协商一致决定;通过对话增进相互了解和理解以确定优先领域并共同合作。

首届亚欧会议确定的合作领域十分广泛,可分为三类:(1)政治对话,内容包括亚欧双方共同感兴趣的问题。(2)经济合作,主要内容包括加强亚欧在科技、农业、能源、交通、人力资源开发、消除贫困和保护环境等方面的合作;促进亚欧两大洲相互间的贸易与投资,并就加强全球贸易体系问题进行磋商与合作。(3)学术、文化、人际交流与合作。

中国重视发展亚洲和欧洲之间的合作与交流,支持亚欧会议的举行,并以积极务实的态度参加了各项后续行动。

国家质检总局牵头参加了亚欧会议贸易便利化行动计划(TFAP)框架下的标准与合格评定(SCA)、检疫与SPS程序小组。国家认监委也积极参与国家质检总局组织的与亚欧会议有关的活动,多次派员出席各小组的工作会议。2002年,国家认监委协助质检总局在北京承办并参加了第七届亚欧会议(ASEM/TFAP),并派员就国家认监委的机构设置、职能分工等情况向与会代表进行了介绍。

食品法典委员会(CAC) 食品法典委员会(Codex Alimentarius Commission,英文缩写CAC)是联合国粮农组织(FAO)和世界卫生组织(WHO)于1962年共同组建的,受FAO和WHO领导。委员会的章程和程序规则的制定、修订均需经这两个组织批准。

CAC的战略目标是达到对消费者最高水平的保护,包括食品安全和质量。具体目标为:(1)建立良好的法规框架。(2)促进科学原则与风险分析获得最广泛一致的应用。(3)促进食品法典Codex和多边法规基本原则及公约的衔接。(4)促进Codex标准在国家和国际间都能获得最广泛的应用。

CAC向FAO和WHO所有成员及联系成员开放,并接纳其为成员。CAC现有成员146个。

国家认监委一向重视跟踪和参与国际标准制修订工作。国家认监委自2001年成立以来共3次派员参加CAC进出口食品检验与认证体系分委员会(CCFICS)年度工作会,其中CCFICS第十一次和第十二次会议由国家认监委负责人担任代表团团长,代表中国积极发言。在第十二次会议中经代表团争取,参加了与中国食品安全卫生密切相关的"确保符合进口国公共健康/食品安全要求为目的以风险为基础的食品检验/边境检查的指南"和"卫生措施等效性判断的附加导则"两个食品进出口检验和认证指南起草工作小组,CAC专职秘书代表秘书处对中国的积极参与表示赞赏。

(2)国家认监委和国家标准委参加的国际和区域性组织介绍

国际标准化组织(ISO) 国际标准化组织(International Organization for Standardization,英文缩写ISO),1946年10月,25个国家的标准化机构代表在伦敦举行了第一届ISO(International Organization for Standardization)大会,大会起草了ISO的第一个章程和议事日程,并认可通过了该章程草案。ISO的任务是建立国际标准,开展与促进国际货物贸易与服务贸易相关的各项活动,在科学、技术、经济、智能活动等方面开展合作。ISO的组织机构包括全体大会、理事会、技术管理局和中央秘书处。ISO官员包括主席一人、副主席两人、司库和秘书长各一人。全体大会是最高权利机构,每年召开一次,由各成员团体指定的不多于3名代表组成,代表可随带观察员参会。ISO总部设在瑞士日内瓦,目前,共有成员团体148个,其中正式成员97个,通讯成员36个,注册成员15个。ISO为非政府组织(NGO)。ISO的下设机构有:

(1)技术管理局管理(TMB)的技术委员会(TC)及标准样品委员会(REMCO)。其中TC下设分技术委员会(SC)、工作组(WG)、技术咨询小组(TAG)、特别研究小组,与IEC共同成立的联合技术委员会(JTC)、联合技术咨询小组(JTAG)

(2)直属全体大会的四个制定政策的专门委员会：

CASCO: 合格评定委员会

DEVCO: 发展中国家事务委员会

COPOLCO: 消费者政策委员会

INFCO: 情报委员会

目前，ISO 共有 225 个技术委员会(TC)，目前仍在工作的有 188 个，600 多个分技术委员会 (SC)，2000 多个工作组(WG)。

ISO 自身不直接参与合格评定活动，但其标准和导则在世界范围内协调合格评定工作、促进国际贸易的发展。ISO 是通过合格评定政策委员会(CASCO)的工作使世界范围内接受合格评定结果的。

中国参加 ISO 组织活动的情况：1978 年 9 月，中国以中国标准化协会的名义参加了 ISO，成为正式成员。1982 年中国当选为 18 个理事国之一（任期 2 年）。1985 年起改为以中国国家标准局名义参加并再次当选为理事会成员，同年原国家标准局局长程传辉当选为执行局成员，任期 3 年。1988 年中国连续第三次当选为理事会成员，国家技术监督局原局长徐志坚被任命为技术局成员。1992 年国家技术监督局原副局长李瑞被任命为技术局成员。1995 年中国第四次当选为理事会成员。1999 年 9 月 ISO 第 22 届全体会议在北京召开。2001 年第五次当选为理事会成员，目前李忠海局长为技术局成员(任期 3 年)。

目前中国承担的 TC、SC 秘书处共有 6 个，它们是：

TC202 微束分析、TC202/SC2 电子探针、TC17/SC17 钢丝和盘条、TC8/SC4 甲板和船装机械、TC20/SC1 航空电器、TC179/SC2 无筋砌体。

国际标准化组织合格评定委员会(ISO/CASCO) 国际标准化组织合格评定政策委员会(ISO Committee on Conformity Assessment，英文缩写 ISO/CASCO)，ISO 自身不直接参与合格评定活动，但其标准和导则在世界范围内协调合格评定工作、促进国际贸易的发展。ISO 是通过合格评定委员会(CASCO)的工作使世界范围内接受合格评定结果的。

CASCO 面向 ISO 的全体成员，其成员分为参加成员、观察成员两种，目前，CASCO 有参加成员 67 个、观察成员 20 个。CASCO 的全体会议每年召开一次。

合格评定工作包括第一方、第二方和第三方评定以及测试、检验、认证/注册、认可、互认协议、厂商声明等合格评定项目。其中，第一方评定是厂商自我评定，第二方评定是由产品的消费者或潜在的消费者进行评定，第三方评定是由独立于厂商和消费者之外的第三方进行合格评定工作。

CASCO 各工作组(WG)的工作范围：

(1)WG22：修改 1994 年导则 60，确保世界范围内的合格评定工作能最大限度地公开、透明、有序、一致、和有效。

(2)WG23：确定 CASCO 标准中的基本元素如术语、定义、管理系统要求等与 ISO/CASCO 的内容相一致。

(3)WG18：基于导则 58、61 和 TR17010，结合实验室与检验、认证机构认可的要求，建立单独的认可标准，该标准将以 ISO/IEC17011 “提供评定和认可业务机构的一般要求”发布。

(4)WG21：基于导则 62、66，建立单独的管理体系标准，以支持目前的多领域认证的趋势，如一机构的质量和环境管理体系同时认证。该标准将以 ISO/IEC17021“执行评定、认证/注册管理体系的机构的一般要求”。

(5)WG17： 制定 ISO/IEC17024“认证机构执行人员认证的准则”。

(6)WG19：制定 ISO/IEC17040“合格评定机构同行评审的一般要求”

(7)WG11：准备 ISO/IEC 导则 68“认可和接受合格评定结果的协议”。

(8)WG12：制定 ISO/IEC17030“合格评定的标识及用途”，用以有效地管理合格评定机构。

(9)WG14：制定 ISO/IEC 导则 67“产品认证的基本原则”。

(10)WG5：制定 ISO/IEC17000“合格评定——一般词汇”，修改 ISO/IEC 导则 2 的相关部分“标准与相关活动——一般词汇”。

(11)WG5：制定 ISO/IEC 导则 70“在合格评定中鉴别第一、第二、第三方的方法”。

(12)WG20：将 ISO/IEC 导则 7 修改为 ISO/IEC17001“起草适合合格评定使用标准的方法”。

中国国家认监委是 ISO/CASCO 的中国国家主管机构，国家认监委国际部副主任陈英担任 ISO/CASCO 主席政策委员会成员。

中国加入该组织的情况介绍：

ISO/CASCO 既是 ISO 的合格评定政策制定机构，又是合格评定国际标准、导则、技术报告的起草、制定机构。中国的认证认可制度是在研究、采纳了发达国家做法和国际惯例的基础上逐步建立起来的。跟踪研究 ISO/

CASCO的各项政策，实质参与ISO/CASCO各相关工作组的工作，推动ISO/CASCO各项工作在中国开展，有利于中国认证认可事业的发展与国际同步。2003年7月30日，全国认证认可标准化技术委员会正式成立，以此为契机，国家认监委建立了强有力的专家队伍，结合工作实际，实质性参与ISO/CASCO各相关工作组的技术工作，并行使和履行成员机构权利和义务，对全部ISO/CASCO文件按时投票，这样，不仅掌握了认证认可国际规则的变化趋势和各国家成员机构意见，也在其中参与了中国的意见，有利于从根本上保护中国相关方的利益。

国际电工委员会（IEC） 国际电工委员会(International Electrotechnical Commission 英文简称IEC)，1887-1900年召开的6次国际电工会议上，与会专家一致认为有必要建立一个永久性的国际电工标准化机构，以解决用电安全和电工产品标准化问题。1904年在美国圣路易召开的国际电工会议上通过了关于建立永久性机构的决议。1906年6月，13个国家的代表集会伦敦，起草了IEC章程和议事规则，正式成立了国际电工委员会。1947年IEC作为一个电工部门并入国际标准化组织(ISO)，1976年又从ISO中分立出来。

IEC的宗旨是促进电工、电子和相关技术领域有关电工标准化等所有问题上(如标准的合格评定)的国际合作。该委员会的目标是：有效满足全球市场的需求；保证在全球范围内优先并最大程度地使用其标准和合格评定计划；评定并提高其标准所涉及的产品质量和服务质量；为共同使用复杂系统创造条件；提高工业化进程的有效性；增进人类健康和安全；保护环境。

IEC是制定和发布国际电工电子标准的非政府性国际机构，1906年成立时总部设在伦敦，1947年因并入ISO迁至瑞士日内瓦。

IEC有63个成员，具体情况如下：

正式成员 52个：

欧洲：奥地利、白俄罗斯、比利时、保加利亚、克罗地亚、捷克、丹麦、芬兰、法国、德国、希腊、匈牙利、爱尔兰、意大利、卢森堡、荷兰、挪威、波兰、葡萄牙、罗马尼亚、俄罗斯、塞黑、斯洛伐克、斯洛文尼亚、西班牙、瑞典、瑞士、乌克兰、英国

亚洲：中国、印度、印度尼西亚、伊朗、以色列、日本、韩国、马来西亚、巴基斯坦、菲律宾（2003/1/13 资格暂停）、沙特阿拉伯、新加坡、泰国、土耳其

美洲：阿根廷、巴西、加拿大、墨西哥、美国

非洲：埃及、南非

澳洲：澳大利亚、新西兰

非正式成员共 11 个：

欧洲：波黑、爱沙尼亚、冰岛、拉托维亚、立陶宛、马耳他

亚洲：塞浦路斯、朝鲜、越南

美洲：哥伦比亚

非洲：突尼斯

IEC的组织及其附属机构的职能如下：

理事会(全体大会)：最高权力机构，负责制定IEC政策、长期战略和金融目标。

理事会理事局(CB)：最高决策机构，负责落实理事会制定的政策。

理事局常委会(EXCO)：负责具体实施理事会和理事局的决议，监督中央办公室的运作。

中央办公室（CO）：负责监督IEC章程等的正确实施，标准最后文本的出版，保证IEC工作的正常运转。

行动委员会(CA)：负责管理IEC标准化工作。

合格评定委员会(CAB)：负责管理IEC合格评定工作。

IEC上述很多部门都有自己的顾问委员会。此外，IEC还设有89个技术委员会，下设88个分技术委员会和700个工作组。大约有10 000名专家参与标准的制修订工作。

IEC的工作语言为英语、法语和俄语，主要活动包括制定国际电工电子标准，推动电工电子产品的质量合格评定和安全认证等工作。

IEC的主要出版物有《IEC国际标准》、《IEC标准目录》、《IEC年报》、《IEC年鉴》、《IEC通报》、《国际电工词汇》等。

IEC主席任期三年，现任主席为日本的高柳诚一博士，2002年1月1日上任。

中国1957年8月参加IEC，1980年首次进入行动委员会，1990年承办了第54届IEC全体大会，2002年承办了第66届大会。

国家认监委王凤清主任现为IEC中国国家委员会的主席、IEC理事局(CB)的成员(2004~2006年)；国家认监委国际部谢军为IEC合格评定委员会（CAB）的成员(2000~2006年)和IECEE副主席（2004~2006）；国家标准委宿忠民为 IEC 标准管理局（SMB）的成员 (2004~

2006年)。原国家技术监督局副局长鲁绍曾曾担任IEC副主席。

IEC的网址是http://www.iec.ch

国际电工委员会电工产品检测与认证体系(IECEE) 电工产品测试和认证体系(Worldwide System for Conformity Testing and Certification of Electrical Equipment,英文缩写IECEE)是IEC已建立的三大认证体系之一。IEC的三大体系是:IECEE——电工产品测试和认证体系(包括了CB体系——电工产品测试证书的互认和CB-FCS——电工产品认证证书的互认)、IECQ——负责电子元件及相关材料和过程的质量认证和IECEx——防爆电气设备的标准的认证。

关于IECEE-CB体系

所有国家只要是IEC的成员均可加入IECEE。每个IECEE成员国的国家委员会其自己或指定其国内一家或多家国家认证机构(NCB或NCBs)负责认可和签发CB测试报告和CB证书,成员国的国家标准必须是与CB体系所涉及的相应的IEC标准达到了合理的一致。任何标准差异都必须公开声明并通报CB体系各参加国。每一个NCB必须根据其打算在CB体系中使用的具体IEC标准单独提出申请。签发和接受NCB出具的测试报告只限于该NCB被正式认可的IEC标准。NCB及其认可范围定期在CB公告中更新,这些信息可从CB秘书处和IECEE网站上获取。

CB体系所涉及的产品范围即是IECEE所接受的IEC标准。 如果CB体系要接受一个新的IEC标准,则至少得有三个成员声明他们赞成并愿意就此标准参加CB体系。目前CB体系所采用的IEC标准目录可在CB公告中查到。

CB体系目前不涵盖EMC,但IEC标准另有规定的除外。目前CB体系正在各成员间就是否将EMC纳入安全测试的范围进行调查。

CB体系由IECEE的认证管理委员会(CMC)进行管理,CMC向IEC的合格评定委员会(CAB)汇报。CAB负责批准CMC关于更改CB体系规则、官员的任命、财务及IECEE的政策等方面的建议。CMC的作用是根据CB体系的规则运作、发展和宣传CB体系,决定是否接受、拒绝或暂停成员身份,并就新产品类别或新标准是否纳入CB体系作出决定。

CMC的成员是各成员国(NMB)的代表,包括NCB代表、CMC高层管理人员(主席、副主席、秘书和司库)、测试实验室委员会(CTL)主席和秘书、IEC顾问委员会如ACOS的代表、安全顾问委员会的代表和IEC秘书长。

测试实验室委员会(CTL)是IECEE的一个技术委员会,是技术专家最大的一个论坛。代表39个国家的127个CBTL。该委员会负责测试程序、技术规章的解释、测试条件、测试设备,必要时还有比对测试。它的主要目标增强技术层面上的信心和一致性,以促进CB体系各成员国之间测试结果的互认。

所有的CB委员会每年至少召开一次会议。目前有42个国家参加了CB体系的一个或多个标准,有52个NCB和121个CBTL。既有NCB又有CB实验室的成员国为IECEE的全权成员国。

IECEE-CB体系涉及的电工产品范围包括14大类,分别是:电缆电线(CABL)、电容器(CAP)、电器开关及家用电器的自动控制设备(CONT)、家用及类似用途设备(HOUS)、照明设备(LITE)、测量仪表(MEAS)、电子医疗设备(MED)、信息技术及办公设备(OFF)、低压大功率开关设备(POW)、安装保护设备(PROT)、安全变压器及类似设备(SAFE)、便携式电动工具(TOOL)和电子娱乐设备(TRON)。

国际电工委员会防爆电气产品安全认证体系(IECEx) 国际电工委员会安全认证体系(IEC Schemes for the certification to standards for electrical equipment for explosive atmospheres,英文缩写IECEx),国际电工委员会于1995年成立了IECEx体系,开展国际间的防爆电气产品安全认证工作。

国际电工委员会(IEC)对爆炸性环境用电气设备进行标准认证的体系(以下称IECEx体系)于1995年5月伦敦会议上正式启动,秘书处设在澳大利亚。IECEx每年召开一次ExMC和ExTAG会议,先后在加拿大、法国、澳大利亚、德国和瑞典举行会议。IECEx体系于1997年开始对成员国申请的国家认证机构 (ACB) 和防爆试验室(ExTL)进行评定。到目前为止,已经申请参加IECEx体系的国家有22个,分别是澳大利亚、加拿大、中国、丹麦、法国、德国、匈牙利、意大利、荷兰、挪威、罗马尼亚、瑞典、瑞士、英国、斯洛文尼亚、韩国、南斯拉夫、俄罗斯、南非、芬兰、美国、新西兰。其中,澳大利亚、英国、瑞典、法国、德国、丹麦、匈牙利、韩国、挪威的12个ACB和ExTL已经通过IECEx体系的评审。IECEx体系运作程序和文件已基本到位,具备开展认证工作的条件。

(1)IECEx 体系的目标。通过 IECEx 体系的建立,在保证防爆电气设备的适度安全水平上,最终实现全世界都接受一种标准,一种证书和一种认证标志的目标,以消除不必要的重复认证和检验,促进国际贸易。

为实现最终目标,IECEx 体系分两步:第一步是符合要求的国家通过多边互认协议形式实施 IECEx 体系,不符合要求的国家通过一个合理的过渡期进入 NIECEx 体系(见图 1);第二步是在所有参加国内实现一种标准、一种认证、一个证书的目标。

(2)IECEx 体系管理文件:

1)IEC 章程;

2)IEC 程序及规定,ISO/IEC 导则;

3)IECEx 体系基本规则(1ECEx 01 号文件);

4)IECEx 体系的程序及规定(1ECEx 02 号文件)。

(3)IECEx 体系的管理结构:

1)IEC 防爆电气认证管理委员会(ExMC):负责管理运作的机构,对 IBC 合格评定局(CAB)负责。

2)IEC 防爆测试和评审组(ExTAG):负责 IECEx 体系下有关检查和测试实际技术问题的机构,对 ExMC 负责。

3)理事会:受理 IECEx 体系实施中出现的争议,向 ExM 提出解决方案。

4)8 个工作组:WG 1:IECEx 体系规则修订;

WG 2:技术指导性文件的维护;

WG 3:评审员的评价;

WG 4:ACBs、ExTL 评审技术支持组;

WG 5:制造商 QS 的审核;

WG 6:评审程序;

WG 7:IECEx 标志;

WG 8:IECEx 的推广宣传。

(4)IECEx 体系适用范围及标准。IECEx 体系适用于符合由 IEC/TC 31 及其分委会制定的标准的设备。IECEx 体系使用的标准由 ExMC 批准、CAB 认可,在 IECEx 公报上公布。目前有以下标准:

IEC 60079-1　隔爆型

IEC 60079-2　压型

IEC 60079-5　充沙型

IEC 60079-6　充油型

IEC 60079-7　增安型'e'

IEC 60079-11　本安型'i

IEC 60079-15　'n'型防爆电气设备

IEC 60079-18　浇封型'm'

(5)参加 IECEx 体系的规定:

所有 IEC 成员都有资格参加 IECEx 体系,即 IEC 成员国可直接参与,也可指定一个机构参与,中国以 IEC 中国委员会名义参加。

ExMC(管理委员会)由 IECEx 成员代表团(不超过 3 人)组成。

ExTAG(技术咨询组)由 IECEx 成员推荐的认证机构和检测实验室组成(所有的 ACB 和 ExTL)。

(6)IECEx 体系的运作。对于每一种防爆形式,只要有 3 个以上国家的认证机构被接受有资格开展认证,即可开始运作。

一个认证机构要成为被接受的认证机构(ACB)应满足下述条件:

该机构座落在参加国;

该机构是参加国国家授权的在该国开展防爆电气认证的认证机构;

该机构符合 IS0/IEC 指南 65 要求并通过审核,且具有按 ISO 9002 进行审核的能力,熟悉 IEC 相关标准及保护类型;

该机构应具有一个被接受的检测实验,或签约实验室。

一个检测实验室要成为被接受的检测实验室(ExTL)应符合下述要求:

该实验室坐落在参加国;

该实验室是 ACB 内设机构或签约机构;

该实验室符合 Iso/IEC 指南 25 要求并通过审核,且熟悉 IEC 相关标准及保护类型。

中国是 IECEx 体系的参加国之一,于 1997 年底以 IEC 中国国家委员会名义加入。目前,国家认监委作为中国政府的代表参加,方圆标志认证中心和其签约的国家防爆电气产品质检中心(南阳)、国家煤矿安全产品质检中心(抚顺)、国家仪器仪表防爆安全监督检验站(上海),作为认证机构和实验室的代表参加。

国际电工委员会电子元器件质量评定体系(IECQ-CECC) 国际电工委员会电子元器件质量评定体系(The World-wide Approval and Certification Program for Electronic Components,英文缩写 IECQ-CECC)是国际上最早建立的质量评定组织。IEC 各成员国的电子元器件检测和认证机构自愿参加 IECQ,目前有 18 个成员国。IECQ-CECC 的宗旨是在 IEC 的授权下,依照IEC章程，根据互惠原则和国际互认制度，提高业已经IECQ-CECC认证的电子元器件的信誉，以促进经过质量认证的电子元器件的国际贸易。凡经过认证合格的电子元器件可在所有参加成员国间相互承认，以消除国际电子元器件贸易中的技术壁垒，免除或减少对于标准、规范问题的磋商、谈判和重复检验，节省时间和降低费用。IECQ-CECC要求各成员国在本国建立国家代表机构（NAI）、国家监督检查机构（NSI）、国家标准机构（NSO）和国家计量机构（NCS）。

IECQ认证的电子元器件类有：无源元器件、有源元器件、混合集成电路、印刷线路板、机电元件、电磁元件、光电元器件、通讯用电缆等，此外还包括电子元器件的零件和材料。为了满足国际电子元器件市场对质量认证的需求，IECQ-CECC科学地确定了多种认证类型，包括制造厂商的认可、鉴定批准、能力批准、技术批准、过程批准等。

国际认可论坛(IAF) 国际认可论坛(International Accreditation Forum,英文缩写IAF)由美国国家标准学会(ANSI)和美国注册机构认可委员会(RAB)发起，于1993年8月筹备成立，1994年1月正式开展工作，1995年6月正式签订国际认可论坛谅解备忘录(IAF/MoU)。

IAF是由世界上有关国家合格评定认可机构和其他与合格评定有关的机构组成的一个世界性协会，是在世界范围内得到广泛认同的国际性组织。

IAF的主要目的是建立一个世界范围内合格评定项目，以消除世界贸易中的技术壁垒。IAF的工作范围主要包括管理体系认证、产品认证和人员注册及其认可。

IAF的成员包括世界各国(或地区)的认可机构，工业界的代表和被认可的认证机构等。IAF成员分为全权成员和联系成员两部分，只有国家或经济体的认可机构才能成为全权成员。目前IAF的全权成员有包括中国在内近30多个成员。联系成员有：国际独立认证组织(IIOC)，国际认证联盟（IQNet)、英国认证机构协会(ABCB)、美洲认证机构独立协会(IAAR)、美国燃气具制造协会(GAMA)等。

IAF的目标，包括：

(1)按照世界贸易组织(WTO)的要求，通过同行评审验证和保证各成员认可机构所开展的认可项目的等同性，根据同行评审的结果，建立多边承认协议(MLA)，通过相互承认促进国际贸易的发展；

(2) 为使一个企业在一个地方取得的认可的认证证书，在世界的其他任何地方同样能够得到承认，找到一个最为有效的方式；

(3)促进消除有关管理体系、产品、服务、人员和其他认证方面的技术壁垒；

(4)开展并保持各成员国间的技术交流，保持并发展IAF成员国与非成员国认可机构或区域性认可组织的多边合作。

为了实现上述目标，IAF进行了以下工作：建立了多边互认集团，并且对集团的活动进行监控，以保证MLA成员按相同的标准保持其认可体系；在世界范围内提供实现在各种管理体系认证、产品认证、服务认证、人员认证及类似的合格评定项目评审认可的多边承认的途径；通过世界范围内的多边互认，促进合格评定证书的普遍接受；鼓励在目前没有但需要建立认可体系的国家或地区建立认可机构；协调各成员在有关认可和认证或注册等方面的一致性；努力支持、参与有关国际机构的合格评定活动，如参加国际标准化组织（ISO)、世界贸易组织(WTO)的合格评定活动；向有关国际机构提出认证认可方面的建议意见；在标准、实验室认可和计量等领域与其他相关的国际组织合作；通过举办各种论坛、专家会议，互相交流信息经验等方式，促进成员间的互相合作。

IAF积极采用国际标准化组织正式发布的准则，并且在ISO/IEC相关的国际标准和准则的基础上，制定IAF实施指南，对成员认可机构的认可准则进行协调，保持其认可结果的一致性。为了签署IAF多边互认协议(MLA)，IAF还制定了同行评审准则和要求，并组织了认可机构同行评审，从而形成了一套IAF完整的技术规则。

IAF的最高决策机构是IAF全体会议，由主席、副主席、秘书和各成员机构的代表组成。在全体会议闭会期间，由IAF执行委员会行使全体会议的权力，其具体工作由IAF执委会指导下的各委员会和工作组负责，秘书处提供工作支持。IAF的工作语言为英语，主要活动为每年一次的全体会议、数次执行委员会会议和例行的各委员会会议和工作组的工作会议。IAF的经费由各成员通过交纳会费支付。

IAF的多边互认协议（Multilateral Recognition Agreement of International Accreditation Forum; IAF/MLA）是根据成员的申请，由IAF组织对各成员认可机构同行评审，同行评审符合要求的，由成员机构代表签署IAF多边承认协议（MLA)，正式接纳为MLA集团的成员，成员间的认可结果相互承认。通过同行评审和签署

MLA 协议，各成员认可机构的认可能力水平的一致性得到了保证，逐步减少并将最终消除了多重评审，从而实现“一次认可，全球承认”的目标。

IAF/MLA 的主要内容由 10 个条款和一个附录组成，正文主要描述了约定的内容、签约机构的义务和退出协议的要求。附录为签约机构名单。协议的主体内容为：每个签约机构应承认本协议其他签约机构的认可制度与本机构的认可制度具有同等效力；建议并促进其他签约机构认可的认证机构在认可业务范围内所颁发的认证证书得到同样的承认。

签署多边承认协议的技术条件：

(1)《认证/注册机构评定和认可制度的基本要求》(ISO/IEC 导则 61:1996)；

(2)《质量体系认证和认证/注册机构的基本要求》(ISO/IEC 导则 62:1996)；

(3)《IAF 关于 ISO/IEC 导则 62 的实施指南》(1998)；

(4)《IAF 认可机构多边承认协议的方针和程序》(1998)；

(5)《ISO9001:2000 质量管理体系要求》；

(6)《ISO19011:2003 质量和(或)环境管理体系审核指南》；

(7)《ISO14001:1996 环境管理体系要求》

签署多边承认协议并保持其资格的程序：

(1) 申请及受理：相关国家认可机构提出申请，由 IAF/MLA 管理委员会决定是否受理；

(2)组织同行评审组；

(3)文件评审：由组长及其指定组员负责；

(4)现场评审：由同行评审组参实施；

(5) 签署承认协议的决定：IAF/MLA 管理委员会评定推荐，IAF/MLA 全体成员机构同意，IAF 全体大会通过；

(6)签署多边承认协议；相关认可机构的代表分别与 IAF 主席签署。

IAF 于 1996 年正式实施同行评审工作，当年有 15 个国家提出要签署多边承认协议，亚洲有中国的 CNACR、日本适合性认定协会(JAB)和马来西亚标准局(DSM)。IAF 同行评审组于 1997 年 9 月底完成了 5 个认可机构：美国注册机构认可委员会(RAB)、JAB、CNACR、澳大利亚和新西兰联合认可组织(JAS-ANZ)、加拿大标准理事会(SCC)的文件审查和现场评审。1997 年 10 月在华盛顿召开了 IAF/MLA 管理委员会会议，对同行评审组提交的评审报告及相关资料作出评定结论。1997 年 12 月又完成了对欧洲认可合作组织多边承认协议的同行评审。经 IAF 第 11 届全体会议审议通过，17 个国家的认可机构首批签署了 IAF/MLA。

目前，已经签署国家认可论坛/多边承认协议的认可机构成员有：中国 CNAB、日本 JAB、韩国认可协会 KAB、新加坡认可委员会 SAC、马来西亚 DSM、南非国家认可制度(SANAS)、美国注册机构认可委员会(RAB)、澳大利亚和新西兰联合认可组织(JAS-ANZ)、加拿大标准理事会(SCC)，以及欧洲部分国家：荷兰认可委员会(RVA)、德国认可委员会(DAR)、英国认可服务组织(UKAS)、瑞典认可委员会 (SWEDAC)、西班牙国家认可委员会(ENAC)、意大利认证机构国家认可委员会(SINCERT)、丹麦认可组织(DANAK)、瑞士认可委员会(SAS)、法国国家认可委员会 (COFRAC)、芬兰国家认可委员会(FINAS)、挪威国家计量与认可组织(NA)、爱尔兰国家认可委员会(NAB)等。

常设秘书处在澳大利亚。国际认可论坛的最高机构是全体大会，全体大会由主席、秘书和各成员机构的代表组成。具体工作由执委会指导下的各委员会及工作组负责。

中国自 1994 年 1 月起派员参加国际认可论坛的历次会议，1996 年 6 月 CNACR 签署了 IAF/MOU，1998 年 CNAB 签署了 IAF/MOU，1998 年 1 月 CNACR 签署了 MLA，1999 年 CNAB 签署了 MLA。

中国合格评定国家认可中心副主任肖建华现任 IAF 执委、互认委员会主席、互认管理委员会主席。

IAF 的网址是 Web site: http://www.iaf.un

国际实验室认可合作组织(ILAC) 国际实验室认可组织 (International Laboratory Accreditation Cooperation，英文缩写 ILAC)的前身是国际实验室认可大会，始创于 1977 年。1996 年，世界上 44 个实验室认可机构在荷兰的阿姆斯特丹签署“谅解备忘录”，宣告了国际实验室认可组织的成立。

ILAC 的宗旨是宣传和推广国际实验室认可活动，讨论、协调和制定共同的程序和有关技术性文件，交流实验室认可活动的进展情况。

ILAC 是非政府组织，无固定总部地址，秘书处常设在澳大利亚。

ILAC 由来自 29 个国家和地区的 44 个认可机构组成，他们分别来自：澳大利亚、中国、中国香港、印度、印度尼西亚、日本、韩国、新西兰、新加坡、南非、越南、巴西、加拿大、美国、比利时、捷克、丹麦、芬兰、法国、德国、爱尔兰、荷兰、挪威、斯洛伐克、西班牙、瑞典、瑞士、英国、意大利。目前,ILAC 有正式成员 45 个,非正式成员 15 个,附属成员 21 个,地区性认可合作机构成员 4 个,国家合作机构 1 个,其他国际组织成员及有关方成员 19 个。

ILAC 的内设机构包括:全体大会、认可政策委员会、技术认可委员会、实验室联络委员会、公共事物委员会、协议管理委员会、财务与评审委员会和执委及秘书处,委员会还下设工作组。

ILAC 工作语言为英语,主要活动为建立协调一致的实验室认可的程序和制定指导文件;出版指导性文件和报告;把实验室认可作为促进贸易的有效手段,在全球推广实验室认可制度。主要出版物有《ILAC 信息手册》、《评审人员培训导则》、《认可范围导则》。

1980 年,经国家科委批准,中国加入该组织,原国家标准局(国家质量技术监督局前身)、国家商检局一直派员参加历届全体大会。1992 年起参加各委员会活动,1995 年,中国实验室国家委员会成立。原 CNACL、CCIBLAC 分别于 2000 年 11 月 2 日和 2001 年 11 月 3 日成为 ILAC/MLA 成员,并签署了备忘录和多边互认协议。2002 年中国认可机构整合后,CNAL 在国家认监委指导下代表中国参加该组织的活动。

中国香港的 HKAS 和中国台湾的 CNLA 是 ILAC 的正式成员和 MRA 成员。澳门未加入。

ILAC 的网址为 www.ilac.org。

国际审核员培训与注册协会(IATCA) 国际审核员培训与注册协会 (International Auditor and Training Certification Association,英文缩写 IATCA) 成立于 1995 年 7 月。其宗旨是通过世界范围内统一审核员培训及注册制度,统一审核员培训机构和培训课程批准程序,以保证审核员认证水平,促进培训结果的相互承认,促进质量管理体系和环境管理体系的国际互认。IATCA 是由各国质量管理机构、认可机构和认证机构组成的国际组织,年会由各成员单位轮流举办。

IATCA 有成员 33 个,最高权力机构为全体会议,决策机构是执行委员会。下设一个协调机构,5 个工作组:同行评审委员会、审核员注册准则和验证工作组、审核员培训课程注册准则工作组、多边承认同行评定准则工作组、环境管理体系审核员注册工作组、信息交流和支持工作组。

工作语言为英语,主要活动是促进审核员的注册和批准结果的国际互认。

IATCA 中国认证人员国家注册委员会 (CRBA)于 1995 年 7 月该组织成立时签署了 IATCA/MOU,成为 IATCA 全权成员,并被推选为 IATCA 执行委员会成员机构。1998 年 8 月 12 日 CRBA 首批签署了 IATCA/MLA,成为 IATCA/MLA 成员。中国国家进出口企业认证机构认可委员会(CNAB)于 1995 年 7 月该组织成立时签署了 IATCA/MOU,成为 IATCA 全权成员,2002 年认可机构整合后,CNAT 在国家认监委指导下代表中国参加该组织的活动。

国家认监委副主任刘卓慧现任 IATCA 执行委员会委员。

IATCA 的网址是 http://www.iatca.com

太平洋认可合作组织(PAC) 太平洋认可论坛 (Pacific Accreditation Cooperation,缩写 PAC) 成立于 1995 年 7 月 28 日。其宗旨是推动亚太地区各经济体之间的贸易和商业发展,为成员体认可机构之间的多边合作组织。

PAC 目前有正式成员 16 个,非正式成员 3 个。16 个正式成员为:JAS-ANZ(澳大利亚、新西兰)、SCC(加拿大)、CNAB (中国)、CNACR (中国)、HKAS (香港)、KAN-BSN(印度尼西亚)、JAB(日本)、JASC(日本)、KAB(韩国)、DSM(马来西亚)、BPS(菲律宾)、SAC(新加坡)、CNAB(中国台北)、NAC(泰国)、EMA(墨西哥)、CACEB(中国)。3 个非正式成员为 IIOC(英国)、NABCB(印度)、STAMEQ(越南)。

该组织在 IAF 框架内运作,并与其他地区性认可组织保持合作关系。PAC 的全体大会是最高决策机构。下设 4 个委员会:执委会、技术委员会、发展项目委员会和宣传委员会。秘书处负责该组织的日常工作运转。

PAC 的工作语言是英语,主要活动为管理体系认证、产品认证和人员认证和认可,主要出版物是《PAC NEWS》。

PAC 现任主席是中国合格评定国家认可中心副主任肖建华。

1995 年 7 月,中国进出口企业认证机构认可委员会 (CNAB) 签署了 PAC/MOU;1998 年 7 月,CNAB 通过 IAF&PAC 同行评审;1998 年 11 月,该委员会签署 PAC/MLA,成为 PAC 多边认可协议成员。

PAC 网址是 www.apec-pac.org。

亚太实验室认可合作组织(APLAC) 亚太实验室认可合作组织 (Asia Pacific Laboratory Accreditation Cooperation, 英文缩写 APLAC)1992 年以论坛形式首次出现。1995 年 4 月,来自 16 个国家和地区的认可机构代表在印度尼西亚雅加达签署了“谅解备忘录”, 至此, APLAC 作为地区性组织正式成立。

APLAC 的宗旨是通过成员间的交流与合作,协调实验室认可程序,发展多边互认,实现被认可的实验室的检测、检验结果的相互承认。

APLAC 是亚太经合组织(APEC)的地区性专业机构成员,是非政府组织,秘书处设在澳大利亚。

APLAC 的始创成员分别来自澳大利亚、文莱、中国、中国香港、中国台北、印度、印度尼西亚、日本、韩国、马来西亚、新西兰、巴布亚新几内亚、新加坡、泰国、美国、越南等 16 个国家和地区。加拿大、菲律宾于 1996 年加入,墨西哥于 1999 年加入。目前,亚太实验室认可合作组织有来自 19 个国家和地区的 26 个正式成员和来自 5 个国家和地区的 5 个非正式成员。

APLAC 的内设机构包括:全体大会、提名委员会、管理委员会、MRA 理事会、秘书处及培训委员会、公共信息委员会、水平测试委员会、技术委员会,委员会下设工作组。

APLAC 的工作语言为英语,主要活动是制定有关的培训计划、政策及能力验证、实验室认可活动、相互承认协议等方面的政策、程序,出版相关的新闻公报,安排对申请加入相互承认协议的成员的同行评审。

中国的 CCIBLAC、CNACL 均是 APLAC 的创始成员,参加了 APLAC 的历次大会,并分别于 1999 年 12 月 3 日和 2001 年 10 月 25 日签署了 APLAC/MRA。2002 年认可机构整合后,CNAL 在国家认监委指导下代表中国参加该组织的活动。中国合格评定国家认可中心实验室认可秘书长魏昊担任 APLAC 培训委员会主席。

香港(HKAS)、台湾(CNLA)为 APLAC 的正式成员。

APLAC 网址是 www.aplac.org。

太平洋地区标准会议(PASC) 太平洋地区标准会议 (Pacific Area Standards Congress, 英文缩写 PASC),1972 年,在美国、日本、加拿大、澳大利亚等国倡议下, 太平洋地区国家标准化机构代表在美国夏威夷开会,提出建立独立的太平洋地区标准化机构。1973 年,在夏威夷召开成立大会并定名为太平洋地区标准会议。

PASC 的宗旨是就国际标准化活动,特别是针对 ISO 和 IEC 的重大问题和决策进行讨论、交流信息、协调政策;为太平洋地区国家提供一个方便的论坛,便于成员间相互咨询,加强联络,以维护本地区各国利益。PASC 一般不制定区域性标准, 而是致力于国际标准在本地区的推广采用。

PASC 现有 22 个成员:澳大利亚、文莱、加拿大、中国、哥伦比亚、斐济、中国香港、印度尼西亚、日本、韩国、马来西亚、墨西哥、新西兰、巴布亚新几内亚、菲律宾、俄罗斯、新加坡、泰国、南非、美国、越南和蒙古。中国于 1979 年首次派代表参加了第 6 次会议。

PASC 无常设机构,主席和秘书由下一届会议主办国担任, 成员国轮流主办年会。PASC 执行委员会(PASC SC)负责与其他组织的联络,推进大会提交事宜的进行,并向 PASC 报告。

中国于 1991 年在北京举办了 PASC 第 19 次会议。

PASC 网址为 www.pascnet.org。

经济合作发展组织拖拉机协定(OECD TRACTOR CODES) 经济合作发展组织(简称经合组织,Organization for Economic Co-operation and Development,英文缩写 OECD)被称为是智囊团、富人俱乐部或者非学术性大学。共有 30 个成员国,其最重要的作用是为各国政府提供一个探讨、发展和完善经济及社会政策的场所。它们交流经验,寻求对相同问题的答案,并协调国内和国际政策, 从而在当今这个日益全球化的世界,形成一个国家间的实践系统。它们的交往和磋商的结果可能形成正式执行协议。

经合组织的前身是欧洲经济合作组织 (OECD),该组织的建立是为了对二战后重建欧洲的马歇尔计划中的美国和加拿大的援助加以管理。经合组织于 1961 年取代了欧洲经济合作组织,自此,其宗旨是在各成员国家建立强大的经济,提高效率,完善市场体制,扩大自由贸易,并为工业化国家和发展中国家的发展作出贡献。

OECD 秘书处设在巴黎, 各成员国政府之间的交流主要是由秘书处提供的信息和分析。

OECD 与欧洲以外的大多数富有活力经济体有接触。在亚洲,与中国香港、中国、马来西亚、新加坡,中国台北及泰国定期对话。

OECD 下设 11 个专业领域委员会, 拖拉机协定(TRACTOR CODES)是其中的食品农渔委员会所管辖的国际产品标准项下的 4 个分领域之一。

中国于 1988 年以来,加入了《邀请非 OECD 政府参与协议的决定》，每年以非 OECD 成员身份参与拖拉机协定会议。该协定组织每年召开一次年会，地点固定在总部法国巴黎，工程师会议每两年召开一次，在协定成员间轮流举行。原国家进出口商检局代表中国加入了该协定，2001 年国家认监委成立后，继承原国家商检局成为中国在该协定的国家主管机构，国家农业部农机试验鉴定总站和洛阳拖拉机研究所为中国的官方拖拉机试验站。

(3) 国家认监委下属机构参加的国际和区域性组织介绍

国际认证联盟 (IQNet) 国际认证联盟(IQNet Association-TheInternational Certification Network，英文缩写 IQNet) 正式成立于 1990 年，其宗旨通过各种可行、适宜的措施推动、支持其成员机构推进质量管理，在 IQNet 的成员间实行证书互认。

IQNet 是世界一流认证机构的协会组织，总部设在瑞士。IQNet 有正式成员 36 个，它们分别来自西班牙、法国、比利时、葡萄牙、意大利、中国、捷克、德国、丹麦、希腊、巴西、委内瑞拉、中国香港、哥伦比亚、阿根廷、日本、荷兰、韩国、匈牙利、挪威、爱尔兰、奥地利、波兰、新加坡、芬兰、以色列、斯洛伐克、瑞士等 33 个国家和地区。

IQNet 组织机构包括：全体大会、董事会、常设委员会。其中，常设委员会包括：法规委员会、市场开发委员会、同行评审和会员委员会。IQNet 的工作语言是英语。

2001 年 9 月 24 日，IQNet 接纳中国进出口质量认证中心(CQC)和中国方圆质量认证中心(CQM)为正式成员机构。

IQNet 网为 http://www.IQNet-certification.com 。

亚洲认证网络论坛(ANF) 亚洲认证网络论坛(Asia Network Forum,英文缩写 ANF)是由日本品质保证组织(JQA)、韩国安全检测实验室(KTL)、新加坡 PSB、中国台北电子产品检测中心（ETC）和原中国 CCEE 于 2000 年 10 月共同发起成立的，旨在增强几个国家之间标准、认证信息的交流，逐步实现测试报告、工厂检查结果乃至认证证书的互认，为各国企业提供一站式服务，并在相关国际组织，如 ISO、IEC、IECEE 中反映亚洲国家的声音，提高亚洲国家的整体地位。

ANF 内设三个技术委员会即方针政策规划组、电子服务体系开发与维护组、技术组。ANF 包括的标准范围是 IEC60950(信息及办公设备)和 IEC60065(电子娱乐设备)，IEC60335(家用电器)和 EMC。

ANF 现任主席为日本 JQA 总裁 OSUMI。

ANF 会议每年召开一次，由各国轮流举办。前四次会议分别在日本、新加坡、韩国、中国举行。2002 年汉城第三次年会上明确了由 CQC 取代 CCEE 代表中国参加 ANF。

国际有机运动联盟(IFOAM) 国际有机运动联盟 (International Federation of Organic Agriculture Movements，英文缩写 IFOAM)成立于 1972 年，是最大的国际有机农业民间组织，有来自 100 多个国家的大约 750 个成员，其成员主要是从事有机农产品生产、加工、贸易和咨询的公司或组织，以及从事有机农业研究和培训的机构。

IFOAM 制定的有机基本标准是各国、地区以及 CAC 制定各自标准、法规参照的重要依据。IFOAM 除与 FAO 及其他国际组织合作共同推动有机农业的发展外，还开发了国际认可项目(IOAS)，基于 IFOAM 基本标准进行认可，目前已认可了约 30 家认证机构。

国家认监委、CNAB 都与 IFOAM 建立了联系，并正在开展日益密切的合作。现有包括万泰认证公司、CQC、国家环境保护总局有机食品发展中心（OFDC）等 30 多家认证机构，企业、研究机构是 IFOAM 的正式成员，其中 OFDC 还是 IFOAM 认可的认证机构。

(4) 国家认监委及下属机构正在商榷加入的国际和区域性组织介绍

有机农业协调与统一国际组织(ITF) 有机农业协调与统一国际组织 (International Task Force on Harmonization and Equivalence in Organic Agriculture，英文缩写 ITF)。2002 年 2 月，国际有机运动联盟(IFOAM)、联合国粮农组织（FAO)、联合国贸发会议(UNCTAD)在德国召开第一次会议，成立了“有机农业协调与统一国际组织”(ITF)。

ITF 是一个在有机农业贸易和行动规范方面为政府和民间机构提供的开开放式对话平台。其目标是便利国际贸易及发展中国家进入国际市场，其口号是“消除有机农业贸易中的技术壁垒”。

2003 年 10 月，ITF 在瑞士召开了第二次国际会议，研究了国际有机发展现状和统一、协调有机国际互认机制的五个文件。2004 年 2 月，在德国纽伦堡博览会期间，召开了第三次国际会议，提出了新的议题，多国政府官员参加了会议。ITF 拟定于 2004 年 11 月在罗马召开第四次国际专题会议。

IFOAM 邀请中国认证认可主管部门参与 ITF 工作，希望中国能与 ITF 建立联系，并派员出席 2004 年 11 月的罗马会议，共同研究推进有机产品国际相互认可工作，促进国际有机产品贸易。

世界车辆法规协调论坛(WP29) 世界车辆法规协调论坛(World Forum for Harmonization of Vehicle Regulations，简称为 WP29)的前身为 UN/ECE/WP29，它的全称为联合国经济及社会理事会欧洲经济委员会中内陆运输委员会道路交通分委会下属的车辆结构工作组，简称 UN/ECOSO/ECE/TRANS/SC.1/WP29，UN/ECE/WP29 成立于 1952 年。1958 年 3 月 20 日，联合国 ECE 在日内瓦制定了《关于采用统一条件批准机动车辆装备和部件并相互承认此批准的协定书》1 (简称为《1958 年协定书》)，于 1959 年 6 月 20 日正式实施这一具有法律效力的多边框架协定书，旨在对整个欧洲范围内汽车产品制定、实施统一汽车技术法规(即 ECE 法规)，并开展统一的形式批准，以便打破欧洲各国的疆界，便利汽车贸易与技术交流。在当时的情况下， WP29 成为《1958 年协定书》的具体执行机构，专门负责 ECE 法规的制修订和实施工作。

从 20 世纪 80 年代初开始，随着经济全球化的到来，由国际上一些汽车工业发达国家牵头，开始进行国际汽车技术法规的协调与统一的工作，以打破世界各国、各地区历史上已形成的汽车技术法规这一贸易技术壁垒。在当时情况下，联合国欧洲经济委员会车辆结构工作组(UN/ECE/WP29) 成为开展世界范围内汽车技术法规协调和统一工作的主要组织。经过 20 年的努力，此项工作取得很大的进展。1998 年 6 月 25 日，WP29 在日内瓦制订《全球性汽车技术法规协定书》2，(简称为《1998 年协定书》)，它规定了世界各国在此法律框架下共同制修订全球统一的汽车技术法规的程序和规则，世界各国以此协定书为法律框架，共同制修订全球统一的汽车技术法规。该协定书明确原 UN/ECE/WP29(联合国欧洲经济委员会车辆结构工作组) 在法律地位上作为开展全球汽车技术法规协调和统一工作的国际组织，UN/ECE/WP29 的名称随之更改为："世界车辆法规协调论坛"(World Forum for Harmonization of Vehicle Regulations)，仍简称为 WP29，开始按照《1998 年协定书》中规定的程序规则制定全球统一的汽车技术法规，同时 WP29 继续运作《1958 年协定书》，继续制修订 ECE 法规。

参加 WP29 工作的成员范围十分广泛，主要为各国政府的官方代表，这些国家包括如下两类：1.WP29《1958 年协定书》和《1998 年协定书》的正式缔约方(《1958 年协定书》缔约方目前共有 41 个，《1998 年协定书》的缔约方共有 22 个)；2. 目前尚不是《1958 年协定书》和《1998 年协定书》缔约方的国家，包括冰岛、列支敦士登、安道尔、泰国、巴西、阿根廷等；此外还有许多非政府组织以非官方身份参加 UN/ECE/WP29，这类组织主要分为 3 部分：1. 代表汽车工业界利益的组织，包括 (但不限于)：OICA(国际机动车辆制造商组织)、CLEPA(汽车装备及部件制造联络委员会)、IMMA (国际摩托车制造商协会)、FEMFM(欧洲摩擦材料制造商协会)、ETRTO(欧洲轮胎与轮辋技术组织)等；2.标准化工作组织，包括(但不限于)：ISO(国际标准化组织)、IEC(国际电工委员会)、GTB (1952 年布鲁塞尔工作组)等；3.代表车辆使用者或消费者利益的组织，包括(但不限于)：IOCU(国际消费者联合会)、AIT/FIA(国际旅游联盟/国际汽车协会)、IRU(国际公路运输联盟)等。ECMT(欧洲运输部长会议)也作为独立的机构派代表参加 WP29 工作。

4、国外认证认可制度介绍

英国认证认可制度

英国贸易工业部代表英国政府，通过与联合王国认可机构(以下简称"UKAS")签署"英国贸易工业部部长与联合王国认可机构的谅解备忘录"的形式，将 UKAS 作为惟一对合格评定机构进行评定和认可的国家认可机构。也就是说认证制度的建立和认可机构的组建是英国贸工部负责的。

1、备忘录的主要内容

1)承认 UKAS 作为惟一的国家机构，并明确国家不设立或不鼓励其他部门设立其他机构在英国承担认可职能；

2)明确了 UKAS 的工作范围。对如下合格评定机构的活动进行认可，包括：抽样、测试、校准、检查和认证活动，认证包括体系认证、产品认证和人员注册；

3)政府对 UKAS 的支持，包括鼓励政府利用认可结果，鼓励公共部门和私营业界支持这一统一安排，尤其是法律法规规定的合格评定活动，政府保证指定使用 UKAS 认可或推荐的实验室、检查机构和认证机构；

4)对相互认可伙伴认证的承认；

5)促进英国认可体系，推动将英国的做法作为公认的国际模式采用；

6)UKAS 按国家标准和国际标准进行认可等。

2、英国认可服务组织(UKAS)

1995 年，英国政府为了对认可机构实施统一管理，将原英国国家实验室认可服务机构(NAMAS)与国家认证机构认可委员会(MACCB)合并，成立了英国认可服务组织(UKAS)，作为英国政府承认的负责对某一组织的胜任能力进行评审和认可的国家专门机构。认可的范围包括校准、检测和检查机构以及管理体系、产品和人员的认证机构。

UKAS 被英国政府授权使用带有皇家冠图样的认可标志，得到 UKAS 认可的机构有权使用此标志。截止至 2000 年 5 月，UKAS 已经认可了 500 家校准实验室、1500 家检测实验室，80 家认证机构和 70 家检查机构。

UKAS 的认可依据该机构与英国贸工部签署的谅解备忘录进行运作。

UKAS 是有限责任公司，由成员单位组成，会员代表国家与地方政府、工业与商业生产者、消费者、用户和质量管理者。UKAS 设有董事会，由执行委员与非执行委员两部分组成。UKAS 的成员包括贸工大臣、认证机构协会成员、英国测量与检测协会成员、英国工业联合会成员、小企业联盟成员、地方政府法律服务协调成员、采购与供应联盟、质量保证协会成员、安全评审联盟成员、环境与食品药品大臣、食品标准局、国防部、政府采购部、卫生部、劳动保障部、英国零售商组织，总计 15 名组成。贸工大臣为会长，负责签署认可证书。

UKAS 是欧洲认可合作组织(EA)、国际实验室认可合作组织(ILAC)和国际认可论坛(IAF)的主席会员。

3、英国认证体系

英国作为欧共体成员，其强制性合格评定标志(CE 标志)体系，按欧共体委员会通过的相关指令执行，成员国向欧洲委员会推荐认证机构作为指定认证机构，实施强制性 CE 标志计划。

英国还有自愿性的认证体系，主要由各认证机构建立实施。主要有：

英国标准协会(BSI)风筝标志和安全标志认证；

英国电工认证局(BEAB)BEAB 标志认证；

英国短路试验协会(ASTA)ASA 标志认证；

英国防爆电器认证服务处(BASEEFA)；

英国电缆认证服务处(BASEC)；

英国锅炉压力容器安全监督局(PAQAB)；

英国建筑材料及部件协议委员会(AB)等认证机构的认证。

开展认证依据的相关法规有《英国产品责任法》、《消费者保护法》等。

(2)美国认证认可制度

1、美国的认可制度

美国全国的认可体系包括认证机构认可组织 RAB、实验室认可组织 AALA 和 NVLAP(由美国标准技术院建立)。

1)RAB 是美国管理体系注册机构和审核员的认可机构，其任务是通过质量管理体系和环境管理体系的认证与认可，提高他们在国内和国际市场上的竞争力。认可的依据是美国国家和国际的相关标准。在评定活动中使用环境管理体系和质量管理体系的综合评价体系，从而使其的认证认可结果得到国际范围内的承认和认可。

2)美国国家实验室认可组织(NVLAP)是美国负责检测机构和校准实验室认可工作的国家实验室认可机构。由联邦商贸部所属国家标准技术研究院管理。其依据 ISO/IEC17025 标准对校准实验室进行认可。1988 年美国出台“防止石棉危害的紧急法令”，要求其对有关检测实验室进行资格认可，从此其便逐步开展了检测实验室的认可工作。

3)美国实验室认可协会(AALA)是美国从事实验室认可的私营机构，主要任务是：依据 ISO/IEC17025 认可除医学以外的所有检测和校准领域的实验室，制定特殊领域实验室的认可准则；对检查机构进行认可；促进美国实验室认可体系之间的合作，避免符合国际准则的实验室被重复评审。

2、美国的认证制度

美国的产品认证体系比较分散，全国有 400 多个专业学会、协会或同行业组织制订各专业领域中的技术标准。美国联邦政府通过法律制订了许多法规和标准，提供了用户需要产品或者服务符合规程或标准的保证。在联邦政府的 61 项认证计划中，其中 42 项属于强制性的，即直接涉及健康和安全的，除限制实验目的外，凡没有安全评价的，所有产品均不得出售或使用。

美国的政府部门都有各自的技术监督体系，有些也管理产品认证和实验室认证，它们颁布法规，管理各自授权的认证机构，有些认证机构是官方建立的，但大多数是授权的独立的民营试验室，美国政府利用民营事业代行政府职权的做法是十分突出的。

介绍两个承担产品认证的机构。一是保险商实验室联合公司(UL),在成立初期是为美国保险公司承担保险产品检验服务的,至今仍保留这一业务。但由于建立了良好的检验声誉，产品上佩带UL标志就被人们认为是经过检验符合安全标准的。1958年,美国政府的几个主管部门,如:职业安全与健康管理局、联邦贸易委员会、商业部等及地方政府承认其为产品认证机构。这些政府部门的法规和条例规定某些产品上要有UL的认证标志。美国进口商或外国厂商向美国市场销售某些商品要向UL申请认证检验。UL的认证程序与内容和国际上的其他认证机构的大同小异,UL与其他国家的检验及认证机构有广泛的合作关系,互相承认检验结果及委托代检等。二是美国石油学会(API),其在国内、国外都享有很高的声誉,受美国商业部和美国贸易委员会承认为石油机械认证机构。其认证标志在国际上也享有很高的信誉。佩带API标志的石油机械不仅被人认为是质量可靠具有先进水平，并且在中东、南美和亚洲许多国家的石油公司在招标采购石油机械时，一般都要求佩带有API标志的产品才能参加投标。

(3)新西兰认证认可制度

新西兰的认可制度由“检测实验室注册条例”所规定,包括了实验室认可、认证和检查机构认可。澳大利亚和新西兰之间还签署有JAS-ANZ条约，包括认证机构和检查机构的认可。

在一些领域中，不同的部门对实验室认可和检查机构认可有强制要求。

劳动部(OSH)的规章要求锅炉用水、石棉检测和高压汽缸检测实验室须经过IANZ实验室认可，并要求锅炉、压力容器、起重设备和载客索道检查机构获得IANZ检查机构认可。

新西兰食品安全管理局要求牛奶检测实验室、肉类检测实验室获得IANZ实验室认可，要求从事牛奶工厂检查、肉类检查、食品安全(HACCP)检查的检查机构获得IANZ检查机构认可。

健康部门要求饮用水检测机构、饮用水处理厂的检验、食品检测机构、医学检测实验室获得IANZ认可,对疗养院检查和认证的机构也需要获得认可。

民用航空管理局要求A1喷气式飞机航空燃料的检测机构获得IANZ认可经济发展部门要求汽油检测，EMC,电工仪表校准机构等获得认可。

警察部门要求道路速度测试装置的校准机构获得IANZ认可。

在近期还会有其他一些领域需要进行认可。

截止到2003年3月末（上个季度末）已经认可了1086个实验室(包括实验室中的单位),共认可了90个检查机构。

(4)俄罗斯认证认可制度

俄罗斯认证认可制度主要体现在俄罗斯联邦《产品与服务项目认证法》、《认证程序》、《认证规则》和《国家标准认证体系》等法律文件中。

1、俄罗斯的认可制度

根据《产品与服务项目认证法》第九条的规定:“俄罗斯国家标准和计量委员会和其他权力机关对认证机构和检测实验室进行认可并为其签发有权进行某些强制性认证工作的许可证”。同时,《俄罗斯联邦国家标准P51000*3-1996实验室的一般要求》规定了实验室一般的要求,“使实验室在确定的业务范围内所进行的检测更具有权威性”,而负责实施这项标准工作的是俄罗斯国家标准委员会认证局和计量局。

2、俄罗斯的认证制度

根据上述法律性文件，俄罗斯的认证制度分为强制性和自愿性的认证制度:

1)强制性认证制度。联邦执行权力机关负责强制性认证工作的组织和实施，对从事强制性认证工作的机构签发许可证。强制性认证的目的:保护消费者免遭生产者(销售者、经销商)不正当行为的损害;使产品对环境、生命、健康和财产无伤害;确认生产者的产品符合质量指标等。认证机构对强制性产品进行认证、签发证书和合格标志的使用许可证按照规定的程序对已认证的产品进行监督检查；已取得认可的实验室对产品进行检测并出具检测报告。国家执行权力机构对强制性认证制度的实施行使国家监督检查职责。

2)自愿认证制度。“自愿认证体系由在认证方面专门授权的联邦执行权力机关办理了认证体系和合格标志登记手续的法人代表组成”。自愿认证机构实施产品认证、签发证书，以及根据申请人签订合同的条款授予申请人使用合格认证标志的权力等。

俄罗斯认证认可制度还通过《强制性产品标志使用规则》、《强制性认证工作许可证和合格标志使用许可证的签发规则》、《现行认证体系和合格标志实施国家注册规则》等一系列的法律文件予以完善。

(5)亚美尼亚认证认可制度

1、亚美尼亚的认可制度

根据亚美尼亚《产品与服务规范性要求的合格评定法》的规定,对法人实体的认证机构、检测实验室的认可活动,由亚美尼亚政府授权的认可委员会负责实施;该委员会通过对认证机构和检测实验室的认可,正式承认其具备在特定领域从事合格评定的能力。如果某一特定领域合格评定的活动不能通过认可机构实施,则由该委员会委托某一合适机构实施强制性认证,但时间最长不超过一年。

2、亚美尼亚的认证制度

亚美尼亚的认证制度分为强制性和自愿性认证制度。

根据上述法律的规定,强制性认证的目的是:保证产品消费者人生和健康安全;保护环境和动植物;保护消费者免受欺诈;协调合格评定与国际规则、区域性合格评定体系的关系,减少不正当的技术障碍。实施强制性认证的产品和服务的目录,由亚美尼亚的国家合格评定机构制定。通过强制性认证的产品和服务必须加贴合格评定标志后方可销售和流通。

自愿性认证制度由申请人主动提出进行,其依据是申请人自选的、用于评定产品和服务的标准、技术条件、技术规范和其他技术文件的要求,包括质量管理体系和环境管理体系的要求。

自愿性认证机构必须在其被认可的范围内,依据认证机构与申请人签订的合同进行。

亚美尼亚对认证认可活动的管理机构是政府授权的国家合格评定机构,其职责是:

1)执行合格评定的国家政策;

2)制定合格评定规则;

3) 对符合规范性文件要求的产品和服务进行管理,监督强制性;

4)为国际性、区域性合格评定体系提出建议;

5)就国际性、区域性、跨国双边合格评定结果汇总;

6)代表亚美尼亚共和国参与国际性、区域性组织与合格评定相关的活动;

7)发布合格评定综合性规则和程序、公布经认可的认证机构和实验室的名录,以及在亚美尼亚使用的合格评定标志;

1) 执行亚美尼亚共和国法律授权的其他事项。

(6)立陶宛认证认可制度

立陶宛对认证认可工作的管理是由政府或者法律指定的具有与合格评定相关活动管理职能的机构(称为授权机构)承担。

1、立陶宛的认可制度

立陶宛政府或者授权机构负责建立国家认可局,承担以下工作:

1)认可由授权机构提议的认证机构、检测实验室和检查机构;

2)颁发认可证书;

3)对取得认可的机构、检测实验室和检查机构的活动进行监督;

4)对违反规定、取得认可的机构。按照程序撤销认可证书;

5)负责开展国际互认活动。

2、立陶宛的认证制度

立陶宛的认证制度分为强制性和自愿性认证制度。强制性认证制度是由授权机构确定的对产品、过程和服务的健康、保护环境、安全和无害要求进行强制性认证。除上述以外的范围,为自愿性认证。

(7)欧盟认证制度

1、制度的建立与相关法律依据

欧共体理事会于 1985 年通过了《关于技术协调和标准化的新方法》的决议,采用了一种新的法规制定方式和战略,改变了技术性法规规定过细的做法。新方法指令内容仅限于卫生和安全有关的基本目标,涉及到产品安全、工业安全、人身健康、消费者权益保护的内容时才制定相关的指令。

新方法指令是基于以下基本原则:

1)新方法指令的规定仅限于投放到市场的这些产品必须满足的基本要求;

2)欧盟官方公报上公布的,已经转化为国家标准的协调标准确立了满足指令规定基本要求的有关技术规定;

3)采用协调标准或其他标准是自愿性的,生产厂家可以采用其他技术解决方案以满足基本要求;

4)对于按照协调标准生产的产品,就可推断该产品满足相应基本要求;

5)制造商可以选择相关指令中提供的不同合格评定程序。

欧盟法律的种类很多,主要种类规定在《欧洲共同体条约》第 189 条中,包括以下几类:

1)条约:具体指的是《欧洲煤钢共同体条约》(巴黎条约)、《欧洲经济共同体条约》(现改名为〈欧洲共同体条约〉)、《欧洲原子能共同体条约》、《单一欧洲法案》和《欧洲联盟条约》,以及其他特殊条约,如关于接收新成员的条约,关于预算的条约等。欧盟条约的地位相当于宪法,是有最高法律效力的欧盟法律。

2)条例:对所有成员国直接适用,不需要再由国内立法制定具体的执行措施。自动在各成员国生效,并且成为成员国法律体系的一个组成部分。

3)指令:指令对所有成员国有约束力,但实施指令的方式和手段可以由成员国机构做出选择。

4)决议:是具有特定接收对象的单独法令,对其所通知的对象具有全面的约束力。可以对个人发出,也可以对成员国发出。

5)建议和意见:都没有法律约束力,它不是严格意义上的法律,建议和意见可由包括欧洲委员会在内的许多机构通过。

欧盟技术法规的主要形式是指令,也有以条例或决议形式发布的。指令规定的是应当取得的目标,对每个成员国,在将取得的结果方面,指令都具有约束力。对此各成员国有义务在国内法中采取必要的行动,来使该项指令的规定成为国内法规并且实施,但是指令在实现该目的的方法上,给有关成员国留有一定程度的自主权(在实践中,这种自主权是十分有限的)。

2、实施新方法指令的机构的指定

实施新方法指令的机构必须得到所在成员国的指定并通告给欧盟。指定机构负责承担有关新方法指令中要求第三方参与的合格评定活动。各成员国负责指定这些机构,并对机构的能力负责。只有设立在成员国内的法律实体才有资格成为指定机构。指定机构被指派评价产品对基本要求的符合性,并确保按相关指令中有关程序在技术上实施这些要求的一致性。

成员国通知欧洲委员会和其他成员国符合要求的某个机构被指派按照指令要求实施合格评定。欧洲委员会在欧盟官方公报上公布指定机构名录。当指定机构不能继续满足要求或履行其义务时,由指定机构的成员国负责撤销公告。

按照EN45000系列标准进行认可是对指定的技术支持,负责指定的国家当局应把认可当作评定的最佳技术基础,以避免指定工作中使用不同的准则。EN45000系列标准覆盖不同类型的合格评定机构(认证机构、测试实验室、检查机构和认可机构)。建立和保持成员国之间有关指定机构评定的相互信任,仅采用同一评定准则是不够的。对指定机构进行评定的机构可以证明其具有评定能力并按照同一准则运作也是非常重要的。这些要求在EN45003和EN45010标准中有规定,大多数成员国的国家认可机构按照这些标准的要求实施,加入同行评审制度,以达到认可结果的多边互认。

指定机构的责任包括:应向他们的主管公告当局、市场监督当局和其他机构提供有关信息;应以能胜任的、无歧视的、透明的、中立的、独立的和公正的方式运作;必须是独立于委托方或其他利益相关方的第三方;必须具备相应设施以保证其开展与合格评定相关的技术和管理任务。

指定机构可以成员国之外甚至欧盟之外从事工作,以指定机构名义发放证书。制造商可以自由选择被指派按照相关指令要求执行合格评定程序的任何指定机构。

为保证公正性,明确区分合格评定和市场监督是非常重要的。因此,指定机构负责履行市场监督职能是不适当的。

事实上,在大多数的《欧盟新方法指令》中,均提出了各成员对实施新方法指令的检验机构及认证机构进行指定并通告给欧盟委员会,并提出了对指定机构的相关要求。到目前为止,欧盟所公告的可从事《压力容器指令》(97/23/EC)的检测、检查和认证机构共有111家、《个人保护设备》(89/686/EEC)的检测、检查和认证机构共101家,每一个指令都有指定的检测、检查和认证机构的公告,可从欧盟网站上下载。

(8)日本认证认可制度

日本模仿和学习欧美的认证认可制度,在1950年开始实行了产品认证制度。随着日本不断与世界贸易接轨以及不断完善修改法律,在1993年日本政府按照民法第34条设立了财团法人组织——日本质量体系审查登录认定协会(原文名)(英文为The Japan Accreditation Board for Quality System Registr,简称JAB),JAB在扩充了环境、检测机构、审核员以及培训机构等认可业务后于1996年6月改名称为日本适合性认定协会(The Accreditation Board for Conformity Assessment),JAB是日本惟一全面的认可机构。至此,日本已建立了一套自己特色的认证认可体系。

1、日本通过立法推行认证认可制度

日本的认证认可制度主要体现在以下法律中:《电气用品安全法》(原电气用品取缔法)、《工业标准化法》、《计量法》、《消费生活用制品安全法》、《电子署名法》、《食品卫生法》、《植物检疫法》、《家畜传染病预防法》、《药品法》等，更主要的体现在日本两大标准制度和行业协会的内部标准上。

日本不仅通过标准，而且通过认证制度和产品的合格检验等对进口商品设置重重障碍。利用复杂的进口手续、苛刻的检验，对进口商品设置壁垒，凡进入日本市场的各国商品，日本的进口部门均须与其国内的生产、消费、需求领域作动向调查，并由其商品流通业界做出定性分析，确定其具有对比性、代表性、适用性、流通性，而且趋于多样化、个性化、感性化和市场畅销率高的商品才能获得进入日本市场，以确保日本市场的实际效益。例如：日本把停车位划得很小，谁都不明白为什么日本人不买美国的车，再有欧洲包括中国的电视机检测标准就是IEC65，可是日本的大米却要用100多个标准进行检验。以至于让美国、欧盟等很多国家头疼，出口商品到日本是很难的事情，于是美国就用政治加经济制裁等手段，让日本必须进美国的汽车、服装、牛肉等商品。

日本质量认证管理体制是由政府部门管理质量认证工作。日本通产省管理认证产品占全国认证产品总数的90%左右，其实行强制性和自愿性两类产品认证制度。强制性认证制度是以法律的形式颁布执行，其认证产品主要有消费品、电器产品、液化石油器具和煤气用具等。自愿认证制度使用JIS标志，有两种标志图案：一种是用于产品的JIS标志，表示该产品符合日本有关的产品标准；另一种是用于加工技术的JIS标志，表示该产品所用的加工方法符合日本工业标准的要求。

关于产品检验方面，日本规定对不同时间进口的同种商品，每一次都要有一个检验过程。而对本国同类商品，只需一次性对生产厂家作检验就可以了，这是明显的歧视性待遇。

日本从1991年起，开始对进口水产品实施外国厂商注册制度，日本政府规定，进口商在进口水产品时，必须事先将进口的水产品品名数量报告给厚生省，然后由政府的检验机构或厚生省于1989年授权指定的57个实验室之一检验合格后方能通关。检测项目包括微生物、农兽药残留及大肠肝菌等共计近30个，通关手续也较繁琐。

又如，在日本有众多的行业协会、专业团体，他们制定一套较完整而又很繁杂的技术标准与认证程序，这些具有日本特色的行业协会，专业团体除了国家实行的认证制度外，他们还积极行使自己的规格认证权力。这样就使一些已经采用ISO标准并通过认证的外国产品，进入日本市场前必须符合日本行业标准。虽然这些要求不是来自政府，但你生产的产品不符合他们的行业协会技术要求就不能进口，对于出口商来说这就是一种强制要求。仅以日本进口大米为例，大米要进入日本市场必须经过谷物检查协会的检查，小小的一粒大米其检查项目，刚开始时有65项，后来增至100多项，可见这种行业标准的严格程度。

日本修改了电气用品取缔法，于2001年4月1日开始实施《电气用品安全法》。实施的电气产品分为“特定电气用品”和“特定电气用品以外的电气产品”两类。特定电气用品包括软电线、温度保险丝等112种产品，特定电气用品以外的电气产品包括电热拖鞋、电冰箱、超声波加湿器等340种产品。另外还将原电气用品取缔法要求的标志，变为新的PSE标志。

日本实施的《工业标准化法》也是一项技术法规，在该法中采用了《日本工业规格JIS》和《JIS标记制度》，凡列入JIS规格的产品，必须有JIS标志，要得到JIS标志，必须由日本政府或政府指定的行业协会或专业团体对工厂的技术条件、生产条件审查，符合要求后才可批准使用JIS标志。以往对工厂的审查是由国家来进行的，但自从修改了标准化法后，行业协会和专业团体也可以对提出申请的工厂进行审查。目前JIS体系涉及机械、电器、汽车、铁路、船舶、冶金、化工、纺织、矿山、医疗器械等几十个行业。

日本JAS农林标准规格制度是由具有消费、流通、生产经验的各界代表组成的调查会来制定的。在通过JAS认定的企业里，用JAS规格制定的标准对企业实施管理，以确保产品品质的可靠性。生产出来的产品在进行抽样检测后获得JAS标记。取得JAS标记的产品，在通过登记定级机关的核查，确实符合JAS规格后方可陈列其产品。对于不合格的产品，将取消JAS标记资格。农林水产消费技术中心进行JAS的后续管理业务，对销售产品进行调查和登记，核查JAS标记及规格，对企业的有关管理、定级状况进行调查。JAS标准体系在不断调整和扩充，覆盖的产品越来越多。

日本行业标准是由日本众多行业协会、专业团体等制定的，原则上只适用于该团体内部成员。如，日本电气工业会JEM规格，汽车技术会 JASO规格，以及信息技术设备干扰自愿控制委员会 VCCI认证等。但实际上，行业内部的要求也往往成为市场上的惯例。

2、日本政府通过对机构设立的管理而控制认证认可

制度

日本出于世界对他的压力，也为了改善日本国际贸易环境目的，修改了一系列的法律，并成立了日本适合性认定协会（JAB），并由他认可了体系认证机构41家、QS-9000认证机构4家、审查员评价登录机构1家、审查员培训机构17家、质量体系审查员注册9643人、环境审查登录认证机构32家、实验室认可92家、校正机构认可18家等认证活动。但仔细观察JAB，以及日本最大的认证机构日本品质保证机构(JQA)、日本电气安全环境研究所(JET)等机构，他们中的高级及中级领导，特别是第一把手全是日本政府派的要员。例如：JQA的会长小野雅文是原特许厅(相当我国的知识产权、商标、专利政府部门)官员，理事长佐久间谦司是原通商产业省官员，前任久米田也是原通商产业省官员，专务理事大隅正宪是原特许厅官员，理事中也有几位是原政府官员。JET的理事长高木宏明和几位理事都是原通商产业省官员。

日本政府机构、事业团体及民间认证认可机构都能统一步调，这同日本的法律、人事调动、政府设立认证认可机构有绝对的关系。

(9)东南亚、非洲等国家认证认可制度

1、泰国认证认可制度

泰国皇家法令规定对涉及安全、卫生、环保的某些工业产品要符合强制性标准，泰国工业产品标准法案EB2511(1968)授权泰国工业产品标准局(TISI)负责对产品质量符合TISI标准和质量控制体系能够持续维持在令人满意水平的厂商颁发许可证，允许使用TISI标志。具体做法是由TISI的职员对接受的申请进行初审，初审符合要求后派胜任工作的职员去工厂进行一次初访，了解工厂生产的产品是否符合相关的标准以及工厂是否有适当的控制程序来确保产品检验符合标准，通过对全面的控制过程、检验过程和质量控制的评价做出决定。另外TISI的职员将抽取样品由TISI或授权的实验室进行检测。质量控制体系和检测结果均符合要求后，由TISI的认证职员准备一份报告，报告上附上同意认证的推荐信提交给工业产品标准委员会，被批准后由TISI向申请人颁发许可证，同意在指定的产品上使用TISI标志。

泰国国家认可委员会(NAC)办公室原设在TISI内，今年已从TISI中分离出来成为一个独立机构。NAC是太平洋认可合作组织(PAC)、亚太实验室认可合作组织(APLAC)、国际认可论坛(IAF)和国际实验室认可合作组织(ILAC)成员。

2、菲律宾认证认可制度

菲律宾贸工部于1997年以贸工部令的形式发布了修定的《菲律宾标准(PS)质量和/或安全认证标志实施规章》，该规章阐述了向本地和国外公司发放使用菲律宾标准(PS)质量和/或安全认证标志许可证的具体要求。

负责执行《菲律宾标准(PS)质量和/或安全认证标志实施规章》的机构是菲律宾产品标准局(BPS)，BPS是根据国家4109号和133号法令执行建立的，BPS隶属于贸工部(TI)的政府机构，BPS负责菲律宾标准制定和产品认证，并承担菲律宾管理体系认证机构认可工作(BAS)、菲律宾实验室认可工作(BPSLAS)的实施和人员培训注册，是太平洋认可合作组织(PAC)、亚太实验室认可合作组织(APLAC)、国际认可论坛(IAF)和国际实验室认可合作组织(ILAC)成员。目前菲律宾对几十种产品实行了强制性认证，未获使用PS标志许可证，不加注PS标志的产品不得上市销售。

3、新加坡认可制度

1996年9月12日，新加坡贸易工业部(MTI)与新加坡工业联合会(SCI)签订谅解备忘录，授权新加坡工业联合会(SCI)成立新加坡认可委员会(SAC)，负责对合格评定机构和人员的独立认可工作。MTI通过向SAC提供启动资金和鼓励政府有关部门在立法和政府采购中使用SAC的认可结果等方式支持SAC的工作，SAC则在工作中保持与政府部门的紧密合作。SAC于1996年10月11日成立管理委员会，成员包括来自工业、采购方、供应方、政府部门、专业机构、国家标准化管理部门、认证机构和消费者等方面的代表组成，以保证认可活动的公正独立。SAC按照有关的国际准则、要求进行运作，保证有效性、独立性以及公众利益。

目前SAC开展的认可项目包括：

——质量管理体系、环境管理体系认证机构的认可；

——实验室认可；

——质量管理体系审核员、环境管理体系审核员注册；

——检查机构认可；

——产品认证机构认可。

SAC是太平洋认可合作组织(PAC)、亚太实验室认可合作组织(APLAC)、国际认可论坛(IAF)和国际实验室认可合作组织(ILAC)成员。

4、南非认证认可制度

南非标准局(SABS)是根据1945年的Acr24条款成立的一个法人机构，是南非负责标准起草发布的官方机

构，除制定标准的职责外，SABS还代表国家管理强制性规范标准，对符合规范的产品，授予标志使用权，此外还负责对符合ISO9001、ISO9002的企业颁发证书，还代表国家和一些主要的购买商负责装船前的检验和测试，符合要求的颁发合格证书，SABS还在全国范围内提供质量管理体系和环境管理体系审核员的培训服务。

5、埃及认可制度

根据埃及宪法和1957年第2号法律有关标准化工作的规定，1996年，埃及颁布了关于建立国家认可理事会的总统令，决定在合格评定领域建立合格评定与认证机构(包括产品、体系和人员，下同)国家认可理事会。同时，要求各有关方面都必须遵守此令。

国家认可理事会的职责是：制定认证机构认可评审规则并颁布认可证书；维持、暂停或取消认证机构的认可资格；对获准认可的机构进行持续的跟踪；根据国家和国际的有关规则和标准的要求，督促认证机构不断提高服务质量；促进各获准认可的认证机构之间的经验交流；促进埃及各认证机构与国外相应认证机构之间认证结果的相互承认；代表埃及参加国际和国外认可领域的活动，并与国际认可组织保持密切的合作关系；发布理事会的认可规则及有关程序、标准，负责理事会的财务及行政事务；制定理事会申诉处理规则，并对技术性纠纷进行仲裁。

国家认可理事会在理事长领导下工作，理事长由工业与矿产资源部部长担任。理事会的成员有：工业与矿产资源部ELFUTWA局局长、埃及标准化与质量控制组织理事长、进出口局局长、工业控制局局长、食物研究所所长、农业研究中心主任、国家标准研究院院长、埃及医药管理局局长、埃及工业联合会会长、埃及商务会会长、埃及工程师协会会长、以及两位由工业与矿产资源部指定的知名专家等。

授权理事会成立技术委员会具体实施认可的技术性活动。技术委员会由有关专家、理事会成员和其他有关方面的代表组成。理事会应理事长的要求召开会议。理事会召开理事大会时，可以邀请有关专家与会就有关技术性问题进行解释，但这些专家没有表决权。理事会会议必须有过半数理事出席，方为有效。理事会的决定根据出席会议的多数理事的意见形成；如果赞成票和反对票相等，则以理事长的意见为准。

责成工业与矿产资源部发布有关认可工作的部长令，成立认可理事会的技术秘书处，进行认可理事会的筹建和注册工作并具体组织实施。

6、以色列认证认可制度

以色列的贸易工业部标准局主管标准、认证和认可工作，认证和产品检验由以色列标准协会(SII)承担，实验室认可活动由以色列国家实验室认可委员会负责，该委员会设在国家物理研究所内。

以色列标准协会前身为1923年成立的建筑材料检验室，1945年发展成为以色列标准协会。1953年，以色列国会颁布了标准化法，确立了以色列标协的法律地位，即在贸易工业部领导下，具体负责标准制定、认证与产品检测的独立机构。

1)产品认证

以色列产品认证标志有三种，一种是自愿性合格认证，已有30年历史，凡符合以色列标准的产品，生产厂商均可自愿申请标准标志。截止1999年底，已有1500种消费品和600个企业获得了以色列标准标志。第二种是法规性安全认证，该项认证活动开创于1992年，凡法律法规规定必须符合安全标准要求的产品，必须获得安全认证。目前，涉及的门类有：食品、玩具、电器产品、锅炉和压力容器、电梯和起重设备、危险化学品、消防产品和汽车等。以色列的安全认证适用于进出口产品和国内生产的产品。第三种是绿色标志，此项计划始于1993年，依据以色列标准SI 1783和欧盟指令EU 880/92，对符合该项标准要求，又不对环境造成影响和危害的，自愿申请，获得批准后，可在产品上贴上绿色标志。

2)质量体系认证

ISO 9000认证始于1990年，目前已有2500家企业获得认证，占以色列企业总数的40%，同时体系认证活动还扩展到了医院、军队机构、市政府等。QS9000认证已得到美国三大汽车公司承认；ISO 14000认证已成为以色列国防部审核分包方的基本要求；此外，还对电子工业、航空工业、软件工业实施ISO 9000认证。

3)产品检验

SII的6个检验机构(室)涉及近40个大类，这些实验室均获得认可，承担产品认证检验和进出口产品型式检验和批量抽样检验。

4)实验室认可

国家认可委员会成立于1990年，是ILAC成员和欧洲认可合作组织(EA)联系成员，开展检验实验室和校准实验室的认可工作。

5、认证机构名录（截至 2003 年 12 月）

机构名称：中国质量认证中心 分支机构名称：中国质量认证中心北京、天津、河北、山西、内蒙古、辽宁、吉林、黑龙江、上海、江苏、宁波、安徽、厦门、江西、山东、河南、湖北、湖南、广东、浙江、深圳、海南、广西、重庆、四川、贵州、云南、西北、外经贸、珠海、新疆、福建评审中心 电话：010-65002132-2525 传真：010-65002142 010-85618722 地址：北京朝阳区芳草地西街 15 号 邮编：100020 批准号：CNCA-R-2002-001 有效期至：2006 年 12 月 10 日 业务范围：质量管理体系认证，环境管理体系认证，职业健康安全管理体系认证，HACCP 认证，产品认证，有机产品认证，分包 IQNet 成员认证机构的管理体系认证业务	机构名称：方圆标志认证中心 分支机构名称：. 方圆标志认证中心江苏、福建、上海、辽宁、广东、北京、西安、山东、河南、黑龙江、锅炉压力容器、河北、四川、山西、湖北、安徽、吉林、浙江分中心、湖南、厦门、大连、广西、海南 电话：010-86851888 传真：010-88414325 地址：北京市海淀区西三环北路甲 105 号科原大厦 B 座 12 层 邮编：100037 批准号：CNCA-R-2002-002 有效期至：2006 年 12 月 10 日 业务范围：质量管理体系认证，环境管理体系认证，职业健康安全管理体系认证，HACCP 认证，产品认证，分包 IQNet 成员认证机构的管理体系认证业务
机构名称：上海质量体系审核中心 分支机构名称：上海质量体系审核中心青岛分中心 电话：021-63606195 传真：021-63603395 地址：上海市成都北路 500 号峻岭广场 35 层 邮编：200003 批准号：CNCA-R-2002-003 有效期至：2006 年 12 月 10 日 业务范围：质量管理体系认证，环境管理体系认证，职业健康安全管理体系认证，HACCP 认证	机构名称：华信技术检验有限公司 电话：010-62161366 传真：010-62161180 地址：北京市北三环西路 48 号北京科技会展中心 2 号楼 2 层 邮编：100086 批准号：CNCA-R-2002-004 有效期至：2006 年 12 月 10 日 业务范围：质量管理体系认证，环境管理体系认证，职业健康安全管理体系认证，产品认证

机构名称：中国船级社质量认证公司 电话：010-65239001 传真：010-65262774 地址：北京市东城区东皇城根南街40号 邮编：100006 批准号：CNCA-R-2002-005 有效期至：2006年12月10日 业务范围：质量管理体系认证、环境管理体系认证，职业健康安全管理体系认证	机构名称：中质协质量保证中心 分支机构名称：中质协质量保证中心大连分中心，成都分中心，武汉分中心，福州分中心 电话：010-68710377 传真：010-68710396 地址：北京市海淀区三虎桥百胜村6号 邮编：100044 批准号：CNCA-R-2002-006 有效期至：2006年12月10日 业务范围：质量管理体系认证，环境管理体系认证，职业健康安全管理体系认证，HACCP认证
机构名称：广东中鉴认证有限责任公司 机构原名称：广东质量体系认证中心 分支机构名称：广东中鉴认证有限责任公司省检分中心，广州、北京、上海、山东分公司 电话：020-87599521 传真：020-87599517 地址：广州市黄埔大道159号富星大厦西塔22楼 邮编：510620 批准号：CNCA-R-2002-007 有效期至：2006年12月10日 业务范围：质量管理体系认证，环境管理体系认证，职业健康安全管理体系认证，HACCP认证	机构名称：中国新时代质量体系认证中心 分支机构名称：中国新时代质量体系认证中心上海、北京、东北、西北、西南分中心 电话：010-64632975 传真：010-64632975 地址：北京市朝阳区京顺路7号 邮编：100028 批准号：CNCA-R-2002-008 有效期至：2006年12月10日 业务范围：质量管理体系认证，环境管理体系认证，职业健康安全管理体系认证
机构名称：长城(天津)质量保证中心 电话：022-23525348 传真：022-23525347 地址：天津市南开区水上公园北路津龙公寓4号 邮编：300074 批准号：CNCA-R-2002-009 有效期至：2006年12月10日 业务范围：质量管理体系认证，环境管理体系认证，职业健康安全管理体系认证，HACCP认证	机构名称：东北认证有限公司 分支机构名称：东北认证有限公司大连、苏州分中心 电话：024-86894179 传真：024-86908825 地址：沈阳市皇姑区北陵大街56号 邮编：110032 批准号：CNCA-R-2002-010 有效期至：2006年12月10日 业务范围：质量管理体系认证，环境管理体系认证，职业健康安全管理体系认证，HACCP认证；产品认证：家具、装饰装修材料、绝热材料

机构名称：中国电子技术标准化研究所 分支机构名称：中国电子技术标准化研究所上海分中心 电话：010-64007810 传真：010-64061162 地址：北京安定门东大街1号 邮编：100007 批准号：CNCA-R-2002-011 有效期至：2006年12月10日 业务范围：质量管理体系认证，环境管理体系认证，职业健康安全管理体系认证，产品认证	机构名称：广州赛宝认证中心服务有限公司 电话：020-87236922 传真：020-87236230 地址：广州市天河区东莞庄路竹丝岗1号 邮编：510610 批准号：CNCA-R-2002-012 有效期至：2006年12月10日 业务范围：质量管理体系认证，环境管理体系认证，职业健康安全管理体系认证，软件能力评估，产品认证：电子元器件
机构名称：浙江公信认证有限公司(原浙江质量认证有限公司) 电话：0571-85067941 传真：0571-85067851 地址：浙江省杭州市密渡桥路15号新世纪大厦25楼(杭州市1250信箱) 邮编：310005 批准号：CNCA-R-2002-013 有效期至：2006年12月10日 业务范围：质量管理体系认证，环境管理体系认证，职业健康安全管理体系认证，HACCP认证，有机农产品认证	机构名称：中联认证中心 电话：010-68931937 传真：010-68321826 地址：北京海淀区首体南路2号机械院 邮编：100044 批准号：CNCA-R-2002-014 有效期至：2006年12月10日 业务范围：质量管理体系认证，环境管理体系认证，职业健康安全管理体系认证，产品认证
机构名称：杭州万泰认证有限公司 分支机构名称：杭州万泰认证有限公司泰国、深圳、成都分中心 电话：0571-87901598 传真：0571-87901360 地址：杭州市宝石二路8号 邮编：310007 批准号：CNCA-R-2002-015 有效期至：2006年12月10日 业务范围：质量管理体系认证，环境管理体系认证，职业健康安全管理体系认证，HACCP认证，有机农产品认证	机构名称：北京新世纪认证有限公司 分支机构名称：上海、无锡、昆明、广州、西安、沈阳分中心 电话：010-58561802 传真：010-58561801 地址：北京市西城区西直门内南小街国英园1号楼11层 邮编：100035 批准号：CNCA-R-2002-016 有效期至：2006年12月10日 业务范围：质量管理体系认证，环境管理体系认证，职业健康安全管理体系认证 ，HACCP认证

机构名称：北京兴国环球质量认证中心 电话：010-63962665 传真：010-63950579 地址：北京莲花池东路 132 号肇麟大厦七层西 邮编：100081 批准号：CNCA-R-2002-017 有效期至：2006 年 12 月 10 日 业务范围：质量管理体系认证	机构名称：中国检验认证集团质量认证有限公司 原机构名称：中国进出口商品检验总公司质量认证中心 电话：010-82260883/97 传真：010-82260892 地址：北京市海淀区马甸东路 9 号 邮编：100088 批准号：CNCA-R-2002-018 有效期至：2006 年 12 月 10 日 业务范围：质量管理体系认证，环境管理体系认证，HACCP 认证
机构名称：四川三峡认证有限公司 电话：028-85594372 传真：028-85596930 地址：成都市黉门街 79 号附 1 号 邮编：610041 批准号：CNCA-R-2002-019 有效期至：2006 年 12 月 10 日 业务范围：质量管理体系认证，环境管理体系认证，职业健康安全管理体系认证	机构名称：北京中大华远认证中心 分支机构名称：北京中大华远认证中心上海分中心 电话：010-68396415 传真：010-68396562 地址：北京市阜外大街乙 22 号 415 室 邮编：100833 批准号：CNCA-R-2002-020 有效期至：2006 年 12 月 10 日 业务范围：质量管理体系认证，环境管理体系认证，职业健康安全管理体系认证，HACCP 认证
机构名称：华夏认证中心有限公司 机构原名称：华夏认证中心有限公司和北京九千标准质量体系认证中心 电话：010-62335102 传真：010-62335271 地址：北京市海淀区北四环中路 211 号综合楼 邮编：100083 批准号：CNCA-R-2002-021 有效期至：2006 年 12 月 10 日 业务范围：质量管理体系认证，环境管理体系认证，职业健康安全管理体系认证	机构名称：北京国金恒信管理体系认证有限公司 电话：010-62182975 传真：010-62182375 地址：北京市海淀区学院南路 76 号 邮编：100081 批准号：CNCA-R-2002-022 有效期至：2006 年 12 月 10 日 业务范围：质量管理体系认证，环境管理体系认证，职业健康安全管理体系认证

机构名称：北京中建协质量体系认证中心 电话：010-68321868 传真：010-88374136 地址：北京市海淀区甘家口乙18号 邮编：100037 批准号：CNCA-R-2002-023 有效期至：2006年12月10日 业务范围：质量管理体系认证、环境管理体系认证，职业健康安全管理体系认证	机构名称：深圳市环通认证中心有限公司 分支机构名称：深圳市环通认证中心有限公司北方分公司、上海分公司 机构原名称：深圳质量认证中心 电话：0755-83355888 传真：0755-83233298 地址：深圳华强南路无线电管理大厦13楼 邮编：518031 批准号：CNCA-R-2002-024 有效期至：2006年12月10日 业务范围：质量管理体系认证，环境管理体系认证，职业健康安全管理体系认证，HACCP认证
机构名称：北京国建联信认证中心有限公司 注：由原北京中建国信认证中心和北京国建东方绿色建材认证有限公司合并而成 电话：010-88386260 传真：010-88370972 地址：北京市海淀区甘家口街道建设部大院南配楼0401室 邮编：100831 批准号：CNCA-R-2002-025 有效期至：2006年12月10日 业务范围：质量管理体系认证，环境管理体系认证，职业健康安全管理体系认证，产品认证	机构名称：北京天一正认证中心 电话：010-68768047 传真：010-68035994 地址：北京市西城区月坛北小街华尔森宾馆三层 邮编：100830 批准号：CNCA-R-2002-026 有效期至：2006年12月10日 业务范围：质量管理体系认证，环境管理体系认证，职业健康安全管理体系认证
机构名称：北京中设质量体系认证中心 电话：010-68207397 传真：010-68134658 地址：北京市海淀区万寿路27号 邮编： 100840 批准号：CNCA-R-2002-027 有效期至：2006年12月10日 业务范围：质量管理体系认证，环境管理体系认证，职业健康安全管理体系认证	机构名称：北京中安质环认证中心 机构原名称：北京中安质环认证中心，北京正天德管理体系认证有限公司 电话： 010-65869002 传真：010-65928160 地址：北京市朝阳区光华里甲19号 邮编：100020 批准号：CNCA-R-2002-028 有效期至：2006年12月10日 业务范围：质量管理体系认证，环境管理体系认证，职业健康安全管理体系认证

<table>
<tr><td>机构名称：江苏九州认证有限公司
电话：025-3235215
传真：025-3235213
地址：南京市云南路31-1号苏建大厦十一楼
邮编：210008
批准号：CNCA-R-2002-029
有效期至：2006年12月10日
业务范围：质量管理体系认证，环境管理体系认证，职业健康安全管理体系认证</td><td>机构名称：泰尔认证中心
电话：010-82055911
传真：010-82050131
地址：北京市新街口外大街28号
邮编：100088
批准号：CNCA-R-2002-030
有效期至：2006年12月10日
业务范围：质量管理体系认证，环境管理体系认证，职业健康安全管理体系认证、产品认证</td></tr>
<tr><td>机构名称：北京三星九千质量认证中心
电话：010-64429578
传真：010-64423608
地址：北京市樱花东街5号(411-417室)
邮编：100029
批准号：CNCA-R-2002-031
有效期至：2006年12月10日
业务范围：质量管理体系认证，环境管理体系认证，职业健康安全管理体系认证</td><td>机构名称：天津华诚认证中心
电话：022-84771634
传真：022-84771633
地址：天津市河东区程林庄路天山路口
邮编：300162
批准号：CNCA-R-2002-032
有效期至：2006年12月10日
业务范围：质量管理体系认证，环境管理体系认证，职业健康安全管理体系认证</td></tr>
<tr><td>机构名称：通标标准技术服务有限公司
分支机构名称：青岛分公司、上海分公司、深圳分公司、天津分公司、南京分公司、厦门分公司
电话：021-64951616
传真：021-64953270
地址：北京市复兴路戊12号恩菲科技大厦1026室
邮编：100038
批准号：CNCA-R-2002-033
有效期至：2006年12月10日
业务范围：管理体系认证，分包SGS集团管理体系认证业务</td><td>机构名称：北京航协认证中心
电话：010-64663322-2567、2559
传真：010-84544296
地址：北京市东直门外京顺路七号（北京1665信箱）
邮编：100028
批准号：CNCA-R-2002-034
有效期至：2006年12月10日
业务范围：质量管理体系认证</td></tr>
<tr><td>机构名称：兴原认证中心有限公司
电话：010-62863564
传真：010-62862030
地址：北京市982号信箱
邮编：100091
批准号：CNCA-R-2002-035
有效期至：2006年12月10日
业务范围：质量管理体系认证，环境管理体系认证，职业健康安全管理体系认证</td><td>机构名称：北京宇航剑质量体系认证中心
电话：010-68055217
传真：010-68029852
地址：北京市月坛北小街2号1号楼（北京835信箱）
邮编：100830
批准号：CNCA-R-2002-036
有效期至：2006年12月10日
业务范围：质量管理体系认证</td></tr>
</table>

机构名称：北京外建质量认证中心 电话：010-80799786 传真：010-80799789 地址：北京市德外回龙观龙兴园北区 10 楼一单元 201、202 邮编：102208 批准号：CNCA-R-2002-037 有效期至：2006 年 12 月 10 日 业务范围：质量管理体系认证，环境管理体系认证，职业健康安全管理体系认证	机构名称：北京世标认证中心 电话：010-82291199 传真：010-82295677 地址：北京市海淀区德胜门西大街 15 号远洋风景 8-2-6 层 邮编：100088 批准号：CNCA-R-2002-038 有效期至：2006 年 12 月 10 日 业务范围：质量管理体系认证，环境管理体系认证，职业健康安全管理体系认证
机构名称：北京埃尔维质量认证中心 电话：010-68001010 传真：010-68008889 地址：北京市西城区车公庄大街甲 4 号物华大厦 A1007 室 邮编：100044 批准号：CNCA-R-2002-039 有效期至：2006 年 12 月 10 日 业务范围：质量管理体系认证，环境管理体系认证，职业健康安全管理体系认证	机构名称：上海电子仪表质量审核所 电话：021-64662707 传真：021-64715086 地址：上海永嘉路 627 号 邮编：200031 批准号：CNCA-R-2002-042 有效期至：2006 年 12 月 10 日 业务范围：质量管理体系认证，环境管理体系认证，职业健康安全管理体系认证
机构名称：鹏程国际认证中心 电话：0755-25936997 传真：0755-25937003 地址：深圳罗湖区和平路 2049 号和平大厦 3--4 层 邮编：518008 批准号：CNCA-R-2002-041 有效期至：2006 年 12 月 10 日 业务范围：质量管理体系认证，环境管理体系认证，职业健康安全管理体系认证	机构名称：北京中经科环质量认证有限公司 电话：010-68319784 传真：010-68359004 地址：北京市西城区文兴东街 1 号国谊宾馆南楼 6 层 邮编：100044 批准号：CNCA-R-2002-044 有效期至：2006 年 12 月 10 日 业务范围：质量管理体系认证，环境管理体系认证，职业健康安全管理体系认证
机构名称：北京联合智业认证有限公司 注：由原北京联合智业认证有限公司和北京中纺联麻纺标志认证有限公司合并而成 电话：010-64917645 传真：010-64916981 地址：北京市朝阳区北苑路 172 号欧陆经典万兴苑 11 号楼 9 层 B 段 邮编：100101 批准号：CNCA-R-2002-043 有效期至：2006 年 12 月 10 日 业务范围：质量管理体系认证，环境管理体系认证，职业健康安全管理体系认证，产品认证	机构名称：北京博天亚认证有限公司 电话：010-62374842，62367671 传真：010-62360827 地址：北京市西城区新德街甲 20 号天岳恒大厦五层 邮编：100088 批准号：CNCA-R-2002-046 有效期至：2006 年 12 月 10 日 业务范围：质量管理体系认证,环境管理体系认证、职业健康安全管理体系认证

机构名称：北京大陆航星质量认证中心 电话：010–84013683 传真：010–84013680–3684 地址：北京市西城区鼓楼西大街八步口胡同三号 邮编：100009 批准号：CNCA–R–2002–045 有效期至：2006 年 12 月 10 日 业务范围：质量管理体系认证，环境管理体系认证，职业健康安全管理体系认证	机构名称：北京泰瑞特质量认证中心 电话：010–64320493 传真：010–64320493 地址：北京市朝阳区酒仙桥北路乙 7 号 邮编：100015 批准号：CNCA–R–2002–048 有效期至：2006 年 12 月 10 日 业务范围：质量管理体系认证
机构名称：北京国医械华光认证有限公司 电话：010–62013856 传真：010–62013872 地址：北京市北三环中路 2 号 邮编：100011 批准号：CNCA–R–2002–047 有效期至：2006 年 12 月 10 日 业务范围：质量管理体系认证，产品认证	机构名称：北京中电联认证中心有限责任公司 电话：010–63413755，63310433 传真：010–63413751 地址：北京市广安门外广华轩 2 号楼 3 层 315 室 邮编：100055 批准号：CNCA–R–2002–050 有效期至：2006 年 12 月 10 日 业务范围：质量管理体系认证，环境管理体系认证，职业健康安全管理体系认证
机构名称：广州中诚标志认证中心有限公司 电话：020–84498779 传真：020–84420604 地址：广州市海珠区南村路泰山庙前 3 号 邮编：510220 批准号：CNCA–R–2002–049 有效期至：2006 年 12 月 10 日 业务范围：质量管理体系认证,产品认证	机构名称：北京中水源禹质量体系认证中心 电话：010－82071983，62033377－1062 传真：010–82071983 地址：北京市西城区六铺炕北小街 2－1 号 邮编：100011 批准号：CNCA–R–2002–052 有效期至：2006 年 12 月 10 日 业务范围：质量管理体系认证
机构名称：上海爱索质量认证中心 电话：021–64378405，34010615 传真：021–64332334 地址：上海市宝庆路 10 号 邮编：200031 批准号：CNCA–R–2002–051 有效期至：2006 年 12 月 10 日 业务范围：质量管理体系认证	机构名称：北京中检联合质量认证中心 电话：010–65885999，65886999 传真：010–65885534 地址:北京市朝阳区朝外大街 18 号丰联广场 A 座 2209 室 邮编：100020 批准号：CNCA–R–2002–054 有效期至：2006 年 12 月 10 日 业务范围：质量管理体系认证，环境管理体系认证

<table>
<tr><td>机构名称：北京恩格威质量体系认证中心
电话：010－64802303－08
传真：010－64802311
地址：北京市朝阳区亚运村慧忠北里 310 号天创世缘 A 座 S2 层
邮编：100012
批准号：CNCA－R－2002－053
有效期至：2006 年 12 月 10 日
业务范围：质量管理体系认证</td><td>机构名称：浙江省环科环境认证中心
电话：0571－87980311，87977255
传真：0571－8797255
地址：浙江省杭州市天目山路 111 号
邮编：310007
批准号：CNCA－R－2002－056
有效期至：2006 年 12 月 10 日
业务范围：环境管理体系认证</td></tr>
<tr><td>机构名称：农业部农产品质量安全中心
电话：010－64270309，64228888－7625
传真：010－64270309
地址：北京市朝阳区光熙门北里 15 号重庆饭店 625 室
邮编：100028
批准号：CNCA－R－2003－055
有效期至：2007 年 1 月 30 日
业务范围：无公害农产品认证</td><td>机构名称：厦门永续认证中心有限公司
电话：0592－2685788，2685799
传真：0592－2685677
地址：厦门市禾祥西路 4 号鸿升大厦 9A
邮编：361004
批准号：CNCA－R－2002－060
有效期至：2006 年 12 月 10 日
业务范围：环境管理体系认证，职业健康安全管理体系认证</td></tr>
<tr><td>机构名称：武汉新兴环境管理体系认证中心
电话：027－85715896，85715016
传真：027－85715017
地址：湖北省武汉市汉口解放大道 688 号武汉广场 43 楼
邮编：430022
批准号：CNCA－R－2002－059
有效期至：2006 年 12 月 10 日
业务范围：环境管理体系认证</td><td>机构名称：北京陆桥质检认证中心有限公司
电话：010－85779429
传真：010－85761570
地址：北京市朝阳区高碑店北路甲 3 号
邮编：100025
批准号：CNCA－R－2003－062
有效期至：2007 年 6 月 24 日
业务范围：HACCP 认证，有机产品认证</td></tr>
<tr><td>机构名称：深圳市南方认证有限公司
电话：0755－83248563
传真：0755－83247502
地址：深圳市华强南路无线电管理大厦 12 楼
邮编：518033
批准号：CNCA－R－2002－061
有效期至：2006 年 12 月 10 日
业务范围：环境管理体系认证，职业健康安全管理体系认证</td><td>机构名称：北京思坦达尔认证中心
电话：010－82844092
传真：010－82840129
地址：北京市朝阳区民族园路 9 号甲一号楼
邮编：100029
批准号：CNCA－R－2002－064
有效期至：2006 年 12 月 10 日
业务范围：环境管理体系认证</td></tr>
</table>

机构名称：国家安全生产监督管理局安全科学技术研究中心 电话：010-64893299 传真：010-64937212 地址：北京市朝阳区惠新西街 17 号 邮编：100029 批准号：CNCA-R-2002-063 有效期至：2006 年 12 月 10 日 业务范围：环境管理体系认证	机构名称：北京振业兴管理体系认证有限公司 电话：010-88552672，88552673 传真：010-88552667 地址：北京市海淀区北洼路西里甲 2 号 C208 室 邮编：100089 批准号：CNCA-R-2002-066 有效期至：2006 年 12 月 10 日 业务范围：质量管理体系认证，环境管理体系认证，职业健康安全管理体系认证
机构名称：北京中物联联合认证中心 电话：010-68392234,68392284 传真：010-68392234,68392284 地址：北京市西城区月坛北街 25 号 邮编：100834 批准号：CNCA-R-2002-065 有效期至：2006 年 12 月 10 日 业务范围：质量管理体系认证	机构名称：北京中油健康安全环境认证中心 电话：022-25948237 传真：022-25914758 地址：天津市大港油田三号院科技楼 邮编：300280 批准号：CNCA-R-2002-068 有效期至：2006 年 12 月 10 日 业务范围：环境管理体系认证，职业健康安全管理体系认证
机构名称：北京恒标质量认证有限公司 电话：010-62171861 传真：010-62179162 地址：北京市海淀区中关村南大街 28 号办公楼 6 层 邮编：100081 批准号：CNCA-R-2002-067 有效期至：2006 年 12 月 10 日 业务范围：质量管理体系认证	机构名称：北京军友诚信质量认证有限公司 电话：010-68594878 传真：010-68594932 地址：北京西城区三里河路 46 号 邮编：100823 批准号：CNCA-R-2002-070 有效期至：2006 年 12 月 10 日 业务范围：质量管理体系认证
机构名称：北京中航哈佛德质量认证有限公司 电话：010-65539510，65539511 传真：010-65511869 地址：北京市东城区朝阳门港澳中心办公楼七层 邮编：100027 批准号：CNCA-R-2002-069 有效期至：2006 年 12 月 10 日 业务范围：质量管理体系认证 ，HACCP 认证	机构名称：北京中轻联认证中心 电话：68396406 传真：68396563 地址：北京市阜外大街乙 22 号 邮编：100833 批准号：CNCA-R-2002-074 有效期至：2006 年 12 月 10 日 业务范围：产品认证

机构名称：中汽认证中心 电话：010—63908965，63908975 传真：010—63908982，63908976 地址：北京市西城区木樨地国宏大厦 B 座 19 层 邮编：100038 批准号：CNCA-R-2002-071 有效期至：2006 年 12 月 10 日 业务范围：质量管理体系认证，环境管理体系认证，职业健康安全管理体系认证，产品认证	机构名称：北京中润兴认证有限公司(原北京九州先驰认证有限公司) 电话：84285975，84285976-81 传真：010-64275323 地址：北京市朝阳区和平街西苑 2 号赛福特大厦 702 室 邮编：100013 批准号：CNCA-R-2003-076 有效期至：2007 年 4 月 28 日 业务范围：质量管理体系认证
机构名称：公安部消防产品合格评定中心 电话：010-87671597，87679978 传真：010-87679986 地址：北京市丰台区方庄芳群园四区金城中心 1205 室 邮编：100078 批准号：CNCA-R-2002-073 有效期至：2006 年 12 月 10 日 业务范围：产品认证	机构名称：中包认证中心有限公司 电话：010-64244270，64240393 传真：010-64247184 地址：北京市朝阳区安华里五区十八号楼六层 邮编：100011 批准号：CNCA-R-2002-078 有效期至：2006 年 12 月 10 日 业务范围：产品认证
机构名称：北京中化联合质量认证有限公司 电话：010-84885047，84885071，84885065，84885335 传真：010-84885201 地址：北京市朝阳区安慧里四区 16 号楼 410 室 邮编：100723 批准号：CNCA-R-2002-075 有效期至：2006 年 12 月 10 日 业务范围：产品认证	机构名称：北京东方凯姆农机认证中心 电话：010-67320191，67347478，67343751 传真：010-67316737 地址：北京市朝阳区东三环南路十里河 邮编：100021 批准号：CNCA-R-2002-080 有效期至：2006 年 12 月 10 日 业务范围：产品认证
机构名称：上海东方信息技术认证有限公司 电话：021-65643189，65643187 传真：021-65647894 地址：上海市邯郸路 220 号逸夫楼 407 室 邮编：200433 批准号：CNCA-R-2002-077 有效期至：2006 年 12 月 10 日 业务范围：产品认证	机构名称：上海安泰认证有限公司 电话：021-62839096 传真：021-62839099 地址：上海市泰安路 74 号 邮编：200052 批准号：CNCA-R-2002-082 有效期至：2006 年 12 月 10 日 业务范围：产品认证

机构名称：北京海萨博质量认证中心 电话：010-68673912，68281594 传真：010-68671130 地址：北京市永定路南青塔150号 邮编：100039 批准号：CNCA-R-2002-079 有效期至：2006年12月10日 业务范围：产品认证	机构名称：中食恒信（北京）质量认证中心 电话：010-67273134-813，67273134-812 传真：010-87240493 地址：北京市丰台区永定门外南顶路21号 邮编：100075 批准号：CNCA-R-2002-084 有效期至：2006年12月10日 业务范围：HACCP认证，产品认证
机构名称：中国信息安全产品测评认证中心 电话：010-68428899 传真：010-68462942 地址：北京市海淀区西三环北路27号北科大厦9层 邮编：100089 批准号：CNCA-R-2002-081 有效期至：2006年12月10日 业务范围：产品认证	机构名称：北京中冷通质量认证中心有限公司 电话：010-68353110，88383706 传真：010-68343502 地址：北京市西城区北礼士路77号二层 邮编：100044 批准号：CNCA-R-2003-086 有效期至：2007年12月25日 业务范围：产品认证
机构名称：福建东南标准认证中心 电话：0591-3710690，3713682 传真：0591-3710867 地址：福建省福州市杨桥西路山头角121号 邮编：350002 批准号：CNCA-R-2002-083 有效期至：2006年12月10日 业务范围：产品认证	机构名称：合肥通用机械产品认证中心 电话：0551-5316828 传真：0551-5325105 地址：合肥市长江西路888号 邮编：230031 批准号：CNCA-R-2002-088 有效期至：2006年12月10日 业务范围：产品认证
机构名称：北京赛迪国软认证有限公司 电话：010-88559356 传真：010-88559333 地址：北京市海淀区紫竹院路66号赛迪大厦 邮编：100044 批准号：CNCA-R-2003-085 有效期至：2007年4月1日 业务范围：软件能力评估	机构名称：中标认证中心 电话：010-84630944 传真：010-64983226 地址：北京市朝阳区育慧南路3号中门 邮编：100029 批准号：CNCA-R-2002-090 有效期至：2006年12月10日 业务范围：产品认证

机构名称：北京科正平起重运输机械检验所 电话：010-64018780 传真：010-64052252 地址：北京市东城区雍和宫大街 52 号 邮编：100007 批准号：CNCA-R-2002-087 有效期至：2006 年 12 月 10 日 业务范围：产品认证	机构名称：山东科苑环境管理体系认证中心 电话：0531-6946711，6462966 传真：0531-6946709 地址：山东省济南市历山路 50 号 邮编：250013 批准号：CNCA-R-2002-092 有效期至：2006 年 12 月 10 日 业务范围：环境管理体系认证
机构名称：黑龙江省农产品质量认证中心 电话：0451-82297400 传真：0451-82365824 地址：黑龙江省哈尔滨市司徒街 99 号 邮编：150036 批准号：CNCA-R-2002-089 有效期至：2006 年 12 月 10 日 业务范围：HACCP 认证，产品认证	机构名称： 杭州中农质量认证中心 电话：0571-86650449 传真：0571-86650056 地址：浙江省杭州市云栖路 邮编：310008 批准号：CNCA-R-2003-096 有效期至：2007 年 5 月 7 日 业务范围：有机茶认证
机构名称：北京鉴衡认证中心 电话：010-64228219，64228218 传真：010-64228215 地址：北京市西三环东路 18 号 邮编：100013 批准号：CNCA-R-2003-091 有效期至：2007 年 5 月 12 日 业务范围：产品认证	机构名称： 中国计量科学研究院（中国电磁兼容认证中心） 电话：010-64214583 传真：010-64204738 地址：北京市北三环东路 18 号 邮编：100013 批准号：CNCA-R-2003-095 有效期至：2007 年 10 月 13 日 业务范围：强制性产品认证
机构名称：中国安全防范产品行业协会（中国安全技术防范认证中心） 电话：010-88513667 传真：010-68429371 地址：北京市海淀区首体南路 1 号 邮编：100044 批准号：CNCA-R-2002-093 有效期至：2007 年 10 月 13 日 业务范围：强制性产品认证；自愿性产品认证	机构名称：上海环科环境认证有限公司 电话：021-64085119 传真：021-64758279 地址：上海市钦州路 508 号 邮编：200233 批准号：CNCA-R-2002-098 有效期至：2006 年 12 月 10 日 业务范围：环境管理体系认证

机构名称：北京国环联合环境质量认证中心 电话：010-66135336 传真：010-66135216 地址：北京市西直门内南小街115号 邮编：100035 批准号：CNCA-R-2002-097 有效期至：2006年12月10日 业务范围：环境管理体系认证	机构名称： 北京中绿华夏有机食品认证中心 电话：010-64270308 ，64228888-7628 传真：010-62191407/08 地址：北京市朝阳区光熙门北里15号 邮编：100028 批准号：CNCA-R-2002-100 有效期至：2006年12月10日 业务范围：有机食品认证
机构名称：北京国体世纪体育用品质量认证中心有限公司 电话：010-67102454 传真：010- 67120299 地址：北京市体育馆路5号 邮编：100763 批准号：CNCA-R-2002-099 有效期至：2006年12月10日 业务范围：产品认证	机构名称：中铁铁路产品认证中心 电话：010-51849014 传真：010-51849324 地址：北京市西直门外大柳树路2号 邮编：100081 批准号：CNCA-R-2002-102 有效期至：2006年12月10日 业务范围：产品认证
机构名称：北京中教英才教育认证中心 电话：010-64416827， 64413597 传真：010-64416827 地址：北京市东城区安定路20号2号楼 邮编：100029 批准号：CNCA-R-2003-101 有效期至：2007年2月9日 业务范围：质量管理体系认证	机构名称：山东世通质量认证有限公司 电话：0532-5730069 传真：0532-5728624 地址：山东省青岛市福州路9号新世界大厦15层 邮编：266071 批准号：CNCA-R-2003-104 有效期至：2007年2月10日 业务范围：质量管理体系认证
机构名称：北京九鼎国联汽车管理体系认证有限责任公司 电话：010-65993898 传真：010-65993830 地址：北京市朝阳区朝外大街甲10号中认大厦18楼 邮编：100044 批准号：CNCA-R-2002-103 有效期至：2006年12月10日 业务范围：质量管理体系认证	机构名称：中国绿色食品发展中心 电话：010-64228888-7201 传真：010-64221175 地址：北京市朝阳区西坝河光熙门北里15号 邮编：100028 批准号：CNCA-R-2002-106 有效期至：2006年12月10日 业务范围：产品认证

机构名称：北京中环联合认证中心 机构原名称：北京国环环境认证有限公司，中环双绿环境标志认证中心，华东环境认证中心，华南环境管理体系认证中心 电话：010-84630873 传真：010-84634217 地址：北京市朝阳区育慧南路1号 邮编：100029 批准号：CNCA-R-2002-105 有效期至：2006年12月10日 业务范围：质量管理体系认证，环境管理体系认证，职业健康安全管理体系认证，HACCP认证；产品认证；环境标志产品	机构名称：中环协（北京）认证中心 电话：010-68393939 ，68393215 传真：010-68393748 地址：北京市海淀区三里河路9号 邮编：100835 批准号：CNCA-R-2002-108 有效期至：2006年12月10日 业务范围：产品认证
机构名称：中饮标（北京）安全饮品认证中心 电话：010-84042777 传真：010-84041188 地址：北京市地安门外大街帽儿胡同乙43号 邮编：100009 批准号：CNCA-R-2002-107 有效期至：2006年12月10日 业务范围：产品认证	机构名称：北京华电万方管理体系认证中心 电话：010-51966579 ，51966441-6446 ，68710371 传真：010-68468233 010-88422322 地址：北京市西三环北路91号南门D10室 邮编：100044 批准号：CNCA-R-2003-110 有效期至：2004年12月31日 业务范围：职业健康安全管理体系认证
机构名称：北京环宇赛福特认证中心 电话：010-51167389 ，65761715 传真：010-65761715 地址：北京市朝阳区管庄东里建材院 邮编：100024 批准号：CNCA-R-2002-109 有效期至：2006年12月10日 业务范围：产品认证	机构名称：青岛中化阳光管理体系认证中心 电话：0532-3886512 传真：0532-3895812 地址：山东省青岛市市南区延安三路218号 邮编：266071 批准号： CNCA-R-2003-112 有效期至：2004年12月31日 业务范围：职业健康安全管理体系认证，环境管理体系认证
机构名称：河北英博认证有限公司 电话：0311-8622427 传真：0311-6698641 地址：河北省石家庄市和平东路183号棉宏大厦323室 邮编：050011 批准号：CNCA-R-2003-111 有效期至：2004年12月31日 业务范围：职业健康安全管理体系认证	机构名称：北京中协质兴质量体系认证中心 电话：010-88355224，65302987 传真：010-65302987 地址：北京市海淀区首体南路20号国兴家园6号楼23单元C型 批准号：CNCA-R-2003-114 有效期至：2004年12月31日 业务范围：职业健康安全管理体系认证

机构名称：北京鸿基华泰管理体系认证中心有限公司 电　话：010-62322028 传　真：010-62321341 地　址：北京市海淀区志新东路5号万泉庄园2002室 邮　编：100083 批准号：CNCA-R-2003-113 有效期至：　2004年12月31日 业务范围：职业健康安全管理体系认证	机构名称：北京华思联认证中心 电话：010-64194585 传真：010-64194587 地址：北京市朝阳区麦子店街20号楼905 批准号：CNCA-R-2003-116 有效期至：2007年6月23日 业务范围：质量管理体系认证，HACCP认证，产品认证
机构名称：北京五洲恒通认证有限公司 电话：010-67018990 传真：010-67018981 地址：北京市前门大街西打磨厂銮庆36号 批准号：CNCA-R-2003-115 有效期至：2007年6月24日 业务范围：HACCP认证，有机食品认证	机构名称：北京力友和信息技术有限公司 电话：010-84029166 传真：010-64007985 地址：北京市东城区安定门东大街1号 批准号：CNCA-R-2003-118 有效期至：2006年12月30日 业务范围：软件能力评估
机构名称：上海英格尔认证有限公司 电话：021-54253711,54253542 传真：021-54253541 地址：上海市莘建路228弄2号1403 批准号：CNCA-R-2003-117 有效期至：2007年8月21日 业务范围：质量管理体系认证	

6、认证培训机构名录（截至 2003 年 12 月）

机构名称：北京国培认证培训中心 地址： 北京市朝阳区安外北苑路 172 号欧陆经典万兴苑 15 号楼 4 层 邮编： 100101 电话： 010-84851800 传真： 010-84851400/8014 负责人： 李 平 批准号： CNCA-P-2002-001 业务范围：质量管理体系认证注册审核员 环境管理体系认证注册审核员 质量管理体系内审员 职业健康安全管理体系认证注册审核员 环境管理体系内审员 职业健康安全管理体系内审员	机构名称： 中国质量认证中心 地址： 北京市朝阳区芳草地西街 15 号 邮编： 100020 电话： 010-65041209 传真： 010-65015249 负责人： 李怀林 批准号： CNCA-P-2002-002 业务范围：质量管理体系认证注册审核员 职业健康安全管理体系认证注册审核员 质量管理体系内审员 环境管理体系内审员 职业健康安全管理体系内审员 环境管理体系认证注册审核员
机构名称：中国华瑞投资管理有限公司 地址： 北京市海淀区北四环中路 211 号综合楼 4 层 邮编： 100083 电话： 010-62335236， 62321661 传真： 010-62329929 负责人： 边勇壮 批准号： CNCA-P-2002-003 业务范围：质量管理体系认证注册审核员 质量管理体系内审员	机构名称：华信技术检验有限公司 地址： 北京市海淀区北三环西路 48 号北京科技会展中心 2 号楼 2 层 邮编： 100086 电话： 010-62161366 传真： 010-62161180 负责人： 曹仿颐 批准号： CNCA-P-2002-004 业务范围：质量管理体系认证注册审核员 职业健康安全管理体系认证注册审核员 质量管理体系内审员 职业健康安全管理体系内审员 环境管理体系内审员
机构名称：北京华检培训中心 地址： 北京市朝阳区华严北里甲 1 号健翔山庄 B11 座 邮编： 100029 电话： 010-62388363 传真： 010-82024323 负责人： 孙田田 批准号： CNCA-P-2002-005 业务范围：质量管理体系认证注册审核员 质量管理体系内审员	机构名称： 深圳鹏程国际认证中心有限责任公司 地址： 深圳市罗湖区和平路 2049 号和平大厦 3 楼 邮编： 518008 电话： 0755-25933866 传真： 0755-82476638 负责人： 安维洲 批准号： CNCA-P-2002-006 业务范围：质量管理体系认证注册审核员

机构名称：上海质量教育培训中心 地址： 上海市泰安路 74 号 邮编： 200052 电话： 021－62833332 传真： 021－62839497 负责人： 唐晓芬 批准号： CNCA－P－2002－007 业务范围：质量管理体系认证注册审核员 职业健康安全管理体系认证注册审核员 质量管理体系内审员	机构名称： 北京市经纬方正技术咨询有限责任公司 地址： 北京市西城区月坛北小街 2 号一号楼 邮编： 100830 电话： 010－68768087 传真： 010－68038132 负责人： 周星如 批准号： CNCA－P－2002－008 业务范围：质量管理体系认证注册审核员 质量管理体系内审员
机构名称： 深圳市深监管理认证培训中心有限公司 地址： 深圳市福田区八卦三路 531 栋四楼 邮编： 518029 电话： 0755－5843727 传真： 0755－5843730， 2449719 负责人： 石 岩 批准号： CNCA－P－2002－009 业务范围：质量管理体系认证注册审核员 质量管理体系内审员	机构名称：深圳市康达信管理顾问有限公司 地址： 深圳市福田区深南大道 6006 号人民大厦华丰楼 5 楼 邮编： 518063 电话： 0755－83909001 传真： 0755－83088606 负责人： 吴兴辉 批准号： CNCA－P－2002－012 业务范围：环境管理体系认证注册审核员 质量管理体系认证注册审核员、职业健康安全管理体系认证注册审核员 质量管理体系内审员 环境管理体系内审员 职业健康安全管理体系内审员
机构名称：北京纳威尔格质量咨询有限公司 地址： 北京市延庆县八达岭经济开发区 邮编： 100031 电话： 010－66410036 传真： 010－66410039 负责人： 李文远 批准号： CNCA－P－2002－011 业务范围：质量管理体系认证注册审核员	机构名称： 广州赛宝认证中心服务有限公司 地址： 广州天河区东莞庄路 110 号 邮编： 510610 电话： 020－87236606 传真： 020－87236230 负责人： 叶玉青 批准号： CNCA－P－2002－014 业务范围：环境管理体系认证注册审核员 职业健康安全管理体系认证注册审核员 质量管理体系内审员 环境管理体系内审员 职业健康安全管理体系内审员

机构名称：北京华夏环科技术培训中心 地址： 北京市东城区干面胡同10号党校北楼1043室 邮编： 100010 电话： 010-65245583 传真： 010-65245601 负责人： 李缅英 批准号： CNCA-P-2002-013 业务范围：环境管理体系认证注册审核员 环境管理体系内审员 质量管理体系内审员 职业健康安全管理体系内审员	机构名称：北京联合智业企业发展研究院认证培训中心 地址： 北京市朝阳区安立路安立花园写字楼 A 座 10 层1012室 邮编： 100101 电话： 010-64907985 传真： 010-64907950 负责人： 王 平 批准号： CNCA-P-2002-016 业务范围：环境管理体系认证注册审核员 质量管理体系内审员 环境管理体系内审员 质量管理体系认证注册审核员
机构名称： 北京英达管理培训中心 地址： 北京市东城区东四六条45号楼四层 邮编： 100007 电话： 010-84047049 传真： 010-64078912 负责人： 尹志奇 批准号： CNCA-P-2002-015 业务范围：职业健康安全管理体系认证注册审核员 质量管理体系内审员 职业健康安全管理体系内审员	机构名称： 北京中质协卓越培训中心 地址： 北京市西城区中京几道12号 邮编： 100032 电话： 010-68437528 传真： 010-68434833 负责人： 马 林 批准号： CNCA-P-2002-018 业务范围：质量管理体系认证注册审核员 环境管理体系认证注册审核员 质量管理体系内审员 环境管理体系内审员
机构名称： 天津佩美克管理科学研究中心 地址： 天津59信箱 邮编： 300162 电话： 022-84771652 ，84771654 传真： 022-24375352 负责人： 赵 航 批准号： CNCA-P-2002-017 业务范围：职业健康安全管理体系认证注册审核员 质量管理体系认证注册审核员 质量管理体系内审员 职业健康安全管理体系内审员	机构名称： 沈阳审核员培训中心 地址： 沈阳市铁西区滑翔路26号 邮编： 110021 电话： 024-25898758-8025 传真： 024-25898948 负责人：张 欢 批准号： CNCA-P-2002-020 业务范围：质量管理体系认证注册审核员 环境管理体系认证注册审核员、环境管理体系内审员

机构名称：天津市长城认证培训中心 地址：天津市和平区沙市道46号长发公寓2门7层 邮编：300051 电话：022-23042357 传真：022-23042359 负责人：王占忠 批准号：CNCA-P-2002-019 业务范围：环境管理体系认证注册审核员	机构名称：浙江世通达认证培训有限公司 地址：杭州市密渡桥路15号 邮编：310005 电话：0571-85067845 传真：0571-85067946 负责人：孙 剑 批准号：CNCA-P-2002-022 业务范围：质量管理体系认证注册审核员 质量管理体系内审员 环境管理体内审员 职业安全与健康管理体系内审员
机构名称：陕西科理达专业管理培训中心 地址：西安市咸宁西路30号 邮编：710048 电话：029-7294632 传真：029-7292826 负责人：李援朝 批准号：CNCA-P-2002-021 业务范围：职业健康安全管理体系认证注册审核员	机构名称：安徽质量认证培训中心 地址：安徽省合肥市马鞍山路30号（省质量技术监督局六楼） 邮编：230001 电话：0551-2612277 传真：0551-2627067 负责人：李 欣 批准号：CNCA-P-2002-024 业务范围：质量管理体系内审员
机构名称：上海信星认证培训中心 地址：上海市长乐路1219号603室 邮编：200031 电话：021-64749560 传真：021-34230160 负责人：盛 太 批准号：CNCA-P-2002-023 业务范围：质量管理体系内审员	机构名称：青岛市质量教育培训中心 地址：青岛市延安三路123号 邮编：266071 电话：0532-3890097 传真：0532-3890089 负责人：刘 鉴 批准号：CNCA-P-2002-026 业务范围：质量管理体系内审员
机构名称：山东华鲁认证培训中心 地址：山东省济南市千佛山东路28号 邮编：250014 电话：0531-2610331 传真：0531-2969000 负责人：林 平 批准号：CNCA-P-2002-025 业务范围：质量管理体系内审员	机构名称：辽宁北国认证培训咨询中心 地址：沈阳市和平区永安北路8号 邮编：110004 电话：024-23904676 传真：024-23880062 负责人：周千峰 批准号：CNCA-P-2002-028 业务范围：质量管理体系内审员

机构名称：合肥兴标质量体系技术服务有限公司 地址： 合肥市长江东路 999 号东都大厦五层 邮编： 230011 电话： 0551-2623835 传真： 0551-2623835 负责人： 席学民 批准号： CNCA-P-2002-027 业务范围：质量管理体系内审员	机构名称：广东中鉴认证有限责任公司 地址： 广州市天河黄埔大道 159 号富星大厦西塔 22 楼 邮编： 510620 电话： 020-87599521-45 传真： 020-87599517 负责人： 胡苏山 批准号： CNCA-P-2002-030 业务范围：质量管理体系内审员
机构名称： 上海质量技术咨询事务所 地址： 上海市西藏南路 1332 号 1205 室 邮编： 200011 电话： 021-53079925 传真： 021-53079926 负责人： 崔龙江 批准号： CNCA-P-2002-029 业务范围：质量管理体系内审员	机构名称：四川质量管理培训中心有限公司 地址： 四川省成都市黉门街 79 号附 1 号 邮编： 610041 电话： 028-85557934 传真： 028-85556329 负责人： 马菊鹤 批准号： CNCA-P-2002-034 业务范围：质量管理体系内审员
机构名称：广州科勤培训服务有限公司 地址： 广州市海珠区江南大道北 4 号 邮编： 510220 电话： 020-84448069， 84474489 传真： 020-84253982 负责人： 余洪斌 批准号： CNCA-P-2002-031 业务范围：质量管理体系内审员	机构名称： 厦门金三维管理技术有限公司 地址： 厦门市建业路 18 号阳明楼 403 邮编： 361012 电话： 0592-5316855 传真： 0592-5316851 负责人： 林久利 批准号： CNCA-P-2002-036 业务范围：质量管理体系内审员 环境管理体系内审员 职业健康安全管理体系内审员
机构名称： 东北认证有限公司 分支机构：东北认证有限公司培训分公司 地址： 沈阳市皇姑区北陵大街 56 号 邮编： 110032 电话： 024-86899992 传真： 024-86908825 负责人： 苏会君 批准号： CNCA-P-2002-033 业务范围：质量管理体系内审员，质量管理体系认证注册审核员	机构名称：上海质量认证咨询中心 地址： 上海市长乐路 1227 号 901 室 邮编： 200031 电话： 021-64743722 传真： 021-54048025 负责人： 刘放鸣 批准号： CNCA-P-2002-038 业务范围：质量管理体系内审员

机构名称：北京中亚认证培训中心 地址：北京市朝阳区三环东路 11 号北京中医药大学院内 邮编：100029 电话：010–64208595 传真：010–64208595 负责人：艾 春 批准号：CNCA–P–2002–035 业务范围：质量管理体系内审员	机构名称：青岛市质协质量培训中心 地址：青岛市市南区延安三路 129 号 1206 室 邮编：266071 电话：0532–3877296 传真：0532–3877297 负责人：王健根 批准号：CNCA–P–2002–040 业务范围：质量管理体系内审员
机构名称：四川质量咨询服务有限公司 地址：四川省成都市簧门街 79 号附 1 号 邮编：610041 电话：028–85589174，85537403 传真：028–85585072 负责人：张起超 批准号：CNCA–P–2002–037 业务范围：质量管理体系内审员	机构名称：北京陆桥质检认证中心有限公司 地址：北京市朝阳区高碑店北路甲 3 号 邮编：100025 电话：010–85773717，85761567 传真：010–85761570 负责人：陈彦长 批准号：CNCA–P–2002–042 业务范围：质量管理体系认证注册审核员
机构名称：福建万维管理技术培训中心 地址：福建省福州市华林路 147 号 邮编：350003 电话：0591–7823908 传真：0591–7823908 负责人：李丽华 批准号：CNCA–P–2002–039 业务范围：质量管理体系内审员	机构名称：浙江万千质量技术培训有限公司 地址：杭州市天目山路 222 号 4 号楼 邮编：310013 电话：0571–85128916 传真：0571–85128914 负责人：韩树新 批准号：CNCA–P–2002–044 业务范围：质量管理体系内审员
机构名称：北京品士质量管理顾问有限公司 地址：北京市海淀区学院路蓟门饭店 3508 室 邮编：100083 电话：010–62035170 传真：010–62005456 负责人：戈芸华 批准号：CNCA–P–2002–043 业务范围：QS9000 注册审核员 TS16949 注册审核员 QS9000 内审员 TS16949 内审员	机构名称：中国船级社质量认证公司 地址：北京市东城区东皇城根南街 40 号二层 邮编：100006 电话：010–65239001 传真：010–65262774 负责人：王志雄 批准号：CNCA–P–2002–046 业务范围：质量管理体系内审员

机构名称： 方圆标志认证中心 分支机构：方圆标志认证中心江苏、福建、上海、辽宁、广东、北京、西安、山东、河南、黑龙江、河北、四川、山西、湖北、安徽、吉林、浙江分中心 地址： 北京市海淀区西三环北路甲 105 号科原大厦 B 座 12 层 邮编： 100037 电话： 010-86851888-607/609/610 传真： 010-88414325 负责人： 张 伟 批准号： CNCA-P-2002-045 业务范围：质量管理体系内审员 环境管理体系内审员 质量管理体系认证注册审核员 环境管理体系认证注册审核员 职业安全与健康管理体系认证注册审核员 职业健康安全管理体系内审员(仅限于总部)	机构名称： 中国电子技术标准化研究所 地址： 北京市安定门东大街 1 号 邮编： 100007 电话： 010-64029208 传真： 010-64061162 负责人： 童本敏 批准号： CNCA-P-2002-048 业务范围：质量管理体系内审员 职业健康安全管理体系内审员
机构名称：中质协质量保证中心 地址： 北京市海淀区三虎桥百胜村 6 号 邮编： 100044 电话： 010-68450578 传真： 021-68452535 负责人： 黄金夫 批准号： CNCA-P-2002-047 业务范围：质量管理体系内审员 环境管理体系内审员	机构名称： 北京兴国环球质量认证中心 地址： 北京市海淀区车道沟 10 号 邮编： 100089 电话： 010-68413663，689663651 传真： 010-68413663 负责人： 徐达三 批准号： CNCA-P-2002-050 业务范围：质量管理体系内审员
机构名称： 中联认证中心 地址： 北京市海淀区首体南路 2 号机械院 邮编： 100044 电话： 010-68931551，68931544 传真： 010-68321826，68931546 负责人： 熊大田 批准号： CNCA-P-2002-049 业务范围：质量管理体系内审员 环境管理体系内审员 职业健康安全管理体系内审员	机构名称： 北京天一正认证中心 地址： 北京市西城区月坛北小街 2 号 1 号楼华尔森宾馆 邮编： 100830 电话： 010-68768068 传真： 010-68035994 负责人： 郭瑞霞 批准号： CNCA-P-2002-052 业务范围：质量管理体系内审员

<table>
<tr><td>机构名称：北京国金恒信管理体系认证有限公司
地址：北京市海淀区学院南路 76 号
邮编：100081
电话：010-62185863，62182375
传真：010-62182375，62185863
负责人：管炳春
批准号：CNCA-P-2002-051
业务范围：质量管理体系内审员
环境管理体系内审员
职业健康安全管理体系内审员</td><td>机构名称：北京中设质量体系认证中心
地址：北京市海淀区万寿路 27 号 307 信箱
邮编：100840
电话：010-68207521
传真：010-68207523，68200706
负责人：吴乐融
批准号：CNCA-P-2002-054
业务范围：质量管理体系内审员
环境管理体系内审员</td></tr>
<tr><td>机构名称：北京宇航剑质量认证中心
地址：北京市月坛北小街 2 号 1 号楼
邮编：100830
电话：010-68768045
传真：010-68047424
负责人：赵长盛
批准号：CNCA-P-2002-053
业务范围：质量管理体系内审员</td><td>机构名称：北京中电联认证中心有限责任公司
地址：北京市宣武区广安门外广华轩 2 号楼 3 层 315 室
邮编：100055
电话：010-63431552
传真：010-63413752
负责人：罗 勇
批准号：CNCA-P-2002-056
业务范围：质量管理体系内审员</td></tr>
<tr><td>机构名称：天津华诚认证中心
地址：天津市 59 号信箱，天津市河东区程林庄道天山路口
邮编：300162
电话：022-84771638-413
传真：022-84771633
负责人：于洪涛
批准号：CNCA-P-2002-055
业务范围：质量管理体系内审员</td><td>机构名称：中包认证中心
地址：北京市朝阳区安华里五区十八号楼六层
邮编：100011
电话：010-64244270，64240393
传真：010-64247184
负责人：李 苗
批准号：CNCA-P-2002-058
业务范围：质量管理体系内审员</td></tr>
<tr><td>机构名称：北京外建质量认证中心
地址：北京市昌平区回龙观镇龙兴园北区 10 号楼 1 单元 202 号
邮编：102208
电话：010-80799786
传真：010-80799789
负责人：王曼君
批准号：CNCA-P-2002-057
业务范围：质量管理体系内审员</td><td>机构名称：北京中大华远认证中心
地址：北京市阜外大街乙 22 号 415 室
邮编：100833
电话：010-68396415
传真：010-68396566
负责人：杜同和
批准号：CNCA-P-2002-060
业务范围：质量管理体系内审员</td></tr>
</table>

机构名称：北京中正平质量认证培训中心 地址：北京市西城区木樨地国宏大厦B座19层 邮编：100038 电话：010-63908974 传真：010-63908982 负责人：戴怀斗 批准号：CNCA-P-2002-059 业务范围：质量管理体系内审员	机构名称：长城（天津）质量保证中心 地址：天津市南开区水上公园北路津龙公寓4号 邮编：300074 电话：022-23541981 传真：010-23541991 负责人：王占忠 批准号：CNCA-P-2002-062 业务范围：质量管理体系内审员
机构名称：中国检验认证集团质量认证有限公司 地址：北京市海淀区马甸东路9号B座 邮编：100088 电话：010-82260883 传真：010-82260892 负责人：刘生明 批准号：CNCA-P-2002-061 业务范围：质量管理体系内审员，质量管理体系认证注册审核员	机构名称：北京新世纪认证有限公司 地址：北京市东城区东四六条45号北楼二层 邮编：100007 电话：010-84048797 传真：010-84048794 负责人：黄 权 批准号：CNCA-P-2002-064 业务范围：质量管理体系内审员
机构名称：浙江公信认证有限公司 地址：浙江省杭州市密渡桥路15号新世纪大厦25楼 邮编：310005 电话：0571-85067841 传真：0571-85067941 负责人：孙 剑 批准号：CNCA-P-2002-063 业务范围：质量管理体系内审员	机构名称：兴原认证中心有限公司 地址：北京市982号信箱 邮编：100091 电话：010-62863564 传真：010-62862030 负责人：李鸿才 批准号：CNCA-P-2002-066 业务范围：质量管理体系内审员
机构名称：泰尔认证中心 地址：北京市西城区新街口外大街28号 邮编：100088 电话：010-82050120 传真：010-82050131 负责人：鲁 阳 批准号：CNCA-P-2002-065 业务范围：质量管理体系内审员	机构名称：北京中经科环质量认证有限公司 地址：北京市西城区文兴东街1号国谊宾馆（国务院一招）南楼6层 邮编：100044 电话：010-68319784 传真：010-68359004 负责人：艾轶伦 批准号：CNCA-P-2002-068 业务范围：质量管理体系内审员

机构名称： 北京世标认证中心
地址： 北京市海淀区德胜门西大街 15 号远洋风景 8-2-7 层
邮编： 100088
电话： 010-82291199
传真： 010-82295677
负责人： 徐 涛
批准号： CNCA-P-2002-067
业务范围：质量管理体系内审员
环境管理体系内审员
职业健康安全管理体系内审员

机构名称： 北京海萨博质量认证中心
地址： 北京市丰台永定路南青塔 150 号
邮编： 100039
电话： 010-68673912
传真： 010-68671130
负责人： 司徒建通
批准号： CNCA-P-2002-070
业务范围：质量管理体系内审员

机构名称： 杭州万泰认证有限公司
地址： 杭州市杭大路 1 号黄龙世纪广场 A 座 9 楼
邮编： 310007
电话： 0571-85211017
传真： 0571-85211644
负责人： 汤凯珊
批准号： CNCA-P-2002-069
业务范围：质量管理体系内审员
质量管理体系认证注册审核员、环境管理体系内审员

机构名称： 深圳市南方认证有限公司
地址： 深圳市华强南路无线电管理大厦 12 楼
邮编： 518033
电话： 0755-83248563-
传真： 0755-83247502-
负责人： 吴亚平
批准号： CNCA-P-2002-072
业务范围：环境管理体系内审员

机构名称：北京国建联信认证中心有限公司
地址： 北京市朝阳区十里堡甲 3 号城市广场 B 座写字楼 21 层 C 室
邮编： 100025
电话： 010-65561183
传真： 010-65561194
负责人： 武庆涛
批准号： CNCA-P-2002-071
业务范围：质量管理体系内审员

机构名称： 江苏九州认证有限公司
地址： 南京市云南路 31-1 号苏建大厦 11 楼
邮编： 210008
电话： 025-3235215
传真： 025-3235213
负责人： 林 军
批准号： CNCA-P-2002-074
业务范围：质量管理体系内审员
环境管理体系内审员
环境管理体系认证注册审核员

机构名称：北京中建协质量体系认证中心
地址： 北京市海淀区甘家口乙 18 号
邮编： 100037
电话： 010-68321869
传真： 010-68321870
负责人： 董 光
批准号： CNCA-P-2002-073
业务范围：质量管理体系内审员

机构名称： 北京国宣环境管理培训中心有限公司
地址： 北京市朝阳区育慧南路 1 号
邮编： 100029
电话： 010-84630877
传真： 010-84636367
负责人： 焦志延
批准号： CNCA-P-2002-076
业务范围：环境管理体系内审员
环境管理体系认证注册审核员

机构名称： 北京中环佳环境标志产品技术发展中心 地址： 北京市朝阳区北苑路66号楼217房 邮编： 100012 电话： 010-84915161 传真： 010-84913300 负责人： 夏 青 批准号： CNCA-P-2002-075 业务范围：环境标志产品认证检查员	机构名称： 通标标准技术服务有限公司 分支机构：深圳分公司、上海分公司、广州分公司、天津分公司、青岛分公司、厦门分公司 地址： 北京市复兴路戊12号恩菲科技大厦1026室 邮编： 100038 电话： 0755-3114358 传真： 0755-3110922 负责人： 杨志森 批准号： CNCA-P-2002-078 业务范围：质量管理体系内审员
机构名称： 上海贝恒科技有限公司 地址： 上海市志丹路201号602室 邮编：200065 电话： 021-56524746 传真： 021-56524359 负责人： 曹国明 批准号： CNCA-P-2002-077 业务范围：环境管理体系内审员	机构名称： 广州立恩威技术服务有限公司 地址： 广州市天河北路183号大都会广场3307-3309室 邮编： 5100758 电话： 020-87550111 传真： 020-87550374 负责人： Andrew Westwood 批准号： CNCA-P-2002-080 业务范围：质量管理体系内审员
机构名称：上海埃比埃斯技术检验有限公司 地址： 上海市浦东新区东方路800号（宝安大厦）1803室 邮编： 200122 电话： 021-53827974 传真： 021-53820970 负责人： 黄桂武 批准号： CNCA-P-2002-079 业务范围：质量管理体系内审员	机构名称：江苏省苏兴认证培训中心 地址：南京市云南路31-1号苏建大厦305室 邮编：210029 电话：025-6666343 传真：025-6602538 负责人：滕远清 批准号：CNCA-P-2002-082 业务范围：质量管理体系内审员
机构名称：劳氏质量认证服务（天津）有限公司 分支机构：北京分公司 地址： 天津经济技术开发区第三大街捷达路26号大地中心701室 邮编： 300456 电话： 010－64106658 传真： 010－64106659 负责人： 耐勒 批准号： CNCA-P-2002-081 业务范围：质量管理体系内审员	机构名称：北京中轻联认证中心 地址： 北京市阜外大街乙二十二号 邮编： 100833 电话： 010－68396406 传真： 010－68396563 负责人： 张艳芬 批准号： CNCA-P-2002-084 业务范围：质量管理体系内审员

<table>
<tr><td>机构名称：中国新时代质量体系认证中心
地址： 北京市京顺路 7 号
邮编： 100028
电话： 010－64607594
传真： 010－64688381
负责人： 席学文
批准号： CNCA-P-2002-083
业务范围：质量管理体系内审员
环境管理体系内审员
职业健康安全管理体系内审员</td><td>机构名称：北京泰瑞特质量认证中心
地址： 北京市朝阳区大山子酒仙桥北路乙七号
邮编： 100015
电话： 010－64320493
传真： 010－64320493
负责人： 沙冰
批准号： CNCA-P-2002-086
业务范围：质量管理体系内审员</td></tr>
<tr><td>机构名称：北京埃尔维质量认证中心
地址：北京市西城区车公庄大街甲 4 号物华大厦 A1007 室
邮编： 100044
电话： 010-68001010， 68008035
传真： 010-68008889
负责人： 徐清
批准号： CNCA-P-2002-085
业务范围：质量管理体系内审员；环境管理体系内审员；职业健康安全管理体系内审员</td><td>机构名称：河北质量认证有限公司
地址： 河北省石家庄市中山西路 275 号
邮编： 050051
电话： 0311－7016289
传真： 0311－7877432
负责人：东续艮
批准号： CNCA-P-2002-088
业务范围：质量管理体系内审员</td></tr>
<tr><td>机构名称：北京联合智业认证有限公司
地址： 北京市朝阳区亚运村安慧里四区 15 号楼中国五矿大厦 16 层
邮编： 100101
电话： 010－64979883
传真： 010－64916981
负责人： 门哲清
批准号： CNCA-P-2002-087
业务范围：质量管理体系内审员</td><td>机构名称：华夏认证中心有限公司
地址： 北京市海淀区北四环中路 NO.211 综合楼 1 号信箱
邮编： 100083
电话： 010－62335276
传真： 010－62335267
负责人：郑亚南
批准号： CNCA-P-2002-090
业务范围：环境管理体系认证注册审核员；环境管理体系内审员</td></tr>
<tr><td>机构名称：深圳市国信认证培训中心有限公司
地址： 深圳市华强南路无线电管理大厦 13 楼
邮编： 518033
电话： 0755－83245113
传真： 0755－83245113
负责人：郭力军
批准号： CNCA-P-2002-089
业务范围：质量管理体系内审员
环境管理体系内审员
职业健康安全管理体系内审员；环境管理体系认证注册审核员；职业健康安全管理体系认证注册审核员</td><td>机构名称：摩迪英联认证有限公司
地址：上海市浦东新区东方路 800 号宝安大厦 1903 室
邮编： 200122
电话： 021-68759400
传真： 021-68760601
负责人： 孙爱民
批准号： CNCA-P-2002-092
业务范围：质量管理体系内审员</td></tr>
</table>

机构名称： 莱茵技术——商检（青岛）有限公司 地址： 山东省青岛市香港中路 18 号福泰广场 B 座 6 层 邮编： 266071 电话： 0532-5781778 传真： 0532-5781079 负责人： 李化雨 批准号： CNCA-P-2002-091 业务范围：质量管理体系内审员；环境管理体系内审员	机构名称：北京国经兆维认证咨询中心 地址： 北京西二环菜户营东街甲 88 号鹏润家园静苑 B 室 105 号 邮编：100054 电话： 010-63392325 传真： 010-63391975 负责人： 郭原林 批准号： CNCA-P-2002-094 业务范围：质量管理体系内审员
机构名称：北京珂玛认证培训有限公司 地址： 北京市海淀区北洼路西里甲 2 号 B210 室 邮编： 100089 电话： 010-66167339 传真： 010-66167339 负责人： 石炎鑫 批准号： CNCA-P-2002-093 业务范围：质量管理体系内审员	机构名称：北京国环环境认证有限公司 地址： 北京市朝阳区洼里乡大羊坊 8 号院 邮编：100012 电话： 010-84915279 传真： 010-84913164 负责人： 陈复 批准号： CNCA-P-2002-096 业务范围：环境管理体系认证注册审核员；环境管理体系内审员
机构名称：北京国医械华光认证有限公司 地址： 北京北三环中路 2 号 邮编：100011 电话： 010-62379330 传真： 010-62013872 负责人： 陈志刚 批准号： CNCA-P-2002-095 业务范围：质量管理体系内审员	机构名称：北京中油健康安全环境认证中心 地址： 天津市大港油田三号院科技楼 邮编：300280 电话： 022-25948344 传真： 022-25914758 负责人： 王其华 批准号： CNCA-P-2003-098 业务范围：职业安全与健康管理体系内审员；环境管理体系内审员；质量管理体系内审员
机构名称：英标管理体系认证（北京）有限公司 地址： 中国北京市北京经济技术开发区运成街 9 号办公楼 201 室 邮编：100176 电话： 010-85261241 传真： 010-85261245 负责人： 邓伟文 批准号： CNCA-P-2003-097 业务范围：质量管理体系内审员	机构名称：北京市中航哈佛德质量认证有限公司 地址： 北京市东城区新中西街新中大厦 706 室 邮编：100027 电话：010-65535910，65535911，65535912， 65535913 传真： 010-65511869 负责人： 朱莉 批准号： CNCA-P-2003-100 业务范围：质量管理体系内审员

机构名称：北京华之威质量保证咨询有限公司 地址： 北京市东城区东皇城根南街 40 号 邮编：100006 电话： 010–85110627 传真： 010–85110658 负责人： 汪健豪 批准号： CNCA–P–2003–099 业务范围：质量管理体系内审员	机构名称：北京星智城企业管理咨询有限公司 地址：北京市石景山区玉泉大厦 712、713 室 邮编：100039 电话：010–88258063， 88258190 传真：010–88258190 负责人：沈广钊 批准号：CNCA–P–2003–102 业务范围：质量管理体系内审员
机构名称：濮阳市寰宇认证技术咨询服务有限公司 地址： 河南省濮阳市中原路新村宾馆四楼 邮编：457001 电话： 0390–4730002， 4810670 传真： 0390–4893754 负责人： 任霄鸿 批准号： CNCA–P–2003–101 业务范围：质量管理体系内审员	机构名称：北京中安质环认证中心 地址：北京市朝阳区建外大街光华里甲 19 号 邮编：100020 电话：010–65861800 传真：010–65925674 负责人：任磊 批准号：CNCA–P–2003–104 业务范围：质量管理体系内审员；环境管理体系内审员
机构名称：北京东方易初标准技术有限公司 地址：北京市东城区建国门内大街 7 号光华长安大厦 B 座 11 层 邮编：100005 电话：010–65186606–101 传真：010–65188818 负责人：朱立本 批准号：CNCA–P–2003–103 业务范围：质量管理体系内审员	机构名称：中环联合（北京）认证中心有限公司 地址：北京市朝阳区育慧南路 1 号 邮编：100029 电话：010–84630873 传真：010–84630873 负责人：陈燕平 批准号：CNCA–P–2003–106 业务范围：环境管理体系认证注册审核员；环境管理体系内审员
机构名称：北京中水源禹质量体系认证中心 地址：北京市西城区六铺炕北小街 21 号 邮编：100011 电话：010–82071983 传真：010–82071983 负责人：董在志 批准号：CNCA–P–2003–105 业务范围：质量管理体系内审员	机构名称：山东科飞管理咨询有限公司 地址：山东省烟台市芝罘区解放路 166 号 邮编：264001 电话：0535–6616866，013905359325 传真：0535–6151006 负责人：门洪利 批准号：CNCA–P–2003–108 业务范围：质量管理体系内审员

机构名称：北京经典智业认证咨询中心 地址：北京北三环东路 18 号 138 信箱 邮编：100013 电话：010-64256716， 64215617 传真：010-64257959 负责人：尹彦琳 批准号：CNCA-P-2003-107 业务范围：质量管理体系内审员	机构名称：北京大陆航星质量认证中心 地址：北京西城区鼓楼西大街八步口三号四楼 邮编：100009 电话：010-84015290 传真：010-84013678 负责人：陆益勤 批准号：CNCA-P-2003-110 业务范围：质量管理体系内审员
机构名称：北京乃骏质量管理咨询有限公司 地址：北京东城区王家园十号商之苑大厦六层 邮编：100027 电话：010-65518018 传真：010-65516860 负责人：葛利 批准号：CNCA-P-2003-109 业务范围：质量管理体系内审员 环境管理体系内审员	机构名称：北京中物联联合认证中心 地 址：北京市月坛北街 25 号 2 号楼 234 室 邮 编：100834 电 话：010-68392234-84 传 真：010-68392234-84 负 责 人：赵林华 批 准 号：CNCA-P-2003-112 业务范围：质量管理体系内审员
机构名称：法立德国际质量认证（北京）有限公司 地 址:北京市朝阳区朝外大街 18 号丰联广场 A 座 2208 室 邮 编：100020 电 话：010-65882098 传 真：010-65882097 负 责 人： 杨鸿儒 批 准 号：CNCA-P-2003-111 业务范围：质量管理体系内审员	机构名称：深圳市冠智达实业有限公司 地 址：深圳市宝安区九区广场大厦 602-603 室 邮 编：518101 电 话：0755-27756007 传 真：0755-27788279 负 责 人：乐向东 批 准 号：CNCA-P-2003-114 业务范围：质量管理体系内审员
机构名称：浙江省环科环境认证中心 地 址：杭州市天目山路 111 号 邮 编：310007 电 话：0571-87980311 传 真：0571-87977255 负 责 人：章晨 批 准 号：CNCA-P-2003-113 业务范围：环境管理体系内审员	机构名称：北京新标认证咨询有限公司 地 址:北京市朝阳区安立路 66 号安立花园 A 座 10 层 邮 编：100101 电 话：010-64907918 传 真：010-64907158 负 责 人：张元琦 批 准 号：CNCA-P-2003-116 业务范围：质量管理体系内审员

机构名称：北京博天亚认证有限公司 地　址：北京西城区新德街甲20号天岳恒大厦510号 邮　编：100088 电　话：010-62367623 传　真：010-62360827 负 责 人：韩作 批 准 号：CNCA-P-2003-115 业务范围：质量管理体系内审员；职业健康安全管理体系内审员	机构名称：厦门永续认证中心有限公司 地　址：厦门市禾祥西路4号鸿升大厦9A 邮　编：361004 电　话：0592-2685699 传　真：0592-2685677 负 责 人：李晨章 批 准 号：CNCA-P-2003-118 业务范围：环境管理体系内审员
机构名称：四川质量认证咨询中心 地　址：四川省成都市东风路二段北二巷四号 邮　编：610061 电　话：028-84403715 传　真：028-84403367 负 责 人：戴祖清 批 准 号：CNCA-P-2003-117 业务范围：质量管理体系内审员	机构名称：北京中标经略质量认证咨询有限公司 地　址：北京西城区月坛小街2号2号楼 邮　编：100836 电　话：010-68047571 传　真：010-68059133 负 责 人：许春亮 批 准 号：CNCA-P-2003-120 业务范围：质量管理体系内审员
机构名称：苏州市万盛技术咨询服务有限公司 地　址：苏州市养育巷桂和坊4号1楼 邮　编：215002 电　话：0512-65229269 传　真：0512-65220229 负 责 人：刘大万 批 准 号：CNCA-P-2003-119 业务范围：质量管理体系内审员	机构名称：上海电子仪表质量审核所 地　址：上海市永嘉路627号 邮　编：200031 电　话：021-64318322，　64335275 传　真：021-64715086 负 责 人：秦葆禄 批 准 号：CNCA-P-2003-122 业务范围：质量管理体系内审员；环境管理体系内审员
机构名称：北京中检联合质量认证中心 地　址：北京市朝阳区朝外大街18号丰联广场A座2209室 邮　编：100020 电　话：010-65885999，65886999 传　真：010-65885534 负 责 人：韩敏 批 准 号：CNCA-P-2003-121 业务范围：质量管理体系内审员	机构名称：国家安全生产监督局安全科学研究中心 地　址：北京市朝阳区惠新西街17号 邮　编：100029 电　话：010-64811878 传　真：010-64916140 负 责 人：刘铁民 批 准 号：CNCA-P-2003-124 业务范围：职业健康安全管理体系认证注审核员；职业健康安全管理体系内审员
机构名称：北京比瑞思科技服务中心 地　址：北京市朝阳区高碑店北路甲3号 邮　编：100025 电　话：010-85789001 传　真：010-85770202 负 责 人：徐思桥 批 准 号：CNCA-P-2003-123 业务范围：质量管理体系内审员	

7、认证咨询机构名录

批准书编号：CNCA-Z-01C-2002-001 机构名称：北京比瑞思科技服务中心 分支机构：无 批准的办事处：无 机构原名称：无 负责人：徐思桥 电话：010-85789001，85789002 ，85789003 传真：010-85770202 地址：北京市朝阳区高碑店北路甲3号 邮编：100025 有效期限：2006-8-30 批准业务范围：质量管理体系认证咨询；环境管理体系认证咨询	批准书编号：CNCA-Z-01C-2002-004 机构名称：北京纳威尔格质量咨询有限公司 分支机构：无 批准的办事处：无 机构原名称：无 负责人：李文远 电话：010-66410036 传真：010-66410039 地址：北京市西城区宣武门西大街甲129号金隅大厦1004室 邮编：100031 有效期限：2006-9-29 批准业务范围：质量管理体系认证咨询
批准书编号：CNCA-Z-01Q-2002-001 机构名称：北京国经兆维认证咨询中心 分支机构：北京国经兆维认证咨询中心山西兆维分中心 批准的办事处：无 机构原名称：无 负责人：郭原林 电话：010-63392325-666，63330101 传真：010-63391975 地址：北京市西二环菜户营东街甲88号鹏润家园静苑B105首层二层 邮编：100054 有效期限：2006-8-30 批准业务范围：质量管理体系认证咨询；环境管理体系认证咨询；职业安全与健康管理体系认证咨询	批准书编号：CNCA-Z-01Q-2002-002 机构名称：北京东方易初标准技术有限公司 分支机构：无 批准的办事处：无 机构原名称：北京久仟企业标准技术发展有限公司 负责人：朱立本 电话：010-65186606， 65186626 传真：010-65188818 地址：北京市东城区建国门内大街7号光华长安大厦1125 邮编：100005 有效期限：2006-9-29 批准业务范围：质量管理体系认证咨询；环境管理体系认证咨询；职业安全与健康管理体系认证咨询

批准书编号：CNCA-Z-01Q-2002-003 机构名称：北京新标认证咨询有限公司 分支机构：无 批准的办事处：无 机构原名称：无 负责人：张元琦 电话：010-64907993 传真：010-64906965 地址：北京市朝阳区安立路 66 号安立花园 A 座 10 层 1010、1011 室 邮编：100101 有效期限：2006-8-30 批准业务范围：质量管理体系认证咨询；环境管理体系认证咨询；职业安全与健康管理体系认证咨询	批准书编号：CNCA-Z-01Q-2002-004 机构名称：北京梯必梯技术服务中心 分支机构：无 批准的办事处：无 机构原名称：无 负责人：王进 电话：010-65928263 传真：010-65301589 地址：北京市朝阳区白家庄路甲六号 邮编：100020 有效期限：2004-12-31 批准业务范围：质量管理体系认证咨询
批准书编号：CNCA-Z-01Q-2002-005 机构名称：北京正迅企业管理咨询中心 分支机构：无 批准的办事处：无 机构原名称：无 负责人：王小蓓 电话：010-82072496， 62019922-3418 传真：010-82072496 地址：北京市西城区安德路 67 号 邮编：100011 有效期限：2006-8-30 批准业务范围：质量管理体系认证咨询；环境管理体系认证咨询；职业安全与健康管理体系认证咨询	批准书编号：CNCA-Z-01Q-2002-006 机构名称：北京思特飞技术发展中心 分支机构：无 批准的办事处：无 机构原名称：无 负责人：牛景金 电话：010-82787209 传真：010-67256076 地址：北京市丰台区洋桥 70 号 邮编：100075 有效期限：2006-8-30 批准业务范围：质量管理体系认证咨询
批准书编号：CNCA-Z-01Q-2002-007 机构名称：北京标智咨询有限公司 分支机构：无 批准的办事处：无 机构原名称：无 负责人：刘京 电话：010-64466932 传真：010-64466933 地址：北京市朝阳区西坝河南路甲 1 号新天第 A 座 1601 室 邮编：100028 有效期限：2004-12-31 批准业务范围：质量管理体系认证咨询	批准书编号：CNCA-Z-01Q-2002-009 机构名称：北京绿荫咨询有限责任公司 分支机构：无 批准的办事处：无 机构原名称：无 负责人：韩锋 电话：010-68767996 ， 68767513 传真：010-68767499 地址：北京市海淀区阜成路 14 号一号楼 2 层 邮编：100037 有效期限：2006-8-30 批准业务范围：质量管理体系认证咨询

批准书编号：CNCA-Z-01Q-2002-010 机构名称：北京世纪放歌企业管理咨询有限公司 分支机构：无 批准的办事处：无 机构原名称：无 负责人：许宝良 电话：010-88462211-33-55 传真：010-88468515 地址：海淀区曙光花园智业园 B-10F 邮编：100089 有效期限：2006-8-30 批准业务范围：质量管理体系认证咨询；环境管理体系认证咨询；职业安全与健康管理体系认证咨询	批准书编号：CNCA-Z-01Q-2002-012 机构名称：北京儒商创业企业管理顾问中心 分支机构：无 批准的办事处：无 机构原名称：北京久千儒商咨询中心 负责人：高平 电话：010-64916941 传真：010-64983031 地址：北京市朝阳区小营路 9 号 C 座 05H 邮编：100101 有效期限：2006-8-30 批准业务范围：质量管理体系认证咨询；环境管理体系认证咨询
批准书编号：CNCA-Z-01Q-2002-013 机构名称：北京大成新华认证咨询有限公司 分支机构：无 批准的办事处：无 机构原名称：北京长城九千质量认证咨询有限公司 负责人：钱雷 电话：010-88421307 传真：010-84144201 地址：北京市海淀区西三环北路 71 号三平写字楼 邮编：100089 有效期限：2006-9-29 批准业务范围：质量管理体系认证咨询	批准书编号：CNCA-Z-01Q-2002-014 机构名称：北京帝凯星认证咨询有限责任公司 分支机构：无 批准的办事处：无 机构原名称：无 负责人：苏琪 电话：010-62373880 传真：010-62382824 地址：北京市西城区教场口 1 号院 9 号楼 218 室 邮编：100011 有效期限：2006-8-30 批准业务范围：质量管理体系认证咨询；环境管理体系认证咨询；职业安全与健康管理体系认证咨询
批准书编号：CNCA-Z-01Q-2002-017 机构名称：环科通达（北京）认证咨询有限公司 分支机构：无 批准的办事处：无 机构原名称：环科通标（北京）认证咨询有限公司 负责人：宗玲 电话：010-67021531 传真：010-67016505 地址：北京市崇文区天坛东里中区甲 14 号 邮编：100061 有效期限：2004-12-31 批准业务范围：质量管理体系认证咨询；环境管理体系认证咨询	批准书编号：CNCA-Z-01Q-2002-021 机构名称：北京博尧质量体系认证咨询中心 分支机构：无 批准的办事处：无 机构原名称：无 负责人：付丽霞 电话：010-63798598 ， 63784500 传真：010-63798598 地址：北京市丰台区育芳园东里 3#楼 邮编：100070 有效期限：2006-8-30 批准业务范围：质量管理体系认证咨询

批准书编号：CNCA-Z-01Q-2002-023 机构名称：北京环通世纪认证咨询有限公司 分支机构：无 批准的办事处：无 机构原名称：北京节能技术服务中心 负责人：张继民 电话：010-64813739， 64813785， 13910039236 传真：010-64813739 地址：北京市朝阳区安定门外小关东里甲 2 号 邮编：100029 有效期限：2004-12-31 批准业务范围：环境管理体系认证咨询	批准书编号：CNCA-Z-01Q-2002-026 机构名称：北京科理环管理体系咨询认证中心 分支机构：无 批准的办事处：无 机构原名称：无 负责人：陈兵 电话：010-82024943 传真：010-82024941 地址：北京西城区德外教场口一号 1 楼 421 室 邮编：100011 有效期限：2004-12-31 批准业务范围：质量管理体系认证咨询
批准书编号：CNCA-Z-01Q-2002-028 机构名称：北京中质卓越咨询中心 分支机构：无 批准的办事处：无 机构原名称：北京中质协诚成咨询中心 负责人：周宏宁 电话：010-66073211 传真：010-66073211 地址：北京市西城区中京几道 12 号 邮编：100032 有效期限：2006-8-30 批准业务范围：质量管理体系认证咨询；环境管理体系认证咨询；职业安全与健康管理体系认证咨询	批准书编号：CNCA-Z-01Q-2002-029 机构名称：北京中咨文景技术发展有限公司 分支机构：无 批准的办事处：无 机构原名称：无 负责人：胡明 电话：010-87716152 传真：010-87716195 地址：北京市朝阳区百子湾路 1 号写字楼 432 号 邮编：100022 有效期限：2004-12-31 批准业务范围：质量管理体系认证咨询
批准书编号：CNCA-Z-01Q-2002-030 机构名称：北京和信智业技术管理咨询有限公司 分支机构：无 批准的办事处：无 机构原名称：无 负责人：武一农 电话：010-88389004 传真：010-88389003 地址：北京市西城区月坛南街 9 号兵月招待所 502 室 邮编：100045 有效期限：2004-12-31 批准业务范围：质量管理体系认证咨询；环境管理体系认证咨询	批准书编号：CNCA-Z-01Q-2002-031 机构名称：北京万业诚信质量认证咨询中心 分支机构：无 批准的办事处：无 机构原名称：北京方圆万业质量认证咨询中心 负责人：李凤玖 电话：010-88149619 ，88148080 传真：010-88149619 地址：北京市海淀区阜成路定慧北里国宾嘉园 2 号楼 903 室 邮编：100036 有效期限：2004-12-31 批准业务范围：质量管理体系认证咨询；环境管理体系认证咨询

批准书编号：CNCA-Z-01Q-2002-032
机构名称：北京中质证咨询有限公司
分支机构：无
批准的办事处：无
机构原名称：无
负责人：季韵娟
电话：010-84239406 ， 84239482
传真：010-84239496
地址：北京市东城区和平里东街 12 号中林商务 329 房间
邮编：100013
有效期限：2004-12-31
批准业务范围：质量管理体系认证咨询

批准书编号：CNCA-Z-01Q-2002-033
机构名称：北京恒基智业管理咨询有限公司
分支机构：无
批准的办事处：无
机构原名称：无
负责人：王术青
电话：010-62335250
传真：010-62335158
地址：海淀区北四环中路 211 号综合楼 5 层
邮编：100083
有效期限：2006-8-30
批准业务范围：质量管理体系认证咨询；职业安全与健康管理体系认证咨询

批准书编号：CNCA-Z-01Q-2002-034
机构名称：北京华路达环保工程有限公司
分支机构：无
批准的办事处：无
机构原名称：无
负责人：张万玉
电话：010-65302355
传真：010-65302255
地址：北京市朝阳区白家庄东里 13 号楼 202-201
邮编：100026
有效期限：2004-12-31
批准业务范围：质量管理体系认证咨询；环境管理体系认证咨询

批准书编号：CNCA-Z-01Q-2002-036
机构名称：北京理尔邦企业管理顾问有限公司
分支机构：无
批准的办事处：无
机构原名称：无
负责人：谭晓晶
电话：010-64466792
传真：010-64466791
地址：北京市朝阳区西坝河南路甲 1 号新天第大厦 A-1705
邮编：100028
有效期限：2006-8-30
批准业务范围：质量管理体系认证咨询；环境管理体系认证咨询

批准书编号：CNCA-Z-01Q-2002-037
机构名称：北京国研趋势管理咨询中心
分支机构：无
批准的办事处：无
机构原名称：无
负责人：王博文
电话：010-63392778
传真：010-63392120
地址：北京市西城区月坛南街 75 号国家统计局中国国情研究会
邮编：100086
有效期限：2006-8-30
批准业务范围：质量管理体系认证咨询；环境管理体系认证咨询；职业安全与健康管理体系认证咨询

批准书编号：CNCA-Z-01Q-2002-038
机构名称：北京鑫金伯顿资讯有限公司
分支机构：无
批准的办事处：无
机构原名称：无
负责人：申跃华
电话：010-82357807 ，82357808
传真：010-82357809-819
地址：北京市海淀区知春路锦秋知春 G 座 204 室
邮编：100088
有效期限：2004-12-31
批准业务范围：质量管理体系认证咨询

批准书编号：CNCA-Z-01Q-2002-039
机构名称：北京海德世纪科技发展有限公司
分支机构：无
批准的办事处：无
机构原名称：无
负责人：王丽
电话：010-64812304， 13901056 4878
传真：010-64813344-16
地址：北京市朝阳区安苑路甲17号惠安轩609室
邮编：100029
有效期限：2006-8-30
批准业务范围：质量管理体系认证咨询；环境管理体系认证咨询；职业安全与健康管理体系认证咨询

批准书编号：CNCA-Z-01Q-2002-040
机构名称：北京华逸诚信咨询有限公司
分支机构：无
批准的办事处：无
机构原名称：北京华逸九千咨询有限公司
负责人：邢伟
电话：010-88465306-07-09-10-11-12-13-15
传真：010-88465308
地址：北京市海淀区板井路69号世纪金源国际公寓西区1-5A
邮编：100089
有效期限：2004-12-31
批准业务范围：质量管理体系认证咨询；环境管理体系认证咨询

批准书编号：CNCA-Z-01Q-2002-041
机构名称：北京中企联企业管理顾问有限责任公司
分支机构：无
批准的办事处：无
机构原名称：无
负责人：刘广明
电话：010-687200268 ，68419739-214
传真：010-68419739
地址：北京市海淀区车道沟八号信弘大厦五层北京中企联公司
邮编：100089
有效期限：2006-9-29
批准业务范围：质量管理体系认证咨询；环境管理体系认证咨询；职业安全与健康管理体系认证咨询

批准书编号：CNCA-Z-01Q-2002-042
机构名称：北京达明慧策咨询有限公司
分支机构：无
批准的办事处：无
机构原名称：北京达明久仟咨询有限公司
负责人：杨满荣
电话：010-88271202
传真：010-68239091
地址：北京市海淀区太平路25号瑞兴公寓B座201室
邮编：100036
有效期限：2004-12-31
批准业务范围：质量管理体系认证咨询

批准书编号：CNCA-Z-01Q-2002-043
机构名称：北京质管环咨询有限公司
分支机构：无
批准的办事处：无
机构原名称：无
负责人：李龙小
电话：010-68234558
传真：010-68236924
地址：北京市海淀区玉泉路7号
邮编：100039
有效期限：2006-8-30
批准业务范围：质量管理体系认证咨询

批准书编号：CNCA-Z-01Q-2002-045
机构名称：北京明标企业管理咨询中心
分支机构：无
批准的办事处：无
机构原名称：无
负责人：王化义
电话：010-51893070 ，51685341
传真：010-51893070
地址：北京市海淀区紫竹院路1号人济山庄D座1607号
邮编：100044
有效期限：2004-12-31
批准业务范围：质量管理体系认证咨询

批准书编号：CNCA-Z-01Q-2002-047 机构名称：北京艾索桥质量技术咨询中心 分支机构：无 批准的办事处：无 机构原名称：无 负责人：徐树彬 电话：010-64029527，84020677 传真：010-84021542 地址：北京市东城区美术官后街 60 号 邮编：100010 有效期限：2004-12-31 批准业务范围：质量管理体系认证咨询	批准书编号：CNCA-Z-01Q-2002-048 机构名称：北京乃骏质量管理咨询有限公司 分支机构：无 批准的办事处：无 机构原名称：北京乃骏九千技术咨询有限公司 负责人：李晓敏 电话：010-65516899 传真：010-65516860 地址：北京东城区王家园 10 号商之苑大厦六层 邮编：100027 有效期限：2006-9-29 批准业务范围：质量管理体系认证咨询；环境管理体系认证咨询；职业安全与健康管理体系认证咨询
批准书编号：CNCA-Z-01Q-2002-049 机构名称：北京中电力企业管理咨询有限公司 分支机构：无 批准的办事处：无 机构原名称：无 负责人：虞旭清 电话：010-83548309-112 传真：010-63264765-8098 地址：北京市广内大街 6 号枫桦豪景 A8-1201 邮编：100053 有效期限：2006-9-29 批准业务范围：质量管理体系认证咨询；环境管理体系认证咨询；职业安全与健康管理体系认证咨询	批准书编号：CNCA-Z-01Q-2002-051 机构名称：北京三特咨询服务有限公司 分支机构：无 批准的办事处：无 机构原名称：无 负责人：孟玲 电话：010-68339277 传真：010-68339281 地址：北京市西城区西直门外南路 19 号 邮编：100044 有效期限：2006-9-29 批准业务范围：质量管理体系认证咨询；职业安全与健康管理体系认证咨询
批准书编号：CNCA-Z-01Q-2002-052 机构名称：北京英伦金典管理体系咨询中心 分支机构：无 批准的办事处：无 机构原名称：北京九千族质量体系咨询中心 负责人：陈赤 电话：010-88132366 传真：010-88132360 地址：北京市海淀区阜成路 42 号 41 号楼 B 座 邮编：100036 有效期限：2004-12-31 批准业务范围：质量管理体系认证咨询；环境管理体系认证咨询	批准书编号：CNCA-Z-01Q-2002-055 机构名称：北京康迅伟业质量认证咨询有限公司 分支机构：无 批准的办事处：无 机构原名称：无 负责人：方华平 电话：010-66022938， 66013183 传真：010-66015018 地址：北京市西城区宣武门西大街 127 号汇通商苑 106 室 邮编：100031 有效期限：2004-12-31 批准业务范围：质量管理体系认证咨询；环境管理体系认证咨询

批准书编号：CNCA-Z-01Q-2002-056 机构名称：北京汇士通联合经济管理研究中心 分支机构：无 批准的办事处：无 机构原名称：北京通标质量认证咨询中心 北京欧亚世纪通用标准认证咨询中心 负责人：陈玉琴 电话：010-64836282 传真：010-64836282 地址：北京市朝阳区安外慧忠北里 301 楼华汇公寓 A 座 701 室 邮编：100012 有效期限：2006-10-30 批准业务范围：质量管理体系认证咨询；环境管理体系认证咨询；职业安全与健康管理体系认证咨询	批准书编号：CNCA-Z-01Q-2002-057 机构名称：北京中标世纪认证咨询有限公司 分支机构：无 批准的办事处：无 机构原名称：北京久千行质量认证咨询有限公司 负责人：赵晨 电话：010-63400282 传真：010-63400283-8003 地址：北京市宣武区广安门外北滨河路甲 1 号 602 室 邮编：100055 有效期限：2004-12-31 批准业务范围：环境管理体系认证咨询
批准书编号：CNCA-Z-01Q-2002-059 机构名称：北京中标联企业管理顾问有限公司 分支机构：无 批准的办事处：无 机构原名称：无 负责人：杜冰 电话：010-64466705 传真：010-64466706 地址：北京朝阳区西坝河南路甲 1 号新天第 A1705 邮编：100028 有效期限：2006-9-29 批准业务范围：质量管理体系认证咨询；环境管理体系认证咨询	批准书编号：CNCA-Z-01Q-2002-060 机构名称：北京博业苑技术发展有限公司 分支机构：无 批准的办事处：无 机构原名称：无 负责人：夏玉生 电话：010-63182655 ，63557451 传真：010-63153372， 63567547 地址：北京南站成铭宾馆 603 室 邮编：100054 有效期限：2004-12-31 批准业务范围：质量管理体系认证咨询
批准书编号：CNCA-Z-01Q-2002-063 机构名称：北京三湾技术有限公司 分支机构：无 批准的办事处：无 机构原名称：无 负责人：王涛 电话：010-65170928 传真：010-65170930 地址：北京市东城区朝阳门内大街 188 号鸿安国际商务大厦 C602 邮编：100010 有效期限：2004-12-31 批准业务范围：质量管理体系认证咨询；环境管理体系认证咨询	批准书编号：CNCA-Z-01Q-2002-065 机构名称：北京振德技术咨询有限公司 分支机构：无 批准的办事处：无 机构原名称：无 负责人：谭孔德 电话：010-62631943 传真：010-62631943 地址：北京市海淀区北三环西路 25 号 邮编：100086 有效期限：2004-12-31 批准业务范围：质量管理体系认证咨询

批准书编号：CNCA-Z-01Q-2002-066 机构名称：北京标兴业质量体系认证咨询中心 分支机构：无 批准的办事处：无 机构原名称：无 负责人：马贵兰 电话：010-84046326， 13910689794 传真：010-84046324 地址：北京市东城区东四14条93号 邮编：100007 有效期限：2004-12-31 批准业务范围：质量管理体系认证咨询	批准书编号：CNCA-Z-01Q-2002-067 机构名称：北京国环咨询中心 分支机构：无 批准的办事处：无 机构原名称：无 负责人：罗弘 电话：010-62314621 传真：010-62335175 地址：北京市海淀区北四环中路211号6信箱 邮编：100083 有效期限：2006-9-29 批准业务范围：质量管理体系认证咨询；环境管理体系认证咨询
批准书编号：CNCA-Z-01Q-2002-068 机构名称：北京经典智业认证咨询中心 分支机构：无 批准的办事处：无 机构原名称：北京方圆九千认证咨询中心 负责人：尹彦琳 电话：13501183505 传真：010-64257959 地址：北京北三环东路18号 邮编：100013 有效期限：2006-9-29 批准业务范围：质量管理体系认证咨询；环境管理体系认证咨询；职业安全与健康管理体系认证咨询	批准书编号：CNCA-Z-01Q-2002-069 机构名称：北京优士德技术开发中心 分支机构：无 批准的办事处：无 机构原名称：无 负责人：李来银 电话：010-65911492 传真：010-65911492 地址：北京市朝阳区白家庄路3号 邮编：100020 有效期限：2004-12-31 批准业务范围：质量管理体系认证咨询
批准书编号：CNCA-Z-01Q-2002-070 机构名称：北京万维慧策质量体系认证中心 分支机构：无 批准的办事处：无 机构原名称：北京方圆质量体系认证中心 负责人：扈乃维 电话：010-68337541 传真：010-88364151 地址：北京西城区展览馆路12号华云酒店B座415 邮编：100044 有效期限：2004-12-31 批准业务范围：质量管理体系认证咨询	批准书编号：CNCA-Z-01Q-2002-071 机构名称：北京万丰伟业质量认证咨询有限公司 分支机构：无 批准的办事处：无 机构原名称：北京方圆伟博质量认证咨询有限公司 负责人：薛连生 电 话：010-85863718，85863697，85865967，13601227911 传真：010-85865962 地址：北京市朝阳区八里庄西里55号住宅楼2门102室 邮编：100025 有效期限：2006-10-30 批准业务范围：质量管理体系认证咨询

批准书编号：CNCA-Z-01Q-2002-073 机构名称：北京绿源金桥环境科技发展中心 分支机构：无 批准的办事处：无 机构原名称：中华环保基金会环境管理体系认证咨询中心 负责人：徐虹 电话：010-84637722-5316 － 5320 传真：010-84639580 地址：北京市朝阳区育慧南路 1 号 38 信箱 邮编：100029 有效期限：2004-12-31 批准业务范围：环境管理体系认证咨询	批准书编号：CNCA-Z-01Q-2002-074 机构名称：北京奥环咨询中心 分支机构：无 批准的办事处：无 机构原名称：中国建筑材料科学研究院建材工业环境咨询中心 负责人：隋同波 电话：010-51167172 传真：010-65718269 地址：北京市朝阳区管庄 邮编：100024 有效期限：2006-10-30 批准业务范围：环境管理体系认证咨询
批准书编号：CNCA-Z-01Q-2002-075 机构名称：北京水天蓝化工环保技术咨询中心 分支机构：无 批准的办事处：无 机构原名称：国家石油和化学工业环境评估咨询中心 负责人：周献慧 电话：010-84885720 传真：010-8488227 地址：北京市亚运村安慧里四区十六楼 1007 室 邮编：100723 有效期限：2004-12-31 批准业务范围：环境管理体系认证咨询	批准书编号：CNCA-Z-01Q-2002-077 机构名称：北京科标纪元管理咨询中心 分支机构：无 批准的办事处：无 机构原名称：北京科标纪元质量认证咨询中心 负责人：陈广波 电话：010-67276693 传真：010-87278237 地址：北京市丰台区西罗园 3 区甲 1 号汇达公寓 A 座 102-106 室 邮编：100077 有效期限：2006-11-29 批准业务范围：质量管理体系认证咨询；环境管理体系认证咨询；职业安全与健康管理体系认证咨询
批准书编号：CNCA-Z-01Q-2002-078 机构名称：北京北燕园质量咨询有限公司 分支机构：无 批准的办事处：无 机构原名称：无 负责人：黄静 电话：010-84533100 传真：010-84533086 地址：北京市朝阳区幸福村中路锦绣园 A 座 邮编：100027 有效期限：2004-12-31 批准业务范围：质量管理体系认证咨询	批准书编号：CNCA-Z-01Q-2002-079 机构名称：北京石创爱思欧咨询有限责任公司 分支机构：无 批准的办事处：无 机构原名称：无 负责人：李睿英 电话：010-65597697 传真：010-65243792 地址：北京市东城区干面胡同 10 号党校北楼 1049 室 邮编：100010 有效期限：2006-11-29 批准业务范围：质量管理体系认证咨询；环境管理体系认证咨询；职业安全与健康管理体系认证咨询

批准书编号：CNCA-Z-01Q-2002-080 机构名称：北京卓越同舟咨询有限公司 分支机构：无 批准的办事处：无 机构原名称：无 负责人：汤孟卓 电话：010-89585030-17 传真：010-89585020-19 地址：北京市通州区胡各庄工业区通胡路6号 邮编：101117 有效期限：2006-11-29 批准业务范围：质量管理体系认证咨询	批准书编号：CNCA-Z-01Q-2002-082 机构名称：北京尤卡斯质量认证咨询中心 分支机构：无 批准的办事处：无 机构原名称：无 负责人：李文灿 电话：010-64803028，64803029，64803027 传真：010-64803021 地址：北京市朝阳区慧忠北里310号A座1604室 邮编：100012 有效期限：2006-11-29 批准业务范围：质量管理体系认证咨询
批准书编号：CNCA-Z-01Q-2002-083 机构名称：北京欧珠国建工程技术咨询有限公司 分支机构：无 批准的办事处：无 机构原名称：无 负责人：王淑琴 电话：010-63280547， 63440700， 13601003517 传真：010-63288197 地址：北京市西城区木樨地北里2号院6号楼 邮编：100038 有效期限：2004-12-31 批准业务范围：质量管理体系认证咨询	批准书编号：CNCA-Z-01Q-2002-085 机构名称：北京才远天地管理顾问有限公司 分支机构：无 批准的办事处：无 机构原名称：北京方圆天地企业管理顾问有限公司 负责人：袁才勇 电话：010-62862064 传真：010-62862064 地址：北京海淀区哨子营3号院531室 邮编：100091 有效期限：2006-11-29 批准业务范围：质量管理体系认证咨询
批准书编号：CNCA-Z-01Q-2002-086 机构名称：北京鼎信兴华管理咨询有限公司 分支机构：无 批准的办事处：无 机构原名称：北京方圆通标管理咨询有限公司 负责人：王泽伦 电话：010-84803318 传真：010-84803317 地址：北京市朝阳区安立路56号九台2000家园704室 邮编：100012 有效期限：2004-12-31 批准业务范围：质量管理体系认证咨询；环境管理体系认证咨询；职业安全与健康管理体系认证咨询	批准书编号：CNCA-Z-01Q-2002-087 机构名称：北京京铁瑷欧咨询有限责任公司 分支机构：无 批准的办事处：无 机构原名称：无 负责人：增明全 电话：010-51820268 传真：010-51820267 地址：北京海淀区羊坊店路17号B座三层 邮编：100038 有效期限：2004-12-31 批准业务范围：质量管理体系认证咨询

<table>
<tr>
<td>批准书编号：CNCA-Z-01Q-2002-088
机构名称：北京信和特瑞科技发展有限公司
分支机构：无
批准的办事处：无
机构原名称：无
负责人：汪春焕
电话：010-64284965
传真：010-64280322
地址：北京东城区和平里 7 区 16 楼（化工部规划院）509 室
邮编：100013
有效期限：2004-12-31
批准业务范围：质量管理体系认证咨询；环境管理体系认证咨询</td>
<td>批准书编号：CNCA-Z-01Q-2002-090
机构名称：北京华企联技术发展中心
分支机构：无
批准的办事处：无
机构原名称：无
负责人：李宝利
电话：010-63850094 ，13910831849
传真：010-63812830
地址：丰台区丰台镇东安街三条 6 号
邮编：100071
有效期限：2004-12-31
批准业务范围：质量管理体系认证咨询</td>
</tr>
<tr>
<td>批准书编号：CNCA-Z-01Q-2002-091
机构名称：北京威海新斯系统管理科技有限公司
分支机构：无
批准的办事处：无
机构原名称：无
负责人：赵继辉
电话：010-88212642
传真：010-68231541
地址：北京市海淀区永定路东街乙 6 号
邮编：100039
有效期限：2006-11-29
批准业务范围：质量管理体系认证咨询</td>
<td>批准书编号：CNCA-Z-01Q-2002-092
机构名称：北京正四方科技发展有限公司
分支机构：无
批准的办事处：无
机构原名称：无
负责人：王茹
电话：010-67527290，67527358
传真：010-67527396
地址：北京丰台区马家堡西路嘉园一里 28 号楼未来明珠 A 座 205 号
邮编：100077
有效期限：2006-11-29
批准业务范围：质量管理体系认证咨询；环境管理体系认证咨询；职业安全与健康管理体系认证咨询</td>
</tr>
<tr>
<td>批准书编号：CNCA-Z-01Q-2002-094
机构名称：北京中机天腾认证咨询中心
分支机构：无
批准的办事处：无
机构原名称：中国机械工程学会
负责人：宋天虎
电话：010-68595315
传真：010-68533613
地址：北京市西城区三里河路 46 号
邮编：100823
有效期限：2006-11-29
批准业务范围：环境管理体系认证咨询；职业安全与健康管理体系认证咨询</td>
<td>批准书编号：CNCA-Z-01Q-2002-097
机构名称：北京派力行质量认证咨询有限公司
分支机构：无
批准的办事处：无
机构原名称：北京久千人质量认证咨询有限公司
负责人：屈建伟
电话：010-65521832
传真：010-65513011-198
地址：北京市朝阳区朝外大街 223 号二层
邮编：100020
有效期限：2004-12-31
批准业务范围：质量管理体系认证咨询；环境管理体系认证咨询</td>
</tr>
</table>

批准书编号：CNCA-Z-01Q-2002-099 机构名称：北京中标经略质量认证咨询有限公司 分支机构：无 批准的办事处：无 机构原名称：无 负责人：许春亮 电话：010-68051187， 68047571 传真：010-68059133 地址：北京市西城区月坛北小街2号2号楼 邮编：100836 有效期限：2006-11-29 批准业务范围：质量管理体系认证咨询；环境管理体系认证咨询	批准书编号：CNCA-Z-01Q-2002-100 机构名称：北京时代同方科技服务中心 分支机构：无 批准的办事处：无 机构原名称：无 负责人：韩雪军 电话：010-68759681，13910700522 传真：010-68759661 地址：北京市9203信箱25楼3-401 邮编：100076 有效期限：2006-7-29 批准业务范围：质量管理体系认证咨询
批准书编号：CNCA-Z-01Q-2002-104 机构名称：北京世纪拓普顾问有限公司 分支机构：无 批准的办事处：无 机构原名称：无 负责人：刘立群 电话：010-84291163 传真：010-64280307 地址：北京市东城区和平里七区16号楼512室 邮编：100013 有效期限：2006-11-29 批准业务范围：质量管理体系认证咨询	批准书编号：CNCA-Z-01Q-2002-105 机构名称：北京莱格企业管理咨询有限公司 分支机构：无 批准的办事处：无 机构原名称：无 负责人：李建东 电话：010-64899651 传真：010-64899650 地址：北京市朝阳区安慧北里雅园4号楼1808室 邮编：100101 有效期限：2006-11-29 批准业务范围：质量管理体系认证咨询
批准书编号：CNCA-Z-01Q-2002-106 机构名称：北京国经润成管理信息技术有限公司 分支机构：无 批准的办事处：无 机构原名称：无 负责人：茅云江 电话：010-68037325 传真：010-68050577 地址：北京西城区月坛北小街4号1325室 邮编：100037 有效期限：2006-11-29 批准业务范围：质量管理体系认证咨询；职业安全与健康管理体系认证咨询	批准书编号：CNCA-Z-01Q-2002-108 机构名称：北京市思坦德斯信息咨询有限公司 分支机构：无 批准的办事处：中原办事处 大连金州 办事处 吉林四平 办事处 机构原名称：无 负责人：王安俊 电话：010-84935246 传真：010-84935246 地址：北京市朝阳安外大羊坊甲6号2-601室 邮编：100012 有效期限：2006-11-29 批准业务范围：质量管理体系认证咨询

批准书编号：CNCA-Z-01Q-2002-109 机构名称：北京兆强认证咨询有限公司 分支机构：无 批准的办事处：无 机构原名称：无 负责人：梁良 电话：010-85116629 ，85116634 传真：010-85116614 地址：北京市东城区灯市口大街 75 号中科大厦 B 座二层 邮编：100006 有效期限：2004-12-31 批准业务范围：质量管理体系认证咨询	批准书编号：CNCA-Z-01Q-2002-111 机构名称：北京津桥优凯思管理技术咨询有限公司 分支机构：无 批准的办事处：无 机构原名称：无 负责人：艾兵 电话：010-82115870 传真：010-82115879 地址：北京市海淀区北三环西路太阳园 16 号楼 1304 室 邮编：100086 有效期限：2006-11-29 批准业务范围：质量管理体系认证咨询
批准书编号：CNCA-Z-01Q-2002-113 机构名称：北京市赛克赛德质量体系咨询有限公司 分支机构：无 批准的办事处：无 机构原名称：无 负责人：周铭 电话：010-84852168 传真：010-84852169 地址:北京市朝阳区北苑路 172 号欧陆经典 19 号 301 邮编：100101 有效期限：2004-12-31 批准业务范围：质量管理体系认证咨询	批准书编号：CNCA-Z-01Q-2002-115 机构名称：北京中油诚信环保技术开发中心 分支机构：无 批准的办事处：无 机构原名称：无 负责人：吴振烈 电话：010-62325620，62396208 传真：010-62396208 地址：北京 902 信箱 邮编：100083 有效期限：2004-12-31 批准业务范围：质量管理体系认证咨询；环境管理体系认证咨询
批准书编号：CNCA-Z-01Q-2002-116 机构名称：北京唯益佳质量体系认证咨询中心 分支机构：无 批准的办事处：无 机构原名称：无 负责人：裴玉亮 电话：010-89391067， 13301363780 传真：010-60310139 地址：北京市房山区良乡凯旋大街建设路 18 号（北京良乡 274 信箱） 邮编：102442 有效期限：2004-12-31 批准业务范围：质量管理体系认证咨询	批准书编号：CNCA-Z-01Q-2002-121 机构名称：北京中证亿通管理咨询中心 分支机构：无 批准的办事处：无 机构原名称：北京亿通九千标准质量咨询中心 负责人：王大安 电话：010-68596500，13901152215 传真：010-68518601 地址：北京市西城区月坛南街 26 号 1 号楼 5100 室 邮编：100825 有效期限：2004-12-31 批准业务范围：质量管理体系认证咨询

批准书编号：CNCA-Z-01Q-2002-122 机构名称：北京诚信司南咨询有限公司 分支机构：无 批准的办事处：无 机构原名称：北京诚信九千质量认证咨询有限公司 负责人：王晓清 电话：010-65672845 传真：010-65677943 地址：北京市朝阳区建国门外大街永安西里13楼106房间 邮编：100022 有效期限：2004-12-31 批准业务范围：质量管理体系认证咨询	批准书编号：CNCA-Z-01Q-2002-123 机构名称：北京质环安管理标准研究中心 分支机构：无 批准的办事处：无 机构原名称：北京世标管理科学发展研究中心 负责人：成潮 电话：010-82295009，13801007492 传真：010-82295010 地址：北京德胜门西大街15号远洋风景8-3-502室 邮编：100088 有效期限：2004-12-31 批准业务范围：质量管理体系认证咨询
批准书编号：CNCA-Z-01Q-2002-124 机构名称：北京志成诚质量管理体系认证咨询有限公司 分支机构：无 批准的办事处：无 机构原名称：无 负责人：刘忠田 电话：010-63027280 传真：010-63045927 地址：北京市宣武区长椿街西里7号东楼五层 邮编：100053 有效期限：2006-11-29 批准业务范围：质量管理体系认证咨询	批准书编号：CNCA-Z-01Q-2002-126 机构名称：北京高科圣德认证咨询中心 分支机构：无 批准的办事处：无 机构原名称：北京高科九千认证咨询中心 负责人：曹晓彬 电话：010-64422139 传真：010-64429798 地址：北京东城区安定路20号院2号楼908室 邮编：100029 有效期限：2004-12-31 批准业务范围：质量管理体系认证咨询；环境管理体系认证咨询
批准书编号：CNCA-Z-01Q-2002-127 机构名称：北京云和欣源认证咨询有限责任公司 分支机构：无 批准的办事处：无 机构原名称：无 负责人：何春明 电话：010-63312740，13011828661 传真：010-63312740 地址：北京市海淀区万寿路西街12号 邮编：100036 有效期限：2004-12-31 批准业务范围：质量管理体系认证咨询	批准书编号：CNCA-Z-01Q-2002-128 机构名称：北京先导光大企业管理咨询有限公司 分支机构：无 批准的办事处：无 机构原名称：无 负责人：阎猛 电话：010-64856312，64856313，64856364 传真：010-64856367 地址：北京市朝阳区亚运村慧忠北里110号楼204 邮编：100012 有效期限：2006-11-29 批准业务范围：质量管理体系认证咨询；环境管理体系认证咨询；职业安全与健康管理体系认证咨询

批准书编号：CNCA-Z-01Q-2002-129
机构名称：北京寰发启迪认证咨询中心
分支机构：无
批准的办事处：无
机构原名称：无
负责人：朱耀群
电话：010-65389618
传真：010-65389608
地址：北京朝阳区农展南里12号通广大厦6016室
邮编：100026
有效期限：2004-12-31
批准业务范围：质量管理体系认证咨询；环境管理体系认证咨询

批准书编号：CNCA-Z-01Q-2002-131
机构名称：北京贯标咨询有限责任公司
分支机构：无
批准的办事处：无
机构原名称：无
负责人：邓军
电话：010-68161817
传真：010-68285230
地址：北京市丰台区西站南路19号
邮编：100073
有效期限：2006-11-29
批准业务范围：质量管理体系认证咨询

批准书编号：CNCA-Z-01Q-2002-134
机构名称：北京质安环质量认证咨询有限公司
分支机构：无
批准的办事处：无
机构原名称：北京世纪久千质量管理咨询有限公司
负责人：赵文亮
电话：010-64466559，13901213189
传真：010-64466559
地址：北京市朝阳区西坝河南路甲1号新天第B座1607室
邮编：100028
有效期限：2006-11-29
批准业务范围：质量管理体系认证咨询

批准书编号：CNCA-Z-01Q-2002-135
机构名称：北京三骏标质量认证咨询有限公司
分支机构：无
批准的办事处：无
机构原名称：无
负责人：杨丽鹏
电话：010-64391172
传真：010-64391258
地址：北京市朝阳区望京科技创业园利泽中园106楼
邮编：100102
有效期限：2004-12-31
批准业务范围：质量管理体系认证咨询

批准书编号：CNCA-Z-01Q-2002-136
机构名称：北京万通兴达咨询有限公司
分支机构：无
批准的办事处：无
机构原名称：无
负责人：姜开友
电话：010-82081683
传真：010-62079292
地址：北京市海淀区西土城路8号
邮编：100088
有效期限：2004-12-31
批准业务范围：质量管理体系认证咨询

批准书编号：CNCA-Z-01Q-2002-137
机构名称：北京博宇通标咨询有限公司
分支机构：无
批准的办事处：无
机构原名称：无
负责人：李玉国
电话：010-63185817
传真：010-83171403
地址：北京市宣武区广义街甲10号广利达写字楼407
邮编：100053
有效期限：2004-12-31
批准业务范围：质量管理体系认证咨询

批准书编号：CNCA-Z-01Q-2002-138 机构名称：北京鑫瑞智咨询有限公司 分支机构：无 批准的办事处：无 机构原名称：无 负责人：龙英 电话：010-66186623 ，66153366-5017 传真：010-66186623 地址：北京西直门内南小街 115 号北楼 107 室 邮编：100035 有效期限：2004-12-31 批准业务范围：质量管理体系认证咨询	批准书编号：CNCA-Z-01Q-2002-140 机构名称：北京康达信咨询有限公司 分支机构：无 批准的办事处：无 机构原名称：无 负责人：徐平国 电话：010-64415587 传真：010-64433317 地址：北京市朝阳区安贞里二区易号楼金瓯大厦 416 室 邮编：100029 有效期限：2004-12-31 批准业务范围：质量管理体系认证咨询；环境管理体系认证咨询
批准书编号：CNCA-Z-01Q-2002-141 机构名称：北京城标企业管理咨询中心 分支机构：无 批准的办事处：无 机构原名称：无 负责人：杨桂香 电话：010-63426308 传真：010-63426308 地址：北京海淀复兴路 2 号 B 座 305 室 邮编：100038 有效期限：2004-12-31 批准业务范围：质量管理体系认证咨询	批准书编号：CNCA-Z-01Q-2002-142 机构名称：北京星宇同创咨询有限公司 分支机构：无 批准的办事处：无 机构原名称：京都世标咨询有限公司 负责人：徐铁兵 电话：010-64865396 传真：010-64865853 地址：北京市朝阳区安翔里 21 号 A 座 3A03 室 邮编：100101 有效期限：2004-12-31 批准业务范围：质量管理体系认证咨询；环境管理体系认证咨询
批准书编号：CNCA-Z-01Q-2002-144 机构名称：北京福迪信企业管理顾问有限公司 分支机构：无 批准的办事处：无 机构原名称：无 负责人：朱春福 电话：010-82056050 传真：010-82054524 地址：北京市西城区新街口外大街 28 号标准化研究所院内 邮编：100088 有效期限：2004-12-31 批准业务范围：质量管理体系认证咨询	批准书编号：CNCA-Z-01Q-2002-147 机构名称：中国标准研究中心北京质量认证咨询部 分支机构：无 批准的办事处：无 机构原名称：无 负责人：文传鸿 电话：010-84638966， 84611177-2505 传真：C10-84638966 地址：北京市朝阳区育慧南路 3 号（2505 房间） 邮编：100029 有效期限：2004-12-31 批准业务范围：质量管理体系认证咨询

<table>
<tr>
<td>批准书编号：CNCA－Z－01Q－2002－148
机构名称：北京中质联技术服务有限公司
分支机构：无
批准的办事处：无
机构原名称：无
负责人：刘宏元
电话：010－82358207
传真：010－82358297
地址：北京海淀区知春路 6 号锦秋知春花园 9 号楼 106
邮编：100088
有效期限：2004－12－31
批准业务范围：质量管理体系认证咨询</td>
<td>批准书编号：CNCA－Z－01Q－2002－149
机构名称：北京中市宏达企业管理顾问有限公司
分支机构：无
批准的办事处：无
机构原名称：北京中市建通企业管理顾问有限公司
负责人：何兆阳
电话：010－62257901，13601096607
传真：010－62257901
地址：北京市海淀区文慧园 14 号楼 305 室
邮编：100088
有效期限：2004－12－31
批准业务范围：质量管理体系认证咨询</td>
</tr>
<tr>
<td>批准书编号：CNCA－Z－01Q－2002－151
机构名称：中机联咨询中心
分支机构：无
批准的办事处：无
机构原名称：机械工业环境管理体系咨询中心
负责人：王世刚
电话：010－88301702
传真：010－68321832
地址：北京市海淀区首体南路 2 号
邮编：100044
有效期限：2006－12－30
批准业务范围：质量管理体系认证咨询；环境管理体系认证咨询</td>
<td>批准书编号：CNCA－Z－01Q－2002－152
机构名称：北京中水大禹技术咨询有限公司
分支机构：无
批准的办事处：无
机构原名称：无
负责人：徐百鹏
电话：010－68055516
传真：010－63204371
地址：北京市 宣武区白广路二条二号
邮编：100053
有效期限：2006－12－30
批准业务范围：质量管理体系认证咨询</td>
</tr>
<tr>
<td>批准书编号：CNCA－Z－01Q－2002－155
机构名称：北京九方博证管理体系咨询中心
分支机构：无
批准的办事处：无
机构原名称：无
负责人：潘燕
电话：010－67333231
传真：010－67333231
地址：北京市朝阳区农光东里 34 号楼 A401
邮编：100021
有效期限：2004－12－31
批准业务范围：质量管理体系认证咨询</td>
<td>批准书编号：CNCA－Z－01Q－2002－156
机构名称：北京正日信息咨询有限责任公司
分支机构：无
批准的办事处：无
机构原名称：无
负责人：张成山
电话：010－88707646
传真：010－88707646
地址：北京市石景山区古城南里一海商务楼
邮编：100043
有效期限：2004－12－31
批准业务范围：质量管理体系认证咨询</td>
</tr>
</table>

<table>
<tr><td>批准书编号：CNCA-Z-01Q-2002-157
机构名称：北京诚君伟业管理咨询有限责任公司
分支机构：无
批准的办事处：无
机构原名称：无
负责人：陈莉
电话：010-68392223
传真：010-68392273
地址：北京月坛北街25号2223室
邮编：100834
有效期限：2006-12-30
批准业务范围：质量管理体系认证咨询；环境管理体系认证咨询；职业安全与健康管理体系认证咨询</td><td>批准书编号：CNCA-Z-01Q-2002-179
机构名称：北京鑫兴博达认证咨询有限公司
分支机构：无
批准的办事处：无
机构原名称：北京鑫兴博达信息咨询服务有限公司
负责人：孙佩钦
电话：010-65749721
传真：010-65749722
地址：北京市朝阳区东坝红松园13号
邮编：100018
有效期限：2007-3-30
批准业务范围：质量管理体系认证咨询；环境管理体系认证咨询</td></tr>
<tr><td>批准书编号：CNCA-Z-01Q-2002-180
机构名称：北京辉标族质量体系认证咨询中心
分支机构：无
批准的办事处：无
机构原名称：无
负责人：戴永辉
电话：010-68586018
传真：010-68586109
地址：北京市海淀区木樨地茂林居4号楼501
邮编：100038
有效期限：2007-4-29
批准业务范围：质量管理体系认证咨询</td><td>批准书编号：CNCA-Z-01Q-2002-181
机构名称：北京创新光大企业管理咨询有限公司
分支机构：无
批准的办事处：无
机构原名称：无
负责人：朱囿瑜
电话：010-88361793
传真：010-68366198
地址：北京市西城区文兴东街1号国谊宾馆南楼2204
邮编：100044
有效期限：2004-12-31
批准业务范围：质量管理体系认证咨询</td></tr>
<tr><td>批准书编号：CNCA-Z-01Q-2002-182
机构名称：北京博越同舟质量认证咨询有限公司
分支机构：无
批准的办事处：无
机构原名称：无
负责人：王文秋
电话：010-65289203 ，65274703
传真：010-65289207
地址：北京市朝阳门内大街南竹竿胡同80号华智商务大厦506室
邮编：100010
有效期限：2007-7-30
批准业务范围：质量管理体系认证咨询</td><td>批准书编号：CNCA-Z-01Q-2002-185
机构名称：北京中环佳环境标志产品技术发展中心
分支机构：无
批准的办事处：无
机构原名称：无
负责人：李岳
电话：010-84921276
传真：010-84926813
地址：北京市朝阳区北苑路66号217室
邮编：100012
有效期限：2007-3-30
批准业务范围：环境管理体系认证咨询</td></tr>
</table>

批准书编号：CNCA-Z-01Q-2003-158 机构名称：北京正信嘉华管理顾问有限公司 分支机构：无 批准的办事处：无 机构原名称：无 负责人：李凌 电话：010-88087373 传真：010-88087383 地址：北京市西城区金融街33号通泰大厦座1611 邮编：100032 有效期限：2007-6-29 批准业务范围：质量管理体系认证咨询	批准书编号：CNCA-Z-01Q-2003-159 机构名称：北京九域方舟管理顾问有限公司 分支机构：无 批准的办事处：无 机构原名称：无 负责人：邢鹏翎 电话：010-68348347 传真：010-68348347 地址：北京市西城区百万庄子区38号220室 邮编：100037 有效期限：2007-6-29 批准业务范围：质量管理体系认证咨询
批准书编号：CNCA-Z-01Q-2003-160 机构名称：北京诚信博邦质量认证咨询有限公司 分支机构：无 批准的办事处：无 机构原名称：无 负责人：刘泽生 电话：010-63968143 传真：010-63968142 地址：北京市丰台区莲花池东路116-2号瑞尔威饭店A425室 邮编：100055 有效期限：2004-12-31 批准业务范围：质量管理体系认证咨询	批准书编号：CNCA-Z-01Q-2003-161 机构名称：北京奥希斯环保技术有限责任公司 分支机构：无 批准的办事处：无 机构原名称：无 负责人：贾国荃 电话：010-51849754 传真：010-51874213 地址：北京市海淀区大柳树路2号 邮编：100081 有效期限：2004-12-31 批准业务范围：环境管理体系认证咨询
批准书编号：CNCA-Z-01Q-2003-162 机构名称：北京纵横商旅咨询有限公司 分支机构：无 批准的办事处：无 机构原名称：无 负责人：孟小权 电话：010-62016173，82012742 传真：010-62018944 地址：西城区北三环中路甲3号5层 邮编：100029 有效期限：2007-6-29 批准业务范围：质量管理体系认证咨询	批准书编号：CNCA-Z-01Q-2003-183 机构名称：北京曼尼格尔企业管理顾问有限公司 分支机构：无 批准的办事处：无 机构原名称：无 负责人：安锦玲 电话：010-58570298 传真：010-58570299 地址：北京市西城区新街口外大街34号观河锦苑3号楼5-101室 邮编：100088 有效期限：2007-7-30 批准业务范围：质量管理体系认证咨询；职业安全与健康管理体系认证咨询

批准书编号：CNCA-Z-01Q-2003-186 机构名称：北京环质标技术咨询有限公司 分支机构：无 批准的办事处：无 机构原名称：无 负责人：周永生 电话：010-68308411 传真：010-68308411 地址：北京西城区展览馆路 14 号中俊酒店 224 室 邮编：100044 有效期限：2007-7-30 批准业务范围：质量管理体系认证咨询；环境管理体系认证咨询；职业安全与健康管理体系认证咨询	批准书编号：CNCA-Z-01Q-2003-187 机构名称：北京中铁质量体系咨询中心 分支机构：无 批准的办事处：无 机构原名称：无 负责人：吴守忠 电话：010-51870435，51875347 传真：010-51843569 地址：北京市海淀区北蜂窝路 18 号 邮编：100038 有效期限：2007-7-30 批准业务范围：质量管理体系认证咨询
批准书编号：CNCA-Z-01Q-2003-189 机构名称：北京科信诚达管理技术咨询有限公司 分支机构：无 批准的办事处：无 机构原名称：无 负责人：张建华 电话：010-64278068， 64279286 传真：010-64278068 地址：北京市朝阳区北三环东路 18 号 邮编：100013 有效期限：2007-8-30 批准业务范围：质量管理体系认证咨询	批准书编号：CNCA-Z-01Q-2003-190 机构名称：北京国宣环境管理培训中心 分支机构：无 批准的办事处：无 机构原名称：无 负责人：焦志延 电话：010-84636367， 84630877 ，84646350 传真：010-84636367， 84630877 地址：北京朝阳区育慧南路 1 号 邮编：100029 有效期限：2007-9-29 批准业务范围：环境管理体系认证咨询
批准书编号：CNCA-Z-01Q-2003-191 机构名称：北京博智伟业管理顾问有限公司 分支机构：无 批准的办事处：无 机构原名称：无 负责人：赵红宇 电话：010-62780999， 13701020700 传真：010-62780666 地址：北京市海淀区清华大学同方大厦 B 座 603 室 邮编：100084 有效期限：2007-9-29 批准业务范围：质量管理体系认证咨询；环境管理体系认证咨询；职业安全与健康管理体系认证咨询	批准书编号：CNCA-Z-01Q-2003-192 机构名称：北京中质环宇管理体系认证咨询中心 分支机构：无 批准的办事处：无 机构原名称：无 负责人：全蕙阳 电话：010-83661230 传真：010-83662128 地址：北京市丰台区丰管路 5 号盛鑫嘉园 4 号 808 室 邮编：100071 有效期限：2007-8-30 批准业务范围：质量管理体系认证咨询

批准书编号：CNCA-Z-01Q-2003-193
机构名称：北京中良思拓质量管理技术咨询有限公司
分支机构：无
批准的办事处：无
机构原名称：无
负责人：张国华
电话：010-65083731
传真：010-65083725
地址：北京市朝阳区关东店 23 号
邮编：100020
有效期限：2007-9-29
批准业务范围：质量管理体系认证咨询

批准书编号：CNCA-Z-01Q-2003-194
机构名称：北京经纬方正技术咨询有限责任公司
分支机构：无
批准的办事处：无
机构原名称：无
负责人：王运河
电话：010-68768026
传真：010-68038132
地址：北京阜城门外月坛北小街 2 号
邮编：100830
有效期限：2007-11-29
批准业务范围：质量管理体系认证咨询

批准书编号：CNCA-Z-01Q-2003-195
机构名称：北京市中安科企业管理咨询中心
分支机构：无
批准的办事处：无
机构原名称：无
负责人：李克荣
电话：13910129429
传真：010-64935185
地址：北京市朝阳区慧新西街 17 号
邮编：100029
有效期限：2008-1-30
批准业务范围：质量管理体系认证咨询；环境管理体系认证咨询；职业安全与健康管理体系认证咨询

批准书编号：CNCA-Z-01Q-2002-132
机构名称：北京中英世纪企业管理咨询有限责任公司
分支机构：无
批准的办事处：无
机构原名称：北京中英世标企业管理咨询中心
负责人：罗义秀
电话：010-64989647
传真：010-64981270
地址：北京市朝阳区安苑东里一区 4 号五层
邮编：100029
有效期限：2006-11-29
批准业务范围：质量管理体系认证咨询、环境管理体系认证咨询

批准书编号：CNCA-Z-01Q-2004-196
机构名称：北京瑞莱博尔咨询有限公司
分支机构：无
批准的办事处：无
机构原名称：无
负责人：宁广田
电话：010-84027219
传真：010-84016735
地址：北京市东城区菊儿胡同 7 号
邮编：100009
有效期限：2004-12-31
批准业务范围：质量管理体系认证咨询

地域：天津
批准书编号：CNCA-Z-03Q-2002-003
机构名称：天津市德兰智业科技发展有限公司
分支机构：无
批准的办事处：无
机构原名称：无
负责人：崔衍卿
电话：022-83520599
传真：022-83520392
地址：天津市和平区沙市道 46 号 2 门 6 楼
邮编：300051
有效期限：7-30-2006
批准业务范围：质量管理体系认证咨询；环境管理体系认证咨询；职业安全与健康管理体系认证咨询

地域：天津 批准书编号：CNCA-Z-03Q-2002-001 机构名称：天津久威质量技术咨询中心 分支机构：无 批准的办事处：无 机构原名称：天津久仟质量技术咨询中心 负责人：陈子平 电话：022-24413397 传真：022-24413397 地址：天津市河北区中山路宇阳公寓1门704号 邮编：300140 有效期限：7-30-2006 批准业务范围：质量管理体系认证咨询	地域：天津 批准书编号：CNCA-Z-03Q-2002-005 机构名称：天津市前程投资管理咨询有限公司 分支机构：无 批准的办事处：无 机构原名称：无 负责人：李晴 电话：022-27828236-316 传真：022-27828239 地址：天津市和平区卫津路嘉利中心1106室 邮编：300070 有效期限：12-31-2004 批准业务范围：质量管理体系认证咨询
地域：天津 批准书编号：CNCA-Z-03Q-2002-004 机构名称：天津市港龙现代企业管理咨询有限公司 分支机构：无 批准的办事处：无 机构原名称：无 负责人：许密君 电话：022-23134577 传真：022-23399179 地址：天津市和平区睦南道39号 邮编：300050 有效期限：12-31-2004 批准业务范围：质量管理体系认证咨询	地域：天津 批准书编号：CNCA-Z-03Q-2002-008 机构名称：天津市康维企业管理咨询有限责任公司 分支机构：无 批准的办事处：无 机构原名称：无 负责人：钟岫璎 电话：022-81913450 ，25854217 传真：022-25854217 地址：天津市塘沽区政协大厦420室 邮编：300450 有效期限：12-31-2004 批准业务范围：质量管理体系认证咨询
地域：天津 批准书编号：CNCA-Z-03Q-2002-007 机构名称：天津开发区鑫环球科技咨询有限公司 分支机构：无 批准的办事处：无 机构原名称：无 负责人：刘文芳 电话：022-83525126-5129 传真：022-83525187 地址：天津市和平区云南路12号森淼清华园B座4门901-902 邮编：300201 有效期限：12-31-2004 批准业务范围：质量管理体系认证咨询	地域：天津 批准书编号：CNCA-Z-03Q-2002-011 机构名称：天津市安基质量认证咨询服务有限公司 分支机构：无 批准的办事处：无 机构原名称：无 负责人：周永明 电话：022-27303856 传真：022-23259851 地址：天津市河西区台湾路7号1-101 邮编：300203 有效期限：12-31-2004 批准业务范围：质量管理体系认证咨询

地域：天津 批准书编号：CNCA-Z-03Q-2002-010 机构名称：天津市菲尼克企业管理咨询有限公司 分支机构：无 批准的办事处：无 机构原名称：无 负责人：胡萍 电话：022-23045536 传真：022-23045539 地址：天津市和平区卫津路 149 号云琅大厦 C 座 413 室 邮编：300070 有效期限：12-31-2004 批准业务范围：质量管理体系认证咨询	地域：天津 批准书编号：CNCA-Z-03Q-2002-013 机构名称：天津开发区爱波瑞管理咨询有限公司 分支机构：无 批准的办事处：青岛办事处 机构原名称：无 负责人：王洪艳 电话：022-28011840 传真：022-28010553 地址：天津市河西区黄埔南路 89 号 邮编：300201 有效期限：7-30-2006 批准业务范围：质量管理体系认证咨询；环境管理体系认证咨询
地域：天津 批准书编号：CNCA-Z-03Q-2002-012 机构名称：天津市鼎嘉质量管理咨询有限公司 分支机构：无 批准的办事处：无 机构原名称：无 负责人：吕文宠 电话：022-26554502 传真：022-26554502 地址：天津市红桥区勤俭道 185 号云汉大厦 409-411 室 邮编：300130 有效期限：12-31-2004 批准业务范围：质量管理体系认证咨询	地域：天津 批准书编号：CNCA-Z-03Q-2002-015 机构名称：天津市宗本科技咨询有限公司 分支机构：无 批准的办事处：无 机构原名称：无 负责人：王作民 电话：022-26303074 传真：022-36293074 地址：天津市北辰区京津公路 342 号 邮编：300400 有效期限：12-31-2004 批准业务范围：质量管理体系认证咨询
地域：天津 批准书编号：CNCA-Z-03Q-2002-014 机构名称：天津市环境保护事务代理中心 分支机构：无 批准的办事处：无 机构原名称：无 负责人：宫伟 电话：022-87893178 传真：022-87893178 地址：天津市南开区白堤路龙兴里 2 号楼 1-202 邮编：300192 有效期限：12-31-2004 批准业务范围：环境管理体系认证咨询	地域：天津 批准书编号：CNCA-Z-03Q-2002-017 机构名称：天津市宸科质量管理技术服务有限公司 分支机构：无 批准的办事处：无 机构原名称：无 负责人：樊琳 电话：022-28373301 传真：022-26020638 地址：天津市河西区友谊路 38-1 号 109 室 邮编：300061 有效期限：12-31-2004 批准业务范围：质量管理体系认证咨

地域：天津
批准书编号：CNCA-Z-03Q-2002-016
机构名称：天津市速科赛科技开发有限公司
分支机构：无
批准的办事处：无
机构原名称：无
负责人：田树棣
电话：022-24324268
传真：022-24324268
地址：天津市河东区华龙道秋实园16-4-101
邮编：300011
有效期限：12-31-2004
批准业务范围：环境管理体系认证咨询

地域：天津
批准书编号：CNCA-Z-03Q-2002-019
机构名称：天津市睿益企业管理咨询有限公司
分支机构：无
批准的办事处：无
机构原名称：无
负责人：董光江
电话：022-23129081
传真：022-23129081
地址：天津市河西区台儿庄路63号
邮编：300202
有效期限：4-30-2003
批准业务范围：质量管理体系认证咨询

地域：天津
批准书编号：CNCA-Z-03Q-2002-018
机构名称：天津德北质量体系认证咨询有限公司
分支机构：无
批准的办事处：无
机构原名称：无
负责人：刘振海
电话：022-23005968
传真：022-23005977
地址：天津市南开区科研西路2号增1号
邮编：300192
有效期限：12-31-2004
批准业务范围：质量管理体系认证咨询

地域：天津
批准书编号：CNCA-Z-03Q-2002-021
机构名称：天津市旭华咨询有限公司
分支机构：无
批准的办事处：无
机构原名称：无
负责人：夏劭民
电话：022-23015669
传真：022-23015667
地址：天津市河西区紫金山路海建里4号
邮编：300074
有效期限：12-31-2004
批准业务范围：质量管理体系认证咨询

地域：天津
批准书编号：CNCA-Z-03Q-2002-020
机构名称：天津市锑必锑信息咨询技术服务有限公司
分支机构：无
批准的办事处：无
机构原名称：无
负责人：王一苇
电话：022-23688133
传真：022-23688133
地址：天津市南开区复康路23号增1号丹颐园2号楼1门1203
邮编：300191
有效期限：7-30-2006
批准业务范围：质量管理体系认证咨询

地域：天津
批准书编号：CNCA-Z-03Q-2002-023
机构名称：天津海捷海事技术发展有限公司
分支机构：无
批准的办事处：无
机构原名称：无
负责人：徐捷
电话：022-25706389，25706389
传真：022-25706904
地址：天津市塘沽区新港二号路1号
邮编：300456
有效期限：12-31-2004
批准业务范围：质量管理体系认证咨询；环境管理体系认证咨询；职业安全与健康管理体系认证咨询

地域：天津 批准书编号：CNCA-Z-03Q-2002-022 机构名称：天津市英格管理方略咨询有限公司 分支机构：无 批准的办事处：无 机构原名称：无 负责人：刘宏伟 电话：022-23240220 传真：022-23240220-801 地址：天津市河西区永安道永安大厦 A 座 2 门 1502 室 邮编：300070 有效期限：12-31-2004 批准业务范围：质量管理体系认证咨询	地域：天津 批准书编号：CNCA-Z-03Q-2002-027 机构名称：天津市格莱特管理咨询有限公司 分支机构：无 批准的办事处：无 机构原名称：无 负责人：田洪 电话：022-83520923 传真：022-83520053 地址：天津市和平区昆明路 100 号京海公寓 1107 室 邮编：300051 有效期限：12-31-2004 批准业务范围：质量管理体系认证咨询
地域：天津 批准书编号：CNCA-Z-03Q-2002-024 机构名称：天津市科利亚那企业管理咨询服务有限公司 分支机构：无 批准的办事处：无 机构原名称：无 负责人：张小芳 电话：022-23689073 传真：022-23697647 地址：天津市武清区石各庄镇政府办公楼 邮编：300000 有效期限：4-30-2003 批准业务范围：质量管理体系认证咨询，环境管理体系认证咨询	地域：天津 批准书编号：CNCA-Z-03Q-2002-029 机构名称：天津市华儒咨询服务中心 分支机构：无 批准的办事处：无 机构原名称：无 负责人：王永正 电话：022-23044827 传真：022-27814200 地址：天津市和平区鞍山道 129 号 邮编：300070 有效期限：12-31-2004 批准业务范围：质量管理体系认证咨询
地域：天津 批准书编号：CNCA-Z-03Q-2002-028 机构名称：天津市华虹质量认证咨询中心 分支机构：无 批准的办事处：无 机构原名称：天津市质量技术监督认证咨询中心 负责人：郝宫廷 电话：022-27022050 传真：022-27022051 地址：天津市南开区南开二马路 265 号 邮编：300100 有效期限：8-30-2006 批准业务范围：质量管理体系认证咨询	地域：天津 批准书编号：CNCA-Z-03Q-2002-035 机构名称：天津市启胜企业管理咨询有限公司 分支机构：无 批准的办事处：无 机构原名称：无 负责人：宋红月 电话：022-23121426 传真：022-23121427 地址：天津市和平区营口道 36 号 E-04 室 邮编：300040 有效期限：4-30-2003 批准业务范围：质量管理体系认证咨询

地域：天津 批准书编号：CNCA-Z-03Q-2002-031 机构名称：天津市建工科技信息中心 分支机构：无 批准的办事处：无 机构原名称：无 负责人：高峰 电话：022-27020331 传真：022-27020348 地址：天津市南开区灵隐道兴泰里 30 号 邮编：300193 有效期限：12-31-2004 批准业务范围：质量管理体系认证咨询	地域：天津 批准书编号：CNCA-Z-03Q-2002-038 机构名称：天津市彩纳索技术咨询有限公司 分支机构：无 批准的办事处：泉州办事处 机构原名称：无 负责人：李坚 电话：022-83310868，23394911 传真：022-83310868 地址：天津市和平区岳阳道 88 号福泰办公楼 A 座 217 室 邮编：300051 有效期限：11-29-2006 批准业务范围：质量管理体系认证咨询
地域：天津 批准书编号：CNCA-Z-03Q-2002-036 机构名称：天津市爱索思企业管理咨询服务有限公司 分支机构：无 批准的办事处：无 机构原名称：无 负责人：郭杰 电话：022-23235801 传真：022-23235802 地址：天津市河西区解放南路富裕广场 1-1-1002 邮编：300202 有效期限：12-31-2004 批准业务范围：质量管理体系认证咨询	地域：天津 批准书编号：CNCA-Z-03Q-2003-041 机构名称：天津市久科质量技术服务部 分支机构：无 批准的办事处：无 机构原名称：无 负责人：王惠兰 电话：022-23673309 传真：022-23673310 地址：天津市南开区复康路 23 号增 1 号建交中心八层 邮编：300191 有效期限：7-30-2007 批准业务范围：质量管理体系认证咨询
地域：天津 批准书编号：CNCA-Z-03Q-2003-040 机构名称：天津市迪源咨询服务有限公司 分支机构：无 批准的办事处：无 机构原名称：无 负责人：王连升 电话：022-24013759 传真：022-24013759 地址：天津市河东区六纬路 93 号国家海洋信息中心 429、413 邮编：300171 有效期限：7-30-2007 批准业务范围：质量管理体系认证咨询	地域：天津 批准书编号：CNCA-Z-03Q-2003-043 机构名称：天津佩美克管理科学研究中心 分支机构：无 批准的办事处：无 机构原名称：无 负责人：赵航 电话：022-84771654 传真：022-24375352 地址：天津 59 号信箱 邮编：300162 有效期限：9-29-2007 批准业务范围：质量管理体系认证咨询；职业安全与健康管理体系认证咨询

地域：天津 批准书编号：CNCA-Z-03C-2003-001 机构名称：天津市惠邦体系认证咨询中心 分支机构：无 批准的办事处：无 机构原名称：无 负责人：刘锐 电话：022-23191050 传真：022-23191060 地址：天津市和平区泰安道 19 号 邮编：300040 有效期限：12-31-2004 批准业务范围：质量管理体系认证咨询	区域：河北 批准书编号：CNCA-Z-05Q-2002-001 机构名称：河北省质量咨询服务公司 分支机构：无 批准的办事处：无 机构原名称：无 负责人：赵晓丽 电话：0311-7024944 传真：0311-7024944 地址：湖北省石家庄市中山西路 275 号 邮编：050051 有效期限：2004-12-31 批准范围：质量管理体系认证咨询；环境管理体系认证咨询；职业安全与健康管理体系认证咨询
地域：天津 批准书编号：CNCA-Z-03Q-2002-044 机构名称：天津市昊科管理咨询有限公司 分支机构：无 批准的办事处：无 机构原名称：无 负责人：廖泓 电话：13011332535 传真：022-24317911 地址：天津市河东区十二经路 107 号政协楼 302 室 邮编：300170 有效期限：11-29-2007 批准业务范围：质量管理体系认证咨询；职业安全与健康管理体系认证咨询	区域：河北 批准书编号：CNCA-Z-05Q-2002-003 机构名称：河北鼎信管理咨询培训有限公司 分支机构：无 批准的办事处：无 机构原名称：河北方圆认证咨询培训有限公司 负责人：郎联和 电话：0311-3818860 传真：0311-3818650 地址：石家庄市新石北路 368 号 邮编：050091 有效期限：2003-4-30 批准范围：质量管理体系认证咨询；环境管理体系认证咨询
区域：河北 批准书编号：CNCA-Z-05C-2002-001 机构名称：河北恒通认证咨询服务中心 分支机构：无 批准的办事处：无 机构原名称：无 负责人：周志文 电话：0311-7055043 传真：0311-7055043 地址：河北省石家庄市和平西路 326 号 邮编：050051 有效期限：2006-11-29 批准范围：质量管理体系认证咨询；职业安全与健康管理体系认证咨询	区域：河北 批准书编号：CNCA-Z-05Q-2002-005 机构名称：河北万里质量认证咨询有限公司 分支机构：无 批准的办事处：无 机构原名称：河北新世纪质量咨询服务有限公司 负责人：姚瑞章 电话：0311-7814404 传真：0311-7067404 地址：石家庄和平西路 402 号 邮编：050071 有效期限：2004-12-31 批准范围：质量管理体系认证咨询

区域：河北 批准书编号：CNCA-Z-05Q-2002-002 机构名称：张家口方兴质量认证咨询有限公司 分支机构：无 批准的办事处：无 机构原名称：无 负责人：王登彩 电话：0313-2040712 传真：0313-2040712 地址：张家口市桥东区解放大街 2 号 邮编：075000 有效期限：2004-12-31 批准范围：质量管理体系认证咨询	区域：河北 批准书编号：CNCA-Z-05Q-2002-007 机构名称：河北光大咨询服务有限公司 分支机构：无 批准的办事处：无 机构原名称：无 负责人：闫瑞祥 电话：0311-7060464，13803346145 传真：0311-7823756 地址：石家庄市合作路 81 号 邮编：050051 有效期限：2006-8-30 批准范围：质量管理体系认证咨询
区域：河北 批准书编号：CNCA-Z-05Q-2002-004 机构名称：石家庄友谊质量认证咨询有限公司 分支机构：无 批准的办事处：无 机构原名称：无 负责人：李世贤 电话：0311-7041846 传真：0311-7041846 地址：石家庄市友谊北大街 146 号 邮编：050051 有效期限：2003-4-30 批准范围：质量管理体系认证咨询； 环境管理体系认证咨询	区域：河北 批准书编号：CNCA-Z-05Q-2002-009 机构名称：石家庄瀚森企划咨询有限公司 分支机构：无 批准的办事处：无 机构原名称：无 负责人：张君彪 电话：0311-6991448 传真：0311-6081731 地址：石家庄市长征街 53 号金恒花园物业 B 座 3 层 邮编：500101 有效期限：2004-12-31 批准业务范围：质量管理体系认证咨询
区域：河北 批准书编号：CNCA-Z-05Q-2002-006 机构名称：河北新质咨询服务有限公司 分支机构：无 批准的办事处：无 机构原名称：无 负责人：孙德强 电话：0311-7069975，7904511 传真：0311-7069965，7905462 地址：石家庄市维明南大街 46 号省政府 9 号楼 401 邮编：050053 有效期限：2004-12-31 批准范围：质量管理体系认证咨询；环境管理体系认证咨询；职业安全与健康管理体系认证咨询	区域：河北 批准书编号：CNCA-Z-05Q-2002-011 机构名称：石家庄海航认证咨询有限公司 分支机构：无 批准的办事处：无 机构原名称：无 负责人：贡立辉 电话：0311-3036284 传真：0311-3029584 地址：石家庄市友谊南大街 175 号 邮编：050051 有效期限：2004-12-31 批准范围：质量管理体系认证咨询

区域：河北
批准书编号：CNCA-Z-05Q-2002-008
机构名称：石家庄市万信企业管理咨询有限公司
分支机构：无
批准的办事处：无
机构原名称：无
负责人：胡振敏
电话：0311-7739439，13031449714
地址：石家庄市桥东区农机街23号
邮编：050061
有效期限：2003-4-30
批准范围：质量管理体系认证咨询

区域：河北
批准书编号：CNCA-Z-05Q-2002-014
机构名称：秦皇岛诚瑞管理咨询有限公司
分支机构：无
批准的办事处：无
机构原名称：无
负责人：雷华
电话：0335-3646346
传真：0335-3646376
地址：河北省秦皇岛市海港区港城大街129号
邮编：066000
有效期限：2004-12-31
批准范围：质量管理体系认证咨询

区域：河北
批准书编号：CNCA-Z-05Q-2002-010
机构名称：石家庄新世认证咨询有限公司
分支机构：无
批准的办事处：无
机构原名称：无
负责人：李忠贺
电话：0311-3029948
传真：0311-3029948
地址：石家庄裕华西路508号
邮编：050051
有效期限：2003-4-30
批准范围：质量管理体系认证咨询

区域：河北
批准书编号：CNCA-Z-05Q-2002-017
机构名称：石家庄好兰德咨询有限公司
分支机构：无
批准的办事处：无
机构原名称：无
负责人：杨有康
电话：0311-7062603
传真：0311-7052603
地址：石家庄市友谊北大街168号
邮编：050051
有效期限：2003-4-30
批准范围：质量管理体系认证咨询

区域：河北
批准书编号：CNCA-Z-05Q-2002-012
机构名称：石家庄科环管理咨询有限公司
分支机构：无
批准的办事处：无
机构原名称：无
负责人：张新国
电话：0311-3999046
传真：0311-3054346
地址：石家庄市友谊南大街46号
邮编：050081
有效期限：2004-12-31
批准业务范围：质量管理体系认证咨询

区域：河北
批准书编号：CNCA-Z-05Q-2002-019
机构名称：河北万里质量认证咨询有限公司
分支机构：无
批准的办事处：无
机构原名称：河北新世纪质量咨询服务有限公司
负责人：姚瑞章
电话：0311-7814404
传真：0311-7067404
地址：石家庄市和平西路402号
邮编：050071
有效期限：2003-4-30
批准范围：质量管理体系认证咨询

区域：河北 批准书编号：CNCA-Z-05Q-2002-013 机构名称：石家庄新标认证咨询有限公司 分支机构：无 批准的办事处：无 机构原名称：无 负责人：纪青 电话：0311-3994858 传真：0311-3054971 地址：石家庄市裕华西路谊安里3号 邮编：050051 有效期限：2004-12-31 批准范围：质量管理体系认证咨询	区域：河北 批准书编号：CNCA-Z-05Q-2002-022 机构名称：石家庄新恒大科贸有限公司 分支机构：无 批准的办事处：无 机构原名称：无 负责人：张新民 电话：0311-7835555 传真：0311-7835555 地址：石家庄市合作路北合街18号 邮编：050051 有效期限：2006-9-29 批准范围：质量管理体系认证咨询；环境管理体系认证咨询
区域：河北 批准书编号：CNCA-Z-05Q-2002-016 机构名称：河北燕赵企业管理咨询有限公司 分支机构：无 批准的办事处：无 机构原名称：无 负责人：李朝辉 电话：0311-5657148 传真：0311-5657148 地址：石家庄市裕华东路378号 邮编：050031 有效期限：2004-12-31 批准业务范围：质量管理体系认证咨询	区域：河北 批准书编号：CNCA-Z-05Q-2002-024 机构名称：秦皇岛培根咨询有限公司 分支机构：无 批准的办事处：无 机构原名称：无 负责人：周秀云 电话： 0335-3610138，13903357006 传真：0335-3022264 地址：秦皇岛市海港区新闻北里11-1-2 邮编：066000 有效期限：2003-4-30 批准范围：环境管理体系认证咨询
区域：河北 批准书编号：CNCA-Z-05Q-2002-018 机构名称：石家庄市华目管理咨询有限公司 分支机构：无 批准的办事处：无 机构原名称：石家庄市世标管理咨询有限公司 负责人：杜新格 电话：0311-5819011 传真：0311-5819011 地址：石家庄市槐中路185号 邮编：050021 有效期限：2004-12-31 批准范围：质量管理体系认证咨询	区域：河北 批准书编号：CNCA-Z-05Q-2002-026 机构名称：河北省华维质量认证咨询中心 分支机构：无 批准的办事处：无 机构原名称：河北省纺织纤维玖仟质量认证咨询中心 负责人：刘尚华 电话：0311-3019947 传真：0311-3033504 地址：石家庄市工农路368号 邮编：050051 有效期限：2003-4-30 批准范围：质量管理体系认证咨询

区域：河北
批准书编号：CNCA-Z-05Q-2002-021
机构名称：石家庄市信达认证咨询服务有限公司
分支机构：无
批准的办事处：无
机构原名称：石家庄市新世纪质量认证咨询服务有限公司
负责人：樊志
电话：0311-7088026
传真：0311-7814939
地址：石家庄市水源街148号（市委党校）
邮编：050051
有效期限：2006-9-29
批准范围：质量管理体系认证咨询

区域：河北
批准书编号：CNCA-Z-05Q-2002-028
机构名称：石家庄市冠卓质量认证咨询有限公司
分支机构：无
批准的办事处：无
机构原名称：无
负责人：张玉田
电话：0311-7024355，13933036779
传真：0311-7024355
地址：石家庄市中华北大街3号
邮编：050006
有效期限：2003-4-30
批准范围：质量管理体系认证咨询

区域：河北
批准书编号：CNCA-Z-05Q-2002-023
机构名称：保定市今日质标认证咨询有限公司
分支机构：无
批准的办事处：无
机构原名称：保定市今日九千国际标准认证咨询有限公司
负责人：马新喜
电话：0312-3036913
传真：0312-3036913
地址：保定市百世开利会展中心C座六层
邮编：071000
有效期限：2004-12-31
批准业务范围：质量管理体系认证咨询

区域：河北
批准书编号：CNCA-Z-05Q-2002-031
机构名称：廊坊市诚信管理咨询有限公司
分支机构：无
批准的办事处：无
机构原名称：无
负责人：黄晓君
电话：0316-2091567，13910657655
传真：0316-2091567
地址：河北省廊坊市经济开发区华祥路
邮编：065000
有效期限：2004-12-31
批准范围：质量管理体系认证咨询

区域：河北
批准书编号：CNCA-Z-05Q-2002-025
机构名称：河北省冀星认证咨询中心
分支机构：无
批准的办事处：无
机构原名称：无
负责人：王建平
电话：0311-7057343，7819240
传真：0311-7042241，7057343
地址：石家庄市和平西路402号
邮编：050071
有效期限：2003-4-30
批准范围：质量管理体系认证咨询

区域：河北
批准书编号：CNCA-Z-05Q-2002-033
机构名称：河北欣弘正咨询服务有限公司
分支机构：无
批准的办事处：无
机构原名称：河北弘正方圆咨询服务有限公司
负责人：许弘熙
电话：0311-7901051
传真：0311-3032370
地址：石家庄市城角街726号
邮编：050081
有效期限：2003-4-30
批准范围：质量管理体系认证咨询

区域：河北 批准书编号：CNCA-Z-05Q-2002-027 机构名称：秦皇岛冶金设计研究总院能源环保所 分支机构：无 批准的办事处：无 机构原名称：无 负责人：李懿 电话：0335-3063143 传真：0335-3063143 地址：秦皇岛市迎宾路 57 号 邮编：066001 有效期限：2003-4-30 批准范围：环境管理体系认证咨询	区域：河北 批准书编号：CNCA-Z-05Q-2002-036 机构名称：秦皇岛市博雅管理咨询有限公司 分支机构：无 批准的办事处：无 机构原名称：无 负责人：李景辉 电话：0335-3629177 传真：0335-3636860 地址：秦皇岛市海港区文化北路必玉大厦 1701 室 邮编：066000 有效期限：2004-12-31 批准范围：质量管理体系认证咨询
区域：河北 批准书编号：CNCA-Z-05Q-2002-030 机构名称：河北环境工程技术中心 分支机构：无 批准的办事处：无 机构原名称：无 1． 河北省环境管理体系认证咨询中心 2． 河北环科环境认证咨询中心 负责人：王路光 电话：0311-3013324 传真：0311-3012434 地址：石家庄市裕华西路 448 号 邮编：050051 有效期限：2003-4-30 批准范围：环境管理体系认证咨询	区域：河北 批准书编号：CNCA-Z-05Q-2002-039 机构名称：廊坊市振坤技术质量咨询服务有限公司 分支机构：无 批准的办事处：无 机构原名称：廊坊新世纪技术质量咨询服务有限公司 负责人：王振坤 电话：0316-2156877 传真：0316-2156877 地址：河北省廊坊市新华小区东二楼 邮编：065000 有效期限：2004-12-31 批准范围：质量管理体系认证咨询
区域：河北 批准书编号：CNCA-Z-05Q-2002-032 机构名称：石家庄华兴认证咨询有限公司 分支机构：无 批准的办事处：无 机构原名称：河北科环认证咨询中心 负责人：李志贞 电话：0311-7833624 传真：0311-7041884 地址：河北省石家庄市和平西路 457 号 邮编：050071 有效期限：2004-12-31 批准范围：质量管理体系认证咨询	区域：河北 批准书编号：CNCA-Z-05Q-2003-010 机构名称：河北质环认证咨询中心 分支机构：无 批准的办事处：无 机构原名称：无 负责人：赵强 电话：0311-3058526 传真：0311-3058525，3029846 地址：石家庄市友谊南大街 175 号 邮编：050051 有效期限：2007-6-29 批准范围：质量管理体系认证咨询；环境管理体系认证咨询；职业安全与健康管理体系认证咨询

<table>
<tr>
<td>区域：河北
批准书编号：CNCA-Z-05Q-2002-034
机构名称：河北华硕管理咨询服务有限公司
分支机构：无
批准的办事处：无
机构原名称：无
负责人：孟磊
电话：13903117265
传真：0311- 5894904 ，7025977
地址：石家庄市钟南路 12 号
邮编：050100
有效期限：2003-4-30
批准范围：质量管理体系认证咨询</td>
<td>区域：山西
批准书编号：CNCA-Z-06Q-2002-001
机构名称：山西黄河管理技术咨询中心
分支机构：无
批准的办事处：无
机构原名称：山西黄河质量技术咨询中心
负责人：王锦明
电话：0351-7425350
传真：0351-7425350
地址：山西省太原市长治路 222 号
邮编：030012
有效期限：2006-9-29
批准范围：质量管理体系认证咨询</td>
</tr>
<tr>
<td>区域：河北
批准书编号：CNCA-Z-05Q-2002-038
机构名称：唐山嘉仪质量认证咨询服务有限公司
分支机构：无
批准的办事处：无
机构原名称：唐山筑嘉工程建设咨询服务有限公司
负责人：郑铁宁
电话：0315-2883256
传真：0315-2801228
地址：唐山市人大北街唐讯寻呼大楼
邮编：063000
有效期限：2004-12-31
批准范围：质量管理体系认证咨询</td>
<td>区域：山西
批准书编号：CNCA-Z-06Q-2002-003
机构名称：山西恒汾质量认证咨询中心
分支机构：无
批准的办事处：无
机构原名称：无
负责人：闫思进
电话：0351-4086899
传真：0351-4086072
地址：太原市并州西街 51 号
邮编：030012
有效期限：2004-12-31
批准业务范围：质量管理体系认证咨询</td>
</tr>
<tr>
<td>区域：河北
批准书编号：CNCA-Z-05Q-2002-040
机构名称：石家庄燕博企业管理认证咨询有限公司
分支机构：无
批准的办事处：无
机构原名称：无
负责人：李申虎
电话：0311-6074570
传真：0311-6963046
地址：石家庄市四中路 57 号百汇大厦 6 层
邮编：050011
有效期限：2006-8-30
批准范围：质量管理体系认证咨询</td>
<td>区域：山西
批准书编号：CNCA-Z-06Q-2002-005
机构名称：太原市新纪元认证咨询有限公司
分支机构：无
批准的办事处：无
机构原名称：无
负责人：朱庆科
电话：0351-3530574
传真：0351-3534183
地址：山西省太原市府西街 131 号
邮编：030002
有效期限：2004-12-31
批准范围：质量管理体系认证咨询</td>
</tr>
</table>

区域：山西
批准书编号：CNCA-Z-06C-2002-001
机构名称：山西进出口商品检验公司
分支机构：无
批准的办事处：无
机构原名称：无
负责人：王培良
电话：0351-4222997，4221787
传真：0351-4030403
地址：山西省太原市府西街246号6层
邮编：030002
有效期限：2003-4-30
批准范围：质量管理体系认证咨询；环境管理体系认证咨询

区域：山西
批准书编号：CNCA-Z-06Q-2002-007
机构名称：中辐院太原环境管理咨询服务中心
分支机构：无
批准的办事处：无
机构原名称：无
负责人：宣义仁
电话：0351-2203628
传真：0351-7020407
地址：山西省太原市120信箱
邮编：030006
有效期限：2003-4-30
批准范围：环境管理体系认证咨询

区域：山西
批准书编号：CNCA-Z-06Q-2002-002
机构名称：山西兆维认证咨询中心
分支机构：无
批准的办事处：无
机构原名称：无
负责人：郭原林
电话：0351-3331991
传真：0351-3331991
地址：山西省太原市桃园北路189号科器大厦三、四层
邮编：030002
有效期限：2006-9-29
批准范围：质量管理体系认证咨询；职业安全与健康管理体系认证咨询

区域：山西
批准书编号：CNCA-Z-06Q-2002-009
机构名称：太原市通科联认证咨询有限公司
分支机构：无
批准的办事处：无
机构原名称：太原（通标）技术咨询有限公司
负责人：张春玲
电话：0351-7337872，7324616
传真：0351-7324616
地址：山西省太原市平阳路259号五层
邮编：030006
有效期限：2003-4-30
批准范围：质量管理体系认证咨询

区域：山西
批准书编号：CNCA-Z-06Q-2002-004
机构名称：太原市恺云质量认证咨询有限公司
分支机构：无
批准的办事处：无
机构原名称：无
负责人：马正国
电话：0351-3030847
传真：0351-3087461
地址：山西太原杏花岭区北大街90号
邮编：030009
有效期限：2004-12-31
批准范围：质量管理体系认证咨询

区域：山西
批准书编号：CNCA-Z-06Q-2002-011
机构名称：山西太原市方达质量认证咨询中心
分支机构：无
批准的办事处：无
机构原名称：山西太原方远质量认证咨询中心
负责人：陈新月
电话：13513628025
传真：0351-6176229
地址：山西省太原市迎泽西大街8号科技馆
邮编：030024
有效期限：2006-9-29
批准范围：质量管理体系认证咨询

区域：山西 批准书编号：CNCA-Z-06Q-2002-006 机构名称：太原智欣技术咨询有限公司 分支机构：无 批准的办事处：无 机构原名称：无 负责人：曹祥发 电话：0351-6048975， 4081049 传真：0351-6048975 地址：太原市万柏林区前进路 7 号院 3 楼 3 号 邮编：030024 有效期限：2004-12-31 批准业务范围：质量管理体系认证咨询	区域：山西 批准书编号：CNCA-Z-06Q-2002-013 机构名称：山西迅速环能工程有限公司 分支机构：无 批准的办事处：无 机构原名称：无 负责人：蔡鑫 电话：0351-3041777 传真：0351-3041666 地址：山西省太原市新建北路 209 号 邮编：030002 有效期限：2003-4-30 批准范围：环境管理体系认证咨询
区域：山西 批准书编号：CNCA-Z-06Q-2002-008 机构名称：山西华鑫认证咨询中心 分支机构：无 批准的办事处：无 . 机构原名称：山西方圆认证咨询中心 负责人：于尚仁 电话：0351-7230942 传真：0351-7234373 地址：太原市长治路 222 号 邮编：030012 有效期限：2004-12-31 批准范围：质量管理体系认证咨询	区域：山西 批准书编号：CNCA-Z-06Q-2002-015 机构名称：山西天石质量认证咨询中心（有限公司） 分支机构：无 批准的办事处：无 机构原名称：无 负责人：陈新艳 电话：0351-6018403 传真：0351-6018403 地址：山西省太原理工大学学术交流中心 邮编：030024 有效期限：2004-12-31 批准范围：质量管理体系认证咨询
区域：山西 批准书编号：CNCA-Z-06Q-2002-010 机构名称：太原兴企技术咨询有限责任公司 分支机构：无 批准的办事处：无 机构原名称：无 负责人：杨玉田 电话：0351-3097473 传真：0351-3097473 地址：山西省太原市北大街中段 33 号 邮编：030009 有效期限：2004-12-31 批准范围：质量管理体系认证咨询	区域：山西 批准书编号：CNCA-Z-06Q-2002-017 机构名称：太原市科正质量认证咨询有限公司 分支机构：无 批准的办事处：无 机构原名称：无 负责人：庞秀花 电话：0351-6650131 传真：0351-6812208 地址：太原市兴华街 299 号山姆士商务楼 502\504 室 邮编：030027 有效期限：2006-12-30 批准范围：质量管理体系认证咨询；环境管理体系认证咨询;职业安全与健康管理体系认证咨询

<table>
<tr><td>区域：山西
批准书编号：CNCA-Z-06Q-2002-012
机构名称：山西绿维环境安全认证咨询中心（有限公司）
分支机构：无
批准的办事处：无
机构原名称：无
负责人：
电话：0351-3336498
传真：0351-3331991
地址：山西省太原市桃园北路189号科器大厦三层
邮编：030002
有效期限：2003-4-30
批准范围：环境管理体系认证咨询</td><td>区域：山西
批准书编号：CNCA-Z-06Q-2002-019
机构名称：太原市绿畅环境科技有限公司
分支机构：无
批准的办事处：无
机构原名称：太原市环境科学研究设计院环境管理体系认证咨询中心
负责人：左俊生
电话：0351-4227207
传真：0351-4220204
地址：山西省太原市桃园三巷93号
邮编：030002
有效期限：2003-4-30
批准范围：环境管理体系认证咨询</td></tr>
<tr><td>区域：山西
批准书编号：CNCA-Z-06Q-2002-014
机构名称：太原市宏洋管理体系认证咨询有限公司
分支机构：无
批准的办事处：无
机构原名称：无
负责人：高素文
电话：0351-4429262
传真：0351-4423560
地址：山西省太原市建设北路296号
邮编：030013
有效期限：2003-4-30
批准范围：质量管理体系认证咨询</td><td>地域：内蒙古
批准书编号：CNCA-Z-07C-2002-001
机构名称：内蒙古恒远达认证咨询中心
分支机构：无
批准的办事处：无
机构原名称：内蒙古出入境检验检疫协会
负责人：王建英
电话：0471-4302960
传真：0471-4301861
地址：呼市新城区八一路2号楼
邮编：010010
有效期限：12-31-2004
批准业务范围：质量管理体系认证咨询</td></tr>
<tr><td>区域：山西
批准书编号：CNCA-Z-06Q-2002-016
机构名称：太原依万斯环境管理咨询中心（有限公司）
分支机构：无
批准的办事处：无
机构原名称：无
负责人：韩学斌
电话：0351-4220588，4223828
传真：0351-4223828
地址：太原市桃园三巷43号太原市劳动局6层
邮编：030002
有效期限：2004-12-31
批准业务范围：环境管理体系认证咨询</td><td>地域：内蒙古
批准书编号：CNCA-Z-07Q-2002-005
机构名称：包头市信达咨询有限公司
分支机构：无
批准的办事处：无
机构原名称：无
负责人：谢俊宏
电话：0472-3158905
传真：0472-3158905
地址：包头市青山区幸福路世龙大厦405室
邮编：014030
有效期限：12-31-2004
批准业务范围：质量管理体系认证咨询</td></tr>
</table>

区域：山西 批准书编号：CNCA-Z-06Q-2002-018 机构名称：太原双策质量认证咨询有限公司 分支机构：无 批准的办事处：无 机构原名称：无 负责人：窦毅华 电话：0351-7340450 传真：0351-7339702 地址：太原市寇店南街24号文教培训中心3层 邮编：030012 有效期限：2003-4-30 批准范围：质量管理体系认证咨询	地域：辽宁 批准书编号：CNCA-Z-08Q-2002-002 机构名称：大连圣迪质量认证咨询有限公司 分支机构： 批准的办事处：无 机构原名称：无 负责人：赵建国 电话：0411-2440526 ， 2470589-8604 传真：0411-2440526 地址：辽宁省大连市西岗区长春路245号 邮编：116013 有效期限：7-30-2006 批准业务范围：质量管理体系认证咨询
区域：山西 批准书编号：CNCA-Z-06Q-2002-020 机构名称：晋中中大质量认证咨询中心 分支机构：无 批准的办事处： 机构原名称：无 负责人：张五庆 电话：0354-3039252 传真：0354-3039257 地址：山西省晋中市榆次区建东街1号 邮编：030600 有效期限：2004-12-31 批准范围：质量管理体系认证咨询	地域：辽宁 批准书编号：CNCA-Z-08Q-2002-004 机构名称：沈阳公正管理与认证咨询中心 分支机构：无 批准的办事处：无 机构原名称：沈阳公正检验集团质量认证咨询中心 负责人：赵润生 电话：024-25898578，25893234 传真：024-25898948 地址：沈阳市铁西区滑翔路26号 邮编：110021 有效期限：7-30-2006 批准业务范围：质量管理体系认证咨询
地域：内蒙古 批准书编号：CNCA-Z-07Q-2002-001 机构名称：呼和浩特市圣方技术咨询有限公司 分支机构：无 批准的办事处：无 机构原名称：无 负责人：史建新 电话：0471-4601665 ，4601667 传真：0471-4601667 地址：呼和浩特市中专路64号电力学校培训楼三层 邮编：010010 有效期限：10-30-2006 批准业务范围：质量管理体系认证咨询	地域：辽宁 批准书编号：CNCA-Z-08Q-2002-006 机构名称：沈阳宇信认证咨询有限公司 分支机构：无 批准的办事处：无 机构原名称：无 负责人：王莉惠 电话：024-86815918 ，86810023 传真：024-86815918 地址：沈阳市皇姑区崇山中路48号4-4-2室 邮编：110031 有效期限：7-30-2006 批准业务范围：质量管理体系认证咨询；环境管理体系认证咨询

地域：辽宁 批准书编号：CNCA-Z-08Q-2002-001 机构名称：辽宁北国认证培训咨询中心 分支机构：无 批准的办事处：无 机构原名称：辽宁北国质量认证咨询中心 负责人：王德海 电话：024-23897550，13904056619 传真：024-23880062 地址：辽宁省沈阳市和平区永安北路8号 邮编：110004 有效期限：12-31-2004 批准业务范围：质量管理体系认证咨询	地域：辽宁 批准书编号：CNCA-Z-08Q-2002-008 机构名称：辽宁防伪中心 分支机构：无 批准的办事处：无 机构原名称：无 负责人：刘远征 电话：024-23894117， 23996597 传真：024-23894117-808 地址：沈阳市和平区文化路3巷9号 邮编：110004 有效期限：12-31-2004 批准业务范围：质量管理体系认证咨询
地域：辽宁 批准书编号：CNCA-Z-08Q-2002-003 机构名称：沈阳质量认证咨询中心 分支机构：无 批准的办事处：无 机构原名称：无 负责人：于占华 电话：024-23241326 传真：024-23241326 地址：沈阳市和平区南八马路90号 邮编：110006 有效期限：7-30-2006 批准业务范围：质量管理体系认证咨询；环境管理体系认证咨询；职业安全与健康管理体系认证咨询	地域：辽宁 批准书编号：CNCA-Z-08Q-2002-010 机构名称：大连艾科管理技术咨询有限公司 分支机构：无 批准的办事处：无 机构原名称：无 负责人：梁明春 电话：0411-4441317 传真：0411-4441317 地址：辽宁省大连市沙河口区西南路872号五洲大厦 邮编：116033 有效期限：4-30-2003 批准业务范围：质量管理体系认证咨询
地域：辽宁 批准书编号：CNCA-Z-08Q-2002-005 机构名称：辽宁久环质量体系咨询有限公司 分支机构：无 批准的办事处：无 机构原名称：辽宁久仟质量咨询中心 负责人：冯秀兰 电话：024-23250731，23221856 传真：024-23243283 地址：沈阳市和平区十三纬路19号 邮编：110003 有效期限：9-29-2006 批准业务范围：质量管理体系认证咨询；环境管理体系认证咨询；职业安全与健康管理体系认证咨询	地域：辽宁 批准书编号：CNCA-Z-08Q-2002-012 机构名称：抚顺风华质量认证咨询中心 分支机构：无 批准的办事处：无 机构原名称：抚顺市世标质量认证咨询中心 负责人：于国臣 电话：13332123613 传真：0413-2613656 地址：抚顺市站前西10路15号楼四门203室 邮编：113008 有效期限：12-31-2004 批准业务范围：质量管理体系认证咨询

地域：辽宁 批准书编号：CNCA-Z-08Q-2002-007 机构名称：鞍山市创新质量体系认证咨询有限公司 分支机构：无 批准的办事处：无 机构原名称：无 负责人：武骞 电话：0412-5840428 传真：0412-5840428 地址：鞍山市铁东区湖南长兴街 13-15 号 邮编：114004 有效期限：12-31-2004 批准业务范围：质量管理体系认证咨询	地域：辽宁 批准书编号：CNCA-Z-08Q-2002-014 机构名称：中科信（沈阳）认证咨询有限公司 分支机构：无 批准的办事处：无 机构原名称：久千（沈阳）东北质量认证咨询有限公司 负责人：张力民 电话：024-22870032 传真：024-22870121 地址：辽宁省沈阳市和平区中山路 191 号 邮编：110002 有效期限：12-31-2004 批准业务范围：质量管理体系认证咨询
地域：辽宁 批准书编号：CNCA-Z-08Q-2002-009 机构名称：沈阳达峰机械质量咨询服务有限公司 分支机构：无 批准的办事处：无 机构原名称：无 负责人：戴有清 电话：024-86902900 传真：024-86851093 地址：沈阳市皇姑区北陵大街 56 号 邮编：110032 有效期限：12-31-2004 批准业务范围：质量管理体系认证咨询	地域：辽宁 批准书编号：CNCA-Z-08Q-2002-016 机构名称：辽宁思达咨询服务有限公司 分支机构：无 批准的办事处：无 机构原名称：无 负责人：刘芳 电话：024-86200076 传真：024-86262084 地址：辽宁省沈阳市皇姑区岐山中路 1 号 邮编：110032 有效期限：7-30-2006 批准业务范围：质量管理体系认证咨询
地域：辽宁 批准书编号：CNCA-Z-08Q-2002-011 机构名称：大连百川企业管理咨询有限公司 分支机构：无 批准的办事处：无 机构原名称：无 负责人：李林 电话：0411-3614719 传真：0411-3614716 地址：大连市西岗区西岗区黄河路 263 号.6-17.6-18 邮编：116011 有效期限：12-31-2004 批准业务范围：质量管理体系认证咨询	地域：辽宁 批准书编号：CNCA-Z-08Q-2002-019 机构名称：大连欣兴质量体系咨询有限公司 分支机构：无 批准的办事处：无 机构原名称：无 负责人：孙索臣 电话：0411-4519567 传真：0411-4519567 地址：辽宁省大连市沙河口区民政街 419 号科技广场 A 座 706 邮编：116022 有效期限：7-30-2006 批准业务范围：质量管理体系认证咨询

地域：辽宁 批准书编号：CNCA-Z-08Q-2002-013 机构名称：辽宁质量保证技术咨询服务中心 分支机构：无 批准的办事处：无 机构原名称：无 负责人：王海波 电话：024-86902183 传真：024-86902182 地址：辽宁省沈阳市皇姑区北陵大街56号 邮编：110032 有效期限：7-30-2006 批准业务范围：质量管理体系认证咨询；环境管理体系认证咨询	地域：辽宁 批准书编号：CNCA-Z-08Q-2002-021 机构名称：大连昊翰企管顾问有限公司 分支机构：无 批准的办事处：无 机构原名称：无 负责人：王洁 电话：0411-2648970 ，2651609， 2646382 传真：0411-2659113 地址：大连市中山区人民路26号人寿大厦2101室 邮编：116001 有效期限：12-31-2004 批准业务范围：质量管理体系认证咨询
地域：辽宁 批准书编号：CNCA-Z-08Q-2002-015 机构名称：辽宁北方质量认证咨询有限公司 分支机构：无 批准的办事处：无 机构原名称：无 负责人：吴杰 电话：024-24501190 传真：024-24501190 地址：沈阳市和平区三好街88-2号 邮编：110003 有效期限：7-30-2006 批准业务范围：质量管理体系认证咨询	地域：辽宁 批准书编号：CNCA-Z-08Q-2002-023 机构名称：沈阳嘉标认证咨询有限公司 分支机构：无 批准的办事处：无 机构原名称：沈阳金驰认证咨询有限公司中心 负责人：张明辉 电话：024-24833123 传真：024-24342561 地址：辽宁省沈阳市铁西区小五路51-1号 邮编：110041 有效期限：12-31-2004 批准业务范围：质量管理体系认证咨询
地域：辽宁 批准书编号：CNCA-Z-08Q-2002-017 机构名称：沈阳（北京）中标兴质量保证中心 分支机构：无 批准的办事处：无 机构原名称：无 负责人：于莹光 电话：024-22791319 传真：024-62236721 地址：沈阳市沈河区市府大路262号甲1910室 邮编：110013 有效期限：7-30-2006 批准业务范围：质量管理体系认证咨询；环境管理体系认证咨询；职业安全与健康管理体系认证咨询	地域：辽宁 批准书编号：CNCA-Z-08Q-2002-027 机构名称：辽宁森丽达认证咨询有限公司 分支机构：无 批准的办事处：无 机构原名称：辽宁新时代认证咨询有限公司 辽宁九环认证咨询有限公司 负责人：沈丽 电话：0417-2611829 传真：0417-2611829 地址：辽宁省营口市西市区渤海大街3段和平里5号 邮编：115002 有效期限：7-30-2006 批准业务范围：质量管理体系认证咨询

地域：辽宁 批准书编号：CNCA-Z-08Q-2002-020 机构名称：大连市人民政府经济研究中心企业发展咨询部 分支机构：无 批准的办事处：无 机构原名称：无 负责人：苗长金 电话：0411-2648744 传真：0411-2591920 地址：大连市中山区人民路 5 号 邮编：116001 有效期限：7-30-2006 批准业务范围：质量管理体系认证咨询	地域：辽宁 批准书编号：CNCA-Z-08Q-2002-029 机构名称：鞍山市玉明质量认证咨询有限公司 分支机构：无 批准的办事处：无 机构原名称：鞍山市环标质量认证咨询有限公司 负责人：刘玉明 电话：0412-8559235 传真：0412-8559229 地址：辽宁省鞍山市西区三街道 103 号 邮编：114012 有效期限：12-31-2004 批准业务范围：质量管理体系认证咨询
地域：辽宁 批准书编号：CNCA-Z-08Q-2002-022 机构名称：鞍山市北方质量认证咨询中心 分支机构：无 批准的办事处：无 机构原名称：无 负责人：吕雪梅 电话：0412-5513862 ，5513863 传真：0412-5513862 地址：辽宁省鞍山市铁东区工人街 86 号 邮编：114001 有效期限：12-31-2004 批准业务范围：质量管理体系认证咨询	地域：辽宁 批准书编号：CNCA-Z-08Q-2002-032 机构名称：大连宏晟管理技术咨询中心 分支机构：无 批准的办事处：无 机构原名称：无 负责人：王琳 电话：0411-2544159 传真：0411-2544159 地址：辽宁省大连市西岗区上海路 76 号 邮编：116001 有效期限：12-31-2004 批准业务范围：质量管理体系认证咨询
地域：辽宁 批准书编号：CNCA-Z-08Q-2002-026 机构名称：盘锦明道科技服务有限公司 分支机构：无 批准的办事处：无 机构原名称：无 负责人：易志辉 电话：0427-7828941 传真：0427-7828941 地址：盘锦市兴隆台区辽河油田财贸小区 4-2-101 邮编：124010 有效期限：12-31-2004 批准业务范围：质量管理体系认证咨询	地域：辽宁 批准书编号：CNCA-Z-08Q-2002-035 机构名称：大连宏枥咨询认证有限公司 分支机构：无 批准的办事处：无 机构原名称：无 负责人：朱明 电话：0411-4336209 传真：0411-4336109 地址：大连市沙河口区高尔基路 421 号 邮编：116021 有效期限：12-31-2004 批准业务范围：质量管理体系认证咨询；环境管理体系认证咨询

地域：辽宁 批准书编号：CNCA-Z-08Q-2002-028 机构名称：辽宁北宇咨询有限公司 分支机构：无 批准的办事处：无 机构原名称：无 负责人：盛铁明 电话：13998134190 传真：024-22719895 地址：辽宁省沈阳市和平区市府大路187号504 邮编：110003 有效期限：12-31-2004 批准业务范围：质量管理体系认证咨询	地域：辽宁 批准书编号：CNCA-Z-08Q-2002-037 机构名称：大连华纳质量认证咨询中心 分支机构：无 批准的办事处：无 机构原名称：大连方圆质量认证咨询中心 负责人：马树深 电话：0411-4614408 传真：0411-414383 地址：辽宁省大连市沙河口区万岁街68-2号 邮编：116021 有效期限：12-31-2004 批准业务范围：质量管理体系认证咨询
地域：辽宁 批准书编号：CNCA-Z-08Q-2002-030 机构名称：沈阳环标认证咨询有限公司 分支机构：无 批准的办事处：无 机构原名称：沈阳世标认证咨询有限公司 负责人：周春红 电话：024-86280349 传真：024-86280478 地址：辽宁省沈阳市皇姑区崇山东路71号 邮编：110032 有效期限：9-29-2006 批准业务范围：质量管理体系认证咨询；环境管理体系认证咨询	地域：辽宁 批准书编号：CNCA-Z-08Q-2002-039 机构名称：大连京大质量环境认证咨询中心 分支机构：无 批准的办事处：无 机构原名称：无 负责人：赵红军 电话：0411-4400906 传真：0411-4400906 地址：辽宁省大连市沙河口区沙能东街10号 邮编：116021 有效期限：4-30-2003 批准业务范围：质量管理体系认证咨询
地域：辽宁 批准书编号：CNCA-Z-08Q-2002-033 机构名称：沈阳华业认证咨询有限公司 分支机构：无 批准的办事处：无 机构原名称：沈阳中方圆质量认证咨询有限公司 负责人：刘晓奇 电话：024-23940408 传真：024-23940408 地址：沈阳市沈河区三好街1号 邮编：110015 有效期限：7-30-2006 批准业务范围：质量管理体系认证咨询	地域：辽宁 批准书编号：CNCA-Z-08Q-2002-041 机构名称：铁岭市质量认证咨询中心 分支机构：无 批准的办事处： 机构原名称：无 负责人：郭恩怀 电话：0410-2819001 传真：0410-2819912 地址：辽宁省铁岭市银州区市府路30号科学馆201室 邮编：112000 有效期限：7-30-2006 批准业务范围：质量管理体系认证咨询

地域：辽宁 批准书编号：CNCA-Z-08Q-2002-036 机构名称：沈阳市友和认证技术咨询服务中心 分支机构：无 批准的办事处：无 机构原名称：无 负责人：赵谙宇 电话：024-24138118 传真：024-24138118 地址：辽宁省沈阳市大东区长安路 52 号 邮编：110042 有效期限：7-30-2006 批准业务范围：质量管理体系认证咨询；环境管理体系认证咨询；职业安全与健康管理体系认证咨询	地域：辽宁 批准书编号：CNCA-Z-08Q-2002-043 机构名称：大连经济技术开发区爱德管理咨询有限公司 分支机构：无 批准的办事处：无 机构原名称：无 负责人：马平 电话：0411-7644361 传真：0411-7644352 地址：大连经济技术开发区黄海西路 169 号 邮编：116600 有效期限：12-31-2004 批准业务范围：质量管理体系认证咨询
地域：辽宁 批准书编号：CNCA-Z-08Q-2002-038 机构名称：大连瑞兰斯企业策划有限公司 分支机构：无 批准的办事处：无 机构原名称：无 负责人：葛家齐 电话：0411-2403089 传真：0411-2404798 地址：辽宁省大连市西岗区新开路 89 号金广大厦 1402 邮编：116011 有效期限：12-31-2004 批准业务范围：质量管理体系认证咨询	地域：辽宁 批准书编号：CNCA-Z-08Q-2002-045 机构名称：大连中海管理技术服务有限公司 分支机构：无 批准的办事处：无 机构原名称：大连开发区久仟咨询服务有限公司 负责人：高伟时 电话：0411-4631158 传真：0411-4631158 地址：大连市沙河口区黄河路 724 号 18-6 室 邮编：116021 有效期限：12-31-2004 批准业务范围：质量管理体系认证咨询
地域：辽宁 批准书编号：CNCA-Z-08Q-2002-040 机构名称：锦州瑞达认证咨询有限公司 分支机构：无 批准的办事处：无 机构原名称：锦州世标质量认证咨询有限公司 负责人：李平 电话：0416-2355397 传真：0416-2355397 地址：辽宁省古塔区大凌里 67-8 号 邮编：121001 有效期限：12-31-2004 批准业务范围：质量管理体系认证咨询	地域：辽宁 批准书编号：CNCA-Z-08Q-2002-052 机构名称：朝阳市三燕认证咨询有限公司 分支机构：无 批准的办事处：无 机构原名称：朝阳市通标认证咨询有限公司 负责人：王振华 电话：0421-2821230 传真：0412-2821230 地址：辽宁省朝阳市双塔区长江路三段 10 号 邮编：122000 有效期限：12-31-2004 批准业务范围：质量管理体系认证咨询

地域：辽宁 批准书编号：CNCA-Z-08Q-2002-042 机构名称：大连开发区重宝商务咨询有限公司 分支机构：无 批准的办事处：无 机构原名称：无 负责人：金勇 电话：0411-7617553，13998673633 传真：0411-7617550 地址：大连经济开发区九号办公区发展大厦 908、978 室 邮编：116600 有效期限：12-31-2004 批准业务范围：质量管理体系认证咨询；环境管理体系认证咨询	地域：辽宁 批准书编号：CNCA-Z-08Q-2002-062 机构名称：沈阳市生力管理咨询中心 分支机构：无 批准的办事处：无 机构原名称：无 负责人：戈范章 电话：024-22720194 传真：024-22729760 地址：沈阳市沈河区市府大路 262 号甲 邮编：110013 有效期限：12-31-2004 批准业务范围：质量管理体系认证咨询
地域：辽宁 批准书编号：CNCA-Z-08Q-2002-044 机构名称：大连轻舟管理咨询有限公司 分支机构：无 批准的办事处：无 机构原名称：大连久千技术咨询有限公司 负责人：王刚 电话：0411-4519801 传真：0411-4519901 地址：大连市沙河口区民政街 419 号科技广场 A 座 502 邮编：116021 有效期限：12-31-2004 批准业务范围：质量管理体系认证咨询	地域：辽宁 批准书编号：CNCA-Z-08Q-2002-058 机构名称：沈阳顺兴认证咨询有限公司 分支机构：无 批准的办事处：无 机构原名称：无 负责人：叶斌 电话：024-25686081 传真：024-25686136 地址：沈阳市铁西区云峰南街 16 号 3 门 邮编：110021 有效期限：12-31-2004 批准业务范围：质量管理体系认证咨询
地域：辽宁 批准书编号：CNCA-Z-08Q-2002-050 机构名称：本溪市长泰质量认证咨询中心 分支机构：无 批准的办事处：无 机构原名称：本溪市长城质量认证咨询中心 负责人：郑殿阁 电话：0414-4833323 传真：0414-2218116 地址：本溪市解放北路 72 号太平洋保险公司 304 室 邮编：117000 有效期限：12-31-2004 批准业务范围：质量管理体系认证咨询	地域：辽宁 批准书编号：CNCA-Z-08Q-2003-063 机构名称：大连宏远技术建设咨询有限公司 分支机构：无 批准的办事处：无 机构原名称：无 负责人：王德江 电话：0411-3641408 传真：0411-3642326 地址：大连市西岗区民众街 9 号 邮编：116012 有效期限：8-30-2007 批准业务范围：质量管理体系认证咨询

地域：辽宁 批准书编号：CNCA-Z-08Q-2002-055 机构名称：辽宁通达认证咨询有限公司 分支机构：无 批准的办事处：无 机构原名称：无 负责人：杨承民 电话：024-86892249 传真：024-86894197 地址：沈阳市皇姑区北陵大街 56 号 邮编：110032 有效期限：7-30-2006 批准业务范围：质量管理体系认证咨询	地域：辽宁 批准书编号：CNCA-Z-08Q-2003-065 机构名称：辽宁正源国标认证咨询有限公司 分支机构：无 批准的办事处：无 机构原名称：无 负责人：林乐毅 电话：0411-2820094 传真：0411-2820094 地址：大连市中山区人民路 39 号 19 层 邮编：116001 有效期限：9-29-2007 批准业务范围：质量管理体系认证咨询
地域：辽宁 批准书编号：CNCA-Z-08Q-2002-057 机构名称：辽宁四通铁路质量体系认证咨询中心 分支机构：无 批准的办事处：无 机构原名称：无 负责人：张承魁 电话：024-62027872 传真：024-23415126 地址：沈阳市和平区北六马路 8 号 邮编：110001 有效期限：12-31-2004 批准业务范围：质量管理体系认证咨询	地域：吉林 批准书编号：CNCA-Z-09Q-2002-003 机构名称：吉林省质量认证咨询中心 分支机构：无 批准的办事处：无 机构原名称：无 负责人：李振凯 电话：0431-5316534 传真：0431-5316534 地址：吉林省长春市卫星路 20 号 邮编：130022 有效期限：12-31-2004 批准业务范围：质量管理体系认证咨询；环境管理体系认证咨询
地域：辽宁 批准书编号：CNCA-Z-08Q-2002-060 机构名称：沈阳环科环境管理体系认证技术咨询中心 分支机构：无 批准的办事处：无 机构原名称：无 负责人：张鸣 电话：024-23317546 传真：024-23317546 地址：辽宁省沈阳市和平区砂山街 63 号 邮编：110005 有效期限：12-31-2004 批准业务范围：环境管理体系认证咨询	地域：吉林 批准书编号：CNCA-Z-09Q-2002-005 机构名称：吉林省可利尔企业管理顾问有限公司 分支机构：无 批准的办事处：无 机构原名称：无 负责人：王恩广 电话：0431-5104423 传真：0431-5104423 地址：长春市卫星路 51 号 邮编：130012 有效期限：12-31-2004 批准业务范围：质量管理体系认证咨询

地域：辽宁 批准书编号：CNCA-Z-08Q-2003-064 机构名称：大连鸿源咨询服务有限公司 分支机构：无 批准的办事处：无 机构原名称：无 负责人：吴志勋 电话：0411-4682688， 13700099016 传真：0411-4682688 地址：大连市沙河口区黄浦路 373 号 1-3-3 邮编：116023 有效期限：9-29-2007 批准业务范围：质量管理体系认证咨询	地域：吉林 批准书编号：CNCA-Z-09Q-2002-009 机构名称：吉林省志协质量认证咨询中心 分支机构：无 批准的办事处：无 机构原名称：无 负责人：熊英姿 电话：0431-4914471 传真：0431-4914471 地址：吉林省长春市吉林大路 168 号华泰集团 4 层 邮编：130031 有效期限：12-31-2004 批准业务范围：质量管理体系认证咨询
地域：吉林 批准书编号：CNCA-Z-09Q-2002-002 机构名称：吉林省埃索质量认证咨询中心 分支机构：无 批准的办事处：无 机构原名称：无 负责人：管恩志 电话：0431-8913847 传真：0431-8913847 地址：吉林省长春市民康路 14 号 邮编：130041 有效期限：9-29-2006 批准业务范围：质量管理体系认证咨询	地域：吉林 批准书编号：CNCA-Z-09Q-2002-008 机构名称：吉林省绿环环境管理体系咨询中心 分支机构：无 批准的办事处：无 机构原名称：无 负责人：尹天佑 电话：0431-5958403 传真：0431-5953495 地址：长春市红旗街 41 号 邮编：130012 有效期限：12-31-2004 批准业务范围：环境管理体系认证咨询
地域：吉林 批准书编号：CNCA-Z-09Q-2002-010 机构名称：吉林市天星质量技术监督认证咨询中心 分支机构：无 批准的办事处：无 机构原名称：无 负责人：凤淑珍 电话：0432-4643338 传真：0432-4661036 地址：吉林省高新区深圳街 108 号 邮编：132013 有效期限：12-31-2004 批准业务范围：质量管理体系认证咨询	地域：黑龙江 批准书编号：CNCA-Z-10Q-2002-014 机构名称：哈尔滨卓越企业管理顾问有限公司 分支机构：无 批准的办事处：无 机构原名称：无 负责人：杜艳雪 电话：0451-6328558 传真：0451-6372890 地址：哈尔滨市南岗区西大直街 402 号五层 邮编：150080 有效期限：12-31-2004 批准业务范围：质量管理体系认证咨询；环境管理体系认证咨询

地域：吉林 批准书编号：CNCA-Z-09Q-2003-011 机构名称：长春市新一鸣质量认证咨询服务有限公司 分支机构：无 批准的办事处：无 机构原名称：长春市新一鸣咨询服务公司 负责人：马建华 电话：0431-5761329 传真：0431-5761329 地址：长春市朝阳区安达街 35 号 邮编：130061 有效期限：12-31-2004 批准业务范围：质量管理体系认证咨询	地域：黑龙江 批准书编号：CNCA-Z-10Q-2002-010 机构名称：黑龙江省新标志质量认证咨询有限公司 分支机构：无 批准的办事处：无 机构原名称：无 负责人：富宏飞 电话：0451-3667666 传真：0451-3667666 地址：哈尔滨市南岗区奋斗路 280 号 邮编：150001 有效期限：12-31-2004 批准业务范围：质量管理体系认证咨询
地域：吉林 批准书编号：CNCA-Z-09Q-2002-001 机构名称：吉林省标准质量认证咨询中心 分支机构：无 批准的办事处：无 机构原名称：无 负责人：徐立新 电话：0431-5382109 传真：0431-5383574 地址：长春市湖滨街 18 号 邮编：130022 有效期限：12-31-2004 批准业务范围：质量管理体系认证咨询	地域：黑龙江 批准书编号：CNCA-Z-10Q-2002-001 机构名称：哈尔滨市中质勤质量认证咨询有限公司 分支机构：无 批准的办事处：无 机构原名称：无 负责人：滕雷 电话：028-4570072 传真：028-4570073 地址：黑龙江省哈尔滨市道里区田地街 116 号 10 层 E 座 邮编：150010 有效期限：4-30-2003 批准业务范围：质量管理体系认证咨询
地域：黑龙江 批准书编号：CNCA-Z-10Q-2002-015 机构名称：哈尔滨华英美现代管理咨询有限公司 分支机构：无 批准的办事处：无 机构原名称：哈尔滨新世纪现代管理咨询有限公司 负责人：刘文杰 电话：0451-6315654 传真：0451-6350296 地址：哈尔滨市南岗区西大直街 213 号 邮编：150080 有效期限：12-31-2004 批准业务范围：质量管理体系认证咨询；环境管理体系认证咨询	地域：黑龙江 批准书编号：CNCA-Z-10Q-2002-012 机构名称：哈尔滨质协咨询服务有限公司 分支机构：无 批准的办事处：无 机构原名称：哈尔滨质量保证中心 负责人：郭宇峰 电话：0451-6211991 传真：0451-6220524 地址：哈尔滨市南岗区贵新街 170 号 1147 房间 邮编：150006 有效期限：9-29-2006 批准业务范围：质量管理体系认证咨询；环境管理体系认证咨询；职业安全与健康管理体系认证咨询

地域：黑龙江 批准书编号：CNCA-Z-10Q-2002-011 机构名称：哈尔滨奥林认证咨询有限公司 分支机构：无 批准的办事处：无 机构原名称：哈尔滨新时代质量认证咨询有限公司 负责人：梅松岩 电话：0451- 2304458，2302400 传真：0451-2302400 地址：哈尔滨市香坛区民航路32号9楼 邮编：150036 有效期限：9-29-2006 批准业务范围：质量管理体系认证咨询；环境管理体系认证咨询；职业安全与健康管理体系认证咨询	地域：黑龙江 批准书编号：CNCA-Z-10Q-2002-020 机构名称：哈尔滨隆升信息咨询有限公司 分支机构： 批准的办事处：无 机构原名称：无 负责人：林阿强 电话：0451-2280044 传真：0451-2352476 地址：哈尔滨市香坊区哈成路473号 邮编：150020 有效期限：4-30-2003 批准业务范围：质量管理体系认证咨
地域：黑龙江 批准书编号：CNCA-Z-10Q-2002-002 机构名称：哈尔滨新新认证咨询有限公司 分支机构：无 批准的办事处：无 机构原名称：无 负责人：张明臣 电话：0451-6339339 传真：0451-6375677 地址：哈尔滨市南岗区清滨路2号B座4单元101室 邮编：150080 有效期限：12-31-2004 批准业务范围：质量管理体系认证咨询	地域：黑龙江 批准书编号：CNCA-Z-10Q-2002-016 机构名称：哈尔滨创新认证咨询有限公司 分支机构：无 批准的办事处：无 机构原名称：哈尔滨市长城管理体系咨询有限公司 负责人：程松华 电话：0451-6483334 传真：0451-6483339 地址：哈尔滨市南岗区昆仑商城赣水路43号 邮编：150036 有效期限：4-30-2003 批准业务范围：质量管理体系认证咨询、环境管理体系认证咨询
地域：黑龙江 批准书编号：CNCA-Z-10Q-2002-003 机构名称：黑龙江万通质量认证咨询有限责任公司 分支机构：无 批准的办事处：无 机构原名称：无 负责人：孙晓文 电话：0451-2373158 传真：0451-2372158 地址：哈尔滨市南岗区汉水路科技公寓406栋4单元6楼2号 邮编：150090 有效期限：7-30-2006 批准业务范围：质量管理体系认证咨询；环境管理体系认证咨询	地域：黑龙江 批准书编号：CNCA-Z-10Q-2002-007 机构名称：哈尔滨诚一信质量认证技术咨询有限公司 分支机构：无 批准的办事处：无 机构原名称：无 负责人：王月英 电话：0451-8322958 ，8322968 传真：0451-8322948 地址：哈尔滨市道外区景阳街15号6层C座 邮编：150020 有效期限：12-31-2004 批准业务范围：质量管理体系认证咨询

地域：黑龙江 批准书编号：CNCA-Z-10Q-2002-013 机构名称：黑龙江宝龙质量管理咨询有限公司 分支机构：无 批准的办事处：无 机构原名称：黑龙江赛宝企业管理咨询有限公司 负责人：肖鸿江 电话：0451-2296409 传真：0451-2296406 地址：黑龙江省哈尔滨市开发区华山路 12 号 邮编：150090 有效期限：7-30-2006 批准业务范围：质量管理体系认证咨询；职业安全与健康管理体系认证咨询	地域：黑龙江 批准书编号：CNCA-Z-10Q-2002-009 机构名称：大庆百业咨询有限公司 分支机构：无 批准的办事处：无 机构原名称：无 负责人：刘友珍 电话：0459-5961769 传真：0459-5961769 地址：大庆市让胡路区中央大街键士达综合楼 5 号 邮编：163453 有效期限：9-29-2006 批准业务范围：质量管理体系认证咨询；环境管理体系认证咨询；职业安全与健康管理体系认证咨询
地域：黑龙江 批准书编号： 机构名称：哈尔滨超冠质量认证咨询有限公司 分支机构：无 批准的办事处：无 机构原名称：无 负责人：王燕华 电话：13804512966 传真：0451-6310090 地址：哈尔滨市南岗区八师小区 2 号楼 411 邮编：150080 有效期限：4-30-2003 批准业务范围：质量管理体系认证咨询	地域：黑龙江 批准书编号：CNCA-Z-10Q-2002-017 机构名称：哈尔滨爱特企业管理认证咨询有限公司 分支机构：无 批准的办事处：无 机构原名称：哈尔滨莱茵质量认证咨询有限公司 负责人：郑明 电话：0451-2309995 传真：0451-2353764 地址：哈尔滨市香坊区珠江路 106 号外贸大厦 2F-200 室 邮编：150036 有效期限：12-31-2004 批准业务范围：质量管理体系认证咨询
地域：黑龙江 批准书编号：CNCA-Z-10Q-2002-008 机构名称：大庆市科信质量技术监督咨询服务有限公司 分支机构：无 批准的办事处：无 机构原名称：无 负责人：刘正光 电话：0459-5392478 传真：0459-5392885 地址：大庆市让胡路区西宾路 48 号 邮编：163453 有效期限：12-31-2004 批准业务范围：质量管理体系认证咨询	地域：上海 批准书编号：CNCA-Z-02C-2002-002 机构名称：上海科建管理咨询有限公司 分支机构：东莞科建管理咨询有限公司、杭州科建管理咨询有限公司 批准的办事处：无 机构原名称：无 负责人：陈汉栋 电话：021-64640797 传真：021-64382426 地址：上海市南丹路 169 号 5008 室 邮编： 有效期限：8-30-2006 批准业务范围：质量管理体系认证咨询；环境管理体系认证咨询

国家摩托车质量监督检验中心

CHINA NATIONAL MOTORCYCLE TESTING CENTER

国家摩托车质量监督检验中心主任 段保民

国家摩托车质量监督检验中心是国家授权最早的摩托车产品第三方专业检验机构。积二十余年的测试经验，成为国内最具实力的专业检验机构之一。2002 年、2003 年连续荣获中国机械工业联合会〝机械行业质检机构先进单位〞称号。

国家摩托车质量监督检验中心，技术装备水平先进，测试手段齐备，测试经验丰富，新建设的排放试验室、全自动发动机试验室、车辆灯光／灯具试验室、电磁兼容试验室，全面从德国引进，与国际水平保持同步，可完全满足欧洲法规／指令的技术要求，具备全面开展输欧摩托车产品认证的条件。

国家摩托车质量监督检验中心愿在〝以优良服务赢得客户，以公正地位维护客户，以准确数据取信客户，以良好信誉维系客户〞的质量方针指导下，坚持〝公正、科学、准确、高效〞的原则，不断提高管理水平和技术水平，为政府和国内外客户提供优质的检测服务，为创建国际一流水平的实验室而不懈地努力。

China national motorcycle testing center (CNMTC) is the special third-party test body for motorcycle products firstly authorized by Chinese government. With over twenty years of testing experience, CNMTC has become one of the most powerful test bodies. In 2002 and 2003, it gained the honor of "Advanced Test Body in the mechanical section" from China Mechanical and Industrial Union.

With advanced equipment and instrument, rich experience in doing tests, newly-built emission test cell, lamps and bubbles test cell and EMC test cell all imported from German, CNMTC keeps space with international laboratories and fully meets the requirements of conducting the type approval tests according to EC directives and ECE regulations.

The policy of CNMTC is "Gaining customers with excellent services; Upholding customers in impartial status; Winning customers' confidence by accurate data; Maintaining customers by good reputation." Following the policy, we will always insist on the principle of "Impartiality, Science, nicety and efficiency" and provide excellent testing services for government and our customers coming from home and abroad by improving our management and test technology. We will do our best to pursue the goal of building CNMTC as an international first class laboratory with good reputation home and abroad.

发动机噪声试验室

摩托车灯光试

中心检测楼

中心西安实验场

中心外景

工作理念

我们的责任： 为政府、社会、客户
提供公正、准确的检测服务。

我们的理念：独立公正，诚实信用。

我们的目标：国内领先，国际互认。

西安总部：

地址（Add）：陕西省西安市灞桥区米秦路6号

No.6,Miqin Road,Baqiao District,Xi'an City,Shaanxi Pro.,P.R.China

邮编（PC.):710032

电话（Tel）：+86-29-86795288 **传真**（Fax）：+86-29-86795296

Http：www.cnmtc.com.cn

E-mail:cnmtc@cnmtc.com.cn

宝鸡分部：

地址（Add）：陕西省宝鸡市陈仓区51号信箱

P.O.Box51,Chencang District,Baoji City,shaanxi Pro.,P.R.China

邮编（PC.):721300

电话（Tel）：+86-917-6296241

RCYCLE TESTING CENTER

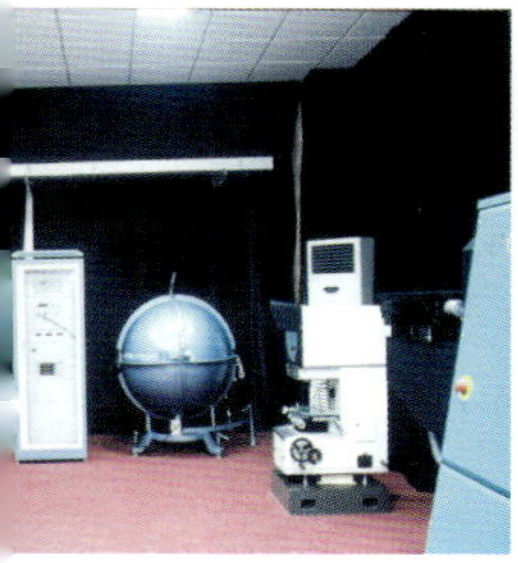

电磁兼容（EMC）试验验室

摩托车整车性能及排放试验室

全自动发动机动态及排放试验室

北京大学营养与保健食品评价中心

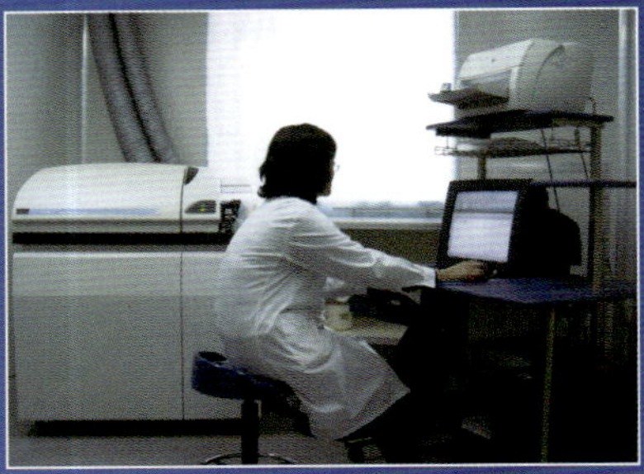

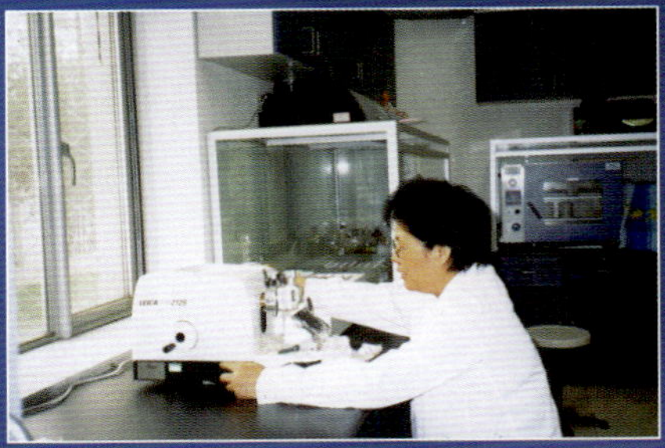

北京大学营养与保健食品评价中心（简称评价中心）成立于1997年，为国家卫生部认定的第一批保健食品检验机构之一。2000年3月获国家认证认可监督管理委员会国家级计量认证合格证书。评价中心设在北京大学医学部，挂靠单位为北京大学公共卫生学院，由北京大学公共学院营养与食品卫生专业、毒理学专业、卫生分析专业、劳动卫生与环境卫生专业及北京大学基础医学院药理专业的专业人员组成，设有毒理学试验室、功能学实验室、卫生分析实验室、营养成分实验室及办公室。现有人员41名，其中高级职称16名，占总人数39.0%，中级职称22名，占总人数53.6%，初级职称3名，占总人数7.4%。评价中心主任为北京大学公共卫生学院院长胡永华教授、副院长为刘毅教授、章京教授。评价中心职能为：

※ 保健食品及营养食品检验

1 功能学检验项目：增强免疫力、辅助降血脂、缓解体力疲劳、减肥、改善生长发育、辅助改善记忆、辅助降血糖、辅助降血压、增加骨密度等功能。另有抗氧化、改善睡眠、缓解忧郁焦虑情绪、改善营养性贫血、促进排铅等功能检验通过计量认证。

2 毒理学检验项目：急性毒症。Ames、骨髓细胞微核、小鼠精子畸变、30天及90天喂养试验等。另有显性致死试验、非程序性DNA合成；致畸、繁殖、代谢致癌等试验，通过了计量认证。

3 卫生分析与营养成分分析检验：Zn、Cu、Fe、Mg、Ca、K、Na检验。另有食品中蛋白质、脂肪、糖、淀粉、膳食纤维、维生素A、B1、B2、C、E等检验通过计量认证。

4 中心至今已完成功能学检验项目150余项，毒理学检验480余项。

※ 科研任务

评价中心可独立进行有关营养与食品的科研课题，并与北京大学医学部的基础医学部门、药学部门及临床医院合作开展相关科学研究，并自行研制功能食品与特殊营养食品，并与国内外机构合作研究，与中国食品发酵研究 院、香港中文大学、美国 Almond Board California,芬兰 Tukou Unirersity 等机构开展有关营养与食品的合作研究。

※ 社会服务

评价中心开展与营养及食品卫生有关的业务咨询、培训业务。

中心地址：北京市海淀区学院路38号公共卫生楼一层
联系电话：82802552　82319501　传真：62015583

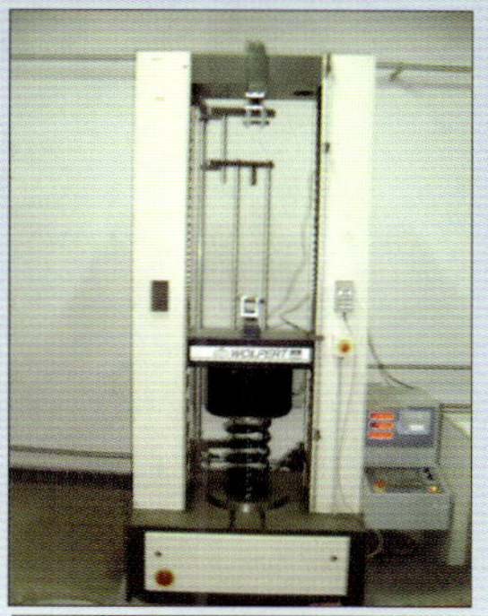

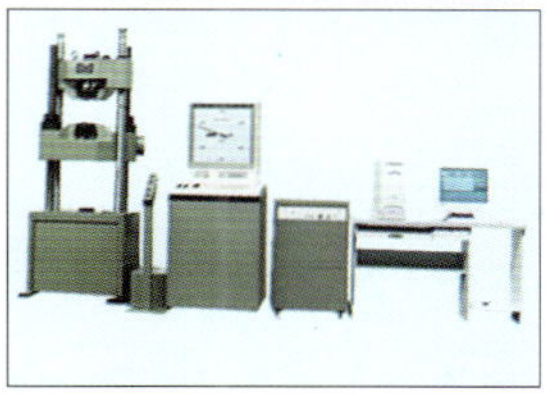

北方汽车质量监督检验鉴定试验所

北方汽车质量监督检验鉴定试验所始建于1986年9月，1987年开始正式承担国家汽车行业的汽车整车、发动机质量监督抽查、可靠性考核及委托检验任务，成为汽车行业认可的具有第三方公正地位的汽车质量监督检验鉴定的试验机构。目前已通过国家实验室认可、国家质量监督检验检疫总局计量认证和国家机械工业联合会的机构认可，是国家发展改革委员会所属的全国汽车行业新产品试验、鉴定的专业检测所之一。是我国特种车辆试验、检测基地。

北方汽车质量监督检验鉴定试验所试验设备规模大，功能全，设备原值高，多个试验室在国内占据领先的地位。

车辆环境试验室

车辆环境试验室

试验室所有主要设备均从美国引进。主要包括三部分：环境模拟部分、车辆测功部分、测试系统部分。可以对各种车辆及设备进行温度湿度环境模拟试验和动态加载试验，并配备先进的测试采集系统，对试验中车辆和设备的各项参数进行实时监控和记录。

★试验间尺寸(内部)：16米(长)×6米(宽)×4.5(高)

★温度范围：-57℃～74℃

★湿度范围：10%～95%R.H

道路模拟试验室

该试验室由多轴激励道路模拟试验台、悬挂系统试验台等14个试验台构成。其中多轴激励道路模拟试验台可对14轮以内的轮式、履带式车辆进行各种路面的模拟试验，也可对悬挂装置、负重轮、车桥等进行性能、强度、可靠性试验。

电磁兼容试验室

电磁兼容试验室

电磁兼容试验室是国防重点试验室，是能够进行大型车辆整车EMC测试的专业试验室，可以进行民用汽车、工程机械、家用电器、车载电子设备的各项国际标准测试。

★半电波暗室（10米法）尺寸，18700×14000×8200（mm）；

★工作频率：30MHz-18GHz；

★可以旋转排烟。

中国国家实验室认可委(CNAL)认可检测项目

道路模拟试验室

1.汽车整车 2.发动机 3.变速箱 4.传动轴 5.前轴6.驱动桥 7.半轴 8.汽车悬挂系统 9.钢板弹簧 10.螺旋弹簧 11.油气弹簧 12.筒式减震器 13.客车车身骨架14.汽车用冷却风扇(含汽车塑料风扇) 15.空气滤清器 16.车辆防护 17.锂离子蓄电池 18.镍氢蓄电池 19.锌空气蓄电池 20.铅酸蓄电池(动力型) 21.铅酸蓄电池(起动型) 22.超级电容器 23.扭杆弹簧 24.消声器 25中冷器

法人代表：毛明　　**常务副所长：樊江滨**

地　址：北京969信箱25号　　**电　话：(010) 83809707**

邮　编：100072　　**传　真：(010) 83809707**

联系人：师庆萍

国家摩托车质量监督检验中心
（天 津）

▶▶ 机构简介

天津摩托车质量监督检验所组建于1988年4月，隶属于天津大学，是第三方检测机构。1998年12月获中国实验室国家认可委员会（CNACL）认可，1999年9月获中国国家进出口商品检验实验室认可委员会（CCIBLAC）认可，2000年4月获中国出入境检验检疫局授权承担出口摩托车质量许可制度和进口摩托车及发动机安全质量许可制度商品检验任务。

天津摩托车质量监督检验所于2001年4月注册为独立法人，2001年11月16日由国家认证认可监督管理委员会批准在检验所基础上成立国家摩托车质量监督检验中心（天津）。

国家摩托车质量监督检验中心（天津）（简称“中心”）是一个检验设备和设施配套齐全，检验技术完善，人员结构合理，管理手段科学的检验机构。现有员工近80人，高级职称人员14名，中级职称以上人员占员工总数的70%。固定资产总值4000万元。检验所的检验室面积3000余 m^2，检验设备精良齐全，各种主要仪器设备300余台（套）。灯光试验室能够进行所有机动车灯具检测，属国内一流水平。新建的无线电电波暗室能够提供标准的电磁兼容测试环境，可进行多种电子电器产品、汽车摩托车类产品及其部件的电磁辐射干扰辐射敏感度等项目的检测，是目前摩托车行业规模最大的3米法半电波暗室。中心内有摩托车行业唯一的高低温状态试验室，环境温度可控制在-50~60℃，能同时容纳数十辆摩托车进行试验。2001年10月建成的摩托车试验场占地面积60万 m^2，试验场有11种可供摩托车科研试验及产品检验的各种路面，能进行操纵稳定性、舒适性、ABS等多种评价，并且拥有符合GB4569-2000和GB16169-2000标准要求的噪声测试路面。

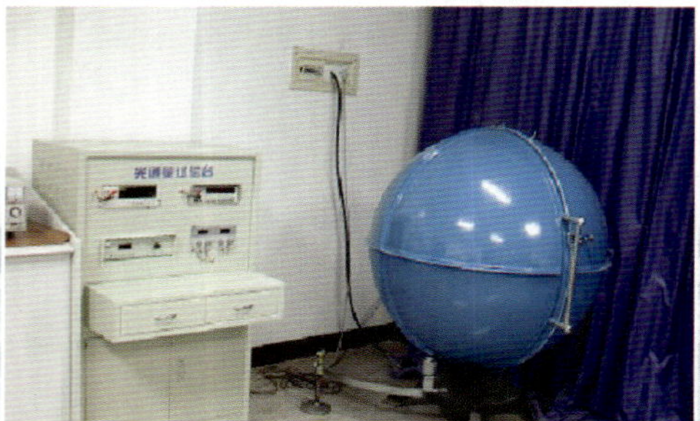
光通量测试系统

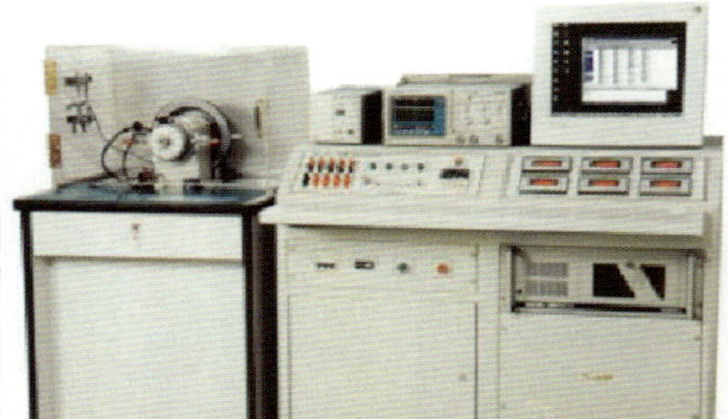
磁电机性能试验台

电波暗室

盘测功机

减震器试验台

灯光暗室

发动机试验台

在国家有关主管部门的领导下，中心承担的主要任务是：

1.承担国家下达的本中心检验范围内的进、出口商品质量检验任务；

2.承担国家下达的本中心检验范围内产品质量的监督检验任务；

3.承担国内外企业委托进行的产品质量检验工作；

4.承担有关方面委托进行的产品质量认证和质量体系认证工作；

5.承担新产品的鉴定检验工作；

6.承担和参与相关国家标准和行业标准及技术法规的制修订工作，包括各类标准的验证工作；

7. 收集国内外检测技术的发展动态，研究开发新的检测技术、方法和专用检验设备；

8.开展产品质量检验方面的国际合作、认证、评审和技术交流。

本中心的检验范围是：摩托车和轻便摩托车质量检验、摩托车和轻便摩托车发动机质量检验、柴油机质量检验、通用小型汽油机质量检验、零部件质量检验

地　址：天津市南开区卫津路92号天津大学内
邮政编码：300072
主　页：www.chinamotorcycle.com
E-mail：nmtctj@tju.edu.cn
负 责 人：刘欣
联 系 人：贺文杰
电　话：022-27404944
传　真：022-27407628

试车场特殊路面

标准噪声测试路面

民政總署
INSTITUTO PARA OS
ASSUNTOS CÍVICOS
E MUNICIPAIS

澳门民政总署化验所

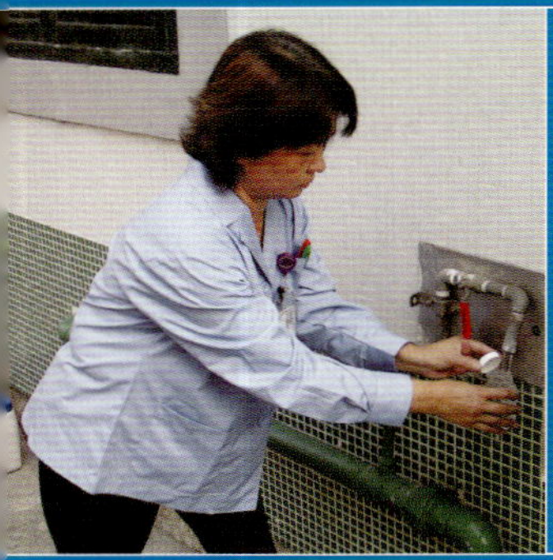

澳门民政总署化验所（简称民署化验所）为澳门民政总署辖下的直属处，包括六个功能组（化学组、微生物组、免疫及生物化学组、采样及现场观测组、质量保证组、技术支持组）及行政办公室，员工超过50人。民署化验所于2003年10月28日正式取得了由“中国实验室国家认可委员会”(CNAL) 颁发的ISO/IEC 17025:1999的认可证书，已认可的化学及微生物学参数达45个。而目前已参加了由国内外的五个机构（New York State Department of Health, Wadsworth Center、Environmental Resource Associates、National Association of Testing Authorities, Australia、中国环境保护总局标准样品研究所、辽宁出入境检验检疫局）所组织的能力验证活动，均取得理想结果。同时，民署化验所内亦具备了较先进的仪器设备，包括紫外/可见光分光光度计、电位滴定仪、离子色谱仪、气相色谱仪、气相色谱-质谱仪、微波消化系统、火焰式原子吸收光谱仪、石墨炉塞曼式原子吸收光谱仪、免疫萤光分析仪、微生物生化鉴定分析仪、安全操作箱（Class 2 & Class1）、厌氧操作箱、萤光/相差显微镜、高温高压蒸气消毒炉、高效液相色谱仪-萤光及紫外检测器、ELISA Plate Reader、Nuclisens Reader，主要的分析仪器均由已得到CNAL认可的“华南国家计量测试中心”进行校准。此外，民署化验所内亦具有完善的文件管理系统、仓库管理系统、质量事故报告系统及样本接收/登录系统，使化验所整个质量系统能更有效地运行。

民署化验所的主要职能为：

1. 监察澳门的自来水公共输水网、公用与私人泉源及水井的水质，并以公共利益为由建议关闭该等设施；
2. 监察公共泳池、设于分层建筑物或向公众开放的私人泳池，以及公共冲洗间及海滩的水质；
3. 监察向公众出售的汽油的含铅量；
4. 应公共或私人实体要求，协助进行研究及化验工作，包括：
   * 由本署卫生监督部送检的食物样本、蔬菜残余农药快速分析、禽流感检测；
   * 由本署的环境卫生处、公园处及自然护理处之不同水体之分析；
   * 由渠务处送检的污水之分析；
   * 由澳门地球物理暨气象局之送检的样本分析；
   * 由澳门航空食品股份有限公司送检的食物样本；
   * 其它公共或私人实体之水质及食物检验申请。

建立质量体系　提高服务水平

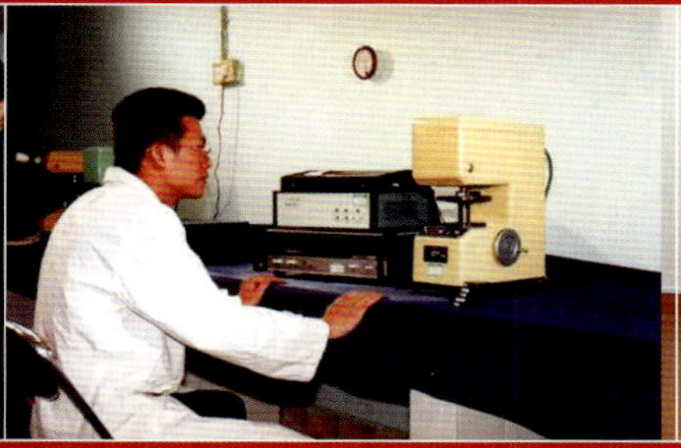

广东省计量科学研究院院长高富荣

华南国家计量测试中心／广东省计量科学研究院(下称“华南中心”)是国家质量技术监督检验检疫总局批准成立的全国七个大区级国家法定计量检定机构之一。

华南中心在实验室认可工作中走在国内的前列，一方面是市场的需求，上世纪九十年代，由于广东处于改革开放前沿，许多企业由于产品出口的需要，要求计量校准方面能提供与国际接轨的服务；另一方面，在当时，我们通过深入的学习和交流，清楚地认识到，通过实验室认可，以导则25（现修订为ISO/IEC17025）建立的质量体系，将有效地提高实验室管理水平和服务质量。由于当时国内还没有相应的实验室认可工作，我们积极寻求香港实验室认可计划（HOKLAS）认可，成为目前国内唯一获香港认可机构HOKLAS认可的校准实验室。并于1997年3月通过中国实验室国家认可委员会认可，是国内第一家获得这一认可的计量校准实验室。其中，通过CNAL认可的校准项目达407项，是国内取得认可项目最多的校准实验室之一。

多年来，我们重点做好两个方面的工作，首先是始终不渝地执行质量体系，坚持《质量手册》和程序文件上写到就必须做到，保证各项工作能认真、严谨、及时地在规章制度的监控过程中完成，使一切质量工作变得顺理成章。把客户的要求放在第一位，是我们的另一个工作的重点。我们狠抓服务态度和服务质量，处处为客户着想；有效地缩短完检周期，目前送本中心校准的仪器的完检时间从1996年的20天缩短到7天内完成。

事实证明，通过实验室认可使我们的管理水平上了一个新台阶，同时给华南中心带来名牌效应。目前华南中心所出具的证书，无论从信息量、规范性还是数据的可靠性，在国内都是最好的，许多企业都指定所有外校仪器必须送华南中心。自1997年以来，华南中心检定校准创收进入了高速持续增长期，2003年创收是1996年的10倍。近年来，华南中心充实了大批的仪器设备，改善了实验室环境，充分发挥每个专业人员的潜能，提倡刻苦钻研业务的精神和严谨的工作作风，成长了一批业务能力强、素质高、训练有素的专业技术人员，华南中心已经进入了欣欣向荣的发展阶段。

天津汽车检测中心

试验室一瞥

碰撞

整车无线电干扰特性试验

天津汽车检测中心1994年被原国家质量技术监督局认可授权为国家轿车质量监督检验中心，1999年8月通过了国家实验室认可委员会的认可。还先后获得了进出口汽车商检试验室、汽车环保产品认定与排放检验机构、强制性产品认证（CCC）检测机构、国家级汽车新产品定型试验机构、汽车新产品申报公告检测机构和科技成果鉴定试验单位等多项政府部门认可授权。

中心设有综合管理室、整车试验研究室、安全试验研究室、灯光电器试验研究室、排放节能试验研究室、清洁汽车试验研究室、实车碰撞试验研究室、电磁兼容试验研究室、科研室等九个部门。现有员工117人，拥有固定资产约1.7亿元，建筑面积17400m²，试验室面积13600 m²，仪器设备396台套。具有整车（含排放、实车碰撞、电磁兼容等）、底盘、发动机、灯具和电器、车身附件等87种产品的检验能力。

中心在测试技术、检测设备等多方面达到国内先进水平。其中实车碰撞试验室可以按照我国及欧、美、日等有关碰撞标准和法规，进行正面固定壁障碰撞、正面偏置变形壁障碰撞、侧面、追尾、动态翻滚试验、安全气囊匹配的角度、柱碰撞、刚性壁偏置碰撞试验，达到国际先进水平。电磁兼容试验室是我国汽车行业首家综合性电磁兼容试验室，填补了国内空白，达到国际先进水平。目前中心又投入近600万欧元，新建成满足欧Ⅲ排放法规检验要求，具有国际先进水平的轻型车排放试验室、重型柴油机排放试验室。

天检中心在取得认可资质后，始终注重保持质量体系的有效运行，不断改进和完善质量体系，加快实验室能力建设，多次通过监督评审和扩项认可，使实验室的综合实力得到较快的提升，扩大了知名度，加快了新检测业务开拓，企业委托各类试验业务量不断增长，并担当了国际著名汽车公司在中国零部件采购的第三方认证试验室。

天检中心将继续在质量方针的指导下，对产品进行公正、科学、准确的评价，为客户提供优质、及时、规范的服务。

天津汽车检测中心

一流的服务理念
一流的科技人才
一流的检测设备

为中国汽车工业的发展做出一流贡献

地址：天津市河东区程林庄道天山路口　邮编：300162
电话：022-84771805　传真：022-24375350

国家电线电缆质量监督检验中心

国家电线电缆质量监督检验中心（以下简称质检中心）是独立于电线电缆产品开发、制造、贸易的第三方的产品检测实验室。检测范围包括裸电线、电气装备用电线电缆、电线组件、电力电缆、绕组线、通信电缆和光缆、电器附件及电线电缆光缆原材料,按国家标准、行业标准、企业标准、IEC标准、UL标准、主要经济发达国家标准等进行检测。质检中心每年出具的检验报告在5000份以上。

质检中心开展的业务包括3C认证产品检测（电线电缆、电器附件），电线电缆生产许可证产品检测，电线电缆出口质量许可证产品检测，船用电缆检测，产品仲裁检测、产品鉴定，质监部门抽查产品的检测，生产企业和用户委托检测等。

质检中心现有员工65人，其中技术人员45人，高级工程师19人。

质检中心工作面积5200m^2,包括质检中心大楼、测试大楼、高压试验大厅等。高压试验大厅拥有世界一流的高电压检测设备，具备进行额定电压500kV高压电力电缆型式试验的能力。

质检中心成立于1983年，现为国家认监委指定的中国强制性产品认证检测机构。1984年设立中国电气设备检测所电线电缆检测站（TICW），开始从事电线电缆产品安全认证的检测和工厂审查工作。1989年10月，质检中心通过国际电工产品合格测试与认证组织（IECEE-CCB）审查，并被接受为CB实验室。1990年3月，质检中心通过原国家技术监督局审查验收和计量认证，经授权为国家电线电缆质量监督检验中心。

此外，质检中心还是电线电缆产品出口质量许可证检测单位和进出口商品检验实验室，国家船检局船用电缆验证试验站，机械工业电线电缆产品质量监督检测中心，机械工业电线电缆专用测试设备检测中心，上海市电线电缆质量监督检验站，美国UL公司〝第三方测试数据程序（TPTDP）〞实验室等。

质检中心建立以来，己承担多次电线电缆产品质量的国家监督抽查和部级监督批查任务，每年承担若干次上海市电线电缆产品质量抽查任务。经质检中心检测，先后有多种电线电缆产品获得国家金质奖、国家银质奖、原机电部优质产品称号。有2000多家电线电缆企业的3C认证产品经质检中心检测，有1000多家电线电缆企业的生产许可证产品经质检中心检测。质检中心曾为地铁、磁悬浮等重大工程提供检测服务，为电力部门监管生产企业提供检测服务，以及为各地工商、质监部门提供检测服务。每年约有1000家电线电缆产品、原材料生产企业及其用户委托质检中心进行产品性能试验。

20年来，经各级政府机构、认可机构、国际同行的评审，质检中心的质量管理工作不断改进，质量体系不断完善，成为检测设备先进齐全的实验室。质检中心将竭诚为政府、社会、企业、用户提供优质的服务。

地址：上海市杨浦区军工路1000号　　邮编：200093
电话：021-65494605　　传真：021-65490171
网址：www.ticw.com.cn　　E-mail:shticw@online.sh.cn

江西铜业集团公司

中组部、国家认监委在人民大会堂向江铜颁发全国首张党建质量认证证书

江西铜业集团公司是我国规模最大、现代化程度最高、管理最先进的大型企业集团，是国家512家重点企业之一，位列2003年度全国1000家法人最大工业企业第98位。总资产已达145亿元，具备40万吨铜、10.2吨黄金、100万吨硫酸的综合生产能力，拥有50多个全资、控股子公司，员工3万多人。其中江西铜业股份有限公司为香港H股和上海A股上市企业，资源储备丰富，技术装备先进，融资能力强，环境保护和商业信誉好，通过了ISO9001：2000质量管理体系认证和国家计量认证，获得了完善计量检测体系合格证书，主产品“贵冶牌”阴极铜是国内第一家在伦敦金属交易所（LME）注册的A级铜；“贵冶牌”金锭是上海黄金交易所上市交易的标准金锭；“江铜牌”白银为伦敦金银市场协会注册产品，标志着江铜具备国际化经营管理水平和较强的国际竞争力。

截至2003年，江铜累计生产阴极铜245万吨、硫酸840万吨、黄金62吨、白银715吨，多次被评为“全国用户满意企业”、“质量效益型先进企业”、“质量管理先进企业”，荣获“全国五一劳动奖状”、“全国精神文明建设先进单位”和“全国先进基层党组织”光荣称号。2002年10月江铜首创的党建质量体系通过CQC认证，开创党建工作导入ISO9000质量管理体系先河。目前，江铜集团化经营格局、多样化产品结构、可持续发展战略及个性化企业文化已经形成，为建成世界一流铜业公司的目标，而不断打造和培育着卓越的核心竞争力。

国内最大的现代化采矿场

江西铜业集团公司总部大楼

国内最先进的铜电解车间

深圳中集重型机械有限公司

SHENZHEN CIMC HEAVY INDUSTRIES CO.,LTD

类 型	品种、主要参数及可选择项	生产布局
厢 式	含厢式货车、冷藏车、保温车、保鲜车、应急通讯车、防弹运钞车、军用运输车、警用车等改装或半挂车型。	广东 江苏 山东
	容积5～45M3，厢体材料可选用波纹钢板、铝板、复合材料等。	
罐 式	含加油车、运油车、化工液体运输车、低温气体运输车、液态食品运输车、散装水泥运输车、各种粉粒运输车等改装和半挂车型。	
	容积5～45M3，罐体材料可选用碳钢、不锈钢、铝合金等；罐体形式有球罐、卧罐、立罐等；可带保温、加热、自卸等功能；低温气体运输车温度最低可达－198摄氏度。	
自 卸	含改装或半挂车型；可选用侧面、后面、中分等多种自卸货方式。	
	载重量10～38T。	
特 种	含集装箱骨架车、平板车、低平板运输车、车辆运输车等半挂车型。	
	载重量12～38T(集装箱运输车)、7～10T（车辆运输车）；并可根据用户要求设计制造。	
其 它	含罐箱、贮槽、方仓等。	
	规格20'（罐箱）、最大150M3（贮槽）、容积5～40M3（方仓）；材料有碳钢、不锈钢等；可带保温、加热等；贮槽温度最低可达－198摄氏度。	

地址：广东省深圳市蛇口港湾大道2号中集集团研发中心

电话：86-755-26691130　　传真：86-755-26676875

邮编：518067　　网址：WWW.CIMC.COM

CCC 认证工作

一汽集团公司

自2003年5月1日实施汽车产品强制性认证制度的以来，给我们汽车生产企业创建了公平竞争的市场环境和市场机制，通过认证制度来实现对车辆产品的质量监管和市场准入，促进了企业管理更加规范化，更加法制化；使企业自身提高了管理水平，提高了产品质量；消费者能购买到质量放心产品。

自国家2003年5月1日实施强制性产品认证制度以来，一汽集团公司积极响应，至今已完成了七批3C申报，共申报并取得产品认证证书1100余份，车型包括轿车、客车、载货车、载货车底盘、自卸车、自卸车底盘、牵引车、厢式车、厢式车底盘、半挂车、专用车及专用车底盘等。函盖了一汽集团公司所生产的所有车型。

产品认证制度，促进了一汽集团公司国际标准质量管理体系的建立，并使之有效地运行，使我们的管理理念有了质的飞跃。通过体系的建立，我公司建立了一整套职责和资源、文件和记录、采购和进货检验、生产过程控制和过程检验、例行检验和确认检验、检验试验仪器设备、不合格品的控制、内部质量审核、认证产品的一致性、包装、搬运和储存的控制程序，确保从设备到人力资源、从文件到记录，从采购到加工到生产到销售到服务，从搬运到储存等的各个环节都满足3C认证的要求，满足产品生产一致性及生产高质量产品的要求。

在今后的工作中，我们一定严格遵守《强制性产品认证管理规定》等一系列文件，按照法律、法规、技术标准和技术规范的要求，确保按照产品认证要求建立起来的文件化质量体系更加完善，并能行之有效的贯彻执行和保持，力争及时、准确、事实求是的做好产品认证工作，为提高工厂的制造水平，提高我公司的市场地位，增强产品的竞争力，维护消费者及我公司利益而努力，同时为提高中国产品质量总体水平和国际市场竞争力，维护国家利益、经济安全，为中国汽车工业的腾飞做出贡献。

大力推行全面质量管理
距离打造“卓越”长安

——长安汽车（集团）有限责任公司

董事长：尹家绪

长安汽车（集团）有限责任公司，已跨越三个世纪，走过140余年的风雨路程，是我国军民结合型特大型工业企业集团，是目前中国产销量最大的微型汽车、发动机一体化制造企业，是中国最早的国防工业和当今最成功的“军民结合”型企业之一。公司地跨重庆、江苏、河北三地，现有员工近三万人。“长安”品牌荣获中国驰名商标，品牌价值达79.48亿元，在世界汽车品牌排名第20位。

长安集团公司在发展壮大的过程中，始终秉承“质量兴业”方略，铁腕抓质量，用心、用智、用力打造“卓越”长安。近些年来，我们痛下决心，挥锤砸掉自己制造的劣质汽车，拉开了“卓越”长安的序幕；我们誓下恒心，将质量工作当作“精品工程”来推进，夯实了“卓越”长安的基石；我们立下雄心，大力推进全面质量管理，助推了“卓越”长安的腾飞。长安以其优良的质量、亲情的服务、便捷的营销，深得广大用户的信任和好评，至今汽车产销已突破200万辆，各项指标均排名微车行业第一，汽车销量和市场占有率排名行业第三。近年来，公司也因此多次荣获重庆市和国家“质量效益型先进企业”、国家“实施用户满意工程先进单位”和“质量管理先进企业”等称号。

目前，长安集团公司正紧紧围绕公司的“三年再造一个长安”和“3337”发展战略目标，乘风破浪，奋勇拼搏，不断把“卓越”长安引向深入。

总经理王瑞林

沈阳天维电气设备制造有限公司成立于1993年，位于辽宁省新民市城区东城街东郊社区，是原国家机械、电力两部验收合格并定点生产高低压成套电控设备和各类变压器的厂家之一，东北电管局的入网单位。公司占地面积3万多平方米，厂房建筑面积1万平方米，注册资金322.3万元，固定资产1千多万元。

公司拥有国际先进的剪、折、冲等数控加工设备，先进的涂装工艺，精良的检测设备，公司员工百余人，其中专业技术人员、管理人员占员工总数的30%，是现代型的电力设备制造企业，被国家经贸委列入第三批推荐企业名录。公司于2000年10月获得ISO9001质量管理体系认证证书，其覆盖的产品有高压开关设备和控制设备GZS、KYN27、KYN2、HXGN等系列产品；低压开关设备和控制设备GCS、GCK、MNS、GGD、XL-21等系列产品；S9、S11、SCB9等系列电力变压器，ZBW-10系列高压/低压预装式变电站，开闭站等，XRC1、XBM、PZ30等三箱系列及各种线路器材。我公司生产的产品能够按期、按质、按量交付。2004年我公司又有8个单元的低压产品获得"3C"认证证书。

公司注重管理、注重产品质量，每一年都被沈阳市评为"重合同、守信用"单位，被中国投资咨询公司评定为"AAA"级信用单位，沈阳科技局认定的高新技术企业单位。公司全部产品由人民保险公司承保，凭借良好的信誉，优质的产品，不断开拓市场销路。我们紧紧抓住市场机遇，积极参加各地招标工程，市场份额不断扩大，我们公司奉行互惠、互利的原则，以优质的产品，合理的价格，满意的服务回报社会和用户。

沈阳天维电气设备制造有限公司

沈阳天维电气设备制造有限公司

格力空调

GREE ELECTRIC APPLIANCES,INC.OF ZHUHA

经过多年的发展，格力空调已经奠定了国内空调市场的领跑者地位，市场占有率连续九年位居行业的首位，格力品牌也已经深入人心，在广大消费者中享有很高的声誉。

国家对产品强制认证(简称 3C 认证)工作作为一项政策来抓，国家专门指定两家认证机构(针对空调)CQC(中国质量认证中心)、CEMC(中国电磁兼容认证中心)，和相应的检测机构对认证产品进行检测和颁证。作为国内空调业的领头羊，我公司积极响应国家政策，自 2002 年 5 月就开始着手在全公司推行 3C 认证宣贯和认证筹备工作，今天，公司所有的在强制范围内(制冷量≤ 21000 大卡 / 小时)的内销产品均已获得 3C 认证，目前获颁证书总共 306 张，获证型号产品近千个。

随着格力出口产品的不断增加，格力空调相继进入意大利、西班牙、德国、美国、巴西等欧美市场，远销世界 100 多个国家和地区。据海关统计，格力空调出口量从 1995 年起连续 9 年居全国领先地位，出口涨幅亦居全国同行前列。国外市场的逐渐扩大，国外认证也成为一项越来越重要的工作。格力产品目前已涵盖了世界五大洲，已经取得的认证有 TUV，GS，SASO，UL、CSA，GOST － R，澳洲安全以及阿根廷安全等几十种证书，覆盖了世界的主要市场。从 2004 年开始，我公司的 CE 认证采用自我声明形式，节省了大量的认证费用。经过多年的认证工作，格力已建立起比较完善和成熟的认证体系，包括实验室设备、测试管理体系，测试工程师和审核人员等。已经具备了 CE 自我声明的条件，客户也已基本接受了格力的 CE 自我声明。从而节省了大量的第三方认证费用。针对独家垄断性的认证，如 SASO、UL 和 CSA 等，我们采取多种方法争取降低认证费用。

其次，我们通过认真学习国际认证条例和法规，在满足市场要求和法令的前提下，尽量减少认证或降低认证费用，提高取证速度。在取得 TUV 莱茵认可实验室的基础上，今年我们又获得了加拿大 CSA category 实验室认可，不仅节省每年的工厂审查费用，而且报备零部件的产品认证费用平均降低了 10%－ 15%，同时我们正进行美国 UL 的 CTDP 实验室认可，9 月份已经完成，不仅节省了美国 UL 工程师的巨额差旅费，每个认证项目还能降低近 20%的认证项目费用。

通过近年的发展，我公司现已发展成有员工 15000 多人，拥有年产空调器 1000 万台（套）的生产规模超大型企业。而国内外的认可认证工作，有力地保证了了我公司的后继发展能力，扫清了发展中的障碍，迄今为止，我公司在国内的江苏丹阳、重庆及南美的巴西均设立了生产基地，是中国目前生产规模最大、技术实力最强的大型专业化空调企业，也是世界上单产规模最大的空调器生产基地。此外，公司坚持走专业化的发展道路，以领先的技术性能、过硬的产品质量、完善周到的服务赢得市场。公司在空调产品的研发水平上始终处于行业领先地位，至今已开发出包括家用空调、商用空调在内的 20 大类、100 多个系列、3000 多个品种规格的产品，空调品种规格之多、系列之齐全居全国首位。进入 2002 年以后，我公司提出了打造百年企业，争创国际品牌的目标，我们相信，通过格力的上下努力以及国家相关部门的支持一定可以实现。

通过认可认证开拓国内外市场

ChinaBird

宁波波导股份有限公司

宁波波导股份有限公司是专业从事移动通讯产品开发、制造和销售的高科技上市公司。公司位于浙江省宁波市，创立于1992年10月，主要产品有移动电话、掌上电脑、系统设备等。

公司以“科技兴业，人才为本”为宗旨，在杭州、重庆、宁波等地设立了五所研究院，拥有包括硕士、博士、博士后在内的600余人的科研队伍。经过多年的发展，波导在移动通讯终端产品的开发上具备了国内一流水平，开发出了首款自主研发操作系统的智能手机，并形成了以多易随、女人星、傲仕三大子品牌为支撑，高中低端全线覆盖，彩屏、智能全系列发展的产品矩阵。

公司建立了一套严谨、高效的质量保证体系，于1999年通过ISO9001质量管理体系认证，正积极推进ISO14001环境管理体系认证。2003年波导GSM手机被国家质量技术监督检验检疫总局授予“中国名牌”称号。

公司拥有覆盖全国的营销服务网络，2000—2003年，波导手机连续四年夺得国产品牌手机销量第一。2003不仅连续第四年保持国产品牌销量第一，而且超过所有品牌实现中国市场占有率第一。

波导在保持国内领先的同时，开始积极进军国际市场，初步建立了海外营销网络，并积极地与欧美电信运营商合作。目前出口已经覆盖30多个国家和地区。

地 址：浙江省奉化市大城东路999号　邮 编：315500
负责人：徐立华　联系人：孙建国
电 话：0574-88934827　传 真：0574-88927489
域 名：www.chinabird.com　E-mail:bird@mail.nbbird.com

创造无限 体验成功

——发展中的芙蓉王实业集团

芙蓉王实业集团是全国烟草行业的重点骨干企业，始建于1951年，经过52年的发展，从一个作坊式小厂发展成为现今拥有总资产50亿元，年产销规模达到85万箱，年经营总收入90亿元，年创税利52亿元的现代化大型企业。拥有世界先进水平的卷烟技术设备，年产能力超过100万箱。九十年代中期以来，企业的发展步入良性增长时期，年平均增长率达到20%以上。

企业主要产品是以“芙蓉王”为龙头的芙蓉系列卷烟，“芙蓉王”品牌是全国名优卷烟品牌、“中国驰名商标”和“中国名牌卷烟产品”,芙蓉王实业集团是国家520家重点扶持企业之一。被湖南省列为“十大”标志型工程企业之一。

2003年，企业实现经营收入94.76亿元，比2002年增长17.8%。其中主业产销427.5亿支（85.5万大箱），比2002年增加24.8亿支（4.96万大箱）；实现卷烟销售收入84.73亿元（含税）、税利52、27亿元、利润9.2亿元，分别比2002年增长19.86%、23.45%、30.50%；实现单箱（大箱）税利6112元，比2002年增长16.35%；完成出口烟2.52万件，创汇480万美元；多元产业实现经营收入10.03亿元，利润1.20亿元。

目前芙蓉王实业集团卷烟出口以“芙蓉王”和混合型卷烟“MARSHAL”为主，兼以其他中低档烤烟型和混合型卷烟，国际市场网络日益扩大，已经发展到香港、澳门、韩国、越南、菲律宾、马来西亚、印度尼西亚、马绍尔群岛、密克罗尼西亚群岛、阿联酋、伊拉克、加拿大、美国、巴拿马、阿根廷、智利、秘鲁、巴西、澳大利亚、南非等多个国家和地区。

总裁：曾献兵

联合工房外景

卷接包设备

北京保利影剧院管理有限公司

保利剧院隶属于中国保利集团，由北京保利影剧院管理有限公司管理。是北京市重要的文化演出及交流场所，与国内外的演出团体、剧院有很多的文化交流。自1991年正式承接对外演出以来，已成功接待了国内外近300个艺术团体，组织了包括大型歌剧、交响乐、芭蕾舞、音乐剧等各种艺术形式的演出近3000场，其高品位的艺术环境、高雅的各类文化活动、高档次的服务得到了北京文化演出界很高的赞誉。

保利剧院于2002年12月通过了ISO9001质量管理体系标准认证工作，是北京市乃至全国第一家通过ISO9001质量管理体系的演出经营场所。作为剧院行业的佼佼者，面对文化市场激烈的竞争，致力于经营、服务、管理标准化；程序化；国际化，以尊敬、爱戴的满腔热忱，敬候四海宾朋。

保利剧院

保利剧院

保利剧院包厢休息室

保利剧院贵宾厅休息室

保利剧院观众厅

北京大发正大有限公司

BEIJING DAFA CHIA TAI CO.,LTD.

北京大发正大有限公司是北京市大发畜产总公司和泰国正大集团于1986年合资经营，实行牧工商一体化、产供销一条龙的现代化大型食品企业，目前总投资6.1亿元人民币、年销售额15亿元人民币、出口创汇5340多万美元，是农业产业化国家级重点龙头企业和北京市政府确认的先进技术型企业。公司集种鸡饲养、孵化、饲料生产、肉鸡饲养与屠宰、肉鸡产品深加工、国内外销售为一体，以雄厚的实力和规模成为华北地区最大的农牧企业，多次获“中国外商投资双优企业”等殊荣，并在“全国合资企业500强”、“全国肉类企业50强”“北京市百强企业”和“北京市外商投资企业出口额”排行榜中名排前列。公司以“改善社会膳食结构，提升大众生活品质”为已任，于1999年5月以来率先在同行业通过ISO9001国际质量管理体系和HACCP（危害分析与关键控制点）认/验证，首批通过国家无公害农产品和安全食品认证。其三大系列产品：“双大”牌商品代雏鸡抗病力强、成活率高、增重快；“大发正大”和“京泰”等牌饲料采用国际先进配方，高品质、促长快；“双大”牌肉鸡生、熟系列产品，加工工艺先进、洁净卫生，高蛋白、低脂肪、低胆固醇，肉质鲜嫩、营养丰富，多次被评为消费者信得过产品，畅销北京和国内市场并在日本、瑞士、南非、中东、马来西亚、香港等国家和地区享有盛誉，创取外汇。

新世纪，大发正大公司正以崭新的面貌迎接国内外市场及自身的挑战，努力为广大消费者提供从农场到餐桌的安心食品，将健康、幸福送入千家万户。

BEIJING DAFA CHIA TAI CO.,LTD.

守信、守约、守法

湖南电器研究所电器检测实验室

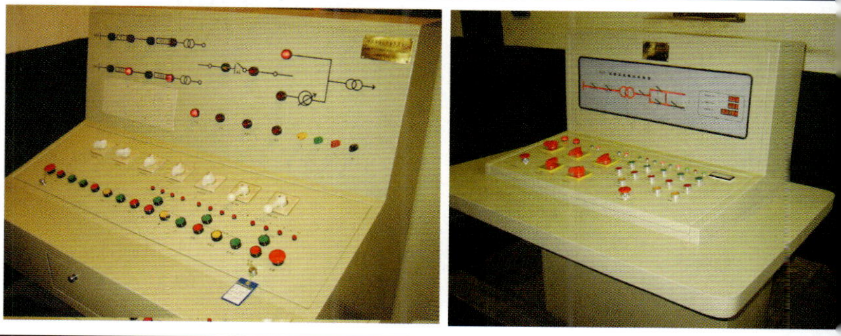

湖南电器研究所电器检测实验室1981年建立，主要从事电器科研及电器产品试验，1997年、1998年通过了国家商检实验室认可委和中国国家实验室认可委的审查认可。2002年3月经国家认证认可监督管理委员会确认，成为承担强制性产品认证(CCC)的检测工作的检验机构，2002年4月成为中国质量认证中心（CQC）签约实验室。

实验室现占地面积5900m^2，建筑面积4100m^2，固定资产近600万元，检测设备400多台套，建有计算机数据采集系统和计算机局域网管理系统，检测范围涵盖了低压电器低压成套开关设备、整机保护设备、开关和控制设备三大类实施强制性产品认证（CCC）的产品。检测项目有温升试验、特性试验、高低温试验、湿热试验、短时耐受能力试验、通断能力试验、寿命试验、着火危险试验、漏电起痕指数试验等。试验容量三相420V 120kA、单相550V、120kA，COS $\Phi < 0.2$。

实验室现有人员39人，其中技术人员30人，占总人数77%，高中级技术人员28人，占总人数的71%。机械工业部生产许可证部级审查员8人，国家注册审核员3人，国家实验室注册评审员3人。

实验室多年来坚持“管理科学、测试公正、服务优良”的质量方针，不断完善检测手段，提高测试能力和精度，加强人员培训，提高服务质量，做到“守信、守约、守法”，树立了准确、快捷、权威的检测形象，为实现建成国际一流实验室的目标奠定了坚实的基础。

HU NAN DIAN QI YAN JIU SUO DIAN QI JIAN CE SHI YAN SHI

西藏自治区水利发展公司

西藏自治区水利发展公司是西藏自治区水利行业目前唯一的自主经营、自负盈亏、自我积累、自我发展的水利水电工程施工总承包二级施工企业，注册资金2288万元，现有职工800余人。目前，公司技术力量雄厚，施工经验丰富，工程机械配套，检测设备齐全，具有独立承担大中型水库、灌区、水电站、泵站、河道堤防、水土保持等水利水电工程施工的能力。

长期以来，公司奉行“尊重业主，服从监理，质量第一，信誉至上”的服务宗旨，坚持“诚信、公平、高效、创新”的经营理念，始终把加强施工管理放在企业生产经营管理的首位，不断改进施工管理体制，逐步建立了生产经营信息网络和工程投标工作机制，健全了内部管理和工程施工管理等一系列规章制度，使企业走上了健康发展之路。自2001年以来，公司在区内先后中标承建了二十多项重点水利水电工程，工程合同总价达到2亿多元。

近年来，随着西部大开发战略的实施，西藏水利事业进入了跨越式发展的新时期，水利施工企业也迎来了全新的生存环境和发展空间。为了适应西藏水利事业蓬勃发展的形势，公司确立了企业发展既要“做大、做强”，更要“做精、做专”的指导思想，从聘请高素质管理和技术人才，完善现代企业管理制度，规范施工管理等方面入手，通过资源优化配置，积极引进兄弟企业的运作模式，认真学习先进企业的管理经验，不断提高管理水平，努力增强公司的综合实力。特别是随着公司2003年在全区水利水电施工企业中率先通过ISO9001:2000质量管理体系认证，在进一步建立健全质量管理制度的基础上，通过全面贯彻“科学管理，精心施工，过程受控，持续改进，质量优良，顾客满意”的质量方针，使公司的质量管理工作更加程序化、标准化，市场得到迅速拓展，综合实力和竞争能力有了明显增强，经营管理工作开始迈上了现代企业管理的台阶。通过认真组织，精心施工，目前已完工的工程验收合格率达到100%，优良率在90%以上。

今后，公司将立足西藏，放眼西部，坚持以市场为导向，积极参与市场竞争，不断拓展经营范围，进一步加强生产经营管理，建立健全经营信息网络，完善工程质量管理体系，努力打造水利优质品牌工程。同时，将认真创建企业文化，努力塑造公司形象，科学管理，刻意创新，与时俱进，开拓未来，不断增强企业市场竞争能力和发展后劲，力争在西藏水利水电建设的伟大事业中再创辉煌。

中国水利水电第四工程局试验中心（以下简称水电四局试验中心）是中国实验室国家认可CNAL（No.L0692）、国家计量认证CMA（量认国字K1502号）资质单位。试验中心现有员工145人，其中高级职称28人，中级职称42人。拥有5000KN大型压力试验机、2500KN万能试验机、土工大粒径原状大型表面振动夯以及5台快速冻融试验机等各类试验检测设备、仪器238台套。

中国水利水电第四工程局试验中心

水电四局试验中心自1965年成立以来，先后承担了刘家峡、盐锅峡、八盘峡、龙羊峡、李家峡、水口、小浪底、万家寨、龙首、江口、蔺河口、引子渡、尼那等水电站及水利枢纽工程的试验检测工作；目前正承担着三峡水利枢纽、公伯峡水电站、广西百色水利枢纽、小湾水电站、拉西瓦水电站以及埃塞俄比亚泰可泽水电站等大中型水利水电工程的混凝土配合比设计、试验以及质量控制；并且水电四局试验中心先后中标承担了业主单位的试验室运行及管理工作，如黄河小浪底建设管理局试验中心、黄河上游水电开发有限公司公伯峡分公司拌合楼质量控制、拉西瓦分公司试验中心、青海引大济湟管理局试验室、云南大唐李仙江水电开发有限公司戈兰滩试验中心等。

水电四局试验中心坚持按照“顾客至上、以人为本、客观公正、持续改进”的质量方针，严格执行国家现行有效规程规范，认真履行合同，让顾客满意，持续改进服务质量，创建一流试验室的质量目标，如承担举世瞩目的三峡二期工程大坝混凝土施工配合比试验研究、广西百色辉绿岩骨料碾压混凝土配合比设计试验研究及质量控制均处于前沿，提交的施工配合比保证了高温炎热地区混凝土的质量和高强度施工，得到了业主、设计、监理和专家组的高度评价。

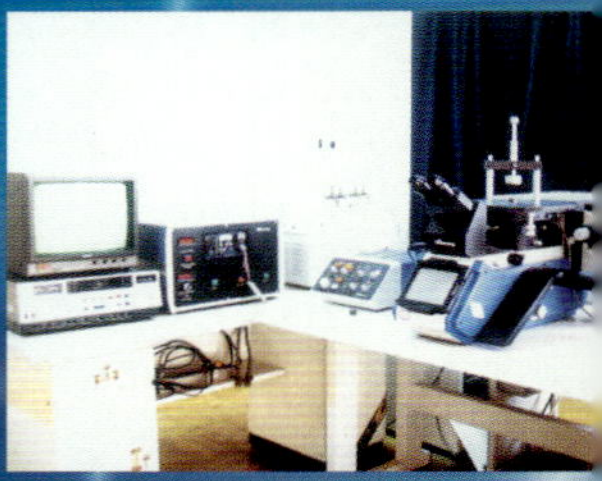

MeF3A广视野金相显微

离合器综合性能试验

柴油机颗粒排放基准系统——全流稀释系统（CFV-C

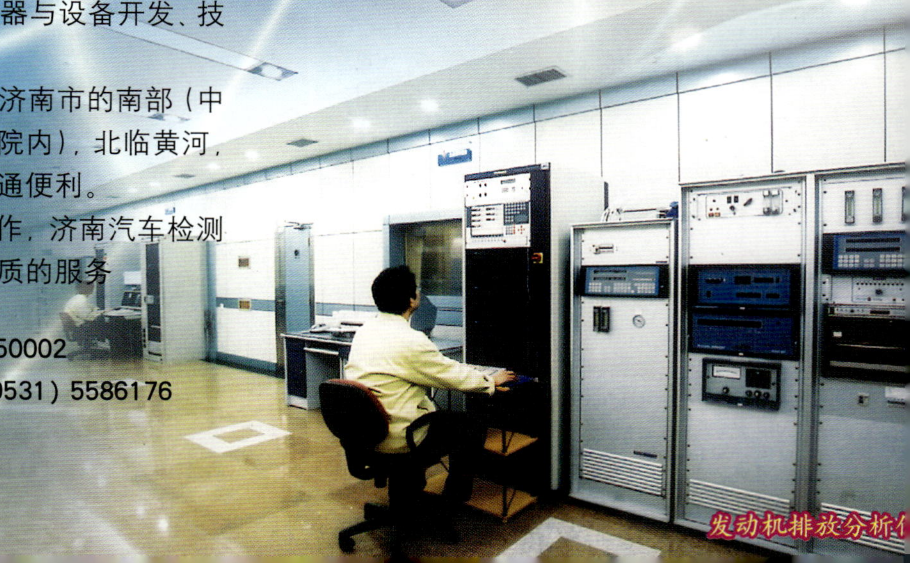

发动机排放分析

享受国务院政府特殊津贴专家，河南省优秀专家，教授级高级工程师程新选院长

河南省计量科学研究院

河南省计量科学研究院是河南省政府依法设置的省级法定计量检定机构，具有第三方公正地位的社会公益型科研事业单位。

本院内设21个部室，其中职能部室7个，实验室14个。现有在职职工110人，其中专业技术人员84人。在专业技术人员中：享受国务院特殊津贴专家1人，河南省优秀专家1人，教授级高级工程师3人，高级工程师26人，中级职称37人。本院办公室、实验室面积10164m^{2}其中恒温实验室面积1840m^2，控温实验室面积5597m^2，仪器设备固定资产3000多万元。

本院建有长度、温度、力学、电磁学、无线电、时间频率、声学、光学、电离辐射、化学等十大类153项省级社会公用计量标准，其中省级最高标准72项，次级标准81项，具备了对39项74种强制检定工作计量器具的能力，对社会开展检定、校准、测试工作，国家质量监督检验检疫总局对本院的授权证书号为（国）法计（2002）01031号。本院具有电磁兼容试验、环境条件实验及对10大类86种计量器具产品进行质量监督检验的能力。2000年本院通过了中国实验室国家认可委员会的评审认可，实验室认可证书号为NO.LO175。国家质量监督检验检疫总局授权本院开展电能表、衡器、水表、煤气表的定型鉴定。

本院承担着计量标准考核、制造、修理计量器具生产条件考核、定型鉴定、样机试验、仲裁检定、产品质量检验机构的计量认证等技术考核任务；承担着起草计量检定规程、计量技术规范和培训、考核计量检定人员等任务。

本院坚持"公正、科学、准确、高效"的质量方针，坚持"团结、创新、务实、奉献、高效、廉洁"的院风，提供计量检测优质服务。

计量检定人员正在做高频电磁场抗扰度试验

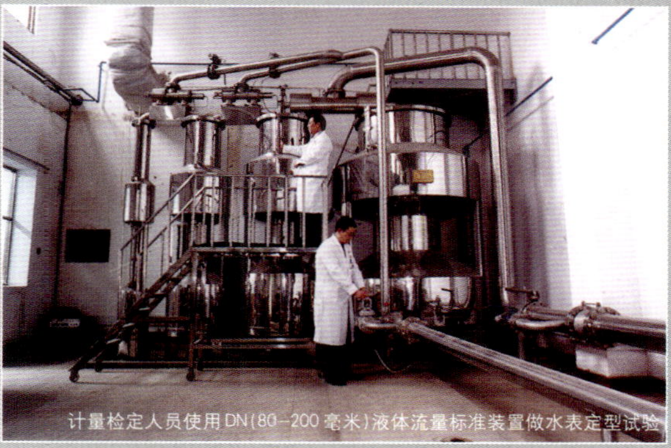

计量检定人员使用DN(80—200毫米)液体流量标准装置做水表定型试验

(No.L0175)

JIAOGONGBU GONGLU GONGCHENG JIANCE ZHONGXIN

交通部公路工程检测中心

JiaoTongBu GongLu GongCheng JianCe ZhongXin

1991年部(91)交工字145号文批准交通部公路科学研究所为交通部公路工程检测中心，1998年部交公路发[1998]386号文批准交通部公路工程检测中心为公路工程甲级试验检测单位。1999年通过国家级计量认证评审(99)量认(国)字(P1850)号。多年来，在部领导的关怀下，根据公路建设的发展，特别是高速公路发展的需要，检测中心工作不断完善，形成较为系统的从室内材料试验、成品检测、检测设备的试验认定到道路桥梁现场检测的比较完善的检测体系。为多项重点工程做了大量沥青、混凝土、集料、钢筋、外加剂等材料和橡胶支座、土工布、格栅等工程制品的检测，以及施工技术的咨询服务；同时还先后对北起黑龙江，南至广东，西到乌鲁木齐，东达东海之滨已建成的上万公里的高等级公路以及广东虎门大桥、温州瓯江二桥、宁波招宝山大桥、黄石大桥等上百座特大型桥梁进行了现场检测，为我国高等级公路的工程验收和养护管理提供了可靠的依据，取得了较好的效果和社会评价。同时在大量技术服务工作中积累了经验，锻炼了队伍，提高了水平。

为政府服务是检测中心的重要职能。检测中心成立以来，完成大量的国家项目、西部项目、部科技项目的试验研究工作。完成多项部有关职能部门委托的咨询和检测评定工作。检测中心被誉为我国公路工程检测的国家队。

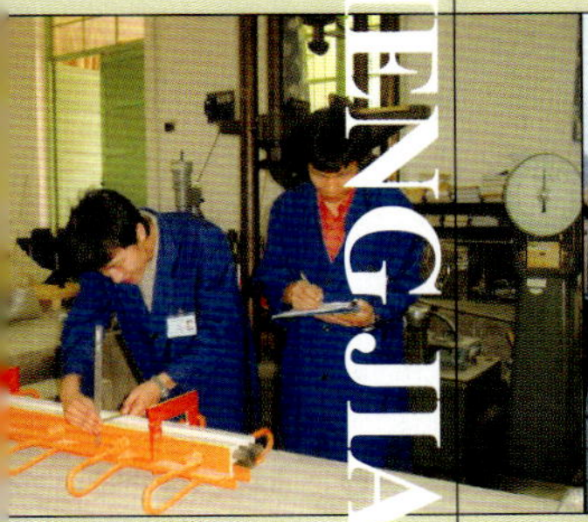

桥梁伸缩缝试验

虎门大桥施工现场

桥梁支座试验

道路工程检测

交通建设工程试验检测机构

资质等级证书

经审核，交通部公路工程检测中心

为 甲 级 公路 工程试验检测机构，特发此证。

中华人民共和国交通部印制

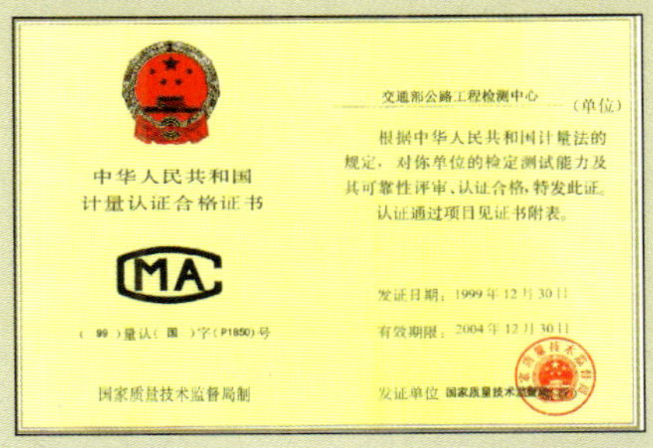

中华人民共和国

计量认证合格证书

CMA

(99)量认(国)字(P1850)号

国家质量技术监督局

交通部公路工程检测中心 (单位)

根据中华人民共和国计量法的规定，对你单位的检定测试能力及其可靠性评审，认证合格，特发此证。认证通过项目见证书附表。

发证日期：1999年12月30日

有效期限：2004年12月30日

发证单位 国家质量技术监督局

淄博市产品质量监督检验所

淄博市产品质量监督检验所始建于一九八二年七月十五日，隶属于淄博市质量技术监督局，根据《中华人民共和国标准化法》和《中华人民共和国产品质量法》等有关规定，主要承担产（商）品质量监督检验，第三方评价性检验，产（商）品质量仲裁和有关单位的委托检验。淄博市纤维纺织产品监督检验所于一九八六年十二月成立，归属质检所管理，是国家法定的专业纤维检验机构，承担着我市纤维纺织产品的监督检验工作，负责纤维质量的行政执法和纤维纺织产（商）品的公正检验、仲裁检验和委托检验等。淄博市产品质量监督检验所现已多次通过了计量认证和审查验收，并通过了国家实验室认可。

经过20年来的建设，现已形成食品、化工、轻工、建材、电器、机械、纺织、纤维等100多类3000多种产品及参数的综合检测能力。现拥有各种检验仪器设备1000余台（件），原值1000余万元，年检各类产品达10000批次以上。目前，全所拥有高级工程师19人，工程师46人，占全所职工人数的65%以上，各类检验室均有工作经历15年以上的高级工程师、工程师负责业务技术和管理工作。并拥有一支精通ISO9000标准和ISO14000标准及OHSAS18000职业安全卫生管理体系标准、"三C"、"QS"的咨询队伍，其中国家注册高级审核员13名，注册审核员39名，业务员140名。并先后成立了"淄博市质量认证咨询中心、淄博市方圆推介中心、淄博市产品质量鉴定协会、淄博市产品质量司法鉴定中心"。积极为企业开展质量认证咨询、公证检验、产品推介宣传及质量评估，受到了政府和社会的赞誉。

为了适应社会经济发展的需要，2003年全所进行了较大规模的实验室改造，共投资100余万元进行了内部改造，当年新购置设备600余万元，检测能力大幅度提高。同年张店区质检所21人并入市所，原张店区质检所的实验室经投入50万元的费用改造后，纤维检验所迁入。经过艰苦努力，精心准备，全所有655项产品和参数，年底通过了国家实验室认可，覆盖职责范围内的各个领域，并通过了计量认证/审查验收项目1700多项，成为山东省规模、能力和水平都名列前茅的检验机构。

2004年上半年投资200多万元，建设了山东省规模、能力、水平都名列前茅的食品质量安全检测检验中心，新购置了美国生产的世界级品牌安捷伦6890型气相色谱仪、沃特斯1525型液相色谱仪，并顺利通过了山东省技术监督局组织的"山东省食品通用实验室"冠名验收，为保证食品质量安全的检测提供了保障。

随着事业的不断发展，淄博市质检所坚持为地方经济服务，为质量兴企，质量兴市充分发挥自身优势，努力推动全市产品质量的不断提高，为创造更多的名优产品贡献力量，现全所担负着市内2000余家企业产品的定检任务，并随时满足来自社会各界的委托检验、技术咨询、质量鉴定等需求。在改革开放，建立市场经济体制的新形势下，在质量越来越决定企业的生存能力的情况下，质检所和纤检所的全体干部职工，将以崭新的面貌奋斗在质检战线上，进一步扩大检验能力，实施以人为本的发展战略，培训和吸纳各方面的人才，以不断提高检验能力和管理水平为先导，为地方经济的发展做出更大的贡献。

银鹭简介

YINLU银鹭

创中国名牌 造放心食品

厦门银鹭食品有限公司位于全国首批乡镇企业科技园区---厦门银鹭高科技园区，系银鹭集团旗下骨干企业。公司注册资金21188万元，主营“银鹭”系列八宝粥、果蔬罐头、蛋白饮料、果（蔬）汁饮料、茶饮料、碳酸饮料及瓶装水饮料等产品。现厂区占地面积60万平方米，建筑面积近30万平方米，是全国主要的罐头、饮料生产基地之一。

公司设备先进，技术力量雄厚，拥有当今国内外同行领先水平的现代化生产线30多条（套），配备有当今世界食品饮料行业最先进水平的PET瓶无菌冷灌装饮料生产线、热灌装果汁饮料生产线，三片罐、二片罐灌装线、利乐包灌装线等，具有较强的专业化、集约化、规模化生产能力，年可生产各种食品饮料罐头60万吨，位居全国同行业前列。

公司建立了有效的质量管理体系，不断改进生产工艺，改善与提高产品内在品质，满足广大消费者需求。公司通过ISO9001:2000质量管理体系认证、HACCP体系认证，系厦门市首批通过QS食品质量安全市场准入认证企业，获得出口食品生产企业卫生注册证（3502/01002）、出口罐头工厂代号（Q72）等。此外，公司还与可口可乐、沃尔玛、统一公司等广泛开展OEM合作，取得了双赢的成果。

银鹭系列产品不仅畅销祖国大江南北，而且远销新加坡、美国及加拿大等十几个国家和地区。“银鹭”系列产品荣获“中国名牌产品”、“中国放心产品信誉品牌”、“福建省名牌产品”等殊荣。“银鹭”商标被授予“中国驰名商标”、“全国重点保护商标”、“中国十大公众喜爱商标”、“福建省及厦门市著名商标”。

银鹭人本着“精诚团结、开拓进取、敬业奉献、志创一流”的精神，为将银鹭打造成“美食专家”而不懈努力。

八宝粥系列

PET 饮料系列

蛋白饮料系列

银鹭集团全景图

厦门检验检疫局检验检疫技术中心

厦门检验检疫局检验检疫技术中心是出入境检验检疫的技术保障部门，承担出入境检验检疫及海关、工商、司法和社会有关单位（个人）等委托检验业务的实验室检测、技术开发及咨询工作，是厦门市乃至闽南地区最大的机电产品、食品、动植物及其产品、化矿金产品、包装的专业检测机构。本中心取得了中国实验室国家认可委员会（CNAL）的资质认可，是国家 计量认证合格(CMA)检验单位、国家科委认定的科技成果检测鉴定国家级检测机构、国家认监委批准的转基因产品检测实验室，以及机电产品的3C认证实验室和CQC、CEMC签约实验室。

本中心下设电气实验室（国家级电气安全检测重点实验室）、植物检疫实验室（国家级蔬菜种子与传种病毒检疫重点实验室）、食品理化实验室、微生物实验室(含转基因、毒理室)、动物检验检疫实验室、化矿金化学实验室、金属及包装实验室七个专业实验室。

本中心具备先进的检测设施和高科技检测手段，建筑面积约7500多m^2，拥有各类检测设备价值3000多万元，每年投入数百万元用于不断拓展检验范围。本中心还拥有一支高学历、经验丰富的优秀科技人员队伍，各类管理、技术人员78人，其中博士2名、在读博士4名、硕士19名，中高级职称人员50人。

本中心坚持“科学严谨、公正准确，优质高效、竭诚服务”的质量方针，为客户提供权威的检验、检疫和鉴定服务。

地　　址：厦门东渡金鼎路31号　　邮政编码：361012
联系电话：0592-6013197　　传　　真：0592-5610970

厦门国检大厦

内蒙古北方重工业集团有限公司
中心实验室

内蒙古北方重工业集团有限公司中心实验室是内蒙古地区最大的综合性检测、校准技术机构。通过合理配置资源、引进先进设备提高检测、校准技术能力，采纳国际标准（ISO/IEC 17025：1999）进行规范化管理，于2002年通过中国实验室国家认可委员会（CNAL）的认可。这表明实验室出具认可项目的数据将得到各国的承认。

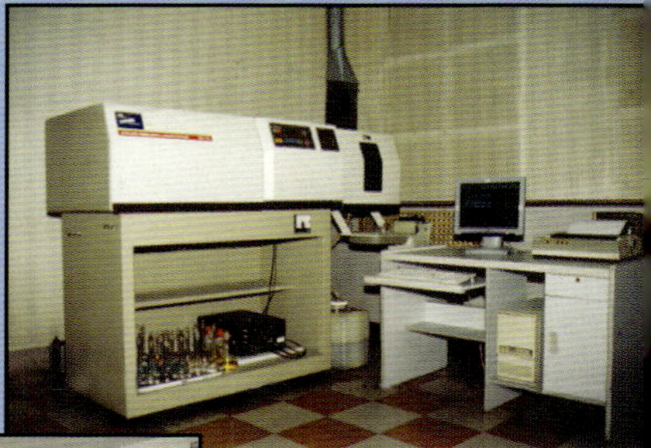

校准方面，实验室是兵器四四七区域站，建立计量标准44项，可开展几何量、热学、力学、电磁学等九大计量专业的55个校准项目，同时具备开展各专业精密测试的能力。检测方面，实验室是兵器一级理化检测机构，可开展54项（类）的检测工作。包括：金属材料化学成分分析；力学性能试验（拉伸、冲击、硬度、弯曲、疲劳）；金相分析试验（金相组织、夹杂物、晶粒度、低倍断口等试验、失效分析）；无损检测（超声波、磁粉、射线、涡流、渗透）。

基于实力，内蒙古产品质量监督检验第12站和包头市第9站都设在北方重工中心实验室，可提供公正的产品质量检验数据。

遵循提供优质服务的宗旨，实验室竭诚为厂内外广大客户服务。

北京赛迪国软认证有限公司

北京赛迪国软认证有限公司成立于2001年3月，由中国软件评测中心及中国电子信息产业发展研究院共同出资组建，经中国国家认证认可监督管理委员会、信息产业部授权的专业从事软件能力评估的权威认证机构(CNAB085-C)。

赛迪国软总经理：刘明亮先生

北京赛迪国软认证始终致力于软件工程、质量管理、CMM、CMMI、SJ/T11234、SJ/T11235等级评估等领域的研究与实践。并承担了中国信息产业部计算机信息系统集成资质认证、信息系统工程监理资质认证、计算机信息系统集成项目经理培训、信息系统工程监理工程师培训等大量工作，锻炼成长了一支专业化高素质的人才队伍，积累了丰富的经验，获得了业界的认同。作为SEI及CNAB长期合作伙伴，公司拥有多名授权的主任评估师，我们将竭诚为软件与系统集成企业提供优质、高效、增值的服务。

公司的业绩

●帮助国内三十多家软件企业的成功通过SEI的CMM、CMMI评估；

●对国内近千家软件企业作过软件工程系列方面的培训；

●中国软件评测中心已完成300多家知名信息系统集成企业的一、二级资质认证审核，为规范信息系统集成市场渠道、提高认证企业技术能力、增强企业的核心竞争力发挥了显著作用。

过程改进研讨会

联系方式

单位名称：北京赛迪国软认证有限公司

地　址：北京市海淀区紫竹院路66号赛迪大厦12层

邮政编码：100044

联系电话：010－88559356/9238

联 系 人：肖 艳　赫 泽

辽宁正源检验认证咨询有限公司

辽宁正源检验认证咨询有限公司系辽宁出入境检验检疫协会直属、经国家认证认可监督管理委员会批准成立的（批准文号CNCA-Z-08Q-2003-0065）、从事ISO9001:2000等认证咨询和相关检验检疫技术咨询工作的专业机构。公司依照国家认监委对有关认证咨询工作的法律、法规要求，根据各单位在管理体系和出入境检验检疫方面的需要，利用自身的人才和技术优势，为顾客提供管理体系认证咨询及出入境检验检疫方面的相关技术咨询和培训，帮助顾客有效解决在管理体系建立和认证过程、以及出入境检验检疫中遇到的各种困难，提高管理的有效性和产品在国际国内市场的竞争力，降低管理成本，顺利获得认证证书，使企业和产品能够融入国际经济循环中，成为具有较强竞争力的企业。

辽宁正源检验认证咨询有限公司注重企业内部建设，已经建立和实施了一整套行之有效的内部质量管理体系，以及严格的保密规定，能够在组织制度上充分保证顾客的利益和咨询的质量。公司重视人才的培养和吸纳，已经拥有一支专业覆盖面广、业务素质高、经验丰富，包括高级审核员和高级咨询师、审核员教师、高级工程师在内的具备相应国家注册资格的认证咨询和检验检疫业务专（兼）职咨询和检验鉴定队伍，并在辽宁主要城市建立了办事处，能够为企业的管理体系认证和出入境检验检疫相关业务提供专业、有效、便捷的咨询、培训和检验鉴定服务。

辽宁正源检验认证咨询有限公司在以往的认证咨询工作中，与多家中外认证机构有着良好的合作关系，可帮助企业选择所需的认证机构，为企业按照国际惯例进入市场提供实用、有效、满意的服务。目前，公司已经为数百家各类企事业单位、政府机关提供了咨询服务，得到了顾客的好评。

我们的经营理念：以人为本，以质求存，用我们的知识、经验和真诚为顾客提供专业和超值的服务，与顾客和员工共同创造美好的未来。

总经理：林乐毅　公司地址：大连市中山区人民路39号19F　邮政编码：116001
电话：（0411）82829979　传真：（0411）82820969　电子邮件：ln-zy@263.net

推行国际管理标准，创建国内咨询品牌

江苏省科信认证咨询事务所(江苏省生产力促进中心认证咨询部）早在1994年就与香港生产力促进局、新加坡认可委合作，为广大中小企业提供ISO9000认证咨询及培训服务。2002年，首批取得了ISO9000、ISO14000、OHSMS18000的国家备案资质。十年来先后为中华恐龙园、今世缘酒业、江苏克胜集团、江苏通灵翠钻有限公司等1000多家单位提供咨询服务，项目优良率96%，顾客满意率98%。2004年同时承接了江苏省地税系统和江苏省电力营销系统的两大全国招标项目，在业界树立了严谨认真、规范运作、诚实守信的品牌形象。

我们始终致力于人才的培养和专家队伍的建设，组建了一支由经验丰富、朝气蓬勃、各行业管理专家组成的咨询师队伍，能同时承接ISO9000、ISO14000、OHSMS18000、ISO13485、TL9000、ISO/TS16949、HACCP、ISO/IEC17025、SA8000等不同体系的认证咨询项目，成为省内知名的认证咨询机构。

江苏省生产力促进中心73号办公楼

地址：南京市锁金村73号　　电话：025-85485848、85485850

传真：025-85485847　　E-mail:zixunbu@jspc.org.cn

江苏省科信认证咨询事务所办公区

中国质量认证中心沈阳分中心

2002年10月18日，CQC沈阳分中心正式挂牌成立。成立以来分中心全体员工以“取得政府支持,加强宣传力度,大力推动CCC认证，全面推进CQC品牌在东北地区的知名度”为工作目标，在中国质量认证中心领导下，紧密结合区域实际，与时俱进，开拓创新，创造性地开展了各项工作。

CQC沈阳分中心图1

加强机构建设、合理配备人员

分中心成立后，短时间内建立了职能部门并配备了相关人员，同时建立了工厂检查员队伍。目前分中心拥有汽车、低压成套电器设备、电线电缆、家电、电机、化工、医疗、机械产品的技术专家，技术能力覆盖了区域内强制性产品的95%以上（区域内以汽车、低压成套电器设备、电线电缆、家电产品为主):同时培训了180名相关专业的工厂检查员，建立了工厂检查员队伍，保证了CCC工作的顺利进行。

加大宣传力度，推动CCC认证

在强制性产品认证工作中，分中心采取了:取得政府支持、发动检测机构、调动行业学会、协会力量等多种形式，多渠道、全方位推动认证，同时突出重点产品强力推动，达到以点带面的作用。

还借助新闻媒体，广泛深入宣传CCC认证工作。与辽宁电视台合作，录制了强制性产品认证宣传节目；在《辽宁经济日报》、《长春日报》、《长春晚报》、《城市晚报》等媒体上宣传了强制性产品认证的政策、目的、意义、程序以及认证范围。利用每年的“3·15”，在商业中心进行现场宣传，向消费者散发宣传资料。

沈阳分中心主任：罗志武

多管齐下，推动效果显著

分中心成立前，区域内认证企业数大大低于全国其它地区，原CCEE获证企业仅38家。目前东北三省CCC认证工作已经达到高峰。据不完全统计，东三省提交产品认证申请的企业已达1198家4772个申请单元，比分中心成立前增加了13倍以上。工作区域内申请认证企业数量已经超过摸底调查数量（约1270家）的95%，在推动CCC认证中，取得了巨大成绩。

重视工厂审查，加强检查员管理

做好区域内申请企业的初始工厂检查和获证后的监督检查是分中心的日常工作。为加强检查员管理，分中心建立了检查员个人档案，对其工厂检查工作质量、审核技巧、遵纪守法、廉政情况、企业意见反馈等一一记录，定期进行综合评定。同时加强对检查员的持续培训，组织学习工厂检查的最新要求，研讨相关专业知识，已召开了不同专业的四期工厂检查员研讨会。通过严格的管理，分中心圆满地完成了工厂检查任务。

总之，在中国质量认证中心“打造认证行业的民族品牌”精神指导下，沈阳分中心努力树立CQC机构形象，秉承“独立公正、规范准确、优质高效、为客户提供满意服务”的质量方针，全心全意为工作区域内的企业创造良好认证空间提供优质认证服务。

中诚标志认证中心

CESTC Certificatiom Centre

■ 公司总经理张理中先生

■ 公司常务副总经理游飞飚先生

中诚标志认证中心（CESTC），是由国家质量技术监督局广州电气安全检验所（广东省产品质量监督检验中心）投资、经国家主管部门批准，具有独立法人资格的第三方认证机构（注册号：CNAB049-Q）。主要业务范围包括体系认证和产品认证。

CESTC 成立至今，已形成综合完整的认证评价服务体系，拥有质量管理和认证领域的国家级专家、国家注册培训教师、验证审核员、高级审核员、审核员、技术专家逾百人。依靠高素质、技能精湛的人员队伍和规范、科学、严谨的工作作风，已成功地为国内许多知名企业提供认证服务，认证行业范围包括：纺织、纸制品、化学、橡胶、非金属、水泥、金属、机械、电子、电气、计算机、建筑、批发零售、旅游、房地产及科技服务等。

同时，借助国家认可的产品检测机构——广州电气安全检验所和广东省产品质量监督检验中心的强大技术后援，使 CESTC 可提供一次审核、多种证书的服务特色（管理体系认证证书＋产品认证证书＋产品检测报告书），从而实现产品检测、产品认证及体系认证的快捷服务。

CESTC 已与国外同行机构，如 DAS、TUV、BSI、SGS 等建立了密切的业务联系，可提供联合认证服务，一次评审取得国内、外两种证书。CESTC 颁发的证书已使用国际认可论坛多边承认协议互认标志，成为名符其实的国际通行证。

CESTC 将本着"公正、诚信、科学、务实，为社会各组织提供优质满意的服务"的质量方针，持续改进认证服务过程和提升服务水平，使 CESTC 与获证组织在国内外的市场竞争中得到永恒、持续的发展。

公司地址：广州市海珠区南田路 563 号（省质量技术监督局大院内省质检中心三楼）
电　话：020-84498779　传　真：020-84423663　邮　编：510220
网　址：www.cestc.com　电子信箱：market@cestc.com

北京宇航剑质量认证中心

（原航天质量认证中心）

北京宇航剑质量认证中心，是经国家认证认可监督管理委员会批准，中国认证机构国家认可委员会认可的第三方认证机构和认证培训机构，认可注册号：CNAB036。

中心成立于 1995 年，受我国航天工业主管部门的委托，先后完成了多家运载火箭、卫星、导弹等航天高科技产品设计、生产、试验单位的质量体系审核。从 1997 年开始，中心利用航天的综合优势，面向社会服务，对各行各业的民用企业开展了卓有成效的质量管理体系认证、内部审核员培训工作，为社会各界培养了大批质量管理人才，受到获证组织的欢迎和好评。

本中心提供服务的项目：

1. 按照 2000 年版 ISO9001 标准、有关国军标质量管理体系要求标准，以及行业质量管理体系要求标准，对申请认证的企事业单位的质量管理体系进行认证，并颁发质量管理体系认证证书。
2. 接受国内、外顾客的委托，对企事业单位的质量管理体系进行审核或认证，提出审核报告或颁发质量管理体系认证证书。
3. 为企事业单位提供质量技术培训服务：

（1）举办内审员培训班，为企事业单位培训内部质量管理体系审核员。

（2）举办 ISO9000 族标准宣贯班。

认证培训机构批准书
北京宇航剑质量认证中心

中铁一局集团第四工程有限公司中心试验室

试验室最高管理者：安国勇

中铁一局集团第四工程有限公司中心试验室是全公司材料试验、工程质量检测的中心，主要承担铁路、公路、机场、市政、工业民用建筑等原材料、结构与构件成品、半成品的质量检验和地基基础、路基、路面工程等检测任务以及新材料、新工艺的试验研究。

中铁一局集团第四工程有限公司中心试验室成立于1970年。三十多年来，中心试验室先后为青海大通铁路、京山、京秦、大秦一期、二期工程、宝中、丰准、广梅汕、京九铁路、西康铁路、宝兰铁路、西南铁路、洛湛铁路、秦沈准高速铁路、南京地铁、青藏铁路和深汕公路、渝长公路、渝黔公路、沈大公路、宁台温公路、杭金衢公路、孝襄公路、金丽温公路以及南京、广州、嘉兴市政工程和宁夏机场、咸阳国际机场、绵阳机场等工程建设提供检测服务，并以其科学严谨的检测受到业主和监理的信赖和好评。

中心试验室

中心试验室1989年被评为北京市二级试验室、1999年12月通过陕西省建设厅的资质审查、1994年8月通过国家技术监督局计量认证，1999、2004年计量认证复审通过。近年来承担和积极参与了各项科技成果研究工作，先后获得陕西省科技进步三等奖一项，集团公司科技进步一等奖一项、二等奖四项，三等奖两项，并有多篇论文在部局级科技刊物上发表。

试验室现有主要仪器设备140余台（套），总价值267.8多万元，试验用房面积312.5m2，其中恒温（湿）面积58.6 m2；总人数为51人，其中高级工程师3人、工程师11人，占总人数的27.5%。

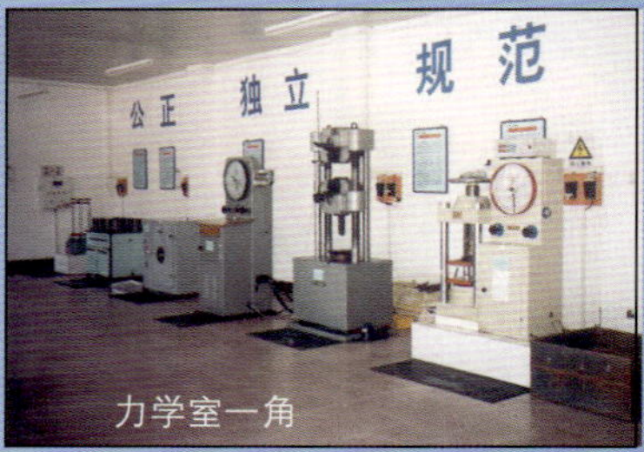

力学室一角

机构名称：中铁一局集团第四工程有限公司中心试验室

最高管理者：安国勇

技术负责人：张建邦

质量负责人：范从民

通讯地址：陕西省咸阳市渭阳西路60号　邮政编码：712000

成都电气检验所

——强制性产品认证指定检测机构

成都电气检验所是按现有国际、国家和行业标准对电焊机等电工产品进行电气安全性能及环境性能检验的检验所。1989年成为国家依法授权的检验机构—国家电焊机质量监督检验中心，2002年被国家认证认可监督管理委员会指定为第一批承担强制性产品认证检测的检验机构（国认证函[2002]39号文），并与中国质量认证中心（CQC）签署了中国强制性产品认证（CCC）委托检测协议，是CQC的签约实验室；2002年通过中国实验室国家认可委员会（CNAL）的认可评审；2004年成为CQC签约的CE认证检验实验室。

经过辛勤耕耘，本所已发展成为拥有一批高素质的专业技术人才和具有丰富审核经历的高级质量体系审核员、具有先进可靠的检测设备和检测环境、行之有效的管理和运作体系的检验机构。下设综合部、试验管理部、审核部、工程部。同时，全国电焊机标委会秘书处、全国电焊机质量网秘书处挂靠我所。

二十多年来，本所一直坚持“公正、科学、准确、高效、开拓、创新”的工作方针，始终贯彻“顾客至上，质量第一”的服务宗旨，严格按照ISO/IEC导则及国家有关认可准则从事检验工作，工作业绩得到了广大客户的认可和上级有关部门的表彰，今后将一如既往地为客户、社会提供优质服务。

地　址：成都市二环路东一段29号　　邮　编：610051

联系人：王光良、邢军

电　话：（028）83258617、83274272　　传　真：（028）83277121

http://www.cdeai.com　　E-mail:cdeai@cdeai.com

地域：黑龙江
批准书编号：CNCA-Z-10Q-2002-019
机构名称：大庆中能咨询有限责任公司
分支机构：无
批准的办事处：无
机构原名称：无
负责人：宋鲁
电话：0459-5590288，5590488
传真：0459-5815060
地址：黑龙江省大庆市让胡路区西宾路 17 号
邮编：163453
有效期限：9-29-2006
批准业务范围：质量管理体系认证咨询；职业安全与健康管理体系认证咨询

地域：上海
批准书编号：CNCA-Z-02C-2002-001
机构名称：上海检验公司
分支机构：无
批准的办事处：无
机构原名称：无
负责人：金世恩
电话：021-64164145
传真：021-64164578
地址：上海市肇嘉浜路 361 号
邮编：200032
有效期限：7-30-2006
批准业务范围：质量管理体系认证咨询；环境管理体系认证咨询

地域：上海
批准书编号：CNCA-Z-02C-2002-005
机构名称：上海科美商务咨询有限公司
分支机构：无
批准的办事处：无
机构原名称：无
负责人：朱春林
电话：021-62793188，62793288
传真：021-62895958
地址：上海市静安区延安中路 841 号东方海外大厦 1702A
邮编：200040
有效期限：9-29-2006
批准业务范围：质量管理体系认证咨询

地域：上海
批准书编号：CNCA-Z-02C-2002-004
机构名称：上海申悦商品检验技术研究所
分支机构：无
批准的办事处：无
机构原名称：无
负责人：万达三
电话：021-64746907
传真：021-64742195
地址：上海永嘉路 679 号
邮编：200031
有效期限：9-29-2006
批准业务范围：质量管理体系认证咨询

地域：上海
批准书编号：CNCA-Z-02Q-2002-001
机构名称：上海浦东新区久凌质量咨询事务所
分支机构：无
批准的办事处：无
机构原名称：无
负责人：冯济京
电话：021-58875129
传真：021-58875129
地址：上海浦东新区浦东大道 141 号 5 号楼二楼
邮编：200120
有效期限：8-30-2006
批准业务范围：质量管理体系认证咨询

地域：上海
批准书编号：CNCA-Z-02Q-2002-003
机构名称：上海质量技术咨询事务所
分支机构：无
批准的办事处：无
机构原名称：无
负责人：崔龙江
电话：021-53079925
传真：021-53079926
地址：上海市西藏南路 1332 号 1205 室
邮编：200011
有效期限：8-30-2006
批准业务范围：质量管理体系认证咨询；环境管理体系认证咨询；职业安全与健康管理体系认证咨询

地域：上海 批准书编号：CNCA-Z-02C-2003-006 机构名称：杰森（上海）咨询有限公司 分支机构：无 批准的办事处：无 机构原名称：无 负责人：应南 电话：021-68411827 传真：021-68410928 地址：上海浦东新区银城东路101号汇丰大厦18楼111室 邮编：200120 有效期限：1-30-2007 批准业务范围：质量管理体系认证咨询；环境管理体系认证咨询	地域：上海 批准书编号：CNCA-Z-02Q-2002-033 机构名称：上海广顺技术咨询有限公司 分支机构：无 批准的办事处：无 机构原名称：无 负责人：赵向东 电话：021-64548074， 64531312 传真：021-64548094 ，34080037 地址：上海市徐汇区嘉川路777号科汇高新技术中心主楼6楼 邮编：200237 有效期限：9-29-2006 批准业务范围：质量管理体系认证咨询
地域：上海 批准书编号：CNCA-Z-02Q-2002-002 机构名称：上海质量认证咨询中心 分支机构：无 批准的办事处：无 机构原名称：无 负责人：刘放鸣 电话：021-64743722 传真：021-54048025 地址：上海市长乐路1227号901室 邮编：200031 有效期限：8-30-2006 批准业务范围：质量管理体系认证咨询；职业安全与健康管理体系认证咨询	地域：上海 批准书编号：CNCA-Z-02Q-2002-006 机构名称：上海科顿企业技术咨询有限公司 分支机构：无 批准的办事处：无 机构原名称：无 负责人：付汉均 电话：021-58350715 传真：021-58350706 地址：上海市浦东新区张杨路628弄2号楼22C座 邮编：200122 有效期限：12-31-2004 批准业务范围：质量管理体系认证咨询；环境管理体系认证咨询
地域：上海 批准书编号：CNCA-Z-02Q-2002-004 机构名称：上海质佳质量咨询有限公司 分支机构：无 批准的办事处：无 机构原名称：无 负责人：吴贤照 电话：021-62834609 传真：021-62833410 地址：上海泰安路77号三楼 邮编：200052 有效期限：8-30-2006 批准业务范围：质量管理体系认证咨询；环境管理体系认证咨询	地域：上海 批准书编号：CNCA-Z-02Q-2002-009 机构名称：上海海克环境管理咨询有限公司 分支机构：无 批准的办事处：无 机构原名称：无 负责人：郭军勇 电话：021-38810326 传真：021-58813222 地址：上海市浦东东方路1523弄金龙花园2－12A 邮编：200127 有效期限：8-30-2006 批准业务范围：质量管理体系认证咨询；环境管理体系认证咨询；职业安全与健康管理体系认证咨询

地域：上海 批准书编号：CNCA-Z-02Q-2002-005 机构名称：上海创新质量认证咨询有限公司 分支机构：无 批准的办事处：无 机构原名称：无 负责人：唐国俊 电话：021-62575537 传真：021-62435312 地址：上海市曹杨路 1040 弄 1 号 7 楼 邮编：200063 有效期限：8-30-2006 批准业务范围：质量管理体系认证咨询；环境管理体系认证咨询；职业安全与健康管理体系认证咨询	地域：上海 批准书编号：CNCA-Z-02Q-2002-052 机构名称：上海强思企业管理咨询有限公司 分支机构：无 批准的办事处：无 机构原名称：无 负责人：李建彪 电话：021-63584120， 63584130 传真：021-63584150 地址：上海市新闸路雅州商务中心 4F-D 邮编：200003 有效期限：11-29-2006 批准业务范围：质量管理体系认证咨询
地域：上海 批准书编号：CNCA-Z-02Q-2002-008 机构名称：上海赛克工业经济发展公司 分支机构：无 批准的办事处：无 机构原名称：无 负责人：虞勇俊 电话：021-64714082 传真：021-64714052 地址：上海市长乐路 1227 号 607、608 室 邮编：200031 有效期限：8-30-2006 批准业务范围：质量管理体系认证咨询	地域：上海 批准书编号：CNCA-Z-02Q-2002-012 机构名称：上海精工质量咨询中心 分支机构：无 批准的办事处：无 机构原名称：无 负责人：冯肃备 电话：021-62793544 传真：021-62479061 地址：上海市延安中路 955 弄 12 号 邮编：200040 有效期限：8-30-2006 批准业务范围：质量管理体系认证咨询
地域：上海 批准书编号：CNCA-Z-02Q-2002-010 机构名称：上海中家家电咨询服务有限公司 分支机构：无 批准的办事处：无 机构原名称：无 负责人：韩作 电话：021-64846749 传真：021-64942847 地址：上海市徐汇区龙吴路 410 弄 1 号 邮编：200232 有效期限：8-30-2006 批准业务范围：质量管理体系认证咨询	地域：上海 批准书编号：CNCA-Z-02Q-2002-038 机构名称：上海易普技术咨询有限公司 分支机构：无 批准的办事处：无 机构原名称：无 负责人：周治 电话：021-63741922 传真：021-63745468 地址：上海市宁海东路 200 号申鑫大厦 2702 室 邮编：200021 有效期限：12-31-2004 批准业务范围：环境管理体系认证咨询

地域：上海 批准书编号：CNCA-Z-02Q-2002-011 机构名称：上海机械工业质量管理协会咨询服务部 分支机构：无 批准的办事处：无 机构原名称：无 负责人：李谷传 电话：021-56985532 传真：021-56985532 地址：上海市闸北区育婴堂路 181 号四楼 邮编：200070 有效期限：8-30-2006 批准业务范围：质量管理体系认证咨询	地域：上海 批准书编号：CNCA-Z-02Q-2003-032 机构名称：上海科信管理咨询有限公司 分支机构：无 批准的办事处：无 机构原名称：无 负责人：陈利友 电话：021-64511188，64851648 传真：021-64930344，64852541 地址：上海市钦州路 108 号 5 号楼 1306 室 邮编：200235 有效期限：12-31-2004 批准业务范围：质量管理体系认证咨询
地域：上海 批准书编号：CNCA-Z-02Q-2002-055 机构名称：上海久标质量认证咨询有限公司 分支机构：无 批准的办事处：南京办事处　太仓办事处 淮北办事处 合肥办事处 无锡办事处 昆山办事处 机构原名称：无 负责人：李钢 电话：021-62167795 传真：021-62162583 地址：上海市兰溪路 10 弄 3 号 1301 室 邮编：200062 有效期限：11-29-2006 批准业务范围：质量管理体系认证咨询；环境管理体系认证咨询	地域：上海 批准书编号：CNCA-Z-02Q-2002-014 机构名称：上海乐信科技有限公司 分支机构：无 批准的办事处：无 机构原名称：无 负责人：秦念兵 电话：021-54959998 传真：021-54531118 地址：上海市莘建路 35 号 4 楼 邮编：201100 有效期限：8-30-2006 批准业务范围：质量管理体系认证咨询；环境管理体系认证咨询
地域：上海 批准书编号：CNCA-Z-02Q-2002-013 机构名称：上海百嘉技术咨询有限公司 分支机构：无 批准的办事处：无 机构原名称：无 负责人：沈百和 电话：021-62175327 传真：021-62188646 地址：上海市江宁路 420 号（和一大厦）22F-G 邮编：200041 有效期限：8-30-2006 批准业务范围：质量管理体系认证咨询；环境管理体系认证咨询	地域：上海 批准书编号：CNCA-Z-02Q-2002-016 机构名称：上海慧士通标准技术服务有限公司 分支机构：无 批准的办事处：无 机构原名称：无 负责人：孙玉桂 电话：021-63298389，13916348825 传真：021-63298389 地址：上海闵行区景谷路 176 弄 61 号 202 室 邮编：200240 有效期限：12-31-2004 批准业务范围：质量管理体系认证咨询

<table>
<tr><td>地域：上海
批准书编号：CNCA-Z-02Q-2002-041
机构名称：上海创标技术咨询有限公司
分支机构：无
批准的办事处：2
机构原名称：上海世标科技有限公司
负责人：陶荣广
电话：021-32181538
传真：021-32180857
地址：上海市南苏州路 1455 号新沃大厦 419-422 室
邮编：200081
有效期限：12-31-2004
批准业务范围：质量管理体系认证咨询</td><td>地域：上海
批准书编号：CNCA-Z-02Q-2002-017
机构名称：上海久长技术咨询有限公司
分支机构：无
批准的办事处：无
机构原名称：上海久千技术咨询有限公司
负责人：陶仁祥
电话：021-58470686
传真：021-68702223
地址：上海浦东新区洪山路 300 弄 2 号 102 室
邮编：200126
有效期限：9-29-2006
批准业务范围：质量管理体系认证咨询</td></tr>
<tr><td>地域：上海
批准书编号：CNCA-Z-02Q-2002-015
机构名称：上海伟柏企业管理咨询有限公司
分支机构：无
批准的办事处：无
机构原名称：无
负责人：李新荣
电话：021-58127511
传真：021-58127418
地址：上海浦东沪南公路 2727 号康桥半岛南加州园 1639 号
邮编：201315
有效期限：4-30-2003
批准业务范围：质量管理体系认证咨询</td><td>地域：上海
批准书编号：CNCA-Z-02Q-2002-019
机构名称：上海品保技术咨询有限公司
分支机构：无
批准的办事处：无
机构原名称：无
负责人：席兴荣
电话：021-63078511
传真：021-63079811
地址：上海市虹口区虬江支路 181 号虹口商厦 2005 室
邮编：200080
有效期限：8-30-2006
批准业务范围：质量管理体系认证咨询；环境管理体系认证咨询；职业安全与健康管理体系认证咨询</td></tr>
<tr><td>地域：上海
批准书编号：CNCA-Z-02Q-2002-046
机构名称：上海企旭科技有限公司
分支机构：无
批准的办事处：无
机构原名称：无
负责人：陈钢
电话：021-39160542-81
传真：021-69521807
地址：上海嘉定叶城路 1288 号
邮编：201821
有效期限：12-31-2004
批准业务范围：质量管理体系认证咨询</td><td>地域：上海
批准书编号：CNCA-Z-02Q-2002-021
机构名称：上海贝恒科技有限公司
分支机构：无
批准的办事处：无
机构原名称：无
负责人：曹国明
电话：021-66108561 ， 66108562-601
传真：021-66108563
地址：上海市志丹路 201 号 602 室
邮编：200065
有效期限：8-30-2006
批准业务范围：质量管理体系认证咨询；环境管理体系认证咨询</td></tr>
</table>

地域：上海 批准书编号：CNCA-Z-02Q-2002-034 机构名称：上海久顺企业管理技术服务有限公司 分支机构：无 批准的办事处：无 机构原名称：上海久千科技发展公司 负责人：宋福明 电话：021-58600065， 58600042 传真：021-58857798 地址：上海市浦东大道 1695 弄 1 号星宇大楼 1501 室 邮编：200135 有效期限：12-31-2004 批准业务范围：质量管理体系认证咨询；环境管理体系认证咨询	地域：上海 批准书编号：CNCA-Z-02Q-2002-023 机构名称：上海远诚科技咨询有限公司 分支机构：无 批准的办事处：无 机构原名称：无 负责人：刘春远 电话：021-59250133 传真：021-59251089 地址：上海市青浦区城中东路 350 号 401 室 邮编：201700 有效期限：12-31-2006 批准业务范围：质量管理体系认证咨询；环境管理体系认证咨询；职业安全与健康管理体系认证咨询
地域：上海 批准书编号：CNCA-Z-02Q-2002-020 机构名称：上海众标科技发展有限公司 分支机构：无 批准的办事处：青岛分公司 机构原名称：无 负责人：雍秀珍 电话：021-68671406 传真：021-68671406 地址：上海市浦东新区东方路 778 号紫金山大酒店 8 楼 B6-C6 邮编：200122 有效期限：12-31-2004 批准业务范围：质量管理体系认证咨询	地域：上海 批准书编号：CNCA-Z-02Q-2002-025 机构名称：上海友君信息技术咨询有限公司 分支机构：无 批准的办事处：无 机构原名称：无 负责人：陈智润 电话：021-64953887 ，64952316 传真：021-64950545 地址：上海市钦州北路 495 号 2310 室 邮编：200233 有效期限：12-31-2004 批准业务范围：质量管理体系认证咨询；环境管理体系认证咨询
地域：上海 批准书编号：CNCA-Z-02Q-2002-022 机构名称：上海市奉贤区质量技术事务所 分支机构：无 批准的办事处：无 机构原名称：无 负责人：李珠第 电话：021-67180683 传真：021-67180685 地址：上海市奉贤区南桥镇南奉公路 1265 号 邮编：201400 有效期限：12-31-2004 批准业务范围：质量管理体系认证咨询	地域：上海 批准书编号：CNCA-Z-02Q-2002-026 机构名称：上海品界质量认证咨询服务有限公司 分支机构：无 批准的办事处：无 机构原名称：无 负责人：陈建 电话：021-52392431 传真：021-62407704 地址：上海市延安西路 1221 号泛太大厦 3 座 2 层 邮编：200050 有效期限：8-30-2006 批准业务范围：质量管理体系认证咨询

地域：上海 批准书编号：CNCA-Z-02Q-2002-024 机构名称：上海沃兹技术咨询有限公司 分支机构：无 批准的办事处：无 机构原名称：无 负责人：乐玲雯 电话：021-63857837 传真：021-53837116 地址：上海市卢湾区东台路279号国际广场A座1204室 邮编：200021 有效期限：4-30-2003 批准业务范围：质量管理体系认证咨询	地域：上海 批准书编号：CNCA-Z-02Q-2002-027 机构名称：上海咏岭技术咨询有限公司 分支机构：无 批准的办事处：无 机构原名称：无 负责人：刘亚平 电话：021-64825133，13061718202 传真：021-64825133 地址：上海市徐汇区漕宝路86号F座23层02室 邮编：200235 有效期限：9-29-2006 批准业务范围：质量管理体系认证咨询；环境管理体系认证咨询
地域：上海 批准书编号：CNCA-Z-02Q-2002-035 机构名称：上海高伟技术咨询有限公司 分支机构：无 批准的办事处：无 机构原名称：无 负责人：陈新民 电话：021-58702833 传真：021-58706323 地址：上海市东方路2981号215室 邮编：200125 有效期限：12-31-2004 批准业务范围：质量管理体系认证咨询；环境管理体系认证咨询	地域：上海 批准书编号：CNCA-Z-02Q-2002-028 机构名称：上海科杰科技咨询有限公司 分支机构：无 批准的办事处：无 机构原名称：无 负责人：叶向高 电话：021-64511298 传真：021-64511298 地址：上海市田林路105号 邮编：200233 有效期限：12-31-2004 批准业务范围：环境管理体系认证咨询
地域：上海 批准书编号：CNCA-Z-02Q-2002-036 机构名称：上海新维科技创业有限公司 分支机构：无 批准的办事处：　阳办事处　南京办事处 机构原名称：无 负责人：刘志宏 电话：021-64951233 传真：021-64951773 地址：上海市桂平路680号漕河泾创业中心612室 邮编：200233 有效期限：12-31-2004 批准业务范围：质量管理体系认证咨询；环境管理体系认证咨询	地域：上海 批准书编号：CNCA-Z-02Q-2002-029 机构名称：上海源信环境质量管理技术咨询有限公司 分支机构：无 批准的办事处：无 机构原名称：无 负责人：曹芦林 电话：021-64085119，13501628526 传真：021-64838991 地址：上海市钦州路508号 邮编：200233 有效期限：9-29-2006 批准业务范围：质量管理体系认证咨询；环境管理体系认证咨询

地域：上海 批准书编号：CNCA-Z-02Q-2002-037 机构名称：上海攀晟德技术咨询服务有限公司 分支机构：无 批准的办事处：无 机构原名称：无 负责人：赵永东 电话：021-54070947 传真：021-54070948 地址：上海市徐汇区华山路2088号汇银广场南楼1803室 邮编：201100 有效期限：4-30-2004 批准业务范围：质量管理体系认证咨询、环境管理体系认证咨询 (该机构于2004年2月2日被暂停认证咨询资格；暂停期为3个月)	地域：上海 批准书编号：CNCA-Z-02Q-2002-043 机构名称：上海诺信企业管理顾问有限公司 分支机构：无 批准的办事处：无 机构原名称：上海诺信信息咨询有限公司 负责人：蔡文宇 电话：021-59717826 传真：021-59717852 地址：上海青浦区公园路99号舜浦大厦503室 邮编：201700 有效期限：12-31-2004 批准业务范围：质量管理体系认证咨询
地域：上海 批准书编号：CNCA-Z-02Q-2002-048 机构名称：上海龙正技术服务有限公司 分支机构：无 批准的办事处：无 机构原名称：无 负责人：詹根发 电话：021-56162857 传真：021-56162857 地址：上海市宝山区永清新村50号202室 邮编：201900 有效期限：12-31-2004 批准业务范围：质量管理体系认证咨询	地域：上海 批准书编号：CNCA-Z-02Q-2002-047 机构名称：上海易威企业管理咨询有限公司 分支机构：无 批准的办事处：无 机构原名称：无 负责人：宋涛 电话：021-58211684 传真：021-58858971 地址：上海市闵行区三鲁路4548号 邮编：200120 有效期限：11-29-2006 批准业务范围：质量管理体系认证咨询；环境管理体系认证咨询
地域：上海 批准书编号：CNCA-Z-02Q-2002-054 机构名称：上海经业技术咨询服务有限公司 分支机构：无 批准的办事处：无 机构原名称：无 负责人：赵以满 电话：021-54152387 传真：021-54152385 地址：上海市宝城路158弄45号1403 邮编：201100 有效期限：2-27-2007 批准业务范围：质量管理体系认证咨询	地域：上海 批准书编号：CNCA-Z-02Q-2002-051 机构名称：上海企划咨询公司 分支机构：无 批准的办事处：无 机构原名称：无 负责人：刘胜年 电话：021-62678028-1103 传真：021-62672371 地址：上海陕西北路128号1103室 邮编：200041 有效期限：11-29-2006 批准业务范围：质量管理体系认证咨询

地域：上海 批准书编号：CNCA-Z-02Q-2002-042 机构名称：上海捷安建设咨询有限公司 分支机构：无 批准的办事处：无 机构原名称：无 负责人：沈吉 电话：021-63851622 传真：021-63855066 地址：上海市普安路189号23楼 邮编：200021 有效期限：12-30-2006 批准业务范围：质量管理体系认证咨询	地域：上海 批准书编号：CNCA-Z-02Q-2002-045 机构名称：上海企航科技咨询有限公司 分支机构：无 批准的办事处：无 机构原名称：无 负责人：汪浩 电话：021-62837781 传真：021-62837782 地址：上海市长宁区番禺路时代大厦21层D-E座 邮编：200052 有效期限：11-29-2006 批准业务范围：质量管理体系认证咨询
地域：上海 批准书编号：CNCA-Z-02Q-2002-061 机构名称：上海永颢科技发展有限公司 分支机构：无 批准的办事处：无 机构原名称：无 负责人：顾伯群 电话：021-58857008 ，68532757 传真：021-68532758 地址：上海市浦东大道2123号龙珠广场702室 邮编：200135 有效期限：12-30-2006 批准业务范围：质量管理体系认证咨询；环境管理体系认证咨询	地域：上海 批准书编号：CNCA-Z-02Q-2002-050 机构名称：上海高蝶商务咨询有限公司 分支机构：无 批准的办事处：无 机构原名称：无 负责人：杨虹 电话：021-68756625 传真：021-68671047 地址：上海市浦东新区浦电路138号南泉大楼602-603室 邮编：200100 有效期限：12-30-2006 批准业务范围：质量管理体系认证咨询
地域：上海 批准书编号：CNCA-Z-02Q-2003-056 机构名称：上海万韵技术咨询有限公司 分支机构：无 批准的办事处：无 机构原名称：无 负责人：方万力 电话：021-63644220 ，63644771 传真：021-63642829， 65210992 地址：上海市四川北路1666号2404-2405室 邮编：200080 有效期限：5-30-2007 批准业务范围：质量管理体系认证咨询	地域：上海 批准书编号：CNCA-Z-02Q-2003-058 机构名称：上海硕智企业管理咨询有限公司 分支机构：无 批准的办事处：合肥办事处 机构原名称：无 负责人：黄文平 电话：021-58782892 传真：021-58789192 地址：上海市浦东新区东方路 428 号宏声商务中心634-636室 邮编：200120 有效期限：9-29-2007 批准业务范围：质量管理体系认证咨询

地域：上海 批准书编号：CNCA-Z-02Q-2002-039 机构名称：上海新贡技术咨询有限公司 分支机构：无 批准的办事处：无 机构原名称：无 负责人：冯佩鲁 电话：021-62520532 传真：021-62520535-805 地址：上海昭化路 508 号新衡公寓 1603 室 邮编：200050 有效期限：12-31-2004 批准业务范围：质量管理体系认证咨询	地域：上海 批准书编号：CNCA-Z-02Q-2003-060 机构名称：上海圣禄咨询有限公司 分支机构：无 批准的办事处：无 机构原名称：无 负责人：李志强 电话：021-63535734 传真：021-63530317 地址：上海市天目西路 547 号恒基不夜城 B 座 1008 室 邮编：200070 有效期限：8-30-2007 批准业务范围：质量管理体系认证咨询
地域：上海 批准书编号：CNCA-Z-02Q-2003-057 机构名称：上海伟众汽车科技有限公司 分支机构：无 批准的办事处：无 机构原名称：无 负责人：邱国祥 电话：021-64031916，64031370 传真：021-664032235 地址：上海市徐汇区医学院路 72 弄 1 号 212 室 邮编：200032 有效期限：3-30-2007 批准业务范围：质量管理体系认证咨询	地域：上海 批准书编号：CNCA-Z-02Q-2003-062 机构名称：上海畴略管理咨询服务有限公司 分支机构：无 批准的办事处：无 机构原名称：无 负责人：张国维 电话：021-64396902 传真：021-64275479 地址：上海市徐汇区零陵路 585 号爱邦大厦 20F 邮编：200030 有效期限：9-29-2007 批准业务范围：质量管理体系认证咨询
地域：上海 批准书编号：CNCA-Z-02Q-2003-059 机构名称：上海博磊质量管理技术咨询有限公司 分支机构：无 批准的办事处：无 机构原名称：无 负责人：俞爱萍 电话：021-68455661 传真：021-68455651 地址：上海市浦东新区牡丹路 60 号 402 室 邮编：201204 有效期限：8-30-2007 批准业务范围：质量管理体系认证咨询；环境管理体系认证咨询；职业安全与健康管理体系认证咨询	地域：上海 批准书编号：CNCA-Z-02Q-2003-064 机构名称：上海伟宏企业管理服务有限公司 分支机构：无 批准的办事处：无 机构原名称：无 负责人：杨艇 电话：021-68552132 传真：021-68552131 地址：上海市浦东大道 1476 号 603B 邮编：200135 有效期限：12-30-2007 批准业务范围：质量管理体系认证咨询

地域：上海	地域：江苏
批准书编号：CNCA-Z-02Q-2002-044 机构名称：上海博顿管理咨询有限公司 分支机构：无 批准的办事处：无 机构原名称：无 负责人：陈文新 电话：021-51053425 ，51053426，51053429 传真：021-51053427 地址：上海市四川北路 1851 号荣欣大厦 2209 室 邮编：200081 有效期限：11-29-2006 批准业务范围：质量管理体系认证咨询	批准书编号：CNCA-Z-11C-2002-002 机构名称：宜兴市国泰咨询服务有限公司 分支机构：无 批准的办事处：无 机构原名称：无 负责人：陆荷旭 电话：0510-7992481 传真：0510-7992481 地址：宜兴市东山西路 58 号 邮编：214206 有效期限：12-31-2004 批准业务范围：质量管理体系认证咨询；环境管理体系认证咨询
地域：上海 批准书编号：CNCA-Z-02Q-2003-063 机构名称：上海普兰认证咨询有限公司 分支机构：无 批准的办事处：无 机构原名称：泰州市贝依有限公司 负责人：邱琳美 电话：021-62575865 传真：021-62575865 地址：上海市普陀区武宁路 505 号 邮编：200063 有效期限：9-29-2007 批准业务范围：质量管理体系认证咨询；环境管理体系认证咨询	地域：江苏 批准书编号：CNCA-Z-11C-2002-004 机构名称：无锡三创质量咨询有限公司 分支机构：无 批准的办事处：无 机构原名称：无 负责人：钱小莺 电话：0510-2700244 传真：0510-2705083 地址：江苏省无锡市健康路 2 号 邮编：214001 有效期限：7-30-2006 批准业务范围：质量管理体系认证咨询
地域：江苏 批准书编号：CNCA-Z-11C-2002-001 机构名称：南京中威质量认证咨询有限公司 分支机构：江阴分公司 太仓分公司 盐城分公司 苏州分公司 批准的办事处：无 机构原名称：无 负责人：姜培清 电话：025-3601088-3248900-3246900（总机） 传真：025-3306559 地址：南京市马台街 44 号 邮编：210009 有效期限：12-31-2004 批准业务范围：质量管理体系认证咨询	地域：江苏 批准书编号：CNCA-Z-11C-2002-006 机构名称：昆山恒新企业咨询服务有限公司 分支机构：无 批准的办事处：无 机构原名称：无 负责人：林澄洲 电话：0512-57535482 传真：0512-57535486 地址：江苏省昆山市亭林路 86 号 邮编： 有效期限：12-31-2004 批准业务范围：质量管理体系认证咨询；环境管理体系认证咨询

地域：江苏 批准书编号：CNCA-Z-11C-2002-003 机构名称：常州进出口商品检验有限公司 分支机构：无 批准的办事处：无 机构原名称：无 负责人：朱明海 电话：0519-6647991 传真：0519-6647991 地址：江苏省常州市浦南路1号 邮编：213001 有效期限：12-31-2004 批准业务范围：质量管理体系认证咨询	地域：江苏 批准书编号：CNCA-Z-11Q-2002-001 机构名称：江苏省苏兴认证咨询中心 分支机构：无 批准的办事处：无 机构原名称：江苏省质量认证咨询中心 负责人：马俊岭 电话：025-6527832 传真：025-66019079 地址：江苏省南京市石鼓路227号 邮编：210029 有效期限：7-30-2006 批准业务范围：质量管理体系认证咨询；环境管理体系认证咨询；职业安全与健康管理体系认证咨询
地域：江苏 批准书编号：CNCA-Z-11C-2002-005 机构名称：无锡万优管理顾问有限公司 分支机构：无 批准的办事处：无 机构原名称：无 负责人：殷品华 电话：0510-68566714 传真：0520-6857724 地址：江苏省江阴市鲥鱼港路4号 邮编：214431 有效期限：4-30-2003 批准业务范围：质量管理体系认证咨询	地域：江苏 批准书编号：CNCA-Z-11Q-2002-004 机构名称：江苏省科信认证咨询事务所 分支机构：无 批准的办事处：无 机构原名称：江苏省生产力促进中心 负责人：孟庆如 电话：025-5402378 传真：025-5402635 地址：南京市玄武区锁金村4号 邮编：210042 有效期限：7-30-2006 批准业务范围：质量管理体系认证咨询；环境管理体系认证咨询；职业安全与健康管理体系认证咨询
地域：江苏 批准书编号：CNCA-Z-11C-2002-007 机构名称：苏州先锋企业管理顾问有限公司 分支机构：无 批准的办事处：无 机构原名称：无 负责人：叶文政 电话：0512-68098107， 68090481 传真：0512-68098709 地址：江苏省苏州新区狮山路18号华福大厦12楼D座 邮编： 有效期限：12-31-2004 批准业务范围：质量管理体系认证咨询	地域：江苏 批准书编号：CNCA-Z-11Q-2002-006 机构名称：江苏信达诚质量技术管理咨询有限公司 分支机构：无 批准的办事处：常熟工作站 吴江工作站 南通工作站 兴化工作站 芜湖工作站 机构原名称：无 负责人：高前 电话：025-3435450 传真：025-3413329 地址：南京市中山北路216号天和大厦304室 邮编：210003 有效期限：12-31-2004 批准业务范围：质量管理体系认证咨询；环境管理体系认证咨询；职业安全与健康管理体系认证咨询

地域：江苏 批准书编号：CNCA-Z-11Q-2002-003 机构名称：江苏勘协建设科技咨询服务中心 分支机构：无 批准的办事处：无 机构原名称：无 负责人：龚金良 电话：025-3710744 传真：025-3717369 地址：南京市虎踞北路12综合楼南五楼 邮编：210013 有效期限：7-30-2006 批准业务范围：质量管理体系认证咨询	地域：江苏 批准书编号：CNCA-Z-11Q-2002-008 机构名称：南京宁质认证咨询中心 分支机构：无 批准的办事处：无 机构原名称：南京市质量认证咨询中心 负责人：陈新华 电话：025-5431979 传真：025-5430756 地址：江苏省南京市红山路166号 邮编：210028 有效期限：7-30-2006 批准业务范围：质量管理体系认证咨询；环境管理体系认证咨询
地域：江苏 批准书编号：CNCA-Z-11Q-2002-005 机构名称：江苏现代质量与环境认证咨询中心 分支机构：无 批准的办事处：无 机构原名称：无 负责人：肖利民 电话：025-4713574 传真：025-4704861 地址：南京市上海路4号 邮编：210029 有效期限：12-31-2004 批准业务范围：质量管理体系认证咨询	地域：江苏 批准书编号：CNCA-Z-11Q-2002-011 机构名称：南京英之杰管理顾问有限公司 分支机构：无 批准的办事处：无 机构原名称：无 负责人：梁文浩 电话：025-6554012 传真：025-6554512 地址：江苏省南京市汉中门大街56号B座6F 邮编：210036 有效期限：4-30-2003 批准业务范围：质量管理体系认证咨询
地域：江苏 批准书编号：CNCA-Z-11Q-2002-007 机构名称：江苏省信诚机械工业质量认证咨询部 分支机构：无 批准的办事处：无 机构原名称：无 负责人：傅东荔 电话：025-2400153 传真：025-2400040 地址：江苏省南京市长虹路445号 邮编：210012 有效期限：12-31-2004 批准业务范围：质量管理体系认证咨询、环境管理体系认证咨询	地域：江苏 批准书编号：CNCA-Z-11Q-2002-013 机构名称：无锡市宏微咨询有限公司 分支机构：无 批准的办事处：无 机构原名称：无锡市新时代咨询服务有限责任公司 负责人：毛书军 电话：0510-5059233 传真：0510-5048489 地址：江苏省无锡市永乐路恒鑫源大厦7楼 邮编：214023 有效期限：7-30-2006 批准业务范围：质量管理体系认证咨询

地域：江苏
批准书编号：CNCA-Z-11Q-2002-010
机构名称：南京白玉兰质量咨询有限公司
分支机构：无
批准的办事处：无
机构原名称：无
负责人：高利东
电话：025-4573097， 4573210 ，6323861
传真：025-4573097
地址：南京洪武路 333 号 4-2803 室
邮编：210002
有效期限：12-31-2004
批准业务范围：质量管理体系认证咨询

地域：江苏
批准书编号：CNCA-Z-11Q-2002-043
机构名称：无锡市科苑质量认证咨询有限公司
分支机构：无
批准的办事处：常州办事处 苏州办事处 扬州办事处 南京办事处 宜兴办事处
机构原名称：无
负责人：孙洪君
电话：0510-2751235
传真：0510-2726015
地址：无锡市县前西街 9 号-1701 室
邮编：214000
有效期限：7-30-2006
批准业务范围：质量管理体系认证咨询

地域：江苏
批准书编号：CNCA-Z-11Q-2002-012
机构名称：无锡市鸿宇认证咨询有限公司
分支机构：无
批准的办事处：无
机构原名称：无锡市方圆认证咨询有限公司
负责人：胡国华
电话：0510-2730417
传真：0510-2752484
地址：江苏省无锡市运河东路 118 号
邮编：214031
有效期限：12-31-2004
批准业务范围：质量管理体系认证咨询

地域：江苏
批准书编号：CNCA-Z-11Q-2002-044
机构名称：无锡市科伟科技有限公司
分支机构：无
批准的办事处：常州办事处 滨湖办事处 长沙办事处
机构原名称：
负责人：胡学来
电话：0510-5229632
传真：0510-5229632
地址：无锡市长江路 7 号科技园 2 区 311
邮编：214028
有效期限：7-30-2006
批准业务范围：质量管理体系认证咨询

地域：江苏
批准书编号：CNCA-Z-11Q-2002-014
机构名称：无锡市胜祥技术服务有限公司
分支机构：无
批准的办事处：南京办事处 苏州办事处 盐城办事处 靖江办事处 山东济南办事处
机构原名称：无锡市久千技术服务有限公司
负责人：皇甫仙
电话：0510-2606989
传真：0510-2619000
地址：无锡市春申路 58 号宏宇大厦 8 楼
邮编：214043
有效期限：12-31-2004
批准业务范围：质量管理体系认证咨询；环境管理体系认证咨询

地域：江苏
批准书编号：CNCA-Z-11Q-2002-018
机构名称：无锡市科华认证机构服务有限公司
分支机构：无
批准的办事处：
机构原名称：无锡市质环认证技术服务有限公司
负责人：朱革群
电话：0510-5757824
传真：0510-5736414-13
地址：无锡市清扬路 134 号之一
邮编：214023
有效期限：12-31-2004
批准业务范围：质量管理体系认证咨询

地域：江苏 批准书编号：CNCA-Z-11Q-2002-016 机构名称：无锡市科信企业管理咨询有限公司 分支机构：无 批准的办事处：无 机构原名称：无 负责人：李海东 电话：0510-5045996，5045995 传真：0510-5045996 地址：无锡市永乐路南河浜 12 号水利大厦五楼 邮编：214023 有效期限：7-30-2006 批准业务范围：质量管理体系认证咨询；环境管理体系认证咨询	地域：江苏 批准书编号：CNCA-Z-11Q-2002-020 机构名称：苏州高新技术产业开发区电器检测所 分支机构：无 批准的办事处：无 机构原名称：无 负责人：胡德霖 电话：0512-68252753 传真：0512-68081686 地址：苏州新区九号区间路 7 号 邮编：215011 有效期限：7-30-2006 批准业务范围：质量管理体系认证咨询；职业安全与健康管理体系认证咨询
地域：江苏 批准书编号：CNCA-Z-11Q-2002-017 机构名称：无锡市达能技术咨询服务部 分支机构：无 批准的办事处：无 机构原名称：无 负责人：张海兰 电话：0510-2828323 ，2826704 2821828 传真：0510-2826704 地址：江苏省无锡市解放路水利弄 38 号南二楼下 208 室 邮编：214007 有效期限：12-31-2004 批准业务范围：质量管理体系认证咨询	地域：江苏 批准书编号：CNCA-Z-11Q-2002-022 机构名称：苏州质量咨询服务中心 分支机构：无 批准的办事处：无 机构原名称：无 负责人：苏世康 电话：0512-65101269 传真：0512-65206340 地址：苏州市司前街采莲苑 A 幢 307 室 邮编：215002 有效期限：7-30-2006 批准业务范围：质量管理体系认证咨询
地域：江苏 批准书编号：CNCA-Z-11Q-2002-019 机构名称：苏州市万盛技术咨询服务有限公司 分支机构：无 批准的办事处：无 机构原名称：苏州方圆技术咨询服务有限公司 负责人：刘大万 电话：0512-65229269 传真：0512-65220229 地址：江苏省苏州市养育巷桂和坊 4 号 1 楼 邮编：215002 有效期限：8-30-2006 批准业务范围：质量管理体系认证咨询；职业安全与健康管理体系认证咨询	地域：江苏 批准书编号：CNCA-Z-11Q-2002-024 机构名称：常州市佳成质量认证咨询有限公司 分支机构：无 批准的办事处：无 机构原名称：无 负责人：胡波 电话：0519-8106808 传真：0519-8106808 地址：江苏省常州市新丰街 20 号 811 室 邮编：213003 有效期限：7-30-2006 批准业务范围：质量管理体系认证咨询；职业安全与健康管理体系认证咨询

地域：江苏
批准书编号：CNCA-Z-11Q-2002-021
机构名称：苏州晨光企业管理咨询服务有限公司
分支机构：无
批准的办事处：无
机构原名称：无
负责人：宋丽珍
电话：0512-65583757
传真：0512-65589003
地址：苏州干将西路55号2幢402室
邮编：215004
有效期限：12-31-2004
批准业务范围：质量管理体系认证咨询

地域：江苏
批准书编号：CNCA-Z-11Q-2002-025
机构名称：常州现代认证咨询中心
分支机构：无
批准的办事处：无
机构原名称：无
负责人：朱惠庆
电话：0519-8168165，8168128
传真：0519-8168161
地址：常州市武清北路19号新丰大厦403室
邮编：213003
有效期限：9-29-2006
批准业务范围：质量管理体系认证咨询；环境管理体系认证咨询；职业安全与健康管理体系认证咨询；自愿性产品认证咨询

地域：江苏
批准书编号：CNCA-Z-11Q-2002-023
机构名称：常州诚信质量认证咨询有限公司公司
分支机构：无
批准的办事处：无
机构原名称：常州质量认证咨询中心
负责人：杨晓农
电话：0512-6644316
传真：0519-6663521
地址：常州市劳动西路47号
邮编：213001
有效期限：12-31-2004
批准业务范围：质量管理体系认证咨询

地域：江苏
批准书编号：CNCA-Z-11Q-2002-027
机构名称：徐州市飞达质量认证咨询中心
分支机构：无
批准的办事处：无
机构原名称：无
负责人：陈辉
电话：0516-3390166
传真：0516-3390166
地址：徐州市铜山新区中华商城A3-175
邮编：221116
有效期限：12-31-2004
批准业务范围：质量管理体系认证咨询

地域：江苏
批准书编号：CNCA-Z-11Q-2002-015
机构名称：常州市生产力促进中心质量认证咨询事务所
分支机构：无
批准的办事处：无
机构原名称：无
负责人：朱向东
电话：0519-8101394，13961167503
传真：0519-8101394
地址：江苏省常州市延陵西路6号科委大楼2楼
邮编：213003
有效期限：12-31-2004
批准业务范围：质量管理体系认证咨询；环境管理体系认证咨询

地域：江苏
批准书编号：CNCA-Z-11Q-2002-040
机构名称：扬州机电资产经营管理有限责任公司新观念质量管理咨询中心
分支机构：无
批准的办事处：无
机构原名称：扬州电子质量管理技术服务中心
负责人：王大庆
电话：0514-7316049
传真：0514-7316049
地址：江苏省扬州市皇宫巷33号3幢五楼
邮编：225002
有效期限：12-31-2004
批准业务范围：质量管理体系认证咨询

地域：江苏 批准书编号：CNCA-Z-11Q-2002-026 机构名称：徐州彭城质量认证咨询中心 分支机构：无 批准的办事处：无 机构原名称：徐州质量认证咨询中心 负责人：柯林平 电话：0516-5827687 传真：0516-5827463 地址：徐州市湖北路（体育中心对面） 邮编：221006 有效期限：8-30-2006 批准业务范围：质量管理体系认证咨询	地域：江苏 批准书编号：CNCA-Z-11Q-2002-032 机构名称：南京华宸管理顾问有限公司 分支机构：无 批准的办事处：无 机构原名称：无 负责人：杨骏成 电话：025-3204780 传真：025-3204390 地址：南京市中山北路 28 号 邮编：210008 有效期限：7-30-2006 批准业务范围：质量管理体系认证咨询；环境管理体系认证咨询；职业安全与健康管理体系认证咨询；自愿性产品认证咨询
地域：江苏 批准书编号：CNCA-Z-11Q-2002-028 机构名称：泰州市万事达认证咨询有限公司 分支机构：无 批准的办事处：无 机构原名称：泰州市方圆认证咨询有限公司 负责人：王强 电话：0523-6882176 传真：0523-6882113 地址：泰州市海陵南路 68 号东楼 邮编：225300 有效期限：12-31-2004 批准业务范围：质量管理体系认证咨询	地域：江苏 批准书编号：CNCA-Z-11Q-2002-034 机构名称：南京意华企业管理顾问有限公司 分支机构：无 批准的办事处：无 机构原名称：无 负责人：刘建民 电话：025-4697985 传真：025-4697959 地址：南京市洪武路 239 号 8 楼 E 座 邮编：210002 有效期限：7-30-2006 批准业务范围：质量管理体系认证咨询；环境管理体系认证咨询；职业安全与健康管理体系认证咨询
地域：江苏 批准书编号：CNCA-Z-11Q-2002-031 机构名称：南京金川科技服务中心 分支机构：无 批准的办事处：无 机构原名称：无 负责人：张 电话：025-6896156 传真：025-6896156 地址：江苏省南京市龙蟠中路 69 号北苑楼 308 室 邮编：210016 有效期限：7-30-2006 批准业务范围：质量管理体系认证咨询	地域：江苏 批准书编号：CNCA-Z-11Q-2002-037 机构名称：南通市中科管理咨询有限责任公司 分支机构：无 批准的办事处：无 机构原名称：无 负责人：孙亚 电话：0513-3552836 传真：0513-3536839 地址：江苏省南通市姚港路 28 号金桥楼 408-411 邮编：226006 有效期限：12-31-2004 批准业务范围：质量管理体系认证咨询

地域：江苏
批准书编号：CNCA-Z-11Q-2002-033
机构名称：南京诚智企业管理顾问有限公司
分支机构：无
批准的办事处：无
机构原名称：无
负责人：陈雨晴
电话：025-4700018
传真：025-4707852-808
地址：江苏省南京市新街口管家桥85号华荣大厦1510室
邮编：210005
有效期限：4-30-2003
批准业务范围：质量管理体系认证咨询，环境管理体系认证咨询

地域：江苏
批准书编号：CNCA-Z-11Q-2002-039
机构名称：扬州金达信息咨询有限公司
分支机构：无
批准的办事处：淮安联络处 苏南联络处
机构原名称：无
负责人：杜涛
电话：0514-13301455581
传真：0514-7359923
地址：扬州市友谊新村43幢507#
邮编：225001
有效期限：12-31-2004
批准业务范围：质量管理体系认证咨询

地域：江苏
批准书编号：CNCA-Z-11Q-2002-060
机构名称：苏州东吴认证咨询服务有限公司
分支机构：无
批准的办事处：无
机构原名称：无
负责人：吴胜荣
电话：0512-68284217， 13606265737
传真：0512-68282286
地址：苏州市吴中经济开发区石湖东路98号
邮编：215128
有效期限：7-30-2007
批准业务范围：质量管理体系认证咨询

地域：江苏
批准书编号：CNCA-Z-11Q-2002-048
机构名称：常州市工经质量认证咨询中心
分支机构：无
批准的办事处：无
机构原名称：无
负责人：徐冠东
电话：0519-5320894
传真：0519-5320894
地址：江苏省常州市永宁路北楼5-1幢
邮编：213017
有效期限：12-31-2004
批准业务范围：质量管理体系认证咨询

地域：江苏
批准书编号：CNCA-Z-11Q-2002-038
机构名称：扬州华源科技发展有限公司
分支机构：无
批准的办事处：无
机构原名称：无
负责人：李斌
电话：0514-7950495-8558
传真：0514-7950447
地址：江苏省扬州市邗江大道49号兰苑写字楼501室
邮编：255009
有效期限：7-30-2006
批准业务范围：质量管理体系认证咨询

地域：江苏
批准书编号：CNCA-Z-11Q-2002-049
机构名称：常熟市中企质量认证咨询限公司
分支机构：无
批准的办事处：无
机构原名称：常熟市中质联质量认证咨询有限公司
负责人：张瑞娟
电话：0512-52822900
传真：0512-52823900
地址：江苏省常熟市发展大厦C1-03号
邮编：215500
有效期限：12-30-2006
批准业务范围：质量管理体系认证咨询

地域：江苏 批准书编号：CNCA-Z-11Q-2002-045 机构名称：南京高教管理咨询服务有限公司 分支机构：无 批准的办事处：无 机构原名称：无 负责人：李和增 电话：025-5551581 传真：025-5551397 地址：江苏省南京市栖霞区和燕路 251-1 号金港大厦 A2001 邮编：210028 有效期限：12-31-2004 批准业务范围：质量管理体系认证咨询	地域：江苏 批准书编号：CNCA-Z-11Q-2002-050 机构名称：南京宣贯质量认证咨询中心 分支机构：无 批准的办事处：无 机构原名称：无 负责人：叶飞明 电话：025-6227138 传真：025-6210182 地址：南京市草场门大街 111 号四楼 邮编：210036 有效期限：12-30-2006 批准业务范围：质量管理体系认证咨询
地域：江苏 批准书编号：CNCA-Z-11Q-2002-041 机构名称：江苏苏标认证咨询中心 分支机构：无 批准的办事处：无 机构原名称：江苏新世纪质量认证咨询中心 负责人：陈为庆 电话：025-6500544 传真：025-6503390 地址：江苏省南京市石鼓路 227 号 邮编：210029 有效期限：12-31-2004 批准业务范围：质量管理体系认证咨询	地域：江苏 批准书编号：CNCA-Z-11Q-2002-057 机构名称：南京林信企业管理认证咨询有限公司 分支机构：无 批准的办事处：无 机构原名称：无 负责人：孟凡芝 电话：025-4207663，4204884 传真：025-4202770 地址：南京市中山南路 224 号诺亚大厦商务 4158A 邮编：210005 有效期限：12-30-2006 批准业务范围：质量管理体系认证咨询；环境管理体系认证咨询；职业安全与健康管理体系认证咨询
地域：江苏 批准书编号：CNCA-Z-11Q-2002-047 机构名称：无锡市艾普管理体系认证咨询服务有限公司 分支机构：无 批准的办事处：无 机构原名称：无 负责人：赵虹 电话：0510-2711582，2726860 传真：0510-2711582 地址：无锡市前门溪 1-3 号市政协民进四楼 邮编：214001 有效期限：4-30-2003 批准业务范围：质量管理体系认证咨询	地域：江苏 批准书编号：CNCA-Z-11Q-2002-053 机构名称：常州市常久质量认证咨询有限公司 分支机构：无 批准的办事处：无 机构原名称：常州市久仟质量认证咨询服务有限公司 负责人：郑凌云 电话：0519-6613662，13506118195 传真：0519-6613612 地址：常州市局前街 285 号嘉乐广场 A 座 801 室 邮编：213002 有效期限：12-30-2006 批准业务范围：质量管理体系认证咨询

地域：江苏 批准书编号：CNCA-Z-11Q-2002-051 机构名称：南京贯标质量管理咨询中心 分支机构：无 批准的办事处：无 机构原名称：无 负责人：陈健 电话：025-3551839 传真：025-3551033 地址：南京市南昌路 68 号金贸花园 1 幢 4-101 邮编：210037 有效期限：12-30-2006 批准业务范围：质量管理体系认证咨询	地域：江苏 批准书编号：CNCA-Z-11Q-2002-056 机构名称：苏州市盛华企业管理咨询有限公司 分支机构：无 批准的办事处：无 机构原名称：无 负责人：吴盛华 电话：0512-68650398 传真：0512-68669536 地址：江苏省苏州市三香路 179 号 703-704 室 邮编：215004 有效期限：12-30-2006 批准业务范围：质量管理体系认证咨询
地域：江苏 批准书编号：CNCA-Z-11Q-2002-052 机构名称：无锡同创管理顾问有限公司 分支机构：无 批准的办事处：无 机构原名称：无 负责人：李瑞芬 电话：0510-5800049 传真：0510-5876955 地址：江苏省无锡市梁青路 49 号 邮编：214062 有效期限：12-30-2006 批准业务范围：质量管理体系认证咨询	地域：江苏 批准书编号：CNCA-Z-11Q-2003-060 机构名称：江苏中远华扬管理咨询有限公司 分支机构：无 批准的办事处：无 机构原名称：江苏中远安全健康与环境保护有限公司 负责人：刘宁 电话：025-83203316， 83203317 83203376 83933739 传真：025-83203317 转 222 地址：南京市鼓楼区傅厚岗 66 号 邮编：210008 有效期限：6-29-2007 批准业务范围：质量管理体系认证咨询；环境管理体系认证咨询；职业安全与健康管理体系认证咨询
地域：江苏 批准书编号：CNCA-Z-11Q-2002-054 机构名称：南京际标质量认证咨询有限公司 分支机构：无 批准的办事处：无 机构原名称：无 负责人：黄金强 电话：025-3249093 传真：025-3396937 地址：南京市鼓楼区虎踞北路 10 号 3 栋 4 楼 邮编：210013 有效期限：12-30-2006 批准业务范围：质量管理体系认证咨询	地域：江苏 批准书编号：CNCA-Z-11Q-2003-061 机构名称：南京科尔文管理咨询有限公司 分支机构：无 批准的办事处：无 机构原名称：无 负责人：张小祥 电话：025-7718160 传真：025-7718165 地址：南京市北京东路 8 号恒鑫大厦 8321 室 邮编：210008 有效期限：8-30-2007 批准业务范围：质量管理体系认证咨询

地域：江苏 批准书编号：CNCA-Z-11Q-2002-055 机构名称：南京利物浦企业管理咨询有限公司 分支机构：无 批准的办事处：无 机构原名称：无 负责人：严思聪 电话：025-5404114 传真：025-5406793 地址：江苏省南京市龙蟠路盛世华庭凤仪苑 D5-2 邮编：210042 有效期限：12-31-2004 批准业务范围：质量管理体系认证咨询	地域：浙江 批准书编号：CNCA-Z-12C-2002-001 机构名称：绍兴奥特咨询有限公司 分支机构：无 批准的办事处：无 机构原名称：无 负责人：王坚 电话：0575-8612741 传真：0575-8612741 地址：浙江省绍兴市延安东路 301 号检验检疫局大楼 邮编：312000 有效期限：8-30-2006 批准业务范围：质量管理体系认证咨询；环境管理体系认证咨询
地域：江苏 批准书编号：CNCA-Z-11Q-2002-059 机构名称：江阴市科翔技术咨询服务有限公司 分支机构：无 批准的办事处：无 机构原名称：无 负责人：李洪 电话：0510-6265673 传真：0510-6268119 地址：江阴市朝阳关路 101 号 邮编：214432 有效期限：12-30-2006 批准业务范围：质量管理体系认证咨询	地域：浙江 批准书编号：CNCA-Z-12C-2002-002 机构名称：台州奥泰咨询有限公司 分支机构：无 批准的办事处：无 机构原名称：浙江奥特咨询有限公司台州分公司 负责人：韩普法 电话：0576-8881859 传真：0576-8881614 地址：浙江省台州市椒江区建设路涉外大楼 邮编：318000 有效期限：12-31-2004 批准业务范围：质量管理体系认证咨询；环境管理体系认证咨询
地域：浙江 批准书编号：CNCA-Z-12Q-2003-070 机构名称：浙江科咨技术咨询有限公司 分支机构：无 批准的办事处：无 机构原名称：无 负责人：柳克统 电话：0571-85171546，85151008 传真：0571-85151008 地址：杭州市武林广场省科协大楼 16 层 邮编：310003 有效期限：30-12-2007 批准业务范围：质量管理体系认证咨询	地域：浙江 批准书编号：CNCA-Z-12C-2002-007 机构名称：衢州奥信咨询有限公司 分支机构：无 批准的办事处：无 机构原名称：浙江奥特咨询有限公司衢州分公司 负责人：徐萍 电话：0570-3086137 传真：0570-3085394 地址：浙江省衢州市荷花三路 215 号 邮编：324002 有效期限：12-31-2004 批准业务范围：质量管理体系认证咨询

地域：浙江
批准书编号：CNCA-Z-12C-2002-006
机构名称：嘉兴市奥通咨询有限公司
分支机构：无
批准的办事处：无
机构原名称：浙江奥特咨询有限公司嘉兴分公司
负责人：顾正源
电话：0573-2060332
传真：0573-2087699
地址：嘉兴市中山西路 210 号
邮编：314000
有效期限：12-31-2004
批准业务范围：质量管理体系认证咨询

地域：浙江
批准书编号：CNCA-Z-12C-2002-005
机构名称：温州赛科咨询服务有限公司
分支机构：无
批准的办事处：无
机构原名称：温州出入境检验检疫局综合技术服务中心职工技协服务部
负责人：陈光兴
电话：0577-88373373
传真：0577-88373238
地址：浙江省温州市车站大道检验检疫大楼 406-408 室
邮编：325003
有效期限：12-31-2004
批准业务范围：质量管理体系认证咨询

地域：浙江
批准书编号：CNCA-Z-12C-2002-003
机构名称：金华市华泰认证咨询有限公司
分支机构：无
批准的办事处：无
机构原名称：浙江奥特咨询有限公司金华分公司
负责人：周德清
电话：0579-2348511
传真：0579-2348511
地址：浙江省金华市人民西路 453 号
邮编：321001
有效期限：12-31-2004
批准业务范围：质量管理体系认证咨询

地域：浙江
批准书编号：CNCA-Z-12C-2002-009
机构名称：浙江高达认证技术有限公司
分支机构：无
批准的办事处：嘉兴分公司
机构原名称：无
负责人：邱观明
电话：0571-85211783
传真：0571-85114758
地址：杭州市宝石二路 8 号
邮编：310007
有效期限：8-30-2006
批准业务范围：质量管理体系认证咨询

地域：浙江
批准书编号：CNCA-Z-12C-2002-008
机构名称：湖州天平认证咨询有限公司
分支机构：无
批准的办事处：无
机构原名称：浙江奥特咨询有限公司湖州分公司
负责人：朱兴荣
电话：0572-2109972
传真：0572-2109972
地址：浙江省湖州市凤凰路 560 号
邮编：313000
有效期限：12-31-2004
批准业务范围：质量管理体系认证咨询；环境管理体系认证咨询

地域：浙江
批准书编号：CNCA-Z-12Q-2002-002
机构名称：杭州华星企业管理咨询有限公司
分支机构：常州分公司
批准的办事处：无
机构原名称：无
负责人：林建平
电话：0571-88399150
传真：0571-88384501
地址：浙江杭州市湖墅南路 102 号百大花园 A-702
邮编：310005
有效期限：7-30-2006
批准业务范围：质量管理体系认证咨询；环境管理体系认证咨询；职业安全与健康管理体系认证咨询

地域：浙江
批准书编号：CNCA-Z-12C-2002-004
机构名称：舟山创伟管理咨询有限公司
分支机构：无
批准的办事处：无
机构原名称：舟山出入境检验检疫局综合技术服务中心职工技术协会
负责人：许洁
电话：0580-2822137
传真：0580-2822940
地址：浙江省舟山市环城南路505号
邮编：316000
有效期限：12-31-2004
批准业务范围：质量管理体系认证咨询

地域：浙江
批准书编号：CNCA-Z-12Q-2002-005
机构名称：杭州维通质量技术有限公司
分支机构：无
批准的办事处：无
机构原名称：无
负责人：曹绍爱
电话： 0571-87702893
传真： 0571-87702887
地址：杭州凤起路361号国都商务大厦6幢2005室
邮编：310003
有效期限：7-30-2006
批准业务范围：质量管理体系认证咨询；环境管理体系认证咨询；职业安全与健康管理体系认证咨询

地域：浙江
批准书编号：CNCA-Z-12Q-2002-001
机构名称：浙江蓝箭质量技术事务所
分支机构：无
批准的办事处：无
机构原名称：无
负责人：牧野
电话：13805725180
传真：0571-85022470
地址：杭州市西湖区天目山路222号1号楼402室
邮编：310013
有效期限：7-30-2006
批准业务范围：质量管理体系认证咨询；环境管理体系认证咨询；职业安全与健康管理体系认证咨询

地域：浙江
批准书编号：CNCA-Z-12Q-2002-064
机构名称：杭州久盛企业管理咨询有限公司
分支机构：无
批准的办事处：无
机构原名称：无
负责人：嵇国光
电话：0571-85808814
传真：0571-85808804
地址：杭州朝晖路182号国都发展大厦A座18-M
邮编：310014
有效期限：12-31-2004
批准业务范围：质量管理体系认证咨询

地域：浙江
批准书编号：CNCA-Z-12Q-2002-004
机构名称：温州市科建企业管理顾问有限公司
分支机构：无
批准的办事处：台州办事处 金华办事处 瑞安办事处
机构原名称：无
负责人：叶剑淼
电话：0577-88916001
传真：0577-88916016
地址：温州市新城禾源大厦13楼B室
邮编：325000
有效期限：7-30-2006
批准业务范围：质量管理体系认证咨询；环境管理体系认证咨询；职业安全与健康管理体系认证咨询

地域：浙江
批准书编号：CNCA-Z-12Q-2002-058
机构名称：杭州日月企业管理咨询有限公司
分支机构：无
批准的办事处：无
机构原名称：无
负责人：陈强
电话：0571-86582725，86584491
传真：0571-86582725
地址：杭州美政花苑41幢4单元301室
邮编：310008
有效期限：12-31-2004
批准业务范围：质量管理体系认证咨询

地域：浙江 批准书编号：CNCA-Z-12Q-2002-006 机构名称：宁波拓展认证咨询中心 分支机构：无 批准的办事处：无 机构原名称：宁波认证咨询中心 负责人：沈梅芳 电话：0574-87392988 传真：0574-87843968 地址：宁波市江东区王隘路2号 邮编：315041 有效期限：12-31-2004 批准业务范围：质量管理体系认证咨询	地域：浙江 批准书编号：CNCA-Z-12Q-2002-010 机构名称：杭州华维企业管理咨询有限公司 分支机构：无 批准的办事处：无 机构原名称：无 负责人：马维群 电话：0571-87045322，87243511 传真：0571-87045322 地址：杭州市新华路8号东清大厦A-1103室 邮编：310003 有效期限：12-31-2004 批准业务范围：质量管理体系认证咨询；环境管理体系认证咨询
地域：浙江 批准书编号：CNCA-Z-12Q-2002-008 机构名称：杭州科望企业管理咨询有限公司 分支机构：无 批准的办事处：无 机构原名称：无 负责人：梁亚琳 电话：0571-88801021，88055686 传真：0571-88069190 地址：杭州市潮皇路48号朝晖民政大楼6F 邮编：310014 有效期限：12-31-2004 批准业务范围：质量管理体系认证咨询；环境管理体系认证咨询	地域：浙江 批准书编号：CNCA-Z-12Q-2002-013 机构名称：杭州华泰企业管理咨询有限公司 分支机构：无 批准的办事处：无 机构原名称：无 负责人：李太华 电话：0517-85066694，85155234 传真：0571-85066695 地址：杭州市中山中路558号浙艺大厦1109-10室 邮编：310006 有效期限：12-31-2004 批准业务范围：质量管理体系认证咨询
地域：浙江 批准书编号：CNCA-Z-12Q-2002-009 机构名称：杭州天辰企业管理咨询有限公司 分支机构：无 批准的办事处：慈溪办事处 机构原名称：无 负责人：李瑞山 电话：0571-87040516 传真：0571-87044487， 87045883 地址：杭州市解放路金衙庄公寓2-2-101 邮编：310009 有效期限：11-29-2006 批准业务范围：质量管理体系认证咨询	地域：浙江 批准书编号：CNCA-Z-12Q-2002-015 机构名称：杭州佳维管理咨询有限公司 分支机构：无 批准的办事处：无 机构原名称：无 负责人：陈敦春 电话：0571-87026712 传真：0571-87081691 地址：杭州邮电路23号 邮编：310006 有效期限：12-31-2004 批准业务范围：质量管理体系认证咨询

地域：浙江 批准书编号：CNCA-Z-12Q-2002-065 机构名称：温州市慧仁管理顾问有限公司 分支机构：无 批准的办事处：无 机构原名称：无 负责人：潘泰豪 电话：0577-88996000 传真：0577-88990333 地址：浙江省温州市车站大道金城大厦D-405号 邮编：325027 有效期限：12-31-2004 批准业务范围：质量管理体系认证咨询；环境管理体系认证咨询；职业安全与健康管理体系认证咨询	地域：浙江 批准书编号：CNCA-Z-12Q-2002-053 机构名称：杭州科思加企业管理咨询有限公司 分支机构：无 批准的办事处：无 机构原名称：无 负责人：田宏伟 电话 0571-：87709546，87709552 传真：0571-87709546 地址：杭州市延安路126号耀江广厦4007室 邮编：310002 有效期限：4-30-2003 批准业务范围：质量管理体系认证咨询
地域：浙江 批准书编号：CNCA-Z-12Q-2002-014 机构名称：杭州新宝企业管理咨询有限公司 分支机构：无 批准的办事处：无 机构原名称：杭州新世纪企业管理咨询有限公司 负责人：徐关新 电话：0571-85153218 ， 85152680 传真：0571-85062631 地址：杭州市体育场路379号运务大楼801室 邮编：310006 有效期限：12-31-2004 批准业务范围：质量管理体系认证咨询	地域：浙江 批准书编号：CNCA-Z-12Q-2002-019 机构名称：乐清市金誉认证技术服务有限公司 分支机构：无 批准的办事处：无 机构原名称：无 负责人：魏林步 电话：0577-62728900，62727892 传真：0571-62729200 地址：乐清市柳市镇翔金花园7-8号 邮编：325604 有效期限：7-30-2006 批准业务范围：质量管理体系认证咨询
地域：浙江 批准书编号：CNCA-Z-12Q-2002-056 机构名称：浙江万特企业管理咨询有限公司 分支机构：无 批准的办事处：无 机构原名称：绍兴市万泰企业管理咨询有限公司 负责人：沈海兴 电话：0575-5158953 传真：0575-5179833 地址：绍兴市府山西路193号5楼 邮编：312000 有效期限：12-31-2004 批准业务范围：质量管理体系认证咨询	地域：浙江 批准书编号：CNCA-Z-12Q-2002-057 机构名称：杭州贝林企业管理技术咨询服务有限公司 分支机构：无 批准的办事处：无 机构原名称：无 负责人：余胜强 电话：0571-88385671 传真：0571-88377060 地址：杭州市西湖区天目山路50号1号楼401、407、408室 邮编：310007 有效期限：12-31-2004 批准业务范围：质量管理体系认证咨询

地域：浙江
批准书编号：CNCA-Z-12Q-2002-018
机构名称：浙江环发环境保护咨询中心
分支机构：无
批准的办事处：无
机构原名称：无
负责人：郦颖
电话：0571-87961099
传真：0571-87961599
地址：浙江省杭州市西湖区天目山路 109 号
邮编：310007
有效期限：7-30-2006
批准业务范围：环境管理体系认证咨询

地域：浙江
批准书编号：CNCA-Z-12Q-2002-023
机构名称：宁波久盛企业发展咨询有限公司
分支机构：无
批准的办事处：无
机构原名称：无
负责人：嵇国光
电话：0574-87251498
传真：0574-87242469
地址：宁波市孝闻街中宪巷 19 号
邮编：315000
有效期限：12-31-2004
批准业务范围：质量管理体系认证咨询

地域：浙江
批准书编号：CNCA-Z-12Q-2002-021
机构名称：杭州规矩企业管理咨询有限公司
分支机构：无
批准的办事处：无
机构原名称：无
负责人：连勇
电话：0571-87152530 ，87152636
传真：0571-87152534
地址：杭州市中河路 275 号建设大厦 714、719 室
邮编：310006
有效期限：7-30-2006
批准业务范围：质量管理体系认证咨询；职业安全与健康管理体系认证咨询

地域：浙江
批准书编号：CNCA-Z-12Q-2002-066
机构名称：宁波海曙永盛企业发展咨询有限公司
分支机构：无
批准的办事处：慈溪办事处 象山办事处 台州办事处
机构原名称：无
负责人：张俊峰
电话：0574-87498703
传真：0574-87498579
地址：宁波市鄞奉路 469 弄 17 号（星河湾大厦）
邮编：315010
有效期限：12-31-2004
批准业务范围：质量管理体系认证咨询

地域：浙江
批准书编号：CNCA-Z-12Q-2002-022
机构名称：绍兴市中港咨询有限公司
分支机构：无
批准的办事处：无
机构原名称：无
负责人：张国松
电话：0575-5264643
传真：0575-5164643
地址：绍兴市解放北路 269 号
邮编：312000
有效期限：12-31-2004
批准业务范围：质量管理体系认证咨询

地域：浙江
批准书编号：CNCA-Z-12Q-2002-026
机构名称：杭州伟业企业管理咨询有限公司
分支机构：无
批准的办事处：无
机构原名称：无
负责人：吕海
电话：0571-85102489
传真：0571-85061523
地址：浙江省杭州市体育场路 279 号粮贸大厦 309 室
邮编：310003
有效期限：12-31-2004
批准业务范围：质量管理体系认证咨询

地域：浙江 批准书编号：CNCA-Z-12Q-2002-024 机构名称：杭州市环保技术咨询服务中心 分支机构：无 批准的办事处：无 机构原名称：杭州市环境管理体系认证咨询中心 负责人：戴祖林 电话：0571-88354434 传真：0571-88354426 地址：杭州市德胜路218号环保综合大楼6楼 邮编：310014 有效期限：7-30-2006 批准业务范围：质量管理体系认证咨询；环境管理体系认证咨询；职业安全与健康管理体系认证咨询	地域：浙江 批准书编号：CNCA-Z-12Q-2002-029 机构名称：杭州蓝天企业管理咨询有限公司 分支机构：无 批准的办事处：无 机构原名称：无 负责人：汤瑛 电话：0571-85028623 传真：0571-85028756 地址：杭州市文三路569号康新花园B座1501室 邮编：310012 有效期限：12-31-2004 批准业务范围：质量管理体系认证咨询
地域：浙江 批准书编号：CNCA-Z-12Q-2002-025 机构名称：杭州信瑞经济信息服务有限公司 分支机构：无 批准的办事处：无 机构原名称：无 负责人：徐国英 电话：0571-85787432 传真：0571-85787437 地址：浙江省杭州市三塘柳园二幢二单元301室 邮编：310014 有效期限：12-31-2004 批准业务范围：质量管理体系认证咨询	地域：浙江 批准书编号：CNCA-Z-12Q-2002-032 机构名称：杭州恒升管理咨询有限公司 分支机构：无 批准的办事处：无 机构原名称：浙江恒升管理咨询有限公司 负责人：刘全福 电话：0571-87047620 传真：0571-87047620 地址：杭州市新华路8号东清大厦A幢1003室 邮编：310003 有效期限：12-31-2004 批准业务范围：质量管理体系认证咨询
地域：浙江 批准书编号：CNCA-Z-12Q-2002-027 机构名称：乐清市企友技术咨询有限公司 分支机构：无 批准的办事处：无 机构原名称：无 负责人：沈磊 电话：0577-62559909 传真：0577-62530500 地址：浙江省乐清市乐成镇建设东路158号 邮编：325600 有效期限：9-29-2006 批准业务范围：质量管理体系认证咨询；环境管理体系认证咨询	地域：浙江 批准书编号：CNCA-Z-12Q-2002-033 机构名称：杭州新纪元科学技术咨询服务有限公司 分支机构：无 批准的办事处：无 机构原名称：无 负责人：韩旭东 电话：0571-88089901 传真：0571-88089901 地址：杭州市天目山路50号1号楼304室 邮编：310007 有效期限：7-30-2006 批准业务范围：质量管理体系认证咨询

地域：浙江
批准书编号：CNCA-Z-12Q-2002-030
机构名称：浙江杨氏技术咨询有限公司
分支机构：无
批准的办事处：无
机构原名称：乐清市杨氏技术咨询有限公司
负责人：杨乐勇
电话：0577-62590066
传真：0277-62589911
地址：浙江乐清市乐怡路2号乐怡大厦20层
邮编：325600
有效期限：12-31-2004
批准业务范围：质量管理体系认证咨询

地域：浙江
批准书编号：CNCA-Z-12Q-2002-034
机构名称：浙江科祥咨询有限公司
分支机构：无
批准的办事处：无
机构原名称：无
负责人：李钢
电话：0571-87049000
传真：0571-87249000
地址：杭州市庆春路11号凯旋门商业中心18楼I座
邮编：310009
有效期限：12-31-2004
批准业务范围：质量管理体系认证咨询

地域：浙江
批准书编号：CNCA-Z-12Q-2002-054
机构名称：浙江经纬企业管理咨询有限公司
分支机构：无
批准的办事处：无
机构原名称：无
负责人：陈小军
电话：0571-88866019
传真：0571-88923046
地址：杭州市古墩路新金都5-2-202
邮编：310012
有效期限：12-31-2004
批准业务范围：质量管理体系认证咨询

地域：浙江
批准书编号：CNCA-Z-12Q-2002-036
机构名称：绍兴九洲质量咨询中心
分支机构：无
批准的办事处：无
机构原名称：绍兴久千质量咨询中心
负责人：张乐雁
电话：0575-5168399
传真：0575-5165531
地址：浙江省绍兴市胜利西路657号
邮编：312000
有效期限：9-29-2006
批准业务范围：质量管理体系认证咨询；环境管理体系认证咨询；职业安全与健康管理体系认证咨询

地域：浙江
批准书编号：CNCA-Z-12Q-2002-059
机构名称：杭州新维企业管理咨询有限公司
分支机构：无
批准的办事处：无
机构原名称：无
负责人：王强
电话：0571-86052371， 86052471
传真：0571-86052319
地址：杭州市上城区望江路69号宋都大厦
邮编：310002
有效期限：12-31-2004
批准业务范围：质量管理体系认证咨询；环境管理体系认证咨询

地域：浙江
批准书编号：CNCA-Z-12Q-2002-038
机构名称：杭州久泰企业管理咨询有限公司
分支机构：无
批准的办事处：
机构原名称：杭州久谦质量技术咨询服务有限公司
负责人：朱兆烨
电话：0571-87049723 ，13957133778
传真：0571-87049723
地址：杭州市庆春路50-1号金秋大厦603室
邮编：310003
有效期限：7-30-2006
批准业务范围：质量管理体系认证咨询

地域：浙江
批准书编号：CNCA-Z-12Q-2002-035
机构名称：宁波市江北凯达国际标准认证咨询有限公司
分支机构：无
批准的办事处：无
机构原名称：无
负责人：黄敏坤
电话：0574-87149000
传真：0574-87149001
地址：宁波市国安巷 8 号 305 室
邮编：315010
有效期限：12-31-2004
批准业务范围：质量管理体系认证咨询

地域：浙江
批准书编号：CNCA-Z-12Q-2002-040
机构名称：杭州质宇企业管理咨询服务有限公司
分支机构：无
批准的办事处：无
机构原名称：无
负责人：王大年
电话：0571-88388483
传真：0571-88388483
地址：杭州市湖墅南路 368 号浙租大楼 325 号
邮编：310005
有效期限：12-31-2004
批准业务范围：质量管理体系认证咨询

地域：浙江
批准书编号：CNCA-Z-12Q-2002-037
机构名称：宁波市万标质量认证咨询中心
分支机构：无
批准的办事处：无
机构原名称：无
负责人：陆波
电话：0574-87136908
传真：0574-87129000
地址：浙江省宁波市祖关山路（市委党校）一号楼
邮编：315010
有效期限：9-29-2006
批准业务范围：质量管理体系认证咨询

地域：浙江
批准书编号：CNCA-Z-12Q-2002-042
机构名称：温州市红太阳企业管理咨询有限公司
分支机构：无
批准的办事处：无
机构原名称：无
负责人：林上游
电话：0577-88925801
传真：0577-88919052
地址：浙江省温州市新城中园大厦 18C
邮编：325000
有效期限：7-30-2006
批准业务范围：质量管理体系认证咨询

地域：浙江
批准书编号：CNCA-Z-12Q-2002-062
机构名称：嘉兴市万标质量认证咨询有限公司
分支机构：无
批准的办事处：无
机构原名称：无
负责人：陆波
电话：0573-2061106
传真：0573-2619000
地址：浙江省嘉兴市文昌路207号（市委党校）一号楼
邮编：314001
有效期限：12-31-2004
批准业务范围：质量管理体系认证咨询

地域：浙江
批准书编号：CNCA-Z-12Q-2002-067
机构名称：杭州宏盛质量认证咨询有限公司
分支机构：无
批准的办事处：无
机构原名称：无
负责人：沈来兴
电话：0571-86047365
传真：0571-86047365
地址：杭州市庆春东路5号秋涛大厦506室
邮编：310016
有效期限：2-27-2007
批准业务范围：质量管理体系认证咨询；职业安全与健康管理体系认证咨询

地域：浙江
批准书编号：CNCA-Z-12Q-2002-041
机构名称：杭州嘉业企业管理咨询事务所
分支机构：无
批准的办事处：无
机构原名称：无
负责人：孙东波
电话：0571-88255927，88255931
传真：0571-88255930
地址：杭州市文新路99号南都银座2-1-1601
邮编：310012
有效期限：12-31-2004
批准业务范围：质量管理体系认证咨询

地域：浙江
批准书编号：CNCA-Z-12Q-2002-048
机构名称：金华市金箭质量认证咨询中心
分支机构：无
批准的办事处：无
机构原名称：无
负责人：厉军
电话：0579-2119223，13033666883
传真：0579-2119316
地址：金华市人民东路496号
邮编：321000
有效期限：12-31-2004
批准业务范围：质量管理体系认证咨询

地域：浙江
批准书编号：CNCA-Z-12Q-2002-043
机构名称：杭州方宇企业管理咨询有限公司
分支机构：无
批准的办事处：无
机构原名称：无
负责人：樊金兰
电话：0571-86104297
传真：0571-86223349
地址：杭州市余杭区监平木桥浜月光苑2108室
邮编：311100
有效期限：7-30-2006
批准业务范围：质量管理体系认证咨询

地域：浙江
批准书编号：CNCA-Z-12Q-2002-050
机构名称：温州托普生企业管理咨询有限公司
分支机构：无
批准的办事处：无
机构原名称：无
负责人：陈光永
电话：0577-88214138，13968804628
传真：0577-88214137
地址：温州市人民西路温州大厦东首312室
邮编：325000
有效期限：8-30-2006
批准业务范围：质量管理体系认证咨询

地域：浙江 批准书编号：CNCA-Z-12Q-2002-055 机构名称：义乌市方兴企业管理咨询服务有限公司 分支机构：无 批准的办事处：无 机构原名称：无 负责人：赵玉芳 电话：0579-5481378 传真：0579-5532338 地址：浙江省义乌市车站路205号3008室 邮编：322000 有效期限：4-30-2003 批准业务范围：质量管理体系认证咨询	地域：浙江 批准书编号：CNCA-Z-12Q-2002-061 机构名称：杭州蓝宇企业商务咨询有限公司 分支机构：无 批准的办事处：无 机构原名称：无 负责人：金燕 电话：0571-85154094 传真：0571-85154118 地址：杭州市体育场路430号物资大厦811、812室 邮编：310006 有效期限：12-31-2004 批准业务范围：质量管理体系认证咨询
地域：浙江 批准书编号：CNCA-Z-12Q-2002-049 机构名称：宁波市科学技术咨询服务中心 分支机构：无 批准的办事处：无 机构原名称：无 负责人：陈毓华 电话：0574-87716965 传真：0574-87334543 地址：宁波市宁徐路45号 邮编：315040 有效期限：12-31-2004 批准业务范围：质量管理体系认证咨询	地域：浙江 批准书编号：CNCA-Z-12Q-2003-069 机构名称：杭州宏业企业管理咨询有限公司 分支机构：无 批准的办事处：无 机构原名称：无 负责人：蒋生昕 电话：0571-87226940 传真：0571-87226943 地址：杭州市中河中路228号京晋大厦810室 邮编：310003 有效期限：10-30-2007 批准业务范围：质量管理体系认证咨询
地域：浙江 批准书编号：CNCA-Z-12Q-2002-051 机构名称：乐清市新思维企业管理咨询有限公司 分支机构：无 批准的办事处：无 机构原名称：无 负责人：施香岁 电话：0577-62313000 传真：0577-62326285 地址：浙江省乐清市虹桥镇幸福西路139号202室 邮编：325608 有效期限：4-30-2003 批准业务范围：质量管理体系认证咨询	地域：浙江 批准书编号：CNCA-Z-34C-2003-002 机构名称：健峰管理技术研修中心（宁波）有限公司 分支机构：无 批准的办事处：无 机构原名称：无 负责人：赵履中 电话：0574-62718136 传真：0574-62760038 地址：浙江省余姚市远东工业城 邮编：315400 有效期限：8-30-2007 批准业务范围：质量管理体系认证咨询

地域：浙江 批准书编号：CNCA-Z-12Q-2003-068 机构名称：浙江万帮标准技术有限公司 分支机构：无 批准的办事处：无 机构原名称：无 负责人：林磊 电话：0571-85786355，85026221 传真：0571-85025671 地址：浙江省杭州市下城区环城北路305号耀江发展中心5层 邮编：310006 有效期限：9-29-2007 批准业务范围：质量管理体系认证咨询	地域：安徽 批准书编号：CNCA-Z-13C-2002-002 机构名称：华宇企业管理咨询（合肥）有限公司 分支机构：厦门分公司 东莞分公司 批准的办事处：无 机构原名称：无 负责人：吴炳焜 电话：0551-3634133 传真：0551-3634133 地址：安徽省合肥市太湖新村4栋305室 邮编：230022 有效期限：12-31-2004 批准业务范围：质量管理体系认证咨询；环境管理体系认证咨询
地域：浙江 批准书编号：CNCA-Z-34C-2002-001 机构名称：宁波万诚质量咨询有限公司 分支机构：无 批准的办事处：奉化办事处 宁海办事处 余姚办事处 北仑办事处 慈溪办事处 鄞州办事处 机构原名称：宁波久千质量咨询有限公司 负责人：吴勇敏 电话：0574-87219120 传真：0574-87215772 地址：浙江省宁波市育才路288号繁景花园149幢 邮编：315016 有效期限：12-31-2004 批准业务范围：质量管理体系认证咨询	地域：安徽 批准书编号：CNCA-Z-13Q-2002-010 机构名称：安徽省新标认证咨询有限公司 分支机构：无 批准的办事处：无 机构原名称：无 负责人：张萍 电话：0551-2631377 传真：0551-2639378 地址：合肥市六安路12号长安大厦 邮编：230001 有效期限：12-31-2004 批准业务范围：质量管理体系认证咨询；环境管理体系认证咨询
地域：安徽 批准书编号：CNCA-Z-13C-2002-001 机构名称：合肥全顺企业顾问有限公司 分支机构：无 批准的办事处：无 机构原名称：无 负责人：王怡 电话：0551-5164140 传真：0551-5165208 地址：合肥市梅山路64号科联大厦五层 邮编：230022 有效期限：7-30-2006 批准业务范围：质量管理体系认证咨询；环境管理体系认证咨询；职业安全与健康管理体系认证咨询；自愿性产品认证咨询；其他（HACCP）	地域：安徽 批准书编号：CNCA-Z-13Q-2002-002 机构名称：合肥兴皖质量认证咨询有限责任公司 分支机构：无 批准的办事处：无 机构原名称：无 负责人：赵峰 电话：0551-4424599 传真：0551-4424699 地址：安徽省合肥市繁昌路27号B栋1号楼404室 邮编：230011 有效期限：12-31-2004 批准业务范围：质量管理体系认证咨询

地域：安徽 批准书编号：CNCA-Z-13Q-2002-006 机构名称：安徽省质量认证咨询中心 分支机构：无 批准的办事处：无 机构原名称：无 负责人：赵永涛 电话：0551-2876880 传真：0551-2876890 地址：安徽省合肥市芜湖路139号 邮编：230001 有效期限：12-30-2006 批准业务范围：质量管理体系认证咨询	地域：安徽 批准书编号：CNCA-Z-13Q-2002-003 机构名称：合肥恩远管理咨询有限公司 分支机构：无 批准的办事处：无 机构原名称：无 负责人：梁华 电话：0551-5618970，5613267 传真：0551-5618970 地址：合肥市濉溪路9号 邮编：230041 有效期限：4-30-2003 批准业务范围：质量管理体系认证咨询
地域：安徽 批准书编号：CNCA-Z-13Q-2002-001 机构名称：合肥科佳技术咨询有限责任公司 分支机构：无 批准的办事处：无 机构原名称：无 负责人：周芸 电话：0551-4299828，4291209 传真：0551-4291209-202 地址：合肥市长江东路1068号和平大厦七楼 邮编：230011 有效期限：10-30-2006 批准业务范围：质量管理体系认证咨询	地域：安徽 批准书编号：CNCA-Z-13Q-2002-005 机构名称：合肥安博企业管理顾问有限公司 分支机构：无 批准的办事处：无 机构原名称：无 负责人：陈梅 电话：0551-2618517 传真：0551-2618517 地址：合肥市宿州路76号宏图大厦1718室 邮编：230001 有效期限：12-31-2004 批准业务范围：质量管理体系认证咨询
地域：安徽 批准书编号：CNCA-Z-13Q-2002-008 机构名称：合肥市科达质量认证咨询服务有限公司 分支机构：无 批准的办事处：无 机构原名称：无 负责人：蒋贻恩 电话：0551-2653467 传真：0551-2627340 地址：合肥市荣事达大道8号淮阜楼四楼 邮编：230001 有效期限：12-31-2004 批准业务范围：质量管理体系认证咨询	地域：安徽 批准书编号：CNCA-Z-13Q-2002-011 机构名称：合肥市科信质量认让咨询有限责任公司 分支机构：无 批准的办事处：无 机构原名称：无 负责人：李海东 电话：0551-2621941， 2626712 传真：0551-2651749 地址：合肥市庐江路124号6楼 邮编：230061 有效期限：12-31-2004 批准业务范围：质量管理体系认证咨询

地域：安徽 批准书编号：CNCA-Z-13Q-2002-004 机构名称：芜湖四维认证咨询有限公司 分支机构：无 批准的办事处：无 机构原名称：无 负责人：曹春三 电话：0553-3851618，3881410 传真：0553-3851618 地址：芜湖市吉和街34号市委党校行政楼四楼 邮编：241000 有效期限：12-31-2004 批准业务范围：质量管理体系认证咨询	地域：福建 批准书编号：CNCA-Z-14Q-2002-002 机构名称：福州市恒实质量技术服务有限公司 分支机构：无 批准的办事处：无 机构原名称：无 负责人：范晓峰 电话：0591-3714524 ，3770784 传真：0591-3714654 地址：福建省福州市鼓楼区杨桥西路山头角121号 邮编：350002 有效期限：7-30-2006 批准业务范围：质量管理体系认证咨询
地域：安徽 批准书编号：CNCA-Z-13Q-2002-009 机构名称：合肥皖通质量认证咨询有限公司 分支机构：无 批准的办事处：无 机构原名称：无 负责人：张鸿梁 电话：0551-3631513 传真：0551-3625493 地址：合肥市绩溪路361号惠康大厦404室 邮编：230022 有效期限：1-30-2007 批准业务范围：质量管理体系认证咨询	地域：福建 批准书编号：CNCA-Z-14Q-2002-004 机构名称：福州凌志咨询有限公司 分支机构：无 批准的办事处：无 机构原名称：无 负责人：林清 电话：0591-7847178，7827500 传真：0591-7827500 地址：福州市五四路235号天骊大厦12D 邮编：350003 有效期限：12-31-2004 批准业务范围：质量管理体系认证咨询；环境管理体系认证咨询
地域：福建 批准书编号：CNCA-Z-14Q-2002-001 机构名称：福建认证咨询中心 分支机构：无 批准的办事处：无 机构原名称：无 负责人：何喜冠 电话：0591-7833347 传真：0591-7817049 地址：福建省福州市屏东路9-3号 邮编：350003 有效期限：11-29-2006 批准业务范围：质量管理体系认证咨询；环境管理体系认证咨询；职业安全与健康管理体系认证咨询	地域：福建 批准书编号：CNCA-Z-14Q-2002-005 机构名称：福建省质协咨询中心 分支机构：无 批准的办事处：无 机构原名称：无 负责人：黄国辉 电话：0591-7678942 传真：0591-7678294 地址：福州市八一七北路五洲大厦13层 邮编：350001 有效期限：12-31-2004 批准业务范围：质量管理体系认证咨询

地域：福建 批准书编号：CNCA-Z-14Q-2002-003 机构名称：厦门新标质量认证咨询中心 分支机构：无 批准的办事处：无 机构原名称：厦门市方圆认证咨询中心 负责人：李仲超 电话：0592-2212712 传真：0592-2215744 地址：厦门市湖滨南路 78 号 邮编：361004 有效期限：12-31-2004 批准业务范围：质量管理体系认证咨询	地域：福建 批准书编号：CNCA-Z-14Q-2003-028 机构名称：厦门市培瑜企业管理咨询有限公司 分支机构：无 批准的办事处：无 机构原名称：无 负责人：曾新平 电话：0592-5591468，5591469 传真：0592-5591466 地址：厦门市台湾街科瑞大厦 A 栋 12 层 J 座 邮编：361009 有效期限：6-29-2007 批准业务范围：质量管理体系认证咨询
地域：福建 批准书编号：CNCA-Z-14Q-2002-018 机构名称：福建新远信息服务中心 分支机构：无 批准的办事处：无 机构原名称：福建省电子工业质量管理协会 负责人：黄颂恩 电话：0591-7673213 传真：0591-7553251 地址：福建省福州市湖东路 49 号 邮编：350001 有效期限：12-31-2004 批准业务范围：质量管理体系认证咨询	地域：福建 批准书编号：CNCA-Z-14Q-2002-010 机构名称：福州诚志质量认证咨询有限公司 分支机构：无 批准的办事处：无 机构原名称：无 负责人：林健民 电话：0591-7506658 传真：0571-7600312 地址：福州市鼓楼区通湖路 39 号湖景花园 B 座 702 邮编：350001 有效期限：7-30-2006 批准业务范围：质量管理体系认证咨询；职业安全与健康管理体系认证咨询
地域：福建 批准书编号：CNCA-Z-14Q-2002-007 机构名称：厦门市思博企业管理咨询有限公司 分支机构：无 批准的办事处：无 机构原名称：无 负责人：张勤兆 电话：0592-5561735 传真：0592-5562165 地址：厦门市香莲里 32 号莲花广场 26D 邮编：361009 有效期限：7-30-2006 批准业务范围：质量管理体系认证咨询	地域：福建 批准书编号：CNCA-Z-14Q-2002-012 机构名称：泉州市方正企业管理咨询服务有限公司 分支机构：无 批准的办事处：无 机构原名称：泉州市方圆企业管理咨询服务有限公司 负责人：李惠滨 电话：0595-2571198 传真：0595-2572168 地址：泉州市田安路明鑫花苑 3-204 号 邮编：362000 有效期限：9-29-2006 批准业务范围：质量管理体系认证咨询

地域：福建 批准书编号：CNCA-Z-14Q-2002-008 机构名称：福州闽纺质量认证咨询服务有限公司 分支机构：无 批准的办事处：无 机构原名称：无 负责人：林凤金 电话：0591-7519528 ，7553608 传真：0591-7519528 地址：福州市鼓楼区省府路 1 号 26 栋 2 楼 邮编：350001 有效期限：12-31-2004 批准业务范围：质量管理体系认证咨询	地域：福建 批准书编号：CNCA-Z-14Q-2003-026 机构名称：福州源实企业管理顾问有限公司 分支机构：无 批准的办事处：无 机构原名称：无 负责人：宋建武 电话：0591-7811092 传真：0591-7811092 地址：福州市鼓楼区江厝路 10 号市纪委宿舍 505 室 邮编：350003 有效期限：12-31-2004 批准业务范围：质量管理体系认证咨询
地域：福建 批准书编号：CNCA-Z-14Q-2002-011 机构名称：厦门宝鸣信息咨询有限公司 分支机构：无 批准的办事处：无 机构原名称：无 负责人：曾珍宝 电话：0592-5564510，13806008278 传真：0592-5564509 地址：福建省厦门市江头吕岭路 75-77 号长安大厦 20 楼 B 室 邮编：361009 有效期限：12-31-2004 批准业务范围：质量管理体系认证咨询	地域：福建 批准书编号：CNCA-Z-14Q-2002-015 机构名称：厦门旭升企业管理咨询有限公司 分支机构：无 批准的办事处：无 机构原名称：无 负责人：邹宗贤 电话：0592-5825696， 5818925 传真：0592-5820110 地址：厦门市厦禾路 915 号华星大厦 26F-D 邮编：361000 有效期限：12-31-2004 批准业务范围：质量管理体系认证咨询
地域：福建 批准书编号：CNCA-Z-14Q-2002-013 机构名称：泉州市大禹企业管理咨询有限公司 分支机构：无 批准的办事处：无 机构原名称：无 负责人：严禹斌 电话：0595-2166661 传真：0595-2166667 地址：福建省泉州市泉秀路家行大厦 26 层 A,D 座 邮编：362000 有效期限：4-30-2003 批准业务范围：质量管理体系认证咨询	地域：福建 批准书编号：CNCA-Z-14Q-2002-016 机构名称：福建博弈咨询有限公司 分支机构：无 批准的办事处：无 机构原名称：无 负责人：李凤 电话：0591-7872579 传真：0591-7804708 地址：福州市鼓楼区华林路 78 号 邮编：350003 有效期限：12-31-2004 批准业务范围：质量管理体系认证咨询

地域：福建 批准书编号：CNCA-Z-14Q-2002-014 机构名称：福州恒基管理顾问有限公司 分支机构：无 批准的办事处：无 机构原名称：无 负责人：张宝榕 电话：0591-7679716 传真：0591-7535957 地址：福建省福州市五一北路 72 号五金大楼 9 层 901 号 邮编：350001 有效期限：7-30-2006 批准业务范围：质量管理体系认证咨询；职业安全与健康管理体系认证咨询	地域：福建 批准书编号：CNCA-Z-14Q-2003-027 机构名称：厦门科之杰企业管理研究咨询有限公司 分支机构：无 批准的办事处：无 机构原名称：无 负责人：沈江流 电话：0592-2226820 传真：0592-2209002-9 地址：厦门禾祥西路 128 号美仁新村 A 座 3 楼 邮编：361009 有效期限：12-31-2004 批准业务范围：质量管理体系认证咨询
地域：福建 批准书编号：CNCA-Z-14Q-2002-020 机构名称：厦门宝宁企业管理咨询有限公司 分支机构：无 批准的办事处：无 机构原名称：无 负责人：朱宝汉 电话：5568259 传真：5515918 地址：福建省厦门市开元区莲花新村香莲里 32 号 29B 邮编：361009 有效期限：4-30-2003 批准业务范围：环境管理体系认证咨询	地域：福建 批准书编号：CNCA-Z-35C-2002-002 机构名称：厦门亚绿环境科技服务有限公司 分支机构：无 批准的办事处：无 机构原名称：无 负责人：谢平平 电话：0592-5555656 传真：0592-5555990 地址：厦门市嘉禾路 388 号永同昌大厦 21F 邮编：361009 有效期限：12-31-2004 批准业务范围：环境管理体系认证咨询
地域：福建 批准书编号：CNCA-Z-14Q-2002-021 机构名称：泉州企友企业管理咨询有限公司 分支机构：无 批准的办事处：无 机构原名称：无 负责人：许镇江 电话：0595-2821416 传真：0595-2152659 地址：泉州市丰泽区东湖街东仁园 11-A04 邮编：362000 有效期限：4-30-2003 批准业务范围：质量管理体系认证咨询	地域：江西 批准书编号：CNCA-Z-15Q-2002-001 机构名称：江西金钥匙质量体系认证咨询有限公司 分支机构：无 批准的办事处：无 机构原名称：无 负责人：朱国明 电话：0791-8515055 传真：0791-8522839 地址：江西省南昌市文教路 150 号附二楼 邮编：330077 有效期限：12-31-2004 批准业务范围：质量管理体系认证咨询

地域：福建 批准书编号：CNCA-Z-35C-2002-001 机构名称：厦门金三维管理技术有限公司 分支机构：无 批准的办事处：无 机构原名称：无 负责人：董放人 电话：0592-5316852 传真：0592-5312273 地址：厦门市建业路 18 号阳明楼 403 室 邮编：361012 有效期限：12-31-2004 批准业务范围：质量管理体系认证咨询；环境管理体系认证咨询；职业安全与健康管理体系认证咨询；自愿性产品认证咨询；其他 HACCP	地域：江西 批准书编号：CNCA-Z-15Q-2002-003 机构名称：江西立创科技服务中心 分支机构：无 批准的办事处：南通分部 机构原名称：无 负责人：王少平 电话：0791-8328633-806 ，8328655-802 传真：0791-8337795 地址：江西省南昌市北京东路 98 号华赣大厦四层 邮编：330029 有效期限：12-31-2004 批准业务范围：质量管理体系认证咨询
地域：福建 批准书编号：CNCA-Z-14C-2003-029 机构名称：福州天成伟业管理咨询有限公司 分支机构：无 批准的办事处：无 机构原名称：无 负责人：梁章农 电话：0591-7620195 传真：0591-7620215 地址：福州五一北路 67 号 邮编：350001 有效期限：12-31-2004 批准业务范围：质量管理体系认证咨询	地域：江西 批准书编号：CNCA-Z-15Q-2002-005 机构名称：南昌九州企业管理咨询中心 分支机构：无 批准的办事处：无 机构原名称：无 负责人：曾霄 电话：0791-8339755 ，8334289 传真：0791-8334289 地址：南昌市南京东路 235 号南昌大学北区化学研究所 118 室 邮编：330047 有效期限：7-30-2006 批准业务范围：质量管理体系认证咨询
地域：江西 批准书编号：CNCA-Z-15C-2002-001 机构名称：江西运祥服务中心 分支机构：无 批准的办事处：无 机构原名称：无 负责人：汪宗财 电话：0791-8303200 传真：0791-8303200 地址：江西省南昌市洪都中大道 145 号 邮编：330002 有效期限：4-30-2003 批准业务范围：质量管理体系认证咨询；环境管理体系认证咨询	地域：江西 批准书编号：CNCA-Z-15Q-2002-008 机构名称：江西华创认证咨询有限公司 分支机构：无 批准的办事处：无 机构原名称：无 负责人：朱贤基 电话：0791-6350172 传真：0791-6350096 地址：省政府大院南一路机械大厦 501 室 邮编：330046 有效期限：7-30-2006 批准业务范围：质量管理体系认证咨询

地域：江西 批准书编号：CNCA-Z-15Q-2002-002 机构名称：江西省赣建质量体系认证咨询中心 分支机构：无 批准的办事处：无 机构原名称：无 负责人：汪贵生 电话：0791-85112317 传真：0791-85112317 地址：江西省南昌市文教路 170 号 邮编：330077 有效期限：12-31-2004 批准业务范围：质量管理体系认证咨询	地域：江西 批准书编号：CNCA-Z-15Q-2002-015 机构名称：江西质协科技服务中心 分支机构：无 批准的办事处：无 机构原名称：江苏省质量管理协会 负责人：廖永宁 电话：0791-6267042 传真：0791-6267042 地址：江西省南昌市府大院内北二路 092 号 邮编：330046 有效期限：12-31-2004 批准业务范围：质量管理体系认证咨询
地域：江西 批准书编号：CNCA-Z-15Q-2002-004 机构名称：南昌信达咨询策划有限公司 分支机构：无 批准的办事处：无 机构原名称：无 负责人：张立 电话：0791-6211875 传真：0791-6211875 地址：江西省广场南路 12 号 8 楼 邮编：330002 有效期限：7-30-2006 批准业务范围：质量管理体系认证咨询	地域：山东 批准书编号：CNCA-Z-16C-2002-003 机构名称：烟台华中质量管理咨询中心 分支机构：无 批准的办事处：无 机构原名称：无 负责人：佟晓健 电话：0535-6227245 传真：0535-6151455 地址：山东省烟台市北马路 27 号 邮编：264001 有效期限：7-30-2006 批准业务范围：质量管理体系认证咨询，职业安全与健康管理体系认证咨询
地域：江西 批准书编号：CNCA-Z-15Q-2002-007 机构名称：江西华真科技咨询服务有限公司 分支机构：无 批准的办事处：无 机构原名称：无 负责人：陶福忠 电话：0791-6529263 传真：0791-6529263 地址：江西省南昌市西湖区朝阳中路桃花苑小区 4 区 2 单元 302 室 邮编：330009 有效期限：12-30-2004 批准业务范围：质量管理体系认证咨询	地域：山东 批准书编号：CNCA-Z-16C-2002-007 机构名称：临沂万友咨询服务有限公司 分支机构：无 批准的办事处：无 机构原名称：无 负责人：孙淑伟 电话：0539-8097815 传真：0539-8090813 地址：临沂市河东区凤凰大道西首 邮编：276037 有效期限：7-30-2006 批准业务范围：质量管理体系认证咨询

地域：江西 批准书编号：CNCA-Z-15Q-2002-011 机构名称：南昌华中现代企业管理咨询服务有限公司 分支机构：无 批准的办事处：无 机构原名称：无 负责人：季克进 电话：0791-8307231，8181213 传真：0791-8307231 地址：江西省南昌市上海北路 148 号 邮编：330029 有效期限：12-31-2004 批准业务范围：质量管理体系认证咨询	地域：山东 批准书编号：CNCA-Z-16Q-2002-047 机构名称：临沂宏伟信息咨询有限公司 分支机构：无 批准的办事处：无 机构原名称：无 负责人：刘德伟 电话：0539-8308107 传真：0539-8308107 地址：临沂市沂蒙路 163 号 邮编：276000 有效期限：12-31-2004 批准业务范围：质量管理体系认证咨询
地域：山东 批准书编号：CNCA-Z-16C-2002-001 机构名称：山东鲁检认证咨询中心 分支机构：无 批准的办事处：无 机构原名称：青岛鲁检卫生科技服务中心 负责人：乔华峰 电话：0532-3864106， 13708985960 传真：0532-3885315 地址：青岛市荣成路 26 号 邮编：266003 有效期限：7-30-2007 批准业务范围：质量管理体系认证咨询；环境管理体系认证咨询；职业安全与健康管理体系认证咨询；自愿性产品认证咨询；其他（HACCP）	地域：山东 批准书编号：CNCA-Z-16Q-2002-049 机构名称：山东大荣国际认证咨询有限 分支机构：无 批准的办事处：无 机构原名称：无 负责人：綦梅花 电话：0532-3867793 ，3876596 传真：0532-3876596 地址：青岛市香港西路 77 号裕源大厦 912 室 邮编：266071 有效期限：12-30-2006 批准业务范围：质量管理体系认证咨询
地域：山东 批准书编号：CNCA-Z-16C-2002-004 机构名称：山东商检局潍坊培训中心认证咨询事务所 分支机构：无 批准的办事处：无 机构原名称：无 负责人：张焕海 电话：0536-8230324 传真：0536-8234478 地址：山东省潍坊市奎文区四平路 39 号 邮编：261041 有效期限：7-30-2006 批准业务范围：质量管理体系认证咨询；职业安全与健康管理体系认证咨询	地域：山东 批准书编号：CNCA-Z-16Q-2002-002 机构名称：山东国佳基业科技开发有限公司 分支机构：无 批准的办事处：无 机构原名称：无 负责人：章安宁 电话：0531-6406022 传真：0531-2029999-39379 地址：山东省济南市南山大路 185 号 邮编：250014 有效期限：12-30-2006 批准业务范围：质量管理体系认证咨询；环境管理体系认证咨询

地域：山东 批准书编号：CNCA-Z-16C-2002-009 机构名称：莱州检验检疫局技术服务中心认证咨询部 分支机构：无 批准的办事处：无 机构原名称：莱州出入境检验检疫局职工技术协会 负责人：刘旭东 电话：0535-2263031 传真：0535-2238550 地址：山东省莱州市掖县东路 18 号 邮编：261400 有效期限：7-30-2006 批准业务范围：质量管理体系认证咨询	地域：山东 批准书编号：CNCA-Z-16Q-2002-004 机构名称：淄博市质量认证咨询中心 分支机构：无 批准的办事处：无 机构原名称：无 负责人：段燕 电话：0533-2313147 传真：0533-2313147 地址：山东省淄博市张店区共青团西路 98 号 邮编：255033 有效期限：7-30-2006 批准业务范围：质量管理体系认证咨询；环境管理体系认证咨询；职业安全与健康管理体系认证咨询
地域：山东 批准书编号：CNCA-Z-16Q-2002-046 机构名称：烟台立人管理咨询有限公司 分支机构：无 批准的办事处：无 机构原名称：无 负责人：位正中 电话：0535-6601171 传真：0535-6601171 地址：山东省烟台市芝罘区福山路 11-3 号 邮编：264001 有效期限：4-30-2003 批准业务范围：质量管理体系认证咨询；环境管理体系认证咨询	地域：山东 批准书编号：CNCA-Z-16Q-2002-006 机构名称：山东瑞泉质量认证咨询有限公司 分支机构：无 批准的办事处：无 机构原名称：无 负责人：郭淼 电话：0531-2076473 传真：0531-2908327 地址：山东省济南市经十路 127 号新华书店写字楼四楼东区 邮编：250021 有效期限：12-31-2004 批准业务范围：质量管理体系认证咨询；环境管理体系认证咨询
地域：山东 批准书编号：CNCA-Z-16Q-2002-001 机构名称：山东科飞管理咨询有限公司 分支机构：青岛科飞企业管理咨询有限公司、济南办事处、大连办事处 批准的办事处：无 机构原名称：无 负责人：门洪利 电话：0535-6616866 传真：0535-6151006 地址：山东省烟台市解放路 166 号国际金融大厦 2401 邮编：264001 有效期限：12-31-2004 批准业务范围：质量管理体系认证咨询；环境管理体系认证咨询	地域：山东 批准书编号：CNCA-Z-16Q-2002-008 机构名称：潍坊诚信认证咨询有限公司 分支机构：无 批准的办事处：无 机构原名称：无 负责人：杨明义 电话：0536-8386655 传真：0536-8386655 地址：山东省潍坊市潍城区十笏园宾馆三号楼 203 室 邮编：261021 有效期限：12-31-2004 批准业务范围：质量管理体系认证咨询；环境管理体系认证咨询

<table>
<tr><td>地域：山东
批准书编号：CNCA-Z-16Q-2002-003
机构名称：青岛雅志咨询策划有限公司
分支机构：无
批准的办事处：无
机构原名称：无
负责人：邢雷
电话：0532-5750606，5750738
传真：0532-5750909
地址：青岛市福州南路 95 号
邮编：266071
有效期限：12-31-2004
批准业务范围：质量管理体系认证咨询</td><td>地域：山东
批准书编号：CNCA-Z-16Q-2002-010
机构名称：青岛光华管理咨询有限公司
分支机构：无
批准的办事处：无
机构原名称：青岛方圆九仟认证咨询有限公司
负责人：朱作义
电话：0532-2670662
传真：0532-2671284
地址：青岛市市南区瞿塘峡路 50 号（金叶大厦 509 室）
邮编：266002
有效期限：4-30-2003
批准业务范围：质量管理体系认证咨询</td></tr>
<tr><td>地域：山东
批准书编号：CNCA-Z-16Q-2002-005
机构名称：山东省大正国际经济信息中心
分支机构：无
批准的办事处：无
机构原名称：山东省技术监督信息所认证咨询站
负责人：姜仁龙
电话：0531-8023998
传真：0531-8013624
地址：山东省济南市历城区华能路西首（山东省技术监督局一楼）
邮编：250100
有效期限：12-31-2004
批准业务范围：质量管理体系认证咨询</td><td>地域：山东
批准书编号：CNCA-Z-16Q-2002-012
机构名称：淄博市方正计量技术咨询服务中心
分支机构：无
批准的办事处：无
机构原名称：无
负责人：马琨岩
电话：0533-2310893
传真：0533-2315962
地址：淄博市张店区共青团西路 98 号
邮编：255033
有效期限：8-30-2006
批准业务范围：质量管理体系认证咨询；职业安全与健康管理体系认证咨询</td></tr>
<tr><td>地域：山东
批准书编号：CNCA-Z-16Q-2002-007
机构名称：淄博京汉信息咨询有限公司
分支机构：无
批准的办事处：无
机构原名称：无
负责人：王敦仁
电话：0533-2861169
传真：0533-2861169
地址：淄博市张店区共青团西路 98 号 87 楼 3-3
邮编：255000
有效期限：4-30-2003
批准业务范围：质量管理体系认证咨询</td><td>地域：山东
批准书编号：CNCA-Z-16Q-2002-022
机构名称：潍坊市鲁正质量认证咨询中心
分支机构：无
批准的办事处：无
机构原名称：潍坊市质量认证咨询中心
负责人：陈洪伟
电话：0536-8290279
传真：0536-8234215
地址：潍坊市奎文区福寿东街 227 号
邮编：261031
有效期限：10-30-2006
批准业务范围：质量管理体系认证咨询</td></tr>
</table>

地域：山东 批准书编号：CNCA-Z-16Q-2002-009 机构名称：山东科信认证咨询服务中心 分支机构：无 批准的办事处：无 机构原名称：无 负责人：胡艳苹 电话：0531-7063035 传真：0531-7063035 地址：济南市经四路 372 号 邮编：250021 有效期限：12-31-2004 批准业务范围：质量管理体系认证咨询	地域：山东 批准书编号：CNCA-Z-16Q-2002-041 机构名称：威海质量认证咨询中心 分支机构：无 批准的办事处：无 机构原名称：威海市质量认证协会 负责人：王力奕 电话：0631-5283152 传真：0631-5231469 地址：威海市文化东路 4 号 邮编：264200 有效期限：8-30-2006 批准业务范围：质量管理体系认证咨询；环境管理体系认证咨询
地域：山东 批准书编号：CNCA-Z-16Q-2002-011 机构名称：山东省科力苑科技咨询有限公司 分支机构：无 批准的办事处：无 机构原名称：无 负责人：高鲁军 电话：0531-8909961 传真：0531-8902550 地址：山东省济南市华龙路西首嘉恒商务大厦 A 座 1705 室 邮编：250100 有效期限：12-31-2004 批准业务范围：质量管理体系认证咨询	地域：山东 批准书编号：CNCA-Z-16Q-2002-016 机构名称：青岛柏源认证咨询有限公司 分支机构：无 批准的办事处：无 机构原名称：无 负责人：冯丽娟 电话：0532-6880033 传真：0532-6880033 地址：青岛经济技术开发区北口路 7 号(凯远商务公寓)608 室 邮编：266555 有效期限：12-31-2004 批准业务范围：质量管理体系认证咨询
地域：山东 批准书编号：CNCA-Z-16Q-2002-013 机构名称：山东中鲁认证咨询中心 分支机构：无 批准的办事处：无 机构原名称：山东质量认证咨询中心 负责人：王立 电话：0531-8904418， 8118787 传真：0531-8904418 地址：济南市山大北路 81 号 邮编：250100 有效期限：8-30-2006 批准业务范围：质量管理体系认证咨询；环境管理体系认证咨询；职业安全与健康管理体系认证咨询	地域：山东 批准书编号：CNCA-Z-16Q-2002-018 机构名称：山东天正认证咨询有限公司 分支机构：无 批准的办事处：无 机构原名称：山东省计量科学研究所方正认证咨询中心 负责人：梁基超 电话：0531-2943414 传真：0531-2916845 地址：山东省济南市千佛山东路 28 号 邮编：250014 有效期限：9-29-2006 批准业务范围：质量管理体系认证咨询；职业安全与健康管理体系认证咨询

地域：山东
批准书编号：CNCA-Z-16Q-2002-014
机构名称：临沂市质量认证咨询中心
分支机构：无
批准的办事处：无
机构原名称：无
负责人：吴小凡
电话：0539-8315738
传真：0539-8315738
地址：临沂市海关路96号
邮编：276004
有效期限：10-30-2006
批准业务范围：质量管理体系认证咨询

地域：山东
批准书编号：CNCA-Z-16Q-2002-015
机构名称：青岛市质量体系认证咨询中心
分支机构：无
批准的办事处：无
机构原名称：无
负责人：刘艳玲
电话：0532-3876786
传真：0532-3895775
地址：青岛市延安三路129号1207室
邮编：266071
有效期限：11-29-2006
批准业务范围：质量管理体系认证咨询

地域：山东
批准书编号：CNCA-Z-16Q-2002-053
机构名称：烟台禄菲利技术咨询有限公司
分支机构：无
批准的办事处：无
机构原名称：无
负责人：鞠洪颉
电话：13708905368
传真：0535-6289593
地址：烟台市南大街205号南大街购物城619室
邮编：264000
有效期限：12-31-2004
批准业务范围：质量管理体系认证咨询

地域：山东
批准书编号：CNCA-Z-16Q-2002-019
机构名称：烟台市质量认证咨询中心
分支机构：无
批准的办事处：无
机构原名称：无
负责人：朱济义
电话：0535-6095907
传真：0535-6086959
地址：山东省烟台市芝罘区上夼西路101号
邮编：264001
有效期限：12-31-2004
批准业务范围：质量管理体系认证咨询

地域：山东
批准书编号：CNCA-Z-16Q-2002-025
机构名称：山东省信标质量认证咨询有限公司
分支机构：无
批准的办事处：无
机构原名称：无
负责人：刘京文
电话：0531-8921191，8929611
传真：0531-8921181
地址：山东省济南市解放路37号东郊饭店二楼
邮编：250013
有效期限：12-31-2004
批准业务范围：质量管理体系认证咨询；环境管理体系认证咨询

地域：山东
批准书编号：CNCA-Z-16Q-2002-021
机构名称：东营慧达认证咨询有限公司
分支机构：无
批准的办事处：无
机构原名称：东营世标企业管理咨询有限公司
负责人：彭光荣
电话：0546-8557056
传真：0546-8557056
地址：山东省东营市东营区黄河路160号
邮编：257075
有效期限：12-31-2004
批准业务范围：质量管理体系认证咨询

地域：山东 批准书编号：CNCA-Z-16Q-2002-024 机构名称：济南珠峰认证咨询有限责任公司 分支机构：无 批准的办事处：无 机构原名称：济南质量认证咨询服务中心 负责人：王立革 电话：0531-7109000， 7169699 传真：0531-7109000 地址：山东省济南市南辛庄东街 80 号 邮编：250022 有效期限：9-29-2006 批准业务范围：质量管理体系认证咨询	地域：山东 批准书编号：CNCA-Z-16Q-2002-028 机构名称：山东兰德嘉华认证咨询有限公司 分支机构：无 批准的办事处：无 机构原名称：无 负责人：宋延庆 电话：0531-6089001， 6084304 传真：0531-6089006 地址：山东省济南市泉城路华能大厦 2026 室 邮编：250011 有效期限：12-31-2004 批准业务范围：质量管理体系认证咨询
地域：山东 批准书编号：CNCA-Z-16Q-2002-020 机构名称：威海市福斯管理咨询有限公司 分支机构：无 批准的办事处：无 机构原名称：无 负责人：邹子雷 电话：0631-5282819 传真：0631-5282818 地址：威海市统一路 421 号 邮编：264200 有效期限：4-30-2003 批准业务范围：质量管理体系认证咨询、环境管理体系认证咨询	地域：山东 批准书编号：CNCA-Z-16Q-2002-052 机构名称：日照市质量认证咨询中心 分支机构：无 批准的办事处：无 机构原名称：无 负责人：许光 电话：0633-8324326 传真：0633-8322771 地址：日照市开发区天津西路 邮编：276826 有效期限：12-31-2004 批准业务范围：质量管理体系认证咨询
地域：山东 批准书编号：CNCA-Z-16Q-2002-026 机构名称：临沂惠迪企业管理咨询有限公司 分支机构：无 批准的办事处：无 机构原名称：无 负责人：贺作兵 电话：0529-8119656 传真：0529-8302201 地址：山东省临沂市开阳路 4 号九重天大厦七楼 邮编：276001 有效期限：4-30-2003 批准业务范围：质量管理体系认证咨询	地域：山东 批准书编号：CNCA-Z-16Q-2002-037 机构名称：文登市环境保护科学研究所 分支机构：无 批准的办事处：无 机构原名称：无 负责人：曲衍华 电话：0631-8477625 传真：0631-8451539 地址：山东省文登市峰山路 95 号 邮编：264400 有效期限：4-30-2003 批准业务范围：环境管理体系认证咨询

地域：山东 批准书编号：CNCA-Z-16Q-2002-027 机构名称：山东省工大科技咨询有限公司 分支机构：无 批准的办事处：无 机构原名称：无 负责人：高琴 电话：0531-2967756 传真：0531-2967756 地址：济南市燕子山西路 12 号 邮编：250061 有效期限：10-30-2006 批准业务范围：质量管理体系认证咨询；环境管理体系认证咨询；职业安全与健康管理体系认证咨询	地域：山东 批准书编号：CNCA-Z-16Q-2002-040 机构名称：山东省建设科技中心 分支机构：无 批准的办事处：无 机构原名称：无 负责人：朱洪祥 电话：0531-7911504 传真：0531-7914334 地址：济南市经六路 155-4 号 邮编：250001 有效期限：12-31-2004 批准业务范围：质量管理体系认证咨询
地域：山东 批准书编号：CNCA-Z-16Q-2002-029 机构名称：东营市质量认证咨询中心 分支机构：无 批准的办事处：无 机构原名称：无 负责人：宗学花 电话：0546-833255 传真：0546-8328251 地址：山东省东营市东城府前街 120 号 邮编：257091 有效期限：12-31-2004 批准业务范围：质量管理体系认证咨询	地域：山东 批准书编号：CNCA-Z-16Q-2002-045 机构名称：淄博山质认证咨询有限公司 分支机构：无 批准的办事处：无 机构原名称：淄博山质代理咨询有限公司 负责人：丛毅芝 电话：0533-2693222 传真：0533-2693377 地址：淄博市张店区华光中段欧式建筑三楼 305 室 邮编：255008 有效期限：12-31-2004 批准业务范围：质量管理体系认证咨询
地域：山东 批准书编号：CNCA-Z-16Q-2002-034 机构名称：青岛兴周管理技术服务有限公司 分支机构：无 批准的办事处：无 机构原名称：无 负责人：项敏 电话：13708983679 传真：0532-2662076 地址：青岛市市南区龙羊峡路 10 号 902 室 邮编：266002 有效期限：4-30-2003 批准业务范围：质量管理体系认证咨询；环境管理体系认证咨询	地域：山东 批准书编号：CNCA-Z-16Q-2003-051 机构名称：青岛玉成咨询有限公司 分支机构：无 批准的办事处：无 机构原名称：无 负责人：王玉 电话：0532-5951211 传真：0532-5951211 地址：青岛市宁夏路 306 号（软件工业园 319 号） 邮编：266071 有效期限：8-30-2007 批准业务范围：质量管理体系认证咨询

地域：山东
批准书编号：CNCA-Z-16Q-2002-039
机构名称：青州明顺认证咨询有限公司
分支机构：无
批准的办事处：无
机构原名称：中国技术监督情况研究所经济技术协作办公室山东办事处
负责人：陈明顺
电话：0536-3227671
传真：0536-3227671
地址：山东省青州市云门山北路 1342 号
邮编：262500
有效期限：12-31-2004
批准业务范围：质量管理体系认证咨询

地域：山东
批准书编号：CNCA-Z-16Q-2003-056
机构名称：青岛智诚伟业管理顾问有限公司
分支机构：无
批准的办事处：无
机构原名称：无
负责人：刘云生
电话：0532-5976828
传真：0532-5976829
地址：青岛市香港中路 18 号福泰广场 A 座 2708
邮编：266071
有效期限：11-29-2007
批准业务范围：质量管理体系认证咨询

地域：山东
批准书编号：CNCA-Z-16Q-2002-054
机构名称：山东财源和信咨询有限公司
分支机构：无
批准的办事处：无
机构原名称：无
负责人：刘翔宇
电话：0531-2963517
传真：0531-2965-3517
地址：济南市青年东路 16-219
邮编：250011
有效期限：12-31-2004
批准业务范围：质量管理体系认证咨询

地域：河南
批准书编号：CNCA-Z-17Q-2002-001
机构名称：河南省中州认证咨询服务中心
分支机构：无
批准的办事处：无
机构原名称：无
负责人：卢中强
电话：0371-5978982
传真：0371-5974839
地址：河南省郑州市花园路 21 号
邮编：450008
有效期限：7-30-2006
批准业务范围：质量管理体系认证咨询；环境管理体系认证咨询；职业安全与健康管理体系认证咨询

地域：山东
批准书编号：CNCA-Z-16Q-2002-050
机构名称：青岛利安捷技术咨询服务有限公司
分支机构：无
批准的办事处：
机构原名称：无
负责人：李念国
电话：0532-5016556
传真：0532-5016556
地址：青岛市市南区山东路 29 号银河大厦 604B
邮编：266071
有效期限：12-31-2004
批准业务范围：质量管理体系认证咨询；环境管理体系认证咨询

地域：河南
批准书编号：CNCA-Z-17Q-2002-003
机构名称：濮阳市寰宇认证技术咨询服务有限公司
分支机构：无
批准的办事处：无
机构原名称：濮阳市寰宇质量认证技术咨询服务有限公司
负责人：任霄鸿
电话：0393-4730059
传真：0393-4730002
地址：河南省濮阳市中原路路新村宾馆四楼
邮编：457001
有效期限：7-30-2006
批准业务范围：质量管理体系认证咨询；环境管理体系认证咨询；职业安全与健康管理体系认证咨询

地域：山东 批准书编号：CNCA-Z-16Q-2003-055 机构名称：济南鲁正技术咨询有限公司 分支机构：无 批准的办事处：无 机构原名称：无 负责人：滕福德 电话：0531-2062159 传真：0531-2062159 2907331 地址：济南市经十一路 43 号办公楼 120 室 邮编：250002 有效期限：11-29-2007 批准业务范围：质量管理体系认证咨询	地域：河南 批准书编号：CNCA-Z-17Q-2002-028 机构名称：河南华源认证咨询有限公司 分支机构：无 批准的办事处：无 机构原名称：河南方圆认证咨询中心 负责人：王勇 电话：0371-6329702 传真：0371-6329702 地址：河南省郑州市东明路北 17 号 邮编：450004 有效期限：12-31-2004 批准业务范围：质量管理体系认证咨询
地域：河南 批准书编号：CNCA-Z-17C-2002-001 机构名称：河南出入境检验检疫咨询中心 分支机构：无 批准的办事处：无 机构原名称：无 负责人：贾殿徐 电话：0371-5685821 传真：0371-5973028 地址：河南省郑州市机场路 69 号 邮编：450003 有效期限：12-31-2004 批准业务范围：质量管理体系认证咨询；环境管理体系认证咨询；职业安全与健康管理体系认证咨询	地域：河南 批准书编号：CNCA-Z-17Q-2002-006 机构名称：河南省恒业认证咨询有限公司 分支机构：无 批准的办事处：无 机构原名称：河南省新时代质量认证咨询有限公司 负责人：李英健 电话：0371-5677032 传真：0371-5677227 地址：郑州市东明路 218 号索克大厦 6522-6531 室 邮编：450008 有效期限：12-31-2004 批准业务范围：质量管理体系认证咨询
地域：河南 批准书编号：CNCA-Z-17Q-2002-002 机构名称：河南九州质量认证咨询有限公司 分支机构：无 批准的办事处：南阳办事处 机构原名称：无 负责人：周振中 电话：0371-5967070 传真：0371-5956451 地址：郑州市纬二路九号 邮编：450003 有效期限：12-31-2004 批准业务范围：质量管理体系认证咨询	地域：河南 批准书编号：CNCA-Z-17Q-2002-008 机构名称：郑州天弘质量认证咨询有限公司 分支机构：无 批准的办事处：无 机构原名称：无 负责人：吴松战 电话：0371-6374198 传真：0371-6374200 地址：河南省郑州市顺河路 27 号（天弘大厦内） 邮编：450004 有效期限：12-31-2004 批准业务范围：质量管理体系认证咨询

地域：河南 批准书编号：CNCA-Z-17Q-2002-004 机构名称：河南跨世纪质量管理咨询有限公司 分支机构：无 批准的办事处：无 机构原名称：无 负责人：糜英杰 电话：0371-3827855 传真：0371-3915141 地址：郑州市经七路35号 邮编：450014 有效期限：9-29-2006 批准业务范围：质量管理体系认证咨询；环境管理体系认证咨询；职业安全与健康管理体系认证咨询	地域：河南 批准书编号：CNCA-Z-17Q-2002-009 机构名称：郑州中建标准质量认证咨询有限公司 分支机构：无 批准的办事处：无 机构原名称：无 负责人：焦占云 电话：0371-3856651 传真：0371-3856651 地址：郑州市经七路32号 邮编：450014 有效期限：12-31-2204 批准业务范围：质量管理体系认证咨询
地域：河南 批准书编号：CNCA-Z-17Q-2002-005 机构名称：河南大地企业管理咨询有限公司 分支机构：无 批准的办事处：无 机构原名称：无 负责人：常娜 电话：0371-5749106 传真：0371-5713203 地址：河南省郑州市红专路98号 邮编：450008 有效期限：12-31-2004 批准业务范围：质量管理体系认证咨询	地域：河南 批准书编号：CNCA-Z-17Q-2002-011 机构名称：郑州惠邦咨询服务有限公司 分支机构：无 批准的办事处：无 机构原名称：无 负责人：李杰 电话：0371-5995033 传真：0371-5995033 地址：郑州市金水区经七路7号1号楼11号 邮编：450002 有效期限：7-30-2006 批准业务范围：质量管理体系认证咨询
地域：河南 批准书编号：CNCA-Z-17Q-2002-031 机构名称：河南世纪通质量认证咨询中心 分支机构：无 批准的办事处：无 机构原名称：无 负责人：黄安甫 电话：0371-5934689 传真：0371-5953720 地址：河南省郑州市纬二路23号 邮编：450000 有效期限：12-31-2004 批准业务范围：质量管理体系认证咨询	地域：河南 批准书编号：CNCA-Z-17Q-2002-012 机构名称：郑州博达质量体系认证咨询有限公司 分支机构：无 批准的办事处：无 机构原名称：无 负责人：甄运兴 电话：0371-3820224 传真：0371-3834337 地址：郑州市金水区卫生路 46 号晖达大厦 615-616 室 邮编：450002 有效期限：12-31-2004 批准业务范围：质量管理体系认证咨询

<table>
<tr>
<td>地域：河南
批准书编号：CNCA-Z-17Q-2002-029
机构名称：郑州菲尼环境认证咨询中心
分支机构：无
批准的办事处：无
机构原名称：核工业第五研究设计院菲尼环境管理体系认证咨询中心
负责人：李磊
电话：0371-7970545
传真：0371-7448965
地址：河南省郑州市 253 信箱
邮编：450052
有效期限：12-31-2004
批准业务范围：质量管理体系认证咨询；环境管理体系认证咨询</td>
<td>地域：河南
批准书编号：CNCA-Z-17Q-2002-014
机构名称：郑州万通咨询有限公司
分支机构：无
批准的办事处：无
机构原名称：无
负责人：张忠良
电话：0371-5747097
传真：0371-5747689
地址：郑州市郑花路 8 号附 8 号安华大厦 701 室
邮编：450008
有效期限：12-31-2004
批准业务范围：质量管理体系认证咨询</td>
</tr>
<tr>
<td>地域：河南
批准书编号：CNCA-Z-17Q-2002-010
机构名称：河南卓越企业管理咨询有限公司
分支机构：无
批准的办事处：无
机构原名称：河南新世纪企业管理咨询有限公司
负责人：张红
电话：0371-6219273，6219275
传真：0371-6250081
地址：郑州市金水路 99 号建达大厦 4G 座
邮编：450014
有效期限：12-31-2004
批准业务范围：质量管理体系认证咨询；环境管理体系认证咨询；职业安全与健康管理体系认证咨询</td>
<td>地域：河南
批准书编号：CNCA-Z-17Q-2002-016
机构名称：郑州远景质量认证咨询有限公司
分支机构：无
批准的办事处：无
机构原名称：无
负责人：郭钦
电话：0371-5942120
传真：0371-5947759
地址：河南省郑州市金水路 6 号
邮编：450003
有效期限：12-31-2004
批准业务范围：质量管理体系认证咨询</td>
</tr>
<tr>
<td>地域：河南
批准书编号：CNCA-Z-17Q-2002-025
机构名称：郑州京华咨询服务有限公司
分支机构：无
批准的办事处：无
机构原名称：无
负责人：赵中道
电话：0371-7982772
传真：0371-7982772
地址：郑州高新技术产业开发区金梭路 23 号（创业中心 407 室）
邮编：450001
有效期限：12-31-2004
批准业务范围：质量管理体系认证咨询</td>
<td>地域：河南
批准书编号：CNCA-Z-17Q-2002-018
机构名称：三门峡市经纬质量认证咨询中心
分支机构：无
批准的办事处：无
机构原名称：三门峡市长城质量认证咨询中心
负责人：武海林
电话：0398-2967199
传真：0398-2967198
地址：河南省三门峡市文明路东段
邮编：472000
有效期限：12-31-2004
批准业务范围：质量管理体系认证咨询</td>
</tr>
</table>

地域：河南
批准书编号：CNCA-Z-17Q-2002-013
机构名称：郑州智信企业管理咨询有限公司
分支机构：无
批准的办事处：无
机构原名称：无
负责人：程秀梅
电话：0371-7715346
传真：0371-7715346
地址：郑州市工人路115号聚丰商务中心北510、505室
邮编：450006
有效期限：12-31-2004
批准业务范围：质量管理体系认证咨询

地域：河南
批准书编号：CNCA-Z-17Q-2002-020
机构名称：濮阳市诚信质量认证咨询服务有限公司
分支机构：无
批准的办事处：无
机构原名称：无
负责人：徐爱玉
电话：0393-4425888
传真：0393-4425888
地址：河南省濮阳市开州路15号市外贸局办公楼1楼
邮编：457000
有效期限：12-31-2004
批准业务范围：质量管理体系认证咨询

地域：河南
批准书编号：CNCA-Z-17Q-2002-015
机构名称：济源市恒达认证咨询中心
分支机构：无
批准的办事处：无
机构原名称：无
负责人：杨丽娟
电话：0391-6699408
传真：0391-6699408
地址：河南省济源市济水大道415号
邮编：454650
有效期限：12-31-2004
批准业务范围：质量管理体系认证咨询

地域：河南
批准书编号：CNCA-Z-17Q-2002-023
机构名称：郑州绿通环境咨询评估中心
分支机构：无
批准的办事处：无
机构原名称：无
负责人：陈羽
电话：0371-7654652
传真：0371-7654652
地址：河南省郑州市中原西路71号
邮编：450007
有效期限：12-31-2004
批准业务范围：环境管理体系认证咨询

地域：河南
批准书编号：CNCA-Z-17Q-2002-017
机构名称：郑州中原企业认证管理咨询有限公司
分支机构：无
批准的办事处：无
机构原名称：无
负责人：徐真
电话：0371-8892886
传真：0371-8892886
地址：河南省郑州市兴华南街27号
邮编：450052
有效期限：12-31-2004
批准业务范围：质量管理体系认证咨询

地域：河南
批准书编号：CNCA-Z-17Q-2003-032
机构名称：河南豫齐管理咨询有限公司
分支机构：无
批准的办事处：无
机构原名称：无
负责人：浮卫丽
电话：0371-7987777
传真：0371-7987777
地址：郑州市高新区樱长街5号309室
邮编：450001
有效期限：6-29-2007
批准业务范围：质量管理体系认证咨询

地域：河南 批准书编号：CNCA-Z-17Q-2002-026 机构名称：洛阳市华圣认证咨询有限公司 分支机构：无 批准的办事处：无 机构原名称：无 负责人：游根发 电话：0379-4239727 传真：0379-4239727 地址：河南省洛阳市涧西区 19-10-1-401 邮编：471039 有效期限：4-30-2003 批准业务范围：质量管理体系认证咨询	地域：湖北 批准书编号：CNCA-Z-18Q-2002-001 机构名称：武汉市博文管理技术咨询有限责任公司 分支机构：无 批准的办事处：无 机构原名称：无 负责人：曹凤高 电话：027-86881408 传真：027-86804277 地址：武汉市青山区钢花东村 115 街 61 门 1 号 邮编：430081 有效期限：7-30-2006 批准业务范围：质量管理体系认证咨询
地域：河南 批准书编号：CNCA-Z-17Q-2002-021 机构名称：河南省新标质量服务咨询有限公司 分支机构：无 批准的办事处：无 机构原名称：无 负责人：姬培更 电话：0371-5739376， 13903719971 传真：0371-5728783 地址：郑州市花园路 50 号 邮编：450008 有效期限：12-31-2004 批准业务范围：质量管理体系认证咨询	地域：湖北 批准书编号：CNCA-Z-18Q-2002-003 机构名称：湖北天地科教咨询有限公司 分支机构：无 批准的办事处：无 机构原名称：无 负责人：王蒙 电话：027-87234054 ， 87841901 传真：027-87844156 地址：武汉市武昌区水果湖洪山侧路附 11 号 邮编：430071 有效期限：7-30-2006 批准业务范围：质量管理体系认证咨询
地域：河南 批准书编号：CNCA-Z-17Q-2002-022 机构名称：安阳市兰德咨询有限责任公司 分支机构：无 批准的办事处：无 机构原名称：无 负责人：郑启福 电话：0372-5976220 传真：0372-5976220 地址：河南省安阳市人民大道 131 号洹瀛宾馆三楼 邮编：455000 有效期限：12-31-2004 批准业务范围：质量管理体系认证咨询	地域：湖北 批准书编号：CNCA-Z-18Q-2002-005 机构名称：湖北省中南质量认证咨询有限公司 分支机构：无 批准的办事处：无 机构原名称：无 负责人：杨春林 电话：027-87812203 传真：027-87813411 地址：武汉市武昌东湖路 3 号 邮编：430071 有效期限：12-31-2004 批准业务范围：质量管理体系认证咨询

地域：湖北 批准书编号：CNCA-Z-18C-2002-001 机构名称：湖北进出口商品检验公司 分支机构：无 批准的办事处：无 机构原名称：无 负责人：张宏 电话：027-85805576 传真：027-85796372 地址：湖北省武汉市汉口万松园路 3 号 邮编：430022 有效期限：4-30-2003 批准业务范围：质量管理体系认证咨询	地域：湖北 批准书编号：CNCA-Z-18Q-2002-008 机构名称：湖北省科力特技术发展有限公司 分支机构：无 批准的办事处：无 机构原名称：无 负责人：刘昌伟 电话：027-87811946 传真：027-87277923 地址：湖北省武汉市武昌中北路 20 号 邮编：430071 有效期限：4-30-2003 批准业务范围：质量管理体系认证咨询
地域：湖北 批准书编号：CNCA-Z-18Q-2002-002 机构名称：武汉质量保证中心 分支机构：无 批准的办事处：无 机构原名称：无 负责人：李莉群 电话：027-85609254 传真：027-85609254 地址：武汉市江汉区北湖西路 11 号 3 楼 邮编：430015 有效期限：7-30-2006 批准业务范围：质量管理体系认证咨询	地域：湖北 批准书编号：CNCA-Z-18Q-2002-012 机构名称：武汉恒达管理咨询有限公司 分支机构：无 批准的办事处：无 机构原名称：无 负责人：张玉波 电话：027-82649949 传真：027-82629867 地址：湖北省武汉市江岸区黄孝河路 107 号 748 室 邮编：430019 有效期限：7-30-2006 批准业务范围：质量管理体系认证咨询
地域：湖北 批准书编号：CNCA-Z-18Q-2002-004 机构名称：武汉慧文质量技术咨询有限公司 分支机构：无 批准的办事处：无 机构原名称：湖北省科技咨询中心质量认证武汉分部 负责人：李旺林 电话：027-84222252 传真：027-84222252 地址：湖北省武汉经济技术开发区高科技产业园标准厂 1 号 邮编：430077 有效期限：9-29-2006 批准业务范围：质量管理体系认证咨询	地域：湖北 批准书编号：CNCA-Z-18Q-2002-014 机构名称：湖北正点现代管理顾问有限公司 分支机构：无 批准的办事处：无 机构原名称：无 负责人：谢光政 电话：027-87814810 传真：027-87814810 地址：武昌洪山路 2 号科教大厦 C 座 3 楼 邮编：430071 有效期限：12-31-2004 批准业务范围：质量管理体系认证咨询

<table>
<tr><td>地域：湖北
批准书编号：CNCA-Z-18Q-2002-006
机构名称：湖北国通管理顾问有限公司
分支机构：无
批准的办事处：无
机构原名称：无
负责人：耿成亮
电话：027-85361140
传真：027-85361045
地址：湖北省武汉市汉口中山大道678号三楼全层
邮编：430021
有效期限：4-30-2003
批准业务范围：质量管理体系认证咨询</td><td>地域：湖北
批准书编号：CNCA-Z-18Q-2002-016
机构名称：襄樊市质兴质量认证咨询中心
分支机构：无
批准的办事处：无
机构原名称：无
负责人：张家明
电话：0710-3567413
传真：0710-3566849
地址：湖北省武汉市襄樊市檀溪青龙庙路
邮编：441021
有效期限：4-30-2003
批准业务范围：质量管理体系认证咨询</td></tr>
<tr><td>地域：湖北
批准书编号：CNCA-Z-18Q-2002-011
机构名称：武汉九州管理咨询有限公司
分支机构：无
批准的办事处：无
机构原名称：无
负责人：朱清友
电话：13307193899
传真：027-84899735
地址：武汉市武汉经济技术开发区宁康小区28-1-301
邮编：430056
有效期限：7-30-2006
批准业务范围：质量管理体系认证咨询</td><td>地域：湖北
批准书编号：CNCA-Z-18Q-2002-018
机构名称：武汉五星企业管理咨询有限公司
分支机构：无
批准的办事处：无
机构原名称：无
负责人：肖诗访
电话：027-83636285
传真：027-83660427
地址：湖北省武汉市硚口解放大道1127号
邮编：430030
有效期限：4-30-2003
批准业务范围：质量管理体系认证咨询</td></tr>
<tr><td>地域：湖北
批准书编号：CNCA-Z-18Q-2002-013
机构名称：武汉市永信企业管理咨询中心
分支机构：无
批准的办事处：无
机构原名称：无
负责人：吴乔
电话：027-85778682
传真：027-85778681
地址：武汉市台北路217号国际贸促大厦8楼
邮编：430015
有效期限：12-31-2004
批准业务范围：质量管理体系认证咨询</td><td>地域：湖北
批准书编号：CNCA-Z-18Q-2002-021
机构名称：武汉四维管理体系咨询中心
分支机构：成都咨询服务部
批准的办事处：无
机构原名称：无
负责人：罗曼
电话：027-82809539
传真：027-82818306
地址：武汉市汉口南京路特1号金路易商务中心14楼
邮编：430014
有效期限：7-30-2006
批准业务范围：质量管理体系认证咨询；职业安全与健康管理体系认证咨询</td></tr>
</table>

地域：湖北 批准书编号：CNCA-Z-18Q-2002-015 机构名称：武汉市明泰质量认证技术服务有限公司 分支机构：无 批准的办事处：无 机构原名称：无 负责人：裘和平 电话：027-82838049 传真：027-82838049 地址：湖北省武汉市沿江大道141号407室 邮编：430014 有效期限：4-30-2003 批准业务范围：质量管理体系认证咨询	地域：湖北 批准书编号：CNCA-Z-18Q-2002-023 机构名称：武汉瑞达管理咨询服务有限公司 分支机构：无 批准的办事处：无 机构原名称：无 负责人：王兵 电话：027-87812627 传真：027-87812627 地址：湖北省武汉市武昌区武珞路398号京汉大厦602室 邮编：430070 有效期限：12-31-2004 批准业务范围：质量管理体系认证咨询
地域：湖北 批准书编号：CNCA-Z-18Q-2002-017 机构名称：十堰市维标质量体系认证咨询有限公司 分支机构：无 批准的办事处：无 机构原名称：无 负责人：马永利 电话：0719-8227784 传真：0719-8227784 地址：湖北省十堰市车城路27号 邮编：442025 有效期限：12-31-2004 批准业务范围：质量管理体系认证咨询	地域：湖北 批准书编号：CNCA-Z-18Q-2002-025 机构名称：宜昌市艾索企业咨询有限公司 分支机构：无 批准的办事处：无 机构原名称：无 负责人：彭勇 电话：0717-6251470 传真：0717-6251470 地址：湖北省宜昌市云集路21号金龙大厦1615室 邮编：443000 有效期限：7-30-2006 批准业务范围：质量管理体系认证咨询；环境管理体系认证咨询；职业安全与健康管理体系认证咨询
地域：湖北 批准书编号：CNCA-Z-18Q-2002-020 机构名称：武汉市信达质量认证咨询有限公司 分支机构：无 批准的办事处：无 机构原名称：武汉市科学技术咨询服务中心国际标准认证咨询部 负责人：汤月娥 电话：027-82858370 传真：027-82858370 地址：武汉市江汉路步行街57号301室 邮编：430021 有效期限：12-31-2004 批准业务范围：质量管理体系认证咨询	地域：湖北 批准书编号：CNCA-Z-18Q-2002-029 机构名称：武汉科力协管理体系顾问有限公司 分支机构：无 批准的办事处：无 机构原名称：无 负责人：赵丽屏 电话：027-82809100 传真：027-82778563 地址：武汉市江岸区车站路6号怡东大厦29楼B座右 邮编：430017 有效期限：9-29-2006 批准业务范围：质量管理体系认证咨询

地域：湖北
批准书编号：CNCA-Z-18Q-2002-022
机构名称：武汉埃菲隆技术发展有限责任公司
分支机构：无
批准的办事处：无
机构原名称：无
负责人：张执中
电话：027-84221986
传真：027-84296365
地址：湖北省武汉市经济技术开发区升官渡小区 20 号
邮编：430056
有效期限：7-30-2006
批准业务范围：质量管理体系认证咨询

地域：湖北
批准书编号：CNCA-Z-18Q-2002-027
机构名称：湖北新兴国际标准咨询有限公司
分支机构：无
批准的办事处：无
机构原名称：无
负责人：曾春娥
电话：027-87332631，13971565296
传真：027-87332631
地址：武汉市武昌武珞路 421 号
邮编：430072
有效期限：9-29-2006
批准业务范围：质量管理体系认证咨询；环境管理体系认证咨询；职业安全与健康管理体系认证咨询

地域：湖北
批准书编号：CNCA-Z-18Q-2002-024
机构名称：武汉世博新技术有限责任公司
分支机构：无
批准的办事处：无
机构原名称：无
负责人：施静慧
电话：027-87214462
传真：027-87214585
地址：武汉市武昌区武珞路 638 号
邮编：430070
有效期限：12-31-2004
批准业务范围：质量管理体系认证咨询

地域：湖北
批准书编号：CNCA-Z-18Q-2002-030
机构名称：武汉振华质量技术咨询有限公司
分支机构：无
批准的办事处：无
机构原名称：无
负责人：黄少华
电话：027-85410680
传真：027-85837721
地址：武汉市民意三路 35 号
邮编：430022
有效期限：7-30-2007
批准业务范围：质量管理体系认证咨询

地域：湖北
批准书编号：CNCA-Z-18Q-2002-026
机构名称：武汉创标企业管理顾问有限公司
分支机构：无
批准的办事处：无
机构原名称：无
负责人：刘
电话：027-84893465
传真：027-84898507
地址：湖北省武汉市经济技术开发区宁康园
邮编：430056
有效期限：7-30-2006
批准业务范围：质量管理体系认证咨询

地域：湖北
批准书编号：CNCA-Z-18Q-2003-033
机构名称：十堰市国启质量咨询有限公司
分支机构：无
批准的办事处：无
机构原名称：无
负责人：李国维
电话：0719-8224671
传真：0791-8269051
地址：湖北省十堰市张湾东风文汇小区 203 号 19-6 号
邮编：442001
有效期限：8-30-2007
批准业务范围：质量管理体系认证咨询

地域：湖北
批准书编号：CNCA-Z-18Q-2002-032
机构名称：武汉嘉华企业管理顾问有限公司
分支机构：无
批准的办事处：无
机构原名称：无
负责人：周彦
电话：027-82824926
传真：027-82835969
地址：武汉市南京路 61 号金路易商务中心 20 楼 C 座
邮编：430014
有效期限：3-30-2007
批准业务范围：质量管理体系认证咨询；环境管理体系认证咨询；职业安全与健康管理体系认证咨询

地域：湖南
批准书编号：CNCA-Z-19Q-2002-001
机构名称：湖南思凯质量技术咨询有限公司
分支机构：无
批准的办事处：无
机构原名称：无
负责人：欧勇
电话：0731-5350528 ，5351525
传真：0731-5350528
地址：湖南省质量技术监督局院内
邮编：410007
有效期限：12-31-2004
批准业务范围：质量管理体系认证咨询

地域：湖北
批准书编号：CNCA-Z-18Q-2002-031
机构名称：武汉贝尔信认证咨询中心
分支机构：无
批准的办事处：无
机构原名称：无
负责人：余旎
电话：027-86812050
传真：027-86812050
地址：武汉市武昌区和平大道秦园路 44-2 号
邮编：430062
有效期限：12-31-2004
批准业务范围：质量管理体系认证咨询

地域：湖南
批准书编号：CNCA-Z-19Q-2002-010
机构名称：长沙市德兰管理咨询有限公司
分支机构：无
批准的办事处：无
机构原名称：无
负责人：张德君
电话：0731-4465601，8905461，13908457246
传真：0731-8905461
地址：长沙市八一路 407 号芯都.信息大厦
邮编：410011
有效期限：7-30-2006
批准业务范围：质量管理体系认证咨询；环境管理体系认证咨询；职业安全与健康管理体系认证咨询

地域：湖北
批准书编号：CNCA-Z-18Q-2003-034
机构名称：武汉世标泽昊尔国际管理顾问有限责任公司
分支机构：无
批准的办事处：无
机构原名称：无
负责人：韩英
电话：027-87822011
传真：027-87822011
地址：湖北省武汉市武昌区中北路 97 号
邮编：430071
有效期限：9-29-2007
批准业务范围：质量管理体系认证咨询

地域：湖南
批准书编号：CNCA-Z-19Q-2002-004
机构名称：长沙知益管理顾问有限公司
分支机构：无
批准的办事处：无
机构原名称：无
负责人：金艳
电话：0731-5556205
传真：0731-5553495
地址：湖南省长沙市芙蓉中路 459 号巴黎区 A2-5F
邮编：410007
有效期限：7-30-2006
批准业务范围：质量管理体系认证咨询；环境管理体系认证咨询

地域：湖北 批准书编号：CNCA-Z-18Q-2003-035 机构名称：华美信管理顾问有限公司 分支机构：无 批准的办事处：无 机构原名称：无 负责人：马超 电话：027-87660516 传真：027-87660517 地址：武汉市武昌街道口珞珈山大厦A座1006-1007室 邮编：430071 有效期限：11-29-2007 批准业务范围：质量管理体系认证咨询	地域：湖南 批准书编号：CNCA-Z-19Q-2002-006 机构名称：长沙高新技术产业开发区曼乐企业管理顾问有限公司 分支机构：无 批准的办事处：无 机构原名称：无 负责人：周见文 电话：0731-4447930 传真：0731-4424849 地址：湖南省长沙市蔡锷中路92号永华大厦1013室 邮编：410005 有效期限：4-30-2003 批准业务范围：质量管理体系认证咨询，环境管理质量体系认证咨询
地域：湖南 批准书编号：CNCA-Z-19C-2002-001 机构名称：湖南省质量体系促进中心 分支机构：无 批准的办事处：无 机构原名称：无 负责人：彭兵勇 电话：0731-4416298 传真：0731-2259018 地址：湖南省长沙市芙蓉中路269号华联大厦16楼 邮编：410011 有效期限：7-30-2006 批准业务范围：质量管理体系认证咨询	地域：湖南 批准书编号：CNCA-Z-19Q-2002-009 机构名称：长沙盈天科技有限公司 分支机构：无 批准的办事处：无 机构原名称：无 负责人：谭祖生 电话：0731-4131769 传真：0731-4154646 地址：湖南省长沙市五一东路87号长沙大厦912 邮编：410001 有效期限：9-29-2006 批准业务范围：质量管理体系认证咨询
地域：湖南 批准书编号：CNCA-Z-19Q-2002-002 机构名称：长沙康达信管理顾问有限公司 分支机构：无 批准的办事处：无 机构原名称：无 负责人：吴兴辉 电话：0731-5505581 传真：0731-5522952 地址：湖南省长沙市雨花区雨花路163号省气象局行政楼214-216室 邮编：410007 有效期限：12-30-2006 批准业务范围：质量管理体系认证咨询；职业安全与健康管理体系认证咨询	地域：湖南 批准书编号：CNCA-Z-19Q-2002-012 机构名称：湖南省环境管理体系认证咨询中心 分支机构：无 批准的办事处：无 机构原名称：无 负责人：刘益贵 电话：0731-5014742 传真：0731-5584019 地址：湖南省长沙市井圭路12号 邮编：410004 有效期限：12-31-2004 批准业务范围：环境管理体系认证咨询

地域：湖南 批准书编号：CNCA-Z-19Q-2002-003 机构名称：长沙华力认证咨询有限公司 分支机构：无 批准的办事处：无 机构原名称：长沙华信认证咨询有限公司 负责人：李英 电话：0731-2250160 传真：0731-2250160 地址：长沙市芙蓉区东茅街 40 号 16 栋 501 邮编：410002 有效期限：12-31-2004 批准业务范围：质量管理体系认证咨询	地域：湖南 批准书编号：CNCA-Z-19Q-2003-014 机构名称：长沙中质信企业管理咨询有限公司 分支机构：无 批准的办事处：无 机构原名称：无 负责人：贺嫦琳 电话：0731-5215866 传真：0731-5218185 地址：长沙市芙蓉中路 898 号金雨大楼 703 室 邮编：410007 有效期限：11-29-2007 批准业务范围：质量管理体系认证咨询；环境管理体系认证咨询
地域：湖南 批准书编号：CNCA-Z-19Q-2002-005 机构名称：株州伍德顾问服务有限公司 分支机构：无 批准的办事处：无 机构原名称：无 负责人：刘建华 电话：0733-8287469 传真：0733-8287469 地址：湖南省株州市建设南路附 5 号地税三分局 2 号 邮编：412000 有效期限：4-30-2003 批准业务范围：质量管理体系认证咨询	地域：广东 批准书编号：CNCA-Z-20C-2002-012 机构名称：广州时并进咨询有限公司 分支机构：无 批准的办事处：无 机构原名称：无 负责人：王卫平 电话：020-87764838 传真：020-87763918 地址：广州市先烈中路 100 号 15 栋 7 楼 B 座 邮编：510070 有效期限：12-31-2004 批准业务范围：自愿性产品认证咨询
地域：湖南 批准书编号：CNCA-Z-19Q-2002-007 机构名称：湖南株州华电认证咨询有限公司 分支机构：无 批准的办事处：无 机构原名称：湖南株州认证咨询(中心)有限公司 负责人：朱正芳 电话：0733-8462877 传真：0733-8462881 地址：湖南省株州市红旗北路 52 号 邮编：412001 有效期限：12-31-2004 批准业务范围：质量管理体系认证咨询	地域：广东 批准书编号：CNCA-Z-20C-2002-016 机构名称：广东协检认证培训咨询中心 分支机构：无 批准的办事处：无 机构原名称：广东出入境检验检疫协会 负责人：陈晋美 电话：020-38290185 传真：020-38290187 地址：广州市珠江新城花城大道 66 号 A1511 邮编：510623 有效期限：11-29-2006 批准业务范围：质量管理体系认证咨询；环境管理体系认证咨询；职业安全与健康管理体系认证咨询

地域：湖南 批准书编号：CNCA-Z-19Q-2002-008 机构名称：长沙金字塔管理咨询有限公司 分支机构：无 批准的办事处：无 机构原名称：无 负责人：曾彤 电话：0731-5491749 传真：0731-5498321 地址：湖南省长沙市雨花区赤新路56号丹桂雅苑1503 邮编：410007 有效期限：4-30-2003 批准业务范围：质量管理体系认证咨询	地域：广东 批准书编号：CNCA-Z-20Q-2002-002 机构名称：东莞市质量技术服务中心 分支机构：无 批准的办事处：无 机构原名称：无 负责人：欧煜新 电话：0769-2607873 传真：0769-2200856 地址：广东省东莞市东城区主山高田坊温南路 邮编：523120 有效期限：12-31-2004 批准业务范围：质量管理体系认证咨询
地域：湖南 批准书编号：CNCA-Z-19Q-2002-011 机构名称：湖南电力建设监理咨询有限责任公司 分支机构：无 批准的办事处：无 机构原名称：无 负责人：刘志斌 电话：0731-5544007 传真：0731-5544007 地址：湖南长沙市韶山北路428号 邮编：410007 有效期限：4-30-2003 批准业务范围：质量管理体系认证咨询	地域：广东 批准书编号：CNCA-Z-20Q-2002-004 机构名称：广州科荣管理顾问有限公司 分支机构：无 批准的办事处：无 机构原名称：无 负责人：张富山 电话：020-83312043 传真：020-83320017 地址：广州市环市东路367号白云宾馆411室 邮编：510065 有效期限：12-31-2004 批准业务范围：质量管理体系认证咨询；环境管理体系认证咨询
地域：湖南 批准书编号：CNCA-Z-19Q-2002-013 机构名称：长沙新光企业管理顾问有限公司 分支机构：无 批准的办事处：无 机构原名称：无 负责人：易耀 电话：0731-5530799 传真：0731-5530866 地址：长沙市劳动西路108号梓园大厦701室 邮编：410007 有效期限：11-29-2006 批准业务范围：质量管理体系认证咨询	地域：广东 批准书编号：CNCA-Z-20Q-2002-040 机构名称：广州市安索管理顾问有限公司 分支机构：无 批准的办事处：无 机构原名称：无 负责人：孟宪国 电话：020-87759795 传真：020-87758241 地址：广州市环市东路371-375号世界贸易中心大厦南塔1505-1506室 邮编：510060 有效期限：12-31-2004 批准业务范围：质量管理体系认证咨询

地域：广东 批准书编号：CNCA-Z-20C-2002-001 机构名称：东莞市华检管理咨询有限公司 分支机构：无 批准的办事处：无 机构原名称：无 负责人：杨举滨 电话：0769-2412019 传真：0769-2412019 地址：东莞市城区建设路 7 号 702 室 邮编：523071 有效期限：12-31-2004 批准业务范围：质量管理体系认证咨询	地域：广东 批准书编号：CNCA-Z-20Q-2002-009 机构名称：广州科力质量咨询公司 分支机构：无 批准的办事处：无 机构原名称：无 负责人：曾发恒 电话：020-83547395 传真：020-83547579 地址：广州市环市中路 300 号天秀大厦 B 座 1303 室 邮编：510050 有效期限：12-31-2004 批准业务范围：质量管理体系认证咨询
地域：广东 批准书编号：CNCA-Z-20C-2002-005 机构名称：中国进出口商品检验技术研究所广东分所 分支机构：无 批准的办事处：无 机构原名称：无 负责人：何平 电话：020-38290636 传真：020-38290708 地址：广州市花城大道 66 号 A1505 邮编：510623 有效期限：12-31-2004 批准业务范围：质量管理体系认证咨询；环境管理体系认证咨询	地域：广东 批准书编号：CNCA-Z-20Q-2002-011 机构名称：广州聚腾咨询有限公司 分支机构：无 批准的办事处：无 机构原名称：无 负责人：吴玉坤 电话：020-38296039 ，87387899 传真：020-38296039 地址：广州市天河区珠江新城华利路 1 号北塔 12 楼 B 座 邮编：510620 有效期限：8-30-2006 批准业务范围：质量管理体系认证咨询
地域：广东 批准书编号：CNCA-Z-20Q-2002-001 机构名称：广东创势质量技术咨询服务有限公司 分支机构：无 批准的办事处：无 机构原名称：无 负责人：杨显振 电话：020-34341781 传真：020-34341852 地址：广州市海珠区宝岗路 205 号怡龙苑二楼 207-210 室 邮编：510240 有效期限：12-31-2004 批准业务范围：质量管理体系认证咨询；环境管理体系认证咨询	地域：广东 批准书编号：CNCA-Z-20Q-2002-041 机构名称：广东誉之典企业管理咨询有限公司 分支机构：无 批准的办事处：无 机构原名称：无 负责人：李军 电话：020-87398325 传真：020-87396759 地址：广州市广州大道中东兴北路 65 号二楼 邮编：510600 有效期限：12-31-2004 批准业务范围：质量管理体系认证咨询

地域：广东
批准书编号：CNCA-Z-20Q-2002-003
机构名称：广东博深咨询有限公司
分支机构：无
批准的办事处：无
机构原名称：无
负责人：段珊珊
电话：020-38800196
传真：020-38800531
地址：广州市天河北路358号都市华庭辉庭轩30层AB
邮编：510620
有效期限：8-30-2006
批准业务范围：质量管理体系认证咨询；职业安全与健康管理体系认证咨询

地域：广东
批准书编号：CNCA-Z-20Q-2002-015
机构名称：深圳市南晟德管理顾问有限公司
分支机构：深圳市南晟德管理顾问有限公司佛山分公司；深圳市南晟德管理顾问有限公司成都分公司；深圳市南晟德管理顾问有限公司中山分公司
批准的办事处：无
机构原名称：无
负责人：刘建南
电话：0755-26710088
传真：0755-26711108
地址：深圳市南山区麻雀岭冶金大厦7栋5层B
邮编：518057
有效期限：9-26-2006
批准业务范围：质量管理体系认证咨询、环境管理体系认证咨询\职业安全与健康管理体系认证咨询

地域：广东
批准书编号：CNCA-Z-20Q-2002-005
机构名称：广州企航管理顾问有限公司
分支机构：无
批准的办事处：无
机构原名称：无
负责人：宋湘
电话：020-87709260
传真：020-87709270
地址：广州市广州大道北618号8楼B区828室
邮编：510500
有效期限：12-31-2004
批准业务范围：质量管理体系认证咨询

地域：广东
批准书编号：CNCA-Z-20Q-2002-017
机构名称：深圳市永维管理顾问有限公司
分支机构：无
批准的办事处：无
机构原名称：无
负责人：王维东
电话：0755-83890381
传真：0755-83890381
地址：深圳市福田区泰然工贸园劲松大厦9B
邮编：518040
有效期限：12-31-2004
批准业务范围：质量管理体系认证咨询

地域：广东
批准书编号：CNCA-Z-20Q-2002-007
机构名称：广州佳星企业管理顾问有限公司
分支机构：无
批准的办事处：无
机构原名称：无
负责人：周海林
电话：020-36333403 ，36331502
传真：020-36331486
地址：广州市三元里大道799号金来大厦9楼
邮编：510403
有效期限：12-31-2004
批准业务范围：质量管理体系认证咨询

地域：广东
批准书编号：CNCA-Z-20Q-2002-019
机构名称：深圳市康达信管理顾问有限公司
分支机构：重庆分公司
批准的办事处：无
机构原名称：深圳市康达信认证咨询中心
负责人：吴兴辉
电话：0755-83282568，83267901
传真：83202740
地址：深圳市华强南路无线电管理大厦
邮编：518033
有效期限：8-30-2006
批准业务范围：质量管理体系认证咨询；环境管理体系认证咨询；职业安全与健康管理体系认证咨询

地域：广东 批准书编号：CNCA-Z-20Q-2002-010 机构名称：广东省江门市质量咨询服务中心 分支机构：无 批准的办事处：无 机构原名称：无 负责人：郭仲明 电话：0750-3321803 传真：0750-3310788 地址：广东省江门市西区大道 2 号 邮编：529000 有效期限：12-31-2004 批准业务范围：质量管理体系认证咨询	地域：广东 批准书编号：CNCA-Z-20Q-2002-020 机构名称：深圳市旺君成企业管理策划有限公司 分支机构：无 批准的办事处：无 机构原名称：无 负责人：秦小芹 电话：0755-83695383 传真：0755-83793402 地址：深圳市福田区福景大厦 3#楼 1701 号 邮编：518026 有效期限：8-30-2006 批准业务范围：质量管理体系认证咨询；职业安全与健康管理体系认证咨询
地域：广东 批准书编号：CNCA-Z-20Q-2002-013 机构名称：佛山市辅格尔企业管理服务有限公司 分支机构：无 批准的办事处：无 机构原名称：无 负责人：伍颂华 电话：0757-3328680 传真：0757-3211139 地址：佛山市祖庙路 31-37 号百花广场 809 邮编：528000 有效期限：12-31-2004 批准业务范围：质量管理体系认证咨询	地域：广东 批准书编号：CNCA-Z-20Q-2002-022 机构名称：珠海市万通质量认证咨询中心 分支机构：无 批准的办事处：无 机构原名称：珠海市质量认证咨询中心 负责人：李扬 电话：0756-2213048 传真：0756-2213048 地址：珠海市香洲人民东路 240 号 邮编：519000 有效期限：12-31-2004 批准业务范围：质量管理体系认证咨询
地域：广东 批准书编号：CNCA-Z-20Q-2002-012 机构名称：广州市俊铭管理顾问有限公司 分支机构：广州市俊铭管理顾问有限公司深圳分公司；广州市俊铭管理顾问有限公司湖北分公司；广州市俊铭管理顾问有限公司昆明分公司；广州市俊铭管理顾问有限公司合肥分公司 批准的办事处： 机构原名称：无 负责人：程芳 电话：020-85250202 传真：020-85250077 地址：广州市天河北路 175 号祥龙花园晖祥阁 2708 邮编：510023 有效期限：9-29-2006 批准业务范围：质量管理体系认证咨询、环境管理体系认证咨询	地域：广东 批准书编号：CNCA-Z-20Q-2002-023 机构名称：潮州市信诺咨询服务有限公司 分支机构：无 批准的办事处：无 机构原名称：无 负责人：黄礼贤 电话：0768-2398603 传真：0768-2398162 地址：广东省潮州市潮州大道粤海花园 A21 幢 4 号 邮编：521000 有效期限：12-31-2004 批准业务范围：质量管理体系认证咨询

地域：广东
批准书编号：CNCA-Z-20Q-2002-016
机构名称：深圳市安信达咨询有限公司
分支机构：无
批准的办事处：无
机构原名称：无
负责人：王岩伟
电话：0755-82924813
传真：0755-82915163
地址：深圳市彩田南路彩虹新都彩荟阁 19A
邮编：518033
有效期限：10-30-2006
批准业务范围：质量管理体系认证咨询；环境管理体系认证咨询；职业安全与健康管理体系认证咨询

地域：广东
批准书编号：CNCA-Z-20Q-2002-026
机构名称：广州市创美迪顾问有限公司
分支机构：无
批准的办事处：无
机构原名称：无
负责人：朱伟忠
电话：020-81786864
传真：0755-81786864
地址：广州市荔湾区中山八路 46 号 517 房
邮编：510175
有效期限：12-31-2004
批准业务范围：质量管理体系认证咨询

地域：广东
批准书编号：CNCA-Z-20Q-2002-018
机构名称：深圳市英达思企业管理咨询有限公司
分支机构：无
批准的办事处：无
机构原名称：无
负责人：王天齐
电话：0755-83628205
传真：0755-83636491
地址：深圳市福田区东园路玉田大厦 710 室
邮编：518031
有效期限：9-29-2006
批准业务范围：质量管理体系认证咨询、环境管理体系认证咨询

地域：广东
批准书编号：CNCA-Z-20Q-2002-027
机构名称：深圳市诺恒管理策划有限公司
分支机构：无
批准的办事处：无
机构原名称：无
负责人：张志楚
电话：0755-83278376
传真：0755-83278370
地址：深圳市深南中路北方大厦 1216 室
邮编：518033
有效期限：12-31-2004
批准业务范围：质量管理体系认证咨询；环境管理体系认证咨询

地域：广东
批准书编号：CNCA-Z-20Q-2002-021
机构名称：广州市华德国际认证顾问有限公司
分支机构：无
批准的办事处：无
机构原名称：无
负责人：林基觉
电话：020-87572667
传真：020-87576735
地址：广州黄埔大道西 201 号金泽大厦 1301 室
邮编：510620
有效期限：12-31-2004
批准业务范围：质量管理体系认证咨询

地域：广东
批准书编号：CNCA-Z-20Q-2002-028
机构名称：深圳市鹏科欣企业管理咨询有限公司
分支机构：无
批准的办事处：无
机构原名称：无
负责人：郭雅祯
电话：0755-2964044
传真：0755-2965623
地址：深圳市福田区红荔西路香蜜三村 5 号楼 B 座 22H
邮编：518034
有效期限：8-30-2006
批准业务范围：质量管理体系认证咨询

地域：广东 批准书编号：CNCA-Z-20Q-2002-043 机构名称：广州伊迈斯技术服务有限公司 分支机构：无 批准的办事处：无 机构原名称：无 负责人：孙耿民 电话：020-84262466 传真：020-84244678 地址：广州市江南大道166-168号海洋石油大厦1319 邮编：510240 有效期限：12-31-2004 批准业务范围：质量管理体系认证咨询；环境管理体系认证咨询	地域：广东 批准书编号：CNCA-Z-20Q-2002-064 机构名称：深圳市方之见实业有限公司 分支机构：无 批准的办事处：无 机构原名称：无 负责人：邓林 电话：0755-7789446 传真：0755-7752711 地址：深圳市宝安区广场大厦610室 邮编：518101 有效期限：12-30-2006 批准业务范围：质量管理体系认证咨询、环境管理体系认证咨询
地域：广东 批准书编号：CNCA-Z-20Q-2002-058 机构名称：广州市科管咨询服务有限公司 分支机构：无 批准的办事处：无 机构原名称：广州市科管久千咨询公司 负责人：唐正元 电话：020-83879598 传真：020-61334815 地址：广州市白云路38号白云大厦325室 邮编：510100 有效期限：12-31-2004 批准业务范围：质量管理体系认证咨询	地域：广东 批准书编号：CNCA-Z-20Q-2002-031 机构名称：深圳市经业咨询服务有限公司 分支机构：无 批准的办事处：无 机构原名称：无 负责人：陈特叶 电话：0755-82389768 传真：0755-82389962 地址：深圳市东门南路3002号西武大厦18楼K座 邮编：518002 有效期限：12-31-2004 批准业务范围：质量管理体系认证咨询
地域：广东 批准书编号：CNCA-Z-20Q-2003-076 机构名称：广东广科技术顾问有限公司 分支机构：无 批准的办事处：无 机构原名称：无 负责人：曾小虎 电话：020-38492893 传真：020-38492890 地址：广州市天河区天寿路170号903室 邮编：510630 有效期限：12-31-2004 批准业务范围：质量管理体系认证咨询	地域：广东 批准书编号：CNCA-Z-20Q-2002-033 机构名称：广州西凯企业顾问有限公司 分支机构：无 批准的办事处：无 机构原名称：无 负责人：华丽珍 电话：020-86699873 传真：020-86699530 地址：广州市环市中路203号恒生大厦812室 邮编：510010 有效期限：4-30-2003 批准业务范围：质量管理体系认证咨询

地域：广东 批准书编号：CNCA-Z-20Q-2002-068 机构名称：顺德市博迪管理顾问有限公司 分支机构：无 批准的办事处：无 机构原名称：无 负责人：王开学 电话：0765-2228236 传真：0765-2202162 地址：广东省顺德市大良文秀路文乐街 6 座 204 号 邮编：528300 有效期限：12-31-2004 批准业务范围：质量管理体系认证咨询	地域：广东 批准书编号：CNCA-Z-20Q-2002-047 机构名称：珠海博星达管理工程顾问有限公司 分支机构：无 批准的办事处：无 机构原名称：无 负责人：李薇 电话：0756-3373388 传真：0756-3373058 地址：珠海市九洲大道东商业银行大厦 1306 室-1307 室 邮编：519015 有效期限：12-31-2004 批准业务范围：质量管理体系认证咨询
地域：广东 批准书编号：CNCA-Z-20Q-2002-044 机构名称：深圳市冠智达实业有限公司 分支机构：无 批准的办事处：无 机构原名称：无 负责人：万峰 电话：0755-27756007 传真：0755-27788279 地址：深圳市宝安九区广场大厦 34 号信箱 邮编：518101 有效期限：10-30-2006 批准业务范围：质量管理体系认证咨询；环境管理体系认证咨询	地域：广东 批准书编号：CNCA-Z-20Q-2002-051 机构名称：顺德市博思管理咨询有限公司 分支机构：无 批准的办事处：无 机构原名称：无 负责人：王文校 电话：0765-2258410 传真：0765-2258409 地址：广东省顺德市大良区新桂路 81 号 邮编：528300 有效期限：12-31-2004 批准业务范围：质量管理体系认证咨询
地域：广东 批准书编号：CNCA-Z-20Q-2002-045 机构名称：深圳市朱兰质量咨询有限公司 分支机构：无 批准的办事处：无 机构原名称：无 负责人：赵东波 电话：0755-83551203 传真：0755-83551389 地址：深圳市滨河大道爱地大厦西座 23B 邮编：518045 有效期限：8-30-2006 批准业务范围：质量管理体系认证咨询；职业安全与健康管理体系认证咨询	地域：广东 批准书编号：CNCA-Z-20Q-2002-055 机构名称：广东新元管理顾问有限公司 分支机构：无 批准的办事处：无 机构原名称：无 负责人：吴少敏 电话：020-83351789 传真：020-83353964 地址：广州市连新路 11 号 8 楼 邮编：510030 有效期限：12-31-2004 批准业务范围：质量管理体系认证咨询

地域：广东 批准书编号：CNCA-Z-20Q-2002-030 机构名称：深圳市专一质量体系认证咨询有限公司 分支机构：无 批准的办事处：无 机构原名称：无 负责人：吴长江 电话：0755-83361186 传真：0755-83208619 地址：深圳市福田区振华路 56 号兰光大厦 10 层 1011 室 邮编：518034 有效期限：8-30-2006 批准业务范围：质量管理体系认证咨询	地域：广东 批准书编号：CNCA-Z-20Q-2002-059 机构名称：广东大雄经济技术咨询有限公司 分支机构：无 批准的办事处：无 机构原名称：无 负责人：刘翔宇 电话：020-38293071，38293458 传真：020-38293436 地址：广州市珠江新城金穗路 22-30 号丽晶华庭银莱阁六楼 F 室 邮编：510623 有效期限：11-29-2006 批准业务范围：质量管理体系认证咨询
地域：广东 批准书编号：CNCA-Z-20Q-2002-046 机构名称：广州简捷企业光里顾问有限公司 分支机构：无 批准的办事处：无 机构原名称：无 负责人：支越 电话：020-87237046 传真：020-87237047 地址：广州市东莞庄路 39 号 30 栋 1-903 房（04） 邮编：510610 有效期限：8-30-2006 批准业务范围：质量管理体系认证咨询；环境管理体系认证咨询	地域：广东 批准书编号：CNCA-Z-20Q-2002-069 机构名称：深圳市确利达企业策划顾问有限公司 分支机构：无 批准的办事处：无 机构原名称：无 负责人：夏学文 电话：0755-82136408 传真：0755-82136660 地址：深圳市罗湖区太平洋商贸大厦 5 楼 B515 号 邮编：518001 有效期限：3-30-2007 批准业务范围：质量管理体系认证咨询
地域：广东 批准书编号：CNCA-Z-20Q-2002-034 机构名称：广州欧安信认证咨询有限公司 分支机构：无 批准的办事处：无 机构原名称：无 负责人：陈信定 电话：020-85584032， 85585418 传真：020-85584587 地址：广东省广州市天河区黄埔大道西 39 号瑞达大厦 15 楼 E 室 邮编：510620 有效期限：8-30-2006 批准业务范围：质量管理体系认证咨询	地域：广东 批准书编号：CNCA-Z-20Q-2002-061 机构名称：广州共生代环境管理顾问有限公司 分支机构：无 批准的办事处：无 机构原名称：无 负责人：彭小燕 电话：020-38866155 传真：020-38868201 地址：广州市天河大厦 3807 室 邮编：510620 有效期限：12-31-2004 批准业务范围：环境管理体系认证咨询

地域：广东 批准书编号：CNCA-Z-20Q-2002-066 机构名称：深圳市爱索威企业管理顾问有限公司 分支机构：无 批准的办事处：无 机构原名称：无 负责人：李永鹏 电话：0755-83130483 传真：0755-83130461 地址：深圳市福田区涤茂商业中心 14 楼 F 座 邮编：518034 有效期限：12-31-2004 批准业务范围：环境管理体系认证咨询	地域：广东 批准书编号：CNCA-Z-20Q-2003-070 机构名称：深圳市诚则成企业管理顾问有限公司 分支机构：无 批准的办事处：无 机构原名称：无 负责人：孙萌萌 电话：0755-83981318 传真：0755-83525785 地址：深圳市深南中路南光捷佳大厦 2406 邮编：518033 有效期限：7-30-2007 批准业务范围：质量管理体系认证咨询；职业安全与健康管理体系认证咨询
地域：广东 批准书编号：CNCA-Z-20Q-2002-036 机构名称：深圳市爱基投资咨询有限公司 分支机构：无 批准的办事处：无 机构原名称：无 负责人：刘爱基 电话：0755-83502000，13602595130 传真：0755-83502040 地址：深圳市福田区新闻路深茂商业中心 17 层 AH 座 邮编：518034 有效期限：12-31-2004 批准业务范围：质量管理体系认证咨询	地域：广东 批准书编号：CNCA-Z-20Q-2003-072 机构名称：广州市誉杰管理技术服务有限公司 分支机构：无 批准的办事处：无 机构原名称：无 负责人：时亚南 电话：020-87501136 传真：020-87500937 地址：广州市天河东路 14 号天晖阁 9E 邮编：510630 有效期限：10-30-2007 批准业务范围：质量管理体系认证咨询；环境管理体系认证咨询；职业安全与健康管理体系认证咨询
地域：广东 批准书编号：CNCA-Z-20Q-2002-057 机构名称：广州环境管理体系评估咨询中心 分支机构：无 批准的办事处：无 机构原名称：无 负责人：吴春龙 电话：020-85515405 传真：020-8535805 地址：广州市天河南一路 24 号 邮编：510620 有效期限：9-29-2006 批准业务范围：质量管理体系认证咨询；环境管理体系认证咨询	地域：广东 批准书编号：CNCA-Z-20Q-2003-074 机构名称：深圳市麦特企业管理顾问有限公司 分支机构：无 批准的办事处：无 机构原名称：无 负责人：汪萍 电话：0755-26403732 传真：0755-26411132 地址：深圳市南山区创业路海王大厦 B-7C 邮编：518054 有效期限：10-30-2007 批准业务范围：质量管理体系认证咨询

地域：广东 批准书编号：CNCA-Z-20Q-2002-060 机构名称：深圳华南质量体系认证咨询中心 分支机构：无 批准的办事处：无 机构原名称：无 负责人：张炯 电话：0755-82415940 传真：0755-82411003 地址：深圳市银湖路专家公寓D座401 邮编：518029 有效期限：4-30-2003 批准业务范围：环境管理体系认证咨询	地域：广东 批准书编号：CNCA-Z-32C-2002-002 机构名称：深圳市金天平质量技术咨询有限公司 分支机构：无 批准的办事处：无 机构原名称：无 负责人：贺一训 电话：0755-83370722 传真：0755-83393929 地址：深圳市福田区彩田路东华大厦12C 邮编：518026 有效期限：8-30-2006 批准业务范围：质量管理体系认证咨询
地域：广东 批准书编号：CNCA-Z-20Q-2002-062 机构名称：广东省广之吉信息技术有限公司 分支机构：无 批准的办事处：无 机构原名称：无 负责人：李志新 电话：020-84489241 传真：020-84489241 地址：广州市海珠区南村路泰山庙前3号1105、1107室 邮编：510220 有效期限：12-31-2004 批准业务范围：质量管理体系认证咨询	地域：广西 批准书编号：CNCA-Z-21Q-2002-002 机构名称：柳州市英达思企业管理咨询有限公司 分支机构：无 批准的办事处：无 机构原名称：无 负责人：梁峰 电话：0772-2860002 传真：0772-2860006 地址：广西柳州市解放北路1号中交大厦10楼9室 邮编：545001 有效期限：8-30-2006 批准业务范围：质量管理体系认证咨询
地域：广东 批准书编号：CNCA-Z-20Q-2002-067 机构名称：广东新笙企业管理顾问有限公司 分支机构：无 批准的办事处：无 机构原名称：无 负责人：王新彰 电话：020-87597811 传真：020-87595830 地址：广州市天河区黄埔大道西201号金泽大厦1707号 邮编：510620 有效期限：4-30-2003 批准业务范围：质量管理体系认证咨询	地域：广西 批准书编号：CNCA-Z-21Q-2002-004 机构名称：南宁市信通质量咨询中心 分支机构：无 批准的办事处：无 机构原名称：无 负责人：刘曾雯 电话：0771-4857560 传真：0771-4829068 地址：南宁市五一东路3号 邮编：530031 有效期限：12-31-2004 批准业务范围：质量管理体系认证咨询

地域：广东 批准书编号：CNCA－Z－20Q－2003－071 机构名称：深圳市汇兰德企业管理顾问有限公司 分支机构：无 批准的办事处：无 机构原名称：无 负责人：白广强 电话：0755－83002206 传真：0755－83002203 地址：深圳市福田区福中路福景大厦 1302 室 邮编：518026 有效期限：8－30－2007 批准业务范围：质量管理体系认证咨询	地域：广西 批准书编号：CNCA－Z－21Q－2002－005 机构名称：南宁安易博达信息咨询有限责任公司 分支机构：无 批准的办事处：无 机构原名称：无 负责人：王超 电话：0771－2831990 ，13977370844 传真：0771－2850908 地址：南宁市七星路 129 号 2 楼 邮编：530022 有效期限：12－31－2004 批准业务范围：质量管理体系认证咨询
地域：广东 批准书编号：CNCA－Z－20Q－2003－073 机构名称：深圳市杰思管理策划有限公司 分支机构：无 批准的办事处：无 机构原名称：无 负责人：刘燕萍 电话：0755－83902704 ，83922589 传真：0755－83903754 地址：深圳市福田区新洲路景新花园景新阁 8A 邮编：518034 有效期限：11－29－2007 批准业务范围：质量管理体系认证咨询；环境管理体系认证咨询	地域：海南 批准书编号：CNCA－Z－22C－2002－002 机构名称：海南进出口商品检验公司 分支机构： 批准的办事处：无 机构原名称：无 负责人：蔡大明 电话 0898－：6864851，68667641 地址：海口市海秀大道 165 号 邮编：570125 有效期限：4－30－2003 批准业务范围：质量管理体系认证咨询
地域：广东 批准书编号：CNCA－Z－33C－2002－001 机构名称：珠海市赢正质量管理服务有限公司 分支机构：无 批准的办事处：无 机构原名称：无 负责人：郑之扬 电话：0756－8899112，8119948 传真：0756－8119948 地址：珠海市拱北侨光路 133 号 5 楼邮编：519020 有效期限：12－31－2004 批准业务范围：质量管理体系认证咨询	地域：重庆 批准书编号：CNCA－Z－04Q－2002－001 机构名称：重庆质量体系认证咨询中心 分支机构：无 批准的办事处：无 机构原名称：无 负责人：蒋勇 电话：023－67080365 ， 69075799 传真：023－69075787 地址：重庆市江北区洋河三村 1 号 A2－5 邮编：400020 有效期限：12－31－2004 批准业务范围：质量管理体系认证咨询

地域：广东 批准书编号：CNCA-Z-20Q-2003-076 机构名称：广东广科技术顾问有限公司 分支机构：无 批准的办事处：无 机构原名称：无 负责人：曾小虎 电话：020-38492893 传真：020-38492890 地址：广州市天河区天寿路 170 号 903 室 邮编：510630 有效期限：2004－12－31 批准业务范围：质量管理体系认证咨询	地域：重庆 批准书编号：CNCA-Z-04Q-2002-003 机构名称：重庆华洋质量认证咨询有限公司 分支机构：无 批准的办事处：无 机构原名称：无 负责人：邓欧敏 电话：023-67523390，13608313654 传真：023-67508561 地址：重庆市江北区建新北路 31 号附 8 号 邮编：400020 有效期限：12-31-2004 批准业务范围：质量管理体系认证咨询；环境管理体系认证咨询
地域：广西 批准书编号：CNCA-Z-21Q-2002-001 机构名称：南宁市艾肯迪管理咨询有限公司 分支机构：无 批准的办事处：无 机构原名称：无 负责人：韩建忠 电话：0771-5518553 传真：0771-5518629-22 地址：广西南宁市滨湖路 65 号 邮编：530021 有效期限：12-31-2004 批准业务范围：质量管理体系认证咨询	地域：重庆 批准书编号：CNCA-Z-04Q-2002-020 机构名称：重庆瑞兰企业顾问有限公司 分支机构：无 批准的办事处：无 机构原名称：无 负责人：肖俊 电话：023-65412118 传真：023-65409089 地址：重庆市沙坪区华宇广场时代星空 24-4 邮编：400030 有效期限：12-31-2004 批准业务范围：质量管理体系认证咨询
地域：广西 批准书编号：CNCA-Z-21Q-2002-003 机构名称：南宁市新维企业管理顾问咨询有限公司 分支机构：无 批准的办事处：无 机构原名称：无 负责人：梁恩发 电话：0771-4800091，4800092 传真：0771-4802387 地址：广西南宁市江南路 17 号国际经贸大厦 16 楼 A 座 邮编：530031 有效期限：12-31-2004 批准业务范围：质量管理体系认证咨询；环境管理体系认证咨询	地域：重庆 批准书编号：CNCA-Z-04Q-2002-016 机构名称：重庆科华管理咨询有限公司 分支机构：无 批准的办事处：无 机构原名称：重庆科华质量认证咨询服务有限公司 负责人：田红英 电话：023-69018123，69018865，69018275 传真：023-69018123 地址：重庆市江北区建新北路 65 号外贸大厦 14 楼 邮编：400020 有效期限：12-31-2004 批准业务范围：质量管理体系认证咨询

地域：广西 批准书编号：CNCA-Z-21Q-2002-006 机构名称：南宁普来东认证策划服务有限公司 分支机构：无 批准的办事处：无 机构原名称：无 负责人：陈虹羽 电话：0771-5701687 传真：0771-5701687 地址：广西南宁市平湖路4号葛东大厦B806 邮编：530022 有效期限：12-31-2004 批准业务范围：质量管理体系认证咨询；环境管理体系认证咨询	地域：重庆 批准书编号：CNCA-Z-04Q-2002-017 机构名称：重庆四坦达信息工程有限公司 分支机构：无 批准的办事处：无 机构原名称：无 负责人：田桂勇 电话：023-67510824 传真：023-67510824 地址：重庆市九龙坡歇台子科园四路116号附1-3 邮编：400000 有效期限：12-31-2004 批准业务范围：质量管理体系认证咨询
地域：海南 批准书编号：CNCA-Z-22C-2002-001 机构名称：海南禧特管理技术咨询有限公司 分支机构：无 批准的办事处：无 机构原名称：无 负责人：冯晋英 电话：0898-66701895 传真：0898-66701895 地址：海南省海口市龙昆北路21号 邮编：570125 有效期限：9-29-2006 批准业务范围： 质量管理体系认证咨询；职业安全与健康管理体系认证咨询；HACCP认证咨询	地域：重庆 批准书编号：CNCA-Z-04Q-2002-017 机构名称：重庆四坦达信息工程有限公司 分支机构：无 批准的办事处：无 机构原名称：无 负责人：张政 电话：023-67510824 传真：023-67510824 地址：重庆江北小苑二村二号八楼 邮编：400020 有效期限：12-31-2004 批准业务范围：质量管理体系认证咨询
地域：海南 批准书编号：CNCA-Z-22Q-2002-001 机构名称：海南创鑫认证咨询服务中心 分支机构： 批准的办事处：无 机构原名称：海南九千质量认证咨询服务中心 负责人：廖雄戈 电话：0898-66749780 传真：0898-66761167 地址：海南省海口市海秀路28号纺织大厦5楼 邮编：570206 有效期限：12-31-2004 批准业务范围：质量管理体系认证咨询	地域：重庆 批准书编号：CNCA-Z-04Q-2002-018 机构名称：重庆市瑞祥企业管理顾问有限公司 分支机构：无 批准的办事处：无 机构原名称：无 负责人：莫维 电话：023-67701615 传真：023-67722573 地址：重庆市江北区洋河路1号海怡花园A6-4 邮编：400020 有效期限：12-31-2004 批准业务范围：质量管理体系认证咨询

<table>
<tr><td>地域：重庆
批准书编号：CNCA-Z-04C-2002-001
机构名称：重庆国际联检质量认证咨询有限公司
分支机构：无
批准的办事处：无
机构原名称：无
负责人：翟晓维
电话：023-67752626
传真：023-67750898
地址：四川省重庆市北区红旗河沟洋河一村 76 号 14 楼
邮编：400020
有效期限：4-30-2003
批准业务范围：质量管理体系认证咨询</td><td>地域：重庆
批准书编号：CNCA-Z-04Q-2002-010
机构名称：重庆建通商务咨询有限公司
分支机构：无
批准的办事处：无
机构原名称：无
负责人：李刚锐
电话：023-63601316
传真：023-63601316
地址：渝中区人民路 123 号蒲田大厦 13 楼
邮编：400015
有效期限：12-31-2004
批准业务范围：质量管理体系认证咨询</td></tr>
<tr><td>地域：重庆
批准书编号：CNCA-Z-04Q-2002-002
机构名称：重庆科益认证咨询有限公司
分支机构：无
批准的办事处：无
机构原名称：无
负责人：陈晓彤
电话：023-63619000， 63629000
传真：023-63602235
地址：重庆市渝中区中山三路 161 号广发大厦 19 楼
邮编：400015
有效期限：12-31-2004
批准业务范围：质量管理体系认证咨询；环境管理体系认证咨询</td><td>地域：重庆
批准书编号：CNCA-Z-04Q-2002-030
机构名称：重庆市四和管理顾问有限公司
分支机构：无
批准的办事处：无
机构原名称：无
负责人：王巍
电话：023-63873562 ，63605536
传真：023-63873523
地址：重庆市渝中区中山三路 157 号汇源大厦 21 层
邮编：400015
有效期限：12-31-2004
批准业务范围：质量管理体系认证咨询</td></tr>
<tr><td>地域：重庆
批准书编号：CNCA-Z-04Q-2002-015
机构名称：重庆市星球质量管理咨询有限公司
分支机构：无
批准的办事处：无
机构原名称：无
负责人：邓德寿
电话：023-65336126
传真：023-65336126
地址：重庆市沙坪坝区天陈路 16-16 天安仕锦阁 24-3 号
邮编：400047
有效期限：10-30-2006
批准业务范围：质量管理体系认证咨询</td><td>地域：重庆
批准书编号：CNCA-Z-04Q-2002-013
机构名称：重庆泰鸿企业管理顾问发展有限公司
分支机构：无
批准的办事处：无
机构原名称：无
负责人：陈文全
电话：023-63859184
传真：023-63858906
地址：重庆市渝中区上清寺中山四路 1 号渝中大厦 8 楼
邮编：400015
有效期限：12-31-2004
批准业务范围：质量管理体系认证咨询</td></tr>
</table>

地域：重庆
批准书编号：CNCA-Z-04Q-2002-004
机构名称：重庆上游企业管理顾问有限公司
分支机构：无
批准的办事处：无
机构原名称：无
负责人：程守坚
电话：023-67626804
传真：023-67626755
地址：重庆渝北区加州花园 C6-10-2
邮编：401147
有效期限：12-31-2004
批准业务范围：质量管理体系认证咨询

地域：重庆
批准书编号：CNCA-Z-04Q-2002-031
机构名称：重庆市志达质量认证咨询有限公司
分支机构：无
批准的办事处：无
机构原名称：无
负责人：颜军
电话：023-63618138
传真：023-63608138
地址：重庆市渝中区人民路 201 号四单元 6-1 号
邮编：400015
有效期限：12-31-2004
批准业务范围：质量管理体系认证咨询

地域：重庆
批准书编号：CNCA-Z-04Q-2002-005
机构名称：重庆创标质量管理咨询有限公司
分支机构：无
批准的办事处：无
机构原名称：无
负责人：杨伯诚
电话：023-65397795
传真：023-65397793
地址：沙坪坝小新街 29 号华宇广场 2 号楼(时代星空) 16-15 号
邮编：400039
有效期限：8-30-2006
批准业务范围：质量管理体系认证咨询

地域：重庆
批准书编号：CNCA-Z-04Q-2002-023
机构名称：重庆中策管理顾问有限公司
分支机构：无
批准的办事处：无
机构原名称：无
负责人：吴昊阳
电话：023-68679780， 68679980
传真：023-68679756
地址：重庆市高新区陈家坪帝豪名都 1216 室
邮编：400039
有效期限：12-30-2006
批准业务范围：质量管理体系认证咨询

地域：重庆
批准书编号：CNCA-Z-04Q-2002-006
机构名称：重庆时代经纬企业管理技术服务有限公司
分支机构：无
批准的办事处：无
机构原名称：无
负责人：冯玉玲
电话：62808827 ，62903605
传真：628110910
地址：重庆市南坪北路 12 号工贸大厦 13-12
邮编：400060
有效期限：4-30-2003
批准业务范围：环境管理体系认证咨询

地域：重庆
批准书编号：CNCA-Z-04Q-2002-026
机构名称：重庆市环境管理体系认证咨询中心
分支机构：无
批准的办事处：无
机构原名称：无
负责人：张国康
电话：023-67634283，67633657
传真：023-67633748
地址：江北区建新北路 130 号（红旗河沟）
邮编：400020
有效期限：4-30-2003
批准业务范围：环境管理体系认证咨询

地域：重庆 批准书编号：CNCA-Z-04Q-2002-007 机构名称：重庆澜柯质量认证咨询有限公司 分支机构：无 批准的办事处：无 机构原名称：无 负责人：蒋海彪 电话：023-63653096 传真：023-63653013 地址：重庆市渝中区人和街星都花园金星阁 13-1 邮编：400015 有效期限：12-31-2004 批准业务范围：质量管理体系认证咨询	地域：四川 批准书编号：CNCA-Z-23C-2002-001 机构名称：四川千叶咨询有限公司 分支机构：无 批准的办事处：无 机构原名称：无 负责人：刘友财 电话：028-86652368 传真：028-86652368 地址：成都市总府 12 号（商业大厦）9 楼 5 号 邮编：610016 有效期限：12-31-2004 批准业务范围：质量管理体系认证咨询
地域：重庆 批准书编号：CNCA-Z-04Q-2002-021 机构名称：重庆达诚质量认证咨询有限公司 分支机构：无 批准的办事处：无 机构原名称：无 负责人：刘映雪 电话：023-67726093 传真：023-67733703 地址：重庆市渝中区中山二路 91 号 邮编：400014 有效期限：12-31-2004 批准业务范围：质量管理体系认证咨询	地域：四川 批准书编号：CNCA-Z-23Q-2002-001 机构名称：四川质量咨询服务有限公司 分支机构：无 批准的办事处：无 机构原名称：无 负责人：张起超 电话：028-85537403 传真：028-85585072 地址：四川省成都市簧门街 79 号附 1 号 邮编：610041 有效期限：7-30-2006 批准业务范围：质量管理体系认证咨询；职业安全与健康管理体系认证咨询
地域：重庆 批准书编号：CNCA-Z-04Q-2002-011 机构名称：重庆创能企业管理咨询有限公司 分支机构：无 批准的办事处：无 机构原名称：无 负责人：蒋安平 电话：023-65417247 传真：023-65417247 地址：重庆市沙坪坝区小新街 29 号华宇广场时代星空 22-20 邮编：400030 有效期限：12-31-2004 批准业务范围：质量管理体系认证咨询	地域：四川 批准书编号：CNCA-Z-23Q-2002-004 机构名称：成都新西部质量咨询有限公司 分支机构：无 批准的办事处：无 机构原名称：无 负责人：廖中斌 电话：028-86746047 传真：028-86746047 地址：四川省成都市梓潼街 37 号 邮编：610017 有效期限：4-30-2003 批准业务范围：质量管理体系认证咨询

地域：重庆 批准书编号：CNCA-Z-04Q-2002-012 机构名称：重庆科峰企业管理顾问有限公司 分支机构：无 批准的办事处：无 机构原名称：无 负责人：李志祥 电话：023-67763092，67763339 传真：023-67763766 地址：重庆市江北区建新西路2号特1号中冶大厦16楼7号 邮编：400020 有效期限：12-31-2004 批准业务范围：质量管理体系认证咨询	地域：四川 批准书编号：CNCA-Z-23Q-2002-006 机构名称：成都诚通咨询有限公司 分支机构：无 批准的办事处：无 机构原名称：无 负责人：项八一 电话：028-87714089 传真：028-87785362 地址：四川省成都市西安南路63号308室 邮编：610072 有效期限：7-30-2006 批准业务范围：质量管理体系认证咨询
地域：重庆 批准书编号：CNCA-Z-04Q-2002-022 机构名称：重庆方达认证咨询有限公司 分支机构：无 批准的办事处：无 机构原名称：无 负责人：董世冰 电话：023-63812293 传真：023-63844376 地址：重庆市渝中区朝东路34号6-5室 邮编：400011 有效期限：12-31-2004 批准业务范围：质量管理体系认证咨询	地域：四川 批准书编号：CNCA-Z-23Q-2002-008 机构名称：成都万佳现代管理咨询有限公司 分支机构：无 批准的办事处：无 机构原名称：无 负责人：倪勇 电话：028-86698056 传真：028-86698056 地址：成都市东马棚街2号9楼 邮编：610031 有效期限：7-30-2006 批准业务范围：质量管理体系认证咨询
地域：重庆 批准书编号：CNCA-Z-04Q-2002-029 机构名称：重庆龙头质量认证咨询有限公司 分支机构：无 批准的办事处：无 机构原名称：无 负责人：奚元福 电话：023-67701752 传真：023-67701752 地址：重庆江北区建新东路87号11-4 邮编：400020 有效期限：12-30-2004 批准业务范围：质量管理体系认证咨询	地域：四川 批准书编号：CNCA-Z-23Q-2002-010 机构名称：成都天成质量技术保证服务有限责任公司 分支机构：无 批准的办事处：无 机构原名称：无 负责人：程小泉 电话：028-6269978 传真：028-6269978 地址：四川省成都市东门街2号 邮编：610031 有效期限：7-30-2006 批准业务范围：质量管理体系认证咨询；环境管理体系认证咨询

<table>
<tr>
<td>地域：重庆
批准书编号：CNCA-Z-04Q-2002-025
机构名称：重庆腾飞质量认证咨询有限公司
分支机构：无
批准的办事处：无
机构原名称：无
负责人：王谟森
电话：023-68813688
传真：023-68713459
地址：重庆市渝中区上肖家湾 17 号
邮编：400042
有效期限：4-30-2003
批准业务范围：质量管理体系认证咨询</td>
<td>地域：四川
批准书编号：CNCA-Z-23Q-2002-011
机构名称：成都九洲管理咨询有限公司
分支机构：无
批准的办事处：无
机构原名称：无
负责人：刘鲁蜀
电话：028-85151958， 85151938
传真：028-85151928
地址：成都市高新区永丰路 9 号新蓉饭店 2 楼
邮编：610041
有效期限：7-30-2006
批准业务范围：质量管理体系认证咨询</td>
</tr>
<tr>
<td>地域：重庆
批准书编号：CNCA-Z-04Q-2002-027
机构名称：重庆科捷质量管理咨询有限公司
分支机构：无
批准的办事处：无
机构原名称：重庆市沙坪坝区科捷质量管理咨询有限公司
负责人：黄圣志
电话：023-65160919
传真：023-65161169
地址：重庆市沙坪坝区老双碑 21 号 6 楼
邮编：400032
有效期限：12-31-2004
批准业务范围：质量管理体系认证咨询</td>
<td>地域：四川
批准书编号：CNCA-Z-23Q-2002-034
机构名称：成都博加思管理顾问有限公司
分支机构：无
批准的办事处：无
机构原名称：成都环球管理顾问咨询有限公司
负责人：张权林
电话：028-86658518
传真：028-6656323
地址：成都市天仙桥北街府河名居 8F
邮编：610021
有效期限：4-30-2003
批准业务范围：质量管理体系认证咨询</td>
</tr>
<tr>
<td>地域：四川
批准书编号：CNCA-Z-23C-2002-002
机构名称：晋杰企业管理顾问(成都)有限公司
分支机构：无
批准的办事处：无
机构原名称：无
负责人：陈英华
电话：028-85511234
传真：028-85511010
地址：四川省成都市一环路南三段玉林北路 5 号第一栋 B 座 201 至 204 室
邮编：610041
有效期限：12-31-2004
批准业务范围：质量管理体系认证咨询</td>
<td>地域：四川
批准书编号：CNCA-Z-23Q-2002-014
机构名称：四川金点管理策划有限公司
分支机构：无
批准的办事处：无
机构原名称：无
负责人：周建明
电话：028-85259288
传真：028-85259388
地址：四川省成都市一环路南一段红瓦寺学府花园锦学阁 9 楼 C 座
邮编：610064
有效期限：4-30-2003
批准业务范围：质量管理体系认证咨询</td>
</tr>
</table>

地域：四川 批准书编号：CNCA-Z-23Q-2002-002 机构名称：四川质量认证咨询中心 分支机构：无 批准的办事处：无 机构原名称：无 负责人：戴祖清 电话：028-84403367， 84403715 传真：028-84403367 地址：成都市东风路二段北二巷四号综合楼 101-108 室 邮编：610061 有效期限：7-30-2006 批准业务范围：质量管理体系认证咨询	地域：四川 批准书编号：CNCA-Z-23Q-2002-016 机构名称：四川省大成质量管理顾问有限公司 分支机构：无 批准的办事处：无 机构原名称：无 负责人：王瑞明 电话：028-85052900 传真：028-85052600 地址：成都市红牌楼 邮编：610041 有效期限：12-31-2004 批准业务范围：质量管理体系认证咨询
地域：四川 批准书编号：CNCA-Z-23Q-2002-005 机构名称：成都赛阳管理技术咨询有限公司 分支机构：无 批准的办事处：无 机构原名称：无 负责人：李标 电话：028-86155827 ，86120880 传真：028-86148171 地址：成都市青羊区城边街 118 号 邮编：610041 有效期限：12-31-2004 批准业务范围：质量管理体系认证咨询	地域：四川 批准书编号：CNCA-Z-23Q-2002-019 机构名称：四川华强技术有限责任公司质量认证咨询中心 分支机构：无 批准的办事处： 机构原名称：无 负责人：吴强 电话：028-84455704 传真：028-84455704 地址：四川省成都市东风路 2 段北 2 巷 4 号综合楼 3 楼 邮编：610061 有效期限：4-30-2003 批准业务范围：质量管理体系认证咨询
地域：四川 批准书编号：CNCA-Z-23Q-2002-007 机构名称：四川华保管理咨询有限公司 分支机构：无 批准的办事处：无 机构原名称：无 负责人：闵少安 电话：028-85091913， 85097681 传真：028-85091071 地址：四川省成都市一环路西一段 21 号健康大厦 402 室 邮编：610041 有效期限：7-30-2006 批准业务范围：质量管理体系认证咨询；环境管理体系认证咨询；职业安全与健康管理体系认证咨询	地域：四川 批准书编号：CNCA-Z-23Q-2002-022 机构名称：成都思源企业管理顾问有限公司 分支机构：无 批准的办事处：无 机构原名称：无 负责人：韩金惠 电话：028-82942183 传真：028-82942183 地址：成都市二环路南三段 38 号 1 栋 4 单元 501 室 邮编：610041 有效期限：12-31-2004 批准业务范围：质量管理体系认证咨询

地域：四川 批准书编号：CNCA-Z-23Q-2002-009 机构名称：四川华维质量认证咨询有限责任公司 分支机构：无 批准的办事处：无 机构原名称：无 负责人：李晓红 电话：028- 85553897， 85551283 传真：028-85553897 地址：四川省成都市人民南路 4 段 22 号 邮编：610041 有效期限：9-29-2006 批准业务范围：质量管理体系认证咨询；环境管理体系认证咨询	地域：四川 批准书编号：CNCA-Z-23Q-2002-036 机构名称：四川神舟管理认证咨询有限公司 分支机构：无 批准的办事处：无 机构原名称：无 负责人：刘建琼 电话：028-85450333 传真：028-85450333 地址：四川省成都市老马路 8 号 邮编：610061 有效期限：4-30-2003 批准业务范围：质量管理体系认证咨询
地域：四川 批准书编号：CNCA-Z-23Q-2002-033 机构名称：四川科情质量管理体系认证咨询中心 分支机构：无 批准的办事处：无 机构原名称：无 负责人：廖品松 电话：028-86943156 传真：028-86948243 地址：金丝街 22 号社科大楼 3F 邮编：610017 有效期限：4-30-2003 批准业务范围：质量管理体系认证咨询	地域：四川 批准书编号：CNCA-Z-23Q-2002-026 机构名称：成都环科质量管理认证咨询中心 分支机构：无 批准的办事处：无 机构原名称：无 负责人：谭清斌 电话：028-82911381 ， 82911382， 82911383 传真：028-85174311 地址：四川省成都市高新区九兴大道六号 邮编：610041 有效期限：12-31-2004 批准业务范围：质量管理体系认证咨询
地域：四川 批准书编号：CNCA-Z-23Q-2002-012 机构名称：四川德尔企业管理顾问有限公司 分支机构：无 批准的办事处：无 机构原名称：无 负责人：王鹏远 电话：028-87674477 传真：028-87670044 地址:四川省成都市沙湾路新 77 号新天地大厦 7C-2 邮编：610031 有效期限：12-31-2004 批准业务范围：质量管理体系认证咨询	地域：四川 批准书编号：CNCA-Z-23Q-2002-028 机构名称：成都思高管理资源有限公司 分支机构：无 批准的办事处：无 机构原名称：无 负责人：余晓俊 电话：028-86723990 传真：028-86729085 地址：四川省成都市锦江区东大街 59-71 号蓝光大厦 1418 号 邮编：610016 有效期限：4-30-2003 批准业务范围：质量管理体系认证咨询

地域：四川 批准书编号：CNCA-Z-23Q-2002-013 机构名称：四川奇力质量环境管理体系认证咨询事务所 分支机构：无 批准的办事处：无 机构原名称：无 负责人：王方明 电话：0838-2508111 传真：0838-2506035 地址：四川省德阳市天目山南路 2 段 186 号 邮编：618000 有效期限：4-30-2003 批准业务范围：质量管理体系认证咨询	地域：四川 批准书编号：CNCA-Z-23Q-2002-042 机构名称：成都寰通企业管理顾问有限公司 分支机构：无 批准的办事处：无 机构原名称：无 负责人：左晓文 电话：028-85512573 传真：028-85512573 地址：成都市簧门后街 2 号城南世家 1-13-1 号 邮编：610041 有效期限：7-30-2006 批准业务范围：质量管理体系认证咨询
地域：四川 批准书编号：CNCA-Z-23Q-2002-015 机构名称：四川省海宇管理顾问有限公司 分支机构：无 批准的办事处：无 机构原名称：无 负责人：周昌铭 电话：028-85108891 传真：028-85108893 地址：四川省成都市高升桥东路 2-6 号罗马假日广场 B 座-E401、402 邮编：610041 有效期限：7-30-2006 批准业务范围：质量管理体系认证咨询；环境管理体系认证咨询；职业安全与健康管理体系认证咨询	地域：四川 批准书编号：CNCA-Z-23Q-2002-041 机构名称：成都信彼达科技有限公司 分支机构：无 批准的办事处：无 机构原名称：无 负责人：纪根强 电话：13308058369 传真：028-83277121 地址：成都市二环路东一段 29 号 邮编：610051 有效期限：10-30-2006 批准业务范围：质量管理体系认证咨询
地域：四川 批准书编号：CNCA-Z-23Q-2002-018 机构名称：成都捷达管理顾问有限公司 分支机构：无 批准的办事处：无 机构原名称：无 负责人：张红 电话：028-85108839 传真：028-85108831 地址：成都市青羊区西御河沿街 5 号附 14 号 邮编：610041 有效期限：7-30-2006 批准业务范围：质量管理体系认证咨询	地域：四川 批准书编号：CNCA-Z-23Q-2003-044 机构名称：四川崇州通达咨询中心 分支机构：无 批准的办事处：无 机构原名称：无 负责人：胡　明 电话：028-82202790 传真：028-82273176 地址：四川省崇州市崇阳镇北郊（市技监局内） 邮编：611230 有效期限：12-31-2004 批准业务范围：质量管理体系认证咨询

地域：四川 批准书编号：CNCA-Z-23Q-2002-020 机构名称：成都大川质量管理咨询中心 分支机构：无 批准的办事处：无 机构原名称：无 负责人：袁伦成 电话：028-83342901 传真：028-83342901 地址：四川省成都市解放路二段 95 号 邮编：610081 有效期限：4-30-2003 批准业务范围：质量管理体系认证咨询	地域：贵州 批准书编号：CNCA-Z-24Q-2002-001 机构名称：贵阳万亚技术咨询服务有限公司 分支机构：无 批准的办事处：无 机构原名称：贵阳南明万亚技术咨询服务有限公司 负责人：许红 电话：0851-6788832 ，6788852 传真：0851-6743295 地址：贵州省贵阳市北京路 2 号九楼 邮编：550004 有效期限：11-29-2006 批准业务范围：质量管理体系认证咨询
地域：四川 批准书编号：CNCA-Z-23Q-2002-024 机构名称：成都迈高咨询管理有限公司 分支机构：无 批准的办事处：无 机构原名称：无 负责人：王梅 电话：028-85229529 传真：028-85229529 地址：成都市盛隆街 5 号（宏城公寓 3-10） 邮编：610041 有效期限：7-30-2006 批准业务范围：质量管理体系认证咨询；环境管理体系认证咨询	地域：贵州 批准书编号：CNCA-Z-24Q-2002-003 机构名称：贵州宏伟质量认证咨询有限公司 分支机构：无 批准的办事处：无 机构原名称：无 负责人：郜洁民 电话：0851-6762060 传真：0851-6779673 地址：贵州省贵阳市陕西路 2 号五交化公司四楼 邮编：550001 有效期限：12-31-2004 批准业务范围：质量管理体系认证咨询
地域：四川 批准书编号：CNCA-Z-23Q-2002-025 机构名称：成都华丰质量认证咨询有限公司 分支机构：无 批准的办事处：无 机构原名称：无 负责人：李雪琴 电话：028-87797827 传真：028-87796281 地址：四川省抚琴西路 203 号群益大厦 3-5 号 邮编：610036 有效期限：4-30-2003 批准业务范围：质量管理体系认证咨询	地域：贵州 批准书编号：CNCA-Z-24Q-2002-004 机构名称：贵阳艾索质量认证咨询有限公司 分支机构：无 批准的办事处：无 机构原名称：无 负责人：汪橹 电话：0851-5518180 传真：0851-5518180 地址：贵州省贵阳市青年路 70 号 邮编：550005 有效期限：12-31-2004 批准业务范围：质量管理体系认证咨询

地域：四川 批准书编号：CNCA-Z-23Q-2002-039 机构名称：四川赛富特技术顾问有限公司 分支机构：无 批准的办事处：无 机构原名称：无 负责人：冯勇 电话：028-84303348 传真：028-84300296 地址：成都市一环路东三段 78 号锦泰公寓 A 座 7 楼 6 号 邮编：610061 有效期限：12-31-2004 批准业务范围：质量管理体系认证咨询	地域：贵州 批准书编号：CNCA-Z-24Q-2002-006 机构名称：贵阳环通质量技术服务中心 分支机构：无 批准的办事处：无 机构原名称：无 负责人：梁有信 电话：0851-5828250 传真：0851-5828250 地址：贵州省贵阳市护国路 33-1 号(名士花园)二楼 邮编：550002 有效期限：4-30-2003 批准业务范围：质量管理体系认证咨询
地域：四川 批准书编号：CNCA-Z-23Q-2002-029 机构名称：成都富光咨询有限公司 分支机构：无 批准的办事处：无 机构原名称：无 负责人：田思亮 电话：028-85580365 传真：028-85580365 地址：四川省成都市玉林东路八号 邮编：610041 有效期限：12-31-2004 批准业务范围：质量管理体系认证咨询	地域：贵州 批准书编号：CNCA-Z-24Q-2002-009 机构名称：贵阳捷信达企业技术咨询服务有限公司 分支机构：无 批准的办事处：无 机构原名称：无 负责人：罗春艳 电话：0851-5619760 传真：0851-5606846 地址：贵阳市中山东路 128 号神东大厦 508 室 邮编：550002 有效期限：12-31-2004 批准业务范围：质量管理体系认证咨询
地域：四川 批准书编号：CNCA-Z-23Q-2002-031 机构名称：四川华西质量保证有限公司 分支机构：无 批准的办事处：无 机构原名称：无 负责人：胡雪梅 电话：028-85240282 传真：028-84403203 地址：四川省成都市东风路二段北二巷 4 号 邮编：610061 有效期限：12-31-2004 批准业务范围：质量管理体系认证咨询	地域：云南 批准书编号：CNCA-Z-25Q-2002-009 机构名称：昆明敬捷企业管理咨询有限公司 分支机构：无 批准的办事处：无 机构原名称：云南省质量管理协会咨询部 负责人：于书梅 电话：0871-3343341 传真：0871-3343341 地址：昆明市东风东路 209 号省经贸委综合楼四楼 邮编：650041 有效期限：12-31-2004 批准业务范围：质量管理体系认证咨询

地域：四川 批准书编号：CNCA-Z-23Q-2002-043 机构名称：成都步升管理咨询有限公司 分支机构：无 批准的办事处：无 机构原名称：无 负责人：张世余 电话：028-85512438 传真：028-85512138 地址：成都市二环路南三段 1 号祥福苑西福楼 13G 邮编：610041 有效期限：6-29-2007 批准业务范围：质量管理体系认证咨询	地域：云南 批准书编号：CNCA-Z-25Q-2002-003 机构名称：昆明启达企业管理顾问有限公司 分支机构：无 批准的办事处：无 机构原名称：无 负责人：肖罗 电话：0871-3625398 传真：0871-3625400 地址：云南省昆明市五一路兴杰大厦 19 楼 邮编：650031 有效期限：12-31-2004 批准业务范围：质量管理体系认证咨询
地域：四川 批准书编号：CNCA-Z-23Q-2003-045 机构名称：绵阳剑南质量咨询有限责任公司 分支机构：无 批准的办事处：无 机构原名称：无 负责人：方廷杰 电话：0816-2334356 传真：0816-2334355 地址：四川省绵阳市临园路东段 74 号 邮编：621000 有效期限：12-30-2004 批准业务范围：质量管理体系认证咨询	地域：云南 批准书编号：CNCA-Z-25Q-2002-004 机构名称：昆明科利得企业管理咨询有限公司 分支机构：无 批准的办事处：无 机构原名称：无 负责人：戚波 电话：0871-3122431 传真：0871-3328151 地址：昆明市环城东路 271 号 邮编：650041 有效期限：12-31-2004 批准业务范围：质量管理体系认证咨询
地域：贵州 批准书编号：CNCA-Z-24Q-2002-002 机构名称：贵州新标咨询服务中心 分支机构：无 批准的办事处：无 机构原名称：贵州玖仟质量技术咨询中心 负责人：魏云强 电话：0851-5527054 传真：0851-5527353 地址：贵阳市嘉润路 2 号附 15 号云虹花园 A 栋 邮编：550005 有效期限：9-29-2006 批准业务范围：质量管理体系认证咨询	地域：云南 批准书编号：CNCA-Z-25Q-2002-005 机构名称：昆明科诚质量管理咨询服务有限公司 分支机构：无 批准的办事处：无 机构原名称：无 负责人：王开龙 电话：0871-3577712 ，3540321 传真：0871-3577712 地址：昆明市春城路 189 号福保综合楼 304 室 邮编：650041 有效期限：12-31-2004 批准业务范围：质量管理体系认证咨询

地域：贵州 批准书编号：CNCA-Z-24Q-2002-011 机构名称：贵州东锦企业策划管理有限责任公司 分支机构：无 批准的办事处：无 机构原名称：无 负责人：李静思 电话：0851-5801625 传真：0851-5801539 地址：贵州省贵阳市中华中路8号时代广场名仕楼33层D座 邮编：550001 有效期限：12-31-2004 批准业务范围：质量管理体系认证咨询	地域：陕西 批准书编号：CNCA-Z-27Q-2002-001 机构名称：陕西质量认证咨询中心 分支机构：无 批准的办事处：无 机构原名称：无 负责人：黄光前 电话：029-7294737 传真：029-7294737 地址：西安市雁塔路南段15号办公楼四层414室 邮编：710054 有效期限：8-30-2006 批准业务范围：质量管理体系认证咨询
地域：贵州 批准书编号：CNCA-Z-24Q-2002-005 机构名称：贵阳虹通技术咨询中心 分支机构：无 批准的办事处：无 机构原名称：无 负责人：郭小红 电话：0851-6573321 传真：0851-6573321 地址：贵阳市城基路54号 邮编：550004 有效期限：12-31-2004 批准业务范围：质量管理体系认证咨询	地域：陕西 批准书编号：CNCA-Z-27Q-2002-004 机构名称：陕西华岳质量体系认证咨询有限公司 分支机构：无 批准的办事处：无 机构原名称：无 负责人：郭增利 电话：029-8376982-19 传真：0913-8376667 地址：西安市南二环西段100号金叶53号 邮编：714065 有效期限：8-30-2006 批准业务范围：质量管理体系认证咨询；职业安全与健康管理体系认证咨询
地域：贵州 批准书编号：CNCA-Z-24Q-2002-008 机构名称：贵阳科立特咨询服务中心 分支机构：无 批准的办事处：无 机构原名称：无 负责人：刘忠萍 电话：0851-6852641 传真：0851-6852641 地址：贵州省贵阳市中华北路346号 邮编：550004 有效期限：12-31-2004 批准业务范围：质量管理体系认证咨询	地域：陕西 批准书编号：CNCA-Z-27Q-2002-024 机构名称：宝鸡市三秦质量管理技术咨询有限公司 分支机构：无 批准的办事处：无 机构原名称：无 负责人：李玉涛 电话：0917-3202097 传真：0917-3202097 地址：陕西省宝鸡市体育路46号（开发大厦4楼） 邮编：721000 有效期限：12-31-2004 批准业务范围：质量管理体系认证咨询

<table>
<tr><td>地域：贵州
批准书编号：CNCA-Z-24Q-2002-010
机构名称：贵阳小河区正达质量体系认证咨询服务站
分支机构：无
批准的办事处：无
机构原名称：无
负责人：张卫东
电话：0851-3838537　3838550
传真：0851-3805245
地址：贵阳经济技术开发区黄河路 482 号
邮编：550009
有效期限：12-31-2004
批准业务范围：质量管理体系认证咨询</td><td>地域：陕西
批准书编号：CNCA-Z-27Q-2002-006
机构名称：西安中圆国际认证技术服务有限公司
分支机构：无
批准的办事处：无
机构原名称：西安方圆质量认证技术服务有限公司
负责人：李　婷
电话：029-7812391
传真：029-7899066
地址：陕西省西安市友谊西路 2 号
邮编：710068
有效期限：8-30-2006
批准业务范围：质量管理体系认证咨询</td></tr>
<tr><td>地域：云南
批准书编号：CNCA-Z-25Q-2002-002
机构名称：昆明德邦企业管理咨询有限公司
分支机构：无
批准的办事处：无
机构原名称：无
负责人：陈伟群
电话：0871-6265025 ，6265026， 6265027
传真：0871-6265026
地址：昆明市青年路 448 号华尔顿大厦 22 楼 2203 室
邮编：650021
有效期限：12-31-2004
批准业务范围：质量管理体系认证咨询</td><td>地域：陕西
批准书编号：CNCA-Z-27Q-2002-007
机构名称：西安江源技术咨询服务有限责任公司
分支机构：无
批准的办事处：无
机构原名称：无
负责人：江琴贤
电话：029-7597596-7456707
传真：029-7459064
地址：西安市高新区新一路 19 号 B 区 2 号楼 5 层
邮编：710075
有效期限：4-30-2003
批准业务范围：质量管理体系认证咨询</td></tr>
<tr><td>地域：云南
批准书编号：CNCA-Z-25Q-2002-007
机构名称：昆明三湾技术咨询有限公司
分支机构：无
批准的办事处：无
机构原名称：无
负责人：吴江
电话：0871-3114638 ，3114167
传真：0871-3114638
地址：昆明市东风东路 49 号建筑大厦 1407 室
邮编：650041
有效期限：12-31-2004
批准业务范围：质量管理体系认证咨询</td><td>地域：陕西
批准书编号：CNCA-Z-27Q-2002-021
机构名称：陕西新宇质量咨询有限责任公司
分支机构：无
批准的办事处：无
机构原名称：无
负责人：包嵩源
电话：029-5235416
传真：029-5269102
地址：西安市翠华路 107 号
邮编：710061
有效期限：8-30-2006
批准业务范围：质量管理体系认证咨询</td></tr>
</table>

地域：云南 批准书编号：CNCA–Z–25Q–2002–011 机构名称：昆明惠邦质量管理体系认证咨询有限公司 分支机构：无 批准的办事处：无 机构原名称：无 负责人：游彩 电话：0871–5196912 传真：0871–5196912 地址：昆明市北京路 736 号意园大厦 312 室 邮编：650051 有效期限：12–31–2004 批准业务范围：质量管理体系认证咨询	地域：陕西 批准书编号：CNCA–Z–27Q–2002–023 机构名称：西安新时标质量管理咨询有限公司 分支机构：无 批准的办事处：无 机构原名称：无 负责人：闫书贵 电话：029–8490215 传真：029–8490215 地址：西安市劳动南路 12 号 邮编：710068 有效期限：12–31–2004 批准业务范围：质量管理体系认证咨询
地域：陕西 批准书编号：CNCA–Z–27C–2002–001 机构名称：陕西普惠检验检疫技术咨询服务部 分支机构：无 批准的办事处：无 机构原名称：无 负责人：王小春 电话：029–5365749 传真：029–5365748 地址：西安市含光北路 10 号检验检疫大楼 713–714 室 邮编：710068 有效期限：8–30–2006 批准业务范围：质量管理体系认证咨询	地域：陕西 批准书编号：CNCA–Z–27Q–2002–010 机构名称：西安高新奥索企业管理顾问中心 分支机构：无 批准的办事处：无 机构原名称：无 负责人：牛跃进 电话：029–8311422 传真：029–8311426 地址：西安高新路火炬大厦一层 邮编：710075 有效期限：12–31–2004 批准业务范围：质量管理体系认证咨询
地域：陕西 批准书编号：CNCA–Z–27Q–2002–003 机构名称：陕西上元企业管理咨询服务有限公司 分支机构：无 批准的办事处：无 机构原名称：无 负责人：姚彦博 电话：029– 7856168， 7857189 传真：029–7856168 地址：西安市文艺北路甲字 1 号唐人大酒店四层 邮编：710054 有效期限：12–31–2004 批准业务范围：质量管理体系认证咨询	地域：陕西 批准书编号：CNCA–Z–27Q–2002–012 机构名称：西安亨通易企业管理咨询有限责任公司 分支机构：无 批准的办事处：无 机构原名称：无 负责人：刘奇 电话：029–8386502 传真：029–8386502 地址：西安市高新二路协同大厦 1F–D 座–12 号 邮编：710075 有效期限：8–30–2006 批准业务范围：质量管理体系认证咨询；职业安全与健康管理体系认证咨询

地域：陕西 批准书编号：CNCA-Z-27Q-2002-015 机构名称：陕西方正企业管理咨询有限公司 分支机构：无 批准的办事处：无 机构原名称：无 负责人：李世平 电话：029-7292118 传真：029-7292118 地址：陕西省西安市西五路 62 号 邮编：710004 有效期限：12-31-2004 批准业务范围：质量管理体系认证咨询	地域：陕西 批准书编号：CNCA-Z-27Q-2002-017 机构名称：西安赢家企业管理咨询服务有限公司 分支机构：无 批准的办事处：无 机构原名称：无 负责人：高旭东 电话：029-5368402 传真：029-5228677 地址：西安翠华泸 254 号伟林大厦 318-320 室 邮编：710061 有效期限：4-30-2003 批准业务范围：质量管理体系认证咨询
地域：陕西 批准书编号：CNCA-Z-27Q-2002-005 机构名称：西安巨星投资管理咨询有限公司 分支机构：无 批准的办事处：无 机构原名称：无 负责人：李薇 电话：029-2302330 传真：029-2302331 地址：西安市劳动南路 64 号美华商务大厦 518 室 邮编：710082 有效期限：12-31-2004 批准业务范围：质量管理体系认证咨询	地域：甘肃 批准书编号：CNCA-Z-28Q-2002-001 机构名称：兰州鑫标质量管理咨询有限公司 分支机构：无 批准的办事处：无 机构原名称：无 负责人：李清藻 电话：0931-4985372 ， 13008746114 传真：0931-4636704 地址：兰州市和政路 156 号金轮大厦 544 室 邮编：730000 有效期限：7-30-2006 批准业务范围：质量管理体系认证咨询
地域：陕西 批准书编号：CNCA-Z-27Q-2002-025 机构名称：西安九环企业管理咨询事务所 分支机构：无 批准的办事处：无 机构原名称：无 负责人：于莉萍 电话：029-2259433 传真：029-2259433 地址：西安市环城东路南段 1 号西安生产力大厦 邮编：710048 有效期限：12-31-2004 批准业务范围：质量管理体系认证咨询	地域：甘肃 批准书编号：CNCA-Z-28Q-2002-003 机构名称：兰州兴质企业管理咨询有限公司 分支机构：无 批准的办事处：无 机构原名称：无 负责人：周伟 电话：0931-8400002 传真：0931-8400002 地址：兰州市永昌路 55 号明珠大厦 503 室 邮编：730030 有效期限：7-30-2006 批准业务范围：质量管理体系认证咨询

地域：陕西 批准书编号：CNCA-Z-27Q-2002-008 机构名称：西安邦达企业管理咨询有限公司 分支机构：无 批准的办事处：无 机构原名称：无 负责人：肖荣里 电话：029-8324670 传真：029-8324644 地址：西安市高新区科技路 39 号 邮编：710075 有效期限：8-30-2006 批准业务范围：质量管理体系认证咨询	地域：甘肃 批准书编号：CNCA-Z-28Q-2002-005 机构名称：兰州惠华企业咨询有限公司 分支机构：无 批准的办事处：无 机构原名称：无 负责人：冯治库 电话：0931-8830140，8843896 传真：0931-8862972 地址：兰州市城关区平凉路 519 号 邮编：730000 有效期限：12-31-2004 批准业务范围：质量管理体系认证咨询
地域：陕西 批准书编号：CNCA-Z-27Q-2002-016 机构名称：陕西时代经纬认证咨询有限公司 分支机构：无 批准的办事处：无 机构原名称：无 负责人：门虹 电话：029-2668842 传真：029-2668842 地址：西安市咸宁西路 28 号交大校内交大建司院内 邮编：710048 有效期限：9-29-2006 批准业务范围：质量管理体系认证咨询	地域：新疆 批准书编号：CNCA-Z-31C-2002-001 机构名称：新疆华检管理咨询中心 分支机构：无 批准的办事处：无 机构原名称：无 负责人：路亮 电话：0991-4660957 传真：0991-4640618 地址：乌鲁木齐市南湖路 76 号 邮编：830063 有效期限：7-30-2006 批准业务范围：质量管理体系认证咨询
地域：陕西 批准书编号：CNCA-Z-27Q-2002-009 机构名称：陕西浩瀚管理技术咨询有限公司 分支机构：无 批准的办事处：无 机构原名称：无 负责人：曹钧 电话：029-7853750 传真：029-7857895 地址：陕西省西安市雁塔路北段 64 号中安大厦 601-B 室 邮编：710054 有效期限：8-30-2006 批准业务范围：质量管理体系认证咨询；环境管理体系认证咨询；职业安全与健康管理体系认证咨询	地域：新疆 批准书编号：CNCA-Z-31Q-2002-004 机构名称：新疆恒润认证咨询中心 分支机构：无 批准的办事处：无 机构原名称：无 负责人：邱玉莲 电话：0991-4534279 传真：0991-4523829 地址：乌鲁木齐市友好南路 122 号 邮编：830000 有效期限：12-31-2004 批准业务范围：质量管理体系认证咨询

地域：陕西 批准书编号：CNCA-Z-27Q-2002-011 机构名称：西安经纬圣方质量技术咨询有限公司 分支机构：无 批准的办事处：无 机构原名称：无 负责人：刘晓卫 电话：029-8497507 传真：029-8497507 地址：西安高新二路新业大厦 408 室 邮编：710075 有效期限：12-31-2004 批准业务范围：质量管理体系认证咨询	地域：新疆 批准书编号：CNCA-Z-31Q-2002-007 机构名称：乌鲁木齐新标管理认证咨询中心 分支机构：无 批准的办事处：无 机构原名称：无 负责人：任晓莹 电话：0991-8860850， 8861552 传真：0991-8861552 地址：新疆乌鲁木齐市光明路 26 号建设广场（七彩写字楼）11 层 邮编：830002 有效期限：10-30-2006 批准业务范围：质量管理体系认证咨询；环境管理体系认证咨询；职业安全与健康管理体系认证咨询
地域：陕西 批准书编号：CNCA-Z-27Q-2003-026 机构名称：西安双赢管理咨询有限公司 分支机构：无 批准的办事处：无 机构原名称：西安双赢风险投资咨询有限责任公司 负责人：贺彦亨 电话：029-8328080 传真：029-8328868 地址：西安市高新区科技路 27 号 E 阳国际大厦四层 邮编：710075 有效期限：12-31-2004 批准业务范围：质量管理体系认证咨询	地域：新疆 批准书编号：CNCA-Z-31Q-2002-010 机构名称：新疆宝典管理咨询有限公司 分支机构：无 批准的办事处：无 机构原名称：新疆华夏认证服务有限公司 负责人：季仲平 电话：0991-4810506， 8972800 传真：0991-4851357 地址：乌鲁木齐市友好北路 4 号 19 号楼 2-102 信箱 邮编：830000 有效期限：12-31-2004 批准业务范围：质量管理体系认证咨询
地域：陕西 批准书编号：CNCA-Z-27Q-2002-013 机构名称：陕西弈博管理咨询有限公司 分支机构：无 批准的办事处：无 机构原名称：无 负责人：张素琴 电话：029-7815493 传真：029-7815493 地址：西安市环城南路东段中贸商务 415 室 邮编：710005 有效期限：12-31-2004 批准业务范围：质量管理体系认证咨询	地域：新疆 批准书编号：CNCA-Z-31Q-2003-012 机构名称：新疆博才企业管理咨询有限公司 分支机构：无 批准的办事处：无 机构原名称：无 负责人：李俊峰 电话：0991-2692001 传真：0991-2692003 地址：新疆乌鲁木齐市新民路 80 号 邮编：830002 有效期限：7-30-2007 批准业务范围：质量管理体系认证咨询；职业安全与健康管理体系认证咨询

地域：甘肃 批准书编号：CNCA-Z-28Q-2002-002 机构名称：兰州博琛质量管理咨询有限公司 分支机构：无 批准的办事处：无 机构原名称：无 负责人：姜帼英 电话：0931-2317843 传真：0931-2313066 地址：甘肃省兰州市七里河区西津16号 邮编：730050 有效期限：7-30-2006 批准业务范围：质量管理体系认证咨询	地域：甘肃 批准书编号：CNCA-Z-28Q-2002-004 机构名称：兰州信佳企业认证咨询有限公司 分支机构：无 批准的办事处：无 机构原名称：无 负责人：霍冬梅 电话：0931-8733209 传真：0931-8406238 地址：甘肃省兰州市城关区秦安路 81 号(亚盛大楼东楼11楼1106室) 邮编：730000 有效期限：12-31-2004 批准业务范围：质量管理体系认证咨询
地域：甘肃 批准书编号：CNCA-Z-28Q-2002-006 机构名称：甘肃省环境管理体系咨询中心 分支机构：无 批准的办事处：无 机构原名称：无 负责人：芦子扬 电话：0931-8417150 传真：0931-8418557 地址：甘肃省兰州市东方红广场统办2号楼 邮编：730030 有效期限：12-31-2004 批准业务范围：环境管理体系认证咨询	地域：新疆 批准书编号：CNCA-Z-31Q-2002-003 机构名称：新疆通码技术咨询服务中心 分支机构：无 批准的办事处：无 机构原名称：无 负责人：迪里穆拉提.阿不力米提 电话：0991-2822857 传真：0991-2817472 ， 2815139 地址：乌鲁木齐市新华南路32号 邮编：830002 有效期限：12-31-2004 批准业务范围：质量管理体系认证咨询
地域：新疆 批准书编号：CNCA-Z-31Q-2002-005 机构名称：乌鲁木齐市科力标准管理咨询有限公司 分支机构：无 批准的办事处：无 机构原名称：乌鲁木齐市世纪方圆咨询有限公司 负责人：王美凤 电话：0991-2321469 传真：0991-2321469 地址：乌鲁木齐市建设路2号宏源大厦1602室 邮编：830002 有效期限：12-30-2004 批准业务范围：质量管理体系认证咨询	地域：新疆 批准书编号：CNCA-Z-31Q-2002-008 机构名称：乌鲁木齐市天科质量管理咨询服务有限公司 分支机构：无 批准的办事处：无 机构原名称：乌鲁木齐市通标质量管理咨询服务有限公司 负责人：王辉 电话：0991-2834615 传真：0991-2322140 地址：乌鲁木齐市人民路 139 号附 18 号新宏信大厦1417室 邮编：830000 有效期限：4-30-2003 批准业务范围：质量管理体系认证咨询

地域：新疆 批准书编号：CNCA-Z-31Q-2002-011 机构名称：新疆文博企业管理有限公司 分支机构：无 批准的办事处：无 机构原名称：乌鲁木齐久千咨询服务有限公司 负责人：潘文丽 电话：0991-2301980 传真：0991-2301980 地址：新疆乌鲁木齐建设路2号宏源大厦 邮编：830002 有效期限：7-30-2006 批准业务范围：质量管理体系认证咨询	地域：新疆 批准书编号：CNCA-Z-31Q-2003-013 机构名称：新疆新能咨询有限责任公司 分支机构：无 批准的办事处：无 机构原名称：无 负责人：申文辉 电话：0991-2921204 传真：0991-2921204 地址：新疆乌鲁木齐市建设路10号 邮编：830002 有效期限：7-30-2007 批准业务范围：质量管理体系认证咨询；职业安全与健康管理体系认证咨询；

8、承担强制性产品认证工作的认证机构及其业务范围

序号	机构名称	指定的业务范围	通信地址
1	中国质量认证中心	CNCA-01C-001：电线组件； CNCA-01C-002：电线电缆； CNCA-01C-003：家用及类似用途插头插座； CNCA-01C-004：家用及类似用途固定式电器装置的开关； CNCA-01C-005：工业用插头插座和耦合器； CNCA-01C-006：家用及类似用途器具耦合器； CNCA-01C-007：热熔断体； CNCA-01C-008：家用及类似用途固定式电器装置电器附件外壳； CNCA-01C-009：小型熔断器的管状熔断体； CNCA-01C-010：低压成套开关设备； CNCA-01C-011：开关和控制设备； CNCA-01C-012：整机保护设备； CNCA-01C-013：小功率电动机； CNCA-01C-014：电动工具； CNCA-01C-015：电焊机； CNCA-01C-016：家用和类似用途设备； CNCA-01C-017：音视频设备； CNCA-01C-018：声音和电视信号的电缆分配系统设备与部件； CNCA-01C-019：卫星电视广播接收机； CNCA-01C-020：信息技术设备； CNCA-01C-021：金融及贸易结算电子设备； CNCA-01C-022：照明电器； CNCA-02C-023：汽车产品； CNCA-02C-024：摩托车产品；	北京市芳草地西街15号，100020 联系人：李怀林 电话：010-85622233 www.cqc.com.cn

序号	机构名称	指定的业务范围	通信地址
		CNCA-02C-025：摩托车发动机产品； CNCA-02C-026：汽车安全带产品； CNCA-0CCC-027：轮胎产品； CNCA-04C-028：安全玻璃产品； CNCA-07C-031：电信终端设备； CNCA-08C-032：心电图机； CNCA-08C-033：血液透析装置； CNCA-08C-034：血液净化装置的体外循环管道； CNCA-08C-035：空心纤维透析器； CNCA-08C-036：植入式心脏起搏器； CNCA-08C-037：医用 X 射线诊断设备； CNCA-08C-038：人工心肺机 滚压式血泵 CNCA-08C-039：人工心肺机 滚压式搏动血泵 CNCA-08C-040：人工心肺机 鼓泡式氧合器 CNCA-08C-041：人工心肺机 热交换器 CNCA-08C-042：人工心肺机 热交换水箱 CNCA-08C-043：人工心肺机 硅橡胶泵管 CNCA-10C-047：入侵探测器产品	
2	中国电磁兼容认证中心	CNCA-01C-001：电线组件； CNCA-01C-002：电线电缆； CNCA-01C-003：家用及类似用途插头插座； CNCA-01C-004：家用及类似用途固定式电器装置的开关； CNCA-01C-005：工业用插头插座和耦合器； CNCA-01C-006：家用及类似用途器具耦合器； CNCA-01C-007：热熔断体； CNCA-01C-008：家用及类似用途固定式电器装置电器附件外壳； CNCA-01C-009：小型熔断器的管状熔断体； CNCA-01C-013：小功率电动机； CNCA-01C-014：电动工具； CNCA-01C-016：家用和类似用途设备； CNCA-01C-017：音视频设备； CNCA-01C-018：声音和电视信号的电缆分配系统设备与部件(EMC)； CNCA-01C-019：卫星电视广播接收机(EMC)； CNCA-01C-020：信息技术设备； CNCA-01C-021：金融及贸易结算电子设备(EMC)； CNCA-01C-022：照明电器； CNCA-01C-031：电信终端设备	北京北三环东路 18 号，100013 联系人：滕俊恒 电话：010-64214583 010-64222575 www.cemc.org.cn
3	中国安全技术防范认证中心	CNCA-10C-047：入侵探测器产品	北京市海淀区阜成路 16 号航天科技大厦 13 层，100037 联系人：刘剑锋，张金明 电话：010-68370229，68370121

序号	机构名称	指定的业务范围	通信地址
4	北京东方凯姆质量认证中心（原中国农机产品质量认证中心）	CNCA-05C-029：植物保护机械 背负式喷雾喷粉机（器）	北京市朝阳区东三环南路十里河，100021 联系人：何丽虹 电话：010-67347471 010-67316737
5	北京环宇赛福特认证中心 （原中国安全玻璃认证中心）	CNCA-04C-028：安全玻璃产品	北京朝阳区管庄东里建材院，100024， 联系人：莫娇，王文彪 电话：010-65775948 010-51167389 传真：010-65761715 010-65711591 www.csgc.org.cn
6	北京中化联合质量认证有限公司（原中国轮胎产品认证委员会认证中心和中国乳胶制品质量认证委员会）	CNCA-0CCC-027：轮胎产品 CNCA-06C-030：橡胶避孕套	北京朝阳区安慧里4区16楼410室，100723 联系人：谢华 电话：010-84885047 010-84885335 传真：010-84885047转814 www.cciq.net
7	公安部消防产品合格评定中心	CNCA-09C-044：火灾报警设备 CNCA-09C-045：消防水带 CNCA-09C-046：喷水灭火设备	北京市丰台区方庄芳群园四区金城中心1205室，100078 联系人：赵辉 电话：010-87679978，87679989
8	中汽认证中心（原中国汽车产品认证中心）	CNCA-02C-023：汽车产品； CNCA-02C-024：摩托车产品； CNCA-02C-025：摩托车发动机产品 CNCA-02C-026：汽车安全带产品	北京西城区木樨地国宏大厦B座19层，100038 联系人：黄学平、白晓燕 电话：010-63908961 010-63908965 传真：010-63908982 www.cccap.org.cn

9、承担强制性产品认证检测任务的机构及业务范围

授权号	机构名称	指定业务范围及对应的产品实施规则	通信地址
1	信息产业部第四研究所（电子工业安全与电磁兼容检测中心）	CNCA-01C-001：电线组件； CNCA-01C-003：家用及类似用途插头插座； CNCA-01C-006：家用及类似用途器具耦合器； CNCA-01C-007：热熔断体； CNCA-01C-009：小型熔断器的管状熔断体； CNCA-01C-017：音视频设备； CNCA-01C-019：卫星电视广播接收机(EMC)； CNCA-01C-020：信息技术设备； CNCA-01C-021：金融及贸易结算电子设备(EMC)； CNCA-07C-031：电信终端设备	北京市安定门东大街1号，100007 联系人：胡京平 电话：010-84029113

授权号	机构名称	指定业务范围及对应的产品实施规则	通信地址
2	信息产业部第三研究所（国家广播电视产品检测中心）	CNCA-01C-001：电线组件； CNCA-01C-003：家用及类似用途插头插座； CNCA-01C-004：家用及类似用途固定式电器装置的开关； NCA-01C-006：家用及类似用途器具耦合器； CNCA-01C-007：热熔断体； CNCA-01C-009：小型熔断器的管状熔断体； CNCA-01C-017：音视频设备； CNCA-01C-018：声音和电视信号的电缆分配系统设备与部件(EMC)； CNCA-01C-019：卫星电视广播接收机(EMC)； CNCA-01C-020：信息技术设备； CNCA-01C-021：金融及贸易结算电子设备(EMC)； CNCA-01C-022：照明电器； CNCA-07C-031：电信终端设备	北京市朝阳区酒仙桥北路乙 7 号，100015 联系人：唐伟 电话：010-64376357
3	上海市电子仪表标准计量测试所	CNCA-01C-003：家用及类似用途插头插座； CNCA-01C-007：热熔断体； CNCA-01C-009：小型熔断器的管状熔断体； CNCA-01C-017：音视频设备； CNCA-01C-020：信息技术设备； CNCA-07C-031：电信终端设备	上海永嘉路 627 号，200233 联系人：杜松根 电话:021-64335275
4	中国赛宝实验室	CNCA-01C-003：家用及类似用途插头插座； CNCA-01C-006：家用及类似用途器具耦合器； CNCA-01C-007：热熔断体； CNCA-01C-017：音视频设备； CNCA-01C-020：信息技术设备； CNCA-07C-031：电信终端设备	广东省广州市天河区东莞庄路 110 号，510610 联系人：陈立辉 电话：020-87237006
5	广州日用电器检测所	CNCA-01C-001：电线组件； CNCA-01C-002：电线电缆； CNCA-01C-003：家用及类似用途插头插座； CNCA-01C-004：家用及类似用途固定式电器装置的开关； CNCA-01C-005：工业用插头插座和耦合器； CNCA-01C-006：家用及类似用途器具耦合器； CNCA-01C-007：热熔断体； CNCA-01C-008：家用及类似用途固定式电器装置电器附件外壳； CNCA-01C-009：小型熔断器的管状熔断体； CNCA-01C-013：小功率电动机； CNCA-01C-015：电焊机； CNCA-01C-016：家用和类似用途设备； CNCA-01C-022：照明电器	广州新港西 204 号，510300 联系人：薛守仁 电话：020-84451692
6	中国家用电器研究院（中国家用电器检测所）	CNCA-01C-003：家用及类似用途插头插座； CNCA-01C-004：家用及类似用途固定式电器装置的开关； CNCA-01C-006：家用及类似用途器具耦合器； CNCA-01C-013：小功率电动机； CNCA-01C-014：电动工具； CNCA-01C-016：家用和类似用途设备； CNCA-01C-022：照明电器	北京市宣武区下斜街 29 号，100053 联系人：章少坪 电话：010-83157989

授权号	机构名称	指定业务范围及对应的产品实施规则	通信地址
7	机械工业北京电工技术经济研究所（机械工业电线电缆质量检测中心（北京））	CNCA-01C-002：电线电缆； CNCA-01C-003：家用及类似用途插头插座	北京市海淀区翠微路2号，100036 联系人：席德浩 电话：010-68157734
8	上海电缆研究所（国家电线电缆质量监督检验中心）	CNCA-01C-001：电线组件； CNCA-01C-002：电线电缆； CNCA-01C-003：家用及类似用途插头插座	上海市军工路1000号，200093， 联系人：袁百奋 电话：021-65494605
9	上海电器设备检测所	CNCA-01C-010：低压成套开关设备； CNCA-01C-011：开关和控制设备； CNCA-01C-012：整机保护设备； CNCA-01C-013：小功率电动机； CNCA-01C-018：声音和电视信号的电缆分配系统设备与部件(EMC)； CNCA-01C-019：卫星电视广播接收机(EMC)； CNCA-01C-021：金融及贸易结算电子设备(EMC)	上海市武宁路505号，200063 联系人：万力远-陈伟华 电话： 021-62574990-623
10	成都电气检验所	CNCA-01C-015：电焊机	成都市二环路东一段29号，610051 联系人：杨庆轩 电话：028-3252866
11	上海电气器具检验测试所	CNCA-01C-003：家用及类似用途插头插座； CNCA-01C-013：小功率电动机； CNCA-01C-014：电动工具	上海市宝庆路10号，200031 联系人：黄涛 电话：021-64378405
12	国家电光源质量监督检验中心（北京）	CNCA-01C-022：照明电器	北京市朝阳区大北窑厂坡村甲3号，100022 联系人：陈延青 电话：010-67746544
13	国家灯具质量监督检验中心（上海）	CNCA-01C-022：照明电器	上海市北宝兴路75号 联系人：於立成 电话：021-56383662-8202 021-36033443
14	中国泰尔实验室	CNCA-07C-031：电信终端设备	北京市海淀区花园北路52号，100083 联系人：蒋京鑫 电话：010-62301383
15	信息产业部通信计量中心	CNCA-07C-031：电信终端设备	北京市海淀区学院路40号，100083 联系人：谢屹 电话：010-62301146
16	上海市劳动保护科学研究所特种电器检测站	CNCA-01C-012：整机保护设备	上海田林路191号，200233 联系人：宋志明 电话：021-64853353
17	上海出入境检验检疫局电器检测室	CNCA-01C-013：小功率电动机； CNCA-01C-014：电动工具； CNCA-01C-016：家用和类似用途设备	上海市浦东新区民生路1208号，200135 联系人： 徐胜 电话：021-68566963
18	浙江检验检疫技术中心	CNCA-01C-014：电动工具； CNCA-01C-016：家用和类似用途设备	杭州市凤起东路99号，310020 联系人：周敏 电话：0571-86098022

授权号	机构名称	指定业务范围及对应的产品实施规则	通信地址
19	江苏检验检疫机电产品检测中心	CNCA-01C-014：电动工具； CNCA-01C-016：家用和类似用途设备； CNCA-01C-022：照明电器	江苏省无锡市锡山区东亭镇华夏中路10号，214101， 联系人：邓唯 电话：0510-8701058
20	深圳出入境检验检疫局工业品检测技术中心	CNCA-01C-016：家用和类似用途设备； CNCA-01C-017：音视频设备	深圳市福田区福强路1011号，518045 联系人：刘泽华 电话：0755-3395999-1210
21	沈阳出入境检验检疫局电子电器产品检测中心	CNCA-01C-016：家用和类似用途设备	沈阳市沈河区青年大街169号，518045 联系人：孙文 电话：024-23925106
22	深圳电子产品质量检测中心	CNCA-01C-017：音视频设备； CNCA-01C-020：信息技术设备	深圳市福田区华发北路409栋2楼，518031 联系人：杜金盛 电话：0755-3351572
23	广州出入境检验检疫局电气安全实验室	CNCA-01C-016：家用和类似用途设备； CNCA-01C-022：照明电器	广州市珠江新城花城大道66号，510623 联系人：王波 电话：020-38290475
24	国家质量技术监督局广州电气安全检验所（广安所）	CNCA-01C-002：电线电缆； CNCA-01C-003：家用及类似用途插头插座； CNCA-01C-010：低压成套开关设备； CNCA-01C-011：开关和控制设备； CNCA-01C-012：整机保护设备； CNCA-01C-014：电动工具； CNCA-01C-016：家用和类似用途设备； CNCA-01C-022：照明电器	广州市海珠区南村路泰山庙前3号，510220 联系人：龚斌 电话：020-84494119
25	中北电磁兼容联合实验室	CNCA-01C-018：声音和电视信号的电缆分配系统设备与部件(EMC)； CNCA-01C-019：卫星电视广播接收机(EMC)； CNCA-01C-021：金融及贸易结算电子设备(EMC)	北京市北三环东路18号；北京西直门外上园村3号，100013 联系人：杨盛祥 电话：010-51688096
26	浙江方圆检测股份有限公司	CNCA-01C-003：家用及类似用途插头插座； CNCA-01C-004：家用及类似用途固定式电器装置的开关； CNCA-01C-014：电动工具； CNCA-01C-016：家用和类似用途设备	杭州市天目山路222号，310013 联系人：邓仲云 电话：0571-85123366
27	福建省中心检验所	CNCA-01C-002：电线电缆； CNCA-01C-003：家用及类似用途插头插座； CNCA-01C-010：低压成套开关设备； CNCA-01C-011：开关和控制设备； CNCA-01C-012：整机保护设备； CNCA-01C-013：小功率电动机； CNCA-01C-017：音视频设备； CNCA-01C-020：信息技术设备； CNCA-01C-022：照明电器	福州市杨桥西路山头角121号，350002 联系人： 卫敏 电话：0591-3710690
28	上海市产品质量监督检验所	CNCA-01C-003：家用及类似用途插头插座； CNCA-01C-022：照明电器	上海市苍梧路381号，200233 联系人：陈国平 电话：021-64850058-305

授权号	机构名称	指定业务范围及对应的产品实施规则	通信地址
29	四川省产品质量监督检验所	CNCA-01C-017：音视频设备； CNCA-01C-022：照明电器	四川省成都市东门街2号，610031 联系人：李山桥 电话：028-6251086
30	成都市产品质量监督检验所	CNCA-01C-002：电线电缆； CNCA-01C-010：低压成套开关设备	成都市永丰路16号，610041 联系人：叶元明 电话： 028-5198406
31	深圳市计量质量检测研究院	CNCA-01C-002：电线电缆； CNCA-01C-003：家用及类似用途插头插座； CNCA-01C-016：家用和类似用途设备； CNCA-01C-017：音视频设备； CNCA-01C-020：信息技术设备； CNCA-01C-021：金融及贸易结算电子设备(EMC)； CNCA-07C-031：电信终端设备	深圳市南山区龙珠大道中计量质检大楼，518055 联系人：杨万颖 电话：0755-6941608
32	大连市产品质量监督检验所	CNCA-01C-002：电线电缆； CNCA-01C-010：低压成套开关设备	辽宁省大连市沙河口区万岁街68-2号，116021 联系人：郑顺利 电话：0411-4603949
33	山东省计量科学研究所	CNCA-01C-016：家用和类似用途设备	济南市千佛山东路28号 联系人：姜延波 电话：0531-2966533
34	山东省产品质量监督检验所	CNCA-01C-002：电线电缆； CNCA-01C-010：低压成套开关设备； CNCA-01C-011：开关和控制设备； CNCA-01C-012：整机保护设备	山东省济南市山大北路 81 号，250100 联系人：刘晓伟 电话：0531-8904787
35	机械工业办公自动化设备检验所	CNCA-01C-020：信息技术设备	天津市红桥区昌图道七号，300131 联系人： 冷欣新 电话：022-26650880
36	上海工业自动化仪表研究所仪器仪表及自控系统检验测试所	CNCA-01C-021：金融及贸易结算电子设备(EMC)	上海漕宝路103号，200233 联系人：徐建平 电话：021-64368180
37	北京尊冠信息技术产品质量检验认证有限公司(国家电子计算机质量监督检验中心)	CNCA-01C-020：信息技术设备 CNCA-01C-021：金融及贸易结算电子设备(EMC)	北京市海淀区北四环中路211号，100083 联系人：符荣梅 电话：010-82387862
38	湖南电器检测所	CNCA-01C-010：低压成套开关设备； CNCA-01C-011：开关和控制设备； CNCA-01C-012：整机保护设备	湖南省长沙市新中路4号，410009 联系人：谢林 电话：0731-5414370
39	国家电力公司武汉高压研究所	CNCA-01C-010：低压成套开关设备； CNCA-01C-012：整机保护设备； CNCA-01C-021：金融及贸易结算电子设备(EMC)	湖北省武汉市洪山区珞喻路 143号，430074 联系人：万德春 电话：027-87445849
40	苏州高新技术产业开发区电器检测所	CNCA-01C-010：低压成套开关设备； CNCA-01C-011：开关和控制设备； CNCA-01C-012：整机保护设备	江苏苏州新区九号区间路 7 号，215011 联系人： 厉丽华 电话：0512-8252753
41	国家电子计算机外部设备质量监督检验中心	CNCA-01C-021：金融及贸易结算电子设备(EMC)	浙江省杭州市马塍路 36 号，310012 联系人：王伟雄 电话：0571-88828284

授权号	机构名称	指定业务范围及对应的产品实施规则	通信地址
42	国家橡胶轮胎监督检验中心	CNCA-02C-027：轮胎产品	北京西郊半壁店国家橡胶轮胎监督检验中心，100039 联系人：左宁 电话：010-51338175 传真：010-68180963
43	化学工业力车胎质量监督检验中心	CNCA-02C-027：轮胎产品	广东广州市工业大道中 270 号，510280 联系人：王慧敏， 电话：020-84351770 传真：020-84351770
44	青岛市产品质量监督检验所	CNCA-01C-002：电线电缆； CNCA-01C-010：低压成套开关设备； CNCA-01C-011 ：开关和控制设备； CNCA-01C-012：整机保护设备； CNCA-02C-027：轮胎产品	青岛市镇江南路 8 号，266071 联系人：吴如军 电话：0532-3861835
45	株洲化学工业乳胶制品质量监督检验中心	CNCA-06C-030：橡胶避孕套产品	湖南省株洲市东环北路，412003 联系人：汤胜修 电话：0733-2495120
46	国家安全玻璃及石英玻璃质量监督检验中心	CNCA-04C-028：安全玻璃产品	北京朝阳区管庄东里建材院，100038 联系人：莫娇 电话：010-65775948 传真：010-65761715
47	国家玻璃质量监督检验中心	CNCA-04C-028：安全玻璃产品	河北秦皇岛河北大街西段 91 号，066004 联系人：刘志付、林志强 电话：0335-8051865 传真：0335-8051865
48	中国农业机械化科学研究所-国家农机具质量监督检验中心	CNCA-05C-029：植物保护机械 背负式喷雾喷粉机（器）	北京市德胜门外北沙滩一号，100083 联系人：林纪恩 电话：010-64882637
49	农业部南京农业机械化研究所-国家植保机械质量监督检验中心	CNCA-05C-029：植物保护机械 背负式喷雾喷粉机（器）	江苏省南京市中山门外柳营 100 号，210014 联系人：杨新春 电话：025-4431331 025-4346279
50	公安部第一研究所-公安部安全与警用电子产品质量检测中心	CNCA-10C-047：入侵探测器产品	北京市首体南路 1 号，100044 联系人：任常青 电话：010-88513373 010-88513375
51	公安部第三研究所-公安部安全防范报警系统产品质量监督检验测试中心	CNCA-10C-047：入侵探测器产品	上海市岳阳路 76 号，200031 联系人：赵贵华 电话：021-64714827 021-64336810 转 1309
52	北京市医疗器械检测中心-国家药品监督管理局北京医疗器械质量监督检验中心	CNCA-08C-032：心电图机； CNCA-08C-033：血液透析装置	北京市北三环中路 2 号，100011 联系人：潘铭乔 电话：010-62013862 010-62024422-9263

授权号	机构名称	指定业务范围及对应的产品实施规则	通信地址
53	辽宁省医疗器械产品质量监督检验所	CNCA-08C-037：医用X射线诊断设备	辽宁省沈阳市铁西区重工北街22号，110026 联系人：王澈 电话：024-25820569
54	广东医疗器械质量检测中心-国家药品监督管理局广州医疗器械质量监督检验中心	CNCA-08C-033：血液透析装置； CNCA-08C-034：血液净化装置的体外循环管道； CNCA-08C-035：空心纤维透析器； CNCA-08C-038：人工心肺机滚压式血泵； CNCA-08C-039：人工心肺机 滚压式搏动血泵； CNCA-08C-040：人工心肺机 鼓泡式氧合器； CNCA-08C-041：人工心肺机 热交换器； CNCA-08C-042：人工心肺机 热交换水箱； CNCA-08C-043：人工心肺机 硅橡胶泵管	广东省广州市寺右新马路寺右中街9号，510600 联系人：李伟松 电话：020-87390917
55	上海市医疗器械检测所-国家药品监督管理局上海医疗器械质量监督检验中心	CNCA-08C-032：心电图机； CNCA-08C-036：植入式心脏起搏器	上海市闸北区民和路154号，200070 联系人：葛筱森 电话：021-56635850转
56	长春汽车检测中心	CNCA-02C-023：汽车产品； CNCA-02C-026：汽车安全带	吉林省长春市创业大街35号，130011 联系人：陈文良、程猛 电话：0431-5906704 传真：0431-7677111
57	国家汽车质量监督检验中心（襄樊）	CNCA-02C-023：汽车产品； CNCA-02C-026：汽车安全带	湖北襄樊市汽车产业开发区汽车试验场，441004 联系人：王为人、卜华斌 电话：0710-3392492 传真：0710-3310965
58	天津汽车检测中心	CNCA-02C-023：汽车产品； CNCA-02C-026：汽车安全带	天津市河东区程林庄道天山路口，300162 联系人：刘鑫 电话：022-84771807 传真：022-24375350
59	国家客车质量监督检验中心	CNCA-02C-023：汽车产品	重庆市南岸区五公里，400067 联系人：李裕民 电话：023-62653145 传真：023-62653152
60	国家重型汽车质量监督检验中心	CNCA-02C-023：汽车产品	重庆市九龙坡区陈家坪朝田村101号，400039 联系人：陈耀华、李剑平 电话：023-68677860 传真：023-68821302
61	机械工业部工程机械军用改装车试验场	CNCA-02C-023：汽车产品	北京市延庆县东外大街70号，102100 联系人：任国勤 电话：010-69101140 传真：010-69101140
62	国家摩托车质量监督检验中心（天津）	CNCA-02C-024：摩托车产品； CNCA-02C-025：摩托车发动机	天津市天津大学内，300072 联系人：葛维晶， 电话：13802136120 传真：022-27404944

授权号	机构名称	指定业务范围及对应的产品实施规则	通信地址
63	国家摩托车质量监督检验中心（宝鸡）	CNCA-02C-024：摩托车产品； CNCA-02C-025：摩托车发动机	陕西省宝鸡县五十一号信箱，721300 联系人：袁森柱、王强 电话：0917-6296241 传真：0917-6296401
64	南昌摩托车质量监督检验所	CNCA-02C-024：摩托车产品； CNCA-02C-025：摩托车发动机	江西省南昌市新溪桥，330024 联系人：钱仲明、张陆传 电话：0791-8430119，8448694，8469387 传真：0791-8448694
65	上海摩托车质量监督检验所	CNCA-02C-024：摩托车产品； CNCA-02C-025：摩托车发动机	上海市逸仙路 50 号，200437 联系人：王晋军 电话： 021-65315097，65169391 传真：021-65313561 ，65169391
66	公安部上海消防科学研究所-国家消防装备质量监督检验中心	CNCA-02C-023：汽车产品 CNCA-09C-045：消防水带	上海市莘庄西环路 391 号，201100 联系人：范桦、朱青 电话：021-54956660，54959910
67	公安部沈阳消防科学研究所-国家消防电子产品质量监督检验中心	CNCA-09C-044：火灾报警设备	辽宁省沈阳市皇姑区蒲河街 7 号，110031 联系人：宋希伟、张德成 电话：024-86801434，86116303
68	公安部天津消防科学研究所-国家固定灭火系统和耐火构件质量监督检验中心	CNCA-09C-046：喷水灭火设备	天津市南开区卫津南路 110 号，300381 联系人：陈泽民 电话：022-23916044
69	合肥通用机械产品检测所	CNCA-01C-016：家用和类似用途设备	合肥市长江西路 888 号，230031 联系人：李道平 电话：0551-5316828，5318900
70	辽宁省产品质量监督检验院-沈阳市产品质量监督检验所	CNCA-01C-002：电线电缆； CNCA-01C-003：家用及类似用途插头插座； CNCA-01C-010：低压成套开关设备 CNCA-01C-016：家用和类似用途设备	沈阳市和平区文化路 3 巷 9 号，110001 联系人：李柏秋 电话：024-23891774 沈阳市铁西区滑翔路 26 号，110021 联系人：刘强 电话：024-25898958
71	天津发配电机电控设备检测所	CNCA-01C-010：低压成套开关设备	天津市河东区津塘路 174 号-天津市河北区南口路 40 号 联系人：田金山 电话：022-24391401-7376，26340928 传真：022-24391401-7358
72	天水长城电器试验研究所	CNCA-01C-010：低压成套开关设备	甘肃省天水市长开路 6-6 号 联系人：周彪 电话：0938-8383343-801 传真：0938-8383344

授权号	机构名称	指定业务范围及对应的产品实施规则	通信地址
73	重庆电气产品检测中心	CNCA-01C-010：低压成套开关设备	重庆市渝中区红岩村99号 联系人：廖家秋 电话：023-63301736 传真：023-63301909
74	长征电器研究所	CNCA-01C-010：低压成套开关设备	贵州省遵义市上海路126号 联系人：杨应才 电话/传真：0852-8623693
75	沈阳电气传动研究所	CNCA-01C-010：低压成套开关设备	沈阳市于洪区巢湖街10号，110141 联系人：樊建强 电话/传真：024-25833213
76	浙江省机电产品质量检测所	CNCA-01C-011：开关和控制设备； CNCA-01C-012：整机保护设备； CNCA-01C-014：电动工具	浙江省杭州市劳动路128号 联系人：杨震宇 电话/传真：0571-87078681，87882163
77	北京出入境检验检疫局机电实验室	CNCA-01C-017：音视频设备； CNCA-01C-020：信息技术设备	北京市朝阳区高碑店北路甲3号，100025 联系人：刘福光 电话 010-67888592
78	福建出入境检验检疫局检验检疫技术中心	CNCA-01C-004：家用及类似用途固定式电器装置的开关； CNCA-01C-022：照明电器	福建省福州市湖东路312号，350003 联系人：林淼 电话：0591-7065501
79	厦门检验检疫局电子电器检验实验室	CNCA-01C-016：家用及类似用途设备	福建省厦门市杏南路37号，361022 联系人：王水生 电话：0592-6228581
80	武汉产品质量监督检验所	CNCA-01C-002：电线电缆	湖北省武汉市台北路七十号，430015 联系人：余永良 电话：027-85741265
81	陕西省产品质量监督检验所	CNCA-01C-002：电线电缆	西安雁塔路(南段)129号，710054 联系人：宋建忠 电话：029-5528413
82	河北省产品质量监督检验院	CNCA-01C-002：电线电缆； CNCA-01C-012：整机保护设备	石家庄市工农路368号 联系人：贾中辉 电话：0311-3033437
83	吉林省产品质量监督检验院	CNCA-01C-002：电线电缆	长春市卫星路20号，130022 联系人：李界一 电话：0431-5374704
84	天津市产品质量监督检验所	CNCA-01C-002：电线电缆	天津市南开区科研西路2号增1号 联系人：王玉才 电话：022-23005912
85	湖南省产品质量监督检验所	CNCA-01C-002：电线电缆； CNCA-01C-004：家用及类似用途固定式电器装置的开关	湖南长沙市新建西路41号 联系人：成益民 电话：0731-5535680
86	河南省产品质量监督检验所	CNCA-01C-002：电线电缆	河南省郑州市东明北17号，450004 联系人：江炳午 电话：0371-6329646

授权号	机构名称	指定业务范围及对应的产品实施规则	通信地址
87	江苏省产品质量监督检验中心所	CNCA-01C-002：电线电缆； CNCA-01C-014：电动工具	南京市石鼓路227号，210029 联系人：黄晓风 电话：025-6511130
88	江苏省计量测试技术研究所	CNCA-01C-021：金融及贸易结算电子设备(EMC)	南京市光华东街3号，210007 联系人：水利民 电话：025-4636930
89	无锡市产品质量监督检验所	CNCA-01C-015：电焊机	江苏省无锡市锡山区东亭迎宾北路6号 联系人：吴建国 电话：0510-8208677
90	北京市产品质量监督检验所	CNCA-01C-002：电线电缆	北京市朝阳区育慧南路 联系人：苏世海 电话：010-84654173
91	重庆市电子电器商品质量监督检验站	CNCA-01C-003：家用及类似用途插头插座； CNCA-01C-004：家用及类似用途固定式电器装置的开关	重庆市渝中区信义街 26 号，400011 联系人：张文 电话：023-63724062
92	宁波市产品质量监督检验所	CNCA-01C-022：照明电器	宁波市王隘路2号，315040 联系人：邝湘宁 电话：0574-87871869
93	温州市质量技术监督检测院	CNCA-01C-003：家用及类似用途插头插座； CNCA-01C-004：家用及类似用途固定式电器装置的开关	浙江省温州市新城汤家桥南路质检大楼，325027 联系人：余建明 电话：0577-88915426
94	辽宁电力科学研究院(东北电力电器产品质量检测站)	CNCA-01C-010：低压成套开关设备	沈阳市和平区四平街 39 号，110006 联系人：杨铁军 电话：024-23102466
95	青岛检验检疫局工业产品安全检测中心	CNCA-01C-014：电动工具	青岛市瞿塘峡路70号，266002 联系人：蔡发 电话：0532-2671442
96	上海市计量测试技术研究院	CNCA-01C-021：金融及贸易结算电子设备(EMC)	上海市宜山路716号 联系人：毕宁 电话：021-64701810
97	江苏省电子产品监督检验所	CNCA-01C-017：音视频设备； CNCA-01C-020：信息技术设备	江苏省无锡市中桥葛巷 107 号，214073 联系人：杨东岩 电话：0510-5105775
98	杭州市质量监督检测院	CNCA-01C-002：电线电缆	杭州市德胜路98号，310004 联系人：陈兆波 电话：0571-85366483 传真：0571-85372618
99	安徽省产品质量监督检验所	CNCA-01C-002：电线电缆	安徽省合肥市靶场路 15 号，230022 联系人：吴安平 电话：0551-3423361 传真：0551-3412941
100	重庆市产品质量监督检验所	CNCA-02C-024 ：摩托车产品、CNCA-02C-025：摩托车发动机产品	重庆市江北区观音桥小苑二村二号，400020 联系人：雷世平 电话：023-67512891，67503554 传真：023-67512891 ，67516636

10、CNAB认可的自愿性产品认证机构的产品范围

序号	机构名称	产品范围
1	方圆标志认证中心	水泥、石灰和熟石膏
2	华信技术检验有限公司	电动机、发电机、发电成套设备和变压器等及其零件； 配电和控制设备及其零件
3	东北认证有限公司	家具； 色漆或清漆等涂料及相关产品；绘画颜料；油墨及助剂
4	中国电子技术标准化研究所产品认证中心	电子元器件和应用软件
5	中联认证中心	泵、压缩机、液压和气压动力机械、各种阀门及其零件； 升降、搬运和仓库设备及其零件； 其他通用机械及其零件； 机床及其零件和附件； 采矿、采石、土方等工程建设机械及其零件； 粮油等食品、饮料和烟草加工机器及其零件；制药机械设备
6	泰尔认证中心	电动机、发电机、发电成套设备和变压器等及其零件； 其他电气设备及其零件； 广播和电视的制作、播出、发射和传输覆盖设备及有线电话、电报和传真的设备；有关的零件和附件； 广播和电视接收设备；录音和录像及重放设备；传声器、扬声器、放大器等；无线电话、电报接收设备
7	北京国医械华光认证有限公司	医疗器械
8	北京国建联信认证中心有限公司	非建筑用陶瓷制品； 水泥、石灰和熟石膏
9	北京中轻联认证中心	游戏器具和玩具； 家用器械及其零件；电工专用设备；电子工业专用设备； 白炽灯泡或放电灯、弧光灯及其附件；照明设备及其附件
10	北京中化联合质量认证有限公司	建筑用防水材料； 其他可装配或组合式金属制品
11	中包认证中心有限公司	纸浆、纸和纸板； 印刷的书籍、小册子和散页印刷品（广告品除外）、印刷的地图等印刷品；乐谱原稿或印本； 排版用活字、印刷用的版、片或滚筒、印刷用的石版或其他介质 塑料包装制品； 铁、钢或铝等金属的罐、桶和容器； 其他可装配或组合式金属制品； 其他专用机械设备及其零件
12	上海安泰认证有限公司	动、植物油脂； 针织或钩编的织物（或品）； 服装； 耐火材料制品和建筑用非耐火粘土制品； 机动车辆及其零部件和附件
13	福建东南标准认证中心	处理过水； 动、植物油脂； 谷物碾磨加工品； 塑料半成品和制品； 轧制钢铁产品

序号	机构名称	产品范围
14	中食恒信（北京）质量认证中心	肉和肉类加工品
15	中标认证中心	非建筑用陶瓷制品； 其他可装配或组合式金属制品； 办公和会计机械及其零件和附件； 配电和控制设备及其零件； 白炽灯泡或放电灯、弧光灯及其附件；照明设备及其附件； 其他电气设备及其零件； 广播和电视接收设备；录音和录像及重放设备；传声器、扬声器、放大器等；无线电话、电报接收设备； 人造板； 混凝土、水泥和熟石膏制品
16	北京环宇赛福特认证中心	水泥、石灰和熟石膏
17	北京鉴衡认证中心	色漆或清漆等涂料及相关产品；绘画颜料；油墨及助剂； 耐火材料制品和建筑用非耐火粘土制品； 烘箱和炉用燃烧器及其零件
18	中汽认证中心 （含强制认证）	纺织制成品； 机动车辆及其零部件和附件； 汽车的车身（车身总成）等；挂车、半挂车、汽车列车及其零部件和附件； 其他电气设备及其零件； 其他交通运输设备及其零部件
19	北京东方凯姆质量认证中心	农、林、牧、渔业机械及其零件

11、国家产品质量监督检验中心名单

序号	质1检中心名称	授权检验的主要产品
001 公	国家消防电子产品质量监督检验中心	点型离子、光电感烟探测器，点型差温式、定温式、差定温式火灾探测器，集中、区域火灾报警控制器
002 机	国家日用电器质量监督检验中心	家用电器；分马力电机
003 电	国家环境试验设备质量监督检验中心	气候、机械环境试验设备
004 电	国家通用电子元器件质量监督检验中心	电阻、电容、半导体器件、中小规模数字电路
005 化	国家橡胶轮胎质量监督检验中心	汽车、摩托车轮胎

序号	质1检中心名称	授权检验的主要产品
006 化	国家无机盐产品质量监督检验中心	无机酸、碱、盐;氧化物、单质
007 电	国家广播电视产品质量监督检验中心	电视机、收音机、收录机、录相机、组合音响、卡拉OK设备及电缆电视专用调制器、放大器等广播电视产品
008 机	国家摩托车质量监督检验中心	摩托车及其发动机
009 煤	国家煤矿支护设备质量监督检验中心	各种煤矿液压支架、支柱、阀,切顶和摩擦支柱及金属顶梁
010 煤	国家煤炭质量监督检验中心	煤炭、煤质活性炭
011 农	国家化肥质量监督检验中心(北京)	化学肥料
012 农	国家农药质量监督检验中心(北京)	各种农药
013 材	国家水泥质量监督检验中心	水泥(钢渣水泥除外)
014 轻	国家钟表质量监督检验中心	机械、电子钟表、定时器及专用零部件
015 农	国家植保机械质量监督检验中心	各种喷雾(粉)机及其专用零部件
016 纺	国家棉纺织产品质量监督检验中心	各种棉纱线、棉、化纤和棉混纺织物,复制品(毛巾、床单、装饰布),无纺织物、 线带、滤布、帆布、帘子布、土工织物
017 农	国家拖拉机质量监督检验中心(北京)	拖拉机及其专用零部件(含发动机)、拖拉机变型运输机
018 机	国家拖拉机质量监督检验中心	拖拉机及其专用零部件,农用四轮运输车

序号	质 1 检中心名称	授权检验的主要产品
019 轻	国家眼镜玻璃搪瓷制品质量监督检验中心	眼镜、玻璃瓶和器皿、搪瓷制品
020 机	国家工程机械质量监督检验中心	推土机、挖掘机、装载机、铲运机、起重机、自卸卡车和军用改装车、叉车
021 煤	国家采煤机械质量监督检验中心	采煤机械、皮带输送机及其专用零部件;煤矿井 下照明灯具、煤矿用阻燃电缆（阻燃性）
022 公	国家消防装备质量监督检验中心	各种灭火器，消防泵、带、消火栓，水枪和消防车
023 化	国家染料质量监督检验中心	各类染料、染料助剂
024 化	国家农药质量监督检验中心(沈阳)	各种农药
025 机	国家电工仪器仪表质量监督检验中心	电工仪器、仪表
026 纺	国家毛纺织产品质量监督检验中心(北京)	毛纺织产品
027 轻	国家家用电器质量监督检验中心	家用电器
028 化	国家化肥质量监督检验中心(上海)	化学肥料
029 机	国家低压电器质量监督检验中心	启动器、断路器、接触器、控制器、熔断器、漏电电流动作保护器和开关等低压电器
030 纺	国家纺织器材质量监督检验中心	金属、木质、塑料、橡胶、纺织器材
031 轻	国家自行车质量监督检验中心	各种自行车(助力自行车)

序号	质1检中心名称	授权检验的主要产品
032 机	国家汽车质量监督检验中心(长春)	各种中型载重汽车
033 机	国家内燃机质量监督检验中心	内燃机
034 医	国家医用X射线机质量监督检验中心	各种医用X射线机及其零部件
035 农	国家牧业机械质量监督检验中心	草原建设、饲料加工机械等
036 材	国家安全玻璃及石英玻璃质量监督检验中心	安全玻璃及石英玻璃
037 煤	国家煤矿防爆安全产品质量监督检验中心	提升运输、火工、安全仪表及救护器材
038 机	国家轴承质量监督检验中心	轴承
039 轻	国家缝纫机质量监督检验中心	家庭和工业用缝纫机
040 技	国家红外产品质量监督检验中心	红外发热元器件、加热器、涂料、报警器、探测器、理疗器等红外产品
041 农	国家农机具质量监督检验中心	耕、种、收获、排灌、家禽饲养机械和农用运输车
042 机	国家光学机械质量监督检验中心	经纬仪、水准仪、测距仪、照相机、光学镜头
043 公	国家防火建筑材料质量监督检验中心	防火建筑材料、涂料和耐火建筑构件
044 供	国家茶叶质量监督检验中心	茶叶

序号	质1检中心名称	授权检验的主要产品
045 煤	国家煤矿掘进机械质量监督检验中心	掘进机、刮板输送机及其专用部件
046 农	国家饲料质量监督检验中心(北京)	饲料及饲料添加剂
047 材	国家玻璃纤维产品质量监督检验中心	玻璃纤维、玻璃球、矿物棉及其制品、无机土工合成材料
048 农	国家渔业机械仪器质量监督检验中心	探鱼仪、增氧机等渔业机械和仪器
049 林	国家人造板质量监督检验中心	胶合板、纤维板、刨花板、人造板二次加工产品
050 技	国家塑料制品质量监督检验中心(福州)	塑料制品
051 材	国家玻璃质量监督检验中心	普通平板、浮法、钢化和汽车用安全、吸热等玻璃及玻璃马赛克
052 煤	国家煤矿防尘通风安全产品质量监督检验中心	煤矿测尘仪、除尘器、风筒、煤矿专用通风机、隔爆设施等
053 轻	国家日用陶瓷质量监督检验中心	各种日用陶瓷器
054 化	国家涂料质量监督检验中心	各种涂料和颜料
055 内	国家副食品质量监督检验中心	调味品、加工盐、蛋制品、糖、加工糖、糖果、蜜饯果脯、酱腌菜、料酒(黄酒)
056 内	国家粮油质量监督检验中心	粮油
057 冶	国家建筑钢材质量监督检验中心	建筑用型钢、预应力钢材、钢管、钢板等

序号	质1检中心名称	授权检验的主要产品
058 机	国家高压电器质量监督检验中心	高压电器
059 机	国家绝缘子避雷器质量监督检验中心	各类绝缘子和避雷器
060 机	国家机床质量监督检验中心	机床及机床用数控、数显装置
061 农	国家水产品质量监督检验中心	鲜水产品及其冷冻、干制、熟制水产品和鱼粉等
062 公	国家固定灭火系统和耐火构件质量监督检验中心	灭火剂、固定灭火系统(洒水喷头、卤代烷灭火系统)、室内消火栓和耐火构件
063 电	国家电子仪器质量监督检验中心	示波器、校准仪、光纤通讯和数域等电子测量仪器
064 纺	国家丝绸质量监督检验中心	桑蚕丝、柞蚕丝及其交织绸缎等
065 材	国家水泥混凝土制品质量监督检验中心	水泥混凝土制品
066 机	国家民用爆破器材质量监督检验中心	工业用炸药、雷管、导爆管和导火索等
067 机	国家齿轮产品质量监督检验中心	各种齿轮、传动元件和减（变）速器等
068 机	国家石油钻采炼化设备质量监督检验中心	石油钻采、炼化设备
069 其	国家包装产品质量监督检验中心(天津)	包装产品（以运输包装产品为主）
070 机	国家防爆电气产品质量监督检验中心	各类防爆电气产品

序号	质1检中心名称	授权检验的主要产品
071 机	国家复印机质量监督检验中心	复印机
072 轻	国家家具质量监督检验中心	木、金属和软体家具
073 林	国家木工机械质量监督检验中心	木工用锯机、机床、车床、及开榫机等
074 机	国家刀具质量监督检验中心	各类刀具
075 机	国家电焊机质量监督检验中心	各类电焊机及其专用配件
076 化	国家化学试剂质量监督检验中心	各类化学试剂
077 建	国家建筑工程质量监督检验中心	建筑结构和砼构件、地基、建筑门窗和扣件、采暖散热器等
078 机	国家压缩机制冷设备质量监督检验中心	压缩机和制冷设备
079 轻	国家食品质量监督检验中心	罐头、饮料、白酒、啤酒等食品和发酵食品
080 机	国家变压器质量监督检验中心	变压器及其组件、互感器
082 内	国家肉类食品质量监督检验中心	各种肉类食品
083 建	国家空调设备质量监督检验中心	房间空调器、房间盘管机组、空气分布器、高效空气过滤器和组合式空调机组
084 石	国家合成橡胶质量监督检验中心	合成橡胶、合成胶乳

序号	质1检中心名称	授权检验的主要产品
085 机	国家电动工具质量监督检验中心	各种电动工具
086 机	国家仪器仪表元器件质量监督检验中心	机械元件及几何量传感器、弹性元件、敏感元件及传感器、仪表用电磁元件、接插件、光学元件（物理光栅、光学纤维元件除外）
087 其	国家客车质量监督检验中心	各种客车（车长级别≤3．5 m的微型客车除外）
088 机	国家起重运输机械质量监督检验中心	起重运输机械
089 机	国家电控配电设备质量监督检验中心	各种电控配电设备
090 纺	国家服装质量监督检验中心(天津)	衬衫、童装、单服装
091 内	国家饲料质量监督检验中心(武汉)	饲料及饲料添加剂
092 机	国家微电机质量监督检验中心	各种微型电动机、微型信号电机和部分特殊电机
093 机	国家电线电缆质量监督检验中心	电线、电缆（含光缆）
094 医	国家医疗器械质量监督检验中心	手术器械、ＣＴ及心脑电诊断仪器，部分医用治疗及辅助设备
095 有	国家有色金属质量监督检验中心	有色金属加工材料、稀有金属和电子材料
096 电	国家通信导航设备质量监督检验中心	移动、中短 波、微波、散射、卫星通信设备、卫星电话、天线和导航设备
097 电	国家半导体器件质量监督检验中心	半导体器件

序号	质 1 检中心名称	授权检验的主要产品
098 机	国家试验机质量监督检验中心	金属、非金属材料及工艺试验机，测力仪器及引伸仪、动平衡机、无损保探机
099 其	国家劳动保护用品质量监督检验中心(北京)	安全帽、带和网、焊接护目镜和面罩，防静电工作服、导电胶底鞋、过滤式防毒面具
100 纺	国家针织产品质量监督检验中心	针织品
101 冶	国家耐火材料质量监督检验中心	耐火材料
102 冶	国家钢铁产品质量监督检验中心	钢铁产品
103 轻	国家塑料制品质量监督检验中心(北京)	塑料制品、土工膜、一次性可降解餐盒
104 轻	国家洗涤用品质量监督检验中心(太原)	合成洗衣粉（膏)、洗衣皂和香皂、餐具洗涤剂、金属清洗剂、液体洗涤剂
105 建	国家建筑城建机械质量监督检验中心	压实机械、桩工机械、塔式起重机、施工升降机、建筑卷扬机、混凝土搅拌、输送机械和振捣器、路面机械、建筑翻车等
106 技	国家纤维质量监督检验中心	棉、麻、毛、化学纤维等
107 冶	国家钢渣水泥质量监督检验中心	钢渣水泥
108 机	国家铸造锻压机械质量监督检验中心	铸造锻压机械
109 机	国家液压元件质量监督检验中心	液压元件
110 机	国家电力电子产品质量监督检验中心	电力半导体器件（≥ 5 A)、电力半导体器件用附件和半导体电力变流器（变流装置)

序号	质1检中心名称	授权检验的主要产品
111 轻	国家皮革质量监督检验中心	皮革
112 有	国家重有色金属质量监督检验中心	重有色金属矿、冶产品和选矿药剂
113 轻	国家纸张质量监督检验中心	各类纸张
114 纺	国家毛纺织产品质量监督检验中心(上海)	粗纺毛织品、绒线和针织绒线（纯毛、毛混纺、纯化纤）;人造毛皮（纯化纤）
115 机	国家油泵油嘴质量监督检验中心	喷油泵、喷油器和输油泵总成、喷油嘴、出油阀和柱塞偶件，供油提前器
116 材	国家玻璃钢制品质量监督检验中心	玻璃钢及其制品
117 石	国家油气田井口设备质量监督检验中心	抽油设备及井口装置
118 建	国家燃气用具质量监督检验中心	家用燃气快速热水器、家用煤气灶和中餐燃气炒菜灶
119 机	国家光学仪器质量监督检验中心	光学仪器
120 机	国家中小电机质量监督检验中心	中小型交流电机、小型直流电机
121 纺	国家棉印染产品质量监督检验中心	棉印染、色织产品
122 技	国家包装产品质量监督检验中心(济南)	包装产品（以软包装产品为主）
123 机	国家蓄电池质量监督检验中心	酸性蓄电池及零部件

序号	质 1 检中心名称	授权检验的主要产品
124 机	国家日用衡器质量监督检验中心	各式日用衡器称重显示控制器
125 轻	国家乳制品质量监督检验中心	乳及乳制品
126 其	国家低温容器质量监督检验中心	各种低温容器（如液氮容器等）
127 机	国家照相机质量监督检验中心	照相机及镜头（长江以南）
128 石	国家燃料油质量监督检验中心（洛阳西诺燃料油质量检验中心）	柴油、燃料油、溶剂油
129 农	国家水田机械质量监督检验中心	水田机械
130 纺	国家服装质量监督检验中心(上海)	丝绸、毛料、棉服装及羽绒服装和被
131 机	国家继电器质量监督检验中心	继电器、继电保护及安全自动监控装置
132 有	国家轻金属质量监督检验中心	铝锭、铝粉、铝镁合金等
133 机	国家内燃机发电机组质量监督检验中心	汽车与挂车电站、内燃机发电机组等
134 建	国家电梯质量监督检验中心	电梯
135 机	国家冶金重型机械质量监督检验中心	冶炼、轧制和重型锻压设备及专用零部件
136 机	国家链条质量监督检验中心	链条

序号	质1检中心名称	授权检验的主要产品
137 机	国家磨料磨具质量监督检验中心	各种磨料磨具
138 冶	国家劳动保护用品质量监督检验中心(武汉)	防尘口罩、安全鞋、阻燃服等劳保用品
139 机	国家工业泵质量监督检验中心	工业泵
140 技	国家磁性材料质量监督检验中心	各种磁性材料（磁钢、磁带）
141 有	国家有色冶金机电质量监督检验中心	有色冶炼、轧制、选矿、电解铝设备
142 纺	国家纺织机械质量监督检验中心	纺织机械（棉纺、印染、后整理）
143 石	国家石蜡质量监督检验中心	石蜡
144 轻	国家地毯质量监督检验中心	各类地毯
145 化	国家橡胶机械质量监督检验中心	橡胶机械、轮胎气门嘴芯
146 林	国家便携式林业机械质量监督检验中心	便携式林业机械
147 技	国家包装产品质量监督检验中心(广州)	包装产品（以金属包装容器为主）
148 机	国家起重冶金电机质量监督检验中心	起重冶金电机等
149 机	国家焊接材料质量监督检验中心	焊条、焊丝、焊粉、焊剂

序号	质 1 检中心名称	授权检验的主要产品
150 化	国家基本有机原料质量监督检验中心	基本有机化工原料
151 石	国家石化有机原料合成树脂质量监督检验中心	石化有机原料、合成树脂、化工合成原料
152 冶	国家金属制品质量监督检验中心	各类钢丝、钢丝绳
153 机	国家真空设备质量监督检验中心	真空设备
154 机	国家粉末冶金制品质量监督检验中心	粉末冶金原材料及制品
155 邮	国家电话机质量监督检验中心	电话机
156 化	国家合成树脂质量监督检验中心	热固、离子交换和聚氯乙烯树脂
157 机	国家矿山机械质量监督检验中心	采掘、提升和破碎筛分等设备
158 化	国家炭黑质量监督检验中心	炭黑
159 材	国家非金属矿制品质量监督检验中心	非金属矿及其制品(石墨制品除外)
160 材	国家建筑卫生陶瓷质量监督检验中心	卫生洁具及其配件、瓷砖、地砖、陶管等
161 轻	国家玩具质量监督检验中心	各类玩具
162 轻	国家灯具质量监督检验中心	灯具

序号	质 1 检中心名称	授权检验的主要产品
163 技	国家电光源质量监督检验中心(上海)	电光源
164 轻	国家电光源质量监督检验中心(北京)	电光源
165 邮	国家电话交换机质量监督检验中心	电话交换机
166 石	国家电动潜油泵质量监督检验中心	电动潜油泵
167 技	国家包装产品质量监督检验中心(大连)	包装产品（以纸包装为主）
168 技	国家食品加工机械质量监督检验中心	各类食品（糕点、肉类、饮料）加工机械、烤箱
169 技	国家家用电器无线电干扰质量监督检验中心	家用电器无线电干扰质量
170 技	国家图书用品设备质量监督检验中心	图书用品设备等
171 化	国家化工催化剂质量监督检验中心	化工催化剂及硫和硫酸
172 机	国家毛皮质量监督检验中心	各种毛皮
173 供	国家蜂产品质量监督检验中心	蜂蜜、蜂王浆、花粉、蜂蜡
174 机	国家分析仪器质量监督检验中心	四极质谱计、核磁共振波谱仪、X 射线衍射仪、差热分析仪；酶标、钾钠和血气分析仪、电化学、光学式分析仪器、色谱仪及环境监测仪器
175 机	国家气象仪器质量监督检验中心	气象用测湿、温、气压、降雨等仪器

序号	质 1 检中心名称	授权检验的主要产品
176 化	国家橡胶密封制品质量监督检验中心	各种橡胶密封制品
177 机	国家印刷机械质量监督检验中心	制版、印刷、装订设备(图文信息处理设备除外)
178 内	国家饮食服务机械质量监督检验中心	饮食加工、屠宰机械及和面、馒头、面条机等
179 电	国家电子计算机质量监督检验中心	电子计算机
180 其	国家探矿工程机械质量监督检验中心	各种地质钻机、地质用泥浆泵
181 机	国家电炉质量监督检验中心	（电阻、感应和电弧）电炉
182 电	国家电子计算机外部设备质量监督检验中心	电子计算机外部设备
183 其	国家假肢质量监督检验中心	假肢、电动和手动轮椅车
184 其	国家激光器件质量监督检验中心	各类激光器件
185 煤	国家选煤机械质量监督检验中心	选煤机械及辅助设备
186 技	国家葡萄酒质量监督检验中心	葡萄酒
187 其	国家军需产品质量监督检验中心	军需产品
188 机	国家电碳制品质量监督检验中心	电刷、炭棒、石墨电极等电炭制品

序号	质1检中心名称	授权检验的主要产品
189 内	国家商业用制冷设备质量监督检验中心	商业用冷藏柜、室内装配式冷库等
190 轻	国家皮革制品质量监督检验中心	皮革制品
191 技	国家气体产品质量监督检验中心	气体产品
192 其	国家珠宝玉石质量监督检验中心	珠宝玉石
193 农	国家粮油加工机械质量监督检验中心	碾米、磨面、榨油机等
194 技	国家化妆品质量监督检验中心	化妆品
195 其	国家烟草质量监督检验中心	烟叶、卷烟(烟丝)、烟用聚丙烯丝束、醋酸和聚丙烯纤维滤棒
196 技	国家印刷装潢制品质量监督检验中心	纸、塑料、金属等印刷品、装璜制品
197 其	国家锅炉压力容器质量监督检验中心	锅炉压力容器
198 技	国家包装产品质量监督检验中心(成都)	代木包装产品和食品包装产品
199 轻	国家香料香精化妆品质量监督检验中心	香料、香精、化妆品
200 医	国家医用超声波仪器质量监督检验中心	医用超声波仪器
201 机	国家重型汽车质量监督检验中心	重型汽车(总质量≥14 t,轴荷≤13 t)及零部件

序号	质1检中心名称	授权检验的主要产品
202 技	国家传感器质量监督检验中心	电阻应变称重、负荷、磁弹性测力称重传感器及电阻应变计
203 机	国家轿车质量监督检验中心	轿车及零部件
204 轻	国家首饰质量监督检验中心	金银首饰及其它首饰
205 农	国家场上作业机械及机制小农具质量监督检验中心	场上作业机械及机制小农具(脱粒机、种子和粮食清选机、汽力输送机、小型联合收割机、机制钢锹 、胶轮力车
206 技	国家洗涤用品质量监督检验中心(重庆)	洗衣粉（膏）、餐具洗涤剂、衣料洗涤剂、肥皂、香皂、金属洗涤剂
207 技	国家金银制品质量监督检验中心(南京)	金银首饰及其它金银制品
208 石	国家石油产品质量监督检验中心	汽油、煤油、润滑油
209 技	国家体育用品质量监督检验中心	体育用品
210 技	国家鞋类质量监督检验中心(温州)	各种鞋、靴
211 轻	国家鞋类质量监督检验中心(北京)	各种鞋、靴
212 冶	国家金银及制品质量监督检验中心(长春)	金、银、金银首饰、其它金银制品
213 技	国家包装产品质量监督检验中心(兰州)	玻璃包装和机械包装产品
214 煤	国家煤炭质量监督检验中心（西安）	分类煤炭
215 技	国家金银制品质量监督检验中心(上海)	金银首饰及其它金银制品、珠宝玉石

序号	质1检中心名称	授权检验的主要产品
216 机	国家汽车质量监督检验中心(襄樊)	汽车及发电机、底盘和零部件
217 技	国家石墨制品质量监督检验中心	石墨制品
218 机	国家电力电容器质量监督检验中心	电力电容器
219 技	国家散热器质量监督检验中心	散热器
220 医	国家骨科器械电疗仪器质量监督检验中心	骨科器械、电疗仪器
221 轻	国家日用金属制品质量监督检验中心(沈阳)	日用金属制品
222 技	国家渔具质量监督检验中心	各种渔具
223 技	国家建筑装修材料质量监督检验中心	建筑装修材料
224	国家日用金属制品质量监督检验中心（成都)	日用金属制品
225	国家条码质量监督检验中心	各种条码
226	国家康复器械质量监督检验中心	康复器械
227	国家金银及制品质量监督检验中心(沈阳)	金银及制品
228	国家无线电频谱质量监督检验中心	移动通讯调频无线电话机、无线寻呼发射机等
229	国家特种防护服装质量监督检验中心	防寒、防护服、军警用防弹防刺服、防弹头盔
230	国家儿童营养品质量监督检验中心	儿童营养品

序号	质 1 检中心名称	授权检验的主要产品
231	国家中文信息处理产品质量监督检验中心	家用游戏机、学习机、电子词典、掌上电脑等
232	国家粮食质量监督检验中心（大连）	粮食
233	国家摩托车质量监督检验中心（天津）	
234	国家化学建材质量监督检验中心	
235	国家燃气用具产品质量监督检验中心（佛山）	
236	国家参茸产品质量监督检验中心	野山参、鹿茸、人参、黑木耳
237	国家环保产品质量监督检验中心	环保产品
238	国家农业深加工产品质量监督检验中心	农业深加工产品
239	国家塑料机械产品质量监督检验中心	
240	国家纺织品服装产品质量监督检验中心（广州）	
241	国家石油石化产品质量监督检验中心	
242	国家煤及煤化工产品质量监督检验中心	煤及煤化工产品
243	国家食品质量监督检验中心(上海)	
244	国家纺织服装产品质量监督检验中心（浙江）	
245	国家太阳能热水器质量监督检验中心（武汉）	

12、省级产品质量检验所名单

质检所名称	类　别
山东省产品质检验所	省级
广州产品质检所	副省级
上海市产品质检所	省级
大连市产品质检所	计划单列
深圳市产品质检所	计划单列
广东省产品质检所	省级
武汉市产品质检所	副省级
内蒙古产品质检所	省级
福建省中心检验所	省级
江苏省产品质检中心所	省级
天津市产品质检所	省级
江西省产品质检所	省级
成都市产品质检所	副省级
新疆产品质检所	省级
安徽省产品质检所	省级
河北省产品质检所	省级
陕西省产品质检所	省级
辽宁省产品监督检验院	省级
河南省产品质检所	省级
甘肃省产品质检所	省级
广西产品质检所	省级
宁波市产品质检所	计划单列
黑龙江哈尔滨产品质检所	省级
浙江省技术监督检测研究院	省级
湖南省产品质检所	省级
沈阳市产品质检所	副省级
重庆市产品质检所	省级

质检所名称	类 别
四川省产品质检所	省级
吉林省产品质量监督检验院	省级
厦门市产品质检所	计划单列
海南省产品质检所	省级
山西省产品质量监督检验所	省级
湖北省产品质检所	省级
青岛市产品质检所	计划单列
北京市产品质检所	省级
南京市产品质检所	副省级
贵州省产品质检所	省级
云南省产品质检所	省级
青海省产品质检所	省级
西藏产品质检所	省级
西安市产品质检所	副省级
长春市产品质检所	副省级
宁夏产品质检所	省级
杭州市产品质检所	副省级
济南市产品质检所	副省级

13、国家认监委新授权国家产品质检中心

序号	文 号	标 题
1	国认实函[2001]15 号	关于批准成立国家摩托车质量监督检验中心（天津）的通知
2	国认实函[2002]1 号	关于批准成立国家化学建材质量监督检验中心的通知
3	国认实函[2001]10 号	关于批准成立国家燃气用具产品质量监督检验中心（佛山）的通知
4	国认实函[2002]32 号	关于批准成立国家参茸产品质量监督检验中心的通知
5	国认实函[2002]31 号	关于批准成立国家环保产品质量监督检验中心的通知
6	国质检认联[2002]227 号	关于成立国家农业深加工产品质量监督检验中心的通知
7	国质检科联[2002]312 号 国认实函[2002]147 号	关于成立国家塑料机械产品质量监督检验中心的通知 关于对塑料机械产品质量监督检验中心授权的通知

序号	文 号	标 题
8	国质检科联[2002]311 号国认实函 [2002]148 号	关于成立国家纺织品服装产品质量监督检验中心（广州）的通知 关于对纺织品服装产品质量监督检验中心（广州）授权的通知
9	国质检科联[2002]318 号国认实函 [2002]153 号	关于批准成立国家石油石化产品质量监督检验中心（新疆）的通知 关于对国家石油石化产品质量监督检验中心（新疆）授权的通知
10	国质检科联[2003]22 号 国认实函 [2002]10 号	关于成立国家煤及煤化工产品质量监督检验中心的通知 关于对国家煤及煤化工产品质量监督检验中心授权的通知
11	国质检科联[2003]42 号	关于对国家食品质量监督检验中心（上海）授权的通知
12	国认实函[2003]98 号	关于对国家纺织服装产品质量监督检验中心（浙江）授权的通知
13	国认实函[2003]125 号	关于对国家太阳能热水器质量监督检验中心（武汉）授权的通知
14	国质检科联[2003]298 号 国认实函 [2002]号	关于成立国家排灌及节水设备产品质量监督检验中心的通知 关于对国家排灌及节水设备产品质量监督检验中心授权的通知
15	国质检科联[2002]307 号 国认实函[2002]142 号	关于同意将国家鞋类质量监督检验中心（杭州）调整为国家鞋类质量监督检验中心（温州）的批复 关于对国家鞋类质量监督检验中心（温州）授权的通知

14、CNAL 2003 年度能力验证计划目录

序号	计划编号	计划名称
1	CNAL T0085	水中苯系物的检测
2	CNAL T0086	溶液酸度检测
3	CNAL T0087	有机氯农药检测
4	CNAL T0088	水泥物理性能检测和化学分析
5	CNAL T0089	建筑材料检测
6	CNAL T0090	家禽禽流感病毒检测
7	CNAL T0091	复混肥料检测
8	CNAL T0092	环境地球化学-金属元素分析
9	CNAL T0093	岩石组分分析
10	CNAL T0094	绒毛混合物检测
11	CNAL T0095	纺织品纤维检测
12	CNAL T0096	纺织品色牢度检测
13	CNAL T0097	纺织品甲醛检测

序号	计划编号	计划名称
14	CNAL T0098	推进剂中金属元素分析
15	CNAL T0099	茶叶检测
16	CNAL T0100	配装眼镜
17	CNAL T0101	洗发液检测
18	CNAL T0102	化妆品检测
19	CNAL T0103	煤灰成分分析
20	CNAL T0104	煤灰熔融性
21	CNAL T0105	煤炭常规分析
22	CNAL T0106	焦炭分析
23	CNAL T0107	气体检测
24	CNAL T0108	烟草检测
25	CNAL T0109	烟草检测
26	CNAL T0110	烟草检测
27	CNAL T0111	磷酸铵检测
28	CNAL T0112– APLAC T034	转基因分析（国际项目）
29	CNAL T0113– APLAC T035	食品添加剂（国际项目）
30	CNAL T0114– APLAC T036	兽药残留分析（国际项目）
31	CNAL T0115	碳钢中珠光体含量的测定
32	CNAL T0116	钢中非金属夹杂物的显微评定
33	CNAL T0117	金属晶粒参数定量测定（国际项目）
34	CNAL T0118	氧化镧化学成分分析（国际项目）
35	CNAL T0119	稀土化学成分分析（国际项目）
36	CNAL T0120	钛铁中化学成分的测定
37	CNAL T0121	钕铁硼材料中氧的测定
38	CNAL T0122	白云石化学成分的测定
39	CNAL T0123	金属锌中化学成分的测定
40	CNAL T0124	锌精矿中化学成分测定
41	CNAL T0125	铁矿石中化学成分分析（国际项目）
42	CNAL T0126	铬不锈钢中化学成分分析（国际项目）
43	CNAL T0127	工业纯铁中杂质元素的测定（国际项目）
44	CNAL T0128	纯铜化学成分分析

序号	计划编号	计划名称
45	CNAL T0129	钢管内部缺陷的超声波检测
46	CNAL T0130	镀锌钢板镀层量的测定
47	CNAL T0131	水中无机阴离子检测
48	CNAL T0132	煤灰元素分析
49	CNAL T0133	漏电起痕试验比对
50	CNAL M0002	数字多用表测量
51	CNAL M0003	12 面棱体角度偏差值测量
52	CNAL M0004	硬度测量
53	CNAL M0005	光照度测量
54	CNAL M0006	压力测量
55	CNAL M0007	量块测量
56	CNAL M0008	石英晶体震荡器测试
57	CNAL M0009	数字集成电路参数测试

15、具备转基因产品定性检测资格的实验室名单

序号	实验室名称
1	动植物检疫实验所转基因产品检测技术中心
2	商检研究所转基因食品检测中心
3	北京检验检疫局技术中心转基因实验室
4	天津检验检疫局食品实验室
5	辽宁检验检疫局技术中心生物实验室
6	青岛检验检疫局食品实验室
7	河南检验检疫局动植物食品实验室
8	上海检验检疫局转基因产品检测实验室
9	江苏检验检疫局食品实验室
10	浙江检验检疫局转基因实验室
11	宁波检验检疫局转基因实验室
12	安庆检验检疫局综合实验室（转基因实验室）
13	福建检验检疫局检验检疫技术中心转基因产品及 DNA 检测鉴定实验室
14	厦门检验检疫局转基因实验室
15	广州检验检疫局食品实验室转基因科

序号	实验室名称
16	汕头检验检疫局技术中心食品实验室
17	深圳检验检疫局动植物与食品检验检疫技术中心转基因检测实验室
18	珠海检验检疫局技术中心植物病虫害检验室
19	珠海检验检疫局技术中心微生物实验室
20	湖北检验检疫局技术中心检疫及微生物实验室
21	湖南检验检疫局检验检疫技术中心
22	山西检验检疫局技术中心动植检实验室
23	新疆检验检疫局动植物检验检疫实验室
24	云南检验检疫局转基因实验室
25	四川检验检疫局局技术中心
26	秦皇岛检验检疫局实验室
27	吉林检验检疫局技术中心

16、2001年国家计量认证合格单位名单

序号	批准认证机构名称	证书编号	发证日期及有效日期	认证类型
1	国家皮革质量监督检验中心	(2001)量认(国)字（C0508)号	2001. 11. 21～2006. 10. 30	复查
2	国家重有色金属质量监督检验中心	(2001)量认(国)字(E0504)号	2001. 11. 21 ～2006. 6. 4	复查
3	国家毛纺织产品质量监督检验中心(上海)	(2001)量认(国)字(D0529)号	2001. 11. 21～2006. 9.4	复查
4	国家油泵油嘴质量监督检验中心	(2001)量认(国)字(A0502)号	2001. 9. 6～2006. 9. 6	复查
5	国家棉印染产品质量监督检验中心	(2001)量认(国)字(D0573)号	2001. 11. 21～2006. 7.2 5	复查
6	国家洗涤用品质检中心(重庆)	(2001)量认(国)字(Z1316)号	2001. 11. 21～2006.7. 4	复查
7	国家体育用品质检中心	(2001)量认(国)字(Z1375)号	2001. 11. 21～2006. 7. 25	复查
8	国家鞋类质检中心(北京)	(2001)量认(国)字(C1371)号	2001. 11. 21～2006. 7. 4	复查
9	济南汽车质量监督检验鉴定试验所	(2001)量认(国)字(A1439)号	2001. 1. 3～2005. 9. 26	复查
10	机械工业高压电器产品质量检测中心(沈阳)	(2001)量认[国)字(A1789)号	2001. 1. 3～2005. 12. 12	复查
11	地质矿产部华东石油地质中心实验室	(2001)量认(国)字(F1255)号	2001. 1. 5～2006. 1. 5	复查

序号	批准认证机构名称	证书编号	发证日期及有效日期	认证类型
12	地质矿产部安徽省中心实验室	(2001)量认(国)字(F0473)号	2001. 1. 5～2006. 1. 5	复查
13	卫生部临床检测中心	(2001)量认(国)字(S1991)号	2001. 1. 5～2005.12. 12	首次
14	河南省水环境监测中心	(2001)量认(国)字(G1434)号	2001. 1. 5～2006. 1. 5	复查
15	兰州军区新疆锅炉节能监测站	(2001)量认(国)字(Y1992)号	2001. 1. 5～2006. 1. 5	首次
16	上海铁路局节能监测中心	(2001)量认(国)字(N1136)号	2001. 1. 5～2006. 1. 5	复查
17	中铁第十七工程局工程检测中心	(2001)量认(国)字(N0320)号	2001. 1. 5～2006. 1. 5	复查
18	国家轻工业局工具五金质量监督检测中心	2001)量认(国) 字 C0404)号	2001. 1. 5～2006. 1. 5	复查
19	机械工业凿岩机械气动工具产品质量监督检测中心	(2001)量认(国)字(A0580)号	2001. 1. 5～2006. 1. 5	复查
20	信息产业部图文通信设备质量监督检验中心	(2001)量认(国)字(I1068)号	2001. 1. 5～2006. 1. 5	复查
21	地质矿产部山东省中心实验室	(2001)量认(国)字(F0468)号	2001. 1. 5～2006. 1. 5	复查
22	水利部水工金属结构安全监测中心	(2001)量认(国)字(G1345)号	2001. 1. 3 ～2006. 1. 3	复查
23	机械工业农副产品加工机械产品质量检测中心(济南)	(2001)量认(国)字(A1990)号	2001. 1. 5 ～2006.12. 12	首次
24	哈尔滨铁路局节能监测中心	(2001)量认(国)字(N1452)号	2001. 1. 10 ～2006. 1. 10	复查
25	济南铁路局节约能源技术监测中心	(2001)量认(国)字(N1993)号	2001. 1. 1 0～2006. 1. 1 0	首次
26	中国石油集团公司石油化工科学研究上海石油商品应用研究所石油产品评定中心	(2001)量认(国)字(J1994)号	2001. 1. 19 ～2005. 11. 3	首次
27	青海工程勘察院检测试验中心	(2001)量认(国)字(Z1995)号	2001. 1. 19～2006. 1. 19	首次
28	核工业东北地质局分析测试中心	(2001)量认(国)字(Z1425)号	2001. 1. 1 9～2006. 1. 19	复查
29	中国石油勘探开发研究院采收率所岩心实验室	(2001)量认(国)字(J1422)号	2001. 1. 19 ～2006. 1. 19	复查
30	中国航空工业总公司西北电磁兼容性监督检测中心	(2001)量认(国)字(W1399)号	2001. 1. 19～2006. 1. 19	复查
31	南开大学中心实验室	(2001)量认(国)字(Z1358)号	2001. 1. 19～2006. 1. 19	复查

序号	批准认证机构名称	证书编号	发证日期及有效日期	认证类型
32	中国地质科学院矿产资源研究所岩矿检测中心	(2001)量认(国)字(F1105)号	2001．1．19～2006．1．19	复查
33	农业部农产品加工机械设备质量监督检验测试中心(沈阳)	(2001)量认(国)字(V1996)号	2001．1．19～2006．1．19	首次
34	国家海洋局第一海洋研究所海洋环境测试中心	(2001)量认(国)字(Z1317)	2001．1．20～2006．1．20	复查
35	国家海洋局第二海洋研究所检测中心	(2001)量认(国)字(Z1318)号	2001．1．20～2006.1．20	复查
36	国家海洋局第三海洋研究所海洋监测技术中心	(2001)量认(国)字(Z1319)号	2001．1．20～2006．1．20	复查
37	北京微量化学研究所分析测试中心	(2001)量认(国)字(Z1456)号	2001．1．19～2006．1．19	复查
38	北京华夏物证鉴定中心	(2001)量认(国)字(Z1457)号	2001．2．2～2006．2．2	复查
39	化工地质矿山第十一实验室	(2001)量认(国)字(F1081)号	2001．2．2～2006．2．2	复查
40	国家轻工业包装制品质量监督检测中	(2001)量认(国)字(C0789)号	2001．2．2～2006．2.2	复查
41	北京港口劳动安全卫生工程试验检测中心	(2001)量认(国)字(P1997)号	2001．2．9～2006，2．9	首次
42	国家林业局华东木材及木制品质量监督检测中心	(2001)量认(国)字（V1998）号	2001．2．9～2006．2．9	首次
43	机械工业风机产品质量监督检测中心	(2001)量认(国)字（A0773）号	2001．2．9～2006．1．11	复查
44	中国预防医学科学院流行病学微生物学研究所国家碘缺乏病参照实验室	(2001)量认(国)字(S1999)号	2001.2．9～2006．1.11	首次
45	核工业新疆理化分析测试中心	(2001)量认(国)字(Z2000)号	2001．2．9～2006．2．9	首次
46	核工业银川煤质活性炭质量检测中心	(2001)量认(国)字(Z1392)号	2001．2．9～2006．2.9	复查
47	核工业天水地质矿山分析测试中心	(2001)量认(国)字(Z1403)号	2001．2．4～2006．2．4	复查
48	核工业包头地质矿产分析测试中心	(2001)量认(国)字(Z1393)号	2001．2．9～2006.2．9	复查
49	化工地质矿山第十七实验室	(2001)量认(国)字(B1437)号	2001．2．9～2006．2．9	复查
50	化工地质矿山第六实验室	(2001)量认(国)字(F1250)号	2001．2．9～2006．2．9	复查
51	石油和化学工业安全仪器检验中心	(2001)量认(国)字(B0287)号	2001．2．9～2006．2．9	复查

序号	批准认证机构名称	证书编号	发证日期及有效日期	认证类型
52	化学工业助剂质量监督检验中心	(2001)量认(国)字(B0192)号	2001. 2. 9～2006. 2. 9	复查
53	农业部农药残留质量监督检验测试中心(杭州)	(2001)量认(国)字(V2001)号	2001. 2. 9～2006. 2. 9	首次
54	中国石化集团管道储运公司节能监测站	(2001)量认(国)字(Y2002)号	2001. 2. 9～2006. 2. 9	首次
55	中国软件评测中心	(2001)量认(国)字(H2003)号	2001. 2. 21～2006. 1. 11	首次
56	中铁十二局集团有限公司计量测试中心	(2001)量认(国)字(N0310)号	2001. 2. 26～2006. 2. 26	复查
57	国家中文信息处理产品质量监督检验中心	(2001)量认(国)字(Z2004)号	2001. 2. 1 2～2006. 2. 12	首次
58	国家建材局铝塑复合建筑材料产品质量监督检测中心	(2001)量认(国)字(B2005)号	2001. 2. 28～2006. 2. 28	首次
59	卫生部上海实验动物监测中心	(2001)量认(国)字(S1400)号	2001. 2. 28～2006. 2. 28	复查
60	浙江省辐射环境监测站(国家环境保护总局辐射环境监测技术中心)	(2001)量认(国)字(U1279)号	2001. 2. 28～2006. 2. 28	复查
61	国家环境保护总局环境监测仪器质量监督检验中心	(2001)量认(国)字(U1203)号	2001. 2. 28～2006. 2. 28	复查
62	山东省环境境监中心站	(2001)量认(国)字(U1296)号	2001. 2. 28～2006. 2. 28	复查
63	广西壮族自治区环境监测中心站	(2001)量认(国)字(U1473)号	2001. 2. 28～2006. 2. 28	复查
64	农业部农药质量监督检验测试中心(沈阳)	(2001)量认(国)字(V2006)号	2001. 2. 28～2006. 2. 28	首次
65	重庆公路工程检测中心	(2001)量认(国)字(P2007)号	2001. 2. 28～2006. 2. 28	首次
66	中铁第十七工程局第四工程处试验室	(2001)量认(国)字(N1447)号	2001. 2. 28～2006. 2. 28	复查
67	中铁第十七工程局第一工程处试验室	(2001)量认(国)字(N1445)号	2001. 2. 28～2006. 2. 28	复查
68	中铁第十七工程局建筑安装工程处计量测试室	(2001)量认(国)字(N2008)号	2001. 2. 28～2006. 2. 28	首次
69	石家庄铁道学院建筑材料试验室	(2001)量认(国)字(N1490)号	2001. 2.28～2006. 2.28	复查
70	信息产业部微波光电产品质量监督检验中心	(2001)量认(国)字(H2009)号	2001. 2. 28～2006. 2. 28	首次
71	信息产业部电真空器件产品质量监督检验中心	(2001)量认(国)字(H0547)号	2001. 2. 28 ～2006. 2. 28	复查

序号	批准认证机构名称	证书编号	发证日期及有效日期	认证类型
72	信息产业部通信设备抗震性能质量监督检验中心	(2001)量认(国)字(I2010)号	2001．2．28 ～ 2006．2．28	首次
73	中铁第十七工程局第二工程处测试中心	(2001)量认(国)字(N2011)号	2001.3．13 ～ 2006．2．21	首次
74	吉林大学工程装备实验中心	(2001)量认(国)字(A2012)号	2001．3．13 ～ 2006．2．21	首次
75	齐鲁石化胜利炼油技术研究所沥青产品检验实验室	(2001)量认(国)字(J2013)号	2001．3．13～ 2006．2.21	首次
76	南京汽车质量监督检验鉴定试验所	(2001)量认(国)字(A0671)号	2001．3．13 ～ 2006．2．28	复查
77	复旦大学分析测试中心	(2001)量认(国)字(Z1309)号	200i．3．13 ～ 2006.3.13	复查
78	大连理工大学振动与强度测试中心	(2001)量认(国)字(Z1366)号	2001．3．15 ～ 2006．3．8	复查
79	中国工程物理研究院环境试验中心	(2001)量认(国)字(W2014)号	2001．3．1 5 ～ 2006．3．8	首次
80	机械工业工业自动化仪表产品质量监督检测中心	(2001)量认(国)字(A0224)号	2001．3．13 ～ 2005．12.12	复查
81	中北电磁兼容联合实验室	(2001)量认(国)字(Z2015)号	2001．3．15 ～ 2006．3．8．	首次
82	国家建材局建材工业用耐火材料产品质量监督检验中心	(2001)量认(国)字(R0439)号	2001．3．1 5 ～ 2006．3．1 5	复查
83	农业部农业环境质量监督检验测试中心(沈阳)	(2001)量认(国)字(V2016)号	2001．3．1 3 ～ 2006．3．13	首次
84	中国科学院广州地球化学研究所工程地质检测中心	(2001)量认(国)字(Z1299)号	2001．3．13～ 2006．3.13	复查
85	中国科学院兰州分院分析测试中心冻土工程国家重点实验室工程与材料分析测试部	(2001)量认(国)字(Z2017)号	2001．3．1 3～ 2006．2．13	首次
86	国家药品监督管理局北大医疗器械质量监督检验中心	(2001)量认(国)字(S0793)号	2001．3．13～ 2006．3．13	复查
87	化学工业胶带质量监督检验中心	(2001)量认(国)字(B0438)号	2001．3.13 ～ 2006．3．13	复查
88	化学工业表面活性剂助剂质量监督检验	(2001)量认(国)字(B0456)号	2001．3．13 ～ 2006．3．1 3	复查
89	建设部水处理滤料质量监督检测中心	(2001)量认(国)字(U0497)号	2001．3．19～ 2006．3．19	复查
90	煤炭工业部邢台防爆柴油机械产品质量监督检验中心	(2001)量认(国)字(T0152)号	2001．3．13～ 2006.3．13	复查

序号	批准认证机构名称	证书编号	发证日期及有效日期	认证类型
91	中铁三局集团第二工程有限公司工程试验中心	(2001)量认(国)字(N1450)号	2001. 3. 20～2006. 3. 20	复查
92	中铁第十七工程局第三工程处计量试验室	(2001)量认(国)字(N1446)号	2001. 3. 20～2006. 3. 20	复查
93	中铁第三工程局第六工程处工程试验中心	(2001)量认(国)字(N1451)号	2001. 3. 20～2006. 3. 20	复查
94	铁道部第二工程局路桥公司工程试验室	(2001)量认(国)字(N1092)号	2001. 3. 20～2006. 3. 20	复查
95	铁道部株洲电力机车研究所橡塑弹性元件检测中心	(2001)量认(国)字(N2018)号	2001. 3. 21～2006. 2. 21	首次
96	国家轻工业珠宝玉石首饰质量监督检测中心	(2001)量认(国)字(Z1359)号	2001. 3. 20～2006. 3. 20	复查
97	信息产业部信息传输线质量监督检验中心	(2001)量认(国)字(H0661)号	2001. 3. 21～2006. 1.11	复查
98	石油工业井控装置质量监督检验中心	2001)量认(国)字(J1406)号	2001. 3. 21～2006. 3. 8	复查
99	铁道部第二勘测设计院工程测试中心	(2001)量认(国)字(N41513)号	2001. 3. 21～2006. 3. 21	复查
100	国家标准物质研究中心	(2001)量认(国)字(Z2019)号	2001. 3. 21 ～2006. 1. 1 1	首次
101	国家轻工业玩具质量监督检测北京站	(2001)量认(国)字(C0392)号	2001. 3. 29～2006. 3. 29	复查
102	江苏省纤维检验所	(2001)量认(国)字(Z2020)号	2001. 3. 20～2006. 3. 1 5	首次
103	湖南省纤维检验所	(2001)量认(国)字(Z2021)号	2001. 3.30～2006. 2. 28	首次
104	国家钢铁材料测试中心	(2001)量认(国)字(E0584)号	2001. 3. 30～2006. 2. 28	复查
105	综合电子战系统与装备质量检测中心(电子行业西益康检验中心)	(2001)量认(国)字(H2022)号	2001. 4. 2～2006. 4. 2	首次
106	国家粮食局无锡粮油食品饲料质量监督检验测试中心	(2001)量认(国)字(Q1785)号	2001. 4. 2～2006. 4. 2	复查
107	中国水利水电第十一工程局中心试验室	(2001)量认(国)字(G1468)号	2001.4. 16～2006. 4. 16	复查
108	北京高德珠宝鉴定研究所	(2001)量认(国)字(Z2023)号	2001. 4. 1 6～2006. 2. 21	首次
109	长沙汽车电器检测中心	(2001)量认(国)字(Z2024)号	2001.4. 16～2006. 2. 23	首次

序号	批准认证机构名称	证书编号	发证日期及有效日期	认证类型
110	重庆市纤维织品检验所	(2001)量认(国)字(Z2025)号	2001. 4.16～2006. 3. 23	首次
111	津市纺织纤维检验所	(2001)量认(国)字(Z2026)号	2001. 4, 16～2006. 3. 23	首次
112	机械工业电线电缆专用测试设备检测中心	(2001)量认(国)字(Z0112)号	2001.4. 9～2006. 4. 9	复查
113	重庆市环境监测中心	(2001)量认(国)字(U2027)号	2001. 4. 9～2006. 4. 9	首次
114	国家轻工业家用电器质量监督检测杭州站	(2001)量认(国)字(C0444)号	2001. 4. 9～2006. 3. 29	复查
115	机械工业表面覆盖层产品质量监督检测中心	(2001)量认(国)字(A0862)号	2001. 4. 9～2006. 4. 9	复查
116	国家药品监督管理局天津医疗器械质量监督检验中心	(2001)量认(国)字(S2029)号	2001. 4. 2～2006. 3. 23	首次
117	国家经济贸易委员会天津制药机械检测中心	(2001)量认(国)字(S1360)号	2001. 4. 2～2006. 3. 23	复查
118	中华全国供销合作总社郑州棉麻加工机械质量监督检验中心	(2001)量认(国)字(D1265)号	2001. 4. 7～2006. 4. 7	复查
119	中国科学院广州地球化学研究所有机分析测试中心	(2001)量认(国)字(Z1453)号	2001. 4. 2～2006. 4. 2	复查
120	中国水利水电第十二工程局实验室	(2001)量认(国)字(K1498)号	2001. 4. 2～2006. 4. 2	复查
121	中国水利水电闽江工程局中心实验室	(2001)量认(国)字(K1469)号	2001. 4. 2～2006. 4. 2	复查
122	交通部环境保护中心	(2001)量认(国)字(P2030)号	2001. 4. 8～2006. 4. 8	首次
123	国家拽市供水水质监测网西宁监测站	(2001)量认(国)字(U2031)号	2001. 4. 28～2006. 4. 28	首次
124	农业部农业环境质量监督检验测试中心(济南)	(2001)量认(国)字(V1401)号	2001. 2. 10～2006. 2. 10	复查
125	福建省纤维检验所	(2001)量认(国)字(Z2032)号	2000. 11. 9～2005. 11. 9	复查
126	水利部大坝安全监测中心	(2001)量认(国)字(G1482)号	2001. 4. 8～2006. 4. 8	首次
127	国家生物医学分析中心	(2001)量认(国)字(S1455)号	2001. 4. 24～−2006. 4. 9	复查
128	同济大学宝玉石检测中心	(2001)量认(国)字(Z2033)号	2001. 4. 8～2006. 4, 8	首次

序号	批准认证机构名称	证书编号	发证日期及有效日期	认证类型
129	国家电力公司山西发电用煤质量监督检验中心	(2001)量认(国)字(K1462)号	2001．4．12～2006．4．12	复查
130	国家电力公司福建发电用煤质量监督检验中心	(2001)量认(国)字(K1499)号	2001．4．29～2006．4．29	复查
131	中铁第十五工程局第二工程处中心试验室	(2001)量认(国)字(N0322)号	2006．4．20～2006．4．20	复查
132	水利部松辽水利委员会水利基本建设工程质量检测中心	(2001)量认(国)字(G1467)号	2001．4．20～2006．4．20	复查
133	国家轻工业电光源材料质量监督检测中心	(2001)量认(国)字(C0880)号	2001．4．10～2006．4．10	复查
134	石家庄铁道学院工程结构检测中心	(2001)量认(国)字(N2034)号	2001．4．6～2006．4．6	首次
135	地质矿产部中南石油地质中心实验室	(2001)量认(国)字 F1417)号	2001．4，8～2006．4．8	复查
136	农业部种猪质量监督检验测试中心(广州)	(2001)量认(国)字(V2035)号	2001．3．20～2006．3．20	首次
137	中铁第十五工程局第四工程处中心试验室	(2001)量认(国)字(N0323)号	2001．4．15～2006．4．1 5	复查
138	中铁第十五工程局第三工程处中心试验室	(2001)量认(国)字(N1497)号	2001．4．10～2006．4．10	复查
139	中铁三局集团第六工程有限公司工程试验中心	(2001)量认(国)字(N1495)号	2001．4．10～2006．4．10	复查
140	山东省计量科学研究所	(2001)量认(国)字(Z0330)号	2001．4．10～2006．4．10	复查
141	大庆油田有限责任公司采油工艺检验中心	(2001)量认(国)字(J2036)号	2001．6．20～2006．6．20	复查
142	煤炭工业徐州劳动防护用品产品质量监督检验中心	(2001)量认(国)字(T0371)号	2001．5．28～2006．5．28	首次
143	苏州大学分析测试中心	(2001)量认(国)字(Z2037)号	2001．4．26～2006．4．26	复查
144	上海港湾工程质量检测中心	(2001)量认(国)字(P1416)号	2001．3．22～2006．3．22	首次
145	广州港湾工程质量检测中心	(2001)量认(国)字(P1414)号	2001．3．2 5～2006．3．2 5	复查
146	石油工业磁技术产品质量监督检验中心	(2001)量认(国)字(J1524)号	2001．4．14～2006．4．14	复查

序号	批准认证机构名称	证书编号	发证日期及有效日期	认证类型
147	中铁三局集团建筑安装工程处工程试验中心	(2001)量认(国)字(81494)号	2001. 4. 10～2006. 4. 1 0	复查
148	中铁三局集团第四工程有限公司工程试验室	(2001)量认(国)字(N1492)号	2001. 4. 2 2～2006. 4. 22	复查
149	中铁第十五工程局第一工程处中心试验室	(2001)量认(国)字(˜0321)号	2001. 4. 26～2006. 4. 26	复查
150	中铁三局集团第五工程有限公司工程试验中心	(2001)量认(国)字(N1493)号	2001. 4. 29～2006. 4. 29	复查
151	中国水利水电科学研究院工程检测中心	(2001)量认(国)字(G1466)号	2001. 4. 20～2006. 4. 20	复查
152	中国电力科学研究院电测量所	(2001)量认(国)字(K2038)号	2001. 1. 20～2005. 12. 28	首次
153	国家电力公司武汉高压研究所电磁兼容实验室	(2001)量认(国)字(K2039)号	2001. 4. 20～2005. 11. 3	首次
154	国家电力公司广东发电用煤质量监督检验中心	(2001)量认(国)字(K1461)号	2001. 3. 20～2006. 3. 20	复查
155	国家轻工业香料化妆品洗涤用品质量监督检测上海站	(2001)量认(国)字(C0434)号	2001. 4. 20～2006. 4. 9	复查
156	国家电力公司江苏发电用煤质量监督检验中心	(2001)量认(国)字(K1460)号	2001. 4. 20～2006. 4. 20	复查
157	河南省计量测试研究所	(2001)量认(国)字(Z2040)号	2001. 4.20～2006.4. 9	首次
158	北京华通路桥检测中心	(2001)量认(国)字(P2041)号	2001. 4. 20～2006. 4. 20	首次
159	天津市金海技术开发公司基础工程检测中心	(2001)量认(国)字(P2042)号	2001.4. 8～2006. 4. 8	首次
160	农业部蜂产品质量监督检验测试中心(北京)	(2001)量认(国)字(V2043)号	2001. 4. 8～2006. 4. 8	首次
161	北京国电华北电力工程有限公司测试中心	(2001)量认(国)字(K2044)号	2001. 4. 20～2006. 4. 20	首次
162	安徽省环境监测中心站	(2001)量认(国)字(U1115)号	2001. 4. 30～2006. 4. 30	复查
163	农业部旱作农机具质量监督检验测试中心	(2001)量认(国)字(V1497)号	2001.4. 2 7～2006.4. 27	复查
164	农业部蚕桑产业产品质量监督检验测试中心(镇江)	(2001)量认(国)字(V2045)号	2001. 3. 10～2006. 3. 10	首次
165	农业部饲料质量监督检验测试中心(西安)	(2001)量认(国)字(V1483)号	2001.4. 8～2006. 4. 8	复查
166	国家轻工业鞋类皮革毛皮制品质量监督检测天津站	(2001)量认(国)字(C0513)号	2001. 4. 9～2006. 4. 9	复查

序号	批准认证机构名称	证书编号	发证日期及有效日期	认证类型
167	中国水利水电第二工程局试验室	(2001)量认(国)字(K1522)号	2001．3．30～2006．3．30	复查
168	地质矿产部油气地球化学勘查中心实验室	(2001)量认(国)字(F1396)号	2001．4．20～2006．4．20	复查
169	全国节能计量测试技术服务中心	(2001)量认(国)字(Y1320)号	2001．4．10～2006．4．4	复查
170	地质矿产部海南省中心实验室	(2001)量认(国)字(F1321)号	2001.4．2～2006．4．2	复查
171	地质矿产部广西壮族自治区中心实验室	(2001)量认(国)字(F0475)号	2001．4．2～2006．4．2	复查
172	农业部农业环境质量监督检验测试中心(重庆)	(2001)量认(国)字(V2046)号	2001．1．28～2006．1.28	首次
173	铁科工程有限责任公司工程试验中心	(2001)量认(国)字(N1491)号	2001．4.29～2006．4．29	复查
174	国家电力公司宁夏发电用煤质量监督检验中心	(2001)量认(国)字(K2047)号	2001．4．16～2006．4．16	首次
175	湖北省电力公司湖北电力试验研究院	(2001)量认(国)字(K2048)号	2001．4．1～2006．4．1	首次
176	机械工业油泵油嘴产品质量监督检测中心	(2001)量认(国)字(A0502)号	2001．9．6～2006．9．6	复查
177	国家药品监督管理局济南医药包装质量监督检测中心	(2001)量认(国)字(S1086)号	2001．9．6～2006．9．6	复查
178	国家药品监督管理局济南医疗器械质量监督检验中心	(2001)量认(国)字(S0360)号	2001．9.6～2006．9．6	复查
179	化学工业电气产品防爆质量监督检验中心	(2001)量认(国)字(B0629)号	2001．9．6～2006．9．6	复查
180	国家水大流量计量站(机械工业流量仪表产品质量检测中心)	(2001)量认(国)字(A0369)号	2001．9．6～2006．9．6	复查
181	信息处理产品标准符合性检测中心	(2001)量认(国)字(H2049)号	2001.9．6～2006．9．6	首次
182	中国水利水电第四工程局中心试验室	(2001)量认(国)字(K1 502)号	2001.8．16～2006．8．16	复查
183	中国石油辽河油田分公司勘探开发研究院试验中心	(2001)量认(国)字(J1600)号	2001.6．2～2006．6．2	复查
184	中国科学院物理研究所磁学国家重点实验室磁学基本量检测中心	(2001)量认(国)字(Z1314)号	2001．9．6～2006．9．6	复查
185	国家轻工业食品质量监督检测上海站	(2001)量认(国)字(C0624)号	2001．9．6～2006．9．6	复查
186	胜利石油管理局质量监督检验所	(2001)量认(国)字(J1529)号	2001．9．6～2006．9．6	复查

序号	批准认证机构名称	证书编号	发证日期及有效日期	认证类型
187	地质矿产部黑龙江省中心实验室	(2001)量认(国)字(F0472)号	2001. 9. 6～2006. 9. 6	复查
188	机械工业低压电器产品质量检测中心(苏州)	(2001)量认(国)字(A1380)号	2001. 9. 6～2006. 9. 6	复查
189	化学工业乳胶制品质量监督检验中心	(2001)量认(国)字(B0506)号	2001. 7. 19～2006. 5. 25	复查
190	国家电力公司广西发电用煤质量监督检验中心	(2001)量认(国)字(K1501)号	2001. 4. 8～2006. 4. 8	复查
191	国家电力公司电力金属结构质量监督检验测试中心	(2001)量认(国)字(K2050)号	2001. 4. 16一2006.4.16	首次
192	国家电力公司水电施工设备质量监督检验测试中心	(2001)量认(国)字(K0780)号	2001. 4. 16～2006. 4. 16	复查
193	安徽大学现代实验技术中心	(2001)量认(国)字(Z2051)号	2001.8. 8～2006. 8. 8	首次
194	河南省环境监测中心站	(2001)量认(国)字(U1531)号	2001.9. 20～2006.9. 20	复查
195	新疆维吾尔自治区环境监测中心站	(2001)量认(国)字(U1474)号	2001. 10. 15～2006. 10. 15	复查
196	国家农业标准化监测与研究中心(黑龙江)	(2001)量认(国)字(Z2052)号	2001. 11. 20～2006. 6. 4	首次
197	中国航天机电集团第三研究院第三零三研究所	(2001)量认(国)字(W2053)号	2001. 11. 20～2006. 7. 18	首次
198	机械工业工业过程控制系统产品质量监督检测中心	(2001)量认(国)字(A0264)号	2001. 11. 20～2006. 7. 4	复查
199	公安部安全防范报警系统产品质量监督检验测试中心	(2001)量认(国)字(L0967)号	2001. 11. 20～2006. 6. 4	复查
200	公安部计算机信息系统安全产品质量监督检验中心	(2001)量认(国)字(L1800)号	2001.11. 13～2006. 6. 4	复查
201	武汉汽车车身附件质量监督检验站	(2001)量认(国)字(A1722)号	2001. 11.13～2006. 7. 25	复查
202	水利部长江勘测技术研究所实验中心	(2001)量认(国)字(G1517)号	2001. 11. 13～2006. 11. 13	复查
203	浙江省水环境监测中心	(200t)量认(国)字(G1516)号	2001. 11. 13～2006. 11. 13	复查
204	上海市水环境监测中心	(2001)量认(国)字(G1518)号	2001. 11. 13～2006. 11. 13	复查
205	长江水利委员会长江中游水环境监测中心	(2001)量认(国)字(G1541)号	2001. 11.13～2006. 11. 13	复查
206	农业部农作物种子质量监督检验测试中心(合肥)	(2001)量认(国)字(V1336)号	2001. 11. 13～2006. 11. 13	复查

序号	批准认证机构名称	证书编号	发证日期及有效日期	认证类型
207	农业部谷物及制品质量监督检验测试中心(哈尔滨)	(2001)量认(国)字(V1485)号	2001. 11.13～2006. 11. 13	复查
208	农业部家禽品质监督检验测试中心(扬州)	(2001)量认(国)字(V2054)号	2001. 11. 13～2006. 11. 13	首次
209	国家邮政局信函处理设备质量监督检验中心	(2001)量认(国)字(I1521)号	2001. 11.13～2006. 11. 13	复查
210	化学工业胶粘剂质量监督检验中心	(2001)量认(国)字(B0478)号	2001. 11. 13～2006. 11. 13	复查
211	化学工业特种轮胎质量监督检验中心	(2001)量认(国)字(B0487)号	2001.11. 13～2006. 11. 13	复查
212	电力工业部电力工程材料部件质量检验测试中心	(2001)量认(国)字(K0673)号	2001. 10. 22～2006. 10. 22	复查
213	大庆油田有限责任公司勘探开发研究院地质试验室	(2001)量认(国)字(J1527)号	2001. 11. 13～2006. 11. 13	复查
214	煤炭工业常州通讯监控产品质量监督检验中心	(2001)量认(国)字(T0370)号	2001. 11. 13～2006. 11. 13	复查
215	中铁四局集团给排水工程有限公司工程试验室	(2001)量认(国)字(N1151)号	2001. 11. 13～2006. 11.13	复查
216	中铁十三局集团有限公司中心实验室	(2001)量认(国)字(N0703)号	2001. 11. 13～2006. 11. 13	复查
217	中铁三局集团第三工程有限公司工程试验中心	(2001)量认(国)字(N1508)号	2001. 11. 13～2006. 11. 13	复查
218	中铁第十九工程局计量测试中心	(2001)量认(国)字(N0705)号	2001. 11. 13～2006. 11. 13	复查
219	中铁第十三工程局第一工程处实验室	(2001)量任(国)字(N0704)号	2001. 11. 13～2006. 11. 13	复查
220	中国人民解放军后勤工程检测中心	(2001)量认(国)字(Z0659)号	2001. 11. 27～2006. 11.27	复查
221	机械工业仪表材料产品质量监督检测中心	(2001)量认(国)字(A0413)号	2001.11. 13～2006. 7. 4	复查
222	中铁四局集团第四工程有限公司质量检测中心	(2001)量认(国)字(N1509)号	2001. 11. 27～2006. 11. 27	复查
223	中铁第十八工程局第二工程处计量测试中心	(2001)量认(国)字(N0587)号	2001. 11. 27～2006. 11. 27	复查
224	中铁四局集团第三工程有限公司质量检测中心	(2001)量认(国)字(N1510)号	2001. 11.27～2006. 11. 27	复查
225	中铁第十八工程局第五工程处试验中心	(2001)量认(国)字(N0588)号	2001. 11. 27～2006. 11. 27	复查
226	中铁第十八工程局第一工程处计量测试室	(2001)量认(国)字(N0592)号	2001. 11. 27～2006. 11. 27	复查

序号	批准认证机构名称	证书编号	发证日期及有效日期	认证类型
227	农业部农作物种子质量监督检验测试中心(武汉)	(2001)量认(国)字(V1484)号	2001. 11. 27~ 2006. 11. 27	复查
228	国家化学建筑材料测试中心(材料测部)	(2001)量认(国)字(B0585)号	2001.11. 2 3~ 200 3.11. 9	复查
229	中国人民解放军空军第四研究所头盔检测实验室	(200i)量认(国)字(W2055)号	2001. 12. 5~ 2003. 12. 8	首次
230	中国科学院太阳光伏发电系统和风力发电系统质量检测中心	(2001)量认(国)字(Z2056)号	2001. 12. 5~ 2006.1 2. 5	首次
231	国家林业局林化产品质量监督检验站	(2001)量认(国)字(V0236)号	2001. 12. 5~ 2006. 12. 5	复查
232	国家轻工业鞋类皮革毛皮制品质量监督检测上海站	(2001)量认(国)字(C0419)号	2001. 12. 5~ 2006. 12. 5	复查
233	济南市城市排水监测站	(2001)量认(国)字(01570)号	2001. 1 2. 5~ 2006. 12. 5	复查
234	广州市城市排水监测站	(2001)量认(国)字(U1569)号	2001. 12. 5~ 2006. 12. 5	复查
235	中国人民解放军航空油料及油料装备检测试验中心	(2001)量认(国)字(Z1308)号	2001. 12. 5~ 2006. 12. 5	复查
236	机械工业仪用互感器及低压电器产品质量检测中心	(2001)量认(国)字(A0347)号	2001. 12. 5~ 2006. 9. 4	复查
237	国家轻工业甘蔗糖业质量监督检测中心	(2001)量认(国)字(C0406)号	2001. 12. .10~ 2006. 12. 10	复查
238	国家国内贸易局食品质量检测中心(天津)	(2001)量认(国)字(Q1480)号	2001. 12. 10~ 2006. 12. 10	复查
239	胜利石油管理局设备监测站	(2001)量认(国)字(J2057)号	2001. 12. 10~ 2006. 12. 10	首次
240	中国石油勘探开发研究院采收率所相态实验室	(2001)量认(国)字(J1594)号	2001. 12. 10~ 2006. 12. 10	复查
241	煤炭工业节能监测中心	(2001)量认(国)字(Y1423)号	2001. 12.10~ 2006. 12. 10	复查
242	新疆维吾尔自治区纤维检验局	(2001)量认(国)字(Z2058)号	2001.1 2. 3~ 2006. 9. 4	首次
243	湖北省纤维检验所	(2001)量认(国)字(Z2059)号	2001. 12. 3~ 2006. 6. 4	首次
244	内蒙古自治区纤维检验局	(2001)量认(国)字(Z2060)号	2001. 12. 3~ 2006. 6. 4	首次
245	河北省纤维检验局	(2001)量认(国)字(Z2061)号	2001. 12. 3~ 2006. 9.29	首次
246	北京市纺织纤维检验所	(2001)量认(国)字(Z2062)号	2001. 12. 3~ 2006. 7. 25	首次

序号	批准认证机构名称	证书编号	发证日期及有效日期	认证类型
247	陕西省纤维检验局	(2001)量认(国)字(Z2063)号	2001. 12. 3～2006. 9. 29	首次
248	中铁四局集团建筑工程有限公司质量检测中心	(2001)量认(国)字(N2064)号	2001.12.12～2006.12. 12	首次
249	浙江省舟山海洋生态环境监测站	(2001)量认(国)字(U1472)号	2001.12. 11～2006. 12.11	首次
250	大港油田油气勘探开发技术研究中心采收率室	(2001)量认(国)字(J1602)号	2001. 12. 12～2006. 12. 12	复查
251	铁路运输节能监测中心	(2001)量认(国)字(Y0707)号	2001. 12. 12～2006. 12. 12	复查
252	西南油气田分公司采气工艺研究所油气井增产技术实验室	(2001)量认(国)字(J1603)号	2001. 1 2. 12～2006.12. 12	复查
253	石油工业专用管材质量监督检验中心	(2001)量认(国)字(J0113)号	2001. 12. 12～2006. 12. 12	复查
254	大港油田油气勘探开发技术研究中心开发试验室	(2001)量认(国)字(J1592)号	2001. 12.11—2006. 12. 11	复查
255	大港油田油气勘探开发技术研究中心地质化验室	(2001)量认(国)字(J1601)号	2001.12. 11～2006. 12. 11	复查
256	地质矿产部西南石油地质中心实验室	(2001)量认(国)字(F1386)号	2001. 12. 11～2006. 12. 11	复查
257	地质矿产部新疆维吾尔自治区中心实验室	(2001)量认(国)字(F0540)号	2001. 12. 11～2006. 12. 11	复查
258	地质矿产部甘肃省中心实验室	(2001)量认(国)字(F0535)号	2001. 1 2. 11～2006. 12. 11	复查
259	水利部节水灌溉设备质量检测中心	(2001)量认(国)字(G1544)号	2001. 12. 11—2006. 12. 11	复查
260	广东省水环境监测中心	(2001)量认(国)字(G1565)号	2001. 12. 11～2006. 12. 11	复查
261	长江水利委员会长江三峡水环监测中心	(2001)量认(国)字(G1519)号	2001. 12. 11～2006. 12. 11	复查
262	国家粮食局西安油脂食品及饲料质量监督检验测试中心	(2001)量认(国)字(Z1538)号	2001. 1 2.11～2006. 1 2.11	复查
263	农业部蔬菜品质监督检验测试中心(重庆)	(2001)量认(国)字(V2065)号	2001.1 2. 6～2006. 1 2. 6	首次
264	农业部蔬菜品质监督检验测试中心(广州)	(2001)量认(国)字(V2066)号	2001. 12. 11～2006. 12. 11	首次
265	中国水利水电第九工程局中心试验室	(2001)量认(国)字(K1533)号	2001. 12. 18～2006. 12. 18	复查
266	中国石油天然气集团公司节能监测中心	(2001)量认(国)字(J0276)号	2001. 12. 18～2006. 12. 18	复查

序号	批准认证机构名称	证书编号	发证日期及有效日期	认证类型
267	西藏自治区水环境监测中心	(2001)量认(国)字(G1558)号	2001.12.18～2006.12.18	复查
268	国家林业局原木锯材产品质量监督检站	(2001)量认(国)字(V1471)号	2001.12.18～2006.12.18	复查
269	江苏省水环境监测中心	(2001)量认(国)字(G1563)号	2001.12.18～2006.12.18	复查
270	水利部牧区水利科学研究所实验中心	(2001)量认(国)字(G1488)号	2001.12.18～2006.12.18	复查
271	河北省辐射环境管理站	(2001)量认(国)字(U2067)号	2001.12.18～2006.12.18	首次
272	国家林业局营林机械产品质量监督检站	(2001)量认(国)字(V1663)号	2001.12.18～2006.12.18	复查
273	中建建筑节能检测中心	(2001)量认(国)字(Y1515)号	2001.12.18～2006.12.18	复查
274	国家电力公司河北发电用媒质量监督检验中心	(2001)量认(国)字(K1534)号	2001.12.18～2006.12.18	复查
275	成都军区联勤部油料监督处	(2001)量认(国)字(Z1418)号	2001.12.20～2006.12.20	复查
276	中铁二局集团新运工程有限公司工程试验室	(2001)量认(国)字(N1512)号	2001.12.20～2006.12.20	复查
277	江西省环境监测中心站	(2001)量认(国)字(U2068)号	2001.12.20～2006.12.20	首次
278	农业部肥料质量监督检验测试中心(西安)	(2001)量认(国)字(V2069)号	2001.12.20～2006.12.20	首次
279	农业部农产品加工机械设备质量监督检验测试中心(成都)	(2001)量认(国)字(V2070)号	2001.12.20～2006.12.20	首次
280	农业部柑桔及苗木质量监督检验测试心	(2001)量认(国)字(V1365)号	2001.12.20～2006.12.20	复查
281	农业部微生物肥料质量监督检验测试中心	(2001)量认(国)字(V1486)号	2001.12.20～2006.12.20	复查
282	湖南省环境监测中心站	(2001)量认(国)字(U2071)号	2001.12.20～2006.12.20	首次
283	国家测绘产品质量监督检验测试中心	(2001)量认(国)字(Z0601)号	2001.12.27～2006.12.27	复查
284	中铁十二局集团第一工程有限公司计量测试中心	(2001)量认(国)字(N1584)号	2001.12.27～2006.12.27	复查
285	兰州铁路工程检测中心	(2001)量认(国)字(N0306)号	2001.12.27～2006.12.27	复查
286	上海铁路局站场调速设备检验站	(2001)量认(国)字(N1551)号	2001.12.27～2006.12.27	复查

序号	批准认证机构名称	证书编号	发证日期及有效日期	认证类型
287	太原铁路工程总公司检测中心	(2001)量认(国)字(N1507)号	2001.12.27~2006.12.27	复查
288	国家电化学和光谱研究分析中心	(2001)量认(国)字(Z0713)号	2001.12.27~2006.12.27	复查
289	内蒙古自治区水环境监测中心	(2001)量认(国)字(G1465)号	2001.12.27~2006.12.27	复查
290	中国商业联合会百货劳保用品商品质量监督检测中心(天津)	(2001)量认(国)字(Z0481)号	2001.12.27~2006.12.27	复查
291	北京市计量科学研究所	(2001)量认(国)字(S1578)号	2001.12.27~2006.12.27	复查
292	中国石油天然气股份有限公司吉林化工产品质量监督检验中心	(2001)量认(国)字(J2072)号	2001.12.27~2006.12.27	首次
293	中国石油天然气股份有限公司兰州石油产品质量监督检验中心	(2001)量认(国)字(I2073)号	2001.12.27~2006.12.27	首次
294	石油工业油井水泥及外加剂质量监督检验中心	(2001)量认(国)字(J0528)号	2001.12.27~2006.12.27	复查
295	电力工业部电力管道产品质量检验测试中心站	(2001)量认(国)字(K1595)号	2001.12.27~2006.12.27	复查
296	电力工业部无功补偿成套装置质量检验测试中心	(2001)量认(国)字(K0658)号	2001.12.27~2006.12.27	复查
297	中国上海测试中心	(2001)量认(国)字(Z0597)号	2001.12.27~2006.12.27	复查
298	中国广州分析测试中心	(2001)量认(国)字(Z0714)号	2001.12.2~2006.11.23	复查
299	中国物流与采购联合会燃料质量监督检验测试中心(上海)	(2001)量认(国)字(Z1561)号	2001.12.27~2006.11.23	复查
300	北京铁路工程总公司中心试验室	(2001)量认(国)字(N2074)号	2001.12.27~2006.12.27	首次
301	中铁第十一工程局路桥工程处计量测试中心	(2001)量认(国)字(N2075)号	2001.12.27~2006.12.27	首次
302	中铁十七局集团第五工程有限公司中心试验室	(2001)量认(国)字(N2076)号	2001.12.31~2006.12.31	首次
303	中国铁路通信信号上海电信测试中心	(2001)量认(国)字(N2077)号	2001.12.27~2006.12.27	首次
304	中铁一局集团新运工程有限公司中心试验室	(2001)量认(国)字(N2078)号	2001.12.27~2006.12.27	首次
305	铁道第三勘察设计院工程测试中心	(2001)量认(国)字(N2079)号	2001.12.31~2006.12.31	首次
306	大庆油田有限责任公司勘探开发研究院采收率实验室	(2001)量认(国)字(J1528)号	2001.12.27~2006.12.27	复查

序号	批准认证机构名称	证书编号	发证日期及有效日期	认证类型
307	中国石油天然气股份有限公司大连石油产品质量监督检验中心	(2001)量认(国)字(I2080)号	2001. 12. 28～2006. 1 2.28	首次
308	化工地质矿山第十九实验室	(2001)量认(国)字(F1251)号	2001.1 2. 31～2006. 12. 31	复查
309	中国科学院化学研究所分析测试中心	(2001)量认(国)字(Z2081)号	2001. 12. 31～2006. 1 2.31	首次
310	中国科学院武汉物理与数学研究所波谱与原子分子物理国家重点实验室	(2001)量认(国)字(Z1542)号	2001. 12. 31～2006. 12. 31	复查
311	中国科学院成都分院分析测试中心	(2001)量认(国)字(Z2082)号	2001. 1 2. 31～2006. 12. 31	首次
312	中国科学院南海海洋研究所海洋环境检测中心	(2001)量认(国)字(Z2083)号	2001. 1 2. 21—2006. 12. 31	首次
313	农业部蚕桑产业产品质量监督检验测试中心(烟台)	(2001)量认(国)字(V2084)号	2001. 1 2.31～2006. 12. 31	首次
314	农业部农业环境质量监督检验测试中心(北京)	(2001)量认(国)字(V2085)号	2001. 1 2.31～2006. 12.31	首次
315	农业部农产品加工机械设备质量监督检验测试中心(广州)	(2001)量认(国)字(V2086)号	2001. 1 2. 31～2006. 12. 31	首次
316	化工地质矿山第十五实验室	(2001)量认(国)字(F1535)号	2001. 12. 31～2006. 1 2.31	复查
317	上海交通大学分析测举中心	(2001)量认(国)字(Z2087)号	2001. 1 2. 31～2006. 1 2. 31	首次
318	水利部水工金属结构质量检验测试中心	(2001)量认(国)字(K0847)号	2001. 12. 27～2006. 12. 27	复查
319	昆明城市排水监测站	(2001)量认(国)字(U2088)号	2001. 12. 28～2006.12. 28	首次

17、2002年批准的国家计量认证合格机构名单

序号	质检机构名称	证 书 编 号	发证日期及有效日期	认证类型
1	国家农业深加工产品质量监督检验中心	(2002) 量认 (国) 字 (Z2163) 号 (2002) 国认监认字 (238) 号	2002.8.19～2007.8.19	首次认证
2	国家电力电子产品质量监督检验中心	(2002) 量认 (国) 字 (A0376) 号 (2002) 国认监认字 (110) 号	2002.9.11～2007.5.27	复查换证
3	国家印刷机械质检中心	(2002) 量认 (国) 字 (A0946) 号 (2002) 国认监认字 (177) 号	2002.6.5～2007.4.21	复查换证
4	国家建筑装修材料质检中心	(2002) 量认 (国) 字 (R1571) 号 (2002) 国认监认字 (223) 号	2002.6.5～2007.4.16	复查换证

序号	质检机构名称	证书编号	发证日期及有效日期	认证类型
5	国家鞋类质量监督检验中心（温州）	（2002）量认（国）字（Z1376）号 （2002）国认监认字（210）号	2002.10.25 ～ 2002. 12.16	首次认证
6	国家散热器质量监督检验中心	（2002）量认（国）字（Z1444）号 （2002）国认监认字（219）号	2002.8.19～ 2007.8.19	复查换证
7	国家光学仪器质量监督检验心	（2002）量认（国）字（A0525）号 （2002）国认监认字（119）号	2002.11.12～ 2007.7.2	复查换证
8	国家电炉质量监督检验中心	（2002）量认（国）字（A0972）号 （2002）国认监认字（181）号	2002.11.12～ 2007.10.9	复查换证
9	国家橡胶机械质量监督检验中心	（2002）量认（国）字（B0231）号 （2002）国认监认字（239）号	2002.11.12～ 2007.8.27	复查换证
10	国家摩托车质量监督检验中心	（2002）量认（国）字（A0139）号 （2002）国认监认字（008）号	2002.11.27～ 2007.10.21	复查换证
11	国家塑料制品质量监督检验中心（福州）	（2002）量认（国）字（Z0367）号 （2002）国认监认字（050）号	2002.12.10～ 200710.21	复查换证
12	国家日用电器质量监督检验中心	（2002）量认（国）字（A0102）号 （2002）国认监认字（002）号	2002.11.25～ 2007.10.21	复查换证
13	国家塑料机械产品质量监督检验中心	（2002）量认（国）字（A2180）号 （2002）国认监认字（239）号	2002.11.11～ 2007.11.10	首次认证
14	国家纺织品服装产品质量监督检验中心	（2002）量认（国）字（D2181）号 （2002）国认监认字（240）号	2002.11.7～ 2007.1.21	复查换证
15	国家电力电容器质量监督检验中心	（2002）量认（国）字（A1463）号 （2002）国认监认字（218）号	2002.11.7～ 2007.1.21	复查换证
16	国家金属制品质量监督检验心	（2002）量认（国）字（E0335）号 （2002）国认监认字（221）号	2002.11.7～ 2007.1.21	复查换证
17	国家蓄电池质量监督检验中心	（2002）量认（国）字（V0549）号 （2002）国认监认字（123）号	2002.11.7～ 2007.1.21	复查换证
18	国家便携式林业机械质量监督检验中心	（2002）量认（国）字（V0193）号 （2002）国认监认字（146）号	2002.11.7～ 2007.1.21	复查换证
19	国家冶金重型机械质量监督检验中心	（2002）量认（国）字（A0687）号 （2002）国认监认字（135）号	2002.11.7～ 2007.1.21	复查换证
20	宁波市纤维检验所	（2002）量认（国）字（Z2132）号 （2002）国认监纤验字（18）号	2002.4.15～ 2006.12.16	首次认证
21	上海市纤维检验所	（2002）量认（国）字（Z2131）号 （2002）国认监纤验字（19）号	2002.4.15～ 2007.1.17	首次认证
22	河南省纤维检验局	（2002）量认（国）字（Z2144）号 （2002）国认监纤验字（20）号	2002.2.25～ 2007.2.24	首次认证
23	山西省纤维检验局	（2002）量认（国）字（Z2146）号 （2002）国认监纤验字（21）号	2002.2.25～ 2007.2.24	首次认证
24	云南省纤维检验所	（2002）量认（国）字（Z2147）号 （2002）国认监纤验字（22）号	2002.3.25～ 2007.3.24	首次认证

序号	质检机构名称	证书编号	发证日期及有效日期	认证类型
25	山东省纤维检验局	(2002) 量认 (国) 字 (Z2164) 号 (2002) 国认监纤验字 (23) 号	2002.5.29～ 2007.5.28	首次认证
26	四川省纤维检验局	(2002) 量认 (国) 字 (Z2177) 号 (2002) 国认监纤验字 (24) 号	2002.8.28～ 2007.8.27	首次认证
27	北京市西城区中宝石检测研究中心	(2002) 量认 (国) 字 (F2089) 号	2002.2.1～ 2007.2.1	首次认证
28	兰州中油合成橡胶检验实验室	(2002) 量认 (国) 字 (J2090) 号	2002.2.1～ 2007.1.10	首次认证
29	宁夏回族自治区环境监测中心站	(2002) 量认 (国) 字 (U1312) 号	2002.2.1～ 2007.2.1	复查换证
30	国家轻工业食品质量监督检测天津站	(2002) 量认 (国) 字 (C0498) 号	2002.2.6～ 2007.2.6	复查换证
31	国家轻工业鞋类皮革质量监督检测青岛站	(2002) 量认 (国) 字 (C2092) 号	2002.2.6～ 2007.2.6	首次认证
32	黄河水利委员会勘测规划设计研究院实验中心	(2002) 量认 (国) 字 (G1556) 号	2002.2.6～ 2007.2.6	复查换证
33	长江水利委员会汉江水环境监测中心	(2002) 量认 (国) 字 (G1566) 号	2002.2.6～ 2007.2.6	复查换证
34	长江水利委员会荆江水环境监测中心	(2002) 量认 (国) 字 (G1559) 号	2002.2.6～ 2007.2.6	复查换证
35	卫生部工业卫生实验所	(2002) 量认 (国) 字 (S2093) 号	2002.2.4～ 2007.2.4	首次认证
36	农业部农药残留质量监督检验测试中心 (武汉)	(2002) 量认 (国) 字 (V2094) 号	2002.2.4～ 2007.2.4	首次认证
37	农业部脱毒马铃薯种薯质量监督检验测试中心 (张家口)	(2002) 量认 (国) 字 (V2095) 号	2002.2.4～ 2007.2.4	首次认证
38	农业部热带农产品质量监督检验测试中心 (儋州)	(2002) 量认 (国) 字 (V2096) 号	2002.2.4～ 2007.2.4	首次认证
39	农业部动物毛皮及制品质量监督检验测试中心	(2002) 量认 (国) 字 (V2097) 号	2002.2.4～ 2007.2.4	首次认证
40	农业部农产品质量监督检验测试中心 (杭州)	(2002) 量认 (国) 字 (V2098) 号	2002.2.4～ 2007.2.4	首次认证
41	农业部果品及苗木质量监督检验测试中心 (郑州)	(2002) 量认 (国) 字 (V2099) 号	2002.2.5～ 2007.2.5	首次认证
42	上海勘测设计研究院工程检测中心	(2002) 量认 (国) 字 (G2100) 号	2002.2.6～ 2007.2.6	首次认证
43	农业部设施农业机械设备质量监督检验测试中心	(2002) 量认 (国) 字 (V2101) 号	2002.2.4～ 2007.2.4	首次认证
44	国家轻工业工具五金质量监督检测上海站	(2002) 量认 (国) 字 (C2102) 号	2002.2.19～ 2007.2.19	首次认证

序号	质检机构名称	证 书 编 号	发证日期及有效日期	认证类型
45	国家轻工业火柴质量监督检测中心	（2002）量认（国）字（C1479）号	2002.2.19～2007.2.19	复查换证
46	国家轻工业乐器质量监督检测中心（广州）	（2002）量认（国）字（C2103）号	2002.2.19～2007.2.19	首次认证
47	国家轻工业纸张质量监督检测上海站	（2002）量认（国）字（C0430）号	2002.2.19～2007.2.19	复查换证
48	国家轻工业自来水笔圆珠笔质量监督检测中心	（2002）量认（国）字（C0457）号	2002.2.19～2007.2.19	复查换证
49	国家轻工业化妆品质量监督检测天津站	（2002）量认（国）字（C0477）号	2002.2.19～2007.2.19	复查换证
50	黑龙江省水环境监测中心	（2002）量认（国）字（G1564）号	2002.2.5～2007.2.5	复查换证
51	农业部农药质量监督检验测试中心（上海）	（2002）量认（国）字（V1530）号	2002.3.6～2007.3.6	复查换证
52	国家城市供水水质监测网重庆监测站	（2002）量认（国）字（U1568）号	2002.3.6～2007.3.6	复查换证
53	国家轻工业三胶产品质量监督检测中心（北京）	（2002）量认（国）字（Z2104）号	2002.3.6～2007.3.6	首次认证
54	国家粮食局郑州粮食机械质量监督检验测试中心	（2002）量认（国）字（A2105）号	2002.3.6～2007.3.6	首次认证
55	中国船舶工业保定蓄电池产品性能检测中心	（2002）量认（国）字（M0544）号	2002.3.6～2007.3.6	复查换证
56	空军电子设备环境条件实验中心	（2002）量认（国）字（Z1599）号	2002.3.6～2007.3.6	复查换证
57	东华大学纺织检测中心	（2002）量认（国）字（Z2106）号	2002.3.6～2007.3.6	首次认证
58	信息产业部华东工程软件测评中心	（2002）量认（国）字（H2107）号	2002.3.6～2007.3.6	首次认证
59	中国核工业第二一建设公司中心实验室	（2002）量认（国）字（Z1500）号	2002.3.11～2007.3.11	复查换证
60	地质矿产部西北石油地质中心实验室	（2002）量认（国）字（F1576）号	2002.3.11～2007.3.11	复查换证
61	地质矿产部浙江省中心实验室	（2002）量认（国）字（F0534）号	2002.3.8～2007.3.8	复查换证
62	地质矿产部湖南省中心实验室	（2002）量认（国）字（F0466）号	2002.3.8～2007.3.8	复查换证
63	地质矿产部福建省中心实验室	（2002）量认（国）字（F0595）号	2002.3.8～2007.3.8	复查换证
64	信息产业部广州电话交换设备质量监督检验中心	（2002）量认（国）字（I1520）号	2002.3.11～2007.3.11	复查换证

序号	质检机构名称	证书编号	发证日期及有效日期	认证类型
65	农业部肥料质量监督检验测试中心（南宁）	(2002) 量认（国）字（V2108）号	2002.3.11～2007.3.11	首次认证
66	中国石油管道公司管道科技研究中心综合试验室	(2002) 量认（国）字（J0746）号	2002.3.11～2007.1.18	复查换证
67	四川大学分析测试中心	(2002) 量认（国）字（Z0751）号	2002.3.11～2007.3.11	复查换证
68	武汉理工大学材料研究与测试中心	(2002) 量认（国）字（Z0518）号	2002.3.11～2007.3.11	复查换证
69	中国科学院成都几何量及光电精密机械测试实验室	(2002) 量认（国）字（Z1585）号	2002.3.11～2007.3.11	复查换证
70	北京铁路局电力试验所	(2002) 量认（国）字（N0701）号	2002.3.11～2007.3.11	复查换证
71	中铁隧道集团二处有限公司中心试验室	(2002) 量认（国）字（N1549）号	2002.3.11～2007.3.11	复查换证
72	中铁建厂工程局检测试验中心	(2002) 量认（国）字（N0494）号	2002.3.11～2007.3.11	复查换证
73	中铁十二局集团第四工程有限公司计量测试中心	(2002) 量认（国）字（N1582）号	2002.3.11～2007.3.11	复查换证
74	郑州铁路局电力中心试验所	(2002) 量认（国）字（N0699）号	2002.3.11～2007.3.11	复查换证
75	郑州铁路局武汉电力试验所	(2002) 量认（国）字（N0698）号	2002.3.11～2007.3.11	复查换证
76	铁道部产品质量监督检验中心牵引电气设备检验站	(2002) 量认（国）字（N0207）号	2002.3.11～2007.3.11	复查换证
77	中铁十二局集团第二工程有限公司计量试验中心	(2002) 量认（国）字（N1583）号	2002.3.11～2007.3.11	复查换证
78	上海铁路局电力试验所	(2002) 量认（国）字（N0700）号	2002.3.8～2007.3.8	复查换证
79	北京铁路局太原电力试验所	(2002) 量认（国）字（N00292）号	2002.3.8～2007.3.8	复查换证
80	中铁二局集团电力试验所	(2002) 量认（国）字（N1581）号	2002.3.11～2007.3.11	复查换证
81	中铁隧道集团三处有限公司试验中心	(2002) 量认（国）字（N2109）号	2002.3.11～2007.3.11	首次认证
82	铁道部科学研究院深圳研究设计院工程检测中心	(2002) 量认（国）字（N2110）号	2002.3.11～2007.3.11	首次认证
83	中南大学土木建筑学院土木工程中心试验室	(2002) 量认（国）字（N2111）号	2002.3.11～2007.3.11	首次认证
84	机械工业气体分离与液化设备产品质量监督检测中心	(2002) 量认（国）字（A0864）号	2002.3.11～2007.3.11	复查换证

序号	质检机构名称	证 书 编 号	发证日期及有效日期	认证类型
85	国家轻工业建筑五金质量监督检测中心	(2002) 量认 (国) 字 (C0455) 号	2002.3.18～2006.8.28	复查换证
86	交通部交通工程检测中心	(2002) 量认 (国) 字 (P1969) 号	2002.3.18～2007.1.18	复查换证
87	国家环境保护总局化学品登记中心化学品测试技术研究实验室	(2002) 量认 (国) 字 (U2112) 号	2002.3.18～2007.1.18	首次认证
88	化工地质矿山第十四实验室	(2002) 量认 (国) 字 (B1627) 号	2002.3.11～2007.3.11	复查换证
89	国家建筑材料工业平板玻璃热工测试中心	(2002) 量认 (国) 字 (R0495) 号	2002.3.11～2007.3.11	复查换证
90	中国玻璃发展中心物化检测所	(2002) 量认 (国) 字 (R0496) 号	2002.3.11～2007.3.11	复查换证
91	国家建筑材料工业平板玻璃集装器具质量监督检验测试中心	(2002) 量认 (国) 字 (R1554) 号	2002.3.11～2007.3.11	复查换证
92	国家建筑材料工业石材质量监督检验测试中心	(2002) 量认 (国) 字 (R0551) 号	2002.3.20～2007.3.20	复查换证
93	柳州铁路局电力试验所	(2002) 量认 (国) 字 (N0607) 号	2002.3.22～2007.3.22	复查换证
94	中铁一局集团第二工程局有限公司中心试验室	(2002) 量认 (国) 字 (N1506) 号	2002.3.21～2007.3.21	复查换证
95	北京中铁建设有限公司试验室	(2002) 量认 (国) 字 (N2114) 号	2002.3.22～2007.3.22	首次认证
96	中铁电气化局集团有限公司电气试验中心	(2002) 量认 (国) 字 (N2115) 号	2002.3.22～2007.3.22	首次认证
97	地质矿产部华西石油地质中心实验室	(2002) 量认 (国) 字 (F1553) 号	2002.3.22～2007.3.22	复查换证
98	地质矿产部宁夏回族自治区中心实验室	(2002) 量认 (国) 字 (F0538) 号	2002.3.22～2007.3.22	复查换证
99	北京大学医药卫生分析中心	(2002) 量认 (国) 字 (S1523) 号	2002.3.22～2007.3.22	复查换证
100	吉林大学测试科学试验中心	(2002) 量认 (国) 字 (Z1464) 号	2002.3.22～2007.3.22	复查换证
101	交通部汽车挂车质量监督检验测试中心	(2002) 量认 (国) 字 (P0642) 号	2002.3.21～2006.12.16	复查换证
102	交通部汽车保修设备质量监督检验测试中心	(2002) 量认 (国) 字 (P0756) 号	2002.3.21～2006.12.16	复查换证
103	交通部汽车运输行业能源利用监测中心	(2002) 量认 (国) 字 (P0643) 号	2002.3.21～2006.12.16	复查换证
104	中国原子能科学院化学分析测试中心	(2002) 量认 (国) 字 (Z1532) 号	2002.3.22～2007.3.22	复查换证

序号	质检机构名称	证书编号	发证日期及有效日期	认证类型
105	国家轻工业化妆品洗涤用品质量监督检测北京站	(2002) 量认(国)字(C0653)号	2002.3.21～2007.3.21	复查换证
106	国家建筑材料测试中心	(2002) 量认(国)字(R0586)号	2002.3.25～2007.3.25	复查换证
107	中国船舶工业武汉材料与结构试验检测中心	(2002) 量认(国)字(M1560)号	2002.3.25～2007.2.24	复查换证
108	电力工业部电力线载波机质量检验测试中心	(2002) 量认(国)字(K0672)号	2002.3.25～2007.3.25	复查换证
109	电力工业部电力系统自动化设备质量检验测试中心	(2002) 量认(国)字(K0672)号	2002.3.25～2007.3.25	复查换证
110	国家电力公司自动化设备电磁兼容实验室	(2002) 量认(国)字(K2116)号	2002.3.25～2007.3.25	首次认证
111	地质矿产部华北石油地质中心实验室	(2002) 量认(国)字(F1540)号	2002.3.25～2007.3.25	复查换证
112	国家轨道衡计量站	(2002) 量认(国)字(N0377)号	2002.3.25～2007.3.25	复查换证
113	济南铁路局电力试验所	(2002) 量认(国)字(N0702)号	2002.3.25～2007.2.25	复查换证
114	郑州铁路局西安电力试验所	(2002) 量认(国)字(N0810)号	2002.3.25～2007.3.25	复查换证
115	地质矿产部上海市中心实验室	(2002) 量认(国)字(F0474)号	2002.3.25～2007.3.25	复查换证
116	地质矿产部水文地质专业实验测试中心	(2002) 量认(国)字(F0536)号	2002.3.25～2007.3.25	复查换证
117	地质矿产部河北省中心实验室	(2002) 量认(国)字(F0537)号	2002.3.25～2007.3.25	复查换证
118	国家轻工业香料洗涤用品质量监督检测天津站	(2002) 量认(国)字(C0479)号	2002.3.25～2007.2.25	复查换证
119	中国长江三峡工程开发总公司试验中心	(2002) 量认(国)字(G1557)号	2002.3.26～2007.1.18	复查换证
120	国家轻工业食品质量监督检测沈阳站	(2002) 量认(国)字(C0453)号	2002.3.25～2007.3.25	复查换证
121	国家轻工业纸张质量监督检测广州站	(2002) 量认(国)字(C0407)号	2002.3.25～2007.3.25	复查换证
122	国家地质实验测试中心	(2002) 量认(国)字(F0583)号	2002.3.27～2007.1.18	复查换证
123	信息产业部电子计量中心	(2002) 量认(国)字(H2117)号	2002.3.27～2007.1.18	首次认证
124	农业部生物防治产品质量监督检验测试中心(济南)	(2002) 量认(国)字(V2120)号	2002.4.8～2007.4.8	首次认证

序号	质检机构名称	证书编号	发证日期及有效日期	认证类型
125	农业部饲料质量监督检验测试中心（南昌）	（2002）量认（国）字（V2121）号	2002.4.8～2007.4.8	首次认证
126	农业部畜禽产品质量监督检验测试中心（广州）	（2002）量认（国）字（V2122）号	2002.4.8～2007.4.8	首次认证
127	农业部农业环境质量监督检验测试中心（西安）	（2002）量认（国）字（V2123）号	2002.4.8～2007.4.8	首次认证
128	农业部肥料质量监督检验测试中心（石家庄）	（2002）量认（国）字（V2124）号	2002.4.8～2007.4.8	首次认证
129	农业部饲料质量监督检验测试中心（南京）	（2002）量认（国）字（V2125）号	2002.4.8～2007.4.8	首次认证
130	农业部花卉产品质量监督检验测试中心（上海）	（2002）量认（国）字（V2126）号	2002.4.8～2007.4.8	首次认证
131	农业部花卉产品质量监督检验测试中心（广州）	（2002）量认（国）字（V2127）号	2002.4.8～2007.4.8	首次认证
132	农业部脱毒马铃薯种薯质量监督检验测试中心（哈尔滨）	（2002）量认（国）字（V2128）号	2002.4.8～2007.4.8	首次认证
133	江南大学分析测试中心	（2002）量认（国）字（Z2129）号	2002.4.5～2007.4.5	首次认证
134	国家电力公司电力自动化研究院电力系统自动化设备检测实验室	（2002）量认（国）字（K2130）号	2002.4.11～2007.3.12	首次认证
135	中华全国供销合作总社天津化肥、农药、农膜商品质量监督检验测试中心	（2002）量认（国）字（V0677）号	2002.4.5～2007.4.5	复查换证
136	上海市纤维检验所	（2002）量认（国）字（Z2131）号	2002.4.15～2007.1.17	首次认证
137	宁波市纤维检验所	（2002）量认（国）字（Z2132）号	2002.4.15～2006.12.16	首次认证
138	中国人民解放军海军电磁兼容研究检测中心	（2002）量认（国）字（H0532）号	2002.8.19～2007.8.19	复查换证
139	中国电力科学研究院配电自动化系统设备检测实验室	（2002）量认（国）字（K2133）号	2002.4.28～2007.4.28	首次认证
140	化学工业力车胎质量监督检验中心	（2002）量认（国）字（B0427）号	2002.4.25～2007.4.25	复查换证
141	南京地质矿产研究所岩矿测试室	（2002）量认（国）字（F0868）号	2002.4.28～2007.4.28	复查换证
142	煤炭工业北京锚杆产品质量监督检验中心	（2002）量认（国）字（T1268）号	2002.4.28～2007.4.28	复查换证
143	国家药品监督管理局包装材料科研检测中心	（2002）量认（国）字（S1503）号	2002.4.28～2007.4.28	复查换证

序号	质检机构名称	证书编号	发证日期及有效日期	认证类型
144	农业部渔业环境及水产品质量监督检验测试中心(武汉)	(2002)量认(国)字(V2135)号	2002.4.28~2007.4.28	首次认证
145	农业部食品质量监督检验测试中心(杨凌)	(2002)量认(国)字(V1887)号	2002.4.28~2007.4.28	复查换证
146	汉阳专用汽车新产品鉴定试验站	(2002)量认(国)字(A1633)号	2002.5.14~2007.1.18	复查换证
147	农业部水稻种子质量监督检验测试中心(长沙)	(2002)量认(国)字(V1379)号	2002.5.20~2007.5.20	复查换证
148	农业部棉花品质监督检验测试中心	(2002)量认(国)字(V1547)号	2002.5.20~2007.5.20	复查换证
149	农业部水产品质量监督检验测试中心(上海)	(2002)量认(国)字(V2136)号	2002.5.20~2007.5.20	首次认证
150	农业部农药质量监督检验测试中心(西安)	(2002)量认(国)字(V2137)号	2002.5.20~2007.5.20	首次认证
151	农业部食用菌质量监督检验测试中心(上海)	(2002)量认(国)字(V2138)号	2002.5.20~2007.5.20	首次认证
152	农业部种羊及羊毛绒质量监督检验测试中心(乌鲁木齐)	(2002)量认(国)字(V2139)号	2002.5.20~2007.5.20	首次认证
153	农业部渔业环境及水产品质量监督检验测试中心(西安)	(2002)量认(国)字(V2140)号	2002.5.20~2007.5.20	首次认证
154	农业部种农药残留质量监督检验测试中心(石家庄)	(2002)量认(国)字(V2141)号	2002.5.20~2007.5.20	首次认证
155	农业部牛冷冻精液质量监督检验测试中心(北京)	(2002)量认(国)字(V1552)号	2002.5.20~2007.5.20	复查换证
156	深圳市燃气设备检测有限公司	(2002)量认(国)字(U2145)号	2002.3.7~2007.3.7	首次认证
157	地质矿产部吉林省中心实验室	(2002)量认(国)字(F0471)号	2002.5.23~2007.5.23	复查换证
158	地质矿产部上海海洋地质实验测试中心	(2002)量认(国)字(F1334)号	2002.5.23~2007.5.23	复查换证
159	地质矿产部山西省中心实验室	(2002)量认(国)字(F0539)号	2002.5.23~2007.5.23	复查换证
160	化学工业海洋涂料质量监督检验中心	(2002)量认(国)字(B1628)号	2002.5.23~2007.5.23	复查换证
161	机械工业火电设备产品质量监督检测中心	(2002)量认(国)字(A0639)号	2002.5.23~2007.5.23	复查换证
162	农业部参茸及农产品质量监督检验测试中心	(2002)量认(国)字(V1574)号	2002.6.18~2007.6.18	复查换证
163	机械工业环保机械产品质量监督检测中心	(2002)量认(国)字(A1477)号	2002.6.11~2007.6.11	复查换证

序号	质检机构名称	证 书 编 号	发证日期及有效日期	认证类型
164	机械工业机床液压元件产品质量监督检测中心	(2002)量认(国)字(A0245)号	2002.6.11～2007.6.11	复查换证
165	机械工业农副产品加工机械产品质量检测中心(合肥)	(2002)量认(国)字(A0571)号	2002.6.11～2007.6.11	复查换证
166	机械工业农用挂机挂浆及机动车配附件产品质量检测中心	(2002)量认(国)字(A0617)号	2002.6.11～2007.6.11	复查换证
167	国家轻工业食品质量监督检测广州站	(2002)量认(国)字(C0459)号	2002.6.11～2007.6.11	复查换证
168	农业部花卉产品质量监督检验测试中心(昆明)	(2002)量认(国)字(V2150)号	2002.6.18～2007.6.18	首次认证
169	农业部辐照产品质量监督检验测试中心	(2002)量认(国)字(V2151)号	2002.6.18～2007.6.18	首次认证
170	农业枸杞产品质量监督检验测试中心	(2002)量认(国)字(V2152)号	2002.6.18～2007.6.18	首次认证
171	农业农产品质量监督检验测试中心(昆明)	(2002)量认(国)字(V2153)号	2002.6.18～2007.6.18	首次认证
172	中国石油勘探开发研究院廊坊分院压裂酸化中心流体室	(2002)量认(国)字(J1526)号	2002.6.18～2007.6.18	复查换证
173	中国石油勘探开发研究院廊坊分院完井所水泥浆实验室	(2002)量认(国)字(J1525)号	2002.6.18～2007.6.18	复查换证
174	北京地大宝石检验中心	(2002)量认(国)字(Z2154)号	2002.6.28～2007.6.28	首次认证
175	农业部特种经济动植物及产品质量监督检验测试中心	(2002)量认(国)字(V2156)号	2002.6.28～2007.6.28	首次认证
176	农业部烟草产业产品质量监督检验测试中心	(2002)量认(国)字(V2157)号	2002.6.28～2007.6.28	首次认证
177	农业部渔业环境及水产品质量监督检验测试中心(天津)	(2002)量认(国)字(V2158)号	2002.6.28～2007.6.28	首次认证
178	有色金属桂林矿产地质测试中心	(2002)量认(国)字(F0724)号	2002.6.28～2007.6.28	复查换证
179	中国商业联合会交家电商品质量检测中心(重庆)	(2002)量认(国)字(Z1614)号	2002.7.2～2007.7.2	复查换证
180	农业部渔业环境及水产品质量监督检验测试中心(哈尔滨)	(2002)量认(国)字(V2161)号	2002.7.4～2007.7.4	首次认证
181	农业部农产品质量监督检验测试中心(北京)	(2002)量认(国)字(V2162)号	2002.7.4～2007.7.4	首次认证
182	农业部种猪质量监督检验测试中心(武汉)	(2002)量认(国)字(V1123)号	2002.7.9～2007.7.9	复查换证
183	国家城市供水水质监测网成都监测站	(2002)量认(国)字(U0989)号	2002.7.10～2007.7.10	复查换证

序号	质检机构名称	证 书 编 号	发证日期及有效日期	认证类型
184	铁路无线电监测检测中心	（2002）量认（国）字（N2161）号	2002.7.25～2007.7.25	首次认证
185	中国船舶工业电磁兼容检测中心	（2002）量认（国）字（M0726）号	2002.7.25～2007.7.25	复查换证
186	建设部城市供水水质监测中心	（2002）量认（国）字（U2162）号	2002.7.25～2007.7.25	首次认证
187	山东省纤维检验局	（2002）量认（国）字（Z2164）号	2002.7.11～2007.5.28	首次认证
188	铁道部产品质量监督检验中心低温试验站	（2002）量认（国）字（N0156）号	2002.9.5～2007.9.5	复查换证
189	西安筑路机械测试中心	（2002）量认（国）字（P0391）号	2002.9.5～2007.6.30	复查换证
190	国家药品监督管理局浙江医药包装材料质量检测站	（2002）量认（国）字（S0543）号	2002.9.5～2007.9.5	复查换证
191	国家轻工业食品质量监督检测杭州站	（2002）量认（国）字（C0403）号	2002.9.5～2007.2.24	复查换证
192	国家轻工业香料化妆品洗涤用品质量监督检测杭州站	（2002）量认（国）字（C1688）号	2002.9.5～2007.2.24	复查换证
193	国家轻工业黄酒产品质量监督检测中心	（2002）量认（国）字（C1689）号	2002.9.5～2007.2.24	复查换证
194	中华全国供销合作总社济南果蔬及制品质量监督检验测试中心	（2002）量认（国）字（V1514）号	2002.9.23～2007.9.23	复查换证
195	化工地质矿山第十四实验室	（2002）量认（国）字（B1627）号	2002.3.11～2007.3.11	复查换证
196	机械工业低压防爆电器检测中心	（2002）量认（国）字（A0691）号	2002.5.20～2007.3.24	复查换证
197	沈阳黎明航空发动机集团公司计量中心	（2002）量认（国）字（A2143）号	2002.5.20～2007.3.24	复查换证
198	中铁十七局集团第六工程有限公司检测中心站	（2002）量认（国）字（N 2160）号	2002.6.28～2007.6.28	首次认证
199	信息产业部北京电话交换设备质量监督检验中心	（2002）量认（国）字（I 1635）号	2002.8.23～2007.8.23	复查换证
200	化学工业非金属材料和设备质量监督检验中心	（2002）量认（国）字（B0441）号	2002.8.19～2007.8.19	复查换证
201	湖北省水资源水环境检测中心	（2002）量认（国）字（G1637）号	2002.8.19～2007.8.19	复查换证
202	有色金属华北地质矿产测试中心	（2002）量认（国）字（E0499）号	2002.8.23～2007.8.23	复查换证
203	石油工业机械产品质检中心	（2002）量认（国）字（J0104）号	2002.7.19～2007.7.19	复查换证

序号	质检机构名称	证 书 编 号	发证日期及有效日期	认证类型
204	中国商业联合会金属材料质量监督检验测试中心（天津）	（2002）量认（国）字（Z1539）号	2002.5.23～2007.5.23	复查换证
205	中国农业科学院土壤肥料研究所测试中心	（2002）量认（国）字（V2142）号	2002.5.23～2007.11.9	复查换证
206	铁道部产品质检中心铁路车站计算机连锁检验站	（2002）量认（国）字（N2148）号	2002.6.17～2007.4.16	复查换证
207	信息产业部电子第三研究所电子电器质量技术检验中心	（2002）量认（国）字（H2149）号	2002.7.17～2003.4.20	复查换证
208	中国人民解放军防化研究院分析测试中心	（2002）量认（国）字（B1645）号	2002.6.19～2007.5.26	复查换证
209	华东理工大学宝石检测中心	（2002）量认（国）字（Z1641）号	2002.6.19～2007.5.26	复查换证
210	大港环境监测中心站	（2002）量认（国）字（J1608）号	2002.7.19～2002.7.19	复查换证
211	新疆油田勘探院	（2002）量认（国）字（J1662）号	2002.8.19～2002.8.19	复查换证
212	国家粮食局呼和浩特粮油质检中心	（2002）量认（国）字（Q2166）号	2002.9.29～2002.9.29	首次认证
213	中石化江苏油田勘探开发实验中心	（2002）量认（国）字（J2165）号	2002.8.23～2002.8.23	复查换证
214	农业部运输机械质检中心	（2002）量认（国）字（V 2168）号	2002.9.9～2002.9.9	首次认证
215	农业部中小农具质检中心	（2002）量认（国）字（V 1575）号	2002.9.10～2002.9.10	复查换证
216	农业部种羊及羊毛羊绒质检中心	（2002）量认（国）字（V 2169）号	2002.9.10～2002.9.10	首次认证
217	农业部农作物质检中心	（2002）量认（国）字（V 1597）号	2002.9.10～2002.9.10	复查换证
218	农业部冷库及制冷设备质检中心	（2002）量认（国）字（V 1657）号	2002.9.20～2002.9.20	复查换证
219	农业部环境质检中心	（2002）量认（国）字（V 1598）号	2002.9.10～2002.9.10	复查换证
220	广播通信铁塔桅杆检测中心	（2002）量认（国）字（I 2167）号	2002.9.20～2002.9.20	首次认证
221	机械工业电加工机床产品质检测中心	（2002）量认（国）字（A 0432）号	2002.12.30～2002.12.30	复查换证
222	建筑材料工程工业地质质检中心	（2002）量认（国）字（F0725）号	2002.9.29～2002.9.29	复查换证
223	中铁十五局六工程质检中心	（2002）量认（国）字（R2170）号	2002.9.20～2002.9.20	首次认证

序号	质检机构名称	证 书 编 号	发证日期及有效日期	认证类型
224	中国灌溉排水质检中心	(2002) 量认 (国) 字 (G1623) 号	2002.10.24～2007.10.24	复查换证
225	中国人民解放军卫生检测中心	(2002) 量认 (国) 字 (S1639) 号	2002.12.4～2007.12.4	复查换证
226	化工设备葫芦岛金属阳极质检中心	(2002) 量认 (国) 字 (B1625) 号	2002.11.11～2007.11.11	复查换证
227	农业乳品食品质检中心	(2002) 量认 (国) 字 (V0263) 号	2002.11.29～2002.11.29	复查换证
228	信息专用材料质检中心	(2002) 量认 (国) 字 (H0613) 号	2002.11.4～2007.11.4	复查换证
229	信息记录及防泄露质检中心	(2002) 量认 (国) 字 (H0523) 号	2002.12.31～2002.12.31	复查换证
230	农业部剑麻及制品检测中心	(2002) 量认 (国) 字 (V1546) 号	2002.11.4～2002.11.4	复查换证
231	中国汽车工业节能监测中心	(2002) 量认 (国) 字 (A0660) 号	2002.10.8～2002.10.8	复查换证
232	河南油田采地质室	(2002) 量认 (国) 字 (J1674) 号	2002.10.24～2002.10.24	复查换证
233	河南油田采收率室	(2002) 量认 (国) 字 (J1673) 号	2002.10.24～2002.10.24	复查换证
234	国家光电测距仪检测中心	(2002) 量认 (国) 字 (Z0712) 号	2002.12.31～2002.12.31	复查换证
235	电力工业部水工金属结构质量检测中心	(2002) 量认 (国) 字 (K1671) 号	2002.11.5～2002.11.5	复查换证
236	电力工业部阻波器滤波器质量检验测试中心	(2002) 量认 (国) 字 (K0783) 号	2002.11.5～2002.11.5	复查换证
237	轻工日用杂品质检中心	(2002) 量认 (国) 字 (C0787) 号	2002.11.11～2002.11.11	复查换证
238	轻工日文房四宝质检中心	(2002) 量认 (国) 字 (C0791) 号	2002.11.12～2002.11.12	复查换证
239	建材工业环境检测中心	(2002) 量认 (国) 字 (R0762) 号	2002.11.15～2002.11.15	复查换证
240	建材工业水泥包装袋检测中心	(2002) 量认 (国) 字 (R01642) 号	2002.11.15～2002.11.15	复查换证
241	化学工业合成材料老化质检中心	(2002) 量认 (国) 字 (B01687) 号	2002.11.11～2002.11.11	复查换证
242	中国物流与采购翻新轮胎及橡胶制品	(2002) 量认 (国) 字 (B0232) 号	2002.11.12～2002.11.12	复查换证
243	宝纲工程质检中心	(2002) 量认 (国) 字 (E1338) 号	2002.11.12～2007.4.21	复查换证

序号	质检机构名称	证 书 编 号	发证日期及有效日期	认证类型
244	农业作物品种资源质量检测中心	(2002) 量认 (国) 字 (V2172) 号	2002.11.4～2007.11.4	首次认证
245	农业农药残留质量检测中心(广州)	(2002) 量认 (国) 字 (V2173) 号	2002.11.4～2007.11.4	首次认证
246	大庆勘察开发研究院中心化验室	(2002) 量认 (国) 字 (J1685) 号	2002.11.27～2007.11.27	复查换证
247	石油大庆流体	(2002) 量认 (国) 字 (J1684) 号	2002.12.5～2007.12.5	复查换证
248	建筑工业陶瓷检测中心	(2002) 量认 (国) 字 (R0734) 号	2002.12.5～2007.12.5	复查换证
249	云南地质矿产勘察开发中心	(2002) 量认 (国) 字 (F0533) 号	2002.12.31～2007.12.31	复查换证
250	厦门市城市排水	(2002) 量认 (国) 字 (J1696) 号	2002.12.4～2007.12.4	复查换证
251	农业谷物品质监督检验测试中心	(2002) 量认 (国) 字 (V1191) 号	2002.12.31～2007.12.31	复查换证
252	石油化工节能技术监测中心	(2002) 量认 (国) 字 (Y0737) 号	2002.12.31～2007.12.31	复查换证
253	珠海城市排水监测站	(2002) 量认 (国) 字 (G1766) 号	2002.11.11～2007.11.11	复查换证
254	沈阳铁路局电力试验所	(2002) 量认 (国) 字 (N0609) 号	2002.12.31～2007.12.31	复查换证
255	沈阳铁路局吉林电力试验所	(2002) 量认 (国) 字 (N 0608) 号	2002.12.31～2007.12.31	复查换证
256	哈尔滨铁路局齐齐哈尔电力试验所	(2002) 量认 (国) 字 (N 0612) 号	2002.12.31～2007.12.31	复查换证
257	哈尔滨铁路局哈尔滨电力试验所	(2002) 量认 (国) 字 (N 0611) 号	2002.12.31～2007.12.31	复查换证
258	广西水利水环境监测中心	(2002) 量认 (国) 字 (G1638) 号	2002.12.20～2007.12.20	复查换证
259	湖南水环境监测中心	(2002) 量认 (国) 字 (G1621) 号	2002.12.20～2007.12.20	复查换证
260	电力电气设备质检中心	(2002) 量认 (国) 字 (K0711) 号	2002.12.20～2002.12.20	复查换证
261	电力金具质检中心	(2002) 量认 (国) 字 (K0846) 号	2002.12.5～2007.12.5	复查换证
262	电力铁塔质检中心	(2002) 量认 (国) 字 (K0842) 号	2002.12.5～2007.12.5	复查换证
263	机械电影机械与电化教育设备质检中心	(2002) 量认 (国) 字 (A0786) 号	2002.12.30～2007.12.30	复查换证

序号	质检机构名称	证书编号	发证日期及有效日期	认证类型
264	吐哈油田勘探院试验中心	（2002）量认（国）字（J1729）号	2002.12.20～2007.12.20	复查换证
265	信息通信电磁兼容质检中心	（2002）量认（国）字（H2175）号	2002.11.29～2007.11.29	首次认证
266	上海宝钢冶金建设公司试验检测中心	（2002）量认（国）字（E1342）号	2002.12.6～2007.12.6	复查换证
267	有色金属西北矿产地质质检中心	（2002）量认（国）字（F0723）号	2002.12.20～2007.12.20	复查换证
268	国家林业局南京人造板质检站	（2002）量认（国）字（V0626）号	2002.12.18～2007.12.18	复查换证
269	石油工业油气田射孔器材质检中心	（2002）量认（国）字（J0884）号	2002.12.9～2007.12.9	复查换证
270	深圳中铁二局试验室	（2002）量认（国）字（N1653）号	2002.12.31～2007.12.31	复查换证
271	中铁三局集团有限公司	（2002）量认（国）字（N1496）号	2002.12.20～2007.12.20	复查换证
272	中铁二局隧道集团一处工程试验中心	（2002）量认（国）字（N1724）号	2002.12.20～2007.12.20	复查换证
273	中铁二十局集团第四工程试验室	（2002）量认（国）字（N1655）号	2002.12.20～2007.12.20	复查换证
274	机械工业造型材料重要铸件质检中心	（2002）量认（国）字（A0567）号	2002.12.31～2007.12.31	复查换证
275	电力混凝土电杆质检中心	（2002）量认（国）字（K0843）号	2002.12.21～2007.12.21	复查换证
276	冶金机电产品质检中心	（2002）量认（国）字（E0268）号	2002.12.21～2007.12.21	复查换证
277	电力河南发电用煤质检中心	（2002）量认（国）字（K1704）号	2002.12.24～2007.12.24	复查换证
278	中国石油天然气管道节能监测中心	（2002）量认（国）字（J0428）号	2002.12.30～2007.12.30	复查换证
279	电力发电设备及材料试验中心	（2002）量认（国）字（K0676）号	2002.12.20～2007.12.20	首次认证
280	轻工香料化妆品质检中心（沈阳站）	（2002）量认（国）字（C1616）号	2002.12.31～2007.12.31	复查换证
281	轻工室内装饰质检中心（沈阳站）	（2002）量认（国）字（C1543）号	2002.12.31～2007.12.31	复查换证
282	冶金民用爆破器材质检中心	（2002）量认（国）字（E0271）号	2002.12.30～2007.12.30	复查换证
283	冶金环境检测中心	（2002）量认（国）字（E2178）号	2002.12.31～2007.12.31	首次认证
284	轻工家具质检中心（沈阳站）	（2002）量认（国）字（C1605）号	2002.12.31～2007.12.31	复查换证

序号	质检机构名称	证书编号	发证日期及有效日期	认证类型
285	信息数字视音频质检中心	(2002)量认(国)字(H2179)号	2002.12.20～2007.12.20	首次认证
286	纺织电子仪器质检中心	(2002)量认(国)字(D0530)号	2002.12.24～2007.12.24	复查换证
287	农业部牧草与草坪草种子质检中心	(2002)量认(国)字(V2183)号	2002.12.25～2007.12.25	首次认证
288	农业部热带作物质检中心	(2002)量认(国)字(V2184)号	2002.12.31～2007.12.31	首次认证
289	吉林省产品质量监督检验院	(2002)国认监验字(029)号	2002.8.19～2007.8.19	首次认证验收
290	湖南省产商品质检所	(2002)国认监验字(029)号	2002.5.24～2007.3.24	复查换证验收
291	福建省中心检验所	(2002)国认监验字(09)号	2002.12.10～2007.10.21	复查换证验收
292	海南省产品质量监督检验所	(2002)国认监验字(31)号	2002.12.10～2007.8.27	首次认证验收
293	杭州市质量计量检测中心	(2002)国认监验字(40)号	2002.3.19～2007.8.27	首次认证验收
294	中国药品生物制品检定所	(2002)量认(国)字(S0599)号	2002.10.23～2007.8.27	首次认证
295	辽宁远东船用产品质量检验中心	(2002)量认(国)字(P1691)号	2002.10.29～2007.8.27	复查换证
296	兵器工业第二环境模拟与可靠性实验中心	(2002)量认(国)字(Z0763)号	2002.11.5～2007.10.9	复查换证
297	广州日用电器检测所	(2002)量认(国)字(V2171)号	2002.11.25～2007.10.21	复查换证
298	中国航空工业东北电磁性兼容监督检测中心	(2002)量认(国)字(W1631)号	2002.12.26～2007.12.5	复查换证
299	国家建筑工程室内环境检测中心	(2002)量认(国)字(U2182)号	2002.12.26～2007.12.5	首次认证
300	中国船舶工业金属结构试验检测中心	(2002)量认(国)字(M0642)号	2002.12.4～2007.11.4	复查换证
301	中国船舶工业金属电工电子可靠性中心	(2002)量认(国)字(M1591)号	2002.12.26～2007.8.28	复查换证
302	兵器工业西北地区理化检测中心	(2002)量认(国)字(Z0739)号	2002.11.29～2007.10.22	复查换证
303	机械工业材料质量检测中心	(2002)量认(国)字(A1612)号	2002.10.23～2006.4.27	复查换证
304	江苏环境监测站	(2002)量认(国)字(U0859)号	2002.12.4～2007.11.4	复查换证
305	中国船舶重工集团公司702所	(2002)量认(国)字(M0730)号	2002.12.26～2007.12.6	复查换证

18、2003年批准的国家计量认证合格机构名单

序号	质检机构名称	证书编号	有效日期	认证类型
1	国家防爆电气产品质量监督检验中心	(2003)量认(国)字(A0227)号 (2003)国认监认字(070)号	2008年6月17日	复查换证
2	国家环境试验设备质量监督检验中心	(2003)量认(国)字(A0266)号 (2003)国认监认字(003)号	2008年5月12日	复查换证
3	国家电控配电设备质量监督检验中心	(2003)量认(国)字(A0361)号 (2003)国认监认字(89)号	2008年5月11日	复查换证
4	国家起重机冶金电机质量监督检验中心	(2003)量认(国)字(A0788)号 (2003)国认监认字(148)号	2008年5月11日	复查换证
5	国家焊接材料质量监督检验中心	(2003)量认(国)字(A0794)号 (2003)国认监认字(149)号	2008年5月12日	复查换证
6	国家矿山机械质量监督检验中心	(2003)量认(国)字(A0821)号 (2003)国认监认字(157)号	2008年5月12日	复查换证
7	国家工程机械质量监督检验中心	(2003)量认(国)字(A0971)号 (2003)国认监认字(020)号	2008年10月27日	复查换证
8	国家橡胶轮胎质量监督检验中心	(2003)量认(国)字(B0181)号 (2003)国认监认字(005)号	2008年3月28日	复查换证
9	国家基本有机原料质量监督检验中心	(2003)量认(国)字(B0795)号 (2003)国认监认字(150)号	2008年8月1日	复查换证
10	国家家用电器质量监督检验中心	(2003)量认(国)字(C0145)号 (2003)国认监认字(027)号	2008年10月27日	复查换证
11	国家钟表质量监督检验中心	(2003)量认(国)字(C0151)号 (2003)国认监认字(014)号	2007年12月30日	复查换证
12	国家灯具质量监督检验中心	(2003)量认(国)字(C0269)号 (2003)国认监认字(162)号	2008年2月12日	复查换证
13	国家纺织服装产品质量监督检验中心(浙江)	(2003)量认(国)字(D2242)号(2003)国认监认字(244)号	2008年6月16日	首次认证
14	国家棉纺织产品质量监督检验中心	(2003)量认(国)字(D3667)号 (2003)国认监认字(016)号	2008年10月27日	复查换证
15	国家金属制品质量监督检验中心	(2003)量认(国)字(E0335)号 (2003)国认监认字(152)号	2008年12月4日	复查换证
16	国家有色冶金机电产品质量监督检验中心	(2003)量认(国)字(E1787)号 (2003)国认监认字(141)号	2008年3月27日	复查换证
17	国家排灌及节水设备产品质量监督检验中心	(2003)量认(国)字(G2250)号 (2003)国认监认字(246)号	2005年1月19日	首次认证
18	国家通用电子元器件质量监督检验中心	(2003)量认(国)字(H0103)号 (2003)国认监认字(004)号	2008年5月12日	复查换证
19	国家广播电视产品质量监督检验中心	(2003)量认(国)字(H0178)号 (2003)国认监认字(007)号	2008年5月12日	复查换证

序号	质检机构名称	证书编号	有效日期	认证类型
20	国家太阳能热水器产品质量监督检验中心(武汉)	(2003)量认(国)字(H2239)号 (2003)国认监认字(245)号	2008 年 2 月 11 日	首次认证
21	国家电话机质量监督检验中心	(2003)量认(国)字(I0819)号 (2003)国认监认字(155)号	2008 年 7 月 7 日	复查换证
22	国家消防电子产品质量监督检验中心	(2003)量认(国)字(L0170)号 (2003)国认监认字(001)号	2008 年 2 月 12 日	复查换证
23	国家消防装备质量监督检验中心	(2003)量认(国)字(L0372)号 (2003)国认监认字(022)号	2008 年 5 月 12 日	复查换证
24	国家防火建筑材料质量监督检验中心	(2003)量认(国)字(L0425)号 (2003)国认监认字(043)号	2008 年 10 月 27 日	复查换证
25	国家锅炉压力容器质量监督检验中心	(2003)量认(国)字(L1127)号 (2003)国认监认字(197)号	2008 年 9 月 8 日	复查换证
26	国家食品质量监督检验中心(上海)	(2003)量认(国)字(Q2243)号 (2003)国认监认字(243)号	2008 年 10 月 27 日	首次认证
27	国家水泥质量监督检验中心	(2003)量认(国)字(R0107)号 (2003)国认监认字(013)号	2008 年 6 月 25 日	复查换证
28	国家非金属矿制品质量监督检验中心	(2003)量认(国)字(R0118)号 (2003)国认监认字(159)号	2008 年 5 月 11 日	复查换证
29	国家医用 X 射线机质量监督检验中心	(2003)量认(国)字(S0124)号 (2003)国认监认字(034)号	2007 年 12 月 31 日	复查换证
30	国家采煤机械质量监督检验中心	(2003)量认(国)字(T0122)号 (2003)国认监认字(021)号	2008 年 5 月 11 日	复查换证
31	国家植保机械质量监督检验中心	(2003)量认(国)字(V0138)号 (2003)国认监认字(015)号	2008 年 10 月 27 日	复查换证
32	国家水田机械质量监督检验中心	(2003)量认(国)字(V0603)号 (2003)国认监认字(129)号	2008 年 10 月 27 日	复查换证
33	国家电梯质量监督检验中心	(2003)量认(国)字(V0708)号 (2003)国认监认字(134)号	2008 年 5 月 11 日	复查换证
34	国家饲料质量监督检验中心(北京)	(2003)量认(国)字(V0999)号 (2003)国认监认字(046)号	2008 年 6 月 26 日	复查换证
35	国家拖拉机质量监督检验中心(北京)	(2003)量认(国)字(V1811)号 (2003)国认监认字(017)号	2008 年 3 月 28 日	复查换证
36	国家低温容器质量监督检验中心	(2003)量认(国)字(W0504)号 (2003)国认监认字(126)号	2008 年 8 月 1 日	复查换证
37	国家包装产品质量监督检验中心(广州)	(2003)量认(国)字(Z0752)号 (2003)国认监认字(147)号	2007 年 12 月 30 日	复查换证
38	国家电光源质量监督检验中心(上海)	(2003)量认(国)字(Z0827)号 (2003)国认监认字(153)号	2008 年 10 月 27 日	复查换证
39	国家食品加工机械质量监督检验中心	(2003)量认(国)字(Z0372)号 (2003)国认监认字(168)号	2007 年 12 月 5 日	复查换证

序号	质检机构名称	证书编号	有效日期	认证类型
40	国家条码质量监督检验中心	(2003)量认(国)字(Z1749)号 (2003)国认监认字(225)号	2008年10月27日	复查换证
41	机械工业木工机床产品质量监督检验中心	(2003)量认(国)字(A0416)号	2008年4月11日	复查换证
42	机械工业排灌机械产品质量检测中心	(2003)量认(国)字(A0417)号	2008年3月27日	复查换证
43	机械工业农机产品质量检测中心(长沙)	(2003)量认(国)字(A0566)号	2008年9月2日	复查换证
44	机械工业紧固件产品质量监督检测中心	(2003)量认(国)字(A0568)号	2008年11月26日	复查换证
45	机械工业拖拉机农用运输车产品质量检测中心	(2003)量认(国)字(A0578)号	2004年10月22日	复查换证
46	机械工业排灌机械产品质量检测中心(镇江)	(2003)量认(国)字(A0619)号	2008年7月9日	复查换证
47	机械工业轴承产品质量检测中心(杭州)	(2003)量认(国)字(A0681)号	2008年12月30日	复查换证
48	机械工业轴承产品质量检测中心(杭州)	(2003)量认(国)字(A0681)号	2008年4月17日	复查换证
49	机械工业畜牧机械产品质量监督检测中心	(2003)量认(国)字(A0697)号	2008年10月21日	复查换证
50	机械工业耕作机械产品质量监督检测中心	(2003)量认(国)字(A0748)号	2008年12月24日	复查换证
51	机械工业超声仪器产品质量监督检测中心	(2003)量认(国)字(A0777)号	2008年11月26日	复查换证
52	机械工业防爆电气产品及起重冶金电机产品质量监督检测中心	(2003)量认(国)字(A0782)号	2008年5月12日	复查换证
53	机械工业中小型水力发电设备产品质量监督检测中心	(2003)量认(国)字(A0866)号	2008年5月11日	复查换证
54	纺织机械质量监督检验中心	(2003)量认(国)字(A0939)号	2008年9月11日	复查换证
55	海南汽车试验研究所	(2003)量认(国)字(A1438)号	2008年3月7日	复查换证
56	中国定远汽车试验场	(2003)量认(国)字(A1470)号	2008年10月27日	复查换证
57	机械工业部工程机械及液压件产品质量监督检测中心(天津)	(2003)量认(国)字(A1550)号	2008年10月30日	复查换证
58	机械工业部火电设备性能检测中心(哈尔滨)	(2003)量认(国)字(A1670)号	2008年7月11日	复查换证
59	芜湖汽车仪表质量监督检验站	(2003)量认(国)字(A1747)号	2008年3月27日	复查换证
60	机械工业无损检测中心	(2003)量认(国)字(A1752)号	2008年4月17日	复查换证
61	机械工业通用零部件产品质量监督检测中心	(2003)量认(国)字(A1753)号	2008年9月10日	复查换证

序号	质检机构名称	证书编号	有效日期	认证类型
62	机械工业高原工程机械产品质量监督检验中心	(2003)量认(国)字(A1755)号	2008 年 12 月 24 日	复查换证
63	机械工业风力机械产品质量监督检测中心	(2003)量认(国)字(A1900)号	2008 年 10 月 21 日	复查换证
64	机械工业高原电器产品质量监督检测中心	(2003)量认(国)字(A2192)号	2008 年 3 月 11 日	首次认证
65	机械工业低压电器产品质量检测中心(重庆)	(2003)量认(国)字(A2210)号	2008 年 1 月 28 日	首次认证
66	化学工业石油橡胶配件质量监督检验中心	(2003)量认(国)字(B0410)号	2008 年 1 月 30 日	首次认证
67	化工地质矿山第二十一实验室	(2003)量认(国)字(B1743)号	2008 年 8 月 6 日	复查换证
68	国家轻工业井矿盐质量监督检测中心	(2003)量认(国)字(C0108)号	2008 年 10 月 27 日	复查换证
69	国家轻工业香料化妆品洗涤用品质量监督检测武汉站	(2003)量认(国)字(C0125)号	2008 年 2 月 9 日	复查换证
70	国家轻工业乐器质量监督检测中心	(2003)量认(国)字(C0225)号	2008 年 3 月 31 日	复查换证
71	国家轻工业烟花爆竹安全质量监督检测中心	(2003)量认(国)字(C0281)号	2008 年 1 月 17 日	复查换证
72	国家轻工业食品质量监督检测南京站	(2003)量认(国)字(C0401)号	2008 年 3 月 25 日	复查换证
73	国家轻工业鞋类皮革毛皮制品质量监督检测沈阳站	(2003)量认(国)字(C0447)号	2008 年 5 月 30 日	复查换证
74	国家轻工业家用电器质量监督检测沈阳站	(2003)量认(国)字(C0450)号	2008 年 5 月 30 日	复查换证
75	国家轻工业食品质量监督检测郑州站	(2003)量认(国)字(C0501)号	2008 年 9 月 25 日	复查换证
76	国家轻工业塑料产品质量监督检测大连站	(2003)量认(国)字(C0577)号	2008 年 4 月 16 日	复查换证
77	国家轻工业香料化妆品洗涤用品质量监督检测广州站	(2003)量认(国)字(C0759)号	2008 年 1 月 30 日	复查换证
78	国家轻工业电池质量监督检测中心	(2003)量认(国)字(C0790)号	2008 年 4 月 11 日	复查换证
79	国家轻工业电光源产品质量监督检测宝鸡站	(2003)量认(国)字(C0883)号	2008 年 3 月 17 日	复查换证
80	中国商业联合会钟表眼镜质检中心(北京)	(2003)量认(国)字(C0912)号	2008 年 5 月 12 日	复查换证
81	国家轻工业乐器质量监督检测营口站	(2003)量认(国)字(C0933)号	2008 年 9 月 22 日	复查换证
82	国家轻工业食品质量监督监测武汉站	(2003)量认(国)字(C1586)号	2008 年 4 月 10 日	复查换证

序号	质检机构名称	证书编号	有效日期	认证类型
83	国家轻工业食品酿酒质量监督检测天津站	(2003)量认(国)字(C1606)号	2008年1月30日	复查换证
84	国家轻工业香料化妆品洗涤用品质量监督检测南京站	(2003)量认(国)字(C1615)号	2008年1月27日	复查换证
85	国家轻工业自行车质量监督检测上海站	(2003)量认(国)字(C1776)号	2008年6月23日	复查换证
86	国家轻工业自行车质量监督检测常州站	(2003)量认(国)字(C1805)号	2008年8月21日	复查换证
87	国家轻工业芦荟制品质量监督检测中心	(2003)量认(国)字(C2256)号	2008年9月17日	首次认证
88	中国商业联合会针棉织商品质量监督检验测试中心	(2003)量认(国)字(D0903)号	2008年5月12日	复查换证
89	绍兴市商品检测鉴定所(绍兴纺织品检测中心)	(2003)量认(国)字(D2251)号	2008年9月8日	首次认证
90	中国有色金属工业亘金属加工材质检站	(2003)量认(国)字(E0177)号	2008年3月18日	复查换证
91	中国有色金属工业硬质合金质检站	(2003)量认(国)字(E0282)号	2008年3月11日	复查换证
92	国家冶金工业钢材无损检测中心	(2003)量认(国)字(E0514)号	2008年3月18日	复查换证
93	冶金工业工程质量监督总站检测中心	(2003)量认(国)字(E0516)号	2008年9月8日	复查换证
94	中国有色金属工业建设工程质量检测中心	(2003)量认(国)字(E0800)号	2008年3月18日	复查换证
95	中国有色金属工业粉末冶金检测技术研究所	(2003)量认(国)字(E0869)号	2008年5月11日	复查换证
96	中国第十九冶金建设公司中心试验室	(2003)量认(国)字(E1339)号	2008年2月14日	复查换证
97	中国第二十冶金建设公司试验检测中心	(2003)量认(国)字(E1340)号	2008年1月17日	首次认证
98	中国商业联合会五金商品质量监督检验测试中心(成都)	(2003)量认(国)字(E1361)号	2008年3月11日	复查换证
99	中国长江三峡工程开发总公司金属结构设备质量监督检测中心	(2003)量认(国)字(E2221)号	2008年5月11日	首次认证
100	中国地质科学院成都矿产综合利用研究所分析检测中心	(2003)量认(国)字(F0841)号	2008年8月1日	复查换证
101	中化地质矿山总局中心实验室	(2003)量认(国)字(F0857)号	2008年5月7日	复查换证
102	中国第一冶金建设公司工程质量检测中心	(2003)量认(国)字(F1059)号	2008年2月14日	复查换证
103	化工地质矿山第一实验室	(2003)量认(国)字(F1072)号	2008年12月24日	复查换证
104	贵州省水环境监测中心	(2003)量认(国)字(G1622)号	2008年2月9日	复查换证

序号	质检机构名称	证书编号	有效日期	认证类型
105	水利部长江口水环境监测中心	(2003)量认(国)字(G1647)号	2008 年 5 月 7 日	复查换证
106	太湖流域水环境监测中心	(2003)量认(国)字(G1648)号	2008 年 3 月 11 日	复查换证
107	宁夏回族自治区水环境监测中心	(2003)量认(国)字(G1649)号	2008 年 3 月 11 日	复查换证
108	青海省水环境监测中心	(2003)量认(国)字(G1650)号	2008 年 3 月 11 日	复查换证
109	甘肃省水环境监测中心	(2003)量认(国)字(G1677)号	2008 年 6 月 25 日	复查换证
110	福建省水环境监测中心	(2003)量认(国)字(G1700)号	2008 年 3 月 25 日	复查换证
111	云南省水环境监测中心	(2003)量认(国)字(G1727)号	2008 年 8 月 12 日	复查换证
112	武汉大学工程检测中心	(2003)量认(国)字(G1733)号	2008 年 12 月 30 日	复查换证
113	水利部珠江水利委员会基本建设工程质量检测中心	(2003)量认(国)字(G1757)号	2008 年 6 月 25 日	复查换证
114	信息产业部化学物理电源产品质量监督检验中心	(2003)量认(国)字(H0593)号	2008 年 8 月 1 日	复查换证
115	电子工业安全与电磁兼容检测中心	(2003)量认(国)字(H0851)号	2008 年 8 月 1 日	复查换证
116	电视电声研究所电子电器质量技术检验中心	(2003)量认(国)字(H2149)号	2008 年 5 月 12 日	复查换证
117	中国电子科技集团公司第二十四研究所质检中心	(2003)量认(国)字(H2235)号	2008 年 7 月 7 日	首次认证
118	中国电子产品可靠性与环境试验研究所	(2003)量认(国)字(H2246)号	2008 年 5 月 12 日	首次认证
119	信息产业计算机安全技术检测中心	(2003)量认(国)字(H2247)号	2008 年 5 月 12 日	首次认证
120	信息产业部邮电工业产品质量监督检验中心	(2003)量认(国)字(I0911)号	2008 年 6 月 24 日	复查换证
121	信息产业部上海电话机质检中心	(2003)量认(国)字(I1720)号	2008 年 3 月 11 日	复查换证
122	信息产业部通信电源产品质检中心	(2003)量认(国)字(I1721)号	2008 年 3 月 11 日	复查换证
123	国家广播电影电视总局广播电视监测中心广播电视安全评测中心	(2003)量认(国)字(I2268)号	2008 年 12 月 4 日	首次认证
124	国家电力公司湖南省电用煤质量监督检验中心	(2003)量认(国)字(J1675)号	2008 年 1 月 17 日	复查换证
125	西南石油学院油气田开发工程实验室	(2003)量认(国)字(J1698)号	2008 年 3 月 17 日	复查换证
126	塔里木油田分公司油田化学剂质检站	(2003)量认(国)字(J1716)号	2008 年 3 月 11 日	复查换证
127	江汉油田分公司勘探开发研究院石油地质测试中心	(2003)量认(国)字(J1737)号	2008 年 2 月 17 日	复查换证

序号	质检机构名称	证书编号	有效日期	认证类型
128	石油工业油田化学剂质量监督检验中心	(2003)量认(国)字(J1768)号	2008 年 5 月 27 日	复查换证
129	西南油气田分公司健康安全环境(HSE)监测评价及研究中心	(2003)量认(国)字(J1777)号	2008 年 6 月 20 日	复查换证
130	大庆石油学院声发射检测与结构完整性评价实验室	(2003)量认(国)字(J1792)号	2008 年 6 月 25 日	复查换证
131	中原油田分公司勘探开发科学研究院石油地质分析测试中心	(2003)量认(国)字(J1794)号	2008 年 12 月 24 日	复查换证
132	大港油田集团钻采工艺研究院中心实验室	(2003)量认(国)字(J1799)号	2008 年 9 月 11 日	复查换证
133	中国石油集团测井有限公司技术中心测井实验室	(2003)量认(国)字(J1814)号	2008 年 11 月 26 日	复查换证
134	中国石油天然气集团公司防腐保温产品质量监督检验中心	(2003)量认(国)字(J1824)号	2008 年 12 月 24 日	复查换证
135	大庆油田化学剂及水处理质量检验中心	(2003)量认(国)字(J2213)号	2008 年 3 月 17 日	首次认证
136	中石化北京燕化树脂应用研究所树脂检测实验室	(2003)量认(国)字(J2222)号	2008 年 5 月 11 日	首次认证
137	新疆石油管理局钻井流体分析化验中心	(2003)量认(国)字(J2226)号	2008 年 4 月 2 日	首次认证
138	塔里木油田分公司石油专用管材检验站	(2003)量认(国)字(J2228)号	2008 年 4 月 15 日	首次认证
139	大庆油田产品质量监督检验所	(2003)量认(国)字(J2266)号	2008 年 11 月 13 日	首次认证
140	大庆油田腐蚀与防护检测中心	(2003)量认(国)字(J2267)号	2008 年 11 月 13 日	首次认证
141	电力部电力设备及仪表质量检验设施中心	(2003)量认(国)字(K0674)号	2008 年 3 月 11 日	复查换证
142	电力工业部华东地区低压电器质量检验测试中心	(2003)量认(国)字(K1596)号	2008 年 12 月 24 日	复查换证
143	国家电力公司内蒙古发电用煤质量监督检测中心	(2003)量认(国)字(K1651)号	2008 年 1 月 17 日	复查换证
144	国家电力公司江西发电用煤质量监督检验中心	(2003)量认(国)字(K1728)号	2008 年 3 月 4 日	复查换证
145	中国华北电力集团天津市电力监督检测中心	(2003)量认(国)字(K2185)号	2008 年 1 月 30 日	首次认证
146	华北电力科学研究院有限责任公司	(2003)量认(国)字(K2234)号	2008 年 5 月 11 日	首次认证
147	华东电力试验研究所	(2003)量认(国)字(K2262)号	2008 年 10 月 27 日	首次认证
148	国电电力建设研究所	(2003)量认(国)字(K2265)号	2008 年 10 月 28 日	首次认证
149	公安部防伪产品质量监督检验中心	(2003)量认(国)字(L1695)号	2008 年 1 月 30 日	复查换证

序号	质检机构名称	证书编号	有效日期	认证类型
150	公安部警械警服产品质量监督检验中心	(2003)量认(国)字(L2236)号	2008 年 6 月 26 日	首次认证
151	中国船舶工业无损检测中心	(2003)量认(国)字(M0489)号	2008 年 1 月 30 日	复查换证
152	中国船舶工业声学振动噪声检测和校准实验室	(2003)量认(国)字(M0728)号	2008 年 10 月 28 日	复查换证
153	中国船舶工业非金属材料技术检测中心	(2003)量认(国)字(M0729)号	2008 年 3 月 11 日	复查换证
154	中国船舶工业淄博蓄电池产品性能检测中心	(2003)量认(国)字(M1012)号	2008 年 12 月 30 日	复查换证
155	中国船舶工业实船噪声检测中心	(2003)量认(国)字(M0632)号	2008 年 12 月 30 日	复查换证
156	中铁十六局集团第四工程有限公司计量测试中心	(2003)量认(国)字(N0162)号	2008 年 4 月 1 日	复查换证
157	中铁十八局集团第四工程有限公司中心试验室	(2003)量认(国)字(N0293)号	2008 年 4 月 3 日	复查换证
158	中铁十五局集团第五工程有限公司计量试验室	(2003)量认(国)字(N0294)号	2008 年 7 月 10 日	复查换证
159	中铁一局集团第五工程有限公司中心试验室	(2003)量认(国)字(N0295)号	2008 年 10 月 21 日	复查换证
160	乌鲁木齐铁路局电力试验所	(2003)量认(国)字(N0296)号	2008 年 4 月 30 日	复查换证
161	兰州铁路局机务处电力试验所	(2003)量认(国)字(N0297)号	2008 年 4 月 1 日	复查换证
162	中铁五局(集团)有限公司试验室	(2003)量认(国)字(N0298)号	2008 年 7 月 10 日	复查换证
163	中铁十六局集团第三工程有限公司计量测试中心	(2003)量认(国)字(N0299)号	2008 年 9 月 25 日	首次认证
164	中国铁路通信信号总公司沈阳雷电防护试验站	(2003)量认(国)字(N0324)号	2008 年 4 月 2 日	复查换证
165	中国铁路机车车辆工业总公司大连理化检测中心	(2003)量认(国)字(N0325)号	2008 年 3 月 17 日	复查换证
166	中铁四局集团第六工程有限公司工程质量检测中心	(2003)量认(国)字(N0589)号	2008 年 9 月 12 日	复查换证
167	沈阳铁路局锦州电力试验所	(2003)量认(国)字(N0610)号	2008 年 4 月 29 日	复查换证
168	中铁一局集团有限公司中心实验室	(2003)量认(国)字(N0753)号	2008 年 2 月 9 日	复查换证
169	中铁三局集团有限公司工程检测中心	(2003)量认(国)字(N0801)号	2008 年 4 月 3 日	复查换证
170	同济大学营养与保健食品研究所	(2003)量认(国)字(N1699)号	2008 年 2 月 14 日	复查换证
171	中铁十六局集团第一工程有限公司计量测试中心	(2003)量认(国)字(N1783)号	2008 年 4 月 29 日	复查换证
172	中铁四局第一工程有限公司质量检测中心	(2003)量认(国)字(N1804)号	2008 年 10 月 21 日	复查换证

序号	质检机构名称	证书编号	有效日期	认证类型
173	西南交通大学结构工程试验中心	(2003)量认(国)字(N1809)号	2008 年 11 月 26 日	复查换证
174	中铁十一局集团电务工程有限公司测试中心	(2003)量认(国)字(N2244)号	2008 年 7 月 2 日	首次认证
175	中铁十二局集团电气化工程有限公司计量测试中心	(2003)量认(国)字(N2245)号	2008 年 7 月 11 日	首次认证
176	中铁三局集团电务工程有限公司工程测试中心	(2003)量认(国)字(N2255)号	2008 年 9 月 25 日	首次认证
177	武汉水运行业能源利用监测中心	(2003)量认(国)字(P0645)号	2008 年 7 月 29 日	复查换证
178	中交水运行业能源利用监测中心	(2003)量认(国)字(P0749)号	2008 年 7 月 29 日	复查换证
179	武汉船舶救生设备质量检验测试中心	(2003)量认(国)字(P0755)号	2008 年 7 月 29 日	复查换证
180	上海潜水设备产品监督检验测试中心	(2003)量认(国)字(P0854)号	2008 年 6 月 20 日	复查换证
181	武汉港湾工程质量检测中心	(2003)量认(国)字(P1113)号	2005 年 9 月 27 日	复查换证
182	中通汽车质检鉴定试验所	(2003)量认(国)字(P1666)号	2008 年 7 月 29 日	复查换证
183	上海港口机械质量监督检验测试中心	(2003)量认(国)字(P1784)号	2008 年 9 月 17 日	复查换证
184	湛江港基本建设工程质量监督站试验室	(2003)量认(国)字(P2230)号	2008 年 4 月 29 日	首次认证
185	中国商业联合会食品质量监督检验中心(北京)	(2003)量认(国)字(Q0904)号	2008 年 3 月 27 日	复查换证
186	国家建筑材料工业硅酸盐建筑制品质量监督检验测试中心	(2003)量认(国)字(R0179)号	2008 年 12 月 24 日	复查换证
187	国家安全玻璃及石英玻璃质量检验中心(国家建筑材料工业安全玻璃质量监督检验测试中心)	(2003)量认(国)字(R0274)号	2004 年 6 月 6 日	复查换证
188	国家建筑材料工业保温与密封材料产品质量监督检验测试中心	(2003)量认(国)字(R0423)号	2008 年 12 月 24 日	复查换证
189	国家建筑材料工业建材放射性监督检验测试中心	(2003)量认(国)字(R0733)号	2008 年 4 月 11 日	复查换证
190	国家建筑材料工业装饰装修建筑材料质量监督检验测试中心	(2003)量认(国)字(R0735)号	2008 年 3 月 25 日	复查换证
191	中国水泥发展中心物化检测所	(2003)量认(国)字(R0917)号	2008 年 11 月 26 日	复查换证
192	国家建筑材料工业建材机械产品质量监督检验测试中心	(2003)量认(国)字(R1005)号	2008 年 3 月 25 日	复查换证
193	国家非金属矿深加工工程技术研究中心物化检测所	(2003)量认(国)字(R1643)号	2008 年 3 月 7 日	复查换证
194	国家建筑材料工业房建材料质量监督检验测试中心	(2003)量认(国)字(R1644)号	2008 年 4 月 11 日	复查换证
195	总后勤部卫生部药品仪器检验所	(2003)量认(国)字(S0907)号	2008 年 5 月 20 日	复查换证

序号	质检机构名称	证书编号	有效日期	认证类型
196	国家药品监督管理局北京医疗器械质量监督检验中心	(2003)量认(国)字(S0915)号	2008年10月27日	复查换证
197	中国疾病预防控制中心环境与健康相关产品安全所	(2003)量认(国)字(S0919)号	2008年11月26日	复查换证
198	中国疾病预防控制中心职业卫生与中毒控制所	(2003)量认(国)字(S1801)号	2008年11月26日	复查换证
199	中国疾病预防控制中心营养与食品安全所	(2003)量认(国)字(S1802)号	2008年9月2日	复查换证
200	深圳市疾病预防控制中心(深圳市检验中心)	(2003)量认(国)字(S2190)号	2008年2月9日	首次认证
201	国家环境分析测试中心	(2003)量认(国)字(U0796)号	2008年4月15日	复查换证
202	中国石油天然气集团公司环境监测总站	(2003)量认(国)字(U1049)号	2008年10月27日	复查换证
203	天津市环境监测中心	(2003)量认(国)字(U1117)号	2008年11月26日	复查换证
204	辽宁省环境监测中心站	(2003)量认(国)字(U1215)号	2008年12月4日	复查换证
205	中国环境监测总站	(2003)量认(国)字(U1634)号	2008年1月13日	复查换证
206	国家城市供水水质监测网长沙监测站	(2003)量认(国)字(U1713)号	2008年4月7日	复查换证
207	国家城市供水水质监测网宁波监测站	(2003)量认(国)字(U1714)号	2008年4月7日	复查换证
208	江苏省辐射环境监测管理站	(2003)量认(国)字(U1750)号	2008年10月27日	复查换证
209	广东省环境辐射研究监测中心	(2003)量认(国)字(U1778)号	2008年4月29日	复查换证
210	上海市辐射环境监督站	(2003)量认(国)字(U1779)号	2008年4月1日	复查换证
211	西藏自治区环境监测中心站	(2003)量认(国)字(U1816)号	2008年9月10日	复查换证
212	成都市城市排水监测站	(2003)量认(国)字(U1828)号	2008年12月25日	复查换证
213	国家城市供水水质监测网青岛监测站	(2003)量认(国)字(U1922)号	2008年7月11日	复查换证
214	天津市辐射环境管理所	(2003)量认(国)字(U2208)号	2008年3月11日	首次认证
215	国家环境保护总局华南环境科学研究所	(2003)量认(国)字(U2209)号	2008年3月10日	首次认证
216	国家城市供水水质监测网珠海监测站	(2003)量认(国)字(U2227)号	2008年4月7日	首次认证
217	湖北省环境监测中心站	(2003)量认(国)字(U2231)号	2008年5月15日	首次认证
218	云南省辐射环境监督站	(2003)量认(国)字(U2232)号	2008年5月15日	首次认证
219	贵州中建建筑科研设计院–贵州省建筑科学研究检测中心	(2003)量认(国)字(U2259)号	2008年9月8日	首次认证
220	农业部烟花爆竹质量监督检验测试中心(萍乡)	(2003)量认(国)字(V0356)号	2008年3月11日	复查换证

序号	质检机构名称	证书编号	有效日期	认证类型
221	农业部茶叶质量监督检验测试中心	(2003)量认(国)字(V0550)号	2008年3月11日	首次认证
222	农业部饲料质量监督检验测试中心(沈阳)	(2003)量认(国)字(V1180)号	2008年12月29日	首次认证
223	农业部绳索网具产品质量监督检验测试中心	(2003)量认(国)字(V1182)号	2008年4月3日	首次认证
224	农业部天然橡胶质量监督检验测试中心	(2003)量认(国)字(V1184)号	2008年12月29日	复查换证
225	农业部蜂产品质量监督检验测试中心（武汉）	(2003)量认(国)字(V1185)号	2008年7月2日	复查换证
226	农业部牧草种子产品质量监督检验测试中心(呼和浩特)	(2003)量认(国)字(V1186)号	2008年3月11日	复查换证
227	农业部牛冷冻精液质量监督检验测试中心(南京)	(2003)量认(国)字(V1188)号	2008年5月20日	复查换证
228	农业部食品质量监督检验测试中心(上海)	(2003)量认(国)字(V1213)号	2008年7月10日	首次认证
229	农业部果品及苗木质量监督检验测试中心(兴城)	(2003)量认(国)字(V1656)号	2008年4月3日	首次认证
230	农业部蔬菜种子质量监督检验测试中心	(2003)量认(国)字(V1659)号	2008年3月25日	首次认证
231	农业部饲料产品质量监督检验测试中心(呼和浩特)	(2003)量认(国)字(V1668)号	2008年3月25日	首次认证
232	农业部肥料质量监督检验测试中心(杭州)	(2003)量认(国)字(V1669)号	2008年3月11日	首次认证
233	农业部农产品质量监督检验测试中心(郑州)	(2003)量认(国)字(V1678)号	2008年3月11日	首次认证
234	农业部鞋类产品质量监督检验测试中心	(2003)量认(国)字(V1679)号	2008年4月1日	首次认证
235	农业部肥料质量监督检验测试中心(长沙)	(2003)量认(国)字(V1694)号	2008年7月8日	首次认证
236	农业部环保机械设备质量监督检验测试中心	(2003)量认(国)字(V1697)号	2008年3月6日	首次认证
237	农业部稻米及制品质量监督检验测试中心	(2003)量认(国)字(V1705)号	2008年2月9日	首次认证
238	农业部动物及动物产品卫生质量监督检验测试中心	(2003)量认(国)字(V1706)号	2008年5月27日	首次认证
239	农业部农作物种子质量监督检验测试中心(沈阳)	(2003)量认(国)字(V1707)号	2008年8月7日	复查换证
240	农业部农作物种子质量监督检验测试中心(济南)	(2003)量认(国)字(V1708)号	2008年6月19日	复查换证

序号	质检机构名称	证书编号	有效日期	认证类型
241	农业部农产品质量监督检验测试中心(乌鲁木齐)	(2003)量认(国)字(V1709)号	2008 年 5 月 27 日	复查换证
242	农业部肉及肉制品质量监督检验测试中心	(2003)量认(国)字(V1710)号	2008 年 4 月 29 日	复查换证
243	农业部牧草种子质量监督检验测试中心(乌鲁木齐)	(2003)量认(国)字(V1711)号	2008 年 6 月 18 日	复查换证
244	农业部肥料质量监督检验测试中心(济南)	(2003)量认(国)字(V1730)号	2008 年 4 月 15 日	复查换证
245	农业部农产品质量监督检验测试中心(沈阳)	(2003)量认(国)字(V1731)号	2008 年 4 月 18 日	复查换证
246	农业部全国农作物种子质量监督检验测试中心	(2003)量认(国)字(V1745)号	2008 年 12 月 23 日	复查换证
247	农业部饲料质量监督检验测试中心(广州)	(2003)量认(国)字(V1760)号	2008 年 12 月 29 日	复查换证
248	农业部饲料质量监督检验测试中心(成都)	(2003)量认(国)字(V1761)号	2008 年 8 月 6 日	复查换证
249	农业部肥料质量监督检验测试中心(武汉)	(2003)量认(国)字(V1763)号	2008 年 12 月 23 日	复查换证
250	农业部干燥机械设备质量监督检验测试中心	(2003)量认(国)字(V1767)号	2008 年 12 月 23 日	复查换证
251	农业部农业机械质量监督检验测试中心–农业部农业机械试验鉴定总站	(2003)量认(国)字(V1811)号	2008 年 3 月 28 日	复查换证
252	中国兽医药品监察所	(2003)量认(国)字(V1834)号	2008 年 12 月 29 日	复查换证
253	农业部蔬菜品质监督检验测试中心(重庆)	(2003)量认(国)字(V2065)号	2008 年 7 月 11 日	复查换证
254	农业部渔业环境及水产品质量监督检验测试中心	(2003)量认(国)字(V2207)号	2008 年 3 月 7 日	首次认证
255	农业部水产种质监督检验测试中心(广州)	(2003)量认(国)字(V2218)号	2008 年 3 月 25 日	首次认证
256	农业部农业环境质量监督检验测试中心(南京)	(2003)量认(国)字(V2223)号	2008 年 4 月 3 日	首次认证
257	农业部肥料质量监督检验测试中心(广州)	(2003)量认(国)字(V2224)号	2008 年 4 月 3 日	首次认证
258	农业部农用动力机械及零配件质量监督检验测试中心(南京)	(2003)量认(国)字(V2225)号	2008 年 4 月 7 日	首次认证
259	农业部建材产品质量监督检验测试中心	(2003)量认(国)字(V2237)号	2008 年 6 月 19 日	首次认证
260	农业部水产种质与渔业环境质量监督检验测试中心(青岛)	(2003)量认(国)字(V2238)号	2008 年 6 月 10 日	首次认证

序号	质检机构名称	证书编号	有效日期	认证类型
261	农业部渔业环境及水产品质量监督检验测试中心(广州)	(2003)量认(国)字(V2253)号	2008年9月12日	首次认证
262	中国航空工业华东电磁兼容监督检测中心	(2003)量认(国)字(W1723)号	2008年3月27日	复查换证
263	中国航空工业总公司可靠性和环境试验中心301所分部	(2003)量认(国)字(W1819)号	2008年10月27日	复查换证
264	中国石油天然气集团公司西北节能监测中心	(2003)量认(国)字(Y1817)号	2008年12月2日	复查换证
265	化学工业再生胶质量监督检验中心	(2003)量认(国)字(B0237)号	2008年10月27日	复查换证
266	中国商业联合会食品质量监督检验站	(2003)量认(国)字(Z0463)号	2007年10月22日	复查换证
267	中国科学院沈阳应用生态研究所农产品安全与环境质量检测中心	(2003)量认(国)字(Z0875)号	2008年4月10日	复查换证
268	中国科学院大连化学物理研究所理化测试中心	(2003)量认(国)字(Z0876)号	2008年11月26日	复查换证
269	中国科学院金属研究所金属腐蚀与防护测试部	(2003)量认(国)字(Z0877)号	2008年9月12日	复查换证
270	中国科学院金属研究所检测中心	(2003)量认(国)字(Z0878)号	2008年10月15日	复查换证
271	中山大学测试中心	(2003)量认(国)字(Z0896)号	2008年11月26日	复查换证
272	国家海洋环境监测中心	(2003)量认(国)字(Z0925)号	2008年3月10日	复查换证
273	国家海洋局东海海洋环境监测中心	(2003)量认(国)字(Z0926)号	2008年3月11日	复查换证
274	国家海洋局北海海洋环境监测中心	(2003)量认(国)字(Z0927)号	2008年3月20日	复查换证
275	国家海洋局南海海洋环境监测中心	(2003)量认(国)字(Z0928)号	2008年3月10日	复查换证
276	华东理工大学分析测试中心	(2003)量认(国)字(Z0976)号	2008年11月26日	复查换证
277	中国科学院武汉岩土力学研究所岩土工程检测中心	(2003)量认(国)字(Z1009)号	2008年9月12日	复查换证
278	北京微量化学研究所分析测试中心	(2003)量认(国)字(Z1456)号	2008年5月12日	复查换证
279	国家药物及代谢产物分析研究中心	(2003)量认(国)字(Z1667)号	2008年4月9日	复查换证
280	东北师范大学	(2003)量认(国)字(Z1692)号	2008年5月15日	复查换证
281	兵器工业非金属材料理化检测中心	(2003)量认(国)字(Z1701)号	2008年2月12日	复查换证
282	国家粮食局长春粮油食品质量监督检验测试中心	(2003)量认(国)字(Z1719)号	2008年7月21日	复查换证

序号	质检机构名称	证书编号	有效日期	认证类型
283	中国科学院上海硅酸盐研究所无机材料分析测试中心	(2003)量认(国)字(Z1746)号	2008 年 12 月 4 日	复查换证
284	公安部刑事技术产品质量监督检验中心	(2003)量认(国)字(Z1812)号	2008 年 10 月 15 日	复查换证
285	国家海洋局上海海洋环境监测中心站	(2003)量认(国)字(Z2194)号	2008 年 3 月 10 日	首次认证
286	福建省闽东海洋环境监测中心	(2003)量认(国)字(Z2195)号	2008 年 3 月 10 日	首次认证
287	国家海洋局厦门海洋环境监测中心站	(2003)量认(国)字(Z2196)号	2008 年 3 月 10 日	首次认证
288	国家海洋局温州海洋环境监测中心站	(2003)量认(国)字(Z2197)号	2008 年 3 月 10 日	首次认证
289	国家海洋局汕尾海洋环境监测中心站	(2003)量认(国)字(Z2198)号	2008 年 3 月 10 日	首次认证
290	国家海洋局秦皇岛海洋环境监测中心站	(2003)量认(国)字(Z2199)号	2008 年 3 月 10 日	首次认证
291	国家海洋局海口海洋环境监测中心站	(2003)量认(国)字(Z2200)号	2008 年 3 月 10 日	首次认证
292	国家海洋局青岛海洋环境监测中心站	(2003)量认(国)字(Z2201)号	2008 年 3 月 10 日	首次认证
293	国家海洋局烟台海洋环境监测中心站	(2003)量认(国)字(Z2202)号	2008 年 3 月 10 日	首次认证
294	国家海洋局大连海洋环境监测中心站	(2003)量认(国)字(Z2203)号	2008 年 3 月 10 日	首次认证
295	国家海洋局天津海洋环境监测中心站	(2003)量认(国)字(Z2204)号	2008 年 3 月 10 日	首次认证
296	国家海洋局南海工程勘察中心	(2003)量认(国)字(Z2205)号	2008 年 3 月 10 日	首次认证
297	国家海洋局北海海洋环境监测中心站	(2003)量认(国)字(Z2206)号	2008 年 3 月 10 日	首次认证
298	国家海洋局珠海海洋环境监测中心站	(2003)量认(国)字(Z2214)号	2008 年 3 月 20 日	首次认证
299	深圳市海洋与渔业环境监测站	(2003)量认(国)字(Z2215)号	2008 年 3 月 20 日	首次认证
300	宁波市海洋环境监测中心	(2003)量认(国)字(Z2216)号	2008 年 3 月 20 日	首次认证
301	中国科学院兰州化学物理研究所	(2003)量认(国)字(Z2220)号	2008 年 5 月 11 日	首次认证
302	吉林省纤维检验处	(2003)量认(国)字(Z2232)号	2008 年 3 月 27 日	首次认证
303	西南交通大学测绘工程检测中心	(2003)量认(国)字(Z2236)号	2008 年 6 月 23 日	首次认证
304	江西省纤维检验局	(2003)量认(国)字(Z2240)号	2008 年 5 月 11 日	首次认证
305	深圳市计量质量检测研究所	(2003)量认(国)字(Z2253)号	2005 年 1 月 24 日	首次认证

序号	质检机构名称	证书编号	有效日期	认证类型
306	中国科学院理化技术研究所抗菌材料检测中心	(2003)量认(国)字(Z2257)号	2008年9月8日	首次认证
307	安徽省纤维检验所	(2003)量认(国)字(Z2258)号	2008年9月8日	首次认证
308	浙江出入境检验检疫局电气安全实验室	(2003)量认(国)字(Z2260)号	2008年8月1日	复查换证
309	中国科学院大连化学物理研究所现代分析中心	(2003)量认(国)字(Z2269)号	2008年12月4日	首次认证
310	国家质量监督检验检疫总局危险品中心实验室	(2003)量认(国)字(Z2219)号	2008年6月26日	首次认证
311	江西出入境检验检疫局烟花爆竹检测中心	(2003)量认(国)字(Z2229)号	2008年3月27日	首次认证
312	福建出入境检验检疫局检验检疫技术中心	(2003)量认(国)字(Z2233)号	2008年5月11日	首次认证
313	中国进出口商品检验技术研究所综合检测中心	(2003)量认(国)字(Z2241)号	2008年5月12日	首次认证
314	烟台出入境检验检疫局检测中心	(2003)量认(国)字(Z2248)号	2008年8月1日	首次认证
315	福建出入境检验检疫局鞋类检测中心	(2003)量认(国)字(Z2249)号	2008年8月1日	首次认证
316	浙江出入境检验检疫局羽毛绒检测实验室	(2003)量认(国)字(Z2252)号	2008年6月26日	首次认证
317	太仓出入境检验检疫局化工品检测实验室	(2003)量认(国)字(Z2254)号	2008年9月8日	首次认证
318	上海国际旅行卫生保健中心实验室	(2003)量认(国)字(Z2264)号	2008年10月27日	首次认证
319	湖南出入境检验检疫局陶瓷检测中心	(2003)量认(国)字(Z2270)号	2008年12月30日	首次认证
320	湖州出入境检验检疫局综合实验室	(2003)量认(国)字(Z2272)号	2008年12月30日	首次认证
321	舟山出入境检验检疫局石油及石油产品检验实验室	(2003)量认(国)字(Z8001)号	2003年9月26日	首次认证
322	龙口出入境检验检疫局食品化矿实验室	(2003)量认(国)字(Z8002)号	2005年12月31日	首次认证
323	厦门出入境检验检疫局食品与动植物检验实验室	(2003)量认(国)字(Z8003)号	2007年12月31日	首次认证
324	厦门出入境检验检疫局电器检验实验室	(2003)量认(国)字(Z8004)号	2008年2月11日	首次认证
325	安徽出入境检验检疫局化学技术分中心	(2003)量认(国)字(Z8005)号	2005年3月1日	首次认证
326	安徽出入境检验检疫局金属材料实验室	(2003)量认(国)字(Z8006)号	2005年2月28日	首次认证
327	安徽出入境检验检疫局生物技术分中心	(2003)量认(国)字(Z8007)号	2005年3月1日	首次认证

序号	质检机构名称	证书编号	有效日期	认证类型
328	安徽出入境检验检疫局铜原料及产品实验室	(2003)量认(国)字(Z8008)号	2005年2月28日	首次认证
329	嘉兴出入境检验检疫局综合实验室	(2003)量认(国)字(Z8009)号	2005年12月30日	首次认证
330	山西出入境检验检疫局检验检疫技术中心	(2003)量认(国)字(Z8010)号	2007年10月21日	首次认证
331	珠海出入境检验检疫局检验检疫技术中心	(2003)量认(国)字(Z8011)号	2007年8月27日	首次认证
332	江苏国际旅行卫生保健中心苏州分中心	(2003)量认(国)字(Z8012)号	2008年4月4日	首次认证
333	扬州出入境检验检疫局综合检测中心	(2003)量认(国)字(Z8013)号	2008年4月4日	首次认证
334	淮安出入境检验检疫局纺织品实验室	(2003)量认(国)字(Z8014)号	2005年8月31日	首次认证
335	江阴出入境检验检疫局纺织检测实验室	(2003)量认(国)字(Z8015)号	2006年5月31日	首次认证
336	常熟出入境检验检疫局国际旅行卫生保健中心卫检实验室	(2003)量认(国)字(Z8016)号	2008年4月4日	首次认证
337	江苏检验检疫自行车检测中心	(2003)量认(国)字(Z8017)号	2004年9月12日	首次认证
338	苏州出入境检验检疫局丝绸(纺织)实验室	(2003)量认(国)字(Z8018)号	2004年9月12日	首次认证
339	盐城出入境检验检疫局综合检测实验室	(2003)量认(国)字(Z8019)号	2008年3月27日	首次认证
340	张家港出入境检验检疫局检验检疫综合技术中心	(2003)量认(国)字(Z8020)号	2008年3月27日	首次认证
341	芜湖出入境检验检疫局综合实验室	(2003)量认(国)字(Z8021)号	2008年4月4日	首次认证
342	淮安出入境检验检疫局卫生检疫实验室	(2003)量认(国)字(Z8022)号	2008年4月4日	首次认证
343	连云港出入境检验检疫局传染病检测实验室	(2003)量认(国)字(Z8023)号	2008年4月4日	首次认证
344	江苏出入境检验检疫局检验检疫技术中心动物检疫实验室	(2003)量认(国)字(Z8024)号	2008年4月4日	首次认证
345	南通出入境检验检疫局传染病检测实验室	(2003)量认(国)字(Z8025)号	2008年4月4日	首次认证
346	江苏国际旅行卫生保健中心太仓分中心传染病检测实验室	(2003)量认(国)字(Z8026)号	2008年4月4日	首次认证
347	徐州出入境检验检疫局食品化矿实验室	(2003)量认(国)字(Z8027)号	2006年5月31日	首次认证
348	镇江出入境检验检疫局传染检测实验室	(2003)量认(国)字(Z8028)号	2008年4月4日	首次认证

序号	质检机构名称	证书编号	有效日期	认证类型
349	常州出入境检验检疫局传染病监测实验室	(2003)量认(国)字(Z8029)号	2008年4月4日	首次认证
350	江苏国际旅行卫生保健中心泰州分中心传染病检测实验室	(2003)量认(国)字(Z8030)号	2008年4月4日	首次认证
351	江阴出入境检验检疫局传染病监测实验室	(2003)量认(国)字(Z8031)号	2008年4月4日	首次认证
352	铜陵检验检疫局传染病检测实验室	(2003)量认(国)字(Z8032)号	2008年4月4日	首次认证
353	安徽出入境检验检疫局传染病检测实验室	(2003)量认(国)字(Z8033)号	2008年4月4日	首次认证
354	芜湖出入境检验检疫局卫生检疫实验室	(2003)量认(国)字(Z8034)号	2008年4月4日	首次认证
355	徐州出入境检验检疫局卫生检疫实验室	(2003)量认(国)字(Z8035)号	2008年4月4日	首次认证
356	昆山出入境检验检疫局国际旅行卫生保健中心卫检实验室	(2003)量认(国)字(Z8036)号	2008年4月4日	首次认证
357	九江出入境检验检疫局卫生检疫实验室	(2003)量认(国)字(Z8037)号	2008年4月4日	首次认证
358	衢州出入境检验检疫局综合实验室	(2003)量认(国)字(Z8038)号	2008年4月4日	首次认证
359	江苏检验检疫摩托车检测实验室	(2003)量认(国)字(Z8039)号	2006年6月17日	首次认证
360	江苏检验检疫沥青检测实验室	(2003)量认(国)字(Z8040)号	2005年6月3日	首次认证
361	常熟出入境检验检疫局化工粮油实验室	(2003)量认(国)字(Z8041)号	2004年9月12日	首次认证
362	江苏出入境检验检疫局检验检疫技术中心植物检疫实验室	(2003)量认(国)字(Z8042)号	2006年9月1日	首次认证
363	株洲出入境检验检疫局综合实验室	(2003)量认(国)字(Z8043)号	2008年4月10日	首次认证
364	怀化出入境检验检疫局化矿陶瓷实验室	(2003)量认(国)字(Z8044)号	2006年5月31日	首次认证
365	江阴出入境化工检测实验室	(2003)量认(国)字(Z8045)号	2005年12月30日	首次认证
366	广州出入境检验检疫局植物检疫实验室	(2003)量认(国)字(Z8046)号	2008年3月27日	首次认证
367	扬州进出口玩具检验所	(2003)量认(国)字(Z8047)号	2006年6月17日	首次认证
368	福建检验检疫局技术中心龙岩化矿实验室	(2003)量认(国)字(Z8048)号	2006年5月31日	首次认证
369	湖南国际旅行卫生保健中心 HIV 抗体检测初筛实验室	(2003)量认(国)字(Z8049)号	2008年4月16日	首次认证
370	天津出入境检验检疫局检验检疫技术中心金属材料实验室	(2003)量认(国)字(Z8050)号	2003年8月31日	首次认证

序号	质检机构名称	证书编号	有效日期	认证类型
371	湖北出入境检验检疫局电气安全实验室	(2003)量认(国)字(Z8051)号	2008年4月29日	首次认证
372	天津国际旅行卫生保健中心	(2003)量认(国)字(Z8052)号	2008年4月29日	首次认证
373	厦门出入境检验检疫局化矿金属材料检验实验室	(2003)量认(国)字(Z8053)号	2008年2月11日	首次认证
374	漳州出入境检验检疫局农产品、食品实验室	(2003)量认(国)字(Z8054)号	2005年12月2日	首次认证
375	常德出入境检验检疫局农畜食品实验室	(2003)量认(国)字(Z8055)号	2008年4月30日	首次认证
376	江苏国际旅行卫生保健中心	(2003)量认(国)字(Z8056)号	2008年3月9日	首次认证
377	长治出入境检验检疫局综合实验室	(2003)量认(国)字(Z8057)号	2008年4月30日	首次认证
378	珲春出入境检验检疫局综合实验室	(2003)量认(国)字(Z8058)号	2005年4月30日	首次认证
379	四川出入境检验检疫局纺织品实验室	(2003)量认(国)字(Z8059)号	2008年5月21日	首次认证
380	四川检验检疫局电器安全实验室	(2003)量认(国)字(Z8060)号	2008年5月21日	首次认证
381	延边国际旅行卫生保健中心	(2003)量认(国)字(Z8061)号	2006年9月30日	首次认证
382	长白出入境检验检疫局综合实验室	(2003)量认(国)字(Z8062)号	2006年3月31日	首次认证
383	天津出入境检验检疫局动植食检验检疫分中心	(2003)量认(国)字(Z8063)号	2005年4月2日	首次认证
384	郴州出入境检验检疫局金属化工及矿产品检测实验室	(2003)量认(国)字(Z8064)号	2008年5月12日	首次认证
385	衡阳出入境检验检疫局金属化工及陶瓷检测实验室	(2003)量认(国)字(Z8065)号	2006年5月30日	首次认证
386	岳阳检验检疫局农畜食品实验室	(2003)量认(国)字(Z8066)号	2006年9月30日	首次认证
387	延边出入境检验检疫局综合实验室	(2003)量认(国)字(Z8067)号	2007年12月30日	首次认证
388	甘肃出入境检验检疫局中心实验室	(2003)量认(国)字(Z8068)号	2008年5月12日	首次认证
389	长春国际旅行卫生保健中心	(2003)量认(国)字(Z8069)号	2006年3月31日	首次认证
390	上饶出入境检验检疫局综合实验室	(2003)量认(国)字(Z8070)号	2006年10月31日	首次认证
391	甘肃国际旅行卫生保健中心医学实验室	(2003)量认(国)字(Z8071)号	2008年5月12日	首次认证
392	吉林出入境检验检疫局吉林市办事处检验检疫实验室	(2003)量认(国)字(Z8072)号	2006年9月30日	首次认证
393	湖南出入境检验检疫局包装实验室	(2003)量认(国)字(Z8073)号	2008年5月12日	首次认证

序号	质检机构名称	证书编号	有效日期	认证类型
394	青岛出入境检验检疫局轻工实验室	(2003)量认(国)字(Z8074)号	2007年10月21日	首次认证
395	山西国际旅行卫生保健中心艾滋病病毒抗体检测初筛实验室	(2003)量认(国)字(Z8075)号	2008年5月19日	首次认证
396	襄樊出入境检验检疫局化学分析实验室	(2003)量认(国)字(Z8076)号	2004年6月16日	首次认证
397	惠州出入境检验检疫局机电轻工产品检验实验室	(2003)量认(国)字(Z8077)号	2005年11月30日	首次认证
398	湖北出入境检验检疫局危险货物包装检测实验室	(2003)量认(国)字(Z8078)号	2008年5月19日	首次认证
399	淮安检验检疫局农副产品检测实验室	(2003)量认(国)字(Z8079)号	2005年8月31日	首次认证
400	格尔木出入境检验检疫局综合实验室	(2003)量认(国)字(Z8080)号	2008年5月19日	首次认证
401	天津出入境检验检疫局检验检疫技术中心轻纺实验室	(2003)量认(国)字(Z8081)号	2008年2月11日	首次认证
402	上海出入境检验检疫局纸张纸浆与包装检测中心	(2003)量认(国)字(Z8082)号	2007年8月27日	首次认证
403	吉林出入境检验检疫局临江办事处综合实验室	(2003)量认(国)字(Z8083)号	2006年9月30日	首次认证
404	上海出入境检验检疫局电器检测室	(2003)量认(国)字(Z8084)号	2003年9月1日	首次认证
405	上海出入境检验检疫局纺织品检测中心	(2003)量认(国)字(Z8085)号	2007年10月21日	首次认证
406	上海出入境检验检疫局化矿金属材料检测中心	(2003)量认(国)字(Z8086)号	2007年10月9日	首次认证
407	福建国际旅行卫生保健中心综合实验室	(2003)量认(国)字(Z8087)号	2008年5月19日	首次认证
408	上海进出口玩具检测中心	(2003)量认(国)字(Z8088)号	2007年12月30日	首次认证
409	天津出入境检验检疫局化工矿产品实验室	(2003)量认(国)字(Z8089)号	2008年2月11日	首次认证
410	辽宁出入境检验检疫局矿产品金属材料检测中心	(2003)量认(国)字(Z8090)号	2003年9月27日	首次认证
411	四川国际旅行卫生保健中心	(2003)量认(国)字(Z8091)号	2008年6月2日	首次认证
412	营口出入境检验检疫局综合实验室	(2003)量认(国)字(Z8092)号	2006年3月31日	首次认证
413	辽宁国际旅行卫生保健中心	(2003)量认(国)字(Z8093)号	2006年3月31日	首次认证
414	抚顺出入境检验检疫局综合实验室	(2003)量认(国)字(Z8094)号	2006年9月30日	首次认证
415	丹东出入境检验检疫局国际旅行卫生保健中心	(2003)量认(国)字(Z8095)号	2006年9月30日	首次认证

序号	质检机构名称	证书编号	有效日期	认证类型
416	盘锦出入境检验检疫局综合实验室	(2003)量认(国)字(Z8096)号	2006年3月31日	首次认证
417	大窑湾出入境检验检疫局综合实验室	(2003)量认(国)字(Z8097)号	2006年3月31日	首次认证
418	辽阳检验检疫局综合实验室	(2003)量认(国)字(Z8098)号	2006年3月31日	首次认证
419	鲅鱼圈出入境检验检疫局检验检疫技术中心	(2003)量认(国)字(Z8099)号	2006年3月31日	首次认证
420	辽宁出入境检验检疫局大连湾办事处综合实验室	(2003)量认(国)字(Z8100)号	2006年9月30日	首次认证
421	潮州出入境检验检疫局轻工产品检验实验室	(2003)量认(国)字(Z8101)号	2006年2月28日	首次认证
422	鹤岗出入境检验检疫局煤(焦)炭实验室	(2003)量认(国)字(Z8102)号	2005年4月30日	首次认证
423	齐齐哈尔出入境检验检疫局综合实验室	(2003)量认(国)字(Z8103)号	2005年4月30日	首次认证
424	新会出入境检验检疫局食品与卫生实验室	(2003)量认(国)字(Z8104)号	2006年12月31日	首次认证
425	新会出入境检验检疫局轻纺实验室	(2003)量认(国)字(Z8105)号	2008年6月17日	首次认证
426	深圳国际旅行卫生保健中心医学实验室	(2003)量认(国)字(Z8106)号	2008年3月27日	首次认证
427	辽宁出入境检验检疫局食品检测中心	(2003)量认(国)字(Z8107)号	2006年3月31日	首次认证
428	佛山出入境检验检疫局检验检疫技术中心动植物与食品实验室	(2003)量认(国)字(Z8108)号	2006年5月31日	首次认证
429	高明出入境检验检疫局检测中心	(2003)量认(国)字(Z8109)号	2006年12月31日	首次认证
430	潮州出入境检验检疫局食品与动植物检验检疫实验室	(2003)量认(国)字(Z8110)号	2006年2月28日	首次认证
431	青海出入境检验检疫局综合技术中心	(2003)量认(国)字(Z8111)号	2008年6月17日	首次认证
432	番禺出入境检验检疫局检测技术中心实验室	(2003)量认(国)字(Z8112)号	2008年6月17日	首次认证
433	湛江出入境检验检疫局化工矿产品检测中心	(2003)量认(国)字(Z8113)号	2006年1月31日	首次认证
434	大庆出入境检验检疫局综合实验室	(2003)量认(国)字(Z8114)号	2006年9月30日	首次认证
435	新会出入境检验检疫局动植物检验检疫实验室	(2003)量认(国)字(Z8115)号	2007年1月31日	首次认证
436	潮州出入境检验检疫局陶瓷检验实验室	(2003)量认(国)字(Z8116)号	2006年6月3日	首次认证
437	江门出入境检验检疫局检验检疫技术中心机电轻工实验室	(2003)量认(国)字(Z8117)号	2006年12月31日	首次认证

序号	质检机构名称	证书编号	有效日期	认证类型
438	杏林出入境检验检疫局综合实验室	(2003)量认(国)字(Z8118)号	2008 年 6 月 18 日	首次认证
439	辽宁出入境检验检疫局动物检疫实验室	(2003)量认(国)字(Z8119)号	2006 年 3 月 31 日	首次认证
440	绥芬河出入境检验检疫局国际旅行保健中心综合实验室	(2003)量认(国)字(Z8120)号	2006 年 3 月 31 日	首次认证
441	绥芬河出入境检验检疫局综合实验室	(2003)量认(国)字(Z8121)号	2005 年 4 月 30 日	首次认证
442	黑龙江出入境检验检疫局国际旅行卫生保健中心	(2003)量认(国)字(Z8122)号	2006 年 3 月 31 日	首次认证
443	锦州出入境检验检疫局综合实验室	(2003)量认(国)字(Z8123)号	2005 年 4 月 30 日	首次认证
444	富锦出入境检验检疫局综合实验室	(2003)量认(国)字(Z8124)号	2006 年 3 月 31 日	首次认证
445	佳木斯出入境检验检疫局综合实验室	(2003)量认(国)字(Z8125)号	2006 年 3 月 31 日	首次认证
446	饶河出入境检验检疫局综合实验室	(2003)量认(国)字(Z8126)号	2006 年 9 月 30 日	首次认证
447	厦门出入境检验检疫局包装检验实验室	(2003)量认(国)字(Z8127)号	2008 年 6 月 18 日	首次认证
448	黑龙江出入境检验检疫局检验检疫技术中心	(2003)量认(国)字(Z8128)号	2006 年 9 月 30 日	首次认证
449	新会检验检疫局化矿产品及包装实验室	(2003)量认(国)字(Z8129)号	2008 年 6 月 18 日	首次认证
450	南充出入境检验检疫局动植物检验检疫实验室	(2003)量认(国)字(Z8130)号	2005 年 6 月 30 日	首次认证
451	汉中出入境检验检疫局综合实验室	(2003)量认(国)字(Z8131)号	2008 年 6 月 18 日	首次认证
452	密山出入境检验检疫局综合实验室	(2003)量认(国)字(Z8132)号	2006 年 3 月 31 日	首次认证
453	抚远出入境检验检疫局检验检疫技术中心	(2003)量认(国)字(Z8133)号	2006 年 9 月 30 日	首次认证
454	同江出入境检验检疫局综合实验室	(2003)量认(国)字(Z8134)号	2006 年 3 月 31 日	首次认证
455	东宁出入境检验检疫局综合实验室	(2003)量认(国)字(Z8135)号	2006 年 3 月 31 日	首次认证
456	虎林出入境检验检疫局综合实验室	(2003)量认(国)字(Z8136)号	2005 年 10 月 31 日	首次认证
457	东莞出入境检验检疫局检验检疫综合技术中心	(2003)量认(国)字(Z8137)号	2005 年 7 月 31 日	首次认证
458	通化出入境检验检疫局综合实验室	(2003)量认(国)字(Z8138)号	2005 年 4 月 30 日	首次认证

序号	质检机构名称	证书编号	有效日期	认证类型
459	湖北国际旅行卫生保健中心	(2003)量认(国)字(Z8139)号	2008年6月3日	首次认证
460	中华人民共和国侯马出入境检验检疫局综合实验室	(2003)量认(国)字(Z8140)号	2005年10月31日	首次认证
461	赣州检验检疫局化矿实验室	(2003)量认(国)字(Z8141)号	2006年5月10日	首次认证
462	大连开发区检验检疫局检验检疫实验室	(2003)量认(国)字(Z8142)号	2006年3月31日	首次认证
463	鞍山出入境检验检疫局检验检疫实验室	(2003)量认(国)字(Z8143)号	2005年4月30日	首次认证
464	沈阳出入境检验检疫局国际旅行卫生保健中心	(2003)量认(国)字(Z8144)号	2006年9月30日	首次认证
465	阜新出入境检验检疫局综合实验室	(2003)量认(国)字(Z8145)号	2006年9月30日	首次认证
466	辽宁出入境检验检疫局石油化工品检测中心	(2003)量认(国)字(Z8146)号	2003年9月27日	首次认证
467	辽宁出入境检验检疫局包装实验室	(2003)量认(国)字(Z8147)号	2005年4月30日	首次认证
468	东港出入境检验检疫局水产品检验检疫实验室	(2003)量认(国)字(Z8148)号	2006年3月31日	首次认证
469	朝阳出入境检验检疫局综合实验室	(2003)量认(国)字(Z8149)号	2006年9月30日	首次认证
470	沈阳出入境检验检疫局检验检疫综合技术中心	(2003)量认(国)字(Z8150)号	2005年12月2日	首次认证
471	辽宁出入境检验检疫局大连国际机场办事处检验检疫综合实验室	(2003)量认(国)字(Z8151)号	2006年3月31日	首次认证
472	辽宁出入境检验检疫局机电产品检测实验室	(2003)量认(国)字(Z8152)号	2005年4月30日	首次认证
473	葫芦岛出入境检验检疫局综合实验室	(2003)量认(国)字(Z8153)号	2006年9月30日	首次认证
474	泸州出入境检验检疫局综合实验室	(2003)量认(国)字(Z8154)号	2008年6月3日	首次认证
475	辽宁出入境检验检疫局植物隔离检疫中心	(2003)量认(国)字(Z8155)号	2006年9月30日	首次认证
476	黑河出入境检验检疫局综合技术中心传染病检疫实验室	(2003)量认(国)字(Z8156)号	2005年10月31日	首次认证
477	江门出入境检验检疫局检验检疫技术中心食品与动植物实验室	(2003)量认(国)字(Z8157)号	2008年6月23日	首次认证
478	萝北出入境检验检疫局综合实验室	(2003)量认(国)字(Z8158)号	2006年10月31日	首次认证
479	江门出入境检验检疫局检验检疫技术中心化矿纺织实验室	(2003)量认(国)字(Z8159)号	2006年12月31日	首次认证

序号	质检机构名称	证书编号	有效日期	认证类型
480	广州出入境检验检疫局轻工产品检验实验室	(2003)量认(国)字(Z8160)号	2005 年 8 月 2 日	首次认证
481	宁波出入境检验检疫局轻工产品检测中心	(2003)量认(国)字(Z8161)号	2008 年 3 月 27 日	首次认证
482	山东出入境检验检疫局水泥检测中心	(2003)量认(国)字(Z8162)号	2005 年 9 月 2 日	首次认证
483	顺德出入境检验检疫局动植物、食品实验室	(2003)量认(国)字(Z8163)号	2005 年 12 月 31 日	首次认证
484	广州出入境检验检疫局动植物与食品检验检疫技术中心	(2003)量认(国)字(Z8164)号	2005 年 7 月 3 日	首次认证
485	广东进出口玩具检验中心	(2003)量认(国)字(Z8165)号	2007 年 12 月 5 日	首次认证
486	湖南出入境检验检疫局检验检疫技术中心	(2003)量认(国)字(Z8166)号	2005 年 12 月 30 日	首次认证
487	广州出入境检验检疫局电气安全实验室	(2003)量认(国)字(Z8167)号	2005 年 8 月 2 日	首次认证
488	顺德出入境检验检疫局日用电器实验室	(2003)量认(国)字(Z8168)号	2005 年 8 月 2 日	首次认证
489	洋浦出入境检验检疫局检验检疫综合实验室	(2003)量认(国)字(Z8169)号	2008 年 6 月 25 日	首次认证
490	清澜出入境检验检疫局检验检疫综合实验室	(2003)量认(国)字(Z8170)号	2008 年 6 月 25 日	首次认证
491	惠州港出入境检验检疫局石油实验室	(2003)量认(国)字(Z8171)号	2006 年 9 月 30 日	首次认证
492	陕西出入境检验检疫局检验检疫技术中心	(2003)量认(国)字(Z8172)号	2008 年 6 月 25 日	首次认证
493	深圳出入境检验检疫局工业品检测技术中心珠宝实验室	(2003)量认(国)字(Z8173)号	2005 年 12 月 2 日	首次认证
494	增城出入境检验检疫局综合实验室	(2003)量认(国)字(Z8174)号	2008 年 6 月 25 日	首次认证
495	广州出入境检验检疫局化矿金属材料检测技术中心	(2003)量认(国)字(Z8175)号	2006 年 3 月 31 日	首次认证
496	佛山出入境检验检疫局技术中心轻纺实验室	(2003)量认(国)字(Z8176)号	2006 年 5 月 31 日	首次认证
497	威海出入境检验检疫局丝类商品实验室	(2003)量认(国)字(Z8177)号	2008 年 6 月 26 日	首次认证
498	宁夏出入境检验检疫局检验检疫综合技术中心	(2003)量认(国)字(Z8178)号	2008 年 6 月 26 日	首次认证
499	荷泽出入境检验检疫局农畜食品实验室	(2003)量认(国)字(Z8179)号	2005 年 3 月 1 日	首次认证

序号	质检机构名称	证书编号	有效日期	认证类型
500	佛山出入境检验检疫局机电实验室	(2003)量认(国)字(Z8180)号	2006年5月31日	首次认证
501	顺德出入境检验检疫局化工金属材料实验室	(2003)量认(国)字(Z8181)号	2006年2月28日	首次认证
502	顺德出入境检验检疫局轻纺实验室	(2003)量认(国)字(Z8182)号	2005年12月31日	首次认证
503	阳江出入境检验检疫局综合实验室	(2003)量认(国)字(Z8183)号	2006年9月30日	首次认证
504	佛山出入境检验检疫局检验检疫技术中心化矿实验室	(2003)量认(国)字(Z8184)号	2005年12月31日	首次认证
505	汕尾出入境检验检疫局综合实验室	(2003)量认(国)字(Z8185)号	2008年6月26日	首次认证
506	云南出入境检验检疫局检验检疫技术中心	(2003)量认(国)字(Z8186)号	2007年12月30日	首次认证
507	西藏国际旅行卫生保健中心	(2003)量认(国)字(Z8187)号	2008年7月7日	首次认证
508	勐腊出入境检验检疫局检验检疫综合技术中心	(2003)量认(国)字(Z8188)号	2006年10月31日	首次认证
509	西藏出入境检验检疫局检验检疫技术中心	(2003)量认(国)字(Z8189)号	2008年7月7日	首次认证
510	额尔古纳出入境检验检疫局植物检疫实验室	(2003)量认(国)字(Z8190)号	2006年12月31日	首次认证
511	赤峰检验检疫局农食畜化矿实验室	(2003)量认(国)字(Z8191)号	2004年1月4日	首次认证
512	榆林出入境检验检疫局综合实验室	(2003)量认(国)字(Z8192)号	2005年12月31日	首次认证
513	内蒙古出入境检验检疫局检验检疫技术中心	(2003)量认(国)字(Z8193)号	2008年7月7日	首次认证
514	白城出入境检验检疫局综合实验室	(2003)量认(国)字(Z8194)号	2005年10月31日	首次认证
515	连云港出入境检验检疫局化矿金属材料检测中心	(2003)量认(国)字(Z8195)号	2008年3月27日	首次认证
516	红河出入境检验检疫局检验检疫综合技术中心	(2003)量认(国)字(Z8196)号	2005年12月31日	首次认证
517	四川出入境检验检疫局技术中心实验室	(2003)量认(国)字(Z8197)号	2006年2月28日	首次认证
518	唐山出入境检验检疫局国际旅行卫生保健中心综合实验室	(2003)量认(国)字(Z8198)号	2006年9月30日	首次认证
519	河北检验检疫局京唐港办事处煤炭实验室	(2003)量认(国)字(Z8199)号	2005年4月30日	首次认证
520	三亚出入境检验检疫局综合实验室	(2003)量认(国)字(Z8200)号	2008年7月14日	首次认证

序号	质检机构名称	证书编号	有效日期	认证类型
521	河北国际旅行卫生保健中心实验室	(2003)量认(国)字(Z8201)号	2006年9月30日	首次认证
522	连云港出入境检验检疫局动植物实验室	(2003)量认(国)字(Z8202)号	2008年3月27日	首次认证
523	中华人民共和国邯郸出入境检验检疫局彭城办事处陶瓷实验室	(2003)量认(国)字(Z8203)号	2006年3月31日	首次认证
524	广西出入境检验检疫局烟花爆竹检测中心	(2003)量认(国)字(Z8204)号	2005年8月2日	首次认证
525	防城港出入境检验检疫局检验检疫综合实验室	(2003)量认(国)字(Z8205)号	2005年12月31日	首次认证
526	淄博出入境检验检疫局陶瓷实验室	(2003)量认(国)字(Z8206)号	2005年9月2日	首次认证
527	八所出入境检验检疫局检验检疫综合实验室	(2003)量认(国)字(Z8207)号	2008年7月14日	首次认证
528	东兴出入境检验检疫局检验检疫综合实验室	(2003)量认(国)字(Z8208)号	2008年7月14日	首次认证
529	茂名出入境检验检疫局石油化工实验室	(2003)量认(国)字(Z8209)号	2006年2月1日	首次认证
530	贵州出入境检验检疫局综合技术中心化矿金属实验室	(2003)量认(国)字(Z8210)号	2007年12月5日	首次认证
531	文山出入境检验检疫局综合实验室	(2003)量认(国)字(Z8211)号	2006年10月31日	首次认证
532	湖南出入境检验检疫局烟花爆竹检测中心	(2003)量认(国)字(Z8212)号	2008年5月11日	首次认证
533	临沧出入境检验检疫局检验检疫综合实验室	(2003)量认(国)字(Z8213)号	2008年7月14日	首次认证
534	辽宁出入境检验检疫局轻纺实验室	(2003)量认(国)字(Z8214)号	2006年3月31日	首次认证
535	满洲里出入境检验检疫局保健中心综合实验室	(2003)量认(国)字(Z8215)号	2006年12月31日	首次认证
536	牡丹江出入境检验检疫局国际旅行卫生保健中心	(2003)量认(国)字(Z8216)号	2006年9月30日	首次认证
537	德宏出入境检验检疫局检验检疫综合实验室	(2003)量认(国)字(Z8217)号	2006年10月31日	首次认证
538	河北出入境检验检疫局化矿金检验实验室	(2003)量认(国)字(Z8218)号	2005年4月30日	首次认证
539	秦皇岛出入境检验检疫局煤炭检测技术中心	(2003)量认(国)字(Z8219)号	2008年5月12日	首次认证
540	湖北出入境检验检疫局纺织实验室	(2003)量认(国)字(Z8220)号	2008年7月18日	首次认证

序号	质检机构名称	证书编号	有效日期	认证类型
541	邢台出入境检验检疫局综合实验室	(2003)量认(国)字(Z8221)号	2005 年 10 月 31 日	首次认证
542	宁波出入境检验检疫局检验检疫技术中心动植物检疫实验室	(2003)量认(国)字(Z8222)号	2008 年 3 月 27 日	首次认证
543	宁波出入境检验检疫局检验检疫技术中心矿产品实验室	(2003)量认(国)字(Z8223)号	2008 年 3 月 27 日	首次认证
544	宁波出入境检验检疫局检验检疫技术中心石油化工实验室	(2003)量认(国)字(Z8224)号	2008 年 3 月 27 日	首次认证
545	宁波出入境检验检疫局国际旅行卫生保健中心综合实验室	(2003)量认(国)字(Z8225)号	2006 年 9 月 30 日	首次认证
546	承德出入境检验检疫局综合实验室	(2003)量认(国)字(Z8226)号	2004 年 7 月 17 日	首次认证
547	凭祥出入境检验检疫局检验检疫综合实验室	(2003)量认(国)字(Z8227)号	2008 年 7 月 21 日	首次认证
548	青岛出入境检验检疫局食品实验室	(2003)量认(国)字(Z8228)号	2008 年 9 月 7 日	首次认证
549	唐山出入境检验检疫局陶瓷实验室	(2003)量认(国)字(Z8229)号	2006 年 3 月 31 日	首次认证
550	宁波出入境检验检疫局铁矿检测中心	(2003)量认(国)字(Z8230)号	2008 年 6 月 25 日	首次认证
551	内江出入境检验检疫局动植物与食品检测实验室	(2003)量认(国)字(Z8231)号	2008 年 7 月 30 日	首次认证
552	佛山出入境检验检疫局陶瓷实验室	(2003)量认(国)字(Z8232)号	2005 年 11 月 30 日	首次认证
553	汕头出入境检验检疫局技术中心玩具检测实验室	(2003)量认(国)字(Z8233)号	2006 年 10 月 31 日	首次认证
554	大同出入境检验检疫局中心实验室	(2003)量认(国)字(Z8234)号	2004 年 12 月 21 日	首次认证
555	河口出入境检验检疫局综合实验室	(2003)量认(国)字(Z8235)号	2006 年 10 月 31 日	首次认证
556	宁波出入境检验检疫局技术中心农副产品实验室	(2003)量认(国)字(Z8236)号	2008 年 3 月 27 日	首次认证
557	潍坊出入境检验检疫局纺织实验室	(2003)量认(国)字(Z8237)号	2004 年 1 月 31 日	首次认证
558	荆州出入境检验检疫局化矿产品实验室	(2003)量认(国)字(Z8238)号	2004 年 6 月 16 日	首次认证
559	常州危险货物与包装检测技术中心	(2003)量认(国)字(Z8239)号	2008 年 3 月 27 日	首次认证
560	珠海国际旅行卫生保健中心	(2003)量认(国)字(Z8240)号	2008 年 8 月 4 日	首次认证

序号	质检机构名称	证书编号	有效日期	认证类型
561	柳州出入境检验检疫局检验检疫综合实验室	(2003)量认(国)字(Z8241)号	2005年10月31日	首次认证
562	江苏国际旅行卫生保健中心无锡分中心卫检实验室	(2003)量认(国)字(Z8242)号	2008年8月4日	首次认证
563	南通出入境检验检疫局检验检疫综合技术中心	(2003)量认(国)字(Z8243)号	2005年5月9日	首次认证
564	四川出入境检验检疫局金属材料实验室	(2003)量认(国)字(Z8244)号	2008年8月4日	首次认证
565	钦州出入境检验检疫局检验检疫综合实验室	(2003)量认(国)字(Z8245)号	2006年12月31日	首次认证
566	深圳出入境检验检疫局工业品检测技术中心轻工实验室	(2003)量认(国)字(Z8246)号	2005年8月2日	首次认证
567	海南国际旅行卫生保健中心	(2003)量认(国)字(Z8247)号	2008年8月4日	首次认证
568	秦皇岛国际旅行卫生保健中心综合实验室	(2003)量认(国)字(Z8248)号	2006年3月31日	首次认证
569	西双版纳出入境检验检疫局综合检验检疫技术中心	(2003)量认(国)字(Z8249)号	2006年10月31日	首次认证
570	腾冲出入境检验检疫局综合实验室	(2003)量认(国)字(Z8250)号	2005年12月31日	首次认证
571	江西出入境检验检疫局卫生检疫实验室	(2003)量认(国)字(Z8251)号	2008年8月4日	首次认证
572	广西出入境检验检疫局检验检疫技术中心	(2003)量认(国)字(Z8252)号	2006年2月28日	首次认证
573	思茅出入境检验检疫局检验检疫综合实验室	(2003)量认(国)字(Z8253)号	2005年12月31日	首次认证
574	秦皇岛出入境检验检疫局动检实验室	(2003)量认(国)字(Z8254)号	2006年3月31日	首次认证
575	贵港出入境检验检疫局检验检疫综合实验室	(2003)量认(国)字(Z8255)号	2005年10月31日	首次认证
576	四川出入境检验检疫局丝类商品检测中心	(2003)量认(国)字(Z8256)号	2004年5月10日	首次认证
577	绵阳出入境检验检疫局动植物检验检疫实验室	(2003)量认(国)字(Z8257)号	2008年8月5日	首次认证
578	桂林出入境检验检疫局综合实验室	(2003)量认(国)字(Z8258)号	2005年12月31日	首次认证
579	淄博出入境检验检疫局理化实验室	(2003)量认(国)字(Z8259)号	2005年2月28日	首次认证
580	淄博出入境检验检疫局纺织实验室	(2003)量认(国)字(Z8260)号	2005年7月31日	首次认证
581	云南国际旅行卫生保健中心	(2003)量认(国)字(Z8261)号	2008年8月5日	首次认证
582	内蒙古国际旅行卫生保健中心	(2003)量认(国)字(Z8262)号	2007年1月31日	首次认证

序号	质检机构名称	证书编号	有效日期	认证类型
583	乌兰浩特出入境检验检疫局农产品食品实验室	(2003)量认(国)字(Z8263)号	2006年12月31日	首次认证
584	通辽出入境检验检疫局农食畜化矿实验室	(2003)量认(国)字(Z8264)号	2006年12月31日	首次认证
585	满洲里出入境检验检疫局检验检疫技术中心	(2003)量认(国)字(Z8265)号	2005年12月31日	首次认证
586	包头出入境检验检疫局绒毛、纺织品实验室	(2003)量认(国)字(Z8266)号	2005年12月31日	首次认证
587	包头出入境检验检疫局冶金化矿实验室	(2003)量认(国)字(Z8267)号	2006年10月31日	首次认证
588	二连浩特国际旅行卫生保健中心	(2003)量认(国)字(Z8268)号	2008年8月5日	首次认证
589	内蒙古出入境检验检疫局集宁办事处综合实验室	(2003)量认(国)字(Z8269)号	2006年10月31日	首次认证
590	呼伦贝尔出入境检验检疫局农畜、食、化矿实验室	(2003)量认(国)字(Z8270)号	2005年12月31日	首次认证
591	泉州出入境检验检疫局综合检测中心	(2003)量认(国)字(Z8271)号	2008年2月11日	首次认证
592	梧州出入境检验检疫局检验检疫综合实验室	(2003)量认(国)字(Z8272)号	2006年10月31日	首次认证
593	清远出入境检验检疫局综合检测中心	(2003)量认(国)字(Z8273)号	2008年8月6日	首次认证
594	肇庆出入境检验检疫局检验检疫综合技术中心	(2003)量认(国)字(Z8274)号	2006年2月28日	首次认证
595	梅州检验检疫局纺织实验室	(2003)量认(国)字(Z8275)号	2004年6月30日	首次认证
596	开平出入境检验检疫局综合检验检疫实验室	(2003)量认(国)字(Z8276)号	2008年8月6日	首次认证
597	防城港出入境检验检疫局生物检测实验室	(2003)量认(国)字(Z8277)号	2006年2月28日	首次认证
598	广州机场出入境检验检疫局综合实验室	(2003)量认(国)字(Z8278)号	2008年8月22日	首次认证
599	惠州出入境检验检疫局食品检验实验室	(2003)量认(国)字(Z8279)号	2005年11月30日	首次认证
600	安庆出入境检验检疫局综合实验室	(2003)量认(国)字(Z8280)号	2008年8月22日	首次认证
601	湛江出入境检验检疫局食品检验实验室	(2003)量认(国)字(Z8281)号	2006年3月31日	首次认证
602	梅州出入境检验检疫局农、化工检实验室	(2003)量认(国)字(Z8282)号	2005年3月31日	首次认证
603	蚌埠出入境检验检疫局综合实验室	(2003)量认(国)字(Z8283)号	2008年8月22日	首次认证
604	安庆出入境检验检疫局卫生检疫实验室	(2003)量认(国)字(Z8284)号	2008年8月22日	首次认证

序号	质检机构名称	证书编号	有效日期	认证类型
605	惠州出入境检验检疫局动植物检疫实验室	(2003)量认(国)字(Z8285)号	2005年12月31日	首次认证
606	中山出入境检验检疫局化学检验实验室	(2003)量认(国)字(Z8286)号	2006年7月31日	首次认证
607	北海出入境检验检疫局检验检疫综合实验室	(2003)量认(国)字(Z8287)号	2005年12月31日	首次认证
608	河源出入境检验检疫局食品检验实验室	(2003)量认(国)字(Z8288)号	2006年12月31日	首次认证
609	花都出入境检验检疫局综合检验实验室	(2003)量认(国)字(Z8289)号	2008年8月25日	首次认证
610	南海出入境检验检疫局轻纺检验实验室	(2003)量认(国)字(Z8290)号	2006年10月29日	首次认证
611	南海出入境检验检疫局动植物检验检疫实验室	(2003)量认(国)字(Z8291)号	2006年12月31日	首次认证
612	南海出入境检验检疫局机电检验实验室	(2003)量认(国)字(Z8292)号	2006年10月31日	首次认证
613	南海出入境检验检疫局化矿金属与食品检验实验室	(2003)量认(国)字(Z8293)号	2006年12月31日	首次认证
614	揭阳出入境检验检疫局综合检验检疫实验室	(2003)量认(国)字(Z8294)号	2008年8月25日	首次认证
615	惠州出入境检验检疫局纺纤化矿产品检验实验室	(2003)量认(国)字(Z8295)号	2005年11月30日	首次认证
616	四川出入境检验检疫局出口包装检测中心	(2003)量认(国)字(Z8296)号	2005年6月30日	首次认证
617	秦皇岛出入境检验检疫局化工品、矿产品、油品、金属材料实验室	(2003)量认(国)字(Z8297)号	2005年4月30日	首次认证
618	黄埔出入境检验检疫局农化矿检测中心	(2003)量认(国)字(Z8298)号	2006年5月31日	首次认证
619	中山出入境检验检疫局食品检验与卫生检疫实验室	(2003)量认(国)字(Z8299)号	2006年7月31日	首次认证
620	三明出入境检验检疫局理化微生物实验室	(2003)量认(国)字(Z8300)号	2006年5月31日	首次认证
621	焦作出入境检验检疫局陶瓷化矿实验室	(2003)量认(国)字(Z8301)号	2004年8月14日	首次认证
622	石岛检验检疫局食品实验室	(2003)量认(国)字(Z8302)号	2005年12月31日	首次认证
623	秦皇岛出入境检验检疫局植物及植物产品检验检疫实验室	(2003)量认(国)字(Z8303)号	2005年4月30日	首次认证
624	日照出入境检验检疫局丝类商品实验室	(2003)量认(国)字(Z8304)号	2008年8月26日	首次认证
625	泰安出入境检验检疫局综合实验室	(2003)量认(国)字(Z8305)号	2005年2月28日	首次认证

序号	质检机构名称	证书编号	有效日期	认证类型
626	滨州出入境检验检疫局纺织实验室	(2003)量认(国)字(Z8306)号	2005年7月31日	首次认证
627	枣庄出入境检验检疫局食品纺织实验室	(2003)量认(国)字(Z8307)号	2004年1月4日	首次认证
628	东营出入境检验检疫局农畜食品实验室	(2003)量认(国)字(Z8308)号	2006年7月31日	首次认证
629	莱州出入境检验检疫局农畜食品化矿综合实验室	(2003)量认(国)字(Z8309)号	2006年7月31日	首次认证
630	济南出入境检验检疫局轻纺实验室	(2003)量认(国)字(Z8310)号	2006年7月31日	首次认证
631	滨州出入境检验检疫局食品实验室	(2003)量认(国)字(Z8311)号	2005年8月31日	首次认证
632	北仑出入境检验检疫局综合测试实验室	(2003)量认(国)字(Z8312)号	2005年8月31日	首次认证
633	广州出入境检验检疫局纺织实验室	(2003)量认(国)字(Z8313)号	2004年10月2日	首次认证
634	常州出入境检验检疫局纺织品检测所	(2003)量认(国)字(Z8314)号	2008年7月29日	首次认证
635	中华人民共和国饶平出入境检验检疫局食品与陶瓷检验实验室	(2003)量认(国)字(Z8315)号	2005年12月31日	首次认证
636	无锡出入境检验检疫局食品化工与动植物实验室	(2003)量认(国)字(Z8316)号	2005年9月2日	首次认证
637	深圳出入境检验检疫局动植物与食品检验检疫技术中心	(2003)量认(国)字(Z8317)号	2008年7月31日	首次认证
638	慈溪出入境检验检疫局食化实验室	(2003)量认(国)字(Z8318)号	2008年5月11日	首次认证
639	汕头出入境检验检疫局检验检疫技术中心食品检测实验室	(2003)量认(国)字(Z8319)号	2006年3月31日	首次认证
640	莆田出入境检验检疫局理化微生物实验室	(2003)量认(国)字(Z8320)号	2005年12月2日	首次认证
641	瑞丽出入境检验检疫局检验检疫综合技术中心	(2003)量认(国)字(Z8321)号	2005年12月31日	首次认证
642	海南出入境检验检疫局检验检疫技术中心	(2003)量认(国)字(Z8322)号	2006年4月30日	首次认证
643	福建出入境检验检疫局检验检疫技术中心宁德农食水产品实验室	(2003)量认(国)字(Z8323)号	2006年5月31日	首次认证
644	韶关出入境检验检疫局综合实验室	(2003)量认(国)字(Z8324)号	2005年7月31日	首次认证
645	浙江出入境检验检疫局丝类检测中心	(2003)量认(国)字(Z8325)号	2008年3月27日	首次认证
646	深圳出入境检验检疫局食品检验分中心	(2003)量认(国)字(Z8326)号	2006年6月17日	首次认证

序号	质检机构名称	证书编号	有效日期	认证类型
647	聊城出入境检验检疫局食品实验室	(2003)量认(国)字(Z8327)号	2004年1月4日	首次认证
648	新疆出入境检验检疫局检验检疫技术中心纺织原料实验室	(2003)量认(国)字(Z8328)号	2005年9月2日	首次认证
649	北京出入境检验检疫局金属材料实验室	(2003)量认(国)字(Z8329)号	2004年1月4日	首次认证
650	北京国际旅行卫生保健中心实验室	(2003)量认(国)字(Z8330)号	2008年3月27日	首次认证
651	北京出入境检验检疫局检验检疫技术中心	(2003)量认(国)字(Z8331)号	2008年3月27日	首次认证
652	北京出入境检验检疫局机电实验室	(2003)量认(国)字(Z8332)号	2008年2月1日	首次认证
653	宁波出入境检验检疫局电气安全检测中心	(2003)量认(国)字(Z8333)号	2008年7月31日	首次认证
654	新疆出入境检验检疫局技术中心食品检验实验室	(2003)量认(国)字(Z8334)号	2005年10月31日	首次认证
655	新疆出入境检验检疫局技术中心动植物检验检疫实验室	(2003)量认(国)字(Z8335)号	2006年5月31日	首次认证
656	库尔勒出入境检验检疫局综合实验室	(2003)量认(国)字(Z8336)号	2005年11月30日	首次认证
657	阿拉山口出入境检验检疫综合技术服务中心理化实验室	(2003)量认(国)字(Z8337)号	2005年11月30日	首次认证
658	伊犁出入境检验检疫局技术中心综合实验室	(2003)量认(国)字(Z8338)号	2005年11月30日	首次认证
659	塔城出入境检验检疫局综合实验室	(2003)量认(国)字(Z8339)号	2005年10月31日	首次认证
660	新疆出入境检验检疫局技术中心金属材料实验室	(2003)量认(国)字(Z8340)号	2005年11月30日	首次认证
661	阿勒泰出入境检验检疫局综合实验室	(2003)量认(国)字(Z8341)号	2005年10月31日	首次认证
662	中华人民共和国阿克苏出入境检验检疫局综合实验室	(2003)量认(国)字(Z8342)号	2008年10月10日	首次认证
663	新疆出入境检验检疫局轻工包装实验室	(2003)量认(国)字(Z8343)号	2006年5月31日	首次认证
664	喀什出入境检验检疫局综合技术服务中心综合实验室	(2003)量认(国)字(Z8344)号	2008年10月10日	首次认证
665	新疆出入境检验检疫局技术中心化矿室	(2003)量认(国)字(Z8345)号	2006年5月31日	首次认证
666	阿拉山口出入境检验检疫综合技术服务中心动植物实验室	(2003)量认(国)字(Z8346)号	2006年5月31日	首次认证
667	张家口出入境检验检疫局综合实验室	(2003)量认(国)字(Z8347)号	2004年7月31日	首次认证

序号	质检机构名称	证书编号	有效日期	认证类型
668	青岛出入境检验检疫局工业产品安全检测中心	(2003)量认(国)字(Z8348)号	2008年7月31日	首次认证
669	莱芜出入境检验检疫局食品化工实验室	(2003)量认(国)字(Z8349)号	2005年7月31日	首次认证
670	东山出入境检验检疫局农食水产品实验室	(2003)量认(国)字(Z8350)号	2006年9月30日	首次认证
671	宁波出入境检验检疫局检验检疫技术中心纺织实验室	(2003)量认(国)字(Z8351)号	2008年9月7日	首次认证
672	重庆出入境检验检疫局医学检疫实验室	(2003)量认(国)字(Z8352)号	2008年12月9日	首次认证
673	重庆出入境检验检疫局卫生理化实验室	(2003)量认(国)字(Z8353)号	2005年12月31日	首次认证
674	重庆出入境检验检疫局纺织实验室	(2003)量认(国)字(Z8354)号	2005年12月31日	首次认证
675	广东国际旅行卫生保健中心实验室	(2003)量认(国)字(Z8355)号	2008年2月11日	首次认证
676	江苏出入境检验检疫局陶瓷检测实验室	(2003)量认(国)字(Z8356)号	2004年11月30日	首次认证
677	汕头出入境检验检疫局技术中心化矿金属产品检测实验室	(2003)量认(国)字(Z8357)号	2008年12月4日	首次认证
678	黑河出入境检验检疫局综合技术中心综合实验室	(2003)量认(国)字(Z8358)号	2007年8月27日	首次认证
679	深圳出入境检验检疫局工业品检测技术中心石油实验室	(2003)量认(国)字(Z8359)号	2008年12月9日	首次认证
680	万州出入境检验检疫局综合实验室	(2003)量认(国)字(Z8360)号	2005年12月31日	首次认证

19、国家认监委科研项目

序号	项目名称	立项审批部门	负责单位	项目完成情况
1	全国实验室资源调查	国家质检总局	国家认监委实验室部	完成
2	屠宰加工厂以HACCP为基础的自控体系的建立与应用	国家质检总局	国家认监委注册部	未完成
3	中国合格评定制度立法工作研究课题	国家质检总局	国家认监委法律部	未完成
4	出入境检验检疫行业标准管理信息系统	国家质检总局	国家认监委法律部	未完成
5	强制性认证商品认证管理与口岸监控、市场监督系统	国家质检总局	国家认监委信息中心	未完成
6	食品企业和餐饮业HACCP体系建立和实施	科技部“十五”国家重大科技攻关项目	中国合格评定国家认可中心	未完成

序号	项目名称	立项审批部门	负责单位	项目完成情况
7	食品安全检测实验室质量控制规范研究	科技部	中国合格评定国家认可中心（中国实验室国家认可委员会）	未完成
8	测量不确定度应用研究	国家质检总局	中国合格评定国家认可中心（中国实验室国家认可委员会）	未完成
9	国际间实验室食品微生物学能力验证质量控制的研究	国家质检总局	中国合格评定国家认可中心（中国实验室国家认可委员会）	未完成
10	国内外产品认证标准的差异分析及对技术性贸易壁垒的作用	国家质检总局	中国质量认证中心	未完成

20、国家认证认可监督管理委员会与国外相关机构签署协议情况

亚洲：

机构名称	协议名称及签署时间	合作范围
新加坡标准、生产力和创新局(SPRING SINGAPORE)	国家认证认可监督管理委员会与新加坡标准、生产力和创新局（SPRING SINGAPORE）谅解备忘录（2002.11.20）	认证认可领域信息交流和宣传；指定机构间的合作；相互提供培训
香港标准及检定中心（STC）	国家认证认可监督管理委员会与香港标准及检定中心（STC）谅解备忘录（2002.8.16）	认证认可领域信息交流和宣传；指定机构间的合作；相互提供培训
日本品质保证机构（JQA）	国家认证认可监督管理委员会与日本品质保证机构（JQA）谅解备忘录（2002.5.28）	认证认可领域信息交流和宣传；指定机构间的合作；相互提供培训；
日本电气安全环境研究所（JET）	国家认证认可监督管理委员会与日本电气安全环境研究所（JET）谅解备忘录（2002.5.28）	认证认可领域信息交流和宣传；指定机构间的合作；相互提供培训
马来西亚标准工业研究院(SIRIM QAS)	中国国家认证认可监督管理委员会与马来西亚标准工业研究院（SIRIM QAS）谅解备忘录(2003.6.1)	认证认可领域信息交流和宣传；指定机构间的合作；相互提供培训
越南科学技术与环境部	国家质量监督检验监督总局与越南科学与环境部谅解备忘录(2002.2.8)	在互供商品质量保证方面合作，越方对部分中国出口越南的产品承认中国的强制性认证制度
越南标准质量局	国家认证认可监督管理委员会与越南标准质量局会谈纪要(2003.9.26)	确定越方对部分中国出口越南的产品承认中国的强制性认证制度的程序和细则
朝鲜	国家认证认可监督管理委员会与朝鲜民主主义人民共和国品质监督局认证认可合作协议(2003.9.15)	双方在产品认证、体系认证和实验室认可以及相关人员培训和信息提供方面开展合作

ELECTRICAL SAFETY LABORATORY OF GUANGZHOU ENTRY-EXIT INSPECTION & QUARANTINE BUREAU

广东CIQ广州电气安全实验室（简称ESL）于1999年11月正式成立，2001年通过CCIBLAC认可和APLAC见证评审。2000年被国家质检部门指定为承担法定检验商品目录中的电器产品型式试验检测机构，2002年成为由国家认证认可监督管理委员会（CNCA）指定为承担强制性产品认证的检测机构之一，是中国质量认证中心（CQC）和中国电磁兼容认证中心(CEMC)的授权检测机构，2003年由香港机电工程署授权认可核证团体，2004年通过IECEE评审成为IECEE认可CB实验室。

ESL是欧盟企业总司指定的中欧电器检测技术交流实验室，与国外检测机构建立了广泛的技术交流和合作关系。

ESL现有全国标准化技术委员会各分技术委员会委员9人，ISO 9000主任评审员9人，3C认证工厂检查员15人，CCC项目审核工程师14人，CNAL注册评审员3人，内审员9人，CNAL技术委员会委员1人，AQSIQ检测技术专家组成员1人, CNCA技术委员会成员3人。

ESL拥有测试场地3000多m^2，分别设有家电测试室、灯具检测室、电子与信息产品检测室、环境与附件检测室和EMC测试室。仪器设备资产总值1000多万元，主要试验仪器设备670多台（套）。

ESL的检测能力范围包括：家用电器安全标准（37个GB4706系列标准、42个IEC60335和EN60335系列标准）；灯具安全标准（15个GB7000系列标准、18个IEC60598和EN60598系列标准）；镇流器安全标准；音视频电子设备安全标准；家用电器、灯具、音视频电子设备的电磁兼容标准（15个GB标准、9个IEC标准、17个EN标准）。

ESL以“科学高效、公正准确、真诚服务”的精神，为所有客户提供进出口电器产品认证检测“一站式”的配套服务。

中国定远汽车试验场

zhong guo ding yuan qi che shi yan chang

中国定远汽车试验场1996年通过国家技术监督局、机械工业部的计量认证及机构认可，2000年通过国家主管部门授权执行汽车新产品基本型定型试验任务，2003年通过国家实验室认可，可进行汽车产品定型试验中所需完成的全部试验项目。

中国定远汽车试验场位于安徽省定远县境内，覆盖面积近7平方公里（约10000亩），是目前 国内占地面积最大的汽车试验场。现拥有4km椭圆型高速试验环道，2.2km综合性能试验路，6.6km凹凸不平试验路，10km越野路和5km场区山路，还拥有地形通过性试验设施、城市工况模拟试验广场、淋雨试验台、质心测试平台、标准纵坡等重要专用试验设施，以及一套完整的、在国内较为先进的测试仪器，为汽车试验的开展提供了良好的条件。

近年来，中国定远汽车试验场为进一步完善试验手段，按照"一边跟上军用专项试验要求，一边跟上国家强检要求，加强室内试验室建设"的发展思路，已完成灯光试验室和整车强检试验室的建设。目前，环境试验室、安全试验室以及通过性试验设施也完成总体建设方案论证列入建设规划日程，为满足国家对机动车辆强制性检测的要求，全面展开国家强检创造条件。

中国定远汽车试验场始终着眼发展，瞄准未来，将良好的试验设施与高素质的科研试验队伍相结合，采用科学的管理方法，努力为国家汽车工业做出更大贡献。

搓板路

高环

试验场全景

苏州高新技术产业开发区电器检测所

苏州高新技术产业开发区电器检测所位于苏州国家高新技术产业开发区，是按国际实验室第三方检验模式建立，经中国实验室国家认可委员会认可，并通过中国国家认证认可监督管理委员会计量认证，被中国国家认证认可监督委员会批准为"3C"指定检测机构，是中国质量认证中心签约实验室，从事机电产品质量检测、低压电器及低压成套开关设备产品安全认证检测、人员培训及检测装备研制的具有法人资格的独立机构。

检测所现有试验面积13000m^2，检测设备1400多台（套），建有计算机数据采集管理系统及计算机现场监视系统，从事检测工作人员145名、科研人员35名。其中高中级职称者36名、国家注册主任审核员13名、注册高级检验师和检验师5名。

检测所能检测的产品大类有低压成套开关设备，低压电器，电器附件等，试验容量三相420V 125kA，726V 80kA，单相550V 120kA。检测项目有通断能力试验、寿命试验、温升试验、特性试验、高低温试验、耐潮试验、盐雾试验、防尘试验、防水试验、着火危险试验、引燃试验、电弧试验、抗电磁干扰试验等70项试验。

"机械工业低压电器产品质量检测中心（苏州）"、"江苏省低压电器产品质量监督检测站"、"河北工业大学电器可靠性试验研究基地"、"中国苏州APEC科技工业园实验室"均设在所内。2001年检测所"低压电器可靠性设计及检测技术"项目获国家科技进步集体二等奖，2002年检测所"低压电器检测和测试技术研究"项目又获国家科技进步集体二等奖，2004年"漏电保护器的失效机理及可靠性研究"项目获河北省科学技术一等奖。

由本所创办的《江苏电器》杂志二十年来已发行50万册，本所还是江苏省标准化委员会电器分标会和江苏省机械工业电器科技情报网及中国电工技术学会机床电器可靠性分专业委员会和华东试验协作网长单位。本所作为江苏省科技开发基地，创造了科研、开发、服务的基本条件，提供了为行业服务的基础。

本所坚持"质量第一，用户第一、信誉第一，科学管理、测试公正、数据准确"的质量方针，在国家认证认可监督管理委员会、中国质量认证中心、国家机械工业联合会、上海电器科学研究所和天津电气传动设计研究所及成都机床电器研究所的指导下，一如既往地不断完善检测能力，提高测试精度，加强人员培训，提高服务质量，做到"守信"、"守约"、"守法"，服务于国际和国内两个检验市场，为实现"建成国际优秀实验室"的目标而努力。

机械工业电线电缆质量检测中心

机械工业电线电缆质量检测中心(北京)(以下简称质检中心)，是由原机械工业部批准成立的部级质量检测中心，属第三方中介组织。本质检中心通过了国家实验室认可委员会的实验室认可，国家质量技术监督局的计量认证和国家机械局的机构认可，成为国家认可的检验实验室。同时作为中国质量认证中心和中国电磁兼容认证中心的签约检测机构，为国家强制性产品认证和电线电缆行业提供认证服务。

质检中心现有人员28人，其中研究员级高工1人，高级工程师9人，工程师10人，技术人员占质检中心人数的71.4%。质检中心现有仪器设备130余台（套），建筑面积近2000m^2，全部实现温控。

质检中心下设综合办公室、实验室和工厂审查部。综合办公室下设样品库、接待室、档案室；实验室下设结构、老化、电性能、机械性能和插头线五个实验项目组。具备开展电器装备用低压电线电缆和不可拆线插头的全性能检验的能力。

质检中心愿在产品认证、产品质量检验、新产品鉴定、检验人员培训、检测设备的研制以及对产品标准的制修订提出建议等各方面与企业和相关机构进行全面的合作，提供优良的服务。

地址：北京市海淀区翠微路2号院　　邮政编码：100036
传真：68222807　　联系电话：010-68157833/68157734

苏州市计量测试研究所

本所创立于一九五七年。本所是江苏省人民政府行政部门依据《中华人民共和国计量法》设置的国家法定计量检定机构，属于社会公益性技术服务单位和科学研究机构。

本所现有职工118名，其中专业技术人员78名，其中具有高、中级技术职称的科技人员45名。仪器设备资产值1152万元，建筑面积3430平方米。其中恒温实验室面积1672平方米。

本所下属8个专业实验室，专业技术领域涉及长度、热学、力学、电磁、无线电、时间频率、光学、化学分析、医疗仪器等九大类。建立了138项计量标准和社会公用计量标准，其中属苏州市最高计量标准80项。开展计量检定项目246个，校准项目195个。经省授权可承担计量产品样机实验七大类56种。为适应高速发展的苏州经济，我们加大科技投入，建立了一批适应苏州经济、保障政府执法的新计量标准，其中尘埃粒子计数器检定装置、体温辐射温度计检定装置、大流量煤（燃）气检定装置、高压静电表检定装置、网络分析仪校准装置等一批具有国内先进水平的计量标准使我所的技术服务水平跨上了一个新台阶。

此外，本所还设有房屋面积公正计量站、出租汽车计价器检定站以及计量工程服务中心。

1997年本所就顺利通过省级法定计量技术机构的考核。多年来，我们本着"科学、公正、廉洁、高效"

SU ZHOU JI LIANG CE SHI YAN JIU SUO

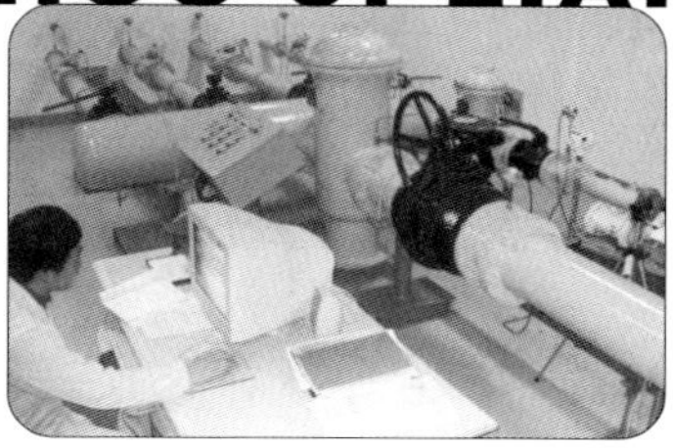
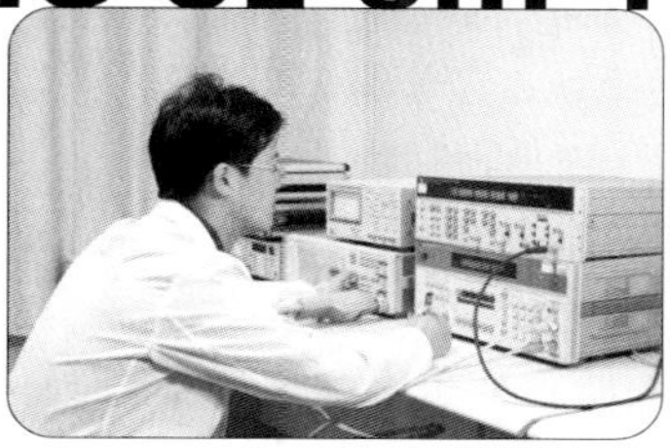

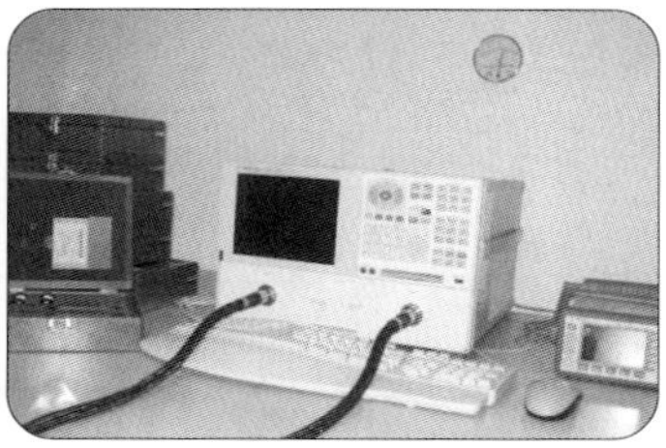
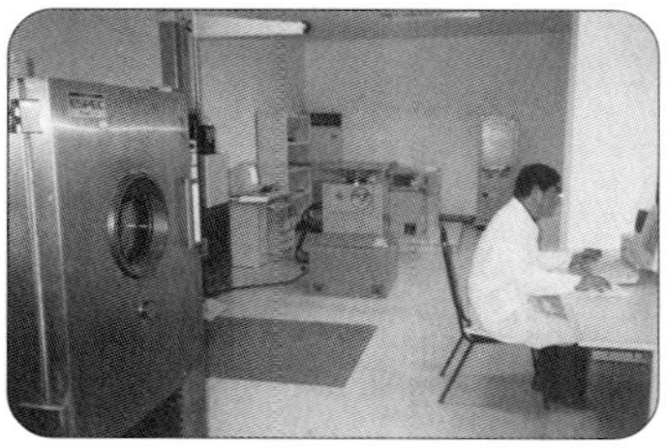

宗旨，全面完成"计量法"赋予的各项任务，同时，我们还为包括如美国AMD公司、诺基亚公司、罗技电子、葛兰素威康制药有限公司等世界500强企业在内的300余家外资企业进行计量检定/校准服务。

同时，为了使计量检定/校准工作与国际接轨，经过努力，在2002年，我所通过了中国实验室国家认可委员会（CNAL）的认可，我所出具的校准报告，将得到包括美国在内的，签署APLAC-MRA的各国实验室与经济组织的认可，与各国实验室出具的校准证书在技术上是等效的。这为我所参与苏州外向型经济的发展，及吸引外资，改善投资环境，开辟了新的一页。

本所坚持科学、公正、廉洁、高效的原则，贴紧政府，贴紧企业，服务社会是我们的宗旨，我们热忱欢迎各界人士光临！

授权证书号：（苏）法计（2003）1005号；CNAL授权号：MO.L0158

所长：曹雪琴

电　　话：0512-65239718　　传　　真：0512-65239718

业务一科：0512-65223973　　业务二科：0512-65230843

办 公 室：0512-65230842　　收 发 室：0512-65154160

地　　址：苏州市民治路5号　　邮政编码：215006

SU ZHOU JI LIANGCE SHI YAN JIU SUO

广州市计量测试所

广州市计量测试所系国家质量监督检验检疫总局属下的地方法定计量检定机构与广州区域计量校准检测中心，同时亦为中国国家实验室认可委员会认可授权的校准/检测实验室。

自1950年重组后，经过五十余年的发展，该所现已成为广州乃至珠江三角洲区域内最主要的计量技术机构之一。其计量检定工作经广东省质量技术监督局考核授权，目前已在几何、温度、力学、电磁、无线电、时间频率、光学、声学、物理化学、电离辐射等十大计量领域建有120余项社会公用计量标准，并可开展数百项检定测试工作；校准/检测项目经中国实验室国家认可委员会评审授权，也已在上述计量领域与眼镜产品等检测领域认可180余项（类）；同时，样机试验认可项目为80余项；而科技成果鉴定经广州市科委批准授权，亦可对上述领域内的科技项目进行成果检测鉴定。

通过承担政府下达的法制计量检定、样机型式试验、产品质量监督、计量标准考核、计量体系确认、机构计量认证；以及通过受理社会委托的计量器具校准、技术性能测试、工程参数测量、产品委托检验、实验室评审咨询、计量人员培训等技术中介服务；同时通过承接国家、地方和企业等不同来源的研究课题，该所在本区域计量检定、校准、检测等领域正在发挥着越来越重要的作用。

由于该所出具的计量检定/校准数据均可溯源到国家和国际计量基准、标准，故由其为境内外各界用户提供的检定证书/校准证书/检测报告，可用作法制计量管理、量值溯源监督、体系评审认可、行政复议与法律仲裁的技术依据。

又因该所拥有一支成熟、勤勉、具有生气、极富活力的技术、管理队伍，并配有一支权威的计量认证、实验室认可、检定机构考核、计量体系确认、计量保证能力评价以及计量器具制造许可证、计量标准与计量检定人员考核的考评员队伍，在进行第三方公正评审的同时，还可提供各种相关的咨询与培训服务；并可为各界用户在实验室建设、装备技术改造等方面提供相应的技术支持服务。

特别是经过近几年的快速发展，该所目前不仅具有较为完善的实验环境和正拟建设的一流实验场地；而且在实验装备上也在迅速提升，目前该所仅专项设备原值就达2千余万元，其中不乏一大批诸如Fluke5720A多功能校准源、Fluke9500示波器校准系统、HP8902测量接收机、5×10-12铯原子频率标准与2×10-10铷原子频率标准、Wavetek1281八位半数字多用表、0.02%～0.05%系列标准电能校准装置、B&K3560型Pluse振动、冲击与声学测量分析系统、32路温湿度自动巡回检测/数据处理系统等先进的标准仪器与设备。

随着近年来科学技术的迅猛发展，产业结构正在进行重大调整，加之我国入世后所面临的资源、市场全面流动与竞争的局面，该所本着“至诚、自信、知善”的建所理念与“理解、协作、互助、共进”的兴所思路，在“积极扩大业务创收，努力提高技术内涵，认真强化内部管理”的工作重点指导下，正在朝着建设一个“适应市场运作，符合政府要求，具备综合实力，建有名牌强项”的“技术开放、基础共享”的区域计量技术强所而不懈努力。

所领导班子和来访的德国联邦物理技术研究院（PTB）专家合影

明亮宽敞的仪器（样品）收发大厅

技术人员虚心请教
中国实验室国家认可委员会（CNAL）评审专家

所负责人：

周伦彬（所长、最高管理者） Zhou Lunbin
任国强（副所长、技术负责人） Ren Guoqiang
赵爱萍（副所长、业务负责人） Zhao Aiping
黄　锋（总工程师、质量负责人） Huang Feng

通讯信息：

地址：广州市广仁路11号　邮编：510030
电话：020-83326538、83301535　传真：020-83332502、83369351
网站：www.gzjls.net　电子信箱：gzjls@gzjls.net

设置于浙江方圆检测股份有限公司的国家化学建材质量监督检验中心，是经过国家质量监督检验检疫总局正式批准并授权的国家级产品质量监督检验机构。中心已通过中国实验室国家认可委员会的三合一（CNAL、CMA、CAL）实验室认证认可，具有独立为社会提供公正检测数据的第三方公正检验机构的法律地位。

中心拥有一支具有丰富经验的专业技术人员队伍，多名骨干人员曾在国内外专业检测机构培训学习，具有较高的专业知识、技术技能和评判能力。中心一直以高起点、高标准来进行实验室建设，采用国际先进水平的仪器设备来装备自己，拥有美国 Varian 公司 GC3800-MS2200 气质联用仪、日本 SHIMADZU 公司高效液相色谱仪、万能精密拉力试验机、气相色谱仪、荧光分光光度计、美国尼高力 NEXUS 傅里叶变换红外光谱仪、美国 ATLAS 公司 Ci4000 耐候试验箱、德国 NETZSCH 公司差示扫描量热仪（DSC）、丹麦 Sciteq-Hammel Als 公司的型耐压设备、冷热循环试验设备等一批先进的检测设备，使中心综合检测能力处于国内领先地位。

中心主要承担各级政府行政管理部门下达的产品质量监督检查、生产许可证产品检验、新产品鉴定检验、生产许可产品检验、新产品鉴定检验、产品质量认证检验、产品质量仲裁检验等指令性任务，为社会各界提供有关产品的委托监测、技术分析、技术咨询、质量鉴定、灾后评估、验货检验和符合性测试等第三方公正检测业务。

国家化学建材质量监督检验中心

中心可依据国内外有关标准、规范的要求，开展化学建材产品中塑料管材管件、复合管、涂覆管、燃气管、塑胶跑道、塑料板材、复合板、塑料异型材、建筑门窗、防火材料、橡胶和塑料等延伸产品、工业涂料、建筑涂料、通用涂料及辅助材料、粘合剂、防水材料、新型装饰材料、室内装饰材料的有害物质限量、空气质量等产品检测，同时还开展化学建材产品所涉及的力学、老化、电学、热学、物化、光学、阻燃、流变等参数检测工作。

中心技术力量雄厚、检测设备齐全，按照“开放、流动、竞争、协作”的原则，建立高效有序的检测机制。按照ISO/IEC17025 国际标准建立和运行质量体系，实现质量体系的自我完善和持续改进。本中心将一如既往的坚持“顾客至上、服务永远”的服务理念，向社会提供科学、公正、高效、诚信的服务。

宁波市产品质量监督检验所概况

宁波市产品质量监督检验所是直属于宁波市质量技术监督局的法定检验机构，是一所综合性的产品质量监督检验机构，还是德国莱茵技术监护协会（TüV）的认可实验室，中国方圆认证委员会认可实验室，国家 CCC 认证指定实验室。国家塑料机械产品质量监督检验中心、浙江省文具产品质量检验中心、浙江灯具产品质量检验中心、宁波轴承产品质量检验中心、宁波家具产品质量检验中心、宁波市装饰工程质量监督检验站、宁波黄金制（饰）品质量监督检验站、宁波市珠宝质量监督检验站、宁波市认证咨询中心等均附设在本所。本所技术力量雄厚，其中技术人员占90%，中高级职称人员占48%。目前本所在电器、电子、电机、机械、轻工、装饰工程及材料、食品及理化、石油产品、黄金珠宝等领域有 500 多检测项目通过中国实验室国家认可委认可、国家认监委的验收和计量认证，承担了浙江省宁波市质量技术监督局下达的各类监督检验任务及企业事业个人委托检验，第三方公正检验任务，同时在国家强制性产品认证（CCC 认证）方圆认证及国内外的 CE、GS 等认证的产品检测方面进行了大量的检测，积累了丰富的经验。本所将坚持“廉明公正、科学认真、勤奋务实、开拓进取”的质量方针，继续为社会提供产品检测、标准编写、各项认证咨询、产品质量咨询等服务。

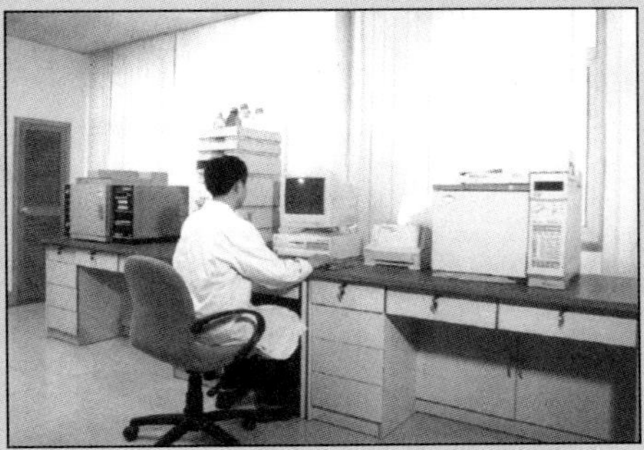

法人代表:杨建群　业务咨询电话:0574-87878625　传真:0574-87889216

邮　编：315041　网　址：www.jjzjzl.com　地址：宁波市江东区王隘路 28 号

上海电气器具检验测试所

国家电动工具质量监督检验中心（NCET）

上海电动工具检测站(TIDT)

上海电气器具检验测试所是经中国实验室国家认可委员会CNAL认可，并由国家授权的非营利的、独立的第三方检验和校准实验室及检查机构；同时也是国家质量监督检验检疫总局AQSIQ授权的国家电动工具质量监督检验中心、国家认证认可监督管理委员会CNCA指定的强制性产品认证检测机构和国家科委授权的国家科技成果鉴定检测机构；也是国际电工委员会（IECEE—CB）体系认可的CB实验室、美国UL认可的UL数据交换合作体系成员（TPTDP）和挪威NEMKO认可的电磁兼容实验室。

检测所成立于1984年，技术力量雄厚，迄今已在相关领域积累了丰富的经验，在国内外享有盛誉。

检测所拥有三个下属的实验室：

检测实验室、电测兼容性检测实验室、计量校准实验室

主要业务范围：对认可、授权范围内的产品或标准的强制性、自愿性认证检测；型式试验、委托检验、抽样检验、产品质量监督检验、仲裁检验、产品成果鉴定检验；工厂检查；专用测量仪器和试验设备的校准、检定；参与或承担标准的制、修订工作。

主要业务能力：

1. 检验：电动工具、小功率电动机、器具开关、家用和类似用途的插头、插座、隔离变压器和安全隔离变压器、电动工具定转子、电动工具用换向器等附件、家用电器、噪声测量、电磁兼容。
2. 计量校准：电磁类、无线电类、温度类、电工专业类仪器和设备。
3. 检查：工厂检查、出货前检查、在线检查。

贵州省计量测试院

贵州省计量测试院是贵州省唯一的省级法定计量检定机构，隶属于贵州省质量技术监督局领导。机构二00二年通过国家质检总局组织的授权考核、二00四年通过监督检查和扩项考核、一九九四年通过贵州省质量技术监督局的计量认证（九大类、43个参数），是贵州省科委授予的科技成果鉴定机构。现申请实验室认可筹备工作正在全面展开。

机构的计量工作紧紧围绕贵州省的发展和经济建设这一中心任务而展开。有一套完整的质量管理体系，建立和保存了长度、热工、力学、电磁、无线电、时间、频率、理化、光学等106项社会公用计量标准，其中《工频相位标准》属国家计量标准，可面向全国量传。开展项目全部量值皆可溯源至国家基准，充分的保障了机构的公正性和独立性以及检测数据的有效性。在确保传统计量项目的同时，现医疗卫生、定量包装商品量检测、电话计时计费装置、民用三表首检等工作也成为机构工作的重点，校准和检测市场正在不断的拓展。本机构高效的质量管理和可靠的技术能力为社会提供着优质的检定、检测/校准服务。检定、检测/校准能力不但得到政府部门的首肯，其检测结果也广泛被社会和贸易双方所认同。

三个挂靠本院的质检站充分发挥通过计量认证/审查认可后的优势和作用，对贵州省眼镜市场的规范（眼镜配镜合格率由监管前的不到30%提高到现在的高于92%）起到了积极的作用，并努力开拓检测市场，参加了投资5000余万元的贵阳市政府行政中心智能化工程设备检验、验收工作及空调设备和噪声、风量等参数的检测，此工程获得建设部智能建筑优质工程，取得了经济效益和社会效益的双丰收。

机构有一个坚强的领导班子和一支高素质的职工队伍，拥有研究员、高级工程师、工程师近五十人，持有国家级实验室认可注册技术评审员、实习评审员、计量标准一级考评员、计量认证/审查认可评审员、法定计量检定机构考评员及相应的省级考评员达二十余名，每年承担国家局和省局委托的考核任务几十项。

通过法定计量检定机构授权考核和计量认证，机构进一步得到了提高和完善，收入不但逐年提高，而且所出具的客观、公正、准确的数据对政府部门履行宏观调控、规范市场和保护消费者的健康和安全职责提供了科学合理的决策依据和强有力的技术支撑。

贵州省计量测试院将在原有的基础上，坚持质量第一、服务第一、信誉第一的方针，通过不断的持续改进和自我完善，努力提高检测技术能力和服务社会的能力，以适应检定、检测/校准市场不断提出的要求。

贵州省产品质量监督检验所

（国家酒类及饮料质量监督检验中心）

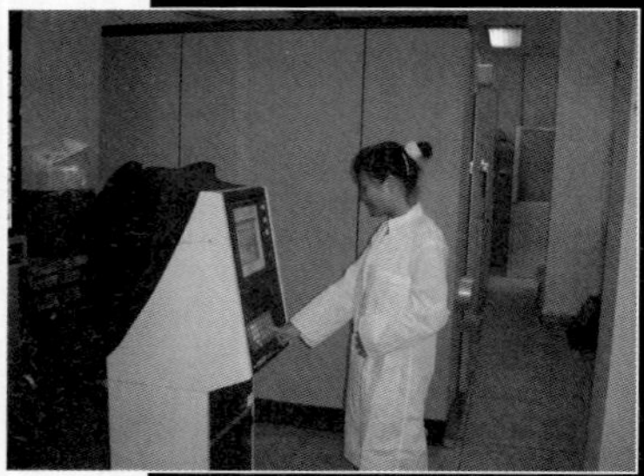

本所1982年5月经贵州省人民政府批准成立，是直属贵州省质量技术监督局的国家法定省级综合性质量监督检验技术机构。2004年国家质检总局批准在本所建立国家酒类及饮料质量监督检验中心。依托本所建有贵州省涂料颜料质量监督检验站、贵州省运输包装质量监督检验站、贵州省五金产品质量监督检验站、贵州省装饰工程质量监督检验站、贵州省石油产品质量监督检验站、贵州省计算机及外设产品质量监督检验站、贵州省净化工程质量监督检验站。

本所及国家中心按CNAL/AC 01：2003《实验室认可准则》建立质量体系并有效运行，2004年3月通过国家认监委和中国实验室认可委组织的实验室认可、计量认证和审查验收"三合一"认证现场评审，并于7月获证，认可证书：L1504，批准确认本所检测能力范围包括275种产品、123种技术参数；批准确认国家中心检测能力范围为58种酒类及饮料产品。此外，本所于1988年首次通过省级计量认证，1996年首次通过省级审查验收，2001年再次通过贵州省质量技术监督局组织的省级计量认证和审查验收，计量认证合格证：（2001）量认（黔）字（Z0043）号、审查验收证书：（2001）黔质监验字（101）号。

本所及国家中心现有各类专业工程技术人员65人，其中高、中级技术人员40人；内设4个综合科室，7个检测实验室、1个开发科室；固定资产总值719万元，仪器设备650台（套），拥有先进的Agilent6890气相色谱仪、Agilent1100高效液相色谱仪、Aanalyst100原子吸收分光光度计、日本塔巴依温湿度试验箱等大型分析仪器和试验设备；办公与实验用房面积近3000m2，其中实验室面积2600m2。目前，可开展酒类、饮料及其它食品、家用电器、低压电器、计算机及外设、涂料颜料、石油制品、洗涤用品、化妆品、五金制品、玻璃钢制品、建材、装饰材料、燃气器具，运输包装、文教用品、空气洁净度、净化工程、装饰工程、信息网络工程等40大类460种产品及项目检验检测。

本所及国家中心秉承科学、公正、独立、诚实的宗旨，为广大客户提供产（商）品的监督抽查、定期监督检验、仲裁检验、生产许可证检验、委托检验、评定（价）检验、验货检验、质量鉴定、真伪鉴定、样品比对、标准制修订与验证、技术咨询、技术培训等服务。

地址：贵州省贵阳市头桥海马冲街45号　邮编：550003 电话：（0851）6516884

传真：（0851）6508230　机构代码：42920001-3

Http: //www.gzzhijian.cn　E-mail: gzzjs @public.gz.cn

广州市华南橡胶轮胎有限公司

Guangzhou South China Rubber Tire Co., Ltd.

广州市华南橡胶轮胎有限公司是中国第一家采用国际先进技术专业生产全系列（乘用、轻卡、载重）子午线轮胎的大型国有现代化企业。产品品牌为万力（WANLI）和新迪（SUNNY）。

公司位于珠江三角洲中部经济区域中心的广州市番禺区东环路116号，占地面积18万m^2，建筑面积13万m^2，职工2200多人。1988年10月开始筹建，1992年4月8日正式投产。自投产以来，一直以较高的速度发展，子午线轮胎出口量自1996年起稳居全国第二位。

目前企业生产能力达400万套/年，为用户提供10个系列、250多个规格花纹品种轮胎，并以每年约20个新花纹品种的开发速度在增加产品种类。"万力"轮胎先后为上海大众桑塔纳、一汽红旗、一汽大众（奥迪、捷达等）、长丰猎豹、海南马自达、广州五十铃、三江雷诺、郑州日产、二汽东风等国内知名汽车厂家配套；产品70%以上供出口，畅销西欧、北美、澳洲、非洲等90多个国家和地区。

现在华轮是广东省"省级技术中心"、广州市"高新技术企业"，万力牌(WANLI)子午线轮胎是"中国轮胎十大民族品牌"之一、国家外经贸部"国家重点扶持和发展的名牌出口商品"和"广州企业重点培育发展具有知识产权的名牌产品"。

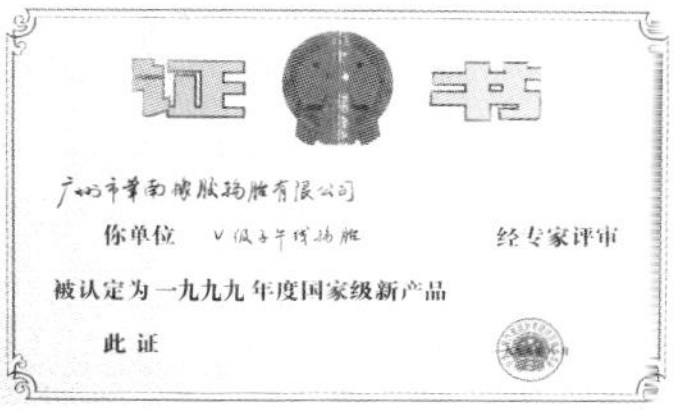

证书

广州市华南橡胶轮胎有限公司

你单位 V级子午线轮胎 经专家评审

被认定为一九九九年度国家级新产品

此证

Guangzhou South China Rubber Tire Co., Ltd. a large state-owned modern enterprise, is the first one in China to adopt international advanced technology to produce (passenger car, light truck, heavy truck) radial tires WANLI and SUNNY. It can provide more than 190 categories of tires to the clients, and each year 20 new categories will be added. The chief producing and test equipments have been introduced from America, Germany, Britain, Japan, etc. with the manufacturing technology at the leading level.

证 书

广州市华南橡胶轮胎有限公司：

你单位生产的万力牌汽车子午线轮胎产品为国家监督抽查连续合格产品，并入编《国家监督抽查合格产品荟萃（1995年至2000年）》。

特发此证

二〇〇一年

The company is located at the center of the central economic region in Pearl River Delta No. 116, Donghuan Rd, Donghuan St, Panyu District, Guangzhou, covering an area of 180,000 sqm, and building area of 130,000 sqm. It was built in Oct, 1988 and put into use in Apr. 8, 1992. At present, there are 2000 employees in the company. Since it was established, the company has developed fast. The export of radial tires has ranked the second since 1996 in China. The present output reaches as high as 4 million sets in a year. The company is able to develop and design by itself and the products involve 10 series and 200 categories including heavy truck, light truck, passenger car tires, which support the tires of the automobiles to the famous auto makers such as Shanghai Volkswagon Santana, Changchun FAW Red Flag, VW, Audi,Jetta, Changfeng Leopard , Hainan Mazda, Guangzhou Isuzu, Sanjiang Renault, Zhengzhou Nissan and Dongfeng. 70% of its products are exported. The products have sold far to over 90 countries and regions, including Western Europe, North American, Australian and African.

Now Guangzhou South China Rubber Tire Co., Ltd. is "the Provincial Technical Center" of Guangdong Province and "the High and New Technology Enterprise" of Guangzhou, Wanli Tire has become one of Top 10 National Brands of Tire in China", "Famous Brand Export Commodity Supported and Developed by the State" by the country's Business Ministry and "the Famous Brand Products with Intellectual Property Rights Cultivated and Developed in Guangzhou"

企业名称:广州市华南橡胶轮胎有限公司　SOUTH CHINA TIRE & RUBBER CO.,LTD　法人代表:李宇君

地址：广州市番禺区东环路116号　邮编：511400

电话：(020)84611600、(020)84629574　传真：(020)84632053、(020)84610302

http://www.wanlitire.cn　http://www.wanlitire.com　E-mial:wanli@wanlitire.cn

浙江省疾病预防控制中心

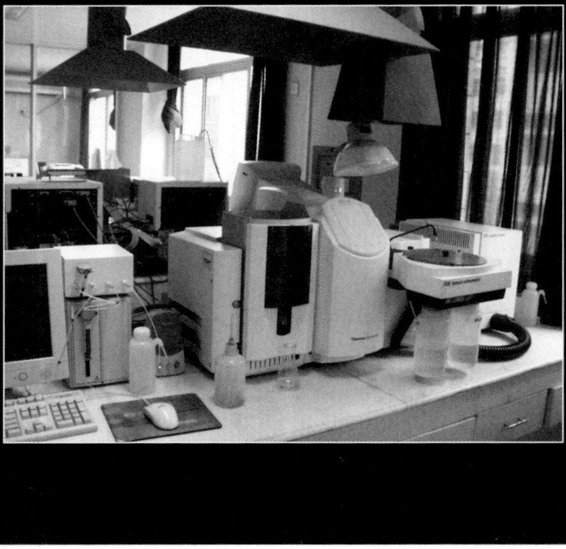

上海市疾病预防控制中心

（上海市预防医学研究院）

上海市疾病预防控制中心（上海市预防医学研究院）是实施市政府卫生防病职能的专业性技术机构，其实验室承担与防病、卫生监督执法和突发公共卫生事件应急处置相关的检测以及公共卫生技术服务工作，是全国公共卫生领域内检测项目涉及面最广、技术和设备最先进的实验室之一。今年9月，1.5万 m^2 新实验大楼正式启用。

本中心（院）于2002年1月18日通过CNAL认可，被认可的参数702项，涉及范围有：食品及食品添加剂、食品包装材料、保健食品；化妆品、建材、生活饮用水、涉水产品、公共场所及室内空气监测、放射卫生防护监测；作业场所毒物检测和建设项目预评价；各类产品的毒性评价；杀虫剂和消毒剂的效果评价、各类消毒产品的消毒效果评价；艾滋病、狂犬病、寄生虫病以及传染性疾病监测。已装备的仪器设备有高分辨率磁质谱仪、等离子光谱仪、等离子质谱仪、色谱/质谱联用仪、气相/原子发射联用仪、傅立叶红外光谱仪、液相/质谱联用仪、高效液相色谱仪、原子吸收分光光度仪、荧光分光光度仪、紫外分光光度仪、微生物自动鉴定仪、PCR基因扩增仪、蛋白芯片仪、显微图像分析仪、核酸测序仪、核酸蛋白纯化仪、超速离心机、五分类血球计数仪、自动病理组织处理仪、骨密度测定仪等国内一流的高精良仪器以及SPF级实验动物房。另外，又投入9千万资金装备并建立不明化学物快速鉴定实验室、不明病原体检测鉴定实验室、毒物危害分子基因检测实验室、环境毒物体外实验评价实验室、核放射突发事件应急检测实验室。

本中心（院）被认定为卫生部保健食品功能学检验机构、卫生部化妆品卫生安全性检验机构、卫生部涉及饮用水卫生安全产品检验机构、卫生部化学品毒性鉴定机构（甲级）、中国医学细菌中心副溶血性弧菌专业实验室、省级脊髓灰质炎检测合格实验室、上海市艾滋病监测中心、上海市HIV抗体检测确认实验室、省级涉及饮用水卫生安全产品检验机构、省级消毒鉴定实验室、省级食品添加剂检验机构、上海市中毒控制中心办公常设机构、上海市计量认证实验室、上海市产品毒性质量监督检验站（上海市化学品毒性检定所）以及科技事业单位国家一级档案管理单位。

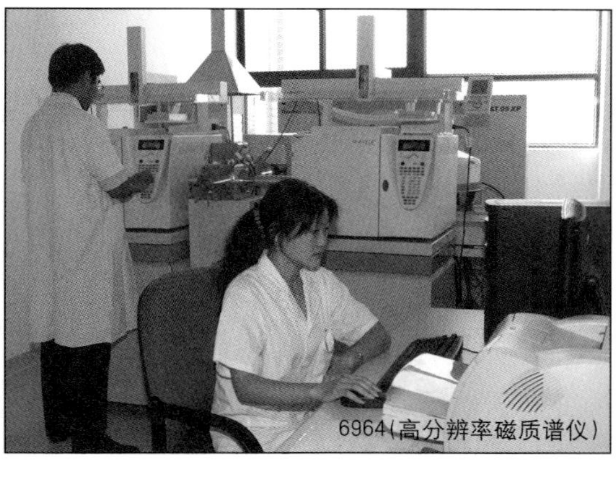
6964（高分辨率磁质谱仪）

中心（院）主任：张胜年

副主任：郭常义、卢伟、袁政安、戴谷

地址：上海市中山西路1380号

邮编：200336

联系人：王旋

电话：021-62758710转1902

传真：021-62088246

Email: zhiguan@scdc.sh.cn

国家煤炭质量监督检验中心(西安)
陕西省能源质量监督检验所

国家煤炭质量监督检验中心（西安），其前身为国家煤炭分类质量监督检验中心，是国家质量技术监督局依法设置并依法授权的国家级产品质检机构。陕西省能源质量监督检验所是陕西省质量技术监督局依法设置的唯一能源产品质检机构。1994年10月通过CNACL实验室资格认可，本中心（所）的煤、焦实验室，已成为全国首家通过中国实验室国家认可并授权的煤、焦实验室。1995年9月，通过国家技术监督局对国家质检机构的质量审查认可及计量认证，又取得了国家产品质量监督检验中心的授权证书及计量认证合格证。2000年4月，通过CNACL实验室复评审（包含国家质检机构的审查认可、计量认证），2002年12月又通过CNAL转换认可，并获得中国实验室国家认可证书、国家质检中心授权证书及计量认证合格证。2004年再次通过了〞三合一〞的定期监督评审。

中心（所）技术力量雄厚，现有工程技术人员49人，参加并起草国家、行业相关标准及地方标准，参加国内外相关检验工作的研讨。配置有国内外先进的实验室检测设备。具备对中国煤炭分类、煤炭、焦炭、型煤、车用无铅汽油、轻柴油、液化气、太阳能热水器等产品及参数指标的检验、鉴定和综合判定能力。主要业务范围是：承担国家质量监督抽查、各种评定性检验、各种委托性检验、仲裁检验，生产企业、服务行业的企业质量体系认证和产品质量认证的咨询、国家实验室认可咨询服务。

本中心（所）先后对陕西省各大煤炭企业和电厂进行煤炭公正检验。受四川攀枝花钢铁集团有限责任公司等大中企业的委托，在四川、山西等地开展第三方的煤炭验货服务，并在河南省焦作市、河北省秦皇岛市分别设立了〞煤炭公正检验行〞，维护了供需双方的正当经济利益，受到了社会的普遍欢迎，取得了良好的社会和经济效益。从1993年起，连续十三次承担国家煤炭质量监督抽查任务，多年来承担陕西省油、汽、太阳热水器产品质量的监督检验工作。

科学公正、准确高效、客户至上、求真创新是中心（所）的质量方针，达到并创造国际、国内一流水平的实验室，领导国内煤炭检验的发展是中心（所）永远致力追求的目标。中心（所）愿为社会各界提供交接、验收煤炭的第三方公正检验和其他服务！

发展壮大中的天水长城电器试验研究所

天水长城电器试验研究所(简称试验所)是原第一机械工业部═1981年投资建设的我国西北地区高低压电器检测和研究的专业所，是西北地区最大的试验研究基地。她坐落于古丝绸之路的历史古城天水。

试验所是按照国际ISO/IEC导则实施实验室认证的具有独立法人资格的第三方检测机构。全所现有正式职工40余人，其中工程技术人员30名，有高级技术职称的6名。占地面积达到10000m²，建筑面积5000多m²，各种检测设备500多台套，测试仪器仪表200多台。主要试验室均采用计算机

数据采集和处理系统，能准确采集和记录试验数据，而且在全国检测行业率先使用了检测信息系统软件，管理实行网络化,从而实现了检测业务受理、产品检测以及试验报告出具等的计算机化管理。

试验所不仅能按标准开展各类低压电器的全面检测，还能进行35kV及以下高压电器除开断能力外的试验项目，同时可以进行电控和配电设备的全面型式试验。短路能力在试验电压420V，最大容量电流为130kA。高低压成套开关设备短路强度试验可进行100kA/1s、50kA/4s。同时还可进行AC－2，AC－3，AC－4电寿命试验，最大电流达到12kA。温升特性：长期三相电流10kA，单相短时42kA，具有－5℃～＋60℃恒温小室和20℃±5℃恒温室。高压试验：600kV 1.2/50 μ S雷电冲击耐压试验，0～5kV,50kV和150kV工频耐压试验。

试验所于1984年被省质量技术监督局批准为甘肃省高低压电器质量监督检验站，1989年被机械部、能源部批准为低压成套开关设备试验检测单位。同年荣获原机械电子工业部颁发的低压电器发证工作先进集体奖。1991被国家技术监督局批准为全国低压电器生产许可证产品检测单位。1994年经国家高压电器质量监督检测中心确认可进行35kV及以下除开断外的高压电器元件及成套设备的检测。1997年10月通过了中国国家进出口商品检验实验室认可委员会（CC1BLAC）认可，可开展低压成套设备的进出口商品检验。1999年取得中国实验室国家认可委员会（CNCAL）认可实验室证书。2003年2月国家认监委指定本所为低压电器3C认证检测单位，至2003年11月已承接100多家企业的型试试验，并配合中国质量认证中心（CQC）对多家企业进行了工厂检查。

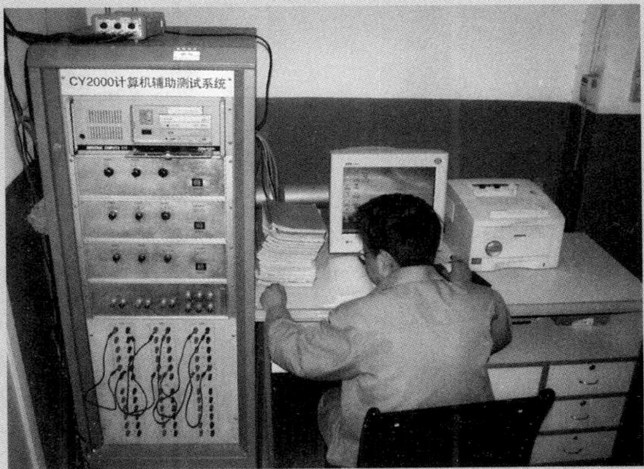

经过了十多年的发展，试验所在上级部门的领导和关心下，在各企业的支持下，在全所员工的努力下，成为了一个有实力并且有较大影响的低压电器检测机构。试验所会一如既往地为我国电器行业发展服务，为我国电器产品质量的提高尽心尽力！我们热忱欢迎各界朋友来我所参观指导。

联系方式：

所长电话：(0938)8383165

总机号码：(0938)8381214　8381413　8383343 **传真:**8383344

各部门分机号：所　长：800 **副总工：**803

副所长：802 **所办公室：**813

地　址：甘肃省天水市长开路6－6号

邮　编：741018

e-mail：dqsysuo@public.lz.gs.cn

联系人：胡新明（总机转804）刘庆仁（总机转816）

沈阳屏蔽特缆有限公司

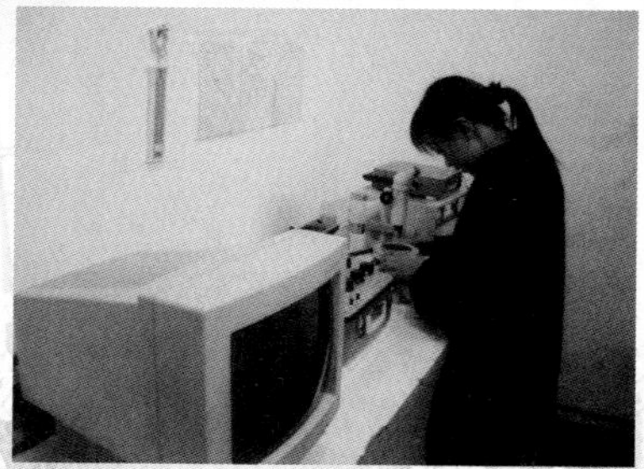

沈阳屏蔽特缆有限公司（原沈阳海飞达屏蔽电缆厂）是以生产特种电线电缆为主的专业化企业。公司已通过ISO9001:2000质量管理体系认证，并取得生产许可证、国家强制性产品“CCC”认证。为中国石油天然气集团公司一级供应网络成员、沈阳市“重合同、守信用企业”、“质量信誉保证单位”。

近年来，为适应市场及企业自身发展需要，公司致力于推进科技进步和现代化企业管理，引进科技人才，开发高新技术产品，提高企业生产力。依靠先进的生产设备和完善的检测设备，从原材料采购、生产到产品出库，对每个环节、各道工序都进行质量管理和控制，严格执行国际先进标准、国家标准、行业标准、企业标准或根据用户需求进行设计制造。

公司专业生产“海飞达”牌计算机电缆、氟塑料耐高温电缆、耐热硅橡胶电缆、屏蔽电缆、补偿导线（电缆）、同轴射频电缆、直流高压电缆、报警热敏电缆、自限温加热电缆、信号电缆、扁电缆、控制电缆、电力电缆、交联电缆等具有阻燃、耐火、本安特性及低烟低卤、低烟无卤共16个系列、千余种型号规格。产品以稳定可靠的质量，良好周到的售后服务为石油、化工、电力、冶金、机械、制药、建筑、消防工程等行业和科研部门，重点工程提供了大量的产品，深受客户的好评和信赖。

公司将本着“发展自我，与时俱进”的精神，以“科学管理为先导，质量第一为生命，优质服务创名牌”为宗旨，竭诚欢迎国内外朋友、客商精诚合作，宏图发展！

WWW.UI-WEB.COM

北京联合智业认证有限公司

北京联合智业认证有限公司（简称“联合智业”，英文缩写“UI”）是经国家认证认可监督管理委员会批准的（批准号：CNCA-R-2002-043）、具有质量/环境/职业健康安全管理体系认证和产品认证的认证机构，以及质量/环境管理体系内审员、认证注册审核员培训机构（批准号：CNCA-P-2002-087）是独立从事管理体系认证、产品认证、认证注册审核员和内审员培训的综合性第三方认证与培训机构。

联合智也建立并保持了自身一整套行之有效、严格完整的运作体系，拥有一批来自各行各业具有扎实专业基础和丰富经验的国家注册审核原/检查员、培训教师及管理人员队伍。

公司以“提供满意增值的智业服务、创建中国著名的认证名牌”为宗旨，以“公正负责、诚信热情、高质高效、顾客惊喜”为质量方针，以优质完善的服务体系和科学有效的审核与培训技术，使顾客获得管理水平和市场能力等综合价值的不断提升。

地址：北京市朝阳区安立路66号安立花园写字楼A座10层　　邮编：100101

电话：010-64907918　　传真：010-64907158

联合智业网址：www.ui-web.com　　中国麻纺标志网：www.cblftm.com　　电子信箱：ui-web@vip.163.com

www.cblftm.com www.cblftm.com www.cblftm.com www.cblftm.co

China Certification Centre for Security and Protection

中国安全技术防范认证中心（China Certification Centre for Security and Protection，缩写CSP），是依据《中华人民共和国产品质量法》和《中华人民共和国标准化法》，由国家认证认可监督管理委员会和公安部批准设立的，第三方公正性地位的，实施社会公共安全产品合格评定的认证运作实体。

中心于2000年6月成立，2002年3月经国家认监委批准，作为承担国家强制性产品认证的指定机构。2003年10月经重新登记审批，获得国家认监委《认证机构批准书》（批准号：CNCA-R-2003-093）。2003年12月，经中国国家认证机构国家认可委员会认可评审，获认可证书（CNAB093－P）。

中心具备开展社会公共安全产品认证工作必要的资源和能力，拥有一批经国家认可批准的签约检测实验室。中心的技术专家组、工厂检查、产品检测、合格评定等认证工作人员都具有高中级技术职称，有扎实的基础理论知识，丰富的实践经验，长期从事产品质量、标准、检验和技术及系统研究。

中心依据CNAB-AC21 (ISO/IEC 导则65)建立了完整的质量体系，中心根据国家批准、发布的认证业务范围，严格按照程序文件和认证实施规则的规定开展认证工作。

中心不以赢利为目的，实行有偿服务、自主经营、自负盈亏、独立核算的运行方针。

中心的宗旨是：坚持科学、公正、独立的工作原则，严格遵守国家法律、法规及有关规章，遵循国际惯例，维护获证企业的合法权益，恪守保密和公正承诺，信誉为本，竭诚为国内外客户提供认证服务。

中国安全技术防范认证中心

自20世纪80年代初开始从事建设工程领域内的检测业务，是上海市乃至全国建设工程领域中规模最大、涉及面最广的综合性检测与评估机构之一。现有主要检测人员200余人，其中高级技术人员占27%，中级技术人员占37%，主要检测及校准用设备1000余台。

于2001年首次通过CNAL认可，主要从事建筑结构材料、建筑装潢材料、室内环境、通风空调、建筑机械、预应力工程、建筑智能、房屋及结构质量、工程测量、建筑幕墙门窗、土工及桩基、建筑保温隔声性能等检测，也从事高低应变基桩、材料试验机校准等业务。目前共有260余个检测产品类及2个校准产品通过CNAL认可。

依托于实验室的上海市建筑材料及构件质量监督检验站、上海市建设工程质量检测中心、上海建筑幕墙检测中心等机构受政府部门的委托，承担建筑工程及各类建筑产品的质量监督抽检及仲裁检验等服务。实验室还承担建筑材料验货检验、产品认证质量检验、科技成果鉴定检验等服务，承接建筑材料和建筑工程标准的制订和修订，以及新的检测方法、检验（校准）技术的研究等工作。

实验室始终秉承“公正、科学、准确、高效”的质量方针，致力于检测技术水平的进步，为客户提供高效、优质的服务。

上海市建筑科学研究院实验室

法人代表：张燕平　　联系人：孙　剑　　电话：021-64387776、64691233　　传真：021-64691233、64381246

网址：www.jk.sh.cnEmail: jiance@sribs.jk.sh.cn　　地址：上海市宛平南路75号（200032）

福建省中心检验所成立于1964年，是我国最早组建的省级质检所，1993年成为国内最早获得国家实验室认可的检测机构。目前已获认可的检测项目有1900余项，为国内已认可实验室之最。全所有实验室面积近二万平方米，仪器设备近四千台套，拥有一支中高级技术人员占65%以上的人才队伍，具备电子、电气、机械、冶金、化工、食品、轻纺、车辆、消防、安防、建筑和装饰材料等各类产品的检测能力，并开展电工电子产品环境试验、电磁兼容测试、消防和安防工程检测、建筑智能化系统工程检测、建筑及桥梁钢结构无损检测、室内空气质量检测等专项测试服务。

福建省中心检验所建有国家塑料制品质量监督检验中心、国家加工食品质量监督检验中心两个国家级检测中心，是国家认监委指定的强制性产品认证（CCC认证）检测机构，也是农业部无公害农产品指定检测机构、公安部授权安防工程检测单位、科技部科技成果国家级鉴定机构，同时是国家塑料门窗、钢筋、人造板、砂轮、蓄电池、白酒、化肥、化学试剂、化妆品和食品等产品的生产许可证检验单位。

福建东南标准认证中心是福建省中心检验所创办的公正非赢利第三方认证机构，下设6个专业检验部，是国家认证认可监督管理委员会（CNCA）批准设立的一级产品认证机构（机构批准号：CNCA-R-2002-83）。该中心拥有一支50多名专职产品认证工厂检查员队伍以及70多名各级别专职国家注册审核员，包括审核员教师3人，审核员考官2人，验证审核员5人，同时还有数十名兼职审核员和各专业技术专家。目前开展的产品认证范围主要包括：

1.经国家授权开展中国饲料产品认证；

2.自愿性产品认证：认证业务涉及塑胶产品、食品化学产品、纤维纺织产品等100多种产品。

福建省中心检验所

国家变压器质量监督检验中心简介

国家变压器质量监督检验中心(实验室名称：沈阳变压器研究所有限公司变压器实验室)是国家质量监督检验检疫总局授权的具有第三方公正地位的全国变压器类产品质量监督检验机构，行政上挂靠沈阳变压器研究所有限公司，业务直接受国家质量监督检验检疫总局领导。是中国实验室国家认可委员会认可的实验室。中心授权检测的产品范围为：电力变压器、特种变压器、电压互感器、电流互感器、电抗器、调压器、有载分接开关、变压器组件等。

我中心完全具备以上授权检测范围产品的检测能力，特别是互感器方面，电流互感器动热稳定试验最大热稳定电流可达 128kA，可以进行电流互感器的暂态误差的全项试验。

国家变压器质检中心全景

国家玩具质量监督检验中心

国家玩具质量监督检验中心是我国专职从事玩具质检工作历史最悠久的专业机构(前身为成立于1980年的全国玩具标准化与质量检测中心)，也是我国目前少数具有独立法人地位的专业质检机构（注册名称：上海方圆玩具检验所），并分别于 1992 年、1998 年、2004 年通过国家质检总局、国家认证认可监督管理委员会、中国实验室国家认可委员会（CNAL）按照 ISO17025 标准审查认可的国家实验室和国家玩具质量监督检验中心。(下称中心〈所〉)。

中心〈所〉同时也是国家轻工业玩具质量监督检验中心、上海市玩具产品质量监督检验站、中国玩具产品认证委员会的认证实验室。

多年来，中心〈所〉承担了大量的各级政府部门下达的监督抽查任务、委托检验任务；负责起草制订了 93% 以上的现行有效的国家、行业标准，为我国的玩具标准化事业作出了较大的贡献。

中心〈所〉拥有较强的技术基础和开发能力；按国际标准、国家标准、行业标准对各类玩具、童车进行各种类别的检验。同时，还可以为有关的检验机构和企业设计、加工、制造检测设备及定期进行专检设备周检；为帮助企业提高产品质量，可为企业进行检测技术培训，标准技术服务，产品质量的诊断等服务。

中心〈所〉坚持以科学、公正、廉洁、高效为宗旨，竭诚为社会及广大客户服务，衷心欢迎社会各界惠顾指导并予以监督。

地址：上海市襄阳南路 450 号 **邮编：200031**

电话：021—64311041 021—64375445 **传真：021—64378969**

电子信箱：sfutii@sh163.net **业务联系人：康勤 许文龙**

国家玩具质量监督检验中心（上海玩具质量监督检验中心）

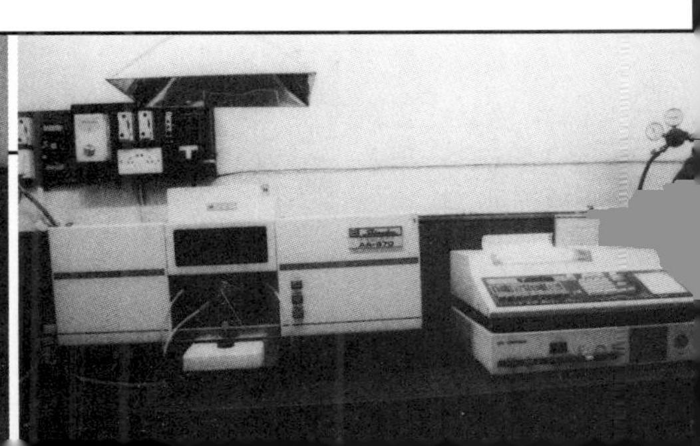

乐清市质量技术监督检测院

乐清市质量技术监督检测院于2001年9月由原来的乐清市产品质量监督检验所与乐清市计量检定测试所（乐清市衡器管理所）合并组建而成，是我市唯一的综合性的产品质量监督检验、计量检定的法定技术机构，承担着我市的计量器具检定、校准测试，标准器建立考核及产品质量监督检验、委托检验，仲裁检验任务，是保障我市量值传递准确和完全独立于开发、生产、使用、销售的第三方公正的检测机构,是中国计量学院学生生产实习和暑期社会实践基地。

本院座落于柳市镇长乐路1号，检测大楼及附属建筑设施共3377m^2，占地3亩，固定资产现值达2000多万元，各类仪器设备1400多台套，原值700多万元，现有在职职工50人，其中专业技术人员47人，占职工总数的94%，工程师20人，占40%，助工27人，占54%，本院下设质保室、业务室、机械室、电学室、轻工理化室、虹桥办事处。质检项目有电子、服装、食品及温控仪、压力表、互感器、交流电表等类产品；计量方面已通过省级法定计量检定机构考核，获得授权的检定、校准项目47项。浙江省高低压电器产品质量检验中心为本院下属单位，于2000年4月，在本院电器室的基础上建设而成。为我市高低压电器、防爆电器、电力金具等电器产品质量检验机构，承担着我市高低压电器产、商品质量的监督检验、日常检验、委托检验、仲裁检验任务，下设技术信息服务部、综合管理部、 电器检测部（分短路通断能力试验室、机械性能寿命试验室、综合性能试验室、环境条件试验室、材料性能试验室、中高压性能试验室）。目前中心已通过实验室计量认证/审查认可，项目达140项。根据发展规划，本院力争于2005年10月底前通过国家实验室认可。

本院一直严格遵循《质量法》、《计量法》等法律、法规，本着“立足科技，文明检测，精诚协作，诚信服务”的宗旨，不断加强自身建设，提高检测能力，以严谨的态度，科学的管理为客户提供一流的服务，为促进乐清市经济的发展作出自已的贡献。

地址：柳市镇长乐路1号
邮编：325604
电话：0577-62759569　62756850

宜兴市产品质量监督检验所

宜兴市产品质量监督检验所是依法设置的综合性质检机构，直属于无锡市宜兴质量技术监督局。现有检验用房1500平方米，检测仪器设备300多套，其中大型综合分析仪器均从国外进口，专用设备属国内先进技术水平。全所工作运行具备了完整、适宜、有效的质量管理体系，目前有400多种产品通过省级法定计量认证、实验室考核，187种产品（项）检验项目获中国实验室国家认可委员会认可证书。主要承担全市食品、化工、建材、冶金、轻工、机电等产品的定期监督检查和委托检验，全年约5000余批次。宜兴质检所将积极围绕宜兴经济发展及行业特点，突出食品化工、环保、耐材、电线电缆检验重点建设项目，加强设备、环境、人员的投入，争取建成省级专业检验中心，为宜兴重点中心城市的创建而努力。

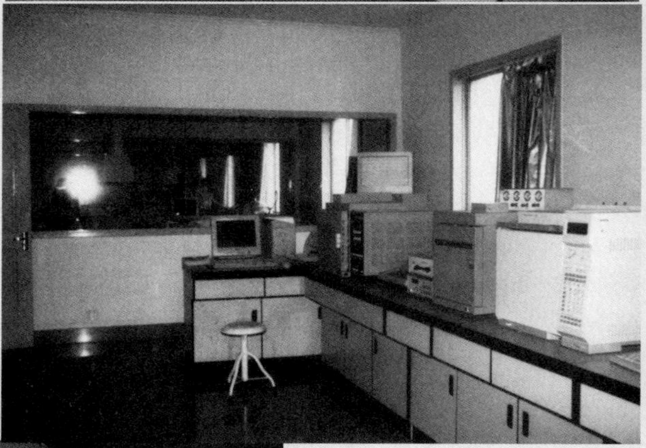

名称：宜兴市产品质量监督检验所
地址：江苏省宜兴市宜城荆溪南路36号
电话：0510-7981064
传真：0510-7999491
邮编：214206
电子邮件：yx-zjs@163.com

宜兴市产品质量监督检验

厦门金三维管理技术有限公司

厦门金三维管理技术有限公司是首批获国家认监委认证咨询、认证培训和3C强制性产品认证代理申办机构资格认可的咨询机构。在福建省的咨询机构中，金三维是福建省两家受国家认监委认可的内审员培训机构之一，是福建省三家受国家认监委认可的3C强制性产品认证代理申办机构之一。

公司咨询范围：ISO9000质量管理体系、ISO14000环境管理体系、OHSAS18000职业健康安全管理体系、BS7799信息安全管理体系、TL9000电讯产品质量管理体系、QS9000汽车行业质量管理体系、ISO/TS16949汽车行业质量管理体系、HACCP危害分析与关键控制点系统等管理体系。

公司内审员培训的范围：ISO9000质量管理体系内审员培训、ISO14000环境管理体系内审员培训、OHSAS18000职业健康安全管理体系内审员培训。

本公司将竭诚为广大企事业单位提供满意的服务。

地址：厦门市建业路18号阳明楼四层（361012）
Tel:0592-5316852　Fax:0592-5312273
Email:jsw5316852@163.com
Http:www.jinsanwei.com.cn

OAS
欧安信

广州欧安信认证咨询有限公司

广州欧安信认证咨询有限公司（简称OAS欧安信）是专业从事ISO9001等管理体系认证咨询（批准号为CNCA-Z-20Q-2002-034）及国内外产品认证咨询及代理（批准号为CJ 0604022），其他管理咨询及相关培训的专业机构。

OAS技术力量雄厚，拥有一批实践经验丰富的、优秀的，具有国内、国际注册资格的高级审核员、验证审核员、及审核员培训教师以及产品检验和CCC安全认证方面的技术专家，并按照ISO9001标准建立了内部质量管理体系。欧安信本着"关注顾客、专业高效、优质服务、良好信誉"的宗旨为企业提供专业、规范、负责、高效的咨询及培训服务。

目前，公司已咨询辅导300多家企业通过了ISO9001认证，逾200多家企业通过CCC、GS、CE、UL等产品安全认证。OAS确保所咨询的企业均一次通过国内、外任何一家认证机构的认证审核，并可根据企业要求建立一体化管理体系（QMS、EMS、OHSAS），实现"一次审核、多个体系、多种证书"的愿望。

OAS严格遵守国家的有关政策法令法规，接受政府有关部门的监督管理，坚持按照国际标准、国际惯例办事。自身建立了完善的质量管理体系，以严密的组织、严谨的作风、训练有素的人员，及无比的工作热情，本着"切实为企业着想，追求社会效益"的宗旨，竭诚为企业提供满意的服务。

质量认证咨询的业务范围有：计算机、家用电器、电器元件、电子产品、机械制造、电气工程、照明器具、化工产品、建设工程、材料、食品和饮料、乐器、香精香料、食品、纺织品、摩托车、汽车配件等制造行业，以及宾馆酒店、物业管理、研究开发、旅游服务、运输储存、零售商店等服务行业。

地址：广州市黄埔大道西39号瑞达大厦15楼E室　邮编:510620
电话：020-8558 5418　8558 4032　8558 5457　传真:020-85584587
联系人：陈先生　罗小姐
http://www.oasgz.com　E-mail: glb@oasgz.com

北京诚君伟业管理咨询有限责任公司

北京诚君伟业管理咨询有限责任公司是经国家认监委（CNCA-Z-01Q-2002-157）批准的同时具备ISO 9000质量管理体系、ISO 14000环境管理体系、OHSAS 18001职业健康安全管理体系等认证咨询资质的管理咨询公司。

我公司拥有一支高水平的咨询队伍，既有多年来专业从事认证咨询工作的资深专家，也有从大型企业、国内知名高校及各级政府部门聘请的多名管理专家和政府官员所组成的公司高级顾问团队。

作为同时涉猎企业管理咨询与管理体系认证咨询两个领域的专业管理咨询公司，对于管理体系在整个组织中的作用具有更加深刻的认识。公司始终把握“诚信待人，助君成功，共创伟业”的经营理念，通过为每一个贯彻国际管理标准的企业提供量身定做式的、富有实效性的服务，为企业战略目标的实现做出贡献！

为此，我们提供的咨询服务将始终坚持：

注重顾客贯标的实效性；确保咨询人员的专业性；

实现咨询流程的互动性；推进公司管理的持久性。

经过几年的发展诚君伟业咨询范围已涉及十多个行业，咨询服务客户达到二百多家。

诚君伟业将秉承“诚信待人，助君成功，共创伟业”的经营理念，始终追求“让您满意，让您的客户满意”。

诚君伟业将与您携手共进！

北京经纬方正技术咨询有限责任公司

北京经纬方正技术咨询有限责任公司（JWFZ）是1998年经国家工商局注册的技术开发、技术咨询和技术服务的实体。2001年12月获原CNAB认可具有国家注册审核员培训资格。2003年经CNCA批准（批准号为：CNCA-P-2002-008）并于同年获CNAT认可（认可号为：CNAT-008-2002）认证培训机构；2003年9月又获CNCA批准（批准号为：CNCA-Z-01Q-2003-194）并在北京市技术监督局备案的认证咨询机构。

公司自成立至今，先后对航天、航空、电子、船舶、兵器、核工业等近百家企事业单位成功地进行GJB9001或ISO9001质量体系认证咨询。接受认证咨询的军工企事业单位不仅顺利通过了认证，其经营管理水平、质量管理水平和产品实物质量均有较大幅度的提高。经我公司培训的各级领导干部3000余人次，以及万余名内审员，成为各单位保持和不断改进管理体系的骨干和推动力量。

随着加入WTO，我国汽车工业的质量管理工作与世界先进管理模式接轨势在必行。我公司组织高级审核员，培训教师和汽车工业方面的专家，成立三结合小组，从研究标准入手，对QS9000、VDA6.1、EAQF、ISO/TS16949等国际汽车工业质量管理先进标准和国际标准进行了系统的分析和对比，编写出具有自己特点的、涵盖了上述标准要求的培训教材和咨询规范，并先后对北京旅行车制造厂、天津汽车底盘厂、北京福田集团公司欧曼重型汽车制造厂、襄樊汽车变速器制造厂等十余家汽车总装、主机、零部件生产企业进行了认证咨询和管理咨询，均取得了满意的结果，并建立了长期的合作关系。

公司通过深入领会“专业、务实、诚信、久远”的宗旨和“严格管理、遵纪守法、持续改进、顾客至上、以人为本”的承诺，使得“以顾客为关注焦点”的原则得到很好的贯彻。公司目前正致力于专业工程技术60、CMM的研究，以满足企业创新发展的需求。

董事长：周星如

总经理：王运河

地　址：北京西城区月坛北小街2号（一号楼）

电　话：010-68034205　传　真：010-68038132／邮　编：100830　网　址：www.jwfz.com

广州市能源监督检测所

GUANGZHOUSHINENGYUANJIANDUJIANCESUO

广州市能源监督检测所前身广州市能源技术测试所，成立于1988年，2001年更名，是隶属于广州市质量技术监督局的技术机构。

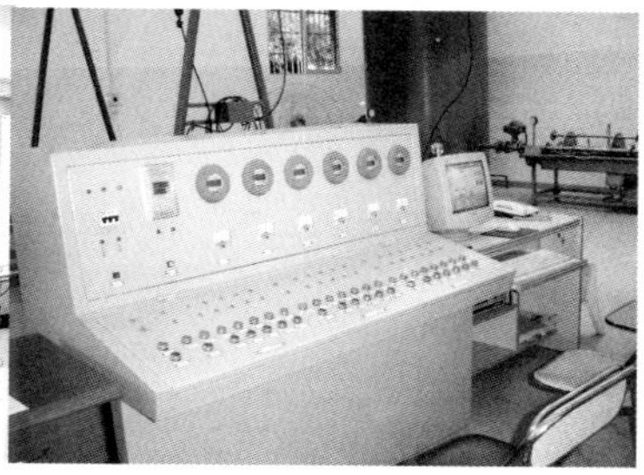

我所现有职工35名，高工3名、工程师7名，工程技术人员占全所人数91%。目前我所固定资产约1500万元，仪器设备总台数160台（套）。目前通过省质监局实验室CAL认证和计量认证，2003年通过了国家实验室认可(NO. L0976)，建立起十三项社会公用计量标准，向社会提供公证性检测数据。已经依法建立了广东省水表检定专业专业计量（广州）站。成立了广州市容量流量计量产品质量监督检测站。

我们服务宗旨是：科学、公正、准确、高效。其质量方针是：质量第一。依法对全市的能源物资、用能产品、能量计量器具进行监督检验、检测，为各级政府主管部门节能管理提供技术保证。

一、机构设置

我所按穗编字[2001]24号文的批复，设有如下机构：办公室；业务技术科；容量、流量检定室；煤气表检定室；化验室；加油机、液态加气机检定室；能源平衡测试室。

二、主要检测业务有：

1、计量检定、测试：各种气体液体流量计检定、加油机、水表煤气表检定、各种大容罐、标准金属罐、容罐车、玻璃器皿检定式标定；压力、差压变送器流量二次仪表、血压计检定、维修、燃烧效率、烟气成份测试仪器仪表维修、校验。

2、质量检验：对能源物质（包括柴油、汽油、重油、润滑油、煤等固体及液体燃料）按国家标准及有关标准进行质量检验及理化分析。

3、能源测试：企业质量平衡测试和能量利用状态监督测试，节能产品及节能改造工程效果的技术检验及论证。家用电器及节能灯等产品的能耗限定值及节能效率的测试、用能产品的比对测试等，大力推广太阳能的综合利用。

广州市产品质量监督检验所

所长：彭超盼

国家实验室认可证书：No.L0218

联系电话：020-83304835

传真：020-83349114

业务电话：020-83390192 83398062

监督投诉电话：020-83304835、83302282

单位地址：广州市八旗二马路38号

邮编：510110

电子邮箱：sz@qmark.com.cn

网址：http://www.qmark.com.cn

本所是政府依法设立和授权的第三方综合性产品质量监督检验机构，成立于1951年，是我国最早建立的产品检验机构。归属本所的检验机构还有：国家包装产品质量监督检验中心（广州）、国家加工食品质量监督检验中心（广州）、全国工业产品生产许可证办公室危险化学品包装物、容器产品生产许可证审查部、广东省计算机及网络产品质量监督检验站、广东省技术监督日化产品质量监督检验站、广东省钟表产品质量监督检验站、广东省鞋类产品质量监督检验站、广东省技术监督包装产品质量监督检验站、交通部水运危险品货物包装检验中心。2003年10月通过了CNAL按ISO/IEC17025要求的国家实验室的能力认可，认可产品（项目）为921种，认可标准991个。

本所设有化学综合、机械（包装）、电器、胶革、环保产品、信息产品共六个专业检验室。经过50年来几代职工的精心奉献，本所已建立起一支多学科高素质的专业队伍，拥有一大批先进的检测设备，积淀了浑厚的技术底蕴。本所现有职工123人，75%以上具有专业技术职称，中级以上职称60多人，其中高级职称15人，有14人获得博士、硕士学位。检测仪器设备原值四千六百多万元；馆藏标准、图书4万多册。本所现有建筑面积10000m²，其中检验面积7000m²。

本所质量保证体系完善，检测结果科学、公正、准确。APLAC和CNAL组织的多次国内外检测机构检测能力比对试验说明，本所的检验结果在国内外均是一流的。目前本所每年承担约4万批次各类、各种形式的检验，包括验货、技术鉴定、科技成果鉴定、认证和技术咨询服务、培训服务。

http://www.qmark.com.cn

广西产品质量监督检验所

GUANG XI CHAN PIN ZHI LIANG JIAN DU JIAN YAN SUO

广西产品质量监督检验所与广西纤维检验所合署，成立于1985年，是广西最大的综合性产品质量检验所，其职能是为政府各部门、企业和社会各界提供产品质量检验技术服务。所内设有“国家食糖产品质量监督检验中心”、“国家安全技术防范工程检测机构”、“国家无公害农产品认证检验机构”、“中国绿色食品检测机构”。

该所按照国际通用标准建立和实施质量体系并于2000年获得中国实验室国家认可委员会（CNAL）认可，出具的检验报告得到签署国际多边互认协议的国家和地区的国际实验室认可组织（ILAC）的承认，可在国际有关国家和地区通行。

全所现有职工118人，技术人员占84%，其中高级工程师22人，工程师47人。有固定资产2233.5多万元，其中仪器设备1000多台（套）、价值1000多万元，实验室面积7500多m^2，拥有先进的进口大型精密分析仪器：气相色谱-质谱联用仪、安捷仑、气相色谱仪、液相色谱仪、原子吸收分光光度计、氨基酸分析仪等，还有微生物检测用100级超净工作室、棉花分级室、精密检测用恒温恒湿室。

该所具备食品、农副产品、生物、化工、电器、机械、建材与建筑、轻工、首饰制品、消防、计算机、烟花爆竹、纤维及制品、无损检测、热学与温度、光学和辐射等1532种产品（项目）的综合检验能力。

1995年，1998年和2002年，该所三次被国家人事部、国家质检总局评为全国质量监督系统先进集体。国家质检总局和自治区领导人多次到广西质检所视察，对广西质检所的工作给予高度评价。

该所竭诚为社会提供科学、公正、准确、高效的检验技术服务。为办好南博会、服务东盟及世界各国政府、企业和广大朋友作出应有贡献。

地　址：中国广西南宁市新竹路１２号　　邮 编：530022
业务电话：0771-5869795/5851577　　客服电话：0771-5852391　　传真：0771-5842517/5860161
法人代表：胡振洲　　电子邮箱：gxzjs@public.nn.gx.cn

广西计量测试研究所

广西计量测试研究所成立于1979年，是广西质量技术监督局依法设置的法定计量检定机构，是广西计量检定、校准和检测中心。全所占地面积10000m^2，实验室面积6600 m^2，恒温实验室面积1200 m^2。拥有仪器设备固定资产1000万元。在职职工85人，中级以上技术职称人员占70%。全所设有长度、力学等九个专业实验室和三个职能科室以及计量产品质量监督检验站、计量公正站。

已建立包括长度、力学、温度、电磁、化学、无线电、时间频率、光学、声学、电离辐射等十大类118项社会公用计量标准。2001年通过CNAL认可校准项目117项，2002年经国家质检总局考核授权的检定项目260项，校准和检测项目131项。

广西计量测试研究所遵循“抓管理、保服务、求可靠、重证书”的质量方针，严格按照ISO/IEC17025：1999和JJF1069-2000要求进一步加强和规范实验室的质量管理体系。建立了计算机计量管理网络系统，实现了计算机处理检测数据、打印证书/报告、档案及客户送检仪器等的科学化、规范化管理。

该所在激烈的市场竞争中，以市场为导向，每年都投入一定数量的资金购置设备，如5700A多功能校准装置、万分之一高准确度标准电能表，百万分之一高精度电子天平等检测设备，已具备向社会提供科学、公正、准确、可靠的技术和检测服务的能力。

欧洲

机构名称	协议名称及签署时间	合作范围
挪威电气设备检测认证研究所（NEMKO）	国家认监委与挪威电气设备检测认证研究所（NEMKO）谅解备忘录（2002.9.1）	认证认可领域信息交流和宣传；指定机构间的合作；相互提供培训
意大利质量标志院（IMQ）	中国国家认证认可监督管理委员会与意大利质量标志院（IMQ）谅解备忘录（2003.6.28）	认证认可领域信息交流和宣传；指定机构间的合作；相互提供培训
瑞典电气设备测试认证研究院（SEMKO）	中国国家认证认可监督管理委员会与瑞典电气设备测试认证研究院（SEMKO）谅解备忘录（2003.8.27）	认证认可领域信息交流和宣传；指定机构间的合作；相互提供培训
比利时国家认证机构（CEBEC）	中国国家认证认可监督管理委员会与比利时国家认证机构（CEBEC）谅解备忘录（2003.8.29）	认证认可领域信息交流和宣传；指定机构间的合作；相互提供培训
德国莱茵TUV柏林勃兰登堡集团	中国国家认证认可监督管理委员会与德国莱茵TUV柏林勃兰登堡集团谅解备忘录（2003.9.3）	认证认可领域信息交流和宣传；指定机构间的合作；相互提供培训
德国电气电子和信息技术协会（VDE）	中国国家认证认可监督管理委员会与德国电气电子和信息技术协会（VDE）谅解备忘录（2004.1.9）	认证认可领域信息交流和宣传；指定机构间的合作；相互提供培训
荷兰N.V.KEMA	中国国家认证认可监督管理委员会与荷兰N.V.KEMA谅解备忘录（2003.12.30）	认证认可领域信息交流和宣传；指定机构间的合作；相互提供培训

21、强制性产品认证实施规则目录

（国家认监委 2002 年第 3 号公告）

规则名称	编号
《电气电子产品类强制性认证实施规则》（电线电缆　电线组件）	CNCA-01C-001:2001
《电气电子产品类强制性认证实施规则》（电线电缆产品　电线电缆）	CNCA-01C-002:2001
《电气电子产品类强制性认证实施规则》（电路开关及保护或连接用电器装置　家用及类似用途插头插座）	CNCA-01C-003:2001
《电气电子产品类强制性认证实施规则》（电路开关及保护或连接用电器装置　家用及类似用途固定式电器装置的开关）	CNCA-01C-004:2001
《电气电子产品类强制性认证实施规则》（电路开关及保护或连接用电器装置　工业用插头插座和耦合器）	CNCA-01C-005:2001
《电气电子产品类强制性认证实施规则》（电路开关及保护或连接用电器装置　家用及类似用途器具耦合器）	CNCA-01C-006:2001
《电气电子产品类强制性认证实施规则》（电路开关及保护或连接用电器装置　热熔断体）	CNCA-01C-007:2001
《电气电子产品类强制性认证实施规则》（电路开关及保护或连接用电器装置　家用及类似用途固定式电器装置电器附件外壳）	CNCA-01C-008:2001
《电气电子产品类强制性认证实施规则》（电路开关及保护或连接用电器装置　小型熔断器的管状熔断体）	CNCA-01C-009:2001
《电气电子产品类强制性认证实施规则》（低压电器　低压成套开关设备）	CNCA-01C-010:2001
《电气电子产品类强制性认证实施规则》（低压电器　开关和控制设备）	CNCA-01C-011:2001
《电气电子产品类强制性认证实施规则》（低压电器　整机保护设备）	CNCA-01C-012:2001
《电气电子产品类强制性认证实施规则》（小功率电动机）	CNCA-01C-013:2001

规则名称	编号
《电气电子产品类强制性认证实施规则》 （电动工具）	CNCA-01C-014:2001
《电气电子产品类强制性认证实施规则》 （电焊机）	CNCA-01C-015:2001
《电气电子产品类强制性认证实施规则》 （家用和类似用途设备）	CNCA-01C-016:2001
《电气电子产品类强制性认证实施规则》 （音视频设备）	CNCA-01C-017:2001
《电气电子产品类强制性认证实施规则》 （音视频设备　声音和电视信号的电缆分配系统设备与部件(电磁兼容)）	CNCA-01C-018:2001
《电气电子产品类强制性认证实施规则》 （音视频设备　卫星电视广播接收机（电磁兼容））	CNCA-01C-019:2001
《电气电子产品类强制性认证实施规则》 （信息技术设备）	CNCA-01C-020:2001
《电气电子产品类强制性认证实施规则》 （信息技术设备　金融及贸易结算电子设备(电磁兼容)）	CNCA-01C-021:2001
《电气电子产品类强制性认证实施规则》 （照明电器）	CNCA-01C-022:2001
《机动车辆类强制性认证实施规则》 （汽车产品）	CNCA-02C-023：2001
《机动车辆类强制性认证实施规则》 （摩托车产品）	CNCA-02C-024：2001
《机动车辆类强制性认证实施规则》 （摩托车发动机产品）	CNCA-02C-025：2001
《机动车辆类强制性认证实施规则》 （汽车安全带产品）	CNCA-02C-026：2001
《机动车辆轮胎类强制性认证实施规则》 （轮胎产品）	CNCA-03C-027：2001
《安全玻璃类强制性认证实施规则》 （安全玻璃产品）	CNCA-04C-028：2001
《农机产品类强制性认证实施规则》 （植物保护机械　背负式喷雾喷粉机（器））	CNCA-05C-029：2001
《乳胶制品类强制性认证实施规则》 （橡胶避孕套产品）	CNCA-06C-030：2001

规则名称	编号
《电信设备类强制性认证实施规则》（电信终端设备）	CNCA-07C-031:2001
《医疗器械类产品强制性认证实施规则》（心电图机）	CNCA-08C-032：2001
《医疗器械类产品强制性认证实施规则》（血液透析装置）	CNCA-08C-033：2001
《医疗器械类产品强制性认证实施规则》（血液净化装置的体外循环管道）	CNCA-08C-034：2001
《医疗器械类产品强制性认证实施规则》（空心纤维透析器）	CNCA-08C-035：2001
《医疗器械类产品强制性认证实施规则》（植入式心脏起搏器）	CNCA-08C-036：2001
《医疗器械类产品强制性认证实施规则》（医用X射线诊断设备）	CNCA-08C-037：2001
《医疗器械类产品强制性认证实施规则》（滚压式血泵）	CNCA-08C-038：2001
《医疗器械类产品强制性认证实施规则》（滚压式搏动血泵）	CNCA-08C-039：2001
《医疗器械类产品强制性认证实施规则》（鼓泡式氧合器）	CNCA-08C-040：2001
《医疗器械类产品强制性认证实施规则》（热交换器）	CNCA-08C-041：2001
《医疗器械类产品强制性认证实施规则》（热交换水箱）	CNCA-08C-042：2001
《医疗器械类产品强制性认证实施规则》（硅橡胶泵管）	CNCA-08C-043：2001
《消防产品类强制性认证实施规则》（火灾报警设备）	CNCA-09C-044：2001
《消防产品类强制性认证实施规则》（消防水带）	CNCA-09C-045：2001
《消防产品类强制性认证实施规则》（喷水灭火设备）	CNCA-09C-046：2001
《安全技术防范产品强制性认证实施规则》（入侵探测器产品）	CNCA-10C-047：2001

注：47份认证实施规则具体内容见国家认监委网站。

22、承担强制性产品认证工作中的认证机构及业务范围

（国家认监委2002年第4号公告）

序号	机构名称	指定的业务范围	通信地址
1	中国质量认证中心	CNCA-01C-001：电线组件； CNCA-01C-002：电线电缆； CNCA-01C-003：家用及类似用途插头插座； CNCA-01C-004：家用及类似用途固定式电器装置的开关； CNCA-01C-005：工业用插头插座和耦合器； CNCA-01C-006：家用及类似用途器具耦合器； CNCA-01C-007：热熔断体； CNCA-01C-008：家用及类似用途固定式电器装置电器附件外壳； CNCA-01C-009：小型熔断器的管状熔断体； CNCA-01C-010：低压成套开关设备； CNCA-01C-011：开关和控制设备； CNCA-01C-012：整机保护设备； CNCA-01C-013：小功率电动机； CNCA-01C-014：电动工具； CNCA-01C-015：电焊机； CNCA-01C-016：家用和类似用途设备； CNCA-01C-017：音视频设备； CNCA-01C-020：信息技术设备； CNCA-01C-022：照明电器 CNCA-07C-031：电信终端设备； CNCA-02C-023：汽车产品； CNCA-02C-024：摩托车产品； CNCA-02C-025：摩托车发动机产品； CNCA-03C-027：轮胎产品； CNCA-04C-028：安全玻璃产品； CNCA-08C-032：心电图机； CNCA-08C-033：血液透析装置； CNCA-08C-034：血液净化装置的体外循环管道； CNCA-08C-035：空心纤维透析器； CNCA-08C-036：植入式心脏起搏器； NCA-08C-037：医用X射线诊断设备； CNCA-08C-038：人工心肺机 滚压式血泵；	北京市芳草地西街15号,100020 联系人：李怀林 电话：010-65001830

序号	机构名称	指定的业务范围	通信地址
		CNCA–08C–039：人工心肺机 滚压式搏动血泵； CNCA–08C–040：人工心肺机 鼓泡式氧合器； CNCA–08C–041：人工心肺机 热交换器； CNCA–08C–042：人工心肺机 热交换水箱； CNCA–08C–043：人工心肺机 硅橡胶泵管； CNCA–10C–047：入侵探测器产品	
2	中国电磁兼容认证中心	CNCA–01C–014：电动工具； CNCA–01C–016：家用和类似用途设备； CNCA–01C–017：音视频设备； CNCA–01C–018：声音和电视信号的电缆分配系统设备与部件(EMC)；CNCA–01C–019：卫星电视广播接收机(EMC)； CNCA–01C–020：信息技术设备； CNCA–01C–021：金融及贸易结算电子设备(EMC)； CNCA–01C–022：照明电器； CNCA–01C–031：电信终端设备	北京北三环东路 18 号，100013 联系人：滕俊恒 电话：010–64214583
3	中国安全技术防范认证中心	CNCA–10C–047：入侵探测器产品	北京市首体南路 1 号，100044 联系人：刘剑锋 电话：010–88513667，68429371
4	中国农机产品质量认证中心	CNCA–05C–029：植物保护机械 背负式喷雾喷粉机（器）	北京市朝阳区东三环南路十里河，100021 联系人：崔月仙 电话：010–67347471，67316737
5	中国安全玻璃认证中心	CNCA–04C–028：安全玻璃产品	北京朝阳区管庄东里建材院，100038 联系人：杨建军 电话：010–65775948，65761331—2399，2357 传真：010–65761715 010–65711591

序号	机构名称	指定的业务范围	通信地址
6	中国轮胎产品认证委员会认证中心	CNCA-03C-027：轮胎产品	北京朝阳区亚运村安慧里 4 区 16 楼 410 室，100723 联系人：谢华 电话：010-84885047，84885071 传真：010-84885047-814
7	中国乳胶制品质量认证委员会	CNCA-06C-030：橡胶避孕套	湖南省株洲市东环北路像塑院内，412003 联系人：阮旭 电话：0733-2495134 北京市朝阳区亚运村安慧里四区十六号楼，100723 联系人：谢华 电话：010-84885047-802，815
8	公安部消防产品合格评定中心	CNCA-09C-044：火灾报警设备； CNCA-09C-045：消防水带； CNCA-09C-046：喷水灭火设备	北京市崇文区东花市北里西区 13-1-101 室，100062 联系人：吴礼龙、赵辉 电话：010-67100916
9	中国汽车产品认证中心	CNCA-02C-026：汽车安全带产品	北京西城区木樨地国宏大厦 B 座 19 层，100038 联系人：黄学平、白晓燕 电话：010-63908961，63908965 传真：010-63908982 www.cccap.org.cn

注：该公告 2003 年 9 月 2 日废除，请参阅《承担强制性产品认证工作的认证机构及其业务范围》（国家认监委 2003 年第 11 号公告）。

23、承担强制性产品认证检测工作的指定检测机构

（国家认监委 2002 年第 5 号公告）

序号	机构名称	指定业务范围对应的产品认证实施规则	通信地址
1	信息产业部第四研究所（国家电子工业安全与电磁兼容检测中心）	CNCA-01C-001：电线组件； CNCA-01C-003：家用及类似用途插头插座； CNCA-01C-006：家用及类似用途器具耦合器； CNCA-01C-007：热熔断体； CNCA-01C-009：小型熔断器的管状熔断体； CNCA-01C-017：音视频设备； CNCA-01C-019：卫星电视广播接收机(EMC)； CNCA-01C-02：信息技术备； CNCA-01C-021：金融及贸易结算电子设备(EMC)； CNCA-07C-031：电信终端设备	北京市安定门内大街 1 号，10007 联系人：胡京平 电话：010-84029113
2	信息产业部第三研究所（国家广播电视产品检测中心）	CNCA-01C-001：电线组件； CNCA-01C-003：家用及类似用途插头插座； CNCA-01C-004：家用及类似用途固定式电器装置的开关； CNCA-01C-006：家用及类似用途器具耦合器； CNCA-01C-007：热熔断体； CNCA-01C-009：小型熔断器的管状熔断体； CNCA-01C-017：音视频设备； CNCA-01C-018：声音和电视信号的电缆分配系统设备与部件(EMC)； CNCA-01C-019：卫星电视广播接收机(EMC)； CNCA-01C-020：信息技术设备； CNCA-01C-021：金融及贸易结算电子设备(EMC)	北京市朝阳区酒仙桥北路乙 7 号，100015 联系人：唐伟 电话：010-64376357
3	上海市电子仪表标准计量测试所	CNCA-01C-009：小型熔断器的管状熔断体； CNCA-01C-007：热熔断体； CNCA-01C-017：音视频设备； CNCA-01C-020：信息技术设备	上海永嘉路 627 号，200233 联系人：杜松根 电话:021-64335275

序号	机构名称	指定业务范围对应的产品认证实施规则	通信地址
4	中国赛宝实验室	CNCA-01C-003：家用及类似用途插头插座； CNCA-01C-006：家用及类似用途器具耦合器； CNCA-01C-007：热熔断体； CNCA-01C-017：音视频设备； CNCA-01C-020：信息技术设备	广东省广州市天河区东莞庄路110号，510610 联系人：陈立辉 电话：020-87237006
5	广州日用电器检测所	CNCA-01C-001：电线组件； CNCA-01C-003：家用及类似用途插头插座； CNCA-01C-004：家用及类似用途固定式电器装置的开关； CNCA-01C-005：工业用插头插座和耦合器； CNCA-01C-006：家用及类似用途器具耦合器； CNCA-01C-007：热熔断体； CNCA-01C-008：家用及类似用途固定式电器装置电器附件外壳； CNCA-01C-009：小型熔断器的管状熔断体； CNCA-01C-013：小功率电动机； CNCA-01C-015：电焊机； CNCA-01C-016：家用电器； CNCA-01C-022：照明电器	广州新港西204号，510300 联系人：薛守仁 电话：020-84451692
6	中国家用电器研究院（中国家用电器检测所）	CNCA-01C-003：家用及类似用途插头插座； CNCA-01C-004：家用及类似用途固定式电器装置的开关； CNCA-01C-006：家用及类似用途器具耦合器； CNCA-01C-013：小功率电动机； CNCA-01C-014：电动工具； CNCA-01C-016：家用和类似用途设备； CNCA-01C-022：照明电器	北京市宣武区下斜街29号，100053 联系人：章少坪 电话：010-83157989
7	机械工业北京电工技术经济研究所（机械工业电线电缆质量检测中心（北京））	CNCA-01C-002：电线电缆； CNCA-01C-003：家用及类似用途插头插座	北京市海淀区翠微路2号，100036 联系人：席德浩 电话：010-68157734

序号	机构名称	指定业务范围对应的产品认证实施规则	通信地址
8	上海电缆研究所（国家电线电缆质量监督检验中心）	CNCA-01C-001：电线组件； CNCA-01C-002：电线电缆； CNCA-01C-003：家用及类似用途插头插座	上海市军工路 1000 号，200093， 联系人：袁百奋 电话：021-65494605
9	上海电器设备检测所	CNCA-01C-010：低压成套开关设备； CNCA-01C-011：开关和控制设备； CNCA-01C-012：整机保护设备； CNCA-01C-013：小功率电动机	上海市武宁路 505 号，200063 联系人：万力远-陈伟华 电话：021-62574990-623
10	成都电气检验所	CNCA-01C-015：电焊机	成都市二环路东一段 29 号，610051 联系人：杨庆轩 电话：028-3252866
11	上海电气器具检验测试所	CNCA-01C-013：小功率电动机； CNCA-01C-014：电动工具	上海市宝庆路 10 号，200031 联系人：黄 涛 电话：021-64378405
12	国家电光源质量监督检验中心（北京）	CNCA-01C-022：照明电器	北京市朝阳区大北窑厂坡村甲 3 号，100022 联系人：陈延青 电话：010-67746544
13	国家灯具质量监督检验中心（上海）	CNCA-01C-022：照明电器	上海市北宝兴路 75 号 联系人：於立成 电话：021-56383662-820，36033443
14	中国泰尔实验室	CNCA-07C-031：电信终端设备	北京市海淀区花园北路 52 号，100083 联系人：蒋京鑫 电话：010-62301383
15	信息产业部通信计量中心	CNCA-07C-031：电信终端设备	北京市海淀区学院路 40 号，100083 联系人：谢屹 电话：010-62301146
16	上海市劳动保护科学研究所特种电器检测站	CNCA-01C-012：整机保护设备	上海田林路 191 号，200233 联系人：宋志明 电话：021-64853353

序号	机构名称	指定业务范围对应的产品认证实施规则	通信地址
17	上海出入境检验检疫局电器检测室	CNCA-01C-01：功率电动机； CNCA-01C-014：电动工具； CNCA-01C-016：家用和类似用途设备	上海市浦东新区民生路1208号，200135 联系人：徐 胜 电话：021-68566963
18	浙江检验检疫技术中心	CNCA-01C-014：电动工具； CNCA-01C-016：家用和类似用途设备	杭州市凤起东路99号，310020 联系人：周敏 电话：0571-86098022
19	江苏检验检疫机电产品检测中心	CNCA-01C-014：电动工具； CNCA-01C-016：家用和类似用途设备； CNCA-01C-022：照明电器	江苏省无锡市锡山区东亭镇华夏中路10号，214101 联系人：邓唯 电话：0510-8701058
20	深圳出入境检验检疫局工业品检测技术中心	CNCA-01C-016：家用和类似用途设备 CNCA-01C-017：音视频设备	深圳市福田区福强路1011号，518045 联系人：刘泽华 电话：0755-3395999-1210
21	沈阳出入境检验检疫局电子电器产品检测中心	CNCA-01C-016：家用和类似用途设备	沈阳市沈河区青年大街169号，518045 联系人：孙文 电话：024-23925106
22	深圳电子产品质量检测中心	CNCA-01C-017：音视频设备； CNCA-01C-020：信息技术设备	深圳市福田区华发北路409栋2楼，518031 联系人：杜金盛 电话：0755-3351572
23	广州出入境检验检疫局电气安全实验室	CNCA-01C-016：家用和类似用途设备	广州市珠江新城花城大道66号，510623 联系人：王波 电话：020-38290475
24	国家质量技术监督局广州电气安全检验所（广安所）	CNCA-01C-002：电线电缆； CNCA-01C-010：低压成套开关设备； CNCA-01C-011：开关和控制设备； CNCA-01C-012：整机保护设备； CNCA-01C-014：电动工具； CNCA-01C-016：家用和类似用途设备； CNCA-01C-022：照明电器	广州市海珠区南村路泰山庙前3号，510220 联系人：龚斌 电话：020-84494119

序号	机构名称	指定业务范围对应的产品认证实施规则	通信地址
25	中北电磁兼容联合实验室	CNCA-01C-018：声音和电视信号的电缆分配系统设备与部件(EMC)； CNCA-01C-019：卫星电视广播接收机(EMC)； CNCA-01C-021：金融及贸易结算电子设备(EMC)	北京市北三环东路 18 号；北京西直门外上园村 3 号，100013 联系人：杨盛祥 电话：010-51688096
26	浙江省质量监督检测研究院	CNCA-01C-014：电动工具	杭州市天目山路 222 号，310013 联系人：邓仲云 电话：0571-85123366
27	福建省中心检验所	CNCA-01C-002：电线电缆； CNCA-01C-010：低压成套开关设备； CNCA-01C-011：开关和控制设备； CNCA-01C-013：小功率电动机； CNCA-01C-017：音视频设备； CNCA-01C-020：信息技术设备	福州市杨桥西路山头角 121 号，350002 联系人：卫　敏 电话：0591-3710690
28	上海市产品质量监督检验所	CNCA-01C-022：照明电器	上海市苍梧路 381 号，200233 联系人：陈国平 电话：021-64850058-305
29	四川省产品质量监督检验所	CNCA-01C-017：音视频设备； CNCA-01C-022：照明电器	四川省成都市东门街 2 号，610031 联系人：李山桥 电话：028-6251086
30	成都市产品质量监督检验所	CNCA-01C-002：电线电缆； CNCA-01C-010：低压成套开关设备；	成都市永丰路 16 号,610041 联系人：叶元明 电话：028-5198406
31	深圳市计量质量检测研究院	CNCA-01C-002：电线电缆； CNCA-01C-003：家用及类似用途插头插座； CNCA-01C-016：家用和类似用途设备； CNCA-01C-017：音视频设备； CNCA-01C-020：信息技术设备； CNCA-01C-021：金融及贸易结算电子设备(EMC)； CNCA-07C-031：电信终端设备	深圳市南山区龙珠大道中计量质检大楼，518055 联系人：杨万颖 电话：0755-6941608

序号	机构名称	指定业务范围对应的产品认证实施规则	通信地址
32	大连市产品质量监督检验所	CNCA-01C-002：电线电缆； CNCA-01C-010：低压成套开关设备	中国辽宁省大连市沙河口区万岁街 68-2 号，116021 联系人：郑顺利 电话：0411-4603949
33	山东省计量科学研究所	CNCA-01C-016：家用和类似用途设备；	济南市千佛山东路 28 号，2964412 联系人：姜延波 电话：0531-2966533
34	山东省产品质量监督检验所	CNCA-01C-010：低压成套开关设备； CNCA-01C-011：开关和控制设备； CNCA-01C-012：整机保护设备	山东省济南市山大北路 81 号，250100 联系人：刘晓伟 电话：0531-8904787
35	机械工业办公自动化设备检验所	CNCA-01C-020：信息技术设备（仅复印机）	天津市红桥区昌图道七号，300131 联系人： 冷欣新 电话： 022-26650880
36	上海工业自动化仪表研究所-器仪表及自控系统检验测试所	CNCA-01C-021：金融及贸易结算电子设备(EMC)	上海漕宝路 103 号，200233 联系人：徐建平 电话：021-64368180
37	北京尊冠信息技术产品质量检验认证有限公司（国家电子计算机质量监督检验中心）	CNCA-01C-021：金融及贸易结算电子设备(EMC)	北京市海淀区北四环中路 211 号，100083 联系人：符荣梅 电话：010-82387862
38	湖南电器研究所电器检测实验室	CNCA-01C-010：低压成套开关设备； CNCA-01C-011：开关和控制设备； CNCA-01C-012：整机保护设备	湖南省长沙市新中路 4 号，410009 联系人：谢林 电话：0731-5414370
39	国家电力公司武汉高压研究所	CNCA-01C-012：整机保护设备	湖北省武汉市洪山区珞喻路 143 号，430074 联系人：万德春 电话： 027-87445849
40	苏州高新技术产业开发区电器检测所	CNCA-01C-011：开关和控制设备	江苏苏州新区九号区间路 7 号，215011 联系人： 厉丽华 电话： 0512-8252753

序号	机构名称	指定业务范围对应的产品认证实施规则	通信地址
41	国家电子计算机外部设备质量监督检验中心	CNCA-01C-021：金融及贸易结算电子设备	浙江省杭州市马塍路36号，310012 联系人：王伟雄 电话：0571-88828284
42	国家橡胶轮胎监督检验中心	CNCA-02C-026：轮胎产品	北京西郊半壁店国家橡胶轮胎监督检验中心，100039 联系人：左宁 电话：010-51338175 51338171 传真：010-68180963
43	化学工业力车胎质量监督检验中心	CNCA-02C-026：轮胎产品	广东广州市工业大道中 270 号，510280 联系人：王慧敏， 电话：020-84351770， 84340049 传真：020-84351770
44	青岛市产品质量监督检验所（轮胎检测中心）	CNCA-02C-026：轮胎产品	青岛市镇江南路 8 号，266071 联系人：孙光明 电话：0532-3874077 13906394981 传真：0532-3861835
45	株洲化学工业乳胶制品质量监督检验中心	CNCA-06C-030：橡胶避孕套	湖南省株洲市东环北路，412003 联系人：汤胜修 电话：0733-2495120
46	国家安全玻璃及石英玻璃质量监督检验中心	CNCA-04C-028：安全玻璃产品	北京朝阳区管庄东里建材院，100038 联系人：莫娇 电话：010-65775948 010-6576133-2399-2357 传真：010-65761715 010-65711591
47	国家玻璃质量监督检验中心	CNCA-04C-028：安全玻璃产品	河北秦皇岛河北大街西段91号，066004 联系人：刘志付、林志强 电话：0335-8051865 0335-8388121 传真：0335-8051865
48	中国农业机械化科学研究所-国家农机具质量监督检验中心	CNCA-05C-029：植物保护机械 背负式喷雾喷粉机（器）	北京市德胜门外北沙滩一号，100083 联系人：林纪恩 电话：010-64882637

序号	机构名称	指定业务范围对应的产品认证实施规则	通信地址
49	农业部南京农业机械化研究所–国家植保机械质量监督检验中心	CNCA–05C–029：植物保护机械 背负式喷雾喷粉机（器）	江苏省南京市中山门外柳营100号，210014 联系人：金仁根 电话：025–4431331 025–4346279
50	公安部第一研究所–公安部安全与警用电子产品质量检测中心	CNCA–10C–047：入侵探测器产品	北京市首体南路1号，100044 联系人：任常青 电话：010–88513373 010–88513375
51	公安部第三研究所–公安部安全防范报警系统产品质量监督检验测试中心	CNCA–10C–047：入侵探测器产品	上海市岳阳路76号，200031 联系人：赵贵华 电话：021–64714827， 021–64336810–1309
52	北京市医疗器械检测中心–国家药品监督管理局北京医疗器械质量监督检验中心	CNCA–08C–032：心电图机； CNCA–08C–033：血液透析装置	北京市北三环中路2号，100011 联系人：潘铭乔 电话：010–62013862 62024422–9263
53	辽宁省医疗器械产品质量监督检验所	CNCA–08C–037：医用X射线诊断设备	辽宁省沈阳市铁西区重工北街22号，110026 联系人：王澈 电话：024–25820569
54	广东医疗器械质量检测中心–国家药品监督管理局–州医疗器械质量监督检验中心	CNCA–08C–033：血液透析装置； CNCA–08C–034：血液净化装置的体外循环管道 CNCA–08C–035：空心纤维透析器； CNCA–08C–038：人工心肺机 滚压式血泵； CNCA–08C–039：人工心肺机 滚压式搏动血泵； CNCA–08C–040：人工心肺机 鼓泡式氧合器； CNCA–08C–041：人工心肺机 热交换器； CNCA–08C–042：人工心肺机 热交换水箱； CNCA–08C–043：人工心肺机 硅橡胶泵管	广东省广州市寺右新马路寺右中街9号，510600 联系人：李伟松 电话：020–87390917
55	上海市医疗器械检测所–国家药品监督管理局上海医疗器械质量监督检验中心	CNCA–08C–032：心电图机； CNCA–08C–036：心脏起搏器	上海市闸北区民和路154号，200070 联系人：葛筱森 电话：021–56635850

序号	机构名称	指定业务范围对应的产品认证实施规则	通信地址
56	长春汽车检测中心	汽车产品- CNCA-02C-023； 汽车安全带- CNCA-02C-026	吉林省长春市创业大街 35 号，130011 联系人：陈文良、程猛 电话：0431-5906704 0431-5905151 传真：0431-7677111
57	国家汽车质量监督检验中心（襄樊）	汽车产品- CNCA-02C-023； 汽车安全带- CNCA-02C-026	湖北襄樊市汽车产业开发区汽车试验场，441004 联系人：王为人、卜华斌 电话：0710-3392492 0710-3310964 传真：0710-3310965
58	天津汽车检测中心	汽车产品- CNCA-02C-023； 汽车安全带- CNCA-02C-026	天津市河东区程林庄道天山路口，300162 联系人：刘鑫 电话：022-84771807 传真：022-24375350
59	国家客车质量监督检验中心	汽车产品-CNCA-02C-023	重庆市南岸区五公里，400067 联系人：李裕民 电话：023-62653145 传真：023-62653152
60	国家重型汽车质量监督检验中心	汽车产品-CNCA-02C-023	重庆市九龙坡区陈家坪朝田村 101 号，400039 联系人：陈耀华、李剑平 电话：023-6867860 023-68654009 传真：023-68821302
61	机械工业部工程机械军用改装车试验场	专用汽车、改装车、汽车起重机	北京市延庆县东外大街 70 号，102100 联系人：任国勤 电话：010-69101140 传真：010-69101140
62	国家摩托车质量监督检验中心（天津）	CNCA-02C-024：摩托车产品； CNCA-02C-025：摩托车发动机	天津市天津大学内，300072 联系人：葛维晶， 电话：13802136120 传真：022-27404944

序号	机构名称	指定业务范围对应的产品认证实施规则	通信地址
63	国家摩托车质量监督检验中心（宝鸡）	CNCA-02C-024：摩托车产品； CNCA-02C-025：摩托车发动机	陕西省宝鸡县五十一号信箱，721300 联系人：袁森柱、王强 电话：0917-6296241 传真：0917-6296401
64	南昌摩托车质量监督检验所	CNCA-02C-024：摩托车产品； CNCA-02C-025：摩托车发动机	江西省南昌市新溪桥，330024 联系人：钱仲明、张陆传 电话：0791-8430119，8448694，8469387 传真：0791-8448694
65	上海摩托车质量监督检验所	CNCA-02C-024：摩托车产品； CNCA-02C-025：摩托车发动机	上海市逸仙路50号,200437 联系人：王晋军 电话：021-65315097 021-65169391 传真：021-65313561， 021-65169391
66	公安部上海消防科学研究所-国家消防装备质量监督检验中心	1．CNCA-09C-045：消防水带； 2．消防车	上海市莘庄西环路391号，201100 联系人：范桦、朱青 电话：021-54956660 021-54959910
67	公安部沈阳消防科学研究所-国家消防电子产品质量监督检验中心	CNCA-09C-044：火灾报警设备	辽宁省沈阳市皇姑区蒲河街7号，110031 联系人：宋希伟、张德成 电话：024-86801434 024-86116303
68	公安部天津消防科学研究所-国家固定灭火系统和耐火构件质量监督检验中心	CNCA-09C-045：喷水灭火设备	天津市南开区卫津南路110号，300381 联系人：陈泽民 电话：022-23916044

注：该公告2003年8月3日废除，请参阅《承担强制性产品认证检测任务的机构及其业务范围》（国家认监委2003年第8号公告）。

24、《第一批实施强制性产品认证的产品目录》中产品的适用范围

（国家质检总局、国家认监委 2002 年第 60 号公告）

序号	HS 编码	商品名称及备注	认证适用范围
1	4011.1000.10	机动小客车用新的充气子午线轮胎(橡胶轮胎，包括旅行小客车及赛车用)	同左
2	4011.1000.90	机动小客车用新的充气非子午线轮胎(橡胶轮胎，包括旅行小客车及赛车用)	同左
3	40119900.91	其他新的充气橡胶子午线轮胎(其他用途，新充气橡胶轮胎，非人字形胎面)	仅限于 GB9743 标准、GB9744 标准、GB518 标准范围内的产品
4	40119900.99	其他新的充气橡胶非子午线轮胎(其他用途，新充气橡胶轮胎，非人字形胎面)	仅限于 GB9743 标准、GB9744 标准、GB518 标准范围内的产品
5	4011.2000.91	其他客或货车用新的充气子午线轮胎(指机动车辆用橡胶轮胎)	同左
6	4011.2000.99	其他客或货车用新的充气橡胶轮胎(指机动车辆用非子午线轮胎)	同左
7	4011.4000	摩托车用新的充气橡胶轮胎	同左
8			总体范围说明：设计能达到避孕目的和有助于防止性病传播的橡胶避孕套（又称安全套），包括：光面的、异型结构的、平行边的、非平行边的、平头型的、有精囊的、干燥型的、润滑型的、香味的、透明的、半透明的、不透明的或彩色的避孕套
	40141000	硫化橡胶制避孕套	仅限于天然乳胶制造的男用避孕套（安全套）
9	7007.1190	车辆用钢化安全玻璃(规格及形状适于安装在车辆上的)	仅限于汽车（包括汽车、农用车、专用车、挂车）用钢化玻璃、区域钢化玻璃，以及铁道车辆、有轨电车用钢化玻璃
10	7007.2190	车辆用层压安全玻璃(规格及形状适于安装在车辆上的)	仅限于汽车（包括汽车、农用车、专用车、挂车）用A、B类夹层玻璃、铁道车辆及有轨电车用夹层玻璃
11	7007.1900	其他钢化安全玻璃	仅限于建筑用钢化玻璃

序号	HS 编码	商品名称及备注	认证适用范围
12	7007.2900	其他层压安全玻璃	仅限于建筑用夹层玻璃
13	7008.0000	多层隔温、隔音玻璃组件	仅限于铁道车辆用安全中空玻璃
14	84073100	排气量≤50 ml 往复式活塞引擎(第 87 章所列车辆用的点燃往复式活塞发动机,不超过 50 ml)	仅限于轻便摩托车发动机
15	84073200	50<排气量≤250 ml 往复式活塞引擎(第 87 章所列车辆用的点燃往复式活塞发动机)	仅限于摩托车发动机
16	84073300	250<排气量≤1000 ml 往复活塞引擎(第 87 章所列车辆的点燃往复式活塞发动机)	
17	84073410	1 千 ml~3 千 ml 车辆的往复式活塞引擎(第 87 章所列车辆的点燃往复式活塞发动机)	
18	84143011	小型电驱动冷藏或冷冻箱用压缩机(小型指电动机额定功率≤0.4 kW)	不适用于 36 V 以下的小型电驱动冷藏或冷冻箱用压缩机
19	84143012	大型电驱动冷藏或冷冻箱用压缩机(指电动机额定功率>0.4 kW,但≤5 KW)	不适用于 36 V 以下的大型电驱动冷藏或冷冻箱用压缩机
20	84143013	小型电动机驱动空调器用压缩机(指电动机额定功率>0.4 kW,但≤5 KW的)	不适用于 36 V 以下的小型电动机驱动空调器用压缩机
21	84145110	功率≤125 W的吊扇(本身装有一个输出功率不超过125 W的电动机)	不适用于 36 V 以下的吊扇
22	84145120.10	计算机用轴流换气扇	不适用于 36 V 以下的计算机用轴流换气扇
23	84145120.90	其他功率≤125 W的换气扇(本身装有一个输出功率不超过125 W的电动机)	不适用于 36 V 以下的换气扇
24	84145130	功率≤125 W 有旋转导风轮的风扇(本身装有一个输出功率不超过 125 W 的电动机)	不适用于 36 V 以下的风扇
25	84145191	功率≤125 W的台扇(本身装有一个输出功率不超过125 W的电动机)	不适用于 36 V 以下的台扇
26	84145192	输出功率≤125 W 的落地扇(本身装有	不适用于 36 V 以下的落地扇

序号	HS 编码	商品名称及备注	认证适用范围
		一个输出功率不超过 125 W 的电动机)	
27	84145193	功率≤125 W 的壁扇(本身装有一个输出功率不超过 125 W 的电动机)	不适用于 36 V 以下的壁扇
28	84145199.10	计算机用轴流风扇	不适用于 36 V 以下的计算机用轴流风扇
29	84145199.90	功率≤125 W 其他风机、风扇(本身装有一个输出功率不超过 125 W 的电动机)	不适用于 36 V 以下的功率≤125 W 其他风机、风扇
30	84145910	其他吊扇(电动机输出功率超过 125 W 的)	仅限于 36 V 以上的家用和类似用途吊扇
31	84145920	其他换气扇(电动机输出功率超过 125 W 的)	仅限于 36 V 以上的家用和类似用途吊扇
32	84151010	独立窗式或壁式空气调节器(装有电扇及调温、调湿装置,包括不能单独调湿的空调器)	仅限于 36 V 以上，制冷量不超过 21000 h/每小时的空气调节器
33	84151021	制冷量≤4 000 h/时分体式空调(装有电扇及调温、调湿装置,包括不能单独调湿的空调器)	不适用于 36 V 以下的分体式空调
34	84151022	制冷量>4 000 h/时分体式空调(装有电扇及调温、调湿装置,包括不能单独调湿的空调器)	仅限于 36 V 以上，制冷量不超过 21 000 h/每小时的分体式空调
35	84158210	制冷量≤4 000 h/时的其他空调器(仅装有制冷装置,而无冷热循环装置的)	
36	84158220	制冷量>4 000 h/时的其他空调(仅装有制冷装置,而无冷热循环装置的)	仅限于 36 V 以上，制冷量不超过 21 000 h/每小时的空调
37	84181020	200 L<容积≤500 L的冷藏冷冻组合机	不适用于 36 V 以下的冷藏冷冻组合机
38	84181030	容积≤200 L 的冷藏-冷冻组合机(各自装有单独外门的)	不适用于 36 V 以下的冷藏-冷冻组合机
39	84182110	容积>150 L的压缩式家用型冷藏箱	仅限于 36 V 以上，500 L≥容积>150 L 的压缩式家用型冷藏箱
40	84182120	压缩式家用型冷藏箱，50 L<容积≤150 L	不适用于 36 V 以下的压缩式家用型冷藏箱

序号	HS 编码	商品名称及备注	认证适用范围
41	84182130	容积≤50 L 的压缩式家用型冷藏箱	不适用于 36 V 以下的器具、设备家用型冷藏箱
42	84182200	电气吸收式家用型冷藏箱	仅限于 36 V 以上，容积≤500 L 的电气吸收式家用型冷藏箱
43	84183029	制冷＞-40℃小的其他柜式冷冻箱(小的指容积≤500 L)	不适用于 36 V 以下的柜式冷冻箱
44	84184029	制冷温度＞-40℃小的立式冷冻箱(小的指容积≤500 L)	不适用于 36 V 以下的立式冷冻箱
45	84198100	加工热饮料或烹调、加热食品的机器	仅限于 36 V 以上，家用和类似用途的冷热饮水机（制备或给付冷热饮用水的饮水机和类似器具）
46	84211210	干衣量≤10 kg 的离心干衣机	不适用于 36 V 以下的离心干衣机
47	84211910	脱水机	仅限于36 V以上，脱水量小于10 kg脱水机
48	84238110	最大称量≤30 kg 的计价秤	同左
49	8424.8100	农业或园艺用喷射、喷雾机械器具	仅限于农业和-或园艺用植物保护机械，包括背负式喷雾机（器）、背负式喷粉机（器）和背负式喷雾喷粉机
50	84501110	干衣量≤10 kg 全自动波轮式洗衣机	不适用于 36 V 以下的全自动波轮式洗衣机
51	84501120	干衣量≤10 kg 全自动滚筒式洗衣机	不适用于 36 V 以下的器具、设备
52	84501190	其他干衣量≤10 kg 的全自动洗衣机	不适用于 36 V 以下的全自动洗衣机
53	84501200	干衣量≤10 kg 装有离心甩干机的非全自动洗衣机	不适用于 36 V 以下的装有离心甩干机的非全自动洗衣机
54	84501900	干衣量≤10 kg的其他洗衣机	不适用于 36 V 以下的洗衣机
55	84672100	手提式电动钻	不适用于 36 V 以下的手提式电动钻
56	84672210	手提式电动链锯	不适用于 36 V 以下的手提式电动链锯
57	84672290	其他手提式电锯	不适用于 36 V 以下的其他手提式电锯

序号	HS 编码	商品名称及备注	认证适用范围
58	84672910	手提式电动砂磨工具	仅限于 36 V 以上的电动砂轮机（含角向磨光机、直向砂轮机、模具电磨、湿式磨光机、电磨、抛光机和盘式砂光机）
59	84672920	手提式电刨	不适用于 36 V 以下的手提式电刨
60	84672990	其他手提式电动工具	仅限于 36 V 以上的电动螺丝刀、电动起子、冲击扳手、电扳手、砂光机（含平板砂光机、三角板砂光机、椭圆板砂光机、圆板砂光机、带式砂光机）、电锤（含锤钻、电镐、电铲、电凿）不易燃液体电喷枪、电剪刀（含双刃电剪刀、电冲剪）、攻丝机、插入式混凝土振动器（含直联式混凝土制动器）、电动修枝剪和电动草剪（含剪草机）、电木铣和修边机（含雕刻机）、电动石材切割机（含大理石切割机、云石机）
61	84705010	销售点终端出纳机	仅限于 36 V 以上的现金收款机
62	84705090	其他现金出纳机。	仅限于 36 V 以上的现金收款机
63	84713000	便携式数字自动数据处理设备(质量≤10 kg,至少由一个 CPU,键盘和显示器组成)	仅限于笔记本电脑和掌上电脑
64	84714140.90	微型机（飞机载大气数据专用计算机除外）	仅限于 36 V 以上的，额定功率小于 1 300 W 的，不在车辆、船舶或飞机上使用的台式计算机、服务器（不包括工业专用的工控机）
65	84714190	其他数字式数据处理设备(同一机壳内至少一个 CPU 和一个输入输出部件；包括组合式)	仅限于 36 V 以上的，计（付）费的接触式和非接触式的银行用 IC 卡读写器、IC 卡售票机、IC 卡售货机、收费站用 IC 卡读写器等
66	84716010	自动数据处理设备的显示	仅限于 36 V 以上的，室外大型显示屏、液晶显示屏、与 ATM 相连的显示终端部件除外的，与计算机连用的单色-彩色显示器、液晶显示器、投影显示器、投影仪、等离子显示器和其他显示终端
67	84716031	自动数据处理设备的针式打印机	仅限于 36 V 以上的，A4 幅面打印速度小于

序号	HS 编码	商品名称及备注	认证适用范围
			60ppm 的，与计算机连用的打印机。
68	84716032	自动数据处理设备的激光打印	仅限于 36 V 以上的，A4 幅面打印速度小于 60ppm 的，与计算机连用的打印机。
69	84716033	自动数据处理设备的喷墨打印机	仅限于 36 V 以上的，A4 幅面打印速度小于 60ppm 的，与计算机连用的打印机。
70	84716039	自动数据处理设备的其他打印机	仅限于 36 V 以上的，A4 幅面打印速度小于 60ppm 的，与计算机连用的绘图仪、热敏打印机、热转印打印机、复印-打印多用机、票据打印机等其他打印设备。
71	84716050	自动数据处理设备的扫描器	仅限于条形码扫描器和笔式扫描器除外的，36 V 以上的，与计算机配套使用的扫描仪。
72	84721000	胶版复印机，油印机	仅限于 36 V 以上的，能复制开本小于 A1 规格的，静电复印机、重氮复印机、办公机构小胶印机、油印机、数字式一体化速印机、缩微阅读（复印）机、多用途打印、复印机。
73	84729090	其他办公室用机器(包括硬币分类机，计数机，包装机和削笔机等)	仅限于 36 V 以上的点钞机。
74	85011099.90	其他微电机(输出功率不超过 37.5 W)	仅限于汽车风扇用除外的，36 V 以上的电动机。
75	85012000	>37.5W 交直流两用电动机(输出功率超过 37.5 W)	仅限于汽车风扇用除外的，36 V 以上的，功率在 1.1 kW 以下电动机。
76	85013100	≤750 W 直流电动机、发电机(输出功率不超过 750 W)	不适用于汽车风扇用电动机和 36 V 以下的电动机。
77	85013200	750W<输出功率≤75 kW 直流电动机、发电机(输出功率超过 750 W，但不超过 75 kW)	仅限于汽车风扇用除外的，36 V 以上的，功率在 1.1 kW 以下电动机。
78	85014000	单相交流电动机	仅限于汽车风扇用除外的，36 V 以上的，其同步转速折算到 1 500 转/分时，最大连续定额不超过 1.1 kW 的交流异步电动机、交流同步电动机、交流串励电动机

序号	HS 编码	商品名称及备注	认证适用范围
79	85015100	其他不超过 750 W 多相交流电动机(输出功率不超过 750 W)	仅限于汽车风扇用除外的，36 V 以上的三相交流电动机
80	85015200	>750W ≤75 kW 多相交流电动机(输出功率不超过 750 W，但不超过 750 kW)动机	仅限于汽车风扇用除外的，36 V 以上的三相其同步转速折算到 1 500 转/分时，最大连续定额不超过 1.1 kW 的交流异步电动机、交流同步电动机、交流串励电动机
81	85041010	电子镇流器	仅限于 36 V 以上的管形荧光灯用交流电子镇流器
82	85041090	其他放电灯或放电管用镇流器	仅限于霓虹灯变压器除外的，36 V 以上的，管形荧光灯镇流器、放电灯(管形荧光灯除外)用镇流器
83	85044013	编号 8471 所列机器用的稳压电源	仅限于 36 V 以上的，微型计算机和服务器内部使用的开关电源、用于本目录内信息技术设备所配套使用的适配器和充电器
84	85044019	其他稳压电源	仅限于 5 号、7 号可充电式电池的充电器除外的，36 V 以上的，为音视频设备配套的电源适配器(含充-放电器)
85	85091000	真空吸尘器(包括干式及湿式的)	不适用于 36 V 以下的真空吸尘器
86	85094000	食品研磨机,搅拌器及果菜榨汁器	仅限于 36 V 以上的家用和类似用途的食品研磨机、搅拌器及果菜榨汁器
87	85098000	其他家用电动器具	仅限于 36 V 以上的，家用和类似用途的混合器、奶油搅打器、打蛋机、液体搅拌器、筛分器、搅拌器、冰激凌机、蔬菜水果离心取汁机、电动绞肉机、切片机、去皮机、多功能食品加工器、磨碎器、碾碎器和家用和类似用途的吸油烟机
88	85151100	钎焊机器及装置用烙铁及焊枪	仅限于 36 V 以上的电焊钳、TIG 焊炬、MIG-MAG 焊焊枪
89	85152900	其他电阻焊接机器及装置	仅限于 36 V 以上的电阻焊机（含点焊机、缝焊机、对焊机等）
90	85153190	其他电弧焊接机及装置（全自动或半自动）	仅限于 36 V 以上的，TIG 弧焊机、MIG-MAG

序号	HS 编码	商品名称及备注	认证适用范围
			弧焊机、等离子弧焊机、等离子弧切割机、埋弧焊机、焊机送丝装置
91	85153900	其他电弧焊接机器及装置（非全自动或半自动）	仅限于 36 V 以上的 TIG 弧焊机、MIG-MAG 弧焊机、等离子弧焊机、等离子弧切割机、小型交流弧焊机、交流弧焊机、直流弧焊机、弧焊变压器防触电装置、焊接电缆耦合装置
92	85161000	电热水器(指电热的快速热水器、储存式热水器、浸入式液体加热器)	不适用于 36 V 以下的电热水器
93	85162990	电气空间加热器	仅限于 36 V 以上的家用和类似用途的辐射式加热器、板状加热器、充液式加热器、风扇式加热器、对流式加热器、管状加热器等
94	85163100	电吹风机	不适用于 36 V 以下的电吹风机
95	85163200	其他电热理发器具	仅限于 36 V 以上的理发器具
96	85163300	电热干手器	不适用于 36 V 以下的电热干手器
97	85164000	电熨斗	仅限于 36 V 以上的家用和类似用途的干式电熨斗和湿式（蒸汽）电熨斗
98	85165000	微波炉	仅限于 36 V 以上的家用和类似用途的频率在 300MHz～30GHz 之间的一个或多个 I.S.M 波段的微波炉
99	85166010	电磁炉	仅限于 36 V 以上的家用和类似用途的电磁灶
100	85166030	电饭锅	仅限于电压力锅除外的，36 V 以上的，家用和类似用途电饭锅
101	85166090	其他电热炉(包括电热板、加热环、烧烤炉及烘烤器)	仅限于 36 V 以上的，额定容积不超过 10L 的家用和类似用途的电烤箱，面包烘烤箱（商用除外）
102	85167100	电热咖啡壶或茶壶	仅限于36 V以上的，家用和类似用途电热咖啡壶或茶壶
103	85167200	电热烤面包器	仅限于 36 V 以上的，额定容积不超过 10L 的电热烤面包器

序号	HS 编码	商品名称及备注	认证适用范围
104	85167900	其他电热器具	仅限于 36 V 以上的，家用电灶、分离式固定烤炉、灶台、台式电灶、电灶的灶头、烤架和烤盘及内装式烤炉、烤架、家用和类似用途的的额定容量不超过 30L 的电热杯、电热水瓶、电热锅、电煮奶锅、电压力锅、电开水器、电煮胶锅、额定容积不超过 10L 的华夫烙饼模和类似器具（商用除外）
105	85171100	无绳电话机	同左
106	85171910	可视电话	同左
107	85171990	其他电话机	仅限于： 1)普通电话机；2）主叫号码显示电话机；3）卡式管理电话机；4）录音电话机；5）投币电话机；6）智能卡式电话机；7) IC 卡公用电话机；8）免提电话机；9）数字电话机（作为集团电话的附件的专用电话机除外）；10）电话机附加装置
108	85172100	传真机	同左
109	85173019	其他数字式程控电话交换机	仅限于 1）集团电话；2）电话会议总机
110	85175033	IP电话信号转换设备	同左
111	85175034	集线器	同左
112	85175036	调制解调器	仅限于与电信公共网联接的具有调制解调功能的终端产品（包括内置卡），包括:1）音频调制解调器；2）基带调制解调器；3）xDSL 调制解调器
113	85175039	其他有线数字通信设备	仅限于 1、ISDN终端 （1） 网络终端设备（NT1、NT1+）；（2）终端适配器（卡）TA 2、数据终端（含卡） （1）存储转发传真−语音卡；（2）POS 终端(通过公共网络)；（3）接口转换器；（4）其他数据终端

序号	HS 编码	商品名称及备注	认证适用范围
114	85175090	有线载波通信用其他设备	仅限于 1）会议电视终端；2）信息点播终端；3）其他多媒体终端
115	85182100	单喇叭音箱	仅限于 36 V 以上的，总输出功率在 500W（有效值）以下的有源音箱
116	85182200	多喇叭音箱	仅限于 36 V 以上的，总输出功率在 500 W（有效值）以下的有源音箱
117	85184000.90	其他音频扩大器	不适用于广播级音响设备和汽车、飞机上用音响设备以及 36 V 以下的音频功率放大器
118	85192100	不带扬声器的唱机	不适用于广播级音响设备和汽车、飞机上用音响设备以及 36 V 以下的唱机
119	85192900	带扬声器的唱机	不适用于广播级音响设备和汽车、飞机上用音响设备以及 36 V 以下的唱机
120	85199200	袖珍盒式磁带放音机(未装有声音录制装置)	不适用于广播级音响设备和汽车、飞机上用音响设备以及 36 V 以下的袖珍盒式磁带放音机
121	85199300	其他盒式磁带放声机(袖珍盒式磁带放声机除外)	不适用于广播级音响设备和汽车、飞机上用音响设备以及 36 V 以下的盒式磁带放音机
122	85199910	激光唱机	不适用于广播级音响设备和汽车、飞机上用音响设备以及 36 V 以下的激光唱机
123	85199990	其他声音重放设备	仅限于广播级音响设备和汽车、飞机上用音响设备除外的，36 V 以上的音视频录制、播放及处理设备
124	85203210	数字音频式盒式磁带录音机(不论是否装有声音重放装置)	不适用于广播级音响设备和汽车、飞机上用音响设备以及 36 V 以下的数字音频式盒式磁带录音机
125	85203290	其他数字音频式磁带录音机(盒式数字音频式磁带录音机除外)	不适用于广播级音响设备和汽车、飞机上用音响设备以及 36 V 以下的数字音频式盒式磁带录音机
126	85203300	其他盒式磁带录音机(不论是否装有声音重放装置)	不适用于广播级音响设备和汽车、飞机上用音响设备以及 36 V 以下的盒式磁带录音机

序号	HS 编码	商品名称及备注	认证适用范围
127	85203990	其他磁带录音机(盒式磁带录音机除外)	不适用于广播级音响设备和汽车、飞机上用音响设备以及 36 V 以下的磁带录音机
128	85209000	其他录音机及声音录制设备(盒式磁带录放音机除外)	不适用于广播级音响设备和汽车、飞机上用音响设备以及 36 V 以下的录音机及声音录制设备
129	85219010	激光视盘机（不论是否装有高频调谐放大器）	不适用于广播级音响设备和汽车、飞机上用音响设备以及 36 V 以下的激光视盘机
130	85219090.90	其他视频信号录制或重放设备(不论是否装有高频调谐放大器)	仅限于广播级音响设备和汽车、飞机上用音响设备除外的，36 V 以上的音视频录制、播放及处理设备
131	85211019	其他磁带型录像机（不论是否装有高频调谐放大器）	仅限于广播级音响设备和汽车、飞机上用音响设备除外的，36 V 以上的磁带型录像机
132	85211020	磁带放像机（不论是否装有高频调谐放大器）	仅限于广播级音响设备和汽车、飞机上用音响设备除外的，36 V 以上的磁带型录像机
133	85251010	广播电视发送设备	仅限于发送电视和声音信号的视频调制器、音视频调制解调器、频率变换器
134	85252011	电视用卫星地面站设备	仅限于接收和发送卫星电视信号的视频调制器、音视频调制解调器、频率变换器；包括：1）视频调制器；2）音视频调制解调器；3）频率变换器
135	85252022	手持式无线电话机(包括车载式无线电话机)	仅限于 1） 模拟移动电话机；2）GSM 数字蜂窝移动台（手持机和其他终端设备）；3）CDMA 数字蜂窝移动台（手持机和其他终端设备）
136	85252091	广播电视用装有接收装置发送设备	仅限于接收和发送电视和声音信号的视频调制器、音视频调制解调器、频率变换器，包括：1）视频调制器；2）音视频调制解调器；3）频率变换器
137	85273200	带时钟的收音机(包括兼可接收无线电话,电报的设备)	仅限于 36 V 以上的，各种广播波段的调谐接收机、收音机
138	85273900	其他收音机(包括兼可接收无线电话,电报的设备)	仅限于 36 V 以上的，各种广播波段的调谐接收机、收音机

序号	HS 编码	商品名称及备注	认证适用范围
139	85279090.90	其他无线电话、电报、广播接收设备	仅限于 36 V 以上的，各种广播波段的调谐接收机、收音机
140	85273100	其他收录(放)音组合机(包括兼可接收无线电话、电报的设备)	仅限于 36 V 以上的组合音响系统（可带视频功能）
141	85281210	彩色的卫星电视接收机	不适用于 36 V 以下的彩色的卫星电视接收机
142	85281291	42 cm及以下的彩色电视机(所列规格指显示屏幕对角线尺寸)	不适用于 36 V 以下的彩色电视机
143	85281292	42<显示屏幕≤52 cm的彩色电视机(所列规格指显示屏幕对角线尺寸)	不适用于 36 V 以下的彩色电视机
144	85281293	52 cm以上的彩色电视机(所列规格指屏幕尺寸)	不适用于 36 V 以下的彩色电视机
145	85282100	彩色视频监视器	不适用于 36 V 以下的彩色视频监视器
146	85283010	彩色视频投影机	不适用于 36 V 以下的彩色视频投影机
147	85281310	≤16 cm黑白或其他单色电视机(所列规格指显示屏幕尺寸)	不适用于 36 V 以下的黑白或其他单色电视机
148	85281320	16–42 cm黑白或其他单色电视机(所列规格指显示屏幕尺寸)	不适用于 36 V 以下的黑白或其他单色电视机
149	85281330	42–52 cm黑白或其他单色电视机(所列规格指显示屏幕尺寸)	不适用于 36 V 以下的黑白或其他单色电视机
150	85281340	52 cm以上黑白或其他单色电视机(所列规格指显示屏幕尺寸)	不适用于 36 V 以下的黑白或其他单色电视机
151	85282200	黑白或其他单色视频监视器	不适用于 36 V 以下的黑白或其他单色视频监视器
152	85283020	黑白或其他单色视频投影机	不适用于 36 V 以下的黑白或其他单色视频投影机
153	8531.9010	防盗、防火及类似装置用零件	仅限于火灾报警设备（包括火灾报警控制器、点型感温火灾探测器、点型感烟火灾探测器、消防联动控制设备、手动火灾报警按钮）
154	5909.0000	纺织材料制水龙软管及类似管子(不论有无其他材料作衬里,护套或附件)	仅限于消防水带（包括有衬里消防水带、消防湿水带）
155	8424.1000	灭火器(不论是否装药)	仅限于喷水灭火设备（包括洒水喷头、湿式报警阀、水流指示器、消防用压力开关）

序号	HS 编码	商品名称及备注	认证适用范围
156	85311090	其他防盗或防火报警器及类似装置	仅限于主动红外入侵探测器、室内用被动红外探测器、室内用微波多普勒探测器、微波与被动红外复合入侵探测器
157	85351000	电路熔断器(电压＞1000 V)(用于电压超过 1000 V 的线路)	仅限于 36 V 以上的，额定电压交流 1 200V 及以下直流 1 500V 及以下的熔断器。
158	85352100	电压＜72.5 kV 自动断路器(用于电压超过 1000 V 的线路)	仅限于 36 V 以上的，额定电压交流 1 200V 及以下直流 1 500V 及以下的断路器。
159	85353000	隔离开关及断续开关(用于电压超过 1 000 V 的线路)	仅限于 36 V 以上的，额定电压交流 1 200V 及以下直流 1500V 及以下的低压开关
160	85359000	其他＞1 000 V 电路开关等电气装置(用于电压超过 1 000 V 的线路开关,保护,连接用电气装置)	仅限于 36 V 以上的，额定电压交流 1 200V 及以下直流 1 500V 及以下的电路开关等电气装置。
161	85361000	熔断器(电压不超过 1 000 V)(用于电压不超过 1 000 V 的线路)	仅限于 36 V 以上的，专业人员使用、非专业人员使用以及半导体保护用的熔断器以及小型熔断器（包括管状熔断体、玻璃管、陶瓷管等)、超小型熔断体等
162	85362000	电压不超过 1 000 V 自动断路器(用于电压不超过 1 000 V 的线路)	不适用于 36 V 以下的自动断路器
163	85363000	电压≤1 000 V 其他电路保护装置(用于电压不超过 1 000 V 的线路)	仅限于 36 V 以上的限流器、电路保护器、过流保护器、热过载保护器和电路开关、保护或连接用电气装置
164	85364100	电压≤60 V 的继电器	不适用于 36 V 以下的继电器
165	85364900	电压大于 60 V 的继电器(用于电压不超过 1 000 V 的线路)	同左
166	85365000	电压≤1 000 V 的其他开关(用于电压不超过 1 000 V 的线路)	仅限于 1)、36 V 以上的家用及类似用途固定式电气装置的开关（适用于户内或户外使用的，仅用于交流电、额定电压不大于 440V、额定电流不大于 63A 的家用和类似用途固定式电气装置的手动操作的一般用途的开关)，包括：跷板式开关、按钮式开关、倒扳开关、拉线开关、

序号	HS 编码	商品名称及备注	认证适用范围
			旋转开关等。 2)、36 V< 电压≤1 000 V 的其他开关(用于电压不超过 1 000 V 的线路) 包括：电器开关、真空开关、压力开关、接近开关、脚踏开关、热敏开关、液位开关、按钮开关、限位开关、微动开关、倒顺开关、温度开关、行程开关、转换开关、刀开关等
167	85366900	电压≤1 000 V 的插头及插座(用于电压不超过 1 000 V 的线路)	仅限于 36 V 以上的下列产品： 1)、家用及类似用途插头插座（适用于户内或户外使用的、家用和类似用途的、仅用于交流电、额定电压在 50V 以上但不超过 440V、额定电流不超过 32A 的、带或不带接地触头的插头和固定式、移动式插座），包括：插头、插座、移动式插座、器具插座、加长电线组件、组合式插座等。 2)、工业用插头插座和耦合器（适用于工业用途的户内和户外使用的额定电压不超过 660V a.c.、440V d.c.，额定电流不小于 16A、但不超过 125A，额定频率不超过 400Hz 的插头和插座、电缆耦合器和器具耦合器产品），包括：工业用插头、插座、器具耦合器（含连接器、器具插座）等
168	85369000	其他≤1 000 V 电路开关等电气装置(用于电压不超过 1 000 V 的线路开关,保护,连接用电气装置)	仅限于 36 V 以上的下列产品： 1)、电线组件（由插头、电源线、连接器组成）。 2)、家用及类似用途器具耦合器（包括：器具耦合器[含连接器、器具输入插座]）互连耦合器[含插头连接器、器具插座]，互连电线组件等]。 3)、家用和类似用途固定式电气装置电器附件外壳（包括：明装式安装盒、暗装式安装盒、半暗装式安装盒、盖或盖板等）。 4)、其他电气装置（包括：接触器（机电式接触器、家用和类似场所用接触器、固态接触器、混合式接触器）、电动机起动器（机电式电动机控制器和起动器、交流半导体电动机控制器和起动器）、 信号灯、辅助触头组件、主令控制器（按预定程序转换控制电路接线的电器）等）

序号	HS编码	商品名称及备注	认证适用范围
169	85371090.90	其他电力控制或分配的装置(电压不超过1 000 V的线路)	仅限于36 V以上的低压配电板（或称配电柜、配电箱、配电盘）、低压控制板（或称控制柜、控制箱、控制盘）、母线干线系统（或称母线槽
170	85372090	其他电力控制或分配装置(包括盘、板[含数控装置])	仅限于36 V以上的，额定电压交流1 200 V和直流1 500V及以下的熔断器
171	85401100	彩色阴极射线电视显像管(包括视频监视器用阴极射线管)	仅限于管屏对角线尺寸＞16cm的阴极射线管（不含背投电视中的显像管）
172	85401200	黑白或单色阴极射线电视显像管(包括视频监视器用阴极射线管)	仅限于管屏对角线尺寸＞16cm的阴极射线管（不含背投电视中的显像管）
173	85404000	点距＜ 0.4mm 彩色数据-图形显示管(指屏幕荧光点间距小于0.4mm的彩色数据-图形显示管)	仅限于管屏对角线尺寸＞16cm的阴极射线管（不含背投电视中的显像管）
174	85405000	黑白或其他单色数据-图形显示管	仅限于管屏对角线尺寸＞16cm的阴极射线管（不含背投电视中的显像管）
175	85406090	其他阴极射线管	仅限于管屏对角线尺寸＞16cm的阴极射线管（不含背投电视中的显像管）
176	85438920	高、中频放大器	仅限于处理和分配电视和声音信号的干线放大器、桥接放大器、分配放大器，家用电视天线放大器
177	85444910	耐压≤80 V无接头电缆	仅限于耐压36 V以上，矿用橡套软电缆中的矿工帽灯电线
178	85445910	1000 V≥耐压＞80 V 无接头电缆（指额定电压超过80 V，不超过1000 V）	仅限于矿用橡套软电缆、铁路机车车辆用电缆（电线）、橡皮绝缘电线电缆、额定电压450-750V及以下聚氯乙烯绝缘电线电缆
179	85446019	耐压＞1～35kV的电缆	仅限于矿用橡套软电缆、交流额定电压3 kV及以下铁路机车车辆用电缆（电线）
180			汽车：适用各类汽车和挂车
	8701.2000	半挂车用的公路牵引车	同左
181	87019000.90	其他牵引车(不包括编号8709的牵引车)	同左

序号	HS 编码	商品名称及备注	认证适用范围
182	8702.1091	30 座及以上大型客车(柴油型)(指装有柴油发动机的 30 座及以上的客运车)	同左
183	87021092.11	20≤座≤22 柴油客车(装有柴油或半柴油发动机的中型客车,排气量<2 000 ml)	同左
184	87021092.19	20≤座≤22 柴油客车(装有柴油或半柴油发动机的中型客车,排气量≥2 000 ml)	同左
185	87021092.90	其他 23≤座<30 柴油型中型客车(装有柴油或半柴油发动机的客车)	同左
186	87021093.10	排气量<2 000 ml 的 10≤座≤19 客车(装有柴油或半柴油发动机的中型客车)	同左
187	87021093.90	排气量≥2 000 ml 的 10≤座≤19 客车(装有柴油或半柴油发动机的中型客车)	同左
188	87029010	30 座及以上大型客车(其他型)(指装有其他发动机的 30 座及以上的客运车)	同左
189	87029020.11	20≤座≤22 非柴油客车(指装有其他发动机的中型客车,排气量<2 000 ml)	同左
190	87029020.19	20≤座≤22 非柴油客车(指装有其他发动机的中型客车,排气量≥2 000 ml)	同左
191	87029020.90	其他 23≤座<30 的非柴油客车(指装有其他发动机的中型客车)	同左
192	87029030.10	排气量<2 000 ml 的 10≤座≤19 客车(装有其他发动机的中型客车)	同左
193	87029030.90	排气量≥2 000 ml 的 10≤座≤19 客车(装有其他发动机的中型客车)	同左
194	87032130.11	汽油型微马力小轿车(指装有点燃往复式活塞内燃机，微马力指排气量<1 000 ml)	同左
195	87032130.19	汽油型微马力小轿车(指装有点燃往复式活塞内燃机，微马力指排气量 1 000 ml)	同左

序号	HS 编码	商品名称及备注	认证适用范围
196	87032190.11	汽油型超微马力小轿车、越野车（指装有点燃往复式活塞内燃机，排气量＜1000 ml＝	同左
197	87032190.19	汽油型微马力轿车、越野车(指装有点燃往复式活塞内燃机的，排气量 1 000 ml)	同左
198	87032230.10	汽油型小马力小轿车(装点燃往复式活塞内燃机，小马力指 1000 ml＜排气量≤1500 ml＝	同左
199	87032240.10	汽油型小马力四轮驱动越野车(装点燃往复式活塞内燃机，小马力指 1000 ml＜排气量≤1 500 ml	同左
200	87032250.10	汽油型小马力小客车(≤9 座)(装点燃往复式活塞内燃机，小马力指 1000 ml＜排气量≤1 500 ml＝	同左
201	87032290.11	汽油型小马力其他小客车(≤9 座)(装点燃往复式活塞内燃机，小马力指 1000 ml＜排气量≤1 500 ml)	同左
202	87032290.19	汽油型小马力其他车(装点燃往复式活塞内燃机，小马力指 1000 ml＜排气量≤1500 ml＝	同左
203	87032314.11	1 500 ml＜排气量＜2 200 ml 的小轿车(指汽油型，装点燃往复式活塞内燃机)	同左
204	87032314.19	2 200 ml≤排气量≤2 500 ml 的小轿车(指汽油型，装点燃往复式活塞内燃机)	同左
205	87032315.11	1 500 ml＜排量＜2 400 ml 四轮驱动越野车(指汽油型，装点燃往复式活塞内燃机)	同左
206	87032315.19	2 400 ml≤排量≤2 500 ml 四驱动越野车(指汽油型，装点燃往复式活塞内燃机)	同左
207	87032316.11	1 500 ml＜排量＜2 000 ml 小客车(指≤9 座，汽油型的，装有点燃往复式活塞内燃机)	同左
208	87032316.19	2 000 ml≤排量≤2 500 ml 小客车(指≤9 座，汽油型的，装有点燃往复式活塞内燃机)	同左
209	87032319.11	1 500 ml＜汽油型＜2 000 ml 其他小客车(装点燃往复式活塞内燃机)	同左
210	87032319.12	2 000 ml≤汽油型≤2 500 ml 其他小客车(装点燃往复式活塞内燃机)	同左

序号	HS 编码	商品名称及备注	认证适用范围
211	87032319.19	1 500 ml＜汽油型≤2 500 ml 其他车(装点燃往复式活塞内燃机)	同左
212	87032334.10	汽油型中马力小轿车(装点燃往复式活塞内燃机,指 2 500 ml＜排气量≤3 000 ml＝	同左
213	87032335.10	汽油型中马力越野车(装点燃往复式活塞内燃机,指 2 500 ml＜排气量≤3 000 ml＝	同左
214	87032336.10	汽油型中马力旅行小客车(≤9 座)(装点燃往复式活塞内燃机,指 2 500 ml＜排气量≤3 000 ml	同左
215	87032339.11	汽油型中马力其他客车(≤9 座)(装点燃往复式活塞内燃机,指 2 500 ml＜排气量≤3 000 ml	同左
216	87032339.19	汽油型中马力其他车(装点燃往复式活塞内燃机,指 2 500 ml＜排气量≤3 000 ml＝	同左
217	87032430.10	汽油型大马力小轿车(≤9 座)(装有点燃往复式活塞内燃机,大马力指排气量＞3 000 ml)	同左
218	87032440.10	汽油型大马力越野车(装有点燃往复式活塞内燃机,大马力指排气量＞3 000 ml)	同左
219	87032450.10	汽油型大马力旅行小客车(≤9 座)(装有点燃往复式活塞内燃机,大马力指排气量＞3 000 ml)	同左
220	87032490.11	汽油型大马力其他小客车(装有点燃往复式活塞内燃机,大马力指排气量＞3000 ml)	同左
221	87032490.19	汽油型大马力其他车(装有点燃往复式活塞内燃机,大马力指排气量＞3000 ml)	同左
222	87033130.11	排气量＜1 000 ml 柴油型小轿车(装有压燃式活塞内燃发动机,9 座及以下的)	同左
223	87033130.19	1 000 ml≤排量≤1 500 ml 柴油型小轿车(装有压燃式活塞内燃发动机,9 座及以下的)	同左
224	87033140.10	柴油型小马力越野车(装有压燃式活塞内燃发动机,小马力指排气量≤1 500 ml)	同左

序号	HS 编码	商品名称及备注	认证适用范围
225	87033150.10	柴油型小马力小客车(≤9 座)(装有压燃式活塞内燃发动机,小马力指排气量≤1 500 ml)	同左
226	87033190.11	柴油型小马力其他小客车(≤9 座)(装有压燃式活塞内燃发动机,小马力指排气量≤1 500 ml)	同左
227	87033190.19	柴油型小马力其他车(装有压燃式活塞内燃发动机,小马力指排气量≤1 500 ml)	同左
228	87033230.11	1 500 ml<排气量<2 200 ml 柴油型小轿车(指≤9 座,装压燃式活塞内燃发动机)	同左
229	87033230.19	2 200 ml≤排气量≤2 500 ml 柴油小轿车(指≤9 座,装压燃式活塞内燃发动机)	同左
230	87033240.11	1 500 ml<排量<2 400 ml 四轮驱动越野车(指≤9 座,柴油型, 装压燃式活塞内燃发动机)	同左
231	87033240.19	2 400 ml≤排量≤2 500 ml 四驱动越野车(指≤9 座,柴油型, 装压燃式活塞内燃发动机)	同左
232	87033250.11	1 500 ml<排气量<2 000 ml 小客车(指≤9 座, 柴油型, 装压燃式活塞内燃发动机)	同左
233	87033250.19	2 000 ml≤排气量≤2 500 ml 小客车(指≤9 座, 柴油型, 装压燃式活塞内燃发动机)	同左
234	87033290.11	柴油型中马力其他小客车(≤9 座)(指1500 ml<排气量<2 000 ml)	同左
235	87033290.12	2 000 ml≤排气量≤2 500 ml 其他小客车(指≤9 座, 柴油型, 装压燃式活塞内燃发动机)	同左
236	87033290.19	柴油型中马力其他车(指 1 500 ml<排气量≤2 500 ml	同左
237	87033330.10	排气量>2 500 ml 的柴油型小轿车(指≤9 座,装有压燃式活塞内燃发动机)	同左
238	87033340.10	排气量>2 500 ml 四轮驱动越野车(指≤9 座,柴油型, 装有压燃式活塞内燃发动机)	同左
239	87033350.10	排气量>2 500 ml 小客车(≤9 座)(指柴油型, 装有压燃式活塞内燃发动)	同左

序号	HS 编码	商品名称及备注	认证适用范围
240	87033390.11	柴油型大马力其他小客车(≤9 座)(装有压燃式活塞内燃发动,大马力指排气量>2 500 ml)	同左
241	87033390.19	柴油型大马力其他车(装有压燃式活塞内燃发动,大马力指排气量>2 500 ml)	同左
242	87039000.11	其他型排气量<1 000 ml 的小轿车	同左
243	87039000.12	其他型 1 000 ml≤排气量<2 200 ml 小轿车	同左
244	87039000.13	其他型排气量≥2 200 ml 的小轿车	同左
245	87039000.14	其他型排量<2 000 ml 面包车(≤9 座)	同左
246	87039000.15	其他型排量≥2 000 ml 面包车(≤9 座)	同左
247	87039000.16	其他型排气量<2 400 ml 的越野车	同左
248	87039000.17	其他型排气量≥2 400 ml 的越野车	同左
249	87039000.19	装有其他发动机的其他型车(指九座及以下, 包括旅行小客车及赛车)	同左
250	87042100	柴油型其他小型货车(装有压燃式活塞内燃发动机,小型指车辆总质量≤5 t)	同左
251	87042230	柴油型其他中型货车(装有压燃式活塞内燃发动机,中型指 5 t<车辆总质量<14 t)	同左
252	87042240.10	混凝土泵车、搅拌车用底盘(装有压燃式活塞内燃发动机,重型指 14≤车辆总质量≤20 t)	同左
253	87042240.90	柴油型其他重型货车(装有压燃式活塞内燃发动机,重型指 14 t≤车辆总质量≤20 t)	同左
254	87042300.10	起重≥25t 汽车起重机用底盘(装有压燃式活塞内燃发动机,超重型指车辆总质量>20 t)	同左
255	87042300.20	混凝土泵车、搅拌车用底盘(装有压燃式活塞内燃发动机,超重型指车辆总质量>20 t)	同左
256	87042300.90	柴油型的其他超重型货车(装有压燃式活塞内燃发动机,超重型指车辆总质量>20 t)	同左
257	87043100	汽油型≤5 t 的其他货车(装有点燃式活塞内燃发动机,车辆总质量不超过 5 吨)	同左
258	87043230	5 t<汽油型≤ 8 t 的其他货车(装有点燃式活塞内燃发动机,车辆总质量超 8t)	同左

序号	HS 编码	商品名称及备注	认证适用范围
259	87043240	汽油型＞8t 的其他货车(装有点燃式活塞内燃发动机,车辆总质量超过 5 吨)	同左
260	87049000	装有其他发动机的货车	同左
261	87051021	起重质量≤50t 全路面起重车	同左
262	87051022	50<起重质量≤100t 全路面起重车	同左
263	87051023	起重质量>100t 全路面起重车	同左
264	87051091	起重质量≤50t 其他机动起重车	同左
265	87051092	50 t<起重质量≤100t 其他起重车	同左
266	87051093	起重质量>100 t 其他机动起重车	同左
267	87052000	机动钻探车	同左
268	87053010	装有云梯的机动救火车	同左
269	87053090	其他机动救火车	同左
270	87054000	机动混凝土搅拌车	同左
271	87059010	无线电通信车	同左
272	87059020	机动放射线检查车	同左
273	87059030	机动环境监测车	同左
274	87059040	机动医疗车	同左
275	87059059	其他机动电源车(频率为 400 Hz 航空电源车除外)	同左
276	87059060	飞机加油车，调温车，除冰车	同左
277	87059070	道路(包括跑道)扫雪车	同左
278	87059080	石油测井车，压裂车，混沙车	同左
279	87059090.10	跑道除冰车	同左
280	87059090.90	其他特殊用途的机动车辆(主要用于载人或运货的车辆除外)	同左
281	87060021	车辆总质量≥14t 的货车底盘(装有发动机的)	同左
282	87060022	车辆总质量＜14 t 的货车底盘(装有发动机的)	同左
283	87060030	大型客车底盘(装有发动机的)	同左
284	87060040	汽车起重机底盘(装有发动机的)	同左
285	87060090	其他机动车辆底盘(装有发动机的,编号 8701,8703 和 8705 所列车辆用)	同左
286	87163110	油罐挂车及半挂车	同左
287	87163190	其他罐式挂车及半挂车	同左
288	87163910	货柜挂车及半挂车	同左
289	87163990	其他货运挂车及半挂车	同左
290	87164000	其他未列名挂车及半挂车	同左

序号	HS 编码	商品名称及备注	认证适用范围	
291	8708.2100	座椅安全带(编号 8701 至 8705 的车辆用)	仅限于汽车安全带： M 类汽车、N 类汽车前向座椅的安全带	
292	87111000	汽油型微马力摩托车及脚踏两用车(装有往复式活塞发动机,微马力指排气量≤50 ml)	仅限于轻便摩托车	L1 类（若使用热力发动机，气缸排量不超过 50ml，且无论何种驱动方式，其最高设计车速不超过 50km/h 的两轮车辆） L2 类（若使用热力发动机，气缸排量不超过 50ml，且无论何种驱动方式，其最高设计车速不超过 50km/h，具有任何车轮布置形式的三轮车辆）
293	87112000	汽油型小马力摩托车及脚踏两用车(装有往复式活塞发动机,小马力指 50 ml<排气量≤250 ml)	仅限于摩托车	L3 类（若使用热力发动机，气缸排量超过 50ml，或无论何种驱动方式，其最高设计车速超过 50km-h 的两轮车辆）； L4 类（若使用热力发动机，气缸排量超过 50ml，或无论何种驱动方式，其最高设计车速超过 50km/h，三个车轮相对于车辆的纵向中心平面为非对称布置的车辆） L5 类（若使用热力发动机，气缸排量超过 50mL，或无论何种驱动方式，其最高设计车速超过 50km/h，三个车轮相对于车辆的纵向中心平面为对称布置的车辆） 不含四轮沙滩摩托车、卡丁车
294	87113010	250 ml<汽缸容量≤400 ml 摩托车(装有往复式活塞发动机,含脚踏两用车)		
295	87113020	400 ml<汽缸容量≤500 ml 摩托车(装有往复式活塞发动机,含脚踏两用车)		
296	87114000	汽油型大马力摩托车及脚踏两用车(装有往复式活塞发动机,大马力指 500 ml<排气量≤800 ml)		
297	87115000	汽油型超大马力摩托车及类似车(装有往复式活塞发动机,超大马力指排气量>800 ml)		
298	87119000	装有其他发动机的摩托车及边车(包括脚踏两用车)		
299	90082000	缩微阅读机(不论是否可以进行复制)	仅限于 36 V 以上的，可以进行复制的缩微阅读机	

序号	HS 编码	商品名称及备注	认证适用范围
300	90091110	多色静电感光复印设备(直接法)(将原件直接复印的)	不适用于能复制开本大于 A1 规格的和 36 V 以下的各类复印机
301	90091190	其他静电感光复印设备(直接法)(将原件直接复印的)	不适用于能复制开本大于 A1 规格的和 36 V 以下的各类复印机
302	90091210	多色静电感光复印设备(间接法)(将原件直接复印的)	不适用于能复制开本大于 A1 规格的和 36 V 以下的各类复印机
303	90091290	静电感光复印设备(间接法)(将原件通过中间体转印的)	不适用于能复制开本大于 A1 规格的和 36 V 以下的各类复印机
304	90092110	带有光学系统的多色感光复印设备(将原件直接复印的)	不适用于能复制开本大于 A1 规格的和 36 V 以下的各类复印机
305	90092190	带有光学系统的其他感光复印设备	不适用于能复制开本大于 A1 规格的和 36 V 以下的各类复印机
306	90092210	接触式多色感光复印设备(将原件直接复印的)	不适用于能复制开本大于 A1 规格的和 36 V 以下的各类复印机
307	90092290	接触式的其他感光复印设备	不适用于能复制开本大于 A1 规格的和 36 V 以下的各类复印机
308	90093010	多色热敏复印设备(将原件直接复印的)	不适用于能复制开本大于 A1 规格的和 36 V 以下的各类复印机
309	90093090	其他热敏复印设备	不适用于能复制开本大于 A1 规格的和 36 V 以下的各类复印机
310	90283010	电度表（包括它们的校准仪表）	仅限于预付费式电能表
311	90291020	车费计、里程计	仅限于出租车计价器
312	92071000	通过电产生或扩大声音的键盘乐器(手风琴除外)	仅限于电子琴
313	94051000	枝形吊灯，包括天花板或墙壁上的照明装置(但露天或街道上的除外)	不适用于 36 V 以下的枝形吊灯
314	94052000	电气台灯、床头灯、落地灯	仅限于 36 V 以上的可移式灯具（正常使用时，灯具连接电源后能够从一处移到另一处的灯具，如台灯、落地灯、烛台灯）

<table>
<tr><th>序号</th><th>HS 编码</th><th>商品名称及备注</th><th colspan="2">认证适用范围</th></tr>
<tr><td>315</td><td>94054090</td><td>其他电灯及照明装置</td><td colspan="2">仅限于 36 V 以上的嵌入式灯具（制造厂指定完全或全部嵌入安装表面的灯具。如筒灯、格栅灯、埋地灯）和固定式灯具（不能很方便地从一处移到另一处的灯具，即这种灯具只能借助于工具才能移动或用于不易接触到之处。户外安装荧光管支架、壁灯、吊灯、吸顶灯和固定式庭院灯具都属于固定式灯具）</td></tr>
<tr><td>316</td><td>95041000</td><td>电视电子游戏机（指与电视接收机配套使用的）</td><td colspan="2">仅限于手持式掌上游戏机和商用游戏机除外的，36 V 以上的电脑游戏机和学习机</td></tr>
<tr><td>317</td><td>9022.1300</td><td>其他牙科用 x 射线应用设备</td><td rowspan="14">仅限于医用X射线诊断设备（兽用除外）</td><td>齿科X射线机，兽用除外</td></tr>
<tr><td rowspan="12">318</td><td>9022.140090</td><td>其他医疗或兽医用 x 射线应用设备</td><td>胃肠X射线机，兽用除外</td></tr>
<tr><td></td><td></td><td>乳腺X射线机，兽用除外</td></tr>
<tr><td></td><td></td><td>心血管造影X射线机，兽用除外</td></tr>
<tr><td></td><td></td><td>泌尿X射线机，兽用除外</td></tr>
<tr><td></td><td></td><td>X射线骨密度仪，兽用除外</td></tr>
<tr><td></td><td></td><td>通用摄影X射线机（齿科X射线机、胃肠X射线机、乳腺X射线机、心血管造影X射线机、泌尿X射线机、X射线骨密度仪除外），兽用除外</td></tr>
<tr><td></td><td></td><td>通用透视X射线机（齿科X射线机、胃肠X射线机、乳腺X射线机、心血管造影X射线机、泌尿X射线机、X射线骨密度仪除外），兽用除外</td></tr>
<tr><td></td><td></td><td>手术X射线机，兽用除外</td></tr>
<tr><td></td><td></td><td>介入治疗X射线机，兽用除外</td></tr>
<tr><td></td><td></td><td>X射线模拟定位机，兽用除外</td></tr>
<tr><td></td><td></td><td>其他利用X射线成像原理实现临床诊断或借助X射线影像辅助实施手术治疗的设备，兽用除外</td></tr>
<tr><td>319</td><td>9022.1200</td><td>X射线断层检查仪</td><td>X射线计算机体层摄影设备，兽用除外</td></tr>
<tr><td>320</td><td>9018.9040</td><td>肾脏透析装备（人工肾）</td><td colspan="2">仅限于血液透析装置</td></tr>
<tr><td rowspan="3">321</td><td rowspan="3">9018.9090</td><td rowspan="3">其他医疗、外科或兽医用仪器器具</td><td colspan="2">仅限于空心纤维透析器</td></tr>
<tr><td colspan="2">仅限于血液净化装置的体外循环管道</td></tr>
<tr><td colspan="2">仅限于人工心肺机–滚压式血泵、滚压式搏动血泵、热交换水箱、硅橡胶泵管、鼓泡式氧合器、热交换器</td></tr>
<tr><td>322</td><td>9018.1100</td><td>心电图记录仪</td><td colspan="2">仅限于心电图机、心电向量图机、负荷测试仪及提取供诊断用的心电图图谱的心电图机</td></tr>
<tr><td>325</td><td>9021.5000</td><td>心脏起搏器，不包括零件、附件</td><td colspan="2">仅限于植入式心脏起搏器</td></tr>
</table>

25、强制性产品认证检测收费标准（国认证函[2002]111号）

一、电线组件

产品标准：GB15934-1996

序号	产品名称/型号	项号	检测项目名称	单位	收费标准（元）	备注
1	电线组件之插头	6	额定值	组	60	
		8	标志		60	
		9	尺寸的检查		90	
		10	防触电保护		90	
		11	接地措施		90	
		12	端子		90	
		13	固定式插座的结构		90	
		14	插头和移动式插座的结构		90	
		15	联锁插座		60	
		16	耐老化、防有害进水和防潮		240	
		17	绝缘电阻和电气强度		90	
		18	接地触头的工作		90	
		19	温升		240	
		20	分断容量		180	
		21	正常操作		600	
		22	拔出插头所需的力		120	
		23	软缆及其连接		90	
		24	机械强度		90	
		25	耐热		180	
		26	螺钉、载流部件及其连接		90	
		27	爬电距离、电气间隙和通过密封胶的距离		120	
		28	绝缘材料的耐非正常热、耐燃和耐漏电起痕		540	
		29	防锈性能		90	
		30	带绝缘套的插销的附加试验		120	
			全项收费		3600	
2	电线组件之连接器	7	额定值	组	60	
		8	标志		60	
		9	尺寸和互换性		90	
		10	防触电保护		120	
		11	接地措施		90	
		12	端子和端头		90	
		13	结构		120	
		14	防潮		240	
		15	绝缘电阻和电气强度		90	
		16	插入和拔出连接器所需的力		120	
		17	触头的工作		150	
		18	用于热条件或酷热条件下的器具耦合器的耐热性能		360	
		19	分断容量		300	
		20	正常操作		600	
		21	温升		360	
		22	软线及其连接		120	
		23	机械强度		90	
		24	耐热和抗老化性能		300	
		25	螺钉、载流部件及其连接		120	
		26	爬电距离、电气间隙和穿通绝缘距离		100	
		27	绝缘材料的耐热、耐燃和耐漏电起痕		720	
		28	防锈		120	
			全项收费		4 420	

二、电线电缆产品检测收费项目及标准

1、 标准：GB12972-1991

序号	产品名称	项号	检验项目	单位	收费标准（元）	备注
1	采煤机软电缆 UC，UCP 移动橡套软电缆 UY，UYP	1	结构检查	根	100	
		2	绝缘厚度测量		75	
		3	护套厚度测量		50	
		4	成品电缆外径测量		25	
		5	导体电阻		150	
		6	绝缘电阻		150	
		7	过渡电阻		225	
		8	电压试验		125	
		9	燃烧试验		50	
		10	机械冲击试验		250	
		11	弯曲试验		600	
		12	绝缘物理机械性能		650	
		13	护套物理机械性能		250	
		14	识别标志		25	
			全性能检验费		2 750	
2	采煤机屏蔽监视加强型软电缆 UCPJB，UCPJR 采煤机金属屏蔽软电缆 UCPT 矿用电钻电缆 UZ，UZP 矿用移动轻型橡套软电缆 UYQ	1	结构检查	根	100	
		2	绝缘厚度测量		100	
		3	护套厚度测量		50	
		4	成品电缆外径测量		50	
		5	导体电阻		150	
		6	过渡电阻		200	
		7	电压试验		125	
		8	绝缘吸水性		300	
		9	燃烧试验		100	
		10	绝缘物理机械性能		1 175	
		11	护套物理机械性能		475	
		12	识别标志		25	
			全性能检验费		2 850	
3	额定电压 3.6/6kV 屏蔽监视型软电缆 UYPJ–3.6/6 额定电压 3.6/6kV 屏蔽橡套软电缆 UYP–3.6/6， UYPT–3.6/6， UYPD–3.6/6， UYPTD–3.6/6	1	结构检查	根	100	
		2	绝缘厚度测量		100	
		3	护套厚度测量		75	
		4	成品电缆外径测量		50	
		5	导体电阻		150	
		6	绝缘电阻		150	
		7	过渡电阻		250	
		8	电压试验		125	
		9	燃烧试验		50	
		10	局部放电试验		500	
		11	介质损耗角正切试验		500	
		12	冲击电压试验		500	
		13	4h 电压试验		200	
		14	绝缘吸水性		300	
		15	绝缘物理机械性能		1 175	
		16	护套物理机械性能		500	
		17	识别标志		25	
			全性能检验费		4 750	

序号	产品名称	项号	检验项目	单位	收费标准（元）	备注
4	矿工帽灯电线 UM，UM-1	1	结构检查	根	50	
		2	绝缘厚度测量		50	
		3	护套厚度测量		25	
		4	成品电缆外径测量		20	
		5	导体电阻		75	
		6	电压试验		75	
		7	燃烧试验		175	
		8	绝缘物理机械性能		1 100	
		9	护套物理机械性能		400	
		10	识别标志		25	
			全性能检验费		1 970	

2、标准：GB12528.1-1990 JB8145-1

序号	产品名称	项号	检验项目	单位	收费标准（元）	备注
	天然丁苯橡皮绝缘铁路机车车辆用电缆（电线）氯磺化聚乙烯绝缘铁路机车车辆用电缆（电线）乙丙橡皮绝缘铁路机车车辆用电缆（电线）	1	结构检查	根	100	
		2	绝缘厚度测量		50	
		3	护套厚度测量		50	
		4	外径平均值测量		25	
		5	外径椭圆度测量		25	
		6	导体电阻		150	
		7	成品电缆电压试验		75	
		8	浸油后成品电缆电压试验		175	
		9	弯曲后成品电缆电压试验		175	
		10	成品电缆击穿试验		150	
		11	浸油后成品电缆击穿试验		175	
		12	成品电缆表面漏放电试验		200	
		13	浸油后电缆表面漏放电试验		200	
		14	成品电缆耐湿性试验		250	
		15	绝缘电阻试验		150	
		16	绝缘老化前后抗张强度		125	
		17	绝缘老化前后断裂伸长率		225	
		18	绝缘耐矿物油试验		350	
		19	绝缘耐燃料油试验		350	
		20	绝缘耐臭氧试验		650	
		21	绝缘低温弯曲试验		150	
		22	绝缘低温拉伸试验		150	
		23	护套老化前后抗张强度		150	
		24	护套老化前后断裂伸长率		200	
		25	护套耐矿物油试验		300	
		26	护套耐臭氧试验		400	
		27	护套低温弯曲试验		150	
		28	护套低温拉伸试验		150	
		29	燃烧试验		50	
		30	浸油后燃烧试验		125	
		31	标志耐擦试验		25	
			全性能检验费		5 600	

3、标准：GB5013-1997，JB8735-1998

序号	产品名称	项号	检验项目	单位	收费标准（元）	备注
1	耐热硅橡胶绝缘电线 245IEC03(YG)	1	导体电阻	根	75	
		2	电压试验		75	
		3	结构检查及印字		20	
		4	绝缘厚度测量		25	
		5	外径平均值测量		25	
		6	外径椭圆度测量		25	
		7	老化前拉力试验		100	
		8	空气烘箱老化及拉力试验		225	
		9	热延伸试验		100	
		10	耐热性试验		150	
			全性能检验费		820	
2	编织软线245IEC51(RX) 橡皮绝缘编织软电线 RX RXS RXH	1	导体电阻	根	125	
		2	电压试验		125	
		3	结构检查及印字		20	
		4	绝缘厚度测量		50	
		5	外径平均值测量		25	
		6	老化前拉力试验		125	
		7	空气烘箱老化及拉力试验		225	
		8	氧弹老化及拉力试验		400	
		9	热延伸试验		125	
		10	耐热性试验		150	
		11	曲挠试验及试验后电压试验		350	
		12	耐磨试验		150	
			全性能检验费		1 870	
3	软线和软电缆 245IEC53(YZ) 245IEC57(YZW) 245IEC66(YCW) 通用橡套软电缆 YQ，YZ，YZB，YC YQW，YZW，YZBW，YCW	1	导体电阻	根	125	
		2	绝缘线芯电压试验		125	
		3	成品电缆电压试验		75	
		4	结构检查及印字		80	
		5	绝缘厚度测量		50	
		6	护套厚度测量		50	
		7	外径平均值测量		25	
		8	外径椭圆度测量		25	
		9	绝缘老化前拉力试验		150	
		10	绝缘空气烘箱老化及拉力试验		225	
		11	绝缘氧弹老化及拉力试验		600	
		12	绝缘热延伸试验		125	
		13	护套老化前拉力试验		75	
		14	护套空气烘箱老化及拉力试验		175	
		15	护套热延伸试验		75	
		16	护套浸油后拉力试验		445	
		17	曲挠试验及试验后电压试验		500	
			全性能检验费		2 450	W 型为2690

序号	产品名称	项号	检验项目	单位	收费标准(元)	备注
4	电梯电缆 245IEC70(YTB)，245IEC74(YT)，245IEC75(YTF)	1	导体电阻	根	125	
		2	绝缘线芯电压试验		125	
		3	成品电缆电压试验		75	
		4	结构检查及印字		50	
		5	绝缘厚度测量		50	
		6	护套厚度测量		25	
		7	绝缘老化前拉力试验		150	
		8	空气烘箱老化及拉力试验		225	
		9	绝缘氧弹老化及拉力试验		600	
		10	绝缘热延伸试验		125	
		11	护套老化前拉力试验		75	
		12	空气烘箱老化及拉力试验		175	
		13	护套浸油后拉力试验		175	
		14	护套热延伸试验		75	
		15	抗张强度		150	
		16	静态弯曲试验		250	
		17	阻燃性试验		50	
		18	耐磨损试验		250	
			全性能检验费		2 750	
5	电焊机电缆 245IEC81(YH)，245IEC82(YHF)	1	导体电阻	根	75	
		2	电压试验		75	
		3	结构检查及印字		20	
		4	覆盖层厚度测量		25	
		5	外径平均值测量		25	
		6	覆盖盖层老化前拉力试验		75	
		7	空气烘箱老化及拉力试验		225	
		8	氧弹老化及拉力试验		400	
		9	浸油后拉力试验		225	
		10	热延伸试验		75	
		11	静态曲挠试验		100	
			全性能检验费		1 320	
6	耐热乙烯–乙酸乙烯酯橡皮绝缘电缆 245IEC04(YYY)，245IEC05(YRYY)，245IEC06(YYY)，245IEC07(YRYY)	1	导体电阻	根	75	
		2	电压试验		75	
		3	110℃空气中的绝缘电阻		150	
		4	结构检查及印字		25	
		5	绝缘厚度测量		25	
		6	外径测量		25	
		7	绝缘老化前拉力试验		100	
		8	空气箱老化后及拉力试验		200	
		9	空气弹老化后及拉力试验		500	
		10	热延伸试验		125	
		11	高温压力试验		50	
		12	焊锡性试验		150	
			全性能检验费		1 500	

4、标准：GB5023-1997，JB8734-1998

序号	产品名称	项号	检验项目	单位	收费标准（元）	备注
1	固定布线用无护套电缆 227IEC01(BV)， 227IEC02(RV) 227IEC05(BV)， 227IEC06(RV) 227IEC07(BV-90)* 227IEC08(RV-90)* 固定布线用电缆电线 BV，BLV，BVR 安装用电线 AV，AV-90* AVR，AVR-90* 屏蔽电线 AVP，AVP-90* RVP，RVP-90*	1	导体电阻	根	75	
		2	电压试验		75	
		3	绝缘电阻		75	
		4	结构检查及印字		25	
		5	绝缘厚度测量		25	
		6	外径测量		25	
		7	老化前拉力试验		75	
		8	老化及老化后拉力试验		100	
		9	失重试验		75	
		10	高温压力试验		50	
		11	绝缘低温弯曲试验		50	
		12	绝缘低温拉伸试验		50	
		13	绝缘低温冲击试验		50	
		14	热冲击试验		30	
		15	不延燃试验		50	
		16	热稳定性试验		80	
			全性能检验费		810	*为 890
2	扁形铜皮软线 227IEC41(RTPVR)	1	导体电阻	根	75	
		2	电压试验		75	
		3	绝缘电阻		100	
		4	结构检查及印字		25	
		5	绝缘厚度测量		25	
		6	外形尺寸测量		25	
		7	老化前拉力试验		75	
		8	老化及老化后拉力试验		175	
		9	失重试验		75	
		10	高温压力试验		50	
		11	绝缘低温弯曲试验		50	
		12	热冲击试验		30	
		13	成品电缆弯曲试验		300	
		14	荷重断芯试验		50	
		15	不延燃试验		50	
			全性能检验费		1 180	
3	固定布线用护套电缆 227IEC10(BVV) 固定布线用电缆电线 BVV BLVV BVVB BLVVB 安装用电线 AVVR 屏蔽电线 RVVP，RVVP1	1	导体电阻	根	150	
		2	绝缘线芯电压试验		150	
		3	成品电缆电压试验		100	
		4	绝缘电阻		150	
		5	结构检查及印字		150	
		6	绝缘厚度测量		50	
		7	护套厚度测量		50	
		8	外径平均值测量		25	
		9	外径椭圆度测量		25	
		10	绝缘老化前拉力试验		150	
		11	老化及老化后拉力试验		225	
		12	绝缘失重试验		150	
		13	护套老化前拉力试验		75	
		14	护套老化后拉力试验		225	
		15	护套失重试验		150	
		16	非污染试验		200	

序号	产品名称	项号	检验项目	单位	收费标准(元)	备注
		17	绝缘高温压力试验		100	
		18	护套高温压力试验		75	
		19	绝缘低温弯曲试验		75	
		20	护套低温弯曲试验		75	
		21	护套低温拉伸试验		75	
		22	成品电缆低温冲击试验		75	
		23	绝缘热冲击试验		70	
		24	护套热冲击试验		80	
		25	不延燃试验		50	
			全性能检验费		2 380	
4	扁形无护套软线 227IEC42(RVB)* 连接用软线 RVS 安装用电线 AVRS，AVRB	1	导体电阻	根	150	
		2	电压试验		145	
		3	绝缘电阻		150	
		4	结构检查及印字		25	
		5	绝缘厚度测量		25	
		6	外形尺寸测量		25	
		7	老化前拉力试验		150	
		8	老化及老化后拉力试验		225	
		9	失重试验		150	
		10	高温压力试验		100	
		11	绝缘低温弯曲试验		100	
		12	绝缘低温冲击试验		100	
		13	热冲击试验		100	
		14	曲挠试验		375	
		15	绝缘线芯撕离试验		50	
		16	不延燃试验		50	
			全性能检验费		1 420	*为 1840
5	户内装饰照明回路用软线 227IEC43(SVR)	1	导体电阻	根	75	
		2	电压试验		75	
		3	绝缘电阻		100	
		4	结构检查及印字		25	
		5	绝缘厚度测量		25	
		6	外形尺寸测量		25	
		7	老化前拉力试验		75	
		8	老化及老化后拉力试验		175	
		9	失重试验		75	
		10	高温压力试验		50	
		11	绝缘低温弯曲试验		50	
		12	绝缘低温冲击试验		50	
		13	热冲击试验		30	
		14	不延燃试验		50	
			全性能检验费		880	
6	聚氯乙烯护套软线 227IEC52(RVV) 227IEC53(RVV)	1	导体电阻	根	125	
		2	绝缘线芯电压试验		125	
		3	成品电缆电压试验		75	
		4	绝缘电阻		150	
		5	结构检查及印字		20	
		6	绝缘厚度测量		50	
		7	护套厚度测量		25	
		8	外径平均值测量		25	

序号	产品名称	项号	检验项目	单位	收费标准（元）	备注
		9	外径椭圆度测量		25	
		10	绝缘老化前拉力试验		125	
		11	老化及老化后拉力试验		225	
		12	绝缘失重试验		125	
		13	护套老化前拉力试验		75	
		14	老化及老化后拉力试验		150	
		15	护套失重试验		75	
		16	非污染试验		200	
		17	绝缘高温压力试验		75	
		18	护套高温压力试验		50	
		19	绝缘低温弯曲试验		75	
		20	护套低温弯曲试验		50	
		21	护套低温拉伸试验		50	
		22	成品电缆低温冲击试验		50	
		23	绝缘热冲击试验		45	
		24	护套热冲击试验		30	
		25	曲挠试验		350	
		26	不延燃试验		50	
			全性能检验费		2 420	
7	扁形聚氯乙烯护套电梯电缆和挠性连接用电缆 227IEC71f(TVVB)	1	导体电阻	根	125	
		2	绝缘线芯电压试验		125	
		3	成品电缆电压试验		75	
		4	绝缘电阻		150	
		5	结构检查及印字		25	
		6	绝缘厚度测量		50	
		7	护套厚度测量		25	
		8	绝缘老化前拉力试验		125	
		9	老化及老化后拉力试验		225	
		10	绝缘失重试验		125	
		11	护套老化前拉力试验		75	
		12	老化及老化后拉力试验		175	
		13	护套失重试验		75	
		14	绝缘高温压力试验		75	
		15	护套高温压力试验		50	
		16	绝缘低温弯曲试验		75	
		17	护套低温弯曲试验		50	
		18	护套低温拉伸试验		50	
		19	成品电缆低温冲击试验		50	
		20	绝缘热冲击试验		45	
		21	护套热冲击试验		30	
		22	曲挠试验		600	
		23	静态曲挠试验		200	
		24	不延燃试验		50	
			全性能检验费		2 600	
8	耐油聚氯乙烯护套屏蔽和非屏蔽软电缆 227IEC74(RVVYP) 227IEC75(RVVY)	1	导体电阻	根	125	
		2	绝缘线芯电压试验		125	
		3	成品电缆电压试验		75	
		4	绝缘电阻		150	
		5	蔽软电缆转移阻抗		400	
		6	结构检查及印字		25	

序号	产品名称	项号	检验项目	单位	收费标准（元）	备注
		7	绝缘厚度测量		50	
		8	护套厚度测量		25	
		9	外径平均值测量		25	
		10	外径椭圆度测量		25	
		11	绝缘老化前拉力试验		125	
		12	老化及老化后拉力试验		225	
		13	绝缘失重试验		125	
		14	内护层老化前拉力试验		75	
		15	内护层老化及拉力试验		150	
		16	护套老化前拉力试验		75	
		17	护套老化及拉力试验		175	
		18	护套失重试验		75	
		19	非污染试验		200	
		20	绝缘高温压力试验		75	
		21	护套高温压力试验		50	
		22	绝缘低温弯曲试验		75	
		23	护套低温弯曲试验		50	
		24	护套低温拉伸试验		50	
		25	成品电缆低温冲击试验		50	
		26	绝缘热冲击试验		45	
		27	护套热冲击试验		30	
		28	非屏蔽软电缆曲挠试验		400	
		29	不延燃试验		50	
		30	护套浸矿物油试验		125	
			全性能检验费		3 250	

5、标准：GB9331.1-1988 JB8140-1995

序号	产品名称	项号	检验项目	单位	收费标准（元）	备注
1	乙丙绝缘船用电力电缆 CEF，CEF80，CEF90，CEF82，CEF92，CEH，CEH80，CEH90，CEH82，CEH92，CEFR，CEHR，CEV，VEV80，CEV90，CEV82，CEV92 天然丁苯橡皮绝缘船用电力电缆 CXF，CXF80，CXF90，CXF92，CXV，CXV80，CXV90，CXV92，CXFR	1	结构检查	根	225	
		2	绝缘测量		100	
		3	护层测量		100	
		4	外径测量		25	
		5	导体电阻		175	
		6	20℃绝缘电阻		100	
		7	工作温度时绝缘电阻		200	
		8	浸水电容		300	
		9	4h 电压试验		200	
		10	绝缘老化前试验		125	
		11	绝缘空气箱老化后试验		225	
		12	绝缘空气弹（氧弹）老化后试验		350	
		13	绝缘热延伸试验		125	
		14	护套老化前试验		75	
		15	护套空气箱老化后试验		175	
		16	护套热延伸试验		75	
		17	燃烧试验		50	
		18	耐臭氧试验		400	
		19	浸油试验		175	
		20	护套高温压力试验		50	

序号	产品名称	项号	检验项目	单位	收费标准（元）	备注
		21	护套抗开裂试验		50	
		22	护套热失重试验		75	
		23	护套低温弯曲试验		50	
		24	护套低温拉伸试验		50	
		25	护套低温冲击试验		50	
		26	相容性试验		125	
		27	钢（铜）丝镀层试验		150	
		28	识别标志		25	
		29	电缆表面		25	
			全性能检验费		3 800	
2	PVC 绝缘和护套船用电力电缆 CVV，CVV80，CVV90，CVV92	1	结构检查	根	175	
		2	绝缘测量		100	
		3	护层测量		100	
		4	外径测量		50	
		5	导体电阻		150	
		6	20℃绝缘电阻		100	
		7	工作温度时绝缘电阻		150	
		8	浸水电容		300	
		9	4h 电压试验		200	
		10	绝缘老化前试验		125	
		11	绝缘空气箱老化后试验		225	
		12	绝缘高温压力试验		100	
		13	绝缘抗开裂试验		45	
		14	绝缘热失重试验		225	
		15	绝缘低温弯曲试验		125	
		16	绝缘低温拉伸试验		125	
		17	护套老化前试验		100	
		18	护套空气箱老化后试验		175	
		19	燃烧试验		100	
		20	护套高温压力试验		100	
		21	护套抗开裂试验		130	
		22	护套热失重试验		100	
		23	护套低温弯曲试验		100	
		24	护套低温拉伸试验		100	
		25	护套低温冲击试验		100	
		26	相容性试验		200	
		27	钢丝镀层试验		150	
		28	识别标志		25	
		29	电缆表面		25	
			全性能检验费		3 500	
3	交联聚乙烯绝缘船用电力电缆 CJV，CJV80，CJV90，CJV92	1	结构检查	根	225	
		2	绝缘测量		100	
		3	护层测量		100	
		4	外径测量		25	
		5	导体电阻		225	
		6	20℃绝缘电阻		150	
		7	工作温度时绝缘电阻		200	
		8	浸水电容		200	
		9	4h 电压试验		300	
		10	绝缘老化前试验		225	

序号	产品名称	项号	检验项目	单位	收费标准（元）	备注
		11	绝缘空气箱老化后试验		225	
		12	绝缘热延伸试验		125	
		13	护套老化前试验		125	
		14	护套空气箱老化后试验		175	
		15	燃烧试验		100	
		16	护套高温压力试验		100	
		17	护套抗开裂试验		100	
		18	护套热失重试验		175	
		19	护套低温弯曲试验		100	
		20	护套低温拉伸试验		100	
		21	低温冲击试验		100	
		22	相容性试验		325	
		23	钢（铜）丝镀层试验		200	
		24	识别标志		50	
		25	电缆表面		50	
			全性能检验费		3 650	

6、标准：GB/T9332.1-1988 JB/T8141-1995

序号	产品名称	项号	检验项目	单位	收费标准（元）	备注
1	乙丙绝缘船用控制电缆 CKEF，CKEF80，CKE82，CKEF90，CKEF92，CKEH，CKEH80，CKEH90，CKEH92，CKEV，CKEV80，CKEV90，CKEV92 天然丁苯橡皮绝缘船用控制电缆 CKXF，CKXF80，CKX82，CKXF90，CKXF92，CKXV，CKXV80，CKXV90，CKXV92	1	结构检查	根	175	
		2	绝缘测量		150	
		3	护层测量		100	
		4	外径测量		50	
		5	导体电阻		175	
		6	绝缘电阻		150	
		7	电压试验		75	
		8	绝缘老化前试验		175	
		9	绝缘空气箱老化后试验		275	
		10	绝缘空气弹（氧弹）老化后试验		500	
		11	绝缘热延伸试验		125	
		12	护套老化前试验		75	
		13	护套空气箱老化后试验		175	
		14	护套热延伸试验		75	
		15	燃烧试验		150	
		16	浸油试验		255	
		17	护套高温压力试验		100	
		18	护套抗开裂试验		100	
		19	护套热失重试验		75	
		20	护套低温弯曲试验		100	
		21	护套低温拉伸试验		100	
		22	护套低温冲击试验		100	
		23	钢（铜）丝镀层试验		150	
		24	识别标志		25	
		25	电缆表面		20	
			全性能检验费		3 450	
2	PVC 绝缘和护套船用控制电缆 CKVV，CKVV80，CKV82，	1	结构检查	根	175	
		2	绝缘测量		100	
		3	护层测量		100	

序号	产品名称	项号	检验项目	单位	收费标准（元）	备注
	CKVV90，CKVV92	4	外径测量		50	
		5	导体电阻		125	
		6	绝缘电阻		150	
		7	电压试验		175	
		8	绝缘老化前试验		175	
		9	绝缘空气箱老化后试验		265	
		10	绝缘高温压力试验		125	
		11	绝缘抗开裂试验		85	
		12	绝缘热失重试验		175	
		13	绝缘低温弯曲试验		100	
		14	绝缘低温拉伸试验		100	
		15	护套老化前试验		100	
		16	护套空气箱老化后试验		150	
		17	燃烧试验		100	
		18	护套高温压力试验		100	
		19	护套抗开裂试验		100	
		20	护套热失重试验		125	
		21	护套低温弯曲试验		100	
		22	护套低温拉伸试验		100	
		23	护套低温冲击试验		100	
		24	钢丝镀层试验		100	
		25	识别标志		25	
		26	电缆表面		25	
			全性能检验费		2 950	
3	交联聚乙烯绝缘船用控制电缆 CKJV，CKJV80，CKJ82，CKJV90，CKJV92	1	结构检查	根	175	
		2	绝缘测量		150	
		3	护层测量		100	
		4	外径测量		50	
		5	导体电阻		175	
		6	绝缘电阻		200	
		7	电压试验		225	
		8	绝缘老化前试验		275	
		9	绝缘空气箱老化后试验		250	
		10	绝缘热延伸试验		225	
		11	护套老化前试验		200	
		12	护套空气箱老化后试验		250	
		13	燃烧试验		100	
		14	护套高温压力试验		100	
		15	护套抗开裂试验		100	
		16	护套热失重试验		150	
		17	护套低温弯曲试验		100	
		18	护套低温拉伸试验		100	
		19	低温冲击试验		100	
		20	钢（铜）丝镀层试验		150	
		21	识别标志		50	
		22	电缆表面		50	
			全性能检验费		3 250	

三、家用及类似用途插头插座

产品标准：GB2099.1-1996、GB2099.2-1997、GB1002-1996、GB1003-1999

产品名称/型号	项号	检测项目名称	单位	收费标准（元）	备注
家用和类似用途插头插座、家用和类似用途器具插座	6	额定值	组	60	
	8	标志		60	
	9	尺寸的检查		90	
	10	防触电保护		90	
	11	接地措施		90	
	12	端子		90	
	13	固定式插座的结构		90	
	14	插头和移动式插座的结构		90	
	15	联锁插座		60	
	16	耐老化、防有害进水和防潮		240	
	17	绝缘电阻和电气强度		90	
	18	接地触头的工作		90	
	19	温升		240	
	20	分断容量		180	
	21	正常操作		600	
	22	拔出插头所需的力		120	
	23	软缆及其连接		90	
	24	机械强度		90	
	25	耐热		180	
	26	螺钉、载流部件及其连接		90	
	27	爬电距离、电气间隙和通过密封胶的距离		120	
	28	绝缘材料的耐非正常热、耐燃和耐漏电起痕		540	
	29	防锈性能		90	
	30	带绝缘套的插销的附加试验		120	
		全项收费		3 600	

四、家用及类似用途固定式电器装置的开关

产品标准：GB16915.1-1997

产品名称/型号	项号	检测项目名称	单位	收费标准（元）	备注
家用及类似用途照明开关	6	额定值	组	60	
	7	分类		60	
	8	标志		60	
	9	尺寸检查		60	
	10	防触电保护		120	
	11	接地措施		120	
	12	端子		180	
	13	结构要求		120	
	14	机构		120	
	15	耐老化、防有害进水和防潮		420	
	16	绝缘电阻和电气强度		180	

产品名称/型号	项号	检测项目名称	单位	收费标准（元）	备注
	17	温升		360	
	18	通断能力		180	
	19	正常操作		360	
	20	机械强度		120	
	21	耐热		180	
	22	螺钉、载流部件及其连接		120	
	23	爬电距离、电气间隙和通过密封胶的距离		120	
	24	绝缘材料的耐非正常热、耐燃和耐漏电起痕		540	
	25	防锈性能		120	

五、工业用插头插座和耦合器

产品标准：GB11918-1989、GB11919-1989

产品名称/型号	项号	检测项目名称	单位	收费标准（元）	备注
工业用插头插座和耦合器	7	额定值	组	60	
	8	标志		60	
	9	尺寸		120	
	10	防触电保护		180	
	11	接地措施		120	
	12	接线端子		120	
	13	联锁装置和保持装置		180	
	14	橡胶和热塑性材料的抗老化性		360	
	15	一般结构		120	
	16	插座的结构		120	
	17	插头和连接器的结构			
	18	器具插座的结构		120	
	19	防潮		360	
	20	绝缘电阻和电器强度		120	
	21	分断能力		540	
	22	正常操作		960	
	23	温升		540	
	24	软电缆及其连接		210	
	25	机械强度		150	
	26	螺钉、载流部件及其连接		150	
	27	爬电距离、电气间隙和穿通绝缘距离		150	
	28	耐热、耐燃和耐漏电起痕		720	
	29	防锈		120	
		全项收费		5 460	

六、家用及类似用途器具耦合器

产品标准：GB17465.1-1998、GB17465.2-1998

产品名称/型号	项号	检测项目名称	单位	收费标准（元）	备注
家用和类似用途的器具耦合器	7	额定值	组	60	
	8	标志		60	
	9	尺寸和互换性		90	
	10	防触电保护		120	
	11	接地措施		90	
	12	端子和端头		90	
	13	结构		120	
	14	防潮		240	
	15	绝缘电阻和电气强度		90	
	16	插入和拔出连接器所需的力		120	
	17	触头的工作		150	
	18	用于热条件或酷热条件下的器具耦合器的耐热性能		360	
	19	分断容量		300	
	20	正常操作		600	
	21	温升		360	
	22	软线及其连接		120	
	23	机械强度		90	
	24	耐热和抗老化性能		300	
	25	螺钉、载流部件及其连接		120	
	26	爬电距离、电气间隙和穿通绝缘距离		100	
	27	绝缘材料的耐热、耐燃和耐漏电起痕		720	
	28	防锈		120	
		全项收费		4 420	

七、热熔断器

产品标准：GB9816-1998

产品名称/型号	项号	检测项目名称	单位	收费标准（元）	备注
热熔断体	7	标志	组	60	
	9	机械要求		90	
	10.1	爬电距离和电气间隙		90	
	10.2	潮湿试验		240	
	10.3	电气强度		120	
	10.4	绝缘电阻		60	
	10.5	耐漏电起痕		240	
	10.6	断开电流		270	
	10.7	瞬时过载电流		540	
	11.1	保持温度		720	
	11.2	额定动作温度		540	
	11.3	最高极限温度		120	
	11.4	老化		2100	
	12	焊接试验		150	
	13	防锈		120	
		全项收费		5 460	

八、家用及类似用途固定式电器装置电器附件外壳

产品标准：GB17466-1998

产品名称/型号	项号	检测项目名称	单位	收费标准（元）	备注
家用和类似用途固定式电气装置电器附件外壳	6	标志及指示符号	组	90	
	7	尺寸检查		120	
	8	防触电保护		180	
	9	接地措施		120	
	10	结构要求		240	
	11	耐老化、防潮、防固体物质进入和防有害进水		720	
	12	机械强度		120	
	13	耐热		270	
	14	绝缘材料的耐非正常热和耐燃		720	
	15	防锈		120	
	16	耐漏电起痕		300	
		全项收费		3 000	

九、小型熔断器的管状熔断体

产品标准：GB9364.1-1997、GB9364.2-1997、GB9364.3-1997

序号	产品名称/型号	项号	检测项目名称	单位	收费标准（元）	备注
1	低分断能力管状熔断体、低分断能力超小型熔断体	5	标准额定值	组	60	
		6	标志		60	
		8.1	尺寸		90	
		8.2	结构		90	
		8.3	端子		90	
		8.4	端子的准直度和形状		90	
		8.5	焊点		90	
		9.1	电压降		120	
		9.2.1	正常环境温度下的时间/电流特性		300	
		9.2.2	高温试验		420	
		9.3	分断能力		480	
		9.4	耐久性试验		720	
		9.5	最大持续功耗		150	
		9.6	脉冲试验		120	
		9.7	熔断体温度		120	
			全项收费		3 000	
2	高分断能力管状熔断体、高分断能力超小型熔断体	5	标准额定值	组	60	
		6	标志		60	
		8.1	尺寸		90	
		8.2	结构		90	
		8.3	端子		90	
		8.4	端子的准直度和形状		90	
		8.5	焊点		90	

序号	产品名称/型号	项号	检测项目名称	单位	收费标准（元）	备注
		9.1	电压降		120	
		9.2.1	正常环境温度下的时间/电流特性		300	
		9.2.2	高温试验		420	
		9.3	分断能力		1080	
		9.4	耐久性试验		720	
		9.5	最大持续功耗		150	
		9.6	脉冲试验		120	
		9.7	熔断体温度		120	
			全项收费		3 600	

十、低压电器

1、产品标准：GB10963-1999　家用及类似场所用过电流保护断路器

产品名称/型号	项号	检验项目名称	单位	收费标准（元）	备注
家用及类似场所用过电流保护断路器(MCB)	1	标志检查		80	本项以DZ47-63 /1P的产品为例，具体产品根据相应产品标准确定的项目而相应变化。
	2	一般规则检查、机构检查、不可互换性		80	
	3	电气间隙和爬电距离		80	
	4	标志的耐久性		80	
	5	螺钉、载流部件及其连接的可靠性，接线端子的可靠性		160	
	6	防电击保护		120	
	7	耐热性		448	
	8	耐异常发热和耐燃性		448/材料	
	9	防锈性能		688	
	10	介电性能		1 200	
	11	温升		320	
	12	28 昼夜试验		8 800	
	13	机械电气寿命		5 840	
	14	低短路电流下的性能		2 560	
	15	脱扣特性		13 820	
	16	耐机械冲击和撞击		360	
	17	在 1500A 电流下的短路性能		3 264	
	18	运行短路能力试验		7 820	
	19	额定短路能力试验		10 280	
		全项收费		45 720+448/材料	不包括序号19

2、产品标准：GB14048. 1-1993/GB14048. 2-1994 低压断路器

产品名称/型号	项号	检验项目名称	单位	收费标准（元）	备注
低压断路器	1	一般工作特性		16 500	本项以Ue=400V,In=2500A,Ics=70kA,Icu=100kA,Icw=70kA的产品为例，具体产品根据相应产品标准确定的项目而相应变化
	2	额定运行短路分断能力		9 120	
	3	额定极限短路分断能力		9 984	
	4	额定短时耐受电流		14 896	
	5	带熔断器的断路器的性能		17 216	
	6	综合试验		26 096	
	7	辅助触头的操作性能		6 800	
	8	辅助触头的非正常接通与分断能力		1 616	
	9	辅助触头的额定限制短路电流		1 872	
	10	临界负载电流试验		9 328	
	11	耐湿热性能试验		3 080	
	12	抗低频传导干扰		2 070	
		抗高频传导干扰		2 070	
		抗高频辐射干扰		2 800	
		抗浪涌过电压传导干扰		2 060	
	13	弹性部件的耐老化试验		1 728	
	14	接线端子试验		320	
	15	耐热性能的试验		240	
	16	着火危险试验		448/材料	
	17	抗锈性能试验		688	
	18	绝缘材料相比漏电起痕指数（CTI）值测定		1 200/材料	
	19	外壳试验		160	
	21	耐撞击试验		320	
	22	耐低温试验		704	
		全项收费		76 998+1 648/材料	不包括序号5，6，10

3、产品标准：GB14048. 1-1993/GB14048. 3-1993 低压开关、隔离器、隔离开关及熔断器组合电器

产品名称/型号	项号	检验项目名称	单位	收费标准（元）	备注
低压开关、隔离器、隔离开关及熔断器组合电器	1	温升		968	本项以HH15-400(380V,400A)产品为例，具体产品根据相应产品标准确定的项目而相应变化
	2	介电性能		400	
	3	泄漏电流		280	
	4	接通和分断能力		4 480	
	5	操动器机构的机械强度		144	
	6	操作性能		10 500	
	7	短时耐受电流		5 000	
	8	短路接通能力			
	9	熔断器保护的短路耐受能力		5 000	
	10	熔断器保护的短路接通能力			
	11	辅助触头的接通和分断能力		2 880	
	12	辅助触头的限制短路电流		1 872	
	13	弹性部件的耐老化		1 728	
	14	耐湿热性能		3 080	
	15	耐热性能		448	
	16	抗非正常热和着火危险		448/材料	
	17	抗锈性能		688	

产品名称/型号	项号	检验项目名称	单位	收费标准（元）	备注
	18	绝缘材料相比漏电起痕指数（CTI）		1200/材料	
	19	外壳防护等级		160	
	20	接线端子机械性能		320	
	21	安装或维修需操作的螺钉螺母的机械强度		320	
	22	耐撞击		320	
	23	外观及一般检查		160	
	24	抗低频传导干扰		1 840	
		抗高频传导干扰		1 840	
		抗高频辐射干扰		2 480	
		抗浪涌过电压传导干扰		1 840	
		全项收费		38 748+1 648/材料	不包括序号 24

4、产品标准：GB14048.1-1993/GB14048.4-1993　低压机电式接触器和电动机起动器

产品名称/型号	项号	检验项目名称	单位	收费标准（元）	备注
低压机电式接触器和电动机起动器(接触器、热继电器等)	1	弹性部件耐老化		1 730	本项以 CJX2-80(380V，80A)，机寿：600 万次；电寿:AC-4/10 万次，AC-3/60 万次；辅助触头电寿：100 万次的产品为例，具体产品根据相应产品标准确定的项目而相应变化
	2	耐湿性能		3 080	
	3	耐热性能		450	
	4	抗非正常热和着火危险		448/材料	
	5	抗锈性能		690	
	6	绝缘材料的相比漏电起痕指数（CTI）		1 200/材料	
	7	外壳防护等级		160	
	8	接线端子的机械性能		48	
	9	安装螺钉和螺母的机械强度		320	
	10	耐撞击		320	
	11	位置指示和操动器的强度		240	
	12	动作条件及动作范围		640	
	13	发热		2 020	
	14	耐压		400	
	15	通断能力		2 430	
	16	约定操作性能		4 870	
	17	机械寿命和电寿命		37 060	
	18	耐受过载能力		1 020	
	19	噪声		600	
	20	短路保护电器配合试验		4 860	
	21	辅助触头的通断能力、寿命和额定限制短路电流		22 670	
	22	抗低频传导干扰		1 840	
		抗高频传导干扰		1 840	
		抗高频辐射干扰		2 480	
		抗浪涌过电压传导干扰		1 840	
	23	泄漏电流		160	
	24	低温和高温		960	
	25	外观及一般检查		120	
		全项收费		84 848+1 648/材料	不包括序号 22

5、产品标准：GB16916.1-1997，GB16916.21-1997，GB16916.22-1997

产品名称/型号	项号	检验项目名称	单位	收费标准（元）	备注
家用和类似用途的不带过电流保护的剩余电流断路器	1	标志		11	本表以 DZL18-20/1 产品为例，具体产品根据相应产品标准确定的项目而相应变化
	2	一般要求		80	
	3	机械结构		80	
	4	标志的耐久性		11	
	5	电气间隙和爬电距离（仅对外部部件）		160	
	6	自由脱扣机构		160	
	7	螺钉、载流部件和连接的可靠性		240	
	8	连接外部导体的接线端子的可靠性		240	
	9	防电击保护		160	
	10	耐热性能		320	
	11	电气间隙和爬电距离（内部部件）		240	
	12	耐异常发热和耐燃性		448/材料	
	13	介电性能试验		1256	
	14	温升		90	
	15	绝缘耐冲击电压的性能		320	
	16	在40℃时的可靠性		7 500	
	17	电子元件的老化		4 200	
	18	机械和电气寿命		7 200	
	19	剩余电流动作特性		4 500	
	20	线路电压故障时的工作状况		192	
	21	误脱扣		240	
	22	直流分量		2 560	
	23	在 $I_{\Delta m}$ 时的性能		2 560	
	24	试验装置		72.5	
	25	耐机械振动和撞击性能		90	
	26	过电流情况下的不动作电流		1 040	
	27	在 I_{nc} 时的配合		2 720	
	28	在 I_m 时的性能		2 720	
	29	在 I_m 时的配合		2 720	
	30	在 $I_{\Delta c}$ 时的配合		2 720	
	31	可靠性（气候试验）		5 440	
	32	单向传导脉冲		2 200	
	33	静电放电		1 800	
		全项收费		53 892.5+448/材料	

6、产品标准：GB16917.1-1997，GB16917.21-1997，GB16917.22-1997

产品名称/型号	项号	检验项目名称	单位	收费标准（元）	备注
家用和类似用途的带过电流保护的剩余电流断路器	1	标志		80	本表以DZ47LEII-32/1N产品为例，具体产品根据相应产品标准确定的项目而相应变化
	2	一般要求		80	
	3	机械结构		80	
	4	标志的耐久性		80	
	5	电气间隙和爬电距离（仅对外部部件）		160	
	6	自由脱扣机构		160	
	7	螺钉、载流部件和连接的可靠性		240	
	8	连接外部导体的接线端子的可靠性		240	
	9	防电击保护		160	
	10	耐热性能		320	
	11	电气间隙和爬电距离（内部部件）		240	
	12	耐异常发热和耐燃性		448/材料	
	13	介电性能试验		1 256	
	14	温升		288	
	15	绝缘耐冲击电压的性能		320	
	16	在40℃时的可靠性		7 500	
	17	电子元件的老化		4 200	
	18	机械和电气寿命		7 200	
	19	在低短路电流下的性能		2 720	
	20	在剩余电流条件下的动作特性		4 500	
	21	线路电压故障时的工作状况		192	
	22	误脱扣		240	
	23	直流分量		2 560	
	24	在$I_{\Delta m}$时的性能		2 560	
	25	试验装置		240	
	26	过电流动作特性		2 080	
	27	三极或四极 RCBO 通以单相负载时，过电流的极限值		1 600	
	28	耐机械振动和撞击性能		320	
	29	在1500A下的短路性能		2 880	
	30	在运行短路能力下的性能		2 880	
	31	在额定短路能力下的性能		3 536	
	32	可靠性（气候试验）		5 200	
	33	单向传导脉冲		2 200	
	34	静电放电		1 800	
		全项收费		58 162+448/材料	

7、产品标准：GB14048.1-1993/GB14048.5-1993（JB3022-1997，JB8975-1999，JB8978-1999）

产品名称/型号	项号	检验项目名称	单位	收费标准（元）	备注
机电式控制电路电器(微动开关、信号灯、接触器式继电器等)机电式控制电路电器	1	弹性部件耐老化		1 758	本表以JZ20-1(AC-15：380V，DC-13：220V)产品为例，具体产品根据相应产品标准确定的项目而相应变化
	2	耐湿性能		3 080	
	3	耐热性能		448	
	4	抗非正常热和着火危险		448/材料	
	5	抗锈性能		688	
	6	绝缘材料的相比漏电起痕指数（CTI）		1 200/材料	
	7	外壳防护等级		2 288（IP66）	
	8	安装维修需操作的螺钉螺母的机械强度		120	
	9	耐撞击试验		120	
	10	外观及一般检查		100	
	11	隔离电器的位置指示和操动器的强度		120	
	12	动作性能		350	
	13	温升		800	
	14	介电性能		150	
	15	接线端子机械性能		400	
	16	非正常条件下接通和分断能力		1 432	
	17	正常条件下接通和分断能力		3 100	
	18	额定限制短路电流		1 800	
	19	机械寿命和电寿命		25 000	
	20	抗低频传导干扰		2 040	
		抗高频传导干扰		2 040	
		抗高频辐射干扰		2 680	
		抗浪涌过电压传导干扰		2 040	
	21	耐低温（和高温）性能		1 080	
	22	对于“具有肯定断开操作的位置开关”还应补充以下三项试验： 1.极限温度下机械操作 2.肯定断开操作的验证 3.操动系统强度的验证		1 200	
	23	对于“指示灯”则在进行1至10项检验后尚应进行下列试验： 1.电压极限范围内功耗、亮度等 2.温升 3.介电性能 4.接线端子机械性能 5.使用寿命 6.变压器副边短路试验		2 220	
		全项收费		42 834 +1 648/材料	不包括序号20,22,23

8、产品标准：GB13539.1-1992/GB13539.2-1992

产品名称/型号	项号	检验项目名称	单位	收费标准（元）	备注
专职人员使用的熔断器		**熔断体检验项目：**			本表以 NH0-160 产品为例，具体产品根据相应产品标准确定的项目而相应变化
	1	尺寸		150	
	2	电阻		2 210	
	3	温升、耗散功率		900	
	4	约定不熔断电流		2 340	
	5	约定熔断电流		500	
	6	额定电流		24 000	
	7	时间—电流特性、门限		9 000	
	8	过载		1 830	
	9	约定电缆过载保护		8 000	
	10	熔断指示器		24 000	
	11	熔断撞击器			
	12	分断能力			
	13	截流电流特性			
	14	I^2t 特性及过电流选择性		8 000	
	15	防护等级		150	
	16	耐热性		560	
	17	触头不变坏		3 200	
	18	机械强度		150	
	19	耐应力腐蚀龟裂		700	
	20	耐非正常热和火		560	
	21	耐锈性		860	
	22	绝缘材料的不变坏性		3 220	
	23	模塑搭扣或固定于塑料材料中金属搭扣的耐冲击性		3 520	
		熔断体支持件检验项目：			
	1	尺寸		150	
	2	绝缘性能		1 300	
	3	温升和接受功率		900	
	4	分断能力		7 500	
	5	防护等级		150	
	6	耐热性		560	
	7	触头不变坏		3 200	
	8	机械强度		150	
	9	耐应力腐蚀龟裂		800	
	10	耐非正常热与火		500	
	11	耐锈性		500	
	12	峰值耐受电流		8 800	
	13	绝缘不变坏性		3 200	
		全项收费		121 290	

9、产品标准：GB13539.1-1992/GB13539.3-1999 ，GB13539.5-1999

产品名称/型号	项号	检验项目名称	单位	收费标准（元）	备注
		熔断体检验项目：			
	1	尺寸		150	
	2	电阻		2 760	
	3	温升、耗散功率		900	
	4	约定不熔断电流		2 340	
	5	约定熔断电流		500	
	6	额定电流		24 000	
	7	时间—电流特性、门限		9 000	
	8	过载		1 830	
	9	约定电缆过载保护		8 000	
	10	熔断指示器			
	11	熔断撞击器			
	12	分断能力		24 000	本表以RT16-00/160产品为例，具体产品根据相应产品标准确定的项目而相应变化
	13	截流电流特性			
非熟练人员使用的熔断器	14	I^2t 特性			
	15	过电流选择性		11 000	
	16	机械强度		150	
	17	耐应力腐蚀龟裂		700	
		熔断体支持件检验项目：			
	1	尺寸		150	
	2	绝缘性能		1 300	
	3	温升和接受功率		900	
	4	分断能力		7 500	
	5	防护等级		150	
	6	耐热性		700	
	7	机械试验及其他		3 900	
	8	耐应力腐蚀龟裂		800	
	9	耐非正常热与火		800	
	10	耐锈性		800	
		全项收费		102 320	

10、产品标准：GB13539.1-1992/GB13539.4-1992 半导体器件保护用熔断体

产品名称/型号	项号	检验项目名称	单位	收费标准（元）	备注
		熔断体检验项目：			
	1	尺寸		150	本表以RST11-800V/3800A产品为例，具体产品根据相应产品标准确定的项目而相应变化
	2	电阻		230	
半导体器件保护用熔断体	3	温升、耗散功率		830	
	4	额定电流		25 000	
	5	交流分断能力和熔断特性		28 000	
	6	过载		1 620	
	7	直流分断能力和熔断特性		24 000	
		全项收费		79 830	

11、产品标准：GB7251.1-1997，B7251.2-1997，GB7251.3-1997，GB7251.4-1998，GB7251.5-1998

产品名称/型号	项号	检验项目名称	单位	收费标准（元）	备注
低压成套开关设备和控制设备（开关柜、母线槽、配电箱）	1	一般检查		300	本表以380V/3150A，短路强度80kA的产品为例，具体产品根据相应产品标准确定的项目而相应变化
	2	机械、电气操作		400	
	3	温升试验		6 000	
	4	介电强度		500	
	5	短路强度		43 000	
	6	保护电路连续性		600	
	7	功能单元互换性		500	
	8	功能单元机械寿命		1 700	
	9	联锁机构寿命		1 000	
	10	电气间隙、爬电距离和间隔距离		500	
	11	防护等级		800	
	12	机械负载		1 000	
	13	电阻、电抗		600	
	14	绝缘电阻		400	
	15	馈电箱的插拔		800	
		全项收费		58 100	

12、产品标准：GB14048.1-1993/GB14048.6-1998 交流半导体电动机控制器和起动器

产品名称/型号	项号	检验项目名称	单位	收费标准（元）	备注
交流半导体电动机控制器和起动器	1	温升		5 470	本表以SMC-650，480V，650A的产品为例，具体产品根据相应产品标准确定的项目而相应变化
	2	介电强度		250	
	3	热稳定性能		8 280	
	4	过载能力试验		7 620	
	5	关断和变换能力试验		9 000	
	6	短路条件下的性能		9 240	
	7	接线端子机械性能验证		260	
	8	带外壳电器防护等级验证		800	
	9	传导骚扰试验		1 920	
		辐射骚扰试验		2 400	
		静电放电		720	
		辐射电磁场		2 000	
		电快速瞬变脉冲群		1 360	
		浪涌		2 240	
		电压跌落		1 360	
	10	过载继电器和SCPD之间的选择性（特殊试验）		14 400	
		全项收费		67 320	

13、产品标准：GB17701-1999 设备用断路器

产品名称/型号	项号	检验项目名称	单位	收费标准（元）	备注
设备用断路器	1	标志检查		100	本表以 63A 的产品为例，具体产品根据相应产品标准确定的项目而相应变化
	2	一般规则检查、机构检查		100	
	3	电气间隙和爬电距离		100	
	4	标志的耐久性		100	
	5	螺钉、载流部件及其连接的可靠性，接线端子的可靠性		120	
	6	防触电保护		150	
	7	耐热		448	
	8	耐异常发热和耐燃		448/材料	
	9	防锈		860	
	10	介电性能		1 200	
	11	温升		400	
	12	28 昼夜试验		11 000	
	13	耐漏电起痕		1 200/材料	
	14	脱扣特性		3 200	
	15	额定电流下的性能		1 600（500 次）	
	16	额定通断能力下的性能		3 200	
	17	在规定的过电流条件下的性能		12 710	
	18	静电放电		800	
		辐射电磁场		2 160	
		电快速瞬变脉冲群		1 500	
		浪涌		2 460	
		传导骚扰试验		2 080	
		全项收费		35 288+ 1 688/材料	不包括序号 18

14、产品标准：GB17885-1999 家用及类似用途机电式接触器

产品名称/型号	项号	检验项目名称	单位	收费标准（元）	备注
家用及类似用途机电式接触器	1	温升试验		1 400	本表以 NCH8-20(230V，20A)的产品为例，具体产品根据相应产品标准确定的项目而相应变化
	2	动作与动作范围		800	
	3	额定接通和分断能力		2 400	
	4	介电性能		180	
	5	约定操作性能		3 750	
	6	耐湿性能		2 500	
	7	过载电流耐受能力		580	
	8	抗锈性能		860	
	9	标志耐久性		90	
	10	耐撞击性能		100	
	11	检验电气间隙和爬电距离		100	
	12	接线端子的机械性能		400	
	13	安装、维修用螺钉和螺母性能验证		400	
	14	耐热性能		560	
	15	抗非正常热和着火危险试验		448/材料	
	16	耐漏电起痕		1 200/材料	

产品名称/型号	项号	检验项目名称	单位	收费标准（元）	备注
	17	耐老化性能		3 000	
	18	外壳防护等级		200	
	19	短路条件下的性能		2 400	
		全项收费		19 720+ 1 648/材料	

15、产品标准：GB6829-1995/JB8755-1998 移动式剩余电流保护器

产品名称/型号	项号	检验项目名称	单位	收费标准（元）	备注
移动式剩余电流保护器	1	一般检查		90	本表以In≤16A的单个插头或插座的产品为例，具体产品根据相应产品标准确定的项目而相应变化
	2	验证标志及标志的耐久性		90	
	3	验证自由脱扣性能		90	
	4	验证螺钉、载流部件及其连接		100	
	5	验证连接外部导线接线端子的可靠性		100	
	6	导线应力试验		200	
	7	验证与 PRCD 构成一体的插入式电器施加在插座上的力矩		120	
	8	验证防电击保护		400	
	9	验证耐热性能		120	
	10	测量电气间隙和爬电距离		120	
	11	验证漏电起痕指数（CTI 值）		1 200/材料	
	12	验证耐非正常热和着火危险试验		448/材料	
	13	验证介电性能		1 500	
	14	验证温升		340	
	15	验证插拔力		200	
	16	验证绝缘耐冲击电压的性能		250	
	17	在 40℃温度下的可靠性试验		8 000	
	18	验证抗老化性能		6 400	
	19	验证 PRCD 中插座的分断能力		2 400	
	20	验证机械和电气寿命		6 000	
	21	验证软电缆固定装置的保持力		300	
	22	不可拆线的 PRCD 的弯曲试验		1 500	
	23	验证动作性能		2 500	
	24	验证与线路电压有关的 PRCD 在线路电压故障时的工作性能		300	
	25	验证冲击电压下，耐误脱扣能力		1 100	
	26	验证含有直流分量时的工作性能		2 000	
	27	在 $I_{\Delta m}$ 时的性能		2 000	
	28	验证试验装置性能		250	
	29	验证耐机械振动和机械撞击性能		550	
	30	验证过电流时，不动作电流的极限值		1 000	
	31	在 I_{nc} 时的配合试验		2 000	
	32	在 I_m 时的性能		2 000	
	33	在 I_m 时的配合试验		2 000	
	34	在 $I_{\Delta c}$ 时的配合试验		2 000	
	35	耐气候环境试验		4 200	
		全项收费		50 220+ 1 648/材料	

16、产品标准：GB6829-95/JB8756-98 剩余电流动作保护继电器

产品名称/型号	项号	检验项目名称	单位	收费标准（元）	备注
剩余电流动作保护继电器	1	一般检查		90	本表以LXJ-150的产品为例，具体产品根据相应产品标准确定的项目而相应变化
	2	验证标志及标志的耐久性		90	
	3	验证连接外部导线接线端子的可靠性		100	
	4	测量电气间隙和爬电距离		100	
	5	验证漏电起痕指数（CTI 值）		1 200/材料	
	6	验证耐非正常热和着火危险试验		448/材料	
	7	验证介电性能		1 750	
	8	验证温升		1 010	
	9	在 40℃温度下的可靠性试验		8 000	
	10	验证抗老化性能		4 000	
	11	验证机械和电气寿命		2 500	
	12	验证输出触头的非正常接通分断能力		670	
	13	验证剩余电流动作特性		5 000	
	14	辅助电源故障时的工作性能		710	
	15	验证冲击电压下防止误脱扣能力		1 500	
	16	验证含有直流分量时的工作性能		2 500	
	17	验证试验装置性能		220	
	18	验证耐机械振动和机械撞击性能		250	
	19	验证不导致误动作的过电流的极限值		1 450	
	20	短时耐受电流试验		1 800	
	21	验证额定剩余短路电流		2 500	
	22	验证输出触头的额定限制短路电流		1 800	
	23	耐气候环境试验		1 650	
		全项收费		37 690+ 1 648/材料	

17、产品标准：GB14048.1-1993/GB14048.9-1998 控制与保护开关（设备）

产品名称/型号	项号	检验项目名称	单位	收费标准（元）	备注
控制与保护开关（设备）	1	弹性部件耐老化		2 160	本表以 CPS 380V 630A AC44 的产品为例，具体产品根据相应产品标准确定的项目而相应变化
	2	耐湿性能		2 350	
	3	耐热性能		560	
	4	抗非正常热和着火危险		448/材料	
	5	抗锈性能		860	
	6	外壳防护等级		120	
	7	绝缘材料的相比漏电起痕指数（CTI）		1 200/材料	
	8	接线端子机械性能		200	
	9	安装维修需操作的螺钉螺母的机械强度		100	
	10	耐撞击试验		100	
	11	位置指示和操动器的强度		100	
	12	动作范围		1 080	
	13	温升		1 630	
	14	介电性能		150	
	15	接通和分断能力		10 920	
	16	操作性能		10 880	
	17	短路分断能力		3 280	
		全项收费		34 490 +1 648/材料	

18、产品标准：GB14048.1-1993/GB14048.10-1998 接近开关

产品名称/型号	项号	检验项目名称	单位	收费标准（元）	备注
接近开关	1	温升		860	本表以电感式接近开关产品为例，具体产品根据相应产品标准确定的项目而相应变化
	2	介电性能		250	
	3	正常与非正常条件下接通和分断能力		4 000	
	4	限制短路电流性能		1 800	
	5	结构要求		460	
	6	防护等级		200	
	7	动作距离		2 000	
	8	操作频率		2 500	
	9	电磁兼容性		9 500	
	10	冲击耐受能力		2 500	
	11	振动耐受能力		2 500	
		全项收费		26 570	

十一、小功率电动机

产品标准：GB12350-2000

序号	产品名称/型号	项号	检测项目名称	单位	收费标准（元）	备注
1	工业用电动机	4	标志	组	60	
		5	外壳防护		120	
		6	启动		120	
		7	温升		480	
		8	泄漏电流		60	
		9	绝缘电阻和电气强度		90	
		10	湿热试验		360	
		11	耐久性		480	
		12	非正常工作		330	
		13	机械强度		90	
		14	结构		150	
		15	内部布线		90	
		16	元件		120	
		17	连接电源和连接元件的软线		90	
		18	外导线的接线端		90	
		19	接地		60	
		20	联接件		90	
		21	电气间隙和爬电距离		180	
		22	耐热、耐燃和耐漏电痕迹		720	
		23	防锈		120	
			全项收费		3 900	

序号	产品名称/型 号	项号	检测项目名称	单位	收费标准（元）	备注
2	空调风扇电机（塑壳）	4	标志	组	60	
		5	外壳防护		60	
		6	启动		90	
		7	温升		390	
		8	泄漏电流		60	
		9	绝缘电阻和电气强度		90	
		10	湿热试验		300	
		11	耐久性		420	
		12	非正常工作		810	
		13	机械强度		90	
		14	结构		150	
		15	内部布线		90	
		16	元件		120	
		17	连接电源和连接元件的软线		90	
		18	外导线的接线端		90	
		19	接地		60	
		20	联接件		90	
		21	电气间隙和爬电距离		180	
		22	耐热、耐燃和耐漏电痕迹		600	
		23	防锈		120	
		24	塑壳电机附加要求		600	
			全项收费		4 560	
3	空调风扇电机（铁壳）	4	标志	组	60	
		5	外壳防护		60	
		6	启动		90	
		7	温升		390	
		8	泄漏电流		60	
		9	绝缘电阻和电气强度		90	
		10	湿热试验		300	
		11	耐久性		700	
		12	非正常工作		810	
		13	机械强度		90	
		14	结构		150	
		15	内部布线		90	
		16	元件		120	
		17	连接电源和连接元件的软线		90	
		18	外导线的接线端		90	
		19	接地		60	
		20	联接件		90	
		21	电气间隙和爬电距离		180	
		22	耐热、耐燃和耐漏电痕迹		600	
		23	防锈		120	
			全项收费		4 240	

序号	产品名称/型 号	项号	检测项目名称	单位	收费标准（元）	备注
4	小同步电机	4	标志	组	60	
		5	外壳防护		60	
		6	启动		60	
		7	温升		300	
		8	泄漏电流		60	
		9	绝缘电阻和电气强度		60	
		10	湿热试验		240	
		11	耐久性		300	
		12	非正常工作		240	
		13	机械强度		90	
		14	结构		90	
		15	内部布线		60	
		16	元件		90	
		17	连接电源和连接元件的软线		60	
		18	外导线的接线端		60	
		19	接地		60	
		20	联接件		60	
		21	电气间隙和爬电距离		180	
		22	耐热、耐燃和耐漏电痕迹		540	
		23	防锈		120	
			全项收费		2 790	
5	其他家用和类似用途电动机	4	标志	组	60	
		5	外壳防护		60	
		6	启动		90	
		7	温升		390	
		8	泄漏电流		60	
		9	绝缘电阻和电气强度		90	
		10	湿热试验		300	
		11	耐久性		420	
		12	非正常工作		270	
		13	机械强度		90	
		14	结构		150	
		15	内部布线		90	
		16	元件		120	
		17	连接电源和连接元件的软线		90	
		18	外导线的接线端		90	
		19	接地		60	
		20	联接件		90	
		21	电气间隙和爬电距离		180	
		22	耐热、耐燃和耐漏电痕迹		600	
		23	防锈		120	
			全项收费		3 420	

十二、电动工具

产品标准：GB3883.1～GB3883.15，GB3883.17～GB3883.18，GB4343－1995、GB17625.1－1998

序号	产品名称/型号	项号	检验项目名称	单位	收费标准(元)	备注
1	本表试验费适用于强制性安全认证的下述手持式电动工具产品：电钻(含冲击电钻)，螺丝刀和冲击扳手，电动砂轮机(含角向磨光机，直向砂轮机 模具电磨，湿式磨光机，电磨，抛光机和盘式砂光机)，砂光机（含平板砂光机，带式砂光机和圆板砂光机)，圆锯，电锤（含电镐)，不易燃液体电喷枪，电剪刀（含双刃电剪刀，电冲剪)，攻丝机，往复锯（含曲线锯和刀锯)，插入式混凝土制动器，电链锯，电刨，电动修枝剪和电动草剪，电木铣，修边机和 石材切割机（含大理石切割机)。	7	标志（含说明书）	台	60	
2		8	触电保护		90	
3		9	起动		75	
4		10	输入功率和电流		370	
5		11	发热		740	
6		12	泄漏电流		185	
7		13	无线电和电视干扰抑制		50	
8		14	防潮性		925	
9		15	绝缘电阻和介电强度		280	
10		16	耐久性		1 240	
11		17	不正常操作		460	
12		18	机械危险		110	
13		19	机械强度		150	
14		20	结构		740	
15		21	内部布线		165	
16		22	组件		165	
17		23	电源联接与外接软电缆和软线		60	
18			电缆或软线提拉力和扭力试验		140	
19			电缆或软线及护套弯曲试验		185	
20		24	外接导线的接线端子		140	
21		25	接地装置		40	
22		26	螺钉及联接件		110	
23		27	爬电距离、电气间隙和绝缘穿通距离		230	
24		28	耐热性、耐燃性和抗漏电痕迹性		570	
25		29	防锈		140	
26		/	报告照片		260	
27		GB4343 中 5	干扰电压	台	1 000	非电子调速工具电磁兼容全项目
28		GB4343 中 6	干扰功率		1 500	
29		GB17625.1 中 6	谐波电流		1 000	
安全标准全项目试验费				套	7 680	
非电子调速工具电磁兼容全项目检验费				套	3 500	
全项目（安全＋电磁兼容）检验费				套	11 180	

十三、电焊机

1、产品标准：GB15579-1995、GB/T8118-1995（6.19*、6.20*）

序号	产品名称/型号	项号	检验项目名称	单位	收费标准(元)	备注
1	电弧焊机：交流弧焊机 直流弧焊机 TIG弧焊机 MIG/MAG弧焊机 埋弧焊机 等离子弧切割机 等离子弧焊机 原动机-弧焊发电机	6.1.1	电气间隙和爬电距离	项	170	
2		6.1.2	绝缘电阻		50	
3		6.1.3	介电强度		170	
4		6.2.1	外壳防护等级		250	
5		6.2.2	电容器		170	
6		6.3.1	输入回路与焊接回路的隔离		100	
7		6.3.2	输入回路与焊接回路之间的绝缘		100	
8		6.3.3	内部导体的放置		50	
9		6.3.4	可动线圈和铁芯		240	
10		7.1、7.2、7.3	发热试验及温升		1 200	
11		7.4	功率整流组件		120	
12		7.5	换向器和滑环		50	
13		8	热保护		480	
14		9.1	输入电压范围		100	
15		9.2	电源		70	
16		9.3	连接装置		40	
17		9.4	接线端		200	
18		9.5	电缆固定装置		240	
19		9.6	进线孔		30	
20		10.1	输出额定空载电压		70	
21		10.2	型式试验时的约定负载电压		70	
22		10.3	负载下运行		70	
23		10.4	焊接输出端的连接		100	
24		10.5	对外部装置供电的电源		50	
25		10.6	兼容电源		100	
26		11	辅助回路和控制回路		190	
27		12	防触电装置		380	
28		13.1	耐冲击性		150	
29		13.2	提升装置		120	
30		13.3	跌落试验		120	
31		14	铭牌		60	
32		14.2	铭牌内容		60	
33		14.3	允差		140	
34		15	电流或电压的指示控制		100	
35		16	使用说明书		50	
36		6.19*	噪声		380	
37		6.20*	湿热		960	
38			全项收费		7 000	

2、 产品标准：GB15578-1995

序号	产品名称/型号	项　号	检 验 项 目 名 称	单位	收费标 准（元）	备注
1	电阻焊机	5.9.1、5.9.7、5.9.2、5.9.3、5.10、5.8.5、5.6、5.9.5	外观检查	项	400	
2		5.1	绝缘电阻		60	
3		5.2	介电强度		240	
4		5.3	电气间隙与爬电距离		200	
5		5.4	温升		2 700	
6		5.5	气路系统密封性		800	
7		5.6	油路系统密封性		800	
8		5.7	停电或事故时的安全		400	
9		5.8	水冷却系统		800	
10		5.9.4	外壳防护		200	
11			全项收费		6 600	

3、产品标准：GB15579.11-1998

序号	产品名称/型号	项号	检 验 项 目 名 称	单位	收 费标准（元）	备注
1	电焊钳	6	标记	项	30	
2		7	操作		130	
3		8.1	防直接接触		130	
4		8.2	绝缘电阻		200	湿热处理
5		8.3	介电强度		320	湿热处理
6		9.1	温升		1 600	
7		9.2	耐热		40	
8		9.3	耐焊接飞溅物		200	
9		10.1	焊接电缆入口		40	
10		10.2	焊接电缆绝缘嵌入深度		50	
11		10.3	焊接电缆的连接		200	
12		10.4	耐冲击		200	
13		11	标志		30	
14		12	使用说明书		30	
15			全项目收费		3 200	

4、产品标准：JB3643-2000

序号	产品名称/型号	项号	检 验 项 目 名 称	单位	收费标准（元）	备注
1	小型交流弧焊机	4.2.4	焊接电流调节范围	项	120	
2		4.2.5	型式试验时的约定负载电压		60	
3		7.1.1	电气间隙和爬电距离		150	
4		7.1.2	绝缘电阻		80	
5		7.1.3	介电强度		150	
6		7.2	湿热		800	
7		7.3.1	外壳防护等级		250	
8		7.3.2	保护性导体的接线端子		100	
9		7.3.3	输入回路与焊接回路之间的绝缘		60	
10		7.3.4	内部导体的放置		50	
11		7.3.5	可动线圈和铁芯		250	
12		7.4	温升		1 000	
13		7.5	热保护		400	
14		7.6.1	电缆固定装置		200	
15		7.6.2	接线端		90	
16		7.7.1	输出额定空载电压		80	
17		7.7.2	无意中接触的防护		40	
18		7.7.3	插座的安装		40	
19		7.7.4	出线孔		40	
20		7.7.5	电焊钳		40	
21		7.8.1	耐冲击性		90	
22		7.8.2	提升装置		100	
23		7.8.3	承受跌落		100	
24		7.8.4	倾斜稳定性		40	
25		7.9	铭牌要求		50	
26		7.9.1	铭牌尺寸		30	
27		7.9.2	内容		50	
28		7.9.3	铭牌数据允差		150	
29		7.9.4	其他指示标志		40	
30		7.10	使用说明书		50	
31			全项收费		4 700	

5、产品标准：GB15579.12-1998

序号	产品名称/型号	项号	检 验 项 目 名 称	单位	收费标准（元）	备注
1	焊接电缆耦合装置	5	设计要求	根	64	
2		6.1	防直接接触保护		96	
3		6.2	绝缘电阻		190	湿热处理
4		6.3	介电强度		380	湿热处理
5		6.4	防意外接触带电部分的保护		120	
6		7.1	温升		1 200	
7		7.2	耐焊接飞溅物		190	
8		8.1	止动装置		90	
9		8.2	焊接电缆入口		40	
10		8.3	焊接绝缘嵌入深度		60	
11		8.4	焊接电缆的连接		250	

序号	产品名称/型号	项号	检验项目名称	单位	收费标准（元）	备注
12		8.5	挤压强度		250	
13		9	标志		30	
14		10	使用说明		40	
15			全项目收费		3 000	

6、产品标准：JB/T9526-1999

序号	产品名称/型号	项号	检验项目名称	单位	收费标准（元）	备注
1	TIG焊焊炬	4	标记	项	30	
2		6.1	设计加工要求		30	
3		6.2	绝缘性能		180	
4		6.3	焊炬的密封性能		150	
5		6.4	焊炬的耐热性能		1 200	
6		6.5	表面质量		80	
7		6.6	精度		80	
8		6.7	连接		60	
9		6.8	电缆和管路		120	
10		6.9	使用性能		320	
11		6.10	抗机械冲击力		120	
12		6.11	湿热性能		600	
13		6.12	备件		30	
14			全项目收费		3 000	

7、产品标准：JB/T9532-1999

序号	产品名称/型号	项 号	检验项目名称	单位	收费标准（元）	备注
1	MIG/MAG焊焊枪	6.1	设计加工要求	项	40	
2		6.2	绝缘性能		180	
3		6.3	控制线路电压		60	
4		6.4	焊枪密封性能		180	
5		6.5	焊枪的温升		1 100	
6		6.6	表面质量		90	
7		6.7	精度		90	
8		6.8	焊接电缆及送丝、气管		240	
9		6.9	焊枪枪体结构		50	
10		6.10	送丝牵引力		120	
11		6.11	连接		60	
12		6.12	耐潮试验		600	
13		6.13	焊枪防护等级		70	
14		6.14	焊接适应性		120	
15		6.15	抗机械冲击力		120	
16		6.16	标记		40	
17		6.17	备件		40	
18			全项目收费		3 200	

8、产品标准：JB/T9533-1999

序 号	产品名称/型号	项号	检 验 项 目 名 称	单位	收费标准（元）	备注
1	焊机送丝装置	6.1	设计加工要求	项	40	
2		6.2	牵引力		170	
3		6.3	送丝速度调节范围及指示精度		320	
4		6.4	密封性试验		190	
5		6.5	温升及温度极限		1 200	
6		6.6	焊丝、焊丝盘及其支架		50	
7		6.7	装置的齿轮箱在运转时应无漏油现象		40	
8		6.8	噪声		320	
9		6.9、6.10	外观检查		60	
10		6.11	成套性		40	
11		6.12	互换性		40	
12		6.13	轴向、径向跳动		200	
13		6.14	工作硬度检查		320	
14		6.15	可靠性		40	
15		7.1	外壳防护		60	
16		7.2	进出端孔		40	
17		7.3	控制电压		40	
18		7.4	接地保护		40	
19		7.5	泄露电流		60	
20		7.6	绝缘电阻		50	
21		7.7	介电强度		120	
22		7.8	电气间隙与爬电距离		60	
23			全项目收费		3 500	

9、产品标准：GB10235-2000

序号	产品名称/型号	项 号	检 验 项 目 名 称	单位	收 费 标 准（元）	备注
1	弧焊变压器防触电装置	6	安装	项	40	
2		7.1	动作能力		40	
3		7.2	起动时间		80	
4		7.3	延时时间		280	
5		7.4	起动灵敏度		280	
6		7.5	低空载电压		40	
7		7.6	接线端子		30	
8		7.7	结构要求		30	
9		7.8	保护性导体的接线端子		30	
10		7.9	故障保护试验		50	
11		7.10	电磁接触器触点		30	
12		7.11	正常工作位置		30	
13		7.12	耐燃性能		300	
14		7.13	电气间隙和爬电距离		170	
15		7.14	绝缘电阻		40	
16		7.15	介电强度		80	
17		7.16	外壳防护等级		170	
18		7.17	温升		1 120	
19		7.18	抗干扰试验		60	

序号	产品名称/型号	项 号	检验项目名称	单位	收费标准（元）	备注
20		7.19	跌落试验		60	
21		7.20	耐湿热		600	
22		7.21	连续动作能力		900	
23		7.22	可靠性要求		1 000	
24		7.23	成套性		40	
25			全项目收费		5 500	

十四、家用和类似用途设备

1、 品标准:GB4706.1-92,GB4706.2-1996(安全)

GB4343-1995,GB17625.1-1998(电磁兼容)

序号	产品名称/型号	项号	检测项目名称	单位	收费标准（元）	备注
1	电熨斗	6	分类	章	10	1.三相的对相关项目按 1.5 倍收费；2.随整机的零部件检测按照单项试验费收费。
		7	标志和说明		80	
		8	防人身危险		120	
		9	高低压运行			
		10	能耗		250	
		11	温升		500	
		12	超负荷运行		100	
		13	工作状态下的抗电强度及泄漏电流		320	
		14	电视干扰的抑制			
		15	耐潮湿试验		500	
		16	潮湿状态下的抗电强度及泄漏电流		320	
		17	变压器和相关电路的过载保护		200	
		18	疲劳试验		400	
		19	在异常工作下的运行		600	
		20	不稳定性和机械伤害试验		160	
		21	机械危险试验		140	
		22	结构设计确认		320	
		23	内部电气连接合理性试验		140	
		24	电器附件安全性确认		180	
		25	外部电源连接安全性检验		200	
		26	外导线连接方式的检验		120	
		27	安全接地合理性检验		260	
		28	机械和电气连接螺钉的检验		140	
		29	电气危险距离的检验		200	
		30	非金属材料的危险性检验		600	
		31	金属材料的危险性检验		50	
		32	器具对环境的危害性检验		240	
		附录 A	热控制器			
		附录 B	电子线路			
		附录 C	安全隔离变压器			
		附录 D	电动机保护装置			
		附录 F	非额定电压电动机			
			连续干扰电压	项	1 000	
			连续干扰功率		1 500	
			断续干扰		1 500	
			谐波		1 000	
			全项收费	6 150+5 000 =11 150		

2、产品标准：GB4706.1-1992,GB4706.6-1995(安全)
GB4343-1995,GB17625.1-1998(电磁兼容)

序号	产品名称/型号	项号	检测项目名称	单位	收费标准(元)	备注
2	电饭锅	6	分类	章	10	1.三相的对相关项目按 1.5 倍收费；2.随整机的零部件检测按照单项试验费收费。
		7	标志和说明		80	
		8	防人身危险		120	
		9	高低压运行			
		10	能耗		250	
		11	温升		500	
		12	超负荷运行		100	
		13	工作状态下的抗电强度及泄漏电流		320	
		14	电视干扰的抑制			
		15	耐潮湿试验		500	
		16	潮湿状态下的抗电强度及泄漏电流		320	
		17	变压器和相关电路的过载保护		50	
		18	疲劳试验		400	
		19	在异常工作下的运行		600	
		20	不稳定性和机械伤害试验		160	
		21	机械危险试验		140	
		22	结构设计确认		320	
		23	内部电气连接合理性试验		140	
		24	电器附件安全性确认		180	
		25	外部电源连接安全性检验		200	
		26	外导线连接方式的检验		120	
		27	安全接地合理性检验		260	
		28	机械和电气连接螺钉的检验		140	
		29	电气危险距离的检验		200	
		30	非金属材料的危险性检验		600	
		31	金属材料的危险性检验		50	
		32	器具对环境的危害性检验		240	
		附录A	热控制器			
		附录B	电子线路			
		附录C	安全隔离变压器			
		附录D	电动机保护装置			
		附录F	非额定电压电动机			
			连续干扰电压	项	1 000	
			连续干扰功率		1 500	
			断续干扰		1 500	
			谐波		1 000	
			全项收费		6 000+5 000 =11000	

3、产品标准：GB4706.1-1992,GB4706.11-1997(安全)

序号	产品名称/型号	项号	检测项目名称	单位	收费标准(元)	备注
3	快热式电热水器	6	分类	章	10	随整机的零部件检测按照单项试验费收费
		7	标志和说明		80	
		8	防人身危险		120	
		9	高低压运行			
		10	能耗		250	
		11	温升		500	
		12	超负荷运行		100	
		13	工作状态下的抗电强度及泄漏电流		320	
		14	电视干扰的抑制			
		15	耐潮湿试验		500	
		16	潮湿状态下的抗电强度及泄漏电流		320	
		17	变压器和相关电路的过载保护		200	
		18	疲劳试验		400	
		19	在异常工作下的运行		600	
		20	不稳定性和机械伤害试验		160	
		21	机械危险试验		140	
		22	结构设计确认		520	
		23	内部电气连接合理性试验		140	
		24	电器附件安全性确认		180	
		25	外部电源连接安全性检验		200	
		26	外导线连接方式的检验		120	
		27	安全接地合理性检验		260	
		28	机械和电气连接螺钉的检验		140	
		29	电气危险距离的检验		200	
		30	非金属材料的危险性检验		600	
		31	金属材料的危险性检验		50	
		32	器具对环境的危害性检验		240	
		附录A	热控制器			
		附录B	电子线路			
		附录C	安全隔离变压器			
		附录D	电动机保护装置			
		附录F	非额定电压电动机			
			全项收费		6 450	

4、产品标准：GB4706.1-1992,GB4706.12-1996(安全)

序号	产品名称/型号	项号	检测项目名称	单位	收费标准(元)	备注
4	贮水式电热水器	6	分类	章	10	随整机的零部件检测按照单项试验费收费
		7	标志和说明		80	
		8	防人身危险		120	
		9	高低压运行			
		10	能耗		250	
		11	温升		500	
		12	超负荷运行		100	
		13	工作状态下的抗电强度及泄漏电流		320	
		14	电视干扰的抑制			

序号	产品名称/型号	项号	检测项目名称	单位	收费标准（元）	备注
		15	耐潮湿试验		500	
		16	潮湿状态下的抗电强度及泄漏电流		320	
		17	变压器和相关电路的过载保护		200	
		18	疲劳试验		400	
		19	在异常工作下的运行		600	
		20	不稳定性和机械伤害试验		160	
		21	机械危险试验		140	
		22	结构设计确认		520	
		23	内部电气连接合理性试验		140	
		24	电器附件安全性确认		180	
		25	外部电源连接安全性检验		200	
		26	外导线连接方式的检验		120	
		27	安全接地合理性检验		260	
		28	机械和电气连接螺钉的检验		140	
		29	电气危险距离的检验		200	
		30	非金属材料的危险性检验		600	
		31	金属材料的危险性检验		50	
		32	器具对环境的危害性检验		240	
		附录A	热控制器			
		附录B	电子线路			
		附录C	安全隔离变压器			
		附录D	电动机保护装置			
		附录F	非额定电压电动机			
			全项收费		6 450	

5、产品标准：GB4706.1-1998，GB4706.14-1999（安全）

序号	产品名称/型号	项号	检测项目名称	单位	收费标准（元）	备注
5	电烤箱	6	分类	章	10	随整机的零部件检测按照单项试验费收费
		7	标志和说明		80	
		8	防人身危险		120	
		9	高低压运行			
		10	能耗		640	
		11	温升		800	
		12	超负荷运行		100	
		13	工作状态下的抗电强度及泄漏电流		500	
		14	电视干扰的抑制			
		15	耐潮湿试验		500	
		16	潮湿状态下的抗电强度及泄漏电流		320	
		17	变压器和相关电路的过载保护		200	
		18	疲劳试验		640	
		19	在异常工作下的运行		800	
		20	不稳定性和机械伤害试验		160	
		21	机械危险试验		140	
		22	结构设计确认		610	
		23	内部电气连接合理性试验		140	
		24	电器附件安全性确认		180	

序号	产品名称/型号	项号	检测项目名称	单位	收费标准（元）	备注
		25	外部电源连接安全性检验		200	
		26	外导线连接方式的检验		120	
		27	安全接地合理性检验		260	
		28	机械和电气连接螺钉的检验		140	
		29	电气危险距离的检验		200	
		30	非金属材料的危险性检验		600	
		31	金属材料的危险性检验		50	
		32	器具对环境的危害性检验		240	
		附录A	热控制器			
		附录B	电子线路			
		附录C	安全隔离变压器			
		附录D	电动机保护装置			
		附录F	非额定电压电动机			
			全项收费		7 750	

6、产品标准：GB4706.1-1992,GB4706.15-1996(安全)
GB4343-1995,GB17625.1-1998(电磁兼容)

序号	产品名称/型号	项号	检测项目名称	单位	收费标准（元）	备注
6	皮肤及毛发护理器具	6	分类	章	10	1.三相的对相关项目按1.5倍收费。2.随整机的零部件检测按照单项试验费收费。
		7	标志和说明		80	
		8	防人身危险		120	
		9	高低压运行		100	
		10	能耗		250	
		11	温升		500	
		12	超负荷运行		100	
		13	工作状态下的抗电强度及泄漏电流		320	
		14	电视干扰的抑制			
		15	耐潮湿试验		500	
		16	潮湿状态下的抗电强度及泄漏电流		320	
		17	变压器和相关电路的过载保护		200	
		18	疲劳试验		400	
		19	在异常工作下的运行		600	
		20	不稳定性和机械伤害试验		160	
		21	机械危险试验		140	
		22	结构设计确认		370	
		23	内部电气连接合理性试验		140	
		24	电器附件安全性确认		180	
		25	外部电源连接安全性检验		200	
		26	外导线连接方式的检验		120	
		27	安全接地合理性检验		260	
		28	机械和电气连接螺钉的检验		140	
		29	电气危险距离的检验		200	
		30	非金属材料的危险性检验		600	
		31	金属材料的危险性检验		50	
		32	器具对环境的危害性检验		240	
		附录A	热控制器			
		附录B	电子线路			
		附录C	安全隔离变压器			

序号	产品名称/型号	项号	检测项目名称	单位	收费标准（元）	备注
		附录D	电动机保护装置			
		附录F	非额定电压电动机			
			连续干扰电压	项	1 000	
			连续干扰功率		1 500	
			断续干扰		1 500	
			谐波		1 000	
			全项收费		6 350+5 000=11 350	

7、产品标准：GB4706.1-1998，GB4706.19-1999(安全)

序号	产品名称/型号	项号	检测项目名称	单位	收费标准（元）	备注
7	液体加热器	6	分类	章	10	随整机的零部件检测按照单项试验费收费
		7	标志和说明		80	
		8	防人身危险		120	
		9	高低压运行			
		10	能耗		250	
		11	温升		500	
		12	超负荷运行		100	
		13	工作状态下的抗电强度及泄漏电流		320	
		14	电视干扰的抑制			
		15	耐潮湿试验		500	
		16	潮湿状态下的抗电强度及泄漏电流		320	
		17	变压器和相关电路的过载保护		200	
		18	疲劳试验		400	
		19	在异常工作下的运行		600	
		20	不稳定性和机械伤害试验		160	
		21	机械危险试验		140	
		22	结构设计确认		520	
		23	内部电气连接合理性试验		140	
		24	电器附件安全性确认		180	
		25	外部电源连接安全性检验		200	
		26	外导线连接方式的检验		120	
		27	安全接地合理性检验		260	
		28	机械和电气连接螺钉的检验		140	
		29	电气危险距离的检验		200	
		30	非金属材料的危险性检验		600	
		31	金属材料的危险性检验		50	
		32	器具对环境的危害性检验		240	
		附录A	热控制器			
		附录B	电子线路			
		附录C	安全隔离变压器			
		附录D	电动机保护装置			
		附录F	非额定电压电动机			
			全项收费		6 350	

8、产品标准：GB4706.1-1992,GB4706.21-1996(安全)

序号	产品名称/型号	项号	检测项目名称	单位	收费标准(元)	备注
8	微波炉	6	分类	章	10	随整机的零部件检测按照单项试验费收费
		7	标志和说明		80	
		8	防人身危险		120	
		9	高低压运行		100	
		10	能耗		320	
		11	温升		720	
		12	超负荷运行		100	
		13	工作状态下的抗电强度及泄漏电流		320	
		14	电视干扰的抑制			
		15	耐潮湿试验		500	
		16	潮湿状态下的抗电强度及泄漏电流		320	
		17	变压器和相关电路的过载保护		200	
		18	疲劳试验		3 000	
		19	在异常工作下的运行		720	
		20	不稳定性和机械伤害试验		160	
		21	机械危险试验		140	
		22	结构设计确认		760	
		23	内部电气连接合理性试验		240	
		24	电器附件安全性确认		180	
		25	外部电源连接安全性检验		200	
		26	外导线连接方式的检验		120	
		27	安全接地合理性检验		260	
		28	机械和电气连接螺钉的检验		140	
		29	电气危险距离的检验		200	
		30	非金属材料的危险性检验		600	
		31	金属材料的危险性检验		50	
		32	器具对环境的危害性检验		250	
		附录A	热控制器			
		附录B	电子线路			
		附录C	安全隔离变压器			
		附录D	电动机保护装置			
		附录F	非额定电压电动机			
			全项收费		9 860	

9、产品标准：GB4706.1-1992,GB4706.22-1998(安全)

序号	产品名称/型号	项号	检测项目名称	单位	收费标准(元)	备注
9	电灶、灶台、烤炉和类似器具	6	分类	章	10	随整机的零部件检测按照单项试验费收费
		7	标志和说明		80	
		8	防人身危险		120	
		9	高低压运行			
		10	能耗		640	
		11	温升		800	
		12	超负荷运行		100	
		13	工作状态下的抗电强度及泄漏电流		500	
		14	电视干扰的抑制			

序号	产品名称/型号	项号	检测项目名称	单位	收费标准(元)	备注
		15	耐潮湿试验		500	
		16	潮湿状态下的抗电强度及泄漏电流		320	
		17	变压器和相关电路的过载保护		200	
		18	疲劳试验		640	
		19	在异常工作下的运行		800	
		20	不稳定性和机械伤害试验		160	
		21	机械危险试验		140	
		22	结构设计确认		660	
		23	内部电气连接合理性试验		140	
		24	电器附件安全性确认		180	
		25	外部电源连接安全性检验		200	
		26	外导线连接方式的检验		120	
		27	安全接地合理性检验		260	
		28	机械和电气连接螺钉的检验		140	
		29	电气危险距离的检验		200	
		30	非金属材料的危险性检验		600	
		31	金属材料的危险性检验		50	
		32	器具对环境的危害性检验		240	
		附录A	热控制器			
		附录B	电子线路			
		附录C	安全隔离变压器			
		附录D	电动机保护装置			
		附录F	非额定电压电动机			
			全项收费		7 800	

10、产品标准：GB4706.1-1992,GB4706.23-1996(安全)

序号	产品名称/型号	项号	检测项目名称	单位	收费标准(元)	备注
10	室内加热器	6	分类	章	10	随整机的零部件检测按照单项试验费收费
		7	标志和说明		80	
		8	防人身危险		120	
		9	高低压运行		100	
		10	能耗		250	
		11	温升		500	
		12	超负荷运行		100	
		13	工作状态下的抗电强度及泄漏电流		320	
		14	电视干扰的抑制		50	
		15	耐潮湿试验		500	
		16	潮湿状态下的抗电强度及泄漏电流		320	
		17	变压器和相关电路的过载保护		50	
		18	疲劳试验		400	
		19	在异常工作下的运行		600	
		20	不稳定性和机械伤害试验		160	
		21	机械危险试验		140	
		22	结构设计确认		320	
		23	内部电气连接合理性试验		140	
		24	电器附件安全性确认		180	

序号	产品名称/型号	项号	检测项目名称	单位	收费标准(元)	备注
		25	外部电源连接安全性检验		200	
		26	外导线连接方式的检验		120	
		27	安全接地合理性检验		260	
		28	机械和电气连接螺钉的检验		140	
		29	电气危险距离的检验		200	
		30	非金属材料的危险性检验		600	
		31	金属材料的危险性检验		50	
		32	器具对环境的危害性检验		240	
		附录A	热控制器			
		附录B	电子线路			
		附录C	安全隔离变压器			
		附录D	电动机保护装置			
		附录F	非额定电压电动机			
			全项收费		6 150	

11、产品标准：GB4706.1-1992,GB4706.27-1992(安全)
GB4343-1995，GB17625.1-1998(电磁兼容)

序号	产品名称/型号	项号	检测项目名称	单位	收费标准(元)	备注
11	电风扇	6	分类		10	1.三相的对相关项目按1.5倍收费。2.随整机的零部件检测按照单项试验费收费。
		7	标志和说明		80	
		8	防人身危险		120	
		9	高低压运行		100	
		10	能耗		510	
		11	温升		400	
		12	超负荷运行		100	
		13	工作状态下的抗电强度及泄漏电流		480	
		14	电视干扰的抑制			
		15	耐潮湿试验		500	
		16	潮湿状态下的抗电强度及泄漏电流		320	
		17	变压器和相关电路的过载保护		200	
		18	疲劳试验	章	1 000	
		19	在异常工作下的运行		900	
		20	不稳定性和机械伤害试验		460	
		21	机械危险试验		540	
		22	结构设计确认		600	
		23	内部电气连接合理性试验		140	
		24	电器附件安全性确认		180	
		25	外部电源连接安全性检验		200	
		26	外导线连接方式的检验		120	
		27	安全接地合理性检验		260	
		28	机械和电气连接螺钉的检验		140	
		29	电气危险距离的检验		200	
		30	非金属材料的危险性检验		600	
		31	金属材料的危险性检验		50	
		32	器具对环境的危害性检验		240	
		附录A	热控制器			
		附录B	电子线路			

序号	产品名称/型号	项号	检测项目名称	单位	收费标准（元）	备注
		附录C	安全隔离变压器			
		附录D	电动机保护装置			
		附录F	非额定电压电动机			
			连续干扰电压	项	1 000	
			连续干扰功率	项	1 500	
			断续干扰	项	1 500	
			谐波	项	1 000	
			全项收费		8 500+5 000 =1 3500	

12、产品标准：GB4706.1-1992,GB4706.28-1996(安全)

序号	产品名称/型号	项号	检测项目名称	单位	收费标准（元）	备注
12	吸油烟机	6	分类	章	10	随整机的零部件检测按照单项试验费收费
		7	标志和说明		80	
		8	防人身危险		120	
		9	高低压运行		100	
		10	能耗		610	
		11	温升		600	
		12	超负荷运行			
		13	工作状态下的抗电强度及泄漏电流		480	
		14	电视干扰的抑制			
		15	耐潮湿试验		500	
		16	潮湿状态下的抗电强度及泄漏电流		320	
		17	变压器和相关电路的过载保护		200	
		18	疲劳试验		800	
		19	在异常工作下的运行		800	
		20	不稳定性和机械伤害试验		560	
		21	机械危险试验		440	
		22	结构设计确认		600	
		23	内部电气连接合理性试验		140	
		24	电器附件安全性确认		180	
		25	外部电源连接安全性检验		200	
		26	外导线连接方式的检验		120	
		27	安全接地合理性检验		260	
		28	机械和电气连接螺钉的检验		140	
		29	电气危险距离的检验		200	
		30	非金属材料的危险性检验		600	
		31	金属材料的危险性检验		50	
		32	器具对环境的危害性检验		240	
		附录A	热控制器			
		附录B	电子线路			
		附录C	安全隔离变压器			
		附录D	电动机保护装置			
		附录F	非额定电压电动机			
			全项收费		8 400	

13、产品标准：GB4706.1-1992,GB4706.29-1992(安全)

序号	产品名称/型号	项号	检测项目名称	单位	收费标准(元)	备注
13	电磁灶	6	分类	章	10	随整机的零部件检测按照单项试验费收费
		7	标志和说明		80	
		8	防人身危险		120	
		9	高低压运行		160	
		10	能耗		480	
		11	温升		720	
		12	超负荷运行			
		13	工作状态下的抗电强度及泄漏电流		480	
		14	电视干扰的抑制			
		15	耐潮湿试验		500	
		16	潮湿状态下的抗电强度及泄漏电流		320	
		17	变压器和相关电路的过载保护		200	
		18	疲劳试验		800	
		19	在异常工作下的运行		800	
		20	不稳定性和机械伤害试验		160	
		21	机械危险试验		140	
		22	结构设计确认		600	
		23	内部电气连接合理性试验		240	
		24	电器附件安全性确认		180	
		25	外部电源连接安全性检验		200	
		26	外导线连接方式的检验		120	
		27	安全接地合理性检验		260	
		28	机械和电气连接螺钉的检验		140	
		29	电气危险距离的检验		200	
		30	非金属材料的危险性检验		600	
		31	金属材料的危险性检验		50	
		32	器具对环境的危害性检验		240	
		附录A	热控制器			
		附录B	电子线路			
		附录C	安全隔离变压器			
		附录D	电动机保护装置			
		附录F	非额定电压电动机			
			全项收费		7 850	

14、产品标准：GB4706.1-1992,GB4706.30-1996(安全)

序号	产品名称/型号	项号	检测项目名称	单位	收费标准(元)	备注
14	电动食品加工机	6	分类	章	10	随整机的零部件检测按照单项试验费收费
		7	标志和说明		80	
		8	防人身危险		120	
		9	高低压运行		100	
		10	能耗		400	
		11	温升		500	
		12	超负荷运行		100	
		13	工作状态下的抗电强度及泄漏电流		320	

序号	产品名称/型号	项号	检测项目名称	单位	收费标准（元）	备注
		14	电视干扰的抑制			
		15	耐潮湿试验		500	
		16	潮湿状态下的抗电强度及泄漏电流		320	
		17	变压器和相关电路的过载保护		200	
		18	疲劳试验		400	
		19	在异常工作下的运行		600	
		20	不稳定性和机械伤害试验		560	
		21	机械危险试验		460	
		22	结构设计确认		600	
		23	内部电气连接合理性试验		140	
		24	电器附件安全性确认		180	
		25	外部电源连接安全性检验		200	
		26	外导线连接方式的检验		120	
		27	安全接地合理性检验		260	
		28	机械和电气连接螺钉的检验		140	
		29	电气危险距离的检验		200	
		30	非金属材料的危险性检验		600	
		31	金属材料的危险性检验		50	
		32	器具对环境的危害性检验		240	
		附录 A	热控制器			
		附录 B	电子线路			
		附录 C	安全隔离变压器			
		附录 D	电动机保护装置			
		附录 F	非额定电压电动机			
			全项收费		7 400	

15、产品标准：GB4706.1-1998，GB4706.7-1999（安全）
GB4343-1995，GB17625.1-1998（电磁兼容）

序号	产品名称/型号	项号	检测项目名称	单位	收费标准（元）	备注
15	真空吸尘器	6	分类	章	10	1.三相的对相关项目按 1.5 倍 收费；2.随整机的零部件检测按照单项试验费收费。
		7	标志和说明		80	
		8	防人身危险		120	
		9	高低压运行		150	
		10	能耗		480	
		11	温升		600	
		12	超负荷运行		100	
		13	工作状态下的抗电强度及泄漏电流		320	
		14	电视干扰的抑制			
		15	耐潮湿试验		650	
		16	潮湿状态下的抗电强度及泄漏电流		320	
		17	变压器和相关电路的过载保护		250	
		18	疲劳试验		880	
		19	在异常工作下的运行		800	
		20	不稳定性和机械伤害试验		460	
		21	机械危险试验		440	
		22	结构设计确认		450	

序号	产品名称/型号	项号	检测项目名称	单位	收费标准（元）	备注
		23	内部电气连接合理性试验		140	
		24	电器附件安全性确认		280	
		25	外部电源连接安全性检验		160	
		26	外导线连接方式的检验		120	
		27	安全接地合理性检验		260	
		28	机械和电气连接螺钉的检验		140	
		29	电气危险距离的检验		200	
		30	非金属材料的危险性检验		600	
		31	金属材料的危险性检验		50	
		32	器具对环境的危害性检验		240	
		附录 A	热控制器			
		附录 B	电子线路			
		附录 C	安全隔离变压器			
		附录 D	电动机保护装置			
		附录 F	非额定电压电动机			
			连续干扰电压	项	1 000	
			连续干扰功率		1 500	
			断续干扰		/	
			谐波		1 000	
			全项收费		8 300+3 500=11 800	

16、产品标准：GB4706.1-1998, GB4706.24-2000, GB4706.26-2000（安全）
GB4343-1995, GB17625.1-1998（电磁兼容）

序号	产品名称/型号	项号	检测项目名称	单位	收费标准（元）	备注
16	家用电动洗衣机	6	分类	章	10	1.三相的对相关项目按1.5倍收费；2.随整机的零部件检测按照单项试验费收费
		7	标志和说明		80	
		8	防人身危险		120	
		9	高低压运行		150	
		10	能耗		580	
		11	温升		550	
		12	超负荷运行		150	
		13	工作状态下的抗电强度及泄漏电流		500	
		14	电视干扰的抑制			
		15	耐潮湿试验		800	
		16	潮湿状态下的抗电强度及泄漏电流		320	
		17	变压器和相关电路的过载保护		250	
		18	疲劳试验		600	
		19	在异常工作下的运行		800	
		20	不稳定性和机械伤害试验		360	
		21	机械危险试验		240	
		22	结构设计确认		450	
		23	内部电气连接合理性试验		240	
		24	电器附件安全性确认		480	
		25	外部电源连接安全性检验		160	
		26	外导线连接方式的检验		120	

序号	产品名称/型号	项号	检测项目名称	单位	收费标准（元）	备注
		27	安全接地合理性检验	项	260	
		28	机械和电气连接螺钉的检验		140	
		29	电气危险距离的检验		200	
		30	非金属材料的危险性检验		600	
		31	金属材料的危险性检验		50	
		32	器具对环境的危害性检验		240	
		附录 A	热控制器			
		附录 B	电子线路			
		附录 C	安全隔离变压器			
		附录 D	电动机保护装置			
		附录 F	非额定电压电动机			
			连续干扰电压		1 200	
			连续干扰功率		1 800	
			断续干扰		1 800	
			谐波		1 200	
			全项收费		8 500+6 000 =14 500	

17、产品标准：GB4706.1-1992，GB4706.17-1996（（安全）

序号	产品名称/型号	项号	检测项目名称	单位	收费标准（元）	备注
17	电动机-压缩机	6	分类	章	10	1.此价格仅是对额定频率为50Hz 的定频压缩机，对变频压缩机不包含变频器的检验费用。对于带 2 组以上的保护器、高低压运行器需要附加实验的，每多 1 组保护器、高低压运行器需增加30%的费用；2.随整机的零部件检测按照单项试验费收费
		7	标志和说明		80	
		8	防人身危险		120	
		9	高低压运行			
		10	能耗			
		11	温升			
		12	超负荷运行			
		13	工作状态下的抗电强度及泄漏电流		320	
		14	电视干扰的抑制			
		15	耐潮湿试验		500	
		16	潮湿状态下的抗电强度及泄漏电流		320	
		17	变压器和相关电路的过载保护			
		18	疲劳试验			
		19	在异常工作下的运行		2 600	
		20	不稳定性和机械伤害试验			
		21	机械危险试验		160	
		22	结构设计确认		240	
		23	内部电气连接合理性试验		140	
		24	电器附件安全性确认		180	
		25	外部电源连接安全性检验及外部软缆和软线		160	
		26	外导线连接方式的检验		120	
		27	安全接地合理性检验		260	
		28	机械和电气连接螺钉的检验		140	
		29	电气危险距离的检验、电气间隙和穿通绝缘距离		200	
		30	耐热、耐燃和耐漏电起痕		600	

序号	产品名称/型号	项号	检测项目名称	单位	收费标准(元)	备注
		31	金属材料的危险性检验		50	
		32	器具对环境的危害性检验			
		附录A	热控制器			
		附录B	电子线路			
		附录C	安全隔离变压器			
		附录D	电动机保护装置			
		附录F	非额定电压电动机			
			'全项收费		6 200	

18、产品标准：GB4706.1-1998,GB4706.42-1999(安全)

序号	产品名称/型号	项号	检测项目名称	单位	收费标准(元)	备注
'18	冷热饮水机	6	分类	章	10	随整机的零部件检测按照单项试验费收费
		7	标志和说明		80	
		8	防人身危险		120	
		9	高低压运行			
		10	能耗		320	
		11	温升		560	
		12	超负荷运行		200	
		13	工作状态下的抗电强度及泄漏电流		320	
		14	电视干扰的抑制			
		15	耐潮湿试验		640	
		16	潮湿状态下的抗电强度及泄漏电流		320	
		17	变压器和相关电路的过载保护			
		18	疲劳试验		640	
		19	在异常工作下的运行		600	
		20	不稳定性和机械伤害试验		260	
		21	机械危险试验		240	
		22	结构设计确认		600	
		23	内部电气连接合理性试验		140	
		24	电器附件安全性确认		180	
		25	外部电源连接安全性检验		160	
		26	外导线连接方式的检验		120	
		27	安全接地合理性检验		260	
		28	机械和电气连接螺钉的检验		140	
		29	电气危险距离的检验		200	
		30	非金属材料的危险性检验		600	
		31	金属材料的危险性检验		50	
		32	器具对环境的危害性检验		240	
		附录A	热控制器			
		附录B	电子线路			
		附录C	安全隔离变压器			
		附录D	电动机保护装置			
		附录F	非额定电压电动机			
			全项收费		7 800	

19、产品标准：GB4706.1-1992，GB4706.13-1998（安全）
GB4343-1995，GB17625.1-1998（电磁兼容）

序号	产品名称/型号	项号	检测项目名称	单位	收费标准（元）	备注
19	家用电冰箱、食品冷冻箱	6	分类	章	10	1.三相的对相关项目按1.5倍收费。 2.随整机的零部件检测按照单项试验费收费
		7	标志和说明		80	
		8	防人身危险		120	
		9	高低压运行		240	
		10	能耗		640	
		11	温升		500	
		12	超负荷运行		200	
		13	工作状态下的抗电强度及泄漏电流		480	
		14	电视干扰的抑制			
		15	耐潮湿试验		480	
		16	潮湿状态下的抗电强度及泄漏电流		320	
		17	变压器和相关电路的变压器和相关电路的过载保护			
		18	疲劳试验		650	
		19	在异常工作下的运行		900	
		20	不稳定性和机械伤害试验		450	
		21	机械危险试验		440	
		22	结构设计确认		800	
		23	内部电气连接合理性检验		240	
		24	电器附件安全性确认		680	
		25	外部电源连接安全性检验		160	
		26	外导线连接方式的检验		120	
		27	安全接地合理性检验		260	
		28	机械和电气连接螺钉的检验		140	
		29	电气危险距离的检验		200	
		30	非金属材料的危险性检验		600	
		31	金属材料的危险性检验		50	
		32	器具对环境的危害性检验		240	
		附录A	热控制器			
		附录B	电子线路			
		附录C	安全隔离变压器			
		附录D	电动机保护装置			
		附录F	非额定电压电动机			
			连续干扰电压	项	1 200	
			连续干扰功率		1 800	
			断续干扰		1 800	
			谐波		1 200	
			全项收费		9 000+6 000=15000	

20、产品标准：GB4706.1-1992,GB4706.32-1996(安全)
GB4343-1995,GB17625.1-1998(电磁兼容)

序号	产品名称/型号	项号	检测项目名称	单位	收费标准(元)	备注
20	空气调节器	6	分类	章	10	1.三相的对相关项目按 1.5 倍收费；2.随整机的零部件检测按照单项试验费收费
		7	标志和说明		300	
		8	防人身危险		240	
		9	高低压运行			
		10	能耗		800	
		11	温升		1 200	
		12	超负荷运行		200	
		13	工作状态下的抗电强度及泄漏电流		600	
		14				
		15	耐潮湿试验		1 000	
		16	潮湿状态下的抗电强度及泄漏电流		600	
		17	变压器和相关电路的过载保护			
		18	疲劳试验			
		19	在异常工作下的运行		2 500	
		20	不稳定性和机械伤害试验		860	
		21	机械危险试验		840	
		22	结构设计确认		1 200	
		23	内部电气连接合理性试验		240	
		24	电器附件安全性确认		840	
		25	外部电源连接安全性检验		160	
		26	外导线连接方式的检验		120	
		27	安全接地合理性检验		260	
		28	机械和电气连接螺钉的检验		140	
		29	电气危险距离的检验		200	
		30	非金属材料的危险性检验		600	
		31	金属材料的危险性检验		50	
		32	器具对环境的危害性检验		240	
		附录 A	热控制器			
		附录 B	电子线路			
		附录 C	安全隔离变压器			
		附录 D	电动机保护装置			
		附录 F	非额定电压电动机			
			连续干扰电压	项	1 300	
			连续干扰功率		2 000	
			断续干扰		2 000	
			谐波		1 200	
			全项收费		13 200+6 500 =19700	

十五、音视频设备

1、 标准：GB8898-1997，GB13837-1997，GB17625.1-1998

序号	产品名称	项号		检验项目名称	单位	收费标准（元）	备 注
1	总输出功率在500W（有效值）以下的单扬声器有源音箱	常规检测	§5	标记和使用说明	台/组	40	§14 元器件，§15.1 插头和插座，§16.1 电网电源软线；拉力试验、印制板参见元部件随机及单项试验费收费
			§9	正常工作条件下的漏电流和防触电		800	
			§10	绝缘要求，抗电强度（恒定湿热）		1 000	
			§13	连接到电网电源的元件		120	
		§7		不同组合条件下的温度测试	台/组	780	
		§11		故障设置试验、相关温度测试、防触电检查、相关温度测试、防触电检查	台/组	2 500	
		§14		元器件	台/组	150	
		机械结构	§12	机械强度、跌落、振动	台/组	200	
			§15	导体连接端子；接地连续性测试		200	
			§16	电源软线；拉力试验		720	
			§17	机械结构固定和电连接特性		160	
			§19	机械稳定性		330	
		安全项目合计				7 000	
		5.2		9 kHz~30 MHz 电源端传导骚扰电压	台/组	1 200	
		5.6		30 MHz~1000 MHz 骚扰功率	台/组	2 400	
		7		谐波电流	台/组	1 500	
		EMC 项目合计				5 100	
		全项收费				12 100	

2. 标准：GB8898-1997，GB13837-1997，GB17625.1-1998

序号	产品名称	项号		检验项目名称	单位	收费标准（元）	备 注
2	总输出功率在500W（有效值）以下的多扬声器有源音箱	常规检测	§5	标记和使用说明	台/组	40	§14 元器件，§15.1插头和插座，§16.1电网电源软线；拉力试验、印制板参见元部件随机及单项试验费收费
			§9	正常工作条件下的漏电流和防触电		800	
			§10	绝缘要求，抗电强度（恒定湿热）		1 000	
			§13	连接到电网电源的元件		120	
		§7		不同组合条件下的温度测试	台/组	780	
		§11		故障设置试验、相关温度测试、防触电检查、相关温度测试、防触电检查	台/组	2 500	
		§14		元器件	台/组	150	
			§12	机械强度、跌落、振动	台/	200	

序号	产品名称	项号		检验项目名称	单位	收费标准（元）	备 注
		机械结构	§15	导体连接端子；接地连续性测试	组	200	
			§16	电源软线；拉力试验		720	
			§17	机械结构固定和电连接特性		160	
			§19	机械稳定性		330	
		安全项目合计				7 000	
		5.2		9kHz～30MHz 电源端传导骚扰电压	台/组	1 200	
		5.6		30MHz～1 000MHz 骚扰功率	台/组	2 400	
		7		谐波电流	台/组	1 500	
		EMC 项目合计				5 100	
		全项收费				12 100	

3. 标准：GB8898-1997，GB13837-1997，GB17625.1-1998

序号	产品名称	项号		检验项目名称	单位	收费标准（元）	备 注
3	功率放大器	常规检测	§5	标记和使用说明	台/组	40	
			§9	正常工作条件下的漏电流和防触电		1 000	
			§10	绝缘要求，抗电强度（恒定湿热）		1 000	
			§13	连接到电网电源的元件		110	
		§7		不同组合条件下的温度测试	台/组	955	
		§11		故障设置试验、相关温度测试、防触电检查	台/组	1905	
		§14		元器件	台/组	150	§14 元器件，§15.1 插头和插座，§16.1 电网电源软线；拉力试验、印制板参见元部件随机及单项试验费收费
		机械结构	§12	机械强度、跌落、振动	台/组	1 000	
			§15	导体连接端子；接地连续性测试		350	
			§16	电源软线；拉力试验		720	
			§17	机械结构固定和电连接特性		160	
			§19	机械稳定性		290	
		安全项目合计				7 680	
		5.2		9kHz～30MHz 电源端传导骚扰电压	台/组	1 200	
		5.6		30MHz～1 000MHz 骚扰功率	台/组	2 400	
		7		暂态谐波电流	台/组	1 500	
		EMC 项目合计				5 100	
		全项收费				12 780	

4. 标准：GB8898-1997，GB13837-1997，GB17625. 1-1998

序号	产品名称	项号		检验项目名称	单位	收费标准（元）	备 注
4	调谐器	常规检测	§5	标记和使用说明	台/组	40	§14 元器件，§15.1 插头和插座，§16.1 电网电源软线；拉力试验、印制板参见元部件随机及单项试验费收费
			§9	正常工作条件下的漏电流和防触电		1 000	
			§10	绝缘要求，抗电强度（恒定湿热），浪涌		1 600	
			§13	连接到电网电源的元件		120	
		§7		不同组合条件下的温度测试	台/组	650	
		§11		故障设置试验、相关温度测试、防触电检查	台/组	1 000	
		§14		元器件	台/组	150	
		机械结构	§12	机械强度、跌落、振动	台/组*	1 000	
			§15	导体连接端子；接地连续性测试		200	
			§16	电源软线；拉力试验		720	
			§17	机械结构固定和电连接特性		160	
			§19	机械稳定性		290	
		安全项目合计				6 930	
		5.2		9kHz～30MHz 电源端传导骚扰电压	台/组	1 200	
		5.3		30～1 750MHz 天线端传导骚扰电压	台/组	1 500	
		5.5		本振和中频辐射干扰场强 30～1 000MHz 辐射骚扰场强	台/组	2 500	
		7		谐波电流	台/组	1 500	
		EMC 项目合计				6 700	
		全项收费				13 630	

5. 标准：GB8898-1997，GB13837-1997，GB17625. 1-1998

序号	产品名称	项号		检验项目名称	单位	收费标准（元）	备 注
5	收音机、收录机	常规检测	§5	标记和使用说明	台/组	40	§14 元器件，§15.1 插头和插座，§16.1 电网电源软线印制板等参见元部件随机及单项试验费收费
			§9	正常工作条件下的漏电流和防触电		1 000	
			§10	绝缘要求，抗电强度（恒定湿热），浪涌		1 000	
			§13	连接到电网电源的元件		120	
		§7		不同组合条件下的温度测试	台/组	650	
		§11		故障设置试验、相关温度测试、防触电检查	台/组	1 600	
		§14		元器件	台/组	150	
		机械结构	§12	机械强度、跌落、振动	台/组	800	
			§15	导体连接端子；接地连续性测试		200	
			§16	电源软线；拉力试验		420	
			§17	机械结构固定和电连接特性		160	
			§19	机械稳定性		290	
		安全项目合计				6 430	

序号	产品名称	项号	检验项目名称	单位	收费标准（元）	备 注
		5.2	注入电源的射频干扰电压 9kHz～30MHz 电源端传导骚扰电压	台/组	1 200	
		5.3	30～～1 750MHz 天线端传导骚扰电压	台/组	1 000	
		5.5	本振和中频辐射干扰场强 30～1 000MHz 辐射骚扰场强	台/组	3 000	
		7	谐波电流	台/组	1 500	
		EMC 项目合计			6 700	
		全项收费			13 130	

6. 标准：GB8898-1997，GB13837-1997，GB17625.1-1998

序号	产品名称	项号		检验项目名称	单位	收费标准（元）	备 注
6	磁带录（放）音机、盘式电唱机、语言复读机、MP3 数码录放机、前置放大器等	常规检测	§5	标记和使用说明	台/组	40	1) 其中 §14 元器件，§15.1 插头和插座、§16.1 电网电源软线；拉力试验、印制板等参见元部件随机及单项试验费收费； 2) 便携式带外接电源的，和外接电源一起做
			§9	正常工作条件下的漏电流和防触电		1 000	
			§10	绝缘要求，抗电强度（恒定湿热）		1 600	
			§13	连接到电网电源的元件		120	
		§7		不同组合条件下的温度测试	台/组	650	
		§11		故障设置试验、相关温度测试、防触电检查	台/组	2 380	
		§14		元器件	台/组	150	
		机械结构	§12	机械强度、跌落、振动	台/组	1 000	
			§15	导体连接端子；接地连续性测试		200	
			§16	电源软线；拉力试验		520	
			§17	机械结构固定和电连接特性		160	
			§19	机械稳定性		290	
		安全项目合计				8 110	
		5.2		注入电源的射频干扰电压 9kHz～30MHz 电源端传导骚扰电压	台/组	1 200	
		5.6		30MHz～1 000MHz 骚扰功率	台/组	2 400	
		7		谐波电流	台/组	1 500	
		EMC 项目合计				5 100	
		全项收费				13 210	

7. 标准：GB8898-1997，GB13837-1997，GB17625.1-1998

序号	产品名称	项号		检验项目名称	单位	收费标准（元）	备注
7	磁带录（放）音卡座、均衡器、控制器、卡拉OK混响器等（不带音频放大）	常规检测	§5	标记和使用说明	台/组	40	§14元器件，§15.1插头和插座，§16.1电网电源软线；拉力试验、印制板参见元部件随机及单项试验费收费
			§9	正常工作条件下的漏电流和防触电		1 000	
			§10	绝缘要求，抗电强度（恒定湿热）		1 000	
			§13	连接到电网电源的元件		120	
		§7		不同组合条件下的温度测试	台/组	650	
		§11		故障设置试验、相关温度测试、防触电检查	台/组	1 890	
		§14		元器件	台/组	150	
		机械结构	§12	机械强度、跌落、振动	台/组	1 000	
			§15	导体连接端子；接地连续性测试		200	
			§16	电源软线；拉力试验		520	
			§17	机械结构固定和电连接特性		160	
			§19	机械稳定性		90	
		安全项目合计				6 820	
		5.2		9kHz～30MHz 电源端传导骚扰电压	台/组	1 200	
		5.6		30MHz～1 000MHz 骚扰功率	台/组	2 400	
		7		谐波电流	台/组	1 500	
		EMC项目合计				5 100	
		全项收费				11 920	

8. 标准：GB8898-1997，GB13837-1997，GB17625.1-1998

序号	产品名称	项号		检验项目名称	单位	收费标准（元）	备注
8	CD、MD唱机、LD播放机、VCD、超级VCD、DVD播放机等	常规检测	§5	标记和使用说明	台/组	40	1）其中§14元器件，§15.1插头和插座、§16.1电网电源软线；拉力试验、印制板参见元部件随机及单项试验费收费 2）便携式带外接电源的，和外接电源一起做
			§9	正常工作条件下的漏电流和防触电		1 000	
			§10	绝缘要求，抗电强度（恒定湿热）		1 600	
			§13	连接到电网电源的元件		100	
		辐射	§6.1	电磁辐射	台/组	—	
			§6.2	非电离辐射（激光辐射波长、功率）正常条件及故障条件	台/组	1 500	
		§7		不同组合条件下的温度测试	台/组	650	
		§11		故障设置试验、相关温度测试、防触电检查	台/组	2 000	
		§14		元器件	台/组	150	
		机械结构	§12	机械强度、跌落、振动	台/组	1 000	
			§15	导体连接端子；接地连续性测试		200	
			§16	电源软线；拉力试验		520	
			§17	机械结构固定和电连接特性		160	
			§19	机械稳定性		290	

序号	产品名称	项号	检验项目名称	单位	收费标准（元）	备 注
		安全项目合计			9 210	
		5.2	9kHz～30MHz 电源端传导骚扰电压	台/组	1 200	
		5.6	30MHz～1 000MHz 骚扰功率	台/组	2 400	
		5.4	30MHz～1 750MHz 射频输出端有用信号和骚扰信号电平	台/组	1 000	
		7	谐波电流	台/组	1 500	
		EMC 项目合计			6 100	
		全项收费			15 310	

9. 标准：GB8898-1997，GB13837-1997，GB17625.1-1998

序号	产品名称	项号	检验项目名称	单位	收费标准（元）	备 注
9	盒式磁带录像机（具有TV接收功能）	常规检测 §5	标记和使用说明	台/组	60	§14 元器件，§15.1 插头和插座，§16.1 电网电源软线；拉力试验、印制板参见元部件随机及单项试验费收费
		常规检测 §9	正常工作条件下的漏电流和防触电	台/组	1 000	
		常规检测 §10	绝缘要求，抗电强度（恒定湿热），浪涌	台/组	1 000	
		常规检测 §13	连接到电网电源的元件	台/组	100	
		§7	不同组合条件下的温度测试	台/组	800	
		§11	故障设置试验、相关温度测试、防触电检查	台/组	2 100	
		§14	元器件	台/组	150	
		机械结构 §12	机械强度、跌落、振动	台/组	1 000	
		机械结构 §15	导体连接端子；接地连续性测试	台/组	160	
		机械结构 §16	电源软线；拉力试验	台/组	420	
		机械结构 §17	机械结构固定和电连接特性	台/组	160	
		机械结构 §19	机械稳定性	台/组	90	
		安全项目合计			7 040	
		5.2	9kHz～30MHz 电源端传导骚扰电压	台/组	1 200	
		5.3	30～1 750MHz 天线端传导骚扰电压	台/组	1 500	
		5.5	本振和中频辐射干扰场强 30～1 000MHz 辐射骚扰场强	台/组	3 000	
		5.4	30MHz～1 750MHz 射频输出端有用信号和骚扰信号电平	台/组	1 500	
		7	谐波电流	台/组	1 000	
		EMC 项目合计			8 200	
		全项收费			15 240	

10. 标准：GB8898-1997，GB13837-1997，GB17625.1-1998

序号	产品名称	项号		检验项目名称	单位	收费标准（元）	备 注
10	盒式磁带录像机（不具有TV接收功能）、单放机	常规检测	§5	标记和使用说明	台/组	60	§14元器件，§15.1插头和插座，§16.1电网电源软线；拉力试验、印制板参见元部件随机及单项试验费收费
			§9	正常工作条件下的漏电流和防触电		1 000	
			§10	绝缘要求，抗电强度（恒定湿热）		1 100	
			§13	连接到电网电源的元件		100	
		§7		不同组合条件下的温度测试	台/组	800	
		§11		故障设置试验、相关温度测试、防触电检查	台/组	2 000	
		§14		元器件	台/组	150	
		机械结构	§12	机械强度、跌落、振动	台/组	1 000	
			§15	导体连接端子；接地连续性测试		160	
			§16	电源软线；拉力试验		420	
			§17	机械结构固定和电连接特性		160	
			§19	机械稳定性		90	
		安全项目合计				6 950	
		5.2		9kHz～30MHz 电源端传导骚扰电压	台/组	1 200	
		5.6		30MHz～1 000MHz骚扰功率	台/组	2 700	
		5.4		30MHz～1 750MHz 射频输出端有用信号和骚扰信号电平	台/组	1 950	
		7		谐波电流	台/组	1 000	
		EMC 项目合计				6 850	
		全项收费				13 800	

11 标准：GB8898-1997，GB13837-1997，GB17625.1-1998

序号	产品名称	项号		检验项目名称	单位	收费标准（元）	备 注
11	组合音响（公用供电）	常规检测	§5	标记和使用说明	台/组	40	§14元器件，§15.1插头和插座，§16.1电网电源软线；拉力试验、印制板参见元部件随机及单项试验费收费
			§9	正常工作条件下的漏电流和防触电		1 000	
			§10	绝缘要求，抗电强度（恒定湿热）		1 780	
			§13	连接到电网电源的元件		120	
		辐射	§6.1	电磁辐射	台/组	2 000	
			§6.2	非电离辐射（激光辐射波长、功率）正常条件及故障条件	台/组		
		§7		不同组合条件下的温度测试	台/组	1 200	
		§11		故障设置试验、相关温度测试、防触电检查	台/组	3 000	
		§14		元器件	台/组	150	
		机械结构	§12	机械强度、跌落、振动	台/组	1 850	
			§15	导体连接端子；接地连续性测试		160	
			§16	电源软线；拉力试验		420	
			§17	机械结构固定和电连接特性		160	

序号	产品名称	项号	检验项目名称	单位	收费标准（元）	备 注
		§19	机械稳定性		90	
		安全项目合计			11 970	
		5.2	9kHz～30MHz 电源端传导骚扰电压	台/组	1 200	*按实际测试项目收费（二选一）
		5.3	30～1 750MHz 天线端传导骚扰电压	台/组	1 500	
		5.5	本振和中频辐射干扰场强 30～1 000MHz 辐射骚扰场强	台/组	3 000*	
		5.6	30MHz～1 000MHz 骚扰功率	台/组	2 400*	
		7	谐波电流	台/组	1 500	
		EMC 项目合计			7 200	
		全项收费			19 170	

12. 标准：GB8898-1997，GB13837-1997，GB17625.1-1998

序号	产品名称	项号		检验项目名称	单位	收费标准（元）	备 注
12	组合音响（分别供电）	常规检测	§5	标记和使用说明	组*	40	1. §14 元器件，§15.1 插头和插座，§16.1 电网电源软线；拉力试验、印制板等参见元部件随机及单项试验费收费；2. *按实际组数；3. 产品带 CD 时增加激光测试收费2000元
			§9	正常工作条件下的漏电流和防触电		1 000	
			§10	绝缘要求，抗电强度（恒定湿热）		2 000	
			§13	连接到电网电源的元件		120	
		辐射	§6.1	电磁辐射	组	—	
			§6.2	非电离辐射（激光辐射波长、功率）正常条件及故障条件	组	1 500	
		§7		不同组合条件下的温度测试	台/组	1 200	
		§11		故障设置试验、相关温度测试、防触电检查	台/组	2 500	
		§14		元器件	组	150	
		机械结构	§12	机械强度、跌落、振动	组	1 000	
			§15	导体连接端子；接地连续性测试		160	
			§16	电源软线；拉力试验		420	
			§17	机械结构固定和电连接特性		160	
			§19	机械稳定性		90	
		安全项目合计　（组）				10 340	
		5.2		9kHz～30MHz 电源端传导骚扰电压	台/组	1 200	*按实际发生的测试收费（二选一）
		5.3		30～1750MHz 天线端传导骚扰电压	台/组	2 000	
		5.5		本振和中频辐射干扰场强 30～1000MHz 辐射骚扰场强	台/组	3 000*	
		5.6		30MHz～1000MHz 骚扰功率	台/组	2 700*	
		7		谐波电流	台/组	1 500	
		EMC 项目合计				7 700	
		全项收费				18 040	

13. 标准：GB8898-1997，GB13837-1997，GB17625.1-1998

序号	产品名称	项号		检验项目名称	单位	收费标准（元）	备注
13	电源适配器（线型）	常规检测	§5	标记和使用说明	台/组	40	§14 元器件，§15.1 插头和插座，§16.1 电网电源软线；拉力试验、印制板参见元部件随机及单项试验费收费
			§9	正常工作条件下的漏电流和防触电		1 000	
			§10	绝缘要求，抗电强度（恒定湿热）		1 000	
			§13	连接到电网电源的元件		100	
		§7		不同组合条件下的温度测试	台/组	900	
		§11		故障设置试验、相关温度测试、防触电检查	台/组	1 500	
		§14		元器件	台/组	150	
		机械结构	§12	机械强度、跌落、振动	台/组	800	
			§15	导体连接端子；接地连续性测试		160	
			§16	电源软线；拉力试验		420	
			§17	机械结构固定和电连接特性		160	
			§19	机械稳定性		—	
		安全项目合计				6 230	
		5.2		9kHz～30MHz 电源端传导骚扰电压	台/组	1200	
		5.6		30MHz～1 000MHz 骚扰功率	台/组	2400	
		7		谐波电流	台/组	1500	
		EMC 项目合计				5100	
		全项收费				11330	

14. 标准：GB8898-1997，GB13837-1997，GB17625.1-1998

序号	产品名称	项号		检验项目名称	单位	收费标准（元）	备注
14	电源适配器（开关型）	常规检测	§5	标记和使用说明	台/组	40	§14 元器件，§15.1 插头和插座，§16.1 电网电源软线；拉力试验、印制板等参见元部件随机及单项试验费收费
			§9	正常工作条件下的漏电流和防触电		1 000	
			§10	绝缘要求，抗电强度（恒定湿热）		1 400	
			§13	连接到电网电源的元件		120	
		§7		不同组合条件下的温度测试	台/组	1 000	
		§11		故障设置试验、相关温度测试、防触电检查	台/组	2 000	
		§14		元器件	台/组	150	
		机械结构	§12	机械强度、跌落、振动	台/组	500	
			§15	导体连接端子；接地连续性测试		160	
			§16	电源软线；拉力试验		420	
			§17	机械结构固定和电连接特性		160	
			§19	机械稳定性		90	
		安全项目合计				7 040	

序号	产品名称	项号	检验项目名称	单位	收费标准（元）	备注
		5.2	9kHz～30MHz 电源端传导骚扰电压	台/组	1 200	
		5.6	30MHz～1000MHz 骚扰功率	台/组	2 400	
		7	谐波电流	台/组	1 500	
		EMC 项目合计			5 100	
		全项收费			12 140	

15. 标准：GB8898-1997，GB13837-1997，GB17625.1-1998

序号	产品名称	项号		检验项目名称	单位	收费标准（元）	备注
15	29 英寸以下的彩色电视接收机、监示器（含液晶）	常规检测	§5	标记和使用说明	台/组	40	
			§9	正常工作条件下的漏电流和防触电		1 200	
			§10	绝缘要求，抗电强度（恒定湿热），浪涌		2 000	
			§13	连接到电网电源的元件		120	
		辐射	§6.1	电磁辐射	台/组	700*	§14 元器件，§15.1 插头和插座，§16.1 电网电源软线；拉力试验、(印制板)等参见元部件随机及单项检测费收费 *液晶不做
			§6.2	非电离辐射（激光辐射）	台/组		
		§7		不同组合条件下的温度测试	台/组	500	
		§11		故障设置试验、相关温度测试、防触电检查	台/组	2000	
		§14		元器件	台/组	150	
		机械结构	§12	机械强度、跌落、振动	台/组	1 100	
			§15	导体连接端子；接地连续性测试		260	
			§16	电源软线；拉力试验		420	
			§17	机械结构固定和电连接特性		160	
			§19	机械强度、跌落、振动		1 000	
		§20.2		电视接收机的防火（后盖）	台/组	650	
		安全项目合计				10 300	
		5.2		9kHz～30MHz 电源端传导骚扰电压	台/组	1 200	** 监示器不做
		5.3		30～1 750MHz 天线端传导骚扰电压	台/组	1 500 **	
		5.5		本振和中频辐射 30～1 000MHz 辐射骚扰场强	台/组	3 000	
		7		谐波电流	台/组	2 000	
		EMC 项目合计				7 700	
		全项收费				18 000	

16. 标准：GB8898-1997，GB13837-1997，GB17625.1-1998

序号	产品名称	项号		检验项目名称	单位	收费标准（元）	备注
16	29 英寸及以上的彩色电视接收机、监示器（含液晶）	常规检测	§5	标记和使用说明	台/组	40	§14 元器件，§15.1 插头和插座，§16.1 电网电源软线；拉力试验，§18 显像管的机械强度、跌落、振动和防爆炸影响，§20.1 电视接收机的防火（印制板）参见元部件随机及单项试验费收费 *液晶不做
			§9	正常工作条件下的漏电流和防触电		1 200	
			§10	绝缘要求，抗电强度（恒定湿热），浪涌		2 000	
			§13	连接到电网电源的元件		120	
		辐射	§6.1	电离辐射	台/组	700*	
			§6.2	非电离辐射（激光辐射）	台/组		
		§7		不同组合条件下的温度测试	台/组	500	
		§11		故障设置试验、相关温度测试、防触电检查	台/组	3 000	
		§14		元器件	台/组	150	
		机械结构	§12	机械强度、跌落、振动	台/组	1 100	
			§15	导体连接端子；接地连续性测试		260	
			§16	电源软线；拉力试验		420	
			§17	机械结构固定和电连接特性		160	
			§19	机械强度、跌落、振动		1 000	
		§20.2		电视接收机的防火（后盖）	台/组	650	
		安全项目合计				11 300	
		5.2		9kHz～30MHz 电源端传导骚扰电压	台/组	1 200	**监示器不做
		5.3		30～1 750MHz 天线端传导骚扰电压	台/组	2 000 **	
		5.5		本振和中频辐射干扰场强 30～1 000MHz 辐射骚扰场强	台/组	3 000	
		7		谐波电流	台/组	2 000	
		EMC 项目合计				8 200	
		全项收费				19 500	

17. 标准：GB8898-1997，GB13837-1997，GB17625.1-1998

序号	产品名称	项号		检验项目名称	单位	收费标准（元）	备注
17	投影式及等离子体式的彩色电视接收机、监示器	常规检测	§5	标记和使用说明	台/组	40	§14 元器件，§15.1 插头和插座，§16.1 电网电源软线；拉力试验，§18 显像管的机械强度、跌落、振动和防爆炸影响，§20.1 电视接收机的防火、印制板等参见元部件随机及单项试验费收费 *液晶和等离子不做
			§9	正常工作条件下的漏电流和防触电		1 800	
			§10	绝缘要求，抗电强度（恒定湿热），浪涌		2 500	
			§13	连接到电网电源的元件		220	
		辐射	§6.1	电离辐射	台/组	900 *	
			§6.2	非电离辐射（激光辐射）	台/组	—	
		§7		不同组合条件下的温度测试	台/组	2 000	
		§11		故障设置试验、相关温度测试、防触电检查	台/组	3 350	
		§14		元器件	台/组		
		机械结构	§12	机械强度、跌落、振动	台/组	1 000	
			§15	导体连接端子；接地连续性测试		260	

序号	产品名称	项号	检验项目名称	单位	收费标准（元）	备 注
		§16	电源软线；拉力试验		420	
		§17	机械结构固定和电连接特性		160	
		§19	机械稳定性		600	
		§20.2	电视接收机的防火（后盖）	台/组	650	
		安全项目合计			13 900	
		5.2	9kHz~30MHz 电源端传导骚扰电压	台/组	1 200	**监示器不做
		5.3	30~1 750MHz 天线端传导骚扰电压	台/组	1 500 **	
		5.5	本振和中频辐射干扰场强 30~1 000MHz 辐射骚扰场强	台/组	3 000	
		7	谐波电流	台/组	2 000	
		EMC 项目合计			7 700	
		全项收费			21 600	

18. 标准：GB8898-1997，GB13837-1997，GB17625.1-1998

序号	产品名称	项号	检验项目名称	单位	收费标准（元）	备 注
18	黑白/单色电视接收机、监示器	常规检测 §5	标记和使用说明	台/组	40	1. §14 元器件，§15.1 插头和插座，§16.1 电网电源软线；拉力试验，§18 显像管的机械强度、跌落、振动和防爆炸影响，§20.1 电视接收机的防火（印制板）参见元部件随机及单项试验费收费 *液晶不做 2. ** 监示器不做
		常规检测 §9	正常工作条件下的漏电流和防触电		1 200	
		常规检测 §10	绝缘要求，抗电强度（恒定湿热），浪涌		1 500	
		常规检测 §13	连接到电网电源的元件		120	
		辐射 §6.1	电离辐射	台/组	500*	
		辐射 §6.2	非电离辐射（激光辐射）	台/组		
		§7	不同组合条件下的温度测试	台/组	1 000	
		§11	故障设置试验、相关温度测试、防触电检查	台/组	1 500	
		§14	元器件	台/组	200	
		机械结构 §12	机械强度、跌落、振动	台/组	1 100	
		机械结构 §15	导体连接端子；接地连续性测试		260	
		机械结构 §16	电源软线；拉力试验		420	
		机械结构 §17	机械结构固定和电连接特性		160	
		机械结构 §19	机械稳定性		200	
		§20.2	电视接收机的防火（后盖）	台/组	650	
		安全项目合计			8 850	
		5.2	9kHz~30MHz 电源端传导骚扰电压	台/组	1 200	
		5.3	30~1750MHz 天线端传导骚扰电压	台/组	1 500 **	
		5.5	本振和中频辐射干扰场强 30~1000MHz 辐射骚扰场强	台/组	3 000	
		7	谐波电流	台/组	2 000	
		EMC 项目合计			7 700	
		全项收费			16 550	

19. 标准：GB8898-1997，GB13837-1997，GB17625.1-1998

序号	产品名称	项号		检验项目名称	单位	收费标准（元）	备 注
19	数字电视接收机机顶盒	常规检测	§5	标记和使用说明	台/组	40	§14 元器件，§15.1 插头和插座，§16.1 电网电源软线；拉力试验，§20.1 防火(印制板)等参见元部件随机及单项检测费收费
			§9	正常工作条件下的漏电流和防触电		1 200	
			§10	绝缘要求，抗电强度（恒定湿热），浪涌		2 320	
			§13	连接到电网电源的元件		100	
		§7		不同组合条件下的温度测试	台/组	840	
		§11		故障设置试验、相关温度测试、防触电检查	台/组	2 260	
		§14		元器件	台/组	150	
		机械结构	§12	机械强度、跌落、振动	台/组	2 000	
			§15	导体连接端子；接地连续性测试		350	
			§16	电源软线；拉力试验		420	
			§17	机械结构固定和电连接特性		160	
			§19	机械稳定性		190	
		安全项目合计				10 030	
		5.2		9kHz～30MHz 电源端传导骚扰电压	台/组	1 200	1. *按实际发生的测试收费（二选一） 3. **有接收卫星信号时做
		5.3		30～1 750MHz 天线端传导骚扰电压	台/组	1 500	
		5.5		本振和中频辐射干扰场强 30～1 000MHz 辐射骚扰场强	台/组	3 000*	
		5.6		30MHz～1 000MHz 骚扰功率	台/组	2 400*	
		5.4		30MHz～1 750MHz 射频输出端有用信号和骚扰信号电平	台/组	1 500	
		5.5.5		1GHz～18GHz 辐射骚扰功率	台/组	2 600**	
		7		谐波电流	台/组	1 500	
		EMC 项目合计				11 300	
		全项收费				21 330	

20. 标准：GB8898-1997，GB13837-1997，GB17625.1-1998

序号	产品名称	项号		检验项目名称	单位	收费标准（元）	备 注
20	电视天线放大器	常规检测	§5	标记和使用说明	台/组	40	§14 元器件，§15.1 插头和插座，§16.1 电网电源软线；拉力试验，（印制板）参见元部件随机及单项试验费收费
			§9	正常工作条件下的触电危险		1 200	
			§10	绝缘要求，抗电强度（恒定湿热），浪涌		1 000	
			§13	连接到电网电源的元件		100	
		§7		不同组合条件下的温度测试	台/组	700	
		§11		故障设置试验、相关温度测试、防触电检查	台/组	2 300	
		§14		元器件	台/组	150	
		机械结构	§12	机械强度、跌落、振动	台/组	1 000	
			§15	导体连接端子；接地连续性测试		350	
			§16	电源软线；拉力试验		420	
			§17	机械结构固定和电连接特性		160	
			§19	机械稳定性			

序号	产品名称	项号	检验项目名称	单位	收费标准（元）	备 注
		安全项目合计			7 420	
		5.2	9kHz～30MHz 电源端传导骚扰电压	台/组	1 200	
		5.6	30MHz～1 000MHz 骚扰功率	台/组	2 400	
		7	谐波电流	台/组	1 500	
		EMC 项目合计			5 100	
		全项收费			12 520	

21. 标准：GB8898-1997，GB13837-1997，GB17625.1-1998

序号	产品名称	项号		检验项目名称	单位	收费标准（元）	备 注
21	电子琴（台式）	常规检测	§5	标记和使用说明	台/组	40	其中§14 元器件，§15.1 插头和插座，§16.1 电网电源软线；拉力试验，印制板等参见元部件随机及单项试验费收费。便携式带外接电源的，和外接电源一起做 *按实际发生的测试收费（二选一）
			§9	正常工作条件下的触电危险		1 000*	
			§10	绝缘要求，抗电强度（恒定湿热）		1 200	
			§13	连接到电网电源的元件		120	
		§7		不同组合条件下的温度测试	台/组	1 000	
		§11		故障设置试验、相关温度测试、防触电检查	台/组	2 500	
		§14		元器件	台/组	150	
		机械结构	§12	机械强度、跌落、振动	台/组	1 500	
			§15	导体连接端子；接地连续性测试		200	
			§16	电源软线；拉力试验		720	
			§17	机械结构固定和电连接特性		160	
			§19	机械稳定性		190	
		安全项目合计				8 780	
		5.2		9kHz～30MHz 电源端传导骚扰电压	台/组	1 200	
		5.5		本振和中频辐射干扰场强 30～1 000MHz 辐射骚扰场强	台/组	3 000*	
		5.6		30MHz～1 000MHz 骚扰功率	台/组	2 400*	
		7		谐波电流	台/组	2 000	
		EMC 项目合计				6 200	
		全项收费				14 980	

22. 标准：GB8898-1997，GB13837-1997，GB17625.1-1998

序号	产品名称	项号		检验项目名称	单位	收费标准（元）	备注
22	电子琴（落地式）	常规检测	§5	标记和使用说明	台/组	40	其中§14 元器件，§15.1 插头和插座，§16.1 电网电源软线；拉力试验、(印制板)等参见元部件随机及单项试验费收费
			§9	正常工作条件下的触电危险		1 000	
			§10	绝缘要求，抗电强度（恒定湿热）		1 500	
			§13	连接到电网电源的元件		120	
		§7		不同组合条件下的温度测试	台/组	1 500	
		§11		故障设置试验、相关温度测试、防触电检查	台/组	2 300	
		§14		元器件	台/组	200	
		机械结构	§12	机械强度、跌落、振动	台/组	2 000	
			§15	导体连接端子；接地连续性测试		200	
			§16	电源软线；拉力试验		720	
			§17	机械结构固定和电连接特性		160	
			§19	机械稳定性		350	
		安全项目合计				10 090	
		5.2		注入电源的射频干扰电压 9kHz～30MHz 电源端传导骚扰电压	台/组	1 200	注 *按实际发生的测试收费（二选一）
		5.5		本振和中频辐射干扰场强 30～1 000MHz 辐射骚扰场强	台/组	3 000*	
		5.6		30MHz～1 000MHz 骚扰功率	台/组	2 400*	
		7		谐波电流	台/组	2 000	
		EMC 项目合计				6 200	
		全项收费				16 290	

23、标准：GB8898-1997

序号	产品名称	项号	检验项目名称	单位	收费标准（元）	备注
23	显像（示）管(25'以下的)	§18	显像管的机械强度、跌落、振动和防爆炸影响	组	5 550	
	显像（示）管（25'至 29'的）	§18	显像管的机械强度、跌落、振动和防爆炸影响	组	6 200	
	显像（示）管（29'以上的）	§18	显像管的机械强度、跌落、振动和防爆炸影响	组	7 500	

十六、音视频设备类——声音和电视信号的电缆分配系统设备与部件

产品标准：GB13836-2000

序号	产品名称	项号	检验项目名称	单位	收费标准(元)	备 注
1	干线放大器	4.1.1	9 kHz～30MHz 电源端骚扰电压	台	1 100	
		4.1.3	30MHz～1 750MHz 输入端口骚扰电压	台	1 700	
		4.2.2.2	30MHz～1 000MHz 辐射骚扰功率	台	2 000	
		4.2.2.3	1GHz～25GHz 辐射骚扰功率	台	2 200	
		4.2.2.4	2.5GHz～25GHz 本机振荡器端子功率	台	2 200	
		全项收费			9 200	
2	桥接放大器	4.1.1	9 kHz～30MHz 电源端骚扰电压	台	1 100	
		4.1.3	30MHz～1 750MHz 输入端口骚扰电压	台	1 700	
		4.2.2.2	30MHz～1 000MHz 辐射骚扰功率	台	2 000	
		4.2.2.3	1GHz～25GHz 辐射骚扰功率	台	2 200	
		4.2.2.4	2.5GHz～25GHz 本机振荡器端子功率	台	2 200	
		全项收费			9 200	
3	分配放大器	4.1.1	9 kHz～30MHz 电源端骚扰电压	台	1 100	
		4.1.3	30MHz～1 750MHz 输入端口骚扰电压	台	1 700	
		4.2.2.2	30MHz～1 000MHz 辐射骚扰功率	台	2 000	
		4.2.2.3	1GHz～25GHz 辐射骚扰功率	台	2 200	
		4.2.2.4	2.5GHz～25GHz 本机振荡器端子功率	台	2 200	
		全项收费			9 200	
4	视频调制器	4.1.1	9 kHz～30MHz 电源端骚扰电压	台	1 100	
		4.2.2.2	30MHz～1 000MHz 辐射骚扰功率	台	2 000	
		4.2.2.3	1GHz～25GHz 辐射骚扰功率	台	2 200	
		4.2.2.4	2.5GHz～25GHz 本机振荡器端子功率	台	2 200	
		全项收费			7 500	
5	频率变换器	4.1.1	9 kHz～30MHz 电源端骚扰电压	台	1 100	
		4.2.2.2	30MHz～1 000MHz 辐射骚扰功率	台	2 000	
		4.2.2.3	1GHz～25GHz 辐射骚扰功率	台	2 200	
		4.2.2.4	2.5GHz～25GHz 本机振荡器端子功率	台	2 200	
		全项收费			7 500	
6	音视频调制解调 器	4.1.1	9 kHz～30MHz 电源端骚扰电压	台	1 100	
		4.2.2.2	30MHz～1 000MHz 辐射骚扰功率	台	2 000	
		4.2.2.3	1GHz～25GHz 辐射骚扰功率	台	2 200	
		4.2.2.4	2.5GHz～25GHz 本机振荡器端子功率	台	2 200	
		全项收费			7 500	

十七、音视频设备——卫星电视广播接收机

产品标准:GB13837-1997、GB17625.1-1998

序号	产品名称	项号	检验项目名称	单位	收费标准(元)	备 注
	卫星电视广播接收机	4.2	注入电源的骚扰电压（GB13837）	台	1 200	*按实际发生的测试收费（二选一）。
		4.3	天线端骚扰电压（GB13837）	台	1 500	
		4.4	射频输出端有用信号和骚扰信号电平（GB13837）	台	1 500	
		4.5	辐射骚扰场强（GB13837）	台	3 000*	
		4.5	辐射骚扰功率（GB13837）	台	2 400*	
		7	谐波电流	台	2 000	
		全项收费			9 200	

随机试验安全元部件收费

产品名称	单位	试验收费
隔离电阻器	组	2 000
隔离电容器	组	3 600
单面印制板	组	2 600
隔离变压器	组	3 600
消磁线圈	组	3 300
电源开关	组	3 250
继电器开关	组	3 500
回扫变压器	组	1 950
外壳	组	1 500
管座、电位器等高压组件	组	1 300

* 注：其他元部件依照有关元部件认证收费表收取（按实际项目）。

十八、信息技术设备

1、产品标准:GB4943-1995(安全)、GB9254-1998,GB17625.1-1998(电磁兼容)

序号	产品名称	项号	检测项目名称	单位	收费标准(元)	备注
1.	微型计算机（开关电源已认证）	1.5	元器件	台	250	不含元器件试验
		1.6	电源接口	台/次	350	
		1.7	标记和说明	组	40	
		2.1	电击和能量危险的防护	台/次	130	
		2.2	绝缘	台/次	1 000	包括：湿热试验
		2.3	安全特低电压（SELV）电路	台/次	130	
		2.4	限流电路	台/次	/	
		2.5	保护接地措施	台/次	350	
		2.6	一次电路隔离	台/次	70	
		2.7	一次电路过流保护和接地故障保护	台/次	70	
		2.8	安全联锁装置	台/次	/	
		2.9	爬电距离、电气间隙和绝缘穿透距离	台/次	200	
		2.10	与其他设备的连接	台/次	60	
		2.11	受限制电源	台/次	/	根据电路设计而定
		3.1	布线	台/次	70	
		3.2	与一次电源的连接	台/次	70	
		3.3	一次电源外部导线用的接线端子	台/次	/	
		4.1	稳定性和机械危险	台/次	320	
		4.2	机械强度和应力消除	台/次	400	包括：高温
		4.3	结构细节	台/次	220	
			电离辐射	台/次	/	
			激光	台/次	1 500	
		4.4	防火	台/次	300	不含燃烧试验
		5.1	发热	台/次	800	
		5.2	对地漏电流	台/次	600	
		5.3	抗电强度	台/次	600	

序号	产品名称	项号	检测项目名称	单位	收费标准（元）	备注
		5.4	异常工作和故障条件	台/次	600	
		6	TNV 电路	台/次	1 500	包括：附录 M
		安全合计			9 630	
		EMC	0.15～30MHz 电源端传导骚扰电压	台/次	1 200	
			30-1 000MHz 辐射骚扰场强	台/次	3 000	
			谐波电流	台/次	1 500	
			EMC 合计		5 700	
			全项收费		15 330	

2、产品标准:GB4943-1995(安全)、GB9254-1998,GB17625.1-1998(电磁兼容)

序号	产品名称	项号	检测项目名称	单位	收费标准（元）	备注
2	便携式个人计算机（开关电源已认证）	1.5	元器件	台	150	不含元器件试验
		1.6	电源接口	台/次	200	
		1.7	标记和说明	组	40	
		2.1	电击和能量危险的防护	台/次	130	
		2.2	绝缘	台/次	800	包括：湿热试验
		2.3	安全特低电压（SELV）电路	台/次	130	
		2.4	限流电路	台/次	700	
		2.5	保护接地措施	台/次	350	
		2.6	一次电路隔离	台/次	70	
		2.7	一次电路过流保护和接地故障保护	台/次	70	
		2.8	安全联锁装置	台/次	/	
		2.9	爬电距离、电气间隙和绝缘穿透距离	台/次	200	
		2.10	与其他设备的连接	台/次	60	
		2.11	受限制电源	台/次	/	根据电路设计而定
		3.1	布线	台/次	70	
		3.2	与一次电源的连接	台/次	70	
		3.3	一次电源外部导线用的接线端子	台/次	/	
		4.1	稳定性和机械危险	台/次	320	
		4.2	机械强度和应力消除	台/次	400	包括：高温
		4.3	结构细节	台/次	220	
			激光	台/次	1500	
		4.4	防火	台/次	300	不含燃烧试验
		5.1	发热	台/次	800	
		5.2	对地漏电流	台/次	780	
		5.3	抗电强度	台/次	780	
		5.4	异常工作和故障条件	台/次	600	
		6	TNV 电路	台/次	1 500	包括：附录 M
			安全收费		10 240	
		EMC	0.15～30MHz 电源端传导骚扰电压	台/次	1 200	
			30-1 000MHz 辐射骚扰场强	台/次	3 000	
			谐波电流	台/次	1 500	
			EMC 收费		5 700	
			全项收费		15 940	

3. 产品标准:GB4943-1995(安全)、GB9254-1998,GB17625.1-1998(电磁兼容)

序号	产品名称	项号	检测项目名称	单位	收费标准(元)	备注
3	服务器(开关电源已独立认证)	1.5	元器件	台	250	不含元器件试验
		1.6	电源接口	台/次	550	
		1.7	标记和说明	组	80	
		2.1	电击和能量危险的防护	台/次	130	
		2.2	绝缘	台/次	1 300	包括：湿热试验
		2.3	安全特低电压（SELV）电路	台/次	130	
		2.4	限流电路	台/次	/	
		2.5	保护接地措施	台/次	350	
		2.6	一次电路隔离	台/次	70	
		2.7	一次电路过流保护和接地故障保护	台/次	70	
		2.8	安全联锁装置	台/次	/	
		2.9	爬电距离、电气间隙和绝缘穿透距离	台/次	600	
		2.10	与其他设备的连接	台/次	60	
		2.11	受限制电源	台/次	/	根据电路设计而定
		3.1	布线	台/次	70	
		3.2	与一次电源的连接	台/次	70	
		3.3	一次电源外部导线用的接线端子	台/次	/	
		4.1	稳定性和机械危险	台/次	320	
		4.2	机械强度和应力消除	台/次	400	包括：高温
		4.3	结构细节	台/次	320	
			电离辐射	台/次	/	
			激光	台/次	2 000	
		4.4	防火	台/次	300	不含燃烧试验
		5.1	发热	台/次	1 600	
		5.2	对地漏电流	台/次	780	
		5.3	抗电强度	台/次	780	
		5.4	异常工作和故障条件	台/次	1 200	
		6	TNV 电路	台/次	1 500	包括：附录 M
			安全收费	12 930		
		EMC	0.15～30MHz 电源端传导骚扰电压	台/次	1 200	
			30–1 000MHz 辐射骚扰场强	台/次	3 000	
			暂态谐波电流	台/次	1 500	
			EMC 收费	5 700		
			全项收费	18 630		

4. 产品标准:GB4943-1995(安全)、GB9254-1998,GB17625.1-1998(电磁兼容)

序号	产品名称	项号	检测项目名称	单位	收费标准(元)	备注
		1.5	元器件	台	250	不含元器件试验
		1.6	电源接口	台/次	500	
		1.7	标记和说明	组	40	
		2.1	电击和能量危险的防护	台/次	130	
		2.2	绝缘	台/次	1550	包括：湿热试验
		2.3	安全特低电压（SELV）电路	台/次	130	
		2.4	限流电路	台/次	800	
		2.5	保护接地措施	台/次	350	
		2.6	一次电路隔离	台/次	70	
		2.7	一次电路过流保护和接地故障保护	台/次	70	
		2.8	安全联锁装置	台/次	/	
	带 CRT 单色显示器	2.9	爬电距离、电气间隙和绝缘穿透距离	台/次	600	
		2.10	与其他设备的连接	台/次	60	
		2.11	受限制电源	台/次	/	根据电路设计而定
		3.1	布线	台/次	70	
		3.2	与一次电源的连接	台/次	70	
4		3.3	一次电源外部导线用的接线端子	台/次	/	
		4.1	稳定性和机械危险	台/次	320	
		4.2	机械强度和应力消除	台/次	400	包括：高温
		4.3	结构细节	台/次	320	
			电离辐射	台/次	90	
			激光	台/次	/	
		4.4	防火	台/次	300	不含燃烧试验
		5.1	发热	台/次	1 600	
		5.2	对地漏电流	台/次	780	
		5.3	抗电强度	台/次	780	
		5.4	异常工作和故障条件	台/次	3 000	
		6	TNV 电路	台/次	/	包括：附录 M
			安全收费	12 380		
		EMC	0.15～30MHz 电源端传导骚扰电压	台/次	1 200	
			30-1 000MHz 辐射骚扰场强	台/次	3 000	
			谐波电流	台/次	2 000	
			EMC 收费	5 700		
			全项收费	18 080		

5. 产品标准:GB4943-1995(安全)、GB9254-1998,GB17625.1-1998(电磁兼容)

序号	产品名称	项号	检测项目名称	单位	收费标准(元)	备注
5	带 CRT 彩色显示器	1.5	元器件	台	250	不含元器件试验
		1.6	电源接口	台/次	500	
		1.7	标记和说明	组	40	
		2.1	电击和能量危险的防护	台/次	0	
		2.2	绝缘	台/次	1 600	包括：湿热试验
		2.3	安全特低电压（SELV）电路	台/次	130	
		2.4	限流电路	台/次	800	
		2.5	保护接地措施	台/次	350	
		2.6	一次电路隔离	台/次	70	
		2.7	一次电路过流保护和接地故障保护	台/次	70	
		2.8	安全联锁装置	台/次	0	
		2.9	爬电距离、电气间隙和绝缘穿透距离	台/次	850	
		2.10	与其他设备的连接	台/次	60	
		2.11	受限制电源	台/次		电路设计而定
		3.1	布线	台/次	70	
		3.2	与一次电源的连接	台/次	70	
		3.3	一次电源外部导线用的接线端子	台/次	100	
		4.1	稳定性和机械危险	台/次	320	
		4.2	机械强度和应力消除	台/次	400	包括：高温
		4.3	结构细节	台/次	430	
			电离辐射	台/次	1 000	
			激光	台/次		
		4.4	防火	台/次	300	不含燃烧试验
		5.1	发热	台/次	2 000	
		5.2	对地漏电流	台/次	780	
		5.3	抗电强度	台/次	780	
		5.4	异常工作和故障条件	台/次	3 000	
		6	TNV 电路	台/次	0	包括：附录 M
			安全收费	14 170		
		EMC	0.15～30MHz 电源端传导骚扰电压	台/次	1 200	
			30-1 000MHz 辐射骚扰场强	台/次	3 000	
			谐波电流	台/次	1 500	
			EMC 收费	5 700		
			全项收费	19 870		

6.产品标准:GB4943-1995(安全)、GB9254-1998,GB17625.1-1998(电磁兼容)

序号	产品名称	项号	检测项目名称	单位	收费标准(元)	备注
6	液晶显示器(非Ⅲ类设备)	1.5	元器件	台	250	不含元器件试验
		1.6	电源接口	台/次	570	
		1.7	标记和说明	组	40	
		2.1	电击和能量危险的防护	台/次	130	
		2.2	绝缘	台/次	2 000	包括:湿热试验
		2.3	安全特低电压(SELV)电路	台/次	130	
		2.4	限流电路	台/次	800	
		2.5	保护接地措施	台/次	350	
		2.6	一次电路隔离	台/次	70	
		2.7	一次电路过流保护和接地故障保护	台/次	70	
		2.8	安全联锁装置	台/次	0	
		2.9	爬电距离电气间隙,绝缘穿透距离	台/次	1 150	
		2.10	与其他设备的连接	台/次	60	
		2.11	受限制电源	台/次	0	根据电路设计而定
		3.1	布线	台/次	70	
		3.2	与一次电源的连接	台/次	70	
		3.3	一次电源外部导线用的接线端子	台/次	0	
		4.1	稳定性和机械危险	台/次	320	
		4.2	机械强度和应力消除	台/次	400	包括:高温
		4.3	结构细节	台/次	470	
			电离辐射	台/次	0	
			激光	台/次	0	
		4.4	防火	台/次	300	不含燃烧试验
		5.1	发热	台/次	2 800	
		5.2	对地漏电流	台/次	780	
		5.3	抗电强度	台/次	780	
		5.4	异常工作和故障条件	台/次	3 500	
		6	TNV 电路	台/次	0	包括附录 M
			安全收费	15 410		
			0.15~30MHz 电源端传导骚扰电压	台/次	1 200	
			30-1 000MHz 辐射骚扰场强	台/次	3 000	
			谐波电流	台/次	1 500	
			EMC 收费	5 700		
			全项收费	21 110		

7. 产品标准:GB4943-1995(安全)、GB9254-1998,GB17625.1-1998(电磁兼容)

序号	产品名称	项号	检测项目名称	单位	收费标准(元)	备注
7	投影显示器	1.5	元器件	台	250	不含元器件试验
		1.6	电源接口	台/次	400	
		1.7	标记和说明	组	40	
		2.1	电击和能量危险的防护	台/次	130	
		2.2	绝缘	台/次	2 500	包括:湿热试验
		2.3	安全特低电压(SELV)电路	台/次	130	
		2.4	限流电路	台/次	800	
		2.5	保护接地措施	台/次	350	
		2.6	一次电路隔离	台/次	70	
		2.7	一次电路过流保护和接地故障保护	台/次	70	
		2.8	安全联锁装置	台/次	0	
		2.9	爬电距离、电气间隙和绝缘穿透距离	台/次	1 100	
		2.10	与其他设备的连接	台/次	60	
		2.11	受限制电源	台/次	0	由电路设计而定
		3.1	布线	台/次	70	
		3.2	与一次电源的连接	台/次	70	
		3.3	一次电源外部导线用的接线端子	台/次	/	
		4.1	稳定性和机械危险	台/次	320	
		4.2	机械强度和应力消除	台/次	400	包括:高温
		4.3	结构细节	台/次	650	
			电离辐射	台/次	0	
		4.4	防火	台/次	300	不含燃烧试验
		5.1	发热	台/次	1 800	
		5.2	对地漏电流	台/次	780	
		5.3	抗电强度	台/次	780	
		5.4	异常工作和故障条件	台/次	3 110	
		6	TNV 电路	台/次	0	包括附录 M
			安全收费		14180	
			0.15~30MHz 电源端传导骚扰电压	台/次	1 200	
			30-1 000MHz 辐射骚扰场强	台/次	3 000	
			谐波电流	台/次	1 500	
			EMC 收费		5 700	
			全项收费		19 880	

8．产品标准:GB4943-1995(安全)、GB9254-1998,GB17625.1-1998(电磁兼容)

序号	产品名称	项号	检测项目名称	单位	收费标准（元）	备注
8	显示终瑞	1.5	元器件	台	250	不含元器件试验
		1.6	电源接口	台/次	500	
		1.7	标记和说明	组	40	
		2.1	电击和能量危险的防护	台/次	130	
		2.2	绝缘	台/次	1 710	包括：湿热试验
		2.3	安全特低电压（SELV）电路	台/次	130	
		2.4	限流电路	台/次	800	
		2.5	保护接地措施	台/次	350	
		2.6	一次电路隔离	台/次	70	
		2.7	一次电路过流保护和接地故障保护	台/次	70	
		2.8	安全联锁装置	台/次	0	
		2.9	爬电距离、电气间隙和绝缘穿透距离	台/次	850	
		2.10	与其他设备的连接	台/次	60	
		2.11	受限制电源	台/次	0	根据电路设计而定
		3.1	布线	台/次	70	
		3.2	与一次电源的连接	台/次	70	
		4.1	稳定性和机械危险	台/次	320	
		4.2	机械强度和应力消除	台/次	400	包括：高温
		4.3	结构细节	台/次	430	
			电离辐射	台/次	90	
		4.4	防火	台/次	300	不含燃烧试验
		5.1	发热	台/次	1 100	
		5.2	对地漏电流	台/次	780	
		5.3	抗电强度	台/次	780	
		5.4	异常工作和故障条件	台/次	3 000	
		6	TNV 电路	台/次	0	包括附录 M
			安全收费	12 300		
		EMC	0.15～30MHz 电源端传导骚扰电压	台/次	1 200	
			30～1 000MHz 辐射骚扰场强	台/次	3 000	
			谐波电流	台/次	1 500	
			EMC 收费	5 700		
			全项收费	18 000		

]9. 产品标准:GB4943-1995(安全)、GB9254-1998,GB17625.1-1998(电磁兼容)

序号	产品名称	项号	检测项目名称	单位	收费标准(元)	备注
9	投影机	1.5	元器件	台	250	不含元器件试验
		1.6	电源接口	台/次	300	
		1.7	标记和说明	组		
		2.1	电击和能量危险的防护	台/次	130	
		2.2	绝缘	台/次	1 550	包括湿热试验
		2.3	安全特低电压(SELV)电路	台/次	130	
		2.4	限流电路	台/次	800	
		2.5	保护接地措施	台/次	350	
		2.6	一次电路隔离	台/次	70	
		2.7	一次电路过流保护和接地故障保护	台/次	70	
		2.8	安全联锁装置	台/次	/	
		2.9	爬电距离、电气间隙和绝缘穿透距离	台/次	600	
		2.10	与其他设备的连接	台/次	60	
		2.11	受限制电源	台/次	/	根据电路设计而定
		3.1	布线	台/次	70	
		3.2	与一次电源的连接	台/次	70	
		3.3	一次电源外部导线用的接线端子	台/次	/	
		4.1	稳定性和机械危险	台/次	320	
		4.2	机械强度和应力消除	台/次	400	包括:高温
		4.3	结构细节	台/次	400	
			电离辐射	台/次	/	
		4.4	防火	台/次	300	不含燃烧试验
		5.1	发热	台/次	1 500	
		5.2	对地漏电流	台/次	780	
		5.3	抗电强度	台/次	780	
		5.4	异常工作和故障条件	台/次	1 960	
			安全合计		10 890	
		EMC	0.15~30MHz 电源端传导骚扰电压	台/次	1 200	
			30~1 000MHz 辐射骚扰场强	台/次	3 000	
			暂态谐波电流	台/次	2 000	
			EMC 合计		6 200	
			总收费		17 090	

10．产品标准:GB4943-1995(安全)、GB9254-1998,GB17625.1-1998(电磁兼容)

<table>
<tr><th>序号</th><th>产品名称</th><th>项号</th><th>检测项目名称</th><th>单位</th><th>收费标准(元)</th><th>备注</th></tr>
<tr><td rowspan="34">10</td><td rowspan="34">针式打印机</td><td>1.5</td><td>元器件</td><td>台</td><td>250</td><td>不含元器件试验</td></tr>
<tr><td>1.6</td><td>电源接口</td><td>台/次</td><td>300</td><td></td></tr>
<tr><td>1.7</td><td>标记和说明</td><td>组</td><td>40</td><td></td></tr>
<tr><td>2.1</td><td>电击和能量危险的防护</td><td>台/次</td><td>130</td><td></td></tr>
<tr><td>2.2</td><td>绝缘</td><td>台/次</td><td>1 600</td><td>包括：湿热试验</td></tr>
<tr><td>2.3</td><td>安全特低电压（SELV）电路</td><td>台/次</td><td>130</td><td></td></tr>
<tr><td>2.4</td><td>限流电路</td><td>台/次</td><td>/</td><td></td></tr>
<tr><td>2.5</td><td>保护接地措施</td><td>台/次</td><td>350</td><td></td></tr>
<tr><td>2.6</td><td>一次电路隔离</td><td>台/次</td><td>70</td><td></td></tr>
<tr><td>2.7</td><td>一次电路过流保护和接地故障保护</td><td>台/次</td><td>70</td><td></td></tr>
<tr><td>2.9</td><td>爬电距离、电气间隙和绝缘穿透距离</td><td>台/次</td><td>400</td><td></td></tr>
<tr><td>2.10</td><td>与其他设备的连接</td><td>台/次</td><td>60</td><td></td></tr>
<tr><td>2.11</td><td>受限制电源</td><td>台/次</td><td>/</td><td>根据电路设计而定</td></tr>
<tr><td>3.1</td><td>布线</td><td>台/次</td><td>70</td><td></td></tr>
<tr><td>3.2</td><td>与一次电源的连接</td><td>台/次</td><td>70</td><td></td></tr>
<tr><td>3.3</td><td>一次电源外部导线用的接线端子</td><td>台/次</td><td>/</td><td></td></tr>
<tr><td>4.1</td><td>稳定性和机械危险</td><td>台/次</td><td>320</td><td></td></tr>
<tr><td>4.2</td><td>机械强度和应力消除</td><td>台/次</td><td>400</td><td>包括：高温</td></tr>
<tr><td>4.3</td><td>结构细节</td><td>台/次</td><td>220</td><td></td></tr>
<tr><td>4.4</td><td>防火</td><td>台/次</td><td>300</td><td>不含燃烧试验</td></tr>
<tr><td>5.1</td><td>发热</td><td>台/次</td><td>1 000</td><td></td></tr>
<tr><td>5.2</td><td>对地漏电流</td><td>台/次</td><td>780</td><td></td></tr>
<tr><td>5.3</td><td>抗电强度</td><td>台/次</td><td>780</td><td></td></tr>
<tr><td>5.4</td><td>异常工作和故障条件</td><td>台/次</td><td>900</td><td></td></tr>
<tr><td>6</td><td>TNV 电路</td><td>台/次</td><td>/</td><td></td></tr>
<tr><td></td><td>安全收费</td><td colspan="2">8 240</td><td></td></tr>
<tr><td rowspan="3">EMC</td><td>0.15～30MHz 电源端传导骚扰电压</td><td>台/次</td><td>1 200</td><td></td></tr>
<tr><td>30～1000MHz 辐射骚扰场强</td><td>台/次</td><td>3 000</td><td></td></tr>
<tr><td>谐波电流</td><td>台/次</td><td>1 500</td><td></td></tr>
<tr><td colspan="2">EMC 收费</td><td colspan="2">5 700</td><td></td></tr>
<tr><td colspan="2">全项收费</td><td colspan="2">13 940</td><td></td></tr>
</table>

11. 产品标准:GB4943-1995(安全)、GB9254-1998,GB17625.1-1998(电磁兼容)

序号	产品名称	项号	检测项目名称	单位	收费标准(元)	备注
11	激光打印机	1.5	元器件	台	250	不含元器件试验
		1.6	电源接口	台/次	400	
		1.7	标记和说明	组	40	
		2.1	电击和能量危险的防护	台/次	130	
		2.2	绝缘	台/次	1 600	包括:湿热试验
		2.3	安全特低电压(SELV)电路	台/次	130	
		2.4	限流电路	台/次	800	
		2.5	保护接地措施	台/次	350	
		2.6	一次电路隔离	台/次	70	
		2.7	一次电路过流保护和接地故障保护	台/次	70	
		2.8	安全联锁装置	台/次	280	
		2.9	爬电距离、电气间隙和绝缘穿透距离	台/次	400	
		2.10	与其他设备的连接	台/次	60	
		2.11	受限制电源	台/次	/	据电路设计而定
		3.1	布线	台/次	70	
		3.2	与一次电源的连接	台/次	70	
		3.3	一次电源外部导线用的接线端子	台/次	/	
		4.1	稳定性和机械危险	台/次	320	
		4.2	机械强度和应力消除	台/次	400	包括:高温
		4.3	结构细节	台/次	350	
			激光	台/次	1 800	
		4.4	防火	台/次	300	不含燃烧试验
		5.1	发热	台/次	1 500	
		5.2	对地漏电流	台/次	780	
		5.3	抗电强度	台/次	780	
		5.4	异常工作和故障条件	台/次	1 100	
		6	TNV 电路	台/次	/	
			安全收费	12 050		
		EMC	0.15~30MHz 电源端传导骚扰电压	台/次	1 200	
			30~1 000MHz 辐射骚扰场强	台/次	3 000	
			谐波电流	台/次	1 500	
		EMC 收费		5 700		
		全项收费		17 750		

12. 产品标准:GB4943-1995(安全)、GB9254-1998,GB17625.1-1998(电磁兼容)

序号	产品名称	项号	检测项目名称	单位	收费标准(元)	备注
12	喷墨打印机	1.5	元器件	台	250	不含元器件试验
		1.6	电源接口	台/次	300	
		1.7	标记和说明	组	40	
		2.1	电击和能量危险的防护	台/次	130	
		2.2	绝缘	台/次	1600	包括：湿热试验
		2.3	安全特低电压（SELV）电路	台/次	130	
		2.4	限流电路	台/次	/	
		2.5	保护接地措施	台/次	350	
		2.6	一次电路隔离	台/次	70	
		2.7	一次电路过流保护和接地故障保护	台/次	70	
		2.8	安全联锁装置	台/次	/	
		2.9	爬电距离、电气间隙和绝缘穿透距离	台/次	400	
		2.10	与其他设备的连接	台/次	60	
		2.11	受限制电源	台/次	/	根据电路设计而定
		3.1	布线	台/次	70	
		3.2	与一次电源的连接	台/次	70	
		3.3	一次电源外部导线用的接线端子	台/次	/	
		4.1	稳定性和机械危险	台/次	320	
		4.2	机械强度和应力消除	台/次	400	包括：高温
		4.3	结构细节	台/次	220	
		4.4	防火	台/次	300	不含燃烧试验
		5.1	发热	台/次	1 000	
		5.2	对地漏电流	台/次	780	
		5.3	抗电强度	台/次	780	
		5.4	异常工作和故障条件	台/次	900	
		6	TNV 电路	台/次	/	
			安全收费	8 240		
		EMC	0.15～30MHz 电源端传导骚扰电压	台/次	1 200	
			30～1 000MHz 辐射骚扰场强	台/次	3 000	
			谐波电流	台/次	1 500	
			EMC 收费	5 700		
			全项收费	13 940		

13．产品标准:GB4943-1995(安全)、GB9254-1998,GB17625.1-1998(电磁兼容)

序号	产品名称	项号	检测项目名称	单位	收费标准(元)	备注
		1.5	元器件	台	250	不含元器件试验
		1.6	电源接口	台/次	150	
		1.7	标记和说明	组	40	
		2.1	电击和能量危险的防护	台/次	150	
		2.2	绝缘	台/次	1 600	包括：湿热试验
		2.3	安全特低电压（SELV）电路	台/次	350	
		2.4	限流电路	台/次	800	
		2.5	保护接地措施	台/次	350	
		2.6	一次电路隔离	台/次	100	
		2.7	一次电路过流保护和接地故障保护	台/次	100	
		2.9	爬电距离、电气间隙和绝缘穿透距离	台/次	320	
		2.10	与其他设备的连接	台/次	90	
		2.11	受限制电源	台/次	0	根据电路设计而定
		3.1	布线	台/次	100	
		3.2	与一次电源的连接	台/次	100	
		3.3	一次电源外部导线用的接线端子	台/次	70	
13	扫描仪	4.1	稳定性和机械危险	台/次	320	
		4.2	机械强度和应力消除	台/次	400	包括：高温
		4.3	结构细节	台/次	200	
			电离辐射	台/次	0	
			激光	台/次	0	
		4.4	防火	台/次	300	不含燃烧试验
		5.1	发热	台/次	750	
		5.2	对地漏电流	台/次	780	
		5.3	抗电强度	台/次	780	
		5.4	异常工作和故障条件	台/次	1 200	
		6	TNV 电路	台/次	0	包括附录 M
			安全收费	9 300		
		EMC	0.15～30MHz 电源端传导骚扰电压	台/次	1 200	
			30～1 000MHz 辐射骚扰场强	台/次	3 000	
			谐波电流	台/次	1 500	
		EMC 收费		5 700		
		全项收费		15 000		

14．产品标准:GB4943-1995(安全)、GB9254-1998,GB17625.1-1998(电磁兼容)

序号	产品名称	项号	检测项目名称	单位	收费标准(元)	备注
14	绘图仪	1.5	元器件	台	250	不含元器件试验
		1.6	电源接口	台/次	970	
		1.7	标记和说明	组	40	
		2.1	电击和能量危险的防护	台/次	350	
		2.2	绝缘	台/次	1 550	包括：湿热试验
		2.3	安全特低电压（SELV）电路	台/次	350	
		2.4	限流电路	台/次	/	
		2.5	保护接地措施	台/次	400	
		2.6	一次电路隔离	台/次	100	
		2.7	一次电路过流保护和接地故障保护	台/次	100	
		2.8	安全联锁装置	台/次	/	
		2.9	爬电距离、电气间隙和绝缘穿透距离	台/次	850	
		2.10	与其他设备的连接	台/次	90	
		2.11	受限制电源	台/次	/	根据电路设计而定
		3.1	布线	台/次	110	
		3.2	与一次电源的连接	台/次	110	
		3.3	一次电源外部导线用的接线端子	台/次	/	
		4.1	稳定性和机械危险	台/次	320	
		4.2	机械强度和应力消除	台/次	400	包括：高温
		4.3	结构细节	台/次	630	
		4.4	防火	台/次	300	不含燃烧试验
		5.1	发热	台/次	1 200	
		5.2	对地漏电流	台/次	780	
		5.3	抗电强度	台/次	780	
		5.4	异常工作和故障条件	台/次	3 600	
		6	TNV 电路	台/次	/	包括附录 M
			安全收费	13 280		
		EMC	0.15～30MHz 电源端传导骚扰电压	台/次	1 200	
			30～1 000MHz 辐射骚扰场强	台/次	3 000	
			暂态谐波电流	台/次	1 500	
		EMC 收费		5 700		
		总收费		18 980		

15．产品标准:GB4943-1995(安全)、GB9254-1998,GB17625.1-1998(电磁兼容)

<table>
<tr><th>序号</th><th>产品名称</th><th>项号</th><th>检测项目名称</th><th>单位</th><th>收费标准(元)</th><th>备注</th></tr>
<tr><td rowspan="32">15</td><td rowspan="32">适配器</td><td>1.5</td><td>元器件</td><td>台</td><td>250</td><td>不含元器件试验</td></tr>
<tr><td>1.6</td><td>电源接口</td><td>台/次</td><td>220</td><td></td></tr>
<tr><td>1.7</td><td>标记和说明</td><td>组</td><td>40</td><td></td></tr>
<tr><td>2.1</td><td>电击和能量危险的防护</td><td>台/次</td><td>130</td><td></td></tr>
<tr><td>2.2</td><td>绝缘</td><td>台/次</td><td>1 550</td><td>包括：湿热试验</td></tr>
<tr><td>2.3</td><td>安全特低电压（SELV）电路</td><td>台/次</td><td>130</td><td></td></tr>
<tr><td>2.4</td><td>限流电路</td><td>台/次</td><td>800</td><td></td></tr>
<tr><td>2.5</td><td>保护接地措施</td><td>台/次</td><td>350</td><td></td></tr>
<tr><td>2.6</td><td>一次电路隔离</td><td>台/次</td><td>70</td><td></td></tr>
<tr><td>2.7</td><td>一次电路过流保护和接地故障保护</td><td>台/次</td><td>70</td><td></td></tr>
<tr><td>2.9</td><td>爬电距离、电气间隙和绝缘穿透距离</td><td>台/次</td><td>330</td><td></td></tr>
<tr><td>2.10</td><td>与其他设备的连接</td><td>台/次</td><td>/</td><td></td></tr>
<tr><td>2.11</td><td>受限制电源</td><td>台/次</td><td>550</td><td>根据电路设计而定</td></tr>
<tr><td>3.1</td><td>布线</td><td>台/次</td><td>70</td><td></td></tr>
<tr><td>3.2</td><td>与一次电源的连接</td><td>台/次</td><td>70</td><td></td></tr>
<tr><td>3.3</td><td>一次电源外部导线用的接线端子</td><td>台/次</td><td>/</td><td></td></tr>
<tr><td>4.1</td><td>稳定性和机械危险</td><td>台/次</td><td>320</td><td></td></tr>
<tr><td>4.2</td><td>机械强度和应力消除</td><td>台/次</td><td>400</td><td>包括：高温</td></tr>
<tr><td rowspan="2">4.3</td><td>结构细节</td><td>台/次</td><td>220</td><td rowspan="2"></td></tr>
<tr><td>插头尺寸和力矩（直插式）</td><td>台/次</td><td>150</td></tr>
<tr><td>4.4</td><td>防火</td><td>台/次</td><td>300</td><td>不含燃烧试验</td></tr>
<tr><td>5.1</td><td>发热</td><td>台/次</td><td>1 110</td><td></td></tr>
<tr><td>5.2</td><td>对地漏电流</td><td>台/次</td><td>780</td><td></td></tr>
<tr><td>5.3</td><td>抗电强度</td><td>台/次</td><td>780</td><td></td></tr>
<tr><td>5.4</td><td>异常工作和故障条件</td><td>台/次</td><td>660</td><td></td></tr>
<tr><td>6</td><td>TNV 电路</td><td>台/次</td><td>/</td><td></td></tr>
<tr><td rowspan="4">EMC</td><td>安全收费</td><td colspan="3">9 350</td></tr>
<tr><td>0.15～30MHz 电源端传导骚扰电压</td><td>台/次</td><td>1 200</td><td></td></tr>
<tr><td>30～1 000MHz 辐射骚扰场强</td><td>台/次</td><td>3000</td><td></td></tr>
<tr><td>暂态谐波电流</td><td>台/次</td><td>1 500</td><td></td></tr>
<tr><td colspan="2">EMC 合计</td><td colspan="3">5 700</td></tr>
<tr><td colspan="2">总收费</td><td colspan="3">15 050</td></tr>
</table>

16．产品标准:GB4943-1995(安全)、GB9254-1998,GB17625.1-1998(电磁兼容

序号	产品名称	项号	检测项目名称	单位	收费标准（元）	备注
16	充电器	1.5	元器件	台	250	不含元器件试验
		1.6	电源接口	台/次	220	
		1.7	标记和说明	组	40	
		2.1	电击和能量危险的防护	台/次	130	
		2.2	绝缘	台/次	1 000	包括：湿热试验
		2.3	安全特低电压（SELV）电路	台/次	130	
		2.4	限流电路	台/次	800	
		2.5	保护接地措施	台/次	350	
		2.6	一次电路隔离	台/次	70	
		2.7	一次电路过流保护和接地故障保护	台/次	70	
		2.8	安全联锁装置	台/次	/	
		2.9	爬电距离、电气间隙和绝缘穿透距离	台/次	330	
		2.10	与其他设备的连接	台/次	/	
		2.11	受限制电源	台/次	550	根据电路设计而定
		3.1	布线	台/次	70	
		3.2	与一次电源的连接	台/次	70	
		3.3	一次电源外部导线用的接线端子	台/次	/	
		4.1	稳定性和机械危险	台/次	320	
		4.2	机械强度和应力消除	台/次	400	包括：高温
		4.3	结构细节	台/次	220	
			插头尺寸和力矩（直插式）	台/次	150	
		4.4	防火	台/次	300	不含燃烧试验
		5.1	发热	台/次	1 110	
		5.2	对地漏电流	台/次	780	
		5.3	抗电强度	台/次	780	
		5.4	异常工作和故障条件	台/次	660	
		6	TNV 电路	台/次	/	
			安全收费	8 800		
		EMC	0.15～30MHz 电源端传导骚扰电压	台/次	1 200	
			30～1 000MHz 辐射骚扰场强	台/次	3 000	
			暂态谐波电流	台/次	1 500	
		EMC 合计		5 700		
			总收费	14 500		

17. 产品标准:GB4943-1995(安全)、GB9254-1998,GB17625.1-1998(电磁兼容)

序号	产品名称	项号	检测项目名称	单位	收费标准(元)	备注
17	机内开关电源	1.5	元器件	台	250	不含元器件试验
		1.6	电源接口	台/次	220	
		1.7	标记和说明	组	40	
		2.1	电击和能量危险的防护	台/次	350	
		2.2	绝缘	台/次	1 550	包括:湿热试验
		2.3	安全特低电压(SELV)电路	台/次	130	
		2.4	限流电路	台/次	/	
		2.5	保护接地措施	台/次	350	
		2.6	一次电路隔离	台/次	70	
		2.7	一次电路过流保护和接地故障保护	台/次	70	
		2.8	安全联锁装置	台/次	/	
		2.9	爬电距离、电气间隙和绝缘穿透距离	台/次	430	
		2.10	与其他设备的连接	台/次	60	
		2.11	受限制电源	台/次	/	根据电路设计而定
		3.1	布线	台/次	70	
		3.2	与一次电源的连接	台/次	70	
		4.1	稳定性和机械危险	台/次	320	
		4.2	机械强度和应力消除	台/次	400	包括:高温
			结构细节	台/次	270	
		4.3	电离辐射	台/次	/	
			激光	台/次	/	
		4.4	防火	台/次	300	不含燃烧试验
		5.1	发热	台/次	1 820	
		5.2	对地漏电流	台/次	780	
		5.3	抗电强度	台/次	780	
		5.4	异常工作和故障条件	台/次	660	
		6	TNV 电路	台/次	/	
			安全收费		8 990	
		EMC	0.15~30MHz 电源端传导骚扰电压	台/次	1 200	
			30~1 000MHz 辐射骚扰场强	台/次	3 000	
			暂态谐波电流	台/次	1 500	
		EMC 合计			5 700	
			总收费		14 690	

18.产品标准:GB4943-1995(安全)、GB9254-1998,GB17625.1-1998(电磁兼容)

序号	产品名称	项号	检测项目名称	单位	收费标准(元)	备注
18	复印机	1.5	元器件	台	250	
		1.6	电源接口	台/次	550	
		1.7	标记和说明	组	40	
		2.1	电击和能量危险的防护	台/次	130	
		2.2	绝缘	台/次	1 550	包括湿热试验
		2.3	安全特低电压（SELV）电路	台/次	1 130	
		2.4	限流电路	台/次	800	
		2.5	保护接地措施	台/次	350	
		2.6	一次电路隔离	台/次	70	
		2.7	一次电路过流保护和接地故障保护	台/次	70	
		2.8	安全联锁装置	台/次	1 480	
		2.9	爬电距离、电气间隙和绝缘穿透距离	台/次	660	
		2.10	与其他设备的连接	台/次	–	
		2.11	受限制电源	台/次	–	根据电路设计而定
		3.1	布线	台/次	70	
		3.2	与一次电源的连接	台/次	70	
		3.3	一次电源外部导线用的接线端子	台/次	–	
		4.1	稳定性和机械危险	台/次	320	
		4.2	机械强度和应力消除	台/次	400	包括：高温
		4.3	结构细节	台/次	820	
			激光	台/次	–	
		4.4	防火	台/次	300	不含燃烧试验
		5.1	发热	台/次	2 000	
		5.2	对地漏电流	台/次	780	
		5.3	抗电强度	台/次	780	
		5.4	异常工作和故障条件	台/次	3 000	
		6	TNV 电路	台/次	–	包括附录 M
			安全收费		15 620	
		EMC	0.15～30MHz 电源端传导骚扰电压	台/次	1 200	
			30～1 000MHz 辐射骚扰场强	台/次	3 000	
			谐波电流	台/次	2 000	
			EMC 收费		6 200	
			总收费		21 820	

19．产品标准:GB4943-1995(安全)、GB9254-1998,GB17625.1-1998(电磁兼容)

序号	产品名称	项号	检测项目名称	单位	收费标准(元)	备注
		1.5	元器件	台	90	不含元器件试验
		1.6	电源接口	台/次	–	
		1.7	标记和说明	组	40	
		2.1	电击和能量危险的防护	台/次	–	
		2.2	绝缘	台/次	–	包括湿热试验
		2.3	安全特低电压（SELV）电路	台/次	130	
		2.4	限流电路	台/次	800	
		2.8	安全联锁装置	台/次	–	
		2.9	爬电距离、电气间隙和绝缘穿透距离	台/次	330	
		2.10	与其他设备的连接	台/次	60	
		2.11	受限制电源	台/次	500	根据电路设计而定
		3.1	布线	台/次	70	
		3.2	与一次电源的连接	台/次	–	
		3.3	一次电源外部导线用的接线端子	台/次	–	
19	Ⅲ类设备	4.1	稳定性和机械危险	台/次	320	
		4.2	机械强度和应力消除	台/次	–	包括：高温
		4.3	结构细节	台/次	220	
			电离辐射	台/次	–	
			激光	台/次	–	
		4.4	防火	台/次	300	不含燃烧试验
		5.1	发热	台/次	1 300	
		5.2	对地漏电流	台/次	–	
		5.3	抗电强度	台/次	–	
		5.4	异常工作和故障条件	台/次	650	
		6	TNV 电路	台/次	1 200	包括附录 M
			安全收费		6 010	
		EMC	0.15～30MHz 电源端传导骚扰电压	台/次	1 200	
			30～1 000MHz 辐射骚扰场强	台/次	3 000	
			暂态谐波电流	台/次	1 500	
			EMC 收费		5 700	
			总收费		11 710	

20.产品标准：GB4943-1995(安全)

序号	产品名称	项号	检测项目名称	单位	收费标准(元)	备注
20	电脑游戏机	1.5	元器件	台	100	不含元器件试验
		1.6	电源接口	台/次	200	
		1.7	标记和说明	组	40	
		2.1	电击和能量危险的防护	台/次	130	
		2.2	绝缘	台/次	1000	包括：湿热试验
		2.3	安全特低电压（SELV）电路	台/次	130	
		2.4	限流电路	台/次	0	
		2.5	保护接地措施	台/次	300	
		2.6	一次电路隔离	台/次	100	
		2.7	一次电路过流保护和接地故障保护	台/次	70	
		2.8	安全联锁装置	台/次	0	
		2.9	爬电距离、电气间隙和绝缘穿透距离	台/次	250	
		2.10	与其他设备的连接	台/次	60	
		2.11	受限制电源	台/次	0	根据电路设计而定
		3.1	布线	台/次	70	
		3.2	与一次电源的连接	台/次	70	
		3.3	一次电源外部导线用的接线端子	台/次	70	
		4.1	稳定性和机械危险	台/次	320	
		4.2	机械强度和应力消除	台/次	400	包括：高温
		4.3	结构细节	台/次	200	
		4.4	防火	台/次	300	不含燃烧试验
		5.1	发热	台/次	600	
		5.2	对地漏电流	台/次	780	
		5.3	抗电强度	台/次	780	
		5.4	异常工作和故障条件	台/次	630	
		6	TNV 电路	台/次	0	包括：附录 M
			全项收费	6 600		

21. 产品标准:GB4943-1995(安全)

序号	产品名称/型号	项号	检测项目名称	单位	收费标准(元)	备注
21	学习机	1.5	元器件	台	100	不含元器件试验
		1.6	电源接口	台/次	200	
		1.7	标记和说明	组	40	
		2.1	电击和能量危险的防护	台/次	130	
		2.2	绝缘	台/次	1 000	包括:湿热试验
		2.3	安全特低电压(SELV)电路	台/次	130	
		2.4	限流电路	台/次	0	
		2.5	保护接地措施	台/次	300	
		2.6	一次电路隔离	台/次	100	
		2.7	一次电路过流保护和接地故障保护	台/次	70	
		2.8	安全联锁装置	台/次	0	
		2.9	爬电距离、电气间隙和绝缘穿透距离	台/次	250	
		2.10	与其他设备的连接	台/次	60	
		2.11	受限制电源	台/次	0	根据电路设计而定
		3.1	布线	台/次	70	
		3.2	与一次电源的连接	台/次	70	
		3.3	一次电源外部导线用的接线端子	台/次	70	
		4.1	稳定性和机械危险	台/次	320	
		4.2	机械强度和应力消除	台/次	400	包括:高温
		4.3	结构细节	台/次	200	
			电离辐射	台/次	0	
			激光	台/次	0	
		4.4	防火	台/次	300	不含燃烧试验
		5.1	发热	台/次	600	
		5.2	对地漏电流	台/次	780	
		5.3	抗电强度	台/次	780	
		5.4	异常工作和故障条件	台/次	630	
		6	TNV 电路	台/次	0	包括附录 M
			全项收费		6 600	

22. 产品标准：GB4943-1995(安全)、GB9254-1998（电磁兼容）

序号	产品名称	项号	检测项目名称	单位	收费标准（元）	备注
22	收款机	1.5	元器件	台	250	不含元器件试验
		1.6	电源接口	台/次	220	
		1.7	标记和说明	组	40	
		2.1	电击和能量危险的防护	台/次	130	
		2.2	绝缘	台/次	1550	包括：湿热试验
		2.3	安全特低电压（SELV）电路	台/次	130	
		2.4	限流电路	台/次	/	
		2.5	保护接地措施	台/次	350	
		2.6	一次电路隔离	台/次	70	
		2.7	一次电路过流保护和接地故障保护	台/次	70	
		2.8	安全联锁装置	台/次	/	
		2.9	爬电距离、电气间隙和绝缘穿透距离	台/次	330	
		2.10	与其他设备的连接	台/次	60	
		2.11	受限制电源	台/次	/	根据电路设计而定
		3.1	布线	台/次	70	
		3.2	与一次电源的连接	台/次	70	
		3.3	一次电源外部导线用的接线端子	台/次	/	
		4.1	稳定性和机械危险	台/次	320	
		4.2	机械强度和应力消除	台/次	400	包括：高温
		4.3	结构细节	台/次	220	
			电离辐射	台/次	/	
			激光	台/次	/	
		4.4	防火	台/次	300	不含燃烧试验
		5.1	发热	台/次	1 000	
		5.2	对地漏电流	台/次	780	
		5.3	抗电强度	台/次	780	
		5.4	异常工作和故障条件	台/次	660	
		6	TNV 电路	台/次	/	
			安全收费		7 800	
		EMC	0.15～30MHz 电源端传导骚扰电压	台/次	1 200	
			30-1 000MHz 辐射骚扰场强	台/次	3 000	
			EMC 收费		4 200	
			总收费		12 000	

十九、信息技术设备—金融及贸易结算电子设备（电磁兼容）

产品标准：GB9254-1998

序号	产品名称	标准条款号	检测项目名称	单位	收费标准（元）	备注
1	电子计价器	5.1	0.15～30MHz 电源端传导骚扰电压	台	1 200	“0.15～30MHz 电源端传导骚扰电压”适用于交流供电。
		6	30～1 000MHz 辐射骚扰场强		3 000	
			全项收费		4 200	
2	有计价功能的集成电路 IC 卡读写器	5.1	0.15～30MHz 电源端传导骚扰电压	台	1 200	“0.15～30MHz 电源端传导骚扰电压”适用于交流供电。
		6	30～1 000MHz 辐射骚扰场强		3 000	
			全项收费		4 200	
3	点钞机	5.1	0.15～30MHz 电源端传导骚扰电压	台	1 200	
		6	30～1 000MHz 辐射骚扰场强		3 000	
			全项收费		4 200	

二十、照明电器--光源控制器产品

产品标准：GB15734-1995、GB17743-1999、GB17625.1-1998

序号	产品名称	标准条款号	检测项目	单位	检测收费（元）	备注
1	调光器	4.3	端子骚扰电压（GB17743）	台	1 200	
		4.4	辐射电磁骚扰（GB17743）		1 800	
		7	谐波电流（GB17625.1）		1 200	
			全项收费		4 200	
2	变换器	4.3	端子骚扰电压（GB17743）	台	1 200	
		4.4	辐射电磁骚扰（GB17743）		1 800	
		7	谐波电流（GB17625.1）		1 200	
			全项收费		4 200	
3	舞台、电视、娱乐场所用电子调光设备	4	端子传导骚扰电压（GB 15734）	台	2 000	
		7	谐波电流（GB 17625.1）		1 800	
			全项收费		3 800	

二十一、照明电器——镇流器产品

1、产品标准：GB15143－1993、GB17743－1999、GB17625.1-1998

序号	产品名称／型号	项号	检测项目名称	单位	收费标准（元）	备 注
1	管形荧光灯用交流电子镇流器		安全项目			
		1	标志	项	90	30×3只
		2	接线端子	批	1 200	
		3	引出线	项	78	26×3只
		4	接地装置	项	330	110×3只
		5	爬电距离和电气间隙	项	180	60×3只
		6	防意外触电	项	60	20×3只
		7	防止电击措施	项	660	220×3只
		8	潮湿状态绝缘电阻和介电强度	批	880	
		9	异常状态	项	900	300×3只
		10	故障状态	项	780	260×3只
		11	螺丝、载流部件和连接件	项	117	39×3只
		12	耐热（球压）、耐火	批	820	
		13	防腐蚀性能	项	930	310×3只
			安全项目收费		7 025	
			EMC 项目			
		14	谐波	批	1 200	
		15	插入损耗	批	1 500	
		16	端子骚扰电压（电子控制式）	批	1 000	
		17	辐射电磁骚扰（电子控制式）	批	1 500	
			EMC 项目收费		5 200	
			全项收费		12 225	

2、产品标准：GB2313-1994、GB17743－1999、GB17625.1-1998

序号	产品名称／型号	项号	检测项目名称	单位	收费标准（元）	备 注
2	管形荧光灯镇流器		安全项目：			
		1	标志	项	117	39×3只
		2	防意外触电	项	60	20×3只
		3	接线端子	批	1 200	1200
		4	接地装置	项	330	110×3只
		5	耐潮性和绝缘性	批	880	
		6	绕组的耐热性(30天)	批小时	7 200	10×30天
		7	发热极限	项	360	120×3只
		8	螺丝、载流部件和连接件	项	117	39×3只
		9	漏电距离和电气间隙	项	90	30×3只
		10	耐热性、耐火性	批	820	
		11	耐腐蚀性	项	930	310×3只
			安全项目收费		12 104	
			EMC 项目			
		12	谐波	批	1 200	
		13	插入损耗	批	1 500	
		14	端子骚扰电压（电子控制式）	批	1 000	
		15	辐射电磁骚扰（电子控制式）	批	1 500	
			EMC 项目收费		5 200	
			全项收费		17 304	

3、产品标准：GB14045－1993、GB17743－1999、GB17625.1-1998

序号	产品名称／型号	项号	检测项目名称	单位	收费标准	备 注
3	放电灯用镇流器		安全项目：			
		1	防意外触电	项	60	20×3只
		2	接线端子	批	1 200	
		3	接地装置	项	330	110×3只
		4	潮态实验	批	880	
		5	介电强度和绝缘电阻	项	72	24×3只
		6	耐高压脉冲性	批小时	7 200	10×30天
		7	绕组耐热性(400W 以下／400W 以上)	批小时	8 640／10 800	(12／15) ×30天
			安全项目收费		18 382／20 542	
			EMC 项目：			
		8	电源端子骚扰电压	批	1 000	
		9	辐射电磁骚扰	批	1 500	
			EMC 项目收费		2 500	
			全项收费		20 882／23 042	

二十二、照明电器--灯具

1. 产品标准：GB7000.1-1999 ，GB7000.10-1999， GB17743-1999 ，GB17625.1-1998

序号	产品名称/型号	项号	检测项目名称	单位	收费标准（元）	备注
1	固定式灯具		安全项目：			
		5	标记	台	8	
		6	结构	台	352	
		7	爬电距离和电气间隙	台	25	
		8	接地规定	台	40	
		9	接线端子	台	40	
		10	内部和外部线路	台	80	
		11	防触电保护	台	25	
		12	耐久性和热试验	台	(1 000+200)1 200	
		13	防尘和防水	台	200	
		14	绝缘电阻和介电强度	台	200	
		15	耐热、耐火和耐电痕	台	150	
			安全项目收费	台	2 320	
			电磁兼容项目(荧光灯具)：			
			插入损耗(电感镇流器)	台	1 500	
			端子骚扰电压（电子控制式）	台	1 000	
			辐射电磁骚扰（电子控制式）	台	1 500	
			谐波（电感镇流器、电子控制式）	台	1 200	
			全项收费		5 020	电感镇流器
					6 020	电子控制式

2. 产品标准：GB7000.1-1999 ，GB7000.11-1999 ， GB17743-1999 ，GB17625.1-1998

序号	产品名称/型号	项号	检测项目名称	单位	收费标准（元）	备注
2	可移式灯具		安全项目：			
		5	标记	台	8	
		6	结构	台	352	
		7	爬电距离和电气间隙	台	25	
		8	接地规定	台	40	
		9	接线端子	台	40	
		10	内部和外部线路	台	90	
		11	防触电保护	台	25	
		12	耐久性和热试验	台	1 200(1 000+200)	
		13	防尘和防水	台	200	
		14	绝缘电阻和介电强度	台	200	
		15	耐热、耐火和耐电痕	台	150	
			安全项目收费	台	2 330	
			电磁兼容项目(荧光灯具)			
			插入损耗（电感镇流器）	台	1 500	
			端子骚扰电压（电子控制式）	台	1 000	
			辐射电磁骚扰（电子控制式）	台	1 500	
			谐波（电感镇流器、电子控制式）	台	1 200	
			全项收费	台	5 030	电感镇流器
					6 030	电子控制式

3. 产品标准：GB7000.1-1999, GB7000.12-1999 ,GB17743-1999, GB17625.1-1998

序号	产品名称/型号	项号	检测项目名称	单位	收费标准(元)	备注
3	嵌入式灯具		安全项目：			
		5	标记	台	10	
		6	结构	台	360	
		7	爬电距离和电气间隙	台	25	
		8	接地规定	台	40	
		9	接线端子	台	40	
		10	内部和外部线路	台	80	
		11	防触电保护	台	25	
		12	耐久性和热试验	台	1 240(1 000+200+40)	
		13	防尘和防水	台	200	
		14	绝缘电阻和介电强度	台	200	
		15	耐热、耐火和耐电痕	台	150	
			安全项目收费	台	2 370	
			电磁兼容项目(荧光灯具)			
			插入损耗（电感镇流器）	台	1 500	
			端子骚扰电压（电子控制式）	台	1 000	
			辐射电磁骚扰（电子控制式）	台	1 500	
			谐波（电感镇流器、电子控制式）	台	1 200	
			全项收费		5 070	电感镇流器
					6 070.00	电子控制式

二十三、汽车产品

序号	项目名称		CCC收费(元)	收费项目							备注
				M1	M2	M3	N1	N2	N3	0	
1	汽车标记		800	800	800	800	800	800	800	800	包括 VIN 检查
2	汽车尺寸		600	600	600	600	600	600	600	600	
3	侧翻稳定角		2 500	2 500	2 500	2 500	2 500	2 500	2 500	2 500	
4	转向装置		1 200	1 200	1 200	1 200	1 200	1 200	1 200		
5	制动装置		9 000	9 000	9 000	9 000	9 000	9 000	9 000	3 000	
6	制动软管		6 500	6 500	6 500	6 500	6 500	6 500	6 500	6 500	包括液压、气压、真空制动软管
7	前方视野		4 000	4 000							
8	后视镜	安装	3 000	3 000	3 000	3 000	3 000	3 000	3 000		下视镜检测按后视镜的 1/3 收费
		性能	6 000	6 000	6 000	6 000	6 000	6 000	6 000		
9	除霜	装置	200	200							
		性能	9 800	9 800							
10	除雾	装置	200	200							
		性能	9 400	9 400							
11	刮水器	装置	200	200	200	200	200	200	200		
		性能	4 800	4 800							

序号	项目名称		CCC收费(元)	收费项目							备注
				M1	M2	M3	N1	N2	N3	0	
12	洗涤器	装置	200	200	200	200	200	200	200		
		性能	6 400	6 400							
13	照明与信号装置安装		4 100	4 100	4 100	4 100	4 100	4 100	4 100	4 100	
14	前照灯	位置和强度	800	800	800	800	800	800	800		
		配光	2 600	2 600	2 600	2 600	2 600	2 600	2 600		1组灯丝（按4灯丝）
15	转向灯		2 200	2 200	2 200	2 200	2 200	2 200	2 200	2 200	1组灯丝（按4灯丝）
16	位置、示廓、制动灯		2 200	2 200	2 200	2 200	2 200	2 200	2 200	2 200	1组灯丝（按2灯丝）
17	倒车灯		2 200	2 200	2 200	2 200	2 200	2 200	2 200	2 200	1组灯丝（按2灯丝）
18	雾灯		2 200	2 200	2 200	2 200	2 200	2 200	2 200	2 200	1组灯丝（按1灯丝）
19	侧标志灯		2 200	2 200	2 200	2 200	2 200	2 200	2 200	2 200	1组灯丝（按2灯丝）
20	回复反射器		2 200	2 200	2 200	2 200	2 200	2 200	2 200	2 200	1组灯丝（按2灯丝）
21	车速表		600	600	600	600	600	600	600		
22	汽车喇叭		500	500	500	500	500	500	500		
23	图形标志		600	600	600	600	600	600	600		
24	车门锁		4 000	4 000							每种
25	车门铰链		3 000	3 000							每种
26	座椅强度		5 600	5 600	5 600	5 600	5 600				包括V>100km/h的N类车
27	座椅头枕	位置	500	500							
		强度	4 000	4 000							
28	内饰材料		800	800	800	800	800	800	800		每种
29	轮胎		按单独认证检测收费								
30	门窗玻璃		按单独认证检测收费								
31	安全带		按单独认证检测收费								
32	安全带及固定点	位置	800	800	800		800				车速大于100km/h
		强度	14 000	14 000	14 000		14 000				
33	燃油系统及排气管		300	300	300	300	300	300	300		
34	护轮板		600	600							
35	外部凸出物		1 500	1 500							
36	防护装置		2 000				2 000	2 000	2 000	2 000	
37	汽车号牌板		600	600	600	600	600	600	600	600	
38	客车结构		1 500			1 500					
39	噪声		900	900	900	900	900	900	900		
40	无线电		9 000	9 000	9 000	9 000	9 000	9 000	9 000		点燃式发动机(每次)
41	防止汽车转向机构对驾驶员伤害		18 000	18 000							
42	正面碰撞乘务员保护		138 000	138 000							

序号	项目名称		CCC收费（元）	收费项目 M1	M2	M3	N1	N2	N3	0	备注
43	排气污染物	工况	汽 11 000 柴 16 700	汽 11 000 柴 16 700			汽 11 000 柴 16 700				装点燃式发动机
		怠速	600	600	600	600	600	600	600		
		曲轴箱	4 500	4 500	4 500	4 500	4 500	4 500	4 500		
		蒸发污染物	收集法：12 500 密闭室法：24 500	12 500 24 500	12 500	12 500	12 500 24 500	12 500	12 500		
44	汽油发动机排气污染物		11 000		11 000	11 000		11 000	11 000		总质量>3.5 t送
45	压燃式发动机排气污染物		24 500		24 500	24 500		24 500	24 500		总质量>3.5 t送
46	压燃式发动机及装用压燃式发动机车辆排气可见污染物	全负荷	10 000	10 000	10 000	10 000	10 000	10 000	10 000		
		自由加速	1 200	1 200	1 200	1 200	1 200	1 200	1 200		
47	含氟物质		300	300	300	300	300	300	300		有空调的车
48	磨合及燃料费		5 000	5 000	5 000	5 000	5 000	5 000	5 000		

专用汽车

序号	产品名称	项号	检验项目名称		收费标准（元）	备注
	专用汽车	1	质量参数		1 800	
		2	上装电器系统		1 000	
		3	标志		200	
		4	罐体容量		400	
		5	导静电装置		500	
		6	消防装置检查		800	
		7	作业噪声		1 200	
		8	安全防护装置		4 000	
		9	操作系统		2 000	
		10	整车稳定性		800	
		11	液压系统	液压软管	2 000	
				系统压力	1 600	
		12	吊钩		800	
		13	钢丝绳		3 000	
		14	上车制动器		800	
		15	起升、变幅、伸缩、回转机构		2 000	
		16	压力表		500	
		17	结构强度		4 000	每点200元
		18	上车操纵室		2 000	

注：专用汽车与其他汽车产品相同的检验项目收费参照已拟订的收费标准执行。

二十四、摩托车及摩托车发动机

序号	产品名称	检验项目名称	单位	收费标准（元）	备注
1	摩托车、轻便摩托车	车辆标记	辆	400	检验周期30天
		外廓尺寸		500	
		侧倾稳定角		800(三轮车)	
		车速表		500	
		转向装置		500	
		整车前照灯性能		600	
		喇叭声级		500	
		安全防护装置		300	
		图形符号		300	
		驻车性能		500(二轮车)	
		无线电骚扰特性		7 000	
		排气污染物		一次排放试验 6 400，做二次排放试验 12 800，三次 19 200	
		加速噪声		1 500	
		制动性能		1 000	
		后视镜性能及其安装		3 500	
		转向锁止防盗装置		1 000	
		前照灯配光性能		1 700*2	
		全项收费		一次排放试验 28 700，做二次排放试验 35 100，三次试验 41 500	
2	摩托车发动机	标记		300	检验周期30天
		启动性能（冷机启动）		500	
		启动性能（热机启动）		500	
		怠速性能		600	
		怠速污染物		600	
		全项收费		2 500	
3	摩托车头盔	结构规格尺寸		180	检验周期30天
		保护范围		180	
		质量		180	
		视野		180	
		护目镜		1 600	
		佩带装置强度		1 000	
		吸收碰撞强度		3 000	
		耐穿透性		1 500	
		标志		200	
		全项收费		8 020	

二十五、轮胎产品

序号	产品名称	项号	检验项目	单位	收费标准（元）	备注
1	汽车轮胎外胎	1	外缘尺寸检验	规格	420	
		2	强度性能检验	规格	480	
		3	脱圈性能检验	规格	460	
		4	耐久性能检验	规格	2 400	
		5	高速性能检验	规格	2 400	
2	摩托车轮胎	1	外缘尺寸检验	规格	320	
		2	强度性能检验	规格	360	
		3	耐久性能检验	规格	1 800	
		4	高速性能检验	规格	1 800	

二十六、安全玻璃

1、汽车用安全玻璃 标准：GB9656-1996

序号	产品名称	项号	检验项目名称	单位	收费标准（元）	备 注
1	前风窗用 A 类夹层玻璃		所有安全性能（共 11 项）	申请单元	6 000	
2	前风窗用 B 类夹层玻璃		所有安全性能（共 9 项）	申请单元	5 000	
3	前风窗用区域钢化玻璃		所有安全性能（共 6 项）	申请单元	3 000	
4	前风窗以外用钢化玻璃		所有安全性能（共 3 项）	申请单元	2 000	
5	前风窗以外用 A 类夹层玻璃		所有安全性能（共 6 项）	申请单元	2 200	
6	前风窗以外用 B 类夹层玻璃		所有安全性能（共 5 项）	申请单元	1 800	

2、建筑用安全玻璃 标准：GB9962-1999

序号	产品名称	项号	检验项目名称	单位	收费标准（元）	备 注
1	夹层玻璃		所有安全性能（共 5 项）	申请单元	4 000	

3、建筑用安全玻璃 标准：GB9963-1998

序号	产品名称	项号	检验项目名称	单位	收费标准（元）	备 注
1	钢化玻璃		所有安全性能（共 4 项）	申请单元	3 500	

4、建筑用安全玻璃 标准：GB17841-1999

序号	产品名称	项号	检验项目名称	单位	收费标准（元）	备 注
1	钢化玻璃		所有安全性能（共 3 项）	申请单元	3 500	

5、铁道车辆用安全玻璃 标准：GB17841-1999

序号	产品名称	项号	检验项目名称	单位	收费标准（元）	备 注
	夹层玻璃（前窗用）		所有安全性能（共 8 项）	申请单元	6 000	

6、铁道车辆用安全玻璃 标准：GB18045-2000

序号	产品名称	项号	检验项目名称	单位	收费标准（元）	备 注
1	夹层玻璃（前窗以外用）		所有安全性能（共 6 项）	申请单元	5 000	
2	钢化玻璃		所有安全性能（共 4 项）	申请单元	3 000	
3	中空玻璃		所有安全性能（共 2 项）	申请单元	5 000	

二十七、植物保护机械

标准：GB 10395 、JB/T7723.2

产品名称/型号	检验项目	单位	收费标准（元）	备注
植物保护机械	铭牌	1	50	
	机动液体泵传动装置防护罩及旋转标志	1	150	
	手动液泵密封性	1	150	
	药箱盖密封性、加液口过滤装置、药箱液面位置	1	100	
	药箱限压装置	1	100	
	药箱总成气密性	1	100	
	药箱内药液排放性	1	100	
	药液箱堕落试验后密封性	1	100	
	压力表	1	50	
	拖拉机配套喷雾机限压安全装置	1	150	
	担架式机动喷雾器限压安全装置	1	100	
	压缩喷雾机安全阀	1	100	
	空气室耐压性能	1	300	
	喷雾机(器)喷射部件和承压管路系统耐压性能	1	300	
	药液残余	1	150	
	风机防护罩	1	50	
	风机叶轮超速运转强度	1	500	
	软管标志	1	50	
	软管接头	1	50	
	控制装置	1	100	
	机具动力输入联结处标志	1	50	
	喷杆及辅助装置	1	50	
	喷杆折叠机构挤夹和剪切防护	1	50	
	手动喷雾装置	1	50	
	其他要求	1	50	
	安全标志	1	50	
	安全防护用具	1	50	
	排气管	1	50	
	发热部件	1	50	
	震动	1	400	
	噪声	1	400	
	全项收费		4 000	

二十八、橡胶避孕套产品

产品名称/型号	项号	检测项目	单位	收费标准（元）	备注
橡胶避孕套		老化前爆破容量和爆破压力常		1 200 元/次	抽样数：原则上按批量为 35 001～150 000 的基数，结合产品标准和 GB2828《逐批检查计数抽样程序及抽样表（适用于连续批的检查）》标准随机抽取。如抽样时样品数量不足时，按产品标准 GB 7544.1-1999 中附录 B 的有关规定处理
		热空气老化		1 680 元/次	
		老化后爆破容量和爆破压力		480 元/次	
		针孔试验		1 100 元/次	
		规格测试		40 元/次	
		合 计		4 500 元/次	

二十九、电信终端设备

1、产品标准:GB4943-1995(安全)、YD/T993-1997(雷击)、 GB9254-1998(电磁兼容)

序号	产品名称/型号	项号	检测项目名称	单位	收费标准（元）	备注
1	固定电话终端 1) 普通电话机 2) 主叫号码显示电话机 3) 免提电话机	1.5	元器件	台	/	不含元器件试验
		1.7	标记和说明	组	40	
		2.1	电击和能量危险的防护	台/次	100	
		2.2	绝缘	台/次	1550	包括：湿热试验
		2.3	安全特低电压（SELV）电路	台/次	130	
		2.4	限流电路	台/次	/	
		2.5	保护接地措施	台/次	/	
		2.6	一次电路隔离	台/次	/	
		2.7	一次电路过流保护和接地故障保护	台/次	/	
		2.9	爬电距离、电气间隙和绝缘穿透距离	台/次	/	
		2.10	与其他设备的连接	台/次	60	
		2.11	受限制电源	台/次	/	根据电路设计而定
		3.1	布线	台/次	70	
		3.2	与一次电源的连接	台/次	/	
		4.1	稳定性和机械危险	台/次	320	
		4.2	机械强度和应力消除	台/次	400	包括：高温
		4.3	结构细节	台/次	150	
		4.4	防火	台/次	300	不含燃烧试验
		5.1	发热	台/次	/	
		5.2	对地漏电流	台/次	/	
		5.3	抗电强度	台/次	/	
		5.4	异常工作和故障条件	台/次	/	
		6	TNV 电路	台/次	1 000	
		安全全项收费			4 120	
		雷击	信号线雷击试验	台/次	900	
			电源线雷击试验	台/次	/	
		电磁兼容	辐射骚扰场强	台/次	3 800	
			电源端传导骚扰电压	台/次	/	当交流供电时，测试收费 1 200 元
			电信端传导骚扰电压	台/次	1 500	
			EMC 收费		6 200	
		全项收费			10 320	

2、产品标准:GB4943-1995(安全)、YD/T993-1997(雷击)、GB9254-1998(电磁兼容)

序号	产品名称/型号	项号	检测项目名称	单位	收费标准(元)	备注
2	固定电话终端 4) 卡式管理电话机 5) 录音电话机 6) 智能卡式电话机 7) 数字电话机	1.5	元器件	台	150	不含元器件试验
		1.6	电源接口	台/次	200	
		1.7	标记和说明	组	40	
		2.1	电击和能量危险的防护	台/次	130	
		2.2	绝缘	台/次	1 550	包括:湿热试验
		2.3	安全特低电压(SELV)电路	台/次	130	
		2.4	限流电路	台/次	/	
		2.5	保护接地措施	台/次	/	
		2.6	一次电路隔离	台/次	70	
		2.7	一次电路过流保护和接地故障保护	台/次	70	
		2.9	爬电距离、电气间隙和绝缘穿透距离	台/次	200	
		2,10	与其他设备的连接	台/次	/	
		2.11	受限制电源	台/次	/	根据电路设计而定
		3.1	布线	台/次	70	
		3.2	与一次电源的连接	台/次	70	
		3.3	一次电源外部导线用的接线端子	台/次	/	
		4.1	稳定性和机械危险	台/次	320	
		4.2	机械强度和应力消除	台/次	400	包括:高温
		4.3	结构细节	台/次	250	
		4.4	防火	台/次	300	不含燃烧试验
		5.1	发热	台/次	1 000	
		5.2	对地漏电流	台/次	780	
		5.3	抗电强度	台/次	780	
		5.4	异常工作和故障条件	台/次	1 000	
		6	TNV 电路	台/次	1 000	
		安全全项收费			8 510	
		雷击	信号线雷击试验	台/次	900	
			电源线雷击试验	台/次	*900	*发生测试时收费
		电磁兼容	辐射骚扰场强	台/次	3 000	
			电源端传导骚扰电压	台/次	*1 200	*发生测试时收费
			电信端传导骚扰电压	台/次	*1 500	*发生测试时收费
		EMC全项收费			7 500	
		全项收费			16 010	

3、产品标准:GB4943-1995(安全)、YD/T993-1997(雷击)、 GB9254-1998(电磁兼容)

序号	产品名称/型号	项号	检测项目名称	单位	收费标准(元)	备注
3	固定电话终端 8) 投币电话机 9)IC 卡公用电话机	1.5	元器件	台	250	不含元器件试验
		1.6	电源接口	台/次	150	
		1.7	标记和说明	组	40	
		2.1	电击和能量危险的防护	台/次	200	
		2.2	绝缘	台/次	1 550	包括：湿热试验
		2.3	安全特低电压（SELV）电路	台/次	130	
		2.4	限流电路	台/次	440	
		2.5	保护接地措施	台/次	350	
		2.6	一次电路隔离	台/次	70	
		2.7	一次电路过流保护和接地故障保护	台/次	70	
		2.8	安全联锁装置	台/次	280	
		2.9	爬电距离、电气间隙和绝缘穿透距离	台/次	800	
		2.10	与其他设备的连接	台/次	60	
		2.11	受限制电源	台/次	1 000	根据电路设计而定
		3.1	布线	台/次	70	
		3.2	与一次电源的连接	台/次	70	
		3.3	一次电源外部导线用的接线端子	台/次	70	
		4.1	稳定性和机械危险	台/次	320	
		4.2	机械强度和应力消除	台/次	400	包括：高温
		4.3	结构细节	台/次	400	
		4.4	防火	台/次	300	不含燃烧试验
		5.1	发热	台/次	1 000	
		5.2	对地漏电流	台/次	2 000	
		5.3	抗电强度	台/次	1 500	
		5.4	异常工作和故障条件	台/次	1 500	
		6	TNV 电路	台/次	1 500	
		安全全项收费			14 520	
		雷击	信号线雷击试验	台/次	900	
			电源线雷击试验	台/次	900	
		电磁兼容	辐射骚扰场强	台/次	3 000	
			电源端传导骚扰电压	台/次	1 200	
			电信端传导骚扰电压	台/次	1 500	
		EMC全项收费			7 500	
		全项收费			22 020	

4、产品标准:GB4943-1995(安全)、YD/T993-1997(雷击)、 GB9254-1998(电磁兼容)

序号	产品名称/型号	项号	检测项目名称	单位	收费标准(元)	备注
4	固定电话终端 9) 电话机附加装置 10.1) 主叫号码显示器 10.2) 拨号器 10.3) 电话防盗器 10.4) 多路电话管理器	1.5	元器件	台	/	不含元器件试验
		1.6	电源接口	台/次	/	
		1.7	标记和说明	组	40	
		2.1	电击和能量危险的防护	台/次	100	
		2.2	绝缘	台/次	1 550	包括：湿热试验
		2.3	安全特低电压（SELV）电路	台/次	130	
		2.4	限流电路	台/次	/	
		2.5	保护接地措施	台/次	/	
		2.6	一次电路隔离	台/次	/	
		2.7	一次电路过流保护和接地故障保护	台/次	/	
		2.9	爬电距离、电气间隙和绝缘穿透距离	台/次	/	
		2.10	与其他设备的连接	台/次	60	
		2.11	受限制电源	台/次	/	根据电路设计而定
		3.1	布线	台/次	70	
		3.2	与一次电源的连接	台/次	/	
		4.1	稳定性和机械危险	台/次	320	
		4.2	机械强度和应力消除	台/次	400	包括：高温
		4.3	结构细节	台/次	150	
		4.4	防火	台/次	300	不含燃烧试验
		5.1	发热	台/次	/	
		5.2	对地漏电流	台/次	/	
		5.3	抗电强度	台/次	/	
		5.4	异常工作和故障条件	台/次	/	
		6	TNV 电路	台/次	1 000	
		安全全项收费			4 120	
		雷击	信号线雷击试验	台/次	900	
			电源线雷击试验	台/次	/	
		电磁兼容	辐射骚扰场强	台/次	3 000	*发生测试时收费 **当交流供电时，测试收费 1200 元
			电源端传导骚扰电压	台/次	**	
			电信端传导骚扰电压	台/次	*1 500	
		EMC全项收费			5 400	
		全项收费			9 520	

5、产品标准:GB4943-1995(安全)、YD/T993-1997(雷击)、 GB9254-1998(电磁兼容)

序号	产品名称/型号	项号	检测项目名称	单位	收费标准(元)	备注
5	固定电话终端 10)电话机附加装置 10.5)电话答录机 10.6)卡式电话管理器 10.7)电话报警设备	1.5	元器件	台	150	不含元器件试验
		1.6	电源接口	台/次	200	
		1.7	标记和说明	组	40	
		2.1	电击和能量危险的防护	台/次	130	
		2.2	绝缘	台/次	1 550	包括：湿热试验
		2.3	安全特低电压（SELV）电路	台/次	130	
		2.6	一次电路隔离	台/次	70	
		2.7	一次电路过流保护和接地故障保护	台/次	70	
		2.8	安全联锁装置	台/次	/	
		2.9	爬电距离、电气间隙和绝缘穿透距离	台/次	200	
		2.10	与其他设备的连接	台/次	/	
		2.11	受限制电源	台/次	/	根据电路设计而定
		3.1	布线	台/次	70	
		3.2	与一次电源的连接	台/次	70	
		3.3	一次电源外部导线用的接线端子	台/次	/	
		4.1	稳定性和机械危险	台/次	320	
		4.2	机械强度和应力消除	台/次	400	包括：高温
		4.3	结构细节	台/次	250	
		4.4	防火	台/次	300	不含燃烧试验
		5.1	发热	台/次	1 000	
		5.2	对地漏电流	台/次	780	
		5.3	抗电强度	台/次	780	
		5.4	异常工作和故障条件	台/次	1 000	
		6	TNV 电路	台/次	1 000	
			安全全项收费		8 510	
		雷击	信号线雷击试验	台/次	900	
			电源线雷击试验	台/次	900	
		电磁兼容	辐射骚扰场强	台/次	3 000	
			电源端传导骚扰电压	台/次	1 200	
			电信端传导骚扰电压	台/次	1 500	
			EMC全项收费		7 500	
			全项收费		16 010	

6、产品标准:GB4943-1995(安全)、YD/T993-1997(雷击)、 GB9254-1998(电磁兼容)

序号	产品名称	项号	检测项目名称	单位	收费标准(元)	备注
6	集团电话 1) 集团电话 2) 电话会议总机	1.5	元器件	台	250	不含元器件试验
		1.6	电源接口	台/次	1 000	
		1.7	标记和说明	组	40	
		2.1	电击和能量危险的防护	台/次	500	
		2.2	绝缘	台/次	1 550	包括：湿热试验
		2.3	安全特低电压（SELV）电路	台/次	150	
		2.4	限流电路	台/次	/	
		2.5	保护接地措施	台/次	400	
		2.6	一次电路隔离	台/次	100	
		2.7	一次电路过流保护和接地故障保护	台/次	100	
		2.8	安全联锁装置	台/次	280	
		2.9	爬电距离、电气间隙和绝缘穿透距离	台/次	1 500	
		2.10	与其他设备的连接	台/次	100	
		2.11	受限制电源	台/次	1 000	根据电路设计而定
		3.1	布线	台/次	110	
		3.2	与一次电源的连接	台/次	110	
		3.3	一次电源外部导线用的接线端子	台/次	70	
		4.1	稳定性和机械危险	台/次	320	
		4.2	机械强度和应力消除	台/次	400	包括：高温
		4.3	结构细节	台/次	500	
		4.4	防火	台/次	300	不含燃烧试验
		5.1	发热	台/次	1 500	
		5.2	对地漏电流	台/次	780	
		5.3	抗电强度	台/次	780	
		5.4	异常工作和故障条件	台/次	3 000	
		6	TNV 电路	台/次	2 000	
			安全全项收费	16 840		
		雷击	信号线雷击试验	台/次	900	
			电源线雷击试验	台/次	900	
		电磁兼容	辐射骚扰场强	台/次	3 800	
			电源端传导骚扰电压	台/次	1 200	
			电信端传导骚扰电压	台/次	1 500	
			EMC全项收费	8 300		
			全项收费	25 140		

7、产品标准:GB4943-1995(安全)、YD/T993-1997(雷击)、 GB9254-1998(电磁兼容)

序号	产品名称	项号	检测项目名称	单位	收费标准（元）	备注
7	传真机 1) 传真机 2) 电话语音传真卡 3) 多功能传真一体机	1.5	元器件	台	250	不含元器件试验
		1.6	电源接口	台/次	300	
		1.7	标记和说明	组	40	
		2.1	电击和能量危险的防护	台/次	200	
		2.2	绝缘	台/次	1550	包括：湿热试验
		2.3	安全特低电压（SELV）电路	台/次	300	
		2.4	限流电路	台/次	440	
		2.5	保护接地措施	台/次	350	
		2.6	一次电路隔离	台/次	100	
		2.7	一次电路过流保护和接地故障保护	台/次	100	
		2.8	安全联锁装置	台/次	280	
		2.9	爬电距离、电气间隙和绝缘穿透距离	台/次	800	
		2.10	与其他设备的连接	台/次	100	
		2.11	受限制电源	台/次	/	
		3.1	布线	台/次	100	
		3.2	与一次电源的连接	台/次	100	
		3.3	一次电源外部导线用的接线端子	台/次	400	
		4.1	稳定性和机械危险	台/次	320	
		4.2	机械强度和应力消除	台/次	400	包括：高温
		4.3	结构细节	台/次	400	
		4.4	防火	台/次	300	不含燃烧试验
		5.1	发热	台/次	1 500	
		5.2	对地漏电流	台/次	780	
		5.3	抗电强度	台/次	780	
		5.4	异常工作和故障条件	台/次	2500	
		6	TNV 电路	台/次	2 000	*(对于激光型收费加2000元)
		安全全项收费			14 390*	
		雷击	信号线雷击试验	台/次	900	
			电源线雷击试验	台/次	900	
		电磁兼容	辐射骚扰场强	台/次	3 000	
			电源端传导骚扰电压	台/次	1 200	
			电信端传导骚扰电压	台/次	1 500	
		EMC全项收费		7 500		
		全项收费		21 890		

8、产品标准:GB4943-1995(安全)、YD/T993-1997(雷击)、 GB9254-1998(电磁兼容)

序号	产品名称	项号	检测项目名称	单位	收费标准(元)	备注
8	调制解调器: 1) 音频调制解调器; 2) 基带调制解调器; 3) xDSL调制解调器	1.5	元器件	台	150	不含元器件试验
		1.6	电源接口	台/次	150	
		1.7	标记和说明	组	40	
		2.1	电击和能量危险的防护	台/次	130	
		2.2	绝缘	台/次	1 550	包括:湿热试验
		2.3	安全特低电压(SELV)电路	台/次	130	
		2.4	限流电路	台/次	/	
		2.5	保护接地措施	台/次	/	
		2.6	一次电路隔离	台/次	70	
		2.7	一次电路过流保护和接地故障保护	台/次	70	
		2.8	安全联锁装置	台/次	/	
		2.9	爬电距离、电气间隙和绝缘穿透距离	台/次	200	
		2.10	与其他设备的连接	台/次	/	
		2.11	受限制电源	台/次	/	根据电路设计而定
		3.1	布线	台/次	70	
		3.2	与一次电源的连接	台/次	70	
		3.3	一次电源外部导线用的接线端子	台/次	/	
		4.1	稳定性和机械危险	台/次	320	
		4.2	机械强度和应力消除	台/次	400	包括:高温
		4.3	结构细节	台/次	250	
		4.4	防火	台/次	300	不含燃烧试验
		5.1	发热	台/次	1 000	*卡式调制解调器按实际测试项目收费
		5.2	对地漏电流	台/次	780	
		5.3	抗电强度	台/次	780	
		5.4	异常工作和故障条件	台/次	1 000	
		6	TNV 电路	台/次	1 000	
		安全全项收费		8 460*		
		雷击	信号线雷击试验	台/次	900	*卡式调制解器按实际测试项目收费
			电源线雷击试验	台/次	900	
		电磁兼容	辐射骚扰场强	台/次	3 000	
			电源端传导骚扰电压	台/次	1 200	
			电信端传导骚扰电压	台/次	1 500	
		EMC全项收费		7 500		
		全项收费		15 960*		

9、产品标准:GB4943-1995(安全)、YD/T993-1997(雷击)、GB9254-1998(电磁兼容)

序号	产品名称	项号	检测项目名称	单位	收费标准(元)	备注
9	ISDN终端:1)网络终端设备(NT1、NT1+);2)网络终端适配器(卡)TA	1.5	元器件	台	200	不含元器件试验
		1.6	电源接口	台/次	250	
		1.7	标记和说明	组	40	
		2.1	电击和能量危险的防护	台/次	130	
		2.2	绝缘	台/次	1 550	包括：湿热试验
		2.3	安全特低电压（SELV）电路	台/次	130	
		2.4	限流电路	台/次	/	
		2.5	保护接地措施	台/次	/	
		2.6	一次电路隔离	台/次	70	
		2.7	一次电路过流保护和接地故障保护	台/次	70	
		2.9	爬电距离、电气间隙和绝缘穿透距离	台/次	200	
		2.10	与其他设备的连接	台/次	250	
		2.11	受限制电源	台/次	/	根据电路设计而定
		3.1	布线	台/次	70	
		3.2	与一次电源的连接	台/次	70	
		3.3	一次电源外部导线用的接线端子	台/次	/	
		4.1	稳定性和机械危险	台/次	320	
		4.2	机械强度和应力消除	台/次	400	包括：高温
		4.3	结构细节	台/次	250	
		4.4	防火	台/次	300	不含燃烧试验
		5.1	发热	台/次	1 000	
		5.2	对地漏电流	台/次	780	
		5.3	抗电强度	台/次	780	
		5.4	异常工作和故障条件	台/次	1 100	
		6	TNV电路	台/次	1 300	
		安全全项收费		9 260		
		雷击	信号线雷击试验	台/次	900	
			电源线雷击试验	台/次	900	
		电磁兼容	辐射骚扰场强	台/次	3 000	
			电源端传导骚扰电压	台/次	1 200	
			电信端传导骚扰电压	台/次	1500	
		EMC全项收费			7 500	
		全项收费			16 760	

10、产品标准:GB4943-1995(安全)、YD/T993-1997(雷击)、 GB9254-1998(电磁兼容)

序号	产品名称	项号	检测项目名称	单位	收费标准（元）	备注
10	数据终端：1）存储转发传真／语音卡；2）POS终端；3）接口转换器；4）网络集线器；5）其他	1.5	元器件	台	250	不含元器件试验
		1.6	电源接口	台/次	300	
		1.7	标记和说明	组	40	
		2.1	电击和能量危险的防护	台/次	130	
		2.2	绝缘	台/次	1 550	包括：湿热试验
		2.3	安全特低电压（SELV）电路	台/次	130	
		2.4	限流电路	台/次	/	
		2.5	保护接地措施	台/次	350	
		2.6	一次电路隔离	台/次	70	
		2.7	一次电路过流保护和接地故障保护	台/次	70	
		2.9	爬电距离、电气间隙和绝缘穿透距离	台/次	600	
		2.10	与其他设备的连接	台/次	60	
		2.11	受限制电源	台/次	/	根据电路设计而定
		3.1	布线	台/次	70	
		3.2	与一次电源的连接	台/次	70	
		3.3	一次电源外部导线用的接线端子	台/次	/	
		4.1	稳定性和机械危险	台/次	320	
		4.2	机械强度和应力消除	台/次	400	包括：高温
		4.3	结构细节	台/次	400	
		4.4	防火	台/次	300	不含燃烧试验
		5.1	发热	台/次	1000	
		5.2	对地漏电流	台/次	780	
		5.3	抗电强度	台/次	780	
		5.4	异常工作和故障条件	台/次	1 200	
		6	TNV 电路	台/次	1 500	
		安全全项收费		*10370		*卡式按实际项目收费
		雷击	信号线雷击试验	台/次	900	
			电源线雷击试验	台/次	900	
		EMC	辐射骚扰场强	台/次	3 000**	**发生测试时收费
			电源端传导骚扰电压	台/次	1 200**	
			电信端传导骚扰电压	台/次	1 500**	
		EMC全项收费		7500		
		全项收费		*17870		*(卡式按实际项目收费)

11、产品标准:GB4943-1995(安全)、YD/T993-1997(雷击)、 GB9254-1998(电磁兼容)

序号	产品名称	项号	检测项目名称	单位	收费标准(元)	备注
11	多媒体终端: 1) 可视电话; 2) 会议电视终端; 3) 信息点播终端; 4) 其它	1.5	元器件	台	250	不含元器件试验
		1.6	电源接口	台/次	300	
		1.7	标记和说明	组	40	
		2.1	电击和能量危险的防护	台/次	130	
		2.2	绝缘	台/次	1 550	包括:湿热试验
		2.3	安全特低电压(SELV)电路	台/次	130	
		2.4	限流电路	台/次	/	
		2.5	保护接地措施	台/次	350	
		2.6	一次电路隔离	台/次	70	
		2.7	一次电路过流保护和接地故障保护	台/次	70	
		2.8	安全联锁装置	台/次	/	
		2.9	爬电距离、电气间隙和绝缘穿透距离	台/次	600	
		2.10	与其他设备的连接	台/次	70	
		2.11	受限制电源	台/次	/	根据电路设计而定
		3.1	布线	台/次	70	
		3.2	与一次电源的连接	台/次	70	
		3.3	一次电源外部导线用的接线端子	台/次	/	
		4.1	稳定性和机械危险	台/次	320	
		4.2	机械强度和应力消除	台/次	400	包括:高温
		4.3	结构细节	台/次	400	
		4.4	防火	台/次	300	不含燃烧试验
		5.1	发热	台/次	900	
		5.2	对地漏电流	台/次	780	
		5.3	抗电强度	台/次	780	
		5.4	异常工作和故障条件	台/次	1 000	
		6	TNV 电路	台/次	1 500	
		安全全项收费			10 080	
		雷击	信号线雷击试验	台/次	900	
			电源线雷击试验	台/次	900	
		电磁兼容	辐射骚扰场强	台/次	3 000	
			电源端传导骚扰电压	台/次	1 200	
			电信端传导骚扰电压	台/次	1 500	
		EMC全项收费			7 500	
		全项收费			17 580	

12、产品标准:GB4943-1995(安全)、YD/T993-1997(雷击)、 YD1103-2001（电磁兼容）

序号	产品名称	项号	检测项目名称	单位	收费标准(元)	备注
12	无绳电话终端：1）模拟无绳电话机；数字无绳电话机	1.5	元器件	台	150	不含元器件试验
		1.6	电源接口	台/次	200	
		1.7	标记和说明	组	40	
		2.1	电击和能量危险的防护	台/次	130	
		2.2	绝缘	台/次	1 550	包括：湿热试验
		2.3	安全特低电压（SELV）电路	台/次	130	
		2.4	限流电路	台/次	/	
		2.5	保护接地措施	台/次	/	
		2.6	一次电路隔离	台/次	70	
		2.7	一次电路过流保护和接地故障保护	台/次	70	
		2.8	安全联锁装置	台/次	/	
		2.9	爬电距离、电气间隙和绝缘穿透距离	台/次	200	
		2.10	与其他设备的连接	台/次	/	
		2.11	受限制电源	台/次	/	根据电路设计而定
		3.1	布线	台/次	70	
		3.2	与一次电源的连接	台/次	70	
		3.3	一次电源外部导线用的接线端子	台/次	/	
		4.1	稳定性和机械危险	台/次	320	
		4.2	机械强度和应力消除	台/次	400	包括：高温
		4.3	结构细节	台/次	250	
			电离辐射	台/次	/	
			激光	台/次	/	
		4.4	防火	台/次	300	不含燃烧试验
		5.1	发热	台/次	500	
		5.2	对地漏电流	台/次	780	
		5.3	抗电强度	台/次	710	
		5.4	异常工作和故障条件	台/次	1 000	
		6	TNV 电路	台/次	1 000	
		安全全项收费			7 940	
		雷击	信号线雷击试验	台/次	900	
			电源线雷击试验	台/次	900	

序号	产品名称	项号	检测项目名称	单位	收费标准（元）	备注
		电磁兼容	辐射连续骚扰	台/次	3 000	
			传导连续骚扰	台/次	1 200	
			谐波电流	台/次	1 500	只适用适配器
			电压起伏和闪烁	台/次	800	只适用适配器
			传导杂散骚扰	台/次	2 000	
			辐射杂散骚扰	台/次	3 000*	1)设备每增加一个工作频率增加50%测试收费。 2)设备每增加一种工作电压特性增加50%测试收费。
			静电放电抗扰度	台/次	900	
			辐射骚扰抗扰度	台/次	*2 000	*发生测试时收费
			电快速瞬变脉冲群	台/次	*800	只适用适配器
			RF场感应的传导骚扰抗扰度	台/次	*1 500	
			电压暂降和短时中断抗扰度	台/次	*1 200	*发生测试时收费
			工频磁场抗扰度	台/次	/	
		EMC全项收费			19 700	
		全项收费			27 640	

13、产品标准:GB4943-1995(安全)、 YD1032-2000 YD1169.1-2001(电磁兼容)

序号	产品名称/型号	项号	检测项目名称	单位	收费标准（元）	备注
13	移动用户终端：1）模拟移动电话机；2）GSM数字蜂窝移动台（手持机和其他端设备）；3）CDMA数字蜂窝移动台（手持机和其他端设备）	1.5	元器件	台	200	不含元器件试验
		1.6	电源接口	台/次	250	
		1.7	标记和说明	组	40	
		2.1	电击和能量危险的防护	台/次	130	
		2.2	绝缘	台/次	1 550	包括：湿热试验
		2.3	安全特低电压（SELV）电路	台/次	130	
		2.4	限流电路	台/次	/	
		2.5	保护接地措施	台/次	/	
		2.6	一次电路隔离	台/次	70	
		2.7	一次电路过流保护和接地故障保护	台/次	70	
		2.8	安全联锁装置	台/次	/	
		2.9	爬电距离、电气间隙和绝缘穿透距离	台/次	200	
		2.10	与其他设备的连接	台/次	/	
		2.11	受限制电源	台/次	/	根据电路设计而定
		3.1	布线	台/次	70	
		3.2	与一次电源的连接	台/次	70	
		3.3	一次电源外部导线用的接线端子	台/次	/	
		4.1	稳定性和机械危险	台/次	320	
		4.2	机械强度和应力消除	台/次	400	包括：高温

序号	产品名称/型号	项号	检测项目名称	单位	收费标准(元)	备注
			结构细节	台/次	250	
		4.3	电离辐射	台/次	/	
			激光	台/次	/	
		4.4	防火	台/次	300	不含燃烧试验
		5.1	发热	台/次	1000	
		5.2	对地漏电流	台/次	780	
		5.3	抗电强度	台/次	780	
		5.4	异常工作和故障条件	台/次	1 000	
		6	TNV 电路	台/次	/	
		安全全项收费			7 610	
		电磁兼容	传导杂散	台/次	1 200	
			辐射杂散	台/次	3 000	1、价格为 30MHz–6GHz 的双频手机测试价格； 2、一个工作频率增加 50%测试收费。 3、备每增加一个工作状态增加 50%测试收费。
			辐射连续骚扰	台/次	3 000	
			传导连续骚扰	台/次	1 200	
			谐波电流	台/次	*1 500	注：*YD1169.1 中项目，仅适用于 CDMA 手机 只适用充电器
			电压波动和闪烁	台/次	*1 000	注：*YD1169.1 中项目，仅适用于 CDMA 手机 只适用充电器
			静电放电	台/次	900	
			辐射抗扰	台/次	2 000	每增加一个工作频率增加 50%收费，每增加一个状态增加 50%收费
			电快速瞬变脉冲群	台/次	800	
			浪涌	台/次	900	
			射频场感应的传导骚扰抗扰度	台/次	1 500	
			电压暂降和短时中断	台/次	1200	
		电磁兼容全项收费			15 700	适用于 CDMA 手机 ()
					18 200	适用于模拟移动电话机，GSM 数字蜂窝移动台(手持机和其他终端设备)(因辐射杂散的状态不同，价格可能有所变化)
		全项收费			25 810	适用于 CDMA 手机 ()
					23 310	适用于模拟移动电话机，GSM 数字蜂窝移动台(手持机和其他端设备)(因辐射杂散的状态不同，价格可能有所变化)

三十、医疗器械产品

产品名称：心电图机

标准：GB 9706.1 、GB10793

序号	检验项目	单位(台)	收费标准（元）	备注
1.	外部标记	1	50	GB9706.1 带有直流电工作的心电图机检测费×1.5倍。如果只做单项性能试验：单个单项费用×1.5
2.	内部标记	1	200	
3.	控制器件和仪表的标记	1	50	
4.	符号	1	20	
5.	导线绝缘的颜色	1	20	
6.	指示灯颜色	1	20	
7.	按钮颜色	1	20	
8.	随机文件齐全性	1	100	
9.	使用说明书	1	500	
10.	技术说明书	1	500	
11.	输入功率	1	100	
12.	环境试验	1	500	
13.	安全类型	1	100	
14.	剩余电压	1	300	
15.	剩余能量	1	100	
16.	外壳的封闭性	1	200	
17.	不用工具就可打开的罩和门的安全性	1	50	
18.	顶盖安全性	1	50	
19.	控制器件的保护阻抗	1	80	
20.	带电件防护与标记	1	20	
21.	整机外壳安全性	1	200	
22.	调节孔安全性	1	100	
23.	隔离程度	1	1 250	
24.	应用部分的隔离	1	80	
25.	可触及部件的隔离	1	1 250	
26.	电位均衡导线连接装置	1	100	
27.	保护接地阻抗	1	300	
28.	功能接地端子	1	50	
29.	功能接地线的标志	1	50	
30.	工作温度下的对地漏电流	1	200	
31.	工作温度下的外壳漏电流	1	200	
32.	工作温度下的患者漏电流	1	800	
33.	工作温度下的应用部分加压患者漏电流	1	500	
34.	工作温度下的患者辅助电流	1	600	
35.	工作温度下，A–a1（网电源部分）	1	200	
36.	工作温度下，A–a1（其他带电部分）	1	200	
37.	工作温度下，A–a2（网电源部分）	1	200	
38.	工作温度下，A–a2（其他带电部分）	1	200	
39.	工作温度下，A–b	1	100	
40.	工作温度下，A–c	1	100	
41.	工作温度下，A–e	1	200	
42.	工作温度下，A–f	1	200	
43.	工作温度下，A–g	1	80	
44.	工作温度下，A–j	1	80	
45.	工作温度下，A–k	1	80	
46.	工作温度下，B–a（网电源部分）	1	300	
47.	工作温度下，B–c	1	150	

序号	检验项目	单位(台)	收费标准（元）	备注
48.	工作温度下，B–d	1	300	
49.	工作温度下，B–e	1	300	
50.	潮湿预处理后的对地漏电流	1	200	
51.	潮湿预处理后的外壳漏电流	1	200	
52.	潮湿预处理后的患者漏电流	1	800	
53.	潮湿预处理后的应用部分加压患者漏电流	1	500	
54.	潮湿预处理后的患者辅助电流	1	600	
55.	潮湿预处理后，A–a1（网电源部分）	1	200	
56.	潮湿预处理后，A–a1（其他带电部分）	1	200	
57.	潮湿预处理后，A–a2（网电源部分）	1	200	
58.	潮湿预处理后，A–a2（其他带电部分）	1	200	
59.	潮湿预处理后，A–b	1	100	
60.	潮湿预处理后，A–c	1	100	
61.	潮湿预处理后，A–e	1	200	
62.	潮湿预处理后，A–f	1	200	
63.	潮湿预处理后，A–g	1	80	
64.	潮湿预处理后，A–j	1	80	
65.	潮湿预处理后，A–k	1	80	
66.	潮湿预处理后，B–a（网电源部分）	1	300	
67.	潮湿预处理后，B–c	1	150	
68.	潮湿预处理后，B–d	1	300	
69.	潮湿预处理后，B–e	1	300	
70.	外壳及零部件刚度	1	100	
71.	外壳及零部件强度	1	100	
72.	提拎装置承载能力	1	150	
73.	坠落	1	80	
74.	搬运应力	1	50	
75.	面、角、边的安全性	1	50	
76.	设备的稳定性	1	100	
77.	可搬运性	1	50	
78.	显像管抗内爆和冲击能力	1	200	
79.	在正常使用和正常状态下的设备部件及周围的温度	1	800	
80.	在正常使用和在25℃的正常状态运行时的设备部件及周围的温度	1	800	
81.	液体泼洒	1	30	
82.	泄漏	1	30	
83.	受潮	1	800	
84.	清洗、消毒和灭菌	1	200	
85.	自动复位装置的选择	1	20	
86.	电源中断后的复位	1	50	
87.	必须考虑的安全方面的危险	1	400	
88.	电源变压器过载的单一故障	1	100	
89.	短接双重绝缘的任一组成部分的单一故障	1	400	
90.	中断保护接地导线的单一故障	1	200	
91.	散热条件变差的单一故障	1	600	
92.	元件的故障的单一故障	1	800	
93.	元器件的标记	1	150	
94.	元器件的固定	1	200	
95.	电线的固定	1	300	
96.	连接器的结构	1	150	

序号	检验项目	单位(台)	收费标准（元）	备注
97.	电容器的连接	1	200	
98.	保护装置	1	150	
99.	电池	1	100	
100.	指示灯	1	100	
101.	控制器的操作部件	1	100	
102.	与供电网的分断	1	300	
103.	电源软电线的要求	1	200	
104.	电源软电线的连接	1	400	
105.	网电源接线端子和布线的要求	1	200	
106.	网电源熔断器和过流释放器的要求	1	300	
107.	网电源部分的布线	1	250	
108.	电源变压器的过热	1	300	
109.	电源变压器的短路	1	500	
110.	电源变压器的过载	1	1200	
111.	电源变压器的电介质强度	1	300	
112.	电源变压器的结构	1	600	
113.	爬电距离和电气间隙	1	400	
114.	保护接地——端子和连接的要求	1	200	
115.	内部布线	1	200	
116.	绝缘	1	400	
117.	过电流和过电压保护	1	200	
				29 850
118.	分类补充	1	20	GB10793 带有直流电工作的心电图机检测费×1.5倍。如果只做单项性能试验：单个单项费用×1.5。
119.	外部标记补充	1	20	
120.	使用说明书补充	1	100	
121.	对心脏除颤放电效应的防护	1	600	
122.	对除颤放电效应的防护试验（一）	1	600	
123.	对除颤放电效应的防护试验（二）	1	600	
124.	除颤后的心电图机电极极化的恢复时间	1	600	
125.	心电图机非正常工作的指示	1	600	
126.	连接	1	80	
127.	内部电源的低压指示装置	1	20	
				3 240
	总计		33 090	

注：带有直流电工作的心电图机检测费×1.5倍。
如果只做单项性能试验：单个单项费用×1.5倍。

血液透析装置

产品名称：血液透析装置

标准：YY0054、GB 9706.1、GB 9706.2

序号	检验项目	单位	收费标准（元）	备注
GB 9706.1				
1	外部标记	1	35	
2	内部标记	1	150	
3	控制器件和仪表的标记	1	35	

序号	检验项目	单位	收费标准（元）	备注
4	符号	1	15	
5	导线绝缘的颜色	1	15	
6	指示灯颜色	1	15	
7	按钮颜色	1	15	
8	随机文件齐全性	1	75	
9	使用说明书	1	350	
10	技术说明书	1	350	
11	输入功率	1	150	
12	环境试验	1	750	
13	安全类型	1	150	
14	剩余电压	1	225	
15	剩余能量	1	75	
16	外壳的封闭性	1	150	
17	不用工具就可打开的罩和门的安全性	1	35	
18	顶盖安全性	1	35	
19	控制器件的保护阻抗	1	75	
20	带电件防护与标记	1	35	
21	整机外壳安全性	1	150	
22	调节孔安全性	1	75	
23	隔离程度	1	1 500	
24	应用部分的隔离	1	75	
25	可触及部件的隔离	1	1 500	
26	电位均衡导线连接装置	1	75	
27	保护接地阻抗	1	225	
28	功能接地端子	1	35	
29	功能接地线的标志	1	35	
30	工作温度下的对地漏电流	1	300	

序号	检验项目	单位	收费标准（元）	备注
31	工作温度下的外壳漏电流	1	300	
32	工作温度下的患者漏电流	1	350	
33	工作温度下，A–a1（网电源部分）	1	150	
34	工作温度下，A–a1（其他带电部分）	1	150	
35	工作温度下，A–a2（网电源部分）	1	150	
36	工作温度下，A–a2（其他带电部分）	1	150	
37	工作温度下，A–b	1	75	
38	工作温度下，A–c	1	75	
39	工作温度下，A–f	1	150	
40	工作温度下，A–g	1	60	
41	工作温度下，A–j	1	60	
42	工作温度下，B–a（网电源部分）	1	350	
43	工作温度下，B–c	1	120	
44	工作温度下，B–d	1	225	
45	潮湿预处理后的对地漏电流	1	190	
46	潮湿预处理后的外壳漏电流	1	190	
47	潮湿预处理后的患者漏电流	1	350	
48	潮湿预处理后，A–a1（网电源部分）	1	150	
49	潮湿预处理后，A–a1（其他带电部分）	1	150	
50	潮湿预处理后，A–a2（网电源部分）	1	150	
51	潮湿预处理后，A–a2（其他带电部分）	1	150	
52	潮湿预处理后，A–b	1	75	
53	潮湿预处理后，A–c	1	75	
54	潮湿预处理后，A–f	1	150	
55	潮湿预处理后，A–g	1	60	
56	潮湿预处理后，A–j	1	60	
57	潮湿预处理后，B–a（网电源部分）	1	350	

序号	检验项目	单位	收费标准（元）	备注
58	潮湿预处理后，B-c	1	120	
59	潮湿预处理后，B-d	1	225	
60	外壳及零部件刚度	1	150	
61	外壳及零部件强度	1	150	
62	搬运应力	1	75	
63	运动部件的防护	1	350	
64	运动部件的可控性	1	350	
65	易磨性部件可查性	1	350	
66	紧急装置可靠性	1	350	
67	面、角、边的安全性	1	35	
68	设备的稳定性	1	225	
69	可搬运性	1	75	
70	显像管抗内爆和冲击能力	1	600	
71	在正常使用和正常状态下的设备部件及周围的温度	1	940	
72	在正常使用和在 25℃的正常状态运行时的设备部件	1	940	
73	液体泼洒	1	35	
74	泄漏	1	15	
75	受潮	1	350	
76	进液	1	350	
77	清洗、消毒和灭菌	1	350	
78	自动复位装置的选择	1	15	
79	电源中断后的复位	1	35	
80	必须考虑的安全方面的危险	1	750	
81	电源变压器过载的单一故障	1	300	
82	恒温器失灵	1	350	
83	中断保护接地导线的单一故障	1	150	
84	散热条件变差的单一故障	1	600	

序号	检验项目	单位	收费标准（元）	备注
85	元件的故障的单一故障	1	750	
86	元器件的标记	1	350	
87	元器件的固定	1	225	
88	电线的固定	1	350	
89	连接器的结构	1	150	
90	部件之间的连接	1	150	
91	电容器的连接	1	350	
92	保护装置	1	190	
93	电池	1	225	
94	指示灯	1	120	
95	控制器的操作部件	1	600	
96	与供电网的分断	1	350	
97	辅助网电源输出插座	1	40	
98	电源软电线的要求	1	750	
99	电源软电线的连接	1	600	
100	网电源接线端子和布线的要求	1	150	
101	网电源熔断器和过流释放器的要求	1	350	
102	网电源部分的布线	1	190	
103	电源变压器的过热	1	350	
104	电源变压器的短路	1	600	
105	电源变压器的过载	1	750	
106	电源变压器的电介质强度	1	600	
107	电源变压器的结构	1	600	
108	爬电距离和电气间隙	1	600	
109	保护接地——端子和连接的要求	1	300	
110	内部布线	1	350	
111	绝缘	1	600	

序号	检验项目	单位	收费标准（元）	备注
112	过电流和过电压保护	1	600	
113	随机文件	1	75	
114	使用说明书	1	350	
115	技术说明书	1	350	
116	单一故障状态	1	200	
117	人为差错	1	200	
118	供电电源的中断	1	200	
119	工作数据的精确性	1	500	
120	透析液浓度	1	500	
121	透析液温度	1	500	
122	超虑	1	500	
123	体外失血到外界	1	500	
124	透析器半透膜材料破裂造成的体外失血	1	1 000	
125	血流中断引起的体外失血	1	500	
126	静脉压测量的防护系统	1	800	
127	空气栓塞	1	800	
128	报警条件和消音方法	1	1 000	
129	防护系统	1	500	
130	清洗、灭菌和消毒期间血液透析的防护	1	200	
131	血压换能器的接头	1	200	
合计			39 520	

液透析装置的体外循环管道

产品名称：血液透析装置的体外循环血路

标准：YY0267

序号	检验项目	单位	收费标准（元）	备注
1	外观	1	290	
2	还原物质	1	290	
3	重金属含量（铅、锡、锌、铁、镉）	1	1 160	
4	酸碱度	1	290	
5	不挥发物	1	290	
6	氯化物含量	1	290	
7	菌检	1	580	
8	热原	1	1 750	
9	毒性	1	1 750	
10	溶血	1	1 750	
11	环氧乙烷残留量	1	1 750	
12	密封性能与渗漏	1	870	
13	温度适应性	1	580	
14	血液流率	1	1 160	
合计			12 800	

空心纤维透析器

产品名称：空心纤维透析器

标准：YY0053

序号	检验项目	单位	收费标准（元）	备注
1	外观：透明度、光洁度、杂质	1	580	
2	重金属含量（铅、锡、锌、铁、镉）	1	1 160	
3	异常毒性	1	1 750	
4	溶血	1	1 750	
5	菌检	1	580	
6	热原	1	1 750	
7	血室承受压力	1	290	
8	透析液腔承受正、负压力	1	580	
9	密封性能	1	290	
10	环氧乙烷残留量	1	1 750	
11	温度适应性	1	580	
12	尿素、肌酐下降率	1	2 320	
13	超滤率	1	1 160	
合计			14 540	

植入式心脏起搏器

产品名称：植入式心脏起搏器

标准：GB 16174.1

序号	检验项目	单位（只）	收费标准（元）	备注
1	脉冲幅度	1	60	
2	脉冲宽度	1	60	
3	脉冲频率或间期	1	60	
4	灵敏度	1	300	
5	输入阻抗	1	300	
6	起搏不应期	1	250	
7	逸搏间期	1	250	
8	房-室间期	1	120	
9	负载变化对性能影响	1	870	
10	可程控起搏器的程控性能	1	2 350	
11	贮存包装、标志、随机文件	1	460	
12	灭菌包装、标志、随机文件	1	250	
13	振动试验	1	3 480	
14	冲击试验	1	2 350	
15	温度循环试验	1	1 450	
16	除颤保护试验	1	1 450	
17	报告整理费		580	
合计			14 640	

注：如果只做单项性能试验：单个单项费用×1.5。

X 射线诊断设备

1、标准：GB9706.1

序号	检 验 项 目	GB9706.1 适用的条款	收费标准（元）			备注
			A	B	C	
1	外部标记	6.1	100	100	100	
2	内部标记	6.2	100	150	200	
3	控制器件和仪表的标记	6.3	100	100	100	
4	符号	6.4 a)	30	40	50	
5	导线绝缘的颜色	6.5	30	40	50	
6	指示灯颜色	6.7 a)	50	50	50	
7	不带灯按钮的颜色	6.7 b)	50	50	50	
8	随机文件	6.8.1	50	80	100	
9	使用说明书	6.8.2	300	400	500	
10	技术说明书	6.8.3	300	400	500	
11	输入功率	7	50	80	100	
12	环境试验	10	300	400	500	
13	安全类型	14	100	100	100	
14	剩余电压	15 b)	200	250	300	
15	剩余能量	15 c)	200	200	200	
16	外壳的封闭性	16 a)	100	150	200	
17	顶盖安全性	16 b)	30	40	50	

序号	检 验 项 目	GB9706.1 适用的条款	收费标准（元）			备注
			A	B	C	
18	控制器件的保护阻抗	16 c)	200	350	500	
19	带电件防护与标记	16 d)	30	40	50	
20	整机外壳安全性	16 e)	100	150	200	
21	调节孔安全性	16 f)	50	80	100	
22	隔离程度	17 a)	500	800	1 000	5
23	应用部分的隔离	17 c)	50	80	100	1
24	可触及部件的隔离	17 g)	500	800	1 000	5
25	电位均衡导线连接装置	18 e)	30	40	50	5
26	保护接地阻抗	18 f)	300	400	500	4
27	功能接地端子	18 k)	30	40	50	1
28	功能接地线的标志	18 l)	30	40	50	1
29	工作温度下的对地漏电流	19	300	400	500	
30	工作温度下的外壳漏电流	19	300	400	500	
31	工作温度下的患者漏电流	19	200	400	500	
32	潮湿预处理后的对地漏电流	19	1 000	1 200	1 500	
33	潮湿预处理后的外壳漏电流	19	1 000	1 200	1 500	
34	潮湿预处理后的患者漏电流	19	1 000	1 200	1 500	
35	工作温度下的电介质强度	20	1 000	1 500	2 000	
36	潮湿预处理后的电介质强度	20	2 000	2 500	3 000	
37	外壳及零部件刚度	21 a)	50	100	100	
38	外壳及零部件强度	21 b)	50	100	100	
39	提拎装置承载能力	21 c)	50	100	100	
40	患者支承装置的承载能力	21.3	50	100	100	2
41	手持式设备的坠落	21.5	50	100	100	
42	搬运应力的坠落试验	21.6 a)	50	100	100	3
43	搬运应力的斜坡试验	21.6 b)	50	100	100	
44	可移动设备运动部件的防护	22.2 a)	50	100	100	
45	固定设备运动部件的防护	22.2 b)	30	50	50	
46	缆索、链条、皮带的防护	22.3	30	50	50	
47	防止伤害患者的操作	22.4	30	50	50	
48	磨损部件的检查	22.6	30	50	50	
49	紧急切断装置	22.7	50	100	100	4
50	面、角、边的安全性	23	30	50	50	
51	倾斜 10° 不失衡	24.1	100	200	200	
52	倾斜 10° 不失衡时的要求	24.3	100	100	100	
53	把手或提拎装置	24.6	50	50	50	
54	飞溅物	25	100	400	500	2
55	有安全装置的悬挂系统	28.3	50	50	50	3
56	无安全装置的悬挂系统	28.4	50	50	50	4
57	对易燃麻醉混合气体点燃危险的防护	37、38、39、40、41	200	200	200	
58	超温	42	800	1 000	1 000	4
59	溢流	44	300	500	500	7

序号	检 验 项 目	GB9706.1 适用的条款	收费标准（元）			备注
			A	B	C	
60	压力容器和受压部件	45	100	100	100	12
61	自动复位装置的选择	49.1	50	50	50	
62	电源中断后的复位	49.2	50	50	50	
63	电源中断时患者压力的消除	49.3	50	50	50	
64	控制器件和仪表的标记	50.1	50	50	50	
65	危险输出的防止	51	50	50	50	
66	不正常的运行状态和故障状态	52	500	800	1000	
67	元器件的标记	56.1 b)	200	300	300	
68	元器件的固定	56.1 d)	200	300	300	
69	电线的固定	56.1 f)	200	300	300	
70	连接器的结构	56.3 a)	100	200	200	
71	设备各部分之间的连接	56.3 b)	100	200	200	
72	电容器的连接	56.4	100	200	200	
73	保护装置	56.5	100	100	100	
74	温度和过载控制装置	56.6	100	200	200	
75	电池	56.7	200	200	200	
76	指示灯	56.8	100	100	100	
77	控制器的操作部件	56.10	300	400	500	3
78	有电线连接的手持式和脚踏式控制装置	56.11	200	200	200	5
79	与供电网的分断	57.1	200	200	200	6
80	网电源连接器和设备电源输入插口	57.2	50	50	50	
81	电源软电线的要求	57.3	500	500	500	4
82	电源软电线的连接	57.4	500	500	500	3
83	网电源接线端子和网电源部分的布线	57.5	100	100	100	9
84	网电源熔断器和过流释放器	57.6	200	300	300	2
85	网电源部分中干扰抑制器位置	57.7	100	100	100	
86	网电源部分的布线	57.8	100	200	200	
87	电源变压器的过热	57.9.1	200	250	300	4
88	电源变压器的电介质强度	57.9.2	300	400	500	
89	电源变压器的结构	57.9.4	800	1 000	1 200	11
90	爬电距离和电气间隙	57.10	200	300	400	
91	保护接地—端子和连接的固定	58.1	50	100	100	
92	保护接地—机内保护接地连接	58.2	50	100	100	
93	保护接地—插口中保护接地的连接	58.7	50	50	50	
94	保护接地端子不得用于机械连接	58.8	50	50	50	
95	保护接地连接	58.9	50	50	50	
96	内部布线	59.1	200	400	400	5
97	绝缘	59.2	200	300	400	2
98	过电流和过电压保护	59.3	300	400	500	5
99	油箱	59.4	100	100	100	2
	合计		20 110	27 250	31 800	

2、标准：GB9706.3

序号	标 准 要 求	GB9706.3 适用的条款	收费标准（元）			备注
			A	B	C	
1	设备或设备部件的外部标记	6.1 增补	50	50	50	16
2	符合标准的标记	6.1 aa)	50	50	50	
3	指示灯和按钮	6.7 a) 增补	80	90	100	3
4	使用说明书	6.8.2 a) 增补	50	100	120	13
5	技术说明书	6.8.3 a) 增补	50	100	120	
6	符合标准的说明	6.8.102	50	50	50	
7	电压和（或）能量的限制	15 aa)	100	100	100	
8	不可接受的高压防止措施	15 bb)	100	100	100	
9	连续漏电流和患者辅助电流容许值	19.3 增补	300	400	500	
11	单峰高压发生器高压电路的试验	20.3.101	500	800	1 000	
12	间歇和连续方式下运行的高压发生器的试验	20.3.102	500	800	1 000	
13	间歇方式下的预备状态运行状态的指示	29.1.102 a)	100	100	100	3
14	加载状态运行状态的指示	29.1.102 b)	100	100	100	3
15	被选择的 X 射线源组件的指示	29.1.102 c)	0	50	100	2
16	自动方式的指示	29.1.102 d)	50	80	100	
17	自动曝光控制的范围	29.1.102 e)	50	80	100	3
18	辐射输出的限制	29.1.103	100	200	300	6
19	防过量辐射输出的安全措施	29.1.104	200	300	500	14
20	外部联锁装置的连接	29.1.105	50	80	100	2
21	足够的加载因素范围	29.1.106	300	400	500	11
22	电和辐射输出的指示的概述	50.101.1	200	300	400	13
23	简化指示	50.101.2	100	200	300	6
24	可变加载因素指示	50.101.3	50	80	100	
25	空气比释动能测量值的变异系数	50.102.1	1 000	1 300	1 500	
26	限定间隔上的空气比释动能线性	50.102.2 a)	1 000	1 300	1 500	
27	自动曝光控制的稳定性	50.102.2 b)	500	800	1 000	
28	X 射线管电压准确性	50.103.1	1 000	1 300	1 500	
29	X 射线管电流准确性	50.103.2	1 000	1 300	1 500	
30	加载时间准确性	50.103.3	1 000	1 300	1 500	
31	电流时间积准确性	50.103.4	1 000	1 300	1 500	
32	充电方式的连锁装置	56.7.101	100	150	200	
33	爬电距离和电气间隙	57.10 a) 增补	100	100	100	
合计			9 830	13 460	16 190	

3、标准：GB9706.11

序号	检验项目	GB9706.11适用的条款	收费标准（元）			备注
			A	B	C	
1	X射线管外部标记	6.1c) 增补	100	130	150	5
2	设备及可更换部件上标记的最低要求	6.1d) 替换	30	40	50	
3	有关X射线源组件的随机文件	6.8.1 增补	100	100	100	
4	X射线管使用说明书	6.8.2 增补	100	100	100	
5	X射线管技术说明书	6.8.3 增补	100	100	100	
6	符合说明	6.8.101	50	50	50	
7	输入到X射线源组件的能量	7.1	50	50	50	
8	高压电缆导电屏蔽层单位长度电阻	16 aa)	100	200	300	
9	屏蔽层的连接	16 bb)	50	80	100	
10	屏蔽层电连续性	16 cc)	30	40	50	
11	保护接地	18 c) 增补	50	80	100	
12	连续漏电流	19.3 增补	200	250	300	
13	电介质强度	20 增补	100	150	200	
14	防护罩	25.101	100	150	200	
15	X射线辐射	29.1 替换	500	700	800	
16	防护件	42.5 增补	50	80	100	
17	限制温度装置	42.101	50	80	100	3
18	压力容器和受压部件	45 增补	50	80	100	
		45.2 替换	50	80	100	
		45.7 替换	50	80	100	
合计			1 910	2 620	3 150	

4、标准：GB9706.12

序号	检验项目	GB9706.12适用的条款	收费标准（元）			备注
			A	B	C	
1	标记的特殊要求	6.1.201	100	100	100	
2	标记的通用要求	6.1.202	100	100	100	
3	随机文件内容的通用要求	6.8.202	300	300	300	6
4	齿科用X射线设备工作电压范围的限定	29.201.1	100	100	0	
5	X射线设备的半价层	29.201.2	1 500	1 500	1 500	
6	X射线管组件的滤过	29.201.3	200	200	200	4
7	X射线源组件的滤过	29.201.4	200	200	200	3
8	X射线设备的总滤过	29.201.5	200	200	200	4
9	滤过片性能的指示	29.201.6	200	200	200	4
10	不可拆卸材料的滤过试验	29.201.7	200	200	100	
11	X射线管外壳	29.202.1	100	100	100	
12	X射线管组件中的限束光阑	29.202.2	100	100	100	2
13	焦点外辐射的限制	29.202.3	100	100	100	
14	X射线设备线束的限制方法	29.202.4	300	400	500	8
15	设备上的指示	29.202.5	200	300	300	6
16	对使用说明书的要求	29.202.5	50	80	100	

序号	检验项目	GB9706.12适用的条款	收费标准（元）			备注
			A	B	C	
17	光野指示器的指示	29.202.7	300	300	300	3
18	标记与实际指示的精度	29.202.8	800	800	800	5
19	光野指示器指示的精度	29.202.9	600	600	600	
20	基准轴的位置	29.203.1	300	300	300	5
21	焦点到影像接收面的距离	29.203.2	200	200	200	
22	透视X射线束的中断	29.203.3	200	200	200	4
23	X射线野与影像接收面之间的对应关系	29.203.4	500	500	500	11
24	X射线源组件的安装	29.204.1	100	100	100	
25	基准加载条件的说明	29.204.2	100	100	100	2
26	加载状态下的泄漏辐射	29.204.3	600	800	800	2
27	加载期间电压调节的泄漏辐射	29.204.4	600	800	800	
28	非加载状态下的泄漏辐射	29.204.5	300	300	300	
29	X射线透视设备焦点至皮肤距离	29.205.1	100	100	100	2
30	X射线摄影设备焦点至皮肤距离	29.205.2	100	100	100	
31	随机文件中关于焦点到皮肤距离的说明	29.205.3	100	100	100	
32	X射线束的衰减	29.206	300	500	500	3
33	一次防护屏蔽	29.207	600	800	800	6
34	杂散辐射——依靠距离的防护	29.208.1	100	250	300	19
35	——来自防护区的控制	29.208.2	100	250	300	
36	——指定的有效占位区	29.208.3	100	250	300	
37	——限制杂散辐射占位区	29.208.4	100	250	300	
38	——手柄及控制装置	29.208.5	100	250	300	
合计			10 250	12 030	12 200	

5、标准：GB9706.14

序号	检验项目	GB9706.14适用的条款	收费标准（元）			备注
			A	B	C	
1	设备和设备的外部标记	6.1 增补	100	100	100	
2	符合本标准的标记	6.1 aa）增补	50	50	50	
3	控制器件和仪表的标记	6.3 aa）增补	50	50	50	
4	指示灯颜色	6.7a）增补	30	50	50	
5	随机文件	6.8.1 概述 增补	50	100	100	
6	使用说明书	6.8.2 aa)	50	100	100	
7	符合本标准的声明	6.8.101	50	50	50	
8	机械强度	21.3 替换	150	200	200	
9	搬运应力	21.6 aa)	50	80	100	
		21.6 bb)	50	80	100	
10	安全系数	21.101	50	80	100	
11	安全系数的确定	21.101.1	100	150	200	

序号	检 验 项 目	GB9706.14 适用的条款	收费标准（元） A	B	C	备注
12	运动的部件	22.4a)	20	50	50	
		22.4b)	20	50	50	
		22.4c)	20	50	50	
		22.4d)	20	50	50	
		22.4e)	20	50	50	
13	控制	22.4.1	50	100	100	
14	无意识的运动	22.4.2a)	50	100	100	
		22.4.2b)	50	100	100	
		22.4.2c)	50	100	100	
		22.4.2d)	50	100	100	
15	压力和力的限定	22.4.3	100	200	200	
16	速度的限定和制动	22.4.4	100	200	200	
17	间隙	22.4.5	100	250	300	
18	限定的运动、停止末端装置	22.4.6	50	80	100	
19	可拆卸的防护板	22.4.7	50	80	100	
20	患者身上的力限制措施	22.5 增补	100	200	200	
21	安全解脱措施	22.101	20	40	50	
22		22.102	20	40	50	
23	正常使用时的稳定性	24.101	100	100	100	
24	脚轮	24.102	200	200	—	
25	电机驱动设备的制动装置	24.103	—	200	200	
26	轮锁和制动系统	24.104	100	100	—	
27	悬挂装置	28.101	100	100	100	
28	悬挂装置的配置	28.102	50	80	100	
29	缓振装置	28.103	50	80	100	
30	多重悬挂	28.104	50	80	100	
31	安全装置	28.105	50	80	100	
合计			2 370	3 950	3 950	

6、标准 GB9706.15

序号	检验项目	GB9706.15 适用的条款	收费标准（元）	备注	
			A	B	C
1	标记	6.1.201	—	50	
2	随机文件	6.8.201	—	100	
3	外壳	16.201	—	50	
4	电气隔离	17.201	—	100	
5	外壳漏电流	19.201.1	—	200	
6	患者漏电流	19.201.2	—	200	
7	信号输入部分或信号输出部分的连接	19.201.3	—	100	
8	运动部件的保护装置	22.7.201	—	100	
9	清洁、灭菌和消毒	44.7.201	—	100	
10	供电电源的中断	49.201	—	100	
11	连接	56.3.201	—	100	
12	可移式多孔插座	57.2.201	—	100	
13	隔离装置	57.10.201	—	100	
14	保护接地导线	58.201	—	100	
15	线路的防护	59.201	—	100	
合计			—	1 600	

7、标准：GB9706.18

序号	检验项目	GB9706.18 适用的条款	收费标准（元）	备注
1	现场试验报告	6.8.101	100	
2	扫描架和患者支架概述	22.4.101a)	200	
3	扫描架倾斜	22.4.101b)	100	
4	患者支架的线性位移	22.4.101c)	100	
5	从辐射室内操作设备运动	22.4.102	100	
6	从辐射室外操作设备运动	22.4.103	100	
7	机械运动的紧急停止	22.7.101	200	
8	CT 扫描装置动力运动的压力变化	27.101	200	
9	X 射线辐射的紧急停止	29.101	200	
10	剂量说明	29.102.1a)	100	
		29.102.1b)	100	
		29.102.1c)	100	
		29.102.1d)	100	
11	剂量分布	29.103.1	1 200	
12	灵敏度分布	29.103.2	1 200	
13	加权 $CTDI_{100}$	29.103.3	1 200	
14	Z 向的几何特性	29.103.4	1 200	
15	焦点至皮肤距离	29.104	200	
16	防过量 X 射线辐射的安全措施	29.105a)	100	
		29.105b)	100	
		29.105c)	100	

序号	检 验 项 目	GB9706.18 适用的条款	收费标准（元）	备注
		29.105d)	100	
		29.105e)	100	
		29.105f)	100	
17	可见指示	29.106.1	200	
18	射束状态指示	29.106.2	200	
19	第一半价层	29.201.5	1 500	
20	体层平面的指示和位置	29.202.103a)	200	
		29.202.103b)	200	
		29.202.103c)	200	
21	基准加载条件的说明	29.204.2	100	
22	散射线的防护	29.208	500	
23	随机文件的说明	29.208.101	100	
24	记录检验数据的准确性	50.101a)	100	
		50.101b)	100	
合计			10 700	

X 射线机检验收费汇总

序号	依据标准	条款数量	收费（元）			备注
			A	B	C	
1	GB9706.1	99	20 110	27 250	31 800	
2	GB9706.3	33	9 830	13 460	16 190	
3	GB9706.11	18	1 910	2 620	3 150	
4	GB9706.12	41	10 250	12 030	12 200	
5	GB9706.14	31	2 370	3 950	3 950	
6	GB9706.15	15	—	—	1 600	
合计			44 470	59 310	68 890	

CT 机检验收费汇总

序号	依据标准	条款数量	收费（元）	备注
1	GB9706.1	99	31 800	
2	GB9706.11	18	3 150	
3	GB9706.12	41	12 200	
4	GB9706.14	31	3 950	
5	GB9706.15	15	1 600	
6	GB9706.18	24	10 700	
合计			63 400	

注：A：小型携带式设备，台式设备，部分简单的移动式设备；
B：较复杂的移动式设备，中型固定式设备；
C：大型固定式设备。

人工心肺机　硅橡胶泵管

产品名称：人工心肺机　硅橡胶泵管

标准：YY91048

<table>
<tr><th>序号</th><th colspan="2">检验项目</th><th>单位</th><th>收费标准（元）</th><th>备注</th></tr>
<tr><td>1</td><td colspan="2">尺寸（长度、内径）</td><td>1</td><td>25</td><td></td></tr>
<tr><td>2</td><td colspan="2">外观</td><td>1</td><td>290</td><td></td></tr>
<tr><td>3</td><td colspan="2">内外表面</td><td>1</td><td>25</td><td></td></tr>
<tr><td>4</td><td colspan="2">透明度</td><td>1</td><td>50</td><td></td></tr>
<tr><td>5</td><td colspan="2">壁厚</td><td>1</td><td>50</td><td></td></tr>
<tr><td>6</td><td colspan="2">扯断强度、扯断伸长率、扯断永久变形</td><td>1</td><td>600</td><td></td></tr>
<tr><td>7</td><td colspan="2">硬度、邵尔 A</td><td>1</td><td>100</td><td></td></tr>
<tr><td>8</td><td colspan="2">撕裂强度</td><td>1</td><td>100</td><td></td></tr>
<tr><td>9</td><td colspan="2">热老化试验（200℃×72h）扯断强度变化率　扯断伸长</td><td>1</td><td>850</td><td></td></tr>
<tr><td>10</td><td colspan="2">耐蒸煮试验（120℃×72h）扯断强度变化率　扯断伸长</td><td>1</td><td>2 850</td><td></td></tr>
<tr><td>11</td><td colspan="2">使用寿命</td><td>1</td><td>600</td><td></td></tr>
<tr><td>12</td><td colspan="2">热原</td><td>1</td><td>1 750</td><td></td></tr>
<tr><td>13</td><td colspan="2">异常毒性</td><td>1</td><td>1 750</td><td></td></tr>
<tr><td>14</td><td colspan="2">溶血</td><td>1</td><td>1 750</td><td></td></tr>
<tr><td>15</td><td colspan="2">微量元素和重金属总含量（铅、镉、砷、铬、铁、重金</td><td>1</td><td>1 390</td><td></td></tr>
<tr><td rowspan="5">16</td><td rowspan="5">化学性能</td><td>还原物质</td><td rowspan="5">1</td><td>290</td><td rowspan="5"></td></tr>
<tr><td>重金属</td><td>1 160</td></tr>
<tr><td>氯化物</td><td>290</td></tr>
<tr><td>酸碱度</td><td>290</td></tr>
<tr><td>不挥发物</td><td>290</td></tr>
<tr><td colspan="4">合计</td><td>16 500</td><td></td></tr>
</table>

人工心肺机　氧合器

产品名称：人工心肺机　氧合器

标准：GB12261

序号	检验项目	单位	收费标准（元）	备注
1	外观	1	290	
2	气体分散器	1	350	
3	渗漏	1	580	
4	材料毒性	1	1 750	
5	热原	1	1 750	
6	材料重金属含量（铅、锌、砷、钡等）	1	1 160	
7	消泡检验	1	600	
8	氧合性能	1	5 800	
9	无菌	1	580	
10	预充量	1	50	
合计			12 910	

人工心肺机　热交换器
产品名称：人工心肺机 热交换器
标准：GB12262

序号	检验项目	单位	收费标准（元）	备注
1	外观	1	290	
2	渗漏	1	580	
3	热交换效率	1	900	
4	材料毒性	1	1 750	
5	热原	1	1 750	
6	材料重金属含量	1	1 160	
合计			6 430	

人工心肺机　滚压式血泵
产品名称：人工心肺机 滚压式血泵
标准：GB12260、GB9706.1

序号	检验项目	单位	收费标准（元）	备注
1	外部标记	1	35	
2	内部标记	1	150	
3	控制器件和仪表的标记	1	35	
4	符号	1	15	
5	导线绝缘的颜色	1	15	
6	指示灯颜色	1	15	
7	按钮颜色	1	15	
8	随机文件齐全性	1	75	
9	使用说明书	1	350	
10	技术说明书	1	350	
11	输入功率	1	150	
12	环境试验	1	750	
13	安全类型	1	150	
14	剩余电压	1	225	
15	剩余能量	1	75	
16	外壳的封闭性	1	150	
17	不用工具就可打开的罩和门的安全性	1	35	
18	顶盖安全性	1	35	
19	控制器件的保护阻抗	1	75	
20	带电件防护与标记	1	35	
21	整机外壳安全性	1	150	
22	调节孔安全性	1	35	
23	隔离程度	1	750	
24	可触及部件的隔离	1	750	
25	电位均衡导线连接装置	1	35	
26	保护接地阻抗	1	225	
27	功能接地端子	1	35	
28	功能接地线的标志	1	35	
29	工作温度下的对地漏电流	1	300	
30	工作温度下的外壳漏电流	1	300	

序号	检验项目	单位	收费标准（元）	备注
31	工作温度下，A–a1（网电源部分）	1	150	
32	工作温度下，A–a1（其他带电部分）	1	150	
33	工作温度下，A–a2（网电源部分）	1	150	
34	工作温度下，A–a2（其他带电部分）	1	150	
35	工作温度下，A–b	1	75	
36	工作温度下，A–c	1	75	
37	工作温度下，A–f	1	150	
38	工作温度下，A–g	1	60	
39	工作温度下，A–j	1	60	
40	潮湿预处理后的对地漏电流	1	190	
41	潮湿预处理后的外壳漏电流	1	190	
42	潮湿预处理后，A–a1（网电源部分）	1	150	
43	潮湿预处理后，A–a1（其他带电部分）	1	150	
44	潮湿预处理后，A–a2（网电源部分）	1	150	
45	潮湿预处理后，A–a2（其他带电部分）	1	150	
46	潮湿预处理后，A–b	1	75	
47	潮湿预处理后，A–c	1	75	
48	潮湿预处理后，A–f	1	150	
49	潮湿预处理后，A–g	1	60	
50	潮湿预处理后，A–j	1	60	
51	外壳及零部件刚度	1	150	
52	外壳及零部件强度	1	150	
53	搬运应力	1	75	
54	运动部件防护	1	350	
55	运动部件可控性	1	350	
56	易磨性部件可查性	1	350	
57	紧急装置可靠性	1	350	
58	面、角、边的安全性	1	35	
59	设备的稳定性	1	225	
60	可搬运性	1	75	
61	在正常使用和正常状态下的设备部件及周围的温度	1	940	
62	在正常使用和在25℃的正常状态运行时的设备部件及周	1	940	
63	泄漏	1	15	
64	受潮	1	350	
65	进液		350	
66	清洗、消毒和灭菌	1	350	
67	自动复位装置的选择	1	15	
68	电源中断后的复位	1	35	
69	必须考虑的安全方面的危险	1	750	
70	电源变压器过载的单一故障	1	300	
71	中断保护接地导线的单一故障	1	150	
72	散热条件变差的单一故障	1	600	
73	元件的故障的单一故障	1	750	
74	元器件的标记	1	350	
75	元器件的固定	1	225	

序号	检验项目	单位	收费标准（元）	备注
76	电线的固定	1	350	
77	连接器的结构	1	150	
78	部件之间的连接	1	150	
79	电容器的连接	1	350	
80	保护装置	1	190	
81	电池	1	225	
82	指示灯	1	120	
83	控制器的操作部件	1	600	
84	与供电网的分断	1	350	
85	辅助网电源输出插座	1	35	
86	电源软电线的要求	1	750	
87	电源软电线的连接	1	600	
88	网电源接线端子和布线的要求	1	150	
89	网电源熔断器和过流释放器的要求	1	350	
90	网电源部分的布线	1	190	
91	电源变压器的过热	1	350	
92	电源变压器的短路	1	600	
93	电源变压器的过载	1	750	
94	电源变压器的电介质强度	1	600	
95	电源变压器的结构	1	600	
96	爬电距离和电气间隙	1	600	
97	保护接地——端子和连接的要求	1	300	
98	内部布线	1	350	
99	绝缘	1	600	
100	过电流和过电压保护	1	600	
合计			25 910	

人工心肺机　滚压式搏动血泵

产品名称：人工心肺机 滚压式搏动血泵

标准：YY0126、GB9706.1

序号	检验项目	单位	收费标准（元）	备注
1	外部标记	1	35	
2	内部标记	1	150	
3	控制器件和仪表的标记	1	35	
4	符号	1	15	
5	导线绝缘的颜色	1	15	
6	指示灯颜色	1	15	
7	按钮颜色	1	15	
8	随机文件齐全性	1	75	
9	使用说明书	1	350	
10	技术说明书	1	350	
11	输入功率	1	150	
12	环境试验	1	750	
13	安全类型	1	150	
14	剩余电压	1	225	

序号	检验项目	单位	收费标准（元）	备注
15	剩余能量	1	75	
16	外壳的封闭性	1	150	
17	不用工具就可打开的罩和门的安全性	1	35	
18	顶盖安全性	1	35	
19	控制器件的保护阻抗	1	75	
20	带电件防护与标记	1	35	
21	整机外壳安全性	1	150	
22	调节孔安全性	1	35	
23	隔离程度	1	750	
24	可触及部件的隔离	1	750	
25	电位均衡导线连接装置	1	35	
26	保护接地阻抗	1	225	
27	功能接地端子	1	35	
28	功能接地线的标志	1	35	
29	工作温度下的对地漏电流	1	300	
30	工作温度下的外壳漏电流	1	300	
31	工作温度下，A–a1（网电源部分）	1	150	
32	工作温度下，A–a1（其他带电部分）	1	150	
33	工作温度下，A–a2（网电源部分）	1	150	
34	工作温度下，A–a2（其他带电部分）	1	150	
35	工作温度下，A–b	1	75	
36	工作温度下，A–c	1	75	
37	工作温度下，A–f	1	150	
38	工作温度下，A–g	1	60	
39	工作温度下，A–j	1	60	
40	潮湿预处理后的对地漏电流	1	190	
41	潮湿预处理后的外壳漏电流	1	190	
42	潮湿预处理后，A–a1（网电源部分）	1	150	
43	潮湿预处理后，A–a1（其他带电部分）	1	150	
44	潮湿预处理后，A–a2（网电源部分）	1	150	
45	潮湿预处理后，A–a2（其他带电部分）	1	150	
46	潮湿预处理后，A–b	1	75	
47	潮湿预处理后，A–c	1	75	
48	潮湿预处理后，A–f	1	150	
49	潮湿预处理后，A–g	1	60	
50	潮湿预处理后，A–j	1	60	
51	外壳及零部件刚度	1	150	
52	外壳及零部件强度	1	150	
53	搬运应力	1	75	
54	运动部件防护	1	350	
55	运动部件可控性	1	350	
56	易磨性部件可查性	1	350	
57	紧急装置可靠性	1	350	
58	面、角、边的安全性	1	35	
59	设备的稳定性	1	225	

序号	检验项目	单位	收费标准（元）	备注
60	可搬运性	1	75	
61	在正常使用和正常状态下的设备部件及周围的温度	1	940	
62	在正常使用和在25℃的正常状态运行时的设备部件	1	940	
63	泄漏	1	15	
64	受潮	1	350	
65	进液	1	350	
66	清洗、消毒和灭菌	1	350	
67	自动复位装置的选择	1	15	
68	电源中断后的复位	1	35	
69	必须考虑的安全方面的危险	1	750	
70	电源变压器过载的单一故障	1	300	
71	中断保护接地导线的单一故障	1	150	
72	散热条件变差的单一故障	1	600	
73	元件的故障的单一故障	1	750	
74	元器件的标记	1	350	
75	元器件的固定	1	225	
76	电线的固定	1	350	
77	连接器的结构	1	150	
78	部件之间的连接	1	150	
79	电容器的连接	1	350	
80	保护装置	1	190	
81	电池	1	225	
82	指示灯	1	120	
83	控制器的操作部件	1	600	
84	与供电网的分断	1	350	
85	辅助网电源输出插座	1	35	
86	电源软电线的要求	1	750	
87	电源软电线的连接	1	600	
88	网电源接线端子和布线的要求	1	150	
89	网电源熔断器和过流释放器的要求	1	350	
90	网电源部分的布线	1	190	
91	电源变压器的过热	1	350	
92	电源变压器的短路	1	600	
93	电源变压器的过载	1	750	
94	电源变压器的电介质强度	1	600	
95	电源变压器的结构	1	600	
96	爬电距离和电气间隙	1	600	
97	保护接地——端子和连接的要求	1	300	
98	内部布线	1	350	
99	绝缘	1	600	
100	过电流和过电压保护	1	600	
合计			25 910	

人工心肺机　热交换水箱

名称：人工心肺机 热交换水箱

产品标准：YY91047、GB9706.1

序号	检验项目	单位	收费标准（元）	备注
1	外部标记	1	35	
2	内部标记	1	150	
3	控制器件和仪表的标记	1	35	
4	符号	1	15	
5	导线绝缘的颜色	1	15	
6	指示灯颜色	1	15	
7	按钮颜色	1	15	
8	随机文件齐全性	1	75	
9	使用说明书	1	350	
10	技术说明书	1	350	
11	输入功率	1	150	
12	环境试验	1	750	
13	安全类型	1	150	
14	剩余电压	1	225	
15	剩余能量	1	75	
16	外壳的封闭性	1	150	
17	不用工具就可打开的罩和门的安全性	1	35	
18	顶盖安全性	1	35	
19	控制器件的保护阻抗	1	75	
20	带电件防护与标记	1	35	
21	整机外壳安全性	1	150	
22	调节孔安全性	1	75	
23	隔离程度	1	750	
24	可触及部件的隔离	1	1 500	
25	电位均衡导线连接装置	1	75	
26	保护接地阻抗	1	225	
27	功能接地端子	1	35	
28	功能接地线的标志	1	35	
29	工作温度下的对地漏电流	1	300	
30	工作温度下的外壳漏电流	1	300	
31	工作温度下，A-a1（网电源部分）	1	150	
32	工作温度下，A-a1（其他带电部分）	1	150	
33	工作温度下，A-a2（网电源部分）	1	150	
34	工作温度下，A-a2（其他带电部分）	1	150	
35	工作温度下，A-b	1	75	
36	工作温度下，A-c	1	75	
37	工作温度下，A-f	1	150	
38	工作温度下，A-g	1	60	
39	工作温度下，A-j	1	60	
40	潮湿预处理后的对地漏电流	1	190	
41	潮湿预处理后的外壳漏电流	1	190	
42	潮湿预处理后，A-a1（网电源部分）	1	150	

序号	检验项目	单位	收费标准（元）	备注
43	潮湿预处理后，A−a1（其他带电部分）	1	150	
44	潮湿预处理后，A−a2（网电源部分）	1	150	
45	潮湿预处理后，A−a2（其他带电部分）	1	150	
46	潮湿预处理后，A−b	1	75	
47	潮湿预处理后，A−c	1	75	
48	潮湿预处理后，A−f	1	150	
49	潮湿预处理后，A−g	1	60	
50	潮湿预处理后，A−j	1	60	
51	外壳及零部件刚度	1	150	
52	外壳及零部件强度	1	150	
53	搬运应力	1	75	
54	面、角、边的安全性	1	35	
55	设备的稳定性	1	225	
56	可搬运性	1	75	
57	在正常使用和正常状态下的设备部件及周围的温度	1	940	
58	在正常使用和在 25℃的正常状态运行时的设备部件及周围的温度	1	940	
59	溢流	1	50	
60	泄漏	1	15	
61	受潮	1	350	
62	进液		350	
63	自动复位装置的选择	1	15	
64	电源中断后的复位	1	35	
65	必须考虑的安全方面的危险	1	750	
66	电源变压器过载的单一故障	1	300	
67	恒温器失灵	1	250	
68	中断保护接地导线的单一故障	1	150	
69	散热条件变差的单一故障	1	600	
70	元件的故障的单一故障	1	750	
71	元器件的标记	1	350	
72	元器件的固定	1	225	
73	电线的固定	1	350	
74	连接器的结构	1	150	
75	部件之间的连接		150	
76	电容器的连接	1	350	
77	保护装置	1	190	
78	温度和过载控制装置	1	150	
79	指示灯	1	120	
80	控制器的操作部件	1	600	
81	与供电网的分断	1	350	
82	辅助网电源输出插座	1	35	
83	电源软电线的要求	1	750	
84	电源软电线的连接	1	600	
85	网电源接线端子和布线的要求	1	150	
86	网电源熔断器和过流释放器的要求	1	350	

序号	检验项目	单位	收费标准（元）	备注
87	网电源部分的布线	1	190	
88	电源变压器的过热	1	350	
89	电源变压器的短路	1	600	
90	电源变压器的过载	1	750	
91	电源变压器的电介质强度	1	600	
92	电源变压器的结构	1	600	
93	爬电距离和电气间隙	1	600	
94	保护接地——端子和连接的要求	1	300	
95	内部布线	1	350	
96	绝缘	1	600	
97	过电流和过电压保护	1	600	
	合计		24 915	

三十一、消防产品

1、标准：GB4715-1993

序号	产品名称/型号	项号	检验项目	单位	收费标准(元)	备注
1	点型感烟火灾探测器		通电		2,530	
			重复性		645	
			方位		726	
			一致性		1 720	
			电压波动		642	
			高温		840	
			气流		760	
			环境光线		700	
			振动		1 792	
			湿热		2 248	
			冲击		408	
			碰撞		408	
			腐蚀		6 580	
			绝缘电阻		1 848	
			耐压		736	
			低温		1 248	
			静电放电		1 104	
			辐射电磁场		2 280	
			电瞬变		1 424	
			火灾灵敏度		3 360	
			探测器底座		3 200	
			全项收费		35 199	

2、标准：GB4716-1993

序号	产品名称/型号	项号	检验项目	单位	收费标准(元)	备注
2	点型感温火灾探测器		方位		864	
			响应时间		2 624	
			振动		2 112	
			冲击		680	
			碰撞		680	
			腐蚀		6 620	
			低温		1 328	
			高温响应		864	
			电压波动		722	
			湿热		2 373	
			绝缘电阻		2 054	
			耐压		736	
			静电放电		1 104	
			辐射电磁场		2 280	
			电瞬变		1 424	
			探测器底座		3 200	
		全项收费（元）			29 665	

3、标准：GB4717-1993

序号	产品名称/型号	项号	检验项目	单位	收费标准(元)	备注
3	火灾报警控制器		主要部件检查		744	
			基本功能		3 048	
			通电		6 480	
			电源		1 136	
			电瞬变脉冲		2 248	
			电源瞬变		1 480	
			绝缘电阻		1 216	
			耐压		1 296	
			静电放电		1 840	
			辐射电磁场		2 720	
			高温		1 080	
			低温		1 480	
			振动(正弦)		1 880	
			冲击		1 080	
			恒定湿热		4 608	
			低温贮存		2 880	
			碰撞		1 080	
		全项收费			36 296	

4、标准：GB16806-1997

序号	产品名称/型号	项号	检验项目	单位	收费标准(元)	备注
4	消防联动控制设备		主要部件检查		744	
			基本功能		3 176	
			通电		6 580	
			电源		1 264	
			电瞬变脉冲		2 376	
			电源瞬变		1 608	
			绝缘电阻		1 344	
			耐压		1 344	
			静电放电		1 968	
			辐射电磁场		2 848	
			高温		1 208	
			低温		1 608	
			振动(正弦)		2 008	
			恒定湿热		4 736	
			低温贮存		3 008	
			碰撞		1 208	
			全项收费		37 028	

5、标准：GA 5-1991

序号	产品名称/型号	项号	检验项目	单位	收费标准(元)	备注
5	手动火灾报警按钮		结构检查		712	
			动作性能		984	
			绝缘电阻		1 768	
			耐压		664	
			触头接触电阻		432	
			触头耐久性		752	
			振动		1 696	
			碰撞		424	
			腐蚀		4 690	
			高温		760	
			恒定湿热		2 088	
			低温		1 160	
			全项收费		16 130	

6、标准：GB6246-2001

序号	产品名称/型号	项号	检验项目	单位	收费标准（元）	备　注
6	有衬里消防水带		外观质量		31.65	
			衬里质量		31.65	
			内径		15.36	
			单位长度重量		20.16	
			长度		15.83	
			延伸率		326.91	
			膨胀率		326.91	
			扭转		326.91	
			试验压力下状况		452.72	
			爆破压力		452.75	
			弯曲试验		282.91	
			低温试验		631.16	
			粘附试验		5 418.52	
			老化试验		6 199.42	
			附着强度		750.11	
		全项收费			15 283.00	

7、标准：GA34-1992

序号	产品名称/型号	项号	检验项目	单位	收费标准(元)	备　注
7	有衬里湿水带		外观质量		31.65	
			衬里质量		31.65	
			内径		15.36	
			单位长度重量		20.16	
			长度		15.83	
			延伸率		326.91	
			膨胀率		326.91	
			扭转		326.91	
			渗水量测量		452.72	
			爆破压力		452.75	
			弯曲试验		282.91	
			低温试验		631.16	
			粘附试验		5 418.52	
			老化试验		6 199.42	
			附着强度		750.11	
		全项收费			15 283.00	

8、标准：GB5135-1993

序号	产品名称/型号	项号	检验项目	单位	收费标准（元）	备注
8	自动喷水灭火系统—洒水喷头		外观检查		72	
			密封性能		490	
			流量特性		1 338	
			布水性能		2 940	
			溅水盘上下喷水量		493	
			静态动作温度		1 080	
			功能		1 303	
			水冲击		668	
			工作荷载		553	
			框架强度		553	
			热敏感元件强度		553	
			溅水盘强度		312	
			疲劳强度		672	
			热稳定性		571	
			抗振性能		4 276	
			机械冲击		900	
			低温性能		371	
			高温性能		235	
			应力腐蚀		2 659	
			二氧化硫腐蚀		2 502	
			盐雾腐蚀		2 789	
			环境温度		6 168	
			灭火试验		5 597	
			全项收费		37 095	

9、标准：GB797-1989

序号	产品名称/型号	项号	检验项目	单位	收费标准（元）	备注
9	湿式报警阀、延迟器、水力警铃		外观、规格、一般要求		384	
			工作循环		1 723	
			阀体强度		263	
			渗漏和变形		526	
			水力摩阻		3 528	
			功能试验 报警		3 836	
			功能试验 压力比		2 503	
			功能试验 水冲击		2 264	
			渗漏和强度		375	
			延迟时间		631	
			排水时间		101	
			膜片型延迟器工作循环		834	
			铃锤启动压力		262	
			警铃持续性		2 142	
			警铃响度		434	
			全项收费 膜片型延迟器		19 806	
			全项收费 非膜片型延迟器		18 972	

10、标准：GA32-1992

序号	产品名称/型号	项号	检验项目	单位	收费金额（元）	备注
10	水流指示器		外观检查		91	
			延迟性能		708	
			工作循环		736	
					679	
			耐腐蚀性能		2 766	
					679	
			冲击试验		199	
					679	
			灵敏度		679	
			水力摩阻		938	
			水冲击		598	
					679	
			水压试验		323	
			过载试验		608	
			耐电压能力及绝缘电阻试验		1340	
		全项收费			11 702	

11、标准：GA29-1992

序号	产品名称/型号	项号	检验项目	单位	收费标准（元）	备注
11	消防压力开关		外观检查		91	
			动作试验		136	
			强度与渗漏		263	
			绝缘电阻		83	
			接触电阻		115	
			耐电压		92	
			常温重复动作		136	
			高温重复动作		778	
			低温重复动作		1 148	
			振动试验		1 971	
			腐蚀试验		2 428	
			碰撞试验		249	
			湿热试验		1 294	
		全项收费			8 784	

三十二、入侵探测器产品

1、标准：GB10408.1-2000、 GB10408.3-2000、GB16796-1997

序号	产品名称/型号	项号	检测项目	单位	收费标准（元）	备注
1	室内用微波多普勒探测器		结构、标志及外壳防护等级	3	1 000	
			性能、功能及防拆保护	2	3 500	
			电源	2	600	
			接口能力	3	200	
			稳定性	2	1 100	
			电磁兼容	2	4 000	
			安全性	2	1 800	
			环境试验	2	4 800	
			报告编制		400	
		全项收费			17 400	

2、标准：GB10408.1-2000、 GB10408.4－2000、 GB16796-1997

序号	产品名称/型号	项号	检测项目	单位	收费标准（元）	备注
2	主动红外入侵探测器		结构、标志及外壳防护等级	3	1 000	
			性能、功能及防拆保护	2	3 800	
			电源	2	600	
			接口能力	3	200	
			辐射安全剂量	2	800	
			电磁兼容	2	4 000	
			安全性	2	1 800	
			环境试验	2	5 400	
			报告编制		400	
		全项收费			18 000	

3、标准：GB10408.1-2000、GB10408.5 －2000、GB16796-1997

序号	产品名称/型号	项号	检测项目	单位	收费标准（元）	备注
3	室内用被动红外探测器		结构、标志及外壳防护等级	3	1 000	
			性能、功能及防拆保护	2	3 500	
			电源	2	600	
			接口能力	3	200	
			电磁兼容	2	4 000	
			安全性	2	1 800	
			环境试验	2	5 000	
			报告编制		400	
		全项收费			16 500	

4、标准：GB10408.1-2000、GB10408.6 - 2000、GB16796-1997

序号	产品名称/型号	项号	检测项目	单位	收费标准（元）	备注
4	微波与被动红外复合探测器		结构、标志及外壳防护等级	3	1 100	
			性能、功能及防拆保护	2	4 800	
			电源	2	700	
			接口能力	3	200	
			稳定性	2	1 100	
			辐射安全剂量	2	800	
			电磁兼容	2	4 200	
			安全性	2	1 900	
			环境试验	2	5 500	
			报告编制		400	
			全项收费		20 700	

三十三、汽车安全带产品

序号	产品名称	项号	检验项目名称	单位	收费标准（元）	备 注
1	三点紧急锁止式汽车安全带	1	织带全项（织带性能+阻燃性）		7 000	织带 20 米
		2	带扣锁性能 卷收器性能 总成性能		6 000	2套
		3	动态性能		14 000	1套
2	两点紧急锁止式汽车安全带	1	织带全项（织带性能+阻燃性）		7 000	织带 20 米
		2	卷收器性能 带扣锁性能 总成性能		5 500	2套
		3	动态性能		14 000	1套

注：对于已检测产品的检测项目能够覆盖其他型号产品的检测项目时．则不得重复检测和收费，只能依据相关资料进行确认、技术分析，收取验证、审核费用，每个申请单元 1 000 元。

26、强制性产品认证工厂审查监督审核人员的人·日数核定标准

（国认证函[2002]111号）

单位：人/日

序号	产品类别	初审人日安排	监督复查人日安排
1	电线组件	1～4	1～2
2	电线电缆	1～4	1～2
3	家用插头插座	1～4	1～2
4	家用和类似用途固定式电器开关	1～4	1～2
5	工业插头插座	1～4	1～2
6	器具耦合器	1～4	1～2
7	热熔断体	1～4	1～2
8	电器附件外壳	1～4	1～2
9	管状熔断体	1～4	1～2
10	低压成套	1～5	1～2
11	开关和控制设备	1～5	1～3
12	整机保护设备	1～5	1～3
13	小功率电机	1～4	1～2
14	电动工具	1～4	1～2
15	电焊机	1～4	1～2
16	家电	1～4	1～2
17	音视频设备	1～4	1～2
18	声视电缆分配系统 EMC	1～4	1～2
19	卫星电视	1～4	1～2
20	信息技术	1～4	1～2
21	金融及贸易	1～4	1～2
22	照明	1～4	1～2
23	汽车	6～8	1～2
24	摩托车	4～6	1～2
25	摩托车发动机	4～6	1～2
26	汽车安全带	2～6	1～2
27	轮胎	4～6	1～4
28	安全玻璃	4～6	1～4
29	农机	2～6	1～4
30	乳胶制品	3～5	1～3
31	电信终端	1～4	1～2
32	心电图机	4～6	1～2
33	血液透析设备	4～6	1～2
34	血液净化设备	4～6	1～2
35	空心纤维透析设备	4～6	1～2
36	心脏起搏器	4～6	1～2
37	医用 X 射线机	4～6	1～2
38	人工心肺机滚压式血泵	4～6	1～2
39	人工心肺机滚压式搏动血泵	4～6	1～2
40	人工心肺机鼓泡式氧合器	4～6	1～2
41	人工心肺机热交换器	4～6	1～2
42	人工心肺机热交换水箱	4～6	1～2
43	人工心肺机硅橡胶泵管	4～6	1～2
44	火灾报警	2～6	1～2
45	消防水带	2～6	1～2
46	喷水灭火设备	2～6	1～2
47	入侵探测器	2～8	2～4

注：审核人员在路途的时间每天按半个工作日计算，不在上述列出的人/日数之内。

27、强制性产品认证代理申办机构名录

（国家认监委 2003 年第 2 号公告）

公司名称	注册证书号
EURO EMC &safety co.,	CJ0604001
财团法人电气安全环境研究所	CJ0604002
三　公证行有限公司	CJ0604003
SIMCOM International Holdings. Inc.	CJ0604004
Cosmos Corporation	CJ0604005
A-Pex International Co., Ltd.	CJ0604006
北京东方易捷认证咨询服务有限公司	CJ0604007
杭州顶峰信息咨询有限公司	CJ0604008
莱茵技术（上海）有限公司	CJ0604009
北京新普康国际商务信息咨询有限公司	CJ0604010
广州三师产品质量认证代理有限公司	CJ0604011
东莞市泰科科技有限公司	CJ0604012
北京通商广业认证咨询有限公司	CJ0604013
福建万维管理技术培训中心	CJ0604014
北京清大志诚科技发展有限公司	CJ0604015
北京载德信息咨询有限公司	CJ0604016
北京比格瑞技术咨询有限公司	CJ0604017
佛山市安联咨询评价事务所有限公司	CJ0604018
上海强思企业管理咨询有限公司	CJ0604019
北京慧宏达信息标准技术中心有限责任公司	CJ0604020
杭州天辰企业管理咨询有限公司	CJ0604021
广州欧安信认证咨询有限公司	CJ0604022
上海科虹企业管理有限公司	CJ0604023
北京智光宇管理咨询有限责任公司	CJ0604024
北京世纪兴质企业管理咨询中心	CJ0604025
杭州万科质量技术信息咨询有限公司	CJ0604026
北京天地恒通物流有限公司	CJ0604027
杭州西线技术咨询有限公司	CJ0604028
河北惠通进出口商品检验服务有限公司	CJ0604029
北京科力得质量管理咨询有限公司	CJ0604030
北京金晨亮点管理咨询有限责任公司	CJ0604031
河南华源认证咨询有限公司	CJ0604032
上海易普技术咨询有限公司	CJ0604033
广州市中硕咨询服务有限公司	CJ0604034
北京博聚诚质量技术咨询中心	CJ0604035
上海正洋仪器仪表有限公司	CJ0604036
上海信星认证培训中心	CJ0604037
上海慧士通标准技术服务有限公司	CJ0604038
合肥科佳技术咨询有限责任公司	CJ0604039
深圳市超新科技有限公司	CJ0604040
盐城市久千咨询服务有限公司	CJ0604041
北京国门宏信咨询有限公司	CJ0604042
厦门金三维管理技术有限公司	CJ0604043
北京质量协会质保中心	CJ0604044

公司名称	注册证书号
甘肃质督认证咨询广告有限公司	CJ0604045
嵊州市华诚技术协作有限公司	CJ0604046
深圳市安杰信商品检验有限公司	CJ0604047
北京鑫康达仓储有限公司	CJ0604048
广州新安标技术有限公司	CJ0604049
台湾德国莱茵技术监护顾问(股)有限公司	CJ0604050
富兰德林咨询（上海）有限公司	CJ0604051
乐清市协和技术咨询服务有限公司	CJ0604052
深圳市明赛电子技术服务有限公司	CJ0604053
北京正四方科技发展有限公司	CJ0604054
广州同励认证咨询有限公司	CJ0604055
北京科信诚达管理技术咨询有限公司	CJ0604056
宁波万诚质量咨询有限公司	CJ0604057
北京国经兆维认证咨询中心	CJ0604058
广州市联拓技术顾问有限公司	CJ0604059
顺德市翰林技术服务有限公司	CJ0604060
北京铭冠商务信息咨询有限公司	CJ0604061
福建省龙格知识产权事务有限公司	CJ0604062
青岛海永成认证服务有限公司	CJ0604063
莱茵技术-商检（青岛）有限公司	CJ0604064
青岛兴周管理技术服务有限公司	CJ0604065
上海华帜信息技术有限公司	CJ0604066
宁波市通达测试认证咨询服务有限公司	CJ0604067
郑州方圆企业管理咨询有限公司	CJ0604068
青岛三义鉴定评估咨询有限公司	CJ0604069
温州市科建企业管理顾问有限公司	CJ0604070
深圳市新纪元管理策划有限公司	CJ0604071
北京谱纳通科技发展有限公司	CJ0604072
广州市桓贤管理顾问有限公司	CJ0604073
顺德市容桂区信理咨询服务有限公司	CJ0604074
上海检验公司	CJ0604075
中国照明学会	CJ0604076
上海质量认证咨询中心	CJ0604077
温岭市仁杰企业管理服务有限公司	CJ0604078
北京市海淀质量技术监督学会	CJ0604079
温州市红太阳企业管理咨询有限公司	CJ0604080
北京中环佳环境标志产品技术发展中心	CJ0604081
北京市波特晟科贸有限公司	CJ0604082
北京联手通质量技术咨询服务有限公司	CJ0604083
广州圣捷咨询服务有限公司	CJ0604084
北京仁人伟业科技发展有限公司	CJ0604085
北京京富祥企业管理策划有限公司	CJ0604086
济南光华卓越企业管理有限公司	CJ0604087
山东省科力苑科技咨询有限公司	CJ0604088
北京永罡企业信息咨询顾问有限公司	CJ0604089
河北鼎信管理咨询培训有限公司	CJ0604090
北京帝凯星认证咨询有限责任公司	CJ0604091

公司名称	注册证书号
广州市三翼检验有限公司	CJ0604092
深圳市质量保证中心	CJ0604093
天津市宗本科技咨询有限公司	CJ0604094
天津市格莱特管理咨询有限公司	CJ0604095
天津市英格管理方略咨询有限公司	CJ0604096
宁波市江东硕博企业管理咨询有限公司	CJ0604097
北京龙格斯威产品质量认证咨询中心	CJ0604098
青岛鲁检卫生科技服务中心	CJ0604099
北京航富货运咨询服务有限公司	CJ0604100
无锡市科华认证技术服务有限公司	CJ0604101
陕西华岳质量体系认证咨询有限公司	CJ0604102
广东诚之信技术咨询有限公司	CJ0604103
上海圣介技术商务有限公司	CJ0604104
安徽省皖江质量认证咨询中心	CJ0604105
上海浦泰商务咨询有限公司	CJ0604106
北京东方威信贸易有限公司	CJ0604107
武汉市长江大众认证咨询有限公司	CJ0604108
无锡市胜祥技术服务有限公司	CJ0604109
合肥皖通质量认证咨询有限公司	CJ0604110
重庆市顺通质量认证服务中心	CJ0604111
上海品界质量认证咨询服务有限公司	CJ0604112
苏州 UL 美华认证有限公司	CJ0604113
北京世纪科环企业管理咨询中心	CJ0604114
天津市华虹质量认证咨询中心	CJ0604115
天津市方规质量技术事务所	CJ0604116
天津市贯标科技服务有限公司	CJ0604117
北京海立联合科技有限公司	CJ0604118
广东加美华（商检）认证服务中心	CJ0604119
北京中宸宇企业管理咨询有限公司	CJ0604120
慈溪市万行企业管理咨询有限公司	CJ0604121
莱茵技术监护(深圳)有限公司	CJ0604122
北京科衡技术贸易有限公司	CJ0604123
北京和信智业技术管理咨询有限公司	CJ0604124
山西兆维认证咨询中心（有限公司）	CJ0604125
Emc Compliance Management Group	CJ0604126
广东索源电子科技有限公司	CJ0604127
北京市思特标准化技术咨询中心	CJ0604128
新疆华纳产品质量咨询中心	CJ0604129
河北质环认证咨询中心	CJ0604130
广东协检认证培训咨询中心	CJ0604131
深圳市聚创实业有限公司	CJ0604132
北京市阳光万泰企业管理顾问有限公司	CJ0604133
深圳市冠智达实业有限公司	CJ0604134
上海双赢洁净科技有限公司	CJ0604135
中国出入境检验检疫协会	CJ0604136
北京比瑞思科技服务中心	CJ0604137

28、属于 CCIB、CCEE 管理的产品目录及 CCIB 和 CCEE 重复管理的产品目录

（国家认监委 2003 年第 7 号公告）

C 产品名称	分类 1	分类 2	分类 3
一、电线电缆（共 5 种）			
电线组件			
矿用橡套软电缆			
交流额定电压 3kV 及以下铁路机车车辆用电线电缆			
额定电压 450/750V 及以下橡皮绝缘电线电缆			√
额定电压 450/750 V 及以下聚氯乙烯绝缘电线电缆			√
二、电路开关及保护或连接用电器装置（共 6 种）			
器具耦合器(家用和类似用途、工业用)			
插头插座(家用和类似用途、工业用)			
热熔断体			
小型熔断器的管状熔断体			
家用和类似用途固定式电气装置的开关			
家用和类似用途固定式电气装置电器附件外壳			
三、低压电器（共 9 种）			
漏电保护器	√		
断路器（含 RCCB、RCBO、MCB）	√		
熔断器		√	
低压开关（隔离器、隔离开关、熔断器组合电器）		√	
其他电路保护装置[保护器类：限流器、电路保护装置、过流保护器、热保护器、过载继电器、低压机电式接触器、电动机启动器		√	
继电器（36V<电压<1 000V）		√	
其他开关（电器开关、真空开关、压力开关、接近开关、脚踏开关、热敏开关、液位开关、按钮开关、限位开关、微动开关、倒顺开关、温度开关、行程开关、转换开关、自动转换开关、刀开关）		√	
其他装置（接触器、电动机起动器、信号灯、辅助触头组件、主令控制器、交流半导体电动机控制器和起动器）		√	
低压成套开关设备		√	
四、小功率电动机（共 1 种）			
小功率电动机			
五、电动工具（共 16 种）			
电钻(含冲击电钻)	√		
电动螺丝刀和冲击扳手	√		
电动砂轮机	√		
砂光机	√		
圆锯	√		
电锤（含电镐）	√		
不易燃液体电喷枪	√		
电剪刀（含双刃电剪刀、电冲剪）	√		
攻丝机	√		
往复锯（含曲线锯、刀锯）	√		
插入式混凝土振动器		√	
电链锯	√		
电刨	√		
电动修枝剪和电动草剪		√	
电木铣和修边机	√		
电动石材切割机（含大理石切割机）			

C 产品名称	分类 1	分类 2	分类 3
六、电焊机（共 15 种）			
小型交流弧焊机		√	
交流弧焊机	√		
直流弧焊机		√	
TIG 弧焊机		√	
MIG/MAG 弧焊机		√	
埋弧焊机		√	
等离子弧切割机		√	
等离子弧焊机		√	
弧焊变压器防触电装置		√	
焊接电缆耦合装置		√	
电阻焊机		√	
焊机送丝装置		√	
TIG 焊焊炬		√	
MIG/MAG 焊焊枪		√	
电焊钳		√	
七、家用和类似用途设备（共 18 种）			
家用电冰箱和食品冷冻箱	√		
电风扇			√
空调器	√		
电动机—压缩机		√	
家用电动洗衣机		√	
电热水器		√	
室内加热器			
真空吸尘器		√	
皮肤和毛发护理器具		√	
电熨斗		√	
电磁灶		√	
电烤箱		√	
电动食品加工器具		√	
微波炉		√	
电灶、灶台、烤炉和类似器具		√	
吸油烟机			
液体加热器和冷热饮水机		√	
电饭锅		√	
八、音视频设备类（不包括广播级音响设备和汽车音响设备）（共 16 种）			
总输出功率在 500W（有效值）以下的单扬声器和多扬声器有源音箱	√		
音频功率放大器		√	
调谐器		√	
各种广播波段的收音机	√		
各类载体形式的音视频录制		√	
播放及处理设备（包括各类光盘磁带等载体形式）		√	
以上设备的组合		√	
为音视频设备配套的电源适配器		√	
各种成像方式的彩色电视接收机	√		
监视器（不包括汽车用电视接收机）		√	
黑白电视接收机及其他单色的电视接收机	√		
显像（示）管		√	
录像机		√	

C 产品名称	分类 1	分类 2	分类 3
卫星电视广播接收机		√	
电子琴			
天线放大器			
声音和电视信号的电缆分配系统设备与部件			
九、信息技术设备（共 12 种）			
微型计算机		√	
便携式计算机		√	
与计算机连用的显示设备		√	
与计算机连用的打印设备		√	
多用途打印复印机			
扫描仪			
计算机内置电源及电源适配器充电器		√	
电脑游戏机			
学习机			
复印机			
服务器		√	
金融及贸易结算电子设备			
十、照明设备（共 2 种）（不包括电压低于 36V 的照明设备）			
灯具			
镇流器			
十一、电信终端设备（共 9 种）			
调制解调器（音频调制解调器、基带调制解调器、DSL 调制解调器，含卡）		√	
传真机（传真机、电话语音传真卡、多功能传真一体机）		√	
固定电话终端（普通电话机、主叫号码显示电话机、卡式管理电话机、录音电话机、投币电话机、智能卡式电话机、IC 卡公用电话机、免提电话机、数字电话机、电话机附加装置）		√	
无绳电话终端（模拟无绳电话机、数字无绳电话机）		√	
集团电话（集团电话、电话会议总机）		√	
移动用户终端（模拟移动电话机、GSM 数字蜂窝移动台（手持机和其他终端设备）、CDMA 数字蜂窝移动台（手持机和其他终端设备）		√	
ISDN 终端（网络终端设备（NT1、NT1+）、终端适配器（卡）TA）			
数据终端（存储转发传真/语音卡、POS 终端、接口转换器、网络集线器、其他数据终端）			
多媒体终端（可视电话、会议电视终端、信息点播终端、其他多媒体终端）			
十二、机动车辆及安全附件（共 4 种）			
汽车：在公路及城市道路上行驶的 M、N、O 类车辆		√	
摩托车		√	
汽车摩托车零部件			
汽车安全带、摩托车发动机		√	
十三、机动车辆轮胎（共 3 种）			
轿车轮胎（轿车子午线轮胎、轿车斜交轮胎）		√	
载重汽车轮胎（微型载重汽车轮胎、轻型载重汽车轮胎、中型/重型载重汽车轮胎）		√	
摩托车轮胎：摩托车轮胎（代号表示系列、公制系列、轻便型系列、小轮径系列）		√	
十四、安全玻璃（共 3 种）			
汽车安全玻璃(A 类夹层玻璃、B 类夹层玻璃、区域钢化玻璃、钢化玻璃)		√	

C 产品名称	分类 1	分类 2	分类 3
建筑安全玻璃(夹层玻璃 、钢化玻璃)			
铁道车辆用安全玻璃(夹层玻璃 、钢化玻璃、安全中空玻璃)			
十五、农机产品（共 1 种）			
植物保护机械（背负式喷雾机(器)、 背负式喷粉机(器)、背负式喷雾喷粉机）			
十六、乳胶制品（共 1 种）			
橡胶避孕套			
十七、医疗器械产品（共 7 种）			
医用 X 射线诊断设备		✓	
血液透析装置		✓	
空心纤维透析器		✓	
血液净化装置的体外循环管道		✓	
心电图机		✓	
植入式心脏起搏器		✓	
人工心肺机			
十八、消防产品（共 3 种）			
火灾报警设备(点型感烟火灾报警探测器、点型感温火灾报警探测器、火灾报警控制器)		✓	
火灾报警设备(消防联动控制设备、手动火灾报警按钮)			
消防水带			
喷水灭火设备(洒水喷头、湿式报警阀、水流指示器、消防用压力开关)			
十九、安全技术防范产品（共 1 种）			
入侵探测器（室内用微波多普勒探测器、主动红外入侵探测器、室内用被动红外探测器、微波与被动红外复合入侵探测器）		✓	
入侵探测器（室内用微波多普勒探测器）			

分类 1

适用于 CCIB 标志认证和长城标志认证制度均进行管理的产品。

分类 2

适用于进口商品安全许可制度进行管理，但产品安全认证强制性监督管理制度没有进行管理的产品。

分类 3

适用于产品安全认证强制性监督管理制度进行管理，但进口商品安全质量许可制度没有进行管理的产品。

29、承担强制性产品认证检测任务的机构及其业务范围

（国家认监委2003年第8号公告）

授权号	机构名称	指定业务范围及对应的产品实施规则	通信地址
1	信息产业部第四研究所（电子工业安全与电磁兼容检测中心）	CNCA-01C-001：电线组件； CNCA-01C-003：家用及类似用途插头插座； CNCA-01C-006：家用及类似用途器具耦合器； CNCA-01C-007：热熔断体； CNCA-01C-009：小型熔断器的管状熔断体； CNCA-01C-017：音视频设备； CNCA-01C-019：卫星电视广播接收机(EMC)； CNCA-01C-020：信息技术设备； CNCA-01C-021：金融及贸易结算电子设备(EMC)； CNCA-07C-031：电信终端设备	北京市安定门东大街1号，100007 联系人：胡京平 电话：010-84029113
2	信息产业部第三研究所（国家广播电视产品检测中心）	CNCA-01C-001：电线组件； CNCA-01C-003：家用及类似用途插头插座； CNCA-01C-004：家用及类似用途固定式电器装置的开关； CNCA-01C-006:家用及类似用途器具耦合器； CNCA-01C-007：热熔断体； CNCA-01C-009：小型熔断器的管状熔断体； CNCA-01C-017：音视频设备； CNCA-01C-018：声音和电视信号的电缆分配系统设备与部件(EMC)； CNCA-01C-019：卫星电视广播接收机(EMC)； CNCA-01C-020：信息技术设备； CNCA-01C-021：金融及贸易结算电子设备(EMC)； CNCA-01C-022：照明电器； CNCA-07C-031：电信终端设备	北京市朝阳区酒仙桥北路乙7号，100015 联系人：唐伟 电话：010-64376357
3	上海市电子仪表标准计量测试所	CNCA-01C-003：家用及类似用途插头插座； CNCA-01C-007：热熔断体； CNCA-01C-009：小型熔断器的管状熔断体； CNCA-01C-017：音视频设备； CNCA-01C-020：信息技术设备； CNCA-07C-031：电信终端设备	上海永嘉路627号，200233 联系人：杜松根 电话:021-64335275
4	中国赛宝实验室	CNCA-01C-003：家用及类似用途插头插座； CNCA-01C-006：家用及类似用途器具耦合器； CNCA-01C-007：热熔断体； CNCA-01C-017：音视频设备； CNCA-01C-020：信息技术设备； CNCA-07C-031：电信终端设备	广东省广州市天河区东莞庄路110号，510610 联系人：陈立辉 电话：020-87237006

授权号	机构名称	指定业务范围及对应的产品实施规则	通信地址
5	广州日用电器检测所	CNCA-01C-001：电线组件； CNCA-01C-002：电线电缆； CNCA-01C-003：家用及类似用途插头插座； CNCA-01C-004：家用及类似用途固定式电器装置的开关； CNCA-01C-005：工业用插头插座和耦合器； CNCA-01C-006：家用及类似用途器具耦合器； CNCA-01C-007：热熔断体； CNCA-01C-008：家用及类似用途固定式电器装置电器附件外壳； CNCA-01C-009：小型熔断器的管状熔断体； CNCA-01C-013：小功率电动机； CNCA-01C-015：电焊机； CNCA-01C-016：家用和类似用途设备； CNCA-01C-022：照明电器	广州新港西 204 号，510300 联系人：薛守仁 电话：020-84451692
6	中国家用电器研究院（中国家用电器检测所）	CNCA-01C-003：家用及类似用途插头插座； CNCA-01C-004：家用及类似用途固定式电器装置的开关； CNCA-01C-006：家用及类似用途器具耦合器； CNCA-01C-013：小功率电动机； CNCA-01C-014：电动工具； CNCA-01C-016：家用和类似用途设备； CNCA-01C-022：照明电器	北京市宣武区下斜街 29 号，100053 联系人：章少坪 电话：010-83157989
7	机械工业北京电工技术经济研究所（机械工业电线电缆质量检测中心（北京））	CNCA-01C-002：电线电缆； CNCA-01C-003：家用及类似用途插头插座	北京市海淀区翠微路 2 号，100036 联系人：席德浩 电话：010-68157734
8	上海电缆研究所（国家电线电缆质量监督检验中心）	CNCA-01C-001：电线组件； CNCA-01C-002：电线电缆； CNCA-01C-003：家用及类似用途插头插座	上海市军工路 1000 号，200093， 联系人：袁百奋 电话：021-65494605
9	上海电器设备检测所	CNCA-01C-010：低压成套开关设备； CNCA-01C-011：开关和控制设备； CNCA-01C-012：整机保护设备； CNCA-01C-013：小功率电动机； CNCA-01C-018：声音和电视信号的电缆分配系统设备与部件(EMC)； CNCA-01C-019：卫星电视广播接收机(EMC)； CNCA-01C-021：金融及贸易结算电子设备(EMC)	上海市武宁路 505 号，200063 联系人：万力远/陈伟华 电话： 021-62574990-623
10	成都电气检验所	CNCA-01C-015：电焊机	成都市二环路东一段 29 号，610051 联系人：杨庆轩 电话：028-3252866
11	上海电气器具检验测试所	CNCA-01C-003：家用及类似用途插头插座； CNCA-01C-013：小功率电动机； CNCA-01C-014：电动工具	上海市宝庆路 10 号，200031 联系人：黄涛 电话：021-64378405
12	国家电光源质量监督检验中心（北京）	CNCA-01C-022：照明电器	北京市朝阳区大北窑厂坡村甲 3 号，100022 联系人：陈延青 电话：010-67746544

授权号	机构名称	指定业务范围及对应的产品实施规则	通信地址
13	国家灯具质量监督检验中心（上海）	CNCA-01C-022：照明电器	上海市北宝兴路75号 联系人：於立成 电话：021-56383662/8202 021-36033443
14	中国泰尔实验室	CNCA-07C-031：电信终端设备	北京市海淀区花园北路52号，100083 联系人：蒋京鑫 电话：010-62301383
15	信息产业部通信计量中心	CNCA-07C-031：电信终端设备	北京市海淀区学院路40号，100083 联系人：谢屹 电话：010-62301146
16	上海市劳动保护科学研究所特种电器检测站	CNCA-01C-012：整机保护设备	上海田林路191号，200233 联系人：宋志明 电话：021-64853353
17	上海出入境检验检疫局电器检测室	CNCA-01C-013：小功率电动机； CNCA-01C-014：电动工具； CNCA-01C-016：家用和类似用途设备	上海市浦东新区民生路1208号，200135 联系人： 徐胜 电话：021-68566963
18	浙江检验检疫技术中心	CNCA-01C-014：电动工具； CNCA-01C-016：家用和类似用途设备	杭州市凤起东路99号，310020 联系人：周敏 电话：0571-86098022
19	江苏检验检疫机电产品检测中心	CNCA-01C-014：电动工具； CNCA-01C-016：家用和类似用途设备； CNCA-01C-022：照明电器	江苏省无锡市锡山区东亭镇华夏中路10号，214101 联系人：邓唯 电话：0510-8701058
20	深圳出入境检验检疫局工业品检测技术中心	CNCA-01C-016：家用和类似用途设备； CNCA-01C-017：音视频设备	深圳市福田区福强路1011号，518045 联系人：刘泽华 电话：0755-3395999-1210
21	沈阳出入境检验检疫局电子电器产品检测中心	CNCA-01C-016：家用和类似用途设备	沈阳市沈河区青年大街169号，518045 联系人：孙文 电话：024-23925106
22	深圳电子产品质量检测中心	CNCA-01C-017：音视频设备； CNCA-01C-020：信息技术设备	深圳市福田区华发北路409栋2楼，518031 联系人：杜金盛 电话：0755-3351572
23	广州出入境检验检疫局电气安全实验室	CNCA-01C-016：家用和类似用途设备； CNCA-01C-022：照明电器	广州市珠江新城花城大道66号，510623 联系人：王波 电话：020-38290475
24	国家质量技术监督局广州电气安全检验所（广安所）	CNCA-01C-002：电线电缆； CNCA-01C-003：家用及类似用途插头插座； CNCA-01C-010：低压成套开关设备； CNCA-01C-011：开关和控制设备； CNCA-01C-012：整机保护设备； CNCA-01C-014：电动工具； CNCA-01C-016：家用和类似用途设备； CNCA-01C-022：照明电器	广州市海珠区南村路泰山庙前3号，510220 联系人：龚斌 电话：020-84494119
25	中北电磁兼容联合实验室	CNCA-01C-018：声音和电视信号的电缆分配系统设备与部件(EMC)； CNCA-01C-019：卫星电视广播接收机(EMC)； CNCA-01C-021：金融及贸易结算电子设备(EMC)	北京市北三环东路18号；北京西直门外上园村3号，100013 联系人：杨盛祥 电话：010-51688096

授权号	机构名称	指定业务范围及对应的产品实施规则	通信地址
26	浙江方圆检测股份有限公司	CNCA-01C-003：家用及类似用途插头插座； CNCA-01C-004：家用及类似用途固定式电器装置的开关； CNCA-01C-014：电动工具； CNCA-01C-016：家用和类似用途设备	杭州市天目山路222号，310013 联系人：邓仲云 电话： 0571-85123366
27	福建省中心检验所	CNCA-01C-002：电线电缆； CNCA-01C-003：家用及类似用途插头插座； CNCA-01C-010：低压成套开关设备； CNCA-01C-011：开关和控制设备； CNCA-01C-012：整机保护设备； CNCA-01C-013：小功率电动机； CNCA-01C-017：音视频设备； CNCA-01C-020：信息技术设备； CNCA-01C-022：照明电器	福州市杨桥西路山头角121号，350002 联系人： 卫敏 电话：0591-3710690
28	上海市产品质量监督检验所	CNCA-01C-003：家用及类似用途插头插座； CNCA-01C-022：照明电器	上海市苍梧路381号，200233 联系人：陈国平 电话：021-64850058-305
29	四川省产品质量监督检验所	CNCA-01C-017：音视频设备； CNCA-01C-022：照明电器	四川省成都市东门街2号，610031 联系人：李山桥 电话：028-6251086
30	成都市产品质量监督检验所	CNCA-01C-002：电线电缆； CNCA-01C-010：低压成套开关设备	成都市永丰路16号，610041 联系人：叶元明 电话： 028-5198406
31	深圳市计量质量检测研究院	CNCA-01C-002：电线电缆； CNCA-01C-003：家用及类似用途插头插座； CNCA-01C-016：家用和类似用途设备； CNCA-01C-017：音视频设备； CNCA-01C-020：信息技术设备； CNCA-01C-021：金融及贸易结算电子设备(EMC)； CNCA-07C-031：电信终端设备	深圳市南山区龙珠大道中计量质检大楼，518055 联系人：杨万颖 电话：0755-6941608
32	大连市产品质量监督检验所	CNCA-01C-002：电线电缆； CNCA-01C-010：低压成套开关设备	辽宁省大连市沙河口区万岁街 68-2号，116021 联系人：郑顺利 电话：0411-4603949
33	山东省计量科学研究所	CNCA-01C-016：家用和类似用途设备	济南市千佛山东路28号，2964412 联系人：姜延波 电话：0531-2966533
34	山东省产品质量监督检验所	CNCA-01C-002：电线电缆； CNCA-01C-010：低压成套开关设备； CNCA-01C-011：开关和控制设备； CNCA-01C-012：整机保护设备	山东省济南市山大北路 81号，250100 联系人：刘晓伟 电话：0531-8904787
35	机械工业办公自动化设备检验所	CNCA-01C-020：信息技术设备	天津市红桥区昌图道七号，300131 联系人： 冷欣新 电话：022-26650880
36	上海工业自动化仪表研究所仪器仪表及自控系统检验测试所	CNCA-01C-021：金融及贸易结算电子设备(EMC)	上海漕宝路103号，200233， 联系人：徐建平 电话：021-64368180

授权号	机构名称	指定业务范围及对应的产品实施规则	通信地址
37	北京尊冠信息技术产品质量检验认证有限公司(国家电子计算机质量监督检验中心)	CNCA-01C-021：金融及贸易结算电子设备(EMC)	北京市海淀区北四环中路 211 号，100083 联系人：符荣梅 电话：010-82387862
38	湖南电器检测所	CNCA-01C-010：低压成套开关设备； CNCA-01C-011：开关和控制设备； CNCA-01C-012：整机保护设备	湖南省长沙市新中路 4 号，410009 联系人：谢林 电话：0731-5414370
39	国家电力公司武汉高压研究所	CNCA-01C-010：低压成套开关设备； CNCA-01C-012：整机保护设备； CNCA-01C-021：金融及贸易结算电子设备(EMC)	湖北省武汉市洪山区珞喻路 143 号，430074 联系人：万德春 电话：027-87445849
40	苏州高新技术产业开发区电器检测所	CNCA-01C-010：低压成套开关设备； CNCA-01C-011：开关和控制设备； CNCA-01C-012：整机保护设备	江苏苏州新区九号区间路 7 号，215011 联系人： 厉丽华 电话：0512-8252753
41	国家电子计算机外部设备质量监督检验中心	CNCA-01C-021：金融及贸易结算电子设备（EMC）	浙江省杭州市马塍路 36 号，310012 联系人：王伟雄 电话：0571-88828284
42	国家橡胶轮胎监督检验中心	CNCA-02C-027：轮胎产品	北京西郊半壁店国家橡胶轮胎监督检验中心，100039 联系人：左宁 电话：010-51338175 传真：010-68180963
43	化学工业力车胎质量监督检验中心	CNCA-02C-027：轮胎产品	广东广州市工业大道中 270 号，510280 联系人：王慧敏， 电话：020-84351770 传真：020-84351770
44	青岛市产品质量监督检验所	CNCA-01C-002：电线电缆； CNCA-01C-010：低压成套开关设备； CNCA-01C-011 ：开关和控制设备； CNCA-01C-012：整机保护设备； CNCA-02C-027：轮胎产品	青岛市镇江南路 8 号，266071 联系人：吴如军 电话：0532-3861835
45	株洲化学工业乳胶制品质量监督检验中心	CNCA-06C-030：橡胶避孕套产品	湖南省株洲市东环北路，412003 联系人：汤胜修 电话：0733-2495120
46	国家安全玻璃及石英玻璃质量监督检验中心	CNCA-04C-028：安全玻璃产品	北京朝阳区管庄东里建材院，100038 联系人：莫娇 电话：010-65775948 传真：010-65761715
47	国家玻璃质量监督检验中心	CNCA-04C-028：安全玻璃产品	河北秦皇岛河北大街西段 91 号，066004 联系人：刘志付、林志强 电话：0335-8051865 传真：0335-8051865
48	中国农业机械化科学研究所/国家农机具质量监督检验中心	CNCA-05C-029：植物保护机械 背负式喷雾喷粉机（器）	北京市德胜门外北沙滩一号，100083 联系人：林纪恩 电话：010-64882637

授权号	机构名称	指定业务范围及对应的产品实施规则	通信地址
49	农业部南京农业机械化研究所/国家植保机械质量监督检验中心	CNCA-05C-029：植物保护机械 背负式喷雾喷粉机（器）	江苏省南京市中山门外柳营 100 号，210014 联系人：杨新春 电话：025-443133 025-4346279
50	公安部第一研究所/公安部安全与警用电子产品质量检测中心	CNCA-10C-047：入侵探测器产品	北京市首体南路 1 号，100044 联系人：任常青 电话：010-88513373 010-88513375
51	公安部第三研究所/公安部安全防范报警系统产品质量监督检验测试中心	CNCA-10C-047：入侵探测器产品	上海市岳阳路 76 号，200031 联系人：赵贵华 电话：021-64714827 021-64336810-1309
52	北京市医疗器械检测中心/国家药品监督管理局北京医疗器械质量监督检验中心	CNCA-08C-032：心电图机； CNCA-08C-033：血液透析装置	北京市北三环中路 2 号，100011 联系人：潘铭乔 电话：010-62013862 010-62024422-9263
53	辽宁省医疗器械产品质量监督检验所	CNCA-08C-037：医用 X 射线诊断设备	辽宁省沈阳市铁西区重工北街 22 号，110026 联系人：王澈 电话：024-25820569
54	广东医疗器械质量检测中心/国家药品监督管理局广州医疗器械质量监督检验中心	CNCA-08C-033： 血液透析装置； CNCA-08C-034： 血液净化装置的体外循环管道； CNCA-08C-035： 空心纤维透析器； CNCA-08C-038：人工心肺机滚压式血泵； CNCA-08C-039： 人工心肺机 滚压式搏动血泵； CNCA-08C-040：人工心肺机 鼓泡式氧合器； CNCA-08C-041：人工心肺机 热交换器； CNCA-08C-042：人工心肺机 热交换水箱； CNCA-08C-043：人工心肺机 硅橡胶泵管	广东省广州市寺右新马路寺右中街 9 号，510600 联系人：李伟松 电话：020-87390917
55	上海市医疗器械检测所/国家药品监督管理局上海医疗器械质量监督检验中心	CNCA-08C-032：心电图机； CNCA-08C-036：植入式心脏起搏器	上海市闸北区民和路 154 号，200070 联系人：葛筱森 电话：021-56635850
56	长春汽车检测中心	CNCA-02C-023：汽车产品； CNCA-02C-026：汽车安全带	吉林省长春市创业大街 35 号，130011 联系人：陈文良、程猛 电话：0431-5906704 传真：0431-7677111
57	国家汽车质量监督检验中心（襄樊）	CNCA-02C-023：汽车产品； CNCA-02C-026：汽车安全带	湖北襄樊市汽车产业开发区汽车试验场，441004 联系人：王为人、卜华斌 电话：0710-3392492 传真：0710-3310965

授权号	机构名称	指定业务范围及对应的产品实施规则	通信地址
58	天津汽车检测中心	CNCA-02C-023：汽车产品； CNCA-02C-026：汽车安全带	天津市河东区程林庄道天山路口，300162 联系人：刘鑫 电话：022-84771807 传真：022-24375350
59	国家客车质量监督检验中心	CNCA-02C-023：汽车产品	重庆市南岸区五公里，400067 联系人：李裕民 电话：023-62653145 传真：023-62653152
60	国家重型汽车质量监督检验中心	CNCA-02C-023：汽车产品	重庆市九龙坡区陈家坪朝田村 101 号，400039 联系人：陈耀华、李剑平 电话：023-68677860 传真：023-68821302
61	机械工业部工程机械军用改装车试验场	CNCA-02C-023：汽车产品	北京市延庆县东外大街 70 号，102100 联系人：任国勤 电话：010-69101140 传真：010-69101140
62	国家摩托车质量监督检验中心（天津）	CNCA-02C-024：摩托车产品； CNCA-02C-025：摩托车发动机	天津市天津大学内，300072 联系人：葛维晶， 电话：13802136120 传真：022-27404944
63	国家摩托车质量监督检验中心（宝鸡）	CNCA-02C-024：摩托车产品； CNCA-02C-025：摩托车发动机	陕西省宝鸡县五十一号信箱，721300 联系人：袁森柱、王强 电话：0917-6296241 传真：0917-6296401
64	南昌摩托车质量监督检验所	CNCA-02C-024：摩托车产品； CNCA-02C-025：摩托车发动机	江西省南昌市新溪桥，330024 联系人：钱仲明、张陆传 电话：0791-8430119 0791-8448694，8469387 传真：0791-8448694
65	上海摩托车质量监督检验所	CNCA-02C-024：摩托车产品； CNCA-02C-025：摩托车发动机	上海市逸仙路 50 号，200437， 联系人：王晋军 电话：021-65315097，65169391 传真：021-65313561，65169391
66	公安部上海消防科学研究所/国家消防装备质量监督检验中心	CNCA-02C-023：汽车产品 CNCA-09C-045：消防水带	上海市莘庄西环路 391 号，201100 联系人：范桦、朱青 电话：021-54956660，54959910
67	公安部沈阳消防科学研究所/国家消防电子产品质量监督检验中心	CNCA-09C-044：火灾报警设备	辽宁省沈阳市皇姑区蒲河街 7 号，110031 联系人：宋希伟、张德成 电话：024-86801434，86116303
68	公安部天津消防科学研究所/国家固定灭火系统和耐火构件质量监督检验中心	CNCA-09C-046：喷水灭火设备	天津市南开区卫津南路 110 号，300381 联系人：陈泽民 电话：022-23916044

授权号	机构名称	指定业务范围及对应的产品实施规则	通信地址
69	合肥通用机械产品检测所	CNCA-01C-016：家用和类似用途设备	合肥市长江西路 888 号，230031， 联系人：李道平 电话：0551-5316828/5318900
70	辽宁省产品质量监督检验院/沈阳市产品质量监督检验所	CNCA-01C-002：电线电缆； CNCA-01C-003：家用及类似用途插头插座； CNCA-01C-010：低压成套开关设备 CNCA-01C-016：家用和类似用途设备	沈阳市和平区文化路 3 巷 9 号，110001 联系人：李柏秋 电话：024-23891774 沈阳市铁西区滑翔路 26 号，110021 联系人：刘强 电话：024-25898958
71	天津发配电机电控设备检测所	CNCA-01C-010：低压成套开关设备	天津市河东区津塘路 174 号/天津市河北区南口路 40 号 联系人：田金山 电话：022-24391401-7376 022-26340928 传真：022-24391401-7358
72	天水长城电器试验研究所	CNCA-01C-010：低压成套开关设备	甘肃省天水市长开路 6-6 号 联系人：周彪 电话：0938-8383343-801 传真：0938-8383344
73	重庆电气产品检测中心	CNCA-01C-010：低压成套开关设备	重庆市渝中区红岩村 99 号 联系人：廖家秋 电话：023-63301736 传真：023-63301909
74	长征电器研究所	CNCA-01C-010：低压成套开关设备	贵州省遵义市上海路 126 号 联系人：杨应才 电话/传真：0852-8623693
75	沈阳电气传动研究所	CNCA-01C-010：低压成套开关设备	沈阳市于洪区巢湖街 10 号，110141 联系人：樊建强 电话/传真：024-25833213
76	浙江省机电产品质量检测所	CNCA-01C-011：开关和控制设备； CNCA-01C-012：整机保护设备； CNCA-01C-014：电动工具	浙江省杭州市劳动路 128 号 联系人：杨震宇 电话/传真：0571-87078681，87882163
77	北京出入境检验检疫局机电实验室	CNCA-01C-017：音视频设备； CNCA-01C-020：信息技术设备	北京市朝阳区高碑店北路甲 3 号，100025 联系人：刘福光 电话 010-67888592
78	福建出入境检验检疫局检验检疫技术中心	CNCA-01C-004：家用及类似用途固定式电器装置的开关； CNCA-01C-022：照明电器	福建省福州市湖东路 312 号，350003 联系人：林淼 电话：0591-7065501
79	厦门检验检疫局电子电器检验实验室	CNCA-01C-016：家用及类似用途设备	福建省厦门市杏南路 37 号，361022 联系人：王水生 电话：0592-6228581
80	武汉产品质量监督检验所	CNCA-01C-002：电线电缆	湖北省武汉市台北路七十号，430015 联系人：余永良 电话：027-85741265
81	陕西省产品质量监督检验所	CNCA-01C-002：电线电缆	西安雁塔路（南段）129 号，710054 联系人：宋建忠 电话：029-5528413

授权号	机构名称	指定业务范围及对应的产品实施规则	通信地址
82	河北省产品质量监督检验院	CNCA-01C-002：电线电缆； CNCA-01C-012：整机保护设备	石家庄市工农路 368 号 联系人：贾中辉 电话：0311-3033437
83	吉林省产品质量监督检验院	CNCA-01C-002：电线电缆	长春市卫星路 20 号，130022 联系人：李界一 电话：0431-5374704
84	天津市产品质量监督检验所	CNCA-01C-002：电线电缆	天津市南开区科研西路 2 号增 1 号 联系人：王玉才 电话：022-23005912
85	湖南省产品质量监督检验所	CNCA-01C-002：电线电缆； CNCA-01C-004：家用及类似用途固定式电器装置的开关	湖南长沙市新建西路 41 号 联系人：成益民 电话：0731-5535680
86	河南省产品质量监督检验所	CNCA-01C-002：电线电缆	河南省郑州市东明北 17 号，450004 联系人：江炳午 电话：0371-6329646
87	江苏省产品质量监督检验中心所	CNCA-01C-002：电线电缆； CNCA-01C-014：电动工具	南京市石鼓路 227 号，210029 联系人：黄晓风 电话：025-6511130
88	江苏省计量测试技术研究所	CNCA-01C-021：金融及贸易结算电子设备(EMC)	南京市光华东街 3 号，210007 联系人：水利民 电话：025-4636930
89	无锡市产品质量监督检验所	CNCA-01C-015：电焊机	江苏省无锡市锡山区东亭迎宾北路 6 号 联系人：吴建国 电话：0510-8208677
90	北京市产品质量监督检验所	CNCA-01C-002：电线电缆	北京市朝阳区育慧南路 联系人：苏世海 电话：010-84654173
91	重庆市电子电器商品质量监督检验站	CNCA-01C-003：家用及类似用途插头插座； CNCA-01C-004：家用及类似用途固定式电器装置的开关	重庆市渝中区信义街 26 号，400011 联系人：张文 电话：023-63724062
92	宁波市产品质量监督检验所	CNCA-01C-022：照明电器	宁波市王隘路 2 号，315040 联系人：邝湘宁 电话：0574-87871869
93	温州市质量技术监督检测院	CNCA-01C-003：家用及类似用途插头插座； CNCA-01C-004：家用及类似用途固定式电器装置的开关	浙江省温州市新城汤家桥南路质检大楼，325027 联系人：余建明 电话：0577-88915426
94	辽宁电力科学研究院（东北电力电器产品质量检测站）	CNCA-01C-010：低压成套开关设备	沈阳市和平区四平街 39 号，110006 联系人：杨铁军 电话：024-23102466
95	青岛检验检疫局工业产品安全检测中心	CNCA-01C-014：电动工具	青岛市瞿塘峡路 70 号，266002 联系人：蔡发 电话：0532-2671442
96	上海市计量测试技术研究院	CNCA-01C-021：金融及贸易结算电子设备(EMC)	上海市宜山路 716 号 联系人：毕宁 电话：021-64701810
97	江苏省电子产品监督检验所	CNCA-01C-017：音视频设备； CNCA-01C-020：信息技术设备	江苏省无锡市中桥葛巷 107 号，214073 联系人：杨东岩 电话：0510-5105775

授权号	机构名称	指定业务范围及对应的产品实施规则	通信地址
98	杭州市质量监督检测院	CNCA-01C-002：电线电缆	杭州市德胜路98号，310004 联系人：陈兆波 电话：0571-85366483 传真：0571-85372618
99	安徽省产品质量监督检验所	CNCA-01C-002：电线电缆	安徽省合肥市靶场路15号，230022 联系人：吴安平 电话：0551-3423361 传真：0551-3412941

30、承担强制性产品认证工作的认证机构及其业务范围

（国家认监委2003年第11号公告）

序号	机构名称	指定的业务范围	通信地址
1	中国质量认证中心	CNCA-01C-001：电线组件； CNCA-01C-002：电线电缆； CNCA-01C-003：家用及类似用途插头插座； CNCA-01C-004：家用及类似用途固定式电器装置的开关； CNCA-01C-005：工业用插头插座和耦合器； CNCA-01C-006：家用及类似用途器具耦合器； CNCA-01C-007：热熔断体； CNCA-01C-008：家用及类似用途固定式电器装置电器附件外壳； CNCA-01C-009：小型熔断器的管状熔断体； CNCA-01C-010：低压成套开关设备； CNCA-01C-011：开关和控制设备； CNCA-01C-012：整机保护设备； CNCA-01C-013：小功率电动机； CNCA-01C-014：电动工具； CNCA-01C-015：电焊机； CNCA-01C-016：家用和类似用途设备； CNCA-01C-017：音视频设备； CNCA-01C-018：声音和电视信号的电缆分配系统设备与部件； CNCA-01C-019：卫星电视广播接收机； CNCA-01C-020：信息技术设备； CNCA-01C-021：金融及贸易结算电子设备； CNCA-01C-022：照明电器； CNCA-02C-023：汽车产品； CNCA-02C-024：摩托车产品； CNCA-02C-025：摩托车发动机产品； CNCA-02C-026：汽车安全带产品； CNCA-03C-027：轮胎产品； CNCA-04C-028：安全玻璃产品； CNCA-07C-031：电信终端设备； CNCA-08C-032：心电图机； CNCA-08C-033：血液透析装置； CNCA-08C-034：血液净化装置的体外循环管道； CNCA-08C-035：空心纤维透析器； CNCA-08C-036：植入式心脏起搏器； CNCA-08C-037：医用X射线诊断设备； CNCA-08C-038：人工心肺机 滚压式血泵；	北京市芳草地西街15号，100020 联系人：李怀林 电话：010-85622233 www.cqc.com.cn

序号	机构名称	指定的业务范围	通信地址
		CNCA-08C-039：人工心肺机 滚压式搏动血泵； CNCA-08C-040：人工心肺机 鼓泡式氧合器； CNCA-08C-041：人工心肺机 热交换器； CNCA-08C-042：人工心肺机 热交换水箱； CNCA-08C-043：人工心肺机 硅橡胶泵管； CNCA-10C-047：入侵探测器产品	
2	中国电磁兼容认证中心	CNCA-01C-001：电线组件； CNCA-01C-002：电线电缆； CNCA-01C-003：家用及类似用途插头插座； CNCA-01C-004：家用及类似用途固定式电器装置的开关； CNCA-01C-005：工业用插头插座和耦合器； CNCA-01C-006：家用及类似用途器具耦合器； CNCA-01C-007：热熔断体； CNCA-01C-008：家用及类似用途固定式电器装置电器附件外壳； CNCA-01C-009：小型熔断器的管状熔断体； CNCA-01C-013：小功率电动机； CNCA-01C-014：电动工具； CNCA-01C-016：家用和类似用途设备； CNCA-01C-017：音视频设备； CNCA-01C-018：声音和电视信号的电缆分配系统设备与部件(EMC)； CNCA-01C-019：卫星电视广播接收机(EMC)； CNCA-01C-020：信息技术设备； CNCA-01C-021：金融及贸易结算电子设备(EMC)； CNCA-01C-022：照明电器； CNCA-01C-031：电信终端设备	北京北三环东路 18 号，100013 联系人：滕俊恒 电话：010-64214583 010-64222575 www.cemc.org.cn
3	中国安全技术防范认证中心	CNCA-10C-047：入侵探测器产品	北京市海淀区阜成路 16 号航天科技大厦 13 层，100037 联系人：刘剑锋，张金明 电话：010-68370229 010-68370121
4	北京东方凯姆质量认证中心（原中国农机产品质量认证中心）	CNCA-05C-029：植物保护机械 背负式喷雾喷粉机（器）	北京市朝阳区东三环南路十里河，100021 联系人：何丽虹 电话：010-67347471 010-67316737
5	北京环宇赛福特认证中心（原中国安全玻璃认证中心）	CNCA-04C-028：安全玻璃产品	北京朝阳区管庄东里建材院，100024 联系人：莫娇，王文彪 电话：010-65775948 010-51167389 传真：010-65761715 010-65711591 www.csgc.org.cn
6	北京中化联合质量认证有限公司（原中国轮胎产品认证委员会认证中心和中国乳胶制品质量认证委员会）	CNCA-03C-027：轮胎产品； CNCA-06C-030：橡胶避孕套	北京朝阳区安慧里 4 区 16 楼 410 室，100723 联系人：谢华 电话：010-84885047 010-84885335 传 真 ： 010-84885047-814 www.cciq.net

序号	机构名称	指定的业务范围	通信地址
7	公安部消防产品合格评定中心	CNCA-09C-044：火灾报警设备； CNCA-09C-045：消防水带； CNCA-09C-046：喷水灭火设备	北京市丰台区方庄芳群园四区金城中心 1205 室，100078 联系人：赵辉 电话：010-87679978 010-87679989
8	中汽认证中心（原中国汽车产品认证中心）	CNCA-02C-023：汽车产品； CNCA-02C-024：摩托车产品； CNCA-02C-025：摩托车发动机产品； CNCA-02C-026：汽车安全带产品	北京西城区木樨地国宏大厦 B 座 19 层，100038 联系人：黄学平、白晓燕 电话：010-63908961 010-63908965 传真：010-63908982 www.cccap.org.cn

31、强制性产品认证可承认的质量体系认证证书颁发机构名录及其业务范围

（国认证函[2003]年 65 号）

序号	机构名称	业务范围	负责人/联系人/电话/传真	地址
1	方圆标志认证中心	纺织品及纺织产品 橡胶和塑料制品 非金属矿物制品， 机械及设备 电子、电气及光电设备 其他运输设备	张　伟/宋跃伟 电话：86851888-609/610 传真：88414325， 86851319	北京市海淀区西三环北路 105 号科原大厦 B 座 12 层，100037
2	华信技术检验有限公司	纺织品及纺织产品 橡胶和塑料制品 非金属矿物制品 机械及设备 电子、电气及光电设备 其他运输设备	王蔚林/张　平 电话：62161366 传真：62161180	北京市海淀区北三环西路 48 号北京科技会展中心 2 号楼 2 层，100086
3	中国船级社质量认证公司	纺织品及纺织产品 橡胶和塑料制品 非金属矿物制品 机械及设备 电子、电气及光电设备 其他运输设备	王志雄/涂建华 电话：65239001 传真：65262774	北京市东城区东黄城根南街 40 号，100006
4	广东质量体系认证中心	纺织品及纺织产品 橡胶和塑料制品 非金属矿物制品 机械及设备 电子、电气及光电设备 其他运输设备	胡苏山/丁　丹 电话：020-87599630 -87570801 传真：020-87599517	广州市天河区黄埔大道 159 号富星大厦西塔 22 楼，510620
5	长城（天津）质量认证中心	纺织品及纺织产品 橡胶和塑料制品 非金属矿物制品 机械及设备 电子、电气及光电设备 其他运输设备	王占忠/王　怡 电话：022-23541981 传真：022-23541991	天津市南开区水上公园北路津龙公寓 4 号，300074
6	东北认证有限公司	纺织品及纺织产品 橡胶和塑料制品 非金属矿物制品 机械及设备 电子、电气及光电设备 其他运输设备	苏会君/黄　丽 电话：024-86894179 传真：024-86908825	沈阳市皇姑区北陵大街 56 号，110032

序号	机构名称	业务范围	负责人/联系人/电话/传真	地址
7	浙江质量认证有限公司	纺织品及纺织产品 橡胶和塑料制品 非金属矿物制品 机械及设备 电子、电气及光电设备 其他运输设备	邓东旺/陈嫣红 电话：0571-85067941 传真：0571-85067841	浙江省杭州市密渡桥路15号新世纪大厦25楼（杭州市1250信箱），310005
8	杭州万泰认证有限公司	纺织品及纺织产品 橡胶和塑料制品 非金属矿物制品 机械及设备 电子、电气及光电设备 其他运输设备	汤凯珊/殷丽英 电话：0571-87901598 传真：0571-87901360	杭州市西湖区文三路2号，310007
9	北京新世纪认证中心	纺织品及纺织产品 橡胶和塑料制品 非金属矿物制品 机械及设备 电子、电气及光电设备 其他运输设备	黄　权/陈志红 电话：84030319 84048794 传真：84030321	北京市崇文区銮庆胡同36号，100051
10	北京兴国环球质量认证中心	纺织品及纺织产品 橡胶和塑料制品 非金属矿物制品 机械及设备 电子、电气及光电设备 其他运输设备	顾文龙/刘耿章 电话：63962651 传真：63968078	北京市海淀区车道沟10号，100081
11	北京中大华远认证中心	纺织品及纺织产品 橡胶和塑料制品 非金属矿物制品 机械及设备 电子、电气及光电设备 其他运输设备	杜同和/刘江毅 电话：68396415 传真：68396562	北京市门头沟区雁翅镇政府院内5排39号，102300
12	北京国金恒信管理体系认证有限公司	橡胶和塑料制品 非金属矿物制品 机械及设备 电子、电气及光电设备	管炳春/纪振双 电话：62182375 传真：62182375	海淀区大柳树村19号南院工艺楼611～617房间，100081
13	深圳市环通认证服务有限责任公司	纺织品及纺织产品 橡胶和塑料制品 非金属矿物制品 机械及设备 电子、电气及光电设备 其他运输设备	曲辛田 电话：0755-83355888 传真：0755-83202712	深圳市福田区华强南路无线电管理大厦13层，518033
14	北京中建国信认证中心	纺织品及纺织产品 橡胶和塑料制品 非金属矿物制品 机械及设备 电子、电气及光电设备	武庆涛/郝进秀 电话：65561183 7691 1768 传真：65561194	北京市朝阳区十里堡甲3号B座21层C室，100025
15	北京天一正质量认证中心	纺织品及纺织产品 橡胶和塑料制品 非金属矿物制品 机械及设备 电子、电气及光电设备 其他运输设备	郭瑞霞/贺石彬 电话：68768047 传真：68069092	北京市西城区月坛北小街2号院1号楼，100830

序号	机构名称	业务范围	负责人/联系人/电话/传真	地址
16	北京中设质量体系认证中心	纺织品及纺织产品 机械及设备 电子、电气及光电设备	吴乐融/夏晶晶 电话：68207521 传真：68207523	北京市海淀区万寿路 27 号，100840
17	北京正天德管理体系认证有限公司	纺织品及纺织产品 橡胶和塑料制品 非金属矿物制品 机械及设备 电子、电气及光电设备 其他运输设备	任庆才/仨　磊 电话：010-65951477 传真：010-65861800	北京市朝阳区光华里甲 19 号，100020
18	江苏九州认证有限公司	纺织品及纺织产品 橡胶和塑料制品 非金属矿物制品 机械及设备 电子、电气及光电设备 他运输设备	林　军/矢红斌 电话：025-3235215 025-6632046 传真：025-3235213	南京市鼓楼区云南路 31-1 号，210008
19	泰尔认证中心	机械及设备 电子、电气及光电设备	袁和国/周　洵 电话：010-82051450 传真：010-82050131	北京市西城区新街口外大街 28 号，100088
20	北京三星九千质量认证中心	纺织品及纺织产品 橡胶和塑料制品 非金属矿物制品 机械及设备 电子、电气及光电设备 其他运输设备	谢征雪/刘　锋 电话：64429578 传真：64423608	北京市朝阳区樱花园东街 5 号，100029
21	天津华诚认证中心	橡胶和塑料制品 非金属矿物制品 机械及设备 电子、电气及光电设备 其他运输设备	于洪涛/淘金龙 电话：022-84771634 传真：022-84771633 022-24375351	天津市河东区程林庄道天山路口，300162
22	兴原质量认证中心	纺织品及纺织产品 橡胶和塑料制品 非金属矿物制品 机械及设备 电子、电气及光电设备 其他运输设备	李鸿才/万霁霞 电话：62863564 传真：62862030	北京市海滨区哨子营 1 号院，100091
23	北京世标认证中心	纺织品及纺织产品 橡胶和塑料制品 非金属矿物制品 机械及设备 电子、电气及光电设备 其他运输设备	高　岚/周海瑶 电话：82291199 82295877 传真：82295677	北京市海淀区德胜门西大街 15 号远洋风景 8-2-6 层，100088
24	北京埃尔维质量认证中心	纺织品及纺织产品 橡胶和塑料制品 非金属矿物制品 机械及设备 电子、电气及光电设备 其他运输设备	徐　清/王　筠 电话：010-68000230/0231 传真：68000314	北京西城区南礼士路 3 号龙蕃写字楼 A 座 216 室，100037

序号	机构名称	业务范围	负责人/联系人/电话/传真	地址
25	中国进出口商品检验总公司	纺织品及纺织产品 橡胶和塑料制品 非金属矿物制品 机械及设备 电子、电气及光电设备 其他运输设备	周文惠/孔祥月 电话：65062221 65995344 传真：65995343-12	北京市朝阳区芳草地西街15号，100020
26	鹏程国际认证中心	纺织品及纺织产品 橡胶和塑料制品 非金属矿物制品 机械及设备 电子、电气及光电设备 其他运输设备	安维洲 电话：0755-25585855 传真：0755-25585855	深圳和平路2049号和平大厦3~4层，518008
27	上海电子仪表质量审核所	橡胶和塑料制品 机械及设备 电子、电气及光电设备	秦葆禄/石亚力 电话：021-64662707 传真：021-64715086	上海永嘉路627号，200031
28	北京联合智业认证有限公司	纺织品及纺织产品 机械及设备 电子、电气及光电设备 其他运输设备	周和华/管　祥 电话：64917645 传真：64916981	北京市朝阳区亚运村安慧里四区15楼（中国五矿大厦）16层，100101
29	北京中经科环质量认证有限公司	纺织品及纺织产品 橡胶和塑料制品 非金属矿物制品 机械及设备 电子、电气及光电设备 其他运输设备	艾秩伦/李　军 电话：68357009 传真：68359004	北京市西城区文兴东街1号国谊宾馆南楼6层2609-2610，100044
30	北京博天亚认证有限公司	机械及设备 电子、电气及光电设备	张　莉/赵向东 电话：62361406/7619/ 传真：62360827	北京市宣武区下斜街29号，100053
31	北京国医械华光认证有限公司	机械及设备 电子、电气及光电设备	陈志刚 电话：62013856 传真：62013872	北京市朝阳区北三环中路2号，100011
32	北京泰瑞特质量认证中心	机械及设备 电子、电气及光电设备	岳天心/那贵生 电话：64320493 传真：64372118	北京市朝阳区大山子酒仙桥北路乙7号质检楼，100015
33	广州中诚标志认证中心有限公司	机械及设备 电子、电气及光电设备	陈广林/施益中 电话：020-84498779 传真：020-84420604	广州市海珠区南村路泰山庙前3号之6，510220
34	上海爱索质量认证中心	机械及设备 电子、电气及光电设备	刘世昌/黄　涛 电话：021-64378405 传真：021-64332334	上海市宝庆路10号，200031
35	中汽认证中心	橡胶和塑料制品 机械及设备 电子、电气及光电设备 其他运输设备	黄学平/龚清清 电话：63908961 13701187178 传真：63908982	北京市西城区木樨地北里甲11号国宏大厦，100038
36	四川三峡认证有限公司	纺织品及纺织产品 橡胶和塑料制品 非金属矿物制品 机械及设备 电子、电气及光电设备 其他运输设备	傅世乾 电话：028-85594372 传真：028-85596930	四川省成都市黉门街79号，610041

序号	机构名称	业务范围	负责人／联系人／电话／传真	地址
37	北京九千标准质量体系认证中心	纺织品及纺织产品 橡胶和塑料制品 非金属矿物制品 机械及设备 电子、电气及光电设备 其他运输设备	李存建／王 玫 电话：62337661 传真：62335102	北京市海淀区卧龙桥甲6号综合楼，100083
38	上海质量体系审核中心	纺织品及纺织产品 橡胶和塑料制品 非金属矿物制品 机械及设备 电子、电气及光电设备 其他运输设备	沙嘉祥／孙纯一 电话：021－63606195 传真：021－63603395	上海市成都北路 500 号峻岭广场 35 层，200003
39	北京中质协质量保证中心	纺织品及纺织产品 橡胶和塑料制品 非金属矿物制品 机械及设备 电子、电气及光电设备 其他运输设备	黄金夫／刘玉林 电话：68710377 传真：62452535	北京市海淀区三虎桥百胜村 6 号，100044
40	广州赛宝认证中心服务有限公司	纺织品及纺织产品 橡胶和塑料制品 机械及设备 电子、电气及光电设备 其他运输设备	万举勇／许炳雄 电话：020－87236922 传真：020－87236230	广州市天河区东莞庄路竹丝岗 1 号，510610
41	中国机械工业质量体系认证中心	橡胶和塑料制品 机械及设备 电子、电气及光电设备 其他运输设备	陈 京／曹仲京 电话：88301862 传真：68321827	北京海淀区首体南路 2 号机械院，100044
42	中国质量认证中心	纺织品及纺织产品 橡胶和塑料制品 非金属矿物制品 机械及设备 电子、电气及光电设备 其它运输设备	李怀林／张丽欣 电话：85637744／85622233 传真：85611428／85614793	北京朝外芳草地西街 15 号，100020
43	信息产业部电子标准化研究所（中国电子技术标准化研究所）	橡胶和塑料制品 机械及设备 电子、电气及光电设备	童本敏／韩硕祥 电话：84029001 传真：64061162	北京安定门东大街 1 号，100007
44	北京航协认证中心	机械及设备 电子、电气及光电设备	王 ／孙淑贞 电话：64663322－2567 64663322－2559 传真：64652320	北京东直门外京顺路七号，100028
45	中国新时代质量体系认证中心	纺织品及纺织产品 橡胶和塑料制品 非金属矿物制品 机械及设备 电子、电气及光电设备 其他运输设备	席学文／邓以军 电话：84542582 传真：84542577	北京市朝阳区京顺路 7 号 100028

32、部件自愿性认证机构名录及其业务范围

（国认证函[2003]年134号）

序号	机构名称	业务范围	联络方式
1	中国质量认证中心	CNCA-V01-001:2003 激光系统（激光组件）； CNCA-V01-002:2003 直热式阶跃型正温度系数热敏电阻器； CNCA-V01-003:2003 抑制射频干扰整件滤波器； CNCA-V01-004:2003 小型管状熔断体的熔断器座； CNCA-V01-005:2003 电阻器； CNCA-V01-006:2003 手机充电器； CNCA-V01-007:2003 高压元件和组件； CNCA-V01-008:2003 单面纸质印制线路板； CNCA-V01-009:2003 印制电路用覆铜箔层压板； CNCA-V01-010:2003 抑制电源电磁干扰用固定电容器； CNCA-V01-011:2003 继电器； CNCA-V01-012:2003 器具开关； CNCA-V01-013:2003 交流电动机电容器； CNCA-V01-014:2003 扁形快速连接端头； CNCA-V01-015:2003 家用和类似用途低压电路用的连接器件； CNCA-V01-016:2003 螺纹型和无螺纹型夹紧件； CNCA-V01-017:2003 螺口灯座； CNCA-V01-018:2003 家用和类似用途电自动控制器	北京市芳草地西街15号，100020 联系人：王克娇 电话：010-85619547
2	中汽认证中心	CNCA-V01-019:2003 汽车灯具（前照灯、前后雾灯、信号灯、倒车灯、转向信号灯、后牌照板照明装置、驻车灯、侧标志灯）； CNCA-V01-020:2003 机动车回复反射器； CNCA-V01-021:2003 汽车座椅及头枕； CNCA-V01-022:2003 汽车后视镜； CNCA-V01-023:2003 汽车门锁、门铰链； CNCA-V01-024:2003 汽车内饰件材料； CNCA-V01-025:2003 机动车喇叭； CNCA-V01-026:2003 汽车燃油箱； CNCA-V01-027:2003 摩托车前照灯； CNCA-V01-028:2003 摩托车后视镜； CNCA-V01-029:2003 汽车发动机； CNCA-V01-030:2003 汽车制动软管； CNCA-V01-031:2003 汽车制动主缸； CNCA-V01-032:2003 汽车制动器； CNCA-V01-033:2003 汽车风窗玻璃刮水器； CNCA-V01-034:2003 汽车风窗玻璃洗涤器； CNCA-V01-035:2003 汽车空调(HFC-134a)制冷装置； CNCA-V01-036:2003 汽车空调(HFC-134a)用压缩机； CNCA-V01-037:2003 汽车（含摩托车）车速里程表	北京市西城区木樨地北里甲11号国宏大厦B座19层，100038 联系人：黄学平/龚清清 电话：010-63908961 电话：010-63908982

序号	机构名称	业务范围	联络方式
3	北京鉴衡认证中心	CNCA-V01-001:2003 激光系统（激光组件）； CNCA-V01-002:2003 直热式阶跃型正温度系数热敏电阻器； CNCA-V01-003:2003 抑制射频干扰整件滤波器； CNCA-V01-004:2003 小型管状熔断体的熔断器座； CNCA-V01-005:2003 电阻器； CNCA-V01-006:2003 手机充电器； CNCA-V01-007:2003 高压元件和组件； CNCA-V01-008:2003 单面纸质印制线路板； CNCA-V01-009:2003 印制电路用覆铜箔层压板； CNCA-V01-010:2003 抑制电源电磁干扰用固定电容器； CNCA-V01-011:2003 继电器； CNCA-V01-012:2003 器具开关； CNCA-V01-013:2003 交流电动机电容器； CNCA-V01-014:2003 扁形快速连接端头； CNCA-V01-015:2003 家用和类似用途低压电路用的连接器件； CNCA-V01-016:2003 螺纹型和无螺纹型夹紧件； CNCA-V01-017:2003 螺口灯座； CNCA-V01-018:2003 家用和类似用途电自动控制器	北京市北三环东路 18 号，100013 联系人：陆国强 电话：010-64228218 电话：010-64228215
4	北京中轻联认证中心	CNCA-V01-010:2003 抑制电源电磁干扰用固定电容器； CNCA-V01-011:2003 继电器； CNCA-V01-012:2003 器具开关； CNCA-V01-013:2003 交流电动机电容器； CNCA-V01-014:2003 扁形快速连接端头； CNCA-V01-015:2003 家用和类似用途低压电路用的连接器件； CNCA-V01-016:2003 螺纹型和无螺纹型夹紧件； CNCA-V01-017:2003 螺口灯座； CNCA-V01-018:2003 家用和类似用途电自动控制器	北京市西城区阜外大街乙22号 联系人：张艳芬 电话：010-68396464 电话：010-68396565
5	中国电子技术标准化研究所产品认证中心	CNCA-V01-001:2003 激光系统（激光组件）； CNCA-V01-002:2003 直热式阶跃型正温度系数热敏电阻器； CNCA-V01-003:2003 抑制射频干扰整件滤波器； CNCA-V01-004:2003 小型管状熔断体的熔断器座； CNCA-V01-005:2003 电阻器； CNCA-V01-006:2003 手机充电器； CNCA-V01-007:2003 高压元件和组件； CNCA-V01-008:2003 单面纸质印制线路板； CNCA-V01-009:2003 印制电路用覆铜箔层压板； CNCA-V01-010:2003 抑制电源电磁干扰用固定电容器； CNCA-V01-011:2003 继电器； CNCA-V01-012:2003 器具开关； CNCA-V01-013:2003 交流电动机电容器	北京安定门东大街 1 号 联系人：王彦 电话：010-84029743 电话：010-84029743
6	方圆标志认证中心	CNCA-V01-001:2003 激光系统（激光组件）； CNCA-V01-002:2003 直热式阶跃型正温度系数热敏电阻器； CNCA-V01-003:2003 抑制射频干扰整件滤波器； CNCA-V01-014:2003 扁形快速连接端头； CNCA-V01-015:2003 家用和类似用途低压电路用的连接器件； CNCA-V01-016:2003 螺纹型和无螺纹型夹紧件	北京市西三环北路甲 105 号科原大厦 B 座 12 层 联系人：马林聪 电话：010-86851888-603 电话：010-88414325

33、承担强制性产品认证工作的认证机构及其业务范围

（国认证函[2003]年170号）

序号	机构名称	指定的业务范围	通信地址
1	中国质量认证中心	CNCA-01C-001：电线组件； CNCA-01C-002：电线电缆； CNCA-01C-003：家用及类似用途插头插座； CNCA-01C-004：家用及类似用途固定式电器装置的开关； CNCA-01C-005：工业用插头插座和耦合器； CNCA-01C-006：家用及类似用途器具耦合器； CNCA-01C-007：热熔断体； CNCA-01C-008：家用及类似用途固定式电器装置电器附件外壳； CNCA-01C-009：小型熔断器的管状熔断体； CNCA-01C-010：低压成套开关设备； CNCA-01C-011：开关和控制设备； CNCA-01C-012：整机保护设备； CNCA-01C-013：小功率电动机； CNCA-01C-014：电动工具； CNCA-01C-015：电焊机； CNCA-01C-016：家用和类似用途设备； CNCA-01C-017：音视频设备； CNCA-01C-018：声音和电视信号的电缆分配系统设备与部件； CNCA-01C-019：卫星电视广播接收机； CNCA-01C-020：信息技术设备； CNCA-01C-021：金融及贸易结算电子设备； CNCA-01C-022：照明电器； CNCA-02C-023：汽车产品； CNCA-02C-024：摩托车产品； CNCA-02C-025：摩托车发动机产品； CNCA-02C-026：汽车安全带产品； CNCA-03C-027：轮胎产品； CNCA-04C-028：安全玻璃产品； CNCA-07C-031：电信终端设备； CNCA-08C-032：心电图机； CNCA-08C-033：血液透析装置； CNCA-08C-034：血液净化装置的体外循环管道； CNCA-08C-035：空心纤维透析器； CNCA-08C-036：植入式心脏起搏器； CNCA-08C-037：医用X射线诊断设备； CNCA-08C-038：人工心肺机 滚压式血泵； CNCA-08C-039：人工心肺机 滚压式搏动血泵； CNCA-08C-040：人工心肺机 鼓泡式氧合器； CNCA-08C-041：人工心肺机 热交换器； CNCA-08C-042：人工心肺机 热交换水箱； CNCA-08C-043：人工心肺机 硅橡胶泵管； CNCA-10C-047：入侵探测器产品	北京市芳草地西街15号，100020 联系人：李怀林 电话：010-85622233 www.cqc.com.cn
2	中国电磁兼容认证中心	CNCA-01C-001：电线组件； CNCA-01C-002：电线电缆； CNCA-01C-003：家用及类似用途插头插座； CNCA-01C-004：家用及类似用途固定式电器装置的开关； CNCA-01C-005：工业用插头插座和耦合器；	北京北三环东路18号，100013 联系人：滕俊恒 电话：010-64214583 010-64222575 www.cemc.org.cn

序号	机构名称	指定的业务范围	通信地址
		CNCA-01C-006：家用及类似用途器具耦合器； CNCA-01C-007：热熔断体； CNCA-01C-008：家用及类似用途固定式电器装置电器附件外壳； CNCA-01C-009：小型熔断器的管状熔断体； CNCA-01C-013：小功率电动机； CNCA-01C-014：电动工具； CNCA-01C-016：家用和类似用途设备； CNCA-01C-017：音视频设备； CNCA-01C-018：声音和电视信号的电缆分配系统设备与部件(EMC)； CNCA-01C-019：卫星电视广播接收机(EMC)； CNCA-01C-020：信息技术设备； CNCA-01C-021：金融及贸易结算电子设备(EMC)； CNCA-01C-022：照明电器； CNCA-01C-031：电信终端设备	
3	中国安全技术防范认证中心	CNCA-10C-047：入侵探测器产品	北京市海淀区阜成路16号航天科技大厦13层，100037 联系人：刘剑锋，张金明 电话：010-68370229 010-68370121
4	北京东方凯姆质量认证中心（原中国农机产品质量认证中心）	CNCA-05C-029：植物保护机械 背负式喷雾喷粉机（器）	北京市朝阳区东三环南路十里河，100021 联系人：何丽虹 电话：010-67347471 010-67316737
5	北京环宇赛福特认证中心 （原中国安全玻璃认证中心）	CNCA-04C-028：安全玻璃产品	北京朝阳区管庄东里建材院，100024 联系人：莫娇，王文彪 电话：010-65775948 010-51167389 传真：010-65761715 010-65711591 www.csgc.org.cn
6	北京中化联合质量认证有限公司（原中国轮胎产品认证委员会认证中心和中国乳胶制品质量认证委员会）	CNCA-03C-027：轮胎产品； CNCA-06C-030：橡胶避孕套	北京朝阳区安慧里4区16楼410室，100723 联系人：谢华 电话：010-84885047 010-84885335 传真：010-84885047-814 www.cciq.net
7	公安部消防产品合格评定中心	CNCA-09C-044：火灾报警设备； CNCA-09C-045：消防水带； CNCA-09C-046：喷水灭火设备	北京市丰台区方庄芳群园四区金城中心1205室，100078 联系人：赵辉 电话:010-87679978,87679989
8	中汽认证中心（原中国汽车产品认证中心）	CNCA-02C-023：汽车产品； CNCA-02C-024：摩托车产品； CNCA-02C-025：摩托车发动机产品； CNCA-02C-026：汽车安全带产品 （暂不承担进口汽车、摩托车及摩托车发动机产品认证工作）。	北京西城区木樨地国宏大厦B座19层，100038 联系人：黄学平、白晓燕 电话：010-63908961 010-63908965 传真：010-63908982 www.cccap.org.cn

山东铁正工程试验检测中心

山东铁正工程试验检测中心，为国家认可实验室，具有独立企业法人资格。中心下设六个部室，现有员工50余人，所有试验检测人员均持证上岗。主要仪器设备280台件，原值600多万元，工作房屋1400m^2。中心具有：国家实验室认可、国家计量认证、交通部公路工程甲级、建设部、铁道部基桩检测、建筑企业一级试验室等多项检测资质，具有较强的检测实力。主要承接铁路、公路、水利水电、机场、工业与民用建筑等多个行业和领域的工程试验检测任务。

中心注重弘扬铁正精神，精心打造“铁正”品牌。秉承实现共赢、追求满意的经营理念，坚持“科学、公正、准确、守时”的质量方针，信守“业主放心、监理信任、用户满意”的服务承诺，竭诚为新老客户提供优质高效的检测服务，并诚恳接受社会的监督。

地址:山东省济南市和平路16号　邮编：250014
中心主任、法人代表:任宪合　0531-8386413
中 心 副 主 任:鲁爱民　0531-8385482
技术负责人兼综合室主任:向守元　8385493（兼传真）
客 户 服 务 部 主 任:刘士东　13706413730；8385923
网址:www.sd-tiezheng.com　邮箱：tzzx@sd-tiezheng.com

青州明顺认证咨询有限公司

地址：山东省青州市云门山北路1342号　邮编：262500
电话：（0536）3227671　传 真：（0536）3229671
网址：www.mingshunzixun.com　联系人：陈明顺　陈涛

WWW.MINGSHUNZIXUN.COM

青州明顺认证咨询有限公司，是经国家认证认可监督管理委员会审查批准（批准号：CNCA—Z—16Q—2002—039）并经工商行政部门依法登记注册（注册号：3707812801086）的具有独立法人资格的认证咨询机构，是山东认证协会成员单位。

公司拥有一批经中国认证人员国家注册委员会注册，并长期从事质量管理体系认证咨询工作、经验丰富的审核员和咨询师，已为青州供电局、青州人民商场、山东裕源集团总公司、临朐第一建筑工程公司、潍坊中心血站、东营诚信建筑安装公司、东营世嘉建材有限公司、潍坊银龙纺织有限公司、潍坊威力机械有限公司、中国外运山东青州分公司等近百家企业进行了全过程的认证咨询，均一次通过认证，深受企业好评。

公司认真贯彻《中华人民共和国认证认可条例》和国家认监委颁布的《认证咨询机构管理办法》及其它有关认证咨询工作的法律法规，注重公司的全名建设，全力打造高素质的认证咨询队伍。坚持以顾客为关注焦点的理念，及时征求企业或组织对咨询服务的意见和建议，强调以预防为主的管理思想和持续改进的工作态度，以正直无欺、称职高效的职业道德，操守履行认证咨询职责，树立良好的社会形象，成为受到山东电视台等新闻媒体宣传展示的优势诚信单位。

我们的质量方针和目标是：遵守国际准则，满足客户期望，追求高效服务，争创一流业绩；保证客户满意率100%，保证一次通过认证审核率100%。

青州明顺认证咨询有限公司，愿通过卓有成效的工作，为广大企业或组织市场竞争力的增强和经济效益的提高，为我国认证咨询事业的发展作出积极的贡献。

国家纺织器材质量监督检验中心

我中心是国家质量监督检验检疫总局授权的具有第三方公正地位的法定专职质检机构，是社会公益型的独立的事业法人单位。中心坐落在美丽的海河之滨、津河花园之畔，位于天津市河西区福建路160号，现有试验场地1800M²，先进仪器设备80余台(套)，各类专业技术人员占总人数的76.9%。中心于2004年01月12日通过了CNAL和国家质检总局组织的现场复评审及复查验收，是目前国内纺织器材行业唯一的国家级质检中心和认可检验实验室。受权承担金属器材(包括梳理机用齿条、盖板针布、弹性针布、固a定盖板、钢丝圈、钢丝综、钢筘、针织用针、印花镍网等)、塑料器材(包括纺织用经纬纱管、筒管等)、橡胶器材(包括胶圈、胶辊、搓皮板、投梭节、缓冲圈等)、木质器材(包括木梭、侧板、打梭棒等)21大类产品的国家、部门、地方组织的质量监督检验工作和各单位的委托检验、送样检验工作，以及IS0-9000族质量体系标准认证工作中纺织器材产品质量委托检验工作，质量争议仲裁检验工作以及新产品鉴定检验等工作。

中心自1982年组建至今共承担纺织器材产品质量国家监督抽查20余次，共完成各类检验报告3300余份。目前拥有国际和国外纺织器材标准57项，现行纺织器材产品行业标准169项。

中心自行研制开发了胶圈静摩擦系数检测仪、胶圈内周长检测仪；梭子检测工装；针织用针检测工装；喷气织机用钢筘气压值检测仪等纺织器材专用检测设备。

国家纺织器材质量监督检验中心严格遵守国家有关质量监督的法律法规、按照GB/T 15481-2000（idt ISO/IEC 17025：1999）及质量体系文件要求运作，贯彻“公正、热情地对待每一个客户；科学、准确地检测每一个样品；廉洁、高效地提供每一次服务。”的质量方针。我们真诚地欢迎各界朋友与我们合作。

国家纺织器材质量监督检验中心

联系人：姚伟(中心主任)、辛少明(中心副主任)

中心地址：天津市河西区福建路160号　　**邮　编：300202**

联系电话：022-23233621　　23231136（带传真）　　E-mail:gfqzx160tj@263.net

发展中的国家建筑装修材料质量监督检验中心

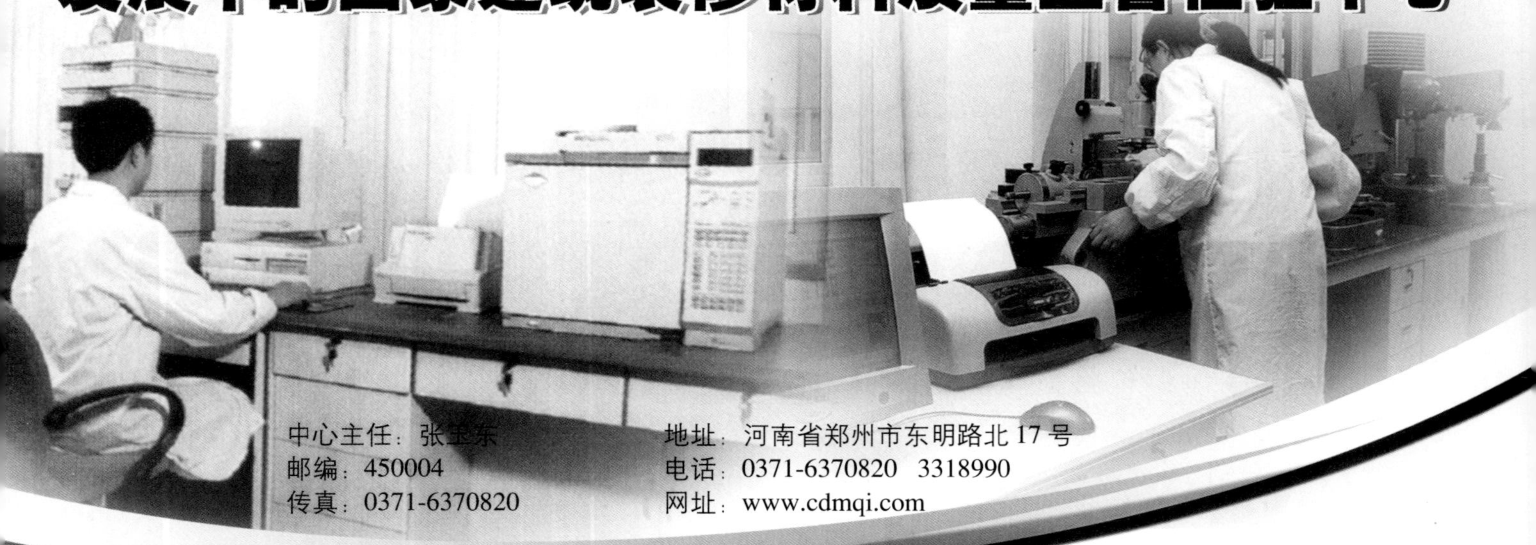

中心主任：张玉东　　地址：河南省郑州市东明路北17号

邮编：450004　　电话：0371-6370820　3318990

传真：0371-6370820　　网址：www.cdmqi.com

国家建筑装修材料质量监督检验中心（以下简称中心）是国家质量监督检验检疫总局依法授权的国家级产品质量监督检验机构。现有人员30名。其中，高级工程师8名，中级技术人员15名，全国工业产品许可证注册审查员11名，3C证工厂审查员5名，ISO9000质量体系认证审查员5名、实验室认可计量评审员2名。内部机构设置有：化工涂料室、轻工橡塑室、石陶室、机电室、室内空气质量与装饰工程检测室、综合办公室和河南省建筑装饰装修质量监督检验站。2002年经中国实验室国家认可委员会对中心实验室的审查认可和国家认证认可管理委员会授权，目前，中心已具备对建筑装饰装修用油漆、涂料、石材、陶瓷砖、卫生陶瓷、铝合金建筑型材、金属吊顶、建筑用轻钢龙骨、铝塑复合板、建筑装饰用像塑制品、塑钢型材、人造板材、各类木地板、建筑装修用五金制品、电光源、灯具等191种产品和参数的检验能力、10种室内装饰装修材料有害物质限量检验及室内空气质量监测。2004年，中心被国家认证认可监督管理委员会指定为瓷质砖强制性安全认证检验机构。

中心在国家质检总局，河南省质监局的领导下，本着以服务经济建设、服务企业、服务社会的工作精神，坚持经济效益、社会效益并进的发展方针和“科学严谨的管理、公正准确的数据、优质及时的服务、高效可靠的工作”的质量方针，将中心的各项业务融入到质监事业发展和社会经济之中，进一步提高了技术支撑能力和自身生存与发展的竞争能力。初步形成了以政府下达的指令性检验任务、强制性产品认证检验、生产许可证产品检验、市场委托检验检测、技术服务等项业务为主的总体格局。

董事长兼总经理：曾明庆

深圳市太科检验有限公司是于1993年3月注册成立向社会提供综合性检测技术服务的法人单位，公司固定资产800余万元，检测仪器设备400多台套，工程技术人员40名（其中高级工程师18名），90%的人员持有相关专业的资格证书。能开展建材原材料试验、金属材料理化试验，建筑钢（网架）结构检测检验、高强螺栓检测、防水材料、建筑用PVC管材试验、土工道路检验、锅炉压力容器及长输压力管道、海洋石油平台与船舶海洋钢结构等工程的300余项试验、检测项目，具有硬件环境好、资源实力强、机构设置齐全、工作组织高效的特点。

深圳市太科检验有限公司

公司现持有深圳市建设局颁发的“深圳市建筑业试验室对外检测许可证”书、广东省技术监督局颁发的“计量认证合格证”书、建设部颁发的“无损检测专业承包壹级”企业资质、国家质量监督检验检疫总局颁发的“锅炉压力容器压力管道及特种设备检验许可证书”、中国实验室国家认可委员会颁发的“实验室认可证书”与“检查机构认可证书”。同时建立了一套完整的质量管理体系，并取得中国方圆标志认证中心、BSI英国标准化学会与美国船级社ABS公司ISO9001:2000“质量管理体系认证证书”。并于2003年经全国市场诚信建设组织委员会评选为“诚信建设示范单位”。

太科公司以“全心全意的为客户服务”为宗旨，以“公正求实、严谨科学、诚实守信、优质高效”为质量方针，既重视高素质、高层次技术人才的培养，又致力于新技术、新手段的开发和应用，立足深圳，辐射广东，走向全国，注重优异的经济效益，追求良好的信誉等级，争取为社会提供卓越的服务。

地　址：深圳市福田区下梅林建安集团工业区3栋　　邮　编：518049
咨询电话：0755-83139828　　投诉电话：0755-83139859
传　真：0755-83139761　　办公电话：0755-83139735
电子信箱：tkjy@vip.163.com　　公司网址：www.tky.com

深圳市华中航科技有限公司简介

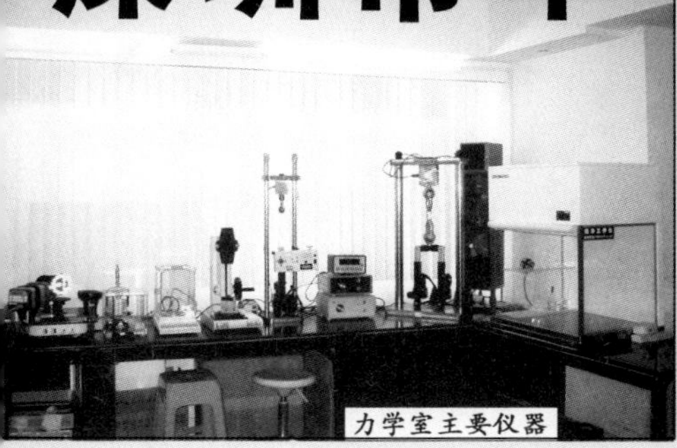

力学室主要仪器

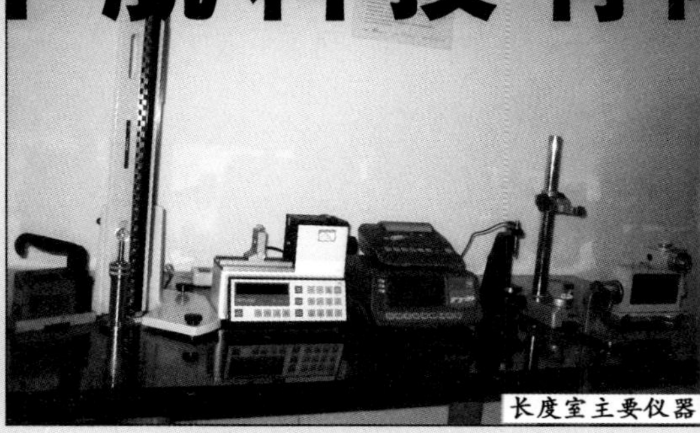

长度室主要仪器

温度室主要仪

位于深圳最高建筑地王大厦内的华中航科技有限公司是一家获得中国实验室国家认可委员会CNAL认可的校准机构，被认可项目有67项，包括长度、热力及电学等专业，基本满足珠三角各类企事业、科研机构的溯源校准要求，成立至今已对上千家企事业单位开展了校准服务。

长度类主要可校准通用量具、四等以下的量块、投影仪、三坐标机等项目。

热力类主要可校准温湿度计（20%~90%RH）、温度仪器（-30℃~1200℃）、红外温度计（常温~500℃）、压力仪器（0.04Mpa~60Mpa）、0.5级以下力值类仪器、扭力0~200N · m、拉压力0~2000kN、密度0.67~2.00g/cm3、转速0~30000rpm

电学类主要可校准六位半以下数字式多用表、普通电参数测试仪器、L C R测试仪器及器具（0.1级以下）普通抖晃、失真测试仪器、工业用高压安规测试仪器（AC:0-20kV, DC:0~30kV）、电阻测试仪器（10~3OHM~2 × 1011OHM），以及频率计、高低频信号发生器、调制表（频率范围0.1mHz~26.5GHz）、1GHz以下示波器等。

实验室现有具有国际先进水平的8902S、26.5GHz频谱分析仪及5520A、4284A等主要仪器设备150台（套），占地面积3000m^2，其中试验场地近200m^2。

公司是具有独立法人资格的第三方公正校准实验室，拥有一批能力强、素质高、经验丰富、训练有素的专业技术人员，其中工程师、高级工程师达50%。

让百姓放心　让政府安心

—— 绍兴咸亨食品有限公司

绍兴咸亨食品有限公司，前身是绍兴著名老字号“咸亨酱园”，始建于清乾隆元年，专业生产绍兴地方特产——绍兴腐乳，已有260多年历史。目前公司已发展成为全国腐乳行业最大企业之一和全国腐乳出口量最大企业，年生产腐乳4000吨，出口腐乳近千吨，产品在国内市场及东南亚地区具有较高知名度，“咸亨”牌腐乳被认定为浙江省名牌产品，“咸亨”商标被认定为浙江省著名商标，公司先后被绍兴市人民政府及有关部门授予“绍兴市私营企业三十强”、“绍兴市纳税A级信誉单位”等荣誉，取得这些成绩，主要得益于我们坚持诚信经营，重视食品安全，生产放心产品的结果。

水城钢铁(集团)有限责任公司

SHUICHENGGANGTIE

水城钢铁(集团)有限责任公司(以下简称水钢)，是拥有矿业、建材、煤焦化、耐材、机械加工、建筑安装、运输等多种配套产业的国家重点大型钢铁联合企业。现有职工1.72万人，各类专业技术人员5000余人；资产总额41．8亿元。已形成年产生铁180万吨、钢185万吨、钢材175万吨的综合生产能力，具有年货运量800万吨的汽车运输能力和年货运量1000多万吨的铁路运输能力。

水钢主要产品有铸造生铁、炼钢生铁、连铸坯、普通线材(规格 ϕ 6.5mm～ ϕ 8mm)、高速线材（规格 ϕ 6.5mm～ ϕ 12mm)、钢筋混凝土用热轧带肋钢筋（规格 ϕ 12mm～ ϕ 40mm)、水泥、焦炭及焦化副产品等。新开发的新产品有H08A、20MnSiV和HRB400 Ⅲ级带肋钢筋等。

在强化质量管理和提高产品质量方面，围绕“创品牌、塑形象”这一主题；确立了“坚持全面质量管理，不断满足顾客需求，以优质的产品和满意的服务，创造‘国内一流，国际有名’的建材精品回报社会”的质量方针，以优质的产品和服务实现水钢对顾客的承诺——“以国家法律、法规为准绳，顾客要求为核心，相互沟通，不断改进，创造精品，与顾客共铸辉煌”。

地址：贵州省六盘水市钟山区巴西中路　　邮编：553028
电话：(0858) 8922795　　传真：(0858) 8950067

温州永强机场

WENZHOU YONGQIANG AIRPORT

温州永强机场始建于1987年，于1990年5月竣工，同年7月12日正式通航。机场距市中心21km，飞行区等级为4D，可起降B767、A320、MD90以下机型。跑道长2400m，停机坪面积82000m²，候机楼面积12000m²，停车场面积14000m²。目前机场开通了包括香港、澳门在内的65条航线，国内三大航空集团公司和六家地方航空公司在机场投入营运，3家航空公司在温州设立临时过夜基地，8架飞机停场过夜。机场自1995年来连续在全国140余个营运机场中排名前20-22位，华东地区30多个营运机场中排名前7-8位，全国同类机场中生产量名列第一，是全国同类机场中投资规模较小、发展速度较快、经济效益和社会效益较好的机场之一。

2003年6月，浙江方圆标志认证审核中心按照认证程序对温州机场进行了全面系统的审核，为顺利通过认证，机场在总结历年运作经验、完善规章制度的基础上，按照质量认证要求和标准，编写了完整的质量手册，对各个部门的运作进行规范，使机场运行的每个环节都有章可循，有据可查。经过近6个月运营、审核，2003年12月25日，机场正式通过了ISO9001:2000质量体系认证。

机场地址：温州市龙湾区机场大道1号
机场总机：0577-86876666
传　　真：0577-86374941
联系电话：0577-86892658
邮　　编：325024

企业理念：创造完美、服务社会
企业宗旨：安全、高效、务实、创新
企业目标：环境优美、功能完善、管理科学、效益突出的国内干支一体化的现代化航空港
企业口号：创造完美之旅的舒心驿站
企业质量方针目标：机机放心、人人舒心、处处温馨

天津海关化验中心简介

天津海关化验中心成立于1993年4月，同时也是中华人民共和国海关总署设在华北及西北地区的区域性海关化验鉴定机构。负责天津、北京、河北、青海、山西、内蒙、新疆、宁夏、甘肃十省区海关进出口货物及物品的分析鉴定任务。十年来累计完成十省区海关送检化验样品18000余宗，涉及货值人民币约为130亿元。经化验鉴定发现涉嫌伪瞒报及偷逃进出口许可证管制样品2300宗，经化验防止偷漏税人民币9800万元。为海关正确执行国家关税政策，打击走私、伪瞒报等商业瞒骗活动提供了及时有效的科学依据。

本中心工作面积1200m²，现有管理和技术人员13人，其中具有中、高级专业技术职称的占54%。拥有世界上较为先进的X—衍射线分析仪、扫描电镜、X—荧光分析仪、热分析仪、气相色谱—质谱联用、红外光谱—色谱联用仪、ICP电感耦合等离子发射光谱仪、高压液相色谱仪等进口大型分析仪器和国产配套仪器设备30余台套，固定资产折合人民币1200余万元。

本中心坚持"科学、准确、及时、公正"的化验服务宗旨，秉承"依法行政、为国把关、服务经济、促进发展"的海关工作方针，注重与国际海关实验室及国内各大科研机构的学术交流，积极参与国际间实验室比对活动，严格按照中国实验室国家认可委员会《实验室认可准则》(CNACL201-2001)的工作要求开展检测活动，实验室管理及分析检定水平不断提高，并于2003年6月获得中国实验室国家认可委员会的国家实验室认可(证书编号：NO.L0538)。本中心愿意加强与各国内检验检测机构的业务合作与交流，为共同提高中国实验室总体水平贡献力量。

天津海关化验中心主任　高瑞锋　　联系电话：022-25760007　传真：022-25760026
地址：天津港保税区海滨五路一号　　邮编：300456

国家光电测距仪检测中心

中华人民共和国
计量认证合格证书
国家光电测距仪检测中心

国家光电测距仪检测中心是我国测绘行业唯一获得国家质量监督检验检疫总局授权的进行测绘仪器检定的国家级质检机构和新仪器定型鉴定机构，通过了国家认证认可监督评审委员会的计量认证考核，其主要职责是根据国家质量监督检验检疫总局的要求对国家基础测绘工程和国民经济建设中使用的各种测量仪器进行强制性和非强制性检定。

中心汇集了测绘、仪器和电子等专业的中高级技术人员，拥有经国家质量监督检验检疫总局考核通过的高精度基线检定场和基于全球ITRF框架的高精度GPS接收机检定场、HP5529B高精度双频激光干涉仪、自动温控高低温实验室等检测设施，具有检定各种精度等级测量仪器的先进设备和技术水平。自中心成立以来已检测了各种型号测量仪器达2万余台套，积累了大量检测数据，为全面了解仪器性能，进行测量仪器检测理论、手段和方法的研究提供了丰富的信息源，主持和参与了多项测量仪器检定规范的编写和修订工作，在质检行业处于领先水平。同时承担了绝大部分进口测量仪器的型式鉴定工作，追踪新仪器发展趋势，保证进口仪器的质量。

中华人民共和国
计量授权证书
国家光电测距仪检测中心

随着检测技术的进步和业务范围的拓展，中心实现了内外业检测数据采集和处理自动化，大大提高了工作效率和技术管理水平。这一技术的推广，必将提高测量仪器检定的整体技术水平，对常规测量数据的外业采集也具有一定的参考价值。在此基础上，我们将建立基于网络化管理的检测数据采集、处理与服务系统，增强技术实力，引导行业发展方向。

衷心感谢各级领导及社会各界用户多年来对国家光电测距仪检测中心的支持与爱护，我们将一如既往地为您提供全方位服务。

“科学、公正、准确、高效”是我们的宗旨，服务于客户并让客户满意是我们一贯的追求。

地址：北京市海淀区北太平路16号 邮编：100039 电话：(010)68283547，88217795，88217784 传真：(010)68283547

信息产业部电子第二十三研究所检验中心

信息产业部信息传输线质量监督检验中心
信息产业部电子第306计量站

信息产业部信息传输线质量监督检验中心成立于1988年1月，是原电子工业部授权，由原电子工业部第二十三研究所组建成立的。1991年6月通过了国家技术监督局对本实验室的计量认证，1998年通过了计量认证复查。2001年1月通过了实验室国家认可，2003年1月通过了监督及扩项评审（按ISO/IEC17025标准）。

自成立以来，我检测中心一直从事于军用和民用的电线电缆、电连接器、电缆组件、光纤光缆、光无源器件、光电传输系统设备及相关原材料产品的质量监督检测工作。经过十多年的发展，我检测中心已成为国内具有相当规模和权威的信息传输线行业质量监督检测机构。拥有检测仪表设备固定资产1500多万元、办公和测试用房2500多平方米。我们不但能按国家标准和行业标准对产品进行检测，而且还能按照国际标准（如ISO、IEC、MIL、ASTM等）进行检测，并保证测试数据的公正、准确。

目前，我检测中心承担的主要工作有：

◆ 全国性行业质量监督抽查；
◆ 鉴定检验和周期检验；
◆ 广播电视入网检验和总参军用入网检验；
◆ 线缆产品及其相关原材料产品的商检测试；
◆ 线缆行业产品质量争议仲裁检验；
◆ 提供其它具有法律效应的检测报告。

目前我检测中心已获实验室认可的检测产品共58项。可检测射频同轴电缆、控制电缆、程控电缆、漏泄电缆、RF缆、综合布线用电缆光缆、单模多模光纤、通信用室外室内光缆、光器件、金属材料等产品的电气性能、传输性能、光学性能、环境性能以及机械物理性能等。

此外，信息产业部电子306计量站成立于1996年，已获实验室认可的项目为仪器校准14类共31种。能为信息传输线行业提供电工、热工、无线电、光电子等计量检定服务，如游标类量具、测微类量具、示波器、电感、电容、电阻等测量仪器、信号源、频率计以及光源、光功率计、光时域反射仪、光纤综合特性测试仪的校准、检测服务。

全国卫生系统第一家通过实验室国家认可的单位

——深圳市疾病预防控制中心

深圳市疾病预防控制中心(以下简称"中心")是原深圳市卫生防疫站机构改革后成立的疾病预防控制机构（加挂"市卫生检测中心""市预防医学研究所"牌子)。主要负责本地区的疾病预防控制、食品卫生、环境卫生、职业卫生、学校卫生、放射卫生防护和消毒杀虫等卫生监测和委托产品的卫生质量检验，负责对基层疾病预防控制机构的业务技术指导，同时积极开展预防医学应用科学的研究。

中心现有工作人员约240名，其中各类专业技术人员占83.0%，现代化的检测仪器设备约3000 万元，在国内同行实验室中属领先水平。除常规的卫生检测实验室外，中心还有二噁英、卫生毒理、放射卫生、病原学微生物、分子生物学等卫生部、省、市重点实验室。传染病监测、计划免疫管理等各项业务管理及内部管理基本实现计算机信息化管理。

中心1993年通过省计量认证，1996年通过国家计划单列市一等卫生防疫站评审，同年艾滋病确认实验室获卫生部批准，1997年被评为国家科技事业单位档案管理一级单位，1999年成为中国预防医学科学院深圳研究中心，2000年3月获中国实验室国家认可，成为卫生系统第一家获实验室国家认可的机构。2001年2月通过ISO9002质量认证，2002年12月获省卫生监督检验检测机构认定。现通过认可认定的检测领域包括食品、化妆品、涉水产品、消毒产品、空气、生物样品、疾病控制等共575项。

近3年来，中心共有10项科研课题分别获得省、市科技进步奖。

目前，我中心正在规划新建一个占地3.18万m^2、建筑面积约4万m^2、投资总额约3.9亿元人民币的新疾病预防控制中心。

中北电磁兼容联合实验室

中北电磁兼容联合实验室是由中国计量科学研究院和北京交通大学强强联合、优势互补成立的电磁兼容检测实验室，主要业务是对各类设备进行电磁兼容性检测，并承担金融和贸易结算产品、声音和电视信号的电缆分配系统设备与部件的强制性产品认证的电磁兼容检测工作。

CNACL
实验室认可证书

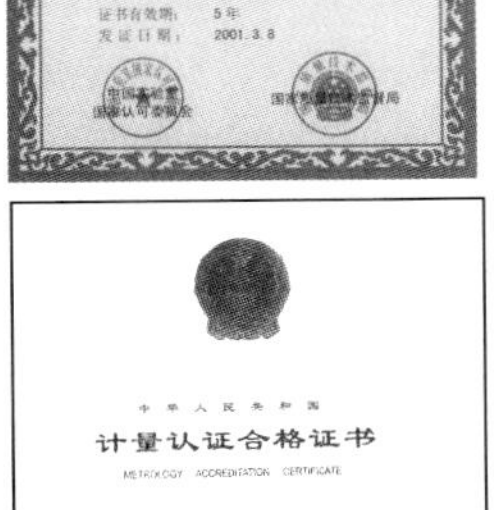
计量认证合格证书

目前实验室具备以下19个参数检测能力：

1.传导骚扰电压
2.骚扰功率
3.辐射骚扰场强
4.断续干扰电压（喀砺声）
5.谐波电流发射
6.电压波动和闪烁
7.静电放电抗扰度
8.射频电磁场辐射抗扰度
9.电快速瞬变脉冲群抗扰度
10.浪涌（冲击）抗扰度
11.射频场感应的传导骚扰抗扰度
12.工频磁场抗扰度
13.脉冲磁场抗扰度
14.电压暂降、短时中断与电源变化抗扰度
15.振荡波抗扰度
16.屏蔽室屏蔽效能
17.归一化场地衰减
18.高压架空线变电站无线电干扰
19.电气化铁道无线电干扰

中北实验室地址:北京西直门外上园村3号 北京交通大学电子信息学院电磁兼容室
电话:010-51688096 传真:010-51688107
北京北三环东路18号中国计量院无线电处电磁兼容室
电话:010-64276009 传真:010-64214100

株洲化学工业乳胶制品质量监督检验中心

株洲化学工业乳胶制品质量监督检验中心是根据化工部(91)化生监字第020号文批准建立的，从事乳胶制品的委托检验、生产许可证检验、国家监督抽查和产品质量认证检验工作；于1990年首次通过国家技术监督局组织的计量认证验收；1993年接受国家技术监督局及中国实验室国家认可委员会的实验室认可；1995年通过计量认证复查验收。中国实验室国家认可委员会于1999年3月21－22日组织了有关专家，根据CNACL201－1999《实验室认可准则》对我实验室进行了严格的认可复评审。2002年被国家认监委指定为CCC认证检验实验室。

中心机构健全，管理制度完善，仪器设备先进，技术力量雄厚。现有员工20人，其中高级工程师4人，工程师7人，主要从事胶乳、乳胶制品、橡胶及橡胶制品、涂料等化工产品的检验工作；实验室面积共1500多m^2，其中恒温面积达1000多平方米；拥有从日本、美国、英国、德国等国家进口的和国产的各类大型仪器共100多台套，价值共1100多万元。

质技监局认函［1999］180号文正式批准我实验室获准认可，认可的范围包括：橡胶避孕套、新系列气象气球、橡胶医用手套、一次性使用橡胶检查手套、橡胶家用手套、橡胶工业手套、橡胶输血胶管、丁基橡胶输液瓶塞、丁基橡胶抗生素瓶塞、天然胶乳、合成胶乳等11个产品的全项检验能力。湖南省橡胶及橡胶制品质量监督检验受权站、湖南省药用包装材料(容器)类检测站挂靠在我中心。2004年通过国家实验室认可委员会对我中心的复查和扩项评审工作，认可能力增加到23个产品的全项检验能力和橡胶及橡胶制品16个参数的检验能力，产品范围包括胶乳、乳胶制品、橡胶及橡胶制品、涂料等化工产品。

近几年来，中心检验水平和管理水平不断提高，保证中心的科学性、公正性、权威性。并且根据中心自身情况，结合市场，投入大量资金购置设备和进行人员培训，为中心的进一步发展打下良好的基础。

联 系 人：汤胜修　　联系地址：湖南省株洲市东环北路　　邮编：412003
联系电话：0733-2495120　　传真：0733-2495101　　E-mail：Tangshengxiu@163.com　　jysys@0733.com

浙江省机电产品质量检测所

http://www.zjimee.com.cn

浙江省机电产品质量检测所系国家政府依法授权的具有独立法人地位的综合性机电产品检验机构，行政隶属浙江省机电设计研究院有限公司，通过国家实验室认可、计量认证，全所占地5000m^2，实验室建筑面积3600m^2，现有职工40余人，机电技术人员配备合理，设备齐全先进。

检测所为原机械系统行业检测机构，其中水泵检测站为原机械工业部国家检测分中心，能承担低压电器、电动工具、电机、电焊机、水泵、发电机、农机、轻工机械、轻小型起重机械、金属材料、机电工程等机电产品的检测，各专业检测室先后成立于60~80年代，在浙江省享有较大知名度。还自行研制开发了水泵计算机测试系统等各类专用检测设备。

2003年度经国家认监委批准可承担低压电器、电动工具产品的强制认证检测。一年多来，承担了浙江地区较大量的强制认证检测任务，为我国强制认证的深入开展作出应有的贡献。

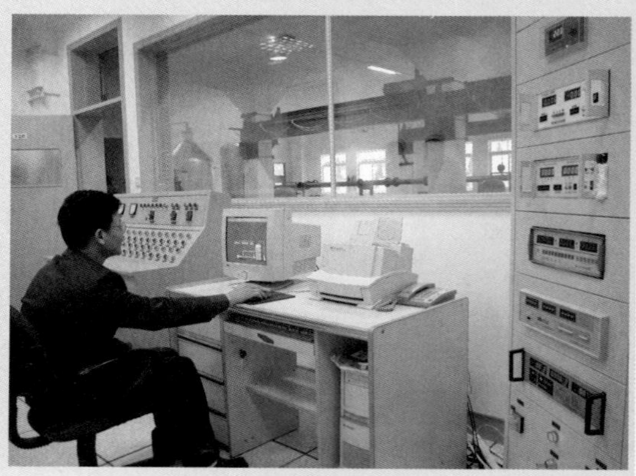

检测所按ISO/IEC 17025:1999《检测和校准实验室能力的通用要求》建立质量管理体系，并严格按体系要求运行，坚持公正性、独立性、诚实性，对检测结果严格做到科学、公正、准确。以服务客户为宗旨，对所有客户一视同仁。

地址：杭州市储鑫路17号　　邮编：310015
电话：0571-88010708　　总机转，88027763，88027660
传真：0571-88027861
E-mail：jdjcs@hzcnc.com　　http://www.zjimee.com.cn

安徽质量认证培训中心简介

安徽质量认证培训中心（简介 AHCCA）是由国家认证认可监督管理委员会批准成立，隶属于安徽省质量技术监督局，具备开设质量管理等专业课程、颁发国家注册证书资格的培训机构，具有独立法人地位。AHCCA 自成立以来，以国家法律、法规为依据，认真贯彻国家质检总局的文件精神，确立了“以优质规范的培训服务、造就一流质量管理人才”的培训教学理念，通过不懈的探索和实践，积累了丰富的教学培训经验，构筑了科学完善的培训管理体系；AHCCA 现拥有 20 名在国内、省内认证、质量管理等方面知名权威的专家教授组成专职、兼职的师资队伍；培训范围涉及：质量认证、环境管理体系、WTO 知识、职业安全健康、QS9000、人力资源、质量工程师、职业技能鉴定、学历提升教育以及生产许可证、计量、标准、锅容管特、法规等质量技术监督相关业务培训，并以优质规范的　　培训服务、雄厚的师资力量确保了培训的高质量、高规格，赢得了参训学员的广泛赞誉和高度信任，为企事业单位和社会培养输送了一大批高素质质量管理人才，对提高我省企事业单位质量管理水平，推动质量认证工作，促进地方经济的发展做出积极的贡献。安徽质量认证培训中心热忱欢迎社会各界与我们合作洽谈联系培训业务，届时我们将为您和您的组织提供满意、超值的培训服务！

联系地址：安徽省合肥市芜湖路 139 号（230001）

联 系 人：金开玄　魏　勇

联系电话：0551-2868922

传　　真：0551-2868921

AHCCA

国家石化有机原料合成树脂质量监督检验中心

国家石化有机原料合成树脂质量监督检验中心是国家有关部门授权国家级产品质量检验机构，并已通过了中国实验室国家认可委员会认可。该中心是独立的法人单位，具有第三方公正地位。

本中心主要承检石油化工产品中的有机原料及合成树脂产品，可采用化学分析法、仪器分析法等对化学品的成分和物性进行测定，及采用试样成型设备和测试仪器对合成树脂的物性、力学性能和热性能等进行测定。承检产品主要包括乙二醇、丙酮等16种有机原料产品和聚乙烯、聚丙烯树脂等9大类合成树脂产品。中心还积极参与国家、行业标准的制、修订和试验验证工作，并积极参加标准样品的定值试验和实验室间的比对。

本中心仪器设备精良，检测手段齐全，仪器设备配套，实验室条件良好。多年来，本中心数次承担并圆满完成产品质量的国家及部门的监督抽查任务，曾被国家技术监督局授予“全国质量工作先进集体”荣誉称号。

本中心非常注重自身素质的提高，不断健全质量保证体系，严格各项规章制度，强化中心的整体运行功能。中心将坚持检验质量第一的方针，把公正、科学、准确作为中心的根本，使中心真正成为具有公正性和权威性的产品质量检验机构。

机械工业专用汽车产品质量检测中心

机械工业专用汽车产品质量检测中心(原汉阳专用汽车新产品鉴定试验站于2004年4月经中国机械工业联合会批准更名为机械工业专用汽车产品质量检测中心，其现注册名称为：武汉华威专用汽车检测有限责任公司)，受国家汽车工业主管部门委托从1987年起开始承担专用汽车行业新产品检测试验工作至今。于2001年9月通过了由中国实验室国家认可委员会组织的实验室认可、计量认证、机构审查三合一现场评审。2003年10月通过了中国实验室国家认可委员会组织的监督换版评审，并于2003年12月17日颁发了实验室认可证书（证书号为No.L0932），2004年3月11日由中国国家认证认可监督管理委员会颁发了计量认证合格证书[证书号为（2002）量认（国）字（A1633）号]。十多年来，为专用汽车行业的健康快速发展提供了积极有效的服务。

我站现有固定资产200万元，建筑面积1080m^2，仪器设备109台（套），下设综合管理部、标准法规部与检测部。可承担以下业务工作：

1、汽车整车、专用汽车及总成的检测试验。

2、组织并参加专用汽车标准、法规的制、修订工作。

3、研究开发专用汽车检测专用仪器、设备。

4、组织专用汽车行业内新的试验技术与方法的交流与合作。

5、研究和探索专用汽车新的试验技术和方法。

地址：湖北省武汉市汉阳区龟北路3号　邮编：430050　电话：027-84716403/84716162

传真：027-84716562　E-mail:hyspv@public.wh.cn /spv_zhanbin@163.com

法人代表：王焕民　联系人：詹 斌

无锡市产品质量监督检验所

WUXISHICHANPINZHILIANGJIANDUJIANYANSUO

无锡市产品质量监督检验所成立于1981年，地处风景秀丽的太湖之滨，是无锡地区大型的综合性检验机构。

曾挂有“国家电动自行车产品质量监督检验中心（筹）”、“机械工业气动元件产品质量监督检测中心”、“江苏省质量技术监督轴承产品质量检验站”、“江苏省质量技术监督电动自行车产品质量检验站”。同时是全国工业产品生产许可证、CQC自愿认证、3C强制性认证承检机构。

全所现有员工100余人，中高级技术人员占80%。拥有英国泰勒朗圆度仪，英国泰勒塞夫表面粗糙度仪，德国奥普托测长仪，美国安捷伦公司的气-质联用仪，日本日立公司的原子吸收光谱，惠普公司气相、液相系列等各类先进检测仪器和专用检测设备900多台套，设备固定资产2000多万元，试验室面积7000多m^2。其中恒温恒湿面积200m^2。检测服务辐射华东地区，年检验报告逾万份。内设机械、车辆、电气、轻建、纺纤、食化六个专业检验部，其中摩托车及配件、电动自行车、电动机、电焊机、手机、蓄电池、照明电器、电线电缆、轴承、室内装饰有害物质检测、金属材料理化性能、塑料理化性能（含降解）、环境试验等产品和项目更具一定特色。

该所以“输出0偏差”为追求的目标，以公正、平等、诚信为根本，为用户和消费者提供准确、高效、优质的检验服务。

地址：无锡市东亭迎宾北路6号　邮编：214101

电话：0510-8202376　传真：0510-8204261

网址：http://www.wxcpzl.com　E-mail:wxt@wxzjs.com

天正集团有限公司

天正集团公司董事长高天乐系九届、十届全国政协委员、民建中央常委、工商管理硕士、高级经济师并获得"中国十佳民营企业家"、"浙江省优秀企业经营者"等荣誉称号。

天正集团，中国工业电器行业规模较大的企业之一，总部位于"中国电器之都"——温州市。曾先后荣获国家大型企业、国家级企业集团、中国电气百强企业、浙江省质量管理奖、浙江省"五个一批"骨干企业、浙江省最佳经济效益工业企业等荣誉称号。2002年被全国工商联公布为全国民企业界500强第10位。

● 经营战略

天正追求"求新、求学、求合"的理念，提出了要把企业办成学校、家庭和军队的口号，全国推进以人力资源管理为战略重点、以传统产业逐步向高新技术产业转移、从商品经济逐步向商品与资本经营并举转移、从国内市场为主体逐步向国内与国际市场并重转移的发展战略，为实现三年翻两番、五年创中国一流、十年创世界品牌的宏伟蓝图而努力奋斗。

● 经营绩效

2003年获得"浙江省质量管理奖"、"浙江省用户满意企业"、"浙江省重合同守信用单位"、"2003年度全国用户满意企业"等荣誉称号，断路器产品通过复评继续被评为"浙江名牌产品"、塑料外壳式断路器被评为"中国名牌产品"和"全国用户满意产品"。电力自动化产品STS360变电站综合自动化系统被上海市科委认定为具有该领域国际先进水平，上海天正明日电力自动化有限公司被上海市政府认定为"软件企业"。"天正牌"电器产品不仅畅销国内，而且出口欧美、中东等50多个国家和地区，自营出口额连续两年居国内同行前列，是经贸部门评定的国家机电产品出口基地，实施多元化、跨行业发展。天正先后为大庆油田、首钢、乌鲁木齐石化、三峡工程等国内重点工程、及电力自动化、成套厂、电力部门提供产品和服务。2002年，"天正"与世界电气巨人ABB在电力自动化系统集成方面签订了全面合作协议，标志着天正在产业升级方面迈出了重要的一步。

● 质量理念

"管理无小事"，质量管理工作都是一些很具体、很细微、很基础的工作组成的，质量理念是个系统工程，基础工作事事相连、环环相扣。质量管理问题同样要靠建立质量文化才能得到彻底的解决。质量管理只有在先进质量文化的土壤里，才能根深叶茂，天正要想建立百年伟业就必须要形成适合于自己的质量文化。"质量管理工作没有终点，只有起点"。公司将循序渐进地深化质量管理工作，继往开来，与日俱进，为提高质量管理水平而努力工作。

广西三环企业集团
北流陶瓷研究所铅镉检验室

广西三环企业集团股份有限公司是以生产和销售日用陶瓷为主营业务的企业，现年产日用瓷能力1.7亿件以上，产品90%以上出口，年销售收入6.5亿元，创汇3000多万美元以上。属下单位——广西北流陶瓷研究所铅镉检验室，始建于1991年，随着公司的发展，该室经历了三次大规模的改建，建筑面积由原来的10多平方米到现在的300m²，检验人员从初始时的2人增加到现在的15人，主要检验设备从原来兼用的一台套到现在的4台套，而且是目前国内最新最先进的产品。日检验能力从初始时的十几件变成现在的七、八百件。

广西北流陶瓷研究所铅镉检验室2001年获得社会分包实验室认可。在上级主管部门的监管和领导下，实验室得到快速发展，在管理上奉行公正、科学、准确原则，检验水平和业务量大大提高，2003年参加全国有关实验室满意水平对比活动中，获得满意。该室在完成集团公司铅镉溶出量检验任务的同时，还承接了周边日用瓷生产企业产品的检验，有力地促进了本地区乃至我国陶瓷生产的发展。

澳优乳品（湖南）有限公司

(Ausnutria Dairy (Hunan) Company Ltd.)

澳优乳品(湖南)有限公司(Ausnutria Dairy (Hunan) Company Ltd.)是由澳大利亚澳优乳品公司(Australia Ausnutria Dairy Company Ltd)、美国功能食品研究院（American Functional Foodstuff Research Institute）、沐林现代食品有限公司（Mornring Foodstuff Co.,Ltd）共同发起设立的，致力于婴儿食品和功能乳品（功能配方奶粉）的加工、销售、服务的专业食品公司。公司计划总投资5000万美元，首期注册资金1000万。

澳优奶粉系列与能力多婴儿食品系列产品是国际著名的食品研究院美国功能食品研究院（American Functional Foodstuff Research Institute ）根据东方人的营养需求特点专门研制，由澳大利亚最大的乳品企业MG公司（Murray Goulburn Co-operative Ltd.）生产，授权澳优乳品（湖南）有限公司负责中国大陆市场的总经销。

公司同时引入ISO9000和HACCP管理体系，规范管理，取得了显著的效果。

澳优的战略目标是做中国婴儿食品前三强，传播“国际育婴专家”的品牌形象。

锡矿山闪星锑业有限责任公司

锡矿山闪星锑业有限责任公司位于湖南省冷水江市，是一家以锑采、选、冶为主，集锌冶炼、化工为一体的大型有色金属联合企业。是全球最大的锑品生产商和供应商，久享“世界锑都”之美称。生产的“闪星”牌系列有色金属产品有锑锭、三氧化二锑、三硫化二锑、锑酸钠、无尘三氧化二锑、五氧化二锑、金黄锑、锌锭、铟、镉等；化工系列产品有液氯、液碱、固碱、盐酸、硫酸、双氧水等。产品质量指标达到国内外先进水平，多次荣获国家、省两级质量奖，产品畅销全国。

北京博智伟业管理顾问有限公司

北京博智伟业管理顾问有限公司是一家国家认监委备案，专门为企业提供全方位管理咨询服务的公司。公司拥有一批经验丰富的国家注册咨询师、高级咨询师，可为企业提供环保、安全、质量三位一体的咨询服务。公司拥有一批国内外认可的注册师资，可提供高水平的审核员及其它管理人才的培训。公司拥有一套严谨、完备的咨询规范，咨询通过率100%，客户满意率100%。

公司部分客户名录：

联想集团有限公司

成都高新技术开发区管理委员会

青岛高新技术产业开发区管委会

广州龙豹汽车工业有限公司

中信物流有限公司

地　址：北京市朝阳区育慧南路1号中日友好环境保护中心A栋1004室（16信箱）

联系人：赵红宇　陈旭

电　话：010-84636330　13701020700

传　真：010-84637722-5004

邮　编：100029

E-mail：bozhiweiye@sohu.com

广东博深咨询有限公司

广东博深咨询有限公司成立于一九九八年十一月，总部设在广州，拥有自己的办公物业。是专业从事提供ISO9000、ISO14000、OHSAS18000、TSI6949、SA8000、清洁生产等国际管理标准以及允许相关产品认证咨询服务的顾问公司。

该公司人才聚集，现有人员43人，其中本科以上人员31人，专职咨询师18人，12%以上的咨询师拥有硕士以上的学历，43%高级职称。业务涉及认证咨询、管理咨询、培训服务、软件开发等四大方面。其中以认证咨询服务为主，在咨询的过程中我们根据企业的实际情况为顾客提供目标管理、人力资源管理、顾客满意工程等管理咨询以及管理培训服务。通过提供这样的综合服务从整体上提高顾客的管理水平。展望未来，我们踌躇满志，在不断发展壮大的同时积极完善公司内部管理，持续改进服务水平。

地　址：广州市天河北路358号都市华庭——辉庭轩

电　话：020-38800937

联系人：周　静

深圳市南晟德管理顾问有限公司

南晟德顾问公司是全国较早从事顾问咨询业的企业之一，也是亚洲第一家获准加入AMCF（全球管理顾问公司协会）的顾问企业。现主要从事ISO9000、ISO14000、QS9000、ISO/TS16949、SA8000、VDA6.1、OHSAS18000、TL9000、HACCP等系统化管理认证的顾问服务以及企业管理改善，下属专业服务区域遍及深圳、广州、东莞、中山、佛山、开平、成都、重庆等地，业务遍及全国，经南晟德顾问公司辅导的成功企业已达四千多家。公司先后获得了由国家环境保护总局颁发的质量认证咨询机构备案资格证书。同时，南晟德顾问公司成为国内唯一取得BSI、SGS国际权威认证机构颁发的ISO9001：2000版双认证资格的顾问公司。自2001年南晟德顾问公司连续三年被深圳市企业协会评选为“深圳市咨询业信誉机构”。

总经理：孙常青

地　址：深圳市高新区麻雀岭工业区7栋B座5楼

电　话：0755-26710088-119　联系人：李　平

网　址：www.nsdcn.com

E-mail：szns@newsusystemcn.com

邮　编：518057

青岛柏源认证咨询有限公司

柏源公司成立于1999年，是首批获国家认监委批准的认证咨询机构（批准号：CNCA-Z-16Q-2002-016），目前已咨询企业近200家，均一次审核通过认证。

专职咨询师：人员机构合理，涉及各类专业；咨询师经国家法定机构培训，取得注册证书；均为专职咨询师／审核员（高级审核员），保证到现场的时间。

注重有效性：实行项目经理负责制，一人为主，多人参加咨询，在保证取得证书的同时，注重体系的有效性和实用性。

专业范围广：机械及机电设备、建筑、房地产开发、物业管理、食品、饮料、化工、造纸、橡胶、塑料、轮胎、汽车配件、电器、家具、服装、鞋类、婚纱摄影、纺织印染、精密铸造、仪器仪表、行政管理、教育科研、邮电、通信等行业。

多元总和：提供ISO9001、ISO14001、OHSMS18001、ISO/TS16949、HACCP、3C等认证咨询服务，帮助建立一体化体系。

本公司还为企业提供产权调整、发展战略、科学决策、组织管理、营销管理、财务管理、产品提供、人力咨询、激励机制、公共关系、行政事务、管理监督等全面管理咨询服务。

地　址：青岛经济技术开发区北江路7号608室

电　话：0532-6880033　13606487999

E-mail：LPC9000@VIP.sina.com

无锡同创管理顾问有限公司

无锡同创管理顾问有限公司专业从事现代企业管理顾问、咨询服务的公司。采用当今最流行的顾问管理方法，并拥有一大批一流而稳定的国际化管理顾问师、专家、学者队伍及国家注册的各类管理体系的审核员、高级审核员；是国家认监委最早批准认可的认证咨询机构之一。为企业提供经营方案决策、规模化经营、规范管理、法律法规的符合性，质量成本控制、员工技能提高、管理体系（质量、环境、职业健康安全、TL9000、HACCP、GMP、ISO/TS16949、SA8000等）的建立、咨询管理服务。“同创管理”现已成为管理顾问的一个著名品牌。

公司地址：中国江苏无锡市梁青路49号

联系电话：0510—5800049、5800345、5876955

传　　真：0510—5876955

网　　址：www.tc-gl.com

E-mail：　Info@tc-gl.com　webmastr@tc-gl.com

联 系 人：李瑞芬

四川质量认证咨询中心

四川质量认证咨询中心于1993年经国家批准成立，是全国首批三家通过国家质监局资格备案审查的认证咨询机构之一（备案号为N－03－6）。

2002年通过国家认证认可监督管理委员会资格审查（批准号为CNCA－Z－23Q－2002－002）

2003年取得国家认监委批准的认证培训资格（批准号为CNCA－P－2003－117）。

我们的承诺：

让客户获得事半功倍的效果　一次性通过第三方认证机构的认证　从实物质量升华到人员素质的提高

咨询业务范围：

机械及设备、电子、电气、食品饮料和烟草、木材及木制品、化学制品、医药品、基础金属及金属制品、农业、渔业、混凝土、运输、航空、仓储及通讯、采矿业及采石业、纺织业及纺织产品、皮革及皮革制品、纸浆、纸及纸制品、印刷业、橡胶和塑料制品、非金属矿物制品、建设、水泥等建材、发电及供电、气的生产与供给、水的生产与供给、批发零售、汽车等修理、宾馆及餐馆、金融、房地产、物业管理、出租服务、信息技术、科技服务、公共行政管理、教育、其他社会服务等行业的认证咨询及培训服务。

秦皇岛诚瑞管理咨询有限公司

秦皇岛诚瑞管理咨询有限公司（CR）是CNCA审批（CNCA-Z-05Q-2002-014）的权威咨询机构。拥有具备各行业扎实专业技术及管理知识技能、熟悉标准的咨询师，为企业提供专业化的认证和深化管理咨询，并能为企业和社会提供通用管理技能培训服务。

CR以“科学、进取、诚信、创新、高效”的经营理念，短短三年内为房产、物业、建筑、化工、玻璃、学校、园林、邮政、电力、水泥、机械、石油、餐饮、港务运输等多行业、数十家企业提供了优质的管理咨询以及服务，深受企业和社会的好评。

总结我们的体系咨询经验，主要包括：1 切记一个前提——调研、确认企业需求；2 把握一个关键——咨询、培训讲求实效；3 注重一个控制——监督、评估咨询全过程；4 贯彻一个方法——重点强调基础内审、管评；5 活用点睛之笔——体系改进、在策划。

针对企业深化管理咨询和培训，我们的体会：1 体系咨询打前站；2 需求定位把握好；3 系统培训拓市场；4 咨询师能力是关键；

简言之：企业振兴强国策，诚睿创新加卓越，管理咨询做贡献！

地址：秦皇岛市港城大街129号

电话：0335-3646376 8871212 8863778 13933585376

湖州天平认证咨询有限公司

湖州天平认证咨询有限公司的前身是浙江奥特咨询有限公司湖州分公司，是浙江省最早专业从事认证咨询服务工作的机构之一。2002年，湖州天平认证咨询有限公司经国家认监委批准（批准书编号：CNCA-Z-12C-2002-008）注册成为独立的法人单位，成为浙江省湖州地区惟一经国家认监委批准注册的咨询机构。公司现有咨询师10余人，其中高级职称3人，公司的多名咨询师取得国家注册审核员资格和认证咨询师资格，咨询队伍实力雄厚，业精资深。公司咨询领域从传统的制造业拓展到金融、旅游、运输等服务业及行政机关，公司已为湖州地区的200余家单位提供了ISO9001和ISO14001管理体系认证咨询服务，公司在本地区已取得了优秀的成绩、建立了良好的信誉。公司将继续提供优质的认证咨询服务，为提高社会的管理水平和经济的可持续发展作出自己的贡献。

法人代表：朱兴荣

通讯地址：浙江省湖州市凤凰路560号

邮政编码：313000

联系电话：0572-2109972

传　　真：0572-2109972

杭州市质量技术监督检测院

杭州市质量技术监督检测院是集质检和计量一体的综合性检测机构，成立于1992年，隶属于杭州市质量技术监督局。全院总人数180多人，建筑面积8000多平方米。

从1992年建院伊始即按ISO/IEC导则25建立质量体系，2001年通过实验室国家认可委员会的实验室认可，2003年通过监督评审和扩项评审，是全国最早通过实验室认可的机构之一，通过认可的项目500多项。2002年被认监委批准为全国第一批建筑材料有害限量检验的29家机构之一，2003年又被批准为全国首批板材生产许可证检验机构，同年被批准为电线电缆3C认证检验机构，成为中国质量认证中心的第98家3C委托检验机构。在2003年由浙江省质量技术监督局组织的农产品能力验证中取得最好成绩，并代表浙江省参加认监委组织的全国食品QS检查，是全国惟一一家市级机构参加该项工作。

院长、法人代表：蒋关明

地址：杭州市德胜路98号

邮编：310004

业务联系电话：0571−85374918

传真：0571−85372618

网址：http://hzzjy.net

E−mail:hzzjy@hzzjy.net

淄博市计量测试所

淄博市计量测试所始建于1952年，隶属于淄博市质量技术监督局，是国家法定的计量检定机构。2002年11月通过法定计量检定机构考核，2004年8月通过中国实验室国家认可委员会组织的现场评审。质检项目全部通过计量认证。

本所设置长度、温度、力学、电学、无线电、化学、等十个专业检定/校准实验室及眼镜质量检验站、阻燃材料检测站两个专业检测站。

全所现有人员59名，其中高级工程师8人，工程师33人，助理工程师14人，技术员2人，校定/检测人员48人，专业技术人员占职工总数的96%。

工作场所总建筑面积2600m^2，其中恒温校准/检测实验室面积800m^2，各种检定设备300余台套。

本所共建立社会公用计量标准105项，可对十大类、300余种计量器具进行检定/校准工作。

地址：淄博市张店区共青团西路98号

邮编：255033

电话：0533−2311293

传真：0533−2315962

宜兴市计量检定测试所

宜兴市计量检定测试所是江苏省无锡市宜兴质量技术监督局依法设立的计量检定机构，具有独立法人资格。2003年8月经国家实验室认可委员会认可，(认可证书：NO.L0796)，获得校准资格；2003年9月又通过了江苏省法定计量技术机构授权复查考核。全所现有36人，其中专业技术人员21人。

宜兴市计量检定测试所已建立社会公用计量标准41项，开展长度、力学、温度、电磁、无线电、时间频率、化学等专业的检定/校准项目138项。拥有计量检测设备256台件，恒温实验室面积318m^2。宜兴市计量检定测试所以“科学公正、准确可靠、优质高效、方便客户”的服务方针，愿与社会各界朋友携手共创计量事业美好明天！

地址：江苏省宜兴市宜城荆溪南路36号

电话：0510−7999475、7994251、7983735

邮编：214206

网址：www.yx−12365.com

机械工业办公自动化设备检测所

机械工业办公自动化设备检测所（英文简称OAT）是在国务院十个部委直属242家科研院所体制改革中应运而生的科技型中介机构和第三方检验机构，是具有独立承担法律责任能力的事业法人单位，其前身是1984年由国家标准局和机械工业部投资建设的国家复印机质量监督检验中心，建筑面积1500立方米，现有仪器设备70余台（套），总价值280万元，包括大型气候环境试验设备、环境保护实验箱和设备和专业检测仪器设备。

法人代表：冷欣新

地　　址：天津市红桥区昌图道七号

邮　　编：300131

电　　话：022−26650880　022−26669178

13802069535

传　　真：022−26650880

发展中的一九七区域计量站

一九七区域计量站始建于1973年，位于河北省省会石家庄市中心，是国防科工委授权的法定计量技术机构，负责河北区域国防系统企事业单位量值传递工作。1989年被国防科工委批准为二级国防计量技术机构。2003年顺利通过了国家实验室认可。

计量站建筑面积3400m^2，恒温面积1200m^2，各类标准仪器设备400余台套，固定资产总额上千万余元。计量站总人数40人，大专以上人员30余名。满足了实验室发展几何量、热学、力学、电学、时间频率、化学、化学分析、力学性能等校准／检测工作的需求。

单位名称：一九七区域计量站

负责人：季晓明

单位地址：石家庄市和平西路221号

邮编：050000

联系人：季晓明

电话：0311-7081174

传真：0311-7081174

电子信箱：197ilzh@vip.sina.com

证书编号：NO：L0830

发证单位：中国实验室国家认可委员会

检测范围　检测：几何量、热学、化学分析、力学性能；校准：几何量、热学、化学、电学、时间频率、力学。

沈阳电气传动研究所

机械工业低压防爆电器产品质量监督检测中心开展低压电器产品检测工作始于1955年，1974年国家投资扩建，1984建成并投入运行，先后通过中国实验室国家认可委员会认可、中国国家认证认可监督管理委员会计量认证和国家机械工业联合会机构认可，是国家质量检验检疫总局批准的生产许可证检测单位和国家认证认可监督管理委员会批准的CCC强制认证指定检测机构。质检中心下设主任办公室、中心办公室、质量部、业务部、电气检验室和防爆检验室，占地面积9500m^2，建筑面积6000m^2，各种设备和仪器仪表共662台(套)，现有工作人员38人，全部为工程技术人员，技术力量雄厚，检测手段先进，试验能力强（380V/100kA）。

我质检中心的质量方针是公正、科学、准确、高效及时地为所有用户提供满意的服务。

单位地址：沈阳市于洪区巢湖街10号

联 系 人：易兰立、田杰

邮政编码：110141

电　　话：024-25833213-8898

　　　　　024-25833213-8123

E_mail：sy_ex@sina.com

传　真：024-25833213-8004

华东电力试验研究院

我院按GB/T19001-2000和GB/T15481-2000标准建立了质量管理体系，2003年通过认证和认可。全院员工在质量方针、质量目标指引下，以优质服务为宗旨，本着“诚信、合作、创新”的理念，为顾客提供国内一流的电力技术的开发和检测／校准服务。

院设有科技信息所、发电部（热机、水机性能实验室）、电力系统部（继电保护实验室）、输配电部（高压实验室）、计量中心（电测热工计量校准实验室）、材料技术部（金属材料实验室）、信息技术部、化学环保部（化学环保试验室）等8个专业部门及高压、动态模拟、计算中心、电测标准计量、燃煤特性、汽机、热工标准计量、化学分析、环保测试、金相分析和金属蠕变等20多个试验室和检验测试中心、技术情报国际联机检索系统和上海市技监局授权的蒸汽流量检测站。

单位名称：华东电力试验研究院

地　　址：上海市邯郸路171号

电　　话：021-65557000

邮　　编：200437

传　　真：021-56631009

网　　址：www.eceptri.cn

北京劳保所噪声与振动控制产品检验中心

中心是经技术监督部门计量认证合格（CMA），经国家环保部门指定的国内惟一具有噪声与振动控制产品认定检测资质的权威机构.建有符合国家与国际标准的专用实验室：半消声室、隔声室、混响室、振动室和消声器实验室，有世界水平的声学与振动测量仪器。可承担：管道消声器\(风机、空压机、排气防空)；隔声、吸声构件（门、窗、屏、罩、墙、板等材料）；低声产品（风机、冷却塔、汽车排气消声器、隔振器）综合效果（工业、建筑、交通、职业、生活等室外环境噪声）的检测项目。

中心主任：丁　辉

联 系 人：李孝平

电　　话：(010) 63524194

传　　真：(010) 63524194

地　　址：北京市宣武区陶然亭路55号

邮　　编：100054

E-mail：1bzjzh@sohu.com

福建省测试技术研究所 福建省分析测试中心

福建省测试技术研究所/福建省分析测试中心是福建省科技厅直属单位。该所／中心拥有各类分析仪器300多台，其中先进大型精密仪器40多台。现有技术人员60余人，高级职称人员20名，是一家为社会各界出具公证数据的权威实验室。该所／中心在1992年通过计量认证，2002年通过国家实验室认可。主要从事化工产品、食品及饲料、水质、首饰及珠宝玉石制品的检验鉴定；农药残留、药物残留、毒物、环境、产品有害物质、材料、各种物质无机成份、有机成份分析测试；计算机机房、大楼信息系统检测；微量物证、文书、法医毒物、火灾物证司法鉴定等多方面的检测工作及各种仪器的维修和升级改造，服务领域涉及化工、公安、环保、工商、农业、林业、渔业、医疗卫生、外贸、机械、电子、建材、冶金、轻工、食品、技术监督以及科研单位、高等院校等部门，是综合检测能力强、检测范围广、检验项目全、检测质量高的全省分析测试中心。

地　址：福州市北环中路61号

邮　编：350003

电　话：0591-87841981，传真：87814856

E-mail：fjtot@pub2.fz.fj.cn

北京信息安全测评中心

北京信息安全测评中心成立于2000年7月，是具有独立法人资格的事业单位，是北京信息安全的重要基础设施和技术保障机构。2003年底，该中心相继通过了中国实验室国家认可委员会的实验室认可、检查机构认可和北京质量技术监督局的计量认证，是我国IT领域首家通过了中国实验室国家认可委员会认可的检查机构，也是我国目前惟一同时获得实验室认可和检查机构认可的信息安全测评机构。

主要业务：信息系统安全测评，信息系统风险评估方法研究与服务，信息安全产品检测，信息安全服务人员培训，信息安全相关技术、标准研究。

法人：孟亚平

地址：北京市海淀区阜成路16号B座5层

电话：010-68768877

传真：010-68373987

邮编：100037

网址：http://www.bjtec.org.cn

华南绿色产品认证检测中心

华南绿色产品认证检测中心是经广东省人民政府文批准成立的事业法人性质的独立机构，下属单位有广东省技术监督煤炭产品质量监督检验站（广州站）。

中心已通过广东省质量技术监督局的计量认证及中国实验室国家认可委员会的认可，并作为中环联合认证中心、中国商品学会、中标认证中心、农业部农产品质量安全中心的定点检测机构及广州市建委备案民用建筑工程室内环境污染检测机构。

目前中心开展的检测项目主要有：装饰装修材料、农产品及其产地、室内空气、煤炭、石油产品等。

地址：广州市白云区嘉禾嘉罗路218号

邮编：510440

电话：020-86092216、86369313

传真：020-86092216、86369768

网址：www.chinagreen.com.cn

Email：greentest@163.com

湖南省纤维检验局

湖南省纤维检验局是依法设立的第三方纤维及其制品的专业检验机构，负责对纤维及其制品质量实施监督管理、行政执法和质量检验；负责纤维及其制品专用计量器具的校准和计量监督管理工作；从事纤维及其制品的监督检验、委托检验、公证检验；承担纤维实物标准的仿制工作；受理纤维及其制品质量投诉。

我局技术力量雄厚，现有人员34名，高级工程师2名，工程师15名，棉检师11名，实验室已通过中国国家实验室认可委员会（CNAL）认可。我局质量方针是“公正廉洁、科学求实、及时为社会提供满意服务”。

地　　址：长沙市新建西路41号

邮　　编：410007

电　　话：(0731) 5350227

传　　真：5352801

电子邮箱：hnxjbg@163.net

法人代表：蔡建广

国家纺织服装产品质量监督检验中心（浙江）宁波实验室
宁波市纤维检验所

国家纺织服装产品质量监督检验中心（浙江）是由国家质量监督检验检疫总局、国家认证认可监督管理委员会正式批准成立并授权的专业从事纺织服装产品质量检验的国家级质量监督检验机构，其实验室能力已按照ISO/IEC17025的要求，通过了中国实验室国家认可委员会的实验室认可、计量认证和审查验收，出具的质量检验、评价报告具有法定的第三方公正性和技术权威性，美国、英国、德国、澳大利亚、日本、意大利、印度等27个国家36家实验室均予以认可。

宁波市纤维检验所是隶属宁波市质量技术监督局的全民事业单位，业务上受中国纤维检验局及省、市质量技术监督局的直接领导。专业从事纤维（棉、毛等）及其制品（纺织品、服装、纱线等）的质量检验、技术服务业务，实验室能力通过了国家认可委的“三合一”评审。本所技术力量雄厚，管理规范，设备先进，拥有强大的质量检验能力和技术服务能力。

深圳中铁二局工程有限公司试验室

本室始建于1981年，是广东省建筑业一级试验室。1997年6月通过了国家计量认证审核，2002年12月通过了复评审，并取得了计量认证合格证书，试验室现有员工28人，其中技术人员20余人，有各类仪器设备300余台件，总资产150余万元。

开展的检测业务主要有：

水泥、砂、石等常用原材料的检验；各类砼、砂浆配合比设计及物理学性能试验；钢材及街头的物理学性能检验；常用材料化学分析；砼机构无损检测和土工试验等。

地址：广东省深圳市南山区建工村铁二路18号

电话：0755−26974572

邮编：518052

传真：0755−26974495

腾飞中的珠海南方软件产品检测中心

珠海南方软件产品检测中心是珠海市科技局于2001年投资200余万元建立的珠海市惟一一家从事软件产品质量检测以及软件工程质量研究的第三方非营利专业技术服务机构。中心具有40台（套）国内领先的软硬件检测设备和15位资深的软件测试人才，配合“双软”认证完成300多项检测任务，积累了丰富的检测经验。采用国际领先的性能测试工具，建立了面向珠海市及周边地区软件企业服务的软件测试管理平台和软件测试平台。提供功能符合性测试、鉴定（验收）测试、性能测试及回归测试等服务项目。2003年12月05日，成为中国实验室认可委员会认可实验室。同时赢得了广东省信息产业厅授权的首批从事软件检测的专业机构之一。

中心地址：珠海市港湾大道南方软件园5号楼一层

联 系 人：侯建华

联系电话：0756−3391848

传　　真：0756−3391848

邮政编码：519085

E−mail：ZHSSTC@ZHUHAI.GOV.CN

杭州钢铁集团公司中心试验室

本试验室是经过CNAL认可的国家检测实验室，主要从事钢铁生产用大宗原材料、钢铁、铁合金成份分析和钢材的力学性能、工艺性能及金相检验。2002年10月通过CNAL认可（证书编号为NO：L0068）。

本试验室建筑面积约9000m^2，固定资产1100多万元。现有员工57人，其中高级工程师5人，工程师6人，助理工程师5人，技师1人。主要检测设备60余台套。

本试验室CNAL认可检测项目为31项，涉及钢材的成份分析和力学性能、工艺性能及金相检验。

本试验室秉承“检测技术先进适用，试验方法科学严谨，管理体系高效务实，客户服务优质规范”的质量方针。竭诚为企业和社会各界的广大客户提供优质服务。

单位名称：杭州钢铁集团公司中心试验室

单位地址：浙江省杭州市半山路132号

电　　话：(0571) 88144301—2363　88144301—2370

传　　真：(0571) 88144301—2370　88148208

邮　　编：310022

电子信箱：hgzxsys@sina.com

中国

认证认可年鉴

2004

CNCA

（上）

中国标准出版社

图书在版编目（C I P）数据

中国认证认可年鉴.2004 / 中国国家认证认可监督管理委员会编.—北京：中国标准出版社，2004
ISBN 7-5066-3590-9

Ⅰ.中...　Ⅱ.中...　Ⅲ.产品质量—质量管理—中国—2004—年鉴　Ⅳ.F273.2—54

中国版本图书馆 CIP 数据核字(2004)第 104921 号

中国认证认可年鉴 2004
责任编辑：赵荣刚　刘东旭
曹剑锋　孙海军
中国标准出版社出版发行
北京复兴门外三里河北街 16 号
邮政编码：100045
网址 www.bzcbs.com
电话：68523946　68517548
北京翠明文印中心　印刷
各地新华书店经销
*
开本 889×1194　1/16　印张 97　字数　2700 千字
2004 年 10 月第 1 版　2004 年 10 月第 1 次印刷
*
定价（上、下）:380.00 元

江泽民主席会见 IEC 高级官员

第一次全国认证认可工作会议在人民大会堂召开

吴仪副总理在李长江局长、李传卿书记、王凤清主任陪同下步入会场

ZHONG G

王凤清主任在全国认证认可工作会议上讲话

吴仪副总理接见国际电工委员会理事局（IEC/CB）成员

李长江局长、李传卿书记、王凤清主任等领导与国际电工委员会理事局（IEC/CB）成员

国家认监委成立挂牌仪式

中国国家认证认可监督管理委员会成立大会

中国新时代质量体系认证中心

中国新时代质量体系认证中心(XQC)隶属于中国人民解放军总装备部，1992年12月经中华人民共和国人事部批准，成为具有独立法人资格的技术服务性事业单位，是首批获得认可资格的认证机构，批准号为：CNCA-R-2002-008。

新时代成立10多年来，在总装备部、军工产品质量体系认证委员会及国家认监委等有关部门的领导下，不断发展壮大，成为了一个多领域、多门类、专业比较齐全的认证机构，形成了一支素质好、能力强、水平高、作风硬的审核员队伍，创造出了体现“新时代”精神的“公正、规范、求实、有效，持续改进，各方满意”的质量方针。

新时代受军工产品质量体系认证委员会授权，实施GJB9001A-2001认证审核。经国家认可委等授权，可实施GB/T19001、QS-9000、TL9000、GB/T24001、GB/T28001标准认证，具有一次审核颁发多张证书的能力。

新时代依靠自身特色与吸取别人优势相结合，苦练内功，不盲目追求认证企业数量，注重审核质量和品牌，认真培育、研究市场，不断提高竞争力，树立起了“不争数量第一，但求质量更佳”的经营理念，并把“强化服务意识、服务质量，创建新时代品牌”作为发展宗旨。

发展至今，新时代打造出了一个过硬的品牌，在市场中口碑甚佳。在前行的道路上，新时代人将一如继往地按照原中央军委刘华清副主席为XQC成立十周年作“发扬成绩，再创辉煌”的题词和国家认监委王凤清主任“发扬新时代精神，为认证事业立新功”的指示精神，竭诚为各界提供更优质的服务，以优异的成绩回报顾客、回报社会。不断奋发向上，再创辉煌。

热烈庆祝中国新时代质量体系认证中心成立十周年

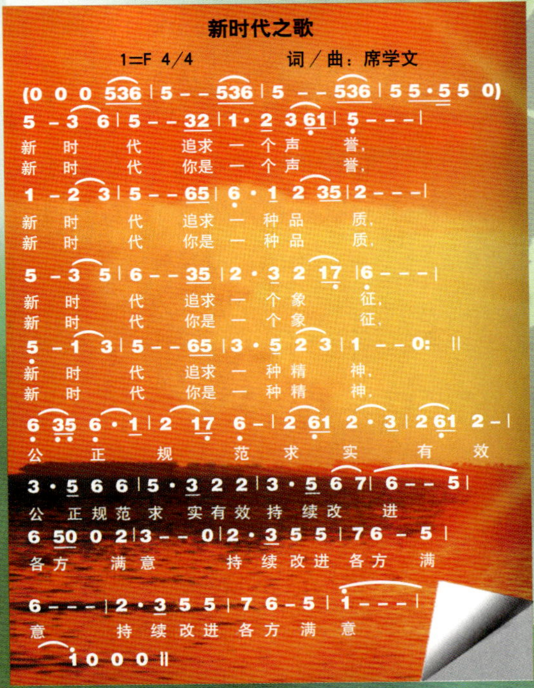

地址：北京市朝阳区京顺路7号

邮编：100028

电话：010-64635998 64619147 64632975

传真：010-84542577

http://www.xqc.com.cn

E-mail:xqc@public.bta.net.cn

mailto:xqc@public.bta.net.cn

序　言

认证认可是国际通行的做法。自1903年英国首先以国家标准为依据，对英国铁轨实施认证并授予风筝标志以来，认证认可活动伴着工业革命的脚步，随着商品交换的由简及繁迅速发展，并以公正、科学的姿态逐步树立起权威和信誉，现已深入到经济和社会发展的方方面面，成为推动经济发展和社会进步的重要力量。

我国的认证认可工作始于20世纪70年代。当时有关部门和行业借鉴国际做法作了一些有益的探索，推动了产品质量和管理服务水平的提高。此后，认证认可领域不断扩大，工作不断规范，对于从源头上保证产品质量安全，规范市场行为、指导消费、保护环境，促进对外贸易发展等起到了积极作用，为国家经济建设和社会发展做出了重大贡献。2001年8月，我国专门成立国家认证认可监督管理委员会，统一管理、监督和综合协调全国的认证认可工作。2003年9月3日，温家宝总理签署国务院第390号令，公布了《中华人民共和国认证认可条例》。至此，我国的认证认可工作走上了规范化、法制化的轨道。

回顾我国认证认可事业的发展历程，我们可以看到，虽然这项工作从无到有、从小到大，经历了30多年的时间，但真正实现跨越式的大发展，还是最近几年的事。近几年，广大认证认可工作者在国家认证认可监督管理委员会的统一领导下，在有关部门的大力支持下，克服许多困难，逐步建立起统一的认证认可工作组织机构体系，相继建立起支撑我国认证认可工作的法律法规体系、统一的认可体系、强制性产品认证与自愿性产品认证相结合的认证体系、实验室监管体系、进出口卫生注册体系、认证市场监督管理体系和国际合作体系，全面开创了我国认证认可工作的新局面。

当前经济全球化和区域经济一体化正在向纵深发展，要在复杂的国际环境中求发展，在激烈的国际竞争中赢得主动，就必须树立科学的发展观，把观念更新和管理手段创新作为推动产业发展的关键环节。认证认可工作不仅要继续在一些传统领域内发挥作用，还应在解决“三农”问题、消除贸易壁垒、促进对外贸易、保证食品安全、促进政府职能转变等方面有所作为。认证认可战线的广大干部职工要以邓小平理论和“三个代表”重要思想为指导，以《认证认可条例》为依据，按照科学发展观的要求，全面推进我国认证认可工作。也希望社会各界充分利用认证认可手段和认证认可成果加强管理、促进发展。

由国家认证认可监督管理委员会组织编纂的《中国认证认可年鉴》，记载我国认证认可事业的发展历程，汇编认证认可工作的法律法规、政策规定和统计数据，全面系统地总结我国认证认可事业取得的成绩和经验，为今后的工作提供有益的借鉴，同时有助于让社会各界更好地了解我国的认证认可工作。我应邀作序，并祝愿我国的认证认可工作在新的形势下再创新业绩、再铸新辉煌，为全面建设小康社会做出新的更大贡献。

2004年8月

编 辑 说 明

一、《中国认证认可年鉴》(以下简称《年鉴》)2004 年刊，全面系统地介绍了自 2001 年 8 月 29 日国家认监委成立至 2003 年底中国认证认可事业发展的情况。年鉴作为史册性年刊，一般只记载前一年发生的事件。由于本期出版的是《年鉴》的首刊，其内容既包括 2003 年中国认证认可事业发展的情况，也包括对国家认监委成立前后认证认可发展情况的历史回顾。

二、《中华人民共和国认证认可条例》规定，认证认可工作实行在国家认监委统一管理、监督和综合协调下，各有关方面共同实施的工作机制。因此，《年鉴》专设了《认证认可部际联席会议》一栏，对涉及认证工作的一些部门实施认证的情况作了介绍。

三、认证认可国际化程度非常高，国内外从事认证认可工作的主要机构，认证认可标准体系、专业用语等，均有英文名称，而且在工作交流中多用其英文简称。《年鉴》文章中一般也都用英文简称指称某机构以及某标准体系和专业用语。为读者阅读方便，特在《年鉴》的《附录》中刊载相关机构、标准体系、专业用语等的英文简称与中文全称的对照表，供读者参考。

四、本《年鉴》暂未包括中国香港、澳门和台湾地区认证认可的内容。

《中国认证认可年鉴》编纂顾问委员会委员名单

李长江　李传卿　邓　楠　孙来燕　张新枫　陆东福　娄勤俭　索丽生　牛　盾　魏建国
马晓伟　龚　正　王玉庆　周凯旋　张海涛　王　钧　江泽慧　邵明立　田力普　裘亦良

《中国认证认可年鉴》编纂委员会委员名单

主　任　王凤清

副主任　孙大伟　梁　杰　程　方　刘卓慧　夏铮铮

委　员（按姓氏笔画顺序排列）

于　波　于　玲　于　桦　马锦榆　孔　悦　毛永林　王大川　王志民　王松青　王　俊
王晓明　王　盛　邓于仁　丛大鸣　叶振兴　布　奎　生　飞　乔青云　任传永　伍建国
刘卫军　刘永丰　刘生明　刘　军　刘安平　刘胜利　孙工毅　孙春雷　毕玉国　米登发
许福寿　许增德　何本云　吴世平　吴　初　库来西　张际文　张金山　张彦平　张祖林
时　强　李　元　李元平　李朴范　李怀林　李　俊　李晓岚　杜士军　杨晓东　杨　烨
杨　敏　汪　韧　肖占军　肖建华　邱长源　邱燊功　陆　山　陈异林　陈高原　周云龙
周　建　岳　峰　罗少华　侯立波　段勇鹏　祝一方　胡菊芬　赵英民　赵英豪　赵振拴
郝和平　钟文强　徐　芃　耿冬久　袁俊明　郭喜良　钱仲裘　顾海燕　曹东根　曹国跃
梁益圃　黄丽玲　斯拉木　曾会欣　程迪龙　谢书升　谢　军　谢绍清　慎仁安　翟廷宝
潘长华　潘延铭　魏书法　魏传忠　魏恒星

《中国认证认可年鉴》编纂办公室成员名单

主　任　张际文

副主任　王向东　余师孟　金安妮　谢　虹

工作人员（按姓氏笔画顺序排列）

上官应萍　马　昆　马福荣　马锡昌　云晓锁　毋小峰　王志文　王实富　王波云　王　春
付大威　付举正　白戈阳　白　桦　叶　军　刘　雷　刘　瑾　孙凤和　许士玉　许小明
严佳龙　严　勇　何　梅　劳明武　吴生龙　吴红雁　吴珍兰　吴　涛　宋松林　张壮耘
张　威　张洪峰　张　健　张铁军　张　彬　李少阳　李克全　李　强　李瑞新　李　瑶
杜适生　杨志刚　阿布都许库尔　陆　清　陆　棣　陈明梓　陈　英　陈　健　陈　悦
林　仪　郑自强　胡业侣　胡正群　胡宇航　胡宝华　胡清俊　荀　浩　高　飞　栗卫民
班　丽　郭　柳　郭晓冬　夏培志　徐　雷　曹　阳　黄　杰　黄春梅　黄竞业　黄继先
曾典祥　童小娟　葛红梅　董敬民　赖　华　翟文阁　滕江镇　潘丽芬　黎玉娥　魏宏军

《中国认证认可年鉴》编辑部成员名单

主　　编　张际文

执行主编　黄继先

编辑部主任　谢　虹

编　　辑（按姓氏笔画顺序排列）

王　玉　王　兵　王　炳　毕晓丽　张国龙　杨　明　唐冀平　蔡云飞

孙大伟副主任在 2003 年新春联欢会上颁奖

国家认监委两优一先表彰大会

2002 年春节联欢会

王凤清主任在 IEC 大会上代表中国投票

中美合格评定与标准研讨会

EN KE NIA

PAC 年会会场

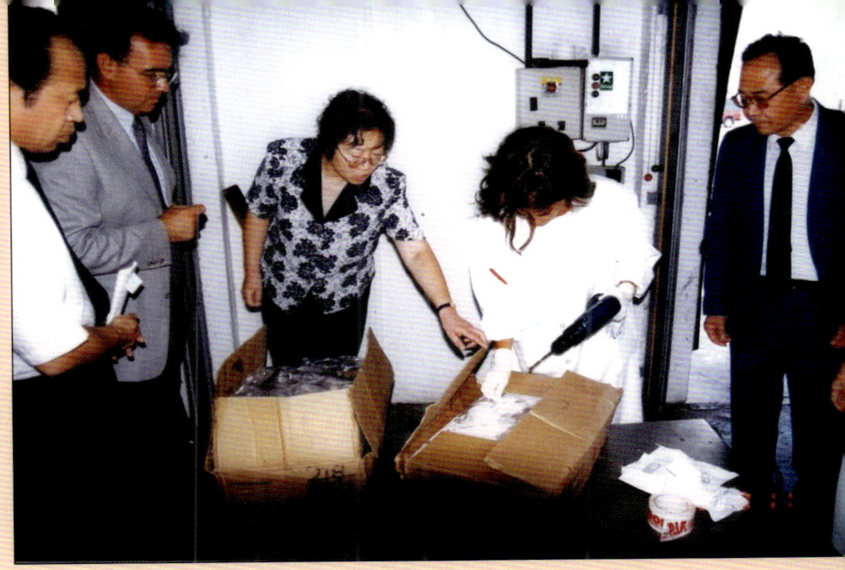

检查国外进口水产品生产加工厂

中国实验室资源调查工作会议

ZHONG GUO REN ZHENG

出入境检验检疫实验室注册转换工作会议

国家认监委“百家”获证企业颁证暨认证市场监督新闻发布会

HONG GUO REN ZHENG REN KE

清理整顿认证市场

在日本举行的强制性产品认证说明会

对汽车进行的碰撞试验

在韩国举行的强制性产品认证说明会

国家强制性产品认证执法检查授旗仪式暨电子信息类产品 CCC 认证推介会

全国强制性产品认证行政执法工作会议

ZHONG GUO REN ZHENG REN

国家强制性产品认证颁证暨天津市
CCC 认证推进会

全国认证认可工作部际联席会议
国家认监委认证认可专家咨询委员会第二次会议

国务院法制办副主任张穹与全国环境科学基金会理事长曲格平商讨《认证认可条例》

全国认证机构会议

中国检验认证集团成立揭牌仪式

中国质量认证中心成立挂牌仪式

中国合格评定国家认可中心成立新闻发布会

中国实验室国家认可委员会(CNAL)成立暨第一次全体会议

中国认证人员与培训机构国家认可委员会(CNAT)成立暨第一次全体会议

中国认证机构国家认可委员会(CNAB)成立暨第一次全体会议

李长江局长、王凤清主任会见欧盟委员利卡宁

王凤清主任会见朝鲜国家品质监督局副局长崔光来

中国强制认证（CCC)汽车摩托车产品认证颁证会

ZHONG GUO REN ZHENG REN

中国首家电视媒体颁证暨认证工作机构审查登记新闻发布会

全国认证认可部际联席会议暨第一次全体会议

O REN ZHENG REN KE NIANJIAN

国家认证认可监督管理委员会认证认可专家咨询委员会成立暨第一次会议

国家认监委成立挂牌仪式

中国国家认证认可监督管理委员会成立大会

吴仪副总理接见国际电工委员会理事局（IEC/CB）成员

李长江局长、李传卿书记、王凤清主任等领导与国际电工委员会理事局（IEC/CB）成员

江泽民主席会见 IEC 高级官员

第一次全国认证认可工作会议在人民大会堂召开

吴仪副总理在李长江局长、李传卿书记、王凤清主任陪同下步入会场

ZHONG G

王凤清主任在全国认证认可工作会议上讲话

中国认证认可年鉴

目　录

第四部分 法制建设

第五部分 认可

第六部分 认证

第八部分 实验室与检测监管

第九部分 科研和标准建设

第十二部分　地方认证监督管理

第十三部分　认证实效

第十四部分　法 规

第十七部分 统计资料

第十八部分 附录

第一部分 专 文

与时俱进 开拓创新
推进认证认可事业快速发展

国家质检总局局长 李长江

认证认可工作经过近百年的发展，不断向深度和广度全面展开，形成了产品认证、管理体系认证、合格评定机构认可和认证人员注册四大类合格评定活动，其在国际上的影响越来越广，作用越来越大。21世纪初，随着中国加入WTO和进一步对外开放，我国认证认可事业社会地位日益提升。各级政府部门和越来越多的企业和社会组织认识到：认证认可已经渗透到经济和社会发展的方方面面，认证认可对于提高管理及服务水平、保证产品质量、提高竞争力、推动国家优化资源配置、提高国民经济运行质量和水平、从根本上促进生产力发展有着极其重要的作用。

2001年，党中央、国务院决定改革我国质量监督检验检疫管理体制，在成立国家质检总局的同时，成立国家认证认可监督管理委员会，统一管理、监督和综合协调全国的认证认可工作。在国务院及国家质检总局的领导下，国家认监委制定了"三步走"的奋斗目标，在较短的时间里建立起了新的工作机构，整顿了认证市场秩序；实施了新的强制性产品认证制度；完成了《中华人民共和国认证认可条例》的拟定并组织实施；初步建立起了国家认证认可工作体系。全国认证认可的工作成绩斐然。

认证认可工作涉及面广，为此，国务院确定了统一规划、强化监管、规范市场、提高效能和与国际接轨的认证认可工作原则，建立了由国家认监委统一管理、监督、综合协调和有关方面共同实施的工作机制。经国务院批准，认证认可工作建立起了部际联席会议制度。在国家对认证认可实行统一监管的进程中，各部门相互支持，密切配合，共同推进了认证认可事业的发展。

经过广大认证认可工作者的共同努力，认证认可工作的权威性和公正性不断提高，认证认可理论研究和技术创新有了长足进步，认证认可法律法规体系建设不断完善，已经积累了一定的认证认可工作经验。所有这一切为推动认证认可工作的发展、推动质检事业的进步打下了良好的、坚实的基础。当然我们也要清醒地认识到，与发达国家相比，我国的认证认可工作仍然存在较大差距。当前，经济全球化的趋势增强，质量已经成为国际市场竞争的焦点。认证认可作为质量管理和质量保证的重要手段，越来越受到各国政府的重视，在世界经济和人民生活中的地位和作用也越来越重要。我们一定要充分看到这一趋势，坚定做好工作的信心和决心。进一步认识和把握当代国际认证认可新的趋势和动向，借鉴国外以及国内其他部门、单位的有益经验和成果。扩展新视野、提出新思路，推出新举措、做出新成绩，作好前瞻性研究，努力开创既适应中国国情、具有中国特色，又符合国际惯例、达到国际先进水平的认证认可工作新局面，为进一步推动国际互认奠定坚实基础。

认证认可工作是一项惠及人民、造福子孙后代的光荣事业。党中央、国务院十分重视这项工作。希望从事认证认可工作的同志们加强学习，勤学、善学，不断提高判断力和创新力。坚持理论与实践相结合，努力提高业务水平、依法行政水平，肩负起党和人民交给我们的光荣责任，肩负起时代赋予的历史使命。

国家认监委编辑出版了《中国认证认可年鉴》，这是一件很有意义的事情。2004 年版《中国认证认可年鉴》作为创刊号，其中刊载的文章和资料，从多个角度，较为全面地反映了从 2001 年到 2003 年年底我国认证认可发展的基本情况。在《年鉴》即将出版之际，我祝贺本书的出版发行，并愿和从事认证认可工作的同志一起，为促进认证认可工作的发展做出贡献。

李长江

鼓励企业开展认证认可工作 促进对外贸易持续健康发展

商务部副部长 魏建国

伴随经济全球化的不断发展，关税壁垒以及直接数量限制等传统非关税壁垒对国际贸易的影响越来越小。与此同时，技术性贸易壁垒已成为当前各国调整贸易利益的重要手段。西方发达国家凭借自己在技术方面的优势，以产品认证、环保、卫生健康以及质量安全为借口，给发展中国家的出口产品设置了越来越高的门槛。调查显示，2002 年中国有 71%的出口企业、39%的出口产品受到国外技术壁垒的影响，造成直接和间接损失约 170 亿美元。这说明，技术壁垒已成为阻碍中国出口发展的首要非关税壁垒。事实上，技术壁垒中很大一部分就是各国或国际组织的认证体系。比如，欧盟的 CE 认证，美国的 UL 等 55 种自成体系的认证，国际标准化组织的 ISO9000 和 ISO14000 认证，以及近几年出现的企业社会责任标准认证等。

一、认证认可工作的现状及全球的发展趋势

商务部在对这些认证进行了系统的调研和研究工作后发现：一方面，认证在一定程度上限制了中国现阶段的外贸出口；另一方面，积极主动的开展具有国际权威的质量认证、环保认证和产品认证，对提高出口企业自身素质，促进产品出口，加快出口企业国际化的进程具有重要意义。可以说，中国对开展国际权威认证重要意义的认识，在世界范围内还是很早的，但是，由于种种原因，使得推广工作力度不够。目前，企业认证的现实状况不容乐观，中国的大部分出口企业，尤其是中小企业，由于没有引起足够重视，缺乏资金，与认证要求差距较大等原因，仍然没有通过国际权威认证。

全球认证认可工作也在不断呈现出新的发展趋势：首先，由于各国对认证认可越来越重视，在国际标准化组织和国际电工委员会的指导下，全球的认证认可逐步走向了法制化和规范化；第二，由于越来越多的出口企业希望一次认证的结果能得到多个国家的认可，认证机构在不断重组与整合，大型、集约的名牌国际性认证组织相继出现；第三，由于强制性认证对保护人民生命财产健康安全、保护环境等方面的重要作用，强制性认证的范围越来越广。

二、商务部在认证认可领域已开展的工作

为适应入世后的国际化竞争，帮助企业跨越技术性贸易壁垒，开拓国际市场，商务部采取了大量的措施，促进和鼓励企业开展认证，为企业开拓国际市场铺路架桥。

1、商务部(原外经贸部)与原国家出入境检验检疫局联合下发了《关于促进和鼓励出口企业开展质量认证工作的通知》。提出了在外经贸领域促进企业开展认证工作的具体步骤和实施方案，要求出口企业积极开展质量认证，并对达到要求的企业在出口产品质量检验和开拓国际市场资金方面给予优惠。

2、商务部积极开展 ISO9000、ISO14000 和国际产品认证培训班，提高出口企业管理水平和认证意识，推动其与国际接轨。同时，要求各省的外经贸主管部门制定本地区的工作方案，统一规划，选择试点，加快推广，并把推动企业开展认证与当前“科技兴贸”、深化企业改革、强化管理、迎接入世挑战等工作有机结合起来，切实为出口企业做好服务。

3、商务部利用中央外贸发展基金的“中小企业国际市场开拓资金”对开展质量管理体系认证、环境管理体系认证和产品认证的企业给予资助。

根据《国务院办公厅转发外经贸部等部门关于进一步采取措施鼓励扩大外贸出口意见的通知》精神，财政部与商务部(原外经贸部)于 2000 年 10 月联合制定了《中小企业国际市场开拓资金管理(试行)办法》(财企[2000]467 号，以下简称《管理办法》)，并于 2001 年 6 月联合制定了《中小企业国际市场开拓资金管理办法实施细则(暂行)》(以下简称《实施细则》)。根据该《管理办法》和《实施细则》，商务部对符合条件的中小企业进行认证费用部分的资助：对于开展 ISO9000、ISO14000、软件生产能力成

熟度模型(CMM)和产品认证(如 CE、FDA、UL 等)的西部地区中小企业资助认证费用的 70%，其他地区企业资助 50%。这些措施有力地推动了出口企业开展认证，从而促进了中国出口企业整体素质的提高。通过国家政策的引导扶植，企业主动自觉开拓国际市场的意识大大增强。有的企业还以《管理办法》为指导，制定了企业的开拓国际市场战略。

三、认证认可工作对中国产品出口的促进作用

调查显示，已通过 ISO 系列认证的企业，基本都实现了预期效果：100%的企业市场占有率提高；94.2%的企业由于内部管理职责明确，工作效率得到提高；37.1%的企业质量成本占销售额比例下降；96%的企业信誉和知名度得以提高。具体地讲：

1、获得质量管理体系认证的绝大多数出口企业的产品质量得到保证。获证企业在认证过程中，技术装备和人员管理等薄弱环节得到了明显改进，各项活动职责明确、运转有序，工作效率大幅提高。企业内外部质量损失成本降低，质量成本趋于合理，员工的质量意识和内部管理水平明显提高。

2、认证企业的国际竞争力加强。获证企业通过对影响质量的资源、过程等方面的严格管理，使产品质量得到稳定和提高，生产成本降低，市场竞争力增强，更容易获得国际上的认可。

3、有利于帮助出口企业跨越国外技术壁垒。技术法规、检验检疫标准等要求不仅是技术壁垒的主要内容，也是认证审核的重要内容，认证成为了验证上述要求的贯彻实施情况的重要手段。

四、进一步指导出口企业做好认证认可工作开拓国际市场

开展认证认可工作，对从源头上确保产品安全，规范市场行为，指导消费和促进对外贸易具有重要作用。当前，加强认证认可工作，既是中国加入世贸组织和参与经济全球化的需要，也是适应社会生产力发展和满足人民群众日益增长的物质文化需求的需要；既是规范市场秩序的重要手段，也是提高中国产品质量、增强出口产品竞争力以及保护国内产业的重要举措。商务部在今后的工作中会从发展经济、促进对外贸易发展、增强中国经济实力的高度充分认识加强认证认可工作的重要意义，帮助我们的企业更好地掌握和运用与质量认证有关的国际贸易规则，提高企业自身素质，在未来的国际竞争中取得更大的成绩。

魏建国

国防为本 科学发展
国防科技工业实验室认证认可工作取得实效

国防科工委副主任 国家航天局局长 孙来燕

国防科技工业实验室，是指在武器装备和军工产品研制过程中提供检测、校准服务和计量保障的实验室。目前，国防科技工业有检测校准实验室400多个，这些实验室在承担武器装备的计量检测和确保军工产品的质量中发挥着重要作用。因此，这些实验室技术水平和服务保障能力直接关系到国防军工产品的质量，从而影响到中国国防实力和综合国力的增强。提高这些实验室的技术能力和管理水平的手段，即是按照国际标准建立科学有效的质量管理体系，并通过相关的认证认可。

认证认可是国际通行的规范和促进经济发展的重要手段；是实验室提高管理和服务水平、保证产品质量、提高市场竞争力的必由之路；是确保产品质量安全、保护环境和人民健康、保护国家经济利益和安全、保证国民经济可持续发展、促进对外贸易的重要保障。此外，推行国防科技工业实验室认证认可工作，极大地促进和提高实验室为武器装备和军工产品提供检测校准服务的水平和能力。

一、国防科技工业实验室认证认可工作回顾

1999年6月，“国家计量认证国防评审组”成立，使国防科技工业实验室的计量认证评审工作纳入国家统一管理的制度之中。为了适应新形势的需要，国防科工委一直在考虑和研究国防科技工业实验室建设和管理的模式，积极探索与原国家质量技术监督局和实验室国家认可委员会在实验室认可与计量认证方面的合作途径。

2001年7月2日国防评审组与CNACL秘书处以国防计认字[2001]2号联合下发了《关于国防科技工业产品质量检验机构实施实验室认可和计量认证“二合一”评审的通知》，明确了“二合一”评审的具体要求，从2002年1月1日起，国防评审组不再受理单一的计量认证工作。

为进一步提高国防科技工业检测实验室和校准实验室的管理水平和技术能力，获得认可的国防科技工业实验室运作不仅要符合国家标准《检测和校准实验室能力的通用要求》GB/T15481—2000，还应满足国防科技工业实验室在保密性、保障性和指令性方面的特殊要求。2001年11月23日国防科工委颁布了国家军用标准《检测实验室和校准实验室能力的通用要求》GJB15481—2001，该标准采用A+B的编制原则，包含了GB/T15481—2000的全部要求(即A部分)，同时补充了对国防科技工业实验室的特殊要求(即B部分)。该标准的颁布与实施确保了获得认可的国防科技工业实验室其能力既有国防特色，又满足国标和国际标准的通用要求。

二、国防科技工业实验室认证认可工作的意义

1、国防科技工业实施实验室认可是适应全球经济一体化的重要决策。中国加入WTO后，面对着全球经济一体化的大环境和实验室认可活动的国际化大潮，国防科技工业的检测实验室和校准实验室要进入国民经济主战场，走向世界，必须以积极的态度和切实的行动，认真抓好国防科技工业的实验室认可工作。

2、国防科技工业实施实验室认可是国防科技工业新体制的重要支撑。国防科技工业是国家战略性产业，在实现国防现代化、提高部队战斗力、维护国家安全等诸多方面具有重要作用。据此，国防科工委在2001年制定的《关于加强国防科技工业技术基础工作的若干意见》中，把建立国防科技工业的合格评定制度提到加强国防科技工业基础建设的重要位置。

实验室认可制度是合格评定的重要内容。按照GB/T15481~2000和GJB15481~2001要求，对国防科技工业检测实验室和校准实验室实施认可，可确保实验室所提供检测与校准服务的质量，进而确保国防科技工业产品和武器装备的质量、性能和水平，为国防科技工业新体制提供有力的技术支撑。

3、国防科技工业实施实验室认可是全面提升实验室能力、完善评价、监督机制的有效手段。国防科技工业实验室在承担武器装备和军工主导产品的量值传递、产品

检测、环境试验、性能评价、确保产品质量中发挥着十分重要的技术支撑和保障作用。在社会主义市场经济条件下，部分实验室的服务对象在“以军为本”的前提下，开始向多元化转变，面临着前所未有的机遇和挑战。实验室既要保军，也要为民；既为国防科技工业服务，也为社会提供服务。国防科技工业实施实验室认可，是全面提升实验室整体素质，增强实验室综合保障能力的根本途径。

三、认真贯彻《中华人民共和国认证认可条例》，推进国防科技工业实验室认证认可工作发展

2003年9月3日，国家颁布了《中华人民共和国认证认可条例》(以下简称《条例》)，这是中国认证认可法制建设中的一件大事，是中国认证认可事业发展史上一个重要的里程碑，它从制度上确立了在国务院认证认可监督部门的统一管理监督下，各有关部门共同实施的工作机制。对此我们表示完全赞同和拥护，并要求本系统内的实验室按其承担任务的性质积极参加实验室认可。

能力验证活动是认证认可机构和管理机构判断实验室能力的重要手段，也是实验室内部质量控制的必要措施。随着计量认证和实验室认可工作的不断深入，各实验室能力验证活动的需求越来越突出。为此，国防科工委主管部门要求国防评审组办公室从2003年开始组织国防科技工业实验室能力验证活动试点工作。按照要求，2003年国防评审组办公室代表CNAL承担了4个项目的能力验证计划，有70多个实验室参加能力验证计划。

四、开展国防科技工业实验室认证认可工作的打算

按照国防科工委的要求，2004年年底之前，国防科技工业区域校准实验室将完成实验室认可工作，为2005年启动的国防军工计量能力结构调整打好基础。此外，今后承担军工产品检测任务的实验室均应按照GB/T15481—2000和GJB15481—2001的要求，有计划、有步骤地开展实验室认可工作。

今后我们将在国家认监委的统一指导下，卓有成效地推进国防科技工业实验室认可工作深入发展，使国防科技工业实验室既能满足国家认可的要求，又能突出国防特色，在为军工产品和武器装备质量提供保障的同时，逐步走向市场，走向世界。

推动认证认可事业 促进信息产业发展

信息产业部副部长 娄勤俭

随着中国改革开放的不断深入和社会主义市场经济的发展，二十多年来包含质量认证在内的合格评定工作在信息产业领域取得了长足进展。同时，信息技术及产业作为新兴的高新技术产业，因其发展变化快、应用领域广泛、开放程度高等特点，也在很大程度上推动着认证认可事业的开展。在加入WTO后的新形势下，认证认可工作越来越成为促进信息产业持续快速健康协调发展的重要手段。

我们高兴的看到：截至2004年6月30日，经国家认可的认证机构颁发的质量管理体系认证证书共116 831份，其中有20 793份证书是电子信息技术类的，约占证书总数的18%。这一方面表明质量管理体系、认证制度在信息技术领域普及程度相当高；另一方面也反映合格评定工作与信息产业密切相关，它作用于产业链的各个环节，对促进标准贯彻、验证产业成熟度、规范产品和服务市场、提高管理水平和竞争力、扩大对外贸易都是不可或缺的。

20世纪70年代末，原电子工业部率先将国际上的"认证"概念引入国内。1981年，成立了中国第一个产品质量认证机构——中国电子元器件质量认证委员会(QCCECC)，推动了电子元器件采用国际标准和彩电国产化工作的顺利开展。1985年QCCECC代表中国加入了国际电工委员会、电子元器件质量认证体系(IECQ)，为中国认证认可制度的创建做出了开拓性的贡献。原电子工业部还根据国防武器装备研制生产质量保证的要求，参与了国家军用质量管理和质量保证的制定，在军工电子领域推行质量保证体系评定，为"军民结合、寓军于民"打下了基础。

1993年，信息产业主管部门落实国家扩大机电产品出口战略，组建了电子行业质量体系认证委员会(CQEC)，并通过原国家出口商品生产企业质量体系(ISO9000)工作委员会的认可，成为国内最早按国际标准推行质量体系认证的行业之一。1996年以来，根据国务院《质量振兴纲要(1996年~2010年)》和行业发展目标，制定了"九五"和"十五"的产品质量振兴计划，其中把"积极开发服务于信息产业发展的第三方质量认证与公共的检测项目"作为落实产业政策、促进产品出口和提高企业竞争力的重要措施。

2000年6月，《国务院关于鼓励软件产业集成电路产业发展若干政策的通知》(国发[2000]18号)发布以后，为鼓励企业提升软件开发能力，信息产业部组织制定了电子行业标准SJ/T11234—2001《软件过程能力评估模型》和SJ/T11235—2001《软件能力成熟度模型》，会同国家认监委发布了《软件过程及能力成熟度评估指南》(国认可联[2002]49号)，从而为软件产业政策贯彻与认证认可制度的结合创造了积极条件。

目前，信息产业部已经在相关科研院所陆续设立了52家专业质检机构(邮电系统17家，电子系统35家，其中有10家为国家级质检中心)。另外经国家认监委批准，信息产业部支持设立了3家产品认证机构、4家管理体系认证机构和3家软件能力评估机构。这些认证机构不仅熟悉信息产品和通信设备的技术特性、开发与生产过程，而且掌握通信运营的服务流程和规范，能够准确地将认证要求与专业技术相结合，通过认证帮助企业提高管理水平，提高产品和服务质量。除此之外，信息产业部还拟确定一批服务信息产业的社会检测认证机构，承担政府委托的技术验证、评价和鉴定工作。社会检测认证资源也将成为信息产业发展不可缺少的支撑力量。

运用合格评定方式促进产业发展，是信息产业部贯彻产业政策的重要手段。加入WTO后，中国信息产品出口规模不断扩大的同时，越来越多地遇到知识产权纠纷和技术性贸易壁垒障碍。如何在WTO规则的框架下，运用法律手段维护中国企业的利益，是一个亟待研究解决的重要问题。当前信息产业合格评定工作存在的主要不足：一是合格评定技术与产业发展要求不能同步，比较突出地反映在软件、系统和服务类产品上。合格评定技术要在产业化前期解决其技术实现的可能性，要制定完善的标准规范指导生产开发，但软件产品具有很强的不确定性，系统类产品的关联因素非常多，服务类产品受用户需求变化影响较大，因此如何定义这类产品合格评定的标准，并且定量地进行测量急需解决。二是合格评定能力建设相对滞后。信息产业技术发展快，新产品、新业务层出不穷，相对检测能力建设跟不上产业发展的需求，目前国内虽然有许多质检机构通过了国家计量认证和实验室认可，但是真正具有专业能力、能满足信息技术标准完整要求的社会检验机构并不多。三是合格评定制度与产业政策之间的配合还不够紧密。应加强与国家认监委密切配合，在信息产业领域推进认证认可工作，推动信息技术标准和产业政策的贯彻，建立优胜劣汰的竞争机制，促进信息产业出口。

2004 年是《中华人民共和国行政许可法》颁布实施的第一年，政府职能将进一步向“引导、规范、监管、服务”的方向转变，特别是《中华人民共和国认证认可条例》的颁布，不仅有力地推动了中国认证认可工作的法制化进程，而且为信息产业提升国际市场竞争力创造了更好的外部环境。信息产业部将继续通过推动合格评定制度来加强行业管理，促进国家各项产业政策的贯彻和落实，引导和规范信息产业发展。为满足不断发展的信息技术评价需求，信息产业部已经面向新技术、新业务和特殊应用领域开展了一系列合格评定技术研究和政策调研工作。如：集成电路专业化测试技术研究，开放式操作系统软件及其应用的测试技术研究，新一代网络、系统及通信设备测试技术研究，数字高清晰度音视频产品测试技术研究等。准备围绕国家专项信息化工程和信息技术应用项目发展优选产品认定与推荐工作。为了消除或减少信息产业发展对环境产生的负面影响，还将对信息产品携带有毒有害物质，以及废旧信息家电回收再利用的评价技术进行研究。

信息产业部作为认证认可部际联席会议的成员单位，将一如既往地支持和配合国家认监委的工作，从产业政策和经济运行管理上充分利用认证认可工作的成果，积极探索建立信息技术标准符合性评价的公共平台，扩大合格评定技术对产业发展的基础支撑作用。除认证形式外，还要有效应用依据法律法规实施监管的其他手段，如电信设备进网许可制度、计算机信息系统集成企业资质和信息系统工程监理资质认定等，以增强政府在特殊领域利用合格评定结果实行监管的力度。

信息产业部将与国家认监委更加密切配合，相互支持，建立和完善与信息产业政策配套的合格评定制度，推动合格评定工作在信息产业领域的发展，提升中国信息产业的国际竞争力，我们相信，中国的认证认可工作在国家认监委领导下，坚持标准、诚信规范、注重实效、稳步发展，在未来国民经济和国际贸易发展中发挥更加重要的作用。

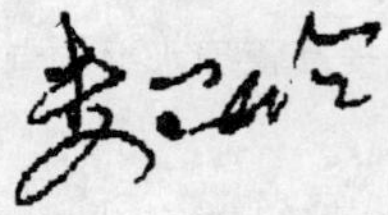

全面加强水利认证认可工作 为实现新时期治水思路提供技术保障

水利部副部长 索丽生

水利认证认可工作是根据《中华人民共和国水法》和《中华人民共和国认证认可条例》等法律法规规定开展的计量认证、生产许可、水利产品认证和管理体系认证等合格评定活动，是一项服务社会、服务经济、服务群众、服务行业的基础性技术工作，是水利质量技术监督保障体系的重要组成部分。

水利部历来都很重视水利认证认可工作，近年来更是把水利认证认可工作放在突出位置，水利认证认可工作在实现部党组提出的新时期治水思路中的作用越来越突出。新形势对水利认证认可工作提出了新的更高的要求，也创造了良好的机遇。全面加强水利认证认可工作，对于实践科学发展观，实现水利现代化和水资源的可持续利用，具有十分重要的意义。

一、紧跟形势，不断提高对水利认证认可工作重要性的认识

质量是经济工作的生命线，认证认可是国际通行的质量管理和质量保证的一个重要手段，是贯彻落实国家方针政策和标准的一个有力工具。认证认可工作是一项涉及面广、政策性与专业性强、影响面宽、技术要求高、工作难度大并实现了国际互认的工作，是一项复杂的系统工程。

水利认证认可工作对于从源头上保护人民群众的生命安全和健康，确保水利工程和产品质量，规范水利市场经济秩序，强化水资源科学管理，提高水行政管理水平具有重要意义。

1、加强水利认证认可工作是实现新时期治水思路的技术保障。按照新时期治水思路，坚持人与自然和谐相处，实现现代水利、可持续发展水利的目标，要求对水资源进行合理开发、高效利用、优化配置、全面节约、有效保护和综合治理，以水利信息化带动水利现代化。新时期治水思路的实现，迫切需要水利认证认可工作提供强有力的支撑。只有开展认证认可工作，并坚持统一规划，依据技术标准进行开发治理活动，才能实现水资源的合理开发和综合治理；为提高用水效率和效益，实现水资源的高效利用和优化配置，离不开对宏观水量控制指标体系（水权分配指标体系）和微观用水定额指标体系的认证认可活动；开展有关节约用水产品的认证，加大监督实施力度，有利于实现水资源的全面节约和有效保护，建设节水防污型社会。

2、加强水利认证认可工作是提高水利工程建设、产品和服务质量的客观要求。水利工程建设和产品质量直接涉及国家和人民群众的生命财产安全，水利认证认可工作的目的就是为了提高水利工程建设、产品和服务质量。建立健全水利工程建设和产品质量监督管理体系，需要强有力的检测力量相配合；对社会发布水资源水环境等公共信息的单位，根据《中华人民共和国计量法》，要通过相应的计量认证等合格评定程序，才具有法律效力。实践证明，不执行标准，不开展认证认可、计量等工作，水利工程建设、产品和服务的质量和安全就得不到保证。

3、加强水利认证认可工作是推进依法行政，实现政府职能转变的迫切需要。水利部门依法行政、依法治水主要应包括两方面：一方面是以《中华人民共和国水法》、《中华人民共和国水土保持法》和《中华人民共和国防洪法》等为主体的行政法规体系，包括立法、执法及监督三方面的内容；另一方面是以水利技术标准为主体的技术法规体系，包括制定标准，统一技术要求，组织实施标准和对标准的实施进行监督这三项任务。通过健全水利标准体系，加强水利检测体系建设，开展水利认证认可工作，有利于政府真正履行“经济调节、市场监管、社会管理和公共服务”的职能。

4、加强水利认证认可工作是应对加入WTO挑战的当务之急。加入WTO后，中国将要在更大范围和更深层次上参与经济全球化过程，必须了解并熟悉合格评定等国际上通行的游戏规则，通过开展认证认可工作来增强中国的国际竞争力，打破发达国家凭借科技、管理和环保等方面优势设置的技术性贸易壁垒，同时，也要借鉴国际通行做法，制定并实施符合国际规则和中国具体国情的技术性贸易措施，维护中国的经济利益和安全。中国水利要根据中国的国情和水情，充分利用认证认可这一手段，积极开拓国际市场，有效保护国内市场；要实施“走出去、引进来”战略，在国际和区域认证认可组织中发挥积极作用，推动中国水利全面登上国际舞台。

5、加强水利认证认可工作是深化水利企事业单位改革的有效措施。当前，水利工程管理体制、科研、教育、勘

测设计体制的改革正在积极有序地推进，有关单位的产品和服务将直接接受市场的检验，面临激烈的市场竞争的挑战。通过开展计量认证/审查认可、生产许可证、ISO9000质量管理体系认证、ISO14000环境管理体系认证和GB/T28001职业健康安全管理体系认证等工作，可以不断提高产品和服务的质量和档次，加快产品的升级换代，增强市场综合竞争能力；更意味着获得了迈向市场的通行证，掌握了市场竞争的主动权。

二、明确目标，全面加强水利认证认可工作

水利认证认可工作要把握有利时机，抓住发展机遇，与时俱进，再接再厉，增强责任感、使命感和紧迫感，扎扎实实地全面加强水利计量认证/审查认可、水利产品认证、生产许可和管理体系认证工作。

根据新形势和新要求，当前和今后一个时期，水利认证认可工作的总体要求是：紧紧围绕中共十六大和十六届三中全会提出的奋斗目标，按照新时期治水思路的要求，建立由自愿性认证与强制性认证、产品认证与组织机构认证相结合的相互配套的统一的水利认证认可工作体系，为实现水利现代化提供行之有效的管理手段和措施。

水利认证认可工作的总体目标是要贯彻《认证认可条例》，落实《关于加强水利认证认可工作的若干意见》，按照强化水资源科学管理，提高水行政管理水平，增强水利行业综合竞争力的要求，依托信息化，服务水利行业，面向全社会，不断提高水利计量认证/审查认可、生产许可和质量管理体系认证工作水平；以实施节水产品认证为重点，建立健全水利产品认证制度；逐步推行水利工程建设单位以及水管单位的管理体系认证；全面建设适应市场经济需要的、由计量认证/审查认可、水利产品认证、生产许可和管理体系认证组成的较为完善的水利认证认可工作体系，为实现水资源可持续利用提供强有力的技术支撑和保障。

水利认证认可工作的近期目标是要力争用5年左右时间，形成一支80人左右的国家级计量认证/审查认可评审员队伍，通过国家级计量认证/审查认可的水利质检机构达到100余家；不断完善水利产品生产许可证制度建设；以节水灌溉产品认证工作为突破口，加快完善节水产品技术标准体系建设，开展节水产品和器具的检测活动，全面推进节水产品认证制度建设；在水利行业内推动成立5家左右产品和体系认证机构；鼓励水利行业各级企事业单位积极参与质量管理体系认证以及环境管理体系认证工作，切实提高水利工程建设、产品、服务和管理的质量和水平。

为实现以上目标，要重点抓好以下三项工作：

1、不断加强水利计量认证工作。水利计量认证工作要进一步推进水利计量认证/审查认可的标准化、规范化。不断完善规章制度建设，加强对国家计量认证水利评审组的行业指导，强化对国家计量认证水利评审组办公室的领导与管理，建立健全内审员资质管理制度，进一步改进理论考试和现场操作考核，提高检测人员的业务水平。组织开展实验室比对等能力验证活动，持续提高各质检机构的检测能力和质量管理水平。在水利工程建设、水文设施和灌溉量水设施等方面要积极探索开展计量认证工作。

各质检机构要切实加强对计量认证工作的领导，不断提高质检机构工作人员的素质，改善知识技术结构，提升实验仪器和装备水平，持续推动水利质检机构建设和实验室工作健康、有序和协调发展，逐步建立一个能满足实现水利现代化需求、符合国家有关技术标准要求、能与国际惯例接轨的水利计量认证体系。

结合水利工程建设和产品质量监督抽查工作，推动水利行业质检机构通过审查认可。做好计量认证与管理体系认证同步的准备工作。待条件成熟时，逐步推行与国际惯例接轨的实验室认可制度。

2、稳步推进水利产品认证工作。依据《节水型产品技术条件与管理通则》(GB/T18870—2002）等现行有效技术标准的规定，以节水灌溉产品认证为突破口，建立节水产品认证制度。认真研究并提出“节水产品认证目录”；以“国家节水标志”为基础，出台节水产品认证标志，广泛推广使用节水产品认证标志；加快完善节水产品技术标准体系建设；加强节水产品认证审查员队伍建设，大力培育节水产品认证机构；完善节水产品检测体系，开展节水产品和器具的检测活动，推进节水产品认证工作全面开展。

在上述工作取得经验的基础上，根据水利改革与发展的需要，逐步探索建立水库大坝安全检测设备认证等其他水利产品认证制度。

3、全面促进管理体系认证工作。对于直接涉及用水安全的单位逐步推行ISO14000环境管理体系认证；在坚持自愿的原则下，鼓励水利企事业单位通过ISO9000质量管理体系认证；鼓励有条件的单位尝试开展GB/T28001职业健康安全管理体系认证。

按照深化水利工程管理体制改革的要求，对水利工程建设单位和水管单位逐步探索推行具有鲜明水利行业特色的管理体系认证，不断提高水利工程建设和管理水平。

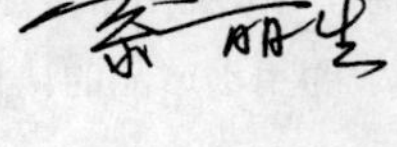

加快农产品质量安全认证体系建设步伐 促进中国农产品质量安全水平不断提高

农业部副部长 牛 盾

20世纪90年代后期，中国农产品市场供给与需求发生质的变化，农业生产由追求数量增长向数量与质量并重转变，农业和农村经济进入新的发展阶段。进入21世纪，特别是中国加入世贸组织后，随着人民生活水平的不断提高和农产品国际贸易的发展，中国农产品质量安全问题日益凸显。为适应农业发展新阶段的要求，全面提高我国农产品质量安全水平和市场竞争力，农业部于2001年4月，启动实施了“无公害食品行动计划”，以农产品生产源头污染控制为重点，通过健全农产品质量安全法律法规，完善农业标准化、检验检测、认证等体系建设，强化农产品质量安全监督，加强农业投入品监管和农业生产环境治理等措施，全面提高农产品质量安全水平。“无公害食品行动计划”实施以来，农产品质量安全保障体系建设步伐不断加快，保障能力稳步提高，认证工作成效显著。但是，由于农产品质量安全认证体系建设起步晚，基础差，与农产品标准体系和检验检测体系相比仍显薄弱，需进一步加快建设步伐。

一、中国农产品质量安全认证体系建设初现成效

农产品质量安全认证体系是农业部确定的农产品质量安全体系的重要组成部分。近几年，农产品质量安全认证体系，形成了以产品认证为重点，体系认证为补充，产品认证与体系认证相结合的发展格局。产品认证，以无公害农产品认证为主体，以绿色食品认证为先导，以有机食品认证为补充的发展机制初步形成。全国统一标志的无公害农产品认证工作全面启动，并已步入规范、有序、快速发展的轨道；绿色食品工作继续保持全面加快发展的势头，示范带动作用日益增强；农业部门开展的有机食品工作遵循国际惯例，瞄准国际市场，坚持因地制宜原则，也获得了较快的发展。在体系认证方面，水产品HACCP认证和兽药GMP认证已正式启动，并保持良好的发展势头。

截至2003年底，全国已有1 563家单位生产的2 071个产品获得全国统一标志的无公害农产品认证证书，统一备案的认定产地2 081个；地方认证产品7 119个，认定产地7 758个。同时，已基本完成湖北、江苏、福建、浙江四省地方认证向全国统一认证的转换试点工作。绿色食品认证，经认证的绿色食品生产企业总数2 047家，有效使用绿色食品标志产品总数4 030个，实物总量3 260万吨。有机食品认证，经中绿华夏有机食品认证中心认证的有机食品生产企业102家，产品231个，实物总量13.5万吨。兽药生产企业有112家通过GMP认证。农产品认证工作的迅速启动，认证农产品规模不断扩大，有力地推进了农业结构调整，带动提高了农产品质量安全水平，增加了农民收入，扩大了农产品出口，同时树立了中国农产品安全优质的品牌形象，在促进农业标准化生产上起到了积极的示范带动作用。

二、加强农产品质量安全认证体系建设成为新时期农业和农村工作的重要任务

农产品质量安全认证体系建设虽然取得了一定成效，但在整个农产品质量安全体系建设中仍属薄弱环节，与农业和农产品质量安全工作的形势与要求还有一定的差距，必须进一步提高对农产品质量安全认证体系建设重要性的认识。

1、认证体系建设是加强农产品质量安全监管的重要基础

农产品质量安全认证体系建设的过程是贯彻落实标准化生产和规范化管理的过程，也是建立完善农业生产标准体系和质量安全保障体系的过程。开展农产品质量安全认证，通过对产地环境、农业投入品、生产过程和最终产品进行质量控制，及时发现和纠正生产过程中出现的质量安全隐患，对上市农产品及时追踪和检查，实现农

产品质量安全监管“三个积极转变”，由被动管理转为积极预防，由单一产品检测向全程管理过渡，由终端监管向源头追溯转变，及时有效地防止质量安全事件的发生。

2、认证体系建设是促进农产品消费的重要条件

通过推行农产品认证，实施农产品市场准入制度，发展安全优质农产品生产和流通，有利于发挥市场机制的作用，实现生产和消费的连接与互动，实现产地与市场的挂钩与管理，实现农产品优价优质，使农业发展进入以消费引导生产、靠市场需求拉动产品供给的良性发展轨道，从根本上推动农产品竞争力增强、农业增效和农民增收。

3、认证体系建设是推动农业产业化发展的有效途径

建设农产品质量安全认证体系，对农产品生产全过程实行认证，构建“以认证标志为纽带、以龙头企业为主体、以基地建设为依托、以农户参与为基础”的产业一体化发展模式，既是产业组织结构的创新，也是全程质量控制的基本组织保障；既有利于强化企业、基地、农户间的联结，促进产销机制创新，又利于培育龙头企业，加快农业产业化进程。目前，在国家级农业产业化龙头企业中，有1/3企业的产品通过绿色食品认证；在省级农业产业化龙头企业中，有1/5企业的产品通过绿色食品认证。

4、认证体系建设是实施农业品牌战略的重要措施

实施品牌战略是增强中国农产品竞争力的必由之路。打造品牌的基础是建立可靠的质量安全保障制度。认证体系建设必将促进农产品质量安全制度的建设，从而增强消费者对农产品质量安全的置信度。通过认证，可以培育出更多的被广大消费者认可的知名品牌。如绿色食品，正成为代表中国精品农业、具有国际影响力的品牌，对带动中国农产品国际竞争力的提高发挥了主导作用。

5、认证体系建设是扩大农产品出口的有力手段

推行农产品质量安全认证制度，有利于引导和促进企业增强质量意识，积极采用先进标准，建立健全质量保障体系，加强质量管理，提高产品质量，增强市场竞争力。另一方面，农产品质量安全认证制度的建立，也为克服国际农产品贸易领域的技术壁垒创造了条件，同时也有利于提高中国农产品市场的准入技术条件。因此，建设农产品质量安全认证体系是适应中国加入世贸组织后参与国际农产品市场竞争、推动中国农产品扩大出口的迫切需要。

三、推进农产品质量安全认证体系建设的基本思路和主要措施

1、基本思路

以全面提高农产品质量安全水平和市场竞争力为核心，以促进农业标准化生产和农产品质量管理为主线，重点加强认证机构和专业队伍、法律法规和管理制度、质量标准和技术规范的建设，迅速提升农产品质量安全认证水平和认证能力，形成统一规范、公正权威、层次清晰、定位准确，既符合中国国情和农业发展新阶段需要，又符合法律法规和国家认证基本规范规则要求的农产品质量安全认证体系。

2、指导思想

第一，坚持积极推进、协调发展。根据各类认证的不同特点和发展目标，采取不同的运行机制。在产品认证上，对保障大众消费基本质量安全的无公害农产品，采取政府推进；对满足人们更高质量安全需求的绿色食品，实行政府推动与市场运作相结合；对面向国际市场需求的有机食品，坚持市场导向、因地制宜的原则。在体系认证上，对安全风险较大的兽药，国家强制实行GMP认证；对以出口为目标的畜禽、水产、农产品加工企业和种植业生产企业，分别推行HACCP和GAP认证。最终形成产品认证和体系认证互为补充的协调发展格局。

第二，坚持合理规划，突出重点。坚持以产品认证为重点，实行产品认证和体系认证相结合的工作原则。产品认证，以无公害农产品认证为主体、以绿色食品认证为先导、以有机食品认证为补充；体系认证，强制推行兽药GMP认证，重点开展HACCP认证，适时开展GAP认证。

第三，坚持特色，因地制宜。无公害农产品实行“产地认定和产品认证相结合”；绿色食品推行“质量认证制度和证明商标使用许可制度相结合”；有机食品遵循国际规则的认证管理模式。

第四，引导生产，指导消费。注重农产品生产环境、生产资料、生产过程、生产档案记录及生产管理体系的检查和控制，建立农产品质量安全可追溯制度。以市场消费需求为导向，积极调整认证产品结构，扩大认证产品总量规模，提高认证农产品质量安全的知名度和影响力，培植农业品牌，培育消费市场。

第五，整合资源，规范管理。以现有认证工作体系为基础，整合资源，形成合力，将农业系统已开展的各种形式的无公害农产品(食品)等认证纳入统一的无公害农产品认证管理体系；充分发挥农业、科研、教学和检测机构的作用，增强农产品质量安全认证培训、认证咨询和检测能力；整合社会智力资源，增强农产品质量安全认证的技术支撑力量；加强对农产品质量安全认证机构、人员队伍

及获证企业的监督管理，规范认证和生产行为，确保农产品质量安全认证的有效性。

总体上，力争用3~5年的时间，在农业系统基本建成具有中国特色、符合中国认证基本规范规则要求、结构完整、功能齐全、运行高效的农产品质量安全认证体系，认证能力和水平达到国际先进水平，促进中国农产品的质量安全水平和市场竞争力全面提高。

3、主要措施

（1）加快建立健全工作机构。无公害农产品认证，农业部将在充实和完善农业部农产品质量安全中心及种植业、畜牧业、渔业三个认证分中心的基础上，强化省级承办机构的建设。绿色食品认证，在强化中国绿色食品发展中心统筹规划和协调监督职能的基础上，充实省级委托管理机构的人员。有机食品认证，充分发挥农业部门中绿华夏有机食品认证中心、中农质量认证中心的作用，建立健全农业系统的分支机构和专业认证分中心。

（2）积极完善认证制度。按照《行政许可法》和《中华人民共和国认证认可条例》的规定以及中国认证认可基本规范规则，修改和完善相关的农产品认证管理办法。第一，将农产品和食品认证纳入《农产品质量安全法》，作为提高农产品质量安全水平的重要管理手段；第二，按照全国统一的认证基本规范规则的要求，修订《绿色食品标志管理办法》，制定《绿色食品管理办法》；第三，在畜禽、水产养殖业及其加工业推行GVP、HACCP管理体系，在种植业推行GAP管理体系，在农业投入品行业推行GMP管理体系认证工作；第四，按照国家认证基本规范规则，进一步完善农产品质量安全认证程序等文件。

（3）加大标准制修订力度。加快无公害农产品、绿色食品标准的制修订进程，加紧制定种植业GAP、农业投入品GMP、禽畜和水产养殖业及其加工业HACCP管理规范。

（4）加强监督和管理。第一，按照国务院确定的中国认证认可工作的指导思想和要求，加强农业部认证机构与人员的资质与行为的管理；第二、加强对获证产品和企业（基地）的跟踪检查，提高认证的有效性；第三，加强认证投诉、查询、防伪系统建设，确保农产品质量安全认证工作持续、健康发展。

（5）加强认证支撑体系建设。加强认证检测机构的建设，提高其检测能力，以满足认证工作的迫切需要。加强无公害农产品、绿色食品、有机食品以及GAP、GMP、HACCP生产技术的培训，加大认证检查员、审核员和标志监管员的培训，壮大认证人员队伍，提高认证人员素质和管理水平。加大对认证工作的宣传及国际合作力度，提高认证企业和产品的品牌形象及社会认知度，努力打造国际质量品牌。

（6）加大资金投入和政策扶持。加大认证工作专项资金的投入力度，对公益性认证实行财政补贴、减免税收等扶持政策。

农产品质量安全认证体系是农产品质量安全体系的重要组成部分，是“无公害食品行动计划”的重要内容，农业部门将在国家相关部门和社会各界的大力支持下，按照《中华人民共和国认证认可条例》的规定和“无公害食品行动计划”的要求，加快建设步伐，提高农产品质量安全认证水平，扩大认证产品覆盖面和规模，促进农产品生产向标准化、优质化、品牌化方向发展，全面提高中国无公害农产品、绿色食品、有机食品等安全优质农产品的生产和供给能力，为全面建设小康社会做出贡献。

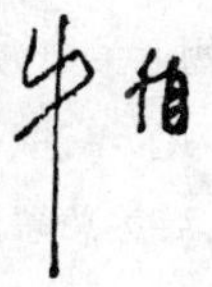

积极开展认证认可工作
全面推进海关现代化管理水平

海关总署副署长 龚 正

认证认可是国际通行的规范市场经济、促进社会发展的重要手段，是提高管理与服务水平、保证产品质量、提高市场竞争能力的有效方式。在海关的业务领域中，涉及认证认可工作的主要有两个方面的内容，一是配合主管部门对国家实行进口质量许可制度和强制性产品认证的民用商品实施严格的入境验证管理，二是对海关设在口岸为进出口商品确定归类提供权威数据的化验室申请国家认可。

一、海关对民用商品认证工作的管理

为加强对国家实行进口许可制度的民用商品的验证管理，保证进口商品符合安全、卫生、环保要求，2001年12月，国家质检总局、海关总署、原外经贸部联合发布了《关于实施进口许可制度民用商品入境验证管理的通知》(国质检检联[2001]192号，下称《通知》)，自2002年1月1日起，对国家实行进口质量许可制度和强制性产品认证的民用商品实施入境验证管理工作，同时公布了《第一批实施入境验证的进口商品目录》。《通知》规定，对列入"入境验证商品目录"的进口商品，通关时海关需凭口岸检验检疫机构签发的、备注栏注明"入境验证商品"字样的《入境货物通关单》办理验放手续。

为了保证《通知》下发后的顺利实行，在制定文件过程中，海关总署政法司、关税司抽出骨干力量，专门研究实施验证商品管理的商品归类问题，以实现具体商品编码化；《通知》公布后，为了与海关通关系统有效衔接，政法司组织人员在业务参数系统中设置单独监管条件，并将所有验证商品加入到通关系统业务数据库，对进口的验证商品做到时时监控，在通关环节自动提示应验核注明"入境验证商品"字样的《入境货物通关单》，同时做到全国海关统一执法。

二、海关化验室申请国家认可项目

海关化验室从1996年开始了"海关化验室申请国家认可"的工作。根据海关化验室的实际情况和海关总署的工作计划，经过近7年的努力，广州、大连、上海、天津4个化验室全部通过了国家认可。

作为为海关行政执法提供技术支持和保障的政府实验室，海关化验室申请国家认可是与国际接轨的需要。随着国际贸易的不断发展，极大地推进了全球经济一体化的进程，为了减少和消除国际贸易中的技术壁垒，各国实验室认可制度都按照国际标准ISO/IEC17025:1999《检测和校准实验室能力的通用要求》逐步走向统一，做到"一个标准、一次检测或校准、全球承认"，避免重复检测、降低成本、简化程序、便利贸易，实现了检测结果的国际双边和多边的互认。中国加入WTO以后，对外开放程度不断提高，中国的经济发展融入全球经济一体化进程。作为进出境活动监督管理机关的中国海关，建立规范、统一、符合国际标准的实验室质量管理体系势在必行。其次，海关化验室申请国家认可是树立执法权威、提升海关形象的需要。海关化验室的作用是更好地为海关的商品归类、原产地确定、海关估价、贸易管制、知识产权保护、打击走私等业务工作提供科学依据和技术保障，是保证海关"科学征管、依法征管"的必要手段，是海关通关业务流程中一个重要环节。海关化验室的目标就是建设"一流设备、一流技术、先进管理、优质服务"的现代化实验室，而实验室认可是创建一流海关化验室的重要手段和途径。通过国家认可后，不仅能提高检验数据的科学性、准确性、客观公正性，而且还能促进实验室不断提高技术水平，改进管理方法，提高工作效率。对海关在行政执法中树立权威，规范执法行为，提高执法水平有重要的作用。

为能顺利通过国家认可，一方面海关强调管理要素在发挥实验室整体效能中的作用，重点加强了以下内容的建设：最高管理者确定质量方针和质量目标，用质量方针描述实验室服务标准、职业道德规范及为客户提供检测和校准服务的质量承诺；为实验室质量活动提供足够资源；营造宽松和谐的工作环境，从而保证质量体系的有效运行。另一方面，海关不断改进和更新软、硬件设施，全力准备通过国家认可。在硬件方面，化验中心不断改善设备配置和运行环境，以确保硬件合格。在对仪器设备进行购置、维修的同时，强调对仪器设备的科学管理，建成了符合国际标准要求的仪器设备档案。此外，根据需要对实验室进行翻新和改造，确保了实验室环境在满足工作需求及保护人员安全两方面均能达到国家级实验室的标准。在软件方面，完善的管理体系是实现高质量工作的前提。根据化验中心的工作方针、目标、政策、计划、程序和指令等要求按照标准制定规范的工作程序文件。

三、海关认证认可工作取得的成效

1、加强合作，确保通关过程中严密监管与高效运转统一。做好民用商品验证工作是海关的新任务、新工作，《通知》下发后，在总署统一指导下，全国各海关法规、关税、监管、通关等部门认真组织学习《通知》内容，制定、落实相应的管理制度、管理方法、管理手段，在最短时间内，顺利地开展此项工作。同时，地方海关进一步加强与口岸检验检疫机构的联系配合，共同研究解决验证商品进口管理中存在的问题，理顺工作关系，为进口提供良好的通关环境。入境验证工作开展两年半来，海关与质检部门积极配合，取得了显著成绩。

2、全力打造，开创海关化验工作的新局面。经过努力，海关 4 个化验中心先后 20 多次派人参加有关实验室认可方面的培训并获得内审员资格，组织编写了 4 本《质量手册》、126 个《程序文件》、159 个《作业指导书》或《操作规范》、129 个《质量/技术记录》。编写工作花费了大量时间和精力，前后经过多次大修改、数千次的小修改，全部文字大约近 70 万字。目前，中国海关的化验室已全部通过了国家实验室认可委 2004 年对海关化验室进行的监督评审，并且还将一批海关化验室自己开发的适合海关当前业务需要的实验方法提出申请并通过了国家认可，提高了海关化验室为业务一线服务的能力和水平。现在海关四个化验中心每年能高质量完成近 2 万个样品的检测任务。

在世界海关组织（World Customs Organization）成员中，有 72 个国家建有海关化验室，但申请国家认可（采用国际标准 ISO17025:1999）的只有美国、荷兰、中国等少数几个国家，目前在亚洲只有中国海关系统的所有化验室全部通过国家认可。海关化验室通过国家认可为中国海关的化验工作开创了一个崭新局面，为建立现代化的海关化验室打下了坚实的基础。

通过申请实验室国家认可，达到了以下几方面的目的：

（1）化验室内部管理更规范化，达到了 ISO/IEC 17025:1999 要求；

（2）对业务水平的提高更有保障；

（3）提高了海关化验室在同行业和国际海关同行中的地位，凡中国境内经“中国实验室国家认可委（CNAL）”认可的实验室出具的检测数据均能得到与其签署协议其他各方的承认；

(4)使海关执法的法律效力更高。因为实验室国家认可就是由国家权威的认可机构对实验室有能力进行检测和(或)校准活动所给予的一种官方正式承认，这样在多方提供化验检验结果的情况下，海关化验室的结果无疑分量重于未经实验室国家认可的实验室的结果。

四、对今后海关认证认可工作的设想

1、按国家认可的要求，建立化验室质量管理体系，并长期保证有效运行；

2、进一步扩大海关化验室的认可项目；

3、通过国家认可来进一步提高化验室的业务水平，更好地为海关业务服务；

4、建立在某专业方面具有权威的实验室；

5、继续配合质检部门，在加强电子数据交换基础上加快通关速度，共同做好民用商品入境验证工作。

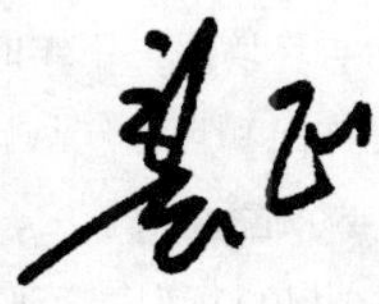

发挥环境领域认证工作的重要作用 促进经济社会与环境的协调发展

国家环保总局副局长　　王玉庆

随着经济社会持续、快速发展，认证认可工作对中国产品质量、环境保护、职业健康安全、对外贸易等诸多领域的积极作用，逐渐显现出来。以市场经济为背景的认证认可和合格评定活动，是经济社会发展到一定阶段的产物。在社会主义市场经济条件下，国家确立质量是经济工作的生命线、环境保护为基本国策、科学的发展观等一系列大政方针，为环境领域认证认可工作，创造了广阔的发展空间。

处理好环境与经济发展的关系是环保工作永恒的主题。环境污染与工业化相伴而生。由于中国正处于经济的高速发展期，高投入、高消耗、低产出、重污染的产业结构还未能从根本上改变，这不仅严重制约了经济的发展，也给环境带来了前所未有的压力。如果继续沿用传统的发展模式，资源将难以为继，环境将不堪重负。中共十六届三中全会明确提出了以人为本，全面、协调、可持续的发展观，这为中国经济社会的发展指明了方向。落实科学发展观，就必须转变现行的发展方式，走一条科技含量高、经济效益好、资源消耗低、环境污染少、人力资源优势得到充分发挥的新型工业化道路。

环境保护工作中如何落实科学发展观，就需要创新管理思想。在中国30多年环境保护工作的实践中，强化环境监督管理已成为一条重要方针。但在强制性的法律、法规、制度约束下，企业习惯于被动服从、消极执行，缺少自觉参与环境保护工作的积极性。环境管理体系认证、环境标志产品和环保产品认证、有机食品认证等引入和实施，改变了这种状况。

ISO14000环境管理标准，是一项旨在规范各类组织环境行为，合理利用和节约资源、能源，减少和预防污染，提高环境管理水平，改善环境质量，消除对外技术贸易壁垒，促进经济健康持续发展的综合管理型国际标准。该标准的实施不仅起到了保护环境的作用，而且对企业增强市场竞争力、树立良好的社会形象、消除国际贸易技术壁垒都有着重要作用，因而被企业所广泛接受。国家环保总局自1996年起就致力于推动ISO14000环境管理系列标准的实施，结合中国国情采取了积极稳妥、适时到位的策略，取得了可喜的成绩。其间，结合中国环境保护工作的现状，发展和深化了环境标志产品认证，开创了环保产品认证和有机食品认证。这些认证工作无疑在环境管理、环境执法、污染治理、提高公众环境保护意识、引导绿色消费等方面发挥了重要作用。

环境要素作为一种典型的公共产品，其质量的维护除政府进行积极、主动、有效地管理外，需要全社会共同参与。环境领域内的认证认可活动就是社会共同参与的一种有效形式。国家环保总局要认真贯彻《中华人民共和国认证认可条例》，一如继往地支持和配合国家认监委的工作，在国家认监委统一管理、监督和综合协调下，推动、引导、鼓励各类组织实施ISO14000环境管理系列标准。在城市、各类开发区、风景名胜区与科技部、建设部共同开展创建ISO14000国家示范区工作，不断深化环境领域内的其他各项认证工作，使认证工作更好地与国家环境保护重点工作相结合，与环境管理相结合，促进经济社会与环境的协调发展。

王玉庆

民航系统认证工作取得可喜成效

民航总局航空器适航审定司副司长 周凯旋

一、民航系统认证工作概况

随着ISO9000认证在中国的广泛开展，中国民航业越来越深刻认识到认证对完善管理、保障安全、优化服务、促进正点、提高效益的积极作用。

自1996年民航系统的航空油料公司率先开始ISO9000质量管理体系认证以来，1998年上海机场(集团)公司通过了ISO9000质量管理体系认证，紧接着一些航空公司、机场、空管、油料、信息服务、航空配餐、旅游饭店等企业单位纷纷实施ISO9000认证。截至2003年底，中国四家主要航空运输集团公司——中国航空集团公司、中国东方航空集团公司、中国南方航空集团公司、海航集团有限公司全部或部分业务通过了ISO9000质量管理体系认证，其余五家航空公司已有四家通过ISO9000质量管理体系认证；中国旅客吞吐量最大的三大机场集团公司——首都机场集团公司、上海机场(集团)有限公司、广州白云国际机场集团公司全部或部分业务通过了ISO9000质量管理体系认证；其余吞吐量较大的10多家机场也已经通过ISO9000质量管理体系认证。

2000年民航系统经批准成立了质量认证机构。认证机构成立以来，致力于航空运输及辅助行业的质量管理体系认证工作，有力地推动了行业认证工作的开展。

二、民航系统实施认证的作用

民航系统实施认证工作的作用主要有以下方面：

1、应对加入WTO挑战，提高竞争能力。中国已经加入世界贸易组织，国际航空运输自由化的趋势在不断发展，民航企业与外航的竞争日益激烈。国外航空公司一个重要的竞争优势就在于科学的管理。管理问题是中国民航业入世后参与国际航空运输竞争迫切需要解决的重要课题。在全球经济一体化趋势下，中国民航业推行ISO9000认证，可以通过标准化建设，提高管理水平，提供优质服务，增强竞争实力。

2、改进民航服务，增强旅客满意度。民航业是服务性行业，以飞机作为主要载体，实现客货运输服务，满足旅客和货主明确和隐含的要求，达到过程增值的目的。航空运输服务不同于一般制造业，它有自身的特点：民航运输服务的产品是无形的，其生产过程是实现人和物的位移，其过程的结果是运输服务；民航运输服务生产过程的产品是无形态的，既不能储存，也无法再返工，在运输过程中造成的人员、货物的损失是无法挽回的。因此民航运输服务更应重视全员、全面、全过程的质量管理。民航运输服务过程的输出不能用后续过程的监视或测量来加以验证，只有在运输服务结果交付后才能发现服务质量存在的问题，因此航空运输服务过程大都是特殊过程，可以用特殊过程的控制方法去管理，注重对人和过程的监控。民航业是系统性强的行业，民航运输服务过程的完成是由航空公司、机场、空管、油料等多部门、多工种合作协调有机组合的结果，因此对生产过程结合部的控制和管理是过程控制的关键。实施ISO9000质量管理体系认证，可以促使民航企业强化以旅客和用户为关注焦点，以用户满意为目的，按照ISO9000标准的要求，通过持续改进服务工作，为旅客和用户提供优质服务，不断创新服务，从而增强用户满意。在近几年民航协会用户工作委员会每年进行的“旅客话民航”社会评价民航服务质量的活动中，获得用户满意度第一名的航空公司、机场多数是已通过ISO9000认证的企业。民航系统较早通过ISO9000质量管理体系认证的上海机场(集团)有限公司，至2003年在年旅客吞吐量800万人次以上组已连续七年获得“旅客话民航”用户满意度第一名。民航系统较早通过ISO9000质量管理体系认证的海航集团有限公司，至2003年在年旅客运输量400万~1 000万人次以上组已连续五年获得“旅客话民航”用户满意度第一名。

3、完善管理体系，确保航空安全。航空运输安全是民航业的基础和前提，确保航空运输安全是民航业的重点管理内容，包括飞行安全、空防安全、地面安全、消防安全等方面。实施ISO9000认证可以采用“过程方法”和预防措施程序对其进行严格控制，使涉及航空安全的每一环节、每一岗位都达到职责分明、操作细化、运作规范的要求，并通过预防控制程序的应用，使安全关口前移，做到防患于未然。中国民航系统现阶段超过了历史上最好的安全水平，与全行业推行质量管理体制认证有关。

4、提高经济效益，实现持续改进。ISO9000标准要求"持续改进"，把管理过程作为P(策划)D(实施)C(检查)A(处置)循环提高的过程，可以促使民航企业定期或不定期对自身管理情况进行内审、管理评审、实施数据分析、坚持纠正预防，形成全员参与、运作有序、严密规范、不断改进的科学管理体系，实现持续改进与自我完善；可以提高民航企业工作方式的规范化、制度化、程序化与系统化的水平，实现科学决策，减少工作失误，提升民航业的市场竞争力和赢利能力，实现民航业的可持续发展。实践证明，许多通过ISO9000认证的民航企业都取得了较好的经济效益。

三、民航系统下一步开展认证工作的建议

民航总局已明确提出了要紧紧抓住本世纪头二十年战略机遇期，实现由民航大国向民航强国的历史性跨越。实现这一战略目标，要求民航各项工作跃上新台阶。民航系统的认证工作要适应和服务于这一战略目标。为此，针对民航系统认证工作中存在的问题，提出以下建议：

1、建立结合民航实际的质量管理体系。建立一个结合民航企业实际的文件化的质量管理体系十分重要。要在全面研究中国民航CCAR121部、145部、65部、公共航空运输服务标准和民航客货运输规则等与ISO9000标准的内在联系与区别的基础上，将民航运输的规章、标准、规范与质量标准的各控制要素相衔接，并融合到整个质量体系中。在进行体系诊断和策划时，既要满足标准要求，又要结合民航业的业务流程实际，重视管理流程与业务流程再造或重整；要把业务流程当作独立的过程来控制，更要重视流程与流程之间的接口管理。这就要求民航企业编制体系文件时，要选派基层业务骨干参加，要广泛征求员工意见，定期进行评审，以确保体系文件的符合性、科学性和可操作性。

2、成立民航系统认证的推进组织。各个实施认证的民航企业要成立专门组织，以加强对认证工作的领导，进行全员的标准培训，动员全员的积极参与。民航行业主管部门也要成立一个实施认证的推进组织，以指导、协调民航系统认证工作；组织行业内贯彻标准相关问题的研讨，统一行业的认证标准；引导培养熟悉民航业务的咨询认证专业人员；审查推荐专业的咨询和认证机构等。

3、推动民航系统认证工作向纵深发展。目前民航系统有些企业是全部业务通过ISO9000认证，许多企业是部分业务通过ISO9000认证，除进行ISO9000认证外，其他体系质量认证工作才刚起步。因此需要根据实际情况进一步推动民航系统各企事业单位在航空运输、空管、信息服务、航空配餐、旅游饭店、资产管理、广告宣传、房地产等领域开展ISO9001:2000、ISO14001、OHSAS18001、ISO/TS16949及HACCP等相应体系质量认证工作，从质量管理体系上入手，为从根本上提高全民航的服务质量管理水平做出应有的贡献。

周凯旋

认证——产品质量的可靠保障

国家体育总局副局长　王　钧

新中国成立以来，中国体育事业在党和政府的高度重视下得以快速发展，特别是在中国成功取得 2008 年奥运会举办权后，广大人民群众积极参与体育锻炼，健身强体的愿望和热情日益强烈。体育事业持续健康的发展，带动了体育消费市场的空前活跃，体育产业被称为中国经济活动中的“朝阳产业”。

一个具有上万家生产规模的体育用品行业极大地满足了中国几亿体育人口的物质需求，也为体育事业的发展提供着有力支持。占国际市场上 65%以上的份额的“中国制造”表明中国已成为世界上少有的体育用品制造大国，但是必须清醒的看到，中国的产品质量、品牌知名度与国际同行相比，仍有较大差距。高质量的体育用品无论对运动成绩的提高还是对全民健身计划的实施，都起着非常重要的作用。为此，国家体育总局作为体育用品的最大和最终用户，在积极贯彻国务院大力发展体育产业的战略部署的同时，对体育用品的质量标准、产品认证以及名牌战略等工作给予了高度重视。

认证工作是国际上通用的提高产品、服务质量和管理水平、促进经济发展的重要手段，认证工作在国家经济建设和社会发展中，日益发挥出重要的作用。

在国家认证认可监督管理委员会的支持下，国家体育总局成立了体育用品认证机构，并投入了紧张的工作，通过一年多的实践，深深的感到：通过认证，产品的质量、工艺以及企业的质量意识都有了很大的飞跃，这对促进产品及设备的更新换代、规范市场、确保消费者的利益以及为体育事业提供质量可靠、工艺精良的产品，都具有十分重要的意义。

中国体育事业的蓬勃发展离不开全社会的支持，我谨代表国家体育总局向长期支持中国体育事业发展的国家认证认可监督管理委员会、国家标准化管理委员会、中国名牌战略推进委员会以及社会各界，表示衷心的感谢。相信在体育用品制造业中积极推行和采用国际先进的管理体系标准，有助于中国竞技体育运动成绩的提高，更有利于全民健身运动的健康持续发展；同时更希望，随着认证工作的开展，体育用品业内产生出更多具有市场竞争力的名牌产品和优秀企业。

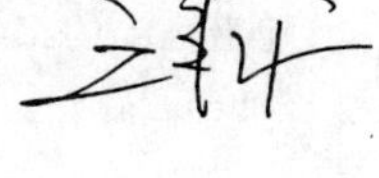

积极开展森林认证 尽快与国际接轨

国家林业局党组成员 中国林业科学院院长 江泽慧

2003年6月25日，中共中央国务院做出了《关于加快林业发展的决定》(以下简称《决定》)，确立中国林业走以生态建设为主的林业可持续发展道路，明确提出要“积极开展森林认证，尽快与国际接轨”。11月1日，《中华人民共和国认证认可条例》(以下简称《条例》)开始实施，标志着中国认证认可工作的法制化建设迈出了重要一步。中央林业《决定》和《条例》的颁布，为中国开展森林认证工作指明了前进方向，奠定了政策基础。

2001年9月，在国家林业局召开的森林认证工作领导小组第一次全体会议上，提出了建立符合中国国情、林情的森林认证体系。在明确方向，打好基础，少走弯路，稳步推进方针的指导下，林业局为开展森林认证做了大量的前期准备工作，特别是国家认监委的成立和《条例》发布实施，对森林认证的开展起到了积极的推动作用。经过三年的努力，目前开展森林认证的方向明确，经费落实，制度建设和技术准备取得进展，并与国际主要森林认证体系建立起广泛的联系，具备了开展森林认证的条件。

20世纪80年代，欧洲的非政府环境保护组织开始关注热带森林危机，在欧洲掀起了一场抵制消费热带木材的运动，随着运动的深入，客观上需要建立一个让消费者能够区分经营良好和经营不好木材的机制，初步提出了森林认证的构想。1992年联合国环境与发展大会上，森林可持续经营问题受到特别关注。环发大会后，环境非政府组织开始把森林可持续经营推向实践，成立了森林管理委员会(FSC)，并创造了森林认证机制。森林认证是通过对森林经营活动的第三方评估，以证明森林是否实现了可持续经营。作为推动森林可持续经营的一种手段，森林认证在全球发展很快。截至2003年末，全球森林认证总面积达1.73亿公顷，约占全球森林总面积的4%，其中欧洲占50%、北美洲占40%、世界其他地区占10%，其中亚太地区占2%。经过近十年的发展，森林认证已被越来越多的国家所接受，成为当今国际林业发展进程中的重要趋势之一。

一、实现森林的可持续经营已成为中国林业发展的重要任务

中共十六大把“促进人与自然的和谐，推动整个社会走上生产发展、生活富裕、生态良好的文明发展道路”作为全面建设小康社会的重要目标。《决定》明确提出，要“确立以生态建设为主的林业可持续发展道路，建立以森林植被为主体、林草结合的国土生态安全体系，建设山川秀美的生态文明社会”。中国林业正面临着由以木材生产为主向以生态建设为主的历史性转变，林业承担着改善生态、促进发展的历史重任，实现林业可持续发展，对于全面建设小康社会具有重要意义。实施可持续发展战略是中国的基本国策，林业可持续发展是国家可持续发展战略的重要组成部分，而森林可持续经营又是实现林业可持续发展的重要基础，因此，实现森林可持续经营已成为中国林业发展的重要任务。

二、建立适合中国林业发展要求的森林认证体系

自1996年世界上第一块林地通过认证以来，森林认证发展很快，世界森林认证的格局初步形成，目前共有26个森林认证体系在运作。其中，有以森林管理委员会(FSC)、泛欧森林认证(PEFC)为代表的国际森林认证体系，有美国可持续林业倡议(SFI)、加拿大标准协会(CSA)这样的区域性森林认证体系，同时还有马来西亚木材认证委员会(MTCC)、印度尼西亚生态标签研究所(LEI)这样的国家森林认证体系。尽管这些体系都以推动森林可持续经营为宗旨，但由于各体系发起背景的不同，各国发展阶段的不同，造成认证制度、技术标准和运行方式也不尽相同。

森林问题日益国际化和政治化，以及森林的自然和社会属性，决定了森林认证很难建立起世界统一的技术标准和认证制度，各森林认证体系会长期并存。因此，必须从战略高度充分认识开展森林认证对推动中国森林可持续经营、树立良好国际形象的重要意义，要从中国国民经济和社会发展的实际出发，根据林业历史性转变和跨越式发展的需要，切实把中国森林认证的出发点和落脚点放在提高森林可持续经营水平和提高林产品的市场竞争力上。在战术上，则要按照国际普遍遵循的原则，尽快建立具有中国特色的森林认证体系，并积极寻求与国际主流体系的互认，从而减少因森林认证对中国林产品出口形成的障碍。

虽然森林认证最初是由非政府组织发起的，但从中国的

实际情况来看,林业主要是一项社会公益性事业,森林资源主要是国有林和集体林,政府是最大的利益方,负责协调其他各个利益群体的关系;推动森林可持续经营,应该是各级政府的义务,需要政府在机构设置、科学研究和人员培养等方面的支持。所以,中国选择走以政府推动为主建立中国森林认证体系的道路。按照《条例》的规定,森林认证是国家推行的自愿性认证。因此,在开展森林认证中,必须要坚持国家利益原则、自愿性原则、多方参与的原则和一致性原则。

中国开展森林认证工作的指导思想是:以"三个代表"重要思想和科学发展观为指导,以中央林业《决定》提出的"积极开展森林认证,尽快与国际接轨"的要求为方向,以提高中国森林可持续经营水平和林产品市场竞争力为目的,做到政府推动与市场引导相结合,打好基础,择优试点,稳步推进,建立起符合中国林业发展实际和国际惯例的森林认证体系。

与一些林业发达国家相比,中国森林认证工作起步较晚。2000年11月,蒙特利尔进程第12次工作组会议在北京召开后,中国开始组织开展森林认证工作。2001年7月,国家林业局成立了中国森林认证工作领导小组,在领导小组第一次全体会议上明确提出要结合中国的国情和林情,建立中国自己的森林认证体系,并决定在林业局科技发展中心设立森林认证处,专门负责森林认证的组织和管理工作。

经过三年的努力,目前已完成《中国森林可持续经营标准与指标》、《中国森林认证原则与标准》的制定工作,《中国森林认证产销监管链认证原则与标准》等标准正在制定当中;根据国家《条例》起草了《森林认证管理办法》和开展森林认证工作的有关规定;在全国不同地区举办了6期可持续经营与森林认证培训班,共计培训了400多人;在浙江昌化林场和黑龙江友好林业局等地开展实地调研,对开展中国森林认证的动力、需求和运行机制等进行了研究,基本掌握了中国森林可持续经营的现状和开展森林认证的社会基础。同时,林业局还在浙江、吉林、福建等省建立了森林可持续经营试验示范点,开展森林可持续经营试点工作。目前,中国开展森林认证的政策环境明确,资源环境得以改善,技术准备取得进展,基本具备开展森林认证试点的条件。

三、中国开展森林认证要优先解决的问题

建立科学、合理、能与国际接轨的森林认证体系是一项十分复杂的工作。首先,要完成国家森林认证指导机构的建立。按照国际上的做法,为了体现森林认证的多方参与原则,切实保障利益各方的合法权益,均成立了由涉及森林的各利益方代表参加的指导机构,决定本体系森林认证中的一些重大事项。因此,中国也要建立类似的森林认证指导机构,这样不仅可以调动多方力量参与森林认证工作,同时也为今后开展国际互认做好准备。其次,要加快森林认证标准的制定速度。建立森林可持续经营和森林认证标准体系是开展森林认证工作的基础。中国地域辽阔,土地类型多样,气候变化复杂,要举全国森林可持续经营专家之力,才能完成标准体系的建立工作,要建立一支由全国有关专家参加的标准制定队伍,加快标准制定速度,提高标准质量,并尽快成立全国森林可持续经营和森林认证标准化技术委员会。第三,要加强森林认证的研究、培训和试点示范工作。跟踪、分析、研究当今国际森林认证理论和发展动态,为中国开展森林认证提供政策性建议,及时调整相关政策,是中国森林认证工作与国际接轨的必要保障。积极培养具有森林可持续经营专业知识,熟悉国际森林认证情况,了解中国认证认可管理工作,善于组织管理的人才是当前开展森林认证十分紧迫的工作,必须下大力气抓紧抓好。要在不同地区选择不同类型的天然林、人工林等开展森林认证试点、示范工作,尽快把森林认证推向实践。第四,按照《条例》的要求,加快森林认证机构建设。培训机构、咨询机构和认证机构是保障认证活动开展的三个支柱。要结合中国林业科学研究院的科技体制改革方案,按照关于建立社会中介服务机构的要求,在国家认监委的帮助下,建立开展森林认证的相应机构。第五,积极开展森林认证的国际合作。森林可持续经营和森林认证是当前国际林业发展的热点问题,联合国以及一些国际组织对此都十分关心,目前森林认证在全球发展也很不均衡,呈现出欧美发展较快、亚非进展较慢的态势。因此,中国应积极加强与各主要森林认证体系的合作,学习他们开展森林认证的好经验,同时注意加强与周边国家和发展中国家在森林认证领域的合作,争取在国际森林认证问题上的主动权。

实现人类社会的可持续发展,是人类发展的长期目标。森林可持续经营和森林认证作为其中的重要组成部分,越来越受到各国的重视。在2002年9月召开的可持续发展世界首脑会议上中国政府庄严承诺:中国将坚持不懈地做出努力,义无反顾地承担起责任,用行动来实践诺言,坚定不移地走可持续发展之路。开展森林认证,正是中国履行承诺,树立负责任大国形象的一项具体行动。我们要认真学习、贯彻中央林业《决定》和《条例》,为实现"积极开展森林认证,尽快与国际接轨"的要求而努力奋斗。

江泽慧

第二部分 特 载

吴仪在国家认监委成立大会上的讲话

很高兴参加中国国家认证认可监督管理委员会成立大会。国家认证认可委员会的成立，在我们国家经济生活中是一件很有意义的事情，标志着我们产品质量和认证认可工作步入了一个新阶段，也要求我们的认证认可工作要再上一个新台阶。我代表国务院对这个委员会的成立表示热烈祝贺！

长期以来，不少同志在认证认可工作中为提高我国产品的质量、为提高我国人民群众的生活质量，作出了贡献，作出了成绩，我也代表国务院向他们表示谢意和慰问！

国务院决定成立认证认可委员会，是为了统一监督、管理和协调全国认证认可工作，为了加强认证认可工作，加强质量建设的力量。

我们党和政府历来十分重视质量建设，为提高产品质量、加强质量管理工作做过一系列的决定和规定。朱总理在7月13日视察国家质检总局时再次明确指出："质量问题始终是我们经济工作的生命线。"随着社会的发展，质量问题在社会化大生产中、在日益提高的人民群众的生活中，显得越来越重要。可以说，质量水平是衡量一个企业管理水平的重要的尺度，也是衡量一个国家生产技术和科学管理水平的重要尺度。从某种意义上说，没有一定的质量水平，就很难有企业在市场上的地位，就不会有这个国家的现代化，不可能有这个国家的可持续发展。

质量水平与质量认证和合格评定是密不可分的。质量认证和合格评定作为质量管理和贯彻标准的新兴手段，正逐步为世界各国所重视。我们十分重视认证认可工作在推动质量水平提高上的重大作用。从1988年起，全国人大陆续颁发了《中华人民共和国标准化法》、《中国人民共和国进出口商品检验法》和《中华人民共和国产品质量法》；国务院陆续发布了《中华人民共和国产品质量认证管理条例》、《质量振兴纲要》和《关于进一步加强质量若干问题的决定》。这些都对质量工作和认证认可工作提出了具体要求。《中共中央关于建立社会主义市场经济体制若干问题的决定》把认证机构作为着重发展的市场中介组织之一，给予充分肯定，进一步明确了认证认可工作在社会主义市场经济体制中的作用和地位。实践证明，认证认可工作对提高产品质量有着举足轻重的作用。

我们的"十五"规划把结构调整作为一个重要的指导方针，作为一条主线。应该指出，这一次调整不是原有的技术水平上生产能力的增减，而是必须实现产品、技术、工艺、设备等的更新换代，是产业的升级。这对我们的质量建设提出了新的更高的要求。换句话说，产品质量和质量管理水平不提高，产品的升级、结构的调整，都是很困难的。大家也可以看到，现在社会上假冒伪劣产品屡禁不止，危害人民，损害国家形象，破坏社会主义经济秩序。国务院为此成立了整顿和规范市场经济秩序领导小组，由李岚清副总理担任组长，吴邦国副总理和我都是副组长。吴邦国副总理负责安全领域的问题，我具体负责打假工作。大家可以看到，去年到现在，我们下力气抓整顿和规范市场经济秩序，重点打击假冒伪劣，取得了很大成绩，人民是欢迎的，国内外反映是好的。但是还不够，还要深入持久抓下去。在今后3至5年内，仍要把整顿和规范市场经济秩序作为我们的重点工作之一，但更重要的是要规范化，推动我国质量整体水平的提高。这是我们经济工作中一个紧迫的任务，必须采取强有力的措施。成立认证认可和标准化两个委员会，就是我们采取的措施之一，是我们完善社会主义市场经济体制的一个举措。

今天与会的还有不少外国朋友，还有一些在华投资的大企业代表。以前我们对一些进口产品重复检验、重复认证，可能使你们感到不便。我相信，认证认可委员会将建立内外一致、统一规范的认证认可工作体系，以前那种令人不快的现象决不会再出现了。中国即将加入世贸组织。作为世贸组织的一员，中国一定会按照世贸组织规则办理。中国人说话从来是算数的，我们一定履行所作的承诺。如果还有让你们感到不便的，也希望你们及时向有关部门反馈，我们会努力为你们的贸易和投资活动提供便利。中国加入WTO后，对外开放将进入一个新阶段，在经济全球化的大潮中，中国一定会按国际通行的规则办事。广阔的潜在市场和规范的市场秩序，一定会为朋友们与中国贸易、来中国投资创造一个良好的条件。

对于认证认可委员会成立后的工作，我提四点希望：

一是，要尽快落实国务院"三定"规定，抓好机构的组建工作。要按照运转灵活、高效快捷、强化权威的原则，对两局的认证机构和认可机构进行全面整合。要认真清理原两局发布的认证、认可法规、规章和办法，按照国务院提出的要求，按国际规范研究起草新的认证认可和合格评定的法律、法规和规章、制度。要采取有效措施，抓紧做好对强制性产品认证实施"统一目录、统一标准技术法规和合格评定程序、统一标志、统一收费"的工作，切实履行我国在入世谈判中的承诺，树立中国认证认可的新形象。

二是，要强化对全国认证认可的监管。国务院授权认监委统一管理、监督和综合协调全国的认证认可工作，就是要建立统一、规范、高效的认证认可体制，规范认证认可工作秩序。认监委成立后，要切实履行好工作职能，加强对全国认证认可工作的宏观监督管理，尽快制定全国认证认可工作部际联席会议的议事规则和程序，积极主动地做好有关部门和行政的协调，逐步统一和规范各行业、专业的合格评定程序。

认证认可工作涉及方方面面，为了使我国的认证认可工作快速、健康发展，希望全社会都关心、推动这项工作。各有关部门要按照国务院的决定，进一步提高对做好这一工作重要性的认识，要积极支持认监委的工作，共同做好认证认可工作。

三是，要认真整顿和规范认证市场。要根据国务院整顿和规范市场经济秩序的部署和要求，把整顿和规范认证市场作为当前一项重要工作任务。认监委成立后，要会同有关部门对外国(地区)认证和检测、检查机构及咨询机构在中国境内的经营活动进行整顿和规范；净化我国的认证市场和检验检查服务的市场。加强市场上认证商品的监督、检查，严肃查处标识不符、假冒认证标识等行为。

第四，进一步加强认证认可的国际合作。积极开拓认证认可工作的新领域，有关部门在推进认证认可工作一开始就等效地采取国际标准，按照国际规范来进行运作，并始终与国外相关的机构进行了深入、广泛地联系和合作，保证了和国际发展水平同步。认监委成立后，要在发挥这方面优势的同时，争取在世界和区域性认证认可组织中，发挥我们自己的积极的作用，实现和其他国家和地区认证机构、认证证书等相互的认可。当前，认监委要组织有关认证认可机构的同志们，认真学习江泽民同志的"七一"重要讲话，按照"三个代表"的要求，切实解放思想，转变观念，密切关注国际认证认可和合格评定发展的动态，积极推广和运用国际先进的管理体系和服务质量体系认证等合格评定的模式；推进农产品以及食品的安全质量认证工作；建立并实施对进口食品国外生产企业的注册制度，进一步完善出口的卫生注册和后续的监管制度，积极开拓国外认证认可市场，走国际化发展道路。

希望同志们团结一致，努力奋斗，开拓认证认可工作的新局面，为改革开放和现代化建设不断作出新的贡献！

2001年8月29日

吴仪在第一次全国认证认可工作会议上的讲话

这次会议是党中央、国务院决定对认证认可工作实行统一管理以来召开的第一次全国性会议，主要任务是贯彻落实《国务院办公厅关于加强认证认可工作的通知》(国办发[2002]11 号,以下简称:国办 11 号文件),总结全国认证认可工作,认真分析当前工作所面临的形势,统一各方面的思想认识,研究部署下一步的工作。

国家认监委自去年 8 月份成立，到现在已经半年多了。半年来,整个工作抓得是紧的:组建了新机构,清理、修改和制定了一些认证认可的规章和文件；建立起部际联席会议制度,加强了对认证认可工作的协调;在强化对认证认可工作监管、整顿规范认证市场秩序、开展认证认可国际合作等方面也做了大量工作。特别是适应我国加入世贸组织，建立并实施了新的国家强制性产品认证制度。这些都应充分肯定。

今年 2 月,经国务院领导批准,国务院办公厅专门就加强认证认可工作下发了国办 11 号文件,进一步明确了认证认可工作的指导思想和基本原则，提出了当前和今后一个时期认证认可工作的主要任务和工作重点。这个文件在起草过程中，经过了有关部门认真研究和充分协商，是当前和今后一个时期做好认证认可工作的重要依据。各有关部门和从事认证认可工作的机构,要切实把思想和行动统一到国办 11 号文件精神上来，团结一致,共同推进我国认证认可工作健康有序地发展。下面,我强调几点意见:

一、统一思想,提高对建立统一的认证认可工作管理体制的认识

改革开放以来，我国认证认可工作得到了很大的发展,在从源头上确保产品安全、指导消费、保护环境、促进外贸等方面发挥了很好的作用。这是各有关部门积极实践,不断探索,共同努力的结果,也是与在座各位的辛勤工作分不开的。但是,由于受计划经济体制的影响,认证认可工作存在着政出多门、多重标准、重复收费、监督不力等问题。这不仅导致认证市场混乱,使认证工作的质量和声誉受到严重损害，也极大地影响了对产品质量的监督管理,加重了企业的负担,阻碍了国际间经济的交流,甚至一度影响了我国加入世贸组织谈判的进程。国内企业和外商对此反映强烈,意见很大。随着我国社会主义市场经济体制的建立和不断完善，特别是我国适应全球经济一体化的形势，参与国际经济竞争与合作的程度日益深入，这种政出多门的认证认可工作越来越不适应时代发展的要求。为此,党中央、国务院决定对认证认可工作实行统一管理，把原国家质量技术监督局和国家出入境检验检疫局合并组建为正部级的质检总局,同时,成立由质检总局归口管理的国家认监委，并明确由国务院授权行使有关行政职能。这在机构编制中是一个特例。之所以这么做，就是要建立统一的、权威性的认证认可工作体制,由国家认监委对全国的认证认可工作进行统一管理、监督和综合协调。

建立统一的、权威性的认证认可工作体制,是我们提高产品质量、调整经济结构的需要,也是建立社会主义市场经济体制、进一步转变政府职能的需要。这一点我在国家认监委成立大会上已讲过了，同志们对此认识是一致的。今天我还想强调一点,建立这样的工作体制,对我们更好地参与国际经济合作与竞争,也是非常必要的。

随着经济全球化的发展，关税、非关税措施逐渐弱化,但技术性贸易壁垒却有抬头的趋势。许多国家利用世贸组织法律文件的一些条款,以技术法规、标准和合格评定等形式,设置技术性贸易壁垒。我们通过加强认证认可工作,可以熟悉和了解国际上的相关动态,指导我们的企业采取针对性的措施，同时还可以使国外的技术性措施为我所用,维护我国经济利益和经济安全。

我们实施“走出去”发展的开放战略,认证认可将发挥越来越重要的作用。上周五我刚访问中东、海湾六国回来。我感到在这些国家和地区,有很多大的项目可以做,有不少商机,但我们的产品质量和品牌,说起来真让人惭愧,没有几个可以打出去的。人家对认证认可是看得非常重的。没有经过认证认可,我们的产品、企业根本就进不去。在国家认监委成立大会上,我曾讲过,要争取在世界或者区域性认证认可组织中发挥我们的积极作用，实现与其他国家和地区认证认可机构、证书的相互认可。大家可以想一想,如果真的做到这一点,对我们“走出去”将发挥多么大的促进作用。这就要求我们的认证认可一定要

有权威，不仅在国内有权威，在国际上也要有声誉。为此，就需要做大量的工作，而且我们的认证认可工作体制必须是统一的。从事认证认可工作的同志们要看到自己肩上的担子，你们确实任重道远，没有一点拼搏精神是不行的。各有关部门对此也要统一思想，在实际工作中相互支持和配合。

二、 突出重点，全面加强认证认可工作

当前，认证认可工作头绪很多，一定要突出重点，大胆创新，努力开拓，不断提高工作水平。

（一）狠抓国家认证认可体系的建设。要按照统一规划、强化监管、规范市场、提高效能和与国际接轨的原则，加快认可体系、实验室认可评价体系、强制认证体系、自愿性认证体系建设。要建立和健全规范认证认可的各项工作规章，并积极主动与法制办协商，争取早日出台《认证认可监督管理条例》，使这项工作尽快纳入法制化、规范化的轨道。要参照国际上为保证认可工作权威性、惟一性和可信性而广泛采用的通行做法，抓紧将由几个部门分管的几套认可体系合并成一套综合性强、覆盖面广的国家认可体系，建立集中统一的国家认可机构。要进一步完善国家强制性产品认证制度；积极开展农产品认证及食品安全认证；推进认证机构改革，逐步使认证机构中介化。

（二）大力整顿和规范认证市场秩序。目前，认证市场存在无序竞争、认证水平参差不齐、违规从事认证业务等问题。如果认证工作不能保证质量，就会给不合格产品和企业披上合理的虚假外衣，既坑害消费者，也影响我国产品在国际市场上的信誉。国家认监委要会同有关部门加大整治力度，集中力量对自愿性认证、认证咨询及其相关机构和国外的认证、检测、咨询、培训机构在我国境内的活动进行整顿和规范；要狠抓认证质量，采取有效措施，切实杜绝虚假认证、买证卖证、认证咨询服务一条龙等违法违规行为，鼓励和引导认证机构开展有序竞争。要严格审核认证机构资质条件，建立认证机构档案，并尽快设立认证机构查询、举报电话，加大对认证机构违法违规行为的监督处罚力度。

（三）做好我国加入世贸组织涉及认证认可方面的工作。我国加入世贸组织，在技术法规、标准、合格评定和外资检验、认证机构等方面作出了承诺，有的在加入的时候就需要完成或开始实施，有的在加入后一年内需要完成，最长的也必须在加入5年内完成。国家认监委作为国家认证认可总的负责机构，一定要抓紧工作，落实责任，按时完成我国履行世贸组织《技术性贸易壁垒协定》(WTO/TBT)、《实施卫生与植物卫生措施协定》(WTO/SPS)方面对外承诺的有关工作。

（四）加强认证认可队伍建设。加强认证认可工作，培养合格的业务人才是关键。要切实抓好机构和人员建设，提高整体素质。要理顺认证机构的管理关系，建立对认证、认证咨询、培训机构和从业人员的管理、监督和约束机制；不断提高从业人员的思想水平和业务素质，加强职业道德教育，抓紧培养精通国际规则、达到国际水平的复合型人才。要严格管理，严格要求，对那些不具备从事认证认可工作基本素质、而又不按规则办事，甚至违法违规的个别人员，要坚决清理出认证认可队伍。国家认监委要切实加强自身建设，保证履行工作职责。

三、密切配合，齐心协力开创认证认可工作的新局面

认证认可工作涉及面广，专业性、技术性很强。做好这项工作，要靠各有关部门的密切配合和共同努力。关键是处理好国家认监委和各有关部门的关系。一方面，成立国家认监委，赋予其统一管理、监督和综合协调认证认可工作的职责，目的是要进一步转变政府职能，解决认证认可工作政出多门、标准不一、监督不力等问题。各个行业的认证认可工作，要接受国家认监委的监督和指导。另一方面，认证认可工作专业性强，仅靠国家认监委一家做不了也做不好涉及所有专业领域产品的认证认可工作，必须发挥各行业主管部门的作用。国家认监委在工作中，要充分尊重各有关部委认证认可工作的客观现实，保护和发挥好各部门参与认证认可工作的积极性。要按照统管而不包揽，协调而不代替的原则，发挥部际联席会议制度的作用，加强对重大问题的共同研究和部门之间的相互协调，形成工作合力。当务之急，要在以下两个问题上尽快达成共识，协调动作：

（一）改变认证工作分部门管理的状况，实行统一管理。首先，在强制性产品认证上，要实现“四个统一”（统一目录，统一技术法规、标准和合格评定程序，统一标志，统一收费标准）。“四个统一”是我国在加入世贸组织谈判中作出的承诺，必须落实。随着社会发展，强制性认证产品范围从涉及人类生命健康等逐步扩大到动植物健康和安全、环境保护和公共安全等。因此，强制性认证产品目录的扩大，必然涵盖原来有关部门认证认可工作的领域，列入强制性认证的产品必须按照“四个统一”加强管理，这是大势所趋。对于自愿性认证体系的建设，也要实行统一政策、统一规划。作为行业主管部门，在认证工作中，重点

是提出需求和建议、参与相关专家委员会的工作,并通过部际联席会议发挥行业主管部门的作用,监督国家认监委的工作,但不宜各自为政,自成体系,否则,就难以实现认证认可工作的统一管理和监督。前一阶段,在消防和安全防范产品、电信设备入网许可、医疗器械等方面,统一认证认可的协调工作比较顺利,有关部门充分沟通,表现了很强的大局意识。但是,有些方面的协调还不尽人意。其次,要转变政府职能,做到政事分离,认证机构从人、财、物上与行政管理部门脱钩,成为独立承担民事责任的主体。

(二)建立统一的国家认可制度。 认可制度体现国家意志,是为保证认证的客观性及公正性而建立的一套科学化、规范化的程序和管理制度。确保认可工作的权威性、惟一性和可信性,建立一个国家认可机构是目前国际上的通行做法。因此,国办11号文件中明确规定,国家只建立一套认可制度体系,要求国家认监委对现有的认可机构进行调整,建立集中统一的国家认可机构,履行国家认可职责。当然,这些年,我们负责产品质量、安全和环境保护的部门在建立国家认可制度方面做了一些积极探索,初步形成了各自的工作机制和制度,都曾发挥过积极的作用,这些应充分肯定。要对现有认可机构进行调整又涉及到工作的衔接、人员的去留。因此,有的部门对建立统一的国家认可制度还有这样那样的想法,这也是可以理解的。但是,这种格局终究不是长久之计,而且,建立一套国家认可机构后,也不会影响有关方面对认证工作的监管。王凤清同志跟我讲,原有的认可机构撤并后,愿意继续从事这项工作的他们都会欢迎,决不会歧视;同时还将设立专门的专家委员会,吸收精通业务的专业人士参加,以便更好地做好认可工作。所以,我希望有关部门进一步提高认识,消除思想顾虑,积极支持国家认监委对现有认可机构的整合工作。国家认监委也要与有关部门充分协商和沟通,制定好切实可行的方案,确保业务工作的正常开展和人员的妥善安置。

同志们,认证认可工作十分重要。做好这项工作,既是建立和完善社会主义市场经济体制的客观要求,也是提高我国产品质量、增强出口产品国际竞争力,以及维护广大人民群众切身利益的重要举措,对发展社会生产力、促进贸易、增强我国经济实力都有着重大意义。我们一定要按照江泽民同志"三个代表"重要思想的要求,统一思想,扎实工作,努力开创我国认证认可工作的新局面。

2002年4月9日

吴仪致第二次全国认证认可工作会议的贺信

国家认监委:

值此全国认证认可工作会议召开之际,我代表国务院向你们表示热烈祝贺。

国家认监委成立以来,按照国务院赋予的职能,解放思想,开拓创新,在有关部门的大力支持和配合下,做了大量富有成效的工作。建立了新的认证认可工作体制,实现了国家认可制度的统一,实施了新的强制性产品认证制度,开展了整顿和规范认证市场秩序工作,使认证认可步入了良性发展的轨道,成绩可喜可贺。

为了充分发挥认证认可对国家经济建设和社会发展的促进作用,国务院于近期公布了《中华人民共和国认证认可条例》,这充分表明了党中央、国务院对认证认可工作的重视。《认证认可条例》的公布,是认证认可事业发展史上的一个里程碑,它标志着认证认可事业踏上了新的发展平台,标志着认证认可监督管理工作纳入了规范化、法制化的轨道。希望你们认真抓好《认证认可条例》的贯彻落实。要进一步完善认证认可法律体系,加紧制定相关规章和配套文件;要加强执法人员的培训,切实提高执法监管人员的综合素质,建立内部监督制约机制,严格按照《认证认可条例》依法行政;要依法加强对认证及相关机构和从业人员的管理,培育、发展好认证市场。

《认证认可条例》从制度上确立了在国务院认证认可监督部门统一管理监督下,各有关部门共同实施的工作机制。国家认监委要按照《认证认可条例》的规定,从程序上、机制上充分发挥各有关部门的作用,并重视发挥地方认证监督管理部门的职能和作用。国务院各有关部门和各地方要支持认证认可监督管理部门对认证认可工作的统一管理,密切配合,共同做好认证认可工作。

祝全国认证认可工作会议圆满成功!

2003年9月25日

国家质检总局李长江在中国国家认监委成立大会上的讲话

今天，我们在这里隆重举行大会，宣布国家认证认可监督管理委员会成立。在此，请允许我代表国家质量监督检验检疫总局，向参加今天大会的各位来宾表示热烈的祝贺。

今年4月，国务院决定，将原国家质量技术监督局和原国家出入境检验检疫局合并，组建国家质量监督检验检疫总局，主管全国质量、计量、出入境商品检验、出入境卫生检疫、出入境动植物检疫和认证认可、标准化等工作。同时成立中国国家认证认可监督管理委员会和国家标准化管理委员会，分别统一管理全国认证认可和标准化工作。

党中央、国务院始终高度重视认证认可工作。成立中国国家认证认可监督管理委员会，是改革我国质检体制，适应市场经济发展和我国加入WTO而做出的一项重大决策。随着中国国家认证认可监督管理委员会的成立，将彻底解决认证认可工作中存在的职责交叉、政出多门、重复认证、重复收费等问题，建立全国统一、内外一致、科学规范的认证认可管理体系，从而推动我国质量水平的提高，推动"以质取胜"战略和"质量兴企"、"质量兴市"的实施，促进国民经济健康快速发展。国家认证认可监督管理委员会的成立，标志着我国认证认可监督管理工作进入了一个新的发展时期。

中国国家认证认可监督管理委员会在推动我国认证认可工作稳步发展方面担负着重要的职责。要按照国务院的授权和国家质检总局的统一部署，认真履行好统一管理、监督和综合协调全国认证认可工作的职能，研究制定全国统一的认证认可和合格评定的方针、政策和规章制度，建立统一的合格评定模式，规范各行业、专业的合格评定程序，启用新的"中国认证"标志，实行内外一致的新的认证收费标准；逐步建立认证认可工作部际联席会议制度，充分发挥各方面的积极性。要大力开拓认证认可新领域，推进农产品及食品的安全质量认证工作；加强对获证产品和企业的监督检查。加强实验室资格认定，规范实验室认证、认可及注册工作。逐步实现认证认可和生产许可证制度、产品质量监督抽查等制度的有机结合。整顿和规范各种认证、咨询及其相关的认证机构。要通过加强管理，提高我国认证认可水平，适应国民经济发展和对外开放的需要。

认证认可工作是质检工作的重要组成部分。国家认证认可监督管理委员会要在国家质检总局的领导下积极开展工作，国家质检总局各司(局)、各地质检部门要积极支持认证认可工作。国家认证认可监督管理委员会不在各地设立派出机构，各省区市质量技术监督局、各直属检验检疫局要按照总局关于认证认可工作的统一部署，积极配合认证认可监督管理委员会的工作，加强对各地认证认可工作的管理和领导，推动认证认可工作的稳步发展。

做好各方面的质检工作，是摆在我们质检系统每个人面前光荣而艰巨的历史使命。我们要认真贯彻落实江泽民同志"三个代表"的重要思想，以"忠于职守，勇于负责，严格把关，保国安民"为目标，围绕把好产品质量关和出入境检验检疫关，狠抓源头、深入打假、严把国门，进一步转变职能，改革创新，开拓质检工作新局面。我们相信，在国家认证认可监督管理委员会的领导下，我国的认证认可工作一定能够取得新的、更大的成绩。

2001年8月29日

国家认监委王凤清在国家认监委成立大会上的讲话

为加强对全国认证认可工作的统一领导和监督管理，国务院决定组建国家认证认可监督管理委员会，履行国务院赋予的行政管理职能，统一管理、监督和综合协调全国认证认可工作。今天，国家认证认可监督管理委员会正式成立了。首先，我代表国家认监委，对出席今天大会的吴仪国务委员，国务院有关部门的领导同志，各国驻华使团的女士们、先生们，以及中外企业界、认证认可和检测机构、各大新闻媒体的朋友们，总局党组、机关和事业单位的同志们，表示热烈的欢迎！对关心和支持认证认可工作的各界朋友表示诚挚的感谢！

刚才，吴仪国务委员和长江局长分别作了讲话，阐述了成立认监委的重要意义，对认监委的工作提出了希望和要求，为我们指明了工作方向。为了让大家对认监委的职能任务、工作重点等有进一步的了解，下面，我代表认监委作简要介绍。

一、成立国家认证认可监督管理委员会具有极其重大的意义

今年4月，党中央、国务院决定将国家质量技术监督局与国家出入境检验检疫局合并，组建国家质量监督检验检疫总局。同时，还决定设立国家认证认可监督管理委员会。这是党中央、国务院根据国际和国内形势作出的重大决策，其重要意义概括起来有四个方面：

一是建立和完善社会主义市场经济体制，进一步转变政府职能的需要。我国正在进行建立和完善社会主义市场经济体制的伟大实践。适应社会主义市场经济体制的要求，必须创新实施机制，切实转变政府职能。总理多次强调，机构改革、政企分开后，政府该管的是市场和质量。从各国经济发展历程和趋势看，认证认可既是质量监督管理、合格评定制度的主要内容和形式，也是实行市场经济制度国家管理和规范市场秩序的重要手段。认监委的成立，进一步改革了政府管理经济的手段和方式，是对政府管理市场和质量的调整，将有力促进政府工作职能的转变，为社会主义市场经济体制的完善和整顿、规范市场秩序创造良好条件。

二是进一步扩大对外开放，消除技术贸易壁垒，促进对外贸易发展的需要。认证认可及合格评定的标志和导则已经成为国际贸易准则体系的一部分，体现着经济全球化的要求。认证认可及合格评定对国际贸易的直接影响力在日益增强。长期以来，我国存在着对内、对外的两套认证、认可管理体系，不但影响和制约了我国认证认可工作的健康发展，还一度成为我国入世谈判中的焦点。设立认监委，将对内、对外的两套认证认可管理体系统一起来，建立全国统一、内外一致的认证认可及合格评定制度，真正兑现我国入世谈判中的有关承诺，体现了世贸组织有关协议的国民待遇原则。不仅解决了我国入世谈判中的双重认证问题，而且有利于我国的认证认可工作与国际规范接轨，有效保证我国在入世后，以更加积极的姿态，解决产品强制认证中统一目录、标准、法规和标志的问题，切实消除技术性贸易壁垒，进一步推动全方位、多层次、宽领域的对外开放。

三是从根本上解决认证认可工作中的职责交叉，发挥整体优势，提高认证有效性的重要决策。我国原质量技术监督和出入境检验检疫各有一套认证和认可管理体系，造成了国产品与进口商品采用两种认证做法；对同一进口商品，实施两次认证、使用两种标志；由于国家对认证、认可工作缺乏统一管理，各自为政，多头管理，互相扯皮的现象相当普遍，导致了部门职责交叉、政出多门、重复认证、重复收费；一些中、外机构违章经营，认证市场较为混乱。成立认监委，将计划经济体制形成的按产业、行业分头管理认证认可，改为由认监委统一领导和监督管理，从根本上打破了原有的按产业、行业分管认证认可工作的格局，实现了跨部门的统一管理、监督和综合协调，为解决认证认可工作中的诸多问题奠定了基础，为建立统一规范高效的认证认可工作秩序创造

良好的条件。

四是实现从源头上抓质量，把好“两个关”、看好“两个门”的重要保障。7月13日，国务院领导在视察国家质检总局时，提出了从源头上抓质量，把好“两个关”，看好“两个门”的要求。认证工作作为质检工作的一个重要组成部分，是从源头上抓质量和把好“两个关”，看好“两个门”的重要手段。通过加强认证认可工作，可以促使企业建立健全质量保证体系，促使企业调整产品结构，提高产品档次，创立中国品牌；可以推动企业实行清洁生产，减少环境污染，节省资源和能耗，实施以质取胜和科技兴贸战略；通过进出口产品质量认可工作，可以有效防止不合格产品进出口，切实维护国家声誉和国家利益。另外，通过研究学习和采用国际认证认可做法，还可以趋利避害，运用安全、卫生、环境认证措施，维护我国企业的合法权益。

总之，成立认监委具有十分重大的意义。我们一定要认清形势，把思想和行动统一到党中央、国务院的重大决定上来。

二、国家认证认可监督管理委员会担负着重要的工作职能

国家认证认可监督管理委员会，即中华人民共和国国家认证认可监督管理局，是国务院组建并授权，由国家质检总局管理的履行行政管理职能，统一监督、管理和综合协调全国认证认可工作的主管机构，担负着重要的工作职能。

根据国务院确定的职责范围，国家认证认可监督管理委员会将担负着研究起草国家认证认可及其合格评定、安全质量许可、卫生注册方面的法律、法规和规章，发布并组织实施相关监督管理的制度、规定；研究提出并组织实施国家认证认可及其合格评定工作方针政策、制度和工作规则，协调并指导全国认证认可工作；负责拟定国家实施强制性认证与安全质量许可制度的产品目录，制定并发布认证标志（标识）、合格机构和外商独资机构进行资质审核和监督；管理校准、检测、检验实验室技术能力的评审和资格认定，负责中外合资、合作机构和外商独资机构等从事校准、检测、检定、检查、检验检疫和鉴定等各类实验室技术能力的资质审核；归口管理、协调认证认可及合格评定的国际合作活动；建立全国认证认可工作的部际联席会议制度，综合协调全国认证认可工作。

国家认证认可监督管理委员会内设办公室（人事部、外事办公室）、政策与法律事务部、认可监管部、认证监管部、注册监管部、实验室与检测监管部、国际合作部和财务管理部等8个职能部门。国家认证认可监督管理委员会直接管理国家认证机构和承担国家强制性认证业务的认证机构。

三、国家认证认可监督管理委员会面临着光荣而艰巨的任务

改革开放以来，我国的认证认可工作取得了长足进步。在强制性产品认证方面，对国内18大类57种产品实施了产品安全认证，发出电工产品安全认证证书7万多份；对47大类188种进口商品实施了安全质量许可证制度，发出进口商品安全质量许可证书12 000多份，涉及60多个国家和地区；对10类76种出口商品实施出口质量许可制度，发出出口质量许可证书7 200多份。在卫生注册方面，对8 021家出口食品加工企业实施了卫生注册，向13个国家或经济体推荐食品企业3 670厂（次），获国外卫生注册的食品企业3 033家；向国外推荐注册陶瓷厂353家。在产品自愿性认证方面，审核批准了28家产品认证机构，共发出了产品认证证书72 000多份。在质量体系认证方面，获中国质量体系认证机构国家认可委员会、中国国家进出口企业认证机构认可委员会认可的认证机构达59家，颁发ISO9000证书43 000份，ISO14000证书150份。在人员注册方面，取得中国认证人员国家注册委员会、中国国家进出口企业认证机构认可委员会注册的ISO9000高级审核员、ISO14000高级注册评审员等达14000多名。在实验室认可和注册方面，被中国实验室国家认可委员会、中国国家出入境检验检疫实验室认可委员会认可的实验室657个（含10多个外国和地区的实验室），取得中国实验室国家认可委员会注册的实验室评审员1 300余名。原国家出入境检验检疫局批准的注册实验室163个，向国外推荐了6个基准实验室、73个检测实验室。

国际交往与合作也得到了飞速发展。原国家出入境检验检疫局在安全质量许可制方面，与18个国外认证或检验机构建立了合作关系，签署了委托协议或备忘录。原国家质量技术监督局和原国家出入境检验检疫局下属的6个认可机构，分别加入了国际认可论坛、国际实验室认可合作组织、国际审核员培训与注册协会和太平洋认可合作组织、亚太实验室认可合作组织等认可组织及注册组织，签署了多边互认协议；与国际电工委员会/电工产品检测与认证组织建立了联系，我国成为国际电工委员

会检测与认证互认体系协议的签约国。中国进出口质量认证中心(CQC)与9个国外著名认证机构建立了双边合作关系，参加了5个国际或区域性多边认可组织；中国电工产品认证委员会也与4个国外著名认证机构和区域性认证组织建立了合作关系。

总结工作成绩，我们骄傲地看到，我国的认证认可工作经过认证认可战线同志们辛勤努力，从无到有、从小到大，发展到今天，基本建立起了我国认证认可体系，形成了一整套促进产品质量和管理水平的工作机制，已经与国际发展水平基本同步，具备参与国际竞争的实力。

当前，经济全球化的趋势增强，质量已经成为国际市场竞争的焦点。认证认可作为质量管理和质量保证的重要手段，越来越受到各国政府的重视，在世界经济和人民生活中的地位和作用也越来越重要。我国建立和完善社会主义市场经济体制，需要可靠的质量管理和质量保证手段来支撑；我国经济融入世界经济发展潮流，需要强有力的质量管理和质量保证手段来保障。可以预见，随着我国社会主义市场经济体制的完善，经济结构调整的不断推进，认证认可工作的作用将会越来越显现出来，认证认可战线的同志们为国家和人民贡献的天地将会越来越广阔。我们一定要充分看到这一趋势，坚定做好工作的信心和决心。

当然，我们也必须清醒地认识到认证认可工作面临的复杂形势。从国际形势看，经济全球化的进一步发展，科学技术的日新月异，对我们做好认证认可工作不断提出了新的更高的要求。而我国即将加入世界贸易组织的客观形势，要求我们加快工作步伐和节奏，缩小我国与世界经济发达国家在技术措施方面的差距，帮助国内企业适应国际规则，开展国际贸易，按照WTO/TBT/SPS协议原则开展认证认可工作，为便利进出口贸易等多做工作。

从国内形势看，我国产品质量总体水平虽然有所提高，但部分产品档次不高、可靠性不强、质量不稳定、合格率偏低的问题仍然突出，假冒伪劣的问题依然比较严重；农产品和食品安全卫生质量认证亟待开展。很多安全卫生质量问题，都是处在源头上。从源头上抓好产品安全卫生质量，是党中央、国务院交给我们的重要任务，而认证认可和标准、计量等，是从源头上抓质量的基础性工作，认证认可在加强质量工作方面承担着重大的责任。

从认证认可的工作形势看，“两个认证标志”的问题还没有完全解决，体现安全、环保要求的强制性产品认证“四个统一”还没有真正落实；认证机构的监管不到位，认证机构良莠不齐，不按规则要求运作，一个认证机构既从事认证又从事咨询的问题比较突出，有些认证机构还存在着只注重数量，忽视认证质量的问题；质量体系认证和管理体系认证方面的多头管理，还存在不协调、不统一的问题，将自愿性认证变相为强制行为的事情时有发生，政出多门、重复认证、重复收费的问题必须尽快解决。

从自身发展看，虽然整合两套认证、认可管理体系的目标已经明确，但具体工作刚刚开始。法规、制度和管理办法等需要尽快清理、修订和制定，与新管理体制相配套的工作方针、政策和法规、制度需要尽快建立。我们一定要认清形势，明确责任，增强紧迫感，扎扎实实做好认证认可工作。

四、认监委成立后的主要工作打算

当前和今后一段时期，认证认可工作的主要任务，就是按照吴仪和长江同志的讲话要求，以江总书记“三个代表”重要思想为指导，全面落实国务院领导视察国家质检总局时的讲话精神和做好认证认可工作的有关指示，肩负起国务院赋予的统一监督、管理和综合协调全国认证认可工作的职责，监督管理好认证市场，统一和规范认证认可的资格、标准、标志、程序和收费。为提高国内产品质量水平，推动以质取胜战略的事实，维护国家经济利益和经济安全，维护人民生命健康多做贡献。为此，要着力抓好以下几个方面的工作：

一是做好加入世界贸易组织的准备工作，尽快使认证制度与国际规范接轨。要按照世界贸易组织的有关要求和国际通行规则，抓紧做好认证认可法律、法规、工作程序、工作方法等的修订和完善。要认真贯彻落实国务院领导关于强制性产品认证“统一目录、统一标准技术法规和合格评定程序、统一标志、统一收费”指示精神，出台新的国家强制性产品认证管理办法及收费办法，将国家强制性产品认证标志统一为新的“中国认证”标志。

二是切实加强对全国认证认可工作的监督管理。要按照国务院赋予的工作职能，制定出既符合又体现有效监管原则的国家认证认可及其合格评定工作的方针、政策规定，认真清理原国家质量技术监督局和原国家出入境检验检疫局发布的有关认证认可的法规、规章和办法，研究起草新的认证认可及合格评定的法律、法规和规章、制度，实现国家认证认可及其合格评定的监督管理工作的法制化和规范化。要按照国际通行规则，研究建立符合世贸规则要求的合格评定程序，逐步统一和规范认证认可领域的合格评定程序。要制定全国认证认可工作部际联席会议的、议事规则和程序等，通过这一形式建立与各部门的协调渠道，形成认证认可工作部门间的“横向合力”。

三是整顿和规范认证市场。根据国务院关于整顿和规范市场经济秩序的部署和要求，研究制定配套措施，加强对认证市场的监督管理。会同工商、外经贸部门对外国(地区)认证和监测、检查机构及咨询在中国境内的经营活动进行整顿和规范；整顿和规范自愿性认证、认证咨询及其相关的机构；加强市场上认证商品的监督检查，严肃查处强制性认证产品逃避认证和加贴假冒认证标志等行为；坚决查处虚假认证和买证、卖证等行为，强化认证的后续监管工作的力度。积极推进认证、认证咨询等中介组织的改革，引导认证中介服务组织开展有序竞争。

四是加强认证认可的国际合作。要进一步加强与国际认可合作组织、太平洋认可合作组织、国际评审员与认证培训协会、国际实验室认可论坛、亚太实验室认可合作组织等国际或区域性组织及国际标准化组织和国际电工委员会等的联系，争取承担相应的工作，在其中发挥积极的作用。积极参与国际认证认可组织相关的合格评定活动，签署与合格评定有关的协议、协定和协定书，争取与更多的认证机构的互相承认和认证证书的互认。适应经济全球化发展要求，积极开拓国外(或境外)认证市场，加快我国认证认可工作国际化的步伐。

五是积极开拓认证认可新领域。在履行好国务院赋予的工作职责的同时，要进一步解放思想，更新观念，大胆创新，努力开拓。要转变认证认可工作方式，理顺质量认证与工业产品生产许可证、产品质量监督抽查、强制性检验、出入境检验检疫等方面的关系，避免对同一产品重复检验或认证，重复使用标志。要会同有关部门推广应用先进的质量管理体系认证、服务质量体系认证等合格评定模式；积极推进农产品及食品的安全质量认证；尽快实施进口食品国外生产企业的注册制度，进一步完善出口卫生注册和后续监管制度。

六是加强队伍建设。做好认证认可工作，人的因素非常重要。认证认可活动是否严格按照程序标准要求进行，认证认可的结果是否真正公正、科学、有效，直接取决于人员的思想素质、工作态度和业务能力。一定要把队伍建设放在重要位置，下大力气加强对从业人员的思想政治教育和业务培训，努力培养造就一支政治思想好、业务能力强、工作负责、锐意进取的又红又专的认证认可队伍。

同志们，国家认证认可监督管理委员会的成立，标志着我国的认证认可工作进入了一个新的发展阶段。我们工作的大政方针已经明确，关键是要抓好落实。让我们高举“三个代表”的旗帜，在国家质检总局的正确领导下，统一思想，坚定信心，团结一致，奋勇开拓，为促进国家质检水平的提高，促进国民经济持续、快速、健康发展，为有效维护国家经济利益、经济安全和人民健康扎实工作，全面开创认证认可工作的新局面！

2001年8月29日

国家认监委王凤清在 PAC 研讨会上的讲话

女士们,先生们:

上午好!

很高兴参加 PAC 今天的研讨会。首先我代表中国国家认证认可监督管理委员会,对第八次 PAC 年会在北京召开表示热烈祝贺,对出席 PAC 年会的来宾和朋友们表示诚挚的欢迎!对关心和支持中国认证认可工作的各界人士表示衷心的感谢!借此机会,我向与会的 PAC 成员介绍一下我国新的认证认可工作管理体系。

今年 4 月,中国政府决定将原国家质量技术监督局和原国家出入境检验检疫局两个政府部门合并,成立国家质量监督检验检疫总局(正部级),同时设立中国国家认证认可监督管理委员会,又称中华人民共和国国家认证认可监督管理局,简称认监委。授权其统一管理、监督和综合协调全国认证认可工作。这是中国政府根据国际和国内形势做出的重大决策,标志着我国的认证认可工作进入了一个新的发展时期。

一、中国认证认可工作的发展历程

为了让大家深入了解中国新的认证认可工作管理体系,我先向女士们、先生们介绍一下中国认证认可工作的发展历程。

中国认证认可工作是与国际认证认可工作同步发展的。20 世纪 80 年代初,原国家技术监督局和原国家商检局分别会同中国政府有关部门对中国企业实施了生产许可证、出口商品质量许可证制度,并开展了实验室认可工作。1987 年国际 ISO9000 系列标准发布以后,我们及时组织了 ISO9000 标准的宣传和在企业中的推广运用,使 ISO9000 认证工作在中国得到了迅速发展。20 世纪 80 年代末期,我们又对涉及人们健康、安全的产品开始了强制性认证工作,实施了安全许可制度。20 世纪 90 年代初,各有关部门相继授权成立了两个质量体系认可机构,即中国质量体系认证机构国家认可委员会(CNACR)、中国国家进出口企业认证机构认可委员会(CNAB);两个实验室认可委员会,即中国实验室国家认可委员会(CNACL)、中国国家出入境检验检疫实验室认可委员会(CCIBLAC)。此外,还成立了中国产品认证机构国际认可委员会(CNACP),和中国认证人员国家注册委员会(CRBA)。这些机构按照 ISO/IEC 相应的导则,建立了自身的体系,开展了认可工作,并分别加入了国际认可论坛(IAF)、国际实验室认可合作组织(ILAC)和国际审核员培训与注册协会(IATCA)以及太平洋认可合作组织(PAC)、亚太实验室认可合作组织(APLAC)等认可组织及注册组织,与相关组织签署了多边互认协议;我们还与国际电工委员会(IEC)/电工产品检测与认证组织(IECEE)建立了联系,使中国成为国际电工委员会检测与认证互认体系协议的签约国。获得认可的认证机构与国外的一些著名认证机构和区域性的认证组织建立了广泛的合作关系,并与国外多个认证机构建立了双边合作关系。

通过 20 年的努力,中国的认证认可工作从无到有,从小到大,发展到今天,已经建立起了比较完整的工作体系,形成了一整套促进国家产品质量提高和保障质量管理水平的工作机制,得到了国内外的普遍认同。

二、中国国家认证认可监督管理委员会成立的意义

中国政府决定成立国家认证认可监督管理委员会,是为了统一领导和管理全国的认证认可工作,促进认证认可工作更加规范、有序和健康地发展。这一决定具有极其重要的意义:

第一,是适应建立和完善中国社会主义市场经济体制,转变政府职能的需要。大家知道,中国过去实行的是计划经济体制,现在正在建立和完善社会主义市场经济体制。为适应社会主义市场经济体制的要求,就必须创新机制,切实转变政府职能。从各国经济发展的历程和趋势看,认证认可既是质量监督管理、合格评定模式的主要内容和形式,也是实行市场经济制度的国家管理和规范市场经济秩序的重要手段。由于中国的认证认可工作开始于中国的计划经济时代,管理体制带有明显的计划经济的特点,与我们现在正在建立和完善的市场经济还有一些不相适应的地方。成立中国国家认证认可监督管理委员会,将彻底改变计划经济体制下形成的认证认可管理

方式，按照市场经济体制的要求建立新的管理模式；将进一步改革政府管理经济的手段和方式，促进政府工作职能的转变，为中国社会主义市场经济体制的完善和整顿、规范市场秩序创造良好条件。

第二，是进一步扩大对外开放，消除技术贸易壁垒，促进对外贸易发展的需要。当前，认证认可以及合格评定工作对国际贸易的直接影响力在日益增强，其标准和导则已经成为国际贸易准则体系的一部分，越来越体现着经济全球化的要求。长期以来，我国存在着对内、对外的两套认证、认可管理体系，造成了国产品与进出口商品采用两种认证的做法；对同一进口商品，实施两次认证、使用两种标志。这不但影响和制约了我国认证认可工作的发展，还一度成为我国入世谈判中被质疑的问题。设立国家认证认可监督管理委员会，将把对内、对外的两套认证认可管理体系统一起来，建立统一的内外一致的认证认可及合格评定制度，真正兑现我国入世谈判中的有关承诺，体现了世贸组织有关协议的国民待遇原则。不仅解决了我国入世谈判中的相关问题，而且有利于我国的认证认可工作与国际规范接轨，有效保证了我国在入世后，以更加积极的姿态，对强制性产品实施统一目录、标准、法规和标志，在合格评定领域中进一步消除技术性贸易壁垒，从而推动全方位、多层次、宽领域的对外开放。

第三，是从根本上解决认证认可工作中的职责交叉，发挥整体优势，提高认证有效性的需要。中国的认证认可工作是在政府众多部门共同培育下发展壮大的，所取得的成绩与政府各个部门的支持是分不开的。但由于政府许多部门都在从事认证工作，国家对认证认可工作又缺乏统一管理，这种多头管理、各自为政的现象，导致了部门职责交叉、政出多门、重复认证、重复收费。国家认证认可监督管理委员会成立后，将计划经济体制形成的按产业、行业分头管理认证认可，改为由认监委统一领导和监督管理，从根本上打破了原有的按部门分管认证认可工作的格局，实现了跨行业、跨部门的统一管理、监督和综合协调的新局面，为解决认证认可工作中的诸多问题奠定了基础，为建立统一规范高效的认证认可工作秩序创造了良好的条件。

三、中国国家认证认可监督管理委员会的主要职能

中国国家认证认可监督管理委员会，是国务院授权的履行行政管理职能，统一监督、管理和综合协调全国认证认可工作的主管机构，担负的主要工作职能有10个方面：

（一）研究起草并贯彻执行国家认证认可、安全质量许可、卫生注册和合格评定方面的法律、法规和规章，制定、发布并组织实施认证认可和合格评定的监督管理制度、规定。

（二）研究提出并组织实施国家认证认可及合格评定工作的方针政策、制度和工作规则，协调并指导全国认证认可工作。监督管理相关的认可机构和人员注册机构。

（三）研究拟定国家实施强制性认证与安全质量许可制度的产品目录，制定并发布认证标志（标识）、合格评定程序和技术规则，组织实施强制性认证与安全质量许可工作。

（四）负责进出口食品和化妆品生产、加工单位的卫生注册登记的评审和注册等工作，办理注册通报和向国外推荐事宜。

（五）依法监督和规范认证市场，监督管理自愿性认证、认证咨询与培训等中介服务和技术评价行为；根据有关规定，负责认证、认证咨询、培训机构和从事认证业务的检验机构（包括中外合资、合作机构和外商独资机构）的资质审核和监督；依法监督管理外国（地区）相关机构在境内的活动；受理有关认证认可的投诉和申诉，并组织查处；依法规范和监督市场认证行为，指导和推动认证中介服务组织的改革。

（六）管理相关校准、检测、检验实验室技术能力的评审和资格认定工作，组织实施对出入境检验检疫实验室和产品质量监督检验实验室的评审、计量认证、注册和资格认定工作；负责对承担强制性认证和安全质量许可的认证机构和承担相关认证检测业务的实验室、检验机构的审批；负责对从事相关校准、检测、检定、检查、检验检疫和鉴定等机构（包括中外合资、合作机构和外商独资机构）技术能力的资质审核。

（七）管理和协调以政府名义参加的认证认可及合格评定的国际合作活动，代表国家参加国际认可合作组织（IAF）、太平洋认可合作组织（PAC）、国际评审员与认证培训协会（IATCA）、国际实验室认可论坛（ILAC）、亚太实验室认可合作组织（APLAC）等国际或区域性组织以及国际标准化组织（ISO）和国际电工委员会（IEC）的合格评定活动，签署与合格评定有关的协议、协定和议定书；归口协调和监督以非政府组织名义参加的国际或区域性合格评定组织的活动；负责ISO和IEC中国国家委员会的合格评定工作；负责认证认可、合格评定等国际活动的

外事审批。

(八)负责与认证认可有关的国际准则、指南和标准的研究和宣传贯彻工作；管理认证认可与相关的合格评定的信息统计，承办世界贸易组织/技术性贸易壁垒协议、实施动植物卫生检疫措施的协议(WTO/TBT· SPS)中有关认证认可的通报和咨询工作。

(九)研究拟定认证认可收费办法,会同有关部门对收费办法的执行情况进行监督检查。

(十)管理下属认可机构、认证机构和办事机构。

国家认证认可监督管理委员会内设8个职能部门，直接管理承担国家强制性认证业务的认证机构和国家认可机构。

四、中国国家认证认可监督管理委员会目前的主要工作

中国国家认证认可监督管理委员会成立以后，我们即按照中国政府的授权和工作职能开展了有关的工作，重点有四项：

一是做好加入世界贸易组织的准备工作，尽快使认证制度与国际规范接轨。中国即将加入世界贸易组织,这对我们既是机遇,又是挑战。我们正按照世界贸易组织的有关要求和国际通行规则，抓紧做好有关认证认可方面的法律、法规、工作程序和工作方法等的修订与完善工作。同时,对强制性产品认证按照有关要求,继续做好统一目录、统一标准技术法规和合格评定程序、统一标志、统一收费“四统一”的工作,国家强制性产品认证标志也将统一为新的“中国认证”标志。

二是切实加强对全国认证认可工作的监督管理。我们正按照中国国务院赋予的工作职能，组织有关人员认真清理原国家质量技术监督局和原国家出入境检验检疫局发布的有关认证认可的法规、规章和办法,组织专家学者研究制定既符合实际又体现有效监管原则的国家认证认可和合格评定工作的方针、政策规定,研究起草新的认证认可和合格评定的法律、法规和规章、制度，努力实现国家认证认可和合格评定的监督管理工作的法制化和规范化。我们将按照国际通行规则,研究建立符合世贸规则要求的合格评定程序,逐步统一和规范各行业、专业的合格评定程序。我们还将制定全国认证认可工作部际联席会议的议事规则和程序等，通过这一形式建立与政府各部门、各行业的协调渠道,建立统一规范的认证认可工作新秩序。

三是整顿和规范认证市场。我们将根据中国政府关于整顿和规范市场经济秩序的部署和要求，研究制定配套措施,加强对认证市场的监督管理。会同政府有关部门对外国(地区)认证和检测、检查机构及咨询机构在中国境内的经营活动进行整顿和规范；整顿和规范自愿性认证、认证咨询及其相关的机构;会同工商总局制定管理办法,加强对市场上认证商品的监督检查,严肃查处强制性认证产品逃避认证和加贴假冒认证标识等行为；坚决查处虚假认证和买证、卖证等行为,强化认证的后续监管工作的力度。积极推进认证、认证咨询等中介组织的改革,引导认证中介服务组织开展有序竞争。

四是加强认证认可的国际合作。我们将进一步加强与国际认可合作组织（IAF)、太平洋认可合作组织(PAC)、国际评审员与认证培训协会(IATCA)、国际实验室认可论坛(ILAC)、亚太实验室认可合作组织(APLAC)等国际或区域性组织及国际标准化组织和国际电工委员会等的联系，积极争取承担相应的工作，发挥积极的作用。我们将积极参与国际认证认可组织相关的合格评定活动,签署与合格评定有关的协议、协定和议定书,力争与更多的认证机构的相互认可和认证证书的互认，以适应经济全球化发展要求,积极开拓国外(或境外)认证市场,加快我国认证认可工作国际化的步伐。

女士们、先生们:中国国家认证认可监督管理委员会的成立，标志着中国的认证认可工作进入了一个新的发展阶段。在经济全球化的大潮中,中国一定会履行政府做出的承诺,按照国际通行规则办事。中国的统一协调、规范有序的认证认可新秩序，将为世界各国的认证认可组织与我国认证认可组织的合作与交流创造更好的条件,将为国内外朋友们在中国的贸易和投资活动提供更多的便利。这必将促进中国对外开放的进一步发展。充满希望和机遇的中国,将以良好的环境,迎接世界各地的新朋老友前来交流合作,投资贸易。我对此有充分的信心,我和我的同行们将为实现这一目标而不懈努力!

谢谢大家!

2001年9月8日

国家认监委王凤清在 IECEE2001 年会上的发言

尊敬的 FRANK 主席先生，女士们，先生们：

上午好！

很高兴能作为特邀代表参加 IECEE2001 年管理委员会(CMC)会议。我代表中华人民共和国国家认证认可监督管理局(CNCA)，对本次会议的召开表示热烈的祝贺！对多年来 IECEE 及各成员给予中国认证认可事业的理解和支持表示衷心的感谢！借此机会，我向大家介绍一下中国新的认证认可行政管理体系。

中华人民共和国国家认证认可监督管理局(CNCA)是中国政府新近批准成立的。主要工作职责是按照政府授权，履行行政管理职能，统一管理、监督和综合协调中国的认证认可工作。大家知道，中国正在建立和完善社会主义市场经济体制，中国经济融入世界经济的步伐正在进一步加快。中国国务院决定成立中国国家认证认可监督管理局，一方面是改革政府管理经济的手段和方式，转变政府职能，为建立和完善社会主义市场经济体制打下基础；另一方面，也是遵照 WTO 非歧视原则，强化对认证认可活动的监督管理，为进一步扩大对外开放，消除技术性贸易壁垒，促进对外贸易的发展，并为中国加入世界贸易组织(WTO)创造必要条件。

产品质量认证作为质量管理和贯彻标准的有效手段，早已为中国所重视和接受。20 世纪 80 年代初，中国政府就依照国际认证有关导则要求，建立了中国的产品质量认证制度。但是，由于中国的认证认可工作开始于计划经济时代，管理体制带有明显的计划经济特点，与我们现在正在建立和逐步完善的市场经济体制还有一些不相适应的地方。在计划经济体制下，国内产品认证和进出口商品认证分别由两个部门管理，客观上形成了国内产品和进出口产品的两种认证制度，造成了国产品和进出口商品的两种认证做法。由于国家对认证认可工作缺乏统一管理，导致了重复认证、重复收费，一种产品贴两种认证标志的问题。

以电工产品认证为例，国家对国内市场的电工产品实行的是安全认证，而对进出口的电工产品实施的是安全质量许可制度。一方面，虽然这两种制度采用的标准和合格评定程序基本相同，但由于实施的部门不同，具体的工作程序及工作方法要求也不尽相同，导致了国内和进出口认证上的差异，造成了非国民待遇。另一方面，对同一种进口产品，由于两个部门都按照工作职责进行认证，重复认证、重复收费、加贴两种标志的问题比较突出。许多国外商人因此抱怨，这在一定程度上影响了贸易的发展。

成立中国国家认证认可监督管理局，将彻底改变计划经济体制下形成的认证认可管理方式，按照市场经济体制要求建立新的管理模式，保证按照 WTO 的国民待遇原则开展产品认证，为建立统一高效、内外一致的国家认证认可和合格评定制度提供体制保障。中国已在加入世界贸易组织（WTO）的谈判中作出承诺，要按照 WTO/TBT 协议的有关要求和国际规则，抓紧作好有关认证认可的法规、标准和工作程序及方法等方面的制定和完善。我们正在为真正实现强制性产品认证制度的内外一致而努力工作。当前，正在着手对包括电工产品在内的强制性产品认证实施统一产品目录、统一技术法规标准与合格评定程序、统一认证标志、统一收费“四统一”的工作，有关配套工作也正在进行中。国家强制性认证标志也将统一为新的“中国认证”标志。请大家相信，中国人说话是算数的。我们一定会履行诺言，努力为认证认可国际合作与交流创造条件，为外国朋友在中国的贸易和投资活动提供便利。

中国多年来一直积极支持 IECEE 的工作，并努力推进 IECEE 的各项活动在中国的开展，特别是 CB 体系的发展。新成立的中华人民共和国国家认证认可监督管理局（CNCA），将代表中国参加 IECEE 的国家成员机构（NMB）。我在这里再一次表示：中国仍将一如既往地支持 IECEE 的工作，与 IECEE 各成员机构进一步合作，促进 IECEE 发展及其目标的实现。CNCA 将正确履行 IECEE 基本规则(IECEE01 文件)赋予 NMB 的职责和应承担的义务，并继续加强对中国的国家认证机构(NCB)

——中国电工产品认证委员会(CCEE)及其CB实验室的监督管理，同时加强对即将成为中国第二个国家认证机构(NCB)的中国进出口质量认证中心(CQC)及其实验室的监管，以确保IECEE规则与要求在中国的正确实施。

女士们，先生们，高速发展中的中国需要世界各国的关注和支持。中国认证认可事业的发展也离不开IECEE及各成员国的支持与合作。CNCA愿与IECEE及其各成员一起，为推进国际电工产品认证事业的发展，为促进国际贸易的发展共同努力。

谢谢诸位！

2001年9月13日

国家认监委王凤清在APLAC国际研讨会上的讲话

各位来宾，各位朋友，女士们，先生们：大家好！

今天很高兴应邀参加APLAC研讨会。首先我代表中国国家认证认可监督管理委员会，对APLAC第七次年会在北京召开表示祝贺，对出席今天研讨会的来宾和朋友们表示热烈的欢迎，对多年来关心和支持中国认证认可工作的各国同行和各界人士表示诚挚的感谢！

这次APLAC会议的主题是政府和实验室，我愿借此机会向与会代表介绍中国新的认证认可体系，今年4月，中国国务院在决定国家质量技术监督局与国家出入境检验检疫局合并，组建国家质量监督检验检疫总局的同时，决定成立中国国家认证认可监督管理委员会。这是中国政府根据国际和国内形势以及中国政府对WTO的承诺所作出的重大决策。中国国家认证认可监督管理委员会的成立，标志着中国新的认证认可监督管理体系的建立。下面，我就这一新体系，向各位作一简要介绍。

一、 中国认证认可工作20年的发展过程

中国认证认可工作起源于20世纪80年代初期，原国家技术监督局和原国家商检局分别会同中国政府有关部门对中国企业实施了生产许可证和出口商品质量许可证的认证工作以及实验室认可工作。开始了在认证认可工作中采用ISO/IEC 25导则和ISO9000系列标准。20世纪80年代末期，中国实施了强制性产品认证即安全许可制度。随着国际上认证认可工作的不断规范，在20世纪90年代，两局相继授权成立了中国实验室国家认可委员会(CNACL)、中国国家出入境检验检疫实验室认可委员会(CCIBLAC)、中国质量体系认证机构国家认可委员会(CNACR)、中国产品认证机构国家认可委员会(CNACP)、中国国家进出口企业认证机构认可委员会(CNAB)、中国认证人员国家注册委员会(CRBA)等认可机构。这些机构均按照ISO/IEC相应的导则建立了自身的体系，开展相应的认可工作。在加强国内认证认可工作的同时，国际交往与合作也得到了飞速发展。原两局下属的6个认可机构分别加入了国际认可论坛(IAF)、国际实验室认可合作组织(ILAC)、国际审核员培训与注册协会(IATCA)和太平洋认可合作组织(PAC)、亚太实验室认可合作组织(APLAC)等认可组织及注册组织，签署了多边互认协议；同时，与国际电工委员会/电工产品检测与认证组织建立了联系，成为国际电工委员会检测与认证互认体系协议的签约国。有关的认证机构与9个国外著名认证机构建立了双边合作关系，参加了5个国际或区域性多边组织，与国外著名认证机构和区域性认证组织建立了广泛的合作关系。

通过20年的努力，中国的认证认可工作从无到有，从小到大，已基本建立起一套比较完整的体系，形成了一整套促进国家产品质量提高、保障质量管理水平的工作机制，得到了国内外的普遍认可。

二、 中国国家认证认可监督管理委员会成立的重大意义

回顾中国的认证认可工作，所取得的成绩是与中国政府各个部门的支持和从事认证认可工作同事们的努力分不开的。但是，由于我国的经济管理工作是以计划经济向市场经济转变的。计划经济管理的模式下，创业划分与部门管理缺乏统一的协调。国家对认证认可工作缺乏统一的管理，存在着多个管理部门和多个认可机构不协调的现象，导致了职责交叉、重复检测与认证的状况。基于这种情况，国务院于今年4月决定成立中国国家认证认

可监督管理委员会。这是中国中央政府作出的一项重大决策，也是从资源合理配置的角度，从根本上解决多重管理、职能交叉问题的重要举措，这使中国的认证认可工作可以在统一的领导和管理之下，持续规范、有序、健康地发展。因此说，成立中国国家认证认可监督管理委员会，是国际国内形势发展的需要，是提高中国质量水平的需要，是加强认证认可监督管理的需要。其意义重大，主要体现在以下三个方面：

第一，是适应中国加入世贸组织形势和进一步与国际规则相适应的需要。成立中国国家认证认可监督管理委员会，将认证认可管理体制统一起来，重新建立统一的、内外一致的认证认可和合格评定制度，真正体现了WTO/TBT协议的国民待遇原则，有利于中国认证认可工作进一步与国际规则相适应，实现全国认证认可与合格评定的国际化。

第二，是适应和完善中国社会主义市场经济体制要求，深化行政管理体制改革，转变政府职能的需要。成立中国国家认证认可监督管理委员会，正是体现了进一步改革国家行政管理体制，转变政府工作职能这一精神，使政府管理市场和质量的功能得到进一步强化，为中国社会主义市场经济体制的完善以及整顿、规范市场经济秩序创造良好条件。

第三，是从根本上解决中国认证认可工作中的职责交叉问题，发挥整体优势，提高认证有效性的重要决策。成立中国国家认证认可监督管理委员会，把中国认证认可管理体制原由按产业、行业分别由不同部门管理，改为由中国国家认证认可监督管理委员会统一领导和监督管理，从根本上打破了原有的认证认可管理格局，进行了资源重新配置，从而突出整体优势，强化了对认证市场的监督管理。

三、中国国家认证认可监督管理委员会的职责任务和工作职能

中国国家认证认可监督管理委员会，暨中华人民共和国国家认证认可监督管理局，是国务院授权的履行行政管理职能，统一监督、管理和综合协调全国认证认可工作的主管机构，担负着重要的工作职能。

根据国务院确定的职责范围，中国国家认证认可监督管理委员会将负责研究起草国家认证认可、合格评定、安全质量许可、卫生注册方面的法律、法规和规章，发布并组织执行相关监督管理的制度、规定；研究提出并组织实施国家认证认可和合格评定工作的方针政策、制度和工作规则，协调并指导全国认证认可工作；统一授权和管理认可机构；负责拟定国家实施强制性认证与安全质量许可制度的产品目录，制定并发布认证标志（标识）、合格评定程序和技术规则；依法监督和规范认证市场，监督管理自愿性认证、认证咨询等中介服务行为和活动，对从事认证和与认证相关业务的各类机构（包括中外合资、合作机构和外商独资机构）进行资质审核和监督；依法监督管理外国（地区）相关机构在中国境内的活动；管理校准、检测、检验实验室技术能力的评审和资格认定，负责对从事相关校准、检测、检定、检查、检验检疫和鉴定等机构（包括中外合资、合作机构和外商独资机构）技术能力的资质审核；归口管理、协调认证认可和合格评定的国际合作活动；建立全国认证认可工作部际联席会议制度，综合协调全国认证认可工作。

四、中国国家认证认可监督管理委员会今后的主要工作

1、要适应加入世界贸易组织（WTO）的需要，抓紧做好认证认可制度与国际规范接轨的工作。要按照世界贸易组织（WTO）的有关要求，按照国际通行规则，抓紧做好法律法规、工作程序、工作方法等方面的转变和接轨工作；实现国家认证认可和合格评定的监督管理工作的法制化和规范化。

2、要积极履行工作职能，切实加强对认证认可的监督管理。要按照国务院赋予的工作职能，加强对全国认证工作的监督管理。按照国际通行规则，研究建立符合WTO规则要求的合格评定程序，逐步统一和规范各行业、专业的合格评定程序；尽快制定全国认证认可工作部际联席会议的议事规则和程序等，对认可机构进行统一授权和重组，建立新的认证认可体系，使中国的认证认可工作做到统一规划、统一管理。

3、要整顿认证市场，提高认证工作的质量和有效性。

4、要加强认证认可对外联系与合作。进一步加强与国际认可论坛、太平洋认可合作组织、国际审核员培训与注册协会、国际实验室认可合作组织、亚太实验室认可合作组织等国际或区域性组织及国际标准化组织和国际电工委员会以及国际汽车行业认证管理机构、电信行业认证管理机构等国际组织和机构的联系和合作，承担相应的工作，争取在其中发挥积极的作用；实现认证认可工作的国际化。

5、要积极开拓认证认可新领域。要协同有关部门共同推广应用先进的质量管理体系认证、环境管理体系认

证以及汽车、电信行业质量管理体系认证等合格评定模式；推进农产品及食品的安全质量认证；实施进口食品国外生产企业的注册制度，进一步完善出口卫生注册和后续监管制度；不断吸收国际上先进的认证管理模式，不断拓展认证认可工作的新领域，促进中国认证认可工作新的发展。

五、实验室认可必将在新的认证认可管理体制中发挥更大的作用

长期以来中国各有关政府部门对认可实验室的使用基本上遵循两个原则，一是在自愿性领域鼓励合格评定机构使用经认可的实验室，二是在强制性领域要求必须使用经认可的实验室。在认证认可监督管理委员会成立后，对中国各部门、各行业的合格评定活动将进行统一规划和协调，对实施强制性产品认证、注册以及涉及安全、健康、环保等生产、流通、服务等环节中均要求使用通过认可的实验室。而在自愿性合格评定领域中，也将制订一系列法规要求有关认证、检验机构使用符合实验室认可要求的实验室出具的结果，并鼓励使用经国家认可的实验室。

在对外贸易领域，政府将继续鼓励那些与进出口有关的实验室要获得实验室认可机构的认可，以促进检验结果在国际市场中的相互承认。

各位来宾，朋友们：中国国家认证认可监督管理委员会的成立，标志着中国的认证认可工作进入了一个新的发展阶段。可以预见，在新的认证认可管理体制下，我国的实验室认可将进一步朝规范化、国际化方向迈进，并在维护我国公众消费安全以及国家经济安全，提高人民生活质量，促进国际贸易等方面发挥越来越重要的作用。工作的大政方针已经明确，关键是要抓好工作落实。我相信，中国的实验室认可工作和中国的合格评定工作在中国政府的重视和国家认证认可监督管理委员会的统一领导下，一定会有一个新的、更大的发展。

中国认证认可工作的发展不仅有益于保证中国的产品质量、促进出口经济和贸易的发展，也有益于促进国际贸易和世界经济的繁荣。各位同仁，让我们加强合作，共同携手积极推动实验室认可和国际合格评定事业的发展。

谢谢大家！

2001年10月22日

国家质检总局李长江在“强制性产品认证”新闻发布会上的讲话

加入世界贸易组织，是党中央、国务院审时度势、高瞻远瞩的重大战略决策，充分表明了以江泽民同志为核心的党中央第三代领导集体总揽全局、与时俱进的远见卓识和深化改革、扩大开放的坚定信心，充分展示了我国顺应经济全球化潮流、主动参与国际交流与合作的积极态度。加入世贸组织有利于为我国创建良好的国际经济贸易环境，有利于推进我国的改革开放进程，有利于我国社会主义市场经济体制的建立和完善，必将为我国改革开放提供新的推动力，促进我国现代化建设和参与国际经济的能力。

国家质检总局是国务院主管全国质量、计量、出入境商品检验、出入境卫生检疫、出入境动植物检疫和认证认可、标准化工作以及行使行政执法职能的直属机构。国家认监委是国务院组建并授权执行行政管理职能、统一管理、监督和综合协调全国认证认可工作的主管机构，承担着我国加入世贸组织的许多重要工作，对强制性产品认证实施“四个统一”只是其中一项重要的任务。在我国加入世贸组织后，我们将根据中央经济工作会议精神，按照国务院的工作安排，按照世贸组织有关国民待遇原则和市场准入原则、促进竞争与贸易原则，以及《技术性贸易壁垒协议》和《实施动植物卫生检疫协议》等规则的要求，进一步推进法制建设，抓紧清理、制定和完善相关的法律、法规；以改革质检体制为契机，加快政府职能转变，按照国际通行规则，建立科学、高效、规范的行政管理体制，提高依法行政水平；做好质检及认证领域的开放，促进贸易、投资的自由化和便利化；加强内部建设，切实改进工作作风，提高工作效率，为中外企业的投资和贸易创造更加便捷的环境和条件，为推动改革开放和现代化建设做出我们应有的贡献。

这次强制性产品认证实施“四个统一”，得到了国家经贸委、公安部、农业部、国家计生委、国家药监局等国务院有关部门的大力支持与协作，在此，我代表国家质检总局和国家认监委表示感谢。我国将于12月10日正式成为世界贸易组织的成员。加入世界贸易组织既是机遇又充满了挑战。我深信，只要我们像实施强制性产品认证的“四个统一”一样，解放思想，奋勇开拓，团结协作，共同奋斗，我们就一定能抓住机遇，乘势而上，中华民族的伟大复兴一定会早日到来！

2001年12月7日

国家认监委王凤清

在“强制性产品认证”新闻发布会上的讲话

为了兑现我国在入世谈判中所作出的承诺，进一步改革认证认可工作体制，实现与国际通行规则接轨，国家质量监督检验检疫总局和国家认证认可监督管理委员会已于近日正式对外发布了《强制性产品认证管理规定》等4个文件。这表明我国强制性产品认证制度的内外不一致的局面彻底结束，符合国际规则的新的统一的国家强制性产品认证制度即将开始实施。这是我国认证认可管理体制改革的重大成果，是我国以积极姿态，兑现入世承诺的重要标志。为了让社会各界，特别是外国企业界对这一工作有全面了解，下面，我向大家简要介绍有关情况。

一、国家对强制性产品认证实施“四个统一”的背景

强制性产品认证制度是各国主管部门，为保护广大消费者人身安全、保护动植物生命安全，保护环境、保护国家安全、依照有关法律法规实施的一种对产品是否符合国家强制标准、技术规则的合格评定的制度。主要通过制定强制性产品认证的产品目录和强制性产品认证程序规定，对列入《目录》中的产品实施强制性的检测和审核。凡列入目录内的产品未获得指定机构的认证证书，未按规定加施认证标志，不得出厂、进口、销售和在经营服务场所使用。

我国自1978年恢复国际标准化组织的成员国地位以来，按照国际规范积极开展了建立中国产品认证制度的工作。目前已经开展了强制性产品认证、自愿性产品认证、进出口食品企业卫生注册、管理体系认证、实验室认可和认证人员注册等工作。对提高我国产品质量总体水平和在国际市场上的竞争力，维护国家经济利益、经济安全，保护人民身体健康和动植物健康安全，保护环境等起到了积极的作用。

但是，由于我国的认证认可工作开始于改革开放初期，产品质量认证、许可、注册等制度是各有关部门根据各自主管的工作分别建立起来的。国家各个部门开展认证工作，一方面促进了我国认证认可工作的发展，另一方面也出现了认证认可工作政出多门、各自为政、重复认证、重复收费等弊端。最为典型的是，长期以来我国强制性产品认证存在着对内、对外的两套认证管理体系。原国家质量技术监督局负责对国内产品实施安全认证，原国家检验检疫局负责对进出口商品实施安全质量许可制度。这两个制度都将一部分进口商品列入了强制认证的范畴，因而导致了由两个主管部门对同一种进口产品实施两次认证，贴两个标志，执行两种标准与程序，并重复收费，中外企业对此反响强烈。多年来许多企业和一些国家通过不同方式和渠道，向我国有关部门反映情况，提出意见。这一问题还一度成为我国入世谈判的焦点。

为了推进我国加入世界贸易组织的进程，我国政府郑重承诺：按照世贸组织国民待遇原则，通过“四个统一”来解决对国产品和进口产品认证不一致的问题，即对强制性认证产品实现统一目录，统一标准、技术法规和合格评定程序，统一标志，统一收费标准的“四个统一”。国家为此成立了强制性产品认证实施“四个统一”工作领导小组。为了从管理体制上保证“四个统一”的全面落实，党中央、国务院在决定将原国家质量技术监督局和原国家出入境检验检疫局合并组建国家质量监督检验检疫总局的同时，成立了国家认证认可监督管理委员会，国务院授权国家认监委统一管理、监督和综合协调全国认证认可工作。国家质检总局和国家认监委按照国务院的要求，在调

查研究的基础上，进行了卓有成效的工作，经过与有关部委进行充分协商，完成了新的国家强制性产品认证制度“四个统一”的方案。

二、国家强制性产品认证制度的有关内容

这次公布的强制性产品认证制度，实施的主要规章性文件有以下四个：《强制性产品认证管理规定》、《强制性产品认证标志管理办法》、《第一批实施强制性产品认证的产品目录》和《实施强制性产品认证有关问题的通知》。这4个文件对强制性产品认证的法律依据、实施强制性产品认证的产品范围、强制性产品认证标志的使用、强制性产品认证的监督管理等作了统一的规定。主要内容概括起来有以下几个方面：

（一）按照世贸有关协议和国际通行规则，国家依法对涉及人类健康安全、动植物生命安全和健康，以及环境保护和公共安全的产品实行统一的强制性产品认证制度。国家认证认可监督管理委员会统一负责国家强制性产品认证制度的管理和组织实施工作。

（二）国家强制性产品认证制度的主要特点是，国家公布统一的目录，确定统一适用的国家标准、技术规则和实施程序，制定统一的标志标识，规定统一的收费标准。凡列入强制性产品认证目录内的产品，必须经国家指定的认证机构认证合格，取得相关证书并加施认证标志后，方能出厂、进口、销售和在经营服务场所使用。

（三）根据我国入世承诺和体现国民待遇的原则，这次公布的《第一批实施强制性产品认证的产品目录》覆盖的产品是以原来的进口安全质量许可制度和强制性安全认证及电磁兼容认证产品为基础，做了适量增减。原来两种制度覆盖的产品有138种，此次公布的《目录》删去了原来列入强制性认证管理的医用超声诊断和治疗设备等16种产品，增加了建筑用安全玻璃等10种产品，实际列入《目录》的强制性认证产品共有132种。

（四）国家对强制性产品认证使用统一的标志。新的国家强制性认证标志名称为“中国强制认证”，英文名称为“China Compulsory Certification”，英文缩写可简称为“3C”标志。中国强制认证标志实施以后，将逐步取代原实行的“长城”标志和“CCIB”标志。

（五）国家统一确定强制性产品认证收费项目及标准。新的收费项目和收费标准的制定，将根据不以营利为目的和体现国民待遇的原则，综合考虑现行收费情况，并参照境外同类认证收费项目和收费标准。由于该项目需要国家价格主管部门的审批，还需要一段时间，最迟会在新的强制性产品认证制度实施前，即2002年4月30日前对外公布。

（六）新的强制性产品认证制度将于2002年5月1日起实施，有关认证机构正式开始受理申请。为保证新、旧制度顺利过渡，原有的产品安全认证制度和进口安全质量许可制度自2003年5月1日起废止。

三、国家强制性产品认证实现“四个统一”的重要意义

对强制性产品认证实行“四个统一”是国家质检总局和国家认监委的一项重要工作任务。这项工作的实施具有十分重大的意义。

第一、对强制性产品认证实施“四个统一”，是我国兑现入世承诺的重要标志，是我国履行入世承诺的一个具体的、实在的而又十分重要的举措，是体现中国人说话算数的一个例证，充分表明我国政府在加入世贸组织以后，以更加积极的姿态在享受应有的权利的同时承担相应义务的决心和态度。

第二、对强制性产品认证实施“四个统一”，标志着我国在按照国际通行规则建立新的认证认可管理体制方面迈出了重大步伐。为按照国际惯例和世贸规则，建立新的强制性产品认证制度打下了基础，也为我国全面建立新的认证认可管理体制提供了成功范例。

第三、对强制性产品认证实施“四个统一”，为建立和完善社会主义市场经济体制下规范市场和质量管理体制提供了制度保证。新的强制性产品认证制度的建立，进一步改革了政府管理经济的手段和方式，将有力促进政府工作职能的转变，为社会主义市场经济体制的完善和整顿、规范市场经济秩序创造良好条件。

第四、对强制性产品认证实施“四个统一”，将进一步促进我国扩大对外开放。将对内对外的两套强制性产品认证管理体制统一起来，体现了世贸组织的国民待遇原则，有利于我国的认证认可工作与国际规范接轨，彻底消除对进口产品的重复认证、重复收费问题，切实减轻企业负担，提高通关速度；有利于消除技术性贸易壁垒，创造宽松、便捷的进出口贸易环境，必将有力地促进我国对外贸易的深入发展，更好地促进国家经济建设和改革开放。

2001年12月7日

国家认监委王凤清在广东地区 CQC 获证企业颁证大会上的讲话

尊敬的副省长、曾宪梓先生，各位来宾、各位朋友：

大家好！

很高兴参加广东检验检疫局举办的 CQC 获证企业颁证大会。首先请允许我代表国家认证认可监督管理委员会，对今天获证的企业表示热烈祝贺！对工作在认证认可一线的同志们表示亲切的问候！对长期以来关心和支持认证认可工作的广东省委、省政府和社会各界表示衷心的感谢！

质量水平是衡量一个企业管理水平的重要尺度，也是衡量一个国家生产技术和科学管理水平的重要尺度。质量认证作为质量管理的重要手段，正逐步被世界各国政府和广大企业所重视和采用。

在我国，党和国家高度重视质量建设，重视认证认可工作。改革开放以来，出台了一系列加强质量建设和认证认可工作的决定和规定，有力促进了认证认可工作的健康发展。今年 4 月，党中央、国务院在组建国家质量监督检验检疫总局的同时，决定组建国家认证认可监督管理委员会，统一管理、监督和综合协调全国的认证认可工作，其目的就是为了要通过改革国家认证认可工作管理体制，全面加强认证认可工作，促进国家产品质量整体水平的提高，促进国家经济建设和改革开放。

当前，经济全球化日益发展，综合国力的竞争更加激烈。以我国成为世界贸易组织的正式成员为标志，中国的改革开放进入了一个新的历史时期。广东经济总量居全国首位，外向型经济实力显著，在改革开放中为全国提供了先进的经验。广东 CQC 今年 1 至 11 月，申请认证企业比去年同期增长 336%，通过认证企业比去年增长 86%，这本身就是一个最好的例证。今后，广东的经济建设和改革开放应当，也必将会继续走在全国的前列。广东的认证认可工作，也应该抓住机遇，加快发展，为广东外向型经济的发展作出应有的贡献。为此，我提几点希望：

一是要进一步提高对做好认证认可工作重要性的认识。认证认可是实行市场经济制度国家管理和规范市场经济秩序的重要手段，也是企业建立健全质量保证体系，调整产业结构，提高产品档次和在国际市场上的竞争力的重要保证。随着我国社会主义市场经济体制的确立和对外开放新格局的形成，认证认可工作的作用将越来越重大。因此，无论是政府部门、企业单位还是认证机构，都要进一步提高做好认证认可工作重要性的认识，把抓好认证认可工作作为适应经济全球化发展、应对入世挑战的重要保障，作为促进国家经济建设、促进企业发展的重要措施抓紧抓好。

二是要狠抓认证认可工作质量。当前国内认证机构竞争激烈，认证市场比较混乱，认证咨询不分、互相压价、买证卖证等问题一定程度上存在。国家认监委将加大宏观监管力度，采取有力措施，对全国的认证认可市场进行整顿和规范。各主管部门要按照国家认监委的统一部署和要求，抓好工作落实。各认证机构要狠抓工作质量，摒弃短期行为；严格按照批准的业务范围开展工作，杜绝违规经营；维护市场秩序，避免恶性竞争；要严格按照国际通行做法和国家相关规定、技术规范、操作规程开展工作，保证认证质量。要切实加强认证对审核人员的思想政治教育和业务培训，加强认证认可知识的普及和宣传推广，促进认证业务健康有序开展。

三是企业要增强认证意识，正确申请认证。取得相关认证是 WTO 规则下产品进入市场的准入条件。我国正式加入世界贸易组织后，企业要想使自己的产品在国际贸易中得以顺利流通，最有效的手段就是获得认证。国内企业尤其是中小型企业要从关系企业生存发展的高度，积极申请相关认证，赢得发展先机。

当前，一些企业盲目认证，以为获得的证书越多越好；一些企业过分迷信洋认证，甚至为此不惜时间和成本，这都是不足取的。目前国内的主要认证机构都已加入了国际多边互认体系，与国外体系成员所发的证书相互承认，具有同等效力。因此，申请认证时，选择国内认证机构和选择国外认证机构的没有本质区别，选择国内认证机构在语言、通讯、交流、费用、时间上还有许多国外机构无法比拟的优势。另外，在获得认证认书后，也没有必要再去找同一体系的认证机构进行重复认证。希望企业界朋友们充分了解。

最后，祝广东的认证认可工作得到更大的发展，为广东的经济建设和对外贸易的发展不断作出新的贡献；祝广东的广大企业通过认证进一步提高产品质量和管理水平，创造更加良好的业绩。

谢谢大家

2001年12月13日

国家认监委王凤清在中国农业银行湖南省分行ISO9000颁证大会上的讲话

尊敬的副省长、行长，各位来宾，各位朋友：

大家好！

今天是农历大年十一，我在这里先向大家拜个晚年。祝大家马年工作顺利、事业发展。

中国农业银行湖南省分行，在国家总行和湖南省委、政府的重视和支持下，经过一年紧张而卓有成效的工作，通过了CQC湖南评审中心组织的ISO9001:2000质量体系认证评审，这是一件非常有意义的事情。我代表国家认证认可监督管理委员会，向中国农业银行湖南省分行和CQC湖南评审中心的同志们表示热烈的祝贺！

中国农业银行湖南省分行是我国首家通过ISO9001质量体系认证的省级国有商业银行。通过质量体系认证，银行的管理实现了科学化、服务实现了规范化、业务操作实现了程序化、标识设备等实现了标准化。全行上下客户意识和质量意识明显增强，营业网点面貌焕然一新，工作人员职责分明，工作效率显著提高，业务差错明显减少。这标志着湖南农业银行的管理已经上了一个新的台阶，已经开始与国际接轨。湖南农业银行的同志做了一件意义十分重大的开拓性工作，必将给全国金融系统带来积极的示范效应，产生重要的影响。

CQC湖南评审中心自成立以来，为推进ISO9000质量体系认证做了大量的工作，目前经CQC湖南评审中心认证的企业已达316家。特别是这次把ISO9000质量体系认证这一国际先进的质量管理和质量保证理念引入到银行系统这一服务性领域中，是一个新的突破。对于促进我国质量管理水平和服务水平的提高，具有重要的意义。

质量水平是衡量一个企业管理水平的重要尺度，也是衡量一个国家生产技术和科学管理水平的重要尺度。质量体系认证作为质量管理和质量保证的一个重要手段，正逐步被世界各国政府和广大企业所重视和采用。是否通过质量体系认证，已经成为国际上企业间经济洽谈的必备条件，成为企业实力和产品服务竞争力的重要标志。我国加入世界贸易组织，意味着我们与国外企业站在了同一起跑线上，竞争已经进入了短兵相接的白热化阶段。要想在竞争中赢得先机，一靠质量，二靠服务。获得质量体系认证是企业提高质量水平和服务水平最直接、最有效的手段，也是我们应对入世挑战，赢得更大发展的一个有力措施。希望社会各界对此引起足够重视。为此，我讲几点意见：

一是要进一步提高对认证认可重要性的认识。认证认可是实行市场经济制度国家管理和规范市场经济秩序的重要手段，也是企业建立健全产品质量和服务保证体系，提高产品、服务档次和在国际市场上的竞争力的重要保证。为了全面加强认证认可工作，党中央、国务院组建成立了国家认证认可监督管理委员会，统一管理、监督和综合协调全国的认证认可工作，这是从根本上促进国家质量管理和服务水平的提高的重大举措。各级政府部门和广大企事业单位，都要进一步提高做好认证认可工作重要性的认识。要充分认识到加强认证认可工作，不仅是政府主管部门的事，而是各级政府的大事，是各个企事业单位的大事；不仅是生产企业要搞质量体系认证，宾馆、饭店、银行、学校，包括政府机构都要积极争取通过质量体系认证。只有这样，才能提高我国的质量管理水平和服务水平，才能适应经济全球化发展，应对入世挑战。

二是要正确认识质量体系认证的作用。对于质量体系认证，社会上还存在着种种误区：有的把质量体系认证神化，以为拿到了证书就一劳永逸，什么问题都迎刃而解；有的认为ISO9000证书只是一张标签，只是为了谈合同需要而认证，根本不按ISO9000改进管理和服务，这都是不足取的。质量体系认证只是规范质量管理和提高服务水平的一个手段，不是包医百病的灵丹妙药。导入质量管理体系不仅仅是为拿到一张认证证书，更重要的是要通过认证改进管理和服务，增强发展后劲。

当前一些企业盲目认证，以为获得的证书越多越好；一些企业过分迷信洋认证，甚至为此不惜时间和成本，这也是不对的。首先，同一体系的认证证书相互承认，没有必要进行重复认证；其次，目前国内的主要认证机构都已加入了国际多边互认体系，国内认证机构与国外体系成员所发的证书相互承认，具有同等效力，选择国内和国外认证机构认证没有本质区别，选择国内认证机构在语言、通讯、交流、费用、时间上还有许多国外机构无法比拟的优势，希望大家了解。

三是要重视认证工作质量。当前国内认证机构竞争激烈，认证市场比较混乱。特别是一些小的认证公司，打着境外认证机构的旗号进行不规范运作，认证咨询不分、互相压价、买证卖证等问题相当严重，有的甚至搞假认证骗取钱财。全国上当受骗的企业有很多，湖南的企业也有。国家认监委正在采取有力措施，对全国的认证认可市场进行整顿和规范。当前已经和国家工商总局联合对几家有重大违法违规行的境外代理认证公司进行了查处，查处结果不久将正式公布，并向境外有关认证公司通报。我们欢迎国内外认证机构共同开拓中国的认证市场，但任何机构都必须遵守中国的法律法规，都必须确保认证工作质量。企业申请认证时一定要谨慎，不要贪大求洋，而要选择CQC湖南评审中心、方圆认证等资质证书齐全、管理严格、服务规范、信誉度高的认证机构，这样的认证，质量才会有保证。

最后，对湖南农业银行的同志们提一点希望。获取质量体系认证证书只是改进质量管理，提高服务水平的开始。希望湖南农业银行的同志们以此为契机，按照体系标准要求，不断完善和改进管理与服务，创造更加良好的内部和外部环境，开发更先进的金融产品，早日成为世界一流的商业银行。希望全国银行系统，乃至全国政府机构、企事业单位，都以湖南农业银行为榜样，积极引入国际先进的质量管理理念，切实加强管理，改进服务，争取更大发展，为提高我国的质量水平和服务水平作出应有的贡献。

我的讲话完了，谢谢大家！

2002年2月22日

国家质检总局李长江在第一次全国认证认可工作会议开幕式上的讲话

全国认证认可工作会议在各方的关怀和支持下，今天召开了。这是国家认监委成立以来，为更好地履行国务院授予的统一管理、监督和综合协调全国认证认可工作的职能，而召集各方共商中国认证认可事业发展的一次盛会。它必将对我国认证认可事业的健康发展产生深远的影响。我代表国家质检总局对大会的召开表示热烈的祝贺，并预祝大会取得圆满成功！

国家认证认可监督管理委员会的成立，顺应了国民经济发展和我国加入世贸组织的需要，为充分发挥认证认可工作在国民经济建设中的重要作用，促进我国认证认可事业的蓬勃发展，提供了组织上的保证。它标志着我国认证认可体制改革的一次大突破，标志着我国认证认可事业进入一个新的发展时期。国家认监委在组建过程中，得到了有关部委的大力支持，使认证认可部际协调工作得以顺利开展，并在很多问题上取得了实质性的进展。在此，我代表国家质检总局对所有关心支持认监委工作的国务院各部委，以及为认证认可事业的发展做出贡献的各界人士，表示衷心的感谢！

国家认监委成立以来，在全面履行统一管理、监督和综合协调全国认证认可工作等方面，开拓进取，同有关部门密切配合，团结协作，做了大量卓有成效的工作。在时间紧、任务急的情况下，研究制定了认证认可工作的有关政策和制度，完成了强制性产品认证的“四个统一”的工作，建立了新的国家强制性产品认证制度；全面清理和修订了原有的认证认可法规、规范性文件；对认证市场存在的主要问题进行了整顿，对有关机构的违法违规问题进行了查处；开展了部际协调工作和广泛的国际合作。

对于认监委的工作，总局党组是满意的，广大企业和社会各界反映是好的。在此,我代表总局党组向辛勤工作在认证认可战线上的全体同志表示衷心的感谢和亲切的问候!并希望你们在今后的工作中,要按照国务院领导的指示精神,特别是刚才吴仪同志的讲话要求,全面履行国务院赋予的各项职能,继续努力,不断取得新进展、做出新贡献!

党中央、国务院高度重视认证认可工作。前不久,国办下发的《关于加强认证认可工作的通知》(简称《通知》),提出了加强认证认可工作的重要意义、指导思想、主要任务和工作重点,这是我们今后开展认证认可工作的重要依据。各级质检部门一定要大力宣传、贯彻落实《通知》精神,把思想和行动统一到《通知》精神上来,以《通知》精神指导认证认可工作。

首先,要进一步认识国家认监委的职能。国家认监委是经国务院授权,代表国务院履行统一管理、监督和综合协调全国认证认可工作的具有行政管理职能的部门。大家要从大局出发,以国办《通知》精神为指导,加强协调,密切配合,完善机制,保证认监委的职能落到实处。

其次,要在总局和认监委的统一领导下,做好当前重点工作。各级质检部门要按照总局和认监委的统一部署和分工要求,发挥质检系统的整体优势,贯彻落实好这次会议布置的各项工作。同时,要充分发挥各有关部门和认可认证机构的积极性,推动全国统一的国家认可制度和强制认证与自愿认证相结合的认证制度的建立,推进认证机构改革及认证认可法制建设的进程。

第三,要从根本上整治当前认证市场上的各种违法行为和违规现象。各地质检部门要按照总局和认监委的统一部署,针对当前认证市场存在的不按规定进行强制认证、违规使用假冒认证标志和卫生注册编号、认证咨询串通一气、肆意降低认证要求、公开出卖认证证书、审核走过场、认证工作有效性差、降低认证标准等违规行为,依法进行严肃查处,坚决打击认证市场上的违法违规行为,确保认证认可工作在公开、公平、透明的氛围中健康、有序地发展. 充分发挥认证认可工作在从源头上监督产品安全和质量、规范市场行为、指导消费和促进对外贸易中的重要作用。

同志们:质量是经济工作的生命线,认证认可和合格评定是质量管理和质量保证的重要手段。发展质检事业,服务社会,保障国家和人民利益是时代赋予我们质检系统的历史使命。我们一定要认真实践江泽民同志“三个代表”的重要思想,真正树立高度的政治责任感,以规范认证市场、繁荣经济为己任,把质检事业的发展与国家兴旺、经济发展、人民利益紧密地联系起来,通过认证认可制度的实施,推进企业从源头抓质量,提高我国产品质量的总体水平,改善环境质量,保障人民群众的健康与安全。相信我们一定能在党中央国务院的正确领导下,在各有关部门的支持与配合下,再创我国认证认可事业的辉煌,为国民经济和社会发展做出更大贡献。

2002 年 4 月 9 日

国家认监委王凤清在第一次全国认证认可工作会议开幕式上的讲话

这次会议是国务院决定对全国认证认可工作实行统一管理以来,国家认监委和国家质检总局联合召开的第一次跨部门、跨行业的全国性工作会议。对于统一管理、监督和综合协调全国的认证认可工作,推进这一工作健康、有序发展具有十分重要的意义。今年 2 月,国务院办公厅下发了《关于加强认证认可工作的通知》。刚才吴仪同志又代表国务院做了重要指示,质检总局长江局长也讲了话,体现出党中央、国务院和质检总局党组对认证认可工作的高度重视,使我们倍受鼓舞,也为进一步做好认证认可工作明确了任务和努力方向。我们一定要认真学习,深刻领会,切实抓好贯彻落实。下面,我就如何落实国办“通知”和吴仪、长江同志讲话精神,加强认证认可工作讲几点意见。

一、认证认可对于促进国家经济建设和社会发展具有极其重要的作用

认证认可是国际通行的规范经济、促进发展的重要

手段，是企业和事业单位等各类组织机构提高管理与服务水平、保证产品质量、提高竞争力的可靠方式，是国家从源头上确保产品质量安全、规范市场行为、指导消费、保护环境、保护人民生命健康、促进对外贸易的战略性选择，在国家经济建设和社会发展中起着日益重要的作用。突出表现在四个方面：

（一）认证认可对国民经济的影响力不断增强。认证是随着工业化生产的发展，在工业化国家率先开展起来的一种对产品的评价、监督活动。20 世纪 80 年代以后，认证工作在国际上迅速发展。各国政府为确保产品安全，提高服务质量，规范市场，保护环境，促进贸易，实施了以国际标准和规则为依据的认证制度，建立了规范本国认证机构和从业人员行为的认可制度，国际上也建立起了相应的国际组织和国际互认制度。认证范围从单纯的工业产品认证发展到质量管理体系、食品卫生管理体系、环境管理体系、职业健康安全体系，以及农产品、信息技术产品和网络安全运作等领域。认证认可已经广泛存在于商品和服务的形成与生产、流通、管理各个环节，渗透到经济、社会生活、国家安全等各个方面。认证认可已成为人们生活中不可或缺的保障理念，认证证书已经成为企业签定贸易合同、招投标、申请贷款的“通行证”。

我国的认证认可制度始于 20 世纪 70 年代末，从产品认证开始。随着改革开放的深入和发展，认证认可工作不断得到加强和完善。目前，已经涵盖了产品认证、质量管理体系认证、环境管理体系认证、职业健康安全管理体系认证、食品企业卫生注册，认证机构认可、实验室认可和认证人员注册等众多领域。国家对认证认可工作的行政管理、认可、认证、卫生注册、认证机构和实验室认可、人员注册工作框架已经初步确立，结构趋于合理。

有关统计分析表明，我国对国民经济有影响的大中型企业、机电产品生产企业、主要食品加工企业、与健康安全有关的大多数企业，重要的、有影响的实验室，基本上按需要或要求取得了认证、注册或资格认可，其在经济总量上已占相当大的比例。认证认可工作已经基本完成了从起步到完善的过程，已经全方位地融入到国民经济和社会生活等各个环节。我国加入世界贸易组织（WTO）后，实施扩大国内需求的方针，继续深化改革、扩大开放、加快结构调整、整顿和规范市场经济秩序、提高经济增长的质量和效益、促进国民经济健康发展和社会的全面进步，都离不开认证认可工作的支撑。随着社会主义市场经济的不断发展和认证认可制度的全面推行，认证认可在管理、质量、环境、健康安全建设等方面，对国民经济的影响力将会越来越大。

（二）认证认可是社会主义市场经济条件下规范市场行为、优化资源配置、维护公众利益、提高国民经济运行质量的有效方法和重要手段。我国正在建立和完善社会主义市场经济体制，必须切实转变政府职能，减少政府对微观经济的直接干预，强化宏观管理，管好市场和质量。认证机构作为第三方，在推动各种技术法规和标准的贯彻，规范市场秩序，促进质量管理等方面，具有其他工作不可替代的作用和优势。推行认证制度，可以促使企业按照技术法规、标准实施管理或组织生产，规范自身行为，从根本上提高管理水平，保证产品质量，改善环境质量，强化健康安全，建立信誉、增强竞争力。对社会而言，通过认证认可制度的推行，产品质量满足需要、生存环境得到改善、健康安全得到保证、人们的质量意识得到加强。人们对生活质量要求的不断增强，就会促使全社会自觉地保护环境，使管理制度先进、产品质量有保证的企业和产品得到社会和消费者的认同，增强消费者的信心，保护消费者的权益。对国家而言，认证认可是诚信建设的基础性工作。认证认可提供的产品安全信息，是市场经济条件下商品自由流通和市场调控不可或缺的信息。通过认证认可制度的推行，能够切实起到规范市场行为，优化资源配置，维护公众利益，促进管理和技术进步，提高国民经济运行质量，促进对外贸易，维护国家经济利益和安全的作用。国家、企业、社会三者利益的统一，构成了推动认证认可工作的社会基础，加强认证认可工作，成为保持国民经济持续、快速、健康发展的必然选择。

（三）认证认可是我国入世后与国际接轨的重要途径。我国已经成为 WTO 的正式成员，这标志着我国改革开放进入了一个新的历史阶段，我们将在更大范围内和更深程度上参与经济全球化。履行入世诺言，实现各项工作与国际接轨显得尤为重要和迫切。

WTO 本身是以强制性的规则为基础的政府间国际组织。在 WTO 的原则下，经过多年的发展，以认证认可为重要内容的全球性合格评定，已经成为国际贸易中普遍使用且具有重要影响力的一项国际规则。认证认可和合格评定制度是我国从国际上引入最早、最为成功的制度之一。从引入开始就采用了国际通行的规则和标准，以后始终保持了与国际的同步发展。到今天，中国的认证认可和合格评定已经成为国际认证认可和合格评定的重要组成部分，我国已经在相关的国际组织中占据了重要位置。在有关规则的制定与施行中，已经发挥或正在发挥着非常重要的作用。入世以后，作为全球性合格评定重要组成部分的中国认证认可和合格评定制度，将成为联系我国与国际的桥梁和纽带。通过率先实现与国际惯例接轨，将有效减少技术法规、标准和合格评定程序对国际贸易构成的不必要障碍，促进国际贸易自由化，以此辐射和影响、带动其他工作与国际接轨。同时，利用我国认证认可和合格评定在国际上的地位和影响，在参加国际组织的活动、参与国际规则的制定、利用WTO争端解决机制解决纠纷等方面，获取进入其他国家市场的机会、进行有益的探索和尝试，为我国各项工作与国际惯例接轨提供宝贵的经验和成功的模式。

（四）推行认证认可制度是应对入世挑战，实行“走出去”战略，维护国家经济利益和安全的有效措施。入世后，我国将在国际通行规则下参与国际经济竞争与合作，国际国内市场将融为一体，国内企业面临的竞争将更加激烈。一些发达国家在利用自身优势，千方百计扩大出口的同时，出于贸易保护的需要，已将认证认可作为贸易壁垒措施，并利用其在技术、管理和国际贸易方面的优势，设置了一些技术性贸易壁垒。如欧盟要求在其市场销售的大约40%的工业产品需带有CE标志。美国虽然在联邦法律中没作规定，但各州制定的法律都将安全风险大的工业产品列入了安全认证范畴，必须加贴UL标志，方能进入市场。我国目前有7000多家工厂的输美产品必须获得UL认证。加拿大与美国类似，规定对若干类工业产品要通过加拿大标准协会的认证，加贴CSA标志，才允许进入加拿大市场。我国有2000多家工厂的产品需加贴CSA标志才能出口到加拿大。此外，发达国家和一些发展中国家还普遍对农产品进口规定了评价和准入要求，对具体的农场、生产加工企业要进行注册审查，对产品实施严格的进口检验。

江泽民总书记指出：在新的条件下扩大对外开放，必须更好地实施“引进来”和“走出去”同时并举、相互促进的开放战略，努力在“走出去”方面取得明显进展。在对外开放的全过程中，我们要始终注意正确处理好对外开放、发展国际经济合作与维护国家利益和安全的关系，十分注意并切实维护国家的利益和安全。朱镕基总理也强调：要大力实施“走出去”战略，进一步实施市场多元化，积极主动地开拓国际市场。认证认可是落实江总书记、朱总理要求，实行“走出去”战略，维护国家经济利益和安全的重要手段。通过认证认可工作，可以指导和帮助我国企业按照国际标准和国际规则组织生产、实施管理，调整产品结构，提高产品质量，增强竞争力；可以有效运用《技术性贸易壁垒协定》(TBT协定)的规定，帮助企业熟悉和了解国外规则要求，及时进行相关认证，寻找突破国外技术性贸易壁垒的措施和办法，建立与国际规则相一致的技术法规、标准和合格评定程序，更好地“走出去”，开拓国际市场，推动我国对外贸易更好更快地发展。同时，还可以通过了解和熟悉国外技术性贸易壁垒，研究和掌握相关规则，根据我国经济发展的需要，对质量、卫生、环保、安全等方面的市场准入实施必要的技术规则、标准以及检验和认证程序，对国外产品进入国内市场进行有效的调节和合理的控制。总之，认证认可工作既可以起到保护国内产业的作用，又可以防止危害国家经济发展和市场秩序的产品进入，维护国家利益和安全，保障人民的生命健康。

二、我国的认证认可工作取得了很大成就

我国的认证认可工作，是改革开放以来，众多部门共同培育起来的。经过有关部门的积极探索和全体认证认可工作者的共同努力，从无到有，迅速发展，取得了显著的成绩。

截止到今年3月底，在强制性产品认证方面，国家已对18大类108种国内产品实施了产品安全认证，发出电工产品安全认证证书7万多份；对47大类188种进口商品实施了安全质量许可证制度，发出进口商品安全质量许可证书1万多份，涉及80多个国家和地区；对10类76种出口商品实施了出口质量许可制度，发出出口质量许可证书7 200多份。在自愿性产品认证方面，审核批准了29家产品认证机构，发出产品认证证书10万多份。在卫生注册方面，对9 163家出口食品加工企业进行了卫生注册登记，并颁发了卫生注册证书。其中3 876厂(次)获得27个国家主管当局的卫生注册。对4个国家的41个进口食品加工企业进行了卫生注册检查。对470个食品加工企业(含水产品加工企业)实施了HACCP认证。在体系认证方面，国家共认可质量体系认证机构50个，颁发质量管理体系认证证书约4.7万份(世界各国的认证机构共颁发此类证书42万份，我国占11%)。有28个机构获得环境管理体系的认可资格，颁发环境管理体系认证证书1 024份；18个机构获得职业健康安全管理体系的认可资格，颁发职业健康安全管理体系认证证书150份。在实验室认可方面，认可实验室811个，其中校准实验室72个，

通过国家计量认证的实验室19 000个，注册实验室276个。在人员培训注册管理方面，共注册审核员、主任审核员13 380人。在认可机构管理方面，已经形成了认证机构认可、各类实验室认可、认证人员注册三类认可(注册)机构体系。在国际交往与合作方面，我国与国外主要的认证认可组织和机构都建立了良好的合作关系。全面参加了有关的国际或区域组织的活动，参与了国际认证规则的建立和重要标准导则的制定。我国的认可机构分别加入了国际认可论坛（IAF）、国际实验室认可合作组织(ILAC)和国际审核员培训与注册协会(IATCA)以及太平洋认可合作组织（PAC）、亚太实验室认可合作组织(APLAC)等认可组织及注册组织，与相关组织分别签署了多边互认协议(MRA)，成为这些组织的MRA成员。获得认可的认证机构与国外的一些著名认证机构、区域性认证组织建立了广泛的双边或多边合作关系。

国家认监委组建后，按照党中央、国务院的要求，积极履行工作职能，认证认可工作取得了新的进展。按照统一目录、统一标准、技术法规和合格评定程序，统一标志，统一收费标准的“四个统一”原则，制定了有关新的国家强制性产品认证制度办法规定以及47个程序性文件。遵循国际惯例，组织清理了现有的认证认可法规及规范性文件，抓紧制定了认证认可基本工作制度；组织力量对认证机构、咨询机构的现状与工作质量、获证企业的工作质量进行了调查，对涉嫌违法违规的11家境外认证代理机构及全国118起假冒UL标志案例进行了调查和处理。强化了食品出口卫生注册登记工作，修改并完善了进口食品卫生注册管理体系文件，开展了国外食品加工生产企业进口卫生注册工作。新批准了一批国家质检中心，完成了国家计量认证实验室申请审查及发(换)证，国家质检中心、省级质检所的到期(监督检查)换证，以及其他实验室管理评审、注册工作。加强了部际协调，建立了部际联席会议制度，于4月8日举行了成立大会暨第一次会议。广泛开展了双边、多边认证认可合作，成功进入国际电工委员会(IEC)理事局和合格评定委员会，并保持在IECEE互认协议中的权威和地位。成功承办了太平洋认可合作组织(PAC)第八届年会、合格评定国际研讨会和APLAC2001年会。与越南政府达成了摩托车、摩托车发动机及头盔凭“CCC”强制认证标志通关的协议。这些工作成绩的取得，是党中央、国务院高度重视和关怀的结果，是国务院各部门热心支持、通力协作的结果，是认证认可战线上的全体同志勤奋工作，不懈努力的结果。我代表国家认监委，对各部委的大力支持，对所有从事认证认可工作同志们的努力工作表示衷心的感谢！

在看到成绩的同时，我们也要清醒地看到，当前认证认可工作还存在着一些亟待解决的问题。主要是新的统一的国家认证认可体系尚未建立，认证认可政出多门的问题还没有得到根本解决；认证市场比较混乱，一些认证及认证代理机构违法违规经营，认证和咨询不分，虚假认证、买证卖证等问题还没有得到有效治理；一些企业单纯为签定合同申请认证，盲目迷信“洋认证”，个别认证机构降低标准要求，减少审核时间，简化审核程序，致使认证质量下降；认证专职审核员匮乏，兼职人员较多，一些从业人员素质不高等。对这些问题我们必须高度重视，采取措施切实加以解决。

三、入世后认证认可面临着机遇与挑战并存的复杂局面

当前和今后一段时期，是我们加强和改进认证认可工作的关键时期。纵观当前的工作形势，我们既面临宝贵的发展机遇，也面临着压力和挑战。

第一，国际认证认可工作的发展，为我国认证认可工作的发展展示了光辉的前景。认证认可是一项朝阳事业，正处于蓬勃发展时期。当前，国际认证认可工作正在从无序化向规范化、法制化的方向发展；从本土化向区域化、国际化的方向发展。国家认可机构从分散向集中、统一的方向发展，认证机构从小型化向集约化、名牌化的中介方向发展，这与经济全球化的发展方向是完全一致的。认证认可作为规范市场秩序、改善经济运行质量的重要手段，正逐步被各国政府与众多国际企业、组织所重视和广泛采用，已经和正在成为推动全球提高管理水平、保障国家利益、推动社会生产力发展的重要力量。随着经济全球化的发展，国际认证认可将向普及国际标准和规则、实现国际互认、消除贸易壁垒、促进全球贸易自由化的方向发展，具有强大的生命力和远大的发展前景。国际认证认可工作的发展，将极大地促进我国认证认可工作的飞速发展；我国加入WTO的客观现实，也要求我国认证认可工作加快发展，为我国在更大范围内和更深程度上参与经济全球化发挥作用。可以预见，入世后，我国认证认可工作将进入一个崭新的发展时期。

第二，加入WTO，为我国认证认可工作的开展提供了难得的机遇。我国的认证认可制度从一开始就是按照国际规则建立起来的。但是这项工作起步于计划经济年代，发展在计划经济向社会主义市场经济转变的时期。在

这种背景下，政府部门和各类组织在思想观念、管理体制、工作方式、办事效率等方面，存在着许多不适应市场经济规则，不符合国际规则的问题，这为我们按照国际规则开展认证认可工作增加了难度，造成了不小的阻力。我国标准水平落后，拥有知识产权的标准很少，对国际标准的采用率远远低于发达国家的采标率，也影响和制约了我国认证认可工作的发展。加入WTO将有效促进我国政府部门和广大企业转变观念，遵守规则，按照国际规范依法行政，按照国际规则合法经营，并加快我国采用国际标准的进程。这将为认证认可工作切实排除工作干扰，减少工作成本，保证工作质量，提高工作效率创造更加良好的外部环境，提供了难得的机遇。

第三，认证认可管理体制的改革和工作机制的完善，为我国认证认可工作的发展创造了良好的条件。认证认可制度与国际接轨最早，在我国已有广泛的、较为坚实的工作基础，已经基本形成了工作体系和工作队伍，这是我们进一步做好认证认可工作的基础。但是，我国的认证认可工作是在计划经济时期，由各有关部门根据各自的工作需要推动起来的。众多部门管认证认可，一方面促进了这项工作的发展，另一方面也导致了政出多门、多重标准、重复收费、监督不力等问题。这既不符合国际惯例和市场经济规则，也影响和制约了我国认证认可工作的健康发展。党中央、国务院决定，改革认证认可管理体制，授权国家认监委统一管理、监督和综合协调全国的认证认可工作，这是一项较为重大的政府机构改革，是建立符合WTO规则和市场经济体制相适应的新机制的重大举措，为建立健全全国统一、内外一致的认证认可工作制度提供了组织保障。必将有力推动认证机构及相关机构的改革，促进各部门的密切合作，推动认证认可工作健康、有序发展。

第四，党中央、国务院的重视和有关部门的支持，为我国认证认可工作的发展提供了强大的动力。党中央、国务院对认证认可工作高度重视。朱镕基总理在九届人大五次会议上所作的《政府工作报告》中提出，要着力抓好农产品质量标准和认证体系、检验检测体系、市场信息体系的建设，创造良好的市场环境。总理在一次会议上还说："两个委员会(国家认监委、国家标准委)听说开展工作很困难，再困难也要把工作统起来。"话语间体现了总理对认证认可工作的关心和期待。认监委成立后，国务院专门召开了"认证认可工作情况通报会"，下发了国办《关于加强认证认可工作的通知》，吴仪国务委员、忠禹秘书长、马凯和尤权副秘书长为加强认证认可工作也多次作过重要指示。各有关部委都表示坚决拥护党中央、国务院组建国家认监委的重要决定，要坚决支持和全力配合认监委的工作，在业务协调中表现出了合作的态度。党中央、国务院的重视和各部门的支持，使我们深受鼓舞和鞭策，是我们做好工作的重要力量源泉。可以说，我国的认证认可工作正面临着前所未有的发展机遇。

当然，与工作的要求相比，我们还有一些不适应的地方。一是思想观念与形势的发展不适应。我国加入WTO、完善社会主义市场经济体制的客观实际，要求我们转变思想观念和工作方式，从政府包办、政事不分、用行政管理的思路和方式建立认证认可体制的传统思维定式中走出来，进行思想观念、机制体制的创新。要求我们在开展认证认可工作时，以国家和民族利益为重，超越部门或行业传统习惯思维的束缚，按照社会主义市场经济发展的需要和市场经济的规律，实现自身角色、方法手段、工作方式的转变，高起点地建立中国国家认证认可体制。但是，我们在这方面还有不小的差距。二是管理体制不适应。我国加入WTO，必须履行入世承诺，遵守国际规则。但到目前为止，计划经济体制下形成的政出多门、多头管理的问题还没有根本改变，适应国内和国际需要的认证认可工作体系还没有真正形成。认证认可的法律法规还不健全，对认证机构、认可机构及认证市场的监督管理还缺乏力度。三是知识能力水平与工作需要不适应。认证认可是专业性、技术性很强的工作，国际认证认可标准、准则和导则的更新速度很快。我们以前对国际认证认可规则缺乏有效跟踪，对有关准则、要求掌握和了解得还不系统、不全面，对有关法规研究得还不够，转化不及时。四是工作协调上还不适应。认监委组建以来，业务协调任务异常繁重。各有关部门对由认监委统一管理、监督和综合协调全国认证认可工作是拥护和支持的，但大家对如何搞好新时期的认证认可工作还有不同看法，统一思想认识还有一定难度。

面对这些困难和制约因素，我们要以贯彻落实国办《通知》精神为契机，进一步解放思想、更新观念，增强紧迫感和责任心。我们有党中央、国务院的正确领导，有各部委的理解、支持与配合，有全体同志的团结协作，就一定能不负众望，完成好党中央、国务院交给我们的神圣使命。

四、统一思想，形成合力，开创认证认可工作新局面

2002年，是我们落实国办《通知》精神，履行工作职能

的第一年。今年和今后一段时期,认证认可工作的主要任务,就是要按照国办《通知》精神和吴仪国务委员、长江局长讲话中提出的要求,以“三个代表”重要思想为指导,坚持统一规划、强化监管、规范市场、提高效能和与国际接轨的原则,建立适应经济全球化需要和社会主义市场经济发展要求,在国家认监委统一管理、监督和综合协调下,各有关方面共同实施的工作机制,建立全国统一的国家认可制度和强制性认证与自愿性认证相结合的认证制度,积极推进认证机构及相关机构的改革,整顿和规范全国认证市场。建立健全工作制度,完善法制。概括地说,就是要围绕一个中心,抓住两条主线,调动三方面的积极性,落实好四项职能。

(一)围绕一个中心,就是要建设既符合国际通行规则又切合中国实际、统一完善的国家认证认可/合格评定工作体系

把国家认证认可/合格评定工作体系建设好,是保证认证认可工作健康、持续发展的基础。我们要按照全方位、高起点的原则,以国家和人民的利益为宗旨,在满足国际标准、导则和符合国际规则的基础上,建立并形成一个与国际接轨的中国认证认可/合格评定工作体系。

体系建设的总体目标是:集中统一的政府行政管理,完善的认证认可法律法规体系,适用的认证认可基本运行规则,健全的工作机制,有效的市场监管措施。具体内容为:建立有效的宏观管理和调控认证认可工作的政府公共行政管理系统;适应认证认可工作发展需要的法律法规体系;集中统一的国家认可机构;体现“四个统一”要求的国家强制性产品认证制度;规范、有序竞争的认证市场秩序,完善的认证市场监管机制;按照社会化原则,推进认证、检验和注册机构的改革,培育一批在国内外有影响的名牌认证机构、检验机构、注册机构;国际认证认可界协调、融合的国际合作机制,在国际组织活动及认证认可合作与交流方面发挥更大的作用。

国家认证认可/合格评定体系,在实施上实行“三步走”的方针。第一步的目标是:大约用一年的时间,基本建立适应认证认可工作制度,主要是:实现国家认可机构的集中统一,完善国家强制性产品认证制度,整顿和规范认证市场,推进认证机构改革,构筑起体系的基本框架和基本运作程序。第二步的目标是:用三年的时间,基本完成体系的建设工作,适应认证认可工作需要的法规体系基本完善,有效的政府宏观调控与监管,高效、集中、统一的认可制度,强制和自愿并存的认证制度,注册、培训、咨询等有序运行的工作体系。第三步的目标是:认证认可体系的功能有效发挥,体制顺畅、结构合理,满足国家利益、适应经济发展和对外开放的需要,我国认证认可/合格评定水平位于世界前列。

国家认证认可/合格评定体系是一个纵向贯通、横向关联的跨行业、跨地区的全国认证认可/合格评定工作体系。为了充分发挥认证认可在国民经济中的作用和效能,必须打破部门和行业的垄断或分割,遵循集中统一的原则,建立既满足国内认证认可需要,又满足对外开放需要的统一、高效认证认可体制。建立国家认证认可工作体系,需要政府部门、企业、认可、认证机构和社会各界的支持,我们欢迎各方献计献策,积极参与国家认证认可工作体系的建设,使工作体系更加完善与合理。

(二)抓住两条主线,就是要全面落实国务院“三定”规定和国办《通知》精神,推进认证认可法制建设

认证认可是国家规范市场秩序,改善经济运行质量的重要方法和手段;法律法规是规范市场,维护正常经济秩序的基础。按照法律法规开展工作,是促进认证认可工作健康发展的根本。在当前法律法规不完善的情况下,必须坚持“两条腿走路”的方针。在工作中立法,通过立法促进工作开展。

一方面,要认真贯彻落实认监委“三定”规定和国办《通知》精神,推进各项工作的正常、有序开展。为了解决认证认可法制建设滞后于体制改革的问题,国务院专门以国办的名义下发了《通知》。在认证认可法律、法规体系没有建立和形成之前,国办的《通知》和认监委的“三定”规定,是开展工作的两个重要依据。我们要依据国办《通知》精神,进一步明确工作指导思想、基本原则,落实当前的主要任务,把握工作重点,制定工作目标,建立健全各项工作制度。要按照《通知》精神,在开展部际协调上迈出坚实的步伐。对现行法律、法规与《通知》中有关内容不一致的问题、认监委“三定”规定与一些部委的“三定”规定有交叉的问题,要按照国办《通知》要求和国家认监委“三定”规定的要求,合理界定职责权限和工作分工,各司其责地开展工作;对一些在国办《通知》和认监委“三定”规定中没有涉及到的问题,要采取实事求是的态度,边工作边协调,通过协调推动问题的解决。

另一方面,要积极推进认证认可法规建设,加快行政立法步伐。认证认可法制建设既是国家认证认可体系的有机构成,同时又是其运行的基本的制度保障。国家认证认可体系,包括具体的制度、运行的机制、实施的程序等,最终都将以法律法规的形式体现。我们要根据《通知》精神和国务院赋予的职责，抓紧建立健全和规范认证认可的各项工作制度。要按照国际通行规则，提出认证认可法制建设的长远规划和近期目标，研究制定认证认可监督管理的行政法规，逐步对合格评定涉及的检验制度、认证制度全面立法。通过法制建设来促进中国认证认可制度的形成，保证认证认可工作有序、有效发展。国务院法制办对我们的工作非常支持，已将制定"认证认可监督管理条例"列入了今年的立法计划。我们要配合国务院法制办尽快拟出"条例"草案，争取使"条例"年内出台，将认证认可尽快纳入法制化、规范化的轨道。

(三)调动"三个方面"的积极性，形成工作合力

认证认可工作专业性、技术性强、涉及面广，要使其全面健康地发展，必须充分发挥国务院各部委、质检系统地方两局以及认证、认可机构三个方面的积极性，在国家认监委统一规划与有效监管的基础上，各负其责，密切配合，团结协作，共同推进我国的认证认可事业的发展。

一是要加强协调，充分发挥涉及认证认可业务的有关部委(局)的积极性。各有关部门开展认证认可工作多年，积累了丰富的经验，是认证认可工作的重要力量。要在对认证认可实行统一管理、监督和综合协调的同时，充分尊重各部委开展认证工作的客观现实，发挥好各部委(局)参与认证认可工作的作用和积极性，调动一切积极因素，共同做好认证认可工作。

要充分发挥部际联席会议的功能，按照统一规划、统一授权和统一监督的基本思路和原则，不断完善有关工作制度和议事规则。尽快落实好《全国认证认可工作部际联席会议制度》，根据部际联席会议确定的内容，加快业务协调步伐。

在共同推进认证认可工作中，各有关方面可根据本行业、本部门对认证的需求，向国家认监委提出开展某项认证的要求和建议，参与统一组织的"专家委员会"或合作成立"专家委员会"，提出相关技术意见，并充分利用标准和合格评定的成果促进本部门、本行业认证工作的开展。各部门要充分利用认证成果，加强行业管理。国家认监委将全力支持和配合。共同推进认证认可工作必须以统一认可体系、打破部门垄断或地区分割为前提。国家认监委将按照国务院的授权和世贸规则的要求，逐步对分散在各行业中的各种认证性质的"壁垒"，施行统一技术法规、标准和合格评定程序。各行业不能以行业特殊为由，施行带有行业垄断性质的认证制度，不得在逐步消除国际间的技术壁垒的同时，又在国内设置新的行业壁垒。

二是要加强工作沟通，充分发挥质检系统地方两局的积极性。质检系统地方两局承担着认证认可监督管理的大量具体工作，对各地质量技术监督机构和各级出入境检验检疫机构，要畅通上下联系渠道，保证所承担的各项职责的完成。

要科学规范和合理划分好两个系统认证监管工作的分工，避免职责交叉和工作重叠，充分调动大家从事认证监督管理工作的积极性。认监委已经就两个系统的分工问题进行了调查研究，在征求有关单位意见的基础上提出了具体方案。工作分工涉及到职能和权力调整，既要做到监管有效，又不能给企业增加负担。认监委尽量把问题想得周到一些，照顾到各方面。各级机构在按照新的分工开展认证认可监督管理工作时，要切实以大局为重，在分工负责的基础上密切配合，既分工，又合作。工作中的具体问题要通过协商解决。

为了保证对全国认证认可工作的有效监督管理，认监委将尽快建立起国家认证认可信息交流体系，加快中国认证认可信息网络建设，为两个系统监督管理提供方便快捷的信息服务。各省、自治区、直辖市质量技术监督局和各直属出入境检验检疫局都要高度重视和支持认证认可工作。要根据职责任务的需要，适当调整内设机构，指定一个部门，并配备专职人员负责认证监督管理工作。要在认监委的统一部署下，积极探索做好认证监督管理工作的方法和途径，创造新鲜经验，推动全局工作的开展。

三是要加强业务指导，充分发挥认可机构、认证机构的积极性。要及时向认可机构和认证机构宣传国家认证认可的方针政策，提出贯彻落实的具体要求。指导认可机构严格按照认可规则对认证机构实施认可和监督，在建立集中统一的认可体制的基础上，通过认可制度的实施，促进认证机构提高认证质量，增强认证有效性。要加快体制改革步伐，积极推进认证机构的改革、改制工作，逐步使认证机构从行政管理部门中分离出来，成为自主经营、自负盈亏、独立承担民事责任的第三方机构。要对认证和相关机构加强管理，完善监督机制，加强对获准认证的企业、产品和认证标志的监督，完善责任追究制度。使用认证标志的产品，因产品不符合认证标准给消费者造成损害的，认证机构必须承担相应的法律责任。

要逐步形成激励制度，对于运作规范、认证质量高、信誉好的认证机构、检验机构、注册机构要重点培育，并使其向名牌机构发展。鼓励认证机构在稳步发展的基础上逐步向国外市场进军，在国际市场上建立中国认证机构的形象和品牌。要研究和探讨建立行业性自律组织的可能性，指导认证及认证培训、咨询机构组织行业联盟，实行行业自律。认证和相关机构要及时向认监委及地方质检机构提供相关的工作信息，主动接受和配合认监委及地方质检机构监督检查。

(四)落实四项职能，促进认证认可工作的改革和发展

一是抓好对强制性认证产品实施“四个统一”的工作。强制性产品认证对保护人民生命健康安全、保护环境，同时又简化检验检查环节等具有独特而不可替代的作用。要从维护国家、社会和公众利益的角度，根据国务院赋予的职能和国家有关法律法规，努力完善和规范强制性产品认证工作，切实对涉及人类健康安全、动植物生命健康，以及环境保护及公共安全的产品实行强制性认证制度。2002年是新的国家强制性产品认证制度正式实施的第一年。我们要全力做好有关规章发布、组织实施、对外宣传和监督管理工作。尽早发布《强制性产品认证收费项目及标准规定》等相关的配套办法。完善对相关认证、检测、检查机构的授权和指定，完成对强制性产品认证标志、证书印制机构的确定和授权。要协调好强制认证与生产许可证、入网许可证，医疗器械注册、计量器具强制检定之间的关系，完善和实施有关认证监督管理办法，建立和实施强制性产品认证申诉、投诉制度及强制性产品认证质量事故处理办法，保证好新旧制度过渡期间的有机衔接，切实保证新的强制性产品认证制度的如期实施。

在实施强制性产品认证制度的同时，还要做好其他认证工作。要鼓励并积极推行自愿性认证，制定统一的自愿性认证管理办法，统一标准和合格评定程序。要充分认识认证在食品安全和农业国际化中的地位和作用，积极开拓农产品及食品安全认证。继续做好进出口卫生注册工作。

二是加强对国家认可和注册机构的管理，加强对认证及认证培训、咨询机构的资质认可和规范。加强对国家认可和注册机构的管理，加强对认证及认证培训、咨询机构的资质认可，规范其认证活动，是认监委的重要工作职能。要按照国办《通知》要求，采取有效措施，切实抓紧抓好。

国办《通知》明确要求建立集中统一的国家认可制度，这是体现国家意志，对内建立集中统一、高效的认可体制，对外树立中国国家认可权威形象的重大原则问题，在这个问题上，不应有丝毫的动摇。要按照国办《通知》精神，加快认可机构(认证人员注册机构)的整合步伐。由统一的国家认可机构(含各类人员注册机构)负责对质量管理体系认证机构、环境管理体系认证机构、职业健康和安全管理体系认证机构、产品认证机构，以及食品、农产品认证机构、检查机构、校准和检测检验机构(实验室)、认证人员培训机构进行认可；统一对从事认可、认证、评审等工作的人员资格进行注册。认监委已经制定了《国家认可机构监督管理办法》。要按照这一《办法》，加强对整合后的认可机构的监督管理，使新的认可机构一开始就处于较高的工作起点。

要加强对认证机构及认证培训、咨询机构的管理。加强对上述机构的管理，关键要靠制度。认监委已经按照国办的《通知》精神，与国家质检总局、国家工商总局、外经贸部联合发布了《认证机构及认证培训、咨询机构审批登记与监督管理办法》。《办法》对认证及认证培训、咨询机构，包括内资、外资机构的设立，相关机构的监督管理，机构和人员违法违规的处罚等都作了具体规定。任何机构未经国家认监委批准和工商登记注册，一律不得从事与认证相关的经营性活动。外商投资机构从事与认证相关的业务，还需获得外经贸部门的批准。当前，重点是抓好《办法》的实施。要与外经贸部、工商总局等部门加强联系，密切合作，依据《办法》对认证及认证培训、咨询机构实行前置审批核准和登记、备案制度，对现有的各类机构进行全面的清理。要严格标准，严格制度。任何一个认证及认证培训、咨询机构，凡有违法违规行为的，都要取消其认证经营活动资格；有违法违规行为记录的从业人员，要清理出认证认可工作队伍。要通过实施《办法》，全面规范认证及认证培训、咨询机构的运作，实现有效监管。

要加强检验机构管理和实验室认可工作，依据国家法律法规和国际准则，按照国际通行做法，建立统一的实验室资质评价准则。调整和改革现有的评价体系，加强对实验室检测工作的日常监管，确保实验室出具的数据准确、可靠。

三是进一步整顿和规范认证市场。整顿和规范全国认证市场，是全国整顿和规范市场经济秩序的重要组成部分，是建立中国认证认可/合格评定体系的一项重要工作。一定要按照朱总理在九届人大五次会议上所作的《政府工作报告》中提出的要求，在取得阶段性成果的基础上,以更大的决心和更有力的措施,把这项工作深入持久地开展下去。

要根据国务院的部署和要求,全面整顿和规范认证市场秩序。加强对认证市场的监督管理,建立完善的市场监督机制。依法加大对违法违规行为的查处力度,切实加强市场上认证商品的监督检查,严肃查处强制性认证产品逃避认证和加贴假冒认证标志、违反规定使用卫生注册编号等行为;坚决查处虚假认证和买证、卖证等行为。要加大对违法违规行为的惩处力度,对恶意犯规的行为制定具体的衡量和判定准则,以便准确界定和处理。严厉打击扰乱认证市场秩序的害群之马,保护按章办事、遵纪守法的机构和从业者,从根本上解决当前认证市场上的各种违法、违规现象。要健全社会监督机制,建立举报制度,加强新闻媒体、企业、认证从业者以及社会各界对认证工作和认证市场的监督。对群众举报要有专门的机构和人员进行调查和处理。各地质检部门是整顿和规范认证市场秩序的主要力量。要按照认监委的统一部署,切实履行职责,依法强化监督,坚决打击认证市场上的违法违规行为,促进认证市场规范发展。

四是加强国际合作,推动认证认可工作的国际化。加强国际合作,是加强认证认可工作的重要内容。要按照中央的统一部署,加强国际间多边、双边合作。配合我国经贸发展战略,重点推进与欧盟、独联体各国特别是俄罗斯及与我国贸易往来较为频繁的周边国家的双边合作和交流,促进多边、双边认证认可合作的发展,开拓认证认可国际市场。要积极参加国际认证认可组织的活动,熟悉其规则,掌握其动向,争取在各组织的活动及其规则制定中发挥实质性作用。今年要组织、承办好2002年在中国召开的国际电工委员会(IEC)第66届年会、中美研讨会、亚欧会议(ASEM)、国际审核员培训与注册协会(IATAC)年会等重要国际会议。做好WTO/TBT·SPS等与认证认可有关的通报和咨询工作。抓紧做好有关的国际指南、准则和标准的跟踪,积极将国际指南、准则和标准转化为国家标准,作为开展认证认可工作的基本依据,并认真加以宣传贯彻。要研究突破国外技术壁垒的有效途径,并根据我国实际,提出我国认证认可建立技术壁垒措施的重点领域和具体手段。努力在加强国际合作交流中壮大我国的认证认可事业,让中国的认证认可工作走向世界。

同志们:我们正处在认证认可改革发展的关键时期。我们的事业刚刚起步,工作任重而道远。一定要以江总书记"三个代表"重要思想为指导,在党中央、国务院的正确领导下,进一步解放思想,开拓创新,以贯彻国办《通知》为契机,全面建立国家认证认可新体制,努力开创认证认可工作新局面,以出色的工作成绩,迎接党的十六大的胜利召开!

2002年4月9日

国家认监委王凤清在第一次全国认证认可工作会议上的总结讲话

全国认证认可工作会议在国务院领导的亲切关怀下,在各部委的积极支持下,经过与会同志们的共同努力,较圆满地完成了各项议程。

会议开幕时,吴仪同志代表国务院作了重要指示,长江同志代表质检总局讲了话,传卿同志主持了大会,我向大会作了主题报告。今天,大家围绕着吴仪国务委员的重要指示、长江局长的讲话精神和会议的主题报告,就如何贯彻《国务院办公厅关于加强认证认可工作的通知》(以下简称《通知》)精神,做好新形势下的认证认可工作展开了热烈的讨论。大家一致认为,这次会议是我国认证认可事业发展史上承前启后,继往开来的一次重要会议,对于总结我国改革开放以来认证认可工作取得的成绩和成功经验,指导我国入世后的认证认可工作,推动改革开放和社会主义现代化建设具有十分重要的意义。大家认为,国务院决定组建国家认监委,授权其统一管理、监督和综合协调全国的认证认可工作,并于今年二月又下发了《通知》,这是党中央、国务院为适应我国建立与完善社会主义市场经济体制的需要和适应我国加入世界贸易组织的客观形势而做出的正确决定。这个决策将结束多年来我国认证认可工作多头管理、政出多门、市场混乱的局面;这必将推动一个符合国际规则、集中统一的国家认证认可新体系的建立,进而促进我国认证认可工作的蓬勃发展。有关部委的同志也纷纷表示，坚决拥护党中央、国务院的决定，一定要按照国办《通知》的精神，全力支持认监委的工作，服从认监委在全国认证认可工作上的统一监督与管理，愿意在认监委的统一领导下，共同做好认证认可工作。质量技术监督系统和出入境检验检疫系统的同志们表示，全国认证认可工作会议是盼望已久的一件大事，回去以后一定要及时传达好会议精神，在认监委的领导下，按照各自的分工努力做好工作，为发展壮大中国的认证认可事业做出积极贡献。认可、认证机构的代表表示，要在认监委的领导和监督下，按照国际规则建立起新的工作体制，加快机构改革步伐，努力提高我国的认证认可工作水平。这次会议取得的成功，具体体现在以下三个方面：

一是统一了思想，提高了认识。通过学习国办《通知》和领导讲话，深入讨论与交流，大家对加强新时期全国认证认可工作的重要性有了深刻的认识，对建立统一、完善的国家认证认可体系的必要性有了更深的理解，进一步坚定了做好认证认可工作的决心。

二是认清了形势，增强了工作的紧迫感和责任感。通过两天的会议，大家对我国加入 WTO 以后，认证认可工作在促进产品质量和管理水平的提高、促进国家经济建设和社会发展、保护国家经济利益和安全等方面的重要地位和作用有了更加明确的认识，普遍感到认证认可工作的责任重大，进一步增强了责任感和紧迫感。

三是明确了工作重点，坚定了信心。认监委成立以后，大家对在认监委带领下做好认证认可工作充满期待和盼望，迫切希望接受任务，明确方向。会议工作报告提出的"围绕一个中心，抓住两条主线，调动三个方面的积极性，落实四项职能"的工作思路，明确了认证认可的工作重点。大家普遍反映，会议所做的工作部署求真务实、重点突出、思路清晰，具有很强的指导性。认为只要我们积极行动起来，充分发挥部门、地方、认证及相关机构等各方面的积极性，齐心协力，就一定能够圆满完成认证认可这项光荣而艰巨的任务。

为了贯彻落实好这次会议精神，结合两天来的会议和代表们讨论的情况，我谈几点意见：

一、要进一步提高对做好入世后认证认可工作重要性的认识

加强认证认可工作是党中央、国务院的英明决策，也是我国加入 WTO 以后新的形势和任务对我们提出的新要求。吴仪同志在讲话中指出：建立统一的、有权威性的认证认可工作体制，是我们提高产品质量、调整经济结构的需要，也是建立社会主义市场经济体制和转变政府职能的需要，对我们更好地参与国际合作与竞争非常重要。在我国实施"走出去"的发展战略中，认证认可工作将发挥越来越重要的作用。国务院尤权副秘书长在出席全国认证认可工作部际联席会议成立大会时强调：认监委的成立，是我国社会主义市场经济逐步发展的一个重要标志，它标志着我国社会主义市场经济已经进入一个比较成熟的阶段。

我国已经加入 WTO，这使我国对外经济环境发生了重大变化。今年二月，江泽民总书记在与省部级主要领导干部"国际形势与世贸组织"专题研究班的学员座谈时指出：加入世贸组织，是我国改革开放进程中具有历史意义的一件大事。要在激烈的国际竞争中掌握主动，必须坚定不移地把我们自己的事情办好，不断增强我们的综合国力和国际竞争力；必须坚持改革开放，建立和完善社会主义市场经济体制；必须善于从国际国内政治大局出发考虑问题，切实维护我国的国家安全和根本利益。要做好加入世贸组织后的各项工作，采取切实有效的措施，推动我国产业和企业不断提高竞争力。要按照市场经济的一般规律，进一步调整和完善合乎社会主义市场经济要求的行为规范和法律体系。要进一步转变政府职能，推进政企分开、政事分开。要按照世贸组织规则要求规范市场经济秩序，建立和健全法制、诚信和公平竞争的市场环境。必须更好地实施"引进来"和"走出去"同时并举、相互促进的开放战略，努力在"走出去"方面取得明显进展。

我理解江总书记这段讲话有四层含义：第一，必须兑现承诺，遵守规则，不断完善与国际规则相符合的社会主义市场经济体制。第二，加入世贸组织后我国将在更大范围和更深程度上参与国际经济竞争与合作，国际市场的竞争将更加深入地与国内市场结合在一起，国际市场竞争的一些重要因素将成为国内市场竞争的组成部分。我们必须加大国内产业的结构调整和技术改造，提高科技创新能力和市场竞争力，使他们能够在国内外市场的激烈竞争中站稳脚根，并发展壮大。第三，必须努力实行"走出去"战略，积极拓展对外贸易增长空间，更好地利用经济全球化带来的有利于生产力发展的因素，加快我国经济的发展。第四，必须始终注意正确处理好对外开放、发展国际经济合作与维护国家利益和安全的关系，十分注意并切实维护国家的利益和安全。这是我们做好入世后的各项工作的重要指导思想。

当前,世界经济陷入衰退,贸易投资全面下滑,且不确定性因素很多,具体影响难以预料。经济区域化趋势也在增强,贸易保护主义日益加剧,这给我国做好入世后的各项工作增加了难度。质量水平的高低是一个国家经济、科技、教育和管理水平的综合反映,已成为影响国民经济和对外贸易发展的重要因素之一。目前,我国产品质量、工程质量、服务质量与经济发达国家相比仍有很大差距。一些原材料、基础元器件等产品质量不高,生产过程中不良品损失严重;一些工程质量达不到国家标准或规范要求,质量波动较大;有的工程设计及设备选型不合理,施工质量不高,甚至存在结构隐患,商品售后服务跟不上;不少企业质量管理有效手段不足,水平不高,规章制度不健全,自我约束力不强。

从外经贸发展看,随着改革开放的深入,我国的外经贸发展十分迅速。根据去年的统计数字,我国进出口总额在世界排名第八位。最新统计数字表明,我国的进出口总额现在已排名世界第六位。入世以后,我国对外开放进一步扩大,外国产品进入的势头更加凶猛。我国去年进口大豆1 800万t,超过了我国全年的大豆生产总量。另一方面,入世以后,我国出口面临的技术壁垒非常多。加入世界贸易组织之前,关税、数量限制是影响我国产品出口的主要壁垒,而现在,严格的技术标准、复杂的质量认证,以及名目繁多的在包装、标志和卫生及环保方面的要求构成了新的技术壁垒,这种壁垒更加隐蔽,更难应对。入世不到半年,我们就遭遇了许多新的壁垒。日本对我国大葱、鲜香菇、蔺草席等三种农产品的正式保障措施刚刚消除,欧盟又宣布对我国动物源性食品的出口进行限制。3月20日,美国开始决定实施201钢铁保障措施,亚欧企业出口钢材将被课征最高达30%的关税,我国是美国的钢材主要供应国,此举将影响我国7亿美元的钢铁出口。不仅一些大型钢铁企业会遭到直接的损失,而且美国钢铁大门的封堵,可能造成国际上被挤出的大量过剩钢材纷纷转向中国市场,造成我国钢铁大量过剩,国内钢铁企业的日子将更加难过。据最新消息,欧盟正在审议打火机安全标准法案草案,该草案规定出厂价在2欧元以下的打火机必须安装防止儿童开启的安全装置。我国由于劳动力市场成本低,打火机单价约为1欧元,欧洲本地产打火机却至少需要2欧元。中国打火机每年大量出口欧洲,创汇约40多亿元。欧盟此举将价格与安全性能挂钩,实际上就是一个新的技术壁垒。

人类历史的发展,一次又一次印证了一个简单而深刻的道理:落后就要挨打,发展才是硬道理。面对入世后复杂的国际国内形势,我们必须抓住机遇,趋利避害,充分利用各种手段,培育、壮大我国的民族工业,促进对外贸易的发展。认证认可是从源头上保证产品质量的一个重要手段,是符合国际惯例的提高质量和服务水平的一个重要途径。加强认证认可工作,对于促进我国质量整体水平的提高,增强国际竞争力,扩大对外贸易,保护环境,保护人民生命健康,保护国家经济利益和安全具有十分重要的意义。我们一定要按照吴仪同志的要求,从做好入世后的各项工作的高度,全面认识新时期加强认证认可工作的重要意义,切实把思想和行动统一到国办《通知》精神上来。

二、扎实工作,努力树立和维护认证认可工作的权威

党中央、国务院领导对认证认可工作高度重视,最近一段时期就认证认可工作做了许多重要的指示和批示,把认证认可工作提到了相当高的高度。国办《通知》下发以后,地方政府的领导同志也非常重视,做了许多重要的批示。质检总局和认监委加大了宣传力度,采取了一系列措施加强这方面的工作。认证认可的重要性正在逐步显现,影响力也在不断增强。尽管如此,在前天召开的部际联席会议上,一些部委领导仍建议认监委应进一步加强宣传工作,树立认监委的权威。

认证认可工作必须要有权威。在国外,认证、认可是权威性和公正性的象征。通过宣传扩大认证认可的影响,树立权威是非常重要的。但权威不能光靠人为地树,更重要的是通过我们扎实有效的工作来确立。

在我的主题报告中,我谈到了我国认证认可工作正面临着非常难得的发展机遇,正处在非常有利的发展时期。当前认证认可工作最困难的时期已经过去了,就像长江局长所说的,认证认可工作的春天已经到来。我想我们可以谦虚地说:认证认可工作的春天正在到来。党中央、国务院和各部委的支持,如阳光雨露,为认证认可工作创造了良好的外部环境。大会上吴仪同志的讲话,直接表明了国务院领导对我们工作的支持,对一些长期困扰我们工作的重大问题明确表了态。能不能借春风春雨,乘势而上,打开工作新局面,是对我们能不能完成党中央、国务院交给我们的重要任务的重大考验,是对我们能不能有效地树立权威的最大挑战。我们工作的条件已经具备,关键要看我们自己怎么干。

树立工作权威,最重要的是要靠提高我们的工作质

量。我们本身是搞质量管理的，对质量的重要性应有深刻、准确的认识。认识如果发生偏差，将直接影响到相关政策和法规的贯彻、认证的实施、对认证质量的监督管理以及认证认可工作的有效性。我们是依靠国际通行的技术法规、标准，通过实施合格评定程序来促进质量建设的，工作本身必须充分保证质量。如果我们抓质量建设却认识不到质量工作的重要性，搞质量的却忽视工作质量，甚至为一时的利益损害工作质量，搞虚假认证、买证卖证，或认证、咨询服务“一条龙”，这就背离了认证认可工作的根本宗旨，背离了认证认可标准法规的基本要求，辜负了党和人民的殷切期望，这是对我们工作的最大讽刺。从事认证认可工作的同志，一定要有高度的责任感和使命感，必须从思想上高度重视质量建设，严格遵守质量要求，按照工作规范高质量地做好认证认可工作。

认证认可工作要树立权威，还需要我们管理认证认可工作的部门和从事认证认可工作的同志从自身做起，树立良好的自身形象。认证、认可机构要遵守国家的法律法规，遵守相关的国际标准和导则要求，保持客观、公正、中立的第三方地位，这样我们说话才硬气，工作才能让人信服；认证监督管理的工作部门，要依法行政、恪尽职守、廉洁奉公，决不能把监督管理工作作为敛财的手段，作为以权谋私的工具。要多为企业着想，多为企业服务，不能超越工作职责范围，直接干预企业的经营管理，不要以执法为名侵占企业利益，搞吃拿卡要报；认证监督管理的工作人员和认证认可行业的从业人员要讲学习、讲政治、讲正气，勤奋工作，爱岗敬业，严格遵守工作纪律，讲求职业道德，培养良好的生活情操，并严格自律，保持廉洁作风，树立良好形象，以实际行动树立和维护认证认可工作的权威。

三、几个具体问题

这次会议安排的时间比较紧，讨论的时间比较少。尽管如此，会上很多同志畅所欲言，提出了许多宝贵的意见和建议。我们将在会后逐条进行研究。今天，我先就大家共同关心的几个问题谈谈我个人的一些看法，供大家参考。

在我国，认证认可工作已经开展20多年了。从工作角度讲，这不是一项新工作。但是，如何在新形势下开展认证认可工作，怎样把这项工作上升为一种体系、一种制度，则是一项新的工作。我们要建立一项新的国家认证认可制度，这项制度首先要符合国际规则，这是我们制定这个制度的前提。如果我们关起门搞自己的制度，那我们就不可能参与国际交流，就不可能真正发挥出认证认可的作用。我们也不可能在改革开放的今天，通过认证认可工作使我国的经济在更宽的范围、更深的层次上来参与经济全球化进程。其次，我们要制定的这种制度，要和中国的国情紧密地结合起来。任何事情如果脱离了实际，就很难成功。因此，从以上两个方面来看，我们要建立的这项制度，是崭新的、前所未有的。认监委从被国务院批准成立至今，整整一周年了。但从认监委正式挂牌到今天，还不到七个半月。万事开头难，工作千头万绪，在这么短的时间内，不可能对所有的工作都考虑得非常细，非常周到，难免有这样或那样的问题。所以，同志们有些意见、有些想法，我认为是正常的，也是可以理解的。不仅在今天的会议上，今后，我随时欢迎同志们能对认监委的工作提出建议和意见。不管通过什么形式，目的只有一个，就是把中国认证认可工作的新体制建立起来。做好这项工作，不仅是党中央、国务院领导对我们的希望，也是认监委和我们在座全体同志们的共同希望。

（一）关于加强认证市场的整顿规范问题

整顿和规范认证市场是我们的一项重要工作。这次吴仪同志在讲话中又把它作为全面加强认证认可工作的一项重要任务加以强调。虽然整顿和规范认证市场的工作取得了阶段性的成果，但我们对这一工作成绩决不能估价过高，对一些认证机构变相的、更加隐蔽的违法违规活动要有充分的认识。前一段，我们根据投诉调查了几家境外认证机构存在的严重的违法违规问题，我们在新闻发布会上点了一下，反响是很大的。这说明整顿和规范认证市场非常必要，也说明了这一工作的艰巨性和长期性。只要认证认可法律法规还不完备，只要我们的工作机制还不完善，只要买证卖证还有市场，个别认证机构的违法违规行为就不会停止。我们要以更大的决心，更加务实的态度，更得力的措施，把这项工作深入持久地抓下去。

我们这次查处的几家违法违规机构，都是境外认证机构在国内的代理机构。查处这些机构只能说他们的问题比较严重、比较集中，但绝不是说我们国内的机构没有问题。上次新闻发布会开完后，记者就采访我，对此我简单地做了说明：认监委成立以后，反映这些外国机构的违法违规问题最强烈，投诉很多。首先是违法经营，因为他们没有工商登记，有的只是一个人在中国做代理；另外，就是严重违规，不按标准工作。我们查到的事实都是有确凿证据的。所以，首先点了他们。但这并不是说我们国内认证市场的问题仅仅是外国在中国的几家代理机构的问题。事实上，在认监委成立后接到的大量的投诉中，反映国内认证机构存在的问题也为数不少。在被投诉的机构中，有质量技术监督系统的认证机构，也有出入境检验检疫系统的认证机构，还有被原两个系统认可的一些部委的认证机构，此外还有一些认证咨询和培训机构。这些机构或多或少的都存在一些问题。但是我们可以说在违法经营这方面，国内的认证机构相对少一些，因为这些机构都是经过行政审批的。在违规经营方面，不同程度地存在着各种问题。下一步，我们还将继续对一些国外认证机构在中国的代理机构进行查处。与此同时，也要对国内的一些机构的违法违规行为进行重点查处。我们将对认证市场进行全面的整顿和规范。

吴仪同志在讲话中特别强调，国家认监委的职能配置在机构编制管理中是一个特例。其他部委管理的机构一般由其主管部门授权，而国家认监委则不同，是由国务院授权的事业单位，负有行政管理职能。之所以这么做，就是为了建立统一的、有权威性的国家认证认可工作体制，就是为了更好地与国际接轨。吴仪同志的这段讲话明确表明，国家认监委是对全国认证认可工作实行统一管理、监督的主管机构。我强调这一点，有两层含义：一是有些同志没有搞清楚为什么认监委是事业单位又接受国务院授权履行行政职能的问题；二是要告诉大家，认监委一定会从大局出发，不会站在哪一个部门的利益上考虑和处理问题。今天到会的有各部委的同志，也有各认证机构的代表，请大家放心，认监委在整顿规范认证市场上一定会一视同仁。不管是质检系统的认证机构，还是其他部委的认证机构；不管是国内的认证机构，还是国外的认证机构，只要遵纪守法，按规定要求去做，我们一定公平对待，创造良好的公平竞争的发展条件；如果出了问题，我们也一定会同样追究责任。

所以，我希望质检系统的认证机构要自觉地在规范市场秩序中起好的带头作用。昨天在预备会上，我对出入境检验检疫系统的问题可能讲得重了一些，因为我对这个系统的情况比较了解，问题说得多了一些。质量技术监督系统的认证机构也有一些问题，但我总体感觉，在体制上、在管理模式上、在财务上，它比 CIQ(出入境检验检疫系统)是进了一大步，如果要走向市场，难度要比 CIQ 小一些。

另外，我们的认证工作还存在这样的问题。目前，有些认证机构聘用的审核员、评审员是公务员；有的甚至是一个机构，两个牌子，既是政府部门的一个处室，同时又是一个认证的办事机构。这些问题是带有共性的问题，下一步我们要着手解决体制问题，准备从现在起为下一步认证机构社会化、中介化创造条件。

(二)关于建立认证认可新体制的问题

国办《通知》提出：国家只建立一套认可体系。吴仪同志在讲话中进一步明确指示：我们要参照国际上为保证认可工作权威性、惟一性和可信性而广泛采用的通行做法，抓紧将由几个部门分管的几套认可体系合并成一套综合性强、覆盖面广的国家认可体系，建立集中统一的国家认可机构。

在此，我对认监委落实国办《通知》精神再说明一下，就是我们正在将目前我国的实验室认可、人员注册与培训认可、认证机构认可(包括各种管理体系认证和产品认证的认可)三个认可机构统一起来，形成一套惟一的、有权威性的认可体系。将来这三个认可机构有可能进一步合并，那将是真正的一套认可体系一个机构了。

关于为什么要建立一套认可体系问题。吴仪同志也强调指出这是国际上的通行做法。在国际上，基本上每个国家都只有一个统一的认可机构。如目前国际认可论坛(IAF)有 40 个全权成员(指的是认可机构)，只有中国有三个机构参加，其他成员是一国一个。别的国家交一份会费，我们要交三份会费。IAF 主席来访时也说，你们确实应该统一，这是国际的做法。认监委成立，要统一管理，必须先统一认可机构。如果不这样做，各部门都来管认证工作，政出多门，中国的认证就乱了。可以想象，国内彼此都互不承认，国外的就更不会承认了。因此说，我们多次提到中国要建立新形势下的认证认可工作新体系，就包括建立一套认可制度和建立强制性认证与自愿性认证相结合的认证制度。这是一项系统工程，经报国务院批准后将作为国家的认证认可制度付诸实施。

(三)关于部门和行业的行政干预问题

认证认可工作中的部门和行业的行政干预，已经成为影响和制约认证认可工作健康发展的一大顽症。今天在座的有 70 余家认证机构的代表，来自不同的行业和部门。多年以来，各行各业都有成文的或不成文的规定，本行业的认证只能找系统内的认证机构来做，所谓“肥水不流外人田”。认监委收到的大量投诉也反映了这个问题。就在昨天开会时，我还收到一份传真，有的行业主管部门一而再、再而三地发文，说自己的认证机构是惟一合法的。意思是别的认证机构是不合法的，用行政手段直接指定本行业的机构从事相关认证工作。有的地方主管部门在今年3月下旬还下发文件，不允许取得外单位资格认可的认证机构做认证；具备了认可资格的认证机构还要得到地方某行政部门审批；甚至对已取得其他认证机构认证的企业，在行政审批、监督管理等方面提出了额外的要求，用行政手段直接干预本属于自愿性的体系认证工作。

认证是对质量管理和服务进行客观评价的公平、公正的第三方活动。认证机构应该靠工作质量、服务质量来取信于民，而不能依赖行政部门通过强制命令发展自己。质量好，对企业有帮助，客户自然就会多；质量差，工作走过场，就会被市场和客户所淘汰。前不久，我收到一封信，有一个省的一个主管部门，要求本省的相关企业都要取得认证，都要到它下属的认证机构去认证。且不要说社会上，就是本系统内都有反映。这就是认证机构为什么要独立出来，成为中介机构的原因，认证如果加上行业色彩，就会不公正，就会构筑新的行业壁垒。当前，世界贸易性技术壁垒逐步削减，我们对国际上的证书都互认了，自己国内反而不认，岂不是笑话。这样下去，中国的认证工作就没有信任度。我们不仅不能在世界认证市场上占据一席之地，就连国内的认证市场也要拱手让给别人，其结果将葬送中国的认证认可事业。

部门和行业的行政干预是一大公害，必然导致行业壁垒。我们必须坚持建立新的集中统一的国家认可机构。认可机构合并后，认证机构在统一的认可机构认可下，认证证书也必须统一，不能互相不认。国家质检总局局党组刚刚发了文件，已把原两局的认可机构整合为一个，即中国合格评定国家认可中心。其他部门的认可机构也将尽快并入这个认可中心。这意味着所有原由不同的认可机构认可的认证机构将由一个认可机构实施认可。将来的认证证书的标志要统一、证书格式要一样，只是具体的认证机构签章不同。凡是经国家认可机构认可的认证机构，颁发的证书必须相互承认。认证机构只要具备相关资格，经认可机构认可，就要允许其从事相关行业的认证活动。世贸组织规则中重要的一条，就是讲国民待遇。我国入世后，对国内、国外产品必须做到一个标准、一个尺度。在对外讲国民待遇的同时，对内行业之间也要讲“国民待遇”，给予本部门和行业认证机构的优惠政策，也必须同样给予其他部门和行业包括社会和国外的认证机构。认监委今后将加大这方面的监管力度，发现以种种借口排斥别的行业和部门认证机构的，认监委要进行干预。

（四）关于体系认证中审核时间与收费标准等问题

体系认证中审核时间、收费标准不一，是认证市场混乱的一个具体体现。认监委在调查中发现，获得认证证书最便宜只需5 000元人民币，审核时间最少的是零。咨询的问题就更多了。有的咨询机构明确提出咨询包括认证，公开进行“认证咨询一条龙”违规活动。

要从根本上消除认证工作中的这些违规问题，一方面要靠完备的监督机制；另一方面，要靠认证机构的行业自律。对于体系认证中审核时间和收费标准问题，认监委要研究、制定相关的管理办法，加强监督管理；我们还要采用在企业管理中比较成功的信用制度，给认证机构建立信用档案。认证机构要加强自律，自觉维护认证的有效性和权威性。最近，国内10家认证机构联合发出了自觉规范认证工作的倡议，向社会公开承诺要严格遵守国家的法律、法规，严格按照认可规范加强管理，严格按标准要求进行审核，保证认证的有效性。另外有40多家认证机构做出了积极响应，这是一个很好的开端。如果国内主要认证机构都有自律精神，大家相互约束，相互监督，就不会有认证市场上的相互倾轧、竞相压价的恶性竞争，就不会有减少评审时间，降低工作标准，忽视认证质量的问题。更不会有虚假认证，买证卖证的行为存在。希望参加倡议的机构和没有参加倡议的机构都按照倡议内容，积极采取行动，共同维护认证工作的信誉。主动进行自查自纠，切实加强对自身机构以及分支机构的日常监督和管理。要抓紧成立行业“联盟”，制定行业公约，实行行业自律。努力把自身的自律与外界监督、规范要求和自我约束结合起来，切实保证工作质量，提高认证的有效性。在质量、服务态度上，开展竞争。

（五）关于两个系统的分工问题

这个问题大家讨论得非常热烈，提出的意见和建议也相当多，说明大家对做好认证监督管理工作非常重视。会议发出的文件是在广泛征求意见的基础上形成的，是依据认监委的“三定”方案和地方两局的实际情况制定的。这个文件是要大家执行的。在执行过程中可能会有问题，大家要本着团结协作和协商的态度解决。从大家所提的意见看，有的是对相互的业务不了解。比如说，实行对“3C”认证产品的生产厂的监督管理，出入境检验检疫局承担了三项监管任务：一是实行出口质量许可制度的出口加工企业，全国现在共发放7 200份证书，分布在各省市这个量就很小了。同时还要说明一下，实行出口质量许可制度的厂有的规模也很小，不都是大企业。二是出入境检验检疫局实行分类管理的厂，实际上也不多。对管理好、长期有出口任务、质量水平高的，实行一类管理，按全年出口批次的10%~30%进行抽查，这类厂也不多。涉及安全、卫生产品的不属于分类管理之列。二类管理按30%~60%抽查，总的来说不多；三是国际间有认证协议的，委托出入境检验检疫局管理的，现在只有出口到越南的摩托车头盔，即特定产品、特定出口方向的。除上述情况外，其他的工作都由地方质量技术监督局来监管。我想，了解到这些具体情况后，同志们可能就会理解。

这个文件不可能对两个系统的工作分工做太细的划分。比如，在处罚方面的分工就不很细。认监委正在制定细则，依据是国办《通知》和认监委的"三定"方案。将来《认证认可监督管理条例》出台后，都要按照《认证认可监督管理条例》执行。

关于强制性认证的指定检测实验室的问题。质检部门希望自己的实验室承担强制性产品认证检测任务，一些部委的实验室也希望承担，我认为都是好事。第一批目录产品有19大类、132种产品。目录编制的原则是要实施对WTO的承诺，凡对进口产品要求强制认证的，国内产品也必须实行强制性认证；反之，也同样。强制性产品认证是个"双刃剑"。在进口关税弱化的情况下，各国都有自己的一些技术壁垒。因此，这个目录基本是服从进口认证，加上国内"对号入座"的认证。由原来承担进口质量许可证的检测实验室和原来承担相应的国内产品安全认证的检测实验室这两部分组成第一批目录的检测实验室。我们对增加的新产品，相应增加了一部分实验室，数量不多。将来有第二批目录或者任务多了，我们再增加检测实验室。另外，有一点需要指出的是，现在的实验室低水平、重复建设问题非常严重。如EMC电磁兼容实验室，据了解全国投资约6亿元人民币（其中质检系统投入1.35亿元人民币），但目前的测试任务充其量只用了不到1亿元的投资建设。我们通过计量认证的实验室现有18 000多个，我在与俄罗斯签协议时，俄罗斯只让我们推荐4个实验室，这是给我们出难题，水平都差不多。因此，我们应力求实验室布局合理和不搞重复建设。

（六）关于带好队伍，抓好人才培养的问题

搞好认证认可工作，必须有一支思想过硬、业务精良的人才队伍。吴仪同志在讲话中专门强调：加强认证认可工作，培养合格的业务人才是关键。我们要按照吴仪同志的指示，把人才培养作为认证认可工作的百年大计，抓紧抓好。

认证认可工作直接靠从事认证认可工作的人员来完成。从业人员的政治思想水平、工作态度、职业道德水平的高低，直接影响认证认可工作的质量，影响工作的有效性。一定要把人员的思想政治建设放在首位。按照江总书记"三个代表"重要思想的要求，切实加强对从业人员的思想教育，制定良好的工作规则和职业道德标准，并督促执行。要大力宣传在认证认可工作中遵守规则和工作纪律、讲究职业道德的人和事，创造健康向上的政治环境。

认证认可工作专业性、技术性强，对从业人员的知识水平和能力素质要求非常高。从总体上看，有相当部分人员WTO知识很欠缺。要抓紧建立一套行之有效的人才培养机制，抓紧培养一大批熟悉世贸规则、精通认证认可业务、英语水平较高，且年富力强的国际型认证认可高素质人才。要采取"走出去、请进来"的方式，组织学习国外，特别是发达国家认证认可的先进做法；采取优惠措施，鼓励通过在职学习、脱产培训、自学等方式，学习认证认可工作及其相关背景知识，提高能力和水平。

加入WTO后，国际国内的激烈竞争还突出表现在对人才的争夺上。国外机构凭借雄厚的资本、良好的工作机制、国际化的运作方式，将大量吸纳我国的认证认可人才。相比之下，我国认证、认可机构的工作机制、福利待遇在短时间内难以与国外相关机构抗衡。我们一定要按照党中央、国务院关于干部人事制度改革的精神，进一步解放思想、更新观念、大胆创新，根据工作需要，创造性的建立一套完备的选人、用人机制，切实做到用事业留人、感情留人、适当的待遇留人，保持事业发展的生机和活力。

四、贯彻这次会议精神的几点要求

这次全国认证认可工作会议是我国加入WTO以后，国家对认证认可管理体制作出重大改革，认证认可工作进入新阶段的形势下召开的，是一次十分重要的会议。会议确定的我国认证认可工作的指导思想、工作目标和具体措施，对于进一步搞好我国认证认可工作，充分发挥认证认可在促进国民经济发展，保护人民生命健康安全，促进国际贸易有着重要的意义，与会同志一定要把会议精神传达贯彻好。

一是要尽快汇报。代表返回后，质量技术监督部门和出入境检验检疫机构两单位要在一起研究一下如何贯彻会议精神的问题，先研究好，拿出来具体意见，再共同联合把这次会议精神向当地党和政府有关部门正式报告。要找政府秘书长，让秘书长统一安排省领导听取汇报。

各地要按照国办《通知》和这次会议的精神，抓紧清理和修改认监委成立前各地为加强认证工作制订的地方性法律、法规和行政性规章。这次会议后，各地不要急于制订加强地方性认证工作的法律、法规或行政性规章，待国家《认证认可监督管理条例》出台以后，再参照制定。修订地方性的相关法律、法规不得与国家有关法律、法规相冲突。

认证机构走向中介化势在必行。但不是现在就脱离上级主管部门。两个系统首先要解决法人资格的问题。

二是要尽快做好会议精神的传达。要将吴仪国务委员、长江局长的讲话精神和会议的主题报告、总结报告的主要内容在系统内传达。大家带回的材料仅供传达会议精神用，有关讲话会后要以正式文件下发，有关精神以正式文件为准。国务院有关部委的负责同志多数只参加了4月8日的部际联席会议，希望各部委参加全国认证认可工作会议的同志能将会议的精神原原本本的向本部门的部际联席会议成员进行汇报；认可机构、认证机构要将会议的精神传达到全体同志。

三是尽快研究贯彻落实的具体措施。要在认真组织学习这次会议的主要文件、领会精神的基础上，结合本部门、本地区、本单位的实际，突出重点，提出贯彻落实本次会议精神的工作计划，明确要完成的任务和要达到的要求。各部门、各级质检机构、认证机构在贯彻落实本次会议精神过程中遇到困难和问题，要及时与国家认监委沟通，使国家认监委掌握全面情况，有针对性地采取措施。

这次认证认可工作会议得到了系统内外的大力支持。辽宁、陕西质量技术监督局，深圳、北京、辽宁、福建、湖南出入境检验检疫局在会议的宣传、文件准备、征求意见、接待会议代表等方面给予了大力支持，金台饭店的全体员工为会议的圆满召开提供了热情周到的服务，在此一并表示感谢！

同志们，认证认可工作是一项朝阳事业，正面临着辉煌的发展前景。我相信：只要我们齐心协力，扎实工作，我国的认证认可工作一定能够健康、有序、快速发展，一定会为促进国民经济和社会发展，促进国际贸易做出越来越大的贡献。

2002年4月10日

国家质检总局李长江在第一次全国认证认可工作会议上的总结讲话

刚才凤清同志做了一个比较全面的总结，从这个会议的召开，到会议提出的工作任务，讲得都很具体。我这里面不重复说了。我再简要强调几点：

一、这次会议是经国务院批准召开的全国认证认可会议

为了召开这次会议，包括国办、总局党组、认监委和各地的同志们，做了大量的准备工作。应该说，国家认监委成立之后，首先要考虑的一件事情，就是要召开全国会议。但这个会议什么时候召开，首先取决于国办《关于加强认证认可工作的通知》(以下称国办11号文件)什么时候下来，因此要紧锣密鼓筹备这次会议。国办11号文件下来不多久，我们就开了这次会议。这次会议开的非常成功。特别是吴仪国务委员出访中东6国回来后，很快就来参加我们这次会议，发表了非常重要的讲话，从认证认可工作的重要意义，对今后的主要工作的具体要求、达到的目标等，都谈到了，充分体现了国务院领导对这项工作的重视。我随吴仪同志在出访的途中，她问到这些工作，我简单给她汇报了。这次出访，日程安排得非常紧。但是，在那样繁忙的情况下，她还关心这次会议，在回来的飞机上，她又跟我说：这次会议她一定来，要讲话，要强调一些问题。我感到这次会议，应该说是我们国家认证认可工作历史上的一次重要的会议，是一个里程碑，是一个新起点的开始。大家在讨论中也谈到了这些。我昨天说到，认证认可工作的春天来了。这不是季节的春天，而是我们事业的春天来了。为什么这么说呢，党中央、国务院站在整个全局的角度，从我们国家经济发展同国际接轨、加入世界贸易组织的需要，决定成立这样一个认证认可监督管理委员会。委员会的成立，顺应了整个经济的发展，特别是我们和国际经济紧密结合的需要。委员会成立的时候，吴仪同志到会讲话，之后，国务院的几位副秘书长亲自安排听取工作汇报，协调各方面工作。然后，国务院办公厅下发国办 11 号文件，接下来，批复我们成立部际联席会议，包括会议议事规则。这次会议吴仪到会讲话。我们要充分认识会议给我们工作带来的积极作用。大家要认真学习吴仪同志讲话，学习凤清同志代表党组做的工作报告。昨天这个报告，在主席台上坐的领导听了都很受启发，说过去对认证认可工作不是太熟悉，我也不是太熟悉，也在不断学，但听了报告后的感觉是认证认可工作真是代表了一个国家经济发展的方向。请各地同志回去后向地方领导做全面汇报，特别是国务院领导讲话精神，要结合省里的实际贯彻落实。

二、要建立高起点、高标准的国家认证认可新体制

虽然我国认证认可工作进行了 20 多年，取得了很大成绩。但现在，国务院领导要求我们建立一个全新的、统一的和国际接轨的认可体系，而不是过去的几套认可体系。建立有权威的、高效的机制正在进行，但还有距离；二是建立强制性产品认证和自愿性产品认证相结合的认证制度。根据产品对国民经济的作用，对生产、生活、安全、健康的作用加以区别，再不能像过去政府行政干预，出于部门利益的需要，而实行强制检验。考虑体系建设时，必须与国际接轨，而不能像过去那样只是修修补补、小打小闹，否则与国际接轨时就容易出问题。所以，认监委的同志、在座的同志要共同努力。我想强调一点，无论大家是哪个部门，质量监督、检验检疫，在这个问题上，我们都是一个战壕的战友，没有亲疏，不分厚薄，我们会“一碗水”端平，刚才凤清同志也强调了。你们放心，一个政策、一个尺子、一个标准。在从事这项工作时，我们将一视同仁。拿什么区分优劣呢，工作质量、水平是关键。昨天凤清同志报告提到，到目前为止，我们发了 47 000 张证书，全世界是 42 万份，我们占了 11%。比例是不小的。这也不奇怪，我们的企业多，相比之下，比例也不一定很大。我要强调的是，真正经过认证认可的企业，达到了高标准的能有多少。这次我随着吴仪同志出访，在 3 个国家和工商界见面的时候，他们当面提出，希望中国不断提高产品质量，竞争力会更强。这说明，起码少数、个别企业并没有达到质量体系标准，为什么也取得了这个证呢？那就是昨天凤清同志在报告中谈到的几种现象：买证卖证、降低标准、恶性竞争等等带来的问题。所以我说，我们必须有高标准、高起点，这样才真正能从源头上把我们国家的产品质量提高。特别是我们从事认证工作的同志要注意，如果我们低标准，那么企业就达不到这个标准，反而取得了这个“通行证”，企业的名称败坏，国家的信誉也受到影响。

三、形成合力，发挥整体优势

我国加入世贸组织，一年内，两年内都有承诺，包括实验室的开放，检验市场的开放。我们的认证市场虽然没有开放，但是，八国联军实际上已经进来了，只不过，没有大张旗鼓的去搞。现在入世之后，他们就可以采取合理合法的手段，来占领中国的认证市场。怎么办？我希望大家和在座的同行，形成合力、发挥整体优势。不单是质量监督系统、检验检疫系统，而是全国从事这方面工作的同志，要站在国家利益的角度考虑，同时也要站在你们的利益的角度考虑：今后的发展、面临的挑战，如何应对等问题。外国很多的认证机构，打品牌，做大做强，将来我们的认证市场势必要向这个方向发展。因此，你们在考虑贯彻这次会议精神的时候，特别是各省的质量技术监督部门、出入境检验检疫部门，首先要考虑这个问题。形成强强联合，起码先组织联合舰队，再造航空母舰。打我们认证的品牌，牢牢地占领中国的认证市场。我们的认证也要走向国际。

要这样考虑问题，不要只顾眼前的利益。这项工作是一个崭新的、朝阳的事业。怎么为这个事业添砖加瓦，把这个事业真正推向前进，我希望大家一定要心往一处想，劲往一处使，要站在全局的角度，站在国家利益的角度，考虑我们今后认证市场的开拓、发展的问题。

四、要夯实基础，加强监管

入世后，江总书记、朱总理都在不同场合提出政府要转变职能，政府部门要为企业服好务，不能直接干预企业的经营活动。这次出访吴仪同志带了几十名企业家，到国外去宣传我们的企业、展示这些企业的业绩，为企业开拓国际市场创造有利条件。我们认证认可工作也有一个怎么样自我发展的问题。根据事业的发展，将来势必要和政府的有关部门脱钩，成为独立法人，承担民事责任的主体。无论是对企业质量体系的认证，还是服务部门的质量体系认证，怎么保证都能达到要求？在上午党组中心组学习的时候，我说要抓产品质量，首先要抓工作的质量。工作质量不高，怎么把产品质量抓好呢。

认监委要研究三个方面的工作：一是要对过去经过认可的认证机构资质进行全面清理。建筑行业要经过资质审核，同样认证机构也要有些条件，要做个区分，不能把皮包公司也叫认证机构，给钱乱办事，像认监委查处的几家。不要迷信洋机构，他们也有假冒伪劣。对那些不符合规定条件的认证机构取消其从业资格；二是要对那些

获得认证的企业是否都达到了质量标准进行全面检查，47000张证书，从出口的质量看，有些肯定是达不到的。取得了体系认证不能保终生。要实行动态管理，认证企业不能搞终身制；三是对从事认证认可工作的人员进行资格审查。搞没搞过、几年、什么经验、几个案例，都要有要求。这是从源头抓工作质量的最关键环节，如果我们这支队伍工作人员素质不高、水平不高，怎么能完成这个工作。具体怎么搞，会后要认真研究，这是个系统工程。我们现在已经发了这么多的证，要有个阶段性的调查，做到心中有数，有针对性的解决问题。

最后，我希望在座同志站在国家的角度、全局的角度，来支持认监委的工作。总理确实对认证认可工作很了解，在去年12月27日国务院召开的科技领导小组会议上，总理就说：听说两个委员会工作很困难，再难也要统起来。讲的就是认监委和标准委。认证认可事业是个全新的事业，虽然过去有基础，但是要统一管理、综合协调，谈何容易，特别是各个部门之间的利益交织在一起，有很大的难度。所以质检系统的同志一定要站在全局的角度，支持认监委的工作。质检总局党组对这项工作是明确的，内设机构不设，就是由认监委统一对全国进行领导。国务院领导就是看到这项工作的难度，所以提出要由国务院授权，但真正做到要大家服从领导，要有个过程。这段时间认监委的同志们很辛苦，努力工作，马不停蹄，协调、商量。我们内部不能搞“窝里斗”，我在机关已经强调过。今天系统的同志都来了，认证认可工作就是要按照国务院的要求，服从认监委的统一领导。我想经过我们共同努力，这项工作再难，也能搞好。世上无难事，只要肯登攀。同志们，希望我们共同努力，为开创认证认可工作的新天地做出贡献。

2002年4月10日

国家质检总局李传卿在中国质量认证中心成立揭牌仪式上的讲话

同志们：

中国质量认证中心成立，是中央关于改革质量监督和检验检疫管理体制的一个重大举措，也是国家认监委统一管理全国认证认可工作的一个具体体现，是我国认证认可事业发展中的一件大事，所以我首先代表总局党组、代表长江局长，对中国质量认证中心的正式成立表示热烈的祝贺！

认监委组建过程中和成立之后做的第一件大事，就是建立我国的强制性产品认证制度，提出了“四个统一”的具体办法，颁布了第一批强制性产品认证目录。强制性产品认证制度的具体实施，是由中国质量认证中心作为具体的实施机构和技术保障的提供，这项任务责任是非常重大的，也是非常有开创性意义的。因为，建立我国的强制性产品认证制度，实行“四个统一”的办法，既关系到我国加入WTO承诺的履行，也关系到我国产品质量市场准入制度的建立，还关系到我国经济安全和人民群众生命健康的安全。应该说，它是我们探索在社会主义市场经济条件下，怎样从源头抓质量的一个重大举措。因此，中国质量认证中心所承担的任务是光荣的，责任是神圣的。5月1号就要开始受理强制性产品认证制度(业务)，进入到申报和具体实施阶段，总局党组希望同志们、要求同志们首战必胜，也相信同志们一定能够在实施强制性产品认证制度中科学准确、实事求是、认真负责、一丝不苟，大获全胜！

我们承担的任务是光荣的，我们的责任是非常重大的，要完成好总局和认监委交给同志们的任务，就必须要高度重视加强自身的建设，最重要的一点就是要用“三个代表”的重要思想来指导我们的认证工作，要按照“三个代表”的要求来加强我们的队伍建设，要以“三个代表”为指导来树立我们中国质量认证中心的形象。认证工作是为了保护和发展先进的生产力，是为了保护和发展先进的文化，是为了保护和发展最广大人民的根本利益，因此，我们的一切工作，都要按照“三个代表”的要求来衡量，符合“三个代表”要求的我们就坚持，不符合“三个代表”要求的我们就改正。在“三个代表”的指导下，把我们的认证队伍建设好，把我们的认证工作特别是强制性产品认证工作做好。以优异的成绩迎接党的十六大召开，以崭新的形象，树立我们中国质量认证中心的国家品牌！

2002年4月24日

国家认监委王凤清
在中美玩具安全和生产企业安全研讨会上的致辞

各位来宾、各位朋友，女士们、先生们：

大家好！

由国家质量监督检验检疫总局、国家认证认可监督管理委员会和美国玩具商协会联合主办的玩具与工厂安全生产研讨会今天正式开幕了，我代表国家质量监督检验检疫总局、国家认证认可监督管理委员会对各位来宾表示热烈的欢迎，对应邀前来作专题演讲的专家们表示衷心的感谢。

中国和美国是对世界负有重大责任的两个大国，两国尽管国情不同，但在促进全球经济发展与繁荣以及保护人类生存环境等方面，具有广泛而重大的共同利益。经贸合作是发展中美关系的重要组成部分。两国在经贸领域互补性很强，合作潜力巨大。自1979年中美两国建立正式外交关系以来，双边经贸关系长期保持较快发展速度。1997年和1998年两国元首实现互访、中美两国确立了面向21世纪的建设性合作伙伴关系以后，中美经贸关系也积极稳步地向前发展。当前，中国已经成为美国的第四大贸易伙伴，美国已经成为中国的第二大贸易伙伴和第一大外国直接投资来源国。2001年双边贸易额超过800亿美元，美国在华实际投资累计达350多亿美元。中美经贸合作的新发展，不仅将造福两国人民，而且将为亚太和世界经济的发展繁荣注入新的活力。

玩具贸易是中美贸易的重要组成部分。玩具行业作为我国的新兴产业，是随着改革开放不断深化而深入发展起来的。目前，我国玩具行销世界近百个国家和地区，近几年每年出口都超过50亿美元。中国已成为世界主要玩具生产和出口大国，成为大多数发达国家和地区玩具的最大供货来源。美国是中国玩具出口的主要市场，美国进口的玩具70%以上来自中国。2000年，我国玩具及相关产品向美国出口达到44亿美元，2001年为42亿美元。

中国玩具出口美国，不仅关系到中国众多玩具生产企业的切身利益，还关系到中美之间的正常贸易，关系到美国千万个家庭的欢乐幸福。因此，中国政府历来十分重视出口玩具的质量和安全问题。为保护消费者的健康和安全、提高中国玩具质量和玩具生产企业的质量管理水平、提高中国玩具在国际市场上的竞争力，自80年代以来，原国家商检局和出入境检验检疫局采取了一系列的措施。从1992年开始对玩具实施了出口质量许可制度，采用国际先进安全标准对出口玩具进行检测和严格控制，同时帮助玩具生产企业建立健全质量管理体系。这些措施对促进出口玩具质量提高起到了积极的作用。

美国玩具制造商协会作为联系美国政府有关部门和全国玩具制造商的重要组织，与中国有关部门进行了长期友好的合作，在推动中国玩具质量和玩具生产企业质量管理水平的提高、保护消费者的健康和安全等方面做了大量工作。自1996年以来，中国原国家商检局、原国家出入境检验检疫局先后与美国玩具商协会共同在中国举办了七次研讨会。研讨会对我国玩具生产企业了解美国和欧洲有关玩具的法规及技术要求，提高我国企业和玩具的市场竞争力，加快我国玩具出口起到了积极的推动作用。为办好此次研讨会，国家认监委事先进行了广泛的调查，征求了方方面面的意见；美国玩具商协会也作了精心的准备，安排了众多的讲解和演示活动。相信通过本次研讨会，大家一定会有新的收获。

本次研讨会的主题是玩具安全和生产企业安全。希望这个问题能引起在座的女士们和先生们的足够重视。玩具的主要对象之一是儿童。据统计，一个7岁儿童，在其成长过程中约有1.5万个小时与玩具一起度过；在家庭事故中，有70%受害者是儿童，而在这些事故中，又有半数以上是由玩具引起的。正因为如此，目前世界上许多国家都将玩具安全问题列为保护未成年人的重要内容之一。今年一季度，国家质量监督检验检疫总局对广东、福建等6个省市、21个城市的47家玩具生产企业进行了国家监督抽查。在抽查的47个玩具产品中，合格的仅32种，合格率不足七成。可见我国玩具安全形势不容乐观，保证玩具安全任重道远。

各玩具生产厂家和进出口商家一定要牢固树立玩具安全及生产企业安全高于一切的意识，把保证玩具安全作为生产和贸易中的头等大事，作为企业生存和发展的关键问题来抓。要以我国加入世界贸易组织为契机，努力按照国际玩具的安全标准、环保标准、质量标准和产品标识、工厂安全等方面的要求组织生产。积极采用国内外的先进技术和管理方法，调整产品结构，提高工艺技术水平和技术装备水平，促进产品的升级换代。要适应国际国内市场变化，向多功能、高档次、高附加值方向发展，努力创造名牌产品，走质量效益型发展道路。要积极实施ISO9000、ISO14000质量和环境管理体系认证，采用ISO9000系列标准，引进先进的、科学的、系统的管理理念和方法，规范企业的行为，不断完善企业的管理体系，提高企业的产品质量和管理水平，全面提高企业的竞争力，使我国玩具行业在加入世界贸易组织后，在激烈的国际竞争中站稳脚跟，不断开拓国际市场，让中国玩具造福世界人民。

随着中国加入世界贸易组织，中国的对外开放将向更深层次、更宽领域扩大。为适应改革开放的需要，履行加入WTO的承诺，去年4月，中国国务院决定将原国家出入境检验检疫局和原国家质量技术监督局合并，组建国家质量监督检验检疫总局，同时成立了国家认证认可监督管理委员会。国家认监委是国务院授权的履行行政管理职能，统一管理、监督和综合协调全国认证认可工作的主管机构。国家认监委成立以后，玩具出口质量许可制度由认监委管理并组织实施。玩具出口的检验工作由国家质检总局负责。

国家认监委作为全国认证认可工作和玩具出口质量许可制度的管理部门，保证玩具安全和生产企业安全是我们的工作职责。为此，我们将采取有效措施，帮助玩具生产企业及时了解国际玩具生产的安全、卫生、环保等方面的标准和要求；进一步加大工作力度，促进玩具生产企业推行质量管理体系认证，提高管理水平；按照国内标准加强玩具实验室的建设和管理，提升国内玩具实验室检测实力；并参照国际通行做法，逐步对玩具产品实施相关认证。我们还将在过去的基础上，进一步加强与美国玩具商协会等国外机构的合作与联系，加强对出口玩具生产企业的管理监督和服务，努力推动我国玩具产品质量整体水平的提高，促进中美玩具行业合作的深入发展。

感谢美国玩具商协会总裁托马斯·康力先生、副总裁劳伦斯女士为举办这次研讨会所作出的努力。我相信，通过大家的精诚合作，本次研讨会一定会取得圆满成功！

谢谢大家！

2002年6月10日

国家认监委王凤清
在全国认证机构认可工作会议上的讲话

没想到今天参加这个会议的人这么多。可以说，我国认证队伍里的主要骨干力量都在这里。我很高兴有这个机会和大家见见面，并利用这个机会，把认监委成立以来所做的工作和下一步工作的设想与大家进行沟通。

认监委成立快一周年了。这一年来，我们经历了很多很多，当然，我们的工作取得了一些成绩。这些成绩的取得，都和在座的同志们的辛勤、努力的工作分不开。请允许我代表认监委党组，向同志们表示亲切的慰问和衷心的感谢。今天来，主要是看看大家，没什么准备，想到哪儿说到哪儿。如果我所讲的内容对大家有启发的话，你们可以在讨论时就一些情况研讨一下。

在这个会之前，中国国家认证机构认可委员会(CNAB)秘书处举办了认可评审员培训与研讨会，对评审员进行认可规则的培训；同时，中国国家认证人员培训认可委员会(CNAT)秘书处也对培训机构的负责人和管理人员进行了培训。这两个会议对新组建的认可机构所出台的新的规范性的文件进行了广泛的研讨。听说，研讨的效果很不错。日本的认可机构JAB、美国的认可机构RAB都派了代表参加我们的会。这说明我们的研讨会无论在内容、规模或者层次上，都达到了国际水平。JAB和RAB的代表对这两个会议及会议产生的一些文件，都给予了充分的肯定。可以说，这两个会议是为今天这个会议打基础、做准备的。

会议发给大家的这些文件，是新组建的国家认可机构在短短的一个多月时间里出台的，确实很不容易。认可机构的这些同志从组建的那天开始，甚至在没有真正组建之前，已经开始这方面工作了。他们做了大量的工作，每天加班加点，所以能在这么短的时间里，出台这么多规范性的文件。这些文件当然不是最终的，运行一段时间后，可能还要根据形势的发展进行修改，要与时俱进。但从目前来讲，它是适合的。这些文件是我们下一步搞好认证认可工作的一个重要基础。没有这些文件，就不可能规范认证认可工作行为。规范不了行为，我们的工作将来就会出问题。所以，今天这个会非常重要。希望大家集中精力把这个会开好，把会议的精神带回去。

国家认监委成立快一年了。认监委不准备举行大的周年庆祝活动，但准备召开一个研讨会。这个研讨会的主题是，在新形势下，中国的认证认可工作怎么做。也就是说，中国要建立适合市场经济体制的认证认可体系，这个体系应该怎么建，包括哪些内容，具体怎么实施。希望有关专家学者以及多年从事这项工作的同志们能够充分地发表意见。因此，从现在开始，我们希望工作在认证认可战线上的同志们开动脑筋，多思考这方面的问题。你们可以用不同的形式把你们的意见、建议和构想传递给国家认监委。在此基础上，召开一个研讨会，对有关问题进行进一步的研讨。

很多同志跟我讲，认监委成立以来确实做了很多工作，在整顿规范认证市场方面，在统一强制性产品认证制度方面，以及在国际合作、国际交流方面，都取得了显著的成果。我对这一点也不否认。我们认监委的同志，以及包括在座的同志们在内的所有从事认证认可工作的同志，在认监委的统一管理、协调和组织下开展了很多的工作。所以我刚才说的，这些工作成果的取得是和大家分不开的。下面，我简要回顾一下认监委成立10个月来所做的主要工作。

一、统一强制性产品认证制度

在我国正式加入世贸组织前夕，国家认监委于去年12月7日在人民大会堂召开了新闻发布会，对外宣布我国强制性产品认证实行“四个统一”。到今天，我们已真正实现了“四个统一”。这项工作，当然主要是认监委的同志在做，但要把这项工作做好，也离不开各个部委以及各个认证机构、检测机构的支持。从5月1日到6月10日这不到两个月的时间里，各指定认证机构受理的3C标志认证申请已经超过了一万份。3C标志认证工作是个社会工作，是为社会公益事业做贡献的一项工作，这项工作必须得到社会方方面面的支持。

到现在为止，列入《第一批实施强制性产品认证的产品目录》的132种产品的有关程序性文件已全都出台，指定的认证机构、检测机构都已开始工作。可以说，我国新的强制性产品认证工作基本上走上了正轨。当然，在下一步工作中，可能还会出现新情况和新问题。我想，做一件新的工作，没有问题是不太可能的，关键是一旦出现了问题，我们要及时反映，及时协调，及时解决。

二、清理整顿和规范认证市场

这项工作，电视台也曝过几次光，可能大家也都了解了，因为中国的认证市场确实是比较乱。前一段曝光的，都是外国机构的在华办事处，甚至也不叫办事处。它们没有明确的组织机构，也没有办理工商登记手续，就这么两个人挂个牌就干活。这种机构比较多。为什么我们首先要清理这些机构呢？因为它的设立是违法的，或者说，它在中国从事认证活动是违反中国现行法律的。3月26日，国家认监委召开新闻发布会，对6家境外机构的违规认证行为进行了公开曝光。但是，国内的一些认证机构，有些问题也不见得比这些境外机构暴露出来的问题轻。我们手里也有很多举报信，涉及国内认证机构违规操作、卖证买证、咨询认证一条龙等行为。举报信中都有具体的例子。现在之所以没有动、没有曝光，就是给你们一个机会，让你们先自查。你们要好好查一查，自己的工作是不是按照规范去做了，有没有不规范的地方；被认证过的企业有没有认证以后按认证要求去做，工厂的管理面貌有没有改变。对自己存在的问题，要拿出解决的办法。当然，大部分获证企业的认证效果还是好的，但只要有少数，极少数企业有问题，负面影响就很大。所以，清理、整顿、规范认证市场，是认监委成立以来的一项很重要的工作。这项工作刚刚开始，还不能说取得了阶段性的成果。认监委还要继续花大力气抓这项工作。

三、加强法制建设

根据国务院办公厅《关于加强认证认可工作的通知》的精神，国家认监委出台了一些必要的法规性、规范性文件。所有这些文件的出台，都是为了进一步规范认证认可工作，使我们的工作初步做到有章可循。认证认可工作是一项新的工作。在此之前，我们没有一个法规或规范性的文件。最近出台的一些办法、规定，为我们在目前的情况下做好认证认可工作提供了依据。

四、积极开展国际交流和国际合作

国际交流和国际合作工作很重要。从国内来讲，认证认可工作是为了提高企业的管理水平和产品质量，增强企业的竞争力；从国际上讲，认证认可工作可以在很大程度上解决国际贸易中因为产品质量的争议和交货期问题而产生的一些贸易纠纷。所以，要把认证认可工作与国家的经济建设和国民经济发展联系起来。认证不仅仅是一张证书，它的影响确实是很大的。我国的认证认可工作必须与国际上同步发展，国际交流非常必要。而且，我们要等同或者参照采用国际上的做法。但我们在采用国际上的做法或采用国际标准时，都必须和中国的国情结合起来。

去年，一些国际组织的年会陆续在中国召开，而且都开得很成功。IEC 第 66 届年会将于今年 10 月 22 日到 11 月 1 日在中国召开。这是继 1990 年之后，IEC 第二次在中国召开年会。据说，10 年前的那次办得不错。那么，今年办，应该比十年前办得更好。为什么？因为十年以来，中国发生了巨大的变化，办会的能力、水平也会随之提高。我相信我们今年会办得更好。现在，认监委正在全力以赴做这项工作，因为这个会是以认监委为主承办的。

五、整合有关认可组织

按照国务院办公厅 11 号文件关于国家要组建统一的认可机构的精神，我们已将原质量技术监督系统和原出入境检验检疫系统的认可机构进行了整合，分别组建了中国国家认证机构认可委员会（CNAB）、中国国家认证人员培训认可委员会（CNAT）和中国国家实验室认可委员会（CNAL）。到目前为止，只能说初步建成统一的认可机构，因为涉及环境管理体系认证和职业健康安全管理体系认证的认可机构的整合工作正在酝酿过程中，还没有统一起来。如果我们能争取在较短的时间内，把这些机构全部统一起来，我们就可以说基本达到了国务院的要求。

六、建立部际联席会议制度

经过前一段时间酝酿，全国认证认可部际联席会议制度已经建立起来，第一次会议也已经开过。这个部际联席会议成员包括 22 个部委的领导。部际联席会议制度的建立，对我们开展认证认可工作非常有益。

除了继续做好上述工作以外，国家认监委正在抓紧进行两项工作。

一是我们要积极与国务院法制办配合，尽快出台认证认可监督管理条例。这项工作非常重要，在座的同志们也都希望国家有这么一个条例。这个条例可以规范我们的行为，也可以规范别人的行为。国务院法制办可能要组织一些调研，希望大家给予配合。

二是建立中国的认证认可体系。这项工作我在认监委成立大会以及全国认证认可工作会议上已讲过。中国必须建立自己的认证认可体系。这套认证认可体系在国务院办公厅的 11 号文件里已经有描述，但不是完整的描述。

比方说，建立强制性认证和自愿性认证相结合的认证制度。这是一个大的概念。从中国现在的社会状况看，强制性认证不能没有。虽然一些发达国家主要搞自愿性认证，但是它们的一些自愿性认证，实际上也是变相的强制性认证。例如美国的 UL 认证，实际上就是强制性的。尽管联邦政府对强制性认证没有立法，但各个州的法律有规定。如果不取得 UL 认证，哪个州也进不去，哪个商场也上不了货架。我这次到北欧去访问，北欧这些国家说，强制性认证过去我们搞过，现在都变成自愿性认证了。实际上它的安全认证也是强制性的，只不过出台的办法和我们有所不同。我们的强制性认证是体现政府意志，但是我们在整个操作过程中，却用的是“市场评委”。出台的一些法规，都是政府的意志，从事这项工作的机构和人员都是在实施政府行为。这一条我们坚持入世谈判所作的承诺。从事强制性认证的认证机构不是独此一家，检测实验室也是两家以上。强制性认证是政府行为，但它是通过市场去运作。这一点与国外没有两样。

再比如说，国家要建立统一的认可制度。如果认可制度不统一，那将来问题可太多了。有一个标准，就会成立一个认可机构，然后有一批的认证机构。那就会形成这么一种局面，这个认可机构下面挂一串认证机构，那个认可机构下面挂一串认证机构，有的认证机构可能就脚踏 3 只船、4 只船甚至 5 条船，因为认证机构要生存。如果认可机构不统一，一个认证机构对着 5 个认可机构，这是什么局面？那就乱套了，比现在还要乱！所以，认可机构是政府授权。原来国家没有认监委，是由各个部委去授权，因此就形成了一个部委授权一个认可机构的局面。现在认监委统一管理认证认可工作，认可机构就只能由认监委授权。但认证机构是社会化，大家都可以做工作。作为认证机构，第一步必须公正，人、财、物要相对独立。第二步要向社会化去努力，所有的认证机构最终都应该是独立的第三方，凭你的工作质量、靠你的信誉去争取客户。这些思路，将来都要集中反映在新建立的认证认可体系里面。现在，这项工作的框架已经出来了，正在进一步研讨，征求意见。

以上就是认监委成立以来,已经做的、正在做的和打算做的一些重点工作,让各位心里有数,将来要配合认监委把这些工作做好。

下面,我将针对认证机构的工作再强调几点。

第一,我们还需要进一步统一思想。

我们要把思想统一到国务院办公厅11号文件的精神上来,统一到吴仪同志在认监委成立大会和全国认证认可工作会议上的讲话精神上来。这里,我想再强调一点,我们为什么现在把认证认可工作提到这么高的一个层次上来?这绝不是某一个人的人为因素,这是形势发展的需要。这一点,我们在座的同志必须要有共识。认证认可工作,我们从80年代初就开始做了,但因为种种原因,这项工作是分散的、多头的、谁也管不了谁和各自为政的。这种做法的结果就是中国人自己内部在打仗。如果这种情况继续下去的话,外国的机构涌进来,你就全部被人家打垮!所以,国务院决定将原国家质量技术监督局和原国家出入境检验检疫局合并,组建国家质检总局,同时成立国家认证认可监督管理委员会和国家标准化管理委员会,是有其深层次原因的。目前,经过认可的质量管理体系认证机构56家,经过认可或批准的产品认证机构21家,还有8家待批的产品认证机构,再加上60家分支机构,一共是145家。我们入世4年以后,外国独资企业就可以进来了。外国的认证机构进来意味着什么呢?一它要占地盘,二它要人才。搞不好的话,到那个时候我们的很多人才很可能被别人高薪挖走。如果我们不能在三四年内把自己的认证机构培育好,我们的队伍将来还能保得住吗?现在提出清理、整顿和规范认证市场的问题,并不意味着这个问题过去不重要,而是要通过清理、整顿和规范工作使认证市场更健康,使我们的认证机构有能力与国外认证机构竞争。所以,我们要进一步统一思想,统一的就是这种思想。这不是一朝一夕,也不是某一个领导人拍拍脑袋就拍出来的结论。我们要把蛋糕做大,就需要有这么个机构,比如现在的认监委,把大家组织起来,为大家服务,把认证市场规范好。中国必须有一个自己的认证认可体系,要按照这个体系和模式去运作。有些同志想不通,老觉得行业里的事情应该由行业来管。这是不行的。即使允许你管两年,可到了第三年、第四年,你还能管得了吗?比如第四年外国的一个环境管理体系认证机构进入中国,它可以搞ISO14000认证,环保局怎么能管得了它?人家是市场行为,你能拿你的行业管理要求去要求人家吗?你能要求你底下的认证机构,但你不能要求外国的认证机构吧?所以,不按统一、规范的路子走,将来我们自己就支不住啦。这一点,我们在座的同志一定要有共识。尽管现在可能有些方面管理上严了,但我觉得这是好事情。所以,对认证认可工作实行统一管理是从大的形势和发展趋势来考虑的,国务院最后下了大的决心。

在技术壁垒层出不穷的形势下,认证认可工作的作用就更突出了。它可以突破国外对我们设置的技术壁垒,同时我们也可以设置自己的技术壁垒,因为这些做法都是符合国际通行做法的。别人都这么做,我们为什么不能这么做!我们现在的食品出口,可以说形势最为艰难。国外对我们的出口食品加工企业,每一个都要检查。这说明,每一个国家都在想办法,都在卡你。那既然这样,我们现在也要这样。如果你的食品出口到我们这儿,加工企业必须经过我们的注册,没有注册的企业不能向中国出口。其实,工厂的注册审批也是一种认证,它也是工厂的体系认证的一种形式。可以说,认监委的成立也是与时俱进的结果,也是中国形势发展的一个必然产物。

第二,大家必须要有与时俱进的态度,要以改革的姿态来搞好我们的认证认可工作。

现在表面看来,认证认可工作热火朝天,认证的企业也不少,大家的工作也挺紧,每天的事也挺多。但仔细一想,工作中的问题也不少,有的还到了不解决不行的地步。就认证认可工作而言,应该说,它在认监委成立之后有质的变化,在思想上、在做法上都得有变化。比方说,现在两个认可机构合并了,组建了中国国家认证机构认可委员会(CNAB),将来的证书就是一种证书。所有被CNAB认可的认证机构,将来发的都是带有同一种认可标志的认证证书。我们大家要共同维护新证书的形象,要维护新的CNAB的工作威信。希望在座的同志们,一定要有大局思想,大家都来维护这个大家庭。

认证机构的体制是个大问题,尤其是原国家质量技术监督局和原国家出入境检验检疫局两个系统是"一顶帽子大家戴"。这带来什么问题呢?下面的评审机构,有的不是法人,有的是事业单位,有的是采用了企业化管理,有的也不是。这两个系统,现在都面临许多新问题,急需进行体制改革。这个会开完以后,接着就要研究这个问题。不管采取什么办法,关键是责任得界定清楚。属于总部的,总部负责;属于分部的,分部负责。其他部委这方面的情况可能好一些,也可能有部分机构需要变动。这个问题不解决,将影响我们下一步工作的开展。另外,我们还面临7月31日前必须到工商局登记的问题。你不是独立法人，怎么登记啊？所以，这个改革势在必行，我看要很快解决。

虽然认证机构还是原来的认证机构，但是在新形势下，必须以改革的思想搞认证。这个改革，不仅包括体制改革，也包括工作格局、工作方式、工作内容和工作要求的改革。所以，大家要以新的认可规范性文件的要求去运作。这些认可规范性文件，吸取了原来两个认可机构的优点，又符合国际准则的要求，还征求过国内很多专家学者的意见。大家必须学透，学透以后要在工作中严格执行。

第三，关于工作质量问题。

各个认证机构，一定要加强管理，确保工作质量。认证机构要准备承担风险。认证机构在认证过程中出现了责任事故，是要负责任的，说不定你还要上法庭。怎么才能减小风险呢？第一，按规矩办事；第二，确保工作质量；第三，管住你自己的人。你的认证人员，是不是按要求在做，你知道不知道？如果他出了问题，机构有责任。这个行业的最高领导机关就是认监委，任何一个认证机构发生违法违规行为，认监委都不会袒护，谁出了事情，谁自己负责任。为什么？因为我都告诉你了，你该怎么做不该怎么做。今天在座的都是专家，也都是管理人员，从事认证工作多年了，这种利害关系大家应该是非常清楚的。前面我讲了，国内认证机构不是没有问题。在下一步规范认证机构的工作中，我们要一条一条地研究，提出点措施，确保我们的工作质量。在座的同志，如果你们这些机构把认证工作质量提高了，我想中国起码90%以上认证企业的质量就有保证。李长江局长说了好几次，说出口企业的产品质量有问题，不是都认证了嘛，那认证企业怎么质量有问题呀？我跟他讲，一是不一定都认证；二是认证以后效果有问题。所以，李长江局长就说，你们赶快去查一查认证的效果。后来我们搞了"三查"，其中包括查获证企业的效果怎么样。所以，我再一次拜托各位，一定要把工作质量搞上去！宁可踏踏实实把一个厂弄好，只要这个厂的质量上去了，你对国家、对社会就作出了贡献。否则，你认证一百个厂，可工厂什么情况也没有改变，质量也没有提高，我们就对不起国家，对不起党。在这一点上，大家一定要有历史责任感。

总的来讲，认证认可工作的形势还是很好的。党中央、国务院非常重视这一项工作，也给予我们很大的支持；国家质检总局党组对这项工作也是非常支持。有了这么好的环境，关键就看我们怎么工作了。我们要以江总书记"5·31讲话"精神和"三个代表"重要思想来要求自己，以与时俱进的态度，把我们的认证认可工作提高到一个新水平，用我们的实际行动，迎接党的"十六大"召开。

2002年6月20日

国家认监委王凤清在中国认证机构国家认可委员会成立暨第一次全体会议上的讲话

同志们：

在各有关单位的大力扶持和热心参与下，经过一段时间的紧张筹备，中国认证机构国家认可委员会正式成立，并于今天在这里召开第一次全体委员会会议。我代表国家认证认可监督管理委员会，对新一届认证机构国家认可委员会的成立表示热烈祝贺！

委员会的成立，得到了有关部门的大力支持。今天参加会议的各位委员都是各有关部门（政府、认证机构、专家、消费者、供应商）的代表，我代表国家认监委对大家参与委员会的工作表示欢迎，并请你们转达认监委对各部门支持的衷心感谢！同时，对过去从事认证认可工作的同志们辛勤劳动致以衷心感谢和亲切慰问。今天参加会议的委员都是来自各个部门的代表，很遗憾一部分代表出国、出差，没能参加这次会议。但是今天感到高兴，因为把方方面面代表都请到，而且很高兴能请到陆燕荪部长担任主任委员。陆部长是一位德高望重的老领导，也是机构认可方面的专家和权威。有陆部长挂帅，认证机构国家认可委员会的权威和地位将会更加强化，影响力也将会更大。让我们以热烈的掌声，对陆部长表示谢意！

长期以来，原中国质量体系认证机构国家认可委员会（CNACR）、中国产品认证机构国家认可委员会（CNACP）和中国国家进出口企业认证机构认可委员会

(CNAB)的同志们,在各自的岗位上辛勤工作,为中国认证机构认可的发展做出了很大的贡献,在此我也代表国家认监委对他们表示感谢!

借此机会,我向大家介绍一些情况。

一、成立认证机构国家认可委员会的宏观背景

为了加强对全国认证认可工作的统一管理和有效监督,去年4月,党中央、国务院决定成立了国家认监委。党中央、国务院对这项工作非常重视,朱总理、邦国副总理、忠禹、吴仪国务委员等多次就此作了重要指示。总理在一次会议上还专门说,"听说两委(国家认监委、国家标准委)的工作很难,再难也要统起来"。今年2月,国务院办公厅又下发了《关于加强认证认可工作的通知》,进一步明确了认证认可的指导思想、主要任务和工作重点。为全面贯彻国务院办公厅《通知》精神,国家质检总局和国家认监委于今年4月8日召开部级联系会议暨第一次会议,4月9日联合召开了全国认证认可工作会议。吴仪同志在百忙中出席了大会,代表国务院到会作了重要指示,对认证认可体制的改革表示了坚决的支持,对影响和制约认证认可改革发展的一些重大问题明确表明了态度。大会根据国办《通知》精神和吴仪同志的重要讲话,对认证认可工作作了全面部署,提出了全面建立国家认证认可工作体系的总体构想。

全国认证认可工作会议以后,国家认监委按照国务院领导的指示、国办《通知》精神和全国认证认可工作会议确定的工作目标,进一步加大了各项工作力度。其中重要的一项工作,就是对现有的认可机构进行调整,建立集中统一的国家认可机构。国办《通知》中明确要求:国家认监委要按照国际通行做法,对现有的认可机构进行调整,建立集中统一的国家认可机构,履行国家认可职责,对认证机构、认证咨询机构、认证培训机构、认证人员实施资格认可校准、检测、检验机构及实施统一的资格认定。吴仪同志强调:认可制度体现国家意志,是为保证认证的客观性而建立的一套科学化、规范化的程序和管理制度,必须确保认可工作的权威性、惟一性和可信性。因为大家知道,认可机构是政府授权机构,我们国家不可能建立两套认可机构,这个全世界也没有先例。她希望有关部门进一步提高认识,消除思想顾虑,积极支持国家认监委对现有认可机构的整合工作。要求国家认监委也要与有关部门充分协商和沟通,制定好切实可行的方案,确保业务工作的正常开展和人员的妥善安置。为此,我们按照国办《通知》和吴仪同志的指示,及时开展了相关工作。到今天为止,基本完成了第一阶段的工作目标。

二、我国认证机构认可工作开展的有关情况

我国对认证机构进行管理并按国际惯例开展认可活动已有10年历史。

在20世纪90年代初期,按照国际通行做法和标准要求,由原国家质量技术监督局、国家商检局授权,成立了三个认证机构认可委员会(CNAB、ANACR、CNACP)。这些机构完全按照ISO/IEC导则建立自身的体系和开展认可工作。通过10年的工作,得到了国内外的普遍认可。原CNAB、CNACR分别加入了国际认可论坛和太平洋认可合作组织等国际/区域认可合作组织,并且签署了多边互认协议,为我国认证证书的国际互认创造了条件。

截止到今年3月底,经过原CNAB、CNACR、CNACP认可的各类认证机构137个(其中:质量体系认证机构56个;产品认证机构21个;分支机构60家);这些机构颁发ISO9000证书48 187份(据IAF最新统计,全球ISO9000认证由1993年的46 597张,发展到1999年底408 631张,7年间增长了近10倍。这些证书分布在世界143个国家和地区。我国占全球发证书的11%),颁发自愿性产品认证认证书85 533份,获证企业18 973家。认证范围遍及全国,而且一些认证机构还将证书发到了国外。

三、新的认证机构国家认可委员会的组建情况

新的认证机构国家认可委员会的酝酿实际上从去年国家认监委成立以后就已经开始。国务院办公厅下发通知和吴仪同志作出具体指示以后,这项工作正式开始实施,并且进展很快。为此,我们专门成立了中国合格评定国家认可中心,委派认监委副主任刘卓慧同志主持该中心的工作。并成立筹备小组,积极开展了认证机构国家认可委员会的筹备。认监会党组多次召开会议,听取了认可中心的工作汇报,对委员会的成立给予了大力的支持。并就机构组建问题,与有关部门进行了积极的联系和磋商。

今年四月,经国家认监委授权批准,由原中国质量体系认证机构国家认可委员会(CNACR)、中国产品认证机构国家认可委员会(CNACP)和中国国家进出口企业认证机构认可委员会(CNAB)合并组建的中国认证机构国家认可委员会(CNAB)正式整合运作。环保总局顾全大局,对这项工作给予了大力支持。不久,中国环境管理体

系认证机构国家认可委员会(CACEB)也将并入。因为目前还有人员问题,还在商谈之中。这标志着我国新的集中统一的认可体系已经基本建立。

新的认证机构国家认可委员会的成立,贯彻了国务院领导的指示,体现了国务院11号文件中建立国家统一认可机构的指导思想要求。新机构从开始成立,就完全按照国际认可导则的要求开始规范和建立新的认证机构认可体系。委员会的组成既要体现它的权威性、公正性,又要体现它的广泛性和代表性,经过商谈,在各个部门积极推荐的基础上,组成今天具有代表性的强大阵容。因此,今天成立CNAB委员会,各位委员有来自政府部门、认证机构、有关企业和社会团体以及专家,这就是按照国际标准ISO/IEC导则61的要求建立的。具有一定的广泛性和代表性,充分体现了国家认可的行政和技术权威性。相信新的一届认证机构国家认可委员会一定能够更有成效地开展工作,把认证机构认可工作推向新的高度。

四、对做好认证机构认可工作的几点希望

新的认证机构国家认可委员会的成立,标志着我们按照"三个代表"重要思想的要求,按照统一规划、强化监管、规范市场、提高效能和国际接轨的原则,在建立国家认监委统一管理、监督和综合协调下,各有关方面共同实施的工作机制,建立全国集中统一的国家认可制度方面迈出了重要步伐。对全面加强和改革我国的认证认可工作具有十分重要的意义。新机构成立以后,要按照国办《通知》和吴仪同志的指示精神,抓紧做好相关工作。当前,要突出抓好以下几个方面:

第一,要以江总书记5·31重要讲话为指导。今年5月31日,江泽民总书记在中央党校省部级干部进修班毕业典礼上发表重要讲话,强调要高举邓小平理论伟大旗帜,全面贯彻"三个代表"要求,与时俱进,努力开创建设有中国特色社会主义事业新局面。同时强调:贯彻"三个代表"要求,关键在与时俱进。在新世纪新阶段,发展要有新思路,改革要有新突破,开放要有新局面。江总书记的重要讲话,贯彻了许多新的思想,是党的十六大开幕前的思想动员和理论准备,是指导我们当前和今后一段时期工作的重要理论依据。

在去年召开的全国认证认可工作会议上,我们确立了我国认证认可工作三步走的策略:第一步目标是用大约一年时间,基本建立适应认证认可需要的工作制度,实现国家认可的集中统一,完善国家强制性认证制度,整顿和规范认证市场,推进认证机构改革基本框架和基本工作程序;第二步目标是用三年时间,基本完成体系建立工作,其中包括适应认证认可工作需要的法规体系的基本完善;第三步目标是认证认可工作的功能得到有效发挥,体制顺畅,结构合理,满足国家利益,适应经济发展和对外开改需要,使我国认证认可合格评定水平位于世界前列。认证机构国家认可委员会的成立是一个新的事物,需要进行多方面的改革创新。一定要按照江总书记的讲话要求,坚持与时俱进,寻求发展的新思路,实现改革的新突破,开创事业的新局面。

第二,要按照中央和国务院的要求,积极实施"走出去"发展战略,鼓励中国的认可机构和认证机构走向国际认证认可市场,积极参与国际竞争。在竞争中壮大认证认可的工作实力,发展认证认可事业。原CNACR与原CNAB均是IAF和PAC质量管理体系认可方面的多边承认协议(MLA)集团成员,这是我们开展认证机构认可的基础。整合后的CNAB要继续保持此资格。要及时与相关国际组织进行联系,说明情况,取得支持,以促进认证机构认可工作的开展。产品认证机构认可也要加大对外开放与合作的工作力度,积极创造条件接受国际同行评审,争取签署多边承认协议。

第三,要按照国际标准做好相关工作。我国的认可工作是从国际上引入的,一开始就是直接采用和等效采用国际标准。国际标准和相关导则是我们开展工作的基本依据,也是我们与国际接轨的重要途径。今后,必须继续立足高起点,按照国际标准的要求开展认可工作。要积极跟踪国际认可标准的发展,及时做好相关标准的转化工作。同时,要结合我国工作的实际情况,认真消化吸收运用,争取在工作中创造成功的经验,促进国际标准的制定和改进,为国际认证认可工作的发展作出我们应有的贡献。

第四,要注重工作质量。工作质量是关系到认证认可工作兴衰成败的大问题,要从事业发展的高度重视和加强工作质量建设。对所有获得认可的认证机构要加强监督管理,切实维护认可工作的信誉。当前要按照国家认监委的要求,配合有关职能部门,组织认证机构认真开展"三查"活动,督促认证机构认真检查认证过程是否规范、对认证人员管理是否严格、认证过程是否有效。通过"三查"切实解决认证质量低劣、虚假认证、买证卖证、低价竞争等违法违规问题,促进认证工作的健康发展。关于提高认证工作质量问题,前阶段从电视、报纸上看到一些消息,国家认监委正在组织有关人员对认证市场进行清理整顿,通过前阶段工作,可以说取得一些成效。因为我们

正在对国外认证机构的一些代理机构、办事处的工作质量和状况，作了一些摸底，现在也不能说情况明了，它们到底在中国有多少办事处，发了多少证书，现在也无从查起，这个情况要引起重视；另外，我们国内认证机构认证质量也不容乐观，虽然现在我们发了近5万份证书，应该说大多数证书是能够体现企业获证在质量方面进步，但也不否认有些企业单纯追求证书的广告效应，把获证变成广告资本，拿去作宣传，但企业并不真正按ISO9000规定去运行，因此在"三查"过程中要查认证是否有效问题。那么现在要认证机构自查，如果认证机构对自己工作或获证企业不去认真检查，下一步，认可机构就对认证机构进行查处。所以认可机构责任是很重要，工作质量是绝对至关重要，我们现在产品强制性认证是从5月1日开始，目前已受理10000多份申请，我们对产品认证机构进行认可，产品认证机构资格不行，人员水平不到位，就是很敬业，结果认证产品质量出现问题，所以这次要求认证机构必须独立承担责任，但是认可机构也有相应责任，因此希望各位委员，在今后认可工作中要注重质量，应把国家利益放在前面，认可机构集中统一，认证机构要向社会开放。

此外，认证机构国家认可委员会的办事机构是委员会秘书处。秘书处的工作离不开各方面的支持，希望得到各成员单位和各位委员的帮助。秘书处要定期向各位委员汇报工作，报告情况，也欢迎各单位委员随时到秘书处检查工作。

总之，认证机构国家认可委员会的成立，标志着我国认证认可事业的发展进入了一个新的历史发展阶段。我们所从事的工作非常重要，肩负的责任也十分重大。一定要以江泽民总书记"三个代表"的重要思想为指导，以贯彻国办《通知》为契机，在党中央、国务院的正确领导下，与时俱进，开拓创新，全面开创认证机构认可工作的新局面，迎接党的十六大的胜利召开。

谢谢大家！

2002年7月3日

国家认监委王凤清在中国实验室国家认可委员会成立大会上的讲话

同志们：

中国国家实验室认可委员会第一届管理委员会会议今天召开，我代表国家认证认可监督管理委员会，对新一届实验室认可委员会的成立表示热烈祝贺！委员会在筹建中，得到了有关部门的大力支持，科技部邓楠副部长欣然同意担任实验室认可委员会主任委员，并出席了今天的大会。我代表国家认监委对各部门的支持表示衷心的感谢！对参与委员会工作的邓楠副部长和其他部门的领导同志表示热烈的欢迎！此外，长期以来，CNACL和CCIBLAC两个委员会的全体同志，在实验室认可战线上辛勤工作，为中国的实验室认可事业发展做出了很大的贡献，在此一并表示感谢！

为了加强对全国认证认可工作的统一管理和有效监督，去年4月，党中央、国务院决定成立了国家认监委。党中央、国务院对这项工作非常重视，朱总理、邦国副总理、忠禹、吴仪国务委员等多次就此作了重要指示。今年2月，国务院办公厅又专门下发了《关于加强认证认可工作的通知》，进一步明确了认证认可的指导思想、主要任务和工作重点。为全面贯彻国务院办公厅《通知》精神，国家质检总局和国家认监委于今年4月联合召开了全国认证认可工作会议。吴仪同志在百忙中出席了大会，代表国务院到会做了重要指示。大会对认证认可工作作了全面部署，提出了全面建立国家认证认可工作体系的总体构想。

会后，国家认监委按照国务院领导的指示、国办《通知》精神和全国认证认可工作会议确定的工作目标，进一步加大了各项工作力度。其中重要的一项工作，就是对现有的认可机构进行调整，建立集中统一的国家认可机构。我们把国内原来的两套认可体系和相应机构进行了整合，撤销了原中国质量体系认证机构国家认可委员会(CNACR)、中国产品认证机构国家认可委员会(CNACP)、中国进出口企业认证机构认可委员会(CNAB)、中国实验室国家认可委员会(CNACL)、中国国家出入境检验检疫实验室认可委员会(CCIBLAC)、中国认证人员国家注册委员会(CRBA),整合成立了新的中国国家认证机构认可委员会(CNAB),中国国家实验室认可委员会(CNAL),中国国家认证人员培训认可委员会(CNAT)三个全国统一和惟一的国家认可机构。并成立了新的中国合格评定国家认可中心,作为负责上述三个认可委员会具体运作的实体,承担三个委员会秘书处的工作。

新的国家实验室认可委员会在遵循国际规范的基础上,吸纳了与实验室认可工作密切相关的各方代表,因此本届委员会的组成具有一定的广泛性和代表性。本届委员会还吸收了更多的政府部门的高级管理人员和高校、科研机构的学术权威,充分体现了国家认可的行政和技术权威性。相信新的一届实验室认可委员会一定能够更有成效地开展工作,把实验室认可工作推向新的高度。新的统一的认可机构的建立,标志着我国新的认证认可体制的创建工作取得了重大进展,为形成我国认证认可工作的新格局奠定了基础。为做好委员会成立后的各项工作,借这个机会,我讲几点意见。

一、要充分认识实验室认可工作的重要性

实验室认可是目前国际上通行的对检测和校准实验室的能力进行评价和正式承认的制度。实验室认可制度是国家认证认可体系的重要组成部分和基础条件。一定要从入世后应对国际竞争挑战、维护国家经济利益和安全、促进国民经济和社会发展的高度,充分认识做好这一工作的重要性。

(一)实验室认可是国际通行的对检测数据可信性的保障体系,是维护市场诚信的重要措施,是国家保证产品质量、规范市场、保护消费者利益的基本制度。

对社会出具公正数据的实验室的可信程度直接关系到人民的生活质量,关系到国民经济的运行质量和发展水平。尤其是在产品质量监督、工农业生产和流通、环境保护、国际贸易、医疗卫生、司法鉴定、地质、气象、教育科研、国防等与国民经济和社会发展密切相关的领域和行业内,实验室检测数据的质量保障体系更是必不可少。当今世界各国都非常重视实验室认可工作,目前所有发达国家都建立了自己的实验室认可体系,从80年代开始,随着实验室认可国际标准的发布和广泛应用,越来越多的发展中国家也相继建立了符合国家标准、导则要求的实验室认可体系。

规范的实验室认可制度是国家建立和实施标准化体系、计量体系和合格评定体系中必须具备的基础条件。在发达国家,实验室认可体系与计量体系、检测体系同被视为国民经济发展中重要的"技术基础设施"。据统计,在发达国家,出具社会公正数据的实验室绝大部分是经过认可的。实验室认可一方面可以促进实验室检测和校准结果可靠程度的提高,另一方面通过向社会公布公正、有能力的实验室,引导市场选择和采信数据。因此,实验室认可对社会上流通的检测和校准数据起到了有效的保障作用,同时也对国家量值溯源体系实施起到了重要的支撑作用。

随着我国市场经济体制的逐步发展和日益完善,对市场诚信的呼声日趋强烈。市场诚信的一个重要标志就是市场信息的客观性、准确性和可信性。检测机构出具的公正准确的数据是市场中不可缺少的基本信息。在实验室认可的有关的国际标准和导则中,对实验室公正性、诚实性进行了系统的阐述,提出了有针对性的措施要求。因此,实验室认可能够有效保证实验室的公正性,防止市场中流通数据信息的失真和歪曲,从而对维护社会诚信和市场秩序提供重要的支持。

(二)实验室认可能够提高检测技术水平和管理水平,促进技术进步和科技创新,从而有利于我国检测体系整体实力的提高和国际竞争力的加强。

实验室认可制度的核心是由权威的专业技术人员按照一定的标准和规范(如ISO/IEC17025)对实验室的技术能力和质量管理进行评价和判定,其评价过程对实验室提高管理和技术水平有着相当大的促进作用。为了满足认可要求,实验室必须在设备、环境设施、人员能力和水平、检测技术上达到相当的水平,因此,实验室认可制度的推行和发展,对促进检测和校准实验室的科技创新和提高管理水平有着不可忽视的作用。很多经过认可的实验室对此都深有体会,实验室认可不仅给他们带来了国际上先进的管理理念和具有实用价值的管理方法和技术,还带动了实验室科研水平的提高,很多课题研究和科研成果都是由实验室认可的要求而引发或直接导致,实验室认可在帮助实验室提高人员素质上的作用也十分明显。

反映实验室技术水平、管理水平和整体实力的最明显的标志和集中体现就是检测结果的准确度,据国际上权威机构的调查,经过认可的实验室的结果准确度要远远高于非认可实验室,充分说明实验室认可在促进实验室技术和管理水平提高方面具有不可替代的作用。

在现代国际贸易中，商品在国际市场上往往是伴随着合格评定结果或检测数据一起流通的，合格评定结果和商品本身一样，也有品牌效应和市场认知程度的问题，合格评定机构的权威性对商品在国际市场上的信誉度起着至关重要的作用。实验室认可对增强检测机构的国际竞争力至关重要。

（三）实验室认可是连接我国企业与国际市场的桥梁，是我国加入 WTO 后应对挑战的重要手段。

近年来，由于国际贸易发展中消除技术性贸易壁垒的呼声日益增高，实现检测数据的相互承认和互换，减少重复检验成为国际贸易中消除技术壁垒的核心问题。80年代以来，在 WTO 的促动下，各国的认可机构都按照统一的要求(ISO/IEC 导则 58)组织和运营，对实验室也按照统一的标准进行评价。在国际实验室认可合作组织的协调下，经过包括中国在内的各国实验室认可组织的努力，国际实验室认可多边互认也有了较大的发展。目前，加入国际实验室认可合作组织（ILAC）多边承认协议(MRA)的成员组织已经达到 41 个。获得认可的实验室的检测结果已经得到所有多边协议签署国市场的承认，实验室认可已经成为我国企业走向国际市场的桥梁。

加入 WTO 以后，我国经济发展融入全球经济一体化的过程将会大大加快，越来越多的企业将面临着在国际通行规则下参与国际竞争的严峻挑战。当今国际贸易发展形势表明，虽然贸易自由化成为国际共识，但贸易保护主义现象仍然十分严重。发达国家利用其经济和技术优势，不断设置和强化技术壁垒。实验室认可作为合格评定的基础条件，可以在国家认证认可工作体系的统一框架下，为社会和企业提供服务，为企业顺利进入国际市场铺路架桥。同时，作为认证认可工作的一部分，实验室认可可以作为技术屏障有效控制和调节国外产品进入国内市场，维护国家利益和经济安全。

二、充分认清实验室认可工作面临的客观形势

我国的实验室认可工作开始于由计划经济向市场经济过渡的特殊时期，经过有关部门的努力，从无到有，不断发展，在不长的时间内就取得了可喜的成绩，为国民经济的发展做出了较大的贡献。

原中国实验室国家认可委员会(CNACL)，和原中国国家出入境检验检疫实验室认可委员会（CCIBLAC)两个认可机构都加入了国际实验室认可合作组织(ILAC)的多边承认协议，得到了国际组织的承认。目前，经过这两套体系认可实验室的数量已经达到 857 家，其中还包括十多家境外实验室。认可实验室分布在工业、农业、国防、质量监督、对外贸易、地质、气象、科研、环保、医疗等所有主要行业，并涵盖了化学、物理、生物、材料、计量等所有技术领域。就认可实验室的数量规模和涉及范围而言，我国的实验室认可工作已经在亚洲处于领先地位。另外，两个实验室认可机构还培养了一支 2 000 多人的认可评审员队伍，为各行业和领域提供了高水平的实验室管理人才资源。两个机构为我国实验室认可事业的发展做了大量的工作，为提高我国实验室的技术和管理水平做出了很大贡献，也为我们进一步做好工作创造了良好的条件。当前，国际实验室认可工作的发展、认证认可管理体制的改革和工作机制的完善，党中央、国务院领导的重视和关怀、各部门的合力支持和合作，为我国实验室认可工作的发展创造了良好条件。我们要抓住机遇，认真总结过去的成功经验，大力推进我国的实验室认可工作。

在看到有利条件的同时，我们还应该清醒地认识到工作面临的严峻形势。首先，我国的实验室认可工作发展的体制环境还不够理想。由于我国仍处于经济体制转型时期，计划经济体制造成的部门分割、行业垄断问题并未完全消除，政府职能转变尚未完全实现，相关法律法规也还不能完全适应社会主义市场经济的需要和国际接轨的要求，因此，我国目前仍然存在着众多部门设立的各种实验室资质评价体系，重复评价的情况依然存在，对实验室国家认可利用程度还不够高，有的地方和行业甚至不承认实验室国家认可的评价结果，不支持实验室国家认可的工作。此外，我国有关实验室、计量管理的法律、法规中的有些不符合国际惯例的规定，与实验室认可采用的国际标准有冲突。这些外部因素在很大程度上制约了实验室认可事业的发展。

其次，我国的实验室认可工作的规模和发展速度还不能适应我国入世后的市场需求。据不完全统计，我国目前对社会出具公正数据的实验室超过 3 万家，其中已经纳入国家计量认证管理的就有 19 000 多家，而企业的实验室数量则更为庞大。相比之下我们认可的实验室所占的比例相当小，远远低于国际上发达国家实验室认可的发展水平。入世以后，我国面临的国际竞争将会日趋激烈，实验室认可作为各国利用合格评定建立自身技术壁垒并突破别国技术壁垒的基础设施，其普及程度决定着技术壁垒的规模是否充分和有效，如果我们没有足够数量的认可实验室为社会提供服务，我国企业在国际竞争

中就会处于不利地位。

第三，我国各地区间实验室认可工作的发展不平衡。由于我国地域经济发展水平的差异，我国的实验室认可工作发展的东西部差距也相当大，西部地区的认可实验室的数量不足东部地区的10%。

第四，认可实验室的结构不够合理，校准实验室认可的发展速度不适应要求。在目前已经认可的857家实验室中，校准实验室只有80多家，不足以为检测实验室提供经认可的校准服务。国际实验室认可合作组织已经决定在多边承认协议的量值溯源政策中加入为检测实验室提供校准服务的实验室必须经过认可的要求。这个问题不解决，将会直接影响我国实验室认可继续得到国际承认。

第五，实验室认可机构和队伍的自身建设有待加强，工作质量和技术水平有待提高。目前，我国实验室认可机构的规模和从业人员数量与国内市场需求以及国际先进水平相比还有差距。我们在国际上制订标准和政策的参与程度和影响力还不够大，我们在工作质量、认可的技术权威性、认可服务的多样性等方面也还有待于加强。

这些问题和差距的存在，需要我们高度重视，统一思想，通力配合，创造一个有利于实验室认可健康、有序发展的良好环境，并采取切实措施解决好存在的问题。

三、努力开创实验室认可工作的新局面

今年5月31日，江泽民总书记在中央党校省部级干部进修班毕业典礼上发表重要讲话，强调要高举邓小平理论伟大旗帜，全面贯彻“三个代表”要求，与时俱进，努力开创建设有中国特色社会主义事业新局面。同时强调：贯彻“三个代表”要求，关键在与时俱进。在新世纪新阶段，发展要有新思路，改革要有新突破，开放要有新局面。江总书记的重要讲话，是党的十六大开幕前的思想动员和理论准备，是指导我们当前和今后一段时期工作的重要理论依据。

实验室认可工作必须以江总书记5·31重要讲话为指导，按照国办《通知》精神，按照建立国家认证认可/合格评定工作体系的统一部署，以建立高效、集中、统一的实验室认可体系为核心，开拓创新，加快发展，不断提高工作质量和科技含量，不断拓展实验室认可工作的服务领域和业务领域，不断适应经济发展和对外开放的要求，把我国的实验室认可工作推向一个新的高度。

一是要围绕建设既符合国际通行规则又切合中国实际、统一完善的国家认证认可/合格评定工作体系的总目标，制订具体措施和规划，调动各方力量，推动实验室认可工作的持续、快速发展。

在今年召开的全国认证认可工作会议上，我们确定了我国认证认可工作发展的分三步走的战略，第一步的目标是：大约用一年的时间基本建立适应认证认可需要的工作制度，实现国家认可的集中统一，完善国家强制性认证制度，整顿和规范认证市场，推进认证机构改革，构筑起体系的基本框架和基本工作程序。第二步目标是：用三年的时间，基本完成体系的建设工作，适应认证认可工作需要的法规体系基本完善，完善有效的政府宏观调控与监管，高效、集中、统一的认可制度，强制和自愿并存的认证制度，注册、培训、咨询等有序运行的工作体系。第三步目标是：认证认可体系的功能有效发挥，体制顺畅、结构合理，满足国家利益、适应经济发展和对外开放的需要，使我国认证认可的/合格评定水平位于世界前列。实验室认可工作首先要围绕这一战略目标，制订具体的发展规划和工作计划，有关部门应密切配合，共同推动实验室认可工作的改革发展。

二是要建立有利于实验室认可发展的与国际通行规则接轨的法律法规体系，将实验室国家认可制度的建立、发展和使用纳入法制化的轨道。

我国目前法律法规体系还不能完全适应建设社会主义市场经济的要求。加入世贸组织后，为履行成员义务和兑现承诺，我们在经济运行方式的许多方面都要作出重大调整，这些调整都应该通过法律法规的变更来实现。在实验室和检查机构的管理方面，我国现行的制度和法律法规与实验室认可制度还存在着不协调的地方，对建立和实施国家统一的认可制度构成了一定的阻碍。我们要及时调查研究，对我国现行的与实验室、计量管理有关的法律法规，凡是不符合WTO要求，不符合国际通行规则，不利于建立统一的国家认可制度的部分进行修改和调整。

实验室认可的结果除了满足市场需求外，还应得到国家机构，包括国家行政管理部门、行政执法部门和司法部门的承认和利用，这也是我们建立实验室国家认可体系的一个出发点。在法制化的社会里，国家机构对实验室认可的利用应通过法律法规来明确。目前，许多发达国家都制订了相应的法律法规，要求从事与安全卫生、环境保护、反欺诈等特定工作的实验室必须获得认可，这方面的工作必须加强。同时，我们还要从如何保护我国的检验市场，防止不规范的国外检验机构进入我国，扰乱我国市场秩序，损害我国经济利益的角度，发挥实验室认可制度的作用，建立合理的技术性措施。

三是要强化实验室认可工作的统一管理和实验室资质评价制度的协调一致，减少重复评价，形成工作合力。

国家投入大量资源建立实验室国家认可制度，主要目的就是为国家机构和市场选择、使用实验室提供一个权威、统一、可靠的公共平台。充分发展和利用这个基础设施，可以满足全国各行业、各领域对实验室资质评价的需要，为社会节约大量的成本。实验室认可机构应该是我国实验室评价的权威技术机构，其评价结果和技术资源应为全社会共享。但是，由于我国长期以来在计划经济体制下形成的部门分割、行业垄断的痼疾，使得实验室资质评价工作很难统一，存在着政出多门、部门封锁、互不承认、重复评价的现象，各种评价制度名目繁多，评价尺度掌握不一，评价质量不尽人意。这个问题不仅会增加社会成本，加重企业负担，还会影响我国的国际形象和投资环境，影响我国合格评定体系在国际上的可接受性。因此，我们一定要强化统一管理，加强各部门之间的沟通与协调，逐步统一评价制度，消除重复评价现象。

一方面，要大力发展规范的实验室认可体系，增加实验室认可的普及率，为社会提供更多的经认可的实验室，另一方面，也要采取措施消除已经存在的重复评价现象，并要防止出现新的重复评价制度，提高实验室认可结果的使用率。认监委应发挥主导作用，加大协调力度。实验室认可委也要加快发展，扩大规模，满足需要，并提供良好的服务，和做好宣传工作。有关部门应站在国家利益的高度充分认识建立统一的国家认可制度的必要性，积极参与国家认可制度的建立和推行，充分利用实验室认可的结果。

四是要适应建设社会主义市场经济的要求，利用与国际接轨的优势，吸收别国的先进经验和技术，不断发展创新，开拓前进，使我国的实验室认可工作达到新的水平。

我国的实验室认可工作经过多年的努力，已经实现了与国际接轨，得到了国际承认，但这并不意味着我国的实验室认可工作就已经与发达国家没有差距，也不说明我国的实验室认可工作已经满足建设社会主义市场经济的需要。面对入世后的新的形势，一定要坚持与时俱进的精神，形成发展的新思路、改革的新突破，使工作达到一个新的水平。

近年来，随着科技进步和质量管理体系的推行，国际实验室认可在深度和广度上发展迅速，认可技术要求越来越高，认可工作的领域也日益扩大，出现了许多新的业务领域，如能力验证提供者的认可，标准物质提供者的认可等，我们要充分利用与国际接轨的优势，追踪国际发展趋势，学习发达国家的先进经验，取人之长，为我所用。应该瞄准国际发展趋势，不断拓展新的业务领域，丰富实验室认可工作的内涵，更好地满足不断增长的市场需求。要大力发展校准实验室的认可，以满足检测实验室的需要，并促进我国校准市场的正常有序发展。当前，检查机构的国际互认工作已经展开，我们要密切注意国际发展动态，作好相应准备。

五是要坚持以质量、信誉和服务为本，不断提高自身的管理水平和技术含量，充分体现国家认可的权威性。

质量和信誉是实验室认可工作的生命线，是权威性的基础，实验室认可必须坚持客观公正、科学规范、权威信誉、廉洁高效的工作方针，在发展规模的同时要坚持不懈狠抓工作质量，提高服务水平。要切实遵循国际规范，加强内部管理，注重人才培养和队伍建设。当前，要特别注意提高评审工作质量，加强评审工作的技术含量，注重对实验室技术能力的评审，大力开展能力验证工作。要加强对实验室认可新技术的开发与研究，为我国实验室认可发展增强后劲。

作为一项国家的基础科技设施，实验室认可工作不是哪一个部门的事，而是需要全社会各行业、各部门的共同参与推动，密切配合才能搞好的系统工程。希望各有关部门积极支持，密切配合。共同推动这一工作。

同志们，实验室认可工作正处在一个改革和发展的关键时期，我们的事业任重而道远。我们一定要以江泽民总书记'三个代表"的重要思想为指导，在党中央、国务院的正确领导下，进一步解放思想，开拓创新，与时俱进，以贯彻国办《通知》为契机，开创实验室认可工作的新局面，以出色的成绩迎接党的十六大的召开。

谢谢大家！

2002年7月4日

科技部邓楠在中国实验室国家认可委员会成立大会上的讲话

各位委员、同志们：

中国实验室国家认可委员会今天正式成立了，这是我国加入WTO、适应社会主义市场经济体制发展需要所采取的一项重要措施。在此，我谨代表第一届管理委员会及我本人，对中国实验室国家认可委员会的成立表示祝贺；对长期关心和支持我国实验室认可工作、来自各有关部门、各地方和各方面的委员及代表表示欢迎和祝贺。

前面王凤清主任和夏铮铮副主任已就中国实验室国家认可工作的现状及未来做了全面报告，下面我就开展实验室认可工作谈几点具体意见。

一、 在新形势下进一步加强实验室认可工作具有重要意义

加入WTO，使我国能够在更大范围和更深程度上参与经济全球化，这对我国经济、社会、科技等方面的发展都会产生重要而深远的影响。一方面随着市场经济体制的不断完善，以及国际竞争的进一步加剧，有效规范市场行为的问题日趋突出；同时企业的生存发展与在国际通行规则下的认可程度息息相关，企业迫切需要为他们参与国际竞争创造相关的条件和渠道，提供国际认可的标准检测及校准计量；突破国外技术性贸易壁垒，制定我国必要技术性贸易措施，也是利用国际规则维护国家权益的重要体现，而对检测和核准实验室的能力进行评价和正式承认的实验室认可制度，正是解决这些问题的有效渠道，实验室认可可以提供客观的支撑和保证。另一方面，实验室的发展离不开科学技术，实验室的测试方法、管理手段均以先进科学技术为依托，因此通过实验室认可工作的开展，可以帮助实验室提高科学管理水平，提高技术能力，增强市场竞争力，促进实验室科学、公正、准确、高效地为社会提供服务。当前，实验室认可的重要性已逐步为人们所认识，如何满足社会进步与发展对实验室认可提出的更多需求，是摆在我们面前需要集中精力，深入研究和解决的问题。为积极应对我国加入WTO所带来的机遇和挑战，满足社会主义市场经济发展的需要，科技部研究提出了实施人才、专利和技术标准三大战略，在组织实施的十二个重大科技专项中安排了重要技术标准研究专项，并正在与质检总局等部门共同组织实施，主要的目的是要研究制定出我国技术标准发展战略，建立起适合我国国情的技术标准体系，包括技术标准研制发布、计量认可及检测等相关方面。

二、积极探索，努力提高实验室认可工作的水平

我们必须清醒地认识到，实验室认可活动直接影响到市场的规范化运行，企业参与国际竞争能力的提高以及国家权益的合理保护等国家发展中的重大问题，责任重大，因此，我们必须从完善实验室认可体系建设的角度出发，加强规范化管理。要想使实验室认可工作达到科学、公正和规范，首先实验室认可委员会自身就要提高认可水平，除组织实验室的具体认可工作外，还要研究一些问题，特别是加强认可标准的研究，使认可工作建立在科学规范的基础上，提高认可的科学性；第二，要完善和规范实验室认可的管理，强化自我约束机制；第三，要认真履行国际通行的实验室认可标准，建立和稳定一支高素质、高水平的认可队伍，并具备科学的认可手段及认可能力，确保我国实验室认可事业的良性发展。

三、加强管理、规范行为，确保认可质量

我们知道，实验室认可就是目前国际上通行的对具有检测和校准(计量)功能实验室的能力进行评价和正式承认的制度，是各国对检测数据的可信性采取的基本保障措施。由于对社会出具公正数据的实验室其可信程度直接关系到国家经济发展以及人民的生活质量，因此实验室认可的质量至关重要。实验室认可委员会对外要建立和完善与国际通行标准、准则和要求相一致的实验室认可制度与运作体系，制定和执行相应规则，要严格按照相关标准与要求加强管理，高质量、高效率地组织实施实验室认可工作。认可的申报程序要公开、透明；认可的评审规程要科学、公正，必须严格把关，提高认可的有效性。对经过认可的实验室，要加强服务和监督管理，确保认可后的实验室能够向社会，包括企业界提供高质量和高水

平的检验检测及校准结果，提高结果的可靠性和有效性。

四、加强国际合作与交流，整体推动实验室认可工作

实验室认可活动本身就是一项国际性的活动。目前，加入国际实验室认可合作组织多边承认协议的成员组织，包括中国在内达到了41个。随着世界经济全球化的发展，实验室的认可工作将会受到更加广泛的关注，其认可的范围和领域也将会随着科技、经济的发展而拓宽，我们必须积极地开展更为广泛的国际合作与交流，参加相关国际活动。一方面，要借鉴国外成功做法与先进经验，提高我国实验室认可工作在国际上的水平和地位；另一方面，也要结合我国自身特点，研究建设符合中国国情和特色的实验室认可体系，并在国际上发挥影响作用。

五、扎实工作，努力为推动我国实验室认可工作做出贡献

实验室认可活动是一项重要的基础性工作，在我国已经有了比较好的基础。今天，新的中国实验室国家认可委员会第一届管理委员会的成立更是说明了政府对这件工作的重视程度。新一届委员会应当在原中国实验室国家认可委员会及原中国国家出入境检验检疫实验室认可委员会工作的基础上，按照国家认证认可监督管理委员会的要求，建立起实验室认可的标准规范，严格组织认可活动，加强高素质队伍建设，高起点地开展工作。实验室认可委员会要多研究和思考一些问题，共同关心实验室认可事业的发展，并在工作中不断总结经验，及时发现问题并提出意见和建议。认可委员会的委员们也要结合本部门的特点和具体工作，积极发挥作用，共同推动实验室认可工作的新局面。

同志们，新一届管理委员会已经正式成立了，我们的工作还要依靠国家质检总局及国家认证认可监督管理委员会的领导，还要依靠在座的委员会全体委员以及办公室成员的努力和辛勤工作。科技部也将一如既往地支持实验室认可工作，特别在实验室认可的科学技术水平和支撑手段方面给予重点支持。应该说，在实验室认可方面，我还是一名新兵，对有些情况还不十分了解，但我相信，在大家的齐心努力下，在各有关单位的关心和支持下，实验室国家认可工作一定能够得到更加科学、规范的发展，并取得显著成绩。

谢谢大家。

2002年7月4日

国家认监委程方在全国出口食品卫生注册工作会议上的发言

这次出口卫生注册工作会议，是自2001年国家质检总局及国家认证认可监督管理委员会组建以来，召开的第一次进出口卫生注册工作的专题会议，也是出口卫生注册工作第七次会议。国家认监委主任王凤清同志将代表国家质检总局领导到会做重要指示。

这次会议，我们委托河南出入境检验检疫局协办，并得到了全局上下的大力支持。在此，请允许我代表与会的全体同志和认监委对河南局的领导和同志们表示衷心的感谢。

这次会议的主要任务是，总结我国出口卫生注册登记工作经验，研究贯彻2002年全国认证认可工作会议精神，积极应对国内外食品质量卫生安全严峻形势的挑战，努力开创新时期卫生注册工作的新局面。下面就进出口卫生注册工作讲以下三个问题，与大家共同研究和探讨。

一、我国进出口食品卫生注册工作的回顾

（一）国际卫生注册制度的兴起。20世纪60年代起，欧美、日本等国在加强进口食品检验的同时，相继制定了针对肉类食品和水产品加工过程卫生条件控制的卫生注册许可制度。欧共体1964年制定了《关于鲜肉生产和销售的卫生管理》(64/433/EEC指令)，日本70年代初期重新修订了《日本食品卫生法》，规定“饮食业，以及对公共卫生影响较大的企业，必须达到政府规定的卫生标准，并且取得许可证”，联合国粮农组织与世界卫生组织下设的食品法典委员会(CAC)80年代初发布了要求世界各国共同遵守的《食品企业卫生通用指南》，强调对第三国食品卫生的监督管理。原德国、英国、荷兰等一些欧洲国家开始对由中华人民共和国进口的肉类食品加工厂实行了上

述注册制度。

(二)我国对外出口注册工作的开始。70年代初,我国商检部门首次向联邦德国提交了24个国营肉食品加工厂名单及出口注册代号(山东对欧盟的兔肉注册代号"0052",就是自那时启用的,一直使用到1997年)。1983年初,原德国派兽医首次到我国检查在德注册的肉食品加工厂,在检查中发现工厂的卫生条件不符合该国有关法令,取消了我在德注册的24家肉食品加工厂注册编号。经商检部门反映,在国务院和国家经委、商业部、财政部支持下,国家拨专款对重点出口肉类食品加工厂进行了技术改造。1985年,原德国同意经过改造的加工厂恢复注册。

(三)出口注册制度的建立。为了保证我国出口食品质量和卫生,满足进口国卫生注册登记制度的有关规定要求,根据《商检条例》(1984年1月24日国务院发布),原国家商检局会同卫生部于1984年7月16日联合发布了《中华人民共和国出口食品卫生管理办法》,该办法借鉴了国外的主要是欧洲国家对我国出口肉食品加工厂进行注册许可管理的方式、方法。《办法》规定:国家商检局和各地商检机构,对出口食品的加工厂、屠宰场、冷库、仓库(简称出口食品厂、库)和出口食品进行卫生监督和检验,并实施出口食品厂、库卫生注册登记制度。这是建国以来第一个出口卫生注册的行政性规章。同年10月15日,原国家商检局又发布了《出口食品厂、库卫生注册细则》和《出口食品厂、库最低卫生要求》两个规范性的文件,对13类出口食品生产企业实行卫生注册制度,对上述以外的其他出口食品厂实行卫生登记制度。召开了第一次出口食品卫生注册工作会议,部署在全国范围推行出口食品卫生注册制度。我国出口卫生注册工作由此开始实施。

(四)出口注册制度的完善和发展。1994年,原国家商检局在广州召开了第六次出口食品卫生注册工作会议,会议根据当时国际食品卫生形势以及发展趋势,针对我国出口食品厂、库的条件变化和国外对我出口食品的不同的注册要求,对《出口食品厂、库卫生注册细则》和《出口食品厂、库最低卫生要求》进行了第一次修订。于同年11月14日发布了修订后的这两个规范性文件,随后又出台了《出口水产品加工企业注册卫生规范》等9个有关注册登记标准和程序方面的规定。1997年10月,国务院颁布了《商检法实施条例》。《条例》第39条提出:"国家对出口食品及其生产企业(包括加工厂、屠宰场、冷库、仓库,下同)实施卫生注册登记制度","实施卫生注册登记制度的出口食品生产企业,必须向商检机构申请卫生注册登记,经国家商检局核准后,方可生产、加工、储存出口食品","出口食品生产企业需要在国外注册的,依照前款规定经注册登记后,报国家商检局统一对外办理"。在行政执法和查处、处罚方面,第41条提出:"经卫生注册登记的进出口商品的生产企业,经检查不符合规定要求的",报经国家商检局"撤销其卫生注册登记";第50条和第53条分别提出:"违反《商检法》或者本条例规定",出口"属于卫生注册登记制度"而"未经卫生注册登记的商品的","由商检机构根据情节轻重给予通报批评、警告或者暂时停止报验,并可以处以有关商品总值百分之一以上、百分之五以下的罚款","情节严重,造成重大经济损失,构成犯罪的,对直接责任人员依法追究刑事责任。"《商检法》和《商检法实施条例》的发布,为卫生注册登记工作提供了法律保障和执法依据。为1995年《食品卫生法》的修订中界定商检部门与卫生部门在出口食品卫生的监督管理职责分工,奠定了重要的依据。

1994年起,全国各地商检机构以及后来的出入境检验检疫机构对辖区内的卫生注册和登记企业进行了清理整顿,重点结合迎接欧盟兽医来华考察,开展了注册工厂的卫生设施、厂区环境、检验条件、记录系统的整改,使工厂接近或达到了同类国内工厂的先进水平。在1994年至2000年期间,欧盟先后多次派兽医代表团考察我国山东、辽宁、上海、浙江、江苏、吉林、四川、河北、广东等9个省市的出口肉类、水产品、肠衣加工厂,开放了中国这些省、市对欧盟的兔肉和鸡肉的出口;将中国水产品列入了"欧盟第一类可进口水产品的第三国名单"(2000/86/EC决议),批准原国家商检局推荐的所有水产品加工厂、加工船和冷冻船在欧盟注册;批准了中国100多家肠衣加工厂在欧盟注册。这些可以看作是欧洲国家对我国出口食品卫生注册制度成效的一次肯定。

(五)出口注册制度的特点。我国的卫生注册管理体系制度,是在充分参考了世界卫生组织、兽医组织和发达国家提出的有关食品生产的卫生管理标准的基础上,结合我国出口食品生产加工企业管理的实际形成的具有中国特色的"出口食品良好操作规范"(中国出口食品的GMP)。

第一,对生产、加工、储存出口食品的厂库环境卫生、厂库设施卫生、原料辅料卫生、人员卫生、生产加工卫生、包装储运卫生和卫生检验管理等七个方面制订了卫生要求。

第二,卫生注册人员直接参与工厂的新建、扩建、改建工程的选址、设计的卫生审查和工程验收,会同并指导工厂按照卫生要求和国外注册条件进行工厂建设。

第三，卫生注册的工作重点，坚持了与时俱进，从注重工厂的硬件建设转到了硬件与软件建设相互兼顾，把企业质量卫生安全工作方针、质量管理制度的有效运行，一并纳入了注册工作范围。

第四，既从大处着眼，又从细节着手。帮助企业完善工艺记录系统，为企业培训质量卫生管理和质检人员，帮助企业满足注册要求。

（六）出口注册制度的成就。我国出口食品卫生注册制度的实施，为规范出口食品生产企业的卫生管理，保证食品的卫生质量，保护中外消费者的健康，促进食品出口起到了积极的作用，出口食品生产企业的卫生管理水平不断的提高，获得卫生注册登记的出口食品生产企业逐年增加。截止到 2001 年底，除西藏自治区外，全国 30 个省、自治区和直辖市获得出口卫生注册、登记的企业共 9 163 家，涉及 18 类出口食品及出口陶瓷。注册登记企业的数量在 200 家以上的省、市有：山东省 1 401 家、广东省 1 384 家（不含深圳市和珠海市）、福建省 713 家、浙江省 698 家（不含宁波市）、江苏省 649 家、辽宁省 485 家、河北省 409 家、湖南省 403 家、上海市 284 家、云南省 283 家、宁波市 269 家、天津市 224 家等 12 个省市。我国共有 3 876 厂次获得了 27 个国家（地区）主管当局的注册许可。这些数字表明我国出口食品企业的数量发生了巨大变化。

各地出入境检验检疫机构重视卫生注册工作。山东、江苏、浙江、广东、北京、河南、福建等局的认证监管处（法制认证综合处、认证与科技处）积极发挥卫生注册工作的统一规划、管理、监督和综合协调职能作用，与本局食品检验、动植物检验等职能处室密切合作，统一安排评审员进行评审和复查，组织异地评审，保证了卫生注册工作的质量。辽宁、天津、宁波等局对注册企业实施了动态管理，及时对不合格企业采取吊销、注销措施，实现了企业的优胜劣汰，使整个地区的注册企业的卫生水平得以保持。河北、山东、湖北等局重视卫生注册人员和企业质量管理、卫生管理及质检人员的培训，有效地提高了各类人员对卫生注册登记工作的认识和业务能力。上海、山东、福建、浙江等局的局领导重视卫生注册工作，为注册工作部门配备了素质较好的干部，使本局的卫生注册管理人员和评审员队伍始终保持着一定的实力，顺利完成迎接国外来华检查的任务。山东局、中国商检技术研究所主动收集国内外有关食品卫生要求、注册细则、卫生规范和各种检查表格，翻译整理了大量的相关外文资料，汇编成工具书和参考书下发给所属单位和本省企业，指导卫生注册工作。陕西、厦门、四川、上海、河北、山东、河北、辽宁、浙江、天津、福建、江西等局积极支持认监委的工作，经常抽调骨干担当全国性培训任务的培训教师、陪同外国专家在华检查、参加国内异地评审和在认监委帮助工作，既出力又出钱。

国家质检总局及认监委组建后，在总局长江局长、志荣副局长和凤清主任的关心与大力支持下，注册管理部组织了专家对实行了近 8 年的《出口食品厂、库卫生注册细则》和《出口食品厂、库最低卫生要求》进行了第二次修订。这次修订贯彻了江泽民总书记提出的“三个代表”的重要思想，借鉴了 GMP、SOP、ISO9000、HACCP 等国际通行的食品质量、卫生、安全管理的规范、指南、导则，总结了我们以往卫生注册工作的实践经验，提出了较为切合实际的卫生注册“现场管理”要求，坚持了留“长”补“短”和与时俱进的原则，突出了对卫生注册管理质量的要求，以适应当前日益尖锐的国际国内食品安全卫生形势和激烈的国际贸易竞争的需要。

（七）进口注册工作情况。我国是从 2000 年起开始对进口食品国外生产企业实行卫生注册制度的。在原国家出入境检验检疫局及质检总局领导和有关职能部门的支持下，总局于 2002 年 3 月 14 日发布了第 16 号令《进口食品国外生产企业注册管理规定》。至今为止，原认证监管司及认监委已先后派出评审组对加拿大、乌拉圭、阿根廷、丹麦等 4 个国家申报的食品屠宰加工企业进行了兽医卫生体系和公共卫生体系的评估，对其中的 53 个企业进行了卫生注册现场评审，对外准予注册了牛肉、猪肉和肠衣等加工企业 41 家。今年，认监委还计划派出评审组赴澳大利亚、新西兰评审其申请注册的企业。

回顾我国出口卫生注册工作从无到有、注册管理体系制度从引进到完善提高、注册人员队伍由小到大的前进历程，无一不凝聚着几代出入境检验检疫卫生注册工作者的心血和汗水。正是他们一丝不苟、坚持不懈，勇于进取的努力，才使我国出口食品卫生注册工作经受住了数十个国家（地区）的近百次的实地考察和检查，为我国对外开放事业，扩大农产品和食品的出口创汇，发展地方经济，增加农民收入，做出了不可磨灭的贡献。

二、当前我国卫生注册工作面临的形势

我国出口食品卫生注册登记制度建立并施行至今已经有 18 个年头。这 18 年正是我国改革开放深入发展、变化最大的时期，出口食品对拉动地方经济、调整农业产业结构、增加农民收入方面的作用日益显著。但是，我们面临的形势也相当严峻。

(一)国际食品卫生安全动向及对我国出口食品质量卫生安全的要求

1、对外注册企业的国别分类。2001年底,我国出口食品生产企业国外注册累计3 876厂次。其中:欧盟498厂次,占12.8%;日本1 086厂次,占28%;美国911厂次,占23.5%;韩国869厂次,占22.4%;俄罗斯183厂次,占4.7%;波兰114厂次,占2.9%;加拿大67厂次,占1.7%;新加坡56厂次,占1.4%;斯洛伐克56厂次,占1.4%;瑞士21厂次,占0.5%;马来西亚9厂次,占0.2%;以色列、南非各3厂次,各占0.08%。

对外注册企业的食品分类。水产品2 471厂次,占63.8%;肠衣242厂次,占6.2%;禽肉及制品232厂次,占6.0%;红肉及制品200厂次,占5.2%;罐头142厂次,占3.7%;小食品91厂次,占2.4%;烤鳗76厂次,占2.0%;兔肉13厂次,占0.3%。另外,陶瓷395厂次,占10.2%。

部分食品出口情况(海关统计)。2001年,水产品出口154万t,占71.4%;肠衣出口5.1万t,占29.4%;冻鸡出口35.09万t,占16.2%;鲜、冻猪牛肉出口12万t,占5.5%;鲜、冻兔肉出口3.3万t,占1.8%;烤鳗出口7.3万t,占3.4%。

2、与我有贸易关系的国家对华注册的情况。

(1)对欧注册步履艰难。我国是世界上主要的禽肉生产大国之一。过去曾向一些欧洲国家出口过鲜家禽肉。1994年以来,欧盟为进口我国鲜家禽肉和兔肉先后5次派兽医来华检查。

欧盟委员会在1994年将中国列为允许进口鲜家禽肉的第三国名单(94/85/EC决议)。1995年10月,欧盟兽医对我国部分省市进行了考察,认为山东省和上海市的部分地区符合欧盟94/984/EC决议条件,允许进口。但时间不长,1996年4月欧盟兽医再次来华考察,因我国存在新城疫问题,作出了96/456/EC决议,决定自1996年8月1日起禁止从中国进口鲜家禽肉。1997年7月,欧盟兽医应邀来我国考察,全面了解了中国的兽医结构和疫情报告,检查禽肉和兔肉加工厂的改进情况,认为我国在新城疫检测、禽肉的卫生标志、工厂代号、检验检疫证书签发、加工厂遵守欧盟《关于鲜家禽肉生产和市场销售卫生问题的71/118/EEC理事会指令》及修正指令等方面存在问题。在这次考察虽然未给予鲜家禽肉的注册,但对我国兔肉给予了注册(山东省3家肉加工厂,97/871/EC决议,后修改为97/467/EC)。1998年1月,原国家出入境检验检疫局致函欧盟向其推荐新的兔肉加工厂时,欧盟以中国不符合其“预注册名单”的程序要求为由(95/408/EC决议),拒绝给予新兔肉加工厂注册。

1998年9月,欧盟兽医又一次来华考察,这次考察改变对单个工厂进行考察并注册的方法,继续全面评审中国全国动物健康和公共卫生状况(贯彻欧盟71/118/EC、91/494/EC、91/495/EEC[欧共同体理事会关于兔肉及野味肉生产卫生问题和卫生检验规定] 等指令的控制能力)、疫情状况、工厂生产加工过程、产品卫生标志、兽医卫生证书签发的情况。重点考察:(1)鲜家禽肉产品执行94/494/EC指令(家禽卫生状况)、94/984/EC决议的情况(从第三国进口鲜家禽肉动物卫生条件);鲜家禽肉加工厂执行71/118/EEC指令要求的情况(鲜家禽肉生产卫生条件)。(2)兔肉的残留监控计划是否符合96/22/EC决议(激素残留)、96/23/EC决议的情况(各种残留);兔肉加工厂是否符合91/495/EEC指令的情况(兔肉生产卫生条件)。(3)考察了解中国的兽医机构和出口动物产品检验检疫机构的职能、组织结构及相互关系。1999年10月,欧盟兽医又来华专程考察中国动物源性食品的残留监控计划的实施情况。2000年初,欧盟委员会通过了2000/352/EC决议,撤销其1996年作出的96/456/EC决议(禁止从中国进口鲜家禽肉),352号决议指出:中国山东省的青岛、潍坊、临沂和上海市(崇明岛除外)的兽医卫生符合欧盟的要求,这些地区生产、加工的鲜家禽肉符合向欧盟出口的条件。由于352号决议没有给出对欧的具体注册编号,该决议只能视同其是一个意向性的对鲜家禽肉的解禁。2001年5月,欧盟才以97/871/EC决议给予我14家鲜家禽肉加工厂注册。同时也同意(修改了97/871/EC决议的附件)给予我向其推荐的10家兔肉加工厂注册。但是到了2002年1月30日,欧盟以中国出口的禽肉、兔肉、水产品(远洋深海捕捞鱼除外)和蜂蜜含有氯霉素(2002/69/EC决议),全面停止了上述产品的进口(肠衣仍可进口)。今年6月10日,欧盟同意对中国在公海捕捞的鱼、大西洋甲壳类动物、阿拉斯加深海鱼、鳕鱼等解禁。7月14日,同意蓝鳕、大比目鱼、头足纲动物(章鱼等)共9种鱼及产品可对欧盟出口(2002/537/EC决议),但欧盟要抽检20%,至2002年9月30日。

(2)对美注册在艰难维持。我国对美出口且需注册(HACCP验证)的产品主要有水产品(热加工的贝类产品,冰鲜鱼、虾、蟹),果汁、蔬菜汁和蔬菜罐头(蘑菇罐头)等。美国食品药物管理局(FDA)自1997年12月起在水产品和果汁和蔬菜汁的卫生管理推行“危害分析与关键控制点”(HACCP)方法，并须接受美国FDA的官方验证。美国在水产品行业推行HACCP管理；自2002年2月起，在果汁、蔬菜汁行业推行HACCP管理。由于我国卫生注册部门提早开展了此项工作，赴美参加了FDA组织的国内培训，回国后又组织了普及性培训，美国FDA来华检查对我们的工作表示满意。目前，全国通过出入境检验检疫机构的HACCP验证的输美食品生产企业516家。我国水产品和果蔬汁没有因HACCP问题而影响出口。

近一时期，美国一些州相继检测出我输美水产品含有有害物质，但在中国实地检查时却很难发现，引起了美FDA的怀疑和警觉，要求中国有关部门提供中国水产品养殖水域情况的报告。

(3)对日、韩注册干扰因素不断。我对日注册，目前仍维持出口的有热加工的偶蹄动物熟肉制品，中国现有90家加工企业得到日方注册。鲜家禽肉及制品因禽流感和新城疫问题已在2001年被日方停止进口，经过做工作，现恢复出口。但今年又有一些企业的产品因检疫问题被停止进口。

对韩注册，目前主要是水产品。存在的问题是水产品(鱼、螃蟹)中的金属异物(铅块、钢筋头等)。

(4)对俄罗斯注册不确定因素多。俄罗斯希望进口中国肉类，但又时常以疫病为由，停止我国肉类进口。今年3月初，俄兽医局借口我未及时答复其128家过去曾向俄出口过猪肉的加工厂和派员来华检查我国出口猪肉加工厂的要求，以欧盟禁止进口中国动物源食品为由，宣布暂停进口中国的猪肉。经我方紧急做工作，邀请其高级官员来华访问，才宣布取消禁令。随后派员以“共同检查”的名义逐一检查了我111家加工厂，在由我国企业承担全部在华费用的基础上，边查边向企业要“费用”，多则两三万元，少则两三千元。此举还“惊动”了国务院领导和外经贸部领导。

纵观国外对我国出口企业注册的情况，反映了国际食品卫生安全形势和卫生监控的趋势。

第一，食品安全已经成为世界性问题。二恶英、疯牛病、O-157，以及致病性微生物引起的食源性疾病，不仅给各国人民的身心健康造成严重危害，也给经济的发展造成了严重损失。美国FDA疾病控制中心提供，美国每年大约有7000万~8000万人患食源性疾病，其中32.5万人住院治疗，5000~9000人死亡。食源性疾病造成的卫生和经济负担相当大，不仅造成直接的卫生负担，还包括因丧失工作日和劳动力导致的生产力方面的负担。美国因每年的食源性疾病的负担高因此达75亿美元。

西方发达国家对食品安全问题越来越重视，强化了对疫情、禁用(限用)农、兽药、激素等物质及环境污染的监控和查处力度，不仅对外国(包括中国)查得严，对本地区同样严。据最新报道：7月5日，荷兰农业部在猪饲料中查出禁用的生长激素MPA，决定对29个养猪场进行监控；7月9日，比利时食品安全署在两家比利时公司生产的软饮料中发现有MPA。经调查，均与比利时一家公司有关，怀疑其向荷、比提供了被MPA污染的饲料和糖浆。欧盟食物链及动物卫生委员会要求荷、比两国从市场上回收相关产品，要求荷兰屠宰所有食用被污染的猪，立即公布养猪场和饲料企业的完整名单，必须随时通报所有检测结果。还要求爱尔兰当局也进行调查。

第二，国际社会对我国食品安全状况的普遍关注。欧盟今年1月对中国动物源性食品的禁令引起全球关注，尤其是查出中国262个集装箱中的63箱水产品有氯霉素，荷兰海关就地销毁，引起了连锁反应。中国输美水产品虾和小龙虾也被美国检出氯霉素严重超标。中国输日的蔬菜、肉品在日本不断被检出农药残留严重超标。

2001年，原国家出入境检验检疫局、质检总局及认监委共接待了来自7个国家共19次检查（其中日本9次、韩国3次)。2002年上半年，认监委接待并参与接待了来自5个国家7次检查，其中：韩国2次——禽流感、水产品；日本2次——禽流感、蔬菜残留；俄罗斯1次——红肉及制品(历时近2个月)；美国1次——贝类及水产品；菲律宾1次——禽肉。每次检查目的性和针对性都很强。

第三，技术性贸易壁垒正在成为一些国家捍卫本国利益的主要手段和做法。随着包括卫生与动植物技术性贸易措施壁垒的广泛采用，发达国家间的贸易摩擦已经由关税转向非关税及安全、卫生、检验检疫技术标准的争端。一些国家无视WTO/SPS协议确定的“卫生和植物检疫措施的实施不应对国际贸易构成变相限制”的原则，采取各种隐蔽性较强、透明度较低、不易监督和预测的保护措施，保护本国生产者和生产企业利益。

第四，反映了国际食品卫生安全控制措施的趋势，即采取综合性的卫生监控措施。这些措施，包括：

——风险评估与风险管理。对食品中的添加剂、污染物、毒素或致病有机体对人类健康的潜在不利影响的风险状况的评估；对食品企业市场准入前进行调查监控。

——生产过程和加工方法的卫生安全条件的检查与许可。要求生产企业实施良好操作规范(GMP)、标准操作规范(SOP)、卫生标准操作规范(SSOP),建立危害分析与关键控制点(HACCP)等;提出食品企业的生产过程和加工方式的卫生安全条件,并进行检查、认可或注册。

——规定最终产品的卫生标准及技术指标。

——规定食品的包装要求和标签要求。

——检验、出证和批准程序。

——一旦发现食品卫生安全隐患,立即采取紧急、严厉且极端的措施,把危害控制在极小的范围内。过去那种协商式、怀柔式的处理方式已一去不复返了。

第五,食品卫生安全问题越来越显示出是一个关乎政府信誉的政治问题和社会问题。日本去年发生疯牛病,该国农林水产省的一位副大臣因此引咎辞职。中国消费者协会的一位负责人指出的:消费者对食品安全的信任已经发生了危机。一个国家的消费者一旦对食品的安全失去了信心,就很难挽回。对食品安全的信心,同时也是对社会、对国家和对政府的信心。江泽民总书记明确指出:"如果'米袋子'、'菜篮子'抓不上去,农民收入不能增加,工业速度发展再快,城市建得再漂亮,也不能算是合格的领导。"

(二)国内食品质量卫生安全状况

1、食品业是我国经济建设的重要支柱,食品安全直接关系到人民的身体健康和生命安全。对此,党中央、国务院历来高度重视。

在20世纪50年代,卫生部颁布了《清凉饮料食物管理办法》、《食用合成染料管理办法》和粮、油、肉、蛋、酒和乳品等主要食品的卫生标准。1964年,国务院颁布《食品卫生管理办法试行条例》。1979年,国务院颁布了《食品卫生管理条例》,从预防肠道传染病发展到了防止一切食源性疾患的阶段。1982年,五届全国人大常委会审议通过了《食品卫生法(试行)》,规范食品及食品原料的卫生要求、食品生产经营企业及从业人员的法律责任,建立了对食品添加剂、新资源食品等特殊食品的许可制度。1995年,八届全国人大审议通过了《食品卫生法》,进一步明确了我国食品卫生监督管理体制,规范了食品包装标识、保健食品和进出口食品的管理、监督。2001年以来,国务院领导对近几年连续发生的食品卫生问题,多次作了明确指示,要求健全法制,明确分工,统一权责,强化监管。今年7月23日,国务院还将召开全国"菜篮子"工作会议。

各部门经过长期努力,我国的食品安全工作取得了明显成效,食源性传染病和食物中毒得到有效控制,食物中毒事故发生起数和人数总体上呈下降趋势,2001年重大食物中毒报告706起,中毒人数22 193人,死亡184人,分别比"八五"期间下降了46%、36%、37%。同时,食品抽检监测合格率逐年升高。对全国粮食、植物油、肉及肉制品、乳制品等21类定型包装和散装食品的检验,1982年平均合格率为61.5%,1994年为82.3%,2001年上升到88.6%。可以说,我国食品安全的总体状况是在向好的方向发展,正在实现由单纯注重数量,向更加注重质量、保证卫生和安全转变。

我国当前的食品安全形势依然严峻,既有我国特有的尤其是经济转轨过程中出现的问题,也有面临一些发达国家存在的共性问题。

第一,食品业整体发展水平较低。2001年统计,全国食品生产经营单位432万户,从业人员1117万人。其中有一批具有较强经济实力和市场竞争力的大中型骨干企业(包括国有企业、民营企业、外资独资或合资、合作企业),多数是规模小、加工设备落后、卫生保证能力差的企业甚至是作坊式的;从业人员整体素质较低,农业人口比重多,不少人缺乏从事生产经营的必要技术和专业知识。

第二,生产主体多元化,质量卫生安全问题多。有的在既无场地又无设备的情况下,利用简陋的工具和没有卫生保证的原料,无照生产加工食品。甚至还有少数不法分子为牟取暴利,不顾消费者安危,无视国家法律规定,故意掺杂使假、滥用食品添加剂,甚至使用有毒有害原料加工食品。如近几年,质检部门查处的"吊白块"、"毛发水"、"瘦肉精"问题。

第三,食品原料及成品污染问题突出。我国农业生态环境基础薄弱,工业和生活"三废"污染对种植、养殖的源头污染严重,直接影响食品原料的质量;农药、兽药和有害饲料添加剂的滥用,造成农产品中农药、兽药残留超标问题突出;动植物病虫害仍较严重;国家明令禁止、限制生产或使用的农、兽药引起的食品中毒事件时有发生。北京市近期进行过一次市场抽查,发现蔬菜51.2%农药残留量超标,其中生产基地、批发市场及农贸市场的蔬菜农药残留量超标率分别为22.2%、56.3%、65.6%。23%的猪肉和猪肝中检出"瘦肉精"。18%的禽肉及水产品中检出有激素。10%~20%的不同奶粉中检出硝酸盐类物质。血豆腐和多种水发水产品中加有甲醛。

另外,食品生产加工过程中广泛使用的新食品添加剂、新生产工艺,如转基因等现代生物技术、益生菌和营养剂等,给食品安全带来了一些新问题。流通领域造成的食品二次污染以及因环境污染造成的食品安全问题没有得到有效控制。

第四，食品质量、卫生标准不健全，制订工作相对滞后，制标因素单一，标准之间缺乏协调，国际采标率相对较低，与WTO的规则要求差距较大。

第五，食品安全监管力度不够。

第六，地方保护主义现象依然存在。主要是地方政府在食品安全监管方面的责任不到位，一些地方对食品安全工作重视不够，措施不力，执法不严。

2、我国的出口食品生产企业也存在着较为严重的质量卫生安全问题，直接影响能否生产、加工出合格的食品。有以下几种情况：

(1)出口生产主体多元化，增加了质量卫生安全控制的难度。原由国营轻工企业"一统"生产、加工出口食品业的格局被打破，乡镇企业、中外合资合作企业、外商独资企业、私营企业以及个体农户等进入出口食品生产经营行业，用传统的管理方式较难使这些生产经营者增强食品卫生安全的政治意识和责任感；政府质量卫生安全管理范围和幅度加大，主导食品卫生和监控的作用有限。

(2)企业追求产量和效益，质量管理制度不健全也不落实；建立的卫生质量体系不能有效地运行，质量手册照抄照搬，多为"一纸空文"；质量监控设施及检验设施的投入少，缺设备和少人员，卫生注册条件难以持续保持。

(3) 企业法人代表及中层管理人员的食品安全知识(或素质)普遍偏低，生产一线岗位为熟练工种，农业人口的从业人员比例大，流动快；企业很少出资对员工进行质量卫生安全的培训。

(4)多数企业不能做到"定点"收购；原料的质量难以保证，原料验收主要凭感观目测和查验"三证"(证单真实无法验证)；产品出厂前的自检制度不落实，送检也遇到一些实际问题(费用、时间)。

(5)注册厂收购非注册厂的半成品或成品，加工成注册厂产品出口的情况较为普遍；在一些地区存在非注册厂出口需注册的食品的情况。

注册企业出现的这些问题，有些是企业自身问题或是大环境问题，有些则是我们卫生注册工作不到位造成的。

(三)出入境检验检疫卫生注册工作中存在的问题

社会各界对我国食品安全卫生监督管理存在的问题反映强烈。一些出口企业认为："滞后的检验检疫影响农产品出口"，"滞后现象最头痛"。

下面选取一些内部刊物刊载的材料，说明目前存在的问题。

1. 反映管理机制方面的问题（《创汇农业呼唤政府"行为"，略》）

2.反映收费方面的问题(《食品安全问题透视》，略)

3.反映卫生注册方面的问题(《农产品质量建设应杜绝造假——一位农业干部的心声》，略)

4.呼吁加强卫生注册工作(《关于卫生注册工作的几点思考》)

文章提出以下观点：一、"国外官方检查有可能成为制约食品出口的瓶颈"，FAO/WHO食品进出口检验与认证体系法典委员会(CCFICS)提出："应进口国食品控制当局的要求，出口国应为检验和认证体系等效性确定的检查和评价提供方便。"二、"卫生注册监管工作应是改变传统批批检验的前提"。作者认为，对进口食品和出口食品实施批批检验，实质上相当于食品国际贸易实行的"自动扣留"，一是进口国对从他国进口的食品的"自动扣留"；二是本国对本国出口的食品的"自动扣留"。其弊端是食品安全性难以通过最终成品的批批检验得到实现。作者呼吁：出口食品传统批批检验的改变，应当建立在卫生注册监管工作的基础上。通过注册监管，既可以起到控制作用，也可以消除质量安全隐患，也就是说，当食品原料达不到技术法规标准对质量安全的要求的时候，通过深加工可以使最终产品实现质量安全。采取卫生注册，还可以使出口企业缩短检验检疫时间，方便出口。

前卫生部部长张文康也撰文提出了同样观点：食品安全不是单纯靠最终产品的市场抽检"查"出来的，应该依靠对食品生产流通全过程的严格管理"管"出来的。除了市场的卫生准入、监督管理、严格执法，还必须建立从农田到餐桌，包括种植、养殖、生产、加工、贮存、运输、销售等环节的全过程管理体系。食品卫生注册是一项基础性的重要工作，在治理食品质量安全方面，这项基础建设工程要先行。

三、对加强和改进卫生注册工作的几点意见

(一)从政治上把握对卫生注册工作重要性的认识

综观卫生注册工作的整体情况，仍存在"说起来重要，做起来次要；国外检查时重视，平时忽视"的问题。提高对卫生注册工作的认识依然是我们要反复强调的一个问题。

——做好新时期的卫生注册，关键在于用江泽民总书记的"三个代表"重要思想来统揽卫生注册工作。卫生注册工作归根到底是起保护和发展先进生产力，保护和发展先进文化，维护最广大人民群众的根本利益的作用。质量本身是生产力的重要标志，保证高质量的产品和高质量的服务，实质是代表了先进的生产力；搞好质量，提高效益，必

然同先进文化相联系，企业的产品质量反映着企业的文化，一个国家的产品质量总体水平也反映着一个国家的文化和国民素质。正如党的十三大报告提出的"质量从一个侧面反映了一个民族的素质"；卫生注册工作说到底是为了帮助我国广大企业提高管理水平、增加出口创汇，实现推进农业结构调整，增加农民收入，与地方经济、企业效益和农民利益密切相关，这就是卫生注册工作为实现党的为最广大人民群众的根本利益服务的具体体现。

——要从把好"关"、看好"门"的高度认识卫生注册工作的重要性。卫生注册工作好比是"关"与"门"的关系。就能否取得国外注册而言，它相当于"关"；就出口检验检疫而言，它又相当于食品生产厂的"门"；就食品这一特殊的出口商品，把好关与看好门是相互依存的，相互补充的。正因为如此，朱 镕基总理在去年视察质检总局时强调指出：深入整顿和规范市场经济秩序，质检总局负重要责任。"你们要把好'两个关'，看好'两个门'。一个是不能再让那些假冒伪劣的商品出口，也不能再让那些国内长线的、乱七八糟的东西进口"。"另一个是要把住工厂企业的大门，防止假冒伪劣产品进入市场"。总理讲："我特别强调一点，对关系人民生命健康的食品，质检总局一定要管好。"

——要从支持农业对外开放的高度重视卫生注册工作。当前，我国出口食品生产企业已经成为扩大农业对外开放的主要支柱。党中央、国务院在《关于做好 2001 年农业和农村工作的意见》中又指出："充分发挥我国农业的比较优势，重点扶持和扩大畜禽、水产品、水果、蔬菜、花卉及其加工品等劳动密集型产品、特色产品和有机食品的出口。坚持以质取胜战略，努力提高出口产品质量"。在《关于做好 2002 年农业和农村的意见》中指出："当前农业和农村经济发展中的突出问题，仍然是农民收入增长困难"。"今年是中国加入世界贸易组织的第一年，农业可能受到较大的冲击，农民增收的难度更大。增加农民收入，不仅关系到农村经济发展、农民生活改善和农村社会稳定，而且关系到扩大内需方针的落实，关系国民经济全局"。"加快发展畜牧业是新阶段推进农业结构调整的一项战略任务"。"严格按国际标准组织生产、加工、运输，扩大畜产品出口"。农民增收的核心是农民就业问题，而扩大农民就业，关键是推进农民的分工分业。依托农产品的生产源头，发展优质、高效农业，开展深加工，拉长产业链、新增大量的就业岗位，发展食品生产加工正是发展地方经济的一个主要途径。正是基于此，卫生注册工作实际是在直接为农业和广大农民服务，为地方经济发展服务。

（二）做好卫生注册工作应当注意解决的几个问题

提高对卫生注册工作的认识，提高卫生注册的工作质量，需要解决和处理好影响卫生注册工作的几个问题。

1、正确把握卫生注册工作与出口食品检验检疫工作的关系。卫生注册工作是出入境检验检疫工作的一个重要组成部分。卫生注册始于国外要求我国主管部门自我推荐，发展与强化出口食品质量卫生安全的监督管理时期，现在已成为国外接受我出口食品的一个必要条件和衡量企业质量卫生安全状况的一个标志。因此，从这个意义上讲，出入境检验检疫工作不能缺少卫生注册工作这一环节，是与食品检验检疫工作并列，不可或缺的"局部"。

按照系统论的观点，局部与局部之间是互为条件、互动的关系。如果把卫生注册比喻为前一项工作，把食品检验检疫比喻为后一项工作，那么前一项工作（卫生注册）起着为后一项工作（食品检验）开辟道路的作用，它是实现整体工作目标（食品出口）的桥梁和纽带；后一项工作则是前一项工作的延续，在前一项工作的基础上完成整体工作任务。所以，卫生注册工作是起打基础作用的，它不可能替代具体对某一商品的检验检疫；具体检验检疫也不可能起到卫生注册的作用。这里就是局部与局部之间的辩证关系。明白这个道理，我们做卫生注册工作的同志就不应该妄自菲薄，应当坚定做好卫生注册工作的信心和信念，甘于做好"后台"工作，想方设法减轻一线检验检疫的压力，帮助一线检验检疫化解风险。道理很简单：因为不合格的产品不是"检"出来的，而是生产出来的。卫生注册工作作为"管生产"的，工作做得越扎实越有成效，不合格的产品就越少。

2、正确处理多注册企业、多出口与严把注册质量的关系。全国现有 9 163 家企业获得卫生注册或登记，这个数是多了还是少了？需要认真加以分析。

随着进一步扩大出口，越来越多的企业申请注册，地方政府也在想方设法积极推荐，这是好事，也是难事。各地的同志都有共同的体会：企业之间设施建设、管理状况是参差不齐。但是，碍于地方政府极力推荐、碍于来自某些方面的压力或情面，不敢回绝也不愿回绝也是有的。举例来说，今年上半年，俄罗斯、美国 FDA 来华检查，各局上报的可迎检企业很多，但到了外国人真的要去查的时候，又担心过不去关，提出要减下来。推荐出口企业对国外注册，是国外政府对我国出入境检验检疫部门的信任，如果我们推荐的注册企业良莠不分，其结果是使优势（企业）不优、劣势（企业）不劣，容易让劣势企业浑水摸鱼。国外主管当局也会认为中国主管当局不值得信任，败坏的将是我国政府和中国企业的整体形象。

正确处理多出口与严把注册质量关系的另一个问题是，"一顶帽子大家戴"的注册编号问题。在出口水产品、肉类食品、罐头、肠衣等敏感的商品中长期存在着注册编号被冒用、盗用或其他违规使用的问题。除一部分是不法商人或企业盗用他人注册编号通过非法渠道出口外，也有一部分是个别出入境检验检疫机构对注册编号的使用疏于监控或者盲目相信企业而出现的问题。

正确处理多出口与严把注册质量关系的第三个问题是，一些非注册企业假借出口到不需注册的地区为名，行实际"转口"到注册国家之实。今年5月，美国FDA来华检查输美水产品企业HACCP验证时，我们就发现有一家这样的企业。经现场检查发现，当地出入境检验检疫机构以为是出口到某地，接受了报检也出具了证书，实际却是凭着这张CIQ证书"转"到他国。

据我们了解还有第四种情况：一些非注册企业借签了合同、开了信用证为由，借国家鼓励"走出去"、多出口，要求出入境检验检疫予以放行，而我们一些单位为了多收费也堂而皇之帮了企业一把。

上述问题的出现，结论是：(1)9 163家卫生注册登记企业就我国当前扩大出口的总要求而言，不能算多；(2)就解决"一顶帽子大家戴"问题而言，在市场经济条件下，注册企业的数量越少则这一现象就可能越多；(3)在我们与一些主要发达国家交涉中，他们友好地不止一次地提醒：推荐的企业数量不宜多，否则事与愿违。但是我们各地的同志热情非常高，生怕少了；(4)说明我们内部管理工作还有薄弱环节，还有漏洞。

3、正确处理注册评审与后续监管的关系。"重申请注册登记的评审、轻后续的日常监督"，是注册工作中一个相当普遍的现象，督促注册企业保持注册条件是当前一项紧迫任务，也是一项长期工作。有些已注册的企业卫生管理水平下降，早已无法满足相应的卫生要求，有些企业改制，法人代表更换，有些转产或倒闭、破产，却仍然保留其注册资格，有些企业注册后，除了到期"换证复查"外，连续一两年没有进行"定期监督检查"(《注册证书副本》年度检查栏都是空白页)。造成这种情况的原因是多方面的，归根结底还是一个重视程度的问题。

总局领导反复强调，新时期的质检工作要按照国务院领导的要求，抓产品质量的源头，把好厂门。卫生注册工作贯彻这一精神，就是要准确地把握住注册工作的源头，找到了工作的重点和难点。从卫生注册工作与出入境检验检疫工作的关系来看，注册工作实际就起着把"厂门"的作用，与出口食品的检验检疫互为依存、互为条件。不能因为出口食品检验检疫是最后一项环节，而忽视或蔑视注册这个把"厂门"的作用，因为批批检验检疫的作用是有限的，国外也是并不都是这样做的。反过来，也不能因为"厂门"是前一项环节，而影响食品检验检疫工作，要为检验检疫创造条件，要为快速通关创造条件。当前首要的是要加强注册企业的后续管理，注册方式要实行"动态管理"，实现优者上劣者下。希望各地局的同志，要在监督管理方面，投入必要的精力，要加强对监督管理工作的组织与协调，不断提高监督管理工作的质量。加强定期监督检查和换证复查，有条件的应当实行异地评审。

4、如何看待国外来华检查我国出口食品生产企业。我以为有三种态度：一是看作是技术性贸易壁垒的一种形式。注册就是进口国依据本国法令和标准对出口国食品企业的生产过程和加工方式的安全卫生项目进行检查、认可或注册，起着限制对他国有竞争力的产品进口的作用。二是外国来华检查是对进口查验中所发现问题的溯源和防范风险的一项措施。三是反映了国际社会对食品质量、工厂管理方面的新要求，是来自外界的促进我国食品生产企业强化现场管理、加强卫生安全工作的一种压力，是检查检验检疫工作尤其是卫生注册工作质量的一种的方式。我认为，要把国外检查作为一场"考试"或"考核"来对待，要变压力为动力，通过迎检，面对面地学习国外先进食品质量安全和卫生管理的经验和做法。上述看法不能孤立地看，应当综合地看，这才是实事求是的态度。

(三)关于农产品认证工作

农产品认证工作是认监委的一项全新的工作，也是一项非常重要的工作。之所以崭新是因为在认监委成立之前出入境检验检疫系统从未开展过的工作，质量技术监督部门开展了无公害农产品标志实施工作；之所以重要是因为这项工作关系到广大人民群众的身体健康和切身利益、关系到农产品在国际市场的竞争力和我国农产品在国际市场的信誉。

1、关于无公害农产品认证。今年4月29日，农业部部长杜青林、质检总局局长李长江联合签发第12号令《无公害农产品管理办法》。

当前，农产品质量安全问题已成为影响农业发展的主要矛盾之一。根据国务院领导指示，2001年，农业部启动了"无公害食品行动计划"，各省、市也配合这一行动计划做了大量的工作，但由于没有全国统一的管理办法，省际之间在认证、标准方面有一定的差异，影响无公害农产品认证的健康发展。去年11月，农业部范小建副部长主动给总局长江局长、凤清主任送来该部起草的《无公害农产品管理办法》的修改稿，提出联合发文的意向。认监委会同标准委、总局法规司经过认真研究，报请总局发布《无公害农产品管理办法》。

(1) 从中国农业和农村工作的特点出发，“无公害食品行动计划”采取政府推动的做法，即“认证+政府行政管理”的形式。管理过程，按照产地—生产过程—最终产品(与食品相区别而定位为“初级产品”)分三段实施。产地和生产过程，采取由农业部门“认定”的方式；产品采取“标识”管理的方式，通过认证形式取得。

(2)不增加农民负担，认证都不收费。环境监测(土壤和水质)、产品检测和标志费本着不增加农民负担为原则，适当收取成本费用，不足部分由农业部划拨。

(3)管辖住各省市区制定的地方性的无公害食品(农产品)管理办法，解决省际之间的在标准、标签方面的“壁垒”。通过这个办法逐步建立起市场准入制度，主旨是政府出面向消费者公示这些农产品是无公害的。随着农产品卫生安全的改善，使用农产品理应是安全的，因而，无公害农产品是一种阶段性的产物，先从便于管理的“菜篮子工程”中的初级农产品开始实施。

2、积极推进有机食品认证工作。有机食品认证是国际上通用的农产品认证概念。有机食品由于不使用农药、化肥，深受国外消费者的青睐，其价格比普通食品的价格高得很多，同时，实现有机食品认证结果的互认，对促进外贸出口，提高农产品在国际市场上竞争力，增加出口创汇具有独特的作用。由于我国尚没有全国统一的有机食品标准和认证的国家法规，我国的认证结果没有得到国外的认可，没有形成一支强有力的有机农产品认证机构，出入境检验检疫部门在这方面还是“空白”，在一定程度上影响了有机食品的发展和对外贸易。认监委成立以来，就有机食品认证等问题广泛的征求了有关专家、学者的意见，对我国有机食品存在的问题，与发达国家的存在的差距有了一定的了解。就此问题，认监委同农业部、环保总局进行了多次协商，就尽快建立有机食品的国家标准和有关有机食品的认证的法规，取得了广泛的共识。

抓好这项工作，是出入境检验检疫部门的责任，是新时期认证工作的一个新的增长点，是服务对外开放、进一步扩大出口创汇的一项新工作，希望引起各地局领导和同志们的重视，尽快组织起来、行动起来。

(四)2002年下半年卫生注册工作的打算

1、完善进出口卫生注册法规规章制度的建设。当前的主要工作是新《商检法》配套的实施条例的修改。加强卫生注册工作的依法行政的力度，坚持按照法律法规的要求开展注册工作。要进一步加强卫生注册工作的权力和责任，把依法履行职务(权力)与依法承担责任联系起来。

2、完善出口食品卫生注册登记评审规定。这次会议的一项内容就是宣贯总局20号令。这个办法结合了新时期卫生注册工作的特点，在总结前十几年注册工作经验和借鉴国外注册规范基础上修订的。这次会议上将讨论并听取大家的意见的有两份材料，一是加强卫生注册工作的通知，是就贯彻20令问题提出具体要求；二是注册评审的程序文件，这一程序性文件“量化”和细化了评审项目指标，要求评审员必须将现场检查看到的实际情况记录在评审表上，力图由感觉印象、走马观花式的检查，转为实实在在地记录真实情况，如实反映企业实际状况。

3、切实加强卫生注册机构建设和管理与评审员队伍建设。落实卫生注册工作关键在人。一是要加强卫生注册管理机构的建设，各局注意按照政事分开的原则，明确负责卫生注册工作的工作部门；二是调整充实注册管理人员和评审员队伍，配备得力人员到注册工作岗位。协助认监委建立起进口注册评审员专家队伍；三是抓好人员培训，提高人员素质。认监委也要做好统一培训教材工作。

4、切实加强对出口注册企业的监督管理。一是要落实“定期监督检查”和“换证复查”，要防止“日常监督管理”走过场或不到位；二是要大力推进注册企业的动态管理，对一些敏感食品、出口到敏感国家的注册企业进行重点督查，对达不到注册条件的注册企业，下决心取消国外注册资格。

5、大力在相关企业推进HACCP工作。HACCP是对水产品、果汁、蔬菜汁生产加工企业的卫生安全管理的国际通行准则。我们要积极在其他非美注册企业推广。

同志们：

今年是我国入世的第一年，也是认监委主抓卫生注册工作的第一年。我们要进一步统一思想，明确责任，从讲政治和实践“三个代表”重要思想的高度重视出口卫生注册工作，充分认识当前所面临的严峻形势，进一步增强责任感、使命感和紧迫感，不断提高卫生注册工作质量，真正做到“忠于职守、勇于负责、严格把关、保国安民”。

以上几点意见，供大家参考。不对的地方欢迎大家指正。

2002年7月23日

国家认监委王凤清在全国出口食品卫生注册工作会议上的讲话

自1994年原国家商检局召开了出口食品卫生注册工作会议以来，国际国内形势发生了很大变化，出口食品卫生注册工作也发生了很大变化，有必要沟通一下情况，座谈下一步工作该怎么做。因此召开这次会议很有必要。下面讲几点意见：

一、出口食品卫生注册工作的重要性

我国出口食品卫生注册工作起始于20世纪80年代初期，至今已有20年了。20年来，原商检系统、原动植检系统都做了大量的工作，先后注册登记了9 163家工厂，涉及18类食品及陶瓷类产品，对500多家大中型畜禽养殖场进行了注册，供港澳活畜禽、检验检疫管理工作得到了加强，确保了供港"三趟快车"的正常发运。我们所做的这些工作，为我国这样一个农业大国的肉类、食品、陶瓷产品出口，做出了重要贡献。

从1996年开始，欧盟等国家陆续对我国出口的水产品、禽、兔及肉制品、肠衣类产品设限。美国因我国出口的蘑菇罐头被检出金黄色葡萄菌肠毒素而限制我出口，对我国出口水产品由抽查改为"自动扣留"。为了恢复出口，原商检系统的同志们急国家所急，想外贸所想，千方百计帮助注册企业改善环境，创造条件，建立实验室，培训检验人员；商检系统多次接待了欧盟、美国、加拿大、日本等外国专家来访、交流以及对工厂的考察，也多次组团赴国外进行技术交流和交涉。在地方政府和有关部门的密切配合下，终于打破了欧美等国对我国出口的限制。1997年，我国和加拿大签订了"出口蘑菇罐头检验协议"。同年，又和美国签订了"出口陶瓷谅解备忘录"。经过不断地与欧盟进行交涉，我们的水产品由"二类管理"变为"三类管理"，也就是由批批检验改为抽查，中国进入了"允许向欧盟出口的第一类国家名录"。这五六年来，不管是原商检部门，还是出入境检验检疫部门，以及现在的质检部门，都为我国的农产品、水产品、动物产品出口，尽到了我们应尽的责任，取得了一些可喜成果。我今天之所以要讲这些，是因为我们要开展好今天的工作，必须了解昨天；而要了解昨天，我们就必须知道曾经在这条战线上工作的一大批同志们，他们为了开创今天中国农产品出口事业做了大量的工作。今天台下有许多老面孔，他们中间很多同志过去从事食品卫生注册和检验工作，在此，我要借此机会，向过去那些长期工作在卫生注册和出口食品检验战线上并做出重要贡献的，至今已退休和还在岗位上工作的同志们一并表示诚挚的敬意和衷心的感谢。今天台下还有很多新面孔，说明我们的队伍在扩大，我们事业后继有人，我们一定要继往开来，把卫生注册工作做得更好。

出口食品卫生注册工作十分重要，我们在座的同志都深有体会。之所以说它重要，首先是因为它的工作性质决定的，因为它是市场准入的行为，也就是说，它是一种对企业进入市场的资格的认可，企业不具备这一资格，就不能生产出口食品。对进口来讲，出口国要向我们出口食品，如果工厂不经过我们注册，它的产品就不能进入我国市场。这就是市场准入，实际上就是设置技术壁垒。所以说出口食品卫生注册工作，就其性质来讲，属于政府合理设置的一种"壁垒"。现在我国已经入世，按WTO协定规定的国民待遇原则，我们对国内企业实行市场准入，对国外企业也要同样这么做。将来我们所有食品加工企业都有个市场准入问题。

卫生注册工作之所以重要，还因为食品是入口的东西，食品行业是生产吃的东西，与人的健康安全密切相关，一句话，与人的生命密切相关。因此，在食品行业开展卫生注册工作尤其重要。这些年来，我们虽然没有开会，但工作一直在做：出口食品卫生注册法规由"最低卫生要求"已改为"卫生要求"；运行一段时间，又发现出口食品卫生注册条件与国际标准还有差距，去年又对出口食品卫生注册条件进行了修订。这本身就是与时俱进的一种表现。从形式上讲，这个注册会开晚了，但从经济形势不断变化，我国正式成为WTO成员，我们很多工作要与WTO的规则相符合来讲，这个注册会开得还是及时的。

这次会议要认真总结过去二十年来出口食品卫生注册工作中哪些是成功的经验，哪些是应该摒弃的东西，新形势下我们应该做些什么。总局压缩了很多会，但注册会不能压。这是一次很重要的会，再不开，会影响工作。

社会进入了新的世纪，历史又翻开了新的篇章，中国已成为WTO成员。这许许多多的变化给我们提出一个问题：即在新形势下，食品的卫生、安全、质量应该怎样抓，怎样才能使我们的食品多出口。这是摆在我们面前亟需解决的问题。在这种情况下，需要我们提高认识，统一思想，迎接新的挑战。

二、深刻认识我国农产品、食品出口面临的形势和问题

（一）加入世贸组织是机遇更是挑战。中国加入世贸组织，意味着我们既可以享受到WTO的有关权力，同时也要承担相应的义务。入世会给我们带来机遇，但这些机遇要靠我们去抓。否则，即使机遇来了，如果我们没有认识到，机遇也会从我们身边悄悄溜走，这就是挑战。我国入世已经半年多了，到现在为止，我们感受更多的是入世给我们带来的挑战。也许有人会问：我们干嘛还要入世？这一点，大家都参加过WTO知识培训，对此都能够理解。社会发展到今天，经济全球化已不可避免，没有一个国家能躲得过经济全球化带来的影响和冲击，任何一个国家要想发展经济，都必须参与大市场运作；出口产品要进入国际市场，首先要得到别人的承认，别人都在按照国际标准的要求运作，如果我们只用我们自己的标准，外国就不承认。我们面对的是144个占世界贸易总量90%以上的WTO成员国，不正视这个现实，我国的外经贸事业就无法发展，中国就无法发展。入世之初，由于对规则了解少，只知皮毛，无法利用它，在某些领域更多地会呈现出弊大于利，因此会牺牲一些局部利益。但不入世会影响经济发展，从长远来看，则是利大于弊，这需要一个过程。我国的技术法规体系正待建立，标准体系也不太符合国际上的要求，这方面还有大量工作要做，要建立健全我们的符合国际惯例的标准体系。采用国际标准的比重要大，不能搞双重标准。WTO规则中并非不让设置技术标准，关键是设置的技术标准必须要有充分的科学依据，要合理，要符合国民待遇原则，否则就变成了技术性贸易壁垒。

现在是出口农产品和食品最困难，受到的冲击最厉害的时期。卫生注册所处的位置很重要，要对卫生注册的作用和所占的份量有清醒的认识。

（二）我们还没有真正掌握WTO的运行规则。我们急需了解和掌握有关WTO的知识及规则，尤其是对出入境检验检疫系统来讲，必须真正了解、理解和掌握好TBT和SPS这两个协议，我们的工作离不开这两个协议。标准很重要，我们搞检验也好，搞认证也好，都离不开标准。没有标准，合格评定的结果就无法统一和一致起来。认证工作“四个统一”中的第二个“统一”，就是“统一标准、技术法规和合格评定程序”。技术法规离不开标准，因为有一部分标准就在技术法规当中。我认为，在进出口这个领域，我们总局应该有发言权。我们现在搞的强制性认证也好，出口食品卫生注册也好，即将开展的食品和农产品的认证实质上就是一种标准、技术法规，就是为了保护国家和人民的利益。

我们必须正确运用WTO规则中的TBT协定和贸易争端解决机制，否则就可能适得其反。所以，我们要很好研究TBT和WTO争端解决机制，否则，不仅达不到目的，还有可能会造成损失。

（三）我们的认识水平还不能够适应新形势、新时期的要求，还停留在过去老一套的管理模式上。在新形势下，我们要加强管理，比如要求工厂建立质量管理体系，这个质量管理体系必须有效的运行。如果仅仅流于形式，虽取得了证书，但工厂仍然按旧模式进行管理，这种认证，又有什么作用呢。由于食品行业的特殊性，安全卫生要求高，完全套用ISO9000这个标准，对食品加工行业不完全适用。HACCP也是一种体系认证，但它涉及的是食品安全关键控制点。国际上正在研究如何把这两种体系结合起来，建立一种新的标准体系。我们要适应这一趋势，不能拿管机电企业的模式去“套”食品加工企业。要根据不同行业、不同产品的特点，选用适应具体对象的管理模式。

（四）我们内部协作机制还要加强。在新形势下，从卫生注册到食品检验，都要把出口食品安全卫生质量工作这个大文章做好，哪一个部门都不能包打天下。单靠卫生注册不能把所有问题都解决，卫生注册是管理出口食品加工行业的第一道关，是市场准入。没有卫生注册，就没有食品加工资格，质量再好也只是偶然的，产品生产的一致性无保证；食品检验部门也不可能仅靠检验就能解决食品的所有安全卫生质量问题。因为食品生产的不稳定因素太多，任何一个环节疏漏，都可能会影响产品质量。各部门都不能只强调自己为主，要有机地结合起来，形成拳头，形成合力，否则，谁也承担不起全部责任，谁也解决

不了全部问题。

(五)我们有的局的检测手段还满足不了工作要求，尤其是一些分支机构。没有检测手段，怎么出证！有的局虽然有检测条件，但是没有检验，有的靠工厂的检验结果出证。我们搞实验室认证，就是要解决检测能力、检测水平问题。靠工厂的实验室检验结果出证，且不说工厂检验的准确性、检测仪器的精确度、检验是否规范，多数工厂的实验室达不到注册实验室和认可实验室的要求，这种检验数据，我们怎么敢用。因此，要求各局要充分利用已有的实验室，在此基础上尽可能地补充关键的仪器，在实验室建设中，不可能满地开花，只能合理利用资源，有重点的投入，各省保1~2个重点食品检测实验室，未经检验合格的食品，不得出口。

(六)检验检疫人员缺乏必要的培训，检测水平有待提高。从事食品检验的人员，尤其是实验室的检验人员，大部分都是专业技术人员，应该说检验上不会有什么大的问题，但还不敢说完全没有问题。如CCIBLAC曾组织过实验室水平测试，做常规检测项目的盲样测试，合格的不多，检测的准确度不高。我们必须加强培训，尤其是对掌握国际新要求的培训更为重要。如果在这方面做不到的话，我们出口食品问题就会更多。药残是阻碍农产品出口的大问题。如向日本出口蔬菜就发生了问题，今年上半年，有数批蔬菜被日方检出毒死蜱。说明我们的检测能力有问题。如果长此下去，日本就有可能禁止进口我们的蔬菜，这就会对我们一些地方的农业造成严重的打击。还有对欧盟出口蜂蜜抗生素超标问题。欧盟对我实行双重标准：过去欧盟对我抗生素限量标准是20ppb，现在为0.1ppb，提高了200倍，而对美国却是2ppb，这不符合WTO规则，所以，蜂蜜出口也面临严峻问题。去年我国有20多家企业对日本出口的40多批禽肉被检出磺胺、克球酚。克球酚问题过去已经解决了，但又出现了，到底是什么原因？欧盟恢复了我国禽肉产品出口以来，山东等省禽肉出口数量骤增，也是由于种种原因，造成了200多个集装箱在鹿特丹被扣押，其中60多箱被查出问题，损失非常严重。出口一定要保证质量，把关要严，出一批就保证一批不出问题。如果质量保证不了，出了口，只能造成更大的损失，出现上述这些问题，我们是有一定责任的。因为批批都是我们检的，都是我们出的证。如果追究我们某些人的责任，你能逃脱得了吗?！所以，我说我们只有在保证质量的基础上再去追求数量。要保证质量，万无一失。出现上述问题的原因，一是我们一些单位不具备检验条件；二是一些单位能够做到的却没有去做。我们必须努力改进我们的工作作风，能够做到的，我们要想办法去做；条件不具备的，也要积极想办法去创造条件，要加强人员培训，采取请进来，送出去多种形式相结合的方法，没有人才，再好的设备也发挥不了作用。

(七)企业注册号“专厂、专号、专用”也存在管理问题。有的注册企业买、卖、借用注册号，有的一个注册号几个省用，“一顶帽子大家戴”，我们检验检疫机构不能说没有责任，我们的检验检疫人员不可能不知道。上边三令五申要求卫生注册号“专厂专用”，下边是有令不行、有禁不止。这方面我们是有教训的，也有案例供我们借鉴。

三、面临这种形势我们怎么办

(一)提高认识，明确责任。卫生注册是一项非常重要的工作，希望各局领导和同志们一定要提高认识。我们必须坚决贯彻长江局长在全国局长会上的讲话，把质量问题和领导责任挂起钩来。食品、农产品与工业产品不一样，它的不确定因素太多，抽样代表性差。以鸭为例，在一个养殖场养殖做到“五统一”比较容易，但是就屠宰加工厂来讲，恐怕还做不到全部从这一个养殖场进货，可能还要从许多农户家收购。“公司+农户”这种形式，就农户而言，恐怕很难做到“五统一”。食品卫生，人命关天。这些年来的出口食品卫生注册工作，虽然大家做了很多工作，但是也存在许多问题。有的单位凡是有厂申请就给注册，没有不通过的，更没有取消的；注册后多少年不换证，有的厂1994年的注册证到现在还没换证，仍在使用；有的同志片面强调为地方经济服务，忽视了我们的服务是在把关中服务，是有原则的服务，不能帮倒忙。

为此，我提出三点要求：第一，各单位对出口食品卫生注册工作要好好查一查，对不具备条件的企业，一定要取消其注册资格，要改变那种只注册不取消的做法，不能心慈手软。对注册企业要采取动态管理，不能取得资格以后一劳永逸。要按照长江局长的要求，坚持在把关中服务，在服务中把关。第二，注册工作是符合国际通行做法的，要有信心，大胆严格地按规定做。第三，领导责任要与工作质量挂钩，各级领导要切实负起责任来。不能让这项工作形同虚设，以后哪儿出现问题，就追究哪儿领导的责任。

(二)要认识到出口食品卫生注册是检验检疫工作的重要组成部分。总局及认监委成立以后，把出口食品卫生注册工作划归认监委管理。成立认监委是入世需要，认监委虽然是事业单位，但它是由国务院授权履行行政职能的主管机构。认监委不直接去搞认证认可,主要是制定规章制度,规范认证认可工作,对认证认可工作实施监督管理。出口食品卫生注册工作从大的范畴来讲,属于认证的范畴,所以才把这项工作放在了认监委。各局的出口食品卫生注册工作,要完全服从认监委的领导。卫生注册是检验检疫工作主要组成部分,总局把这项工作交给了认监委,认监委有责任把这项工作做好。在总局内部,认监委注册部与总局食品局既有分工又有协作。我前面已经讲过,单靠出口食品卫生注册解决不了我国出口食品的安全卫生问题,单靠批批检验也不能解决全部质量问题,两个部门必须配合起来,两项工作必须结合起来。因此,认监委注册部和总局食品局必须经常联系、协调,各直属局也要理顺卫生注册与认证认可管理的工作关系,可能的话,把卫生注册和认证管理工作放在一起,以便上下畅通,共同把这项工作做好、做实。

(三)既要加强卫生注册管理,又要加强检验。目前系统各局的出口食品检验管理不外乎有这几种情况:一是业务量小、出口批次少的,实行批批检验;二是出口量大的农业大省,忙不过来的,难以做到批批检验,主要靠管理。有的局在这方面管理比较好,如河南局对食品加工企业,包括活大猪养殖企业的注册管理,是比较到位的;三是管理跟不上,检验也不落实,结果是不检验或只作感观检验就出证。对食品加工企业一定要加强注册管理,要督促企业建立质量管理体系。没有质量管理体系,就不具备出口食品卫生注册条件。对那些虽然建立了质量管理体系,但没有有效运行,形同虚设的企业,管理一定要跟上。要重点解决"重检验收费轻管理"、"重管理轻检验"和"只收费不检验就出证"三个问题,近期几个局连续出现检验工作质量问题,不能说与之没有关系。只要认真一抓,大家感到责任重大。前一段时间,某直属局下属分支局出现检验员不敢出证,让处长签字,处长怕担责任,又去找局长签字的现象,暴露了我们的检验管理工作不落实。另外,"只管理不检验"也不行,因食品行业特殊,不确定因素太多,这批产品的检验结果绝对代替不了下一批产品的检验。要坚决杜绝不检验就出证的错误做法。

(四)打击假冒注册编号不法行为,彻底解决"专厂、专号、专用"问题。前一段总局处理了某局使用山东省一家出口肉类加工企业的注册号问题。对注册企业在非注册企业组织货源并以注册企业名义出口,买卖、转借注册证号等问题,必须坚决杜绝。认监委已经在质检总局的网站上建立了栏目,所有注册企业的名单都将在网上公布,大家随时可以在网上查到注册企业名单。只要我们检验检疫人员切实负起责任,以国家利益为重,克服部门利益、地方利益和个人利益,就一定能够解决这类问题。

刚才,河南省政府张以祥副省长介绍了河南局的工作情况,他们在出口农产品检验检疫及卫生注册管理方面有许多独到之处,希望大家回去向省市政府领导汇报,借鉴他们的做法。要在总结过去经验教训的基础上,探讨新形势下如何做好注册工作,落实检验工作。

我们要充分认识目前出口食品、农产品所面临的严峻形势。要与时俱进,与国际标准俱进,注意研究新问题,开创卫生注册新的局面。做好做实出口食品和农产品的检验检疫工作。为我国食品和农产品的顺利出口和我国外经外贸事业的发展做出新的更大的贡献!

2002年7月25日

人事部舒惠国在中国认证人员与培训机构国家认可委员会成立大会上的讲话

各位委员,同志们:

首先,感谢各位委员对我的信任,感谢国家认监委和王凤清主任的聘请,让我出任中国认证人员与培训机构国家认可委员会的主任委员。

今天出席会议的委员,大部分是长期从事认证工作的多方面的领导、专家学者和企业代表,我们荣幸地受聘担任委员,就要切实负起一份责任。我相信,有大家的热心参与,有国家各部门的正确领导和支持,我们委员会一定能认真地履行所赋予的职责。

一、认证认可工作是关系国计民生的重大问题

刚才,王凤清主任作了非常重要的讲话,对我国的认证认可工作做了介绍,并从我国经济建设大局和宏观管理的高度,提出了我国认证认可工作的发展思路和总体要求,我非常赞同,也完全支持。

目前,全国已有5万多家企业通过了ISO9000的认证。如果能够充分发挥认证认可工作的作用,对进一步提高我国的企业生产管理水平和促进国民经济整体素质的改善,将有着十分重要的意义。我国已经加入了世界贸易组织,认证认可工作是国际上的通行做法,按照国际惯例规范引导我国企业的健康发展,是提高我国企业竞争力,走向国际市场的迫切需要。现在认证的产品涉及各个方面,与人民群众的日常生活息息相关,加强认证认可工作,也是提高企业效益,保证产品质量和维护广大人民群众切身利益的重要保障。这也是我们深入贯彻落实"三个代表"重要思想的具体行动。

二、加强对认证人员规范管理是做好我国认证认可工作的重要保证

1994年以来,人事部会同国务院各部门,已经陆续建立了20多类职业资格证书制度,如与国家质量监督检验检疫总局建立了珠宝玉石质量检验师、质量工程师等职业资格证书制度。建立这些制度就是要从人员资质管理的关键环节入手,通过制度的规范,不断提高从业人员的整体素质和能力水平,从而才能保证工作质量,促进行业的健康有序发展。因此,从这个意义上讲,加强对认证人员的规范管理是提高和保证我国认证认可工作质量和水平的一项长期性、基础性的工作。

我们欣喜地看到,这些年来,认证人员的培训和注册工作取得了非常大的成效。我们正在积极地开展认证人员注册机构的国际互认合作,并与许多国家实现了互认。这对我国职业资格证书制度的发展是有重要促进作用的。我们应该充分利用已有的经验,继续发展我国的认证人员培训和注册制度,真正地建立起既与国际管理接轨又符合中国国情的认证人员管理制度。

三、按照国务院的要求,配合认监委积极开展好各项工作

国务院领导对认证认可工作十分重视,朱镕基总理、吴仪国务委员等中央领导同志对认证认可工作都作过重要的批示,国务院成立了国家认监委,并就做好认证认可工作制定了统一管理、协调发展的政策。各位委员一定要认真贯彻国务院领导的指示精神,按照国务院的要求,以国家利益和大局为重,配合和支持国家认监委的工作,并在国家认监委的统一领导下,认真履行赋予的职权,积极开展好认证人员培训和注册的各项工作,努力为我国认证认可工作的新发展做出新的贡献。

谢谢。

2002年7月26日

国家质检总局李传卿在“中国合格评定国家认可中心成立新闻发布会”上的讲话

同志们：

中国合格评定国家认可中心的成立，是我国认证认可工作改革发展中的一件大事。我代表国家质检总局，对认可中心的成立表示热烈祝贺！对与会的各部委代表及新闻界的朋友们表示欢迎和感谢！

中国合格评定国家认可中心的成立是与时俱进的产物，它的与时俱进体现在以下几个方面：第一，改革开放以来，中国发生了翻天覆地的变化。GDP的高速增长使中国生产力实现了跨越式发展。我国加入世贸组织以后，积极效益开始显现，经济综合竞争力继续攀升。权威机构预测：按改革开放20多年来我国的经济发展速度，中国还需13年就可达到现代化标准，将在2050年达到中等发达国家水平，实现现代化。现代化有很多具体的指标，其中产品质量、管理水平、服务水平是重要的方面之一；认证认可作为质量管理和质量保证的重要措施，无疑是我国加快现代化建设的一个重要手段。第二，我国加入世界贸易组织后，面临的国际国内形势发生了重大变化，需要我们按照国际规则，建立符合国际惯例的工作机制和规程，以适应经济全球化的发展趋势，满足国家经济发展和改革开放的需求。作为国际通行的加强组织管理、提高产品信誉、促进对外贸易的重要方式，认证认可无疑是我国与国际接轨的重要途径。第三，经过几年来的努力，中国经济自发增长能力不断增强，经济增长已从政策推动为主转为政策和市场共同推动。认证认可机构作为独立公正的第三方，在弥补政府管理职能不足，充分发挥市场机制作用，促进经济发展、社会进步等方面有着独有的优势和独特的效用，改革认可体制，充分发挥其作用恰逢其时。第四，建立集中统一的国家认可体系是国际上为保证认证认可权威性、惟一性和可信性而广泛采用的通行做法，是国际认证认可的发展方向，符合时代的发展潮流。因此，中国合格评定国家认可中心的成立，顺应了时代发展，适应了改革开放和现代化建设的新要求，贯穿了与时俱进的精神，是落实江泽民同志“三个代表”重要思想的具体体现。

中国合格评定国家认可中心成立以后，要继续以江泽民同志“三个代表”重要思想为指导，立足高起点，坚持高标准，确保高质量，力争高水平。要按照国办《通知》精神，依照国际准则和国家的有关法律法规开展工作，保持与世界认证认可技术水平和发展速度的同步，充分满足国内国际经济发展对认证活动提出的要求，充分发挥认证认可对国民经济发展的推动作用；要继承原有认可机构的认可结果，承担相应的义务，做好相应的转化工作；要建立科学公正的工作制度，严格管理，严格要求，保证工作质量；要继续保持国际互认的资格，加强与国际相关组织的联系，加大对外开放和国际合作力度，积极创造条件签署多边承认协议，使我国认可水平早日位居世界前列。

中国合格评定国家认可中心是国家质检总局所属的事业单位，随着形势的发展，机构还会进一步改革。为了保持业务管理的顺畅，保持其客观公正、独立权威，国家质检总局已经决定授权国家认监委对其进行全权管理。总局机关各司局（厅）要对中国合格评定国家认可中心的工作和认监委对它的管理给予全力的支持。要进一步解放思想，更新观念，对中心的业务工作不作过多的行政干预。认监委要坚持与时俱进的精神，按照国际通行做法对中心实施科学管理，确保认可工作独立公正，发挥出应有的作用。

集中统一的国家认可制度的建设，离不开各部门的支持和参与。中国合格评定国家认可中心所进行的认可，是我国具有权威性的认可，它的效力应该得到我国的国家机构，包括各级政府部门、社会各界的承认，其认可结果应该在国际国内经济活动中得到广泛应用。希望社会各界，特别是各级政府部门打破部门、行业和地域界限，积极参与统一认可制度的建设，充分利用国家认可的结果，充分发挥认证认可在促进国家经济建设和改革开放中的重大作用。

谢谢大家！

2002年8月20日

国家认监委王凤清在“中国合格评定国家认可中心成立新闻发布会”上的讲话

尊敬的经叔平副主席，各位来宾、各位朋友：

上午好！

中国合格评定国家认可中心今天正式成立了，我代表国家认证认可监督管理委员会，对国家认可中心的成立表示热烈祝贺！对光临本次新闻发布会的各部委的代表和新闻界的朋友们表示热烈欢迎和衷心感谢！

建立和实施统一规范、协调高效、与国际接轨的国家认可制度，是促进国际贸易、加强国际经济合作的重要手段，是国家国民经济发展到一定阶段的必然选择，更是一个国家认证认可/合格评定体系走向成熟的重要标志。世界各国政府都普遍认识到了这一发展趋势，纷纷通过改革、合并或重组，建立了集中统一的国家认可体系。

在我国，党和政府对这一工作历来都非常重视。去年以来，党中央、国务院根据国际认证认可的发展形势，根据我国社会主义市场经济的发展和加入世界贸易组织后的客观需要，高瞻远瞩，审时度势，在改革国家认证认可管理体制、组建国家认监委，对全国认证认可工作进行统一管理后，又于今年2月，以国务院办公厅的名义，发出了《关于加强认证认可工作的通知》。《通知》明确提出：“国家只建立一套认可制度体系”，要求国家认监委对现有的认可机构进行调整，建立集中统一的国家认可机构，履行国家认可职责。在有关部委的支持和配合下，国家认监委按照国务院批准的“三定”方案和国办《通知》精神，对国内的认可机构进行了全面整合。中国合格评定国家认可中心的正式成立，是我国加入世界贸易组织后，按照国际规则建立工作新体制的又一重大成果，是我国社会主义市场经济走向成熟的一个重要标志，它表明我国集中统一的认可体系基本框架已经初步建立，我国认证认可改革取得了突破性的进展，我国认证认可的发展从此步入了一个崭新的历史时期。

国家认监委从去年成立，到今年8月29日，已经整整一年了。一年来，我们以江总书记“三个代表”重要思想为指导，努力按照党中央、国务院的要求和赋予的工作职能，做了大量工作。朋友们一定不会忘记，短短一年里，我们先后在人民大会堂这个庄严神圣的地方，举行了国家认监委成立大会、全国认证认可工作会议，举办了“对强制性认证产品实施‘四个统一’新闻发布会”、“百家获证企业颁证暨认证市场监管新闻发布会”，以及今天的“中国合格评定国家认可中心成立新闻发布会”。每一次会议都是一次认证认可改革与发展的成果展示，都是一次认证认可/合格评定体制建设的新的飞跃，表明我们在改革国家认证认可工作体制，实施内外一致的工作制度，整顿和规范认证市场等方面正在不断取得新的进展。

中国合格评定国家认可中心的成立，将认证认可的改革和发展推向了一个新的阶段。今后，我们将继续以江总书记“三个代表”重要思想为指针，坚持与时俱进，探索发展的新思路，寻找改革的新突破，努力实现事业的新飞跃，开拓工作的新局面。重点就是要按照吴仪国务委员在全国认证认可工作会议上提出的要求，进一步解放思想，真抓实干，实现“十个转变”，抓好“十个重点”。即实现思想观念从计划经济向市场经济转变，思维定式从本土化向国际化转变，工作机制从多头管理向统一监管转变，认可体系从分散无序向集中统一转变，认证机构从事业单位向独立法人转变，体系认证从数量规模向质量效益转变，卫生注册从对外为主向内外并重转变，实验室监管从粗放向集约转变，国际合作从参与为主向发挥作用转变，人才建设从培养专门人才向培养复合型人才转变。狠抓认证认可体系建设，积极推动认证机构改革，加快商检总公司改革步伐，加大整顿和规范认证市场的工作力度，稳妥地组织实施新的国家强制性产品认证制度，进一步加强部际协调，加大实验室资质认定管理工作的力度，继续强化食品生产企业注册工作，积极开展国际合作与交流，切实加强和改进党的建设。全面建立起国家认证认可/合格评定新体制，以适应国家经济发展和对外开放的需要，满足维护国家利益和人民健康安全要求。使我国的认证认可/合格评定水平位于世界前列，在国际上发挥其积极作用。

借这个机会，我想再强调两点：

第一，国家认监委按照国务院的授权，统一管理、监督和综合协调全国的认证认可工作。中国合格评定国家认可中心根据国家认监委的授权，负责对在中国境内所有质量管理体系认证和产品认证的认证机构进行资格认可和监督管理；对实验室、检查机构以及相关机构实施统一的国家认可；对全国的认证培训机构实施认可，对各类认证人员的培训课程进行批准，对各类认证人员进行考核和资格注册。中国合格评定国家认可中心成立以后，我国的认可体系已经实现了集中统一，中国合格评定国家认可中心是中国惟一合法的国家认可机构。今后，质量管理体系（ISO9000）、环境管理体系（ISO14000）、职业健康安全管理体系（OHSAS）、通讯业质量管理体系（TL9000）、汽车行业质量管理体系（QS9000）、航空航天业质量管理体系（AS9000）、食品卫生安全管理体系（HACCP）、医疗器械生产企业质量管理体系（ISO13485）、信息安全管理体系和软件成熟度能力评估等各类质量管理体系认证机构的认可工作；强制性产品认证、自愿性产品认证，以及农产品、食品认证等各类认证机构的认可工作，都统一归口到了三个国家认可委员会的认可工作之中。

原中国环境管理体系认证指导委员会、中国环境管理体系认证机构认可委员会和中国认证人员国家注册委员会环境管理专业委员会，自国务院批准成立以来，在国家环保总局的直接领导和监督管理下，在促进我国环境管理系列标准的实施、推动和规范环境管理体系认证认可，以及促进我国环境管理体系认证认可国际互认等方面做了大量工作。为了建立集中统一的国家认可制度，他们以国家利益和工作大局为重。从今年8月1日起，国家环保总局已经正式将有关监督管理职能移交给了国家认监委，相关的业务工作正在向中国认证机构国家认可委员会、中国认证人员与培训机构国家认可委员会移交。

截止到目前为止，经国务院批准成立的认可机构已经整合完成，还有一些部门自行成立的认可管理机构，也应遵照国务院办公厅11号文件精神，和认监委一起研究，尽快完成整合工作。

第二，中国合格评定国家认可中心，要认真履行国务院的授权，严格按照国际标准，对各类认证机构和人员资格进行认可，同时也要严格按国际有关准则要求自己，做到高标准、严要求、公正、廉洁，确保认可工作质量。

同志们，认监委成立一年来所走出的每一步，取得的每一点成绩都离不开党中央国务院的正确领导、离不开各部委的大力支持，今后仍然希望各有关部门能以大局为重，继续支持认监委的工作，共同努力，把中国的认证认可工作推向一个新的阶段。

2002年8月20日

国家质检总局李传卿在中国首家电视媒体颁证暨认证工作机构审查登记新闻发布会上的讲话

尊敬的姜春云副委员长，

各位来宾、新闻界的朋友们：

在全党全国人民满怀信心，扎实工作，以优异成绩迎接党的十六大胜利召开之际，国家认监委和中央电视台联合召开新闻发布会，宣布我国对认证机构、认证培训机构、认证咨询机构重新审查登记工作成果，并向首家电视媒体通过ISO9000质量体系认证的中央电视台新闻评论部颁发证书，具有十分重要的意义。首先，我代表国家质检总局、代表长江局长，向姜春云副委员长亲临大会指导，表示衷心的感谢！向中央电视台、国家认监委及中国质量认证中心表示热烈的祝贺！

经过近一年的努力，国家认证认可监督管理委员会在有关部门的大力支持下，严格按照《认证机构及认证培训、咨询机构审批登记与监督管理办法》的要求，圆满完成了对依法设立的认证机构、认证培训及咨询机构的重新审查登记，从源头上为规范认证市场秩序奠定了基础；中央电视台作为我国规模最大、实力最强的国家电视台，在事业蓬勃发展的时期，与时俱进，开拓进取，以敢为天下先的勇气，引入国际先进的质量管理理念，率先在世界范围内获得第一张2000版认证证书，为进一步增强国际竞争力，创造了极其有利的条件；中国质量认证中心与中央电视台联手合作，首次将质量管理体系标准导入国内电视传媒业，拓展质量认证活动的新领域，有力地促进了认证事业的新发展。这些都是值得可喜可贺的事情，是我们向党的十六大献上的两份厚礼。在此，我代表国家质检总局向所有为之辛勤工作的全体同志表示崇高的敬意！

质量是经济工作的生命线。质量问题，不仅关系到企业在激烈的市场竞争中的生存与发展，而且关系到我国改革开放和社会主义现代化建设的全局；实现我国质量振兴，既是加入世贸组织参与全球竞争的需要，也是我国实现全面小康社会，促进繁荣富强的迫切要求。解决质量问题，实现质量振兴，认证认可工作越来越显示出它不可替代的作用。党和政府高度重视认证认可工作，一直把它作为我国加强质量、安全、环境管理和质量、环境、安全保证的重要手段。全国人大通过的《产品质量法》、《进出口商品检验法》、《标准化法》、《计量法》和国务院颁布的《产品质量认证管理条例》、《质量振兴纲要》，都对加强认证认可工作作了明确规定。特别是今年2月，国务院下发的《关于加强认证认可工作的通知》，又进一步明确了认证认可工作的指导思想、工作重点和主要任务。全面落实中央的这些要求，集中到一点，就是政府主管部门要加大工作力度，积极引导企业自律，加强政府有效监管，充分利用市场机制，全面发挥认证认可工作的作用，促进《产品质量法》等法律法规的贯彻执行，从源头上确保产品质量安全，有效保护环境资源，促进对外贸易发展。

随着我国加入世贸组织，我们面临的国际竞争越来越激烈。特别是世界经济全球化进程加快，科学技术日新月异，国际范围内正在进行的新一轮结构调整和企业生产经营方式的不断创新，都对认证认可工作提出了新的要求。中国要成为“世界工厂”，还有很长的路要走。改革开放以来，我国质量整体水平有了很大提高，但质量形势仍不容乐观，市场经济秩序还比较混乱，优胜劣汰的机制还未完全形成，部分产品质量不高、污染环境、浪费资源、安全性差的问题仍很突出，与世界先进工业国相比还有很大差距。认证认可工作作为质量、环境、安全管理和质量、环境、安全保证的一个重要手段，对于提高企业管理水平，引导消费，促进出口，保证安全，保护环境具有非常重要的作用。实践证明：在我国加强认证认可工作，建立集中统一的国家认可制度，整顿和规范认证市场秩序，不仅是完全必要的，而且是十分有效的，也符合国际惯例。今天的新闻发布，充分体现了我们在这方面所取得的成效，表明我们在贯彻国家法律法规，加强质量建设，促进我国质量整体水平的提高方面又迈出了新的步伐。各部门和广大企事业单位一定要积极推进认证工作，充分利用认证成果，促进管理和服务水平的提高，为全面提升我国产业、企业和产品竞争力，提供有效保障。

国家认监委成立以来，创造性地全面履行职能，在建立统一的认可制度、强制性产品认证制度、部际联席会议制度、规范认证行业等方面开展了卓有成效的工作，取得了可喜的成绩。这次对依法设立的认证、认证培训、咨询机构重新审查登记，尽管工作量大，任务十分艰巨，但进展很顺利，效果也很明显，为建立国家认证认可/合格评定工作体系打下了坚实的基础。希望你们再接再厉，锲而不舍，不断实现我国认证事业新的辉煌。

国家广电总局是全国认证认可部际联席会议的成员单位，我们在推动认证认可事业的发展上有着共同的工作基础，承担着共同的工作责任。长期以来，国家广电总局、中央电视台在宣传质量监督检验检疫和认证认可方面做了大量工作，给予了我们很大支持。借此机会，我代表国家质检总局和国家认监委，向国家广电总局和中央电视台表示衷心的感谢！希望以这次新闻发布会为契机，进一步加强合作，共同为我国改革开放和现代化建设作出更大贡献。

质检工作的实践使我们深刻体会到，质量监督检验检疫各项工作，包括认证认可工作，都与实现“三个代表”要求密切相关，做好质量监督检验检疫各项工作都是贯彻落实“三个代表”的具体体现。无论是全面实施质量振兴战略，从源头抓质量，促进我国质量总体水平的提高，还是发挥标准、计量、认证认可等技术优势，为企业提高质量和竞争力服务；无论是打假治劣，扶优扶强，整顿和规范市场经济秩序，包括整顿和规范认证市场秩序，还是加强检验检疫把关，应对国外技术壁垒，扩大出口，服务外贸，都是质检工作实践我们党始终代表先进生产力发展要求的具体体现。提高我国质量管理水平，打击假冒伪劣，创立民族品牌，倡导质量诚信，营造质量文化，推行先进的质量管理方法，包括按照国际通行做法，开展认证认可工作，正是质检工作实践我们党始终代表先进文化前进方向的具体体现。打假治劣，严把国门，加强检验检疫，维护国家经济安全，切实维护消费者权益，维护人民群众生命健康安全，更是质检工作实践我们党始终维护最广大人民根本利益的具体体现。在不断完善社会主义市场经济体制的条件下，在我国已经进入全面建设小康社会的新时期，在我国加入世贸组织后面临更加激烈的国际竞争的情况下，各级质检部门必须坚持用“三个代表”重要思想统领我们的各项工作，进一步增强实践“三个代表”的坚定性、自觉性、创造性，始终坚持与时俱进，不断努力开拓创新，在落实中央重大决策部署创造性地开展工作上，在提高质检工作对国民经济发展和社会进步有效性上，在加强质量监督检验检疫队伍建设上，一定要积极探索发展的新思路，实现改革的新突破，开创工作的新局面，为我国改革开放和社会主义现代化事业作出应有贡献，以优异成绩迎接党的十六大胜利召开。

谢谢大家！

2002年9月8日

国家认监委王凤清在中国首家电视媒体颁证暨认证工作机构审查登记新闻发布会上的讲话

尊敬的姜春云副委员长，

各位来宾、各位朋友：

大家好！

今天，国家认监委和中央电视台在这里联合召开新闻发布会，向全社会宣布两件事情：一件是我国对依法设立的认证、认证培训、咨询机构重新审查登记工作顺利结束，一件是中央电视台新闻中心新闻评论部正式通过ISO9000国际质量体系认证。这两件事都是大事，都是落实国家《产品质量法》等法律法规，通过认证认可加强质量建设的具体措施。

整顿和规范认证市场秩序是国家整顿和规范市场经济秩序的重要组成部分。国家认监委成立以来，我们按照国务院的总体部署，在整顿和规范认证市场秩序方面做了大量工作。今年3月26日，国家认监委曾在人民大会堂召开新闻发布会，向社会通报查处违法违规经营的认证机构的有关情况。今年4月国家认监委、国家质检总局、国家工商总局和外经贸部联合发布《认证机构及认证培训、咨询机构审批登记与监督管理办法》以后，在国家工商总局的大力支持下，我们依据《办法》，对国内依法设立的认证、认证培训、咨询机构进行了重新审查登记。这是整顿认证市场的一个重大步骤，是规范认证市场秩序的一个根本性措施。它标志着我国认证市场管理混乱、无序竞争局面的彻底结束，从源头上管理认证市场长效监管机制的正式建立，对于促进认证认可工作健康有序发展，促进国家质量整体水平的提高具有重要意义。

当前，质量体系认证作为质量管理和质量保证的一个重要手段，正在逐步被世界各级组织所重视和采用。是否通过质量体系认证，已经成为国际间经贸洽谈的必备条件，成为企业实力、产品服务和竞争力的重要标志。中央电视台作为我国电视传媒的领头雁，多年来坚持正确的舆论导向，坚持质量第一的方针，在促进全党和全国人民统一思想、凝聚力量、振奋精神、坚定信心，不断在改革和建设中开拓前进等方面做了大量工作。在日趋激烈的行业竞争面前，在行业竞争由资源、资本转向人才、管理以后，他们积极引入国际先进的质量管理理念，在新闻评论部率先建立起了先进的质量管理体系。将ISO9000质量管理体系引入电视传媒，不仅进一步拓展了质量体系认证领域，也将为社会各界引入先进的管理、提高服务质量、增加竞争力，产生良好的辐射和影响作用。在此，我代表国家认监委对中央电视台表示热烈的祝贺。

中央电视台引入质量管理体系是一个新的创举。但是，获得质量体系认证证书只是改进质量管理、提高工作水平的开始。还必须按照体系标准的要求，不断完善和改进管理。希望中央电视台以新闻评论部获证为契机，进一步加大推广质量管理体系认证工作的力度，切实提高管理水平，创造更加良好的内部和外部环境，早日成为世界一流的电视传媒。希望社会各界以中央电视台为榜样，积极引入国际先进的质量管理理念，争取更大发展。

另外，按照四部委的文件对依法设立的认证、认证培训、咨询机构进行重新审查登记的工作已经结束，希望已经获得批准的相关机构珍惜来之不易的机会，按照国家的法律法规严格自律，合法经营，切实提高认证工作质量；各级质检部门要切实承担起监督管理的工作责任，配合认监委做好认证市场的清理整顿工作，保证认证认可/合格评定结果的公正性和有效性；各有关部门要进一步转变观念，充分利用认证认可/合格评定结果，促进政府职能转变，提高管理服务水平；同时，希望社会各界热情支持和关心认证认可工作，积极献计献策，共同为促进国家质量整体水平的提高作出应有的贡献。

谢谢大家。

2002年9月8日

国家质检总局李长江在第66届国际电工委员会(IEC)新闻发布会上的讲话

由国家质检总局承办，国家认监委和国家标准委联合协办的第66届IEC大会将于2002年10月22日~11月2日在北京举行。今天我们在此召开新闻发布会,向社会各界通报有关情况。首先，请允许我代表国家质检总局、国家认监委和国家标准委对出席新闻发布会的各位嘉宾及新闻界的朋友们表示热烈的欢迎!对社会各界,特别是新闻界的朋友们长期以来对我国的质量监督和检验检疫事业，特别是标准化和认证认可工作的理解和支持表示衷心感谢!

随着现代科学技术的日新月异和世界经济全球化的步伐日益加快，国际标准化和认证认可工作已逐步成为世界经济、贸易、科技和工业发展的必不可少的重要基础。不论是工业发达国家还是发展中国家,正在通过最大限度地参加国际标准化和认证认可活动，来促进本国产品质量的提高,促进国际间经济贸易发展和技术交流。我们高兴地看到:国际电工委员会(IEC)所制定的IEC标准和所建立的IEC检测与认证的国际互认体系，在不断提高人们生活质量和发展国际间经济技术合作方面起了重要作用,同时也为消除技术性贸易壁垒,便利国际贸易起到了有效和积极的作用。我国承办第66届IEC北京大会是对IEC事业的支持,是对IEC活动在中国开展的有力推动,是向世界展示我国质检、标准化和认证认可事业发展成果的良机。

质量问题是经济发展中的战略问题。实现质量振兴是我国经济发展的迫切要求。改革开放以来,在党中央、国务院的正确领导下,我国的质量工作不断得到加强。随着买方市场的形成,对外开放的扩大,社会主义市场经济体制的初步建立,也为质量工作创造了良好的环境,我国质量总体水平有了较大的提高,由此带来的变化是:全民重视质量的意识越来越强;质量兴企的氛围越来越浓;政府加强质量工作责任制的制度正在完善;引导企业自律、加强政府监督、发挥市场机制的质量工作格局正在逐步形成;我国质量工作已基本纳入法制轨道;我国产品质量总体上了一个台阶。进入21世纪,我国经济建设进入了一个新的发展阶段,对质量工作、环境工作、安全工作提出了新的更高的要求,带来了更加严峻的挑战;全面建设小康社会,满足人民生活水平日益提高的需要,对质量要求、环境要求、安全要求越来越高;我国产业结构战略性调整,产品更新换代速度越来越快,质量、环境、安全是主攻方向;加入WTO,国际经济竞争越来越激烈,质量品牌的作用越来越明显;世界科技突飞猛进,对质量、环境、安全工作科技要求越来越高，但目前我国的质量形势仍不容乐观,市场经济秩序仍相当混乱,优胜劣汰的机制还未完全形成,部分产品质量不高、污染环境、浪费资源、安全性差的问题仍很突出。因此,我们必须以“三个代表”重要思想为指导,全面落实江总书记在5·31讲话中强调的“注重科技进步、注重可持续发展、注重协调发展”的各项措施,加大从源头上治理质量、治理环境、治理安全的力度,进一步增强紧迫感和使命感,大力提高质量、环境、安全的标准化和认证认可对国民经济和社会发展的有效性。

中国政府一贯重视标准化和认证认可工作，并将其作为质量、环境、安全管理和质量、环境、安全保证的一个重要手段加以发展。我国的标准化和认证认可工作在提高企业管理水平和企业素质,促进出口,引导消费,保证安全,保护环境等方面已经或正在起着十分重要的作用。为进一步加强对质量监督和检验检疫，标准化和认证认可工作的统一领导及其权威性,党中央国务院在2001年决定成立国家质检总局的同时，成立了国家认监委和国家标准委,分别在国务院的授权下统一管理、监督和综合协调全国的认证认可和标准化工作，这标志着我国标准化和认证认可工作进入了一个新的发展时期。

我国已正式加入WTO，推进标准化和认证认可工作是遵守WTO有关协议、积极履行我国入世承诺的必然要求,也是消除技术性贸易壁垒,促进对外贸易发展的重要措施。随着经济全球化进程的日益加快和对外开放的扩大，为我们进一步扩大进出口贸易提供了难得的机遇。同时,随着关税、配额、许可证等贸易壁垒的逐步减弱和取消，一些国家凭借先进的科学技术和生产水平，越来越多地运用超要求和范围的技术法规、标准和合格评定程序设置技术性贸易壁垒的行为越来越突出。我们只有采用国际标准和国外先进的标准，运用国际通行的合格评定与认证认可程序进行评价，使产品质量达到国际标准和国外先进的标准的水平，并得到世界的公认，有针对性地研究并设置我们的技术措施，才能有效地消除国外技术性贸易壁垒。IEC是世界贸易组织（WTO）正式承认的国际标准化组织，IEC与国际标准化组织（ISO）合作或分别制定的国际标准、国际导则等国际文件，是国际标准化和认证认可工作的国际准则，是标准化和认证认可工作的国际规则，对世界贸易的发展有着十分重要和直接的影响。第66届IEC大会在北京的召开，必将对我国遵守WTO有关协议、履行我国入世承诺，消除技术性贸易壁垒，以及参与国际经济贸易大循环，进一步提高社会各界对标准化和认证认可工作理解和支持起到十分积极的作用。

为了确保第66届IEC大会筹备工作的顺利开展，中国政府成立了大会组织委员会，以加强对组织工作的领导。为了保证大会各项组织工作万无一失，我们要按照"立足高起点，坚持高标准，确保高质量，力争高水平"的要求，切实遵照《IEC大会组织手册》的要求抓紧落实。从事筹备工作的同志们，要增强大局意识、责任意识、服务意识，并在筹备工作中加强学习，提高自身的素质和能力。强化工作制度，严格管理，严格要求，保证筹备工作质量，在IEC和各国代表面前树立良好的形象，充分展现中国人民的精神面貌和国家改革开放所取得的丰硕成果。

我们相信，IEC标准的权威性是世界公认的，IEC检测与认证体系是全球信赖的。我们对IEC所取得的成就表示赞赏，同时也对IEC今后的发展充满信心并寄予厚望。在全国人民满怀信心迎接党的十六大召开的时刻，我们将更加努力并扎实地工作，将更加积极、广泛地参与国际经济和贸易的合作，以隆重、热烈和成功的第66届IEC大会向党的十六大的召开献礼！

2002年9月10日

国家认监委王凤清在第66届国际电工委员会(IEC)新闻发布会上的发布辞

今天国家质检总局、国家认监委和国家标准委联合在此召开新闻发布会，向社会各界介绍国际电工委员会（IEC）的背景情况和第66届IEC北京大会的筹备情况，以使各社会各有关方面对标准化和认证认可工作，特别是对电工电子和信息技术标准化和认证认可工作的发展有一较全面的了解。为使与会的各界朋友，特别是新闻界朋友有更多的了解，下面我就IEC的标准化和认证认可活动，以及中国参加IEC活动，特别是第66届IEC北京大会筹备工作的情况做一介绍。

国际电工委员会（International Electrotechnical Commission，英文缩写IEC）成立于1906年，是世界上最早的国际标准化组织，总部设在瑞士日内瓦。IEC与国际标准化组织（ISO）是世界贸易组织（WTO）正式承认的国际标准化组织，IEC与ISO合作或分别制定的国际标准、国际导则等国际文件，是国际标准化和认证认可工作的国际准则。IEC的宗旨是：促进电工、电子领域产品的国际标准、认证认可规则等国际文件的制定及国际和区域标准化和认证认可方面的合作。目前IEC共有成员63个，下设中央秘书处、理事会大会（CA）、理事局（CB）、标准管理局（SMB）、合格评定局（CAB）、未来高新技术顾问委员会（PACT）、IEC技术委员会（TC）和分技术委员会（SC）等，每年IEC召开一次年度大会。近百年的发展史，使IEC所制定的IEC国际标准和所建立的认证认可体系的权威性得以树立，IEC的事业发展及其工作成果，对WTO规则的实施，降低技术性贸易壁垒，促进电工电子产品的国际贸易的发展，以及电工电子领域的技术进步和技术创新起着至关重要的作用。特别是近年来，IEC非常重视环境保护及电工电子领域标准化和认证认可在保证可持续发展战略的有效实施方面的作用，使得各成员国的政府对IEC的活动与发展给予了极大的关注和支持。

我国于1957年8月，正式加入IEC。随着国家政府机构改革，1989 年由原国家技术监督局管理的 IEC 中国国家委员会参加 IEC。目前，是以在国家质检总局管理下的 IEC 中国国家委员会的名义参加 IEC 及其各项活动。我国是 IEC 所有技术委员会（TC）和分技术委员会（SC）的成员，派专家全面参与 IEC 国际标准的制定工作；我国亦是 IEC 所建立的电子元器件、电工产品和防爆电气产品等 IEC 检测与认证互认体系的全权成员，全方位参加了 IEC 电工电子技术领域的认证认可工作。中国作为 IEC 成员国中的大国，为 IEC 国际标准的制定和电工电子技术领域的认证认可工作的发展，以及 IEC 检测与认证体系的建立作出了努力和贡献。经多年努力，目前我国的代表机构，IEC 中国国家委员会，在 IEC 组织内各管理决策机构中，包括 IEC 理事局（CB）、IEC 标准管理局（SMB）、IEC 合格评定局（CAB）、IEC 未来高新技术顾问委员会（PACT）等，均有代表席位，作为发展中国家成员发挥着十分积极的作用，体现了中国在 IEC 组织中的影响力和地位。

随着国际贸易全球化的快速发展，近年来 IEC 国际标准在我国广泛应用，以及 IEC 认证认可工作在我国广泛开展，有效地促进了我国工业、经济、贸易和科学技术的发展，特别是我国在全面提升了我国在 IEC 组织中的地位和影响力。国际电工委员会秘书长于 1999 年 5 月正式致函原国家质量技术监督局，商请中国在 1990 年 10 月，首次在北京成功地承办了 IEC 第 54 届大会的 12 年后，能再次于 2002 年承办第 66 届 IEC 大会。

为更好地适应我国加入 WTO 后市场竞争的需要，进一步扩大我国标准化和认证认可工作的国际影响，同时，为促进我国工商界更多地参与国际标准的制定和认证认可活动，经国家有关部门批准，原国家质量技术监督局同意承办 2002 年第 66 届 IEC 大会，并于 1999 年第 63 届 IEC 大会正式发出邀请，于 2000 年第 64 届大会上得到通过。

经国家质检总局、IEC 中国国家委员会与 IEC 中央秘书处商定，第 66 届 IEC 大会将于 2002 年 10 月 22 日至 11 月 2 日在北京举行，会期共 12 天。本届 IEC 大会由中国国家质量监督检验检疫总局承办，中国认证认可监督管理委员会和中国国家标准化管理委员会协办，大会的各项具体筹备工作由 IEC 中国国家委员会负责。大会期间将召开 IEC 理事大会、理事局、标准管理局、合格评定局、未来高新技术顾问委员会等管理决策层会议，主席、秘书论坛，电磁兼容标准化研讨会，以及 59 个 IEC 技术委员会的会议，以及我国政府所举行的重要活动。参加会议的中外代表将近 1 800 人，其中国外代表约 1 500 人。

为了确保第 66 届 IEC 北京大会各项筹备和准备工作的顺利开展，加强对大会组织工作的领导，国家质检总局、国家认监委和国家标准委联合在京正式成立了“第 66 届 IEC 大会组织委员会”，全面负责 IEC 大会各项重大活动的组织协调、指导大会秘书处的工作并参加 IEC 大会期间的各项重大活动。组织委员会由国家质检总局李长江局长任主任，由国家质检总局、国家认监委和国家标准委的领导：李传卿、蒲长城、王凤清、李忠海任副主任。组委会下设秘书处，负责组委会的日常工作，由 IEC 中国国家委员会主席，即我本人，出任组委会秘书长，按照《IEC 组织大会的手册》的要求，全面负责 IEC 大会的各项筹备工作。时至今日，IEC 大会的各项筹备工作进展顺利：我们已与 IEC 中央秘书处商定了各项重大活动安排、谈定了会场和宾馆饭店、编制了大会会刊、开通了大会的专用网站、编制并建立完成了大会的信息系统，选定并考察了技术参观单位等等。

为了确保 IEC 大会的各项筹备工作符合 IEC 的有关要求，IEC 中央秘书处特派 IEC 官员按照《IEC 组织大会的手册》的要求，对我组委会的筹备工作进行了初期检查访问和实地考察，IEC 中央秘书处总体结论是：中国组委会（HC）的筹备工作是卓有成效的，其有一个强有力的领导班子，并在组委会权威的领导，已使得 66 届 IEC 大会的各项筹备工作有了显著的进展，表现出中国组委会的很高的组织能力和管理水平。IEC 中央秘书处完全相信：第 66 届 IEC 北京大会定会取得圆满成功！我们将以此为契机，精心筹划，科学安排，以第 66 届 IEC 大会的成功召开迎接党的十六大胜利召开。

2002 年 9 月 10 日

国家认监委王凤清
在 IATCA 第 8 届年会公开研讨会上的讲话

尊敬的 Michael Carmody 主席先生，

尊敬的 John Hulbert 执行董事先生，

女士们、先生们、朋友们：

早上好！

非常感谢 IATCA 执委会选择在中国北京召开今年的 IATCA 年会。秋天是北京最美的季节，秋高气爽，瓜果飘香，鲜花盛开，绿荫遍地，相信大家一定不会为这一选择后悔。

感谢主席先生邀请我在今天的研讨会上发言，使我有机会与如此众多的国内外认证认可专家和同行交流认证认可工作的经验和体会。请允许我代表中国国家认证认可监督管理委员会，对出席 IATCA 第八届年会的各位代表表示热烈的欢迎。借此机会，我向大家介绍一下中国的认证认可工作。我的介绍分三个部分：

一、 中国政府对认证认可工作的政策

中国政府对认证认可工作一直高度重视。近年来，中国立法的最高机构——全国人民代表大会通过颁布的《中华人民共和国产品质量法》、《中华人民共和国进出口商品检验法》、《中华人民共和国标准化法》、《中华人民共和国计量法》、《中华人民共和国产品质量认证管理条例》等一系列法律法规，和中国国务院颁发的《质量振兴纲要》(1996~2010)，都把认证认可工作作为实现质量振兴，实现繁荣富强的重要手段和措施加以重视和强调，都对加强认证认可工作提出了明确具体的要求。我国领导人对此项工作都非常重视，专门就此作出过许多重要指示。

从 90 年代初开始，中国积极采用了 ISO9000 标准，开展产品认证和质量管理体系认证工作。认证这种证明企业符合一定的标准要求的形式，因为其科学性和有效性，受到了中国企业的普遍欢迎。同时，各个有关的政府主管部门也纷纷制定政策，积极推动和实施认证制度，为我国产品质量的提高、环境质量的改善，以及其他有关工作的开展起到了积极的作用。中国的认可机构已经成为国际认可论坛 IAF 的全权成员；中国的代表在国际实验室认可组织 ILAC 和国际审核员和培训注册协会 IATCA 中均担任了执委等重要工作。据不完全统计，我国至今已经有近 8 万家机构获得了 ISO9000 认证证书，1 500 多家获得了 ISO14001 认证证书，获证机构遍布政府部门、各级组织和各个行业。两天前，我们刚刚在北京人民大会堂为中国中央电视台新闻评论部颁发了 ISO9001:2000 质量管理体系认证证书。中国中央电视台是中国国家级电视台，它所获得的认证证书，不仅是中国电视传媒获得的第一张质量管理体系认证证书，也是全世界第一张电视传媒质量管理体系认证证书。中国中央电视台通过质量管理体系认证，标志着我国的认证认可工作正在不断开拓新的工作领域，正在向深度和广度拓展。

为了改变中国认证认可多部门管理的现状，按照国际惯例建立认证认可工作体系，2001 年 8 月，中国政府决定成立国家认证认可监督管理委员会（简称国家认监委），统一管理监督和综合协调全国的认证认可工作。今年 2 月，中国国务院办公厅下发了《关于加强认证认可工作的通知》，进一步明确了认证认可工作的指导思想、主要任务和工作重点。为全面贯彻《通知》精神，国家认监委于今年 4 月 9 日召开了全国认证认可工作会议，对认证认可工作作了全面部署，提出了全面建立国家认证认可工作体系的总体构想。

二、国家认监委成立以后所做的主要工作

国家认监委成立以后，我们积极按照我国政府赋予的工作职能，加大了工作力度，在统一管理、监督和综合协调全国认证认可工作方面迈出了重要步伐。

一是建立了新的国家强制性产品认证制度。过去，由于多个政府部门管理认证认可工作，我国对国产品和进口产品实行的是两个不同的认证制度。这一做法不符合国际惯例，造成了非国民待遇。我们按照我国政府在入世谈判中的承诺，对国产品和进口产品的认证实施了“统一目录、统一标准、技术法规和合格评定程序、统一收费标准、统一标志”的工作，在此基础上，实施了新的国家强制性产品认证制度。首批列入国家强制性产品认证《目录》中的产品有 19 大类 132 种。新的国家强制性产品认证制

度从 2003 年 5 月 1 日起正式实施，从 2002 年 5 月 1 日起，新老制度开始并轨。为此，我们做了大量的宣传工作，在国内外开了多个宣贯会，指定了承担强制性产品认证工作的认证机构、检验检测机构和国内国外的相关代理机构。目前这项工作进展顺利，已接受申请近 4 万余家，审核后发出认证证书 1.5 万余份。

二是建立了集中统一的认可体系。认可制度体现国家意志，是为保证认证的客观性而建立的一套科学化、规范化的程序和管理制度。为了确保认可工作的权威性、惟一性和可信性，我们对原来分属不同的政府部门的多个认可机构进行了整合，撤销了原中国质量体系认证机构国家认可委员会(CNACR)、中国产品认证机构国家认可委员会(CNACP)、中国进出口企业认证机构认可委员会(CNAB)、中国实验室国家认可委员会(CNACL)、中国国家出入境检验检疫实验室认可委员会(CCIBLAC)、中国认证人员国家注册委员会(CRBA)，整合成立了新的中国国家认证机构认可委员会(CNAB)，中国国家实验室认可委员会(CNAL)，中国国家认证人员培训认可委员会(CNAT)三个全国统一和惟一的国家认可机构。并成立了新的中国合格评定国家认可中心，作为负责上述三个认可委员会具体运作的实体，承担三个委员会秘书处的工作。中国认证人员培训机构国家认可委员会(CNAT)，统一负责全国的认证人员的注册工作、培训课程批准工作和培训机构的管理工作，目前 CNAT 的工作范围已包括了质量管理体系、环境管理体系和职业健康安全管理体系审核员的培训认可与注册，下一步，还将积极探索开展认证咨询人员的培训与注册、食品安全卫生(HACCP)等领域的认证人员的管理工作。

三是大力开展了整顿和规范认证市场的工作。近些年，在中国的认证市场上，出现了一些为追求商业利益而降低认证要求的违规操作现象，一些国家的个别认证代理机构违法违规经营，严重地影响到认证工作的信誉。从去年开始，我们对全国认证市场进行了全面的清理整顿，在调查取证的基础上，对群众举报的违法违规行为进行了严厉的查处，对 6 家违规的境外机构进行了公开曝光。此举得到了国际认证界的高度重视和支持。IAF 于今年 3 月专门派主席到中国就有关情况进行沟通，在听取中国的情况介绍后，对我们的清理整顿工作给予了坚决的支持。在今年 5 月召开的 IAF 执委会上，对中国通报的情况进行了专题讨论和研究。IAF 同意立项，正式开始制订有关跨国认可和跨国认证的控制规则，以应对跨国认可和跨国认证中出现的问题。众多国家的认证机构和权威人士也对中国的这一行动给予了高度关注和大力支持，有关国家已经对其在中国的认证代理机构进行了内部整顿。

为了从根本上规范认证市场，中国国家认监委与国家质检总局、国家工商总局、外经贸部于今年 4 月联合发布了《认证机构及认证培训、咨询机构审批登记与监督管理办法》。《办法》明确要求，已经依法设立的认证机构及认证培训、咨询机构必须按《办法》规定的要求重新办理审查和登记手续。并规定：任何机构未经国家认监委批准并依法办理登记注册，一律不得从事与认证相关的经营性活动。国家认监委依据《办法》，依法对认证、认证培训和咨询机构进行了重新审查和登记。截止到 9 月 1 日，获得国家认监委重新确认批准的认证机构 92 家，分包认证机构 11 家，认证培训机构 90 家，认证咨询机构 529 家，台港澳及外国认证机构和认证培训、咨询机构常驻代表机构 10 家。

四是加强了法制建设。认证认可工作是一项新的事业，在此之前，中国没有一个全面规范认证认可的法规或规范性文件。为了落实"依法治国"的战略方针，实现依法行政，使各项工作有章可循，我们以国务院批准的"三定"方案和国务院办公厅《关于加强认证认可工作的通知》精神为指导，先后出台了一些必要的法规、规范性文件。我们还积极向国家立法部门争取，将"认证认可监督管理条例"列入了国家的立法规范，目前正在抓紧拟定这一"条例"。"条例"出台后，我国认证认可工作将步入法制化、规范化轨道。

五是全面加强了认证认可国际合作与交流。为了加快认证认可工作与国际接轨，我们广泛开展了双边、多边认证认可合作，先后派团出访了俄罗斯、瑞士、德国、英国、越南等国，就涉及产品质量管理、认证认可、检验检疫等问题进行了广泛地交流和会谈，进一步达成了合作共识，签署了相关文件。多次接待外国使团、使馆工作人员来访，为增进了解、加强合作奠定了基础。积极参加了有关国际组织活动，在其中发挥了积极作用。我们先后承办了太平洋认可合作组织第 8 次年会、APLAC2001 年会，承办了这次 IATCA 年会，还将在今年 10 月承办 IEC66 届年会。以此增进了解，加强合作。

此外，为了统一管理监督和综合协调中国的认证认可工作，我们建立了政府部门间的认证认可部际联系会议制度。按照工作职责，加强了实验室的检测监管工作，加大了对卫生注册的管理力度。由于时间关系，在此不一一列举。

三、 中国的认证人员培训与注册工作

从推行认证认可工作以来，我们国家在认证人员的培训、考核、注册、管理等方面取得了较大的成绩。原CRBA、CNAB和CRCEA都依照国际指南建立了比较完善的管理体系，按照国际审核员和培训注册协会IATCA的准则实施人员注册和培训批准工作，并取得了很好的成绩。目前，中国认证人员注册机构注册的QMS审核员和高级审核员将近1万人，另有约1万人已取得了实习的资格。我们还批准了约20个审核员培训机构，以及50余个内审员培训机构，为中国的认证工作准备了充分的人力资源，基本满足了中国认证认可工作高速发展的需要。

中国认证人员培训注册机构从1995年即积极参与IATCA的活动，原CRBA和CNAB均是IATCA的全权创始成员机构。1998年4月，CRBA顺利地通过了IATCA的首批同行评审，签署了审核员注册和培训课程批准两个国际互认协议。

女士们，先生们：我国已加入世贸组织，面临的国际竞争越来越激烈，同时科学技术日新月异，国际范围内正在进行新一轮的机构调整，企业生产经营方式不断创新，这些都给认证认可工作提出了新的要求。认证机构，认证咨询机构都是通过认证人员开展认证活动的，认证的质量和水平与认证人员个人素质，审核能力密切相关。中国认证认可行业已经充分认识到了人的因素在认证活动中的关键作用，已经正在把加强认证人员队伍建设，实施对认证人员的管理，建立监督和约束机制，不断提高从业人员思想水平和业务素质，作为认证认可的基础性工作来抓。我们正在采取有效措施，大力提高认证人员的业务素质和个人基本素养，同时制定更加严格的规范，对从事认证认可工作的人员进行严格要求。那些不具备从事认证认可工作的基本素质，不按规则办事，甚至违法违纪的个别人员，将被清理出认证认可队伍。

我国的认可工作是从国际上引入的，一开始就是直接采用和等效采用国际标准。国际标准和相关导则是我们开展工作的基本依据，也是我们与国际接轨的重要途径。今后，我们将继续立足高起点，按照国际标准的要求开展认可工作。积极跟踪国际认可标准的发展，及时做好相关标准的转化工作。同时，结合我国工作的实际情况，认真消化吸收运用，争取在工作中创造成功的经验，促进国际标准的制定和改进，为国际认证认可工作的发展作出我们应有的贡献。

我的报告完了，谢谢大家！

2002年9月11日

国家认监委梁杰在CQC成都分中心揭牌仪式上的讲话

中国质量认证中心成都分中心在各方的关怀和支持下，今天正式成立了，我代表国家认证认可监督管理委员会，对成都分中心的成立表示热烈的祝贺!对李达昌副省长和各位嘉宾及新闻界的朋友们出席今天会议表示热烈的欢迎和衷心的感谢。

明天，也就是10月18日，中国质量认证中心在全国10个城市分别设立的分中心也将同时正式揭牌成立。这11个分中心的建立为我国落实强制性产品认证在组织上提供了保证。也是国家认监委为落实国务院办公厅《关于加强认证认可工作的通知》，建立统一的国家认证认可制度体系，实现我国入世承诺，改革我国产品合格评定模式所采取的一个重要举措。

当前，经济全球化深入发展，科学技术日新月异，国际竞争日趋激烈。各国政府和广大消费者对质量、安全、卫生、环境等方面的要求越来越高。加入WTO标志着我国改革开放和现代化建设迈入了一个新的历史阶段。我们将在更高的层次上和更宽的领域内广泛参与国际竞争与合作。既要兑现入世承诺，遵照国际规则办事，又要充分利用国际通行规则，促进国民经济建设，切实维护国家经济利益和经济安全。

强制性产品认证是世界众多国家政府部门广泛采用的对涉及质量、安全、卫生、健康、环保和国计民生的重要产品实施的一种强制性认证制度。我国从今年5月1日起，正式实施了与国际标准和合格评定程序相符合的新的强制性产品认证制度，标志着我们在建立与国际通行做法相一致的国家认证认可/合格评定工作体系上迈出了重大步伐。

这次11个强制性认证分中心的设立，顺应了时代的发展，适应了改革开放和现代化建设对认证工作的新要求，开拓了认证认可工作的新局面。11个分中心成立后，要以江泽民总书记"三个代表"重要思想为指导，按照"发展要有新思路，改革要有新突破，开放要有新局面"的要求，发扬与时俱进、开拓创新的精神，立足高起点，坚持高标准，确保高质量，力争高水平。

对于我们即将成立的11个分中心，我认为当前迫切的是要增强"五种意识"。

一是要增强创新意识。国家认监委成立的本身是创新体制的产物。我们建立的国家认证认可体系是一个新事物。在我国强制性认证是一项新制度，在我们面前没有现成的模式可遵循。各分中心必须解放思想，大胆创造才能推动工作开展。新的强制性认证制度打破了地区、部门和行业的界限，各分中心在工作中必须更新观念，打破常规，树立以协调为重要思路的工作方式，对成都分中心而言，要努力立足四川，辐射大西南，争取在推进新制度中有所作为，为党中央实施西部战略做出新贡献。

二是要增强服务意识。新的强制性认证制度是完全按照国际标准，采用国际先进的合格评定程序建立的一项先进的工作机制。各分中心要充分发挥其在提高企业的组织管理、服务水平，提高生产力和竞争力，促进消费，保护环境，保证卫生安全，促进出口等方面的重要作用，努力为国家改革开放服务，为地方经济建设和对外贸易发展服务。

三是增强全局意识。各分中心要立足当地，胸怀全局，努力从全局的高度想问题、办事情。各分中心是CQC的派驻机构，要主动接受中国质量认证中心的领导，接受地方各级政府部门、各地质量技术监管局和出入境检验检疫局的指导和监督。各地质量技术监督局和出入境检验检疫局要积极支持各分中心的工作，要多指导，多监督，少干预。

四是要增强忧患意识。新的强制性认证制度的实施，不仅关系到国家利益和经济安全，还关系到我国的国际形象。现在离明年5月1日我国全面实施新的强制性认证制度还有6个月的时间，但还有相当多的工作要做。各分中心一定要以时不我待的紧迫感和只争朝夕的精神，紧密依靠当地政府和质量技术监督及出入境检验检疫部门，加强调查研究，加大宣传力度，采取切实有效的措施，保证按质按量按时完成任务，保证新制度的顺利实施，给国务院一个满意的答案。

五要增强责任意识，不断提高工作质量和工作水平。要切实加强自身建设，建立科学公正的工作制度，严格要求、严格管理，不断推动工作上新的台阶。

衷心感谢各地政府部门、质量技术监督局、出入境检验检疫局对认证认可工作的支持。特别感谢四川政府，感谢李达昌副省长和四川质量技术监督局、四川出入境检验检疫局对认证认可工作的支持。相信在大家的大力支持和共同努力下，我国新的强制性产品认证制度一定能够顺利实施，我国认证认可工作一定能发挥其应有的作用，为国家和地方经济建设及社会发展作出贡献。

2002年10月17日

国家认监委梁杰在世界标准日纪念酒会上的讲话

今天，国家标准化管理委员会和国家认证认可监督管理委员会在这里召开酒会，隆重纪念第33届世界标准日。在此，我代表国家认证认可监督管理委员会，对各位来宾表示热烈的欢迎，对长期工作在标准化和合格评定工作一线的同志们表示亲切的慰问！

随着市场经济的日益完善，标准和认证认可/合格评定已成为建立信用社会、促进商品流通的坚实基础。标准是知识累积的结果，它为产品、服务、管理体系、生产过程及相关材料等提供了技术规范和质量要求，是合格评定的基础；合格评定则是促进标准实施，验证这些标准是否得到有效的实施并在标准的事实过程中提高生产力的重要手段。今天，合格评定活动已经不仅仅是促进企业和其他组织提高管理与服务水平、保证产品质量、提高竞争力的可靠方式，同时也成为一个国家从源头上确保产品质量安全、规范市场行为、指导消费、保护环境、保护人民生命健康，促进对外贸易的战略性选择，在国家经济建设和社会发展中起着日益重要的作用。

认证认可活动是合格评定活动的重要组成部分，管理体系和产品的认证是由独立于贸易双方的第三方机构对一个组织的管理体系和产品与标准要求符合性的客观评价。这种评价活动既满足了经济、贸易发展过程中的需要，也成为在重要经济活动中经常使用的手段。

我国自上个世纪80年代开始推行认证认可工作以来，在促进对外贸易、提高产品质量等方面都发挥了重要的作用。但形成于计划经济时代的认证认可制度，不可避免的出现了政出多门、各自为政、重复认证、重复收费等问题。正是为了全面推进我国认证认可工作的发展，促进我国认证认可工作与国际的接轨，去年4月，党中央、国务院决定组建国家认监委，统一监督、管理和综合协调全国的认证认可工作。国家认监委的职责是力求在尽快的时间，构筑成中国与国际接轨的评价体系平台，从而使全国认证认可工作开始进入一个规范、协调、健康和快速发展的新阶段。

按照这一要求，国家认监委成立后，开展的第一项工作就是在完成了中国在入世谈判承诺的同时，改革了中国对产品的监管模式。对涉及到安全、卫生、健康、环保和消费者保护的产品实施了强制性认证制度，按照内外一致的原则，实现了统一目录，统一标准、技术法规和合格评定程序，统一认证标志，统一收费标准“四个统一”。第一批公布的《实施强制性认证产品目录》有19大类、132种产品，其中，绝大部分都是直接或等效采用国际标准。这充分说明，我国按照WTO对其成员的普遍要求，广泛采用国际标准，以国际标准准则为基础开展我国合格评定工作的步伐在进一步加快。

此外，为减少技术性贸易壁垒，促进我国企业提高产品质量水平，认监委正在努力建立起一套纵向贯通、横向关联的统一、高效的认证认可/合格评定工作体系；为了促进认证市场的健康、有序发展，我们着手对全国认证市场进行了整顿和规范，不仅在国内激起强烈反响，还得到了国际认证认可界的广泛关注；我们还积极参与了国际标准化组织/合格评定委员会的活动，建立与国际认证认可/合格评定界协调、融合的国际合作机制，提高了我国在国际合格评定组织中的地位。

我们所做的这些工作，最终目的都是要使我国的合格评定工作与国际接轨，建立全球范围内的简单化的合格评定体系，这与今年的世界标准日的主题——“一个标准，一次检验，全球承认”是完全一致的。当然，要早日实现这一主题，我们要做的工作还很多。“路漫漫其修远兮，吾将上下而求索”，相信通过我们的努力，我国的标准化和合格评定工作必将在国际贸易中发挥越来越重要的作用，我们的事业一定会步入新的辉煌！

最后，预祝本次纪念酒会圆满成功。

2002年10月21日

国家认监委王凤清在IEC第66届大会开幕式上的讲话

女士们、先生们：

早上好！

十月北京，秋意正浓，树叶金黄，菊花飘香。在阔别12年以后，北京又再一次迎来了来自世界各地的老友新朋。IEC第66届大会的召开，为北京又增添了一道亮丽的风景。

此时此刻，作为中华民族大家庭中的一员，我代表我的祖国和人民，感谢IEC把第66届大会安排在中国北京，让我们有机会向世界各地的朋友们展示新中国、新北京的新风采；作为IEC中国国家委员会主席，我谨代表IEC中国国家委员会，对IEC第66届大会的胜利召开表示热烈的祝贺；作为IEC第66届大会组织委员会副主任，我代表大会组委会，对前来参加会议的IEC高级官员、国际资深的标准化和认证认可专家，以及与会的同行们表示热烈的欢迎。

IEC是世界上成立最早、在全球具有广泛影响力的国际标准化组织，多年来在促进电工电子领域产品的国际标准、认证认可规则等国际文件的制定，推动国际、区域标准化及认证认可合作等方面做了大量卓有成效的工作。这次IEC第66届大会，必将在新的工作领域取得新的成就，将IEC工作推向更高的层次。

我国政府和国家领导同志历来重视标准化和认证认可工作，江泽民主席在原机械工业部工作期间，曾作为中国代表团团长亲自率团出席过IEC大会，并在1990年中国首次承办IEC第54届年会期间，亲切接见了参加大会的IEC高级官员和部分成员国代表，向世界表明了中国改革开放的决心和对国际标准化及认证认可工作的重视。

自中国加入IEC、ISO等国际标准化组织开始，中国就开始积极采用国际标准。改革开放以后，我国把采用国际标准作为一项重要经济技术政策，随着经济全球化的快速发展，IEC等国际标准在我国得到了广泛应用。截至2001年底，中国已经批准发布19 744项国家标准，其中采用国际标准和国外先进标准的就有8 621项，采标率为43.7%。从ISO、IEC国际标准在中国的转化情况看，IEC和ISO现有标准16 745项，已经转化为中国国家标准的有6 300项，转化率为38%。IEC国际标准在我国的广泛应用，IEC认证认可工作在我国的广泛开展，有效地促进我国工业、经济、贸易及科学技术发展，全面提升了中国的国际地位和影响力。

中国作为IEC成员国中的发展中大国，积极参加了IEC有关国际合作，为IEC国际标准的制定和电工电子技术领域的认证认可工作的发展，以及IEC检测与认证体系的建立作出了积极的贡献。

加入世界贸易组织以后，我国把建立与国际接轨的国家标准化与合格评定体系作为重要工作内容。去年，中国政府及时改革了中国的标准化和认证认可管理体制，专门成立了国家标准化委员会和国家认证认可监督管理委员会。这标志着我国社会主义市场经济体制正在走向成熟，标准与合格评定程序正在进一步实现与国际接轨。

女士们、先生们：当今世界是开放的世界。加强国际经济技术的交流与合作，包括国际标准与合格评定的交流与合作，对各国经济的发展越来越重要。希望通过这次IEC大会进一步加强沟通，推动世界经济发展中存在问题的解决，共同促进世界经济的发展繁荣。

女士们、先生们：许多朋友12年前曾来北京参加过IEC第54届年会。与12年前相比，中国国民经济和社会发展发生了历史性的变化。经济保持了稳定的高速增长，经济实力明显增强，经济运行的质量和效益大量提高。年均GDP增长居世界之首，经济总量和外贸总量均已跃居世界第六位，中国已经进入了全面建设小康社会，加快推动社会主义的新的发展阶段，到处呈现一片欣欣向荣，蓬勃发展的喜人景象。欢迎大家在会议结束后到中国各地看一看，亲身感受这一翻天覆地的变化，相信大家一定会有新的收获。

最后，祝女士们、先生们在北京生活愉快，祝IEC第66届大会圆满成功！谢谢大家！

2002年10月22日

国家认监委王凤清在全国实验室资源调查实施工作暨调查技术培训工作会议上的讲话

各位代表：

上午好！

首先，我代表国家认证认可监督管理委员会对参加本次会议的质量技术监督局、检验检疫局的代表，有关部委和有关行业协会的代表，国家计量认证行业评审组的代表表示热烈的欢迎！对同志们对这项工作的理解和支持表示感谢！同时，也对出席此次会议的新闻单位的朋友们表示感谢！

实验室虽然只是国民经济中一个很小的单元，但却是质量监督检验检疫工作不可或缺的重要技术依托，与工农业生产、国防、基础建设、交通运输、教育科研、贸易等国民经济的各个方面都有着密不可分的关系。各行业主管部门、质量技术监督部门、出入境检验检疫部门和各级地方政府有关行业主管机构建立的各个门类的实验室，在相关专业领域，开展检测工作，为我国的社会主义市场经济的建立和发展，为规范市场、提高产品质量、保障人民生活发挥了积极作用，作出了应有贡献。但同时我们也应当看到，我国实验室目前总的概况是总量偏大，上规模，上水平的偏少，实验室重复建设比较严重。在一些领域，实验室重复建设、资源浪费现象比较严重，实验室的规划、建设、使用、管理等方面缺乏一套科学、系统的管理手段。作为质检部门，应该对我们国家实验室资源情况，包括实验室总量、能力覆盖情况、人员状况、资产状况、生存状况等问题在内的我国实验室资源的"家底子"有一个全面了解，但遗憾的是，过去由于管理机构关系没有理顺等原因，始终没有一个权威部门对我们国家的实验室资源总的情况作过全面的调查。可能一些行业部门，包括过去的质量技术监督局，曾经做过一些类似的检验机构的情况的调查，但也只是针对产品质量检验机构，对整个社会各行各业的实验室，包括一些大型企业的实验室资源情况的系统全面的调查，应该说，自建国以来，这是第一次。

此次国家认证认可监督管理委员会，受国家质检总局的委托，组织开展我国实验室资源的调查工作，就是为了搞清我们国家实验室方面的"家底子"，为今后国家有关部门在实验室的规划和建设方面，提供科学的决策依据，为社会提供真实的情况，为实验室的建设和发展，提供详实的数据。因此，这次调查工作，总的来说，是一件服务于各政府部门、服务于社会、服务于每一个实验室的大好事，大实事。

既然是这么一件大好事，大实事，我们就应该把它做细、做好，下边，我谈几点意见：

一、各部门、各出入境检验检疫直属局、各地质量技术监督局应充分认识这次实验室资源调查工作的重要性和紧迫性，积极参与，精心组织，按照有关要求，保质保量地配合国家认监委完成这项工作。

这次调查的目的和意义，上边已经谈到了，就是要摸清家底，为科学决策提供参考依据。大家要以江总书记"三个代表"的重要思想为指导，提高对此次调查工作的认识，充分重视本次调查活动，认真动员和组织本地区、本行业有关部门，积极配合"资源调查"工作。本次调查时间紧、任务重，涉及的面很广，信息量很大，调查表的设计、分发、填写、收集、数据汇总、数据处理以及调查报告形成，都有大量的工作要做，工作难度也很大，需要靠大家的力量，共同来完成。希望各位会议代表回去向有关领导汇报，从上到下，充分认识这项工作的重要意义，按照认监委的要求，积极部署本行业、本系统、本地区的实验室资源的调查工作。大家共同努力，争取圆满完成这项任务。

二、开展实验室资源调查工作，既是政府有关实验室主管部门决策的需要，也是广大实验室自身的需要。实验室资源调查成果的形成，将对我国实验室的建设和发展产生积极的深远意义。

目前，了解我国当前实验室资源的状况已经成为包括政府有关部门、实验室自身、实验室管理机构和用户共同的需要。本次调查正是应这样的需要而开展的。本次调查成果最终要形成一个我国实验室资源情况的数据库，这个数据库的建成，将会产生重大的经济效益和社会效益。具体体现在以下几个方面：第一，实现实验室信息的社会化，可以避免一些实验室重复建设项目，为国家节约投资；第二，数据库的建立，使有关实验室管理部门能够系统全面掌握当前国内检测市场的状况，方便了对实验室的管理；第三，实验室借助数据库，走向信息化高速公路，可以扩大影响，开拓更为广阔的检测市场，增加收入，提高经济效益。第四，它不仅可以为国家制订相关政策提供可靠的基础数据，还能为各行业、各部门及广大企业和消费者提供实验室的准确信息，使实验室为社会各界发挥更大作用。

三、要充分认识到这项工作存在的难度，系统策划，合理分工，实验室和有关主管机构要全面动员，全面参与，每一个行业，每一个实验室都应当把它当作自己的事来做，当作一件大事来抓。

国家认监委将尽最大的努力，从人力、财力、物力、技术等方面全力给予支持，保证此次调查工作的顺利进行。

各行业、各地区有关部门要积极动员本行业、本地区相关实验室认真、准确填写调查表，并敦促其及时将调查结果汇总反馈到指定的机构；由于表格比较复杂，栏目很多，实验室填写的工作量较大，有的栏目填写还有一定的难度，因此一定要克服实验室在填写时的随意性，调动起他们的积极性，要让实验室充分重视本次调查，充分认识到调查是利国利己的活动，充分认识到调查的现实意义和长远意义。

本次调查由于工作量很大，存在很大的工作难度，所以本次会议既是启动调查工作的动员会，也是一次有关调查的组织实施的培训会，希望大家认真学习和领会，掌握有关表格的填写要求，有关电子表格的填写和传送方法，回去后要做好方方面面的准备工作，保证在要求的时间内完成调查表的分发、回收和数据汇总的工作。

各位代表，这次实验室资源调查是国家质检总局交给国家认监委的一项重要工作，是我国实验室建设和发展中具有里程碑意义的大事。希望大家能团结协作、群策群力、克服困难，共同为完成本次全国实验室资源的调查工作而努力。

最后，预祝本次会议圆满成功，预祝“全国实验室资源调查”获得圆满成功！并对大家辛勤的工作再一次地表示感谢！

谢谢大家！

2002 年 10 月 28 日

国家认监委梁杰在第 66 届 IEC 理事会公开研讨会上的讲话

尊敬的主席先生，女士们、先生们：

采用国际标准是世界贸易组织(WTO)对其成员的普遍要求，以国际标准准则为基础的合格评定工作则是实现与国际接轨，促进国际贸易发展的重要途径。

中国从开始参与恢复关贸总协定缔约国地位的谈判至今正式加入 WTO 已经整整 15 年。在 15 年间，各国普遍注重发展经济，国家间、地区间以及本国内的贸易活动日益频繁；信息技术的发展、互联网的应用，加快了经济、贸易全球化的进程。面对如此广阔而繁杂的市场，面对日益细致而精深的社会分工，无论多么博学的专家都会感到知识的局限；无论多么精明的商人都会为不断遇到陌生合作伙伴而烦恼。如何帮助人们消除对无知领域的顾虑，使贸易双方建立信任，成为促进世界经济贸易发展的重要问题。广泛采用国际标准，建立以此为基础的合格评定体系已经成为适应经济全球化，促进贸易便利化的必然选择。

自中国恢复关贸总协定缔约国地位的谈判开始，我们就提出了“与国际接轨”的口号。从 1987 年到 2001 年，谈判历经 15 年，横跨两个世纪，“与国际接轨”的口号在 15 年里广为流传，并逐步成为我们的具体行动。15 年来，中国的政府职能、国际贸易体制完成了自我改革，自我完善的过程，中国的经济实力、综合国力和国际竞争力均跃上了新的台阶：中国已经实现计划经济向市场经济的历史性转轨，经济发展的体制环境发生了根本性的变化，进而带来了社会生产力新的飞跃；中国经济总量已名列世界第六位；上个世纪末，中国国内生产总值首次突破1万亿美元，到2002年底，人均GDP将首次超过1千美元；中国对外开放也不断迈出新步伐。1987年是中国恢复关贸总协定国地位谈判开始的一年。这一年，中国的进出口总值仅826.5亿美元，2001年，全国进出口总额首次突破5000亿美元大关，达5098亿美元，是15年前的6.2倍；其中，机电产品为2,393.1亿美元，占进出口总值的46.9%；是15年前的11.3倍；中国目前对外贸易与引进外资均居世界第六位。中国已经成为世界最大的，特别是电工电子产品，加工基地，正在成为世界上最具活力和发展潜力的国家。

为什么中国的对外贸易和进出口总值在15年中发生了如此大的变化，特别是机电产品对外贸易和进出口总值的增长迅猛，为什么中国的外向型经济取得了如此大的成绩？

促使这种变化的原因有很多，从国际贸易发展的角度来看，我们的第一个答案就是：与国际接轨，采用国际标准，在标准上取得信任。

自中国加入IEC、ISO等国际标准化组织开始，中国就把采用国际标准，建立国家标准化和合格评定体系作为重要的工作内容。截至2001年底，中国已经批准发布19 744项国家标准，其中采用国际标准和国外先进标准的就有8 621项，采标率为43.7%；一些重点行业采标率，如船舶、纺织业达到85%；化工行业达到82%；冶金行业达到67%；电子行业为56.4%；石油行业为50.6%；出版印刷行业100%；

从国际电工委员会（IEC）和国际标准化组织（ISO）的国际标准在中国的转化情况看，IEC和ISO现有标准16 745项，已经转化为中国国家标准的有6 300项，转化率为38%；其中在IEC标准领域，电力领域对应的IEC标准181项，转化率为81%；机械领域对应的IEC和ISO标准4 417项，转化率为52%；电工领域对应的IEC标准1 372项，转化率为64%；低压电器、电器传动等的IEC标准的转化率达到近100%；中国承诺在入世5年内将技术法规采用国际标准的比例提高10%。就IEC标准而言，中国目前尚未转化的IEC标准的数量为2 157项。除去不宜采用的494项以外，中国准备在2005年底前，把余下的1 771项IEC标准全部转化为中国国家标准。

我们积极参与了国际标准的制修订工作。10多项由中国起草的国际标准已由IEC活ISO发布；IEC之外的领域，另有20多项中国起草的国际标准草案已经提交ISO。

我们的第二个答案是：与国际接轨，按国际标准建立评价体系，在标准实施过程中提高企业的生产力，在全球性合格评定的基础上提高中国评价体系在国际上的公信力。

早在1970年，国际标准化组织就意识到了合格评定对标准实施的重要作用，组建了合格评定委员会（ISO/CASCO）。1979年，世界贸易组织（WTO）的前身关税与贸易总协定（GATT）为了减少和消除贸易中的技术壁垒，缔约方达成了技术性贸易壁垒协定（GATT/TBT）。该协定规定了技术法规、标准和认证制度。1994年出版的GATT/TBT协定又将认证制度的概念扩展为合格评定制度，即产品质量认证、质量管理体系认证以及对认证机构的认可活动。IEC也早在80年代初开始建立以IEC标准为基础的IEC产品质量认证制度，推动和促进了IEC标准在各国的有效实施及电工电子产品国际贸易的发展。

认证认可活动是合格评定活动的重要组成部分，管理体系和产品的认证是由独立于贸易双方的第三方机构对一个组织的管理体系和产品与标准要求符合性的客观评价。这种评价活动满足了经济、贸易发展过程中的上述需要，并成为在重要经济活动（如政府的采购活动）中经常使用的手段。IEC作为电工电子技术领域的国际标准化组织，在组织制订IEC国际标准的同时，十分注重在IEC标准实施过程中提高企业的生产力和促进国际贸易的便利化发展。IEC作为专业化的国际组织，率先在国际上建立了以国际标准（IEC标准）为基础的IEC产品检测与认证的互认制度，这对IEC各成员国的经济和国际贸易发展起到了推动作用，特别是包括中国在内的发展中成员国的实际参加，大大缩短了IEC的发展中成员国跟上国际标准化和合格评定界的发展步伐，融入其发展主流起到了实质性的作用，中国也切实受益匪浅。

中国的认证认可事业几乎是与世界同步发展的。从1981年中国建立第一个产品质量认证机构，就是以国际准则，特别是IEC有关产品质量认证的程序规则为依据，在IEC认证专家的指导下建立的。中国的电子元器件质量认证机构和电工产品质量认证机构，分别于1984和1985加入IEC的电子元器件质量认证互认体系（IECQ）和电工产品检测与认证互认体系（IECEE）。IEC所建立的产品检测与认证的互认制度，为中国评价体系在国际上公信力的提高指明了方向,创造了条件。中国政府正是看到了IEC标准和IEC产品质量认证体系对中国电工电子行业和对外贸易发展的重要性,对标准化和认证认可工作高度重视,并以此为契机迅速立法,建立并推行质量认证这一国际通行的评价体系。时至今日,我们可以说,中国的认证认可事业几乎是与世界发展同步。中国全面采用和实施了ISO9000和ISO14000管理体系国际标准,并以此为基础开展了管理体系认证。同时,认证认可工作和认证人员注册工作也迅速开展起来。中国的认证机构国家认可委员会(CNAB)已是IAF和PAC全权成员;中国的人员注册、培训机构国家认可委员会(CNAT)是IATCA全权成员;中国的实验室国家认可委员会(CNAL)是ILAC和APLAC的全权成员;中国的认证认可水平已经可以和国际同行媲美,有利地推动了中国外向型经济的发展。以IECEE所建立的CB体系为例,IECEE各国家认证机构(NCB)2001年共颁发CB证书24 259份,其中在中国就颁发了11 205份,约占总数的45.2%。中国的企业取得CB证书,对提高其所生产的电工电子产品的国际市场竞争力和市场占有率,发展对外贸易,为提高“中国制造”品牌在国际市场上的公信力均起到了积极的作用。

我们的第三个答案是:与国际接轨,建立有效推动标准和合格评定活动的国际化管理体制。

中国加入WTO,主要是政府的加入,首先是政府职能的改变。中国的合格评定工作开始于计划经济年代,发展于计划经济向市场经济转型的时期,其本身有很深的计划经济的色彩。为适应中国加入WTO的需要和进一步加快社会主义市场经济建设的进程,15年来,中国国务院不断对政府机构进行改革,从组织上保证了中国外向型经济的快速发展。2001年4月,为进一步加强对全国认证认可工作的领导,中国国务院决定成立了中国国家认证认可监督管理委员会,授权其统一管理、监督并综合协调全国的认证认可工作。同时成立了统一管理全国标准化工作的中国国家标准化管理委员会。成立两个委员会,建立国家标准化体系和国家认证认可体系,是中国市场经济逐步走向成熟的标志。

标准是知识累积的结果,它为产品、服务、管理体系、生产过程及相关材料等提供了技术规范和质量要求,是合格评定的基础;合格评定则是促进标准实施,验证这些标准是否得到有效的实施并在标准的事实过程中提高生产力的重要手段。改革后的政府行业主管部门的主要职责是要善于学会使用合格评定结果提高本行业的管理水平;合格评定机构要逐步社会化、中介化,其主要职责是给有关组织提供公证、准确的合格评定结果;国家认监委的职责是力求在尽快的时间,构筑成中国与国际接轨的评价体系平台,从而使全国认证认可工作开始进入一个规范、协调、健康和快速发展的新阶段。按照这一要求,国家认监委成立后,开展的第一项工作就是在完成了中国在入世谈判承诺的同时,改革了中国对产品的监管模式。即,统一了中国的强制性认证制度;统一了目录,统一了标准、技术法规和合格评定程序,统一了认证标志,统一了收费标准;对涉及到安全、卫生、健康、环保和消费者保护的产品实施了强制性认证。第一批公布的实施强制性认证产品《目录》有19大类、132种产品。此外,我们还在建立认证认可/合格评定法律体系、整顿和规范全国认证市场、大力开展认证认可国际交流合作等方面做了大量工作。今后,国家认监委将进一步加大工作力度,努力保证全球性合格评定体系在中国不被滥用,并努力提高中国评价体系在国际上的公信力。中国已经是国际大家庭中的一员,我们愿意与各国朋友们一道,为推动标准和合格评定程序在全球的广泛运用而共同努力。

女士们、先生们:实现与国际接轨,建立简单化的体系,简单化的市场给所有的国家带来的是最大的利益——标准和合格评定产生的经济效益,也是标准和合格评定给国际贸易带来的最大便利。今年的世界标准日的主题是“一个标准,一次检验,全球承认”,这是所有从事标准化和合格评定工作人士的愿望,是所有从事贸易工作人士的愿望,也是WTO成员的愿望。目前这一主题还在实现的过程中,同仁们任重而道远。中国有两句谚语:“一分耕耘,一分收获”,“锲而不舍,金石可镂”。只要我们同心协力,IEC标准化和以IEC标准为基础的IEC合格评定体系在国际贸易中的作用将会越来越大,全球贸易便利化的时代一定会早日到来。

谢谢大家!

2002年11月1日

国家认监委王凤清在北京检验检疫局工作会议上的讲话

尊敬的张茅副市长，同志们：

北京检验检疫局今天在这里召开工作会议，传达贯彻和落实全国质检工作会议精神，总结去年的工作，部署今年的工作任务。我代表总局党组，代表长江局长和传卿书记，对你们过去一年中所做出的成绩表示衷心祝贺！向北京检验检疫局全体干部职工表示衷心的问候！

北京检验检疫局的工作一直得到北京市委、市政府的热心关怀和大力支持。特别是分管这项工作的张茅副市长，为此付出了大量的心血。今天张副市长又亲自到会，过一会他还要讲话、作指示。在此，我代表国家质检总局、国家认监委，以及我本人，向北京市委、市政府、向张副市长本人，对他们给予出入境检验检疫工作，以及认证认可工作的支持和帮助表示衷心的感谢！

在过去一年当中，海关、外经贸、口岸办以及卫生、农业、工商等各个部门对检验检疫工作和认证认可工作给予了非常有力的支持，借此机会，我也代表质检总局和国家认监委，对这些部门的同志表示感谢。

去年以来，北京检验检疫局高举邓小平理论伟大旗帜，以"三个代表"重要思想为指导，紧紧围绕国家质检总局总体工作部署，进一步解放思想，抓住机遇，大胆改革，扎实工作，较好地完成了各项任务，有效地维护了首都的经济安全、经济利益和人民健康，为推动首都的经济建设和对外开放做出了积极贡献。

你们坚持以改革促发展，积极推动"大通关"战略的实施，联合天津检验检疫局推出了出口"绿色通道"制度。积极参与和推动京津两地口岸出入境集装箱货物实现直通，在信息化建设、"三电"工程推广、分类管理实施、从源头上确保产品质量等方面也都进行了有效的探索和实践，取得了可喜的成绩。"绿色通道"制度的推出，缩短了出口通关时间，为企业降低了成本，减轻了负担，增强了出口主动权，受到了普遍欢迎。目前，这一改革成果已经在全国检验检疫系统全面推广。

你们牢牢把握"科学技术是第一生产力"的指导思想，坚持"借梯上楼、借船出海，联合攻关"的发展战略，充分利用北京高校多、科研院所多、高级人才多、信息渠道多的优势，解决了靠自身力量难以在短时间内解决的问题。科研工作实现了历史性的飞跃，有9个科研项目分别列入国家"863"计划、"973"计划和"十五"科技攻关计划，在疯牛病检测方法、禽流感、新城疫荧光PCR快速检测方法研究、木质包装真空循环熏蒸设备研制，以及检疫犬的研究应用等一些关键检测技术领域内取得了一系列科研成果。

你们认真贯彻中央"走出去"战略，研究制定了十条促进扩大出口的具体措施，不断完善与重点企业的工作联系制度；积极开展普惠制、原产地标记注册和出口食品卫生注册，通过积极推行ISO9000、ISO14000体系认证和HACCP认证，使更多企业提高了管理水平和竞争力，更加顺利地走向了国际市场。

你们以服务外贸、方便企业为目标，积极调整机构设置，加快了分支机构的建设。在北京市委、市政府的大力支持下，组建了北京经济技术开发区检验检疫局，成立了顺义检验检疫局筹备处。综合实验办公大楼完成了整体结构封顶，开发区综合实验楼、天竺出口加工区综合办公楼已经建成并投入使用。丰台检验检疫局即将迁入新建的丰台口岸综合办公楼。朝阳办事处也借京津口岸直通的时机，正在协商北京市口岸办兴建新办公大楼。

这些成绩的取得，是北京局党组团结一致、奋发有为的结果；是全体干部职工积极工作，共同努力的结果。这些工作的顺利完成，为检验检疫事业的发展奠定了坚实的基础。

前不久召开的党的十六大，是我们党在开始实施社会主义现代化建设第三步战略部署的新形势下，召开的一次十分重要的会议。会议明确了我国在新世纪坚持举什么旗、走什么路、实现什么目标等重大问题，对我国改革开放和社会主义现代化建设做出了全面部署。大会把"三个代表"重要思想和马克思列宁主义、毛泽东思想、邓小平理论一道确立为我们党的指导思想，提出了全面建设小康社会的奋斗目标，强调发展是党执政兴国的第一要务。对于凝聚全党和全国各族人民的力量,加快推进社会主义现代化,具有十分重要的意义。

刚刚结束的全国质检工作会议,是质检系统在全国上下掀起学习贯彻党的十六大精神热潮的新形势下召开的一次重要会议。会议期间,吴仪国务委员专门接见了会议代表和系统先进集体、先进工作者,并亲自主持座谈会,听取与会同志的意见,对加强和改进检验检疫工作做出了重要指示。吴仪同志对质检工作一年来所取得的成绩给予了充分肯定。她概括了五个方面:即认真履行了质量监督检验检疫工作职责;初步形成了比较有效的质检工作制度;在应对我国加入世贸组织,研究制定技术性贸易措施方面发挥了重要作用;质检工作服务经济的有效性明显提高;全系统保持了良好的精神状态。同时,她要求我们要把全面贯彻落实党的十六大精神作为质检部门当前和今后一个时期的首要任务,深刻领会"三个代表"重要思想,牢牢把握全面建设小康社会的奋斗目标,始终坚持解放思想、实事求是、与时俱进。努力工作,全面完成今年的各项任务,深化改革,切实加强自身建设。长江局长在会上做了工作报告,对去年工作进行了总结,对今年质检工作进行了全面部署;传卿书记做了总结讲话,对贯彻落实好会议精神提出了具体要求。

党的十六大提出的是新世纪、新时期,党和国家经济建设和社会发展的总的思路和要求,质检工作会议是按照党的十六大精神,提出的全国质量监督和检验检疫工作发展的整体目标。落实好这两个会议的精神,关键是要按照党的十六大提出的"发展要有新思路、改革要有新突破、开放要有新局面、各项工作要有新举措"的要求,立足自身特点,结合单位实际,全面分析工作中面临的新形势、新任务,科学筹划好今年的检验检疫工作。对北京检验检疫局而言,当前的主要任务,不仅是要把这两个会议的精神学习好、理解好,更重要的,是要立足北京检验检疫局的特点,把两个会议的精神贯彻好、落实好。北京检验检疫局地处首都,这是你们工作的最大特点和优势。一切工作都要依据这个特点和优势来开展。贯彻落实两个会议的精神,就是要树立首都意识,服务首都经济,促进首都发展,保障首都安全,发挥首都优势,壮大检验检疫事业。

一、要牢固树立首都意识,切实找准工作的位置

江泽民同志在视察北京时曾经指出,要充分认识做好北京市工作的特殊重要性。他要求在北京市工作的同志,都应认识到自己肩负的担子重、责任大,努力创造第一流的工作水平、工作成绩、工作经验。与此同时,他对中央机关和军驻京单位也提出了"都要自觉增强首都意识"的要求。这说明树立"首都意识",已成为党和国家最高领导人对于首都现代化建设的指导性、方针性的思想。

北京是全国的政治中心和文化中心,是全国党政军首脑机关所在地,是高等院校、科研机构云集的世界历史文化名城,因而也必然是我国的国内、国际交往中心。因此,北京在很大程度上代表和反映着改革开放及现代化建设的中国形象。全国各地都看北京,外国人也首先通过北京这个大窗口来观察和了解中国。北京的形势,北京的建设成就和人们的精神风貌,不仅直接牵动着全国,还会在世界上产生广泛的影响。所有在北京工作和生活的同志,必须充分认识北京所处的这种特殊重要地位,充分认识做好北京市的工作对全国的改革、发展和稳定具有举足轻重的作用。

中国要在本世纪的头20年实现全国建设小康社会的目标,加快城市化步伐,发挥城市的中心作用是必由之路。作为城市化的高级形式,大城市群目前已经开始出现。由国内外近百位权威专家和学者通过多年研究完成的中国第一部城市发展报告——《(2001~2002)中国城市发展报告》指出:中国沿海的环渤海湾地区、长江三角洲地区和珠江三角洲地区正在发展成主导中国经济发展、参与国际竞争的三大城市群,今后中国经济将越来越向这三个大城市群聚集。

大城市群在国家和区域经济发展中具有非常重要的地位,它不仅有较好的投资环境和经济实力,有完善的城市功能和较高的投产效益,同时也是一个国家和地区社会经济发展的中心,具有较强的吸引力和凝聚力。在这三大城市群中,珠江三角洲大城市群已经在20世纪80年代崛起,长江三角洲大城市群在90年代已经发展起来,以北京为中心的环渤海湾大城市群现在正逐步显现。国家科技部、中科院、国家自然基金委员会在刚刚完成的《中国现代化报告2002》指出,北京第二次现代化的发展水平已经超过意大利、爱尔兰、西班牙等欧洲国家,接近世界中等发达国家的上线。北京已经处于由工业经济向知识经济转变的准备期。

北京检验检疫局地处首都,是重要的经济工作部门。做好北京的检验检疫工作,不仅对北京市的发展有利,对全国的检验检疫工作也会产生良好的影响和示范作用。必须以促进北京的经济发展和社会进步为一切工作的立

足点和出发点。必须牢固树立“首都意识”，找准工作位置，充分认清做好北京检验检疫工作的重要性。努力明确工作责任，以实际行动，促进首都的改革、发展和稳定，推动首都两个文明建设的进步，使首都各个方面都走在全国前列。

二、要坚定不移地为首都经济建设把关服务，发挥出应有的作用

作为驻京单位，促进首都经济发展，最重要和最基本的，就是要踏实做好本职工作。要以高度的责任感和使命感，围绕首都经济建设的整体目标，认真完成好出入境检验检疫的各项任务，为首都的繁荣和稳定做出积极的贡献。重点在以下三个方面下功夫：

一是要积极落实中央“走出去”战略，多方位为北京外贸发展服务。

中央提出的“走出去”战略，既是我国进一步提高对外开放水平的内在要求，又是我国应对经济全球化挑战的必然选择，更是提高我国国际竞争力的必由之路。你们要加大对企业的服务力度，积极开展信息服务工作，主动向外贸进出口企业提供国外检疫要求的标准、认证等方面的信息，与企业共同研究打破国外技术壁垒的具体措施。要指导企业提高管理和技术水平，帮助重点企业和企业集团采用更先进的标准。通过协助更多的企业实现免检、免验和原产地域保护等，树立名牌产品，提高其产品国际市场竞争力。对北京重点出口农副产品基地，要采取重点扶持措施；对北京市引进的国外动植物良种，要优先安排检验检疫，提供优质、高效的服务，为尽快产生经济效益做出贡献。

二是积极推进“大通关”工作，提高口岸通关速度。

推进“大通关”，是国家质检总局服务国家经济建设的一个重大举措。你们要按照总局的总体安排，围绕通过推进“大通关”，带动质检部门，提高执法把关和服务水平的目标，充分发挥依法行政、把好国门和为进出口服务，为经济发展服务的两大职能，处理好提高通关速度与实施检验检疫的关系；报检报验工作量迅速增加与基层一线检验检疫力量相对不足的关系；既要提高检验检疫效率，促进扩大出口，又要强化技术性贸易措施，对进口国内长线产品加严检测，防止冲击国内市场，维护国家整体利益的关系。继续加强信息化建设，加快推广“三电”工程，努力实现电子通关和一次报关报检。建立更加密切的关检协调机制，共同做好把关服务。进一步加快检验检疫制度创新，建立适应“大通关”需要的监管模式和方法。加强检验检疫基层一线建设，完善内部工作制度。

要适应首都经济发展的需要，积极与口岸各部门密切配合，全面推进“大通关”工作。要按照提高速度、减少环节、提高工作效率的要求，积极研究简化检验检疫手续、缩短工作流程的具体措施。要扩大“绿色通道”试点企业范围，为加快企业产品的通关速度创造条件。要尽快在朝阳口岸开展“大通关”的试点和京津两地“直通式”通关工作。认真落实推广以“电子申报、电子转单、电子通关”为主的新“三电”工程。

三是要严格把关，确保首都经济安全和人民身体健康。

要继续完善疫病疫情监控体系，健全疫病疫情预警和快速反应机制，严防疫病疫情传入传出，确保首都工农业生产安全和人民生命健康安全；严把进出口商品质量关，维护国家和企业的经济利益；加强进出境动植物及其产品的检验检疫，严把进出口食品检验检疫关，切实维护国家经济利益和经济安全，维护消费者的合法权益。要适应口岸反恐怖的需要，要不断完善各级反恐怖工作体系，完善处置紧急公共卫生突发事件的机制，开展有计划的模拟演练，提高应付突发事件的能力。

三、要为首都举办奥运会做出积极贡献，争取有所作为

我国将于2008年在首都北京举办第29届奥运会，这是我国政治、经济和社会生活中的一件大事。十六大报告明确提出要努力办好2008年奥运会。新年前夕，北京市市委书记刘淇同志在接受首都新闻单位记者联合采访时指出：党的十六大后，北京曾定出一个经济上的目标，就是率先基本实现社会主义现代化，到2008年，人均GDP超过6000美元。“新北京，新奥运”，实际上就是党中央提出的全面建设小康社会，实现社会主义现代化在北京的具体体现。同时，要做到物质文明、政治文明、精神文明建设协调发展，这是新北京的含义。我们提出“绿色奥运、科技奥运、人文奥运”的理念，并且向世界承诺举办一届历史上最出色的奥运会，为中国及世界体育留下独特的遗产，这是新奥运的主要内容。贯彻党的十六大精神，就是要用“三个代表”的重要思想推动奥运筹备工作，实现“新北京，新奥运”的目标，举办一届历史上最出色的奥运会。

北京检验检疫局是北京第29届奥运会组委会的成员单位，为奥运会建设出力是我们义不容辞的责任和义务。《北京奥运行动规划》许多方面涉及到检验检疫工作。

要解放思想,开动脑筋,主动配合,加强协作。当前,为奥运会开展的城市设施建设正在展开,奥运会重点工程项目的招标、设计和建设等工作也正在紧锣密鼓地进行。百年大计,质量为本,我们作为国家质量管理和质量保证的重要部门,一定要在重大、关键设备、材料等的引进上严格把关,在重大基础性设施建设项目中积极推荐引入国际上先进的质量管理和质量保证工作机制,确保工程的高质量和高水平。要进一步加大认证认可工作力度,帮助北京市的宾馆、饭店等服务行业引入ISO9000质量管理体系,为2008年奥运会创造良好的服务和保障条件。2008年的奥运会是一个绿色的奥运会,北京市为此提出了"绿色奥运"的理念,我们要积极推行ISO14000环境管理体系认证,帮助北京加强环境管理,改善环境质量,提高环境水平。2008年奥运会召开的时候,北京是主会场,绝大部分的动植物和运动器材都要从北京口岸进出,这方面的工作量非常大,责任也非常重。如何既方便人员、器材等的进出,又严格执法把关,这是我们即将面临的一个新的重大课题。我们一定要未雨绸缪,早做打算,确保工作万无一失。

举办奥运会对我们来说是一项全新的工作。我们要适应奥运的要求和挑战,积极采取应对措施。在技术上要着眼于奥运会的把关需要,积极研究马病检疫等新技术,提高实验室的检测水平;在管理上要认真探索适应奥运会人员物资进出的检验检疫监管模式,保证充分有效的监管;在风险防范上要着眼于重大疫情疫病的控制,加强快速反应机制和预案的制定及演练;在基础设施上要加强为举办奥运会的隔离场、伴侣动物保健中心等建设。要集中精力把这件扬国威、强国力的事件办好,争取在其中有所作为。

四、要充分发挥地处首都的优势,努力发展壮大检验检疫事业

北京是祖国的首都,是全国的政治中心。国家的重要政治机构和政府部门都集中在这里,我们检验检疫的司令部质检总局也设在这里。北京出入境检验检疫局地处首都,有着其他单位都没有的独到的地域优势,一定要充分利用这一有利条件。加强请示汇报,加强沟通联系,争取广泛支持。

北京是一个国际性的大都市,世界上大量的人员、动植物和商品都在这里进出,这为我们开展检验检疫工作创造了极为有利的条件,也给我们带来了世界各地的检验检疫信息。如果我们充分利用这些条件,加快实施检验检疫工作改革,积极推行国际先进的检疫监管模式,广泛搜集各种工作信息,我们的检验检疫工作就会实现新的飞跃。

北京是全国高等院校、科研机构和科技人才云集的地方。检验检疫部门是应用科技手段进行执法把关的重要部门,工作中科技含量很高,许多检测手段和检测方法都必须运用国际最前沿的科学技术和手段。如果我们在检验检疫检测技术研究方面、在实验室建设方面、在技术机构发展方面、在检测设备和技术人员的引入方面,充分地借助首都的科技优势、人才优势,以改革创新的精神开拓前进,加强与各个学科的领先专家的合作,拓展合作领域,多方面发展检验检疫关键检测技术研究,我们就能实现"科技兴检"的目标,提高检验检疫的整体科技水平。一定要充分利用好这个优势,争取在已立项的课题上取得突破性进展。以实际工作为需求,不断提出并加快解决工作中急需的科研难题,力争有更多的项目列入国家计划。要加速已有科研成果的转化工作,加大禽流感、新城疫快速检测技术、真空熏蒸库存技术在检验检疫系统内和社会的推广力度。将现有的科研基础与未来的市场紧密联系起来,促进科研与产业化的结合。

地处首都,北京检验检疫局的优势还有很多。要深入挖潜,充分利用,发展壮大检验检疫事业。

五、要以做首都合格建设者和保卫者为目标,下大力气抓好队伍建设

要做好新时期的检验检疫工作,人的因素非常关键。要从实现新时期首都现代化建设目标的实际需要和检验检疫的工作需求出发,把队伍建设摆在突出的战略位置。努力建设一支政治合格、业务过硬、作风廉洁、办事高效、结构合理的检验检疫工作队伍。

一是要针对工作中的新情况,加强队伍建设。北京检验检疫局近两年在北京市委、市政府的大力支持下,业务工作得到了极大的拓展。新组建了经济技术开发区局、顺义局筹备处等新机构,新建了综合实验办公大楼、天竺出口加工区综合办公楼等基础设施。工作的点多了,面广了,战线也更长了。过去单位少、人员少,管理难度相对也小,现在摊子大了,管理难度,特别是对基层的管理难度也随之增加。

长江局长曾经说过:检验检疫系统最可爱的人在基层,最可恨的人也在基层。这是因为,检验检疫的具体业务都在基层,基层的同志直接与企业和客户打交道,工作中忙忙碌碌,非常辛苦,但绝大多数同志,不叫苦不叫累,

踏实工作，默默奉献，保证了执法把关任务的完成。但是另一方面，极少数人利用工作之便，捞取个人的好处，向企业和客户"吃、拿、卡、要、报"，严重损害了检验检疫的声誉，有的还直接走上了犯罪道路。这些问题必须引起我们的高度重视。一定要充分重视和重点加强对基层单位的管理。要采取确实有效的措施，加强基层领导班子建设，建立领导工作责任机制，重点要加强对一把手的管理。努力形成朝气蓬勃、奋发有为的领导集体。要以深化干部人数制度改革为动力，切实加强干部队伍建设，大力推进干部竞争上岗，加大干部交流力度。要充分发挥党组织和群众组织的综合优势，加强对党员和各级公务人员的思想政治教育、遵纪守法教育、党风廉政教育，帮助干部职工树立正确的人生观、价值观和世界观。要进一步公开工作程序和办事制度，规范行政行为，从制度和程序上切实保证依法行政，廉洁从政。要把行风建设作为重点，从抓文明窗口、文明岗位入手，下大力气解决好企业反映突出的问题，建立健全监督制约机制，防止违法违纪行为的发生，树立"科学、公正、廉洁、高效"的执法形象。

二是要抓好专业人才队伍的建设。21 世纪是人才竞争的世纪，尤其是中国，在加入 WTO 以后，经济将更加开放，将有更多的外国机构来抢夺我们的人才，这一点我们身处北京体会很深。如何面对我们人才短缺的状况，进一步加强人才的培养、吸引和使用，已经成为急待解决的问题。

要适应新世纪检验检疫事业发展的需要，加大人才资源开发力度。牢固树立人才是第一资源的观念，营造尊重知识、尊重人才、尊重创造的良好氛围。要加强专业技术人才的培养，以检验检疫发展主攻方向为目标，重点培养站在世界科技前沿，勇于创新的学术带头人，和具有宏观战略思维的管理专家及精通世贸规则，有能力参与国际竞争与合作的高素质人才。要加强中青年人才的培养，努力为他们的成长进步创造机会，为他们脱颖而出提供舞台。要下大力气抓好在职教育，分类分层地进行新理论、新知识、新技术、新信息、新技能、新方法为主要内容的业务培训，改善知识结构，增强创新能力，提高综合素质。要大力开发、引进事业发展的紧缺人才，疏通人才的通道，提供创业平台，营造创业环境，建立激励机制。

三是要关心群众生活，充分调动干部职工的工作积极性。胡锦涛总书记最近在西柏坡、天津和内蒙古考察工作时多次强调，贯彻落实十六大精神，实践"三个代表"重要思想，归根到底，就是要不断把人民群众的利益维护好、实现好、发展好。各级领导干部要坚持深入基层、深入群众，倾听群众呼声，关心群众疾苦，时刻把人民群众的安危冷暖挂在心上。对此我们各级领导干部，一定要有充分的认识。

当前，随着国家改革的深化，我们系统也出现了并且还将出现一些新的矛盾和问题。加入世贸组织以后，检验检疫执法把关的重点将向健康、安全、卫生、环保和反欺诈等重要对象转移。检验监管的方式将要发生大的变化。《种类表》将逐步压缩，必将带来业务的重新调整和人员的工作变动。我国事业单位即将进行全面改革，目标是用两到三年的时间全面推行全员聘用制度。我们系统的事业单位和商检公司也要进行相应的改革。随着各项制度的完善，国家对行政机构的管理也将更加严格规范，检验检疫系统已经被国家有关部门列为重点监督的执法单位。原来一些不合理的福利要取消，今后公务员的工资最终要由财政部统一发放。这些新的情况，必然涉及广大干部职工的利益调整。处理这些新的矛盾和问题，我们要相信群众，依靠群众，积极工作，努力为群众谋利益。在业务调整中，要充分考虑群众的切身利益；在建立规范的工作机制中，要千方百计，在政策允许的范围内合理合法地解决职工的福利，努力保证职工生活水平不下降；在集中精力做好当前工作的同时，要时刻把群众的冷暖放在心头，切实解决群众关心的热点、难点问题，切实解决干部职工的实际困难。努力理顺情绪，化解矛盾，充分调动广大干部职工的工作积极性。

同志们，今年是我们全面贯彻落实党的十六大精神、全面建设小康社会的第一年。北京是全国的首善之区，各项工作应该走在全国的前列；北京局是首都的检验检疫机构，各项工作也理应走在全系统的前列。我们要以"三个代表"重要思想为指导，按照全国质检工作会议提出的总体要求，团结奋斗，扎实工作，与时俱进，开拓创新，努力推进北京检验检疫事业的健康发展。希望大家认清形势，明确责任，坚定信心，鼓足干劲，全面做好今年的各项工作，不断创造出新的工作业绩。

我的讲话完了，谢谢大家！

2003 年 1 月 9 日

国家认监委王凤清在全国认证认可标准化技术委员会(SAC/TC261)成立大会上的讲话

各位委员、各位来宾：

值此全国深入学习和贯彻党的十六大精神，全面实践“三个代表”重要思想的大好形势下，我们迎来了全国认证认可标准化技术委员会（以下简称：认证认可标委会）的成立。我谨代表国家认监委和认证认可标委会向在标委会筹建过程中给予大力支持的国家标准化管理委员会等有关部门和各位委员、专家致以衷心的感谢！

质量是经济工作的生命线，认证认可是质量管理和质量保证的一个重要手段。国家认监委成立一年多来，认真履行统一管理、监督和综合协调的工作职能，开拓创新，求真务实，我国的认证认可工作取得了新进展、新突破。无论是认证认可机构的改革，还是新的认证认可工作机制的建立；无论是履行入世承诺，建立起我国全新的强制性产品认证制度，还是认证认可法规体系建设，规范认证市场秩序；无论是实验室的监管，还是认证认可国际合作的空前活跃等诸多方面的进展，均表明：我国的认证认可工作已真正步入了一个规范、协调、健康发展的新阶段。但是我们也应清醒地看到，由于我国的认证认可工作起步相对较晚，又是众多部门共同推动培育起来的，认证认可的技术基础工作比较薄弱，认证认可的技术文件、规则还未能全面上升为国家标准。认证认可/合格评定用标准研究和制订工作的相对滞后，将从某种程度上制约认证认可工作的快速健康地发展。因此，在质检总局、国家标准委的积极支持下，顺应认证认可工作进一步规范发展的需要，在有关部门的积极配合和各位专家的共同努力下，今天成立的认证认可标委会，为依法制定“认证认可标准”，并进而全面统一全国认证认可的技术规则，确保中国认证认可体系的发展与世界同步，提供了组织保障，打下了技术基础。下面我着重谈四个问题：

一、成立认证认可标委会，是适应我国经济结构战略性调整的需要

当前，我国经济建设和改革的主要任务之一，是完善社会主义市场经济体制，推动经济结构战略性调整。推进产业结构优化升级，形成以高新技术产业为先导、基础产业和制造业为支撑、服务业全面发展的产业格局。要实现这些目标，就必须改善经济增长质量和效益，而这一过程必然要涉及高水平的产品技术标准和与国际接轨的、规范化运作的认证认可/合格评定体系。认证认可是促进标准实施，验证这些标准是否得到有效实施并在标准的实施过程中提高生产力的重要评价手段，而认证认可活动的可信度的提高和权威性的树立，要通过与国际接轨的认证认可标准的制定与实施加以保障。认证认可标委会的成立，必将加强我国对认证认可标准，特别是对认证认可国际标准、导则和国外先进标准的研究和采用工作，建立起与国际接轨、协调一致的国家认证认可标准体系，从而有力地推动企业贯彻技术法规和标准、提高企业产品质量和管理水平；促进企业的科技进步和产品结构调整，为实现我国经济结构战略性调整打下良好的技术基础。

二、成立全国认证认可标委会，是保障我国认证认可体系建设和认证认可事业健康发展的需要

国家认监委正在努力建立起一套纵向贯通、横向关联的统一、高效的国家认证认可体系。建立国家认证认可体系是适应建立和完善社会主义市场经济体制的要求，深化经济体制改革、转变政府职能的需要；是促进我国的对外开放，增强我国经济的国际竞争力的需要；是为市场和消费者提供安全可靠的安全质量信息，从源头上保证产品质量的需要；更是有效地规范认证市场，提高认证的有效性，有利于认证认可事业的健康发展的需要。而这个体系的建立，离不开与国际接轨的运作规则、离不开认证认可标准化作为基础。只有在协调一致、科学的认证认可标准的基础上，才能真正建立起既符合国际通行规则，又符合中国实际的国家认证认可体系；才能为在认证认可和合格评定领域，全面履行我国加入 WTO 的承诺及 WTO/TBT 提供坚实的保障。只有建立的国家认证认可体系与国际接轨了，才能真正起到从源头上确保产品安全、提高产品质量、保护人类健康和安全、保护动植物生命和健康、确保环境安全和公共安全、提高企业科技创新能力和提升产品档次和市场竞争力、规范市场秩序、促进贸易的发展的作用。

三、成立全国认证认可标委会，是中国认证认可与世界同步发展、直面国际市场竞争和保护国家利益的需要

随着经济全球化进程的加快和我国对外开放的扩大，特别是我国加入WTO后，为我国扩大进出口贸易提供了难得的机遇。同时，随着关税、配额、许可证等贸易壁垒的逐步减弱和取消，发达国家依赖先进的科学技术和生产水平，越来越多地运用技术法规、标准和合格评定程序设置技术性贸易壁垒。我们只有在认证认可机构技术基础建设、认证认可复合性人才队伍的建设、跟踪研究和转化认证认可国际指导性、规范性文件、标准、指南和导则等诸方面花大力、下功夫，才能使我国建立的国家认证认可体系与国际认证认可发展同步，与时俱进，进而促使我国的产品质量和服务质量达到国际标准和国外先进标准的水平，才能使认证认可工作为我国在更大范围、更广领域和更高层次上参与国际经济技术合作和竞争，并在国际市场的竞争中立于不败做出贡献。同时，制定我国的认证认可标准，有针对性地研究并合理设置我国的技术措施，可以起到调控进出口贸易，为我国政府控制贸易平衡，切实、有效地保护民族工业和国家利益的作用。

四、对全国认证认可标委会的要求和主要任务

全国认证认可标准化技术委员会成立以后，将面临一个崭新的工作领域，大家一定要站在国家的高度，以与时俱进、开拓创新、锐意进取的精神，积极探索新形势下认证认可标准化工作的新思路、新举措，务必使认证认可标准化工作和标准的制修订工作有一个好的开局。当前，认证认可标委会的主要任务我看有以下几个方面：

1、认证认可标委会的工作要为认证认可工作的跨越式发展提供规则保障。

认证认可标准化工作要以我国标准化法规和国家政策为依据，作为完善国家认证认可和合格评定体系的新举措，为实现认证认可工作的新突破，进而开创认证认可工作的新局面作出贡献。当前，认证认可事业面临着有利的发展机遇，认证认可界的同志正在为实现认证认可的第二步战略部署而努力着。认证认可法规体系的完善、强制性产品认证制度的全面有效的实施、自愿性认证工作的突破、实验室评价体系的建设、认证认可机构的建立及其行为的规范、认证和检测市场的监管，特别是与国际接轨的国家认证认可和合格评定体系建设与完善等，均要以认证认可标准化工作为技术基础。认证认可标委会的同志们，要真正看到认证认可标准化工作对认证认可事业发展的基础性和长远发展的作用，以只争朝夕的干劲，创造性地开展工作，以认证认可标准化工作的跨越式发展，为认证认可工作健康、有序的发展提供规则保障

2、完善认证认可标委会的组织结构并注重专家队伍的建设。

认证认可标准化工作的专业性、技术性均很强，而国际认证认可工作的快速发展，又进一步加速了国际认证认可标准和导则的发展。我们要在深入研究有关国际或区域标准化和认证认可组织的组织结构和工作机制，以及制定国际认证认可标准和导则活动规律的基础上，搞好认证认可标委会的组织建设，根据需要逐步建立分技术委员会(SC)和工作组(WG)，建立起完善的标委会的组织结构和高效的工作机制，以适应我国和国际上认证认可发展形势的需要。与此同时，我们以认证认可标委会为组织形式和平台，广泛吸纳人才，建立起一支从事认证认可研究和标准化工作的专家队伍，为我国认证认可及其标准化工作提供技术支持，并在我国应对加入WTO的挑战，建立有效的贸易技术壁垒措施方面发挥重要的作用。这是一项开拓性的认证认可和标准化的基础工程，望大家共同努力。

3、强化技术基础并跟踪研究，适时转化有关国际标准、导则。

采用国际标准和国外先进标准是我国一项重要的技术经济政策。认证认可标委会的人员要抓紧对认证认可/合格评定的国际指南、准则和标准的研究，尤其要重点研究国际标准化组织/合格评定委员会(ISO/CASCO)制定的各项国际标准、导则，并根据我国开展认证认可工作的实际和国际接轨的需要，研究提出切实可行的认证认可标准体系框架，并有计划、有步骤地将相关的国际标准、指南和导则转化为我国的认证认可标准，作为开展认证认可/合格评定工作的基本技术依据。逐步完善我国的认证认可标准体系，构筑与国际接轨的认证认可评价体系平台。

4、利用认证认可国家标准的制定，构建中国的贸易技术性措施。

随着全球经济一体化的进程，技术标准已经成为国际经济竞争的重要手段。认证认可标准化技术委员会在积极研究并转化相关的国际标准、导则的同时，要有意识地加大对有关国际标准和发达国家认证认可标准、导则

制订过程的研究，吸收国际和国外发达国家设立贸易技术性措施的有益经验，为我所用。知彼是为了真正知己，为我们在竞争中取得主动打基础。我们在研究中，要善于归纳、总结，并逐步开展超前认证认可技术研究，对那些国际上还未制定的相应的标准、导则，而我国的认证认可工作又急需的认证认可程序、规则等要进行立项研究，并积极提出制定我国的国家标准的建议。要努力在实践的基础上，主动影响国际标准的制定，最终引导认证认可国际标准发展。

同时，认证认可/合格评定制度已经成为影响国际贸易发展的最主要的因素之一，已被许多国家用以保护国家特定行业发展、经济利益的主要手段。因此，我们要充分利用认证认可标准的技术手段，根据我国国情，在WTO/TBT，WTO/SPS协定允许的范围内，研究并提出中国的认证认可/合格评定程序、规则，认证认可领域构建起我国自己的贸易技术性措施。

5、主动参与国际标准、导则的制修订活动。

认证认可标委会成立后，要在认证认可标委会框架下，有计划地组织认证认可和标准化专家参加国际或区域组织制定认证认可国际标准、导则等国际文件的活动，在国际组织中积极发挥作用，积极影响有关国际标准、导则等国际文件制定进程，把我国家利益反映到国际文件中去，为打破认证认可/合格评定国际组织和有关合格评定准则完全由发达国家主导和控制的局面做出努力。与此同时，我们要进一步促进我国的认证认可/合格评定标准与国际标准协调一致，同步发展。

同志们，认证认可标准化技术委员会成立后，我们的工作任重而道远。让我们在党的十六大精神的指引下，忠实实践“三个代表”的重要思想，以建立起既与国际接轨，又符合我国国情的认证认可标准化体系为己任，与时俱进、开拓创新、扎实工作，开创我国认证认可标准化工作的新局面。

谢谢大家。

2003年1月15日

国家认监委王凤清在出入境检验检疫实验室注册总结暨计量认证/实验室认可转换工作会议上的讲话

同志们：

在新一届全国人大和全国政协会议召开前夕，我们召开出入境检验检疫实验室注册总结暨计量认证/实验室认可转换工作会议，具有非常重要的意义。这次会议是出入境检验检疫系统召开的第一次有关实验室管理的大会。1997年“三检合一”前，原商检局系统在江苏锡山召开过一次类似的会议，我到会讲了话。会议确定了取消原商检系统三级实验室考核制度，实行实验室注册制度。今天，我们在这里总结出入境检验检疫实验室注册工作的同时，还要安排实验室注册向计量认证/实验室认可转换工作。这一工作思路符合党的十六大提出的战略思想，符合新一届政府改革方针，体现了与时俱进的精神，也说明我们检验检疫实验室管理正在不断改革创新，正在逐步与国际通行做法接轨。借这个机会，我讲几点意见。

一、关于前一阶段检验检疫实验室管理工作

实验室是检验检疫事业生存和发展的基础，在执法把关、维护国家主权、保卫国家经济安全、服务经济建设方面起着至关重要的作用。“三检合一”以来，通过开展实验室注册考核工作，促进了系统内实验室的规范化管理，提高了实验室的检测技术水平，培养了人才，为检验检疫事业的发展打下了良好的基础。

（一）建立健全了实验室注册考核制度

1989年，为了更好地执行《商检法》，提高商检工作质量，原国家商检局制定下发了《关于商检系统开展实验室考核定级工作的通知》、《商检系统实验室管理与考核办法》和《商检实验室认证评审员管理办法》等规范性文件；参照国际上通行的实验室认可方法，组织开展商检系统实验室的考核定级工作，并形成了一套一、二、三级实验室考核定级工作机制。

1997年9月，为进一步加强系统内实验室建设，研究

和探讨系统内实验室管理的方式和模式，促进各实验室走国际标准化管理道路，原国家商检局在江苏锡山市召开了全国商检系统大区组长工作会议。会议在总结前阶段系统内实验室建设和发展的基础上，结合CCIBLAC实验室认可工作的开展，提出系统内实验室采取CCIBLAC认可和系统内实验室注册管理并行的两种办法。正式确定等同采用ISO/IEC指南25"校准和检测实验室能力的通用要求"作为注册准则，对系统内实验室开展注册管理工作。

从锡山会议到现在，系统内实验室注册管理工作历经了几个发展阶段，实验室的管理水平有了质的飞跃，为检验检疫工作的顺利开展创造了良好的条件。

第一个是初始阶段。

锡山会议后，原国家商检局首先组织各局实验室管理和工作人员学习贯彻锡山会议精神，统一思想、统一认识，为开展注册考核打好基础，做好准备。这一阶段最主要的工作有以下几方面：

组建了考核机构。国家局发文将各直属局划分为六个大区，成立了六个大区的考核领导小组，指定考核领导小组组长、副组长，各大区在国家局领导下迅速建立建全注册考核管理和执行机构，完成注册考核的组织建设。

制定出台了一系列政策和规定。发布"国家商检局系统内实验室注册管理规定"、"商检系统实验室注册准则"等注册考核工作规则规章，各大区制订相关的执行操作工作文件，规范各大区的注册考核工作。

培训了人员。组织举办了多期评审员培训班和多期实验室主任学习班，各大区和各直属局也相继举办实验室主任质量管理培训班等各种类型的培训活动，提高实验室评审员和实验室主任的质量管理理论水平，为系统内实验室注册考核工作的展开打下良好基础。

第二个是健全完善阶段。

"三检"合一后，原国家出入境检验检疫局根据系统出现的新情况和实验室质量管理标准由导则25更新为ISO/IEC17025的新情况，加强了对系统内实验室管理工作。在总结了前期实验室注册的基础上，逐步健全和完善了实验室注册考核工作。

考核机构更加完善，拓展了注册范围。根据"三检"机构深度融合后实验室建设发展的需要，对六个大区的考核领导小组进行适当调整，将系统内实验室注册范围扩展到动植物检疫、卫生检疫等领域。各大区根据注册工作开展的实际，不断调整完善大区组织结构和注册考核执行操作工作文件，各大区的注册考核工作进一步严格和规范起来。

发布了新的注册准则。根据检验检疫实验室管理工作的发展和实验室质量管理新国际标准的发布，原国家出入境检验检疫局及时制定发布新的"国家出入境检验检疫局系统内实验室注册管理规定"和依据ISO/IEC 17025:1999国际标准建立的"国家出入境检验检疫局系统内实验室注册准则:2000"。并制定了操作性较强的过渡政策。

开展能力验证试点。为保证注册实验室检测结果的准确性，加强对实验室的监督管理，原国家出入境检验检疫局以中南、华东、东北、华北大区为试点，尝试开展注册实验室的水平测试(能力验证)工作。通过试点，大区建立了能力验证工作机构，学习掌握ISO/IEC指南43国际标准，取得较好的结果。

开展检疫类实验注册。"三检"合一后，动物检疫、植物检疫、卫生检疫实验室在出入境检疫工作中发挥重要作用，成为检疫工作的技术支撑力量。原国家出入境检验检疫局及时组织检疫类实验室技术专家和实验室评审专家研讨注册准则(等同于ISO/IEC17025:1999)在该领域的应用，推广了江苏卫生保健中心和上海动植物和食品检测中心的好经验；制定了"动物检疫、植物检疫、卫生检疫实验室认可工作应用说明"。组织举办了两期动植物检疫和卫生检疫实验室评审员培训班，参与了三期艾滋病初筛实验室主任培训班，开展国际实验室管理标准的培训，有力地推动了检疫类实验室的注册管理工作。

加强对认可实验室进行管理。为加强对国家出入境检验检疫局系统内实验室的统一管理，发文将已取得CCIBLAC认可的系统内实验室同时办理系统内实验室注册手续，纳入系统内注册实验室轨道。开展此项工作后，检验检疫实验室的质量管理形成统一领导、统一准则、统一使用、统一协调机制的一体化整体。同时，鼓励实验室进行实验室认可，认可实验室可自动转为注册实验，从而有力地推动了出入境检验检疫系统的实验认可工作。

第三个是快速发展阶段。

随着我国加入WTO，检验检疫事业更加发展壮大，质量管理意识深入人心，ISO/IEC17025国际标准在系统内实验室广泛应用，国家认监委加快了系统内实验室注册的进度，实验室注册考核管理工作进入快速发展阶段。

2001年下发国检认函[2001]178号《关于加快检验检

疫系统实验室注册工作的通知》,为系统内实验室注册进度竖起了"倒计时牌"。文件要求各大区加强对注册工作的领导，制定总体实施计划，组织好注册培训和指导工作，提高工作效率，同时还要求保证实验室注册工作质量。

各大区考核领导小组召开大区工作会议，组织学习该文件,认真贯彻178号文的精神,根据国家局的要求,做好部署,制定具体的注册工作计划表,力争两年内完成实验室的注册工作。在认监委和大区考核领导小组的领导下,各大区办公室依靠各直属局的支持,克服评审员数量不足，申请注册的实验室现场评审时间集中等各种困难,采取有效措施,适时组派考核组到现场工作,加快了实验室注册的进度。据统计,2001年年初系统内实验室的注册率为17%,目前系统内实验室注册率达到了89%。基本上完成了国家局规定的目标。

加强监管,确保实验室注册质量。在实验室注册考核工作加快进度的过程中，国家局和各大区领导小组还重视已取得注册的实验室质量体系的建设和发展，进一步加大实验室注册后的后续管理的力度。国家局制定出台了"出入境检验检疫系统注册实验室监督检查程序",配套下发了一整套监督检查作业指导书，规范注册实验室的监督检查工作。各大区根据注册工作实际,制定监督检查计划并有效实施，保证所有到期的实验室都得到了监督检查,取得良好效果。

不断提高检验检疫实验室的技术能力。为保证注册实验室的检测工作质量,在总结各大区开展水平测试(能力验证)经验的基础上,出台了"出入境检验检疫系统实验室能力验证工作程序",规范系统内实验室能力验证的工作。根据该文件,各大区广泛开展能力验证活动,为注册实验室提供展示和检验自己检测能力的机会。同时,大区和各局也应用能力验证的结果，掌握注册实验室的能力水平。

(二)实验室注册工作取得了显著成果

据统计，目前全国已通过考核注册的实验室为494家,占全国系统内555家实验室的89%。几年来,系统内实验室注册考核工作的开展和深入发展，为检验检疫实验室的建设打下了坚实的基础，为保障检验检疫工作质量做出了巨大贡献,如果说原"三级"管理制度只是对实验室技术能力认可的话,那么按"注册"制度管理是对实验室管理能力和技术能力的双重认可，这对实验室管理工作无疑是一次质的飞跃，在我国检验检疫发展史中具有划时代意义。实验室注册的重要作用主要体现在以下几方面：

一是实验室管理进一步规范化、科学化。

各大区根据国家局的布置与要求，在各直属局全力配合下,采取"提高认识,加强领导、精心策划、全员参与,严格评审、把握质量,互帮互学、持续改进"等各种有效途径和措施，全面推动实验室注册工作。注册实验室都按ISO/IEC17025国际标准的要求,编写了质量手册,建立了质量管理体系。实验室组织机构完善,人员职责明确,文件记录齐全,内部审核规范、管理评审科学,纠正和预防措施得力,测试方法准确,设备和环境得到明显改善,仪器设施检定准确，取样和样品处理都能按文件化程序规定进行,结果报告按规定的内容和格式填报。将实验室全部活动纳入质量管理体系的框架内有效地运行。

为提高实验室质量体系运行质量和效率，各注册实验室注意引进先进的管理手段，开发计算机辅助管理系统,将报检、接单、测试、结果报告等工作流程以及实验室人员、设备、测试方法、样品处置等方面的管理实现电子化。华北大区建立了大区网络化办公平台,根据实验室各阶段的中心工作，开发不同内容的软件板块，如:ISO/IEC17025标准转换、能力验证、测量不确定度评估等注册工作中的热点和难点,适时在网上进行经验交流。

二是提高了实验室管理人员和技术人员的素质。

为帮助实验室尽快熟悉国际标准，各大区把标准宣贯,人材培养作为注册工作的突破口,分别做出规划,通过多渠道、多层次狠抓落实,针对实验室管理人员和技术人员，各大区先后举办了实验室主任培训班、ISO/IEC 17025标准培训班、内审员培训班、测量不确定度评定培训班等。对注册准则（先后为ISO导则25和ISO/IEC17025标准)、质量手册编写、内部审核知识和测量不确定度、能力验证和比对试验等知识进行全员培训,六个大区各实验室的负责人基本上均通过了ISO/IEC17025培训。经不完全统计,五年来六个大区举办各类培训班28次,培训人员1580余人。各直属局在参加大区举办的培训班的基础是,也举办了不同类型的培训班,扩大了培训面和培训人数。这些培训活动,为各局培训了大量合格的实验室管理人才和技术骨干,造就了一支熟悉国际标准、作风优良,业务精湛的管理和技术骨干队伍,保证了实验室质量体系的建立、实施和持续改进。

高素质的评审员队伍是实验室注册工作质量的技术保证。各大区、各直属局都十分注重评审员队伍的建设,注重评审员的培养和使用。通过各直属局把关，选送素质好、专业技术过得硬的评审员和技术专家参加大区注册考核工作，再通过加强培训，形成一支素质好、客观、高效、公正的评审员和技术专家队伍，各大区分别对辖区内所有评审员和考核技术专家进行了调查摸底，建立了评审员资料库和技术专家库。

西部地区评审员人数较少，为培养自己的评审员队伍，他们采取不同的方式加强评审员队伍的建设。西南大区邀请原 CCIBLAC 的 5 名主任评审员做示范评审；西北大区采取的是请进来走出去学习的做法。先后 6 次邀请江苏、广东、厦门等兄弟局的评审专家做评审组长，以传帮带的形式带领西部的评审员进行评审，使他们在实践中学习评审技巧和方法，使评审员的评审技术在实践中得到提高。大区内各局还选派骨干到扬州、连云港、青岛、广州、天津等兄弟局去上门学习，使评审员在交流学习中得到提高。

三是促进实验室综合实力上了一个新台阶。

检验检疫实验室综合检测实力直接关系到检验检疫事业的生存和发展。各局根据具体情况科学规划，合理布局；不断改善实验室的环境条件，加大对仪器设备的投入，充分利用实验室资源；开展实验室比对和能力验证活动，提高实验室检测的准确性，使全系统实验室综合检测实力得到了显著增强：

——调整实验室布局，优化实验室资源，扩大实验室规模。

各直属局根据面临的形势任务、地域经济和业务流量，本着"布局合理、管理规范、技术先进"的总体思路，对本系统实验室的布局及规模普遍进行了调整。以涉及安全、卫生、人体健康、环保、反欺诈为重点建立和完善全国检验检疫实验室网络，对重点实验室，各直属局不断加大人、财、物的投入力度，使这些实验室在国际检验检疫市场形成了合力。如：广东、山东、天津、湖北等检验检疫局有计划、有步骤地实现实验室的布局调整和资源的合理配置，对现有的同类型实验室进行适当的重组和优化，将相关实验室进行合并，实现了实验室间资源、优势互补，大大增强了检测实力。据统计，1999 年，三检实验室总数为 1 031 家，2001 年年初为 757 家，现在各局上报的实验数为 555 家。这几年各局都加大了实验室整合的力度，实验室规模有了显著增加。

——不断改善实验室环境、加大对仪器设备的投入。

通过注册工作，促进各局不断加大和优化对实验室的投入，改善实验室的环境和仪器设备条件，使实验室的技术条件得到进一步加强。例如：广东局 2001 年和 2002 年全省投入实验室设备的购置资金就达 7000 万元；截止 2002 年底，全局实验室设备固定资产已达 5 亿多元。辽宁局投资 3200 万元购买各类仪器设备，投资 400 万元为微生物实验室、艾滋病实验室、食品实验室等进行环境改造，使实验室环境设施和检测设备满足工作需求。天津局对于动植物食品检验检疫分中心分子生物学实验室、化工危险品实验室等重点实验室每年投入近 2000 万元，对现有实验室进行改造，购置先进的检测设备，完善了检验检疫手段，使这些实验室从技术条件上达到了系统内甚至国际上较为先进的水平。山东局先后投入近 3000 万元用于购置食品安全卫生监控方面的仪器设备，提高食品检测和动植物检疫水平。1999 年以来，地处西南大区的广西局投入 3 000 多万元用于所有实验室的基础设施仪器设备的改善，西北大区的陕西局和山西局分别投入了 1 200 万元用于实验室环境和仪器设备的改善。

——锐意进取，突破检疫类实验室注册的技术难题。

动植物检疫和卫生检疫实验室是我国检验检疫实验室的重要组成部分，承担着重要的职责，自然也是实验室注册工作的重要对象，但是，这项工作具有相当的难度。一方面，对动植物检疫和卫生检疫实验室的能力评价问题在国际上一直是一个空白，现有的国际通用的实验室技术能力评价标准如 ISO/IEC17025 等有很多方面需要加以补充说明才能较好地应用于动植物和卫生检疫实验室，国外也没有现成的经验可以借鉴。另一方面，由于行业的原因，原动植物检疫和卫生检疫系统对于应用导则 25 和 17025 等国际标准开展实验室能力评价工作起步较晚，基础较差，开展注册工作困难很大。

针对这种情况，国家认监委主管部门及时组织各大区有关专家开展研讨论证，统一了认识，使大家充分认识到了动植物和卫生检疫实验室开展注册工作的必要性和紧迫性。在此基础上，分两次组织有关方面的专家专门研讨了动植物检疫实验室和卫生检疫实验室在注册工作中需要解决的课题，例如对标准的理解和评审工作的尺度掌握等，以江苏局保健中心和上海局农畜食中心为典型，探索检疫实验室注册的新思路，并在此基础上出台了关于动植物检疫和卫生检疫的注册工作要求。专门培训了两期检疫类的评审员，为开展这两类实验室的注册工作奠定了基础。

——开展实验室比对和能力验证活动，提高检测的准确性。

广泛开展能力验证和比对试验是提高实验室检测能力的重要渠道。为此,国家局和认监委充分认识到能力验证在实验室注册工作中的重要作用,把能力验证作为监控实验室工作质量的重要手段,要求各大区成员单位的实验室积极参加国家认监委、CNAL 以及其他机构组织的能力验证计划。各局都积极参加了国家局组织的转基因定性检测和黄曲霉毒素的能力验证活动。各大区及时成立了能力验证工作组,并成立了工作小组和专家小组,先后尝试组织了多项能力验证活动,有力地促进了实验室检测能力的提高。有的实验室还作为 APLAC 能力验证的协调单位,成功组织了 APLAC 的能力验证活动。

在国家认监委有关部门的督促和各大区考核领导小组的努力下,对动植物检疫实验室和卫生检疫实验室的注册工作进展非常快,目前,检验检疫系统的动植物检疫和卫生检疫实验室除特殊原因不能完成注册工作之外,大部分实验室已经顺利实现了实验室注册或通过了现场审核。

——出成果、出人才、上水平,展现科技实力。

通过实验室注册,各局加大对实验室的投入,改善了实验室条件,提高了实验室人员的工作积极性,实验室人员技术创新意识也有了明显增强,实验室的科研能力也得到全面提高,特别在完成科研制标,科研项目,科研论文等项工作都有了突出的进步,产生不少学科带头人。如从 1999 年末以来的 4 年多时间内,辽宁、吉林、黑龙江三省所属各实验室完成一批科研制标项目,获省局科技兴检奖 84 项,其中获国家局科技兴检奖 25 项,获省局优秀论文奖 146 篇,其中获国家局优秀论文奖 28 篇。

四是为检验检疫实验室拓展检验市场创造了条件。

根据 WTO 规则和我国入世承诺,2004 年我国将全面开放检验市场,随着国外检验、认证机构进入我国,委托检验市场竞争将更加激烈。对检验检疫实验室而言,绝不能墨守成规、画地为牢,必须克服畏难情绪和等靠要的思想,努力转变机制,积极探索市场化发展的新途径。为此,各局根据国家质检总局事业单位改革的有关精神,结合我国加入 WTO 后检验检疫所面临的新形势、新情况,提出了鼓励实验室走专业化道路、走联合发展道路、走市场开拓道路的发展思路。注册工作为不断提升实验室技术能力和管理水平,扩大实验室知名度,进而逐步拓展国内外检验市场创造了条件。如江苏局化矿实验室、扬州局玩具检测中心等获得注册的实验室就在拓展检验市场方面作了一些有益的探索,取得了初步成效。

(三)大区考核领导小组工作卓有成效

大区考核领导小组虽然是松散的非常设机构,没有专职人员,没有专门的活动经费,但各大区都能克服困难,齐心协力,认真贯彻落实总局和认监委的文件精神、积极组织和协调实验室注册考核工作、大力开展人员培训,有效地推动了系统内实验室的建设。特别是组长局和副组长局在组织大区开展各项活动时的经费支持,人员调配等方面做出了很大的贡献,保障了大区工作的正常开展,各成员局也能以大局为重,积极参与大区的工作。因此,大区考核领导小组在系统内实验室注册工作和实验室规划建设方面起到了积极的领导和推动作用,成效卓著。

各大区建立了考核领导小组年度工作会议制度,每次会议都本着务实、高效的原则,宣传和贯彻国家局的文件精神,宣传实验室建设的重要性,强调要从维护国家主权、保卫国家经济安全的政治高度,充分认识加强实验室建设和规范化管理的重要性和紧迫性。为了进一步规范大区注册考核工作,在国家局注册准则的基础上,各大区都分别制订了注册考核的规范性文件,如《大区考核领导小组各工作机构职能》、《大区印章使用规定》、《考核工作程序》、《监督抽查办法》、《实验室注册考核申请条件》、《考核评审组组成原则》、《考核技术专家条件》等工作文件。另一方面,各大区领导小组严格把好考核质量关:一是对评审员进行培训,统一现场评审目光,严格按"注册准则"评审;二是大区办公室对各评审组长提交的报告进行审查,对不符合要求的进行跟踪检查;三是大区考核领导小组对评审材料严格审核,合格之后再向国家局推荐注册。

大区考核领导小组始终按照国家(总)局、国家认监委的统一部署,安排好每年的实验室注册工作计划并加以实施。特别是要求系统内实验室在 2002 年底前须全部注册完毕的国检认[2001]178 号文下发后,各大区考核领导小组均及时召开了会议,向各成员局传达了国家局的精神,要求各局须制订出各自的实验室注册工作实施计划、时间表及有关落实措施,并在各局制订的注册工作实施计划和时间表的基础上制订了大区实验室注册工作总体实施计划及实施时间表,实验室注册步伐大大加快,成绩显著。

为提高实验室检测能力,各大区先后成立了大区能力验证工作组,大力开展实验室比对和能力验证工作。另外，大区内各局就实验室体制改革、实验室管理、实验室建设、人才培养以及中国加入WTO后实验室重新定位和发展等问题进行了充分的交流。大区间在实验室工作好的做法和经验上交换了意见，并经常互派教员举办实验室质量管理培训活动，互派评审员进行实验室现场考核。中南大区多次邀请华东、华北大区的资深教员授课，西南大区多次邀请评审专家做示范评审，西北大区在开展注册工作初期，还邀请了中南、华东等大区的资深评审员带组进行现场考核。

总之，各大区注册实验室考核领导小组是注册考核的具体承办单位，付出了很多的心血，取得了不小的成绩，为贯彻落实国家局和认监委的文件，推动我国实验室按国际标准进行管理，提高检验检疫实验室管理和技术水平，深化实验室的体制改革中起到了积极的推动作用。

二、实验室认可是发展的必然选择，计量认证是承担社会委托检测的基本资质条件

实验室认可是目前国际上通行的对检测和校准实验室的能力进行评价和正式承认的制度。实验室认可制度是各国对检测数据的可信性的基本保障措施。对社会出具公正数据的实验室的可信程度直接关系到人民的生活质量和国家经济发展水平，尤其是在产品质量监督、环境保护、国际贸易、医疗卫生、司法鉴定、地质、气象、科研、国防等与国民经济和社会发展密切相关的领域和行业内，实验室检测数据的质量保障体系更是必不可少。回顾实验室认可的历史，我们可以清楚的认识到，在系统推行实验室认可是实验管理发展的必然选择性。

国际上实验室认可始于"二战"以后，1947年，澳大利亚建立了世界上第一个国家实验室认可体系，并成立了认可机构——澳大利亚国家检测机构协会(NATA)。上个世纪60年代起，从英国开始，西欧国家相继开始建立实验室国家认可制度，70年代实验室认可制度开始在美国等主要工业国家普及，80年代开始一些新兴的工业化国家，如新加坡、马来西亚等也建立了实验室认可体系。进入90年代后，随着国际贸易的不断发展，全球经济一体化的趋势不断增强，在GATT(WTO)的推动下，为减少和消除技术壁垒，各国的认可制度都按照国际标准逐步走向统一，并按照"一个标准、一次检测、全球承认"的原则，开始建立各国实验室认可的相互承认机制。

在我国，与国际接轨的实验室认可体系形成于上个世纪九十年代初。随着我国社会主义市场经济的迅速发展和对外开放的需要，我国过去在计划经济体制下建立的实验室评价体系已经不能适应经济发展的需要，建立规范、统一、符合国际要求的实验室认可体系势在必行。从实验室认可在世界各国的发展历程来看，实验室认可对于促进国家经济发展和技术进步，对于促进国际贸易发展都有着不可或缺的作用。

近10年来，经过政府各部门和各行业的共同努力，我国实验室认可工作已经取得了较大的进展，在合并前的两套认可体系（中国实验室国家认可委员会和中国国家出入境检验检疫实验室认可委员会）认可实验室的数量达到700多家，建立了2 000多人的评审员队伍，两个认可机构也已经分别加入了国际多边承认协议，

党中央、国务院高度重视建立我国统一的国家认证认可、合格评定体系的工作。2001年，将原国家质量技术监督局和原国家出入境检验检疫局合并成立国家质检总局，并成立了国家认证认可监督管理委员会，对我国的认证认可工作进行统一管理。2002年1月，国务院办公厅下发了《关于加强认证认可工作的通知》，明确提出建立我国统一的国家认可制度的要求。经过认监委和国检总局的大力协调，目前我国的统一认可体系已经基本建立，中国合格评定国家认可中心于2002年4月宣告成立，3个认可委员会也完成了组建和体系合并工作。2002年8月1日，新的中国实验室国家认可委员会(CNAL)正式对外开展实验室和检查机构的认可工作。随着我国统一认可体系的建立，实验室认可工作也步入了健康、快速发展的轨道，经过半年多的紧张工作，在社会各界的支持和配合下，CNAL基本建立了新的质量管理体系，完善了组织机构，并在机构整合的同时注重了业务的发展，目前认可实验室的数量已经超过1 000家，同时，CNAL还开展了检查机构的认可工作，实验室认可工作已经初步呈现出良好的发展势头。统一的国家认可体系的实现，必将促进我国的合格评定事业的蓬勃发展，有利于规范市场经济秩序，有利于我国进一步对外开放，有利于提高我国产品在国际市场上的竞争力。

当前认证认可工作在我国经济建设和社会发展中的地位日益显著，认证认可工作力度不断加大，统一的国家认可体系已经初步建成。我们一定要抓住这个难得的历史机遇，加快发展实验室认可事业。当前要围绕着三个方面进一步加强实验室认可体系的建设工作。

第一，要加大统一评价体系的工作力度，进一步拓宽实验室认可的应用面。在这方面要从建立完善、合理的法规体系入手，同时加大协调的力度，争取在一个合理的时

期内逐步把实验室的评价体系统一到与国际接轨的认可体系上来。国家投入大量资源建立实验室国家认可制度，主要目的就是为国家机构和市场选择、使用实验室提供一个权威、统一、可靠的公共平台，充分发展和利用这个基础设施，可以满足全国各行业、各领域对实验室资质评价的需要，为社会节约大量的成本。从这个角度讲，实验室认可机构应该是我国实验室评价的权威技术机构，其评价结果和技术资源应为全社会共享。但是，由于我国长期以来在计划经济体制下形成的部门分割、行业垄断的痼疾，使得实验室资质评价工作很难统一，存在着政出多门、部门封锁、互不承认、重复评价的现象，各种评价制度名目繁多，评价尺度掌握不一，评价质量不尽人意。这个问题不仅会增加社会成本，加重企业负担，还会影响我国的国际形象和投资环境，影响我国合格评定体系在国际上的可接受性。因此，我们一定要强化统一管理，加强各部门之间的沟通与协调，逐步统一评价制度，消除重复评价现象。我们决定将检验检疫系统内实验室的注册制度向认可制度转换正是出于这个目的。在拟订中的《认证认可监督管理条例》提出了实验室强制性认可的概念，主要是要求在涉及安全、卫生、环境保护、国际贸易等领域从事检测和校准工作的实验室，以及从事国家强制性合格评定工作的实验室都要通过国家认可。这是根据我国的国情，参照国际合格评定的发展潮流而提出的重要措施。从这个角度看，优先将我国出入境检验检疫系统实验室推向认可也是十分必要的。

第二，要进一步加强认可机构和认可体系的自身建设，要发动社会各方力量参与国家认可体系的建设，同时实验室认可机构也要不断适应建设社会主义市场经济的要求，利用与国际接轨的优势，吸收别国的先进经验和技术，不断发展创新，开拓前进，努力争取使我国的实验室认可工作达到新的先进水平。同时实验室认可工作应坚持以质量、信誉和服务为本，不断提高自身的管理水平和技术含量，充分体现国家认可的权威性。

第三，要加快普及实验室认可的步伐，充分满足国民经济发展的需要。从当前的情况看，实验室认可的市场需求在不断增长，实验室认可的数量近年来的平均增长率超过35%，随着我国检验市场的形成和发展，寻求认可的实验室除了社会公共实验室外，企业特别是外商投资企业的需求也越来越多。因此在国家统一认可体系建立后，要本着服务于市场经济发展、培育和规范检验市场的目的，加快实验室认可的普及。

综上所述，我认为在我系统推行实验室认可是必然的发展趋势，具有重要的意义。下面向大家简单介绍计量认证的一些情况：

根据中华人民共和国计量法及其实施细则规定，向社会出具公正数据的产品质检机构需要计量认证，也就是需要有CMA证书。从上世纪80年代中期以来，计量认证工作由国务院计量行政主管部门主管，两级实施。属全国性的产品质检机构的计量认证，由国务院计量行政部门负责并会同有关部门组织实施，属地方性的产品质检机构的计量认证，由省级人民政府计量行政部门负责并会同有关部门组织实施。从90年代初开始，原国家技术监督局先后授权有关行业部门组建了36个行业计量认证评审组(99年，国家质量技术监督局根据政府机构改革情况，调整为31个)，在原国家质量技术监督局的统一组织协调下，开展行业的质检机构的计量认证，颁发国家级(国家质量技术监督局)的计量认证证书。省级质量技术监督局在本省范围内实施计量认证，颁发省级质量技术监督局的计量认证证书。现在，根据国务院的授权，计量认证工作由认监委统一负责。目前，已颁发国家级计量认证证书约2000张，颁发省级计量认证证书约18 000张。

由于历史的原因，出入境检验检疫系统实验室主要为进出境贸易服务，一般不承担社会检测业务，因此，现在我系统很少有机构获得计量认证证书。随着我系统实验室改革的深化，有些实验室也开始承接国内社会检测业务。这就造成了前一段时期，有些单位以我们没有得到计量认证为由，不承认我们的检测结果，更有甚者，向法院控告我们实验室违法。因此，检验检疫实验室承担国内的检测业务遭遇到法律难题。实际上，计量认证也是一种对实验室能力和资质的考核，所依据的主要标准是导则25，因此，可以说获注册的实验室完全能达到计量认证的标准。但根据计量法的规定，向社会出具公证数据的机构必需进行计量认证，这是一个法律要求的基本资质问题。

三、与时俱进，开拓创新，切实做好出入境检验检疫实验室注册向计量认证/实验室认可转换的工作

做好出入境检验检疫实验室注册向计量认证/实验室认可转换的工作，关键是要坚持与时俱进的精神，努力开拓创新。

(一) 转变观念，提高认识，充分认识此次出入境检验检疫系统内实验室管理方式变化的重要意义。

我们系统实验室注册工作始于1997年,5年多来,国际国内的形势发生了巨大变化。出入境检验检疫实验室管理也面临全新的形势:一是中国现在是世贸组织的重要成员,我国已全方位的对外开放,全面参与国际事务,已由当初的引进来,到现在引进来和走出去并举的全新发展阶段;二是党中央国务院对国家机构进行了几次大的改革,我们系统先是"三检"合并,成立出入境检验检疫总局,各地成立了出入境检验检疫局。2001年又由出入境检验检疫总局与技术监督局合并,成立质量监督检验检疫总局、国家认证认可监督管理委员会和标准化委员会,统一管理国家质量监督和检验检疫工作。国务院赋予认监委推行国家实验室认可制度,统一负责实验室计量认证和资质认定工作,现在管理机构及其职能发生了很大变化;三是经过几年的努力工作,出入境检验检疫实验室实际上已按ISO/IEC17025的要求运作,培训了大量人才,改善了实验室的条件,已具备推行实验室认可的基础;最近,党的十六大成功召开,党中央号召我们要与时俱进,开拓创新,发展要有新思路,改革要有新突破,开放要有新局面,各项工作要有新举措。学习和贯彻十六大精神,就需要我们注意分析新形势、新情况、新问题,并且善于总结新的经验,提出解决问题的新办法。

在这种情况下,国家认监委党组认真分析了新的形势,决定出入境检验检疫系统实验室的管理由注册转为认量认证/实验室认可,标志着我们系统的实验室管理进入了一个全新的阶段。这是国家认监委党组在新的形势下,与时俱进,开拓创新,贯彻落实十六大精神的重要举措;是进一步提高出入境检验检疫系统实验室综合检测能力,更好地为对外经济贸易服务的重要手段;也是提升出入境检验检疫系统实验室社会影响,充分利用现有先进检测仪器设备和实验室资源,扩展出入境检验检疫技术机构服务范围的重要保证。这一工作对我系统技术机构将产生重大影响。

因此,各局领导、实验室管理人员、技术人员都应切实转变观念,认识此次出入境检验检疫系统内实验室管理方式变化的重要意义,积极配合有关部门,搞好这次转换工作。

(二)全面学习和了解转换工作的具体内容,为转换工作打好基础。

去年,国家认监委下发了国认实函[2002]58号"关于落实出入境检验检疫系统实验室注册制度改革有关事宜的通知",该文件已充分肯定了各局和各大区在实验室注册工作中的重要作用,说明了进行注册制度改革的原因和注册转换的具体内容和方法。总的来说转换工作的具体内容包括:一是今后取消实验室注册制度,在出入境检验检疫系统内推行实验室认可和计量认证制度;二是已获得注册证书或通过大区考核合格的实验室向国家认监委申请计量认证,经认监委审核后颁发计量认证证书;三是承认实验室注册的结果,在实行转换时充分利用已有的成果,不进行重复考核;四是今后对系统内实验室的考核工作统一由中国实验室认可委员会秘书处承担;五是原大区注册考核领导小组已光荣地完成了其历史任务,不再保留该组织机构。至于具体的程序性文件和实施方案由认监委实验室部和中国实验室国家认可委员会秘书处负责。在这次会议上,大家一定要把转换工作的具体内容弄清楚,为做好今后工作创造条件。

(三)采取切实可行的措施,保证转换工作的顺利开展。

现在出入境检验检疫系统实验室有555家,数量很大,转换工作涉及的内容众多,有些工作技术性很强,因此,这次的实验室由注册制度向计量认证/实验室认可转换任务非常艰巨,是一项大的系统工程。怎样最有效地利用注册的结果,减少实验室的重复劳动,提高转换工作的效率,同时,保证转换工作的质量,是摆在我们面前的艰巨任务。要完成好这一任务,需要各方面大力的支持和配合。一方面是国家认监委实验室管理部门和中国实验室认可委员会秘书处应拟定好操作性强的程序文件,规划好材料的移交程序,计量认证/实验室认可的申请程序和具体的表格。另一方面,各局实验室管理部门、技术中心和实验室要认真学习和掌握有关的文件,积极按文件要求进行转换工作的申请,材料的整理、补充及移交。特别原大区组长局是主要的办事机构,有许多文件和材料都在这些局,需要多承担一些工作,如注册实验室档案的整理,移交,转换程序的咨询等工作。有关部门都要从大局出发,调动一切积极因素,采取切实可行的措施,保证转换工作的顺利开展。

(四)保证转换工作的质量,抓紧进行转换工作。

转换工作是一项非常复杂的技术性工作,涉及到许多人员、很多单位,也是政策性很强的一项工作。转换工作是否成功的关键是经过转换后的实验室能否达到了现在实验室认可的各项要求。虽然各大区都是按照系统内实验室注册准则(等同采用ISO/IEC17025)进行考核,考核程序和评审员的资质也没有问题。但不容置疑,大区间存在不平衡的现象，有些注册实验室由于机构的调整也发生了一些变化。转换时具体实验室的条件和状况会各不相同，这会给转换工作带来一定的难度。我要求转换工作首先是确保转换工作质量，认真做好转换工作各环节的工作。对少数因各种原因不能达到要求的，一定要了解情况，指导实验室进行整改，符合要求后才能转换为认可实验室，以确保实验室认可的信誉，维护我国的实验室认可制度。

要抓紧开展转换工作，特别是注册转为计量认证工作，各局的实验室要按要求认真填报申请材料，认监委实验室部和实验室认可委员会秘书处要组织专门人员负责转换工作，及时受理申请，认真审核材料，不要因转换工作影响了实验室正常业务工作。要尽快给经注册考核过的实验室计量认证证书，以便实验室满足向社会承揽检测业务的需要。

（五）加强对系统内实验室的监督管理工作。

出入境检验检疫系统实验室承担出入境的检验检疫任务，是非常敏感的工作，不能有半点的差错，而作为出入境检验检疫工作的技术支持部门，应该时刻保持良好的运行状态，不仅注册或认可考核时要达到ISO/IEC 17025的要求，而且平时也在按照该准则的要求运行。因此，为确保出入境检验检疫系统实验室都按ISO/IEC 17025的要求，这需要加强对实验室的考核后的监督，加强对评审考核过程的监督。

（六）做好实验室认可费用的预算和申请工作。

任何管理都是需要成本的，对实验室的考核、认可也需要成本。现在我们系统正在进行收支两条件线的改革，这是财务制度大的变化，因此，各局应充分考核实验室认可的费用，将这笔费用列入预算。并且要向总局提出申请，以便实验室能正常地运行和开展实验室认可和计量认证工作。

（七）充分利用现有资源，不断拓展检测业务。

根据计量法和计量法实施细则的规定，向社会出具公众数据的产品质检机构要进行计量认证。以前，我系统较封闭，一般只承担法定的出入境检验业务，因此，未进行计量认证。出入境检验检疫系统实验室能力较强，社会需要我们的技术机构承担检测业务，但以前由于没有计量认证，在承揽业务方面，出现了一些困难，特别是有些单位以我们没有进行计量认证为由，控告我们没有法定的资质。现在，我们根据有关规定，要求补上这一资质。以后就可以充分利用现有资源，不断拓展检测业务。

（八）继续大力支持认监委的工作。

认监委是一个新单位，这一年多的工作得到了各局的大力支持，在此，对大家的支持表示感谢。认监委的工作涉及面广，工作量大，有些还是非常敏感的工作，因此，我希望继续得到各局的大力支持。

最后，预祝大会圆满成功！祝实验室转换工作顺利、成功！祝各位代表身体健康！工作如意！

2003年2月27日

国家质检总局李长江
在全国强制性产品认证行政执法工作会议上的讲话

同志们：

总局和认监委召开的这次全国强制性产品认证行政执法工作会议，是贯彻落实党的十六大精神和十届全国人大、政协一次会议精神，进一步完善从源头抓质量有关工作制度的一次重要会议。下面，我代表总局讲几点意见：

一、实施强制性产品认证制度，是质检系统落实党的十六大、新一届人大、政协会议精神的重大举措

党的十六大确立了“三个代表”重要思想在全党的指导地位，提出了全面建设小康社会的奋斗目标。十届全国人大、政协一次会议，进一步总结了五年来我国经济社会发展、民主法制建设等方面取得的巨大成就和有益经验，提出了今年乃至今后五年的工作部署。全面落实党的十六大、十届全国人大、政协一次会议精神，加快实现建设小康社会的奋斗目标，是当前和今后一个时期各地各部门的中心任务。质检部门当前最主要的，就是按照以经济建设为中心的要求，做好从源头抓质量的工作，推动我国产业结构调整和产品质量整体水平的提高。强制性产品认证是质检工作的重要内容，在规范市场经济秩序、打击假冒伪劣、促进产品质量提高和保护消费者权益等方面，具有非常重要的作用，其科学性和公正性，已经成为一种国际通行规则。

为适应社会主义市场经济发展，履行我国政府在加入世界贸易组织时所做出的承诺，总局和认监委按照国际通行做法，于2001年底建立并实施了中国强制性产品认证制度。强制性产品认证制度是国家对涉及人民生命财产安全、动植物安全、环境保护以及国家安全的产品实施市场准入，并由国家强制保证实施的一项制度。这一制度的实施，具有非常重要的意义：

第一，实施强制性产品认证制度，是推动产业结构优化升级的重要手段。温家宝总理在十届人大一次会议结束后回答记者提问时，把今后我们的工作目标概括为四句话，其中一个重要方面就是经济结构的战略性调整。强制性产品认证制度是一种质量管理和质量保证的重要措施。实施这一制度，有利于推动产品质量和管理水平的提高，有利于淘汰不具有生产安全产品的个体作坊、小型企业，从而提升企业的档次和水平，推动产业结构的调整、优化和升级，逐步走低消耗、高增长、可持续发展新兴工业化道路。有利于保护环境，维护生态平衡。

第二，实施强制性产品认证制度，是整顿规范认证市场秩序的一项根本性措施，也是整顿和规范市场经济秩序的重要组成部分。整顿和规范市场经济秩序是新一届政府的一项重要的工作，上周国务院第一次会议，家宝总理提出“整顿和规范市场经济，要全面布署、重点突破”，这也是我们质检系统的一项重要工作任务。当前这一工作虽然取得了重大进展，但仍存在着薄弱环节。假冒伪劣之所以屡禁不止，除一些主客观因素外，治本的措施不够，也是一个重要原因。实施强制性产品认证制度，可以从源头上建立健全市场准入制度；通过强制性产品认证执法监督，构筑防范假冒伪劣产品从流通到消费的防线。为从根本上遏制假冒伪劣泛滥提供了可靠保证，为创造放心满意的消费环境、公平竞争的市场环境、安全可靠的经济环境创造了重要条件。是“从源头抓产品”的重要手段之一。

第三，实施强制性产品认证制度，促进了政府职能的转变。在社会主义市场经济条件下，政府的主要工作职能是经济调节、市场监督、社会管理和公共服务。十六大和“两会”都对此提出了明确的要求。强制性产品认证制度是按照国际通行规则建立起的一套新的规范的制度，强制性产品认证制度的规则制定、组织管理由政府部门负责，行政执法由政府部门实行，对企业产品的安全质量、技术评价则交由中介组织实施。政府部门充分利用中介组织的认证结果，中介组织对认证结果承担相应的法律责任。这一做法符合国际惯例，符合中央的精神，有利于在新形势下政府转变职能、依法行政。政府该管的事要管好，不该管的一定不管。当前认证市场并不理想，规范认证市场十分必要，承担强制性产品认证工作的认证机构一定要保证认证的质量，对违反规定的认证机构，一是处罚，二是取消资格，三是要追究刑事责任。

第四，实施强制性产品认证制度，是我国履行入世承诺的重大举措，为树立我国的国际形象发挥了积极的作用。同时，通过这一制度的实施，将使我国企业的产品质量达到一定的水平，使产品的安全性能符合国际标准的相关要求，指导国内的企业采取针对性的措施，打破国外技术贸易壁垒，从而有效提高企业和产品的国际竞争力，更好地实施“走出去”战略，在国际市场上求生存求发展，促进我国外经贸事业的向前发展。

第五，实施强制性产品认证制度，有利于我们在国际规则的框架下，合理运用技术性措施，维护国家经济利益和经济安全。也必将极大地维护消费者合法权益，切实保护人民的生命财产安全。

强制性产品认证执法监督是强制性产品认证制度的重要组成部分，也是质量监督检验检疫行政执法工作的重要组成部分。政府工作报告中提到了要加强认证认可工作，质检系统要统一思想，统一认识，统一行动，按照党中央、国务院的精神坚定不移地将这项工作进行下去。强制性产品认证制度能否真正顺利实施，能否真正发挥出其应有的作用，关键还要看行政执法是否到位。各级质检部门一定要从全面贯彻落实十六大和十届全国人大、政协一次会议精神的高度，从全面建设小康社会的高度，从促进国家质量水平提高、维护市场经济秩序、促进外经贸发展，推动国家经济建设和对外开放的大局出发，按照国务院领导提出的希望和要求，竭尽全力，采取各种有效措施，确保强制性产品认证制度的全面实施，确保强制性产品认证行政执法工作健康有序地进行，开创强制性产品认证行政执法工作新局面。

二、按照党的十六大精神和十届人大、政协

一次会议要求，全面加强强制性产品认证执法工作

实施强制性产品认证制度是总局和认监委今年的一项重要工作。按照总局的规定，今年5月1日将正式开展强制性产品认证执法，这一工作已经到了非常关键的阶段。各级质检机构一定要按照党的十六大和十届人大、政协一次会议精神的要求，高度重视、科学安排，全面推动强制性产品认证执法工作的落实。

（一）要切实提高思想认识。在推动强制性产品认证制度实施的过程中，绝大多数的单位和有关同志思想上是重视的，认识也很到位。但仍然有一些同志思想上还存在一些模糊认识。有的同志认为强制性产品认证是认监委的事，与质检工作无关；有的同志觉得，实施强制性产品认证制度，赚钱的事交给了认证机构，花钱的交给了质检系统，我们成了给别人打工的；还有一些同志担心，怕强制性产品认证执法影响地方经济发展等等。一些企业也抱侥幸心理，持观望态度；有的企业认为强制性产品认证的要求太高，很难达到；还有些企业认为认证的费用太高，无法承担。认识不到位，致使工作迟缓，措施不力。

对此必须认识到，实施强制性产品认证制度是我国入世时做出的郑重承诺，是党中央、国务院交给质检总局和认监委的一项重要任务。强制性产品认证制度是市场准入制度的一种。推动这一制度的实施，是质检系统当前的头等重要的大事。

认监委是经国务院授权，代表国务院履行统一管理、监督和综合协调全国认证认可工作的具有行政管理职能的部门，由质检总局归口管理。去年的全国认证认可工作会议已经明确，总局党组对这项工作不设内设机构，由认监委统一对全国进行领导。认监委在各地不设机构，有关职能由各地质量技术监督局和出入境检验检疫局完成。质检系统的同志一定要站在全局的角度，支持认监委的工作，服从认监委在认证认可工作上的统一领导。

新的强制性产品认证制度是在吸收了产品市场准入制度优点的基础上，按照国际通行做法，根据市场经济发展的需要建立起的一套全新的产品认证制度。政府部门的责任是统一制定技术法规和标准，组织实施行政执法监督。技术评价活动则由社会中介机构来承担，政府不再承担具体认证事务。被指定的认证机构、检查、检测机构均是经过国家认可的独立的第三方公证机构，认证机构对强制性产品认证证书负责，并承担相应的法律责任。检测、检查机构分别对其提供的检测报告和工厂审查报告负责，并承担相应的法律责任。认证产品出现安全质量问题，认证机构，检测、检查机构都要承担相应的法律责任。这既不同于正在实行的产品生产许可制度，也不同于原来实施的进口商品质量许可制度和产品安全认证强制监督制度。当然，在行政执法工作中，要加强对认证机构的监督。

强制性产品认证制度既然是按照国际通行规则建立起来的，我们在实施过程中也要符合国际惯例。如果我们脱离国际惯例，把认证工作仍然放到政府部门，不仅与政府职能转变的总体要求背道而驰，还会遭到其他国家的投诉，成为我们不履行入世承诺的口实。从另外一方面来说，我们质检系统就是要执法把关，执法监督是我们的职责，在履行行政执法职能时，不能与经济效益挂钩，如果有利就做，没利就不做；赚钱的就很重视，不赚钱的就消极被动应付，那就背离了我们的根本。

本届政府非常重视减轻农民的负担，减轻企业的负担，认监委要对认证收费进行调查，要合理收费，不要给企业造成过重的负担。

（二）要建立有效的工作机制。为了保证强制性产品认证制度的顺利实施和执法监督工作的正常开展，各级质检部门要将强制性产品认证工作纳入重要工作议程，当前，着重要建立六个切实有效的工作机制。第一，要建立上下通畅的领导工作机制。认监委作为国务院授权，统一负责国家强制性产品认证制度的管理和组织实施的部门，要切实负起领导责任，协调好这一重大制度的实施工作。总局有关司室要大力配合，提供政策法规、组织协调等方面的保障。各级质量技术监督局和检验检疫局都要明确一位主要领导主抓认证和认证行政执法工作。第二，要建立横向协调的工作机制。从生产的源头上执法，是各级质量技术监督部门的重要职责，在对强制性产品认证实施执法监督中，要以质量技术监督部门为主，协调当地检验检疫部门。各质量技术监督局和检验检疫局之间，要建立起工作联络和协调会议制度，按照国家认监委明确的工作分工做好职责范围内的工作，同时加强横向协调，避免职责交叉、重复执法等现象发生。第三，要建立和完善严格的责任制。分工明确，责任到人，一级抓一级，层层抓落实，做到责任、人员、措施和投入“四到位”。第四，要建立行政执法的主体保障机制。在去年全面认证认可工作会议上，我们要求质检系统要根据职责任务的需要，适当调整内设机构，指定一个部门，并配备专职人员负责认证监督管理工作。从实际行动上看，大部分局都做好了，个别单位还没有做到。要调配精兵强将充实到推动认证

和认证行政执法两项工作第一线，并对执法人员进行强制性产品认证制度的有关政策法规的专业培训，使执法者首先懂法。第五，要建立行政执法的信息保障机制。通过积极摸底调查，建立认证企业档案，为行政执法工作建立基础。认监委要协调各认证机构，加强强制性认证信息交换体制的建设。及时通过网络公布获得强制性产品认证的企业和产品名单及相关信息，为各级质检部门行政执法提供方便快捷的服务。第六，要建立完善的强制性产品认证行政执法监督机制。认监委和总局有关司室要加强对各级质检部门开展认证行政执法工作的监督检查、督促指导，绝不允许有令不行、有禁不止，坚决反对和防止形式主义。

(三)加大宣传力度。前一阶段各级质检部门在宣传强制性产品认证制度方面做了许多工作，召开了各种强制性认证制度说明会，给各局寄发了宣传张贴画等，取得了一定的成效，但这还远远不够。一些边远地区的中小企业对这一制度还不了解，广大消费者对这一制度也还不熟悉，必须加大宣传力度。为此，总局和认监委专门下发了通知，认监委也采取了许多措施。各局也要按照总局和认监委的《通知》要求，因地制宜采取多种方式，大力宣传强制性产品认证制度。一方面，要继续向企业宣贯制度，确保企业产品在“五一”以前通过认证；另外一方面，要面向经销商和广大消费者，充分利用报纸、杂志、电台、电视台等宣传媒体，开展形式多样的宣传活动，形成全社会贯彻实施强制性产品认证制度的浓厚氛围。要着力在宣传广度上拓展、在深度上推进，使强制性产品认证制度真正能够让社会广泛知晓，提高生产者、销售者和消费者贯彻强制性产品认证制度的自觉性，为执法监督打好基础。

(四)规范行政执法行为，禁止行政执法不作为和滥作为。依法治国是我国的基本国策，依法行政是依法治国的重要组成部分，是贯彻党的路线和方针、政策，维护人民利益的根本保证，也是这次十届人大一次会议和《政府工作报告》提出要着重加强的方面。各级质检部门要牢固树立依法行政的意识，全面履行强制性产品认证行政执法职责，保证综合管理、行政执法职能到位，进一步提高工作的有效性。要建立健全强制性产品认证行政执法内部工作制度和监督制约机制，坚持从严治政，促进各项工作规范化、制度化。要将依法行政贯穿于强制性产品认证制度综合管理和行政执法的全过程。在依法行政中，要坚持有法必依，执法必严，违法必究，决不允许行政执法不作为或者滥作为的现象发生。在开展强制性产品行政执法过程中，要严格按照法定职责、法定程序办事，切实做到严格执法、公正执法、廉洁执法、文明执法。同时，认真落实党风廉政建设责任制，加强行风建设。加大治本力度，从源头上预防和治理不正之风。以与时俱进、奋发有为的精神状态和扎扎实实的工作作风，树立质检部门良好的社会形象。

(五)要服从工作大局，严格工作纪律。强制性产品认证行政执法工作任务重、覆盖面广，政策性、专业技术性要求较强，稍有不慎，就会给工作造成损失和不利影响。各级质检部门在开展强制性产品认证行政执法过程中，要有强烈的政治意识和大局意识。既要大胆实践，锐意进取，又要按照认监委的统一部署和要求，有组织、有秩序、积极稳妥地进行。一个时期、一个阶段，先抓什么、后抓什么，要服从认监委的统一安排，决不能脱离整体工作和重点另搞一套。克服为追求部门利益而“盲目执法”、“简单执法”的错误思想。

(六)要切实加强行政执法队伍建设。加强执法队伍建设是我们工作的大事，关系到强制性认证制度实施的成败。行政执法中政策把握是否准确、执法是否到位、违法行为是否得到切实纠正，取决于我们执法队伍政治思想和业务素质的高低。胡锦涛同志在十届人大一次会议闭幕会上，代表新一届国家机构工作人员向全国人民表示，为了履行好人民赋予的神圣职责，一定努力做到：第一，发扬民主，依法办事，坚持党的领导，人民当家作主和依法治国的有机统一，坚定不移地维护社会主义民主的制度和原则，维护社会主义法制的统一和尊严。第二，忠于祖国，一心为民，坚持国家和人民的利益高于一切，做到权为民所用、情为民所系、利为民所谋，始终做人民的公仆。第三，继往开来、与时俱进，继承和弘扬中华民族的优良传统，学习和发扬我国老一辈领导人的崇高品德，永不自满，永不懈怠，开拓进取，不断前进。第四，严以律己、廉洁奉公，始终保持谦虚谨慎、艰苦奋斗的作风，为国家和人民夙兴夜寐地勤奋工作。温家宝同志在答记者问时，也代表新一届政府向大家表示从我们自己做起，以身作则，接受全国人民的监督。我们作为政府部门的工作人员，在强制性产品认证行政执法中，一定要切实加强队伍建设，时刻牢记锦涛同志和家宝同志代表我们发出的誓言，努力提高思想政治素质和业务水平，依法办事，一心为民，严以律己、廉洁奉公，坚持国家和人民的利益高于一切，坚决做到权为民所用、情为民所系、利为民所谋，始终做人民的公仆，坚决杜绝有法不依，执法不严，贪赃枉法，执法违法等问题的发生。

三、正确处理好各种关系，创造强制性产品认证工作的良好环境

强制性产品认证制度是一项崭新的制度，这项制度的实施牵涉到方方面面，要正确处理好各种工作关系，争取各方面的支持与配合，营造全社会齐心协力共同推动强制性产品认证制度实施进程的良好社会氛围。

一是要正确处理好行政执法与地方经济发展的关系。实施强制性产品认证制度，是从根本上提高产品质量的有效措施。实施这一制度，可以有效提高企业的质量水平和管理水平，规范市场经济秩序，切实保障消费者的生命财产安全。从目前情况看，推动强制性产品认证制度，加强强制性产品认证执法，可能会给地方经济发展带来一些暂时的影响。如果一个地方应该认证的企业产品在规定的时间内没有通过认证，这些产品就不能够再出厂或销售，这也许会影响到企业的经营活动。我们要充分估计到这些影响，未雨绸缪，早做工作。从长远看，通过实施这一制度，可以营造可靠的市场环境、消费环境、生态环境和信誉环境，必将极大地促进地方经济的发展。所以，实施强制性产品认证制度与促进对方经济发展并不矛盾，相信各级政府部门对这方面的认识也是深刻的，当前主要要解决的，是本位主义、地方保护主义对推行强制性产品认证制度的影响。这些东西保护的是落后。可能在一定时期、短时间内能够给当地带来一些收入，但从长远看，是得不偿失的。一些地区对假冒伪劣打击不力，靠这个发了一些财，但却严重损害了当地产品的声誉和形象，也会影响当地的投资环境。如果我们不实施强制性产品认证制度，任由一些有质量安全隐患的产品、一些严重污染环境的产品流入市场，一旦出现事故，政府要花大量的时间、精力和财力去做补救工作，这对政府部门是一个沉重的负担。这方面的教训也非常多，因此，要积极向当地党政机关宣传，充分阐明提高产品质量、优化产业结构对发展地方经济的促进作用，引导他们从短期利益与长远利益、地方利益与国家利益的高度科学分析，积极争取地方党政机关对认证严格执法的支持，消除地方保护主义的影响。

二是要正确处理好执法把关与为企业服务的关系。5月1日后，我们将运用法律的手段，开展强制性产品认证行政执法，对于一些违法违规的企业进行行政处罚。对于那些产品生产工艺落后、严重污染环境、危害消费者生命安全产品的生产厂家，要立足于“限”，严格按照国家法律法规和强制性认证制度的要求，督促其转产、改造或者关闭。对于那些恶意逃避强制性产品认证执法、假冒强制性产品认证标志，扰乱市场经济秩序，损害消费者利益的，要立足于“打”，按照有关法律规定，打得他抬不起头，罚得他倾家荡产。特别在强制性产品认证制度的实施初期，要注意搜集和利用这样的典型案例，给那些抱着侥幸心理、等待和观望的不法分子一个明显的警示。

但是，处罚不是根本目的，最根本的是要促进企业提高产品质量和竞争力，优化市场环境，维护消费者的权益。各级机构和广大执法人员在行政执法中，一定要牢记这一宗旨。执法机关与企业的关系，是毛与皮、鱼与水的关系。皮之不存，毛将焉附？水已枯竭，鱼何以存？对待行政执法开始时企业出现的问题，要在严格执法的前提下，尽可能为企业提供一些力所能及的帮助和服务。对于产品质量稳定、质量管理好的大中型企业，要立足于“促”；对于那些产品质量相对稳定，具有一定规模的企业，要立足于“帮”；对那些质量水平一般，但有发展潜力的企业，要立足于“扶”，决不能简单地一罚了事，更不能把敛财作为执法的目的。当然，只讲服务也不行，服务不能代替严格执法。

三是要正确处理好内外工作关系，形成工作合力。各级质检部门开展强制性产品认证行政执法工作要服从、服务于提高产品质量、调整经济结构，推进社会主义市场经济发展和转变政府职能的大局。在大局下行动，用大局检验工作成效，为大局做贡献。要把思想和行动统一到强制性产品认证行政执法的总体部署上来，充分调动一切积极因素，发挥整体优势，形成合力。技术监督和检验检疫两个局既要按照认证工作分工要求，各司其职，各尽其责，又要注意团结协作。自觉做到“到位不越位，补台不拆台”。要统一执法标准和尺度，避免出现不同的声音，树立质检系统统一形象。对于工作中的一些具体问题，要通过建立和完善有效的沟通合作机制来解决。坚决防止和杜绝重复执法检查，加大企业负担现象的发生。系统内部之间也要自觉做到全局一盘棋，不能执法的不管认证，认证的不管执法。地方局与总局、认监委之间也要及时沟通、联系，工作中出现的问题要及时请示汇报。此外，还要注重依靠地方党委、政府的支持。在市场监督等方面，要与工商行政管理部门搞好协调。要充分发挥各有关部门、行业协会和认证机构、检测机构的积极性，本着相互尊重、相互理解、实事求是的原则和态度，调动全社会的力量，把这项制度扎扎实实地推向前进。

同志们，2003年是全面落实十六大精神的第一年，做好强制性产品认证行政执法工作，从源头抓质量工作，具有特别重要的意义。作为我们实践“三个代表”的重要内容，各级质检部门一定要以深入开展强制性产品认证行政执法工作，推进强制性产品认证制度的实施为己任，促进经济发展，提高产品质量，改善环境质量，保障人民群众的健康与安全。我们相信，在党中央国务院的正确领导下，在各有关部门的支持与配合下，强制性产品认证制度一定能够得到全面落实。

谢谢大家！

2003年3月26日

国家认监委王凤清
在全国强制性产品认证行政执法工作会议上的讲话

同志们：

全国强制性产品认证行政执法工作会议今天召开了。这次会议是在十届全国人大、政协一次会议结束以后，全国人民认真贯彻党的十六大精神，全面建设小康社会的新形势下召开的。实施强制性产品认证制度，加强强制性产品认证行政执法，对于国家从源头上确保产品安全质量、规范市场行为、指导消费、保护环境、保护人民身体健康、保护国家安全、促进对外贸易具有重要的作用。对这一工作，总局党组非常重视。一直把推动强制性产品认证制度实施和行政执法作为重要的工作内容，多次开会进行研究部署。刚才，长江局长做了重要讲话，对强制性产品认证行政执法工作提出了明确要求，会议结束时，传卿书记还要作重要指示。对于长江、传卿局长的讲话精神，我们一定要深入领会，贯彻落实。下面，我就如何落实长江局长的讲话精神，加强强制性产品认证行政执法讲几个具体问题。

这次开会前，我们派出调研组，到部分地区进行了调查研究。各局也上报了前一阶段实施强制性产品认证制度的一些情况。从反馈的情况看，我们感觉到，目前不仅社会各界对强制性产品认证制度还缺乏一定了解，我们系统内部的一些同志，包括今后要进行强制性产品认证行政执法的同志，对此也不是很熟悉。今天在座的同志也未必全都了解。因此，在讲行政执法以前，我先简单介绍一下强制性产品认证制度。

一、强制性产品认证制度是我国按照国际通行规则建立起来的一种全新的产品市场准入制度

强制性产品认证制度是各国政府主管部门为保护广大消费者人身安全、保护动植物生命安全，保护环境、保护国家安全，依照法律法规实施的一种对产品是否符合国家强制标准、技术法规的合格评定制度。主要是通过制定强制性产品认证的产品目录和强制性产品认证程序规定，对列入《目录》中的产品实施强制性的检测和审核。凡列入强制性产品认证目录内的产品，未获得指定机构的认证证书，未按规定加施认证标志，不得进口、不得出厂销售和在经营服务场所使用。强制性产品认证制度在推动国家技术法规和标准的贯彻，规范市场秩序，打击假冒行为，促进质量管理，保护消费者权益等方面，发挥了关键作用，具有其他工作不可替代的优势。

发达国家为了保护本国的政治利益和经济利益，都实施了不同形式的强制性产品认证制度。欧盟是最先意识到国际贸易中技术壁垒的国家，它的成员国也是设置技术壁垒最严重的国家，尤其在汽车、电机、机械和制药产业更为明显。为了统一大市场，欧盟将欧洲安全标准列入安全指令中，作为法规的组成部分，要求强制执行。目前已出台了21个安全指令，安全指令涉及的产品必须加贴CE安全认证标志，已强制实施的有电磁兼容、低压电器、锅炉压力容器等10多个指令，机电产品的指令占绝大多数。

除欧盟有统一的技术标准、法规外，欧盟各国也有各自的严格标准，它们对进口商品可以随时选择对自己有利的标准。欧盟还明确要求进入欧盟统一市场的产品，凡涉及指令的，必须符合指令要求并通过认证，才允许在欧洲统一市场流通。

美国政府对涉及安全、卫生、环保的产品实施强制性认证,如美国联邦通讯管理委员会(FCC)、美国食品药物管理局(FDA)的强制认证。此外,美国还充分利用第三方认证机构,其中的UL认证就是最有代表性的一个。这是美国保险商实验室有限公司(UL)的认证标志。该公司成立于1894年,成立初期是为保险公司承担产品检验服务的。目前UL认证产品范围包括电器、防火设备、防盗和信号装置等众多产品。虽然美国联邦政府并未要求产品一定要达到UL标准,但美国各州都是通过州立法,对某些产品做出了规定,不经UL认证、没贴UL标志,不准进口,不准销售。另外在美国联邦政府在调查安全案时就用UL规定的标准进行检验、美国消费品安全委员会在裁决产品是否安全时,UL的测试结果是他们的主要依据。美国有关政府机构,如职业安全与健康管理局(OSHA),联邦贸易委员会(FTC),商务部(DOC),以及多数地方政府都认可其测试结果,通过政府法规规定某些产品上要有UL标志才能销售。美国消费者都知道UL标志,各大连锁店、百货公司都不销售没有UL标志的电气产品。每年有近300亿美元国外产品经加贴UL安全认证标志后才可进入美国市场销售。中国有约7 000家工厂的近40亿美元的产品需加贴UL标志后才被允许对美出口。

此外,加拿大、日本、新加坡、澳大利亚等国对相关产品也实行了强制管理制度。这些都是各国通过政府法令的形式对产品实行强制认证的典型事例。

我国自1978年恢复国际标准化组织的成员国地位以来,按照国际规范积极建立了中国产品认证制度并开展了相关的工作。在认监委成立前,已经对104种国产品实施了产品安全认证强制性监督管理制度、对107种进口商品实施了进口商品安全质量许可证制度,对76种出口商品实施了质量许可制度。但是,由于计划经济体制的影响,管理上存在着条块分割、政出多门、各自为政等弊端。为了适应我国社会主义市场经济发展,党中央、国务院在组建国家质检总局的同时,成立了国家认监委,授权国家认监委统一管理、监督和综合协调全国认证认可工作。在中国入世前夕,2001年12月7日,总局和认监委联合发布了新的国家强制性产品认证制度。该制度已于2002年5月1日正式实施,并将于2003年5月1日起正式开展行政执法。

新的强制性产品认证制度的主要特点为:国家公布统一的目录,确定统一使用的国家标准、技术规则和实施程序,制定统一的标志,规定统一的收费标准,这就是我们所说的“四统一”。凡列入目录内的产品,必须经国家指定的认证机构认证合格,取得认证证书并加施认证标志后,方能出厂、进口、销售和在经营服务场所使用。新标志名称为“中国强制认证”,简称“CCC”标志。

新的强制性认证产品的范围是涉及人类健康和安全、动植物生命安全、环境保护、公共安全和国家安全的产品。第一批强制性产品认证目录涉及19大类,132种产品。认证的基本程序主要包括认证申请和受理;样品试验;初始工厂审查;认证结果评价和批准;获得认证后的监督。为此,认监委指定了承担认证和检测任务的相关工作机构。

产品的生产者、销售者和进口商可以作为申请人,向指定认证机构提出《强制性产品认证目录》中产品认证申请,申请人也可以委托国家认监委注册的强制性产品认证代理机构代为申请。指定认证机构负责受理申请人的认证申请,根据认证实施规则的规定,安排型式试验、工厂审查、抽样检测等活动,做出认证决定,向获得认证的企业颁发产品认证证书。指定认证机构在一般情况下,应当自受理申请人认证申请的90日内,做出认证决定并通知申请人。

新的强制性产品认证的收费根据不以营利为目的和体现国民待遇的原则,综合考虑现行收费情况,并参照境外同类认证收费项目和收费标准而确定。

实施强制性产品认证制度不仅是我国建设社会主义市场经济,转变政府职能,与国际通行规则接轨,真正兑现入世承诺的重大举措,而且有利于提高产品安全质量,推动产业结构优化调整,提高产品国际竞争力,促进我国对外贸易的深入发展,更好地推动国家经济建设和改革开放。这方面的重要意义,长江局长已经做了全面阐述,我不再重复。

二、强制性产品认证制度实施以来取得了重大进展,但任务仍然相当艰巨

强制性产品认证制度颁布以来,总局和认监委开展了大量的制度完善和组织实施工作,重点有以下几个方面:一是进一步完善了强制性产品认证制度的法律文件体系。发布了《第一批实施强制性产品认证的产品适用范围》;以国家认监委公告的形式,明确了无需办理或者可申请免于办理强制性认证的产品范围,规定了具体的操作程序;组织贯彻实施国家计委发布的强制性产品认证收费标准。为规范强制性产品认证工作的管理,明确了强制性产品认证实施过程中出现问题的处理措施。二是选定了实施机构,从组织上保证强制性产品认证工作的有效实施。第一批强制性认证产品目录发布后，确定了9家认证机构和76家检测机构作为强制性产品认证的实施机构。同时，确定了强制性产品认证标志的防伪措施和喷码识别管理方式。为便于市场监督，避免假冒，指定强制性产品认证标志发放中心统一发放认证标志，并对非标准规格的认证标志以及模压等其他方式使用的认证标志的使用方案进行核准。三是通过多种渠道和方式进行了广泛的宣传。在北京、上海、广州、深圳等城市，以及美国、日本、韩国、新加坡、马来西亚、泰国、北欧四国等地举办了强制性产品认证制度说明会；在世界贸易组织(WTO)、亚太经合组织(APEC)、国际电工委员会(IEC)等国际组织会议上，在对外双边会谈中，在同国内外各政府部门、协会、贸易商、生产商的交往中进行了广泛的宣传；利用广播、电视、报刊等媒体介绍新的认证制度。

中国质量认证中心(CQC)等9家国家认监委指定的认证机构，自2002年4月份以来，采取了一系列措施，并取得了明显的成效。先后在国内外举办了多场认证程序办理申请有关问题的说明会，其中在国内长江三角洲、珠江三角洲及其他较发达地区的中小企业举办了60多场；同时，在广泛宣传的基础上，努力提高工作效率，为简化申请手续，缩短认证周期。投入了大量的人力、物力和财力，建立了强制性产品认证在线申请系统，网上办理强制性产品认证业务；经认监委批准，中国质量认证中心在沈阳、上海、南京、杭州、福州、青岛、武汉、广州、深圳、成都、西安等11个城市设立了产品认证分中心，就近为企业服务，并先后在长江三角洲、珠江三角洲以及四川、重庆、山东等中小型企业集中的地区现场办公，现场受理认证申请，既方便了企业，减轻了企业负担，又加快了认证进程。截止到2003年3月上旬，已申请认证的企业有22 661家，获得认证的企业有18 122家，九家认证机构共颁发认证证书4万份。发放强制性认证标志8 600万枚。这个数据说明了两个问题：一是一年来强制性认证在大家共同努力下取得了可喜成绩；二是取得的成绩与实际情况还相差甚远。

各级质检部门领导重视，组织措施得力，为强制性产品认证制度的顺利实施发挥了重要作用。湖南、北京、山东、浙江、福建、四川以及成都市等地质检部门领导高度重视强制性产品认证工作，将强制性产品认证制度的具体实施与贯彻落实全国认证认可工作会议精神紧密结合起来，把实施强制性认证同当地经济发展联系起来，通过认真学习，统一思想，提高了贯彻强制性产品认证制度的自觉性。福建、甘肃、深圳等地质量技术监督局领导主动向当地政府汇报并宣传强制性产品认证制度，以取得地方政府的支持，当地政府通过将强制性产品认证制度与政府质量责任考核、政府采购等制度结合的方式，推动强制性产品认证工作的开展。他们还注意争取得到行业主管部门、行业协会的配合，充分发挥他们的积极性，共同推动强制性产品认证制度的实施。

天津、广东、湖南、浙江、江苏、河南、广西、重庆、福建等地质检部门开展了形式多样的宣传活动。针对各类产品的特性，各类产品生产企业在当地的分布数量等具体情况，有重点地开展强制性产品认证服务工作。到“电器市场”、“灯具市场”、“小家电市场”、“电线电缆”等生产企业集中的乡镇，开展有关强制性产品认证规则、申请途径、认证单元划分等具体咨询活动，极大地方便了企业。辽宁、四川、安徽、江西、江苏等地质检部门专门发文要求对强制性认证产品生产企业进行摸底调查。通过摸底调查，掌握了所辖地区产品及生产企业的分布情况，建立认证企业档案，按照强制性认证要求进行分类指导和监管。

广东、四川、河南等地质检部门技监局和检验检疫局在强制性产品认证制度的贯彻实施过程中能够密切配合，通力合作，形成合力，共同推动强制性产品认证制度。深圳出入境检验检疫局和深圳市质量技术监督局与CQC深圳分中心建立了联席会议制度，定期交流信息，解决有关问题。此外，各地质检部门都非常重视对监督管理人员和执法人员的培训，采取学习文件、专项培训等多种形式，下大力气抓执法人员的培训，并注意完善执法的技术手段。

一年来，强制性产品认证工作取得了有目共睹的成绩，但是与新形势对我们的要求相比，还有一些不相适应的地方。从制度的组织实施看，还有一些地方质检部门对强制性产品认证制度不够了解，对该制度在国民经济和社会发展的重要作用认识不足；各地在推动强制性产品认证制度实施方面总体进度不平衡；对强制性产品认证制度的宣传尚未形成强大的社会舆论氛围；强制性产品认证行政执法各项准备工作不足；强制性产品认证和行政执法信息渠道不够通畅；此外，在少数地方还存在片面强调地方经济利益、部门利益的错误认识，一定程度上阻碍了强制性产品认证制度的深入贯彻。

从认证的实际效果看，涉及第一批《目录》产品的生产厂家中，大型、骨干企业，在行业中有影响的企业基本上都通过了认证，这些产品的市场覆盖比较广，没有通过或者还没有申请的企业只是一些乡镇小企业、或者是家庭手工作坊式企业。虽然这样的企业尽管产品市场占有率很有限,但往往就是这些企业,管理水平不高,质量稳定性差,产品很容易出现安全质量问题。此外,还有像汽车这样的产品,前一阶段由于某些原因,认证进展迟缓。目前虽然整车生产厂家都通过了认证,还有相当一部分改装车、拼装车的生产厂家正在申请认证,或者正在认证中。由于通过认证需要一定的时间,汽车产品在“五一”以前很难全部通过认证。因此,我们在看到成绩的同时,必须要清醒地认识到目前在认证认可工作中还存在不少的问题,我们的任务仍然非常艰巨。对这些问题,我们必须高度重视,采取有效措施,加以解决。

三、采取有效措施,推动强制性产品认证制度顺利实施

实施强制性产品认证制度有两个关键要素:一个是推动认证的实施,一个是认证的执法。今天的会议叫强制性产品认证行政执法工作会议,但是这个会的目的有两个:一是推动强制性产品认证工作的开展,加强宣传,狠抓落实;二是加大认证工作的执法力度。认证是前提、是基础,执法是保障、是促进。为了保证执法工作的顺利进行,首先必须大力推动认证的实施。当前离5月1日正式执法的日子已经非常近,剩下的时日已经不多了。我们一定要从思想上高度重视,切实采取有效的措施抓好落实。当前一段时间,要突出抓好五件大事。

第一,要统一思想认识。新制度实施一年中,暴露出不少问题,其中突出的一个方面是思想认识问题。比较有代表性的一种观点是:“强制性认证是认监委的事,与质检工作无关。认监委做这一工作时对下面不信任、不重视、不放权、不让利”。因此,少数单位、个别同志思想上有一种抵触情绪,工作积极性、主动性不高。有的同志工作积极性很高,想把这一工作干好,但由于对这一制度不熟悉,认识上有误区,加上由于时间仓促,保障机制不健全、信息不灵,不知道怎么干,感觉有劲使不上。这些问题必须引起我们的足够重视。思想是行动的先导,只有认识问题解决了,思想上才会重视,行动上才会积极。同时我们也意识到,前一段时间认监委对发挥地方局的作用做得不够,我们以后要加强这方面工作。刚才长江局长讲过,强制性产品认证制度是一种“两头在内、中间在外”的新制度,所谓“两头在内”,就是制度是由政府部门推动,由政府制定相关政策法规,进行执法监督;所谓“中间在外”,就是将认证和检测等具体事务交由中介组织完成,政府采用中介组织提供的认证和检测结果,中介组织对认证的检测结果负责,承担相应的法律责任。这是按照国际通行规则,转变政府职能,改革行政审批制度的一个先进制度,既不同于产品生产许可制度,又不同于进口商品安全许可制度。系统同志对此不熟悉、有一些想法是正常的,关键是我们要及时多做工作。要让大家明白,既然是一项新制度,就不能仍按过去的思维来要求它,不能按过去习惯的工作模式去运作它,而要以改革创新的精神,以与时俱进的精神状态去学习、适应和自觉推动。要按照总局和认监委的有关要求,通过深入细致的工作,使系统同志充分认识到开展强制性产品认证和行政执法工作对推动企业进行产品结构和生产方式的调整,实施区域产业升级战略的积极影响;认识到强制性产品认证和行政执法是质检工作的重要组成部分,是质检系统当前十分重要的一项工作任务;认识到做好这一工作对树立质检系统的社会形象、巩固和加强质检系统执法地位的重要作用,澄清模糊认识,增强做好工作的积极性、主动性和创造性。

第二 要科学安排。现在时间很少,我们要做的事情非常多,一定要增强紧迫感。为此,要切实加强领导,将实施强制性产品认证和执法工作纳入议事日程。按照长江局长的要求,从六个方面健全和完善强制性产品认证行政执法行政管理机制。要根据总局、认监委的通知精神,按照强制性产品认证的规则要求,结合当地实施强制性产品认证的具体情况通盘考虑,合理安排。做到工作有目标、有重点、有计划。尤其是“五一”前,要科学规划好每一天的工作。要求地方局在“五一”前尽快摸清该认证的工厂有多少、已经申请认证的有多少,报认监委。这项工作主要依靠地方技术监督局。同时要加强宣传工作,督促企业尽快申请。这段时间先干什么、后干什么,都要科学筹划、合理安排。不能想起什么就抓什么,或者别人干什么自己就干什么。要把对系统内部人员,尤其是认证管理和行政执法人员制度培训作为重中之重,放到突出的位置。尽早使他们明白什么是强制性产品认证制度,为什么要实行这一制度,熟悉制度的核心内容和相关要求,熟悉总局、认监委当前在推动制度实施中的工作重点和难点,熟悉当地强制性认证产品的特点、分布情况和着力点等,使他们成为制度的有效推动者和合格的行政执法人员,为制度实施提供组织保障。

第三,要深入进行调查摸底。当前,推进强制性产品认证制度的一个突出问题,就是我们对生产强制性认证

产品的企业底数不清，心中无数。到底有多少企业多少产品要申请认证？没有申请认证的企业和产品分布情况怎么样？没有申请认证的原因是什么？这些情况我们还没有全面掌握。这项工作前一阶段我们有的地方做了，有的地方正在做，有的地方还没有做。如果我们底数不清，我们就是聋子、瞎子，就不能掌握实际情况，更不可能制定出符合实际的措施，“五一”以后的执法工作就会很被动。一定要深入做好所辖地区强制性认证产品生产企业的调查摸底工作。没有做的要加快工作进度，正在做的要抓紧完成，已经做了的要仔细核实统计数据的真实性和有效性。要切实从时间和人力上给予保证，走访辖区内涉及以上产品的生产企业及经销商，宣传强制性产品认证制度及相关规定，推动企业及经销商尽快申请认证。同时，了解企业及经销商存在的困难，帮助企业解决实际问题，做好相关服务工作。切实摸清生产企业及区域分布，摸清企业实施强制性认证的技术能力和管理水平，建立起认证企业档案。为有的放矢开展强制性产品认证行政执法工作创造条件。

第四，要突出重点。从强制性产品认证实施情况看，有些产品的生产企业还存在着等待观望、不积极申请认证的情况。这些产品主要包括：低压成套设备及元器件、照明设备（灯具、镇流器）、建筑及铁道车辆用安全玻璃、汽车及摩托车产品、金融及贸易结算电子设备（计价器）、卫星电视广播接收机、植物保护机械、喷水灭火设备（洒水喷头、湿式报警阀、水流指示器、消防用压力开关）、入侵探测器等。为此，总局和认监委专门下发了通知，要求重点推进这些产品的认证工作。这是根据全国的情况提出来的。各单位要按照《通知》要求，结合本地的实际情况和通过调查摸底掌握的线索，明确各自的工作重点。比如有的地方灯具生产厂家比较多，就应该把灯具作为重点；有的地方植物保护机械生产厂比较集中，理当把它作为工作的重中之重。对于这些重点产品的生产厂家，要多花力气、多做工作，采取得力措施，切实完成任务，决不能因自身的问题拖全局的后腿。

第五，要深入宣传。实施强制性产品认证制度，做好宣传非常重要。前一阶段我们对企业做了大量的宣传解释工作。从现在起，在进一步做好对企业的宣传的同时，要切实加强对经销商和普通消费者的宣传。认监委今年为宣传强制性产品认证制度，推出了召开了汽车、摩托车产品强制认证颁证新闻发布会等六项举措，特别加大了电视宣传的力度。中央电视台在“五一”前夕，在许多栏目都做了安排，在多个频道争取有影有声。目前已与中央电视台联系确定的宣传项目有播出强制认证公益广告、在《焦点访谈》、《经济半小时》栏目和经济频道制作专题节目等。为满足各局宣传所需，认监委组织制作了强制性产品认证宣传折页、宣传手册、宣传光盘和宣传张贴画。其中强制性产品认证宣传折页和宣传手册已经发到了各局，大家在“3·15”宣传活动中已经用上了。宣传张贴画已经在20日以前寄发各地质量技术监督局和出入境检验检疫局，估计过两天应该能收到。宣传光盘将在这次会上发放。大家回去收后，要及时查收宣传张贴画，尽早分发到下属单位，积极联系各地商委、居委会等，请他们在商场、社区广为张贴。强制性产品认证宣传光盘为各省专门制作了一盘播出带，请大家回去后积极联系当地电视台播放。

各地质检部门要利用自身的优势，加强对强制性产品认证制度的社会宣传，采取各种灵活多样的形式，加大宣传深度和广度。要充分利用新闻媒体的传播优势，通过组织新闻发布会，在报纸、电台、电视台设立专题栏目等形式，大力宣传强制性产品认证制度。在宣传中要注意突出重点，以点带面；宣贯法规，正面引导；树立典型，惩恶扬优。要抓住实施强制性产品认证制度好的典型，有计划、有组织、有重点地综合、系列报道，也要抓住反面典型，进行曝光。在时间上要分两个阶段，确定不同重点。“五一”以前，要重点对生产厂商和经销商进行制度内容和申请程序的宣传，促使尽快申请认证；对消费者，主要进行制度形象宣传，使大家熟悉和了解这一新制度。“五一”以后，对企业和经销商要重点宣传强制性认证的成果，对申请不积极或逃避认证的企业进行曝光、对普通消费者，要重点宣传实施强制性产品认证制度的重要作用。通过强大的宣传攻势，使强制性产品认证制度真正深入人心，家喻户晓，提高经营者、消费者自觉抵制未取得强制性产品认证的产品的社会氛围。

四、严格依法行政，开创强制性产品认证行政执法工作新局面

强制性产品认证行政执法是质量监督检验检疫行政执法的重要组成部分，是质检系统服务国家经济建设、促进国家质量建设、整顿和规范市场经济秩序、维护国家利益和消费者生命财产安全的实际行动。各地质检部门要从落实“三个代表”、全面建设小康社会的高度，充分提高对强制性产品认证行政执法必要性和重要性的认识，切实做好执法工作，努力发挥质检工作对国民经济和社会

发展应有的作用。

当前和今后一段时期，强制性产品认证执法工作的指导思想是：以“三个代表”重要思想为指导，围绕全面建设小康社会的奋斗目标，通过行政执法，促进适应社会主义市场经济发展和转变政府职能需要、与国际通行规则相符合、科学高效的产品市场准入制度的顺利实施；通过行政执法，进一步完善政府质量管理和市场管理手段，推动国家质量建设和产业结构调整，促进市场经济秩序的进一步规范，促进国民经济持续、快速、健康发展；通过行政执法，为消费者提供质量一流、安全可靠的产品，维护消费者的生命财产安全和合法权益，保护环境，维护国家安全。

强制性产品认证制度行政执法的主要任务，就是要在总局和认监委的统一部署下，建立科学、公正、廉洁、高效、文明的强制性产品认证行政执法管理体系，按照专项治理和综合治理相结合、市场整顿和转变政府职能、为企业服务相结合的原则，加快形成政府主导、部门配合、中介机构为基础的工作格局，克服和解决强制性产品认证行政执法工作面临的各种问题。坚持以强化行政执法、加大行政执法力度为中心，提高行政执法能力和行政执法保障两个基础建设为重点，加强行政执法队伍建设。促进强制性产品认证工作的健康发展。具体如何做，总局和认监委的有关同志在会上会专门介绍。在此，我强调五个方面：

一是要切实提高行政执法的有效性。为了保证新制度的顺利实施和行政执法的有效进行，一定要把提高执法的有效性放到突出位置。要坚持日常监督与集中查处相结合，执法与教育相结合，工作实践与总结推动相结合的方针，切实提高行政执法的有效性。从提高监督检查的针对性、突击性、超前性出发，合理安排好执法计划；要狠抓“源头”，杜绝未申请强制性产品认证的产品出厂和进口，严厉查处伪造、冒用强制性产品认证标志的行为；要加强与其他行政执法部门的合作。对一些涉及面广、查处难度较大的违法行为，要与有关部门联合作战，并与这些部门建立经常性的工作联系，形成综合治理的态势。要把握行政处罚的合法性和适当性。对违法行为轻微并能及时予以纠正，通过教育帮助能够知法守法的，可以不予处罚。对明知故犯，屡教不改的，要跟踪查处，严厉制裁。要注意严格按照有关要求，严格执法标准和尺度，避免各地执法要求不同，给予工作带来负面影响。在工作开展初期，在经验和办法不多的情况下，要善于总结，有目的、有重点地组织推广一些典型经验，带动面上的工作。加快全面实施强制性产品认证制度的进程，为推动制度实施创造良好的环境。

二是要服从总局和认监委的统一安排。维护国家安定团结的大好局面，促进国民经济的健康有序发展，是我们一切工作的大局，行政执法工作也必须在这个前提下进行。从当前情况看，强制性产品认证进展很不平衡。一些产品，比如家电产品中的电视机、电冰箱等产品，这些产品的生产厂家生产规模比较大，质量管理水平比较高，产品安全质量比较稳定，申请认证比较积极，基本上都通过了认证。“五一”以后对这些产品开展执法检查，无论从执法的效果、社会影响，还是从执法对国民经济、社会发展的促进作用来看，都是积极的，肯定会受到各方面的欢迎；相反，一些产品，比如汽车产品，由于客观原因目前通过认证的比例不是很高，“五一”以后肯定还有许多产品通不过认证。汽车是我国的重要工业产品，汽车工业是国民经济发展的重要支柱。如果我们“五一”后不顾实际情况，立即开展对这类产品的执法检查，就会造成很大的被动。若严格执法，这些产品肯定不能继续销售，很多生产厂家的生产会受到影响，有的企业甚至会因此破产倒闭，会直接影响市场经济环境和国民经济发展；如果不严格执法，执法工作会推动其应有的严肃性，我们就会失信于民，这一制度也可能因此流产。因此，执法必须有计划、有重点，必须有先有后，有急有缓，有所为，有所不为。认监委将根据强制性认证制度的实施情况，提出今后一个时期执法工作的重点，按照先易后难，成熟一种产品，查处一种产品的大原则，科学安排。这是一次新的执法行动，是强制性产品认证首次执法监督，我们要积累经验。要从小到大，分期分批。在不同时期，不同领域，采用不同的执法手段开展执法。各地质检部门一定要服从工作大局，按照认监委的统一部署，结合本地区实际情况，开展强制性产品认证专项行政执法工作。一定要克服急功近利，盲目贪大、求全的思想，积极稳步地推进。

三是要严格依法行政，提高执法工作水平。这是法制建设的关键环节，也是在依法治国方略下，对政府尤其是行政执法工作的内在要求。在制度实施初期，执法一定要做到快、准、狠、严、实、恒。快，就是要快速反应，快速调查，快速处理，不让违法违规的人有喘息的机会；准，就是要对执法中出现的问题，对违法违规行为做到事实清楚，证据确凿，不搞冤假错案；狠，就是要对恶意违法违规的行为进行狠狠打击；严，就是要严格国家的有关法律法规和强制性产品认证制度的规范要求去执法；实，就是要扎实工作，不搞花架子，让执法工作经得起时间和历史的检验。恒，就是要保持政策的连续性的执法的一贯性，不能搞运动，一阵风，或者朝令夕改，前后矛盾。许多单位反映，一些企业之所以不申请认证，是因为原来的一些制度实施后，雷声大、雨点小，老实执行的人没有得到好处，钻政策空子的人反而得到了实惠，尝到了甜头，所以有一些人还在等待观望。我们决不能让这样的情况再次发生。一定要严格要求，严格管理，严格执法。当前的执法环境，城市可能好一些，城乡接合部、农村可能要差一些，要多设想一些可能的情况，加大执法的力度，避免出现执法死角和真空地带。

要通过提高行政执法水平来保证和推动行政执法力度的强化，做到有案必办，违法必究，体现行政执法的严肃性；办案正确，不出错案，体现行政执法的准确性；处罚到位，注重效果，体现行政执法的有效性；履行程序，加强自律，体现行政执法的规范性。

四是要畅通行政执法信息渠道，提供行政执法保证。当前，与强制性产品认证相关部门和机构之间的协调和联系不够，渠道还不够畅通，认证和认证检验、认证代理机构与监督管理、执法部门的信息沟通还很欠缺。地方质检部门对本地区强制性产品认证制度的实施情况，包括认证企业的认证产品、数量、区域分布、存在问题等基本情况不清楚，造成了管理上的盲区，也一定程度上影响了监管部门的积极性。这是一个实际情况，这方面的工作亟待加强。为保证对强制性产品认证的有效监督管理，国家认监委将通过国家认证认可信息网站等及时公布获得强制性产品认证的企业名录及相关信息，为地方质检部门行政执法监督管理提供方便快捷的信息服务。相关认证和检测机构要按照认监委的统一安排，积极提供有关信息，并建立相关的业务平台，方便监管部门随时进行信息查询，及时向监管部门通报认证信息。各级质检部门也要打消消极等待的思想，通过调查摸底、执法反馈等多种方式，建立起自己的信息服务和信息支撑系统，提高执法工作效率。

五是要齐抓共管，力求实效。强制性产品认证制度的全面健康发展，必须充分依靠地方各级党委、政府，发挥与调动各地质检部门、认证机构、检测机构、行业协会以及全社会的积极性、主动性，在统一规划与有效监管的基础上，各负其职，密切合作，团结协作，共同推动。特别是各地质检部门在开展强制性产品认证行政执法工作中，一定要有全局观念，以大局为重，在分工负责的基础上，密切配合，既分工，又合作。具体问题要通过协商解决，形成合力。

同志们，实施强制性产品认证制度和进行行政执法是一项长期而艰巨的重大任务，我们一定要牢记工作的根本宗旨，认真贯彻落实国务院领导的指示，积极稳妥地分步推进。为国家质量水平的提高，为市场经济秩序的规范，为人民生活健康安全，为全面建设小康社会而努力奋斗！

谢谢大家！

2003年3月26日

国家质检总局李传卿
在全国强制性产品认证行政执法工作会议上的讲话

同志们：

这次全国强制性产品认证行政执法工作会议，是总局和认监委为推动实施强制性产品认证制度召开的一次十分重要的会议。会上，长江局长和凤清主任作了重要讲话，全面阐述了实施强制性产品认证制度的重要性和强制性产品认证行政执法的必要性，总结了实施强制性产品认证制度以来取得的成绩和经验，提出了今后一个时期全面推动实施强制性产品认证制度各项工作的指导思想和主要任务。同志们普遍反映，这次会议开得很好。长江局长、凤清主任的讲话，主题鲜明、目标明确、重点突出、任务具体，对以行政执法促进强制性产品认证制度的全面实施具有重要指导意义。通过这次会议，总结了经验，认清了形势，统一了思想，明确了目标，落实了任务，坚定了信心。

为了把这次会议精神传达好、贯彻好、落实好，下面，我讲三点意见。

一、从实践"三个代表"的高度，切实增强做好强制性产品认证行政执法工作的责任感和紧迫感

认真贯彻落实"三个代表"重要思想和党的十六大精神，全面建设小康社会，质检部门担负着重要责任。中央领导多次强调，质量工作始终是经济工作的生命线。因为提高产品质量是兴国之道，也是提高经济效益和竞争力的根本之策。我们质检部门根据国务院赋予的职责，组织实施强制性产品认证制度，其根本目的就是要全面提高产品质量的整体水平，为经济建设、社会发展、人民安全健康提供保障。我们一定要从认真实践“三个代表”重要思想的高度和“忠于职守，勇于负责”，充分履行好工作职责两个方面来进一步统一思想，提高认识。

首先，实施强制性产品认证制度，做好强制性产品认证执法工作，是实践“三个代表”重要思想的要求，是贯彻十六大和全国“两会”精神的具体措施。

从促进经济结构战略性调整来看，实施这一制度，并通过有效的行政执法，有利于实现把好“厂门”、“国门”，有利于淘汰落后的生产工艺和产品，有利于推动国家产业结构的优化升级，促进我国产品质量整体水平的提高。

从促进对外开放来看，实施强制性产品认证制度，有利于提高产业、企业和产品的国际竞争力，推动我国企业更好地“走出去”，促进对外贸易的发展。

从整顿和规范市场经济秩序的要求来看，实施强制性产品认证制度，并做好强制性产品认证行政执法工作，有利于维护市场经济秩序，培育诚实守信的市场环境。

从提高人民生活水平来看，加强强制性产品认证制度行政执法工作，不仅能提升商品的质量和档次，满足人民群众日益增长的物质和文化生活的需要，而且有利于维护消费者权益，保护消费者生命财产安全，促进形成一个让消费者放心满意的购物环境，起到拉动内需的作用。

从可持续发展来看，实施强制性产品认证制度有利于国家生态环境的改善，有利于保护国家利益和经济安全，从根本上促进国民经济持续、快速、健康发展。强制性产品认证制度体现了内外一致的国民待遇原则，这项制度的实施，兑现了入世的承诺，说明我国政府说话是算数的。因此，我们必须从实践“三个代表”重要思想的高度，进一步增强做好强制性产品认证执法工作的责任感和紧迫感。

另一方面，从转变政府工作职能来看，强制性产品认证作为一种产品市场准入制度，已经被实践证明，它是政府管理经济的一种重要监管手段。这种制度不仅把事务性的工作交给中介机构来做，体现了转变政府职能的要求，而且丰富了政府监督管理质量和市场的手段，更有利于政府部门干好该干的事，促进政府经济调节、市场监督、社会管理和公共服务职能的强化。总之，加强强制性产品认证行政执法工作，保证强制性产品认证制度的顺利实施，既是质检部门充分履行职责的需要，也是质检部门形成整体工作合力的体现。认证认可工作和强制性产品认证制度的实施与总局工作的目标，与总局当前的工作重点是完全一致的。

但前一阶段，我们系统有些同志可能对这一新的制度还不熟悉，加之我们宣传得不够，以致在思想认识上还存在一些问题。比如，有的同志认为实施强制性产品认证制度是认监委的事，与质量监督和检验检疫的工作无关；有的认为这一制度完全是按照过去检验检疫的工作模式建立起来的，没有充分考虑各地局的利益，等等。对存在这些认识问题，不能责怪基层的同志。因为从客观上讲，强制性产品认证制度是一种新的制度，它既不同于过去CIQ实施的进口质量许可制度，也不同于原质量技术监督局实施的安全认证制度。新的制度更加体现出与国际接轨和转变政府职能、发挥中介组织作用的要求。系统上下对此有一个熟悉和了解的过程。对这些认识问题，长江局长和凤清主任在讲话中都已经讲得很清楚了，同志们在讨论中已经达成共识。我感到，大家的认识是到位的，态度是积极的。5月1日正式开展行政执法的时限很快就要到了，而做好强制性认证执法还有很多前期准备工作。因此，请同志们回去以后，要把这次会议的精神向党组汇报，迅速组织传达，贯彻落实，并认真解决好以下几个认识和工作方面的问题。

第一，要让全系统的同志充分认识到，实施强制性产品认证制度，是我国履行入世承诺的一个具体行动；是我们按照世贸规则要求，实现国民待遇、与国际规则接轨的一项重要措施；是我国政府为保护广大消费者人身安全、保护动植物生命安全、保护环境、保护国家安全，依照法律法规实施的一种产品合格评定制度。做好这项工作我们责无旁贷，做好这项工作更能充分体现国家加强质检工作的方针。

第二，实施强制性产品认证制度，是国务院交给总局和认监委的一项重要工作任务，是提高质量水平，整顿和规范市场经济秩序，维护消费者权益的一项重要举措和工作手段。强制性产品认证是质检工作的重要组成部分，强制性产品认证行政执法是质量监督检验检疫行政执法工作的重要组成部分。各级质检部门一定要自觉地把强制性产品认证行政执法纳入整个质检行政执法体系，切实增强工作的主动性和做好工作的紧迫感。特别是地方质量技术监督部门在部署执法监督工作时，一定要把强制性产品认证执法一并安排，做到质量监督检验检疫执法与强制性产品认证执法两促进、两加强，坚决防止和克服"两张皮"现象。

第三，要在全系统形成认证认可工作整体合力。按照国务院授权，认监委作为统一管理、监督和综合协调全国的认证认可工作的部门，在行政上归口总局管理，在部委间的业务协调中，它代表的是国务院。在质检系统，认监委在认证认可工作中代表的就是质检总局。总局党组早已明确，总局内部不再设认证认可的内设机构，相关事务交由认监委负责，由认监委就认证认可工作对系统内地方两局进行统一指挥和协调。有关认证认可工作的重大问题，都经过了总局党组的研究讨论，得到了总局党组的认可。因此，就系统认证认可工作而言，认监委的声音，就是总局的声音；认监委对认证认可工作的部署，就是总局党组的部署，不能把总局的工作和认监委的工作割裂开来。

第四，强制性产品认证制度是根据社会主义市场经济的需要，按照国际通行规则确立的一项崭新的工作制度，它不是一项行政审批制度，但又要依靠行政执法来确保其强制性。因此，在实施这项制度时，一定要坚持政事分开的原则，将认证这些具体事务性的工作交由中介机构去做，各地质检部门则集中精力做好强制性产品认证行政执法。这样做，有利于转变政府职能，推进行政审批制度改革在质检工作中具体落实。

二、雷厉风行，真抓实干，把强制性产品认证行政执法各项工作落到实处

从现在起到5月1日正式进行强制性产品认证执法只有一个月的时间，全面推动实施这项制度还有大量工作要做，时间紧，任务重，要求高，工作中的难度还相当大。各级质检部门要以雷厉风行、真抓实干的态度，采取有力措施，确保这项工作落到实处。

第一，加强领导、组织落实。各级质检部门要把推动强制性产品认证制度实施和行政执法工作作为一项重要而紧迫的工作任务，抓好工作落实。要像抓锅炉、食品那样抓好强制性产品认证行政执法基础工作，切实加强领导，实行行政首长负责制，建立完善的领导责任制和监督制约机制。认监委在各地局不再设立专门的对口机构，就是因为我们有"两条腿"，有两个局作支撑。因此，各省、市、县(区)质量技术监督局和各级出入境检验检疫局要指定一个内设机构专门负责认证监督管理工作，要明确一位主要领导负责强制性产品认证这项工作，进一步加大强制性产品认证行政执法的组织保障，调整充实执法人员，加大对行政执法经费的投入，确保强制性产品认证行政执法工作顺利开展。

第二，广泛宣传、大力推动。各级质检部门在今后一段时期，特别是今年5月1日之前，要将强制性产品认证制度的宣传工作作为一项重点工作来抓。首先，要抓好对内的宣传，切实宣贯好这一制度，使大家理解实施这一制度的重大意义，了解制度的主要内容和基本要求，明确工作的重点和方向，增强工作的积极性和主动性。其次，要采取多种措施，向生产厂商和经销商做好制度宣传和解释工作。让他们充分认识实施这一制度的重大作用以及总局、认监委实施强制性产品认证执法的决心和态度，熟悉认证申请程序和相关要求，消除等待观望思想，克服侥幸心理，积极申请认证。三是要特别重视对普通消费者的宣传，充分利用报纸、广播、电视、互联网等新闻媒体扩大影响。为了强化宣传，认监委做了大量的工作，投入了上百万的宣传经费。各级质检部门要按照总局和认监委的安排，积极联系当地电视台播放强制性产品认证公益广告和宣传片，宣传张贴画要进商场、进社区。同时也要因地制宜，结合工作实际，创造性地做好宣传，使强制性产品认证制度真正深入人心，得到全社会的认同。

第三，突出重点、加强管理。这是实现各项工作规范化、制度化、科学化的重要途径。当前，从总体上看，强制性产品认证行政执法工作的基础还比较薄弱，必须继续下大力抓好。一是各级质检部门尤其是质量技术监督部门，要在所辖地区内对列入《第一批强制性认证产品目录》内的企业和产品开展扎实有效的摸底调查工作。这项工作可以与建立企业质量档案工作结合起来，充分了解和掌握生产企业的基本情况，明确自己辖区内应当实施强制性认证制度的工作对象。二是各认证机构要尽快统计各省获准强制性认证和正在申请强制性认证企业的情况，反馈给各省两局。三要尽快建立各认证机构与各省两局之间畅通有效的联系协调机制，通过双向信息通达，工作协调，使各省两局把自己辖区还没有申请强制性认证的企业总数及其分布情况搞清楚，这就是下步推动实施强制性认证制度的重点对象。然后把这些重点对象分解到各市局、各县局，确定完成认证时限，督促企业申请认证。认监委牵头落实这件事，总局机关有关司局要大力支持。四是要加强对执法人员强制性产品认证业务的培训，确保在四月份有一批执法人员经过培训，熟悉强制性认证制度，明确执法任务，为5月1日以后开展执法做好业

务准备。五是按总局和认监委的统一部署,分批组织查处强制性认证产品的违法行为,督促没有办理申请强制性认证的有关企业早日申请认证。

三、改革创新,奋发有为,确保强制性产品认证行政执法工作取得实效

做好强制性产品认证行政执法工作,目标任务和工作要求都已经明确,关键要真抓实干。各级质检部门一定要以改革创新、奋发有为的精神,确保强制性产品认证行政执法工作取得实效。

第一,要以改革创新的精神推动制度的实施和行政执法工作。江泽民同志在党的十六大上提出,在全面建设社会主义现代化的新时期,发展要有新思路,改革要有新突破,开放要有新局面,各项工作要有新举措。强制性产品认证制度就是我们促进产品质量提高,促进生产力发展的一项新举措。我们一定要解放思想,更新观念。在制度的实施和行政执法的过程中,要有新的工作思路。要克服习惯的思维定式和工作模式的影响,根据市场经济的要求和与国际接轨的原则,着力于转变政府工作职能,勇于改革,大胆创新。质量技术监督部门和检验检疫部门共同进行强制性产品认证行政执法,这本身也是一个新生事物,在这个问题上我们应该有新的认识和新的姿态。由于工作分工不同,承担的任务也有差别,强制性产品认证行政执法工作今后可能更多地要依靠质量技术监督部门,但并不是说检验检疫部门就可以忽视。在地方上两个局一定要加强配合,多联系、多沟通。要创新工作机制,通过加强协调联络机制,解决工作中存在的问题,千万不能因为内部的不协调给企业带来麻烦,千万不可增加企业负担。

第二,要在行政执法中合理安排好强制性产品认证执法工作。保证强制性产品认证制度顺利实施,离不开执法监督。尤其是在执法初期,执法监督的重视程度、工作力度、执法水平,直接影响企业、经销商申请认证的态度,影响消费者对这一制度的认同度,也影响到这一制度对国家经济建设和社会发展应起的作用。各级质检部门在行政执法工作中都面临着任务重、人员紧张的问题。这是一个实际情况,但不能因此影响强制性产品认证行政执法工作。强制性产品认证行政执法与质检系统其他行政执法是相辅相承,互为促进的关系,决不是对立的关系。强制性产品认证行政执法工作,执法对象、执法主体、工作方式等,与质检其他行政执法是兼容的,并不需要投入更多的人力和物力,完全可以和其他执法工作结合起来进行。因此,我们不能简单地认为进行强制性认证行政执法是额外的负担,也不能一谈到行政执法首先想到的就是要增加人员,关键是要统筹兼顾,合理安排,精心组织,切实提高工作效率。要正确把握行政执法的精髓,坚决克服行政执法就是处罚,处罚就是行政执法的错误思想;要切实做到既不可乱作为,也不可不作为;做到稳步推进,长期坚持。

第三,要严格依法行政,树立良好的行业形象。温家宝总理在新一届国务院第一次全体会议上指出,各部门必须正确履行职责,建设行为规范、运转协调、公正透明、廉洁高效政府,坚持依法行政。质量监督检验检疫部门作为政府直属机构,作为综合管理和行政执法部门,一定要做好表率。我们要按照胡锦涛总书记关于牢记“两个务必”的要求,依法行政,严格把关,树立良好的行业形象。在强制性产品认证行政执法中,一定要以科学、公正、廉洁、高效为准则,严格要求,严明纪律,决不能把创收作为目的,给钱就干,不给钱就不干;或者想着法子捞取不正当利益。关于强制性产品认证行政执法经费保障的问题,总局和认监委也有考虑。比如执法抽查中购买样品的费用,委托检验的费用,抽检人员的差旅费用等必须得到保证。具体怎么做,认监委和总局还要进一步研究。

第四,要通过实施强制性产品认证制度和行政执法,有效地促进国民经济健康发展。强制性产品认证行政执法牵涉到方方面面,地方政府和相关部门的支持配合非常重要。大家回去以后,要及时将这次会议的内容向当地政府汇报,争取支持。要多向地方政府和有关部门做宣传和解释工作,打消他们的思想顾虑,请他们从经济发展、社会进步和整顿规范市场经济秩序的全局出发,站在国家和全局的高度,充分认识强制性产品认证制度对于提高产品质量、推进区域经济结构调整、发展区域经济、开创“低消耗、快增长、高效益”的新型工业化道路的积极作用。要以推进强制性产品认证制度,深入开展强制性产品认证行政执法工作为契机,推动企业进行产品结构和生产经营方式的调整,提高质量管理水平,走质量效益发展道路,为促进经济的持续快速健康发展作出应有的贡献。

今天在座的还有认监委指定的九家强制性产品认证机构的代表。你们是推动强制性产品认证的重要力量,是强制性产品认证行政执法工作的技术保障。希望大家一方面切实采取有效措施,推动企业申请认证;另一方面要严格按照国家法律法规的要求,保证认证质量。同时,要从促进经济发展的角度，多为企业着想，提供优质服务，合理降低费用。

最后，我借这个机会讲一下食品安全管理的职能问题。大家知道，最近，新一届政府设立了国家食品药品监督管理局。这是为了加强食品安全管理工作，健全食品安全监管机制的重要举措。国务院确定，新组建的国家食品药品监督管理局的职能是，对食品、保健品、化妆品安全管理工作进行综合监督和组织协调，组织查处涉及食品安全的重大事故。同时国务院领导也明确指示，食品药品监督管理局不代替卫生、质检、农业等部门食品安全的管理职能。因此，质检部门承担的食品安全方面的管理职能没有变化。目前，中编办正在就有关部门的食品安全管理职能征求意见，我们已明确地谈了我们的意见：一是食品安全管理不可能由一个部门全部包下来；二是国务院2002年8月《关于菜篮子工作的部门分工意见》中（国发[2002]15号文）明确了质检部门负责食品加工领域的监督管理；三是进出口食品安全管理由质检部门负责的职能按照国务院确定的原则不能改变；四是在食品安全的标准体系、认证认可体系、检验检疫体系和技术性贸易措施体系建设等方面要以现行的法律法规为依据，由质检部门负责或牵头组织实施。食品安全事关老百姓生命健康，事关社会稳定和经济安全，事关扩大出口和拉动内需。我们一定要按照国务院赋予质检部门的职能，从实践“三个代表”的高度，把这件与国计民生紧密相关的工作放在突出地位，认真抓好，不能有丝毫的松懈。各地质量技术监督局、各直属检验检疫局必须认真履行职责，全面落实今年总局在食品安全监督管理方面确定的各项任务，加大食品安全监督管理工作力度，以优异的工作成绩，展示质检部门在食品安全监督管理方面的地位和作用。

同志们，强制性产品认证行政执法工作任重道远，大有可为，也大有作为。让我们在党中央、国务院的领导下，高举邓小平理论伟大旗帜，全面贯彻“三个代表”重要思想，进一步振奋精神，开拓进取，扎实工作，努力推进强制性产品认证制度的全面实施，为全面建设小康社会做出新的更大贡献。

2003年3月28日

国家认监委刘卓慧
在“认证认可与企业发展高级论坛”上的讲话

各位来宾，各位朋友：

早上好！

值此“认证认可与企业发展高级论坛”开幕之际，我代表国家认监委，代表王凤清主任，对论坛的顺利举办表示热烈的祝贺！对关心支持认证认可工作的企业界、新闻界的朋友们，对为举办这次论坛付出辛勤劳动的广东出入境检验检疫局、《羊城晚报》报业集团的领导和有关同志表示衷心的感谢！

这次论坛的主题是“认证认可与企业发展”。在影响企业发展的诸多要素中，认证认可是一个非常重要的方面。认证认可是国际通行的规范经济、促进发展的重要手段，对于促进企业提高管理与服务水平、保证产品质量、增强竞争力、实现可持续发展具有非常重要的意义。认证认可也是国家从源头上确保产品质量安全、规范市场行为、指导消费、保护环境、保护人民生命健康、促进对外贸易的战略性选择，在国家经济建设和社会发展中起着日益重要的作用。

认证认可工作发展到今天，已经从单纯的工业产品认证发展到质量管理体系、食品卫生管理体系、环境管理体系、职业健康安全体系，以及农产品、信息技术产品和网络安全运行等领域。认证认可已经广泛存在于商品和服务的形成与生产、流通、管理各个环节，渗透到经济、社会生活、国家安全等各个方面。认证认可已成为人们生活中不可或缺的保障理念，认证证书已经成为企业签订贸易合同、招投标、申请贷款的“通行证”。

加入世界贸易组织以后，我国改革开放进入了一个新的历史阶段。国内和国际市场将逐步融为一体，企业将在更大范围内和更深程度上参与国际竞争。认证认可作为我国入世后与国际接轨的重要途径，可以指导和帮助我国企业按照国际标准和国际规则组织生产、实施管理，调整产品结构，提高产品质量，增强竞争力；可以有效运用《技术性贸易壁垒协定》(TBT 协定)的规定，帮助企业熟悉和了解国外规则要求，及时进行相关认证，寻找突破国外技术性贸易壁垒的措施和办法，建立与国际规则相一致的技术法规、标准和合格评定程序，更好地“走出去”，开拓国际市场，推动我国对外贸易更好更快地发展。今天的论坛将在以上方面进行广泛的研讨，希望通过三天的讨论，取得丰硕的成果，为各类企业充分利用认证认可手段促进发展提供有益的经验和启迪。

为了适应我国加入世界贸易组织和建立完善社会主义市场经济体制的需要，强化对全国认证认可工作的宏观管理，2001 年，党中央、国务院决定成立了国家认证认可监督管理委员会。近两年来，国家认监委按照党中央、国务院的指示，在统一管理、监督和综合协调全国的认证认可工作方面迈出了重大步伐。我们按照我国政府在入世时所做出的承诺，建立并实施了强制性产品认证制度，目前这项工作进展顺利，今年 5 月 1 日将开展强制性产品认证执法监督工作。我们按照国务院整顿和规范市场经济秩序的整体部署，大力开展了认证市场的整顿工作，对认证、认证咨询和培训机构进行了清理整顿和重新登记，有效扭转了认证市场混乱的局面，确立了良好的市场秩序。当前正在组织人员对认证机构认证的有效性和企业认证的质量进行调查统计。我们大力开展了农产品认证工作，与国家质检总局等九部委一道，发布了《关于建立农产品认证认可工作体系的实施意见》，为农产品认证的有序进行奠定了基础。我们组织人员在全国范围内启动了建国以来最大规模的一次实验室资源调查工作，已经取得阶段性成果。这项工作完成以后，不仅可以为领导决策提供重要依据，减少和避免重复建设，也将为企业提供及时、充足的信息和方便、快捷的服务。我们进一步加大了出口食品卫生注册力度，通过工作，使近万家企业取得了国外卫生注册，有效促进了出口。由此可以看出，认证认可的每一项工作，都与企业的发展壮大有密切的联系；认监委成立以来所做的每一件事，都把企业的生存发展作为重要的标准和尺度。

希望通过这次论坛的研讨，广大企业充分认识到，认证认可工作对促进企业质量和管理水平提高的重要性，充分运用认证认可手段，提高企业竞争力，推动企业发展；各级认证、认证咨询和培训机构，能严格按照认监委的规定和要求，按照国际导则开展工作，切实保障工作质量，促进企业提高效率、降低成本、更快发展；各级政府和有关管理部门，能切实转变工作职能，充分利用认证认可的成果规范对企业的管理，为企业的发展创造良好的外部环境。

预祝“认证认可与企业发展高级论坛”圆满成功！

谢谢大家！

2003 年 4 月 8 日

国家认监委王凤清
在农业部电视电话会议上的讲话

在全国人民认真落实中央要求，一手抓防治“非典”不松劲，一手抓发展经济工作不动摇的关键时刻，农业部召开电视电话会议，全面推进“无公害食品行动计划”，这个会议非常及时，非常重要。国家认监委大力支持农业部的这项工作。无公害农产品认证是“无公害食品行动计划”的一个重要组成部分。积极推进和有效实施农产品认证，可以为落实“无公害食品行动计划”提供强有力的质量保障。下面，我从三个方面谈谈关于农产品认证工作，与大家一起探讨。

一、关于农产品认证工作的重要意义

农业是国民经济的基础，农业、农村、农民“三农”工作事关党和国家工作的全局。加强农业基础，做好农村工作，是党的十六大和十六届一中全会提出的“全面建设小康社会、加快推进社会主义现代化”的一项战略目标。

当前，我国农业和农村经济正处在全面推进结构战略性调整的新的发展阶段。加快农业和农村经济结构调整，加大实施科技兴农的力度，大力发展农业产业化经营，发展创汇农业，需要采用多种现代科学管理手段。认证认可就是其中一项国际通行的有效手段。朱镕基同志在十届全国人大一次会议上作的政府工作报告中，有这样一段话：“提高产品质量是兴国之道，也是提高经济效益和竞争力的根本之策。我们通过采用国际标准，推广先进技术，加强认证认可工作，强化质量管理，使各行各业产品和服务质量不断提高”。朱镕基总理这段话充分说明了认证认可工作在国民经济中的重要性。

农产品认证工作是认证认可工作的一个重要方面，对促进农业和农村产业结构调整、推动农业可持续发展，改善生态环境，保证农产品质量和提高农产品国际竞争力等方面，具有不可替代的作用。

（一）开展农产品认证适应了农业发展新阶段的需要。在当前的农业生产中，由于大量使用化肥、农药，使生态环境不断地恶化，自然生态系统遭到破坏，农产品受到不同程度污染，农产品安全质量下降。为了实现经济效益、生态效益、社会效益的最大化，促进人与自然协调和谐、共存发展，合理开发与利用资源，改善与保护生态环境，用科学的方法管理农业生产，实现农业可持续性发展，将成为我国农业发展的重要内容。因此，有机农业、绿色农业、无公害农业等生态农业应运而生，在农业生产中大力推行认证工作，对促进农业可持续发展将起到积极的推动作用。

（二）通过认证能切实提高农产品质量安全。我国农业已经进入由解决温饱为主的数量型农业向质量型、效益型、出口型农业转变发展的新阶段，消费者对农产品质量安全越来越关注，要求也越来越高。农产品质量安全，不仅关系到人们的身体健康，也关系到农产品在国际市场的竞争力和贸易信誉。切实提高农产品质量安全，是我们当前和今后需要认真解决的突出问题。通过农产品认证，可以从源头上控制和科学管理农产品的生产，促进农业科学技术含量的增加和农产品质量的不断提高，保证农产品安全。

（三）通过认证能有效增强农产品的国际竞争力。加入世界贸易组织，使我国农业及农产品流通融入了国际农产品大市场之中。世界各国都在最大限度地优化资源配置，积极开拓农产品国际市场的同时，为了维护本国利益，利用世贸组织的规则，对国外农产品提出了许多变相的限制措施。近年来，我国出口的农产品，不断地被国外以各种理由退货。最近，日本又以在我国一个企业两批出口禽肉中发现禽流感病毒为借口，全面禁止进口我国禽肉。日本还借口我国出口蔬菜个别农兽药残留超标而全面实施所谓“警示期”。韩国借口在我国出口的鸭肉中发现禽流感而准备实施更加严格的检疫措施。我国农业要积极应对挑战，实施贯彻“走出去”战略，发展创汇农业，就必须依靠现代科技和管理手段。实施农产品认证，使农业生产和加工过程按照国际规范和标准来运作，能切实提高产品质量，保证产品安全，增强产品的国际竞争力，从而有效突破技术贸易壁垒，促进出口。

（四）通过认证有利于实施农业标准化。随着我国农业由传统自然经济向现代市场经济的转化，农产品生产从源头到最终产品，都需要以标准为基础，实现全过程质量控制。即对农业产地环境、农业投入品、生产过程、标识、销售过程实行标准化管理。农产品认证，是由可以充分信任的第三方来证实农产品是否符合特定标准和技术规范要求的活动，因此也可以说认证的过程也就是实施标准和技术规范的过程。它将标准和规范的实施贯穿于农产品生产、加工、销售的全部过程，用以规范生产、加工、销售的活动，有利于树立农产品生产者、经营者、管理者的标准意识和质量意识，规范生产者、经营者的行为，推动农业标准化的不断深入。

正因为如此，党和政府对这项工作非常重视。中央农村工作会议将发展优质、高产、高效、生态、安全农业，全面提高农产品质量，作为推进农业和农村经济结构战略性调整的重要内容。党的十六大提出要“健全农产品质量安全体系，增强农业的市场竞争力”。《国务院关于加强新阶段“菜篮子”工作的通知》中进一步明确，要将提高“菜篮子”产品质量卫生安全水平，作为新阶段“菜篮子”工作的任务。《通知》明确要求国家认监委要加强对与“菜篮子”产品有关的认证认可工作实行统一管理、监督和综合协调，加强对相关认证认可机构的监督检查，建立与“菜篮子”产品有关的认证和产品标识制度，规范“绿色食品”、“有机食品”及“无公害农产品”等认证工作和认证标识。这是我们做好今后工作的重要依据。

二、关于国家认监委的工作与农产品认证的关系

我国认证认可工作是在改革开放初期、在计划经济体制下各部门根据各自的职责建立起来的，对各部门的行政管理和行业管理确实产生过积极的作用，但也存在一个显著问题，就是分属于许多政府部门，各自为政。认证认可本来是一个互相融通的管理手段，在计划经济时期，却变成了互不共享、互不认可的工具，甚至形成了部门之间的壁垒。随着我国社会主义市场经济体制的建立和完善，政府职能必须转变。我国加入WTO后，各项工作应当进一步规范，认证认可工作也必须改变多头管理、多重标准、重复认证、重复收费的现状，按照国际规范建立新的工作机制。在这种形势下，国务院于2001年3月

决定正式成立国家认监委，授权国家认监委统一管理、监督和综合协调全国的认证认可工作。

2002年，国务院办公厅下发了《国务院办公厅关于加强认证认可工作的通知》，提出认证认可工作的指导思想是：按照“三个代表”重要思想的要求，坚持统一规划、强化监管、规范市场、提高效能和与国际接轨的原则，建立在国家认监委统一管理、监督和综合协调下，各有关方面共同实施的工作机制，建立全国统一的国家认可制度和强制性认证与自愿性认证相结合的认证制度，积极推进认证机构及相关机构的改革，逐步实现认证机构的社会化。指导思想勾画出了认证认可工作的发展蓝图，也明确了国家认监委与各部门在认证认可方面的统一领导和相互协作、共同实施的关系。今后，各级政府及行业主管部门要转变对认证认可工作的管理方式，由把认证认可作为直接的行政管理手段转为充分利用认证认可的成果，实现政府对社会生活的管理。同时，也要充分发挥各行政部门和行业主管部门的工作积极性，共同推进认证认可工作。

为加强认证认可工作，国务院法制办今年计划出台《中华人民共和国认证认可管理条例》，对有关职能进行明确，对相关工作进行细化。《条例》草案已经征求了相关部门和单位的意见，农业部也就此提出了很多很好的意见和建议。对于各部门的意见和建议，我们正配合国务院法制办认真研究，充分汲取，力争使《条例》更加完善。同时也希望农业部等有关部门给予大力的支持。

为落实国务院“菜篮子”工作会议和中央农村工作会议精神，按照国办11号文件精神，国家认监委、农业部和国家标准委等九个部门于今年2月联合下发了《关于建立农产品认证认可工作体系实施意见》的通知，确定了农产品认证工作的重点和主要任务，为统一全国农产品认证认可工作提供了框架性实施方案，对推动农产品认证认可体系的发展和法制建设，维护消费者的权益具有重要意义。

在农产品认证认可体系的建立和实施上，必须坚持两个原则：第一，必须坚持统一领导。农产品认证认可体系是国家认证认可体系的一个重要组成部分，必须坚持统一管理和综合协调。在工作体系的建立、认可制度的实施、认证标准的制定、认证标志的管理和相关机构的管理方面，国家认监委要按照工作职能实施有效的管理。第二，必须坚持共同实施。农产品认证是服务于农业、促进农业现代化管理的手段和方式。充分依靠和发挥农业部门的作用，是开展农产品认证工作的基础和必要条件，国家认监委要加强和农业部门的协调，建立一种新的运行机制，共同做好这项工作。

三、关于无公害农产品认证工作

无公害农产品认证是我国农产品认证认可工作体系的一部分。农业部、质检总局和国家认监委为此发布了统一的管理办法和统一的标志管理办法、统一的产地认定和产品认证程序。制定这些管理规章的最终目的，就是要建立全国统一的管理秩序，提高认证的有效性，促进生产和流通。为实现无公害农产品认证工作的目标，要做好以下几方面的工作：

一是要加强配合，共同推进无公害农产品认证工作。无公害农产品认证是落实“无公害食品行动计划”的一项重要的保障措施，既涉及广大农民的利益，又关系城乡人民的安全健康，因此要充分依靠和发挥各级政府、认证机构和检测机构、企业与广大农民的积极性，共同合作，齐抓共管，上下一致，形成整体合力，开创无公害农产品认证工作的新局面。

二是要强化统一管理，提高无公害农产品认证的有效性。统一管理，统一规则，统一标准，统一合格评定程序是提高农产品认证一致性和有效性的基础。农业部、国家认监委等部门发布的《无公害农产品管理办法》、《无公害农产品标志管理办法》、《无公害农产品产地认定程序》和《无公害农产品产品认证程序》，为加强统一管理、统一合格评定程序提供了法规依据。各级政府和无公害农产品产地认定部门、认证机构、检测机构，应当自觉维护无公害农产品认证工作的统一性，在统一框架内，按照国家有关法规严格自律，坚持诚信，客观、公正地对无公害农产品进行评价，切实提高认证质量。

三是加强对获证无公害农产品的监管力度，确保无公害农产品质量。加强对获得认证的无公害农产品的监管力度，是确保认证有效性的重要手段。无公害农产品的质量安全直接关系到人体健康，无公害农产品是广大消费者十分关注的消费品。为此，国家认监委将会同农业部等有关行政执法部门，对获证的无公害农产品进行专项监督抽查，组织对生产和流通领域的获证产品质量进行跟踪检查，定期公布抽查结果。要通过完善法规建设，完善市场监管机制，依法强化市场监督，确保无公害农产品质量，使认证工作规范有序地进行，在公开、公平、透明的环境中健康发展。

四是加大宣传力度，提高农民无公害生产意识。要通过各类新闻媒体广泛宣传无公害农产品认证、有机农产品认证等先进管理方法和技术，使农民改变思想观念和生产方式，了解产地环境、生产过程中科学使用各种生产资料对农产品质量安全的重要作用，从注重产量的提高转到注重质量上来，把无公害生产、有机生产、绿色农业变为农民的自觉行动，增强他们实施农产品认证的意识，引导他们积极地通过农产品认证。

五是加强服务意识，创造良好农产品认证氛围。中央多次提出，各级政府要将注意力转到"引导、规范、监管、服务"上来，创造与维护一个统一、公平、竞争的市场环境，培养良好的竞争秩序。为此，国家认监委正在会同有关部门积极探索符合我国农业发展的农产品认证认可管理模式，对农产品认证工作在发展方向上予以引导，在政策上给予支持，在行为和秩序上加以规范，在有效性上加强监督管理，为农业发展和农产品出口服务。

同志们，我国改革开放和社会主义现代化建设已进入一个崭新的时期，农业和农村发展对农产品认证工作提出了迫切要求。希望我们几个部门在新一届党中央的领导下，以"三个代表"重要思想为指导，进一步加强团结协作，加强工作创新，共同开创农产品认证工作新局面，为推动我国农业和农村经济在新世纪迈上新台阶做出我们应有的贡献。

2003年6月10日

国家认监委刘卓慧
在质检系统CCC认证宣传座谈会上的讲话

同志们：

今天我们在这里召开质检系统CCC认证宣传工作座谈会，主要是总结前一阶段CCC认证宣传工作，对下一阶段的CCC认证宣传进行全面部署。这次会议是在全国"非典"疫情渐入尾声的情况下召开的。在这样一个时期召开会议，是因为这项工作非常重要，也非常紧迫。疫情还没有结束，大家前来开会，体现出对我们工作的重视和支持。我受王凤清主任委托，代表她本人及认监委党组，对大家表示衷心感谢。借这个机会，我讲几点意见：

一、CCC认证制度实施以来，宣传工作取得了突出成绩

CCC认证制度自正式实施以来，在总局党组的大力支持和地方两局的积极配合下，取得了明显的成绩。据统计，全国需要申请CCC认证的企业有2.8万家，已经申请认证的企业达1.8万家，已经获得认证的企业有1.4万家，影响国计民生的大型骨干企业都通过了CCC认证。已经获得证书的企业占应申请认证企业的65%，其产品的市场覆盖率在70%以上，这标志着CCC认证制度实施取得了成功。这是多方面共同努力的结果，宣传工作在其中发挥出了重要的作用。

CCC认证制度实施以来，认监委党组对制度的宣传工作非常重视。2001年12月，新制度刚刚颁布，我们就和总局一道，在人民大会堂举行了新闻发布会，向全世界宣告这一消息。为了推进新强制的顺利实施，认监委先后在北京、上海、广州、深圳等城市，以及美国、日本、韩国、新加坡、马来西亚、泰国、北欧四国等举办了20多场CCC认证制度说明会。在世界贸易组织（WTO）、亚太经合组织（APEC）、国际电工委员会（IEC）等国际组织会议上，在对外双边会议中，在同国内外各政府部门、协会、贸易商、生产商中进行了广泛的宣传；利用广播、电视、报刊等媒体全方位介绍了新的CCC认证制度。

2003年，为推动CCC认证制度的顺利实施，认监委把CCC认证作为宣传工作的重点来抓。由于思想重视，措施到位，取得了突出的成绩，切实做到了宣传分阶段，时时有重点，层次分明，全面铺开，掀起了CCC认证的宣传高潮：

一是利用"3·15"消费者权益保护日的大好时机，促进CCC认证制度的实施。经过与各方的协调和努力，我们在中央电视台一年一度的"3·15"晚会中加入了CCC认证的有关内容，并由总局新闻发言人向全社会予以发布。根据"3·15"期间宣传的需要，印制了10万册CCC认证问答宣传册，下发到各地局，供各地宣传使用。我们还

积极与中国消费者协会联系，为中消协加印了10万册CCC认证宣传册，争取中消协配合开展宣传工作，对新制度的宣传起到了积极促进作用。

二是召开了汽车、摩托车产品CCC认证获证企业颁证会。由于部委之间的职能交叉，汽车、摩托车产品CCC认证工作遇到了很大的困难。到今年3月，还有相当一部分汽车、摩托车生产企业仍在等待观望，没有申请或获得CCC认证。为了促进汽车、摩托车行业的认证工作，我们及时召开了部分获证企业颁证会，极大地提高了各汽车、摩托车生产企业申请认证的积极性，产生了良好的社会影响。

三是制作各类CCC认证宣传材料，使CCC认证走入寻常百姓家，提高了CCC认证的知名度。针对企业的疑难问题，制作了20万册CCC认证有关制度的说明材料，由各级质检机构免费分发到各认证企业。制作了20万张CCC认证宣传画，请系统各单位在社区、商场广为张贴。对促进CCC认证制度的实施起到了积极作用。

四是组织力量，请中央电视台记者帮助制作了四集生动、直接地讲解CCC认证制度的《中国CCC认证》宣传光盘，并免费制作了5 000套通过系统下发到各单位。还通过各局联系当地电视台播出，为普及宣传CCC认证制度提供了充分保证。

五是与中央电视台联系，制作了十秒和三十秒两段CCC认证公益广告。十秒公益广告从3月26日至5月1日，在中央电视台一、二、七、九、十一套节目中滚动播出，每天播出12次以上，产生了良好的效果。三十秒公益广告将从7月1日开始继续播出。

六是先后与中央电视台《焦点访谈》、《经济半小时》、《质检报告》、《中国报道》等栏目联系，争取制作并播出了相关的专题节目。与《人民日报》、《新华社》、《经济日报》、新浪网等媒体记者联系，在5月1日之前，为CCC认证撰写了专题性报道、专门性采访等文章。认证部主任刘卫军同志还应邀做客搜狐聊天室，对搜狐网友就CCC认证感兴趣的问题进行了认真的解答。与这些著名媒体的合作，大大提高了CCC认证的知名度和百姓认可度。

七是在CCC认证执法监督时间推迟后，针对一些媒体的不实之辞，及时发布新闻通稿，全面加强了正面宣传。新华社、网易网络、《中国质量报》、《国门时报》、《中国质量认证》杂志、总局网、认监委网、《防伪》杂志等全文刊登有关内容；中央电视台新闻频道、国际频道、英语频道等进行了报道。《经济日报》、《光明日报》、《中国日报》、《中国青年报》、《法制日报》、《北京青年报》等中央级媒体都进行了重点报道；地方媒体也进行了大篇幅的转载。

据中央电视台记者的随机调查，3月份时，商场售货员对CCC认证的认知度不到50%，顾客的认知度为30%；“五一”之后，售货员对CCC认证的认知度达到100%，顾客的认知度则上升为80%左右；去年，在网络上搜索“CCC认证”一词时，只有14 000多条新闻，现在重新搜索已经达到了80 000多条，这充分说明CCC认证制度已经深入人心。

CCC认证制度宣传之所以取得这么大的成绩，有几个方面的原因。一是因为这项制度是按照国际规则建立起来的一项全新的市场准入制度，国内外对此都非常关注，新闻媒体也愿意把它当成一个重大的题材。二是认监委上下对此都非常重视。王凤清主任多次强调要加强CCC认证制度的宣传，非常关注这一工作，亲自与中央电视台等单位联系宣传事宜，并多次专门抽出时间接受记者的采访。三是系统两局对这一工作非常的重视。CCC认证制度实施以来，各局召开各类说明会达数百场，许多同志多次深入基层，深入企业，进行调查摸底和宣传发动。广东等地质量技术监督局和出入境检验检疫局联合召开了新闻发布会，北京、山东、天津、江苏、浙江等地两局积极与新闻媒体联系，进行了大量的宣传工作。其他省市的单位也因地制宜，进行了卓有成效的宣传，保证了新制度的顺利实施。

二、CCC认证制度实施和执法监督出现了一些新的情况，必须进一步加大宣传力度

CCC认证制度宣传工作虽然取得了突出的成绩，但也存在一些问题。一是没有建立起上下联动的运行机制。认监委在这方面投入的精力比较大，做的工作比较多，但认监委对宣传工作的要求系统同志了解不够，知道得不及时。系统两局在CCC认证宣传方面做了许多工作，但由于缺乏畅通的渠道，认监委不能做到及时全面的了解，也就无法实施进行指导。由于信息不畅，一些单位的同志想在这方面多做一些工作，却不知道怎么去做。二是个别单位对这项工作还重视不够。一些单位由于宣传不到位，单位领导和干部职工对CCC认证制度不熟悉、不了解，也就谈不上重视，没有把这项工作摆到重要的日程上来安排。三是认识上有些误区。个别同志片面地认为，CCC认证制度宣传是认监委的事，与自己的关系不大；有的同志错误地认为，CCC认证制度一开始就没有考虑到两个局的利益，没有像生产许可证制度一样，把一些具体工作

交给两个局来做，思想上产生了一些抵触情绪，一定程度上影响了宣传工作的效果。

受"非典"疫情影响，CCC认证执法监督从5月1日推迟到了8月1日。从现在起到8月1日，还有一个多月的时间，CCC认证制度实施和执法监督工作的任务异常繁重，必须进一步加大宣传力度。

第一，对涉及健康、安全、卫生、环境保护的产品实施新的CCC认证制度，是我国兑现入世承诺，按照国际通行规则建立新的认证认可管理体制的重大举措，是社会主义市场经济体制下加强质量管理、规范市场和维护消费者权益的重要措施。这一制度的实施，关系到我国的国际形象，关系到国家的质量建设、环境保护和消费者的权益的有效维护，必须创造一个良好的舆论环境。

第二，CCC认证制度是为了保护广大消费者人身和动植物生命安全，保护环境、保护国家安全，依照法律法规实施的一种产品合格评定制度。这项制度的最大受益者是国家，直接受益者是广大国民。这项制度实施成功的最终标志，不在于有多少家企业通过了认证，查出了多少家违法违规的企业，而在于广大消费者是否真正了解和认同了这一制度，是否真正自觉地选购加贴了CCC认证标志的产品，自觉抵制没有CCC认证标志的产品。这一方面，靠我们认真实施制度，严格执法监督；另一方面，必须切实加大宣传力度，使CCC认证制度深入人心。

第三，按照CCC认证制度的规定，从今年8月1日起，凡列入CCC认证目录内的产品未获得指定机构的认证证书，未按规定加施认证标志，不得进口、出厂销售和在经营性活动中使用。这对那些没有认证的企业的生产经营活动影响是非常大的。从执法监督的角度说，我们已经给了这些企业足够的时间。8月1日通不过认证，是他们自己造成的。当前，有半数以上应该认证的企业已经通过CCC认证，认证企业产品市场覆盖率已达70%以上，执法监督的条件已经具备。少数企业届时没有通过认证，不会影响执法监督工作的进行。但是，从扶持中小企业和促进地方经济发展的角度出发，我们还是要采取更加得力的措施，进一步加大宣传力度，使这些企业提高认识，积极申请认证。

第四，CCC认证执法监督推迟以后，个别媒体发表了一些不负责任的文章，对新制度的实施产生了一定的负面影响。少数企业出现了等待观望的现象，个别企业对制度实施产生了动摇情绪。必须进一步加大宣传力度，加强正面宣传，消除负面影响。

第五，今年8月1日，CCC认证执法监督正式开展以后，必须形成强大的舆论攻势，对积极申请认证的企业进行表扬，对认证不积极，甚至逃避认证的企业进行查处和曝光。

因此，我们宣传工作的任务非常艰巨，我们从事CCC认证宣传的同志身上的担子非常繁重。我们一定要认清形势，鼓足干劲，下更大的决心，采取更加有效的措施，掀起新一轮的宣传高潮，通过宣传切实促进CCC认证制度的顺利实施和执法监督的有效进行。

针对新的情况，认监委拟定了推动CCC认证宣传高潮的宣传方案，主要内容为：

一、在时间安排上，分为两个阶段：从现在起到8月1日为第一阶段，突出宣传认证的意义和CCC认证制度的重大作用。促进企业尽早申请认证，加深普通消费者对制度的理解和认识，自觉购买通过认证的产品。从8月1日起至年底，重点宣传CCC认证执法监督工作，表扬工作中的好人好事，对逃避认证、假冒认证标志等违法违规行为进行曝光。

二、组成两个宣传小组。一是抽调有关人员，与宣传处、认证部有关人员一起，共同组成CCC认证宣传策划小组，策划宣传活动，组织宣传稿件，掀起宣传高潮。宣传策划小组已于6月16日正式办公。二是组织《国门时报》、《中国质量报》、《中国认证》杂志为外围宣传小组，按照宣传小组的意图和CCC认证的工作重点，进行系列宣传。

三、充分发挥三个积极性。一是发挥九家认证机构的宣传积极性。6月10日，认监委召开了九家CCC认证机构宣传工作会议，就宣传工作提出了要求。请认证机构增强主动性，自觉做好本行业的宣传工作，目前，各认证机构均已对如何配合下一阶段的宣传工作制定了详细的工作计划。二是充分发挥行业协会作用，共同推进认证宣传工作。目前，已经与照明协会、低压电器协会、IT协会、家电协会等行业协会取得了联系，向他们寄送了宣传通稿，请他们帮助开展宣传。今后还将进一步联络各行业协会，调动发挥他们的工作积极性，扩大宣传效果。三是要发挥系统两局的工作积极性，充分发挥两局在CCC认证宣传中的主力军作用。通过此次会议，提出配合宣传的有关要求，交流CCC认证宣传经验，建立上下联动的认证认可宣传机制。

四、办好认证认可工作简报，及时刊登CCC认证相关信息。认证认可简报是认监委进行上情下达、下情上传的重要工具。为了配合这次CCC认证宣传，工作简报除按正常范围发行外，还将有所扩大，向党中央、国务院、各部委、各省、自治区、直辖市人民政府通报有关信息，引起领导重视，赢得各方支持。

五、与系统两局、九家认证机构建立信息交换和反馈机制，及时收集工作的情况，增强宣传的针对性。

六、继续与各中央级媒体合作，争取开展多方面的宣传活动。适时组织新闻记者赴各地采访，保证《焦点访谈》播出两期相关节目。

七、在做好日常宣传的同时，与中央电视台等单位协作，开展广告宣传等形式多样的宣传活动，扩大影响，增强效果。经委领导同意，拟利用中央电视台广告受众面广、量大的特点，在中央台播出公益广告的同时，集中组织CCC认证机构和获证企业的形象展示，以扩大宣传效果。

八、认真进行CCC认证宣传工作总结。在CCC认证执法监督有效实施以后，要组织对系统宣传工作情况进行总结和表彰。

三、提高思想认识，采取有效措施，共同掀起CCC认证宣传工作新高潮

CCC认证是党中央、国务院交给国家认监委的一项重要任务，也是质检系统今年的一项重点工作，加强CCC认证宣传，对于促进制度的顺利实施和执法监督的有效进行具有重要的意义。因此，我提几条要求：

第一，思想上要重视。要充分认识开展CCC认证宣传的重要性。CCC认证是一项全新的市场准入制度，是关系到我们国家能否顺利兑现入世承诺的一项重要工作。在没有过多经验可以借鉴的情况下，我们要有力地推进制度的实施，就需要方方面面的支持和配合，而宣传工作则是我们手中一个强大的武器。通过前一阶段的努力，使我们的CCC认证制度有了一定的知名度，老百姓对此有了一定了解，但决不能满足已有的成绩，而应该清醒地认识到，我们肩上的责任依然重大。尤其是执法监督时间推迟后，我们的工作遇到了新的问题，需要我们做大量艰苦细致的工作。一定要从思想上切实提高认识，加强自觉做好宣传工作的自觉性。

第二，组织上要有保证。CCC认证宣传工作是质检宣传工作的重要组成部分，要把它作为一项宣传重点，列入质检宣传工作计划。当前，要根据CCC认证实施的实际情况，按照认监委的统一安排，制定切实可行的工作方案。对上，要有专门负责宣传工作的宣传联系人；对下，要有指导地方工作、随时了解情况的宣传负责人，建立起一整套运行有效、保障有力、反映快速的宣传网络。信息上要及时反馈。认监委对下一步的宣传工作有统一的部署，各局也要根据本单位的实际制定详细的工作计划。工作进展如何，取得了哪些成绩，获得了哪些经验，都需要你们及时搜集、整理、上报，以利于认监委对宣传工作进行总结和安排。

第三，方法上要灵活。CCC认证宣传要发挥积极性和主动性，创造性地开展工作。地方两局在推进CCC认证工作中，分工明确，责任清晰。在宣传CCC认证时，必须根据本地区、本部门的工作重点，有针对性、创造性地开展工作。如珠海检验检疫局在CCC认证正式实施后，对本地区需要通过CCC认证的企业进行了大规模的摸底工作，做到了心中有数、工作不乱，其他也还有一些局工作做得不错，今天选出四个局介绍本单位开展CCC认证宣传工作的经验，希望大家彼此学习，相互借鉴。下一步，认监委还将根据各地开展宣传工作的情况，发掘典型，树立榜样，将好的经验和做法推而广之。

第四，内容上要有重点。在座的都是负责宣传工作、有着多年宣传工作经验的同志，大家都知道，对外宣传与对内、对上宣传有着严格的区别。一方面，宣传要把握好“度”，该说的一定要说，不该说的也绝不能乱说。下面我也还会讲到这个问题。另一方面，对外宣传要找准宣传的“点”，根据媒体的特点和需求，及时调整宣传的策略和方向。举例来说，一些媒体发表的不实之辞之中，围绕乳胶制品基本没有通过认证大做文章，而当我们发表了针锋相对的答记者问后，部分媒体对此还是相当感兴趣，有的还发表了专题文章。事实上，乳胶制品仅占据我们CCC认证产品数量中很小的一部分，但由于它的敏感性强、与百姓生活的关联度高，由此就成为了媒体关注的热点、报道的焦点，这说明，我们在开展对外宣传时，一定要注意抓住热点、引导宣传，吸引住媒体的“眼球”。

第四，宣传时要发挥优势。一方面，要在认监委的领导下，根据认监委的部署，有步骤、有计划地推进宣传工作；另一方面，开展CCC认证宣传要注意发挥各局的地域优势。各局与本地电视台及当地报纸联系密切，而这些媒体对那些没有获证企业的影响力要远远超过中央级的新闻媒体。因此，我们必须依托当地报纸、广播和电视台，利用他们的宣传渠道，在本地区营造出一个良好的宣传氛围。各局要多出主意、多想办法，与当地媒体建立起紧密联系，使他们随时关注CCC认证工作，变“要我宣传”为“我要宣传”。

第五，要在认监委的统一领导下，严格遵守宣传纪律。宣传无小事。在此之前，部分媒体之所以发表了一些错误看法，造成了严重的负面影响，有很大一部分原因是我们系统内的有些同志不注意宣传纪律，接受记者采访时态度随意所造成的。因此，我们的宣传工作一定要严守纪律，各局的CCC认证宣传要统一管理，严格把关，专人负责，决不能有丝毫疏忽和懈怠，出了问题要一查到底，追究责任。

同志们，距离CCC认证正式执法监督的时间只有一个多月了，CCC认证制度能否顺利实施，要依靠大家共同的努力，希望大家以时不我待、只争朝夕的精神，深入开展CCC认证的宣传工作，切实推动制度的顺利实施，开创出CCC认证工作的新局面！

我的讲话完了，谢谢大家！

2003年6月20日

国家认监委刘卓慧在质检系统CCC认证宣传座谈会上的总结讲话

同志们：

这次质检系统CCC认证宣传座谈会开了一整天，时间虽短，内容却非常丰富。会上，我们总结了前段时期以来开展CCC认证宣传工作的情况，通报了认监委下一阶段为推动CCC认证新的高潮制定的宣传方案，对系统两个局做好CCC认证宣传工作提出了具体要求。总局办公厅和法规司的领导出席会议并讲话。中央电视台翟树杰先生专程前来讲课，从新闻角度对做好CCC认证的宣传提出了很好的意见。认证部刘卫军主任介绍了CCC认证制度的一些最新情况，四个局分别介绍了开展CCC认证宣传的成功经验。这对我们提高认识，开拓思路，脚踏实地的做好CCC认证的宣传工作具有重要意义。会议还进行了为期两个小时的座谈讨论，大家相互交流了做好CCC认证宣传的经验和体会，对建立上下联动的工作机制、进一步加强宣传工作提出了很多很好的建议。一致认为，通过这次会议，提高了思想认识，增强了工作的紧迫感，坚定了做好工作的信心。关于会议的收获，由于时间比较紧，我这里不再展开讲。围绕全面贯彻落实这次会议精神，掀起新一轮CCC认证宣传新高潮，我提几点要求：

一是要把这次会议精神及时向领导和相关部门汇报。这次会议对于加强CCC认证宣传，促进CCC认证制度的实施和执法检查顺利进行非常重要。目前离8月1日开展CCC执法检查的时间仅有一个多月，时间非常紧迫。对此，总局和认监委高度重视。围绕保证8月1日执法检查顺利进行，采取了一系列重大措施。认监委党组提出，非常时期必须采取非常手段，要在新时期掀起CCC认证三个新高潮：一个是申请认证新高潮，一个是发证新高潮，一个是宣传新高潮。为此专门下发了文件，文件中对加强CCC认证宣传提出了具体而明确的要求。今天又专门召开这样一个会议，足见对这一工作的重视程度。

要在短的时间内组织好相关的宣传活动，必须思想重视，措施到位，安排科学。大家回去以后，要抓紧向单位的领导汇报会议的情况，把这次会议的精神原原本本地传达，把加强宣传工作的重要意义讲清楚，把这次宣传活动的目的讲清楚，把对各局的具体要求讲清楚，取得领导和有关部门的重视和支持，推动工作按照计划开展。

二是要尽快提出贯彻落实措施。要根据这次会议的要求，配合认监委的整体宣传方案，结合本单位的工作实际，制定切实可行的宣传工作计划。计划要有目标、有重点、有完成时限、有具体负责人。要把认证机构、普通消费者和系统内部各级领导干部、执法人员作为此次宣传的重点对象，根据不同层次人员的不同特点，制定周密的工作方案，有的放矢地开展工作。各单位的宣传计划请于7月1日以前上报认监委办公室。今年年底，要将开展宣传工作的情况形成文字材料上报。

三是要注意充分发挥各单位宣传部门的作用。这次会议我们要求各单位主管宣传的领导同志参加，从实际情况看，参加会议的有一部分是分管认证业务的同志。负责认证工作的同志在业务上是专家，在对外宣传上，尤其是应用媒体开展全方位的宣传活动方面，不一定都是行家。回去以后，要将会议的精神传达到主管宣传的同志，与宣传部门共同商量，共同策划和开展好CCC认证宣传。负责宣传的同志回去以后也要与负责认证工作的同志多联系，调动他们参与宣传的工作积极性。

需要强调的是，认监委业务上由国务院直接授权，行政上由总局管理。它不是总局机关的一个司，也不是纯粹由总局管理的一个事业单位，对系统两个局的联系与沟通也就与总局机关司、事业单位不完全一样。认证认可的信息宣传一方面在总局的统一管理和协调之下，另一方面又相对独立。认证认可信息宣传应该与各局的信息宣传部门对口，不要一想到认监委就是认证处或科技处。CCC认证的宣传，尤其是要掀起新一轮宣传高潮，需要主管认证工作的同志参加，也需要各局主管宣传的同志参加。我们这次会上也发了一个表格，要求各单位填报信息宣传联络人员名单。联络员最好也是单位主管信息宣传工作的同志。因为认证认可信息宣传不单是一个CCC认证，还有认证机构认可、实验室管理、进出口卫生注册、农产品认证等等，这些业务不一定在一个处室，只有统管信息宣传的部门才好协调。

四是要尽快建立上下联动的信息宣传工作机制。做好信息宣传工作，建立健全工作机制非常重要。请各单位根据会议要求，落实好建立认证认可信息宣传网络的工作。各单位主管信息和宣传的部门要和认监委办公室宣传处建立联系，做好上情下达、下情上达的工作，共同开展认证认可方面的宣传。联络员要增强工作的责任感，及时提供CCC认证工作信息和宣传工作动态。重要信息要及时上报，综合信息每周上报一次。

五是要注意密切配合。各地质量技术监督局和出入境检验检疫局虽然职能不同，但在做好CCC认证宣传的问题上有共同的义务和责任。特别是在两局处在一个区域，宣传对象和媒体资源相互重合的情况下，一方面要发挥各自的优势，充分利用各自的工作渠道，开展形式多样的宣传活动，切实提高宣传效果；另一方面，要相互联系，密切合作，共搞一些有广泛社会影响的宣传活动。与电视台开展公益广告宣传等，都可以两局联合起来搞。要想方设法，积极行动，切实把CCC认证宣传推向高潮。

山东技术监督局的领导和同志们对这次会议给予了大力支持，承担了大量的会务工作。山东检验检疫局的领导对会议也给予了热情的关怀，借此机会，我代表认监委表示感谢！我的发言完了，谢谢大家！

2003年6月20日

国家认监委王凤清在四川省认证认可工作领导小组成立暨获证企业(组织)颁证大会上的讲话

尊敬的黄小祥副省长，各位来宾，各位朋友：

大家好!

今天，四川省隆重举行全省认证认可工作领导小组成立暨获证单位颁证大会，我代表国家认监委，对四川省认证认可工作领导小组的成立表示热烈的祝贺！对四川巴蜀质量认证中心顺利并入中国质量认证中心四川评审中心表示热烈祝贺！向自2002年以来获得各类认证的单位表示热烈的祝贺！并向对认证认可事业给予大力支持和帮助的四川省各级政府及有关部门表示衷心的感谢！

四川省认证认可工作领导小组的成立，体现了四川省委、省政府对认证认可工作的高度重视，也为四川省利用认证认可这一国际通行的管理手段，促进经济建设和社会发展奠定了良好的基础。为此，我讲几点意见，供大家参考。

一、政府部门要充分利用认证认可手段促进改革和发展

认证是保证产品、服务、管理体系符合技术法规和标准要求的合格评定活动。认可是对从事认证及相关的检测检验机构和审核人员资格条件与能力的合格评定活动。开展认证认可工作是国际通行的规范经济、促进发展的重要手段；是企业和有关部门提高管理与服务水平、保证产品质量、增强竞争力的有效途径；是国家从源头上确保产品质量安全，规范市场行为，指导消费、保护环境、保护人民生命健康和促进对外贸易的战略性选择。朱镕基同志在十届全国人大一次会议上作的政府工作报告中指出："提高产品质量是兴国之道，也是提高经济效益和竞

争力的根本之策。我们通过采用国际标准，推广先进技术，加强认证认可工作，强化质量管理，使各行各业产品和服务质量不断提高。”充分说明了认证认可工作的重要性。

为适应我国入世需要，解决过去工作中存在的各自为政、政出多门、监督不力、认证市场混乱等问题，全面加强认证认可工作，2001 年 4 月，国务院决定成立国家认证认可监督管理委员会，统一管理、监督和综合协调全国的认证认可工作。2002 年 2 月，国务院办公厅印发了《关于加强认证认可工作的通知》，明确提出了我国认证认可的指导思想、主要任务和工作重点。当前，国务院法制办正在组织修改《中华人民共和国认证认可条例》，《条例》已五易其稿，有望年内出台。《条例》出台后，将为认证认可的开展提供充分的法律依据。这些都充分说明了党中央、国务院对这一工作的高度重视。

加强认证认可工作，既是我国加入 WTO 和参与经济全球化的需要，也是适应社会生产力发展和满足人民群众日益增长的物质文化需要。无论是从提高产品质量、规范市场秩序的需要出发，还是从增强出口产品竞争力、促进经济发展的需要出发，各级政府和有关部门都应当把认证认可工作作为一项重要的工作手段，切实发挥认证认可工作促进改革开放和地方经济建设的重大作用。

认证是由社会中介组织实施的一种活动，各级政府及行业主管部门在运用认证认可手段的同时，必须转变思想观念，改变传统的管理模式。由对认证认可工作实行直接管理转为间接管理；由把认证认可作为直接的行政管理手段转为充分利用认证认可的工作成果。四川省认证认可工作领导小组的成立，表明四川省在转变政府职能、改进管理方式方面迈出了可喜步伐。希望以此为契机，充分利用认证认可手段，实现政府对社会生活的有效管理，促进各项改革和地方经济的发展。国家认监委将对此给予全力的支持和帮助。

二、企业要充分利用认证突破技术贸易壁垒，增强竞争力

随着经济全球化的发展，国际国内市场逐步融为一体，国内企业与国外企业站在了同一起跑线上。企业要生存、要发展，必须面向国际市场，实施“走出去”战略。而“走出去”面临的一个重大问题，就是技术性贸易壁垒。一些发达国家为保护其经济利益与安全，开始制定和实施许多苛刻的技术标准、法规和合格评定程序来限制进口，技术壁垒已经成为多边贸易中最隐蔽、最难对付的一种贸易壁垒。据统计，目前在国际贸易中，技术壁垒已占非关税贸易壁垒的 30%。2002 年，中国有近 70%的出口企业受到国外各种技术性贸易壁垒的影响，直接或间接的经济损失超过 200 亿美元。

认证是一种突破技术性贸易壁垒的有效方式。当前，产品认证和质量管理体系认证作为质量管理和质量保证的一个重要手段，正在逐步被世界各级组织所重视和采用。是否通过认证，已经成为国际间经贸洽谈的必备条件，成为企业实力、产品服务和竞争力的重要标志。通过认证，企业能够有效实施质量控制，能够有效按照国际标准和要求组织生产，切实保证质量、降低成本，提高生产力和竞争力，有效突破技术性贸易壁垒。

自推行产品认证和质量管理体系认证以来，我国已颁发产品安全认证证书 10 万多份，涉及企业 8 万多家，覆盖 40 多个国家和地区。我们还向 8 万多家企业颁发了质量管理体系认证证书；向 3 000 多家企业颁发了环境管理体系认证证书；向 150 家企业颁发了职业健康安全管理体系认证证书。去年以来，我们组织力量对全国获证企业认证有效性进行了全面调查，从反馈情况看，凡是实施了产品认证和质量管理体系认证的企业和组织，在提高管理水平、保证产品质量、降低废品率、增强竞争力、提高企业信誉和知名度以及扩大出口等方面都显示出了较大优势。因此，在新的形势下，企业要争取更大的发展，除了苦练“内功”，生产优质优价的产品外，更需要通过认证，取得更加平等的竞争环境和更加良好的生存空间。

三、认证机构要立足长远发展，切实提高工作质量

我国已正式加入世界贸易组织。在入世谈判中，对国内认证检验市场，包括实验室、认证市场的开放，都有承诺。2003 年 12 月 11 日后，外国检验认证机构可以在中国设立控股公司；2005 年 12 月 11 日以后，外国的检验认证机构就都可以在中国成立独资机构。这就意味着国外机构可以在中国设立自己的实验室、自己的检验认证机构，可以像目前国内公司一样平等自由地开展相关业务。

国外一些检验认证机构，有多年从事检验认证工作的丰富经验，有跨国公司的全球网络优势，有雄厚的技术实力，这些都是我们国内机构所不具备的条件。国外机构过去一直对中国的检验认证市场虎视眈眈，实际上早已经进来，只不过还没有明目张胆地经营。时间一到，他们将毫不留情、合理合法地抢占中国检验认证市场的份额，网罗国内检测认证方面的人才，进而设法控制我国的检验认证市场。在改革开放的过程中，我们有过不少类似的经验教训。我们有些行业把外国机构引进来，本意是想引进外资、引进技术，发展扩大我们的民族产业。但是，外国机构进来以后，一家一家地收购我们国内的工厂，用高薪吸引相关的产业人才，个别行业已经被人家牢牢地控制住。这方面的教训非常深刻。

国家认监委当前正在进行的一项重要工作，就是组建中国商检集团。目的是在开放检验市场的同时，努力创造自己的民族品牌，组建强有力的检验认证集团来抢占市场的控制权。同样，认证机构也必须树立强烈的忧患意识。目前我国的认证机构业务量大的不多，即使是大机构，认证的企业也只有两三千家。这些机构靠着这些企业，当前小日子过得还不错。但如果不思进取，再过三五年，国外认证机构进来以后，在大规模的收购吞并浪潮中就会变得不堪一击，到时候会后悔莫及。因此，认证机构必须未雨绸缪，充分利用有限的时间壮大实力，做大做强。四川巴蜀质量认证中心与中国质量认证中心四川评审中心合并，就是一种很好的方式。通过强强联合，才会形成竞争优势，在外来机构的冲击面前，才会有获胜的把握。

我们实施认证的根本目的，是提高管理水平和产品质量。认证机构必须牢固树立质量意识，把提高工作质量作为一切工作的出发点和落脚点。当前，认证市场仍然比较混乱，一些国外代理机构违法违规经营，严重扰乱了认证市场的秩序，损害了认证的声誉，也降低了认证的质量。去年，我们通过采取重新登记等有效措施，对认证市场进行了初步清理；组织查处了6家违法违规的国外代理机构，使认证市场秩序得到了初步的好转。今年，我们又与公安部、国家工商总局一道，查封了10家涉嫌非法经营的认证机构，目前正在进行核实和定性等工作。今后，只要有认证机构进行违法违规操作，我们就会毫不手软地查下去。希望广大认证机构自强、自律，在法律法规允许的范围内开展合法经营。

在从事认证业务时，我们绝大多数认证机构的工作质量是有保证的。但是，受大环境影响，有些机构也出现了降低工作标准和质量的情况。在我们去年组织的对全国717家获证企业认证有效性抽查的结果来看，中外认证机构，包括一些大的认证机构，在工作质量上都一定程度地存在着这样那样的问题。必须牢牢树立“质量是企业的生命线”的思想，重点加强这方面的工作，确保企业的可持续发展。

四、与时俱进，全面开创认证认可工作新局面

认证认可工作本身是与时俱进的产物，认证认可工作的发展，也必须坚持与时俱进。国家认监委成立以后，我们按照国际认证认可工作的发展方向，及时调整了工作思路，进行了多方面的开拓，使认证认可工作得到了进一步的发展。

为履行我国政府在加入WTO时所做出的承诺，适应社会主义市场经济发展，我们按照国际通行做法，于2001年底建立并实施了中国强制性产品认证制度（简称CCC认证）。对包括家用电器、汽车、摩托车、安全玻璃、医疗器械、照明设备、电线电缆等19大类132种涉及人民生命财产安全、动植物安全、环境保护以及国家安全的产品实施市场准入。这是推动国家产业结构优化升级的重要手段，是整顿规范认证市场秩序的一项根本性措施。

CCC认证制度实施以来，在各方面的支持配合下，取得了明显的成绩。据统计，全国需要申请CCC认证的企业有2.8万家，已经申请认证的企业达1.6万家，已经获得认证的企业有1.3万家，国内影响国计民生的大型骨干企业都通过了CCC认证。已经获得证书及已申请认证的企业占应申请认证企业的近60%，其产品的市场覆盖率在80%以上。制度的实施，兑现了我国的入世承诺，促进了政府职能的转变，为树立我国的国际形象，在国际规则的框架下合理运用技术性措施，维护国家经济利益和安全，以及有效维护消费者权益，保护人民的生命财产安全等方面都发挥了积极的作用。

从2003年8月1日起，我们将对CCC认证实施执法检查。希望地方政府积极支持这一制度的实施，采取有效措施，促进未认证企业积极申请认证。同时，从维护国家利益和人民生命财产安全的高度出发，支持CCC认证执法检查，消除地方保护和行政干预，促进认证和执法工作的顺利进行。

农产品认证是认监委成立以后主抓的另外一项重要工作。中央农村工作会议将发展优质、高产、高效、生态、安全农业，全面提高农产品质量，作为推进农业和农村经济结构战略性调整的重要内容。党的十六大提出要“健全农产品质量安全体系，增强农业的市场竞争力”。《国务院关于加强新阶段“菜篮子”工作的通知》中进一步明确，要将提高“菜篮子”产品质量卫生安全水平，作为新阶段“菜篮子”工作的主要任务。《通知》明确要求国家认监委加强对与“菜篮子”产品有关的认证认可工作实行统一管理、监督和综合协调，加强对相关认证认可机构的监督检查，

建立与“菜篮子”产品有关的认证和产品标识制度，规范“绿色食品”、“有机食品”及“无公害农产品”的认证工作和认证标识。

为落实国务院“菜篮子”工作会议和中央农村工作会议精神，按照国办11号文件精神，国家认监委、农业部和国家标准委等九个部门于今年2月联合下发了《关于建立农产品认证认可工作体系实施意见》的通知，确定了农产品认证工作的重点和主要任务，为统一全国农产品认证认可工作提供了框架性实施方案。

农产品认证中的一个重要问题，就是一些部门和地方从自身的工作需要出发，实施了多种认证制度。这些制度标准标志不统一、收费差别比较大，造成了新的混乱。国家认监委将按照国务院的要求，联合有关部门，共同做好农产品认证的工作，也希望有关部门和各级政府机构积极支持和配合，以推动农产品认证认可体系的发展和法制建设，维护消费者的权益。

此外，我们还根据食品进出口现状，建立和实施了食品卫生管理体系，在食品生产企业中大力推行了HACCP认证；与国务院信息化领导小组办公室联合提出了建立国家信息安全认证认可体系的建议，拟上报国务院批准后正式实施。国家自愿性产品认证办法也在拟定中。这些办法和措施的出台，将进一步丰富认证认可内容，开拓认证认可工作新局面。

四川省各级政府、四川出入境检验检疫局和四川省质量技术监督局在全面贯彻国办《通知》要求，落实全国认证认可工作会议精神等方面，做了大量艰苦和细致的工作，成绩显著，效果明显。希望继续以“三个代表”重要思想为指导，进一步解放思想、更新观念，增强紧迫感和责任心，在统一规划、强化监管、规范市场、提高效能和与国际接轨的原则下，进一步改进认证认可的管理方式和工作方式，发挥认证认可的作用和优势，让更多西部企业的产品走出四川，走向世界，让认证认可为西部经济和社会发展发挥出应有的作用！

谢谢大家！

2003年6月26日

国家认监委王凤清

在国家认监委“两优一先”表彰大会上的讲话

同志们：

今天，我们召开会议，传达贯彻胡锦涛总书记“七·一”重要讲话和总局兴起学习贯彻“三个代表”重要思想新高潮干部大会精神，表彰两年来在认证认可工作中涌现出来的先进基层党组织、优秀共产党员和优秀党务工作者，以此纪念中国共产党成立82周年。首先，我代表委党组，向受到表彰的先进基层党组织、优秀共产党员和优秀党务工作者表示热烈的祝贺！向委机关、直属单位广大党员、干部和党务工作者致以亲切的问候！对总局机关党委对认监委党委工作的关心和支持表示感谢！

认监委成立两年来，委机关、直属单位各级党的基层组织和广大党员、干部职工认真学习贯彻“三个代表”重要思想，积极贯彻落实党中央、国务院有关认证认可工作的方针政策，按照国务院办公厅《关于加强认证认可工作的通知》和党组的部署，忠实履行职责，全面开展工作，取得了突出的成绩。成绩的取得，是党中央、国务院英明决策和领导的结果，是总局党组正确指挥的结果，也是认监委党组充分发挥核心领导作用，各级党的基层组织充分发挥战斗堡垒作用，广大党员充分发挥先锋模范作用，团结和带领干部职工开拓创新、共同奋斗的结果。

两年里，涌现出许多先进典型。这次受到表彰的办公室党支部能够找准位置，紧紧围绕中心任务，充分发挥了参谋、助手作用和综合协调功能，并在工作中不断提高凝聚力和战斗力；认可部党支部注重学习、发挥优势，在整顿认证市场、规范市场秩序等方面做出了很好的成绩；认证部党支部在人员少、任务重的情况下加班加点，有效地推动了CCC认证的实施；机关服务中心支部班子团结、管理规范，“窗口”形象好，为机关工作服务定位准确，服务周到；认证中心第三党支部着力加强队伍建设，大家知道，认证中心人员来自五湖四海，增进团结、增强凝聚力是加强队伍建设的首要任务。第三党支部在这方面下了功夫，取得了可喜的成绩。办公室党支部这次还被评为总局表彰的先进基层党组织，认可部支部、认证中心第三党支部都是被总局直属机关党委表扬的在京单位先进基层党组织。

在受表彰的个人中，都是在各自平凡的岗位上，发挥出一个共产党员的模范作用。例如张彦平、崔红卫同志在"非典"最严重的时候，置个人安危于不顾，冒着危险到处为大家采购防"非典"用品；冯骁、张健、刘晓健、黄继先、许士玉、王茂华、谢澄、穆巴拉克、蔡宇等同志以共产党员的标准严格要求自己，爱岗敬业，踏实工作，很好地发挥了先锋模范作用；李晓岚、陈燕、吴悠同志严格遵守财务制度规定，努力为认证认可工作理好财、用好财；李怀林同志作为认证中心的一把手，能注意抓班子、带队伍，以改革促发展，在CCC认证等方面做了许多开拓性的工作；周文惠同志事业心强，勤奋敬业，带病坚持工作；王向东、杨嘉启同志作为党务工作者能认真抓好党的组织建设，在健全组织、完善制度等方面做了大量工作。张彦平、蔡宇同志还被总局评为优秀党员，王向东、李怀林同志被总局评为优秀党务工作者；张健、陈燕被总局直属机关党委评为在京单位的优秀党员，杨嘉启同志被总局直属机关党委评为在京单位优秀党务工作者。

认监委机关和直属单位的广大党员干部和全体职工，要认真学习受表彰的先进基层党组织、优秀党员、优秀党务工作者的先进事迹和宝贵经验，勤奋学习，踏实工作，开拓进取，无私奉献，为认证认可工作不断做出新的贡献。

今天的会议还有一个重要内容，就是请北京医院孔俊彩护士长介绍她和她的同事们一起在抗击"非典"这场特殊战斗中的先进事迹。我们要认真地听、虚心地学，从她们的先进事迹和模范行动中吸取营养、受到教育和启迪，激发出工作的积极性、主动性和创造性。

同志们，今年7月1日，中共中央总书记、国家主席胡锦涛在"三个代表"重要思想理论研讨会上发表重要讲话，站在全局和战略的高度，深刻阐述了兴起学习贯彻"三个代表"重要思想新高潮的重大意义和基本要求，对全党兴起学习贯彻"三个代表"重要思想新高潮作了进一步动员，提出了明确要求。昨天下午，总局专门召开了兴起学习贯彻"三个代表"重要思想新高潮干部大会，传达贯彻胡锦涛同志重要讲话精神，对学习贯彻"三个代表"重要思想进行全面部署。认监委机关临时党委对委内学习活动也提出了具体实施方案。为推动学习活动的深入开展，我讲几点意见：

第一，以胡锦涛同志"七一"重要讲话为指导，迅速掀起学习贯彻"三个代表"重要思想新高潮。

党的十六大把"三个代表"重要思想同马克思列宁主义、毛泽东思想和邓小平理论一道，确立为党必须长期坚持的指导思想，实现了党的指导思想的与时俱进，这是一个历史性决策，也是一个历史性贡献，具有重大的现实意义和深远的历史意义。十六大把全面贯彻"三个代表"重要思想作为贯彻十六大精神、全面开创改革开放和现代化建设新局面的一个重大战略举措提了出来。为贯彻落实十六大精神，推动全党"三个代表"重要思想的学习，4月28日，中央政治局专门开会研究部署。中宣部组织编写了《"三个代表"重要思想学习纲要》。6月8日，中央发出《关于印发〈"三个代表"重要思想学习纲要〉的通知》。6月15日，中共中央发出通知，要求在全党兴起学习贯彻"三个代表"重要思想新高潮。7月1日，胡锦涛同志又专门在"三个代表"重要思想理论研讨会上发表重要讲话，充分说明了中央对学习贯彻"三个代表"重要思想的重视，说明了开展学习贯彻活动的必要性和紧迫性。

胡锦涛同志在"七一"讲话中，对兴起学习"三个代表"重要思想新高潮的重大意义和基本要求作了新的全面论述。他指出："三个代表"重要思想是面向21世纪的中国化的马克思主义，是新世纪新阶段全党全国人民继往开来、与时俱进，实现全面建设小康社会宏伟目标的根本指针。"三个代表"重要思想反映了我国最广大人民的共同意愿，体现了当今世界和中国发展的时代精神，显示了马克思主义科学理论的强大力量，是全党全国人民在新世纪新阶段继续团结奋斗的共同思想基础。全面贯彻落实"三个代表"重要思想，关系党和国家工作的全局，关系实现全面建设小康社会的宏伟目标，关系中华民族的伟大复兴，关系中国特色社会主义事业的长远发展。全党同志一定要从这样的高度不断增强学习贯彻"三个代表"重要思想的自觉性和坚定性，牢固确立"三个代表"重要思想在全党一切工作中的指导地位。学习贯彻"三个代表"重要思想，既要全面把握它同马克思列宁主义、毛泽东思想和邓小平理论一脉相承的特征，也要全面把握它在继承前人基础上不断与时俱进的特征。必须牢牢把握立党为公、执政为民。要把"三个代表"重要思想学习好、贯彻好、落实好，务必在武装思想和指导实践两方面都取得新的成效。这是我们兴起“三个代表”学习新高潮的重要理论基础和依据。

当前，摆在全党全国人民面前的一项重大政治任务，就是把“三个代表”重要思想学习好、贯彻好、落实好。为此，总局机关党委和认监委临时机关党委专门作了安排。传卿书记在昨天的学习动员会上要求：把兴起学习贯彻“三个代表”重要思想新高潮的基本要求和各项任务落到实处，必须紧紧围绕一个目标，深刻领会九个基本精神，努力在四个方面下功夫，着力解决五个实际问题，切实做到在思想上不断得到新解放，认识上不断达到新高度，实践上不断取得新创造，工作上不断开创新局面。刚才，总局机关党委刘顺经副书记又进一步提出了明确要求。认监委机关和下属单位，要把认真学习和贯彻“三个代表”重要思想，作为当前和今后一个时期首要的政治任务，切实增强以“三个代表”重要思想指导自身工作的自觉性和坚定性。一定要按照《中共中央关于在全党兴起学习贯彻“三个代表”重要思想新高潮的通知》要求和胡锦涛同志“七一”讲话精神，按照总局机关党委和认监委临时机关党委的部署，加强领导，结合本单位的工作实际，做到精心组织、周密安排、及时指导、加强督促。要紧密联系工作实际和思想实际，把学习理论与统一思想、提高认识结合起来，与总结经验、推动工作结合起来，与武装头脑、提高能力结合起来，努力提高工作的质量和水平。各级领导干部要做好表率，带头学习、带头运用，不断将学习贯彻活动引向深入。

第二，坚持学以致用，在推动认证认可工作中实践“三个代表”重要思想。

胡锦涛同志在“七一”讲话中强调，要把“三个代表”重要思想学习好、贯彻好、落实好，务必在武装思想和指导实践两方面都取得新的成效。在学习贯彻“三个代表”重要思想的过程中，我们一定要按照这一要求，坚持学习理论和指导实践相结合，密切联系认证认可的工作实际，坚持用“三个代表”重要思想指导实践、解决问题、推动工作。做到谋划工作要以“三个代表”重要思想为根本依据，推进工作要以“三个代表”重要思想为强大动力，检验工作要以实践“三个代表”重要思想的实际成效为根本标准，切实把“三个代表”重要思想贯穿到认证认可工作的各个方面。

在前段时期认监委党组中心组“三个代表”重要思想的学习中，我们深深地感受到：认证认可工作充分体现了“三个代表”重要思想的理论精髓；认证认可工作的发展，离不开“三个代表”重要思想的指导。我国认证认可工作是根据国际认证认可工作的发展，根据国家对外贸易的发展不断发展壮大起来的，发展中充分贯穿了与时俱进的战略思想；国家认监委的成立，是党中央、国务院根据国际经济全球化和国内社会主义市场经济体制建立和完善的需要，高瞻远瞩、审时度势做出的战略决策，其本身就是与时俱进的产物；认监委成立以后开展的每一项工作，比如像建立工作体制、创新工作机制、整顿认证市场、转变政府职能、接轨国际规则等工作中，处处都体现了与时俱进的精神。

从认证认可工作的本质特征来看，“三个代表”是认证认可工作的重要指导思想，认证认可工作是“三个代表”的具体体现。党的十六大明确提出了全面建设小康社会的奋斗目标，我们当前所做的一切工作就是围绕实现这一目标而展开的。认证认可工作是国际通行且被各国政府和各类企业组织广泛运用的规范经济、促进发展的重要方法。认证认可工作能有效促进企业和组织提高管理及服务水平、保证产品质量、提高竞争力，推动国家优化资源配置、提高国民经济运行质量和水平，推动国家质量总体水平的不断提高，从根本上促进生产力的发展，因此，它代表着先进生产力的发展要求。认证认可工作不仅能通过革新企业和组织的文化，直接促使人们的思想观念和文化理念的改变，推动新文化思想和模式的形成；而且还能通过实施质量体系认证等方式，直接作用于报社、电视台、出版社等文化传媒，影响和促进文化的革新与发展。在一定程度上，它代表着先进文化的前进方向。认证认可工作是国家从源头上确保产品质量安全、规范市场行为、指导消费、保护环境、保护人民生命健康、促进对外贸易发展的重要手段，最能体现广大人民群众的根本利益。因此，对于我们而言，是否学习贯彻好“三个代表”重要思想，不光要看是否掌握了“三个代表”的理论精髓，更要看是否能以“三个代表”重要思想为指导，使认证认可工作不断地有新的突破和发展。一定要把学习“三个代表”重要思想与谋划认证认可改革发展结合起来，努力做到学以致用、用以促学、学用相长。

一是要通过学习“三个代表”重要思想，把思想进一步统一到“三个代表”重要思想上来，把智慧和力量进一步凝聚到认证认可的各项工作任务上来。当前认证认可工作的改革发展已经到了攻坚阶段。我们的工作取得了很大的成绩，但同时也面临着现代理念与传统观念的碰撞、职能分工与部门利益的矛盾等问题。工作越往前进，难度越大。在困难面前，个别同志有这样那样的想法很正常，但决不能因此动摇我们工作的信心。我们要从实践“三个代表”重要思想的高度，正确认识认证认可工作的发展大势，认识党中央、国务院统一认证认可工作管理的决心和态度。从两年来我们统一认可体系，协调强制认证制度与生产许可证制度关系、合并安全认证与进口安全质量许可制度等成功事例中，看到我们的成功和希望，坚定我们做好工作的信心和决心。我们还要看到，认证认可条例也会在不久的将来出台。还要告诉大家一个好消息，中国检验认证集团就在七月一日注册完毕。所有这一切，都是我们大家共同努力的结果，难道不值得我们自豪吗？我们知道，我们不能满足已有的成绩，同时，我们还要不断地采取新的措施，推动各项工作取得新的进展，不断开创新局面。

二是要树立与时俱进、开拓创新的良好精神状态。要结合“三个代表”重要思想的学习，认真检查思想观念和精神状态上的差距，努力按照发展要有新思路、改革要有新突破、开放要有新局面、各项工作要有新举措的要求，保持工作中的朝气和锐气，以创新的精神做好各项工作。特别是在强制性产品认证、农产品认证、认证市场的规范整顿、实验室监管体系建设等方面，我们没有前人的经验可以借鉴，没有现成的模式可以遵循。必须以“三个代表”重要思想为指导，坚持与时俱进，充分发挥主观能动性，勇于开拓、大胆创新，在开拓中发展，在创新中实现工作目标。

三是要牢记发展是党执政兴国的第一要务，以“三个代表”重要思想为指导，着力解决本部门、本单位影响发展的突出矛盾和问题。要针对存在的问题，深入调查研究，集中民意，集思广益，提出解决问题的措施和办法。当前委内最突出的问题是强制性产品认证制度的顺利实施问题。离八月一日不到一个月，还有一部分企业没有申请认证。认证部要组织力量到强制性产品认证企业比较多的地方进行调研，深入企业了解，其中不申请的真正原因究竟是什么，认证申请和检测中有哪些困难，切实提出有效的解决办法，保证八月一日执法检查的顺利进行。各部对前段业务协调工作中遇到的问题，也要进行认真梳理、科学分析和仔细研究。弄清楚问题的关键在哪里、学会换位思考问题，按照有进有退、有争有让的原则，多制定几套工作方案，促进协调的圆满完成。

四是要切实改进工作作风。党的作风关系到党的生命，工作作风关系到单位形象。认监委机关中还一定程度存在着工作作风不实的情况，突出表现在对下面的情况了解不透，似是而非，大概如何如何……，据了解怎么样怎么样……，综合的数据缺乏准确性和权威性；发文件安排工作时，没有对基层的情况进行认真了解，一些要求不符合基层的具体实际，让下边的同志无所适从。学习“三个代表”重要思想，一定要把转变工作作风作为一项重要的工作内容。切实在求真务实、真抓实干上下功夫，努力克服官僚主义、形式主义的影响，注重深入基层、注重调查研究、注重做艰苦细致的工作，着力于扎扎实实解决问题。认可中心和认证中心直接面向企业，要牢固树立服务意识，多为企业着想，千方百计减轻企业的负担。

五是要切实关心群众生活，维护群众利益。胡锦涛同志指出，学习贯彻“三个代表”重要思想，必须牢牢把握立党为公、执政为民。这是衡量有没有真正学懂，是不是真心实践“三个代表”重要思想最重要的标志。各级领导干部要牢固树立全心全意为人民服务的思想和真心实意对人民负责的精神，做到心里装着群众，凡事想着群众，工作依靠群众，一切为了群众，坚持权为民所用、情为民所系、利为民所谋，为群众诚心诚意办实事，尽心竭力解难事，坚持不懈做好事。要时刻把群众的安危冷暖挂在心上，对群众工作生活面临的困难，一定要带着深厚的感情帮助解决，真正做到事业留人、感情留人，努力创造一个积极向上、宽松温暖的工作环境。

第三，切实保持共产党员的先进性，做贯彻落实“三个代表”重要思想的促进派。

深入领会和贯彻“三个代表”重要思想，关键在坚持与时俱进，核心在坚持党的先进性，本质在坚持执政为民。这既是全面贯彻“三个代表”重要思想的根本要求，又是切实做好新时期党建工作的根本要求。在庆祝中国共产党成立82周年之际，要特别强调保持共产党员先进性的问题。

保持共产党员的先进性是马克思主义建党学说的重要原则。马克思主义建党学说认为，共产党是以马克思主义的科学理论作指导，由工人阶级中最忠诚、最先进、最积极的先进分子所组成，按照马克思主义的组织原则和纪律建立起来的工人阶级先锋队组织。共产党员作为该组织的成员，党员先进性汇聚成整个党的先进性，而党员先进性又是整个党的先进性的具体体现和反映。没有党员个体的先进性，整个党的先进性就无从谈起。正因为如此，马克思主义政党及其经典作家历来重视共产党员的先进性问题，始终把党员先进性问题作为保持党的先进性的一件大事来抓。在世界格局发生广泛而深刻变化、我国改革发展进入关键时期的新阶段，保持党的先进性，是党领导人民全面建设小康社会的根本要求，是巩固执政地位、增强执政能力、提高执政水平的根本要求，也是提高党的领导能力、驾驭复杂局面能力和拒腐防变能力的根本要求。

那么，什么是共产党员的先进性呢？共产党员的先进性，是指党员个人或党员群体在认识世界和改造世界的实践中，在思想、政治、组织、纪律、作风等方面，在生产实践、工作学习中所展现出来的，与一般群众相比较，能够自觉地适应生产力发展要求，代表先进文化前进方向，代表广大人民根本利益，符合人类社会发展规律和进步趋势的一系列行为和特征。党员的先进性，内在涵义有几个方面：

(一)思想觉悟高于群众。共产党员必须把共产主义理想信念深深扎根于自己心中，把树立共产主义远大理想与实现现阶段目标相结合，为实现社会主义现代化建设做出贡献；共产党员必须自觉遵守党的政治纪律，在政治原则问题上立场坚定、旗帜鲜明，贯彻党的路线、方针、政策坚定不移，做到思想上、政治上、行动上同党中央保持一致，自觉遵守党的组织纪律，坚持党的民主集中制原则，自觉接受党和人民群众的监督；共产党员在市场经济大潮中，要始终保持崇高的气节，正确对待是与非，做到对党忠诚，言行一致，敢讲真话、实话，不搞小团体活动，勇于同错误观念作斗争。牢固树立马克思主义世界观、人生观、价值观，淡泊名利，一身正气；共产党员不仅要树立服务意识，还要树立奉献意识，要把全心全意为人民服务作为一切工作的出发点和归宿，做到扎根群众，造福人民；共产党员必须大胆探索，不断创新，奋勇开拓，锐意进取，善于解决前进和发展中各种问题和矛盾，始终站在现代化建设的前沿，不断地在工作中创造新的业绩。

(二)业务技能高于群众。共产党员要保持先进性，必须要有过硬的业务本领。为此，必须提高适应市场经济需要的管理能力和水平，转变思维方式和观念，实现思维方式与观念创新；要提高汲取现代科技、管理知识的能力，做到干一行爱一行、学一行精一行，努力成为本职岗位的内行和能手；要提高开拓创新的能力，不能安于现状、墨守成规；要振奋精神，励精图治，百折不挠，争取必胜；要提高贯彻执行现行政策、法律法规的能力，善于把握精神实质，掌握基本原则，准确执行政策，正确适用法律，保证政令畅通，坚持公开公正公平，维护政府权威和信誉。

(三)贡献业绩高于群众。这是新时期党员先进性的根本要求，必须发挥带头作用，用实际工作和业绩取信于人民。

党员的先进性，还有外部表现的要求：一要发挥好带头作用，时时处处走在群众的前面，成为群众的表率和榜样。二要发挥好骨干作用，在实现党的任务中勇挑重担，成为群众的中坚和核心。三要发挥好桥梁纽带作用，在党组织和人民群众之间，进行上情下达和下情上达，使自己成为党与人民群众密切联系的纽带。四要发挥好保护作用，坚持吃苦在前、享受在后，使自己成为党和人民利益的坚定捍卫者。

改革开放以来，由于国内外各种因素的影响，加上一些地方和单位的党组织放松对党员的教育和管理，致使一些党员不能保持甚至彻底丧失了先进性。少数党员革命意志衰退，理想信念动摇。放松理论学习，缺乏起码的政治鉴别力，分不清大是大非，跟着错误思潮跑。有的思想上庸俗化，沉湎于实用主义和所谓的关系学，热衷于低级趣味。有的党员思想僵化，教条主义严重。有的党员观念淡薄，长期不参加组织生活，不承担党组织分配的工作，忘记了自己是个共产党员。有的党员甚至认为全心全意为人民服务的宗旨不符合市场经济规律，认为“吃苦在前，享受在后”与“带头致富”“带领群众共同致富”矛盾。嘴上经常说为人民服务，实际上却不愿意为人民牺牲自己的利益，甚至利用共产党员的身份谋私利，捞“好处”。一些党员缺乏责任意识、监督意识，对党内一些不正常现象采取“事不关己，高高挂起”的态度；一些党员只满足于洁身自好，自己不做违法乱纪的事就行了，对形形色色的不良现象看不惯，但不斗争、不抵制；少数党员不能严于律己，迎合社会上的一些歪风邪气，最终蜕化变质，堕入犯罪的泥潭。这些现象和问题，在我们总局系统和认监委、下属单位中，也不同程度地有所反映。

应当指出，少数党员先进性的弱化，发展下去，不仅自身会丧失党员资格，更会败坏党的形象，恶化党群关系，从整体上损害党的凝聚力和战斗力。因此，在新的形势下，强调保持共产党员的先进性，加强对党员的教育管理，提高党员素质，是一项非常重要而紧迫的任务。

“三个代表”重要思想，从根本上回答了在新形势下建设一个什么样的党和怎样建设党的问题，是我们党的立党之本、执政之基、力量之源，是新时期全面加强党的建设的伟大纲领和行动指南。“三个代表”是对党的先进性的要求，也是新时期党员先进性的本质要求、时代特征和集中体现。共产党员只有按照“三个代表”重要思想的要求，不断提高自身素质，才能准确地把握社会发展趋势，跟上时代步伐，充分体现共产党人的先进性和时代精神。

做到“三个代表”是保持党员先进性的根本要求；崇高的思想境界是保持党员先进性的根本前提，共产党员必须在实践中坚定树立共产主义远大理想，筑起思想防线，经受起各种考验；过硬的实践本领是保持党员先进性的根本手段，必须不断增强实践本领，掌握社会实践所需的各种知识，在社会实践中发扬党的先进性；切实发挥先锋模范作用，是党员先进性的根本体现，必须保持与时俱进精神状态，始终站在时代前列，必须坚持比奉献比贡献，始终站在困难和危险前列，必须坚持自重自省自警自励，始终做到“八个坚持、八个反对”，站在拒腐防变廉洁从政前列。

认监委临时党委在工作计划中提出了“建设一流队伍、培育一流作风、创造一流业绩”的党建工作新目标。“三个一流”是坚持党的先进性的基本要求，是委机关和直属单位党员实践“三个代表”重要思想，坚持党的先进性的实践基础和检验标准。全体党员干部都要立足本职，建设一支政治上靠得住、业务上有本事，肯干事、能干成事的党员干部队伍；培育廉洁勤政、依法行政、求真务实、工作高效的机关作风；围绕全面建设小康社会的目标，在认证认可工作中，创造性地贯彻落实党的路线、方针、政策，做好本职工作，让党中央放心，让人民群众满意，以实际行动和成绩体现和发扬党的先进性，体现共产党员的模范作用。

我的讲话完了，谢谢大家！

2003年7月3日

国家质检总局刘顺经在国家认监委“两优一先”表彰大会上的讲话

同志们：

今天，国家认监委召开“两优一先”表彰大会，以此来纪念中国共产党成立82周年，并对全委机关和直属单位兴起学习贯彻“三个代表”重要思想新高潮进行动员。这次会议内容丰富，开得很好、很及时。我代表总局直属机关党委向受到表彰的先进基层党组织、优秀共产党员、优秀党务工作者表示热烈的祝贺，并向工作在认证认可各个岗位上的广大党员干部表示亲切的问候！

国家认监委成立以来，委机关和直属单位广大干部职工，自觉学习贯彻“三个代表”重要思想，认真贯彻落实党的路线方针政策，认真履行职能，在委党组正确领导下，积极推动认证认可工作的开展，取得了显著成绩；临时机关党委认真抓党的思想建设、组织建设、作风建设，充分发挥支部战斗堡垒作用和党员先锋模范作用，为认证认可工作的顺利开展提供了坚强保障。

借此机会，我结合学习贯彻“三个代表”重要思想和保持共产党员先进性，对下一步的学习提几点意见，然后王局长还要做进一步指示。

一、切实组织好对“三个代表”重要思想的学习

当前，全国各条战线都在认真学习贯彻“三个代表”重要思想。胡锦涛总书记在“七一”研讨会上的讲话，高度评价了“三个代表”重要思想的理论地位，高度评价了在全党兴起学习贯彻“三个代表”重要思想新高潮的现实意义，并以“三个代表”重要思想为指导，系统地、深刻地阐述了我党在新的历史条件下，全面加强党的自身建设，全面推进改革开放，全面实现建设小康社会宏伟目标，必须自觉坚持“三个代表”重要思想，在实践“三个代表”重要思想中发展“三个代表”重要思想，向全党发出总动员。昨天，总局党组专门开会作了部署，下一步，总局机关党委将根据中央国家机关党工委统一安排，推动全系统的学习贯彻，迅速掀起学习贯彻“三个代表”重要思想的新高潮。希望委机关和直属单位各级基层党组织和广大党员，高度重视“三个代表”重要思想的学习，一定要按照委党组的统一部署，学习好“三个代表”重要思想，努力实践“三个代表”重要思想，自觉以“三个代表”重要思想为指导，与时俱进，不断开创认证认可工作的新局面。

二、切实加强支部自身建设

始终坚持以正确的理论为指导，不断加强党的自身建设，永远保持党的先进性，是我们党的政治优势和优良传统。基层党组织是党的全部工作和战斗力的基础，不断加强基层组织建设，永葆党的先进性，是党建工作的根本。

认监委机关和直属单位有20个党支部，近200个党员，党员人数较多，基层组织比较健全，这是建设认证认可事业的坚定力量和可靠保障。各个支部必须坚决按照党章规定开展工作，自觉贯彻落实党的路线方针政策，把“三个代表”重要思想的要求体现在行动上、落实到支部工作中，真正发挥“三个代表”重要思想的理论指导作用，不断加强支部自身建设，带动队伍整体素质不断提高，保证各项工作任务的完成。

支部要坚决贯彻从严治党方针，从党员发展和教育管理入手，从发扬党内民主、健全组织生活入手，搞好支部自身建设。要坚持党员条件和党员标准，保证党员真正从思想上入党，坚持经常性的党员教育和管理，开展批评和自我批评，加强党内监督，增进党的团结，增强党性观念。

各支部要充分利用“三个代表”重要思想的学习来加强支部工作、提高支部凝聚力和战斗力。委机关年轻人较多，支部成员中也是以年轻人为主，思想活跃，工作干劲足。这就需要更注重学习，要通过学习尽快在思想上、政治上成熟起来，尽快熟悉和适应支部工作，在支部工作中，使自己得到全面的锻炼。支部在组织学习中，要严格要求，不能采取等待、观望的态度，不能采取泛泛学习的方法，要克服学过了差不多了的思想认识，真正把学习引向深入，收到实效。要利用“三个代表”重要思想的学习，很好地加强思想的统一和队伍的团结，达到提高认识、领会精神、解放思想、明确目标、齐心协力干事业的目的。

三、切实发挥党员先锋模范作用

发挥党员先锋模范作用是党的先进性的必然要求，是党员义务的集中表现。党的先进性问题可以说自中国共产党成立以来一直十分重视，它构成党的性质，是党存在的依据。马克思主义政党把先进性作为党的分子的首要条件，作为党的组织的首要特征。坚持党的先进性是实现党的奋斗目标、党的纲领任务的需要，是提高党的执政能力、驾驭复杂局面能力、拒腐防变能力的需要。以学习贯彻“三个代表”重要思想为契机，围绕“核心在坚持党的先进性”开展保持共产党员先进性教育活动，是长治久安的治本之举。目前，这项工作正在搞试点。我们质检系统要在学习实践“三个代表”重要思想上提出更高要求，做得更好，保证质检事业始终沿着正确的轨道健康发展。

机关和事业单位党员保持先进性、发挥模范作用，主要应当在德能勤绩廉五个方面来体现。要求很好履行党员义务，思想上走在时代前列、困难中站在危险前沿、奉献精神突出、工作业绩显著。最根本的要求是，时刻牢记自己是一个党员，时刻牢记党的宗旨，全心全意地为人民服务，并且在党的全部工作中，在各自工作岗位上，体现出党员的意识、党员的责任、党员的胆识和水准、党员的眼界和胸襟。

先进性最终靠实践证明，靠历史证明，首先是由群众证明的。群众往往通过大事来看党的整体，也常常通过小事来看党员，大事要重视，通过抓小事来保持党的先进性，也是不容忽视的。在小事上问题往往更突出一些，也是坚持党的先进性的关键。在我们的工作中，党员与群众学习、工作在大体相同的环境中，要求党员比群众具有更高的觉悟、更多的成绩，就需要党员对先进性有足够的重视和自觉，才能防止在共同的条件下党员不会混同于非党员，党员起到党员该起的作用。但是不能否认，个别党员这种意识是比较淡薄的。同时，比较普遍存在的一个问题是：需要改变“都差不多”的思想认识，需要研究为什么会出现这种认识，怎样改变这种认识，要用事实证明，不是都“差不多”而是差距不小，在这个基础上，提高整个群体对“先进性”的认同，克服从众心理和从众行为习惯。思想上重视是解决问题的首要办法。要认识和反思，与党的要求和人民的愿望相比，学习是不是还不够、主观努力是不是还不够、工作做得是不是还存在差距；要对照要求找差距，对照先进找差距，认真对待存在的问题，认真改进自己的学习，提高自身能力，改进工作。

最后，希望认监委机关和直属单位广大党员干部牢记宗旨、不辱使命，团结奋斗、再接再厉，以新的成绩为党的事业增光添彩，为党旗增光添彩，为质检工作和认证认可事业做出更大的贡献。

2003年7月3日

国家认监委王凤清在国家强制认证执法检查授旗仪式上的讲话

各位来宾,各位朋友:

大家好!

在国家强制性产品认证制度执法检查正式启动的时候,我们在这里举行强制认证执法检查授旗仪式暨电子信息类产品CCC认证推介会,具有十分重大的意义。

强制性产品认证(CCC认证)制度是国家为了保护广大消费者人身和动植物生命安全、保护环境、保护国家安全,根据国际惯例,依照国家法律法规实施的一种产品市场准入制度。这项制度自2001年12月正式颁布实施以来,在社会各界的大力支持下,通过有关各方的通力合作,圆满完成了第一阶段的工作目标。目前已颁发认证证书82 810份,已经认证和已申请认证的产品涉及的企业达20 143家,其产品市场覆盖率达90%以上。CCC认证制度执法检查的各项条件已经完全具备,

按照CCC认证制度的规定,从今天起,凡列入CCC认证目录内的产品、未获得指定机构的认证证书并加施认证标志的,不得进口、出厂销售和在经营性活动中使用。从今天起,全国质检机构将在全国范围内全面开展CCC认证执法检查。因此,这次活动是一个重要的里程碑,它标志着CCC认证制度实施的重点已经从推动认证向加强执法检查、巩固认证成果、提高认证有效性转变,CCC认证对推动质量工程建设,规范市场行为,保护环境和维护消费者生命财产安全等方面的重大作用正在逐步显现。

CCC认证执法检查是一项政策性很强、影响广泛的一项重要工作。做好这一工作,不仅关系到我国入世承诺的兑现,关系到我国的国际形象和声誉,还关系到国家和地方经济的发展,关系到成千上万生产和经销企业的生存发展,更关系到广大人民群众的根本利益。因此,一方面,我们要进一步加大工作力度,确保CCC认证制度顺利实施,通过执法检查实施严格的市场准入,把不符合标准的产品坚决地摒弃在市场大门之外,更加有力地促进国家产品质量和安全水平的提高,更加有效地保护广大人民群众的生命财产安全。另一方面,必须树立正确的指导思想,坚持为国家经济发展服务、为企业发展服务、为广大人民群众服务的工作方针,积极稳妥地推进。

各级质检部门一定高度重视和认真做好CCC认证执法检查工作。要按照有关法律法规的规定和国家质检总局、国家认监委的部署及要求,认真把好厂门和国门,切实从源头上抓起,有重点、分步骤地积极推进;要以科学、公正、廉洁、高效为原则,坚持依法行政,规范执法行为,严格按相关程序规定办案,杜绝和防止不作为与滥作为;要正确处理好行政执法与服务企业的辨证关系,以推进CCC认证制度实施为根本目的,对相关企业多指导、多帮助、多督促,通过执法检查促进更多企业通过CCC认证;要切实维护CCC认证制度的严肃性,对不遵守CCC认证制度规定、8月1日后仍生产和销售达不到强制标准要求的产品生产企业,对伪造和假冒CCC认证标志等违法违规行为,要坚决进行严厉查处。

CCC认证工作离不开方方面面的支持与配合,各级政府部门和社会各界对这一工作给予了高度的重视和积极的支持。今天的电子信息类产品CCC认证推介会,就是由北京海淀区区委、区政府和有关企业自发办起来的,对推动CCC认证在电子信息类产品中的实施必将产生积极的作用和深远的影响。在此,我代表国家质检总局和国家认监委,对各级政府部门和社会各界的关怀和支持表示感谢!

我的讲话完了,谢谢大家!

2003年8月1日

国家认监委程方在商务部实施食品放心工程电视电话会议上的发言稿

同志们：

食品质量安全卫生问题是影响人民群众身体健康的重大问题，党中央、国务院一直十分重视食品质量安全卫生问题，2003年7月，国务院决定在全国范围开展“食品放心工程”，按照“标本兼治、着力治本”的工作方针和“突出重点、带动全面”的工作思路，力争在不长的时间内解决食品安全问题。为此，深入推进“三绿工程”、积极利用食品质量安全认证这一手段，建立起食品质量安全控制的长效机制，从种植、养殖、生产加工到储运、销售等流通环节对食品质量安全进行有效控制，全面促进食品质量安全卫生水平的提高。商务部召开电视电话会议，部署食品放心工程工作非常及时。国家认证认可监督管理委员会积极支持商务部实施食品放心工程工作，积极配合商务部推进“三绿工程”建设工作。下面，我从三个方面介绍有关情况：

一、开展食品质量认证是全面实施食品放心工程的重要手段之一

改革开放以来，我国食品生产、加工和流通取得了巨大成就。食品供应充足，品种丰富，价格基本稳定。蔬菜、肉类、禽蛋等“菜篮子”产品的产值已经达到食品、农产品总值的52%，人均占有肉、蛋分别达到50公斤和17公斤，已经超过或接近世界水平，我国已经成为食品生产和消费大国。

但与此同时，由于各方面原因，我国食品生产经营秩序仍比较混乱，制假售假现象屡禁不止，滥用农药、兽药、饲料添加剂及食品加工流通过程不规范行为导致各种食品污染问题突出，特别是严重的食物中毒事件时有发生。不仅严重损害了消费者的合法权益，而且影响食品行业的健康发展和社会安定。切实提高食品质量安全，如何从源头上控制和科学管理食品的生产、加工、流通全过程，实现对食品“从农田到餐桌”的全程质量控制，是我们当前和今后需要认真解决的突出问题。

认证是国际通行的现代质量管理、质量控制的有效手段。食品质量安全认证，是指由处于公正第三方地位的认证机构，按照国家或国际标准、技术规范要求对食品的生产、加工和储运、销售全过程的合格评定活动。开展食品质量安全认证，不但可以推动我国食品“从农田到餐桌”各个环节的标准化的不断深入，有利于树立食品生产者、经营者、管理者的标准意识和质量意识，规范生产者、经营者的行为，促进食品质量安全的提高，切实保障食品从生产到消费的安全。更重要的是，质量安全认证是通过具有一定资质、能力条件的认证机构独立施行，以不同于“供方”(即生产加工方)和“需方”(即经销方)的第三方身份对获得认证的食品持续符合性要求负责，保障了认证结果的公正和有效，对食品的安全生产、安全销售和安全消费具有广泛的指导作用。同时，在国际食品贸易中，各国政府为保护本国利益，设立了形式多样的技术壁垒，食品质量认证就是其中主要形式之一。如欧盟、美国、日本等国家通过立法行式要求进入这些国家的认证农产品及食品必须符合这些国家的标准要求，对未相互认可的国外认证农产品及食品进入本国市场作了种种限制。我国食品要顺利走出国门，在国际市场竞争，必须取得国际认可的认证才能突破这种技术壁垒。开展食品质量安全认证另外一个重要意义是转变政府职能，使政府从组织食品质量评比、检验检测等行政审批具体事务工作中解脱出来，减少政府不必要承担的一些责任和风险，将更多精力放在市场经济秩序的监督管理方面，对于深化行政管理体制改革，提高政府效能，加强和改进作风建设，从源头上预防和治理腐败，都具有重要意义。

为此，国务院办公厅在《国务院办公厅关于实施食品放心工程的通知》(国办发[2003]65号)中明确将“在农产品、食品中开展质量认证，建立健全食品药品认证体系”作为全面实施食品放心工程的重要工作和主要目标之一。国家认监委将认真履行国务院赋予的职责，积极和各部门、各地区相互配合，共同做好食品质量认证工作，促进我国食品质量提高，确保人民群众的消费安全。

二、我国食品认证主要形式

(一)产品认证领域

由国务院有关部门组织推行的食品质量方面认证主要有：无公害农产品认证、有机食品认证和绿色食品认证。此外，还有其他多种认证形式。这三种认证方式适用的标准和认证规范、程序有一定差别。

绿色食品认证是1990年由农业部发起。采取自愿性产品认证形式，依据的是农业部颁布的行业标准，认证对象包括初级农产品及其加工品，认证后的产品加贴“绿色食品”标志。经过十多年的发展，到2002年底，全国有1271家企业的2400多个产品获得了绿色食品标志使用权。

无公害农产品认证是2002年由质检总局、国家认监委和农业部共同发起，目的是配合“无公害食品行动计划”的全面实施。无公害农产品认证采取自愿性产品认证形式，认证采取产地认定和产品认证相结合的方式，各地农业行政主管部门负责产地认定，产品认证由农业部农产品质量安全认证中心实施，认证不收费。截止2003年4月，共有155家企业的214个产品通过认证。无公害农产品认证填补了初级农产品质量控制的“空白”，虽然实施的时间不长，但效果明显，促进了初级农产品的质量安全卫生水平的提高。

有机食品认证是1995年由环保总局发起。采取自愿性产品认证形式，依据的是环保总局颁布的行业标准。有机认证是目前国际通行的食品质量认证形式。截至2003年上半年，我国经认证的有机产品有粮食、蔬菜、水果、茶叶、奶制品、禽畜产品等近200个品种，已经建成产供销一条龙的有机食品生产企业近200家，有机食品出口贸易额达到3 000多万美元，年出口增长率保持在30%以上。为进一步规范有机食品认证工作，促进有机认证的健康、有序发展，国家认监委正在会同有关部门按照国际认证指南和导则的要求，完善有机认证的基本规范、规则等管理办法，制定国家标准，组织具有资质、能力的认证机构开展有机认证工作。

(二)体系认证领域

我国管理体系认证，主要有质量管理体系认证(ISO9000认证)、环境管理体系认证(ISO14000认证)、职业健康安全管理体系认证(OHSAS)和HACCP认证(危害分析和关键控制点)。截止2003年6月，具有认可资质的认证机构共颁发质量管理体系认证证书83 904份、环境管理体系认证证书3 645份、职业健康安全管理体系认证证书346份。但是，针对食品销售等流通环节的质量安全管理体系方面的认证，至今仍是“空白”。目前，商务部(原国家经贸委)与我委根据“三绿工程”的需要，共同研究建立“绿色市场”体系认证制度。这项工作是填补我国食品流通领域质量安全管理“空白”的一项有意义的工件。我们将与商务部一起加快工作进程，尽早推出这一认证制度。

三、建立健全食品和农产品认证认可体系是国家认监委落实国务院食品放心工程的主要工作任务

实现《国务院办公厅关于实施食品药品放心工程的通知》中确定的“标本兼治，着力治本”的工作方针和“突出重点，带动全面”的工作思路，不仅需要强化行政执法，利用强有力的市场准入手段严厉打击制假售假，同样也需要建立符合市场经济客观要求、符合市场机制运作的长效管理方式；不但要对食品原料进行管理，还要加强对食品的加工、储运、销售等过程的质量控制，这样才能从根本上解决食品安全问题。

为了从根本上规范食品生产、经营行为，推广现代流通方式，加快食品行业信用体系的建设，整体上提高我国食品质量安全水平。国家认监委今年2月，在原经贸委、原外经贸部等8个部门的大力支持下，以9个部门的名义联合下发了《关于建立农产品认证认可体系实施意见》。结合国务院日前确定的实施“食品放心工程”和商务部的相关工作，国家认监委下一步重点做好以下几方面工作，配合商务部实现“十五”期间“建设百家绿色批发市场、千家绿色零售市场，创出万种绿色品牌”的目标。

(一) 结合食品放心工程和“三绿工程”的工作目标，积极与商务部、中国商业联合会等部门联合研究设立并推动“安全健康食品认证”、“绿色市场认证”及“商业企业信用认证”等，建立食品加工、储运、经销全过程的质量卫生安全管理认证体系，统一、规范认证标准，合格评定程序、认证标志和收费标准，保证食品认证认可工作的公正、公开、公平。

(二) 进一步推行食品认证机构、认证培训机构的国家认可制度，对认证机构的技术持续保持情况和认证产品进行监督检查，加强对食品认证人员的注册管理，提高认证有效性。

(三) 以与国际接轨为目标，结合我国国情，建立国家食品认证标准体系。与食品生产、流通主管部门及国家标准化管理委员会一起对我国现行食品生产和流通的标

准、技术法规进行汇总、研究，结合食品放心工程和国际相关标准的要求，确定我国食品认证适用的标准和合格评定程序，共同推动食品放心工程的标准化进程。

（四）充分利用WTO绿箱政策和借鉴国外做法，积极与相关部门磋商，探讨建立我国食品认证补贴机制。通过这一举措，促使和扶植具备一定条件的食品生产、加工企业积极生产优质、高效、生态、安全食品，对获得认证的生产、加工企业及认证机构在税收、信贷、资金和补贴等方面给予一定的政策优惠，对绿色市场、绿色品牌等进行重点扶持，促进"三绿工程"和食品放心工程的健康、快速发展。

（五）通过政策引导和加强监督管理，引入市场竞争机制，积极推进认证机构的社会化进程，培育一批规范运作、社会信誉高、符合国际通行规则要求的我国食品认证机构，使其在公正、规范、自律和有序竞争的环境条件下，开展认证活动。

我国认证认可工作是在改革开放初期，在计划经济体制下各部门根据各自的职责建立起来的，对各部门履行行政管理职能产生过积极的作用。但存在一个显著问题，就是认证分属于许多主管部门，各自为政，互不共享、互不认可，运作不规范、有效性不高。随着我国社会主义市场经济体制的完善和加入WTO，政府职能必须转变。我国认证认可工作必须改变多头管理、多重标准、重复认证、重复收费的现状，按照国际规范建立新的工作机制。

2002年，国务院办公厅《关于加强认证认可工作的通知》提出认证认可工作的指导思想是：按照"三个代表"重要思想的要求，坚持统一规划、强化监管、规范市场、提高效能和与国际接轨的原则，建立在国家认监委统一管理、监督和综合协调下，各有关方面共同实施的工作机制，建立全国统一的国家认可制度和强制性认证与自愿性认证相结合的认证制度，积极推进认证机构及相关机构的改革，逐步实现认证机构的社会化。在食品认证认可体系的建立和实施上，必须坚持两个原则：第一，必须坚持统一领导。食品认证认可体系是国家认证认可体系的一个重要组成部分，必须坚持统一管理和综合协调。在工作体系的建立、认可制度的实施、认证标准的制定、认证标志和相关机构的管理方面，国家认监委要按照工作职能实施有效的管理。第二，必须坚持共同实施。食品认证是服务于广大人民群众，促进食品生产、加工、流通领域管理手段和方式的现代化。充分依靠和发挥食品生产、流通行政主管部门的作用，是开展食品认证工作的基础和必要条件，国家认监委要加强综合协调，与各部门一起共同做好工作。

同志们，我国改革开放和社会主义现代化建设已进入一个崭新的时期，我们要在党中央、国务院的领导下，以"三个代表"重要思想为指导，进一步加强团结协作，加强工作创新，各负其责，共同做好食品放心工程有关工作，推动有关认证认可工作的开展，为从根本上解决食品质量安全问题，保障广大人民群众的身体健康做出我们应有的贡献。

谢谢大家！

2003年8月21日

国家认监委王凤清
在全国认证机构会议上的讲话

各位代表：

全国认证机构会议是国家认监委统一管理、监督和综合协调全国认证认可工作以后，召开的第一次大规模的认证机构会议；也是我国认证认可工作有史以来召开的第一次如此高规格的全国性认证机构会议。大家知道，8月20日，国务院总理温家宝主持召开国务院常务会议，审议并原则通过《中华人民共和国认证认可条例(草案)》。会议决定《条例(草案)》经进一步修改后，由国务院公布施行。这是我们盼望已久的一件大喜事。对适应我国加入世界贸易组织的需要，规范认证认可活动，进一步提高我国产品竞争力、服务质量和管理水平，促进经济和社会的发展，具有十分重大的意义。

我们这次会议的主要任务，就是要以“三个代表”重要思想为指导，按照国家整顿和规范市场经济秩序的整体要求，总结我们对整顿和规范认证市场，对认证机构认证有效性调查等工作的开展情况，客观分析当前工作面临的形势，研究提出适应社会主义市场经济发展要求的认证市场监督管理工作新思路。借此机会，我先讲几点意见。

一、国家认监委成立以后我国认证认可工作的发展情况

国家认监委成立以来，我们按照统一规划、强化监管、规范市场、提高效能和与国际接轨的原则，全面加大了工作力度。在国务院有关部门的积极支持和相互配合下，认证认可事业有了新的发展。突出体现在如下九个方面：

一是初步建立了认证认可工作新体制。2001年3月，党中央、国务院决定成立国家认监委以后，我们即着手开展了新机构的组建工作。2001年8月，国家认监委内设机构基本组建完毕，2001年8月29日国家认监委成立，正式开展工作。2002年4月，经国务院同意，建立了23个部委局参加的认证认可部际联席会议制度。同年7月，按照国家只建立一套认可体系的要求，对国内原有认可机构进行了整合，重新组建了中国认证机构国家认可委员会、中国实验室国家认可委员会、中国认证人员与培训机构国家认可委员会。为了最大范围调动社会各界参与支持认证认可工作的积极性，2002年12月，国家认监委又专门成立了由社会各界专家学者参加的认证认可专家咨询委员会。为了推动标准法规在认证认可工作中的有效实施，2003年初，成立了全国认证认可标准化技术委员会。经过近两年的努力，初步建立起了全国统一的国家认可制度、强制性认证与自愿性认证相结合的认证制度、检测检验机构管理制度，目前我们正在完善建立我国统一的农产品、食品认证认可工作体系。

二是逐步建立和完善了认证认可的法律法规体系。国家认监委成立以后，对原有的认证认可法律法规进行了全面的清理。之后，按照依法行政的要求，以国务院关于国家认监委“三定”方案的规定和国务院办公厅《关于加强认证认可工作的通知》为主要依据，全面加强加快了认证认可的立法工作，制定了相关的部门规章，为认证认可工作的顺利开展提供了充分的法律依据。根据国务院2002年立法计划安排，拟定并上报了《中华人民共和国认证认可条例(草案)》，该草案主要确立了适应认证认可发展需要的基本制度，明确了认证认可活动的行为规范及应承担的法律责任，规定了政府主管部门对认证认可机构的监管制度等。国务院原则通过《条例(草案)》，标志着我国认证认可事业进入了一个新阶段，《条例》适应了国家认证认可体制变化的要求，为依法规范和调整认证认可工作提供了明确的法律依据，使认证认可工作在法制规范的道路上跃上一个新台阶，也必将为解决我们目前在实施统一的认证认可工作管理体制方面存在的一系列问题提供新的工作思路。

三是有效实施了新的强制性产品认证制度。对涉及健康、安全、环境保护和国家安全的重要产品实施内外一致的强制性产品认证制度，是认证认可工作的重要内容，也是国际通行的做法，是我国政府在入世谈判时作出的郑重承诺。认监委成立后，把实施新的强制性产品认证作为重要工作来抓，从2001年12月起，按照统一目录、统

一标准、法规和合格评定程序，统一认证标志，统一收费标准的要求，对 19 大类、132 种产品实施了强制性产品认证制度。陆续发布了《强制性产品认证管理规定》和 47 个程序性文件，指定了 9 家认证机构和 99 家检测机构承担工作任务。在国内外进行了大规模的宣传和发动工作，目前已圆满完成了第一阶段的工作目标。颁发认证证书 90 659 份，已经认证和已申请认证的产品涉及的企业达 23 567 家，其产品市场覆盖率达 90%以上。从 8 月 1 日起，凡列入强制性产品认证目录内的产品、未获得指定机构的认证证书并加施认证标志的，不得进口、出厂销售和在经营性活动中使用。目前各地质检机构正按照国家质检总局和国家认监委的工作部署，在全国范围内开展相关的执法检查。

四是整顿规范认证市场取得了明显的成果。这方面的工作我将在第二部分中详细介绍。

五是大力加强了部际协调工作。部际联席会议制度的设立，是发挥认监委与各有关部门“两个积极性”的有效形式，标志着我国认证认可工作中长期存在的政出多门、标准不一、监督不力等问题得到了初步解决。在国务院的关心和中编办的支持下，2002 年 4 月 8 日，我们召开了“全国认证认可工作部际联席会议成立暨第一次全体成员会议”，18 个部委主管认证工作的部、司局级领导和联络员参加了会议，国务院副秘书长尤权和中编办副主任王澜明出席会议并讲话。此次会议后，各部委与认监委的联系增多。通过部际协调，在实现了两套质量管理体系和产品的认可机构和制度整合之后，顺利完成了环境管理体系认可机构的整合，有机食品认证的认可机构移交工作的行政协调工作基本完成，职业健康安全管理体系认证认可制度统一管理的协调工作也已基本完成，至此实现了认可机构的统一。在统一认可机构的同时，通过在认可机构设立专门技术委员会的形式，确保了有关部门和方面的代表充分地参与和监督相应的认可活动。通过部际联系的工作形式，我们与国家发改委、农业部、公安部、建设部、铁道部、卫生部、水利部、信息产业部、工商总局、环保总局、安全生产监督管理局、广电总局、体育总局等部门就认可机构统一管理、农产品认证、森林认证、节水产品认证、绿色食品认证、安全食品认证、电讯终端设备强制认证、室内空气质量检测市场问题、认证市场清理整顿联合执法等问题进行了有效的协调与协商，在统一步调，形成合力，调动各方面工作积极性，共同做好认证认可工作方面迈出了积极步伐。

六是推动了农产品认证认可体系的建立和完善。建立农产品认证认可体系，是国家认证认可事业的一项开拓性工作。对于提高农产品认证评价的一致性和有效性，促进农产品质量卫生安全水平的提高，调整农业结构，改善生态环境，扩大出口创汇，具有重要意义。《国务院关于加强新阶段“菜篮子”工作的通知》明确要求国家认监委要加强对与“菜篮子”产品有关的认证认可工作实行统一管理、监督和综合协调。为此，国家认监委进行了大量组织协调工作。今年 2 月，与农业部、经贸委、外经贸部、工商总局、环保总局等九部委联合印发了《关于建立农产品认证认可工作体系实施意见》，明确了建立农产品认证认可工作体系的指导思想和工作重点。质检总局、国家认监委还分别与农业部联合下发了《无公害农产品管理办法》、《无公害农产品标志管理办法》等文件，并开展了相关工作。

七是实验室监督管理工作取得新的进展。按照国家只建立一套实验室资质评价制度的思路，努力协调历史上形成的我国多套实验室评价体系之间的关系，通过制定规章，出台相应管理办法等工作措施，规范我国实验室资质评价工作。为解决全国检测实验室低水平重复建设的问题，更好地管理现有的实验室资源，实现全国范围的资源共享，受质检总局委托，从 2002 年 11 月开始，组织开展了跨行业和部门的全国实验室资源调查，已经取得阶段性的成果。通过对数据综合分析和处理，目前已经形成报告，我们希望通过这个报告能为国家领导及有关部门在今后的实验室规划和建设决策方面提供科学依据，为实验室与用户之间提供联系的桥梁和纽带。

八是努力做好进出口食品卫生注册工作。出口食品卫生注册是落实中央“走出去”发展战略，打破国外技术壁垒，促进食品、农产品出口的关键环节。自《出口食品卫生注册管理规定》发布后，全国卫生注册企业达 9 800 家，认监委向外国政府主管部门推荐注册企业达 4 500 家次。为使这些企业保持相应的卫生水平，国家认监委组织对出口卫生注册企业实施了“拉网式”检查，并在六类出口食品企业中大力推广 HACCP 体系。加强了对外交涉力度，力保我国产品顺利出口。与此同时，按照国际惯例，对进口食品的国外生产厂家也实施了进口卫生注册制度，这是为维护国家经济利益和安全建立的一种必要的限制措施。

九是加强了认证认可国际合作与交流。按照国务院赋予的工作职能，国家认监委代表国家参与认证认可国际合作。国家认监委成立以后，认证认可国际合作空前活跃。先后派员参加了国际认证认可组织的重要活动，在相关国际组织中担任了重要职务，发挥了重要作用。承办了IEC66届年会等国际认证认可工作会议，有效促进了我国认证认可工作与国际的交流与合作。去年召开的IEC66届年会，是历届IEC大会代表人数最多、会议规模最大、各种技术会议和管理会议最多最复杂、组织管理技术水平要求最高的一次盛会。江泽民主席接见了IEC高官并做了重要指示，吴仪同志出席了在人民大会堂举行的闭幕晚宴，并代表中国政府发表了演讲，体现了党和国家对这一工作的重视。

国家认监委还注意发展与世界各国的认证认可组织合作，着手进行了我国与有关国家签定的政府间双边协议的事宜和新协议协定的商签工作。与越南签署了越南承认我摩托车、摩托车发动机和头盔认证结果的备忘录。此举为扩大我国新建立的强制性产品认证制度的国际影响、提高我认证结果的权威性起到了促进作用。认监委还与新加坡标准、生产力和创新局(SPRING)签署了双边合作备忘录；与韩国标准院(KATS)协商了合作备忘录事宜；与朝鲜协商了朝方认可我认证制度的协议问题。根据我国与巴基斯坦第十五次科技协定，在完成帮助巴建立国家实验室之后，目前又正在帮助巴基斯坦建立国家认可体系。通过这些工作，在国际认证认可事务中发挥了应有的作用，提升了我国的国际地位。

以上九个方面的工作进展，充分说明党中央、国务院组建国家认监委的决策是十分正确的，也充分说明了国家认监委按照党中央、国务院的要求，在统一管理、监督和综合协调全国认证认可工作方面迈出了重大步伐。

二、我国整顿和规范认证市场秩序工作的基本情况

认证市场存在的不规范、有效性差的情况，直接影响了认证认可事业的健康发展。认证市场上的违法违规问题也引起了国务院领导和有关方面的高度关注。国务院领导就认证工作做出了一系列重要批示。国家认监委自成立以来，把整顿和规范认证市场秩序作为头等大事来抓，针对认证认可存在的各种违法违规问题，做了大量卓有成效的工作。

一是从源头抓起，完善监管办法。认证市场混乱，根源在认证机构的不规范运作和恶意违规；要整顿和规范认证市场，必须从源头抓起，从清理整顿认证机构抓起。从2002年开始，我们以国务院办公厅《关于加强认证认可工作的通知》为依据，对国内认可的原有认证机构和境外机构，按照新的要求进行了全面的清理整顿和重新登记。先后下发了《关于清理整顿和规范认证市场的通知》，与国家质检总局、国家工商总局和原外经贸部联合下发了《认证机构及认证培训、咨询机构审批登记与监督管理办法》，依据《办法》制定了相关配套文件，确立了对认证市场监管的新体制。根据《办法》的规定，在全国范围内对认证机构及认证培训、咨询机构进行全面的清理，对所有的认证机构及认证培训、咨询机构进行了重新登记和审批。

经过清理整顿，共批准各类认证机构112家，认证培训机构109家，认证咨询机构在2002年初次批准1 100家的基础上，于2003年按照重新确认的新要求，对这1 100家咨询机构中再次提出申请的775家进行了认真的审核，目前已批准了436家。批准了从事分包境外认证机构业务的合资认证机构16家，境外认证机构驻华代表机构18家。批准的机构中，很大一部分机构可以同时开展质量管理体系、环境管理体系、职业健康安全管理体系等多种认证，认证及认证培训、咨询机构在数量和布局上都基本满足了工作的需求。

二是形成高压态势，打击恶意违法违规行为。少数认证机构的恶意违法违规行为，严重破坏了认证市场秩序，损害了认证工作的声誉。对这些害群之马不进行有力打击，就不可能还认证市场一个良好的秩序，就会葬送蓬勃发展中的认证认可事业。从2001年底开始，我们根据举报和各方面掌握的信息，与国家工商总局联合组织地方质检、工商部门对12家代理外国认证业务的境内机构违法违规行为进行了调查，根据调查结果对其中存在严重违法违规行为的7家机构公开向社会进行曝光处理，宣布其认证结果难以采信，对这些机构的处理在国内引起了很大的震动，震慑了认证市场的违法违规行为，产生了良好的社会效果。

中国政府查处违规认证行为的行动引起了国际认证认可界的高度重视。国际认可论坛(IAF)委派IAF主席专程来北京就有关情况与认监委进行沟通，以表示对中国查处违规认证行为的重视、支持和配合，并要求有关国家认可机构全力配合中国政府的查处行动。同时表示，将根据中国调查所发现的问题，对IAF有关跨国认证认可的国际规则进行修订和完善。美国的有关认证刊物还对中国政府查处违规认证行为的情况进行了正面报道。

在清理整顿和重新登记过程中，我们还对投诉比较集中的四家认证机构进行了调查，其中有两家分包外国

认证业务的机构因认证有效性、规范性存在问题，要求其在批准后一段时间内进行停业整顿，对已经认证的企业进行清理，不得受理新的认证申请、颁发新的认证证书。这两家机构经过清理，从2002年10月至今共撤销、注销了797张认证证书。

今年上半年，这方面的工作力度进一步加大。我们与国家工商总局、公安部共同协作，在上海、广东、深圳、湖北四省、市开展打击非法认证经营活动专项行动，对投诉和监督抽查中反映问题严重的18个非法代理外国认证业务的机构和作业点进行了认真查处，目前已经取得了阶段性成果，根据查处结果，已经责令涉案的11家机构、作业点停止开展认证活动。在此，我代表国家认监委对国家工商总局、公安部以及有关地方工商、公安部门对我们的工作给予的有力支持表示衷心的感谢。

为贯彻《认证违法行为处罚暂行规定》，2002年底，国家认监委开始安排各地方局对认证市场的违法违规行为进行清查，各地局积极采取措施进行调查，共上报反映有关案件190起，其中违法违规事实较清楚的案件120起，其中一部分已经由各地局进行了处理，问题比较严重的由我委直接进行了调查处理。2003年初至今共接到投诉60余起，对于投诉案件，有的我们结合整顿措施进行调查，有的依照有关规定和程序组织了专门调查，并做出了相应处理。

三是强化机构自律，组织认证机构自查自纠。按照认监委的统一部署和安排，90家认证机构从2002年5月10日至2002年8月15日，对自身存在的问题进行了自查自纠。各机构在本次自查工作中共抽查各类认证档案6 702份，抽查企业现场573个，对一些不符合要求的认证企业撤销或暂停了认证资格。对于自查中发现的问题，绝大多数认证机构能够认真应对、分析原因，提出了改进措施和建议，对一些问题做了彻底的整改。在自查的基础上，认证机构的负责人对本机构认证质量进行了评价。通过自查和自我评价，使认证机构对自身认证的规范性、有效性有了充分的了解，同时也为国家组织认证有效性监督抽查打下了基础。

四是加强监管，组织了认证有效性监督抽查。经过充分的酝酿和准备，今年年初在全国范围内组织了大规模的认证有效性监督抽查活动。为了保证这次监督抽查质量和效果，事前做了充分的准备，制定了严密的抽查方案和计划、现场抽查的培训教材和技术文件，并对地方局推荐的稽查人员进行培训和考核。由于准备充分，组织实施得力，至今年4月份现场抽查工作全部完成，产生了极大的震慑作用和良好的反响。在这次抽查活动中，从全国9万多家获得质量体系认证的企业中抽查了717家，抽查结果表明：绝大多数认证企业能够按照标准的要求建立和运行质量体系，在认证过程中能够遵守认证的基本规则，认证规范性和有效性总体上是好的，认证结果是可信的。但也发现极少部分的认证机构在认证过程中违反认证基本规则，部分企业质量体系运行不能符合标准要求的问题。

从认证机构内部自查、国家统一监督抽查、有重点的专项违法违规整治以及日常的动态监控，形成了一套较为完整的认证市场监管机制，取得了明显的成效，遏制了认证市场恶意违法违规行为的泛滥。当前，从各方面反馈的信息看，整个认证市场的秩序确实有了明显好转，认证的有效性总体上是好的。

三、充分认清当前我国认证市场面临的形势

当前，全球认证认可发展呈现出一些新的态势。认证认可工作逐步走向法制化和规范化。各国对通过法律法规建设来保证认证认可工作有序有效发展越来越重视，一些国家纷纷建立完善本国的认证认可法律法规体系，随着区域性认证制度的建立，区域性认证认可法规逐渐建立起来。特别是欧盟，从立法形式、合格评定模式、认证认可类型、组织形式、公示方法以及监督管理等方面建立了一套完整的法律法规体系。国际认证制度和国际互认的要求，促进了国际规范的形成，国际标准化组织和国际电工委员会制定了一系列的指导文件，成为各国建立本国认证认可制度的依据，为国际互认和国际认可组织的建立打下了基础。认证认可向国际化方向发展。越来越多的企业要求实现一次检验、一次检查、一次认证、一个标志就可以使产品得到所有顾客群的信任。这种要求促使区域性和国际性的认证认可合作组织相继出现，在促使各种认证结果相互承认、促进国际贸易方面正在发挥积极的作用。认可机构趋向集中统一，认证机构向大型、集约、名牌方向发展。认证认可国际间的相互合作和相互承认，要求每个国家有一套集中统一的合格评定制度。为了适应这一要求，多数国家都对国内的认可机构进行了整合。考虑到认可机构集中统一的现实要求，国际标准化组织合格评定委员会(ISO/CASCO)正在将认证机构、检查机构和实验室的认可机构要求进行整合，并形成一个统一的认可机构国际准则(ISO/IEC17011)。在国家认可机构趋向集约统一的同时，认证机构通过重组与整合，形成了一些大型、集约的名牌认证机构。强制性认证的范围越

来越广。由于强制性认证对保护人民生命财产健康安全、保护环境等方面的重要作用,各个国家高度重视,使用范围越来越广,强度越来越大。目前欧共体市场销售的约40%的工业产品需要带有 CE 标志。

我国的认证工作从当初以产品合格认证、安全认证和质量管理体系认证为主,逐渐扩展到一些新的认证领域,还建立了为某些特定行业服务的专业认证机构,如为汽车生产行业服务的 ISO/TS16949 认证机构。目前国家认监委实施统一管理的认证包括强制性认证、自愿性产品认证、质量管理体系认证、环境管理体系认证、职业健康安全管理体系认证、农产品和有机产品认证、食品企业的危害分析和关键控制点(HACCP)认证等。在管理体系认证方面,我国已经拥有各类注册资格的审核员 35 000 余人。到 2003 年 6 月 30 日,由中国认证机构国家认可委员会(CNAB)认可认证机构发出的质量管理认证证书 83 904 张,环境管理体系认证证书 3 645 张,职业健康安全管理体系认证证书 1 000 余张。据不完全统计,合资认证机构颁发的外国认证证书在 23 000 千张左右。

从国家认监委认证有效性监督抽查结果和中国合格评定国家认可中心去年的调查结果来看,多数认证机构的认证规范性和有效性是好的,比如,上海质量体系审核中心、华信技术检验有限公司等一批机构在此次认证有效性监督抽查中,没有发现认证企业质量体系不符合要求的情况。认证工作对促进企业提高管理水平、产品质量和市场竞争能力方面发挥了积极的促进作用,主要有四个方面:第一,获得质量管理体系认证的绝大多数企业的产品质量符合规定要求,质量稳定,一些企业的产品质量还有所提高,获证企业在认证过程中,质量管理体系的规范性有了明显改进,技术装备、人员等硬件的薄弱环节得到了明显的改进,各项活动职责明确、运转有序,工作效率得到了大幅度的提高,企业的内外部质量损失成本得到降低,质量成本趋于合理,员工的质量意识和内部管理水平明显提高。第二,认证企业的市场竞争力得到加强,获证企业能够紧紧围绕质量管理体系与产品质量的控制要求开展工作,抓住质量源头,通过对影响质量的资源、过程等方面的严格管理,使产品质量得到稳定和提高,减少质量损失,降低生产成本,企业形象得到改善,市场竞争力得到加强。第三,广大企业在取得认证以后,更加容易取得国际上认可,从而为我国的产品打入国际市场,突破贸易技术壁垒,扩大国际贸易发挥了重要作用。第四,促进了技术法规、检验检疫、标准和计量要求的贯彻实施,技术法规、检验检疫、标准和计量等方面的要求是认证审核的重要内容,认证已经成为验证上述要求的贯彻实施情况的重要手段。

但是,从我国市场经济发展的需求和经济贸易发展的需要看,认证认可工作还存在着一些差距和不足,其中的一个方面就是认证市场的问题,一些机构的违法违规认证行为已经严重地影响了认证工作的总体信誉,影响了认证事业持续健康的发展。

一是非法从事认证经营活动的情况依然存在。今年对认证市场的清查结果表明,一些被查处的机构转换作案手法,继续进行非法经营等。由于法律规定不够明确,处罚力度不够,威慑力不足,只是对涉案机构进行曝光、罚款,有关涉案人员没有得到必要的处罚,使他们有机可乘,通过变换办公地点、注册新的名称等方式,或改头换面,或转入地下,继续从事非法经营活动。有的被查处机构与认监委已经批准的个别机构勾结,通过经济手段购买合法资格,继续从事认证活动;有的机构冒用外国机构名义和认可资格进行认证诈骗,发假证;有的以认证机构名义进行合同诈骗,骗取钱财。

二是大量已经被撤销、注销的作废认证证书继续被当作有效认证证书使用。目前认证市场上有数千张已经被撤销、注销的作废认证证书继续被当作有效的认证证书使用。这里面包括去年我们向社会公开曝光的 7 家境外机构发出的认证证书,也包括一些合法的认证机构履行正常撤销、注销程序后没有收回来的认证证书。有一家认证机构,到 2003 年 8 月 1 日共撤销、注销认证证书 124 张,实际只收回了 2 张。这种情况值得我们深思。造成这种局面的原因是什么?除了被认证的企业有责任外?我们的认证机构有没有责任?有没有把关不严甚至默许纵容的问题?据我们了解,这家认证机构存在的问题,在其他一些认证机构中也同样存在,只是程度不同。而且那些被撤销和注销认证证书的企业,几乎全部仍在使用被撤销和注销的认证证书,仍在对外自我声称拥有认证资格,这是极不正常的。这次会议要拿出解决办法一方面要强调认证机构的责任,同时要利用我们的执法队伍,采取强制措施,从根本上消除作废证书当作有效证书使用的问题。

三是违反认证公正性的要求,搞认证咨询一条龙服务。在今年认证有效性监督抽查的 717 家企业中,有 537 家企业在建立质量管理体系和申请认证过程中聘请咨询机构进行了咨询,说明咨询在认证过程中起着非常重要的作用,其中也发现部分企业的咨询过程在公正性、规范性或有效性方面明显的存在问题。通过监督抽查和其他的投诉调查，存在的问题既包括一些咨询公司签署认证咨询一条龙服务的“包案”合同，还有些认证机构设立的办事处变相从事咨询活动等，也有一些咨询公司在咨询过程中从对付认证审核人员出发，引导企业隐瞒企业员工数，甚至帮助企业编造假机构、假职务、假文件、假记录等，以应付甚至欺骗认证机构，骗取认证证书的问题。

四是部分认证机构在认证过程中没有严格按认证基本规则和程序开展认证活动。有的机构在一些审核过程中把关不严，对企业在申请认证时瞒报员工人数不主动核实，文件审查流于形式，审核人员专业能力不足，现场审核深度不够；有的审核员综合能力差，对企业与认证要求的符合性不能做出正确的判断；有的审核员不负责任，对企业存在的问题睁一只眼，闭一只眼，发现问题不去深入的核实；有的审核员审核记录不实，个别审核员甚至未到现场由他人代签审核报告，严重弄虚作假；有的认证机构只管认证时企业的管理体系运行情况，对企业拿到证书以后后续管理跟不上，对体系不能有效运行的情况没有采取有效的监督措施；有的认证机构对政府监督检查中出现产品不合格等与企业有关的重要信息不能及时获得，导致不能及时采取必要的措施。

上述问题，虽然存在于少数机构和人员中，但严重地扰乱了认证市场的正常秩序，破坏了我国认证制度的权威性和信誉，损害了广大守法机构和企业的利益。如果不对这些违法违规的机构和人员进行惩处，中国的认证认可制度就无法继续取信于社会、取信于广大企业。

在这方面，我们的态度一直非常鲜明：对认证市场中存在的问题，该纠正的要及时纠正，该处罚的要坚决处罚，该打击的要狠狠打击。决不手软，决不护短，决不搞下不为例。根据前一段时间认证市场的监管结果，已责令广州盖洛普认证服务有限公司、上海嘉特仕企业管理服务有限公司等11家未经国家认监委批准，擅自进行认证活动的机构、作业点立即停止代理外国认证等非法认证活动，并由工商行政管理部门依法进行了处罚，有的情况将由公安部门进一步调查处理；撤销了在审批过程中提供虚假证明的上海信华质量认证有限公司的认证机构资格；根据认证有效性抽查等的结果，暂停了RWTUV、深圳鹏程国际认证中心和北京恩格威质量体系认证中心的资格三个月，要求在此期间进行停业整顿，不能受理新的认证合同，不能颁发新的认证证书。同时还对北京埃尔维质量体系认证中心给予了书面严重警告，要求进行内部整顿。根据这次抽查的结果和我们已经掌握的其他情况，还对三家合资认证机构、驻华代表机构的设立申请不予批准。对发现的个别严重违反认证基本规则的审核人员，将责成中国认证人员与培训机构国家认可委员会分别情况给予处理。

四、切实采取有效措施整顿和规范认证市场秩序

整顿和规范认证市场秩序是国家整顿和规范市场经济秩序的重要组成部分，是建立和完善社会主义市场经济体制的一个重要内容，是促进国民经济持续、快速、健康发展，维护人民群众根本利益的重要保证，是实践“三个代表”重要思想的具体体现。当前，整顿和规范认证市场秩序取得了阶段性成果，但是，认证市场存在的问题还没有完全解决，提高认证的规范性和有效性还需要坚持不懈地做大量的努力。

一是要将整顿和规范认证市场秩序纳入法律化、规范化的轨道。依法治国是我国的基本国策，依法行政是依法治国基本方略的重要体现和根本性要求。整顿和规范认证市场秩序也要按照这一要求，在法律法规规定的范围内进行，依靠法律法规来为整顿和规范认证市场秩序提供充分的保障。

要完善认证认可的法律法规体系。《认证认可条例》已经国务院常务会议原则通过，经进一步修改后将由国务院公布实施。我们要积极做好《条例》的宣传和贯彻工作，以《条例》的贯彻实施为契机，通过制订配套规章等进一步明确对认证机构、认证过程、认可过程的要求，强化监管力度，采取多种形式将监督管理落到实处。要更加明确地方认证监督管理部门的责任和权力，建立完善各层级的举报投诉处理制度。

《条例》的颁布和实施，对认证及相关机构的经营活动影响非常大。首先，《条例》的出台，为认证及相关机构的正常经营活动提供了充分的法律保障。《条例》正式以法律法规的形式，确立了认证认可工作和认证及相关机构在国家经济生活中的重要地位，《条例》规定：对未经批准擅自从事认证活动，均要依法取缔，构成犯罪的依法追究刑事责任；对存在各种违规行为的认证机构，处罚规定更加明确、力度大大加强。这对于认证及相关机构在法律法规的范畴内开展正常的经营性活动是一个促进和保护。其次，《条例》强化了认可机构、认证机构、检查机构、实验室的法律责任。《条例》用了很大的篇幅来阐述认证及相关机构的法律责任问题。法律责任的强化和处罚条

款的明确，将对监管工作提供明确的依据，将会使监管工作更加有效，更加有力度。同时，也对认证及相关机构加强了约束。第三，《条例》具体规定：今后每个认证人员应当只在一个认证机构执业，对认证人员违规作业的情况，将予以处罚、停止执业，直至撤销执业资格的处罚。这将切实增强认证人员和相关机构的责任心，促进认证队伍向职业化、专业化的方向发展。

认可机构、认证及相关机构、检查机构、实验室及从事认证认可工作的同志，一定要充分认识《条例》颁布实施的重大意义，认识到《条例》实施对自身开展工作的影响。要把学习贯彻《条例》作为当前的一项重要工作来抓，认真学习《条例》，积极宣传《条例》，深入贯彻《条例》，努力按照《条例》来约束认证认可活动，规范自身的行为。认证及认证培训、咨询机构特别切实明确自身的法律责任，严格依法经营，切实保持认证的公正性、规范性和有效性。

二是要建立健全各种约束机制。 认可机构对认证机构、认证人员的监督，是认证有效性和规范性监督的基础。认可机构不仅要严格按照国际准则的基本要求和认可规范加强对认证机构的认可评审，而且要严格按照国家认监委的要求，强化对认证有效性的监督。认证机构要加强对获证企业的监督管理，确保监督的有效性，促使认证企业持续不断地满足认证的要求。认可机构也要加强对注册认证人员行为的监督。认证机构等认证中介组织之间要建立自律组织，自觉解决行业内存在的问题。目前，筹建行业自律组织的工作已经列入日程，筹备工作正在有序的进行，行业组织成立以后，要着重发挥在政府、认可机构、获证组织与认证机构之间的桥梁纽带作用，促进认证事业的健康有序发展。

要逐步建立健全社会监督机制，完善信誉评价制度和激励机制。我们欢迎广大认证从业人员、认证企业积极反映认证市场存在的违规现象和问题。认监委已经设立了举报电话，正常的社会监督举报，我们任何时候都可以有效的接收和处理，不管是哪个机构，只要违反了认证认可有关法律法规或有关规定，我们都要依据有关规定对其做出严肃处理，决不姑息。我们也欢迎新闻媒体对违法违规认证机构和人员进行舆论监督，对严谨规范负责的认证机构和人员进行宣传。在规范认证市场，强化监管的同时，我们准备着手建立以信誉评价制度为基础的激励机制，对认证机构实施分类管理，对那些带头遵守认证认可法规的机构和从业人员要予以支持和鼓励。通过树立典范、表彰先进、促进名牌认证机构成长等手段，来引导认证市场向科学、规范、有序、有效的方向发展。

三是要切实保证认证的公正性和有效性。 要严格遵循国际规则，保证认证的规范性和公正性。各认证机构必须按照国际认可准则、国家认可机构颁布的认可规则及认证机构质量体系文件规定的程序从事认证工作，保证认证质量；要严格区分认证与咨询的关系，坚决杜绝认证与咨询一条龙服务的现象；要加强对认证证书和认证标志使用的管理；要严格规范认证企业的广告宣传，避免出现误导性用语；企业要树立正确的认证观，不能为认证而认证，要通过认证切实提高企业的管理水平、产品质量和市场竞争能力。

要努力加强审核员队伍建设。认证机构要做好审核员选聘工作，要建立有效的审核人员选择、录用、监控和评价机制，要使用德才兼备、责任心强的审核人员；认证机构要对审核人员进行持续的业务培训，建立专业化、职业化审核员队伍，对兼职审核员要进行有效控制；审核人员要严格履行审核员行为准则，杜绝收取钱、物等现象。认证机构要加强思想政治工作，提高审核员队伍素质，体现良好的职业道德风范。

认可机构要更加注重认可过程的有效性。认可机构的工作和行为对认证机构、认证人员有直接的导向作用，认可机构在依据认可条件、认可程序进行认可的同时，要关注和研究认证行业存在的普遍问题，及时有针对性地调整认可工作的关注重点和政策导向。认可机构要加强自身建设，完善内部制度，加强对认可工作人员的考核和监督。认可机构要加强对获得认可的认证机构的监督，提高认可监督的有效性，对不符合认可条件的机构和人员要及时进行处理，直至撤销认可证书和取销执业资格。

四是要加强协作，齐抓共管。 认证市场清理整顿涉及到方方面面。在认证市场监管中，要充分建立起各部门通力协作、政府分级负责的监管机制。在充分发挥地方各级质量技术监督系统、出入境检验检疫系统认证监管职能的同时，要积极争取工商行政管理部门、公安部门等行政执法部门的支持和配合，同心协力，做好认证市场的监管工作。

各位代表，认证认可工作是我们共同的事业，树立和保持中国认证认可的良好形象是我们共同的责任和义务。我们一定要以高度的社会责任感，严格自律，坚决同认证领域的不规范行为作斗争，为全面开创我国认证认可事业新局面做出应有的贡献。

谢谢大家！

2003年8月26日

国家认监委刘卓慧在全国认证机构会议上的总结讲话

各位代表：

全国认证机构工作会议开了两天，今天下午就要结束了。会议期间，国家质检总局党组书记李传卿、国家认监委主任王凤清、国家工商总局副局长刘玉亭、国家公安部部长助理张新枫等领导出席了这次会议并做了重要的讲话。全体与会代表围绕李书记的讲话精神和王主任的主题报告展开了热烈而富有成效的讨论，对影响认证认可规范性、有效性等方面的问题进行了解剖和分析，在认证认可监管和发展的重大方向上统一了思想和认识。会议期间，我们还就国家认监委联合公安部、国家工商总局开展的联合打击认证违法违规专项行动和国家认监委组织的认证有效性监督抽查情况进行了通报。这次会议是在新的历史时期为规范认证市场、促进认证事业健康发展召开的一次极为重要的会议，也是一个高效率的、富有成果的会议。

一、这次会议的主要成果

会议系统总结了国家认监委成立以来整顿和规范认证市场所取得的成绩，提出了进一步整顿和规范认证市场秩序的具体措施。国家质检总局党组书记李传卿在讲话中对此次整顿规范认证市场、查处违法违规认证机构所取得的成绩给予了充分的肯定，他同时要求各地质检部门要在国家质检总局和国家认监委的统一部署下，切实履行职责，充分认识整顿和规范认证市场秩序的重要性和紧迫性，在《中华人民共和国认证认可条例》实施后，全面贯彻《认证认可条例》，规范认证认可活动，切实加强认证监管队伍建设，不断提高对认证的监管水平，依法对认证市场存在的违法违规行为进行查处。

王凤清主任的报告，全面回顾了国家认监委成立以来我国认证认可工作的发展情况，系统总结了国家认监委为整顿和规范认证市场所做的大量工作，深入分析了我国认证市场面临的形势，指出了认证认可工作的发展方向，明确提出了进一步整顿和规范认证市场秩序的具体措施。与会代表一致感到王主任的报告体现了“三个代表”重要思想的要求，主题鲜明，目标明确，措施得力，对今后的认证认可工作具有很强的指导意义。

两位领导的重要讲话，指明了我国认证认可工作的发展方向。请各位代表回去以后要认真组织学习、传达，深刻领会，切实贯彻讲话的精神，特别要针对领导讲话中指出的一些存在的违规问题，严格进行自查自纠，采取切实可行的改正和改进措施，尽快取得成效。

通过讨论，统一了思想，提高了认识。与会代表认真听取了领导的重要讲话，畅谈了学习体会，代表们一致赞成李书记和王主任讲话。一致认为，王主任报告中对过去两年多的工作回顾实事求是、令人信服。国家认监委自成立以来，在促使我国认证认可工作形成统一协调的管理体制、整顿认证市场、加强国际合作、认证认可工作法制化、树立整体形象方面做了大量细致的工作，成绩是有目共睹的，也得到了国际同行、认证认可战线的广大工作者和总局领导、国务院领导的肯定。实践证明，国家认监委在成立之初确定的工作方向和政策是完全正确的，是符合我国国情的，得到了全国认证认可领域的一致认同。国家认监委制定的政策在实施的过程中得到了全国认证认可行业工作者的普遍理解和大力支持，成效显著。尤其是在规范认证市场、查处违法违规行为方面，抓住了问题的症结和要害，通过自查、稽查、抽查，已经初步形成了一整套行之有效的方法和工作体系，为监管工作的法制化、常规化奠定了基础。这次整顿规范认证市场系列行动，对认证违法违规起到极大的震慑作用，也给所有认证机构敲响了警钟。许多代表希望这次会议能够成为我国认证认可发展史上的一个重要转折点。

会议代表还就提高认证公正性、规范性和有效性的有关问题进行了深入的讨论，就许多问题达成了共识。大会通过交流，有许多问题已经达成了共识，对于已经达成共识的，各机构回去以后要加紧落实有关措施；有一些问题还存在不同的看法和分歧，需要我们组织进一步的研讨。

对于代表们提出的许多很好的意见和建议，我们要进行认真研究，有一些问题可以在制订《条例》实施细则和配套规章时考虑，涉及到我们工作中需要进一步改进的方面，我们要认真对待、积极采纳。

二、认清形势，正确处理好规范与发展的关系

经过十年的发展，我国的认证认可工作已经初具规模，进入了一个稳定发展和集中统一管理的新的历史阶段。当前的工作重点是保证认证认可健康、持续和稳定的发展，正视和解决认证领域的不规范行为和认证有效性方面存在的问题。因此，正确地认识和处理规范与发展的关系是摆在我们每个认证认可工作者面前必须回答的重要课题。这次与会的代表主要是认证机构、认证培训机构的主要负责人，是认证工作的具体实施者，承担着振兴和发展中国认证认可事业的重要职责和使命，大家一定要以大局为重，正视存在的问题，提出解决问题的措施，彻底解决我们面临的各种问题，使我们的事业在法制、规范的道路上健康有序地发展。

三、要继续强化对认证认可工作的监管

目前，认证认可工作中存在的问题需要我们继续强化对认证认可工作的监管力度。监管要明确目标、突出重点，当前要针对违法、违规的源头切实采取措施，铲除问题的根源，继续保持监管的高压态势。在今后相当长的一个时期内，认证认可工作的一个重点就是要严字当头，对那些破坏认证认可事业健康发展的害群之马，特别是未经批准、擅自违法从事认证活动的，要坚决打击，决不手软，要竭力遏制并逐步清除认证领域的违法违规现象。即将颁布的《认证认可条例》，为我们强化监管提供了重要的法律保证，我们要按照《认证认可条例》的要求，充分发挥行政监管、认可监管、认证企业、认证人员、认证机构、新闻舆论的各种力量，形成有效的内部和外部监管体制。在行政监管方面，在认监委的统一领导下，要有效依托地方行政监管的力量，充分发挥地方行政监管部门在监管工作中的重要作用。要把经过实践证明行之有效的一些方法和手段制度化、规范化，形成强力监管的长效机制。同时，监管工作也要改进方法，要有重点、有目标地加大频次和力度，重点查处那些各方面反映强烈的机构、人员和行为，要把那些惟利是图的人从我们的队伍中清除出去。为了保证监管的有效性，要充分发挥国家认可机构的作用，特别是在认证的公正性、规范性和有效性等由认可规范约束的方面，要充分依靠国家认可机构的力量，通过建立职业化、专业化的监管队伍，强化对认证结果的监管。

四、认证机构要切实加强对分支机构、办事机构的管理，保证认证质量

认证机构是认证市场的竞争主体，是认证工作的直接参与者，是认证质量的直接责任人，对认证的规范运作负有首当其冲的责任。从目前的情况看认证机构确实存在一些有待改进的问题，其中比较突出的问题是对分支机构和办事机构的管理问题。目前大多数认证机构在各地设有分支机构和办事机构以及以个人形式存在的隐性办事机构。我们要求所有认证机构今后必须公开披露所有分支机构和办事机构的基本信息，包括名称、办公地点、联系方式、负责人等，并且要公开挂牌，认证机构不得委托未经国家认监委批准的其他任何机构代表其从事认证经营性活动，包括以其名义签订合同、组织审核组、制订审核计划、安排现场审核等。分支机构的设立必须经过国家认监委批准和工商管理部门登记注册，所有非法人分支机构和办事机构必须与总部是同一个法律实体，办事机构如何管理要结合《认证认可条例》宣传贯彻进一步研究，现在可以明确的是办事机构应该是认证机构的派出机构，完全在认证机构的有效控制之下，认证机构不得将办事机构设在其他法人处，更不允许将办事机构设立在咨询机构，从昨天下午我们播放的录像可以看到，如果认证机构不在这方面加强管理，很容易被一些未经国家认监委批准、违法违规从事认证活动的机构和人员利用，为他们的违法违规行为鸣锣开道，其结果是会严重地扰乱认证市场，给我们规范认证市场秩序造成更大的困难。

五、加强审核员队伍建设，提高审核员的整体素质

审核员是认证工作的直接实施者，其业务水平、行为规范直接关系到认证的质量。目前审核员存在的突出问题是有些审核员多处兼职，责任心不强，审核员队伍整体综合素质急待提高。对此，《条例》已经明确规定，无论专职、兼职审核人员，只能在一个认证机构执业。这个规定有利于规范机构和人员之间的关系，有利于机构对人员的管理和控制，有利于促进审核人员向专业化、职业化的方向发展，有利于提高审核人员的责任意识。认证机构必须建立自己的骨干审核员队伍，并且加强管理和培训，建立审核员的考核和业务发展机制。对于审核员在注册、专业评定等方面存在的文凭、学历和专业工作经历不实的问题，认可机构要加强对审核员申请材料的核实，明确担保人、推荐机构和验证审核员的责任。审核员要自觉提高自身的素质水平，以适应认证事业发展的需要。对那些以

牟利为目的，恶意违法违规，破坏认证事业整体形象的人，要坚决清除。另外要加强对咨询人员的管理。考虑到认证审核和认证咨询对人员的要求有所不同，国家已决定出台咨询师的注册制度，一方面满足咨询机构和咨询人员的要求，为长期从事咨询的人员解除后顾之忧；另一方面为明确认证机构与咨询机构之间的关系，为解决咨询机构和认证机构因为人员交叉而相互利用的问题提供了有效的途径。

六、改进认可工作，为规范机构和人员质量提供保证

认证机构和认证人员暴露的问题，都直接和间接地与认可工作有关，因此认可机构也必须明确自己的责任，特别是在加强认可有效性方面还需要做出艰苦的努力。《认证认可条例》明确规定了认可机构的职责和法律责任，为我们加强认可工作提供了法律依据。针对认证过程中存在的问题，认可机构要加强对认证机构的认可评审力度和监督管理，促使认证机构运作有效性的提高；通过培训和讲座向认证机构提供认可准则的理解培训，帮助认证机构完善其质量体系；认可机构对认证的监督审核要重视认证的有效性，要对认证标志使用、认证证书的管理、认证资格的宣传提出适当要求；认可机构通过网页等媒介加强对认证或被暂停、撤销企业的公告，使社会公众有获取最准确认证企业信息的渠道。针对认证人员存在的问题，认可机构要进一步加强对审核员申请人材料的核实，包括经历的核实，加强对弄虚作假的申请的监督和处置，进一步明确申请担保人的条件、义务、连带责任和责任追究及处罚方式，明确推荐机构的责任；明确验证审核员及其指派机构的职责和责任；认证机构、认可机构要认真评审认证机构在人员管理，包括认证人员能力评定方面规定的合理性和充分性，明确认证机构在人员评定和用人方面的责任，加强监管。

七、引导企业以正确的态度对待认证，提高认证有效性

企业是认证认可活动的主要服务对象，认证认可工作的有效性最终体现在认证企业。目前企业存在的主要问题包括：有一些企业认证目的不端正，不求实效，为认证而认证；有一些企业不按实际情况向认证机构通报企业的基本信息，如企业规模、多少场所的情况等，以减少审核人日，降低认证费用；有的企业守法意识不强，导致体系不能正常运行，获证后不配合监督审核，不按规定交纳有关费用，对于这些问题我们应该采取有效措施予以解决。我看一是要加强正面的宣传和引导。地方监管部门和认证机构都应宣传和强调企业有责任确保其体系运行的有效性，全面完整地宣传认证的作用，使认证的相关方了解认证，不要误导认证的作用；各级政府部门在制定政策或采购方制定招标要求时，要正确引导和利用认证资格。二是认证机构要加强对证书和标志的管理。认证机构完善与获证企业的合作，明确双方的权利和义务，明确企业有责任提供真实的基本信息，企业发生重大变化时应按规定向认证机构通报。认证机构要向认证企业提供明确的认证认可标志的使用规则，引导企业正确使用标志。认证机构要对获证组织认证证书的宣传条件和场合提出明确要求，尤其是在获证企业不能履行其责任时，认证机构应能够采取适当措施；政府部门和认可机构应对认证标志使用、认证证书的管理、认证资格的宣传提出适当要求；监管部门应加大查处力度和频次，一旦发现有违规、弄虚作假行为，严格按有关规定追究责任方的责任。三是认证机构要加强自身质量体系的建立并使其运行有效，并有责任确保企业认证的符合性；认证机构采取措施确保审核质量，一旦经监管部门发现由于认证机构不严格按标准和规定开展审核活动不能保证审核质量的情况下颁发认证证书，认证机构要承担有关责任，包括导致暂停或撤销认证机构资格。要对认证企业提出明确要求，规定如果企业不能保持体系的有效运行，而使认证流于形式或有其他作假行为时，认证机构将撤销或注销认证证书。要重点解决目前存在的已经被撤销、注销的认证证书继续当作有效证书使用的问题，这个问题是个非常严重的问题，要解决这个问题需要认证机构、认可机构和监管部门的共同努力，需要大家共同想办法解决。这次会上提出了一些解决办法，下一步还要进一步细化落实，当然我们也需要广大企业的积极配合，我相信通过大家的共同努力，这一问题肯定能够逐步地得到有效解决。

同志们，这次会议给大家提出了要求、指明了方向，也敲响了警钟。希望全体与会代表切实贯彻落实好这次会议的精神，共同努力，把我国的认证认可工作推上一个新台阶。

2003 年 8 月 27 日

国家质检总局李传卿在《中华人民共和国认证认可条例》新闻发布会上的讲话

各位来宾、新闻界的朋友们：上午好！

《中华人民共和国认证认可条例》在国务院领导的直接关心下，经过各方面共同努力，于9月3日正式颁布，并将于11月1日起施行。《认证认可条例》的颁布实施，体现了党中央、国务院对认证认可工作的高度重视，标志着我国认证认可工作法制化向前迈出了一大步。这是我国认证认可工作中的一件大事，堪称我国认证认可事业发展史上的一个里程碑。

国家认监委成立以来，做了大量卓有成效的工作，其中一项重要工作，就是加快《认证认可条例》的立法工作。国家质检总局一直对认证认可法制建设工作高度重视，全力支持认监委加快认证认可的立法工作。在《认证认可条例》的起草、制定过程中，国务院法制办和有关部门给予了大力支持。借此机会，我代表国家质检总局表示衷心的感谢！并向关心认证认可工作的新闻界朋友们表示热烈的欢迎！

这次由国务院颁布的《认证认可条例》意义重大。首先，《条例》不仅适应社会主义市场经济发展的需要，而且符合世贸组织的规则要求。它的颁布施行，必将有效地规范我国认证认可活动，有效地促进企业加强质量、环境、安全管理，全面提高企业素质，从而为进一步提高我国产业、企业和产品竞争力，提高全社会服务质量和管理水平，保护人民群众身体健康和生命财产安全，保护环境促进发展，发挥重要作用。第二，《条例》以法规形式明确了我国认证认可工作的体制，科学、合理地解决了认证认可领域多年来存在的政出多门、交叉管理、多重标准、监管不力等问题，使认证认可工作走上了法制化、规范化和科学化的轨道。第三，《条例》规定了认证认可活动应当遵循客观独立、公正公开、诚实信用的原则，充分体现了目前我国加快建立社会信用体系建设的要求，对营造诚信市场环境，提供了有力的法律保障。第四，《条例》体现了政府职能转变，增强了政府服务意识，强化了对认证机构、认可机构的监管，为整顿和规范认证市场秩序提供了强有力的法律依据。

全国质检系统各级质检部门一定要深入学习《条例》，大力宣传《条例》，全面贯彻《条例》，要把学习、宣传、贯彻《认证认可条例》作为当前的一项重要工作，抓紧、抓实、抓好。要做到学习要有计划，更要讲收获；宣传要有声势，更要讲效果；贯彻要有措施，更要讲落实。要通过一段时间的集中学习贯彻，把《条例》弄懂、弄透，自觉地用《条例》规范认证认可工作。在宣传工作中，要特别注意向社会宣传《条例》，让全社会广泛了解。

《认证认可条例》的贯彻实施，对认证认可队伍提出了新的更高要求。为此，各级质检部门都要以《条例》颁布施行为契机，进一步加强队伍建设，以适应贯彻《条例》的要求。首先，要进一步提高队伍的政治素质。要在兴起学习贯彻“三个代表”新高潮中，引导广大干部职工用“三个代表”重要思想武装头脑，以立党为公、执法为民为根本宗旨，牢固树立正确的权力观、地位观和利益观，端正认证认可工作的指导思想，使认证认可工作更好地为经济服务、为企业服务、为人民群众服务。第二，要进一步提高队伍的法律素质。要以《条例》为主要内容加强培训，不仅要弄懂、弄透条文，而且要正确加以运用，切实做到依法行政，依法监管。第三，要进一步提高队伍的专业素质。认证认可活动具有较强的专业性、技术性，队伍的专业素质直接影响认证认可的质量。当前，要大力加强专业培训，进一步提高专业水平，着力提高认证认可工作的有效性，为服务经济、促进发展做出更大的贡献。

同志们，当前全党全国人民正在兴起学习贯彻“三个代表”重要思想的新高潮。9月3日，胡锦涛总书记在省部级主要领导干部学习贯彻“三个代表”重要思想专题研讨班上发表重要讲话，号召全党全国人民要紧密结合全面建设小康社会的实践，不断把兴起学习贯彻“三个代表”重要思想新高潮引向深入。我们质检系统各级领导干部一定要认真学习领会，不断增强学习贯彻“三个代表”重要思想的自觉性和坚定性，用“三个代表”重要思想统领认证认可各项工作，切实做到：谋划认证认可工作，要以“三个代表”重要思想为根本指针；推进认证认可工作，要以“三个代表”重要思想为根本动力；检验认证认可工作，要以实践“三个代表”重要思想的成效作为根本标准，充分发挥“三个代表”重要思想作为强大思想武器的重要作用。同志们，让我们以“三个代表”重要思想为指导，认真贯彻落实《认证认可条例》，与时俱进，开拓创新，不断开创我国认证认可工作的新局面。

谢谢大家！

2003年9月10日

国务院徐绍史在第二次全国认证认可工作会议上的讲话

同志们：

9月3日温家宝总理签署国务院第390号令，公布了《中华人民共和国认证认可条例》(以下简称《条例》)。质检总局和国家认监委抓住这个有利时机召开全国认证认可工作会议，非常及时，也是必要的。吴仪副总理对这次会议非常重视，专门发来贺信，对如何贯彻落实《条例》、进一步做好认证认可工作提出了明确要求。大家一定要认真学习、贯彻落实。

在本届政府国务院副秘书长分工中，我负责联系质检和认证认可方面的工作，接触这方面业务的时间不长，情况还不熟悉，参加这次会议，就是要向长江局长、凤清主任和各位专家、同志们学习。

下面，我讲几点意见，供大家在工作中参考。

一、学习贯彻好《条例》

大家知道，对认证认可工作实施统一的管理监督，实现"统一目录，统一技术法规、标准和合格评定程序，统一标志，统一收费标准"，还是最近两年的事。为此，国家认监委做了大量的综合协调工作，国务院有关部门给予了积极配合和大力支持。经国务院批准，国务院办公厅于2002年初发出了《关于加强认证认可工作的通知》(国办发[2002]11号)，为统一国家认证认可工作、建立新的认证认可工作体制提供了政策保障。今年11月1日起《条例》将开始施行，这标志着我国认证认可工作纳入了规范化、法制化的轨道，将为我们在认证认可领域依法行政，加强对认证市场的监管提供有力的法律武器。《条例》是在总结多年来认证认可工作正反两个方面经验教训的基础上制定的，共7章78条，内容十分丰富，不仅明确规定了认证认可活动的行为规范及应承担的法律责任，而且合理界定了相应的监管职责和部门分工。这是今后认证认可领域的"大法"，大家务必要反复学习，熟练掌握。为此，我建议：今后一段时间，特别是从现在起到11月1日前，要统筹安排，利用各种有效途径，广泛宣传《条例》，加强对行政执法人员的培训，尽快制定出相关细则等配套文件，使各级认证认可监督管理部门按照《条例》依法行政；使认证等中介机构都熟悉了解《条例》，明确权利和义务，明确应该承担的法律责任，依照《条例》合法从事认证活动。部际联席会议各成员单位要通过学习《条例》，进一步明确各自的责任和义务，切实转变观念和职能，共同做好工作。最终要实现这样一个目标：通过我们卓有成效的工作，使每一位从事认证认可活动的同志都熟悉《条例》，自觉遵守《条例》；使政府监管部门的每一位工作人员都依照《条例》办事，严格依法行政。

二、处理好三个关系

进一步完善认证认可监督管理体制，重点要处理好以下三个方面的关系：

第一，集中管理与行业、产业管理的关系。《条例》明确了"国家对认证认可工作实行在国务院认证认可监督管理部门统一管理、监督和综合协调下，各有关方面共同实施的工作机制"。国家认监委一方面要积极主动地履行自己的工作职责，该统一管理的，不管有多大困难，都要坚决统起来；另一方面，该与有关部门共同实施的，一定要调动各部门、各行业的积极性，充分发挥其技术、资源等优势，共同推进工作。大家一定要有全局观念，加强工作中的协调和配合。希望各有关部门一如既往地支持国家认监委履行职责，共同做好认证认可工作。

第二，整顿规范认证市场与培育发展认证市场的关系。近年来，国家认监委在有关部门及地方认证监督管理部门的支持、配合、参与下，采取了一系列有效措施，认证市场秩序有了明显好转，但导致认证市场混乱的一些深层次问题还没有得到根本解决。我们要结合《条例》的施行，一方面要把整顿和规范认证市场秩序工作不断引向深入，另一方面还要积极培育发展认证市场，形成公平竞争、以质取胜的市场格局；积极开拓认证认可新领域，组织开展与完善社会主义市场经济体制、与国家经济和社会发展目标，以及与人民群众健康安全密切相关领域的认证认可工作，更好地服务于国家经济建设和发展的大局。

第三，政企、政事关系。《条例》明确规定：认证机构不得与行政机关存在利益关系；国务院认证认可监督管理部门确定的认可机构，独立开展认可活动。这为处理好认证认可领域的政企、政事关系提供了充分的法律依据。政府监督管理职能和认证等中介职能一定要分开，利益上要脱钩。国务院认证认可监督管理部门、地方认证监督管理部门及其他政府部门，不能直接参与认证等中介活动，也不得干预认可机构独立开展认可活动，更不得直接从事或变相从事认可活动。政府部门的职责就是制定规则，依法监管。

三、把握好一个宗旨

认证认可工作的宗旨是为我国经济建设和外贸发展服务，说到底就是要推动我国产品、服务质量和管理水平的提高，增强企业的国际竞争力，为我国企业"走出去"搭建一个有效的平台。这是吴仪副总理多次强调的。与发达国家相比，我国认证认可工作的水平还有一定差距，因此需要继续加强对国际标准技术法规和合格评定程序的追踪研究，将这些成果及时转化为国内的相关标准和法规。要按照《条例》规定的业务范围，积极开展认证认可国际合作，积极参与国际认证认可合作组织的相关法规编制活动，争取在制订认证认可国际规则中发挥应有的作用，为我国产品打入国际市场，突破国外技术性贸易壁垒做出贡献。

2003 年 9 月 25 日

国务院张穹在第二次全国认证认可工作会议上的讲话

今天，召开宣传贯彻《中华人民共和国认证认可条例》(以下简称《条例》)的大会，领导都参加了，说明对于贯彻执行这部行政法规非常重视，会开得非常及时、非常重要。借此机会，我向工作在认证认可工作第一线的同志们表示衷心的祝贺。与此同时，谈谈自已学习这部条例的体会和认识，跟同志们共同探讨。

一、制定《条例》是完善市场经济的客观要求

认证认可工作是国际通行的规范市场、促进经济发展的重要手段，是企业和其他经济组织提高管理和服务水平、保证产品质量、提高市场竞争力的可靠方式，是国家从源头上确保产品质量安全、规范市场行为、指导消费、保护环境、保护人民生命健康、保护国家经济利益和安全、促进对外贸易的重要保障，在国家经济建设和社会发展中起着日益重要的作用。认证认可机构是在政府与社会之间发挥功能传递作用、在市场主体之间发挥服务纽带作用的组织。同时，也是大多数国家对涉及安全、卫生、环保的产品、服务、管理体系进行监管的有效手段。在国际贸易中，认证认可被作为技术壁垒的措施，被许多国家和区域经济组织广泛运用，以保护自身的贸易利益。

近年来，我国认证认可工作不断发展。目前，认证已由过去单纯地对产品质量进行认证，拓展到服务和管理体系领域。截至 2003 年 9 月，经批准设立的认证机构有 113 家，颁发各类认证证书 91 161 份，共有 25 369 家企业申请了 CCC(强制性产品认证)认证，指定的认证机构共颁发了 96 297 份 CCC 证书。但是，认证认可在发展中也存在一些问题，认证认可市场存在一定的混乱现象，认证认可领域工作政出多门、标准不一的问题比较突出，对外商投资认证机构和境外认证机构驻华代表机构的监督管理缺乏明确的法律依据。这些问题严重影响了认证认可市场的健康、有序发展，需要制定行政法规加以解决。

(一)制定《条例》是依法行政的要求

中央提出依法治国、依法行政，并把依法治国载入《宪法》，这是我们长期的战略性问题。实现国家的长治久安就必须依法治国。对行政机关来说，就必须依法行政。依法行政最基本的就是要行政规范、有章可循。在计划体制之下，"行政就是法"；在市场体制下，"依法行政，法治行政"，行政行为法典化。认证认可工作面临着繁重的任务，面临着广阔的市场，行政机关怎么去做、如何去管，确实需要有一个基本的规范，充分体现政府担负保护个人利益和公共利益的服务职能。

(二)制定《条例》是社会经济安全的要求

社会安全的要求包括生命安全、经济安全，最终体现在社会安全。社会的稳定需要一个经济安全的环境,这是一个很重要的问题。如何贯彻"三个代表"重要思想是一个非常现实和非常重要的问题,人民群众的身体健康和安全是人民利益的根本。首先要有一个健康安全的环境。社会安全需要有经济安全和生命安全。出了问题,不仅仅是直接的经济损失,也不仅仅是直接的生命财产损失,实际上对社会的稳定起了很大的作用、很大影响。

(三)制定《条例》是有效监管的要求

政府对认证认可工作的监管从未间断,而且监管的范围随着经济的发展也在不断的扩大,但是这种监管的效果如何,还值得考虑,我们的监管未必都十分有效。客观地说,赋予监管部门的手段、措施、办法还不够,因此对监管本身是一种影响。我们所讲的有效监管就是既然把这项责任、这项事业交给了认证认可部门,就应当赋予它必要的手段,没有必要的手段作保障,就没有办法完成它所担负的重要责任。

(四)制定《条例》是运转协调的要求

所谓运转协调,是行政机关行政体制改革确定的一个原则,就是要一个事情交给一个部门去做,要解决政出多门、职责不清的问题。我们转变政府职能,深化行政管理体制的改革,一个很重要的目的,就是要使政府的运转要协调自如,不能各唱各的调。我们目前的认证认可体制应该说还没有完全理顺,当然,部门之间的理顺是个长期问题,在目前的行政管理体制下,短期的解决很困难,但既定目标和方向是很清楚的,就是要一个事情交给一个部门去做,要划清部门之间的职责,要使行政机关能够有效、协调地进行运转,要减少扯皮、减少不必要的多重环节、减少职责不清的问题,明确责任、提高效率,从这个角度讲,也需要制定《条例》来解决一部分问题。

(五)制定《条例》是统一市场的要求

建设一个统一的市场,是我们经济体制改革长期追寻的目标,特别是加入WTO之后,如何形成一个统一的大市场,是一个很现实的问题,也是一个很紧迫的问题。我们加入WTO,要融入国际市场,要建设一个统一的大市场,要内外一致。这是我们加入WTO后的一个基本承诺。内外一致、统一市场就要求规则要统一。

(六)制定《条例》是深化改革的要求

行政体制改革的目标,在十六大报告中做了重申,就是要形成"行为规范、运转协调、公开透明、廉洁高效的行政管理体制",如何行为规范、如何运转协调、如何公开透明、如何廉洁高效,都离不开以立法作保障。有了《条例》,我们才能够行为规范;有了《条例》,我们才能运转协调。所谓公开透明,包括我们现在《条例》中对审批的条件、程序、部门都做了规定,一目了然。所谓廉洁高效,就是程序公开、制度公开、办法公开,就等于置于社会的监督之下,这是廉洁高效的一个很好的办法。我们过去程序性的东西注意不够,包括一项审批需要多长时间,我们都没有做很具体的规定。近几年开始,一些立法,特别是《行政许可法》把程序方面规定得比较具体,这对提高政府的运作效率是非常有意义的。

二、《条例》公布施行的重大意义和创新精神

《条例》的公布施行是我国认证认可法制建设工作中的一件大事。因为伴随着我国社会主义市场经济的不断发展和我国加入世贸组织的需要,认证认可工作日益彰显出其在提高我国产品、服务质量和管理水平、促进我国参与经济全球化、推动社会生产力发展方面的重要作用。《条例》作为一部符合世贸组织规则、符合现代市场经济制度的新时期的认证认可行政法规,它的公布,昭示着我国在深化认证认可工作改革、健全认证认可法制、为建立规范的认证市场新秩序方面迈出了重要的一步。因此,我们要深刻领会《条例》公布的重大意义和创新精神:

(一)《条例》首次以法规的形式将我国统一的认证认可监督管理体制固定了下来

在坚持社会主义市场经济改革方向的同时,要注重制度建设和体制创新,是我国新时期立法工作必须坚持的原则。由于多年来,我国的认证认可制度是由各个部门、行业在相关领域内分别建立、分别实施和监督管理的,有的部门设立了行业内部的认可机构和认证机构,有的部门还直接从事相关行业的认证认可活动,这样就在一定程度上造成了政出多门、交叉管理、多重标准的状况,导致监管不力、有效性不强的问题。

2002年2月,国务院办公厅发布的《关于加强认证认可工作的通知》(国办发[2002]11号)明确规定,国家认证认可监督管理委员会负责统一管理、监督和综合协调全国认证认可工作。同时,考虑到做好认证认可工作也需要各有关部门的密切配合,共同发挥作用。因此,《条例》第四条规定:国家实行统一的认证认可监督管理制度。国家对认证认可工作实行在国务院认证认可监督管理部门统一管理、监督和综合协调下,各有关方面共同实施的工作机制。这一制度的确立,比较科学、合理地解决了认证认可工作中政出多门、交叉管理等问题。实施《条例》,有效地发挥认证认可在经济建设中作用,离不开各有关部门、

各地方、各认证认可工作机构等方面的通力合作，按照《条例》的要求，各有关部门要支持认证认可监督管理部门对认证认可活动实施统一的监督管理，并在认证机构的设立、强制产品认证目录的制定调整及其实施、认证机构的指定等方面密切配合。

（二）《条例》确立了我国实行统一的认可制度

《条例》第三十七条规定：国务院认证认可监督管理部门确定的认可机构，独立开展认可活动。除国务院认证认可监督管理部门确定的认可机构外，其他任何单位不得直接或者变相从事认可活动。其他单位直接或者变相从事认可活动的，其认可结果无效。因此，我国实行统一的认可制度，只建立一套认可制度体系，国务院认证认可监督管理部门要按照国际通行做法，对现有的认可机构进行调整，建立集中统一的认可机构。

《条例》第十九条规定：任何法人、组织和个人可以自愿委托依法设立的认证机构进行产品、服务、管理体系认证。自愿性认证包括自愿性产品认证和管理体系认证，如节能产品认证、农产品认证、ISO9000族质量管理体系认证、ISO14000环境管理体系认证等。同时，《条例》第二十八条规定：为了保护国家安全、防止欺诈行为、保护人体健康或者安全、保护动植物生命或者健康、保护环境，国家规定相关产品必须经过认证的，应当经过认证并标注认证标志后，方可出厂、销售、进口或者在其他经营活动中使用。此条的规定就是正在实施的强制性产品认证制度（CCC认证制度），目前我国已对19类132种产品实行强制性产品认证。

此外，《条例》还规定了检查机构、实验室能力认定制度、认证机构前置许可等基本制度。上述基本制度的规范化、法制化保证了认证认可活动的健康、有序发展。

（三）《条例》符合世界贸易组织规则，履行了我国加入世界贸易组织的承诺

按照我国入世承诺，对不符合世贸规则的法律法规要进行修改，为适应入世要求需要制定新的法律法规的应当抓紧制定，我国在加入世贸组织时已经承诺，对重要的进口产品质量安全许可制度和中国产品安全认证制度将实行“四个统一”，并允许外商投资认证机构进入中国市场，为此，《中华人民共和国进出口商品检验法》已经做出了相应的修改，《条例》更是以具体的条款明确了两种制度的统一，并允许境外认证机构在中国境内设立外商投资认证机构和代表机构，充分体现了世贸组织的透明度原则、国民待遇原则、非歧视原则，为建立一种统一、开放、竞争、有序的现代认证市场体系提供了有力的法律支撑。

（四）《条例》体现了政府职能转变的精神

《条例》在弱化政府直接管理市场，发挥认证机构、认可机构、实验室、检查机构的服务、沟通、公正、监督作用的同时，加强对认证、认可机构等的监管力度，通过政府监管和行业自律相结合的方式达到规范认证市场的目的。

（五）《条例》规定了认证认可活动应当遵循客观独立、公正公开、诚实信用的原则

《条例》充分体现了目前我国加快建立社会信用体系建设的要求。社会信用体系是由法律制度和法律执行者、社会中介服务组织和市场主体共同构成的，《条例》在这些方面都作了明确规定，对营造诚信的认证市场环境，提供了有力的法律保障。

三、《条例》的贯彻落实

（一）《条例》是实践经验的总结，也需要在实践中完善

《条例》是实践经验的总结，同时也是高于实践的，是实践经验的概括，还有一定的前瞻性和预见性。《条例》本身把未来改革方向、发展方向也进行了考虑，但是，其内容是有限的，还不能充分地概括和表达认证认可实践的全部要求，只能表达基本的要求，将来还需要根据《条例》的规定制订一些规章、办法等，以做更具体的规定。

同时，在实践中也还可能暴露一些《条例》自身的不明确或者不足的地方，对于这些问题，也需要根据实际情况研究解决的办法，任何一部条例、法规都不是尽善尽美的。将来在贯彻实施《条例》的过程中，对反映出的不足和出现的问题，还可以考虑一些解决的办法，个别问题可以通过法律程序进行立法解释。《条例》也要与时俱进，不要一蹴而就，因为认证认可的实践是在不断发展的，所以监管的办法、措施，也不会一蹴而就。《条例》需要在实践中不断地修改、补充、完善。

（二）《条例》的贯彻需要有一支高素质的执法队伍，要有一批高素质的执法人员

这部《条例》贯彻执行的好坏，在很大的程度上取决于行政执法机关怎样履行职责，怎样履行义务。认证认可监督管理部门的权力是《条例》赋予的，是《条例》明确规定的，《条例》作为法律的组成部分，体现的是国家和人民的意志，归根到底，行政执法机关的权力是人民授予的。因此，要用好这个权、执好法，就应该确立服务的观念、忠实履行职责的观念和自觉依法行政的观念,只有这样,才能摆正我们的位置,履行好职责。其次,从认证等机构及其工作人员来看,其地位具有特殊性,属于特殊的中介组织,它的身份具有双重性。一方面,它是认证认可体制中的重要力量,没有他们运用技术手段,很难实施好认证工作,所以在一定意义上,他们是认证认可主体的组成部分。另一方面,这些机构本身又是监管对象,也就是说,作为独立的第三方,依法从事认证认可工作,开展认证认可活动,又要接受行政执法部门的监督,是行政执法机关的监督对象。这一点在《条例》的条文中区分得很清楚。不论是监管部门还是认证等机构及其工作人员,要做好工作、定好位,还要有两个基本要求:一要敬业。行政执法机关也好,认证机构也好,都要有非常强的敬业精神。没有敬业精神,很难搞好工作,工作要求很高,技术性很强,只有敬业者才会在工作中一丝不苟、精益求精。所以,首先是要敬业,要为了国家利益、为了人民的利益,做好我们的工作。二要讲信誉。党的十六大要求要建立新的信用体系。而信用的核心就是信誉。因此,不论是行政执法部门还是认证等机构都要讲信誉,要树立自己的信誉。信誉是永恒的。

温家宝同志在新一届国务院第一次全体会议上谈到依法行政时强调:"依法行政是贯彻依法治国基本方略的重要内容和必然要求,是政府正确行使行政权利的基本准则。在政府工作中必须切实做到依法行政,依法行政的核心是规范行政权力。"行政执法机关,怎样做到依法行政呢?他指出:"要严格行政责任,实行行政执法责任制和执法过错追究制,切实做到严格执法、公正执法,要坚决消除执法中的腐败现象,坚决纠正不顾国家全局利益和人民根本利益的本位主义和地方保护主义,要加强对各级行政机关和工作人员依法行政的教育和培训,不断地提高依法行政的自觉性。"据此,贯彻执行好《条例》,实质就是要切实做到依法行政。"天下之事,不难于立法,而难于法之必行"。因此,就贯彻执行《条例》来讲,依法行政,怎么强调都不过分。怎么做到依法行政?要注意两点:一要权限合法。行政执法机关必须在法定权限范围内活动。任何行政执法机关都无权超出法定权限行事,不得擅自扩大权限,也不能不作为。不作为就是不履行职责。《条例》对认证认可监督管理部门的职责,规定的权限是明确的,履行职责的手段也是充分的。这就是我们行政执法机关的执法依据,必须不折不扣地予以执行。越权、扩权不行,不行使职责、不作为也不行。凡是法律规定、授权某个行政机关的权力,那么这个机关就必须在法定范围内履行职责,尽职尽责地把工作做好。法律没有规定的,当然不能越权,更不能扩权,否则就可能出现行政违法,要承担相应的法律后果。二要程序合法。《条例》不仅规定了认证认可监督管理部门履行职责的权限,而且明确了行使职权的程序。什么是程序?就是履行职责的步骤、方式和时间、地点等。我们以前有个倾向,就是比较注重实体,而不太注意程序,办事的主观随意性大,所以常常出现同样性质的事情、同样事实的案件,由不同的执法人员处理,结果截然不同的情况。这不符合依法治国、建设社会主义法治国家的要求。因此,要贯彻执行好《条例》、履行好我们的职责,程序问题非常重要。程序违法,实体就不可能合法,所以我们必须通过科学民主设定的程序来实现实体的公平和正义。比如,我们处理违法行为,就必须严格依照行政处罚法和《条例》规定的程序进行,包括调查、检查的执法人员人数、证件的出示、笔录的制作、证据的收集、行政处罚的决定、决定书的送达以及听证、告知等等,每一个环节、每一个步骤都必须符合法定要求。总之,程序合法是我们依法行政的重要方面,办事都要有规矩,没有规矩就难以成方圆。在贯彻执行《条例》的过程中,必须要强调程序合法。我们不仅实体上要严格依法办事,也要做到程序严谨,将实体和程序有机地统一起来,真正贯彻执行好这部《条例》。

以上是我在对《条例》的学习中的几点体会和认识,不妥之处,还请大家批评指正。

同志们,只要我们严格依照《条例》的规定履行职责,以对党和人民高度负责的精神,在以胡锦涛同志为总书记的党中央领导下,同心同德,努力工作,就一定能够完成历史赋予我们的光荣任务,为完成十六大提出的全面建设小康社会的奋斗目标,做出更大的贡献!

谢谢大家!

2003 年 9 月 25 日

国家质检总局李长江
在第二次全国认证认可工作会议上的讲话

同志们:

这次全国认证认可工作会议的主要内容，是认真学习贯彻《中华人民共和国认证认可条例》(以下简称《条例》)，研究推动认证认可工作快速发展的方针政策和措施。这次会议得到了国务院的高度重视，吴仪副总理向大会发来了贺信。各有关部门对这次会议给予了大力支持，派代表出席了今天的大会。在此，我代表国家质检总局，对大会的召开表示热烈的祝贺，对各有关部门的关心和支持表示衷心的感谢！借此机会，我讲两点意见。

一、充分认识《条例》公布的重大意义

今年9月3日，国务院总理温家宝签署了国务院第390号令，公布了《条例》。《条例》的公布，是我国认证认可事业发展进程中的一件大事，它标志着我国认证认可工作在规范化、法制化方面取得了新的历史性突破。

《条例》的公布和实施是国家认监委和广大认证认可工作者共同努力工作的结果。第一次全国认证认可工作会议以来，国家认监委全面贯彻“三个代表”重要思想，认真履行职能，进一步加强了对认证认可工作的统一管理、监督和综合协调。一是重新整合组建了机构、实验室和人员三个认可委员会，建立了统一的认可体系。二是实施了强制性认证与自愿性认证相结合的认证制度、检测机构管理制度，初步形成了全国认证认可工作的科学统一的制度体系。三是组织对原有的认证认可法律法规进行了全面的清理，初步建立起了适应社会主义市场经济的认证认可法律法规体系。四是形成了一套完整的认证机构内部自查、国家统一监督抽查、有重点的专项整治以及动态监控的市场监管手段，开展了国内外认证机构的清理整顿和审批登记工作，严厉打击了认证市场中的各种违法违规行为，初步建立了认证机构公正公开、有效监管的市场体系。

尤其是在国家认监委的领导下，通过深入调查研究，在广泛听取和征求社会各方面意见、反复修改完善的基础上，向国务院报送了《条例》审批稿。拟订《条例》的过程，本身就是一个总结、研究、探索、前进的过程。国务院批准并公布实施《条例》，不仅把认证认可工作成功的做法规定了下来，而且以法规的形式明确了认证认可工作的基本内容和主要规定，使认证认可工作真正走上了有法可依的轨道。对此，各级质检部门要充分认识《条例》公布的重大意义，认真自觉地加以贯彻执行。

(一)《条例》的公布施行，是健全与社会主义市场经济体制相适应的认证认可法律法规体系的需要

我国的认证认可制度是改革开放以后，借鉴国际惯例建立起来的。随着我国加入世界贸易组织和社会主义市场经济体制的日渐完善，急需解决体制不相适应和法律法规建设滞后的问题，克服部门职责不清、多头管理、政出多门、体制混乱等问题，做到既适应市场经济体制的要求和国际规则，又进一步推动我国认证认可工作发展的要求。

为了加强认证认可工作，党中央、国务院做出了改革我国认证认可监督管理体制的决定，为建立健全全国统一、内外一致的认证认可工作制度提供了组织保障。2002年2月，国务院以国务院办公厅文件的形式，下发了《关于加强认证认可工作的通知》，在一定程度上解决了认证认可法制建设滞后问题，保证了国家认监委顺利开展工作。而《条例》的出台，适应了世贸规则，适应了市场经济的需求，为我国认证认可工作在新的形势下加快发展，提供了充分的法律依据。

(二)《条例》的公布施行，是适应认证认可工作蓬勃发展的需要

认证认可是一项朝阳产业，正处于蓬勃发展时期。当前，认证认可已经广泛存在于商品、服务和生产、流通、管理各个环节，渗透到经济、社会生活、国家安全等各个方面。

我国认证认可工作从产品认证开始，经过20多年的不断发展，领域不断扩大，速度不断加快，从业人员不断增多，已由过去单纯对产品进行认证，拓展到了服务、管

理体系、认证机构和认证培训机构的认可，实验室和检查机构的认可，认证人员的注册等诸多领域。但是，认证认可的管理却远远跟不上认证认可的发展。由于缺乏相应的法律法规，既不能适应近年来快速扩大的认证认可领域加强监督管理的形势，也不适应我国加入世界贸易组织后对服务、管理体系认证认可实施监督管理的要求。由于缺乏对各类中介组织行为规范的准则和处罚依据，导致认证市场存在一定的混乱现象。建立完备的认证认可法律体系，明确职责，规范行为，非常必要，也非常紧迫。《条例》的公布，必将有力地促进认证认可工作健康发展。

(三)《条例》的公布实施，推动了认证认可工作的规范化、法制化

《条例》为进一步统一认证认可工作体制、完善全国统一的认可体系、加强统一监督管理和综合协调、强化法律职能、促进依法行政，提供了明确的法律依据，有利于政府转变职能，强化监管，加强宏观管理，更好地适应市场经济。同时，也为规范各类组织和机构的行为，提供了共同遵守的行为准则，为进一步规范市场经济秩序、提高经济增长的质量和效益、促进贸易发展以及维护国家经济利益和安全、促进国民经济的健康发展和社会的全面进步，提供了更为广阔的空间。《条例》还充分体现履行我国加入世界贸易组织时在认证认可领域所做出的承诺，有利于按照国际规范依法行政，合法经营，推动我国认证认可工作的国际化。

各级质检部门和有关方面，要充分把握和深刻认识《条例》的深刻内涵，把思想和行动统一到《条例》上来，坚定不移地贯彻《条例》，把认证认可工作推向新阶段。

二、进一步促进认证认可工作深入发展

《条例》的公布，仅仅是一个开始，贯彻实施《条例》任重而道远。一方面，我国还处于社会主义初级阶段，社会主义市场经济体制还处于一个不断发展的过程，社会主义法律法规体系还不够健全完善，传统的思想观念还有待于冲破；另一方面，对《条例》的理解和掌握运用还需要有一个客观的过程，思想和行动需要进一步统一。此外，当前认证认可工作中仍存在一些问题。非法从事认证经营活动、不严格按照认证要求开展活动、认证咨询“一条龙”服务、认证机构对获证企业后续管理不力以及认证工作缺乏有效性、公正性、规范性等等问题仍然屡禁不止。个别机构办事程序不透明、行为不规范、结果不公正，以及实验室认可、强制性产品认证费用等方面还存在一些问题。

我们必须充分认识认证认可工作发展中的困难，树立长期作战的思想，扎扎实实做好工作，努力促进认证认可工作快速发展。

(一)认真学习宣传贯彻落实好《条例》

按照国务院的规定，《条例》将于今年11月1日施行。从现在算起，距《条例》实施只有一个多月的时间，学习、宣传和贯彻《条例》是当前认证认可工作的重中之重。各级质检部门一定要充分利用这一个多月的时间，进一步加强领导、周密组织、层层落实，采取多种形式、调动各方面的积极性，有计划、有步骤地开展对认证认可执法人员的培训，使他们领会《条例》的精神实质，掌握《条例》的具体规定。同时，还需要向社会和人民群众广泛深入地宣传《条例》，使之成为人民群众对认证认可监督管理机关行使职权、维护自己合法权益、同违法行为作斗争的有力法律武器。

学习和贯彻《条例》，一要突出准确性。必须忠实立法的本意，不能望文生义，不能曲解，为我所用；要维护法制统一，在处理与其他有关法律、法规的关系时，必须作统一的解释和理解，不能相互冲突、相互矛盾；要密切联系实际，使《条例》能够适应客观情况的变化。二要讲求普遍性。既要强调重点，又要兼顾全面，整体推进。三要注重实效性。针对实际，坚持学法与用法相结合、宣传与推动相结合；要防止形式主义，杜绝“轰轰烈烈走过场，空空洞洞讲大话”的不良现象，保证实效。

(二)严格执行《条例》的规定，做到依法办事、依法行政

依法治国，建设社会主义法治国家，是我国《宪法》规定的基本方略。依法行政是依法治国的必然要求和核心所在，也是对行政机关的根本要求。各级质检部门都要根据《条例》的规定，按照监管、引导、规范、服务的宗旨，坚持科学、民主和透明的原则，进一步在完善配套、有效发挥作用上下功夫，抓紧制定相关的配套规章和规范性文件，进一步完善认证基本规范；妥善处理好与其他质检法律法规的衔接，保证法律法规体系的一致性。

要按照《条例》的要求，切实履行好监督管理部门的职责。针对当前工作中存在的突出问题，总结工作经验，创新监管手段，健全工作机制，完善工作制度，建立约束机制，严格各项工作责任制。充分发挥各有关方面和地方认证监督管理部门的作用。要把规范和整顿认证秩序不断引向深入，依法加强对各类相关中介机构的约束和管理，进一步完善对认证机构、认证培训、认证咨询机构的

前置审核批准和登记、备案制度，要尽快在认证及相关机构中建立信誉评价体系，建立行业自律组织，严格用《条例》来规范各类中介机构的行业行为，引导和培养各类机构自觉用法、守法，确保认证工作的公正性和有效性。

各类认证认可机构都要充分认识到《条例》公布实施的重要意义和对认证市场所产生的深刻变化，不断完善内部管理，进一步增强法律意识、竞争意识和发展意识，注重职业道德建设，增强自我约束能力，提高认证工作的质量，共同维护认证领域的良好秩序。

（三）进一步加强队伍建设，完善认证认可管理

贯彻落实好《条例》，队伍建设非常关键。质检部门人员的政治素质、业务素质、工作态度和职业道德水平的高低，直接关系到认证认可工作的成效。各级质检部门一定要把培养和建设高素质的执法队伍放在十分重要的位置，造就一支廉洁公正、作风优良、业务精通、素质过硬、全心全意为人民服务的行政执法队伍，按照“三个代表”重要思想的要求，加强执法人员的宗旨教育、职业道德教育、廉洁从政教育，提高执法队伍的政治素质和业务素质，坚持立党为公、执政为民，做到严格执法、公正执法。

要抓好执法队伍的学习和培训，使每个执法人员都能熟练掌握具体的执法责任和应履行的义务，懂法、守法，提高依法办事、依法行政的水平和能力。要进一步加强执法人员的专业知识培训，提高专业知识水平，确保认证认可执法工作的准确性和权威性。要进一步健全机制，完善制度，公开程序，规范行为，加强对执法队伍的监督，加大行政监督和执法监督的力度，深化执法检查。对执法人员中存在的知法犯法、滥用职权、以权谋私的，要从严查处，决不姑息，坚决杜绝有法不依、执法不严、徇私枉法、执法违法的行为。

各级质检部门要进一步加强对认证认可从业人员的管理。认证认可工作是专业性、技术性强的工作，对从业人员的知识水平、能力素质和职业道德有很高的要求。当前认证工作中存在的缺乏公正性、有效性和认证市场秩序混乱问题，都与从业人员知识水平不高、思想作风不纯、工作态度不正、职业道德不良等有关。因此，要促进认证认可事业的深入发展，就必须下大力气加强从业队伍的建设。要严肃从业人员的资格审查，完善从业人员的资质考核体系，加大业务培训和法制教育力度，提高从业人员的业务水平和法律意识，加强职业道德建设。对那些在审核工作中不讲职业道德、弄虚作假、认证结果缺乏公正性、有效性的机构，要坚决停止其执业资格。

同志们，国务院《条例》的公布实施，使认证认可工作迎来了新的发展机遇。我们要以“三个代表”重要思想为指导，与时俱进，乘势而上，努力开创认证认可工作的新局面，为国家经济建设和社会发展做出新的贡献！

谢谢大家。

2003年9月25日

国家质检总局王秦平
在第二次全国认证认可工作会议上的讲话

同志们：

第二次全国认证认可工作会议是在《中华人民共和国认证认可例》（以下简称《条例》）公布后不久召开的一次非常重要的会议。国务院领导对这次会议十分重视。吴仪副总理向大会发来了贺信，对国家认监委成立两年来我国认证认可工作所取得的成绩给予充分肯定，对《条例》公布后如何进一步搞好我国认证认可工作，特别是如何进一步发挥认证认可工作在经济和社会发展中的作用提出了要求，体现了党中央、国务院对认证认可工作的高度重视和殷切希望。国务院副秘书长徐绍史同志、长江局长、国务院法制办张穹副主任发表了重要讲话，凤清主任做了工作报告，与会代表认真学习了《条例》和有关领导的重要讲话，并就如何贯彻《条例》，用《条例》指导、规范认证认可工作，开创认证认可工作新局面进行了研究交流。会议主题明确，内容丰富，务实高效。我相信，本次会议必将对今后一段时间我国认证认可工作产生重要影响。

下面，我受总局党组的委托讲几点意见。

一、充分认识贯彻落实《条例》的重要性，把思想和行动统一到《条例》上来

认监委是国务院授权的履行行政管理职能，统一管理、监督和综合协调全国认证认可工作的主管机构，目的是为了加强对全国认证认可工作的统一领导和监督管理。这既是认监委的职责，也是质检总局的重要职责。

《条例》的公布，体现了党中央、国务院对认证认可工作的高度重视，标志着我国认证认可工作法制化进程向前迈出了一大步。国务院公布《条例》，意义重大。《条例》将我国在入世谈判时有关认证认可的承诺，以国务院法规的形式固定下来，进一步完善了我国法律法规体系，体现了我国政府履行入世承诺的严肃性和决心。《条例》的公布，不仅为认证认可活动的有效实施和有效监管提供了强有力的法律保障，而且也为制定涉及中介领域的法律法规积累了经验。同时，《条例》的公布和即将施行，使质检工作法律法规体系得到了进一步的完善，标志着质检部门在建立适应社会三义市场经济需要，符合世贸组织规则要求，统一、完善、透明的质检法律法规体系方面又向前迈出一大步。因此，《条例》的公布，不仅是认证认可领域的一件大事，也是质检系统的一件大事，而且也是我国法制建设的一个重大进展。

《条例》是指导和规范全国认证认可工作的一部重要的行政法规。全国质检系统的干部职工，特别是从事认证认可工作的同志，都要高度重视，学习、宣传、贯彻这一条例，消除《条例》公布前的各种模糊认识，充分认识贯彻落实《条例》的重要意义，从实践"三个代表"重要思想的高度，认真贯彻落实好《条例》，把思想和行动统一到《条例》上来。

为了贯彻好《条例》，必须对《条例》的要求有深刻的理解。在今后一段时间内，与认证认可工作相关的各有关部门、质检系统和认证认可战线的同志，都要集中开展学习、宣传《条例》，提高对这部法规重要意义的认识，增强依法行政的自觉性。我们一定要加强领导、周密组织、层层落实，采取多种形式，调动各方面的积极性，有计划、有步骤地开展培训活动。要按照长江局长提出的"突出准确性、讲求普遍性、注重实效性"的要求，切实保证取得实效。

在学习贯彻《条例》的活动中，既要全面掌握《条例》的精神实质和具体规定，又要突出重点。

国家认监委和地方认证监督管理部门的重点，是用《条例》来规范我们的认证认可监督管理工作，是提高依法行政的意识和水平，按照《条例》的要求转变观念、转变职能、改进工作方式，监管与服务并重，提高监管的有效性。国家认监委要切实按国务院的要求履行《条例》赋予的统一管理、监督和综合协调全国认证认可工作的职责。该统一管理的，一定要统起来，不能不作为；该与有关部门共同实施的，一定要主动、充分地协调，采取"走出去、请进来"等多种方式，听取大家的意见，充分发挥大家的作用。

认可机构、认证机构及其他与认证相关机构和认证人员，要全面遵照《条例》提出的规范性要求，在《条例》的规范下做好各自的工作，充分认清自己的法律责任，增强法律意识、责任意识、风险意识，严格按《条例》的规定办事，加强自律，守法经营，自觉维护认证市场秩序，确保认证的公正性，切实提高认证的有效性。

《条例》是质检法律法规体系的重要组成部分，是进一步做好质检工作的重要的法律依据。《条例》的公布，为履行质检工作严格把关这一重要职责提供了新的法律武器。因此，质检总局各职能司局、各级质检机构，都要充分认识《条例》公布施行的重大意义，一定要带头学习、大力宣传、全面贯彻《条例》，把宣传、学习、贯彻《条例》作为当前各级质检部门的一项十分重要的工作来抓，并在深刻领会《条例》立法本意的基础上，积极协调《条例》与产品《质量法》、《商检法》、《标准化法》、《计量法》等法律法规的关系，从执政为民的高度，正确对待因立法背景和立法年代的差异而客观形成的法律规定之间的不尽一致，正确对待、努力协调国家产品质量监督抽查、生产许可证、市场准入等监管方式与认证认可工作的关系，充分发挥认证认可工作的作用，提高执法水平。总局机关和各级质检行政机构都要率先垂范，遵守《条例》的要求，使质检工作更好地服务于国家经济建设和社会发展。

学习贯彻《条例》活动是否落到实处，是否取得了实效，关键要看与《条例》不相适应的、妨碍认证认可工作发展的思想观念有没有被冲破，束缚认证认可工作发展的做法和规定有没有彻底改变，制约认证认可工作发展的体制弊端有没有坚决革除；关键要看政府应转变的职能是否得到切实转变，依法行政的意识和水平是否得到切实提高，监管工作是否到位，认证市场秩序是否有了根本好转，认证有效性是否得到了全社会的广泛认同。最终，要看认证认可工作是否对国家经济和社会发展产生了明显的促进作用。

二、深入贯彻《条例》，严格依法行政，把整顿和规范认证市场秩序引向深入

《条例》以法规的形式明确了我国认证认可工作的基本制度和基本原则，体现了我国政府对认证认可工作的

总体认识和工作要求，也体现了行政机构改革和政府职能转变，增强了政府的服务意识，强化了对认证机构、认可机构的监管，为规范认证认可监督管理行为、认可行为、认证行为提供了充分的法律依据，为整顿和规范认证市场秩序提供了有力的法律武器，使认证认可工作走上了法制化、规范化的轨道，为认证认可工作持续健康发展创造了良好的法律环境。

贯彻《条例》，重点是严格依法行政。质检机构是国家重要的行政执法机关，在建立和维护社会主义市场经济秩序方面承担着重要的职责。作为执法机关，严格遵守《条例》的规定是我们依法行政开展工作的根本要求。当前，我们着力抓好按《条例》要求依法整顿和规范认证市场秩序工作。

我国认证认可工作经过20多年的发展，已成为一个重要的行业，成绩有目共睹。但由于法律法规的相对滞后，认证认可工作以前曾在管理方面存在政出多门、多重标准、监督不力等问题；在认证市场上，未经批准擅自从事认证活动、认证咨询"一条龙"、虚假认证、买证卖证、审核走过场等违法违规行为一度非常严重。国家认监委成立以后，将整顿和规范认证市场秩序作为最重要的工作之一，以前所未有的工作力度，以创新的工作思路和工作模式，上下结合、横向联动，在完善监管办法的基础上，采取强化监管、机构自律、市场机制多管齐下、专项行动与日常监管互为补充，形成了一套较为完整的认证市场监管新机制，遏制了认证市场恶意违法违规行为的泛滥，整个认证市场的秩序有了明显的好转。但是，我们也要清醒地看到，导致认证市场混乱的一些深层次问题还没有得到根本的解决，违法违规行为仍然没有杜绝，而且手段更加隐蔽和复杂多变。

国家认监委要在总结前一阶段整顿和规范认证市场的成功经验的基础上，以《条例》为武器，通过学习、宣传、贯彻，严格按照《条例》要求进一步整顿和规范认证市场秩序，着力于既治标又治本，建立既符合法律法规要求，又具有可操作性和有效性的长效监管机制，把整顿和规范认证市场秩序工作引向深入。

质检系统地方两局作为地方认证监督管理部门，在整顿和规范认证市场秩序方面承担着重要的职责。要按照《条例》的规定，在国家认监委的统一领导和统一部署下，依法监管认证活动，依法查处认证违法违规行为，维护认证市场秩序。要克服厌战情绪、松劲情绪、畏难情绪，树立同违法违规行为和不法分子长期斗争的思想准备，始终保持高压态势。对违法违规行为，该处罚的要坚决处罚，该打击的要狠狠打击，不能手软，不能护短，不搞"下不为例"。要端正执法态度，不能为了罚款而执法，不能搞以罚代法，真正做到执法为民。

在整顿和规范认证市场工作中，执法队伍建设至关重要。我们现在许多执法人员，法律知识不足，科学技术水平不高，往往在执法中不能正确行使职责。因此，加强执法人员的培训和提高执法人员的素质是当前一项重要工作。凤清主任提出要用三年时间对所有执法人员进行一次专业轮训，我非常赞成。只有用《条例》和认证认可知识来武装我们的执法人员，才能更好地完成我们肩负的任务，这要引起各级质检部门的重视，否则，执法就不可能准确，就没有针对性，就不可能有效。

整顿和规范认证市场的目的，是促进认证认可工作更加健康有序地发展。在整顿和规范认证市场秩序的同时，我们要积极培育发展认证市场，鼓励守法的认证机构做大做强，形成公平竞争、以质取胜的市场格局；要积极开拓认证认可新领域，优先发展与完善社会主义市场经济体制、与国家宏观经济战略，以及与人民群众健康安全密切相关等领域的认证认可工作，寻找认证认可工作新的增长点，更好地服务于国家经济建设和发展的大局。

三、坚持与时俱进，在开拓创新上取得新成效

我国的认证认可工作已经取得了很大的成绩，长江局长、凤清主任在讲话中都进行了回顾和总结，我完全赞同。面对新形势、新任务、新要求，如何围绕全面建设小康社会这一宏伟目标，抓住《条例》公布这个良好契机，坚持与时俱进、开拓创新，更好地发挥认证认可工作对国家经济和社会发展的促进作用，是质检系统和认证认可领域学习贯彻"三个代表"重要思想的重要体现。我们要进一步解放思想，着眼新的实际，总结新的经验，探索新的路子，使新时期的认证认可工作真正体现时代性、把握规律性、富于创造性，尤其要在更为有效地服务于国家经济建设、促进经济和社会发展这个认证认可工作的落脚点上取得新成效。

认证认可工作在促进企业和组织提高管理水平、产品质量和市场竞争力等方面的作用，已经为事实所证明。在历次国家监督抽查中，获证企业的总体质量水平明显高于未获证企业。当然，认证认可在这方面的作用还要进一步强化。我们也应该看到，认证认可在政府宏观管理和决策中的作用还没有得到充分的发挥。如何利用认证认可结果，合理简化行政监管手续、降低检查监管的成本，

特别是减少重复检查和认定，为政府提高监管效率提供技术支撑等，还有待进一步研究探索，政府和全社会对认证认可结果的利用率还不高，认证认可工作的服务功能还有待进一步挖掘。

认证认可战线的同志，一要提高认识，充分认识认证认可工作服务于国家经济建设和社会发展的重要性和必要性，充分认识到认证认可对于健全现代市场经济的社会信用体系中的能动作用；二要主动服务，加强研究，找准认证认可工作与国家经济建设和社会发展的契合点，及时提供服务；三要有效服务，通过我们的服务，为政府有关部门和社会各界提供切实有效的帮助，真正提高社会运行效率，降低社会运行成本，特别是管理成本。

例如，为了提高通关速度，检验检疫工作要改进监管模式，把关口前移。总局提出了产品质量要从源头上抓起，严格过程监督的工作思路。那么，认证认可工作能不能为“大通关”服务？我看不仅能，而且大有可为。认证工作是“固本强基”的工作，ISO9000标准更是强调过程管理，提高企业的质量保证能力。如果我们的企业都能够严格按照标准的要求建立质量管理体系，并使质量保证体系良好运行，认证机构都能严格把关，就可以为“大通关”战略的顺利实施奠定坚实的基础。

再比如，解决实验室重复建设、重复评价、重复认定的问题，认证认可工作也可以发挥重要作用。目前，我国实验室重复建设、重复评审的情况相当严重，其中既有低水平重复，又有“高水平”重复，造成国家资源的大量浪费。我们可以利用全国实验室资源调查的成果，在科学分析的基础上，提出高水平的研究分析报告，为政府制定实验室建设规划和管理政策提供服务。建立全国统一的实验室资质认定体系，实现检测资源的数据共享，是我们的共同目标，也是广大实验室的共同期望，《条例》提出了明确的要求。那么，如何建立全国统一的认定及评价体系？我认为，关键是我们要站在国家利益的高度，建立一套科学、合理、有效、经济，并与国际惯例接轨、能够实现国际互认的实验室资质认定和评价体系，而且能够满足方方面面的要求，其结果能得到大家的公认。

我国加入世界贸易组织以后，国际国内市场进一步融合，外向型经济发展加快。与此同时，其他国家对中国设置非关税贸易壁垒的趋势也越来越明显，对我国外贸发展的约束性也日趋严重。这些壁垒往往以提高检疫标准、增加检测项目、调整技术法规为手段，具有技术复杂、隐蔽性强、扩散效应大、影响面广的特点。据商务部抽样调查，国外技术性贸易壁垒给我国出口企业带来的成本和风险损失，呈逐年递增之势。去年我国有71%的出口企业、39%的出口产品遭到国外的壁垒限制，其中农产品、轻工、机电、纺织服装、五矿化工和医疗保健等6大行业损失达170亿美元。食品土畜产品出口受到的损失最为严重，有近90%的企业受限，造成损失约90亿美元。欧盟、美国、日本的技术壁垒对我出口企业造成的损失占总损失的95%。

认证认可是我国应对各种贸易壁垒的一个重要力量。在突破国外各种壁垒方面，一定要发挥好生力军和突击队的作用。要利用在相关国际认证认可机构中担任重要职务的便利条件，积极参与国际相关标准和规则的制定，使之为我所用，对我有利；利用与国际组织交往与合作频繁的特点，密切跟踪、及时搜集整理和向国内企业提供相关预警信息。要进一步加大工作力度，推进国内更多的企业通过认证，使之按照国际规则和标准建立完善的质量管理体系，提高管理与服务水平，增强竞争力。要进一步加强出口食品卫生注册、农产品认证等工作，促使更多的企业提高产品档次。要与其他部门加强磋商，联合采取措施，有效消除技术壁垒的影响。此外，还要履行好代表国家进行认证认可国际交流与合作的工作职能，通过与相关国家对等谈判，签定协议，减少技术壁垒。

技术壁垒不能是单方面的，我们也要按照TBT、SPS等相关协定，合理采取一些技术性措施，保护我们的民族工业、保护国家经济利益和经济安全、保护人民生命健康和财产安全、保护环境和动植物生命安全，认证认可在这方面应该大有可为。强制性产品认证制度是一种市场准入制度，进口食品卫生注册也是一种很好的方式。其他工作，比如农产品认证、实验室管理等方面，应该也可以做一些工作。

同志们，我国认证认可工作已经进入了一个新的发展时期，认证认可工作前景广阔、任重道远。让我们以“三个代表”重要思想为指导，全面贯彻落实《条例》，解放思想、实事求是、与时俱进、开拓创新，不断开创认证认可工作新局面，为促进国家经济建设和社会发展做出更大的贡献！

谢谢大家。

2003年9月27日

国家认监委王凤清
在第二次全国认证认可工作会议上的工作报告

各位代表，同志们：

今天我们召开国家认监委成立以来的第二次全国认证认可工作会议，中心议题是宣传贯彻《中华人民共和国认证认可条例》(以下简称《条例》)，部署下一阶段工作。《条例》的公布，充分体现了国务院领导对认证认可工作的重视和关怀，是我们盼望已久的一件大喜事。这次会议得到了国务院领导和有关部门的高度重视。吴仪副总理向大会发来了贺信，国务院徐绍史副秘书长、法制办张穹副主任到会做了重要讲话，质检总局长江局长做了重要指示。认证认可部际联席会议成员单位的负责同志和有关方面的代表参加了会议。在此，我代表国家认监委，对与会的各位领导和代表表示热烈欢迎和衷心感谢。

下面，我就落实领导同志讲话精神，深入贯彻《条例》，严格依法行政，全面开创认证认可工作的新局面讲几点意见，请大家研究、讨论。

一、第一次全国认证认可工作会议以来的工作回顾

去年4月召开第一次全国认证认可会议以来，我们在国务院领导关心和有关部门支持配合下，按照会议提出的“三步走”总体目标，知难而上，努力开拓，在建立机制、完善制度，推进认证认可深入发展方面做了大量工作，认证认可事业揭开了新的篇章。

一是建立和完善了认证认可工作体系。继组建国家认监委后，我们又建立了有23个部委局参加的认证认可部际联席会议制度。按照国家只建立一套认可体系的要求，重新组建了认证机构、实验室、认证人员与培训机构三个认可委员会及秘书处。成立了认证认可专家咨询委员会和全国认证认可标准化技术委员会。根据国务院2002年立法计划安排，配合国务院法制办完成了条例起草工作。经过一年多的努力，初步建立起了以组织体系、制度体系、法律法规体系、监督管理体系为主要内容的认证认可工作新体系。

二是组织实施了统一的强制性产品认证制度。按照我国政府入世承诺和“四个统一”的原则，从2001年12月起，对19大类、132种涉及健康、安全、环境保护和国家安全的重要工业产品，实施了内外一致的新的强制性产品认证制度(即CCC认证)。指定了相关工作机构，向国内外进行了广泛的宣传。CCC认证制度的推进，得到了国务院有关部门、地方各级政府和消费者协会、商业联合会等行业组织的大力支持，各级质量技术监督部门和出入境检验检疫机构做了大量卓有成效的工作。在认证机构、检测机构和广大企业的共同努力和积极参与下，顺利完成了第一阶段的工作目标。截止到9月8日，共颁发CCC认证证书96 297张，获得认证和已申请认证的企业有25 369家，认证产品的市场覆盖率超过90%。目前，国家认监委正组织各地质检机构，在全国范围内对CCC认证产品中的部分产品进行执法检查。

三是整顿和规范认证市场取得了明显成效。按照国家认监委、质检总局、工商总局和原外经贸部四部委联合下发的《认证及认证培训、咨询机构审批登记与监督管理办法》，对上述机构的设立实行了审批和登记制度。目前共批准各类认证机构113家、认证培训机构109家、认证咨询机构583家、分包境外认证机构业务的合资认证机构16家、境外认证机构驻华代表机构18家。

从2001年底开始，与工商总局联合组织地方质检、工商部门对12家在国内代理外国认证机构业务的代理机构进行了调查，对其中7家有违法违规行为的机构进行了处理。今年上半年，国家认监委再次与工商总局、公安部联手，在上海、广东等四省、市开展了打击非法认证经营活动的专项行动，查处了18个非法代理外国认证机构业务的代理机构和作业点，责令涉案的11家机构、作业点停止开展认证活动，将涉嫌犯罪的移送公安机关进一步侦查。国家认监委去年底还组织开展了为期4个月的首次全国范围的认证有效性调查活动，通过抽样调查的方式，来了解我国获得质量管理体系认证证书企业的质量体系实际运行情况，这对认证机构的工作质量是一

次很好的检验。

四是在积极拓展认证工作新领域方面取得了新进展。在农产品认证方面，按照《国务院关于加强新阶段"菜篮子"工作的通知》要求，会同农业部、原经贸委、原外经贸部、卫生部、工商总局、环保总局等九个部委下发了《关于建立农产品认证认可工作体系实施意见》，明确了农产品认证认可工作体系的指导思想和工作重点。与农业部联合下发了《无公害农产品管理办法》等文件，共同推动无公害农产品认证。协助商务部开展"三绿工程"工作，研究建立"绿色市场认证"。按照国务院的部署，积极参与了"食品放心工程"工作。

根据认证的需要，组织开展了HACCP食品安全管理体系认证机构认可，有机产品生产、加工和经销认证机构认可和软件过程及能力成熟度评估机构认可等多项开拓认可新领域的工作。截止到今年9月，经中国认证机构国家认可委员会认可的90家认证机构，共颁发各类管理体系认证证书91 161份；经中国认证人员与培训机构国家认可委员会注册的各类审核员37 438名。

五是实验室监管和进出口食品卫生注册工作得到进一步加强。按照国家只建立一套实验室资质评价制度的思路，积极推进我国实验室资质评价工作规范化进程。组织出入境检验检疫实验室贯彻ISO/IEC17025标准，将出入境检验检疫实验室注册考核制度改为全国统一的实验室认可和计量认证制度。迄今，共办理244家国家级检测中心授权事项，向1 203家实验室颁发了实验室认可证书，向2 339家行业实验室颁发了国家计量认证合格证书，公布了77家具有10种装饰材料有害物质限量标准检测资格的实验室名单。为了使国务院宏观调控部门更好地掌握和利用现有实验室资源，解决我国检测实验室低水平重复建设问题，从2002年11月开始，组织开展了为期6个月的跨行业、跨部门的全国实验室资源调查，涉及工、农、科、教、卫等各类实验室1.6万家，收集数据6 000万个。待数据进一步整理后，将向国务院有关部门提供。

先后接待了美国、欧盟、俄罗斯等13个国家(地区)的47个食品加工企业卫生注册检查组对我国近500家出口食品加工企业的检查，在水产品、出口罐头等6类出口食品加工企业中推广了HACCP体系，为保证我国农产品和食品的稳定出口做出了努力。截止到今年9月，共向外国政府主管部门推荐注册企业4 500厂次，全国取得卫生注册登记出口的食品生产企业达9 800多家。

六是我国认证认可的国际影响力日益扩大。与27个国家的30个政府机构、认可认证机构签署了30个双边合作协议或合作谅解备忘录。中国代表在多个国际组织决策层中担任了重要职务，在相关国际标准和导则的制定中发挥了积极作用。与越南签署了承认我摩托车、摩托车发动机和头盔的强制性产品认证结果备忘录；通过中俄总理定期会晤机制，有效开展了认证认可合作；根据中国和巴基斯坦科技协定，在帮助巴基斯坦建成国家级实验室之后，又在帮助其建立和完善国家认证认可制度及相关的法规体系；成功承办了IEC第66届年会等一系列国际认证认可会议。通过上述国际交流与合作，向全世界展示了中国认证认可的实践成果，扩大了我国在国际认证认可界的影响。现在，我们可以自豪地说：中国认证认可制度已经实现了与国际接轨，我们的工作已经得到了国际认证认可界的广泛认可。

实践证明，认证工作在促进我国企业提高管理水平、产品质量和市场竞争力等方面起到了积极的促进作用。去年，我们按照1%的比例，抽查了717家获得ISO9000认证证书的中小型企业。抽查结果表明：符合标准要求的有619家，占86.4%；不同程度存在各种问题的企业有98家，占13.6%。应该说，大多数企业的质量体系运行正常，企业获证后质量管理水平不断提高，产品质量符合规定要求。事实说明：企业在取得认证以后，降低了生产成本，企业形象得到改善，市场竞争力得到加强，更加容易取得国际上认可、打入国际市场。例如：三角集团有限公司在我国橡胶轮胎行业率先通过质量管理体系认证和CCC认证以后，将现代质量管理理念渗透到企业管理之中，企业连续几年超常规发展，产品行销100多个国家和地区，企业综合实力跃居全国行业之首；北京大发正大食品有限公司禽肉出口企业获得出口食品卫生注册后，在激烈的国际竞争中获得了难得的发展机遇，在今年5~8月日本暂停进口中国禽肉时，仍持续对日出口禽肉6 573吨，创汇2 200万美元。

以上成绩的取得，是党中央、国务院正确领导和亲切关怀的结果，是国务院各有关部门大力支持的结果，是各级质检、工商、公安等部门严格执法、协同作战的结果，也是认证认可战线全体同志解放思想、开拓创新、团结奋斗的结果。借此机会，我代表国家认监委，向所有关心、支持认证认可工作的领导和同志们表示衷心感谢。

认证认可工作虽然取得了一些突出成绩，但也存在着一些亟待解决的问题：一是思想观念还需要进一步更新。二是认证市场的整顿规范虽然取得了阶段性的成果，但影响认证工作的一些深层次问题还没有得到根本性解决。三是一些事关全局的工作还需要加快进程，例如：统一的实验室资质能力认定体系框架还没有建立起来；认证认可信息统计数据处理、研究和利用相对滞后，合格评定结果没有充分应用于政府对经济管理之中；认证认可理论研究和标准化工作亟待加强等。对此我们一定要在认真研究的基础上，尽快提出切实可行的措施和办法。

二、认真学习、准确把握《条例》

《条例》的公布，是我国认证认可改革与发展进程中的一个极其重要的里程碑，它标志着我国认证认可工作步入了规范化、法制化的轨道。当前和今后认证认可工作的一项重要任务，就是要把《条例》学习好、贯彻好、落实好。要紧密联系工作实际，把握精髓，求真务实，坚持学以致用，促进依法行政。

（一）深刻领会《条例》的立法宗旨。

立法宗旨是统领一部法律法规的灵魂。深刻领会《条例》的立法宗旨，目的在于提高对《条例》的认识，全面准确地掌握《条例》的实质内容。《条例》确立的立法宗旨是：通过规范认证认可活动，提高产品、服务质量和管理水平，促进经济和社会的发展。这一宗旨体现了认证认可工作要有新的发展，必须纳入规范化、法制化轨道这一客观规律。

《条例》的立法宗旨是分析总结了我国认证认可工作实践经验的成果。实践证明，在发展经济和先进生产力过程中，产品、服务质量和管理水平是不容忽视的重要因素。当前，国际认证认可制度不断完善，产品、服务、管理体系的标准和技术规范不断提高，我国经济和社会发展也呈现出注重增长质量、注重改善管理、注重可持续发展等新的特点。因此，《条例》既吸纳了国际认证认可活动的有益做法，又充分考虑了我国认证认可领域和我国经济建设的实际情况，围绕适应我国经济和社会发展，提高产品、服务和管理体系质量的需要，设定了一系列基本原则和管理制度。同时，《条例》还规定了从事认证认可活动各个主体之间的权利和义务关系，以及法律责任，特别是对各级认证认可监督管理部门的职责、工作程序、监督制约机制作了明确规定。《条例》的公布，对于认证认可监督管理部门坚持依法行政，转变政府职能，推进认证认可事业的发展具有重要的指导意义。

（二）切实掌握《条例》规定的基本原则。

《条例》规定了三项基本原则，即“客观独立、公开公正、诚实信用”。在国际认证认可活动中，客观独立、公开公正、诚实信用三项原则是具有普遍意义的国际准则，三者共同构成了一个有机的统一体。认证认可活动从本质上讲，是一种带有居间性质特征的“信用证明活动”，不能受经济活动当事人各方的影响，由此要求它必须客观独立；认证认可活动必须严格按照统一的规则和标准进行，不能有随意性，它的程序和评价过程应当透明，由此要求它必须公开公正；认证认可结果应当真实可信，不能有虚假和欺诈，由此要求认证认可活动必须诚实信用。客观独立是实现认证认可公开公正的前提，公开公正是实现认证认可诚实信用的保障，诚实信用则是认证认可客观独立、公开公正所要达到的目的。诚实信用原则是《条例》三项基本原则的核心，是认证认可活动必须首先遵守的准则。

（三）准确理解《条例》设立的重要制度。

《条例》提出了“统一的认证认可监督管理制度”、“统一的认可制度”、“自愿性认证和强制性认证相结合的认证制度”、“政府监督与行为自律并举的监督制度”、“设立认证机构的审批制度”、“检查机构、实验室资质能力评价”和“认证咨询机构和培训机构的监督管理”等制度。这里，我重点谈一谈其中的五项制度。

——国家实行统一的认证认可监督管理制度。统一的认证认可监督管理制度是认证认可工作和活动的基本制度，主要内涵是：国家对认证认可工作实行在国务院认证认可监督管理部门统一管理、监督和综合协调下，各有关方面共同实施的工作机制；实施监督管理的主体是国务院认证认可监督管理部门和地方认证监督管理部门；监督管理的对象是从事认证认可活动的组织和个人；监督管理的主要事项有：对从事认证认可活动包括检查、检测活动的准入管理，对从事认证认可活动行为的监督管理，对认证认可监督管理工作人员的监督管理等。

——统一的认可制度。统一的认可制度，就是国家只建立一套认可体系，按照集中统一的目标，整合现有的认可机构；国务院认证认可监督管理部门确定的认可机构独立从事认可活动，其他任何单位不得直接或者变相地从事认可活动；未经国务院认证认可监督管理部门确定，直接或者变相从事认可活动的，其认可的结果无效。

——自愿性认证和强制性认证相结合的认证制度。《条例》根据国际认证的发展特点，设立了自愿性认证和强制性认证相结合的认证制度，对自愿性认证活动和开展强制性产品认证工作进行了全面、具体的规范。在强制性产品认证制度方面，规定对每一个列入“目录”的产品，至少要指定两家机构承担强制性产品认证工作；规定指定认证机构、检查机构和实验室，必须要经过专家的评审等。

——政府监督与行为自律并举的监督制度。《条例》从认证认可工作的实际出发，为保障国家对认证认可活动施行有效监督，规定了监管对象的定期报告、主管部门的调查询问、及时处理举报事项、对不同监管对象采取不同监管方式等，体现了保证认证认可活动规范、有序的要求；另一方面，鼓励和倡导从事认证认可活动的机构和人员的行为自律，对认证认可活动中的重要环节、相关机构与人员的行为自律做出了明确规定，把外部监督与自我监督有机结合起来。做到这一点，不仅能减少政府监督的行政成本，更能充分发挥这两种监督的互补性作用，为认证认可良性发展创造环境和条件。

——设立认证机构的审批制度。《条例》根据行政许可法的原则精神和国务院行政审批制度改革要求，对认证机构的市场准入设定了行政审批，目的是为了实现我国认证资源的优化配置，减少资源浪费，规范认证市场秩序，建立优胜劣汰机制，促进我国认证事业的发展与壮大。认证机构实行市场准入制度，对国家认监委不仅意味着是一种权力，更多的是所要承担的责任。《条例》对国家认监委行使审批权力规定了程序和期限，规定了认证机构进入的条件。对符合条件的，要严格遵守公开、公平、公正的原则，按照《条例》的规定予以许可。

总之，对《条例》各项条款，我们必须认真学习，全面掌握，不可偏废。

三、以《条例》公布施行为新起点，全面开创认证认可工作新局面

第一次全国认证认可工作会议提出了国家认证认可体系总体目标及分"三步走"的工作方针。目前，我们已经基本完成了第一阶段的工作目标，正在向第二阶段的目标迈进。第二阶段的工作目标是："用三年的时间基本完成体系建设工作，主要是完成"两个基本完善"，即适应认证认可工作需要的法规体系基本完善；有效的政府宏观调控与监管，高效、集中、统一的认可制度，强制性认证与自愿性认证相结合的认证制度，注册、培训、咨询等有序运行的工作体系基本完善"。第一步目标侧重于制度的建立，第二步目标则侧重于制度的完善和效能。《条例》的公布施行，为认证认可工作奠定了坚实的法律基础，同时也为认证认可事业进一步发展提供了新的契机。国家认监委党组经过研究，提出了今后一个时期认证认可工作的指导思想和工作思路。指导思想是：以"三个代表"重要思想和党的十六大精神为指导，围绕宣传贯彻《条例》这一中心，坚持依法行政和开拓创新，充分发挥认证认可对于保护健康安全和维护公众利益、提高质量管理水平、推进社会信用体系建设、优化检测实验室资源配置、进一步扩大出口等方面的促进作用，努力实现认证认可工作体系建设第二步目标，促进经济和社会发展。工作思路是：一手以《条例》为法律依据，抓好依法行政，进一步规范我国的认证市场；一手以《条例》为政策依据，抓好开拓创新，努力培育和发展我国的认证认可事业。

依法行政，是我们党坚持依法治国的根本要求，也是认证认可工作必须遵循的准则。认证认可工作必须把依法行政作为我们今后工作的一个重要方面来抓。全面推进认证认可的依法行政，需要做多方面的工作。既要依法对认证及相关机构监督管理，又要对我们自身严格执法、强化执法监督。为此，必须做到以下几点：第一，迅速掀起学习、宣传、贯彻《条例》的高潮。要抓紧《条例》施行前的有限时间，对认监委机关工作人员、各地认证监督管理部门及认可机构业务骨干，认证机构、认证培训机构、检查机构和实验室的管理人员进行集中培训；组织有关部门，做好认证咨询机构管理人员、审核(评审)人员和企业质量管理人员的培训。第二，加快《条例》配套规章的制定工作。要执行好《条例》，必须把《条例》的原则规定具体化，当务之急是要加紧研究制定《条例》的配套规章。同时，要对现行的认证认可规章和规范性文件，依照《条例》的规定进行清理，该修订的修订，该废止的废止。第三，完善认证认可工作监督机制。要依照《条例》对国务院认证认可监督管理部门的要求，建立内部监督机制，健全管理制度，实行行政执法工作责任制和过错责任追究制，把秉公办事、严格执法、注重实效的责任落实到每一个工作人员；同时加强外部监督机制，推行政务公开。第四，加强认证认可监督执法队伍建设。围绕《条例》的要求，全面提高认证认可监督管理和执法人员的素质。加强对监管执法人员的思想政治教育和法制教育；要针对认证认可技术性、专业性强的特点，从现在开始，力争用三年时间对认证认可监督管理执法人员普遍进行一次专业培训，造就一支政治坚定、作风优良、业务精通、执法公正的认证认可监管执法队伍。

开拓创新是我们党和国家兴旺发达的根本所在，也是认证认可事业发展的希望所在。回顾我国认证认可的发展历程，充分体现了解放思想、实事求是、与时俱进这

一“三个代表”重要思想的精髓。在认证认可工作取得明显实效的今天，我们如何以马克思主义的理论勇气，总结实践新经验，认识和把握当代国际认证认可新的趋势和动向，学习和借鉴国外及国内其他部门、单位有益经验和成果，在理论上不断扩展新视野、提出新思路，在实践上不断推出新举措、做出新成绩，是贯彻“三个代表”重要思想和胡锦涛同志“七一”重要讲话提出的“坚持运用理论和发展理论相结合”要求的关键所在。只有这样，我们作为全国认证认可工作的主管机构，才能真正无愧于国务院赋予的职责，才能带领并指导各部门、地区以及广大认证认可工作者，把我国的认证认可工作不断推向前进。为此，首先，要坚持理论研究和思想观念的创新。要使这一新的工作体制达到比较完善、比较成熟，还需要结合工作实际，增强对与时俱进、努力开拓认证认可工作新局面的认识。要紧密跟踪世界认证认可的发展趋势，开展认证认可前瞻性、战略性问题的研究，为认证认可事业深入发展奠定基础；根据我国市场经济体制的发展，加强认证认可工作机制、体制、制度等方面的探索，使认证认可工作不断适应市场经济的要求；针对认证认可改革与发展中的深层次问题开展研究，努力争取在理论上有所突破和创新。其次，要进行工作机制的创新。要通过理论创新带动工作机制的创新，在借鉴国际认证认可规则、指南基本要求的基础上，结合我国的实际，有所完善、有所突破、有所发展。要结合《条例》的要求，进一步完善认监委内部工作机制，重点解决提高行政效率的问题；着重处理好认监委统一管理与发挥各有关部门积极性的关系，把共同实施的工作新机制落到实处，着眼大局，充分协商，共同把我国认证认可事业不断推向前进。第三，要大力加强工作领域和手段创新。积极开辟认证工作的新领域，特别是在自愿性产品认证领域、信用领域开展形式多样的认证活动；积极开辟认可工作的新领域，组织开展国际新兴认证形式的认可，满足国家经济和对外贸易发展的需要；积极会同有关部门研究我国检查机构和实验室资质能力的“多套评审制度”并轨问题，为解决“多重评审”和低水平重复建设问题，实现检测设备、检测数据共享创造条件；积极开拓认证认可国际互认，为促进国内产业和对外贸易发展发挥作用。

下一阶段，要重点抓好以下工作：

（一）全面宣传、贯彻《条例》。

要把学习、宣贯《条例》作为今年后三个月的中心工作。在10月底《条例》施行前，要集中时间完成认监委机关、地方两局认证监管及法制部门、认可机构有关人员的培训任务。同时，还要集中力量清理过去的规章规范性文件，制定配套规章，重点是认可机构、认证机构、认证培训机构、认证咨询机构的审批程序，检查机构、实验室资质能力认定管理办法，自愿性产品、服务和管理体系认证管理办法，以及监督管理和处罚的具体实施规则等，力争用两到三个月的时间完成急需的规章和规范性文件的制定。

（二）进一步整顿和规范认证市场，培育健康、有序的市场环境。

——按照《条例》的要求，针对当前认证市场中存在的突出问题和社会各界反应强烈的问题，依法加大查处力度，严厉打击扰乱认证市场的害群之马。要对未经批准、擅自违法从事认证活动的机构和人员进行重点打击，发现一个清除一个，决不手软；要对运作不规范、信誉不高的认证机构进行重点监管，对存在严重问题的，该暂停的要暂停、该撤销的要撤销；要强化对认证人员的监督管理，对业务水平差、责任心不强、不能严格履行认证人员行为准则的，要按照注册准则要求，给予相应处理。

——进一步健全认证市场社会监督机制，特别是要鼓励和提倡广大认证从业人员、获证企业及新闻媒体等对认证工作进行监督。国家认监委建立的举报制度已经运行了两年，基本做到了有报必接、有案必查。在此，希望社会各界对认证认可领域存在的违法违规问题积极举报。对大家的举报，我们要进行认真调查处理。对问题属实的，该处理的要处理，该曝光的要曝光。要加强信息反馈，使举报人及时了解有关情况。

——充分发挥认证认可监管部门的行政监管和认可机构的认可监督作用。要充分发挥地方各级认证监督管理部门的监督管理职能，把实践证明行之有效的一些方法和措施制度化、规范化，形成强有力的监管长效机制。要继续开展认证有效性调查，通过组织同行评议，向获证企业征求意见，对获证企业进行抽查等方式，全面准确地掌握认证工作的实施情况。

认可机构要依据国际准则和国家认监委的规定，对认证机构工作的公正性、规范性和有效性进行监督，督促相关机构持续保持认可准则规定的条件。国家认监委也要强化对认可机构的监督，对认可机构的工作情况进行检查。

——尽快建立起行业自律机制。认证行业协会是指导认证及认证咨询、培训机构的行业组织联盟。要通过行业协会，实行行业自律，将一些政府不该管、不便管的事交给行业协会去管理，加强行业内的相互监督，鼓励对行业内不良行为的举报，对违反行业协会规定的行为由行业协会处理，充分发挥行业组织与政府之间的桥梁纽带作用，促进认证事业的健康有序发展。

——要建立完善的报告制度。《条例》规定了报告制度，这是政府主管部门对认可机构、认证机构及与认证有关的检查机构、实验室实施监督管理的一个重要方面。各有关单位应按照条例要求向国家认监委提交业务活动情况报告，以便国家认监委及时了解我国认证认可的客观情况，及时发现和解决问题。

(三)充分发挥认证认可的能动作用，大力拓展认证领域，发展认证事业。

——大力扶持认证机构，创建我国认证机构品牌，立足做优做强做大。要对带头自觉遵守认证认可规范的机构和从业人员给予支持和鼓励，通过树立典范、表彰先进，培育一批运作规范、社会信誉高、符合国际通行规则要求的名牌认证机构，发挥他们在引导认证市场向科学、规范、有序、有效方向发展的主力军作用；鼓励他们在稳步发展的基础上，采取“走出去”的战略，向国外市场进军，在国际市场上逐步树立中国认证机构的形象和品牌。

--大力发展自愿性产品认证。当前，我国产品认证不论在范围上还是在规模上都和发达国家有较大差距，发展速度也远远不如管理体系认证。国家认监委要组织有关部门和认可机构，在总结我国管理体系认证和强制性产品认证取得的成功经验的基础上，在认证制度设立、认证规则制定、认证机构审批、认证标志管理等方面采取积极措施，鼓励相关机构开展自愿性产品认证，发挥各自在开拓市场和技术方面的优势。力争通过三年的努力，使自愿性产品认证的社会影响力和作用显著提高，成为我国产品质量/安全合格评定社会化的重要组成部分。

——大力开拓新的认证领域。密切跟踪国际认证发展的新动向，积极推进农产品认证、食品认证、全汁葡萄酒认证、饲料认证、信息产品认证、防爆电气产品认证、风能产品认证、环保产品认证、中文技术信息认证、建筑构件认证、纺织品认证、森林认证等工作的进程；在出口和内销罐头、水产品、肉及肉制品、速冻蔬菜、果蔬汁、奶制品、妇女儿童食品和含肉、水产品的方便食品的生产加工企业中，推行第三方HACCP认证。为促进我国全民健身运动的开展，配合2008年奥运会的举办，还要大力推动体育用品和设施的认证工作。拓展新的认证领域，要注意加强合作，协调一致，形成合力。一方面要按照《条例》的规定，将属于认证范畴的合格评定工作纳入统一管理的范畴；另一方面要积极与有关方面加强合作，共同开拓新的认证领域，繁荣我国认证事业。

——充分认识和发挥认证认可在现代市场经济的社会信用体系建设中的能动作用。国际认证认可准则和指南早就明确提出：认证是由居于第三方公正地位的认证机构对产品、服务、管理体系是否符合技术规范或标准提供的一种信用担保，认证证书实际起着信用证明的作用；同样，认可是由国家确定的有一定权威性的认可机构对认证机构、检查机构、实验室以及从事评审、审核等认证活动人员能力和执业资格给予的一种承认，认可证书及标志实际上也是起着信用证明的作用。由此可见，认证认可应当而且必然是社会信用体系建设及其信用评价体系中的一个重要组成部分。

我们应当看到，认证机构作为相对独立的第三方，承担着对企业的管理水平、服务水平和产品质量进行评价，并向社会推荐评价结果的重要职能，其工作质量的好坏不仅关系到人民生命健康和安全，而且还对广大消费者或顾客产生直接影响。因此，要把对认证及相关机构及人员的行政监督管理和认可机构的认可，与国务院关于建设现代市场经济的社会信用体系的要求密切联系起来，赋予其时代特征，采取切实有效措施，积极借鉴其他部门在信用评价方面的一些有益做法，尽快制定出认证认可信用评价规范。通过信用评价机制，实现对认证及相关机构的分类管理。一方面促进信誉好、信用度高的认证机构不断发展壮大，另一方面形成对那些有问题机构的约束机制。

(四)巩固CCC认证第一阶段成果，进一步做好安全健康领域的认证工作，切实维护公众利益。

——继续实施好强制性产品认证制度。要在巩固前一阶段成果的基础上，针对当前强制性产品认证制度实施中存在的手续繁、时间长、假冒CCC标志等问题，采取切实有效的措施：一是对反应比较强烈的部分认证产品收费偏高的情况进行调研，提出适当降低收费标准的具体建议，报有关主管部门审批；二是在保证认证质量的情况下，提出进一步简化认证程序的措施，方便企业办理认证，缩短认证周期；三是围绕缩短检测时间、提高检测效能、减轻企业负担，组织有关方面研究提出新方案；四是按照公开、公正、公平和适度竞争的原则，放开对指定检测机构区域划分的限制，解决目前检测机构区域设置不尽合理、企业选择指定检测机构余地不大,以及部分指定检测机构服务差等问题;五是采取有力措施,解决过渡期遗留问题,保证CCC认证产品质量,消除安全隐患。

要切实加强对指定的认证机构、检测机构和标志印制、发放机构的监督和管理。各指定机构要严格按照国家认监委的有关规定,严肃工作行为,公开办事程序,提高工作效率,努力减轻企业负担。要尽快健全强制性产品认证信息库、标志管理数据库,方便政府执法人员和消费者查询。要进一步加强执法监督,适当扩大执法检查面;地方认证监管部门要严格按照质检总局和国家认监委的统一安排,突出重点,全面推进,在继续做好执法检查工作的同时,积极收集和反馈执法过程中出现的各种问题。

——继续加快农产品、食品认证工作进程。要进一步规范"无公害农产品认证"、"有机食品认证"和"绿色食品认证"管理,组织开展储运、销售等流通环节的质量安全管理体系认证。与有关部门进一步协调在全国开展无公害农产品认证问题,充分调动和发挥地方政府及各有关单位、认证机构、检测机构的积极性,推进"无公害食品行动计划"、"食品放心工程"和"三绿工程"的广泛实施;会同有关部门进一步推动我国有机认证的开展,尽快出台国家有机标准和认证管理办法;积极争取建立国家对农产品、食品认证补贴政策机制。

——推进国家信息安全认证认可体系的建立。要针对当前多个部门对信息产品、网络安全分别测评和重复认证现状,落实前不久中办、国办转发的《国务院信息化领导小组关于加强信息安全保障工作的意见》通知精神,积极主动与有关部门协作,提出信息产品、网络安全认证的具体意见和措施,尽快建立起全国统一的国家信息安全认证认可体系。

(五)发挥认证认可在消除技术性贸易壁垒中的作用,为扩大出口服务。

——按照中央确定的"促进出口,调控进口"的要求,进一步做好进出口卫生注册工作。要深入扎实做好出口食品企业卫生注册的"拉网检查"工作,及时发现情况,采取强有力措施,实现从出口食品生产加工的"源头"上落实注册管理的目标;要加快出口卫生注册国家标准的制定,并努力在内销食品生产企业中推广和应用出口卫生注册管理的成功经验,开展HACCP体系认证;要积极应对美国反恐法,组织好对美出口食品、饲料企业的FDA注册工作,继续组织好有关注册咨询和服务;落实《进口食品国外生产企业注册管理规定》,做好国外肉类生产企业的卫生注册工作,杜绝未经注册的外国企业肉类及制品进入中国市场。

——按照质检总局"大通关"的工作部署,积极做好配合协调工作,通过利用认证认可/合格评定成果,使CCC认证、体系认证和卫生注册为检验检疫"大通关"创造良好条件,促进出入境检验检疫监管模式的改革。

——建立国际合作的长效机制。要配合我国外贸发展战略,重点开展与实施强制性产品认证制度相关国家的政府间合作,突破国外技术壁垒。要加强政府间的认证认可高层合作,使认证认可国际合作成为国家间经济、技术和贸易合作的一个组成部分,努力发挥认证认可活动在对外经贸合作中的作用。要进一步扩展参与认证认可国际及区域性组织机构活动的深度和广度,继续保持和扩大在有关组织决策及管理层中的地位优势,努力把我国认证认可工作所形成的有益经验和规则上升为国际规则,主动地影响国际认证认可的发展方向。要通过"请进来、走出去"的方式,使世界了解我国认证认可的管理制度,使我们全面掌握其他国家认证认可的基本情况,加深相互理解,促进国际互认。

(六)加强实验室和认证认可信息化建设,为国务院和地方政府实施经济管理服务。

——要在简化、规范我国检查机构、实验室资格认定和建立全国校准、检测实验室资源数据库方面发挥积极作用,为充分利用和开发我国检测实验室资源,搭建检测实验室资源共享平台做好配套工作。

要按照《条例》的有关规定,研究解决《标准化法》、《计量法》、《产品质量法》、《商检法》等法律法规中有关实验室和检查机构资格认定的"多套评审程序"问题,建立统一、简化、效能的运作机制和切实减轻实验室负担的资格认定管理制度,规范资质评价活动,提高资格认定的效率与质量。要通过尽快建立健全实验室国家能力验证体系、国家质检中心监督管理体系、质检机构年审备案制度、质检机构监督检查制度、涉外检测机构备案制度等,逐步形成完善的检测市场准入和管理制度。

——加快国家认监委认证认可信息平台建设,强化信息收集、整理和分析研究工作。认可机构、认证机构、检测机构要严格按照有关要求,定期报送相关信息。今后,我们一方面要及时公布国内外有关认证认可的政策法规和发展动态,公布认证机构、认证培训机构、认证咨询机构和检查机构、实验室名录,公布认证企业、认证产品目录以及认证市场的监管信息;另一方面,还要加强认证认可信息统计研究分析和开发利用工作，及时、准确地对获证企业的产品质量、管理及服务水平做出全面、准确、真实的分析报告，不仅为各级政府部门的科学决策和经济管理提供依据，而且为社会各界乃至世界各国了解我国认证认可工作的进展情况，提供一个畅通的信息渠道。

（七）积极开展认证认可前瞻性研究，不断地推动我国认证认可工作的理论和技术创新。

——我国认证认可工作是在引进发达国家做法的基础上开展起来的，如何使国际上的通行做法更加符合我们的国情，既符合国际标准，又不能因此而束缚我们的手脚，这是摆在我们面前的重要任务。因此，要加强国家建立统一的合格评定规则、程序问题的研究；加强对从事认证及相关活动的机构性质和法人地位问题的研究；加强对认证认可活动的公益性、商业性及其利益分配机制问题的研究；加强对认证认可信用体系建设问题的研究。通过这些前瞻性研究，促使理论和技术的创新。

——加强对认证认可标准体系建设工作。要与有关部门共同努力，尽快建立起符合国际通行规则要求的中国认证认可标准体系。在完善现行认证认可标准、技术规范的基础上，跟踪和研究发达国家、国际组织及技术团体实施的新标准，及时提出转化为符合我国需要的认证认可标准的建议。

另外，我们正积极和有关部门研究，准备在认证领域设立保险制度，以增强认证机构、认证检测机构抵御风险的能力，提高认证信誉。

同志们，《条例》的公布实施，为认证认可工作迈上新的台阶提供了新的机遇，创造了广阔的空间。我们一定要以"三个代表"重要思想为指导，以全面贯彻《条例》为契机，在党中央、国务院的正确领导下，齐心协力、开拓创新、乘势而上，努力开创认证认可工作新局面，谱写认证认可改革发展的新篇章，为国家经济和社会发展做出新的贡献！

2003 年 9 月 25 日

国家认监委王凤清 在第二次全国认证认可工作会议上的总结讲话

同志们：

第二次全国认证认可工作会议经过两天紧张的工作，今天就要闭幕了。在大家的共同努力下，会议顺利完成了预定议程，取得圆满成功。按照会议的安排，我对会议情况做一个总结。

一、关于本次会议的基本评价和主要收获

这次全国认证认可工作会议，是继第一次全国认证认可工作会议后的又一次重要会议。代表们一致认为，这次会议特点非常鲜明：

一是规模大、规格高，主题突出，意义重大。许多代表们在发言中谈到，这次会议是在我国集中统一的认证认可监督管理体制基本建立、《中华人民共和国认证认可条例》（以下简称《条例》）公布施行、认证认可工作进入一个关键的历史转折阶段和崭新发展时期召开的，对于认证认可工作适应市场经济发展要求，步入法制化、规范化管理轨道，迈上新的发展台阶具有十分重要的意义。会议规格高、规模大，吴仪副总理专门发来了贺信，国务院副秘书长徐绍史、国务院法制办张穹副主任专程到会祝贺，并做了重要讲话，22 个部级联席会议成员单位的领导和 11 个特邀单位的代表出席了会议。既使我们感到光荣，又使我们感受到了肩负的重任。

二是会议召开时机很好。大家认为，当前，《条例》刚刚公布实施，学习领会、宣传贯彻和执行落实等各项工作可谓千头万绪，国务院领导、各有关部门、社会各界和质检系统的广大干部职工对此都十分关注。及时召开这次会议，便于同志们早学习、早研究、早贯彻、早落实，有效促进《条例》宣贯工作从一开始就走上科学规范的轨道。

三是会议内容丰富充实。开幕式上，徐绍史副秘书长、张穹副主任、长江局长都做了重要讲话，我做了工作报告。当天下午，法制办赵晓光副司长就《条例》做了专题讲座，认监委有关部门的负责同志就强制认证执法监督与认证市场监督管理等问题进行了专题汇报，刚才总局秦平局长又做了重要讲话。代表们觉得，这些讲话和报告，既有深度，又有高度，内容非常丰富，对于我们正确理

解领会《条例》，贯彻执行《条例》以及做好当前工作，都具有重要的指导作用。

四是会风端正，气氛热烈，讨论深入。由于会议时间短，有的同志晚上不休息加班学习材料，代表之间互相切磋交流学习体会，有的同志发言稿都整理成文。与会代表都能结合实际，就如何贯彻落实领导同志的指示精神，宣传贯彻好《条例》，推动认证认可工作深入发展等问题，谈认识、说体会、提建议，进行了认真的讨论。会议贯穿了科学和法制精神，洋溢着创新和发展意识。很多发言见解独到、富有建设性和创造性。

同志们普遍反映这次会议虽然时间不长，但收获不少：

收获之一，是统一了思想，提高了认识。在发言中，一些同志谈到：来开会之前，大家也都从报纸上看到了《条例》，虽然都觉得《条例》很重要，但对它的重要性体会得不是很深；许多人会前都通读过《条例》，但站在不同的角度，对《条例》内容和含义理解也不尽相同。通过聆听领导同志的讲话，确实深刻体会到认证认可工作作为推动国家经济建设和社会发展的一项重要的基础性工作，要在新的历史时期有新的更大发展，为国家经济建设和社会发展发挥出更大的作用，就必须适应我国入世新形势，适应市场经济发展和社会全面进步新要求，走上法制化、规范化管理轨道。通过这次会议，听了领导讲话和专家宣讲，准确把握住了《条例》的精髓和实质，对《条例》有了全新的正确理解。

收获之二，是进一步明确了工作方向和任务。大家在讨论中十分赞同认监委的工作报告，一致认为这个报告确定的“围绕一个中心，坚持两手抓，做好七个方面重点工作”的工作思路清晰，任务要求明确，具有重要的指导意义。通过会议，大家进一步形成共识，明确了下一步认证认可工作的指导思想、工作思路和工作重点及主要任务；明确了自身在贯彻落实《条例》过程中的职责、权利和义务，对回去以后如何做，心里有了底。

收获之三，是进行了有益的探索、研究。会议对认证认可体系整体框架和具体构成及实际工作进行了深入研讨，特别是针对如何贯彻落实好《条例》，如何以《条例》为法律依据，解决认证认可工作中存在的突出问题，如何实现认证认可创新和突破、开拓等方面进行了认真研讨。就如何拓展自愿性认证工作，建立诚信体系，实现有关法律法规衔接、工作衔接等等，提出了很好的意见和建议。

收获之四，是进一步振奋了精神，坚定了信心。同志们通过工作回顾，从我国认证认可工作由分散到集中，从无序到有序的发展历程中，看到了我国认证认可工作的希望；从各级领导的高度重视和各部门的大力支持中，看到了认证认可二作的辉煌前景；从《条例》的公布实施，看到了工作强有刀的法律保障，感受到了从事认证认可工作的光荣和责任的重大。在两天的会议中，同志们对于认监委的工作给予充分的肯定，普遍认为自去年第一次工作会议以来，认监委围绕“三步走”的总体工作目标，做了大量工作，动作迅速、作风扎实、成效显著，受到国内外高度瞩目和关注。在讨论中，同志们都对《条例》给予了很高的评价，认为《条例》条款规定非常具体，具有很强的原则性、指导性、操作性和权威性；《条例》公布施行，为认证认可工作提供了有力的法律武器，标志着我国的认证认可工作法制化取得了新的历史突破，是我国认证认可事业发展史上的一个重要里程碑，必将促进认证认可工作进入一个新的历史发展阶段。大家一致表示，一定要增强信心，紧紧抓住认证认可事业发展的历史性机遇，认真落实《条例》，努力开拓进取，以良好的精神状态，开创认证认可工作新局面。

二、关于会议讨论中同志们比较关注的几个问题

在会议的学习讨论中，同志们就《条例》及施行工作提出了一些意见和建议。根据昨天晚上各小组召集人归纳的初步统计，共有八大类。一是建议尽快加紧制定实施细则、配套规章制度、宣传贯彻提纲和培训教材；二是建议建立整顿规范认证市场秩序的长效机制，有效解决认证市场目前存在的突出问题；三是希望进一步明确对地方两局的授权，明确职责分工，适当下放对认证、检测机构的管理权限，以充分调动和发挥两局的积极性；四是希望加强认监委与地方两局及相关机构的信息沟通，加快认证认可信息平台建设，加强信息通报，确保上下联动，信息互通；五是各地执法人员紧张，资金短缺问题比较突出，希望要进一步加大经费支持和设备投入，充实机构和人员力量；六是要针对影响和制约认证认可改革与发展的突出问题，加强前瞻性研究，进一步做好与各有关部门的协调，积极扩大农产品认证、森林认证等认证新领域；七是CCC认证检测周期过长，手续繁多，费用较高，存在重复检测、个别指定认证机构利用CCC认证机会强制推行自愿性认证等问题，建议加强对指定认证机构和检测机构的管理；八是对《条例》的一些条文提出了一些疑问，希望得到解答。

大家提的问题比较多，反映出同志们是动了脑筋，真想问题，思考比较深。许多问题具有建设性，对我们确定工作思路是很好的启发。在这里我首先代表认监委，对大家给予《条例》的关心和支持表示感谢！对于大家提出的问题，由于时间有限，今天不可能一一解答。一些具体问题，比如对《条例》理解问题，认监委有关部门的同志在分组讨论时已经做了回答；有些问题，比如加紧制定实施细则、配套规章制度等，我们正在按国务院法制办的要求，抓紧做这方面的工作；有些问题比如对地方两局的授权问题、检查机构及实验室的认定问题，还需要花一定时间进行认真的调查研究，通过制定规范性文件来解决。所以，我这里只是就大家反映比较集中的几个问题，谈一点我个人的意见和想法。

(一)关于《条例》出台后与有关法律法规衔接问题。

有些同志对此有点担心，这种担心不是一点道理都没有。《条例》的出台，反复征求了方方面面的意见，有些意见还经过多次多边和双边的协商，体现了与其他部门实施的相关法律法规的接轨，因此，应该说《条例》是得到了各有关部门的理解和支持才出台的，从这方面说，应该没有大的问题。在总局内部，也应该没有什么问题，像实施CCC认证与生产许可证等，肯定是要先协调好才会把产品列人认证目录中。各地也要注意做好这方面的工作。要督促各级政府和相关部门按照《条例》要求和会议精神，对认证认可地方性法规和规章进行认真梳理，与《条例》精神不一致的，要进行修改。地方性法律法规和行政规章不得与国务院的《条例》相抵触。此外，各地进行的监督抽查也要尽量避开CCC认证的产品。对这类产品，认监委将专门组织专项抽查。地方局不要针对CCC认证产品再进行单独抽查。

《条例》公布后，相关配套文件和规章要制定，但原有的规章和规范性文件不会一下子废止。认证认可统一监督管理时间不长，原来制定的一些规定和办法，以及与总局联合下发的一些规章都是按照国办11号文件精神制定和发布的，与《条例》没有根本性的冲突，在相关的配套文件出台以前，原有的制度和办法可能还要沿用相当一段时间。当然，与现行《条例》不尽一致的地方，也要理顺，做一些小的修改，不适用的可以单独发文件明确。

原来发布过一个地方两局在认证监管方面的工作分工，目前两局分工仍按照这个文件的规定执行。总局关于CCC认证的5号令和四部委关于对认证及相关机构审批登记两个重要文件，在《条例》公布后仍要继续执行，其中的罚则部分，在今年11月1日《条例》施行后自动失效，按照《条例》的有关规定执行。需要强调的是，《条例》中的处罚是众多行政法规中处罚最高的，各单位在执行过程中一定要谨慎从事，避免就高不就低、以罚代法等滥作为行为。

(二)关于CCC执法问题。

CCC执法开始以来，通过地方两局的努力，取得了很大成绩，但也存在一些问题。

从质量技术监督局来说，前一阶段的执法重心主要放在了市场上。这次开会，有的同志还提出，感谢国家认监委，通过CCC执法使地方质量技术监督部门有了重新进入市场的机会，这种认识有一些偏差。

原来质量技术监督系统的行政执法，主要阵地是在市场上，对这一块的执法要求、程序、特点比较熟悉，也比较习惯，而对到工厂执法则相对比较陌生。市场监督比较容易操作，到工厂执法，则需要我们的执法人员熟悉工厂的生产过程及产品的特点，包括相关标准、技术要求、质量关键控制点等，技术难度比较大，对我们执法人员要求比较高，这要有一个过程。此外，在一些地方，还不同程度地存在地方保护主义，多少有点不太愿意我们到工厂去开展执法监督。对于这一点，我们应该有正确认识。国务院改革质检管理体制的核心，就是要求我们要抓源头，把厂门。CCC认证是抓源头的一项技术性工作，CCC执法也必须适应这一要求，努力从源头抓起。一定要转变思想观念和工作方法，把工作的重点由市场转向工厂，切实在加强技术执法、把好厂门上下功夫。

检验检疫在执法把关中也存在一些问题。在CCC执法开始时，考虑到新制度刚刚实施，各单位精力有限，为不影响正常的经济秩序，认监委考虑在国内市场先对132种强制性认证产品中比较成熟的6种产品先期进行执法监督检查。认监委下发的21号文件中，专门对进口CCC认证产品验证提出了相关要求。有的局没有准确理解文件精神，在对进口产品的检验把关中也照此办理。只对6种产品进行验证，对其他需要验证的目录内产品不查验，有的甚至把没有通过CCC认证的进口汽车也放行了，这是不行的。CCC认证是在原CCEE和CCIB认证的基础上发展起来的，CCC目录中绝大多数产品从1989年就实施了进口安全质量许可制度了，对相关产品的口岸验证，从1989年就开始了，这么多年来一直坚持在做，怎么可能突然把大部分验证工作停下来。因此对进口CCC目录内的产品一定要全面地管起来。

对于《条例》第三十一条有关简化检验手续的描述，有些同志觉得不太明白。其实，这个早在中国入世工作组报告中已经明确，通过 CCC 认证的产品，在进口通关时免于批批检验，只能实行抽查。所谓简化手续的描述就是这个意思。至于抽查比例多少，将来请总局检验监管司提出意见。

对于 CCC 认证中存在的一些问题，我的工作报告中已经提出了一些措施和办法，这里不再重复。

(三)关于建立整顿和规范认证市场秩序长效机制问题。

当前，整顿和规范认证市场秩序取得了重大进展和成果，但是，认证市场存在的问题还没有完全解决，认证市场的监管还是一项长期的工作。前一段认证有效性和规范性监督抽查，主要针对中小型企业。在这一部分企业中，认证有效性较大型企业差一些，问题也多一些。因此，有问题的企业占 13.6%，这个数字并不能代表全部认证企业的平均不合格率。全国目前通过国内认证机构认证的企业近 10 万家，并不是这 10 万家中的 13.6%都不合格。就我们掌握的总体情况来看，认证的有效性还是好的。

今后我们还要进一步完善和继续开展认证有效性与规范性监督抽查活动。要在总结前一段认证有效性和规范性监督抽查工作的基础上，进一步改进和完善监督抽查制度。要继续采取突击抽查的方式对获证企业进行抽查，不断地研究认证工作中的新情况，科学确定和及时调整抽查的企业、产品和内容，提高抽查工作的效率和有效性。同志们昨晚都收看了《焦点访谈》，大家有所不知，我们的记者有时是冒着风险、顶着困难在现场进行采访和调查的。就在这个片子采访过程中，我们的记者和有关同志被工厂有关人员围堵了一个多小时，不得脱身，他们采取各种办法，最终获取了获证企业的真实信息。所以我们开展认证认可工作，真的应该感谢方方面面的支持，感谢报纸、电视台和广大记者，感谢我们两报的记者为 CCC 工作做了大量宣传报道。

目前认证市场有数千张已经被撤销、注销的作废认证证书继续被当做有效的认证证书在使用，这里包括已经被我们曝光和被责令停止认证活动的非法认证机构发出的认证证书，也有一些合法认证机构履行正常撤销、注销程序后没有收回的认证证书，还有企业不按标准运行而被撤销了的证书，这里面又分好几种情况，我们要根据不同情况分别处理。有的企业质量管理基础不错，只是因为找错了"婆家"，受到了牵连。这类企业可以找其他认证机构重新评审，通过后转换成新的有效证书。认监委有关部门要研究这个问题，提出解决办法。对于达不到认证条件被撤销的证书，认证机构要采取有力措施及时收回，拒不交回的，要在国内中央级媒体上发布公告，公开宣布相应的认证证书作废。各地局要充分重视这个问题，要对存在冒用认证证书行为的企业，采取有力措施制止企业不正当的行为，该吊销证书的要坚决吊销，一旦吊销，证书必须同时收回，该罚款的要罚款，以维护认证工作的整体信誉。

(四)关于认证认可工作信息统计、处理、分析平台建设问题。

同志们对这个问题的意见比较集中。许多同志反映，认证认可工作开展得很扎实，但信息保障跟不上。地方两局作为地方认证监督管理部门，不仅对全国的情况不了解，对本地的情况也心中无数，这是一个客观实际。国家认监委成立以后，我们已经注意到了这方面的问题，已经着手开始进行信息化建设。但由于业务工作推进太快、人员紧张、保障机制跟不上等原因，这方面的工作明显落后于其他工作，适应不了业务发展的要求。认监委党组已经研究，下一步要根据大家的意见，加快认证认可工作信息平台建设速度，强化各项认证认可业务信息的统计、研究和处理、分析工作，推进信息和资源共享。一是要健全组织，组成专门班子，组建工作队伍；二是要建立信息报送工作制度，建立上下联动的信息收集、整理、综合和反馈的工作机制。信息互动是双方的，缺一方互动不起来，这就要求各局和各认证机构、检测机构给予支持，要指定专人担任信息员，及时报送信息。将来我们不仅对中央各大报纸、电视台记者进行评比，也要开展信息员工作业绩评价；三是要加强投入，加快信息平台建设；四是要合理设置信息模块，提高信息的有效性和利用率。请地方两局和相关机构积极做好配合工作。

(五)关于认证机构与行政机关的关系问题。

在会议讨论中，有代表提出，《条例》遵循客观、独立和公正原则，但是现在仍有相当部分认证机构尚未与行政主体剥离、脱钩，有的甚至财务上都没有脱钩，影响了认证与认证监督管理的客观性、独立性和公正性。

按照市场经济的要求，各有关行政机关必须按照国务院关于事业单位改革的要求，以《条例》为准则，转变思想观念和政府行为，实现政事分开，理清与认证机构的关系，首先割断与认证机构的利益关系，杜绝对认证机构的经营活动实施直接的干预。但是，完全脱钩和剥离，由于牵涉到国有资产划拨等众多问题，必须在政策上和具体操作程序上认真、谨慎地按照国家统一部署来运作。

(六)关于共同开拓认证认可工作的问题。

这次与会的几个部委的同志对这一点很关注。信息产品部的同志希望我们今后在制定有关政策时多听取部门的意见，农业部的同志谈到了共同做好农产品认证工作的问题，体育总局的同志提出要将体育设施场所的9个强制性认证标准转换为认证行为，林业局同志提出要开拓森林认证新领域。其他部委局的代表也发表了很好的意见和见解。我们一定认真听取各部门的意见，按照《条例》的规定，在统一管理全国认证认可工作的同时，充分发挥各部门的优势，共同做好认证认可工作。

三、扎实做好《条例》的宣传贯彻工作

当前，学习宣传、贯彻实施《条例》是一项十分紧迫而重要的任务。一定要高度重视，采取有效措施，抓好工作落实。

(一)要充分认识贯彻落实《条例》的艰巨性和复杂性。

《条例》的出台，非常不容易。《条例》的贯彻落实任务同样非常艰巨。我国建立社会主义市场经济体制时间不长，制度本身还有一个不断发展与完善的过程，相关的法律法规还不够完备。《条例》出台以后，还有一个与其他法律法规相衔接的问题。认证认可管理体制改革是一个新的事物，必须冲破传统思维方式和思想观念的束缚。要改变人们固有的思维定式，不是一朝一夕的事，还要做长期的艰巨的工作。《条例》虽然只有七章七十八条，内涵却非常丰富。站在不同的角度，对《条例》的理解差别很大。这次会议上，对《条例》相关条款的理解和解释，各部委局的同志、总局的同志、认监委的同志、地方两局的同志、有关机构的同志理解都不太一样，可见对《条例》的理解和贯彻还需要有一个客观的过程，这个过程也许还会比较长，但不可逾越。《条例》的贯彻落实，既不会一帆风顺，也不可能一蹴而就，还会遇到许多意想不到的困难和问题。一定要充分认识和正确估计《条例》贯彻落实的艰巨性和复杂性，尤其是一些配套文件的制定，还会有大量的部门协调工作。对此我们要有充分的思想准备，树立长期作战的思想，坚定信心，周密部署，精心组织，稳步推进。

(二)要从自身做起，抓好《条例》的学习培训。

认监委和地方两局作为《条例》授权的认证认可执法监管机关，《条例》贯彻执行，在很大的程度上首先取决于我们学习宣传、贯彻落实的力度。为了促进《条例》的学习和贯彻，今后一段时间，要集中力量抓好《条例》的培训。对于《条例》的培训，大家提出了很多很好的意见：对培训工作要切实加强管理，防止一哄而上、过多过滥，要统一口径、统一教材，等等，这些好的意见和建议，我们将认真吸取，融汇到工作安排中。总的想法是，《条例》培训要按照层级进行，认监委和地方两局培训的重点和人员要有所区别。我在工作报告中讲过，在《条例》施行前，认监委准备在今年10月将集中组织系统两局认证监管人员和认证机构、实验室、培训机构有关人员进行培训，重点是培训业务骨干，为两局培养培训师资。以后还要和总局一起，组织对地方两局法制人员的培训。地方两局要重点做好对认证管理人员、执法人员、认证咨询机构管理人员和企业质量管理人员的培训。

为了保证《条例》的贯彻落实不走样，各局首先要注意培训骨干的选拔。首批到认监委接受培训的人员，必须是掌握一定的认证认可专业知识，接受能力、组织能力、表达能力和逻辑思维能力都比较强的同志，能够保证把《条例》的精髓学懂弄通，回去以后能当好“小先生”，传达贯彻《条例》不走样。各单位对自身组织的培训工作要加强领导，要有专门的机构来负责这个事情，并把握以下几个重要原则：第一，培训计划必须上报认监委批准；第二，培训教师必须经过总局和认监委统一培训，考试合格；第三，培训内容必须按照总局和认监委的统一口径，使用统一的培训教材。过去在法律法规培训中，曾经出现过一些不规范的现象。有的培训没有计划、过多过滥；有的为了多办班，让一些没经过培训的人员上台讲课；有些教员脱离教材随意发挥，乱解释、乱表态；还有的为了收一些资料费，放着正规教材不用，自己拼凑教材讲义。凡此种种，我们在这次培训中一定要力戒。为了保证培训质量，这次的《条例》文本和培训教材，我们准备交计量出版社出版，认监委培训时将免费发放，各单位培训需要可直接向计量出版社订购。其他任何单位不得自行编制教材，也不得利用培训乱收费。

(三)要加强队伍建设。

国家和地方认证监管部门作为法律授权的执法监管机关，是行政执法工作的主体。《条例》不单是对社会的约束，更是对我们自身工作的要求。因此我们不能一想到《条例》就首先想到有了管理别人的资本，而应看到我们应尽的义务和肩负的责任。在这方面，队伍建设非常重要。

队伍建设有很多方面。首先，执法者必须懂法、守法。

要下功夫学习法律法规,熟悉法律法规,学会运用法律法规解决问题,切实提高依法办事、依法行政的水平和能力。其次,要完善制度,公开办事程序,规范执法行为,从机制和制度上保证队伍建设。此外,要加强对执法队伍的监督,加大对执法工作和执法人员中存在问题的查处力度。对有法不依、执法不严、知法犯法、循私枉法等违法乱纪的人和事,要坚决处理,以保持执法队伍的纯洁,树立良好的执法形象。

当前队伍建设的另一个突出问题,是真正懂认证认可业务的人员太少。省级技术质量监督局和直属出入境检验检疫局从事认证管理工作的,多的有两三人,少的只有一个人;到了地、市、县质量技术监督局和出入境检验检疫分支局,基本上没有专门从事认证管理工作的人。就是现有的认证管理人员当中,真正精通业务的也不是很多,这种局面必须改变。刚才秦平局长讲了,各单位一定要高度重视这一工作。通过内部调剂,充实配备一定的力量。省一级机构应该配备两三名同志来抓这项工作,地、市、县级机构和分支局也应该有一到两名同志分管这项工作。认证认可工作专业性、技术性非常强,要保证行政监管和执法的准确公正,有关人员不仅需要有较强的法律观念和法律知识,还需要有一定的专业知识。因此,我在工作报告中提出用三年的时间,对监管执法人员进行专业培训一遍。认监委要编一些培训教材,采取多种形式,做好培训工作。各单位要按照这一总体要求,制定好培训计划,有重点、分步骤地抓好落实。有条件的地方,工作可以快一些。

(四)要加强《条例》宣传。

会议讨论中,许多同志谈到,要针对新法规、新规范、新业务、新要求,社会各界尚未深入了解的现状,进一步加大宣传力度,采取灵活多样、行之有效的方式,充分利用网络、报纸、电视、广播等有关媒体和途径,切实加强对各级政府、相关部门、认证机构、广大企业等多层面对象的宣传。认监委在这方面已有考虑,正在按照《条例》实施前和《条例》实施后到年底两个阶段安排宣传计划。目前已经印了四万份宣传张贴画,"十一"前后将免费邮寄到地方两局和相关机构手中,有关工作安排今后将向大家通报。各单位要配合认监委的总体宣传计划,结合工作实际,针对具体情况,采取灵活多样方式,有计划、有重点、有层次,形成持续不断的强大声势。认监委有一个认证认可网站,有一本名字叫做《中国质量认证》的杂志,希望大家充分利用好这两个宣传媒体。

(五)贯彻会议精神的几点要求。

首先,因这次会议非常重要,代表们返回本单位后,要先向本单位党组汇报。两局共同商量后,尽快一起将会议的主要精神向地方党委、政府汇报。要把《条例》公布的重大意义讲清楚,把《条例》的核心内容和重要制度解释清楚,把《条例》对各级政府的要求讲清楚,让他们明白,《条例》不是认监委的《条例》,不是质检总局的《条例》,而是国务院的《条例》,各级政府都有学习宣传和贯彻落实的责任。积极争取各级党政机关的重视,共同推动《条例》的贯彻落实。

第二,要尽快做好会议精神的传达。这次会议的所有讲话和文件都印发了书面材料,回去以后,要在系统内做好会议精神的传达工作。这次会议的所有文件都可以传达,但有关精神须以正式文件为准。各部委参加会议的同志,也请将会议情况向单位领导专门报告。

第三,要研究落实具体措施。要在认真学习《条例》和贯彻会议精神的基础上,结合本地实际,提出贯彻《条例》和这次会议精神的计划。采取有效措施,切实抓好落实。贯彻落实中的问题,要及时向认监委反馈。

同志们,《条例》的公布,使我们的各项工作迈入了新的起点。我们肩负的担子更重,责任更大。一定要在以胡锦涛同志为总书记的党中央的正确领导下,全面贯彻"三个代表"重要思想,与时俱进、开拓创新,扎实做好认证认可工作,为全面建设小康社会做出积极的贡献。

我的讲话完了,谢谢大家!

2003年9月27日

第三部分 管理体制

一、中国认证认可体系的历史回顾

在质量竞争和国际贸易日益频繁的当代，认证作为对产品质量、企业质量保证能力(包括:环境管理、职业健康安全、社会责任等管理能力)实施第三方评价活动,已经成为世界各国规范市场行为、促进经济贸易发展和保护消费者合法权益的有效手段。许多国家和地区通过立法的形式,把认证合格作为市场准入或采购的必要条件,使认证认可发挥着愈来愈重要的作用。

随着中国改革、开放的深入发展,市场经济体系的逐步完善、成熟,越来越多的企业强烈地意识到:认证已经成为企业提高产品质量、增强市场竞争能力的有效途径。企业的这种需求,推动了中国认证认可事业的发展。

1、中国产品质量认证的发展过程

中国产品质量认证工作起步较早。根据国家有关规定，中国产品质量认证工作实行了国内市场流通和进出口贸易产品由不同部门分工负责的制度，形成了相对独立、完善的体系。即国内市场销售的产品的质量认证由原国家标准局(后为国家技术监督局)负责监督管理。进出口产品的质量、安全、卫生、环保等由原国家商检局负责监督管理。

1981 年 4 月，经国务院标准化行政主管部门国家标准局（CSBTS）批准，中国电子元器件质量认证委员会(QCCECC)正式成立。按照国际电工委员会电子元器件质量体系(IECQ)的章程和程序、规则,建立了相应机构和运作规范,按照 IECQ 的标准、规范和中国国家标准、行业标准要求,开展了对无源元器件、有源元器件、厚/薄膜及混合集成电路、机电元件、电磁元件、光电元件等电子元器件的认证,还代表中国参加 IECQ 的活动,标志着中国产品质量认证工作开始起步;1985 年,授权组建的中国电工产品认证委员会(CCEE),代表中国参加国际电工委员会电工产品合格测试认证组织（IECEE）的活动。CCEE 按照 IEC 标准、中国国家标准、行业标准开展了电动机、电焊机、家用和类似家用电子及设备、聚氯乙烯和橡胶绝缘电缆、家用和类似家用电气器具、电冰箱、电风扇、空气调节电气设备、电动工具、电气保护器、电器附件等产品的认证;1988 年 2 月,授权组建了中国水泥产品认证委员会,主要承担各种硅酸盐水泥、矿渣硅酸盐水泥、火山灰质硅酸盐水泥和粉煤灰硅酸盐水泥等房建产品的质量认证。

1985 年 2 月,国家商检局经与机械工业部研究决定,对出口机床工具实施出口质量许可证制度，规定凡实施出口质量许可证制度的产品生产厂，由商检部门和生产主管部门共同考核其生产条件。经考核符合条件的企业,由国家商检局或生产主管部门发给出口质量许可证。未获质量许可证者,一律不准出口。此后,这项制度逐渐推广到机电、纺织、轻工等领域。

1987 年 9 月国家商检局、国家经委、对外经济贸易部、海关总署联合发布《进口商品质量监督管理办法》,明确了根据《商检条例》规定,国家商检局统一负责全国的进口商品检验、认证和质量监督管理工作。凡涉及安全、卫生、环保、劳动保护和检疫(简称“安全”)的进口商品,由国家商检局和有关监督、检验机构的主管部门，于实验安全认证前6个月公布《实施质量许可制度的进口商品目录》，对列入目录内商品的送审样品及生产条件，由商检机构和有关监督检验机构按照国家"安全"法规和标准进行检验和考核，经检验和考核合格的，批准发给"安全标志"或给予注册，未获得"安全标志"的商品不准进口。

1988年7月19日，国家技术监督局成立，按照国务院批准的职能，质量认证纳入了国家技术监督局的管理渠道。经国家技术监督局的批准，1989年11月，建立了中国汽车用安全玻璃认证委员会；1990年成立了中国橡胶避孕套质量认证委员会；1992年5月15日，中国消防产品质量认证委员会成立；同时，中国卫星地球站设备质量认证委员会成立。

1989年2月发布，8月1日起正式实施的《中华人民共和国进出口商品检验法》，以法律形式明确规定商检机构根据国与国之间的政府协议，或接受外国有关机构委托实行进出口商品质量认证工作。进口商品未获得CCIB安全认证，不准进口，不准销售，不准使用。

1989年7月28日，国家商检局发布了9种进口商品，自1989年8月1日起实施进口商品安全质量许可制度，即CCIB安全认证。这项制度的实施是中国对进口商品安全质量许可制度，即CCIB安全认证。这项制度的实施是中国对进口商品质量监督管理的一项重大创举，其做法与发达国家制度是一致的，其目的在于合理利用关贸总协定(GAT)的TBT通行规则，防止不合格进口商品流入中国市场，保障国家和消费者的合法权益，此制度在国际上引起巨大反响。目前中国强制性产品认证制度延续了该制度的许多优点。

1992年5月，国家商检局为了落实《商检法》赋予的对进口商品实行安全认证的职责，决定成立质量许可制度办公室，负责进口商品安全许可制度的日常管理和组织工作。同时设立了进出口商品安全质量许可制度审查部(后并入中国进出口商品质量认证中心)负责CCIB安全认证实施工作。

2000年6月，经原国家出入境检验检疫局和国家质量技术监督局同意，中国进出口质量认证中心正式加入国际电工委员会电工产品测试与合格评定组织(IECEE)，成为第二个中国国家认证机构(NCB)。

2002年4月，经国家质检总局和中编办批准，原中国电工产品认证委员会和中国进出口质量认证中心合并组建中国质量认证中心(CQC)。

1992年9月5日，在中国产品认证发展史上有里程碑意义的事，就是为了维护企业和消费者的用电安全，由国家技术监督局、劳动部、商业部、邮电部、物资部、轻工业部、机械电子部、农业部、航空航天部、建设部、能源部联合发布《关于对实施安全认证的电工产品进行强制性监督管理的通知》，以政府规章的形式规定：凡是列入进行强制性监督管理目录内的电工产品，未经安全认证，不得出厂、销售、进口和使用。开创了中国市场准入制度中采用产品认证机制的先河。

随着中国认证制度的不断成熟，国家技术监督局批准或经国家技术监督局授权的认可委员会批准，陆续又成立了一些认证机构，到2001年国家认证认可监督管理委员会成立前，中国已经建立了一个比较完整的产品质量认证体系，开展了电工产品安全认证、汽车用玻璃安全认证、机械产品安全认证、农机产品安全认证、玩具产品安全认证、信息产品安全测评认证、药品安全认证、产品电磁兼容认证、方圆标志(安全、合格)认证、环境标志认证、纤维产品认证、计算机网络认证、节能产品认证、包装产品认证、安防产品认证。其中：有些产品有几个认证机构可以认证；有些认证机构的产品认证可以跨越几个产品领域。产品质量认证体系的建立和完善，在保证产品质量、规范企业的市场行为和维护消费者合法权益、提高企业竞争能力等方面发挥了一定的促进作用。

2、中国质量管理体系认证的发展过程

质量管理体系认证，是第三方质量体系认证机构依据公开发布的质量管理工作体系标准，对供方的质量管理体系进行合格评定，证明供方有能力提供合格产品的活动，评定的依据是质量体系标准。

质量管理体系认证始于1979年。1979年，英国发布了BS5750质量保证模式标准，并开始推行质量管理体系认证制度。1978年国际标准化组织吸收了英国等成果，制订并发布ISO9000质量管理和质量保证的系列国际标准之后，质量管理体系认证在全球范围内得到了迅猛的发展，形成了全球"ISO9000现象"。

中国标准化行政主管部门按照等效采用国际标准的指导思想，参考1978年版ISO9000系列标准，于1988年制定发布了GB/T10300质量管理和质量保证系列标准，并授权中质协质量保证中心等机构对企业开展了质量管理体系的认证试点。国家技术监督局成立后，进一步对ISO9000系列标准进行研究，决定由等效采用变为等同采用，于1992年10月发布GB/T19000 idtISO9000:87

质量管理系列标准,并在全国范围内进行宣传贯彻。

为了规范中国的认证机构建设,保证认证事业的健康发展,1991年5月7日,国务院发布了《中华人民共和国产品质量认证管理条例》,明确了国务院标准化行政主管部门统一管理全国的认证工作,规定了产品质量认证机构的法律地位和基本条件,提出了产品认证检验机构和检验人员的资质要求。

为了在出口商品生产企业中更有效地推行ISO9000系列标准,提高中国商品的国际竞争能力,规范质量体系认证评审工作,与中国商品出口工作有关的原国务院机电产品出口办公室、外经贸部、机械电子部、航空航天部、轻工部、纺织部、中国汽车工业总公司、国家医药管理局和国家商检局共九个政府主管部门于1992年8月29日联合成立了"出口商品生产企业质量体系(ISO9000)工作委员会",并通过了工作委员会章程。中国出口商品生产企业质量体系(ISO9000)工作委员会(英文名称缩写为CCQSEM)是第一家按照国家法律法规、经政府部门批准成立的质量体系认证机构的认可组织。

为了进一步与国际做法相适应,使CCQSEM作为中国进出口领域里的认可机构完全按照ISO/IEC导则61运作,1997年6月经委员会讨论决定将CCQSEM更名为"中国国家进出口企业认证机构认可委员会"(英文名称简称为CNAB)。原国家进出口商品检验局、对外贸易经济合作部与国家机电产品进出口办公室于1997年9月联合发文重新对CNAB进行了授权。

在出口商品生产企业质量体系工作委员会成立后,原国家进出口商品检验局陆续发布了《出口商品生产企业质量体系评审机构的评定认可办法》(1993年1月21日)、《出口商品生产企业质量体系评审员评定认可办法》(1993年1月21日)、《出口商品生产企业质量体系评审机构评定认可实施细则》(1993年3月13日)、《出口商品生产企业质量体系评审员评定认可实施细则》(1993年3月13日)、《进出口商品检验实验室认可管理办法》(1993年5月8日)、《进出口商品认证管理办法》(1993年9月24日)、《进出口商品生产企业质量体系评审员管理办法实施细则》(1994年9月28日)、《进出口商品标志管理办法》(1995年9月21日)等行政规章,并组建了相应的工作委员会,对涉及进出口商品企业的认证机构、实验室和评审人员进行评定认可和监督管理,形成了进出口质量认证认可体系。

1993年2月22日,第七届全国人大常委会第30次会议通过的《产品质量法》,进一步明确了推行产品质量认证制度和质量体系认证制度,以及对认证机构进行认可的要求,并规定认证机构和政府行政管理脱离隶属关系,成为独立的法人实体。

据此,国家技术监督局相继制定发布了《产品认证管理条例实施细则》(1992年1月30日)、《产品质量认证委员会管理办法》(1992年1月30日)、《产品质量认证检验机构管理办法》(1992年1月30日)、《产品质量认证体系检查员和检验机构评审员管理办法》(1992年1月30日)、《产品质量认证证书和认证标志管理办法》(1992年2月10日)、《产品质量认证机构认可管理办法》(1995年4月13日)、《质量体系认证机构认可管理办法》(1995年8月18日)、《质量体系审核员和认证实验室评审员国家注册管理办法》(1995年3月18日)、《质量体系内部审核员注册管理暂行办法》(1996年4月29日)和《产品质量认证机构认可准则》(1996年4月15日)、《产品质量认证机构认可程序》、《质量体系认证机构认可程序》、《实验室认可准则》等系统性配套行政规章和技术规范;同时,在国家技术监督局认证认可办公室的基础上,陆续组建了相对独立于政府行政主管部门的中国质量体系认证机构国家认可委员会(CNACR)、中国实验室国家认可委员会(CNACL)、中国产品认证机构国家认可委员会(CNACP)和中国认证人员国家注册委员会(CRBA),并1994年起,开始了对认证机构和检验实验室的认可评审和监督,对认证人员进行资质认定和考评,使中国的认证认可工作走上了科学化、规范化、法制化的道路,基本上保持了和国际同步的水平,为国际同行评审打下了坚实的基础。

1998年1月,中国质量体系认证机构国家认可委员会(CNACR)首批签署了国际认可论坛多边承认协议(IAF/NCA)和太平洋认可合作组织多边承认协议(PAC/MLA);紧接着,1998年8月,中国认证人员国家注册委员会(CRBA)签署了国际评审员培训和注册协会多边承认协议(IATCA/MLAS),1999年12月3日,中国实验室认可委员会(CNACL)签署了APLAC相互承认协议(APLAC-MRA)。

CCQSEM已于1995年签署了太平洋认可合作组织(PAC)和国际评审员培训认证协会(IATCA)备忘录,成为这两个国际组织创始成员。1998年1月IAF第11次年会上被接纳为IAF正式成员。

原CNAB于1998年3月向PAC提出加入PAC/MLA的正式申请。1998年7月11日至7月18日,来自

PAC的同行评审组，按照ISO/IEC导则61和PAC的评审程序，对CNAB进行了全方位认真细致的审核和见证评审。1998年11月2日至5日在澳大利亚召开的PAC第五次会议，当时原CNAB秘书长王凤清代表原CNAB签署了PAC多边承认协议。1999年9月29日在IAF第12次会议上CNAB正式签署了IAF/MLA，成为国际认可多边承认协议集团成员。

这就表明：中国的认可机构批准的认证机构、检验实验室和审核员的能力是和国际上保持一致的，他们出具的认证结果在协议签署成员国之间是有效的，应当得到承认的。中国的质量认证认可体系已是国际认证认可体系的重要的有机组成部分。

3、中国多元化的认证认可体系的形成

质量认证取得的成功，引起了人们的极大兴趣。质量认证的机制已移植到其他的社会化管理之中，成为政府部门宏观调控加强管理的一种有效手段。如：

(1)在社会工业化发展过程中，三废(废气、废水、废渣)的排放，森林资源、土地资源、矿产资源的过度开发、滥用等造成的温室效应、臭氧层破坏、酸雨、气候变化、水资源和海洋资源的污染，已严重威胁人类社会的持续发展。为了把这种副作用限制在人类持续发展可以接受的水平内，人们想到ISO9000标准及其认证机制。于是，《环境管理体系规范和使用指南》国际标准ISO14001:1996应运而生。欧美等国家和地区开始了ISO14001:1996的认证认可活动。中国国家技术监督局会同有关部门按照等同采用的原则，将ISO14001:1996及时转化为中国国家标准GB/T24001—1996。中国国家环保局报经国务院办公厅批准，于1997年7月成立环境管理体系认证机构认可委员会(CACEB)，编制发布了一系列认可规则，参照ISO/IEC的要求对申请环境管理体系的认证机构进行认可，对认证审核人员进行培训考核注册，推动了环境管理体系认证工作的有效开展。而作为认证认可主体的中国认证机构国家认可委员会，按照国家技术监督局的授权，开展对环境体系认证机构的认可评审工作。事实上形成了两个环境管理标准认证认可体系并存的局面。

(2)劳动力是最可宝贵的资源，保证其身体安全和卫生是劳动者的基本权利。强化企业安全卫生管理，提高企业安全卫生管理水平，是建立现代企业制度的重要内容，也是确保企业安全生产和提高竞争力的重要措施。制定职业安全和卫生标准已成为国际劳工组织和国际标准化组织关注的热点。于是，英国捷足先登，发布了《职业健康和安全管理体系指南》BS8800:1996，指导企业建立职业安全和卫生管理体系，健全企业安全卫生生产自我约束机制，美、澳、日等国家纷纷响应，相继出台了响应的标准，并开展了职业安全卫生管理体系的认证。在国际劳工组织和卫生组织的推动下，欧、美、澳、日等十几个国家的标准化组织进行协调，于1999年发布了《职业健康安全管理体系　规范》OHSAS18001:1999和《职业健康安全管理系统　指南》OHSAS18002:2000，推动了职业健康安全管理系统认证的国际化。在中国，各类劳动伤亡事故和职业危害每年吞噬着10万劳动者的生命，损害着几十万劳动者的健康，给国家和企业造成几百亿元的重大经济损失。这种状况，引起了中国政府的高度关注，代表中国参加国际劳工组织活动的国家经贸委参照OHSAS18001，于1999年10月发布了《职业安全卫生管理体系试行标准》，并成立了职业安全卫生管理体系认证认可委员会，对认证机构实施认可评审，对审核人员进行培训、考核、注册，形成了完整的职业安全卫生管理体系标准的认证认可体系，推动企业建立和健全职业安全卫生管理体系。

国家商检局于2000年1月发文，要求出口商品企业开展OHSAS18000认证，并评审认可了一些认证机构开展OHSAS18000的认证。

中国标准化行政主管部门—国家技术监督局，在充分分析研究了OHSAS18001的基础上，综合国际上有关职业健康安全管理体系的其他文件的技术要求，制定发布了《职业健康安全管理体系规范》GB/T28001—2001和《职业健康安全管理体系指南》GB/T28002—2002作为中国企业建立职业健康安全管理体系的基本要求和开展认证的依据。GB/T28000系列标准发布后，即开始对认证机构进行能力评审认可，对审核员进行培训、考核、注册，也形成了一个完整的认证认可系统。

4、改革中国多元化的认证认可体系的迫切需要

中国政府的有关部门利用认证机制作为宏观调控的手段，来推动其主管的业务工作，应当说是无可非议的。但政出多门、部门割据，都自成认证认可体系，弊病已十分明显。首先，对认证机构而言，为了要开展几个管理体系的认证业务，就必须分别向几个认可机构提出申请，接受多次认可评审，甚至是开展一个管理体系或一种产品的认证业务，也得向几个认可机构申请并接受评审。由于对认可基本要求上的理解不一致，有时要编写几套文件，以满足不同认证机构的要求。第二，企业为了满足政府相

关部门的不同要求，一个管理体系也得申请几家认证机构分别进行审核认证，增加了经济负担。第三，尤其严重的是：一个国家几个认证认可体系，认证的结果又互不承认，为国内外贸易增加了人为性障碍，不符合 WTO/TBT 的基本原则。由上可知，中国多元化的认证认可体系已不适应市场经济发展的要求，到了非改不可的时候了。

为了统一管理中国的认证认可工作，经国务院批准，国家认证认可监督管理委员会于 2001 年 8 月正式成立，国家认监委的成立，标志着建立中国集中、统一的认证认可制度的时机已经成熟。

二、中国进出口领域的认证与认可制度

1、中国进出口领域认证认可工作的由来与发展

质量体系认证与认可制度的建立 自 1987 年 ISO9000 族标准发布以后，国际贸易中把符合该标准要求作为采购条件逐渐形成趋势。为使中国出口商品生产企业符合 ISO9000 族要求，以促进中国出口产品顺利进入国际市场，原国家进出口商品检验局和对外经济贸易合作部于 1991 年 10 月 31 日联合发出《关于在出口商品生产企业推行 ISO9000 系列标准的通知》，该"通知"要求按照《中华人民共和国进出口商品检验法》第五、十九、二十二和二十三条关于对进出口商品实施免验、认证、质量许可和商检标志制度的规定，在现行对出口商品生产企业实行出口质量许可证、卫生注册评审的基础上，决定在中国出口商品生产企业推行 ISO9000 族标准并对其质量体系进行评审。为了进一步做好机电产品出口生产企业 ISO9000 族的培训、实施和质量体系评审工作，原国务院机电产品出口办公室和原国家进出口商品检验局又于 1992 年 7 月联合发出《关于做好推行 ISO9000 系列标准工作的通知》。

为了顺应市场的要求，1992 年商检系统、机械、电子等行业和中国船级社等率先组建了厦门、深圳、浙江商检质量体系评审中心、华信技术检验有限公司、电子行业质量体系认证委员会和中国船级社实业公司等质量体系认证机构。这些机构按照国际通行做法开始受理出口商品生产企业的质量体系认证申请，并实施认证评审。这些都是中国境内最早从事质量体系认证工作的第三方机构。

为了在出口商品生产企业中更有效地推行 ISO9000 系列标准，提高中国商品的国际竞争能力，规范质量体系认证评审工作，原国务院机电产品出口办公室、对外经济贸易合作部、机械电子部、航空航天部、轻工部、纺织部、中国汽车工业总公司、国家医药管理局和国家进出口商品检验局共九个政府主管部门于 1992 年 8 月 29 日联合成立了"出口商品生产企业质量体系（ISO9000）工作委员会"，并通过了工作委员会章程。

同年，国务院批准的《中华人民共和国进出口商品检验法实施条例》第四十条规定：根据出口商品生产企业的申请或者国外的要求，对出口商品生产企业的质量体系进行评审，具体办法由国家商检局制定。原对外经济贸易部、国家进出口商品检验局和国务院机电产品进出口办公室联合于 1992 年 9 月发出《关于成立"出口商品生产企业质量体系（ISO9000）工作委员会"的通告》，明确赋予工作委员会对出口商品生产企业质量体系的评审机构和评审员资格进行评审并实施监督检查的职责。

中国出口商品生产企业质量体系（ISO9000）工作委员会（英文缩写为 CCQSEM）按照当时通行的欧共体 EN45012 标准和 ISO10011 标准，起草发布了《出口商品生产企业质量体系评审机构评定认可办法》和《出口商品生产企业质量体系评审员评定认可办法》等一系列认可工作文件。自 1993 年 7 月至 1997 年 9 月，CCQSEM 共评审认可了中国商检质量认证中心、华信技术检验有限公司等 22 家质量体系认证机构，评定注册了 1081 名质量体系评审员。

在此期间，根据有关部门的申请，CCQSEM 先后又批准接纳了冶金工业部、国家建筑材料工业局、中国船级社、劳动部、中国石油天然气总公司、中国质量管理协会和中国核工业总公司为成员单位。至此，CCQSEM 已成为按照中国法律法规的规定，经政府部门授权，由多部门、多行业联合形成的质量体系认证机构的国家认可组织。

随着国际多边、双边认可活动的深入与发展，为了达到认可与认证结果的互认，自 1996 年起产生了在全世界范围内规范指导认证与认可活动的统一的国际标准。

为了进一步与国际做法相适应，并使 CCQSEM 作为中国进出口领域里的认可机构完全按照 ISO/IEC 导则 61 运作，1997 年 6 月，委员会讨论决定将 CCQSEM 更名为"中国国家进出口企业认证机构认可委员会"（英文缩写为 CNAB）。CNAB 按照国际相关标准的规定，从委员代表的各方利益均衡性、管理机构与层次、认可规范文件和办公室工作等多方面进行了调整、充实与完善。原对外贸易经济合作部、原国家进出口商品检验局与原国务院机电产品进出口办公室于 1997 年 9 月联合发文重新对 CNAB 进行了授权，其职责为：

1、对在中国进出口企业从事管理体系认证的认证/评审机构和评审员的资格，按照国际通行的 ISO/IEC 导则 62 和 ISO10011 标准进行评定认可和监督检查；

2、评审员的注册及认可评审员培训机构和批准评审员培训教材；

3、对中国进出口企业管理体系认证工作统一进行协调、监督、管理、指导和服务；

4、统一协调对外工作，参加国际间相互认可活动，发展与国外有关认可组织的关系。

根据中国进出口贸易发展需要和国际认证发展趋势，为进一步健全中国进出口质量认证认可体系，便于与国际接轨，1999 年 6 月原国家出入境检验检疫局和原对外贸易经济合作部又联合发文授权，CNAB 的职责增加“负责中国进出口领域产品认证机构认可及认证人员的注册工作”。

CNAB 依据国际标准 ISO/IEC61 的各项规定建立起了认可工作质量体系。CNAB 按照遵循国际惯例、提高认证认可工作质量的原则，从 1997 年 9 月起陆续颁布实施了若干认可规范文件，及时有力地指导了认证认可工作。

CNAB 的认可规范具有以下三个特点：

1、等同采用国际标准。CNAB 将 ISO/IEC 导则 62《对从事质量体系评审和认证/注册机构的基本要求》和 ISO/IEC 导则 65《对从事产品认证机构的基本要求》等国际标准作为最重要的认可准则文件。

2、及时吸纳国际最新信息。国际认可论坛于 1997 年 6 月 2 日第一次发布了《对 ISO/IEC 导则 62:1996 标准的应用指南文件》，CNAB 及时研究、翻译，并于 1997 年 9 月 9 日即把该文件作为 CNAB 的第二个认可准则文件发布实施。

3、认可规范文件层次简明清晰。CNAB 的认可规范文件分为认可准则、认可规则和认可指南三个次层。认可准则是 CNAB 对认证机构认可的依据；认可规则阐述了 CNAB 实施认可的相关程序和活动；认可指南作为必要时对认可准则与认可规则的补充性说明，以指导相应的认证认可活动。

至此，在中国进出口领域完全符合国际惯例和国际标准要求的质量体系和产品认证认可体制已经建立。

CNAB 依据公正、公开、公平的原则，为与中国进出口业务有关的境内所有的认证机构提供认可服务。自 1998 年起，CNAB 按照新的国际标准(ISO/IEC 导则 62)重新认可了管理体系认证机构 15 家（包括 31 个分支机构)。经 CNAB 认可的认证机构共向中国进出口企业颁发了 ISO9000 质量体系认证证书 8600 多份。

实验室认可制度的建立 1978 年国际标准化组织(ISO)发布第一版的 ISO 导则 25，即实验室技术准则。1982 年该导则转为 ISO/IEC 导则 25(第二版)，即《测试和校准实验室能力的基本要求》，这时它还仅是对实验室的技术能力方面提出要求。1987 年 ISO9000 族质量体系标准(第一版)发布后，1990 年 ISO/IEC 导则 25 换版为第三版，并采纳了 1987 版 ISO9000 族质量体系标准的原理和要素，这时它增加了对实验室管理能力的要求。1994 年 ISO9000 族标准换版为第二版，ISO 开始按照 1994 版的 ISO9000 族标准针对 ISO/IEC 导则 25 进行修改，并于 1999 年 12 月 15 日正式发布 ISO/IEC17025 标准。

商检系统于 20 世纪 80 年代后期建立了一套较为完整的实验室管理体系，制定了商检系统内实验室考核管理办法，社会实验室考核管理办法以及国外实验室考核办法。对系统内实验室实行三级考核管理，对社会实验室采取国家级和地方级实验室分别按不同的要求进行考核管理的方法。这一管理体系的建立和运行，使商检系统实验室管理第一次走上了系统化、规范化的轨道，大大促进了实验室检测技术水平和管理水平的提高，对实验室整体实力的提高起到了至关重要的作用，也为实验室管理工作的进一步发展奠定了基础。

国家进出口商品检验实验室认可委员会于 1985 年成立，从此开始了进出口商品检验实验室认可工作。1996 年，经改组成立了中国国家进出口商品检验实验室认可委员会(英文简称 CCIBLAC)。CCIBLAC 是经原国家进出口商品检验局授权在进出口商品检验领域内进行全国性实验室认可工作的组织，其宗旨是鼓励进出口商品检验实验室的建立和发展，并促进认可实验室的试验结果得到国内外的接受。CCIBLAC 完全按照国际通行规则建立和运作其认可体系。认可机构的组织形式和运作方式符合 ISO/IEC 导则 58 的要求，并采用 ISO/IEC 导则 25 作为其认可准则。截至 2000 年 6 月，CCIBLAC 已在生物学、食品、化学、光学、电子和电气工程学、声学、机械学、纺织、轻工产品、医疗器械、EMC 等领域认可了 185 个实验室，其中香港地区 4 个、台湾地区 1 个，国外实验室 4 个，并已认可注册了 189 位评审员。

从 1997 年国家商检局还开始对系统内实验室进行了注册管理。实验室注册是国家商检局对系统内实验室进行管理的一种方式。实行实验室注册管理旨在贯彻推行国际标准，以促进实验室技术水平和管理水平的提高。

国家局是实验室注册的最高管理机构，负责统一管理和指导系统内实验室的考核注册工作。国家局所属的各直属局按东北、西北、华北、中南、西南、华南划分为六个大区，各大区内直属局联合成立注册实验室大区考核领导小组，负责组织实施本大区实验室注册考核工作。注册实验室的考核准则是以ISO/IEC导则25为基础，结合考虑系统内实验室管理的实际状况和需要而制定的《国家商检局系统内实验室注册准则》。系统内实验室无论其是否获得认可，均须纳入注册管理，但已经CCIBLAC认可的实验室相同范围的可免于注册考核。

中国进出口评定认可中心的成立 随着中国加入WTO进程的深入，有关认证认可的合格评定工作越来越重要。为了更好地开展认证认可工作，经中央机构编制委员会办公室批准，特别成立中国进出口评定认可中心，并将CNAB和CCIBLAC统一纳入该中心管理。

2、CNAB和CCIBLAC的国际合作

CNAB的国际合作 CNAB自1997年起加快了加入国际认可组织多边承认协议集团的步伐。CNAB的前身CCQSEM已于1995年签署了太平洋认可合作组织(PAC)和国际评审员培训认证协会(IATCA)备忘录，成为这两个国际组织创始成员。1997年11月，CNAB又向国际认可论坛（IAF）提出了加入申请。在1998年1月IAF第11次年会上，IAF执委会审议了CNAB的申请，并顺利通过了对CNAB资格条件和工作文件的审查，接纳CNAB为IAF正式成员。

签署多边承认协议(MLA)，加入国际多边承认协议集团是认证认可工作最终取得国际互认的标志，也是CNAB的工作目标。

对于申请加入MLA的认可机构，IAF和PAC有一套严格的要求和完整的评审程序。CNAB于1998年3月向PAC提出加入PAC MLA的正式申请。1998年4月PAC执委会审查了CNAB申请与提交的条件，正式接受CNAB加入PAM MLA的申请。

1998年7月1日至7月18日，PAC的同行评审组，按照ISO/IEC导则61和PAC的评审程序，对CNAB的法律地位、委员会的组成、认可规范文件、人员控制与资源配备、认可实施和认可证书的管理等全方位进行了认真细致的审核，并现场见证评审了CNAB对认证机构的认可评审活动。

PAC同行评审组经过全面评审后确认：CNAB已按照ISO/IEC导则61标准的要求建立并实施了一套有效的认可工作质量体系。CNAB的运作已表明它能够为认证机构提供独立、公正、全面、可信的认可服务。尤其是CNAB的认可评审员经验丰富、审核能力强。PAC同行评审组表示有信心将CNAB推荐给PAC管理委员会以确定批准签署PAC/MLA。

1998年11月2日~5日，在澳大利亚召开的PAC第五次会议上，PAC执委会审议了同行评审组提交的对CNAB的同行评审报告，决定接受CNAB为PAC多边承认协议集团成员，CNAB签署了PAC多边承认协议。这表明CNAB的认可体制符合国际认可合作组织的要求，认可工作能力也完全达到了国际水准。

由于PAC已经签署了国际认可论坛的多边承认协议(IAF MLA)，PAC MLA成员将自动转为IAF MLA成员。因此CNAB也自动转换为IAF MLA成员。

1999年9月29日在IAF第12次会议上CNAB正式签署了IAF MLA，成为国际认可多边承认协议集团成员。

至此，CNAB与相关国家认可机构实现了国际互认的目标，CNAB的认可工作取得了重大进展，这是中国进出口领域认证认可工作向前迈进的里程碑。

CNAB成为IAF和PAC多边承认协议集团成员，表明中国进出口领域的认证认可工作体制已经得到了国际/区域认可合作组织和其他国家认可机构的承认与接受。CNAB进入国际互认集团，表明CNAB的认可工作体系已完全与国际接轨，其认可实施的能力和水平也达到了国际水准。CNAB认可的认证机构的管理水平和认证能力也已与其他签约国家的认证机构处于同一水平位置。经CNAB认可的认证机构评审合格的企业所持有的带有CNAB认可标志的ISO9000认证证书，可以在亚太地区及世界范围得到承认。

CNAB签署IAF/PAC MLA，标志着中国进出口领域认证认可工作新阶段的开始，随着中国加入世贸组织进程的加快，ISO9000证书的国际承认将会促进中国企业(特别是出口企业)加速技术改进，改进管理，建立健全质量保证体系，提高产品质量，在全球化的经济环境下不断提高自身的竞争能力，进入良性循环状态。同时对于消除技术性贸易壁垒，促进中国对外贸易的发展，扩大出口，都将产生积极的作用。

CNAB加入国际认可组织多边承认协议集团后，也扩大了CNAB在国际上的影响和信任，特别是得到美国三大汽车公司和国际电信行业论坛QuEST (Quality Excellence for Suppliers of Telecommunication) 对CNAB

认证认可工作的充分了解和信任。1999年11月CNAB获得美国三大汽车公司的授权成为了QS-9000的认可机构。今年5月份被国际电信行业论坛QuEST接纳为成员。

此外，CNAB也正在积极加强与其他国家或地区认可机构的双边合作。这种合作包括联合评审、评审结果的接受以及认可资格的接受。CNAB已经与欧洲荷兰的认可机构RvA建立起了良好的合作关系，CNAB出具的认可评审报告已经完全被RvA接受，同时CNAB还派出认可评审员参加CNAB与RvA的联合认可评审组对认证机构实施认可评审。

CCIBLAC的国际合作　1992年CCIBLAC作为亚太地区实验室认可组织(APLAC)的发起人之一参加了第一次APLAC大会。1995年4月和1996年9月，CCIBLAC分别在亚太实验室认可合作组织(APLAC)谅解备忘录(MOU)和国际实验室认可合作组织(ILAC)谅解备忘录上签字，至此，中国国家进出口商品检验实验室认可委员会(CCIBLAC)成为国际实验室认可合作组织(ILAC)和亚太实验室认可合作组织(APLAC)的正式成员之一。

CCIBLAC积极参与国际合作组织的工作和活动。通过开展国际交流，也建立和完善了自己的认可体系，促进了中国实验室的发展和提高。随着国力的进一步增强，中国的实验室认可在国际舞台上一定会有更大的作为。

CCIBLAC鼓励认可实验室积极参加亚太实验室认可合作组织(APLAC)的水平测试活动。自1995年以来，CCIBLAC与亚太实验室认可合作组织联系，组织了约20余个实验室参加了APLAC的水平测试活动，这些水平测试涉及到了化学、食品、金属材料、电器、玩具等领域的测试。实验室通过参与国际实验室之间的比对试验活动，提高了自身的检测水平及数据处理能力。

随着国际经济贸易组织对实验室认可提出了新要求，WTO/TBT和APEC从减少国际贸易中重复检验的原则出发，要求各成员国家大力加强实验室认可工作，通过互认来接受对方国家实验室检测的数据。APEC提出的实现贸易自由化所涉及的商品，均要求通过实验室认可这个途径来接受对方的实验室测试数据。由于有这些要求，亚太实验室认可组织APLAC中进入多边互认的成员组织已超过半数。在ILAC的大力推动和指导下，亚太地区经多边互认的认可实验室(APLAC MLA)和欧共体经多边互认的实验室(EA MLA)也将达成两个地区的认可实验室互认，使实验室多边互认的范围迅速扩大到世界上几乎所有的主要工业国。因此国际实验室之间的多边互认已是一种大趋势。另外，在标准方面，ISO/IEC 17025已于1999年12月15日正式发布，在质量管理和技术要求上均较之ISO/IEC导则25更严格，新要求要求实验室的质量管理必须满足ISO9001的要求，对量值溯源、测量不确定度、水平测试都提出了比老标准更高的要求，这些都为实验室之间测试数据的相互承认提供了技术保证。

积极争取加入国际实验室认可合作组织多边承认协议和参与国际实验室合作组织的相关技术活动是CCIBLAC工作目标。目前CCIBLAC就加入APLAC MLA和APLA的同行评审已经做好了一切准备工作。

此外，CCIBLAC还根据国际贸易的发展和需要，积极推荐已认可的实验室获得国际组织、其他国家(地区)政府或认可机构和检测机构的认可。在其认可的实验室中已有10个CB实验室获得国际电工组织认可；15个羊毛制品实验室获国际羊毛局认可；20个食品实验室获得日本政府注册；6个羽绒实验室获得国际羽绒协会认可；3个玩具实验室获得香港HOKLAS认可；12个实验室的数据可与美国UL实验室交换。

3、中国国家进出口企业认证机构认可委员会章程

第一章　总则

第一条　根据《中华人民共和国进出口商品检验法》、《中华人民共和国进出口商品检验法实施条例》的规定，由国务院有关部门、社会团体和企业(成员单位见附件)联合成立“中国国家进出口企业认证机构认可委员会”(以下简称“认可委员会”)，英文名称为“CHINA NATIONAL ACCREDITATION BOARD FOR IMPORT-EXPORT ENTERPRISE CERTIFIERS”(CNAB)。

第二条　认可委员会对外贸易经济合作部、国家进出口商品检验局和国家机电产品进出口办公室授权，主要从事推行管理体系标准、管理体系认证机构认可、管理体系评审员注册和相应培训机构认可和培训教材的注册等工作。

第二章　职责任务

第三条　认可委员会的职责任务是：

1、研究制定在中国进出口企业推行管理体系标准的方针、政策并组织实施。

2、根据国际上通行的管理体系认证机构认可标准的

指南，制定管理体系认证机构的要求并按照该要求对开展进出口商品生产、服务企业管理体系认证的机构统一进行认可、管理、指导和服务。

3、根据国际上通行的管理体系评审员注册标准和指南，制定管理体系评审员的要求并按照该要求对从事进出口商品生产、服务企业管理体系认证的评审员统一进行注册、认可和管理。

4、根据国际上通行的管理体系评审员培训课程规定的统一要求，制定管理体系评审员培训课程要求和管理体系评审员培训机构要求，并按照该要求对管理体系评审员培训课程和培训机构统一进行注册、管理。

5、对已获得认可委员会认可的管理体系认证机构和评审员进行监督检查。

6、负责受理并处理与认可有关的申诉。

7、统一组织参加国际间相互认可活动，发展与国外有关认可机构的联系。

8、制定管理体系认证机构认可收费标准、管理体系评审员注册收费标准、管理体系评审员培训课程和培训机构认可收费标准以及管理体系认证收费要求，经有关部门批准后施行。

第三章　组织机构

第四条　认可委员会由来自与认可工作有关的供方、使用方、认证/注册机构、政府与公共服务组织的代表和专家组成，其中认可一方均不处于支配地位。

第五条　认可委员会的组织机构为全体委员会、专门委员会和办公室。

第六条　认可委员会设主任一名、常务副主任一名、副主任若干名、委员若干名。上述人员由认可委员会成员单位推荐协商产生，每界任期四年。根据工作需要认可委员会可聘请顾问若干名。

第七条　认可委员会设秘书长一名，负责认可委员会的日常工作并向全体委员会会议负责。秘书长由主任、副主任推荐，经全体委员会议讨论通过。

第八条　认可委员会最高权利机构为全体委员会。

认可委员会全体委员会议每年召开一次，由主任/常务副主任主持，决定、部署、总结认可委员会工作，研究解决重要问题，监督检查相关工作。必要时可召开委员代表会议（委员代表会议由委员本人和委员授权人员参加），讨论决定相关事项。

认可委员会在做出决议时，实行少数服从多数的原则。

第九条　认可委员会根据工作需要设立若干专门委员会，其成员由认可委员会委员或其授权人员担任。专门委员会的职责是做出认可决定、处理与认可有关的申诉等。

第十条　办公室是认可委员会的日常办事机构，其职责是处理认可委员会的日常工作；按照认可程序的要求，组织落实认可的实施；对认可委员会的财务进行管理；定期向认可委员会报告工作情况。

第四章　附则

第十一条　本章程由认可委员会负责解释。

第十二条　本章程于一九九七年九月九日经全体委员会议讨论通过，自发布之日起实行。一九九二年八月二十九日发布的《出口商品生产企业质量体系（ISO9000）工作委员会章程》同时废止。

附：

中国国家进出口企业认证机构
认可委员会成员单位

1、对外贸易经济合作部
2、国家进出口商品检验局
3、国家机电产品进出口办公室
4、机械工业部
5、电子工业部
6、冶金工业部
7、劳动部
8、国家医药管理局
9、国家建筑材料工业局
10、中国轻工总会
11、中国纺织总会
12、中国航空工业总公司
13、中国航天工业总公司
14、中国汽车工业总公司
15、中国石油天然气总公司
16、中国船级社
17、中国质量管理协会
18、中国核工业总公司

中国国家进出口企业认证
机构认可委员会委员名单

主任：沈烈初　原国家机电产品进出口办公室主任
常务副主任：田润之　国家进出口商品检验局局长
副主任：陆燕荪　全国人大财经委员会委员
　　　　于　珍　中国轻工总会会长
委　员：王凤清（秘书长）国家进出口商品检验局

副局长

苏　中　国家机电产品进出口办公室副主任

张玉珍　对外贸易经济合作部发展司副司长

张海门　电子工业部科技质量司副司长

马昌华　劳动部职锅局副局长

吴可秋　冶金工业部质量司总工程师

卜绮成　国家医药管理局械政司司长

王小曼　国家建筑材料工业局生产司司长

杨　立　中国轻工总会质量司司长

朱兰芬　中国纺织总会经济贸易部副部长

邵锦城　中国航天工业总公司质量部部长

金志俊　中国石油天然气总公司技术监督局副局长

何晋尧　中国船级社副社长

解爱兰　中国质量管理协会副会长

曹仿颐　华信技术检验有限公司董事长

王　忻　航空质量认证中心主任

宁士奎　中国汽车工业总公司质量部部长

伍庆昌　中国核工业总公司科技局副局长

裘亦良　国家进出口商品检验局监管认证司司长

办公室主任：生　飞

CCIBLAC 第二届委员会委员名单

按照 ISO/IEC 导则 58：1992《校准和检验实验室认可体系运作和承认的通用要求》对认可机构组成及公正性的要求，CCIBLAC 第二届委员会由与实验室认可活动有利益关系的以下五方代表组成，任一方均不占支配地位：

一、政府部门代表　5 名

对外贸易经济合作部　副部长　孙振宇

国家出入境检验检疫局　副局长　王凤清

国家经济贸易委员会技术进步装备司　处长　王建翔

科学技术部中国技术市场管理促进中心　处长　隋志强

国家出入境检验检疫局认证监管司　司长　耿冬久

二、实验室/检验机构代表　5 名

中国汽车技术研究中心　副主任　张建伟

国家质量技术监督局锅炉压力容器监测研究中心　副主任　林树青

国家广播电视产品检测中心(信息产业部电视电声研究所)　主任(所长)　沙　冰

中国商检研究所　副所长　唐英章

国家动植物检疫实验所　副所长　陈洪俊

三、实验室/检验机构用户代表　5 名

中国五金矿产进出口总公司　副总裁　宋玉芳

中国消费者协会消费指导部　副主任　任　静

华信技术检验有限公司　董事长　曹仿颐

中国机电产品进出口商会　副秘书长　刘美昆

中国轻工业质量认证中心　副主任　张艳芬

四. 认可机构代表　1 名

中国进出口评定认可中心　主任　赵林华

五. 技术专家代表　2 名

中国科学院/中国工程院　资深院士　王大珩

中国电子技术标准化研究所　顾问　吴源俊

三、中国现行认证认可管理体制

中国认证认可工作现行管理体制是在党中央、国务院实行质量监督检验检疫体制改革的基础上，在国家认监委成立以后逐渐建立、理顺的。实践证明，现行的认证认可管理体制是科学合理的，既符合国际惯例又符合中国实际，已经走上了健康有序发展的道路。

1、国家认监委的组建

为加强对全国认证认可工作的统一领导和监督管理，国务院决定组建中国国家认证认可监督管理委员会(中华人民共和国国家认证认可监督管理局)，为国家质检总局管理的事业单位。国家认监委是国务院授权的履行行政管理职能，统一管理、监督和综合协调全国认证认可工作的主管机构。国家认监委的成立，顺应了国民经济发展和中国加入世界贸易组织的需要，为更好地发挥认证认可工作在经济建设中的重要作用，促进中国认证认可事业的健康有序发展提供了组织上的保证。国家认监委的成立，结束了多年来中国认证认可工作多头管理、政出多门、市场混乱的局面，是中国认证认可体制改革的一次重大突破，标志着中国认证认可事业进入了一个全新的发展时期。

2、国家认监委的职能

划入的职能　原国家质量技术监督局承担的统一管理和监督认证认可工作以及相关的对校准、检测、检验实验室技术能力的认可、计量认证和资格认定工作。

原国家出入境检验检疫局承担的管理并组织实施进出口认证认可和进出口安全质量许可以及出入境检验检疫实验室注册认证、进出口食品卫生注册登记，涉外检验检疫、鉴定和认证机构(含中外合资、合作机构)技术能力的审核和监督管理。

主要职责 研究起草并贯彻执行国家认证认可、安全质量许可、卫生注册和合格评定方面的法律、法规和规章，制定、发布并组织实施认证认可和合格评定监督管理制度、规定。

研究提出并组织实施国家认证认可和合格评定工作的方针政策、制度和工作规则，协调并指导全国认证认可工作。监督管理相关的认可机构和人员注册机构。

研究拟定国家实施强制性认证与安全质量许可制度的产品目录，制定并发布认证标志(标识)、合格评定程序和技术规则。组织实施强制性认证与安全质量许可工作。

负责进出口食品和化妆品生产、加工单位的卫生注册登记的评审和注册等工作，办理注册通报和向国外推荐事宜。

依法监督和规范认证市场，监督管理自愿性认证、认证咨询与培训等中介服务和技术评价行为；根据有关规定，负责认证、咨询、从事认证业务的检验机构(包括中外合资、合作机构和外商独资机构)的资质审核和监督；依法监督管理外国(地区)相关机构在境内的活动；受理有关认证认可的投诉和申诉，并组织查处；依法规范和监督市场认证行为，指导和推动认证中介服务组织的改革。

管理相关校准、检测、检验实验室技术能力的评审和资格认定工作，组织实施对出入境检验检疫实验室和产品质量监督检验实验室的评审、计量认证、注册和资格认定工作；负责对承担强制性认证和安全质量许可的认证机构和承担相关认证检测业务的实验室、检验检疫和鉴定等机构(包括中外合资、合作机构和外商独资机构)技术能力的资质审核。

管理和协调以政府名义参加的认证认可和合格评定的国际合作活动，代表国家参加国际认可合作组织(IAF)、太平洋认可合作组织(PAC)、国际评审员与认证培训协会(IATAC)、国际实验室认可论坛(ILAC)、亚太实验室认可合作组织(APLAC)等国际或区域性组织以及国际标准化组织(ISO)和国际电工委员会(IEC)的合格评定活动，签署与合格评定有关的协议、协定和议定书；归口协调和监督以非政府组织名义参加国际或区域性合格评定组织的活动；负责ISO的IEC中国国家委员会的合格评定工作。负责认证认可、合格评定等国际活动的外事审批。

负责与认证认可有关的国际准则、指南和标准的研究和宣传贯彻工作；管理认证认可与相关的合格评定的信息统计，承办世界贸易组织技术性贸易壁垒协议、实施动植物卫生检疫措施的协议(WTO/TBT·SPS)中有关认证认可的通报和咨询工作。

研究拟定认证认可收费办法，会同有关部门对收费办法的执行情况进行监督检查。

管理下属认可机构、认证机构和办事机构。

承办质检总局交办的其他事项。

3、国家认监委成立以后中国认证认可工作管理体系

国家认监委成立以后，按照国务院的授权组建了工作机构。《中华人民共和国认证认可条例》公布实施以后，认证认可工作体系得到了进一步完善。

管理架构 按照《中华人民共和国认证认可条例》(以下简称《条例》)的有关规定，国家实行统一的认证认可监督管理制度，国家认监委作为国务院认证认可监督管理部门，在国务院授权下，统一管理、监督和综合协调中国认证认可工作。

国家认监委由国家质检总局归口管理，省、自治区、直辖市人民政府质量技术监督部门和国务院质量监督检验检疫部门设在地方的出入境检验检疫机构，在国务院认证认可监督管理部门的授权范围内，依照《条例》的有关规定对认证活动实施监督管理(《条例》第四、第五十五条)。经国务院认证认可监督管理部门授权的省、自治区、直辖市人民政府质量技术监督部门和国务院质量监督检验检疫部门设在地方的出入境检验检疫机构，统称地方认证监督管理部门。

内设机构 国家认监委内设9个部门，分别是：办公室、政策与法律事务部、认可监管部、认证监管部、实验室与检测监管部、注册管理部、财务管理部、国际合作部和科技与标准管理部。

政策与法律事务部负责认证认可政策研究、法律法规的制定、组织实施与执法监督。

认可监管部负责认证及相关机构的管理、认证市场监管、认证认可部际协调。

认证监管部负责强制性产品认证和自愿性产品认证的监管。

实验室与检测监管部负责检查机构与实验室资格认定及监管。

注册管理部负责进出口食品卫生注册监管、农产品认证监管。

财务管理部负责下属单位及机关内部财务管理。

国际合作部负责认证认可国际合作与交流。

科技与标准管理部是报国务院同意，经中编办批准

增设的业务部门，负责认证认可和科技与标准化管理、检验检疫标准管理与实施。

人员编制 国家认监委原定编制20名，增设科技与标准管理部后，经调整，委机关编制135名。主任1名，副主任4名，总工程师1名，部门负责人9名，机关党委专职副书记1名。

四、部分机构情况介绍

中国合格评定国家认可中心

中国合格评定国家认可中心是经中央机构编制委员会办公室批准、国家质量监督检验检疫总局直属事业单位，是由国家认证认可监督管理委员会授权和管理的合格评定国家认可机构。

认可中心2002年4月由原国家质量技术监督局中国合格评定国家认可中心与原国家出入境检验检疫局中国进出口评定认可中心合并组建而成。经国家认监委协调后，2003年8月，接收国家环保总局管理的原中国环境管理体系认证机构认可委员会（CACEB）和中国认证人员国家注册委员会环境管理专业委员会（CRCEA）的具体业务。2004年6月，接受了国家安全生产监督管理局原全国职业安全健康管理体系认证机构认可委员会（CNASC）和国家环保总局原有机产品认证机构认可委的相关认可业务工作。

中心下设综合管理部；认证机构认可部，对外称中国认证机构国家认可委员会（简称CNAB）秘书处；实验室认可部，对外称中国实验室国家认可委员会（简称CNAL）秘书处；认证人员培训认可部，对外称中国认证人员与培训机构国家认可委员会（简称CNAT）秘书处。中心在国家质检总局和国家认监委的领导下，履行国家认可职责，具体业务范围包括：质量管理体系（ISO9000）、环境管理体系（ISO14000）、职业健康安全管理体系（OHSAS）、通讯业质量管理体系（TL9000）、汽车行业质量管理体系（OS-9000）、食品卫生安全管理体系（HACCP）、信息安全管理体系和软件过程及能力成熟度评估等各类质量管理体系认证机构的认可工作，强制性产品认证、自愿性产品认证，以及农产品、食品认证等各类产品认证机构的认可；认证人员注册、培训机构认可；检测、校准实验室和检查机构认可。

三个委员会分别加入了国际认可论坛（IAF）、国际实验室认可合作组织（ILAC）和国际审核员培训与注册协会（IATCA）以及太平洋认可合作组织（PAC）、亚太实验室认可合作组织（APLAC）等国际认可组织。2003年下半年，三个委员会顺利通过国际同行初/复评审，2004年7月，CNAB首签环境管理体系认证认可多边互认协议，8月，CNAL又顺利通过检查机构认可国际同行评审。签署互认协议，意味着中国认可机构颁发的认可和注册证书将在世界范围内得到承认。

2003年，中国合格评定国家认可中心按照国家认监委“在巩固基础上求发展”的具体要求，团结一心、扎实工作，奋勇开拓、锐意创新，各项工作均取得了令人满意的成绩。截至2003年12月底，中心累计认可各类认证机构89家，这些机构共颁发各类认证证书103 956张。累计注册各类别审核员49 008人项（2003年为24 562人项），认可培训机构26家。累计认可实验室1 323个（含校准项目的实验室157个），认可检查机构9个，注册实验室评审员1 747人。

1、齐心协力，顺利通过国际同行评审。中国认证人员注册与培训机构国家认可委员会（CNAT）秘书处、中国实验室国家认可委员会（CNAL）秘书处、中国认证机构认可委员会（CNAB）秘书处、分别于2003年8月25至29日、10月13至18日、20至24日接受了国际审核员培训与注册协会（IATCA）、亚太实验室认可合作组织（APLAC）、太平洋认可合作组织（PAC）的国际同行评审。中心全体干部职工密切配合，全力以赴，克服各种困难，将运作良好且符合国际相关准则要求的认可体系，充分展现在外国专家面前，最后均以优异成绩通过了国际同行的严格评审，保持或获得了相关国际认可组织MLA/MRA的成员资格。

2、加强内部建设，努力提高工作质量和服务水平。认证机构认可工作进展顺利。认证机构认可部成立了技术委员会和质量、环境、职业健康安全、食品安全管理体系，以及产品和农产品、软件过程及能力成熟度评估等7个分技术委员会，建立了专职评审员队伍，为保证认可管理工作的质量奠定了基础。经多次文件修改，将环境管理体系认可程序与其他领域认可程序整合在一起，实现了多个认可领域程序和运作上的集中统一。修订了14份认可规范文件，新编写了《认证机构实施有机产品生产和加工认证的认可基本要求》、《对软件过程及能力成熟度评估机构的基本要求》等文件，满足了新认证认可领域发展的要求。根据中央电视台《焦点访谈》节目、《中国质量报》等有关媒体的报道，结合国家监督抽查结果，加大对认证机构的监督管理力度，及时对违规认证机构进行了调查处理,有效地提高了工作质量。

同时,认证机构认可部还和认证人员培训认可部一起,积极参与了ISO19011:2002标准(《质量和/或环境管理体系审核指南》)转化为国家标准的工作,为贯彻落实ISO19011标准,提高中国认证审核工作的有效性做出了贡献。另外,机构认可部还按照认监委要求,为27家持有"全国职业安全卫生管理体系认证机构认可委员会(CNASC)"认可证书的认证机构换发了带有CNAB标志的证书。调查显示,认证机构对机构认可部认可服务的满意度达93.35%。

认证人员培训认可方面,通过制定《注册材料申报指南》、《注册材料流转程序》、修订与实施处置规则等方式,建立了一套全新的科学注册系统,有效地解决了原注册系统结构比较陈旧、材料交接不够有序、差错率高、责任难以追究、投诉较多等问题,提高了注册工作的质与量。适时召开培训机构负责人会议,要求培训机构按照国家认监委对认证市场清理整顿的精神进行自查自纠,并对两家在整顿部署之后仍发生违规行为的机构,按照认可准则规定,出据了不符合报告,对培训市场的规范有序起到了一定的促进作用。7月份,派出认可评审组首次对香港科荣管理顾问公司这家境外培训机构进行了认可评审,并顺利完成任务。这表明中国审核员培训认可工作已向国际化迈出了关键的一步。

实验室认可工作也上了一个新台阶。实验室认可部对内部质量体系文件和2002版公开文件进行了全面换版修改,分别于6月份和9月份正式发布实施,从而使实验室认可体系不断完善和提高。完善了技术委员会和分委员会工作,全年共批准成立了电气、医学、药品、电磁兼容、能力验证、信息技术、化学、机械、建筑建材、食品、特种设备和校准等12个分委员会。按新的领域范围,核定技术能力,完成了原CCIBLAC和CNACL1700余名注册评审员的资格整合工作。

实验室认可部还配合国家认监委完成了362个注册实验室转化为计量认证的资料初审和证书及证书附件的制发放工作。对55个承担CCC强制性认证检测机构进行了监督评审,并完成对12个CCC认证检测机构的核查工作,为顺利实施强制性认证工作打下了基础。同时,完成了101个实验室认可、计量认证/审查认可(机构验收)"三合一"、128个实验室认可/计量认证"二合一"和248个单一国家计量认证的报批和制发证工作。经统计表明,客户对实验室认可部的综合评价平均数为9.7分(满分10分),达到了质量目标满意度95%以上的要求。

中心还加强行政管理和服务意识,为三个业务部门接受国际认可组织同行评审提供了强有力的后勤保障。制定印发了《认可中心外事管理规定》,协调完成CNAB、CNAT和CNAL网站建设工作,加强了信息管理,将工作通讯、认可信息和中心大事记的出刊列入日常工作。完成对各部门岗位职责及任职条件的设置工作。完成向国家发改委上报认可收费标准文件的起草和修改工作和2004年中心各部门财务预算编制方案的起草工作,完成财务决算审计以及东西区认可中心并账工作。

3、开拓创新,拓展认可工作新领域。这一年,认证机构认可部开始实施HACCP管理体系、有机产品认证机构和软件过程及能力成熟度评估机构的认可试点工作。认证人员培训认可部咨询师项目于12月1日开始受理注册申请,这对解决咨询市场的混乱局面将会起到有力的促进作用。实验室认可部参与了ISO/IEC17025:1999《检测和校准实验室能力的通用要求》修订工作、ISO/IEC15189:2003《医学实验室—质量和能力的专用要求》转化为国家标准的工作,制定了《医学实验室质量与能力认可准则》和《生物安全实验室准则》。初步建成CNAL测量审核库,能力验证工作得到了进一步完善。完成了能力验证提供者认可的试点工作,检查机构的认可工作正在逐步拓展,完成了14个检查机构的评审工作。

4、加大科研力度,开展课题研究。中心今年围绕国家重大科技项目,在课题研究方面取得了新的进展和突破。机构认可部申请的"食品企业和餐饮业HACCP体系的建立和实施"课题,于9月10日通过了科技部和国家质检总局科技司的可行性论证。经科技部批准,该课题已正式启动。实验室认可部组织了"十五"重大科技专项食品安全关键技术研究子课题—"食品安全检测实验室质量控制规范研究"和实验室认可中测量不确定度的应用研究,"食品安全检测实验室质量控制规范研究"课题顺利通过科技部和国家质检总局组织的专家评审。另外,针对SARS疫情,实验室认可部召集相关方起草了《实验室生物安全认可体系研究》项目建议书,并制定了《实验室生物安全认可准则》草案。完成中国实验室国家认可管理信息化系统研究的课题申请工作。这些科研工作的实施,有利于充分发挥中心的自身资源优势,树立国家认可的权威性,不断满足经济建设的需要。

5、加强沟通,努力扩大国际合作与交流。根据中巴协议,巴基斯坦国家认可机构要求中国帮助其建立认可体系。受国家认监委委托，中心机构认可部和实验室认可部分别派出既懂业务又通英文的人员作为技术专家赴巴援助其国家认可机构建立认可体系，受到巴方的热烈欢迎。机构认可部参加了国际有机农业运动联合会(IFOAM)对国环有机产品认证中心的现场监督评审；受国外认可机构(如RAB、RvA等)邀请，参加了对中国境内认证机构的评审活动；与荷兰弗里斯兰省政府、荷兰万豪大学联合主办“荷兰及欧盟HACCP体系实施与认证知识”讲座，相互学习交流了经验。实验室认可部组团访问了新加坡认可理事会(SAC)和卫生健康局(HSA)，与新方在中成药检测方法的确认方面进行了技术交流，取得了一定进展；与芬兰实验室认可机构(FINAS)达成双方相互承认认可结论的协议，为认可结果的直接利用和减轻实验室负担做了一次有益的尝试。另外，成功举办了2003年度APLAC检查机构国际研讨会，为推动亚太区域和中国的检查机构认可工作的开展做出了贡献。

中国质量认证中心

中国质量认证中心(CQC)是国家质量监督检验检疫总局设立、由国家认监委统一管理和领导的专业认证机构，在全国设有11个分中心、33个评审中心，并拥有140多个签约检测实验室。CQC还是国际认证联盟(IQNet)和国际电工委员会电工产品合格与测试组织(IECEE)的正式成员。其主要业务有CCC认证、CQC标志认证、体系认证、培训和其他增值服务。CQC以打造中国认证民族品牌、跻身国际知名认证机构为目标，并为中国认证事业的发展增光添彩。

CQC在开展认证工作中，树立“质量第一、服务至上”的原则，完善制度、规范运作、提高效率、开拓创新，增强参与市场竞争的实力和能力，使各项工作全面发展：

首先，围绕CCC认证，创建认证服务体系。针对CCC认证制度特点，为适应申请人不同需求，CQC开创多种受理申请方式：书面申请、网上办理、现场受理、无偿代办等，为开展CCC认证受理工作开辟了行业服务的先河。为加快办公流程，提高办事效率，先后开发CCC认证网上申办程序、工厂监督检查、区域性产品认证等管理程序。为方便申请人，创建客户服务中心，把证书制发和管理、电话咨询、数据统计、寄送证书等归口到统一的窗口管理；开发CCC认证信息查询；开设热线咨询电话系统。为加强与客户沟通，在国内外举办数百场次的CCC认证推广会及宣贯会；开展客户满意度调查；制定《客户回访管理办法》；召开客户交流会等，把“服务至上”的原则贯彻到认证的各个阶段，完善了认证前、中、后全程服务体系，并构建起认证诚信服务体系。

其次，加强自律和监督，把好认证质量关。CQC充分发挥质量监督和申投诉的双重职能，切实提高服务质量。先后制定《中国质量认证中心质量监督管理办法》、《中国质量认证中心申诉、投诉、争议工作管理办法》、《中国质量认证中心工作人员守则》(即“六要十不准”)。以红黄牌形式制发《暂停工厂检查员资格及警告处理通知书》、《恢复工厂检查员资格通知书》、《撤消工厂检查员资格及通报处理通知书》。

根据认证认可工作“三查”要求，对已获证的18000家企业的持续有效性进行排查。按照国际认证准则及CQC质量手册的规定进行监督审核，审核未通过的企业被暂停证书，对违规审核员取消聘任资格。对有投诉的评审中心和检测机构以及抽检不合格生产企业进行重点监督。CQC以自身严格的质量管理为市场和客户提供最优的服务，赢得了市场。

第三，加强市场调研，开拓认证新领域。CQC始终以顾客为关注焦点，根据市场的需要调整工作目标和思路，拓展新业务和新市场。

在业务方面，CQC除CCC认证外，大力开展CQC标志认证。其认证范围涉及家用和类似用途电器、电工产品、汽车、摩托车、轮胎、安全玻璃、音视频产品、信息产品、医疗器械、安全防范产品等几十大类数百种商品，而且还根据市场需求积极开拓零部件认证、材料认证、玩具安全认证、生态纺织品认证、节能认证、包装品认证、环保产品认证、食品认证、农产品认证、机械安全认证等。

在体系认证方面也不断推新。积极开拓法院、税收、环保等领域，还不断开展多个管理体系一体化审核项目；大力拓展HACCP认证在餐饮业、啤酒业等其他专业领域的业务；积极开展有机农产品认证工作，通过搜集有关认证标准和信息，参加国际有机认证培训及相关会议，进一步探索认证新领域，并使CQC有机认证与国际接轨。同时，CQC还广泛推进CB认证、CE认证等国际互认业务等。

第四，加强认证技术研发，增强核心竞争力。积极开展科研和技术创新工作，积极向国家申请科研课题，鼓励技术人员开展技术研发，承担各类研究项目，加强与检测机构的科研合作，提高CQC技术标准的开发力度，这为CQC开拓认证市场，开展认证新业务，参与国际合作与竞争都提供了坚实的技术支持，同时增强CQC参与市场竞争的能力。

第五，强化质量和效率，提高综合管理水平。CQC紧跟市场和社会发展动向，探索并完善了企业化财务管理机制、新的人事管理机制和现代事业单位办公机制。在原有基础上，CQC还逐步完善办事规则、职位设置、公文办理、档案管理、分中心管理等各项规章制度，使所有业务工作在规范框架内正常运行。另外，CQC逐渐形成了一套管理有效、措施得当、反应敏捷、效果良好的行政应急处理机制。

CQC充分运用互联网等现代信息手段加快办公流程，提高办事效率，在已开发的CCC、自愿性和CB认证申办系统基础上，CQC积极开发新服务项目。最近CQC自主研发的在线认证综合管理项目（CMS）顺利通过了技术鉴定。CMS系统运用现代计算机和网络技术，将认证机构的认证业务和服务职能转移到网络上完成，同时实现了认证机构组织结构和工作流程的重组优化，实现了认证申报、审核、批准程序全流程的电子化管理。

第六，坚持"走出去、请进来"的国际化经营战略，广泛参与国际合作与交流。根据国家质检总局"走出去、请进来"的国际合作指导思想，CQC积极开展广泛的国际合作。CQC是中国惟一正式加入国际电工委员会（IEC）CB体系的国家认证机构，可直接颁发11大类97个标准的CB测试证书。CQC所颁发的CB测试证书被该体系内44个国家和地区所承认。企业在申请CCC认证或CQC自愿认证时，如果同时申请CB认证，将获得CQC提供的CCC+CB或CQC+CB的一体化超值服务。CQC还是国际认证联盟（IQNet）的成员，CQC颁发的ISO9000证书和ISO14000证书得到联盟内其他33个国家和地区的36个成员机构的认可。同时，为拓展CQC的认证领域及增强双边合作，CQC还积极开展CE认证，企业/客户获得CE证书，可快捷地获得产品出口欧盟的通行证。

另外，CQC积极参加亚洲网络论坛（ANF）年会和国际认证说明会，在国际认证领域积极发表中国的声音，体现中国认证的专业水准。为了向国外申请人提供更加快捷的服务，提高CQC的国际知名度和美誉度，CQC积极开展国际多边合作交流活动。美国UL、德国TUV、法国BVQI、日本JQA、新加坡PSB等多家外国机构与CQC保持良好的合作关系。根据2003年的统计，在IQNet内，CQC的颁证数跃居联盟第二位，充分显示了中国认证机构的实力，增强国际国内的知名度。

中国检验认证（集团）有限公司

中国检验认证（集团）有限公司（英文名称：China Certification & Inspection (Group) co.,ltd.，缩写CCIC）是经国务院批准，国家工商总局注册，在原中国进出口商品检验总公司的基础上重组改制，组建成立的主要从事"检验、鉴定、认证、测试"业务的大型跨国检验机构，是经国家工商总局登记成立的中国检验认证集团（英文名称China Certification & Inspection Group）的母公司。

2003年，在国家质检总局和国家认监委领导下，中国检验认证（集团）有限公司按照2002年底全国商检公司改制工作会议明确的商检公司改制方案和原商检总公司2003年初确定的"与时俱进，开拓进取，巩固业务，稳步改制"的指导思想，团结一致，积极工作，于7月1日中国检验认证集团暨中国检验认证（集团）有限公司注册成立，全国各地商检分（子）公司的改制工作同时展开并按计划进行。以中国检验认证（集团）有限公司为龙头，以资产为纽带，以检验、认证、鉴定、测试为核心业务的"联合舰队"的建设工作全面开始。在推进改制工作的同时，全公司系统继续抓好业务管理和市场开拓工作，营业收入稳步增长，业务领域、市场范围不断扩大。

1、改制重组工作。一是在公司系统组织学习国家质检总局党组《关于商检公司管理体制改革的决定》（国质检党组[2003]73号）等一系列改制工作文件，学习党中央、国务院关于实行政企分开、加快经济体制改革的有关文件，学习国家质检总局李长江局长、国家认监委王凤清主任在全国商检公司改制工作会上的重要讲话，统一思想，提高认识，保障了改制工作的顺利进行。

二是认真细致做好改制基础工作。在进行改制工作调研基础上，研究制定了改制工作方案，对公司资产评估划转、人员分流安置、新公司的工商注册等做了细致的安排，并结合各地的实际情况，采取了有针对性的改制工作措施。原中国进出口商品检验总公司的40名员工通过竞聘，23人进入新成立的集团公司，11人进入组建中的中国检验认证集团质量认证有限公司，3人办理了内退手续，2人调入新的工作单位，1人出国学习，顺利完成了人员分流安置工作。

全国各商检分（子）公司的改制工作也同时全面展开，到12月底，集团9家核心公司中已有8家上报改制方案并批复；26家非核心公司报送公司改制方案的25家，批复24家。

2、公司基本建设。集团公司组建后，即致力于成为全系统的"管理决策中心、业务创新中心、资本管理中心、人力资源中心"，积极适应现代企业经营运作要求。

(1)制度建设。编制了集团公司员工手册,明确了中国检验认证(集团)有限公司各部门主要职责,制定了《集团公司公文处理办法》、《集团公司印章管理办法》、《集团公司休假、请假规定》、《基本人事制度》、《财务管理和会计审核制度》、《会议制度》等,并着手建立集团公司薪酬体系。

(2)公关宣传。利用集团公司“9·29”成立大会,对国家行政管理机关、有关合作机构、客户一系列公关活动并利用电视、广播、报刊、网络等媒体进行了广泛、持续的形象宣传。与此同时,设计制作了集团公司的视觉识别系统,更新了公司网络内容,完成了公司网页的初步改版,对“中检集团”、“CCIC”进行了商标注册。

(3)检验业务管理。新制定了CCIC国内和海外检验证书样本与背书条款,根据ISO导则要求制定了CCIC证书管理办法;向各海外商检公司下发了中国检验认证(集团)有限公司《关于加强进口废物装船前检验的通知》,并着手制定了《进口废物装运前检验操作规程(试行)》和《进口废物装运前检验若干规定》。

(4)认证业务管理。经国家认监委批准,在原中国进出口商品检验总公司质量认证中心的基础上投资设立了中国检验认证集团质量认证有限公司(CCIC—CAS),并以此为平台,加大了ISO9000、IP、HACCP营销和业务开发力度,着手申请ISO14000、OHSAS18000、SA8000等体系认证、自愿性产品认证和ISO9000、ISO14000、OHSAS18000、HACCP培训机构资格。

(5)合作与交流。与美国安全实验室检测公司(UL)合资成立了UL美华认证有限公司;与德国莱茵技术监护顾问有限公司合资设立了宁波—莱茵和青岛—莱茵公司;与CSA、KEMA、TUVPS、VDE、JET、ASQ等大型国外检验认证机构的交流与合作进一步加强。

与此同时,组建了集团公司临时党委,加强了海外商检公司的管理工作调研,先后对北美、五洲(泰国)公司的经营班子进行了调整。

方圆标志认证中心

方圆标志认证中心(简称:方圆中心)是经国家认证认可监督行政主管部门批准、在中国注册的具有独立法人资格的认证、培训和其他合格评定活动的综合性机构。英文名称为:CHINA CERTIFICATION CENTER FOR QUALITY MARK(缩写为:CQM)。

方圆中心的前身为中国方圆标志认证委员会,1991年由原国家技术监督局批准组建,方圆始终秉承“以质量求发展,靠诚信行天下”的经营理念,经过十余年的发展,在全国25个省、自治区、直辖市建立了23个分中心、3个办事处,已建成遍布全国的工作网络,可向具有认证需求或培训需求的客户提供适时、高效、便捷的服务。

1、机构建设

(1)改制重组工作

在质检总局、认监委、标准委有关领导的关心和支持下,在各地市质监局的积极配合下,方圆改制重组工作取得了突破性进展,确立了“方圆总部与地方分支改制同时配套启动”的方案,即按照公司法和现代企业制度的要求对方圆系统实施公司制改造。首先,将方圆标志认证中心由国有独资企业改制为有限责任公司(以下简称方圆公司);其次,由新成立的方圆公司和地方投资主体共同出资,将现在的非法人分中心或办事处改制为控股或参股子公司(以下简称子公司)。

通过改制将有效改变掣肘方圆快速发展的不利因素,一改过去的松散式管理,建立资本纽带关系,以实现如下目标:

完善公司法人治理结构。改制后的方圆公司及其子公司将按照《中华人民共和国公司法》等有关规定设立股东会、董事会、监事会以及相关经营管理机构,建立健全相关制度,在人事、财务、行政、业务等方面规范运作,稳健发展。继续打造方圆品牌,不断增强核心竞争力。

(2)规范自律、创新发展

首先,为促进社会信用体系的建设、营造诚信的认证市场环境,配合贯彻落实《中华人民共和国认证认可条例》(以下简称《条例》)及其配套管理办法的实施,方圆先后4次开展自查自纠工作,从认证受理到颁发证书,从认证宣传到获证后的监督,管理人员和审核人员职业道德和行为规范等涉及认证的各方面进行清查和规范认证行为,累计清理认证企业200余家。2003年9、10月间,又组织了从总部到地方的分级培训,深入贯彻和执行《条例》的相关要求,同时组织多次的审核知识、认可要求、体系文件的宣传和研讨,保证了方圆各认证领域业务开展的规范化与法制化建设。

其次,为加强对认证过程的管理与控制,以确保认证的有效性,不断提高组织和市场对认证的信心,又采取了如下措施:

按照CNCA认证规则和CNAB认可规范的要求建立健全认证制度,制定认可实施方案;

加强认证项目管理,确保认证实施能力,满足认证要求;

加强认证过程专业管理,确保审核和决定实施专业能力;

加强对认证证书和认证标志的使用监督,不误导消费者;

加强认证名录的动态管理。

同时,为加强对各地分支机构的监督与管理,保证方圆认证的一致性与有效性,不断提高方圆的总体业务水平,通过不断探索和完善,逐渐建立了一套行之有效的科学管理和监督机制:

建立合理的内审制度,通过对分支机构的内审,及时发现问题,不断改进;

建立监督制度,通过见证、抽查等形式加强认证过程的管理和监督;

建立顾客满意度调查制度,通过顾客满意度调查结果的分析,采取适当的措施,持续改进方圆认证的业绩。

(3)建立风险保障机制

为建立有效的风险保障机制,方圆在《新产品质量法》和《条例》出台前便积极寻求、建立了风险基金,后又参与《认证认可执业责任险》的险种开发与制修订工作。

2、人力资源建设

方圆一贯重视人员的培养和管理。近年来,方圆在认证队伍建设上做了大量工作,人员有所增加,素质有所提高。目前拥有近600人的专职工作人员,拥有中国质量管理和认证领域国家级专家、国家注册专、兼职审核员四千余名;拥有专兼职培训教师七十余名,专业范围涉及各个体系,所有培训教师均具有多年的教学经验,知识面广,专业能力强,审核经验丰富。

审核人员队伍建设是保证认证工作顺利开展、保证认证有效性的关键,通过建立和完善科学的审核人员评价制度和专业能力保障机制,通过人员开发、培训、考核等手段,发展起一支符合认可要求和方圆发展需要的专业队伍。

3、加强认证技术研发

近年来,国际和国内认证工作都发展得很快,在发展中出现了很多新课题,需要进行研究,寻求解决方案,以推动认证工作的快速健康发展。

方圆作为国内龙头认证机构,理应在研究领域处于领先地位。为树立方圆在认证领域的权威形象,为了使方圆在认证领域处于领先地位,方圆组织相关领域的专家学者,组建了专项课题组就方圆发展方向、认证中遇到的技术与管理问题及最新认证动态等问题进行跟踪研究,不断加强认证技术研发、提高核心竞争力,走可持续发展之路。

4、信息化建设

方圆于1999年便开始筹建自己的门户网站,并于2000年初正式开通,目前除方圆门户网站外,还有广东、上海、辽宁、福建、安徽等分支分别建立了各自的网站或网页。通过网络化的电子办公平台和在线服务,目前基本上实现了在线申请、在线查询、网上受理等各类信息的适时发布与互联沟通。

另外,为了满足方圆认证事业飞速发展的需要,从2000年初,方圆即开始着手信息化工程的筹划与调研,2002年8月中旬,完成了方圆综合管理信息系统的研发工作,该系统由综合认证管理、人力资源管理、财务管理、办公流程管理、综合信息与系统集成管理等六个主要的功能模块组成;通过与方圆网站的对接,基本上实现了从申请、受理到评审、审查、审核、审定与已经或即将实现的网上发证、证书信息查询等全过程的信息化管理,通过自动预警、报警功能,有效提高了监督审核、人员管理的及时性、准确性与科学性。

5、国际合作

为实现创国际一流机构的目标,方圆积极寻求、不断开拓国际合作与交流,不断加强技术交流与对话。多次承办、主办了不同规模的大型国际认证会议。

目前,方圆以严谨的工作和优质的服务,在国内和国际认证领域树立了良好的行业形象。方圆认证已得到国际同行的广泛认同,方圆同时还是国际有机农业运动联盟(IFOAM)、国际认证联盟(IQNet)的成员和IECEx认证机构成员。

获得方圆管理体系认证资格的组织,可同时获得IQNet证书,按照方圆中心与其他35个IQNet成员签署的互认协议,还可申请换发一个或多个国外著名认证机构如日本的JQA、韩国的KFQ、德国的DQS的证书。

6、服务体系与经营业绩

方圆以最初的自愿性产品认证为起点,根据市场需要和顾客需求,不断开发、拓展新的业务领域和服务项目,目前已形成了可同时提供CQM自愿性产品认证、CCC强制性产品认证(建材:涂料、瓷质砖)、GB/T19001质量管理体系认证、GB/T24001环境管理体系认证、GB/T28001职业健康安全管理体系认证、HACCP食品安全管理体系认证、分包IQNet成员认证机构的管理体系认证业务和GB/T19001国家注册审核员培训、GB/T24001国家注册审核员培训、GB/T28001国家注册审核员培训、HACCP食品安全管理体系培训、各类内审员培训、QS9000、TL9000、ISO/TS16949等标准培训和其他合格评定活动的综合性机构。

第四部分 法制建设

一、立法工作

1、《中华人民共和国认证认可条例》的制定

《认证认可条例》的立法背景 认证认可是国际通行的规范市场和促进经济发展的主要手段，是企业组织提高管理和服务水平、保证产品质量、提高市场竞争力的可靠方式之一，是国家从源头上确保产品质量安全、规范市场行为、指导消费、保护环境、保障人民生命健康、保护国家经济利益和安全、促进对外贸易的重要保障，在国家经济建设和社会发展中起着日益重要的作用。同时，也是大多数国家对涉及安全、卫生、环保等产品、服务和管理体系进行有效监管的重要手段。在国际贸易中，认证认可作为技术壁垒措施，被许多国家和区域经济组织广泛运用，得以保护自身经济利益。

中国的认证认可制度始于20世纪70年代，伴随着社会主义市场经济体制的建立和不断完善，中国的认证认可工作也取得了长足的发展和进步。目前，中国认证认可工作已经涵盖了产品认证、管理体系认证、卫生注册登记、认证机构和认证培训机构认可、实验室和检查机构认可、认证人员注册等诸多领域。1988年12月29日全国人大通过的《中华人民共和国标准化法》和1989年2月21日全国人大通过的《中华人民共和国进出口商品检验法》确立了认证制度在中国的法律地位。1991年5月7日，国务院发布了《中华人民共和国产品质量认证管理条例》，该条例确定了国家产品认证的初步框架、组织形式和工作模式，在一定时期内对规范中国产品认证工作，保证产品质量、提高产品信誉，保护用户和消费者的利益，促进国际贸易等方面发挥了积极的作用。但同时，随着国际认证认可规则的日趋完善，特别是在中国加入世界贸易组织后，在认证认可领域的诸多方面已经呈现出与认证认可发展需要不相适应的状况。主要表现在：

1、认证认可法律规范相对滞后，《中华人民共和国产品质量认证管理条例》的调整范围仅限于产品质量认证，仅对认证活动做了若干规定，不涉及管理体系认证，也不涉及认可，已经不能适应社会主义市场经济发展的需要，不能适应中国加入世界贸易组织后对服务、管理体系认证和认可实施监督管理的需要；

2、认证认可工作中政出多门、交叉管理、多重标准、监督不力的问题比较突出，在客观上制约了认证认可工作的进一步发展；

3、认证市场存在一定的混乱现象，严重影响了认证市场的健康、有序发展；

4、对外商投资认证机构、境外认证机构代表机构、认证培训机构和认证咨询机构的监督管理缺乏明确的法律依据；

5、中国在加入世界贸易组织时已经承诺，对重要的进口产品质量安全许可制度和国产品安全认证强制性监督管理制度实行“四个统一”，使中国有关法律、行政法规符合世界贸易组织规则，而当时的法律、行政法规并未体现制度的统一，因此，要兑现这一承诺，必须出台新的法规。

为适应中国加入世界贸易组织和社会主义市场经济发展的需要，适应认证认可事业发展和监管体制调整的要求，促进认证认可事业的健康、有序发展，履行中国政

府加入世界贸易组织的承诺，2001年4月，国务院决定组建中华人民共和国国家认证认可监督管理委员会（中华人民共和国国家认证认可监督管理局），授权其统一管理、监督和综合协调全国认证认可工作。2002年2月《国务院办公厅关于加强认证认可工作的通知》（国办发[2002] 11号），就建立国家统一的认可制度，自愿性与强制性相结合的认证制度，对从事认证的相关机构的许可、监督和管理，实行认证市场准入管理制度，整顿和规范认证市场，建立健全工作制度，完善认证认可法制建设等问题都提出了明确的要求。2002年4月，在全国认证认可工作会议上，吴仪国务委员明确指示国家认证认可监督管理委员会要积极配合国务院法制办，争取早日出台符合社会主义市场经济发展需要和符合世界贸易组织规则要求的新时期的认证认可行政法规，使认证认可工作尽快纳入法制化、规范化轨道。

《认证认可条例》的制定过程 2001年8月，国家认监委成立后，国务院领导、国家质检总局领导、国家认监委领导都非常关心和重视认证认可法规体系的建设工作，多次明确表示要尽快制定符合世贸规则、符合社会主义市场经济发展需要的新时期的认证认可行政法规。

2002年2月，根据《国务院2002立法工作安排》的文件要求，《中华人民共和国产品质量认证管理条例》被列为二类行政法规修订计划。国家认监委正式启动《中华人民共和国产品质量认证管理条例》修订工作。

2002年3月，国家认监委开始拟订《中华人民共和国认证认可条例》（以下简称《条例》）的体例和基本内容，并着手起草《条例》的具体章节、条款。

2002年4月~7月，国家认监委在广泛征求了国务院有关部门、地方质检系统、有关专家、国家质检总局各司、委内各部和有关认证认可机构、企业各方意见的基础上，数易其稿，完成《条例》（送审稿）。7月4日经国家认监委委主任办公会议和委党组会议讨论研究，通过《条例》（送审稿），上报国家质检总局审阅。期间，国家认监委组织国务院法制办和国家质检总局的有关领导赴英国、荷兰，对两国的认证认可体制进行调研，并针对中国认证认可工作出现的问题，赴广东、福建、江苏、浙江、上海、云南、广西、山东等地进行调研。

2002年9月11日，经国家质检总局办公会议研究通过《条例》（送审稿），上报国务院审议。

2002年9月~2003年1月，国务院法制办再次就《条例》征求国务院31个部门的意见，并多次与国家认监委、国家质检总局研究协商，对《条例》所设立的基本制度的合理性和可操作性进行论证。期间，10月9日，国家认监委王凤清主任向吴仪国务委员汇报了《条例》制定的情况，吴仪国务委员批示国务院法制办领导要给予支持。12月3日，国家认监委王凤清主任与国务院法制办李适时副主任就《认证认可条例》修订问题进行了洽谈。2003年2月~4月，《国务院2003立法工作安排》将《中华人民共和国产品质量认证管理条例》被列为一类行政法规修订计划，要求2003年内完成。国务院法制办开始与国家认监委、国家质检总局对《条例》（送审稿）进行具体修改，并确定《条例》修改工作成员，国家认监委夏铮铮、程方副主任亲自参加具体修改工作。经过5次修改，完成《条例》第三次征求意见稿。4月9日，国务院法制办再次就《条例》向国务院有关部门、地方政府、认证认可机构、有关大型企业等69个单位征求意见。

2003年5月~7月，国务院法制办与国家认监委、国家质检总局对《条例》进行了充分修改。并于7月16日，组织召开由国家发改委、商务部、农业部、信息产业部、国家食品药品监督管理局等部门参加的《条例》征求意见会，国家认监委王凤清主任、夏铮铮、程方副主任到会。会上，参会各方对《条例》中的有关重大问题基本达成共识。2003年7月18日、21日、23日国家认监委夏铮铮、程方、刘卓慧副主任等分别与国家安全生产监督管理局、农业部、国家食品药品监督管理局就《条例》的有关问题进行了磋商，消除了这几个部门的顾虑。2003年7月24日，《条例》经国务院法制办办务会研究讨论通过。7月25日、7月28日，国务院法制办与国家认监委、国家质检总局对《条例》再次修改后，形成《条例（草案）》。2003年8月6日，国务院法制办将《条例（草案）》报国务院秘书局复核，8月7日上报国务院常务会议审议。2003年8月20日，国务院总理温家宝主持召开国务院第18次常务会议，审议并原则性通过《中华人民共和国认证认可条例（草案）》。2003年8月21日，国务院法制办与国家认监委按照国务院第18次常务会议审议《中华人民共和国认证认可条例（草案）》的修改意见和国务院领导的指示，对《条例》进行了修改。2003年9月3日，国务院总理温家宝签署第390号国务院令，公布《条例》，自2003年11月1日起施行。

《认证认可条例》确立的基本制度 按照国务院办公厅2002年2月发布的《关于加强认证认可工作的通知》（国办发[2002]11号）所确定的认证认可工作要坚持统一规划、强化监管、规范市场、提高效能和与国际接

轨的原则,《条例》确立了以下基本制度:

1、国家实行统一的认证认可监督管理制度。中国的认证认可制度在历史上是由各个部门、行业在相关领域内分别建立、分别实施监督管理的,有的部门设立了行业内部的认可机构和认证机构,有的部门还直接从事相关行业的认证认可活动,这在一定程度上造成了政出多门、重复标准、监管不力的问题。

2002年2月,国务院办公厅发布的《关于加强认证认可工作的通知》(国办发[2002]11号)明确规定,国家认监委负责统一管理、监督和综合协调全国认证认可工作。同时,考虑到做好认证认可工作也需要各有关部门的密切配合,共同发挥作用。因此,《条例》第四条规定:国家对认证认可工作实行在国务院认证认可监督管理部门统一管理、监督和综合协调下,各有关方面共同实施的工作机制。

2、国家实行统一的认可制度。按照《关于加强认证认可工作的通知》(国办发[2002]11号)要求,国家实行统一的认可制度,国家只建立一套认可制度体系,国家认监委要按照国际通行做法,对现有的认可机构进行调整,建立集中统一的国家认可机构。因此,《条例》第三十七条规定:国务院认证认可监督管理部门确定的认可机构,独立开展认可活动。除国务院认证认可监督管理部门确定的认可机构外,其他任何单位不得直接或者变相从事认可活动。其他单位直接或者变相从事认可活动的,其认可结果无效。

3、对认证机构的设立实行许可制度。鉴于目前中国认证机构良莠不齐、市场秩序比较混乱的实际情况,需要建立认证市场的准入制度。因此,《条例》第九条规定:设立认证机构,应当经国务院认证认可监督管理部门批准,并依法取得法人资格后,方可从事批准范围内的认证活动。未经批准,任何单位和个人不得从事认证活动。

4、对实验室、检查机构能力的认定制度。《条例》第十六条规定:向社会出具具有证明作用的数据和结果的检查机构、实验室,应当具备有关法律、行政法规规定的基本条件和能力,并依法经认定后,方可从事相应活动,认定结果由国务院认证认可监督管理部门公布。

5、实行自愿性认证和一定范围内产品认证必须与认证(强制性产品认证)相结合的制度。《条例》第十九条规定:任何法人、组织和个人可以自愿委托依法设立的认证机构进行产品、服务、管理体系认证。自愿性认证包括自愿性产品认证和管理体系认证,如节能产品、农产品认证、ISO9000族质量管理体系认证、ISO14000环境管理体系认证、OHSMS职业健康安全管理体系认证、HACCP体系认证等。同时,《条例》第二十八条规定:为了保护国家安全、防止欺诈行为、保护人体健康或者安全、保护动植物生命或者健康、保护环境,国家规定相关产品必须经过认证的,应当经过认证并标注认证标志后,方可出厂、销售、进口或者在其他经营活动中使用。此条的规定就是正在实施的强制性产品认证制度(CCC认证制度),目前中国已对19类132种产品实行强制性产品认证。

6、允许外资进入并加强监督管理的制度。为履行中国对外承诺,《条例》规定,允许在中国境内设立外商投资的认证机构和境外认证机构的代表机构。同时为能够保证外方投资者所具有的认证能力,还规定了设立外商投资的认证机构除应当符合设立认证机构的一般条件外,外方投资者还应当取得其所在国家或者地区认可机构的认可,并具有3年以上从事认证活动的业务经历。

7、对认证培训机构、认证咨询机构加强监督管理的制度。鉴于认证培训机构、认证咨询机构存在的问题,《条例》第五条规定:国务院认证认可监督管理部门应当依法对认证培训机构、认证咨询机构的活动加强监督管理。第七十七条规定:认证培训机构、认证咨询机构的管理办法由国务院认证认可监督管理部门制定。国务院认证认可监督管理部门将及时根据《条例》的规定,通过制定部门规章的形式对认证培训机构、认证咨询机构的行为规范做出规定。

《认证认可条例》的立法意义 《条例》的公布,将为促进中国经济和社会发展发挥重要作用。认证认可是社会经济、科技和文化进步的产物。发展先进的生产力,产品、服务质量以及管理水平是不可忽视的因素。实践证明,认证认可工作的开展,极大地促进了中国产品、服务质量和管理水平的提高。以发展的眼光看,国际认证认可制度在不断完善,产品、服务和管理等领域的国际标准在不断提高,中国经济和社会的发展正呈现出注重增长质量、注重改善管理、注重可持续发展等新的特点。《条例》在吸纳国际认证认可活动有益做法的基础上,充分考虑了中国经济建设和认证认可领域的实际情况,围绕如何根据中国经济和社会发展的需要,提高产品、服务和管理体系的质量,设定了基本的原则、制度和规则。《条例》的公布,无疑将会进一步增强中国参与经济全球化的实力,推进中国经济和社会向质量型、效益型和可持续发展型转变的进程。

《条例》的公布,有利于推进依法行政。中共中央、国务院高度重视依法行政工作,把推进依法行政看做是贯彻依法治国基本方略的重要组成部分。依法行政的前提条件是有法可依。国家认监委是履行统一监督管理全国认证认可工作的行政管理机构，做了大量的开创性工作，但是，在开展认证认可监督管理工作中，一直缺乏完整的、强有力的法律支撑。《条例》的公布，使国家认监委在贯彻党中央、国务院关于加强依法行政的指示精神方面，有了可靠的法律保障，为今后国家认监委依法开展各项工作，奠定了坚实的法制基础。

《条例》的公布，更加有利于实现政府职能的转变。《条例》对国务院认证认可监督管理部门的职权按照合理、适当、权责一致的原则予以确定，强化了政府对认证认可的宏观监管职能，把原由政府直接从事认证认可活动的职能，交由非政府机构和中介机构承担，这完全符合中共十六大提出的进一步转变政府职能、改进管理方式、提高行政效率的中国行政管理体制改革的精神。

《条例》的公布，进一步表明中国切实履行了加入世界贸易组织(WTO)的承诺。中国在加入世界贸易组织时，在相关领域做出了具体承诺，涉及认证认可领域的承诺主要是，对国产品和进口产品的法规和技术标准的要求实现“四个统一”，即统一产品目录，统一技术规范的强制性要求、标准和合格评定程序，统一标志，统一收费标准。《条例》对“四个统一”做出了具体明确的规定，完善了以“四个统一”为主要内容的强制性产品认证制度。把中国加入世界贸易组织承诺以法律的形式予以制度化，这在世界贸易组织成员中是不多见的，表明了中国政府在履行加入世界贸易组织承诺问题上，态度严肃、行动坚决、措施到位。

《条例》的公布，为认证认可工作设定了一个新起点。《条例》的公布，充分体现了中国的认证认可事业走上了一条继往开来、发展创新的健康之路。《条例》创设的国家对认证认可工作实行统一监督管理的制度，社会各方面在认证认可工作领域的共同实施的机制，政府监管与从业机构自律相结合的约束方式，以及对认证认可违法行为设定的处罚种类、处罚力度，都说明《条例》在规范认证认可活动，加强认证认可监督管理部门的自身建设，对认证认可活动实行有效的监管，整顿认证市场秩序，提高认证认可的真实性、有效性等方面，开创了中国认证认可事业稳步、有序发展的新局面。

2、与认证认可有关的行政法规性文件、部门规章、行政规范性文件的制定

2001年国家认监委负责起草的部门规章与发布的行政规范性文件 2001年国家认监委负责起草部门规章1件:《强制性产品认证管理规定》。发布行政规范性文件4件:《强制性产品认证标志管理办法》、《第一批实施强制性产品认证的产品目录》、《实施强制性产品认证制度有关安排的规定》、《进口食品国外生产企业注册程序》。其中：

1、部门规章：

《强制性产品认证管理规定》。2001年12月3日，国家质量监督检验检疫总局令2001年第5号发布，自2002年5月1日起施行。《规定》对强制性产品认证的范围、组织管理、实施、监督管理和法律责任做了明确规定。

2、行政规范性文件：

(1)《强制性产品认证标志管理办法》。2001年12月3日国家认监委2001年第1号公告发布，自2002年5月1日起施行。《办法》规定了认证标志的式样、使用、制作、申请、发放和监督管理。

(2)《第一批实施强制性产品认证的产品目录》。2001年12月3日国家质检总局和国家认监委2001年第33号公告发布，《目录》包括19类132种产品。对列入目录内的商品，从2002年5月1日起受理申请，自2003年5月1日起，未获得强制性产品认证证书和未加施中国强制性认证标志的产品不得出厂、进口、销售。

(3)《实施强制性产品认证制度有关安排的规定》。2001年12月12日国家认监委2001年第2号公告发布，自公告之日起施行。《规定》对新制度的实施和老制度的废止时间、新老制度适用产品的监督管理、认证申请的受理和费用等做了明确规定。

(4)《进口食品国外生产企业注册程序》，2001年12月25日国家认监委发布。《程序》规定凡向中国输出《实施企业注册的进口食品目录》所列食品的国外生产企业，必须先向国家认监委提交进口食品卫生注册的书面申请。《程序》对申请程序、企业评审和监督管理都做了明确规定。

2002年国家认监委负责起草的行政法规性文件、部门规章与发布的行政规范性文件 2002年国家认监委负责起草行政法规性文件1件：国务院办公厅《关于加强认证认可工作的通知》。负责起草部门规章4件:《无公害农产品管理办法》、《进口食品国外生产企业注册管理规定》、《出口食品生产企业向国外卫生注册管理规定》、《认证违法行为处罚暂行规定》、《强制性产品认证代理申办机构管理办法》。发布行政规范性文件16件，包括：

(1) 综合类2件:《认证认可法规和行政规范性文件

制定程序的规定》、《认证认可申诉、投诉处理办法》。

(2) 认证类4件:《承担强制性产品认证工作的认证机构及业务范围》、《承担强制性产品认证检测工作的指定检测机构》、《无需办理或可申请免于办理强制性认证的产品范围》、《第一批实施强制性产品认证的产品目录》中产品的适用范围。

(3)认可类6件:《国家认可机构监督管理办法》、《认证机构及认证培训、咨询机构审批登记与监督管理办法》、《关于对<认证机构及认证培训、咨询机构审批登记与监督管理办法>审批条件若干解释的通知》、《关于对认证机构及认证培训、咨询机构进行重新确认和登记有关事项的通知》、《关于明确认证机构咨询机构审批登记工作有关问题的通知》、关于发布《软件过程及能力成熟度评估指南》(试行稿)的通知。

(4) 卫生注册和农产品认证类3件:《食品生产企业危害分析与关键控制点(HACCP)管理体系认证管理规定》、《出口食品生产企业申请国外卫生注册管理办法》、《无公害农产品标志管理办法》。

(5)实验室类1件:《计量认证/审查认可(验收)工作程序》。

1、行政法规性文件:

《国务院办公厅关于加强认证认可工作的通知》(国办发 [2002] 11号),2002年2月11日国务院办公厅发布。《通知》就中国认证认可工作中存在着政出多门、多重标准、重复收费、监督不力等问题,提出了加强认证认可工作的重要意义和指导思想,指出当前的主要任务和工作重点是:建立统一的国家认可制度;建立适应市场经济发展要求的认证制度;积极推动认证机构改革,逐步实现社会化;加强对认证机构及认证咨询、培训机构的管理;加强行业指导,建立自律机制;整顿和规范认证市场;建立健全工作制度,完善法制;要尽快建立认证认可工作部际联席会议制度,协调动作,形成合力。《通知》对规范中国认证认可工作、整顿认证市场、促进认证认可工作健康有序地发展起到了重要的作用。

2、部门规章:

(1)《无公害农产品管理办法》。2002年4月29日由农业部、国家质检总局令2002年第12号发布,自发布之日起施行。《办法》对无公害农产品的定义、政府各部门职责、产地条件与生产管理、产地认定、无公害农产品认证、标志管理、监督管理和法律责任都做了明确规定。

(2)《进口食品国外生产企业注册管理规定》。2002年3月14日国家质检总局令2002年第16号发布,自公布之日起施行。原国家出入境检验检疫局1999年12月30日公布的《进口食品国外生产企业注册管理规范(试行)》同时废止。《规定》规定国家认监委统一管理进口食品国外生产企业注册和监督管理工作,负责制定、公布《实施企业注册的进口食品目录》,凡向中国输出《目录》内产品的国外生产企业,须向国家认监委申请注册。未获得注册的国外生产企业的食品,不得进口。《规定》还对注册条件、注册申请及批准、监督管理等做了明确规定。

(3)《出口食品生产企业向国外卫生注册管理规定》。2002年4月19日,国家质检总局令2002年第20号发布,自2002年5月20日起施行。原国家进出口商品检验局1994年11月14日公布的《出口食品厂、库卫生注册细则》同时废止。《规定》规定:国家对出口食品生产、加工、储存企业实施卫生注册、登记制度。凡在中华人民共和国境内生产、加工、储存出口食品的企业,必须取得卫生注册证书或者卫生登记证书后,方可生产、加工、储存出口食品。《规定》对申请、评审和发证、监督管理等做了规定,《规定》的附件《出口食品生产企业卫生要求》,自2002年5月20日起施行。原国家商检局1994年11月14日公布的《出口食品厂、库卫生要求》(国检监[1994]79号)同时废止。

(4)《认证违法行为处罚暂行规定》。2002年11月6日国家质检总局令2002年第29号发布,自2002年12月15日起施行。该规定的制定是为配合整顿和规范认证市场,打击认证违法行为,提供法律保障的客观需要。该规定主要对当前尚无法律规范调整,问题又比较突出的认证机构及认证培训、咨询机构违法行为设定了处罚;对认证认可有关的法律、行政法规以及与之相配套的部门规章已经明确规定认证认可行政处罚的,从其规定。明确了认证认可行政处罚的主体。各地质量技术监督部门和出入境检验检疫机构要按照《关于地方质量技术监督部门和各地出入境检验检疫机构认证工作分工的意见》(国认法联[2002]22号)的职责分工负责所辖地区的认证行政处罚工作。同时,对实施违法行为的认证机构及认证培训、咨询机构设定了资格罚。

(5)《强制性产品认证代理申办机构管理办法》。2002年11月6日国家质检总局令2002年第32号发布,自2002年12月10日起施行。原国家出入境检验检疫局2000年5月31日公布的《进口商品安全质量许可申请代理机构管理办法》同时废止。《办法》规定:国家认监委对代理申办机构实行注册制度。代理申办机构应当向国家认监委申请注册，取得国家认监委颁发的注册证书后，方可从事强制性产品认证代理申办业务。《办法》还对代理申办机构资格审定和注册、代理业务和监督管理（年审制度）等做了规定。

3、行政规范性文件：

（1）《认证认可法规和行政规范性文件制定程序的规定》（国认法[2002]9 号）。2002 年 2 月 5 日国家认监委发布，自发布之日起施行。《规定》对国家认监委法规和规范性文件的立项、起草、审查、决定、发布、解释和备案进行了规范。

（2）《认证认可申诉、投诉处理办法》。2002 年 3 月 5 日，国家认监委 2002 年第 2 号公告发布，自发布之日起施行。《办法》规定任何组织和个人认为认证认可工作机构、人员或者获证组织的行为属于违法违规的，均有权依据本办法向国家认监委提出申诉、投诉。《办法》规定了处理申诉、投诉应当遵循的原则；受理认证认可申诉、投诉的部门；申诉的处理程序；投诉的处理程序；申诉、投诉的监督管理。

（3）《承担强制性产品认证工作的认证机构及业务范围》。2002 年 3 月 29 日，国家认监委 2002 年第 4 号公告发布，批准 9 家认证机构即日起在指定的业务范围内承担强制性产品认证工作。

（4）《承担强制性产品认证检测工作的指定检测机构》。2002 年 3 月 29 日，国家认监委 2002 年第 5 号公告发布，批准 68 家检测机构从即日起在指定的业务范围内承担强制性产品认证的检测工作。

（5）《无需办理或可申请免于办理强制性认证的产品范围》。2002 年 5 月 21 日，国家认监委 2002 年第 8 号公告发布，自公告之日起实施。公告规定了无需办理强制性认证的产品范围和可免于办理强制性认证的产品范围、获得《免办强制性产品认证证明》的程序。

（6）《第一批实施强制性产品认证的产品目录》中产品的适用范围。2002 年 7 月 1 日，国家质检总局、国家认监委 2002 年公告第 60 号发布，自公告之日起施行。公告规定了第一批实施强制性产品认证的产品目录中产品的适用范围。

（7）《国家认可机构监督管理办法》（国认可[2002]20 号）。2002 年 4 月 4 日国家认监委发布，自 2002 年 5 月 1 日起施行。《办法》明确了国家认可制度和国家认可机构的含义、国家认监委和其他国务院有关行政主管部门为建立和实施国家认可制度履行的职责、各方面参与国家认可制度的建立和实施的方式、国家认监委对国家认可机构及认可制度的执行情况实施监督等。

（8）《认证机构及认证培训、咨询机构审批登记与监督管理办法》（国认可联[2002]21 号）。2002 年 4 月 2 日，国家认监委、国家质检总局、国家工商总局、外经贸部联合发布，自 2002 年 5 月 1 日起施行。《办法》明确规定了设立认证机构、认证培训机构、认证咨询机构、外商投资认证机构及认证培训、咨询机构应当具备的条件和审批与登记注册的程序、监督管理和罚则。同时还对外商投资认证机构及认证培训、咨询机构设立的非法人性质的分支机构、办事机构、在华常驻代表机构的监督管理做了明确规定。

（9）《关于对＜认证机构及认证培训、咨询机构审批登记与监督管理办法＞审批条件若干解释的通知》（国认可[2002]26 号）。2002 年 4 月 20 日国家认监委发布。《通知》对设立认证机构、认证培训机构、认证咨询机构应当具备的条件、提交的书面申请报告和相关证明材料等内容做了解释。《通知》还对外商投资认证机构及认证培训、咨询机构（包括中外合资、合作机构和外商独资机构）的设立条件、关于外国认证机构及认证培训、咨询机构在华设立常驻代表机构等方面做了进一步的解释。

（10）《关于对认证机构及认证培训、咨询机构进行重新确认和登记有关事项的通知》（国认可联[2002]33 号）。2002 年 5 月 29 日，国家认监委、外经贸部联合发布。《通知》规定凡在 2002 年 5 月 1 日前已依法设立的认证机构及认证培训、咨询机构，应当按《办法》规定的要求于 2002 年 7 月 31 日前重新确认登记，逾期不办理的，不得继续开展相关的经营活动。并规定了认证机构及认证培训、咨询机构重新办理确认和登记的有关具体程序。凡是已依法设立的外国认证机构和认证培训机构在华常驻代表机构，应当在 2002 年 6 月 15 日前向国家认监委提交相关的文件。凡是已依法设立的外国认证咨询机构在华常驻代表机构，应当在 2002 年 6 月 15 日前向所在地直属出入境检验检疫局提交相关的文件。自 2002 年 5 月 1 日起，凡是登记注册或批准的经营或业务范围没有明确包含“认证”及“认证培训”、“认证咨询”的单位在未获国家认监委批准（外商投资企业同时应经外经贸部批准）、未经工商行政管理部门登记注册之前继续从事认证及认证培训、咨询经营性活动的，按《办法》的有关规定依法予以查处；要求继续开展相应的经营活动的，应当按《办法》的规定办理审批和登记手续。

(11)《关于明确认证咨询机构审批登记工作有关问题的通知》(认办可函[2002]77号)。2002年6月7日,国家认监委发布。《通知》对认证咨询机构审批登记工作与审批相关的问题;重新登记;审批文件、报送材料与审批周期;监督管理的系统结构;审批与监督等问题做了解释,并明确了原国家质量技术监督局、原国家出入境检验检疫局发布的关于认证咨询机构、内审员培训机构的管理办法同时废止。

(12)关于发布《软件过程及能力成熟度评估指南》(试行稿)的通知(国认可联[2002]49号)。2002年8月28日国家认监委、信息产业部联合发布。《通知》中的附件《软件过程及能力成熟度评估指南》为支持一致性的软件过程及能力成熟度评估活动和保证评估结果的可信度提供了科学的评估方法,是评估机构规范评估管理的依据。

(13)《食品生产企业危害分析与关键控制点(HACCP)管理体系认证管理规定》。2002年3月20日,国家认监委2002年第3号公告发布,自2002年5月1日起施行。《规定》规定国家鼓励从事生产、加工出口食品的企业建立并实施HACCP管理体系。列入《出口食品卫生注册需要评审HACCP管理体系的产品目录》的企业,必须建立和实施HACCP管理体系。各地出入境检验检疫机构负责所辖区域内企业HACCP管理体系的验证工作,并根据国外食品卫生管理机构的要求,出具HACCP验证证书。国家认监委监督管理HACCP管理体系的实施和出入境检验检疫机构的验证工作,负责调整和公布《目录》。《规定》还对企业HACCP管理体系建立和运行的基本要求,HACCP认证、验证、监督管理等方面做了明确的规定。

(14)《出口食品生产企业申请国外卫生注册管理办法》。2002年12月19日,国家认监委2002年第12号公告发布,自2003年1月18日起施行。《办法》对出口食品生产企业向国外申请卫生注册应当具备的条件、程序、审批、监督管理、费用等做了明确规定。原国家进出口商品检验局1993年4月24日发布的《出口食品生产企业向国外卫生注册管理规定》(国检监[1993]125号)和原国家出入境检验检疫局1999年1月12日发布的《关于规范推荐出口食品加工企业对国外卫生注册做法的通知》(国检认[1999]6号),同时废止。

(15)《计量认证/审查认可(验收)工作程序》(国认实[2002]42号)。2002年7月27日,国家认监委发布,自发布之日起实施。

(16)《无公害农产品标志管理办法》。2002年11月25日,农业部、国家认监委2003年第231号公告发布,自公告之日起实施。《办法》对标志的监督管理部门及其职责、基本图案、规格和颜色、承担无公害农产品认证的认证机构的职责、无公害农产品标志的使用管理制度、标志的印制工作、法律责任等都做了明确的规定。

2003年国家认监委发布的行政规范性文件

2003年国家认监委发布行政规范性文件19件,包括:

(1)认证类14件:《强制性产品认证代理申办机构名录》、《属于CCIB和CCEE管理的产品目录及CCIB和CCEE重复管理的产品目录》、《承担强制性产品认证检测任务的机构及其业务范围》、《承担强制性产品认证工作的认证机构及其业务范围》、《无线局域网产品实施强制性产品认证》、《承担无线局域网产品强制性认证和检测工作机构》、《〈第一批实施强制性产品认证的产品目录〉中部分产品详细适用范围的通知》、《关于对实施强制性产品认证制度的产品不再实施出口质量许可制度的通知》、《关于明确强制性产品认证制度和工业产品生产许可证制度管理范围有关问题的通知》、《关于强制性产品认证承认质量体系认证证书有关问题的通知》、《关于调整承担强制性产品认证检测任务的机构及其业务和地域范围的通知》、《关于部件自愿性认证有关要求的通知》、《关于调整强制性产品认证指定认证机构业务范围的通知》、《关于调整指定的强制性产品认证检测机构及其业务范围的通知》。

(2)执法类1件:《国家认监委实施认证认可行政处罚若干规定》。

(3)农产品认证类4件:《无公害农产品产地认定程序/无公害农产品认证程序》、《绿色市场认证管理办法》、《饲料产品认证管理办法》、《关于建立农产品认证认可工作体系的实施意见》。

行政规范性文件:

(1)《强制性产品认证代理申办机构名录》。2003年4月15日,国家认监委2003年第2号公告发布。自公告发布之日起,承担强制性产品认证任务的认证机构、标志发放管理机构不得受理未经注册的代理机构的申办业务。拟申请获得强制性产品认证的生产企业、进口商、经销商本着自愿的原则可以自由选择以上经注册的机构代理申办业务;任何部门、单位和个人,不得采取强迫或不正当竞争等手段干涉生产企业、进口商、经销商的申办业务,影响他们的自由选择。违反以上原则的行为一经发现,国家认监委将予以严厉查处。

(2)《属于CCIB、CCEE管理的产品目录及CCIB和CCEE重复管理的产品目录》。2003年7月25日，国家认监委2003年第7号公告发布。公告规定，2003年7月31日前已经进口(指完成报关手续)、出厂销售的未获得强制性产品认证的产品准许继续销售。但其中属于原进口安全质量许可证目录内的进口产品，无CCIB或CCC标志的和属于原安全认证强制性监督管理(CCEE认证)目录内的产品，无长城标志或CCC标志的，不得销售。对于进口安全质量许可证目录与安全认证(CCEE认证)目录内重复的产品，获得其中任意一种认证证书均予以承认。

(3)《承担强制性产品认证检测任务的机构及其业务范围》。2003年8月3日，国家认监委2003年第8号公告发布。公告增加了承担强制性产品认证检测任务的机构，同时对已指定的检测机构的业务范围进行调整，将增加和调整后的承担强制性产品认证检测任务的机构及其业务范围予以公告。国家认监委2002年第5号公告、国家认监委国认证函[2002]65号和国认证函[2003]8号文件同时废止。

(4)《承担强制性产品认证工作的认证机构及其业务范围》。2003年9月2日，国家认监委2003年第11号公告发布。公告对已指定的部分认证机构的业务范围进行调整，将变更和调整后的承担强制性产品认证工作的认证机构及其业务范围进行公告。国家认监委2002年第4号公告同时废止。

(5)《无线局域网产品实施强制性产品认证》。2003年12月1日，国家质检总局、国家认监委2003年第113号公告发布，自2004年6月1日起施行。公告决定对无线局域网产品实施强制性产品认证。自2004年6月1日起，未获得强制性产品认证证书和未加施中国强制性认证标志的无线局域网产品不得出厂、进口、销售或者在其他经营活动中使用。自2004年1月1日起，委托人可以向指定机构提出认证产品的检测、认证委托。

(6)《承担无线局域网产品强制性认证、检测工作机构》2003年12月31日，国家认监委2003年第20号公告发布。公告暂时指定的3家认证机构、1家检测机构从即日起在指定的业务范围内承担无线局域网产品的强制性产品认证、检测工作。

(7)《〈第一批实施强制性产品认证的产品目录〉中部分产品详细适用范围》的通知(国认证[2003]46号)。国家认监委2003年8月12日发布。《通知》对《〈第一批实施强制性产品认证的产品目录〉中部分产品详细适用范围》(国家质检总局、国家认监委2002年联合公告第60号)中的低压电器、电线电缆、电路开关保护或连接用电器装置、小功率电动机等产品的适用范围做了补充说明。

(8)《关于对实施强制性产品认证制度的产品不再实施出口质量许可制度的通知》(国认证[2003]19号)。国家认监委2003年4月10日发布，自发布之日起施行。《通知》规定：对部分实施强制性产品认证制度的产品，不再实施出口质量许可证制度。

(9)《关于明确强制性产品认证制度和工业产品生产许可证制度管理范围有关问题的通知》(国质检认联[2003]46号)。2003年2月27日，国家质量监督检验检疫总局、国家认监委联合发布，自发布之日起施行。《通知》决定，实施强制性产品认证制度的产品和实施工业产品生产许可证制度的产品原则上不再交叉。对低压电器等17种与强制性产品认证有关的产品，不再实施工业产品生产许可证制度。同时，对食品电烤炉等6类产品实施强制性产品认证制度和实施工业产品生产许可证制度的适用范围做了进一步明确。

(10)《关于强制性产品认证承认质量体系认证证书有关问题的通知》(国认证函 [2003]65号)。2003年4月17日，国家认监委发布。《通知》规定国家认监委同意授权45家质量认证机构作为强制性产品认证可承认的质量体系认证证书的颁发机构。各强制性产品认证指定认证机构在受理强制性产品认证时，企业凡获得上述机构在授权业务范围内所颁发的质量体系认证证书，且证书在有效期内的，经指定认证机构审核确认，可以免于对企业有关质量保证能力相同部分的审查，并根据审核工作量酌情减收工厂检查费。

(11)《关于调整承担强制性产品认证检测任务的机构及其业务和地域范围的通知》(国认证函 [2003]133号)。2003年7月30日国家认监委发布。《通知》决定增加23家承担强制性产品认证检测任务的机构，同时对已指定的检测机构的业务及其范围进行了调整。国家认监委国认证函[2002]39号、国认证函[2002]65号和国认证函[2003]8号文件有关检测机构、业务和领域的规定同时废止。

(12)《关于部件自愿性认证有关要求的通知》(国认证函[2003]134号)。2003年8月1日，国家认监委发布。《通知》要求强制性产品认证机构在整机认证中，对6家具备规定资质和技术能力的认证机构出具的部件自愿性认证证书，经审核符合规定的，承认其认证结果，免于对部件进行单独测试。《通知》还规定了承认部件自愿性认证结果的具体要求、对部件自愿性认证机构的要求和监督管理要求。

(13)《关于调整强制性产品认证指定认证机构业务范围的通知》(国认证函[2003]170 号)。2003 年 9 月 1 日国家认监委发布。《通知》对已指定的部分认证机构的业务范围进行调整，公布了变更和调整后的承担强制性产品认证任务的认证机构及其业务范围。

(14)《关于调整指定的强制性产品认证检测机构及其业务范围的通知》(国认证函[2003]171 号)。2003 年 9 月 1 日国家认监委发布。《通知》增加了承担强制性产品认证检测任务的机构，同时对已指定的检测机构的业务范围进行调整。《通知》还规定,认证机构在受理强制性产品认证申请时，对于同一区域可承担检测任务的机构有两家或两家以上的,认证机构应明示申请人,由申请人根据需要自主选择检测机构。

(15)《国家认监委实施认证认可行政处罚若干规定》。2003 年 12 月 9 日国家认监委 2003 年第 17 号公告发布,自发布之日起施行。《规定》明确了国家认监委法制工作机构具体负责组织实施国家认监委行政处罚工作、实施行政处罚的案件范围、应当予以立案的案件、案件的审理、签发行政处罚决定或者其他行政处理决定、行政处罚的期限等。

(16)《无公害农产品产地认定程序／无公害农产品认证程序》。2003 年 4 月 17 日农业部、国家认监委 2003 年第 264 号公告联合发布,自发布之日起施行。《无公害农产品产地认定程序》对无公害农产品产地认定工作的主管部门、申请程序、评审等做了明确规定。《无公害农产品认证程序》对承担无公害农产品认证工作的认证机构、《实施无公害农产品认证的产品目录》的发布部门、申请认证的程序和监督管理做了明确规定。

(17)《绿色市场认证管理办法》。2003 年 10 月 23 日国家认监委、商务部 2003 年第 14 号公告联合发布,自发布之日起施行。《办法》对绿色市场的定义、主管部门的职责、从事绿色市场认证的认证机构的职责、认证程序、认证标牌(志)管理、监督管理、收费等做了明确规定。

(18)《饲料产品认证管理办法》。2003 年 12 月 31 日国家认监委 2003 年第 19 号公告发布，自发布之日起施行。《办法》对饲料产品认证的含义、主管部门及其各自的职责、认证机构的职责、饲料产品认证的组织实施、证书、标志管理、监督管理等做了明确规定。

(19)《关于建立农产品认证认可工作体系的实施意见》(国认注联[2003]15 号)。2003 年 2 月 27 日国家认监委、国家质检总局、农业部、国家经济贸易委员会、对外贸易经济合作部、卫生部、国家环境保护总局、国家工商行政管理总局、国家标准化管理委员会联合发布。《实施意见》主要内容包括:建立农产品认证认可工作体系的指导思想和目的、建立农产品认证认可工作体系的工作重点、建立农产品认证认可工作体系应注意的几个问题 。《实施意见》提出:建立统一规范的农产品认证认可体系;实行统一的农产品认证机构、认证咨询机构和认证培训机构的国家认可制度；以与国际接轨为目标，结合中国国情,建立国家农产品认证标准;制定有利于社会监督和促进有序竞争的农产品认证标志(标识)管理办法;加强对农产品认证机构、认证咨询机构与认证培训机构的管理和监督检查；在农产品生产、加工企业中积极推行 HACCP(危害分析与关键控制点)管理体系及认证;推动建立贯穿农产品种植、养殖、加工、储运、经销全过程的质量卫生安全管理体系。

二、法规清理

2001 年 8 月，国家认监委对原国家质量技术监督局、原国家出入境检验检疫局发布或者和其他部门联合发布的涉及认证认可工作的规章、规范性文件进行收集,共收集规章和规范性文件 180 件。2001 年 11 月国家认监委召开法规清理工作会议，确定属于清理范围的规章和规范性文件共计 158 件。其中,现行有效的 37 件,需要修改的 74 件,需要废止的 47 件。

三、法规协调

2001 年 9~12 月,国家认监委对 12 件法规草案或征求意见稿提出了书面的修改意见和建议。包括:《清洁生产法》、《安全生产法》、《国家粮食局人事司关于加强粮食质量监督管理工作的建议》、《药品管理法实施办法》、《中国名牌产品评价管理办法》、《行政许可法》、《测绘法》、《危险化学安全管理条例》、《政府采购法》、《道路车辆管理条例》、《清洁生产促进法》、《道路交通安全法》。

2002 年,国家认监委对 58 件(次)法规草案或征求意见稿提出了书面的修改意见和建议。包括:《安全生产法》、《商标法实施细则》、《进口许可制度民用商品入境验证工作程序》、《民用爆炸物品安全管理条例》、《医疗器械检测机构资格认可办法》、《关于进一步促进连锁经营发展的若干意见》、《工伤保险条例》、《中国儿童发展纲要

(2001~2010)》目标责任分解书、《农业法》、《食品质量安全监督管理办法》、《工业产品生产许可证管理办法》、《锅炉压力容器制造管理办法》、《设备监理单位资格管理办法》、《退耕还林条例》、《测绘法》、《特种设备安全监察条例》、《摩托车排放污染防治技术政策》、《药品管理法实施办法》、《柴油车排放污染防治技术政策》、《关于进一步加强食品质量安全监督管理工作的通知》、《对九届全国人大五次会议第1035号建议的答复意见函》、《剧毒化学品购买凭证、准购证和公路运输通行证申领办法》、《放射性污染防治法》、《行政强制法》、《关于推行清洁生产的若干意见》、《劳动防护用品管理规定》、《关于落实质检部门负责的危险化学品安全监督管理职责的通知》、《道路运输条例》、《食品质量安全监督管理办法》、《进出口商检法实施条例》、《渔业船舶检验条例》、《产品防伪监督管理办法》、《关于菜篮子工作会议有关配套文件的初步意见》、《汽车工业投资管理规定》、《治安管理处罚法》、《测绘法》、《质量监督检验检疫行政执法证件管理办法》、《医疗器械检测机构资格认可办法》、《旅游产业政策》、《缺陷汽车产品召回管理规定》、《放射性污染防治法》、《危险化学品进出口登记管理办法》、《能源效率标识管理暂行办法》、《道路运输条例》、《质量监督检验检疫行政执法监督实施办法》、《质量监督检验检疫行政执法过错责任追究办法》、《行政许可法》、《广播电视设备器材入网认定管理办法》、《工业节水管理办法》、《消防产品监督管理规定》、《防治机动车排放污染管理条例》、《道路危险货物运输管理规定》、《能源效率标识管理暂行办法》、《国务院办公厅关于进一步促进我国汽车产业发展有关问题的通知》、《劳动防护用品监督管理条例》。

2003年，国家认监委对74件(次)法规草案或征求意见稿提出了书面的修改意见和建议。包括:《家用汽车产品修理更换退货责任规定》、《上海市产品质量检验机构管理办法》、《全国人民代表大会常务委员会关于司法鉴定管理问题的决定》、《关于进一步实施科技兴贸战略的意见》、《渔业船舶检验条例》、《征信管理条例》、《质量监督检验检疫行政执法过错责任追究办法》、《质量监督检验检疫行政执法监督实施办法》、《关于消防产品监督管理若干问题的通知》、《民法》、《商业特许经营管理条例》、《技术法规、标准与合格评定程序通报咨询管理办法》、《卫生与植物卫生措施通报咨询管理办法》、《关于加强消防产品质量监督管理工作的通知》、《食品安全认证管理办法》、《食品质量安全监督管理办法》、《安全警示标志设置管理规定》、《计量法》、《锅炉压力容器使用登记管理办法》、《农业机械化促进法草案》、《毛茸纤维质量监督管理办法》、《产品防伪监督管理办法实施细则》、《出口产品生产企业分类管理办法》、《进口旧机电产品检验监督程序规定》、《电子信息产品生产污染防治管理办法》、《商品条码管理办法》、《关于加快体育产业发展的若干意见》、《知识产权海关保护条例》、《出口货物实施检验检疫绿色通道制度管理规定》、《定量包装商品净含量计量监督抽查管理办法》、《眼镜制配计量监督管理办法》、《取水许可制度实施办法》、《对外贸易法》、《电子信息产品污染防治管理办法》、《水文条例》、《农业机械化促进法》、《工业产品生产许可证管理条例》、《行政许可法》、《危险废物经营许可证管理办法》、《加快推行清洁生产的意见》、《生物安全法》、《农产品进口关税配额管理暂行办法》、《建筑安全玻璃生产、使用规定》、《价格法》、《饲料认证管理办法》、《食品安全认证管理办法》、《出入境人员携带物检疫管理办法》、《麻醉药品管理条例》、《精神药品管理条例》、《沙头角边境特别管理区进出口物品检验检疫管理规定》、《畜牧法》、《道路运输条例》、《零售商品称重计量监督管理办法》、《易制毒化学品管理条例》、《农产品质量安全法》、《公证法》、《消防法》、《高危企业生产安全许可证管理条例》、《木材节约代用管理办法》、《国外检验鉴定机构常驻代表机构管理办法》、《安全生产许可证条例》、《出入境检验检疫船舶熏蒸管理规定》、《国境口岸出入境货物储存场地卫生监督管理办法》、《外国检验鉴定机构常驻代表机构管理规定》、《进境非食用动物产品检验检疫管理办法》、《农业机械试验鉴定办法》、《美容美发业管理办法》、《汽车产业发展政策》、《化学品危险性鉴别与分类管理办法》、《电力监管条例》、《生物安全实验室管理暂行条例》、《节能中长期专项规划》、《产业结构调整方向暂行规定》。

四、国外认证认可和合格评定法律文件的研究

2002年，国家认监委组织人员对国外认证认可和合格评定法律文件进行翻译和研究。包括:《立陶宛共和国合格评定法》、《日本电气设备和材料安全法》、《亚美尼亚共和国关于产品与服务标准要求的合格评定法》、《英国贸工部部长与联合王国认可服务公司(UKAS)之间的谅解备忘录》、《澳大利亚和新西兰关于建立澳大利亚和新西兰联合认可体系管理委员会、技术顾问理事会和认可

审议委员会的协议》、《日本执行电气和材料安全法的内阁训令》等。

五、行政执法

1、全国强制性产品认证行政执法工作会议

2003 年 3 月 26 日~28 日，国家质检总局和国家认监委在北京联合召开了全国强制性产品认证行政执法工作会议。国家质检总局李长江局长、李传卿书记，国家认监委主任王凤清、副主任梁杰、夏铮铮、程方、刘卓慧、原总工程师袭亦良出席了会议，国家质检总局有关司局的负责人及各省、自治区、直辖市质量技术监督局和各直属出入境检验检疫局的 170 名代表参加了会议。

李长江在讲话中说，实施强制性产品认证制度，是质检系统落实中共的十六大、新一届人大会议精神的重大举措。强制性产品认证执法监督是强制性产品认证制度的重要组成部分，也是质量监督检验检疫行政执法工作的重要组成部分。各级质检部门一定要采取各种有效措施，确保强制性产品认证制度的全面实施，确保强制性产品认证行政执法工作健康有序进行，开创强制性产品认证行政执法工作新局面。在社会主义市场经济条件下，政府的主要职能是经济调节、市场监督、社会管理和公共服务。强制性产品认证制度是按照国际通行规则建立起的一套新的规范的制度，是转变政府职能、改革行政审批制度的一个先进制度。这一制度的一个重要特点是“两头在内，中间在外”。强制性产品认证制度的规则制定、组织管理由政府部门负责，行政执法由政府部门实行，对企业产品的安全质量技术评价则交由中介组织实施。政府部门充分利用中介组织的认证结果，中介组织对认证结果承担相应的法律责任。这一做法，符合国际惯例，符合中央的精神，有利于在新形势下政府职能转变、依法行政。政府该管的事要管好，不该管的一定不管。各级质检部门要高度重视、科学安排，全面推动强制性产品认证执法工作的落实。强制性产品认证制度是一项崭新的制度，这项制度的实施牵涉到方方面面，要正确处理好各种工作关系，争取各方面的支持与配合，营造全社会齐心协力共同推动强制性产品认证制度实施进程的良好氛围。

王凤清在工作报告中指出，强制性产品认证制度是中国根据国际通行规则建立起来的一种全新的产品市场准入手段。强制性产品认证制度实施以来，各项工作取得了重大进展，但任务仍然相当艰巨，必须采取有效措施，推动强制性产品认证制度顺利实施。当前一段时间，要突出抓好统一思想认识、科学安排、深入进行调查摸底、突出重点、深入宣传这 5 件大事。强制性产品认证制度行政执法的主要任务，就是要在国家质检总局和国家认监委的统一部署下，建立科学、公正、廉洁、高效、文明的强制性产品认证行政执法管理体系，按照专项治理和综合治理相结合、市场整顿和转变政府职能为企业服务相结合的原则，加快形成政府主导、部门配合、中介机构为基础的工作格局，克服和解决强制性产品认证行政执法工作面临的各种问题。要坚持以强化行政执法、加大行政执法力度为中心，提高行政执法能力和行政执法保障两个基础为重点，加强行政执法队伍建设，特别要注意切实提高行政执法的有效性。

国家质检总局执法督查司司长吴清海、检验监管司副司长袁长祥，国家认监委认证监管部主任刘卫军、法律部主任袁俊羽分别就强制性产品认证行政执法中的有关问题做了说明；部分省级质量技术监督局和直属出入境检验检疫局就如何推动强制性产品认证制度的实施做了经验交流。与会代表还就如何落实国家质检总局和国家认监委的要求，做好强制性产品认证行政执法工作进行了分组讨论。

在 3 月 28 日举行的闭幕式上，国家质检总局党组书记李传卿到会并讲话。

李传卿在讲话中指出，这次全国强制性产品认证行政执法工作会议，是国家质检总局和国家认监委为推动实施强制性产品认证制度召开的一次十分重要的会议。通过这次会议，总结了经验，认清了形势，统一了思想，明确了目标，落实了任务，坚定了信心。李传卿就传达、贯彻、落实本次会议精神讲了三点意见：第一，要从实践“三个代表”重要思想的高度，切实增强做好强制性产品认证行政执法工作的责任感和紧迫感；第二，雷厉风行，真抓实干，把强制性产品认证行政执法各项工作落到实处；第三，改革创新，奋发有为，确保强制性产品认证行政执法工作取得实效。做好强制性产品认证行政执法工作，目标任务和工作要求都已经明确；关键要真抓实干。保证强制性产品认证制度顺利实施，离不开执法监督。尤其是在执法初期，执法监督的重视程度、工作力度、执法水平，直接影响企业、经销商申请认证的态度，影响消费者对这一制度的认同度，也影响到这一制度对国家经济建设和社会发展应起的作用。要正确把握行政执法的精髓，坚决克服行政执法就是处罚，处罚就是行政执法的错误思想；要切实做到既不可乱作为，也不可不作为；做到稳步推进，长期坚持。

王凤清就会议研讨过程中大家提出的问题进行了详细讲解和说明。此次会议提高了大家对强制性产品认证制度和开展行政执法重要性的认识，充分交流了各地开展强制性产品行政执法的经验，对2003年5月1日以后如何进行强制性产品认证行政执法工作等方面有了清楚的了解。

通过这次会议，全国质检部门统一了思想，明确了今后较长一段时间强制性产品认证行政执法工作的目标、原则和具体任务，保证了强制性产品认证行政执法工作能够积极稳妥地开展。

2、建立地方质检部门认证行政执法疑难问题及时回复机制

针对地方质检部门认证行政执法工作中遇到的政策性、法律性疑难问题，国家认监委建立了行之有效的请示答复机制，及时回复意见，解决地方质检部门在开展认证行政执法工作中遇到的问题。截至2003年底，国家认监委做出具有普遍执法指导性的答复意见共9件。

3、强制性产品认证行政执法调研

为了及时总结各地开展强制性产品认证行政执法工作经验，研究强制性产品认证行政执法工作中的新问题、新情况，以利于今后部署和指导强制性产品认证行政执法工作，深入推动强制性产品认证制度的全面实施，国家质检总局和国家认监委联合组成两个调研组，在2003年11月30日至12月18日期间分别前往河南、广东、浙江、江苏四省进行强制性产品认证行政执法调研（以下简称执法调研）。

赴河南、广东调研组由国家认监委认证监管部主任刘卫军带队，国家质检总局法规司监督处处长曹大海、国家认监委法律部处长罗勤才、国家认监委办公室副处长梁钢和认证监管部二处徐秋媛组成。赴江苏、浙江调研组由国家认监委法律部主任袁俊明带队，国家质检总局执法司副处长郭跃、国家认监委认证监管部二处处长许增德、法律部马昆和办公室蔡云飞组成。

（1）执法调研基本情况。从总体上看，强制性产品认证制度由于地方质检部门行政执法的推动，已经得到了较为全面的落实。例如，浙江省应获证企业7 000余家，目前CQC发证4 000余家；江苏省应获证企业4 000家，截至2003年12月3日已获证企业2 310家，已申请认证企业1 660家，两类企业数之和为3 970家，占应获证企业的90%以上。在第一批重点查处的6种产品中，绝大多数企业的产品均已获得强制性产品认证证书。

（2）地方质检部门开展强制性产品认证行政执法基本情况。执法调研期间，执法调研组先后与地方质检部门举行座谈会10次，企业座谈会7次，走访获证企业4家，走访电器及灯具专业市场3家，走访质检系统检测机构6家，并现场查看了广东出入境检验检疫局强制性产品认证免办办理情况和广州黄埔口岸强制性产品认证产品入境验证情况。

通过与地方质检部门的座谈了解到，2003年8月1日以来，地方质检部门一方面利用各种媒体，继续做好强制性产品认证制度的宣传推动工作，一方面积极贯彻落实2003年3月全国强制性产品认证行政执法工作会议精神，严格执行国家质检总局和国家认监委有关强制性产品认证行政执法的具体部署和要求，以舆论宣传为先导，以帮助、督促、引导企业申请认证为中心，以查处6种《目录》内产品违法行为为重点，全面开展强制性产品认证的行政执法检查工作。地方质检部门之间建立了协调工作机制，一方面各司其职、各负其责，另一方面加强横向协调，避免职责交叉、重复执法；同时按照国家认监委要求，建立了强制性产品认证行政执法工作情况统计报告制度；加强执法人员业务培训，发现问题能及时向国家认监委请示，执法尺度把握到位。

（3）企业对实施强制性产品认证制度的认识及反馈情况。从调研组与企业的座谈及到企业的走访中，可以看出广大生产企业对强制性产品认证制度已经逐渐认同，并且也感受到强制性产品认证给企业带来的质量收益，但同时生产企业也反映了目前强制性产品认证实施过程中存在的一些问题，如个别认证机构服务质量差、某些产品寿命短而认证周期长、获证产品变更程序复杂、收费高等，同时，获证企业还一致呼吁政府加强强制性产品认证宣传、执法力度，保护守法企业权益，打击不守法行为，使企业站在同一起跑线上，参与公平竞争。

4、制定认证行政执法的规范性文件

为规范、指导各地质检部门开展行之有效的认证行政执法工作，国家认监委起草制定了《关于印发〈关于地方质量技术监督部门和各地出入境检验检疫机构认证工作分工的意见〉的通知》（国认法联[2002]22号）、《关于贯彻实施〈认证违法行为处罚暂行规定〉有关问题的通知》（国认法联 [2003]4号）、《关于开展强制性产品认证行政执法工作有关问题的通知》（国认法 [2003]21号）、《关于强制性产品认证执法检查工作有关要求的紧急通知》（国质检认联[2003]231号）、《关于实行强制性产品认证行政

执法工作情况统计报告制度的通知》(国认法函[2003]142号)、《关于实施认证行政处罚有关问题的通知》(国质检认联[2003]443号)等一系列指导、规范各地质检部门开展认证行政执法特别是强制性产品认证行政执法工作的规范性文件，并分别以国家质检总局和国家认监委联合发文或者国家认监委单独发文的形式下发，加强了各地质检部门开展认证行政执法工作的针对性、目的性，切实提高了认证行政执法的有效性。

5、强制性产品认证执法试点工作

为积极配合强制性产品认证制度的全面推广，2003年1月国家认监委有针对性、有侧重地选择了强制性产品生产比较集中的部分城市开展强制性产品认证行政执法试点工作，并要求试点地区重点抓好申请认证企业前期的服务引导和后期的监督管理工作，在总结强制性产品认证行政执法经验的基础上，发挥以点辐面作用，及时将成功经验在全国范围内加以推广，促进强制性产品认证制度的全面顺利实施。

(1)选择开展执法试点工作的地区为：北京市、广东省、浙江省、湖南省、四川省、吉林省的部分地区。

(2)国家认监委对执法试点工作提出的具体要求：

一是开展执法试点工作的省级质量技术监督局和直属出入境检验检疫局要选择在强制性产品认证工作方面有代表性的市、区、县，积极主动地开展强制性产品认证执法检查。如中山市的“灯具产品”、顺德市的“家具产品”、温州市的“低压电器产品”、永康市的“电动工具产品”等，都是地方优势产品，做好这些地区产品的强制性认证，就要通过多种形式开展强制性产品认证制度的宣传活动，下大力气做好对企业实施强制性产品认证的政策引导和具体指导服务工作，正确处理好严格执法与服务企业、服务地方经济建设的关系。

二是国家认监委将及时跟踪试点地区的强制性产品认证执法检查工作情况，指导执法试点地区的省级质量技术监督局和直属出入境检验检疫局认真总结开展强制性产品认证执法监督工作的有效措施和成功经验。

三是执法试点地区的省级质量技术监督局和直属出入境检验检疫局在开展强制性产品认证执法检查过程中，或者在总结强制性产品认证执法检查经验过程中，如遇到新情况、新问题，要及时反馈给国家认监委。

6、强制性产品认证行政执法工作进展

2003年8月1日以来，在国家质检总局和国家认监委组织实施下，地方质检部门按照国家质检总局和国家认监委的统一部署，深入开展强制性产品认证行政执法检查，将指导、帮助、督促生产企业申请强制性产品认证和监督、检查企业所销售的产品是否获得强制性认证两方面的行政执法工作结合起来，有力地保证了强制性产品认证制度的健康、有序地实施，强制性产品认证行政执法检查工作取得了阶段性成果。从各地质检部门上报的材料看，各地质检部门开展强制性产品认证行政执法工作所采取的主要措施有：

(1)高度重视，措施得力。各地质检部门领导高度重视强制性产品认证行政执法工作，将开展强制性产品认证行政执法工作与提高产品质量、推动当地经济发展联系起来，各地都专门发文提出了开展强制性产品认证行政执法的具体要求和措施，明确执法目的，确保强制性产品认证行政执法工作的一致性、有效性，促进了强制性产品认证制度的全面顺利实施。例如，山东省质量技术监督局将强制性产品认证行政执法作为山东经济发展服务的指导思想，统一执法尺度，保证了强制性产品认证行政执法工作的顺利开展。

(2)开展了形式多样的宣传活动，为强制性产品认证行政执法创造良好的执法氛围。如北京市质量技术监督局和北京出入境检验检疫局协同作战，密切配合，联合举办了“国家强制性产品认证执法检查授旗仪式暨电子信息类产品认证推介会”。天津市质量技术监督局会同天津市政府召开了“国家强制性产品认证颁证暨天津市强制性产品认证推进会”。

(3)组织执法培训，提高执法水平。针对强制性产品认证行政执法工作具有较强的政策性、技术性的特点，各地普遍对参与执法检查工作的人员进行了有关强制性产品认证制度的执法培训，提高执法人员的执法水平。

(4)集中执法力量，全面开展执法行动。由于部署周密，措施得当，行动迅速，强制性产品认证行政执法第一阶段工作取得了显著的效果。据不完全统计，截至目前，各地质检部门出动执法人员6万多人次，检查生产企业、经销企业2.5万余家。

(5)突出重点，执法到位。各地质检部门按照国家质检总局和国家认监委的具体要求，将执法查处的重点严格限定为规定的6种产品。通过对这6种产品的专项查处，树立了强制性产品认证的执法权威，震慑了逃避强制性产品认证的企业，督促了尚未申请认证的企业尽快申请认证。

7、强制性产品认证执法培训

为全面贯彻落实国家质检总局领导和国家认监委

王凤清主任在“全国强制性产品认证行政执法工作会议”上的讲话精神，积极推动强制性产品认证行政执法工作的顺利开展，国家认监委于2003年4月22日在北京举办了两期强制性产品认证行政执法培训班，在全国质检部门集中培训一批既懂强制性产品认证制度，又懂行政执法工作的执法骨干，并作为师资力量，在系统内逐级进行宣传培训。

六、行政处罚工作

1、国家认监委实施行政处罚的若干规定

(1)国家认监委实施行政处罚的案件包括：

对依法应当取得国家认监委批准、指定、备案的认证机构、认证培训机构、认证咨询机构、检查机构、实验室实施行为处罚的违法案件；

对取得境外认可机构认可，未向国家认监委备案的认证机构、检查机构、实验室实施警告处罚的违法案件；

认可机构违法案件；

认证人员违法执业的案件；

其他需要国家认监委实施行政处罚的违法案件。

(2)有下列情形之一的，国家认监委应当予以立案：

国家认监委在监督管理中发现认为需要给予行政处罚的；

国家认监委受理公民、法人和其他组织举报后，经初步核查，认为需要给予行政处罚的；

有关部门移送并认为需要给予行政处罚的；

地方质检部门移送并需要给予行政管理相对人行为处罚的；

其他需要立案的。

2、处罚的依据

(1)2002年针对认证认可立法的相对滞后，各级质检部门在无法可依、无章可循的情况下，对认证违法行为的查处力度和手段相对疲软，以致造成认证市场相对混乱无序的局面的现实情况，国家认监委制定发布了《认证违法行为处罚暂行规定》，并以国家质检总局部门规章(国家质检总局29号令)形式发布。该规定是《认证认可条例》正式出台前的一个过渡性的部门规章，目的主要是为适应整顿和规范认证市场、打击认证违法行为、提供法律保障的客观需要。

该规定主要对当前尚无法律规范调整，问题又比较突出的认证机构及认证培训、咨询机构违法行为设定了处罚；对认证认可有关的法律、行政法规以及与之相配套的部门规章已经明确规定认证认可行政处罚的，从其规定。

该规定明确了认证认可行政处罚的主体。各地质量技术监督部门和出入境检验检疫机构要按照《关于地方质量技术监督部门和各地出入境检验检疫机构认证工作分工的意见》(国认法联[2002]22号)的职责分工负责所辖地区的认证行政处罚工作。

该规定对实施违法行为的认证机构及认证培训、咨询机构设定了能力罚。

(2)2003年11月1日《条例》正式施行，为进一步贯彻落实《条例》，国家认监委和国家质检总局联合下发了《关于实施认证行政处罚有关问题的通知》(国质检认联[2003]443号)，同时，为促进国家认监委行政处罚工作程序化、规范化，根据《行政处罚法》及国家质检总局规定的行政处罚程序的有关规定，国家认监委起草并以国家认监委公告的形式发布了《国家认证认可监督管理委员会实施行政处罚若干规定》(国家认监委2003年第17号公告)。

3、实施行政处罚的程序

(1)国家认监委法制工作机构负责统一立案。立案时应填写《行政处罚案件立案审批表》，经批准后立案。

(2)国家认监委对依职权监督管理或者受理的公民、法人和其他组织的举报，经核查，发现涉嫌违法行为的，可以交地方质量技术监督部门和各地出入境检验检疫机构(以下简称各地质检部门)调查取证。对涉嫌重大违法行为的，由国家认监委组织各地质检部门和相关技术机构进行调查取证。

各地质检部门在案件调查取证阶段，应当接受国家认监委的政策、技术指导和对案件的督查。

(3)案件调查结束后，国家认监委法制工作机构和有关业务监管部门组成案件审理小组，根据调查结果和有关证据材料，按照国家质检总局规定的行政案件审理工作规则进行审理。

对于需要由各地质检部门对行政管理相对人的违法行为实施财产罚的，首先由各地质检部门对行政管理相对人实施财产罚。各地质检部门应当在做出行政处罚决定后10日内将案件有关材料提交国家认监委。

(4)案件审理终结，案件审理小组对违法行为提出处理意见。

(5)国家认监委法制工作机构应当将上述意见以及做出处理意见的事实、理由和依据，告知行政管理相对人，听取其陈述和申辩；其中依法属于听证范围的，同时告知行政管理相对人享有申请听证的权利。

案件审理小组应当充分听取行政管理相对人的陈述

和申辩,并记录在案。

(6)国家认监委负责人对案件审理小组提出的处理意见进行审核,签发行政处罚决定或者其他行政处理决定。

案件情节复杂或者重大违法行为给予较重处罚的,应当提交委主任办公会议讨论决定。

(7)国家认监委做出行政处罚决定后,由国家认监委法制工作机构制作行政处罚决定书,并送达行政管理相对人。

送达采取直接送达、留置送达、邮寄送达和公告送达方式。

(8)国家认监委对实施责令停业整顿、撤销批准文件等行为罚的违法案件,应当履行听证程序。

对应当履行听证程序的案件,国家认监委应行政管理相对人的申请,按照国家质检总局规定的有关行政案件听证工作规则,举行听证。

七、认证认可申诉、投诉工作

为实现整顿和规范认证市场的工作需要,进一步加强对认证认可申诉、投诉工作的统一管理和监督,国家认监委起草了《认证认可申诉、投诉处理办法》,并以国家认监委2002年第2号公告的形式发布。《认证认可申诉、投诉处理办法》是加强认证认可法制建设的重要环节。该办法的颁布实施和申诉、投诉热线电话的公布,一方面对严肃查处认证认可工作中的违法违规行为,促进认证认可工作健康、有序、高效地发展发挥了重要作用,同时也为当事人开辟了一条通畅的权利救济渠道,从制度上确立了保障当事人正当合法权益的有效途径,而且也完善了认证认可工作的自身监督机制,对切实提高认证认可工作的公正性、公平性、合理性和科学性具有重要意义。

自2002月4月国家认监委开通认证认可申诉、投诉热线电话以来,每天接听大量有关对部分认证工作机构、人员违法违规行为的投诉及咨询强制性产品认证、认证工作机构审批等技术性管理规定的电话,逐渐成为国家认监委与社会公众沟通的有效渠道。截至2003年底,国家认监委已经受理有效投诉案件89起,对涉及认证工作机构的申诉、投诉案件,结合认证市场整顿措施进行了专门调查,并做出了相应处理。

八、行政审批制度改革

2001年起,按照《关于行政审批制度改革工作的实施意见》确定的合法原则、合理原则、效能原则、责任原则和监督原则,开始国家认监委行政审批制度改革工作,明确了以委领导亲自把关,由各业务监管部主要负责人负责的清理行政审批项目的工作机制,并确定了行政审批项目清理工作的指导思想、工作原则、工作步骤以及具体要求,同时提出三点要求:一是深刻认识行政审批制度改革的重要意义,将思想、行动统一到中共中央、国务院的要求上来;二是切实加强领导,保证改革工作有序进行;三是以解放思想、实事求是、与时俱进、开拓创新精神做好行政审批项目清理工作。

第一阶段:根据行政审批项目清理工作的要求,摸清底数,并对行政审批项目逐项提出初步处理意见并说明理由:1、确定哪些项目为有法律法规依据,应当保留,保留的方式有不变、合并和下放;2、根据行政审批项目改革的方向,确定哪些项目应当取消;3、确定哪些行政审批项目应当改变管理方式。按规定逐项填报了行政审批项目情况登记表。

第二阶段:对照改革的五项原则和标准,对已上报的审批项目初步处理意见进行复核,检查对行政审批项目的审核和处理是否科学合理,有无处置不当的,在此基础上提出并落实改进的措施。经过精心组织实施,按照要求,确保复核工作的质量,按期完成任务。

第三阶段:《行政许可法》颁布后确定行政审批事项的标准有了新的变化。按照《行政许可法》规定的标准,进行了又一轮的清理工作。再次对项目进行审核,逐项明确项目名称、设定依据、实施机关、审批条件、审批期限、是否收费等情况。按照《行政许可法》的规定和行政审批制度改革工作的总体要求,对每个拟保留的审批项目制定了行政许可事项应当对外公示的文件、文本格式和表格,对改变管理方式的项目制定了后续监管的制度和程序。严格规范行政许可程序,保证每个审批项目符合行政许可法的要求。

在此期间,国家环保总局建议,将"环保认证机构的设立审批"、"环境管理体系咨询机构的设立审批"和"环境管理体系认证审核人员注册"三个项目划入国家认监委实施的行政审批项目,经过认真研究,国家认监委同意国家环保总局的建议,将"环保认证机构的设立审批"合并进"设立认证机构的审批"项目,将"环境管理体系咨询机构的设立审批"合并进"设立认证培训及认证咨询机构审批"项目中,这两个合并的项目不再单独立项。"环境管理体系认证审核人员注册"不作为行政审批项目,由人员认可机构注册。

第五部分 认 可

一、国家统一的认可制度的建立

建立国家统一的认可制度是一种国际化的趋势。认证经历了一个多世纪的发展之后，认证领域越来越广，从事认证的机构越来越多，例如在美国从事认证的机构多达400多家，而欧洲则有1000多个认证机构、近万家产品检测机构，认证从一种民间自发的行为变成政府的统一规范的行为已经是必然的趋势。为了管理和规范认证市场，有一些国家的政府决定设立国家认可机构，通过国家认可机构对认证机构的能力和行为等进行监督、管理。英国是第一个设立国家认可机构、实施国家认可制的国家，英国政府在1982年发表的《质量白皮书》中明确提出要建立国家认可制，并成立英国认证机构国家认可组织(NACCB)、校准实验室认可组织（BCS）和检测实验室认可组织(NATlas)，对认证机构和实验室进行能力认可。随着认证认可的国际化趋势的加强，特别是认证认可国际间的相互合作和相互承认的进一步发展，每个国家需要有一套集中统一的认可制度方能适应认证认可的国际化发展趋势。为此，许多国家都对国内的认可机构进行了整合。英国于1995年对国内多个认可机构进行了整合，成立英国认可服务组织(UKAS)，该组织成为英国政府承认的全面负责认证机构、实验室、检查机构认可的惟一的国家认可机构。

继英国成立统一的国家认可机构之后，再加上欧共体一体化要求的加强，欧共体12国和欧洲贸易联盟6国纷纷建立国家认可机构，推行国家认可制。欧共体所有国家都成立了惟一的国家认可机构，负责认证机构、实验室和人员注册机构的有关认可工作。其他发达国家也成立了惟一的国家认可机构，如日本的JAB、美国的ANSI-RAB等。国际标准化组织合格评定委员会(ISO/CASCO)、国际认可论坛(IAF)和国际实验室认可合作组织(ILAC)正在对认证机构认可(ISO/IEC导则61)和对实验室认可(ISO/IEC导则58)等认可要求进行整合，以形成一个管理和规范认可机构的统一的准则要求(ISO/IEC17011)。

为建立国家统一的认可制度提供法律保障。为了适应国际认证认可的发展需要，也为解决中国长期存在的多重认可、多重认证的问题，国家认监委一成立就致力于建立国家统一的认可制度。2002年2月11日，国务院下发了《国务院办公厅关于加强认证认可工作的通知》(国办发〔2002〕11号)，明确提出建立一套统一的国家认可制度体系，要求国家认监委按照国际通行做法，建立集中统一的认可机构，履行国家认可职能，对认证机构、认证培训机构、认证人员实施资格认可，对检测检验机构(实验室)实施统一的资格资质认定；要求认可机构遵照国际通行的认可准则和国家认监委的有关规定对认证机构、实验室、认证人员等进行认可，确保认证认可工作实施的有效性。按照《国务院办公厅关于加强认证认可工作的通知》的要求，国家认监委已经完成了认可领域的整合工作，将质量管理体系认证机构、环境管理体系认证机构、职业健康安全管理体系认证机构、产品认证机构、实验室、检查机构和认证人员注册等方面的认可工作纳入国家认监委确定的认可机构的统一认可之下。2003年9月

3日，中华人民共和国国务院令第390号正式颁布了《中华人民共和国认证认可条例》，本《条例》以法规的形式规定“国务院认证认可监督管理部门确定的认可机构(以下简称认可机构)独立开展认可活动。除国务院认证认可监督管理部门确定的认可机构外，其他任何单位不得直接或者变相从事认可活动。其他单位直接或者变相从事认可活动的，其认可结果无效。”这不仅是对国家认监委按照《国务院办公厅关于加强认证认可工作的通知》的要求，建立集中统一的国家认可制度的充分肯定，更为重要的是为国家认监委进一步规范认证认可活动，保证国家统一认可制度的建立和实施提供了坚实的法律基础。

部际联席会议是国家认监委与国务院有关部门进行沟通的渠道。国务院认证认可监督管理部门在建立集中统一的认可机构的过程中，要充分发挥各有关方面的作用。国家认监委通过部际联席会议等渠道就与认证认可有关的事项与国务院有关部门进行联系，吸收各部门的意见，各有关方面可根据本行业、本部门对认证认可的需求，向国家认监委提出建立某项认证及认可制度的建议，参与认可机构的管理/专业委员会的工作，积极推进认证认可工作在本行业、本部门的具体实施。

建立统一、规范的农产品、食品认证认可体系。在中国经济进入新的发展阶段和加入世界贸易组织的新形势下，随着工业化进程和城市建设的迅速发展，人民群众生活水平的不断提高，对“菜篮子”产品的质量卫生安全提出了新的要求。对农产品的质量安全卫生施行认证认可管理，是做好新阶段的“菜篮子”工作的一项重要任务，也是实现农业现代化、推进农业产业化进程和进一步扩大对外开放的一项重要措施。

根据《国务院关于新阶段“菜篮子”工作的通知》(国发[2002]15号)和《国务院办公厅关于加强认证认可工作的通知》(国办发[2002]11号)提出的要求，在充分调研和听取社会各界意见的基础上，国家认监委、国家质检总局、农业部、国家经贸委、外经贸部、卫生部、国家环保总局、国家工商总局、国家标准委联合下发《关于印发〈关于建立农产品认证认可工作体系实施意见〉的通知》(国认注联[2003]15号)，明确了中国农产品认证认可工作体系的指导思想和目的，确定了建立农产品认证认可工作体系的基本原则和工作重点，为科学、合理的建立中国农产品认证认可工作体系指明了方向，同时也标志着中国农产品认证认可工作走上了规范化发展的道路。

文件要求，在中国建立农产品认证认可工作体系必须全面贯彻“三个代表”重要思想，坚持国务院确定的统一规划、强化监管、规范市场、提高效能和与国际接轨的认证认可工作原则，在国家认证认可监督管理委员会统一管理、监督、综合协调和各有关方面共同实施的工作机制下，建立并完善中国农产品认证认可工作体系，提高农产品认证评价的一致性和有效性，促进“菜篮子”产品及其他农产品等的质量卫生安全水平的提高，为农业结构调整、增加农民收入、保护和改善中国生态环境、扩大农产品出口创汇服务。

在今后一段时间里，国家将建立统一、规范的农产品认证认可体系，统一认可制度、统一认可机构、统一认可标准和认可程序，保证认可工作的公正、公开、公平，加快农产品认证工作。实行统一的农产品认证机构、认证咨询机构和认证培训机构的国家认可制度。对从事农产品认证、认证咨询和认证培训等业务的机构要办理审批和登记注册；农产品认证机构应当取得国家认监委授权的认可机构的资质认可；对农产品认证培训机构、农产品认证人员实施注册、备案制度。同时还要以与国际接轨为目标，结合中国国情，建立国家农产品认证标准，逐步使中国农产品认证与国际通行的认证标准和认证形式接轨。制定有利于社会监督和促进有序竞争的农产品认证标志(标识)管理办法，通过认证标志，建立认证质量的可追溯制度。积极推动建立贯穿农产品种植、养殖、加工、储运、经销全过程的质量卫生安全管理体系。在农产品生产、加工、储运、经销企业(包括种植业、养殖业、加工业、储存运输业、批发、零售业等)中开展质量管理体系认证、环境管理体系认证、职业健康安全管理体系认证，促进农产品生产、加工、经销企业质量管理水平的全面提高。利用WTO“绿箱”政策和借鉴国外做法，对获得农产品认证的生产、加工企业给予一定的政策优惠。

通过上述方式，加强政策引导和监督管理，引入市场竞争机制，同时发挥各种农村经济组织和行业(产业)协会在农产品认证活动中的示范和桥梁、纽带作用，培育一批运作规范、社会信誉高、符合国际通行规则要求的农产品认证机构。坚持循序渐进、逐步推广的工作方针，为实现中国发展优质、高产、高效、生态、安全农业，全面提高农产品质量安全水平，实现农产品的优质化、区域化、专业化的总体目标服务。

二、认可的规定和要求

《认证认可条例》的第四章：

第三十七条 国务院认证认可监督管理部门确定的认可机构(以下简称认可机构),独立开展认可活动。

除国务院认证认可监督管理部门确定的认可机构外,其他任何单位不得直接或者变相从事认可活动。其他单位直接或者变相从事认可活动的,其认可结果无效。

第三十八条 认证机构、检查机构、实验室可以通过认可机构的认可,以保证其认证、检查、检测能力持续、稳定地符合认可条件。

第三十九条 从事评审、审核等认证活动的人员,应当经认可机构注册后,方可从事相应的认证活动。

第四十条 认可机构应当具有与其认可范围相适应的质量体系,并建立内部审核制度,保证质量体系的有效实施。

第四十一条 认可机构根据认可的需要,可以选聘从事认可评审活动的人员。从事认可评审活动的人员应当是相关领域公认的专家,熟悉有关法律、行政法规以及认可规则和程序,具有评审所需要的良好品德、专业知识和业务能力。

第四十二条 认可机构委托他人完成与认可有关的具体评审业务的,由认可机构对评审结论负责。

第四十三条 认可机构应当公开认可条件、认可程序、收费标准等信息。

认可机构受理认可申请,不得向申请人提出与认可活动无关的要求或者限制条件。

第四十四条 认可机构应当在公布的时间内,按照国家标准和国务院认证认可监督管理部门的规定,完成对认证机构、检查机构、实验室的评审,做出是否给予认可的决定,并对认可过程做出完整记录,归档留存。认可机构应当确保认可的客观公正和完整有效,并对认可结论负责。

认可机构应当向取得认可的认证机构、检查机构、实验室颁发认可证书,并公布取得认可的认证机构、检查机构、实验室名录。

第四十五条 认可机构应当按照国家标准和国务院认证认可监督管理部门的规定,对从事评审、审核等认证活动的人员进行考核,考核合格的,予以注册。

第四十六条 认可证书应当包括认可范围、认可标准、认可领域和有效期限。

认可证书的格式和认可标志的式样须经国务院认证认可监督管理部门批准。

第四十七条 取得认可的机构应当在取得认可的范围内使用认可证书和认可标志。取得认可的机构不当使用认可证书和认可标志的,认可机构应当暂停其使用直至撤销认可证书,并予公布。

第四十八条 认可机构应当对取得认可的机构和人员实施有效的跟踪监督,定期对取得认可的机构进行复评审,以验证其是否持续符合认可条件。取得认可的机构和人员不再符合认可条件的,认可机构应当撤销认可证书,并予公布。

取得认可的机构的从业人员和主要负责人、设施、自行制定的认证规则等与认可条件相关的情况发生变化的,应当及时告知认可机构。

第四十九条 认可机构不得接受任何可能对认可活动的客观公正产生影响的资助。

第五十条 境内的认证机构、检查机构、实验室取得境外认可机构认可的,应当向国务院认证认可监督管理部门备案。

三、国家认监委确定的认可机构

1、国家认可机构授权的条件

(1)具有法人资格,独立承担民事法律责任;

(2)具有客观独立、公开公正、诚实信用的原则,以公正的方式实施管理;

(3)具有保证其公正性的对认可活动的管理文件,包括认可机构保证认证工作公正性的规则,有关认可事项的申诉、投诉程序,保证有关方均能参与认可制度的建立和实施;

(4)具有与其认可范围相适应的质量体系,并建立内部审核制度,保证质量体系的有效实施;

(5)具有根据认可的需要,选聘从事认可评审活动的人员的机制;

(6) 从事认可评审活动的人员应当是相关领域公认的专家,熟悉有关法律、行政法规以及认可规则和程序,具有评审所需要的良好品德、专业知识和业务能力;

(7) 具有确保管理者和全体人员不受任何可能影响其认可结果的商业、财务等方面的制约机制;

(8)具有相关机构的活动不影响认可活动的保密措施;

(9)具有可公开的认可条件、认可程序、收费标准等信息。

2、国家认监委确定的认可机构

国家认监委确定的认可机构是:中国认证机构国家认可委员会(CNAB)、中国实验室国家认可委员会

(CNAL)和中国认证人员与培训机构国家认可委员会(CNAT)。

经国家认监委确定,CNAB负责对各类认证机构的认证能力进行评定认可,CNAL负责对各类实验室和各类检查机构的测试与检查能力进行评定认可,CNAT负责对各类认证人员进行评定注册并对各类培训机构的培训能力进行评定认可。

认可机构应具有适应其职责的法律地位,认可机构按照认可准则与认可程序开展认可活动,并独立做出认可决定。认可机构对其认可结果承担责任。

中国认证机构国家认可委员会 中国认证机构国家认可委员会(China National Accreditation Board for Certifiers, 缩写为CNAB)。CNAB是国务院认证认可监督管理部门落实国务院关于建立集中统一的国家认可机构,履行国家认可职责的要求,于2002年4月将原有几个认可机构整合并授权设立的。

CNAB的组织机构为全体委员会及其各专门(技术)委员会和秘书处。全体委员会成员由来自与认可工作相关的政府部门、认证机构、产品提供方、产品使用方(顾客)、技术专家和CNAB秘书处组成,其中任何一方都不处于支配地位。秘书处由秘书长负责管理,下设技术管理、质量管理体系认证机构认可、产品认证机构认可、环境管理体系和职业健康安全管理体系认可和监督管理等内设工作部门。

CNAB的质量方针是以国际标准为准则,以法律为依据,贯彻落实国家认证认可方针政策,严格监督管理,确保认证机构认可活动的科学和公正,维护认可机构的权威和声誉,提供高效、优质、满意的认可服务。

1、CNAB的主要职责

(1)根据国家有关法律、行政法规、规范、规则和国际准则,实施对各管理体系认证机构和产品认证机构的认可;

(2)对申请认可的认证机构的认证管理与技术能力实施评定;

(3)对获准认可的认证机构的认证管理与技术能力保持状况实施监督;

(4)负责CNAB认可标志的使用与监督管理;

(5)处理与认可有关的申诉、投诉和争议;

(6)参加国际认可组织活动并开展相关的国际认可合作与技术交流;

(7)开展与管理体系认证认可和产品认证认可相关的其他活动;

(8)接受国务院认证认可监督管理部门的监督管理。

2、CNAB的业务范围

(1)实施ISO9001:2000质量体系认证机构的认可;

(2)实施QS-9000质量体系认证机构的认可;

(3)实施TL-9000质量体系认证机构的认可;

(4)实施ISO14000环境管理体系认证机构的认可;

(5)实施HACCP食品安全管理体系认证机构的认可;

(6)实施职业健康安全管理体系认证机构的认可;

(7)实施软件能力评估认证机构的认可;

(8)实施产品认证机构的认可。

3、CNAB的认可规范

CNAB按照国际通行的ISO/IEC导则61对实施认证机构评审和认可机构的基本要求,建立了认可工作质量体系,并依据遵循国际标准规范、提高认可工作质量的原则,颁布和实施了认可规范文件,CNAB的认可规范由认可准则、认可规则和认可指南组成。

(1)已发布的认可准则有:

CNAB-AC11(ISO/IEC导则62)认证机构实施质量体系认证的认可基本要求:

附件1 认证机构实施QS-9000质量体系认证的认可基本要求;

附件2 认证机构实施TL9000质量体系认证的认可基本要求;

附件3 认证机构实施HACCP食品安全管理体系认证的认可基本要求;

CNAB-AC12(IAF对ISO/IEC导则62的应用指南)《认证机构实施质量体系认证的认可基本要求》应用指南;

CNAB-AC21(ISO/IEC导则65)认证机构实施产品认证的认可基本要求;

CNAB-AC22 (IAF对ISO/IEC导则65的应用指南)《认证机构实施产品认证的认可基本要求》应用指南:

附件1(ISO/IEC导则28)第三方产品认证制度模式通则;

附件2(ISO/IEC导则7)关于制定用于合格评定标准的指南;

附件3(ISO/IEC导则53)第三方产品认证中利用供方质量体系的方法;

CNAB-AC23 认证机构实施有机产品生产和加工认证的认可基本要求;

CNAB-AC31(ISO/IEC导则66)认证机构实施环

境管理体系认证的认可基本要求；

CNAB-AC32 （IAF对ISO/IEC导则66的应用指南）《认证机构实施环境管理体系认证的认可基本要求》应用指南；

CNAB-AC41 认证机构实施职业健康安全管理体系认证的认可基本要求；

CNAB-AC42《认证机构实施职业健康安全管理体系认证的认可基本要求》应用指南；

CNAB-AC51 对软件过程及能力成熟度评估机构的认可基本要求。

(2)已发布的认可规则有：

CNAB-AR01 认证机构认可程序规则；

附件1 认证机构质量管理体系认证业务范围的认可规则；

附件2 认证机构实施依据GB/T19001-2000标准的质量体系认证的认可程序规则；

附件3 认证机构实施职业健康安全管理体系认证的认可规则；

附件4 对认可前认证机构颁发的认证证书的认可换证程序规则；

CNAB-AR02 对认证机构的通报和认可资格的暂停与撤销规则；

CNAB-AR03(ISO/IEC导则23）第三方认证制度表示标准符合性的规则；

CNAB-AR04 认可标志和国际互认标识的使用规则；

CNAB-AR05 申诉、投诉和争议处理规则；

CNAB-AR06 认可收费规则。

(3)已发布的认可指南有：

CNAB-AG01 认证机构的分支机构认可实施指南；

CNAB-AG02 认证证书管理实施指南；

CNAB-AG03 认证机构信息通报实施指南；

CNAB-AG11 认证机构质量管理体系认证业务范围专业能力管理实施指南；

CNAB-AG12 认证机构实施管理体系认证运作实施指南；

CNAB-AG21 （ISO/IEC导则27)认证机构对误用其符合性标志采取纠正措施的指南；

CNAB-AG22 认证机构产品认证业务范围认可实施指南；

CNAB-AG23 认证机构实施产品认证运作实施指南；

CNAB-AG31 认证机构环境管理体系认证业务范围认可实施指南。

CNAB积极参与国际合作与交流，是国际认可论坛(IAF)和太平洋认可合作组织(PAC)正式成员和IAF/PAC多边承认协议签约机构，戴姆勒克莱斯勒、福特和通用汽车公司授权的QS-9000认可机构，国际电信优秀供应商论坛QuEST Forum授权的TL-9000认可机构；与荷兰认可机构RvA和美国认可机构RAB建立了联合评审的合作关系；与日本、韩国的认可机构JAB和KAB签署了认可合作谅解备忘录。

CNAB是在原CNACR，原CNAB、CNACP和CACEB等认可机构的基础上整合组建起来的。原CNACR，即中国质量体系认证机构国家认可委员会，是由原国家质量技术监督局授权成立的中国质量体系认证机构的国家认可机构，于1994年4月23日正式开展工作。原CNAB，即中国国家进出口企业认证机构认可委员会，是1992年8月由原对外贸易经济合作部、原国家商检局和原国家机电产品进出口办公室联合授权成立的质量体系认证机构的国家认可组织。原CNAB前身为中国出口商品生产企业质量体系（ISO9000）工作委员会(CCQSEM)。在1997年CCQSEM更名为CNAB时，再次得到上述三个部门的联合授权。原CNACP，即中国产品质量认证机构国家认可委员会，是1995年5月由原国家质量技术监督局成立的，负责产品认证机构国家资格认可及获准认可后的日常监督管理。原CACEB，即中国环境管理体系认证机构认可委员会，是1997年7月经国务院办公厅批准成立的，开展对环境管理体系认证机构的认可工作。原CNACR、CNAB、CNACP和CACEB均为IAF(国际认可论坛)和PAC(太平洋认可合作组织)的正式成员，其中CNACR和CNAB于1998年签署了PAC/MLA多边互认协议，还在1998年和1999年分别签署了IAF/MLA多边互认协议。

中国实验室国家认可委员会 中国实验室国家认可委员会(China National Accreditation Board for Laboratories，缩写为CNAL)。

中国实验室国家认可委员会是国务院认证认可监督管理部门批准设立并授权，统一负责实验室和检查机构认可及相关工作的认可机构。CNAL成立于2002年7月4日，是由原中国实验室国家认可委员会(CNACL)和中国国家出入境检验检疫实验室认可委员会(CCIBLAC)合并而成。

CNACL是1994年由原国家技术监督局成立的实验

室国家认可组织。CCIBLAC 是 1996 年由原国家进出口商品检验局成立的从事进出口领域的实验室和检查机构能力资格认可的国家实验室认可组织，2000 年改组并更名为“中国国家出入境检验检疫实验室认可委员会”。

CNAL 由管理委员会(内设执行委员会)、各专门委员会和秘书处组成。管理委员会由来自与实验室和检查机构认可工作有关的政府部门、实验室和检查机构、实验室和检查机构的客户以及技术专家代表组成。

1、CNAL 的主要职能

(1)依据中国有关法律、行政法规和国际规范实施对实验室和检查机构的认可，制定并发布实验室和检查机构的认可方针政策、规则和规范;

(2) 对境内外实验室和检查机构按照国际规范开展能力评价，做出认可决定，并对获得认可的实验室和检查机构进行监督管理;

(3)负责对 CNAL 认可标志的使用进行指导和监督管理;

(4)组织实验室和检查机构开展、参与国内外能力验证活动;

(5)组织开展与实验室和检查机构认可相关的人员培训工作，对评审人员进行资格评定注册和后续管理;

(6)为实验室和检查机构提供相关技术服务，为社会各界提供获得认可的实验室和检查机构的公开信息;

(7)参加与实验室和检查机构认可相关的国际活动，与有关认可机构和国际合作组织签署双边或多边认可合作协议;

(8)受理对 CNAL 认可工作及对认可的实验室和检查机构工作的申诉与投诉，负责调查并做出处理决定;

(9)开展与实验室和检查机构认可相关的其他活动。

2、CNAL 的业务范围

CNAL 认可活动范围包括对检测和校准实验室、检查机构、能力验证提供者和标准物质生产者的认可。

CNAL 实验室认可领域:01 生物;02 化学;03 机械;04 电气;05 3C 认证产品;06 动植物检疫;07 医学;08 法医;09 兽医;10 建材与建筑;11 无损检测;12 电磁兼容;13 计量;14 声学和振动;15 热学和温度;16 光学和辐射;17 其他。

CNAL 检查机构认可领域:01 农业和农产品;02 工业机构设备;03 制成品;04 天然资源和精加工;05 工商业建筑及维护;06 建筑物的建造与维护;07 运输;08 旅游设施;09 工厂检查;10 健康检查;11 技术法规检查;12 信息技术;13 其他。

3、CNAL 的认可规范

CNAL 采用 CNAL/AC01《检测和校准实验室认可准则》(内容等同采用 ISO/IEC17025:1999 和 GB/T 15481-2000)、CNAL/AC02《检查机构认可准则》(内容等同采用 ISO/IEC17020:1998 和 GB/T1834-2001)、CNAL/AC04《能力验证提供者认可准则》(内容等同采用 ILAC G13:2000)和 CNAL/AC22《标准物质生产者认可准则》(内容等同采用 ILAC G12:2000) 等作为基本认可准则，并在此基础上针对某些技术领域的特定情况制定了应用说明。同时,CNAL 亦要求已认可机构符合 CNAL 的认可规则和政策。

CNAL 积极参与实验室认可领域的国际合作与交流。在 CNAL 成立以前，原 CNACL 和 CCIBLAC 就是国际实验室认可合作组织(ILAC)和亚太实验室认可合作组织(APLAC)的正式成员，其认可结果得到了国际上共 43 个互认协议签署方的承认，这些协议签署方包括欧洲、亚太地区、南美洲和南非等区域的国家和组织。

1995 年 4 月 CNACL、CCIBLAC 签署了 APLAC 谅解备忘录。

1996 年 9 月 CNACL、CCIBLAC 签署了 ILAC 谅解备忘录。

1999 年 12 月 CNACL 签署了 APLAC 互认协议。

2000 年 11 月 CNACL 签署了 ILAC 互认协议。

2001 年 10 月 CCIBLAC 签署了 APLAC 互认协议。

2001 年 11 月 CCIBLAC 签署了 ILAC 互认协议。

CNAL 在原 CNACL 和原 CCIBLAC 工作的基础上，致力于建立和完善既符合国际通行规则又适应中国国情的实验室和检查机构国家认可体系，并通过认可体系的有效运作，提高中国实验室和检查机构的管理水平和技术能力，建立良好的信誉，同时通过与国际、区域性认可合作组织以及各国实验室认可机构的合作，促进实验室和检查机构的国际交流和互认。

中国认证人员与培训机构国家认可委员会

中国认证人员与培训机构国家认可委员会 (英文名称为 China National Auditor and Training Accreditation Borad,缩写为 CNAT)。

中国认证人员与培训机构国家认可委员会是在原中国认证人员国家注册委员会(CRBA)和中国国家进出口企业认证机构认可委员会(CNAB)的基础上，经国务院认证认可监督管理部门批准成立的从事认证人员与培训机构注册的认可机构。

1992年，经原外经贸部、原国家进出口商品检验局和原国务院机电办公室批准由12个部、委、局、办联合成立了中国出口商品生产企业（ISO9000）工作委员会（CCQSEM），其中的一项职责就是对认证人员实施注册、资格授予和对认证人员培训工作的监督管理。1997年，CCQSEM更名为中国国家进出口企业认证机构认可委员会(CNAB)。

1994年，原国家技术监督局成立中国认证人员国家注册委员会(CRBA)，主要职责是实施认证人员培训课程批准及认证人员注册。

1995年，国际审核员与培训认证协会（IATCA)成立，该组织是一个由各国认证人员注册机构和认证人员培训课程批准机构共同发起成立的国际性组织。其目的旨在促进各国认证人员注册和培训批准的国际互认，消除国际间贸易性的技术壁垒，促进国际贸易的自由化。1995年，IATCA成立之时，CRBA和原CNAB作为IATCA的创始成员同时加入了IATCA，成为IATCA的全权成员。

在加入IATCA后，CRBA和原CNAB积极按照IATCA制定的国际准则要求建立起中国的符合国际准则要求的认证人员注册和培训课程批准制度。

按照IATCA国际互认的工作机制要求，1998年4月CRBA通过IATCA组织的国际同行评审，第一批签署IATCA多边认可协议(MLA)，成为IATCA/MLAs首批5个成员之一，其他4个成员机构分别来自美国、英国、澳大利亚、新西兰。签署IATCA/MLAs意味着中国注册的认证人员注册资格和证书及经过认可的认证人员培训机构颁发的培训合格证书将在世界范围内得到承认。CRBA完全采用IATCA的各项人员注册和培训课程批准准则，认证人员培训证书和审核员注册证书上可以使用IATCA的标志。

随着认证工作发展，认证人员的注册已由最初的对质量管理体系认证审核员注册发展到今天的包括对环境管理体系（EMS）审核员、职业健康安全管理体系(OHSMS)审核员等的注册。另外，从2003年底产品认证检查员、认证咨询师和其他认证类型的资格人员的注册和培训课程认可也已开始启动。

2002年4月，经国家认监委批准，CRBA与原CNAB合并成立中国认证人员与培训机构国家认可委员会(CNAT)。统一负责中国认证人员的注册和培训课程及培训机构的认可批准工作。CNAT机构组建后，在继承原CRBA和原CNAB工作的基础上，根据新机构的工作要求和国际准则、国际标准的变化，进行了内部机构、职能的调整设置和新的准则、规则及其他规定、制度的制定，为进一步做好中国认证人员的注册和培训课程的管理工作打好基础。

CNAT组织机构设置包括：全体委员会、技术委员会、申诉委员会和秘书处。全体委员会成员由来自与认可/注册工作相关的政府部门、科研教育机构、认证机构、采购方、执法机构、认证机构、培训机构、咨询机构、企业代表和技术专家组成，每届任期四年。委员的组成及其构成比例保持均衡，其中任何一方不处于支配地位。秘书处由秘书长负责，下设业务发展、培训认可、人员注册等内设工作部门。

1、CNAT的主要职能

(1)依据国家法律、行政法规，参照国际通行做法实施对认证人员注册、培训机构认可；

(2)审查批准认证人员注册、培训认可准则；

(3)确定认证人员注册、培训认可程序；

(4)组织实施认证人员注册、培训认可以及日常监督管理工作；

(5)负责处理有关认证人员注册、培训方面的申诉、投诉；

(6)负责认证人员注册、培训认可方面的双边、多边合作及有关国际组织的活动。

2、CNAT的业务范围

(1)质量管理体系(QMS)认证人员培训机构/培训课程的认可；

(2)环境管理体系(EMS)认证人员培训机构/培训课程的认可；

(3)职业健康安全管理体系认证人员培训机构/培训课程的认可；

(4)质量管理体系(QMS)认证人员注册；

(5)环境管理体系(EMS)认证人员注册；

(6)职业健康安全管理体系认证人员注册。

3、CNAT的认可规范

CNAT严格遵守“以法律法规为依据，以国际准则为指南，确保人员注册与培训机构认可工作质量，保持科学、公正形象，持续改进，提供优质、高效服务，维护国家认可的权威和声誉”的质量方针，依据公布的认可准则、认可规则进行认可(注册)工作。目前公布的主要认可准则、规则有：

CNAT-101 培训机构准则

CNAT-102 培训机构和培训课程评审准则

CNAT-103 质量管理体系审核员预备知识培训课程准则

CNAT-104 质量管理体系审核员培训课程准则

CNAT-105 环境管理体系审核员培训课程准则

CNAT-106 职业健康安全管理体系审核员培训课程准则

CNAT-107 质量管理体系审核员2000版ISO9000族标准转换培训提供准则

CNAT-108 质量管理体系审核员注册准则

CNAT-109 环境管理体系审核员注册准则

CNAT-110 职业健康安全管理体系审核员注册准则

CNAT-201 认证人员注册、培训认可收费规则

CNAT-202 证书及标志的使用规则

CNAT-203 申诉、投诉和争议处理规则

CNAT-204 考试管理规则

CNAT-205 培训教师管理规则

CNAT-206 审核员注册规则

CNAT-207 审核员面试评价规则

CNAT-208 审核员注册资格保持规则

CNAT-209 审核员注册资格处置规则

CNAT-210 验证审核员管理规则

四、相关的国际和区域性认可合作组织

国际上与认可有关的国际和区域性组织主要有：国际认可论坛(IAF)、国际实验室认可合作组织(ILAC)、国际审核员培训与注册协会(IATCA),区域性的认可合作组织主要有：太平洋认可合作组织(PAC)、亚太实验室认可合作组织(APLAC)、欧洲认可合作组织(EA)等(内容详见第十章《国际合作》的《多边合作与交流》)。

第六部分 认 证

认证是国际上通行的证明产品、服务和管理体系符合相关技术规范或标准的合格评定活动，认证作为现代工业社会履行合同要求和贯彻标准的手段，已广泛存在于商品生产和流通、使用的各个环节。认证是随着现代工业的发展作为一种外部质量保证的手段逐渐发展起来的。

中国自1978年恢复在国际标准化组织(ISO)的成员国地位以来，便积极研究认证制度及相应的国际规范，建立适宜本国需要的认证制度。目前已经建立并实施了强制性产品认证制度、自愿性产品认证制度、进出口食品加工企业卫生注册制度以及ISO9000、ISO14000等标准的管理体系认证制度。并在此基础上建立了认证人员注册、认证机构和实验室认可制度。

一、体系认证

管理体系认证，是指由认证机构依据公开发布的管理体系标准和补充文件，遵照相应认证制度要求，对供方的管理体系进行科学公正的评价，合格的由认证机构颁发管理体系认证证书，并予以注册和实施监督活动。目前，全球范围内客观存在着多种针对不同管理对象的管理体系认证，其中在市场上和在贸易的过程中十分重要的是：ISO9000质量管理体系认证、ISO14000环境管理体系认证、OHSAS18000职业健康安全管理体系认证、HACCP食品安全管理体系认证。

自1987年推出质量管理和质量保证国际标准(代号为ISO9000族标准)起到2003年，以此标准而开展的企业质量管理体系认证在近百个国家蓬勃开展，已有百万企业获得认证。其应用领域不只为产品认证中的企业质量体系审核服务，而且已广泛被用于工程指标、航运、旅游餐饮饭店业、政府采购(特别是军方采购)、期货交易、金融保险领域。并由此还诞生出汽车零部件制造销售、电信、医疗器械等专门的技术领域。1998年，国际标准化组织又推出环境管理体系标准(ISO14000系列标准)，企业环境管理体系认证又开始在发达国家和部分发展中国家逐步发展。

1、ISO9000质量管理体系认证

质量体系认证制度是指具备其自身的程序和管理规则的制度，依据该制度进行评定、发布质量体系认证文件和进行监督。质量体系认证是指由认证机构依据公开发布的质量体系标准和补充文件，遵照相应认证制度要求，对供方的质量体系进行评价，合格的由认证机构颁发质量体系认证证书，予以注册并实施监督的活动。

质量体系认证的依据不同于产品认证，产品认证要依据产品的技术标准，质量体系认证依据的就是管理标准，这些标准不是产品标准的组成部分，但构成对产品标准的补充。目前质量体系认证主要依据的是国际标准化组织发布的质量管理和质量保证标准。

ISO9000系列标准作为通用的质量管理机构和质量保证标准，在企业建立质询管理体系和开展质量管理体系认证中，发挥了十分重要的作用，但相对于一些特殊和专业化很强的技术领域，其适用性就显示出许多缺陷，可操作性和针对性不强。因此，在全球范围内，出现了以

ISO9000标准为基础的，在不同技术领域的专门的质量管理和保证的标准，影响较大的和运用范围较广的主要有：汽车行业质量体系要求(QS9000,VDA6.1,ISO/TS16949)、医疗器械行业质量体系专门要求(ISO/HDIS13485)、电信行业的质量体系要求(TL9000)等，以上述标准为基础的认证活动也十分活跃。

汽车行业质量保证标准及认证 汽车行业的质量体系标准主要有QS9000,VDA6.1和AVSQ等，这些标准主要由一些欧美的汽车制造商如克莱斯勒、福特、通用、大众及菲亚特等制定，作为其零部件供应商应满足基本的保证要求。标准一般以ISO系列标准为基础，附加汽车行业的专门要求以及汽车制造商对其零部件供应商的特殊要求编制而成。这些专门的质量保证要求是对汽车行业质量管理经验的科学总结，对于中国汽车行业提高质量管理水平、增强竞争能力具有一定的参考价值。

《QS9000质量体系要求》(简称QS9000标准)是克莱斯勒、福特、通用汽车公司(简称三大汽车公司)制定的，用于其零部件供应商的质量保证要求，适用于向三大汽车公司提供下列产品和服务的供应商：a)生产材料；b)生产和维修零件；c)热处理、喷漆、电镀或其他最终加工。以此标准为依据的认证称为QS9000认证，三大汽车公司要求其供应商通过第三方的QS9000认证。

医疗器械质量保证专用要求 医疗器械是救死扶伤、防病治病，直接关系到人的安全和健康的特殊产品，其质量的基本要求是安全有效。应加强对医疗器械的质量监督管理，在一般工业产品质量保证通用要求的基础上规定医疗器械质量保证的专用要求，才能保障医疗器械的安全有效，为人类健康服务。医疗器械质量保证专用要求主要包括医疗器械法规要求、医疗器械质量体系要求、医疗器械产品安全法与有效性要求。这三方面的要求既有联系又有区别，在很多方面是相互包容的。特别是医疗器械法规包含了医疗器械质量体系要求和医疗器械产品的要求，这些要求都是医疗质量认证的要求。

鉴于ISO9000系列标准不能完全满足医疗器械对质量体系的要求，国际标准化组织(ISO)在1994年成立了医疗器械质量管理和通用要求技术委员会，承担医疗器械质量管理标准的制定工作，并出台了一系列医疗器械质量管理标准，包括ISO13485:1996《质量体系——医疗器械ISO9001应用的专用要求》和ISO13485:1996《质量体系——医疗器械ISO9002应用的专用要求》等标准。为了逐步消除医疗器械贸易中的技术壁垒，促进医疗器械国际贸易的发展，国际上成立了全球医疗器械协调组织(简称GHTF),目的之一是对世界各国医疗器械质量体系及其质量审核进行协调并逐步统一，以有利于国际医疗器械贸易的发展和医疗器械质量认证的互认。

电信行业质量保证要求 为提高电信服务的水平，由一些领先的电信服务供应商在1996年组建了优秀电信供方论坛，并致力于制定在世界范围内适用于电信行业的一套协调一致的质量体系要求，以达到为消费者提供优质服务的目的。该论坛于1999年4月在ISO9000系列标准的基础上，制定了电信行业的质量体系要求，称之为TL9000手册，以文件的方式规定了电信企业的质量体系要求和质量体系评价准则。电信企业在硬件产品、软件和服务的设计、开发、生产、交付、安装和维护过程中，必须满足TL9000质量体系要求。电信行业的企业为了证明其建立的质量体系符合TL9000的要求，可以向具备资格的认证机构提出TL9000的认证申请。认证机构必须得到优秀电信供方论坛承认的认可机构的认可，方可从事TL9000的认证。

2、ISO14000环境管理体系认证

环境管理体系认证，是指由认证机构依据公开发布的环境管理体系标准和补充文件，遵照相应认证制度要求，对供方的环境管理体系所规定的环境行为进行评价，符合的由认证机构颁发环境管理体系认证证书，并予以注册和实施监督的活动。

日益突出的环境问题已成为各国关注的焦点，为此发达国家相继制定了一些法律和法规以及环境管理体系标准来规范各类组织的环境行为。国际标准化组织(ISO)在发布了ISO9000质量管理和质量保证系列标准之后，又于1996年发布了ISO14000环境管理体系系列标准，以规范各类组织(企业、社会团体等)在其活动、提供产品和服务过程中的环境行为，进而消除贸易中的技术壁垒，使全球形成了统一的环境管理体系的建立和认证用标准，为在全球范围内环境管理体系认证的全面推开和相互承认认证结果奠定了基础。

国家认可制度在质量管理体系认证领域的成功，尤其是国际认可论坛(IAF)在质量管理体系认证领域实现国际互认之后，使得认可制度在环境管理体系认证领域的运用变得十分便利，大部分参加IAF的认可机构均按照ISO/IEC有关导则和IAF的实施说明，制定了环境管理体系认证机构认可活动规则，使得环境管理体系认证工作迅速地得以铺开。

3、职业健康安全管理体系认证

企业建立内部的职业健康安全管理体系，以确保劳动者的职业健康与安全，是随着经济发展与社会文明的进步而逐渐提出来的，正日益受到社会各界的关注。职业健康安全管理体系标准(OHSAS18001 标准)的制定，正是为了满足这一日益增长的要求而建立的，并使得对这一管理体系的评定与认证成为可能。

目前，某些发达国家，例如英国、荷兰等，均在进行企业职业健康安全管理体系认证工作，力图使国际标准化组织(ISO)尽早接受职业健康安全管理体系标准为国际标准，并在此基础上推动各国的职业健康安全管理体系认证活动。中国也已注意到，国际上职业健康安全管理体系认证的发展，从 1998 年开始，原国家质量技术监督局和原国家出入境检验检疫局所属的认可机构，在做好技术准备的同时，积极开展了职业健康安全管理体系认证的试点工作，与此同时，国家安全生产监督管理局也积极推进职业健康安全管理体系认证活动。2001 年国家认证认可监督管理委员会成立后，建立了统一的认证认可制度，并积极与国家安全生产监督管理局协调，加快职业健康安全管理体系认证管理工作的统一。

4、食品安全管理体系(HACCP)认证

食品安全管理体系(HACCP)认证是中国食品安全质量认证的重要组成部分。以 HACCP(危害分析和关键控制点)为基础的食品安全管理体系是一种科学、简便、实用的预防性食品安全质量控制体系，在国际上得到越来越广泛的关注和认可，已成为当今国际食品行业安全质量管理的必然要求。1997 年食品法典委员会(CAC)颁布了《HACCP 体系及其应用准则》，以 HACCP 为基础的食品安全管理体系已被越来越多的国家政府和进口商作为对进口农产品、食品生产企业的要求。如在美国联邦法典中的《水产品 HACCP 法规(21CFR PART123)》、《减少致病菌、危害分析和关键控制点(HACCP)系统法规(9CFR part416.417)》、《果蔬汁产品 HACCP 法规(21CFR part120)》，要求对美出口的水产品、肉、禽及果蔬汁生产企业，必须建立 HACCP 食品安全管理体系，并得到验证/认证。欧委会发布的《对水产品自我卫生检查的规定(91/493/EEC)》，要求对欧盟出口水产品的生产企业也必须建立以 HACCP 为基础的食品安全管理体系。

为进一步促进中国农产品、食品的出口，满足进口国政府和进口商的要求，国家认监委于 2002 年 3 月 20 日发布了《食品生产企业危害分析与关键控制点(HACCP)管理体系认证管理规定》。2003 年 4 月 19 日，国家质检总局发布了《卫生注册需评审 HACCP 体系的产品目录》(局令第 20 号)，要求水产品、肉类、罐头等 6 类出口食品生产企业建立和实施 HACCP 管理体系，将 HACCP 管理体系列为出口食品厂注册要求，这些工作为规范中国 HACCP 认证奠定了基础。目前，中国向美国和欧盟出口的水产品、肉类和果蔬汁企业已建立了 HACCP 管理体系，并通过了美、欧等国的官方验证或认证，促进了中国食品出口。截至 2003 年 12 月，经出入境检验检疫机构验证的 HACCP 食品企业达 3 131 家，此六类企业 2003 年出口总量 476.65 万 t，出口货值 61.04 亿美元。通过 HACCP 体系认证的企业也有 1 500 多家，经过 HACCP 体系培训人员达 3 757 名。

六类产品出口情况

产品类别	2002 年		2003 年	
	出口量（万 t)	货值（亿美元）	出口量（万 t)	货值（亿美元）
肉及肉制品	58.85	7.67	59.40	7.44
罐头	129.83	9.58	158.37	11.84
果蔬汁	33.64	2.09	45.38	3.01
方便食品	25.15	2.94	27.83	3.45
水产品	142.72	27.84	147.52	31.94
速冻蔬菜	36.24	3.35	38.15	3.36
合计	426.43	53.47	476.65	61.04

5、绿色市场认证

改革开放以来，中国食品生产、加工和流通取得了巨大成就。食品供应充足，品种丰富，价格基本稳定。蔬菜、肉类、禽蛋等“菜篮子”产品的产值已经达到食品、农产品总值的 52%，人均占有肉、蛋分别达到 50 公斤和 17 公斤，已经超过或接近世界水平，中国已经成为食品生产和消费大国。与此同时，由于各方面原因，中国食品生产、经营秩序仍比较混乱，制假售假现象屡禁不止，食品加工、流通过程不规范行为导致各种食品污染问题突出。不仅严重损害了消费者的合法权益，而且影响食品行业的健康发展和社会安定。切实提高食品质量安全，从源头上控制和科学管理食品的生产、加工、流通全过程，实现对食品“从农田到餐桌”的全程质量控制，是当前和今后需要认真解决的突出问题。但是，针对食品销售等流通环节的质量安全管理体系方面的认证，至今仍是“空白”。为此，商务部（原国家经贸委）与国家认监委为落实“三绿工

程”，建立流通环节的食品安全保障体系，积极推进中国农副产品、食品流通环节的标准化建设，开展农副产品、食品批发和零售市场的认证，确保农副产品、食品的流通安全，国家认监委和商务部于2003年10月联合发布了《绿色市场认证管理办法》，对中国农产品、食品批发和零售市场按照国家标准要求开展认证提供了依据。

二、产品认证

1、强制性产品认证

由于政府对认证制度的信赖，许多国家的政府通过立法手段发布与标准、质量和竞争有关的行动纲要，推动认证制度的建立和实施，从而提高本国产品的竞争力。通过对一些涉及人体健康、环保、安全等的产品进行立法或颁布强制性指令等方式实施强制性认证制度，保护国家和民众的利益。所以强制性产品认证在一些国家也被称为法规认证。

强制性产品认证制度，是各国政府为保护广大消费者人身安全，保护动植物生命安全，保护环境、保护国家安全，依照法律法规实施的一种产品合格评定制度。强制性产品认证，通过强制性产品认证的产品目录和实施强制性产品认证程序，对列入目录中的产品实施强制性的检测和审核。凡列入强制性产品认证目录内的产品，没有获得指定机构的认证证书，没有按规定加施认证标志，一律不得进口、不得出厂销售和在经营服务机构使用。

改革管理体制实现“四个统一” 中国的认证认可制度建立在计划经济逐步向社会主义市场经济过渡的阶段，由于管理结构和职能划分问题，认证认可工作存在政出多门、各自为政、重复认证和重复收费等弊端。尤其是产品的强制性认证制度，自建立以来就存在着多重体制、政出多门、发证与执法监督混淆、对内对外两套制度等问题。原国家质量技术监督局负责国产品的安全认证强制性监督管理制度制定和实施，原国家出入境检验检疫局负责对进口商品的安全质量许可制度制定和实施。两个制度覆盖的产品大部分交叉，评价依据的标准和技术规则虽不完全一致，但实施起来大部分重复，收费结构和标准存在较大差异，两个标志独立存在，互不认可。中外企业对此反应强烈。企业和外国政府多年来通过不同渠道，向国务院和对外贸易主管部门反映情况，提出意见。这一问题还成为中国入世谈判中屡屡被质疑的问题。在中国加入世界贸易组织第十五次多边谈判中，有关方面的谈判代表强烈要求中国将内外两种强制性产品认证制度整合，建立符合世界贸易规则要求的新的认证制度。

为此，国务院领导在2000年10月明确指示：将国产品的安全认证强制性监督管理制度与进口产品的安全质量许可制度统一为一个制度，做到“统一标准、技术法规和合格评定程序，统一目录、统一标志，统一收费标准”。即按“四个统一”的原则重新建立中国的强制性产品认证制度。

为全面适应中国市场经济发展和加入WTO的需要，发挥认证认可制度的总体效应，2001年3月30日，国务院进而决定将原国家质量技术监督局和原国家出入境检验检疫局合并组建国家质量监督检验检疫总局（以下简称“国家质检总局”）、国家认监委和国家标准管理委员会。国家认证认可监督管理委员会行政上隶属国家质量监督检验检疫总局，业务上直接接受国务院授权，是主管全国认证认可工作的最高行政机关。其主要职能是统一管理、监督和综合协调全国的认证认可工作。这种组织结构的调整，为“四个统一”工作的全面落实和实现奠定了组织保障基础。

2001年12月7日，国家质检总局和国家认监委在人民大会堂召开新闻发布会，对外公布了新的“四个统一”的强制性产品认证制度，发布了“四个统一”的规范性文件。这些文件的发布和实施，标志着国家认证制度发展到了新阶段，即国家统一的认证制度建立和发展阶段，也标志着中国入世承诺的兑现。

尽管“四个统一”的实现是国家统一的认证制度建立的重要标志，但“四个统一”并不意味着全部统一了由原国内有关行业主管部门实施的相关产品的强制性评价制度（如：入网、许可、注册等制度），也不意味着真正解决了产品评价活动与行政执法监督职能的区分问题，尚需国务院有关部门、地方政府及社会各界解决这一问题的共同努力。

强制性产品认证制度的建立 根据原国家质量技术监督局局长李传卿和原国家出入境检验检疫局局长李长江联名报吴仪国务委员关于落实国务院领导的指示、实施“四个统一”的请示，2001年1月3日，原两局领导王凤清和蒲长城联合主持召开了“产品安全认证专项工作会议”。会议提出，落实“四个统一”的工作原则是，贯彻国民待遇原则，通过制定和发布明确一致的程序，使国内外都满意；以大局为重，服从国家利益和入世大局的需要，从讲政治的高度完成国务院赋予的任务，改变站在部门利益的角度看问题的观念；以“四个统一”工作为新世纪的起点和两局合作的起点，建立两局工作的友好协商、积极协作的机制。会议确定组成8个专项任务工作组，包括政策组、目录组、标准组、收费组、单元划分抽样检测组、工厂审查组、认证规则程序组、标准差异组，具体实施工作由原国家质量技术监督局认评司和原国家出入境检验检疫局认证监管司组织开展。

在国家质检总局和认监委党组的领导下，8个工作组不到1年的时间内，经过大量的调研、专家研讨、文件/规则起草等政策和技术准备工作，2001年12月3日，中华人民共和国强制性产品认证制度正式发布。2001年12月7日，国家质检总局和国家认监委在人民大会堂召开新闻发布会，对外公布了新的“四个统一”（统一目录、统一标准技术法规和合格评定程序、统一标志、统一收费）的强制性产品认证制度，发布了“四个统一”的规范性文件。

新的强制性产品认证制度的规范性文件，主要包括：

1、《强制性产品认证管理规定》（国家质检总局局长令2001年第5号）：这个文件是目前实施强制性产品认证制度的基础文件，它详细规定和明确了以下内容：

（1）国家建立和实施强制性产品认证制度的法律法规依据；

（2）国家强制性产品认证制度的产品范围，是涉及人类健康和安全，动植物生命和健康，以及环境保护和公共安全的产品；

（3）强制性产品认证制度以“四个统一”为基本原则；

（4）列入强制性产品认证目录内的产品，尚未获得认证并且没有加施中国认证标志的，不得出厂销售、进口和在经营服务性活动中使用；

（5）规定了强制性产品认证制度建立和实施的基本体系。这些体系是：国家认监委统一建立并组织实施；指定的认证机构和为其服务的检测、检查机构负责认证的受理、检测、检查和证书的颁发以及对获证产品的监督；地方质检机构负责对列入目录内的产品及生产者、进口商和销售商等进行市场监督检查；指定的机构负责中国认证标志的发放；

（6）规定了列入目录内产品的具体认证规则程序要求以及认证证书的暂停、注销和撤消要求；

（7）规定了目录内产品的生产者、销售商、进口商在强制性产品认证制度实施中的权利与义务；

（8）规定了违反本规定的行政处罚要求等。

2、《第一批实施强制性产品认证的产品目录》（国家质检总局、认监委2001年联合公告第33号）。公布了第一批实施强制性产品认证的认证产品目录，包括家用电器、汽车、摩托车、安全玻璃、医疗器械、照明设备、电线电缆等19大类132种产品。

3、《强制性产品认证标志管理办法》（国家认监委2001年第1号公告）。详细规定了以下内容：

（1）强制性产品认证标志的性质：是为政府所拥有的通过指定机构颁发的认证证书，是特许列入目录内产品进入流通和使用领域的标识；

（2）认证标志的基本式样为：认证标志简称CCC标志。规定了标准与非标准认证标志的要求；

（3）规定了认证标志的印制、使用要求以及申领程序。

4、列入目录内产品的47份强制性产品认证实施规则。详细规定了相关产品的强制性认证申请单元、型式试验、工厂审查、认证批准和认证后监督，以及标志的具体使用规定、认证变更、认证扩展等要求。是认证机构实施认证、认证申请人申请认证和地方执法机构对特定产品进行监督检查的基本依据文件。

5、《承担强制性产品认证任务的认证机构及检测检查机构监督管理办法》。规定了承担强制性产品认证任务的认证机构，和为其提供产品检测和工厂审查任务的检查机构的指定条件和程序以及监督管理要求。

6、《强制性产品认证收费规定》。由原国家计划委员会核准发布，规定了强制性产品认证收费项目以及收费标准和相关收费管理要求，是“四个统一”文件的重要组成部分。

7、《无需办理或可申请免于办理强制性认证的产品范围》。规定了无需办理强制性认证的产品范围和可免于办理强制性认证的产品范围，这些产品经批准获得《免办强制性产品认证证明》后，可出厂销售、进口和在经营性活动中使用。

随着第一批强制性认证产品目录的实施，国家认监委和国家质检总局已经或正在对强制性产品认证实施过程中的有关问题制定相关规范性文件，包括具体产品范围的界定（国家质检总局、国家认监委2002年联合公告第60号）、相关新老制度过渡的规定等。

从2003年5月1日起（后推延至8月1日），原有的“长城”标志和“CCIB”标志将停止使用，所有列入强制性产品认证目录的产品，将统一为新的“CCC”标志。

强制性产品认证制度在推动国家各种技术法规和标

准的贯彻，规范市场经济秩序，打击假冒伪劣行为，促进产品的质量管理和保护消费者权益等方面，具有其他工作不可替代的作用和优势。认证制度具有科学性和公正性，被国际上广泛采用，特别是在实行市场经济制度的国家，政府利用强制性产品认证制度作为市场准入的手段，成为国际通行的做法。

强制性产品认证制度的实施 自从建立和颁布了强制性产品认证制度后，为了有效实施这项国家新的制度，国家认监委采取了一系列措施，保证了制度实施中各项工作的顺利开展。

1、指定认证机构、检测机构。 为保证新的强制性产品认证制度的顺利实施，2002 年 4 月国家认监委指定第一批 9 家认证机构和 76 家检测机构承担第一批强制性产品的认证和检测工作。这 9 家认证机构分别是中国质量认证中心、中国电磁兼容认证中心、中国安全技术防范认证中心、中国农机产品质量认证中心、中国安全玻璃认证中心、中国轮胎产品认证委员会认证中心、中国乳胶制品质量认证委员会、公安部消防产品合格评定中心、中国汽车产品认证中心。

强制性产品认证工作由国家认监委指定的认证机构负责认证的具体实施，并对认证结果负责；地方质检部门对列入强制性认证产品目录内的产品实施监督；生产者、销售者和进口商以及经营服务场所的使用者，对生产、销售、进口、使用的产品负责。有关强制性认证认可工作的具体内容可以通过国家认监委的网站随时进行查询。

强制性产品认证遵循国际认证的通行准则，认证制度的建立和运作、认证/检测/检查机构的运作和认证实施规则程序都遵循 ISO/IEC 有关国际指南和标准。

指定认证机构是《强制性产品认证目录》内产品强制性认证工作实施的主体，它的主要职责为：

(1) 按照认证实施规则的要求实施具体产品的强制性认证活动；

(2) 向获证产品以及相关企业颁发强制性产品认证证书；

(3)对获证产品以及相关生产厂家进行跟踪检查；

(4)暂停、注销和撤消认证证书；

(5)处理有关方面对认证产品及认证申请人的投诉、申诉。

为认证机构提供服务的检测、检查机构，接受认证机构的委托并为其提供认证产品的检测报告、认证产品生产厂的工厂审查报告。

认证机构对强制性产品认证证书负责。产品的生产者、进口商、销售商对生产、进口和销售的产品负责，不得因产品获得认证而转移相应责任。

2、指定标志发放机构。 为便于市场监督，避免假冒强制性产品认证标志，CCC 标志由国家认监委指定的机构统一进行发放管理。指定机构的具体任务是：

(1)根据企业提供的认证证书，发放认证标志；

(2)接受国家认监委的委托，对于非标准规格的认证标志以及模压等其他方式使用的认证标志的使用方案进行核准；

(3)为地方质检机构提供执法所需的信息等。

3、召开全国质检系统强制性产品认证工作会议。 为保证强制性产品认证制度的有效贯彻，对《目录》内产品的行政执法监督工作、产品认证目录范围的理解等涉及地方质检部门的工作亟待明确、规范和落实。为此，于 2002 年 7 月 11~12 日，国家认监委在北京召开了全国质检系统强制性产品认证工作座谈会。各省、自治区、直辖市及计划单列市、副省级市和新疆生产建设兵团质量技术监督局，各直属检验检疫局负责强制性产品认证工作的处级领导参加了会议。

会议的主要议题有：

(1) 贯彻国家强制性产品认证的方针政策及实施做法；

(2)研究对《目录》内产品的行政执法监督管理措施；

(3)听取各局对强制性产品认证工作的意见和建议；

(4)部署有关工作。

会议最后达成和取得了以下初步意见和成果：

(1) 与会代表对强制性产品认证制度推行的重要意义有了更深刻的理解。认识到推行强制性产品认证制度是社会主义市场经济发展的需要，是规范市场的重要手段，是履行中国政府对 WTO 承诺实现认证制度的"四个统一"的具体举措。

(2) 进一步明确了地方两局在强制性产品认证工作中的作用和任务。强制性产品认证工作的实施主体为第三方认证机构，这是国际上通行的认证准则，但对列入目录内的产品行政执法，强制性认证的开展，必须依靠地方质检部门的监督，只有进行有效监督，才能体现认证的强制性。地方局在进行监督的同时，还应积极为企业服务，宣传强制性产品认证制度，推动强制性产品认证工作的开展，应对本辖区强制性认证目录内产品的生产企业及经营服务性使用场所情况进行摸底调查，做到心中有数，但不提倡地方局搞企业登记，同时不允许给企业搞代理申请。

(3)本次会议后，国家认监委鼓励地方局按认监委的要求举办强制性产品认证说明会、宣传贯彻会。说明会或宣传贯彻会由地方两局相互协商，最好是共同举办，也可单独举办，政策性讲解可由参加本次会议的各位处长、代表承担，技术性讲解应邀请指定认证机构、检测机构的专家承担，需要时国家认监委可派专家予以支持。说明会或宣传贯彻会不应以营利为目的，收费应适当。认监委将编写强制性产品认证说明会教材，供说明会使用。

(4)对于强制性产品认证不办与免办的原则，应按国家认监委免办规定执行。不需办理的情况，由地方局掌握执行。免于办理的情况目前暂均由国家认监委审批，运行一段时间后，将出台相关的文件做出安排，将8号公告中的部分条款逐渐下放地方局执行。

(5)对于会议代表提出的强制性产品认证监督的机构落实、人员配备及经费来源的问题，认监委将向国家质检总局汇报，协调落实解决方案，同时地方局应不等不靠，多方努力解决问题。

(6)关于监督执法中的处罚依据，会议认为，在新的《中华人民共和国认证认可条例》(以下简称《条例》)出台前，应按《中华人民共和国产品质量法》、《中华人民共和国进出口商品检验法》、《质量认证管理条例》、《强制性产品认证管理规定》有关条款执行。

对监督执法的安排，国家认监委将下发一个关于检查内容的指导性文件，对于执法监督的管理，将以国家质检总局通知的形式做出安排。

在监督执法过程中，各地方局还可根据“三定”方案及地方具体情况，必要时与有关部门合作进行监督执法。

4、同有关部委协调保障强制性产品认证制度的实施。 在开展强制性产品认证过程中，同涉及行业管理或产业政策管理的有关部委，包括公安部、农业部、原国家经贸委、信息产业部、原国家药监局等，开展了卓有成效的协调工作。农机、消防、安全防范、医疗器械等产品顺利实施了强制性产品认证制度，有些产品还达成了部委间的合作备忘录。

为完善和规范机动车产品生产秩序和监管体制，促进汽车产业健康发展和机动车产品整体质量水平的提高，国家发展和改革委员会、国家质检总局、国家认监委就有关汽车产品管理工作也达成一致意见，依据《汽车产业发展政策》和《条例》，正联合制定统一的道路机动车辆生产企业和产品准入综合性管理办法。

5、加强宣传工作。 国家认监委在北京、上海、广东、河北、天津、浙江、江苏、山东等强制性产品生产厂较集中的地区，举办了多次强制性认证制度说明会和现场办公会；在WTO、APEC、IEC等国际组织的会议上，在对外的双边会谈中，在同国内外各政府部门、协会、贸易商、生产商的交往中，对中国的强制性产品认证制度广泛加以宣传；同欧盟、美国、日本、韩国、东南亚等国举办了中国CCC认证制度的专题研讨会或技术交流会；同时也利用广播、电视、报刊杂志等媒体介绍CCC认证制度。与此同时，地方质量技术监督局和各地出入境检验检疫局分别在各地举行了大量的宣传说明活动。同时发行了介绍CCC认证制度的光盘、问答手册等宣传材料。这些宣传工作有利于国内外企业、贸易商正确地了解、理解并支持CCC认证制度的贯彻。

6、切实解决认证实施中的具体问题。 国家认监委召开了多次专业会议，解决了认证实施中的一些具体问题：

(1) 解决认证实施过程中的技术问题。针对认证实施过程中出现的技术问题，国家认监委组织技术机构和专家进行数十次技术研讨会，包括：北京宽沟会议(2002年9月)、福建会议(2003年10月)等，会议结果以会议纪要或文件形式下发贯彻。

(2)解决部分认证收费不规范和偏高的问题。 针对认证实施过程中出现的一些收费不规范问题，国家认监委采取了一系列措施规范收费行为：通过考核，注册了137家符合条件的CCC认证申办代理机构，并要求认证机构不得受理其他中介机构的代理申请；对部分产品的认证单元划分重新进行了核定；对工厂审查人日数的掌握进行了细化；明确了CCC认证承认ISO9000认证结果和部分零部件自愿性认证的规定；制定了工业产品生产许可证和出口质量许可证向CCC认证转换收费的规定等。

认证机构采取了一系列有利于降低认证费用和方便企业开展认证的措施，如开办网上受理申请的业务，在企业集中的地方开展现场办公，增加分支机构，积极主动做好同企业的接口等。标志发放机构也采取了类似的措施，以加快标志发放和核准的速度。

(3)提高实施机构的服务质量问题。 认证服务机构在认证实施过程中，存在一些服务质量问题，包括服务态度、工作效率、管理混乱、不规范操作等行为。为此，国家认监委对它们提出了具体改进的要求，各机构也采取了有效的措施改进服务工作。

(4) 解决认证/检测资源缺乏的问题。国家认监委对认证机构、检测机构的业务范围进行了重新调整，使得绝大多数产品均有两家以上的认证机构承担认证业务；同时，检测机构也已由最初的68家增加到100家。

(5)进一步明确了产品适用范围、免办等措施。国家认监委发布了《第一批实施强制性产品认证的产品适用范围》，使强制性产品认证制度产品范围的界定更加科学、合理并更具操作性，也便于地方质检部门、海关部门的执法监督，同时便于生产厂、贸易商判别其产品是否属于认证范围；针对生产、进口和经营性活动中的产品特殊情况，国家认监委以公告(2002年第8号)形式，明确了无需办理或可申请免于办理强制性认证的产品范围，同时规定了具体的操作程序；此外，国家认监委还明确了强制性产品认证实施过程中的其他问题的解决办法。

(6)统一收费标准。本着进口产品与国产品的认证收费标准一致和基于成本核算不盈利的原则，参考以前的认证收费标准和国外收费标准，提出了强制性产品认证的收费项目并制定了相应的收费标准。所制定的收费标准较为切合实际，获得了原国家计委的批准。

(7)应对"非典"疫情，适时调整认证工作进度。强制性产品认证执法检查工作原定于2003年5月1日正式实施，由于受非典型肺炎疫情影响，实施日期拖延3个月，改于2003年8月1日正式开展。为了保证8月1日顺利实施强制性产品认证执法检查，国家认监委在"非典"疫情时期，专门提出了要求，采取了措施，包括加快发证工作、提高认证服务质量、临时调整检测任务和工厂检查程序等，以方便企业开展认证工作。

(8)成立强制认证技术专家组，提供技术支持。为了对强制性产品认证工作提供重要的技术支撑，2003年10月，国家认监委组织成立了国家强制性产品认证技术专家组，并于2003年10月29日至31日在福建召开了"强制性产品认证技术专家组成立暨工厂检查技术研讨会"。

技术专家组的主要职责是，在认监委领导下，研究认证实施规则中采用的标准、技术要求和合格评定程序，对认证制度的规划及认证实施规则完善、制修订和实施提出建设性意见和方案；收集、研究国内外标准技术法规及合格评定程序等有关信息，按照国际通行做法，不断完善中国产品认证体系，为产品认证制度的规划提出建设性意见和方案；针对认证实施过程中出现的技术问题，提出技术性解决方案等。

根据强制性产品认证实施情况及各类产品特点，共设置认证技术组、工厂检查组及各类产品组等18个技术专家组。技术专家组由来自各与认证有关的利益方的技术专家组成，包括政府管理部门、标准机构、认证机构、检测机构、检查机构、行业协会、认证委托方等。为确保技术专家组科学、合理、高效地开展各项工作，国家认监委发文(认办证函[2003]157号)，明确了技术专家组的工作内容和工作要求。

7、对强制性产品认证企业进行摸底调查。 为了掌握《第一批实施强制性产品认证的产品目录》中所涉及的国内工厂数量及分布情况，以便为下一步进行强制监督管理提供相关数据，国家认监委于2003年3月组织各地质量技术监督局开展了全国范围的强制性产品认证企业摸底调查。

2003年5月底，全国31个省、直辖市、自治区将调查数据上报完毕。根据调查统计，全国共有27804家企业所生产的产品属于强制性产品认证监督管理范围，考虑到上报数据中可能存在的少量遗漏，估计全国生产CCC目录内产品的企业数在30 000家左右(见第十六章表4《强制性产品认证情况调查表》)。

据认证机构上报数据统计，截至2003年5月26日，共有15 481家国内企业申请或获得了CCC认证，占国内企业总数的51.6%。从各地质量技术监督局调查情况来看，CCC认证所涉及产品的主要大中型骨干企业均已获得了CCC证书，这些主要大中型骨干企业所生产的产品种类和数量均已达到或超过市场总量的80%。这说明，对列入《第一批实施强制性产品认证的产品目录》的产品实施强制监督管理，已经具备条件。

通过此次调查，各地政府和各地质量技术监督部门摸清了当地企业的情况，为下一步帮助企业获得CCC认证并提高产品质量奠定了基础。

8、开展强制性产品认证的调研工作。 国家认监委于2003年7月派出3个工作小组，分别赴广东、江苏、浙江、上海等CCC认证产品涉及企业集中的地区开展CCC认证的调研和宣传推动工作。调研活动得到了地方两局的大力支持，获得了详细的第一手信息，掌握了大量宝贵情况，取得了调研工作预期效果，并进一步推动了CCC认证执法准备工作以及CCC认证的深入开展。

调研主要采取召开地方局座谈会、举办地方局CCC

认证执法培训班、举行企业座谈会的方式进行，调研组同时参观了 CCC 指定实验室并走访了获证企业。

调研所在地政府对强制性产品认证工作非常重视，认为是一项非常好的与国际接轨的市场准入制度，表示全力支持 CCC 认证制度的实施。地方两局对于 CCC 认证不但在各个媒体上进行宣传，还联合外经贸局、商业贸易局向各开发区、商场、市场、超市发文，要求各单位严格遵守 CCC 认证的有关规定。地方局的大力宣传，对 CCC 认证的顺利实施起到了非常大的推动作用。

企业界普遍认为，这次 CCC 认证调研工作和在调研过程中召开座谈会非常及时，解决了企业界在申请认证中的困惑和问题，使企业界对 2003 年 8 月 1 日的执法查处有了明确清晰的认识。企业认识到，中国实施强制性产品认证制度，对于保护人身安全、环境保护、国家安全以及规范市场经济秩序，是非常必要的。很多企业希望全面严格执法，维护这项市场准入制度的公正性。大部分企业，包括一些运行良好的大型企业集团，都认为在实施认证过程中提高了本企业的产品质量和质量管理水平。

调研组在调研中发现了强制性产品认证工作中存在的问题和需要改进的方面，并及时采取了应对措施。这些问题和需要改进的方面有：

(1)要加强对认证机构/检测机构的监管力度，提高认证机构和检测机构的服务质量，规范收费行为，不给企业造成过重负担。认证机构应增加现场受理申请点，强化服务意识而不是行政意识，提高认证机构的效率，争取在 8 月 1 日执法查处前为更多的企业发出证书，进一步规范认证机构的收费行为，使收费有据可依。

(2)增加透明度。除对已采取的各种规定和措施文件在网上公布外，还应进一步改进和完善强制性产品认证的网站信息系统，以便于企业查询，同时有利于 2003 年 8 月 1 日执法工作的开展。

(3)改进和增加宣传内容。应大力宣传获证企业的成功经验，通过典型引路，促进企业申请认证。执法检查开始后，还应积极宣传违法违规对社会、对消费者和对企业本身的危害，同时宣传各地质检部门严厉打击违法行为的重要事件，对抱有侥幸心理逃避认证的企业形成震慑。

(4)指定检测机构的布局调整应加快。应根据强制性产品生产区域性的特点，适量增加检测机构的数量，方便企业进行检测。

(5) 应进一步规范对执法的要求，部署专项查处工作。同时应保护已认证企业的利益，对认证与不认证的企业区别对待，以促使未认证企业积极申请认证。

(6)采取有效措施提高标志发放管理中心的效率，并在适当时机降低认证标志的费用。

(7)出台新政策，如制定实施规则、认证目录、收费等，应多倾听来自企业的意见。

针对上述问题，国家认监委和地方两局，及时采取了措施，改进了工作。

9、开展强制性认证行政执法（见第四部分法制建设）。

强制认证新领域开拓

1、无线局域网产品。 无线局域网(WLAN)国家标准 GB15629.11-2003《信息技术 系统间远程通信和信息交换 局域网和城域网特定要求 第 11 部分：无线局域网媒体访问(MAC)和物理(PHY)层规范》、GB15629.1102-2003《信息技术 系统间远程通信和信息交换 局域网和城域网特定要求 第 11 部分：无线局域网媒体访问(MAC)和物理(PHY) 层规范：2.4GHz 频段较高速物理层扩展规范》，已经由国家标准化管理委员会于 2003 年 5 月 12 日正式颁布并于 12 月 1 日正式实施。该标准是中国无线局域网领域正式颁布的基础性的强制性国家标准，该标准规范了无线网络的信息安全技术并解决了目前有关无线网络技术中存在的严重的信息安全隐患和漏洞。

为了切实保证信息安全，国家质检总局、国家认监委于 2003 年 12 月 1 日发布了第 113 号公告，决定对无线局域网产品实施强制性产品认证。自 2004 年 6 月 1 日起，未获得强制性产品认证证书和未加施中国强制性认证标志的无线局域网产品不得出厂、进口、销售或者在其他经营活动中使用。

2、电线电缆。 为了进一步明确电线电缆的产品范围，根据使用单位的要求和行业协会的建议，国家认监委于 2003 年 6 月 23 日发布了第 5 号公告，公告中明确了额定电压 450/750V 及以下聚氯乙烯绝缘聚氯乙烯护套软电缆（导体标称截面为 0.75Θ²~2.5Θ²，芯数为 6 芯~41 芯）、电梯电缆和挠性连接用电缆（导体标称截面为 0.75Θ² 和 1Θ²，芯数为 25 芯~60 芯）、交流额定电压 3 k V 及以下交联聚烯烃绝缘铁路机车车辆用电缆属于强制性产品认证范围。

强制认证对外合作（见第十部分国际合作）。

强制性认证成果 强制性产品认证工作自 2002 年 5 月 1 日开展以来，经过政府部门、技术机构、行业协会、企业、新闻媒介、消费群体等相关部门的共同努力和推动，取得了较大的成果。

截至2003年底，指定认证机构共颁发CCC证书118 000多张，其中国内为109 000多张，国外8 900多张。获证企业数为26 000多家，其中国内企业24 000多家，国外企业1 900多家。2003年国家认监委共签发“免于办理强制性产品认证证明”/“免于办理进口商品安全质量许可证证明”8 000份。

承担强制性产品认证工作的认证机构和实验室 在开展强制性产品认证工作过程中，国家认监委共指定了8家认证机构（原指定9家认证机构中2家认证机构合并）、100家实验室和1家标志发放管理机构，分别承担强制性产品认证、检测和标志发放管理任务。这些指定的单位，在实施强制性产品认证制度中发挥了很大作用。这8家指定认证机构和100家指定实验室的基本情况见下表：

承担强制性产品认证工作的认证机构及其业务范围（详见《附录》）

承担强制性产品认证检测任务的机构及业务范围（详见《附录》）

2、自愿性产品认证

中国的自愿性产品认证工作起步于20世纪70年代末，经过20余年的发展，积累了丰富的经验，在产品质量的提高、引导行业发展、保护消费者利益等方面均发挥了积极的作用。同时，中国自愿性产品认证是在计划经济时代产生并在计划经济向市场经济转型期间发展起来的，具有鲜明的时代特点，表现在：第一，认证领域条状分割，认证直接服务于行业管理，没有充分、全面地发挥认证的功能。第二，认证实施机构的独立性法律地位没有体现，机构间缺乏竞争。第三，认证与政府行政审批关系没有理顺。这些弊端亟待通过改革予以解决。

自愿性产品认证制度的建立 2001年8月国家认监委成立后，按照在认监委的统一管理、监督、规划和综合协调下，发挥有关各方的作用共同实施的方针，本着在中国国情的基础上与国际接轨的原则，建立中国的认证认可体系，进一步强调了认证的服务主体和认证机构的公正、独立的第三方地位，对认证机构进行了重新审批登记。目前，经国家认监委审批成立的产品认证机构共有46家；已经开展自愿性产品认证的内容有产品安全、电磁兼容、环境生态、节约资源、卫生、品质等，涉及的产品领域有电子电气及部件类、医疗器械类、玩具、建材、家具、铁路产品、纺织品及鞋、汽车零部件、饮品、机械、化工产品、体育用品、中文字符及软件、燃器具等。反映自愿性产品认证开展情况的有关数据见下表：

序号	产品大类	产品小类	发证数量	发证企业数
1	电子及电器产品	家用及类似用途电器	540	323
2		音视频设备	17	11
3		电池及其充电器	113	50
4		电线电缆	79	53
5		灯具	643	401
6		信息技术设备及金融产品	16	15
7		电动工具	45	17
8		低压电器	150	100
9		电子元器件及电路板	3 897	1 455
10		电源	6	2
11		商用产品	141	74
12		电动机	384	161
13		熔断体	10	3
14		电能表	5	2
15		IC 卡产品	6	5
16		电路开关及保护或连接用电器装置	2 337	990
17	建材家具	建材产品	105	49
18		家具	12	3
19	玩具	玩具	211	142
20	铁路	铁路产品	8	3
21	汽车部件	汽车零部件	585	476
22	机械	农机产品	34	22
23		机械产品	98	44
24	信息安全	信息安全产品	297	288
25	化工	化工产品	251	201
26	体育	体育用品	11	10
27	软件	中文软件	14	12
28	燃气具	燃气具	132	6
29	医疗	医用产品	200	100
30		医疗仪器	6	4
31	玻璃	玻璃	21	15
32	资源节约	节能节水环保产品	1 176	126
33	轻工	纺织品及鞋	46	37
34		其他轻工产品	3	2
35	饮品	饮用水	2	2
36		白酒	4	4
		其他饮品	24	18
	合计		11 629	5 226

上表基本反映出中国自愿性产品认证的开展现状。各认证机构推行20多年，发出认证证书11 639份，获证工厂5 226个，与强制性产品认证推行2年间就对近3万个工厂发放12余万份证书有很大差距。这反映出自愿认证结果还未被社会各方所认同，自愿认证市场仍然具有巨大的开发潜力。从上表数据及调查了解的情况看，中国产品自愿认证的开展情况具有以下特点：

1、强制性产品认证带动了自愿性认证的开展；

2、配合国家产业政策建立的自愿性认证制度发展迅速；

3、行业协会参与，和认证机构共同树立"精品认证"意识，对自愿认证工作有直接的推动作用；

4、强制性产品认证指定机构和品牌机构在自愿认证活动中优势明显；

5、认证标志式样众多，消费者难以识别标志的代表意义，减弱了认证明示指导消费的功能；

6、大部分认证机构产品认证业务开展艰难，有名无实。

为规范发展自愿性产品认证，国家认监委正在制定《认证管理办法》等相关规定，制定了推广自愿性产品认证的具体方案：

1、认真学习《认证认可条例》精神，加大自愿认证的宣传力度。

将配合《行政许可法》的实施，向政府管理部门宣传认证认可工作的国际通行性和对政府监督、管理的基础性支持作用，以及对建立诚信体系，用市场的手段调节市场经济的重要作用；向消费者宣传认证的基础知识，广而告知认证标志图案，让消费者懂得贴有认证标志的产品意味着对该产品是一种由第三方出具的保证，让认证标志真正起到引导消费的作用；向生产企业宣传认证的意义和经过认证给企业带来的收益；向商业部门宣传认证标志，将销售贴有认证标志的产品作为对消费者承诺的一种手段。国家认监委将组织各地方质检部门和认证机构从多个层面多个角度进行全方位宣传。

2、清理原专项认证制度，向《条例》设定的新体制过度。根据《条例》精神，认证服务的主体为具备独立法人资格及相关资质的认证机构，原各行业认证委员会已不复存在，故原行业认证委员会经原认证认可主管部门批准实施的认证制度应过渡至国家制定规则的认证制度，原属国家的认证标志不再归某个认证机构独家使用；机构自行制定认证规则的认证制度，应按相关程序向国家认监委备案。国家认监委届时将出台原制度向新体制过渡的具体办法。

国家制定认证规则的认证制度，凡是经国家认监委批准成立及批准的业务范围有该认证项目的，均可按国家制定的认证规则开展认证，在获得认证的产品上使用认证规则中规定式样的认证标志。

3、培育自愿性产品认证的市场，鼓励打造认证机构品牌。为了让自愿认证真正起到第三方公证、指导消费、服务贸易的作用，对国家发布规则的特定认证制度使用相同式样的认证标志，方便消费者识别；同时为鼓励认证机构间竞争，标志中要反映机构标志或识别码，在竞争中树立机构品牌，共同造就自愿性产品认证的市场氛围。

为鼓励机构开发认证市场，开拓认证新领域，对于认证机构先期开发的认证领域，当其制定为国家的认证规则时，国家将给予一定期限的保护政策。

4、发挥各方作用，在国家认监委的统一监督管理和统一规划下，推动自愿性产品认证制度的建立和实施。与政府主管部门紧密配合，了解政府管理需求，落实相关产业政策，将政府的需求融入到认证规则中，认证结果为政府管理所用，为经济建设服务。如为配合国家环境安全和发展循环经济、可持续发展战略，拟与政府主管部门推出环保产品认证、电子电器材料环境友好标志、清洁生产过程认证等，为实现战略目标做基础性的评价管理准备。

与地方政府合作，根据地方产品、经济特点，建立主要为促进地方经济发展的认证制度。

与行业协会、行业组织合作，将规范行业经济秩序、引导行业发展的思路贯穿至相关认证规则中，为整体提升行业产品质量和技术水平服务。在成功推出燃器具蓝火苗认证的基础上，与相关行业协会共同推出文教产品认证，为孩子们的健康成长、引导行业发展和与国际接轨做工作。

与大型销售网络集团合作，建立直接为进入销售柜台的商品的认证评价制度。由于这是第二方的进入其销售网络的强制性要求，对销售集团的信誉和自愿认证的推广会起到双赢的效果。

与消费者协会合作，对消费者关注的热点产品建立认证制度，保护消费者利益，引导消费，调节市场经济。

跟踪标准制定发展动态，对有自主知识产权、对民族工业发展有直接影响的标准涉及产品，建立认证制度，为中国经济发展服务。

自愿性产品认证工作的进展

1、强制性认证承认的部件自愿性认证的实施。

2003年7月,国家认监委发布了《部件自愿性认证实施规则》(共37份),涉及电子部件和机动车部件共计37种,要求强制性产品认证机构在整机认证中,对6家具备规定资质和技术能力的认证机构出具的部件自愿性认证证书,经审核符合规定的,承认其自愿性认证结果,不得对有关部件重复检测和收费。

按照强制性产品认证实施规则要求,整机产品在进行认证时,所用安全部件须随整机进行检测;而按照国际惯例,随整机检测的结果仅对该整机有效,不能用于其他整机。这样,就有可能出现:同一部件生产厂家生产的同一型号产品同时配套多个厂家的多种整机产品,这些整机产品在申请强制性产品认证时,因为生产厂不同、产品种类不同或所属安全系列不同,其所用的同一供货厂家的同一型号的部件产品需要随分属不同申请单元的整机产品按同一标准进行多次检测。

在强制性产品认证整机认证中,承认部件自愿性认证结果,免于对部件进行单独测试,有效地解决了上述问题,减少重复检测,降低整机强制性产品认证费用,缩短整机强制性产品认证周期。

在降低企业负担的同时,为了保证强制性产品认证质量,国家认监委对部件自愿性认证机构提出了实施要求,规定了承认部件自愿性认证结果的具体条件。部件自愿性认证机构须按照国家认监委发布的规则实施认证。强制性产品认证中,按规定须随整机测试的部件,如已获得认监委公布的6家部件自愿性认证机构的认证,并且符合承认条件的,应承认其自愿性认证结果,免于对部件进行单独测试。

截至2003年12月31日,共颁发可为强制性认证承认的部件自愿性认证证书6 000余份,获证企业共计2 000余家。

2、燃气具自愿认证。 中国燃气具产品认证工作已全面展开,“蓝火苗”认证标志成为消费者选购燃气具产品依据。

目前,中国共有21家在生产规模、质量信誉、售后服务等方面处于国内领先地位的燃气具企业,通过了北京鉴衡认证中心的燃气具产品认证,可以在其获得认证的产品上使用CGC-GAS-FIRED认证标志(简称:蓝火苗认证标志)。从此消费者在选择燃气热水器、燃气灶具等商品时有了一个依据——是否贴有蓝火苗标志。

燃气具产品在中国已有多年的应用和发展历史。主要的产品有家用燃气快速热水器、家用燃气灶具等十几个品种。无论是城镇还是乡村,燃气具产品已成为当代家庭生活中不可缺少的生活用品,特别是在城市中,燃气具已成为家庭日常生活中的必不可少的产品。

由于中国燃气具的生产企业在生产规模、技术水平、质量保证能力等方面良莠不齐,一些生产制造能力达不到基本要求的企业,其生产出的产品质量很难得到保证。特别是一些不负责任的企业,为了提高利润、降低成本而在产品制造过程中偷工减料,降低了产品质量。这是燃气具事故增加的主要原因。而消费者很难具备鉴别产品优劣的知识,不能放心选购使用燃气具。在这种情况下,消费者要么放弃使用燃气具,要么只能凭厂家的自我宣传及商品的价格来选择。这就造成了低质量依靠低价格与高质量产品的不平等竞争。长此以往必将影响生产企业对提高质量、改进技术的积极性,最终将影响整个产业的健康发展。

面对燃气具市场的这些问题,广大消费者和燃气具行业中的优秀企业,无不期待国家出台强有力的符合市场经济规律的质量监管制度,来规范、净化燃气具市场。在这种形势下,2003年5月,国家认监委批准授权中国计量科学研究院鉴衡认证中心着手建立中国的燃气具产品认证制度。希望通过产品认证制度来规范行业的发展,保护广大消费者的切身利益和安全。

在国家认监委的统一领导下,在中国五金制品协会、中国城市燃气协会等部门的大力支持下,通过认证机构、燃气具产品检测机构及燃气具企业等全行业的一年努力,中国燃气具产品认证工作取得了阶段性成果。燃气具产品认证制度已正式出台,只有产品经过严格检测证明符合国家标准,并且通过全面、严格的工厂审查及随后每年的监督检查的企业,才能获得认证。

作为一个新开拓的产品认证领域,燃气具产品认证虽然取得了一定成绩,但与国外相比,在各个方面还有很大的差距。把“蓝火焰”认证做成世界上知名的燃气具产品认证,还有许多工作要做,如:按ISO/IEC导则65要求,不断强化认证机构自身管理和建设;加强从业人员的教育培训,培养中国燃气具产品认证专家;适时提高燃气具产品认证技术门槛,强化精品意识;加大“蓝火苗”宣传力度,增加燃气具生产企业认证附加价值;加强与国际相关组织的交流与合作等。

3、节能、节水认证。

(1)节能认证。 节能认证是实现环境可持续发展、资源节约利用非常重要的工作。中国自1998年开始启动节能产品认证工作以来，在国务院相关部门的大力支持下，节能认证工作得到了快速健康的发展，为中国的能源政策和产业调整提供了强有力的技术支持。

2001年开展了"中国待机产品节能认证"项目。在对待机能耗问题进行了大量的调查和分析基础上，分阶段启动了电视机、打印机、复印机、VCD/DVD的节能认证工作。

为增强公众对待机能耗的了解，提高全社会的节能、环保意识，2002年8月，在北京召开了"降低待机能耗，促进节能环保"新闻发布会，向传媒和社会各界介绍待机能耗的概念，并对降低待机能耗的方法和取得的成果进行了现场演示。

国际社会对"待机能耗"高度重视并采取积极行动来降低待机能耗。中国2002年末启动彩色电视机待机能耗节能认证后，2003年相继又完成了计算机、显示器、传真机、复印机和VCD/DVD产品的认证用技术要求和实施规则的制定工作，开展了打印机、复印机、传真机、PC、DVD/VCD、显示器等办公设备和家庭视听产品待机能耗的节能认证工作，为推动政府节能采购和指导家庭绿色消费提供参考。

在能源基金会的资助下，开展"中国电源适配器节能认证项目"。该项目对目前中国企业的生产规模、技术水平以及开展电源适配器节能认证将取得的经济、社会和环境效益进行分析，并在此基础上制定电源适配器节能认证的技术要求和实施规则草案。

为全面了解借鉴国外政府机构节能的管理机制、政策措施和经验，进一步推动中国政府机构节能工作深入开展，2003年9月22~23日在北京召开了"政府机构节能国际研讨会"，国内外70余名代表出席了会议，会上中外代表充分交流了开展政府机构节能工作的经验，指出了面临的障碍，积极探讨了中国政府机构节能的有效措施，会议取得了圆满成功。

2003年11月全国节能宣传周期间，在北京召开以"降低待机能耗，提高能源效率"为主题的新闻发布会，向社会各界介绍中国开展节能工作的进展，以及在降低办公设备待机能耗领域取得的成果，并现场展示了采用先进技术节能降耗的成功经验，向社会各界发出"降低待机能耗，提高能源效率——我们在行动"的倡议。

2003年是中国建立并实施节能产品认证制度的第5年。到2003年底，认证产品已涉及家用电器、办公设备、电力、机械、照明器具、城市用水器具等领域28大类。5年来累计获证企业120家，累计颁发节能产品认证证书1386份。

(2)节水认证。 为了规范中国节水产品市场，贯彻落实建设部《节水型生活用水器具》强制标准，推广普及节水器具和设备，缓解中国水资源的供需紧缺矛盾，促进国民经济的持续健康发展，2002年7月17日，国家认监委以认证办函[2002]97号文授权中国节能产品认证中心对节水产品进行认证。

2002年8月23日，出台《全国节水规划纲要》(2001~2010年)，要求强化用水节水设施和节水器具、设备生产质量的监管，实行节水产品标识制度。对工农业节水设备和生活节水产品推行节水标签，对产品实行认证，销售实行市场准入，清理整顿节水设备、器具的生产及流通市场，扩大节水产品的市场份额。

2002年10月22日，召开"贯彻落实节水产品标准、实施节水产品认证、促进水资源可持续利用"新闻发布会，正式启动了中国的节水产品认证制度。实施节水产品认证是规范节水产品市场、防止和打击假冒伪劣产品、加强政府节水管理的重要手段。

2003年1月19日，节水认证产品列入原国家经贸委公布的《当前国家鼓励发展的节水设备(产品)目录》(第二批)，享受优惠政策。

2003年3月25日，水利部、国家认监委、国家标准委在北京联合召开"落实《管理通则》推动节水型产品认证工作"的新闻发布会。

2003年7月22日，公布了国家首批通过认证的节水产品型号以及其生产企业名单，8家企业率先通过了节水产品认证，获得认证证书。自2002年至2003年底，中国开展节水认证两年来，已开展的节水产品认证包括坐便器、水嘴、便器冲洗阀、沐浴器、洗衣机5大类产品，累计获证企业11家，累计认证型号54个。

4、自愿性产品认证机构的发展。 到2003年底，经认监委批准，并通过中国认证机构国家认可委员会(CNAB)认可的认证机构共19家，开展了电工电子产品、轻工产品、机械产品、医疗器械产品、建材产品、纺织产品、肉类等多种产品的自愿性认证工作。

CNAB认可的自愿性产品认证机构的产品范围（详见《附录》）

3、农产品、食品认证

在中国农产品、食品认证方面，产品认证主要有：无公害农产品认证、有机食品认证、绿色食品认证及饲料产品认证。

无公害农产品认证 无公害农产品指产地环境、生产过程和产品质量符合国家有关标准和规范的要求，经认证合格获得认证证书并允许使用无公害农产品标志的未经加工或者初加工的食用农产品。

无公害农产品认证是农业部实施“无公害食品行动计划”的重要手段，着重解决农产品质量安全问题，使广大的消费者吃上放心、健康的食品，确保人民群众身体健康。

2002年4月国家质检总局和农业部以部长令形式下发了《无公害农产品管理办法》，明确了无公害农产品认证是由“政府推动，并实行产地认定和产品认证的工作模式”，“不得收取费用”。

2002年11月国家认监委和农业部联合下发了《无公害农产品标志管理办法》，规定了全国统一的无公害农产品认证标志，明确了标志的使用方式。

2003年4月农业部和国家认监委以公告形式发布《无公害农产品产地认定程序》和《无公害农产品认证程序》。办法和程序的发布，对于规范无公害农产品认证，使无公害农产品认证步入法制化管理具有重要意义。

无公害农产品认证不是通常意义上的认证，是作为一种政府推动的以提高中国农产品质量基本要求为目的的“认证”形式，具有非营利性的公益性的认证方式。

有机认证 有机食品指符合国家食品卫生标准和有机食品技术规范的要求，在原材料生产和产品加工过程中不使用农药、化肥、生长激素、化学添加剂、化学色素和防腐剂等化学物质，不使用基因工程技术，并通过有机认证使用有机食品标志的农产品及其加工产品。另外，国际上除有机食品外，还有有机纺织品等。

国家环保总局于2001年4月以部长令形式下发了《有机食品认证管理办法》。该《办法》明确了有机食品认证机构的管理、有机食品生产经营认证管理、标志管理等内容。

有机食品认证是中国与国际接轨的认证方式，它的认证标准基本与国际标准相一致。

国家认监委同国家环保总局就有机食品认可工作移交问题达成一致。

国家认监委正在组织制定《有机产品管理办法》和有机产品国家标准，国家有机产品认证有关法规和国家标准是实现有机产品国际互认的基础，对促进有机产品国际贸易具有重要意义。

绿色食品认证 绿色食品指遵循可持续发展原则，按照特定生产方式生产，经专门机构认定，许可使用绿色食品标志商标的无污染的安全、优质、营养类食品。

目前，绿色食品认证由中国绿色食品发展中心进行，其已将绿色食品标志申请了工商注册。绿色食品认证的特点是，绿色食品为独家认证，认可、认证、咨询、公司四合一，并且绿色食品标志及其文字已由绿色食品发展中心进行了工商注册。

饲料产品认证 饲料业是一个跨部门、跨行业、跨学科、独立的综合性工业门类，它涉及农业、轻工、化工、医药、机械、电子、国土资源、商贸等行业，具有很强的连带性和辐射作用，直接关系到种植业和养殖业健康发展，同时对食品、医药、化工、轻工、机械及运输业的发展，都有积极的促进作用。中国饲料业经过20多年的改革和发展，到现在，已经形成了门类比较齐全、功能比较完备的产业体系，并且成为中国国民经济的重要基础产业。为配合农业部做好建设安全优质高效饲料生产体系的工作目标，从源头促进食品安全，提高饲料质量安全卫生水平，促进饲料工业和养殖业的发展，维护人体健康，保护动物生命安全。中国国家认监委、农业部于2003年12月31日联合发布了《饲料产品认证管理办法》，按照“统一的合格评定程序、统一的认证标准和技术规范、统一的认证标志，统一的收费标准”的原则，对饲料及饲料添加剂开展了认证。《饲料产品认证管理办法》充分体现了企业自愿、政府推动的思想，比如《管理办法》第七条规定，“实行生产许可证和批准文号管理的饲料和饲料添加剂，饲料行政管理部门可以凭认证机构颁发的饲料产品认证证书向获证企业免检换发产品批准文号”。开展饲料产品认证有利于指导养殖企业选择安全优质高效的饲料，以保障养殖企业效益，减轻企业经营风险，扶持安全优质高效饲料生产企业的发展，树立安全、优质、高效饲料品牌，通过市场机制使一些不规范的小厂退出市场，规范、净化饲料市场，使中国饲料工业健康发展。

另外，除有机食品认证、无公害农产品认证、绿色食品认证、饲料产品认证四种主要形式外，还有一些认证形式，如北京市针对未加工和初加工农产品的食用农产品安全认证；中饮标（北京）安全饮品认证中心针对各种饮品的安全饮品认证；中食恒信（北京）质量认证中心针对畜肉、蛋及其制品的安全食品认证；方圆认证中心、福建东南标准认证中心、北京海萨博质量认证中心针对肉类、动植物油脂、谷物、水产品、罐头等的食品认证；万泰、茶叶所开展的针对非食用农产品的有机认证等。

但是这些认证还存在一些问题,主要有:1、各种认证社会认知率不高,其认证结果无法得到其他部门和机构的承认,开展起来有困难;2、其认证形式、采用标准混乱。

三、各类机构的审批

国家认监委成立后,为落实《国务院办公厅关于加强认证认可工作的通知》(国办发[2002]11 号)要求,加强对认证机构及认证培训机构、咨询机构的监督管理,国家认证认可监督管理委员会、国家质量监督检验检疫总局、国家工商行政管理总局、原对外贸易经济合作部联合印发《认证机构及认证培训、咨询机构审批登记与管理办法》,明确了在中国境内从事与认证及认证培训、咨询有关的经营性活动的机构进行审批、登记注册和监督管理,同时对已存在的认证机构、认证培训及认证咨询机构进行重新审批。至 2002 年底经审批取得资格的认证机构 112 家,认证培训机构 108 家,认证咨询机构 974 家。至 2003 年底经审批取得资格的认证机构 113 家,认证培训机构 121 家,认证咨询机构 740 家。

1、认证机构设立审批依据、条件

依据《中华人民共和国认证认可条例》第九条"设立认证机构,应当经国务院认证认可监督管理部门批准,并依法取得法人资格后,方可从事批准范围内的认证活动。未经批准,任何单位和个人不得从事认证活动。"

国家认证认可监督管理委员会、国家质量监督检验检疫总局、国家工商行政管理总局、对外贸易经济合作部联合发布《认证机构及认证培训、咨询机构审批登记与监督管理办法》(国认可联[2002]21 号),据此,认证机构应满足的审批条件是:

(1)有固定的场所和必要的设施;

(2)有符合认证认可要求的管理制度;

(3)注册资本不得少于人民币 300 万元;

(4)有 10 名以上相应领域的专职认证人员;

(5)从事产品认证活动的认证机构,还应当具备与从事相关产品认证活动相适应的检测、检查等技术能力。

(6) 外方投资者取得其所在国家或者地区认可机构的认可;

(7) 外方投资者具有 3 年以上从事认证活动的业务经历;

(8)外商投资认证机构的同时应符合外商投资法律、行政法规和国家有关规定;

(9) 外商投资认证机构注册资本不得低于 35 万美元;

(10)2005 年 12 月 11 日前暂不审批外商独资的认证机构的设立申请。

2、认证培训机构设立审批依据、条件

依据《国务院对确需保留的行政审批项目设定行政许可的决定》(国务院令第 412 号),国家认证认可监督管理委员会、国家质量监督检验检疫总局、国家工商行政管理总局、对外贸易经济合作部联合发布《认证机构及认证培训、咨询机构审批登记与监督管理办法》(国认可联[2002]21 号)。据此,认证培训机构应满足的审批条件分别是:

认证培训机构设立审批条件

1、有固定的场所和必要的设施;

2、有符合认证培训机构要求的管理体系文件;

3、注册资本不得少于人民币 100 万元,有 3 名以上专职培训教师,相应领域的专职培训教师不得少于 2 名;

4、拥有自有(授权)的知识产权培训课程。

外商投资认证培训机构设立审批条件

1、有固定的场所和必要的设施;

2、有符合认证培训机构要求的管理体系文件,外方投资者在所在国取得国家认可资格或者承认,并有 3 年以上的相关服务经验;

3、注册资本不得少于人民币 100 万元,有 3 名以上专职培训教师,相应领域的专职培训教师不得少于 2 名;

4、拥有自有(授权)的知识产权培训课程;

5、2005 年 12 月 11 日前暂不审批外商独资的认证培训机构的设立申请。

申请扩大业务范围审批条件

1、有 2 名以上相应业务领域的专职培训教师;

2、有相应业务领域管理体系文件;

3、有相应业务领域的自有(授权)的知识产权培训课程。

境外认证培训机构在华常驻代表机构的审批条件

1、在所在国取得国家认可资格或者承认;

2、具有 3 年以上的相关服务经验。

3、认证咨询机构设立审批依据、条件

依据《国务院对确需保留的行政审批项目设定行政许可的决定》(国务院令第 412 号),国家认证认可监督管

理委员会、国家质量监督检验检疫总局、国家工商行政管理总局、对外贸易经济合作部联合发布《认证机构及认证培训、咨询机构审批登记与监督管理办法》(国认可联[2002]21号)。

认证咨询机构设立的申请条件

1、有固定的场所和必要的设施;

2、有符合认证认可要求的管理文件;

3、注册资本不得少于人民币50万元;

4、有5名以上相应领域的专职认证咨询人员,其中高级审核员/高级咨询师2名,审核员/咨询师3名。

分支机构设立的申请条件

1、有固定办公场所及办公设施;

2、有2名以上相应领域的专职认证咨询人员,其中高级审核员/高级咨询师1名,审核员/咨询师1名;

3、有符合认证认可要求的管理文件。

扩大业务范围的申请条件

1、已获得批准,且批准书有效期为4年;

2、有1名以上相应领域的专职审核员/咨询师;

3、有相应领域管理文件。

办事处的备案

1、有总部投资的固定办公场所及办公设施;

2、有总部聘用的专职工作人员;

3、有符合认证认可要求的管理文件。

境外认证咨询机构在华常驻代表机构的设立条件

1、在所在国取得国家认可资格或者承认;

2、具有3年以上的相关服务经验;

3、有符合认证认可要求的管理文件。

4、批准的机构名录

认证机构名录(详见《附录》)

认证培训机构名录(详见《附录》)

认证咨询机构名录(详见《附录》)

四、认证市场监管

2002年认证市场监管采取的主要措施,一是重点打击从事违法违规认证经营活动的机构,联合工商部门查处6家此类机构并进行曝光。二是开展认证机构自查活动,由认证机构自行对照有关法律法规和认可准则要求进行自查自纠。2002年认证市场采取的监管措施使认证市场恶性违法违规现象得到初步遏止。

2003年认证市场监管进一步加大力度,采取的主要措施,一是继续严厉打击从事非法认证活动的机构,联合公安、工商部门开展打击非法认证经营活动专项行动,查处11家非法机构并进行曝光,责令其立即停止认证经营活动。二是在全国开展违法违规机构清查活动,查获有关案件120余起,分别由国家认监委和地方认监部门进行进一步调查处理。三是对投诉案件进行调查处理,共接到投诉60余起,安排调查50余起,已有调查结果的30余起。四是开展认证有效性稽查,从100多家认证机构认证过的企业中抽查700多家,对其认证有效性进行检查,并对有违规行为的认证机构做出相应处罚。2003年认证市场采取的监管措施使认证市场明显好转,违法违规现象得到有效遏止。

1、认证市场监管采取的措施方式

(1)对非法认证及相关机构重点进行查处;

(2)对认证、认证培训、认证咨询活动和结果进行抽查;

(3)组织同行评议;

(4)向被认证、咨询组织及被培训人员征求意见;

(5)要求认证、认证培训、认证咨询机构报告业务活动情况;

(6)成立认证行业协会,进行行业自律。

2、认证市场监管情况

认证市场存在的不规范、有效性差的情况,直接影响了认证认可事业的健康发展。认证市场上的违法违规问题也引起了国务院领导和有关方面的高度关注。国务院领导就认证工作做出了一系列重要批示。自国家认监委成立以来,把整顿和规范认证市场秩序作为头等大事来抓,针对认证认可存在的各种违法违规问题,采取了一系列整顿认证市场的重要举措,并且取得了明显的成效,有效遏制了认证市场恶意违法违规行为的泛滥,使认证市场秩序明显好转。

对违法违规代理境外认证业务的机构进行查处 国家认监委成立以后,连续收到反映一些机构违法违规代理境外认证业务的投诉,2001年底国家质检总局李长江局长和国家认监委王凤清主任到广东等地区进行调研时,当地有关部门对广东等地区的一些机构违法违规代理境外认证业务、变相买卖证书的问题反应强烈,希望国家认监委采取强有力措施,坚决遏制认证市场的恶意违法违规行为。为此,国家认监委和国家工商总局于

2001年12月6日联合发出了《关于对认证机构违规认证行为进行查处的通知》,共同组织广东、上海、北京三省市的出入境检验检疫局、质量技术监督局、工商行政管理局有关人员组成联合工作组,从2001年12月下旬开始对被投诉的有关认证机构进行调查,经过各调查工作组全体人员的辛勤努力,并经国家认监委与相关的外国认可机构和国际组织协调,查处工作取得了重大进展。调查发现广州英迈标准技术有限公司(EQA欧洲质量保证协会办事处)、ISO9000中华网/广州市玖千网科技有限公司/国际管理体系认证委员会中国总部(IMS-CS)、广州市高宝汉德有限公司/全球认证网中国总部(Global Certification-CS)、广州英特安认证服务有限公司/英国英特安(广州)认证服务有限公司(AJA中国代理处)、广州沃德企业管理服务有限公司/英国WCS公司中国分公司、武汉恩是福质量认证咨询服务有限公司上海分公司/美国联邦NSF认证机构中国代表处等6家机构,在认证活动中普遍存在超范围经营、认证审核记录造假、认证证书不实、认证审核专业能力控制不明、认证审核时间不足、认证咨询一条龙服务等严重违规行为。鉴于上述机构在认证业务活动中存在的违规操作、甚至弄虚作假的严重行为,国家认监委于2002年3月26日在北京召开了新闻发布会,向社会通报了上述机构的违法违规方面的主要问题,并明确表示这些机构审核并发出的认证证书的有效性难以采信,提请社会各界引起注意。

2002年6月,国家认监委还组织上海出入境检验检疫局、质量技术监督局和浙江省质量技术监督局对上海亚士博公司非法代理英国URS认证业务、变相买卖认证证书的行为进行了调查,并且通过中央电视台、新华社等媒体向社会曝光。

国家认监委公布七家代理机构的违法违规行为,在社会上产生了强烈反响,这一举措有力地遏制了认证市场中恶意违法违规行为的泛滥,增强了企业自我保护意识,同时也向那些正在进行违法违规活动的机构敲响了警钟。中国政府查处违规认证行为的行动引起了国际认证认可界的高度重视。国际认可论坛(IAF)委派IAF主席专程来北京就有关情况与国家认监委进行沟通,以表示对中国查处违规认证行为的重视、支持和配合,并要求有关国家认可机构全力配合中国政府的查处行动。同时表示,将根据中国调查所发现的问题,对IAF的有关认证认可国际规则进行修订和完善。目前,IAF正在通过制定《跨国认可指南》,加强认可机构间对跨国认证活动监督的合作等方式,强化对跨国认可和跨国认证的监督管理。英美两国的认可机构对相应的认证机构也开展了调查,并采取了一些积极的措施,责令有关认证机构撤消了一批认证证书。此外,英国国家认可机构还向其认可的全部认证机构发出了暂停其跨国认证认可工作的通知。美国有关质量与环境管理体系认证的专业杂志,比较全面地正面报道了中国政府查处违规认证行为的情况。

制定认证市场监管办法,全面清理整顿认证工作机构 以国务院办公厅《关于加强认证认可工作的通知》(国办发[2002]11号)为依据,国家认监委与质检总局、国家工商总局、外经贸部正式联合颁布了《认证机构及认证培训、咨询机构审批登记与监督管理办法》,并由国家认监委发布了与之配套的《关于对<认证机构及认证培训、咨询机构审批登记与监督管理办法>审批条件若干解释的通知》等配套实施要求,基本确立了对认证市场监管的新机制,为认证市场的监管和全面清理整顿提供了基本的条件。

根据《管理办法》的规定,国家认监委首次在全国范围内对认证机构及认证培训、咨询机构进行全面的清理,要求依法设立的全部认证机构及认证培训、咨询机构按《管理办法》的要求办理重新登记,新设立的机构则按照审批程序、条件和要求进行审批。到2003年底共批准各类认证机构113家、认证培训机构121家、认证咨询机构740家、分包境外认证机构业务的合资认证机构16家、境外认证驻华代表机构18家。在清理整顿和重新登记过程中,还对投诉比较集中的四家认证机构进行了调查,其中有两家分包外国认证业务的机构因认证有效性、规范性存在问题,要求其在批准后一段时间内进行停业整顿,对已经认证的企业进行清理,不得受理新的认证申请、颁发新的认证证书,这两家机构经过清理,从2002年10月至今共撤销、注销了797张认证证书。

组织认证机构进行自查,搞好行业自律 2002年5月份,国家认监委下发了《关于清理整顿和规范认证市场的通知》,要求认证机构、认证培训机构对本机构的工作质量进行一次全面自查,并将自查和整改的结果于8月份上报国家认监委,按照国家认监委的统一部署和安排,90家认证机构从2002年5月10日至2002年8月15日,对自身存在的问题进行了自查自纠。各机构在本次自查工作中共抽查各类认证档案6702份,抽查企业现场573个,对一些不符合要求的认证企业撤消或暂停了认证资格。对于自查中发现的问题,绝大多数认证机构能够认真应对、分析原因，提出了改进措施和建议，对一些问题做了彻底的整改。如中国质量认证中心，通过自查撤消、注销了400多张ISO9000的认证证书。在自查的基础上，认证机构的负责人对本机构认证质量进行了评价，通过自查和自我评价，使认证机构对自身认证的规范性、有效性有了充分的了解，同时也为国家认监委组织认证有效性监督抽查打下了基础。

组织对认证有效性进行整顿性抽查 为了全面了解认证机构等认证中介组织的工作质量，提出改进认证有效性的具体措施，经过充分的酝酿和准备，从2002年12月底开始在全国范围内组织了大规模的认证有效性监督抽查活动，由于准备充分，组织实施得力，至2003年4月份现场抽查工作全部完成，产生了极大的震慑作用和良好的反响。

这次抽查工作大体可以分为四个阶段：抽查准备阶段。这项工作从2002年10月底开始酝酿，11月初开始组织地方两局推荐认证稽查员，11月下旬和12月初，分别在天津、重庆、广州和济南举办了四期培训班，共培训稽查审核员311人，同时落实抽查企业名单，落实抽查经费，2002年12月中旬发文布置各地局组织抽查。现场抽查阶段：这次计划抽查700家企业，其中内资认证机构认证的企业500家，外资认证机构认证的企业200家，涉及认证机构78家。现场抽查从2002年12月底开始到2003年3月底正式结束，参加抽查工作的有28个省、市、自治区的质量技术监督局和26个直属出入境检验检疫局，共200多名稽查审核员参加了现场审核，实际抽查企业数为717家。汇总整理分析阶段：国家认监委从地方4个局抽调了4名人员，认可机构抽调了3名评审员，参与汇总整理和分析工作，由地方局人员进行初审，认可评审员进行复审，保证了汇总工作的公正、客观、独立、有效地进行。对汇总整理的结果，特别是不合格企业的情况均发给有关认证机构进行确认，经过对认证机构确认后，最后确定不合格企业为98家，占总数717家企业的13.7%。后期处理阶段：根据抽查的结果，根据存在问题的严重程度，决定对4家境外认证机构设立合资认证机构的申请不予批准，对另外3家机构如希望取得国家认监委的批准，则需要进一步扩大抽样，另外暂停RWTUV、北京恩格威质量体系认证中心批准资格3个月，进行停业整顿，对北京埃尔维质量体系认证中心给予严重警告，要求其进行内部整顿。上述结果，在2003年8月27日至28日召开的全国认证机构工作会议上，通过新闻媒体向社会做了通报，会上还点名批评了一些存在问题的机构。

抽查结果表明：绝大多数认证企业能够按照标准的要求建立和运行质量体系，绝大多数认证机构在认证过程中能够遵守认证的基本规则，认证规范性和有效性总体上是好的，认证结果是可信的。但也发现少部分的认证机构在认证过程中违反认证基本规则，部分企业质量体系运行不能符合标准要求的问题。抽查发现认证机构存在的主要问题是部分机构存在咨询认证“一条龙”、文审不到位、审核走过场、应该发现的问题未发现、审核人日不够等问题，个别机构还出现审核人员未到审核现场而签署审核报告的严重弄虚作假问题。抽查发现，认证企业存在的主要问题是，企业没有按标准要求建立质量管理体系，没有形成符合要求的质量管理体系文件或没有按现有的质量管理体系文件运作；没有按规定时间和要求实施管理评审或内部审核；人力资源、基础设施、工作环境等资源不能满足规定要求；没有按标准的要求实施设计和开发的策划和控制，其设计和开发结果不能满足要求；采购程序及实施不能确保满足规定的要求；没有有效实施生产和服务过程的策划及其过程的确认；没有有效监视或控制产品或服务过程的关键质量特性或工艺参数；没有有效实施检验设备的控制；没有按要求对原材料、半成品和成品进行检验，无法保证最终产品的质量；没有针对存在的问题采取有效的实施纠正措施和预防措施等。

这次抽查得到了地方两局的大力支持，取得了预期的效果，但在组织管理方面还有待于进一步的改进，包括抽查时间安排（当时正值新年和春节等重要节日）、稽查审核人员的选择和培训、抽查的要求、抽查结果的整理以及提供好的案例等方面都要进一步总结经验，提高抽查的效果。

认证市场的进一步清查和整顿 2003年初，国家认监委会同国家工商总局、公安部三部门联合在上海、广东、深圳、湖北四省、市开展打击非法认证经营活动专项行动，对投诉和各地局清查结果中反映问题严重的20个非法代理外国认证业务的机构（作业点）进行查处，共查获11家。根据查处的结果，国家认监委已责令广州盖洛普认证服务有限公司、上海嘉特仕企业管理服务有限公司等11家未经国家认监委批准，擅自进行认证活动的机构、作业点立即停止代理外国认证等非法认证活动，并由工商行政管理部门依法进行了处罚，有的情况将由公安部门进一步调查处理；查处过程中还发现上海信华质量认证有限公司在审批过程中提供虚假证明，骗取国家认监委的批准资格，据此撤销了上海信华质量认证有限公司的认证机构资格。

查获的11家主要违法违规行为包括未经认监委批准，进行非法认证相关活动、无照经营或超范围经营、冒用外国认证机构名义和认可资格进行认证诈骗发假证、涉嫌以认证名义进行合同诈骗钱财、认证行为不符合认可准则要求、认证审核人日数不足、认证审核员资格不明等。

查获的11家机构、作业点分别是：

广州盖洛普认证服务有限公司

负责人(法人)：田施伟(又名田伟、田戴维)

地址：广州市天河北路364号都市华庭天怡轩19E座

上海嘉特仕企业管理服务有限公司（优亚士认证咨询服务有限公司）

负责人(法人)：马立成

地址：上海市零陵路585号15D(爱邦大厦)

广州优亚仕企业管理咨询有限公司

负责人：吴综岳、邱国城、黄红娇

地址：广州市天河区五山路139号19楼B房(天立大厦)

URS东莞长安办事处

负责人：吴综岳、邱国城、杨耀威

地址：广东省东莞市长安镇长盛东路北三巷11号三楼

URS武汉办事处

负责人：彭锦丽(又名 张令)

地址：湖北省武汉市汉口建设大道538-3号同成广场C栋2402室

EQAICC美国EQA国际认证中心

负责人：叶凌

地址：上海扬浦区江浦路1188号阳明新城第三座3083号

美国EQAICC国际认证中心

负责人：黄桥龙

地址：武汉市汉口南京路63号金丰大厦10楼1020室

广州益客友技术标准服务有限公司

负责人(法人)：陈世国

地址：广州龙口西路577号天隆花苑A座4楼3A07室

美国西雅士认证公司 CRS(Resgistrars .Inc.)

(工商注册名称：志杰企业管理服务有限公司)

负责人(法人)：石勤志

地址：上海市江宁路818号福安大厦6楼E座

世界认证服务中心/广州沃德企业管理服务有限公司

负责人(法人)：向有明

地址：广州天河区珠江新城汇豪大厦东豪阁2107室

深圳悦科贸易咨询公司

负责人(法人)：高海燕

地址：深圳市福田区华强北路赛格经济大厦903室

这次抽查反映出来的问题主要表现在：

一是此次查处的机构普遍作案手法隐蔽，现场查获的档案资料不足，涉及的人员也一问三不知。多无财务帐目、审核档案、人员档案。在查处广州URS时，查获该机构一份应对国家认监委的措施很有代表性，该机构电话保密，约见客户在公共场所，发证时一手交钱，一手交证，这给查处工作人员取证和查处工作带来一定困难。

二是此次查处机构部分为无照经营，只有几个人，财务、业务、人事档案很少，甚至没有，给工商部门查证、查处也带来一定困难。

三是2002年查处的机构仍在经营，此次查处机构中有URS、WCS、盖洛普(原高宝)都是2002年3月份查处曝光的机构，有的仍明目张胆的继续经营，有的换地点名称重新注册，或转入地下继续经营。

四是此次部分被查处机构与国家认监委批准的机构勾结，以其为保护伞进行非法认证活动。

五是个别机构胆大妄为，进行认证诈骗。有的冒用外国认证机构名义和认可资格进行认证诈骗，发假证。有的以认证名义进行合同诈骗，骗取钱财。

加强投诉案件的调查处理 为贯彻《认证违法行为处罚暂行规定》，2002年底，国家认监委开始安排各地方局对认证市场的违法违规行为进行清查，各地方局积极采取措施进行调查，共上报反映有关案件190起，其中违法违规事实较清楚的案件120起，其中一部分已经由各地局进行处理，问题比较严重的由国家认监委直接进行了调查处理。2003年共接到投诉60余起，对于投诉案件，有的结合整顿措施进行调查，有的依照有关规定和程序组织了专门调查，并做出了相应处理，如深圳鹏程国际认证中心就是根据投诉组织调查后，发现存在严重问题而被暂停资格的。

从认证机构内部自查、国家统一监督抽查、有重点的专项违法违规整治以及日常的动态监控，形成了一套较为完整的认证市场监管机制，取得了明显的成效，遏制了认证市场恶意违法违规行为的泛滥。整顿后，从各方面反馈的信息看，整个认证市场的秩序确实有了明显好转，认证的有效性总体上是好的。

五、出口商品质量许可制度

为保证出口商品质量，提高出口商品生产企业的质量管理水平，从1983年开始，原国家商检局会同国务院有关工业主管部门分别对机械、电子、汽车、纺织机械、陶瓷、玩具、煤炭等重要出口商品实施了出口商品质量许可制度，有效地促进了工厂管理体系的完善和管理水平的提高，在一定程度上为ISO9000质量体系认证的推行创造了条件。许可制度提倡的加强事先管理、事后监督的思想，有效保证了产品质量，为法定检验商品实施工厂分类管理、简化检验程序打下良好的基础。

1、出口商品质量许可制度的法律依据

根据《商检法实施条例》第三十八条的规定："国家根据需要，对涉及安全、卫生等重要的进出口商品及其生产企业实施进口安全质量许可制度和出口质量许可制度。具体办法由国家商检局会同国务院有关主管部门制定。" 目前国家认监委正积极准备修改实施很多年的办法及程序，并调整出口商品质量许可制度目录。

2、实施出口商品质量许可证制度的产品目录及适用范围

机械产品

(1)金属切削机床(包括台钻、砂轮机)

(2)锻压机械

(3)刃具

(4)磨具

(5)机床附件

(6)电加工机床

(7)木工机械

(8)柴油机(600马力以下)

(9)水表

(10)起重运输机械(千斤顶、手动葫芦、电动葫芦)

(11)工业电表(万用表、安装式电表)

(12)拖拉机

(13)中小电机

(14)中小水力发电设备

(15)工程机械(装载机、叉车、推土机)

(16)蓄电池

(17)量具

(18)农用泵

(19)电焊条

(20)高压电器(实施细则未发布暂不实施)

(21)防爆型电机(实施细则未发布暂不实施)

(22)气轮发电机组(实施细则未发布暂不实施)

轻工机电产品

(1)电动缝纫机

(2)自行车

陶瓷产品

纺织机械(包括棉粗纱机、棉细纱机、棉精梳机、梳棉机、并条机、织布机)

玩具[包括布绒玩具、电动玩具(含电子玩具)、机械玩具(含童车)、塑料玩具]

医疗器械产品[包括B型超声诊断仪、一次性使用输液(血)设备、一次性使用无菌注射器(针)、一次性针灸针、血压计(表)](实施细则未发布暂不实施)

煤炭

焦炭(实施细则未发布暂不实施)

烟花爆竹(实施细则未发布暂不实施)

冶金轧辊

3、出口商品质量许可制度实施方式

出口商品质量许可制度采用国际通行的第五种认证形式，包括产品抽样测试、工厂审查和日常跟踪检查等环节。产品测试的具体要求包括安全、卫生、环保等方面标准的要求以及商品使用性能、质量等方面标准的要求，产品测试合格后要对工厂的质量保证体系进行审查，审查合格获证后还要进行定期的日常监督检查。通过一套完整的申请程序，保证出口商品安全、性能方面的质量。

4、发证情况

国家局发证的机械、轻工、电子等产品每年发证约700多份，直属检验检疫局发证的例如玩具产品，广东、深圳等地发证分别已有1 000余份。截至2003年底，已颁发各类出口质量许可证书两万份左右。

5、出口商品质量许可制度的工作程序

不同产品出口质量许可证的具体工作程序略有不同，但基本程序是一致的，见程序流程图：

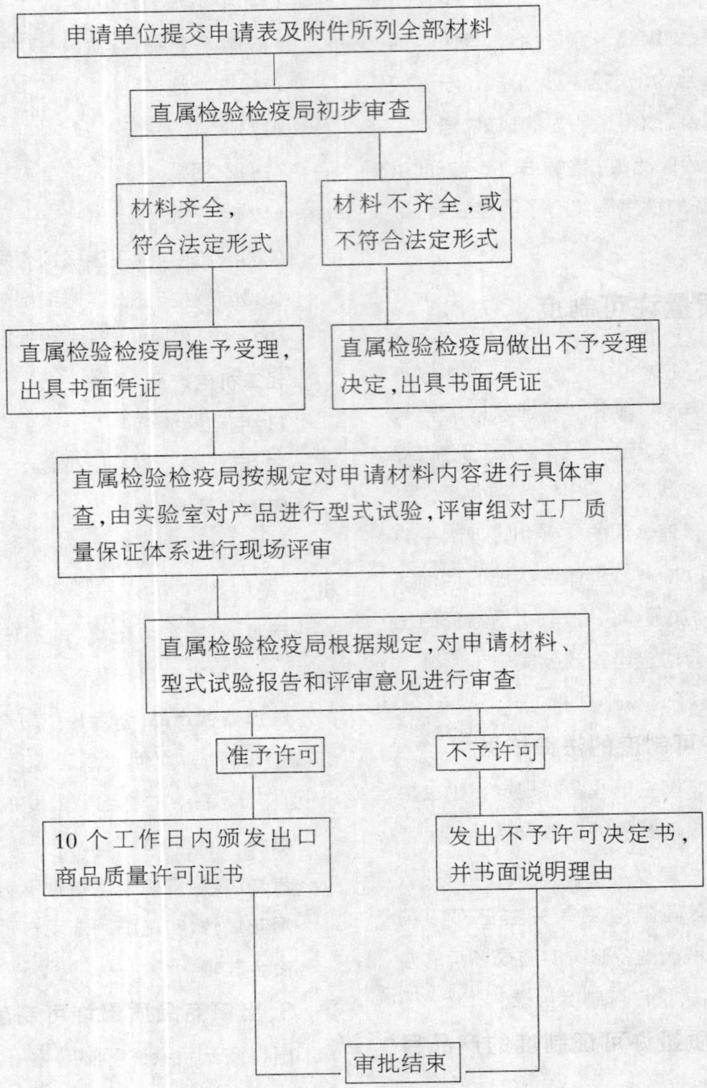
申请单位提交申请表及附件所列全部材料
直属检验检疫局初步审查
材料齐全，符合法定形式
材料不齐全，或不符合法定形式
直属检验检疫局准予受理，出具书面凭证
直属检验检疫局做出不予受理决定，出具书面凭证
直属检验检疫局按规定对申请材料内容进行具体审查，由实验室对产品进行型式试验，评审组对工厂质量保证体系进行现场评审
直属检验检疫局根据规定，对申请材料、型式试验报告和评审意见进行审查
准予许可
不予许可
10 个工作日内颁发出口商品质量许可证书
发出不予许可决定书，并书面说明理由
审批结束

程序流程图

第七部分 注册管理

一、出口卫生注册

为促进中国农产品的顺利出口，借鉴国外食品安全卫生管理制度，引进先进的管理经验和质量管理体系，1984年原国家商检局与卫生部联合发布《中华人民共和国出口食品卫生管理办法》，决定在全国范围内对出口食品厂、库实施卫生注册登记制度，帮助企业走出国门。随后又根据国外有关标准制定了《出口食品厂、库卫生注册细则》和《出口食品厂、库卫生要求》等一系列法规。国家认监委成立以后，中国进出口卫生注册工作便进入了一个新的阶段。一系列法规、标准正在紧锣密鼓地修订和完善，尤其是发布实施了《出口食品生产企业卫生注册登记管理规定》(国家认监委2002年第20号令)，要求水产品、肉类、速冻蔬菜、果蔬汁、罐头和速冻方便食品实施HACCP管理，使中国对出口食品生产企业的管理走上了法制化、规范化、科学化的道路。通过对已经注册登记的企业进行“拉网检查”和组织迎接国外对中国出口注册企业检查等工作，进一步规范和完善了出口卫生注册制度。

经过多年的实践与提高，中国的出口食品生产企业卫生注册登记制度不断充实和完善，达到国际食品卫生管理水平，有效地促进了中国出口食品加工企业水平的提高。在出口肉类、水产品、罐头、蔬菜、酒类和饮料、速冻方便食品、面食品等各行业已有一大批规模大、设备先进、工艺流程合理、质量保证体系健全、产品质量稳定的企业。中国的食品卫生注册制度建立以来，已经取得了长足的进展，并将进一步得到发展和完善。截至2003年11月，全国共有10 487家企业取得卫生注册资格，其中水产品类企业1 268家、占12.1%，肉及肉制品类企业687家，占6.55%，蔬菜类企业797家，占7.6%，罐头类企业606家、占5.8%，粮食制品类企业607家、占5.8%。

1、现行的卫生注册规章和标准

《中华人民共和国出口食品卫生管理办法》(试行)；

《国家商检局、卫生部关于发布实施〈中华人民共和国出口食品卫生管理办法〉(试行) 的联合通知》(84)国检一联字第405号 附件；

《出口食品生产企业卫生注册登记管理规定》(2002年4月19日发布第20号令)；

《出口食品生产企业卫生要求》(第20号令附件)；

《出口食品生产企业申请国外卫生注册管理办法》(国家认监委15号公告)；

《质量许可和卫生注册评审员管理办法》；

《进出口卫生注册评审员注册管理细则》；

《出口食品生产企业向国外注册管理规定》(国家认监委2002年第15号)；

《出口食品注册厂监督管理规定》；

《关于印发〈出口日用陶瓷质量许可证审核要求〉的通知》(国认注函[2003]204)；

《关于下发输美日用陶瓷认证有关文件的通知》(国认注函[2003]208号)。

2、出口卫生注册评审员队伍建设

2003年7月至11月，国家认监委注册管理部依据《关于印发〈进出口卫生注册评审员注册管理细则〉的通知》(国检认[2000]226 号)和《关于继续开展卫生注册主任评审员资格评定工作的通知》(认办注[2003]8 号)有关工作要求，为保证有关卫生注册要求新规定的切实有效执行，满足各直属检验检疫局实地评审卫生注册企业的需要，抽调系统内有关专家组成卫生注册主任评审员评定小组对 2003 年度各局新申报的卫生注册主任评审员进行了评定，对 2003 年度前批准的卫生注册主任评审员进行了重新评定。

2003 年，各直属局共上报 346 人申报卫生注册主任评审员。

评定小组按《进出口卫生注册主任评审员资格评定大纲》要求，对申报人员按：个人素质、学历职称、培训、评审和工作经历、专业水平等五方面主要情况，逐人讨论评定，提出是否合格的评定意见。评定结果见下表：

评定意见	新申请人数	比例(%)
通过	270	78.03
不予通过	76	21.97

评定小组对 2003 年度前批准的卫生注册主任评审员进行了资料审查，经重新评定，结果如下：

原来批准的卫生注册主任评审员共 155 人，各局申报保留 150 人，撤销 5 人。经评定小组确认，上述 150 人符合主任评审员资格条件，继续保留主任评审员资格。

目前，卫生注册主任评审员由国家认监委注册管理部统一管理，一般评审员由各直属检验检疫局按照《进出口卫生注册评审员注册管理细则》进行管理。截至 2003 年底，全国检验检疫系统共有 1924 名评审员。

3、出口卫生注册监管

企业获国内注册或国外注册后，所在地检验检疫机构按规定对其实施监督管理，定期或不定期地对企业进行监督检查，国家认监委也会不定期派检查组到全国各地检查有关的注册企业。监督管理的方式包括日常监督管理、定期监督检查和换证复查三种方式，重要内容包括：(1)检查企业是否持续符合规定的卫生注册条件；(2)卫生质量体系是否有效地运行；(3)卫生注册编号使用管理情况；(4)出口产品原料、辅料和成品的安全卫生质量状况及出口检验检疫等情况。对肉类、水产、罐头、肠衣类卫生注册企业，每年至少组织一次全面监督检查。对季节性出口产品的卫生注册企业，按照生产季节进行监督检查。对获得国外卫生注册的企业，至少每半年(或者生产季节)进行一次全面监督检查。对其他卫生注册企业，直属检验检疫局视具体情况确定监督检查次数。在对卫生注册企业的监督管理过程中，直属检验检疫局如发现不符合要求的企业，可视情节严重程度按照规定采取限期整改、暂停受理其出口报检或吊销其卫生注册证书措施。

确保注册企业质量的“拉网检查” 2003 年 5 月 12 日，日本政府借中国山东潍坊乐港食品有限公司对日出口的鸭肉中分离出高致病性禽流感病毒（H5 亚型）为由，全面停止从中国进口禽肉及其制品，致使中国 30 家鸭肉加工企业出口受阻，连带养殖业和饲料业及深加工业，给中国带来巨大的经济损失。韩国、马来西亚等国也相继对中国出口禽肉采取限制措施。面对这一严峻形势，国家认监委根据国务院和总局领导的要求，组织开展了为期 6 个月对出口食品卫生注册登记企业的“拉网式监督检查”。根据国务院领导批复同意的四部局《关于输日禽肉有关问题的请示》，国家质检总局领导葛志荣副局长、国家认监委王凤清主任分别带队检查了河北、河南、四川和福建的部分企业。

国家认监委先后下发了《关于切实加强出口食品企业安全卫生管理工作的紧急通知》、《关于进一步做好卫生注册监督检查工作的通知》和《关于印发〈卫生注册登记企业“拉网式”监督检查工作要求〉的通知》，以及《关于继续推进“拉网检查”，提高注册工作质量的通知》等 4 份文件，要求各局充分认识对出口食品卫生注册登记企业全面开展“拉网式”监督检查工作的必要性和重要性，准备打一场“硬仗”，提出了拉网检查的重点，即依据 HACCP 体系理论，对原辅料控制、成品出厂检验等作为检查工作中的“关键控制点”，确保“拉网检查”有的放矢。

各地出入境检验检疫机构领导高度重视，在较短的时间里，成立了以局领导为组长的领导小组和由各职能处室组成的检查小组。为了确保工作质量，各地局普遍进行了培训，全国举办检查专题培训班 50 期，2 000 余人次参加培训。各局制订了详尽的工作计划和检查进度表，将任务落实到各个检查组，检查分工责任到人，保证监督检查不走过场和对违法违规问题的处理不留死角。全国“拉网检查”工作中，共派出 463 个检查组，行程 26 万公里，足迹遍布 300 多个城市，完成了对 10 561 家企业的“拉网检查”，一次合格通过的企业 5 596 家，占 53%；限期整改企业 2 799 家，占 26.5%；暂停出口报检的 866 家，占 8.2%；取消 1 334 家企业的卫生注册登记资格，占 12.6%。

其中，上海局在“拉网检查”工作中，共派出 184 个检查组，行程 5 500 公里，完成了对 184 家企业的“拉网检查”,一次合格通过检查的企业有 12 家,占 6.52 %;限期整改的企业有 147 家,占 79.89%;取消卫生注册登记资格的企业有 25 家,占 13.59%。

深圳局派出 11 个检查组，检查了 179 家企业,18 家企业一次性合格，占 6.7%,133 家企业被要求整改,占 74%,11 家被暂停出口,限期整改,占 7%,2003 年共取消 45 家企业的卫生注册登记证,占 26.9%,其中“拉网”检查过程中,吊销了 16 家企业卫生注册证。

福建局在“拉网检查”工作中,共派出 98 个检查组,行程 6.4 万公里,完成了对 634 家企业的“拉网检查”,一次合格通过检查的企业有 279 家,占 44%;限期整改的企业有 315 家，占 49%；暂停出口报检的企业有 3 家,占 0.47%;取消卫生注册登记资格的企业有 31 家,占 4.9%。

浙江局在“拉网检查”工作中,共派出 46 个检查组(包括长期组和短期组)，行程 5.946 万公里，完成了对 686 家企业的 “拉网检查”，一次合格通过检查的企业有 156 家,占 22.74%;限期整改的企业有 393 家,占 57.28%;暂停出口报检的企业有 60 家,占 8.74%;取消卫生注册登记资格的企业有 77 家,占 11.22%。

有关局在一个月内完成了 30 家在日本注册的鸭肉加工企业和 5 家在韩国注册的鸭肉加工企业的检查,同时对备案养鸭场进行了全面清理整顿。根据检查情况,对日注册企业分为三类:第一类是经检查合格的、可继续保留对外注册资格的,共 8 家;第二类是存在一定问题、应当限期整改的,共 14 家;第三类是已经停产或经检查不合格的,共 8 家。对韩国注册企业的检查结果是:一类企业 2 家,二类企业 2 家,三类企业 1 家。

“拉网检查”工作的几个特点:

1、组织得力。河南局报请省政府成立了由副省长担任组长的“农产品对外注册领导小组”。深圳局领导把国家认监委的三个文件比喻为“三道金牌”,在全局处级干部大会上第一时间传达了“拉网检查”文件,还通过电视台、报纸等新闻媒体进行了宣传报道。厦门、海南、山东等局结合本局的实际情况,从机构建设、工作秩序、工作计划、宣传培训等方面制订了《贯彻总局 20 号令的实施意见》,召开了全省电话会议,统一部署“拉网检查”工作。

2、相互配合、措施到位。河南局制订了详尽的“拉网检查”计划和进度表,体现了“四个结合”:即专业小组检查与领导小组督查相结合,卫生注册拉网检查与 HACCP 验证、ISO9000 管理体系审核相结合,监督检查与复查换证相结合,拉网检查与跟踪检查相结合。河北、深圳等局确定由注册监管部门牵头,动检、植检、食检等业务处室协同,统一组织、统一派遣,按专业、管理辖区等要素,实行交叉评审;强调对“拉网检查”的检查结果,各级领导及相关部门不得干预,将“检查企业与检查日常监督是否到位”、“检查‘专厂、专号、专用’”和“凭证报检是否落实”作为重点。同时,成立注册企业改建、扩建和新建企业的图纸卫生设计审核的 5 人专家小组，把不合格项目消灭在萌芽状态。对整改内容进行跟踪、抽查,确保“拉网”成效的巩固。

3、严格纪律,保证质量。为防止“走过场”、企业隐瞒生产加工的真实情况和检查人员徇私枉法等现象发生，各局制订了严格的检查程序和工作纪律，如广东局制订了“五不”原则:不要企业派车、不接受企业宴请、检查不打招呼、不刁难企业、不给企业增加负担。通过制定严格的工作程序和纪律，杜绝了检查工作的随意性和徇私舞弊。过去有的检验人员下厂多了,对企业有感情,不希望别人“插手”。这次检查,交叉评审,打破了这种“垄断”局面,加上检查不用企业车,不吃企业饭,因此检验员想混日子、“一手遮天”不容易了,想不廉政也难了。各局从企业着想,对能够整改的企业尽量做到帮、扶、带;对一些卫生条件不符合要求和拒绝整改的企业坚决停掉，真正做到了“促优、扶中、汰劣”。

4、举一反三,扩大成果。河北局注意统一检查工作尺度,在第二阶段“拉网检查”结束后,召开有全省重点出口企业 130 人参加的拉网检查总结会议，总结拉网检查的阶段成果,指出检查中发现的问题,促进同企业整改。福建局在开展“拉网检查”的同时,对福建出入境检验检疫机构成立以来全省的卫生注册登记工作进行了摸底和分析,撰写《福建检验检疫局出口食品卫生注册登记工作概况分析》,做好所发现问题的整改、落实和跟踪,不仅要求企业进行整改，还把与政府和检验检疫部门相关的问题归类排队,上报省政府。在省政府的协调下,成立由福建出入境检验检疫局牵头，农业和海洋渔业部门参与的出口农产品原料控制协调组。河南局通过“拉网检查”促进与农产品认证工作的有机结合,加大农产品认证的宣传、推动力度。“拉网检查”工作在扩大河南重点农产品出口、促进地方经济发展方面,成效显著。该省 2003 年 1~10 月共出口农副产品 1.05 万批,4.31 亿美元，同比增长 81.09%和 94.53%,比 2002 年全年出口额净增 2 亿美元。

5、提高了企业自身管理水平。“拉网检查”促使企业实现了“四个加强、一个提高”,一是原料及其辅料验收得到了加强；二是成品检验能力加强，促使企业完善了自检自控体系，投资建立了具有相应检测能力的实验室，一些大型肉类、水产、蔬菜加工企业配备了气相色谱、液相色谱、气—质联用、酶标仪、农残快速检测等设备，开展在成品和半成品的微生物、农药残留、兽药残留检测，一些企业的实验室还通过了 CNAL 认可；三是企业安全卫生管理体系有效运行，并持续满足要求和不断改进；四是企业关键点控制得到加强，提高了安全卫生控制水平，保证了产品的卫生安全和质量稳定，为改变被动应付国外技术壁垒的局面奠定了基础。例如，通过"拉网检查"，对日注册的偶蹄类热加工食品企业和对美注册的水产品加工企业，在原料、HACCP 体系运行、成品检验以及对国外法规的理解和要求等方面都有显著提高，具备了随时接受国外官方检查的条件，增强了国家质检总局和国家认监委对外交涉的底气。

由于"拉网检查"加大了查处力度，个别企业在"刀"砍到自己头上时，就想办法说情、掉眼泪，还有的是吵闹、甚至威胁，深圳某企业"投诉"深圳局检查组不预先通知就突然来检查。但是，大部分企业非常理解和支持"拉网检查"，过去是"要我做"，现在已成为"我要做"，主动要求检查组细致检查，尽量多提问题。促使企业重视质量体系的建立和运行。这是在中国出口食品在国外频频受阻的艰难时刻，检验检疫部门为帮助企业走出困境，提高国际竞争力，突破国外技术壁垒而采取的一项有力举措；通过"拉网检查"，企业普遍反映：工人的卫生意识提高了，管理人员的工作好做了，领导对食品安全卫生放心了。

在这次"拉网检查"中，国家认监委根据国外反映，结合"拉网检查"，先后吊销了 3 家出口肠衣企业的注册资格、41 家企业对欧盟及其他国家的注册资格。

这样大规模的检查工作，调动的人力之多，是空前的。通过"拉网检查"，整体上锻炼了注册登记评审员队伍，提高了卫生注册评审水平，实现"三个转变"：一是由原来只重视企业的硬件转变到软、硬件并重；二是由原来的只重视生产、加工过程转变到从原料开始到生产加工、检验、包装、储存运输和销售整个全过程的有效监管；三是由原来的只重视产品检验转变到对企业整个质量管理体系运行的监督管理。国家认监委督查组赴广东中山局督查时，该局领导对这次"拉网检查"深有感触，总结了五点体会：一是规范了监管；二是树立了检验检疫系统的社会形象和信誉，体现出 CIQ 人员懂业务，是在真正干实事；三是为地方局人员提供了一个学习、培训和提高的机会；四是对企业形成了一个强大的压力，并进而转化为动力；五是起到了多方共鸣的作用，即企业、检验检疫以及各有关政府部门对卫生注册工作有了重新定位和更高的认识。

贯彻落实"郑州会议"精神 为了贯彻落实国家质检总局《出口食品生产企业卫生注册登记管理规定》(2002 年第 20 号局令)，进一步加强出口食品卫生注册工作，国家认监委于 2002 年 7 月 23 日至 25 日在河南省郑州市召开了出口食品卫生注册工作会议(以下简称"郑州会议")，国家认监委王凤清主任到会并讲话，程方副主任作了关于出口食品卫生注册工作情况的报告。来自全国 34 个直属检验检疫局的代表共 60 多人参加了会议。

通过这次会议，全国质检部门统一了思想，明确了今后较长一段时间内出口卫生注册工作的目标、原则和具体任务，保证了出口卫生注册工作能够积极稳妥地开展。

为贯彻落实"郑州会议"精神，国家认监委及时下发了《关于印发王凤清主任在出口食品卫生注册工作会议上的讲话的通知》等文件，要求地方各局组织学习和贯彻落实王凤清的讲话及会议精神，研究提出贯彻会议精神的工作计划和具体措施。要求各单位组织对已注册、登记企业的进行全面检查，加强对卫生注册机构建设和人员队伍建设，切实把保证注册工作的质量放在首位。

全国地方各局在学习王凤清主任讲话的基础上，认真贯彻郑州会议的精神和要求，开展了一系列的相关工作：

1、地方各局普遍召开了宣传贯彻会议，组织传达、学习王凤清主任讲话及会议精神，认真研究并提出了贯彻会议精神和《出口食品生产企业卫生注册登记管理规定》、《食品生产企业危害分析与关键控制点(HACCP)管理体系认证管理规定》的工作计划和具体措施，下发了贯彻实施的文件。厦门、海南、山东等局结合本局的实际情况，从机构建设、工作秩序、工作计划、宣传培训等注册工作各方面制订了《贯彻国家质检总局 20 号令的实施意见》。山东等局结合扩大农产品出口工作在制订了《实施意见》的基础上，还对《出口食品企业卫生要求》做了补充规定，并对卫生工作的具体实施做了具体的说明。

2、在加强卫生注册机构建设和人员队伍建设方面，地方各局分别按照会议精神，明确了卫生注册登记工作部门，基本做到工作运转畅通、管理落实，明确了卫生注册工作部门与其他工作部门的职责分工，从组织上做到了责任明确、评审到位、监督检查到位、对违法违规问题处理到位。地方各局已将具有食品生产加工知识、熟悉注册登记工作的政策方针和执行要求、有组织协调能力的人员，充实到了卫生注册登记工作部门，并派出了大量人员参加了主任评审员、HACCP 等方面的培训。同时也通过多种方式举办培训班加强对所属人员、评审员和辖区内出口企业的卫生注册评审、HACCP 方面的培训。厦门等局还专门成立了“卫生注册工作专家组”，以保证卫生工作的质量。

3、按照“郑州会议”的要求，地方各局均对已注册、登记企业进行了的全面检查，重点了解注册、登记的企业保持和不断提高注册、登记条件的情况，清查注册、登记编号的“专厂”、“专号”、“专用”情况和出口检验检疫与注册条件的对比情况。对不符合注册要求的企业，进行了相应的查处。各局明显加大了对不合格注册企业的清理整顿工作力度。据统计，到 2002 年底，全系统有针对性地对 1903 家有问题的卫生注册、登记企业进行了重点督查，共取消了 1280 家企业(占注册企业总数的 14.8%)的卫生注册、登记资格，确保了注册登记企业符合食品卫生注册登记要求。

4、 在确保注册工作质量的基础上，全年共新增注册、登记企业 2453 家。截至 2002 年 11 月 30 日，全国共有卫生注册、登记企业 9817 家，比 2001 年净增 1167 家。

5、加强了卫生注册队伍建设和人员管理。地方各局按照“郑州会议”精神，对人员管理采取了强有力的措施，2002 年，全系统共新增卫生注册评审员 715 名，同时有 45 名评审员被取消了卫生注册评审员资格。截至 2002 年 11 月 30 日，全国共有卫生注册评审员 1658 名。

4、打破国外技术壁垒，为农产品出口保驾护航

帮助企业获得国外注册 自国家认监委成立到 2003 年底，注册管理部先后成功接待了美国、欧盟、日本、新加坡、瑞士、俄罗斯等 13 个国家(地区)官方派出的 46 个食品加工企业卫生注册检查组，检查了近 500 家出口食品加工企业，使这些接受检查的企业以及国内的 4 500 多家同类企业获得了对外出口的注册资格，在极其艰难的形势下，保证了农产品和食品的稳定出口。2003 年由于“非典”的影响，国(境)外注册检查有所减少，但还是接待了来自韩国、日本、新加坡、香港、澳门派出的 14 个检查组，检查了 49 家企业，其中韩国 2 个检查组，分别检查了 22 家水产品加工企业和 6 家禽肉加工企业；新加坡 1 个检查组，检查了 9 家肉食品加工企业、日本 1 个检查组，检查了 3 家禽肉加工企业、香港 8 个(次)检查组，检查了 6 家肉类加工企业、澳门 2 个检查组，检查了 3 家肉类加工企业。由于准备充分，措施得力，这些检查工作都取得了圆满成功。

获得国外卫生注册的企业，就是拿到了打开国外市场的金钥匙。据企业估算，如果获得日本农林水产省的注册，企业即获得了向日本出口肉食品资格，其无形资产至少增加 600 万元；如获得欧盟注册，则无形资产至少增加 1000 万元以上。举两个例子说明这一问题：

北京大发正大食品有限公司是北京地区出口禽肉类的大型企业，2001 年该企业在国家认监委的支持下获得日本注册，年出口禽产品约 13000t，有效带动了当地的农业和经济的发展。2001 年以来，日本两次因禽流感问题，停止进口中国禽肉，而该公司却因获得了出口卫生注册资格而获益匪浅。在日本封关的情况下，公司不但没有减少出口，反而总体比前一年出口增长 10Θ。同样在 2003 年 5 月 12 日，日本再次暂停对中国禽肉的进口，该公司仅在日本封关的 5~8 月份就对日本出口产品 6573t，创汇 2200 万美元，达到前年全年对日本的出口水平，不仅避免了巨大的经济损失，而且获得了难得的发展机遇。

作为中国最大的肉类生产和加工企业，河南双汇集团以前一直面对国内市场。2001 年初，双汇集团在国家认监委的帮助下，获得了日本农林水产省的注册，填补了河南省对日注册的空白，从而使中国最大的肉类加工企业取得了对日出口资格。双汇集团在日本注册的消息宣布后，在日本引起了强烈的反响，日本火腿、伊藤火腿、三菱商社、三井物产等日本国内知名大型肉类企业及大型综合商社纷纷来双汇考察，进行合作项目和产品洽谈，掀起了日本肉类企业对中国肉类考察热潮。双汇的出口不仅实现了零的突破，而且在获得日本注册后短短半年多时间内，合作开发出近 30 种对日本出口产品。2002 年出口肉制品等 3100t，创汇 852 万美元。2003 年 1~10 月份，公司出口冻肉 33350t，创汇 3785 万美元，与 2002 年同期相比分别增长了 190%和 169%；出口肉制品 2760t，创汇 580 万美元，与 2002 年同期相比分别增长了 38.3%和 17.6%。因此，获得国外的注册，给双汇的发展提供了空前的机遇，迎来了发展历史上的“第二个春天”。

积极应对美国生物恐怖法案 “9·11”恐怖事件之后，美国以应对生物恐怖袭击为由，于 2002 年 6 月发布了《公众健康安全与生物恐怖预防应对法》(以下简称《生物恐怖法》)。要求美国本土和向美国出口的国外食品、饲料的生产、加工、包装、仓储企业必须在 2003 年 12 月 12 日前向 FDA 注册，否则进口食品及饲料将在入境

港口遭到扣留。作为中国进出口食品卫生注册主管部门，国家认监委及时组织有关部门，积极应对，做了大量卓有成效的工作：

1、积极跟踪了解、翻译《生物恐怖法》及其FDA的相关法规。《生物恐怖法》一经发布，国家认监委即予密切关注，及时组织人员翻译出版了《美国生物恐怖应对法案与食品饲料反恐法规》，作为培训教材和参考书。随后又编译出版了《输美食品、饲料企业应对“美国生物恐怖法”指南》，免费提供给相关单位。

2、密切与FDA联系，加强合作。通过多种途径与FDA联系，提出了中国政府对该法规的意见和建议，并3次派员前往FDA，进一步加强双方的合作与交流，就有关事宜进行磋商。

3、及时通知有关部门，做好宣传、应对工作。

（1）国家认监委立即向各出入境检验检疫局发出通知，把《生物恐怖法》的主要内容、应对措施等告各局和相关企业，要求做好相关准备工作。

（2）要求各直属检验检疫局做好相关摸底调查工作，掌握中国向美国出口食品和饲料生产企业情况；对辖区内相关企业对取得FDA注册的情况进行跟踪，要求企业及时提交注册信息备案；在接受出口美国的货物报检时，审核相关企业对美注册信息。

4、利用媒体扩大宣传的范围。建立了专题网站，并在中央电视二台、四台等多个重点栏目（中国新闻、经济信息联播、财经报道、新闻60分）、中央电视台网站、中国食品报、中国质量报、中国国门时报等各大媒体广泛宣传美国法规的相关内容，提醒相关企业和单位及时做好准备。

5、积极与商务部沟通，发挥各部门的积极作用。为了最大限度地避免美国的注册通报制度对中国农产品出口造成不利影响，国家认监委及时与商务部联系，同时发挥中国进出口商品检验研究所和中国食品土畜进出口商会等部门的积极作用，共同采取措施，积极应对。

（1）国家认监委与商务部联合下发通知，要求各地出入境检验检疫和外经贸主管部门高度重视美方这一政策，尽快将有关信息通报辖区内相关企业、外贸公司，落实企业的注册通报工作。主动了解上述企业（尤其是中小企业）进行注册和通报所面临的困难和问题，指导、协助企业获得注册。

（2）在美国海关、美国驻华使馆和中国食品土畜进出口商会联合在北京举办讲座上，介绍美国新发布的食品注册通报法规，同时对与会人员提出的疑难问题做了详尽的解答。

6、委托中国商检研究所和海峡认证有限公司举办培训班。针对绝大部分企业不了解美国法规的现状，国家认监委委托中国商检研究所和海峡检验认证有限公司陆续举办了13期“美国生物反恐法规与食品饲料企业在美注册通报”培训班，培训企业和检验检疫人员达1400余人，并协助企业进行注册。在2003年10月16日美国开始注册的当天，已有数家企业成功获得FDA注册。

7、举办“关于美国生物恐怖法规区域性联合电视会议”。在美国驻华使馆和世界银行的协助下，国家认监委与美国FDA、日本、韩国、澳大利亚、新西兰、蒙古等国主管部门联合举办了亚太区域性“关于美国生物恐怖法规区域性联合电视会议”。商务部、质检总局、进出口商会、商检研究所、各有关检验检疫局以及相关企业派员参加。会议取得了圆满成功，取得了广泛和良好的效果。

国家质检总局以《质检信息》和《信息专报》的方式，将上述有关内容上报中共中央办公厅、国务院办公厅以及中央各部委，并引起有关部门的高度重视。

努力突破国外的技术壁垒 中国加入世贸组织（WTO）之后，国外技术性贸易壁垒对中国出口的影响日趋严重。尤其是2003年又受“非典”等影响，国外技术壁垒已成为影响中国外贸出口的重要因素。为此，国家认监委积极采取应对措施，突破技术壁垒，化解贸易危机，促进中国食品和农产品对外贸易的顺利进行：

1、2003年5月12日，日本政府以从中国出口鸭肉中分离出高致病性禽流感病毒为由，全面停止从中国进口禽肉及其制品。韩国、马来西亚等国也相继对中国出口禽肉采取限制措施。为调查事件的发生原因，在根据国家质检总局领导的指示，国家认监委派员前往山东进行调查，并采取了积极的对策措施。

2、国家认监委派员与国家质检总局、农业部、商务部等有关人员一起出访日本，与日本农林水产省和厚生省就出口禽肉、水产品和蔬菜等问题进行交涉。此后积极布置迎接接待日本农水省的检查。通过促请日方来华检查，最终顺利解决向日本出口鸡肉的问题。

3、在日本全面停止中国禽肉产品出口的同时，已获得日本农林水产省注册的热加工肉类企业仍可以加工熟的禽肉制品对其出口。鉴于1997年底香港发生禽流感后，日本也采取了同样措施。国家认监委进一步加强了对日本注册的热加工肉类企业的监督管理，确保还能出口产品的企业不出问题，以缓解禽肉出口方面所存在的巨大压力。

4、经过多次与日本农林水产省的交涉，顺利解决了山东对外经济贸易食品总厂、安丘仁木食品有限公司和天津龙凤食品公司对日出口肉类产品的出口问题。

5、加大中国注册企业的对外推荐力度，就脱水菠菜对日出口等问题，多次与日本厚生省联系，推荐注册企业，并获得日本认可。

6、积极与FDA沟通解决了中国21家蘑菇罐头企业输美产品被美方的“自动扣留”问题。同时，积极采取措施，努力争取FDA对中国全国范围内的输美蘑菇罐头企业能解除“自动扣留”。

7、多次与美国、新加坡、马来西亚、韩国、菲律宾等国主管部门联系，推荐注册企业，并解决中国农产品，尤其是肉类产品出口面临的其他问题。

积极应对韩国的进口食品卫生注册登记制度 韩国从2003年10月10日开始，对进口食品实施“进口食品注册登记制度”，主要程序是：经韩国食品医药品安全厅派员对进口食品加工企业事先进行现场检查，确认出口国食品生产、加工企业符合韩国食品卫生法要求，并进行注册登记的食品，对注册登记的食品，在进口申报时只需接收书面资料审查。为此，国家认监委向各出入境检验检疫局发出通知，把韩国“进口食品注册登记制度”的主要内容、应对措施等告知各局和相关企业，要求积极做好相关准备工作。

积极采取措施，确保水产品顺利对韩出口

为确保中国水产品顺利对韩出口，加强双方在进出口水生动物产品检验检疫方面的合作，中韩双方在2001年共同签署了《进出口水产品卫生管理协议》，根据该协议的精神，中韩双方主管部门在保障向对方出口的水产品的安全卫生、相互交换有关水产品的安全卫生方面的法律法规、技术标准的制订、修改和执行等方面进行广泛的合作与交流。中国和韩国是近邻，两国的水产品贸易额很大。该协议的签署，对于保证双方互供产品的安全卫生，提高中国进出口水产品的卫生质量，促进双边贸易的发展，有着十分重要的意义。根据中韩《进出口水产品卫生管理协议》精神，截至2003年底，国家认监委已经先后向韩国海洋水产部推荐了993家水产企业注册。

继续完善食品卫生注册监督管理标准和规范的制修订工作

1、根据国家质检总局2002年20号令的规定，国家认监委先后制修订并下发了《出口饮料生产企业卫生注册规范》、《出口罐头生产企业卫生注册规范》、《出口速冻果蔬生产企业卫生注册规范》、《出口脱水果蔬生产企业卫生注册规范》和《出口速冻方便食品生产企业卫生注册规范》等10个出口食品生产企业卫生注册规范。

2、组织翻译与美国“果蔬汁HACCP法规”配套的《基础培训教程》、《指南》和《官员培训教程》和新版(第三版)的与美国“水产品HACCP法规”配套的《HACCP危害分析与控制指南》两套书(共4册)。为在食品生产企业中建立HACCP体系提供参考依据。

3、根据进出口食品企业卫生注册的需要，先后制定了《HACCP体系及其应用指南》、《出口水产品发展企业良好卫生操作规范》、《出口肉类屠宰加工企业良好卫生操作规范》。

5、对外推荐注册以及获得国外注册企业情况

截至2003年底，中国累计获得美国、欧盟、俄罗斯、克罗地亚、瑞士、以色列、爱沙尼亚、韩国、日本、新加坡、马来西亚、加拿大、南非等27个国家和香港、澳门地区注册的出口食品生产加工企业达4500多厂次。产品包括水产品、禽肉、牛肉、兔肉、肠衣、罐头、小食品、宠物饲料和陶瓷等。

其中主要获得国外注册的企业有：

韩国海洋水产部注册水产品加工企业993家；

在日本注册的偶蹄动物热加工企业共86家，此外，还向日本新推荐偶蹄动物热加工企业60家；

在韩国注册的禽肉企业10家；

在新加坡注册的食品加工企业46家；

在加拿大注册肠衣企业8家；

在俄罗斯注册肉类及肠衣企业110家，并向俄推荐了20家肉类及肠衣类企业；

向巴西推荐水产企业6家，肠衣生产企业79家；

在日本注册27家冷冻蔬菜企业；

对美日用陶瓷注册企业522家。

二、进口卫生注册

进口食品国外生产企业卫生注册（简称进口卫生注册），进口国为保护人类、动物或植物生命或健康所采取的必要的安全控制措施，是中国改革开放和当今贸易自由化发展形势的需要，它是在符合科学依据的基础上，完全符合WTO的SPS协定。

从上个世纪80年代起，许多国家对中国食品生产企业就采取了进口卫生注册措施，如2001年国家认监委就会同国家质检总局有关司接待了19批来华检查注册企业的外国注册官员。自1999年开始，中国对进口食品生产企业实施进口卫生注册制度，卫生注册规章逐步得以完善，使中国的进口卫生注册工作与国际接轨。中国先后派出评审组对加拿大、乌拉圭、阿根廷、丹麦、新西兰、澳大利亚、韩国等国家的肉类加工厂进行了卫生注册考核工作。批准了合格工厂的注册，拒绝了不合格工厂的产品对中国出口，保护了国家的利益。

1、进口卫生注册的法规和标准

(1)、《进出境动植物检疫法实施条例》于1997年1月1日生效。其中第十七条、第三十二条规定，国家对向中国输出动植物产品的国外生产、加工、存放单位，实行注册登记管理制度。

(2)、《进口食品国外生产企业注册管理规范（试行)》，由原国家出入境检验检疫局于1999年12月30日公布实施。

(3)、《进口食品国外生产企业注册管理规范》，于2001年11月5日正式实施。

(4)、《进口食品国外生产企业注册管理规定》，由国家质检总局于2002年3月14日公布实行(第16号令)，并公布了第一批《实施企业注册的进口食品目录》：肉类(包括各种畜禽肉、肉制品、可食用的副产品和内脏)。明确规定：凡向中国输出《目录》内产品的国外生产企业，须向国家认证认可监督管理局申请注册，未获得注册的国外生产企业的食品，不得进口。

2、对申请进口注册的国外企业的注册评审

对申请进口注册的国外企业，首先对其国家的动物疫病防疫体系进行文件评估，评估合格后，再对其申请注册的食品生产企业进行注册现场评审，对评审合格的企业批准其注册号，准予其向中国出口食品。自2000年以来先后派出多个评审组对向中国申请注册的企业进行了疫病防疫体系文件评估和现场评审工作。在注册评审工作中，国家认监委严格按照注册评审标准进行核查。分别对加拿大、乌拉圭、阿根廷、丹麦、新西兰、澳大利亚、韩国等国家申报的食品加工企业中的70家企业进行了卫生注册现场评审，基于《中美农业合作协议》条款准予美在华注册肉类企业共7000多家。通过上述卫生注册评审工作，对外准予注册了牛肉、猪肉、冷库及水产企业8000多家。上述工作有效地保证了进口食品的安全，取得了显著的成效。

3、进口卫生注册企业的注册监管工作

为保证进境卫生注册企业的卫生管理水平，确保进口食品的卫生安全，对进口卫生注册企业实施有效的监管制度。这包括对国外企业的安全卫生控制体系进行考察，针对检查发现的问题要求其整改，并提交整改材料。对整改符合要求的企业，保留其注册资格，否则予以吊销。如2003年对韩国水产品安全卫生控制体系，包括贝类卫生控制体系进行考察，针对检查发现的问题，要求韩国水产部单独整理冷库的名单，提交整改材料。此外，对入境产品实施严格的检验检疫管理，如《进境肉类产品储存冷库监督管理办法》规定，检验检疫机构应建立对进口肉类储存冷库的日常监管和定期监管工作机制。根据各地具体情况，制订切实可行的监督管理计划，落实岗位责任制，确保监管工作有效到位。

因为专业所以不可替代
因为规范所以值得信赖

中国质量协会
CHINA ASSOCIATION FOR QUALITY

中国质量协会，英文缩写CAQ，是我国政府经济质量主管部门领导下的全国性质量组织，是我国政府推动质量管理工作和质量振兴事业的助手与联系广大企业及质量工作者的纽带。中国质协的**使命**是中国质量事业的推进者：先进质量理念、理论、方法和技术的传播者；全国质协系统和各种质量推进活动的组织者；提升组织竞争力和个人能力的服务提供者。中国质协的**愿景**是成为中国质量领域最有影响力的传播者、最有号召力的组织者、最有价值服务的提供者。中国质协的**核心价值观**是质量；诚信；人本。

中国质协根据国家认证认可的法律法规规定，为了提高企业的核心竞争能力，先后设立了中质协质量保证中心、北京中质协卓越培训中心和北京中质卓越咨询中心三个独立法人实体单位，为我国各类企业提供卓越的咨询认证培训服务。

地址：北京市西城区中京畿道12号
邮编：100032
电话：010-66079100（总机）
电子邮箱：caq@caq.org.cn
网址：http://www.caq.org.cn

中质协质量保证中心

QAC
中质协质量保证中心
QUALITY ASSURANCE CENTER OF CHINA ASSOCIATION FOR QUALITY

中质协质量保证中心创办于1993年，是国内规模最大、认证范围最广、最早从事ISO 9000质量管理体系、ISO 14000环境管理体系、职业健康安全管理体系和食品安全体系的第三方认证机构之一。

经国家认可委（CNAB）认可批准，中心可在农业、采矿、食品、化学、机械、金属制品、电子、建筑、批发零售、金融、教育、行政服务、销售、医院、旅游、景点管理等30多个行业领域从事认证审核。

经国家认监委（CNCA）批准，中心目前设有大连、武汉、成都、福州、杭州（筹）等审核分中心和安徽、重庆、湖南、陕西、上海、云南等多家办事处以及河北、青岛、广州三家分包机构，业务网络覆盖全国。

中心已为武汉钢铁集团有限公司、兖州煤业股份有限公司、青岛海信电器股份有限公司、中国建筑工程总公司和青岛港务局等5000余家各类组织实施了管理体系审核。率先在国内开展"增值审核"实践活动。我们将利用数千名具有各行各业丰富经验的国家注册审核员组成的审核员队伍等优势致力于把中心造就成世界一流的国际认证机构。

地址：北京海淀区三虎桥百胜村六号
邮编：100044
电话：（010）68710377 68710396
网址：http://www.qac.com.cn

北京中质协卓越培训中心

北京中质协卓越培训中心是国内最有影响力的质量培训机构之一。中心广泛聘请国内外著名质量专家担任培训教师，紧密跟踪国际经营和质量管理的最新发展，结合我国实际，不断从美国、香港、新加坡等国家和地区引进成熟的课程，致力于为企业和个人提供满意的质量培训。

中心面向企业高层经营者、各部门经理、质量技术人员和基层员工，开设有卓越绩效模式／质量管理技术和方法／管理体系／全面质量管理（新一轮）基本知识等四大类几十门培训课程。2004年中心和世界先进质量组织合作，引进开发了卓越绩效模式评估师、质量经理高级研修、六西格玛绿带、六西格玛黑带等国际化培训课程。中心稳定开设的ISO9000／ISO14000国家注册审核员培训、简化的顾客满意测量、质量管理体系常用统计技术方法和创新型QC小组等培训课程深受广大企业和学员的好评。此外，培训中心还可以根据不同企业和行业的特点，选派知名专家和优秀教师为企业进行量体裁衣式的培训设计，赴企业开展内部培训和指导。

地址：北京西城区中京畿道12号
邮编：100032
电话：（010）66025658 66079098
网址：http://www.caq.org.cn

北京中质卓越咨询中心

北京中质卓越咨询中心是国内最早实施管理咨询，也是最早实施质量管理体系认证咨询的专门机构之一。中心下设机构有：综合管理办公室（简称"综合办"）、事业发展部、体系咨询部、管理咨询部、质量技术咨询部，负责办理各项具体业务。

中心的咨询业务主要有：管理体系咨询，包括：ISO9000质量管理体系；ISO14000环境管理体系和职业健康安全管理体系。专项管理技术咨询，包括：六西格玛管理；专项管理技术；顾客满意度测评（CSM）；5S管理。卓越绩效模式管理咨询，包括：全国质量管理奖创奖咨询；卓越绩效模式管理咨询。

中心本部及各地工作站共拥有近百名专职咨询师和一大批兼职咨询师。先后为贵州茅台酒股份公司、上海联通公司、正泰集团公司、华北制药厂、郑州市二七区检察院、中国石油天然气集团有限责任公司、一汽大众销售有限责任公司、杭州西湖医院等近千家企业提供了咨询服务。

地址：北京西城区中京畿道12号
邮编：100032
电话：010-66073140 66073211
电子邮箱：cqec_zh@126.com

北京出入境检验检疫局

非典期间，国家质检总局局长李长江到北京检验检疫局的认证企业——华都肉鸡有限责任公司视察。

2003 年 8 月，国家认监委主任王凤清及相关领导亲临北京检验检疫局视察指导，对北京检验检疫局机电实验室的综合实力给予了高度肯定。视察过程中，王凤清主任仔细询问了各种仪器的使用规程及操作方法，并亲切鼓励每位检测人员，希望他们刻苦钻研检测技术，继续发扬服务意识，为北京检验检疫局的发展和首都的建设提供最优质的服务。

北京检验检疫局局长魏传忠接受授旗。

北京检验检疫局认证监管处的工作人员和北京工商局联合对市场上的进口商品进行 3c 认证标志抽查。

北京检验检疫局认证监管处的工作人员上门对企业进行 3c 认证宣传。

2004 年 4 月 26 日，国家认监委主任王凤清在北京检验检疫局局长魏传忠的陪同下，到我局认证企业——北京现代汽车有限公司进行视察。王凤清主任详细了解了现代汽车的生产情况和产品质量控制情况，对北京现代汽车有限公司的发展速度和质量控制给予了肯定。

2003 年 8 月 1 日，国家质检总局局长李长江、国证认可监督管理委员会主任王凤清在北京中关村的国家强制认证执法检查启动仪式上向北京质检二十六个强制认证执法大队授旗。

天津出入境检验检疫局

近年来，天津出入境检验检疫局充分发挥严把国门，维护国家利益，保护国家经济安全，促进经济发展的主力军作用，不断拼搏进取，抓改革、求创新、谋发展。自建局初始提出分“三步走”创“五个一流”工作目标后，扎扎实实、脚踏实地，一步一个脚印，一步一个台阶，工作力度不断加大，快速反应能力得到空前的提高；坚持走人才强检、科技兴检之路，技术水平全面提高，疫情、疫病及不合格商品要付出率都走在系统前列，有效地防止了疫病商情进出国门；坚持管理创新，走访调研、自我开发、建制度、推机制、搞考核，紧密联系实际，走出了一条科学管理的新路；通过人事、财务、企事业单位改革力度的加大，优秀人才脱颖而出，各级干部当家理财的意识明显增强，企事业单位呈现出勃勃生机。

面对国际疫情复杂多变和贸易争端加剧，天津检验检疫局加强了动植物及其产品检疫、食品、化妆品风险分析和预警工作，建立了国境口岸公共卫生突发事件应急机制。同时将注意力转向了涉及安全、卫生、健康、环保和反欺诈等敏感商品的检验。对可能带入有毒有害物质和可能损害国内产业的进口产品加大了监管力度，杜绝了劣质、高污染产品和“洋垃圾”由天津口岸入境。

近年来，特别是党中央提出“走出去”的战略以来，天津局检验检疫局以促进地方经济发展为己任，密切关注天津经济发展特点和外贸需求，实施了“大通关”战略，局机关东迁、打造服务型机关、建立检贸协调机制等一系列有力举措，努力推行“大通关”战略，不断增强服务的针对性，全面提升服务水平、服务质量和服务效果，全面提升自身技术实力，为营造良好的天津投资软环境和扩大出口发挥了重要作用，受到地方政府和外贸企业的一致好评。

面对新形势，天津检验检疫局一方面，紧紧围绕服务经济建设这个中心，突出发挥口岸局的作用，积极探索既符合天津地区进出商品结构特点又与检验检疫工作重点相结合的新的业务管理模式。另一方面从建立和完善检验检疫诚信机制入手，大力推进依法行政，提高服务外贸发展的质量，增强检验检疫机构的公信力。

TIAN JIN CHU RU JING JIAN YAN JIAN YI J

广东出入境检验检疫局

一、机构概况

认证机构查处现场

近年来，广东出入境检验检疫局（以下简称"广东局"）在国家质检总局的正确领导和国家认监委的关心指导下，高度重视并积极推进认证认可监督管理工作。1999年成立之初，广东局便设立了认证认可监管专门工作部门——认证监管处，核定编制15人，内设综合科、认证认可科、卫生注册管理科、出口质量许可证管理科、实验室管理科。国家认监委成立后，广东局依据国家质检总局、国家认监委统一部署和相关规定，结合广东地区的实际情况，先后制订并出台了多项行之有效的管理办法，工作程序、业务程序等，逐步建立和完善了广东局认证认可监管工作规章制度，并取得了一定的成绩。

清理整顿认证市场，维护认证市场秩序。2001年12月至2004年6月期间，在国家认监委的统一部署下，广东局先后四次对认证市场进行了清理整顿，对违规操作及非法认证机构进行了查处、对认证机构认证有效性进行了监督抽查、对认证咨询机构进行了监督检查。清理整顿出口食品生产注册企业，提高企业管理水平，促进外贸出口。从2002年开始，广东局先后3次对出口食品进行了拉网式大检查，取消了注册登记企业140多家，限期整改企业200多家，实现了对企业的有效性和动态监管，全面提高注册登记企业的管理水平，维护了正常的认证市场秩序。

出口陶瓷企业监管现场

CCC证书、标志查验现场

截至2003年底，广东局辖区获卫生注册登记的出口食品加工企业1300多家，获出口质量许可证企业1400多家，获输美陶瓷认证企业250多家。

浙江出入境检验检疫局

浙江检验检疫局局长、党组书记慎仁安陪同国家质检总局李长江局长视察局电气安全实验室。

国家认证认可监督委员会主任王凤清视察浙江检验检疫局实验室工作。

图为浙江省食品重点研究实验室、浙江省消费者协会指定实验室和韩国食品药物厅国外公认检测机构——局食品安全实验室。

浙江出入境检验检疫局把积极推进认证认可工作，作为提高政府机关效率和检验检疫把关能力的有效途径。

长期来，浙江检验检疫局高度重视对全省系统实验室发展的规划和重组工作，坚定不移地实施“科教兴检”战略，通过不断加大技术创新力度，强化科技人才队伍，加强检测设备投入，跟踪和研究国际检验检疫先进技术，推动检测综合实力的提高。目前，已经建立起具有先进技术水平和综合检测实力的浙江检验检疫实验室系统，有10个实验室被列入国家局重点实验室，10个实验室被列入国家局区域性中心实验室。为维护国家利益，保护国家经济安全，促进经济贸易发展提供了强有力的支持。

在浙江检验检疫局内部质量管理体系运行的基础上，浙江检验检疫系统各实验室全面建立起符合国际实验室管理规范要求的质量保证体系，并在检测工作中积极推行。截至目前，共有18个实验室获得CNAL认可和计量认证，有效地保证了检测工作质量，提高了实验室的管理水平和技术能力。

浙江检验检疫局还切实加强了与认证认可有关的各项管理基础工作，仅食品生产企业，全省现有卫生注册登记企业754家，其中卫生注册企业421家，卫生登记企业333家。

食品安全实验室下设的食品理化、微生物和化矿等三个分实验室。

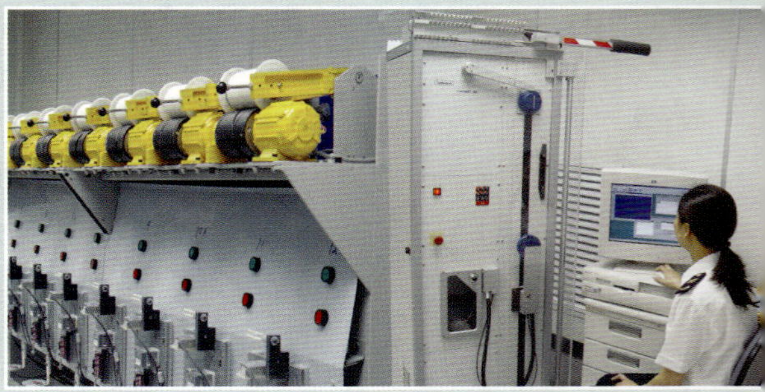

图为局丝类检测中心建立的具有全国丝类专业实验室领先水平的全自动电脑控制恒温恒湿系统，以及拥有国内外先进水平的电子检测设备。

福建出入境检验检疫局，是国家质量监督检验检疫总局的直属机构，于1999年8月由原福建商检、福州动植检和福州、泉州卫检四局“三检合一”组建成立，依法承担福建省(厦门市除外)进出口商品检验、鉴定、监督管理，出入境人员卫生检疫监管，动植物及其产品检验检疫监管，以及出入境交通工具、集装箱、货物、邮包检疫和口岸卫生监督、传染病监测等职责。内设17个处室、5个直属及挂靠单位和下辖21个处级机构，新设立安溪、后渚、龙湖、福安、漳浦、仙游、长乐等7个国检办公室，并正在筹建福州局和漳州港、江阴港办事处。现有干部职工1400多人，编内人员923人，其中大学以上学历587人，占编63.5%，博士、硕士44人；各类专业技术人员856人，占编93%，高职66人、中职372人，有新老特贴专家13人。有各类实验室22个，其中国家级检测中心1个，CNAL认可实验室5个、注册实验室5

福建出入境检验检疫局

FuJian ChuRu Jing JianYan JianYiJu

个，HIV确认实验室1个，HIV初筛实验室11个，各种检测仪器4581台（套），原值5000多万，其中原值20万元以上的大中型检测设备有100多台（套），包括ICP等离子体光谱仪、高效液相色谱仪、色－质联仪、气－红联用仪、全自动生化分析仪、梅里埃微生物鉴定鉴别系统、超低温冰箱等具有国内外较为先进水平的检测仪器，能够对2000多种货物进行物理、化学、电气安全、微生物、农兽药残留以及生物毒素等方面400多个项目的检验和鉴定，能够对出入境人员、交通工具、货物实施卫生检疫、动植物检疫及各种传染病检测。有国家级青年文明号6个、省级青年文明号17个、省级精神文明建设先进单位10个，福建局被省委、省政府评为第八届省级文明单位、党建先进单位、防非先进单位，漳州局被评为全国创文明行业示范单位，莆田局被中央文明办评为全国创建文明行业工作先进单位，6人次被国家质检总局、人事部和省、市人民政府授予劳动模范等荣誉称号。

地址：福建省福州市湖东路312号
邮码：350001
电话：0591-87065000
传真：0591-87065120

一流的人才队伍

——记前进中的江苏

富有开拓进取精神的江苏检验检疫局党组“一班人”。

江苏检验检疫局是在1999年8月由原江苏商检局、南京动植物检疫局、南京卫生检疫局合并组建而成的。全省系统现有19个分支局和18个办事处。形成了布局合理、功能完整、管理科学的检验检疫监管网络。

截止2003年底，全省系统共有人员编制2538名，实有在编干部职工总数2096人，其中大专以上文化程度占84%，获硕士、博士学位的达107人，并先后有11人享受政府特殊津贴，13人入选江苏省“333工程”，全省系统还建立了一支由138人组成的门类齐全、层次较合理的学科带头人队伍。

江苏检验检疫局从1997年开始，率先在全国行政机关引入ISO9000标准，建立了检验检疫全面工作质量保证体系。1998年，省局机关先后通过了CQC和荷兰KEMA的国际认证。其后全省系统19个分支局也相继通过了ISO9001质量管理体系认证。2002年，全省系统又通过了2000版换证审核，强化了全员质量意识，较好地保证了全省检验检疫工作质量。

荷兰KEMA认证证书

中国CQC认证证书

一流的检测实力

出入境检验检疫局

全省系统实验室建设初具规模，总资产超过14.8亿元，其中仪器设备总值约2.41亿元人民币。现有实验室50个，其中国家局重点实验室19个，区域性中心实验室8个，获得国家局重点实验室的数量名列全国系统第一。截止2003年底，所有实验室全部通过国家质检总局注册考核，并有27个实验室获得了CNAL认可，7个实验室获得了HOKLAS、UL、国际羊毛实验室协会等国际组织的认证认可。有1个艾滋病确认实验室、16个艾滋病初筛实验室获得国家质检总局和卫生部考核认可。

江苏检验检疫局已建成50多个专业特色实验室，其中有27个获得CNAL认可，图为国家认监委王凤清主任在江苏局纺织实验室检查工作。

按照国家质检总局关于实验室改革的方案，进一步加快了实验室改革步伐，取得了实质性进展。组建了工业产品检测中心、动植物与食品检测中心、轻工产品与儿童用品检测中心、危险货物与包装检测中心、机电产品检测中心、纺织工业产品检测中心六大专业检测中心，实现了资源整合，优势互补。基本实现“四个统一”，即统一标志和标识、统一检验方法标准、统一证书报告、统一收费标准，为实验室的发展注入新的生机和活力。

IANG SHU CHU RU JING JIAN YAN JIAN YI JU

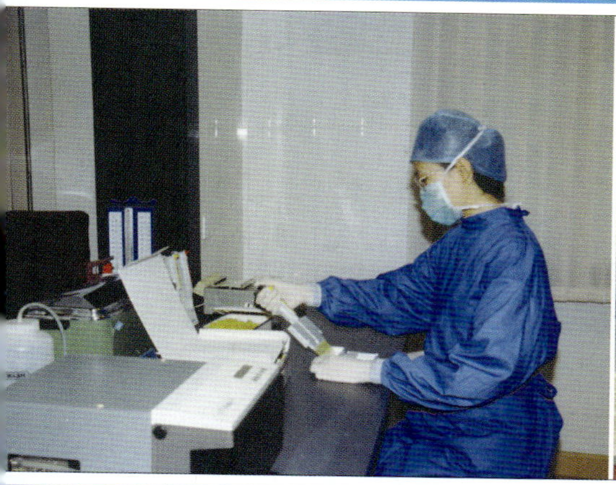

艾滋病检测实验室在全国系统评比中，连续三年获得优秀数第一名。

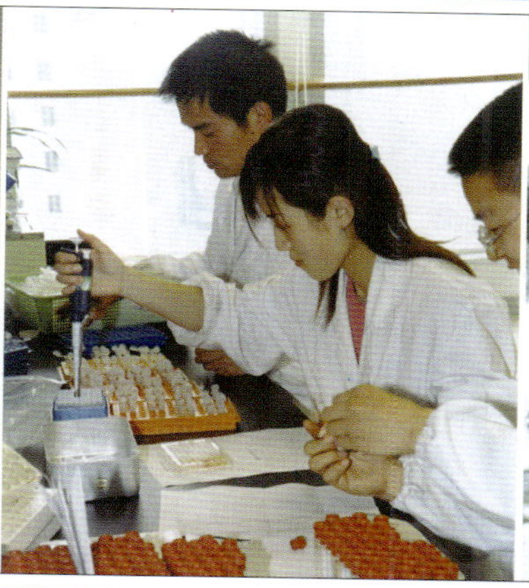

严格检验检疫，有效防止疫病疫情的传入传出。

加强与国际间检测技术交流与合作，先后有7个实验室获得国际认可。

一流的人才队伍

——记前进中的江苏

组织开展健康向上的文体活动，加强对干部职工的职业道德教育

始终坚持“两手抓、两手都要硬”的方针，检验检疫监管模式改革、人事制度改革、事业单位改革走出了新路。科研制标项目和获奖数名列全国系统前矛，被国家八部委联合表彰为“科技兴贸先进单位”。

江苏出入境检验检疫局广泛开展了以“文明公正创一流，服务满意在国检”为主题的创建文明行业活动。全省系统已连续两次（4年）被省委、省政府授予“江苏省文明行业”，省局机关连续3年被评为省级机关“三优三满意单位”。下属的19个分支局全部获得了“江苏省文明行业（单位）”称号，常州、常熟、连云港和扬州玩具检测中心等4个单位，被授予“江苏省文明单位标兵”称号。

JIANG SHU CHU RU JING JIAN

现场监督销毁不合格国外动物产品

组织参观雨花台革命烈士史料展览馆，学习革命先烈为国奉献的精神

改进机关作风，改变监管模式，积极动的为对外贸易提供全方位服务

地址：中国·江苏省南京市中华路99号　邮编：210001　电话：025-52345000

一流的检测实力

出入境检验检疫局

全面推进认证认可工作。至今已有69家、117个厂次获国外卫生注册，有784家出口食品企业获卫生注册登记，有1382家企业获出口质量许可证。全省申请"3C"认证的企业已达3200多家，占应申请企业总数的近90%。此外，还受理了"3C"免办证明2000多份，涉及企业200余家，货值达13亿元美元。国际质量体系认证工作不断拓展。全省有657家企业新获ISO9001质量管理体系认证，同比增长67%，累计已达2073家；有40家企业获得14001颁证，同比增长超过40%，累计达105家。OHSAS18001认证实现零的突破，4家企业通过了审核。

N JIAN YI JU

加强与美国有关方面合作，严厉查处和打击假冒UL标志行为

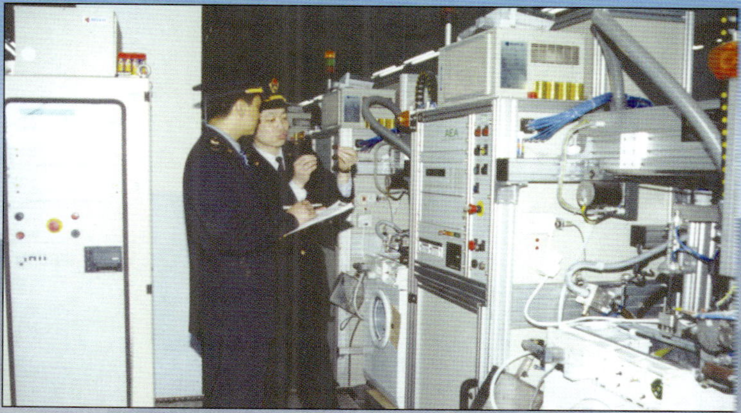

检查强制性产品认证（3C）实施情况

传真：025-52345111,52345222　http://www.jsciq.gov.cn　E-mail:jsciq@jsciq.gov.cn

HE NAN CHU RU JING JIAN YAN JIAN YI JU

河南出入境检验检疫局

局长：张全成

河南出入境检验检疫系统共有干部职工410人。党员和专业技术人员分别占职工总数的68%和85%，大专以上学历人员占职工总数的92%。现有固定资产1.62亿元，拥有CCIBLAC认可注册实验室14个。

河南出入境检验检疫局下设15个职能处室：办公室、法制认证综合处、卫生检疫处、动物检验检疫处、植物检验检疫处、食品检验处、机电化矿检验处、轻纺检验处、检务处、科技处、人事处、财务处、政工处、监察审计室、离退休干部处。6个企事业单位：技术中心、河南国际旅行卫生保健中心、质量管理体系评审中心、质量管理体系咨询中心、机关服务中心、商检公司。下辖7个分支局和2个办事处：南阳局、洛阳局、焦作局、漯河局、安阳局、商丘局、信阳局、郑州机场办事处、郑州铁路东站办事处。

局党组高度重视“三个文明”建设，省局和七个分支局均为省级文明单位，2001年荣获省级文明系统和全国检验检疫系统先进单位称号；2002年荣获中央文明委、国务院纠风办授予“全国创建文明行业示范点”称号；连续七年被省政府评为目标管理先进单位；连续六年被省纪委评为廉政建设先进单位；在历次省政府组织的投资环境考评中，均被评为优秀单位。在“三个代表”重要思想指引下，局党组决心带领全系统干部职工开拓创新，与时俱进，为促进“三个文明”建设，促进河南外经贸事业的发展、实现“中原崛起”再创佳绩。

力塑国家级文明行业光辉形象
恪尽大中原国门卫士神圣职责

安徽检验检疫局

安徽检验检疫局陈华忠副局长在一出口蔬菜生产企业指导工作

安徽检验检疫局举行绿色通道授牌仪式，图为安徽省副省长文海英（左二）安徽局党组书记、局长程杰（左一）为企业授牌

安徽检验检疫局与省商务厅联合召开会议，推进全省农产品出口基地建设工作，图为安徽检验检疫局吴世平副局长（左四）和商务厅王亚非副厅长（左五）出席会议

安徽检验检疫局与省质监局组成联合检查组对一有机茶场进行农产品认证有效性监督检查，图为检查现场

安徽检验检疫局

国家有关领导视察深圳罗湖口岸。

深圳检验检疫局党组书记、局长刘胜利为获证企业颁证。

深圳出入境检验检疫局认证认可

出口食品卫生注册考核

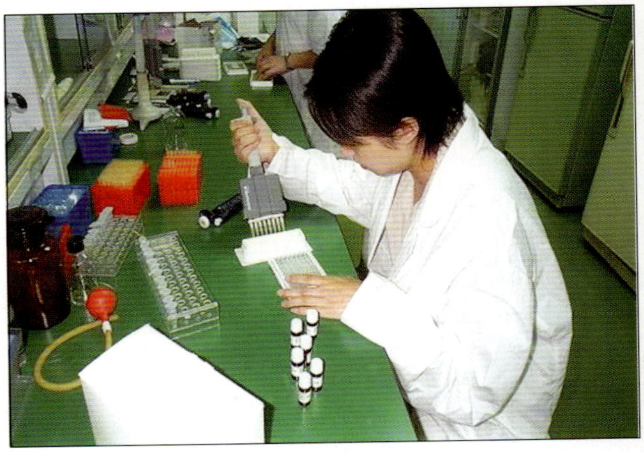

实验室检测

深圳出入境检验检疫局是国家质检总局设立在深圳的直属检验检疫局。该局党组围绕忠于职守、勇于负责、严格把关、保国安民的工作宗旨，坚持稳定、团结、发展、改革、廉政的工作方针，以业务建设为中心、以人才强局为根本、以科技兴检为手段，完善规章制度、狠抓工作质量、加强队伍建设，在全局范围内形成了同心协力、真抓实干、弘扬正气的新局面。

2003年该局的认证认可工作在国家质检总局和国家认监委的领导下，在局领导的高度重视和干部职工的共同努力下，在强制性产品认证、卫生注册、认证机构监管、出口质量许可证、实验室认可等方面取得了可喜的成绩。在3C行政执法方面，通过联系会议方式，联合地方质监局和认证机构，加强宣传和培训力度，加强进口验证把关，使强制性产品认证制度得以顺利推行。加强对认证机构的监督管理，严查违规违法认证机构。建立了有效的行政机构和高素质的评审员队伍，严把出口食品安全卫生质量关，在国家认监委的统一部署下，开展了卫生注册“拉网式”检查，根据保优、促中、汰劣的原则，淘汰了一些规模小、管理差的企业，保证了出口食品的安全卫生。加强实验室建设，该局现有的14个实验室在设备配置、技术力量、检测水平都达到了国家要求，有13个实验室获得了中国实验室国家认可委的认可并顺利通过了计量认证。

工作简介

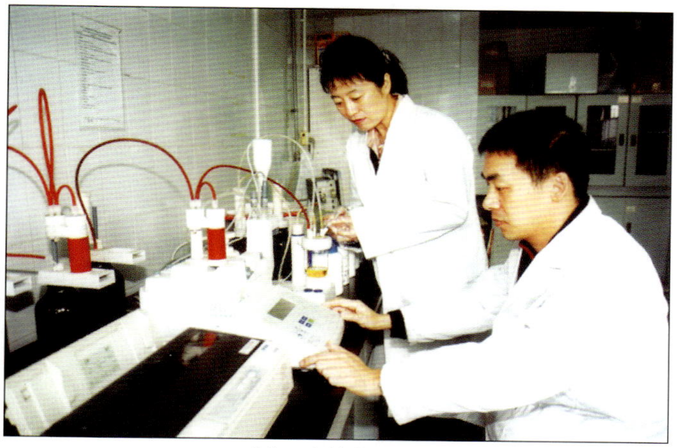

对进口涂料进行检测

严查非法认证

装饰装修材料强制认证政策宣传贯彻

《认证认可条例》3C执法培训

宁波出入境检验检疫局

NINGBOCHURUJINGJIANYANJIANYIJU

宁波局在强化认证认可、加大监管力度、规范市场、提高效能、积极推进各项认证认可改革方面做出了积极的探索，积累了一定的经验，在认证认可工作中取得了可喜的成绩。

(一)优化配置，改进模式，不断强化强制认证监管力度

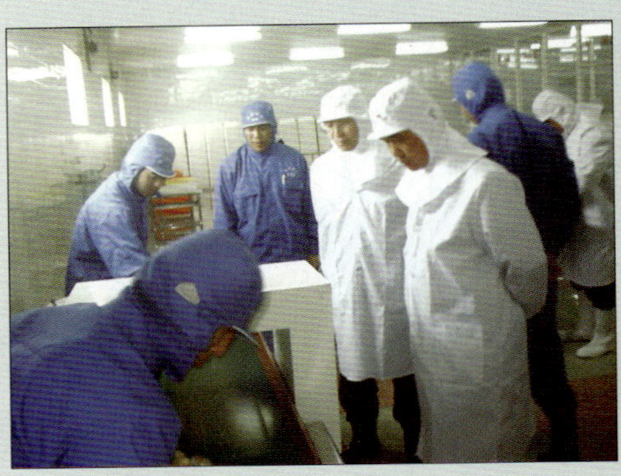

出口质量许可制度和卫生注册登记制度是强制性监管认证工作的的重要基础和手段。截止2003年底，宁波局辖区内共205家企业获得了出口商品质量许可证、174家企业获得出口食品加工企业卫生注册证、186家企业获得卫生登记证，并已对95家企业进行了HACCP体系评审，68家企业获得对外注册。宁波地区食品出口以输日农副产品、输美水产品为主，宁波局在多年的认证工作中多次顺利地迎接国外代表团对宁波地区出口食品企业的官方检查，如日本农林省、美国FDA、韩国官员对相关出口企业的考核等。

宁波局加大强制性产品认证执法工作力度，一是开展有效的执法检查工作，截至2003年底共制发免于办理强制性产品认证证明350份，组织了对宁波市21个商场进口商品行政执法专项检查，对进口CCC认证目录内产品的20家企业进行了执法检查，通过举办讲座、印发宣传材料、密切联系电视台、电台等形式，扩大了CCC认证执法监督的影响力。二是做好了CCC认证产品的入境验证工作。自2002年7月1日开始，宁波检验检疫局对进口的60种强制性产品认证目录内的民用商品开展了入境验证工作，主要涉及商品是医疗器械、压缩机、连接器、开关，进口国别主要为日、韩、意大利、法、德和香港、台湾地区。

(二)注重质量，兼顾效益，不断推进自愿认证工作开展

宁波局充分发挥认证中介机构的辅助监控作用，积极导入ISO9000管理体系，用国际通行准则开展规范化管理，并于2003年3月份通过中国质量认证中心的评审。各下属局也已全面导入ISO9000管理体系。该局积极引导企业自愿开展ISO9000、HACCP认证工作，取得积极成效。截止2003年底，宁波地区经宁波局认证的ISO90001300余家，ISO14001认证企业42家、QS认证企业14家，OHSAS18000认证企业4家。宁波局建立了一支由老、中、青组成的稳定的评审员队伍，拥有ISO9000审核员90余名、ISO14001审核员20名，HACCP审核员20名、OHSAS18000审核员9名、TL9000审核员1名，QS9000审核员1名。

在几年的发展过程中，评审工作从1997年实现认证零的突破开始，经历从小到大的发展，不断开拓新的认证领域，认证领域现已覆盖ISO14000、OHSAS18000、QS9000、HACCP等方面，涉及机械、冶金等十几个产品。宁波局的评审中心可以同时颁发IQNet证书和IQNet 28个国家成员机构的证书，认证的权威性已得到了世界同行的认可。

(三)整合资源、合理布局，加快实验室认可工作步伐

实验室建设是检验检疫技术执法的根本保障，实验室是认证认可工作的重要组成部分。宁波局共有各类实验室19个，检验产品为动植物产品、矿产品、石油化工产品、纺织品和玩具等。现有专职检测人员178人，其中博士1名，硕士24名，本科75人，共有气相色谱仪等检验设备仪器3092余台，价值近10270万元，其中大型设备近5000余万元。

为推进实验室标准化管理，宁波局按照国际通行准则开展实验室认可工作，强调质量意识和服务意识，并对体系定期进行有效的监督管理，提高实验室检测水平和竞争能力。截止2003年底，共有10个实验室已获得CNAL认可，11个已通过计量认证。针对检验检疫工作重点的转移，宁波局对实验室布局进行了调整，对传统实验室如农副、矿产实验室，充分发挥其原有优势，提高在实验室在全国系统内的地位和知名度。对转基因项目检测、动物疫病诊断、出口机电产品检测、危险品检测等实验室，开展重点扶持，填补安全、卫生、环保方面检测的空白，逐步建立完善、合理的实验室体系。根据国家质检总局的统一部署和规划，宁波局共有4个国家级重点实验室、8个区域中心实验室列入总局规划。规划的批准和实施进一步加快了实验室建设的步伐,并为实验室长远发展奠定了基础。

为进一步加强对出口食品企业的管理，吉林检验检疫局召开会议贯彻落实国家质检总局 20 号令

吉林检验检疫局于永清局长、局峰副局长同科技与认证处同志一起研究认证认可工作

专家正在对白城检验检疫局综合实验室进行评审

吉林出入境检验检疫局

JI LIN CHU RU JING JIAN YAN JIAN YI JU

吉林检验检疫局科技与认证的专家陪同本兽医检查官，对吉林德大公司熟制品工厂进行检查。

为推动强制性产品认证工作的开展，吉林检验检疫局及时召开强制性产品认证制度说明会

自国家认监委成立后，吉林出入境检验检疫局监管认证工作有很大发展，尤其 2003 年，又有新的突破，卫生注册登记企业从原来的 71 家增到 201 家，对外卫生注册企业 15 家。稽查了 10 家获境外认证机构认证的企业，参加了有关认证机构组织的 3C 产品认证 5 家。

1、结合工作实际，吉林出入境检验检疫局先后制订了《吉林检验检疫局无需／免于办理强制性产品认证实施细则》、《吉林检验检疫局出口产品质量许可、出口食品卫生注册登记工作管理办法》、《吉林检验检疫局关于在出口企业大力推行国际标准的实施意见0、《吉林检验检疫局出口产品质量许可程序性文件》等管理制度，更好地规范了出口质量许可、出口食品卫生注册登记工作。

2、为了落实国家认监委的部署和要求，吉林出入境检验检疫局印发了《关于进一步加强食品卫生注册企业监督管理工作的通知》，并制订《出口食品生产企业“拉网式”监督检查计划》，较好地完成了对全省出口食品卫生注册登记企业拉网式检查工作，使全省出口食品企业安全卫生管理得到加强，出口食品安全卫生得到保证。

3、为了强化强制性认证产品的管理，吉林出入境检验检疫局起草了《尽快申请强制性产品认证的通知》，发至各有关企业，并在省内电视台、广播电台及报纸等新闻媒体上通过发表文章、接受采访或现场执法检查等方式，扩大 3C 认证的宣传，组织全省统一的强制性产品认证制度检查，整顿和规范了市场。

4、做好实验室的计量认证和认可转换工作。制订了《吉林检验检疫局实验室发展规划》和吉林检验检疫局实验室注册工作向计量认证认可工作转换的具体实施意见，确定了实验室计量认证认可的总体目标。11 个实验室的计量认证通过了国家认监委的审核，10 个实验室的认可通过了现场评审。

内蒙古检验检疫局

中左三为刘兴范局长、左二为布奎副局长、右二为徐华
副局长、左一为斯勤夫副局长右一为汪运甫纪检组长

近年来，内蒙古检验检疫局在国家质检总局和国家认监委的领导下，大力加强认证认可工作，积极为企业服务。认真贯彻《中华人民共和国认证认可条例》，健全认证认可工作体系和监督机制，一个严密、高效的认证监管工作局面正在逐步形成，截止2004年6月1日，内蒙古检验检疫局辖区内取得卫生注册企业96家，卫生登记企业12家，系统内计量认证实验室15家，认可实验室2家。内蒙古检验检疫局坚持强化认证执法，提高企业管理水平，确保了产品质量和安全卫生。认证认可工作在打破国际贸易技术壁垒，提高产品的市场竞争力，促进对外贸易发展等方面发挥了重要作用。

上海市质量技术监督局

上海市质量技术监督局是上海市政府主管全市标准化、计量、质量工作和特种设备安全监察工作，并行使执法监督职能的直属机构，并履行上海市工业产品生产许可证办公室、上海市计量校准管理办公室和上海市名牌产品推荐委员会办公室等职能。

上海市质量技术监督局下属19个区（县）质量技术监督局和上海市计量测试技术研究院、上海市特种设备监督检验技术研究院、上海市标准化研究院、上海市产品质量监督检验所、上海市纤维检验所、上海市质量技术监督稽查总队、上海质量技术监督中心、上海市检测技术所、上海机动车检测中心等单位。

在国家质检总局和上海市委、市政府的正确领导下，上海质监系统广大干部职工团结鼓劲，上下齐心，克服困难，以“三个代表”重要思想为指导，结合“世博会与上海新一轮发展”大讨论，深入开展“解放思想、反骄破满”、“实现跨越式发展”和“质量技监文化”三个专题讨论，进一步增强了服务经济、服务企业和服务人民群众的责任感和使命感，在切实履行职能中，着力从源头抓质量，不断巩固技术基础，质量技术监督工作的有效性和影响力得到进一步显现，服务上海经济建设的作用得到进一步发挥。

上海的认证工作在国家认监委的统一管理下，通过各方面的共同努力取得了很大的发展。目前，上海近4000家企业取得了1万3千余张强制性产品认证证书，获得各类管理体系认证的企业超过1万家，通过计量认证的实验室单位达334家。上海质量技术监督局在国家认监委指导下，加强对认证工作的推动和监管，建立了上海市认证工作联席会议制度、大力整顿认证中介市场、推进强制性认证制度的全面实施、积极拓展计量认证新领域，为开创认证工作新局面做出应有的贡献。

甘肃省质量技术监督局

GANSUSHENGZHILIANGJISHUJIANDUJU

甘肃省质量技术监督局是甘肃省人民政府综合管理全省质量、计量、标准化、认证认可和特种设备工作，并行使监督、监察和行政执法的职能部门。省局机关设有办公室、计划财务科技处、政策法规宣传教育处、人事劳动处、质量处、监督处（认证办）、标准化处、计量处、锅炉压力容器安全监察处等9个职能处室及稽查局、机关党委和纪检监察室。直属8个事业机构：甘肃省计量研究院、甘肃省标准化研究院、甘肃省产品质量监督检验中心、甘肃省纤维检验局、甘肃省特种设备检验研究中心、甘肃省锅炉压力容器检验研究中心、甘肃省质量技术监督宣传教育培训中心和甘肃省质量审核中心。

在国家质检总局和甘肃省委、省政府的正确领导下，甘肃省质监系统广大干部职工认真践行"三个代表"重要思想，紧紧围绕当地经济建设中心，充分发挥质量监管职能，各项业务工作取得了长足进步：全省产品质量总体水平有了新的提高，监管范围进一步拓宽，食品质量安全市场准入制度得到严格贯彻，国家质检总局免检产品已达11户13种产品，发放食品生产许可证359户、380张证书；农业标准化工作开展得有声有色，截至目前，已制订发布无公害农产品地方标准297项，建成各类农业标准化示范区41个；从源头抓质量有了新的进展，建立企业质量档案、生产许可证管理等工作扎实有效，同时出台了《甘肃省2003年-2010年名牌战略实施意见》；计量监管领域进一步拓宽，民用四表、集贸市场、加油站、眼镜制配市场的计量专项整治效果显著；认证监管力度进一步加大，641户企业通过ISO9001质量管理体系认证，6户认证咨询机构通过国家再确认，36户企业通过强制性产品认证、获证241张，《产品质量检验机构计量认证/审查认可评审准则》得到全面贯彻，质检机构工作质量普遍提高；特种设备普查整治工作已通过国家质检总局验收，初步形成了动态管理机制；法制宣传和依法行政实现了新突破，一年一度的"3·15"、"质量月"等宣传咨询活动已深入人心，行政执法的程序和有关制度措施不断完善；打假治劣行动如火如荼，食品、农资、建材等专项整治收到明显成效；加强技术机构的改革和建设，全系统技术机构的科技研究和检验检测能力逐步提高。

为适应新形势、新要求，去年，甘肃省质监局又确定了质监事业可持续发展的总体思路，即：高举改革、发展的旗帜，以国家质检总局关于甘肃创建"西北一流、全国先进"的要求为总目标，实施三大工程（基础设施建设工程、信息化建设工程、人才培训工程），推进一个战略（大力推动和实施名牌战略，努力培育企业核心竞争力），实现业务工作六个方面的新突破。并通过《甘肃省质量技术监督事业发展三年规划钢要（2004-2006年）》和《甘肃省质量技术监督系统技术机构改革发展三年规划》、《甘肃省质量技术监督系统人才培训三年规划》、《甘肃省质量技术监督局精神文明建设三年规划》等四个中长期发展规划的实施，甘肃省质监局将开创事业新局面，为地方经济发展做出新贡献。

国家质检总局局长李长江（左二）视察甘肃省纤维检验所。

国家质检总局党组书记李传卿在甘肃省副省长杨志明的陪同下参观该局技术机构的压力容器检验设备。

国家认监委主任王凤清（左二）在甘肃省副省长杨志明（左一）、该局局长毛郁生（右一）的陪同下，参观甘肃省产品质量监督检验所。

该局组织执法人员检查食品质量

JIANG XI SHENG

江西省质量技术监督局

忠于职守，勇于负责，严格把关，保国安民　ZHI LIANG JI SHU JIAN DU JU

江西省质量技术监督局是省政府统一管理和组织协调全省标准化、计量、质量管理、认证认可、特种设备安全监察工作的职能部门。自2000年组建以来，全系统干部职工在国家质检总局、国家认监委和省委、省政府的正确领导下，认真贯彻落实党的十六大和省委十一届会议精神，紧紧围绕江西经济建设中心工作，牢固树立科学的发展观，坚持把发展作为第一要务，牢记"两个务必"，践行"三个代表"，按照"忠于职守，勇于负责，严格把关，保国安民"的总要求，大力弘扬"井冈精神"，求真务实、努力工作，全面履行综合管理和行政执法两大职能，大力实施"质量振兴江西，质量服务经济"十大工程，不断开创江西质监工作新局面，为实现江西在中部崛起和全面建设小康社会作出了积极的贡献。

朱秉发局长、胡菊芬副局长向国家认监委主任王凤清同志汇报江西省认证认可工作

中共江西省委书记孟建柱同志听取朱秉发局长关于认证认可工作情况的汇报

JIANG XI SHENG

电话：0791-8181180
网址：www.jxzj.gov.cn
地址：南昌市江大南路19号
邮编：330029

ZHONG GUO ZHI LIANG REN ZHENG ZHONG XIN HE BEI PING SHEN ZHONG XIN

中国质量认证中心河北评审中心

【历史沿革】根据原外经贸部和国家商检局联合下发的"关于出口商品生产企业推行ISO9000系列标准的通知"要求，原河北商检局于1993年1月15日成立ISO9000质量体系评审机构筹建组；1993年6月9日，北方质量体系评审中心在原河北商检局正式成立；同年10月26日原国家商检局"出口商品生产企业质量体系（ISO9000）工作委员会"组织河北、山西、内蒙古商检局在太原召开会议，建议三方联合组建北方质量体系评审中心，该建议获得会议通过，并确定了北方质量体系评审中心的领导机构和组织机构，总部设在原河北商检局。1998年5月，根据原国家商检局的统一要求和部署，北方评审中心改称中国进出口质量认证中心河北评审中心，山西、内蒙古独立为山西评审中心和内蒙古评审中心。2002年，CQC河北评审中心随总部共同更名为中国质量认证中心河北评审中心。

【认证情况】1994年10月，CQC河北评审中心的认证的首家企业"华北铝业有限公司"通过现场审核，标志着河北评审中心认证工作的全面展开。至认监委成立以前，河北评审中心认证企业数量达到150家左右，以进出口企业为主；认监委成立以后，认证企业逐步从进出口企业向非进出口企业、非制造业延伸，认证的种类也从单一的ISO9000质量管理体系认证向ISO14000、OHSAS18000、HACCP等各类管理体系、整合管理体系认证发展，认证企业数量从2001年底的200家增加到2003年年底的近500家。

认监委成立以来，河北评审中心认真贯彻执行了认监委的各项规定。2002年7月，河北评审中心召集各认证企业召开了专门会议，会议贯彻了认监委及CQC总部的各项规定和指示精神，并根据国家认监委、CQC总部的要求，开展了多次自查自纠活动。多年来客观、公正、务实、高效的认证行为，不以数量为认证工作追求的目标，热情为企业提供增值服务，CQC河北评审中心赢得了良好的市场声誉，也为河北评审中心的长足发展提供了可靠的保证。

海南评审中心

一、机构概况

中国质量认证中心海南评审中心（中文简称：海南评审中心，英文简称：CQCHN）是中国质量认证中心（英文简称：CQC）设立在海南省的分支机构，专业从事ISO9000质量管理体系、ISO14000环境管理体系、HACCP食品安全控制体系、OHSAS18000职业健康安全管理体系、QS9000管理体系产品认证等认证业务。

海南评审中心现有8名高级审核员、14名审核员，分别来自20多个专业，具备广阔的专业知识背景和丰富的技术管理经验，全部经过国际审核员培训认证协会（IATCA）认可的权威机构培训，并在中国国家认证人员培训认可委员会（CNAT）等机构注册，同时还聘有一批各行业管理经验丰富的技术专家。

CQC海南评审中心凭借高素质的审核员队伍和不懈的努力，凭借对评审工作的深刻感悟和执着追求，已先后为一批国内外知名企业提供了评审认证服务，涉及的行业有：航空运输、集装箱运输、摩托车制造、电讯电缆、通信、邮政服务、网络服务、食品饮料、纺织服装、化工制药、卫生医疗、农副水产品加工、旅游饭店、金属材料、消防安全等。

二、提供服务

海南评审中心从事的认证业务系经中国国家认证机构认可委员会（CNAB）的认可，拥有对机械电子、金属材料、化工、矿产、纺织服装、皮革、木材、药品、食品饮料和烟草、运输仓储、建筑、金融房地产、公共行政管理、信息技术、宾馆餐馆服务行业等诸多领域的认证注册资格。同时，可根据企业客户的需求，提供人员培训、管理体系文件审核、管理体系现场审核、体系预评审等服务。

海南评审中心作为CQC的分支机构，在开展质量管理体系审核活动中，对认证过程的控制符合ISO/IEC导则62、IAF指南、ISO19011标准及CNAB认可准则的要求，始终以CQC质量手册作为统一的标准和行为准则，严格贯彻落实CQC质量方针，以优质高效的工作作风及整体一致的工作水平，为申请人提供满意的服务。

中心外景

中环联合(北京)认证中心有限公司
国家环保总局环境认证中心

CEC

▶▶ 机构简介

中环联合(北京)认证中心有限公司(国家环保总局环境认证中心，简称CEC)于2003年9月正式成立，它是经国家环保总局批准，在整合国家环保总局直属机构认证资源的基础上设立的。

CEC作为经国家认证认可监督管理委员会批准的环保总局系统唯一认证机构，在环境标志产品、有机食品、环境管理体系、质量管理体系和职业安全健康体系、HACCP等领域，实施产品与管理体系一体化认证等一系列的工作。同时，CEC还是经国家环保总局授权的唯一授予中国环境标志的机构。

CEC立足于整体推进ISO14000国际环境管理系列标准，开拓中国企业的双绿色发展模式，推动环境友好产品和环境友好型企业的发展，改善环境质量，促进绿色消费和贸易发展。

CEC拥有一支素质优秀、实践经验丰富的审核员和高级审核员队伍，其中有一大批审核员具有较好的专业背景和高级专业职称。CEC还承担环境认证技术国际合作和研究工作，使CEC作为国家级认证机构在开展环境标志授予及体系认证等方面有着较强的技术优势。

遵照国家环保总局要求，环境认证要为国家环境管理服务，要为消除贸易壁垒、保障国家环境安全服务，要为建设小康社会、提高人民生活质量服务。通过我们的努力真正将CEC建成”资源集中，管理规范，技术过硬，规模强大，诚信公正”的国家级环境认证中心。

中心领导颁发证书

国家认可委领导在中心现场评审

德国兰色天使代表在ISO14020环境标准系列研讨会上发言

深圳鹏程国际认证有限公司

鹏程万里

深圳鹏程国际认证有限公司(英文简称：EIC)是经中国国家认证认可监督管理委员（CNCA）批准设立，并经过中国认证机构国家认可委员会（CNAB）认可的具有独立第三方公正地位的专业认证机构，主要从事ISO9000、ISO14000、OHSAS18001、QS9000、ISO/TS16949、HACCP等管理体系认证、产品认证及认证培训和外商投资财产价值鉴定等业务。

深圳鹏程国际认证有限公司（EIC）在国内外具有较高的知名度和影响力。1993年开始从事管理体系认证，颁发了中国进出口企业第一份ISO9000认证证书。1999年EIC作为CNAB认可的认证机构加入国际认可论坛（IAF），标志着深圳鹏程国际认证有限公司已经得到国际认可，颁发的证书也同样具有国际普遍承认的效力。截至目前，本中心已经为近5000家企业颁发了ISO9000、ISO14000、OHSAS18001、QS9000、HACCP等认证证书。

本公司人力资源充足。经过多年的实践和培养，中心已经拥有一大批具有丰富实践经验、熟悉行业特点、思路开阔、有良好的团队精神、敬业精神和职业素质，能够适应认证市场发展需要在CNAT注册的专业审核员和培训教师，其中包括企管博士、工学硕士、专业高工等资深专家。通过我们的专业审核及培训服务，不但可以为企业提供全社会普遍认可并且具有高附加值的认证证书，同时也为企业能够持续改进，帮助企业寻求解决管理风险方案，加强其质量/安全/环境管理等业务培训和技术支持。

经过多年的努力，中心在原ISO9000（认可范围28大类）、ISO14001（认可范围6大类）认证和价值鉴定的基础上增加了OHSAS18001、QS9000、ISO/TS16949、HACCP认证，产品认证以及国家注册审核员培训等服务项目。认证领域和行业范围形成以传统的加工制造业为基础，逐步向通讯、软件、系统集成等高新技术企业和医院、保险、酒店、房地产开发与管理等服务行业发展。

在中国加入世贸之后，本中心将继续秉承"公正、规范、高效、为客户提供增值服务"的宗旨，用高水准的工作质量和服务质量赢得市场，走向国际。

按照"重塑形象、再造品牌、求精务细、强化管理"的工作思路，深圳鹏程国际认证有限公司近年来不断强化内部管理，提高专业水平。在经历不平凡的2003年的同时，各方面工作仍然取得了全新的进展，认证范围不断扩大，认证企业逐年增加。

本公司在紧跟国际标准动态，及时拓展认证认可领域及专业范围的基础上，更加注重高素质人才遴选造就，更加注重机制创新，更加注重精细化管理，更加注重规范化运作和后续服务，更加注重形象品牌再造。随着国家认监委加大监管力度，认证市场秩序进一步规范，深圳鹏程国际认证有限公司必将会被更多的用户认可和选择，市场格局将进一步得到完善，巨大的发展潜力也会进一步释放出来，深圳鹏程国际认证有限公司将迎来一个新的发展时期，愿与广大新老客户一道，齐心协力，鹏程万里。

北京天一正认证中心

北京天一正认证中心（简称BTCC）成立于1996年，是经国家认证认可监督管理委员会批准，中国认证机构国家认可委员会认可的权威的第三方管理体系机构及认证培训机构。主要从事质量／环境／职业健康安全管理体系的认证及培训服务。中心自成立以来，始终坚持以独立、公正、客观为准则，以规范管理和严格遵守国家法律为生存和发展的基础，经过八年的辛勤耕耘，形成了较为完善的认证服务体系：拥有多种认证资格，具备一次认真审核颁发多张认证证书的能力，被认可的业务范围广泛涉及电子、机械、航空航天、化工、建设、计算机等各行业。同时，还拥有一支由数百名国家注册高级审核员、审核员及技术专家组成的高素质的、经验丰富的专业化审核队伍，可确保为前来申请认证的客户提供优质、高效的服务。迄今为止，中心已为遍布全国各地的数千家组织提供了卓有成效的认证和培训服务，并以规范严谨的工作作风和优质高效的认证审核质量，赢得获证企业普遍的好评，在认证界树立了良好的形象。

中心经营理念　**以航天人的智慧，竭诚为客户服务**

中心主要服务范围

☆ 按照GB/T19001—2000、GB/T24001—1996、GB/T28001—2001标准，有关国军标质量管理体系要求标准，以及其它管理体系要求标准，对申请认证的企事业单位的管理体系进行认证，并颁发管理体系认证证书。

☆ 接受国内、外顾客的委托，对企事业单位的管理体系进行审核或认证，提出审核报告或颁发管理体系认证证书。

☆ 为企事业单位提供培训技术服务：

(1)举办内审员培训班，为企事业单位培训管理体系内审员。

(2)举办GB/T19001—2000、GB/T24001—1996、GB/T28001—2001等标准宣贯班。

(3)根据企事业单位的需要，为其举办各种形式的质量管理、环境管理、职业健康安全管理标准和基本知识培训班。

地　址：北京市西城区月坛北小街2号华尔森宾馆三层（100830）
电　话：市场部010-68768047　68035994
办公室：010-68760832　68768046
传　真：010-68069092　68768032
网　址：www.btcc@vip.sina.com

第八部分 实验室与检测监管

实验室与检测监管部主要负责检查机构和实验室资质的认定和监督管理工作。2001 年以来的主要工作内容如下:完成一批国家级质量监督检测中心的筹建、验收和授权工作,以及部分省级产品质量检验所(详见第十六章表 23)的验收及监督管理工作;改革出入境检验检疫实验室的资质评审制度,推动了出入境检验检疫实验室按国际标准 ISO/IEC17025 进行管理,使出入境检验检疫实验室纳入实验室认可和计量认证的管理模式,提高了出入境检验检疫实验室的管理水平和技术能力;加强计量认证的管理工作,重新发布有关计量认证的评审准则,统一和规范计量认证工作,调整国家计量认证行业评审组,扩展计量认证的领域;积极参与拟定和组织实施实验室国家认可制度,推动与国外实验室认可组织的互认;向社会公布了一批具有转基因检测、室内空气检测、10 种建筑装修材料检测等资质的检测机构;组织起草与实验室管理密切相关的管理标准,如生物安全实验室标准、医学实验室质量和能力的通用要求等;组织实施转基因检测、黄曲霉毒素检测、出口陶瓷铅镉溶出量检测的能力验证工作,提高了实验室的检测水平;组织研讨检查机构和实验室资质认定管理办法;完成全国检测实验室资源的调查摸底工作,基本了解中国检测实验室的分布、资质种类、人员、仪器设备和具体检测能力状况,并在网上发布了有关的信息;积极向国外推荐合格的实验室,使国外主管部门承认中国实验室的检测结果,降低中国产品或国外认可的成本,促进了对外贸易;组织培训实验室的管理人员;完成对全国人民代表大会和政协委员针对检测市场有关问题提案的答复;编辑出版《中国农产品和食品检测机构名录》,为中国农产品检测体系的建设提供了具有实用价值的资料。

一、国家产品质检中心和省级产品质检所验收

截至 2003 年 12 月底,国家认证认可监督管理委员会(或原国家质量技术监督局)共授权 246 家国家产品质量监督检验中心(详见《附录》),并对 46 个省级产品质检所(详见《附录》)进行了验收。其中,国家认监委成立以来新授权了 14 家、调整了 1 家国家产品质量监督检验中心(详见《附录》)。

2003 年国家质量监督检验检疫总局发文筹建了 16 家食品和农产品质量监督检验中心,为了做好这些中心的验收授权工作,国家认监委于 2003 年 6 月 10 日发文《关于新建国家食品、农产品质量监督检验中心评审验收的通知》(国认实函[2003]78 号),提出了新建国家食品和农产品质量监督检验中心的验收条件,对其法人资格、质量管理、人员、检验能力、仪器设备、经历等方面做出了规定。

二、实验室资质评价制度

由于历史原因,中国对实验室的资质能力评价存在多种模式,就质量技术监督和出入境检验检疫系统来说,就有四套评价制度:计量认证、审查认可、出入境检验检疫实验室注册、实验室认可。这些评价模式,其主要评审

依据都来源于国际上同一个对实验室资质能力通用要求的国际标准，在不同的实验室、不同层面上发挥了相应的作用。

1、计量认证(CMA标志)

计量认证是根据《计量法》、《计量法实施细则》、《产品质检机构计量认证管理办法》等法律法规的规定从1985年9月开始启动、1987年开始规范实施的一项针对向社会出具公证数据的实验室资质的一种行政审批制度。在实施中，采取了将国际上对检测和校准实验室资质能力的通用要求与中国的国情相结合，专家评审后进行行政审批的模式。根据有关规定，计量认证分两级实施，属全国性的产品质检机构（主要是国家质检中心和行业命名或行业归口管理的实验室）由国家组织实施（原国家质量技术监督局，现国家认监委）评审并审批，评审由原国家质量技术监督局授权成立的31个国家计量认证行业评审组具体组织，国家认监委负责制定评审计划、有关工作要求、工作程序，并对评审组上报的评审材料进行审批和发证。省以下的实验室由各省级质量技术监督局组织评审和发证。截至2003年年底，国家计量认证证书累计发出2 300多张，获证实验室在1 800家左右，省级质量技术监督局累计发出计量认证证书18 000多张，获证实验室在16 000家左右（有的实验室有多个名称，以不同名称分别获证）。全国范围，计量认证证书已发出2万多张，获证实验室在18000家左右。国家计量认证实验室由原国家质量技术监督局——现在由国家认监委每年将通过首次评审或复查的实验室发文进行公告，并编辑印发含每个实验室具体通过计量认证检测范围的《国家计量认证公报》，省级计量认证实验室由各省自主进行公报。按规定，计量认证证书有效期为五年，五年期满，实验室应提前半年申请复查，五年之间由发证机关安排2次监督评审。

国家认监委成立之后，加大了计量认证工作的管理力度。2002年先后颁布了《关于明确计量认证/审查认可工作有关规定的通知》（国认实函［2002］78号）、《关于印发〈计量认证/审查认可（验收）工作程序〉及有关工作表格的通知》（国认实［2002］42号）、《关于印发〈计量认证/审查认可（验收）获证检测机构监督管理办法〉和〈计量认证/审查认可评审员管理办法〉的通知》（国认实［2002］50号），这些文件的出台，为规范全国的计量认证工作发挥了重要作用。2003年，国家认监委与国家质检总局联合下发了《关于法定计量检定机构申请办理计量认证合格证书的通知》（国质检量联［2003］372号），与卫生部联合下发了《关于卫生行业计量认证工作有关问题的通知》（卫法监发［2003］90号），下发了《关于对室内空气质量检测机构开展计量认证的通知》及补充通知（国认实函［2003］14号、70号），拓展了计量认证工作的新领域。

国家认监委（实验室部）自2001年成立至2003年年底共组织国家计量认证评审并审批国家计量认证1118家（包括首次评审、复查评审和监督/扩项评审）。（详见《附录》）

2、审查认可(CAL标志)

审查认可工作是根据《标准化法》、《标准化法实施条例》、《产品质量法》、《国家产品质量监督检验测试中心管理办法》、《产品质量监督检验站管理办法》等法律法规的规定，从20世纪80年代末几乎与计量认证制度同时开始实施的一项针对承担监督检验、仲裁检验任务的各级技术监督部门的质检所和质量技术监督部门授权的国家和省级质检中心（站）的一项行政审批制度，在实施方式、评审准则上与计量认证几乎一样，只是依据的法律法规不同，针对的对象不同。计量认证是对社会所有的出具公证数据的实验室，审查认可只针对技术监督局依法设立的和依法授权的质检中心（站）。国家质检中心由国家局——现在由国家认监委直接批准和授权，省级（含副省级市、计划单列市）质检所、纤检所由国家局——现在由国家认监委负责审查认可（验收）批准。具体评审活动，授权给中国实验室国家认可委员会秘书处具体组织。省以下的实验室由各省质量技术监督局负责。截至2003年底，全国累计获审查认可资格的质检机构3600多家，其中，国家质检中心246家，省级（含副省级市、计划单列市）质检所、纤检所70余家。审查认可批准授权（验收）证书有效期五年，18个月要求质检机构接受一次监督评审。

3、实验室认可(CNAL标志)

实验室认可是指由第三方认可机构对从事检验或校准活动的实验室能力的正式承认。世界各国的实验室认可组织一般都是经立法机构或政府授权的独立机构，其成员通常包括与实验室认可有关的政府部门、工业部门、实验室、学术机构、消费者团体的代表和专家等。大多数认可机构是民间组织，但也有官方的。实验室认可都是自愿性的，但有些国家的政府规定从事一些重要检验工作的实验室必须经过认可机构的认可。认可组织的认可服务原则上对任何性质的实验室开放，无论是政府实验室、第三方独立实验室、企业实验室或私人实验室都可以提出申请。目前,国际上通行的认可程序规则是 ISO/IEC 导则 58:1993《校准和检测实验室认可体系运作和承认的通用要求》,该导则对认可体系的组织管理、公正性、方针政策、认可准则、认可工作程序、质量体系、评审员资格和管理都作了规定。认可组织所采用的认可准则是 ISO/IEC17025:1999《检测和校准实验室能力的通用要求》,包括对所有技术领域都适用的通用要求以及针对特定技术领域的特殊要求。

1947 年成立了世界上第一个国家级的实验室综合认可体系——澳大利亚国家检验机构协会(NATA)。此后,国家实验室认可体系发展非常迅速,目前已有 40 多个国家和地区建立了国家实验室认可体系。随着世界贸易的发展,消除非关税壁垒的需要推动了各国实验室认可体系之间的交流与合作。1975 年成立了第一个实验室认可合作组织——西欧校准合作组织(WECC),1992 年成立了亚太地区实验室合作组织(APLAC),1996 年,以实验室认可论坛形式最早于 1978 年开始运作的国际实验室认可大会正式注册成为一个实体国际组织——国际实验室认可合作组织(ILAC),并开始着手进行全球认可体系的多边互认工作。

2002 年 7 月 4 日,中国实验室国家认可委员会(CNAL)正式成立。CNAL 是经中国国家认证认可监督管理委员会(CNCA)批准的,在原国家质量技术监督局授权成立的中国实验室国家认可委员会(CNACL)和原国家出入境检验检疫局授权成立的中国国家出入境检验检疫实验室认可委员会(CCIBLAC)的基础上组建的中国惟一的实验室认可组织。原 CNACL 和原 CCIBLAC 都是国际实验室认可合作组织(ILAC)和亚太地区实验室合作组织(APLAC)的正式成员,并均已签署 ILAC 多边互认协议。

截至 2003 年年底,中国实验室国家认可委员会共发出实验室认可证书 1 323 张(含原 CNACL 和 CCIBLAC 认可的)。

4、 出入境检验检疫实验室注册

实验室注册是原国家出入境检验检疫局于 1997 年开始对系统内实验室进行管理的一种方式。国家认监委(原国家出入境检验检疫局)是实验室注册的最高管理机构,授权六大区(东北、华东、华北、西北、中南、西南)的注册实验室考核领导小组负责组织实施本大区实验室注册考核工作。实验室注册的考核准则《系统内实验室注册准则:2000》等同采用 ISO/IEC17025:1999。检验检疫系统内实验室均纳入注册管理体系,已经通过认可的实验室直接换发注册证书。注册实验室具有依照规定对其承检范围内的进出口商品进行检验、鉴定并出具报告的资格。

国家认监委成立以后,由实验室与检测监管部负责检验检疫系统实验室注册工作。2002 年底,检验检疫系统共有 555 家实验室,已有 494 家实验室通过了注册考核,注册率为 89%。注册制度为规范出入境检验检疫系统实验室的管理工作发挥了重要作用。

为了逐步统一中国实验室的评价模式,形成统一的实验室评价体系,使出入境检验检疫实验室满足《计量法》等法律法规的要求,获得计量认证资格,向社会出具公证数据,国家认监委于 2002 年 11 月下发了《关于落实出入境检验检疫系统实验室注册制度改革有关事宜的通知》(国认实[2002]58 号),决定取消实验室注册制度,推行计量认证制度和实验室认可制度。2003 年完成了 362 个注册实验室转化为计量认证的资料初审和证书及证书附件的制发放工作,使出入境检验检疫系统的实验室管理在满足中国法律法规的同时,逐步与国际通行做法接轨。

为了尽快落实出入境检验检疫系统实验室注册制度的改革工作,顺利实现检验检疫系统实验室注册向计量认证/实验室认可的转换,国家认监委于 2003 年 2 月 27 日在北京召开出入境检验检疫系统实验室注册工作总结暨计量认证/实验室认可转换宣传贯彻工作会议,国家认监委王凤清主任到会做了重要讲话。会后,国家认监委下发了《关于做好出入境检验检疫实验室注册转换工作的通知》(国认实[2003]17 号),明确了办理计量认证和实验室认可的模式、程序、管理机构部门分工等,出入境检验检疫系统实验室的注册转换工作全面启动。

目前,出入境检验检疫系统实验室的注册工作向计量认证、实验室认可工作的转换已基本完成,国家认监委致力于建立统一的实验室评审体系的努力向前推进了一大步,在有关法律法规进一步修改和完善的情况下,实现一套统一的实验室评审体系的目标应该可以实现。

三、实验室认可

中国实验室国家认可委员会(China National Accreditation Board for Laboratories, CNAL)是根据《中华人民共和国产品质量法》、《中华人民共和国标准化法》、《中华人民共和国计量法》、《中华人民共和国进出口商品检验法》、《中华人民共和国进出境动植物检疫法》、

《中华人民共和国食品卫生法》、《中华人民共和国国境卫生检疫法》、《中华人民共和国认可认证条例》和《国家认可机构管理办法》等法律法规的规定，经中国国家认证认可监督管理委员会批准设立并授权，统一负责实验室和检查机构认可及相关工作的国家认可机构。

1、实验室认可组织、工作情况

在国家质检总局、国家认监委和中国合格评定国家认可中心的领导下，CNAL 的工作取得了较大的成绩：建立和完善了内部组织机构，2003 年全年共批准成立了电气、医学、药品、电磁兼容、能力验证、信息技术、化学、机械、建筑建材、食品、特种设备和校准等 12 个分委员会。目前还在筹建动植物检疫、标准研究、测量不确定度、生物、检查机构和轻纺等 6 个分委会；进一步明确 CNAL 秘书处人员职责；加强 CNAL 新认可政策和程序的宣传贯彻，统一实验室对新要求的理解。在宣传贯彻中着重现场评审中技术能力评审的有效性、量值溯源政策的应用、不确定度的评审、不符合项报告要求、能力验证的规定等内容。在 CNAL 对实验室的新评价体系中，加大了技术能力的评审力度(包括：增加了现场试验、利用能力验证结果和测量审核的特定要求)，注重了实验室的检测工作与方法标准的符合性评审，强调了认可范围表述和认可代码使用的有效性。依据国际标准，健全认可体系，通过亚太实验室认可合作组织(APLAC)互认协议的国际同行评审，确保了新认可体系的有效实施和平稳过渡；强化评审员、评审员教师和内部工作人员的培训工作；提高客户服务意识，使认可工作始终体现服务宗旨；在认可领域方面，拓展了认可项目，内容涉及商品检验、工厂检查、健康检查、信息安全产品(系统)检查、锅炉压力容器和特种设备检查等技术领域；在认可数量方面，使实验室和检查机构的认可数量明显增长；在国际活动方面，提升了 CNAL 国际地位。

2、认可实验室总体情况

2003 年 CNAL 共接受机构正式申请 905 个(其中初次申请 476 个)，安排各类现场评审 969 个(初次评审 300 个、复评审 98 个、扩项和监督评审 571)，组织评定 22 批(涉及 801 个实验室，8 个检查机构，2 个能力验证提供者)，新认可实验室 361 个，检查机构 8 个，能力验证提供者 2 个，组织能力验证 57 项(涉及 2 447 个/次实验室)。

CNAL 共认可实验室总数达 1 344 个，检查机构 9 个，能力验证提供者 3 个，注册实验室评审员 1 753 个。

四、实验室能力验证

能力验证(Proficiency Testing)是通过实验室间比对来判定实验室能力的活动。它是一项通过发送样品至实验室进行实际测试/测量，再将所有参加实验室的结果数据进行统计分析，依据每个实验室与其他实验室结果的一致性来判定实验室对于特定项目的检测能力的活动。由于能力验证是一种实际测试活动，是通过测试数据来“说话”的，因此其结果也就更能够得到人们的信任。

能力验证的作用体现在：第一，对实验室而言，是其进行内部质量控制和对外提供证明的需要；第二，对实验室认可机构而言，是评价实验室检测能力的技术手段；第三，对实验室的用户而言，是证明实验室具备某项检测能力的重要证据；第四，对政府主管部门而言，是评价和监管实验室的有效措施。

由于能力验证具有显著的作用，因而在国际上越来越得到广泛的重视，很多国家已经把能力验证作为评价实验室检测报告/证书有效性的重要技术手段，并已俨然成为了新的国际贸易技术壁垒手段。在 1997 年，ISO 和 IEC 联合发布了 ISO/IEC 导则 43《利用实验室间比对的能力验证》，为能力验证活动的规范开展建立了依据。

中国的能力验证活动是近几年才开展起来的，实验室认可机构、各地方和各行业都在组织这项活动，这说明人们已经开始意识到开展能力验证的必要性和重要性。

中国的实验室能力验证工作分为两个部分，即国家认监委和中国实验室国家认可委员会两个部门进行。

1、国家认监委的工作

国家认监委自成立以来，就担负着检查机构和实验室资质认定和管理工作，因而十分重视能力验证活动的规范开展。

一方面，国家认监委重视体系和制度的建设。其目标是：建立中国统一的实验室能力验证管理体系，对能力验证工作实行在国家认证认可监督管理部门统一管理、监督和综合协调下，各有关方面共同组织实施的管理机制。2001 年底，国家认监委会同中国实验室国家认可委员会、国家质检总局有关司一起研讨如何加强对能力验证活动的管理。2003 年 12 月召开了行业主管部门、地方质量技术监督局、直属检验检疫局三方面代表参加的“能力验证工作座谈会”，在广泛征求各方面意见的基础上，形成了《实验室能力验证管理办法》(征求意见稿)。

另一方面，国家认监委组织开展能力验证活动。为应对国外技术壁垒和满足政府管理部门的需要，国家认监委在全国范围内先后组织开展了转基因、黄曲霉毒素、陶瓷铅镉溶出量、蔬菜农残检测等强制性能力验证活动。

2、中国实验室国家认可委员会的工作

中国实验室国家认可委员会(CNAL)在实验室认可领域建立了较完善的能力验证体系，并通过了国际实验室合作组织的评审，得到了国际社会的承认，为建立中国能力验证体系提供了良好的技术支持。

组织开展能力验证活动。2001年至2003年底，CNAL(或原CCIBLAC或原CNACL)共组织实施了116项能力验证计划，涉及食品、金属材料、轻纺、电器、建筑材料、动物检疫、校准等领域，共计4674个/次实验室参加了这些计划；另外，CNAL组织国内45个实验室参加了13个国际能力验证计划，涉及食品化工、电信产品计量学(声学、电磁)等领域；2002年CNAL首次组织开展了4项国际性能力验证计划。

引导和培育中国的能力验证市场。制定了《CNACL对能力验证计划提供者能力的认可准则》，并依据该准则组织实施能力验证计划提供者的认可活动。截至2003年底，有3个机构作为能力验证计划提供者获得了认可，其中北京中实国金国际能力验证研究中心是中国第一家以提供能力验证服务为主业的、独立注册的能力验证计划提供者。

2003年制定和组织实施了57项能力验证计划，制定了《CNAL2003年度能力验证计划目录》。(详见《附录》)

五、实验室资质认定结果的公布

2002年7月1日国家质检总局、国家标准化管理委员会发布的室内装饰装修材料10种有害物质限量标准。为了配合这10项标准的实施工作，国家认监委于2002年2月7日发文《关于内墙涂料等10种室内装饰装修材料有害物质检测机构资质问题的通知》(国认实函[2002]9号)，并于2002年4月6日发文要求各地各行业报送有关的检测机构。

国家质检总局、卫生部、国家环保总局发布了《室内空气质量标准》(GB/T18883-2002)于2003年3月1日实施，为此，国家认监委发文要求对室内空气质量检测机构开展计量认证(国认实[2003]14号)。国家认监委2002年第10号、第11号公告，2003年第15号、第16号公告公布了上述标准的检测机构。

国家认证认可监督管理委员会于2001年6月22日至9月22日组织了转基因产品定性检测水平测试(能力验证)，由国家质检总局实验室注册华北大区考核领导小组承办，协调单位是动植物检疫实验所。检验检疫系统的26个实验室参加了此次测试。

此次测试严格按GB/T 15483.1-1999《利用实验室间比对的能力验证》(等同采用ISO/IEC指南43:1997)的要求和程序进行。水平测试的方案和样品的均匀性、稳定性和准确性及《转基因产品的定性检测水平测试技术报告》等都通过了专家的鉴定。根据水平测试的测试结果和各单位的检测条件，批准了动植物检疫实验所等25个实验室(后又补充2家单位)具备转基因产品定性检测资格(详见《附录》)。国家认监委还要求上述单位加强转基因实验室的建设和管理，切实提高检测能力，统一转基因检验检疫实验室检测的方法、标准及有关的设备、仪器、试剂等，确保检测结果准确、可靠。对造成检测能力下降，不能出具准确的检测结果的实验室，国家认监委将取消其资格。未通过此次水平测试或未参加此次水平测试的单位不具备转基因产品检测资格，必须通过国家认监委组织的实验室比对或水平测试，测试结果证明具备相当的技术能力和管理水平的，才能承担相关的检测工作。

六、实验室资源调查

2002年，国家认监委决定开展第一次全国实验室资源调查工作。

2002年夏，国家认监委实验室与检测监管部召开了多次专家会议，对全国实验室资源调查的方案进行研究和论证。与会专家对调查工作的对象、路线、调查表格的设计及统计分析的需求进行了反复研讨，初步形成了《中国实验室资源调查表》(草案)，并决定采用“质量技术监督局、出入境检验检疫局、行业计量认证评审组和直接填报”四个渠道进行数据采集的方式。调查对象为：已通过和拟申请计量认证的实验室；未经计量认证的大型企业内设实验室及其他社会各类实验室；各直属检验检疫局检验检疫实验室(含分支局)及其所掌握的中外合资、合作等涉外实验室；国家质检总局直属的事业单位(如商检研究所、动植检所等)所属实验室，高校和科学院的部分实验室。

2002年9月，国家认监委在广东、湖北、山东等省开展了“调查表”的试填写工作，并派遣工作组到这些地区听取了当地的意见。根据试填的情况和各地反馈的意见，国家认监委组织专家进一步完善了“调查表”。之后，根据

定型的"调查表",国家认监委与软件公司共同开发了"资源调查数据转换系统"。数据转换系统分为两级,第一级由各省质量技术监督局、出入境检验检疫局和行业计量认证评审组使用,进行数据由Excel表格向Access数据库的转换工作;第二级由国家认监委使用,将各地反馈的Access数据库合并转换为SQ-Server数据库。

2002年10月28日,全国实验室资源调查实施暨调查技术培训工作会议在京召开,认监委王凤清主任和夏铮铮副主任到会并作出了重要指示。在会上,国家认监委实验室部具体布置了相关的工作,并分发了调查表格和软件光盘。此次会议正式拉开了全国性实验室资源调查工作的序幕。

2002年10月底到12月底的两个月时间里,各省、市、自治区质量技术监督局、各直属出入境检验检疫局和各行业计量认证评审组按照既定的部署,完成了调查数据上报工作。到2003年1月下旬,全国各地的数据陆续汇总到国家认监委实验室部。

在各地开展调查表的分发和数据回收转换的同时,国家认监委与软件公司合作进行了数据统计分析系统的研究开发,不断完善相关的软件程序,到2003年1月底,统计分析软件也制作完成。

2003年1~2月,认监委将各地上报的子数据库进行了数据审核,并转换导入SQ-Server数据库中。到2003年2月底,全国实验室资源数据库数据整理和审核基本完成。

本次调查收集全国15 676家实验室近5千万条数据信息,实验室涉及十余个不同的行业领域,遍布全国所有省区,基本覆盖中国国民经济建设的各个方面。其中属于质量技术监督系统的产品检测实验室有约2 850家,计量检定/校准机构有2 670家,属于出入境检验检疫系统的有601家,接受出入境检验检疫局委托的有135家;其他行业和部委设立的实验室和社会实验室有8 000余家。

通过本次调查了解到,中国的实验室中,可以从事化学领域检测工作的有近6 000家,可以从事生物领域检测的有3 000家,建材与建筑领域4 000家,计量领域2 700家,机械汽车领域2 000家,电子电气领域2 000家;这些实验室总的固定资产近240亿元人民币,仪器设备86万多台套,从业人员近38万人,各类标本55万余种,标物/标样近50万种,图书2 000万册,实验室面积2 100多万平方米。这些实验室总计可以从事68.9万项标准/规程/方法的检测工作,除去项目重叠的部分,可以从事21.8万种标准/规程/方法的检测工作。24.3%的实验室从事过科研工作,27.6%的实验室具备校准能力。

2003年3月,认监委组织专家和有关人员,对全国实验室资源数据进行了深入的分析研究,并撰写了一系列的分析研究报告。这些报告分别为:《中国实验室资源分布状况综合报告》、《中国实验室法律地位状况》、《中国实验室资质状况》、《中国实验室固定资产状况》、《中国实验室人员状况》、《中国实验室检测能力状况》、《中国实验室固定资产投入和委托检验收入状况》、《中国实验室领域分布状况》、《中国实验室仪器设备状况》、《质检系统实验室资源状况》。这些报告对中国实验室总体状况及相关特点进行了分析,对下一步中国实验室的规划和建设也提出了政策建议。这一系列的报告已经呈报国家认监委的领导审阅。

2003年5月至9月间,国家认监委利用全国实验室资源数据库,编辑了《中国食品、农产品检测机构名录》一书,已于近期出版。另外还正在编辑《中国建筑材料检测机构名录》、《中国室内空气质量检测机构名录》、《中国出入境检验检疫机构名录》、《中国国家产品质量监督检验中心名录》等一系列名录。

2003年9月,国家认监委与软件公司开始进行中国实验室资源网的软件合作开发,已经在国家认监委网站的热点专栏中开辟"全国实验室资源数据查询系统",供社会各界查询中国实验室资源的有关信息。

第九部分　科研和标准建设

一、认证认可科研和标准建设

1、全国认证认可标准化技术委员会的成立

2002年4月国家认监委向国家标准委发函，建议尽快设立全国认证认可标准化技术委员会，开展认证认可国家标准或行业标准的相关工作任务，解决国家标准中缺少认证认可标准的问题，以便促进中国认证认可工作的健康发展，并提出按照有关法律法规要求和国务院赋予国家认监委的职责，全国认证认可标准化技术委员会应挂靠国家认监委，秘书处设在国家认监委法律部，根据情况可设若干分技术委员会，开展工作。

2002年6月国家标准委复函，同意由国家认监委筹建全国认证认可标准化技术委员会。

2002年7月，按照《全国专业标准化技术委员会章程》的规定开始了筹建工作。2002年8月向国家标准委报送了《全国认证认可标准化技术委员会组建方案》、《全国认证认可标准化技术委员会章程（草案)》、《全国认证认可标准化技术委员会近期工作安排》三份文件。

2002年9月国家标准委复函，“批准成立全国认证认可标准化技术委员会，其国内编号为SAC/TC261，同时作为国际标准化组织/合格评定委员会(ISO/CASCO)国内对口单位。”全国认证认可标准化技术委员会由29名委员、7名通讯委员组成。王凤清任主任委员，夏铮铮任副主任委员，谢军任委员兼秘书长，罗勤才任委员兼副秘书长，秘书处设在国家认监委法律事务部。全国认证认可标准化技术委员会的专业范围是负责将国际标准化组织/合格评定委员会(ISO/CASCO)的国际标准、指南和导则转化为中国国家标准。

2003年1月15日，全国认证认可标准化技术委员会成立大会暨第一次全体委员会议在北京召开。国家认监委王凤清主任和国家标准委李忠海主任出席成立大会并作了重要讲话。第一次全体委员会议原则上通过了《全国认证认可标准化技术委员会章程》。

2、全国认证认可标准化技术委员会现阶段的主要任务

王凤清主任在成立大会上指出：全国认证认可标准化技术委员会成立以后，将面临一个崭新的工作领域，大家一定要站在国家的高度，与时俱进，开拓创新，锐意进取，积极探索新形势下制修订认证认可标准的新思路、新举措，力求认证认可标准制修订工作有新进展、新突破。当前，认证认可标委会的主要任务有以下几个方面：

(1)跟踪研究并适时转化有关国际标准、导则。采用国际标准和国外先进标准是中国一项重要的技术经济政策。认证认可标准化技术委员会首要任务就是要抓紧对认证认可/合格评定的国际指南、准则和标准的研究，尤其要重点研究国际标准化组织/合格评定委员会(ISO/CASCO)制定的各项国际标准、准则，并根据中国开展认证认可工作的实际需要，提出切实可行的认证认可标准体系框架，有计划、有步骤地将相关的国际标准、指南和导则转化为中国的认证认可标准，作为开展认证认可/合格评定工作的基本技术依据。逐步完善中国的认证认可标准体系，构筑与国际接轨的认证认可评价体系平台。

(2)利用认证认可国家标准的制定，构建中国的贸易技术性措施。　随着全球经济一体化的进程，技术标准已经成为国际经济竞争的重要手段。认证认可标准化技术委员会在积极研究并转化相关的国际标准、导则的同时，要有意识地加大对有关国际标准和发达国家认证认可标准、导则制订过程的研究，吸收国际和国外发达国家设立贸易技术性措施的有益经验，为我所用，在研究中要善于归纳、总结，并逐步开展超前认证认可技术研究，对那些国际上还未制定的相应的标准、导则，而中国的认证认可工作又急需的认证认可程序、规则等要进行立项研究，并积极提出制定中国的国家标准的建议。要努力在实践的基础上，主动影响国际标准的制定，最终引导认证认可国际标准发展。

认证认可/合格评定制度已经成为影响国际贸易发展的最主要的因素之一，已被许多国家用以保护国家特定行业发展、经济利益的主要手段。因此，要充分利用认证认可标准的技术手段，根据中国国情，在 WTO/TBT，WTO/SPS 协定允许的范围内，研究并提出中国的认证认可/合格评定程序、规则，在认证认可领域构建起中国自己的贸易技术措施。

(3)主动参与国际标准、导则的制修订活动。　认证认可标委会成立后，要在研究透有关国际或区域标准化和认证认可组织的组织结构和国际文件制定活动的基础上，有针对性地搞好认证认可标委组织建设，逐步根据需要建立分技术委员会(SC)和工作组(WG)，并广为吸纳人才，有计划地组织专家主动参加国际标准化组织制定国际规则的活动，在国际标准化组织中积极发挥作用，积极影响有关国际标准导则等国际文件制定，把中国的国家利益反映到国际标准中去，为打破认证认可/合格评定国际组织和有关合格评定准则完全由发达国家主导和控制的局面做出努力。与此同时，要进一步促进中国的认证认可/合格评定标准与国际标准协调一致。

3、全国认证认可标准化技术委员会 2003 年开展的主要工作

(1)标准制定工作。　全国认证认可标准化技术委员会提出三个国家标准制定项目并成为它们的技术归口单位，这三个项目：一是合格评定机构的评定认可总体要求；二是人员注册机构通用要求；三是产品认证机构通用要求。

2003 年底，完成《合格评定-人员注册机构通用要求》、《产品认证机构通用要求》两个国家推荐性标准的起草和审定工作，并上报国家标准委。由于 ISO/CASCO 对《合格评定机构的评定认可总体要求》国际标准的发布推迟到 2005 年，经过国家标准委的批准，将同步转化该标准。此外，作为《实验室生物安全通用要求》国家强制性标准的技术归口单位，组织审定了《实验室生物安全通用要求》标准，并上报国家标准委。

(2) 成立工作组。为加强对 ISO/CASCO 各相关导则、标准的跟踪研究和转化工作，密切与认证认可的国际标准、导则的制修订机构间的工作联系，不断提升中国认证认可工作在国际相关领域的影响力，于 2003 年 5 月成立了四个工作组，分别为：基础技术组(WG1)、认证组(WG2)、认可组(WG3)、实验室组(WG4)，四个组负责跟踪研究 ISO/CASCO 在 NP、CD、DIS、FDIS 等各阶段文件及 ISO/CASCO 拟审议的相关国际标准和导则。

(3)组织研究中国认证认可标准体系框架。为了探索中国认证认可标准化事业的创新之路，科学地建立和完善中国认证认可标准体系，以便高屋建瓴地指导中国认证认可标准化工作，启动了中国认证认可标准体系框架建立的研究工作，并组织部分委员初步探讨中国认证认可标准体系框架建立的主要问题，初步确定了建立认证认可标准体系应遵循的基本原则和思路。

4、国家认监委科研项目

国家认监委成立以来至 2003 年底，委内各部门、中国合格评定国家认可中心(CNAS)和中国质量认证中心(CQC)共开展了 10 项科研项目的研究，其中科技部立项 2 项，质检总局立项 8 项。(详见《附录》)

5、《实验室　生物安全通用要求》等标准的组织起草工作

全国认证认可标准化技术委员会成立到 2003 年底，已制定了 1 项国家标准：GB19489-2004《实验室　生物安全通用要求》，并正在制定下列 4 项国家标准：《人员注册机构通用要求》(idt　ISO/IEC 17024:2003)，已通过审定并报国家标准委批准；《产品认证机构通用要求》(idt ISO/IEC 导则 65:1996)，已通过审定并报国家标准委批准；《合格评定通用词汇》(idt ISO/IEC 17000:2004)；《对合格评定认可机构的通用要求》(idt ISO/IEC 17011:2004)。

《实验室　生物安全通用要求》(GB 19489-2004)国家标准由科技部和国家认监委提出，中国实验室国家认可委员会负责起草，该标准的编制主要参考了 ISO 15190:2003(E)《医学实验室——安全要求》和 WHO《实

验室生物安全手册》[第二版(修订版),2003]的基本内容,在此基础上增加了对实验室生物安全的要求。标准就实验室生物安全管理和实验室的建设原则作了规定,同时还规定了生物安全分级、实验室设施设备的配置、个人防护和实验室安全行为等方面内容。该标准还根据所操作的生物因子的危害程度和采取的防护措施,将生物安全实验室的生物安全防护水平(BSL)分为4级,Ⅰ级防护水平最低,Ⅳ级防护水平最高。以BSL-1、BSL-2、BSL-3、BSL-4表示实验室的相应生物安全防护水平,以ABSL-1、ABSL-2、ABSL-3、ABSL-4表示动物实验室的相应生物安全防护水平。确定了不同等级水平实验室的建立和评价标准。

《实验室 生物安全通用要求》(GB19489-2004)国家标准于2004年4月5日审定通过,2004年10月1日正式实施,该标准的发布是中国实验室安全管理、公共卫生体系建设以及认证认可体系建设具有里程碑意义的一件大事,它标志着中国实验室生物安全管理和实验室生物安全认可工作步入了科学、规范和发展的新阶段。

ISO15189《医学实验室 质量和能力的专用要求》,是国际标准化组织(ISO)于2003年2月发布的,该标准发布后,引起了各国的高度重视和关注,中国于2003年完成了该标准转化为国家标准的起草工作。

ISO15190《医学实验室 安全要求》由ISO TC212起草,是对医学领域实验室的安全进行要求的标准,于2003年10月15日发布实施。中国决定等同采用该国际标准,并由国家认监委负责组织有关专家起草国家标准。2004年7月27日至29日,国家认监委在北京召开《医学实验室 安全要求》国家标准起草会议。会议对该国际标准的译稿进行了认真的研究,并讨论了将其转换成为国家标准后在中国的应用等有关问题。

二、出入境检验检疫行业标准建设

出入境检验检疫行业标准(代号SN)的工作是2001年底由国家质检总局移交给国家认监委进行管理的。出入境检验检疫行业标准及其前身已经有50多年的历史,从20世纪50年代的外贸部标准(WB)到商检专业标准(ZB)再到出入境检验检疫行业标准(SN),是出入境检验检疫系统的主要执法依据,肩负着严把国门和服务外贸的重要职责,同时也被国内外相关产品生产企业广泛采用。自1992年原国家商检局恢复制定出入境检验检疫行业标准(SN)以来,至今为止共制定、发布了1684项出入境检验检疫行业标准。出入境检验检疫行业标准主要是方法标准和规程标准,为出入境检验检疫技术执法工作提供了具体的技术依据和操作程序,是中国合格评定程序的重要组成部分,直接反映了检验检疫系统的科学技术实力。经过五十多年的使用和发展,检验检疫行业标准已经形成了一个包括多个专业、涵盖绝大多数产品、具有检验检疫工作特色的较完整的方法和规程的标准体系,能够提供先进、可靠的检验检疫标准。随着中国经济和外贸的发展,检验检疫行业标准得到广泛使用,具有较强的权威性、可靠性和针对性。出入境检验检疫行业标准的实施,提高了中国检验检疫机构的国际地位,取得了明显的经济效益和社会效益。它的使用跨越了多种国际贸易技术措施,扩大了中国产品的出口创汇,促进了中国国民经济和国际贸易的快速健康发展。

出入境检验检疫标准化的管理工作是由国家认监委检验检疫标准化管理部门统一归口管理,各直属检验检疫机构设相应处室负责贯彻落实检验检疫系统标准化工作的各项事宜,并且统一管理所辖业务区域内的检验检疫标准化工作,各检验检疫业务管理机构负责标准的具体起草和执行工作。在出入境检验检疫行业标准的计划审议、标准审定工作中,国家质检总局相关业务司局、检验检疫系统部分专家和系统外专家受国家认监委委托履行技术把关的职责。出入境检验检疫行业标准由国家质检总局批准发布实施。出入境检验检疫标准化管理工作经过多年的发展,已经建立了一支健全高效的管理人员队伍,也促进了出入境检验检疫标准化工作的发展。

中国加入世界贸易组织后,为更好地履行世界贸易组织技术性贸易壁垒协定(TBT)和实施卫生与植物卫生措施协定(SPS)内容,适应世界经济一体化进程的加快,迅速把科技进步的成果转化为相应的标准,对出入境检验检疫行业标准的内容和管理方式进行了适当的调整。安全、环保、卫生、防止欺诈等方面已成为标准制修订工作的重点,从而在保护中国人民健康、人身安全和国家经济安全,促进出口贸易方面发挥更加重要的作用。出入境检验检疫行业标准是中国产品跨越国外技术措施和SPS措施的主要技术支撑。

出入境检验检疫工作需要直接同国外先进技术标准交锋,因此出入境检验检疫行业标准注重技术上的科学性和先进性,注重执法工作中的实用性和可操作性。目前的行业标准中许多已经采用了先进的分子生物学技术、基因芯片技术等检测技术,在某些领域内行业标准所采用的技术已达到国外先进水平。

1、出入境检验检疫标准化的基础性工作

(1)组织了《出入境检验检疫标准化管理办法》和《出入境检验检疫标准制(修)订工作细则》(以下简称《管理办法》和《工作细则》)的修订工作。

《管理办法》和《工作细则》的修订工作是出入境检验检疫标准化的基础性工作，是指导和对出入境检验检疫标准化工作进行管理的规范性文件。2002年初在长春组织系统内部分标准化工作专家对原办法和细则进行修改。同年3月份发送到各直属检验检疫机构和国家质检总局有关业务司征求意见，并根据提出的意见进行适当的修改,最终形成正式稿,并以《关于印发〈出入境检验检疫标准化工作管理办法〉和〈出入境检验检疫标准制(修)订工作细则〉的通知》(国认法联[2002]55号文件)下发各直属检验检疫局执行。

(2)组织开展了基础性标准的宣传贯彻工作。为加强出入境检验检疫标准化的基础工作，使出入境检验检疫系统标准化工作人员和标准制修订专家尽快熟悉并掌握新的GB/T1.1《标准化工作导则　第1部分:标准的结构和编写规则》、GB/T1.2《标准化工作导则　第2部分:标准中规范性技术要素内容的确定方法》和GB/T20000.2《标准化工作指南　第2部分：采用国际标准的规则》的要求，国家认监委先后在2002年和2003年在深圳、广州、西安和呼和浩特组织了四次标准化工作导则培训,约400余人参加了培训。经过培训,大家基本上掌握了新的标准对标准结构和编写的要求,为标准起草、审定等工作的顺利开展打下了坚实的基础。

(3)组织了出入境检验检疫标准的清理核查工作。2002年初出入境检验检疫行业标准移交到国家认监委管理后，为了解出入境检验检疫标准的整体情况和各直属机构标准计划的完成情况，国家认监委开展了出入境检验检疫标准的清理核查工作。经过核查清理,已发布的出入境检验检疫行业标准共1358项,检验检疫系统制修订的国家标准50余项,国家标准样品75项,制订国际标准化组织的国际标准2项，另有3项正在制定中,1项国际标准提案。这次清理核查工作的完成,对此后的出入境检验检疫标准化管理工作的顺利、有序地开展打下了坚实的基础。

2、出入境检验检疫标准化相关理论研究

(1)组织开展了检验检疫标准体系建设研究工作。检验检疫标准体系研究工作是出入境检验检疫标准化管理的基础性工作之一。以往检验检疫标准化工作强调急用先行、从无到有,缺少总体和长远规划。因此,结合中国加入世界贸易组织以及检验检疫业务工作两个转变新要求,国家认监委于2002年3月开始组织出入境检验检疫系统内各专业专家开展了检验检疫标准体系研究工作,并且获得了国家质检总局科技立项。研究项目中的标准明细表等成果已应用于2003年出入境检验检疫行业标准计划项目的确定工作中。该研究成果突出了出入境检验检疫行业标准制修订工作的前瞻性、系统性、科学性,围绕入世后国家赋予检验检疫系统的新职责和检验检疫业务工作两个转变的要求，突出了与检验检疫业务工作的紧密结合。

(2)组织开展新形势下检验检疫标准化工作的相关理论研究。成熟和正确的理论指导,能有效地指导出入境检验检疫标准的制修订和管理工作，因此针对当前检验检疫标准化工作的相关理论研究薄弱的情况，国家认监委于2003年6~9月份组织了检验检疫标准化专题研讨征文活动。检验检疫系统的许多专家和基层工作者广泛参与了这项活动，大家在七个专题若干个小标题中共完成了110多篇论文,起到了开拓思路、深入研讨、强化理论基础、理论与实践相结合的作用,促进了检验检疫标准化工作的理论建设。经过专家的审查,形成了包含82篇论文的论文集。

(3)组织开展检验检疫标准管理信息系统的开发。检验检疫标准管理信息系统是检验检疫标准管理的办公系统。为进一步推动检验检疫标准化管理工作的制度化和规范化,提高检验检疫标准化管理工作的效率,节约经费,国家认监委于2003年组织检验检疫系统内专家研究开发检验检疫标准管理信息系统。这个办公系统是把标准制修订工作的日常管理、经费的管理、标准发布信息、数据统计与分析、标准化工作论坛等功能通过互联网来实现,从而大幅提高工作效率和管理水平。

3、检验检疫标准化工作调研

在中国入世和检验检疫业务工作两个转变的新要求下，检验检疫标准化工作的重点和内容也有了较大的调整,为摸清情况、掌握动态、查找问题、总结经验,国家认监委于2002年6~7月组织开展了检验检疫标准化工作调研。此次调研分为两种形式开展,一是组成调研组对重点地区开展实地调研;二是对大部分地区开展书面调研。各直属检验检疫机构标准化管理部门根据调研内容分别形成书面调研报告报送国家认监委。本次标准化调研对

目前检验检疫标准化工作的优势、特点以及今后需要进一步发扬的做法进行了总结，重点对当前形势下标准化工作的不足和问题进行了深刻的剖析，提出了今后工作的重点和工作建议。该活动结束后形成的调研报告为此后的出入境检验检疫标准化管理工作提供了科学依据。

4、检验检疫行业标准计划的制定和标准制修订工作

(1)出入境检验检疫行业标准计划项目。2002 年各直属检验检疫机构申报的标准项目为 403 项，经过专家审议并征求国家质检总局有关业务司的意见后确定出入境检验检疫行业标准计划项目共计 273 项。

2003 年各直属检验检疫机构申报的标准项目为 912 项，经过专家审议并征求国家质检总局有关业务司的意见后确定出入境检验检疫行业标准计划项目共计 256 项。

以上出入境检验检疫行业标准项目计划的确定工作突出了制标重点向安全、卫生、环保、反欺诈等内容转移的核心思路，基本上按照检验检疫行业标准体系表的内容进行确定，保障了检验检疫业务工作急需标准的制订和业务工作的顺利开展。

(2) 检验检疫系统承担的国家标准计划项目。2002 年检验检疫系统承担国家标准(含标准样品)项目经国家标准委批准，共下达 88 项计划项目。

2003 年检验检疫系统承担国家标准(含标准样品)项目经国家标准委批准，共下达 53 项计划项目。

(3)国际标准提案。2002 年检验检疫系统专家在参加国际标准化组织精油分技术委员会(ISO/TC54)年会时提出了中国苦水玫瑰油的国际标准提案，已经精油分技术委员会成员方的同意。

(4)出入境检验检疫行业标准审定工作。2002 年共组织 12 次出入境检验检疫行业标准审定，分别对动物检疫、化矿金、植物检疫、农兽残检测、轻纺、转基因检测、机电、卫生检疫等专业的 168 项标准进行了审定。同时，还组织了对 90 余项卫生检疫专业的行业标准预审。

2003 年共组织 19 次出入境检验检疫行业标准审定，分别对动物检疫、化矿金、植物检疫、农兽残检测、轻纺、转基因检测、机电、卫生检疫等专业的 206 项标准进行了审定。

(5)标准报批工作。2002 年共审核、编号、报批、发布检验检疫行业标准 5 批，共计 267 项。

2003 年共审核、编号、报批、发布检验检疫行业标准 3 批，共计 205 项。

两年共计发布 472 项，目前出入境检验检疫行业标准的总数为 1684 项。

5、积极参与国际标准化活动

出入境检验检疫业务工作与许多国际标准和国外先进标准密切相关。为了更好地实施检验检疫，促进中国产品的出口创汇，2002 年国家认监委分别组织检验检疫系统内专家参加了国际标准化组织的标准样品分技术委员会、数理统计分技术委员会、精油分技术委员会的年会，一方面了解国际标准化组织在标准制修订工作方面的动态，另一方面竭尽所能地参与国际标准化组织的技术活动。在精油分技术委员会的年会上，检验检疫系统专家提出了一项中国型苦水玫瑰油的国际标准提案并且得到成员方的同意，目前正在组织起草工作。

第十部分 国际合作

按照国务院赋予的工作职责，国家认监委统一管理认证认可的国际合作。国家认监委成立以来，以全方位、多层次的认证认可国际合作活动为桥梁，在建立长效国际合作机制、提升国际合作有效性、扩大国家认监委在国际上的影响、宣传中国的认证认可制度、强化国际合作管理基础等方面都取得了一定的成绩，开创了认证认可国际合作的新局面。国家认监委成立以来认证认可国际合作的重点工作如下：

组织或参与举办认证认可重大国际活动。大型双边国际合作活动以及区域或国际组织的活动是国际合作各方加强沟通、增进了解、探讨交流方式和途径、研究技术措施和政策、促进国际贸易健康发展的重要场所，也是实现互惠互利、共同发展的重要手段。组织或参与举办认证认可重大国际活动，有利于增进中国在认证认可双边、多边领域的国际合作，树立国家认监委在认证认可国际大家庭中的地位与信誉。组织或参与举办重大国际活动也体现了一个国家政府主管部门参与国际相关事物、加强国际交流与对话的积极态度。国家认监委成立以来，组织或参与举办的重大国际活动主要有：

受亚太经合组织(APEC)委托，2001 年国家认监委在西安承办了 APEC 专家研讨会。

2001 年 9 月，由中国认证机构国家认可委员会(CNAB)、CNACR 共同承办的太平洋认可合作组织(PAC)第八届年会在京举行。来自中国、日本、韩国、澳大利亚、加拿大、墨西哥、新加坡等国家和地区的 56 个成员参加了会议。10 月，由 CCIBLAC 和 CNACL 共同承办了 APLAC2001 年年会在京召开，CCIBLAC 正式获准参加亚太实验室认可组织多边相互认可协议(MRA)。来自亚太区域 18 个国家地区的 24 个实验室认可机构的近 80 名代表参加此次会议。

2002 年 8 月，国家认监委和美国商务部联合举办中美信息和通讯技术领域合格评定和标准研讨会。国家认监委王凤清主任和美国商务部副部长帮办吴旭淳出席开幕式并讲话。中美有关政府官员、认证认可专家、企业界共 90 余名代表参加。此次研讨会中美双方就信息和通讯领域的合格评定和标准进行了广泛和深入的交流和探讨，得到两国工业界的积极响应。2003 年 9 月中美双方继续举办了研讨会。

国家认监委与国家质检总局、国家标准委于 2002 年 10 月共同主办了第 66 届国际电工委员会(IEC)大会。本次大会是 IEC 历史上最为成功的一次盛会，得到了 IEC 大家庭最广泛的赞誉。

2002 年 9 月，由国家认监委主办、中国认证人员与培训机构国家认可委员会(CNAT)承办的国际审核员和培训注册协会(IATCA)第八届年会在北京召开，来自国内外认证机构、认证培训机构和认证咨询机构的代表 100 多人参加了会议。

2003 年 9 月，国家质检总局、国家认监委和欧盟委员会联合举办了中国产品认证和国际认证实践研讨会。国家质检总局李长江局长、国家认监委王凤清主任、欧盟委员会利卡宁委员出席并讲话。中欧政府有关官员、认证认可专家和企业界共 250 人参加。此次研讨会上就中欧合格评定领域的法规和政府管理、产品进入市场的标准和要求以及认证实施等问题进行了研讨。

2003 年国家认监委组织承办了亚洲认证网络论坛(ANF)年会和亚太实验室认可合作组织(APLAC)检查机构会议。

开拓和推进认证认可国际合作工作。通过在经济、技术和贸易合作机制下的认证认可双边合作，以建立互信关系为基础，以递进式的方式建立认证认可国际长效合作机制，通过认证认可影响和促进国际贸易的发展，推进与有关国家双边经贸混委会机制下的各项合作，使认证认可国际合作成为国际间经济、技术和贸易合作的重要组成部分，为发展与特定国家的全方位合作做出实质性的贡献。

目前，在认证认可领域，中国已与 42 个国家建立了长效磋商机制或双边合作关系，与 27 个国家的 34 个政府机构或认证认可机构签署了 42 个双边合作协议或合作谅解备忘录，特别是与越南科学技术与环境部标准质量局签署了承认中国摩托车及相关产品的强制性产品认证结果的备忘录，与朝鲜品质监督局签署了《中华人民共和国国家认证认可监督管理委员会与朝鲜品质监督局认证认可合作协议》，强化了中国认证认可制度的国际权威。

国家认监委与欧盟委员会的合作进入了崭新的阶段。中国在国家质检总局与欧盟委员会建立的中国-欧盟质量监督检验检疫磋商机制框架内与欧盟开展认证认可领域的合作。国家认监委牵头负责该磋商机制下的合格评定和汽车工作组。2003 年在北京召开了合格评定和汽车工作组会议以及“中国强制认证(CCC)与国际认证做法研讨会”。

参与并影响国际组织政策和运作规则的制定过程。多年来，中国一直积极参与认证认可国际、区域性组织的活动，国家认监委组建后，更是将认证认可国际、区域性组织的活动当作让中国认证认可界了解国际认证认可发展水平和趋势，让国际认证认可大家庭了解中国认证认可发展速度和状况的平台。

国家认监委是 IEC/CAB、IECEE、IECQ-CECC、IECEx 的正式成员，是 ISO/CASCO 的参加成员机构，是 OECD 拖拉机协议的中国官方指定机构。国家认监委下属的认可机构分别是 IAF、ILAC、IATCA、APLAC、PAC 等国际或区域性组织的正式成员，是 ILAC、APLAC、PAC 等谅解备忘录签署成员，也是 IAF、IATCA、APLAC 组织的多边互认协议签署成员，经国家认监委授权的有关认证机构还是 IECEE、IECQ-CECC、IECEx 等 IEC 检测与认证组织的全权成员。在这些国际、区域性组织中，中国还积极参加了相关技术委员会、分技术委员会和工作组的工作。

国家认监委在组建近 3 年的时间里，进一步扩大了中国在国际认证认可领域的影响，加强了在国际认证认可技术工作中的作用，并进入了一些重要组织的决策层和管理层。目前，IEC 中国国家委员会主席、国家认监委王凤清主任是 IEC 理事局(IEC/CB)成员，另有中国专家任 PAC 主席、IEC/CAB 成员、IAF 及 IATCA 执委、APEC/SCSC 的 EEMRA-JAC 主席。在国际合作多边领域开展的主要活动有：

扩大了中国在 IEC 认证认可领域的影响。国家认监委充分发挥在 IEC 决策层和管理层的地位优势，通过影响 IEC 认证认可政策和规则的制定过程，实现了自我发展和扩大影响，特别是近年在中国大力推进 IECEE、IECEx 等认证体系的开展过程中，切实发挥 IEC 多边互认体系的“利”，规避了风险，争取了“多赢”的结果。2003 年，国家认监委理顺了中国参加 IEC 三大认证体系(IECEE、IECEx、IECQ-CECC)的组织结构，明确了职责分工，为中国更充分地参与 IEC 活动提供了组织保障。

推进了 ISO/CASCO 各项活动在中国的开展。ISO/CASCO 既是 ISO 合格评定政策的制定机构，又是合格评定国际标准、导则、技术报告的起草、制定机构。中国的认证认可制度是在研究、吸收发达国家认证认可制度和国际惯例的基础上逐步建立起来的。跟踪研究 ISO/CASCO 的各项政策，实质性参与 ISO/CASCO 各相关工作组的工作，推动 ISO/CASCO 各项工作在中国的开展，有利于中国认证认可事业的发展与国际同步。2003 年 7 月 30 日，全国认证认可标准化技术委员会正式成立，以此为契机，国家认监委成立了强有力的专家队伍，结合工作实际，实质性参与 ISO/CASCO 各相关工作组的技术工作，并行使和履行成员机构权利和义务，对全部 ISO/CASCO 文件按时投票，不仅掌握了认证认可国际规则的变化趋势和各国家成员机构的意见，也提出了中国的意见，这有利于从根本上保护中国相关方的利益。

组团参加其他相关国际组织活动。深入跟踪研究国际规则及相关国际组织的工作准则，是突破国外技术壁垒的有效途径。国家认监委组建以来，组团并派员参加了国际或区域性组织举办的有关认证认可大会、管理层会议、技术委员会或工作组会议、研讨会、同行评审和培训等一系列相关活动，全方位、多层次地参与了认证认可国际实践活动，提升了中国在国际社会中的地位和形象，扩大了国家认监委在认证认可国际大家庭中的影响。

一、双边合作与交流

1、双边合作

法规政策层面上的合作

1、中国与外国政府间合作协议、合作安排、合作机制下认证认可领域的合作。

(1) 中俄总理定期会晤机制下的合作及认证认可合作协议。根据中俄总理定期会晤委员会双方商定，2000年5月，中俄总理定期会晤委员会经贸分委会决定建立中俄标准计量认证和检验监管常设工作组。2001年7月在中国大连，国家认监委王凤清主任和俄标委原第一副主席古萨柯夫草签了《中俄标准、计量、认证和检验监管工作组的工作准则》正式确定了工作组的工作内容、组织形式、活动安排等内容，及确定工作组将贸易相关的技术问题和促进双边贸易发展作为优先合作内容和探讨解决的问题。王凤清主任担任工作组中方主席；俄方主席先后由俄标委古萨柯夫副主席和乌索夫主席担任。2002年7月在俄罗斯海参崴举行了工作组第一次正式会议，经过研究和讨论双方签署了《中俄标准、计量、认证和检验监管工作组的工作准则》和《会议纪要》。

1996年，中俄签署《中华人民共和国政府和俄罗斯联邦政府进出口商品合格评定合作协议》，两国在上述协议框架内开展认证认可领域的合作。

(2)巴基斯坦。根据中国与巴基斯坦第十五次科技协定，中国将帮助巴基斯坦建立国家认可体系。巴基斯坦议会通过按照中国模式建立巴基斯坦认可制度的议案。巴基斯坦国家认可委员会主任一行于2002年10月访问中国，学习、了解中国的认可认证体系，同年，国家认监委派出专家对照国际通行做法，对巴基斯坦实验室认可体系和认证机构认可体系进行了差距评估。2003年1月，应巴方请求，国家认监委再次派出认可专家赴巴进行差距评审，并按照国际导则对其评审工作进行了指导。2003年8月，"中国-巴基斯坦国家认证认可法规和质量体系"合作项目又被正式列入中国-巴基斯坦第16届科技合作联委会协定，再次确定国家认监委为执行单位。

(3)蒙古。1994年，中蒙两国签署《中华人民共和国政府和蒙古国政府关于保证进出口商品质量和相互认证的合作协定》。两国在上述协议框架内开展认证认可领域的合作。2003年，国家认监委与蒙古标准计量局就落实上述协定以及签署合作谅解备忘录等问题进行了磋商。

(4)乌克兰。1997年，中乌两国签署《中华人民共和国政府和乌克兰政府进出口商品合格评定合作协议》。1998年，中乌两国签署《中华人民共和国政府和乌克兰政府就标准化、计量和认证领域合作协议》。两国在上述协议框架内开展认证认可领域的合作。

(5)白俄罗斯。1996年，中白两国签署《中华人民共和国政府和白俄罗斯政府进出口商品质量保证协定》。两国在上述协议框架内开展认证认可领域的合作。

2、中国与外国政府、主管部门间的合作。

(1)美国。国家认监委与美国商务部、美国食品药品监督管理局、美国玩具消费品安全协会以及美国玩具协会等政府部门和机构都有长期的合作关系。2002年和2003年，国家认监委与美国商务部联合在北京举办了两届"中美信息通讯技术标准与合格评定程序研讨会"。2002年和2003年国家认监委与美国玩具协会、美国消费品安全协会联合举办了"中美玩具研讨会"、"中国厂商玩具安全研讨会"、"中国玩具生产厂审核准备研讨会"。

(2)韩国。在国家质检总局与大韩民国产业资源部签署的《关于标准化和合格评定的合作安排》框架内成立了中韩合格评定分委员会。国家认监委与韩国产业资源部技术标准院为该分委员会工作落实单位，孙大伟副主任任分委员会中方主席。2003年底和2004年初在北京分别召开了该分委员会成立会议及第一次会议。

(3)朝鲜。2003年，国家认监委与朝鲜民主主义人民共和国品质监督局签署《认证认可合作协议》，协议明确规定，强制性产品在通关过程中简化通关程序。中方与朝方在此《协议》基础上开展了技术交流和培训等活动。

(4)越南。在国家质检总局与越南科学技术和环境部签署的《合作谅解备忘录》框架内，国家认监委与越南标准质量局在产品认证领域开展合作。越方承认中国摩托车整机、摩托车发动机、头盔、摩托车后视镜、测速表、轮胎、轮网和乘客扶手等摩托车零部件的认证结果。

(5)欧盟。随着中国新的认证认可制度的建立，欧盟委员会越来越重视与中国在认证认可领域的合作，欧盟与中国在各层面的沟通与交流不断增多。2002年11月，国家质检总局葛志荣副局长率团访问欧盟，双方建立了"工业产品安全和WTO/TBT领域磋商机制"，并于2003年9月在北京举行了磋商机制下第一次会议及各相关工作组会议。在各工作组中，国家认监委负责牵头合格评定与汽车安全两个工作组，并派员参加电器安全工作组的工作。同年 9 月 17 日，国家认监委与欧盟驻华使团欧盟 WTO 项目办和欧盟商会在北京联合举办了“中国强制性产品认证和国际认证实践研讨会”。

在政府指导下的认证、认可及检测机构间在技术层面上的合作

1、认证认可政府主管部门与国外认证认可机构框架性协议。为更好地管理和指导认证认可机构与国外相关机构的合作与交流，国家认监委与日本电气安全环境研究所(JET)、日本品质保证局(JQA)、马来西亚标准工业研究院(SIRIMQAS SDN BHD)、新加坡标准与生产力创新局(SPRING)、香港标准检定中心(HKSTC)、德国 VDE 测试认证院、德国莱茵 TUV 柏林勃兰登堡集团、瑞典电气安全实验室(SEMKO)、挪威电气设备检测认证研究所(NEMKO)、意大利质量标志院(IMQ)、加拿大标准协会(CSA)、澳大利亚标准协会(SAI)、比利时国家认证机构(CEBEC)等机构签署了合作谅解备忘录。上述的合作谅解备忘录规定了在认证认可领域中外合作的原则、范围和活动安排。

国家认监委成立以来签署备忘录一览表（详见附录）

2、认可机构间合作。中国合格评定国家认可中心(CNAS)与美国认可机构 RAB、荷兰认可机构 RVA、澳新联合认可体系 JAZ-ANZ 有良好的合作关系，中国与各方交流认可技术、开展联合认可评审活动，并在中日韩认可合作协议框架内与日本和韩国认可机构开展信息和技术交流等合作活动。

3、认证检验机构间合作。在国家认监委与国外相关机构签署的谅解备忘录框架内，国内指定认证机构与国外相关机构开展认证领域的合作。合作的主要内容包括信息交流、技术交流、相互委托认证业务、联合审核等。这里主要介绍以下两个机构的双边合作情况：

(1)中国质量认证中心(CQC)。在国家认监委与国外相关机构签署的谅解备忘录框内，CQC 与 JET、NEMKO、PSD JQA、SEMKO、KEMA 等机构开展了双边合作。

(2)中国检验认证集团(CCIC)。在国家认监委与国外相关机构签署的谅解备忘录框架内，CCIC 已与美国 UL、ASQ，加拿大 CSA，荷兰 KEMA，德国莱茵 TUV，TUV PS，日本 JET 等机构建立了良好的合作关系。与上述机构开展认证和检验业务的相互委托业务并积极开拓国际市场。

2、国际交流

出访考察

1、国家认监委派团出访考察。为加强对外宣传，学习国外先进技术和经验，促进中国与有关国家和地区在认证认可领域的交流与合作，提高中国在国际认证认可领域的地位，国家认监委自成立以来先后派遣了 7 个团组出国进行工作访问和调研。

(1)国家认监委王凤清主任率团访问北欧。为扩大新成立的国家认监委的国际影响，宣传以“四个统一”为核心的新的中国国家强制性产品认证制度及认证认可工作，加强与北欧有关国家在认证认可领域的双边合作及双方在 IEC 组织框架下的合作，应 IEC 芬兰、瑞典和丹麦国家委员会和 FIMKO、DEMKO 和 SEMKO 的邀请，王凤清主任(兼 IEC 中国国家委员会主席)率国家认监委代表团于 2002 年 4 月 12~23 日对芬兰、瑞典和丹麦进行工作访问。

2001 年，中国对认证认可工作的管理体制进行了重大改革，成立了国家认监委，负责统一管理、监督和综合协调中国认证认可工作。根据中国政府入世在 TBT 和 SPS 领域的承诺，中国公布了新的国家强制性产品认证制度及相关技术文件，此次王凤清主任亲率国家认监委高级代表团的出访，对推动中国与三国乃至欧洲在认证认可领域，特别是 IEC 和 IECEE 事务中的合作起到了十分积极的作用。

(2)国家认监委派团出访荷兰、英国进行认证认可立法调研。2002 年 7 月 8 日~19 日，由国家认监委政策与法律事务部主任袁俊明带队的国家认监委代表团，出访荷兰、英国，就认证认可法律制度问题进行了调研，代表团分别走访了荷兰 KEMA 质量保证机构、荷兰国家认可机构(RVA)、荷兰经济部、公共卫生部、荷兰机械电子和金属制造商协会、荷兰标准化研究院(NEN)、英国标准协会(BSI)、英国贸工部(DTI)和英国国家认可机构(UKAS)。

此次调研深入了解了荷兰、英国两国政府对认证认可活动的监管方式、两国国家认可制度和运作机制以及两国有关认证机构的基本情况，为建设中国认证认可法律体系获取了有价值的经验。

(3)国家认监委王凤清主任率团出访朝鲜。2002 年 7 月 17 日~23 日，应朝鲜国家品质监督管理局的邀请，国家认监委主任、国家质检总局党组成员王凤清率国家质检总局代表团对朝鲜进行了为期 6 天的工作访问。朝鲜内阁副总理郭范基接见了代表团。朝品质监督局崔光来

副局长全程陪同王凤清主任。

中国代表团与朝鲜品质监督管理局举行了两次会谈，并参观了其下属的计量科学研究所。通过会谈，代表团介绍了国家质检总局、国家认监委和国家标准委的职能，以及中国的质检和认证认可体系，同时也了解了朝鲜品质监督管理局的职能。代表团的此次访朝，建立了双方主管部门的正规联系渠道，增进了相互了解，为今后的双方合作发展奠定了良好的基础。

(4)国家认监委刘卓慧副主任率团访问澳大利亚、新西兰。2002年10月27日至11月8日，由国家认监委组团，认监委刘卓慧副主任带队的中国代表团，对澳大利亚和新西兰进行了为期12天的工作访问。

代表团此次共访问了9家机构，这9家机构是：两家主管认证、认可工作的政府部门——澳大利亚工业、旅游与资源部、新西兰经济发展部；两家认可机构——澳、新联合认可机构（JAS-ANZ）、新西兰国际认可机构(IANZ)；两家认证标准制定机构——澳大利亚标准协会(SAI)、新西兰标准协会(SNZ)；三家认证机构——澳大利亚木材协会(PTAA)、新西兰有机食品认证机构BIO-GRO、新西兰农产品认证机构AgriQuality。

此行重点全面深入地了解了两国合格评定制度的建立和实施情况，政府对认证中介机构的监督管理以及认可机构对认证机构的监督管理和目前国际上开展的产品认证工作新领域，例如森林木材认证、有机食品认证、农产品认证等工作，为学习、借鉴国外的一些好的做法、推动认证认可新领域的工作奠定了基础。同时，通过交流、宣传中国新成立的国家认监委的工作职能，增强了国外认可机构对中国目前实施的行政审批工作的了解，为今后加强国际友好合作奠定了良好的基础。

(5)国家认监委刘卓慧副主任率团访问巴基斯坦。根据中巴政府第十五次科学技术合作协定，中国政府帮助巴基斯坦建立符合国际惯例的国家认可体系。2002年11月25日至12月5日，国家认监委刘卓慧副主任率团赴巴基斯坦访问，与巴协商执行中巴科技协定的工作安排，并对巴方实验室认可体系和认证机构认可体系进行调查和差距评审。

国家认监委对巴的官方访问过程中，分别与巴科技部副部长哈桑波威子(兼认可委员会主席)、巴国家认可委员会、联邦工商联合会、出口促进局、工贸部等举行了会谈，并访问了巴国家科学和工业研究委员会、国家物理和标准实验室、标准和质量控制中心等机构。

(6)国家认监委裘亦良总工程师率团访问瑞典、比利时、德国。2003年8月27日至9月6日，国家认监委裘亦良总工程师率团对瑞典电气设备测试认证研究院(SEMKO)、比利时国家认证机构(CEBEC)和德国莱茵TUV柏林勃兰登堡集团进行了访问，并分别签署了《中华人民共和国国家认证认可监督管理委员会与瑞典电气设备测试认证研究院谅解备忘录》、《中华人民共和国国家认证认可监督管理委员会与比利时国家认证机构谅解备忘录》和《中华人民共和国国家认证认可监督管理委员会与德国莱茵TUV柏林勃兰登堡集团谅解备忘录》。

(7) 国家认监委刘卓慧副主任率团出访英国和西班牙。2003年9月18日至9月30日，国家认监委刘卓慧主任率团对英国和西班牙进行了工作访问。

代表团此次共访问了5家机构：英国标准协会(BSI)、英中贸易协会(CBBC)、英国贸易和工业部(DTI)、英国国家认可委员会(UKAS)和西班牙国家认可委员会(ENAC)。

通过此次访问，代表团向这些机构介绍了中国认证认可工作的情况，了解了上述机构的组织结构、运行情况以及在产品和管理体系认证认可方面所开展的工作，对于确定中国认证认可工作的发展方向、制定对中国认证机构的管理要求以及制定中国认证认可法规具有参考价值。

2、国家认监委接待外国团组。国家认监委自成立以来共接待来自28个国家和地区的90多个团组来访（此数据仅包括国际部参与的）。

技术交流、会议

1、强制性产品认证的国际技术交流与会议。2002年2月8日，王凤清主任代表国家质检总局与越南科学技术与环境部签署了《中华人民共和国国家质量监督检验检疫总局和越南社会主义共和国科技与环境部谅解备忘录》，根据备忘录，越南将承认中国对越南出口的摩托车、摩托车发动机和头盔的认证结果。无疑这将对中国相应产品进入越南市场给予了极大的便利。为进一步扩大中国强制性产品认证制度的影响，具体落实合作谅解备忘录，在备忘录签署后，国家认监委做了大量后续工作，推动越方制订了相关的实施细则。

在上述活动的基础上，国家认监委又与越南科学技术与环境部标准质量局签署了会谈纪要，根据纪要，越方将把承认中国强制性产品认证结果的范围从摩托车整机、摩托车发动机和头盔扩大到摩托车后视镜、测速表、轮胎、轮网和乘客扶手等摩托车零部件。如果上述摩托车零部件不在强制性产品认证目录内，越方将承认 CQC 根据越南标准得到的认证结果。同时越方还与 CQC 签署了《谅解备忘录》,就具体实施等问题达成了一致意见。这些活动标志着中国与越南在认证认可领域的合作又向前推进了一步，也预示着国家认监委在认证认可领域的国际合作特别是在将中国强制性产品认证制度推向国际方面迈上了新的台阶。

2002 年国家认监委王凤清主任率团对朝鲜民主主义人民共和国品质监督局的访问，建立了国家认监委与朝鲜认证认可政府主管部门间的正式合作关系。2003 年 9 月,国家认监委与朝鲜品质监督局在北京签署了《中华人民共和国国家认证认可监督管理委员会与朝鲜品质监督局认证认可合作协议》,协议中明确规定"为便利两国间经济合作和贸易发展,简化通关程序,双方应当相互承认两国按照国际规则实行的强制性认证制度。双方应当相互通知本国实施的强制性产品认证的产品目录。对于目录内的产品在进出口通关时，双方应当对获得强制性认证、加施认证标志的产品，凭认证证明简化相关通关程序。认证信息的政府公告应及时通知对方。"这是在将中国强制性产品认证制度推向国际过程中，继越南在部分产品领域承认中国 CCC 标志后的又一次突破。

2002 年 4 月 12 日~27 日,国家认监委王凤清主任率代表团一行 5 人访问芬兰、瑞典、丹麦 IEC 国家委员会和 FEMKO,SEMKO,DEMKO 3 个认证机构，广泛宣传认监委的职能以及新实施的强制性产品认证制度，并探讨加强工作往来与合作等问题。

为贯彻宣传中国新的强制性产品认证制度，国家认监委先后派团在日本、韩国、泰国、马来西亚、新加坡和美国举办了中国强制性产品认证制度说明会。2002 年 4 月,国家认监委裘亦良总工程师率领代表团在日本举办了两次中国强制性产品认证制度说明会。说明会分别在东京和大阪举办，由日本电气安全环境研究所（JET）和 A-PEX 株式会社联合承办。东京说明会于 2002 年 4 月 16 日召开,会期一天,与会人员达 300 多人。大阪说明会于 2002 年 4 月 18 日召开,会期一天,与会人员约 150 人。会议期间,应日本自动车工业协会的要求,代表团主要针对中国新的强制性产品认证制度举办了汽车专项技术交流会,与会的日本汽车、摩托车厂商代表 40 余人。另外,代表团在日期间还对日本电气安全环境研究所和 A-PEX 株式会社进行了访问。

2002 年 4 月 25 日,国家认监委裘亦良总工程师率领代表团在韩国汉城举办了中国强制性产品认证制度说明会。说明会由韩国产业资源部技术标准院(ATS)承办。与会人员达 400 多人。代表团在韩期间对韩国产业资源部技术标准院进行了访问，为中韩两国政府在认证认可领域进行合作奠定了基础。

2002 年 7 月 20 日至 7 月 31 日，国家认监委裘亦良总工程师率代表团在泰国、马来西亚和新加坡举办了 3 次中国强制性产品认证制度说明会。泰国说明会由泰国工业部标准研究院(TISI)和五洲检验公司承办,与会人员 75 人。马来西亚说明会由马来西亚工业标准研究院(SIRIM)承办,与会人员 70 人。新加坡说明会由新加坡标准、生产力创新局(Spring Singapore)承办,与会人员 385 人。三次说明会的与会代表主要来自政府机构、认证公司和与中国有业务联系的各大公司。另外,国家认监委代表团还对上述说明会承办机构进行了访问。

2002 年 10 月 9 日至 10 月 18 日,裘亦良总工程师率领中国认监委代表团与美国商务部在旧金山和首都华盛顿联合举行了两次中国强制性产品认证制度说明会。旧金山说明会于 10 月 11 日在美国硅谷举行,会期一天,与会的企业多数来自美国硅谷，包括美国 IBM 公司、SUNNY 公司、韩国 SUMSUNG 公司、日本 SONY 公司等 50 多家企业；首都华盛顿说明会于 10 月 15 日召开，会期一天，与会代表来自包括美国 DELL 电脑公司在内的 10 多家美国大型企业。代表团在美国期间还访问了美国商务部,并与美国信息技术产业理事会(ITI)和美国电器技术产业理事会(NEMA)分别举行了座谈。

在加强对外宣传中国认证认可体系和强制性产品认证制度的同时，国家认监委自成立以来也多次与国外主管机构在国内联合举办技术交流会，加强了中外政府部门、机构以及产业界在认证认可领域的交流,搭建了中国了解国际上市场准入的最新要求、学习和引进国外先进的认证认可技术和理念的平台。

2003 年 9 月 17 日,国家认监委与欧盟驻华使团欧盟 WTO 项目办和欧盟商会在北京联合举办了"中国强制性产品认证和国际认证实践研讨会"。中欧政府主管部门以及认证机构代表分别就中国强制性产品认证的管理体系、做法和实施情况和欧盟市场准入(认证要求)、国际认证经验等进行了研讨,并就汽车、电子电器产品认证等问题进行了专题讨论。国家质检总局李长江局长、国家认监委王凤清主任、欧盟委员会企业和信息社会委员利卡宁先生到会并致开幕辞和欢迎辞。

2、其他方面的国际技术交流与会议。2002年6月10日~12日国家认监委与美国玩具协会联合举办中美玩具安全研讨会。2003年国家认监委与美国玩具协会再次联合于10月8~9日举办玩具安全研讨会，于10月13~14日举办玩具安全生产研讨会。为便利中国玩具出口企业对美国相关标准、要求等信息的掌握，国家质检总局、国家认监委、美国玩具协会、美国消费品安全委员会分别于2002和2003年在中国联合举办了“中美玩具生产安全研讨会”、“中国厂商玩具安全研讨会”和“中国玩具生产厂工厂审核准备研讨会”。国家认监委王凤清主任、广东省领导到会做了重要讲话。三个研讨会围绕“玩具生产安全”的主题宣讲了国际上对玩具的最新要求，如美欧玩具标准和实验方法以及生产质量控制等，重点分析了美国对玩具进口的质量要求，中国玩具生产厂商800多人参加了研讨会，来自美国和欧洲的政府主管官员、标准机构代表、认证认可机构代表、厂商等代表也参加了研讨会并就玩具自身安全标准、要求以及玩具生产厂健康环境、安全和劳动力等问题参与了讨论。

2002年8月27日和2003年9月19日，国家质检总局、国家认监委、国家标准委和美国商务部、美国驻华使馆联合举办“中美信息通讯技术标准与合格评定研讨会”，国家认监委具体组织承办了两次大会。国家认监委王凤清主任和美国商务部副部长帮办到会分别做了重要发言。中美双方政府主管部门、认证认可机构、标准机构、检测实验室以及工业界代表参加了研讨会。研讨会分别就信息通讯技术标准的发展过程、CCC制度的实施、实验室认可以及EMC法规发展等问题举行了专题报告并展开了讨论，为中美双方在信息通讯技术标准与认证认可相关领域增进了解、减少差异提供了交流和对话的平台。

技术培训

为及时获取国际上最新的认证认可信息、了解国外认证认可先进理念和技术，国家认监委自成立以来多次派员参加国际组织以及国外政府和机构组织提供的培训。其中派员参加由国外政府和机构提供的培训14人次。

国家认监委分别于2002年11月3日至12月3日和2003年11月1日到30日派遣8人和6人小组赴韩国参加由韩国产业资源部组织、韩国产业技术试验院(KTL)承办的第三届和第四届认证与检测培训(ISTP)培训班。

国家认监委分别于2002年11月5日至12月21日和2003年派员赴日本参加由日本国际合作机构JICA提供的“合格评定在工业界的实践”培训。

2003年国家认监委组团参加了ISO/CASCO组织的制定合格评定国际标准、导则培训班和产品及管理体系认证研讨会。

二、多边合作与交流

自2001年8月29日国家认证认可监督管理委员会成立至2003年底，在国内认证认可体系有效整合之后，经过大量的国际交往和以积极的态势参与认证认可国际、区域性组织活动，中国的认证认可已经以一种全新的形象活跃在了国际舞台上，并在其中发挥着越来越重要的作用。在主办国际认证认可活动、参与国际会议，人员培训、规章制度的建立，以及在国际组织中的地位等方面均取得了显著的成效。

国家认监委主办或参与主办的重大国际活动：2002年10月22日~11月1日在北京国际会议中心举行第66届国际电工委员会(IEC)大会。2002年7月，认监委协调组织中国合格评定国家认可中心承办了第八届国际审核员培训与注册协会（IATCA）北京年会。2001年8月，CNACR和CNAB在北京联合主办了太平洋认可合作组织(PAC)的年会。CNACL和CCIBLAC于2001年10月在北京联合主办了亚太实验室认可合作组织(APLAC)大会。在这次会议上CCIBLAC加入MRA。2001年还在西安成功主办了APEC专家研讨会。2002年，国家认监委协助国家质检总局在北京承办并参加了第七届亚欧会议(ASEM/TFAP)，并派员就国家认监委的机构设置、职能分工等情况向与会代表进行了介绍。

国家认监委参加的相关国际组织活动：国家认监委和下属单位参加的国际组织活动的有19个。国家认监委积极组织派员参加相关国际会议，积极发言表态，了解情况，跟踪动态。

2001年，国家认监委王凤清主任接任IEC中国国家委员会主席，并出任国际电工委员会(IEC)理事局(CB)成员。国家认监委王凤清主任还作为IECEE主席的特邀代表，于2001年9月13日在日内瓦出席了IECEE2001年会，并在会上作了专题大会发言，全面介绍中国国家认证认可监督管理委员会(CNCA)的成立和中国认证认可制度的发展及相关政策。

2001年，国家认监委组团参加了在意大利召开的IECEE管理委员会(CMC)会议。此外，还组团参加了ISO/CASCO、IAF、IATCA等国际组织的年会。国家认监委国际部谢军主任还参加了TUV主办的远东地区认证认可研讨会，在会上进行了关于国家认监委和中国认证认可制度的发言。

2002年，国家认监委组团参加了IECEE管理委员会(CMC)年会，确立了国家认监委及CQC在IECEE的地位，调整了国家认监委及CQC参加IECEE各项活动的布局，集中力量实质性推进中国在IECEE中的工作，进一步提升了中国在IECEE中的地位。

2002年，国家认监委组团参加了IECEx的年会，确立了国家认监委及CQM在IECEx中的地位，并通报了中国防爆电气产品认证制度的建立和机构运作情况，与国际上有关机构交流了最新信息，为中国防爆电气产品认证的进一步开展提供了条件。

2002年11月7~8日，国家认监委组团参加了第18届ISO/CASCO年会，就国家认监委全面参与CASCO各工作组工作、推动国际合格评定相关标准转化为国内标准等工作提出意见。

国家认监委组团参加了APEC/SCSC会议、IAF第16届年会、亚太实验室认可合作组织互认协议理事会会议、太平洋认可合作组织(PAC)执委会及2002年第一次会议、第九届PAC年会与、ILAC全球论坛、食品法典委员会(CAC)一般原则委员会第17次会议、国际信息安全测评认证标准大会、国际标准化组织/统计方法应用技术委员会(ISO/TC69)2002年年会、ISO/TC207第10届年会及ISO/REMCO(国际标准样品委员会)第25届年会等国际组织活动。

2002年，国家认监委组织认证、认可中心等机构参加了亚太实验室认可合作组织（APLAC）相互承认协议(MRA)同行评审员培训班、国际电信行业优秀供应商论坛会议(QuEST Forum Meeting)等国际组织活动。

2003年，国家认监委先后加入国家质检总局团组参加了WTO/TBT、APEC和ASEM会议，参加或组团参加了ISO年会、PASC会议和ISO/CASCO大会及相关工作组会议，组团参加了IEC大会及IEC/CB、IEC/CAB、IECEE、IECEx、IECQ-CECC和其他相关会议，派员参加了IAF、PAC、ILAC、APLAC、IATCA年会及其执委会。

国家认监委组织下属机构参加了IQNet等会议，组织承办了ANF会议、APLAC检查机构会议等。

巩固并提升在相关国际组织中的地位：国家认监委积极地参加有关国际组织活动，在国际组织中发挥积极作用，并获得了一定的职位，提高了中国在国际组织中的影响力，使得中国认证认可在国际舞台上的地位日益提高。

IEC中国国家委员会主席、国家认监委王凤清主任在2003年IEC第67届年会上竞选连任，顺利当选IEC/CB成员；国家认监委刘卓慧副主任担任IATCA执委；国家认监委国际部谢军主任现任IEC/CAB中国成员，并当选IECEE副主席；国家认监委认证部刘卫军主任出任APEC/EEMRA-JAC主席；中国合格评定国家认可中心肖建华副主任担任PAC主席、IAF执委、互认委员会主席、互认管理委员会主席；中国合格评定国家认可中心实验室认可委员会秘书长魏昊2002年起担任APLAC培训委员会主席。

完成了承担的与国际组织相关的工作：国家认监委参加的一些国际组织需要经常完成对有关国际组织文件进行投票、表决、评议、咨询等工作，国家认监委国际部认真组织、精心准备，较出色地完成了以下相关工作：1、完成了ISO/CASCO成员对CASCO各阶段文件的研究及投票工作，先后对ISO/IEC的未来标准、导则等进行了研究并提出投票意见；2、承担了IEC秘书处(合格评定)的日常工作，仅2003年就处理投票及日常E-MAIL信函700多封，完成了中国新增CB实验室和原有CB实验室的扩项申请；3、每年处理WTO相关通报、评议、咨询、答复函件百余件。

积极拓展参与新的认证认可国际组织：国家认监委及其下属机构正在积极参加的有关国际组织的活动包括：1、经济合作发展组织(OECD)的有关活动，2003年国家认监委组团参加了OECD拖拉机协定工程师年会，并正在就参与除OECD拖拉机协定以外的其他活动的可行性进行研究，以便为中国参与该组织从技术层面上提供支持。2、联合国欧洲委员会车辆结构工作组(UN/ECE/WP29)。考虑到汽车认证是CCC强制性认证的重要组成部分，国家认监委拟参加联合国欧洲委员会车辆结构工作组(UN/ECE/WP29)的活动。3、有机农业协调与统一国际组织(ITF)。2002年2月，国际有机运动联盟(IFOAM)、联合国粮农组织（FAO)、联合国贸发会议(UNCTAD)在德国召开第一次会议，成立了“有机农业协调与统一国际组织”(ITF)。IFOAM邀请中国认证认可主管部门参与ITF工作，希望中国能与ITF建立联系，并派员出席2004年在罗马召开的大会，共同研究推进有机产品国际相互认可工作，促进国际有机产品贸易。

第十一部分　认证认可部际联席会议

一、全国认证认可工作部际联席会议制度

为加强各有关部门之间的协作配合，共同做好认证认可工作，根据《国务院办公厅关于印发国家质量监督检验检疫总局及国家认证认可监督管理委员会国家标准化管理委员会职能配置内设机构和人员编制规定的通知》(国办发[2001]56 号)、《研究认证认可工作有关问题的会议纪要》(国阅[2001]68 号)和《国务院办公厅关于加强认证认可工作的通知》(国办发[2002]11 号)等文件精神，经国务院领导同意，建立了全国认证认可工作部际联席会议制度。

联席会议的主要职责：研究提出对国家认证认可工作方针、政策的意见和建议。

(1) 研究协调贯彻执行涉及认证认可方面的国家法律、法规和标准中的重大问题。

(2)研究提出整顿和规范认证市场秩序，强化认证工作监督管理的意见和措施。

(3) 研究协调认证认可国际合作和履行 WTO 成员义务中的重大问题，并通报其进展中的重大事项。

(4)通报认证认可信息及发展情况。

(5)国务院交办的其他事项。

联席会议的议事制度：全国认证认可工作部际联席会议由国家认证认可监督管理委员会（以下简称国家认监委)主任召集，有关部门负责人参加。日常工作由国家认监委认可监管部承担，各成员单位指定一位司局级干部为联席会议联络员。

(1)全国认证认可部际联席会议每年举行一次，根据工作需要可随时召开全体成员会议或部分成员会议。

(2)联席会议的会议纪要，由召集人签发。重要会议议定的事项由有关部门会签。

(3)因人事变动等原因，联席会议组成人员或联络员需作调整的，由成员单位确定后报国家认监委备案。

认证认可部际联席会议制度建立以来，国家认监委在制度框架内与有关部委进行了广泛的沟通和协调，在团结各部委共同做好认证认可工作方面迈出了重大步伐。

1、第一次全国认证认可工作部际联席会议

中编办王澜明在全国认证认可工作部际联席会议暨第一次全体会议上的讲话

首先，感谢国家认监委邀请我们列席全国认证认可工作部际联席会议。这次会议是认证认可工作的一次重要会议，给我们提供了一个学习知识、了解情况和与成员单位相互沟通的极好机会。听了王凤清主任的讲话和各位部长的发言，很受启发。借此机会，谈三点感受。

第一，认证认可工作非常重要。去年，党中央、国务院

决定成立国家认监委，并明确为国务院授权的履行行政管理职能，统一管理、监督和综合协调全国认证认可工作的主管机构。我们作为中央编委的办事机构，具体承担了认监委“三定”规定的拟订工作。拟订认监委“三定”规定的过程，也是我们了解认证认可工作、熟悉认证认可工作、学习认证认可工作的过程。通过参与“三定”规定的拟订，使我们对认证认可工作的重要性有了进一步了解。认证认可工作是我们国家从源头上确保产品的质量和安全、规范市场、指导消费和开展对外贸易的一个很重要方面。认证认可工作的好坏，是一个国家市场经济成熟与否的标志之一。我国在加入WTO谈判中，就承诺入世后立即实现认证的“四个统一”，这足以说明认证认可工作在国际贸易中的重要地位和作用。认监委成立后，做了大量富有成效的工作，我们中央编办也参与了其中一些相关工作。在参与中，我们更加深切地感到认证认可在市场经济中不可或缺，对于发展社会主义市场经济必不可少。我们将按照中央编办的职能，协助认监委和各部门把这项工作做好。

第二，国务院领导同志对认证认可工作非常重视。从我们接触的情况看，国务院领导同志对认监委工作非常重视，也寄予厚望。认监委的“三定”规定由国务院办公厅印发后，在认监委的成立大会上，吴仪国务委员代表国务院作了重要讲话，对认监委工作和认证认可工作提出了四点具体要点。去年11月9日，受吴仪和王忠禹两位国务委员的委托，马凯副秘书长专门召开认证认可工作情况通报会，就落实认监委的“三定”作出决定。今年2月11日，国办发出了《关于加强认证认可工作的通知》，对全国认证认可工作提出了具体要求。再过一两天，全国认证认可工作会议就要召开，国务院领导同志将在会上作重要讲话。这一切表明，国务院对认证认可工作十分重视。我们一定要协助认监委和各成员单位做好相关工作，切实保证国务院领导同志指示和要求的落实。

第三，成立部际联席会议非常必要。这几年，为协调部门之间就某些方面工作的职责分工和相互配合，创造了一种比较好的形式，这就是部际联席会议。部际联席会议是部门之间研究问题、沟通情况、相互协调、统一行动的一种有效的组织形式和工作机制。它既不增加机构，又能高效率地研究和解决问题，达到统一认识，统一行动。认证认可工作涉及面广，与很多经济部门都有联系，需要建立一种机制给有关部门提供研究问题和沟通情况的机会。今天联席会议成立，标志着我国的认证认可工作向前迈进了一大步，标志着部门之间的协调渠道和途径进一步疏通了。从我们了解到的情况看，这几年部际联席会议作用发挥是好的，一般有三个方面的经验：一是牵头单位切实履行职责，大胆负责；二是成员单位积极参加，相互配合；三是协调方式灵活多样，因事制宜。刚才王凤清主任在讲话中提出的认证认可部际联席会议的工作方式、需要解决的重点问题等，我认为都很好，借鉴了其他部际联席会议的成功做法。中央编办一定全力支持联席会议的工作，按照联席会议的要求，积极搞好服务，使我们国家的认证认可工作适应加入WTO的需要，适应市场经济发展的需要。

2002年4月8日

国家认监委王凤清在全国认证认可工作部际联席会议暨第一次全体会议上的讲话

经国务院批准，今天我们召开部际联席会议成立大会暨第一次全体会议。这次会议标志着认证认可部际联席会议工作制度在各成员单位的共同努力下，今天正式建立起来了。部际联席会议是中国认证认可工作的最高“论坛”，这个“论坛”将集大家智慧之精华，创造步调一致、共同推动认证认可工作的环境，促进中国认证认可工作的健康、有序的发展。国务院委托我作为部际联席会议的召集人，我将和大家一起，通过联席会议加强部门之间的沟通，广泛听取各部门对国家认证认可工作方针、政策的意见和建议，与大家共同研究和协调贯彻执行国家认证认可法律、法规和标准中的重大问题，研究提出对整顿和规范认证市场秩序、强化认证工作监督管理的意见和建议，研究、协调认证认可国际合作和履行WTO成员义务中的重大问题。希望大家充分利用这一形式，群策群力，共同促进认证认可工作的健康发展。大家对认证认可工作有什么意见和建议、联席会议怎么个开法，欢迎大家积极发表意见。

下面我先发言，讲四个问题：

首先，汇报前一阶段部际协调工作的进展情况。

我国的认证认可工作起始于20世纪80年代初期，是各部门根据工作需要共同培育壮大起来的。认证认可工作能有今天的成绩，是大家共同努力的结果，凝聚了各行业主管部门的心血，也体现出各部门间的协作、配合和支持。

认监委成立以后，各部门对认证认可工作继续给予了支持和配合。在国家认监委制定国家强制性产品认证制度过程中，有关部门给予了大力支持。例如，公安部非常赞同认监委制定并实施国家强制性产品认证制度，表示要在认监委统一认证认可制度下，开展消防产品的具体认证工作；国家药监局同意对经认证的产品加贴“3C”标志后，对检测过程中重复的部分不再重复检测；国家计生委积极向认监委提供了国外开展计生产品强制认证的情况和相关企业的信息资料，为我国对计生产品实施强制认证提供了重要依据；农业部对农机产品开展强制性认证给予了积极配合，并希望在植保机械开展强制认证的基础上，陆续对其他农产品开展认证；广电总局希望对广播电视接收设备实施强制认证制度；信息产业部承诺对于电信设备的管理先分段实施，入网许可承认“3C”认证结果，不搞重复，将来时机成熟后再将入网许可制度过渡到认证制度上来；国家经贸委、国家环保总局等也对国家认监委的工作给予了大力支持。在各部门支持、配合和共同努力下，我们在我国政府对外承诺的时间内完成了强制性产品认证制度的合并，建立和实施了新的统一的国家强制性产品认证制度，并在我国入世前夕正式对外发布，为我国兑现入世承诺作出了积极的贡献，维护了国家的信誉。

各部门在具体工作中，对开展部际协调，思想上重视，工作中积极主动。农业部为了落实温家宝副总理关于提高农产品安全质量，保证人民健康的重要指示，准备出台《无公害农产品管理办法》。在制定《办法》的过程中，主动与认监委联系协商。范小建副部长叮嘱经办人员，在涉及农产品认证问题时，一定要征求认监委的意见，充分体现了对认监委统一管理、监督、综合协调全国认证认可工作的重视和支持。在国家认监委组织的整顿和规范全国认证市场，查处违法违规机构的过程中，国家工商总局和有关地区的工商部门也给予了大力支持。认监委成立以来，认证认可工作取得的一些成绩，首先是有各部委原来工作打下的基础，也与各部门的支持和协作配合分不开。在这里，我代表认监委向各部门和在座的各位领导表示诚挚的谢意。

第二，通报认监委成立以来开展工作的情况。

党中央、国务院领导对加强认证认可工作非常重视。朱总理在去年12月27日国务院科教工作领导小组第十次会议上专门就此指出：两个委员会（指的是国家认监委、国家标准委）听说开展工作很困难，再困难也要把工作统起来。邦国、家宝副总理，吴仪国务委员在国家认监委成立后，就认证认可工作作了许多重要指示和批示。今年2月，国务院办公厅下发了《关于加强认证认可工作的通知》，进一步明确了认证认可工作的指导思想和工作重点，为我们指明了前进方向。认监委成立以来，在党中央、国务院的关怀、重视和国务院各部门的支持下，按照党中央、国务院领导的指示和国务院赋予的工作职能，重点抓了以下几项工作：

一是制定和实施了新的国家强制性产品认证制度。按照“四个统一”的要求，及时制定并发布了新的《强制性产品认证管理规定》等办法和规定，编写、出台了47个程序性文件，确定了《第一批强制性认证的产品目录》，涉及与安全、健康、卫生、环保、反欺诈等与国计民生密切相关的18类132种产品。今年5月1日起，新的强制性产品认证制度将正式实施。

二是在建立集中统一的国家认可制度方面取得了积极进展。根据国办《通知》提出的国家建立一套认可体系的要求，我们先后与国家经贸委、国家环保总局等部门就认可制度的统一问题进行了多次磋商，目前还在协调之中。日前，中编办批准成立了“中国合格评定国家认可中心”，我们已按中编办的批复，对原有的相关认可机构进行全面整合，新的认可机构将很快正式对外开展工作。

三是整顿和规范认证市场秩序工作取得阶段性成果。从去年9月开始，我们对认证市场上存在的问题进行了摸底调查。在收集、整理、分析投诉案件的基础上，会同国家工商总局联合发出通知，共同组织广东、上海、北京三省市的出入境检验检疫局、质量技术监督局、工商行政管理局组成联合工作组，对涉嫌违法违规经营的11家外国认证机构的代理机构进行了调查。3月26日，在人民大会堂召开了新闻发布会，公布了对其中6家机构的违法违规行为的查处结果。此举引起了国际认可论坛（IAF）执委会的高度重视，IAF特别委派其主席专程来华沟通。IAF主席对认监委的查处工作表示支持和赞赏，并且表示将根据中国查处发现的问题，对IAF的有关准则和程序文件的规定进行审查和完善。

四是抓紧建立了各项工作制度。按照世贸规则要求，加强了认证认可的法制建设，组织清理了现有的认证认可法规及规范性文件。根据国家有关法律法规和国办《通知》的规定，与国家质检总局、工商总局、外经贸部共同发布了《认证机构及认证培训、咨询机构审批与监督管理办法》，将依据《办法》对认证及相关机构进行全面清理。

五是加强了国际合作。我国成功举办了太平洋认可合作组织(PAC)第八届年会及合格评定国际研讨会、亚太实验室认可合作组织(APLAC)2001 年年会,增进了世界对我国认证认可的了解,提高了中国认证认可工作的国际地位和影响力。目前,认监委正在筹备承办今年 10 月将在中国召开的 IEC66 届年会,有 2000 多名外宾出席大会。这将是我国的一项重大的外事活动,必将对我国电工标准化、认证认可和合格评定工作起到积极作用。

此外,认证机构的社会化、中介化发展的改制工作正在积极进行。已有多家认证机构进行了股份制改革试点。自愿性认证也有了新的进展。ISO/TS16949 汽车供方质量体系认证、TL9000 电信供方质量体系认证、软件生产能力评估、HACCP 体系认证,无公害农产品、绿色食品、有机食品认证、环境标志认证等工作正在开展或正在积极筹备之中。为了合理利用技术性贸易壁垒措施,维护国家经济利益和经济安全,我们还重点抓了进出口食品加工企业的卫生注册登记工作。

下一阶段的工作,重点有四项:

一是全面推进认证认可法规建设。一方面,要以国办《通知》精神和国务院批准的国家认监委"三定"方案为依据,全面推进认证认可各项工作;另一方面,要按照国办《通知》要求,加快立法工作。国务院法制办已将制定《认证认可监督管理条例》列入了今年的立法计划,我们将配合国务院法制办尽快完善《条例》草案,争取使《条例》年内出台。

二是抓紧国家认证认可体系建设。按照全方位、高起点的原则,在满足国际惯例和规则的基础上,建立并形成一个切合中国实际,纵向贯通、横向关联的跨行业、跨地区的全国认证认可/合格评定工作体系。

三是加强对认证市场的监管。加强对市场上认证商品的监督检查,严肃查处强制性认证产品逃避认证和加贴假冒认证标志等行为,查处虚假认证和买证、卖证等违法违规行为。要健全社会监督机制,发挥投诉处理制度的功能,严肃处理违法违规的机构和人员。

四是保证新的国家强制性产品认证制度正式实施。兑现我国入世关于认证认可和合格评定方面的承诺,规范认可机构、认证机构及认证咨询、培训机构管理,开拓认证工作新领域,加强认证认可国际合作。

第三,认监委的工作需要各部门的理解和支持。

认监委是国务院授权,统一管理、监督和综合协调全国认证认可工作的主管部门,各项工作都需要各部门的密切配合。当前重点是三个方面的问题急需解决:

一是要进一步提高认识。对党中央、国务院决定将全国的认证认可工作实行统一管理的重要意义,各部门领导同志认识到位、态度端正,但一些部门从事具体工作的同志的思想上还有一些模糊认识。有的同志提出:"国家认监委既然很重要,为什么是事业单位,而不是政府部门;既然不是政府部门,就没有资格与其他部门进行工作协调",工作中有一种抵触情绪。对这个问题,中编办王澜明副主任在去年 11 月 9 日国务院召开的"全国认证认可工作情况通报会"上已经作了明确的解释,国家认监委业务上由国务院直接授权,行政上由国家质检总局管理,这在编制工作中是一个特例。之所以将认监委确定为事业单位,是为了便于认证认可工作与国际接轨,便于代表国家参加国际活动。因此,认监委是国家政府部门的组成部分,工作中代表的是国务院,这一点是我们开展协调工作的前提和基础,请大家多做宣传和解释工作。

二是要进一步转变观念。我国已经正式加入世界贸易组织。加入世界贸易组织后,就意味着我们要履行入世承诺。政府部门在入世后迫切需要在思想观念、行政方式、工作方法等方面按照世贸规则的要求进行大的变革,也就是政府要转变职能,这其中也包括认证认可工作。

一些部门希望今后的认证认可工作由认监委统一管理,维持原有的工作格局,仍按照过去的分工来做。这种想法不符合 WTO 原则,违背我们在入世谈判中作出的承诺,也与建立社会主义市场经济体制的要求相背离,与国务院决定成立认监委的初衷相违背。认证认可工作必须打破部门分割,实行统一管理。如果谁管什么行业就要管什么行业的认证认可工作,每个部门都强调行业的特殊性而不肯放弃对认证认可工作的管理权,对全国的认证认可工作实行统一管理和监督就是一句空话,我国认证认可管理混乱的局面就不可能结束,我国在入世谈判中的承诺就没有办法兑现,到头来受损害最大的是我们国家和企业,吃亏的还是我们自己。以强制性产品认证为例,我们在入世谈判中承诺,将分散在各部门中的认证许可等技术壁垒统一成强制性产品认证制度,制定统一的技术法规、标准和合格评定程序。如果我们仍然各自为政,像过去一样,有管进口的、有管国内的,国内的又分各个部门,其结果必然是强化分散在各部门的认证认可技术壁垒,肯定要遭到投诉,势必影响我国履行入世承诺的大局,使世界各国对我国产生不信任。希望各部门把转变对认证认可工作的管理方式,作为转变政府工作职能的一个重要方面抓，切实从国家大局出发，转变思想观念，推动认证认可工作的统一管理和监督。

三是要积极支持国家认可体制的建立。当前，国际认证认可工作正在从无序向规范化、法制化发展，从本土化向区域化、国际化的方向发展。国家认可机构也在从分散走向集中、统一，已经形成集中统一的发展格局。合格评定的国际化，特别是认证认可/合格评定国际间的相互合作和相互承认，要求每个国家有一套集中统一的合格评定制度。为了适应这一要求，许多国家都对国内的认可机构进行了整合。例如，英国的认可组织UKAS，它是英国贸工部批准的英国政府承认的惟一全面负责对认证机构（包括质量体系、环境管理体系、职业安全管理体系、产品认证）、认证人员、实验室和检查机构认可的国家认可机构。UKAS是1995年由英国认证机构国家认可委员会（NACCB）和英国国家测量认可组织（NAMAS）合并起来的。美国注册机构认可协会（RAB）是美国惟一的对管理体系认证机构和审核员进行认可的国家认可机构。RAB由美国质量学会（ASQ）和美国标准协会（ANSI）于1991年合并，在此基础上又于1996年建立了环境管理体系认证机构国家认可制度，这样，RAB就成为美国对管理体系认证（含质量体系和环保体系）和对审核员进行认可的国家惟一的认可机构。日本合格评定认可协会（JAB），是1993年成立的质量管理体系认证机构的认可机构，1995年又将业务扩大到环境管理体系认证机构的认可。JAB是目前日本政府授权的惟一的对质量管理体系、环境管理体系认证机构进行认可的国家认可机构。欧盟及世界上其他国家也都是只设一个认可机构，负责对质量管理体质、环境管理体系认证机构的认可工作。综上所述，可以得出这样一个结论：世界上所有国家都只有一个国家认可机构。考虑到认可工作的现实要求，国际标准化组织合格评定委员会、国际认可论坛和国际实验室认可合作组织正在准备对认证机构认可、检查机构认可和实验室认可等的要求进行整合，形成一个统一的规则。正因为如此，国务院办公厅下发的《关于加强认证认可工作的通知》中明确规定：国家只建立一套认可制度体系。原来分散在几个部门中的认可机构必须按照国际通行做法，重新进行整合，建立全国集中统一的认可机构，以体现认可机构的惟一性和权威性，反映国家意志，顺应时代发展潮流。认监委正按照国务院的要求抓紧工作，期望有关部门给予支持配合。

第四，对部际联席会议提几点建议。

由于认证认可工作的重要性，专业性强、涉及面广，国务院决定要建立认证认可工作的部际联席会议制度，请大家共同参与，在有关重大问题上建立一个正式的部际协商机制。这有助于我们广泛听取大家的意见，同时也是充分发挥各部门在认证认可工作中的作用的一个重要的组织保证，我们很赞成。我们将按照国务委批准的《全国认证认可部际联席会议工作制度》的要求做好相应的工作。为了确保部际联席会议制度能够有效和高效的发挥作用，我想就部际联席会议的工作方式提几点建议。

（1）建议联席会议的召开采取定期和不定期相结合的方式。联席会议成员参加的全体成员会议每年召开一次，原则上放在每年的四五月份举行。如果联席会议成员认为有重大事项需要通过联席会议的方式来共同研究，并得到多数成员的赞同，可随时召开联席会议。

（2）建议联席会议的形式采取全体成员会议和联络员会议相结合的方式。全体成员会议主要研究带有全局性的重大政策问题，但也不排除有些部门的特殊性问题。属于一般工作层次问题的沟通协调，通过召开联络员会议来进行，联络员会议根据需要可以多开。

（3）建议部际协调的工作采取召开联席会议集体研究和个别协商相结合的方式。一些仅涉及个别部门的事项主要采取个别协商的方式进行协调。

（4）建议部际工作的联系采取召开会议和书面信息通报相结合的方式。为了加强认证认可工作的部际联系和沟通，我们将通过编印《全国认证认可工作部际信息通报》的方式，及时向部际联席会议成员部门通报有关工作的情况。

此外，作为部际联席会议召集人，我也想就如何开好联席会议提几点具体希望：

（1）联席会议的目的是加强沟通和协商，确保全国认证认可工作的统一性。各位成员代表本部门参与工作，希望大家能站在国家利益的高度上来看待本部门的问题，避免议而不决、议而无果。要发挥联席会议的整体作用，协调和统一是前提。只有这样，大家才有共同语言，协调才会有成果。这一点希望大家能够给予理解和支持。

（2）联席会议为部际联系提供了一个广泛的协商机制，以便在认证认可工作有关重大问题的决策过程中充分听取意见，会议能达成一致的最好，不能达成一致的，也可以为上级决策提供意见和建议。

（3）全体成员会议是最高层次的部际多方协商形式，会议主要研究涉及认证认可工作的一些重大问题。为了确保会议的权威性，请各位成员本人能够出席会议，尽量不要由联络员代替参加。以后召开全体成员会议，我们会尽量提前给大家发出通知，以方便大家安排好工作。

以上关于联席会议工作方式的建议和要求，供大家讨论。

总之，认证认可工作是一项涉及面广、专业性、技术性强的重要工作，需要有关部门共同配合。过去，在各部门的共同努力下我国的认证工作取得了很大的成绩，今后我们还将和大家一起通过全国认证认可部际联席会议这个"论坛"，研究、磋商工作，希望通过交流、研究、协调，在各负其责的基础上，密切配合，形成合力，共同促进我国认证认可工作健康、有序的发展。

2002年4月8日

国家质检总局李长江在全国认证认可工作部际联席会议暨第一次全体会议上的讲话

今天有这么多部委的领导同志参加全国认证认可工作部际联席会议的第一次会议，可以看出各部委领导对这项工作的高度重视，同时，这也是对认证认可工作的最有力的支持。在此，我代表国家质检总局表示衷心的感谢。

从党中央、国务院决定成立认监委，到现在整整一年了。一年来认监委做了大量的工作，这既是认监委的同志努力的结果，也是各个部门大力支持的结果。特别是在落实"四个统一"，提出强制认证产品目录等方面的工作，没有各个部门的大力支持是完不成的。建立部际联席会议是对认证认可工作更有利的保障，也是行使职能的一个有效途径。

认监委作为国家质检总局管理的一个部门，国务院赋予了职能和任务，质检总局不再设立和它有职能交叉的内设部门，管理工作全部由认监委统一承担，这可以说，我们从组织上有力的配合了认监委的工作。目的就是使认证认可工作要由过去多个部门管理，走向统一、规范、有序的管理；认证认可要实现国务院提出的统一管理、综合协调的目标，还有很多工作要做。没有各个部门的大力配合和支持，认监委将很难完成。比如，怎么统一管理、综合协调？怎么将认证机构从行政管理部门中分离出来，确保其独立行使权力？只有实现两项工作的有效衔接，才能保证认监委更好地履行统一管理的职能。所以，这方面希望各部门继续大力支持。

提高认证质量和进行有效监督管理是当前的紧迫任务。因为现在已经有出假证、卖假证、不认证就颁证的现象。要搞好认证工作，认证市场必须要规范。认证机构要从行政主管部门逐步分离出来，成为独立承担民事责任的一个独立法人。这方面的工作也需要认监委和各个部门协调、配合，共同把这个问题解决好。

有些工作需要统，有些工作需要分，这就有个如何密切配合、统一管理的问题。怎么把这个关系处理好？认监委在这个问题上，要按11号文件精神来解决好每个问题。

本次会议奠定了很好的基础。刚才，各部门负责同志谈了很多，我非常感动。希望认监委把各部门领导的谈话好好消化、吸收。一些大的问题、突出的问题，希望认监委牵头协商好，平时要和各部门建立密切联系。部际联席会议是向大家通报重大工作进展、要大家对重大工作事项给予认同，这样开会才能有成果。希望部际联席会议办公室为各部门服好务，把部际联席会议工作做好。

2002年4月8日

2、第二次认证认可工作部际联席会议

国务院徐绍史在第二次认证认可工作部际联席会议上的讲话

同志们：

首先，我对《认证认可条例》(以下简称:《条例》)的颁布表示祝贺。这是一件大事，标志着我国认证认可工作纳入法制化、规范化轨道。同时，也是认证认可战线的一件喜事。《条例》的颁布施行，将为我们在认证认可领域依法行政、加强对认证市场监管提供有力的法律武器。为此受凤清同志之邀，我特地赶来参加今天的会议，向同志们表示祝贺。我认为，借着《条例》颁布的良机召开这次会议，通报一年来的工作情况，研究如何贯彻落实《条例》，进一步做好认证认可工作，十分必要，也非常及时。在本届政府国务院副秘书长分工中，我负责联系质检和认证认可方面的工作，接触这方面业务的时间不长，情况还不太熟悉，参加这次会议，就是要向长江局长、凤清主任和各位专家、同志们学习。

国家认监委自2001年8月29日成立,至今已经2年多了。两年来,国家认监委做了大量工作,取得了显著成绩,值得充分肯定。一是按照《国务院办公厅关于加强认证认可工作的通知》,在有关部门的大力支持下,初步建立了新的工作体制,建立了统一的国家认可制度,实施了新的强制性产品认证制度,开展了整顿和规范认证市场秩序的工作。在建立农产品认证认可体系、实验室监督管理、进出口食品卫生注册、认证认可国际交流与合作等方面也做了一些开拓性工作。二是建立了认证认可工作部际联席会议制度,有关部门讲政治、顾大局,在解决认证认可多头管理、政出多门、重复认证、重复收费等方面取得了明显进展。认证认可专家咨询委员会也在反映社会舆论、提供咨询等方面做了大量工作。三是配合国务院法制办起草了《条例》,温家宝总理8月20日主持召开国务院第18次常务会议,审议并原则通过了这个《条例》,9月3日正式颁布。

《条例》的颁布是认证认可事业发展的一个里程碑,通过立法的形式,明确了认证认可工作在国家经济工作和国家行政管理中的重要地位,规定了认证认可活动的行为规范及应承担的法律责任,建立了适应认证认可发展需要的基本制度,使认证认可工作部门分工更加明确,有法可依,有利于在国家认监委统一管理、监督和综合协调下,各有关方面形成合力,共同推进我国认证认可工作健康有序发展。此外,也为加快认证认可工作国际化,促进认证结果的国际互认和我国外贸发展,提供了法制保障。《条例》于11月1日开始施行,我们要以此为契机,把认证认可工作提高到一个新的水平。下面,我提几点建议供大家工作中参考:

一、做好贯彻落实《条例》的各项工作。《条例》的颁布施行,社会各界都很关注,贯彻落实的任务很重。首先是认真学习和广泛宣传《条例》。部际联席会议各成员单位要通过学习《条例》,进一步明确各自的责任和义务,切实转变思想观念和工作职能。其次,尽快出台相关细则等配套文件,加强对行政执法人员的培训。第三,对《条例》的理解和认可有一个过程,《条例》实施中,会出现许多意想不到的新情况、新问题,要在实践中不断完善。

二、按照《条例》要求,进一步完善认证认可监督管理体制。认证认可工作要强化监管、集中统一,这是我国加入世贸组织的需要,也是市场经济发展的客观要求。要处理好两个关系。一是处理好集中管理与行业、产业管理的关系。《条例》明确了在国家认监委统一管理、监督和综合协调下,各有关部门共同实施的工作机制。国家认监委根据国务院授权,对认证认可实施统一监督管理。同时,国家认监委的工作也需要发挥各部门的作用和积极性,集中而不代替,到位而不越位。各有关部门自觉接受国家认监委的指导和监督。总之,核心是要加强协调,搞好配合。二是处理好政企分开、政事分开的关系。政府监督管理职能和认证中介职能一定要分开,建立统一的认可体系,同时,强制性认证的实施要到位,引导规范自愿性认证的发展。

三、既要整顿规范认证市场,又要培育发展认证市场。整顿和规范认证市场是整顿和规范市场经济秩序的重要内容,国家认监委成立以后,在这方面做了大量的工作。《条例》为整顿规范认证市场提供了充分的法律依据,要结合《条例》的施行把整顿和规范认证市场工作继续推向深入。整顿和规范认证市场的目的,是要促进认证认可工作更加健康有序发展。因此,要积极培育发展认证市场。要通过认证认可等多种手段,提高产品质量,提高企业管理和服务水平,提高竞争力。目前,我国有近十万家企业通过了质量管理体系认证(ISO9000认证),但相对于我国近千万家企业总数来说,还是少数。在农产品认证方面,国家认监委、农业部、发展改革委、商务部等部门已经有了规划,制定了文件,要以《条例》为依据,进一步做好相关工作。

四、认证认可工作要为我国经济和外贸发展服好务。吴仪副总理多次强调这一点。认证认可工作总的出发点,就是要推动我国产品质量和管理服务水平的提高,提高国际竞争力,为我国企业走出国门搭建一个有效的平台。与发达国家相比,我国认证认可工作的水平还有一定差距,因此,需要继续加强对国际标准、技术法规和合格评定程序的追踪、研究力度,及时转化为国内的相关标准和法规。要按照《条例》规定的业务范围,积极开展认证认可国际合作,参加国际认证认可合作组织的相关活动,争取在制定认证认可国际标准、规则中发挥积极的作用,为我国产品打入国际市场、突破技术性贸易壁垒作出贡献。

我就讲这些,不妥之处,请指正。谢谢大家!

2003年9月11日

国务院法制办张穹在第二次认证认可工作部际联席会议上的发言

同志们：

9月3日，国务院总理温家宝同志签署第390号国务院令，颁布了《中华人民共和国认证认可条例》(以下简称《认证认可条例》)，并于2003年11月1日起施行。《认证认可条例》的颁布施行不仅是我国认证认可领域的一件大事，也是我国法制建设工作中的一件大事。随着我国社会主义市场经济的不断发展，适应我国加入世贸组织的需要，认证认可工作日益彰显出其在提高我国产品、服务质量和管理水平、促进我国参与经济全球化、推动社会生产力发展方面的重要作用，《认证认可条例》作为一部符合世贸组织规则、体现现代市场经济要求的新时期的行政法规，它的颁布，昭示着我国在深化认证认可工作改革、健全认证认可法制、建立规范的认证认可市场新秩序方面迈出了重要的一步。

下面，就《认证认可条例》我谈四点体会。

首先，《认证认可条例》的顺利出台，得益于三个有利的条件。一是，起草和制定《认证认可条例》得到了国务院领导的高度重视，吴仪副总理对《认证认可条例》的制定做了重要批示。二是质检总局、认监委为条例的制定做了大量的基础性工作，提供了一个充分反映我国认证认可实践经验的送审稿。三是，各有关部门对条例的制定给予了大力支持和密切合作.，因为认证认可工作涉及的部门多，影响的领域广泛，从建立认证认可工作部际联席会议制度，就能感受到这一点。所以，我们要制定好《认证认可条例》，就必须统一认识。法制办在收到《认证认可条例》(送审稿)后的近一年时间里，先后四次书面征求了全国人大常委会法工委和国务院有关部门、地方政府、科研机构、认证认可机构以及有关企业意见，多次邀请国务院有关部门、认证、认可机构和有关专家座谈，并分别与国家发改委、农业部、国家食品药品监督管理局、国家安全生产监督管理局等部门就《认证认可条例》的有关问题进行了磋商，在认真听取各方面意见、就重大问题基本达成共识的基础上，经过与国家质检总局、国家认监委反复研究，2003年8月，形成了《认证认可条例(草案)》。应该说，《认证认可条例》的颁布是我们大家共同所期盼的，是在国务院领导的直接关心下，我们共同努力的智慧的结晶。

第二，《认证认可条例》的制定，贯彻了国务院办公厅2002年2月发布的《关于加强认证认可工作的通知》所确定的我国认证认可工作要坚持统一规划、强化监管、规范市场、提高效能和与国际接轨的原则，从制度上建立起国务院认证认可监督管理部门统一管理、监督和综合协调下，各有关方面共同实施的工作机制，以法规的形式把国家实行统一的认证认可监督管理制度固定了下来，比较科学、合理地解决了认证认可工作中政出多门、标准不一、交叉管理的问题。实施《认证认可条例》，有效地发挥认证认可在经济建设中作用，离不开各有关部门的通力合作。按照条例的要求，各有关部门要支持认证认可监督管理部门对认证认可活动实施统一的监督管理，并在认证机构的设立、强制产品认证目录的制定调整及其实施、认证机构的指定等方面密切配合。认证认可监督管理部门要按照条例的规定，从程序上、机制上保证充分发挥各有关部门的作用。为了有效的实施《认证认可条例》，还要制定配套的规章制度。做好这项工作，既要有利于监管，又要简单易行便民，特别是要加强我们监管部门内部的监督制约机制，确保依法行政、廉洁高效地依法行政。

第三，《认证认可条例》的颁布施行履行了我国人世承诺，并且适应我国加入世贸组织后的形势要求。按照我国人世承诺，对不符合世贸规则的法律法规要进行修改，需要制定新的法律法规的应当抓紧制定。我国在加入世贸组织时已经承诺，对重要的进口产品质量安全许可制度和产品安全认证制度将实行“四个统一”，为此，《中华人民共和国进出口商品检验法》已经作出了相应的修改，《认证认可条例》更是以具体的条款明确了两种制度的统一，体现了世贸组织的透明度原则、国民待遇原则，为建立统一、开放、竞争、有序的现代认证认可市场体系提供了有力的法律支撑。

第四，《认证认可条例》体现了政府职能转变的精神，逐步弱化政府直接管理市场主体，发挥认证机构、认可机构、实验室、检查机构等社会中介组织的服务、沟通、公证、监督的作用，同时加强对认证、认可机构等社会中介组织的监管力度，通过政府监管和行业自律相结合的方式达到规范认证认可市场的目的。此外《认证认可条例》还规定了认证认可活动应当遵循客观独立、公正公开，诚实信用的原则，充分体现了目前我国加快建立社会信用体系的要求，社会信用体系是由法律制度和法律执行者、社会中介服务组织和市场主体共同构成的，《认证认可条例》在这些方面都作了明确规定，对营造诚信的认证认可市场环境，提供了有力的法律保障。

国务院总理温家宝同志多次强调解决社会主义市场经济秩序中存在的问题，一靠深化改革，二靠健全法制。因此，我们要以《认证认可条例》的颁布施行为契机，以“三个代表”重要思想为根本指针，积极地推动我国认证认可事业的健康发展，努力开创认证认可工作的新局面，这不仅是立法者的本意，也是我们的共同心愿。

祝大家中秋佳节愉快！谢谢！

2003 年 9 月 11 日

国家认监委王凤清在第二次认证认可工作部际联席会议上的讲话

各位领导：

9 月 3 日，国务院总理温家宝签署第 390 号国务院令，颁布了《中华人民共和国认证认可条例》，这是我们盼望已久的一件大喜事。今天，我们召开第二次部际联席会议全体会议、认证认可专家咨询委员会会议，主要是总结一年来的工作情况，共同研究和协调贯彻执行《条例》、推动认证认可工作发展的问题。借此机会，我先抛砖引玉，讲几点意见。

一、关于部际联席会议制度实施一年来的工作

2002 年 4 月 8 日，我们召开了“全国认证认可工作部际联席会议暨第一次全体成员会议”。18 个部委主管认证工作的部、司局级领导参加了会议，国务院副秘书长尤权和中编办副主任王澜明出席会议并讲话。此次会议后，各部委与认监委的联系增多。随着认证认可工作的深入开展，森林认证、影院星级评定、体育产品认证、节水产品认证等新的认证领域已提上议事日程。负责这些认证工作的行业主管部门，像铁道部、水利部、国家广播电影电视总局、国家体育总局、国家林业局等，提出了参加部际联席会议的申请，经报国务院审批，联席会议成员单位由 18 个增加到 23 个。根据需要，2002 年 12 月，国家认监委又专门成立了由社会各界专家学者参加的认证认可专家咨询会，最大范围地调动社会各界参与支持认证认可工作的积极性。一年中，我们主要做了以下几项工作：

一是在各成员单位支持下，建立了集中统一的国家认可制度。

对认证认可工作实行统一管理之初，我们工作上遇到了很大的困难。朱镕基总理知道后说：两个委员会(指国家认监委、国家标准委)听说开展工作很困难，再困难也要把工作统一起来。我们按照总理的指示，根据国办《关于加强认证认可工作的通知》中提出的国家建立一套认可体系的要求，先后与国家经贸委、国家环保总局、国家安全生产监督管理局等部门就认可制度的统一问题进行了多次磋商。对原有的相关认可机构进行全面整合，经中编办批准成立了“中国合格评定国家认可中心”。在实现了两套质量管理体系和产品的认可机构整合之后，在国家环保局的大力支持下，顺利完成了环境管理体系认可机构的整合，完成了有机食品认证的认可机构移交工作的行政协调；在国家安全生产监督管理的支持和配合下，职业健康安全管理体系认证认可制度统一管理协调工作也已基本完成，实现了认可机构的统一。

二是在各部委的支持下，顺利实施了新的强制性产品认证制度。

自 2001 年 5 月 1 日开始实施 CCC 认证制度以来，国家认监委与信息产业部就电信终端设备的强制性产品认证制度与电信入网许可制度交叉问题进行了多次协调，合作解决目前两种制度交叉所造成的问题，达成了部分共识；与发改委、质检总局在国产道路车辆市场准入管理工作合作问题上达成了协调意见；与公安部就消防产品、安全技术防范产品扩大强制认证目录问题进行了沟通。质检总局与认监委联合组织了大量的强制性产品认证制度完善和系统实施工作。到目前为止，在各部委的大力支持下，强制认证已经圆满完成了第一阶段的工作目标，颁发认证证书 94 475 份，已经认证和已申请认证的产品涉及的企业达 24 820 家，其产品市场覆盖率达 90% 以上。

三是在国家工商局、公安部的大力支持和配合下整顿和规范认证市场取得了明显成果。

近来，部分机构违反四部委联合发布的《认证机构及认证培训、咨询机构审批登记与监督管理办法》，采取非法认证、卖证、低价竞争、降低工作质量等手段，非法从事认证经营活动，欺骗企业，牟取暴利，破坏认证信誉。更为恶劣的是，某些机构的违法行为被查处曝光后，仍在继续从事非法认证活动，严重扰乱我国认证市场秩序和社会经济秩序。

为了贯彻今年 4 月 14 日国务院召开的全国整顿和规范市场经济秩序工作会议精神，落实国办 11 号文件要求，规范认证市场秩序，国家认监委、国家工商总局、公安部于 5 月 13 日至 6 月 13 日，在上海、广东、湖北三个省、

市联合开展了打击非法认证经营活动专项行动。对投诉和监督抽查中反映问题严重的 18 个非法代理外国认证业务的机构和作业点进行了认真查处，目前已经取得阶段性成果。根据查处结果，已责令涉案的 11 家机构、作业点停止开展认证活动。工商部门对无照经营、超范围经营的机构进行了处罚。涉嫌诈骗的机构，已由地方质检部门、工商部门立案移交公安部门进行侦察处理。8 月 26 日，国家认监委召开了全国认证机构会议，国家工商总局刘玉亭副局长，公安部张新枫部长助理出席了会议。两部门的有关领导讲话，工商、公安部门参与认证市场的清理整顿，对认监委的工作是一个极大的支持。

四是通过部际联席会议制度，在探索各行业主管部门积极性方面取得了可喜成绩。

第一，通过成立技术委员会的形式，充分发挥了行业主管部门专家的积极性。部际联席会议制度的设立，是发挥认监委与各有关部门“两个积极性”的有效形式。我们通过在认可机构秘书处下设各技术分委员会的形式，确保了有关部门和各方面的代表充分参与和监督有关的认可活动。中国认证机构国家认可委员会、中国认证人员与培训机构国家认可委员会分别设立了 7 个技术分委员会，其中软件过程及能力成熟度评估、职业健康安全管理体系、环境管理体系技术分委员会的主任委员会分别由信息产业部、卫生部、环保总局的司、局级领导担任。CNAB 还就建筑管理体系标准，餐饮卫生等级评估、航空领域实施 AS9000 标准问题与建设部、卫生部、民航总局进行了共同的开发和研究，充分发挥了行业主管部门技术优势。中国实验室国家认可委员会成立了 18 个技术分委员会，其中各行业的专家参加了技术委员会的工作，例如：中国科学院、工程院的两院院士王大珩为 CNAL 技术委员会的名誉主任委员。通过这些技术委员会最广泛听取和吸纳了各行业技术专家的意见，并将他们的意见落实到技术规则和认可准则，使中国的认证认可工作更加符合中国实际。

第二，通过双边、多边协商形式调动各部门的积极性，共同推动认证工作的开展。为了推动农产品认证认可体系的建立和完善，国家认监委与农业部、经贸委、外经贸部、工商总局、环保总局共九个部委经过积极的协调、沟通，联合印发了“关于建立农产品认证认可工作体系实施意见”，明确了建立农产品认证认可工作体系的指导思想和工作重点。为了推动“无公害食品行动计划”，国家认监委与农业部联合下发了《无公害农产品管理办法》、《无公害农产品标志管理办法》等文件，6 月 10 号，农业部在北京召开了全面推进“无公害食品行动计划”电视电话会议。在全国大力推动了无公害农产品认证工作的开展。

国家认监委与原国家经贸委就为推进我国“三力工程”的发展，提高我国农产品的质量而提出的建立绿色市场标准和农产品安全标准，开展绿色市场认证和安全食品认证等问题进行了讨论研究，达成了共识。经贸委表示支持认监委建立全国认证认可制度，有关认证机构的设立不再由行业主管部门推荐。

为了加强对室内空气质量等市场的监管工作，国家认监委与国家环保总局、卫生部、建设部等共同研究了如何加强对室内空气质量检测机构进行资质管理和规范室内空气质量检测市场问题，发布了《关于对室内空气质量检测机构开展计量认证的的补充通知》，对各部门室内空气质量检测机构的相关人员进行了培训，为室内空气强制标准的实施以及规范室内空气质量检测市场奠定了基础。同时，与卫生部就疾病预防控制中心的计量认证问题达成共识。

国家工商总局与国家认监委还就工商执法中如何选用检验机构一事进行了沟通。为了推动全国广播影视质量认证工作的开展，经与广电总局协调沟通，认监委同意其组建全国广播影视质量认证促进委员会，以推动促进全国广播影视行业认证工作的开展。

回顾部际联席会议制度建立一年多来的工作，我们深刻地体会到，在部际联系会议成员单位的共同努力下，我国的认证认可工作取得了快速的发展，各项工作呈现出了协调发展的良好局面。这些成绩的取得，是党中央、国务院对认证认可工作高度重视和热忱关怀的结果，也是全体部际联席会议成员单位大力支持和密切配合的结果。在此，我代表认监委和质检总局，向关心、支持认证认可工作的各级部门表示衷心的感谢。

二、关于《认证认可条例》

《认证认可条例》的颁布，是我国认证认可工作中的一件大事，充分体现了党中央、国务院对认证认可工作的高度重视，体现了国家对加强认证认可工作的意志。《条例》既是全国认证认可工作多年来探索实践和创新发展的结晶，也是各有关部门和部际联席会议成员单位配合支持和共同努力的结果。《条例》的颁布，是认证认可发展史上的一个重要里程碑，标志着我国的认证认可工作法制化建设取得了新的历史性突破，必将促进我国认证认可工作进入一个新的历史发展时期。

1、《认证认可条例》的立法背景

近年来,我国的认证认可工作不断发展,认证已由过去单纯对产品进行认证,拓展到服务、管理体系认证、认证机构和认证培训机构认可、实验室和检查机构认可、认证人员注册等诸多领域。国家认证认可的行政管理和工作框架基本确定,机构趋于合理。但是,我们也应清醒地看到:在认证认可工作中还存在着认证认可的法律规范滞后等问题。认证认可工作中的政出多门、监督不力;认证市场混乱;对认证、认证培训、认证咨询机构,特别是外商投资的认证机构等监督管理缺乏明确的法律依据;认证认可法律法规与WT0规则不相适应等问题,影响和制约了认证认可的发展。

为了适应认证认可行业发展和监督管理体制调整的要求,促进认证认可事业的健康、有序发展,履行我国政府加入WT0的承诺,2001年8月,国务院组建国家认监委后,国务院、国家质检总局领导都非常关心和重视认证认可法律法规体系的建设工作,多次要求要尽快制订符合世贸规则、符合社会主义市场经济体制的认证认可行政法规。2002年3月,国家认监委根据国务院行政法规修订计划的要求,按照国办11号通知精神,组织有关人员起草了《条例(草稿)》,多渠道广泛征求意见。经过专家论证、多次修改后,由国务院法制办多次书面征求全国人大常委会法工委和国务院有关部门、地方政府、科研机构、认证机构、认可机构以及有关企业的意见。经过反复协商、充分研究、认真修改后,形成了《条例(草案)》。经国务院秘书局复核和国务院第18次常务会议审议并原则通过后,国务院法制办又组织质检总局和认监委,按照国务院第18次常务会议审议的修改意见和国务院领导的指示,对《条例(草案)》再次进行了修改。9月3日,国务院总理温家宝签署第390号国务院令,颁布了《中华人民共和国认证认可条例》。《条例》的颁布,为我国履行世贸承诺和参与经济全球化,整顿和规范认证认可市场,适应生产力发展需要,提高我国产品、服务的质量和管理水平,不断满足人民群众日益增长的物质文化需要提供了法律保障。

2、《认证认可条例》的基本原则和制度

《认证认可条例》是对我国认证认可工作实践经验的高度概括,是我国认证认可工作适应国际认证认可通行规则的充分体现。既认真总结我国认证认可发展的经验和教训,又深刻分析国际认证认可发展的现状和趋势;既具有继承性,又富有创造性。《认证认可条例》共有七章、七十八条。包括认证认可立法的宗旨和目的;认证认可的概念和本条例适用的范围;认证认可监督管理体制和基本制度;对认证机构市场准入的行政许可;从事认证认可的行为规范;违反本条例所应承担的法律责任等。就其基本原则和基本制度方面,概括起来讲,主要是三项基本原则,四个重要制度。

三项原则是客观独立、公开公正、诚实信用。客观独立,是指认证认可活动必须按照国际认证认可的导则和标准,强调认证认可活动不能受任何方面的影响;公正公开,是指认证认可评价必须严格按照规则和标准进行,认证认可工作,其程序、规则、标准等应当公开;诚实信用,是指认证认可活动及其过程和结果,必须真实可信、不能有虚假和欺诈。需要强调的是,在认证认可工作和活动中,客观独立、公正公开、诚实信用三项原则是一个有机的统一体,客观独立是实现公正公开的前提,公正公开是实现诚实信用的保障,诚实信用则是客观独立、公正公开所要达到的目的。因此,诚实信用原则是一个核心原则,是认证认可工作和活动必须严格遵守的原则。

四个重要制度是国家实行统一的认证认可监督管理制度,统一的认可制度,自愿性认证和强制性产品认证相结合的认证制度,政府监督与行为自律并举的监督制度。

统一的认证认可监督管理制度是指国家对认证认可工作实行在国务院认证认可监督管理部门统一管理、监督和综合协调下,各有关方面共同实施的工作机制。认证认可实施统一监督管理的主体是国务院认证认可监督管理部门;监督管理的对象是从事认证认可活动的组织和个人;监督管理的主要事项是对从事认证认可包括检查、检测活动的准入管理、对从事认证认可活动行为的监督管理、对国家认证认可管理工作人员的监督管理。这是一项基本制度,是认证认可工作和活动的一根主线,贯穿在整个认证认可工作和活动的领域中。它充分体现了党中央、国务院决定成立国家认监委,赋予认监委统一管理、监督和综合协调全国认证认可工作职能的有关精神,标志着认证认可工作实现了由分散管理、多头监督的格局走向统一监管的轨道。

统一的认可制度是指国家只建立一套认可体系,建立和整合集中统一的认可机构;国务院认证认可监督管理部门确定的认可机构,独立从事认可活动;其他任何单位不得直接或者变相地从事认可活动;未经过认证认可主管部门确定、直接或者变相从事认可活动的,其认可的结果是无效的。需要强调的是,这是国家认监委按照国务院提出的“建立集中统一、高效的认可制度”的目标。随着《认证认可条例》的颁布，应该说这一目标已经实现了。

自愿性认证和强制性产品认证相结合的认证制度是分别对从事自愿性认证活动、对开展强制性产品认证工作进行了全面、具体的规范，特别是完善了强制性产品认证制度。这是在借鉴许多国家以法规的形式把相关领域的认证纳入了强制性范畴的经验，结合了国际认证发展的特点而设立的。

政府监督与行为自律并举的监督制度，保障了政府对认证认可活动实施有效的监督，规定了监管对象的定期报告、主管部门的调查询问、及时处理举报事项、对不同监管对象采取不同监管方式等政府监督的机制，使政府对认证认可工作和活动的监督形式和手段，更加完善，更加有力，同时又对在认证认可活动的各个重要环节中的各类机构和各种人员的行为自律做了明确的规定，把外部监督与自我监督很好地结合了在一起，不仅减少了政府监督所消耗的行政成本，更重要的是充分发挥了两种监督的互补性作用，创造了认证认可工作和活动良性发展的环境和条件。

3、《认证认可条例》颁布实施的重大意义

《认证认可条例》的颁布，不仅是我国法制建设的一件大事，也是我国认证认可工作领域的一件大事。《认证认可条例》的立法宗旨是规范认证认可活动，提高我国产品、服务的质量和管理水平，促进经济和社会的发展。具体地讲：

《认证认可条例》的颁布，将会为促进我国经济和社会的发展发挥重要作用。认证认可是社会经济、科技和文化进步的产物。在发展先进生产力的过程中，产品、服务的质量以及管理水平是不可忽视的重要因素。《认证认可条例》既吸纳了国际认证认可活动的有益做法，又充分考虑了我国认证认可领域和我国经济建设的实际情况，围绕如何根据我国经济和社会发展的需要，提高产品、服务和管理体系的质量，设定了基本的原则、制度和规范。因此，《认证认可条例》的颁布，将会进一步增强我国参与经济全球化的实力、推动我国经济和社会向质量型、效益型和可持续发展型转变的进程。

《认证认可条例》的颁布，有利于推进依法行政和政府职能的转变。党中央、国务院高度重视依法行政工作，把推进依法行政看作是贯彻依法治国基本方略的重要组成部分。依法行政的前提条件是有法可依。此前，认证认可活动明显存在着缺乏强有力和明确的法律依据问题。《认证认可条例》的颁布，使国家认监委在贯彻党中央、国务院关于加强依法行政的指示精神方面，有了可靠的法律保障，为今后国家认监委依法开展各项工作，奠定了坚实的法制基础。同时，《认证认可条例》的颁布，强化了政府对认证认可的宏观监管职能，促进了由政府直接从事认证认可活动交由非政府机构和中介机构承担的转变，体现了党的十六大提出深化我国行政管理体制和机构改革精神。

《认证认可条例》的颁布，进一步表明我国切实履行了加入世界贸易组织的承诺。我国在加入世界贸易组织时，在相关领域做出了具体承诺，涉及认证认可领域的承诺主要是对国产品和进口产品的法规和技术标准的要求实现“四个统一”，即统一产品目录，统一技术规范的强制性要求、标准和合格评定程序，统一标志，统一收费标准。《认证认可条例》的颁布，对“四个统一”做出了具体明确的规定，完善了以“四个统一”为主要内容的强制性产品认证制度。把我国入世承诺以法律的形式予以制度化，表明了我国政府在履行入世承诺问题上态度之严肃、行动之坚决、措施之到位。

《认证认可条例》的颁布，充分体现了我国的认证认可事业走上了一条继往开来，发展创新的健康之路。《认证认可条例》创设的国家对认证认可工作实行统一监督管理的制度、社会各方面在认证认可工作领域的共同实施的机制，政府监管与从业机构自律相结合的约束方式，以及对认证认可违法行为设定的处罚种类、处罚力度等方面，都为开创了我国认证认可事业稳步、有序发展新局面奠定了法律的基础。

《认证认可条例》颁布后，质检总局和认监委立即就《认证认可条例》的宣传贯彻工作做出了具体的安排和精心的部署。先后成立了《认证认可条例》宣传贯彻培训工作领导小组和工作组，组织召开了新闻发布会，组织召开了本次部际联席和专家座谈会。为进一步掀起学习贯彻掀起《认证认可条例》的高潮，质检总局和认监委决定在9月底，组织召开第二次全国认证认可工作会议。认监委也将抓紧制定《认证认可条例》的配套规章和规范性文件，抓紧组织开展好各地质检机构、认证机构、认可机构、实验室和检查机构等社会中介组织、有关企业的集中培训工作，并将通过各类媒体和渠道，大力宣传《认证认可条例》，积极推动《认证认可条例》的社会普及。

由于《认证认可条例》是一个新的法规，认证认可事业是一个不断发展的事业，认证认可工作涉及到经济工作的诸多领域和多个部门，因此，要贯彻执行好这一重要

《认证认可条例》,需要社会各方的支持配合和共同努力,需要在座的部际联席会议成员单位的重视支持和共同实施,希望各有关部门从实践好"三个代表"重要思想的高度,对《认证认可条例》的宣传贯彻和实施工作积极献计献策,抓好本单位本部门的贯彻实施工作。

三、关于加强部际联席会议制度

部际联席会议制度,是加强组织协调,充分发挥认监委与各有关部门"两个积极性"的有效形式,初步改变了我国认证认可工作中长期存在的政出多门、标准不一、监督不力的局面。在《认证认可条例》出台后,我们完全可以预见,中国认证认可事业将进入一个规范而快速发展的全新时期,这就更加需要我们加强全国认证认可工作的部门协调和统一领导,更加需要我们继续充分地发挥部际联席会议制度这个有效组织形式和工作协调机制的作用,更加需要在座各部门的充分理解、积极配合和大力支持。在这里,我提几点建议:

1、希望各部门共同贯彻落实好《认证认可条例》的要求,发挥各自部门作用和优势,积极合作。从《认证认可条例》有关精神来看,今后国家认监委在履行认证制度设立、认证机构审批、认证基本规范制定等职能时,涉及国务院有关部门职责的,应当征求有关部门的意见或会同有关部门制定。这方面工作,在过去的两年中我们与部际联系会议各成员单位在认证认可工作领域已经进行了卓有成效的合作,取得了成功的经验,今后应该按照《认证认可条例》要求,进一步加强合作。部际联系会议各成员单位应采取不同形式,相互支持、相互配合,各负其责、各司其职、形成合力,确保《认证认可条例》贯彻落实工作按计划、分步骤深入进行;国家认监委要围绕认证认可发展大局,认真贯彻《认证认可条例》,明确深化改革、强化监管、优化服务促进发展的具体思路,扎实落实,增强大局意识、责任意识,和各成员单位密切配合,共同开创我国认证认可工作新局面。

2、要继续充分发挥部际联席会议制度的作用。去年第一次部际联席会议是四月份初召开的,到现在快一年半的时间了,在这期间我们通过联席会议《简报》等沟通情况,通过联络员等进行协商,对涉及个别部门的事项进行了个别协商,解决了一些具体问题。但这还不够,希望今后各成员单位要通过联席会议沟通信息,就存在的有关问题进行及时研究,经过协调统一后,按照各自的职能贯彻落实。针对目前新《认证认可条例》颁布施行的形势,各成员单位要加强有关信息的沟通,了解各自工作领域的动态,交流各方面采取的措施和做法,全面掌握情况。我们要强化双向交流,涉及认证认可工作中的重大问题,各部门要相互协调、合理运作。特别是各部门对认证认可工作有什么意见和建议以及各部门成员及联络员变化,要及时传递给我们,以便进一步改进我们的工作。

3、要发挥各部门在认证认可具体工作中的作用。建立联席会议制度的主要目的是在推进我国认证认可工作发展中沟通情况、研究问题、相互协调、统一行动。目前部际联席会议全体会议是最高层次的部际多方协商形式,会议主要研究涉及认证认可工作的一些重大问题。在具体的工作中,我们已经邀请国务院有关部门参与国家认可机构管理委员会及其设立的专门技术委员会的工作,目的是强化对国家认可机构和认证工作的监督,提出本部门对认证认可工作的具体要求。希望直接参与这些工作的同志能够充分了解本部门对认证认可工作的一些具体要求,为改进工作提出更多好的建议和意见。

认证认可专家咨询委员会成立的时间不是很长,几位专家的工作又非常繁忙,但大家都很支持认证认可的工作,都在各自的领域内做了一些力所能及的工作。今天,专家队伍有所调整,专家队伍年龄得到了优化。希望各位专家充分发挥在各自研究领域的优势,积极跟踪和研究相关领域的认证认可发展方向,体察民情,反映民意,多提供宝贵的意见和建议。

各位领导,同志们,我国认证认可工作已经取得了显著的成绩,认证认可事业得到了快速的发展,这是大家共同努力、开拓进取的结果。我们要充分利用《认证认可条例》颁布实施这一有利时机,按照《认证认可条例》的要求,按照各自的分工,继续加强相互协调与合作,恪尽职守,密切配合,齐心协力,共同推进我国认证认可的更快发展,为我国全面建设小康社会做出新的更大的贡献。

谢谢大家!

2003 年 9 月 11 日

国家质检总局李长江在第二次认证认可工作部际联席会议上的讲话

（根据录音整理，未经本人审阅）

各位在百忙当中，来参加认证认可工作部际联席会议，今天又不同往日，是中秋佳节，是与家人团聚的时候，能够赶来参加这个会议，确实说明各个部门的领导对认证认可工作的高度重视和支持，我也代表总局感谢大家。刚才绍史秘书长作了重要的讲话，凤清主任和吴司长对认证认可的工作，特别是《条例》的颁布实施发表了很好的意见。我们将按照几位领导的讲话精神很好地领会，在今后落实到实际工作当中去。今天这个会，我主要是听取各个成员的意见和建议。简要讲三点意见，供大家参考：

一是回顾一年来的工作，应该说我们逐步建立了统一管理、综合协调的认证认可管理机制。刚才凤清同志把一年的工作向大家作了介绍。通过一年来的实践，我们回过头来总结工作，做得很多，但是我认为最关键的一点，是逐步建立了这样一个机制，这就是统一管理监督、综合协调的机制。现在按照国务院的要求，已经实现统一管理，这实属不易。我认为非常重要的一点，就是我们在座的各个部门，都能从国家的大局出发，非常重视这项工作，非常支持这项工作，所以才有今天的结果。我们国务院的几个主要部门，包括发改委、环保总局、公安部、工商总局很多部门，牵涉到一些工作的调整，机构的调整，但是各个部门能够从国家大局出发，支持这项工作，所以取得了很可喜的成果。那么认证机构呢，也初步实行了独立、公正、公开这样一个体制。认证机构应该说过去规模不等、数量不少、参差不齐，能走上独立、公正、公开，这也是一个很大的进步。当然，这里面还有一些不足的地方。刚才凤清同志已经谈到了包括几家联合进行认证市场的整顿，这是一个质的变化，非常重要。

第二点，就是《认证认可条例》的颁布，标志着我国认证认可工作走向规范化、法制化。这个《条例》的颁布确实不容易。刚才张穹主任谈到了，时间很短，认监委成立才两年，成立两年当中，能把《条例》尽快地颁布，也充分体现了我们部际联席会的各个成员单位，大家集思广益，也是站在国家利益的角度。我们国家的立法有时很难的，一部法律十年、八年下不来也是有的，曲格平同志对这方面，也是有很深的体会。主要是各个部门利益的问题，职能的交叉问题等等，但是我认为在这个《认证认可条例》上，我们各个部门都能从大局出发。我们可以设想，如果真的有几个部门就认为这个《条例》体现我们个别部门的意志不充分，那我想就不会很快地把它通过。这个会我参加了，凤清同志也参加了，在国务院常务会讨论的时候一致通过，总理一再问，各个部门的负责同志还有什么意见，有什么修改意见，大家都是没有什么意见，很好。这确实使我们国家认证认可工作的规范化、制度化、法制化迈向了一个新的台阶。

我们有这个《条例》了，这是国家的《条例》，它对明确职责、规范行为、依法行政具有深远的意义，我相信《条例》的公布会对我们今后认证认可工作和国际接轨有一个很大的推动作用，这是我谈的第二点认识。

第三点，就是认证认可的深入发展，我们部际联席会议任重道远。虽然经过前一段的工作，我们取得了很突出的成绩，确实是不容易，认监委的同志们克服了很多困难，也发挥了聪明才智，虚心听取了各个部门的意见，使我们国家认证认可工作迈出了可喜的一步。这仅仅是第一步，这一项工作要深入的发展，我认为还是任重道远。任重道远主要在两个方面需要进一步加强，一个是实现真正的四个统一，刚才凤清同志已经谈到了。这四个统一就是统一产品的目录，统一技术规范的强行要求标准和合格评定程序，统一标志，统一收费。我们虽然做了一些工作，真正做到这四个统一，我认为还需要下很大的功夫，也需要各个部门对这项工作提出很好的意见，给予很大的支持。第二点就是统一管理监督、综合协调这项工作需要进一步加强。这是两个不同的方面，一个是要强化统一管理监督，因为《条例》已经明确地提出来了，另一方面也要突出综合协调，所以这是一个问题的两个方面，缺一不可。我想这项工作需要进一步地发展，必须把这个方面的工作处理好，该统一的一定要统一，该需要发挥各个部门作用的，我们一定很好地听取各个部门的意见，我们一定把大家的意见很好地综合起来，把下面的工作更好的完成好。也借此机会向大家表示感谢，祝各位节日快乐，合家欢乐！

2003年9月11日

部际联席会议成员代表发言

国家林业局江泽慧讲话：

刚刚听了王凤清主任的工作报告和《中华人民共和国认证认可条例》主要内容的通报，很受鼓舞。从国务院决定成立中国国家认证认可监督管理委员会，到国务院办公厅下发《关于加强认证认可工作的通知》，到今天国务院批准发布《认证认可条例》，短短两年时间，我国认证认可监督管理工作向前跨了三大步，表明认监委工作目标明确，积极务实，认真贯彻了吴仪副总理提出的统一思想、形成合力、突出重点的要求。《认证认可条例》的发布，是我国认证认可工作步入法制化的重要标志，是建立起体制顺畅、结构合理、体现国家利益、适应经济发展需要的全国性认证认可体系的重要保障，是使我国的认证认可工作早日进入世界前列的重要基础。我们国家林业局要组织有关人员认真学习《条例》，切实贯彻到森林认证工作中去。下面我想借此机会，简要介绍一下森林认证。

1992年联合国环境与发展大会通过了《21世纪议程》和《关于森林问题的原则声明》，森林可持续经营问题受到国际社会的空前关注。会后，一些国家政府和非政府组织积极行动起来，开展理论研究，制定相关标准，推动森林可持续经营走向实践，并逐步创立了森林认证机制。森林认证，即森林可持续经营认证，是通过对森林经营活动进行独立的第三方评估，以判断森林是否实现了可持续经营。自1996年世界上第一块林地通过森林认证以来，至今已有1.76亿 hm^2 森林通过认证，约占全球森林总面积的5%，其中绝大部门在欧洲和北美林业发达国家。由于森林可持续经营的复杂性和森林问题日益国际化、政治化，目前，国际上有20多个全球、区域或国家的森林认证体系，各体系背景不同，方法各异，标准不统一，尤其是一些环境组织发起的森林认证，通过建立“贸易壁垒”来推动森林认证的开展，已对我国林产品出口构成威胁。很多国家，特别是发展中国家为了维护本国利益，纷纷开始建立本国的森林认证体系。

“92环发大会”后，我局开始森林可持续经营和森林认证研究工作，先后完成了《中国21世纪议程林业行动计划》、《中国可持续发展林业战略研究》等专著。为了把森林可持续经营理论用于林业生产实践，我局决定逐步在全国森林经营单位开展森林认证，目的是提高森林经营管理水平，促进林产品的市场准入。2001年初，成立了由我任组长的森林认证工作领导小组，在领导小组第一次会议上，明确提出：在借鉴国外成功经验的基础上，结合我国森林经营管理实际，建立适合我国林业发展的森林认证体系。2002年2月收到国务院办公厅《关于加强认证认可工作的通知》后，又提出森林认证必须在国家认证认可体系框架内开展工作，服从认监委的监督和管理。

与林业发达国家相比，我国在森林可持续经营和森林认证研究、宣传、公众意识等方面比较薄弱，社会森林认证需求不足，开展森林认证有一定困难。在明确方向，打好基础，稳步推进工作方针的指导下，按照《森林认证工作总体规划》，我们把工作重点放在建立森林认证管理体系和技术保障体系上，在认监委有关部门的指导下，我们编制了《森林认证审核员注册准则》、《森林认证机构认可基本要求》；在技术标准方面，发布了《中国森林可持续经营标准与指标》，即将发布《中国森林认证原则与标准》和《中国热带林可持续标准与指标》，同时，还有十多项区域和森林经营单位的可持续经营标准正在制定中；另一方面，我们积极开展了森林认证调研、宣传、人员培训和试点工作，与世界主要认证体系和周边国家保持联系，掌握国内、国际森林认证动向，为全面开展森林认证工作创造条件。

2003年6月25日，中共中央、国务院发出《关于加快林业发展的决定》，提出“确立以生态建设为主的可持续发展道路，建立以森林植被为主体、林草结合的国土生态安全体系，建设山川秀美的生态文明社会”的林业发展指导思想，《决定》中还明确要求“积极开展森林认证，尽快与国际接轨”。使我们更加感到开展森林认证工作的紧迫性，压力很大，因此，更加需要认监委的支持和帮助。我深信，通过我们紧密合作，共同努力，中国林业一定能够走上可持续发展之路，山川秀美的宏伟目标一定能够实现。

最后，我代表国家林业局，向给予森林认证工作支持和帮助的认监委领导和同志们表示衷心感谢。祝在座的各位中秋愉快。谢谢大家。

中编办吴知论司长讲话：

我简单地讲两点，一、2001年国务院决定成立认监委，到现在两年多了，其间认监委作了很多工作，开创了一个新的局面，应该说适应社会主义市场经济对外开放需要的认证认可的基本框架已经建立起来了，当然，还需要进一步完善，其中重要的任务就是要把目前其他部门一些认证认可职能要逐步纳入统一的管理中来。二、《条例》的颁布，对于开创一个新局面将会起到巨大的推动作用。在《条例》的贯彻落实当中还需要进一步发挥部际联席会议的作用，需要大家的通力合作。最后表一个态：在建立统一的认证认可制度中，中编办将一如既往的继续做好支持工作。谢谢大家！

农业部副部长范小建讲话：

第一，对《条例》的颁布表示祝贺，从去年的第一次会议到今年的第二次会议完成这么一件事，确实是很不容易的。第二，感谢一年来认监委对农业部工作的支持，对农业部无公害食品行动计划工作的支持。刚才王主任已经讲到，在过去的一年当中，农业部和认监委联合搞了两个文件，并且共同召开了无公害电视电话会议，王主任还作了重要的讲话，对我们起了很大的支持作用。第三，农业部在《条例》的颁布后，一定按照《条例》的要求，支持认监委统一管理监督，做好部门的积极配合。第四，希望今后的工作当中，多加强沟通，希望得到认监委这一方面的进一步的支持和帮助。现在从农产品的认证工作来讲，也有一个比较乱的问题，全国认证和地方的认证都在搞，对消费者来讲，有点搞不太清楚了。今年，开始全国统一的无公害农产品认证以后，我们也在做这方面的工作，农产品的认证还有强制认证的问题，这方面希望得到认监委的支持和帮助。谢谢各位！

国家发改委与会代表讲话：

《条例》颁布确实是一件大事，在国务院的高度重视下，质检总局广泛地听取各部门的意见，反复与各部门沟通，为了《认证认可条例》的出台，做了大量的工作。《条例》的出台，为我们提高产品服务的质量和管理水平，促进经济的发展，提供了可靠的保障，为我们依法行政也提供了法律的依据，同时也为我们今后明确职责，规范行为，做好认证认可工作，打了一个好的基础。我们发改委要认真学习《条例》，做好贯彻落实《条例》的工作，坚持依法行政，同时做好支持配合认证认可方面的工作，形成合力。

公安部与会代表讲话：

第一点，《条例》是总理9月3号签发的，认监委马上召开联席会议。我是这样看这个事情，参加联席会议的各个单位，应该说都有责任来贯彻落实《条例》，同时，《条例》的落实也离不开我们各个联席单位。认监委一手抓《条例》的制定，一手抓机制的运作，我觉得这是抓住了牛鼻子，我们国家的认证认可工作会很快出现一个新的局面。第二点，作为公安机关要积极地配合认监委来贯彻落实《条例》，刚才介绍了《条例》的出台不容易，我感到《条例》的贯彻落实恐怕更难，从某种意义上讲，《条例》贯彻的程度也能够看出我们国家市场规范的程度，所以在落实《条例》的过程当中，公安机关要积极地去配合工作。同时，我建议，《条例》贯彻当中遇到的问题，请认监委及时组织我们联席会议的成员单位来研讨对策。第三点，这就是一个态度了，公安机关从行业管理的角度，我们的一些部门产品要积极地接受认证认可的监督。就说这么多，谢谢大家！

海关总署与会代表讲话：

我们首先对《条例》的出台表示祝贺，在这么短的时间之内能做出这么复杂的工作，而且为将来实现“四个统一”打下很好的基础，确实值得祝贺。第二，作为海关来讲，我们一定按照徐绍史副秘书长刚刚提出的四个要求，做好贯彻《条例》的实施工作。在海关方面，对于列入强制性产品目录当中的产品，在进出口的时候，一定完善制度，协助国家质检总局把好关，管理好。第三，我们海关跟国家质检总局系统已经有一个很好的合作关系。早在1999年时，当时在产品认证验证机制刚刚提出来时，在我们通关自动化系统当中，留了一个监管的标码就是“C”，当时只是专门留了这么一个标码，现在已经开始用了，从去年的1月1日开始，已经有62个HS编码的商品列入验证商品范围之内，现在从大通关机制来讲，做得还是相当不错的，随着《条例》的发布推广实施，我们更加完善这么一套好的机制。第四，刚刚长江局长介绍了情况，我觉得最重要的是这个机制的建立，这方面确实很重要。就海关来讲，我们也希望通过包括联席会议制度的建立，对于进出口环节的商品管理的要求越来越准确，越来越管到实处，这可能要通过机制来解决。在加入WTO以后，对商品的要求许可数量在减少，但是技术上要求越来越多，这也是一个趋势。因此，在把关的同时，我们的商品需要的证件也越来越多，这个不管是对于贸易效率的提高，降低贸易成本，促进企业竞争能力方面，可能都还要有一个逐步协调的问题。当然，对海关来讲管理的难度也比较大，这方面我们希望通过一个好的机制，该控制的就控制，某一个商品需要的证件，比如像现在的商品所需要的各种各样的证件多达六七个，管理上的难度比较大，在这方面，我们海关应该继续跟国家质检总局、国家认监委一起共同做点工作，看看能不能在保证管理目标实现的同时尽量减少压缩这一方面。我就讲这么多，谢谢大家！

中国农业大学韩纯儒讲话：

1、认证认可制度是规范农产品进入市场的重要手段。作为一种新生事物在我国推行，我们的经验尚不多。国际上食品与农产品认证主要见于有机产品及相应的生产资料。一般百姓消费的食品为保护消费者利益，尚有一系列认证以外的综合措施手段。

2、无公害农产品的认证认可是一个新事物，推行一年多以来进展很大，问题也不少。我认为有三点值得特别重视；其一是门坎偏高，程序繁琐，导致成本上升，营销受挫。其二是生产者、经营者、消费者对其认识不到位，出现自毁长城砸牌子的现象。三是管理跟不上，奖罚不分明，对重点生产资料（如农药、兽药、化学添加剂、抗生素等）控制管理松懈，滥用旧照。

3、建议：(1)压低无公害农产品认证检测成本，简化手续。如可否不要求环境背景值的检测，产地认定与产品认证可否合成一步等。因为无公害农产品不可能等同于绿色食品或者有机食品，它仅仅是以控制化学残留为主的大众食品，而其生产者则是处于弱势地位的农民群体，没有必要抬高门坎。(2)严格相应生产资料配套管理，以及进一步规范消费市场管理。(3)加强宣传教育、培训、科普等环节，在大众媒体上开辟专栏，建立相关网站公开网页，重视公众参与。

4、关于我国农产品、食品认证认可工作的一点长远设想：建议考虑将（无公害农产品管理办法）第八条“国家适时推行强制性无公害农产品认证制度”中的“无公害农产品”改为“生态标志食品（农产品）”。作为一个大类，可包括有机、绿色、无公害三个安全等级统一管理。“生态标志食品（农产品）”现阶段不可能囊括所有的食品（农产品）种类，故对于没有贴生态标志的食品（农产品）也要实行一定形式的监督管理和市场准入制度，保护广大消费者和生产者的利益。

3、认证认可工作部际联席会议组成人员和联络员名单及专家咨询委员会名单

全国认证认可工作部际联席会议组成人员和联络员名单

召集人：

王凤清（女）国家认监委 主 任

成 员：

汪 洋	国家计委	副主任
谢旭人	国家经贸委	副主任
邓 楠（女）	科技部	副部长
栾恩杰	国防科工委	副主任
郑一军	建设部	副部长
胡希捷	交通部	副部长
娄勤俭	信息产业部	副部长
范小建	农业部	副部长
魏建国	对外贸易经济合作部	副部长
马晓伟	卫生部	副部长
刘文杰	海关总署	副署长
杨树德	工商总局	副局长
王心芳	环保总局	副局长
杨国庆	民航总局	副局长
邵明立	药品监管局	副局长
田力普	知识产权局	副局长
张希钦	旅游局	副局长

联络员：

李德嵓	国家计委价格司	巡视员
王富昌	国家经贸委产业政策司	副司长
申茂向	科技部发展计划司	巡视员
马恒儒	国防科工委科技与质量司	副司长
李华蓉	公安部科技局	副局长
杨鲁豫	建设部标准定额司	司 长
张国发	交通部水运司	副司长
闻 库	信息产业部电信管理局	副局长
陈小筑（女）	信息产业部科学技术司	副司长
张玉香（女）	农业部市场与经济信息司	副司长
王 晖	外经贸部科技司	司 长
苏 志	卫生部卫生法制与监督司	副司长
王永水	海关总署政策法规司	副司长

滕佳材	工商总局消费者权益保护局	副局长
赵英民	环保总局科技标准司	副司长
王　知	民航总局规划司	司　长
郝和平	药品监管局医疗器械司	司　长
胡佐超	知识产权局协调管理司	司　长
张润钢	旅游局质量规范与管理司	副司长

认证认可专家咨询委员会专家联络人员名单

曲格平	全国人大环境资源委员会	主　任
沈烈初	全国政协委员	
田润之	原国家出入境检验检疫局	局　长
王以铭	全国人大代表、中华全国工商业联合会	副主席
潘　岳	国务院经济体制改革办公室	副主任
戴　寅	卫生部中国疾病预防中心营养与食品安全所	教授、国务院参事
魏　杰	清华大学经济管理学院	教　授
韩纯儒	中国农业大学	教授、专家

二、有关部委开展认证工作的情况

公共安全产品认证

公共安全产品通常是指公安机关使用的各种装备器材和需要管理的特殊产品，一般包括消防、道路交通安全、安全技术防范、网络安全、刑事技术、治安管理、警用装备等产品，是公安机关打击和预防犯罪，维护社会治安以及防控灾害事故必不可少的装备器材，其质量直接关系到公安战斗力的发挥和社会稳定、人民生命财产安全。公安部对公共安全产品的质量一直给予了高度的重视，并根据国家有关法律法规和工作只能，对多数重要的公共安全产品制定了配套标准，实行了生产许可证、销售许可证、定点生产、生产备案、型式检验、巡回检验、行业监督抽查等多种质量管理措施。特别是近年来，公安部积极配合国家质量监督检验检疫总局和国家认证认可监督管理委员会，对消防、安全技术防范等产品实行强制性认证制度，取得了较为明显的效果，促进了产品质量的提高，为推进“科技强警”战略，提高公安战斗力发挥了重要作用。

一、公共安全产品认证工作的开展

20世纪80年代初，公安部根据国家有关法律法规和公安工作需要，制定了第一个消防产品的配套标准，此后，根据国家形势的发展和公安工作业务面的扩大，加大了各种重要装备器材和相关产品的配套标准制修订速度。截至2004年7月底，已制定了公共安全行业的国家标准和行业标准800余个、1 200余个标准文本，基本覆盖了公安机关各主要警种和工作方面，为开展各种产品质量管理工作，打下了坚实的基础。

1984年，国家开始实施工业产品生产许可证制度，公安部积极响应，在原国家技术监督局的大力支持下，先后对消防、安全技术防范、道路交通方面的11种产品实行了生产许可证制度。同时，对公共安全产品还配套采取了多种行之有效的管理措施。在消防产品管理方面，1992年开始在消防行业企业中全面推行质量管理国际标准。1996年由原中国消防产品质量认证委员会在全国火灾报警产品生产企业中率先开展了产品认证工作，并采用了产品检验加质量管理体系审查相结合的产品认证模式。2002年11月15日公安部消防产品合格评定中心成立，并于2004年6月3日通过了国家的认可。中心先后依据CCC认证规则，对火灾报警产品进行了CCC证书转换，新开展了对消防带产品、自动喷水灭火系统产品的CCC认证工作，到2004年7月为止，获证的消防新产品CCC认证企业共有240余家(其中国外企业38家)，有效证书1440余张(其中国外企业190余张)，还采用自愿认证的模式对其他9类53种消防产品实施型式认可，为这些消防产品向CCC认证制度的过渡，积累了大量有益的经验。在安全技术防范产品管理方面，2000年6月，公安部和国家质量技术监督局共同批准发布了《安全技术防范产品管理办法》，对10类安全技术防范产品实行生产登记制度。2001年8月经国家质量技术监督局批准，成立了中国安全技术防范认证中心，并于2002年经国家认监委批准成为承担国家强制性产品认证的指定机构，对列入第一批强制性产品认证目录的1类4种入侵探测器的安防产品实施强制性认证，共受理了65家企业的认证申请，颁发了134张CCC证书，使在中国市场上销售的大部分入侵探测器的产品均已通过认证，实现了该类产品从原有管理制度向国家强制性认证制度的平稳过渡。安防认证中心分别于2003年4月和2003年9月顺利完成申请CCC认证人英国、加拿大、美国、日本生产企业的境外工厂审查，迈出了中国安防认证工作国际化的第一步。

中心于2004年6月1日开始实行公共安全产品自愿性认证，推出“GA”认证标志，并将防盗安全门作为首批开展自愿性认证的产品。2004年6月，国家质检总局和国家认监委批准了对入侵探测器、防盗报警控制器、汽车防盗报警系统、防盗保险柜（箱）4类安防产品实施CCC认证，并公布了认证实施规则，为下一步对这些产品的强制性认证工作打下了基础。

《中华人民共和国认证认可条例》(以下简称《条例》)和《中华人民共和国行政许可法》(以下简称《行政许可法》)实施后，为转变公安行政管理职能，提高工作效率，根据部领导的关于积极推动公共安全产品质量认证的指示精神，在有关业务部门的支持和配合下，除继续加强消防和安全技术防范产品认证工作外，决定以中国安全防范认证中心为支撑，将警用多波段光源、机动车测速仪等两类7种刑侦和道路交通管理产品实施自愿性认证，扩大认证范围和产品，进一步推进公共安全产品认证工作的发展。

二、认证工作成就

认证认可是国际通行的产品质量管理制度，是实现政府职能转变、促进经济和社会发展的重要手段，也是企业和组织机构提高管理和服务水平、保证产品质量、提高市场竞争力的可靠方式。实行认证认可制度，有利于国家从源头上确保质量安全、规范市场行为、指导消费、保护环境、保护人民生命健康、保护国家经济利益和安全、促进对外贸易。从1996年公安部开始实行认证制度以来的实践来看，认证对提高公共安全产品质量，进而提高公安战斗力确实发挥了重要的作用。

1、提高了公共安全产品的质量。公安机关在刑事司法、行政执法和行政管理工作中，大量使用各种公共安全产品，这些产品质量的好坏，直接影响着公安机关办理各种案件和开展行政管理工作的水平，影响到维护社会稳定、保护国家和人民生命财产安全以及防控各种灾害事故的能力。公共安全产品通常分为两大类，一类是指公安机关使用的各种装备器材，如手铐、警用防弹背心、警用多波段光源等公安机关专用产品。另一类是公安机关根据职能和有关法律法规，需要进行必要管理的特殊产品，如灭火器、防盗门、机动车号牌等主要在社会上使用的产品。对于大多数公共安全产品，特别是社会上使用的产品，只要条件符合认证要求，都可推广使用认证制度。

相对其他质量管理措施，如生产许可证、产品质量监督抽查等措施而言，认证制度规范严谨，既有严格的事前审查，又有持续的事中监督，还有不断的事后检查，从而保证了实行认证的产品质量持续保持高水平和严格的一致性。认证促进了行业企业和产品的全面快速发展。从实行的产品认证效果看，一般企业的管理水平和产品质量都有较大的提高。例如已开展认证的火灾报警产品，国内140余家认证企业无论是在质量管理体系的运行和保持上，还是企业规模、产品一致性和功能稳定性上均有了突飞猛进的发展，在产品换代、技术更新和进步方面也发生了质的变化，达到了国际一流水平。许多国外一流制造商已开始愿意采用国内企业的技术贴牌生产其产品了。

2、适应了贯彻《行政许可法》，转变公安行政管理职能的需要。公安机关对公共安全产品的管理过去多数是根据有关法律法规和工作职能，以行政管理手段为主，包括行政审批、许可等，占用了公安机关的大量的人力、物力、精力，而且有时由于管理制度设计上的不完善，还难免会出现一些工作上的延误或差错。为贯彻《行政许可法》，转变政府职能，提高工作效率，必须对原有的一些管理制度和措施实行调整，充分发挥社会中介组织和技术组织的作用，为公安行政管理提供支撑和保障服务。涉及转制的公共安全产品有消防产品、安防产品、网络安全产品等，有的转制已基本完成，有的正在进行之中，还有刚刚启动的，公安部将根据不同情况，进一步推进公共安全产品认证作为一些行政管理措施的接续手段。

三、工作安排

随着中国社会主义市场经济的不断发展和加入世贸组织的需要，特别是《条例》的颁布实施，认证认可工作日益显示出在提高国内产品服务质量和管理水平，促进中国参与经济全球化、推动社会生产力发展方面的重要作用。《条例》作为一部符合世贸组织规则、符合现代市场经济制度的行政法规，它的颁布，昭示着中国在深化认证认可工作改革、健全认证认可法制、建立规范的认证市场新秩序方面迈出了重要的一步，也为中国深入开展认证认可工作创造了一个良好的发展机遇。公安部将在现有工作的基础上，认真学习贯彻《条例》，积极配合国家认监委，进一步推动公共安全行业的认证认可工作。

1、配合认监委，加强对现有认证机构管理。一是加强对《条例》和《行政许可法》的学习，并结合公共安全产品管理工作，认真贯彻执行。二是根据国家有关认证认可工作的法律法规，进一步明确国家认证认可主管部门、公安部业务主管部门和归口管理部门、认证机构和相关检验机构之间的关系和职责，为认证机构更好地开展产品认证工作,创造良好的发展空间。三是根据国家有关政策和规定,结合公安实际,制定相关的规章制度,确保管理部门和认证机构的规范化管理和运作。

2、积极拓展认证领域和范围。公共安全产品中已实行认证制度的有消防和安防产品，将要实行的有道路交通安全和刑侦产品,没有实行认证的产品比例还很大。从认证实践看,实行认证的效果是很明显的,对提高产品质量确实发挥了重要作用。公安部将在总结经验的基础上,进一步拓展公共安全产品认证的领域和范围，对凡是符合认证要求并适于开展认证的产品，都将积极推行认证制度,提高公共安全产品质量,为公共安全产品质量,为公安工作发展提供强有力的质量保障。

(公安部供稿)

铁路产品认证

为加强铁道行业产品认证工作的管理，经国家认监委批准,2003 年 2 月 27 日成立了铁路产品认证管理委员会 (以下简称管委会),2003 年 4 月 9 日中铁铁路产品认证中心(CRCC,以下简称认证中心)正式揭牌。在国家认监委和铁道部的领导下，通过铁道行业各方面的共同努力和辛勤工作,铁路产品认证制度已经建立,管理规章和工作程序基本完善,铁路产品认证从无到有、稳步发展,各项工作逐步走上正轨。

一、筹备铁路产品认证工作

1、提出建立铁路产品认证制度。2002 年 1 月,铁道部召开了"铁路工业产品质量工作会议",提出要在国家认监委统一协调、管理下,建立铁路工业产品质量认证制度,确定了目标和工作要求。2002 年 5 月,铁道部以《关于加强铁路工业产品质量工作的意见》(铁科技[2002]39号),进一步明确指出:建立铁路工作产品质量认证制度,首先要尽快组建"铁路工业产品质量认证中心",认证中心要与开发、经营单位相互独立,同时建立有效的管理机制,加强监督,保证其公正性。在《铁路工业产品监督管理目录》中,除国家实行生产许可证、铁道部实行制造许可证的产品外，对涉及铁路运输安全的重要产品逐步实行产品质量强制性认证；其他铁路工业产品逐步推行自愿性认证。

建立铁路产品认证制度是贯彻落实《中华人民共和国产品质量法》、《中华人民共和国认证认可条例》及《中华人民共和国行政许可法》的一项具体措施。在铁路产品市场处在形成和完善的过程中，铁路工业产品必须吸取国外铁路产品质量管理的成功经验，总结铁道行业长期管理铁路产品质量的经验，有效地利用现有的铁道行业技术标准和产品质量监督检验系统的检测能力作为支持条件，建立适合铁路自身特点又实际可行的产品质量认证制度，使产品认证制度成为铁道行业对产品质量实施宏观管理的一种有效手段，成为改进和完善铁路产品市场准入的一项重要措施。

2、组建符合认证规则、保证公正性的铁路认证机构。铁路产品认证机构的筹备工作早在 2000 年底就已开始，铁道部科技司组织铁道部质检中心在进行大量调查研究的基础上编制了“组建铁路产品认证机构的认证报告”,在铁道部主管领导的协调和各业务司局的支持下,于 2001 年 4 月向原国家质量技术监督局提出了《关于申请组建中国铁路工业产品质量认证机构的函》(铁科教函[2001]97 号)。

2001 年国家质检总局和认监委组建后，产品认证相关政策、规定逐步出台。国务院《关于加强认证认可工作的通知》(国办发[2002]11 号)要求,在坚持统一规划、强化监督、规范市场、提高效能和与国际接轨的原则指导下,在国家认监委的统一管理、监督和综合协调下,建立全国统一的国家认证认可制度。铁道部按照国家有关产品认证新的规定,及时调整铁路产品认证的工作部署,于 2002 年 8 月 15 日再次向国家认监委提出成立铁路产品认证机构的申请。国家认监委于 2002 年 11 月正式批准成立"中铁铁路产品认证中心"。

为了保证铁路认证机构的公正性，铁道行业的产品认证采用"管委会+认证中心"的组织形式。管委会是监督、管理、协调铁道行业产品认证的非常设机构,是中铁铁路产品认证中心的管理层。管委会主任由铁道部相关人员担任,其成员由政府部门、铁路运输业务主管部门、铁路局(铁路运输公司)、铁路产品的生产、研发、认证、检测等单位的代表组成，委员充分考虑代表的权威性和广泛性,管委会职责由《铁路产品认证管理委员会章程》规定。认证中心实行管委会领导下的中心主任负责制,设有业务部、检查部、标准协调部、检验协调部、申诉监理部负责处理相关业务，是具有独立法人资格的第三方认证实体。按国家认监委批准的中铁铁路产品认证中心的业务范围具体实施产品质量认证工作，并接受国家认监委和认可机构的监督。

二、积极推进铁路产品认证工作

1、积极配合国家强制性产品认证工作。根据国家质检总局和国家认监委的有关规定，列入国家强制性产品认证(CCC)目录的产品，必须在2003年8月1日前通过CCC认证，铁道部迅速做出反应，2003年4月24日印发了《关于执行〈强制性产品认证管理规定〉等有关文件的通知》(铁运函130号)，要求对铁道客车涉及CCC认证的产品(如：电线电缆、插头插座、电风扇、安全玻璃、低压电器等)必须通过产品认证方可装车使用，对规格、型号不在国家标准范围内或属铁路专用的产品，实行CRCC认证。

2、加强对产品认证的监督管理，建立信息公开制度。铁路产品认证工作必须遵守国家认证认可的有关法律法规和产品认证的相关规定，制度坚持"公平、公正、公开"的原则，接受国家认监委和铁道部的监督管理，接受社会各方面的监督。为了保证产品认证工作公开、透明，做好信息服务，便于各方监督，对铁路产品认证有关信息建立信息公开制度：对管理办法、章程、认证产品目录、产品认证实施规则目录等印发了文件，并在铁路办公信息系统网上公布；对上述信息及产品认证实施规则、产品认证标准、通过产品认证的企业名单等，都在铁道技术监督网上向社会公布。

截至2004年7月底，向中铁铁路产品认证中心提出产品认证申请的企业104家，完成产品认证的企业56家，其中认证通过46家，暂缓6家，不通过4家。认证中心已向14家企业颁发铁路产品认证证书42张。

三、下一步铁路产品认证工作的设想和安排

1、结合《行政许可法》的实施，组织研究铁路产品市场准入制度。已列入国家工业产品生产许可证管理的铁路产品有4种，通过国务院决定保留的铁路工业产品制造特许证管理产品12种，另外对直接关系人民生命财产安全、直接影响铁路运输安全的机车车辆、道岔、信号控制、牵引供电等重要设施设备已列入了《中华人民共和国铁路运输安全保护条例》(修改稿)，此外，铁道部有关部门考虑运输生产需要，对铁路产品还有相当数量的审批项目。根据《行政许可法》的规定，必须规范行政许可项目的设立、程序、监督等，按照国际惯例和国家产品质量监督管理的有关法律法规，产品认证制度是今后安全质量控制的重要手段。因此，除少数已列入《铁路运输安全保护条例》和通过国务院决定保留的铁路产品行政许可项目外，对其余的铁路重要产品，应本着"抓大放小、突出重点"的原则，关键产品强制管理、重要产品推行认证、一般产品市场选择，形成铁路产品分层次管理，有序可控的良性机制。

2、继续推动铁路产品认证工作，适时提出CCC认证铁路产品目录。根据铁路运输安全的需要并考虑铁路工业产品制造特许证中应转为认证的产品，积极推动铁路产品认证工作。认证中心依据《目录》分别制订产品认证实施规则，经管委会批准实施。今后，要将涉及铁路运输安全的重要产品逐步纳入产品认证范围，加大对运输安全、产品质量的监督管理力度。

根据《中华人民共和国铁路运输安全保护条例》(修改稿)第36条规定，除已经列入行政许可项目的产品外，对铁路其他重要产品应实行产品强制认证（CCC认证）制度。近期要做好充分调研，待《铁路运输安全保护条例》正式公布后，管委会适时提出直接影响铁路运输安全关键产品目录，向国家质检总局和国家认监委推荐纳入CCC产品认证范围。

3、完善认证机构的体系建设。认证中心经过一年的产品认证实践，不断完善《质量手册》、程序文件、作业指导书和质量记录，使认证工作走上了规范的轨道，为了满足《中华人民共和国认证认可条例》和国家认监委的要求，认证中心已经提出申请，准备在年底前接受国家认证机构认可委员会的认可。认证中心要进一步规范管理，严格执行国家和铁路有关产品认证的各项规定，提高认证水平，为适时扩大授权范围，开展CCC产品认证和质量体系认证业务做好充分准备。

(铁道部供稿)

水利行业认证

一、水利认证工作概况

水利认证工作是根据《中华人民共和国水法》、《中华人民共和国认证认可条例》等有关法律、法规及水利技术标准开展的计量认证、生产许可、水利产品认证和管理体系认证等合格评定活动，是水利质量技术监督保障体系的重要组成部分。经过多年的努力，水利部积极配合国家认证认可主管部门，积极推动水利行业认证工作取得了一定的成绩。

1、计量认证。水利行业计量认证工作始于1990年代初，由设在水利部国际合作与科技司技术监督与综合处的国家计量认证水利评审组及其办公室负责实施。发布了《水利计量认证程序规定》、《水利计量认证评审员管理细则》(水国科 [2003]60 号文件)、《水利计量认证现场评审细则》(水国科[2004]20 号文件)等一系列规范性文件，初步建立了计量认证内审员制度，不断规范理论考试和现场测试方法，再版了《水利系统实验室计量认证理论考试题库》，形成了一支专业齐全、素质较高的计量认证队伍。目前国家计量认证水利评审组由59名具备国家级计量认证评审员资质的人员组成，另有300多人获得计量认证内审员资质。水利行业已有85家水利质检机构通过了国家级计量认证，其中51家为水环境类质检机构、34家为水利工程建设类质检机构，2家质检机构同时通过了实验室认可。水利行业坚持对质检机构每5年开展一次复查评审，并至少进行一次监督评审，通过不断完善检测机构的质量管理手段和现场测试方法，推动水利行业质检机构逐步形成了一整套较为完善的质量保证体系，检测技术水平和工作质量得到了稳步提高。51家通过计量认证的水环境监测中心承担了全国各大江河湖泊和水库的水质监测工作，每旬向社会公开发布《全国重点城市主要供水水源地水资源质量状况旬报》，每月向国家领导机构发送《全国水环境状况通报》，对全国各省市的水资源开发利用、江河湖库改造、水环境保护提供第一手资料，确保全国人、畜饮用水的安全，合理控制排污标准，对全国各项工作中的用水质量起到了检查监督作用，对农业用水的合理开发也起到了不可估量的作用。34家工程建设类质检中心通过计量认证工作，规范了检测工作，对确保工程建设质量发挥了重要作用，如长江三峡工程开发总公司试验中心、小浪底工程建设检测中心承担了相关工程的质量检测工作，通过他们的工作，确保了工程质量和安全，对这些国际级的大工程的质量起到了保证作用。

2、产品认证。在产品认证方面，水利部结合水利工作实际需要，重点推动节水产品的认证工作。水利部作为全国节约用水的行政主管部门，会同国家认证认可监督管理委员会、国家标准化管理委员会在水利部联合召开了以宣传贯彻《节水型产品技术条件与管理通则》(GB/T 18870-2002)、国家标准及推动节水产品认证工作为主题的新闻发布会。水利部还与国家标准化委员会联合发布了《关于宣传贯彻〈节水型产品技术条件与管理导则〉国家标准的通知》，为推进节水产品认证作了前期准备工作。“国家节水标志”于2001年“世界水日”揭牌确定，为出台“节水产品认证标志”奠定了基础。

3、管理体系认证。在管理体系认证方面，经国家认证认可主管部门批准，由水利水电规划设计总院牵头于2000年11月正式成立了北京中水源禹质量管理体系认证中心。经过几年的努力，中水源禹质量体系认证中心拥有专、兼职审核员及技术专家86名，至今已发放质量管理体系认证证书95份，签订认证合同100余份。北京中水卓越认证有限公司拥有专、兼职审核员及技术专家60名，可从事质量管理体系、环境管理体系、职业健康安全管理体系认证审核工作。长江水利委员会设计院、江苏省水利建设工程总公司等数百家水利生产企业相继通过了ISO9000质量管理体系认证，天津引滦工程管理处等数十家单位还通过了ISO14001环境管理体系认证，通过推行管理体系认证，使水利企事业单位的综合竞争实力得到了较大的提高。

二、加强水利行业认证认可工作的主要措施

为推动水利行业认证工作，2003年6月2日，索丽生副部长主持召开了专题办公会议，研究水利计量认证、产品认证、生产许可和管理体系认证工作，对水利行业认证认可做出了总体部署。水利部2003年7月1日发布了《关于加强水利认证认可工作的若干意见》(水国科[2003]282号文件)，提出了水利计量认证、产品认证、生产许可和管理体系认证工作的目标任务和基本要求。2003年11月25日至26日，水利部在北京召开了全国水利技术监督工作会议。这次会议就落实《水法》和国家有关标准化、认证认可、计量、质量工作的方针政策，总结交流了经验，研究和部署了新时期水利行业认证认可工作。

1、新时期水利认证工作的目标和要求。

(1)理清工作思路,明确任务目标。水利认证工作的总体目标是贯彻《认证认可条例》,落实《关于加强水利认证认可工作的若干意见》,在认监委统一协调、管理下,按照强化水资源科学管理,提高水行政管理水平,增强水利行业综合竞争力的要求,依托信息化,服务水利行业,面向全社会,不断提高水利计量认证/审查认可、生产许可和质量管理体系认证工作水平;以实施节水产品认证为重点,建立健全水利产品认证制度;逐步推行水利工程建设单位以及水管单位的管理体系认证;全面建设适应市场经济需要、较为完善的由计量认证/审查认可、水利产品认证、生产许可和管理体系认证组成的水利认证工作体系,为实现水利现代化和水资源可持续利用提供强有力的技术支撑和保障。

水利认证认可工作的近期目标是,力争用5年左右时间,形成一支80人左右国家级计量认证/审查认可评审员队伍,通过国家级计量认证/审查认可的水利质检机构达到100余家;不断完善水利产品生产许可证制度建设;以节水灌溉产品认证工作为突破口,加快完善节水产品技术标准体系建设,开展节水产品和器具的检测活动,全面推动节水产品认证制度建设;在水利行业内推动成立5家左右产品和体系认证机构;鼓励水利行业各级企事业单位积极参与质量管理体系认证以及环境管理体系认证工作,切实提高水利工程建设、产品、服务和管理的质量和水平;逐步建立以标准为依据、认证为手段、计量为基础、质量为目的相互配套的水利质量技术监督总体格局。

(2)明确职能分工,完善工作机制。水利认证工作面广量大,政策性、系统性、技术性强,要在认监委的统一规划管理下,按照统一规划、协调一致、分工负责的要求,加强机构和队伍建设,充分调动各方面的积极性,逐步建立科学公正、有序高效的水利认证工作机制。

流域机构、部直属单位和各级水行政主管部门在日常水行政管理过程中,要严格执行有关技术法规和技术标准,加强对获得认证的企事业单位、产品和认证标志的跟踪监督,及时准确地收集整理、统计研究分析和开发利用有关信息资源,强化社会服务功能。

根据水利认证工作实际,在认监委的统一规划、管理下,结合水利科研院所、企事业单位的体制改革工作,利用人才资源等优势,大力扶持和培育水利行业认证机构和认证咨询机构等社会中介技术服务机构,提高业务水平,增强市场竞争力。

水利行业各企事业单位要把加强水利认证工作作为加速技术进步、提高管理质量和竞争能力的重要手段,使水利计量认证/审查认可、水利产品认证、生产许可和管理体系认证工作成为自觉行动,建立内部审核和管理评审制度,按管理的系统方法要求,有针对性地制定计划和管理方案,采用必要的测量和分析方法,实施运行控制,强化日常的监视与检测,发现问题,及时改进,提高管理水平,增强综合实力,使自己在激烈的市场竞争中立于不败之地。

(3)加强组织领导,建立奖惩机制。水利行业各级领导干部要进一步统一思想,提高认识,把水利认证工作摆上重要位置,作为实现部党组新时期治水思路的关键技术环节来抓,做到认识到位,领导到位,责任到位,措施到位,特别要保证人员到位和经费到位。要根据本单位的实际情况,把水利计量认证/审查认可、水利产品认证、生产许可和管理体系认证工作列入重要议事日程,纳入目标考核内容,制定规划,组织实施,督促检查,狠抓落实,形成长效有序的工作机制,认真研究解决工作中出现的新情况新问题,确保水利认证认可工作落到实处。

在政策方面要对水利认证工作给予一定的倾斜和支持,在水利工程建设项目的招标和采购过程中,应将采购的设备产品通过相应的强制性产品认证或生产许可作为必备条件;鼓励投标单位通过计量认证和管理体系认证,鼓励主要设备产品通过自愿性产品认证。

对在开展水利认证工作中取得显著经济、社会效益和生态环境效益的单位和个人,要给予表彰和奖励。

对于不执行水利技术标准,特别是强制性技术条款,或在国家产品质量抽查中被认定为不合格,造成工程质量和安全事故,导致国家财产和人民生命健康损失的,要根据有关法律法规,加大对责任单位和责任人进行处罚的力度。

(4)强化队伍建设,提高人员素质。各级水行政主管部门要高度重视水利认证工作的机构队伍建设,确保水利认证工作有专管单位和专门人员负责。提高水利认证从业人员的整体素质,加快建立一支思想过硬,业务精通,技术高超的水利认证人才队伍。

(5)深化基础研究,加强宣传培训。要从水利认证体系的总体布局出发,加强有关学术研究和前期调研工作,推动有关水利产品认证制度建设,帮助完善有关水利认证技术标准和评审准则,使水利认证工作尽快纳入制度化、规范化的轨道。建立水利认证通报和备案制度。

要充分利用各种新闻媒体，采取多种形式，向全社会、全行业宣传和普及水利认证认可知识。加大对水利基层技术人员和管理干部的认证认可等知识培训，开展经验交流活动，借助典型事例宣传水利认证认可工作对水利现代化和可持续发展的作用，提高全行业对水利技术监督工作的认识。

发挥舆论监督作用，加大对涉及水利认证的违法违规事件和假冒伪劣产品的曝光频率，切实提高水利行业干部职工的标准化意识和质量意识。

要建立完善的水利认证信息数据库。充分利用网站资源，加快信息更新频率，会同认监委及时发布水利认证认可信息，实现资源共享。提供查询检索功能，提高工作效率，为广大水利工作者和社会提供优质高效的服务。

2、近期工作重点。针对水利认证工作的现状，近期要在国家认监委的指导下，进一步完善计量认证、生产许可和质量管理体系认证工作，以开展节水灌溉产品认证工作为突破口，大力开拓节水产品认证。突出抓好以下两项工作。

(1)进一步加强计量认证工作。水利计量认证工作要落实《水利计量认证程序规定》、《水利计量认证评审员管理细则》和《水利计量认证现场评审细则》等文件精神，不断加强规范化管理。在总结多年水利计量认证成熟经验的基础上，修订《水利水电工程与产品的安全、质量检验测试机构计量认证考核规程》(JJG(SL)1001-1994)；编制《水利质检机构计量认证工作手册》，水利《计量认证/审查认可(验收)申请书》、水利《质量手册》等范本，提高质检机构计量认证的工作水平；编制《水利计量认证评审指导》，水利《计量认证/审查认可(验收)评审报告》范本，提高计量认证评审的质量；编制《水利计量认证文件资料汇编》，整体提高水利计量认证的工作水平。

开展计量认证工作的各质检机构，要进一步规范检验行为，提高质检技术水平，加强实验室的管理，强化监督机制，完善有关质量体系文件；要提高全体员工执行《质量手册》的自觉性，把《质量手册》真正落到质检机构工作组织和管理的实处；要增加必要的投入，使有关设施、环境和仪器设备等达到要求；要不断提高质检机构检验报告的科学性、公正性、准确性和可靠性，增强在激烈市场竞争条件下的竞争力和综合实力。

(2)大力推进节水产品认证工作。依据《节水型产品技术条件与管理通则》等现行有效技术标准的规定，以推进节水灌溉产品认证为突破口，全面推动节水产品认证工作。

推动建立节水产品认证制度。总结其他自愿性产品认证的经验，在认监委统一规划管理下，会同有关部委发布《节水产品认证管理办法》；根据建设节水型社会的客观要求，认真研究并提出“节水产品认证目录”；以“国家节水标志”为基础，出台节水产品认证标志，广泛推广使用节水产品认证标志；在《节水型产品技术条件与管理通则》的基础上，加快完善节水产品技术标准体系建设，推进节水产品认证工作全面开展。

加强机构和队伍建设。培育节水产品认证机构，完善节水产品检测体系。按照国家设立认证机构的有关规定，结合水利科研院所体制改革，推动有条件的水利企事业单位组建节水产品认证机构。各地要发挥水利行业的优势，推进农业、工业和生活节水方面产品质量检测设施的建设。要下大力气培养节水产品认证从业人员和检测技术人员。

(水利部供稿)

农产品质量安全认证

20世纪90年代，中国农产品市场供给与需求关系发生了本质性的变化，农业生产由单纯满足数量需求向数量与质量并重转变，标志着中国农业和农村经济进入新的发展阶段。在新的阶段，人们更加关注农产品的质量安全问题。特别是中国加入WTO后，农产品质量安全问题备受瞩目。为了适应新阶段的要求和农产品国际市场竞争需要，农业部在大力推进农业和农村经济结构战略性调整过程中，采取多种措施提高农产品质量安全水平，花大力气建立健全农产品质量安全认证体系。从1990年启动农产品质检中心计量认证开始，随后农业部又根据形势发展的需要，陆续开展了绿色食品认证、农机产品质量认证、兽药GMP认证、水产品HACCP认证、无公害农产品和有机食品认证，与此同时还开展了饲料HACCP认证和种子认证试点。经过十多年的积极探索和实践，目前已基本形成了以产品认证为重点、以体系认证为补充，产品认证和体系认证相结合的农产品质量安全认证框架。在产品认证方面，形成了以无公害农产品为主体、绿色食品为先导、有机食品为补充的"三位一体,整体推进"的发展格局;在体系认证方面,农业投入品认证开始起步。农机认证和兽药GMP认证稳步发展,种子认证和饲料及水产品HACCP认证积极试点。就整个农产品质量安全认证而言,工作取得了显著的成效,认证规模不断扩大,体系初步建立,而且较好地树立了中国安全优质农产品的品牌形象,有力地促进了农业标准化生产。

一、无公害农产品认证全面启动

为全面实施"无公害食品行动计划",尽快提高农产品质量安全水平,农业部于2003年3月成立了农产品质量安全中心,专门负责无公害农产品认证的具体工作。一年来,在农业部和国家认监委的指导下,无公害农产品认证取得了显著成效。

1、建章立制,构建规范高效的工作机制。无公害农产品认证是一项公益性的政府行为,既要按照认证认可的基本规则保证认证的科学性和公正性,更要从实际出发注重认证的规范性和一致性,力求简便快捷。截至2003年底,农业部会同国家质检总局、国家认监委等部门联合颁布了《无公害农产品管理办法》、《无公害农产品标志管理办法》、《无公害农产品认证程序》、《无公害农产品产地认定程序》,印发了《关于做好无公害农产品认证工作的通知》和《关于进一步规范无公害农产品产地认定和产品认证有关工作的通知》等文件。依据无公害食品行业标准,发布了实施无公害农产品认证的产品目录,包括了"菜篮子"和"米袋子"产品。

根据认证工作的需要,农产品质量安全中心先后制定了《无公害农产品检测机构选定管理办法》和《无公害农产品产地环境检测管理办法》;印发了《无公害农产品认证检查员管理办法》、《无公害农产品认证检查员注册准则》、《无公害农产品认证现场检查工作规范》、《无公害农产品认证检测抽样规范》等技术性文件;根据国家认证认可要求,组织编制了《质量管理手册》和中心工作运行的15个程序文件。规章的制定,制度的完善,为统一规范、便捷高效地开展认证工作奠定了坚实基础。

2、工作体系框架初步建立。一是明确省级承办机构。根据农业部《关于进一步规范无公害农产品产地认定和产品认证有关工作的通知》精神,截至2003年底,明确65个无公害农产品认证省级承办机构,具体办理本地区、本行业的无公害农产品产地认定和产品认证的组织申报与审核推荐工作。初步统计,无公害农产品认证省级承办机构工作人员接近600人。二是委托选定了一批产品检测机构。本着"自愿申请,择优选定"的原则,根据工作需要,已从全国农业、质检、卫生等系统择优选定无公害农产品认证检测机构69家,其中农业部部级质检中心46家,农业系统省级9家,技术监督及外系统14家。三是组建了无公害农产品认证专家评审委员会。农产品质量安全中心从种植、畜牧、渔业等相关行业和领域聘请了80位专家为评审委员,定期对无公害农产品认证方面的技术问题进行把关,确保认证工作的科学性和公正性。四是培训了一支无公害农产品认证检查员队伍。截止到2003年底,农产品质量安全中心除了对中心和分中心工作人员进行全员培训外,还以无公害农产品生产技术为核心,在吉林、新疆、广西、广东等地举办了8期无公害农产品生产管理及认证的培训,接受培训的人员超过500人。

3、认证工作初见成效。

(1)各地认证试点工作成效显著。在全国统一标志认证工作正式实施之前,各地本着"探索路子,开展试点"的原则,在无公害农产品认证方面做了一些积极的尝试。截至2003年底,全国共有32个省(区、市)和计划单列市及新疆兵团开展了无公害农产品地方认证工作,省级农业行政部门共认定无公害农产品产地7 758个,认证无公害农产品7 119个。

(2)全国统一认证全面启动。全国统一标志的无公害农产品认证工作从2003年4月中旬正式开始。截至2003年底,共受理无公害农产品认证申请2 946个,有1 563个单位生产的2 071个产品获得全国统一的无公害农产品认证证书,其中1 663个产品为地方认证转换为全国统一认证的产品。在以上认证产品中,种植业产品1 566个,产量915.2万t;畜牧业产品274个,产量267.6万t,渔业产品231个,产量23.9万t。2003年产地认定备案2 081个,其中种植业1 686个,面积157.6万hm^2;畜牧业325个,合计5.9亿头(只);渔业70个,面积4.8万hm^2。

(3)地方认证向全国统一认证转换试点进展顺利。规范各地的无公害类农产品认证,将其纳入到全国统一的无公害农产品认证上来,是建立农产品市场准入制度的前提和全面推进"无公害食品行动计划"的重要目标之一。为稳步推进转换工作,本着"开展试点、积累经验"的原则,在江苏、浙江、湖北和福建4省先行开展了转换试点工作,4省申请转换的产品共1 874个,其中1 663个产品通过认证转换。

4、公益性认证模式基本确立。一是产地认定和产品认证相结合的模式。产地认定是产品认证的基础和前提,也是解决千家万户分散农户问题的有效办法；产品认证是产地认定的结果表现形式，是对产地认定结果的验证和升华。二是实行统一标准、统一标志、统一认证、统一管理、统一监督的“五统一”管理制度，实行无公害农产品认证全国“一盘棋”的工作格局。三是实行政府推动，无公害农产品认证是一项公益性事业，认证不收费（检测和标志费用除外）。

二、绿色食品认证蓬勃发展

为了保护生态环境，促进农业可持续发展，提高农产品及加工食品的质量安全水平，1990 年，农业部正式启动全国绿色食品开发和管理工作，并于 1992 年成立中国绿色食品发展中心，负责开展绿色食品标志认证工作。中国绿色食品发展中心于 2002 年获得国家认监委批准。14 年来，在农业部的领导下，在各级政府的积极推动下，绿色食品事业获得了蓬勃发展。

1、认证与管理制度不断巩固。按照 ISO/IEC65 导则和国家认证认可的有关规定，建立并推行了《绿色食品认证程序》、《绿色食品产地环境调查技术规范》、《绿色食品产品抽样技术规范》、《绿色食品检查员注册管理办法》、《绿色食品检查员工作手册》等认证、检查、审核制度和技术规范。围绕产品质量管理、标志商标管理和收费管理三项基本内容，以及合同管理、企业年检、质量抽检、产品公告、市场监管五种手段，建立起了一整套绿色食品管理制度，保证了绿色食品事业的健康发展。

2、标准体系建设初步完善。截至 2003 年底，由农业部发布的绿色食品行业标准累计 72 项，包括绿色食品产地环境质量标准、化肥、农药、兽药、渔用药、饲料添加剂、食品添加剂等通用准则标准 9 项，种植业、畜牧业、渔业等大类产品标准 63 项；制定区域性生产操作规程 35 项。

3、工作体系基本形成。结合国情和事业发展的性质与特点，依托和依靠农业系统，建立起了一个由中国绿色食品发展中心和各级绿办为主体、以监测机构为支撑的工作体系构架，形成了共同推动事业发展、工作各有侧重的体制安排和工作运行机制。2003 年底，全国绿色食品省级管理机构有 35 个，地市级机构 250 个，县级机构 840 个，各级管理机构共 2 400 多人。全国共有绿色食品环境监测机构 59 家，产品检测检验机构 20 家。此外，组建了由 439 人组成的绿色食品专家库。

4、产品开发初具规模。截至 2003 年底，全国有绿色食品生产企业总数 2 047 家，有效使用绿色食品标志产品总数 4 030 个；产品实物总量 3 260 万 t，年销售 723 亿元，出口额 10.8 亿美元，出口率 12.4%；环境监测的农田、草场、水域面积达到 7 710 万亩。从产品类别上看，农林产品及其加工产品占 56.5%，畜禽产品占 17.1%，水产品占 3.3%，饮品占 17.0%，其他产品占 6.1%。发展绿色食品，对于促进农业结构战略性调整、提高农产品质量安全水平、增加农民收入、扩大农产品出口发挥了积极的示范带动作用。

5、发展模式日益创新。经过十多年的探索，绿色食品事业借鉴国际经验，结合中国国情，创建了具有鲜明特色的发展模式。一是创立了“以技术标准为基础、质量认证为形式、商标管理为手段”的运行模式，实行质量认证制度与证明商标管理制度相结合。二是按照“从农田到餐桌”全程质量控制的技术路线，绿色食品创建了“两端监测、过程控制、质量认证、标识管理”的质量安全保障制度。三是采取了政府推动与市场运作相结合的发展机制。政府推动，主要是制定法规、政策、规划及技术标准，组织实施质量管理和市场监督；市场运作，即发挥优质优价市场机制的作用，引导企业和农户发展绿色食品。四是推行了“以绿色食品品牌为纽带、龙头企业为主体、基地建设为依托、农户参与为基础”的产业一体化组织形式。既落实了标准化生产，保障了产品质量，又打造了绿色食品整体品牌形象，提高了产品的市场竞争力，促进了企业增效、农民增收。

三、有机食品认证后来居上

2003 年，中绿华夏有机食品认证中心经国家认证认可监督管理委员会（CNCA）批准组建成立。中绿华夏有机食品认证中心按照国家《认证认可条例》的规定，在运行机制上执行 ISO65 导则和 CNAB-AC23 的基本要求，遵循国际通行的惯例，根据有机食品认证标准，坚持“公开、公正、公平”的原则，为申请者提供有机食品认证和其他相关的服务。一年来，有机食品认证获得了长足的发展。

1、制度建设基本完成。制定了机构运行所必备《质量手册》等制度性文件，申请表、调查表、认证程序等运行文件，检查员文件等 36 类（件）文件。目前已经向中国认证机构国家认可委员会（CNAB）提出认可申请，并在 CNAB 的指导下，通过了文件审核。

2、体系队伍建设初见成效。一是分三批组建了 38 家有机认证分中心；二是培训了 86 位检查员，并陆续注册为高级检查员、检查员和实习检查员。

3、对外合作顺利开展。为扩大有机农产品出口，积极与国外有机认证机构交流合作，分别与SGS、OMIC、JONA、BCS等国外认证机构签订了合作协议。

4、认证工作初具规模。到2003年底，已完成了102个项目的231个产品有机食品认证，面积928万亩，产品实物总量13.46万吨，出口总额3 988万美元，出口率36.4%。

四、农产品质检中心计量认证工作稳步推进

根据《中国人民共和国计量法》的规定，1989年农业部、原国家技术监督局联合发出《关于成立国家计量认证农业评审组的通知》([1989]农(科)字第26号)，决定成立国家计量认证农业评审组，负责受理农业部所属产品质检中心(站)和对外出具公证数据的农业专业实验室的计量认证审批事宜，并组织对申请单位进行初查、预审和正式评审工作。评审合格后报农业部和原国家技术监督局审批、发证。当时，国家计量认证农业评审组设在农业部质量标准司，内设农业评审组办公室，负责具体评审工作事宜。1993年机构改革，农业部质量标准司与科技司合并，质量标准工作统一由农业部质量办公室负责，国家计量认证评审组也设在农业部质量办公室。1998年机构改革，质量、标准工作划归市场与经济信息司，目前国家计量认证农业评审组由市场与经济信息司负责管理。

虽经两次调整，但农业部的计量认证工作没有停止过，一直按照原有的工作程序规范地进行。农业部的计量认证从1990年开展并和农业部部级质检中心的审查认可同时进行。根据国家计量认证的工作程序和农业部的有关规定，农业部于1993年12月和1996年5月先后颁发了《农业部产品质量监督检验测试中心审查认可与国家计量认证评审工作暂行管理办法》、《农业部部级质检中心验收和计量认证程序》。计量认证的依据技术标准是JJG1021-1990，2002年7月1日起执行新的准则即《产品质量检验机构计量认证/审查认可(验收)评审准则(试行)》。在国家计量认证体系中，截至2003年底，农业评审组共完成175个质检机构的评审工作(如果包括复查、扩项评审在内，则为288个)。为了开展评审工作，从1990年起农业评审组先后10次共培训国家计量认证评审员156名，部级计量认证评审员273名。

五、农机产品质量认证快速发展

1、机构情况。中国农机产品质量认证中心(现更名为北京东方凯姆质量认证中心)是1998年经原国家质量技术监督局批准由农业部牵头筹建成立，代表国家对农机产品质量实施安全认证和合格认证。中心内设综合部、检验协调部、体系审核部、技术培训部和一个非常设的技术委员会。2000年6月，中心通过了原中国产品质量认证机构国家认可委员会(CNACP)的认可。目前北京东方凯姆质量认证中心有人员13人，其中8名国家注册审核员。为了加快推动农机产品质量认证工作的步伐，借鉴认证行业的成功经验，北京东方凯姆质量认证中心制定了分期分批在全国建立地方性/行业性工作站的建设规划，并已在江苏省、山东省、湖南省和国家植保机械检测中心设立了四个，为壮大认证服务能力，增加认证宣传途径，扩大认证业务来源，提供了组织保障。

2、制度建设。北京东方凯姆质量认证中心成立后，建立了保证认证工作科学、公正、规范的文件化质量管理体系。2003年，依据新的国际认可准则，新编和修改完成了质量手册、程序文件、认证规则、认证实施规范以及大量的作业指导文件四十多个；同时对认证技术规范文件进行了一次大的整合，建立了农机产品质量认证规则，农机产品检验规范、农机产品质量认证工厂审核规范等8个技术规范文件，涵盖拖拉机、柴油机、铡草机、植保机械等16大类52种农机产品技术标准体系。

为确保产品检验的质量，中心加强检验机构网络建设。目前中心已与国家认可的15家拖拉机、内燃机、植保机械、水田机械、水泵机械等方面的农机实验室签订了分包协议，作为认证中心开展产品质量认证的检测机构。

3、队伍建设。在审核员建设方面，中心按照国家有关要求，编制了《审核员管理办法》，与CNAT签订了审核员注册、晋级推荐协议，并通过组织培训等多种方式，提高审核员的专业能力和审核水平。目前中心有专职审核员11名，兼职审核员20名，验证审核员2名，高级审核员3名。

4、认证情况及成效。一是自愿性产品认证工作取得初步成效。目前北京东方凯姆质量认证中心已具备了开展4类12种产品的安全认证、13类45种产品的自愿性认证的资格和能力，可覆盖目前农机制造行业的主要产品种类。到2003年底，共有15家柴油机、拖拉机、旋耕机等生产企业通过了合格认证，8家铡草机、植保机械生产企业的产品通过了安全认证，发放认证证书40张。二是国家植保机械强制性产品认证工作取得明显成效。2002年北京东方凯姆质量认证中心被认监委指定为承担背负式植保机械强制性认证工作的惟一机构。截至2003年底已受理180多家申请，包括2家日本企业，2家台湾企业和1家香港企业，发放正式认证证书104张。通过认证，

企业按照认证规则建立并实施自己的质量管理体系文件,管理逐步走向科学规范化,工厂条件、生产设备、检测设备、人员素质较实施认证前得到提高改善,国家强制性标准真正得到贯彻执行,在保护广大消费者和农民用户的健康及环境保护等方面会起到积极推动作用。

六、农作物种子认证逐步推进

为了建设中国新型种业体系,打破贸易技术壁垒,保障农业生产安全,农业部于 1996 年印发了《关于开展种子质量认证试点工作的通知》(农农发[1996]8 号),决定在全国开展种子认证试点工作,取得经验后再逐步推广实施。

种子认证试点工作 8 年来,通过边摸索、边筹建、边运转、边借鉴吸收、边总结完善,在机构建设方面,已基本完成了机构的筹建准备工作,包括可行性论证报告、机构筹建方案和质量管理手册的编制工作等;在制度建设方面,已制定了《农作物种子认证管理试行办法》、《农作物种子认证试行方案》、《农作物种子认证证书和认证标志管理试行办法》、《农作物种子认证文件化管理指南》、《农作物种子认证中实施认可的管理指南》等一系列规范和规则草案,并编写出版了《农作物种子认证手册》;在队伍建设方面,通过培训、会议等多种形式,以及通过欧盟合作项目和世界银行贷款中国种子商业化项目欧元融资援助项目,邀请国外专家来华举办种子认证培训班,已培养了一大批能直接从事种子认证服务的技术和管理人才。同时,种子认证试点规模的逐年扩大,由最初的 5 个省 5 个企业 3 种作物,扩大到现在的 26 个省(区、市)82 个企业和 7 种农作物,种子认证活动已逐渐得到了有关部门和种子企业的认可和支持,引起了社会各界的广泛关注,推行种子认证制度的良好社会氛围已基本形成。

七、饲料认证积极试点

目前中国饲料行业已实行事前管理,即在饲料添加剂、添加剂预混合饲料生产中实行生产许可证管理制度,同时,在事后监督方面,加强了饲料产品质量监督检查(统检和抽检),但是对饲料生产环节的安全监管还没有有效的管理措施。为此,从 2003 年 1 月开始,农业部组织饲料行业有关大专院校、科研院所以及认证机构开展饲料行业 HACCP 安全管理体系试点工作。

试点的目的是要同步解决三个问题。一是在基础研究方面,结合国家"十五"科技攻关项目,开展对饲料企业质量安全 HACCP 管理技术的研究,制订有关管理技术规范和技术指南,培养一批精通饲料行业 HACCP 管理体系的专家;二是按照国际通行的 HACCP 管理原则,在饲料企业建立相应的管理体系,逐步总结出既适合中国国情,又符合行业实际需要的饲料生产 HACCP 管理模式、企业运行模式和 HACCP 管理通用模型;三是通过在企业进行建立 HACCP 管理体系咨询和认证,建立认证机构的饲料企业 HACCP 认证审核规范,同时为今后与国家认证认可制度接轨做好准备。

目前国家"十五"科技攻关计划 HACCP 课题已经通过验收,研究成果用于试点当中。《饲料行业 HACCP 管理技术指南》已经出版发行,《饲料和饲料添加剂生产质量安全管理规范》正在修改当中。全国饲料工业标准化技术委员会还组织制定了《饲料行业 HACCP 管理通则》。试点企业选择北京德佳牧业科技有限公司,企业成立了 HACCP 小组,进行生产工艺分析、危害分析,确定 CCP、纠偏措施,编制 GMP、HACCP 手册等体系文件。随即进入运行实施阶段。目前该企业已经通过北京华思联认证中心开展的 HACCP 认证。

一年多的试点工作,在开展饲料行业 HACCP 管理基础研究、摸索在饲料企业建立有效的 HACCP 管理模式,培养人才等方面积累了宝贵经验。

农产品质量安全认证工作虽然取得了一定的成绩,但由于起步较晚,基础比较薄弱,还需要进一步加快建设步伐。下一步,农业部将遵照党中央、国务院关于农业和农村经济工作的总体部署,紧紧围绕农产品质量安全管理和"无公害食品行动计划"的实施,加快农产品质量安全认证体系建设的步伐。同时要坚持与时俱进,开拓创新,构建农产品质量安全管理新模式,探索农产品质量安全认证的最佳组织形式,科学规范农产品质量安全认证程序,确保农产品质量安全认证工作健康快速发展。

(农业部供稿)

卫生部计量认证

1996年10月,卫生部与原国家技术监督局经协调联合颁发《关于成立“国家计量认证卫生评审组”的通知》(卫科教发[1996]第35号)联合发文,决定在卫生部成立原国家计量认证卫生评审组(以下简称“卫生评审组”),在国家技术监督局实验室评审管理办公室领导下,受理所属及承担全国性或区域性检测任务的卫生检测机构和实验室的计量认证申请事宜,并负责组织对申请单位进行预审和正式评审工作。卫生部领导对卫生评审组的工作非常重视,在原卫生部工业卫生研究所成立了专门卫生计量认证办公室,负责国家计量认证卫生评审组的具体工作。为了科学、规范地开展计量认证工作,1997年卫生部举办了“国家计量认证卫生评审员培训班”,经过培训、考核,由国家技监局、卫生部聘任了25名常任评审员和13名特约评审员。

2001年国家认监委成立后,根据国务院卫生体制改革的需要,卫生部于2002年成立了卫生监督中心,为了更好地配合国家认监委的工作,卫生部卫生监督中心设置了专门处室,作为卫生评审组的具体办事机构。2003年4月,卫生部和国家认监委共同颁发《关于卫生行业计量认证工作有关问题的通知》,进一步强调了对外出具公证数据的疾病预防控制机构实验室必须经过计量认证,同时为了统一管理卫生行业实验室,将省级疾病预防控制机构实验室的计量认证评审工作,由原来归当地省技术监督局负责,转归卫生评审组统一负责。至此,卫生评审组的工作范围由国家级卫生检验机构拓宽至省级卫生检验机构。这一决策不仅提高了卫生检验机构对计量认证意义的认识,同时为卫生部统一、规范管理卫生检测实验室奠定了更好的基础。卫生评审组先后对50多家单位进行了评审,被评审单位涉及卫生部、总后卫生部、国家药监局、高教部、中科院等系统。申请评审项目涉及食品、化妆品、消毒产品、涉及饮用水安全产品、药品、职业卫生与放射卫生、环境卫生、实验动物及其环境设施等领域。

检验机构和实验室管理是否规范,出具的数据是否真实可靠,直接关系着人民群众的生命健康。2003年中国遭受了“非典”的袭击,而2004年5月再次出现“非典”的源头出于实验室,这再次表明,检验机构和实验室的规范管理是摆在卫生系统面前一项艰巨的任务。为加强检验机构和实验室规范化管理,卫生部结合学习贯彻《中华人民共和国认证认可条例》,建立了计量认证评审员和专家库。2003年,卫生部共组织了卫生领域不同专业15人参加了国家认监委举办的计量认证评审员培训班。另外为了扩大评审员和技术专家队伍,分别对国家级和省级计量认证评审员以及实验室认可评审员进行了调查,并通过单位推荐等方式,选定了多名学科带头人作为卫生部聘用的评审专家;另外制定了评审程序,举办了全国计量认证内审员培训班和实验室管理交流会,制定了保健食品、消毒产品、化妆品、涉及饮用水安全产品等产品检验机构认定管理规范等。

(卫生部供稿)

海关化验室国家认可

海关化验室从1996年开始了“海关化验室申请国家认可”的工作。根据海关化验室的实际情况和海关总署的工作计划,首先由条件较好的广州海关化验中心提出申请,经过近3年的努力,广州海关化验中心于1999年通过国家认可。在总结广州海关化验中心通过国家认可成功经验的基础上,海关总署于2000年全面推开了海关化验室申请国家认可的工作,又经过近3年的努力,大连、上海、天津3个化验室分别于2002年底和2003年上半年先后通过国家认可。

海关化验室的国家认可工作前后经过了近7年的艰苦努力,取得了一定的成绩。4个化验中心先后20多次派人参加有关实验室认可方面的培训并获得内审员资格,组织编写了4本《质量手册》、126个《程序文件》、159个《作业指导书》或《操作规范》、129个《质量/技术记录》。编写工作花费了大量时间和精力,前后经过多次大修改、数千次的小修改,全部文字大约近70万字。本次提出申请的45个实验项目全部以优异的成绩通过实验室国家认可委员会的评审。

在WTO成员中,有72个国家建有海关化验室,但申请国家认可(采用国际标准ISO17025:1999)的只有美国、荷兰、中国等少数几个国家,目前在亚洲只有中国海关系统的所有化验室全部通过国家认可。海关化验室通过国家认可为中国海关的化验工作开创了一个崭新局面,为建立现代化的海关化验室打下了坚实的基础。

目前，中国海关的化验室已全部通过了国家实验室认可委2004年对海关化验室进行的监督评审，并且还将一批海关化验室自已开发的适合海关当前业务需要的实验方法提出申请并通过了国家认可，提高了海关化验室为业务一线服务的能力和水平。

一、海关化验室申请国家认可的意义

作为为海关行政执法提供技术支持和保障的政府实验室，通过申请国家认可，从全面提高实验室技术能力和管理水平要求出发、提高实验室认可知名度和信任度都是十分必要的，具有非常重要的现实意义。

1、海关化验室申请国家认可是适应与国际接轨的需要。随着国际贸易的不断发展，极大地推进了全球经济一体化的进程，为了减少和消除国际贸易中的技术壁垒，各国实验室认可制度都按照国际标准ISO/IEC17025：1999《检测和校准实验室能力的通用要求》逐步走向统一，做到“一个标准、一次检测或校准、全球承认”，避免重复检测、降低成本、简化程序、便利贸易，实现了检测结果的国际双边和多边的互认。

中国加入WTO以后，对外开放程度不断提高，中国的经济发展融入全球经济一体化进程。作为进出境活动监督管理机关的中国海关，其化验室也面临着挑战，建立规范、统一、符合国际标准的实验室质量管理体系势在必行。

2、海关实验室申请国家认可是树立执法权威、提升海关形象的需要。海关化验室的作用是更好地为海关的商品归类、原产地确定，海关估价、贸易管制、知识产权保护、打击走私等业务工作提供科学依据和技术保障，是保证海关“科学征管、依法征管”的必要手段，是海关通关业务流程中一个重要环节。海关化验室的目标就是建设“一流设备、一流技术、先进管理、优质服务”的现代化实验室，而实验室认可是创建一流海关化验室的重要手段和途经。通过国家认可后，不仅能提高检验数据的科学性、准确性、客观公正性，而且还能促进实验室不断提高技术水平，改进管理方法，提高工作效率。对海关在行政执法中树立权威，规范执法行为，提高执法水平有重要的作用。

二、海关化验室申请国家认可的工作内容

1、加强管理要素在发挥实验室整体效能中的作用。认可准则中的“管理要求”和“技术要求”共有24个要素，而其中管理要素有14个，这就充分体现了管理层在实验室的重要作用。在申请准备工作中，重点加强了以下内容的建设：最高管理者确定质量方针和质量目标，用质量方针描述实验室服务标准、职业道德规范及为客户提供检测和校准服务的质量承诺；为实验室质量活动提供足够资源；营造宽松和谐的工作环境，从而保证质量体系的有效运行。

2、改进软、硬件设施，全力准备通过国家认可。在硬件方面，化验中心不断改善设备配置和运行环境，以确保硬件合格。一方面，在对仪器设备进行购置、维修的同时，强调对仪器设备的科学管理，建成了符合国际标准要求的仪器设备档案；另一方面对实验室进行翻新和改造，确保了实验室环境在满足工作需求及保护人员安全两方面均能达到国家级实验室的标准。

在软件方面，完善的管理体系是实现高质量工作的前提。根据化验中心的工作方针、目标、政策、计划、程序和指令等要求按照标准制定规范的工作程序文件。

3、各化验中心的实际工作量及业绩：

广州海关化验中心。广州海关化验中心自1996年正式开始申请国家认可的准备工作，1999年通过认可，2003年通过复评审（由于认可准则由导则25升级为ISO/IEC 17025:1999后，质量体系的转换工作很大，其工作量与重新申请认可相当）。主要完成了以下工作：

(1) 先后8次派人参加有关实验室认可方面的培训并获得内审员资格。

(2)组织人员分工编写了1本《质量手册》、43个《程序文件》、15个《作业指导书》或《操作规范》、15个《质量/技术记录》。编写工作花费了大量时间和精力，前后经过多次大修改、近千次的小修、小改，大约为6万字。

(3)认真准备申请认可的项目。组织有关人员针对本次提出申请的15个实验项目反复进行技术演练，以切实提高实验技能。

(4)以优异的成绩通过现场评审。中国实验室国家认可委专家评审组通过抽查15个项目的盲样测试、4个项目人员比对、1个项目仪器比对、1个项目留样重现、1个项目留样加标再测试等形式，对广州海关化验中心进行了为期3天的现场考核。考核结果为：考核225个项目，其中：14个不符合项、9个观察项，经过整改后达到实验室认可准则的要求。

大连海关化验中心。大连海关化验中心自2001年4月正式开始申请国家认可的准备工作，2002年12月通过认可。主要完成了以下工作：

(1) 先后多次派人参加有关实验室认可方面的培训

并获得内审员资格。

(2)组织人员分工编写了1本《质量手册》、25个《程序文件》、56个《作业指导书》或《操作规范》、134个《质量/技术记录》。编写工作花费了大量时间和精力,前后经过两版的大修改、数千次的小修、小改,大约为22万字。

(3)认真准备申请认可的项目。组织有关人员针对本次提出申请的10个实验项目反复进行技术演练,以切实提高实验技能。

(4)以优异的成绩通过现场评审。中国实验室国家认可委专家评审组通过抽查10个项目人员比对、10个项目仪器比对、10个项目留样重现、10个项目留样加标再测试等形式,对大连海关化验中心进行了为期3天的现场考核。考核结果为:考核225个项目,其中:3个不符合项、2个观察项,经过整改后达到实验室认可准则的要求。

上海海关化验中心。上海海关化验中心自2001年初正式开始申请国家认可的准备工作,2002年12月通过认可。主要完成了以下工作:

(1)派人参加有关实验室认可方面的培训并获得内审员资格。

(2)组织人员分工编写了1本《质量手册》、32个《程序文件》、71个《作业指导书》或《操作规范》、54个《质量/技术记录》。编写工作花费了大量时间和精力,前后经过3次大修改、数千次的小修、小改,近15万字。

(3)认真准备申请认可的项目。组织有关人员针对本次提出申请的12个实验项目反复进行技术演练,以切实提高实验技能。

(4)以优异的成绩通过现场评审。中国实验室国家认可委专家评审组通过抽查3个项目的盲样测试、2个项目人员比对、1个项目仪器比对、4个项目留样重现、1个项目留样加标再测试等形式,对上海化验中心进行了为期3天的现场考核。考核结果为:考核225个项目、其中:3个不符合项、4个观察项,经过整改后达到实验室认可准则的要求。

天津海关化验中心。天津海关化验中心自2001年初正式开始申请国家认可的准备工作,2003年6月通过认可。主要完成了以下工作:

(1)派6人参加有关实验室认可方面的培训并获得内审员资格。

(2)组织人员分工编写了1本《质量手册》、26个《程序文件》、17个《作业指导书》或《操作规范》、26个《质量/技术记录》。编写工作花费了大量时间和精力,前后经过多次大修改、数千次的小修、小改,近25万字;整理化验鉴定证书16000余宗、试剂及样品标牌700余个、各种规章制度134个档案。

(3)认真准备申请认可的项目。组织有关人员针对本次提出申请的8个实验项目反复进行技术演练,以切实提高实验技能。

(4)以优异的成绩通过现场评审。中国实验室国家认可委专家评审组通过抽查11个项目的盲样测试、8个项目人员比对、11个项目仪器比对、8个项目留样重现等形式,对天津海关化验中心进行了为期3天的现场考核。考核结果为:考核225个项目、其中:4个不符合项、1个观察项,经过整改后达到实验室认可准则的要求。

四、海关化验室通过国家认可后的工作成效及今后的设想

1、工作成效。海关四个化验中心通过实验室国家认可以来,成效显著,现在每年能高质量完成近2万个样品的检测任务,通过申请实验室国家认可,达到了以下几方面的目的:

(1)化验室内部管理更规范化,达到了ISO/IEC 17025:1999要求。

(2)对业务水平的提高更有保障。

(3)提高了海关化验室在同行业和国际海关同行中的地位,凡中国境内经“中国实验室国家认可委(CNAL)”认可的实验室出具的检测数据均能得到与其签署协议其他各方的承认。

(4)使海关执法的法律效力更高。因为实验室国家认可就是由国家权威的认可机构对实验室有能力进行检测和(或)校准活动所给予的一种官方正式承认,这样在多方提供化验检验结果的情况下,海关实验室的结果无疑分量重于未经实验室国家认可的实验室的结果。

2、海关化验中心通过实验室国家认可后进一步的打算:

(1)按国家认可的要求,建立化验室质量管理体系,并长期保证有效运行。

(2)进一步扩大海关化验室的认可项目。

(3)通过国家认可来进一步提高化验室的业务水平,更好为海关业务服务。

(4)建立在某专业方面具有权威的实验室。

(国家海关总署供稿)

环境领域认证认可

为适应社会主义市场经济发展的需要，进一步落实基本国策，实施可持续发展战略，1993年~2002年期间，国家环保总局积极配合国家认证认可主管部门，先后推动开展了环境标志产品认证、环境管理体系(ISO14001)认证认可、环境保护产品认定、有机食品认证认可工作。认证工作的开展为在社会主义市场经济条件下，借用国际先进的环境管理理念、模式、方法，提高政府及各类组织的环境管理水平，改善区域环境质量，规范企业环境行为，规范环保产品市场，提高环保产品投资效益，提高公众的环境保护意识，消除贸易壁垒，引导绿色消费，推动环保产品技术进步等方面发挥了重要作用，促进了经济社会与环境的协调发展。

2001年国家认证认可监督管理委员会成立（以下简称“国家认监委”）。2002年2月11日国务院办公厅下发《国务院办公厅关于加强认证认可工作的通知》(国办发〔2002〕11号)，要求中国“建立在国家认监委统一管理、监督和综合协调下，各有关方面共同实施的工作机制，建立全国统一的国家认可制度和强制性认证与自愿性认证相结合的认证制度”。2002年7月18日国家环保总局与国家认监委联合下文《关于环境管理体系认证认可有关事项的通知》(环发〔2002〕102号)，为确保环境管理体系认证认可监督管理工作体制的平稳过渡，对衔接过渡中的有关事宜作出了明确规定。2002年8月7日国家环保总局与国家认监委对环境管理体系认证认可工作衔接过渡中的有关工作达成原则意见。根据国务院办公厅国办发〔2002〕11号文件精神及两部门达成的环境管理体系认证认可监督管理工作衔接过渡中的原则意见，自2002年8月1日起国家环保总局分期陆续将环境领域内的环境管理体系(ISO14000)认证认可、有机食品认证认可的监督管理职能移交国家认监委。环境领域内的认证活动：环境管理体系(ISO14001)认证、有机食品认证、环境标志产品认证、环保产品认证，按《中华人民共和国认证认可条例》(以下简称《条例》)的规定纳入国家统一的认证认可监督管理制度中。

一、环境管理体系(ISO14001)认证认可

中国政府对ISO14000系列标准的实施，给予了足够的重视。早在1996年ISO14000系列标准草案阶段，就密切跟踪标准动态，并从国外（英国）引进培训教师对ISO14000系列标准(草案)进行学习、宣传和培训。1996年9月国际标准化组织(ISO)首批5个ISO14000系列标准颁布，同年中国等同转化为国家标准(GB/T24000系列标准)。

为探索中国实施ISO14000系列标准的有效性和可行性，国家环保局相继在63个企业和13个城市(区)开展了实施ISO14000标准试点工作。试点企业涉及机械、轻工、石化、冶金、建材、煤炭、电子等多个行业及各种经济类型。到1998年下半年试点工作结束时，有50%的试点企业通过了ISO14001认证。试点工作取得了重要成果，不仅探索了环境管理体系的认证方法、程序及技术规范、认可规则，建立与国际接轨，符合国际惯例，规范化、科学化的中国环境管理体系认证认可制度，还为区域建立环境管理体系，环境管理体系认证与环境管理制度的结合，提供了可供借鉴的经验。

为避免在环境管理体系认证工作上，出现政出多门、无序管理的现象，1997年4月经国务院领导同意成立中国环境管理体系认证指导委员会（以下简称“指导委员会”)，属部际协调机构，具体指导国际标准化组织环境管理系列标准(ISO14000系列标准)在中国的实施工作。指导委员主任由国家环保局局长担任，国家技术监督局负责人员为第一副主任，国家计委、国家经贸委、国家商检局为副主任单位，地矿部等28个部门和单位为委员单位。指导委员会下设中国环境管理体系认证机构认可委员会(以下简称“环认委”)和中国认证人员国家注册委员会环境管理专业委员会(以下简称“环注委”)，分别负责环境管理体系认证机构的认可和环境管理体系认证人员、培训机构的认可工作。依据国际标准化组织和国际电工委员会(ISO/IEC)的有关导则，结合中国环境管理的实际制订并出台了一系列认证认可规范性文件。1997年底和1998年初，全面启动了环境管理体系审核员考试、注册，审核员培训机构和环境管理体系认证机构认可工作。至此，中国环境管理体系认证认可制度初步建立，为ISO14000系列标准的有效实施提供了制度保证，克服了当时一度出现的政出多门、各行其是、另搞一套的局面。

国际认可论坛（IAF)、国际审核员培训注册协会(IATCA)是国际认可机构和审核员注册机构的多边联合组织。环认委于1999年成为IAF正式成员，环注委于2000年5月成为IATCA的正式成员。

截至2002年6月31日，环认委认可环境管理体系

认证机构46家,环注委认可培训机构3家。获得环境管理体系认证(ISO14001)的各类组织数达1500家。

为探索区域建立ISO14000环境管理体系的可行性和适宜性，更加有效地发挥国际环境管理标准在中国区域环境管理中的作用,国家环保总局于1999年3月启动了在区域(城市、工业园区、开发区、风景名胜区)实施ISO14000环境管理标准，创建ISO14000国家示范区活动。实践表明,一个区域建立环境管理体系,不仅能整体提高管理机构的环境管理水平，在不断改善区域环境质量的同时,激发辖区内企业实施环境管理体系的自觉性,提升区域的国际竞争力，而且对提高区域内公众的环境保护意识,扩大区域在国际上的影响,促进区域经济的全面、协调、可持续发展,带动周边地区经济与环境的协调发展,都有着重要的示范作用。国家环保总局于2000年11月先后与科技部、建设部、原外经贸部联合在国家高新技术产业开发区、经济技术开发区、风景名胜区开展创建ISO14000国家示范区活动。截至2004年7月已有苏州、无锡、威海、上海漕河泾、西安高新区,大连、天津、秦皇岛、烟台、北京经济技术开发区,上海金桥出口加工区、苏州工业园区,广东肇庆星湖、厦门鼓浪屿、南京中山陵、普陀山风景名胜区共16个开发区、风景名胜区被国家环保总局批准为ISO14000国家示范区。

根据《国务院办公厅关于加强认证认可工作的通知》(国办发〔2002〕11号)精神,2002年8月1日后国家环保总局将环境管理体系认证认可监督管理职能移交国家认监委。至此,国家环保总局对环境管理体系认证认可工作的重心,也由指导、市场规范和监管,向推动、引导、宣传、鼓励组织(企业)实施ISO14000环境管理系列标准,推动各类组织开展环境管理体系认证活动等方面转移，力求环境管理体系认证活动能紧密地与环境管理、清洁生产、循环经济、生态保护等工作相结合,促进经济社会与环境的协调发展。具体的环境管理体系认证活动由国家认监委批准，中国认证机构国家认可委员会认可的认证机构承担。

二、环境标志产品认证

实施环境标志产品认证是在市场经济条件下,引导企业不断改进产品环境行为,营造绿色消费机制,改善环境质量,促进经济社会与环境协调发展的重要手段。中国环境标志诞生于1993年，是为响应1992年召开的世界环境与发展大会提出的可持续发展思想，在国际生态标签运动的大背景下产生的。目前,中国已经开展了54项环境标志产品认证种类,已有800多家企业,12 000多种产品获得中国环境标志产品认证。

1994年5月,经国家技术监督局批准,国家环保局与国家技监局、国家商检局等部门及相关技术专家联合成立了中国环境标志产品认证委员会，负责中国环境标志认证的实施工作。经国家技术监督局批准,中国环境标志产品认证委员会先后组织制定了《中国环境标志产品认证委员会章程》、《环境标志产品认证管理办法》、《中国环境标志及认证证书管理办法》等一系列工作文件,确定了中国环境标志的实施框架。中国环境标志产品认证高起点,严要求,遵从科学、严谨的认证程序,确保认证质量。认证程序结合国家环保总局颁布的环境标志产品技术要求的相关规定,对申请认证的产品在质量、安全、卫生必须达到相关标准的要求的前提下，还必须遵守国家的环保法律法规、环境标准,污染物达标排放,经技术专家现场检查,行业权威检测机构检验样品合格,最终由环境标志产品认证委员会技术委员会评定确定。

环境标志产品认证技术要求作为中国环境标志产品认证的主要依据，要有着严格的编制与审批程序。经过10年的不断探索和发展之后、环境标志产品认证技术已逐步建立起由政府颁布、双优特性、全过程管理、环境行为明确、定量检验和国际接轨等六个基本要点支撑起的总体框架。

为了规范各国环境标志工作,国家标准化组织(ISO)颁布了一系列有关环境标志的标准，其中:ISO14020标准规定了各国发展环境标志计划必须遵从的自愿、公开、科学、公正和防止贸易壁垒等9条基本原则;ISO14024标准按生命周期要求对企业产品和服务进行认证的基本要求，称为Ⅰ型环境标志;ISO14021标准规定了从生产到处置过程，产品原料和过程控制及固体废物处置利用的12条自我环境声明,称为Ⅱ型环境标志;ISO14025标准规定了量化的环境信息声明,称为Ⅲ型环境标志。

中国和其他国家开展的环境标志认证多是Ⅰ型环境标志,自1998年ISO颁布14024标准以来,中国环境标志就以14 024标准中规定的计划自愿性、透明度、选择性、可达性、有效性等18项原则为依据,进行了规范与提升。中国实施的环境标志是符合ISO14024标准要求的,是与各国的环境标志计划接轨的。

环境标志国际互认已成为大势所趋,美国、加拿大、德国等20多个国家的环境标志机构组成了Ⅰ型环境标志的全球环境标志网(GEN),瑞典、加拿大、丹麦等6个国家的环境标志机构组成了Ⅲ型环境标志的全球环境产品声明网(GED)。为促进对外经贸发展,国家环保总局正组织有关单位,一方面加强与GEN、GED等国际环境标志组织的交流与合作,探索国际互认的途径;另一方面积极开拓Ⅱ、Ⅲ型环境标志工作,与国际标准全面接轨。

国家认监委的成立和《条例》的颁布、施行,为规范认证认可行为、统一国家认证认可制度,提供了体制、机制和制度上的保证。国家环保总局将根据《条例》的要求,调整认证工作体制,整合认证资源,腾出更多的精力,用于认证活动的宏观把握和监督。开展环境标志工作,既要体现政府对环境标志的引导,又要体现公众的积极参与,保持国家认证的权威性,树立和落实科学的发展观,促进社会经济与环境的协调发展。

三、环保产品认定

为了提高环保产品投资效益,充分发挥污染防治设施的作用,规范环保产品市场,推动环保产业发展,国家环保总局自1996年启动了对环保产品(用于防治环境污染和保护生态环境的设备、环境监测专用仪器及与环境保护相关的药剂、材料等)的认定工作。环保产品认定的根据和程序、规则是《国家环保局关于对环保产品实行认定的决定》(环科〔1996〕380号)和国家环保局印发的《环境保护产品认定管理暂行办法》(环科〔1997〕251号)。认定的依据是国家环保总局发布的近100项环保产品认定技术条件。

为探索适合中国国情的环保产品认定制度,做好环保产品认定工作,国家环保总局在实践中逐步建立起了一套较为完整的环保产品认定管理规章制度、环保产品认定技术条件标准体系、环保产品检验机构体系。

随着中国社会主义市场经济体制的建立,环保产品认定工作也要与时俱进,与国际环保产品认证惯例、通行作法接轨。1998年底国家环境保护总局明确提出了将环保产品认定工作逐步向第三方认证制度过渡的计划。为避免重复认定、防止地方保护、坚持公平公正原则,各地环境保护行政主管部门停止环境保护产品认定工作(包括停止其他形式的变相发证)。在深化改革建立新的管理方式、充分发挥市场调控作用的同时,国家环保总局对一些治理有潜在危害的环保产品或为执法提供技术依据的环保产品等,要强化监督管理。在统一实行第三方认证的基础上,改进和完善市场准入制度。至此,环保产品认定工作由国家环保总局转移至中国环境保护产业协会组织进行。

几年来,国家环保总局开展的环保产品认定共1 400多项。这不仅有力地支持了国家环境污染防治工作的开展,培育了环保市场,带动了环保及相关产业的发展,推动了环境保护领域应用科学技术的进步,提高了环境保护标准的科学性和可行性,有力地配合了各个时期的环境保护重点工作的完成,而且还在一定程度上促进了中国环保产品标准化工作。环保产品认定工作为经济社会与环境的协调发展做出了贡献。

《条例》的发布和国家统一认证认可监督管理制度的建立,使环保产品认定工作也一并纳入到国家统一的认证制度规范化管理轨道。

四、有机食品认证认可

随着国际上有机食品的快速发展,中国农产品出口屡次受阻,且因集约农业造成的环境污染越来越严重,国家环保总局于1994年根据形势的需要成立了国家环保局有机食品发展中心,开始了中国有机食品的研究工作。

1998年机构改革后,国家环保总局依照职能划分负责农村生态环境保护工作,有机食品的发展和管理进入了一个新阶段。经过3年多的准备工作,2001年6月19日,国家环保总局发布了《有机食品认证管理办法》(环保总局第9号令),这是中国在有机食品管理方面的第一部规章。

2001年11月30日,国家环保总局以环办[2001]136号文件形式批准成立了国家有机食品认可委员会。同年12月25日,国家环保总局以行业标准形式发布了《有机食品技术规范》(HJ/T80-2001);2002年3月8日有机食品认可委员会以有机认可委[2002]001号文件发布了《有机(食品)认可委员会章程》、《有机(食品)认证机构认可基本要求》、《有机(食品)检查员注册准则》,同时发布了有机食品认证机构国家认可标志和有机食品产品标识,国家有机食品认可制度正式启动。

根据《条例》的要求,国家环保总局于2004年6月正式将有机食品认证机构的认可管理工作全部移交到国家认证认可监督管理委员会。

原国家有机食品认可委开展的工作主要有:

(1) 认证、培训机构的认可。截至2003年8月,共受理并认可有机食品认证机构14家,受理并完成有机食品认证机构文件评审5家。受理并认可有机食品注册检查员培训机构1家。

(2) 人员培训及注册。截至2003年8月,共举办有机食品检查员培训班3期,培训学员299人;批准注册国家有机食品实习检查员254名；批准注册国家有机食品检查员39名；批准注册有机食品培训教师4名。

2002年，国家环境保护总局整合了系统内的认证资源，成立了中环联合(北京)认证中心有限公司。认证中心作为经国家认监委批准的环保总局系统内的惟一认证机构，在有机食品、环境标志产品、环境管理体系、质量管理体系和职业安全健康体系、HACCP等领域，实施产品与管理体系一体化认证等一系列工作。

为进一步规范有机产品市场，加强有机食品行业管理，经国家民政部批准，2003年6月中国环保产业协会有机食品分会成立。

有机食品分会作为中国有机食品产业的社会团体，是行业与政府之间的桥梁与纽带。有机食品分会以推动中国有机食品(产品)产业的发展、增强国内外有机食品(产品)产业及相关组织之间的相互交流为工作宗旨，联合从事有机食品(产品)生产、加工、贸易和技术咨询、认证的组织及个人，通过行业自律管理和规范市场，使有机食品(产品)产业逐步成为中国绿色产业的中坚和国内外市场的主体，促进有机食品(产品)产业健康、有序的发展。其职责是贯彻政府的产业政策，加强行业自律，服务市场，服务企业。业务范围：制定和完善产业发展的标准、准则和规范；组织和协调中国有机食品的生产、加工、销售、推广及相关方面的研究工作，宣传、推广有机食品生产的基本知识及科学技术，交流与推广先进科技成果和管理经验；协助企业培训人才，帮助企业改善经营管理，提高企业素质等。

(国家环保总局供稿)

民用航空业质量管理体系认证

民用航空是高科技、高投入、高风险行业，无论是其使用的产品，还是提供的服务都要求品质精良，更需要加强风险防范意识。民航总局代表国家对全行业综合质量行使宏观监督和控制。各司局在主管范围内严格行使职权，产品审查、航空器适航合格审定、运行合格审定、运输服务质量监督、机场安全运行审定、航空安全监察等项工作，贯穿于航空运输业务范围内的各个专业。

2000年，民航总局成立了民航质量管理委员会，统抓民航系统的质量管理工作，根据行业特点建立了包括运输服务、建设工程、飞机维修质量、飞行、空管、油料、教育培训等专业。为了加强民航行业质量管理工作，经民航总局批准，向原国家质检总局申请并注册了民航第一家质量认证中心，在全行业推动并开展ISO9000标准质量认证工作。

在政府部门的推动下，各航空运输企业和机场越来越深刻认识到通过质量体系认证对完善管理、保障安全、优化服务、促进航班正常、提高效益的积极作用。1998年上海虹桥机场首家通过ISO9000质量管理体系认证，由此民航系统拉开了引入ISO9000质量管理体系认证的序幕，各航空公司、机场、空管、油料、信息服务、航空配餐、旅游饭店等企业单位纷纷实施ISO9000质量体系认证。截至2003年底，中国9家大型航空运输企业中，中国航空集团公司、中国东方航空集团公司、中国南方航空集团公司、海航集团有限公司已全部或部分通过ISO9000质量管理体系认证，其余4家已部分通过了ISO9000质量管理体系认证；中国年旅客吞吐量居前三位的大机场集团公司——首都机场集团公司、上海机场(集团)有限公司、广州白云国际机场集团公司全部通过了ISO9000质量管理体系认证；其余有一些年旅客吞吐量较大的机场也通过了ISO9000质量管理体系认证，一些中、小机场正在建立ISO9000质量管理体系。近年来，获得国内外和行业用户评价优秀的民航企业，多数都是通过ISO9000质量体系认证、建立质量管理体系的企业，这些单位为民航质量管理整体水平的提高，注入了新的活力。

几年来，民航系统开展管理体系认证行之有效的做法是：

1、分层培训，理解标准，建立民航系统质量认证队伍。人员培训是提高人员素质、实现质量体系有效运行和达到质量目标的重要环节。为尽快在民航业内推动ISO9000族标准，建立质量体系，先后举办了各类质量管理讲座和ISO9000标准培训班30多期。培训质量体系持证内审员近3 000人、外审员200人。ISO9000族标准的一个显著特点就是强调规范各类人员的岗位职责。要贯彻执行该国际标准，最重要的是学习理解ISO9000标准的内容、适用原则、方法和要求。按企业人员的不同职能，对参与培训的人员分为三个层次分别进行了培训，并提出了不同要求，即管理决策层要“学懂”，管理层要“学透”，操作层要“学会”。

通过培训，使企业的决策者、管理者进一步明确了其在质量管理体系与运行中的职责，从而有效推动本企业建立和实施质量管理体系；使操作人员进一步掌握操作技能，尽职尽责地完成本岗位的工作任务，增强质量观念和执法意识，自觉贯彻实施质量方针和目标。通过培训，民航系统建立了一支高素质、高水平的内审员和外审员队伍，为企业的质量体系的建立，为行业质量管理整体水平的提升发挥了积极的作用。

2、持续改进、自我完善，夯实企业生存发展基础。质量是企业生存和发展的核心内容，提升企业的质量管理水平的根本动力在企业自身，企业自我监督、自我完善是质量管理体系中的重要内容。开展质量管理体系认证的目的，就是加强企业的管理力度，提高管理水平。

虹桥机场和厦门航空公司，是民航系统按照ISO9000标准，较早建立质量管理体系的企业。厦门航空公司质量管理体系覆盖了客货运输服务、运行保障、航空配餐和航空维修全过程，是已经通过认证的航空运输企业中实施全面质量管理覆盖业务范围最广的单位。

中国国际航空公司经过公司改革重组后，建立了ISO9000质量管理体系。其所属企业中，继西南、天津、内蒙各分公司通过质量体系认证后，中浙、重庆分公司正在建立质量体系。在深入实施质量管理体系的过程中，不断深入完善体系内涵，建立培训分支体系以及投诉分支体系。

航空运输从地面到空中，其运行保障工作具有周期短、多环节、多重复、控制难点多的特点。安全、服务与效益极易受到干扰。这就要求航空企业在运行管理中必须规范、科学，加强过程控制，以减少人为因素产生的差错。这就要求按国际民航规章和中国民航规章制定运行标准和程序，采用管理系统的方法实施有效性的预防管理和闭环管理。通过定期的内部质量审核、管理评审，及时发现问题，分析原因进行整改，形成有效自我监督和自我完善的机制。

实践证明，通过贯彻ISO9000标准、开展质量认证和实施质量管理体系，帮助企业建立起了一套规范化的、具有很强操作性的自我完善的机制，起到了强化企业内部基础管理，增强企业竞争能力的作用，使企业适应新世纪的发展要求，朝着可持续发展的方向稳步前进。

（中国民航总局航空安全技术中心李建平供稿）

广播电视行业入网认定

由于广播电视系统是一个高投入、重装备的行业，涉及广播电视节目的制作、播出、传输、发射、接收等多个环节，其中任何环节出现问题都将影响广播电视的宣传效果。如果忽视认定和认可工作、忽视技术质量和产品质量的监督管理，将带来重大隐患，造成信息不通，政令不畅，其政治和社会影响以及经济上的损失都是巨大的。

国家广播电影电视总局的入网认定工作始于上世纪90年代。当时中国的广播电视正处在建设和发展初期，由于广播电视设备器材没有统一管理和统一规范，入网认定和质量监督工作滞后，致使广播电视设备器材质量良莠不齐，质量管理混乱。此前，由于相当数量的劣质产品在系统中应用，严重影响了广播电视节目的播出，信号中断、质量劣化的情况频频发生，很多网络无法实现互联互通，给广大广播电视用户带来很大的困扰和烦恼。

为此，国家广电总局于1993年对广播电视系统内问题比较突出的有线广播电视设备、卫星广播电视接收设备等率先开展了广播电视设备器材入网认定，之后又扩充了网络传输设备的产品认定。经过几年的努力，广播电视行业的质量技术监督和认定工作取得了很大成绩，真正起到了引导市场和扶优限劣的作用，得到了绝大多数企业和用户的拥护。

随着信息技术的飞速发展和中国广播电视数字化、网络化进程的不断推进，广播电视产品种类不断增加。为此，国家广电总局颁布了《广播电视设备器材入网认定管理办法》，将广播电视设备器材入网认定的范围扩大到广播、电视中心、地面、有线、卫星、接收、监测等系统的各个环节。《广播电视设备器材入网认定管理办法》的颁布实施，使广播电视设备器材入网认定工作走上了制度化、规范化的道路。

经过多年的发展，广播电视设备器材入网认定工作取得了显著成绩。目前的广播电视入网认定产品涉及10大类、140多种产品。此项工作的开展，从技术和管理的角度促使生产企业不断开发和引进新技术，开发新产品，提高质量管理水平和产品质量。同时，杜绝了一大批劣质产品进入广播电视传输和播出网络，从根本上保证了广播电视节目的安全播出、安全传输，大大提高了播出质量，确保了政令畅通，维护了广大用户正常收听收看节目的权益。此外，广播电视产品的认定工作在"西新工程"、"村村通广播电视工程"、"广播电视监测网工程"以及防范干扰破坏、保障广播电视网络传输安全等国家重大项目和重点工程方面，也发挥了重要的监督和技术保障作用。

主网认定工作始终按照公平、公正和公开的原则和严格遵循《中华人民共和国产品质量法》、《中华人民共和国认证认可条例》、《广播电视管理条例》、《广播电视设备器材入网认定管理办法》等国家和行业的有关法律法规开展。工作一开始，国家广电总局就设立了专门负责的主管部门，保证了工作和实施主体的连续性。同时，不断改进和简化入网认定的申请和受理程序，避免了多层次管理给用户带来不必要的负担。此外，国家广电总局重点加强了对广播电视设备器材入网认定所需设施条件的建设和资源的配备，保证从受理、检测、审批、发布、跟踪等各个环节都严格有序。近年来，国家广电总局还加强了对全国各地从事广播电视设备器材入网认定工作人员的培训，更新知识结构，加强质量意识，使人员的素质有了很大的提高，保证了认定工作的质量。

在广播电视设备器材的入网认定检测和评价方面国家广电总局始终坚持严格依据国家和行业标准进行，在质量体系审查、产品抽样等方面依据国家相关标准（GB/T19000 系列标准）以及相关的国际标准。对从事广播电视设备器材入网认定检测工作的实验室实行年度审核制度。目前从事广播电视设备器材入网认定检测的实验室均经过了国家广电总局的授权并通过中国实验室国家认可委员会（CNAL）的认可，都是具有相当实力和权威的国家级实验室和检测机构，这些实验室和检测机构业务涉及广播电视、数据通信、数字电视、射频微波、数据传输等多个综合领域，具有完备的检测环境和检测仪器、完整的检测能力和高素质的专业技术队伍。广播电视设备器材入网认定工作始终在标准化、正规化的轨道上运行，并得到强有力的技术支持和保障。

广播电视数字化、网络化给广播电视入网认定工作提出了更高的要求。随着中国信息化工作的不断推进，数字化、网络化已成为主流和趋势。数字技术逐渐替代模拟技术，数字设备正成为广播电视领域的主流。与传统模拟时代广播影视技术体系相比，数字时代广播影视技术新体系在传播方式、服务方式、技术系统以及运行方式上都发生了根本的变化。数字技术要求广播电视系统中的各个环节必须完全对应，必须制定统一的标准。如果标准不统一，设备和网络将无法联通，数字信号也就无法畅通。因此，在数字和网络时代，统一标准，加强质量监督就显得更为重要。国家认监委的成立，标志着中国的认证认可工作进入了一个新的发展阶段。大政方针已经明确，关键是要在国家认监委统一协调下努力工作，抓好落实，全面开创广播电视设备器材入网认定工作的新局面。

（国家广电总局供稿）

体育用品认证

为适应入世后中国体育用品业发展的新形势，经国家认监委批准，于 2003 年北京国体世纪体育用品质量认证中心（NSCC）正式成立，这标志着中国体育用品行业的规范管理向着国际化方向迈出了坚实的一步。

中国体育用品业，在计划经济年代，全国生产企业只有百十家，而今全国生产制造体育用品的企业已翻了十几倍，行业的迅速壮大体现出改革开放后中国制造业"低成本"、"大市场"、"高增长"的显著特征。加入世贸组织和 2008 年在北京举办奥运会使中国体育用品制造业迎来了全方位的发展机遇，也为民族品牌的培育和自主知识产权的开发创造了有利的条件。但是中国体育用品业在新的形势下也面临严峻挑战。中国体育用品行业普遍规模小、标准化程度不高，整个行业约 90%的企业未通过管理体系认证，企业的品牌意识和知识产权意识不强，与国际品牌相比还有较大差距。

中国体育用品行业要想由大变强，必须从技术创新、严格标准、规范认证等一步一步地做起。为此，北京国体世纪体育用品质量认证中心首先从广泛使用的室外健身器材开始进行认证工作。2003 年 9 月国家质检总局正式发布了国家强制性标准 GB19272-2003《健身器材　室外健身器材的安全通用要求》。北京国体世纪体育用品质量认证中心（NSCC）也确定了室外健身器材为进行产品认证的第一种产品。

截至 2004 年 6 月底，北京国体世纪体育用品质量认证中心已经对 15 家企业进行了产品认证，在此基础上 5 家企业进行了扩项认证。还有 5 家企业向认证中心提出了产品认证的申请。

认证工作开展以来，有部分单位在进行室外健身器材的招标或采购中已经把认证列为条件之一，这也证明产品认证逐步被人们认识、认可。与此同时，生产室外健身器材的企业也逐步认识到产品认证对企业的重要性。

（国家体育总局供稿）

国家林业局推动森林认证的前期工作

1987年联合国环境与发展委员会发表了题为《我们共同的未来》研究报告，系统地阐述了可持续发展的战略构想。1992年联合国环境与发展大会把可持续发展作为主题，会上森林可持续经营问题受到特别关注，大会签署并通过了《关于环境与发展的里约热内卢宣言》、《21世纪议程》、《气候变化框架公约》、《生物多样性公约》和《关于森林问题的原则声明》等一系列国际文书，全面启动了人类社会的可持续发展进程。

森林作为陆地生态系统的主体，以其复杂的系统结构、丰富的物质生产功能和强大的生态环境服务功能，成为人类赖以生存和发展的基础。因此，在人类社会的可持续发展中，实现森林的可持续经营显得尤为重要。环发大会以后，联合国和各国政府以及非政府组织采取了一系列行动，积极把森林可持续经营从理论推向实践。1993年9月，在加拿大的蒙特利尔召开了“温带与北方森林可持续发展会议”，提出了森林可持续经营的标准与指标，开始了蒙特利尔进程，中国是蒙特利尔进程12个成员国之一。2000年11月，蒙特利尔进程第12次工作组会议在北京召开，会后国家林业局开始启动森林认证工作。

2001年3月，经中央机构编制委员会办公室批准，成立了国家林业局科技发展中心，内设森林认证处，负责中国森林认证管理法规和森林认证政策的制定、中国森林认证标准指标体系和森林认证机构的建立、以及加入国际森林认证组织等重大问题的研究等工作。2001年7月，国家林业局成立以局党组成员、中国林科院院长江泽慧为组长，科技司、资源司、政法司、计资司、国际合作司、造林司、科技发展中心等有关司局(单位)主要领导为成员的中国森林认证领导小组。领导小组下设办公室，具体工作由国家林业局科技发展中心森林认证处承担。同年9月24日，领导小组召开了第一次工作会议，江泽慧就中国开展森林认证的背景、作用和意义、森林认证的组织机构建设、标准制定，以及如何与国际接轨等问题作了重要讲话。大家一致认为开展森林认证是促进中国森林可持续经营的有效途径，有利于提高中国林产品的国际市场竞争力。会议提出要建立符合中国国情和林情的森林认证体系。

森林认证是通过对森林经营活动进行第三方独立评估，以证明森林是否实现了可持续经营。森林认证发起于20世纪90年代初期，作为推动森林可持续经营的有效手段之一，已被越来越多的国家所接受，已成为国际林业进程的趋势之一，并在全球范围内取得了快速的发展。截至2003年末，全球森林认证总面积为1.73亿公顷，约占全球森林总面积的4%，其中欧洲约占50%、北美占40%、世界其他地区占10%，其中亚太地区占2%。

一、《中共中央国务院关于加快林业发展的决定》为开展森林认证工作指明了方向

2003年是中国森林认证发展的重要一年。以《中国可持续发展林业战略研究》的成果为理论依据，2003年6月25日，中共中央国务院做出了《关于加快林业发展的决定》(以下简称《决定》)。《决定》中提出林业发展的指导思想是“以邓小平理论和‘三个代表’重要思想为指导，深入贯彻十六大精神，确立以生态建设为主的可持续发展道路，建立以森林植被为主体、林草结合的国土生态安全体系，建设山川秀美的生态文明社会，大力保护和合理利用森林资源，实现林业跨越式发展，使林业更好地为国民经济和社会发展服务”。并明确提出“积极开展森林认证，尽快与国际接轨”。进一步指明了中国森林认证工作的前进方向。

二、认真学习贯彻《中华人民共和国认证认可条例》

为了加强国家对认证认可工作的统一管理，2001年国务院决定成立国家认监委，对全国的认证认可工作实行统一管理。2002年2月，国务院办公厅下发了《关于加强认证认可工作的通知》；4月召开了全国认证认可工作会议，并成立了全国认证认可工作部际联席会议。会后，国家林业局组织有关人员认真学习了会议文件，根据森林认证工作的实际情况，落实贯彻会议精神，并正式向国家认监委提出加入全国认证认可工作部际联席会议。国家林业局党组成员、中国林科院江泽慧院长为联席会议成员，国家林业局科技发展中心李明琪副主任为联络员。

2003年9月，国务院发布了《中华人民共和国认证认可条例》(以下简称《条例》)，自11月1日起开始实施。《条例》的发布实施使中国认证认可工作走上法制化、规范化的轨道，也为森林认证开展奠定了法律基础。《条例》发布后，国家林业局认真组织宣传贯彻，多次邀请国家认监委的人员宣讲《条例》，森林认证的重大活动都邀请认监委有关人员参加，通过这些活动，加强了对《条例》的理

解，提高了执行《条例》的自觉性。2003 年 9 月 11 日，在国家认监委召开的部际联席会议第二次会议上，江泽慧介绍了国际森林认证进展和中国的准备情况，国家认监委王凤清主任明确表示国家认监委将积极支持森林认证工作的开展。

三、认真做好森林认证的准备工作

森林认证是一项全新的工作，根据中国林业的实际情况，有效地开展森林认证的思想、技术、人才准备是工作的核心。一是提高森林管理者和经营者的可持续发展意识。国家林业局科技发展中心先后在北京、浙江、四川、云南、海南、广西、黑龙江等省、自治区、直辖市举办了 8 期可持续经营与森林认证培训班，共培训 600 多人，普及了森林认证的有关知识，培训了一批森林认证的骨干。二是开展调查研究，摸清情况。先后赴浙江昌化林场、黑龙江森工总局和黑龙江友好林业局等单位，实地考察、召开专家座谈会和问卷调查，对在中国开展森林认证的动力、需求、运行机制等进行了研究，基本掌握了中国森林可持续经营状况和开展森林认证的条件。三是加快标准制定。建立完善的森林可持续经营与森林认证标准体系，是开展森林认证的基础。2002 年 10 月 12 日，国家林业局制定并发布了林业行业标准《中国森林可持续经营标准与指标》(LY/T1594-2002)。这一标准吸纳了国际上有关标准与指标的命题成分，与国际上的标准和指标体系接轨。同时，完成了《中国森林认证原则与标准》的起草工作，这一行业标准从社会、经济、环境三个方面，提出 9 大原则、45 个标准、118 个指标，为下一步开展森林认证奠定了基础。其他非木质林产品认证原则与标准、森林认证认可技术规程等 10 项标准也在制定中。为了加强宣传工作，国家林业局科技发展中心注册了中国森林认证网站。

四、加强森林认证领域的国际合作

与其他认证相比，由于森林的自然属性、社会属性以及各国发展的阶段性，决定了森林认证工作的复杂性和多样性。目前，国际上共有 26 个不同的森林认证体系在运作，研究和借鉴这些体系的成功经验，是开展中国森林认证并与国际接轨的前提。国家林业局科技发展中心重点研究了 FSC(森林管理委员会体系)、PEFC(泛欧体系)两大国际森林认证体系和 SFI (美国可持续林业倡议)、CSA(加拿大标准协会)等区域森林认证体系，同时对中国周边的主要木材出口国(马来西亚、印度尼西亚)和木材消费国(日本)开展森林认证的情况进行跟踪研究。目前已与世界自然基金会、美国林纸协会、FSC、PEFC、SFI 和 MTCC、LEI 建立了工作联系。

五、世界自然基金会(WWF)和森林管理委员会(FSC)在中国的活动

世界自然基金会(WWF)一直致力于推动中国森林可持续经营和推广森林管理委员会的森林认证。2002 年 2 月浙江省昌化林场 940 公顷林地通过了森林管理委员会的森林认证，是中国第一块通过森林认证的林地。截至 2003 年底，中国共有 40 多家木制品生产企业通过了森林管理委员会的产销监管链认证。

2001 年 5 月，世界自然基金会出资成立了由政府部门、非政府组织、科研机构、企业等组成的中国森林认证工作组。工作组出版了《森林认证通讯》，多次举行森林认证培训研讨会，专题研讨中国如何开展森林认证等问题，并于 2003 年 6 月提出了《关于我国开展森林认证工作的建议》。

在提高中国森林认证能力建设和培养人才方面，世界自然基金会也开展了一系列的活动。如在中国大、小兴安岭和长白山地区确定高保护价值森林，开展森林认证和可持续经营示范活动；开展森林认证能力建设项目，加强森林认证的宣传与培训，邀请外国森林认证专家来中国进行交流等。这些活动有力地推动了中国森林可持续经营和森林认证工作开展。

六、进一步做好森林认证工作的总体思路和工作重点

中共十六大把“促进人与自然的和谐，推动整个社会走上生产发展、生活富裕、生态良好的文明发展道路”作为全面建设小康社会的重要目标，赋予了林业新的重大使命。中央林业《决定》又对新时期社会对林业需求的变化、林业所处的发展阶段及其面临的艰巨任务、地位和作用，都作出了明确而科学的阐述。中国林业正经历着由以木材生产为主向以生态建设为主的历史性转变，林业承担着改善生态、发展资源、促进发展的历史重任。实现林业可持续发展，对于实现全面建设小康社会的宏伟目标具有十分重要意义。

下一步中国开展森林认证的总体思路是：以“三个代表”重要思想和科学发展观为指导，以中央林业《决定》提出的“积极开展森林认证，尽快与国际接轨”的要求为方向，以提高中国森林可持续经营水平和林产品市场竞争力为目的，做到政府推动与市场引导相结合，打好基础，

择优试点，稳步推开，逐步建立起符合中国林业发展实际和国际惯例的森林认证体系。

首先，要建立国家森林认证指导机构。为了体现森林认证的多方参与原则，切实保障涉及森林各利益方的合法权益，要成立国家森林认证指导委员会。其次，要加快森林认证标准的制定速度。要建立一支由有关专家组成的标准制定队伍，加快标准制定速度，提高标准质量。第三，要加强森林认证的研究、培训和试点示范。跟踪、分析、研究当今国际森林认证理论和发展动态，是中国森林认证工作与国际接轨的必要保障；积极培养森林认证人才是当前开展森林认证十分紧迫的工作，必须下大力气抓紧抓好；同时要搞好森林认证的试点示范工作。第四，按照《条例》的要求，加快森林认证培训、咨询和认证机构的建设。第五，积极开展森林认证的国际合作。要积极加强与各主要森林认证体系的合作，学习他们开展森林认证的好经验，同时注意加强与周边国家和发展中国家在森林认证领域的合作，争取在国际森林认证问题上的主动权。

实现人类社会的可持续发展，是人类发展的长期目标。森林可持续经营和森林认证作为其中的重要组成部分，越来越受到各国的重视。要认真学习、贯彻中央林业决定和《条例》，为实现“积极开展森林认证，尽快与国际接轨”的要求而努力奋斗。

（国家林业局科技发展中心副主任李明琪供稿）

第十二部分 地方认证监督管理

提高检验检疫科研水平 促进外贸发展
——北京出入境检验检疫局认证工作概况

国家认监委成立以来，中国的认证认可工作飞速发展。北京出入境检验检疫局(以下简称“北京局”)始终把认证认可工作作为一项重点抓紧抓好。局党组对认证认可工作高度重视,精心组织,专门成立了以认证监管处为主,其他部门配合的认证认可管理体系,在健全机构、充实人员、制度建设、政策宣传等方面,采取一系列有效措施,确保认证认可工作在北京地区的顺利实施。各部门更是以“严格把关,保国安民”为己任,以“服务经济,促进发展”为目标,广泛宣传,严格执法,热情服务,积极推动认证认可工作。

强化管理 严格执法 服务企业 积极推进强制性产品认证工作

1、统一思想,提高认识,完善内部管理制度,加强对执法人员培训,提高执法水平。组织北京局人员认真学习强制性产品认证制度，举办强制性产品认证适用范围专业知识讲座和工作研讨会；在认证处和机电处指定专业人员负责解答专业难题；安排部分检验人员参加 CQC 举办的 CCC 工厂检查员培训班,提高行政执法人员的政策水平;安排人员参加强制性产品认证工厂检查,并建立了强制性产品认证工厂检查统一管理模式。

口岸检验检疫部门还与北京市口岸办、口岸所在区政府、铁路局、海关等部门密切联系,共同研究,在日常的工作中加强管理，从而保证了强制性产品认证制度的顺利实施。

2、加强宣传,正确引导,使强制性产品认证制度的要求得到广泛了解并顺利实施。北京局采取宣传栏内张贴,召开宣传贯彻会、咨询会,走访重点企业,结合日常检验检疫工作进行宣传等多种形式,向出口产品生产企业,进出口商品经销商(包括代理商和商场、超市),进出口商品报检机构、人员和消费者广泛进行宣传,提高产品生产企业管理人员、报检代理人员、进出口商品经营销售人员以及广大消费者的强制性产品认证意识，让各政府部门和社会各界全面了解强制性产品认证制度,

组织北京各主要商场、超市和进口产品经销商召开“北京地区强制性产品认证制度宣传贯彻会”，为在流通领域贯彻强制性产品认证制度,周密部署和广泛动员。组织开发区内生产企业多次召开强制性产品认证的宣传会。与北京出入境检验检疫协会和北京外商投资企业协会 140 位涉及 CCC 认证的外资、合资、合作及进出口企业的管理者进行 CCC 认证知识的座谈和答疑，使 CCC 认证受到了两个协会广大会员的积极响应。结合流通领域进口商品抽查和“3·15”宣传活动,积极向进口商品经

销单位和消费者宣传强制性产品认证知识，使强制性产品认证制度在流通领域得到更广泛的宣传。与此同时，通过报检员培训班，共向500多家单位的1000多人宣传了强制性产品认证的相关政策。各检验部门结合对《目录》商品的入境验证和对进出口商品的检验检疫监管工作，提醒相关企业办理认证，在把关的同时积极为企业服务。强制性产品认证制度在北京的进出口领域得到了广泛了解，强制性产品认证工作正在顺利开展。

3、强化口岸把关职能，切实加强对进口强制性认证产品的入境验证和检验管理工作，严厉查处各种违反制度规定的行为。首先，加强对进口商品的入境把关。对于不能提供正本而提供复印件的，一律在国家认监委网站核实，防止假冒或伪造证书的行为。其次，在加强入境验证同时，对进口货物进行抽查，重点是审核相关文件，核查标志，确认型号规格等。再次，加强对已受理的进口商品的检验，防止不合格商品进入。最后，加强对进口商品的后续监管工作，充分发挥行政执法职能。举行了CCC执法授旗仪式，先后对北京市17家医院的三大类(B超、X光机和CT仪）大型进口医疗设备、30多家大中型商场、超市及电器专营店的进口插头插座、家用电器，涉及到上百个企业、几千个型号规格的产品进行了抽检，发现了同一种产品上同时显现新旧认证标志、冒用和乱用认证标志、没有认证标志的印刷/模压批准证书、出厂时不加贴CCC标志等问题。

到2003年底北京局处理各类违反强制性产品认证制度的案件共250件，罚款金额约40万元人民币。

严格执法是实施强制性产品认证制度的重要保障，而热情服务则是促进强制性产品认证的重要基础。在严格处罚违反强制性产品认证制度行为的同时，积极为企业排忧解难，对重点企业进行了走访，现场办公，并检查企业的贯彻执行情况，建立企业档案，掌握企业的动态，及时与企业沟通，为强制性产品认证制度的实施营造良好的外部条件，受到企业欢迎，从而有效地促进了认证制度的开展。很多企业在接受了行政处罚的同时，积极要求有关国外生产企业对其产品申请认证。

“非典”期间，为了保证各种涉及强制性产品认证的抗击“非典”的紧急物资及时投入一线，北京局制定了《关于对进口防治“非典”紧急物资中需强制性产品认证的产品提供通关便利的通知》和《防治“非典”紧急物资强制性产品认证登记单》，建立了适应“非典”紧急情况的强制性产品认证进口验证的统一监管方式。北京局和北京防治非典型肺炎联合工作小组物资保障组，相互配合，对于那些已到口岸的，确系防治“非典”紧急物资，又暂不能提供强制性产品认证证明的，凭有效的防治“非典”紧急物资证明文件，给予通关便利，实施登记管理，加强检验和后续监管，严格执行强制性产品认证管理规定，确保抗击“非典”紧急物资的安全质量和急需。

突破壁垒，促进出口，
努力开创食品卫生注册工作新局面

北京局始终把贯彻落实《出口食品生产企业食品卫生注册登记管理规定》作为帮助企业打破壁垒，实现“走出去”战略的重点工作抓紧、抓好，通过不断完善管理制度，严格做到组织机构、人员培训、工作制度三落实。

1、完善组织机构和制度建设，加强人员培训，建立一支优秀的注册登记队伍，广泛宣传食品卫生注册登记制度。建立了由认证监管处负责，动检处、食检处、分支检验机构配合，口岸报检部门把关的卫生注册评审和监管体系。制修定了《出口食品企业卫生注册工作程序》、《关于北京局食品卫生注册登记日常监督管理工作的补充规定》。认证监管处统一组织评审组，负责卫生注册、监管记录等文件档案的统一管理工作。各业务部门负责实施日常监督管理，填写《出入境检验检疫局对出口企业的日常监管记录》和《食品卫生注册登记企业日常监管统计表》，认证监管处根据《食品卫生注册登记企业日常监管统计表》的汇总情况，对出口食品卫生注册企业的日常监督管理工作组织抽查。对已注册登记的，实施动态管理，及时公布注册企业名单，并将信息反馈到检务部门，检务受理报检部门凭注册信息和注册证书受理企业的报检申请。制定了《卫生注册评审员管理程序》，主管局领导亲自担任卫生注册评审员资格评定组组长，开展对评审员评定和推荐工作。同时，加强评审员的培训和技术交流。每年一次举办卫生注册评审员学习班，经常组织评审技术交流会，通过以前归档的评审材料的分析评议，讨论交流进一步统一评审员的评审标准、规范评审程序。

为在出口食品企业推动HACCP工作，广泛开展了HACCP培训并积极组织相关人员参加国家认监委或CCIC组织的HACCP学习班，初步形成了一支具有较高素质的评审员队伍。

为让有关的政府部门和广大的国内食品生产企业及早了解出口食品卫生注册政策，帮助企业提高质量管理意识和能力，2002年4月和2003年底，四次召开出口食品生产企业卫生注册工作会议，300多人次参会，分析中国入世后食品出口面临的形势和任务，贯彻“走出去”战略，强化卫生注册管理。联合北京市农业局对食品生产企业宣传食品卫生注册登记制度和HACCP体系。

在“非典”最为严重的时期，克服种种困难及时将美国《2002反生物恐怖法》有关要求通知企业，在北京局网站上发布通知，提供咨询；培训局内相关人员；召开企业会议，解答对美注册有关问题；组织了对美出口企业参加了国家认监委组织的培训班和美国FDA反恐法规区域性联合电视会议。帮助出口企业及时了解对美注册要求，办理注册，避免损失，增强了企业的出口竞争力。

2、积极开展食品卫生注册登记和监管，帮助企业突破壁垒，促进出口。严格开展注册登记评审和监督管理，认真开展拉网检查工作，把原料验收和日常监督作为注册评审和监管的重要内容。开展了出口蔬菜种植基地登记、出口蔬菜加工厂库检疫卫生登记及出口动物产品饲养厂检疫卫生登记工作，积极推动HACCP管理体系在食品加工企业的应用，对生产、加工、存放全过程实行监督管理，促进企业生产设施和质量管理体系的不断提高。同时高度重视国外卫生注册的检查，积极帮助企业对外注册，拓展新市场。目前北京地区已获得卫生注册出口食品企业158家，其中已获得欧盟注册的肠衣企业1家，获得瑞士注册的禽肉企业3家，获得俄罗斯注册的偶蹄肉企业1家，获得日本注册的禽肉企业3家、热加工偶蹄肉企业6家，获得马来西亚注册的禽肉企业2家，获得南非注册水产企业1家，获得澳门注册禽肉企业3家、偶蹄肉企业4家，获得韩国注册热加工禽肉企业3家，共计27家次。

卫生注册的工作使企业获得了打入国际市场的通行证，促进了食品出口，2002年1月至2004年5月北京局共检验出口食品9 318批，出口总值3.37亿美元。2003年尽管受禽流感事件和“非典”的不利影响，2003年1~11月出口鸡肉及其制品共732批，3.15万吨，创汇8678.81万美元，与上年同期增长65%。其中熟食出口量占总出口量的40%，比上年同期增长40%。

对于禽类产品，从饲养源头抓起，要求供屠宰动物必须来自检验检疫机构备案的养殖场，实行“五统一”管理方式，建立动物防疫制度、健全饲养日志、用药记录等各项记录，以确保供屠宰动物来自非疫区，安全可靠。帮助禽类出口企业逐步由原来的“公司+农户”向“公司+基地”的模式转变，对禽类饲料加工厂也实行了备案制度，确保饲料安全。此外，实行了官方兽医驻场监管制度，加强出口禽肉生产加工厂日常监管，加强对药残和微生物检测力度。

在出口蔬菜企业内建立了出口蔬菜安全卫生体系，要求各出口企业的种植基地必须编制各品种蔬菜作业指导书，对使用农药、肥料进行备案登记，对农药及肥料使用情况进行记录，建立加工人员健康卫生档案和开展农残检测工作。同时对出口蔬菜种植基地进行了登记，在北京市农业局认可的133块(76702亩)出口蔬菜基地基础上，结合北京具体蔬菜出口情况，完成35块(15000亩)出口蔬菜种植基地登记工作，完成23家出口蔬菜加工厂库检疫卫生登记。

建立进口商品后续监管协管员制度，创新认证认可监管模式

针对进口商品后续监管执法人员少、进口商品经销单位多、进口商品种类复杂、进口商品监管任务重的特点，北京检验检疫局积极探索进口商品后续监管新模式，建立了进口商品后续监管协管员制度，形成了一种企业自律与政府监管互动互补的创新、有效的监管模式。即在北京地区的进口商品流通的关键环节，如：零售商、批发商、饭店、冷库等环节，设立进口商品后续监管协管员，各协管员由本单位推荐，经检验检疫局认证监管部门培训考核合格后上岗。协管员的主要职责是：掌握本企业进口商品的后续监管情况，收集消费者有关进口商品的举报信息，并将相关信息反馈北京检验检疫的监管部门；有权利和义务制止本企业在进口商品方面的违规行为；适时组织对本企业进口商品的自查，并将自查情况反馈检验检疫局监管部门；协助检验检疫局执法人员进行现场监督检查；督促本企业办理进口商品备案工作；做好本企业进口商品供货商的管理，建立保存进口商品供货商档案及进口商品供货商明细表等。通过协管员的工作建立起企业的自查制度，自行承担经常性的检查任务，筑起进口商品后续监管的第一道防线。尤其是在对新的法规的贯彻落实方面更显现出优势，例如在2003年8月1日强制性产品认证实施的时候，北京局多次接到协管员的政策咨询和反馈信息，使北京局能够及时的、有的放矢地开展强制性产品认证的政策宣传和执法检查，保证了进口商品的强制性产品认证的有效实施。

在协管员的配合下，北京地区进口商品的后续监管工作开展顺利，自2001年到2003年以来，北京局监管科2名进口商品后续监管人员，对600多家进口商品经销单位进行了备案，通过联合有关部门，对北京地区流通领域进口商品后续监管检查共计573次，抽查了上千个品牌

的1万多种进口食品，近百个品牌的500多种进口化妆品，149个品牌300多种的进口机电产品、医疗设备，14个品牌40多种进口玩具。对30多例违法案例实施了行政处罚。主要问题有：无检验检疫证明文件，中文标签不合格，从国外疫区进口的动植物产品，假冒进口商品，无进出口食品、进口化妆品标签审核证书，未加贴CIQ标志，无CCIB或CCC认证标志，加贴假冒CIQ、CCIB或CCC标志等。

对认证机构、检测机构和农产品认证进行有效性的监管

2002年对240余家已在工商局注册的北京地区的认证及认证咨询机构进行了调查。在国家认监委的统一部署下，北京局与市工商局联合对接到举报的认证机构进行了检查，将违法违规行为上报国家认监委统一处理。

积极开展实验室资源调查，同时做好北京局实验室的认可工作，北京局9个实验室全部完成了实验室认可和计量认证，有效促进了北京局实验室管理、检测技术和科研水平的提高。

截至2003年，北京局共有16项科研项目分别列入国家"十五"科技攻关计划、"863"计划和"973"计划项目，"疯牛病、禽流感快速检测方法的研究"等科研项目列入国家"十五"科技攻关计划，"禽流感病毒荧光RT-PCR快速检测技术的优化与应用研究"课题列入国家科技攻关计划——高致病性禽流感防治技术研究与开发计划，"疯牛病感染因子的检测"、"植物源性食品病原生物芯片检测技术研究"课题等列入国家"863"计划项目，"农林危险性入侵生物快速检测的分子基础研究"课题已经列入国家"973"计划；"禽流感、新城疫病毒荧光PCR快速检测方法"课题已经通过鉴定，将检测周期从20多天缩短为4小时，达到国际领先水平。这对于中国出口禽肉中禽流感病毒和新城疫病毒快速检测，加快通关速度，加强检验检疫工作，促进禽肉出口具有重要意义。

（北京出入境检验检疫局供稿）

立足在全局的高度和企业利益的角度思考和开展认证工作

——北京市质量技术监督局认证工作概况

北京的认证工作起步较早。1993年北京市技术监督局专门成立了认证处，负责认证工作。1997年，北京市技术监督局开展了"认证咨询机构备案管理"和"质量管理体系内部审核员注册管理"等工作，加强了对认证咨询机构的管理。截至2001年底，北京市通过备案的认证咨询机构55家。国家注册内审员1 600多人。

2001年8月，国家认监委成立后，北京的认证工作也随之进入了新的阶段。在国家认监委的组织和指导下，北京市质量技术监督局在健全认证工作机制、整顿认证市场、推进CCC认证等方面积极开展工作。截至2004年4月底北京地区共获得ISO9000质量管理体系认证证书5 757张，IS014000管理体系认证证书646张，OHSMS职业健康安全体系证书257张。在汽车行业大力推进QS9000认证，北京地区已获得汽车产品认证证书25张。在食品行业推进食品安全管理体系（HACCP）认证，其中北京古船面粉厂、北京市老才臣食品有限公司两家企业获得经CNAB认可的认证机构颁发的HACCP食品安全管理体系认证证书。这些工作发挥了基础性作用，对保障产品质量起到重要作用。

构筑认证工作体系

2002年9月，北京市政府召开了《北京市质量工作大会》，各区县政府对通过认证的企业纷纷出台奖励措施。顺义、海淀、丰台、朝阳、怀柔、延庆、东城、门头沟等区县在辖区内积极宣传推广各种体系认证工作，鼓励企业争创名优，取得显著效果。海淀区作为高新技术企业密集的区域，许多新兴企业在质量管理经验和方法上与国际先进水平存在较大差距，特别是一些外向型企业由于受到技术壁垒的限制和认证制度的影响无法打入国际市场,成为企业发展的瓶颈。因此由海淀区起草,以地方标准的形式发布实施了《电子市场质量管理通用规范》,采取动员、指导、宣传、培训、检查、规范、完善等工作程序和方法,对中关村大街的各商业企业、电子市场及商户进行多层次和多角度的广泛宣传;继续鼓励企业采用ISO9000、ISO14000、OHSAS18000、CMM、CMP、GSP等先进的质量管理方法,引导企业采用国际标准和国外先进标准,培育、推荐质量管理先进企业和名牌产品,帮助扶持企业做大做强,提高产品的市场占有率和知名度,使其在国内外同类产品的竞争中占据有利位置。

顺义区政府积极倡导企业开展ISO9000质量体系认证,通过组织现场会、经验交流会。组织观看电视节目等方式,积极宣传质量认证的重要意义。另外,区政府还制定了相关鼓励政策。一年来,全区有10家企业28种产品通过了产品质量认证,130多家企业通过了ISO9000质量体系认证。

丰台区对具备和可能具备"采标"条件的65家企业182种产品进行了统计分析,制定了2003~2005丰台区"采标"规划。为保证农产品达到国家无公害标准要求,他们抓了农业标准化示范基地工作,有3家农业基地成为"北京市农业标准化示范基地"。在服务领域开展了建立服务标准化体系的试点工作,有两家企业通过了"北京市服务标准化体系"的验收。

积极宣传贯彻《认证认可条例》等相关法律法规

2003年10月,北京市质量技术监督局为贯彻《中华人民共和国认证认可条例》(以下简称《条例》)精神,组织全局系统的行政执法人员深入学习贯彻《条例》,要求执法人员深刻理解,切实掌握《条例》内容,并在执法中正确运用。学习认证制度有关的法律法规、专业知识,要求各区县局和行政执法人员学习强制性产品认证知识,结合本地实际,采取灵活多样的方式向本地生产企业、销售企业宣传有关规定,做好服务指导,使企业能够自觉的、主动的、积极的申请认证。

如市局将强制性认证的相关文件登在局网上,利用"3·15"、"质量月"活动等有利时机,将认证工作融入其中,加强宣传,发放宣传资料,扩大影响,提高广大消费者的认证意识。

昌平局在本区电视台滚动播出一个月,对生产、销售企业进行CCC专项宣传贯彻,在《昌平周刊》上转发了有关文件,并在大型销售企业店内张贴目录,对外公布举报投诉电话和联系人。朝阳局召开了100多家经销商参加的CCC宣传贯彻会,东城局、西城局、密云局、门头沟局等都召开了企业经销商CCC宣贯会。延庆局组织了大型商场CCC培训班,建筑施工CCC企业班,燕山分局走访了企业,鼓励企业申请认证。

推进CCC认证制度的实施

1、树立全局意识,形成系统合力。根据市局领导提出的质检系统要站在全局的高度,站在国家、企业利益的角度思考工作,本着各负其责,密切配合,团结协作的精神,在2003年8月1日北京局协助国家认监委在中关村海龙大厦举行了《强制认证执法检查授旗仪式暨电子信息类产品CCC认证推介》,王凤清主任在会上做了重要讲话,国家质检总局局长李长江、北京市副市长范伯元等领导出席了此次活动。李长江局长、范伯元副市长为CCC标志揭牌,李长江局长、王凤清主任向北京市26个强制认证执法大队授旗。

协助国家认监委在百货大楼组织召开了全国百家商场拒绝销售无CCC产品的大型宣传会,为推动此宣传,北京局多次组织对中型以上商场进行执法检查并严格执行国家认监委只检查,不处罚的原则,目的在于推动此项制度的发展,社会效果很好,使各方面认识到CCC制度的重要性。

2、服务企业,促进落实强制性产品认证的各项规定。认证的主体是生产企业。因此,在推动这项工作的同时,主要是帮助企业对照实施细则的要求,合理划分单元,从技术条件和管理要求等方面寻找差距,促进企业技术改造,创造认证条件。北京局根据国家认监委的要求及时组织了《机动车辆类产品强制性认证说明会》,有40多家企业70多人参加了说明会,向企业宣传贯彻国家强制性产品认证制度,讲解申请程序、单元划分、工厂审查等,解答了企业提出的一些疑难问题,受到了企业的欢迎。由于工作到位,有近20家企业在说明会后的一周内即提出了认证申请。

3、组织对强制性认证产品违法行为的查处,有效推进认证制度的实施。为进一步做好强制性执法工作,北京局形成了强制性执法月统计制度。结合北京市建材市场的专项整治工作,对涉及强制性产品认证的产品实施严格准入制度,在建筑系统实施严格的监管,要求监理单位严格监理职责。

强制性产品认证行政执法工作全面开展以来,各区县局在国家认监委和市局的统一部署下,突出重点、主动出击、措施有力，对915家生产企业（本市137家外埠778家）进行了执法检查，有44家企业未获证（本市4家外埠40家），立案18起，罚款2.2万元；有11家企业（本市4家外埠7家）冒用认证标志，立案8起，罚款1.786万元；有13家企业（本市1家外埠12家）未正确使用认证标志，立案1起，使强制性产品认证行政执法工作取得了阶段性的成效。

（北京市质量技术监督局供稿）

全面推进认证认可工作　加强实验室改造和建设

——天津出入境检验检疫局认证工作概况

天津出入境检验检疫局（以下简称"天津局"）成立以来，十分重视认证认可工作，按照国家质检总局和国家认监委的要求，坚持与时俱进、改革创新的工作方针，围绕忠于职守、勇于负责、严格把关、保国安民的精神加强认证监管工作，使认证监管工作取得了明显进展，认证认可监督管理职责得到了有效落实。

在国家认监委成立前，天津局就把认证认可工作作为一项重要工作来抓。从事的认证认可工作主要内容是：出口食品卫生注册登记监督管理、出口商品质量许可监督管理、进口安全质量许可监督管理、出口商品包装质量许可监督管理、标志的发放使用监督管理、实验室管理等。为加强认证认可监管工作，相继在科技认证处和法制与综合业务处设立认证监管科和仪器设备管理科，从事认证认可工作。为规范加强天津局认证认可监管工作，"三检"合并后，为建立以加强前期监管和后续管理为重要内容的进出便捷、监管有效、管理科学的新型统一的监管模式，先后制定了出口食品卫生注册登记、进出口商品质量许可、标志等20多个规章制度，统一了认证监管标准依据、认证监管模式、认证监管收费、认证监管做法。

国家认监委成立后，从根本上加强和规范了认证认可工作。具体工作包括以下几个方面：

认真贯彻和学习《中华人民共和国认证认可条例》

天津局根据新的有关规定制修订了局内相关认证认可规章制度，认证监管工作得到进一步加强和规范。《中华人民共和国认证认可条例》（以下简称《条例》）颁布后，法制部门搜集了相关法规条文及背景资料，在局内、外网上发布和链接，供本局执法人员及有关单位学习查阅，同时拟制了有关试题，对本局执法人员的学习情况进行了考核。2003年11月局举办法制培训班，将《条例》作为重要内容进行培训，培训了150名执法骨干，法制部门还对有关业务部门进行了多次《条例》专门辅导，使全局执法人员理解、掌握了《条例》精神。

加强出口食品卫生注册监管和出口食品质量许可证认证监管

天津局在出口食品卫生注册认证监管中，建立了出口食品卫生注册登记评审员队伍，并实施了评审员队伍的动态管理，对评审员进行了培训，提高了评审监管人员的业务素质；积极做好出口食品企业卫生注册登记管理、卫生注册HACCP验证企业的复查换证及考核认证监管；积极开展了向国外推荐卫生注册企业的监管工作。2003年组织了对天津地区出口食品卫生注册登记企业拉网式检查，对出口食品卫生注册登记企业实施了动态管理。天津局成立以来，出口食品卫生注册登记企业232家，新增卫生注册登记企业158家，向国外推荐并已通过卫生注册的企业达58家，实施HACCP验证企业21家，吊销卫生注册登记企业128家。卫生注册登记管理制度的有效实施，提高了卫生注册企业的质量管理体系，促进了天津地区食品的出口。

在出口质量许可证认证监管工作中，天津局严格按规定要求执行。首先积极宣传出口质量许可制度，组织举办了多期出口质量许可证宣传培训会议，同时积极指导帮助企业建立质量管理体系，严格按出口质量许可的要求复查、考核、管理企业，及时发放许可证。天津局成立以来，给50多家出口商品生产企业发放了质量许可证，使出口商品质量许可证企业达到了130家；向考核通过的

34 家危险品生产企业发放了出口包装容器质量许可证，使危包企业从几家发展到现在的 40 家。出口质量许可证的有效实施，使获证企业数量不断增加，同时获证企业管理质量不断得到完善，获证企业的产品质量不断提高，参与国际市场的竞争能力得到增强，出口产品逐年增多。

积极推进国家强制性产品认证制度的实施

进口商品安全质量许可免办和 CCC 免办是一项政策性很强的工作。为规范此项管理工作，天津局先后制定有关规定，并组织了 10 多次由企业参加的法律法规的宣传培训活动，特别是 2003 年 8 月份开始对 19 类 132 种商品实施强制产品认证工作以来，先后在天津经济技术开发区、保税区组织召开会议，向企业及时讲解国家强制性产品的有关政策规定，使企业及时了解了强制性产品的有关目录、范围，办理产品认证的程序、方法。为方便企业，根据国家认监委的规定，积极开展 CCC 免办工作，接待企业的来人、电话咨询达 1 000 多人次，在办理中严格按照规定办理。几年来天津局免办工作未出现过任何差错，免办工作得到了正常开展，仅 2003 年办理免办证明 308 份，方便了企业，受到了企业的好评。

为规范咨询、认证秩序，根据国家认监委的要求，2003 年，天津局组织对 19 家获得 ISO9000 质量管理体系认证企业有效性情况进行了抽查，这对规范咨询天津地区认证秩序起到了有力的促进作用。

重点投入，对各类实验室进行全面的改造和建设

天津局成立后，把加强实验室的建设作为一项重点工作，投入近一个亿的资金进行实验室的改造建设。现在天津局已拥有 7 个国家级重点实验室和 6 个区域性中心实验室，涉及动物、植物及食品、化工危险品、自行车、轻纺、纸张、化工、矿产品、金属材料、国际旅行保健中心等。这些实验室拥有雄厚的检验检疫实力，并严格按照 ISO/IEC17025:1999 标准规范管理。2002 年全部检验检疫实验室通过了国家计量认证和 CNAL（中国实验室国家认可委员会）认可。

危险品中心实验室是以天津为总部，下设香港、温州、宁波、广西 4 个具有一定规模的分中心实验室，在国内同行业中处于领先地位。并获得了加拿大政府的认可证书，成为加拿大政府在美洲以外地区认可的第一家危险品检测实验室，而且是国内惟一获得国际认可、检验证书受欧美等国承认的危险品实验室。目前危险品中心实验室拥有高素质专业技术检测人员 57 人，拥有各类精密先进的检测设备仪器一百余台套，实验室使用面积近 5 000m²；另有 130 亩的危险品室外试验场。检验内容已发展到包括易燃液体、易燃气体、有机过氧化物等九大类危险品、危险品包装及一般化工品的检验，检验业务覆盖中国主要危险品生产和出口的地区。

动植食分中心有三个国家级重点实验室，其中转基因实验室被列为系统内 8 个重点实验室之一。该分中心拥有大批的高素质技术人才，其中具有博士、硕士学位人员占 30%以上，实验室面积 4 000m²，有各类高精尖检测仪器 400 台套。

金属材料实验室现有专业技术检测人员 28 人，化学分析、物理检测及取制样设备共 110 台套，实验室使用面积 1 200 平方米。

轻纺实验室现有检测技术工作人员 22 人，拥有仪器设备 60 台套，实验室使用面积 1 070 平方米。其中的纺织品实验室获国际羊毛局认证，成为国际羊毛局理化检测及外观检测中心。

纸张纸浆实验室现有专业技术检测人员 7 人，拥有仪器设备 62 台套。有符合 ISO187:1990 技术要求的恒温恒湿室两间（面积 50 m²）。检测能力达到国际先进水平。

化工矿产品实验室现有专业技术检测人员 42 人，拥有仪器设备 150 台套，实验室使用面积 1 440m²。国际旅行保健中心由临床实验室、免疫实验室、艾滋病检测初筛中心实验室、结核实验室组成，实验室现有检验技术人员 7 名，检验区域使用面积 400m²，万元以上设备 13 台，仪器设备总值 300 万元。

自行车实验室作为国家级重点实验室，凭借高素质的专业人才、先进的检测手段、领先的科研制标能力、完善的服务体系，成为国家进出口自行车类产品检测的中心实验室，承担全国进出口自行车类产品的检测工作。检测中心面积为 1 500m²，固定资产近 380 万元，现有专业技术人员总计 7 名。中心现有大型检测设备 32 台（套），检测过程由计算机控制，自动化程度高、实验数据准确、检测速度快捷、满足标准广泛。承担 CNS、JIS、DIN、NF、ISO、CPSC、CSA、AS/NZS、BS 及 GB、QB 等标准的检测。

（天津出入境检验检疫局供稿）

整顿认证市场 促进经济发展

——天津市质量技术监督局认证工作概况

近年来，在国家认监委的领导下，天津市质量技术监督局(以下简称“天津局”)的认证认可工作取得了一定的成效，通过宣传推动国家强制性产品认证制度和天津市管理体系认证，清理整顿天津市的认证咨询市场，以及加大对认证市场的监管力度，进一步净化了天津认证市场，为天津经济的发展起到积极的促进作用。同时，积极配合国家认监委开展了对认证机构认证有效性的监督检查和对认证农产品的监督检查工作，受到国家认监委有关领导的肯定。目前，天津市已有1 607家单位取得管理体系认证证书，476家生产企业获得CCC认证证书，有30家认证咨询机构通过国家认监委的审批。

积极宣传推行国家强制性产品认证制度

在2003年国家质检总局和国家认监委联合召开的全国认证认可工作会议和全国强制性产品认证行政执法工作会上，国家认监委主任王凤清充分肯定了天津局在推动国家强制性产品认证制度方面所做的工作。刘卓慧副主任对天津局宣传推动国家强制性产品认证工作也给予了高度的评价。并在《中国质量认证》杂志上(2003年第4期)发表的《质检系统地方两局积极推进CCC认证制度的实施》文章中，用较大的篇幅详细刊登了天津局开展的落实国家强制性产品认证制度说明会、认证企业领导座谈会和贯彻落实国家认监委关于机动车辆类产品强制性产品认证工作要求等宣传推动CCC认证的工作经验。

1、利用新闻媒体、网络等多种形式向社会广泛宣传强制性产品认证制度，并利用咨询电话，解答社会方方面面的问题，尤其是企业提出的问题，积极主动地为企业做好咨询服务与政策引导工作。

2、发挥本系统区县局和有关委办局、行业协会作用，先后组织开展对第一批CCC《目录》内和列入实施CCC认证的三种装饰装修产品生产企业的企业调查摸底，摸清天津市属《目录》内产品的生产企业数量和情况，并召开说明会和不同行业的细则宣传贯彻会等形式30余次，涉及生产和流通领域共计2 000余人，帮助和促进生产企业开展CCC认证工作，指导商业企业严把进货关，不销售未经CCC认证的产品。

3、2003年7月，成功举办了国家强制性产品认证颁证暨天津市CCC认证推进会，国家认监委王凤清主任、天津市夏宝龙常务副市长为天津摩托罗拉公司等10家企业颁发了CCC证书。在会上，王凤清主任对天津局与天津市商委联合发布的《关于进一步推进国家强制性产品认证制度实施的通知》，以及天津市114家商业企业在全国率先发出不销售未经强制认证的相关商品的《天津百家大型商场联合声明》给予了高度的评价。

履行政府职能，清理、整顿和规范认证市场

1、成功地承办了国家认监委举办的东北三省和华北地区质量技术监督系统和商检系统近90人参加的国家认证稽查员培训班。

2、2002年底，组织召开了天津市颁发国家认证咨询机构批准书仪式暨认证咨询工作研讨会，国家认监委领导出席了会议。会上认证咨询机构代表向全市认证咨询机构发出了《天津市认证咨询机构关于加强行业自律联合倡议》，国家认监委的网站及相关中央级新闻媒体都报道了此次活动的情况。

3、2003年1月按照国家认监委的统一部署，组织天津质检系统部分认证稽查员开展了对全国认证机构认证有效性进行监督抽查的工作，共抽查认证企业15家，按时保质保量地完成了国家认监委的抽查任务。

4、落实国家“菜篮子”工程，积极开展认证农产品的监督检查工作。按照国家认监委《关于组织对获得绿色食品、无公害农产品、有机食品认证产品进行监督检查有关问题的通知》统一部署，由天津局牵头，会同天津市出入境检验检疫局，圆满完成对天津市六家大型连锁超市经销的已获得“绿色食品”、“无公害农产品”、“有机食品”认证农产品的执法监督检查工作，受到国家认监委领导的肯定。通过此次检查，也进一步规范了天津市的农产品认证市场秩序，让广大消费者吃上放心的农产品。

天津局还积极配合国家认监委开展对本市无公害蔬菜、水产品、畜产品、奶产品办公室、绿色食品办公室等五家认证机构认证有效性专项监督检查。

在国家认监委的统一部署下，天津局与天津出入境检验检疫局组成领导工作小组，联合开展对天津市15家认证农产品认证有效性进行了专项监督检查。

开展认证市场的执法监督检查工作，规范和净化认证市场

1、开展了对违法违规认证咨询机构的清查工作，组织并指导市稽查大队对天津市的违法违规认证咨询机构进行了检查，共查处15家违法违规咨询机构。国家认监委领导对天津局的这项工作给予了充分的肯定，认为天津局对违法违规机构的执法工作走在了全国的前列。

2、2003年8月1日起，国家CCC认证制度强制实施，在国家认监委的统一领导和部署下，天津局采取全市统一组织和各区县局根据本辖区实际实行日常监督等形式，对实施CCC认证产品实行执法监督检查工作，开展了对执法人员开展CCC执法专项培训；采取月报表形式加强对CCC执法工作的监管；在天津局的局域网上创办《CCC行政执法工作快讯》，一方面及时地向国家认监委、市领导汇报天津局推动CCC认证的工作情况，另一方面在本系统内交流、指导面上工作的开展。2003年8月和2004年4月先后组织了两次全市集中检查行动，有效地遏止未认证产品进入天津市。

计量认证/审查工作

认真贯彻2002年第二次全国计量认证/审查认可工作会议精神以及国家认监委发布的有关文件，在制度建设、队伍建设和计量认证/审查认可的规范运作等方面，都取得了可喜的成绩。此外，根据国家认监委对全国实验室资源普查的要求，及时上报了天津局有关资料和数据。

（天津市质量技术监督局供稿）

健全制度　规范管理　切实做好认证监管工作

——河北出入境检验检疫局认证工作概况

1983年，原河北进出口商品检验局(以下简称原河北商检局)，根据原国家商检局对重要进出口商品实施质量许可制度的精神，组织党组一班人，分析河北出口形势及企业分布状况，确定了首先在机电、纺织企业率先实施出口商品质量许可制度，并配备了人员，明确了职责权限及工作任务。通过深入学习、宣传，使出口企业很快了解了国家实施出口商品质量许可制度的方针、政策及重要意义，积极改进生产条件，改善生产管理，提高产品质量。为使企业尽快满足认证要求，组织开展了出口企业的咨询、检查、指导，使出口商品质量许可制度在河北全面展开。

为使出口商品质量许可制度扎实有效地开展，原河北商检局在总结了10年出口商品质量许可制度实施和管理的基础上，1992年成立了认证监管处，主要负责出口商品质量许可和出口食品卫生注册的考核和管理工作。组建初期，首先建立了出口商品质量许可获证企业档案，并对企业的主要信息实施计算机管理，随时掌握企业的有关信息。

为理顺出口商品质量许可证的考核和管理程序，研究制定了许可证申请—审核组委派—现场考核要求—考核材料上报—批准—发证工作流程，为有效的开展出口商品质量许可制度奠定了基础。

国家认监委成立后，发布了有关认证认可管理工作的规章和规范性文件，加强了对认证监管工作的管理。

河北出入境检验检疫局(以下简称"河北局")成立后，局党组非常重视认证监管工作，统一思想认识，将认证监管与出入境检验检疫作为同等重要的工作来抓，使认证监管为检验检疫保驾护航，确保国门安全。河北局已为企业颁发出口商品质量许可证书405家，颁发ISO9000、ISO14000体系认证证书500家，为企业办理免于办理强制性产品认证证明55份。

为认真落实国家认监委认证认可工作发展战略，河北局加强管理，注重成效，主要抓了以下几方面工作：

健全管理机构，加强队伍建设

为适应新形势需要，河北局成立了法制与综合业务处，各分支机构和省局有关业务处设立了综合业务科，明确了责任和权限，充实了认证监管队伍，使认证监管工作形成了上下联动的管理体系。

健全制度，规范管理，认真做好认证监管工作

1、出口商品质量许可证管理工作。河北局不断总结认证监管工作经验，逐步建立并完善了河北检验检疫系统认证监管三级管理模式，即企业内部管理——所在地检验检疫局监督管理——省局统一认证监管模式。2003年，河北局根据国家认监委认证监管工作要求，制定了《河北出入境检验检疫局出口商品质量许可和出口食品生产企业卫生注册评审工作程序》，明确了许可证管理、考核、审批、发证及后续管理工作程序，统一了考核和评价标准，规范了考核方法。为了加强对现场评审工作的管理，河北局实行了评审组长负责制，保证评审组独立行使职权，不受外界干扰，最大限度地实现责权统一。

截至2004年7月，河北省共考核发放出口商品质量许可证书405份，其中出口机电企业64家、陶瓷企业(含输美陶瓷认证企业35家)46家、包装企业270家、其他企业26家，吊销或注销出口商品质量许可证58家。质量许可制度的实施，促进出口商品生产企业加强管理。

2、强制性产品认证管理工作。为使强制性产品认证制度在河北省有效实施，河北局首先对《目录》内产品的生产企业进行了全面摸底，并对企业进行有针对性的宣传，使企业全面了解实施强制性产品认证制度的意义，并积极申请认证，从而确保所辖企业2003年8月1日前全部通过强制性产品认证。

为积极做好免于办理强制性产品认证工作，根据国家认监委有关规定，河北局研究制定了《河北检验检疫局免于办理强制性产品认证工作程序》，为进一步作好免办CCC认证工作奠定了基础。

3、体系认证管理工作。根据原外经贸部和国家商检局联合下发的《关于出口商品生产企业推行ISO9000系列标准的通知》要求，原河北商检局于1993年1月15日成立ISO9000质量体系评审机构筹建组；1993年6月9日，北方质量体系评审中心在原河北商检局正式成立；同年10月26日，原国家商检局出口商品生产企业质量体系(ISO9000)工作委员会组织河北、山西、内蒙古商检局在太原召开会议，建议三方联合组建北方质量体系评审中心，该建议获得会议通过，并确定了北方质量体系评审中心的领导机构和组织机构，总部设在原河北商检局。1998年5月，根据原国家商检局的统一要求和部署，北方评审中心改称中国进出口质量认证中心河北评审中心，山西、内蒙古独立为山西评审中心和内蒙古评审中心。2002年，CQC河北评审中心随总部共同更名为中国质量认证中心河北评审中心。

1994年10月，CQC河北评审中心的认证的首家企业华北铝业有限公司通过现场审核，标志着河北评审中心认证工作的全面展开。至国家认监委成立以前，河北评审中心认证企业数量达到150家左右，以进出口企业为主；国家认监委成立以后，认证企业逐步从进出口企业向非进出口企业、非制造业延伸，认证的种类也从单一的ISO9000质量管理体系认证向ISO14000、OHSAS18000、HACCP等各类管理体系、整合管理体系认证发展，认证企业数量从2001年底的200家增加到2003年年底的近500家。

国家认监委成立以来，河北评审中心认真贯彻执行了认监委的各项规定。2002年7月，河北评审中心召集各认证企业召开了专门会议，会议贯彻了认监委及CQC总部的各项规定和指示精神，并根据国家认监委、CQC总部的要求，开展了多次自查自纠活动。多年来客观、公正、务实、高效的认证行为，不以数量为认证工作追求的目标，热情为企业提供增值服务，CQC河北评审中心赢得了良好的市场声誉，也为河北评审中心的长足发展提供了可靠的保证。

加强认证企业的后续管理

为使认证企业持续符合认证条件要求，河北局采用日常监督管理和定期监督管理相结合的监管模式，促进企业不断改进管理，提高出口产品质量。

1、日常监督管理。对出口企业的日常监督管理，通常由所在分支机构和省局有关业务处负责，每年日常监督应不少于2次，并与出口商品检验工作同时进行。监督审核的内容：一是统计分析其出口产品质量情况，二是评审企业的质量管理是否符合认证条件要求，以确保认证企业体系运行持续有效。

2、定期监督管理。对出口企业的定期监督管理，由省局认证认可主管部门统一组织。获得出口日用陶瓷质量许可证企业，在其认证证书有效期(3年)内应至少组织一次监督评审，全面评价认证企业质量管理体系的持续有效性，以保证认证工作质量和信誉。

(河北出入境检验检疫局供稿)

以“龙形经济”和“区域经济”为切入点 大力推行质量体系认证

——河北省质量技术监督局认证工作概况

河北省的认证认可工作以落实国务院《关于加强认证认可工作的通知》和《中华人民共和国认证认可条例》为重点，以构建质量认证咨询体系和质量检验体系为主线，以素质建设为基础，按照“围绕一个中心，建设两个体系，推动三方面工作，夯实四项基础”的工作思路，坚持统一规划、强化监管、提高效能和与国际惯例接轨的原则，与时俱进，扎实工作，推动了河北省的质量体系认证、强制产品认证和质检机构建设，为河北省经济的跨越式发展和社会进步做出了应有的贡献。

以《通知》精神为指南，建立认证认可体系

国务院《关于加强认证认可工作的通知》，是指导认证认可工作的纲领性文件，是做好认证认可工作的指南。为了落实《通知》精神，推动全省的认证认可工作，经过认真研究讨论，制定了河北省“认证工作三年规划”，明确了工作目标和计划，并根据各市局经济发展状况进行了目标分解和量化，各市也根据各自的特点制订了本市的三年规划。

经过全省认证认可工作者的共同努力，河北省已经初步建立起适应本省经济发展所需要的认证、认证咨询、培训和行政监管体系。首先，经过政府机构改革，省局成立了认证评审处，并随着发展的需要，其职能不断完善，承担起体系认证监管、强制性认证产品监管和质量检验机构管理的职能，河北省各市已确定了对口部门，在全省形成了监督管理体系，特别是国家认监委成立后，其职能进一步完善。二是“中国方圆标志认证委员会河北审核中心”不断发展，已经成为全省最大，最有影响的认证机构。三是成立了“河北省质量技术监督局认证认可服务中心”，承担体系认证咨询、实验室认证咨询、计量认证的技术性工作和各类相关的培训等认证认可方面的技术性工作，争取将这个中心发展成为全省最大的咨询服务机构。经过一年多的筹建和发展，该中心已初步走向正轨，取得了一定的成绩，实现了预期的目标。四是实现了对体系认证机构的管理，全省已经有38家体系认证咨询机构进行了备案，形成了本省的体系认证咨询体系。

1、加强协调，扎实工作，履行新的职能。为了适应整顿和规范市场经济秩序形势的需要，省局及省以下质量技术监督局的内设机构和职能进行了相应的调整。省质量技术监督局内设认证评审处，其职能除负责全省质量认证工作外，增加了“管理校准实验室评审、认可”工作；负责全省产品质量检验机构的审查认可和计量认证工作，规范和监督质量检验、质量认证中介机构等职能。按照上、下职能对口的原则，根据全省质量技术监督体制改革会议精神，各市的职能设置方案中由质量科（处）加挂认证评审科（处）的牌子，与省局认证评审处对口。

通过调整，省局认证评审处按照新的职能配置，对内基本理顺了工作关系，完成了计量认证、质检机构审查认可和实验室评审等职能转换工作，对外认评处与有关行业协调，发挥行业的作用，充分调动各方面的积极性，共同抓好认证认可工作。目前已经与卫生、药检、环保、建工等8个行业进行了协调，成立了环境监测、建筑工程质量、公路工程质量等专业评审组，保证了评审质量。

2、内强素质，外树形象，中方委河北审核中心迅速成长。2001年，河北省局不断深化中方委河北审核中心内部管理工作，建立了一套不拘一格、灵活机动的用人机制，加强培训，努力提高各类人员的素质，开拓了方圆标志认证市场，使认证工作有了长足发展。一是，专业审核范围更加全面，审核员队伍快速发展，审核能力大大加强。由中心建立之初的覆盖24个小类，扩展为160个小类。共培养高级审核员15名，审核员18名，验证审核员1名，中心拥有专兼职审核人员154名。二是，加强了市场开发工作，市场份额逐年大幅度提高。2002年受理企业190余家，监督审核企业180余家，截至2002年底，累计向中国方圆委推荐认证企业近400家。全年受理ISO14000环境管理体系认证3家，GB/T28001-2001职业健康安全体系认证企业1家。2003年，中方委河北审核中心克服了"非典"造成的损失，完成初审企业188家，复评72家；结合审核9家；监督审核180家；审查/审定材料400余份，出具(审查)审定意见180份，客户满意率100 %，投诉处理率100%，认证结果合格率100%的好成绩，较好地完成了全年目标。中心积极开展业务培训及技术交流，重新登记/评定审核人员180人次；举办各类培训班6期，139人参加了培训，中心53人参加各类外部培训。审核专业占39大类中的30大类，比2002年增加3大类，并实现了省外认证审核零的突破。中心努力拓展新的认证领域，开发人事局、财政局、教育局、审计局、交通局、检察院、法院、技术监督局等行政机关20余家，其中仅本系统就有9家，增长233%；学校4家、增长100%；酒店、宾馆等服务业7家，增长75%。发放《顾客满意度调查表》420份，满意率100%。中心进一步规范工作程序，制定和修改了14项规章制度，做到每个岗位职责明确，每项业务有章可循，每件工作有规范标准。并在民主选聘中层领导干部的基础上，对其他岗位和人员实行双向选择、择优录用的办法，定岗、定人、定薪、定职责，由身份管理变为岗位管理，为全面完成工作目标打下了良好的基础。

3、解放思想，开拓创新，建立以技术监督系统为主干的质量认证咨询体系。到2001年底，河北省通过质量体系认证的企业达到1 658家，占全国37 706家的4.4%，处第七位；通过产品认证的企业443家，证书1 549个，占全国的1.82%，均处于落后状态。虽然发展较快，但是与本省的经济实力相比还存在较大的差距。鉴于目前河北省特别是质量技术监督系统质量认证咨询机构少、认证工作滞后的状况，为整顿认证市场创造条件，认证评审工作把建立以技术监督系统为主干的质量认证咨询体系作为重点，基本思路是：以河北省质量技术监督局认证认可服务中心为母体，以各市的认证评审科为后盾，以聘任制为主要形式，各市成立工作机构，实行独立核算，承担质量体系认证和产品安全认证咨询、质检机构评审的技术工作以及人员培训等技术性工作，成为当地质量工作的技术服务机构。目前，中心已经开始正常工作并在各市建立了工作部，基本形成了覆盖全省的工作网络，有力地推动了质量认证工作的开展。

4、以《条例》精神为指导，强化监管，形成本省的体系认证网络。2002年，整治认证市场混乱成为省局工作的重点。为此省局首先按照国家认监委的要求对现有咨询机构进行了备案，全省有27家咨询机构通过了国家备案；其次，针对认证市场混乱的情况，下发了对全省认证情况进行摸底和监督检查的通知，力求全面掌握全省认证企业情况，对那些违纪、违规的行为进行重点监督；三是加强与认证咨询机构的沟通，多次召开认证咨询机构座谈会，沟通情况，推行行业自律，促进健康发展。

2003年，按照国家认监委对认证机构、认证咨询机构重新确认登记的要求，对全省原有的38家认证咨询机构进行重新确认登记，对各个机构的材料进行了严格审查，帮助22家认证咨询机构重新确认登记，取得了证书，并在《河北经济日报》公告。同时，组织对五家认证咨询机构进行了监督检查。

《中华人民共和国认证认可条例》的颁布和实施，使中国认证认可工作走上了规范化、法制化轨道。为了贯彻落实《条例》和第二次全国认证认可工作会议精神，省局召开了全省认证认可培训工作会议，会上邀请了《条例》起草人之一，国家认监委法律事务部主任袁俊明到会讲课，使与会的80多名代表对《条例》精神有了更深刻的领会。会议要求各级质检部门要按照《条例》规定，履行好职责，建立健全各项工作制度，加强对各类中介机构管理，加大执法力度，规范整顿认证认可市场，这次会议的召开进一步推动了全省认证认可工作的开展。

为了规范认证市场，加强对认证企业有效性监督，有效地净化认证市场，2003年对在河北省从事认证、认证咨询、认证培训、CCC代理的机构工作质量和获证企业有效性布置了监督抽查，取得了良好的效果。

以"龙形经济"和"区域经济"为切入点，发挥政府职能，推动质量体系认证工作

按照省政府的"龙形经济"模式，省局与有关部门协调，探讨共同推动质量认证工作的思路。省局与省卫生厅协作，以邯郸中心医院为典型，在医疗卫生系统进行质量体系认证的试点，省卫生厅已经将质量体系认证工作列为工作重点来抓，要求"三甲"以上医院进行质量体系认证。通过对保定开发区国税局质量认证工作进行调查研究，总结经验，推动国税系统的认证工作。局党组对本系统机关的认证工作非常重视，并把石家庄鹿泉市作为行政机关进行质量体系认证的典型来抓，认评处专门进行了调研，鹿泉市质量技术监督局、丰润县质量技术监督局、唐山市局和廊坊市局先后通过了中方委河北审核中心的审核，对于鹿泉市、丰润局和廊坊市局的认证经验，省局以简报的形式向本系统各局进行宣传和推广。

围绕区域特色经济，紧密与当地政府合作，发挥本省

审核机构、咨询机构的优势，制定有利于企业发展的政策和措施，发挥企业、机构和政府几方面的积极性，推动河北省的质量认证工作的开展。各市质量技术监督局也积极争取当地政府领导的支持，加大向当地政府宣传质量认证工作对本地经济发展重大作用的力度，把认证工作作为“双兴”战略的重要组成部分来抓，制定责任制，保证了规划落到实处；各市配合名牌战略的实施，将ISO9000认证作为申报名牌企业、质量效益型先进企业、省优质服务单位的前提条件，全面推动认证工作向纵深发展。

以素质建设为核心，加快技术机构的改革步伐

1、围绕特色经济，促进技术机构改革。质量检验和检测技术机构是本系统的技术支撑，经过多年的努力，河北省已经建立起门类较齐全的质量检验机构，在质量监督工作和经济建设中起到了重要的作用。但是，由于历史的诸多因素的影响，这些机构规模较小，水平较低，仪器设备陈旧，项目无特点，难以适应经济高速发展和加入世贸组织新形势的需要。加之机构改革后，质检机构将进一步面向社会，必将大量承担社会和其他系统的任务，行业的自我保护进一步减少，过去依靠行业垄断创收的局面被逐步打破，这将又是一次新的挑战。为此省局提出了质检机构的发展思路，推进全省的质量检验体系建设，鼓励直属的省院（所、局）和有实力的检验机构带头组建检验、检测集团，发挥规模经济优势，提高经济效益、社会影响力和抵御风险的能力，帮助它们开拓新的领域和项目，创建名牌、构建服务体系，满足企业和人民生活的需要。要求各市质检机构充分发挥质量技术监督的系统优势，在加大投资的同时，通过联合、租赁、兼并等经济手段扩大服务领域和项目覆盖率，争取做到日常项目检验不出市，形成本市的检验网络，树立以企业和消费者为中心的服务意识，强化管理，提高知名度和社会影响力。要求县级质检机构紧紧围绕当地的区域经济上项目，不断提高管理水平和人员素质，培养一批懂管理、熟悉区域经济产品技术和生产的专业人才，使县级机构成为质量检验和技术服务中心，变逆向工作为顺向工作，真正实现为经济建设服务。

为引导技术机构围绕“龙形经济”和“区域特色经济”上项目，指导质检机构发展，按照省级建集团上水平、市级建网络搞协作、县级围绕区域经济上项目的思路发展，各市局制定了检验机构发展三年规划，对所申报的项目增加了“河北省新建质检机构和新增项目可行性研究报告”，防止了上项目的随意和盲目性。

2、推行新《准则》，提高质检机构的科学化管理水平。为了提高人员素质，使管理水平适应新形势要求，省认证评审处以促进质检机构素质的提高、增强质检机构的适应能力为重点，落实了以下几方面的工作：一是按照国家局的要求对新的《计量认证/审查认可（验收）评审准则》进行宣传贯彻，在原有180余名评审员的基础上补充培训新评审员250余名。二是按照行业和地区的特点，及时对认证认可机构的法人、技术负责人和质量负责人进行培训，贯彻了新的《计量认证/审查认可（验收）评审准则》和法律法规，提高质检机构管理人员的管理水平和法制意识，增强质检机构的生存能力，基本实现了管理人员持证上岗。三是在全省开展质检人员上岗培训工作，实现持证上岗，保证检验质量。四是提高办公现代化水平，在全省质量检验机构推行“认证评审管理信息系统”，宣传了技术监督法律法规，并在评审中广泛使用计算机软件，提高了科学化管理水平和工作效率。五是按照国家局的安排，对认证认可机构进行了一次全面的监督检查、清理整顿和年审，初步摸清底数，掌握情况，提高了质检机构的法制意识。目前河北省计量认证实验室达到700家，通过审查认可（验收）的实验室256家，通过国家实验室认可的实验室累计达到11家。

3、加强监督管理，提高检验机构素质。质检机构的素质是其竞争力的重要方面，也是管理工作的重要内容，省局主要抓人员素质、能力比对和监督检查等几个方面的工作。一是继续抓好人员培训，按质量体系运行要求，对新申请和不符合至少2名内审员要求的实验室进行培训，培训人员达320余名；召开了评审组长和市局主管人员参加的认证评审研讨会，学习“评审准则”，研讨条款的理解和掌握，统一了评审过程中所要把握的关键点和评审尺度，将评审中所需要材料和表格制作了光盘，分发评审员手中，提高了评审工作效率，促进了质量手册编写质量的进一步提高，提高了全省整体实验室建立质量体系的水平；继续推行检验人员统一持证上岗制度。

二是抓好实验室能力比对工作，开展了河北省质检机构水泥测试能力比对工作，组织了涉及各级质检所、卫生防疫站、环境保护监测站、农（林、畜）产品等检测机构参加的能力比对；委托河北省工程建设质量监督检测管理总站承办了建筑工程室内环境检测机构检验人员的培训，并进行了室内环境检测机构的能力验证考核工作，提高了民用建筑工程室内环境污染检测机构的检测和管理水平，维护了该检测市场的正常秩序，维护了消费者的合

法权益。

三是强化行政监督管理手段，对获得计量认证/审查认可证书的机构加强监督检查，促使其提高质量管理水平，规范检验行为。各市局对所在辖区的检验机构，采取年度审核和现场监督检查的方式，查处了一些机构存在管理涣散、计量器具不按时检定或漏检，超范围、超期开展检测工作等问题。

以服务企业为着眼点，抓好强制性产品认证工作，保护消费者权益

为了贯彻落实国家质检总局《强制性产品认证管理规定》、《强制性产品认证标志管理办法》、《第一批实施强制性产品认证的产品目录》和《实施强制性产品认证有关问题的通知》4个文件精神。河北省主要抓了对认证企业的帮促工作，通过举办培训班、宣传贯彻会、技术咨询等形式帮助企业掌握有关政策和办法，尽快取得认证证书，为企业和经济服务。

通过一年多的努力，强制性产品认证制度在全省得到了推行。首先，抓好对强制性产品认证的宣传工作。省局通过举办强制性产品认证说明会、培训班，利用新闻媒体等多种形式广泛向社会宣传强制性产品认证工作。通过一系列宣传推广活动，营造了强制性产品认证的良好氛围。

第二，深入调查摸底，为企业认证做好服务工作。根据国家认监委的统一部署，省局向各市、县(区)局发出通知，对强制性产品生产企业分布情况进行调查，摸清底数，并在调查的基础上，建立企业认证档案。各市、县(区)局的监管人员树立为企业服务意识，深入基层，积极和各认证机构协调，帮助企业做好认证申办工作，为制度的推广打下了良好的基础。

沧州市将强制性产品认证工作向市政府做了专题汇报，市政府发出了《关于做好产品质量市场准入工作的通知》，召开电话会议，提出了具体措施，并在沧州市质监局设立了专门办事机构，全面推动强制性产品认证工作。邢台市宁晋县质监局根据本县电线电缆生产企业较集中的特点，对辖区内有关企业进行了深入的调查摸底，局长王群刚亲自带队下企业进行宣传，使全县90家CCC认证企业通过率达95%。

第三，把行政执法工作作为强制性产品认证制度推广的动力。“全国强制性产品认证行政执法工作会议”后，省局随即召开了“全省强制性产品认证行政执法工作会议”，具体宣讲强制性产品认证行政执法的有关知识并部署具体的工作。

2003年8月1日是实施强制性产品认证行政执法的第一天，郭风集局长亲临第一线，深入北国商城、东方购物中心进行现场检查，并接受了各大媒体的采访。各市局在同一天也进行了执法检查活动，对未进行CCC认证的产品进行了查处，对不符合标志的张贴规定进行了纠正，对国家认监委提出重点查处的“六大类”产品实施了重点检查。

据不完全统计，河北省已有800多家企业进行了CCC认证，获得CCC认证证书2000多张，对不符合CCC认证或达不到CCC认证要求的企业和产品进行了关、停、并、转，各大商场和电器经销专业商场的经销产品绝大部分符合CCC认证要求。由于行政执法检查到位，维护了广大消费者利益，保证了强制性产品认证制度的实施。

(河北省质量技术监督局供稿)

不断总结经验 切实做好认证监管工作

——山西出入境检验检疫局认证工作概况

对出口企业的监督管理是《商检法》赋予检验检疫部门的重要职责之一，山西出入境检验检疫局（以下简称“山西局”）在充分认识市场经济特征的基础上，充分发挥监督管理职能，坚持依法行政，以规范管理、提高工作质量为中心，全面、深入开展监督管理工作，进一步促进了山西地区对外经济贸易的顺利开展，为把好进出口商品质量关起到了重要的保证作用。

国家认监委成立以前山西地区开展认证工作的基本情况

认监委成立以前，山西局为实现“以质取胜”的发展战略，重点抓了以下几方面的工作：

1、对易腐、易变、质量不稳定的商品采取严格的检验把关和质量监督；

2、对大宗的、重点出口商品实行跟踪检验；

3、对检验中不合格产品采取“一查二处三帮助”，既要依法检验，又要热情帮助，积极扶持；

4、加强对生产加工过程中的监督管理，把不合格因素解决在生产加工过程中；

5、在加强卫生注册、质量许可证考核的同时，改进考核办法，实行分层次管理。对涉及安全、卫生的出口食品企业坚持严格注册、登记考核并注重考核注册登记后的后续管理工作。

国家认监委成立以后山西局认证认可工作情况

1、全面认真贯彻《中华人民共和国认证认可条例》。自《中华人民共和国认证认可条例》（以下简称《条例》）发布实施以来，山西局领导高度重视，组织全系统执法人员进行了全面宣传贯彻，任传永副局长代表局党组在学习前进行了动员，着重强调了学习《条例》的重要意义、目的，并就学习好贯彻好《条例》具体要求。通过学习贯彻，使执法人员对《条例》的原则、基本内容、科学内涵和精神实质有了进一步的了解。

2、建章立制，强化管理，确保认证认可工作质量。

（1）进一步明确了山西局卫生注册、登记的主管部门与监管部门的职责分工，以及在卫生注册、登记管理工作中各业务主管单位的主导监管地位，确定了局科技与认证处为卫生注册、登记工作主管部门，建立了卫生注册、登记主管部门与业务主管单位在管理工作中的协调配合机制，使卫生注册、登记管理工作形成了统一领导，分工协作，各负其责的局面。

（2）遵照国家质检总局令《出口食品生产企业卫生注册管理规定》（2002 年第 20 号）要求，制定印发了山西检验检疫局《关于进一步规范卫生注册、登记获证企业实施监督管理工作的通知》（晋检科函[2003]39 号），强化了卫生企业日常监督、定期监督检查和复查换证工作，规范了不同种类出口食品生产企业日常监督和定期监督检查的依据和最低频次，有力地促进了卫生注册登记管理工作的程序化和规范化。

（3）继续加强评审员队伍建设，对在册的 38 位卫生注册评审员采取培训、考评、定期召开经验交流总结会议等方式，不断提高评审员政治和业务素质，确保评审工作质量。

3、全面清理整顿认证市场。根据国家认监委《关于对认证违法违规机构进行清查的通知》（国认可[2002]61 号）要求，山西局及时组织相关部门进行了传达贯彻，并安排部署了清查工作。2003 年 1 月中旬，山西局组织各分支局、各业务部门对所辖区出口获证（ISO9000，ISO14000，OHSAS18000）企业进行了全面摸底调研，并对部分外商投资认证机构在山西地区认证的企业进行了检查，未发现认证、认证培训、认证咨询机构超越范围、误导宣传、虚假认证、出卖证书及采取不正当手段竞争的违法违规现象。

根据职责分工，山西局备案在册咨询公司只有 1 个，即山西商检公司。目前尚无外商投资认证咨询机构前来办理相关手续。从对山西商检公司检查情况看，均符合规定，未发现违法违规行为。

清理检查期间，山西局与山西省质量技术监督局及时沟通，并达成共识，紧密合作，齐抓共管，确保山西地区认证工作健康、有序发展。

4、对认证机构有效性进行监督抽查。遵照国家认监委《关于对认证机构认证有效性进行监督抽查的通知》(国认可[2002]66 号)精神,山西局及时组织相关人员进行了传达贯彻,并指定专人负责安排部署了抽查工作。

(1)基本情况。根据国家认监委认证有效性监督抽查企业名单安排,山西局需抽查境外认证机构(BVQI、RWTUV)在本省认证的企业 2 个,分别是太原刚玉磁电实业有限公司、山西省定襄县龙门锻压有限公司。通过摸底调查,太原刚玉磁电实业有限公司于 1999 年通过英国摩迪认证机构 ISO9000 质量体系认证 (1994 年版),在 2001 年换版过程中,认证公司已改为北京中质协质量认证中心,经与国家认监委认可监管部联系核实,该企业不属于此次抽查范围,故取消对其抽查。鉴于上述原因,山西局只对山西省定襄县龙门锻压有限公司进行了抽查。

(2)抽查情况。2003 年 1 月 17 日,审核组对山西省定襄县龙门锻压有限公司的质量体系运行情况进行了检查,受审核方积极配合,审核工作进展顺利。从检查情况看:该公司质量体系能够较为有效地运行,并能保证产品达到相关要求,质量体系从建立到运行基本符合 ISO9002:1994 的相关要求。在审查为企业提供认证服务的机构"汉德技术监督服务(香港)有限公司"的审核文件中,发现存在有描述不规范、审核范围专业代码不能涵盖法兰制造业的审核等问题。

(3)抽查结论。该公司质量体系运行状况良好,但对其提供认证服务的机构"汉德技术监督服务(香港)有限公司"的审核员审核范围是否合适,还需进一步确认。

5、实验室资源调查情况。山西检验检疫局共有 10 个实验室,检测设备 200 余台(套),固定资产 850 万元,能检测 100 类商品,300 多个项目,专职人员 30 人。另外,为了满足实际工作需要,山西局确定了 6 个社会实验室做补充,在矿产、法兰、耐火材料、麻布等方面做了大量的工作。

6、进出口食品卫生注册工作情况。实际工作中,认证监管人员充分认识到出口食品的安全卫生是关系国家政治和经济利益的大事,本着既要严格把关,又要为企业服务的原则,监管人员工作作风求真务实、高效严谨,从源头抓起,从生产过程入手,以完善企业管理为重点,结合检验检疫工作,积极推行 ISO9000 管理理念和 HACCP 管理体系,对于评审、复查换证工作中发现的问题统一认识,及时解决,积极帮助企业不断完善卫生质量管理体系,对复查中需整改的企业提供技术指导,帮助企业按照《出口食品生产企业卫生要求》进行建设和技改,使企业整体质量管理水平得到了提高,确保了出口食品安全。

芦笋罐头、速冻芦笋作为山西省大宗出口商品,山西局自 2000 年开始实施驻点检验检疫监管以来,成效显著。为确保出口芦笋罐头质量,缩短检验流程,促进地方经济发展,4 月份,在芦笋生产旺季开始又派出由食品处、检务处、技术中心与侯马局组成的专门检验检疫小组实行驻地检验检疫、驻地监管指导,受到了地方政府和企业的一致赞誉,保证了检验检疫工作质量。

开展卫生注册工作的有关经验

山西局在认证监管实践中取得了一些可贵的经验。一是从源头抓起,实行驻点、驻厂和"三专"管理制度,注重对产品加工全过程监督管理;二是积极宣传过程控制对产品质量的重要性,促使其采取切实有效的措施加以控制;三是充分发挥检验检疫的技术优势,为企业提供技术服务,指导企业在产品加工过程中引入危害分析与关键控制点(HACCP),同时对加工生产环节实施严格的控制;四是按照不同国家和地区要求促进企业实验室的建设。

(山西出入境检验检疫局供稿)

服务经济　促进发展　努力开创认证工作新局面

——山西省质量技术监督局认证工作概况

在国家质检总局和国家认监委的统一领导下，山西省质量技术监督局(以下简称“山西局”)系统认证认可工作结合山西经济发展的实际，以提高企业质量管理水平，整顿和规范认证市场秩序为目标，努力做好全省认证认可各项工作。国家认监委成立后，在体制上解决了多头管理的问题。全省认证认可工作进入了一个新的发展时期。随着《中华人民共和国认证认可条例》(以下简称《条例》)的颁布实施，山西省质监系统认真履行认证监管职能，强化计量认证管理，加大强制性产品认证行政执法力度，全面整顿和规范认证市场，各项工作都有了新的进展。

国家认监委成立以前开展认证工作的基本情况

山西省质监局在2000年8月成立了认证处，根据“三定”方案规定，其主要职责是统一管理全省计量认证和质量认证工作。在国家认监委成立以前，主要以宣传推动、学习培训、帮助引导为主，通过采取认证知识讲座、召开记者招待会、组建中国方圆标志认证委员会山西审核中心等多种形式，促进质量认证工作在山西省快速发展。在执法检查方面也做了一些工作。但由于国家对认证认可工作缺乏统一管理，有关法律法规相对滞后，执法依据不足，缺乏可操作性，使山西省对认证市场的多头管理和无序竞争没有有效的监管手段。

国家认监委成立以前，山西省有CRBA质量管理体系级别审核员(含实习审核员、审核员、高级审核员)共247人；质量体系认证获证企业数为655家，占全国认证总数的1.74%，产品质量认证获证企业数为63家，认证证书累计数219张，累计证书占全国0.26%。全省共有6家境内质量认证咨询机构在山西局备案登记，有7个实验室通过了实验室认可，依法设置的质检机构108个。

国家认监委成立以后开展认证工作的基本情况

国家认监委成立以后，特别是《条例》的颁布实施，确立了国家认监委统一管理和综合协调全国认证认可工作的法律地位，明确规定地方两局为认证工作的监管部门。《条例》的有关规定，为认证认可工作提供了法律依据。山西局认真学习贯彻《条例》，围绕国家认监委对认证认可/合格评定分“三步走”的总体目标，以服务经济、促进发展为目标，以规范认证市场、推动强制认证、构建合格质量检验体系为重点，切实履行认证监管职责，全省认证认可工作取得了较大进展。主要做了以下几项工作：

1、以贯彻落实《条例》为契机，努力开创认证认可工作新局面。组织全省开展《条例》的学习培训、宣传贯彻工作。根据全国第二次认证认可工作会议精神和国家质监总局、国家认监委的要求，结合山西省工作实际，全面开展了《条例》学习培训工作。省局对全省各市(地)局分管局长、质量科(认证科)、法规宣教科、稽查分局的认证监管和执法人员以及认证咨询机构进行了培训。省局要求各市(地)局一定要抓住这一机遇，进一步加强领导，周密组织，层层落实，有计划、有步骤地开展认证认可条例的培训，领会精神实质，掌握具体规定。同时还向社会和广大人民群众广泛深入地宣传认证认可监督、管理的责任和义务，维护广大群众的合法权益。同时，全省质监系统各部门从2003年11月20日起，用4个月时间分三个阶段，重点组织对《条例》的学习宣传活动。

2、大力推动强制性产品认证，积极稳妥地组织执法监督检查。

(1)取得政府支持。将强制性产品认证制度和工作进展情况及时分别向王昕、宋北彬两位副省长做了专题书面汇报，积极取得政府的支持。

(2)建立信息档案。结合山西省实际，从2002年初就认真组织安排对全省涉及CCC产品的生产企业进行调查，逐个摸底，分类指导，重点帮促。通过调查，对本省生产强制性认证产品的100多个企业逐个建立信息档案，并实行动态管理，在指导帮助企业尽快申请CCC认证的同时，为实施强制性产品认证执法监督检查提供了信息，做到“立足服务，促进发展”。

(3)加大宣传力度。对强制性产品认证采取多媒体、多层面宣传,山西局通过山西电视台、黄河电视台、太原电视台、山西经济报等媒体进行了各种形式的宣传,利用"3·15"、质量月等有利时机,与检验检疫局密切配合,共同深入企业、街头、商场发放宣传资料,组织"CCC"知识咨询和专题讲座。同时各市(地)局有针对性地组织生产企业和经销商进行了"CCC"认证培训。充分发挥在本省有一定影响的四家大型商场的带头作用,开展"全国百家商场联合声明活动",在商场醒目位置悬挂"本店不销售未经 CCC 认证的相关产品"横幅,提供"买家电,看 CCC"导购服务。还发放了有关宣传材料、张贴画和光盘一万余份。初步形成了全社会抵制无证产品的良好社会氛围,有力地促进了 CCC 认证制度在山西省的贯彻实施。

(4)加强执法检查。为确保执法监督工作顺利进行,对全省各市(地)局质量/认证科、法规科、稽查分局及省局稽查分局的执法人员进行了师资培训,各市局对县局和辖区内有关企业组织了培训。并且专门制作了 CCC 培训材料软件,购置了认证认可法律法规汇编,印发了相关文件,确保了执法队伍素质过硬。同时召开各市局分管局长、质量/认证科长会议,贯彻全国工作会议精神,统一思想,提高认识,提出本省实施意见,保证执法工作质量。

(5)执法与服务相结合。CCC 执法工作实施以来,省局按照国家认监委的统一安排,本着宣传、服务、执法相结合的原则,有计划、有重点、积极稳妥地开展执法检查。与山西出入境检验检疫局密切联系、相互配合,共同组织了全省 CCC 执法联合行动,两局局长亲自挂帅,各市(地)政府和商贸委领导高度重视,积极配合,亲自参加。各大新闻媒体及时跟踪报道。对应认证而未获证、未按规定加施 CCC 标志、冒用 CCC 标志等违法行为进行了查处。截至 2003 年底,全省质监执法人员共检查单位 9 375 家(其中生产企业 138 家,经销商 9 167 家,从事经营性活动的经营单位 61 家),罚款 83 万余元,取得了阶段性成果。

3、依法规范,从严查处,认证市场秩序明显好转。

(1)加强对咨询机构的监督管理。针对山西省认证咨询机构过渡资质多,人力资源配备普遍不足,个别机构咨询质量不高等情况,2002 年出台实施了《山西省认证咨询机构监督管理办法》。同时,按照国家认监委、国家质检总局等联合下发的有关文件要求,对全省 20 家认证咨询机构进行了资格再确认审查。经认真审查,将符合条件的 14 家认证咨询机构上报国家认监委,全部获得认监委颁发的批准证书。

(2)根据国家认监委的安排,对认证机构认证有效性组织监督抽查。山西局对全省 14 家获证企业进行了认证有效性稽查。经查,全省 12 家获证企业,除两家因故无法审核外,"符合要求"的 1 家,"基本符合"的 7 家,"不符合"的 2 家。

(3)组织对认证违法违规机构进行清查。根据国认可[2002]61 号《关于对认证违法违规机构进行清查的通知》要求,山西局安排各市(地)局确定专人负责,组织在全省范围内进行了集中清查。各地通过查认证合同、查质量手册、查程序文件和向管理者代表、内审员了解情况,查出部分违规机构。违规的主要问题是认证机构与咨询机构有密切关系,咨询机构签订咨询、认证总包合同;国外认证机构无中文合同及中文证书等。通过对获证企业的有效性稽查和对认证咨询机构资格再确认以及对认证违法违规机构进行清查,规范了机构的行为,有效地推动了山西省认证工作的健康有序发展。

4、严格标准,加强管理,实验室能力和水平有了新提高。为了适应中国加入世贸组织的新形势,尽快提高山西省质量检验机构的工作水平,增强实验室的社会影响力和竞争力,按照国务院《关于加强认证认可工作的通知》"统一规划,强化监管,规范市场,提高效能和与国际惯例接轨"的原则,我们坚持严格标准,实事求是,管理与服务并举,检查评审与培训辅导相结合的做法,全面推动全省检验检测机构建设。

(1)加强培训,提高人员素质。计量认证、审查认可工作政策性、技术性较强,为保证山西省评审工作质量,严格按照国家新颁布的"二合一"评审准则进行实验室评审,首先强化评审员队伍,其次对检测机构进行转版宣传贯彻。对原有的省级评审员队伍进行整合,在培训、考核的基础上,建立了由质监系统、省环保、卫生、医药、建设、地质等有关省级厅局组成的省级评审员库,2003 年底共培训评审员 120 余人,实验室内审员 750 余人(另外为环保系统培训内审员 100 余人,为水质检测机构培训内审员 46 人)。保证了新的评审准则的贯彻实施。

2003 年上半年,为确保对全省 260 多个实验室监督评审工作的顺利开展和按期完成,强化地市评审员队伍,省局又组织各市(地)局认证科长及技术专家共 50 多人,进行了《计量认证/审查认可(验收)评审准则》的评审员培训,扩大了评审员队伍,取得了良好效果。并在各(地)

市局的大力配合下，对全省获证检测机构业务骨干进行转版培训实验室内审员600余人。为促进全省水质监测质量的提高，保证全省人民的饮水安全，专门组织全省水质监测网的13个实验室的46名内审员进行了《评审准则》贯标培训，也为这些实验复查换证打下了扎实的基础。

(2)通过计量认证/审查认可(验收)评审工作，促进实验室能力和水平提高。实验数据的准确性，特别是产品质量检验机构的数据是否科学、公正、准确，直接影响对产品质量优劣的判断，同时关系着行政执法的质量和政府的形象。鉴于此，首先，抓评审员队伍建设，在强化学习培训的基础上，根据计量认证/审查认可要求，细化原有审核内容，对标准有效性、检测仪器的能力保障，自行设计了现场审核记录表和评审组工作记录表。对评审员的工作质量基本做到责权分明，便于管理。其次，省局本着严格标准，不走过场，保证计量认证结果真实有效，评审与服务相结合的原则，要求评审组专家，实事求是地对实验室进行评价，评审结束后，耐心为实验室介绍管理经验和操作技巧，保证了通过认证的实验室"行为公正，方法科学，数据准确"。在对11个地市所、60个县级质检所复查验收的基础上，相继对33个省级授权站进行了复查、认可，界定其检验范围，并统一更名。

(3)强化监督管理、提升检测水平。为了加强对获证检测机构的监督和管理，提高山西省质检系统技术机构的检验水平，确保检验工作的科学性、公正性和权威性。2002年年底组织全省11个市(地)所开展了对酿造酱油、钢筋混凝土用热轧光圆钢筋、碳素结构钢产品检验能力比对工作，并就此组织专家召开专题评比会。2003年组织开展小麦粉、眼镜片、硫酸溶液三种产品进行实验室间比对工作。通过比对，发现了问题，摸清了情况，锻炼了队伍，互通了信息，交流了业务，取长补短，共同提高，真正达到通过比对提高检验工作质量的目的。

根据认监委关于《对获证检测机构监督管理办法》，2003年初下发了年监督评审计划，组织各市(地)相关机构积极培训，督促其按新"准则"转版。

(4)贯彻新标准，开辟新领域。按照国家认监委《关于内墙涂料等10种室内装饰、装修材料有害物质检测机构资质问题的通知》和《关于对室内空气质量检测机构开展计量认证的通知》及补充规定，组织有关实验室，学习国家新发布的相关标准，按《通知》中相关要求，积极做好承检此项检测的技术准备工作，并对山西省申请室内装饰材料有害物质限量和室内空气质量的检测机构进行了评审工作。

(5)建立全省实验室资源管理系统。为了加强对获证检测机构的综合管理，首先建立各实验室信息档案，对原留存的365家计量认证资料分类管理，逐一建档，实行一户一档。并针对计量认证/审查认可涉及行业广、门类多、时效性强等特点，组织专家研制开发了实验室信息管理软件，实现了对获证检测机构的动态管理，为摸清本省实验室资源状况奠定了基础。

2002年底至2003年初，按照国家认监委关于开展实验室资源调查工作的要求，精心组织，周密布置，共调查上报561家单位，通过实验室资源调查，为政府决策和各类实验室的规划布局提供了依据。

(山西省质量技术监督局供稿)

积极开展质量体系认证 努力提高企业管理水平

——内蒙古出入境检验检疫局认证工作概况

近年来,内蒙古检验检疫局在国家质检总局和国家认监委的领导下,认真贯彻《中华人民共和国认证认可条例》,健全认证认可工作体系和监督机制,大力加强认证认可工作,积极为企业服务,一个严密、高效的认证监管工作局面正在逐步形成。内蒙古检验检疫局坚持强化认证执法,提高企业管理水平,确保了产品质量和安全卫生。认证认可工作在打破国际贸易技术壁垒,提高产品的市场和竞争力,促进对外贸易发展等方面发挥了重要作用。内蒙古检验检疫局结合地区特点和自身工作实际,着重抓了以下几个方面的工作:

明确职责 建立健全认证认可机制

为加强认证工作的管理力度,内蒙古检验检疫局按照国家认监委的要求,明确了有关处室和分支机构的职责,制定了《内蒙古检验检疫局卫生注册工作程序》(试行),确定内蒙古检验检疫局认证监管工作由科技与认证处统一组织实施,各有关业务处室和分支机构按照业务分工和辖区划分配合进行的管理模式。在人员比较紧张的情况下,抽调1名专业技术能力比较强、卫生注册工作经验比较丰富的人员充实到认证监管部门,保证了认证监管工作的有效进行。

加强对获证企业的有效监管,克服重检验、轻监管,重考核、轻日常监督的现象。按照国家认监委的要求,做好对获证企业的定期监督检查和日常监管,组织了2个分支机构对企业的交叉评审,定期组织人员对分支机构的日常监管工作进行检查,自2001年以来,先后撤销了15个企业的卫生注册证书和出口商品质量许可证书。动态管理收到了成效。

加快实验室计量认证、认可的步伐

实验室是检验检疫行政执法的技术支撑,实验室建设是检验检疫工作的基础,实验室计量认证、认可是认证认可工作的重要组成部分。按照国家局的要求,系统内实验室在2002年底前必须通过实验室注册,为确保实现这个目标,首先举办了分管领导和实验室管理人员培训班,认真学习国家局有关规定和ISO/IEC17025《检测和校准实验室能力的通用要求》,选派专业技术骨干赴山东检验检疫局学习考察,结合各局实际和本地区检验检疫业务特点,确定实验室的检测范围,建立了一批食品检验、动植物检疫重点实验室。同时加强实验室的内部管理,建立实验室质量管理体系,在资金非常困难的情况下,累计投入920万元用于添置设备改造实验室。通过以上努力,实验室面貌有了很大改观,截至2002年底,内蒙古局系统15个实验室全部通过注册考核,提前完成了系统内实验室注册工作。二连浩特检验检疫局保健中心鼠疫实验室通过国家实验室认可委员会(CNAL)的认可考核,成为内蒙古局系统首个认可实验室。根据国家认监委的要求,内蒙古局已于2003年完成注册实验室向计量认证转换工作。

积极推进CCC强制性认证制度

为了落实好CCC强制性认证制度,内蒙古检验检疫局开展了大量前期准备工作,确保CCC认证的顺利实施。首先,提高全局对CCC认证制度重要意义的认识。局党组高度重视CCC认证的落实工作,多次强调,CCC认证制度是中国政府兑现入世承诺,加强监管力度,保护人民健康安全的重要举措,全局干部职工一定要高度重视,认真抓好落实。内蒙古局组织了CCC认证业务培训和专题讨论等活动,为正式实施做好了准备。为全面掌握内蒙古地区涉及强制性认证企业的情况,组织了摸底调查。

其次,内蒙古检验检疫局在有关新闻媒体上进行宣传,并在报检大厅发放小册子、宣传画,鉴于内蒙古局实际情况,将CCC认证宣传工作的重点放在口岸验证上,满洲里局、二连浩特局多次组织召开外贸有关单位参加的CCC强制性认证宣传会、座谈会,并积极上门对企业进行宣传,讲解CCC强制性认证制度,保证了CCC强制性制度的顺利实施,受到外贸单位的好评。

积极开展质量体系认证工作 努力提高企业管理水平

内蒙古局对质量体系认证工作十分重视,为使认证咨询工作能够规范有序地进行,严格执行国家认监委的有关规定,CQC内蒙古评审中心加强内部管理,提高竞争能力,扩大检验检疫的影响。在认证工作上坚持严把质量关,绝不降低标准,中心开展的质量体系认证工作,受到了客户的好评,未出现过投诉的情况。

目前,CQC内蒙古评审中心的认证业务正不断扩大,已拓展到宾馆、政府机构等领域,认证数量逐步增加,为提高获证单位的管理水平做出了贡献。

内蒙古局将继续加大认证认可工作力度,严格执行《中华人民共和国认证认可条例》,加强认证认可业务的学习,加大宣传力度,积极拓展新业务,贯彻落实国家认监委的有关要求,努力做好内蒙古检验检疫局认证认可工作。

(内蒙古出入境检验检疫局供稿)

加强队伍建设 做好认证工作

——内蒙古自治区质量技术监督局认证工作概况

计量认证取得可喜的进展

内蒙古自治区计量认证(包括"二合一"认证)工作职能于1996年从计量处转到质量认证处,现在承担着计量认证与计量认证/审查认可(验收)工作及质检机构的管理工作。自治区质量技术监督局质量处到2001年底,已通过计量认证的机构有396个,分布在20个行业领域中。评审组主要由自治区局质量处组织,评审人员由自治区级计量认证评审员和各行业专家组成,其中环保行业有专业评审组,评审人员共有近30人。

2002年初确定了自治区51个到期检验机构进行复查评审,并制定下发了2002年自治区计量认证工作计划。组织(委托)评审了近100家检验机构,本年度共发放计量认证证书117张,审查认可证书10张。

为使国家新发布的《计量认证、审查认可(验证)"二合一"评审准则》在自治区实施,自治区质监局分别于6至11月在包头市、赤峰市、通辽市、海拉尔市、鄂尔多斯市举办了五期新评审准则宣传贯彻培训班,对本区450多个通过计量认证的检验机构的600多人进行了新准则的培训,并达到了良好的效果,有20个检验机构按照新评审准则建立了质量体系,编写了质量管理手册和程序文件,通过了自治区的评审考核。

组织开展了实验室资源调查。按照国家认监委的要求,组织对全区488家实验室的资源状况调查,初步摸清了全区大部分实验室资源的状况,建立了自治区实验室数据库,为下一步合理利用自治区实验室资源打下了良好的基础。

2003年全年共完成实验室计量认证评审79家,审查认可、验收评审8家,单项扩项实验室24家,复查评审72家,被评审实验室涉及近20个行业。取消计量认证证书5张,全部为企业实验室。全区获得计量认证证书的实验室总数为550家。

2003年5月份根据国家质检总局防治"非典"工作的要求,自治区质监局下发了《关于批准质检机构防治"非典"产品计量认证、验收增项的通知》(内质监质发[2003]83号)文件,本着急事急办、特事特办的原则,给12个盟市的产品质量监督检验所增加了防治"非典"产品的检验项目,为全区防治"非典"产品的检验提供了技术保障。

为进一步加强质检机构评审员队伍的管理,规范评审工作,使参与评审的人员必须做到持证上岗,为下一步对实验室进行监督评审做准备,于2003年7月20日至24日对99名质检机构计量认证、审查认可(验收)评审员进行了培训,培训成绩全部合格,并进行登记注册,发放了计量认证、审查认可评审员证书。

为提高质检机构的内部管理水平,使其符合评审准则的要求,要求12个盟市举办质检机构内部审核员培训班,作到内审员持证上岗,真正达到内部质量审核的目的。呼伦贝尔市、通辽市、赤峰市、锡林郭勒盟已经完成第一批质检机构内部审核员培训,到2003年底,共培训合格内审员近400人。

为进一步规范计量认证、审查认可(验收)工作,严格实施对质检机构的考核,确保其向社会出具公证数据,从2003年8月份逐步建立实施申报材料文审制、使用标准备案制、审查人员持证上岗制等措施，对提高质检机构评审工作的质量和有效性提供了有力保障。

努力做好 CCC 认证工作

进一步加大强制性产品认证的宣传报道工作，向社会各部门发放 CCC 知识宣传光盘 2 000 余张，CCC 知识手册 5 000 多册，并在自治区电视台播放了 CCC 公益广告，委托各盟市局对相关企业负责人培训强制性产品认证知识 1 000 余人次，发放培训教材 6 000 余份，为贯彻 CCC 制度奠定了基础。

根据国家认监委的要求，在强制性产品认证行政执法工作中，坚持全面检查、明确目标、突出重点、严格监管的原则，有组织、有秩序、分阶段、分步骤开展工作。于 2003 年 8 月 1 日至 15 日，全区共出动执法人员 3 000 余人次，车辆 800 余台次，检查生产企业 258 家，经销企业 1 985 家，共检查产品 2 000 余批次。

（内蒙古自治区质量技术监督局供稿）

布局合理　管理规范　技术先进

——辽宁出入境检验检疫局认证工作概况

2001 年认监委成立以前开展认证工作的基本情况

1、出口食品卫生注册方面。1984 年，辽宁局开展了辽宁地区出口食品生产企业卫生注册登记工作，自 1994 年起，原辽宁商检局对辖区内卫生注册和登记企业进行了清理整顿，重点结合迎接欧盟兽医来华考察，开展了注册工厂的卫生设施、厂区环境、检验条件、记录系统的整改，使工厂接近或达到了国内工厂的先进水平。1995 年以前共有卫生注册登记食品生产企业 180 余家，主要注册品种有水产、肉食、果菜类。1997 年辽宁局下发了《辽宁商检局出口食品厂、库卫生注册登记管理细则》和《进一步加强出口食品卫生注册工作的通知》等文件，规范了辽宁地区食品卫生注册/登记工作程序。并对局内业务分工进行了调整，由综合部门管理卫生注册工作。1998 年和 2000 年举办了两期《出口食品企业卫生注册评审员培训班》。建立了一支由 92 名评审员组成的辽宁局系统卫生注册评审员队伍，其中 9 名为国家局主任评审员。在各有关部门齐心协力下，辽宁地区出口食品注册企业卫生管理水平不断提高，获得卫生注册登记的出口食品企业逐年增加，截至 2002 年 6 月辽宁地区共有注册登记企业 550 余家，向国外推荐注册企业 326 家。其中对欧盟注册企业 166 家、对韩国注册企业 160 余家。注册企业总数排在全国第六位。

2、注册实验室的考核评审工作方面。辽宁省出入境检验检疫局（以下简称“辽宁局”）是国家局注册实验室东北大区考核领导小组的组长局，检疫注册实验室东北大区考核领导小组成立于 1997 年底，大区实验室从 1998 年开始进行注册评审，在国家局的领导下，大区各级领导、管理部门和实验室广大工作者，发挥与时俱进、开拓进取的精神，励精图治、精益求精的务实作风，团结协作、密切配合，使大区实验室提前半年完成了注册任务，并在全国 6 个实验室大区率先完成注册任务。到 2002 年 8 月份，东北大区领导小组已推荐全部 90 家实验室申请国家认监会的注册，受到了国家认监委的表扬。《国门时报》记者还就此对辽宁局进行了专访，并以“励精图治铸辉煌”题在国门时报发表文章，向全系统推广东北大区工作经验。

国家认监委成立以后开展认证工作的基本情况

1、出口食品卫生注册方面。近年来，辽宁局认真贯彻《出口食品生产企业卫生注册管理规定》和全国出口食品卫生注册工作会议精神。按照国家局和国家认监委的部署及要求，紧密结合辽宁地区实际情况，抓住机遇，积极稳妥地推进卫生注册工作，进一步调整和规范了内部的组织结构、评审人员管理和企业管理，理顺了卫生注册工作管理体制，加强了卫生注册队伍建设，提高了卫生注册登记工作质量，为顺利开展检验检疫工作，提供了有利的保障。

一是领导重视，加强对卫生注册工作集中归口管理。辽宁局党组一直高度重视出口食品卫生注册登记工作，始终把出口食品卫生注册当作检验检疫工作的重要组成部分来抓。全国出口食品卫生注册工作会议之后，辽宁局多次召开会议研究和讨论辽宁地区出口食品卫生注册工作情况。专门在辽宁局科技与认证处内成立认证认可监督管理科，负责辽宁地区卫生注册和认证管理工作，抽调业务骨干充实到卫生注册管理工作部门，同时要求所属各分支局、办事处、局相关业务部门指定部门或专人负责卫生注册工作。

二是建章立制，加强对出口食品卫生注册登记管理。为了进一步规范辽宁局卫生注册登记管理工作，辽宁局加强了制度建设，制定了《辽宁地区出口食品生产企业卫生注册登记管理工作实施细则》和工作流程，以加强对辽宁局卫生注册工作和评审员队伍的管理。

根据国家局《出口食品生产企业卫生注册管理规定》的要求，辽宁局加强了对二十类出口食品的卫生登记管理。对辽宁地区出口量较大，涉及区域较广的出口产品，如海蛰、藻类、盐渍蔬菜、籽仁产品及罐头制罐和出口医用、食用竹木制品等，组织制定了生产企业六个相应的卫生登记要求，规定了卫生登记的评审标准，采取了和业务处联手的方式，共同对企业做好宣传工作。统一卫生登记管理要求，对提高出口食品生产企业卫生管理水平，保证产品的质量起到了非常积极的作用，使辽宁地区出口食品卫生登记管理工作得到了进一步规范。

三是总结经验，不断改进卫生注册管理工作。为了更好地规范辽宁地区卫生注册评审工作，辽宁局每年都召开主任评审员研讨会，针对卫生注册管理工作中出现的问题和需进一步规范和改进的注册管理工作进行研究和探讨。通过每年的主任评审员研讨会，不断总结工作经验，汲取研讨会提出的加强卫生注册管理的意见和建议，使辽宁局卫生注册管理工作质量不断提高。

此外，辽宁局利用辽宁局广域网信息平台，传递辽宁地区出口食品生产企业卫生注册登记信息。对超过有效期的企业及时清理删除。各分支局、办事处随时从网上下载最新的企业卫生注册信息，同时，在局本部将出口食品生产企业卫生注册登记的基本资料输入 CIQ2000 系统。 这项工作的实施，为凭证报验工作提供了执法保证，加强了凭证报验工作的管理力度，减少了各种人为的因素，有效地督促企业按期做好复查换证工作，同时，减少了检务查询的工作量，为辽宁局“大通关”工作提高了速度。

辽宁局还对出口食品注册企业采取了动态管理的措施，针对辽宁地区出口食品注册企业水产加工厂较多的特点，利用每季度向韩国申报对外注册水产加工厂的契机，对这些企业进行监督检查。本着既要严格把关，又要为企业服务的原则，对不符合要求的企业提出整改意见，帮助企业达到出口食品生产企业卫生要求。对食品安全卫生存在重大隐患的企业，采取暂停报验进行整改的措施，对企业不配合整改或整改达不到要求的，吊销其卫生证书并且不予对外推荐或建议国家认监委取消其对韩注册的资格。

2、周密部署，统筹安排，做好“拉网式”监督检查工作。为了做好卫生注册登记监督检查工作，根据国家认监委有关加强出口食品生产企业安全卫生管理工作等文件要求，按照国家认监委的统一部署，辽宁局统一组织实施了 2003 年度辽宁地区的卫生注册登记“拉网式”监督检查工作。制定了 2003 年“拉网式”监督检查工作计划，列出需进行监督检查的出口食品生产企业名单。要求各局各级领导要高度重视并组织相关人员认真学习国家局相关文件精神，明确任务，责任落实到人。同时，要求各单位要突出重点，按照国家总局的要求将已注册的六类食品生产企业的 HACCP 体系的官方验证、定期监督检查和“拉网式”检查相结合，对所辖区内出口食品生产企业进行一次全面“拉网式“检查。在此基础上，确定重点检查已获得国外注册的肉类、水产、罐头、肠衣等生产企业。对辖区内注册的 44 家禽肉加工企业、755 家养殖厂进行了重点检查，对检查中发现的问题采取措施进行了处理，该整改的整改，该吊销的吊销。另外，把卫生注册登记监督检查作为对评审员业务能力、工作责任心、政治素质的一次检验和重新注册的重要依据。要求各评审组长、评审员要持证上岗、努力工作、认真负责不走过场，按时完成监督检查工作。同时，辽宁局卫生注册主管部门对这次评审工作进行了抽查，以保证监督检查评审组的工作质量。这一系列措施的实施，确保了此次“拉网式”监督检查工作效果。

3、在把关中服务，在服务中把关，促进食品企业扩大出口。卫生注册是一项政策性很强的工作。能否正确处理好把关与服务的关系，对于促进中国食品顺利出口关系极大。在开展卫生注册工作中，经常出现有些企业虽已签订了出口食品合同，但在准备出口报检时才知道出口食品未经注册不能出口，企业为减少损失，往往要通过各种途径，找关系前来说情。针对这些问题，辽宁局能够坚持国家质检总局李长江局长要求的“在把关中服务，在服务中把关”的原则，加大工作力度，一方面，利用各种机会，在不同的场合，加大对当地政府、相关企业进行有关出口食品生产企业卫生注册方面法规的宣传。同时，急企业之所难，主动热情为企业提供注册评审等方面的服务，为促进产品出口，振兴经济发展做出了积极的努力；另一方面，在组织评审的过程中要严格掌握标准，切实把好质量关，使注册工作符合有关进口国家的卫生条件要求，确保经过注册评审登记的企业的产品能够顺利出口。

实验室资源调查工作方面

为了培育和规范中国的检测市场，合理配置和充分利用检测资源，摸清中国实验室资源总量、地域分布、行业分布、资质评定等基本情况，2002 年 10 月，国家认证认可监督管理委员会下发了《关于开展实验室资源调查的通知》的文件(国认实[2002]54 号)。按照国家认监委的要求，辽宁局召开了局党组会议，将其列入本局的工作议程，局领导分工明确，一把手抓全面，分管局长抓落实。多次组织有关部门研讨实验室资源，提出了实验室资源调查的重要性和具体要求。同时还进行了任务分解及人员分工，主管部门深入第一线言传身教，监督检查，及时帮助实验室解决问题。实验室人员自觉地把搞好实验室资源调查当作一项重要任务。由于各级领导、管理部门、实验室人员思想统一，形成了全力，因而出现了齐抓共管的生动局面，从而确保实验室资源调查情况真实，为今后实验室发展提供可靠的依据。

本着“布局合理、管理规范、技术先进”的思想，辽宁局于 2000 年对实验室布局及规模进行了调整，辽宁局将全系统内的 30 个实验室分为三类：一类为全国区域性技术中心，二类为省内区域性中心实验室，三类为常规实验室，实行分类管理。通过这次实验室资源调查摸清了实验室人员有 464 名；仪器设备有 2 040 台套、原值为 11 076 万元；从事的领域有微生物、农产品、水产品、食品、矿产品、植物检疫、动物检疫、化工品、运输包装、纺织品、传染病检疫、电子电器产品等；资质情况有 27 个实验室获得注册证书，3 个实验室获得认证证书等情况。各实验室分布在辽宁省 14 个城市承担着辽宁地区的检验检疫任务。

开展强制性产品认证行政执法检查方面

根据国家局的统一部署，辽宁局从 2003 年 8 月 1 日起对辽宁地区强制性产品认证工作开展了执法检查。局领导对此项工作高度重视，相关业务部门积极配合，将强制性产品认证行政执法工作作为一项重要而紧迫的工作任务，立即行动，抓紧部署落实。主要从以下几方面开展工作：

1、加大学习宣传力度。组织行政执法人员认真学习总局和认监委领导的重要讲话精神，全面掌握有关强制性产品认证制度的注册、法规规定和相关技术要求以及强制性产品认证行政执法指导；通过电视台、电台、报纸等多种宣传媒体广泛宣传，重点是进口、经营、使用进口强制性产品的单位加强宣传，营造良好的社会氛围。

严格依法行政，提高执法水平。按照国家总局、认监委关于强制性产品认证行政执法检查工作要求的范围开展行政执法检查；按照总局和认监委提出的“快、准、狠、严、实、恒”六字方针严格执法，规范执法；按照总局有关行政处罚程序以及质检机构认证分工等规定依法办案；建立、健全行政执法指导、督办制度，加强强制性产品认证行政执法监督工作。

明确目标，突出重点。根据国家质检总局、认监委关于强制性产品认证行政执法检查的重点，认真开展强制性产品认证行政执法检查工作。监督检查应获强制性认证但未获得认证的产品或者未加施强制性产品认证标志的产品；假冒、伪造强制性产品认证证书和认证标志地产品。具体监督检查要以核查强制性产品认证证书和认证标志为主。加大强制性产品认证工作指导力度，指导和督促应当取得强制性产品认证的企业，在制度规定期限内，尽快取得认证。

2、开展强制性产品认证行政执法检查

(1) 强制性认证产品受理验证情况。截至 2003 年 8 月 14 日，辽宁局共受理涉及强制性认证产品进口报检 69 批，包括电线电缆、电路开关、低压电器、小功率电动机、家用设备、音视频设备、信息技术设备、电信终端设备、机动车辆等 9 大类 21 种，其中获得 CCC 认证有 21 批，免予办理认证有 31 批，未获认证有 10 批。

《关于强制性产品认证行政执法工作有关要求的通知》(国质检明发[2003]52 号)文件要求的六种产品，电视机、电冰箱、洗衣机、台式电脑、插头插座、电线电缆，辽宁局主要涉及到电视机、电线电缆、插头插座、台式电脑，其中电视机均为样机，电线电缆均获 CCC 认证，插头插座系进料加工，台式电脑未获 CCC 认证，已向辽宁局申请退运。

未获认证的产品主要包括进口汽车、电烤箱、台式电脑。辽宁局对以上产品的进口企业要求限期到国家认监委指定的认证机构申请强制性产品认证，逾期未办理将依据《强制性产品认证管理规定》的有关规定予以处理。

(2)强制性产品认证免办情况。根据国家认监委2002年《第8号公告》以及《免于办理强制性产品认证证明有关问题的通知》等文件要求,辽宁局严格审核把关,完善工作程序,认真履行职能,8月1日~9月末,先后对连接器、开关、插座、端子等16种产品办理了免办证明,以上进口产品均属于来料、进料加工性质。

(3)强制性认证标志核查情况。辽宁局有关检验部门对已受理的属于《法检目录》内的实施强制性认证的进口商品,根据检验规程实施法定检验,认真核查CCC标志,已获认证的进口商品均已加贴CCC标志;对属于民用商品验证范围的,根据规定实施抽查检验,已抽查获认证的商品,均已加贴CCC标志。

(辽宁出入境检验检疫局供稿)

辽宁省认证工作走向良性循环

——辽宁省质量技术监督局认证概况

国家认监委成立以来,辽宁省质量技术监督系统深刻认识到做好认证工作对于加强质量建设、规范市场行为、建立企业间信誉,促进全省建设小康社会具有重要的意义。全系统广大干部职工围绕省局确定的工作目标,开拓进取,扎实工作,全省的认证工作得到了较快发展。

认证工作的成就和特点

1、认证水平与经济位次匹配,走在全国前列。根据全省质量普查结果和省局系统日常摸底调查掌握的情况,综合统计,至2003年底全省通过体系认证的企业总数为4 829户,占全国认证企业总数的8%,位居全国第6位,基本上与辽宁省在全国的经济位次相匹配;产品质量认证的企业为585户,涉及产品的种类1 286种,占全国产品认证企业总数的1.8%,位居全国第10位;目前辽宁省强制性产品认证(简称CCC认证)涉及的企业总数为1 056户,全省申请及获得CCC认证企业已达900多户,占全省企业总数的86%,超过全国平均水平。

2、体系认证以持续、快速、稳步增长的速度推进。全省企业认证的大体趋势是:1999年底认证企业总数960户,2000年底是1 850户,2001年底是2 808户,2002年底是3 600多户,2003年底是4 829户,每年大致以千户企业的数量递增。

3、在全省经济发展相对落后地区认证率居于前列。以认证企业数占当地企业总数百分比计算认证率,并将认证率作为排序的主要依据,全省14个市的认证企业数、认证率排序居于前列的是阜新市、铁岭市,而这两个市的经济总量居于全省的后位。

4、辽南及沈阳地区对全省认证的贡献率大。认证贡献率按当地认证企业数占全省获证企业总数百分比计算,并依此排序,全省14个市的认证企业数量、认证贡献率及排序结果是:大连、沈阳、鞍山、营口、辽阳、丹东市的认证贡献率居于全省前列,因此辽南及沈阳地区对全省认证的贡献率大。

5、国有及国有控股企业是各种所有制企业中认证的主导。除个体和乡镇企业外,其他性质企业认证数量或认证贡献率差距不大,但国有及国有控股企业的认证率突出,在认证中起主导作用。具体数据及排序(按认证率排序)见下表。

企业性质	排序	认证企业	认证率/%	认证贡献率/%
国有及国有控股	1	523	40.80	18.6
股份制	2	589	30.00	20.9
合资、独资	3	628	26.4	22.3
集体企业	4	445	17.3	15.8
民营	5	569	16.1	20.2
乡镇	6	54	12.8	1.9
个体	7	0	0	0

6、机械行业更重视认证,是全省认证的主力,在行业中起带头作用;电子行业的认证率居领先地位。全省行业中,机械行业认证企业数量最多,认证的贡献率最大,平均高出其他行业39个百分点,且认证率排名第二;电子行业认证率排名首位。具体数据及排序见下表。

行业	排序	认证企业	认证贡献率%	认证率%
机械	1	1288	45.92	32.6
化工	2	451	16.5	23.7
建材	3	272	9.76	17.9
食品	4	212	7.57	12.5
冶金	5	167	5.54	25.9
轻工	6	154	5.59	11.6
电子	7	112	4.1	50.6
纺织	8	107	3.88	11.7
医药	9	51	1.83	30.9

7、ISO9000标准质量管理体系认证是认证的主体。在全省各种认证类别中，以ISO9000为标准建立质量管理体系认证的企业占全省认证企业总数的91.4%，是各种类别认证体系中的主体。各种类别的认证情况见下表：

认证类别	排序	认证企业	认证贡献率%
ISO9000	1	2709	91.4
ISO14000	2	85	2.9
HACCP	3	50	1.7
QS9000	4	48	1.6
GMP	5	44	1.5
OHSAS18001	6	14	0.5
VDA	7	8	0.3
TL9000	8	5	0.2

8、规模以上企业更具备认证实力，认证后达到良性循环。全省规模以上企业认证户数占全省认证企业总数的71.8%，占规模以上企业总数的46.6%，这说明在认证的企业中，不仅体现了规模以上的企业更具实力、更具条件、更有优势申请了认证；也体现了认证为企业带来了效益，出现了增值进而促进了认证并推动了认证的良性循环。

主要措施

全省认证发展现状之所以形成上述的局面，主要是由于采取了以下措施：

1、明确了指导思想及工作目标。针对全省认证工作的实际，按照国家认监委的要求，全省确定了认证管理工作的指导思想是：在全省范围内，宣传、推广、帮助企业开展认证工作，坚决实施《强制性产品认证管理规定》，促进全省质量意识、质量管理水平和产品质量的提高。以《中华人民共和国认证认可条例》（以下简称《条例》）为法律依据，抓好依法行政，进一步规范全省的认证市场，促进市场信用体系的建设。培养一支适应省经济发展需要的认证管理工作队伍。协调发挥厅局作用，解决认证事业发展中存在的问题。与省出入境检验检疫局联手，科学分工，密切合作，强化对认证企业及其产品的监督检查工作，使认证事业走向持续健康良性发展的道路。

总体工作目标是："十五" 期间全省50%企业通过质量管理体系认证，国有大中型企业全部通过认证。依法全面完善和实施辽宁省的强制性产品认证，使全省涉及"强制性产品目录"中的企业全部通过产品认证。建立对认证咨询市场的有效监管机制，与出入境检验检疫局联手，密切合作，强化监督检查工作，完善行政执法，消除认证咨询市场的问题。

2、领导重视，认证系统工作力度加大。在近几年的全省质量技术监督工作会议上，局党组对全系统认证工作进行了重要部署，提出了明确的要求，并着力抓紧抓实。各地区、各认证部门对局党组的要求高度重视，对做好认证工作充满信心和干劲，不断加强认证工作的领导力度，推动企业认证工作的开展。特别是从2000年开始，全省建立了认证咨询工作站以后，各地、各部门纷纷建立了"推进企业认证"的工作目标责任制，从而对各个层次都形成了工作压力，激发了全局上下推进认证工作的热情和干劲，形成了为完成工作目标而努力工作的良好氛围，极大地促进了全省认证工作的开展，使全省更多的企业通过了国际标准认证，加快了全省的认证进度。

3、以宣传《条例》为主导，加强培训，提高队伍素质。

（1）为深入学习和贯彻《条例》及出台的政策性文件，省局集中时间、集中力量对系统内相关人员、认证咨询机构人员和企业质量管理人员进行了培训，要求各学员充分把握和深刻认识《条例》的内涵，把思想和行动统一到《条例》上来，促进各有关部门和人员对与工作中紧密相关的条款认真领会并把《条例》精神与实质贯彻落实到实际工作中去。全省800多学员基本取得了共识。

（2）省局自行编制认证管理教材开展培训工作。为在全省掀起一个CCC认证相关知识"应知应会"热潮，首先省局着手编辑《辽宁省质量技术监督系统认证管理培训教材》（简称《培训教材》），《培训教材》共涉及5大部分、18个附件、约8万字。其次，依据编写的《培训教材》，组织全系统质量、认证、宣传部门的主管人员以及各级执法大队负责人，在兴城培训中心举办认证宣贯知识培训班，共培训系统内学员137人。第三，与省商业厅联合，组织全省大型商业企业的部门负责人开展与CCC认证相关的售货知识培训工作会，参加培训会的商业企业共50多家，共培训学员100多人。

4、深入服务，正确引导，以认证的有效性推进认证事业的发展。省局围绕省委省政府的中心工作，从有利于发展地方经济的大局出发，突出抓好对企业认证的帮扶工作。省局组织的"双下"工作强化了认证系统的广大干部职工积极为企业服务的意识。为了正确引导企业的认证行为，着重对企业进行法律、法规、质量管理及认证知识等方面的培训，使企业管理者充分认识到认证的现实意义和重要作用。讲述认证绝不只是一张"通行证"或一个"招牌"，而是真正意义上的管理水平的提高。通过服务和引导，很多企业受益匪浅，认证思想错位的问题初步得以纠正，并逐渐关心认证的有效性。未认证企业决心要加强管理，改善条件，向国际标准看齐，争取早日申请认证；相当多的获证企业质量意识得到了提高，确立了现代质量观念，严格按管理体系标准来管理企业、组织生产，使企业形象得到明显改善，市场竞争力得到加强，赢得了客户的信赖，企业见到了认证的效益，体会到了认证的效果。由于认证的有效性或是认证企业尝到了甜头，使认证在一些地区形成了区域推动，特别在大城市和一些经济较活跃的地区推广较快。一个企业的示范作用带动周围一片企业积极认证，进而带动一个地区加速认证的现象比较普遍，促进了认证事业的发展。此外，认证管理工作也收到了意外的效果，个别经济位次落后的地区不甘屈居后位，虽然认证企业的数量不能排在前面，但他们在推广认证的服务工作上狠下功夫，使认证率名列前茅。

5、积极推动中国强制性产品认证制度的实施，效果显著。自强制性产品认证制度实施以来，全省上下从为地区经济建设服务，从源头抓质量出发，对这一制度的实施予以高度重视，省市局相继成立了以局长为组长，以分管副局长为副组长的"推进强制性产品认证行政执法工作领导小组"。省局制定并下发了《关于做好强制性产品认证行政执法工作实施意见》、《关于强制性产品认证行政执法准备工作近期安排》。全省各级质量技术监督部门都严格按省局统一部署，科学安排工作，在强制性产品认证制度贯彻落实上采取了强有力的措施。

(1)做好强制性产品认证制度实施的摸底调查 。全省对列入《第一批强制性产品认证产品目录》的企业和产品开展了4次不同形式、不同规模的调查摸底、普查登记工作，基本上掌握了辽宁省辖区内已申请认证的企业总数及分布情况。据调查统计，全省列入《目录》中的CCC认证产品共涉及18大类61种（包括装饰装修材料），涉及企业1 056户。已申请认证的企业900户，占企业总数的86%(包括装饰装修材料)，占东北三省申请认证企业总数近70%以上。

(2)广泛开展CCC认证宣传推动工作。从2002年初开始，省局党组带领全省各级质监部门积极开展宣传工作。一是组织各级质监局向相关企业、广大消费者分发CCC认证宣传册，到商场、街道、社区张贴宣传画1 000多张。二是利用省局新质量杂志社，组织CCC认证宣传稿件，系列刊登CCC认证有关知识，免费为900户企业发放杂志。同时联合报社、电台、电视台、杂志社，向企业界提供影像资料，提供报道近20条；协同辽宁电视台联合制作"神州质检，与您同在"专题晚会，将有关强制性产品认证的规定和知识编成晚会竞赛题等。三是办好CCC认证工作简报。为在全省建立上下联动的工作机制，做好省、市、县(区)间的上下沟通与工作交流，省局编发了CCC认证工作简报，对全省强制性产品认证工作情况进行不定期跟踪报道。全省各地区局也踊跃投稿，及时反映本地区工作动态，与省局共同掀起CCC认证工作的热潮。四是做好宣传工作与登记普查工作的有效结合。辽宁省各级局对辖区内涉及CCC认证企业、广大经销商下发CCC认证普查登记表2 000多份，登记表共5页，其中在登记说明栏中将CCC认证的有关知识和重要性进行了强调说明，增强其特别的宣传效果。

(3)以帮扶企业为突破口，深入推动CCC认证工作。根据省内小企业比较多、申请率偏低(尤其是低压电器生产企业)的实际情况，与沈阳评审中心配合，邀请北京的专家开展现场办公活动，进行现场申请现场解答问题。特别是低压电器类产品涉及的认证企业数占全省CCC认证企业总数的50%以上，为此，省局精心策划，在省内组织低压成套设备生产企业开展现场申请办公帮扶活动，通过这项活动，促进企业积极进行现场申请，增进CCC认证企业的申请进度。通过一系列工作，低压电器类申请CCC认证的企业数达100%。

(4)稳步开展强制性认证的行政执法检查工作。为了使CCC认证执法检查积极稳妥地进行，首先对全省执法骨干开展了全方位的培训，共培训学员近150人次，为执法检查打下了有力基础。其次从2003年8月1日起，全省开展CCC认证执法检查，共检查生产企业900余家，检查了国家认监委统一布置的6个重点产品的CCC标志和证书,检查196282台件的产品,其中合格品155 062台,合格率为79%。6种产品中合格率最高的为电视机98%,合格率最低的为插头插座47%,电线电缆为61%,台式电脑58%(大部分为组装件)。从流通领域情况看,大型商场和大型超市动作得比较快,都进行了认真的自查。一些中小型商场,执法人员能认真贯彻国家认监委明传电报精神,把工作重心放在督促企业早日申请认证的宣传贯彻工作上来,耐心地向经销商和企业宣讲实行强制性产品认证制度及其重大意义。同时采取了事先告知制度,被检查单位对省执法人员的服务作风及事先告知制度感到非常满意。大部分商家表示,一定要把好进货关,不销售无CCC认证产品。目前,省局正在与辽宁省商业局密切配合,准备开展"不售无CCC认证标志产品信誉企业"活动,在流通领域再掀高潮。

6、整顿和规范认证市场秩序初见成效,增强了企业认证的信心。一段时期以来,认证市场中存在的混乱因素严重地扰乱了认证市场秩序,为认证事业正常发展蒙上了阴影,至使有些企业认证信心不足。国家认监委把整顿与规范认证市场秩序作为主要任务和工作重点。辽宁省从2001年末开始配合国家认监委开展对违规机构的调查工作,在省局的配合下,国家认监委的查处工作得以顺利进行,查处了EQA等六家非法认证机构。同时,省局开展了对获证企业认证有效性稽查工作。在国家认监委统一部署下,省局选择了具有行业代表性的企业对其开展了认证有效性稽查活动。以11名经国家培训的认证稽查员为主,组织沈阳、大连、营口等市局形成5个小组,采取突击的方式,分头进行稽查工作。各小组在工作现场收集大量的证实材料,总结了认证机构、咨询机构、认证企业存在的认证走过场、虚假记录、超范围宣传、审核时间不足等10类问题,现场发现并查证了质量管理体系运行不符合标准的三家企业。省局将稽查中获得的材料上报给国家认监委,部分"问题"机构得到国家认监委的处理。另一方面,根据国家认监委国认可[2002]61号《关于对认证违法违规机构进行清查的通知》文件精神,省局对清查工作做出了具体安排,组织稽查支队开展全面查处工作。在查处过程中,省局在《辽宁日报》上公布了辽宁省具有认证咨询资格的63家机构名单。各大报刊以"质量认证不是谁都能搞"、"质量认证证书也注水"为题进行广泛宣传,刊出后社会上马上有了反响,不少正在搞认证咨询的企业都要求对方出具认证咨询资格证书,可以说收到了良好的效果。经一段时间的明查暗访,辽宁省沈阳市、鞍山市查出了13家没有取得批准资格的违规认证咨询机构。其他市局查处工作也开展得有声有色,如辽阳市局查处了在该市从事非法认证咨询活动的深圳市向明实业有限公司辽阳公司。根据国家质检总局第29号局长令的规定,责令其停止认证咨询活动并没收其非法作案工具,处罚款3万元。这一事件的处理有力打击了认证咨询违法行为,维护了认证工作秩序,规范了认证市场。三是完成全省认证咨询机构审查登记工作。根据国认可函[2003]26号《关于进一步做好认证咨询机构审批工作的通知》,对全省已依法设立的63家认证咨询机构进行了重新登记审查,综合筛选,最后推荐了符合条件的47家机构上报国家认监委,淘汰不符合条件的咨询机构16户。至此,认证市场的治理整顿工作取得了阶段性成果。

(辽宁省质量技术监督局供稿)

加强监管　积极扶持　扩大企业出口

——吉林出入境检验检疫局认证概况

国家认监委成立前，吉林检验检疫局主要开展了出口产品质量许可、出口食品卫生注册登记及实验室的大区注册工作。共计发放出口产品质量许可证8个企业27份，出口食品卫生注册登记证66份，对吉林检验检疫局检验检疫技术中心、图们检验检疫局综合实验室、通化检验检疫局综合实验室及吉林检验检疫局化矿金属材料实验室进行了大区注册。

国家认监委成立以来各项业务新发展

自国家认监委成立至2003年底，出口产品质量许可证核发6个企业8份；涉及CCC产品的进出口企业已全部获证；出口食品卫生注册登记证132份，对外注册企业达18家；吉林检验检疫局检验检疫技术中心，长春国际旅行卫生保健中心，图们、通化、珲春、长白、集安检验检疫局及临江、吉林市办事处综合实验室获得了CNAL认可和计量认证，白城检验检疫局综合实验室获得计量认证。

2003年认证认可工作概况

1、认证监管工作质量得到提高。建立健全规章制度。依据国家认监委相关文件精神，结合实际制订了《吉林检验检疫局出口产品质量许可、出口食品卫生注册登记工作管理办法》、《吉林检验检疫局出口产品质量许可程序性文件》等管理制度，更好地规范了出口产品质量许可、出口食品卫生注册登记工作；对“两证”管理正式实行了评审制度，同时还进一步明确了工作程序，形成了统一领导、统一管理、协调配合、分工负责的局面，使评审工作更加规范有序，有章可循，评审工作质量有了制度保证。对200多份获证企业档案重新进行了整理，编排号码、编写档案目录，完善了档案内容；重新明确了档案资料审核程序和相关人员的责任，使档案管理井然有序，为认证工作提供了完整的可追溯的查考资料。

保证认证工作有效性。2003年共颁发卫生注册登记证书51份，现有卫生注册登记厂家120家，颁发出口包装质量许可证14家，现有出口包装许可证厂家88家；出口机电产品质量许可证1家。在监督检查中，对管理水平下降、出口食品质量得不到保证的吉粮白城罐头食品总厂等14家出口食品企业予以吊销卫生注册证处理，占出口食品卫生注册企业总数的18.7%，整体上有效地促进了全省出口企业管理水平。

按照国家认监委的部署，稽查了10家获境外认证机构认证的企业，参加了有关认证机构组织的CCC产品认证5家。开展ISO14000环境体系认证3家，OHSAS18000职业健康安全管理体系认证1家。

建立高素质的评审员队伍。依据国家质检总局《质量许可和卫生注册评审员管理办法》，成立了吉林检验检疫局卫生注册评审员评定小组，由主管局长任组长，并按照《出口卫生制度评审员实施细则》对评审员进行了3次评定和调整。现有38名评审员组成的评审员队伍，对他们强化管理，选派其中的5名到北京、大连参加国家认监委举办的主任评审员培训班，这些经国家认监委培训的评审员，在实际认证工作中起到了应有的作用；对全省评审员就如何使用《出口食品生产企业卫生注册登记程序性文件》和HACCP原理进行了培训。在评审员使用上，尽可能让他们都有机会参加评审，在“拉网式”检查计划中将省局所有的卫生注册评审员都编入了评审组，在对新申请的卫生注册登记企业和出口运输包装企业的评审中，分别有40%和60%是由其他处室或地区局的评审员完成的。通过实际评审实践，锻炼了评审员队伍，提高了评审员的素质。

2、统一协调，完成“拉网式”检查工作。2003年“非典”疫情对中国外贸出口冲击很大，一些国家以防范“非典”和调整技术标准为由对中国出口食品设置了新的贸易壁垒，使中国食品出口面临的形势十分严峻。为进一步加强出口食品企业安全卫生管理，确保出口食品的质量，国家认监委多次发文要求做好卫生注册监督检查工作，并进行了具体部署。为落实国家认监委的部署和要求，根据全省实际，印发了《关于进一步加强食品卫生注册企业监督管理工作的通知》，并制订《出口食品生产企业"拉网式"监督检查计划》，对全省78家出口食品卫生注册登记企业，打开区域和主管部门的界限，组成10个评审组，开展了"拉网式"检查。由于严密组织，密切协调，较好地完成了"拉网式"检查任务。"拉网式"检查工作以及阶段性实施检查的情况，受到了国家认监委相关检查组的充分肯定。

在检查过程中，对发现的问题及时处理。对双山鸭场冷冻加工厂存在的卫生质量管理较差、对原材料缺乏有效控制等问题，采取了吊销卫生注册证的处理。通过"拉网式"检查，坚持了"高标准、严要求，不迁就照顾"的原则，对企业不同程度存在的问题和普遍性问题都采取了相应的处理措施，使全省出口食品企业安全卫生管理得到加强，出口食品安全卫生得到保证。

3、千方百计扶持和方便企业出口。提高认证工作信息化程度。充分利用局内(外)网，将国家局和本局有关出口产品质量许可、出口食品卫生注册登记、强制性产品认证、实验室认可等方面的政策规定和要求上网公布，同时在外网开辟了"认证认可"专栏，将全省获证企业名录、卫生注册评审员等方面内容上网公布，便于企业查询和参考。许多企业就是通过上网，了解到有关申证程序、认证要求，下载了申请书，有的企业还通过网上直接申请认证，极大地方便了申证企业。

确保"非典"期间认证工作连续性。在"非典"期间，吉林检验检疫局没有因"非典"而停止对出口食品企业的注册考核工作。2003年5~6月，面对"非典"期间跨地区人员需要隔离等实际困难，经过反复研究，改变常规工作模式，根据全省评审员布局较合理的特点，在保证认证质量的前提下，就近就地安排评审组对申证企业进行评审，从而，既保证了认证工作的连续性，也方便了企业，得到了出口企业的一致好评。

培养一批全面质量管理和质量认证的先进出口企业。国家认监委下发了《关于实施〈出口食品生产企业卫生注册登记管理规定〉的有关问题的通知》，要求对罐头类等六类产品分别在2003年底和2004年底前建立HACCP体系。为此吉林局加大了对六大类出口食品企业的培训和监管力度，经过充分准备，举办了六类出口企业培训班，向这些企业详细讲解了HACCP原理，以促进企业HACCP体系的建立和完善。德大公司、皓月公司、柳河康华公司等一批重点出口企业都已建立HACCP体系。

支持出口企业开拓市场。促使吉林省一批出口企业或一类产品大力开拓国际市场，为实施"走出去"的发展战略提供服务和保障。长春帝豪食品发展有限公司是生产各种规格葡萄糖浆、高麦芽糖浆和麦芽糊精的企业，年产量达20万吨，近几年来该厂产品一直在国内销售。2003年该企业同韩国、日本的客户签订了出口合同。在省局对该企业进行卫生注册评审时，科技处和食品处，对企业的生产线以及罐装车间的改造设计方案提出了修改意见，使工程更加合理实用，加快了改造进度，使其产品顺利地打入国际市场。吉林信城药业有限公司、吉林长白山酒业有限公司、珲春王冠食品有限公司、珲春市青松水产品有限公司等企业产品卫生管理相对薄弱，不符合出口卫生注册要求，在省局的积极扶持和指导下，加大整改力度使产品顺利实现出口。

帮助企业采用国际先进标准。吉林检验检疫局向全省出口企业印发"关于推行国际标准的实施意见"，引导出口企业由传统的标准管理，升华到采用国际先进标准，提高产品质量和管理水平上来。省局协调相关部门向全省出口企业发放了调查表44份，涉及106种产品，对采标情况逐条核查并走访了相关企业，同时，对采标先进单位采取鼓励措施。

4、加强强制性产品认证的宣传和检查工作。2003年，国家对强制性认证产品实施执法监督检查。为强化吉林省强制性认证产品的管理，省局发布了《尽快申请强制性产品认证的通知》，发至各有关出口企业，同时，在新文化报、吉林电视台、吉林广播电台，多次通过发表文章、接受采访或现场执法检查等方式，扩大CCC认证的宣传，让出口企业和广大消费者都能了解到CCC认证制度，督促出口企业尽快办理CCC认证。省局组织了全省统一的强制性产品认证制度检查，整顿和规范了市场。全省22家涉证企业，大部分已获得了CCC认证，少数企业正在办理中。

另外，吉林检验检疫局还多次受理CCC认证免办申请，同有关处室认真审查申请材料，依据《吉林检验检疫局无需/免于强制性产品认证实施细则》，签发了17张免办证明，产品价值数十万美元，使得这些产品得以顺利地进出口。

5、实验室工作得到加强。做好实验室的计量认证和认可转换工作。根据国家认监委要求，制订了吉林检验检疫局实验室注册工作向计量认证认可工作转换的具体实施意见，确定了省局11个实验室直接申请计量认证、10个实验室申请认可的总体目标。11个实验室的计量认证资料在经过多次校对修改后，在2003年5月份全部通过了国家认监委的审核，确认了其技术能力范围，国家认监委已核发了国家计量认证证书。10个实验室的认可资料也在8月初通过了国家认监委审核。

确立重点实验室。按照国家质检总局的要求，结合吉林省产品出口的特点，以立足吉林，促进经济发展，整合资源，优化配置为原则，通过可行性调查，制订了《吉林检验检疫局实验室发展规划》，并使吉林检验检疫局玉米深加工检测实验室和参茸检测实验室作为全国重点实验室得到国家局的审核通过。

6、按时完成认证稽查工作。国家认监委给省局下达了对10家境外认证机构认证的企业进行稽查任务，评审省局对这些获证企业的认证有效性进行了检查认证机构工作，在规定的时间内保质保量地完成了国家认监委交办的任务。

（吉林出入境检验检疫局供稿）

建立认证有效工作机制　促进认证事业持续发展

——吉林省质量技术监督局认证工作概况

质量是经济工作的生命线，认证认可是质量管理和质量保证的重要手段。吉林省质量技术监督系统深刻认识到，做好认证工作对加强质量建设，规范市场行为，加强市场信誉体系建设十分重要，对促进吉林省经济实现跨越式发展具有重要的意义。为此，吉林省质量技术监督局确定了本省认证工作的指导思想和总体工作目标。指导思想是：适应入世挑战与国际接轨的需要，以《中华人民共和国认证认可条例》为法律依据，在全省范围内宣传、推广质量认证工作；进一步规范认证市场，促进市场信用体系建设；培养一支适应吉林省经济发展需要的认证管理工作队伍；加强工作协调，强化对认证市场的监管力度，使吉林省的认证事业走向持续发展的道路。吉林省认证工作的总体目标是："十五"期间全省60%的企业通过质量管理体系认证，国有大中型企业全部通过认证，加强宣传，努力拓展认证领域。依法全面实施强制性产品认证，使吉林省强制性认证企业的全部产品通过产品认证。利用两年的时间，对全省认证管理人员及行政执法人员进行一次有关认证认可知识的培训。

吉林省认证工作主要采取了以下措施：

领导重视，建立了有效的认证工作机制

局党组始终把认证工作作为省局的重要工作进行部署，对认证工作提出了明确的要求，并着力抓好建立认证的有效工作机制。一是建立了有效的领导工作机制，省、市、县三级成立了由分管局长挂帅的认证工作领导小组，统一指导、协调认证工作；二是建立了横向的协调工作机制，在认证工作方面，与检验检疫部门加强认证工作的协调，明确分工，避免职责交叉，重复执法；三是建立了行政执法的主体保障机制，各市、州、县指定了专门的部门负责认证工作，并配备了专职的认证管理人员，加强了对认证工作的有效管理。由于领导重视，建立了有效的工作机制，有力的促进了全省认证工作的健康发展。

引导与服务相结合，推进全省认证事业的发展

为深入贯彻落实国务院办公厅《关于加强认证认可工作的通知》，按照国家的要求，结合本省认证事业发展的现状，制定了《关于加强吉林省认证认可工作的意见》，积极推进吉林省认证事业的发展。

一是充分利用新闻媒体就认证认可对促进国家经济建设和社会发展所具有的重大意义进行了广泛的宣传。召开了多次新闻发布会，向企业、社会、消费者宣传认证的意义、重要性及必要性，使全社会了解和熟悉认证认可既是中国加入世界贸易组织和参与经济全球化和需要，也是提高中国产品质量、增强产品竞争力以及保护国内产业的需要。同时，把质量认证作为认证工作的重要内容，把宣传资料发到企业，进行宣传贯彻，帮助和指导企业申请认证。

二是抓大型骨干企业，带动中小企业。吉林省质量技术监督局始终把抓龙头企业管理作为推进本省认证事业发展的重要手段，以此提高中小企业的认证意识，促进中小企业开展质量认证。

三是强化政府推动力度。吉林省把拓展本省品牌战略与企业体系认证相结合，把企业通过体系认证作为评名牌的必备条件，以此推动企业申请认证，提高企业的整

体水平,使体系认证更好地服务于全省经济的发展。

几年来,由于采取的措施有效,使吉林省的自愿性认证工作有较大的发展,截至2003年底,全省通过质量管理体系认证的企业已达2 000余家,年均增长近500户。

积极推动强制性产品认证

吉林省在强制性产品认证制度的实施过程中,重点抓住了调查摸底、广泛宣传、宣传贯彻指导和执法监督四个基本环节,先后下发了《强制性产品认证企业调查摸底实施方案》、《关于加强强制性产品认证宣传工作的通知》、《强制性产品认证行政执法实施方案》等指导性文件,统一部署、科学安排,全面推动国家强制性产品认证制度的实施。

1、进行广泛调查摸底,建立健全企业档案。为摸清全省强制性认证产品生产企业的情况,省局组织市、县局对全省强制性产品生产企业的情况进行了"拉网式"调查,摸清了强制性产品生产企业的数量、产品主要类别、生产规模及区域分布情况。吉林省强制性产品认证企业共216家,涉及《目录》中的认证产品共计14大类51种产品,省局对这些生产企业,建立了企业档案。

2、充分利用新闻媒体进行广泛的宣传。通过报刊、电台、电视台等媒体对国家实施强制性产品认证制度的意义及有关要求等内容,进行了专题报道。向社会发放各类宣传资料9 000余份。同时,在掌握全省强制性产品认证企业数量、分布、产品范围的基础上,先后三次召开强制性产品认证企业说明会,对企业申请强制性产品认证进行具体的宣传贯彻说明,还请中国质量认证中心沈阳分中心配合,现场受理企业申请。通过广泛的宣传和有效的宣传贯彻指导,使企业的认证意识大大增强。

3、稳步推进强制性产品认证的行政执法检查。首先对全省执法骨干进行了有关强制性产品认证法律法规的培训,共培训学员200余人次,为执法工作奠定了基础。其次,为指导强制性产品认证行政执法工作,制定了《强制性产品认证行政执法实施方案》,具体指导执法检查工作。从2003年8月1日起,全省开展了强制性产品认证的执法检查工作,共检查生产企业200余家、销售企业2 000余家。全省认证企业已达200家,占应获证企业的95%以上。

努力提高认证队伍素质

1、为深入贯彻学习落实《中华人民共和国认证认可条例》,做好认证工作,省局集中时间,集中力量,分三批对系统内认证管理人员、认证执法人员、认证咨询人员及企业质量管理人员进行了培训。通过培训,使学员深刻领会《条例》的内涵,把思想统一到《条例》上来,严格按照《条例》的要求做好各项工作。全省700余人参加了培训。

2、定期组织全省系统质检机构知识竞赛。为了促进对全省质量技术监督系统质量检验机构的管理,提高检验人员的业务素质,省局每年举行一次全省系统内质检机构检验人员业务知识竞赛。通过竞赛活动,激发了质检机构人员的学习热情,在全省范围内形成了学习专业知识的良好氛围,掀起了岗位练兵的热潮。

促进计量认证工作的规范化、科学化

在中国加入WTO的新形势下,履行好产品质量监督管理职能,省局认真探索质检机构发展的新路子。

一是完成了"加入WTO后,吉林省质检机构建设与发展战略"软课题研究工作。省局就如何加强全省质量检验机构管理,迎接入世挑战,提出并确立了"加入WTO后,吉林省质检机构建设与发展战略"研究课题,省局就加入WTO后吉林省质检机构如何进行改革,增强实力,提高水平;质量技术监督系统依法设置的产品质量检验机构与各行业的质检机构,如何减少低水平重复投资、重复建设,实现资源共享;如何从本地经济特点出发,发挥地区优势,扩大业务范围,服务于本地区的经济发展等方面的问题,开展了研究,并完成研究报告。

二是努力实现资源共享,抓好全省质检机构协作网建设。省局按照国家认监委的要求,对全省实验室资源进行了调查,并将调查结果上报。在全省实验室资源调查的基础上,为拓宽质检机构工作领域,避免重复建设,实现社会资源共享,省局及时进行了软件方面的设计开发,将全省通过计量认证的560余家机构的承检能力和仪器设备上网发布,以方便用户,并最大限度地实现全省实验室资源共享和优化配置,提高科学仪器利用率。

三是充分发挥地方特色经济的优势,加强质检机构建设。发挥好农业产业优势,推动农业产业的发展,投入1000多万元,成立了国家农业深加工产品质量监督检验中心、国家参茸产品质量监督检验中心和转基因产品检验实验室,使吉林省在农业深加工产品,人参、鹿茸、转基因产品等方面的检验能力和水平达到国内领先水平。此外,根据吉林省汽车产业的发展的实际,国家已批准在吉林省成立国家汽车零配件产品质量监督检验中心。

(吉林省质量技术监督局供稿)

加强队伍建设 提高认证工作水平

——黑龙江出入境检验检疫局认证工作概况

机构组建情况

1、认证机构组建情况、

上世纪80年代末，原黑龙江进出口商品检验局在局办公室设立监管认证组，有人员3人，对全省商检系统的实验室实施管理、考核。

1993-1996年，在原黑龙江进出口商品检验局科技处设立认证监管科，有人员3人，对全省商检系统的实验室实施管理、考核。

1996-1999年，在原黑龙江进出口商品检验局综合处设立认证监管科，有人员3人，对全省商检系统的实验室实施管理。

1999-2003年，在黑龙江出入境检验检疫局科技与认证处设立实验室管理科，负责全省检验检疫系统实验室的管理。

2003年至今，在黑龙江出入境检验检疫局认证监管处设立实验室管理科，负责全省检验检疫系统实验室的管理。

2、注册工作职能设置

“三检合一”前，原黑龙江进出口商品检验局综合处负责管理卫生注册登记工作，主要负责卫生注册评审结果的审核和证书管理。业务处负责受理企业申请，组成评审组评审、换证复查和监督管理工作。

1999年8月，“三检合一”后，黑龙江出入境检验检疫局设立科技与认证处为卫生注册管理职能部门，下设认证科负责质量许可和食品卫生注册管理工作，卫生注册工作职责为负责受理申请、组成异地评审组进行评审、评审结果审核、批准发证工作；获证企业的换证复查和监督检查工作；对国外注册企业的推荐上报工作；卫生注册评审员管理等工作。

为进一步规范认证监管工作，2003年8月，黑龙江出入境检验检疫局设立了认证监管处，负责原科技与认证处有关认证和实验室管理工作职能，认证监管处下设注册科和实验室科，注册科具体负责卫生注册登记管理工作，职责包括：负责落实国家关于出口食品注册登记的有关规定，组织实施全省出口食品生产企业注册登记的评审、复查换证、监督检查工作，负责对国外注册的推荐上报工作，培训和组织建立评审员队伍等工作。

3、评审机构组建情况

1994年1月，成立东北三省评审中心，总部设在大连，主管东北三省的质量认证工作。

1996年12月5日，原黑龙江进出口商品检验局成立鉴定评审中心，对外称为：中国进出口质量认证中心黑龙江评审中心，负责ISO9000认证和资产评估工作。内设综合科、评审科、鉴定科3个科室，从事评审工作的人员5人。

1999年11月29日，黑龙江出入境检验检疫局成立质量管理体系评审中心，对外称：中国质量认证中心黑龙江评审中心。内设评审科、培训科、开发科、综合科4个科室，从事评审工作的人员12人。行政上隶属黑龙江出入境检验检疫局，业务上由中国质量认证中心总部进行管理指导。

评审员数量：目前ISO9000高级审核员7人、审核员14人、实习审核员41人；OHSAS18000高级审核员1人、审核员2人；ISO14000审核员3人；HACCP审核员1人。

各项业务开展情况

1、历年ISO9000获证企业数量表

年度	获证企业数(家)
1995	1
1996	2
1997	4
1998	10
1999	16
2000	25
2001	49
2002	45
2003	38
计	190

认证范围涉及食品、机械、外贸、家具、技术咨询服务、宾馆服务、建筑、化工、包装、电子、烟草、纺织、建材等诸多行业,其中不乏省内有影响的大型企业。

2、实验室考核情况

(1)20世纪80年代末,原国家局对系统实验室进行三级考核。一级实验室考核由国家局组织评审组进行二级实验室考核由大区组织评审组(黑龙江局在东北大区,由辽宁、吉林、河北和黑龙江4省组成东北大区)进行;三级实验室考核由省局组织人员组成评审组进行。

当时黑龙江局共有4个二级实验室(省局微生物、化矿、仪器分析和农产品检验实验室),分支机构的实验室均为三级实验室。

(2)1994年国家局取消三级实验室考核方式,由大区对系统内的实验室进行注册考核。当时黑龙江省的22个实验室均未注册实验室。

(3) 2002年认监委取消注册实验室,所有系统实验室均转为计量认证实验室,进行认可或计量认证考核。

黑龙江省22个实验室,现有2个实验室通过了实验室认可委的评审,其他实验室均为计量认证实验室。

3、"三检合一"以来卫生注册登记工作

截至2003年底,全省获得出口食品卫生注册登记企业201家,其中卫生注册企业95家、卫生登记企业106家。对外注册企业10家,其中获得美国注册1家、日本2家、新加坡1家、俄罗斯5家、南非1家、韩国1家。

在对获证企业管理过程中坚持动态管理,严格按照要求对企业进行监督管理。在2000年清理整顿、2003年"拉网检查"以及历年监督检查工作中,取消卫生注册登记资格的为55家企业,要求限期整改的为63家企业。

较早实行卫生注册异地评审工作制度。黑龙江出入境检验检疫局于2000年初,开始采取异地评审方式对申请企业进行卫生注册评审和监督检查,即负责注册管理、日常检验和监管工作的评审员不参与管辖地区内的企业评审工作,这种作法既坚持客观公正,保证卫生注册工作质量,又通过实践提高了评审员素质。

人员培训情况

1、业务培训与评审员队伍建设

(1)自从1995年原黑龙江进出口商品检验局就开展了ISO/IEC导则25:1990的培训,2000年对全省检验检疫系统实验室管理人员和业务人员进行ISO/IEC17025:1999的培训,建立了内审员队伍。

(2) 黑龙江出入境检验检疫局共有实验室认可委员会评审员6人,其中主任评审员1人、评审员2人、见习评审员3人。

2、对外培训

年度	内审员培训班(期)	培训人数	外审员培训班(期)	培训人数
1995	6	300	2	60
1996	3	200	0	0
1997	1	20	1	20
1998	2	110	0	0
1999	4	180	0	0
2000	4	200	0	0
2001	3	180	0	0
2002	5	211	2	41
2003	7	156	1	20

3、评审中心人员业务培训情况

1997年参加ISO9000主任评审员培训班2人。

1998年参加ISO9000主任评审员培训班1人,参加ISO14000评审员培训班3人。

2000年参加环保产品标志审核员培训班1人,参加产品工厂检查员培训班1人。

2001年参加OHSAS18000审核员培训班1人,参加ISO9000内审员教师培训班1人,参加ISO14000内审员教师培训班1人。

2002年参加有机食品国家认证检查员培训班3人,参加OHSAS18000审核员培训班2人,参加HACCP审核员培训班1人。

2003年参加工厂检查员培训班4人,参加ISO9000主任评审员培训班1人。

4、ISO9000评审员队伍建设情况

年度	高级审核员	审核员	实习审核员
1995	1	2	0
1996	2	1	0
1997	2	4	3
1998	2	8	5
1999	2	10	7
2000	2	13	9
2001	3	18	12
2002	6	18	25
2003	6	14	33

截至2003年底,黑龙江省检验检疫机构有卫生注册主任评审员9人,评审员50人。分别来自15个分支机构、省局业务处、派出机构。

(黑龙江出入境检验检疫局供稿)

狠抓基础建设 搞好认证监管

——黑龙江省质量技术监督局认证工作概况

黑龙江省的认证工作，在国家认监委的正确领导下，经过几年的努力，在建立健全认证工作机制、完善相关规章制度、宣传贯彻政策法规等方面取得了显著的成效，使黑龙江省的认证工作逐步走上了规范化、法制化的轨道。

基本情况

按照原国家质量技术监督局的部署，黑龙江质量技术监督局于1995年成立了认证处，负责全省的认证工作，主要是对认证机构、认证咨询机构实施监督管理。在2000年的政府机构改革中，省局按照国家局当时的机构模式，成立了认证与实验室评审管理处，在原有职能的基础上，增加对全省向社会出具公正数据的产品质量监督检验机构的计量认证/审查认可(验收)工作。截至2003年底，黑龙江省已有709家质检机构通过了计量认证，覆盖全省技术监督、卫生防疫、交通等各个领域；同时，负责全省强制性认证产品的监督和执法检查工作。黑龙江省通过强制性产品认证的企业已达160余家，产品包括电线电缆、低压电器、电焊机、电信终端设备、机动车辆及安全附件、消防产品等100多种。截至2003年底，已为150家企业颁发了认证证书，证书覆盖了机械、电力、石化、建材、汽车、粮食加工、食品生产、旅游等33类。1998年3月成立的国家农业标准化研究与监测中心，于2002年3月被国家认监委批准为黑龙江省农产品质量认证中心，负责对农产品的认证工作。2001年，经国家认监委批准，省局质量体系认证协会成立了黑龙江省质量管理体系内部审核员培训中心，负责全省认证企业的质量体系内部审核员的培训工作，3年来共为企业培训了1200多名内审员，为确保获得认证企业的质量管理体系的有效运行提供了人力保障。

主要做法

1、健全工作机制，规范认证工作。由于黑龙江省的认证工作起步较晚，相关的制度还不够完善。为此，省局在国家认监委的指导下，结合本省的实际情况，有针对性地制定了一系列的制度和规定，使本省的认证工作步入了良性发展的轨道。一是加强认证工作管理。为了规范黑龙江省的质量认证工作，促进认证工作发展，省局先后制定了《黑龙江省质量认证条例》和《黑龙江省质量管理体系内部审核员管理办法》，有效地规范了黑龙江省的质量认证工作，促进了产品质量和企业质量管理水平的提高。二是规范了计量认证/审查认可(验收)工作。为确保全省的计量认证/审查认可(验收)工作的一致性，提高评审工作质量，黑龙江省还制定了省计量认证/审查认可(验收)工作程序，对计量认证的申请受理、现场评审等都做了详细的规定和说明，使全省的计量认证/审查认可(验收)评审工作有据可依。三是加强专业人员培训。为了提高认证工作人员的业务水平和执法监督能力，省局注重了业务能力和专业知识的培训，开展了以计量认证/审查认可(验收)评审准则、《中华人民共和国认证认可条例》(以下简称《条例》)、强制性产品认证制度等为主要内容的培训工作。自2000年起，举办了10期计量认证/审查认可(验收)评审准则学习班，举办了4期省级评审员培训班，151人获得了评审员资格；举办了2期《条例》和强制性产品认证制度学习班，提高了专业人员的执法水平。四是为企业建立电子档案，实行动态管理。为了能够全面、及时、准确地掌握全省认证企业、强制性认证产品、农产品认证以及质检机构的信息，以便于有效地实施监督管理，2003年省局与软件公司合作开发了两套信息管理系统，将全省通过认证(体系认证、强制性产品认证、农产品认证)的企业及获得计量认证的质检机构的相关信息，全部录入管理系统，利用计算机进行统一管理，真正实现了只需点击鼠标，即可获取信息。既方便了信息查询，又可以实现对其获证后的监督管理。

2、强化监督管理，确保认证市场秩序。一是开展强制性产品认证监督检查。强制性产品认证制度颁布后，在国家认监委的统一部署下，省局组织得力人员对全省范围内的企业进行一次全面普查，重点调查哪些企业的产品要申请强制性产品认证，已经有多少企业的产品申请了强制性产品认证，还有哪些企业没有申请强制性产品认证，并据此制定了切实可行的方案，对强制性认证产品的执法检查、未认证企业产品如何如期通过认证，都做出了具体的安排。截至2004年5月底，黑龙江省已通过强制性认证的企业166家，强制性产品证书572张。二是加强计量认证的监督管理。省局充分发挥各市(地)、县质量技术监督局的作用，加强对质检机构的检查，并且将建材、环保、粮食和各级产品质量监督检验所作为监督的重点。对在检查中达不到要求的质检机构，责令其停止工作，限期进行整改，整改后仍不能通过评审的，吊销其计量认证合格证书，取得了较好的效果。三是开展实验室能力验证活动。组织质检机构开展能力验证活动，是对获证质检机构进行监督的一种有效手段。为进一步摸清全省质检机构的检测能力和水平，省局分别在每年的上、下半年分别组织一次实验室能力验证活动。由省、市、县三级70多家实验室参加，并对验证结果进行通报，通过开展此项活动，使各级质检机构在相互学习、相互借鉴中得到了提高。四是实行认证咨询机构登记备案制度。为了加强对黑龙江省的认证咨询市场的监督管理，省局在全省范围内开展了认证咨询机构登记备案制度，每年年底对认证咨询机构的从业情况进行检查，对经国家认监委批准、依法从事认证咨询活动的机构进行登记备案，并且在省级报刊上发布公告。同时，对违法、违规开展认证咨询活动的机构依法进行行政处罚，有效地规范了认证咨询市场的秩序。截至2003年底，黑龙江省获国家认监委批准、并且在工商行政管理局登记的认证咨询机构已经达到15家。

3、深入开展认证资源调查，切实摸清底数。为了全面掌握黑龙江省企业通过认证的情况，特别是农产品认证和强制性产品认证情况，省局组织各市(地)局，按照辖区划分，在全省范围内开展了认证企业基本情况调查，重点查清哪些企业通过了认证及认证类型。通过全面细致的调查，切实摸清了黑龙江省认证企业的底数，为进行监督检查，开展认证有效性调查，进一步推动黑龙江省的认证工作提供了可靠的保障。截至2003年底，黑龙江省获得体系认证(ISO9000，ISO14000，OHSAS18000)证书1864张，通过强制性产品认证的企业166家，通过有机认证的企业16家、绿色认证的企业389家、无公害认证的企业16家。

4、积极宣传，促进认证工作深入发展。一是深入宣传贯彻《条例》。为了深入贯彻落实和宣传好《条例》，充分领会其精神实质，省局在全省质量技术监督系统内开展了“学习《条例》月”活动，在组织各市(地)、县局主管认证工作的负责人集中学习的基础上，各市(地)、县也分别进行了集中学习，确保系统内人人熟悉《条例》。在学习过程中，省局还特别注重抓好执法队伍的学习和培训，使每个执法人员都能熟练掌握具体的执法责任和应履行的义务，提高依法办事，依法行政的水平和能力，确保认证执法工作的准确性和权威性。二是积极开展强制性产品认证制度宣传。为确保强制性产品制度的顺利实施，推动强制性产品认证工作发展，省局充分利用“3·15”等时机，充分利用电视台、电台、报刊等新闻媒体，采取发放强制性产品认证宣传折页、宣传手册、宣传光盘和宣传招贴画等多种形式，全方位地开展强制性产品认证制度的宣传工作，使该项制度深入人心，增强了强制性产品生产企业的紧迫感和危机感，促进了强制性产品认证工作的开展。

(黑龙江省质量技术监督局供稿)

CCC认证产品口岸验证工作中的政府服务意识与作风

——上海出入境检验检疫局认证工作概况

2003年8月1日起，中国强制性产品认证制度在各级生产、流通领域正式全面实施。作为该项制度后续监督管理的行政执法部门之一，上海出入境检验检疫局(以下简称"上海局")自2002年初开始，通过各种渠道宣传强制性产品认证制度，并从2002年7月1日起对涉及进口安全质量许可制度、强制性产品认证制度的入境CCC认证产品按照国家质检总局制定的《进口许可制度民用商品入境验证管理办法》和《强制性产品认证管理规定》(总局五号令)实施验证工作。在执行CCC认证产品口岸验证中，除去依法施政外，如何发挥主管部门为客户、为基层服务的作用，是做好保障强制性产品认证制度的有效运行和推进发展的必要措施。

树立把关与服务意识是验证工作顺利开展的重要指导思想

按照规定，从2002年1月1日起，国家实行进口许可制度，对民用商品实施入境验证管理。自7月1日起，严格按进口许可制度民用商品入境验证工作程序办理有关手续，对于没有获得进口安全质量许可证的商品，一律不受理报检。在接到国家质检总局的相关规定后，上海局相关的业务职能部门迅速进行业务调研和可操作性的研究，力争将入境验证工作涉及的各个环节理顺。入境验证工作是体现检验检疫机构把关与服务两大职能的一项长期而责任重大的工作。搞好了，可以有力地支持和维护刚刚起步的中国认证认可市场，确保机电产品进口有序合理，维护符合认证规则的产品在中国市场中的合法地位和份额，是加强和强化检验检疫职能职责的体现；一旦搞不好，就极可能造成中国强制性产品认证制度的名存实亡，损害中国的投资环境，对正常的进口贸易造成负面影响，直接危及相关企业的生存。为此，上海局有关处室积极周密地做好各项准备工作，力保实际操作万无一失。

实事求是，联系实际，开展调研

在前期的准备工作中，上海局认证处、检管处和综合处三个业务职能处室通力合作，前后经过十多次业务研讨会，深入研究了国家质检总局《进口许可制度民用商品入境验证工作程序》等关于入境验证工作的文件内容，根据上海局理顺业务链这一工作中心，结合上海口岸实际情况，把涉及入境验证的整个业务流程进行了梳理。从如何受理特殊情况的审批，到如何受理报检，CIQ2000系统电子信息和单证的流转，检验部门的抽查，送指定检测实验室进行实物检测，到最终检验检疫结果登记和数据归档等，一一进行了考虑，尽可能考虑到各方面的问题，将一些可以预见和采取措施加以避免的共性矛盾先期予以解决，确保各环节工作的紧密联系。

协助窗口做好技术保障准备

入境验证的商品基本属机电产品，入境验证工作需要具备一定的专业水平来直接判定申报商品和单证是否符合入境验证的有关规定。考虑到这些现实情况，上海局根据原国家商检局认证监管司《关于明确免办进口商品质量许可证原则的通知》中规定，属不办进口质量许可证情况的物品，如驻华使、领馆自用物品等，由局认证处受理审批签发《不办进口商品质量许可证证明》。据此处理检务，只需审核局认证处统一格式的审批证明，而不是各式各样的申请资料，这样既加强了管理，缩短了检务审单的时间，避免了检务专业知识的不足可能造成的差错。与此同时，上海局查阅了有关机构历年来颁发的《进口安全质量许可证》(CCIB)、《电工产品认证合格证书》(CCEE)、《中国强制性产品认证》(CCC)证书（包括含EMC电磁兼容标准的证书）和《免办进口商品质量许可证证明》的真伪件、有效件和无效件的样张，整理了检务人员受理报检单证需要审核的一览简表，还分别制作和提供了由其审核签发的《凭证报检进口商品验证核查证明》样张，供窗口检务人员快速识别和掌握。

加大对外宣传力度，提高政府透明度，赢得社会的理解和配合

上海局布署组织各检验检疫机构和检测中心等单位加大对外宣传力度。通过多渠道宣传国家质检总局、国家认监委有关公告、政策，帮助企业了解并理解强制性产品认证制度，从而增加了验证审批工作的透明度。上海局专门制作了办证须知、各检验检疫机构联系表、验证目录，介绍办理入境验证商品的报检业务知识以及特殊情况的审批业务的相关知识，还收集国家认监委及其认可的认证机构的联系方式和网址，在检务部门、检测中心宣传栏进行公布并挂在上海局的网站上，让尽可能多的外贸单位和产品用户了解认证和验证工作。另外，还利用上海局对外网站进行宣传，对于网民们提出的有关认证和验证问题，力争在第一时间悉数回答，由于及时地与网民进行沟通和回答问题，使上海局网站的点击率从原来的每天100多次上升至每天近500多次。

在入境验证工作中，必然面对大量的客户，“服务意识”和“政策透明度”即让尽可能多的人了解相关政策，就显得非常重要。上海局通过参加欧盟商务领事例会、举办CCC制度专题介绍会等，在各种场合宣传有关制度。同时，在入境验证管理程序开发中，也充分考虑外部需求，尽量使程序做到同客户的良好交流。在程序投入试运行后，还通过电子邮件等形式了解申请人使用感受。除主动对外宣传外，每天还要接听大量的咨询电话，最高峰时每天人均接听40~50多个电话。对于每个电话，工作人员均能够不厌其烦地有问必答。

依托CIQ2000系统，使报检窗口简便高效

对于检务部门反映的检务人员为避免疏漏，通过翻阅认证和验证商品目录确定法定检验商品是否实施入境验证管理的方式严重影响报检速度的问题，依托CIQ2000系统，发挥科技优势给予解决。在有的进口报检中，会涵盖多个甚至几十个机电类商品，要在其中确定哪些属于入境验证商品，采用人工核对HS编码的方式确实不能适应口岸入境报检业务量的实际需要。三个业务职能处室联合上海局科技处研究决定，在不影响国家局CIQ2000系统原先的设定情况下，对提示信息加以维护。通过对CIQ2000系统相关商品的HS编码的“限制条件”栏增加相应的提示字样，如“入境验证商品”、“EMC电磁兼容”等，当检务人员在入境报检界面输入商品HS编码时，右下角的提示区便会出现相应的维护内容。这样，检务人员就能一目了然，每批单证的审单时间大大缩短，报检员也就不需要花长时间排队等候了。

加强验证工作培训，确保操作统一规范

进口商品最终用户单位和外贸单位对一些特殊情况的审批工作需到国家认监委主管部门，即原国家局认证监管司质量许可制度办公室办理，反应较为强烈。对他们向上海局提出的少量进口、科研需要、维修用零部件等的中央审批范围内商品的审批放行要求，上海局会同各口岸机构做了大量耐心细致的解释工作。对于来料/进料加工、保税区内自用、出口退货、办证期间进口的产品等情况的审批，在向企业进行解释的同时，也向国家质检总局、国家认监委有关部门及时汇报了情况，以待国家质检总局、国家认监委对一些未曾明确、而直属机构和口岸机构在实际中遇到的问题的应对方法加以规范确定。

在历时一年多的过渡期里，上海局相关部门共组织举行了12次关于入境验证工作的培训。培训对象涉及审批、检务和检验人员，培训内容涉及国家质检总局规定下放到各地检验检疫机构的受理审批时的判定、受理报检时的单证审核、CIQ2000系统信息输入规范和流程正确操作、抽查检测的规范等各个方面。另外，还充分利用上海局机电检测中心这一技术优势，邀请中心的技术专家讲解有关未列入认证适用范围的技术判定方法和标准依据。

通过严格执行强制性认证产品的入境验证制度，使从事审批、检务、检验和检测的人员在业务水平上和对机电产品的技术分析判别能力上有了很大的提高。许多外贸单位图方便，直接从网上下载产品认证证书，对于这种情况，检务人员已能熟练地判别，拒绝受理报检。检验人员在检验或抽查检测中，对伪造的证书也能正确辨别，并及时立案交有关行政执法部门进行调查。

与时俱进，发现问题，解决问题

从上海局全面开展民用商品入境验证起，不是坐在办公室内等各机构汇报情况，而是直接深入浦东局、浦江局、机场局、外高桥局和闵行局等分支机构审批和监管一线了解情况，及时发现问题，解决问题。在调研中，发现原有手工书写证书模式，存在安全性问题，并给各机构带来不少工作量，为此上海局提出开发网上申请的电子入境验证管理系统，改变了原先各机构在审批和验证环节花费大量的人力和物力进行打制纸质证明的情况，同时增加了安全性，也方便了客户，使从申请到取得通关单的时

间大幅缩短。通过这种工作方式，建立了管理部门与操作部门之间的良好沟通渠道，使工作信息和工作指令及时上通下达，使入境验证这项涉及多部门、多环节的复杂工作简单化、规范化。

积极通过国家质检总局和国家认监委解决问题

验证工作中发现，在国家质检总局（2002年公告第60号）中《〈第一批实施强制性产品认证的产品目录〉中产品的适用范围》（以下简称《适用范围》）所列部分商品与2002年《出入境检验检疫机构实施检验检疫的进出境商品目录》（以下简称《种类表》）中对应的监管条件有所不同。例如，“85184000.10 电器扩音器”、“85191000 投币式唱机”、“84351000 制酒、果汁等的压榨、轧碎机（包括制类似饮料用机器）”等商品并未列入《适用范围》，但这些商品在种类表中海关监管条件为“C”，检验检疫机构就必须出具注明“入境验证商品”的入境货物通关单，属进口法检非验证商品。前者主要属民用，后者主要属工业用。但在实际进口检验中，发现大量应归入前者的商品，按后者的HS编码进口，逃避了入境验证管理。造成这一现象的另一原因是后者的进口关税高于前者，故海关准许此类商品按84351000税则号进口。对此，上海局及时地向国家质检总局、国家认监委作了专题汇报。在报告中建议在确定验证商品目录时，还应及时与海关加强沟通，确保验证商品可以对应的各个HS编码均列入验证目录。在2003年的海关HS编码中，这些商品的编码都增加或调整了有关监管条件，对原来的逃避强制性产品认证的行为起到了立竿见影的遏制作用。

通过CCC认证产品的口岸验证工作，上海局体会到在实施政府执法行为同时，不单纯是依法行政，还必须按照十六大“三个代表”的精神，来体现政府把关与服务的宗旨，这里就包含了所有的服务需求与服务对象。只有把执法意识与作风建立在服务基础上，工作才能有效开展，才能获得成功。

（上海出入境检验检疫局供稿）

把认证工作作为提升上海城市综合竞争力的战略措施抓紧抓好

——上海市质量技术监督局认证监管工作概况

上海市政府对认证工作十分重视，将其列为《上海市质量振兴实施计划》的重要内容，要求把认证、认可工作作为提升上海城市综合竞争力的一项战略任务抓紧抓好。

上海的认证工作起步较早。1988年4月，上海开展了产品质量认证试点工作，有2家企业生产的安全节能灯具通过了质量认证机构的检查评审，获得了产品质量认证证书。1992年，经原国家技术监督局批准，上海又开展了质量体系认证的试点工作，年底成立了上海质量体系审核中心。1993年4月，上海汽轮机厂获得了首张质量体系认证证书。1994年7月13日，上海质量体系审核中心第一个正式获得了中国质量认证机构认可委员会的认可。

1993年，原上海市技术监督局颁发了《上海市“贯标”工作推进计划》，将全市300多家企业列为“贯标”试点企业，滚动实施，有力地推动认证工作的开展。一批基础较好的商业企业也积极开展“贯标”活动，取得了较好的效果，上海市第一百货商店于1996年9月通过认证，成为全国首家获得质量体系认证证书的商业企业。经过一系列的“贯标”推进活动，从1995年至2000年，上海质量体系认证获证企业数每年以平均80%的速度递增，上海名牌产品生产企业的获证率达95%以上。

1997年，原上海市技术监督局开展了“认证咨询机构备案管理”和“质量管理体系内部审核员注册管理”等工作，加强对认证机构的管理。为鼓励支持企业积极认证，打破贸易技术壁垒，上海市质量技术监督局（以下简称“上海局”）于2000年开发和建立了《上海主要工业产品出口欧盟数据库》，搜集了1 836项欧洲标准、665家认证机构信息，为企业提供必要的信息指导。截至2001年底，上海市通过质量体系认证企业已达3 500家，备案的认证咨询机构达33家。

2001年8月，国家认监委的成立标志着中国的认证认可事业步入了新的时期，上海的认证工作也随之进入了新的阶段。在国家认监委的组织和指导下，上海市质量技监局在健全认证工作机制、整顿认证市场、推进CCC认证、开展实验室资源调查和计量认证等方面积极开展工作。

构筑认证工作体系

2002年6月28日，上海市政府为贯彻落实国务院办公厅《关于加强认证认可工作的通知》和全国认证认可工作会议精神，召开了全市认证工作会议。常务副市长蒋以任在会上要求各有关部门共同培育和规范本市的认证市场，国家认监委主任王凤清应邀出席会议并作了重要的讲话。

2002年7月，建立了上海市认证工作联席会议制度，以充分发挥各有关方面的作用，促进上海认证工作协调发展。联席会议领导小组由上海市政府各有关委、办、局负责人组成，组长为市政府副秘书长江上舟，办公室设在上海市质量技监局。

2003年，上海市质量技监局与上海市经委共同开展了对高新技术企业的认证补贴工作，对符合要求的146家企业实施了补贴，涉及认证费用800多万元，补贴总费用达130万元。

清理整顿认证市场

2002年1月，上海市质量技监局协助上海出入境检验检疫局对美国联邦NSF认证机构中国代表处等国外认证机构进行了检查。年内还开展了对认证咨询机构审批登记管理的初审工作，建立了认证咨询机构审批登记信息管理系统，加大对认证中介机构的监管力度。

2003年1月，在国家认监委的组织下，上海市质量技监局对本市25家获得质量管理体系认证的企业进行了认证有效性检查，其中符合要求的9家、基本符合要求的16家，认证总体情况较好。年内还与上海市工商行政管理局协作，开展了对认证咨询机构的年检，未通过审批的咨询机构在工商营业执照营业范围不得包括认证咨询项目。

2003年10月，上海市质量技监局为贯彻《中华人民共和国认证认可条例》(以下简称《条例》)精神，组织深入学习贯彻《条例》，对全局系统的行政执法人员进行了培训，要求执法人员切实掌握《条例》；同时，上海市质量技监局按照监管、引导、规范、服务的宗旨，依法加强对认证的监管，加大了对认证违法违规行为的查处力度。

推进CCC认证制度的实施

2003年3月，上海市质量技监局对全市需要作强制性产品认证的生产企业进行了摸底调查，同时督促这些企业及时申请CCC认证。结合“3·15”保护消费者权益日“质量、安全、健康”主题系列活动，开展CCC认证现场咨询活动，在上海电视台等多家媒体对CCC认证制度进行专题报道，提高消费者对CCC认证的认知度。年内，上海市质量技监局根据不同行业、地区的特点，还组织举办了10余次CCC认证制度的宣传贯彻会。特别是针对商业企业的特点，召开了商业企业的产品市场准入制度座谈会，详细介绍了强制性产品认证制度和实施要求，要求各商业企业在进货和销售两个环节把好关。组织市百一店等14家商业企业参加了由国家认监委发起的全国百家大型商场联合声明不销售无CCC认证标志产品活动。通过大力推进，上海市CCC认证率从2003年3月份的35%提高到年底的98%以上，有1 000余家企业通过了CCC认证，获得证书700余张。

2003年8月，上海市质量技监局开展了大规模CCC认证制度实施情况执法检查，先后出动了执法人员千余人(次)，到相关生产企业、经销企业以及建筑工地对电视机、电冰箱、洗衣机、台式电脑、插头插座和电线电缆等六类产品的CCC认证情况和CCC认证标志使用情况进行了全面检查，并督促和帮助企业对存在问题及时予以纠正。

开展实验室资源调查和计量认证

上海市质量技监局认真开展实验室资源调查，截至2003年底，上海市通过计量认证的实验室单位已达334家，行业涉及建设工程、疾病控制、药品检验、环境监测、农药土壤、避雷装置、司法鉴定、纺织、食品等二十余个领域。这些单位共分四种类型：有政府授权或设置的检测机构，如产品质量监督检验机构、各区县疾病预防控制中心、环境监测站、药品检验所；有科研院所和教育机构利用自身资源优势建立的实验室，如各大学建立的检测站；有承担行业任务的检测中心，如各区县建设工程检测中心；也有根据社会需求建立的民营实验室。这些检测机构涉及的门类基本覆盖了各方面的需要，从一个侧面折射出上海市经济发展热点和百姓关注焦点，它们主要接受上海市和周边地区的社会委托检测，为政府部门执行政务提供数据，为司法部门公正裁决提供服务，为企业和消费者维护权益提供帮助。

上海市质量技监局不断加强对计量认证获证单位的监管。对获证单位实行定期和不定期的监督抽查、能力比对等。2001~2003 年，上海市质量技监局先后组织对 60 余家单位进行了数次监督抽查，行业涉及卫生、环境监测、建设、兽医兽药、珠宝等。重点检查了这些单位自前次评审后的整改落实情况、体系运行情况和检测报告的规范性，被抽查检测机构质量体系总体运行正常。

2003 年 3 月，上海市质量技监局首次对全市计量认证获证单位实行年度情况统计报告制度。经梳理和确认，有 3 家计量认证获证单位被注销计量认证合格证书。同时，为适应加入 WTO 后新形势需要，根据国家认监委有关要求精神，上海市质量技监局于 2003 年 6 月颁布了《上海市计量认证评审准则》，根据国际先进的实验室评价标准和中国政府对检测实验室的法制要求，执行新的计量认证评审要求，2003 年 7 月 1 日起正式实施。并规定：2004 年 1 月 1 日后，上海市所有的计量认证获证单位必须完成《质量手册》转版工作，对所有首次申请、复查申请、扩项申请的单位，均按照《上海市计量认证评审准则》进行评审。

积极拓展的计量认证新领域

2003 年，上海市质量技监局会同有关行业主管部门，充分发挥行业协会、计量专业委员会的作用，根据市场需求，积极组织调研，统一有关技术标准，规范检测工作，在短时期内顺利完成了对民用建筑工程室内环境检测、农产品批发市场农药残留检测等新兴领域实验室计量认证的评审。同时，根据新评审准则需要，及时对评审员队伍进行了梳理，确定了 71 名专家作为上海市计量认证评审员，另外还建立了各专业的专家库。

上海市质量技监局将继续大力推进认证工作，逐步建立认证长效监管机制，努力圆满完成这项关系到上海城市综合竞争力提升成效的战略任务。

（上海市质量技术监督局供稿）

推行质量管理体系认证从我做起

——江苏出入境检验检疫局认证工作概况

国家认监委成立以前开展认证认可工作的基本情况

1、出口食品卫生注册工作。江苏局 1985 年成立监管处，开始进行较规范出口食品生产企业卫生注册登记工作，主要是肉类加工、禽类加工、罐头、茶叶、畜产品和蜂蜜。当时对香港、俄罗斯办理注册出口。由监管处组织有关专家对注册工厂进行考核。对出口食品生产企业的管理水平和质量保证起到推动作用。到 2001 年底，卫生注册 375 家，卫生登记 345 家，国外注册企业 120 个厂次。

2、出口商品质量许可证工作。按照原《商检法》和国家局的有关规定，从 1984 年开始实施出口商品质量许可证认证考核工作。江苏局监管处组织专家组进行工厂条件审查，配合检测机构抽样检测，重点是机电和玩具产品以及输美陶瓷产品。至 2001 年底，江苏地区共发放质量许可证 988 份：其中机电产品 684 份，玩具 291 份，输美陶瓷 13 份。

2001 年 3 月在南京举办由国家局与美国 TMA 联合召开的“国际玩具安全标准和工厂安全”研讨会。王凤清副局长亲自到会作了重要讲话，对提高玩具企业的安全意识，加强现场管理起到了积极作用。

在此期间，江苏局的监管工作，对在推动本省机电产品出口生产企业内部管理和安全性能控制，保证出口产品质量，发挥了一定的作用。

3、管理体系认证方面。1999 年江苏局与安徽局共同组成苏皖评审中心，1997 年变更为中国商检认证中心江苏评审中心。开展了江苏地区的 ISO9001/ISO9002 质量管理体系标准的认证工作，至 2001 年底质量管理体系认证发证数累积达 800 多张、ISO14001 环境管理体系认证发证数 10 多张。1998 年 6 月，在南京召开两家颁证大会，江苏省政府和有关部门领导出席了会议，为推动江苏生产企业扩大出口发挥了积极作用。

4、注册实验室考核评审工作。江苏局是原国家局注册实验室华东大区考核领导小组的副组长，积极配合组长局(上海局)开展实验室注册工作。此期间每年召开工作协调会议,安排注册任务和计划。江苏局注册实验室29个,被CCIBLAC认可的25个,主要是食品、纺织、动植物、化矿、金属材料和卫检实验室,为进出口检验检疫把关做出了应有的贡献。

1997年6月,在国家局的关心支持下,江苏局组织成立江苏添福产品服务有限公司(与德国南德TUV合资),办公地点设在江苏的江阴局。王凤清副局长亲自为公司成立剪彩。

5、建立认证工作网络。1999年11月根据国家局三定方案,设置认证监督管理处(简称认证处),统一管理全省局系统认证认可工作。按照职能分工下设卫生注册科、产品认证科、质量许可证科，使认证管理工作走上新的轨道。在下属19个分支局都有相应的科室分管认证工作,逐步形成认证工作管理网络。

国家认监委成立以后开展认证认可工作情况

1、出口食品卫生注册工作。按照国家质检总局和国家认监委的部署及要求,江苏局认真贯彻《出口食品生产企业卫生注册登记管理规定》和全国工作会议精神。针对欧盟、美国、日本、新加坡、韩国的相关卫生注册要求和双边协议,结合江苏地区的实际情况,强化风险意识,积极稳妥地规范卫生注册工作，督促和指导本省出口食品生产企业建立质量保证体系，使江苏地区出口食品的质量保持在较好水平。

(1)突出重点,强化职责,分类管理。对于国家认监委公布的高风险6大类食品生产企业，江苏局对认证处进行了岗位职责调整,充实了专业人员,既进行卫生注册评审,又加大验证HACCP体系的认证活动。尤其重点加强国外注册生产加工企业的日常监督和定期抽查。对94家风险较小的紫菜生产企业实施登记管理，发挥各分支局的监管职能,保证登记质量,提高工作效率,这种管理办法受到地方政府的好评。江苏局还充分发挥卫检监管处、动植监管处对罐头、蜂蜜、方便食品、水产品、肉及肉制品出口企业等的日常监管职能，加强食检实验室的检测预警报告,对19个分支局实行动态管理,及时发现农残、药残,控制出口产品质量。

(2)制定规范、统一标准,规范管理。为加强全省出口卫生注册登记工作的管理,经过调研,2003年3月制定发布《江苏出口食品生产企业卫生注册登记管理工作规范(试行)》和《江苏出口紫菜加工企业卫生注册登记评审表》。江苏局每年都召开全省出口卫生注册和质量许可“两证”工作会议,总结经验,通报情况,落实监管计划。对江苏地区出口量较大的淡水小龙虾、紫菜、罐头、冷冻蔬菜等食品,会同动植处、卫检处、食检中心成立专家小组,通过现场抽查,统一目光,指导各分支局出口食品的检验检疫工作。

(3)加强评审员队伍建设和企业质检人员培训。认证评审和质检人员的素质是保证注册和产品质量的重要条件。江苏局十分重视专业人员的引进和培训。根据国家质检总局和国家认监委的有关规定,在2003年底对评审员的资格重新进行确认,对25位不符合注册条件的予以注销。江苏局现有卫生注册评审员113人,其中由国家认监委确认的主任评审员21名。同时,对重点监管的国外注册食品生产企业的主要检验和实验室人员进行技术培训和指导,学习有关HACCP体系文件和卫生注册要求,提高他们对本厂的质量管理控制能力，为工厂出口产品质量的稳定发挥骨干作用。

(4)统一组织,明确责任,开展“拉网式”监督检查,成效显著。根据国家认监委的工作部署,江苏局从2003年6月开始进行“拉网式”检查活动。专门制定了《江苏出入境检验检疫局卫生注册登记监督检查实施方案》。召开全省系统电视电话动员大会，全省各分支局200多人参加会议。省局重点检查国外注册生产企业,分支局对辖区卫生注册企业普查。为了保证“拉网式”监督检查的统一性、有效性,专门组织卫生注册评审员进行持续培训,考试合格后重新进行资格确认,有102人接受培训。同时举办卫生注册基础知识培训班,89位从事检验检疫和注册管理人员参加培训。在检查过程中重点对江苏省出口量大的水产品、罐头、肠衣类企业组织会审。全局系统共检查了765家企业,有96家企业因不符合卫生注册登记要求,被取消资格，占总数12.5%,48家企业存在卫生安全问题,被要求限期整改。通过“拉网式”检查,普遍提高出口企业的安全意识,消除了出口食品的安全隐患,促进了江苏出口食品的健康发展。

2、实验室资源调查和建设工作。按照国家认监委《关于开展实验室资源调查的通知》要求，为应对中国加入WTO的新形势新要求,培育和规范检测市场,贯彻“科技兴检”的战略,江苏局召开了局党组会议和全局系统分支局长会议,作了具体部署。本着“布局合理、管理规范、技术先进”的原则,江苏局针对不同区域出入境检验检疫的需求,特别是地方特色产品和口岸检测要求,作了调整和整合。到2003年12月,江苏局系统在册实验室50个,其中,商品检验类实验室32个,植物检疫类实验室1个,动物检疫类实验室1个,国际旅行保健中心下属卫生检疫类实验室15个,与外方合资实验室1个。

在国家认监委注册并转换为计量认证的有49个实验室。2003年组建的盐城局烟花爆竹实验室正在办理计量认证手续。江苏局食品检测实验室等27个实验室通过CNAL认可,江苏检验检疫机电产品检测中心是国家认监委指定的CCC测试实验室。

扬州进出口玩具检测中心被HOKLAS(香港实验所认可计划)认可;无锡局生丝纺原检测中心江苏局纺织实验室、无锡局纺织品检测实验室被IDFB(国际羽绒羽毛局)认可;江苏局纺织实验室被国际羊毛实验室协会认可;无锡局生丝纺原检测中心为日本横滨生丝交易所认可;江苏检验检疫粮谷检测实验室被GAFTA(加拿大谷物和饲料贸易协会)认可。

3、质量许可证工作继续加强规范管理。在调整出口商品质量许可证和CCC强制性产品认证工作中,江苏局加强了质量许可工作的管理。2003年度分别编写《江苏出入境检验检疫局出口商品质量许可证工作指南》、《江苏检验检疫局出口商品质量许可证监督检查办法》、《出口陶瓷质量许可证考核评分表》、《全省自行车产品出口质量许可证管理意见》、《出口玩具质量许可证获证企业监督检查实验细则》。按照国家质检总局和国家认监委的要求,制定监督检查计划,江苏地区出口机电产品、玩具、输美陶瓷、自行车产品质量保持在较好水平。江苏局有21人在重新评价中注销评审员资格,现有合格评审员118名,成为质量许可认证和监管工作的骨干。

4、至2003年12月31日认证工作统计:

(1)卫生注册登记企业738家,其中卫生注册444家,卫生登记294家。对国外注册企业121个厂(次),69家企业。

(2)出口质量许可证获证企业1497家,其中机电轻工产品企业874家,玩具企业388家,陶瓷企业39家。

(3)经由CQC南京分中心进行的CCC认证颁证数10 696张,涉及品种14大类2 981家企业。本局办理的出口商品质量许可证及CCC免办证明2 490份,涉及企业260家。

(4)确认批准上报管理体系认证咨询机构6家,确认南京中威质量认证咨询有限公司所属4个分支机构咨询。

(5)经由CQC-江苏评审中心认证颁证的管理体系证书数,其中,ISO9001证书2292张,ISO14001证书116张,OHSAS18001证书6张,获证组织1256个。

CQC-江苏评审中心每年都召开全省系统管理体系认证工作年度会议。学习贯彻法律法规和国家质检总局、国家认监委文件,制定"以质取胜、专业多元化和创立品牌"战略,在管理体系认证中,开展大型、特色、重点组织和企业认证,开拓集团公司系统认证和开发区区域性认证,实现点、线、面,整体推动各地各行业认证工作,重点在行政管理机构经营服务、贸易活动、金融机构、医疗卫生、学校教育单位。

2003年1月9日,国家认监委王凤清主任和江苏省副省长吴瑞林给南京禄口国际机场有限公司等6家企业颁发ISO9001质量管理体系CQC认证证书。

CQC-江苏评审中心完成了南京市地方税务局及所属18个分局,盐城市地税局及所属6个分局,泰州工商局、苏州公安局消防支队等行政管理执法部门ISO9001标准认证;完成了苏州吴中开发区管理委员会和南通狼山风景区管理委员会ISO9001和ISO14001两个标准认证;完成江苏国泰国际集团公司及所属14个子公司、江苏电信实业集团所属14个物业管理公司、南京旺旺集团所属7个公司的ISO9001标准认证;完成昆山中医院、张家港红十字血站ISO9001标准认证;完成苏州建工学校、扬州技师学院、苏州吴中区碧波小学ISO9001标准认证;完成中国人寿保险苏州公司、中国人寿保险无锡公司、中国人民保险公司无锡分公司ISO9001标准认证;完成锡州宾馆、扬州新世纪大酒店、泰州饭店、张家港国贸饭店、南京山水大酒店、常州樱花大酒店、南京华盈国际酒店ISO9001标准认证;完成康硕电子(苏州)有限公司、江苏宁沪高速公路股份有限和禧玛诺(昆山)有限公司ISO9001/ISO14001/OHSAS18001质量/环境/职业健康安全三个管理体系标准认证。

(6)2002年1~12月,在国家认监委的关心指导下,江苏出入境检验检疫局及所属19个分支局(南京、镇江、无锡、常州、苏州、张家港、昆山、南通、太仓、常熟、江阴、吴江、宜兴、泰州、扬州、盐城、淮安、连云港、徐州)全系统通过ISO9001质量管理体系标准认证。

(7)经江苏CCIC分公司认证颁证的HACCP管理体系50份。

(江苏出入境检验检疫局认证监管处供稿)

服务市场经济建设 发展认证认可事业

——江苏省质量技术监督局认证工作概况

江苏省认证认可工作起步于1983年，早期工作以开展电子产品的质量认证为主，截至1992年5月中国方圆标志认证委员会华东工作站成立之际，全省共有394个企业生产的1 206个产品通过了质量认证，1家企业通过了质量体系认证。中方委华东工作站成立之后，其主要任务是在全省重点骨干企业中推行、实施ISO9000认证和开展自愿性产品认证。江苏省对产品质量检验机构实施计量认证至今已有16年的历史。近几年来，江苏省质量技术监督局(以下简称"江苏局")贯彻国务院质量振兴纲要，实施省政府的名牌战略和经济国际化战略，大力发展认证认可事业，全省的认证认可工作呈现出持续快速发展的良好态势。截至2003年底，全省累计有12 793家企业获得质量管理体系认证证书，占全国获证企业数的13.23%，位居全国第一。4 400家强制性认证产品生产企业有95%以上获得强制性产品认证证书，在全国处于领先地位。全省已有1 100家产品质量检验机构通过了省级计量认证考核。经计量认证、审查认可考核合格的产品质量检验机构的专业已涉及机械、电子、化工、交通、建工、疾控、环境、节能等国民经济领域。认证工作的迅速发展促进了江苏产品质量的提高和市场竞争力的增强，为江苏省实现两个根本转变和经济国际化发挥了积极作用。

ISO9000标准宣传贯彻工作

自1998年起，江苏省政府每年把推动1000家企业实施ISO9000标准列入江苏省政府年度工作目标，江苏局努力为全省经济结构调整和为民营经济发展服务，重点在江苏名牌产品、重点产品生产企业、高科技民营企业和强制性认证生产企业中宣传贯彻ISO9000标准。同时努力推动贯标工作向第一、三产业拓展，积极在农业产业化龙头企业、农产品加工企业中开展贯标工作，大力推进金融、邮政、交通等服务行业以及政府机关的贯标工作，规范服务行为，改善服务质量。一是以做好宣传发动工作，着力提高企业对认证工作的认识。利用广播、电视、报刊等媒体，以组织座谈、培训班、贯标认证交流会、现场观摩、发放认证宣传材料等形式进行广泛的宣传发动。二是根据各地区各部门的经济发展目标，统筹规划，积极引导。大部分市政府制定并颁发了关于加快推进质量认证工作的意见，明确了目标、任务和措施。三是总结交流，表彰先进。组织召开全省质量认证工作总结交流会，邀请有关认证、咨询机构及企业代表参加大会，表彰质量认证工作先进集体。省政府领导对此项工作高度重视，到会作重要讲话并对认证工作提出明确要求。四是大力开展培训工作，为质量认证工作的发展提供技术基础。十年来，全省质量技术监督系统为企业培训骨干12 000多人，培训质量管理体系内审员18 000人，免费为全省民营企业培训质量管理人才上万人次，为全省质量认证事业的发展提供了丰富的技术人才资源。贯彻ISO9000标准的企业有95%获得ISO9000认证证书，产品质量水平和质量管理水平得到了明显的提高。

强制性产品认证工作

自2003年8月1日起，强制性产品认证制度在中国全面实施。江苏是电动工具、家用电器等强制性认证产品生产大省，CCC产品生产企业约占全国的15%，有效推进强制性产品认证工作将直接影响到江苏的经济发展。为此，江苏局加大了CCC认证制度的宣传力度，对相关企业进行了调查研究，摸清了江苏省列入《第一批实施强制性产品认证的产品目录》企业的产品情况、质量状况及认证情况，建立了CCC认证产品生产企业数据库。尤其对电视机、台式电脑、电线电缆等6类第一批执法检查重点产品的生产企业分布、认证通过率、产品库存等情况进行调研，做到心中有数。针对群众对强制性认证制度还没有充分了解，广大消费者缺乏自我保护意识，一些企业对申请CCC认证还处于等待观望状态等情况，江苏局加大了有关制度的宣传力度，在全社会形成强大的舆论宣传氛围。经过全系统认证认可管理人员的共同努力，江苏省的强制性产品认证工作快速推进，截至2004年3月底，全省列入CCC认证目录内的4 400家企业中，已获得

CCC认证(含申请)的企业4 200家,占列入目录企业数的95%以上。2003年8月1日以后,江苏局把开展强制性产品认证行政执法工作与提高产品质量,推动经济发展联系起来,统一思想,精心组织,确保强制性产品认证行政执法工作的一致性、有效性,促进了强制性产品认证制度的全面实施。根据《产品质量法》及《中华人民共和国认证认可条例》,对强制性认证产品开展了专项执法活动。对有严重违法行为的生产企业和经销企业实施了行政处罚。通过严格执法,有效推动了等待观望的企业加快认证的步伐,严厉打击了假冒认证标志等违法行为,淘汰了一批不符合认证条件的生产企业,有效地促进了江苏省产业结构的调整升级。

整顿规范认证市场

随着质量认证工作的迅猛发展,认证市场曾一度出现竞争无序、杂乱无章的状况,引起了社会各界和省政府的关注。江苏局根据有关法律法规,率先在整顿规范认证市场方面开展了一系列卓有成效的工作。一是深入调查研究,掌握市场运行的脉搏,为规范认证市场提供条件。从1997年起,先后对全省数千家企业进行了书面问卷调查,调查面覆盖了国有企业、集体企业、合资企业、私营企业;从1998年起对获证企业进行质量体系有效性监督调研,通过大量调研,掌握了第一手资料,对全省的认证市场有了全面的了解。二是建章立制,使整顿规范认证市场有章可循。1997年与省编委、省工商局联合发布了《关于对质量认证咨询机构实施备案管理的通知》,对江苏境内的认证咨询机构实施备案管理;2001年出台了省政府规章《江苏省质量认证监督管理办法》,省局配合制定了《江苏省质量认证监督检查实施办法》,规定了省、市、县质量技术监督行政部门在监督检查中的职责,规定了监督检查的内容、程序、要求和方法,规定了获证单位、认证机构、咨询机构在监督检查中的义务和应承担的法律责任。通过建章立制,大大提高了企业自我保护意识,提高了认证机构、咨询机构的自律意识,推动了咨询机构备案工作的顺利进行,对规范认证市场发挥了积极作用。三是加强对认证、培训、咨询机构的治理整顿。自1998年开始,江苏局就开始在对认证有效性的监督方面进行积极探索。每年组织专家组成调研组对具有代表性的获证企业进行调研,对工作质量低劣的咨询机构进行通报,对违规的认证机构在查清事实的基础上向国家局报告并提请查处。国家认监委成立后,根据国家认监委的有关规定对认证市场加大了整治力度。在2003年的认证、培训、咨询机构的治理整顿行动中,省、市、县认证管理部门和稽查人员联合行动,对全省认证市场进行“拉网式”清查。此次行动中清查了132家机构,共查出101家机构在培训、咨询业务上不同程度存在违规违法行为,对此作出了相应的处罚。清查活动在社会上产生了很大的影响,对净化认证认可市场起到了明显的作用。2003年7月至8月,根据国家认监委的要求,组织13个市质量技术监督局通过72家获证企业对21家认证机构、22家咨询机构进行了认证有效性的监督抽查,为国家认监委了解认证机构工作质量提供了准确的信息。四是规范对认证咨询机构的监督管理。江苏省自1999年开始对咨询机构实施备案管理。国家认监委成立后,根据国家认监委、国家质检总局等四部委联合发布的《认证机构及认证培训、咨询机构审批登记与监督管理办法》,组织专门人员投入认证咨询机构的审批登记工作。对于原先已具备备案资格,无不良记录的机构,尽快完成了重新审查,保证了这些机构的正常咨询活动;对已依法设立、无备案资格的机构,全面进行了人力资源、技术资源和质量体系文件的审查;对违规行为较多、社会反映较差的机构,进行了重点审查。经国家认监委审批,江苏省共有苏兴质量认证咨询中心等50家咨询机构获准备案注册。

产品质量检验机构监督管理

根据《计量法》的有关规定,为确保产品质量检验机构出具的检测数据科学、准确、公正,江苏局采取了一系列措施加强对检验机构的管理。一是开展实验室资源调查活动。为摸清江苏省实验室资源的基本信息,根据国家认监委的要求,江苏局在全省范围内开展了实验室资源调查。经过几个月的努力,收集了近千家通过计量认证/审查认可(验收)、实验室认可的检测机构以及企业实验室、科研院所实验室的详细信息,为建立江苏省实验室数据库,加强检测机构的监督管理奠定了坚实的基础。二是加强对检验机构的计量认证考核。为优化考核程序,提高计量认证工作的有效性,江苏局先后制定了《计量认证/审查认可(验收)工作程序》、《获证检验机构计量认证/审查认可(验收)监督管理程序》,对受理申请、计划安排、现场评审、审批、颁发证书以及对违规行为的处置等做出了明确的规定。为保证《计量认证/审查认可(验收)评审准则》的贯彻实施,省局先后举办过4期计量认证评审员培训班,培训考核评审员近200名,并在此基础上组建了评审组长队伍,制定了《计量认证/审查认可(验收)现场评审组长负责制度》,明确了评审组长的职责和权利,对评审过程中出现的弄虚作假、检测能力确认失误等行为实行了评审组长的责任追究制度。为了对评审组的工作质量和行为规范进行监督，还与被考核机构建立了跟踪联络制度，在下达考核计划的同时，下达考核意见反馈单，由被考核单位对评审组的工作质量、评审员的行为规范进行监督。三是加强对获证检验机构的监督。目前江苏省共有通过计量认证的各类产品质量检验机构 1 100 家，自 2003 年起江苏局开始组织各市局对检验机构进行监督评审，每年有近 300 家检验机构纳入监督评审计划，对其质量体系的建立、运行情况、检测能力、检验的公正性、有无超计量认证范围开展检验工作等情况进行重点检查，并严肃处理检验机构的违法违规行为，近年来依法注销了 94 家检测机构的计量认证证书，并在《新华日报》上发布了通告。对出具虚假检测报告的南通市建材研究所依法作出了吊销计量认证合格证书的处理，并将处理结果公诸于众。四是广泛开展能力验证活动。通过实验室间比对来确定实验室能力，确保实验室保持较高的检测水平。江苏局在全省 300 多家检验机构中开展了食品、农产品、化妆品等紧贴人民群众生活产品的能力验证活动。对达不到检测能力要求的实验室责令限期整改，经整改仍达不到要求的，撤销其检测项目。与上海、浙江等省联合开展了能力验证活动，促进了检测机构的区域合作和共同发展。五是加大对授权产品质检站的治理整顿力度。为加强对授权质量检验机构的管理，解决重复授权、重复检验、重复收费等问题，2002 年根据统筹规划、合理布局，突出重点、适度竞争的清理原则，在原有 68 个省级授权质检站中，保留并更名的 61 个，撤消了 5 个，在原有 137 个市、县授权质检站中，保留并更名的 47 个，撤消了 90 个。对保留并更名的 61 个省级站进行了组织整顿，重新任命了站长、副站长，颁发了新的站牌和站章，并对保留的授权站实施了收费票据的统一管理，较好地解决了重复授权、重复检验、重复收费，甚至打着授权站的旗号，谋取本部门的利益，损害质量技术监督部门形象等问题。

（作者：江苏省质量技术监督局局长 夏鸣）

做好认证认可工作　促进国民经济发展

——浙江出入境检验检疫局认证工作概况

长期以来，浙江出入境检验检疫局坚持以服务和促进国民经济发展为己任，认真履行把关服务、保国安民各项职能，为浙江经济的全面、协调、可持续发展和社会事业的全面进步做出了自己的贡献，同时也使检验检疫自身事业取得了长足发展。2001 年 8 月，国家认监委会成立，浙江局在国家质检总局和国家认监委的统一部署和指导下，积极宣传和贯彻执行《中华人民共和国认证认可条例》，认真做好对全省认证认可工作的各项管理、监督和综合协调工作，取得了良好的工作成绩和社会效益。做好对辖区内出口食品卫生注册登记企业全面复查和“拉网式”检查，共复查注册企业 382 家，登记企业 325 家；并按国家质检总局 20 号令要求对 45 家企业做出卫生注册登记资格自动失效处理，8 家企业做出吊销注册资格处理。做好强制性产品认证制度的宣传工作，有效地开展强制性产品认证执法检查。加大对认证市场和管理体系获证企业的管理力度，开展对获证企业的有效性的监督抽查。在调查摸底的基础上对浙江省检验检疫系统实验室进行了重新规划和调整，经国家质检总局批准，设立了 10 个国家级重点实验室，10 个区域性实验室和 5 个常规实验室，优化了实验室资源配置，提高了工作效率。截至 2003 年 12 月底，共发放出口质量许可证 698 家、食品卫生注册、登记证 754 家；推荐出口食品生产企业向国外注册登记 243 家次；发放出口质量临时许可证 161 家。重新登记审批认证咨询机构 9 家。获得 CNAL 认可的实验室 12 家。

建立有效认证工作机制，健全完善相关规章制度

浙江局在全面建立、运行内部质量管理体系的基础上，进一步健全了与认证认可相关的各项规章制度，规范了工作程序，明确了各项工作要求，做到职责明确、人员到位、有法可依、有章可循。为加强对社会认可实验室的管理，确保社会认可实验室的检测数据准确可靠，浙江局在原商检系统有关社会实验室管理基本做法的基础上，制定了《浙江出入境检验检疫局检验检疫社会实验室认可管理暂行办法》，于2002年10月11日发布执行。该办法包括四章十九条，明确了申请认可检验检疫社会实验室的资质条件，开展实验室认可考核的内部分工、工作程序和对认可社会实验室的监督管理，对规范认可社会实验室工作起到积极的作用。另外浙江局还制定实施了质量许可证和食品卫生注册登记受理、考核、审批、发证及后续管理全过程的工作程序、社会认可实验室认可管理程序、CCC产品免证工作流程等工作程序，从而建立起有效的认证工作机制。

积极宣传认证认可条例，加强认证市场管理

《中华人民共和国认证认可条例》(以下简称《条例》)发布以后，浙江局采取多种形式，积极向社会各界宣传《条例》，同时组织全局员工认真学习《条例》，为贯彻实施《条例》创造良好氛围。

为了贯彻全国认证认可工作会议的精神，浙江局于2002年5月22日~23日在杭州召开了浙江检验检疫系统认证认可工作会议，传达了全国认证认可工作会议的精神，并就如何全面贯彻全国认证认可会议精神做了部署和安排。

2002年4月，国家认监委、国家质检总局、国家工商总局和外经贸部联合发布了《认证机构及认证培训、咨询机构审批登记与监督管理办法》，为做好对依法设立的认证咨询机构重新登记审批工作，浙江局派员参加国家认监委于5月12日~13日在福州举办的《认证机构及认证培训、咨询机构审批登记与监督管理办法》宣传贯彻研讨大会，明确了有关认证咨询机构在7月31日之前重新登记审批的工作要求。浙江局在《浙江日报》上刊登对外商投资认证咨询机构(包括中外合资、合作机构和外商独资机构及在华代表机构)进行重新登记的公告。8月初，国家认监委批准浙江局系统绍兴奥特咨询有限公司等9家认证咨询机构重新登记认可资格。

为加强对认证市场的监督管理，更好地发挥地方质检部门认证监督管理职能，根据国家认监委《关于推荐认证稽查员的通知》以通知精神，浙江局推荐了10名质量体系评审员参加了国家认监委2002年12月11~12日在山东济南举办的认证稽查员培训班，并通过了培训考试，获得了认证稽查员资格。

此外，浙江局还根据国家认监委的统一部署，组成体系认证有效性联合审查组，分别于2002年10月、2003年1月、2003年2月、2003年3月初4次组织对全省数十家获得国内和国外机构认证证书的企业进行了认证有效性检查，并采取了相应的处理措施。

科学规划，合理布局，精心策划，长效管理

2002年，针对浙江省出口农产品屡屡受阻的严峻形势，浙江局结合年度实验室的规划建设，开展了全省系统食品安全检测资源、技术能力的调查摸底。在深入调查研究的基础上，制定了《浙江检验检疫局动植物检疫、卫生检疫实验室建设规划》和《分支局食品安全检测实验室布点方案》，于2002年10月23日下发执行。《浙江检验检疫局动植物检疫、卫生检疫实验室建设规划》明确了动植物检疫、卫生检疫实验室建设的基本原则，提出动植物检疫、卫生检疫实验室建设和布局的方案以及对人员、场地、仪器设备的具体要求。《分支局食品安全检测实验室布点方案》提出了浙江检验检疫局食品安全检测实验室布点的具体计划，计划在浙江温州、舟山、金华、台州、嘉兴、湖州等六个地市布点建设有一定规模和特色，具有检测农、兽药残留和生物毒素能力的食品安全检测实验室，形成以省局技术中心食品安全实验室为核心的检测网络。

为加强检验检疫实验室规范化管理，全面提升检验检疫实验室的检测技术能力，形成布局合理、具有国内外优势的浙江检验检疫实验室技术保障体系。2003年，浙江局按照国家质检总局布置的实验室规划方案工作，结合本辖区内检验检疫技术执法的任务、特点以及拥有的技术资源优势，对全局系统内实验室进行了重新规划和调整，将浙江检验检疫系统的实验室规划确定为10个国家级重点实验室、10个区域性中心实验室和5个常规实验室。此规划已列入全国检验检疫系统实验室规划方案，今后将严格按照国家质检总局制定的实验室规划方案和有关的管理规定运行和管理。

突出重点，严格把关

国家强制性产品认证制度实施后，浙江局积极做好强制性产品认证的宣传工作，认真贯彻执行国家实施强制性产品认证的法律法规，帮助企业做好强制性产品认证工作。2003年3月初，下达了《关于加强强制性产品认证制度宣传工作的通知》，具体布置了强制性产品认证制度的宣传任务，并开展了多种形式的宣传工作。通过宣传，强化了消费者、生产者、使用者和进口商、销售商的意识，营造了在省内推动CCC认证的氛围。

同时，认真做好强制性认证产品生产企业普查工作。浙江局部署开展了对CCC认证产品生产企业获证情况

的调查工作，要求各检验检疫部门在下厂检验检疫时做好企业获证情况的摸底调查。印发了《浙江局所辖区内生产强制性认证产品出口企业名单》。有的放矢地要求各有关生产企业对照《第一批实施强制性产品认证的产品目录》进行自查。同时编制了《强制性产品认证须知》,设计了《强制性产品认证情况调查表》,及时掌握辖区内有关企业强制性产品认证的总体情况。

2003年6月7日省局在杭州召开了浙江省出口生产企业强制性产品认证宣传贯彻会议，向参加会议的200多家强制性认证产品生产、经营及销售企业讲解了强制性产品认证制度的背景、内容和申请程序,引导企业自觉地遵守国家强制性产品认证制度,提高产品质量,积极申请认证。

2003年7月，浙江局辖区内有600多家企业生产CCC认证产品(包括单纯的出口企业),涉及CCC认证目录的14类;应获证而未获证的有136家(已申请认证的有48家),其中机动车辆、小功率电机、电信终端设备、低压电器的未获证比例较高,总体未获证比例为15%。7月份,在原调查摸底的基础上,进一步加大了宣传力度,对未获证的企业进行了跟踪调查。至7月底,未获证比例降至5%。

为全面落实国家质检总局和国家认监委对强制性产品认证行政执法工作的批示精神，确保在2003年8月1日后积极稳妥地开展强制性产品认证行政执法。2003年7月份，省局举办了强制性产品认证行政执法培训班,邀请国家认监委领导向执法人员介绍了强制性产品认证制度的法规、政策和相关技术要求,为开展强制性产品认证执法检查打下了基础。8月份,根据国家质检总局及国家认监委《关于强制性产品认证执法检查工作有关要求的通知》精神,成立了执法检查小组。精心策划,认真组织,有效地开展了对电视机等6种强制性认证产品行政执法工作。截至2003年底,省局共对76家生产强制性认证产品企业进行了检查,查处3家存在违法行为的企业。通过行政执法检查强化了企业CCC的意识,进一步宣传和推动了强制性产品认证工作,为浙江地区CCC制度的有效实施起到了重要的促进作用。

积极做好进口产品免办强制性产品认证监管工作。由于浙江地区以进料或来料加工方式进口的零部件生产加工后出口整机的生产类型占很大的比例。根据国家认监委2002年第8号公告的要求,为把好国门,做好进口免办工作,省局专门制定了具体的免办办法,明确了免办产品范围、免办方法、监督管理以及免办的工作要求,并通过局网站和报检窗口广泛宣传，公开办事程序和办理要求。对辖区内50多家申请免办企业进行了实地监管,积极向企业宣传国家强制性产品认证制度，督促企业自觉遵守国家法律法规,履行免办手续。同时结合日常监管情况和企业自身管理水平、产品质量水平及诚信度对企业实施了分类管理，确保强制性产品认证免办工作有效实施。截至2003年底,共受理咨询达4 000多人/次,办理免办证明1 656份。

把关和服务并重,力促外贸扩大出口

在严格把关的同时，浙江局非常重视为进出口企业的服务,并把其作为改进工作成效的重点之一。2002年4月国家质检总局颁发20号令《出口生产企业卫生注册登记管理规定》以后,省局立即召开了全省检验检疫系统的宣传贯彻培训会议,组织相关人员认真学习,深刻理解;会后各处室、各地区局分别召开相关卫生注册企业厂长(经理)和质量管理人员参加的20号令宣传贯彻培训会,落实20号令的宣传贯彻工作。2003年3月针对20号令规定的6类产品必须建立HACCP体系的要求，组织了全省的HACCP体系建立培训班，共有100余位来自企业和检验检疫系统的人员参加了培训。从2003年6月份开始，在对辖区内的卫生注册登记企业按出口品种风险程度、生产季节分类排序,制定详细的"拉网"检查计划基础上,开展了对所有卫生注册登记企业开展拉网式检查。在检查中,努力改进评审检查工作作风,切实做到把关和指导相结合,受到了企业的欢迎。

2002年初，针对浙江出口水产品国外注册企业受到国外反映的问题,省局及时印发了《关于对获国外注册出口水产品生产企业进行清理整顿及加强报检管理的通知》,结合国外登记注册和国外官方检查,以先注册企业后登记企业、先国外注册企业后国内注册企业、先敏感地区后次敏感地区的顺序，对出口食品企业进行了清理和检查。2003年,经历了多次食品安全事件冲击和考验的浙江出口食品加工企业,尤其是舟山地区的水产品企业,在省、市检验检疫部门和有关部门的支持、指导和帮助下,按照国家认监委和进口国食品安全控制的规定要求,加强企业硬件和食品安全体系(HACCP)的建设,提高了企业食品安全控制的管理能力和水平,多方位出口食品,初步摆脱了困境。

(作者:浙江出入境检验检疫局局长　党委书记　慎仁安)

政府引导 市场导向 社会各界共同参与的认证认可工作机制基本形成

——浙江省质量技术监督局认证工作基本情况

在国家质检总局、国家认监委和省政府的坚强领导下，伴随着市场经济的健康快速发展，浙江省的认证认可工作也取得了积极的成效，为推动全省经济发展和社会进步发挥了积极的作用，并产生了深远的影响。截至2003年12月31日，全省有11 558家企业通过了管理体系认证，占全国总数的11.95%；强制性产品认证取得突破性进展，全省已有4 865家企业取得了24 994张CCC认证证书，占全国总量的19.8%；认证市场准入制度初步确立，目前全省有6家认证机构、7家认证培训机构和50家认证咨询机构通过了国家认监委的资质批准；实验室建设水平有了较大程度的提高，全省已有74家各类检验机构通过了国家实验室认可(其中全省质监系统12家)，758家机构通过了计量认证，63家计量技术机构通过了法制计量考核；质检、校准市场得以有效培育和健康发展，初步建立起与浙江省经济发展相适应的门类较齐全、功能配置基本合理、计划管理与市场竞争并举的基础工业品、农产品、环境监测、卫生疾病控制、工程建设、车辆检测、气象服务等检验检测体系；从事认证认可工作的队伍建设得到重视和发展，各类认证认可专业人员已达1 000余名；省、市、县三级认证认可监督管理体系初步建立，“政府引导、市场取向、社会各界共同参与”的认证认可工作机制基本形成，全省的认证认可工作步入规范、快速的发展轨道。

2000年以来的主要工作

2000年以来，全省认证认可监管工作始终紧紧围绕国家质检总局、国家认监委和省局的总体工作目标，紧密结合中国入世后国际国内新形势和全省经济建设、社会发展的现实要求，解放思想，不断改革创新，摆脱了长期以来就评审论评审的观念，不断强化市场意识，按市场取向研究和制定符合当前社会经济发展要求的认证认可市场准入原则和政策，努力使认证认可工作符合先进生产力发展的要求，提高认证认可工作对整个社会经济建设的促进作用。在工作定位上，也从管理本系统转向了管理全社会，从直接参与具体评审转到宏观行政监管，从省本级管理为主转到全系统省、市、县三级共同管理，充分发挥市、县局的作用，突出政府对认证市场的监管职能，强调以“抓好一批强制性认证产品，整顿规范认证和检测/校准两个市场，管好认证、检验、计量三大类技术机构，做好四项合格评定基础管理工作”为目标，努力开创合格评定监督管理工作新局面。

1、积极推进强制性产品认证工作。本着服务地方经济建设这一宗旨，加强对全省企业实施强制性产品认证的宏观引导服务，把促进本地区企业实施强制性认证与质监系统服务地方经济建设有机结合起来。考虑到CCC认证制度是中国兑现入世接轨国际准则的一项基础制度，以及本省企业的块状区域生产特性，从国家质检总局第5号令颁布以后，各级质量技术监督部门认真实行强制性认证的宣传、指导和帮促工作，围绕全省经济从量的扩张到质的转变再到新的量的扩张的战略部署，积极推动企业实施CCC认证，借以规范市场秩序，提升产业结构。一是大力开展强制性认证制度的宣传活动。二是认真做好统筹安排，全面准确地向国家认监委反映生产企业实施CCC认证存在的技术问题和实际困难，积极争取政策支持和技术帮助，切实推进强制性产品认证。同时针对CCC认证实施过程中发现的制度缺陷，提出完善的意见。三是认真贯彻全国强制性产品认证行政执法监督工作会议精神，组织力量对生产企业进行了调研和普查登记，摸清企业实施认证的技术能力和管理水平，建立认证企业的信息档案。四是开展全省执法人员培训，指导开展强制性产品认证行政执法工作。

2、整顿和规范认证市场秩序。根据国家认监委的统一安排，以贯彻执行《认证机构及认证培训、咨询机构审批登记和监督管理办法》和国家质检总局第29号令《认证认可违法行为处罚暂行规定》为契机，加强对认证市场的监督管理，建立对认证、认证咨询、认证培训机构的资质核查制度，杜绝无证经营行为；依法加大对认证违法违规行为的查处力度，坚决查处虚假认证、买证、卖证以及逃避强制性认证、冒用认证标志等违法行为，严厉打击扰乱认证市场秩序的害群之马，保护遵纪守法的组织和个人，创造公平诚信的认证市场竞争环境，切实维护认证各方的合法权益。

2002年以来，按照国家认监委的统一部署，结合本省认证市场基本情况，先后两次开展全省性认证企业法制检查。组织各市质量技术局对部分企业进行认证有效性检查，配合国家认监委对上海亚士博技术咨询有限公司等单位违规认证、咨询进行现场调查取证，指导成立全省认证市场监督管理网络，构造了全省社会各界齐抓共管的良好市场氛围。同时，向省政府领导专题报告了现阶段全省质量认证的现状和存在的问题。2003年，全面开展全省性认证违法违规行为的清理整顿，共查处25家违法违规机构，其中向社会通报23家，按照国家有关规定处罚4家。配合国家认监委开展的认证企业有效性监督检查，全省共检查51家企业，涉及7家认证机构的审核质量。通过重新登记和市场行为监督，确立了认证市场主体资格监管制度，认证市场秩序混乱的局面得以扼制，无序竞争的局面初步得到改善。

3、强化认可监管。一是不断完善全省产品检验检测体系，严格市场准入条件，规范服务行为，不断提高产品检验机构自身的管理水平和技术能力。二是加强对法定计量检定机构的监督管理。确立了法定计量检定行为的法律主体资格制度，检定和校准行为进一步规范。三是加强校准服务体系建设，校准市场供方主体基本形成，借助认证市场和监督机构的监管，促使校准市场培育开发。四是加大对产品质量授权检验机构的监督管理。按照市场经济体制改革和经济全球化发展的要求，积极培育和规范检验市场，促进检验资源的开发和利用，充分发挥其在全省经济建设和社会发展中的服务功能及技术保障作用。结合产品质量监督检验工作需要，对省属51家产品质量监督检验机构授权进行了注销、划转、保留等调整，完善了产品质量监督检验体系。五是围绕打造先进制造业基地的发展目标，推进检验技术进步，提升检验管理水平和认可层次。扶优扶强扶品牌，进一步加大对浙江方圆检测股份公司和国家中心、省级中心等重点技术机构的支持力度，帮促这些机构成为国内一流、国际一流的实验室，积极向国家认监委推荐浙江方圆检测股份有限公司和杭州市质量技术监督检测研究院申报IECEE-CB测试实验室、CCC认证指定实验室，为促进全省企业提高产品质量，扩大出口，占领国际市场提供了良好的技术保障。六是加大对违法违规检验行为的查处力度，提高检验工作质量，规范检验市场秩序，通过对个别检验机构违法行为的查处，进一步理顺了检验机构违法行为行政执法的管理程序。七是开展计量认证专项执法检查。在全面贯彻《浙江省检验机构管理办法》的基础上，部署全省检验机构计量认证专项执法检查，全省共查处182家未经计量认证还向社会提供公正检验服务的机构，为促进检验市场的有序、公平发展树立了基础性保障措施。

4、深入开展调查研究。一是针对强制性认证产品生产企业存在的问题，组织全省CCC认证社会基础和企业实施能力的专题调研，听取社会各界意见，向国家认监委及时反映浙江省企业实施过程存在的困难，争取政策支持和技术帮助，指导企业积极实施CCC认证。二是积极参与省政府有关农产品质量体系建设的课题调研，围绕确保农产品质量安全和提高市场接纳度，对全省现有农产品检测机构的承检能力进行了全面的统计与分析，结合当前农产品质量状况和入世后国际经济形势的变化，围绕确保农产品安全质量，合理配置检验资源，有针对性地提出全省农产品质量检验检测体系建设的指导原则、目的和实施方案。三是从培育和发展检验市场角度着手，研究全省检验资源布局，开展市场存量调查，为促进全省质检事业发展以及市场导向改革提供政策支持；四是开展计量校准行为和技术能力调查，坚持市场导向改革，培育壮大校准技术能力，强化校准服务意识，致力于提升法制计量技术机构的市场化管理水平。五是结合本省产业结构特点，从研究合格评定程序入手，结合近年来出口加工企业的贸易状况以及遇到的技术贸易壁垒，开展国内外有关合格评定程序对机电产品、玩具、纺织服装、农产品出口贸易影响的专题调研，提出相应政策建议。

成效与经验

1、建立和完善检验市场准入制度，形成统一的监管体系。立足于与国际准则的接轨和检验市场化的认识，从制度建设入手，进一步明确了计量认证作为市场准入基本条件的法律地位。《浙江省检验机构管理办法》的颁布实施，标志着本省对检验机构的管理迈入新的阶段。《浙江省检验机构管理办法》将调整对象从原来的产品质量扩充到产品、材料、设备、生物体、物理现象、工艺过程和服务的性能判断领域，实现了质量技术监督部门从管理本系统机构向管理全社会检验机构的职能转变，促成了统一市场监管体系的建立和完善。通过一年来的组织实施，目前社会各界特别是检验机构对该办法所确立的一系列制度和监管措施已有了更高程度的认同。一是市场导向作用明显，中介性质的检验机构发展迅速，检验机构的所有制体制和运行机制改革有了新的进展。二是全省各类机构积极创造条件申请计量认证，检验工作质量和管理水平得以提高，计量认证作为审查准入条件已经发挥实质性作用。三是检验市场秩序进一步规范，违法违规行为得到遏制和纠正，检验法制意识普遍加强。

2、强制性产品认证工作取得积极进展。通过各级质量技术监督部门的努力推动，企业对国家建立强制性产品认证制度的目的和意义有了深刻认识。(1)通过实施强制性产品认证，推动了管理和技术进步，强化从源头抓质量，实现产业升级和产品结构调整，提高产品质量的总体水平。(2)生产企业在思想上统一了认识，产生了紧迫感，行动上变得更加积极主动。(3)引起了地方政府的高度重视，余姚、永康、乐清、武义等生产强制性认证产品比较集中的地区都成立了推进领导小组，有力地促进强制性产品认证工作的开展，形成了自觉申请认证的良好工作环境。(4)严格按照强制性产品认证管理要求实施执法监督检查，限制没有认证的产品出厂销售，没有造成市场短缺。

3、整顿和规范认证市场秩序取得阶段性成果。通过重新确认，对全省各类认证咨询机构的基本能力和资源条件有了更全面地了解和掌握，混乱的认证市场秩序进一步暴露。那些不符合条件的认证咨询机构已经不能继续从事认证咨询活动。对认证咨询机构而言，重新登记工作有力地促进了它们的规范运作机制，同时也储备了本省咨询管理技术资源。国家质检总局令第29号《认证认可违法行为处罚暂行规定》出台和全省认证市场监督网络的形成后，各级质量技术监督部门加大了市场违法行为的查处力度，为提高认证工作有效性，纠正违法违规认证行为，强化认证工作的质量意识和法律责任提供了可行的监管保障。

4、立足于全系统“打基础、上水平、增实力”的战略部署，引导促进校准市场的开发和利用有了新突破。一是以服务地方经济建设和接轨国际先进实验室为市场改革方向，通过资源重组和利益调整，大力推行实验室认可、扩充计量认证项目、国家质检中心、CCC认证指定实验室、IECEE-CB测试实验室建设等手段，实现全省质监系统技术机构管理水平与技术能力的快速提升。二是推行全省检验市场化改革进程，鼓励和支持国内外资金、资本、技术、管理等生产要素参与全省检验市场的竞争。引导全省质监系统技术机构利用体制和机制改革的先发优势，抢占现有市场制高点，培育和开发潜在市场。三是借助于《法定计量检定机构监督管理办法》的贯彻实施，坚持校准行为的市场导向，严格区分检定和校准行为，鼓励并引导机构按国家规范开发改造校准能力，致力于全系统法制计量检定机构校准技术能力的应用。据统计，全省已形成2 000余项省、市、县三级合理布设的校准项目，这些项目大部分都能较好结合当地计量器具的品种、性能和数量而设置，满足市场需要。同时，省局借助计量认证、认证监管等手段推广应用校准技术。目前，全省车辆检测、疾病控制、建筑工程等行业检验机构已开始广泛应用校准技术。四是全省质监系统技术机构的法制意识、市场理念、质量管理等方面的水平与能力得到普遍提高，合格评定服务经济的功能逐渐得到体现和发挥。

（浙江省质量技术监督局供稿）

加强队伍建设　搞好认证监管

——安徽出入境检验检疫局认证概况

1999年，安徽出入境检验检疫局（以下简称“安徽局”）内设科技与认证处，负责卫生、检疫注册登记、质量许可的申请、发证与协调管理工作；直属事业单位评审中心负责管理体系认证工作。截至2000年11月，共发放注册证和许可证110份、质量体系认证企业134家。

国家认监委成立以后，在全国建立和完善了统一的认证认可体系，使中国的认证认可工作步入了规范化和法制化的轨道，特别是《认证认可条例》的颁布实施对地方认证监督管理部门的职责、工作程序、监督制约机制作了明确规定，安徽局充分认识到这对于坚持依法行政、转变政府职能、推动认证认可事业发展具有十分重要的意义，进一步加强了领导，规范了认证工作。

1、成立认证工作办，建立新的认证工作机制。局党组研究决定组建认证工作办公室（下称“认证办”），将科技与认证处更名为科技处，将局所属认证监管的职能移交认证办。2001年10月8日，印发了“关于认证工作办公室主要职能及内设机构的通知”，认证办统一协调管理全省检验检疫系统的认证工作。2002年4月29日，召开全省检验检疫系统第一次认证工作会议，标志着认证办正式对外开展工作。此外，建立与省质量技术监督部门的沟通、协调和配合机制，认证办与认评处在认证监管领域信息共享。

2、加强认证监管队伍建设。建立一支认证监管队伍是履行好认证职能的根本保证。认证领域具有专业性强、知识面广、系统性高的特点，安徽局高度重视认证人员的培训工作，2002年至2003年，举办了2期培训班及以会代训等形式培训卫生注册评审员、质量许可评审员等100多人次；送外培训30多人次，培训学习ISO9001、CCC、HACCP、《中华人民共和国认证认可条例》（以下简称《条例》）、认证稽查等。截至2003年12月31日，经过培训的认证监管人员36人。

3、宣传贯彻《条例》。2003年3月，联合省质监局协助CQC上海分中心在合肥举办一期CCC工厂检查员培训班，联合省外经贸厅、省经贸委发文宣传国家强制性产品认证制度，利用“3·15”消费日上街发放CCC宣传资料150份；4月，会同省外经贸厅组织省属22家进出口公司宣讲CCC制度，解答企业提出的进口“强制性产品认证目录”内产品和免办证明的相关手续等问题。发挥检验检疫人员的专业优势，参与了百余家工厂检查工作，就近就地选派检查员，加快了认证进程，降低了企业认证费用，企业予以好评；8月，召开全省系统CCC执法工作会议，按照国家认监委的统一部署对7家企业进行了CCC执法调研；12月，召开全省检验检疫系统第二次认证工作会议，全局40多名处以上干部集体学习了《条例》。

4、“两证”管理。从“两证”抓起，认证办统一负责注册登记、质量许可制度的监督管理和对外协调，具体负责企业的申请、材料审核、组织评审组现场考核、审核结果、发证、建档或不予通过处理。先后印发了“卫生注册登记工作指南、工作流程”，“办理质量许可证工作指南、工作流程”，起草了“关于出口食品卫生注册登记实施意见”、“关于办理出口商品临时许可证明的通知”。明确了认证办与分支局和业务处室的职能分工协作机制，使“两证”发放工作步入规范化管理轨道。2002年9月，召开全省检验检疫系统卫生注册登记及HACCP管理体系工作会议、全省出口玩具质量许可制度工作会议，部署和安排“两证”管理措施和要求。截至2003年12月31日，卫生注册登记企业275家，质量许可证企业141家。

5、开展认证咨询机构认证审查。2002年4月份审查的2家咨询机构，国家认监委批准了一年的有效期。2003年，按照国家认监委的部署，获重新确认。2003年1月，完成了国家认监委部署涉外认证机构认证的5家质量管理体系认证企业有效性稽查工作，检查表明2家符合、3家基本符合；配合国家认监委指派的异地检查组对安徽省6家企业开展质量管理体系认证有效性稽查的服务工作。组织异地评审组对卫生注册登记企业进行“拉网式”监督检查，划定39家企业重点检查，均已完成。

6、对农产品出口基地实施备案管理。为了帮助企业应对国际市场农产品检验检疫新标准，推进农产品生产基地标准化建设，从源头上控制出口农产品质量，提高出口农产品竞争力，贯彻好国家质检总局“抓好一批出口农产品出口基地建设，形成出口方面龙头”的要求，落实好国家质检总局食品安全局的基地备案制度，安徽局党组决定对农产品出口基地实施备案管理，2003 年对 3 家基地进行帮扶，完成了备案工作。

7、自愿性认证业务。认真贯彻落实国家认监委和 CQC 总部部署的“三查”工作，从自身的规范抓起，对照要求，逐项逐个认真检查，认真整改。2002 年，评审中心的认证业务得到了较快的发展，完成评审 126 家，完成 118 家企业监督审核，认证企业比 2001 年同期增长 50%；注销获证企业 12 家。新开拓了 OHSAS18000、HACCP 及 QS9000 认证领域，完成 HACCP 认证 3 家，OHSAS18000 认证 2 家，QS9000 认证 1 家。协助 CQC 完成 QS9000 体系审核 6 家。在 Internet 网上建立安徽评审中心网站，贴近了市场，增强了服务手段，增加了与顾客沟通的渠道。2003 年签订认证及复审合约 200 份，完成正式评审 203 家，复审 74 家，完成了 268 家企业监督审核。

8、实验室管理。改革开放以来，省局实验室检测手段和检测能力不断提高，在进出口商品质量把关方面发挥了重要作用。2002 年，5 个实验室通过 CCIBLAC 的第一次监督审核。2003 年通过内部审核和管理评审，实验室质量体系能持续有效运行，32 人参加了《量值溯源》和《测量不确定度》的培训。参加了 CNAL 秘书处 2003 年实验室能力验证计划。安徽局共有获国家资质的实验室 12 个，其中 CNAL 认可实验室 5 个、国家计量认证实验室 7 个。分别为商品检验检疫类实验室 8 个、卫生检疫类实验室 4 个。

在两次实验室调查基础上，拟定了安徽检验检疫系统实验室建设和发展规划的意见，经国家质检总局批准的实验室建设目标为：国家级重点实验室 5 个，区域中心实验室 5 个，检验检疫常规实验室 5 个。

（作者：安徽出入境检验检疫局 高飞）

完善工作机制　搞好认证监管

——安徽省质量技术监督局认证工作概况

国家认监委成立前安徽认证工作基本情况

安徽省质量认证工作从 1995 年开始起步，到 2001 年 6 月底，全省已通过质量体系认证的企业共有 575 家（其中出口企业 177 家），在全国排第 14 位；通过产品质量认证的产品数为 1 283 个，在全国排第 9 位。全省有 4 个实验室通过国家实验室认可，209 人获得国家质量体系审核员注册证书。认证企业涉及制造业、商业服务、科研、教育、建设工程等多种行业，服务行业已有安徽商之都等 11 家企业通过了质量管理体系认证；企业类型涉及国有、集体、合资、股份、私营等多种所有制；通过 UL、TUV 等产品质量认证的产品有 110 种；农产品尚未开展质量认证工作。其中，认证企业数量年均增长幅度均超过了安徽省政府对省质量技术监督局的年度目标考核任务规定的目标。全省认证工作有关统计数据(截至各年底累计数，不含商检认证)如下：

指标/年份/统计	ISO9000 族标准宣传贯彻率	审核员数量		认证企业数量	认证企业数量在全国的位次
		内审员	外审员		
1995	——	0	0	8	——
1996	80.2%	231	5	24	21
1997	95.6%	811	31	50	19
1998	100%	1 207	57	111	16
1999	100%	2 144	93	241	17
2000	100%	2 817	153	450	15

在质量认证管理方面，安徽省质量认证工作的管理机构（原省局质量管理与认证处）成立于 1995 年，并于 2000 年 8 月在原质量管理与认证处的基础上增加 2 名工作人员，在质量处基础上加挂了认证评审处牌子。2001 年 8 月，随着国家认监委正式成立，省局单独成立了认证评

审处，设编制职数3名，负责统一管理全省认证认可工作。自1995年以来，省局不断加强认证监管力度，先后对全省质量管理体系认证企业开展了认证有效性调查，对通过安全认证的产品生产企业进行了专项检查，并按照原国家技术监督局有关文件要求加强对认证咨询机构的备案管理和质量管理体系内部审核员的培训注册工作。由于当时认证监管法律法规依据的匮乏，省局还先后制定了《安徽省质量认证管理暂行办法》、《安徽省内审员培训注册办法》及《安徽省认证咨询机构备案管理实施细则》等大量规范性文件，提高了全省认证管理工作的规范性及有效性。

为推动全省企业开展认证工作，省局除利用多种渠道广泛宣传、发动企业进行贯标认证外，还投入大量人力、物力、财力建设本省的相关中介机构。省局先后筹建了安徽省质量认证咨询中心、中国方圆标志认证委员会安徽办事处(已于1999年升格为审核中心，现已成为安徽分中心)和安徽省质量认证培训中心等相关机构，并分别取得了原CNACR、CRBA的国家认可资格。

国家认监委成立后安徽认证认可工作基本情况

国家认监委成立后，安徽省质量技术监督局迅速对相关机构及职能进行了重新调整。在机构设置上，除将认证评审处从质量处划出单独成立外，还在各市质量技术监督局质量管理科增加认证评审科；在职能配置上，为保持上下一致、政令畅通，将原由监督处负责的产品质量监督检验机构审查认可，及原由计量处负责的产品质量检验机构计量认证两项实验室评审管理工作，划归认证评审处统一管理。同时，进一步充实了认证评审处工作人员，并积极参加国家认监委组织的历次培训、调查及稽查(检查)活动。已经完成的各项工作基本情况如下：

1、《中华人民共和国认证认可条例》的宣传贯彻。全国认证认可工作会议于2003年9月25至27日在北京召开，省局分管局长和认评处长受省局委托参加了会议。全国会议的基本情况、主要精神及《条例》颁布实施的重大意义，引起了省局、省政府的高度重视。按照国家认监委的要求，省局立即着手进行全省认证认可会议的筹备工作。一方面抓紧征订培训教材、准备会议材料，一方面派出业务骨干赴北京参加《条例》师资培训。在不到一个月的时间里完成了各项筹备工作，于10月27-29日召开了安徽省认证认可工作会议，赶在《条例》实施前完成了省一级的宣传、学习贯彻工作。

本次会议得到了省政府、省局及相关省直厅局的高度重视。省政府法制办领导亲自到会做了重要讲话，省经贸委、农委、建设厅等8个省直厅局的代表出席会议，省局稽查总队代表、17个市质量技术监督局的分管局长和质量(认评)科长及全省13家认证、咨询、培训机构的负责人参加了会议。省电视台等有关新闻媒体对会议情况进行了宣传报道。

各地、各部门按照本次会议部署，在本地、本部门广泛开展了《条例》的学习、宣传和贯彻。全省17个市质量技术监督局分别向地方政府作了专题汇报，并先后召开了地方认证认可工作会议，贯彻落实《条例》和全省工作会议提出的各项工作要求。

2、建立认证工作机制。为加强认证信息通报和交流、加强监督管理，省局先后建立了如下工作机制：

(1)认证信息通报制度。省局从2002年起建立并完善了认证信息通报制度，所辖17个市质量技术监督局每季度统计辖区内强制性产品认证申报及取证情况、质量管理体系认证获证企业情况，并于下一季度前10个工作日内上报省局进行汇总统计。

(2)认证工作联席会议制度。省局从2001年起建立了认证工作联席会议制度，由认证评审处牵头，召集省局稽查总队、监督处等相关业务处室及认证培训、咨询、审核中心等相关中介机构定期通报有关政策法规信息、管理和行政执法工作情况，研究解决在规范市场、引导企业认证工作中遇到的重点问题。

(3)获证企业行政稽查制度。省局从2003年度起，按照国家认监委组织的相关稽查活动内容及要求，总结以往开展认证有效性调查工作的经验，尝试建立了获证企业行政稽查制度。2003年度已经对由中国方圆标志认证委员会等24个认证机构认证审核通过的61家企业开展了行政稽查，并将稽查结果上报国家认监委。

3、清理整顿认证市场。省局按照国家认监委部署，相继开展了以认证有效性国家监督抽查及省(市)级行政稽查为主要内容的认证市场清理整顿，以及以咨询机构年度监督检查为主要内容的咨询市场清理整顿这两项工作，使认证、咨询市场秩序的混乱状况有了一定程度的好转。

(1)认证有效性国家监督抽查。根据国家认监委《关于对认证机构认证有效性进行监督抽查的通知》(国认可[2002]66号文)要求，省局2003年1月8日至17日对安徽省芜湖市金牛变压器制造有限公司等10家获证企业的认证有效性进行了监督抽查，抽查结果显示：

获证企业对建立质量管理体系较为重视，多数企业质量管理体系运行总体基本有效。在本次监督抽查的10家企业中，企业的产品质量均符合标准要求。企业质量管理体系建立以后，生产成本得到了控制，信誉有了较大提高，资源得到了合理配置，基本配备了检测和控制设施。企业对内审和管理评审比较重视，内审和管理评审中的纠正措施基本得到了有效实施。

检查中发现的有关问题，主要有：广德顺思达漆业公司未能提供内审报告和实施管理评审的客观证据；部分认证机构对企业的纠正措施掌握不严谨；个别认证机构有超越法律、法规范围发放证书的现象。其中，经北京中经科环质量认证有限公司认证通过的铜陵电工材料厂，和经北京新世纪质量体系认证中心认证通过的宁国市兴源密封件厂，在通过认证时尚未取得生产许可证，属于认证机构违法认证。此外还发现部分认证机构审核过程不严密，初审时未能覆盖标准的所有条款，监督审核时未对证书、标志的使用进行审核，审核员的审核能力、现场审核的规范性和有效性不强。

（2）省（市）级行政稽查。2003年度，省局部署在全省开展了对质量体系认证获证企业的行政稽查，共抽查了由中国方圆标志认证委员会等24个认证机构认证审核通过的61家企业。在企业稽查过程中发现存在违法违规行为的企业有14家，占稽查企业总数的22.9%；存在违法违规行为的认证机构有6家，占稽查所涉及的认证机构总数的25%。通过稽查发现的具体问题如下：

个别认证机构未经国家认监委批准，非法从事认证业务。涉及的企业及非法认证机构如下：

企业名称	非法认证机构
南陵县新塘水泥制品厂	英国URS公司
马鞍山市奇尔实业有限公司	英国URS公司
芜湖县建筑安装工程公司	ISC艾米克技术服务有限公司（与深圳质量认证中心联合认证）
马鞍山市华吉实业有限公司	世界认证服务中心

咨询机构未经备案批准，非法从事认证咨询业务。涉及的企业及非法咨询机构如下：

企业名称	非法咨询机构
合肥长兴汽车配件有限公司 芜湖海昌橡胶有限公司 安徽省繁昌县裕鑫线缆有限公司 芜湖市永生电线电缆有限公司	合肥康博逊公司
铜陵市铜都特种线缆厂	南京润华企业管理顾问有限公司
巢湖市华瑞电工材料有限公司	合肥三线信息咨询服务有限公司
淮南山河药用辅料有限公司	蚌埠市九千咨询有限公司
安徽省胜利水泥有限公司	合肥正方质量认证咨询有限公司

企业不具备《产品质量法》等法律法规及相应产品标准规定的出厂检验条件而认证通过，或未取得相应产品的生产许可证、未通过强制性产品认证而取得认证证书。涉及的企业及存在违法行为的认证机构如下：

企业名称	存在违法行为的认证机构
芜湖海昌橡胶有限公司 （无生产许可证、不具备出厂检验条件）	鹏程国际认证中心
安徽省繁昌县裕鑫线缆有限公司 （未通过CCC认证）	鹏程国际认证中心
芜湖市永生电线电缆有限公司 （未通过CCC认证）	鹏程国际认证中心
淮北金泰尔高岭土有限公司 （不具备出厂检验条件）	鹏程国际认证中心
马鞍山市东环冶金炉料厂 （无生产许可证）	上海贝尔国际验证机构

认证证书覆盖的产品范围超出企业生产的产品范围。涉及的企业及存在违规行为的认证机构如下：

企业名称	存在违规行为的认证机构
合肥长兴汽车配件有限公司	鹏程国际认证中心
安徽省繁昌县裕鑫线缆有限公司	鹏程国际认证中心
巢湖市华瑞电工材料有限公司	北京九千标准质量体系认证中心

（3）认证咨询市场清理整顿。2003年度，省局对全省经国家认监委批准的10家质量认证咨询机构进行了监督检查。检查中发现的问题主要有：

多数机构对质量体系内审员培训注册的相关规定执行不到位，多数认证咨询机构均未委托合法培训机构对企业的内审员进行培训。

个别认证咨询机构的企业咨询记录不完整，现场检查中所抽查的企业咨询记录未在机构存档，而是由咨询师个人保管。

各认证咨询机构在与企业所签订的咨询合同条款中，基本上都包含了认证费用，个别机构所签定的合同约定认证费用由其从企业代收代支，涉嫌提供认证咨询一条龙服务，客观上影响对企业进行认证审核的公正性。

4、推进强制性产品认证及认证执法检查。强制性产品认证制度实施以来，省局按照国家认监委的部署，积极开展了列入第一批CCC目录产品的监督管理工作。组织各市开展了全省CCC产品生产企业的调查摸底，召开强制性产品认证宣传贯彻会，指导各市局开展工作。到2003年底，安徽省已有406家企业通过了CCC认证，占应认证企业总数的95%以上，全省企业获CCC认证证书1 707份。为了促进CCC认证工作，省局还组织开展了库存强制性认证产品监管销售工作；组织相关技术机构抽调人员参加CCC认证工厂审查员培训考核，初步建立了工厂检查员队伍，参与工厂审查工作，加快了安徽省企业CCC认证的实施。

2003年8月1日，由省稽查总队牵头，会同省局认评处、合肥市局稽查所组成执法检查组，并邀请安徽电视台、安徽日报社等六家新闻单位参加，就合肥市强制性产品认证制度的贯彻实施情况和CCC标志的使用情况组织了一次执法检查。检查发现美菱集团等大中型企业贯彻实施CCC认证制度工作比较规范有序，宏图三胞、商之都等经销企业经销的部分强制性认证产品没有按照有关法律规定正确加施CCC标志，执法检查组对上述经销企业进行了教育与宣传，并提出了整改意见。八、九月份，全省质监系统对CCC产品进行了专项执法检查，共检查2 059家单位，其中生产企业197家，经销企业1 481家，从事经营性活动的使用单位381家，行政处罚总金额18.101万元。

5、实验室资源调查。根据国家认监委关于开展实验室资源调查工作的安排，及时在全省进行了部署。此次调查涉及到全省依法设置、依法授权的质检机构，获省级计量认证、校准、检测实验室以及省内大型企业的实验室，全省被调查的实验室达到534家。调查数据已按期上报国家认监委。

(安徽省质量技术监督局供稿)

强化认证监管　加快实验室改革
应对外国技术壁垒　促进地方经济发展
——福建出入境检验检疫局认证工作概况

国家认监委成立以前福建局辖区认证工作基本情况

福建企业出口的认证监管工作主要由福建出入境检验检疫局(以下简称“福建局”)负责。福建局现有的认证监管业务主要延续了原商检局的认证监管业务。“三检合一”前，该项业务职能在福建商检局综合业务处，“三检合一”后业务转至福建局科技与认证处。为了加强认证工作，在2001年初业务重组时，福建局将原科技与认证处调整为科技处和认证监管处，负责管理和组织实施卫生注册、质量许可证、实验室认可，以及认证机构管理、免验、标志管理等工作。同时，在省局与分支机构、省局认证处与省局各管理处、执行处之间，构建纵向贯通、横向协作配合的认证工作网络。

1、规范内部管理的基础工作。出台了《福建检验检疫局出口食品生产企业卫生注册登记程序要求》、《关于规范卫生注册登记评审管理工作的通知》，建立资料完备的辖区企业数据库与企业质量诚信档案，实行有效的动态监控，努力实现对企业的注册认可、日常监管和产品检验检疫信息的共享。

2、加强评审员队伍建设。福建局认真按照国家认监委下发的《卫生注册评审员管理细则》要求，大力加强人才培训。加强卫生注册评审员培训(128人通过考试)和食品风险评估知识培训(130人通过考试)。推荐25人次参加了国家认监委认可的HACCP审核员培训班。为了不断提高评审员素质，保证评审标准掌握的一致性，福建局对辖区内的卫生注册考核实行交叉评审，两年共派出515

个评审组、987人次参加交叉评审，推荐3人次评审员参加国家认监委组织的异地评审。同时，注重评审员思想作风建设，印发了《卫生注册评审员动态管理规定》，对评审员工作质量和廉政情况进行评定，对不符合要求的及时予以调整，形成一支92名的卫生注册评审员队伍(其中6名主任评审员)，在人力资源上保障了福建局认证工作的开展。

3、大力开展体系认证和对外注册工作。HACCP认证是国际食品行业安全卫生管理的方向，福建局认证部门加强与福建商检公司（现与福建评审中心重组成为福建海峡检验认证有限公司)的相互配合，在系统内率先对水产品加工企业开展HACCP的认证工作，两年来认证企业数达54家，举办了12期HACCP原理及应用培训班，培训食品加工企业技术人员达1 000多人(次)。福建商检公司还参与了《乌龙茶安全控制体系的建立》、《口蹄疫疫苗及植物疫苗的研制》、《中国食品企业HACCP实施指南及评价准则的研究》等多项课题研究，在科技部、福建省科技厅申请了立项，为省政府“消除餐桌污染工程”提供技术服务。福建局开展的HACCP推广认证工作得到了当时国家质检总局认证监管司与福建省政府的高度重视。

截至2003年底，福建局的各项认证工作都较上年同期有明显增长：在出口食品卫生注册方面，共有注册企业356家、登记407家，其中对国外注册208厂次，拥有卫生注册评审员100名，其中主任评审员24名；在出口质量许可方面，现有企业227家，另有输美陶瓷认证企业32家；在自愿性体系认证方面，福建局大力推进企业质量管理体系认证，挂靠福建局的福建海峡检验认证有限公司(简称海峡公司)现已完成ISO9000认证659家、HACCP认证113家、ISO14000认证9家及OHSAS18000认证1家。

2003年9月，新加坡官方的兽医检查组检查莆田罐头食品有限公司和思美香食品(龙海)有限公司两家肉类生产企业，对福建兽医防疫体系及福建两家企业给予较高的评价，并现场同意两家企业向新加坡输入肉类产品。针对福建出口食品企业市场相对集中的特点，福建局把对美、欧的注册工作作为2003年一项工作重点，采取提前介入，帮助建立质量体系、培训人员等措施，促使福建企业对外注册取得明显成效。2003年新增对美注册企业15家，对韩备案企业6家，对欧注册2家，对新加坡注册企业1家。福建局向省政府提出扩大对外注册力度报告并得到省政府对此高度重视，并两次专门召开针对欧盟注册工作的省政府办公会议，提出由检验检疫部门牵头组织相关单位做好准备工作，为下一步全省企业扩大国际市场空间，打破进口国技术壁垒打下坚实基础。

4、认真实施强制性产品认证制度。

(1)深入开展宣传工作。强制性产品认证制度实施后，福建局及时开展对辖区内涉及CCC强制性产品认证的宣传和调查，通过举办座谈会、研讨会、培训班、全系统认证工作电话会议等多种形式，传达落实国家认监委在北京召开的强制性产品认证工作会议的精神。

(2)加强内部培训，规范内部管理。福建局通过举办座谈会、研讨会、培训班、全系统认证工作电话会议等多种形式，组织分管认证、检验、检务(进出口报检)部门的相关人员对有关文件进行学习，同时及时出台文件规范局内认证、综合、检验、检务等多个部门之间的职责，对发现的具体问题及时沟通、协调解决。同时加强对民用商品入境验证所涉及的产品进行把关。

(3)严把强制性认证产品的进口关。要求各局严把凭证报检关，核查CCIB或CCC证书，检验部门进行货证核对，对有疑问的情况加强跟踪检查。对涉及CCC的来料加工的进口商品，及时加强对加工企业的核销和监管；对涉及CCC免办和不办的进口商品，加强对企业到货的品名、数量的核对和检查，及时办理免办证明。

(4)认真规范开展行政执法工作。按照国家认监委的部署和要求，对辖区内涉及CCC产品的出口企业开展了行政执法监督检查，在执法检查过程中，福建局特别注重把指导、帮助、督促企业申请强制性产品认证作为工作重点，把推动企业产品通过认证作为工作的出发点和落脚点，对尚未通过强制性产品认证的企业积极进行“帮、促、扶”，敦促它们早认证早获证。

5、加快实验室改革和发展步伐。“三检合一”以来，福建局认真贯彻落实国家质检总局、国家认监委关于实验室改革发展的一系列工作部署，先后实施了以“垂直体制、双重管理”和“面向执法，提高执法技术支持保障能力，面向市场，提高市场竞争开拓能力”为主要内容的两个阶段改革，结合实验室注册转换工作，对全局系统实验室进行了整合与规范，统一实验室的业务指导和管理，实现全系统实验室认可、计量认证率100%，为进一步深化实验室改革，加快实验室专业化、集约化步伐奠定了坚实的基础，也为检验检疫实验室面向社会出具公正数据提供了法律保障。

(1)实验室注册转换的基本情况。经过历次改革与整合，福建局将系统内原有的30多个实验室整合为10个，并积极开展实验室认可和计量认证工作。至2003年底，系统内实验室全部获得认可或计量认证，其中，获CNAL认可和计量认证的"二合一"资质的实验室5个，由注册转计量认证的实验室5个。在尚未获得认可的5个实验室中，保健中心将于2004年申请CNAL认可，其他4个技术中心下属常规实验室将通过与现有认可实验室的合并重组，以实力较强的区域性分中心申请CNAL认可，最终实现福建局全部实验室的CNAL认可和计量认证。

(2)实验室改革和注册转换工作的主要做法。"三检合一"之初，福建局有各类实验室30多个，分别隶属于省局技术中心、保健中心和各业务处、分支机构。由于主体分割，难以有效实施实验室整体建设和发展；管理分散，资源难以合理配置；缺乏统一的业务管理，影响了整体检测能力的发挥。

1999年底，福建局党组就开始酝酿实验室改革问题，提出以"垂直体制、双重管理"为主要内容的第一阶段改革方案。在将局本部分散各处的实验室横向整合到技术中心的基础上，进一步规范形成由"两个中心"负责全局实验室业务统一指导规范的"垂直体制"，和"两个中心"与分支机构按分工对分支实验室设备、人员等的"双重管理"，形成了覆盖整个辖区的"两小时车程实验室检测网络"，并着手将全局11个事业单位第一批上报注册为独立法人，为实验室的改革与发展提供了新的体制平台。

在此基础上，福建局适时提出了"面向执法，提高执法技术支持保障能力；面向市场，提高市场竞争开拓能力"的实验室第二阶段改革发展方向，出台实施《福建局实验室改革与发展规划》，以"实行统一规范的事业管理体制"和"强化垂直管理力度"为抓手，深化实验室的管理体制和运行机制改革。一是在行政和业务管理体制上赋予"两个中心"对全系统实验室业务及资源更多的管理权和支配权，保证其对全系统分中心和实验室业务、技术、检测服务质量进行综合管理和指导协调。二是明确全局实验室的发展框架，优化分工协作机制。按照突出重点、准确定位、强化优势、兼顾全面的原则，结合国家质检总局"规划"要求，集中力量建设七大专业化实验室，提出建设9个国家级重点实验室、13个区域性中心实验室的目标。打破块块管理为主的框架约束，形成专业实验室和综合性实验室，重点实验室和区域性中心实验室之间的业务分工、协作新机制。三是按照"分类、放权、脱钩、搞活"的要求，出台财务、人事、投入等方面的配套扶持措施，积极推进事业单位人事制度改革、分配制度改革和财务管理制度改革。扩大事业单位分配自主权，实行财务独立核算，建立按岗定酬、按任务定酬、按业绩定酬，向优秀人才和关键岗位倾斜的分配制度；通过优化(改革)实验室建设投入机制，实现了多渠道投资，集中力量建设高起点的实验室。这些配套措施的实施，极大地促进了实验室综合检测实力的跨越提升。

在国家认监委的正确领导下，经过努力，截至2003年年底，福建局的各项认证监管工作取得了突破性的进展。尤其是国家认监委成立以来，开展强制性产品认证、农产品认证、认证有效性检查、实验室资源调查等工作从无到有，为维护地方经济起到了重要的作用，成为福建外向型经济不可或缺的保障力量。

(福建出入境检验检疫局供稿)

积极开展认证工作 促进地方经济发展

——福建省质量技术监督局认证工作概况

认证试点

1986年5月，国家标准局在成都召开产品质量认证试点工作会议，确定7个省、市开展认证试点工作，福建省为试点省之一。本省随即着手组建认证办公室，并制订《福建省质量认证管理办法》(试行)、《关于福建省质量认证暂行管理办法实施细则的通知》等，组织翻译ISO9000《质量管理和质量保证系列标准》，制定地方认证标准，培训认证专业人员，为开展质量认证作准备。

1988年2月26日，福建省标准计量局向国家标准局提出申请，在本省开展产品质量认证试点工作，组建福建省产品认证委员会。同年，国家标准局发文《关于同意在上海市、福建省、山西省开展质量认证试点工作》。7月22日，正式启用福建省质量认证办公室的印章。认证办公室的日常工作由福建省标准计量局质量监督处负责。1988年8月17日，福建省标准计量局颁发《福建省质量认证暂行管理办法》。

1991年5月国务院发布《产品质量认证管理条例》。同年6月，福建省标准计量局提出《关于申请承担国家产品质量认证大区站工作的报告》，向国家技术监督局申请承担国家产品质量认证大区站的工作。国家技术监督局于同年12月8日发出通知，在广州、成都、沈阳、南京、西安、北京分设中南、西南、东北、华北、西北、华东大区认证工作站，本省的认证工作归口华东区南京认证工作站。1992年5月，南京站正式成立。福建省技术监督局派3人参加南京工作站工作；同时，中国方圆标志认证委员会聘任本局1人为委员。

1992年12月，为加强认证工作，福建省标准计量局向省编委提出增设认证处，人员编制6人。1993年6月，省编委批复同意设立认证处，其主要职能是负责管理本省质量认证和实验室认可与管理。认证处成立以来，曾先后制订过认证和实验室认可的管理办法、实施细则、地方标准等规章制度，以适应实施国务院《产品质量认证管理条例》等法规性文件的需要。

为推动全省认证工作的开展，中共福建省技术监督局党组于1995年5月8日召开认证工作会议，并下发《中共福建省技术监督局党组关于认证工作会议纪要》，推动全省认证工作的开展。

认证咨询中心

1993年7月28日，福建省标准计量局向国家技术监督局申请成立福建省认证咨询中心。国家技术监督局认证办于1993年10月发出《关于同意建立福建省认证咨询中心的通知》。福建省认证咨询中心为首批获准成立的认证咨询机构。福建省标准计量局1994年3月23日发出《关于成立福建省认证咨询中心的决定》。

1994年4月14日，福建省标准计量局印发《福建省质量认证咨询员注册管理办法》。同年8月2日，福建省标准计量局公布福建省质量认证咨询员首批注册名单，以促进本省认证咨询工作的规范化，各项工作得以有序开展。

福州认证工作站

1993年10月，福建省标准计量局向中国方圆标志认证委员会申请成立中国方圆标志认证委员会福建省认证工作站。1994年6月27日，中方委发出《关于委托筹建中国方圆标志认证委员会福州认证工作站的函》，同意筹建中国方圆标志认证委员会福州认证工作站，并委托福建省标准计量局做好筹备工作。同年7月20日，福建省标准计量局向中国方圆标志认证委员会报送《关于中国方圆标志认证委员会福州认证工作站的筹建报告》，提出筹建意见。同时，成立筹备组，下设办公室负责日常事务工作。同年8月29日，中国方圆标志认证委员会发出《关于成立中国方圆标志认证委员会福州认证工作站筹备组的批复》，同意福建省标准计量局的组建方案，采取边筹建边工作的办法，积极筹备开展认证工作。

1995年9月，福建省技术监督局（以下简称“福建局”）向中国方圆标志认证委员会呈送《关于申请对中国方圆标志认证委员会福州认证工作站进行审查认可的请示报告》，随后，中国方圆标志认证委员会发出《关于批准成立中国方圆标志认证委员会福州认证工作站的函》,批准成立福州认证工作站,正式开展质量认证工作。

福建审核中心

1995年6月21日,福建省技术监督局向中国方圆标志认证委员会报送《关于成立方圆委福建分支机构的申请报告》。同年11月7日,中方委发文《关于同意设立"中国方圆标志认证委员会福建审核中心"的通知》,明确该"中心"行政关系隶属于当地有关主管部门,认证业务接受中方委直接管理。

中国方圆标志认证委员会福建审核中心(CQM-FAC)与福州认证工作站是一套人马两块牌子的事业单位,是国家认可的审核机构。该中心开展的主要业务包括:GB/T19000-ISO9000质量管理体系认证,ISO14000环境管理体系认证,国家方圆标志产品质量认证,VDA6.1、CE认证,受委托对供方质量体系进行评价,ISO9000、GB/T24000-ISO14000审核员培训,质量管理技术培训等。认证业务范围包括:食品、饮料、烟草,纺织品及纺织产品,皮革及皮革制品,木材及木制品,化学品、化学制品及纤维,橡胶和塑料制品,非金属矿物制品,混凝土、水泥、石灰、石膏及其他,基础金属及金属制品,机械及设备,电子、电气及光电设备,其他未分类的制造业,运输、仓储及通讯等14大类。

中国方圆标志认证委员会福建审核中心/福州认证工作站成立后,积极开展工作。到1995年底,先后为福建泉州匹克(集团)公司、福建龙溪轴承厂、豪盛(福建)股份有限公司、福州恒安集团公司、漳州国际铝容器有限公司、武平县林产化工厂等企业进行产品质量认证和质量体系审核工作。

开展CCC认证工作

2002年4月"全国认证认可工作会议"结束后,福建局向省政府领导汇报会议主要精神时,突出将国家质检总局和国家认监委对强制性产品认证实施"四个统一"的工作要求,以及中国现行的强制性产品认证制度、中国为何要建立强制性产品认证制度、新的强制性产品认证制度的框架等都做了详细的汇报。

将CCC认证制度有关信息制作信息专报件,上报省委、省政府,"两办"采用为政务信息发各级地方政府领导阅。

正因为有省政府和省领导的支持,省政府采购办已明确规定,未取得CCC认证的产品生产企业,不准参与"政府采购"的招投标活动。

2003年9月,借助"质量月活动",福建局组织召开了三场说明会议。一是请CQC的专家来闽讲解申请CCC认证的程序等;二是联合省经贸委的同志共同召集100多个企业和部门领导讲解有关法律法规和注意事项;三是召集经销商专题讲解违法经销CCC认证产品的法律责任和有关注意事项。

作为福建省唯一一家在指定的业务范围内承担强制性产品认证检测工作的福建省中心检验所,也在全省各地独立召开了10场专题说明会,累计有1000人近1000家企业(含生产、经销和进口企业)到会。

福建局还协助CQC分中心在福州市、厦门、泉州、三明、福安、福鼎市等地举办了6期由相关企业参加的强制性产品认证制度的说明会,有565家企业的798名代表参加了会议。

为配合"3.15"消费日活动,福建局印制了20000份的《产(商)品常用质量标识说明书》,将CCC认证标志收入其中,让广大消费者了解强制性产品认证标志,正确引导消费。

2003年10月14日的工作会上,福建局部署了对全省涉及CCC认证范围的企业(生产/经销)进行全面调查摸底,建立企业质量档案(包括质量信誉档案,有十项评价指标。有的市已完成区域范围内的档案建立),同时明确规定此项工作列入2003年的年终考核指标。

实验室管理

1980年3月29日,根据《中华人民共和国标准化管理条例》,福建省人民政府颁布了《福建省产品质量监督和检验管理实施办法》。

根据1985年9月6日颁布的《计量法》和1987年1月19日颁布的《计量法实施细则》,福建省标准计量局即着手实施计量认证工作,1987年6月7日厦门市产品质量检验所成为福建省第一家通过计量认证考核的单位。

截至2004年6月,有470家获得了福建局颁发的计量认证合格证书。

国家认监委成立后,福建局一方面积极配合认监委开展实验室资源调查工作,另一方面加强对实验室的监督管理。尤其是《中华人民共和国认证认可条例》颁布后,经福建局的监督检查,分三批注销了共43家不符合计量认证要求的机构的计量认证合格证书。对举报的3家质检机构调查落实情况后分别给予了停业整顿或注销计量认证合格证书的处罚,有力地维护了法律的严肃性。

(福建省质量技术监督局供稿)

认真实施科技兴检和以质取胜战略全面推进各项工作的开展

——厦门出入境检验检疫局开展认证工作情况

国家认监委成立以前认证工作基本情况

厦门检验检疫局(以下简称厦门局)主要开展了出口质量许可、出口食品厂/库卫生注册登记、中外合资检验鉴定机构管理、认证咨询机构备案、进口商品安全质量许可制度把关等方面的认证认可工作。

1、进口商品安全质量许可。2000年4月,将涉及进口安全质量许可制度的商品进行HS编码细化工作,并对报检系统进行维护,实行电脑自动提示。同年7月,出台《厦门出入境检验检疫局实施出口商品质量许可制度产品目录与HS编码对照表》。2000年共查处47家、2001年查处49家违反进口商品安全质量许可制度有关规定的企业。

2、出口食品卫生注册登记及出口质量许可。 2000年2月厦门局辖区的厦门同安将军食品工业有限公司成为福建省第一家获欧盟水产品注册的企业。同年12月22日,举办首期卫生注册评审员培训班,全局29名相关工作人员考试合格。截至2000年底,厦门地区获得出口质量许可证的企业有70家;获得出口食品厂/库卫生注册登记证的企业有109家。

3、中外合资检验鉴定机构管理。对辖区内2家中外合资检验鉴定机构进行监督管理。

4、实验室的建设和管理工作。 1989年12月,原厦门商检局中心化验所实验室、农食畜水产品检验所获商检二级实验室认证;1993年12月中心化验所实验室、农食畜水产品检验所获商检一级实验室认证;1994年11月,农食畜水产品检验所通过原国家商检局一级实验室考核认证。1996年3月,农食畜水产品检验所、中心化验所实验室、电子电器检验实验室(原国家商检局厦门机电产品检测中心)被国家科委确定为科技成果检测鉴定国家级检测机构。1999年2月农食畜水产品检验所、电子电器检验实验室、中心化验所实验室相继获得CCIBLAC的认可;2000年1月厦门局电子电器检验实验室被国家检验检疫局指定为检验检疫系统7个小家电型式实验室之一。6月16日厦门局食品与动植物实验室、化矿金属材料实验室和电子电器实验室被国家检验检疫局批准为注册实验室。

5、认证咨询机构备案工作。2001年3月,对厦门辖区内进出口质量认证咨询机构进行清理,备案,共有6家机构获得备案资格。

6、管理体系认证推行工作。1993年开始在厦门辖区推行ISO9000质量管理体系认证工作。1993年2月,原厦门商检局设立"厦门ISO9000评审部"。

1994年10月厦门市旅游局和市工商局正式加入中国商检厦门质量认证中心管理委员会,向国家ISO9000工作委提出增加服务业ISO9000评审范围的申请,国家ISO9000工作委予以批准。同年,与国外认证机构的合作,分别与挪威DNVI、美国UL、英国BMIQA联合举办国际标准研讨会,与挪威DNVI、德国TUV、英国AOQC进行了联合审核和预审。

至1995年11月底,认证企业总数达16家。

1996年9月初,顺利完成了对厦门ABB开关有限公司的ISO14001环保体系评审认证;9月20日,组织召开了"中国商检ISO14001环保体系颁证暨签约仪式",国家商检局质量认证中心副主任李怀林向ABB开关公司颁发了中国第一份ISO14001环保体系认证证书。10月份召开了"厦门市首届ISO9000认证企业经验交流会"。11月22日又会同市旅游局召开了"厦门市酒店业ISO9000总结交流会"。认证企业达40家。

1997年9月份,组织举办了"厦门市第二届ISO9000认证企业经验交流会";编印了《ISO9001:1994国际标准条文理解与审核要点》及《厦门市第二届ISO9000认证企业经验交流会论文集》。

1998年4月,完成了厦门ABB低压电气设备有限公司的职业安全卫生管理体系和全面管理体系认证评审,颁发了中国第一份职业安全卫生管理体系认证证书和全球第一份全面管理体系认证证书。认证企业总数达118家。

1999年3月份举办了国内首次“全面管理体系报告会”。7月份组织举办了“2000版ISO9000标准报告会”和“OHSAS18000职业安全卫生管理体系讲座”。8月份,组织举办了“BS7799信息安全管理体系报告会”,首次把信息安全管理体系介绍到国内。认证企业总数达170家;

2000年2月在全国率先进行ISO/DIS9001:2000审核。11月召开中国进出口质量认证中心服务业ISO9000认证暨厦门市第五届ISO9000认证企业经验交流会。认证企业总数达245家。

国家认监委成立以后认证工作的情况

2001年认监委成立以来,厦门检验检疫局更加重视认证认可工作,做了以下几方面的工作。

1、建立认证工作机制。结合机构改革“三定”方案,2001年厦门局确定了“分管局领导负责,科技与认证处宏观管理,综合协调,各相关业务处全力配合的认证认可工作的工作机构”。

2002年11月召开卫生注册评审员工作研讨会。9人获得主任评审员的培训,10多人参加了HACCP培训。2003年2月举办第二批卫生注册评审员培训,22人获得卫生注册评审员资格。

2、完善相关规章制度。2002年3月,出台了《厦门检验检疫局认证认可管理办法》,明确了各部门在认证认可工作的分工,同时对认证认可工作的工作程序进行了规范。2002年8月,结合国家质检总局2002年第20号局长令,出台了《厦门检验检疫局贯彻20号令实施意见》。

3、清理整顿认证市场。2002年12月~2003年1月,对厦门辖区获得境外认证机构认证证书9家企业进行抽查。2003年3月,对深圳鹏程认证公司在厦门的活动情况进行调查。4月,对厦门地区从事检验鉴定的公司进行摸底调查。2003年5月,再次对含外资及CIQ系统下属的认证咨询机构进行重新确认,共有3家机构重新获得国家认监委确认资格。

4、推进CCC认证及CCC认证执法检查工作。2002年8月,对CIQ2000系统提示区进行维护,自动提示所有列入CCC目录的进口商品。

2003年1月,在厦门局网上公布CCC认证的有关公开性文件和资料。3月,对“免办证明”办理模式进行了改革。1~6月份,在厦门电视台、厦门广播电台、厦门日报、厦门商报等媒体以及报检员培训班上宣传CCC认证。5月中旬,厦门局分管局长还带领认证人员到厦门ABB低压电器有限公司调研,现场解答和解决该公司关于进口验证遇到的问题。

5、实验室建设和资源调查。 2001年11月,对厦门局实验室进行调查规划,制定《厦门检验检疫局实验室建设与发展“十五”计划纲要》,确定厦门局“十五”期间实验室建设与发展的指导思想是:坚持“科学技术是第一生产力”的思想,进一步落实检验检疫科技工作方针,积极开拓进取,认真组织实施“科技兴检”和“以质取胜”战略,加速全局实验室体系现代化、专业化、规范化建设,不断提高整个体系的检验检疫技术创新能力和质量管理水平,确保检验检疫结果的可靠性,为保障厦门检验检疫事业持续发展提供坚实的技术支撑。同时,提出厦门局“十五”期间实验室建设与发展的目标及重点建设项目。

2002年11月起,在厦门地区开展一次实验室资源调查,包括本局当时的10个实验室及厦门辖区30多家出口企业的实验室。

2003年2月厦门局电子电器实验室及化矿金属材料实验室获得CNAL认可,3月食品与动植物实验室获得认可,3月这三个实验室同时获得计量认证,6月厦门局另2家原获国家质检总局注册的实验室获得计量认证;8月电子电器实验室被列为承担中国强制性产品认证指定检测实验室以及CQC受权签约实验室,9月该实验室又被中国电磁兼容认证中心授权为签约实验室。

6、出口质量许可证和出口食品生产企业卫生注册方面。 2001年初,对所有获得出口质量许可证的企业进行一次清理检查,理出有效的获证企业目录。

2002年1月,建立获证企业信息库,通过局域网全局共享,并对此信息库进行即时更新。3月,改革原有的评审程序,改变评审组的安排方式。8月份将卫生注册相关的法规文件汇编成册。9月,对已获证的出口食品生产企业进行全面的清理检查工作,吊销了14家,暂停了3家。

2003年4月,更新《厦门出入境检验检疫局出口商品质量许可证商品目录与HS编码对照表》,在厦门局的网站上公布,并对CIQ2000系统的提示区进行更新维护。从5月起,对所有卫生注册登记企业进行拉网式检查,共核查了141家卫生注册登记企业,吊销2家,注销10家。

截至2003年底,厦门辖区获得出口商品质量许可证的企业有172家,涉及玩具、陶瓷、机械、包装行业,获得卫生注册的企业有59家,获得卫生登记的企业有70家。

(厦门出入境检验检疫局供稿)

把江西农业做大做强

——江西出入境检验检疫局认证工作概况

江西检验检疫局高度重视认证认可工作，在国家认监委成立后，建立了认证认可工作机制，完善了认证认可相关规章制度，建立了一支高素质的认证队伍。经过近三年的努力，初步建立起符合省局实际的、规范化的认证认可管理体系和运行机制，使江西局认证认可各项工作正在按国家认监委的要求健康、有序地开展。

建立了认证认可工作机制

健全的组织系统和完善的规章制度是实施科学管理、理顺关系、提高效率的重要基础，高质量的认证认可工作是检验检疫部门可持续发展的必要保证。江西检验检疫局党组非常重视认证认可工作，自国家认监委成立后，为贯彻落实全国认证认可会议精神，于2002年4月在全国率先成立了认证认可协调领导小组，下设认证认可办公室，统管全省认证认可工作。认证认可办成立后，针对机构、职能变化和人员的实际状况，同时参照国家认监委业务管理划分方法，设置了三个工作岗位，分解了各岗位工作职责，指定了各岗位负责人，并根据分工协作的原则，实行"AB"角工作制，力求达到分工合理、工作有序、各尽其责、相互协作，形成了认证认可领导协调小组、认证认可办、评审员三级认证管理机构，构建了一整套认证认可工作机制体系。

完善了相关规章制度

ISO9000系列标准是国际上通用的体系管理标准，省局将ISO9000管理理念引入到认证认可管理工作上。根据新的工作要求及时制、修订了《江西检验检疫局加强认证认可工作的实施意见》、《江西检验检疫局认证管理办法》、《江西检验检疫局许可检测、检查机构管理办法(试行)》、《江西检验检疫局认证认可评审员注册管理实施细则》、《江西检验检疫局检验检疫监管模式管理办法》、《出口运输包装质量许可证评审细则》、《江西检验检疫局入境民用商品验证工作程序》、《出口水生动物评审细则》、《江西检验检疫局出境植物、植物产品生产、加工、存放单位注册登记管理评审细则》、《江西检验检疫局出口食品卫生注册登记监督管理规范》及各类证书的评审细则等，完善了认证认可管理体系文件，规范了各项认证认可工作依据及工作程序，基本做到了各项认证认可工作有章可循。

建立了一支高素质的认证队伍

建立一支政治过硬、作风扎实、精通业务的评审员队伍是搞好认证认可各项工作的基础。根据国家出入境检验检疫局第15号令及评审员管理实施细则的要求，省局认证评审工作严格实行评审员制度，2001年，省局组织培训了卫生注册评审员40余名、质量许可评审员40余名，以后每年轮训一次，采用末位淘汰法，择优录取，对评审员实行动态管理；并在评审员中选送11名高素质人员参加国家认监委举办的卫生注册主任评审员培训，并获得了主任评审员的资格；选送5人参加国家认监委举办的认证稽查员的培训，选送13人参加国家认监委举办的陶瓷评审员的培训，16人参加CQC举办的CCC工厂检查员的培训，有近50人参加的HACCP或ISO9000的培训，并分别获得了相应的资格，基本建立起了一支高素质的认证认可队伍。

完善认证运行机制

省局的认证工作严格按照认证管理办法、认证工作程序的要求开展，工作程序为：企业提出认证意向申请，由业务部门咨询、指导，基本符合认证要求后向认证认可办提交一整套认证资料，由认证认可办指定评审员组成评审组，由评审组按认证要求对企业进行现场考核，评审组将考核结果及考核资料交认证认可办审核，由认证认可办报局审批、制证、发证，建立认证企业档案，将认证企业纳入获证企业后续监督管理。后续监督管理有日常监督管理、定期监督管理，专项监督管理、不定期抽查监督管理几类。定期监督管理、专项监督管理、不定期抽查监督管理由认证认可办组织评审员实施。对不符合认证要求的出口企业按相关程序取消、注销、吊销资格。通过近三年的运行，使江西省的出口企业管理水平明显提高，产品质量保持稳定，出口企业迅速发展，在出口企业中树立了良好的检验检疫形象。同时为省局检验检疫模式的转变打下了良好的基础。

积极开展农产品认证

江西省上饶地区通过了欧盟有机食品认证的有机茶园约 6 万亩，有机茶产量 0.3 万 t。江西省农科院的芦笋等农产品已与欧盟直接联系准备进行有机食品认证。江西自 2000 年开始全面启动“无公害蔬菜工程”，经过两年多的努力，取得了一定成绩：建立了 13 个省级无公害蔬菜示范基地，全省无公害蔬菜面积已达 30 多万亩；制定并颁布实施了《江西省无公害蔬菜生产技术规程》；永丰县被列为首批“全国创建无公害蔬菜生产示范基地县”之一；申报注册了一批无公害特色蔬菜品牌，如“永丰”牌、“新旺”牌；并将在此基础上重点建设好万载龙芽百合、广昌通心白莲、湖口黄花菜、鄱阳湖区水生蔬菜及笋用竹等地方特色蔬菜生产基地，逐步推进基地向规模化、集约化方向发展。预计不久的将来，江西的蔬菜产业将会有长足的发展。

江西青龙高科技股份有限公司向江西评审中心提出了野生有机茶油产品的有机食品认证申请，并于 2003 年 11 月 12 日通过了江西评审中心对该公司生产的野生有机茶油的审核，获得了中国质量认证中心颁发的首张有机野生植物产品认证注册证书。

江西评审中心对江西青龙高科技股份有限公司茶油原材料生产基地的土壤、环境情况等进行了仔细的调查后予以确认，并指导公司确定了缓冲带，每隔一定距离建立一个明显的标牌以示区别，公司定期派人对基地看护检查，对最终产品的检测还将利用江西检验检疫局实验室的优势进行监控。在建立和运行并通过认证后，公司将有机茶油的生产、加工等一系列过程纳入了严密的安全卫生控制中，有机食品的认证得到有效实施。产品主要投放北京、上海等地，虽尚未走向国际市场，但已经引起了欧美客商的关注，已达成成交意向，同时日本客商还专程到油茶林基地进行了实地考察。预计不久的将来，有机茶油将成为风靡世界的高档食用油。

加强理论研究及科学化管理

在开展认证认可工作的基础上每年对评审员进行轮训，及时学习国家质检总局及国家认监委的有关认证文件精神，并要求评审员撰写案例、论文。2003 年出版了一期《江西检验检疫认证认可专刊》，受到了质检总局及江西检验检疫局的好评。2003 年编写了《备案检验人员培训教程》，并对全省出口企业 755 名企业推荐的备案检验人员进行了培训。2004 年又编制了《卫生注册工作手册》，将认证认可相关文件及考核文件汇编成册，做到了评审员人手一册，以便评审员在开展认证工作时随时查阅。2004 年还编制了《食品从业人员卫生注册培训手册》。为省局开展认证工作及检验检疫监管工作奠定了良好的理论基础。

大力促进认证认可信息化建设，逐步实现认证认可电子政务。2002 年，省局认证认可办就指定专人负责在局域网上建立完善认证认可信息网页。网页已初步完善，基本做到认证认可信息发布、企业获证信息动态查询、各项认证管理文件、工作要求或指南、认证表格以及认证工作通知网上发布。2003 年 8 月还尝试了强制性产品认证执法检查人员网上培训和网上考试，有效地避免了“非典”影响。同时为省局严格实行凭证报检制度及时提供了信息。另外，利用该网页及时发布输美食品反恐注册、出口加工用养鳗养殖场备案登记、HACCP 官方验证等信息和工作要求，有效促进了这几项工作的顺利实施，提高了工作效率，实现了认证认可工作的科学化管理。

总之，认证认可工作是检验检疫事业的基础，是检验检疫模式转换的前提，是实现大通关的根本保障。要做好认证认可工作，就必须增强大局意识、增强责任意识、增加前瞻意识、增强部门协调、互相联动意识。一如既往地加强获证企业的后续监督管理，把日常监督管理与定期监督检查有机地结合起来，彻底改变“重考核、轻管理”的局面，构建起既满足检验检疫事业需要，又符合国际规则要求的认证认可工作新体系，为江西省的检验检疫事业保驾护航。

（江西出入境检验检疫局供稿）

从提高企业管理水平和产品质量水平入手扎实开展认证监管工作

——江西省质量技术监督局认证工作概况

2000年6月，根据《中共江西省委、江西省人民政府关于印发〈省人民政府机构改革实施方案〉的通知》(赣发〔2000〕15号)，组建了江西省质量技术监督局(以下简称“江西局”)，为贯彻落实国家认证认可工作制度、统一管理和监督全省认证认可工作提供了组织保障。

2001年8月国家认监委成立以来，江西局从提高江西省企业的管理水平和产品质量水平入手，踏踏实实地开展认证认可工作。几年来，江西局的不少工作创出了特色，受到国家认监委领导和省委、省政府的表扬和鼓励。江西认证认可工作在实现江西建设“三个基地、一个后花园”的进程中，正在发挥越来越重要的作用。

认证工作

1、体系认证及其监管。截至2002年底，全省经CNAB认可的认证机构颁发的现行有效认证证书2055张。截至2003年12月底，全省经CNAB认可的认证机构颁发的现行有效认证证书2286张。

2003年，在国家认监委的指导下，全省共完成27家通过质量体系认证企业认证有效性监督检查工作。

2、强制性产品认证。江西局于2002年9月，召开了共有150多个企业参加的全省强制性产品认证制度宣传贯彻会，积极宣传国家强制性产品认证制度。还发文对全省被列入强制性产品认证《目录》的产品和生产企业进行调查。同时，要求各市、县、区质监局深入企业宣传国家有关强制性产品认证的法律法规，督促有关企业积极申报强制性产品认证。

江西省强制性产品认证工作按照国家认监委的部署有条不紊地进行。截至2003年底，全省共取得了699张强制性产品认证证书。

2003年8月以来，江西局严格按照国家认监委《关于开展强制性产品认证行政执法工作有关问题的通知》(国认法[2003]21号)等文件精神，开展强制性产品认证行政执法工作。全省质监执法人员先后深入有关企业、市场对电视机、电冰箱、洗衣机、台式电脑、插头插座、电线电缆等产品进行了专项监督检查，取得了阶段性成果。

3、计量认证。截至2002年底，江西省共有859家检测机构通过计量认证评审，并取得计量认证合格证书;其中53家机构因不符合计量认证要求被注销资格。检测机构的门类涉及机械、电子、建筑、环保、卫生、粮食、气象、公路、药检、农业、无线电监测等领域。

根据国家认监委《关于开展实验室资源调查的通知》要求，对全省约1 000家实验室开展了实验室资源调查工作。

2001年7月，江西局为保证《计量认证/审查认可(验收)评审准则》的顺利实施，举办了全省各地区、各行业评审组及有关省级质检机构等单位115位人员参加的知识更新培训班。系统地学习《计量认证/审查认可(验收)评审准则》等方面的知识，并经严格考试合格后聘为省级计量认证/审查认可(验收)评审员，从而壮大了全省评审员队伍，提高了评审员的业务水平。

2002年，在全省126家食品类产品检测机构中，首次开展计量检测能力验证工作。江西通过对白酒中甲醇含量的测定来监督、考核我省食品类产品检测机构的检测水平。

2003年以来，江西局根据本省实际情况，设立了11个计量认证地市评审组和4个计量认证行业评审组，拥有覆盖各专业门类的省级计量认证评审员132人。截至2003年底，全省共有878家实验室通过计量认证，其中72家实验室因不符合计量认证要求被注销资格。

在开展计量认证工作方面，江西局坚持专家评审、规范办事程序、严格按标准审查、加强监督管理、计量认证与审查认可密切配合等原则，使全省的计量认证工作在服务经济建设和社会发展方面发挥着越来越显著的作用。

审查认可工作

为加强对全省质检机构的管理，帮助质检机构尽快完成向新版《计量认证/审查认可(验收)评审准则》的转换，2002年3月，召开了全省质检机构工作座谈会，宣传贯彻新版审查认可准则及认可要求，指导质检机构按新版审查认可要求建立质量体系，不断提高检测能力。

截至2003年底，全省共有11个实验室通过CNAL认可，并取得了相应的资格证书。全省通过审查认可授权有效期内的质检机构60家，涉及机械电子、化工医药、矿业冶金、建筑建材、轻工纺织、食品粮油、农业、特种设备及综合检验等领域。

认证咨询机构监管工作

2002年，江西局根据国家有关规定制定了《质量认证咨询机构备案工作程序》，对全省认证咨询机构进行了梳理，并完成了认证咨询机构重新登记前的资料审查及上报国家认监委审批的工作。

至2003年8月，全省共有9家认证咨询机构获国家认监委批准。同时，江西局还在《信息日报》上公布了未经国家认监委批准的34家认证咨询机构的名单，并对深圳英达思南昌分中心等非法认证咨询机构进行行政处罚，初步规范了全省认证咨询市场。

培训工作

2001年10月，举办了为期5天的江西省质量技术监督系统质量管理与认证工作培训班，参加培训的有各市、县、区局分管局长、质量管理与认证科全体人员等150余人。聘请了富有实践经验的高级审核员系统地讲解ISO9000族标准及认证监管等方面的知识，为全省认证监管工作打下了一定的基础。

2002年1月，江西省质量技术监督局组织了全省部分市、县、区质监局从事质量管理与认证工作的人员、部分企业从事质量管理工作的人员等120余人，赴上海质量技术监督培训中心，参加为期7天的高级质量管理与认证工作学习班，系统地学习国内外有关质量管理与认证方面的知识，为今后更好地开展工作奠定了更加坚实的基础。

2003年下半年，江西局举办了4期业务骨干培训班。参加培训的有各市、县、区质监局业务骨干400余人。每期培训班均系统地讲述了国家有关认证认可方面的法律法规、强制性产品认证制度等方面的知识。

2003年10月至11月，江西局举办了《中华人民共和国认证认可条例》6期学习培训班。参加学习培训的有全省质监系统从事认证监管的人员、质检机构业务骨干及部分企业质量部的人员等600余人，为宣传《中华人民共和国认证认可条例》起到了积极的作用。

（江西省质量技术监督局供稿）

做好注册监管　提高企业竞争力　促进商品出口

——山东出入境检验检疫局认证工作概况

山东检验检疫系统认证认可工作在国家质检总局和国家认监委的正确领导下，以帮助企业提高质量管理水平，增强国际竞争能力为目的，为企业提供优质、高效、方便、经济的服务。特别是国家认监委成立以来，山东省认证认可工作，在建立认证工作机制、完善相关规章制度、清理认证市场、推进CCC认证及CCC认证执法、出口食品卫生注册等各方面都取得了长足的发展，使山东省认证认可工作走上了一条规范、健康的道路，促进了全省经济的发展。

国家认监委成立以前开展认证工作的基本情况

国家认监委成立以前，山东省认证工作由两部分组成，一是由省局认证处组织实施的质量许可证、出口食品卫生注册。全省生产机电、玩具、煤炭、焦炭、陶瓷、包装等产品的企业有907家获得出口商品质量许可证书，全省生产罐头、水产、肉类、蔬菜等17类产品的企业有1088家获得了卫生注册证书，全省有13家企业获得卫生登记证书。全省累计有334家生产水产、肉类、肠衣的企业获得了对美国、欧盟、俄罗斯、马来西亚、新加坡、韩国、日本等国家国外注册资格。二是由CQC山东评审中心组织实施的质量体系认证工作。有553家企业获得ISO9000质量体系认证。虽然认证工作取得了一定的成绩，但由于缺乏统一管理，造成认证体制不健全，特别是质量体系认证工作存在着认证与认证咨询不分，政事政企不分的问题。

国家认监委成立以后开展认证工作的情况

在国家认监委领导下，山东出入境检验检疫系统认真学习和宣传贯彻《中华人民共和国认证认可条例》(以下简称《条例》),注重加强对本省认证认可市场的政策引导,在认证质量、认证数量、认证领域、国际合作等各方面都取得了长足发展。

1、建立认证工作新机制。建立了由山东检验检疫局认证处统一管理、监督和协调本系统认证工作,在国家质检总局和国家认监委《关于地方质量技术监督部门和各地出入境检验检疫机构认证工作分工的意见》等规章和规范性文件授权的职责范围内,对认证活动实施监督管理的工作机制。质量体系认证工作实行认证与认证咨询分开,政事政企分开。山东检验检疫系统目前有CQC山东评审中心和CCIC山东公司2家评审机构,山东鲁检认证咨询中心等5家认证咨询机构。

2、完善相关规章制度。先后制定了《山东检验检疫局认证注册管理工作程序(试行)》、《山东检验检疫系统贯彻认证认可条例的实施意见》、《山东检验检疫局关于开展质量体系认证评审咨询工作的意见》、《山东检验检疫系统认证机构、认证咨询机构管理办法》、《山东检验检疫局认证认可评审工作纪律(试行)》、《山东检验检疫局出口食品卫生注册登记工作规范》、《山东检验检疫局出口商品质量许可证工作规范》和《山东检验检疫局卫生注册评审员管理办法》等规章制度,规范了全省认证工作。

3、加强对强制性产品认证工作的宣传和认证执法检查。山东局将国家质检总局和国家认监委有关强制性产品认证公告、规定、实施规则和中国质量认证中心强制性产品认证流程、产品认证工厂质量保证能力要求等30多份资料,汇编成《国家强制性产品认证文件汇编》,分发各地分支检验检疫局,组织有关人员认真学习,切实领会有关法律法规精神,并用于宣传和指导企业申请办理强制性产品认证工作。加强对强制性产品认证的行政执法工作,每月将《山东强制性产品认证行政执法工作情况统计报表》按时上报国家认监委。每月30日前省局通过OA系统向各分支局公布强制性产品认证行政执法工作情况。据统计,山东地区出口企业应获CCC认证企业数167家,已获CCC认证企业数153家,正在申请CCC认证的企业14家。

4、不断强化对认证认可市场监管的力度。加强对检验检疫系统和商检公司系统认证机构和认证咨询机构的监管;对运作不规范、信誉不高的外资认证机构和境外认证机构设立的代表机构进行重点监管和查处。

5、以《条例》的颁布实施为契机,不断加强对山东省认证认可市场的政策引导。在全省制造业加快质量管理体系认证(ISO9000)、环境管理体系认证(ISO14000)、职业卫生安全管理体系认证(OHSAS18000)的同时,大力开拓认证新领域,在服务行业和政府机构推行管理体系认证,提升管理水平。同时积极推动全省自愿性产品认证、农产品认证、食品认证等工作进程。在食品加工企业中加快推行HACCP认证,保证农产品质量与安全。

6、发挥认证认可在消除技术性贸易壁垒中的作用,为扩大出口服务。按照中央提出的"促进出口,调控进口"要求,积极做好进出口卫生注册工作。其次,在深入扎实做好出口食品企业卫生注册的"拉网检查"工作的基础上,提高卫生注册登记门槛,加强"源头"管理,全力促进农副产品出口。在调研的基础上制订并组织实施提高卫生注册登记门槛的具体措施,保证注册工作与源头管理、企业自检自控的需要相结合。对国外注册的企业,根据风险大小,分商品、分国别制订了《欧盟注册水产企业检查表》、《禽肉注册企业卫生要求补充规定》、《输日冷冻、脱水蔬菜注册补充规定》、《日本注册偶蹄动物热加工企业检查表》、《瑞士注册禽肉加工企业检查表》、《供港澳冰鲜畜禽肉注册要求》等注册"卫生要求"的补充规定。

7、积极做好出口食品卫生注册企业对外注册的推荐和迎检工作。为扩大山东省农副产品的出口,在新推荐对外注册的过程中,省检验检疫局积极与国家认监委联系,注意增加一些新的国家和地区,例如菲律宾、蒙古、乌拉圭、阿根廷、中国澳门等,扩大本省农副产品的销路。对国外官方来华检查的迎检工作,省局系统都很重视,每次的迎检工作都成立以局领导挂帅,省局有关业务部门和有关分支局主要负责人参加的迎检工作小组,相关业务部门高度重视,精心细致地做好各项准备,确保不因省局工作失误和监管不到位而影响全国迎检工作。向国家认监委上报本省注册企业后,立即下发文件,要求各分支局对辖区内的企业进行全面检查,及时帮助对外推荐的企业按照国家认监委的要求和有关国家的标准进行整改,省局认证处派出专门人员对企业进行抽查,保证企业在短时间内能迎接并通过国外官方检查。

8、抓好山东省卫生注册登记企业"拉网式"检查的督察。一是结合本省的实际,按照"突出重点,分级负责,结合工作,全面检查"的原则,调整制订山东检验检疫局年度卫生注册监督检查计划,督促企业从源头开始抓好出口食品卫生质量,增强企业自控、自检能力,保证出口食品的安全卫生等意识。二是协助国家认监委检查组对山东省部分获国外注册企业进行了抽查。三是精心组织全省"农副产品工作质量大检查"。通过上述督察措施,对分支局的工作敲响了警钟,强化了对注册企业的后续管理力度。

9、积极宣传开展应对美国FDA防止生物恐怖法案工作。一是向出口企业做了广泛宣传,由省局统一印制、免费向企业发放了《应对美国注册通报指南》及《输美食品、饲料企业对FDA注册情况摸底反馈表》,并在《大众日报》、《齐鲁晚报》等报刊发表;通知检验检疫一线人员及检务人员,及时提醒企业办理对美注册。二是指定专门机构、人员及公开电话,解答企业对美注册的有关问题。三是对相关人员进行了培训。请商检研究所举办了一期培训班,全省21个分支局及50多家对美出口企业参加了培训。四是作好信息反馈工作。先后两次将山东省对美出口食品/饲料加工企业情况、《输美食品、饲料企业对FDA注册情况摸底反馈表》及山东省开展对美注册工作情况上报国家认监委。

10、出口商品质量许可证和出口食品卫生注册登记基本情况。截至2003年底,山东省获得出口商品质量许可证的生产企业982家,累计上报输美陶瓷企业29家。全省生产罐头、水产、肉类、蔬菜等20类产品的企业1 281家获得了卫生注册证书,全省生产保鲜菜、花生、冰鲜水产品等15类产品的企业1 277家获得了检疫卫生登记证书。自国家认监委成立到2003年底,全省共向国外推荐企业929家,新获注册604家,全省累计共有872家水产品、禽肉、兔肉、肠衣、熟肉制品等加工企业获对美国、欧盟、俄罗斯、菲律宾、蒙古、乌拉圭、韩国、日本、埃及等国家国外卫生注册。

11、质量体系认证工作。山东检验检疫系统目前有CQC山东评审中心和CCIC山东商检公司两家评审机构。截至2003年底,已有1 324家企业获得ISO9000质量体系认证,112家企业获得ISO14000环境质量体系认证,217家企业获得HACCP认证证书,在认证质量、认证数量、认证领域、国际合作等各方面都取得了长足的发展。特别是CQC山东评审中心在成功进入韩国认证市场的基础上,2002年、2003年继续加大对韩国市场的宣传推广力度,使对韩国ISO9000认证达到18家,1家企业获得HACCP认证证书,韩国媒体对此进行了大幅报道,得到了韩国企业界的广泛好评,扩大了CQC在国际上的信誉。

(山东出入境检验检疫局供稿)

做好认证监管工作　增强企业核心竞争力

——山东省质量技术监督局认证工作概况

在国家质检总局和国家认监委的统一领导下,山东省质量技术监督系统认证认可工作紧密结合山东经济建设和发展的实际,以提高企业质量管理水平,增强企业核心竞争力为目标,积极做好全省认证认可各项工作。尤其是国家认监委成立后,山东省认证认可工作进入了一个新的发展时期。随着《中华人民共和国认证认可条例》的颁布实施,山东省各级质监局认真履行认证监管职能,强化强制性产品认证行政执法工作力度,加强计量认证管理,全面整顿和规范认证市场,各项工作取得了新的进展。

国家认监委成立以前开展认证工作情况

山东省质量技术监督局1997年成立认证处,其主要职能是统一管理全省计量认证和质量认证工作。在国家认监委成立前,山东省质量认证工作主要以宣传、推动、引导为主,通过采取认证知识讲座、认证企业调查、宣传发动等方式,促进质量认证在全省快速发展。但由于国家对认证认可工作缺乏统一管理,国家有关认证认可方面的法律法规滞后,使省内对认证市场的无序竞争和多头管理没有有效的监管手段,导致认证市场混乱的问题比较突出,影响了认证工作的信誉和有效性。

国家认监委成立以后开展认证工作的基本情况

国家认监委成立后,从体制上解决了多头管理的问题。随着《中华人民共和国认证认可条例》(以下简称《条例》)的出台,确立了国家认监委统一管理和综合协调全国认证认可工作的法律地位,同时赋予地方两局为认证工作的监管部门。《条例》确立的七项重要制度,为认证认可提供了法律依据。山东省质监系统全面学习贯彻《条例》,认真履行认证监管职责,在质量认证、计量认证等方面都取得了较大的发展。主要做了以下工作:

1、宣传贯彻《条例》,理顺认证监督管理体系。

(1)全面贯彻落实《条例》,组织大型宣传活动。为配合《条例》的正式实施省局举办了主题为"贯彻《条例》,规范认证市场秩序"的大型宣传和认证成果展览活动。活动中,全省100家认证企业联名发出了"加强质量管理,维护认证信誉"的联合倡议;26家经国家认监委批准的认证咨询机构向社会做出了主题为"加强行业自律,规范运作,维护认证咨询市场秩序"的联名承诺,并进行了现场签字。活动期间,省内获得认证的企业以各种形式参加了省局组织的认证成果展。这些活动起到了较好的宣传效果。

(2)组织开展全省《条例》宣传、培训工作。按照全国第二次认证认可会议精神和国家质检总局、国家认监委的要求,结合全省认证工作的实际,省局全面开展了《条例》培训工作。省局对各市局认证监管人员和稽查人员、认证机构、认证咨询机构和认证从业人员进行培训;各市局组织对县局和辖区内有关企业培训,提高全社会对认证认可工作的认识程度。同时,采取多种形式,利用多方渠道,不断扩大《条例》的宣传范围,增强社会对《条例》及认证认可工作的认知程度。

(3)理顺认证监督管理体系。以《条例》出台为契机,对山东省质监系统认证监管职能进行了重新调整。各市局在质量科(处)设认证监管职能,指定专人负责认证监管工作,为全面贯彻认证监管提供了组织保证。

上述工作的开展为《条例》在山东省的贯彻实施奠定了良好的基础。

2、大力推动强制性产品认证工作,做好执法监督检查工作。

(1)建立信息档案。省局组织各市局对全省列入第一批《目录》产品的生产企业进行调查,建立了企业档案,并实施动态管理,在积极督促未通过认证企业申请认证的同时,为实施强制性产品认证执法提供了信息保障。

(2)做好宣传引导。通过新闻媒体的采访和报道,增强社会对该项制度的了解。同时与有关行业部门或市局联合举办多期强制性产品认证说明会或座谈会,向企业介绍国家有关政策和信息,宣讲强制性产品认证实施规则和申请认证程序,指导企业申请认证,先后发放有关的宣传材料、张贴画和光盘2万余份。

(3)加强执法检查。为确保执法监督工作顺利进行,一是先后印发了《关于推动我省强制性产品认证制度有效实施工作的通知》、《关于进一步做好我省强制性产品认证制度实施工作的通知》等5个文件,以全省CCC认证执法监督的指导思想、目的、政策和各阶段应把握的原则,提出了明确的要求。二是召开各市局分管局长、稽查队长会议,贯彻全国执法会议精神,提出实施意见,明确CCC认证执法工作的目的。三是组织全省专职行政执法人员进行"CCC认证执法知识培训",统一思想、提高认识,保证执法工作质量。上述工作的开展,为全省CCC认证执法监督工作打下了坚实的基础,截至2003年底,全省有913家企业通过CCC认证,获得CCC认证证书5227张。

3、加大对认证市场的监督管理力度,规范认证市场秩序。

(1)对认证咨询机构开展重新审批和再确认工作。2002年,按照国家认监委、国家质检总局等联合下发的有关文件要求,对全省从事认证咨询活动的相关机构进行了重新审批。全省有62家认证咨询机构上报了申请材料,通过文件审查和现场评审,对符合要求的55家咨询机构上报国家认监委,有50家获得国家认监委颁发的批准证书。2003年按照国家认监委印发的《关于进一步做好认证咨询机构审批工作的通知》要求,组织对全省认证咨询机构进行再确认。审查了50余家认证咨询机构的确认材料,对符合要求的39家认证咨询机构上报国家认监委。截至2003年底有31家认证咨询机构获得国家认监委批准。

(2)组织开展认证违法违规机构清查工作。2003年,省局对在山东省境内从事认证、认证咨询和认证培训活动的机构进行了集中清查。通过1-2个月的清查,发现未获得国家认监委批准的省内认证咨询机构共24家;外省咨询机构9家;认证机构10家。

(3)对认证机构认证有效性组织监督抽查。按照国家认监委《关于对认证机构认证有效性进行监督抽查的通知》要求,2003年,组织16名经培训合格、具备资格的认证稽查人员,历时1个多月,对31家通过质量管理体系认证的企业进行了监督抽查。按照监督抽查细则评定:7家企业审核结论为"合格",17家企业为"基本合格",7家企业为"不合格"。

4、加强计量认证工作的管理,促进实验室提高管理水平。山东省实验室建设在全国举足轻重。据统计,截至

2003年11月底，全省经计量认证合格的实验室为843家，占全国认证实验室数量的5%；取得国家实验室认可资格的实验室为80家，在全国1 000多家取得认可资格的实验室中，山东省名列第5位。为了加强对计量认证实验室的管理，省局借鉴国际通行的实验室认可的做法，强化了计量认证的管理工作。

一是规范计量认证工作程序，提升计量认证工作的社会透明度。通过省局"电子政务业务流程再造"工作，对计量认证的每个环节进行了认真的梳理和确认，并将程序、规则、审查、信息均向实验室公开，提高透明度，增强服务意识，提高工作效率。

二是加强对获证实验室证后监督，提高计量认证的有效性。除定期对获证实验室进行监督评审外，还组织实验室进行能力验证工作。2003年组织开展了铂金、珠宝玉石、水泥、防水卷材和混凝土等产品的能力验证考核，并对能力验证存在不合格检验数据的单位，采取了复核验证或停止检验工作的措施，促进实验室提高检验技术水平，保证检测数据的准确可靠。

三是加强对计量认证评审员的管理，定期对其评审质量和职业道德进行监督和评审知识进行培训，并及时收集和整理被评审单位的反馈意见和建议，对个别基层意见较大的评审员采取了一定的帮助或教育，树立计量认证工作的权威性，确保评审工作质量。

四是组织对全省实验室资源进行调查，为全省检测资源的宏观规划做好基础工作。按照国家认监委《关于开展实验室资源调查的通知》要求，分别组织全省各市局和省级各行业质检机构对实验室资源调查工作进行了安排部署。全省877家检测机构上报了调查资料，基本摸清了全省实验室资源的基本情况，为下一步实验室的计量认证和管理工作打下了较好的基础。

五是配合国家认监委做好其他有关工作。受国家认监委的委托，起草了《国家产品质量检验机构计量认证/审查认可(验收)评审工作程序(讨论稿)》和《各类实验室资质认定管理办法(讨论稿)》，提交有关全国专题会议进行研讨。其中，《国家产品质量检验机构计量认证/审查认可(验收)评审工作程序》已经印发，并在全国范围内实施。

5、突出认证工作的特点，开拓服务新领域。结合山东省实际，开拓认证服务新领域工作，做好"帮助一批现代物流配送企业建立质量保证体系"工作。省局印发了《关于帮助现代物流配送企业建立质量保证体系开展试点工作的通知》，按照"中心城市先行，开展试点，取得经验，逐步推开"的总体要求，选择济南、青岛、淄博、烟台和潍坊等5市局为第一批试点单位，确定了潍百集团物流配送中心等单位为重点帮扶的现代物流配送企业。通过培训企业员工，帮助企业审阅质量手册，提高了企业员工的素质和物流企业的管理水平，赢得了企业的赞誉和好评，也提升了质监部门的形象。为了深入推动该项工作的开展，省局于2003年12月份在潍坊召开了现场经验交流会，推广潍坊局帮助物流企业建立质量保证体系工作经验，并在全省全面部署、推动此项工作。

(山东省质量技术监督局供稿)

坚持把关与服务并举
在严峻的贸易壁垒下保持出口大幅度增长
——河南出入境检验检疫局认证工作概况

1999年以来，河南出入境检验检疫局(以下简称"河南局")全面贯彻国家质检总局和国家认监委的各项工作部署以及省委省政府提出发展开放型经济的意见，加大国外卫生注册认证力度，坚持把关与服务并举，指导和帮助企业打破国际贸易技术壁垒，促进外贸扩大出口，取得了明显成效。自2002年5月1日国家《强制性认证管理规定》颁布实施以来，河南局对强制性产品认证管理工作高度重视，坚持一手抓检验检疫业务工作，一手抓强制性产品认证制度的宣传和行政执法检查工作，通过行政执法来推动河南省的强制性产品认证工作。

近年来河南局在认证认可方面的主要工作如下：

卫生注册工作情况

1、全面贯彻全国出口食品卫生注册工作会议精神。2002年8月份河南局组织召开了"全省出口食品卫生注册工作会议"，部署了对出口食品注册企业的清理整顿工作，截至2003年11月10日，圆满完成"拉网式"检查工作。

2、争取地方各级领导对检验检疫工作的理解和支持，促使河南局的出口农产品检验检疫、国外注册认证等重要业务工作纳入政府工作平台。在促请省政府于2001年3月份成立由主管副省长牵头、9个相关部门负责人组成的"河南省国外卫生注册认证工作领导小组"的基础上，经多次磋商，2003年11月19日，国家质检总局与河南省人民政府正式签署了《关于促进河南重点农产品出口合作备忘录》。

3、坚持把关与服务并举，不断加大国外卫生注册认证力度，指导和帮助企业打破国际贸易技术壁垒，促进外贸扩大出口。截至2003年11月份，河南省出口食品卫生注册登记企业共有181家，其中卫生注册企业164家，登记企业17家。自2002年以来，河南局累计推荐向瑞士、加拿大、俄罗斯、新加坡、中国澳门、蒙古、阿根廷、乌拉圭等8个国家和地区的卫生注册、备案企业68家次；5家企业为输美陶瓷认证。先后组织接待了俄罗斯、日本、新加坡、韩国等国家主管当局兽医官对信阳华英、漯河双汇、汇通、许昌众品、鹤壁大用、永达等26家出口肉类及肠衣生产企业的国外卫生注册检查或复查。累计通过国外卫生注册审查、检查及复查31家次；新增国外注册备案企业23家次(对加拿大、俄罗斯、马来西亚、中国澳门、南非)、5家企业首次取得输美陶瓷认证资格。其中河南汤阴永达清真食品有限公司和河南大用实业有限公司在河南省首次取得马来西亚卫生注册，汤阴县永达清真食品有限公司首次取得南非的卫生注册；截至目前，全省获得并保持国外卫生注册食品企业数为52家次，输美日用陶瓷认证企业25家，在中国中西部地区名列前茅，从而有力地推动了河南省农产品出口。

4、认证实效。据统计，2003年1~10月份，河南省共出口农副产品1.05万批、4.31亿美元，同比增长81.09%和94.53%，较2002年全年出口额净增2亿美元。特别是面对欧盟对中国动物源性食品出口实施全面禁止，日本、马来西亚对中国封关，俄罗斯对进口肉类实施配额管理等诸多贸易壁垒的严峻形势，河南省肉类产品出口仍保持迅猛增长态势。2001年肉类出口2.315万t；2002年出口4.412万t，较2001年增长了91%；2003年前10个月共出口冻肉7.23万t，8 768万美元，同比增加113%和138%，其中出口冻鸡、鸭肉1.45万t、1964万美元，同比增长130%和109%，冻猪肉5.5万t、6 466万美元，同比增长120%和95.82%。另外，出口活猪15万头、1 321万美元；浓缩果汁3万t、1 841万美元；出口小麦已突破120万t、1.5亿美元；出口大蒜4 072万美元。位居河南大宗出口商品前50位的农产品还有肠衣、牛肉罐头、芦笋罐头、芝麻、饲料添加剂、烤烟、脱水蔬菜、牛皮、猪鬃，以上大部分农产品都比去年有大幅度增长。以上成绩是加大对外注册力度，努力打破国外技术壁垒的突出成效。如全国规模最大的肉食品生产企业——漯河双汇集团通过日本农林水产省的卫生注册，为双汇集团迎来了发展史上的"第二个春天"。日本火腿、伊藤火腿、三菱商社、三井物产等日本知名肉类企业纷纷前来"双汇"考察洽谈。"双汇"与日本客户合作开发冻干制品、叉烧、香肠等近30个新品种，2002年出口肉制品等共计3 100t、852万美元。2003年1-10月份，"双汇" 共计出口冻肉33 350t、3 786万美元，与2002年同期相比分别增长了190%和169%；出口肉制品2 760t、580万美元，与2002年同期相比分别增长了38.3%和17.6%。

5、进一步转变观念，转变工作方式，提高工作效率。2003年8月1日，河南局率先开设了"行政服务窗口"，将卫生注册登记等经常性的审批事项纳入行政服务"窗口"，组织制定了《河南出入境检验检疫局出口食品生产企业卫生注册登记工作程序》，实行集中统一受理、统一发证(文)，实现"一站式"办公、"一条龙"服务，实行了服务承诺、政务公开和限时办结制，同时完善了内部监督约束机制，提高了工作透明度。行政服务"窗口"正式运行以来，办理行政审批事项时间大为缩短，一件审批事项平均在20天以内办结，而原来的审批事项办理时间大多在2个月以上。省政府整治办先后对省局的行政审批"窗口"进行了3次暗访，反馈的评价是：受理规范，咨询耐心、详细，服务热情。通过暗访和调查企业，在河南省行政审批改革总结会上受到大会表彰。

6、理顺工作机制，加强人员培训，确保卫生注册管理工作的落实。一是对内部职能处室进行了调整，设立了法制认证综合处，使注册认证监管与执法监督工作有机结合起来，进一步加强了对注册认证工作的组织领导和综合协调。二是加强人员培训，建立一支高素质的卫生注册评审员队伍，确保卫生注册登记工作质量。省局现有出口食品卫生注册评审员36人，主任评审员10人；有40多人次参加了国家认监委组织举办的罐头、速冻蔬菜、肉类、果蔬汁等食品加工企业HACCP建立与认证专业技术培训班，并获得资格证书，为国家质检总局第20号令规定的六大类出口食品企业HACCP官方验证的有效实施提供了人力资源保障。

强制性产品认证制度贯彻实施情况

国家质检总局2001年第5号令《强制性产品认证管理规定》颁布实施以来，河南局党组非常重视此项工作。明确要求全省检验检疫系统广大干部职工要统一思想，提高认识。要真正认识到强制性产品认证制度，是国家为保护广大消费者的人身和动植物生命安全，保护国家安全，依照法律法规实施的一种产品合格评定制度，是整顿和规范市场经济秩序的重要组成部分，是加强质量管理、维护消费者权益的重要途径。加强对本系统干部职工的培训，通过在全省系统CIQ2000和办公自动化系统(OA)平台发布公告、召开科技委及其各专业委学术研讨会等多种方式的活动，提高大家对贯彻实施强制性产品认证制度重要性和紧迫性的认识。省局通过举办培训班、会议等多种方式，帮助河南省广大出口企业了解和掌握CCC认证有关的政策和法规，进一步调动了企业的积极性，许多企业纷纷前来咨询并通过河南局向CQC武汉分中心提出了CCC认证申请。2002年8月，经与CQC协商，河南局组织举办了"强制性产品认证工厂条件考核培训班"，对郑州日产汽车有限公司、郑州宇通客车股份有限公司、许继集团有限公司等涉及CCC认证的18家重点出口企业的质量技术人员进行了相关知识培训，取得了明显成效。

其次，要将强制性产品认证制度的具体实施与贯彻落实第一次"全国认证认可工作会议"精神紧密结合起来，将强制性产品认证制度的宣传贯彻与日常检验检疫工作有机结合起来。

第三，加强组织领导，结合河南实际，切实做好《第一批实施强制性产品认证的产品目录》中19大类、132种产品调查摸底工作。

第四，加强对外宣传和内部培训。各有关单位、部门负责人和检验检疫人员负有对所辖企业宣传指导的责任，要使广大出口企业及时了解强制性产品认证制度，确保该制度的顺利实施。

强制性产品认证行政执法工作情况

河南局关于强制性产品认证行政执法工作的基本思路是：正确把握"三个关系"，即进出口安全质量许可与民用商品入境验证之间的关系，强制性产品认证与进出口安全质量许可之间的关系，强制性产品认证与民用商品入境验证之间的关系；切实做到"四个结合"：强制性产品认证行政执法与检验检疫业务相结合；强制性产品认证行政执法检查与强制性产品认证制度宣传推动相结合；强制性产品认证行政执法与国务院《认证认可条例》的贯彻执行相结合；强制性产品认证行政执法工作与服务外贸企业促进地方经济发展相结合。在强制性产品认证行政执法方面主要做了以下几个方面的工作：

1、认真学习贯彻2003年3月份召开的“全国强制性产品认证行政执法工作会议”的精神。迅速组织召开了“河南检验检疫系统强制性产品认证行政执法工作会议”。省局专门建立了由主管局领导牵头负责，法制认证综合处具体负责，办公室、检务处、机电化矿处、评审中心等部门协调配合的CCC认证行政执法工作机制。结合河南省实际，就今后进一步宣传和推动强制性产品认证制度的实施、认证企业调查摸底以及2003年8月1日后在河南省范围内开展的强制性产品认证行政执法工作，进行了安排和部署。

2、调查摸底，掌握情况。河南局建立了动态信息反馈机制。首先，要求各分支局、办事处和有关业务部门组织专门力量对所辖区域内出口机电产品生产企业进行一次全面认真的普查，切实摸清底数。其次，每月上报出口生产企业开展CCC认证的动态情况，省局及时掌握获取/正在办理强制性产品认证企业名单。据统计，河南省出口企业中应办理CCC认证的企业共有43家，均已获取了CCC认证，其中电线电缆16家，汽车9家，低压开关5家，摩托车4家，轮胎3家，电冰箱2家，照明设备2家，洗衣机1家，振动器1家。

3、加强宣传，扩大影响。河南局以“全国强制性产品认证行政执法工作会议”为契机，加大了对强制性产品认证制度实施及行政执法工作的宣传力度。省局采取多种方式向进出口生产企业、经销商与消费者宣传强制性产品认证的意义。

4、协作配合，共同推进。在系统内进一步加强检务部门与业务部门之间的联系和配合，认真贯彻执行国家质检总局2001年第6号局长令《进口许可制度民用商品入境验证管理办法》、国家认监委《关于免于办理强制性产品认证证明有关问题的通知》(国认证函 [2002]95号)等有关行业规章和文件，正确把握进出口质量许可制度、进口许可制度民用商品入境验证和强制性产品认证制度三者之间的关系，通力合作，狠抓源头，确保质量。另外，进一步加强同省质量技术监督部门之间的协作与配合，充分发挥两局认证认可工作联席会议机制的作用，定期通报强制性产品认证制度的实施以及行政执法工作的有关情况。在进口商品流通领域，加强同地方工商行政等有关部门之间的联系与合作，共同查处CCC认证领域的各种违纪违法行为，严禁未获得CCC认证的《目录》内的进口商品流入河南省市场。

自愿认证工作情况

河南认证鉴定中心编纂出版了《ISO9000:2000质量管理体系教程》、《职业健康安全管理体系建立与评价》,《2000版ISO9000质量管理体系内部审核员培训教程》等书籍共100多万字，在河南省人民政府及各地市人民政府、郑州铁路局、省外经贸厅、郑州卫生局召开的会议上进行了多次ISO9000等国际体系认证讲座，对推动河南省的ISO9000、ISO14000、OHSAS18000、HACCP等体系认证起到了积极的作用。

河南认证鉴定中心三年来对800多个组织进行了ISO9000、ISO14000、OHSAS18000、HACCP体系认证咨询，包括司法、教育、科研、外贸、医疗、金融、广告、物业管理、房地产、建筑、旅游、生产制造、行政管理等多个行业。

(河南出入境检验检疫局供稿)

坚持认证推动与监管两手抓 切实提高认证认可工作实效

——河南省质量技术监督局认证工作概况

河南省认证工作起步于上世纪90年代中期，相对经济发达省、市起步较晚，但经过数年的发展，已从无到有，初步形成了认证认可工作基本框架：建立了认证机构、咨询机构，拥有一批注册资格审核员队伍，认证覆盖了自愿性和强制性产品认证以及管理体系认证等领域。在1997年前，全省通过ISO9000认证企业仅136家，到2000年发展到1 000多家。自2001年国家认监委成立以后，认证事业发展迅猛，截至2003年底，全省体系认证企业达3 040家，有400多人取得了国家注册审核员资格，2个经国家认可的认证审核机构，3家经过国家批准的认证内审员培训机构，26家备案咨询机构，40个经国家CNAL认可的实验室，2家检测机构承担强制性产品认证检测工作，360余家企业通过强制性产品认证。认证认可工作越来越受到广大企业和社会各界的高度重视和普遍欢迎，获证企业的产品质量、服务质量及管理水平不断提高，认证服务的领域在不断延伸和扩大，对促进河南经济的发展起到越来越大的促进作用。特别是实施强制性认证制度，对于确保产品质量安全、保护环境、保护人身健康和国家安全等的重要作用更是得到普遍的社会赞同。

1、认真贯彻落实强制性产品认证制度。为确保2003年8月1日起国家强制性产品认证制度在河南省顺利实施，全省重点开展了调查摸底、制度宣传贯彻、认证专业知识培训、服务企业等工作。一是狠抓宣传，充分利用新闻媒体进行广泛宣传，为强制性产品认证制度的实施营造良好的氛围。二是强化政策引导。组织召开了四次全省强制性产品认证制度宣传贯彻会，传达了全国强制性产品认证会议精神和国家强制性产品认证工作有关方针政策，为推动CCC认证奠定了基础。三是开展强制性产品企业的调查摸底工作，建立了480家强制性认证企业档案，初步摸清企业底数，有利于实施CCC认证监管。四是有效开展服务企业工作。结合河南电线电缆产品和低压电器产品企业众多的特点，邀请国家电线电缆检测中心及国家电器产品检测中心专家到河南宣传贯彻认证实施规则，帮助企业全面了解新制度，引导企业开展认证。五是加强对CCC认证专业知识培训。全省开展强制性产品认证培训分四个层次进行：对系统质量管理人员培训、对系统执法监督人员培训、对企业开展认证基本知识培训和有关测试、检验的工厂检查员的外审和企业内审员的培训。

2、开展强制性产品认证行政执法工作。为贯彻落实全国强制性行政执法会议精神，确保强制性认证制度顺利进行，河南局部署了全省强制性认证行政执法工作，确定了强制性产品认证行政执法工作的基本思路：以舆论宣传为先导，以引导、督促认证为中心，全面检查企业贯彻执行CCC认证制度情况，重点查处CCC认证违法违规行为，对故意逃避认证，扰乱市场经济秩序，损害消费者利益的企业，要坚决予以整顿和依法处理，严把厂门，从源头上建立监督管理机制，确保CCC认证工作的顺利进行。一是加强宣传引导。在《河南日报》就CCC认证制度及行政执法问题刊登了省局领导的答记者问；又组织全省各地集中对大型商场、超市进行CCC认证宣传，提高广大经销商和消费者的质量意识；在全国质量月活动期间，对CCC认证行政执法工作进行了专题宣传。二是统一执法要求，规范执法行为，落实执法责任制。组织召开2次全省的CCC认证行政执法工作会议，以会代训的形式对全省系统认证人员、执法人员和企业的人员进行培训，并对CCC执法工作进行了全面的部署，实行CCC认证行政执法责任制，明确执法目的，突出执法重点，统一执法要求，规范执法行为，确保行政执法有序开展。三是建立了CCC认证行政执法重大问题报告制度。四是建立有效的工作机制。第一建立了上下通畅的监管机制。省、市、县局有关部门大力配合，提供政策法规、组织协调等方面的保障，市、县局深入企业执法检查。第二建立了协调的工作机制。各地质监、商检部门建立起工作联络和协调会议制度,各司其职,各负其责,做好工作,同时加强横向协调,避免职责交叉、重复执法等现象发生。第三建立和完善责任制,做到职责、人员、措施和投入“四到位”。第四建立行政执法的主体保障机制。第五建立行政执法的信息保障机制。

3、开展对河南认证市场的清理整顿工作。规范认证市场,提高认证的有效性已是开展认证认可工作的当务之急。一是对认证机构、培训机构的清理整顿。2002 年,省局对进入河南市场的国外认证机构和国内认证机构进行了清理整顿。二是对认证咨询机构进行清理和规范。按照国家认监委、质检总局、工商总局和原外经贸部四部委联合下发的《认证及认证培训、咨询机构审批登记与监督管理办法》,对全省 26 家符合规定的认证咨询机构进行了重新登记审查,对不符合条件的咨询机构进行清理,对违规的省外咨询机构的代办处进行了整顿,处罚了一批违法咨询机构的代办处,震慑一批有违规行为的咨询机构,促进了全省认证咨询市场的健康发展。三是配合国家组织实施了 ISO9000 认证有效性的监督抽查活动。去年底组织 4 名审核员参加国家的认证监督稽查培训。2003 年对 5 家已获得 ISO9000 体系认证的企业进行了认证监督稽查。

4、认真贯彻实施《认证认可条例》,开创认证认可工作的新局面。省局要求各地质量技术监督部门要全面学习、贯彻落实《条例》,要把思想统一到《条例》上来,以《条例》规范认证认可监管工作,以《条例》规范认证行为,进一步推动认证事业的发展。

一是广泛深入宣传《条例》。利用多种形式向社会广泛宣传,另一方面,加强质量技术监督系统内人员的培训工作。

二是加强行政执法队伍建设。加强行政执法队伍建设是依法行政的关键环节,加强对认证监督管理人员的专业培训和学习,使每个认证执法人员能够懂法、守法,提高依法行政的能力,还必须切实加强对《认证认可条例》的培训和学习,提高专业素质和执法监督水平。使大家在认证行政执法过程中,一定要依法办事,严以律己、廉洁奉公,坚决杜绝有法不依,执法不严,执法违法等问题的发生。

三是进一步整顿和规范认证市场,培育健康有序的市场环境。针对当前认证市场中存在的认证违法行为,按照《条例》的要求,将依法加大监督管理和查处力度,为认证事业的健康发展创造良好的环境。省局将在全省范围内对认证违法机构进行一次清理整顿。整顿的重点是:未经批准擅自开展认证、咨询、培训等经营活动;超越批准认证范围进行认证、咨询、培训活动的机构;未经批准直接从事认证、咨询、培训活动的机构的办事机构;出卖认证证书、认证标志的机构;从事虚假认证、培训、咨询活动的机构;进行虚假或者误导性宣传,使用不当竞争手段恶性竞争,从事损害认证公正性、有效性活动等违法违规的认证、培训、咨询机构。

四是实施责任追究,严格依法行政。建立健全认证执法内部工作制度、监督制约机制和责任追究制度,做到有权必有责、用权受监督、侵权要赔偿、违规要追究。各级质监部门要牢固树立依法行政的意识,按照监管、引导、规范、服务的宗旨,全面履行行政执法职责,保证综合管理、行政执法职能到位,进一步提高认证工作的有效性。要坚持从严治政,促进各项工作规范化、制度化;要将依法行政贯穿于认证认可工作的全过程;要严格依照法定职责、法定程序办事,切实做到严格执法、公正执法、廉洁执法、文明执法;要坚持有法必依,执法必严,违法必究,决不允许行政执法不作为或者滥作为的现象发生。

(河南省质量技术监督局供稿)

严格监管　热情服务
提高企业竞争力　扩大产品出口

——湖北出入境检验检疫局认证工作概况

国家认监委成立以前，认证监管、进出口商品注册、实验室工作开展情况

1、出口卫生注册监管。湖北出入境检验检疫局(以下简称“湖北局”)从1985年开始对出口罐头、蜂蜜、肉类等生产企业实行卫生注册，当年底，就有 11 家出口食品加工企业首次获得卫生注册证书。1990年，为实现检验监管分离，原湖北商检局成立了监督管理处，对卫生注册的企业实行统一考核、发证和监督管理。至1996年底，湖北局共注册登记了84家食品企业。

1997年3月，原湖北商检局实行公务员制度，成立了综合业务处，业务分工做了较大的调整。制定了《湖北商检局出口食品卫生注册管理工作程序》，对出口食品生产企业卫生注册的考核、发证及监督管理进行了明确的分工。卫生注册工作由综合处归口管理，国内注册的受理申请、审核资料、注册考核由业务处负责(国外注册由综合处负责)，综合处负责审核发证，日常监督管理由业务处室负责。1999年“三检合一”后，修订了原注册登记管理工作程序，进一步明确了工作职责、工作依据、工作要求，使注册登记工作逐步趋于规范化、程序化、统一化。

湖北省农产品出口主要以水产品、蜂产品、罐头、茶叶等产品加工企业为主。2000年以来，由于小龙虾和水果罐头等加工企业的迅速发展，带动了湖北省外经贸和全省卫生注册登记企业的发展。到2001年底，全省注册登记企业109家，出口农产品15 296.3万美元，占全国出口食品金额159.8亿美元的0.96%。

2、实验室情况。湖北出入境检验检疫局实验室建设历史久远。原国民政府1929年成立汉口商检局时，就设立了商品检验实验室。经过多代人坚持不懈的努力，逐步发展成为拥有专业技术队伍，设备精良，技术先进，综合实力较强的各专业实验室。

到上世纪80年代，湖北局实验室建设已初具规模，拥有食品理化实验室、化工矿产品实验室、轴承实验室3个一级实验室，微生物实验室等5个二级实验室，金属材料物理实验室、农产品理化实验室、纺织产品实验室等8个三级实验室。

1990年3月，原国家商检局下达文件，成立中国商检技术研究所武汉分所，并成为日本厚生省注册实验室。

1996年，湖北局将日本政府无偿援助的价值260万美元的200多台套检测设备充实武汉分所，经国家进出口商品检验局批准成立“中国进出口食品检验研究武汉中心”(以下简称“武汉中心”)。该中心具有农药残留、兽药残留及偶氮染料等物质的检测；微生物、食品添加剂、生物毒素、有害金属元素、食品营养成分等检测能力，是国家进出口商品检验局设在中国中西部地区具有食品检测、食品研究开发、对外培训等综合功能的实验室。

1996年3月，“武汉中心”和湖北局化工矿产品实验室经国家科委与国家商检局共同认定为国家级科技成果检测鉴定机构。

1997年，湖北商检局将上述两个实验室合并为湖北商检局技术中心。

3、对认证机构和认证咨询机构的管理。

(1)对认证机构的管理。国家认监委成立前，湖北局管理的认证机构只有CQC湖北评审中心，按照规定其业务受CQC总部管理，人员编制、财务由湖北局管理。

(2)对认证咨询机构的管理。国家认监委成立前，湖北局管理工作按照《关于印发〈进出口质量认证咨询机构备案管理规定〉的通知》(国检认[2001]38号)对7家质量认证咨询机构进行了受理、审查和备案工作。这7家质量认证咨询机构分别是：武汉瑞达管理咨询服务有限公司、武汉世博新技术有限公司、湖北省科技咨询服务中心国际标准咨询部、武汉四维管理体系咨询中心、湖北省科技咨询服务中心管理体系认证咨询部、武汉埃菲隆技术发

展有限责任公司、湖北进出口商品检验公司。

国家认监委成立以来各项工作开展情况

1、出口卫生注册监管。国家认监委成立以来，湖北局认真贯彻落实郑州召开的第一次全国卫生注册登记工作会议精神，按照王凤清主任提出的“与时俱进，与国际标准俱进”的要求，在卫生注册登记方面做了大量富有成效的工作，加大了对出口食品企业的帮促力度，湖北地区出口食品呈现稳步增长的良好势头，出口卫生注册登记企业和对国外注册企业的数量逐年增加，注册登记产品种类日益扩大，企业生产卫生条件和管理水平不断提高。2002年，湖北省卫生注册登记食品企业为174家，2003年为233家，其中注册企业60家，登记企业173家。在注册企业中，有12家获得对国外注册，对外注册比例为20%；通过HACCP认证或验证的企业22家，占注册企业的36.7%；通过ISO9002认证的企业12家，占注册企业的20%。

(1)完善制度建设，确保注册工作的规范化、法制化、科学化。2002年湖北局按照总局第20号令的要求，结合湖北省检验检疫工作实际，制定了《出口食品生产企业卫生注册登记工作程序》，对卫生注册登记的申请、评审、发证、后续管理等做出了明确的规定，明确了各部门的职责，使全局卫生注册登记工作形成了归口管理、分工协作、各负其责的良好工作格局。2003年，随着中国《行政许可法》的发布，又对《卫生注册登记工作程序》不相适应的部分做出了修改，工作中取得了主动。

(2)抓紧评审员队伍建设，保证评审工作质量。高素质的卫生注册评审员队伍是开展卫生注册工作的基础。湖北局按照总局第20号令和《进出口卫生注册评审员管理细则》的要求，积极开展卫生注册评审员的培训。2001年以来，湖北局共派出18人参加了国家认监委举办的主任评审员培训班和HACCP培训班。2001年至2003年，湖北局共举办了三次卫生注册评审员培训班，对局系统90多人次进行了培训。湖北局在抓紧培训的同时，更为重视评审员实践技能的提高，通过组织实习评审员参加评审，观察评审，以及评审技术交流等方式，培训和造就了一支作风过硬、技术精湛的评审员队伍。湖北局现有卫生注册主任评审员5人、评审员27人，基本上解决了评审资源不足的问题，能满足目前评审和监管工作的需要。通过组织异地交叉评审，统一评审目光和尺度，有效提高了卫生注册评审工作的质量。

(3)认真落实“拉网检查”工作。2003年，国家认监委下发了《关于印发〈卫生注册登记企业“拉网式”监督检查工作要求〉的通知》等4份文件。湖北局高度重视这项工作，成立了以局领导为组长的领导小组和各职能处室组成的检查小组。制定了详细的工作计划和检查进度表，将任务落实到各个检查组，保证监督检查不走过场，对问题的处理不留死角。自2003年6月至11月，湖北局共派出69次检查组，对228家出口食品的企业进行了检查，其中限期整改企业46家，吊销注册登记编号5家。由于组织得力，措施到位，“拉网检查”取得了实效，促使企业实现了四个加强：一是原料及辅料验收得到了加强；二是成品质量保证能力加强，促使企业完善了监控体系；三是企业安全卫生质量体系有效运行得到加强；四是企业关键控制点、关键生产环节控制得到加强，提高了安全卫生控制水平，为改变被动应对国外技术壁垒的局面奠定了基础。

(4)积极做好应对《美国生物反恐法》工作。“9·11”事件之后，美国于2002年6月发布了《公众健康安全与生物恐怖主义预防应对法》，为避免湖北省输美产品因这一法律的实施造成损失，湖北局积极组织应对措施，按照国家质检总局和国家认监委的要求，及时将此信息告知所有输美企业，并派人参加国家认监委组织的培训。湖北局专门举办了一次《应对美国生物反恐法》培训班，对50多家企业的近80名管理人员进行了培训，讲解了有关法规，提出了应对措施，将国家认监委编写的注册指南免费发放给企业，及时督促相关企业开展对美注册。并对企业摸底调查，对相关企业取得FDA注册的情况进行跟踪、备案，帮助企业及时获得注册，现已有78家企业对美注册，出口顺利。至2003年底，尚无一例湖北省输美食品、饲料被美国FDA自动扣留，为湖北省出口食品顺利进入美国市场赢得了宝贵时间。

(5)积极帮助企业建立卫生质量体系，提高产品质量。由于湖北省出口食品企业质量管理总体水平还不高，许多企业在起步阶段都是依靠检验检疫机构提供技术支持，相关处室和分支机构的人员都是满腔热情地为企业提供技术咨询，帮助企业建立卫生质量体系，指导企业进行硬件设备改造和编写质量管理文件，帮助企业达到卫生注册条件。2002年6月，俄罗斯兽医代表团到湖北省检查肠衣企业，全局上下非常重视。工作人员冒着酷暑，20多天里8次到成功肠衣厂帮助整改，在大家的共同努力下，企业通过了俄方检查，取得了对俄注册编号。

2002年和2003年，湖北局举办了2次全省范围企业管理人员HACCP培训班，2次专业产品的培训班，共培训 90 多个企业 170 名管理人员。还应邀到宜昌双汇、黄石劲酒等十几家企业自办的培训班讲课。各部门每年都对主管的产品组织企业召开专题会议，传达国家质检总局、国家认监委关于检验检疫和监督管理的要求，从源头抓质量，建立了原料备案登记和溯源制度。以上措施有力地推动了湖北省食品的扩大出口，形成了出口企业数量和出口产品数量及种类的稳步增长。2002 年，出口食品 16 842.8 万美元，同比增长 10%。2003 年，出口食品 22 762.7 万美元，同比增长 35%。

2、实验室工作情况。国家认监委成立以来，湖北局根据国家认监委对实验室的工作部署，开展了实验室计量认证、认可、能力验证、向国外推荐实验室、实验室资源调查等工作，具体情况如下：

(1)实验室计量认证。为进一步提高出入境检验检疫系统实验室综合检测能力，提升检验检疫系统实验室社会影响，国家认监委对检验检疫系统实验室的管理由实验室注册向计量认证和实验室认可转换。

根据《关于做好出入境检验检疫实验室注册转换工作的通知》(国认实[2003]17 号)文件要求，湖北局认真填报计量认证申请材料，做好本局检验检疫实验室注册向计量认证转化工作。至 2003 年底，湖北局的技术中心、保健中心、电气安全等 7 个实验室已全部转化为计量认证实验室。

(2)实验室认可。为推进湖北局实验室按照国际规范要求，加强建设，不断提高技术和管理水平，促进湖北局实验室以公正的行为、科学的手段、准确的结果更有效地为社会各界提供服务，湖北局技术中心按照 ISO/IEC 17025 标准建立质量管理体系，严格按此标准管理，并通过 CNAL 实验室认可考核，使实验室管理工作进一步与国际管理水平接轨。

(3)实验室能力验证。实验室能力验证工作是保证实验室数据准确的重要手段，湖北局非常重视实验室能力验证工作。三年来，参加 CNAL、APLAC 等组织的兔肉农残、澳大利亚饼干、铝锭、铜精矿、纤维、转基因等能力验证共 40 多项。

(4)湖北局实验室获国外机构认可情况。国家认监委十分重视向国外推荐实验室工作，湖北局积极向国外推荐本省检验检疫系统实验室，下发了《关于填报向韩国推荐食品实验室申请表及附带文件的通知》，向韩国食品药物管理局推荐第一批 14 个检验检疫机构的食品实验室。根据文件要求，湖北局技术中心认真准备，通过韩国食品药物管理局的文件和现场评审，成为第一批获韩国食药厅国外公认检测机关资格实验室。

(5)实验室资源调查。为摸清湖北局系统实验室资源的基本信息，实验室能力、仪器设备、资质评定等基本情况，国家认监委下发《关于开展实验室资源调查的通知》，调查全国主要的实验室资源。湖北局根据文件要求，对所属的 7 个实验室的基本信息、人员、固定资产、能力验证、仪器设备配制等信息进行全面的调查汇总，并上报国家认监委。

(6)大力加强实验室建设。2001 年以来，湖北局本着突出重点，加强协作，实现资源共享，发挥整体效能，减少资源浪费的原则，按照分级定位，保证重点，分期分批有序发展的工作思路，对实验室进行了规划，制定出《实验室建设发展五年规划》。国家质检总局《关于检验检疫实验室规划方案的实施意见》(国质检科[2003]366 号)批准该计划，并批准湖北局“国家级肉猪检测重点实验室”、“国家级蜂病检测重点实验室”、“国家级化妆品检验重点实验室”等五个实验室为国家级重点实验室。

三年来，湖北局投入近 2 000 多万元资金加强安全、卫生、健康、环保实验室的建设，新建千级无菌操作室、抗生素检测室、分子生物学实验室、病毒检测室、动检室和植检室，使整个实验室的大环境成为一个洁净度较高的区域。

湖北局技术中心已拥有液相色谱质谱联用仪、气相色谱质谱联用仪、原子吸收光谱仪、高效液相色谱仪、气相色谱仪、电感耦合等离子体发射光谱仪、食品放射性检定仪等大型先进检测仪器设备 300 多台套，价值 4 000 多万元，能够进行覆盖 200 多个标准的各类项目的检测。

3、认证监管。(1)对质量认证咨询机构的监管。国家认监委成立后，湖北局按照国家认监委对认证监管职责分工的规定，将对国内认证咨询机构的备案工作移交给湖北省技术监督局。不再对内资的认证机构和认证咨询机构进行监督管理。

(2)按照国家认监委的指令，湖北局组织了法制处和科技认证处及有关技术专家对武昌大风电器有限公司、帮迪管路系统有限公司、武汉飞翔汽车电子电器厂、武汉安凯电缆有限公司、湖北中鄂制漆有限公司、武钢华枫传感器件公司进行了认证有效性的检查工作，并将检查情况及时上报国家认监委。

(3)按照国家认监委的指令，湖北局对武汉 URS、武汉 NQA、武汉市金慧谷商务信息有限公司三家认证机构进行了认证工作情况调查，并将调查情况及时上报国家认监委。

(4)按照国家认监委的指令，湖北局对武汉 URS、武汉市金慧谷商务信息有限公司两家认证机构违法开展认证活动进行了查封和调查，并将查封和调查情况，进行了专题汇报。

湖北省 CQC 的工作情况

CQC 湖北省评审中心是 1993 年经中国国家进出口企业认证机构认可委员会（CNAB）按照 ISO/IEC 导则 62 和 ISO10011 等国际标准正式评定认可的质量体系审核机构，是中国首批获国家质量体系认证机构认可的第三方认证机构之一。

湖北省评审中心是中国质量认证中心(CQC)的分支机构，行政上隶属湖北省出入境检验检疫局，拥有 50 多位国家认可注册的质量管理体系、环境管理体系、职业健康安全管理体系验证审核员、高级审核员、审核员和技术专家，他们分别通过了英国 BSI、BMIQA、新加坡 NOVO 等国际著名机构的培训，并经中国认证人员与培训机构国家认可委员会(CNAT)注册的审核员或高级审核员。其中多位同时获英国国际审核员注册委员会(IRCA)主任审核员和审核员资格注册。中心还拥有经中国国家认证机构认可委员会(CNAB)，中国认证人员与培训机构国家认可委员会(CNAT)和中国质量认证中心(CQC)认可的 ISO9000 质量管理体系、ISO14000 环境管理体系、HACCP 食品安全管理体系主任审核员教师、企业内审员教师。

中心可颁发 ISO9001 质量管理体系、ISO14000 环境管理体系、GB/T28001(OHSAS18001)职业健康安全管理体系、HACCP 食品安全管理体系、QS9000 质量管理体系认证证书，还同时颁发国际认证联盟(IQNET)认证证书。中心认证企业已经突破 600 家，认证的企业涉及纺织、服装、机械、电子、化工、建筑等领域，并积极开拓其他领域的认证业务。率先开始对出租车行业、邮政局、学校、设计研究院、软件、物流行业等领域的认证工作。其中具有代表性的获证单位有：美尔雅集团美尔雅服饰有限公司、华工科技图像分公司、武汉市邮政局、武塑集团阳光出租车有限公司、湖北邮电学校(湖北电信培训中心)、武汉市勘测设计研究院、湖北安琪酵母股份有限公司、武汉顶益食品有限公司、武汉电缆集团有限公司、中国外运湖北黄石公司。在汽车行业中积极推行 QS9000 的认证，共计有十余家企业通过中心的 QS9000 认证。CQC 湖北评审中心秉承“独立公正，规范准确、优质高效、为顾客提供满意服务”的宗旨，竭诚为广大企业和社会各界提供各种认证和培训服务。

(湖北出入境检验检疫局供稿)

大力实施体系认证 全面提升企业素质

——湖北省质量技术监督局认证工作概况

湖北省质量技术监督局负责认证认可管理的处室是认证与实验室评审管理处。自2000年成立后,对口国家质检总局认评司,负责全省认证认可工作。2001年8月,国务院为加强对全国认证认可工作的管理,成立了国家认监委,明确“四个统一”管理权限,为各省履行认证认可工作职能提供了行政监管的依据,使湖北省的认证认可工作有了较大的发展。

加大行政监管的力度,规范认证市场

2001年12月,按国家认监委统一部署,对湖北省6宗境外认证机构,认证有效性、规范性进行了稽查,拉开了整顿认证市场行为的序幕,为国家认监委随后召开的对境外违规认证机构的处置的新闻发布会提供了相关信息。

2002年,根据国家认监委的安排,开始了对认证机构、认证培训和认证咨询机构的重新审批工作。湖北省共有31家认证咨询机构经审批合格,取得了第一阶段过渡性从业资格证书。同时,加强了对未取得资格证书的认证咨询公司的查处,打击了一批扰乱认证咨询市场的不法机构和个人,规范了湖北省认证咨询市场行为,净化了认证咨询市场环境。

2002年12月,开展了对国内获证企业认证有效性、规范性的稽查。按照国家要求统一布置,对湖北省的15家中小企业进行了稽查。通过对这批企业的稽查,对各认证机构在湖北省的认证行为进行了监督,同时,对企业认证后体系运行有效性进行调查。

2003年,对第一批审批的认证咨询机构进行了复核,在过渡期内,有6家认证咨询机构未达到认证咨询机构必备的条件,被取消了从业资格。截至2003年12月31日,湖北省从事认证咨询的机构共有25家。

积极宣传贯彻 ISO9000 标准,推动企业实施认证

湖北省企业认证工作起步较晚,1996年至2001年,仅颁发体系认证证书867张。在省主要领导大力支持下,全省质检系统对体系认证积极宣传,大力倡导。经过一系列工作,企业建立质量管理体系,加强企业管理,提高产品质量的热情有较大提高,在2002年一年获得的证书就达到410家。2003年湖北省全省又获得体系认证证书近1 000张,使全省获证总数达到2 200余张,占全国总数的2.40%,居全国第13位。

通过推动企业质量体系认证,有效地推动了湖北省企业质量管理水平和产品质量的提高,增强了产品市场竞争力,为本省经济发展做出了有益贡献。

截至2003年底,湖北省国家注册审核员已达698人;内审员培训达4 000余人;通过CNAL认可的实验室41家;通过计量认证实验室1 100家;通过计量认证/审查认可(验收)检测实验室109家。

加强行政执法,推行 CCC 认证

为适应中国加入WTO的新形势,2001年12月3日,中国正式对外公布了新的强制性产品认证制度。为了保证新的强制性产品认证制度的实施,湖北省从2002年至2003年5月,统一部署了对列入第一批强制性产品认证目录内的生产企业的调查摸底工作。在充分调查摸底的基础上,积极宣传国家强制性产品认证的法律法规和申请取证的程序,督促企业申请CCC认证,帮助企业建立质量保证体系,完善生产、检验和过程控制的能力,使基本具备CCC认证条件规定的产品质量和安全性能有保障的企业能顺利通过认证,拿到进入市场的“通行证”。截至2003年12月31日,湖北省已有256家企业获得1 000多个单元CCC认证证书1 216张,占全省调查摸底生产强制性产品认证企业数的84.2%,产品数的95%以上。

在帮助企业通过CCC认证的同时,湖北省各种媒体在向社会各界、向广大人民群众宣传强制性产品认证制度方面做了大量的工作。各级电视台、广播电台和报刊设立专栏,宣传CCC制度,让老百姓了解CCC制度,各级质监部门采取上街现场咨询、解答、张贴宣传画、悬挂横幅等多种方式进行宣传,使CCC制度家喻户晓。

2003年8月1日,湖北省按国家的统一布置,对36

类产品开展了统一的CCC行政执法检查。在社会上引起强烈的反响，进一步加强了强制性产品认证制度的深入推行。

在抓CCC行政执法的同时，积极帮助企业转变经营思路，适应新的市场经济的需要。如湖北蓝星电脑公司是家民营企业，生产的"蓝星"电脑在省内占有一定份额。实施CCC制度后，省质监局积极引导该企业调整经营思路，用符合CCC制度的品牌电脑去占领原来的组装电脑的市场，取得了较好的市场效益。

及时总结推广认证典型经验，
全面提升企业整体素质

湖北省在推进认证工作中，十分注重总结和推广质量体系认证和强制性产品认证中创造的典型经验，把认证与创名牌、认证与建立质量管理体系，以及认证与质量兴市等项工作相结合，以此全面提升全省企业的整体素质。

湖北省局认真总结推广了武汉钢铁公司、武汉铁路分局江岸车辆段、神龙汽车有限公司的典型经验，并取得了较好的效果。同时，省局在引导企业实施ISO9000族标准的基础上，不断引进新的管理标准，建立新的管理体系，通过实施和运行各类管理体系，全面提升企业的整体素质。

（湖北省质量技术监督局供稿）

加强监管与服务　促进企业出口

——湖南出入境检验检疫局认证工作概况

国家认监委成立前认证认可工作情况

湖南出入境检验检疫局的认证工作是从20世纪的80年代开始的。从1984年到2000年，按照《商检条例》、《商检法》及其《实施条例》的规定，主要开展了四方面的工作：

1、根据国家商检局、卫生部发布的《中华人民共和国食品卫生管理办法》、国家商检局公布的《出口食品厂、库卫生要求》和《注册细则》，对全省出口食品厂开展了国内和国外卫生注册工作。全省有70家出口食品厂、库获得出口卫生注册证书，其中有6家企业分别获得法国、美国、新加坡、英国的国外注册，促进了全省食品出口。

2、实施进出口商品质量许可证制度，促进进出口商品质量的提高。按照国家商检局《出口商品质量许可证管理办法》，湖南省出入境检验检疫局对全省出口陶瓷、机电产品、服装、烟花爆竹企业进行了考核认证。全省有20家出口陶瓷企业、33家机电企业、14家服装企业获出口质量许可证，130家出口烟花爆竹企业获出口烟花爆竹企业登记证书。

3、实验室认证。中国出入境检验检疫实验室认可委员会（CCIBLAC）认可实验室2个：省局检验检疫技术中心、省局陶瓷检测中心。国家出入境检验检疫局注册实验室8个：局包装实验室、局保健中心艾滋病初筛实验室、郴州检验检疫局金属化工实验室、衡阳检验检疫局金属化工实验室、株洲检验检疫局综合实验室、怀化检验检疫局金属实验室、常德检验检疫局农畜食品实验室、岳阳检验检疫局农产品实验室。

4、ISO9000质量体系认证。1994年2月，经国家出口生产企业质量体系工作委员会批准，湖南商检局与江西商检局联合成立湘赣ISO9000质量体系评审中心。1995年5月对长沙卷烟厂的质量管理体系进行了评审，实现了ISO9000质量体系认证的零的突破。1995年9月成立了湖南省质量体系促进中心，开始办理认证咨询业务。株洲硬质合金厂是第一个认证咨询的企业。1997年10月29日，中国进出口商品质量认证中心批准成立中国进出口商品质量认证中心湖南评审中心。2000年12月5日更名为中国进出口质量认证中心湖南评审中心。2002年5月更名为中国质量认证中心湖南评审中心。2001年6月中国商检总公司开始在湖南开展ISO9000质量体系认证业务。到2000年12月CQC湖南评审中心认证企业共122家。

国家认监委成立后认证认可工作概况

1、宣传和推进强制性产品认证工作。召开了全省CCC强制产品认证宣传贯彻大会，对全省强制认证的进出口商品企业进行了调查摸底，并及时办理了认证。坚持了CCC进口商品的验证制度和民用进口商品的验证管理，保证了强制认证制度的实施。

2、按照国家认监委的要求,对全省质量体系认证咨询和评审机构的状况进行了调查，办理了认证咨询机构的审核上报。大力发展ISO9000质量体系和ISO14000环境体系等认证业务，中国质量认证中心湖南评审中心(CQC湖南)、中检认证集团(CCIC)的认证业务有了飞跃的发展,评审认证的企业已达850家。

通过CCC认证的产品的企业300多家,约700种产品。湖南省质量体系促进中心认证咨询的企业达200家。派员参加国家认监委组织的认证稽查员的培训，并按照国家认监委的安排进行了对认证企业认证质量的稽查。培养了一批认证审核员、CCC认证检查员。按国家认监委8号公告要求，按职责权限办理了45份免办证书,涉及企业15家,为企业进口通关提供了及时的服务。

3、对全省出口食品厂的卫生注册进行了清理整顿，取消了3家企业的卫生注册，新考核审批了9家企业的卫生注册,接待了新加坡农业食品兽医局、俄罗斯兽医局对出口企业乳猪厂、肉联厂、肠衣厂的注册复查和检查。2003年贯彻落实《出口食品生产企业卫生注册登记管理规定》和开展全省卫生注册企业“拉网式”大检查,把全省出口企业的卫生注册质量提高到了一个新水平。目前,全省有7家大型出口食品厂通过ISO9000认证,9家通过HACCP第三方认证,2002年有2家新注册工厂的环境卫生、设备硬件和管理水平已达到国内先进水平。通过获得国外注册,打破国外技术壁垒,企业出口国家增加,出口数量加大，效益也得以同步提高。益阳亚华水产公司2001年在欧盟注册后,2003年出口达300万美元。伟鸿食品公司注册不到三年时间，出口量每年都成倍增长，2002年出口创汇834万美元,出口国(地区)从港澳地区扩展到阿尔巴尼亚、菲律宾等国家。完善了对美出口陶瓷质量许可证的管理,促进了全省陶瓷的出口,全省现有获出口陶瓷质量许可证的出口陶瓷企业70家，其中46家在美国FDA注册。2003年，取得包装质量许可证201家,取得出口花炮、打火机登记的企业289家。认证工作的发展有力促进了出口,2003年湖南省出口烟花炮竹1.3亿美元、陶瓷1.22亿美元、罐头4 153万美元、肉类水产品3 433万美元、茶叶2 000万美元、打火机2 400万美元。

4、2003年11月5日,湖南省贯彻实施《中华人民共和国认证认可条例》大会在长沙市召开,贺同新副省长、省人大、政协领导出席会议,并作了重要讲话。10月27日张学文局长在《湖南日报》发表了《宣传贯彻认证认可条例,开创认证认可工作新局面》的专题文章。

5、实验室认证工作。湖南检验检疫局历来重视检验检疫实验室的建设,引进人才,大力加强检测设备建设和实验室现代化管理,取得了可喜的成果,有力保证了检验检疫工作的进行。现有经中国实验室国家认可委员会(CNAL)认可实验室6个:局检验检疫技术中心有机实验室(国家级茶叶检测重点实验室)、局陶瓷检测中心(国家级陶瓷检测重点实验室)、局烟花炮竹检测中心(国家级烟花炮竹检测重点实验室)、局技术中心无机实验室(国家质检总局湖南金属检测中心实验室)、局技术中心动植物检疫实验室（国家质检总局湖南动物检验检疫中心实验室、国家质检总局湖南植物检疫中心实验室)、局技术中心微生物实验室（国家质检总局湖南微生物检验中心实验室);另外,国家质检总局湖南危险品检验中心实验室、湖南局艾滋病病毒抗体检测初筛实验室(国家质检总局湖南结核病检测中心实验室)、国家质检总局湖南医学媒介生物监测中心实验室、局保健中心艾滋病初筛实验室(国家质检总局出入境检验检疫毛检测中心实验室、岳阳检验检疫局农畜食品综合实验室、常德检验检疫局农畜食品综合实验室、株洲检验检疫局综合实验室、衡阳检验检疫局综合实验室、怀化检验检疫局金属实验室、郴州检验检疫局综合实验室。可对200多个大类进出口商品品质及农兽残、生物毒素、其他有害物质等进行准确的检测鉴定。各实验室检测仪器设备先进,技术力量雄厚,管理科学、规范,所有实验室均获得ISO/IEC17025国际标准规定的资格认定和计量认证。

(湖南出入境检验检疫局供稿)

加快体系认证步伐 促进地区经济发展

——湖南省质量技术监督局认证工作概况

自 2001 年 8 月国家认监委成立以来，特别是 2002 年 4 月召开第一次全国认证认可工作会议以来，湖南省认证认可工作在各方面都取得了较好的成绩。

理顺管理体制，加强行政管理工作

2000 年前湖南省认证认可工作的有关职能分散在其他处室，省局认证办主要管理体系和产品认证工作。根据国家的机构改革方案，省局对认证评审处的工作职能进行了调整，全面对口国家认监委的有关职能，即统一管理体系认证、产品质量认证及质检机构计量认证、审查认可工作。各市、州局也明确有关科室及人员管理认证认可工作，为加强认证认可工作的管理打下了良好的基础。

引导企业或组织开展体系认证工作

针对不同行业的特点，在有关部门、市州质量技术监督局的支持下，组织了多起质量管理体系的标准、环境管理体系标准、职业健康安全管理体系标准的宣传贯彻活动，培训了一大批质量管理体系内审员和质量管理专职干部。2002 年 9 月召开了全省管理体系认证颁证大会和优秀企业表彰会，对株洲冶炼集团有限公司等 5 家质量认证先进单位进行了表彰，积极推动了管理体系标准在企业或组织的实施。截至 2003 年，湖南省累计有 1 645 家企业或组织获得质量管理体系认证证书，比 2001 年累积数增加 1 000 余家。

整顿和规范认证市场

按照国家认监委、国家质检总局、工商总局和原外经贸部联合制定的《认证及认证培训、咨询机构审批登记与监督管理办法》，省局对省内认证咨询机构进行了重新审查并按照国家认监委要求登记注册，有 13 家认证咨询机构通过国家审批。2003 年 1 月，组织召开了认证咨询机构自律的新闻发布会，省内所有认证咨询机构提出了认证咨询行业自律的联合倡议，得到了社会的好评。根据国家认监委的统一安排，对全省从事或代理国外认证机构业务的机构进行了调查和清理，对广州高宝技术有限公司等严重违规的机构进行了曝光，对于涉嫌犯罪的个人追究其法律责任，保护了企业的合法利益。湖南省还按照国家认监委的统一安排，开展了质量管理体系认证企业有效性调查活动，组织对 12 家企业质量体系运行情况进行了检查，有 10 家符合标准要求。

规范实验室监督管理工作

按照国家只建立一套实验室资质评价的要求，湖南省建立了统一评审准则的计量认证和审查认可制度，从 2001 年起，组织宣传贯彻国家认监委指定的“二合一”评审准则，将对实验室的二次现场评审合为一次评审。加强了对实验室评审工作的监督管理，制定了《湖南省实验室计量认证工作程序》、《湖南省计量认证/审查认可申报与评审指南》等规范性文件。开展了实验室计量认证省级评审员和内部审核员的培训工作。截至 2003 年底，全省共有 923 家实验室获得省局颁发的计量认证合格证书，有 130 余家质检机构获得审查认可证书，有 22 个实验室获得国家实验室认可证书。为了更好地掌握和充分利用现有实验室资源，根据国家认监委的统一安排，组织开展了为期 6 个月的实验室资源调查活动，涉及工、农、科教、卫等各类实验室 950 余家，收集了大量有效的可供参考决策的信息数据。

组织实施强制性产品认证制度

从 2001 年起，国家实施了内外一致的新的强制性产品认证制度，湖南省各级质量技术监督部门采取多种形式，积极宣传新的强制性产品的认证制度，对需要认证产品的生产企业进行了调查摸底工作。省局召开了有关企业参加的强制性产品认证的宣传说明大会，对市、州、县局认证监管人员及稽查人员进行了强制性产品认证的行政执法培训，到 2003 年年底，全省 313 家生产企业取得 CCC 证书 1 232 张，从 2003 年 8 月 1 日起，各级质量技术监督部门开展了强制性产品认证行政执法工作，并取得了良好的成效。

（湖南省质量技术监督局供稿）

提高企业管理水平 促进外贸发展

——广东出入境检验检疫局认证工作概况

广东出入境检验检疫局(以下简称“广东局”)自1999年成立以来积极开展认证认可工作,国家认监委成立后,在国家质检总局的正确领导和国家认监委的统一部署下,广东局的认证认可工作得到了长足的发展。

建立认证工作机制,完善相关规章制度

广东局于1999年8月成立,同年12月成立认证监管处,主管广东局辖区认证认可工作。广东局成立以来,依据国家质检总局、国家认监委的相关规定,结合广东省实际情况,先后制定了多项管理办法、工作程序、工作要求等,建立了认证工作机制,逐步完善广东省认证认可工作规章制度。例如:2000年下发了《广东局卫生除害机构注册管理办法(试行)》、《广东局出口产品质量许可证工作管理办法》,2002年下发了《广东局出口食品生产企业卫生注册登记工作程序》、《广东局办理〈免于办理进出口安全质量许可证证明〉和〈免于办理强制性产品认证证明〉的工作程序及要求(试行)》,2003年下发的《广东局办理〈免于办理强制性产品认证证明〉的工作程序及要求》等。这些文件使广东省的认证认可工作实现了制度化和规范化。

清理整顿认证市场,维护认证市场秩序

2001年12月至2003年5月期间,广东局在国家认监委的统一部署下,先后三次对认证市场进行了清理整顿,包括对违规操作及非法认证机构的查处、对认证机构认证有效性的监督抽查以及对认证咨询机构的监督检查等。

2001年12月以及2003年5月,广东局分别两次对受到投诉的11家认证机构进行了查处:根据国家认监委提出的要求,在工商、公安部门的联手配合下,广东局抽调业务骨干组成联合打击非法认证经营活动的专项工作小组,认真研究国家认监委提供的线索,通过摸底和多方的调查了解,掌握了辖区内非法认证机构的确切地址以及其仍在从事非法认证业务的有关信息,并针对掌握的具体情况,制定了缜密的行动方案,按照国家认监委的统一部署,对违规操作及非法认证机构展开了联合查处行动。从查处现场收集到大量的违规及非法认证经营活动的证据,经对有关证据进行初步的识别和研究,初步理出了这些机构违规操作及非法活动的事实和规律,查处行动取得了阶段性成果。

2003年1月,广东局对外商投资认证机构认证的企业开展了认证有效性、公正性和规范性监督抽查工作。为了能按时保质地完成任务,广东局抽调经国家认监委培训的认证稽查员组成了3个监督抽查组,在13天内对17家获证企业进行了全面的认证抽查。由于事前进行了组织学习、试点,统一了做法,抽查过程中依法监管、文明执法,打消了企业的顾虑,说服他们配合现场检查,使得此次检查得以顺利进行。

在以上的几次认证市场清理整顿活动中,广东局收集了大量认证机构、认证咨询机构的认证、咨询活动材料,协助国家认监委对违规操作及从事非法认证活动的认证机构做出相应的处罚,维护了正常的认证市场秩序。由于广东局在屡次的查处、检查活动中计划周密、行动及时、执法文明,成效卓越,受到了国家认监委的表扬。

加大CCC制度宣传,推进CCC认证制度与执法检查

根据国家认监委要求,为配合2003年8月1日强制性产品认证制度正式实施,广东局积极主动地做好CCC认证宣传工作。同年4月,由广东局牵头与广东省技监局、CQC广州分中心联合召开了新闻通报会,宣传CCC认证制度。省市地方政府有关部门、检测机构和部分获证企业派员参加了会议,包括广东电视台、广州电视台、南方日报社、广州日报社等8家新闻媒体到现场进行了采访;为方便企业浏览相关公告信息,广东局定期对本局互联网页上的认证监管内容进行更新,发布认证动态信息和国家质检总局、国家认监委公告以及相关办事程序等,该网已成为分支局和企业查询信息的最佳途径;及时向各分支局派发了CCC认证宣传画报和宣传资料、CCC

标志识别手册及鉴别工具，编制 CCC 认证宣传墙报等。

为了更好地指导、协助企业申办 CCC 认证，广东局与省技术监督局、CQC 广州分中心和指定的检测机构于 2003 年上半年联合组成了几个“调查帮扶”小组，到 CCC 认证产品的主要产区对生产企业进行摸底调查和帮扶活动，解答企业提出的疑难问题，宣传有关政策法规，指导企业申办 CCC 认证，有力地推动了 CCC 认证工作的进展。

组织实施进出口卫生注册审核工作，促进广东外贸发展

广东局成立后，进出口卫生注册审核工作由认证监管处统一管理。由一个部门受理申请、统一评审、统一发证，并且逐步简化办证手续，缩短认证周期，为出口企业提供了简便快捷的认证办理方式。广东局在卫生注册工作方面建立了一系列的规章制度，确保以制度规范内部工作，以制度管理企业，实现“两规范、一健全”：“内部运作规范、评审员管理规范、监督管理健全”。同时为实现廉政、高效的认证模式改革，机构合并后，广东局提出了异地评审制度的新模式。实施异地评审制度四年来，评审员审核水平及企业的自身管理水平均得到了大幅度的提高，廉政建设也取得了明显的进步，企业对检验检疫部门的满意度也相应得到提高。企业认为，这种管理方式既是对企业技术和政策的扶持，也是对检验检疫部门、评审员的监督措施，特别是对企业的出口提供了时间和质量上的保障措施，既保证了企业获证周期，又保障了出口食品的安全卫生质量。

近年来，广东局先后接待了来自美国、日本等国家、中国港澳地区及中国食品卫生主管部门官员的多次来粤检查，在企业与广东局的相互支持与配合下均获顺利通过。在检查过程中，检查组对广东局的检验检疫管理工作均表示了充分的肯定，这对提高广东出口企业的信誉，提高广东出口食品的知名度，为广东的出口食品跻身国际市场以及树立检验检疫的良好信誉起到了很大的促进作用。

实施出口商品质量许可制度，指导企业提高管理水平

2000 年以来，广东局各分支局都设立了专门的认证监管部门，专人负责出口质量许可制度的实施工作，为贯彻落实该项工作提供了有力的组织保障。出口质量许可制度实施二十年来，广东局先后对 7 000 多家出口企业实施了考核，很多企业特别是私营企业正是通过这种考核活动提高了企业的质量管理水平。近年来，广东局在实施出口质量许可制度工作方面完成了以下几项主要工作：依据国家质检总局、国家认监委的有关规定，在总结了过去长期开展质量许可证的工作经验、结合了广东经济发展新形式的基础上，组织制定了《广东局出口产品质量许可证工作管理办法》；为提高广东局出口质量许可证评审员的整体业务技能，统一评审尺度，保证评审工作质量，多次举办评审员业务培训班及专题讲座；为适应机构合并后业务管理的需要，加大宏观调控的力度，推行统一组织评审的工作模式，对全省的评审员实行统一调配、统一组织，既保证了评审工作的公正性又提高了评审员的评审水平；为便于企业信息的查询和数据统计，开发了出口质量许可证信息管理系统，并建立了许可证认证档案库。

做好实验室资源调查与农产品有效性检查工作

2002 年 11 月份，在国家认监委组织下，广东局对检验检疫系统内约 120 个实验室进行了资源调查，并及时将调查情况汇总上报。

2003 年 3 月及 7 月，受国家认监委委托，广东局配合广东省技监局对农产品认证结构和部门获得有机食品、绿色食品、无公害农产品认证企业进行了专项监督检查。

举办各类业务培训，加强认证监管队伍建设

2000 年以来，广东局为提高认证监管人员和企业质量管理人员的业务技术水平和管理水平，规范评审行为，共举办或协办了各类业务培训班 32 个，培训认证监管人员和企业质量管理人员共 2 000 余人次。其中，卫生注册评审员及出口食品实验室管理人员培训班 17 个，出口质量许可证培训班 4 个，实验室内审员及卫生除害机构人员培训班 2 个，进口商品质量许可证审核员培训班 2 个，强制性产品认证监管人员培训班 1 个，企业质量管理人员培训班 14 个。

2000 年~2003 年广东局认证监管有关数据

年份	卫生注册企业	卫生登记企业	出口许可证企业	输美陶瓷企业
2000	480	450	2547	180
2001	613	571	2313	204
2002	496	833	2699	224
2003	597	424	1405	253

注：以上数据均为当年度累计有效企业数量

（广东出入境检验检疫局供稿）

加强质量体系认证　提高企业核心竞争实力

——广东省质量技术监督局认证工作概况

广东省质量技术监督局作为统一管理全省认证工作的主管部门，认真落实职能，推动全省认证工作的发展，取得了较好的成绩。全省已有10 000多家企业取得质量体系认证证书，另有7 000多家企业取得强制性认证证书，有认证专业人员1 500多人、认证机构4家、认证机构分中心6家、认可实验室150多家（数据仅供参考，以认可委的审批为准）。

国家认监委成立前广东认证事业发展概况

1986年，广东省质监局与中国标准化研究院联合在广东开始了ISO9000标准宣传工作。1987年，广东省质监局（质量监督处）筹备开展广东质量认证（简称CCG认证），后因全国统一管理认证工作，筹备工作停止。1991年9月6日，原国家质量技术监督局以技监局办[1991]43号文批准成立中国方圆标志认证委员会（简称中国方圆委）。中国方圆委下设中南、西南、东北、华北、西北、华南六大区域站。

1992年5月13日中国方圆委成立"中国方圆标志认证委员会中南认证工作站"（方圆委发［1992]007号文），负责中南六省区认证的协调及组织等工作。中方委中南站在广东省质监局的领导下，重点开展产品认证、质量体系认证的试点和ISO9000标准的宣传贯彻工作；1992年底在全省举办了ISO9000标准宣传贯彻活动，在1992年至1993年期间，广东省质监局（标准处）负责宣传贯彻，共培训了2000多人次，为广东的认证工作的开展奠定了基础。在此期间，中方委中南站帮助河南省莲花味精集团公司、广东兴发铝材厂等大型企业通过了产品质量认证。

1993年，按照国家认可委的要求并经CNACR认可，广东省质监局组建了广东质量认证中心，省内同期获批准认可的还有赛宝质量认证中心。

广东省中国方圆标志认证委员会中南站、广东质量认证中心、赛宝质量认证中心在全省大张旗鼓地开展了一系列有关认证的宣传和发动工作。

为提高广东企业质量管理基础工作，增强企业的竞争力，广东省质监局统一制定的"广东省质量振兴计划"提出要重点抓好认证工作，ISO9000族标准的宣传贯彻率要达到企业总数的50%以上。

通过大力推动，广东省认证事业得到了很快发展，广东产品质量认证（包括产品强制认证）、质量体系认证、认可实验室及认证人员数量均在国内名列前茅，为全国认证事业的发展做出了积极的贡献。

国家认监委成立后广东认证事业的发展概况

进入新世纪后，广东认证事业进入了迅猛发展的阶段。随着改革的不断深化和对外开放的不断扩大，质量认证已普遍成为企业增强竞争力的有效手段，并通过示范效应，影响和带动了一大批企业参与认证。企业也由被动变为主动，贯标和认证的积极性逐渐高涨，申请认证的企业急剧增加，认证需求不断增长。质量认证对提高广东省企业质量管理水平起到了积极的作用。国家认监委成立以来，广东省质监局主要做了以下工作：

1、积极推进强制性产品认证工作。

（1）做好CCC认证的宣传发动和工作人员的培训工作。通过媒体、会议、培训班、新闻发布会等多种形式向社会广泛宣传强制性产品认证制度，同时，开展对系统内的认证管理、执法、稽查人员进行CCC产品认证行政执法的培训工作，重点是对CCC认证制度、执法要点、要求进行培训。

（2）开展CCC认证企业的调查摸底工作。一是配合国家质检总局、国家认监委开展CCC产品认证的调研和行政执法调研。二是召开强制性产品认证重点地区专项工作会议，在全省范围内开展了强制性产品认证的调查摸底工作，基本查清了广东省列入CCC认证《目录》内产品的生产企业的基本情况。三是组织广州电气安全检验所等4个检测机构对重点地区的重点产品（照明电器、微型计算机、插头插座、电线电缆）进行专项调查，摸清了全省CCC认证重点产品的企业状况。

（3）CCC认证工作取得成效。通过调查摸底和一系列的宣传发动工作，基本掌握了全省CCC认证的有关情况，促进了全省CCC认证工作的开展，使企业端正了思想，提高了认识，部分观望等待的企业积极提出了认证申请并通过了认证。至2004年6月底止，全省有7 367家企业通过了认证，取得了认证证书31 715张。

(4)开展CCC产品认证的行政执法工作。CCC认证制度于2003年8月1日起开始行政执法工作。椐据国家认监委的统一部署，广东局重点开展了电视机、电冰箱、洗衣机、台式电脑、插头插座、电线电缆等产品的查处。据统计，2003年，全省共出动执法人员8 448人次，检查涉及六种重点查处CCC认证产品的生产企业924家、经销商场(店)1 650家，其中查处未获得强制性产品认证的彩色电视机132台、电冰箱120台、洗衣机528台、台式电脑33台、插头插座20 694件、电线电缆7 884捆。

2、积极开展对认证机构、认证咨询机构的监督工作。

(1) 开展对认证机构认证有效性的监督抽查工作。2003年1月13日-24日，广东省质监局派出5个审查组对国家认监委指定的31家认证企业进行认证有效性监督抽查。对企业是否按认证标准建立质量保证体系，能否按规定进行内部质量体系审核和管理评审，以及人力资源、基础设施、工作环境是否能满足生产合格产品的需要等进行全面检查。这项工作的开展对规范广东省认证行业起到了重要的作用。

(2)咨询机构的设立和再审批工作。2002年，按照国家认监委的要求，对申请设立认证咨询机构的资料进行审查，向国家认监委推荐了92家符合条件的认证咨询机构。2003年，按照国家认监委对已设立的认证咨询机构进行再审批的要求，省局对相关机构开展了工作。经初审，有47家机构的资料符合要求，上报并取得了国家认监委的批准。

(3)违规认证机构及咨询机构的查处工作。

根据群众举报，对有违规行为的认证机构及认证咨询机构进行了查处。共有1家违规认证机构、8家认证咨询机构被处罚。2003年，中央电视台第二套节目《为您服务》的特别栏目曝光了广东省5家有违规行为的认证机构和认证咨询机构，广东省质监局高度重视，立即组织开展调查并进行了处理。

此外，广东省局还按照《质量体系内部审核员注册管理办法》的规定，对符合要求的内审员进行了注册登记。

（广东省质量技术监督局供稿）

搞好队伍建设 加强注册监管 促进商品出口

——深圳出入境检验检疫局认证工作概况

深圳出入境检验检疫局的认证认可工作在国家质检总局和国家认监委的领导和统一部署下，围绕CCC行政执法、卫生注册、认证机构管理、出口质量许可证、实验室认可等方面积极稳妥地开展工作，圆满完成了各项目标任务。

CCC认证工作

2003年，深圳检验检疫局以联席会议的方式，与深圳市技监局、CQC深圳分中心在CCC行政执法中建立相互沟通、合作把关机制，三部门联合举办了多次强制性产品认证政策的宣传贯彻工作，这种合作把关机制得到了国家认监委领导的高度评价。深圳检验检疫局领导对强制性产品认证工作高度重视，多次带队深入企业调研，参加深圳市台商协会、外商协会、高新技术产业协会、香港贸发局就CCC政策举办的咨询会，还设置了业务咨询热线、电子信箱、一线业务咨询岗，并推出了规定作业时限、公布查询电话、减少审批环节、缩短办证时间等便利措施，同时，深入细致地开展CCC新制度的对外宣传和咨询服务工作。对CCC行政执法人员进行了岗位培训，以保证执法力度和执法尺度的统一。与此同时，按照“快、准、狠、严、实、恒”六字方针，强化CCC行政执法，特别是在入境验证方面严格把关，对于应该认证而未认证的商品一律不准进口。为了确保新制度的实施不留死角，该局还深入辖区内，对CCC目录内全部生产企业进行摸底排查，并针对未申请认证的18家企业进行重点的“扶”、“帮”、“促”，通过执法检查，督促、引导，帮助其尽快通过认证。同时积极开展流通领域CCC宣传活动，推动经销商开展CCC宣传和举办全国百家商场联合声明活动。全年共签发《免于办理强制性产品认证证明》4 822份，共验证入境产品9 193批，货值12.8亿美元，共发现不合格验证产品95批，货值413万美元，查获使用假冒CCC标志案例4件，未正确使用标志案例5例。

卫生注册工作

2003年,深圳检验检疫局设立了认证认可办公室,负责全局的出口食品卫生注册登记组织管理工作,形成了卫生注册登记管理工作统一归口管理、分工协作、各负其责、共同把好出口食品安全卫生关的新局面。机构确立后,该局加强了评审员队伍建设,通过案例教学、现场评审比对等一系列的培训,建立了一支由13位主任评审员、37位评审员组成的较高素质的评审员队伍,全面实施主任评审员负责制的卫生注册评审制度。在评审工作中做到统一规范、统一组织、统一目标、统一尺度的"四统一"。针对深圳辖区的出口食品生产企业管理水平参差不齐、大规模企业少、小规模企业多、供港食品比重大等特点,该局对所有出口食品生产企业进行了换证复查,复查合格的企业于2003年4月10日起全部启用了新的卫生注册(登记)证书。与此同时,该局对新申请注册的企业严把注册关,组建卫生审核组对新建、扩建或者改建的企业进行选址、设计的卫生审查,审查合格后方可施工,保证新注册企业的质量。2003年该局共新增注册企业21家、登记企业4家。除此之外,根据国家认监委的部署,该局还组织了对出口食品生产企业的"拉网检查",共检查出口食品企业179家,并按照"扶优、促中、汰劣"原则,取消了45家企业的卫生注册登记证,占注册登记企业总数的20.9%。在此基础上,针对美国发布的《公共健康安全与生物恐怖应对法》,采取在报检大厅张贴有关公告,在报纸、电视等媒体做宣传,公布热线咨询电话,分发有关宣传资料,召开相关企业会议等措施积极帮助企业应对美国FDA注册,深圳地区对美出口食品的近30家企业全部完成了在FDA注册。认真做好国外和港澳机构对注册厂的复查,10余家企业分别获得了美国、欧盟、日本、新加坡、中国香港等国家和地区的注册。从源头抓起,按照"大食品"理念,对饲养场、种植场、饲料加工厂实施登记备案管理,进行全面监管。目前经该局注册备案的供港鸡场135家,活猪养殖场16家,注册羊中转场1家,供港食用水生动物注册养殖场30家,出口食用动物饲料备案生产厂11家,蔬菜水果基地33家,食品加工厂170家,进境肉类产品指定存储冷库备案2家。

认证监管

2003年,深圳检验检疫局在认证机构管理方面除了积极配合和参与国家认监委组织的认证稽查、认证违法行为查处和咨询机构再确认之外,还着重抓好以下两方面的工作:一是与深圳市质量技术监督局联合,向全市40余家经国家认监委批准成立的认证机构、认证咨询机构、认证培训机构倡议,成立深圳认证行业的自律组织——深圳认证同业公会。建立认证同业公会,有利于进一步规范深圳地区认证市场的行为,营造一个公正、规范、有序的竞争环境。倡议书发出之后,立即得到了这些机构的热烈响应。深圳认证同业公会已正式成立。

二是建立认证违法行为举报查处机制。建立举报查处机制,有利于广泛接受社会各界对认证工作的监督,方便认证违法违规行为的举报和投诉,打击违法认证活动。2003年全年共完成对广东地区获ISO9000认证企业认证有效性稽查19家,对违法违规认证咨询机构查处7家,其中,深圳悦科贸易咨询公司已被国家认监委公告责令其停止认证活动。

出口质量许可证管理

为避免重复管理,该局严格按照国家认监委文件要求,对电焊机等12类实施强制性产品认证制度的产品不再实施出口质量许可证制度,同时规定已获得出口质量许可证企业可向强制性产品认证转换。该局在开展出口危险品包装质量许可证的考核过程中,针对危包考核标准比较陈旧的情况,尝试使用参照ISO9000标准制定的考核实施细则进行考核,这样既拉开普包企业与危包企业的层次,又便于评审人员评审工作的实施。2003年共发放出口质量许可证261份,其中玩具类46份,机械类22份,出口商品包装类170份,轻工类15份,电子类8份。

实验室认可

深圳检验检疫局现有14个专业实验室,面积达近万平方米,仪器设备的固定资产达到2亿元、9 000台套,技术人员的配备充足,结构合理。目前,该局已有13个实验室获得了中国实验室国家认可委的认可,并顺利进行了计量认证。为了满足深圳地区检验检疫的需求,提高检测水平和技术能力,该局实验室还获得了HOKLAS、香港安泰认可等国际认可机构的认可,并且成为"中国强制认证(CCC)"溶剂型木器涂料产品的指定检测机构。与此同时,为了贯彻执行《出入境检验检疫系统注册实验室监督检查和水平测试工作程序》,使认可实验室符合管理规定和标准要求,提高实验室的检测水平,该局各专业实验室还积极参加了实验室能力验证工作,多次参加APLAC、NATA、AIHA、国家质检总局、国家认监委、CNAL等国际国内权威机构组织的能力验证活动,该局参加的所有项目均被组织单位认可接受,取得了满意结果。

(作者:陆清 宋春华 晏胜昔 杨建中 何红梅 王君霞)

严把出口食品卫生注册关 保证澳门市场食品的良好供应

——珠海出入境检验检疫局认证工作概况

珠海出入境检验检疫局 (副厅级直属局) 成立于1999年8月。1999年8月至2001年8月国家认监委成立之前，主要开展了进口安全质量许可证、出口质量许可证、出口食品厂库卫生注册登记，供港澳动植物厂/场的检疫注册及国境口岸卫生许可证等认证工作。本地区近300家企业获得了国家规定的相关证书，同时各口岸部门认真把关，严把国门，坚决把未获得认证的产品拒之国门之外，较好地履行了国家质检总局授予的口岸把关职能。

2001年4月国家认监委成立以后，珠海出入境检验检疫局做了如下工作:

建立认证工作机制，完善相关规章制度

在全局范围内确定科技认证处为负责认证认可工作的管理处室。建立和完善了各类内部规章制度，明确岗位职责，责任到人，公开办事流程，提高办事效率。目前，已制定完成了《珠海出入境检验检疫局认证认可管理办法》、《珠海出入境检验检疫局强制性产品认证管理工作规定》、《珠海出入境检验检疫局出口商品质量许可管理工作制度》、《珠海出入境检验检疫局出品食品生产企业卫生登记管理工作制度》、《珠海出入境检验检疫局国境口岸卫生许可注册登记管理工作制度》、《珠海出入境检验检疫局供港澳动植物、养殖基地注册登记管理工作制度》、《珠海出入境检验检疫局出口食用动物饲料生产企业登记备案管理工作制度》、《珠海出入境检验检疫局登记备案管理工作制度》八项文件，明确了认证认可管理工作中相关业务的工作程序、审批权限等，为真正落实内部管理打下了基础。同时，在十三个相关口岸及业务处室设立了相应的兼职管理人员，明确岗位职责，责任到人。此外还整合评审队伍人力资源，进一步规范获证企业档案管理，加强对获证企业的监督。

出口质量许可证管理

截至2003年12月，珠海地区共有72家企业获得各类出口质量许可证书，其中机电类5家，玩具类27家，包装类38家，陶瓷类2家。

自2003年10月起，珠海出入境检验检疫局开展出口质量许可证全面清理工作。对珠海地区涉及出口质量许可证的机电、玩具、包装、日用陶瓷等四大类企业进行一次年审及复查换证工作。

强制性产品认证宣传推进及执法检查工作

2002年6月至12月，珠海局与珠海市质量技术监督局组成联合小组，对珠海地区相关企业进行了一次较大规模的调查摸底工作，两局相关职能部门共18人参加联合调查，两局的主管领导亲自担任组长，通过几个月的调查，基本摸清了珠海地区涉证企业及其产品的情况，为今后的认证执法监督提供了有力的依据。调查形成的调查报告《珠海市CCC强制性产品认证调查工作报告》分别上报给国家认监委、广东省质监局和珠海市政府。珠海市政府高度关注，将此报告以政府文件的形式全文下发到全市各行政区、功能区、各相关职能部门，要求各级政府、各职能部门协调一致，全力支持CCC认证工作，保证CCC认证制度在珠海市能够顺利完成过渡。

2002年6月28日，珠海局组织召开了“珠海地区宣传贯彻CCC强制性产品认证会议”，共有300多家企业约450人参加了会议，会议对CCC认证的制度和具体政策以及申办手续做了详细的说明。

2003年1月13~15日，珠海局与中国质量认证中心(CQC)在珠海联合举办“珠海地区CCC认证现场申办会”。珠海地区以及周边地区城市(如中山、江门等)的涉证企业300多家参加会议，会议的召开为企业申办认证提供了便利，达到了较好的宣传和咨询效果。

在2003年3月15日国际消费者权益日，珠海局将强制性产品认证作为一个重要内容予以宣传。在珠海市消委会的新闻发布会上，珠海局重点介绍了强制性产品认证相关政策；在全市现场咨询活动中，将国家认监委下发的宣传小册子及珠海局印制的宣传材料派发给消费

者，现场派发了生动形象的宣传材料近800份，对企业和广大消费者进行全方位的宣传。

2003年4月15日，珠海市政府、珠海局、珠海市质量技术监督局联合召开了全市强制性产品认证工作会议。会上，珠海局分管局领导做了珠海地区强制性产品认证的专题报告，指出当前的工作进展与实施这项认证制度的要求相比还有一定差距，任务非常紧迫，强调各级领导、各部门、各企业必须统一思想、统一认识、加快行动，共同推进这项工作在珠海市的顺利开展。市政府领导在会上就认证工作对全市相关部门做了统一部署。

自2003年8月1日CCC行政执法检查正式实施以来，珠海口岸没有出现堵塞现象，通关顺畅。涉证企业绝大部分出具了相关证书，在对珠海较大生产企业和市场流通领域执法检查中，未发现异常情况，其中有些商家还醒目地悬挂着“本商场不销售未经CCC认证产品”的巨幅横标。

出口食品卫生注册登记

珠海毗邻港澳，是澳门食品的主要供应基地之一，每年供应澳门的食品份量占澳门市场的70%以上，供应的种类包括活动物、水产品、奶类等动物源性食品；新鲜蔬菜等植物产品；熟肉类、饮料类、调味品类、米面制品等加工食品。截至2003年12月底，珠海地区获卫生注册登记食品加工企业61家，其中注册企业53家，登记8家。注册种类包括罐头类、水产品类、肉制品类、乳制品类、米面制品类、饮料类、调味品类等共14类；供港澳活动物养殖厂(场)46家，供港澳水生动物养殖场30家，供港澳蔬菜种植基地登记备案8家，国境口岸储存场卫生注册36家，出口食用动物饲料6家。

截至2003年12月底，珠海局共组织三期食品卫生注册评审员培训班，考试合格33人，其中主任评审员5人，评审员28人。

积极应对《生物恐怖法》，认真做好迎接国外检查的预检工作，努力帮助企业进行国外注册工作。截至2003年12月底，珠海市共13家企业获得美国B/T注册，输美食品无一批次被FDA自动扣留，珠海西尾豆制品有限公司、北极品水产(珠海)有限公司等7家企业还顺利获得欧盟、日本注册，确保了珠海地区外贸的正常发展，受到了地方的好评。

2002年10月，“珠海地区出口食品生产企业卫生注册登记(20号令)新规定宣传贯彻会”召开，全市出口食品生产企业90多位代表参加了会议，对全市相关企业进一步明确了食品卫生注册工作的重要性。

2003年7月至11月期间，开展对出口食品卫生注册登记企业全面“拉网式”监督检查工作，6个检查工作组，对珠海辖区58家出口食品生产企业进行了“拉网式”全面的检查，共提出258条整改意见和建议。通过此次“拉网式”检查，企业的卫生质量有了明显的提高。

实验室的建设和管理工作

珠海检验检疫局实验室主要分布在技术中心、保健中心两大中心。自两个中心组建以来，实验室建设在原有的基础上有了质的飞跃，特别是2000~2002年，三年迈了三大步，实验室建设工作高标准、严要求向着认可/注册的目标迈进，11个实验室全部通过了认可注册。截至2003年12月底，具有仪器设备2 000多台(套)，仪器设备固定资产价值近5 000多万元。大型仪器设备40多台，基本上可满足常规检验检疫项目的开展。其中SPF级动物实验室还获得广东省科技厅颁发的《广东省动物实验室环境设施合格证》和广东省医学实验动物管理委员会颁发的《医学实验动物环境设施合格证》，成为华南地区检验检疫系统首家获得这两项合格证的单位。保健中心的“HIV抗体检测实验室”成为卫生部、国家质检总局指定的HIV抗体检测确认实验室。

2002年技术中心实验室认可实现了实验室认可的七个第一：CCIBLAC认可的最大实验室、一次通过认可项目最多的实验室(256)、认可评审组最大的实验室、一次性通过认可、涉及专业类型最多的实验室、检验检疫系统内所有实验室中一次性通过认可的实验室、国内第一家通过动植物检疫领域认可的实验室、首家使用行业检疫规范认可的实验室。

2002年初保健中心4个实验室按ISO/IEC17025建立质量体系并同时开始运作，共计98项检测标准经申请于12月底以优异的成绩通过中南大区实验室考核，是注册实验室中首次将临床检查检验、病媒鉴定等纳入质量体系管理，全部标准一次全部通过注册的实验室。

2003年1月，配合国家认监委组织的全国实验室资源调查工作，珠海局对两个中心的实验室发放了调查表，对珠海地区13家食品行业龙头企业进行了所属实验室的资源调查工作，表格回收率100%，将其进行转换后统一上报国家认监委。同时选派业务骨干到国家认监委协同完成全国实验室资源调查报告工作。按照国家认监委实验室改革的宏观要求及局领导的布置，积极组织上报了《珠海检验检疫局实验室规划方案》(包括2个中心、13

个实验室)，后经国家局审批后，国家级实验室 3 个(国家级外来病检测重点实验室、国家级口蹄疫猪瘟检疫重点实验室、国家级腹泻病检测重点实验室)，8 个区域中心实验室，2 个常规实验室。

管理体系认证推行工作

1999 年 11 月，中国进出口质量认证中心珠海评审中心成立。

2000 年 3 月 5 日，中国进出口质量认证中心批准珠海评审中心正式开展工作，目前开展业务范围主要包括：ISO9000、ISO14000、OHSAS18000、HACCP 以及自愿性产品认证等。

2000 年由珠海市市政府牵头，珠海评审中心、市外经局联合成立珠海市出口企业 ISO9000 工作领导小组，积极开展对出口企业 ISO9000 认证工作。2002 年更名为中国质量认证中心珠海评审中心，截至 2003 年年底，共完成对 207 家企业的评审工作。

(撰稿人：陈健　审稿人：陆山)

加强注册监管 促进海南外向型经济发展

——海南出入境检验检疫局认证工作概况

认证认可工作原由海南商检机构和卫检机构负责。海南商检机构主要负责出口食品生产企业卫生注册登记，出口服装、包装和机电产品质量许可证管理和 ISO9000 质量管理体系评审认证等方面的认证认可工作，卫检机构负责进口食品方面的认证认可工作。1999 年 8 月，海南出入境检验检疫局组建后，设置科技与认证处，统一负责全省出口食品生产企业卫生注册登记和质量许可证管理工作，同时设置中国质量认证中心海南评审中心，负责 ISO9000 质量管理体系评审认证工作。2002 年国家认监委成立后，海南出入境检验检疫局积极配合国家认监委开展认证行政执法工作，使海南的认证认可工作走上规范管理的轨道。

据统计，从 1984 年开展认证认可工作以来到 2002 年底，海南省共获得卫生注册(登记)证书的企业有 64 家(其中获得国外注册的有 30 家)、获得 ISO9000 质量管理体系评审认证证书的企业 36 家、获得质量许可证的有 21 家(其中机电产品企业 1 家、出口包装企业 17 家、服装加工企业 1 家)、认可检验员 19 名。

2003 年，海南省共有 20 家出口食品生产企业获得卫生注册登记证书，29 家出口企业获得 ISO9001 质量管理体系和 HACCP 体系评审证书，2 家企业获得质量许可证书。

卫生注册登记

根据国家商检局颁布实施的《出口食品厂(库)卫生注册管理办法》(试行)的规定，海南商检机构从 1984 年下半年开始对海南地区生产加工出口食品的生产厂(库)开展卫生注册登记监督管理工作。针对当时海南出口食品的主要品种——菠萝罐头、冻乳猪、糖果、调味品、茶叶、琼脂等生产加工卫生条件的实际，工、贸、检三家密切配合，制定并实施详细的促改方案。文昌、海口、琼海、金鸡岭罐头厂等骨干企业，经过一年多对环境、车间生产加工设施、卫生条件的技术改造，经商检机构考核合格，获得海南第一批出口食品卫生注册证书。从 1984~2002 年，海南共获得卫生注册(登记)证书的出口食品加工厂(库) 64 家，其中获得国外注册 30 家。

2003 年，出口食品生产企业的卫生注册登记工作主要抓了 3 点：一是对申请卫生注册登记、HACCP 验证的出口食品生产企业进行前期培训指导和评审工作。2003 年海南检验检疫局共投入 64 人次对申请卫生注册登记的迪爱生、田园、大众、钟晨、南国、华亿、新天久、合胜、佳德信、庆林、绿沁园以及海南外贸冷冻厂、儋州达川、洋浦海发面粉厂、临高大成食品厂、洋浦海弘实业有限公司、椰树集团等 22 家出口食品加工厂进行注册前培训，指导硬件整改，发放《国内外进出口食品安全卫生法规汇编》、《出口食品 HACCP 管理体系培训教材》359 套。二是对已获得卫生注册(登记)、HACCP 验证的出口食品生产企业加强后续监督管理。2003 年海南检验检疫局根据国家质检总局关于卫生注册登记企业“拉网式”监督检查工作的要求，组织 50 人次对 21 家卫生注册登记、HACCP 验证的出口食品生产企业进行“拉网式”监督检查。对 4 家不符合卫生注册（登记）条件的出口食品厂吊销其注册资格，对在检查中发现其他问题或存在质量隐患的，因势利导提出整改意见和措施，促进企业加强内部管理，有效实施卫生质量体系，保障食品安全卫生质量。三是积极推荐符合条件的卫生注册出口食品加工厂对外注册。2003年，海南检验检疫局共推荐14家卫生注册出口食品生产企业对外注册，已有10家获得美国注册。

质量许可证管理

1989年12月，根据国家纺织工业部、对外经济贸易部、轻工业部、中国丝绸公司、国家商检局等部门联合颁布的《出口纺织品质量管理办法》、《出口服装质量监督管理办法》的要求，海南商检局与海南省有关主管部门联合对定安服装厂、澄迈服装厂、临高高美胸围内衣厂进行考核。经考核合格后分别给这3家服装企业颁发出口服装许可证。1990年海南商检局转发国家商检局《关于进口机电产品质量许可证制度几个具体问题的答复意见》、《关于加强出口商品包装检验监督管理、凭证报验的通知》等7个有关规定，把出口机电产品和出口包装厂纳入质量许可管理的范围内，使海南商检局对出口生产企业的监督管理工作走上正轨。到2002年海南共有3家服装企业、1家摩托车生产企业、17家出口包装企业获得质量许可证书。

质量管理体系认证

1995年7月，国家出口商品生产企业质量体系认证工作委员会批准成立ISO9000海南评审中心。1996年3月，海南商检局和海南技术监督局就在海南开展ISO9000质量评审工作达成一致意见，即全省只成立一个管理委员会（领导小组）、一个评审中心（ISO9000海南评审中心）、只出一份评审认证证书（商检评审证书）。同年4月13日，海南省成立ISO9000海南评审中心领导小组，副省长毛志君为组长，省政府副秘书长林克昌、海南商检局副局长黄涛任副组长，同年5月21日，ISO9000海南评审中心领导小组召开第一次会议，研究如何指导、监督和协调海南评审中心公正、高效、有序地开展ISO9000质量管理体系评审认证工作。1997年海南有6家企业获ISO9000认证证书，1998年有7家企业获得认证证书。到2002年底，海南共有36家企业分别获得ISO9000、ISO14000认证证书。

2003年，ISO9000质量管理体系评审认证工作主要做了如下3项：一是搞好咨询培训，为评审认证提供基础保障。2003年，海南禧特咨询管理技术有限公司充分发挥检验检疫在技术、信息上的优势，加大对ISO9000质量管理体系评审认证的咨询培训力度，2003年共对18家申请ISO9000质量管理体系评审认证的企业进行咨询培训，为评审认证提供基础保障。二是主动出击，扩大认证市场占有率。为更好地拓展认证市场和开发认证领域，2003年海南评审中心利用检验检疫的有利条件，充分调动一切积极性，扩大海南评审中心在海南认证市场上的占有率，同时加强与广东认证机构的合作，共同开发岛外认证市场，初步取得明显成效。2003年海南评审中心共完成ISO9000质量管理体系和HACCP体系评审认证29家，其中海南企业22家、岛外企业7家。三是做好认证企业的后续管理工作，为企业提供增值服务。2003年，海南评审中心主动上门与企业沟通，正确引导企业维护已建立的质量管理体系。同时举办认证企业内部质量审核员培训班，培训内部质量管理人员，为企业提供增值服务。今年海南评审中心已先后举办3期认证内审员培训班，60多名企业骨干参加培训。

实验室注册认证

1990年，海南商检局“农畜水产品食品实验室”、“化矿金属材料检验实验室”、“电子电器检验实验室”分别通过国家商检局的二级实验室注册考核。1991年，三亚商检局的“农畜水产品食品实验室”通过三级实验室注册考核，1996年经考核提升为二级实验室。1993年，海南商检局“轻工纺织品检验实验室”通过国家商检局的二级实验室注册考核。1995年海南商检局“出口包装检验实验室”通过国家商检局的三级实验室注册考核；1997年八所商检局“化矿农产品检验实验室”通过国家商检局的三级实验室注册考核。1999年海南出入境检验检疫局成立后设立检验检疫中心，统一管理原海南商检局“食品实验室”、“化矿实验室”、“电子电器实验室”、“轻纺包装实验室”和海南动植检原“植检实验室”、“动检实验室”等6个实验室。2001年底，这6个实验室一次性通过CCIBLAC的认可考核。

实验室计量认证

2003年，海南检验检疫系统11个专业实验室在完成认可注册的基础上积极申请国家计量认证。其中局技术中心“食品实验室”、“化矿实验室”、“电子电器实验室”、“轻纺包装实验室”、“植检实验室”、“动检实验室”等6个实验室，在通过CNAL的年度监督评审/扩项评审的同时，通过计量认证考核。到2003年底，海南省检验检疫局所有实验室都获得国家计量认证证书。

认证行政执法

2003年，海南省检验检疫局的认证执法工作主要有3项：一是清理整顿海南认证市场。根据国家认监委的布置，积极开展清理整顿海南认证市场工作，对海南省检验检疫局原来监管的3家认证咨询机构进行资格审查，经报国家认证认可监督委员会批准，撤消海南商检公司、海南中捷公司等2家的认证咨询资格，保留海南禧特技术咨询公司的认证咨询资格。二是开展CCC认证执法工作。自从2003年CCC认证实施后，海南省检验检疫局积极推动相关企业申请CCC认证，取得一定成绩。2003年共为企业签发《免于办理强制性产品认证证明》16份。同时开展CCC认证产品入境验证工作，对没有获得CCC认证的产品拒绝进口。

（撰稿：陈明梓、王德志　审稿：陈伟凌）

大力推行质量管理体系认证 提高海南产品市场竞争力

——海南省质量技术监督局认证工作概况

海南省认证认可工作在全国来看起步较晚。1988年7月建省后，成立省标准计量局，尚未开展认证认可工作。1991年7月，海南省技术监督局作为海南省工业厅的二级局正式挂牌，内设质量监督管理处，主要承担全省质量管理、产品监督、执法打假、生产许可证管理、质量认证工作。1997年9月8日，由省产品质量监督检验所和中国方圆标志认证委员会共同筹建的“中国方圆标志认证委员会海南办事处”成立，是省内第一家认证机构。由质量监督处负责开展质量认证工作。2000年10月，按照海南省人民政府文（琼府办〔2000〕66号）的要求，海南省技术监督局正式更名为海南省质量技术监督局，实行省以下垂直管理。海南省质量技术监督局下设质量管理处，负责质量管理和质量认证认可工作。从此，海南省的产品质量认证、质量管理体系认证以及实验室认可工作走上了正常规范化管理的轨道。

2002年以前，海南省质量技术监督局积极推行先进的质量管理办法，大力开展和推动认证认可工作，使认证认可工作取得了一定的成效，截至2002年10月，全省已有172家企业通过了质量体系认证和产品质量认证，获得国家各类认证证书186张。从全省认证企业情况分析，工业占93%，服务行业占5%，农业占2%。

截至2003年底，海南省累计获得各类质量认证证书数为316张。其中获得GB/T19001证书195张，GB/T24001证书5张，GB/T28001证书1张；产品质量认证数为44张，主要产品种类是建材、化工和食品；获得HACCP认证证书22张，主要产品是水产品和食品，还有14家企业的农产品获得绿色食品认证证书。全省认证工作基本是市场化运作，据统计，近几年来，省内外有21家认证咨询机构在琼参与认证咨询和认证工作。全省现有的2家认证机构是中国方圆标志认证中心海南分中心（CQM）和中国质量认证中心海南分中心（CQC），他们分别挂靠在海南省质量技术监督局和海南省出入境检验检疫局。到2003年，中国方圆标志认证中心已向海南省70家企业颁发了79张质量体系认证证书，50张国际认证联盟（IQNET）证书和22张产品认证证书。

质量管理体系认证

海南省质量管理体系认证是从海南建省以后才开始的。1992年国家颁布等效采用ISO9000族标准并转化为GB/T10300-1992标准时，省技术监督局质量监督处即着手开展ISO9000：1994标准的认证准备和普及推广工作，并于1992年10月与海南省商检局联合举办了第一期推广培训班。

1994年ISO9000标准换版后，国家等同采用ISO9000：1994族标准，全省质量体系认证进入实质性实施阶段。海南省第一个通过ISO9001：1994质量管理体系认证的企业是“海南汽车制造厂”。

截至2002年10月，全省已有172家企业通过了质量体系认证和产品质量认证。其中ISO9000族质量体系认证证书 122 张，ISO14000 环境质量体系认证证书 5 张，HACCP 认证证书 6 张。

为了加快与国际惯例接轨，适应中国加入 WTO 的新形势，提高全社会对质量认证工作的认识，2003 年，海南省质量技术监督局加大了对质量认证工作的宣传，利用各种机会，积极推进质量管理体系认证。

首先是通过新闻媒体和其他各种活动宣传质量管理体系的重要性。在 2003 年的“海南质量月”活动中，各市、县举办了企业座谈会，大力宣传质量认证工作，成功地举办了“WTO 与质量认证”论坛，海口、三亚、澄迈、琼海、保亭的 9 个市、县长参加了论坛的演讲，有百余家企业的厂长、经理参加了论坛会，对质量认证起到了很好的推动作用。

其次是利用企业换、发生产许可证和申报海南省名牌产品的机会向企业积极宣传有关 ISO9000 标准，让企业明白通过 ISO9000 认证是提高企业质量管理水平和提高产品质量水平的有效途径，不但可以给企业带来新的管理理念，还可以给企业带来经济效益的提升，是企业练好内功，实行“走出去”战略和提高产品市场竞争力的有效途径。

通过一年的努力，质量体系认证有了较大的发展，2003 年新增认证企业 36 家，增长了 21%，取得了历年较好的成绩。

加强内审员的管理是企业推行质量管理体系认证的关键。为满足企业申请质量认证、开展质量体系内部审核、第二方审核和持续改进的需要，根据原国家质量技术监督局 1996 年 4 月颁发的《质量体系内部审核员注册管理暂行办法》，省质量技术监督局授权海南省质量协会承担对内审员的培训考核工作。近几年来，共计举办内审员培训班 14 期，培训内审员 600 余名。省局对经内审员考试合格的人员，实行注册管理。

实验室认可

海南省实验室认可工作始于 1995 年，1995 年 5 月 21 日，海南省消防产品质量监督检验站是第一家获得实验室认可的单位。1996 年 7 月 20 日，海南省烟草质量监督检验站通过认可验收授权，1998 年 8 月 25 日，海大机动车产品监督检验站通过了认可授权。随着海南建省和经济特区的设立，海南的检测实验室也在逐年增多，检测的种类也有所增加，截至 2002 年 12 月底，共有 13 家实验室获得了认可授权，覆盖了农机、橡胶、建材、汽车配件、消防产品、烟草、金银珠宝、燃气用具、粮油产品等 9 大类，众多检测实验室的建立，对促进企业和市场的监督检查、提高海南的整体质量水平发挥了重要作用。

2003 年实验室认可工作，除按规定完成了 3 家到期的实验室认可复评外，还完成海南三亚金银珠宝玉石产品质量监督检验站、海南省眼镜产品质量监督检验站、海南省条码质量监督检验站的实验室认可工作。同年 9 月，海南省产品质量监督检验所通过国家实验室认可委员会（CNAL）复评审查。

强制性产品认证

为了切实做好强制性产品认证工作，海南省质量技术监督局主要做了以下工作：

1、深入企业，做好强制性产品生产企业的摸底调查工作。据统计，全省有 22 家生产企业，共计有 62 种产品属于强制性产品认证目录的范围，主要产品有：汽车、摩托车、电线电缆、低压开关、低压开关柜、音视频设备等。

2、开展了形式多样的宣传活动。2003 年 3 月 22 日，召开了全省强制性产品生产企业认证工作会议，会上组织学习了《国务院办公厅关于加强认证认可工作的通知》和国家质量监督检验检疫总局令第 5 号《强制性产品认证管理规定》文件，以此为契机，推动强制性产品认证制度的贯彻落实。2003 年 4 月，省局将国家认证认可监督管理委员会配发的《中国强制性产品认证制度》1 500 多张宣传张贴画、1000 本小册子和 20 个 VCD 光碟下发各直属局，由各单位将宣传品张贴在街道和商场，并通过省、市、县电视台等新闻媒体向社会进行广泛宣传教育。2003 年 6 月 25 日至 7 月 30 日，根据国家质检总局、国家认监委《关于推动经销商开展 CCC 宣传和举办全国百家商场联合声明活动的通知》文件精神，在全省范围内再一次加大宣传力度，举办全省百家商场不销售无 CCC 产品标志的承诺活动。据不完全统计，至 2003 年 7 月，省内各家媒体报道与 CCC 产品相关的宣传内容多达 60 余次。通过宣传教育，为 2003 年 8 月 1 日“CCC”认证制度的全面实施打下了坚实的基础。截至 2003 年 7 月 31 日，全省获得 CCC 认证的企业数已达 18 家，通过 CCC 认证的产品为 57 个，只有 4 家企业的 5 种产品正处于申报阶段。已完成认证的企业和产品分别占总数的 81.8%和 91.9%。海南省主要骨干企业已全部完成 CCC 认证工作。

认证行政执法

2003 年，海南省质量技术监督局积极开展了清理整顿海南认证市场的工作。对不具备认证咨询资质的海南聚同企业咨询服务有限公司、海南豪正管理顾问有限公司责令其退出认证咨询业务,净化了认证咨询市场,保障了认证企业的利益，体现了认证法律法规的严肃性。在CCC产品市场准入的行政执法方面也卓有成效。2003年8月,按照国家认监委的统一部署,各直属局、稽查总队联合出击,重点查处电视机、电冰箱、洗衣机、台式电脑、插头插座和电线电缆6大类产品，对全省687家商场(店)开展强制性产品CCC标志执法检查,共计出动496人/d,出动车辆83台/次,清理柜台432个,查处有问题的柜台52个。全省共计检查强制性产品总数为90 387台件，其中无任何标志的为5 060台件，标志合格率为94.3%.

质量认证咨询机构备案管理

根据国家技术监督局1995年和1996年先后颁布的《质量认证咨询机构管理办法(试行)》和《质量认证咨询机构管理办法实施细则》，全省按要求于1996年开展了备案工作。

1997年11月,"海南九千质量认证咨询服务中心"成为第一家在海南获得备案的质量认证咨询机构。

2002年4月,《认证机构及认证培训、咨询机构审批登记与管理办法》发布后,省质量技术监督局质量管理处立即开展咨询机构现状调研和登记管理，对海南九千质量认证咨询中心开展符合性审查，审查合格后向国家认监委提出了申报审批，省内第一批获得注册资格的机构有3家。同时,海南九千质量认证咨询中心更名为海南创鑫认证咨询服务中心。

(作者:曾典祥 刘小梅 石智豪)

加强监管和服务 扩大商品出口

——广西出入境检验检疫局认证工作概况

广西检验检疫局(以下简称"广西局")于1999年成立认证监管处(行政执法部门),负责广西辖区认证认可监督管理工作;1994年成立西南评审中心(事业单位 现称中国质量认证中心广西评审中心),开展管理体系等认证工作。

国家认监委成立以来,特别是《中华人民共和国认证认可条例》颁布实施后,广西局按照有关要求,建立和完善了相关机构和制度,开展了一系列工作。

1、积极推行CCC认证制度。《第一批实施强制性产品认证的产品目录》公布后,广西局深入企业宣传强制性产品认证制度，及时对辖区内的出口企业进行摸底并建立企业档案,推动桂林、柳州、南宁等地的摩托车、客车、轮胎、汽车安全玻璃、避孕套、电线电缆等出口商品生产企业进行CCC认证工作，督促企业按时申办CCC认证,同时就申办CCC认证的工作程序、做法和要求等有关问题认真做好咨询和指导，使有关出口商品生产企业按期申办,确保强制性产品认证制度的顺利实施。广西出口企业中获得CCC认证企业共20家。

2、开展出口质量许可证和卫生注册登记。2001年初，广西局出台了《广西检验检疫局认证工作管理办法(试行)》等规范性文件,对于不同类型的出口企业,按照有关要求和规范,对新申请出口企业进行严格的考核,考核合格给予发证。对已获证企业加强监管,严格进行年度考核评审和到期换证考核,对考核不合格的限期整改,直至注销卫生注册登记、质量许可证。广西检验检疫局还积极为企业出谋献计,帮助企业提高管理水平,使企业尽快通过考核评审。对于新办企业尚未达到许可证条件的或者正在办理出口质量许可证的企业，为了帮助和照顾这些企业产品出口,开拓国际市场,在对企业进行初步考核后,先给企业办理临时质量许可证,在检验检疫合格的前提下允许其商品出口,但临时许可证期限只有半年,同一企业同一商品只能办理一次,半年内企业经过整改,经考核合格即给办理出口质量许可证,这样,既为企业商品出口开绿灯,又保证出口商品质量。2001年8月21日,广西局公布了广西获得出口质量许可证和卫生注册登记的240家企业名单，其中出口食品卫生注册/登记企业136家;出口商品质量许可证企业27家;出口包装容器质量许可证企业69家;出口临时报检质量许可证企业8家,使这些企业取得了走向世界的"通行证"。广西现有获质量许可证企业162家(其中包装许可证95家,出口商品质量许可证 67 家)，卫生注册登记企业 161 家(其中卫生注册 111 家、卫生登记 50 家)。

3、开展对出口食品生产企业清理整顿。2002 年 9 月中旬开始，广西局依据国家质检总局令第 20 号颁布的《出口食品生产企业卫生注册登记管理规定》及有关产品卫生注册规范，对全区所有的出口食品卫生注册登记企业进行全面清理整顿。召开了全区检验检疫工作会议，成立了以高达礼副局长为组长的清理整顿领导小组，设立 2 个清理整顿检查小组，对重点骨干企业进行检查。检查内容包括厂区卫生、车间卫生、设备设施、加工用水用冰、包装与运输、冷库和仓库、有毒有害品和实验室、监督管理、原料控制等，各有关业务处室、分支检验检疫机构迅速行动，召开企业有关会议进行动员，使企业提高对清理整顿工作重要性的认识，主动配合检验检疫部门工作，保证了清理整顿工作顺利开展。截至 2002 年 10 月 31 日，已全部完成对全区卫生注册登记的 172 家企业 (注册企业 112 家、登记企业 60 家)的检查。清理整顿检查表明，在检验检疫部门的指导和帮助下，广西不少出口食品生产企业特别是水产品加工企业经过全面认真的改造，生产条件较好、管理水平较高，有的企业已达到国内同行业先进水平，产品质量有保证，赢得了客商信赖，出口量逐年增加。检查后取消不符合条件的注册或登记企业 30 家、暂停出口报检 1 家，占总数的 18%。通过清理整顿，促进了企业的良性运转，全面提升了广西出口食品生产企业的管理和质量水平。

4、开展认证有效性专项检查。2002 年 12 月国家认监委部署了对获证企业认证有效性专项抽查工作，其主要目的是检查认证机构的认证工作质量，该项抽查工作在全国范围内大规模开展尚属首次。本次监督抽查企业名单由国家认监委统一确定，全国共抽查 700 家企业，广西局负责承担国家认监委指定的 4 家由外资认证机构认证的企业的抽查。为了使该项工作做到有组织、有计划、按时保质完成，广西局成立了分管局领导负责的工作领导小组，制定了专项工作方案，并指定具有质量管理体系注册审核员资格、经过国家认监委专项培训的人员组成检查组，负责对国家认监委指定的广西 4 家获得境外认证机构认证的企业的抽查工作。由于周密策划，严格实施，在相关部门的配合和努力下，该项工作得以按时完成。

5、完成对认证违法违规机构的清查工作。根据国家认监委《关于对认证违法违规机构进行清查的通知》(国认可 [2002]61 号)，广西局利用辖区检验检疫机构的力量，广泛组织开展了对广西境内未提出申请或申请未获批准的外资认证机构、认证培训、认证咨询机构的清查工作，以及获得批准但从事虚假认证、认证培训、认证咨询活动的外资机构的清查工作；进行虚假或误导性宣传，使用不正当竞争手段恶性竞争，从事损害认证公正性、有效性活动的外资机构的清查工作，并按国家认监委的规定完成上报工作。

6、完成实验室资源调查。为了落实国家认监委对社会实验室、系统内实验室以及出口食品注册企业实验室的资源调查，使该项工作能够按时完成，广西局指定了专人负责该项调查及数据库的建立工作。在辖区检验检疫机构和相关企业配合下完成了实验室资源调查工作。

7、开展获认证农产品执法监督检查。根据国家认监委《关于组织对获得绿色食品、无公害农产品、有机食品认证产品进行监督检查有关问题的通知》精神，广西检验检疫局与广西质监局组织两个监督检查组深入南宁市各大商场、百货商店和农贸市场，对获得“有机食品”、“绿色食品”、“无公害农产品”三种认证的粮、油产品，水果、蔬菜、茶叶类等产品进行认证证书和认证标志的真实性检查，不断规范认证标志的使用和认证产品的管理。从检查结果来看，广西市场中的进口大米、水果、酒类等进口农产品均不是获得认证的农产品，因此均未加贴任何认证标志；国产农产品中粮产品类的大米、油类产品、乳制品、白酒、葡萄酒等获得农产品认证的国内知名品牌产品如金健香米系列、鲁花牌食用油系列、长城葡萄酒系列及蒙牛乳制品系列等加贴标志较为规范，并有认证编号，经网上确认均为获认证企业产品。但检查中发现市场中有关农产品认证方面仍存在问题：一是加贴、使用标志不规范;二是滥用“绿色食品”标志和“绿色食品”字样宣传所出售的产品，误导消费者;三是经销商及广大消费者对农产品认证相关的规定和知识不甚了解。

8、开展企业管理体系认证。广西局评审中心成立以来，积极开拓认证市场。经常深入企业，积极宣传推动管理体系等自愿性认证工作。广西辖区已有 236 家企业获得 ISO9000 体系认证，获 HACCP 认证 2 家，获 ISO14000、ISO18000、QS9000 认证各 1 家。

9、开展有关培训工作。为了推动广西企业 ISO9000 认证工作，帮助重点扶持的出口企业获得国际认证，2000 年以来，广西检验检疫局先后举办了本系统 ISO9000 内审员/咨询员培训班、卫生注册评审员培训班以及出口企业高级管理人员 ISO9000 知识培训班等 10 多期，参加培训500多人次，为提高企业质量管理提供咨询服务，帮助企业建立和完善质量体系，进一步提高许可证管理和卫生注册管理水平。

10、做好认证认可宣传工作。

(1)利用本局内部动态进行宣传。广西局结合本部门以及辖区进出口企业情况，及时向地方领导和有关部门汇报认证认可工作，定期向自治区党委、政府领导编发《检验检疫动态》、《情况通报》，介绍强制性产品认证制度、认证证书与认证标志，加强宣传和实施强制性产品认证工作。一是广泛开展宣传发动工作；二是完善认证企业的摸底调查和建档工作，促进相关企业申请认证；三是加强对认证行政执法监督人员的培训；四是加强对认证市场的监督管理工作，坚决查处冒用认证标志以及虚假认证和买证、卖证等违法行为，严厉打击扰乱认证市场秩序行为。

(2)充分利用有关媒体开展宣传工作。通过制作宣传板报，在各地张贴宣传画、利用"3·15"消费者权益日与消协、工商、技术监督等部门联合开展大型咨询活动，宣传《中华人民共和国认证认可条例》，播放《中国强制性产品认证》VCD宣传片。同时充分利用当地新闻媒体，就认证工作进行广泛宣传。2000年以来，先后在《广西日报》、《广西电视台》、《广西人民广播电台》、《南国早报》、《当代生活报》、《八桂都市报》、《南宁晚报》、《广西政法报》等刊登中国强制性产品认证行政执法、认证认可有关新闻以及广西检验检疫局认证认可工作成就等的稿件60多篇(条)，做到"电视上有画面、报纸上有版面、电台上有声音"。

(3)针对从2004年5月1日起，中国将对溶剂型木器涂料、瓷质砖、混凝土防冻剂等三类装饰装修产品正式实施强制性产品认证，广西检验检疫局组织开展相关认证宣传咨询活动，使企业和消费者了解：2005年8月1日起，相关产品未获CCC认证证书和未加施CCC标志的产品，将不允许出厂、销售、进口和在其他经营活动中使用。

(广西出入境检验检疫局供稿)

抓住时机　大力推进广西认证工作

——广西壮族自治区质量技术监督局认证工作概况

广西认证工作基本情况

广西认证工作由自治区质量技术监督局质量处管理，广西区各市质量技术监督局的认证工作由质量科兼管。自国家认监委(CNAB)成立几年来，广西的质量认证工作在CNAB的指导下，得到了积极发展。

认证机构有方圆标志认证中心广西分中心及其他认证机构在广西设立的办事处，认证咨询中介机构有6家(已通过CNAB资质认可)。经过几年的努力，广西区60%的主要工业产品通过了产品质量认证，70%的重点企业通过了ISO9000和ISO14000认证。另外，自2001年国家开展强制性产品认证工作以来，广西的强制性产品认证工作取得明显成效，截至2003年底，全区通过CCC认证的产品达500多个，占应认证产品的80%以上。这项工作对完善社会主义市场经济体制，提高企业管理水平，发挥了很大的作用。广西的质量认证工作虽然近年有了一定的发展，但尚处在起步阶段，一方面市场潜力很大，另一方面产品认证及其他新领域的认证尚未被社会和广大企业以及消费者普遍认同和接受，尤其是自愿性认证方面。截至2003年底，全区企业获得ISO9000认证证书有5 000多家，获证企业不足全区企业总数的1%，获ISO14000认证证书的仅有100家，获产品质量认证证书的仅有1 000家，这项工作与东部省份相比发展相对滞后。

方圆标志认证中心广西分中心前身为中国方圆标志认证委员会广西审核中心。广西审核中心是在广西区质量技术监督局认证处基础上于2001年7月筹建成立的。方圆标志认证中心广西分中心受广西区质量技术监督局、方圆标志认证中心的领导。目前可开展的认证业务有：ISO9001、ISO14001、OHSAS18001、产品强制认证(溶剂型木器涂料、瓷质砖)和产品自愿性认证、HACCP认证。目前方圆广西分中心拥有国家注册审核员11名，实习审核员、兼职技术专家80多名。截至2004年7月底，认证企业165家，共颁发认证证书：QMS证书164张，产品证书10张，OHSAS证书7张，IQNet证书30张。QMS和EMS“二合一”的企业6张，QMS、EMS和OHSAS“三合一”的证书7张。认证企业由传统的机械行业、水泥、建材、电力行业扩展到电子、服装、农药、宾馆等行业。通过认证，提高了广西企业的管理水平和产品档次。认证工作对引导消费和推行政府采购制度发挥了重要作用。

存在的主要问题

1、广西经济基础差，企业底子薄，技术改造投入少，人员素质较低，质量诚信体系未有效建立，难以适应现代化企业管理和质量管理需要。企业产品档次低，产品技术含量高的不多，质量管理素质较低，整体质量水平不高。

2、认证相关机构起步晚，人员匮乏，质量认证市场混乱，外省在广西的认证机构、咨询机构的办事处的低价位的恶性竞争，导致咨询不到位，个别认证机构审核走过场。为了争夺认证企业，极个别认证机构不按规范操作，降低了认证审核的准则，扰乱了认证市场，使认证有效性不高，认证信用发生危机。

3、质量认证管理机构未健全，人员不足，宣传发动不到位。

抓住时机，大力推进广西认证工作开展

认证工作是实现全球化经济、与国际接轨、消除贸易壁垒的有力手段，是振兴地方经济、提高质量水平和国内国外市场竞争力的主要途径。质量理念的变化和更新、市场需求的推动，特别是中国-东盟自由贸易区的建立，使广西的质量管理与认证工作有了新的更大的发展机遇和发展空间。广西局将着力在以下几方面开展工作：

1、鼓励和推动企业认证。政府部门要积极推广ISO9000质量管理体系、ISO14000环境管理体系、OHSAS18000职业健康安全管理体系、ISO/TS16949汽车供方质量体系等国际先进标准。要把培育企业质量文化作为精神文明建设的重要内容，注重企业质量信誉的形象建设，加强职工的企业品牌意识，形成生产、销售优质产品光荣，生产销售假冒伪劣产品耻辱的风气。

各级政府要紧紧围绕经济结构调整，大力推进质量认证工作。围绕提高产品实物质量、技术含量和档次，提升整体质量水平，振兴区域经济，积极引导企业采用先进适用的质量管理方法与模式，建立健全质量管理体系和质量诚信体系，大力推行管理体系认证和产品认证，为实施名牌战略打好基础。

各级政府要重视认证工作，加大在报纸、电视上对认证工作的宣传，建议在一定的条件下对认证企业税收方面给予一定的优惠，引导、鼓励企业在质量管理方面投入一定的人力、财力。

2、加大对全社会质量管理与质量认证资质人员的培训力度。提高质量工作人员的质量理论知识和质量工作能力，为促进经济发展做出贡献。加强GB/T19000-ISO9000质量管理体系标准的宣传贯彻。继续举办企业法人的质量体系与质量认证培训班，培养企业认证骨干。实行分类指导，对有一定基础、有认证意向的企业，引导正确选择咨询、认证机构，帮助制定认证计划；对正在贯彻标准并准备接受认证审核的企业，着重对其搞好培训，编制质量体系文件和体系试运行及内部审核；对已获得认证的企业，重点抓好巩固提高，坚持体系运行，不断进行质量改进，提高认证的有效性。要及时总结经验，适时组织交流、研讨，推动认证工作的发展。

充分发挥质监部门以及认证机构、咨询机构的人力资源和技术优势，大力开展ISO19000质量管理体系、ISO14000环境管理体系、OHSAS18000职业健康管理体系等标准的宣传贯彻培训工作，努力造就一支人员足、素质高的内审员队伍。

3、加强对认证工作的管理和监督。加强对《中华人民共和国认证认可条例》的宣传贯彻培训，要求质量技术监督部门加强对认证工作的管理和监督，将认证工作纳入各级政府及职能部门的业绩考核。

充分利用社会上现有的咨询机构为企业服务，支持发展社会中介机构，按要求扶持其从事认证咨询服务。在质监系统内，尤其是在技术机构内，整合资源，培育、组建咨询机构。同时对这些机构进行规范、监督、管理。

认证机构在年度监督审核时对未能保持认证有效性的企业，要办理暂停或撤销证书，不能降低认证审核的要求。

4、给认证企业提供增值服务。认证机构与认证企业之间的沟通，不能仅停留在初审和年度监督的现场审核环节，在认证企业获证后，还需对获证企业提供增值服务。

（广西壮族自治区质量技术监督局供稿）

加强注册和认证监管
提高企业管理水平和市场竞争力
——重庆出入境检验检疫局认证工作概况

重庆出入境检验检疫局(以下简称重庆检验检疫局)负责管理和组织实施重庆市进出口卫生、检疫注册和安全许可、出口质量许可和质量认证认可工作,负责涉外检验检疫、鉴定、认证及卫生除害处理机构的监督管理。

在国家认监委成立前,重庆检验检疫局开展了检疫卫生注册登记、出口产品质量许可、质量体系认证等认证认可工作。1983年以来,国家先后对机械、电子、汽车、纺织机械、陶瓷、玩具、煤炭等重要商品实施了出口产品质量许可证制度。重庆市涉及到出口产品质量许可证的商品主要有机械(主要为摩托车、刀具等)、陶瓷两大类。按照出口产品质量许可证管理办法的规定,重庆检验检疫局先后颁发《出口产品质量许可证书》26份,并对已获证产品进行日常跟踪检查,通过一套完整的管理体系,严把质量关,确保出口商品安全、性能方面的质量。同时,为支持重庆摩托车企业生产出口摩托车成套散件,按照《关于加强出口机电产品质量许可证管理工作的通知》和《关于出口商品质量许可制度有关问题的通知》(国认证[2001]27号)的要求,为符合条件的生产企业办理了出口产品临时质量许可证。1993年,重庆检验检疫局在西南地区率先开展质量体系认证工作,1996年成立CQC重庆评审中心,至2001年底,已对300多家按照国际标准建立的质量体系进行了认证。

国家认监委成立以来,重庆检验检疫局在国家认监委领导下,贯彻落实《中华人民共和国认证认可条例》,开展认证有效性监督检查,推进CCC认证,完善检疫卫生注册工作和出口产品质量许可等工作。

宣传贯彻《中华人民共和国认证认可条例》

为做好对《中华人民共和国认证认可条例》(以下简称(《条例》)的学习、宣传贯彻和培训工作,2003年10月,重庆市检验检疫局派员参加国家认监委在北京举办的《条例》学习培训班(第二期),并订购了《条例》及其培训教材,发放到相关处室和分支局,进行自学和集中学习。同时,按照国家质检总局和国家认监委的安排,通过当地有关的新闻媒体,进行了《条例》的宣传贯彻工作。

开展认证有效性监督检查清理整顿认证市场

根据国家认监委《关于对认证机构认证有效性进行监督抽查的通知》(国认可[2002]66号)的要求,重庆检验检疫局由参加过国家认监委举办的“认证企业稽查员培训班”并具有GB/T19000-ISO9000知识和审核技能的6人组成检查组成员,于2003年2月,对重庆获国外认证机构颁发质量管理体系(QMS)认证证书的重庆长江依之密活塞工业有限公司、重庆华岗摩托车配件厂、重庆峡江燃器具有限公司及重庆工学院七一仪表厂等4家企业按照有关标准的要求进行了文件审查和现场审核。检查中发现,企业的实际员工人数与认证所填员工人数存在较大差异,认证机构变相降低收费标准;咨询机构将咨询认证的费用一并签入合同中,存在认证咨询一条龙服务的事实;认证证书颁发后,认证机构未在规定时间内对获证企业进行监督审核。重庆检验检疫局将有关情况上报了国家认监委并建议应定期或不定期开展有关获证企业的监督检查,以确保质量管理体系认证的有效性。

CCC认证制度的宣传和执法检查

自2001年12月国家强制性产品认证制度出台之后,重庆检验检疫局开展CCC认证宣传、涉证企业调查和执法检查等工作,落实国家有关强制性产品认证的规定。

加强宣传工作,扩大CCC认证的社会影响力。重庆检验检疫局向出口企业发放国家认监委制作的《中国强制认证》宣传折页和《中国强制性产品认证制度》宣传手册,向所有出口企业宣传国家CCC认证的有关规定。重庆检验检疫局还与重庆市质量技术监督局共同举办了三期宣传贯彻会议,对重庆市上百家企业进行重点宣传,《重庆日报》、《重庆晨报》、《重庆晚报》、《现代工人报》、《重庆法制报》以专版形式全文刊发了重庆出入境检验检疫局和重庆市质量技术监督局就CCC认证发出的书面《通知》和CCC认证政策问答。为加大宣传力度,2003年7月22日,由重庆市政府组织召开强制性产品认证工作电视电话会议,要求各级政府及企业主管部门做好所辖企业的调查、动员工作,使有关企业按照国家认监委的要求,对生产属于《目录》内产品而又尚未申请CCC认证的,抓紧时间申请认证,提高重庆市企业的整体水平和产品的市场竞争力。

按照国家认监委的要求,重庆市检验检疫局组成CCC认证行政执法机构,并指定CCC认证的信息联络人员。为及时掌握重庆市相关企业CCC认证的进展情况,电话调查了解有关出口企业的CCC认证情况,同时搜集汇总相关企业的反馈信息。8月1日,重庆检验检疫局行政执法检查小组,邀请《重庆日报》、《重庆商报》、《重庆晨报》的记者参加,对重庆商社、重庆百货两个大型商场中属于需强制认证的进口商品进行了行政执法检查;分支机构万州局和涪陵局也先后组织有关人员,开展了CCC认证的执法检查工作。同时下发文件,对属于应当实施强制认证的产品,尚未获得CCC认证证书的,要求不允许进口。通过CCC认证行政执法检查工作,尚未发现六种产品中存在明显违法事实。据统计,重庆市需实施CCC认证的企业约为324家,到2003年为止,出口企业中已申请和已获证企业占出口企业中需实施CCC认证的95%以上。

实验室资源调查

2002年10月,重庆检验检疫局对实验室资源进行了一次全面的调查,内容为:实验室基本信息,实验室所从事的领域、资源状况、人员情况、固定资产、实验室能力、主要仪器设备、近三年来固定资产投入情况、近三年实验室检验收入等几方面情况。重庆市检验检疫局现有实验室9个,均属于委托法人,法人类型为行政法人,资产性质为国有。实验室人员共有94人,实验室所从事的领域:生物、化学、动物检疫、植物检疫、金材、化矿、纺织、食品等,实验室共有266台套仪器设备,价值1 230万元。实验室面积共有4 022m²。

2003年,按照国家局的统一规划、合理布局、突出重点、资源共享的原则,重庆检验检疫局对现有实验室进行调整,组建国家质检总局桐油检测重点实验室1个,组建动物检验检疫、丝类商品检测、羽绒检测、矿产品及铁合金检测、食品卫生理化、结核病检测、医学媒介生物、植物等8个国家局区域性中心实验室。

检疫卫生注册工作

重庆市检验检疫局2001年实施检疫卫生注册登记企业共96家,2002年共79家,2003年共79家。

2002年10月,对已注册/登记企业实施全面检查。根据国家认监委《关于印发王凤清主任在出口食品卫生注册工作会议上的讲话的通知》(国认注[2002]43号)的要求,重庆检验检疫局于同年10月份对已注册/登记企业进行全面检查。重点检查了获证企业卫生条件的保持情况、注册编号的专厂专号专用情况以及出口检验检疫与注册条件的对比情况。对不符合注册要求的企业,要求限期整改或暂停接受报检;对存在严重问题、已不具备注册条件的企业,予以吊销注册/登记资格或发出注册/登记资格自动失效通知。

2003年,对注册登记企业进行"拉网式"检查。根据国家认监委《关于切实加强出口食品企业安全卫生管理工作的紧急通知》(国认注[2003]29号)和《关于进一步做好卫生注册监督检查工作的通知》(国认注 [2003]31号)的要求,贯彻落实2002年7月国家认监委在郑州召开的全国出口食品卫生注册工作会议精神。重庆检验检疫局于2003年7月至10月,按照《出口食品生产企业卫生注册登记管理规定》(质检总局令2002年第20号)和《卫生注册登记评审记录(2002版)》,对辖区内的注册登记企业进行了"拉网式"检查。重庆检验检疫局辖区内注册登记企业的整体状况是基础设施落后,设备老化,管理水平不高和卫生质量一般,市场竞争能力不强。针对这一现状,重庆检验检疫局把肉类、肠衣类、罐头类和茶叶类生产加工注册企业作为此次检查的重点对象,主要检查企业质量管理体系文件的建立和实施情况,特别是肉类和罐头类企业建立实施HACCP体系的情况,原辅材料控制、生产加工过程控制、产品检测、实验室检验情况以及"专厂专号专用"的落实情况等。

在"拉网检查"工作中,重庆检验检疫局共派出3个检查组,完成了对79家企业的"拉网检查"。一次合格通过检查的企业有32家,占40.50%;限期整改的企业有16家,占20.25%;暂停出口报检的企业有6家,占7.59%;取消卫生注册登记资格的企业有15家,占18.99%。

(重庆出入境检验检疫局供稿)

做好认证认可工作 实施质量兴渝战略

——重庆市质量技术监督局认证工作概况

重庆是中国的工业重镇，又是中国实施西部大开发的战略要地，西南地区的重要交通枢纽，商贾云集，各种产业门类齐全，拥有企业10万余家。重庆直辖以来，重庆市质量技术监督局(以下简称“重庆市质监局”)认真贯彻落实国务院《质量振兴纲要(1996年~2010年)》精神，进一步加大了认证认可工作力度，从源头抓好质量，全市认证认可工作取得了较大的发展，企业质量管理水平明显提高，技术机构得到进一步发展和完善，基本形成了门类较全、具有一定能力的技术保障体系。

加强基础工作，提高认证认可管理水平

随着中国加入WTO，认证认可的管理思想和程序要求已经全面与国际接轨。为适应认证认可工作发展，重庆市质监局根据《中华人民共和国产品质量法》、《中华人民共和国计量法》、《中华人民共和国认证认可条例》等法律法规，加大了对认证认可工作的监督管理力度，初步建立了一套科学严谨、管理统一、整体合力强的认证认可管理体系，切实提高了认证认可工作的有效性。

1、建立健全组织机构，理顺工作职能。长期以来，重庆市质监局领导班子，在质量认证管理工作方面，解放思想，开拓思路，创造性地提出了“质量兴渝”战略的基本构想，确定了以“创名牌、推认证、挖金山、上标准”4大系统工程为主体的“质量兴渝”战略的基本框架。1998年，重庆市质监局设立了认证处；2000年10月，该处更名为“认证与实验室评审管理处”，统一管理和协调全市的认证认可工作，逐步建立全市统一、内外一致、科学规范的认证认可管理体系，使重庆市的认证认可工作步入了规范化的轨道。

2、加强对全市认证认可工作的规范化管理。根据国家有关法律法规，逐步制(修)订和完善了《垂直管理后认证工作原则》等一系列的规范性文件，逐步实现了认证认可工作的有序化、规范化。

(1) 完善产品质量认证和质量体系认证工作规范性文件。先后制(修)订了《重庆市质量体系内审员管理办法》、《重庆市质量体系内部审核员注册管理实施办法》、《强制性安全认证的电工产品监督管理办法》、《关于加强强制性产品认证监督管理工作的通知》等，并在企业中大力宣传贯彻ISO9000质量管理和质量保证标准，促进质量体系认证和产品质量认证工作，加快与国际惯例接轨的步伐。截至2003年底，全市获得质量体系认证证书的企业有1 831家；获得产品认证证书的产品2 789种。

(2)制定和完善技术机构认证规范性文件。重庆市质监局先后制(修)订了《重庆市技术检验机构认证工作程序》、《授权质检机构增项认证的有关规定》、《计量认证/审查认可评审员工作职责和工作要求》、《关于进一步规范我市质监系统产品质量检验工作的通知》等规范性文件，在西南地区率先建立了技术机构认证项目应用数据库平台，为检验(测)项目的统一规划、合理布点、资源共享奠定了基础。

加快认证认可步伐，促进与国际惯例的接轨

1、推行产品质量认证和质量体系认证。1990年以来，国际贸易中技术壁垒的应用呈上升态势，各国越来越多地使用技术壁垒以达到限制进口的目的，质量认证已成为全球制造贸易障碍的合法手段。美、日、欧盟等规定进口产品的企业必须获得ISO9000的合格证书，是否通过质量认证，已成为企业走向国际市场的“通行证”。

重庆的认证市场具有巨大的发展潜力。为迎接加入WTO后国外认证认可机构对重庆市认证认可工作的挑战，重庆市质监局将质量认证作为打开市场的钥匙，作为冲破技术堡垒、促使重庆企业走向世界的有力武器。

(1)开展多形式、多层次宣传活动，营造良好舆论环境。认证认可是一项专业性较强的工作，通过开展形式各样的宣传活动，帮助企业、消费者了解开展认证认可工作的目的和意义，为全面推广认证认可工作营造良好的舆论环境。

2001年底，国家决定对涉及广大人民群众人身安全、动植物生命安全、环境安全及国家安全的产品实施新的

强制性产品认证制度。为全面推动强制性产品认证工作的开展，重庆市质监局以按照全国认证认可工作会议提出的要求，针对重庆市产品结构特点和企业分布情况，组织开展了一系列的宣传和推动强制性产品认证工作的活动，深入企业生产一线，指导企业开展认证工作，向上百家企业较系统地讲解强制性产品认证制度的基本内容、执法要求及认证程序等相关知识，帮助企业全面认识实施强制性产品认证制度是一件利国利民的大事。同时，充分利用新闻媒体的舆论优势，为强制性产品认证制度各项工作的开展营造良好的舆论环境。2003 年 6~7 月期间，重庆市质监局在 8 家报纸、2 家电台、3 家电视台累计发布新闻稿 27 篇，积极宣传违法违规对社会、对消费者和企业本身的危害，在全市范围内掀起了学习和贯彻强制性产品认证制度的新高潮，引导相关生产企业积极申办认证，广大消费者购买通过认证的产品。

《中华人民共和国认证认可条例》(以下简称《条例》)正式实施前夕，为把学习和贯彻《条例》落到实处，重庆市质监局组织召开了《条例》的宣传贯彻会议。来自全市检测技术机构、认证咨询机构、认证机构驻渝分支机构、企业及媒体记者近 250 名代表参加了会议。会议就《条例》颁布施行的重要意义、基本内容和进一步清理整顿全市认证市场秩序的意义等内容进行了介绍，为《条例》实施起到了良好的宣传和舆论导向作用。

(2)全面规划、推动企业开展质量认证。重庆市质监局针对全市质量认证工作起步较晚，发展步伐缓慢，制约产品出口这一严峻现实，果断地将“推认证”工作放在了战略高度，常抓不懈。按照“统一规则、分层推进、突出重点、点面结合”的思路，重庆市质监局在全市企业中积极开展质量体系认证工作。到 2003 年底，重庆市通过质量体系认证的企业共计 1 831 家，比 2001 年底以前增加了 1 371 家，增长率达 298%。至 2001 年末，重庆市通过质量体系认证企业累计只有 460 家，而 2003 年一年就有 513 家企业获证。企业在通过质量体系认证之后，质量管理水平和产品质量大幅度提高，经济效益十分显著。

(3)组织实施强制性产品认证行政执法工作。2003 年 8 月，强制性产品认证全面进入行政执法阶段，按照国家质检总局和国家认监委的统一部署和要求，重庆市质监局组织全市各级质监执法部门，严厉查处未经认证擅自生产、销售相关产品，假冒认证证书和认证标志等扰乱认证市场秩序的违法违规行为，督促企业尽快申办认证，创造与维护一个统一、公平、竞争的市场环境，培养良好的竞争秩序，严把“厂门”，确保了强制性产品认证制度在重庆积极稳妥地开展。

2、实施技术机构的计量认证/审查认可。市场经济的发展，要求技术机构能为社会提供准确、可靠的检验数据，出具高质量的检验报告，这已成为检验机构能否适应市场需求的核心问题。为使国内技术机构适应入世后境外检验机构带来的冲击，为国内技术机构走出国门创造条件，重庆市质监局加强了对技术机构的认证认可工作，对技术机构的工作范围、工作能力、工作质量进行监控和界定，利用认证认可评审和监督检查，进一步整顿和规范各技术机构的行为，切实规范检验市场秩序，提高技术机构检测技术水平及工作质量。

(1)建立健全各行业技术机构。全市通过计量认证/审查认可的技术机构涉及化工、煤炭、地勘、船舶、建筑、公路、建材、防疫、农药、种子、环保等国民经济各个领域，承担了产品质量监督检验、质量仲裁检验、商贸检验、药品检验、防疫检验、环境监测、地质勘测和节能监测等大量的检验检测任务，为政府执法部门打击假冒伪劣产(商)品提供了有力的技术保障，为审判机关裁决因产品质量引发的案件提供了准确的技术依据，为商业贸易双方提供了公正的检验结果，为工农业生产和工程项目出据了科学、准确、可靠的检测数据，为提高全市产品，增加企业经济效益，为国民经济建设发挥了不可替代的作用。

(2)进一步完善和规范技术机构服务体系。根据国家有关的法律法规，重庆市质监局积极开展对技术机构的计量认证和审查认可工作，确保计量认证和审查认可工作的客观公正性、权威性和信誉。在加强对技术机构建设的同时，也加强了对获证技术机构的认证监督检查，通过跟踪监督检查和能力验证活动相结合，确保技术机构持续保持认证时的水平，规范计量认证和审查认可工作，以进一步促使技术机构提高服务质量，保持公开、公平、公正、科学，使全市认证认可与检验工作健康、有序、有效地发展，充分发挥质量认证、认可和检验为企业、消费者、政府和市场服务的功能。截至 2003 年底，重庆市拥有国家实验室认可机构 15 家，国家级计量认证机构 22 家，省级计量认证和审核认可机构 80 家，省级计量认证机构 192 家，同时对不具备条件的技术机构给予及时撤销证书和向社会通告，促进了统一开放的检测市场的形成以及资源的深度开发和合理配置。

3、加大认证咨询市场的监管力度。虽然中国认证认可的管理思想和程序要求已经与国际惯例接轨，但由于质量体系认证机构较多，受利益的驱动，一些认证咨询机构严重违背国际准则进行认证活动，采取不正当竞争，大搞钱证交易，损害了企业和消费者的利益，扭曲了国家认证制度的形象，败坏了中国在国际市场的声誉。重庆市认证咨询市场也出现了低质低价、无序竞争、缺乏规范管理的现象。

为此，重庆市质监局加大了对认证认可工作的监督管理力度。

(1)全面贯彻落实咨询机构审批登记管理制度。按照四部委联合制定的《认证机构及认证培训、咨询机构审批登记与监督管理办法》的规定和国家认监委的统一要求，重庆市质监局要求在重庆市辖区内开展质量认证咨询活动的咨询机构必须进行审批登记，取得认证咨询业务的资格。同时，进一步加大了对获批准咨询机构的管理力度，确定了实行目标管理的具体办法，严格监督获批准的认证咨询机构按照批准的业务范围开展认证咨询业务。重庆市质监局按照国家提出的“依法保护合法从事质量认证咨询活动的备案咨询机构，规范质量认证咨询市场”的要求，引入公平竞争机制，引导企业寻找合法的认证咨询机构，维护认证咨询机构中相关各方的合法利益。同时，进一步加大执法力度，对严重扰乱认证咨询市场秩序，未经批准擅自从事认证咨询活动的认证咨询机构进行查处，促进认证咨询市场健康有序发展。截至2003年底，全市共22家认证咨询机构获得国家认监委颁布的《认证咨询机构批准书》，这样不但规范了市场，而且提高了认证咨询的整体质量。

(2)加强认证咨询队伍建设。重庆市质监局要求咨询机构的咨询人员必须有丰富的质量管理经验，并对认证咨询机构进行年度考核，做好咨询人员再培训，努力提高业务水平。同时，要求认证咨询机构对咨询人员加强思想教育和职业纪律教育，由认证咨询机构结合实际工作进行并做好记录。在对咨询机构年度考核时，对该机构的人员一并进行检查考核。

(3)抓好认证和咨询环节。根据国家有关规定，重庆市质监局对认证咨询、认证审核分头管理，杜绝“认证咨询一条龙”，提高认证审核工作的权威性，并逐步加强对认证质量的检查(日常检查和突击抽查)，严格违规处罚制度，使每一个咨询人员和认证人员处于制度的严格约束之下。

推进队伍建设，保障认证认可健康发展

长期以来，重庆市质监局把认证认可队伍的建设作为重点工作，积极抓好认证认可人员的培训。

重庆市质量管理体系注册审核人员已达500余名，国家和省级计量认证评审员近80名，对近千名技术机构检验技术人员进行了上岗培训考核，从而建立了适应新形势发展的认证认可人员队伍，培养了一批具备一定专业素质的从业人员，为全市认证认可工作的规范化发展打下了坚实的基础。

(重庆市质量技术监督局供稿)

相互支持 密切配合 共同打造四川认证品牌

——四川省质量技术监督局和四川出入境检验检疫局认证工作概况

地方两局认证认可职能

四川省质量技术监督局(前身为标准计量局、技术监督局)于1987年成立了实验室认证办公室(临时机构),同时承担产品质量检验机构的计量认证和审查认可工作。1993年经省编委批准成立了认证处,主要职能是推行质量认证和管理检测机构认证工作。2000年6月,省级机构改革,认证处改名为认证评审处,工作与原国家质量技术监督总局质量认证与实验室评审管理司对口。国家认监委成立后,省局认证评审处业务上归属国家认监委指导。1997年12月省局批准成立"四川省认证考核评审委员会",省认评委作为局的专业技术管理组织,由各省级行业专家评审组和各地方评审组组成,具体承担认证评审的技术考核工作。

四川出入境检验检疫局于1999年10月成立科技与认证处,内设有认证管理科,主要承担国家质检总局国际合作司、检验司以及国家认监委对应的认证认可监督管理工作,包括四川地区出口食品卫生注册(登记)、出口质量许可、四川局所属的检验检疫实验室规划、检验检疫实验室认可/国家级计量认证管理以及认证咨询、认证认可行政稽查等工作。

两局所做的工作

自国家认监委成立以来,两局相互支持,密切配合,能够联合的工作,两个单位都是集中力量共同开展。具体表现在:

1、四川省认证认可工作。为统一协调做好四川省认证认可工作,四川省政府于2002年专门成立了四川省认证认可领导工作小组。四川省设立的认证审核机构有5家(CQC四川评审中心、中方委四川审核中心、三峡审核中心、中质协四川审核中心、CQC成都分中心),认证培训机构4家。截至2003年12月31日,全省取得各种管理体系认证证书的企业有3 726家,占全国取得质量体系认证证书的3.85%,列全国第十;全省取得CCC认证企业数为182家,已提出申请的企业有305家,占调查摸底数630家的48.4%;取得中国实验室国家认可委员会(CNAL)认可的实验室32家,占全国总数1 323家的2.42%,列全国第十四。在培育认证机构品牌和认证机构改革工作中,两局坚决拥护和支持国家认监委的决定,将四川省质量技术监督局下属的四川巴蜀质量认证中心并入中国质量认证中心四川评审中心,开创了中国认证机构重组合并的先河,这也是国家认监委成立以来为打造中国质量认证机构品牌在四川省取得的重大突破。

2、组织强制性产品认证制度的宣传贯彻说明活动。根据全国强制性产品认证工作会议精神,四川省质监局会同四川检验检疫局组织了对市州质量技术监督局、各分支出入境检验检疫局稽查人员的宣传贯彻会,还组织了对强制性产品生产企业的宣传贯彻说明会。向各市州局提供了相关资料和电子版本,布置了各市州局对市、县两级执法人员和所辖区域《目录》内产品的生产者、经销者和经营使用者的宣传贯彻工作。特别是国家认监委王凤清主任视察四川省工作后,四川省人民政府就加强对强制性产品认证工作的宣传专门发文,要求各地宣传部门、新闻媒体大力配合,加大宣传力度,促进强制性产品认证工作顺利开展。经各市州统计,全省质监部门、出入境检验检疫部门联合举办的各类宣传贯彻会,超过四十多期,参加人数逾万人。强制性产品认证的宣传工作基本做到了家喻户晓。

3、开展对全省强制性认证产品生产企业的普查工作。对全省强制性认证产品生产企业的调查摸底,是实施对强制性认证产品生产企业监督管理的基本条件。早在2002年初,四川省质监局即将该项工作列为省局的目标任务,并分解到各市州局。截至2003年底,省质监局已掌握全省有630家企业属CCC认证范围,质监部门已将其纳入监管的范围。普查工作有力地促进了四川省强制性产品认证工作的开展。

4、开展了实验室资源调查工作。为了解中国检测机构的现状,为培育和完善检验市场及制定市场准入政策提供素材，管理好开放的检验市场，根据国家认监委的部署，四川省于2002年开展了对各类实验室的资源调查工作。这一工作是新中国以来开展的第一次全国范围内的实验室资源调查，调查的对象是所有经计量认证、审查认可和属于认证范围的实验室。经调查统计，四川省有各类实验室600多家(各部委直接管理的实验室除外)。

5、开展认证稽查活动。四川省质监局与四川省检验检疫局共同组织认证稽查人员对国家认监委下达的省内30家企业、省外14家企业进行了认证有效性调查。

6、对认证咨询机构进行确认。根据国家认监委对咨询机构进行重新确认的要求，共同组织专家对咨询机构进行了监督检查和重新确认及再确认。截至2003年底，四川省有经国家认监委审批确认的咨询机构共23家。

7、宣传贯彻《中华人民共和国认证认可条例》和《行政许可法》。《中华人民共和国认证认可条例》(以下简称《条例》)颁布后，根据国家认监委的布置，四川省质量技术监督局在2003年11月在全省范围内分5个片区、3个市组织了对《条例》的宣传贯彻。据统计，参加宣传贯彻的全省质监部门的管理人员、稽查人员、质检机构人员、获证检测机构人员、质量体系获证企业的管理人员、强制性认证产品生产企业管理人员等共3 000多人。四川省检验检疫局专门开办了《条例》和《行政许可法》培训班，包括分支局在内的70多名检验检疫工作人员通过培训考核。

8、组织对绿色食品、无公害食品、有机食品的认证执法监督检查。对根据国家认监委《关于组织对获得绿色食品、无公害食品、有机食品认证产品进行监督检查有关问题的通知》，由四川省质量技术监督局牵头，会同四川出入境检验检疫局成都市质检局组织了30人，于2004年3月13日在成都市进行了一次针对绿色食品、无公害食品、有机食品的认证执法监督检查。检查选择在成都市知名度较高的4个大型超市和1个大型农贸市场进行。现场共检查了96家企业的108个产品。这108个产品中，加贴或标注有“绿色食品”标志的82个，加贴或标注有“无公害农产品”标志的25个，加贴或标注有有机食品标志的1个。其中能够提供认证证书或其他有效证明材料的只有51个(其中少量标志还与证书内容不符合)。

9、以提高评审质量为重点，加强实验室认可/计量认证工作。四川省计量认证工作由四川省认证评审考核委员会承担具体的技术考核，局认证评审处负责监督管理。2001年国家发布《产品质量检验机构计量认证/审查认可(验收)评审准则》后，四川省质监局向全省各市州局发出贯彻实施国家新评审准则的意见，要求各市州以多种形式帮助获证检测机构按新准则要求进行转换，同时，鼓励有条件的检测机构直接按ISO/IEC17025:1999建立质量体系。截至2003年底，全省共有计量认证合格的检测机构796家，其中，质监系统直属质检机构33家，授权机构51家，其他各类检测机构712家。涉及的部门包括有农业、畜牧、卫生、医药、地矿、建设、消防、气象、环保、石油、水电、武警、铁路、林业、公路、机械、冶金、化工、城建、国防、教育等二十多个行业或部门。近5年来，四川省质量技术监督局先后会同四川省建设厅、四川省交通厅、四川省水电厅、四川省林业厅、四川省气象局、四川省畜牧局、四川省卫生厅等厅局就计量认证工作联合发文，将计量认证同有关行业要求的资质考核联合进行，减少了重复评审，深受检测机构的欢迎。

四川出入境检验检疫局共有系统内实验室11家，全部获得国家级计量认证，其中3家获得中国实验室国家实验室的认可。四川丝类检测中心是国家质检总局重点实验室，四川国际卫生旅行保健中心、四川结核病检测实验室、四川媒介生物监测实验室、四川动植食理化检测中心、四川动物检验检测实验室、四川植物检疫实验室6个实验室为国家质检总局区域性实验室。

10、开展检测机构的能力验证活动。近5年来，分别组织了7次以比对试验为主要方式的能力验证活动，其中全省环境监测系统能力验证1次；水泥比对试验考核每二年组织一次，共3次；药品检验机构的能力验证1次；质检系统的饲料产品能力验证1次；质检系统内的肥料产品能力验证1次。对成绩优秀的检验机构给予登报表彰。另外，四川省检验检疫系统实验室多次参加APLAC、CNAL以及其他机构组织的能力验证，成绩优良，为检验检疫数据的公正性、准确性提供了重要的技术保障。

11、加强对获证检测机构的监督检查。按国家认监委(2002)50号文件要求，四川省加强了对全省计量认证获证机构的监督评审工作，并将2003年作为监督检查年。以对获证机构在每18个月监督检查一次的频率，2003年省局和各市州局对500多个机构进行了监督检查。到2003年12月10日，对经监督检查不合格的53家检测机构予以暂停出具公证数据的处理，责令其限期整改。这一举措产生了较大的影响，在检测机构中引起了较大震动，有效地维护了计量认证的法制性和严肃性，促进获证检测机构确保其出具数据的公正性、科学性、准确性。

12. 培育了一批认证认可人才。认证认可工作是朝阳工作，它在四川省得到了充分的生存和发展，也造就了一批认证认可人才。据了解，四川省质量技术监督局局长韩儒理的能力和水平不但受到国家认监委领导的肯定，而且在新成立的CNAL第一届管理委员会上，韩儒理以实验室认可评价技术专家委员代表当选为CNAL第一届管委会成员；四川省共培养ISO/IEC9000各类评审员100多名；ISO/IEC17025各类评审员近20名；ISO/IEC18000各类评审员23名；ISO/IEC14000各类评审员31名；HACCP各类评审员20名；CCC工厂检查员60名；出口食品卫生注册登记各类评审员近80名；认证认可行政稽查员7名。人才培养为四川省认证认可工作的有序发展提供了基础性保障。

（四川省质量技术监督局、四川出入境检验检疫局供稿）

结合本地企业特点　积极开展认证工作

——贵州出入境检验检疫局认证工作概况

贵州省检验检疫局1995年正式开展认证工作，1999年设立科技与认证部门，国家认监委成立以来，贵州检验检疫局的认证工作有了长足的发展和进步。

认证工作基本情况

据不完全统计，至2003年底贵州省内通过ISO9001质量管理体系认证企业已达600家左右、ISO14000环境管理体系认证企业10家、OHSAS18000职业健康安全管理体系认证企业5家、强制性产品认证（简称CCC认证）企业56家、免办"CCC"认证企业7家、风险分析与有害生物危险控制点（HACCP）体系认证1家。由中国质量认证中心（CQC）贵州评审中心审核认证的企业378家，占全省认证企业的55%，涉及到的产品及领域有机械、电气、电子（计算机软件、通信）、化工、冶金、汽车、建筑、建材、金属与非金属、纺织、服装、食品、烟草、酿造、印刷、宾馆、旅游、商贸、行政管理等。全省9地（州、市）全部有认证企业，其中贵阳市、遵义市、黔南州的认证企业数量排在前三位。贵州省的认证市场总量相对较小，国家及民营大中型企业大部分已通过质量管理体系认证，小型企业的认证条件及质量意识相对较差。在全省各种认证类别中，ISO9000标准质量管理体系认证是认证的主体，目前增长的幅度不大，而ISO14000、OHSAS18000、HACCP等体系的认证处在起步发展阶段。至2003年底，在贵州省开展认证业务的认证机构已达20余家，开展认证咨询业务的机构也近20家。

认真贯彻《中华人民共和国认证认可条例》，加快认证步伐

贵州省属于经济欠发达的西部地区，经济总量小，企业数量少、规模小、管理水平不高，大多数生产企业属于劳动密集型、高污染、高能耗、低附加值行业。针对这些实际情况，贵州省检验检疫局以《中华人民共和国认证认可条例》（以下简称《条例》）为法律依据，在全省范围内加大了宣传、推广力度，帮助企业开展认证工作，促进全省企业质量意识、管理水平和产品质量的提高，同时，按照国家认监委的要求，进一步规范认证市场，建立有效的监管机制，强化监督检查工作，完善行政执法功能，促进认证工作健康有序的开展。

在《条例》颁布实施之后，贵州省检验检疫局把贯彻落实和学习宣传《条例》作为一项重要工作来抓，首先组织全局法制工作人员和认证业务人员进行了集中学习，在此基础上，又对局内有关人员、认证咨询机构人员及企业负责质量管理人员进行了培训，培训人员达100多人次，并进行了广泛的宣传，收到了良好的效果。2003年12月8~9日，国家认监委在贵州举办了"HACCP认证、有机农产品认证与西部开发"专题讲座，此举不但启动了国家认监委实施的认证认可与西部开发论坛，而且有力地推动了贵州省的HACCP体系认证、有机农产品认证及相关体系的认证工作，同时也很好地贯彻了党中央关于支持西部大开发的战略决策，落实了国家质检总局、国家认监委领导关于加强西部地区认证基础工作的指示。

针对国家近几年对食品质量要求越来越严格的情况，CQC贵州评审中心立足企业长远发展，积极宣传ISO9001体系，并向条件适合的企业推广HACCP体系认证，力争让这些地处西部的食品生产企业在管理上与

先进企业接轨,在竞争激烈的市场中占有一席之地。通过宣传，企业增强了质量管理和卫生安全控制的意识。至2003年底,已有4家企业在筹建HACCP体系。

贵州检验检疫局先后制定了《贵州出入境检验检疫局认证、注册、考核管理办法》、《贵州出入境检验检疫局出口食品生产企业卫生注册登记工作管理办法》(暂行)和《贵州出入境检验检疫局饲养场、种植场注册备案工作管理办法》(暂行)等一系列有关认证管理的规章制度。每年都把认证工作和帮助企业认证作为工作目标责任制,并把每年帮助多少家企业通过认证的工作目标进行量化,从而对局内有关部门形成了工作压力,激发了全局上下推进认证工作的热情和干劲，形成了为完成工作目标而努力工作的良好氛围，极大地促进了全省认证工作的开展,使全省更多的企业通过认证,加快了全省的认证进度。

推进强制性产品认证制度的实施

在推进强制性产品认证及执法检查中，贵州检验检疫局按照国家认监委的要求对本辖区企业及时下发了《关于开展强制性产品认证执法检查的通知》，并积极主动地和质量技术监督部门紧密配合,通过现场检查,电话问讯,走访企业、市场咨询等形式,大力开展了CCC认证的宣传和执法检查及监管工作。同时按照有关规定及时给符合条件的企业办理了CCC免办手续。至2003年底,贵州省已有123家企业申请CCC认证,56家获得了认证(证书数270份),7家企业办理了免办手续。进一步加强了CCC认证市场监管力度,查处了违反CCC认证违规的行为,调查了解了认证执行过程中存在的问题,进一步提高了工作质量和服务水平,促进了CCC认证工作在市场上有一个良好的循环体制。2003年11月25日贵州检验检疫局对进口商品(主要是家用电器、音响和医疗设备)进行了一次较大规模的CCC认证执法检查和宣传活动。通过执法检查和宣传,使企业和单位增进了对CCC强制性认证的了解,树立了维护和执行CCC认证规定要求的意识,进一步防止了市场上一些逃漏CCC认证的行为。CCC认证执法的监督管理,锻炼了执法队伍,积累了执法监督管理的经验,也得到社会的认可,使大家共同认识到把好产品安全质量关,坚决不生产、不销售、不使用未经CCC认证的和不冒用CCC认证的产品是需要全社会来关心、支持和遵守的,是需要执法监管机构按照法律法规的要求长期不懈地坚持、义不容辞地去维护国家利益、人民利益和社会利益而执法监管。

加强卫生注册监督管理

贵州省申请出口卫生注册登记的企业基本上是私营和合资企业，在这些企业中大部分缺乏卫生安全意识和市场战略眼光，对如何制定并实施卫生质量管理体系没有足够的认识,盲目地认为,产品质量的好坏由客户看货确认，而没有认识到企业应制定完整的卫生质量管理体系,规范生产过程中各工序的卫生操作,特别是没有意识到对产品原料的源头严格控制把关(主要是农残、重金属等)对于确保产品卫生质量的重要性。有的企业虽然制定了卫生质量管理体系,但不完善,有的没有严格按管理模式去操作，这些缺陷和不足对食品卫生质量构成了极大的危害和隐患。这些情况说明西部地区食品加工企业在改革开放和发展意识上与沿海发达地区存在很大的差距。贵州检验检疫局严格按照国家质检总局和国家认监委的要求,在卫生注册评审考核和监管工作中,做好把关服务,帮助企业改变思想观念,突破传统的思维方式和检验模式,切实树立起以卫生质量取胜的观念,提高企业自身的管理水平和卫生意识。2001年办理卫生注册登记14家,2002年办理卫生注册登记15家、养殖场和种植场注册备案8家,2003年办理卫生注册登记和注册备案共20家。由于企业对食品卫生注册的重要性认识不足,企业所走的弯路、遇到的困难和问题也较多,为此,贵州省检验检疫局多次到企业监督指导，帮助企业改进完善各项制度,协助企业有针对性地开展卫生质量教育培训工作,如向企业的管理人员、技术人员、质检人员讲解卫生质量的重要性；让他们了解到食品卫生质量的高低是衡量一个企业加工技术和规范管理水平的重要尺度，是一个食品生产加工企业现代化程度的重要标志，使企业各项卫生措施和设施到位,让他们提高卫生质量意识,把好卫生质量关。

结合本地企业特点,积极开展认证工作

由于贵州省铁合金生产企业较多，且多处在边远地区,生产生活条件简陋,信息闭塞,人员总体素质偏低,这类企业的贯标工作往往开展的水平不高,效果不理想。许多员工连做生产记录的习惯都没有,在体系认证以前,产品质量还是依靠成品检验来控制,时好时坏波动很大,基本谈不上质量管理。面对这样的企业现状,贵州省检验检疫局的评审员既不姑息迁就,让企业蒙混过关,也不是简单生硬地对待，而是耐心地把审核中发现的问题详细地向企业领导通报,提出切实可行的改进意见,同时要求认证咨询公司进一步提高咨询水平，协助企业使体系运行

进入正轨。通过三方的共同努力,最终使企业的管理得到提升,达到ISO9000标准的要求,不但使企业得到了打开市场大门的钥匙,而且提高了管理水平,增加了企业效益。这种负责、细致、关注企业利益的工作方式深受中小企业的好评,并使企业得到实惠,不断做大做强。不少企业由最初因为客户要求认证证书而被迫进行认证,转变成为提高管理水平,主动要求认证,思想意识发生巨大转变。如贵州龙里龙腾铁合金有限公司,1999年申请认证时,是一家只有3台小冶炼炉的小型民营企业,因为客户要求证书,被迫提出认证申请。审核员耐心细致地帮助企业进行体系运行,企业也发现采用ISO9001标准规定的质量管理方法进行生产过程控制,确实能有效提高产品质量,降低成本,从中得到实惠。获证后,每年都主动邀请审核员到公司进行监督或换证审核,通过现场审核查找不足,加以改进,不断提高公司的管理水平。凭着稳定的质量,良好的内部管理,经过几年努力,公司目前已成为亚洲最大的硅铁合金生产商,产品大量出口,远销日本、韩国以及台湾地区,2003年销售收入实现13亿元,出口创汇1.3亿美元。类似的例子在贵州省获证中小型企业中屡见不鲜。

(贵州出入境检验检疫局 供稿)

积极开展质量体系认证 引导企业走质量振兴之路

——贵州省质量技术监督局认证工作概况

贵州省质量技术监督局(以下简称"贵州局")在2000年机构改革中,设立了认证评审处,主要负责全省认证认可工作,对口管理国家认监委布置的业务工作,接受国家认监委的业务领导和工作部署。在国家认监委的统一领导下开展全省认证认可的各项工作。贵州省认证认可工作包括质量认证和计量认证两个方面,质量认证分为质量体系认证和产品质量认证。

贵州省质量体系认证工作基本情况

早在1988年,贵州企业为提高产品在国际市场上的竞争力,有远见地把目光投向质量认证。1988年6月30日,贵州钢绳厂就通过了国际海运业著名质量认证机构劳埃德船级社工厂认可,成为全国同行业第一家获得劳氏工厂认可证书的企业。

1991年10月4日,贵州省成立了"贵州省质量认证促进会",主要任务是开展质量认证咨询服务、促进贵州省质量认证工作的开展。办公室设在省技术监督局。

1992年11月,贵州省质量认证促进会首家对贵州省湄潭县酒厂进行质量认证咨询工作,1993年通过质量认证。

1994年中国方圆标志委员会批准成立"中方委西南工作站贵州办事处",并于1996年更名为"中方委贵州办事处"。

1994年,由于中国采用国际标准化组织发布的质量管理和质量保证标准,大大促进了贵州省质量体系认证工作的开展。贵州省质量检验协会组织有关专家到贵州习酒总公司进行咨询,帮助企业按要求建立健全质量保证体系,1994年8月,该公司同时通过中国方圆标志认证委员会和法国国际检验局的质量认证,成为全国第一家同时通过国内、国外两个认证机构的企业。同年,贵州省通过认证的企业还有贵州茅台酒厂、遵义水泥厂等。

1998年,贵州省人民政府为贯彻落实国务院《质量振兴纲要(1996年~2010年)》,提出了贵州质量振兴的总体目标,而质量认证既是质量振兴的手段,也是具体的目标之一。

截至2003年12月,全省共取得质量体系认证证书693张。

认真贯彻落实强制性产品认证制度,从源头上把好产品质量关

2001年,为了切实保障强制性产品认证制度在全省的有效实施,贵州局把强制性产品认证制度的宣传贯彻纳入了当年质检工作的总体目标中,把CCC执法纳入行政执法体系中,开展了声势浩大的宣传教育活动,从省到县,对近万人开展CCC制度和行政执法的宣传教育20余次,张贴宣传画约600余幅,散发宣传资料3万多份。组织近千人的执法人员和企业负责人及相关人员进行CCC制度法律法规的宣传。组织全省26家大中型商场

联合声明，不销售无CCC标识的产品。建立了全省上下联动的网络。

在CCC行政执法中，出动执法人员8000余人（次）、车辆600余辆。积极主动帮扶企业进行强制性产品认证，目前贵州省已有66家企业获得了CCC认证证书。

稳步开展计量认证工作，加强对技术机构的监督管理

贵州局依据《产品质量法》、《计量法》和《计量认证/审查认可》等评审准则，从以下几方面加强对贵州省技术机构的管理。

1、举办各类讲座和培训班，提高技术机构人员素质。组织省内外有资质的老师、专家对全省技术机构进行法律法规、业务知识的培训，邀请国家认监委对贵州省200余名实验室管理者进行实验室认可知识的培训，使得参加培训的人员对中国实验室的管理体制、实验室认可知识、国际实验室发展概况及西部实验室状况有了一定了解，提升了贵州省实验室的管理理念。

2、积极拓展计量认证领域，充分发挥行业技术机构的作用。为实现实验室资源共享，充分发挥技术机构的作用，更好地为社会服务，省局协助本系统及各行业200余家技术机构建立了质量管理体系，截至2004年8月，贵州省通过计量认证的机构有174家，通过法定计量认证的机构有39家，通过计量认证/审查认可的机构有68家。这些机构在整顿和规范市场经济、打击假冒伪劣商品中发挥了积极的作用。

（贵州省质量技术监督局供稿）

既把关又服务 促进企业出口

——云南出入境检验检疫局认证工作情况

1988年，原云南省商检局成立了监管处，负责出口产品质量许可证、出口食品加工厂（库）卫生登记、商检社会实验室认可和ISO9000认证等工作。内设实验室由各检验检疫业务处负责管理。

1999年“三检合一”后，云南出入境检验检疫局成立科技与认证处，认证监管工作和内设实验室由科认处负责归口管理。但质量许可证和卫生注册工作都是以各对口业务处为主开展，从受理申请、考核、颁发证书都在业务处办理，最后归档编号集中到科认处。ISO9000管理体系认证则在CQC云南评审中心独立开展。

2001年以来，云南检验检疫局认证认可工作纳入了云南检验检疫局党组提出的“云南边陲安全卫生检验检疫屏障建设”总体工作，积极稳妥地开展，取得了显著的成效。2002年，制定实施了《云南检验检疫局认证认可管理工作暂行规定》，将云南检验检疫局认证监管工作全面统一归口管理，并在国家认监委统一领导和部署下，开展了一系列工作。

出口食品卫生注册工作

2002年5月20日国家质检总局令第20号正式施行。6月24日《云南检验检疫局认证认可管理工作暂行规定》出台，7月国家认监委在郑州召开了第七次全国卫生注册登记工作会议，要求各直属检验检疫局从原证书失效期、卫生条件保持情况、一年内的出口情况、批次检验不合格情况、证书编号使用管理情况等5个方面，对辖区内卫生注册登记持证企业进行全面彻底的清查。对不符合换证条件的做自动失效和取消注册登记资格处理；对符合换证条件的，重新提交材料后换发新证。2002年12月31日后旧证书一律废止。

为了保证清理换证工作的进度和质量，云南省检验检疫局及时组建了卫生注册登记评审员队伍，建立并完善了从受理申请到颁发证书全过程的内部管理制度和程序，并通过多种形式向持证企业宣传贯彻20号令及国家认监委的要求。充分利用计算机和网络手段，在云南检验检疫公众信息网开辟《认证认可》栏目，将卫生注册登记的政策文件、全面清理的要求、换证程序及申请表在网上公开发布，方便企业和有关方面了解卫生注册登记新政策、获取申请表格。在证书制作中，采用统一的通用内部数据库，自动使用固定格式打印制作卫生注册登记证书、收费单和企业联系函件信封，便于证书编号、空白证书流水编码及核销。加强了管理、减少了差错、提高了工作效

率，保证了换证工作如期完成，为新证书启用和旧证书的废止打下良好基础。

2002年下半年，云南检验检疫局完成了省内全部310家卫生注册登记持证企业的清查工作，自动失效和取消注册登记资格186家，换发新证124家。

2003年，结合"云南边陲安全卫生检验检疫屏障建设"，云南检验检疫局全面贯彻国家认监委新版程序文件和卫生要求，督促对六类高风险企业（共20家）安排HACCP体系验证的过渡计划，对所有获证企业实行"拉网式"检查。同时配合国家认监委清理各类对国外注册企业名单，将卫生注册登记名录输入CIQ2000系统，并在云南检验检疫公众信息网《认证认可》栏目内公告。自此云南省的出口食品生产企业卫生注册登记工作逐步走上正轨。

云南省的出口食品生产企业多数规模小、人员素质低，且多为家族作坊式生产，厂区外环境差，卫生设施不健全、加工厂房设施简陋、卫生质量管理不到位。有的建立了卫生质量体系但不能有效运行，特别是基础管理工作薄弱，整体水平与经济发达地区相比差距很大。在入世的情况下，如何应对国际市场竞争和绿色壁垒，让企业生存下去并有所发展，是检验检疫部门和企业共同面临的最大问题。促进企业的食品出口，绝不是简单降低要求来适应当地的企业现状，因此，云南检验检疫局加大对企业的帮扶力度，通过工作，使企业的管理水平不断提高、硬件设施逐步改善，尽力使其卫生条件符合要求，充分体现检验检疫部门既把关又服务的宗旨。

典型的事例有：

吉邦食品(云南)有限公司输美蘑菇罐头。为了限制中国产品进入，进口国启用了反倾销调查，吉邦公司一直在积极应诉，与此同时，进口国又以中国其他省的卫生质量问题为由，对中国出口蘑菇罐头采取自动扣留。经政府和企业的不断努力，美国FDA同意在现场检查合格的基础上，可解除自动扣留。为此云南检验检疫局组织了工作组对企业进行了半年的全面帮扶，基本达到条件后，国家认监委还派专家组来云南进行了审核，进一步提出整改意见。2004年4月，美方终于解除了对中国输美蘑菇罐头的"自动扣留"。

云南华宁鑫辰食品有限公司出口冻银鱼推荐欧盟注册。由于云南检验检疫局及时介入，从源头抓起，从厂房的选址、设计，到管理体系的建立和试生产全过程进行了指导帮助，使该企业从建厂开始就按国际规范运行，避免了走弯路，顺利通过了国家认监委的审核，已向欧盟推荐注册。同时，对在此过程中发现的关于银鱼资源的利用、开发和管理等有关问题，从促进云南省外向型经济发展考虑，向云南省政府提出了可行性建议报告，引起云南省政府领导高度重视，已对报告中提出的意见组织研究解决。

出口蔬菜。近年来，云南省利用气候和植物资源的优势，已陆续在昆明、楚雄、玉溪、曲靖、丽江等地州30多个县市建立了多个不同层次、不同品种的优质蔬菜生产基地。同时，也由于云南温暖的气候环境，造成蔬菜病虫害种类多、危害重、控制难的情况，蔬菜常见病虫害多达30余种。为了达到进口国的农残限量要求，已不使用高毒、高残留、高污染的化学农药，而以生物类农药代替，但又造成不能100%杀灭虫害，这些都制约了云南省鲜蔬菜的出口。国家质检总局进出口食品安全局领导借昆交会之机，来云南调研，组织了座谈会，现场解决蔬菜出口的有关问题。云南检验检疫局围绕蔬菜产业的发展，邀请蔬菜企业、科研单位、大专院校，召开了专题会议，研究对策、组织科研实验，基本解决了云南省荷兰豆和甜豌豆等大宗商品出口日本的害虫熏蒸杀灭问题。在生产企业卫生注册/登记的基础上，对原料生产基地实施了备案管理，在符合国际规范的要求下扩大了蔬菜出口。

实验室管理

1999年"三检合一"之后，云南局检验检疫实验室调整为：云南检验检疫局技术中心内含6个实验室（理化、烟草、食品、微生物、动物及其产品、植物及其产品）；云南国际旅行卫生保健中心内含2个实验室；10个分支局各设一个综合实验室，共18个实验室。

2000年，国家质检总局印发了加快实验室建设的通知，要求2003年1月1日以后凡通过注册的检验检疫实验室不得再出具检验检疫证书。"云南边陲安全卫生检验检疫屏障建设"课题的确立和实施，更是将实验室建设提到前所未有的高度，使云南检验检疫实验室建设和管理全面展开了新的一页。2002年9月，纳入注册计划的10个分支局检验检疫综合实验室全部通过现场注册考核，获得注册证书。2002年11月5日，云南检验检疫局技术中心以一个中心内含6个专业实验室整体申报认可考核，也顺利通过了CNAL派出的评审组实施的现场评审，获得认可证书和计量认证证书。2002年12月20日，云南国际旅行卫生保健中心(内含2个实验室)，通过了注册现场评审考核，获得注册证书。此间，云南检验检疫

10个分支局HIV初筛实验室及云南检验检疫局HIV确认实验室建成并通过了国家质检总局及卫生部组织的合格评审考核，并获得证书。

2003年，按照国家认监委的要求，对云南检验检疫实验室和云南省卫生注册登记企业内设实验室进行了全面的资源调查，汇总调查数据报告国家认监委。根据国家认监委统一实验室评价模式，对向社会出具公证数据的实验室统一计量认证的要求，在云南省检验检疫局统一组织下，云南检验检疫系统实验室于2003年底全部顺利通过转换，获得了由CNAL颁发的国家计量认证证书。

同年，云南检验检疫局根据国家质检总局的要求，对云南检验检疫实验室重新进行全面的规划，提交了规划建议和可行性分析报告。国家质检总局最后批复了4个国家级重点实验室，9个质检总局区域性中心实验室，1个常规实验室。它们是：国家级虫媒病检测重点实验室、国家级食品检测重点实验室/国家级烟草检测重点实验室、国家级花卉检疫重点实验室，国家质检总局云南动物检验检疫中心实验室、国家质检总局云南化矿检测中心实验室、国家质检总局云南金属检测中心实验室、国家质检总局云南微生物检测中心实验室、国家质检总局云南危险货物包装检验中心实验室、国家质检总局云南HIV检测中心实验室、国家质检总局云南鼠疫检测中心实验室、国家质检总局云南医学媒介生物监测中心实验室、国家质检总局云南植物检疫中心实验室、云南出入境检验检疫局昆明国际机场医学检测综合实验室。

体系认证及强制性产品认证监管工作

按照认监委统一布置和分工，对检验检疫局下属的三类涉外机构进行了清理和重新登记确认，并对其认证行为实施日常监管。由于云南开放程度欠发达，外资及合资的认证、认证培训和认证咨询机构基本空白，目前管理对象主要就是两个检验检疫系统下属认证机构CIQ和CCIC的云南分公司。

在强制性产品认证行政执法方面做了以下工作：利用2003年“3·15”宣传活动时机，向消费者大力宣传了强制性产品认证制度，并发放了大量的宣传折页；在8月1日前，对辖区内生产第一批CCC《目录》内有关产品的出口生产企业进行了全面普查，就有关CCC认证事宜逐一对企业进行了宣传，发放了宣传手册、贴画，确保各企业在时限前办理认证转换或提交认证申请；各有关业务处利用日常检验和监管工作的机会，不断向企业宣传有关强制性产品认证的政策，强调2003年8月1日后，《目录》内凡未取得认证的产品一律不得进入国内市场（对于专供出口的产品，也需按手续申请免办证书）的规定；召开全省系统工作会议，组织相关部门和分支局传达学习“全国强制性产品认证行政执法工作会”精神，下发光盘和宣传画到各分支局，要求分支局组织职工观看光盘并在局内张贴宣传画，联系当地政府播放、张贴、宣传；2003年7月22日，云南检验检疫局在昆明隆重召开了强制性产品认证行政执法工作会议，云南检验检疫局主要领导和干部职工、云南省人大常委会戴光禄副主任出席了会议，邀请省技术监督局和省外经贸厅的领导、云南省生产CCC目录产品的出口企业代表、经销进口CCC目录内产品的商场代表、消费者协会代表，以及省市电视台、云南广播电台、云南日报、昆明日报、滇池晨报等多家新闻单位参加会议。通过这次会议，CCC认证有关各方统一了思想，提高了认识，特别是通过各大新闻媒体的积极配合，将强制性产品认证制度向广大消费者、经销商和生产企业进行了一次力度很大的宣传贯彻，为后来开展的强制性产品认证行政执法监督打下了良好的基础；2003年9月11日，云南省检验检疫局组织对昆明市的正大电子城、国美电器顺城店、昆百大家电城三家较有影响的商场，进行了强制性产品认证行政执法检查。这次检查的重点是国家认监委要求的电视机、电冰箱等六类产品，并且限于进口商品及国外品牌的产品。经检查，总体情况良好，未发现较严重的违规情况。

（云南出入境检验检疫局供稿）

统一认识　形成合力　共同做好认证工作

——云南省质量技术监督局认证工作概况

1995年到2001年7月，云南省认证工作开始起步，主要是在云南省企业中宣传贯彻ISO族标准；为有认证意向的企业和组织提供质量体系认证咨询服务，引导本系统和企业的有关人员参加质量体系审核员的培训。

1996年，云南省质量技术监督局(以下简称“云南局”)质量处经批准负责筹建中国方圆认证委员会云南办事处，云南省局领导非常重视中方委云南办事处的建设工作，指示质量处派专人负责办事处的筹建工作。至1999年，在云南省质量技术监督局的积极宣传促进下，企业认证积极性逐渐高涨，三年间，由质量处牵头，与福建、上海等机构合作，培训了50多名质量体系实习审核员，支持6家企业申请中方委福建审核中心认证，均通过了现场审核，4家企业获得认证证书；通过中方委福建审核中心的传、帮、带指导，实习审核员的能力得到提高，1名审核员取得了注册审核员资格，并通过实际操作熟悉了中方委审核运作程序，为云南办事处的发展奠定了基础。

2001年4月，国家质量技术监督局发布了《质量认证咨询机构备案登记管理办法》，结合云南省实际，云南省局组织有关专家多次讨论，制定了《云南省质量认证咨询机构备案登记管理办法实施细则》，并据此为云南省2家咨询机构登记备案。

2002年4月9日，国家认监委在北京成立并召开了首次全国认证认可工作会，吴仪国务委员到会作指示；国家认监委主任王凤清在会上做了题为《全面建立国家认证认可新体制，努力开创我国认证认可工作新局面》的报告，会上还出台了《认证机构及认证培训、咨询机构审批登记与监督管理办法》、《国家认可机构监督管理办法》、《关于地方质量技术监督部门和各地出入境检验检疫机构认证工作分工的意见》等3个文件，明确了地方两局的职责和分工。

2002年6月，为贯彻落实国务院办公厅11号文件和全国认证认可工作会议精神，云南省人民政府发布了《关于贯彻落实〈国务院办公厅关于加强认证认可工作的通知〉的实施意见》，明确了全省认证认可工作的主要任务和工作重点：一是统一认识、统一步调、形成合力，共同做好全省认证认可工作；二是建立健全工作制度，加强对认证机构及认证咨询机构、培训机构的监督，整顿和规范认证认可市场；三是积极推动认证机构改革，逐步实现社会化。标志着云南省认证认可工作进入一个新的历史阶段。从2002年7月开始，云南局按照《关于印发〈认证机构及认证培训、咨询机构审批登记与监督管理办法〉的通知》要求，为已成立和拟成立的20多家认证咨询机构提供了咨询服务，受理了12家认证咨询机构的申请，经严格初审，批准11家机构开展认证咨询业务。后经重新确认，有7家机构达到国家对认证咨询机构的管理要求。

2002年12月，按照国家认监委《关于做好中国实验室资源调查工作的通知》(国认实[2002]56号)要求，云南局共对215个实验室进行了调查统计，其中通过云南局审查认可的检验机构59个，通过云南局计量认证的检验机构154个，大型企业内设实验室2个，并及时上报实验室资源调查数据光盘。

2003年初，为了规范认证市场，加强对认证有效性的监督，保证认证市场健康有序发展，按照国家认监委《关于对认证机构认证有效性进行监督抽查的通知》，云南局从组织领导、人员、工作程序等方面保证了此项工作的顺利进行，按照认监委提供的名单，对云南省4家企业进行了现场审核，并按时上报了工作总结。

《强制性产品认证管理规定》发布后，云南省质量技术监督局领导对此十分重视，在2003年2月召开的全省质监系统工作会上，明确了要配合国家认监委做好强制性产品认证工作。针对云南省的实际情况，第一步对省内生产强制认证产品的企业进行了调查摸底；并于2003年1月上旬先后在《云南日报》、《都市时报》等3家报纸上载文宣传CCC产品生产企业调查工作及介绍CCC认证制度，据统计，共收到40多家企业返回的调查表；云南局应广大企业的要求，与中国质量认证中心成都分中心联合于2003年2月27~28日在昆明举办了《云南省贯彻强制性产品认证制度宣传贯彻会》，讲解工厂检查有关要求和CCC认证工作程序，如何进行网上申请、CCC认证的单元划分和产品描述等，来自76家企业的110名代表参加了会议。

2003年7月，为确保强制性产品认证制度的实施，国家质检总局和国家认监委联合下发了《关于强制性产品认证行政执法工作有关要求的通知》，云南局立即组织有关处室认真学习领会文件精神，研究执法过程中将会遇到的问题和相应的处理办法，明确了局法规处、监督处及质量处在强制性产品认证行政执法工作中的分工，及时向各州（地）市局转发了该文件，由于省局的周密部署，云南省强制性产品认证行政执法工作得以顺利进行。

2003年9月，《中华人民共和国认证认可条例》颁布实施，云南局按照国家质检总局和国家认监委的要求，对云南省部分认证从业人员进行了宣传贯彻培训。

（云南省质量技术监督局供稿）

认证认可"一穷二白"局面开始改观

——西藏自治区认证工作概况

西藏自治区地处祖国西南边陲，自然环境恶劣，经济发展缓慢，认证认可工作基本上是在"一穷二白"的基础上逐步发展起来的。

根据《关于对自治区质量技术监督局职能配置内设机构和人员编制方案的批复》（藏机编发[2002]45号），西藏自治区认证认可监督管理办公室挂靠在自治区局质量监督管理处，属事业机构，编制3人，2003年方配备认证认可工作人员1名。主要职能：在国务院认证认可监督管理部门的授权范围内，对认证认可活动实施监督管理。

认证中介办事机构：截至2003年底，共有2家获得中国认证机构国家认可委员会（CNAB）资格认可的认证机构在西藏自治区设有办事处或工作站，即北京新世纪认证有限公司西藏办事处和中国质量认证中心四川评审中心西藏工作站。

西藏自治区认证认可工作大致可以分为两个阶段：国家认监委成立前和国家认监委成立后。受工作条件的限制，2003年以前，西藏自治区认证认可工作除计量认证工作外，其他认证认可业务因缺乏专业的人才以及必要的设备，基本属于空白。2003年，西藏自治区认证认可事业取得了较大的发展。

国家认监委成立前的认证认可工作

2000年4月西藏自治区质量技术监督局组建以后，针对西藏企业质量水平低、质量意识淡薄和西藏认证认可力量和条件有限的实际情况，主要是开展对ISO9001质量认证体系的宣传工作。同时，计量认证工作逐步开展起来。西藏自治区自然条件恶劣，交通条件困难，加上缺乏专业技术人员和必要的检测设备，计量工作也只限于拉萨周边地区。受多种因素的影响，监督管理后续工作得不到落实。

国家认监委成立后的认证认可工作

1、宣传贯彻《中华人民共和国认证认可条例》（以下简称《条例》）。以学习贯彻《条例》为契机，把认真学习贯彻落实《条例》当作地方认证认可工作新的起点，作为认证认可工作的原动力。2003年10月，西藏局派出了有关人员参加了国家认监委举办的《条例》的学习培训班。培训结束后，在西藏区组织开展了《条例》的宣传贯彻工作。

2、清理整顿认证市场。一是对在西藏的认证机构（四川评审中心CQC西藏分中心、北京新世纪认证中心）进行了摸底调查，了解了在西藏认证机构的具体情况，听取了广大企业对认证机构的意见与要求，掌握了第一手的资料。在此基础上，开展了西藏全区认证认可市场的清理整顿工作。二是动员和引导西藏区企业进行认证。在西藏区长驻的认证机构有2家：中国质量认证中心四川评审中心西藏工作站和北京新世纪认证有限公司西藏办事处。2003年，全西藏区共有34家企业通过了ISO9001质量体系认证。三是加强认证机构的监督管理。实行了认证情况季报制度和认证工作适时上报制度，及时组织学习，传达国家认监委的精神、文件制度；认真分析西藏自治区认证认可的整体情况和形势，查找存在的突出问题，针对发现的问题，继续深入开展认证认可行政执法检查工作；加大了认证结果的抽查、检查力度，避免不正当认证事件的发生，初步规范了西藏自治区认证认可工作。

3、加强CCC认证宣传和执法检查工作。从维护全区人民利益的高度出发，西藏自治区高度重视CCC认证工作，在宣传、执法检查等方面下了很大功夫。执法检查工作于2003年8月1日起正式开始。首先对《第一批强制性产品认证的产品目录》进行了市场检查，清理了一批无CCC标志的产品，对3大类103家经销商的产品进行了突击检查。其中手机经销商63家、电脑经销商32家、家用电器经销商18家。检查的基本情况显示：90%以上的经销商了解强制性产品认证制度，购进的商品是经过强制性认证的产品，70%的强制性认证产品加贴了CCC标志，经销商也能提供相应的产品认证证书。有10%的经销商对强制性产品认证制度认识不够，同时也发现少数商品存在加贴假冒认证标志的现象，对此类产品的经销商进行了严肃处理和教育。通过检查提高了广大商家对CCC认证的认识，教育了个别违规商户，保护了广大消费者的利益，为CCC认证工作的下一步开展打下了良好的基础。

4、实验室资源调查。西藏自治区共有18家实验室已通过了计量认证。但限于各方面条件制约，国家认监委成立后，西藏自治区还没有实验室通过实验室认可。

（西藏自治区认证认可监督管理办公室供稿）

全面推行HACCP体系认证　扩大优势产品出口

——陕西出入境检验检疫局认证概况

国家认监委成立前的认证工作

国家认监委成立以前，陕西检验检疫开展的认证认可工作，主要有出口质量许可、出口食品生产厂（库）卫生注册登记、认可检验员及推行ISO9000体系认证等。陕西出入境检验检疫局（以下简称“陕西局”）成立后，制定了认证认可及注册、登记、备案管理办法，由科技与认证处负责统一管理认证认可及注册、登记备案工作，明确了相关部门的职责、分工以及相关工作程序。

1、对出口企业实施出口质量许可制度。1983年，陕西地区开始对车床等产品实行出口质量许可证制度，以及对出口质量许可的商品实行凭证报检制度，检务、检验及监管部门相互配合、协作把关，促使企业按规定取证和到期复查。至2001年8月，陕西地区获出口产品质量许可证书共计19家企业37份有效证书，临时质量许可证书19份；煤炭出口质量许可证18家企业18份证书；出口商品包装质量许可证49家企业49份证书。

2、对出口食品厂（库）实施卫生注册登记制度。陕西局严格按照《出口食品厂库卫生要求》等有关规定进行出口食品厂（库）卫生注册审核和复查工作。制定下发了《关于重申加强对出口食品厂库后续监督管理的通知》，就完善出口食品企业厂库建设，严格按外贸合同、标准进行生产，卫生注册编号专号专用，卫生注册到期复查换证等方面作了规定。每年进行清理整顿，对不符合卫生注册条件和不再申请复查换证的企业，取消其注册资格及注册编号。陕西局与陕西省经贸委、陕西省外经贸厅联合下发了《关于出口食品生产、加工厂（库）在立项审查、设计规划前应征求商检机构意见的通知》，要求出口食品生产加工企业及相关立项工程设计单位对待建、在建出口食品厂库必须到检验检疫机构咨询，将卫生注册管理延伸到企业基本建设方面。至2001年8月，实施卫生注册登记的出口食品生产厂（库）共计78家，其中获俄罗斯注册企业13家。

3、对进出口企业实施认可检验员制度。原陕西商检局于1985年开始对出口企业实施认可检验员制度，首批认可出口企业检验员14名，从事机电、轻工产品的检验。以后扩展到纺织、煤炭、粮食、包装、金属材料等7大类出口产品，对136家企业认可检验人员319名。原陕西商检局制定了《陕西商检局认可检验员管理实施细则》，对认可检验员进行定期培训、考核、发证及日常监督管理，建立认可检验员档案。2000年，认可检验员制度取消。

4、推行ISO9000体系认证。1993年3月，经陕西省人民政府批准，原陕西商检局会同陕西省经委等14个厅、局、办联合成立了“陕西出口商品生产企业质量体系（ISO9000）工作委员会”，开展了ISO9000标准的宣传培训，培养了一批质量管理专业人才，宏观协调并具体指导企业宣传贯彻ISO9000标准，建立质量管理体系，积极申请体系认证。

1995年1月，陕西商检局会同陕西省经贸委及西北地区其他四省（区）商检局成立了中国进出口质量认证中心西北评审中心（以下简称CQC西北评审中心），并获得中国国家进出口企业认证机构认可委员会（CNAB，原国家进出口企业质量体系工作委员会）的评定认可。同时，在西安、兰州、银川、西宁、乌鲁木齐设有驻地工作部。

该中心先后编辑出版了《ISO9000 标准培训教程》等教材3部，陆续举办各类培训班，广泛宣传，推动西北地区质量体系认证工作。至2001 年9月底，在加工企业、外贸经营单位和服务行业的500家企业中开展质量体系认证工作，获质量体系注册的企业186家。获证企业的产品质量普遍提高，竞争能力增强，经济效益和社会效益显著。

5、对认证咨询机构实行备案登记。2001年上半年，开展了进出口质量认证咨询机构备案登记工作。对7家在陕西境内从事进出口质量管理体系认证、产品认证活动的认证咨询机构实施备案登记。

国家认监委成立后的认证工作

在国家认监委的领导下，特别是《中华人民共和国认证认可条例》颁布实施后(以下简称《条例》)，陕西局的认证认可工作得到全面加强，工作范围不断拓宽，工作程序不断规范，成绩显著。

1、广泛开展《条例》的学习、宣传和贯彻实施。《条例》颁布后，陕西局即派员参加了专门培训，制定了贯彻实施措施，举办宣传橱窗，组织相关人员认真开展学习，进一步明确了认证认可工作的管理部门，细化了各部门开展工作的职责和范围。结合强制性认证产品的市场执法检查，利用新闻媒体向公众进行宣传，为实施条例创造良好的内外部环境。

2、清理整顿认证市场。2001年10月，根据国家认监委要求，为掌握陕西认证、认证咨询市场中有关机构活动情况，加强对认证市场的管理，对陕西省境内外认证机构及认证咨询机构(不包括已获得CNAB或CNACR认可的认证机构)总体情况进行了调查，为2002年国家认监委整顿全国认证市场秩序提供了依据。2002年，对认证咨询机构进行了梳理，完成了分工管辖范围内认证咨询机构重新登记前的审查及上报推荐工作，将部分认证咨询机构名单移交陕西省技术监督局进行审查推荐。2003年1月，在国家认监委的统一部署下，对陕西地区的2家获得境外认证进行机构认证的有效性监督抽查，对审核结果进行汇总，上报了国家认监委。与陕西省技术监督局紧密配合，相互沟通信息，按照分工范围，开展了认证违法违规机构清查工作。

3、强制性产品认证行政执法检查。为了有效推进陕西地区强制性产品认证工作的开展，加大对CCC的执法力度，陕西局召开专题会议，成立执法检查工作小组，结合陕西地区强制性产品认证情况，部署CCC执法检查工作。在新闻媒体刊登执法公告，制作并播放有关知识专访，在报检窗口宣传栏向外宣传CCC有关知识和政策。对陕西地区进口六种重点检查产品的进口单位和经销商以及出口生产企业进行了调查摸底，先后走访了十多家企业，建立了有关信息档案。

2003年8月1日执法检查第一天，对西安市大型商场的进口电视机、洗衣机、电冰箱、台式电脑、插头插座、电线电缆等六种商品进行了执法检查，并邀请新闻媒体跟踪报道，扩大了陕西地区强制性产品认证行政执法工作的影响，促进了陕西地区强制性认证产品的认证。检查中发现，各商场有少数进口电器存在无CCC证书及标志、有CCC证书无CCC标志、有CCC标志无CCC证书和CCC标志加贴不规范等问题。执法人员当即对存在问题的商品进行了封存，并要求商场督促销售商积极申请CCC认证。

4、继续加强出口质量许可制度实施工作。陕西局在做好一般出口产品质量许可工作的同时，工作重点转移到出口危险品包装生产企业的监督管理和取证工作上，帮助企业建立质量管理体系。至2003年12月，全省获出口产品质量许可证的企业有27家52份证书，临时质量许可证书5份；煤炭出口质量许可证34家企业38份证书；出口商品包装容器质量许可证55家企业55份证书。

5、开展了实验室资源调查工作。配合国家认监委组织的全国实验室资源总量调查活动，开展了陕西检验检疫系统实验室和出口食品卫生注册企业实验室资源调查工作。对各实验室的基本信息、检测领域、资质状况、检测人员、固定资产、检测能力及实验室的主要仪器设备进行了摸底调查，掌握了全省9个检验检疫系统实验室和12个出口食品卫生注册企业实验室的现状。

6、按期完成实验室注册转换工作。按照国家认监委的要求，陕西局各相关部门共同努力，按文件要求进行申请表格的填写、材料整理及申请资料的审核，按期完成了陕西局技术中心化矿实验室、食品实验室、微生物实验室、汉中局和榆林局的综合实验室等注册实验室向计量认证实验室的转换工作，2003年9月，上述实验室已全部获得计量认证证书。

7、出口食品生产企业卫生注册工作。国家认监委成立以来，特别是《出口食品生产企业卫生注册登记管理规定》实施以来，陕西局积极指导生产企业加强出口食品的安全卫生控制，保证了出口食品的安全质量。至2003年12月，全省获得出口卫生注册登记企业73家，其中获俄罗斯注册企业2家。主要工作情况如下：

(1) 参加国家认监委举办的卫生注册、HACCP培训达29人次。组织相关人员学习贯彻落实《出口食品生产企业卫生注册登记管理规定》和《食品生产企业危害分析与关键控制点(HACCP)管理体系认证管理规定》。编写了卫生注册评审员培训教材,培训人员27名。陕西局已有3名卫生注册主任评审员,8名评审员,17名见习评审员。

(2)指导出口食品生产企业40余家近1000名员工学习《出口食品生产企业卫生要求》和国际食品法典委员会(CAC)《HACCP体系及其应用准则》等有关知识,使其熟悉和掌握出口食品的安全卫生控制。严格按照《出口食品生产企业卫生要求》对出口食品生产企业实施卫生注册登记评审,全面启用了卫生注册登记的程序性文件,规范卫生注册工作。

(3)开展了HACCP体系的官方验证工作。在美国《果蔬汁HACCP体系法规》(21 CFR Part120)最终实施时限前,将通过官方验证的20家出口果汁企业上报国家认监委,并同全国44家出口果蔬汁生产企业一起在FDA网站公布。同时,积极指导和帮助陕西地区对美出口果蔬汁、低酸罐头等的生产加工企业按照美国《生物恐怖应对法》及其四个配套法规(草案)的要求,及时在FDA注册,并做好记录保持和进口前预申报工作,保证了果汁顺利出口美国等国家/地区。

(4)开展了对陕西地区已获卫生注册登记企业的“拉网式”监督检查。完成了46家卫生注册企业的监督检查,涉及果蔬汁、蜂蜜、蛋粉等15个产品。取消了18家卫生注册登记企业,确保了出口食品生产加工过程的安全卫生。

(5)加强了对13家获俄兽医局注册肉类企业生产加工各个环节中的管理,对无法保证出口产品卫生质量或已不能正常生产的企业,先后两次报国家认监委取消或更改其对俄注册资格。

8、体系认证。由于国家认监委对认证机构的整顿和市场清理,CQC西北评审中心在认证企业的数量和质量方面发生了显著变化,2001年9月至2003年底共完成体系认证273家。

加大认证市场开发力度,开拓新领域。除ISO9000体系认证外,根据陕西果汁加工企业多,出口果汁量大、要求质量高的实际情况,在果汁加工生产行业率先全面开始推行HACCP体系认证。加大ISO14000和OHSAS18001认证开发力度,对陕西省邮电系统等重点服务行业全面突破。2003年底,共完成ISO9000认证251家、HACCP认证8家、ISO14000认证9家、OHSAS18001认证5家。

(陕西出入境检验检疫局供稿,作者:贾明贵、李玉生)

正确引导　积极推进　严格监管
促进陕西省质量认证工作健康发展

——陕西省质量技术监督局认证工作概况

陕西省质量技术监督局作为全省质量认证的行政主管部门历来对质量认证工作非常重视,本着“正确引导、积极推进、严格监管”的原则,多年来不遗余力地推动质量认证工作,取得了显著成效。陕西省的质量认证工作有了长足进展,特别是近几年发展迅速,表现出三个特点:

1、获证企业数量增加迅速。1998年底共有144家企业获得质量体系认证证书,1999年底增加到了222家,2000年底则增加到了386家,2002年底增加到了1 750家,获证企业数量比1998年底增加了11.2倍。

2、认证企业领域不断拓宽。已从最初单纯生产硬件类产品的产业,逐步扩展到软件产业、流程性材料产业,而近几年提供无形产品的服务业发展尤为迅速,如运输仓储业、通信业、金融保险业、餐饮旅游业、行政管理业等。

3、质量认证的从业人员和从业机构发展迅速,能满足陕西省质量认证工作的发展需要。截至2003年底,陕西省境内企业获得质量管理体系证书1 912张,占全国企业获证总数的1.98%;共有34家实验室获得中国实验室国家认可委员会认可;共有18家质量认证咨询机构通过了国家认监委审批;共有2家内审员培训机构通过了国家认监委审批。

在陕西省质量技术监督局主管全省质量认证工作的历程中,有三件事情意义重大:一是陕西省质量技术监督局成立了专门主管质量认证工作的部门——认证与实验室评审管理处。2000年10月以前，陕西省的质量认证工作由陕西省质量技术监督局的质量管理认证处主管，2000年10月，陕西省省级政府机构改革时，陕西省质量技术监督局为了加强对全省质量认证工作的管理，成立了专门的工作部门——认证与实验室评审管理处，其主要职责是负责全省认证认可相关管理工作和省内各类技术机构（质检机构、锅炉特检机构、计量技术机构）的评审管理工作，从而对全省质量认证管理工作在组织上提供了有力的保证。二是2001年8月29日国家认监委的成立，使全国认证认可工作有了坚强的领导机构。三是2003年9月3日《中华人民共和国认证认可条例》的颁布，它标志着全国认证认可工作在规范化、法制化方面迈出了新的一步。

国家认监委成立之前陕西省质量认证工作概况

陕西省的质量认证工作是随着全国质量认证的发展而发展起来的，从1992年开始起步，在经历了1993年至1997年的平稳发展阶段后，由于企业对质量认证需求强烈，从1998年开始出现了快速发展的态势。截至2000年底，陕西省共有386家企业持有带国家认可标志的质量体系认证证书，占全国持证企业1.51Θ，列全国第18位；共有173家企业获得了853张产品质量认证证书，证书数量占全国1.31Θ，列全国第14位；共有204人获得了CRBA质量管理体系审核员注册证书，获证人数列全国第12位，共有3家在陕西省从事质量认证咨询活动的咨询机构经陕西省质量技术监督局批准备案。

在此期间，陕西省质量技术监督局为推动全省质量认证事业的发展所做的主要工作：

1、广泛宣传，积极动员，推动质量认证工作开展。为了推动全省的质量认证工作，陕西省质量技术监督局通过办学习班、发放认证宣传材料、组织座谈、到企业宣传等多种形式宣传ISO9000标准和国家质量认证政策，使企业明白贯标认证对企业发展的促进作用，动员、鼓励条件较好的企业率先贯标认证，并组织专业技术人员对率先贯标认证的企业给予辅导和帮助，解决企业贯标的技术难题。为了调动企业贯标认证的积极性，陕西省质量技术监督局提请陕西省人民政府，对全省在1998年度贯标认证活动中成绩突出的陕西省水电工程局等16家单位和南泽华等30位个人，授予“陕西省1998年度贯彻ISO9000标准，推行质量认证活动先进集体和先进个人”荣誉称号，予以表彰、奖励。

2、培养人员，筹备成立认证审核机构。为了解决陕西省审核员人力不足的问题，陕西省质量技术监督局与中国认证人员国家注册委员会联系，协助其在陕西省举办了国家注册审核员预备知识班2期、审核班4期，培养了国家注册审核员70余人，这些人已成为陕西省审核队伍的中坚力量。为了方便西北地区企业的认证审核，陕西省质量技术监督局与西北兄弟省（区）的质量技术监督局一道，协助中国方圆标志认证委员会在陕西成立了其在西北地区的分支审核机构——中国方圆委陕西审核中心/西北认证工作站。筹建工作从1992年开始，于1998年通过了中国质量体系认证机构国家认可委员会的认可，首批通过认可的业务范围有4大类31小类。在方圆委的正确领导和西北五省（区）质量技术监督局的大力支持下，中方委陕西审核中心不断发展壮大，现已注册为独立的事业法人：拥有专职审核、管理人员30余人，兼职审核员300余人，建立起了一支业务能力强、管理经验丰富、专业水平高、专业分布均匀、年龄结构合理的认证审核员/工厂检查员队伍；通过与方圆总部的资源分享，可开展产品质量认证审核、产品安全认证审核、质量管理体系认证审核、环境管理体系认证审核、职业健康安全管理体系审核、HACCP管理体系认证审核、强制性产品认证（CCC）审核等各类审核业务。自成立以来，已颁发各类认证证书800余张，涉及食品、化工、机械、电子、建材、建筑、服务等35个大类，覆盖陕西、甘肃、新疆等九个省（区），已成为西北地区最具实力和影响力的认证审核机构。

3、开展质量体系内部审核员的考核和注册工作。陕西省质量技术监督局依照原国家质量技术监督局《质量体系内部审核员注册管理暂行办法》的规定，制定了《陕西省质量体系内部审核员注册管理暂行办法》，并组织开展了质量体系内部审核员的培训、考核和注册工作，截至2000年底，培训注册内审员385名。

4、开展质量认证咨询机构的备案管理工作。陕西省质量技术监督局根据原国家质量技术监督局《质量认证咨询机构管理办法》（试行）的规定，制定了《陕西省质量认证咨询机构管理办法实施细则》，并据此开展了质量认证咨询机构的备案工作，共有陕西质量认证咨询中心、陕西科宏质量认证咨询中心、陕西高德国际投资顾问有限公司三家咨询机构通过了备案，截至2000年底，他们共咨询企业154家。

国家认监委成立后陕西省质量认证工作概况

2001年8月29日，国家认监委成立后至2003年底，是陕西省质量认证工作发展最为迅猛的时期，这不仅表现在通过认证企业的数量迅速增加，获证企业领域迅速拓宽，更为重要的是国家认监委建立了国家统一的认可制度，国务院颁布了《中华人民共和国认证认可条例》，完善了认证认可法制建设，积极推行强制性产品认证制度，整顿和规范认证市场，这些工作的实施对陕西省质量认证工作的健康发展产生了深远的影响。在此期间，陕西省质量技术监督局在质量认证方面主要做了以下工作：

1、质量认证咨询机构的监督管理工作。为了进一步规范、引导陕西省的质量认证咨询市场，陕西省质量技术监督局在2001年转发了原国家质量技术监督局发布的《质量认证咨询机构备案登记管理办法》，同时组织国家评审员、有关专家对六家申请备案的质量认证咨询机构进行了评审，符合条件的给予了备案，并及时在《陕西日报》发布公告。此举在社会上引起了强烈的反响，得到了企业的普遍重视，也促使大部分未经备案的质量认证咨询机构申请备案。2002年4月2日，国家认监委、国家质检总局、国家工商行政管理总局、对外贸易经济合作部联合印发了《认证机构及认证培训机构、咨询机构审批登记与监督管理办法》的通知，即将原对质量认证咨询机构的自愿备案登记规定为强制审批登记。为此，陕西省质量技术监督局及时调整了工作思路，牵头陕西省工商行政管理局、陕西省对外贸易经济合作厅联合转发了国家四部、局、委印发的《认证机构及认证培训机构、咨询机构审批登记与监督管理办法》。本着“赶羊进圈、统一管理”的原则，多次召集全省绝大部分质量认证咨询机构的负责人开会，认真学习《办法》精神以及国家认监委关于对《〈认证机构及认证培训机构、咨询机构审批登记与监督管理办法〉审批条件若干解释的通知》，就质量认证咨询机构审批登记程序，向咨询机构的负责人做了耐心细致的说明和解释工作。之后，组织在陕的国家高级审核员对全省要求审批登记的27家质量认证咨询机构进行了审查，并报国家认监委审批。截至2002年底，全省已有20家质量认证咨询机构通过国家认证认可监督管理委员会审批。2003年，根据国家认监委《关于进一步做好认证咨询机构审批工作的通知》精神，陕西省质量技术监督局组织国家高级审核员对全省已审批登记的质量认证咨询机构进行了审批再确认前的审查工作，并报国家认监委审批，最终陕西省有18家质量认证咨询机构通过国家认监委审批。

2、认证有效性监督抽查工作。根据国家认监委《关于对认证机构认证有效性进行监督抽查的通知》(国认可[2003]3号)安排，陕西省质量技术监督局于2003年1月13日组织经过国家认监委培训的6名认证稽查员分三组对全省15家企业进行了认证有效性监督抽查。此次监督抽查共历时10天，涉及7家认证机构。经抽查，质量体系运行符合要求的企业5家，基本符合要求的企业7家，不符合要求的企业3家。对这次有效性监督抽查，陕西省质量技术监督局做了充分的前期准备工作。现场检查中，各检查组严格按照国家认监委的要求和工作程序开展工作，做到了纪律严明，不给企业增加经济负担，得到了绝大多数企业的理解和配合，整个检查工作进展顺利。检查工作结束后，相关材料及时汇总上报了国家认监委，由于现场检查细致、资料翔实、分析透彻，受到了国家认监委的好评。

3、强制性产品认证制度宣传和执法工作。强制性产品认证制度，是中国政府为保护广大消费者人身安全、保护动植物安全、保护环境、保护国家安全的重大举措。国家质检总局于2001年11月21日发布了《强制性产品认证管理规定》。为了大力推动陕西省的CCC认证工作，陕西省质量技术监督局及时组织学习班将强制性产品认证制度向各市质量技术监督局和相关单位进行了宣传贯彻，对各市局执法人员进行CCC认证执法知识培训，并通过省内各大新闻媒体对强制性产品认证制度进行了广泛的宣传，一时间成为新闻媒体关注的热点。同时，陕西省质量技术监督局就强制性产品认证制度的实施向生产、经销企业做了大量耐心细致的解释工作，加之组织执法人员严格按照国家认监委的部署开展了CCC认证执法检查，收到了良好的效果，使陕西省的强制性产品认证工作进展顺利。据不完全统计，截至2003年底已有232家企业获得CCC认证证书。

4、实验室资源调查工作。2002年10月，陕西省质量技术监督局参加了中国实验室国家认可委组织的实验室资源调查工作。首先派员参加了实验室资源调查学习班，对调查使用的软件、调查表、录入方法等进行了系统的学习，随后根据以往掌握的实验室信息发出了调查表500余份，回收了345份。在一个多月的时间内，参与调查人员抓紧时间，边接收调查表边输入软件，保证按时完成了调查任务，上报实验室345个，其中校准实验室17个，其余为检测实验室。

5、陕西省质量技术监督系统内部推行质量体系认证工作。陕西省质量技术监督局十分重视局系统内部的规范化管理工作，并以贯彻ISO9000标准，推行质量体系认证为契机，提高陕西省质量技术监督系统的规范化管理水平。从 2002 年起，省局多次举办各地市局管理人员参加的 ISO9000 标准知识培训班，提高地市局管理人员规范化管理的理论水平，并动员地市局贯彻 ISO9000 标准，通过质量管理体系认证。

（陕西省质量技术监督局供稿）

热情服务　严格监管　促进出口

——甘肃出入境检验检疫局认证工作概况

本着检验检疫工作要维护国家利益，服务地方经济、服务企业、促进企业发展的原则，甘肃出入境检验检疫局（以下简称“甘肃局”）时刻把认证认可工作放在检验检疫业务的首位，做到严格把关，服务企业，努力开拓，在甘肃省开创了认证认可事业的新局面，为全省的经济建设和外向型经济的发展做出了贡献。

出口食品生产企业卫生注册工作

1、卫生注册企业概况。甘肃省地域狭长，经济发展缓慢，外向型企业发展严重滞后，出口食品生产企业分布面广点散，有些企业仍停留在“作坊式”生产状态。

2000 年，甘肃省出口食品注册企业共有 31 家，2001~2002 年为 41 家，2003 年底发展到 48 家。在 2003 年卫生注册企业“拉网式”检查中，又因各种原因吊销注册企业 9 家，目前注册的出口食品企业为 39 家。其中果蔬汁类企业 5 家、肉制品企业 3 家、肠衣企业 2 家、脱水蔬菜企业 21 家、啤酒企业 2 家、乳制品厂 3 家、方便面加工厂 1 家。

2、评审人员。甘肃局卫生注册评审人员共 13 人，其中主任评审员 4 人。

3、卫生注册执法监督。多年来，甘肃局以“严格执法，服务地方”为宗旨，在扎扎实实做好卫生注册工作的基础上，根据甘肃省的具体情况，总结出了一套切实可行的做法：

（1）热情服务，促进外向型企业的卫生注册工作开展。由于甘肃经济发展相对滞后，企业起点往往较低，人员素质较差，对出口食品卫生要求和基本的食品卫生常识了解甚少。为做好这项工作，卫生注册评审和监管人员需做大量相关知识的宣传和培训工作，从企业前期的施工图纸审核、卫生安全质量体系的建立，到实际生产的运行，评审和监管人员要做到上门服务，多次实地指导，提出可行意见和建议，以确保出口食品的卫生安全质量。

（2）提高企业管理能力，大力推行体系建设。自国家质检总局 20 号令颁布以来，体系建设得到越来越多企业的重视。甘肃局以此为契机，加强相关法律法规的宣传、培训，协助企业建立切实可行的卫生质量体系，并把实地考察指导作为重要手段，使体系的运行为企业的产品质量保驾护航，尤其对出口食品中六类高风险产品，强制性实行 HACCP 体系。

（3）加强宣传，提高企业安全卫生意识。国家质检总局颁布的 20 号令《出口食品生产企业卫生注册登记管理规定》实施后，甘肃局以举办出口食品生产企业卫生注册、HACCP 体系知识培训班等方式，进行宣传，组织学习，有力地促进了出口企业管理水平的提高。

（4）切实做好卫生注册企业的监督评审工作。针对各企业的硬件设施和管理水平参差不齐，企业员工文化素质普遍较低的现状，2003 年，甘肃局制定并实施了年度监管工作计划：一是建立了全省出口食品生产企业档案，做到对每个企业监管心中有数；二是尽可能地对在册企业进行年度监督评审一次，对季节性生产企业，必须在生产期内进行监督评审；三是加强与企业的联系，及时将国家质检总局和国际上与食品生产相关的要求传达到各企业。2003 年 6 月，及时向企业转发国家认监委颁发的《关于切实加强出口食品企业安全卫生管理工作的紧急通知》，要求企业积极进行年度内审。甘肃局在下半年生产季节组成了监督评审组，依据国家质检总局 20 号令对全省出口食品生产企业进行清理、整顿，对存在问题的企业进行相应处理，从各个环节上加强了对企业的监管力度。四是委托甘肃检验检疫协会举办了卫生注册、HACCP 体系内审员培训班。

（5）加强学习，提高评审员素质。2002~2003 年度，甘肃局多次派员参加国家局举办的“卫生注册、HACCP 培训班”，及时掌握卫生注册工作新精神，有效地提高了监督评审人员的业务素质和工作能力。

实验室管理工作

经国家质检总局批准，甘肃局现拥有国家级重点实验室1个（外繁种子重点实验室）；区域性中心实验室5个（甘肃铜精矿及制品检测中心实验室、食品安全检测中心实验室、植物检疫检测中心实验室、医学媒介生物监测检测中心实验室、结核病检测中心实验室）；检验检疫常规实验室3个（酒泉、天水、平凉综合实验室）。

甘肃局根据国家局实验室布局的总体思路，为适应加入WTO后新形势的需要，一方面制定长远规划，调整实验室布局，推进实验室集约化管理，加大对涉及安全、卫生、环保、反欺诈重点实验室的投入；另一方面，对实验室的机构设置和管理进行改革尝试，利用甘肃局中心实验室的资源优势，以中心实验室为主线，合理布局3个地区局的实验室规模和检测项目，通过与社会实验室优势互补、灵活合作等方式，拓宽实验室建设路子。

甘肃局中心实验室拥有专业技术人员14人，其中高级职称人员7人、中级职称人员3人、初级职称人员4人；博士3人、硕士3人，另有2人在读硕士。实验室占地面积1 800m²，设备245台/套，检测设备资产798万元。所涉及的检测范围包括金属化矿、农副食品、动植物检验检疫检测等24项检测项目。

甘肃国际旅行卫生保健中心现有专业技术人员和外聘人员21人、主任医师5人、高级医师2人，中心占地面积900m²，仪器设备总数59台/套，设备资产为300万元，所涉及的检测范围包括临床常规检测、生物检测、免疫检测等20多项检测项目。

为加强地区局实验室建设，局领导亲自带队对3个地区局实验室建设情况进行现场调研和评估，根据所处地域不同和出口产品各异等特点，综合考虑人力、设备和检测项目，集中投资，确保地区局的3个综合性实验室检测水平的稳步提高。通过对实验室的合理整合，提高了甘肃局实验室整体实力和可持续发展的后劲。

1、强化专业技术人员培训。甘肃局始终把人才培养作为检验检疫工作的突破口，采取送出去请进来等多种方式培养专业检测力量。2001年以大区名义在甘肃局组织举办实验室内审员学习班；甘肃局内部2次举办实验室标准学习班；先后10人次外出参加ISO/IEC导则25、ISO/IEC17025标准、测量不确定度、实验室内审员的培训，全面掌握质量管理方法。先后有30名实验室骨干获得内审员资格证书，1人被聘为国家级计量认证评审员，2人被聘为CNAL实验室评审员，还为实验室培训了2名测量不确定度骨干。通过人才培训，为甘肃局实验室注册/计量转换和测量结果的不确定度评估与表述的推广应用打下了坚实的基础。

2、完善实验室质量管理体系，做好实验室注册/转换工作。《质量手册》、《程序文件》等软件及各种记录表格的编写工作，是实验室注册考核不可缺少的重要环节。在借鉴兄弟局经验的基础上，组织专人，严格按测试和校准实验室能力的通用要求标准编写文件。在大区考核前，甘肃局先进行两次内审，对检查出的不符合项，及时提出整改措施，逐条抓落实。

甘肃局中心实验室于2001年11月23日通过了西北大区注册实验室的现场评审；2002年5月取得了国家认监委的注册证书；保健中心医学实验室和中心实验室动植物检疫实验室于2002年12月5日通过了大区考核组的现场评审。2003年5月，中心实验室获得国家认监委颁发的“计量认证合格证书”。

中心实验室已按照ISO/IEC17025:1999《检测和校准实验室能力的通用要求》建立起质量管理体系。同时，为健全和完善质量保证体系，加强中心实验室管理，提高检验检疫技术水平和测试工作质量，科学准确地提供检测数据，中心实验室在《质量手册》（A版）的基础上，对照ISO/IEC17025:1999《检测和校准实验室能力的通用要求》编制了《质量手册》（B版）。

经国内技术交流和专业培训，中心实验室专业技术人员已具备较强的科研开发能力，几年来，获省、部级科技进步奖和“科技兴检”二、三等奖6项，制定行业标准3项，获地、厅级科研成果13项。

甘肃局按照国际通行做法，建立统一的实验室资质准则。调整和改革现有的评价体系，加强对实验室检测工作的日常监管，确保实验室出具的数据准确、可靠。严格按ISO/IEC17025标准要求，力求使实验室检测工作向着科学化、规范化的目标迈进。

（甘肃出入境检验检疫局供稿）

体系认证增强了甘肃产品竞争力

——甘肃省质量技术监督局认证工作概况

自国家建立认证制度以来，甘肃省质量技术监督局认真贯彻国家认证法律法规，不断建立和完善认证规章制度和工作机制，清理、整顿、规范认证市场，积极推进质量体系认证、强制性产品认证、农产品等自愿性认证及认证执法和认证有效性检查，开展实验室资源调查，并在调查的基础上进一步强化对其出具数据公正、准确、可靠的监督管理。在工作中始终坚持以服务为宗旨，并把服务落实到具体的工作中，从而提高了认证工作的有效性。

国家认监委成立以前的基本情况

1、体系认证。到2001年末，甘肃省共有221户企业通过ISO9000质量体系认证，获证221张。获证企业已开始从以中央企业、省属大中型企业为主，向中小企业发展，认证行业范围也已从石油、化工、机械、电子、建材、有色金属冶炼等行业向建筑、公路建设及商业、物流、物业管理、交通运输、贸易等行业发展。

2、产品认证和安全认证。在新的强制性产品认证目录颁布之前，甘肃省产品认证获证企业61家，获证196张。认证范围主要是水泥、轻工、机械类产品。对安全认证，甘肃省颁布了地方性行政法规，并通过建立行之有效的工作机制，对违法行为进行了查处，有力地保障了安全认证工作的顺利进行。

3、积极组织宣传贯彻《产品质量检验机构计量认证/审查认可(验收)评审准则》。严格按规定的时限开始实行，并按政事分开的原则，将计量认证/审查认可(验收)现场评审工作交由事业单位实施。

4、存在的问题。

(1)质量认证工作的速度较慢。截至2001年底，甘肃省企业获得质量体系认证证书数仅占全国的0.59%，产品质量认证证书也只占全国的0.23%，实验室认证证书占全国的1.1%。

(2)质量认证的行业覆盖面不够广。获得质量认证的企业大都是工业企业，服务行业的质量认证工作初步启动。

(3)认证市场混乱，企业反映强烈。

(4)缺乏对认证、咨询机构有效的管理手段。

国家认监委成立以后的基本情况

1、加强组织管理，强化市场监督。以省级政府机构改革为契机将原分属于质量处的质量体系认证和产品认证工作、计量处的质检机构计量认证工作及监督处的质检机构审查认可(验收)工作，统一划归监督处负责并加挂认证办牌子，从而强化了认证工作的监督管理，避免了重复评审，减轻了质检机构负担，提高了工作效率。

2、质量体系认证工作迅速发展，成效显著。

(1)2003年末，甘肃省通过ISO9000质量体系认证的企业已达641户，比2001年末增加了400户，增长率为166%。认证企业已从工业向商业、服务、交通、物业管理等第三产业发展。通过认证，企业普遍反映，促进了管理水平和产品质量的提高，增强了产品的竞争力，绝大多数企业注重保持认证成果。

(2) 开展了认证市场清理整顿和认证有效性监督检查，提高了认证工作质量。按照国家认监委的统一部署，对认证市场进行了清理整顿，对省内17户咨询机构进行了初审，向国家认监委报送了6户经初审合格的企业，并已通过了再确认，取得了相应的资格证书，依法开展咨询活动。2003年1月，组织对认证机构认证有效性监督抽查，共抽查5户取证企业和4家认证机构，对1户质量体系运行不符合要求的企业落实了整改措施，对1家认证机构认证咨询一条龙的情况上报国家认监委进行了查处。

3、产品认证。2003年底，通过强制性产品认证的企业36户，获证241张，自愿性认证企业85户。

(1)强制性产品认证制度执行情况。

一是宣传和培训。按照国家认监委的安排和部署，将强制性产品认证制度有关的文件、宣传册、宣传画及光盘及时发到各市州地质量技术监督局，并借“3·15”消费者活动日向全社会发放CCC制度宣传册、宣传画等资料，大力宣传强制性产品认证制度；通过甘肃电视台制作并连续15天播放了宣传CCC制度的公益性广告；召开了兰州市大型商场、超市等20多户商业企业负责人参加的强制性产品认证制度宣传动员会；向国家认监委推荐亚欧商厦参加了全国百家大型商场承诺不销售无CCC标志的产品活动，并组织信誉较好的省内10家较大型商业企业，向社会作了不销售无CCC标志产品承诺活动。甘肃局按照国家认监委的要求，以发文件、开会、发宣传资料、播放光盘等多种方式，向生产、经销强制性产品认证目录内的企业，宣传强制性产品认证制度的内容及政策。2003年10月，甘肃省政府召开工业标准化暨强制性产品认证工作会议，全省各市州地政府主管市州长，省直有关单位领导和各市州质量技术监督局及省内生产强制性产品目录内产品的企业，共200多人参加了会议，通过会议，进一步对CCC认证制度进行了宣传动员，要求各级党委和政府以及有关部门，调动社会各方面的积极性，促进强制性产品认证制度的全面实施。

二是调查摸底。甘肃局会同甘肃省出入境检验检疫局联合发文，对甘肃省强制性认证产品生产企业进行了调查。经调查，甘肃省《第一批实施强制性产品认证的产品目录》内产品生产企业共有74户，涉及电线电缆、低压电器、小功率电动机、家用和类似用途设备5大类14种产品。

三是强制性产品认证行政执法工作。按照国家质检总局、国家认监委《关于强制性产品认证行政执法工作有关要求的通知》精神，从2003年8月1日开始，甘肃局组织14个市、州、地质量技术监督局，在全省范围内按规定对6种重点产品进行了行政执法检查。全省共出动执法人员4 900多人(次)，车辆1 800多台(次)，检查了840多家商厦、超市、专业市场、批发市场的2 800多个品种规格的商品。严格按照国家质检总局和国家认监委的要求，重点把执法检查放在帮助和督促企业认证上，对一般违法行为，要求企业进行整改，对严重违法行为，如假冒CCC标志等，进行罚款处理。从重点执法检查的电视机、电冰箱、洗衣机、台式电脑、插头插座、电线电缆6类产品看，除插头插座外，其余生产经销者能较好地执行CCC制度，存在问题较多的是经销插头插座的商业柜台和个体门店，产品无CCC标志和准许销售的标识，假冒标识也相对较多。检查中根据《产品质量法》和有关办案规定，或依法没收产品，或进行现场处罚，全省共查处违法产品货值约40万元，罚款10余万元。

(2)自愿性产品认证和农产品认证。由于质量体系认证包含了产品认证的大部分内容，而且质量体系认证对企业生产经营发展效果较好，无强制性要求的自愿性产品认证及农产品认证企业申请数量不多。

4、计量认证和实验室认可工作。

(1)按照国家认监委的要求，对省内的实验室资源进行了调查，查明全省有各类实验室247家。

(2)为了使新的《计量认证/审查认可(验收)评审准则》顺利实施，甘肃局选派有关人员参加了国家认监委举办的评审准则培训班，并获得了证书；组织省内有关质检机构评审人员进行了新准则的培训，使新的评审准则得到了全面贯彻。

(3) 按照局党组关于计量认证/审查认可工作实行政事分开的原则，认证的评审等技术性工作交由省计量测试所和检定所承担，受理、发证以及现场评审督查仍由局里管理。

(4) 有关计量认证的监督评审工作已着手组织安排，以此提高认证工作质量。

5、存在的问题和建议

(1) 目前认证及咨询市场还存在有证和无证机构并存，互相抢占甚至压价争夺市场的现象，尚需继续规范。

(2)依然存在省外未经国家认监委审批的非法机构和派出人员在甘肃违规从事认证业务活动的现象。

(3)个别企业，特别是中小、个体企业出于招投标需要，借助个别不规范认证机构获得证书。

(4)实验室资源调查工作虽然结束，但此项工作涉及面广，工作量大，后期整治工作依然相当繁重。

(甘肃省质量技术监督局供稿)

狠抓体系认证 促进企业由大变强

——青海出入境检验检疫局认证工作概况

1993年4月29日，青海进出口商品检验检疫局、青海省财政经济委员会、青海省对外经济贸易厅联合发文，通告成立"青海出口商品生产企业质量体系(ISO9000)工作委员会"(以下简称工作委员会)，青海省重工业厅、青海省机械工业厅、青海省轻纺工业厅、青海省标准局为委员单位。工作委员会的主要职责是在青海出口商品生产企业中推行ISO9000系列国际标准，为企业建立ISO9000质量保证体系，开展协调、监督、指导和服务工作；研究制定相关认证工作的方针、政策、制度和实施办法；对出口商品生产企业质量体系的评审机构和评审员实施监督检查；协调参加国际间的体系互认活动等。工作委员会同时制定了章程，形成了第一次会议纪要，拟订工作要点。

工作委员会成立以后，每年召开1次主题年会，总结工作，统一认识，协调关系，查找不足，解决问题，对推动全省的质量体系认证工作起到了重要作用。

1995年1月，经国家商检局批准，陕西、甘肃、宁夏、青海和新疆商检局联合成立"出口商品生产企业质量体系西北评审中心"，总部设在西安。该中心在青海设立分支机构，即"出口商品生产企业质量体系西北评审中心青海工作部"，成为青海地区的第一个合法的评审机构。1997年11月底，经中国进出口质量认证中心确认，更名为"中国进出口质量认证中心西北评审中心青海分中心"。

2001年8月，国家认监委成立，2002年4月，中国进出口质量认证中心和中国电工产品认证委员会合并，成立中国质量认证中心。青海检验检疫系统的评审机构随之更名为"中国质量认证中心西北评审中心青海分中心"，简称"CQC青海分中心"。

青海检验检疫与认证认可工作概况

1、体系认证工作情况。1993年，青海出口商品生产企业质量体系(ISO9000)工作委员会成立后，办公室设在青海进出口商品检验局，作为日常办事机构，具体开展部门之间的联络、认证业务的宣传、国际认证动态的发布、标准知识的培训等工作。为启动全省的体系认证工作，工作委员会办公室先后派出5人次分别参加英国BSI和BMIQA、新加坡NOVE举办的ISO9000主任审核员培训班，为出口商品生产企业开展体系认证工作提供咨询服务工作，成为青海地区ISO9000质量体系认证的第一个专业咨询机构。工作委员会办公室先后举办ISO9000标准培训班、本系文件编写培训班、内审员培训班等共5期，为企业培训认证业务骨干约350人次，为青海ISO9000认证工作的起步和发展奠定了基础。

出口商品生产企业质量体系西北评审中心青海工作部成立后，首先对条件较成熟的出口企业进行了ISO9000质量体系的宣传贯彻、培训和咨询。自1994年始，先后与青海量具刃具有限责任公司、青海骨胶厂、青海铝厂、西宁石油机械厂等单位签订认证协议，启动了青海的质量体系建设和认证工作。1996年12月，青海量具刃具有限责任公司率先在青海的生产企业中取得第1张ISO9000质量体系认证证书。青海出口商品生产企业质量体系(ISO9000)工作委员会和青海量具刃具有限责任公司联合举办新闻发布会，青海省赵乐际副省长亲自为该公司颁发体系认证证书。

截至2001年8月，CQC青海分中心共颁发ISO9000证书11份。

2001年12月，中国铝业公司青海分公司经CQC青海分中心评审，获得青海地区第一张ISO14000环境管理体系认证，亦是青海地区惟一获得两证的大型国有企业。

体系认证促进青海重点企业由大变强。以首先获得ISO9001认证的青海量具刃具有限责任公司为例，该公司在取得ISO9001国际质量管理体系认证的同时，还取得了欧洲IEC电子产品安全认证，公司的主导产品各类千分尺的品种规格居世界第一，产销量占中国千分尺行业总量的50%，居世界第二，公司已取得19项国家专利、3项国际专利，具备完全知识产权的部分产品已处国际领先水平，公司主要经济指标保持着年平均二位数的增长。

2001年，国家认监委成立后，在国家认监委的统一管理和指导下，CQC青海分中心进一步严格执行审核程序，壮大审核员队伍，扩充审核专业范围，建立审核技术专家库，审核质量不断提高。2001年，完成ISO9000和ISO14000认证共15家。2002年，完成ISO9000认证15份。2003年，完成ISO9000认证38份。截至2003年底，CQC青海分中心有专职高级审核员3名。审核员6名、见习审核员22人、技术专家12人。

2、青海地区的强制性认证。2002年5月，国家认监委公布第一批强制性认证产品目录。同月，青海省检验检疫局联合青海省质量技术监督局在调查摸底的基础上，召集西宁地区22家生产、经营企业在青海省质量技术监督局召开宣传贯彻会，推行强制性产品认证工作。CQC西安分中心深入青海地区相关企业落实评审认证工作，截至2003年底，青海电线电缆厂等14家企业24个列入目录的产品经过评审获得产品认证。

青海检验检疫的认证认可监督管理

1、监督管理机构。青海检验检疫认证认可监督管理，在1999年11月前，由青海进出口商品检验局科技监管处负责管理。1999年11月，国务院做出新一轮机构改革的决定，实施“三检合一”，依法成立检验检疫机构，青海检验检疫局设置法制与综合业务处，负责对原系统内成立的认证认可机构，国外在青海地区的认证机构以及涉及出入境商品强制性产品认证、质量许可、卫生注册登记的监督管理工作。

2、青海检验检疫的认证认可监督管理活动。2002年4月，国家认监委召开第一次全国认证认可工作会议。为贯彻会议精神，同年5月23日，青海检验检疫局联系青海省质量技术监督局提出贯彻全国认证认可会议精神、做好青海地区认证工作的建议，建立了联席会议制度。6月18日，两局联合向青海省政府提出“整顿和规范青海省认证市场秩序工作的建议”，建议方案得到省政府的批准，7月15日两局通过《青海日报》向社会发出清理整顿青海地区认证机构、认证培训机构、认证咨询机构的公告，到8月初，青海省内主要集中在西宁地区的各类认证机构整顿工作基本结束，16家不符合要求的国内认证、咨询、培训机构被逐出市场，冒名非法认证的1家国外认证机构颁发的证书被宣布无效。

2002年，国家认监委在郑州召开全国出口食品生产企业卫生注册工作会议。根据会议要求，青海检验检疫局组织相关业务部门，对历年出口食品生产企业进行全面排查，组织4家肉食品出口企业负责人会议，宣传国家质检总局20号令，讲解HACCP体系知识，布置出口食品生产企业采用新标准的工作。2003年6月，根据国家认监委的部署，青海检验检疫局对在出口食品生产企业开展“拉网式”检查做出工作部署，对评审员举办培训班，在系统内组织了两个检查组，行程6 000多公里，完成了对20家企业的检查，取消卫生注册登记资格的12家，检查合格保留资格的6家。同年，青海检验检疫局还对在西宁经济开发区新建和迁地换建的两家肠衣企业进行选址和技术设计的预审查，帮助企业按照出口食品生产企业卫生要求修改设计，并对企业新建工程进行跟踪检查和服务，避免企业施工中多次返工的情况发生，取得了缩短工期、避免浪费的双重效果，得到企业的好评。

青海检验检疫系统的实验室资源

1、实验室资源调查。2001年2月5日，根据国家出入境检验检疫局认证监管司的要求，青海检验检疫局开展了检验检疫系统的实验室调查工作，主要调查了系统内实验室数量、设备及人员分布状况。

2002年10月18日和11月5日，国家认监委分别发出54号、56号通知，青海检验检疫局根据要求，不仅调查和填报了系统内4家实验室的人员、仪器设备、检测能力和业务量的基本情况，而且面向社会调查了能开展出口商品检测，具有一定规模的实验室状况，共调查出口企业实验室20多家，向国家认监委报选了青海长青铝业有限公司、青海明胶股份有限公司两家企业的相关资料。

2、青海检验检疫系统内实验室。青海检验检疫局综合技术中心。1999年11月前，青海进出口商品检验综合技术中心管辖两个实验室，分别为化矿实验室和农畜产品食品实验室，承检青海相关出口商品的检测鉴定工作。1999年11月“三检合一”后，改名为青海出入境检验检疫局综合技术中心，2个实验室名称不变。2000年初，综合技术中心按照ISO/IEC指南25:1990标准进行实验室体系建设，同年8月向西北大区实验室考核领导小组申请注册考核，12月大区领导小组派专家完成了现场注册审核，2002年11月26日~27日，大区考核领导小组对该中心进行ISO/IEC17025换版审核，获得通过。2003年6月20日，报经国家认监委批准，获得实验室计量认证证书。

家用电器实验室。青海检验检疫系统的家用电器实验室成立于20世纪80年代，隶属于青海进出口商品检验局机电轻纺检验处管理。名称为家用电器检测室，主要承担进出口电器类的安全、耐压、绝缘、漏电试验。1999年"三检合一"后改用现名，仍隶属于机电轻纺检验监管处管理。2000年，青海检验检疫局购置一台美国技术、台湾生产的LMT-17440型安规综合分析仪，处内委派专人对设备进行管理，承担进出境家用电器的安全性能、绝缘、接地电阻等项的检测和鉴定。2003年该实验室借鉴技术中心的体系建设经验，开始了实验室标准化管理建设工作。

青海国际旅行保健中心。2000年国家局在系统内对西部地区实行一对一帮扶的政策，辽宁局大力支持，决定帮助青海省检验检疫局筹建青海国际旅行保健中心，并支援了20万元的仪器设备。青海局又购置了一批必备仪器设备，招聘专职业务人员，聘用了西宁市各大医院退休的专业主任医师，充实中心骨干力量。2000年12月26日，青海国际旅行保健中心正式挂牌成立。2001年接受青海赴麦加朝觐伊斯兰群众和其他出入境人员的健康检查317人次，发放预防接种证书508份，2002年健康检查和预防接种分别增至985人次和1 161份，2003年达到858人次和1 016份。

直属格尔木检验检疫局综合实验室。为适应青海西部大开发的形势，1997年4月，经国家商检局和地方政府的大力支持，批准青海检验检疫局成立了第一个直属分支机构格尔木进出口商品检验局，主要承担青海石油管理局进口设备和格尔木盐化工业产品进出口商品的检验工作，内设综合实验室。2001年，辽宁局派送抚顺局副局长于洋到格尔木局挂职锻炼和帮扶，为格尔木检验检疫局实验室建立质量管理体系。2002年11月28日，综合实验室直接通过西北大区实验室注册领导小组按ISO/IEC17025标准的考核获得通过，2003年6月20日，获得国家认监委的计量认证证书。

截至2003年底，青海检验检疫系统四个实验室单位，共有检测试验专业人员20名，各类大中型仪器设备120台套，总价值550万元人民币，承担着青海地区15类80种200多项进出境商品的检测试验工作及出入境人员的健康体检和免疫接种工作。

2003年6月9日，青海省检验检疫局根据国家质检总局《关于开展检验检疫系统实验室规划工作的通知》，报送了青海检验系统实验室规划建设和可行性分析报告，提出成立七个区域性中心实验室，保留两个实验室的建议。

（青海出入境检验检疫局供稿）

做好认证工作 壮大优势产业

——宁夏出入境检验检疫局认证工作概况

宁夏的认证工作起步于1991年。1991年10月，国家商检局和对外经济贸易部联合下发了《关于在出口生产企业推行ISO9000系列标准的通知》，要求对出口商品生产企业在实行出口质量许可证、卫生注册的基础上，推行ISO9000系列质量体系认证。按照通知精神，宁夏商检局党组首先在局内进行了ISO9000系列标准的宣传和培训工作。1991年11月中旬，组织全区进出口企业100多名管理人员参加了ISO9000系列标准电视培训，并于11月18日组织进行了对培训人员的考试。经过培训的这批人员成了各行各业开展认证工作的骨干力量。

1994年3月，经国家商检局批准，同年8月，在银川召开了中国出口商品生产企业质量体系西北评审中心管理委员会暨中国出口商品生产企业质量体系西北评审中心（CQC西北评审中心）成立会议。CQC西北评审中心管理委员会由陕西、甘肃、宁夏、青海、新疆商检局组成。总部设在西安。从此，宁夏的体系认证工作步入了正轨。1995年9月，CQC西北评审中心宁夏工作部接受企业申请，正式开始了认证咨询工作。

为了促进进出口生产企业质量管理向国际标准靠拢，宁夏商检局向自治区政府提出成立宁夏出口商品生产企业质量体系（ISO9000）工作委员会的建议。自治区政府非常重视，经过运作，1996年5月22日，宁夏自治区人民政府办公厅下发《自治区人民政府办公厅关于成立宁夏出口商品生产企业质量体系（ISO9000）工作委员会的通知》。自治区政府副主席王魁才任工作委员会主任，宁夏商检局局长郭正平任常务副主任。自治区政府办公厅、计划委员会、经济贸易委员会、外经贸厅、农垦局、煤炭厅、石化总公司、乡企局、轻纺厅、重工业厅、冶金总公司、商检局等单位为成员单位，各设一名副主任，工作委员会办公室设在宁夏商检局，负责日常工作。1996 年 12 月 5 日，宁夏出口商品生产企业质量体系工作委员会第一次会议召开。工作委员会的成立，形成了各部门互相支持、密切协作的良好局面，为在出口商品生产企业推行 ISO9000 系列标准奠定了坚实的基础。

1996 年 12 月，CQC 西北评审中心对宁夏太西洗煤厂进行了 ISO9002 质量管理体系的评审，颁发了中国进出口商品质量认证中心在宁夏的第一张质量体系认证证书。太西洗煤厂获证当年，洗精煤的精煤出产率比认证前同期提高了 4%。2002 年，超额完成了集团公司下达的生产计划。原煤入洗量超计划 11.2%。洗精煤产量超计划 14.93%。精煤出率达 86.21%。较 1997 年提高 7.21%，利润超计划达 1 000 多万元。截至 2003 年底，自治区通过各项管理认证体系认证的企业约 150 家。

国家认监委成立以来，在国家认监委的领导下，随着认证事业的不断发展，宁夏的体系认证范围也不断扩大。从认证初期的质量管理体系认证发展到如今的环境体系、职业健康安全、HACCP、CCC、实验室等一系列认证。尤其是《中华人民共和国认证认可条例》(以下简称《条例》)的发布实施，对于认证认可工作适应市场经济发展要求，步入法制化、规范化管理轨道，迈上新的发展台阶，具有十分重要的意义。为进一步贯彻实施《条例》，宁夏出入境检验检疫局(以下简称“宁夏局”)在内部首先进行了培训和讲解。并于 2003 年 10 月 30 日召开了全区贯彻《条例》工作会议，邀请了自治区领导、兄弟厅局和有关企业负责人 200 多人参加。与会人员认真学习了《条例》和领导讲话。充分认识了《条例》的重大意义。为了贯彻《条例》，局长郭正平数次带领有关人员到佳通轮胎公司、东方钽业、青铜峡铝业集团等企业座谈，宣传认证的重要性和必要性。

为了进一步清理整顿认证市场，宁夏局对认证企业进行了全面书面调查。基本摸清了认证机构及咨询的情况，并计划在 2004 年与宁夏质量技术监督局一起对宁夏的认证、咨询机构进行一次彻底的清查。

2003 年 8 月 5 日，宁夏局和宁夏区、市两级质量技术监督局对银川地区的 CCC 认证进行了执法检查，认真核对了认证标志，对不符合要求的产品进行了封存。

2002 年 7 月，国家认监委在河南郑州召开了第七次全国出口食品卫生注册会议。局党组提出了贯彻会议精神的具体措施。在 2003 年初制定《宁夏出入境检验检疫局关于落实全国质量监督检验检疫工作会议精神的实施意见》中，把出口食品生产企业卫生注册登记工作和日常监管列为首要工作，制定了 2003 年度出口食品卫生注册登记企业考核评审(复查、抽查)计划。宁夏局辖区卫生注册企业 31 家，卫生登记企业 5 家，涉及注册产品目录 8 起。其中注册生产脱水蔬菜企业 17 家，是宁夏局监管工作的重点。按全国质量监督检验工作会议要求，对出口脱水蔬菜实施了从田间到车间、从生产到交付的全过程监控，并积极与地方政府互通信息，争取支持，有效保证了产品质量。按国家认监委有关文件要求，宁夏局成立了卫生注册登记企业“拉网式”监督检查领导小组，对辖区内的卫生注册登记企业进行了检查，对查出的问题提出了整改要求。对存在重大安全卫生隐患的 3 家企业吊销了卫生注册登记证书。

为了和国际接轨，按国家认监委的要求，经过认真整治，宁夏局综合技术中心实验室于 2003 年 5 月通过了计量认证和实验室 ISO/IEC 导则 17 025 认证。

(宁夏出入境检验检疫局供稿)

大力推行体系认证 提高地方企业核心竞争力

——新疆出入境检验检疫局认证认可工作概况

新疆商检局从1984年起,根据国务院颁布的《中华人民共和国进出口商品检验条例》的规定,对新疆地区的出口商品生产企业加强了监督管理,并开始对重要的出口商品如机电、服装等产品实施质量许可制度。实施质量许可制度,主要是通过对出口商品生产企业生产条件、设备工艺、管理水平、人员素质等方面的考核以及对产品的抽样检测,以确定其是否具有生产出口商品的资格,提高中国商品在国际市场上的竞争能力。至1999年底,经考核,新疆地区有599家出口商品生产企业获得了“出口产品质量许可证”,另有35家出口包装生产企业获得了出口包装质量许可证。

1985年起,新疆商检局根据国家商检局和卫生部颁发的《中华人民共和国出口食品卫生管理办法(试行)》的有关规定,对新疆地区的出口食品及其生产企业开始实行卫生注册、登记管理制度,规定在新疆境内生产加工出口食品的工厂、屠宰场、冷库等,必须按照《出口食品厂、库注册细则》的规定所在地向商检机构申请注册,经商检机构按最低卫生要求的7个方面30条标准考核合格,取得卫生注册登记证书的,方可生产加工或储存出口食品,未取得注册编号证书的,一律不得生产加工或储存出口食品。同时加强监督管理,经常组织检查,发现因管理不善出现卫生质量问题的,立即取消其卫生注册、登记资格。至1999年底,新疆共有276个出口食品加工厂或冷库经考核合格后,取得了出口食品厂、库卫生注册证书或卫生登记证书。

1991年10月,根据《商检法》关于对进出口商品实施免检、认证、质量许可和商检标志制度等的有关规定,国家商检局和对外经贸部联合下发了《关于在出口商品生产企业推行ISO9000系列标准的通知》,规定“在现行对出口商品生产企业实行出口质量许可证、卫生注册评审的基础上,在中国出口商品生产企业推行ISO9000系列标准”。新疆商检局从1992年起,在新疆出口商品生产企业中积极宣传贯彻ISO9000系列标准,并与陕西、甘肃、青海、宁夏等省(区)商检局联合成立了“中国出口生产企业质量体系西北评审中心”,当年即在全疆商检系统内部举办了ISO9000系列标准知识培训班及专题讲座,选派8人参加了国家商检局和英国BSI主任评审员培训班,有2人取得了国家级认可评审员资格注册,6人通过了英国BMIQA和新加坡NOVO考试。同时,面向出口商品生产企业负责人,分行业举办了4期ISO9000系列标准知识培训班。有240名出口商品生产企业的负责人及有关人员参加了培训。1995年1月,“中国出口商品生产企业质量体系西北评审中心新疆工作部”正式注册成立,成为新疆最早成立并按照国际标准开展ISO9000系列质量体系认证的专业机构。

1997年,国家商检系统开始进行机构改革,新疆商检局根据政事、政企分开的原则,将新疆ISO9000工作部从局机构分离出来,并调整了部分工作人员,加大了ISO9000系列认证工作的力度。

1999年10月,国家检验检疫局下发了《关于新疆检验检疫局下属事业单位设置的通知》(国检人[1999]283号),批准组建新疆出入境检验检疫局质量体系评审中心,对外称“中国进出口商品认证中心新疆评审中心”,核定事业编制16名,下设培训部和市场部,主要承担质量管理体系的评审、宣传、认证认可业务培训及对认证单位的业务指导和跟踪检查等工作。

新疆评审中心成立后,积极开展各项工作,在工作中边学边干边总结经验,并根据工作中积累的经验,制定了分组织策划、体系策划、文体编写、实施运行、认证准备、咨询效果评价、档案建立等7个阶段、20个步骤逐步完善企业质量保证体系的成功做法。自己动手编写各种讲义、教程,1998年与西北评审中心协作,完成了《ISO9000系列标准培训教程》、《文件编写培训教程》、《内部质量审核员培训教程》等教材的编写工作。至1999年,为企业举办标准文件编写培训班50期,培训认证骨干2 000余名;举办内审员培训班30期,为企业培养内审员600余名。

新疆天山毛纺织品有限公司是中国进出口商品质量认证西北评审中心新疆工作部进行ISO9000质量体系认证咨询工作的首家进出口商品生产企业。1995年上半年，新疆天山毛纺织品有限公司向西北评审中心提出了认证申请，西北评审中心新疆工作部即派出咨询人员深入该企业进行宣讲、培训，指导该企业选择质量体系模式，编写质量体系文件及运行实施等，帮助其建立了符合ISO9000系列国际标准的质量保证体系。1996年1月，新疆天山毛纺织品有限公司通过了国家商检局和美国UL公司的评审认证，成为新疆首家通过ISO9000系列质量体系认证的出口商品生产企业。至1999年底，新疆共有24家出口商品生产企业通过了ISO9000系列质量体系认证。

积极开展体系认证

2001年8月国家认证认可监督管理委员会成立以后，新疆评审中心进一步加强了自身的业务建设，配备了先进的办公自动化设施，拥有一批经国内外权威机构如英国BSI、BMIQA的及新加坡的NOVO等培训合格，并经国家注册的专业高级审核员和审核员，同时还聘有各行各业的技术专家，并按照ISO10011标准建立了质量保证体系，成为新疆惟一一家可以独立对外开展认证业务的认证机构。目前，新疆评审中心的业务已经涉及到了机械、电子、冶金、石油化工、轻工纺织、食品、建材、包装、外贸进出口公司、软件开发及宾馆、酒店等多个行业，可独立为客户提供ISO9000质量管理体系、ISO14000环境管理体系、HACCP管理体系、OHSAS职业健康安全管理体系及环保产品认证等的认证服务，并在考核认证过程中，采用异地评审的方法，既严格了考核程序，也保证了认证的公正。

2000年，受理卫生注册申请43家，考核了36家；受理许可证申请4家，考核6家，换发及颁发新证书50家，有17家出口商品生产企业通过了ISO9000质量体系审核认证；2001年，受理卫生注册申请13家，经考核发证9家；受理包装容器质量许可证申请12家，经考核发证11家；受理出口煤炭质量许可证1家，经考核发证1家；受理出口食用动物饲料登记2家，经考核发证1家；完成了新疆3家出口肠衣生产企业欧盟注册推荐和异地评审工作，有2家取得了欧盟的卫生注册证书。先后举办了5期ISO9000系列内审员培训班，1期ISO14000标准培训班，4期HACCP体系培训班；有30家出口商品生产企业通过了ISO9000质量体系审核认证，1家企业通过了ISO14001环境管理体系审核认证，12家出口食品生产企业通过了HACCP食品安全控制体系认证；2002年，考核出口包装质量许可证14家，食品卫生注册、登记37家。对6家出口肠衣生产企业进行了欧盟卫生注册的监督审核，这6家出口肠衣生产企业均通过了欧盟的卫生注册。有53家出口商品生产企业通过了ISO9000质量管理体系认证审核，监督审核43家，有7家企业通过了ISO14001环境安全体系认证审核，有6家出口食品生产企业通过了HACCP食品卫生安全体系认证，有1家企业通过了“三合一”(ISO9000/ISO14000/OHSAS18000)认证审核；2003年，受理出口包装许可申请15家，经考核发证9家，其中危包3家，普包6家；审核发证卫生注册登记企业48家，其中卫生注册42家，卫生登记6家，有16家为复审换证，32家为新申请企业；举办HACCP体系培训班1期，有8家企业通过了HACCP食品卫生安全体系认证；有83家企业通过了ISO9000质量管理体系认证审核，有13家企业通过了ISO14000环境安全体系认证审核，有7家企业通过了OHSAS18000职业健康安全管理体系认证审核。

贯彻认证认可《条例》

2003年9月，国务院正式颁布了《中华人民共和国认证认可条例》(以下简称《条例》)，并于2003年11月1日起正式实施。为认真落实《条例》，新疆出入境检验检疫局与新疆维吾尔自治区质量技术监督局于2003年10月20日联合召开了宣传贯彻大会，对全疆检验检疫系统和质量技术监督系统学习、宣传、贯彻《条例》工作进行了安排部署，要求在较短时间内把《条例》的各项规定和要求落实到各项实际工作中，为企业提供更加优质、高效的服务。

CCC认证工作

中国从2003年8月1日起，开始实施强制性产品认证(CCC认证)制度，这是中国加入WTO组织后按照国际惯例实行的一项新的产品认证制度。为了保证CCC认证制度的贯彻落实，新疆检验检疫局从2003年4月开始，即对CCC认证工作的实施做出了具体安排，在系统内外进行了广泛宣传，派出专人到外贸生产企业及经营公司宣讲CCC认证的意义和作用。8月1日至13日，新疆检验检疫局先后出动105人次，对辖区内的150余家大型商场和专营店销售的6种实施CCC认证的产品的实施情况进行了执法检查。经检查，各大商场和专营店对销售的进口商品均加贴了CCC认证标志。对尚未开展

CCC认证的商场和专营场所，新疆检验检疫局也通过发放宣传材料、宣传和解释有关规定等手段，使生产和经营部门都能对CCC认证有一定的了解和认识，确保了CCC认证制度在全疆范围内的贯彻落实。

实验室资源调查

新疆出入境检验检疫局所属共有14个综合检验检疫实验室，6个艾滋病初筛实验室，分三个层次建设，又各有重点。实验室建设重在突出涉及安全卫生健康及大宗进出口商品上，既保障本地区重要业务，又避免重复建设，实现全疆实验室技术资源的共享，这是新疆检验检疫局实验室建设的指导原则。至2003年，新疆检验检疫局先后投入资金2500余万元，用于购置仪器设备，新增了气质联用仪、液态色谱仪、气相色谱仪、原子吸收仪、防非仪器及媒介生物仪器等246套实验室专用设备，重点加强了农残、番茄酱转基因、食品微生物和棉花、化工品及放射性检测手段和能力，整体技术能力也有了明显提高，更好地保障了检验检疫行政执法工作有效开展。实验室认可/注册工作，是提高实验室管理水平和质量保证能力的重要手段。新疆检验检疫局14个综合实验室分别在2001年、2002年内先后全部通过了认可/注册，6个艾滋病初筛实验室也通过了初筛资格审核。2003年，又完成了认可/注册实验室向国家计量认证实验室转换的审核工作，取得了国家认监委颁发的计量认证证书。

根据国家质检总局的安排，在充分调研分析的基础上，新疆检验检疫局提出了新疆检验检疫实验室规划建议。经国家质检总局批准，其中棉花和番茄制品实验室为国家级重点实验室；化矿、金属材料、动物检疫、植物检疫、包装、媒介生物、结核病、艾滋病实验室为区域性中心实验室；其他实验室为常规实验室。

（新疆出入境检验检疫局供稿）

加强队伍建设　做好认证监管

——新疆维吾尔自治区质量技术监督局认证工作概况

2001年，在新疆维吾尔自治区区级机关改革中，由新疆局质量认证处和局实验室评审办公室合并组建了新疆维吾尔自治区质量技术监督局认证与实验室评审管理处。编制5人，现有工作人员4人。该处的职能主要是：推行强制性产品认证制度并对市场进行监督；监督管理认证咨询机构和认证机构；依法组织质量检验机构的审查认可和计量认证；管理校准实验室和检测实验室的评审和认可工作，完成国家认监委和自治区质量技术监督局交办的工作任务。国家认监委成立前，区局非常重视认证认可工作，从机构设置、编制、人员方面大力投入，主要做了认证认可咨询工作、推行质量体系认证和产品认证、产品质量检验机构的计量认证和审查验收（认可）等工作。

2001年8月国家认监委组建后，建立了统一管理认证认可工作的体制，明确了行政职能和工作职责，陆续制定公布了相关的法律法规、规章和规范性文件，这给全国认证认可工作指明了方向，也推动了新疆地区认证认可工作的发展。区局为了规范和整顿认证认可市场，积极配合国家认监委做了以下几个方面的工作：

加大认证认可宣传力度

2001年以来，新疆局在各大新闻媒体、报刊、电视、电子网络上大力宣传了国家认监委的工作职能、职责和权限以及认证认可法律法规和方针政策，让社会进一步了解认证认可工作在社会主义市场经济中的作用。2002年7月，新疆局第一次召开了全区认证认可工作会议，及时传达了《全国认证认可工作会议》、《认证及认证培训、咨询机构管理办法研讨会》、《第二次全国计量认证/审查认可工作会议》精神，安排布置了有关工作。2003年9月3日国务院颁布了《中华人民共和国认证认可条例》，10月21日，新疆质量技术监督局与新疆出入境检验检疫局联合召开了《中华人民共和国认证认可条例》（以下简称《条例》）宣传贯彻大会；安排部署了有关工作并举办两期《条例》宣传贯彻培训班。

加强认证认可从业人员的培训

稳步发展新疆自治区认证认可工作，需要高素质的从业人员，三年来，新疆局为了推动质量认证、实验室计量认证工作开展，举办了4期ISO9000质量管理体系注册审核员培训班，培训了区内近220名注册审核员和企业管理人员。举办了4期全区《产品质量检验机构计量认证/审查认可(验收)评审准则》的培训班和计量认证评审员学习班，有近400人参加了培训,120多人取得了省级评审员证书，组织全区10人参加全国计量认证/审查认可(验收)评审准则宣传贯彻师资培训班,派出4名监管人员到重庆、济南等地参加了认证有效性稽查学习,进一步提高了认证从业人员和认证监管人员的业务素质。

大力推动质量管理体系认证和产品认证工作

新疆自治区累计约近千家企业获得质量体系认证证书,有113家企业获得强制性产品认证证书。

加强认证市场的监管

根据国家加强认证认可工作及整顿和规范认证市场的要求，组织受理全区12家质量认证咨询机构的审核,通过清理整顿和现场考核,并经国家认监委批准,全区有8家企业具有合法的认证咨询资格。

根据国家认监委《关于对认证违法违规机构进行清查的通知》、《关于对认证机构认证有效性进行监督抽查的通知》精神,统一部署,分成三组,对新疆6个企业的认证有效性进行了核查，检查了乌鲁木齐市九千认证咨询有限公司等7家认证咨询机构，并将检查和抽查结果上报国家认监委。

实施强制性产品认证制度

全面落实和推行强制性产品认证制度。一是积极做好培训工作,举办了五期“强制性产品认证法律法规知识培训班”,有500多名企业管理人员参加了培训;二是加强强制性产品认证执法力度，组织各地州质量技术监督稽查队伍在全区开展了电视机、电冰箱、洗衣机、台式计算机、插头插座、电线电缆等六类产品为重点的强制性产品认证执法检查。三是积极参与强制认证产品认证的服务工作;积极与国家有关部门联系,建立有关工作网,举办产品认证宣传贯彻会，为全区强制认证产品的企业提供良好的服务。

加强实验室监管

检测实验室的计量认证和监督管理工作得到进一步加强。一是按照国家认监委要求,积极推进了全区检测实验室资质认证工作规范化进程。通过计量认证进一步提高了本区检测实验室的检测水平和管理水平，使各级检测实验室在全区经济建设中发挥了重要作用。已向226家检测实验室颁发了计量认证合格证书,其中向55家产品质量监督检验机构颁发了验收证书和授权证书。二是加强监管力度,进一步规范了检测实验室的工作。2001年以来,对92家已获得认证证书的检测实验室安排了监督评审工作,吊销了已经失去公正性、科学性地位的28家实验室的认证证书，并依法处罚了有违法违规行为的6家检测实验室。三是根据国家认监委的要求,积极开展了自治区实验室资源调查工作。先后对250家质监系统的质监机构、授权质检站、获得省级计量认证的实验室以及大型企业设立的实验室发送报表、文件、软盘,进行实验室资源调查工作。全区近20多家实验室签订了仪器租借和相互合作协议,初步做到了资源共享,减少重复建设。四是积极开展了能力验证工作。选择在建筑、公路、水利工程实验室开展能力验证工作,50多家实验室通过参加该项活动,提高了实验室的检测能力。

(新疆维吾尔自治区质量技术监督局供稿)

第十三部分 认证实效

一、政府及相关机构认证

创新管理体制 提高服务水平
——南宁市在政府机关推行 ISO9000 认证

2003 年 4 月 10 日，南宁市委市政府隆重召开贯彻 ISO9000 质量管理体系动员大会，首批 8 个试点单位与中国质量认证中心广西评审中心举行认证签约仪式。此举标志着南宁市在政府机关事业单位中整体推行 ISO9000 的工作部署全面启动，像南宁这样在机关事业单位整体推行 ISO9000 管理，在全国还是首次。

ISO9000 管理体系是国际公认的管理模式，它体现了以顾客(人民群众)为关注焦点，持续改进、系统管理等原则，要求一个组织要以满足人民群众要求、增加人民群众满意度为根本的出发点和立足点，认真分析顾客的要求并争取超过其期望，使行政职能从单纯的行政思想转变为全程服务的思想。

随着时代的迅速发展，南宁市领导意识到政府及工作人员在人员素质、管理机制、管理制度等方面和发达地区有明显差距。情绪化管理、不依法行政、官僚主义、形式主义和腐败现象时有发生，致使管理效能低下。实践证明，要想防止以上现象的发生，必须改进和完善管理体制。为此，南宁市委、市政府决定从今年起，在全市的机关事业单位中推行 ISO9000 质量管理体系工作，形成一套切实可行的管理体制，进一步提高行政机关和机关工作人员的整体素质和服务意识，树立政府良好的公众形象，加快政府职能转变，解决各级政府在职能上的越位、错位和缺位，彻底纠正行政管理中经常出现的“门难进、脸难看、话难听、事难办”等痼疾。

南宁市推出首批贯彻 ISO9000 质量管理体系的单位有南宁市委办公厅、市政府办公厅、市行政管理审批办、市监察局、市地税局、市国税局、市国土资源局、市政府采购处和永新区政府等 8 个机关事业单位。该市成立了以市委、市政府主要领导和各单位第一责任人组成的领导小组和办公室，制定了工作时间表，立下“军令状”，要求所有试点单位通过认证，并在近年内将在全市机关事业单位整体推行 ISO9000 管理工作。

南宁市市长林国强在动员报告中强调，在 WTO 规定的 23 个协议中，除 2 个涉及企业外，其他的都涉及政府。政府行政职能的转变要加快与国际惯例的接轨，ISO9000 管理标准，在国际上已得到广泛的认可。对于政府部门来说，就是要以人民群众为中心，始终代表最广大人民群众的利益，努力满足人民群众的要求。权为民所用，情为民所系，利为民所谋。通过贯彻 ISO9000 标准，进一步促进政府职能与国际惯例接轨，是营造良好投资环境的关键，也是机构改革的一项重要内容。在政府机关事业单位中以推行 ISO9000 质量管理作为载体，建立起适应市场经济发展要求的行为规范、运转协调的政府管理体系，规范南宁市行政机关的执法行为，提升机关事业单位管理工作整体水平。林市长充满自信地说，机关事业单位取得 ISO9000 质量管理认证，无异于掌握了通向国际大门的入场券，是提升城市整体形象和整体实力的工程，要把它作为“城市名片”，并交到投资者手中，全面优化经济建设投资软环境。

广西检验检疫局高达礼副局长在讲话中表示，要以严谨、认真的工作作风，改进工作方法，不断提高工作效率和行政服务质量，为贯标工作竭尽全力，帮助贯标单位建立管理体系文件，制定管理手册、程序文件和作业指导书，形成完整而系统的管理制度，并严格执行工作流程，开展内审和符合性审核、认证工作，使南宁市的行政管理水平跃上新台阶，促进南宁市对外贸易和经济的发展。

（广西出入境检验检疫局供稿）

更新观念　再造流程　走规范化精细化之路

——中共青岛市委督查室引入 ISO 质量体系认证

2004 年 5 月 18 日，中国质量认证中心在青岛举行隆重的颁证仪式，国家认监委主任王凤清、山东省副省长孙守璞以及青岛市党政领导出席仪式，并为青岛市委督查室、海尔集团等山东 6 家单位颁发质量认证证书。

青岛市委督查室荣获全国第一张督查系统 ISO9001:2000 质量管理体系认证证书，这在全国党委机关也是第一家，与会领导对此给予高度评价。王凤清在讲话时说，青岛市委督查室运用国际质量认证体系提升党政机关管理理念，具有超前性和创新性。孙守璞副省长认为，在党委部门推行 ISO9000 质量认证是一个先例，也是一种创新的实践。

青岛市委督查室引入和实施 ISO9000 族质量管理体系以来，已经有了初步的收获，总起来说有以下几个方面：

一、引入第三方监督，完善了督查考核工作的约束机制。作为非政府第三方公正组织的中国质量认证中心山东评审中心，以第三方的身份，每年将对青岛市委督查室进行一到两次监督审核，若存在管理松弛现象，该中心将及时发出警告，如若没有改进将撤回已颁发证书，这就真正做到了内外监督的协调同步。对此，市委督查室四位处长和 17 名工作人员人人都感到头顶上像悬了把“利剑”，逼着其自我加压，丝毫不能懈怠。综合处处长李春深有感触地说：“过去人们对机关的印象是‘朝来晚去八小时、喝茶看报混日子’，现在可不一样了，有形无形的压力都很大，大家无不争先恐后，努力争创学习型、创新型、竞争型、服务型处室。”2003 年，在青岛市委办公厅组织的基层单位对其内部处室民主测评中，督查室获得了较高的优秀率。

二、全体工作人员的精神面貌和工作状态发生了显著变化。通过引入 ISO9000 质量管理标准体系，在不同层面对督查室工作管理和运行机制进行了一次个性化的重塑，各方面工作得到进一步的改观。不仅事事有人做，而且业务工作程序更加简洁明了、科学合理；不仅人人有事做，而且责任更加明确、沟通更加流畅。一位某名牌大学 2002 年硕士毕业后选派到督查室工作的年轻干部接受采访时坦言：“环环紧扣的流水线似的工作流程和严格的质量控制接口，使得晚上或节假日加班不再是上级领导的统一布置和要求，而且要仔细再仔细、认真再认真，既体现创新性，又不能出差错。虽然难度骤然加大，但我觉得党政机关工作似乎刚找到管理上的‘诀窍’。”据了解，2003 年青岛市委督查室上报督查专报被省委办公厅采用数量居全省各市之首，保持了“八连冠”，所呈报督查专报被市领导批示 105 篇次，完成任务数量为年初预定目标的十多倍，其中没有发生一起严重的质量事故。

三、促进了督查工作的持续改进和水平的不断跃升。“持续改进、不断创新”这一内在性、程序性机制，既是“顾客”的服务需求，也是督查工作精细化管理运行带来的必然结果。市委督查室四名内审员邢绍山、刘兆峰、陈立军、房贤会一致认为，青岛督查工作本身就是在持续改进和创新中走过来的，不改进或不持续改进就意味着“倒退”。在推进全市目标管理绩效考核工作中，市委督查室根据山东省委、省政府关于建立决策目标、执行责任、考核监督三大体系的要求，在市委秘书长和分管副秘书长的带领下，将ISO9000质量管理原则和PDCA的运行模式，创造性地运用到目标管理绩效考核体系的构建和实施中，他们按照科学发展观和新的政绩观的要求，着眼于对三大文明的量化、细化考核，对涉及领导班子、部门绩效和公众评价等方面的指标、程序和方法不断进行改进，不仅增加了社会和人文考核指标，加大了社会评估的份量，还在个别市直单位进行了“示标”体系的试点，从而使目标管理绩效考核体系日臻完善，与督查工作的结合更加紧密，因而得到了上级领导、社会各界和有关专家的较高评价。2002年8月中国城市目标管理研究会第十一次年会在青岛召开，在这次年会上，青岛市当选为理事长城市，中央办公厅领导在会议讲话时认为青岛市在城市目标管理方面已经系统地构筑起具有崭新意义的“青岛模式”；2003年8月，中共山东省委书记、省人大常委会主任张高丽两次作出批示，要求在全省各市推广青岛的这一经验；北京大学公共管理学专家周志忍教授在来青岛参加2003中国·青岛政府管理论坛时，通过理论分析和国际比较，也对青岛的做法给予了高度评价。两年来，《人民日报》、《中国经济时报》、《大众日报》、《秘书工作》以及山东电视台等多家新闻媒体和党刊累计刊登和播报介绍青岛市推行目标管理绩效考核和督查工作的经验文稿达30余篇次。山东省以外来青岛参观考察的团组已超过60批次。

四、在机关工作标准化、程序化、公开化运作的探索中发挥了示范带动作用。青岛市委督查室率先在全国党委机关引入和通过ISO质量管理体系认证，为党委部门实施ISO9000质量认证、加快与国际标准对接的步伐提供了一种范例，对青岛市深化“五项工程”、创建“四型机关”工作起到了有力的推动作用。目前，在市委督查室的带动下，市委办公厅其他政务处室和市政府财办、市统计局及部分区市党委的部门也积极跟进，正在进行ISO9000认证的前期辅导和准备工作。可以想见，越来越多的党政机关实行和通过ISO9000族质量体系认证，不仅会大大提升党政机关的绩效，也将使行政行为的监督、规范工作走进标准化、可量化的时代，促进公共权力的公开、公正、公平，增强各级党政组织的执政和执行能力。

诚然，由于实行ISO9000质量管理体系至今还不足两年时间，青岛市委督查室自身工作链条中还存在许多缺陷和不足，有若干不适应性和“排异性”，外部环境和其他部门的配套联动也有待改进。督查室主任李明向记者表示，下一步，青岛市委督查室将在认证中心的监督帮助下，在公共管理“专家群”的指导下，通过持续改进和系统创新来提高自身的效能，服务于全市工作的大局，推动青岛经济社会的持续快速协调，健康发展。

（山东出入境检验检疫局供稿）

全国首家村委会——江门市的白石村委会通过了ISO9001认证

江门市蓬江区环市镇白石村位于江门市北新区东南面，是城郊结合部，面积约4平方公里，管辖15个村民小组，村民4 312人，外来人员6 000多人。2003年，村委会将ISO质量认证引入到村委会的经济发展和村务管理中去，走出了一条以标准化管理促进全村“三个文明”协调发展的好路子。其主要做法是：

积极引导，统一认识，引入质量认证体系管理经济和村务

近几年来，白石村发挥地处城市近郊的优势，抢抓机遇，真抓实干，促进了村经济和社会各项事业全面发展。白石村村民已全部实行退休金制度，每人每月退休金600元；住院医疗费报销80%；村民子弟实行12年免费教育。分别投资2 000多万元、700多万元兴建了一所广东省一级学校和设施齐全的医院，兴建了村文化活动中心和文体活动中心，全村的绿化率达45%。先后获得“全国创建文明村镇工作先进单位”和“广东省先进集体”、“广东省文明示范村”、“广东省依法治省工作先进单位”、“广东省‘五个好’村党总支部”等30多项光荣称号。

面对过去取得的成绩和不断变化的新形势，如何超越过去成绩和增创发展新优势，已摆在村两委领导班子的面前。村两委领导班子清醒地看到，按原来传统模式对经济和村务实行管理已难于适应形势发展的要求，要获得新的更大的发展，必须探索新的管理办法。2001 年，白石村下属的兴江转向器公司引入 ISO 质量管理体系认证后，企业管理水平和效益明显提高。村两委主要领导从中受到启发，决定将质量认证体系这一科学管理模式引入管理全村的经济和村务。在确定了管理目标后，村委主要领导做好其他领导成员的思想工作，讲清引入 ISO 认证的必要性，并举办 ISO 认证培训班，积极引导班子成员和工作人员适应新的管理模式的要求，消除大家的思想顾虑，统一认识，确保 ISO 程序文件的落实。白石村于 2002 年 7 月建立了 ISO 质量管理体系，于 2003 年 1 月开始试行 ISO9001:2000 标准体系，并于 6 月通过北京世标认证中心现场认证评审，获得了质量管理体系认证证书，成为全国首个通过 ISO 质量管理体系认证的村委会。

抓好“三个机制”，确保质量认证体系管理经济村务落到实处

质量管理认证体系作为一种国际标准，由一系列的规范文件组成，除可适用于各类生产、经营性行业外，其适用范围还包括公共行政管理、社会服务等多个领域。在将质量认证引入管理全村的经济和村务过程中，白石村结合实际，主要抓好“三种机制”：

1、规范管理机制。在以前制定的《白石村民自治章程》、《江门市蓬江区环市镇白石村管理实施细则》等制度的基础上，进行目标转换，编写了一套由《领导班子管理程序》、《公共事务办管理程序》、《计生办管理程序》、《ISO 小组管理程序》、《财务办管理程序》等管理文件。这些管理文件对各领导职责、工作部门职责、工作人员工作要求、工作内容、工作目标等做了细化、量化，做到了管理程序化、规范化、制度化，形成了一套既符合质量管理认证体系要求，又符合白石村实际的管理机制。

2、考核监督机制。首先，在 ISO 质量管理体系下，对每个部门、每个人的年度考核都确立了具体的数据标准，考核结果与年度收入挂钩(被扣比例最高不超 5%)。如对村委会主任的年度考核标准为 2003 年全村两级总利润达不到 7 000 万元的扣 1%；物业办年度物业出租率达不到 90%的扣 2%；财务办人员不按报销、资金开支制度办理的扣 2%等，对领导、部门、个人的考核进行公开化、量化和细化。整个考核体系只以数据说话，毫无人情可言，去年在考核中有 4 人被扣分，其中 3 人是班子领导。其次，在 ISO 质量管理体系下，每项工作都建立了相应的工作流程，并由一系列表格的支持文件运行，这些表格就是各个工作环节各个工作人员的工作记录。如以社会治安为例，治安管理部门对每个巡逻队员每日巡逻、检查的情况进行登记，其分管领导对其登记情况要进行确认。这样形成了对各工作部门、工作人员的监督，做到工作过程有章可循、有据可依，避免过去出现扯皮推诿、拖拉现象。

3、检查落实机制。为确保质量标准的落实，ISO 质量管理体系采取自报与 ISO 小组检查相结合的制度。每月由 ISO 小组在各个工作人员对其工作标准落实情况自报的基础上，检查其工作记录和进行现场抽查，对第一次达不到目标的要在工作例会上口头说明原因，提出整改措施；对第二次连续不合格的则要以书面报告提交村委会；第三次仍不合格的由村委会发出警告，并视具体情况作为执行者、领导者工作差错记录在案，年终根据执行情况和平时考核计算奖惩。在整个检查落实过程中，ISO 小组还肩负向村主要领导反馈考核情况的职责，对执行过程中存在的偏差，提供修正意见，以便村两委班子对整个体系进行调整。

这三个机制，环环相扣，独立运行，互为整体，将村委会的经济发展、村务管理融于整个 ISO 质量管理体系的程序文件中，真正实现以制度管人，以制度管事，以管理促发展，以管理求效益。

实现了“三个提高”

经过一年多来的运行，白石村取得了显著的成效。实践证明，以质量认证体系管理经济和村务这一路子是可行的。主要体现为“三个提高”：

1、经济发展水平提高。以质量认证体系管理经济，全村更加注重管理，立足于以管理求效益，立足于以管理促进村经济上规模，增强了集体经济实力。2003 年，白石村实现社会生产总值 5 亿元，同比增长 31%。集体总利润 7 008 万元，同比增长 11%。村民人均收入 2.1 万元。上交税收 4 000 多万元，同比增长 58%。工业利润同比增长 22.8%，有 4 家企业通过 ISO 质量管理体系认证，6 家村属企业全部实现盈利。全村拥有 12 万多 m^2 的商铺、23 万多 m^2 的工业厂房，拥有物业面积达 35 万多 m^2。

2、村民的满意度提高。村采取发表格、开座谈会、村干部上门听取意见等形式，征求村民对村委会的意见，据 ISO 小组综合反映，村民对村委会的经济发展、村容村貌、环境卫生、办事作风、治安管理、福利保障、文化娱乐、

精神文明建设等方面的工作，给予了充分的肯定，村民的满意度超过 90%。

3、村领导班子和工作人员的素质提高。ISO 质量管理体系的程序文件，给村领导班子和工作人员耳目一新的感觉，各人的思想观念、工作习惯、办事作风等逐渐向现代管理制度靠拢，在不断适应程序文件的过程中，也使各人的素质不断提高，如依法办事、民主理财、民主监督、村民自治等方面法制意识、工作能力不断提高。村民亦从中受到教育，全村社会风气明显好转，村民的文明素质亦得到提高。这“三个提高”为搞好白石村的“固本强基”工程奠定了坚实的基础。

（江门市蓬江区环市镇白石村民委员会供稿）

体系认证使吉林省梨树县国家税务局工作质量迈上新台阶

2001 年 8 月，吉林省梨树县国家税务局通过了中国质量认证中心 ISO9001:2000 质量管理体系认证。

ISO9001:2000 标准以满足顾客的质量要求为标准，把严格依法治税与优化税收服务有机结合起来，通过建立具有很强约束力的文件化的质量体系，使其各项质量活动及影响质量的诸多因素均处于严格的受控状态，有效地解决税务工作人员干什么、怎么干、用什么制度约束、用什么办法考核、责任如何追究等问题，并通过不间断的质量体系审核和管理评审，不断地改进管理水平，确保其承诺和质量方针、目标的实现。该局将世界通用的管理标准与税务管理进行了接轨，实现了税务管理科学化、规范化、法制化的新突破，使该局工作质量迈上了一个新的台阶，有力的推动了税收工作。

提高了基础建设水平。文件资料的管理是税务管理的基础管理，直接反映了税务管理的水平。该局把所有的文件资料按照质量管理体系标准中 4.2.3 和 4.2.4 标准分成征管和政工两大类，对这些文件资料实行五统一，即：统一样式、统一内容、统一装订、统一规格、统一编号。同时。还明确了各环节职责，把各种文件资料的收集、整理、编制、保管、使用、识别以及责任、人员、完成的时间、地点以及标准都做了明确规定。共编制了 6 个控制程序，36 个作业指导书，86 个质量记录和近千卷档案卷宗，这些规范有序的文件资料在税务管理中发挥了重要作用，有效地解决了“两不准”问题，提高了征管质量。

加强了内部管理。ISO9001:2000 标准强调对各部门职责权限进行明确划分，使组织有效地、有秩序地进行各项工作。该局首先明确了局长的职责、权限和沟通方法，制定质量方针、质量目标，并保障资源提供，其中包括人力资源、基础设施和工作环境。然后制定了全局人员岗位职责、各部门职能分配、年度工作目标计划、员工教育方案以及各项管理制度。通过这些文件对全员进行控制，使各岗位人员职责更加明确，解决了税务干部“干什么”的问题。理顺了各科室之间的工作接口，各项工作有章可循，有标准可依。

提高了依法治税水平，维护了纳税人根本利益。一是规范执法行为类文件，全面推行行政执法责任制和过错追究办法，为纳税人创造一个公平的税收环境。二是充分发挥法制机构的职能作用，成立“案件审理委员会”、“重大案件审理委员会”和“行政复议委员会”，防止执法违法案件的发生。

强化对“两权”的监督控制，有效地防止腐败行为的产生。两权是指“税收执法权”和“行政管理权”。这“两权”失去控制，最容易产生不廉行为。引入 ISO 质量管理体系后，大力推行政务公开，抑制了权力运用的随意性，避免了权力个人化、商品化，防止了以权谋私、贪污受贿、执法犯法等违法乱纪现象的发生。

建立起公正合理奖罚分明的考核机制。该局按照《质量手册》的要求，制定了考核原则、方法、内容及责任追究和处罚办法，对考核结果好的进行奖励，不合格的给予处罚。自质量管理体系运用以来，共表彰 154 人次，处罚 126 人次，处罚金 6 790 元。

提高了纳税人满意度。该局按照“以纳税人为中心”的主体思想，改善了办税环境，简化了办税程序，提高了服务质量，使税收服务更加贴近纳税人，纳税人的满意度直线上升，对树立良好的税务形象起到了积极的促进作用。

促进了税务管理各项目标的完成。ISO 质量管理体系的运行，建立了有效的内部监督制约机制，不仅规范了全系统干部职工的行为，而且大大增强了干部职工的责任心，使各项工作都收到了令人满意的成效。2001 年，该局完成税收任务 5 783 万元，完成全年计划的 118%，超收 959 万元，增长 19.8%，各项征管指标都超历史最高水平。2002 年和 2003 年，该局在收入基数抬高，税源有所下降的情况下，也圆满完成了收入任务。

精神文明建设也取得重大成果。梨树县国家税务局连续 5 年被中共吉林省委、吉林省人民政府评为精神文明建设工作先进单位。

（吉林省质量技术监督局供稿）

引入质量管理体系 提升法院管理水平

2003 年 12 月 12 日，东营市中级人民法院在经过长达近一年的酝酿、培训、试运行后，顺利通过了 ISO9001：2000 质量管理体系认证现场审核，2004 年 1 月 5 日获得正式注册，成为全国第一家通过 ISO 质量体系认证的法院。人民日报、人民法院报等报刊进行了突出报道，至今全国先后有 60 余家法院到东营中院考察学习 ISO 质量体系认证运行情况，在社会引起广泛反响。

东营中院引入 ISO 质量管理体系标准的动因

中国法院深化改革的要求促成了东营中院的探索和实践。2003 年 2 月，最高法院向十届全国人大提交了《人民法院五年改革纲要的实施情况和今后司法改革的初步设想》的报告，明确提出了行政化管理、队伍现状、司法环境等影响法院发展的制约因素，提出了法院今后改革的 6 个设想，即法院体制和审判组织改革，完善诉讼程序制度，改革执行管理体制和执行权运行机制，审判工作机制和管理机制改革，法官职业化建设，强化监督机制。报告特别指出审判工作机制和管理机制是人民法院司法改革的重中之重，主要包括进一步完善审判流程管理、规范审判组织的运行管理、提高审判工作的信息化管理水平等。年初，省法院尹忠显院长在第 20 次全省法院工作会议上提出 2003 年的工作重点之一是健全完善科学的审判工作机制，在管理制度创新上取得新进展，完善 6 个机制。此后，山东省法院又决定 2004 年为“规范化建设年”。这充分表明，把提升法院规范化管理水平视为法院发展的关键，已被提高到新的认识高度。

东营中院 2003 年初就开始酝酿讨论引入 ISO 质量管理体系标准，强化法院管理的可行性。2000 年至 2002 年，经过近 3 年不懈努力，东营中院的管理工作取得了很大成绩，审判管理、行政管理、人事管理等方面都形成了较系统的管理规范，全市政法系统在该院召开了现场会，在全省法院会议上做了经验介绍。在这种形势下，王少南院长适时提出：管理工作怎样深化的问题是一个值得研究的问题。同时，首次提出适应加入 WTO 的需要，引入国际管理标准，即 ISO 质量管理体系，与国际接轨。

建立质量管理体系的过程是法院管理规范化的过程

在法院建立 ISO 质量管理体系是一项庞大的系统工程，东营中院在认识、了解、引入 ISO 的过程中，也是一个从模糊到清楚、从畏难到接受、从尝试到施行的过程。

1、开展了系统的分层次的培训。为了使全体法官和其他工作人员了解、接受、掌握 ISO 质量管理体系的有关知识，东营中院邀请富有经验的有关专家先后进行了 6 次系统培训，讲授了管理的基本知识、ISO 基本的知识和标准，进行了内审知识培训，为进行 ISO 质量管理体系认证奠定了认识基础和理论基础。同时，通过不同层次的培训，培养了一支内部审核员队伍，为 ISO 质量管理体系的有效运行奠定了组织基础。

2、抓好 ISO 标准与法院工作的结合是整个工作的关键。ISO 质量管理体系标准有深厚的理论基础，是国际标准化组织经过几十年探索和进行国际交流形成的标准，其科学性是毋庸置疑的。但是，ISO 标准与法院工作的结合又是一个新生事物，是一项创新性工作。迄今为止，国内还没有任何一家法院引入 ISO 质量管理体系，没有任何可以借鉴的东西，必须依靠创新思维，把 ISO 标准引入法院工作的各个方面,建立一整套既符合ISO标准要求、又符合法院工作实际的质量体系文件。为了做好"结合"文章,东营中院突出抓了两项工作:一是根据法院的实际重新确定了ISO标准中的若干概念,赋予了其新内容。例如,确定法院司法服务的"顾客"是"诉讼参与人"、过程的"关键环节"确定为"证据的提交和认定"等。二是充分利用东营中院的管理成果和管理经验,避免产生ISO标准的引入和现有工作"两张皮"的现象发生,3年多来加强法院管理所制订的400多项规章制度都被提炼、浓缩在了ISO质量管理体系文件中。

3、ISO质量管理体系文件的制订及主要内容。ISO质量管理体系文件的制订是整个认证工作的关键,东营中院充分发挥集体智慧,对文件涉及的重要问题,如全院的质量方针、质量目标以及重要概念等,全部上网征求意见,统一认识。

东营中院ISO质量管理体系文件包括《质量手册》、《程序文件》和《操作文件》3册共约18万字。《质量手册》约3.5万字,是根据ISO9001:2000质量管理体系标准要求,结合审判活动的特性编制的,阐明了东营中院的质量方针、质量目标,描述了质量管理体系的要求,规定了以诉讼参与人和社会满意为宗旨,开展各项质量活动的程序及相关关系,是进行质量管理活动、持续改进质量管理体系的纲领性文件。《程序文件》约2.5万字,含11个程序文件,包括规定质量管理体系文件的发放和管理的文件控制程序、规定标识和管理的记录控制程序、诉讼参与人财产控制程序以及标识和可追溯性控制程序、规定过程运行和监测的内部审核控制程序、管理评审控制程序、满意度测量控制程序、审判和相关过程的监视测量控制程序、监视测量装置控制程序,规定对不合格项防范的不合格控制程序和纠正与预防措施控制程序。《操作文件》约12万字,含16个作业指导书,分别为所有22个职能部门的工作明确了主题内容、执行依据和职责权限,规定了程序操作的内容、方法和步骤,设定了重点环节、标准和质量记录。

4、试运行和审核。2003年9月1日,东营中院的ISO质量管理体系开始试运行,各厅室都严格按照体系文件的要求进行操作,对某些传统的、不符合ISO质量管理体系要求的做法进行了纠正,完善了体系文件所需要的质量记录。为了验证ISO9001:2000质量管理体系的符合性和有效性,以及是否能够申请相应的注册审核,11月11日至15日全院13名内审员分7个小组对全院的所有部门和最高管理者、管理者代表进行了审核。通过审核发现了6个不符合项,均为一般不符合项。各部门迅速制定了不符合项的纠正措施,审核人员进行了跟踪审核。11月18日,东营中院召开了ISO质量管理体系管理评审会议,对有关工作进行了广泛讨论。王少南院长强调要通过认证实现"三个规范",即通过制度规范化、标准规范化、信息规范化实现管理规范化。12月10日至12日,中国质量认证中心(CQC)5名专家对东营中院ISO质量管理体系进行了为期3天的现场审核,最终得到审核专家一致认可,从而顺利通过了现场审核。也标志着东营中院的ISO质量管理认证工作基本完成。

5、效果。ISO质量管理体系经过3个月的试运行,取得了明显效果。一是各种量化指标得到很好完成。审判案件、执行案件和鉴定案件完成率占同期新收案件总数的100%,所有案件法定期限结案,无超期限案件;当庭裁判率均达到了74.9%,一次开庭率达90%以上;一审民商案件庭前调解率21%,申诉案件减少了13.5%;上诉到省法院的案件减少10.8%,改判发回率降低了10.83%;法律文书制作更加规范,文字正确率100%。二是社会满意度得到提高。向30余名人大代表、政协委员和特邀监督员发出了《征求意见表》,3次召开了外来投资者座谈会,与市招商局、开发区建立了联席会议制度,向社会发放了933份调查问卷,法院的整体工作得到很高评价,提高了司法的亲和力。三是质量管理体系有效发挥了控制职能。质量管理体系不仅覆盖了法院管理的各个方面,特别是通过审监庭和内审员每月对各业务部门的工作评查,对发现的问题进行分析通报,对各部门的纠正情况进行跟踪检查,使体系很好地发挥了控制作用。

对法院工作发展的长远意义

进行ISO质量管理体系认证强调管理层的介入,及时采取措施,确保体系处于良好的运作状态;强调纠正及预防措施,消除产生不合格或不合格的潜在原因,防止不合格的再发生;强调不断的审核及持续改进,达到对管理及运作不断地修正及改良的目的;强调全员参与及培训,确保组织中的每个人有较强的质量意识;强调文化管理,以保证管理系统运行的连续性,是法院文化、质量文化建设最好的载体。因而进行ISO质量管理体系认证对法院的整体工作将产生积极而深远的影响,是法院管理史上的创新。

1、强化质量管理,提高了法院的规范化管理水平。2004年是省法院确定的"规范化管理年",开展司法的规范化管理，就要从研究法院工作的基本规律入手，解决管理的标准化、制度化和信息化的问题。东营中院进行的ISO质量管理体系认证就是按照ISO9001国际管理标准，结合法院工作实际，创造性地制订一套质量管理体系文件，使之制度化，并借助信息化的优势，使标准化、制度化、信息化有效结合，从而实现法院规范化管理的目的，促进整体工作的提高。

2、增强了社会满意度，提高了司法公信力。进行ISO9001质量管理体系认证的认证机构是经过国家认可机构认可的权威机构，对质量管理体系的审核非常严格。对法院内部，按照经过严格审核的国际标准化的质量体系进行品质管理，真正达到了法制化、科学化的要求，极大地提高了工作效率和审判质量。对于法院外部，社会和诉讼参与人得知法院按照国际标准实行管理，得到ISO9001质量管理体系认证注册证书，并且有认证机构的严格审核和定期监督，可以增强他们对法院的信任，提高司法的公信力。

3、体现了司法为民宗旨的要求。ISO9000质量标准在当今社会已不算是新鲜事物了，随着社会的不断进步，经济的不断发展，越来越多的人开始关注这些国际标准，其中不只有企业，还有国家机关。这也体现了国家机关积极转变观念，勇于将自己展示于公众面前，接受社会监督的魄力。把服务当作产品，向社会公开承诺，是对以往旧的工作模式的摒弃，是实现按程序办事，按国际惯例办事的良好开端，是应对入世需要而做的有益尝试。法院作为国家审判机关，要树立司法为民的宗旨，也要提供服务，它是代表国家行使司法权，维护国家、人民合法权益的机关，是服务于人民、服务于社会的。法院位于司法理念的前沿，是捍卫公平与正义的一个最理性的部门，它需要透明、公开、公平、公正的执法环境，然而许多法院依然沿袭旧的人管人的工作模式，职责不明、效率不高，极大地阻碍了法院的发展，ISO质量管理体系认证是克服这些弊端、提高司法服务水平的有效武器。

4、适应了加入WTO的需要。中国已经加入WTO，各行各业都在努力谋求新的发展，积极与国际接轨，法院如果不发展，同样赶不上时代的要求。ISO9000标准的思想和要求是从最高管理者开始，利用管理的"瀑布效应"从上至下像瀑布一样、把每一层管理者身上那些陈旧的、不好的管理习惯冲刷干净。引入这套标准，就可以从人管人的模式中完全脱离出来，实现以制度管人，什么工作该做，该由谁做，如何做都明确写在制度规则中，依此施行，并向社会公开，接受群众监督，必将实现法院的整体改观。

5、有效地克服了法院内部评价和考核的弊端。半年和年终进行考核在法院已成为惯例，这对于促进工作发展有积极作用，但它也存在很大的弊端：一是每年浪费了大量人力物力，影响了正常工作；二是碍于人情面子容易使考核流于形式；三是容易在部门间产生矛盾。ISO9000认证机构属于第三方审核，可以有效排除这些弊端。进行质量管理体系认证之初东营中院就强调要解决认证和法院工作"两张皮"的问题，在质量体系文件中除确立了全院总的质量方针和目标外，把部门目标和年初制定的考核目标统一起来，把对认证的质量量化考核与各庭室的目标考核统一起来，有效地克服了法院内部评价和考核的弊端。

（撰稿人：郑少锋　张洪江　审稿人：王少南）

广州经济开发区用标准打造服务型政府品牌

广州经济开发区为了适应"入世"和经济全球化的形势，充分与国际惯例接轨，创新行政管理模式和机制，优化投资创业环境，打造服务型政府的品牌，提高区域的政府竞争力，从2003年2月开始在管委会机关全面贯彻推行ISO9000国际质量管理标准，针对行政管理工作建立了质量管理体系，将各项行政管理服务工作纳入程序化、规范化、标准化轨道。经过半年的实施运行，正式通过BSI(英国标准协会)的现场审核，并获得了认证证书。

笔者曾在政府行政机关工作十余年，并在国营、民营、股份制等多种所有制企业从事过管理工作，深知政府行政管理不善给企业和民众带来的危害。作为广州经济开发区贯标的咨询顾问之一，笔者全程参与了广州开发区管委会机关整个贯标过程，亲身感受到政府机关贯彻ISO9001国际质量管理标准之后产生的巨大变化和效应。

效应之一：监督约束执法行为
遏制腐败滋生蔓延

邓小平曾经指出："制度不好，好人变坏。"个别人的腐败行为可能是个人素质问题，而腐败群体的出现则必须从体制上找原因。"绝对的权力导致绝对的腐败。"腐败产生的原因就是行政执法过程中权力缺乏有效的监督。墨菲法则告诉我们："事情如果会向坏的方向发展，若不加控制则一定会产生坏的结果。"由于中国反腐败的重点大多放在教育和查处上，而忽视了对行政过程的监控，没有建立起科学健全的防止腐败的体制和机制，缺乏一套行之有效的监控制度，使得腐败分子"不给好处不办事，给了好处乱办事"等贪赃枉法现象，利用制度上的缺陷和漏洞滋生蔓延起来。因此，反腐败的重点应该放在权力监控制度的建设上。

广州经济开发区处于改革开放的前沿地带，惩治腐败、建立公正廉洁与公平合理的政务环境是发展的要求。要从源头上杜绝腐败，必须转变政府职能，使权力型政府向服务型政府转变，淡化政府的权力意识，突出服务职能，必须"德法相济"，进行制度创新，对行政制度和经济制度进行变革，用法律和制度来约束、规范政府的行政行为，同时，要创新监督机制，加强对政府行为的监督，控制政府权力，实现政府权力的转移和分解，减少权力与资源的相关性，从根源上遏制腐败的滋生。

广州经济开发区通过贯标，编写了255个行政管理服务工作规范，把管委会主要的行政管理工作和政务活动全面纳入了规范化、程序化的轨道。在机关具体运作过程中全面推广使用《服务提供过程记录》，在政务流程中增设了质量监控的环节，要求上下级之间、前后环节之间都必须严格进行质量监控，无论什么人、哪个环节发生质量问题，都要即时开出《不合格服务评审处置表》交责任人"返工"整改，并要经过下一个环节的"质量"验证后，才能继续进行审批审核，以防止不合格服务提供给"顾客"，这种做法使机关所有工作人员的公务行为实现了受控。通过对政务活动实施全程监控，将事前防范、事中监控与事后检查有机结合，规范了行政行为，约束了执法权力，使主要行政管理活动得到了控制，有效地遏制了腐败。

效应之二：精简优化行政审批
提高政府办事效率

当地政府的行政效率和社会环境是投资者最为看重的因素。企业的市场竞争，在价格一定的情况下，拼的往往是供货周期。如电子信息制造业一般要求厂商在一周内供货。厂商在历经拼搏接到订单后，要立即以小时(甚至以分钟)为单位进行采购、进料、调度人力、安排生产线、加工、检测、报关、运输等一系列流程。在这些过程中涉及政府的很多相关机构(如计划、经发、劳动、海关、商检、卫检、税局等)，其中任何一个环节卡壳都可能使企业原定的工作流程中断，影响供货承诺，严重者可能失去订单。企业失去订单，受损失的不仅是企业，当地政府也减少了税收和就业机会，信誉更受到影响。

广州经济开发区管委会通过贯标在有效监控行政管理服务质量的同时，还结合实际，大力压缩不必要的行政审批和审核事项，大大优化和精简了政务流程，进一步提高了办事效率。借助于有关质量记录表格，通过客观记录、分析现实的政务活动，他们对政务流程进行了梳理和优化，精简了审批程序和环节。在对行政审批时限的控制上，各项服务工作规范中明确了各项行政审批在本处室或本部门的办结承诺时间，《质量手册》中明确规定了机关各部门之间会签文件或征求意见的时限(即48个工作小时)，对区领导的审批时限也作了明确的规定(即48个工作小时)。目前，机关行政审批各环节经办人员的时效观念都很强，都非常重视控制办理时限，办事效率大大提高。

效应之三：以顾客为关注焦点　服务型政府现雏形

"以顾客为关注焦点"是国际标准化组织总结的八项质量管理原则之一。广州经济开发区管委会将ISO9001国际质量管理标准的精髓融会贯通于各项政务工作之中，把自己当作"服务提供者"，把国内外投资者、企事业单位和区内居民当作接受服务的"顾客"，将管委会与"顾客"的关系构筑在同一个平等的市场经济平台上共生共存；而不是传统的"官与民"、管理者与被管理者的关系，彻底摒弃了高高在上、坐等企业上门的衙门作风。管委会建立了"一站式"投资服务中心，实行窗口式服务，集中办理210项行政审批，其中60项即时审批；实行了副局级以上领导挂钩联系2~5家筹建企业制度，上门提供优质服务。具有对外服务职能的部门纷纷主动开展服务创新，采取各种有效渠道(报纸、网站、编印资料、电话咨询等)做好政务公开，大大方便了顾客办事。通过贯标，"以顾客为关注焦点"、"顾客至上"、"服务第一"、"管理就是服务"等服务理念已经深入人心，整个机关工作人员的服务意识显著增强，并且扎扎实实地落到了每一项行政管理服务活动中，管委会提出的"一切为了投资者，一切为了企业"的理念得到了具体体现，大大推动了建设服务型政府的进程。

效应之四：顾客权益得到保护　顾客信息受到重视

服务型政府的宗旨就是"要以顾客的要求和权益为出发点和落脚点，做好行政管理服务。"广州经济开发区在贯标过程中，通过使用《文书领取通知单》，对行政审批过程中所需要的、由顾客提供的各种资料、证件等财产进行了切实有效的保护，所有档案资料做到了分类存放、标识清楚、检索方便。这一做法不仅受到顾客的肯定，也得到许多具体经办人员的理解和支持。为了有效利用顾客信息，听取顾客的意见和建议，管委会除了对外公布质量监督投诉电话、设立意见箱之外，质管办还分别邀请了区内重点企业代表召开管委会行政管理服务质量座谈会，代表们普遍认为管委会推行ISO9001标准将会为国内外投资者提供更好的投资环境，并对管委会各部门的整体管理服务质量表示满意。从质管办组织开展的顾客满意度调查统计结果显示：管委会顾客满意率达97.68%，高于目标值95%。

作为在国内率先导入ISO9001的国家级开发区，广州开发区管委会取得了良好的成效，尝到了甜头。广州开发区贯标的做法值得相关政府部门借鉴，在行政管理部门大力推行ISO国际标准，既是加速与国际惯例接轨的有效途径，也是探索和尝试行政管理创新的具体行动，将会对规范政府行为、提高行政管理效率和管理水平起到极大的促进作用。

(作者：耿　捷)

为有源头活水来

——山东日照市岚山区工委、办事处办公室通过ISO9001质量管理体系认证追记

山东省日照市岚山工业园区工委、办事处办公室于2002年12月顺利通过中国质量认证中心（CQC）的评审，成为山东省第一家通过ISO9001认证的党政系统办公室。

贯标

作为党委、政府的综合性办事机构，办公室所承担的主要职能是为领导、部门和基层服务，其产品就是"服务"，顾客即是"领导、部门和基层"，本身有一个通过持续改进，不断提高产品质量、提高顾客满意度的过程。从这个意义上说，岚山工业园区工委、办事处办公室的管理目标、管理理念与ISO9000标准是一致的、相通的，完全可以融入ISO9000质量管理体系。从实践上讲，办公室成立以来，特别是党政"两办"合一后，上级明确提出"岗位责任化，工作标准化，纪律严明化，环境优美化"的号召和"人人都是投资环境、事事关系岚山形象"的要求，要求办公室在人手少、成分新、任务重的情况下，高质量、高效率

的完成工作任务。这一切迫使办公室不得不积极探索建设适合岚山沿海开放和"小政府、大服务"特点的办公管理机制。加上办公室的特殊地位和作用,要求办公室工作必须坚持高起点、高标准。因此,把服务提升到新的层次,必须要有一套严谨的管理标准和科学的管理办法,才能更好地挖掘出全员的潜力,使各项工作更上一个台阶。再有,这些年办公室虽然在管理上抓得很紧,但从实际运行效果看,离领导、部门和基层的要求,与沿海开放城市办公室的要求都还有差距,必须全面提升管理水平。但是,办公室的服务质量到底如何,应该由服务对象做出评判,而以前的管理制度在这方面有明显的缺陷。随着中国加入 WTO,地处改革开放前沿的岚山,经济国际化进程、政府职能转变提速步伐进一步加快。如何转变政府职能,加快与国际惯例接轨,实现"小政府,大服务"的目标,更好地为企业发展服务、为岚山经济发展服务,是摆在办公室面前的现实问题。这些都为办公室导入 ISO9001 质量管理体系提供了良好的条件。

为确保整个认证工作顺利开展,办公室领导明确分工,确定一名副主任担任管理者代表。在体系建立之前,办公室还安排 3 名科长参加了 CQC 山东评审中心组织的内审员培训班,培养负责认证工作的骨干。在认证工作全面铺开时,采取全员教育与骨干强化相结合的形式进行培训,使办公室全体人员对 ISO9001 质量标准都有了一定的理解与认识,为推动体系运行奠定了良好的基础。

初始评审是整个体系建立过程中的重要环节。为搞好初评,办公室全面研究有关情况,认真分析办公室的概况、组织结构、职能分配、人员素质、办公设备及计算机等资源配置、当前服务水平以及需要遵照执行的相关法律法规等内容。做到一切情况透明,关键问题清楚,所需材料齐全,为制定质量方针、质量目标以及质量管理体系总体框架做好了充分准备。

在体系投入试运行后,针对大家对新的文件理解不透,感觉不适应等问题,办公室采取集中辅导与分散自学的办法,不断进行学习、培训和总结。为充分体现文件的指导作用,办公室要求各科室严格执行体系文件的各项规定,如遇不可行或不符合实际的情况,必须按文件和有关控制程序进行修改。同时,对所有的岗位和工作环节,都在抓细、抓实上下功夫,鼓励大家积极寻找体系文件中的缺陷,认真提出整改意见,不断完善体系文件,力争把所有问题都解决在试运行阶段。此外,办公室组织了三次试运行和两次内审,为保证顺利通过认证扫平了道路。

体会

山东省日照市岚山工业园区工委、办事处办公室顺利通过 ISO9000 认证,主要把握好了以下三点:

1、抓住要点,做到"二个结合"。一是与办公室的办文、办会和办事业务特点相结合。在编制质量文件中,首先对质量活动现状进行详细的调查,以办公室工作性质和特点为主体,为体系文件的编写准确定位。其次按照 ISO9001 标准和办公室工作流程编写程序文件,在程序文件中穿插与该过程有关的要素控制要求。对不适合办公室工作的个别条款,在不影响体系运行的前提下,进行删减。再次将 ISO9001 标准术语或专业性强的语句转化成通俗语言,使之更具可操作性。二是与办公室的服务特点相结合。办公室服务的主要对象是领导、部门和基层。其服务的及时性与灵活性决定了"与顾客接触面"的质量,体现了办公室工作的重要和敏感。而顾客对服务质量的感受往往带有主观成份,这就直接决定和影响服务的成效。因此,在过程控制中,对人的因素要给予高度重视,要促使和激励每位成员必须遵守各项质量规范,提高工作质量,重视与顾客的联络,以满足顾客的期望和需要。

2、夯实基础,确保"三个到位"。一是领导重视,组织机构到位。要求办公室始终把认证作为头等大事来抓,对有关认证的资源如人员、组织、资金等要及时予以落实。努力形成"一把手"亲自抓、负总责;分管领导具体抓,靠上去;各科室分头落实责任的局面。二是端正态度,思想认识到位。注意防止和克服单纯为获证而认证,搞形式主义和急于求成、只求快、不求精的思想倾向。三是抓好培训,教育发动到位。高度重视教育培训,注意培养一支认证骨干队五,形成一个浓厚的认证氛围,从而使认证工作顺利进行。

3、端正认识,树立三个观点。一是系统的观点。ISO9000 质量标准涵盖了办公室工作的方方面面,既涉及领导,又涉及工作人员,是一项系统工程,必须用系统的观点作指导,环环相扣,坚决防止和纠正原有运作模式与 ISO9000 质量标准"两张皮"、"单打一"的现象。二是创新的观点。提高服务质量和水平是推行 ISO9000 标准的根本目的,必须注重实效,真抓实干,激发全员的创造力,珍重群众的每项意见和建议。三是长远的观点。认证工作不像一些短期活动,见效快,动静大,也不可能一旦通过认证,就会出现质的飞跃。认证需要扎扎实实、循序渐进地工作,才会有效果,并且是长期效果。因此,要特别重视持续改进,不断完善。

改观

文化氛围明显浓厚。在“忠诚服务、严谨规范、创新有为、团结高效”质量方针的大氛围下，各科室按照岗位分工，形成了较有特色的科室文化，如秘书科的“服务就在你身边”；综合科的“没有不规范的公文，只有不规范的理念”；行政科的“我们一直在努力”；信息科的“天天短平快，时刻不松懈”；督查科的“执著是美丽的”；研究室的“探索真谛，是我们永远的追求”；保密机要科的“工作着是快乐的”；车队的“安全第一，服务至上”等等，努力创造一种人人讲规范、事事守规矩、一切向标准看齐的氛围。

工作质量明显提高。在办文方面，领会领导意图、把握上级精神、与工作实际结合、写短文、求实效、出主意、当参谋的能力有了明显提高。在办事方面，能够用创新的眼光对待顾客的要求，能够用最快的速度去落实顾客的要求，能够用事事有回音、件件有着落的姿态去体现顾客的要求。在办会方面，采用了《会议办理单》，对会议通知内容，会议组织人员、会议落实情况做了明确要求。在保证会议质量的同时，尽量缩短会议时间，压缩领导讲话时间，减少大会发言人数，取消不必要的会议程序。

精神面貌明显变化。通过认证工作的开展，进一步理顺了工作关系，明确了工作职责，使办公室的全体人员都能按照统一的质量体系标准运转，工作的责任感、荣誉感明显增强，争先树优、赶超一流的气氛愈加浓厚。

（作者：倪阳 刘玉亮 孙志杰）

体系浇绿执法树 认证催放文明花

——江西省弋阳县国税局税收质量管理体系认证特写

江西省弋阳县国税局针对新形势下税收工作中出现的新情况、新问题，按照国家税务总局依法治税、从严治队、依靠科技加管理的要求，从实际情况出发，解放思想，积极探索税收管理的新路子，大胆实践，与中国质量认证中心（CQC）江西评审中心密切配合，将ISO9000质量管理体系导入税收工作中，于2001年12月通过了中国质量认证中心的认证，2003年再次通过了ISO9001:2000质量管理体系的换版认证，实现了税收工作的规范化、标准化和科学化，极大地提高了税收工作的质量和效率，推动了税收事业的健康发展。

强化管理基础、规范执法行为

弋阳县国税局在导入体系时，以税收工作内容为主体，以ISO9000质量管理体系为载体，借用其先进的管理方法去进一步规范税收工作管理过程，将ISO9000质量管理体系与具体的税收执法实践有机地结合起来，使管理内容与管理形式融为一体。为使形式更好地服务内容，弋阳县国税局在运用ISO9000质量管理体系这一载体时，没有生搬硬套其条款，而是从实际出发，有所取舍，有的作了“变形”处理，如将“顾客”定位为上级机关、纳税人和内部干部，将“不合格产品”定位为对税收征管和内部管理中的不合格行为和县国税局确定的其他不合格行为等。

弋阳县国税局税收质量管理体系覆盖了全局各分局、股室，涵盖了税收执法管理、行政后勤管理、党群、工、青、妇等各项工作，从体系文件上分，主要包括1个《质量手册》、26个《程序文件》、80个《工作规范》和198个《质量记录》。从功能上分，主要包括六个方面：1.质量方针与质量目标——以顾客为关注焦点；2.过程控制——有效控制实现质量目标的过程；3.系统自检——定期进行内审并查找问题；4.纠正预防——纠正“不合格产品”并制定预防措施；5. 评审改进——定期进行管理评审并持续改进；6.资源管理——有效管理为实现质量目标服务的人力、财力和物力资源并优化配置。这六个方面相互关联、相互支持，构成了一个完整的体系，将弋阳县国税局涉及税收质量管理的各个方面、各个重要环节和各项重要工作过程，都纳入了规范化、标准化、程序化管理，使税收工作质量得到了有效控制和稳步提高。

为保证体系对税收工作的适宜性、充分性和有效性，弋阳县国税局在建立质量管理体系时，没有陷入为了顺利通过认证而进行“削足适履”式的体系文件编制误区，而是注重科学性、通俗性和易操作性，按照税收征管的有关法律法规和税收工作固有的规律，使体系文件更加符合税收工作实际。但为了使管理体系高效运转，弋阳县国税局根据体系运行的要求和实际情况，进行了相应的改革：一是调整了机构设置，将原来按区域设立，集征收、管理、督查为一体的六个分局，调整为按职能设立，征收、管理、督查三分离，相互制约的四个分局；二是重新定岗定人，并推行竞争上岗；三是改革征管模式，逐步推行和建立起了“多元申报、集中征收、分类管理、重点稽查、微机监控、银税一体”的税收征管模式，并根据纳税人的实际情况，实现了多种纳税方式。通过上述一系列的整合，夯实了管理基础，理顺了管理流程，使ISO9000质量管理体系与弋阳县国税具体执法实践有机地融为一体，不仅提高了管理体系自身的运行效率，更促进了税收执法工作质量和效率的大幅度提升。

明确岗位职责　严格过程控制

税收工作尽管是一项政策性、规范性、严谨性要求很高的工作，但与企业生产“有形产品”相比，其质量控制的难度要更大一些：一是执法和服务为工作的主要内容，是一种“无形产品”，比较虚，工作质量虽然可以在结果中有一定的体现，却无法像“有形产品”那样一目了然；二是由于缺乏“有形产品”那样的工作标准，税务人员在实施执法和服务行为时，就会因人员的素质、水平，甚至心态等而使工作质量、工作进程参差不齐。导入ISO9000质量管理体系后，有关税收的各项工作都纳入了严格的过程控制，每一项工作都有严格、规范的控制程序，按照5W1H（做什么-WHAT、为什么做-WHY、谁来做-WHO、何时做-WHEN、在哪里做-WHERE、怎么做-HOW）要求进行，每一项工作和活动过程均采取PDCA（P:PLAN-计划、D:DO-做、C:CHECK-检查、A:ACTION-提高）控制，从计划、实施、检查、处理、反馈到持续改进，实现了闭环管理和过程控制。

为配合PDCA闭环管理的模式顺利运行，税收质量管理体系化“虚”为“实”，将无形的税收执法和服务内容清晰化、条理化、标准化：一是明确了岗位职责，将全局工作目标层层分解到每一个岗位，以岗定责，以责定人，从局长到一般干部、以及勤杂人员都有明确的岗位职责，构建了完整的岗位体系，工作人员无论在什么岗位，即使是刚刚发生岗位变化，只要查看岗位职责，就知道自己应该干什么，怎样干，什么时候干，达到什么标准；二是细化了工作规程，每一项工作规程中，都包括详细的工作步骤、顺序、时限、形式和标准；三是加强了工作衔接，在对全局工作的主要接口进行清理的基础上，将各个工作岗位、各个工作环节的有机衔接，纳入了过程控制，设计制作了“信息传递单”，注明工作任务下达人、接受人、完成情况、验收人等，层层把关，使工作接口成为上一个过程的终点和下一个过程的起点。通过化“虚”为“实”，明确了税收业务流程中各岗位、各环节的具体工作标准和操作要求，每个工作人员都必须按照管理体系的规定和要求，承担相应的管理和服务职责，岗位与岗位之间环环相扣，相互制约，任何一个环节出现不合格行为都会牵一发而动全身，影响整个工作过程乃至全局工作，随意执法、自由裁量得到了最大程度的限制；同时整个工作过程必须留下清晰、完整的质量记录，便于追溯情况和追究责任，从机制上促进工作人员增强责任心。弋阳县国税局对此有一个形象的说法，每个工作人员每天从上班开始到下班结束，所有时间的工作流程都一直处在控制中，所有的工作行为都有严格的规范。这样，在税收执法和服务的事前、事中、事后建立了全过程、全方位的常规化、制度化的监督，整个过程始终处于受控状态，不仅保证了税收工作行为的统一规范，而且使“疏于管理、淡化责任”的问题迎刃而解。如《税收征收管理运作控制程序》，对相关股室的职责、征管业务运作控制过程、征管业务运作信息传递、征管业务运作人员要求、征管业务工作服务要求、计算机系统管理等全过程和工作衔接都有明确的控制要求，还要检查、监控和纠正，把100多个文件和法律文书有机地串联成一个整体，共同构成一个完整的控制过程，使税收征收管理始终按规范运作。

对于税收工作质量的控制，税务机关原有的考评制度重在结果，税收质量管理体系重在过程，二者表面上是不一致的，但实际上都是为共同的质量目标服务的，结果反映过程，过程影响结果，良好的结果是良好的过程的终结，良好的过程必然有良好的结果。将税务机关原有的考评制度纳入税收质量管理体系的运行模式中，量化考核，控制过程，使二者优势互补，实现了税收质量管理由重结果到结果与过程并重的转变。同时，严格的过程控制，量化的考核指标，为衡量工作人员的工作质量和工作绩效提供了一把直观的、令人信服的“标尺”，每个工作人员业绩的高低，是“干”出来的，而不是“评”出来的。在导入ISO90C0质量管理体系前，弋阳县国税局的员工受到经济处罚，往往意见很大，抵触情绪很大，甚至找局领导吵闹，而现在对员工的经济处罚是管理体系运行的自动结果，有明确具体的制度依据、清晰完整的过程记录，员工心服口服。

切入税收实践　实现持续改进

税收管理信息化建设是完善税收管理、提高税收工作质量的重要硬件手段。弋阳县国税局推行ISO9000质量管理体系适应了税务系统信息化建设的需要，把国际先进的管理科学与计算机网络技术结合起来，使管理效益和科技作用都得到了充分发挥。弋阳县国税局税收质量管理体系是建立在计算机网络平台上的，体系文件、“办税八公开”的规定等，都发布在局域网上，便于对照执行，同时借助计算机局域网进行体系运行的过程控制和跟踪持续改进情况，极大地提高了体系自身的运行效率和管理效率，有效地遏制了人情税、关系税、口袋税等不良现象的发生。

为保证税收工作质量和效率，弋阳县国税局在对为体系服务的人力、物力、财力等资源整合的基础上，将资源管理也纳入了体系的范畴，建立了《税务干部管理工作规范》、《经费管理工作规范》、《物品管理工作规范》、《车辆管理工作规范》等，使直接或间接为质量目标服务的各种资源在规范中更好地发挥保障作用，既提高了体系的运行效率，又降低了管理成本，提升了管理形象。

持续改进是ISO9000质量管理体系的一个重要原则，随着我国经济的强劲增长和法制化建设进程的加快，税务部门面临新的形势，新的税收政策的出台，新的征管程序的采用，要求税务部门的管理必须是动态的、发展的。弋阳县国税局针对税收征管工作流程中出现的新变化，及时准确地将变化、更新的内容贯彻到每个工作岗位，同时对内审和管理评审中发现的问题以及顾客的合理要求和意见，以改革的目光、创新的目光进行检视，对程序文件和作业指导书进行修改、补充和完善，使税收工作内容不断丰富，管理体系始终保持旺盛的生命力。如在建立税收质量管理体系的初期，确定的质量目标中的“顾客满意率”在90%以上，后来又提高到95%以上，今年则提高到98%以上。

坚持以人为本推进文明建设

能否发挥税收质量管理体系的作用，关键在于人。弋阳县国税局，着眼于加强对全局税务人员的培养、教育和管理，坚持教育培训为税收征管工作服务、为弋阳县国税局培训人才服务，每年年初都要举行一次为期15天的“春训”，内容包括时事政治、业务技能、计算机知识、标准化管理等，做到有计划安排，有组织实施，有检查考核，整个学习过程都按管理体系的要求进行控制，对提高全员素质取得了实实在在的成效；同时由于管理体系围绕税收征管的中心任务，将质量目标自上而下层层分解实施，尤其是将原来对工作人员重结果的定性考评改为过程与结果并重的定量考评，使工作人员有更明确的工作目标，工作有了压力，奋斗就有方向，为更好地实现目标，工作人员自觉地提高自身素质、技艺水平和工作业绩，从而实现了国税局与人的共同发展，为可持续发展提供了人才保证。

税务机关推行ISO9000质量管理体系的成效不是体现在经济效益上，而是体现在社会各界对税务机关的评价上，用ISO9000质量管理体系的术语表示，就是体现在纳税人的满意率上。提高纳税服务质量是税收工作和税收法律的重要组成部分，也是税收质量管理体系的另一个重要方面，为纳税人提供优质服务，是建立社会主义市场经济税收新征纳关系、实现“依法治税、为国为民”的税收质量方针的根本途径。弋阳县国税局将纳税服务制度贯穿于税收质量管理的全过程，通过体系文件将多年来纳税服务的成果、经验等固定在日常工作中，强化了文明办税、优质服务的过程控制，严格了服务质量、服务态度的责任追究，并在持续改进的基础上为纳税人提供更宽领域、更深层次的服务。一方面，弋阳县国税局依法治税，做到了应收尽收；另一方面，处处体现了为纳税人着想、为纳税人服务的诚意。按照质量体系的要求，工作人员对纳税人只有解释权，没有争吵权，任何影响税务机关形象的事，随时都会得到体系的控制，当事人及其领导都会受到责任追究；为方便纳税人，弋阳县国税局实行一个“窗口”办事和“一站式”服务，将一些股室的职能合并，把出口税票的开具、税务登记、发票发售、报税等都纳入办税大厅办理，并委托银行在大厅收款，使大厅服务功能齐全；为便于偏远山区的小企业纳税，弋阳县国税局主动与邮政部门协商，设计新的邮寄申报信封，将邮寄费由8元降至2元，实行邮寄申报、预存税款、委托代征等方式，既方便了纳税人，又降低了纳税费用。弋阳县国税局为纳税人提供的服务，始终闪耀着人性关怀的色彩，如定期给纳税人发短信息，在税票上打上问候语，在公交车上设置移动意见箱，在办税大厅设置全程服务岗，为纳税人提供咨询服务等。弋阳县的纳税人普遍认为，在弋阳县国税局纳税能找到“三种感觉”：一是纳税光荣的感觉，每月初根据按时申报率、审核通过率等指标评选一位“纳税明星”，张榜公布，国税局领导亲自送花篮给“纳税明星”，从而不断强化纳税人依法纳税的意识；二是明明白白的感觉，实行网上政务公开，将纳税人的税负、定税依据、每月纳税情况、税收优惠政策等在网上公开，纳税人只要鼠标一点，就明明白白，弋阳县一家企业用当地的稻草为生产原料，按政策可以享受税收优惠，但该企业不清楚，国税局领导在调研时了解这一情况后，将优惠政策告诉了企业，使企业感到国税局是切切实实为纳税人着想；三是轻轻松松的感觉，弋阳县国税局在办税大厅旁设立了约谈室，纳税人对国税局的工作有不理解或不明白的，可以在约谈室一边听音乐，一边面对面或网上约谈，使税收的话题不再沉重。

税收工作质量管理体系的导入，在提升弋阳县国税局的管理水平，强化税务工作人员的法制意识、质量意识和服务意识，促进两个文明建设的协调发展等方面收到了明显的成效。在1994年税务机构分设、弋阳县国税局成立的六年里，年年完不成任务，自导入质量管理体系后，在通过认证的2001年就显现了立竿见影的作用，名列上饶市国税系统征管质量考核第一，弋阳县行风评议第一，纳税人满意率达100%，提前50天完成了全年的税收任务，此后，税收收入实现了连年攀升，步入了稳定发展的良性轨道。同时，两个文明建设实现了整体推进，领导班子建设和队伍建设都迈上了一个新台阶，弋阳县国税局领导班子被中共江西省国家税务局党组授予2002年度“先进领导班子”荣誉称号，局长徐国华获得了江西省国家税务局系统首届“十佳局长”荣誉称号，弋阳县国税局连续获得两届“江西省文明单位”称号，2003年3月又被中央文明委授予“全国创建文明行业先进单位”荣誉称号，成为江西省国家税务局系统目前惟一获此殊荣的县级局。此外，税收工作质量管理体系的导入对优化税收政务环境也有明显的作用，通过对税收执法和服务的过程控制和持续改进，提高了工作质量和效率，建立了公平、公正、公开、透明的税收环境，极大地减轻了纳税人的经济负担和精神负担，增强了地方招商引资的吸引力度。顺隆纸业公司先后考察了江西省许多县市，当得知弋阳县国税局在税收工作中建立了质量管理体系后，对弋阳县的投资环境充满信心，决定在弋阳县投资办厂，2003年公司投产，当年便纳税248万元，既促进了地方经济的发展，又扩大了税源。

(CQC江西省评审中心推荐)

二、认证监管与服务机构认证

江苏出入境检验检疫局全局系统贯彻ISO9000族标准成绩显著

贯标概述

江苏出入境检验检疫局在贯彻ISO9000族标准、实施科学管理方面起步较早。

1997年1月17日,江苏进出口商品检验局局长胡正生在局务会议第一次提出讨论建立质量体系事宜。1997年3月11日颁发了:《关于组建江苏商检局质量体系管理委员会的通知》(苏检办[1997]173号),设定在委员会下设指导小组和实施小组。质量管理委员会为决策机构;指导委员会改为指导小组,为咨询机构;实施小组为运行机构。9月25日,国家局王凤清副局长在江苏局处以上干部会议上指出,商检局搞质量体系要先行一步。

1998年1月1日,省局发布A版质量保证手册。6月3~4日,荷兰KEMA公司来江苏局进行质量体系技术交流。11月10日,发布B版质量保证手册。11月26~27日,荷兰KEMA公司评审小组进行预审核。1999年1月6~7日,通过了荷兰KEMA对江苏商检局进行注册审核。

1999年1月11~13日,通过了中国质量认证中心(CQC)对江苏商检局进行注册审核。8月8日,江苏出入境检验检疫局挂牌。12月8日,江苏出入境检验检疫局党组批准修改质量体系文件,质量手册换成C版,任命车文毅副局长为管理者代表。

2000年3月18日,江苏检验检疫局发布C版质量手册(ISO9002:1994)。12月9日,江苏检验检疫局携全省19个分支局建立并运行的工作质量保证体系,全部顺利通过中国CQC的现场审核。

2001年7月18日,发布D版质量手册(ISO9001:2000)。

2002年1月8日,中国CQC通过对江苏局换证审核。

2003年5月8日,江苏局在全系统征集检验检疫系统运用实施ISO9000标准论文,共收到126篇投稿。

贯标效果

江苏出入境检验检疫系统作为政府行政执法部门采用ISO9000族标准建立质量管理体系,其主要目的是规范行政执法行为,提高全系统的把关、服务质量水平。自1997年开始,江苏商检局在全国系统内率先贯标,经过“三检合一”,ISO9000族质量管理体系已经作了4次改版。全省系统19个分支局也先后按照ISO9001:2000标准建立各自的质量管理体系并付诸运行。6年多的实践证明,政府行政执法部门采用ISO9000族标准建立质量管理体系,是机关内部管理工作的一项重要创新,是实施“以质兴检”战略的具体措施,在机关内部质量管理方面已初步取得了以下几个方面的效果:

1、做到“两个符合”、“三个体现”、“四个有利于”。即建立的工作质量保证体系必须符合国家赋予检验检疫部门的职责,符合检验检疫工作实际;整个体系文件的各项控制要求,必须体现检验检疫行政执法的主体地位,体现国家局“以质兴检”的管理要求,体现江苏检验检疫确定的“两个一工程”奋斗目标;有利于国家局改革目标的实现,有利于明确职能职责,有利于促进业务改革,有利于把关水平和服务质量的提高。如在确定“管理职责”时,将国家局的要求分解成领导和部门职责,便于检查;对管什么、如何管,既定性又定量,要求将证书差错率控制在1‰以下,每年进行一次管理评审等,进一步明确各级管理职责。在制定“检验检疫与试验过程控制”程序时,则将检务部门的签证工作归纳为7个环节,每个环节都有明确要求,都有预防差错的措施,充分体现了检验检疫严格管理与体系文件过程控制要求的有机结合。南京检验检疫局是江苏省最年轻的机构,为了使工作质量保证体系更贴近实际,更便于操作,先后对体系文件进行了28次151处修改,换页21 973张,使三级体系文件更趋完善。扬州局在程序文件编制过程中,党组反复讨论,并对各部门提出的70多条意见,逐一研究修改,保证既坚持符合检验检疫工作实际的原则,又满足ISO9000族标准的要求。全省各分支局引用ISO9000中19个要素建立并运行的工作质量保证体系,结构严谨,定义准确,规定具体,都具有很强的适用性和可操作性。

2、进一步理顺了职能职责。明确各部门、各级各类人员的职能职责，是检验检疫机构改革的重要任务。为此，江苏检验检疫系统根据国家质检总局下达的机构改革方案，针对“三检合一”后出现的新情况以及职能调整中存在的问题，将进一步明确职责作为推行质量体系的首要任务。省局人事处为了能在自己的职权范围内规范、理顺、调整各部门的职责，制定了《职责管理作业指导书》，并且两次根据各部门提出的13条意见，进行了调整和明确。南通局对部门职责、业务分工进一步调整界定，对人员、仪器设备等资源配置作了适当调整补充。无锡局编制《各级人员岗位职责》、《作业指导书》，并在《质量手册》及21个程序文件中作了具体规定，使各项工作更趋规范，各部门之间的衔接、协调更加顺畅。建立并运行工作质量保证体系，有效地防止和纠正了职能交叉、职责不清等问题，巩固了“三检合一”机构改革的成果。

3、促进了以“六个一”为主要内容的业务改革。省局机关及全省19个分支机构紧紧围绕推进检验检疫业务改革，编制体系程序文件，着力解决商检、动植检、卫检之间的业务融合，妥善处理检验检疫与出证放行各个环节工作的接口。张家港、苏州、扬州等局从各自不同特点出发，借助实施工作质量保证体系，加快“六个一”改革步伐，理顺了口岸与产地、局内各部门之间、一线检验检疫与实验室检测之间的业务关系，疫情截获率和业务工作量大幅度上升。此外，各分支局还着眼长远，超前做好业务改革的基础性工作，使体系文件更适应检验检疫业务改革和未来发展的要求。如实施CIQ2000和“三电”工程后，检验检疫部门最终产品“证书”管理出现了新情况，许多单位重新修订控制程序，既有效地减少了差错，又为实施新的检验检疫工作方式，深化检验检疫各项业务改革奠定了基础。

4、检验检疫工作质量稳步提高。建立并运行工作质量保证体系，使检验检疫、鉴定、监管工作均按体系文件规定运行，各项业务工作目标明确、程序明确、要求明确，所有过程有记录、有追溯、有检查、有复核，工作质量有了可靠保障。所有分支局的工作质量都比体系运行前有了较大幅度提高。在2003年9月全省“质量月”活动抽查的2 015份各类证单中，发现有较严重的A类错误的证单17份，平均差错率降到1‰以下。过去证书证单差错为全省倒数第一、二名的徐州、无锡局，这次一跃成为前三名。特别是张家港局在注册审核时，抽查30份证书，没有一个差错。19个分支局在体系文件中制定的质量目标绝大部分已经实现，未发现违法行为和责任事故，出局证单差错由体系运行前的2‰左右下降为0‰~1.3‰，检验检疫签证流程符合要求，顾客有效投诉为零，最终满意度达到100%。

持续改进

ISO9000族标准适用于任何组织，它最重要的原则之一是以顾客为关注的焦点，即应了解和根据顾客的需求，制造出满足并超越顾客要求的产品，最终使顾客满意。加入WTO以后，中国政府的职能将逐步向服务型政府转变，政府应主要是服务者而不仅仅是审批者，政府的主要职责是创造适应市场经济发展的大环境，维护市场经济秩序，为经济发展提供有效的宏观调控。江苏局正是依照《中华人民共和国进出口商品检验法》、《中华人民共和国进出境动植物检疫法》、《中华人民共和国国境卫生检疫法》、《中华人民共和国食品卫生法》以及《中华人民共和国进出口商品检验法实施条例》、《中华人民共和国进出境动植物检疫法实施条例》、《中华人民共和国国境卫生检疫法实施条例》(简称“四法三条例”)，在国境口岸上为国家、社会和人民提供保障和服务，保证人类及动植物的健康、安全，保护环境和维护人流、物流的正常出入境秩序，维护检验检疫市场和认证认可市场的有序发展。入世之后，江苏省的检验检疫工作，坚持以服务为宗旨，更好地向社会提供公共产品。

在全系统推行ISO9000族标准，建立质量管理体系，就能够更好地实现服务的宗旨。适应政治环境的需要，省局系统遵照党中央关于物质文明、精神文明和政治文明的要求，以及廉政勤政的要求和党建的要求，建立质量管理目标，实施质量管理；适应经济环境的需要，省局系统在收支两条线的财务制度中采用质量管理体系，使规定的预算得到有效的利用；适应社会环境的需要，把质量管理体系运用到“大通关”系统中，对现在的检验检疫过程进行再认识，提高检验检疫的质量和通关速度；还可以通过技术环境的改善，实现办公自动化、体系文件无纸化，降低运行成本，提高运行效率。总之，要坚持运用已建立起来的质量管理体系，并使其充分符合ISO9000族标准，持续不断地加以改进。为此，2003年省局在全省系统内征集检验检疫系统运用实施ISO9000标准的理论研究论文。共收到126篇文章，省局从中评选出35篇优秀论文，编成《江苏检验检疫科技QMS论文专刊》，在全系统中交流学习，帮助大家从理论上进一步深化对科学管理的认识。

(江苏出入境检验检疫局供稿)

金川公司检测中心成为国家认可实验室

随着中国加入 WTO 和市场竞争的日趋激烈以及金川集团公司实施国际化经营过程中资源控制战略的实施，金川集团公司及外界对检测中心校准和检测能力的期望与要求越来越高。能否为顾客出具具有准确、可靠、及时的高质量的报告和证书，并能得到社会各界的信赖和认可，成为检测中心能否适应金川集团公司跨越式发展需求的核心问题。

认可过程:2003 年初,金川集团公司批准了检测中心申请国家实验室认可的立项。检测中心认可过程可以分为学习理解、组织实施和接受评审三个阶段。1、学习理解:为了在全中心统一思想并加强对《检测和校准实验室认可准则》的理解,中心聘请了国内知名专家为中心管理人员和技术人员进行授课，所有参加人员均通过了严格的内审员考试。组织全体员工参加培训学习实验室认可准则的基本思想和主要内容，并就中心参加实验室认可的目的、意义、和方式达成共识。2、组织实施:在基本理解《检测和校准实验室认可准则》的内容后,即开始文件编写工作。根据认可准则的要求,文件编写共分四个层次,第一层文件为质量手册，第二层文件为质量体系的程序文件,第三层文件为标准操作规程,第四层文件为质量记录。在试运行逐步规范后，中心向国家实验室认可委员会提出申请。3、接受评审:2003 年 9 月,中心正式向 CNAL 递交了认可申请书及所有的申报资料，并顺利通过资料评审。2004 年 2 月 17 日至 19 日,CNAL 派出了 4 位评审专家和技术专家到中心进行现场评审，对检测中心的技术能力和质量体系进行全面而仔细的考核。经现场目击试验、质量体系文件和记录审查、授权签字人考核、技术人员提问及座谈等各种方式,评审结论为:质量手册和程序文件满足标准要求且可操作性好,体系运行正常有效。

在评审组现场评审安排的 11 类产品的现场试验 65 个项目,20 台(套)测量仪器的现场测量 34 项,检测、校准结果完全符合，中心所申报 13 个检测项目和 32 个校准项目一次全部通过了 CNAL 评定工作组的评定。

能力验证:在建立认可实验室的过程中,检测中心参加了 BHPBilliton 铜精矿水平测试，取得了满意的成绩;组织参加了 CNAL 纯铜项目能力验证,通过了中国实验室国家认可委员会组织的能力验证，并且在全部接受验证检查 32 家单位中成绩名列前茅。通过能力验证,一方面锻炼了员工队伍，检验了技术水平和增强了通过认可的信心，另一方面提高了实验室知名度和进一步赢得了顾客的信任。

建立认可实验室作用和效果:通过建立《质量手册》、《程序文件》、《作业指导书和操作规程》以及各种质量记录的金字塔形文件化管理体系,完善了检测、校准工作的一整套规范和程序,加强了中心内部管理,使检测、校准结果可追溯,各种质量活动有章可循,每项活动留有记录。在中心的工作实践中,有许多顾客非常重视和期望与实验室保持技术方面的沟通，并希望从实验室方面获得建议或指导以及获得从检测、校准结果得出的评价意见和解释,要求参观实验过程。

实验室认可后中心获得的益处: 建立认可实验室的过程,是检测中心领导和骨干思想统一的过程,通过各单位一把手亲自抓,全体员工积极参与,增强了团队的凝聚力和协作意识;日常工作中处理问题有文件依据,各部门权责分明,减少了扯皮、推诿和纠纷现象,堵塞了可能出现的漏洞,保证了工作水平,提高了产品和服务的质量,树立了中心的形象,带来了经济效益。

建立认可实验室，将有助于持续改进和提高实验室管理水平，逐步完善实验室的管理体系，为顾客提供准确、可靠、及时的服务,赢得社会各界的信赖,促进检测中心自身的健康发展。

(甘肃出入境检验检疫局推荐)

广西烟花爆竹检测中心成为全国质检系统首家认可烟花爆竹实验室

2001年8月，广西检验检疫局烟花爆竹检测中心经评审符合CCIBLAC003-1996《测试和校准实验室认可准则》要求，获得国家出入境检验检疫实验室认可证书，成为全国质检系统首家获得CCIBLAC认可的烟花爆竹实验室，也是中国目前惟一能完成烟花爆竹安全与质量全部项目检测的实验室。

承担广西、广东出口烟花爆竹生产企业烟火药剂安全性检测和委托检测的广西检验检疫局烟花爆竹检测中心，其前身是1992年在原北海商检局建立的烟花爆竹实验室，该实验室于1994年通过考核成为全国商检系统惟一的烟花爆竹二级实验室。此后，广西检验检疫部门加强烟花爆竹检测监管，加大对烟花爆竹实验室的投入，同时根据检验和生产的实际需要开展科研工作。先后完成了“烟火药剂中氯酸盐含量的测定”、“烟火药用的氧化剂评述”等研究课题，其中1999年的课题“烟火药剂中氯酸盐含量的测定”，被原国家检验检疫局列为烟花爆竹学科惟一的科研制标项目。

2001年5月，国家检验检疫实验室认可委员会组织专家对广西检验检疫局烟花爆竹检测中心进行考核评审，评审工作按照国际上对实验室的最新要求进行，评审条件更加严格和苛刻。专家组抽查了27份实验报告，安排了摩擦感度、声级测定、药剂定性等6个样品、57个现场实验项目，对有关人员进行了烟花爆竹质量与安全检测的技术考核。专家组对广西检验检疫局烟花爆竹检测中心的质量体系和技术能力表示满意，给该中心颁发了CCIBLAC认可证书。广西是全国出口烟花爆竹的主要生产基地之一，又是出口烟花爆竹主要装运口岸，该检测中心通过认可，对质检系统加强烟花爆竹的检验监管，提高出口商品质量、扩大出口，具有极大的促进作用。

广西检验检疫局烟花爆竹检测中心获得认证后，进一步加强实验室的管理，全面提高实验室的检测综合实力，积极开展烟花爆竹的安全性能检测，年均检测国内外委托的检测样品达280多个。

中国实验室国家认可委员会(CNAL)评审组2002年12月通过了对该中心的年度监督评审、质量体系转换评审和扩大认可范围现场评审，评审组认为该中心的质量体系和技术能力已达到国内同行业的先进水平，尤其是作为这次申请扩大认可范围的检测项目——分级试验，填补了国内空白。随着中心检测实力的增强和知名度的提高，香港国际科技质量有限公司(ITQS)把其作为境内惟一烟花爆竹检测定点实验室，欧盟惟一的烟花爆竹检测机构德国Kappenhagen烟花检测公司，经过全面考察和广泛交流后，决定把广西烟花爆竹检测中心列为其分包实验室。

2003年，广西检验检疫烟花爆竹检测中心全年检验出口烟花爆竹1 843批、277万箱、总值5 669万美元，分别比2002年增长11%、18%和14%。其中检出不合格产品24批、10 370箱、总值15万美元；完成出口烟花爆竹危险品包装使用鉴定1 800多批，出口包装性能检验300多批，共207万多件。此外，还接受委托检验293批(其中国内委托185批，国外委托108批)。多年来没有发生过工作质量事故和检验安全事故，得到了各出口经营单位和生产企业的好评。

(广西出入境检验检疫局供稿)

三、工业企业认证

分步建立质量管理体系 实现生产目标的跨越式提升

——首钢认真贯彻 ISO9000 标准的实践与成效

首钢总公司自 1995 年 8 月设置专职机构，在全公司范围内组织开展贯彻 ISO9000 国际标准工作以来，至今已经有 9 年了。通过建立和完善公司质量管理体系，企业质量管理水平不断提升，增强了产品的市场竞争力，赢得了广大用户的信赖，取得了良好的实效。

一、做好质量体系建立的总体策划，是保证体系有效运行的重要工作环节。体系建立之初，首钢总公司有所属厂矿 30 余个，经过认真分析策划，公司把各厂矿按生产经营不同特点分为两种类型。一类采取整体贯标的形式：这些钢铁主流程内的生产厂矿是公司连续化生产线上的关联环节，彼此密不可分，标准规定的质量管理活动都是由公司各职能处室直接管理控制的，只有把整个公司作为一个完整体系，贯标工作才能有效开展起来。另一类是主流程外的冶金与辅助生产厂矿，这些单位自成系统，相对独立，各自都可形成完整的质量体系，独立开展贯标工作更为有力、有效。在正确策划的基础上，公司下达了贯标工作计划，从 1995 年 9 月开始，组织公司 10 个职能处室和主流程内 3 个生产厂开展了整体文件化质量保证体系的建立工作，1996 年 6 月体系正式运行，12 月接受并顺利通过了中国船级社质量认证公司的认证审核。各独立贯标厂矿，按公司要求也相继组织开展了贯标工作。

二、结合公司年度经营生产目标，及时增选重点产品加入整体认证，对健全和完善公司质量保证体系起到良好的促进作用。在体系建立之初就建立覆盖全部产品的质量保证体系是不经济的，短期内也不可能做到。公司首先根据市场需求，选定了重点产品——螺纹钢筋和高速无扭控冷热轧盘条的 3 个生产厂和相关 10 个职能处室建立体系，开展贯标工作，从而集中公司骨干力量，在较短的时间内实现了公司的任务目标，为下一步公司质量体系的延伸打下了基础。1997 年开始，根据市场的需求，着手组织开展了体系扩大工作，通过严密策划与组织，1998 年中厚板厂、焦化厂，1999 年第三炼钢厂、第三线材厂和第二型材厂相继通过了船级社质量认证公司审核，纳入到公司整体认证的质量保证体系。从而使公司钢铁主流程内冶金产品质量管理全面达到 ISO9000 标准要求。

三、全面贯彻 ISO9000 标准，公司质量管理工作的总体水平显著提升。公司质量体系建立之初，仅包括 13 个单位，大多数厂矿还沿用传统的质量管理方法，两种管理模式共存，制约了公司质量管理体系的有效运行和管理效能的提高。1997 年结合公司组织开展的企业达标升级活动，公司在内部普遍组织开展了贯标工作。由于将达到 ISO9000 标准要求作为各单位晋升二级企业、职工晋升工资的先决条件，极大地调动了各单位贯标工作的积极性。至 1997 年底，全公司各单位都建立并运行了质量保证体系，1998 年相继通过了公司二级企业达标中的贯标工作验收审核，从而有力地推动了公司质量管理工作总体水平的提升，为公司整体认证体系的扩充创造了条件。

四、ISO9000:2000 标准质量管理体系的运行与不断改进完善，推动了企业的管理进步，有效地保证了公司产品结构调整和年度经营生产目标的实现。随着公司依靠科技进步和技术改造推进产品结构调整和企业管理创新步伐的加快，公司以市场为导向，以满足用户需求为目标的新产品、“双高”（高技术含量、高产品附加值）产品的研发生产力度加大，年度目标要求呈跨越式提升，任务艰巨，加快 ISO9000:2000 标准的贯彻实施，成为改进和强化公司质量管理体系，实现经营生产目标的重要保证。2001 年第 2 季度，公司 32 个单位的 406 名人员通过了有关咨询机构的内审员培训。同年，公司通过组织专题研讨、普及培训和知识竞赛等形式，为体系文件的转换与实施打下了良好的基础。2002 年 8 月总公司 2000 版标准体系正式运行，2003 年 3 月通过了换版认证审核。

首钢总公司 ISO9000:2000 标准质量管理体系，努力实践标准要求的八项质量管理原则。通过重新确定公司质量方针，制定和逐年修订公司质量目标值，公司年度经营生产目标圆满完成并实现了跨越式提升。首钢总公司初步具备了优质钢生产的工艺设备、产品结构与管理基础。

（该企业由中国船级社质量认证有限公司推荐）

满足并超越顾客的期望

——上海通用汽车质量体系运行情况报告

上海通用汽车通过五年多的实践，建立、实施、保持了有效的质量管理体系，并持续改进。上海通用汽车在成立之初，即按照北美三大汽车公司的QS9000标准建立起质量管理体系。公司依据以客户为中心的经营理念，提出了“满足并超越顾客的期望”的质量方针，并贯穿于公司体系的建设、维护和持续提高的全过程。

上海通用汽车质量体系的策划和建立是与工厂建设同步进行的。1998年8月，公司成立了以执委会领导挂帅，各部门一级经理为成员的核心小组，指导工作小组对QS9000认证工作进行总体规划和实施。在短时期内，完成了从质量方针目标、质量手册、程序文件到大量标准化作业单(SOS)和作业指导书(JIS)的编制工作。由于质量体系建设和项目建设的同步进行，上海通用汽车到投产时已建立了一整套相对完善的质量管理体系，初步达到了QS9000标准要求。

几年来，公司秉承持续改进的宗旨，通过全员参与的形式，实施保证质量体系的运行。具体表现在：

1、程序文件的优化。公司根据内外部环境的改变，以简单有效为原则，结合实际操作情况，对公司各级文件包括现场操作指导书进行了多次更新优化。其中，在公司的二级程序文件中，修改过一版的占总数的53%，修订过两版的占26%。

2、质量工具的推广应用。公司深化质量工具应用效果，强调预防措施，不断提高产品质量并降低成本。如：制造部各车间普遍应用的FMEA（潜在失效模式和后果分析)工具，倡导有能力监控问题并解决问题的质量体系，即一套可预警又具备“免疫能力”的体系，及时发现任何有可能导致问题的隐患，并将隐患消灭在问题发生之前，从而真正实现“在制造中保证质量Build in Quality”，极为有效地提高了一次合格率。

3、质量信息的有效应用。及时将车间“质量门”、报交点、白车身奥地特和整车质量评审等信息反馈相关部门，责任部门迅速投入问题分析和解决流程，通过PCR(问题交流报告）形式在每天的整车奥地特评审会议上和每月有高层领导参加的质量核心小组会议上进行交流汇报。由工厂质保科建立现场单一问题跟踪清单以对问题的解决状态进行跟踪。质量问题信息反馈和问题解决跟踪体系的畅通保证了质量问题的快速有效解决。IPTV(每千辆车故障率）指标不断改善并超越北美通用同类产品的同期水平。

4、质量体系内涵的两头延伸。公司将质量体系的内涵向上游(供应商)和下游(零售商/售后服务)两头延伸。遵循北美通用的供应商开发16步原则选择供应商，系统地提高供应商过程和体系能力。同时，专门成立上海通用汽车联合开发中心，对供应商提供培训、业务研讨、技术交流和出口业务等方面的支持。公司通过建立和完善运输、仓储、零售、售后质量体系，开展质量体系第二方评审和推进相关方通过第三方认证，建立信息反馈和监控机制，加强发运前检查、质损判定和洗车标准的推广和培训，为最终客户带来益处。

5、全员参与意识。全员参与是质量体系有效实施的基础。上海通用汽车倡导在“制造中保证质量”，将质量控制、质量检验、质量保证的任务最大限度落实在生产制造过程中，通过标准化作业，严格的工序质量控制，生产工人的自检以及对重点工序的质量把关来保证质量。“不接受，不制造，不传递缺陷”、“质量是制造出来的”成为每个员工的行为准则。生产线上装备了按灯系统，一旦操作员工发现质量问题和物料脱节等现象，及时拉下按灯线，班组长、工段长充分发挥团队精神，及时赶到现场，力求迅速解决问题，保证流水线的正常运行。

6、群众性质量活动。上海通用汽车鼓励所有操作员工积极参与质量问题解决过程，组织跨部门多功能小组，合作进行问题攻关。公司在制度上鼓励和保证员工提出合理化建议，为提高产品质量和增加经济效益发挥作用。据统计，到2003年为止，取得成果240余项。这些成果先后荣获2001年度全国机械工业优秀质量管理小组称号、2002年度和2003年度全国优秀质量管理小组称号，还有许多荣获上海市优秀质量管理小组称号。公司共节约成本近一亿多元人民币。对在攻关活动中取得突出成绩的小组和个人给予物质和精神的鼓励，公司出资200多万元人民币对员工进行奖励，充分调动了职工参与的积极性。

7、管理体系的不断完善。上海通用汽车的质量体系于2000年5月26日通过了挪威船级社DNV和上海质量体系审核中心SAC的QS9000联合评审。同年12月，公司又取得了华夏公司的ISO14000环境管理体系评审。2002年5月公司通过职业健康安全的审核。2003年9月通过中国质量认证中心(CQC)的ISO9000质量管理体系评审,并于2004年3月通过监督评审。公司能顺利通过这些体系审核，应归功于建立体系时遵循的避免重复性工作和资源共享的原则，实现了质量管理体系与环境管理体系、职业健康安全管理体系的相容性。在ISO14000、ISO9000和OHSAS18000体系策划时,就确定在QS9000等现有体系的基础上建立其他管理体系。如：制造部对现场操作的文件进行了整合，添加了相关体系的要求而没有单独编制专门的作业指导书，最大程度的减少了操作层面的重复工作量，取得了较好的体系整合效果。

2003年10月,公司正式开始全面推行ISO/TS16949质量体系的运行,强调以过程(子过程)为单位,而非部门来持续改进和提高质量管理体系的有效性。一个过程的完成 (Plan-Do-Check-Act) 可能涉及多个部门的参与。每个过程(包括组成过程的子过程)都有该过程的客户要求。按照客户要求建立过程指标(有效性,效率)。过程完成的好坏（过程指标的完成情况）由过程责任人负责。

经过整理,公司识别了七大过程:产品规划过程、设计和研发过程、制造过程、营销过程、改进过程和体系支持过程。对于这七大过程,确定各主过程的质量指标,监控该指标的完成情况,以不断提高过程的有效性和效率。确定各子过程的责任人，督促其确定子过程的质量指标和监控各子过程的质量指标完成情况。公司同时还成立了质量管理委员会以定期评审公司质量状况，包括质量体系的运行状态。

经过半年多的实际运作，以过程为主的质量体系正日趋完善。由于以过程为主,一些部门与部门之间、供应商与客户之间的接口问题,得到了发现和诊断。明确了输入和输出环节,使体系的覆盖更为全面,使体系的结构更为紧密,使体系管理的作用渗透到各个环节,从而提高了过程的有效性和效率。

上海通用汽车的质量体系运作取得了一定的成效，本着精益求精、不断改进的宗旨,通过自身的不断完善和认证机构的监督指导，上海通用汽车的质量体系将朝着更高的目标不断前进。

(上海市质量技术监督局推荐)

中国石油乌鲁木齐石油化工总厂

抓好管理体系认证　促进企业水平提高

2003年，是中国石油乌鲁木齐石油化工总厂第五届七次职代会确定的“服务管理年”,并将质量、环境、职业健康安全(QHSE)管理体系一体化认证工作作为当年的一项重要工作来抓。为此，总厂于2003年1月成立了QHSE认证办公室,并确定了塑料厂、动力厂、化工厂、设备安装公司、设计院、工程公司、监测中心、物装公司及总厂有关职能处室为QHSE认证覆盖的单位。

根据职代会确定的目标，总厂认证办制定了总厂QHSE一体化管理体系解决方案和《总厂QHSE认证总体计划》。从2003年2月开始进行ISO9000:2000、ISO14000:1996、GB/T28001:2001的贯标工作,至2003年12月顺利通过了认证机构的严格评审，获得中国质量认证中心颁发的质量、环境、职业健康安全管理体系认证证书。

总厂最高管理层非常重视建立和实施质量、环境、职业健康安全管理体系,任命了总厂质量、环境、职业健康安全管理体系管理者代表,同时,成立了由各部门一把手组成的认证领导小组,领导小组下设认证办公室,开始进行质量、环境、职业健康安全管理体系的贯标认证工作。4月初,总厂召开了认证动员大会,从总厂领导到二级单位领导和处室领导,都分别签订了“总厂QHSE认证风险抵押责任书”，并交付了风险抵押金，各二级单位也将

QHSE认证工作层层落实到车间和科室，并签订了“QHSE认证风险抵押责任书”，总厂QHSE认证工作全面展开。5月，聘请咨询认证机构有关人员对全厂70名各单位及部门骨干进行了ISO9001:2000、ISO14001:1996、OHSAS18000标准的培训、文件编写、初始的环境因素识别及评价、初始的危险源辩识和评价的培训，并在体系运行之前、之中，先后2次对中层以上领导进行培训，参加学习和培训的领导、骨干达265人次；并在体系运行之初到体系接受第一阶段外审之前，总厂通过组织应答方式进行全员培训，各单位也根据缺什么补什么的要求，对部分员工进行重点培训。

2003年5~7月，评审机构对总厂及所属八个认证单位各自进行环境因素和职业健康安全因素的识别和评价工作。此阶段包括组成环境因素/职业健康安全风险评审小组、识别环境因素和危险源、出具环境因素/职业健康安全风险评审报告等，共识别环境因素489条，危险因素1563条；共确认集团重要环境因素70个，重大危险因素54个，获取适用的法律、法规149个。

为了使一体化管理方针既符合标准的要求又体现总厂的企业精神，根据厂领导的指示和安排，认证办组织在全厂范围内开展有奖征集质量、环境、职业健康安全一体化管理方针的活动，通过对征集上来的方针进行综合修改并经总厂领导集体研究讨论后，形成了总厂一体化管理方针。制定了总厂QHSE一体化管理体系解决方案和《总厂QHSE认证总体计划》，确定了QHSE的组织构架，制定了QHSE方针目标、环境因素/职业健康安全管理方案，编写了QHSE管理手册、程序文件、各类管理制度和标准等。

总厂QHSE管理体系自2003年7月1日运行以来，认证范围内的8个基层单位和总厂机关的8个处室基本都能认真贯彻总厂的QHSE管理体系文件，对体系标准和文件的认识逐步提高，质量、环境、职业健康安全一体化管理体系已经建立。

在认证范围的8个基层单位中除动力厂和总厂机关外，其余7个单位都进行过ISO9001:2000质量体系的认证。动力厂虽然没有进行过ISO9000的认证工作，但从领导到基层职工都非常重视认证工作，主动性积极性很高，从培训、写文件到贯彻落实体系文件，领导都亲自带头，特别是积极主动向专家请教、向兄弟单位学习，因此动力厂的质量管理很快就符合ISO9001:2000的要求。

8月19日~21日、9月23~27日组织了第一次内审，分别对设备安装公司等认证范围内的8个基层单位和施工现场以及总厂机关处室质量、环境、职业健康安全管理体系进行了全面的审核，审核覆盖GB/T19001-2000所有条款、GB/T24001:1996所有条款、GB/T28001-2001所有条款；通过8天的审核，开出观察项121项、不符合项107项、严重不符合项3项（三项体系有重叠不合格项）；通过审核，审核组认为总厂质量、环境、职业健康安全体系组织机构已经建立，文件化的管理体系已经建立；基本能够遵守国家、地方法律法规，基本符合国家标准、行业规范的要求。2004年5月18~21日进行了年度第一次内审，开出观察项107项、不符合项23项、严重不符合项没有。

根据环保站2003年7~12月、2004年1~6月对生活区大气监测报告，二氧化硫小于0.036 mg/m^3，氮氧化物小于0.034 mg/m^3，一氧化碳小于1.38 mg/m^3。各项指标均达国家环境空气质量标准一级；根据环保站对污水库出口的检测结果pH8.69、含油量1.78 mg/L、硫化物0.114 mg/L、挥发酚0.054 mg/L、氰化物0.007 mg/L、化学耗氧量144 mg/L、悬浮物99 mg/L、氨氮31.3 mg/L均在GB8978-1996《污水综合排放标准》二级以下。动力厂锅炉SO_2负荷最高时的平均值为1 003 mg/m^3。

2003年7~12月、2004年1~6月死亡事故为零；全年造成一次重伤2人（含2人）以上事故为零；重大火灾、爆炸事故为零；一次生成直接经济损失10万元以上事故为零；交通特大事故为零；重大职业病发生率为零。

（作者：杨柄升）

宁夏煤业集团有限责任公司太西洗煤厂

以质取胜 追求卓越

宁夏煤业集团有限责任公司太西洗煤厂自1986年9月投产以来，已发展成为中国优质无烟煤出口和洗选加工基地之一，厂区位于宁夏石嘴山市大武口区，面积189hm²，交通便利。

太西洗煤厂以举世闻名的太西无烟煤为入洗原料，原料煤储量丰富，煤层赋存稳定。其生产的多种粒度规格和灰分等级的“太洗”牌无烟洗精煤，具有低灰、低磷、低硫、高发热量的优良品质。主要产品有精大块、精中块、精校块、精粒煤、精末煤、低灰无烟煤、超低灰无烟煤等，是冶金高炉喷吹、碳素、化工、镁砂煅烧的最佳原料，硫分在0.3%以下，超低灰无烟煤还是生产精品活性炭和增碳剂的优质原料，属理想的环保产品。国内主要用户是鞍钢、宝钢、本钢、首钢、武钢、兰碳、吉碳等大型企业，出口产品远销十多个国家和地区。

太西洗煤厂设计入洗能力为210万t/年。采用跳汰主、再洗配合煤泥浮选工艺，并利用重介工艺生产超低灰无烟煤，主要洗选设备性能先进。

太西洗煤厂依靠科技以及独特的资源优势，取得了辉煌的成绩，先后荣获部级质量标准化洗煤厂、部颁洗水闭路循环一级标准厂、全国环保先进企业、用户满意产品等荣誉称号。1997年通过了ISO9001质量管理体系认证，并顺利转换到2000版。依靠科学的经营思想和管理模式，太西洗煤厂的各项技术指标已居全国同行之首。

ISO9000认证工作的体会

追溯到1996年，当时受市场影响，太西洗煤厂生产经历了投产后最大困难。由于下游行业的不景气，生产受到严重制约，产品价格一降再降，即使是先发货后付款，用户要量也上不去，造成亏损。在这种困难形势下，厂领导一班人高瞻远瞩，经过充分的调研，做出重要决策。首先，采用国际先进的管理标准来解决当时企业存在的各种干扰；其次，改变煤老大的思想，建立以满足用户需求为中心，提高工作效率和工作质量，为用户提供质量优良，价格合理，供货及时的煤炭。最后，通过建立标准体系，使职工认识到质量是企业的生命线和生存之本。为此，在克服经济上重重困难的同时和西北评审中心沟通，决定建立ISO9000质量管理体系。开始建立体系时，咨询中心从资金到人力给予了很大帮助，减免部分费用，多次安排咨询人员办班，指导编制文件，在贯标时，亲自指导内审，进行检查，由于工作做得扎实，加上厂领导的重视，历时一年半，于1997年1月16日经西北评审中心审查合格后注册颁证。随着形势的发展，太西洗煤厂于2002年5月更换为2000版。在贯彻标准、认证过程中，有以下体会：

1、必须提高对认证的思想认识。ISO9000系列标准具有很强的原则性、灵活性，没有固定的指标要求。企业可以将长期积累的管理方法纳入程序文件中，用体系文件来规范操作者的思想行为，改变长期的经验管理。在贯标过程中，提出了“为什么要贯彻ISO9000标准”的课题，发动全厂职工进行讨论，适时召开贯标动员大会，不仅统一了厂领导、部门负责人的认识，也统一了全厂职工的认识，为认证成功打下了思想基础。

2、依据实际编写体系文件。企业申请认证，首先要编写大量的体系文件，既要符合标准，还要结合企业实际，有可操作性。太西洗煤厂成立了厂长直接领导下的质量体系文件编写小组，历时8个月，根据ISO9002:94标准19个要素的要求及“写你所做的，做你所写的”原则，编制了第一版《质量手册》、27个《质量体系程序文件》，修订了13个部门《作业规范》，对体系运行所需的质量记录进行管理并标识。

3、加大培训力度，增强质量意识。通过分层次举办强化培训学习班，保证了与质量有直接关系的人都要参加培训，使每个人都清楚本岗位的工作职责，并要求每个人都做到会背、会用、会做。经过培训，使人力资源得到保证，增强了全厂职工的质量意识，使确定的质量方针、质量目标能有效实施，为质量体系正式运行创造了资源条件。

4、持续改进，不断完善文件。在ISO9000质量体系的实施过程中完善各项管理，加强职工的质量意识教育和质量知识教育，加强内部信息沟通协调，增强文件的适用性，每年将组织两次内审和每月一次动态质量检查相结合，确保质量体系持续有效运行。

5、领导重视是认证工作中最重要的因素。太西洗煤厂各届领导都非常重视产品质量工作，重视质量管理体系工作。在安排部署工作中，带着很强的赶超意识，在研究、分析、制定企业的生产经营规划时，首先考虑产品质量是否符合用户需求；其次，考虑的是回收率、效率、产值。并适时教育职工，从原煤入厂到产品出厂的每道工序都要严格遵循技术规范，提高员工质量意识和操作技术，通过这种活动，来体现生产经营的成果。

6、造就一支合格的内审员队伍。内审员监督质量体系的运行，对体系的保持和改进起参谋作用，企业质量体系的正常运行和改进需要一批高素质的内审员队伍，内审的质量也取决于内审员审核水平的高低。太西洗煤厂质量体系中每个部门至少有二个内审员，其中主任均取得内审员合格证书，厂长在百忙中也参加内审员培训班并取得合格证书。有这样一支队伍，在质量体系中工作，随时能发现问题解决问题，内审员中涉及的专业也比较广泛，诸如工艺、机械、电气、自动化、煤质检测等，不论是计划内审还是动态内审，做到人员合理搭配，相互交流。

获证后企业的变化

通过ISO9000标准认证后，太西洗煤厂按照ISO9001质量管理体系标准，建立了一个持续改进和行之有效的质量管理体系，强化企业管理，打造具有太西企业文化内涵的“太洗”品牌。从1997年以来，累计入洗原煤1 253.78万吨，生产精煤1 179.17万t，实现利润2.8亿元，上缴税金3.24亿元，固定资产由1997年初的16 716.42万元上升到2004年6月的24 304.65万元，实现了国有资产的保值增值。特别是2002年以来，入洗原煤产量突破设计生产能力，精煤回收率提高了3~5个百分点，产品批合格率一直保持100%，未发生一起用户投诉现象，创建厂以来最好水平。太西洗煤厂“太洗”洗精煤系列产品连续六年先后获得了“全国质量信得过产品”、“国家权威检测达标品牌”、“国家质量检测合格产品”等荣誉称号。在全厂职工中树立了“品牌”意识，严把质量关，确保合格产品出厂。同时，太西洗煤厂的整体管理水平也发生了质的飞跃，经济效益稳定并不断提高。1997年以前太西洗煤厂主要用户只有鞍钢、本钢、首钢，通过认证后，宝钢、上钢一厂、武钢等也先后采月太西洗煤厂无烟精煤，受到用户的一致好评。

（太西洗煤厂供稿）

杭州钢铁集团公司

实施质量目标管理　建设优特钢材生产基地

杭州钢铁集团公司（以下简称杭钢）是一家以钢铁为主业，房地产、贸易流通、黄金、酒店餐饮、环保等产业多元化发展的大型企业集团。2002年杭钢在中国最大500家企业集团中列第110位，2003年杭钢实现销售收入150.29亿元，利税16.70亿元，利润10.23亿元，其中钢铁主业实现销售收入67亿元，实现利润8亿元。杭钢之所以能够取得比较好的经济效益，很重要的一个原因就是杭钢在发展中不断创新，毫不动摇地贯彻质量方针和落实质量目标，杭钢在1997年通过质量管理体系认证的基础上，按2000版质量管理体系标准要求，概括提炼了“将诚信共赢熔入我们的心灵和言行，把精益求精铸入杭钢的产品和服务”的质量方针，并提出了“坚持不懈，力争用三年时间建立起崭新的优特钢材精品生产基地，实现六大测量指标”的质量目标。

坚持以顾客满意为中心，确立诚信共赢的经营理念

根据区域市场和专业市场特点，杭钢重视加强与顾客及相关方战略合作，赢得了顾客的普遍认同和信赖，并连续六年实现产品产销率和货款回笼率两个100%。在产品定位上，杭钢逐步实现从以普碳钢为主到以优碳合金钢为主，从建筑用材为主到以机械加工、汽车配件等专用钢材为主的转变；在营销思路上，确立了“产品随着市场转、生产瞄着精品转、服务跟着顾客转”的经营观念，实施“以成本为半径的区域市场和以品种为半径的专业市场”

的营销策略，坚持诚实、守信的道德理念，建立互信的经营体制；在营销理念上，以顾客需求作为产品设计输入，以提高顾客满意度为工作目标，坚持为顾客提供个性化服务。同时，重视与顾客的沟通，除每年两次集中组织顾客座谈会外，坚持由公司领导带队走访顾客，收集顾客信息和意见，逐项加以整改。通过营销工作的不断深入，提高了杭钢产品的市场美誉度，实现了顾客与杭钢的“双赢”。

树立精品意识，落实精益求精的质量要求

杭钢按照以销定产、以产促销的工作思路，加强了技术、生产、质量、销售等专业口子的密切协作，以严谨务实的工作态度和锲而不舍的精神，持续改进，着力创新，追求卓越，以工作的高质量保证产品的零缺陷，努力争创全国同行业产品和服务质量的一流水平。通过全员营销工作的深入开展，基本实现了两个转变，即：在市场理念上，从满足于产品的通用性、符合性标准转变到满足顾客的使用要求和个性化需求上来，以顾客的需要和市场评判作为衡量产品质量的标尺；在生产过程中，从追求产量、完成考核指标转变到全过程为生产优特钢精品创造条件上来，形成了精料、精炼、精轧、精整的作业控制要求，产品档次逐年上升，质量稳步提高。杭钢生产的中高强度冷镦钢制造的紧固件，已成功应用于“神舟五号”载人航天飞船。

加大持续改进力度，努力建设崭新的优特钢材精品生产基地

围绕质量方针目标要求，公司上下层层学习领会、分解落实，建立了一系列测量方法和考核指标，确保目标的可实现性和公司整体工作的一致性。多年来，杭钢坚持“两条腿”走路的内涵挖潜发展道路，“九五”以来，围绕产品结构调整，投入 18.5 亿元进行技术改造，一方面引进世界先进技术对落后的生产线进行脱胎换骨式的改造，先后建成小型连轧、80t 超高功率直流电弧炉、高速线材等现代化生产线；另一方面，坚持逢修必改的方针，积极应用高新技术和先进适用技术改造传统工艺，完成了炼铁、转炉、热带和中轧的技术改造，不仅使杭钢的生产规模和整体技术装备水平跃上一个新台阶，而且为优特钢精品的生产提供了硬件保证。在产品开发上，从调整产品结构入手，不断加大高技术、高附加值、高性价比的产品开发力度，先后成功开发汽车悬架弹簧用盘条、高强度冷镦钢盘条、低碳低硅系列线材、圆钢、合金钢线材等一批具有自主知识产权的产品和技术。近三年来，杭钢共开发新产品 81 个，开发总量达 105 万 t，新产品销售收入达 19.02 亿元，为实现优特钢精品生产基地目标提供了产品技术保证。在质量管理和工艺改进上，杭钢遵循全过程管理原则，逐步实现了从普钢型向优特钢型质量管理模式的转变，并在过程识别的基础上，以提高产品实物质量为核心，优化、完善工艺规程，强化工艺监督和检查，设立关键过程控制点，确保过程质量受控。针对质量瓶颈性问题，杭钢持续实施攻关和改进，先后对钢水纯净度问题、圆钢表面质量等一批“常见病”、“多发病”组织“一体两翼”质量攻关，取得预期成效。同时，为适应企业管理的需要，杭钢加快了信息化建设步伐，CIMS 系统在生产管理领域已得到推广，企业资源计划(ERP)、办公自动化(OA)等项目已应用于日常管理。这些管理、技术及信息化的持续改进和发展为公司质量目标的实现提供了基础保证。

由于杭钢坚持不懈地贯彻质量管理体系的要求，产品结构和产品质量发生了根本性的转变与提升。2003 年，杭钢产品优特钢比达到 60.11%，7 个产品达到国际同类产品实物水平，小轧、中轧、热带、高线四大产品系列中均拥有国家“金杯奖”产品；同时，先后获得环境管理体系认证证书、国家实验室认可证书、计量检测体系确认证书以及“全国质量效益型先进企业”和“全国质量管理先进企业”荣誉称号。

（作者：杭州钢铁集团公司总经理　袁明观）

认证促苏泊尔炊具畅销海内外

苏泊尔以品质立业，品质是苏泊尔稳步发展的根本点所在。而苏泊尔产品品质过硬，是与苏泊尔积极开展认证分不开的。

体系认证促生产管理和工艺流程水平双提升

早在1994年底，公司领导就积极推行ISO9000系列标准，把“以顾客满意为宗旨”作为公司的质量方针，体现在顾客对产品和服务的满意上。1995年8月，整套的ISO9000质量管理体系文件颁布执行，期间还积极聘请质量技术监督、计量标准化、标准起草专家和相关大学院校教授来公司指导、培训，使企业质量管理走向规范化、程序化、科学化和国际化的道路。1995年11月8日，公司率先在全行业通过了ISO9002质量管理体系现场认证，并在1996年1月1日获得中国方圆ISO9002认证证书。在执行的过程中对文件进行动态的管理，增强了文件的可操作性。1998年1月进行第一次换版，1999年7月进行第二次换版，随后在2000年11月、2001年6月分别作了二次修改。ISO9001:2000版标准颁布前后，公司派管理层人员到各培训机构的培训班学习，在2002年6月开始策划进行ISO9001:2000的换版工作，2003年1月正式换版实施，2003年5月取得换版认证证书。2003年8月，公司开始建立实施ISO14001、OHSAS18001环境和职业健康安全管理体系，并率先在全行业获得了ISO14000、OHSAS18000认证证书。

公司ISO9000质量管理体系自建立以来，一直在持续有效地运行。由公司管理者代表(主管副总经理)亲自监督，建立健全了一套完善的质量问题处理程序，以有效地控制与提高产品的质量。公司在内部开展全面质量管理，以班组为单位积极推行QC活动小组，不断进行质量改善活动。公司把产品品质作为企业生产与经营的根本，结合市场需求，按照公司的实际情况，提出生产管理、工艺流程的改进目标。对于重大改进项目，如一些设备的改造、生产线的技术工艺调整、基础设施的建设等，不惜花费大量资金，以保证质量管理体系的有效实施，确保公司的产品质量始终在国内保持领先水平。

积极开展产品认证

公司生产的产品中，小家电产品需要进行CCC认证，压力锅和不粘锅产品无需强制认证。但公司为尽快缩小与国际同类产品之间的差距，仍然对市场销售量比较大的铝压力锅产品进行方圆产品质量认证和环保不粘认证；此外，公司还有针对性地对产品质量进行持续不断的改进、提升，使公司压力锅产品保持了国内压力锅市场占有率过半的骄人业绩。在境外质量认证方面，有5个品种、25个规格的压力锅通过了美国UL安全认证机构的认证，系中国炊具行业迄今为止惟一一家获此殊荣的企业，不锈钢压力锅通过德国DIN标准检测和GS的国际认证。公司小家电生产近两年来发展迅速，公司生产的每款小家电新产品(如电饭锅、电磁灶等)都及时顺利通过了CCC认证，给消费者充分的质量保证，小家电在2003年已经实现销售额超2亿元。目前正在进行有关产品的境外质量认证。

实施认证的效果突出

自实施质量体系认证和产品质量认证以来，公司产品的质量保持稳步提高的势头，各项管理工作也步入了良性循环的轨道。公司新产品研发工作也因此受益良多。近年来连续投入大量资金用于科研开发，先后应用硬质氧化工艺、不粘锅超硬工艺、美国杜邦最新铁金刚材料、优质铝合金、智能控制、机电一体化等多种工艺技术，开发出智能电压力锅、可用铁铲不粘锅、真空保鲜锅等400多个新品种新产品，并有多项技术获国家专利，产品深受消费者欢迎。公司技术中心也被省经贸委批准为省级企业技术中心，证实了公司的产品开发能力和市场竞争力。公司的销售收入也从2000年的3.16亿元增长到2003年的8.46亿元，出口创汇从2001年的700万美元增长到2003年的3 178万美元，给企业带来了显著的经济效益和社会效益。

(浙江苏泊尔炊具股份有限公司供稿)

浙江巨化股份有限公司

构建质量、环境、安全一体化管理体系

浙江巨化股份有限公司创立于1998年6月16日，是经浙江省人民政府批准，巨化集团公司独家发起，采用募集方式设立的上市公司。

公司拥有浙江衢化氟化学有限公司、电化厂、合成氨厂、硫酸厂、氟聚厂、兰溪农药厂等十一个分支公司，主要生产氟产品、氯碱产品、氨产品、酸产品、农药产品五大系列80余种，总资产27.62亿元。

公司从2001年起，策划开展一体化管理体系认证工作，并于2002年10月通过第三方认证，成为获得质量管理体系、环境管理体系、职业健康安全管理体系认证证书的企业。一体化管理体系的探索、实践和建立，进一步增强了企业的市场竞争力，提高了管理水平和对外形象，确保企业稳定地提供满足顾客和适用法律法规要求的产品，达到了顾客满意和相关方满意的目的。

在建立和实施一体化管理体系的过程中，必须同时满足三个标准的要求，因此公司在策划方针、目标和建立文件化体系时，从更深层次理解和掌握标准的内涵及所涉及的范围，结合化工生产特点，根据公司的管理层次和组织结构，创建出具有企业鲜明特色，符合实际运作，可操作性强，规范性的一体化管理体系模式。

建立方针和目标

一体化管理总方针："坚持可持续发展、追求卓越经营"。此方针体现出公司总的一体化管理宗旨和发展方向，体现最高管理者的经营观念、战略境界、环境、安全意识和社会责任感。在总方针的框架下，还分别制订了公司质量、环境、安全方针。

质量方针：质量是永恒的主题，顾客是永恒的上帝；

环境方针：遵章守法，全员参与，清洁生产，减污增效，持续发展；

安全方针：安全第一，预防为主，强化意识，遵章守法，全员健康，本质安全，持续发展。

在方针的指导下，制订了相应的目标并在相关的职能部门和层次上展开，形成了四级管理目标网络。

公司的质量、安全、环境分方针，充分体现了公司以顾客为关注焦点和对满足顾客要求的承诺，同时也体现了公司对待环境污染、员工的职业健康和遵守法律法规的态度，反映了公司对环境保护和员工的职业健康以及安全的认识和责任，同时对持续改进一体化管理体系做出了承诺。方针和公司的发展宗旨相适应，也为公司各部门各层次的管理目标的制订和实施提供了框架。

明确过程及系统管理

为了有效地利用过程方法建立和实施一体化管理体系，公司对体系所必须的过程给予充分识别，确定并管理这些过程的顺序、作用及接口，制订标准和方法，保证过程的有效运行和控制，实施监视、测量和分析，以实现策划的结果和对过程的持续改进。

在建立文件化的管理体系时，公司经过反复论证，决定以一套手册和程序文件同时满足三个标准的所有要求。对内容一致的要求，在一个程序中包含三个方面，如记录控制程序、文件和法律法规要求控制程序、管理评审程序、内审控制程序等。对质量、环境、安全专业管理要求或环境、安全要求，则分别制订单个程序，如顾客财产控制程序、危险源控制程序、环境因素识别控制程序等。由此产生27个程序文件，其中三个标准要求的有9个程序文件，满足两个（环境/安全）标准的有4个程序文件，其他相关联的有14个程序文件。

由此可见，一体化管理体系的建立，将给企业节约大量资源，简化繁琐的操作过程，有利于现代化管理体系的建立。

实施监视和测量达到持续改进

为了建立自我完善，自我改进的机制，公司对管理体系的各个过程进行监视和测量，将监视测量结果与顾客要求、法律法规、排放标准、管理目标和措施进行跟踪对比，以评价过程活动与管理方针和管理目标的符合性，以及一体化管理体系的充分性、有效性和持续适宜性，同时明确持续改进的切入点。

公司根据年度审核方案的策划开展一体化管理体系内部审核和管理评审，评审内容包括：方针和目标的适宜性、内部审核的结果、上次管理评审输出的跟踪情况、文件和记录控制情况、岗位人员能力的识别及培训的实施、资源配置、管理方案的实施、设计和开发控制、基础建设情况、供方评定及采购控制、过程(质量、安全、环境)的实施情况、产品的符合性、顾客投诉处理、重大事故处理、顾客满意度测量及分析和处理、纠正和预防措施情况及存在问题和改进措施等。

管理绩效凸现

1、目标实现情况

质量目标：

序号	内 容	指标	实现完成情况
1	公司主要产品质量指标考核完成率	100%	100%
2	国家产品质量监督抽查合格率	100%	100%
3	顾客满意度	80%	82.03%
4	氟、酸、有机氯、氮肥系列创省名牌。	争创	完成目标

环境目标：

序号	内 容	指标	实现完成情况
1	主要污染物排放合格率	≥90%	91.7%
2	水循环提高率	50%以上	61.42%
3	万元产值能耗下降	≥每年 3%	3.83%

安全目标：

序号	内 容	指标	实现完成情况
1	不发生死亡、多人重伤事故	0	没发生
2	年均千人负伤率	≤0.3‰	0.20‰
3	事故隐患整改率	≥98%	98%
4	尘毒和噪声合格率	≥90%	90%
5	职业病发病率	≤0.2‰	0

一体化管理体系认证是国际标准化组织近年来探索的一种新的认证形式，在中国开展此项工作的企业为数不多，且不少是三个体系分别建立后再整合。本公司一体化管理体系将质量、环境、安全三个标准完全融合在一起，真正实现资源共享、信息共享、综合管理，这在国内化工行业尚属首家，具有开创性意义，引起国内、省内同行的极大关注和重视，产生较大影响，为中国化工企业建立一体化管理体系进行了有益探索。

公司的经营业绩始终保持在化工类上市公司的前列。2003 年，完成工业总产值 195 828.021 万元。实现主营业务收入 183 687.59 万元，实现净利润 11 523.78 万元，良好的业绩，加速了股东财富的积累，提升了上市公司的形象。

（作者：浙江巨化股份有限公司总经理 许生来）

认证助宁波波导创一流品牌

宁波波导股份有限公司是专业从事移动通讯产品开发、制造和销售的高科技上市公司。公司以“科技兴业，人才为本”为宗旨，在杭州、重庆、宁波等地设立了五所研究院，拥有包括硕士、博士、博士后在内的600余人的科研队伍。经过多年的发展，波导在移动通讯终端产品的开发上具备了国内一流水平。

在研发实力的基础上，波导实行产品线全面覆盖并细分市场的产品策略，形成了以四大系列为主的产品矩阵。既有针对商务人士的多易随系列商务、智能手机，又有专门为都市丽人量身打造的女人星系列手机，还有针对白领阶层的傲仕系列和普通大众的新视窗系列。目前波导手机具备手写、拍照、DV、彩屏、和弦、彩信、数据业务等多种主流功能，还有信息宝典等波导公司专门研发的独有功能。今后波导将继续以市场为导向，在这四大系列的基础上不断调整和丰富自己的产品线。

公司建立了一套严谨、高效的质量保证体系，于1999年通过ISO9001质量管理体系认证，2002年7月，公司依据ISO9000:2000版质量管理体系标准的相关要求，顺利通过了向2000版ISO9000质量管理体系的转版认证。通过质量管理体系认证准备和质量管理体系的运行，公司进一步理顺了各部门职责、相关管理制度、工作业务流程等，提高了工作效率，为质量管理工作持续改进和产品质量的不断提高提供了基础平台，为树立波导手机的质量管理品牌形象打下了坚实的基础。

公司始终以质量为中心，以全员参与为基础，达到成功塑造波导品牌的目的。在质量管理工作中，始终坚持以八项管理原则为指导思想，切实地把维护和改进质量管理体系的方法落到实处。首先在人员上，从总经理、技术人员、管理人员到工人都积极参与质量管理活动；在质量控制阶段，从产品的设计、开发阶段质量控制、进料质量控制、生产过程质量控制、成品质量控制到质量保证、改进，最后到售后质量控制，都严格把关；在信息交流平台上，建立了沟通渠道E-MIS系统，保证了产品的各阶段甚至到销售的各个环节出现的质量问题能够高效率地沟通，随时随地地成立解决质量问题的领导小组，快速及时地解决各种质量问题，达到持续不断地改进产品质量的目的。在高质量保证和高度的客户满意度的前提下，波导手机销量连续三年创全国第一，形成了良好的市场信誉，同时也增强了市场竞争力。对公司内部而言，质量体系的良好运行，使不合格品出现次数明显降低，质量不良成本减少，质量损失降低，整个公司进入“全面关注质量”的新局面。

因此，2003年波导GSM手机被国家质量技术监督检验检疫总局授予“中国名牌”称号。同年当选手机行业“消费者首选第一品牌”。

经过多年的实践，本公司已经具有持续改进产品质量问题的能力。无论工作人员的质量意识、工作环境的保持，还是工作作风、工作态度方面，都发生了质的飞跃。现在公司正在宣传贯彻六西格码的管理理念和方法，以追求公司产品质量进一步的提高，铸就企业的核心竞争力。

公司还拥有覆盖全国的营销服务网络，2000-2003年，波导手机连续四年夺得国产品牌手机销量第一。2003年还超过所有品牌实现中国市场占有率第一。波导在保持国内领先的同时，开始积极进军国际市场，初步建立了海外营销网络，并积极地与欧美电信运营商合作。目前出口已经覆盖30多个国家和地区。

波导在实现跨越式发展的过程中取得了良好的经济效益和社会效益。比如在生产上，一方面目前所采用的主要生产设备均达到了国际一流水平；另一方面通过比较发现，在保证质量的前提下，在某些岗位采用手工装配比自动化生产更具灵活性和成本低的优点。波导车间人员达到了6 000人，在销售市场拥有销售人员7 000多人，同时还有15 000多波导促销员，这样既充分发挥中国的人力资源优势，又协助政府解决了就业问题。由于公司的不断发展壮大，每年的产值和上缴的利税额也在快速增长。从1993年波导实现产值2 100万、利税154万，到2003年已经实现销售回款108亿、纳税额达18亿元。此外，波导还积极支持社会公益事业和文教事业，出资建立希望小学、资助慈善协会、赞助金鸡百花电影节等，赢得了巨大的社会效应。

（该企业由浙江省质量技术监督局推荐）

安徽宁国津龙实业有限公司

管理出成效 认证铸辉煌

安徽宁国津龙实业有限公司成立于2000年11月，主要生产冶金、能源、建材、化工等行业所需的各类铸球、段和衬板等耐磨材料。为适应市场不断扩展的需求，2002年，公司导入了ISO9001:2000质量管理体系，于当年年底一次性通过了中质协质保中心的认证审核，并获得证书，使公司从原材料进厂到产品出厂的售后服务等质量管理实现了向现代化管理的转化，产品年产量由当初不足800t扩展到现在已超过8000t。几年中，产品年产量扩展了10余倍。质量管理体系对“津龙”具有特殊的意义。

一、提高了企业的知名度，获得了发展机会。在导入ISO9001标准并通过认证后，公司质量管理进一步规范，并凭借精堪的技术，独特的成型工艺，合理的化学成份匹配，恰当的热处理手段和严格的质量控制，生产的“津龙”牌产品以其破碎率低、耐磨性能好等优点，赢得了客户的青睐，提高了企业的知名度。公司先后被评为“省三级计量单位”、“宣城市知名产品”、“质量信得过企业”、“重合同守信用企业”等称号。因为有了ISO9001质量管理体系的有效运行，公司才有了产量、产值、销售额和利税不断翻番的辉煌，企业自此得到快速的发展。

二、实施规范化管理，增强企业发展后劲。通过认证以来，公司的各项管理工作得到进一步深化、完善和加强，使企业管理合理化、制度化、透明化，对企业的法制化过程起到穿针引线的作用，且每项工作怎样做都很明显具体，便于检查，真正做到了事事有人负责，有章可依，有据可查。公司严格地对供方进行控制和评审后，供应部门按照采购计划要求实施采购，质检部门按照材料验收标准进行检验，仓库按要求验收，进货质量有了很大改进，堵住了不少漏洞。产品生产上首先从制订《生产工艺规程》、《企业标准》和工艺图纸以及各种配料单、温控表等文件和质量记录入手，确定特殊过程(铸造和热处理两工序)和特殊作业工序，操作工培训合格后持证上岗，车间严格按照生产计划组织生产，以任务通知单形式下达到各班组。各道工艺流程配备专职质检员进行现场监督和检查，确保上道工序产品不合格不转入下道工序，使得产品质量得到稳定提高，产品化学元素超标率控制在2%以内，铁水出炉合格率达99.50%以上，产品正品率在96.00%以上，通过这些规范管理，为企业发展增添了后劲。

三、推进质量改进和创新，增强企业活力。公司按照ISO9001标准的要求，从工艺、设备、人员上形成有效的保证体系和提高产品质量保证手段，对已成型的高、低铬球、段生产工艺和成份匹配及热处理方式不断进行改进、调整和创新，不断地扩大产品品种和规格，提高产品性能，节约材料消耗，降低产品成本，增加企业效益。为了研制Φ8mm~Φ16mm高铬微段，公司专门配备了中频电炉、台车炉、淬火摇篮、测温仪、硬度计等生产和检测设备，严格按照设计和开发要求编制新产品策划书进行试制、检测、评审、确认、验证和试产等。经过公司广大员工的共同努力，该产品研制成功，现已进入批量生产，其产值占总产值的30%以上，为企业进一步发展增加了活力。

四、PDCA循环改进，企业进入良性发展。自从建立了ISO9001质量管理体系后，公司在几年的规范运作中不断改进，管理水平不断提高，企业步入了良性发展时期。现在不仅能生产低铬球、段，还能生产高铬球、段和衬板，年生产能力达2万吨。与此同时，公司不断地发现新问题并及时评审和采取有效措施予以彻底的解决。如对各个工序逐个进行“工序能力”的数据统计分析，并进行比较；针对产量低、产品外观缺陷高的工序采用增添设备、改变生产、造型工艺配比的方法；针对质量指数低的工序采用新技术，引进新设备的方法；针对岗位人员能力不够的工序采用预先培训的方法，使所有工序能力达到基本平衡。

坚持用ISO9001标准来管理企业，公司实现了向现代化的转化。

（安徽宁国津龙实业有限公司 淘方宝供稿）

安徽天方茶叶(集团)有限公司

向管理要效益 以质量求发展

安徽天方茶业(集团)有限公司创建于1997年,经过几年的发展,已成为安徽乃至全国有一定知名度的民营企业。公司下辖四个分公司、五个分厂、七个有机(生态)原料生产基地,面积15000亩,其中5000亩已通过国家环保总局有机产品发展中心认证。

天方以"发展绿色产业、保护生态环境,实现企业可持续发展"为经营宗旨,并致力于把传统的茶文化与现代科技完美结合,生产出深受消费者欢迎的绿色的、健康的产品。公司注重管理,重视质量,被评为"AA+"级信用企业、安徽省农业产业化重点龙头企业、安徽省优秀民营科技企业、安徽省旅游产品定点生产企业。"天方"牌商标被授予"安徽省著名商标"。

天方集团之所以能取得骄人的成绩,公司注重管理,狠抓质量是重要的因素。2001年12月7日,公司开展ISO9001:2000版标准质量管理体系认证工作。首先是统一认识。公司进行质量管理体系认证,不仅仅是为了获得认证证书,更重要的是,通过认证,规范管理,提高公司的产品质量。要按照世界上先进的质量标准来严格要求自己,以优质产品赢得广大消费者的信赖。其次是扩大交流。通过认证,促进国际间的技术合作和技术交流,促进国际贸易。中国加入WTO后,公司以通过ISO9001认证为契机,获得国际贸易的"通行证"。第三,提高员工的整体素质。进行质量体系认证工作,必须有企业全体员工的参与。公司在组织宣传贯彻和培训时,召开座谈会,发动员工参与《质量手册》、《程序文件》和《作业文件》的起草和修改,征求他们的意见,对员工进行质量管理培训。2002年7月,ISO9001质量管理体系在公司试运行,邀请安徽评审中心的专家到公司来作讲座指导,使各类文件不断完善。2002年12月,正式通过了ISO9001:2000版标准质量管理体系认证,中国质量认证中心为公司颁发了"质量管理体系认证证书"。

在实行质量管理体系过程中,公司实现了三个转变:

1、在产品质量管理方面,从"强调结果"转变为"强调过程"。通过质量管理体系认证后,公司了解到生产过程是提高产品质量的关键,因此,开始重视产品实现的每一道生产工序、每一个生产环节,按照ISO9001:2000版标准要求,对生产过程作适当的规定,考虑过程活动及其必要条件如职责、质量目标、控制参数、人、机、料、环境等,使过程运作有良好的效果,并保证持续改进。2001年,天方牌系列产品车间生产合格率为97%,2003年,上升到99%。

2、在自主管理方面,从"经验模式"转为"系统管理"。公司在创业初期,靠自我管理、自我摸索,在产品开发、原料采购、生产加工、营销等方面基本上凭经验管理,特别是在新产品开发上,凭感觉、凭经验,带有盲目性,企业损失极大,2001年开发的茶饮料失败就是典型的例子。实施质量体系管理,公司向"系统管理"方面转变,在产品开发方面,先进行市场调查,了解顾客的需要,经过了系统的策划、评审、确认、验证等程序,开发出深受广大消费者欢迎的新产品,2003年开发的"天方富硒有机茶"和"雾里青高级绿茶"都获得了巨大的成功,富硒有机茶通过了省科技厅的科学技术鉴定,荣获池州市科技进步一等奖,销售势头强劲;雾里青高级绿茶在中国(厦门)国际茶文化节和两岸茶王大赛上,获得最高奖项——"五星级国际茶王"称号,产品供不应求。另外,公司在采购供应,检验检测,营销等方面也建立了系统化管理模式,使原料进货有标准、有检验、有复核;在营销方面:有供货计划、有跟踪调查、有市场分析、有物流管理等等。通过系统管理,减少失误,提高了产品的质量,增加了企业的信誉度,企业的生产规模和销售收入也有较大幅度的提高,2003年入围安徽省百强民营企业阵列。

3、在企业管理方面,变凭"个人魅力"为"团队精神"。建立质量管理体系,就是建立团队管理的模式。质量管理体系的确立,就是发扬团队精神,重视团队合作,形成一个坚强的管理团队。公司在ISO9001质量管理体系的认证和运作过程中,逐步树立了团队意识,包括企业的理念、道德行为规范和工作态度,对企业群体起到了强有力的制约作用,规范了群体每个成员的行为,决定了群体的方向,使之向着企业目标而共同努力。

天方集团进行质量管理体系认证的同时,还进行了产品认证。自2001年以来,“天方牌菊花茶”、“天方牌银杏茶”、“天方牌玫瑰花茶”、“天方牌苦菜”、“天方牌金银花茶”均通过了安徽无公害农产品认证;天方牌“野生富硒茶”、“野生苦丁茶”、“野生绞股蓝茶” 通过了国家环保总局有机产品认证中心认证,并连续三年通过认证评审,2003年,公司实施CCC标志管理制度,同年四月通过了“计量保证体系管理”评审。

(作者:安徽天方茶业集团有限公司 总经理 郑孝和供稿)

马鞍山钢铁股份有限公司

坚持贯彻ISO9000标准 不断提升质量管理水平

马钢股份公司钢轧生产主线ISO9000质量体系始建于1996年9月,1997年首次通ISO9002:94版质量体系认证。多年来,公司始终将贯标工作作为质量工作的主要切入点,每年的监督审核或到期复审公司均顺利通过。在质量体系运行中,针对体系运行的实际情况和不断强化质量管理的需要,公司每年都对体系文件进行修改和完善。每一次文件修改都是针对体系运行的薄弱环节或存在的问题,不断细化和完善有关规定,强化质量文件的可操作性,为质量体系有效运行提供了可靠的依据,使之有章可循,有法可依。

公司从2002年开始着手ISO9001:2000新版标准的体系转换工作,11月1日正式发布按照ISO9001:2000版标准建立的质量管理体系文件。新版的质量管理体系文件较之ISO9000:1994版体系文件更加充分地体现了 “以顾客为关注焦点”、“领导作用” 等八项质量管理原则,并由此产生新的质量方针——“顾客为本、持续改进、控制有效”。公司在质量管理体系中有效地运用“过程方法”和“管理的系统方法”,通过“过程评价”、“体系审核”、“管理评审”和“自我评定”来实施质量管理体系的持续改进。2003年8月公司顺利通过ISO9001:2000版标准认证。

2003年公司决定在铁前、辅助系统全面推进贯标工作,同时开始贯彻ISO14000和OHSAS18000系列标准,将质量、环境和职业健康安全等管理体系的建立和运行有机结合,在三个标准的框架内实施管理流程再造,最大限度实现资源共享,使体系得到高效、协调地运行,使公司贯标实现“三标一体化”。

随着贯标工作的不断推进,公司的质量管理工作取得了显著的成效,主要表现在:

1、质量意识提高。这几年,从公司领导层到基层员工的质量意识明显提高,过去那种“轻质量、重产量”的做法得到遏制,“讲质量、比质量”的企业文化正在形成。

2、管理水平提高。由于认真推行质量管理体系标准,公司各职能部门和单位更加重视管理的科学化、制度化,生产现场逐步变得整洁、有序、高效。

3、顾客满意度提高。从这几年公司顾客满意度测评结果看,公司的顾客满意度处于较高水平:2002年第一次测评为76.85分,第二次测评为78.09分;2003年测评为87.01分。

4、产品实物质量提高。公司已有优质碳素钢无扭控冷热轧盘条、铁路快速客车整体辗钢车轮、船体用结构钢板、热轧H型钢、热轧角钢等12个产品获得冶金产品实物质量金杯奖;高速线材、火车轮、低合金专用板、钢筋混凝土用热轧带肋钢筋、热轧H型钢等5大类产品被评为安徽省名牌产品;钢筋混凝土用热轧带肋钢筋成为国家首批质量免检产品。

5、公司效益提高。由于质量管理的进步,公司的质量损失不断减少,加上产品结构的改善以及适应市场需求的变化,公司效益在近几年有了明显改善。尤其在2003年公司取得了有史以来生产经营建设的最佳业绩,全年铁钢材产量分别达到545万吨、606万吨和556万吨,在全国钢铁工业统计中分别排在第七位、第八位和第九位;全年实现销售收入157.4亿元,利税总额44.4亿元,利润总额29.9亿元,在全国重点大中型钢铁企业中分别排在第十二位、第四位和第二位。2002年被省质量技术监督局授予安徽省质量管理奖。2003年公司被中国质量协会授予质量效益型先进企业。

(马鞍山钢铁股份有限公司供稿)

青海的"QLR"品牌驰名欧美

青海量具刃具有限责任公司是1997年12月由原国有企业青海量具刃具厂整体改制重新组建的股份合作制企业。是国家一级计量单位。公司于2002年10月8日整体入驻西宁(国家级)经济技术开发区,现公司占地面积5万平方米,员工800多人。以研发、制造、营销和管理等部门作为主体,总资产1.2亿元。

公司质量管理体系于1996年按国际标准正式建立。在此之前,公司的质量管理基本处于粗放经验型管理阶段,"人治"的因素在质量管理乃至企业管理的各项工作中随处可见,为了彻底根除这种现象,公司通过提高认识,开展贯标、认证活动。公司全体员工经过将近两年的不断探索和艰苦努力,终于规范了管理,理顺了过程,建立起质量管理体系,使公司各项管理发生了脱胎换骨的改观,成为青海省和全国同行业中第一家获得ISO9001质量管理体系认证注册的企业。在公司为认证专门召开的新闻发布会上,副省长(现任省委书记)赵乐际亲自为公司颁发证书,公司全体员工受到了极大的鼓舞和鞭策。

贯标认证以来,全公司以质量管理为中心的各项管理工作水平都得到全面提升,整体工作效率、经济效益取得了可喜的成果。认证前的1996年,公司全年的工业总产值只有3000多万元,到2003年底,公司在员工总人数减少的情况下,工业总产值已经超过6000万元;全员人均劳动生产率也比认证的前一年翻了一番还要多;目前公司固定资产超亿元,比1996年认证的前一年翻了一番;职工的工资水平逐年上升,企业的凝聚力不断增强。目前,公司的各项经济技术指标全面刷新历史最高水平,公司正在可持续发展的道路上阔步前进。

公司产品在取得ISO9001国际质量管理体系认证的同时还取得了欧洲CE电子产品安全认证。公司具备年生产种类量具产品50万把(件)、钻头1500万件及部分卡尺、量表、量仪的生产能力。现有产品100多个品种、5000多个规格。主导产品各类千分尺的品种和规格居世界第一。产销量占中国千分尺行业总量的50%,位居世界第二,在国际市场上占有1/6的份额,出口比例最高曾达到85%,是目前国内最大的千分尺专业生产和经销厂家。

公司采用国内外先进工艺,依靠先进设备和测试仪器,严格按ISO国际标准和DIN德国标准制造,并通过与国际知名公司的技术合作,不断开发新产品,提高产品质量,投入市场的新产品,成为公司新的经济增长点。公司已取得的19项国家专利、3项国际专利,具有完全知识产权的部分产品已处于国际领先水平。"QLR"品牌已得到欧美等发达国家的认可,在国际上具有很高的知名度。产品畅销美国、英国、德国、意大利和东南亚等二十几个国家和地区,并初步建立了以欧洲、北美为重点的营销网络。公司各项经济指标实现年20%~40%的增长幅度。

公司质量管理体系认证前后的变化说明,按国际标准和国际惯例规范质量管理和企业管理的各项行为,是企业持续发展壮大的最有力的保证。认证几年来,公司紧跟国际标准的最新变化,坚持以人为本、实事求是,坚持狠抓基础工作不放松,坚持持续改进不断完善。新版质量管理体系标准颁布以后,公司召开经理办公会,进行了专题研究,将这项贯标工作列为当年的一项重点工作,并成立以总经理为首、公司经理层所有成员参加的贯标认证文件修订和编写的工作机构。聘请资深质量管理专家,就质量管理新版标准的有关内容,举办由各部门骨干参加的宣传贯彻培训班。通过培训,使参加学习的人员对新版标准有了全面了解,对标准的精神实质理解更加深刻,为新版体系的建立打下了牢固基础。经过近一年时间,全公司干部员工通过认真反复的培训、调研、编写、讨论、修改、试运行等过程,一套包括《质量手册》、《程序文件》、《企业指导书》、《记录管理册》近百个文件组成的公司质量管理体系终于完成,经评审中心专家对文件的审核,认为全部符合ISO9001:2000《质量管理体系标准》的要求,一次性获得通过。与此同时,结合公司入驻开发区生产条件发生的变化,及时对工艺流程、生产布局、组织机构设置,重新进行了调整,使质量管理体系各个过程程序运行更加流畅,接口衔接更加紧密,各项管理更加有序。为了确保体系文件更加便于操作,公司又将全部程序文件编制成流程图,在公司网络上公布,使文件操作更加简单、便利,工作效率明显提高。为了使公司质量方针和目标完全符合标准要求，又能指导公司的发展壮大，保持可持续发展，公司决定将质量方针和目标进行分解，成为各单位和全体员工的奋斗目标。新版质量管理体系建立并开始运行以后，公司适时进行了内审和管理评审等活动，取得了良好的效果。经过审核专家的正式审核，得到一致认可，很快取得了换版认证的注册证书。

（该青海出入境检验检疫局推荐）

青海盐湖钾肥荣获系列名牌

青海盐湖钾肥股份有限公司是全国知名的上市公司，也是国内最大的钾肥工业生产企业。加入 WTO 后，市场竞争日趋激烈，市场竞争表现为价格，实质为质量。质量是技术和管理的综合体现，没有质量就没有效益，也就没有企业的发展，而 ISO9000 系列标准提供了市场经济条件下的企业质量管理和质量保证的模式。为了提高企业在市场中的竞争能力，考虑到加入 WTO 后，公司与国外产品在价格、质量、服务等方面的差距，公司经理层果断决定贯彻 ISO9002:1994 质量标准，建立企业的质量标准，通过 ISO9002 质量体系认证，取得通往国际市场的“通行证”。

为确保认证通过，公司成立了 ISO9002 质量保证体系认证领导小组，质量管理部设立了认证办公室，负责编写质量手册和程序文件，并组织各归口部门编写管理类文件和技术类文件，制订和完善了企业的《质量手册》和 19 个质量体系程序文件，阐明了公司的质量方针、质量目标，而且明确了各部门的管理职责，描述了在质量管理活动中，什么事、谁来做、怎么做，确保产品严格按标准组织生产。公司进行了两次内审、两次外审和一次预审，审核中采取顺流追溯、逆流追溯等多种形式，对执行体系文件产生的偏差及时加以纠正，在每次审核中，一旦发现不符合项，及时填写不符合项报告，并进行跟踪审核检查。通过开展内审，提高了工作效率，保障了质量体系的有效运行。经公司申请，中国进出口认证中心西北评审中心于 2000 年 10 月 20~22 日对公司进行了正式评审。审核组经过严格细致的查、看、问、听之后综合评审作出结论，通过现场审核，同意推荐发证。

通过认证贯标工作，在全公司范围内建立起了规范的 ISO9002 质量体系运行模式。体系运行的几年中，公司的面貌发生了可喜的变化，产品质量管理工作又迈上了新台阶。主要表现在以下几方面：

1、加强质量管理，改进工艺流程。从源头抓卤水质量，根据卤水特点制订新的串联走水工艺路线，重点提高有效钾的含量和回收质量；将十万吨生产车间产品质量定位在 95%以上，二十万吨生产车间产品质量定位在 93%以上，继续优化后系统生产工艺，重点抓好浮选、结晶器、再浆洗涤等关键环节，建成全系统闭路回收体系，在收率上实现较大的突破；继续提高药剂的活化品质和反应速度，制订更为科学的药剂配给量；产品质量由重点抓品级品后向全工序全面质量管理转化；把质量管理和质量效益、质量成本、企业形象和考核手段结合起来；通过技术改造降低产品温度，防止产品结块；强化质管部职能，加强对质量体系工作的领导，做好内审和管理评审工作，提高质量认证管理体系的运行能力，重点强化车间、工段班组责量运行规程的执行力度。通过以上措施，公司产品质量再创历史新高，十万吨生产车间保持较高的产量、质量和强劲的生产势头，2003 年产量 101 081t，实现达标达产。采收车间日打矿量突破 11 000t，创历史最好水平。

2、企业的整体管理素质得到了加强，产品质量明显提高。体系的建立增强了企业的信誉，使公司的质量管理水平向更高层次发展，加快了与国际标准接轨的步伐。公司以 ISO9002 标准为基础，不断丰富和完善第三层次的文件，先后实施了工资与质量目标挂钩的动态考核办法、新的质量管理办法、二十万吨生产系统与十万吨生产系统生产协调管理办法等一系列制度，激发了职工自觉提高工作质量的积极性，冷结晶氯化钾产品平均一级品率 2001 年为 86.21%，2002 年为 98.01%，2003 年为 98.17%，产品水份均小于 2%。

3、经济效益显著。2001 年氯化钾产量 353 586.45t，实现销售收入 2.54 亿元，实现税前利润 9 500.95 万元；2002 年氯化钾产量 307 161.7t，实现销售收入 3.41 亿元，实现税前利润 10 641.97 万元；2003 年氯化钾产量 339 617t，实现销售收入 3.32 亿元，实现税前利润 11 191.25 万元。

4、服务质量得到了加强。公司通过做好顾客的质量反馈处理工作，采取必要的纠正预防措施，努力提高售后服务质量。体系运行以来，未发生顾客对产品质量进行投诉的行为，用户满意率达到 100%。

5、减少了损失，降低了成本。由于完善了计量、定额、标准件、全员成本考核、计件工资、单位成本核算、内部模拟市场核算等措施，产品制造成本平均每吨降低了 37.15 元，保证了公司的整体效益。

6、提高了市场竞争力。2001 年 8 月，公司"盐桥"牌商标被青海省工商行政管理局认定为"青海省著名商标"；2002 年 2 月，"盐桥"牌商标被国家工商行政管理总局商标局认定为"中国驰名商标"，从而结束了青海省没有全国驰名商标的历史；2003 年 1 月，公司被国家工商行政管理总局评为"重合同、守信用"单位；2003 年 3 月，"盐桥"牌氯化钾产品荣获中国市场化工十大名牌；2003 年 4 月，"盐桥"牌钾肥获得中国市场化工行业最具竞争力名牌，2004 年 3 月，公司被中国企业联合会推选为常务理事单位，是青海省唯一一家入选单位；同年，"财富中国"中国资本市场论坛推选公司为中国上市公司最具领导力企业第三名，公司连续五年被评为中国上市公司潜力股五十强。

（由青海出入境检验检疫局推荐）

体系认证助吉林德大有限公司
跻身工业和出口双五百强

吉林德大有限公司是吉林省松辽禽业联营公司与泰国正大集团合资兴建的肉鸡生产加工一条龙企业。始建于 1989 年，1992 年正式投产运营，在养鸡业发展上为中国和吉林省农业产业化的发展起到了积极的示范作用，现已形成农牧工商一体化，产销一条龙的大型农业产业化龙头企业。公司现有农场一处，土地面积 13 000 公顷，用于良种繁育和粮食种植；有祖代种鸡场 5 座，年养祖代种鸡 6 万套，年产父母代种雏 230 万套；有父母代种鸡场 20 座，年饲养父母代种鸡 110 万套，年产商品肉鸡雏 1.1 亿只，有现代化商品肉鸡饲养场 22 座，加上农民养鸡场，年出栏肉鸡 1 亿只；有肉鸡屠宰加工厂 4 座，年屠宰加工肉鸡 1 亿只，年可生产鸡肉 20 多万 t，年生产熟食 3 万吨；有饲料加工厂 4 座，可年生产饲料 75 万 t。有油脂加工厂一座，可年加工大豆 50 万 t，产豆粕 43 万 t，豆油和色拉油 6 万多 t。今年初又收购了一个年产能力为 5 000t 的白酒厂和年产精加工大米 7 000t 能力的稻米加工厂各一座。使德大公司在原有鸡肉、饲料、豆粕、色拉油、种雏五大类产品的基础上发展到七大类产品。这七大类产品销往国内国际两大市场，特别是鸡肉产品已销到日本、韩国、俄罗斯、瑞士、南非等二十几个国家和地区。年销售收入 35 亿元左右，年出口创汇最高年份 9 000 多万美元，年创税 2 亿元左右。现在德大公司固定资产总投资已达 19 亿元，成为国家农业产业化重点龙头企业之一，并被评为进出口企业五百强和工业企业五百强。

1、高标准、严把关，建立健全质量保证体系。德大公司创建之初就把产品质量当成企业生存的根本。在工厂的规划设计、设备选购、设备安装、工艺流程、检疫检验标准和管理制度方面都进行了总体的设计和规划，使生产和管理一开始就走上高起点、高标准的健康发展之路，具备了一流企业的物质技术基础。在工程建设上，选用了省内最好的设计单位和施工单位，主要的土建工程均被评为优质工程。在设备购置上优中选优。为了能购进具有当代国际先进水平的设备，先后到美国、加拿大、荷兰、丹麦、瑞士等国家进行设备考察，由于严格的选型和订货，这些进口设备全部一次试车成功，至今运转良好。在生产工艺上，采用正大集团先进生产工艺。所有鸡场的设计完全是按照国际标准，保证种鸡具有良好的生态环境；采用的鸡种是目前国际上最好的肉用种鸡之一，品种优势强，具有高产的内在潜力。用正大集团的先进配方饲料，能够促进品种优势的充分发挥；肉鸡屠宰加工生产线，达到了国际先进工艺的设计标准和技术要求。建设上的高起点为提高企业生产水平提供了良好生产条件。使各项生产技术指标达到国际最好水平。

有了好的硬件设施，还要有相应的软件配套。为了提高公司全体人员的质量意识，树立质量第一的观念，公司做了下面几项工作：

一是抓好技术队伍的建设。公司现有大中专以上学历的技术和管理人员1 200人。分别从事种鸡繁育、肉鸡饲养、食品加工等不同岗位的工作，形成了一支完整的技术管理队伍。在质量监测体系上，公司建立和完善了从源头到最终产品的质量监控体系，投资3 500万元，建设了总建筑面积为2 500平方米的粮食、饲料、动物保健、食品、油脂五大品检测中心，从国外引进了二十多台套先进的检测设备和仪器，如液相色谱仪、气相色谱仪、荧光PCR、酶标仪、蛋白自动测定仪、脂肪测定仪等。达到了进口国检什么项目，公司就检什么项目的水平。还与国内著名科研单位建立了学术联系，聘请国内著名专家担任技术顾问，业务上由检验检疫专家每年多次到公司来讲课并对有关人员进行了业务培训，在他们的指导下，提高了公司检验检测队伍的水平，目前检验检测队伍人数达到了350人，均为学有专长的大专以上毕业生。各品质管理中心都得到充实与完善，粮食品质管理中心对全公司所用原料粮、种子培育、种植、收购全过程的管理监测，防止出现农药药残，保证了粮食质量；饲料品质管理中心对原料进厂、生产过程控制以及成品出厂全过程的监测和控制，确保出厂饲料质量的安全；动物保健检测中心对种鸡、肉鸡在饲养全过程的环境监测、疫病监控、抗体效价监测，特别是对出栏的肉鸡进行疫病、药残的监测和检验，严格按照国家的有关规定和进口国的卫生要求进行，在确保出栏肉鸡疫病、无药物残留的方能进入屠宰厂；食品品质管理中心对肉鸡进厂、生产加工过程的检验检疫以及生产过程中实施HACCP控制，对各关键点设立专人进行监控，定时、定点、定量做好产品样本检测记录，并做出样本检测报告，还要对成品进行药残和微生物检验，保证出厂鸡肉产品无疫病、无药残；油脂检测中心对大豆及其他原料进厂，生产控制及成品出厂全过程的监测和控制，确保油脂产品优质合格。由于建立和完善了系统的质量管理体系，实施从原料生产、原料的进厂、产品加工直至成品出厂全过程的质量监控，使产品质量得到了充分的保证，产品在国内国际市场受到广大客户的信赖与好评。

二是强化技术培训。德大公司是产品出口企业，需要随时掌握国内外对食品卫生质量方面的技术要求。从1992年投产开始，就非常重视技术培训工作，每年都邀请原吉林商检局及现在的吉林检验检疫局的专家和领导来公司对各级技术人员进行培训，使公司上下及时掌握国内外最新技术动态和要求。每当国际上有新的技术要求出台时，吉林检验检疫局都主动来公司进行技术指导。在肉禽饲养技术培训方面，公司每年都有一套培训计划，定期对饲养场和农户进行培训。培训内容满足《出口禽肉及其制品检验检疫要求(试行)》的规定。2002年5月初，吉林检验检疫局到公司进行了《出口食品生产企业卫生注册登记管理规定》系统的培训，通过培训和学习，公司各级管理人员和车间岗位工人都了解和掌握了新规定的精神实质，并能在生产中严格实施。10多年来德大公司共举办不同类型的培训班近千次，达18万人次。

三是建立和完善质量保证体系。为了强化质量管理，德大公司从1997年就引进了HACCP管理，并从1998年正式实施。建立了完整的组织机构，使HACCP的管理方法在生产中得到实际应用。通过几年的HACCP管理，把危害产品质量的不利因素控制到最低点，将有可能影响质量的隐患消灭在萌芽状态，产品质量得到了显著的提高，产品的出口合格率达到100%。2002年，在吉林检验检疫局的帮助下公司对HACCP管理体系做了进一步的完善和加强，使这套体系更科学、更合理、更具有可操作性。当年就顺利通过HACCP体系认证。使食品生产有了公认的通行证。为了使公司的所有部门和单位都参予质量管理，1999年，又引进推广了ISO9000质量管理体系，通过一年的努力，到2000年初，正式取得了ISO9000体系认证。使全公司从原料进厂到产品出厂有了可靠的质量保证。

2、依靠检验检疫局的支持，搞好卫生注册。近几年国际市场竞争激烈，一些禽肉进口国先后实行技术壁垒，阻挡中国禽肉出口，企业经常遭遇到闭关困扰，给企业造成了很大的经济损失。为了保护食品企业的健康发展，维护企业利益，国家质检总局及吉林检验检疫局积极主动到企业调查研究和进行技术指导，应对国际上技术壁垒，为企业在各个进口国进行食品卫生注册。近几年德大公司先后对日本、德国、比利时、南非、韩国、瑞士、罗马尼亚等国家进行了注册。在每次注册中，吉林检验检疫局都派员为德大公司进行策划，辅导企业学习国家和注册国的有关法律法规，和企业人员共同研究问题，商量对策。特别是在2003年因禽流感影响而导致各国对中国禽肉闭关的不利形势下，为了及早消除影响，顺利出口，国家质检总局和有关部门本着为国家、为企业高度负责的精神，积极主动与相关进口国进行沟通和谈判，促成日本、韩国和美国对中国熟制禽肉加工厂进行注册检查，吉林检验检疫局会同公司实现了在日本、韩国和美国进行熟肉制品的注册。

3、创新发展，规划未来。依据国家振兴东北老工业基地的方针，德大公司规划未来新的发展战略目标。总的指导思想是：以国际国内两大市场为导向，以绿色食品为突破口，上规模、上档次，不断扩大市场，增强抵御市场风险的能力。

一是以安全可信的绿色食品为突破口，创国际一流水平。日本的一家大经销商在日本国内注册了"长春鸡"，就是要以德大公司无化肥、无农药原料饲养的肉鸡打品牌。德大公司利用集约化养鸡场废弃物加工生物有机肥，在粮食种植基地应用，生产无公害的饲料原料，用这种饲料生产的鸡肉在日本市场将会有很好的市场竞争力，再加上科学的管理，先进的技术检测手段，预计会有很好的效益。

二是扩大规模、增强总体抗风险能力。到2007年，德大公司肉鸡生产加工"一条龙"的整体生产能力为年加工商品肉鸡2亿只，加工转化粮食190万t，销售收入可达100亿元，出口创汇3亿美元，上缴税金2亿元。可以更多的利用当地劳动力资源，带动当地包装、运输等行业的发展。

三是增加产品种类，开发高附加值产品。以加大熟食品生产量为突破口，打破国外的技术壁垒，开拓生存空间，力争在2~3年内在更多的国家和地区注册，扩大禽肉出口范围，减少对少数几个国外市场的依赖程度。

（吉林省质量技术监督局供稿）

认证使吉林省延吉卷烟厂屡创佳绩

吉林省延吉卷烟厂是国家大型企业和全国烟草行业36户重点企业之一。1975年建厂，企业现有职工1650人，企业资产总额19亿元，固定资产净值5.3亿元，年卷烟生产能力45万箱。企业的主要产品为"长白山"系列卷烟，销售全国十几个省、市和地区市场，是集农工商、产供销为一体的跨国界、跨行业、跨地区的大型企业。

延吉卷烟厂自1997年11月通过中国质量认证中心的ISO9001标准质量管理体系认证后，在质量管理和产品质量方面取得了较好的成绩。

1、创奖、创名牌工作有新的突破：

1998年，企业被评为"吉林省质量管理奖企业"和"吉林省用户满意特别奖"企业。

1999年，"天平"牌香烟被评为"吉林名牌"产品、企业被评为"吉林省质量管理先进集体"。

2000年，"长白参"香烟被评为"全国香烟质量满意度十大名牌"。

2002年，红"长白山"牌卷烟被吉林省政府评为"吉林名牌"产品、企业被评为全国100家质量先进管理企业、特"长白参"牌卷烟被评为行业优等品。

2003年，红"长白山"牌卷烟被评为行业优等品。

2、保证了产品质量稳步提高。几年来，在国家烟草一级检测站的全国统检、全国市场抽样、省烟草二级检测站的统检、市场抽样统检中合格率均为100%。

3、促进了对外合作。企业通过质量管理体系认证，大大提高了企业的知名度，在对外合作中发挥了重要作用。由于企业贯标工作到位，赢得了日烟国际雷诺士公司、华美公司以及云南昆明卷烟厂的信赖，合作生产的"黄骆驼"、"天平"以及烤烟型"长白参"等卷烟，均给企业带来了很大的经济效益。

4、搞培训、抓内审、建立健全有效的质量管理体系。通过贯标，企业各部门进一步明确了各自的职责，理顺了各部门之间的关系，减少了管理的随意性和盲目性。经过定期的内部审核和管理评审，建立了完善的质量管理体系，形成了自我约束、自我改进和自我完善的良性循环，从而提高了产品质量，降低了生产成本，提高了经济效益。

企业为建立健全质量管理体系，每年还对全体员工分期分批地进行质量方针和程序文件教育，重点放在与质量有关的各级人员的培训上。几年来,通过外培、厂培、自培,企业培养了一大批质量管理骨干,企业现已有1名国家注册审核员和80名国家注册内审员;与此同时企业组织内审员培训班,由厂长亲自聘任25名为企业内审员。尤其是通过举办多期各级人员培训班,培养了一大批贯标骨干,其中中层以上干部180人次。

5、开展工艺技术创新、产品开发改造工程,提质降耗,确保质量体系的有效运行。为了企业生产的产品达到高质量的要求,新建了2.73万平方米全自动恒温烟叶封闭仓库,并改造了烟丝生产线,在制丝线上配备香料厨房,对加香加料进行了全自动控制,确保加香加料均匀度,稳定了香烟内在质量。烟丝输送改为风送,引进了GD-X2包装机等。产品开发改造工程,以开发一二类卷烟为主,改造三四类卷烟,提升产品结构。新开发的烤烟型红"长白山"入市成功,并日渐成为企业的标志型产品。在采用新工艺和新技术,保证质量和产品风格的前提下,降低了费用,提高了经济效益。

总之,延吉卷烟厂质量体系的巩固和完善,给企业带来了生机和活力,企业内部管理形成了前所未有的可喜局面。

(吉林省质量技术监督局供稿)

加强质量管理 提高企业核心竞争力

——通化钢铁公司开展质量体系认证纪实

ISO9000标准的贯彻与实施是企业深化质量管理,提高质量管理整体水平的重要手段,也是企业质量管理同国际接轨的主要途径。通钢集团公司自1995年起贯彻标准,于1998年建立了符合ISO9002标准的文件化质量体系,并使其有效运行,于同年6月通过了中国方圆标志认证委员会质量体系认证,同时有两个系列产品通过了方圆标志产品认证。2000版ISO9000标准颁布实施以后,通钢集团公司积极调整思路,率先贯彻实施新版标准,于2001年初实现了质量体系从1994版标准过渡到2000版标准的系统工程,于同年10月取得了ISO9001:2000标准质量管理体系认证证书。

通钢的主要做法是:

1、贯彻ISO9000标准,建立质量体系。通钢集团公司在建立和完善质量管理体系过程中,加强各项基础管理工作,制定了质量手册、程序文件、管理文件、操作文件等体系文件,并认真贯彻执行,使各项质量工作有章可循,有法可依。

同时,公司充分发挥纠正预防措施以及内审和管理评审的作用,使公司质量管理体系不断得到改进和完善。集团公司坚持每年按计划开展质量体系内部审核,对每次内审进行详细的策划和周密安排,使审核有计划、有组织、有系统地进行。内审和管理评审已经成为通钢进行质量体系自我完善、自我改进的重要手段。

2、实行奖惩制度,保证体系运行。自1998年公司质量体系通过认证后,集团公司的质量管理工作始终以质量体系有效运行为主线,在严、细、实上下功夫,不断完善各项规章制度,狠抓落实。尤其是贯彻实施2000版标准以后,强调了领导者的作用,落实了领导质量责任。为了保证质量体系的有效运行,集团公司先后制定了《质量体系运行考核细则》、《领导干部质量责任考核方案》等考核办法,并逐年补充完善考核内容,加大考核力度,将日常检查和内审结果纳入考核细则中实施考核。各生产厂也根据集团公司的总体要求,制定了符合本厂特点的考核细则。将责任落实到岗位,落实到人。这些考核措施的实施,从制度上使集团公司的质量管理体系有效运行得到保证。

3、加大技改力度,调整产品结构,提高竞争能力。2000年以来,公司紧紧围绕"十五"发展规划,按照主业做精做强的总体思路,先后组织实施了小型连轧改造、型钢连轧改造、发电工程、转炉精炼、小球烧结等多项重点工程。在工程项目上不仅坚持高起点、高技术含量,而且注重最终产品的成长性,从而为公司改善产品结构、增强市场竞争力和企业发展后劲提供了有力的保证。2003年,公司投资13亿元,用于优质带钢、电炉改造等八大增效工程,与此同时,启动了事关通钢长远发展的热轧超薄带钢项目。技术装备水平的提高,促进了产品的更新换代,公司产品结构从原来的建筑用材逐步过渡到以优碳钢为代表的高附加值、高技术含量的产品。几年来,通钢共开发新产品107项,新规格211个,其中26项新产品通过省级新产品鉴定,2项通过国家级新产品鉴定。

通过质量体系认证,公司取得了良好的经济效益和社会效益。公司的钢、钢材产量和利税、利润指标逐年递增,企业和产品的知名度明显得到提高。公司从1999年起先后获得了"吉林省质量管理先进企业"、"全国质量管理先进企业"、"全国质量效益型先进企业"、"全国质量服务信誉AAA级企业"等荣誉称号,有9个系列产品命名为"吉林省名牌产品",有12个系列产品被评为国家冶金产品最高荣誉奖——金杯奖。

(吉林省质量技术监督局供稿)

建立规范管理体系　加快企业上档升级

——山东省艺达有限责任公司建立和运行ISO质量管理体系

山东省艺达有限公司是中国家用纺织品行业中规模最大的企业,主要经营家纺、抽纱、服装产品,产品畅销国内外市场。2003年实现销售收入4.2亿元,自营出口创汇2800万美元。艺达集团是"中国质量协会会员单位",获得了"中国家用纺织品出口百强企业"、"中国知名品牌"、"中国市场公认畅销品牌"等荣誉称号,并被评为"威海质量管理先进单位"。

艺达于2003年5月开始建立运行ISO9001:2000质量管理体系,并顺利通过了中国质量认证中心山东评审中心的认证。通过了ISO9001:2000质量管理体系认证后,管理水平、生产效率、市场占有率等得到了大幅度提高。

一、实行规范化管理,提高产品竞争力。通过建立新的规范化管理体系,企业终于跳出了"人管人、人看人"的老管理方法。ISO9000种种制度化的程序,将公司的目标、任务、方针等有机地组合在一起,减少了管理方式上的随意性,增强了管理的科学性,并使执行制度严格化、经常化、普及化和持久化。通过实施规范化质量管理制度,生产效率比以前提高了20%,生产成本降低了15%,极大地增强了产品的竞争力

二、树立了满足顾客需求的宗旨,提高了企业的市场效益。按照规范管理体系的原则,企业以顾客要求为中心,建立了与顾客对产品要求有关的控制程序,统一了业务人员操作业务流程,减少人为原因引起的顾客抱怨,最大限度地满足顾客要求,确保了顾客满意。过去国外客户验收工厂的条款被认为是苛刻的管理负担,现在却变成了进一步完善质量管理体系手段,企业自觉地完善软硬条件,满足客户的要求。顾客的满意就是企业的市场效益,艺达集团年自营出口创汇额从2002年认证前的1 600万美元猛增到2003年的2 800万美元,成为企业所在地区的出口先进单位。

三、建立了过程质量控制方式,产品合格率大幅提高。过去的质量管理办法只重结果不管过程,只是检验最终产品,造成了成本的增加和检验遗漏的风险。新的质量管理体系建立了对整个生产或活动过程的控制,将每一个影响到质量的这些环节确定为关键点,同时设定关键点的工作流程和检验标准,在生产过程中严格按照流程的要求进行操作和检验,发现不符合标准和要求的予以及时纠正,对不合格品进行预防,降低了成本,提高了产品合格率。通过质量过程控制,企业的产品出口合格率达到了100%。

四、不断完善管理制度,提高管理水平。在运行ISO9000质量管理体系过程中,针对自身的缺陷和质量管理体系文件要求,建立了新的文件体系;通过文件体系的建立,理顺了企业各部门及人员的工作职责,完善了企业的管理制度,做到了员工有法可依。质量管理体系建立运行过程中,不断地持续改进,使广大员工认识到PDCA管理模式的先进性和科学性,并将其应用到日常管理的各个方面,使企业和领导层的管理水平上升到了一个新的层面。

(山东出入境检验检疫局供稿)

山东天元建设集团

再造管理系统 提升竞争能力

山东天元建设集团是具有50多年历史的国有大型一档施工企业，AAA特级信用企业。拥有房屋建筑施工、机电设备安装、装饰工程、钢结构工程等多个一级资质并具有涉外经营资格。

天元集团面对建筑市场竞争日益激烈的形势，以及如何在市场经济的大潮中发展、壮大的课题，于1996年开始宣传贯彻ISO9000系列标准，并于1997年底一次通过了中国方圆标志认证委员会质量认证中心及德国TUV的认证，成为当时山东省少有的建筑施工通过质量体系认证的企业之一。在成功运行质量管理体系5年的基础上，公司又于2002年10月通过方圆标志认证中心环境和职业健康安全管理体系认证，进一步完善了企业的各项管理工作，企业的人员素质、管理水平，公司的工程质量、经济效益、市场竞争能力和社会信誉，都有了大幅度的提高。

一、质量观念得到有效提升。通过质量体系认证，企业的各项工作均贯穿着质量的思维观念，渗透着八项管理原则的内涵，而这种内涵的延伸又覆盖了企业的方方面面。在贯标中，每位员工和相关方均懂得了质量与自身工作的重要性，拓宽了质量观念，延伸了质量深度，从而提升了企业日常的质量管理水平，营造了融洽有效的、符合质量发展趋势的管理环境。

二、工程质量有了显著提高。贯标认证以来，彻底改变了传统的质量管理方式，将分项把关改为以过程控制为主，过程控制与检验把关相结合，将质量通病以修补为主变为以实施纠正和预防措施为主。机构健全，职责到位，管理科学，全过程受控，已成为公司开展贯标工作，特别是通过认证后质量管理的新特点。自通过认证，竣工工程一次交验合格率达100%，先后创出一大批省优、“沂蒙杯”、“泰山杯”奖、“鲁班奖”工程。工程的实物质量得到了有效控制，顺利地实现了公司的各项质量目标。

三、各项管理水平有了明显提高。通过开展贯标工作，理顺了公司各级质量职能，明确了各部门、单位、项目部及各类人员质量职责，去除了原有管理模式中的不适用、形式化的东西，使管理从繁到简、从细到精，从粗放型向效益型转变，建立了持续改进的运作机制，减少了推诿扯皮，提高了工作效率；通过开展贯标工作，公司的质量体系文件和各种制度、办法进一步得到完善，可操作性大大增强，按文件、规定办事的自觉性也有了根本性转变，企业管理特别是现场管理，向制度化、程序化、规范化方向迈出了一大步，提高了企业的综合管理水平。

四、提高了社会信誉，市场竞争能力显著增强。通过开展贯标工作，营造以顾客为中心的企业文化氛围，拓展了生存空间，高效利用和开发资源，使公司的工程质量、服务质量和管理水平不断提高。公司通过认证，树立了良好的社会形象，提高了市场竞争能力，增加了在建筑市场的占有份额，各方面都得到了长足的发展。

五、促进了QC小组活动的深入开展。认证促使开展QC活动的小组数量大大增加，这些QC小组围绕治理质量通病、改进施工工艺、提高工程质量、节能降耗、科技开发、新技术应用、改善和加强管理等课题，开展攻关活动，不断取得新成绩。

（山东省质量技术监督局推荐）

泰丰纺织集团

持续深化体系认证　全面推动企业创新

泰丰纺织集团经过CQC山东评审中心的审核，1998年通过了ISO9002质量管理体系认证，2001年通过了ISO14001环境管理体系认证和OHSAS18001职业健康安全体系认证，2002年通过了ISO9001:2000换版认证。从1998年推行ISO9002认证以来，集团的生产规模增加了4倍，销售收入增加了8倍，资产增加了6倍，利润增加了9倍，经营范围从纺织、织布扩展到家纺、服装，生产经营地域从莱芜扩张到青岛、江苏、澳大利亚。突飞猛进的发展速度，很大程度上来源于管理体系认证对企业在经营理念、管理体制、制度意识等方面的推动，来源于管理体系认证对企业文化的冲击与升华。

一、把体系建设的指导思想和原则推广成为企业经营思想的基本原则。贯穿于ISO9001、ISO14001、OHSAS18001三大体系中的管理思想，如基于事实的决策、持续改进、以顾客为关注焦点等，是企业管理思想的精华，这些原则对企业管理具有普遍的指导意义。对企业高层管理者重点进行先进管理思想的培训，并结合《麦肯锡决策方法》、《追求质量》等教材及其他企业案例，深化企业高层的管理意识，同时根据企业实际，把这些管理原则写入企业决策程序原则，使体系建设指导思想成为企业管理的最高原则，使体系建设与企业管理在思想上完全融合在一起。如泰丰把“基于事实的决策”作为决策的根本出发点，从思想上真正克服了简单的拍脑袋决策，避免了决策的盲目性，从而保证了企业发展方向的正确性和科学性。

二、强化制度意识，形成依法治厂的管理理念。管理制度化，制度文件化，文件标准化，制度管理成为克服企业管理随意性和盲目性的“灵丹妙药”。此外，还对体系不能覆盖的范围和部门建立了层次化、规范化的制度文件，体系文件与企业制度做到了有机融合和相互补充。在制度上，形成了三个层次的制度体系，第一层次是企业的经营理念、方针、战略决策等文件，第二层次是企业管理流程文件，第三层次是作业文件。从制度组成上看，分为三个部分，第一部分是职责体系文件，第二部分是业务流程文件，第三部分是考核奖惩文件。泰丰把制度的权威和尊严放在首位，制度面前人人平等，任何人都不能留身制度约束之外，任何权力都不能凌越于制度之上，制度成为人人遵守的“交通线”，制度成为人人不敢触犯的“高压线”。在制度推广方面，泰丰做到培训、执行、检查、考核四位一体，使制度真正深入到企业管理的各项过程之中。泰丰每年平均颁布、修改文件有60多次，培训2000人次，考核奖惩80多人，保证了制度得到真正落实。

三、持续改进体系建设，不断深化企业管理。体系认证是一场只有始点没有终点的马拉松，该厂把体系持续改进作为深化企业管理的手段。每年开展两次内审，一次管理评审，每月进行一次体系监督检查，对体系中出现的问题，除了按照体系要求进行纠正，制定纠正措施或预防措施外，还做到“三个不放过”，一是举一反三不找出问题的根源不放过，二是不找出问题的责任人不放过，三是考核处罚不放过。泰丰把体系改进分为三个层次，第一层次是不合格事项改进，是对具体问题的纠正，第二层次是管理制度的改进，是对管理程序或职责的改进，第三层次是管理方向的改进，是对经营理念、决策机制的改进。管理体系的持续改进，推动了企业管理持续深化，形成了决策过程程序化，管理机制规范化的企业管理模式。

（山东出入境检验检疫局推荐）

海南欣龙无纺股份有限公司

追求完美 永无止境

欣龙无纺股份有限公司自1995年投产以来,一直视质量如生命。公司用当今世界上最先进的设备武装自己,保持产品质量与国际接轨。用先进的管理方法管理企业,指导生产,确保产品质量在国内处于领先水平,在国际上占有一席之地。

完善质量体系,优化运行机制

欣龙公司在1993年建厂时,就以高起点为目标,坚持技术先进,质量第一,引进当时国内第一条水刺生产线和第一条超薄、超细点、超柔软的热轧生产线,率先在国内进行水刺无纺产品的生产和开发。

1995年投产以后,欣龙无纺凭借自己开发生产的水刺、热轧及浆点产品填补了国内多项空白,产品质量在国内处于超前水平。为使产品大步走向世界,在国际市场中占据一定分额,1998年公司编写完善了质量管理文件,制订了公司的质量方针和质量目标,规范了市场研究、产品开发、原料采购、生产控制、产品销售和售后服务等各个环节的部门职责和工作程序,在国内无纺行业率先通过ISO9001国际质量管理体系认证;2003年又通过了ISO14001环境管理体系认证。

2003年上半年,公司对原ISO9001:1994版质量管理体系进行了全面的升级换版,用ISO9001:2000版质量管理体系新标准管理企业,始终保持企业质量管理体系的先进性。

强化过程控制,保证产品质量

严格过程质量的控制是保证产品质量稳定提高的关键。

1、以人为本,提高员工的质量意识。现代化的生产线必须要有高素质的人才进行管理,高质量的产品必须依托高素质的人才,员工素质的提高离不开教育。欣龙公司建立了一套员工教育、培训、激励机制,并写进质量管理体系文件。新员工进厂伊始,必需严格接受公司建厂史、发展史教育,培育员工的危机感和使命感;必需通过专业知识培训后方能上岗,对特殊工种则必需持证上岗;并定期对在岗员工进行专业知识培训,不断提高员工业务水平和质量意识。制订质量奖励制度和晋级制度,细化考核,树立员工主人翁意识,使员工自觉参与企业管理。

2、加强原辅材料的质量控制,严把原辅材料进厂质量关。根据质量管理目标建立的质量管理体系,严格规定了原材料采购的相关程序和原材料质量控制的相关要求,根据供应商的质量保证能力、价格和售后服务等因素,定期对供应商进行分级评定,最终确定合格的原材料供应商。制订原材料的质量采购和检验标准,加强原材料进厂的质量检验和过程质量控制,杜绝不合格原材料进入生产线;对在生产线上出现的不合格原材料及时进行处理,并将相关信息反馈给供应商,要求供应商及时采取纠正预防措施加以改进。

3、加强工艺管理,确保生产过程质量稳定。严格工艺管理是确保产品质量稳定的关键。通过不断加强对员工业务水平的培训,逐步让员工在日常工作中养成标准化操作的习惯,严格按照操作规程和作业指导书进行作业,保证各工序产品生产过程工艺稳定;并通过定期对生产工艺进行检查监控,确保生产过程中产品质量稳定,使公司产品质量在国内始终处于龙头地位。

4、及时分析质量问题,保证产品质量持续提高。根据产品在生产过程中出现的质量问题以及客户对产品质量信息的反馈,及时进行分析,找出产生质量问题的根本原因,制订纠正预防措施,确保产品质量得到及时改进和稳步提高。

以用户满意为标准,提高企业服务质量

用户满意是质量管理追求的目标,是企业产品市场占有率的基础,是企业经济效益和社会效益体现的关键。

1、以企业产品质量标准为基础,建立用户产品质量标准制度。公司通过采用国际标准和国外先进标准,先后制订了23套先进的企业产品质量标准,确保产品质量达到国际先进水平。为保证用户满意,建立了用户产品质量标准制度,以满足不同用户对产品质量的不同要求,真正做到让用户各取所需,人人满意。

2、根据用户质量信息,及时采取纠正预防措施。公司

不断加大投入，组建公司局域网，设立信息平台。通过遍布世界各地的销售网络，及时收集用户对产品质量的不同信息，了解他们的需求，及时改进产品质量，并进行产品质量售后追踪，提高售后服务质量，把用户满意工作落实到实处。

以科技促质量，推动企业发展

依靠科技进步，把产品质量提高与科学技术进步结合起来，加快产品的升级换代，确保产品质量和产品开发适应市场的需要。

通过对国际跨国公司的产品质量进行比较，利用公司自身的科技力量，在2002年先后对公司水刺设备和烘干设备进行了改造，提高了公司木浆水刺复合产品的质量，缩小与国际跨国公司产品质量的差距；通过改造铺网设备，开发了适应市场需求的PP网产品，满足了用户的需求。

自1999年9月公司在深交所上市后，公司踏上了高速行进的列车，取得了巨大的成绩。相继完成了4项国家级火炬计划项目，4项国家重点技术创新项目，9项国家重点新产品项目，获国家级技术创新优秀奖2项。2002年建立了国家博士后科研工作站，国家非织造材料工程技术研究中心、亚洲非织造技术研究发展中心也在欣龙相继落户。

在2003年春夏之季，国内“非典”肆虐期间，人们对卫生环境和保护提出了较高要求。公司卫生系列产品顺应这一发展趋势，产品供不应求。为满足国内防治“非典”的需要，公司全体员工加班加点，日夜生产，确保产品满足市场的需求，并创造了公司产量历史最高记录。

（作者：谢述林）

海洋石油富岛股份有限公司

认证促进效益　诚信铸就品牌

海洋石油富岛股份有限公司是海南省最大的化工企业，海南省高新技术企业。公司拥有两套现代化的大颗粒尿素生产装置，年产富岛牌大颗粒尿素140万t。公司的特点是：自动化程度高，人员少；公司的目标是：创立一流的企业、生产一流的产品，实行一流的管理。公司已通过质量体系认证、计量管理体系认证、环境管理体系认证，目前正在建立杜邦健康安全环保管理体系。通过认证，公司提升了管理水平，创造出了效益。

积极实施认证，生产优质产品

通过贯标学习，公司认识到：要想做好体系，文件编写是基础。公司挑选了部分技术骨干进行文件编写，共编写、整理出版1本质量手册、21个程序文件、300个第三层次文件、222种质量记录表格。健全后的质量体系，部门职责明确，管理范围清晰，从原材料进厂检验、生产全过程控制到产品出厂检验、售后服务工作均有章可循。

在体系运行初期，公司积极开展培训，让员工了解新的体系，了解自己的职责和工作程序，提高质量意识，强化工作责任心，服从规范化的管理。与此同时，公司实行严格的奖惩制度，奖励体系管理好的部门，推广其管理经验，促进企业体系的有效运行。多年来，公司生产的尿素一直保持稳定的质量，接受国家、行业、市场监督检查30余次，均达到国家优等品要求。2003年，尿素产品内在质量各技术指标平均含量为：总氮46.51%，缩二脲0.76%，水分0.31%，亚甲基二脲0.52%，粒度98.8%，破碎强度40N，达到国标优等品要求；产品包装质量：40kg规格的平均净重40.02kg，50kg规格的平均净重50.01kg，达到行业先进水平；国标优等品率99.68%，单包净重合格率100%，达到了公司质量目标中“产品优等品率98%以上，产品单包净重合格率100%”的要求。

好的产品和规范化的管理，形成了“富岛”品牌的优势，为公司的化肥销售工作打下了坚实基础，为开拓市场创造了有利条件。1999年获得认证后，“富岛”尿素在激烈的市场竞争中脱颖而出，市场占有率逐步提高，销往国内大部分地区，并成为国内首家出口的尿素生产厂家。产品陆续销往美国、澳大利亚、越南、日本、孟加拉等国家。2003年销售尿素58.45万t，其中出口24万t。

持续不断改进，追求顾客满意

公司在取得认证后，根据管理的需要，共修订文件50

份，努力做到“说到的写到，写到的做到”，确保文件的有效性，较好地完善了管理体系。公司有27名内审员，他们在做好内部质量审核的同时，不断推动本部门的各项工作的改进和完善，为体系的有效运行和持续改进起到了有益的作用。2002年，公司按照ISO9000标准2000版的要求，进行了改版，并根据公司的管理状况，确立了“以质量管理体系为基础，以品牌为核心，用高质量的产品和服务巩固国内市场、开拓国际市场，达到持续的顾客满意”的质量方针；明确了“产品优等品率98%以上；产品单包净重合格率100% ，顾客满意度90%以上”的质量目标。

公司认为，顾客的需求是一个动态变化的过程，昨天看来还能令客户满意的服务，可能在今天已经达不到同样的效果，要继续做到使顾客满意，就必须正确地理解顾客提升的需求，重新审视自身的服务水平和质量。公司于2002年建立了顾客满意度测评体系，就产品内在质量、包装质量、服务质量及公司信誉等方面开展顾客满意度调查，认真听取顾客的意见，当年年度顾客满意度为95%。2003年，公司对顾客满意度指标体系进行了改进，使得测评更加符合实际，全年顾客满意度96%，达到了公司质量目标中“顾客满意度大于或等于90%”的要求。

追求卓越管理，诚信铸就品牌

公司在ISO9001质量管理体系通过认证后，又建立了ISO14001环境管理体系，并于2002年通过认证。公司又投入巨资建立杜邦健康安全环保体系，全方位地提升QHSE管理水平。

在诚信经营的同时，公司也赢得了许多荣誉。2000年9月，公司被国家质量技术监督局评为“全国质量管理先进单位”；2001年3月，“富岛”牌大颗粒尿素被国家质量技术监督局认定为国家免检产品，获得该局颁发的“产品质量免检证书”；2001年4月，又被中国国际贸易促进会和法国质量监督委员会列为中国进入WTO推荐产品，并获海南省名牌产品称号；2002年企业被评为质量、服务、信誉AAA级企业，海南省名牌产品；2003年，“富岛”商标被评为海南省著名商标，公司获海南省质量管理奖；2004年，公司获全国质量管理效益型企业荣誉称号。“富岛”牌大颗粒尿素已成为国内、国外畅销的知名品牌。

（作者：李纡珈）

天水长城开关厂

实施质量、环境、安全管理体系一体化认证 全面提升企业管理水平

天水长城开关厂是中国输变电开关设备制造行业的一家大型专业制造厂，也是兰州长城电工股份公司（简称长城电工，股票代码600192）的骨干企业。主要生产0.3kV-40.5kV高压开关设备、高压电器元件和低压开关柜等产品。

天水长城开关厂于1994年底通过ISO9000认证，成为甘肃省和国内开关行业首批通过认证的企业。

随着中国加入WTO，天水长城开关厂与时俱进，于2002年通过ISO14000、OHSAS18000认证，成为甘肃省通过三个体系认证的为数不多的企业之一。体系的建立与良好运行，为企业管理水平的提高，市场订货量的增加、企业经济效益的增长起到促进作用，2003年企业订货量及产量取得前所未有的成绩。

努力实现卓越的管理绩效

天水长城开关厂在建设质量管理体系的过程中，始终把提高产品实物质量水平作为评价体系是否有效运行的主要标准。1996年企业实施“精品战略”，运用ISO9000标准的思想，制订出《高压开关柜精品评定大纲》等标准文件，重点抓文件依据的完整性和正确性，确保文件在指导生产和工作过程中充分发挥作用，同时对记录严格要求，做到重要的过程、产品、材料、元器件均可追溯，在精品推动小组的组织下，强化对产品实物质量的审核，对判定不合格的产品按照“四查一定（查问题，查原因，查责任，查损失，定改进措施）”的原则认真处理，尤其是涉及到管理问题，一查到底，深究原因，积极采取纠正预防措施，弥补管理漏洞，从而形成管理良好的运行机制。在质

量管理体系有效运行的保障下，精品战略取得圆满成功，企业产品的实物质量达到精品评价大纲的要求，在国内同行业中，产品质量水平始终处于领先地位。企业的市场声誉、顾客满意度也得到了显著的提高。产品以较好的性能价格比多次在国内重点工程项目中中标，并多次出口国外。

环境、安全体系自2002年认证审核以来严格按体系文件规定，充分落实三级监控机制，贯彻持续改进、预防为主的体系思想，以审核促运行，开展监督性审核，注重过程控制和危险源、环境因素的辨识策划，按目标指标和管理方案要求，层层分解认真执行，取得了一定的环境安全绩效。通过有针对性的对有毒作业、危险化学品安全培训，使职工的安全意识不断增强，自我防范能力不断提高，实现了从“我要安全”、到“我会安全”的转变。理解人、尊重人、关心人、关爱人，以人为本的安全文化初步在企业内部形成。

两年来，企业在环境保护与职业健康安全领域的投资340余万元，引进了大批先进工装设备，为职工营造了一个安全放心的工作环境。

环境安全管理体系建立后，企业的基础管理得到加强，节能降耗工作取得显著成绩，水、电、煤的消耗量下降，安全事故率也显著下降。

推动企业各项管理工作规范化

在质量、环境、安全管理体系运行取得良好绩效的影响下，企业各项专业管理学会了系统管理的思维，掌握了审核方法，将管理的系统方法充分运用到各自系统范围、专业领域的管理，如早在1998年企业党委就参照质量管理体系模式，运用ISO9000的管理理论建立起企业党建工作体系，党委工作多次受到上级机关的表彰奖励；参照方针目标管理的要求，销售管理系统量化销售指标；劳动人事管理部门量化岗位工资；生产部门量化工时考核等等。在企业成本管理中，参照体系管理的基本方法，在各部门、各岗位系统地开展查找浪费源的工作，并对其进行改进和控制，取得显著成效。

（甘肃出入境检验检疫局推荐）

告别传统的昨天　迈向规范的未来

——广东兴发集团施行ISO9000质量管理体系的实践与成效

广东兴发集团有限公司(以下简称“公司”)，前身为广东兴发铝型材厂有限公司，创建于1984年，公司占地面积80万平方米。现下辖有五家控股子公司：广东兴发创新股份有限公司、佛山市兴辉陶瓷有限公司、南海兴发铝型材有限公司、南海立兴涂料有限公司和香港恒发铝型材有限公司。作为一个民营股份制集团公司，现已成为全国著名的专业生产建筑铝型材、工业铝型材、纳米绿色环保陶瓷和纳米环保涂料的大型企业。拥有年产铝型材10万t、纳米绿色环保陶瓷4000万平方米和纳米环保粉末涂料3000t的生产能力。

公司早在1995年就开始贯彻ISO9000标准，并于1997年11月通过ISO9002:1994质量体系认证。2003年5月，顺利完成ISO9001:2000标准的换版工作。

开展体系认证的措施

首先市领导重视，公司总经理亲自抓，并反复对公司各级管理人员强调，我们不是为了认证而认证，而是要通过实施ISO9000完善管理机制，向社会提供高质量的产品和服务。

其次是认真抓好ISO9000与ERP、ISO19022及ISO/IEC17025的结合。按照持续发展的需求，本公司除了于1997年建立ISO9000质量管理体系外，分别于2002年导入ERP系统、2003年建立ISO/IEC17025国家实验室认可管理体系、2004年通过ISO19022计量二级认证。从标准的条文可以看出，以上先后实施的体系(系统)从目标到内涵都有许多结合点，尽管它们之间在管理思想和目标方面很大程度上是一致的，但这几者之间是不能相互替代的，而是互相补充的关系，几者的结合有利于企业运作效率的提高。因此，如何实现以上几个管理体系(系统)的有效集成和应用以提高公司的运作效率，杜绝几者之间信息流通不畅、数据不能有效利用、减少大量重复劳动和重复投入资源的浪费，一直是公司关注的焦点问题。

为此，公司专门在技术副总室属下成立了一个体系推进小组，小组的职能除了做好质量管理体系相关事宜外，另一个重要职能是处理几个体系之间的接口问题，即以最小的资源和代价兼容这几个体系。首先，在导入新体系的策划阶段，体系推进小组首先明确ISO9000质量管理体系是公司的母体系这一原则。在培训阶段将母体系和子体系培训相结合，重点导入八项质量管理原则的理念，以ISO9000标准的要求为主线。并结合ISO9000的过程方法，从考虑过程增值的角度，确定各个过程输入、输出、控制准则和所需资源、文件、记录。并确定过程的测量和监视方法，以把握改进机会。

开展质量管理体系认证的效果

公司导入并实施ISO9000质量管理体系以后，在规范管理、明晰职责、提高管理质量、提高顾客满意度等方面均起到积极作用。主要体现在：

1、适应了市场竞争需要，提高了公司的声誉和经济效益。由于质量体系严格按ISO9001:2000标准运行，加上ERP信息管理系统的成功应用，使公司的管理水平如虎添翼，走上了规范化、程序化的轨道。公司的知名度与日俱增。一些客户来公司第二方审核，体系审核都简化了程序，注重实物检测。由于不断满足用户显在或潜在的需求，使公司的新老产品订货俱增，甚至携款上门等货，尽管原材料大幅度涨价，但公司的生产营销两旺。自1997年导入ISO9000质量管理体系以来，公司每年的产销量以13%~15%的速度递增。

2、企业的内部管理更加规范化。

(1)规范了质量责任。质量体系运行的过程，涉及到每个要素、每项质量的活动，是一个系统工程，而程序文件和相应的三级文件恰恰规范了每项活动的第一责任部门，理顺了各个职能部门的关系，职责明确，各项工作有了明显的进展。按照ISO9000质量管理体系要求，明确了领导、各部门和人员的职责，完善了各个过程、环节之间的接口，并严格按照质量体系文件规定和要求履行职责，消除了过去各部门之间相互推诿、扯皮现象，解决了管理缺位、协调不畅的问题。

(2)文件和资料得到有效控制。未导入质量管理体系前，公司及各部门对文件的编、审批及文件的收、发、改及作废随意性很大，造成极大混乱。导入ISO9000后，文件管理严格按程序要求进行控制，保证各有关的场所都使用有效文件，而且立目建档，易于存取查阅。2003年5月，依据公司高效办公、开源节流的指导思想，公司导入OA办公自动化系统。这一系统容纳了ISO管理的精髓，使公司所有日常运作全部纳入知识管理平台，并完全符合ISO管理活动。是国内具有较大技术新颖性的知识管理平台。

(3)现场管理又上新台阶。获证七年来公司的过程控制、产品标识、不合格控制、质量记录等，员工们都能按程序自觉执行。获证前的工厂脏乱差，在体系运行中，本公司结合5S管理，对各生产车间现场管理上下硬功夫，细化制度，严格管理，从而使现场管理面貌焕然一新。

(4)形成了PDCA质量改进的良性循环机制。过去质量体系或产品质量出现不合格后，往往就事论事，原因分析和措施的采取往往不到位，易重复发生。现在出现不合格后，责任部门首先要分析原因，根据主要原因采取纠正措施，内审员对纠正措施跟踪验证，有效的纠正措施纳入到相关文件中，作为长久性的工作依据。目前公司的纠正措施可操作性强，每次整改后，不合格项都进行了关闭，产品质量和管理水平呈螺旋式上升趋势。

公司的贯标之举，验证了企业的成功之道：在全球经济一体化背景下的成功企业=一个现代产权下良好的运营机制-一个导入国际管理标准重塑的以质量经营为核心的管理模式。这意味着广东兴发集团有限公司正毅然地告别传统的昨天，坚定地迈向规范的未来。

（广东省质量技术监督局推荐）

品牌来源于品质

——美的空调取得三大管理体系认证介绍

一向以“品质打造品牌，品牌赢得市场”的美的空调，现已成为国人心目中的优质品牌。早在1995年，美的空调就通过了香港品质保证局ISO9001质量管理体系认证，此后几年内，美的空调更陆续获得了ISO14001、OHSAS18001管理体系认证，成为香港品质保证局在国内第一家颁发ISO9001、ISO14001及OHSAS18001三大管理体系认证的企业。

1、品牌的成功源自管理层对品质的高度重视。从1995年开始，就已经通过ISO9001认证，建立起完善的质量保证体系，全面深入推行质量管理，走出了一条以质量创效益的发展道路。良好的品质管理基础成为品牌塑造的坚实保障。

2、让ISO9001融入企业的文化当中。要让质量管理体系在一个如此庞大的企业里面顺利推行并获益，必须全公司上下一心，质量管理理念和方法必须贯彻到企业经营的每个环节。美的空调倡导“质量是一种文化”，利用ISO9001的质量管理平台，让全体员工充分参与到各种各样的质量管理活动当中，形成“人人关心质量”的良好氛围。随着这样点点滴滴的积累，ISO9001已经渗透到企业的方方面面。据称，美的空调企业有一种共识：产品质量与每一个员工都有关系，而不只是与质量部门有关。

3、日常管理和三大体系一并形成“大管理体系”。美的空调从来都把认证作为企业的基础工作来踏踏实实地开展，从1995年到1999年间，历时4年完成ISO9001、ISO14001、OHSAS18001三大体系认证，投入如此庞大的资源来积极开展企业认证，这在国内企业中是难能可贵的。在当时很多企业还错误地以为认证就是把原来的体制废除的时候，美的空调就已经明白通过ISO9000的八项管理原则，建章立制、定岗定责、设立监控，目的是使企业的内部管理架构更趋合理，当这个基础搞好了，其他的规章制度就可以很顺畅地在这个基础上加建上去。

随着几年来三大管理体系与日常管理的统一，美的空调已经能在企业运作的方方面面实现科学化和规范化：从生产流程到产品质量的持续改进、从企业环境的改善到环境绩效的提高、从建立职业安全意识到调动员工的积极性等等，一个统一的“大管理体系”让企业的管理形成良性的循环发展。

4、借助国际管理体系铺平世界市场之路。美的空调意识到ISO9001、ISO14001、OHSAS18001管理体系是企业管理实践的总结，并经过无数企业的验证，在全世界范围内达到一致的认可。要开拓国际市场，美的空调首先用这三个管理体系的认证来铺就通往世界市场的道路。由于公司规范的管理体系运作，使产品的品质得到了全球用户的信赖。现时，公司生产的八大系列近300多个品种，远销欧洲、北美洲、南美洲、非洲、东南亚、中东等八十多个国家和地区，成为了中国最大的空调出口企业之一。

美的空调从一开始筹备认证，便明确认证绝不是形式主义，更不是为了拿一张证书，而是踏踏实实地从基础做起，调动一切资源去干好这项工作，让管理体系的思想成为企业管理的基础，更进一步融入到企业文化当中。认证为企业带来的最直接的效益是内部管理效率更顺畅、更科学和更规范；然而最深远的意义还是在于帮助美的空调在顾客心目中树立起优质的品牌形象。

（香港品质保证局供稿）

广州市华侨糖厂

推行ISO质量管理体系的实践与成效

广州市华侨糖厂自1998年初导入ISO9002标准，经过三年多的贯标、培训、文件编写、实施运行，于2000年12月正式取得ISO9002(94版)认证。在执行ISO9002标准的过程中，通过不断改进、补充、完善相关工作及程序，并组织了两次较大篇幅的文件修改工作，使文件内容与实际操作更加贴切，更好地指导、规范各项工作。2003年7月该厂在广东创势质量技术咨询服务有限公司的咨询师的指导帮助下，又筹划ISO9000转版，经过半年的努力于12月顺利通过转版认证，使企业的质量管理工作又上了一个新台阶。

通过实施ISO9000标准，企业在生产、经营、管理上取得显著进步。各项工作的开展、执行，都有相应的文件作指引，工作上每一个环节，能做到环环紧扣。厂部布置每一项工作任务，各部门能根据各自的职责开展工作，并做到各司其职、各负其责，又互相配合。更可贵的是：企业通过实施ISO贯标工作，培养和锻炼出一支团结协作、有敬业精神的内审员队伍。工作中每当出现不顺畅或是部门之间衔接有问题时，各部门的内审员就会自动沟通，检查是哪个环节出现问题，想出对策，甚至由厂长召集相关部门经理、管理人员一起开会讨论研究，补充修改相关文件，保证了企业质量体系的运行适应本厂生产、经营、管理的需要，使企业的贯标认证工作收到显著成效。

通过实施ISO9000标准，使企业的产品质量得到不断提高。这几年，红棉牌精制白砂糖和优级白砂糖在全国糖产品质量评比中均名列前茅，精制白砂糖更一直稳居质量评比的首位，各项技术经济指标在国内处于领先地位，产品质量符合并高于国家标准，可与国外同行媲美，在国内高档原料市场占有重要地位。由于实施ISO9000质量体系，企业经常针对产品质量出现的问题及客户投诉的反馈意见，由技术部、生产部、质管部及生产车间制订各项纠正和预防措施，使产品质量不断得到提高。从1999年到2003年，产品投诉次数和退货率不断下降：产品投诉次数从1999年的30次/万t下降到2003年的6次/万吨，产品退货率从1999年的30‰下降到2003年的2.8‰。

通过实施ISO9000标准，企业在发展生产的同时，重视新产品、新技术的开发应用和研究，1996年成立了由多名高级、中级专业技术骨干参加的研究所，专门负责企业的新产品研发、新技术的吸收应用等。近年来投入的项目研发经费近600万元，新产品新增的销售产值约为1300万元，取得较好的投入产出比。研究所成立以来，在各方面的共同努力下，研发出糖的相关系列产品有：咖啡糖、糖霜、精糖粉、单晶冰、粉晶糖、冰片糖、姜汁片糖、液体糖、果脯糖浆等.其中咖啡糖、冰片糖、单晶冰、精糖粉等部分产品已成功准向市场，并为企业带来一定的经济效益。围绕以顾客为中心的指导思想，为满足客户的不同需求，开发生产各种不同标准的包装规格的新产品。如百胜公司每月推出上百种餐饮新品种，为适应配合其使用需要，企业已开发生产多种标准、规格的糖产品。企业从合同评审，到新产品的开发、研制、生产、供货等各个环节，各部门相互配合，及时向客户提供满意的服务，受到客户的好评。

通过实施ISO9000标准，服务质量不断改进，产品一次合格率不断提高，退货产品大大降低，产品回溶复加工数量逐步减少，新产品不断开发，产量不断提高，糖产品的经济效益逐步增加，企业生产红棉牌白砂糖2003年被广东省评为名牌产品，2004年初又被广东省评为著名商标称号。

通过实施ISO9000标准，使该厂有一个完善的质量管理体系，增强了客户对该厂产品质量的信心。目前该厂的产品广泛应用于知名的跨国公司、三资公司和国内用糖质量较高的国有企业作原料使用，又能适用于餐饮及民用。如箭牌口香糖公司、红牛维他命饮品公司、卡夫食品、肯德基等，每个客户对企业都有一套评审标准和要求。贯标认证前，客户的评审令该厂难以应付，自从建立了ISO质量管理体系，该厂有了质量手册、程序文件、工作文件和相应的记录，对客户的评审要求，企业都能满足。该厂还能根据不同的客户的一些更具体、更细化的要求，制订整改措施，将要求写进该厂的文件、记录中，经过几年的运作，企业的质量管理体系愈趋完善。

(广东省质量技术监督局推荐)

江铃汽车股份有限公司

在技术和管理上不断创新追求卓越

江铃汽车股份有限公司是中国轻型汽车骨干企业，其母公司是国家重点支持的510户大型企业集团之一。目前主导产品有全顺、JMC轻卡、宝典皮卡、宝威多功能车四大类产品，共400多个品种。

自1996年以来，面对激烈的市场竞争，江铃始终紧跟国际标准的发展，把运用国际标准建立规范的管理体系作为提升管理水平的重要手段，以增强企业核心竞争力：

1996年、1999年公司先后通过ISO9002:1994和ISO9001:1994第三方认证；

2002年通过ISO9001:2000第三方认证；

1999年全顺系列汽车产品通过ISO14001:1996第三方认证；

2003年JMC系列汽车产品通过ISO14001:1996第三方认证；

1998年至2001年，公司所属发动机厂、铸造厂、车桥厂、车架厂先后通过QS9000:1998第三方认证；

2003年2月公司首批获得CCC认证证书；

2003年12月通过绿色环境标志第三方认证。

同时，公司通过学习和吸纳国外的先进管理理念，引进福特的管理模式，创造性地形成了具有江铃特色的一整套管理模式，包括：

(1)融会了“精益生产”精髓的江铃生产系统(JPS)；

(2)融入了ISO9000和QS9000要求的质量操作系统(QOS)；

(3)以顾客为导向、以数据为基础的6σ持续改进管理模式。

江铃通过对质量管理体系、环境管理体系、CCC、国军标、环境标志等管理模式的有效运用，在“高品质、多品种、中价位、优质服务”的经营方针指导下，技术和管理上不断创新，市场竞争能力与赢利水平不断提高，为企业带来了良好的经济效益和社会效益：

(1)公司近几年保持了产销量快速增长的势头，在国内轻卡行业排名已稳居第三位。2000年至2002年公司产销量翻番，实现利润增幅更是远大于产销增幅，成为中国汽车行业产销和经济效益增长最快的企业。“宝典”皮卡成为国内皮卡市场增长最为迅猛的生力军，在全国的市场占有率位居第一；

(2)2002年度，江铃荣获江西省质量技术监督局质量管理先进企业的称号；同时荣获福特公司全球用户满意金奖；

(3)2003年获得全国质量效益奖；

(4)2003年福特全球质量调查显示，整体质量顾客满意度上升了11%。2003年全顺车型获福特公司亚太地区唯一的“顾客满意度金奖”；

(5)2003年9月获中国质量协会和全国用户委员会授予“全国用户满意产品奖”；

(6)公司2003年开发了新产品JX6465、6545系列三菱客车。按QS9000的产品开发先期质量策划(APQP)要求，自行设计了传动系统、电器系统、进排气系统、燃油系统、冷却系统。此车型的排放、油耗、噪声、动力等各项性能指标达到国际水平，通过了福特欧洲技术中心的样车评审和福特美国技术中心的开发过程控制评审，满足了国家排放法规和市场的需求；

(7)公司自推行ISO14001后，在节能降耗方面取得了明显的效益，全顺车的单台生产，2004年比2003年同期节电160度，节水1.2t，节约用气219立方米；

(8)2002年导入了OHSAS18001职业健康与安全体系，重大、特大死亡事故0起，重大火灾、爆炸事故0起，隐患整改率>95%，事故发生率<1.5‰，环境污染事故0起，尘毒点合格率>90%。

自2003年以来，公司开始引入了汽车行业ISO/TS16949:2002质量管理体系。目前公司正在建立协调一致的ISO/TS16949/ISO14001/OHSAS18001一体化体系，使管理体系从文件化向人性化再向数字化递进，以提升企业的核心竞争力，追求卓越。经过近一年细致周密的

TS16949/ISO14001/ISO18001/JPS 一体化管理体系的策划和培训，股份公司以 ISO16949 过程方法 PDCA 为基础，以顾客导向和过程为主线、以过程绩效指标和成本管理为突破口的一体化管理取得初步成果，初步建立了职责更清晰、流程更优化、效率更高的管理系统。

近年来中国认证认可事业快速发展，江铃一贯紧跟国际管理标准的变化，积极参与认证认可工作，始终运用国内、国际上先进的管理模式，不断提升江铃的品牌形象，树立产品的信誉，使顾客满意、员工满意、社会满意。

(江铃汽车股份有限公司供稿)

贵州遵义烟叶有限责任公司

整合三项管理体系　全面提升管理水平

贵州遵义烟叶有限责任公司是由中国烟叶生产购销公司、贵州省烟草公司、武汉烟草(集团)有限公司、贵州省烟草公司遵义市分公司共同出资，1999 年 12 月 7 日由中国烟草专卖局批准成立的有限责任公司，为国内外市场提供优质片烟加工服务。

企业以质量为生命。2001 年 10 月以来，公司依据 ISO9001:2000 标准建立的质量管理体系的成功运行，极大的提高了企业的质量意识和质量管理水平。特别是通过文件化的管理体系的建立和有效运行，对提高管理的规范化和工作效率、稳定和提高产品质量、提高市场竞争力起到了积极有效的作用。实现了产品一次检验合格率大于 98%，成品水分标准偏差小于 0.5 以内，成品放行检验合格率 100%的目标。

2003 年 2 月公司依据 GB/T19001－2000(idtISO9001:2000)《质量管理体系　要求》、GB/T24001－1996(idtISO14001:1996)《环境管理体系　规范及使用指南》、GB/T28001－2001(idtOHSAS18001:1999)《职业健康安全管理体系　规范》三项标准和国家有关法律法规的要求，依据三个体系的可兼容性，把已经建立的 ISO9001:2000 质量管理体系作为主线，着手建立了质量、环境和职业健康安全整合型管理体系。2003 年 11 月 8 日公司文件化的整合型管理体系开始运行。并提请中国质量认证中心贵州评审中心进行审核认证，成为 CQC 贵州评审中心第一家提请整合型管理体系认证审核的单位。

在体系的策划、建立和运行中，公司进行了大胆的探索和尝试，并取得了一定的成效。

1、公司以“提供优质片烟加工质量和服务，不断满足客户需求；积极推行环境治理与保护，预防和消除安全危害；遵守相关法律法规及其他要求；提高全员质量、环保和职业健康安全意识；营造绿色健康安全环境，促进企业可持续发展”作为公司整合型管理体系的管理方针。通过方针的制定和在全员中的宣传贯彻，使大家深刻认识到公司建立质量、环境、职业健康安全三体系整合的管理体系的目的和意义，极大地提高了全体员工的质量、环境和职业健康安全意识，逐步实现了全员由被动接受转为主动参与。同时，管理者的管理理念也由单纯的“利润”转为以“顾客”、“环境”和“员工健康”为导向。为烟草行业在管理意识方面起到了较好的先导作用。

2、通过对一系列涉及安全、健康、产品质量、环保等法律法规及有关强制性要求的不断收集、更新和学习，提高了公司在工作中的法律意识，有效规避了因质量、环境、职业健康安全问题而产生的法律纠纷和投诉，同时也减少了环境、职业健康安全风险和费用的开支，提高了组织在立法者、顾客和公众心目中的形象。保持了无排放超标罚款记录；全年相关方投诉率为零。

3、在体系建立和运行过程中，公司通过对活动、产品或服务中的质量控制过程以及环境因素、危险源的充分识别和评价，在找出过程控制最佳途径的基础上，分析评价出企业重要的环境因素和重要危险源以及存在的主要环境和职业健康安全问题，并通过对大量信息和数据的收集分析，制定了相应的控制措施、管理目标、指标和方案，并予以有效运作、控制和管理，有效提高了组织的质量、环境和职业健康安全状况。实现了产品质量稳步提升，全年无重伤事故发生，轻伤事故比上年减少了 30%，连续两年被省级公司评为全省安全达标先进单位；因安装冷凝水回收装置及改装感应水龙头，比上年节约水费

10%；同时成为遵义市园林绿化模范城市建设的示范点，还将参加全国园林绿化模范企业的评比。

公司自1999年11月28日投产以来，以“打一片烟叶、表一份诚意、占一方市场、树一面旗帜”为经营方针，按照“务实、从严、创新、高效”的企业管理原则，不断引入国际标准，结合企业实际，大胆尝试管理体系整合，提升了科学的管理水平。

（贵州省出入境检验检疫局供稿）

云南锡业集团有限责任公司

实行质量管理体系的实践与成效

云南锡业集团有限责任公司（含云南锡业股份有限公司）是中国最大的锡生产及出口基地，其控股的云南锡业股份有限公司是国内锡行业中首家上市公司。公司具有年采矿能力370万t、选矿430万t、锡冶炼3万t的生产能力，拥有先进配套的采、选、冶生产装备和计量检测装备。主导产品《云锡牌》锡锭1979、1984、1989年连续三届获国家优质产品金奖，1992年在伦敦金属交易所(LME)注册；锡铅焊料1989年获国家同类产品中惟一的优质金奖；铅锭等13种产品分别获省、部优产品称号；上述两种主导产品及锡酸钠、生漆摇床面近几年又获云南省名牌产品称号。多年来产品内控达标率达95%以上，产品出厂合格率100%，国家质量监督抽查合格率100%，出口商检合格率100%；1986年获国家一级计量先进单位称号；1996年通过国家技术监督局ISO10012.1:1992《测量设备质量保证要求》计量检测体系确认；1999年获云南省“产品采用国际标准先进集体”称号；2000年被国家命名为无泄漏工厂，并通过国家工业污染源达标排放验收。云锡集团公司技术中心1999年被认定为省级技术中心，2000年被认定为国家级技术中心。

经过中国质量认证中心(CQC)云南评审中心评审，CQC批准，集团公司在1998年7月实现ISO9002:1994《质量体系生产、安装和服务质量保证模式》认证基础上，2001年7月又通过了ISO9001:2000《质量管理体系要求》转版换证，认证范围包括11种主要有色金属产品和化工产品：锡锭（材）、锡铅焊料、铅锭、铸造锡基轴承合金锭、锡化工产品（锡酸钠、二氧化锡、氯化亚锡、硫酸亚锡、偏锡酸、氧化亚锡、锡酸锌）等产品的生产制造和服务。

2003年集团公司内部进行了一次过程质量、产品质量审核和内部审核，并通过了CQC云南评审中心的年度监审，接受了中外合资福建冠捷电子公司、上海德尔福汽车公司的第二方审核。经过第一、二、三方审核及认真扎实的工作，质量管理体系正常、有效、持续运行。在中国已加入WTO的形势下，为集团公司适应日趋剧烈的市场竞争，争创最佳经济效益奠定了坚实的基础。

通过六年来的贯标认证工作，集团公司生产经营迈上了一个新台阶，显现出良好的发展势头：生产持续增长，主要产品产量再创历史新高。2003年公司锡产品产量居国内第一，市场占有率国内第一，国际市场占10%，优质品率达99.37%，国家质量监督抽查产品42批，合格率达100%，全年出厂产品未出现质量事故。有色金属年总产量同比增长5.7%。其中锡同比增长7.79%，再创历史新高；铜精矿含铜同比增长6.73%；铅同比增长0.02%；集团公司控制的精、混中矿含锡总量占入厂总量的76%以上，创造了历史最高水平。主要技术经济指标与上年保持稳定并略有提高，锡选矿综合回收率与上年持平，铜选矿实收率同比提高0.6个百分点；锡冶炼回收率与上年同比持平；铅冶炼综合回收率同比提高0.37个百分点。通过技术攻关，消化吸收并强化创新了国外澳斯麦特炉熔炼技术，提高了澳斯麦特炉余热电站发电量，2003年与上年同比多发电1 216.56万kwh，多创经济效益135万元，整体运行效果日趋见好。产品结构调整取得了显著成效，锡化工产品年产量同比增长23.5%，锡材产品同比增长206%，成为新的经济增长点。集团公司实现年营业收入22.85亿元，利税1.65亿元，其中利润总额为2 753万元。

（云南出入境检验检疫局推荐）

优化机制　更新理念　营造良好的企业文化
——交大昆机科技股份有限公司施行质量管理体系的实践与成效

交大昆机科技股份有限公司于2002年9月13日，通过中国质量认证中心认证，其建立的质量管理体系符合标准ISO9001:2000，获得质量管理体系认证证书；通过认证的范围为：数控和手动镗床及坐标镗床，卧式和立式加工中心，铣床和仿形铣床及位移传感器的设计、开发、生产和服务。

为进一步提高质量管理水平和产品质量，满足顾客需求，公司依据GB/T19001-2000(idtISO9001:2000)《质量管理体系　要求》标准，结合公司管理特点，建立了公司的质量管理体系。

2002年，在条件成熟的情况下，公司向中国质量认证中心申请取证。通过中国质量认证中心严格的审核后，公司顺利取得了质量管理体系认证证书。

回顾交大昆机走过的历程，有以下几点体会：

一、全员参与，人人有责，优化激励机制，营造公平、公正的竞争环境。在激烈的市场竞争中，公司积极稳妥地推进三项制度改革，先后出台了《经济实体经济责任目标管理办法》、《管理部门薪酬管理办法》、《管理部门员工竞争上岗管理办法》、《质量奖赔办法》、《关于重奖有突出贡献的60位员工的决定》等措施，在公司形成了“千斤重担千人挑，公司目标人人担”的压力传导机制；干部能上能下，员工能进能出的用人、用工机制和以绩定酬，动态考核、能增能减的分配机制，使公司的分配制度、用工制度和用人制度向市场化靠拢，激活了员工奋发向上的精神，形成人人争先，奋发工作的局面。

二、将信誉第一、用户至上的理念融入企业各个环节，塑造形象，开拓市场，提高企业核心竞争力。企业最大的财富是信誉。就企业而言，诚信的第一品质在于生产出让顾客满意的产品。将“信誉第一、用户至上”的理念融入到企业管理的各个环节，保证设备质量，遵守对用户的承诺。公司在生产经营上提出精细管理，贯彻用户至上的原则，提出下工序是上工序的用户，要求员工从我做起，科研人员要根据市场需求为用户开发满意的产品，及时对产品更新换代；质检人员对产品质量严格把关，杜绝不合格产品出厂；一线工人为生产优质产品精心操作。让员工清醒地认识到，随着科学技术的飞速发展，竞争将无所不在。因此，公司着力提高产品附加值和用户附加利益，形成以诚信为标志的核心营销能力，变补救型的售后服务为增值型的全程服务，将产品服务作为新型产业培育，使企业从单纯的制造商向制造型服务商转变，努力提供个性化服务，使产品服务成为企业未来利润增长点。公司长期以来狠抓质量管理，坚持“质量第一的思想”体现在公司的质量战略方针中，体现在各项规章制度之中，体现在生产经营活动之中，体现在售后服务中，体现在各项工作的考核、评比中。

三、持续稳定地改进产品质量。为保证质量体系的持续有效，自1986年以来，公司坚持由分管质量管理的总工程师主持召开每月一次的质量工作例会，会上均要检查质量管理体系运行情况对体系运行中存在问题制订纠正和预防措施，并由质量管理部门对纠正和预防措施进行跟踪和验证、考核。公司1999年至2003年还进行了6次内审和5次管理评审，通过内审和管理评审这种不断自我完善手段进行质量体系的改进，经不断完善、充实、修改质量体系文件，使体系文件更切合实际，更趋于合理，更易于操作，确保了公司质量体系的持续、有序、高效运行。

四、探索学习，实现观念创新，营造良好的企业文化。在理顺体制、激活机制、进行一系列的改革过程中，公司着力推进企业文化建设。企业文化体现的是全员的创新精神。公司大力提倡三种文化，即开放的文化、竞争的文化和创新的文化。

（云南出入境检验检疫局推荐）

中国铝业股份有限公司广西分公司

实施质量、环境、安全三大体系认证取得显著成效

中国铝业股份有限公司广西分公司（原广西平果铝业公司经中国铝业改制上市后重组而成），公司位于广西壮族自治区平果县境内，是集矿山开采，氧化铝、电解铝生产于一体的国有特大型铝冶炼企业，是国内生产技术最先进的现代化铝工业生产基地之一。公司一期工程于1995年建成全面投产，氧化铝二期工程于2003年6月建成投产，一、二期工程总投资61.8亿元。现公司生产规模已达：年产铝矿185万t，氧化铝85万t，电解铝13.5万吨及相应的配套工程，2003年完成工业总产值30多亿元，上缴利税9.8多亿元。

公司先后于1997年在国内铝行业率先通过ISO9002:1994质量保证体系认证（2003年又通过ISO9001:2000质量管理体系换版认证）；1998年通过ISO10012计量检测体系认证；1999年通过ISO14001环境管理体系认证；并进而着手进行OHSAS职业健康安全管理体系认证工作，促使质量、环境、安全三大体系整合为一体。认证后，公司为巩固、维护、深化贯标成果采取了一系列有力的措施，确保公司质量、环境、计量体系持续有效、高效运行。

贯彻ISO标准的主要做法

1、领导重视。体现在：公司领导在各种场合经常强调贯彻ISO标准的重要性，使公司上下对贯彻ISO标准保持思想统一；明确各单位一把手为贯标工作的第一责任人，有力推动了公司贯标工作落实；贯标工作作为公司各单位、部室绩效评估指标，列入单位、部室经济责任制考核的主要内容。

2、建立健全各种抽查、考核制度，以制度保证全体员工自觉遵守和严格执行体系文件的要求。公司除按ISO标准要求做好内审、监督审核、管理评审等基础工作外，每季度还有针对性地对各生产单位和职能部室的体系运行情况进行抽查，并将抽查结果纳入绩效指标的考核范围，同时各单位发动岗位员工对体系进行自查自纠，从而在制度和方法上保证贯标工作的不断提高。

3、树立体系文件的法规意识，坚持依照程序文件办事的贯标原则，确保体系文件的严肃性和权威性。

4、不断完善体系文件，树立对体系持续改进的思想，同时保证质量体系相对稳定和动态的统一。根据企业发展的需要和实际情况的变化，控制和调节企业各体系的稳定性和动态性。

贯标取得的成果

贯标认证促进了公司管理水平的提高，成为公司出成果的重要手段之一。公司自1997年开始贯标认证以来，公司的各项管理更加科学化、规范化、程序化、有效化，提高了公司的整体管理水平。主要体现在如下几个方面：

1、务实了现场管理。公司生产现场保持了“三清”即清理、清扫、清爽、“二定”即定置管理、定量管理；“一贯性”即保持管理的一贯性和长期性；各项工作紧张有序，大大提高了工作效率。

2、产品质量保证能力不断提高。各项经济技术指标、能源消耗指标、产品质量均位居中铝前列。公司生产的“右江牌”铝锭、氧化铝、氢氧化铝三大主导产品一直保持广西名牌产品的地位，其中铝锭还评为“全国用户满意产品”、“全国质量过硬放心品牌”、“中国有色金属实物质量金杯奖”，砂状氧化铝评为“广西区用户满意产品”。

3、质量管理持续创优。公司先后被授予“全国质量效益型先进企业”（4次）并获特别奖、“全国质量管理先进企业”、“全国用户满意企业”、“中国商誉最佳单位”、“全国用户满意工程先进单位”等殊荣。

4、公司生产经营良性循环，生产均衡，稳产高产；产品保持产销两旺，几年来公司连续实现库存为零，产销率100%，货款回笼100%，取得了骄人的业绩。

5、通过贯标，拓展、创新了公司成本管理的新思路。公司借鉴ISO9000质量管理体系认证的思路、方法和成功经验，建立有中国铝业广西分公司特色的成本管理体系，并取得了明显成效。公司生产成本逐年下降，主导产品铝锭、氧化铝成本均保持国内同行业最低水平。

6、公司以ISO标准的思路、方法为蓝本，深化公司的各项管理，提升公司的整体管理水平，提高了企业的竞争力。2004年，公司在贯彻ISO标准多年所取得成就的基础上，通过总结和提升，并参考当今世界流行的管理理论

“精益生产”，结合对美铝 ABS 管理体系的研究和借鉴，形成了适合广西分公司实际的 PBS（中铝广西生产经营管理系统）管理体系。PBS 体系充分体现“以人为本”、“最大限度地节约”、“不断改进，追求卓越”的管理理念，该系统还得到了美国铝业公司高层和有关专家的肯定。

（中国铝业股份有限公司广西分公司供稿）

广西桂冠电力股份有限公司

在贯标中取得质量管理和经济效益双丰收

广西桂冠电力股份有限公司创立于 1992 年 9 月，是全国第一家自筹资金建设水电站的股份制企业。公司主要从事开发建设、经营管理水电站和火电厂，目前拥有两座大、中型水电厂——大化水电厂和百龙滩水电厂，总装机容量 64.8 万千瓦。年完成售电量约为 30 亿 kw·h。目前投资控股在建工程有乐滩水电站、平班水电站和合山电厂改扩建工程。公司注册资金 6.75 亿元，截至 2003 年 12 月 31 日，公司总资产 66.78 亿元、净资产 29.07 亿元、净资产收益率 10.08%。

为了提升公司的管理水平，扩大影响力，2001 年初公司决策层决定在公司范围内贯彻、推行 ISO9001:2000 标准。2001 年 4 月 26 日公司成立了 ISO9000 族国际标准贯标认证管理委员会，2002 年 6 月，体系文件全部编写完成，并召开了文件发布会。符合 ISO9001 标准的质量管理体系文件共 143 个，其中，质量手册 1 个，程序文件 17 个，作业文件 125 个，质量记录表格 200 种，文件化的质量管理体系已经建立，为公司贯彻 ISO9001 标准奠定了坚实的基础。公司质量管理体系通过半年的试运行，于 2002 年 12 月 24 日至 26 日进行了认证审核，并顺利通过，2003 年 1 月 24 日获得了中国方圆委方圆标志认证中心颁发的质量管理体系认证证书。2003 年 11 月 5 日通过了 2003 年度监督审核。

贯标认证后一年来经济效益显著

2003 年，公司通过狠抓贯标工作和企业管理，实行资源优化和合理配置，保证人力资源、机电设备能满足管理和生产的需求。公司平时注意密切保持与顾客沟通，了解顾客的需求和期望。顾客对公司在生产、经营、服务等方面反应良好，顾客满意率为 100%。在完成生产任务方面，大化、百龙滩两电厂上网电量均创历史新高，大化水力发电总厂全年累计完成发电量 31.14 亿 kw·h（其中大化电厂 21.35 亿 kw·h，百龙滩电厂 9.79 亿 kw·h）；累计完成上网电量 30.66 亿 kw·h（其中大化电厂 21.04 亿 kw·h，百龙滩电厂 9.62 亿 kw·h），完成年度生产任务的 109.46%。公司主营业务收入约 6.773 亿元，净利润约 2.929 亿元。

在安全生产方面，全年没有发生人身伤亡事故，没有发生重大及以上的设备事故和电网事故，没有发生本企业负主要责任的重大交通事故。截至 2003 年 12 月 31 日，大化电厂连续安全运行 648 天，百龙滩电厂连续安全运行 589 天。

2003 年质量目标完成情况

广西桂冠电力股份有限公司 2003 年质量目标完成情况

<table>
<tr><th>序号</th><th colspan="3">质量目标</th><th>目标值</th><th>完成值</th></tr>
<tr><td rowspan="2">1</td><td rowspan="2">安全指标</td><td colspan="2">(1)特大事故发生率</td><td>0</td><td>0</td></tr>
<tr><td colspan="2">(2)人身、设备、质量重大责任事故发生率</td><td>0</td><td>0</td></tr>
<tr><td rowspan="2">2</td><td rowspan="2">可靠性指标</td><td colspan="2">(1)大化电厂等效可用系数定额完成率</td><td>≥105%</td><td>105.52%</td></tr>
<tr><td colspan="2">(2)百龙滩电厂等效可用系数定额完成率</td><td>≥104%</td><td>104.64%</td></tr>
<tr><td rowspan="2">3</td><td rowspan="2">电压控制</td><td>(1)大化电厂</td><td>220kv 出线母线电压</td><td>按电网调度中心要求控制</td><td>合格率 100%</td></tr>
<tr><td>(2) 百龙滩电厂</td><td>220kv 出线母线电压</td><td>按电网调度中心要求控制</td><td>合格率 100%</td></tr>
<tr><td rowspan="4">4</td><td rowspan="4">上网电量控制</td><td rowspan="2">(1) 大化电厂</td><td>a)总有功功率</td><td>按电网调度中心要求控制</td><td>合格率 100%</td></tr>
<tr><td>b)上网电量合格率</td><td>≥99.8%</td><td>100%</td></tr>
<tr><td rowspan="2">(2) 百龙滩电厂</td><td>a)总有功功率</td><td>按电网调度中心要求控制</td><td>合格率 100%</td></tr>
<tr><td>b)上网电量合格率</td><td>≥99.8%</td><td>100%</td></tr>
<tr><td>5</td><td colspan="3">顾客满意率</td><td>≥90%</td><td>100%</td></tr>
</table>

贯标以来工作成效显著，变化明显

1、公司贯标以来，各部门领导、员工充分参与贯标工作，质量意识有了较大的提高。经过一年半的实施，广大员工都认识到贯标给企业带来了生机和好处，做到管理职责分明，凡事有人管，凡事有人负责。员工观念有了较大的转变，自觉按程序办事，以标准为依据，减少互相扯皮的事情。

2、文件得到了有效的控制。各部门对文件都认真整理，分门别类存放和标识，查找方便，发放文件职责明确，改变了以前谁拟文谁发文的习惯，文件发放范围有审批，领用有签收。保证外来技术文件得到确认，且得到有效执行。

3、生产现场、仓库场地整洁，材料堆放整齐，标识清楚。从厂房、仓库看到，文明生产发生了较大的变化，厂房干净明亮，产品标识和状态标识醒目美观。尤其是大化水力发电总厂供应部，体系文件发布实施以来，对仓库清理、整理做了大量工作，对原来摆放混乱的物资、设备重新划定区域，按待验品、合格品、不合格品、废旧物资等分区堆放，标识清楚，进仓库查看一目了然，与原来相比变化很大，整个管理上了一个台阶。

4、有关质量记录得到了进一步完善。各相关部门对从事与质量有关的活动采用了标准、规范的表格记录，做到内容准确、完整齐全，相关人员签字手续完备，各部门、各岗位人员对在生产、管理各个环节上所产生的资料、记录，能够及时收集、整理、归档、保管或移交。对以前一些记录缺项，无法提供的，现在也逐步得到了补充完善。

5、各种检测设备、仪器仪表全面得到了检定。质量管理体系文件实施以前计量检测设备存在较多的问题，如对监视和测量装置不够重视，台账不健全、周检计划不全、有部分仪器仪表不按时送检，超期较多，个别使用小量程的标准表去检定大量程的工作表，用低等级的检定装置去检定高等级的仪器仪表，现场使用的部分仪表没有贴合格证标签以及有的合格证标签已过期等。通过内审后，加快了整改的步伐，存在的诸多问题一一得到了落实和纠正，改变了原来管理混乱的局面。

6、在采购方面，改变了以前采购的随意性，没有认真对供方进行选择评审，体系文件发布实施后，严格按照国家法律法规及体系文件的要求执行，符合招标条件的进行招标，不符合招标条件的，对供方或外包供方进行调查了解，收集相关资料，有关部门人员进行评审，符合要求的，建立合格供方名录。确保了采购物资的质量和外包项目的施工质量。

7、各项工作遵循 PDCA 循环的工作程序，做到有计划、实施、检查和处理。改变了以前工作无计划，处理无验证的局面，各部门的工作实行闭环运行。

质量管理体系有效性总体评价

公司自从贯标以来，在各级领导的重视和广大员工参与下，做了大量的贯标基础工作，从人力、物力和财力方面得到了保证，文件化的质量管理体系已经建立，并在企业管理和生产环节中得到了贯彻执行，质量管理体系实施前与实施后相比发生了明显的变化，人力资源、生产设备满足管理和生产上的需要，生产过程得到了有效的控制，超额完成生产任务，经济效益显著，为各股东创造了丰厚的利润，实现了年度质量目标，质量管理体系已达到了有效运行。

（广西桂冠电力股份有限公司供稿）

质量认证——企业持续发展的助推器

山西杏花村汾酒集团是全国著名的白酒生产企业，其主导产品汾酒是清香型白酒的典型代表，曾于 1915 年荣获巴拿马万国博览会甲等金质大奖，是中国老四大名酒之一，并多次荣获国优名酒称号，竹叶青酒以其独特的生产工艺配方和“色、香、味”三绝而闻名海内外，1987 年荣获法国巴黎国际酒类展评会金奖第一名。注册商标“杏花村”于 1997 年荣获国家驰名商标称号。

“借问酒家何处有，牧童遥指杏花村”，汾酒历经千年而不衰，靠的就是出色的品质。公司历来非常重视产品质量管理，特别是上世纪 80 年代以来，更是率先导入质量认证，将其作为促进全面质量管理工作的重中之重来贯彻、实施。经过不懈努力，1988 年汾酒、竹叶青酒系列主导产品在白酒行业首批通过“中国方圆标志认证委员会”组织的国家级产品质量认证，取得方圆合格认证标志。1999 年，公司开展了 ISO9001:1994 质量体系认证，2000 年 2 月获得了中国方圆委员会颁发的“质量体系认证书”，同年 12 月获得了中国进出口认证中心颁发的“质量体系认证书”，并于 2003 年 4 月成功实现了向 2000 版标准的转换。2003 年，将质量体系的覆盖范围扩大到集团公司生产的白酒、果酒、露酒、葡萄酒及印刷制品等系列产品的设计、开发、生产、服务全过程，并顺利通过了中国方圆委的现场审核。

认证保证了汾酒一贯的卓越品质。多年来，汾酒人在不断探索传统工艺与现代管理技术的有机结合。质量认证提供了一个极好的结合点，通过引入质量认证，全面质量管理的思想得以深入人心，全方位提升了质量管理水平，从材料进厂、酿造到成品出厂整个过程中，实现了层层标准化把关，保证了汾酒、竹叶青酒的各项感官、理化、卫生指标100%符合国家标准，汾酒"入口绵、落喉甜、回味久长"的传统特色得到发扬光大。企业生产规模不断扩大，汾酒仍保持了一贯的卓越品质。

认证促进了科技和管理的创新。质量认证是个新事物，在导入全面质量管理的过程中，出现了一些新情况、新问题，激发了广大职工为企业发展献计献策的热情，从客观上有力地促进了科技和管理的创新。如技术部门根据企业实际情况，不断研究总结，创造制定了《生产过程控制总图和控制参数》，将生产过程细划分为53个过程，设置参数105个，后又细划为69个过程，125个控制参数，从而使生产酿造过程中的关键、重要的生产要素得到严格控制。几年来，全员参与的质量管理小组，在实践中不断摸索总结，共获得省部级以上优秀QC成果50多项，国家级优秀成果10余项，企业也多次被评为全国质量管理小组活动优秀企业。

认证推动了新产品的开发。通过认证，带动了公司各项基础工作的提高，特别是推动新产品的开发进入了良性循环发展的轨道，极大地提高了公司的核心竞争能力。近年来，公司生产规模不断扩大，产品种类不断丰富，截至2003年底，公司产品种类已达600余种，新产品在保持汾酒传统品味的同时，更加符合现代消费潮流，涌现了青花瓷汾酒、晶质老白汾酒等销售额过亿的品种，新产品赢得了新的消费群体，占领了市场，巩固了汾酒作为清香型白酒老大的地位。

认证促进了经济效益、社会效益的同步提高。通过认证，夯实了公司企业质量管理的基础，保证了产品质量的稳定过硬，保证产品的推陈出新，使汾酒在激烈的市场竞争中站稳了脚跟，虽经1998年1.26假酒案的巨大冲击和2003年9.28媒体事件的负面影响，企业仍能克服危机，走出困境，稳步前进。2003年汾酒集团实现销售额12亿元，比上年增长20%。

杏花村汾酒、竹叶青酒是山西标志性名牌产品，是山西人民的骄傲，产品不仅畅销全国，还出口50多个国家和地区，在海外享有极高的知名度，为山西省经济建设和社会发展作出了一定的贡献。

（山西出入境检验检疫局推荐）

积极推行质量管理体系认证
打造中国纺机第一品牌

经纬纺织机械股份有限公司榆次分公司是直属经纬纺织机械股份有限公司的大型骨干企业。1954年投产，已有50年纺机设计和制造历史。现有员工4 500余人，占地53万平方米。配备有由高素质工程技术人员组成的产品和工艺开发系统，并拥有完备、先进的加工和检测设备3300余台(套)。公司具备从设计开发、生产制造先进优质纺织机械产品，到为顾客提供安装服务的全程服务能力。

公司生产天然纤维和化学纤维纺织机械产品及配备件，年总产量3 000台左右。不同品种产品国内市场占有率分别达到54%~100%，行销全国30多个省、市、自治区，并出口至海外30多个国家和地区。

公司致力于开发新产品，创名牌产品和提高产品质量，历年曾获"国家质量管理奖"、"国家一级企业"、"全国质量效益型先进企业"、"全国用户满意企业"、"中国企业最佳形象"等奖项和荣誉称号；主导产品棉纺织环锭细纱机获"全国用户满意产品"称号；自1985年成功开发的逾三十项新产品中有15项分别获国家、陕西省、原中国纺织总会，及中国纺织机械工业总公司颁发的奖项。

2003年公司实现销售收入14.28亿元，同比增长39.34%，实现利润总额5 539万元，同比增长0.18%，完成出口交货值2.18亿元，同比增长41.97%。

通过GB/T19001-2000标准换版认证，
企业基础管理水平稳步提高

在1996年通过贯标认证的基础上，2003年公司通过了中国质量认证中心的GB/T19001-2000标准的贯标换版认证，产品质量、服务质量稳步提高。全年共完成质量改进计划60余项，PK6热箱的外观质量明显提高；FA506、P1520细纱机和F1268精梳机通过国家监督抽查，合格率达100%；细纱机、FK6弹力丝机、F1268精梳机的可靠性、稳定性进一步提高；群众性质量管理活动成绩喜人，精大件厂技术室QC小组、电热厂电镀五组QC小组获全国优秀QC小组称号，技术部计算机室QC小组等5个小组分获纺织行业、山西省优秀QC小组称号；F1520细纱机获中国纺织集团科技进步三等奖；F1268精梳机获山西省标志性名牌产品称号；JW牌细纱机、精梳机两个产品被评为全国用户满意产品；公司被评为山西省质量信誉AAA级企业。

加强班组建设和现场管理，现场面貌明显改观

2003年，公司继续推进"5S"管理，注重职工良好工作习惯的养成，积极开展"向陋习宣战，与文明携手"等宣传教育活动，加大对生产现场环境改善的投资，加强现场管理的监督和检查，加大现场管理违章处罚的力度，现场面貌明显改观。同时，以"四自"建设为主，深入开展班组建设达标活动，促进了班组管理水平的提高。

营销和服务水平明显提高，
经纬品牌的市场影响力进一步提升

面对日趋加剧的纺织市场竞争形势，2003年，公司以国内、国际两个市场为导向，以用户为关注焦点，进一步规范和完善了营销服务工作，使企业内外一体的营销网络规范运行。同时，加强重点市场区域和各地重点企业客户关系的建立与维护，着力把握重要项目，并加大新市场和新领域的开发力度，使年度销售收入、出口交货值、货款回收各项指标均创历史最高水平。同时，继续倡导"顾客无小事，服务无止境"的服务理念，推出主要市场区域专人巡回服务、客户集中区域设点服务等举措，得到了用户的赞许和认可。

（经纬纺织机械股份有限公司榆次分公司质量部供稿）

精神潜化服务意　文明凝聚发展心

——无锡供电公司精神文明建设管理体系认证纪实

江苏省无锡供电公司坚持"两手抓、两手都要硬"的方针，全面加强精神文明建设工作，在总结多年来成功经验和优良传统的基础上，积极借鉴当代先进的管理思想和管理方法，在中国质量认证中心（CQC）江西评审中心（下称江西评审中心）的悉心指导与密切配合下，将ISO9000质量管理体系导入精神文明建设工作中。2003年10月，无锡供电公司精神文明建设管理体系获得了中国质量认证中心颁发的ISO9001:2000认证证书，提高了企业精神文明建设的针对性、规范性和实效性，为公司的改革、发展、稳定提供了强大的精神动力和智力支持。

精神文明体系建设管理体系认证的由来

无锡供电公司多年来通过加强精神文明建设，在增强公司的凝聚力、促进企业快速发展等方面收到了明显的成效，公司先后获得了全国"五一劳动奖"、江苏省文明单位标兵、江苏省文明行业、国电公司双文明单位等荣誉称号。但是，随着地方经济的高速发展、企业规模日益壮大、职工生活水平不断提高，企业精神文明建设出现了许多新情况，面临许多新问题。公司地处经济较发达的长江三角洲区域，人们的思想比较活跃，特别是市场经济意识强烈，在电力供需缺口巨大的情况下，能否搞好服务工作、如何解决新形势下精神文明建设与物质文明建设的"两张皮"现象，实现两者的齐头并进，是公司党政领导高度重视并努力探索的一个重要问题。

2001年，无锡供电公司行政管理通过了ISO9001:2000认证，成为全国供电系统首家通过ISO9001:2000版认证的供电企业，公司的物质文明建设迈上了一个新台阶。在推行ISO9000质量体系的过程中，公司党政领导感到这一体系非常科学，萌发了将这一体系导入精神文明建设工作中的设想。在江西评审中心的配合指导下，无锡供电公司根据本公司的实际，汲取党建管理体系、服务行业管理体系、软件编制管理体系等多种管理体系的优点，博采众长，推陈出新，在全国率先建立了精神文明建设管理体系。

无锡供电公司下辖2个供电局、公司本部有23个部室、9个直属单位和一批多种经营企业，在职职工3300余人。企业的精神文明建设工作由无锡供电公司党委统一领导，党委办公室、组织部、宣传部、纪委、工会、共青团委、人武部及各级党政领导在精神文明建设工作中，各自负有不同的职责。中共无锡供电公司党委下设4个基层党委、44个党支部、130个党小组，1 240余名党员。无锡供电公司精神文明建设管理体系文件，是以中共十二届六中全会的《中共中央关于社会主义精神文明建设指导方针的决议》、十四届六中全会的《中共中央关于加强社会主义精神文明建设若干重要问题的决议》(以下简称《决议》)和"三个代表"重要思想等为指导，结合形势和任务的要求，以及无锡供电公司精神文明建设的实际情况编制而成的。主要有1个《质量手册》、38个《程序文件》和相应的《作业指导书》，覆盖的范围较广，包括精神文明建设的计划总结、党建工作、党风廉政建设、民主管理、工会工作、计划生育等。

体系的建立和运行

精神文明建设管理体系将产品定义为"在本公司的表现形式为通过加强精神文明建设，培养一支遵纪守法、敬业爱岗、开拓奋进的职工队伍"。产品的特殊性，决定了管理体系的构建也是与众不同的。

1、借助平台，创新模式。精神文明作为一个与物质文明对立统一的概念，在不同时期、不同国家、不同社会形态中，都有不同的内涵。我国建设的是社会主义精神文明，《决议》指出："我们进行的精神文明建设，是以经济建设为中心、坚持四项基本原则和坚持改革开放的精神文明建设，是继承发扬优良传统而又充分体现时代精神、立足本国而又面向世界的精神文明建设"。我国现阶段的社会主义精神文明建设有其特定的内容，作为国有企业的党组织，必须按照中央确定的精神文明建设的指导思想、奋斗目标和总体要求来组织实施，不能像"有形产品"那样，企业可以自行决定生产何种产品。社会主义精神文明建设工作的特定性、政治性、统一性是不容置疑的，无锡供电公司和江西评审中心在建立运行和认证精神文明建设管理体系时，都牢牢把握了这一原则和前提条件。

精神文明建设工作的内容虽然是特定的、惟一的，但建设途径和外在表现形式则不是惟一的。在精神文明建设工作中导入ISO9000质量管理体系，是为精神文明的建设构筑一个平台，借用其先进的管理方法去进一步规范精神文明建设工作管理过程，更好地为企业的物质文明建设服务，促进两个文明的协调发展。这个平台的搭建，为企业的精神文明建设创建了一个借鉴当代管理科学先进理念的全新模式。为了更好地发挥ISO9000质量管理体系的平台作用，没有生搬硬套其条款，而是从实际出发，有所取舍。如考虑到精神文明建设工作的特殊性，在符合ISO9000质量体系允许删减原则的前提下，根据实际情况，删除了"采购"、"管理和服务提供过程的确认"两个条款。

2、控制过程，一以贯之。与物质文明建设相对而言，精神文明建设的性质总体是比较"虚"的，但同样存在一个过程。无锡供电公司在精神文明建设工作中导入ISO9000质量管理体系，也遵循了过程控制的原则，将有关精神文明建设的各项活动都纳入了严格的过程控制，每一项活动都有严格、规范的控制程序，按照5W1H(做什么-WHAT、为什么做-WHY、谁来做-WHO、何时做-WHEN、在哪里做-WHERE、怎么做-HOW)要求进行，每一项活动过程均采取PDCA（P:PLAN-计划、D:DO-做、C:CHECK-检查、A:ACTION-提高）控制，从计划、实施、检查、处理、反馈及持续改进，实现了闭环管理和过程控制。

精神文明建设管理体系以过程方法为主线，将有关精神文明建设的法规、制度、任务与要求等串联起来，形成一个有机的统一体，通过PDCA的闭环管理，使精神文明建设的各项活动都有计划安排、有组织实施、有检查考核，对查出的问题还要认真分析原因，及时制定纠正措施加以改进，一环紧扣一环，有始有终，从而确保精神文明建设工作取得实效。如对公司中层领导干部的管理，通过建立《中层领导干部管理控制程序》，明确了公司党委、党委各部门、基层党组织的职责，以及对中层领导干部的任免、考察、诫勉、交流、回避、培训、后备干部管理、重大事项报告等工作规程，将党的干部制度和相关程序等几十个法规文件有效地组织在一起，形成一个系统的管理机制，并通过《记录控制程序》，促进和证明对中层领导干部的管理符合规定的要求，从而把干部队伍的建设任务落到了实处。

3、虚实结合，相互渗透。为使精神文明建设的过程控制效果与物质文明建设一样，精神文明建设管理体系通过"虚实结合"、"化虚为实"等方法，明确精神文明建设工作的各项标准、要求和所要收到的成效等：一是将质量目标具体化，由于精神文明建设工作的内容非常广泛，精神文明建设管理体系共提出了13项质量目标，其中2项总体目标，11项具体目标，如"无党员班组每年递减10%"、

"职工合理化建议人均 0.5 条，处置率 100%"等质量目标都是具体明确的。二是将工作程序具体化，每个控制程序中都明确了相关部门的职责、工作内容、工作步骤、顺序、时限、形式和标准等，如《职工思想动态分析控制程序》，对党委及工会、人保部等相关部门的职责、职工思想动态分析的内容、次数、调研形式、时限要求和处置措施等都予以明确规定，从而使公司党委能够及时把握职工思想动态，有的放矢，采取措施，将影响发展的不稳定因素消灭在萌芽状态。三是将主要工作程序细化，精神文明建设涉及面广，往往一项工作涉及精神文明建设的诸多内容，如民主管理是职工参与企业管理、行使民主权利的重要活动，但民主管理的途径、方式较多，《民主管理控制程序》主要细化了"职工代表大会"这一职工参与民主管理主要方式的程序，而"集体合同签订"、"企务公开"等相关内容则在其他的控制程序中规定，因此整个体系文件有主有次，相互支持，既简洁明了，又包罗万象。

取得了实效

无锡供电公司建立并运行精神文明建设管理体系，对于做好新形势下的思想政治工作，提高管理和服务水平，促进物质文明和精神文明的协调发展等方面发挥了重要作用。

一是增强了精神文明建设的规范性、针对性和实效性。由于精神文明建设管理体系采取过程控制，每项工作都有严格、规范的操作程序，实行定性与定量考核相结合的办法，真正做到了凡事有章可循、有据可查、职责明确、监督到位，尤其是许多工作有明确的目标，清晰的操作过程，不仅避免了因工作交叉而产生的推诿扯皮现象，而且使新上岗的工作人员能够通过程序文件，迅速掌握工作的主要内容、具体过程和目标要求等，使工作的正常开展不会因为人员的流动而受到影响，实现了精神文明建设管理的规范化、科学化和标准化，因而效果明显。

二是提升了服务水平。"以顾客为关注焦点"是ISO9000 质量体系的一个重要原则，精神文明建设管理体系的建立，"以顾客为关注焦点"的理念得到进一步确立，这一理念已成为在整个体系中承担各种职责的工作人员的共同目标，通过按照标准建立包括服务设施、服务技术、服务项目、服务内容等在内的一套系统、完整、规范的服务体系，以满足职工的各类需求。在强化内部服务的同时，通过掌握职工思想动态和多种形式的文明创建活动，提高公司的凝聚力，把全体员工的思想统一到为企业和社会提供优质服务上来，统一到促进公司的快速发展上来。

三是实现了两个文明的同步协调发展。由于精神文明建设所具有的"贯穿在经济和社会生活的各个方面"的特点，所以精神文明建设管理体系始终围绕公司的经营发展来进行，围绕与公司物质文明的协调发展来进行。精神文明建设管理体系的质量方针是"育人为本、创新争先、围绕中心、提供保证"，13 项质量目标中的两项总体目标分别是"保证公司生产经营任务的全面完成"和"保证公司改革发展的各项决策顺利贯彻实施"，都明确提出了精神文明建设管理体系的保证和服务作用。在具体运行过程中，无锡供电公司在每年初签订双文明综合承包责任书时，都是将精神文明建设工作与生产经营指标一同下达、年终一同检查考评，双文明建设的一些重大问题，公司党政领导班子共同研究，共同组织实施，从而较好地解决了两个文明建设"两张皮"的问题，实现了两个文明建设齐头并进、协调发展。

四是把以人为本的方针落到了实处。精神文明建设工作的关键在人，是一项"依靠人、为了人、塑造人"的工作，《决议》指出："各项精神文明创建活动，都要同解决人民群众普遍关心的实际问题，同促进经济发展和社会进步紧密结合，持之以恒，务求实效，使群众在参与中受到教育，在实践中得到提高"。精神文明建设管理体系通过《民主管理控制程序》等较好地解决了"依靠人"的问题，通过《职工思想动态分析控制程序》、《劳动权益保护控制程序》等较好地解决了"为了人"的问题，通过《企业文化建设控制程序》、《员工学校控制程序》等较好地解决了"塑造人"的问题，从而在公司内营造了团结和谐、健康向上的人文环境，培养了大批敬业爱岗、开拓有为的"四有"新人，为公司的可持续发展积蓄了源源不断的精神能量。

精神文明建设管理体系的导入，充分调动了无锡供电公司全体员工的积极性，进一步凝聚了发展的力量和智慧，进一步促进了作风建设，强化了服务意识，提高了服务水平和服务效率，使公司保持着健康、快速、协调发展的良好势头。2003 年，完成售电量 206.72kw·h，同比增长 26.81%；电力销售收入 90.64 亿元，同比增长 25.68%；线损率 5.24%，同比下降 0.02 个百分点；供电可靠率 99.991%。在 2003 年无锡地区电力供需缺口巨大、每月拉闸限电上百次的情况下，公司仍以优质高效的服务赢得了企业和社会各界的理解和好评。2003 年，无锡市消费者协会对 16 个部门的服务情况进行了一次随机调查，无锡供电公司获得了第一名，树立了良好的社会形象。

（CQC 江西评审中心推荐）

HACCP 认证促进深圳地区食品企业安全卫生管理水平提高

2003 年 3 月，国家认监委注册部领导来深圳考察第一家申请中国检验认证集团质量认证有限公司(CCIC) HACCP 认证企业的现场认证情况，在严格的两阶段审核和严谨的整改之后，宝安区观兰梅屋食品厂正式获得了 CCIC 在深圳地区颁发的第一张 HACCP 食品安全认证证书。之后至今，相继又有深圳中粮大昌食品有限公司、深圳千生食品有限公司、深圳南顺油脂有限公司、深圳市宏大速冻食品有限公司、深圳东鹏饮料实业有限公司等企业获得了 CCIC 的 HACCP 认证，深圳喜上喜实业有限公司、景联食品(深圳)有限公司、天厨食品(深圳)有限公司、深圳市博广天兴食品有限公司、深圳永祥食品加工厂等企业已经与 CCIC 签订了 HACCP 认证合同，目前均已进入到紧张的认证准备阶段。

综合以上企业的特点，涵盖了肉制品、水产品、罐头、饮料、速冻调理食品、食用油脂、调味品等多种专业，涉及的食品安全问题更是多种多样，但是借着 CCIC 的专业人员队伍，所提供的服务均能达到较高的企业满意度。取得这样的效果是跟 CCIC 过硬的专业素质分不开的，CCIC 的专业审核员通过审核活动发现问题解决问题也为企业切实提高了其食品安全管理水平。

CCIC 也一直致力于持续性的客户服务工作，既有日常的电话拜访，又有不定期的培训服务，不断了解最新企业动态，帮助企业提高食品安全管理水平。在获得了 CCIC 的认证服务及持续性的客户服务后，这些企业的食品安全管理水平的提高呈现了各自的特色。

宝安区观兰梅屋食品厂是一家日资食品生产企业，主要向日本本土市场提供其民族传统的盐渍调味梅制品。在审核过程中，CCIC 审核组通过专业的分析后一致认为因其产品具有低酸、高盐度的特点，微生物危害可能性较小，而原料青梅作为农产品，其农药残留带来的危害是第一位的。企业通过这次认证也更加清晰了这一点，建立和完善了一套切合企业实际并行之有效的农药残留控制方案，包括与供应商合作投资建设专用果园、每年一次收获季节的原产地农药使用情况调查、每季抽样送日本专业实验室做农残检测、每批来料须供应商提供检验报告及未使用违禁农药的保证函等多项系统化的措施，体系运行至今从未出现过农残超标或使用违禁农药的食品安全问题。

深圳中粮大昌食品有限公司主要隶属于香港大昌行，产品主要供应香港大昌超市，产品品种较多，在获得认证前生产的产品包括水产品、肉制品(生、熟)、软罐头、硬罐头、调理食品、粽子、新鲜蔬菜、小食品(如：炸花生米等)等类别。该企业认证前最突出的问题就是车间布局不合理，功能区划分不能满足多种类产品生产的要求，交叉污染隐患严重，虽然卫生主管机构也多次指出相同的问题，但因涉及的工作量较大且会影响正常生产，一直未能将改造事宜付诸实施。而借着 HACCP 认证的机会，企业对车间进行了有规划、系统性的改造，并根据现场认证时审核组提出的问题点做出了进一步的完善。目前企业的硬件设施完全符合同时生产肉制品、水产品、调理食品、罐头食品的卫生条件，卫生监管部门也对其改造效果做出了充分的肯定。该企业通过认证过程的另一大收获就是建立了行之有效的产品追溯、回收制度，该制度保证从原料采购、生产步骤、仓储、出货各环节的衔接具备有效的记录形式，确保追溯均能达到引起问题的源头。这一制度目前已经成为该企业分析问题和解决问题的重要工具。

深圳千生食品有限公司获得认证前缺乏必要的热杀菌监控系统，一直靠经验控制。通过 HACCP 认证过程，企业对设备进行了改造，使得杀菌效果做到了有据可查和有效保障。而且该企业管理层也通过认证过程充分意识到了基础设施设备对食品安全保证的重要性，目前正积极筹备对生产设备的全面更新换代，以使得生产效率和产品安全保证提高到更高的层次。

最可贵的是不论哪一家获证企业，比较认证前和认证后，不单是生产现场的食品安全卫生控制得到了明显的提高，更重要的是从业人员的食品安全卫生意识得到了全面的提升，企业具备了自我持续提高的机制和能力，步入了良性循环的过程。

作为 CCIC 的食品安全工作者，看到这些企业通过 HACCP 认证后在食品安全卫生控制方面所取得的成效，看到能够为中国的食品安全事业奉献出自己的一份力量，感到由衷的自豪。

（中国检验认证集团质量认证有限公司供稿）

强化认证工作　促进茶叶产业健康发展

武义县地处浙江中部，总人口33万，面积1 577平方公里，其中耕地面积23万亩，生态公益林54.6万亩，森林覆盖率72%。由于全县山多地少，适宜茶叶生产，在20世纪60年代70年代大力发展茶叶生产，茶园面积历史最高达10万亩，成为浙江省重要的茶叶生产大县，茶叶也是全县重要的农业产业。进入20世纪80年代，由于中国茶叶产业结构的变化，大宗茶产品滞销，加之出口受阻，以生产大宗茶为主的武义茶叶企业举步维艰，茶叶生产没有效益，茶叶产业进入衰退阶段，全县近万亩茶园失管，逐渐抛荒，沦为荒芜或半荒芜茶园。根据茶叶产业在新的发展时期的变化，县委县政府积极寻求对策，在中国农业科学院茶叶研究所有关专家的帮助下，跟踪世界农业发展动态，提出了“抓好名优茶，积极发展有机茶，普及无公害茶”的茶叶生产工作思路。利用武义优越的生态环境，大量抛荒茶园不用农药化肥这一特点，首先在金山茶叶公司生产有机茶。金山茶叶公司1997年获得有机食品认证，成为中国第2家有机茶生产企业，产品通过互联网销售到欧美等国，效益比常规茶叶高出50%。金山茶业茶叶有限公司的成功，增强了武义县委和县政府开发有机茶的决心，全县上下统一思想认识，齐心协力推进有机茶建设，成为浙江省实施“有机茶工程”的试点县之一。

全县上下经过7年的努力，提高了武义有机茶的知名度，促进了武义名优茶的快速发展。2003年名优茶产量为1 800t，产值1.35亿元，占全县茶叶总产值的81%，实现了茶叶产业结构优化调整，农民收入显著提高，企业效益明显增加。2003年，全县有16家企业获得杭州中农质量认证中心和其他机构有机茶认证，有机茶园面积已达14 197亩，被命名为“中国有机茶之乡”。有机茶的发展也推动了无公害茶生产技术的进步，全县已有13家企业、40 000亩茶园获得了浙江省无公害农产品基地认定，无公害茶叶产量达到2 940t，产值达到7 900万元，两家企业获得浙江省级绿色农产品认证，一家企业获得农业部茶叶质量监督测试中心无公害放心茶称号。2003年武义县茶叶产值1.65亿元，是1996年的5.16倍，其面积、产量、产值均居金华市首位；全县茶叶产值占种植业总产值的30.8%，茶叶已成为武义县农业和农村经济的支柱产业。

认证促进了茶叶产业结构的调整

武义县地势西南高峻，向东偏北倾斜，中部高丘、低山隆起，并有武义、宣平两个盆地。茶园分布在海拔800米到300米的山区、丘陵和盆地。从全县地理环境和生态环境考察，山区和丘陵茶园适合有机茶生产，盆地茶园宜于无公害茶生产。山区和丘陵地区生产的“武阳春雨”系列名茶，经过有机认证后，成为浙江省名牌产品，其产品受到上海、北京、山西、广东、天津、山东等省市消费者的喜爱，一些产品还出口到美国、日本、韩国等国家。武义县自1997年开展有机茶认证以来，累计生产有机茶1 952t，产值9 640万元，成为浙江省乃至全国最大的有机茶生产县。2003年有机茶认证面积14 197亩，产量544t，产值3 300万元，其中出口有机茶235t。有机茶园面积占全县茶园总面积的13.5%，有机茶产值占茶叶总产值的20%。通过有机茶的开发，提高了全县茶农的环境意识、安全意识和质量意识。同时，也加快了全县无公害茶生产的步伐，无公害茶叶产量达到2 940t。由于有机茶、无公害茶的快速发展，吸引了外地企业进驻武义投资设厂，全县拥有的国内最先进的8条蒸青茶生产线，2003年生产出口日本蒸青茶450t。为了提高有机茶园和无公害茶园生产效益，武义县还开发了边销茶的生产。边销茶原料以修剪枝条为主，加工成边疆人民日常生活的必需品。武义县茶叶产业通过有机认证和无公害认证，已生产出有机名优茶、有机出口茶、无公害出口茶、无公害内销茶和无公害边销茶多个品种的产品，构筑了高、中、低不同的产品层次；充分利用茶树资源，高档原料生产名优茶、中档原料生产出口茶、低档原料生产边销茶，全面发挥了茶树的经济价值；销售方式上有内销、外销和边销三者共存，化解了单一市场风险。浙江省经济作物局和茶叶产业协会认为武义县是产业结构最为合理的茶叶县。

认证提高了全县茶叶的整体质量水平

有机茶基地要获得认证，茶园就要远离污染源，生态条件要好，在生产过程中不使用任何化学合成农药，从根本消除了茶叶中的农残问题。有机茶认证要求不使用化肥，为了保持茶叶产量，有机茶园大量使用有机肥、无害化处理的农家肥以及绿肥，茶园有机质、微生物活性提高、营养更加合理、全面，茶树长势健壮，有机茶外形、香气和滋味更好。要使用有机茶标志，茶叶加工厂必须获得认证。由于认证对加工厂的环境、厂房、设备和人员有一定的要求，促使全县80%的茶叶加工厂进行了改造和更新。在强化有机茶认证期间，按有机茶加工标准新建改建加工厂10 000m²，改造和更新加工设备400台套，配备了相应卫生设施，基本上改变了茶叶加工厂卫生落后面貌，降低了加工过程中重金属的污染，全面提高了茶叶的卫生水平。有机茶认证要求对生产和加工过程进行全程质量控制，由于产品具有可追溯性，提高了茶农按标准生产的自觉性，使茶叶产品质量基本稳定。全县通过有机茶认证，全面提高了茶叶整体的质量水平，武义茶叶在浙江省以及省外具有良好的质量形象，近年来茶叶产品供不应求。

企业效益提高，农民收入增加

有机茶在有关部门的大力宣传下，以安全、优质、健康和环保的形象出现在公众面前，深受消费者的欢迎。其产品的销售价格虽然较高，但消费者对认证产品信任度较高，产品好卖，使茶园的经济效益提高，2000年至2003年，有机茶平均亩产值达到2 472元，比常规茶园亩产值1 574元高出898元，全县有机茶为农民增加收入2 877万元，受惠农民达10万人。

从事有机茶开发的企业效益也得到提高。浙江采云间茶业有限公司承包的台山300余亩茶园，原总产值仅8万元，亩产值300元；1997年进行有机茶开发与认证，2000年300亩茶园年产值达到80多万元，亩产值2 600多元，公司每年付给当地农民的劳务费就达30余万元。宣武乡大园塘茶场300亩茶园前几年经营收入不到5万元，2001年通过有机认证，2002年产值20多万元，鲜叶收购价从每公斤2.4元提高至8-16元，。2003年产值49万，使当地茶农户均增收1 000元。

提高了茶叶产业化水平

武义县有机茶认证采取以龙头企业为申报单位。全县16家有机茶生产企业集中了全县14 197亩有机茶基地。这种龙头企业+农户的有机茶生产模式，适应当前茶业发展的趋势，不仅扩大了生产规模，降低了生产成本，而且提高了抗风险能力。如武义更香茶叶有限责任公司，采用公司+基地+农户的模式，建立了5 000余亩有机茶基地，茶园辐射到全县11个乡镇、2 873户茶农，2002年生产有机茶20t，实现产值1 500万元，2003年生产有机茶35t，产值2 300万元，更香有机茶产品在市场上供不应求。北京更香茶叶有限公司利用武义基地生产的有机茶在北京等地销售，使企业迅速发展壮大，成为国内茶叶界后起之秀。金山茶业有限公司采用公司+基地的方式，拥有有机茶基地3 000多亩，年产值500万元，并获得茶叶自营进出口权。全县有机茶认证企业产值均超过100万元，其中超二万元的企业2家，获无公害认证企业13家，年产值超千万元的企业4家。全县茶叶加工基本上集中到龙头企业手中，茶农主要以种植茶园为主，鲜叶投售给合作的龙头企业，龙头企业主要从事管理、加工和销售工作。全县茶叶生产分工趋向合理，产业化水平不断提高。

突破国外设置的技术壁垒

近年来欧盟不断提高茶叶农药残留标准，遏制中国茶叶出口。2002年蒸青茶出口日本受到来自日本政府的阻力，产生严重的积压现象。然而，采用有机茶原料生产的有机蒸青茶却销售一空，有的企业由于原料不足，甚至完不成生产订单。2003年武义县有机茶出口235吨，创历史最高水平。有机茶打破了国外在技术上设置的壁垒，出口茶成为武义县茶叶经济的重要组成部分。

保护生态环境，推动新经济发展

通过有机茶认证，不仅发挥了茶叶产业的经济效益，而且使武义县的生态环境进一步得到改善。武义县利用有机茶生产产生的环境和生态效益，正在将武义县建设成为生态旅游县。已推出的郭洞、谒葛八卦村生态游已吸引了大量的都市旅游者。有机茶观光旅游也在着手建设，再经过几年的发展，一个以有机产品生产与生态旅游观光为特征的新武义将展现在大家面前。

重视认证工作 提高管理水平 驰骋国际大市场

龙大食品集团有限公司是农业产业化国家重点龙头企业、山东省重点企业集团，全国重要的速冻食品生产、出口基地。下辖25个合资和全资公司，拥有员工19 000人，总资产17亿元。生产各种保鲜水果、速冻蔬菜和调理食品、水产品、粮油制品、调味品、肉食制品共六大系列300多个品种，产品出口日本、韩国、新加坡、美国、英国、德国等十几个国家2002年，“LONGDA(龙大)”商标被国家工商管理总局认定为“中国驰名商标”。2003年，完成销售收入17亿元，出口创汇8 300万美元，实现利税1亿元。今年1~4月份，完成销售收入6.3亿元，出口创汇3 000万美元，实现利税3 350万元，分别比上年同期增长29.9%、30.2%和46%。

随着中国市场经济的快速发展，食品行业出口竞争日趋激烈，特别是在2002年出口食品市场风云突变的背景下，龙大集团能在国际市场竞争中站稳脚跟并取得骄人业绩，主要得益于注册、认证工作的开展。在各级检验检疫局的指导下，龙大集团以注册认证的法令、法规为准则，运用出口产品风险分析，根据企业自身的实际情况，建立了从原料种植（养殖）、加工到成品出口整个过程中的食品安全保证体系，打破了国外以药残、抗生素、添加剂为主要内容所设置的技术壁垒，不仅使龙大集团平稳地度过了一次次难关，而且使龙大集团在国际、国内同行业竞争中迅速发展、壮大。

注册、认证工作业绩回顾

龙大食品集团有限公司从1991年开始申请并通过国内卫生注册，从1995年开始申请并通过国外注册，至今已取得的注册、认证有：

1、国内注册方面：

18个工厂取得中国卫生注册；8个工厂取得中国质量认证中心ISO9001质量管理体系认证；6个工厂取得中国HACCP认证。

2、国外注册方面：

4个工厂取得日本农林水产省偶蹄类禽肉加热制品工厂注册，其中，1995年1个、1996年1个、2001年2个；1个工厂取得日本冷冻协会认证；2个工厂取得美国AIB认证；2个工厂取得输美水产品HACCP验证；1个工厂取得欧盟水产品注册；11个工厂取得美国FDA网上注册；3个工厂通过了日本农林水产省禽肉加热制品工厂注册。

通过注册认证，提高食品安全意识，获得通向国际大市场的通行证

龙大集团一向高度重视出口产品的注册认证工作。公司建立起由总经理亲自挂帅、品质保证部专项负责、各部门密切配合的注册认证管理体系。以注册认证工作开展为主线，加大公司软、硬件的改进力度，不仅使工厂布局、生产设备、车间环境发生显著变化，而且使员工的整体素质得到大幅度提高。通过注册认证工作的深入开展，逐渐形成并强化了龙大集团的综合竞争优势，为龙大集团驰骋国际大市场拿到了一张“放心的通行证”。这主要表现在：

龙大集团的注册认证工作起步早、标准高而且注册工厂全部是一次性顺利通过，国外认可机构对此大加赞赏。例如，1995年龙大集团率先申请日本偶蹄动物肉注册，又于1996年、2001年连续三个工厂通过注册。口蹄疫爆发后，中国被列在疫区范围内，因此自1995年起，没有通过偶蹄类动物肉注册的工厂禁止出口偶蹄类熟肉制品。龙大集团凭借注册认证优势抓住了市场机遇，产品源源不断地走向日本市场。

作为中国农产品加工行业的龙头企业，龙大集团曾多次代表同行业接受国外注册认证机构的调查，并每次都顺利通过，为中国农产品走向国际市场奠定了基础。例如因中国出口到日本的冷冻菠菜中检出毒死蜱，2002年8月20日本政府停止中国冷冻菠菜进口。在中国政府及CIQ的努力下，2003年2月17日，日本厚生劳动省官员到中国对冷冻菠菜的安全管理体系进行检查。龙大集团作为中国冷冻菠菜加工行业的代表进行了迎检。经过检查，日本厚生劳动省官员对龙大的安全管理体制给予了充分肯定，为2003年2月26日中国菠菜的解禁奠定了坚实的基础。

通过注册认证，提高管理水平，建立起严格的食品安全保证体系

注册、认证工作为龙大集团食品安全保证体系的建

立提供了必要条件和重要指导；同时，食品安全保证体系的建立又对注册、认证工作的深入开展起到了保障作用。二者相互作用，形成了具有龙大特色的企业管理模式。按照注册认证要求和指导建立起来的食品安全保证体系主要由三部分组成：

1、原料源头管理体系：

为解决优质农产品原料与生产加工和市场要求之间的突出矛盾，自2002年起，龙大集团按照注册认证的要求，狠抓原料源头管理体系建设。具体措施有：

蔬菜：龙大集团使用的蔬菜来自公司自控蔬菜基地。公司现有蔬菜基地6 464亩，从种植计划的安排、农资的采购、栽培管理、收获等全部由龙大集团负责管理。

猪肉：龙大集团使用的猪肉来自公司养猪场，由肉类加工厂屠宰加工，建立了从祖代猪到商品猪自繁自养的安全管理体系。其中祖代种猪场投资2 000万元、商品猪场投资1 500万元，屠宰加工厂投资6 000万元。

调辅料：所有调辅料工厂的选择由集团品质保证部按照日本食品卫生法的要求进行确认，并且每年至少实施一次评估检查。进厂的调辅料全部进行安全性检测。

2、生产加工追踪体系：

公司严格按照ISO9000、SSOP、GMP要求规范生产，并在此基础上建立运行了速冻产品的HACCP体系。

为了使加工的产品从原料栽培管理至成品加工处于可了解状态，便于危害发生时的追查与分析，将问题最小化，龙大公司制定、实施了完善的产品加工追踪体系。任何一件产品都能够通过批次号追踪管理，查清使用的原材料及原材料的管理状况。

为了让消费者感到龙大产品更加安全、放心，龙大与日本伊藤忠商事株式会社投资5 000万日元合作开发了电脑查询追踪体系。消费者只要登陆龙大网站，就可以根据所购买商品的条形码查到从原料栽培管理到成品发货的所有信息。这不仅使产品从原料到销售的整个过程处于严格控制之下，而且通过与伊藤忠等大客户的合作，大大提高了龙大自身的管理水平和在业界的声誉。

3、食品安全检测体系：

硬件建设：龙大集团检测中心总面积近600m^2，总投资1 500万人民币，其中设备投资900万元人民币，现有检测人员30人。主要设备有气相色谱仪2台、气直谱联用仪2台、酶标仪1台、凝胶渗透色谱仪1台、加速溶剂萃取机1台、过敏源检测设备1台。

检测项目：检测中心能够对农药、抗生素、添加剂、过敏源、微生物、理化等进行检测。

人员培训：为了提高检测能力，检测中心在增加检测设备与项目开发的同时，对检测人员实行在职进修，进修途径包括：中国CIQ培训、国内外聘专家培训、出国培训、专业检测机构培训、与高校和研究机构合作开发（如2004年与厦门大学合作）等。

取得资格：龙大集团检测中心一次性通过了CNAL（中国实验室国家认可委员会）的认可。

通过注册认证，提高企业竞争力，取得经济效益和社会效益双丰收

通过注册认证工作的开展，一方面使得龙大产品以其稳定、安全、优良的产品品质赢得广大客户的一致赞誉；另一方面使得龙大集团的管理水平不断提高和规范，吸引更多的客户和人才投身龙大，大大增强了企业的竞争力和发展后劲。主要表现在：

1、经济效益明显提高：

2002年以来，尽管国外以药残、抗生素、添加剂为主要内容设置了越来越苛刻的技术壁垒，龙大集团产品出口数量仍然连年大幅度提高。2003年，完成销售收入17亿元，出口创汇8 300万美元，实现利税1亿元，分别比2002年增长26.9%、13.6%和15.5%。

龙大集团产品种类得到了极大丰富、产品结构得到了良好改善。龙大集团生产各种保鲜水果、速冻蔬菜和调理食品、水产品、粮油制品、调味品、肉食制品共六大系列300多个品种。各种技术含量高、附加值大、色香味俱佳的精细调理食品占总出口量的三分之二，畅销日本、韩国、新加坡、美国、德国等国家。

龙大集团与一大批国外大客户建立起良好的合作关系并纷纷合资建厂，实现了经济利益上的双赢。龙大集团众多注册认证工厂的取得以及完善的食品安全保证体系的建立，获得了许多有实力客户的认可。11家合资建厂的客户分别来自日本、美国、瑞典、新加坡、韩国等国。其中与龙大集团合资的日本知名企业有：伊藤忠、三井物产、岩谷产业、东棉、不二制油、日本火腿等。

2、社会效益日趋显著：

吸纳了大量的农村剩余劳动力，并帮助农民增加收入。龙大集团现有职工近2万名，88%以上来自农村，人均年收入都在8 000元左右。并且，省内外为公司配套从事种植、养殖、加工以及运输等方面的劳动力，总数达到10万人以上。

公司以蔬菜加工出口为链条，形成了龙头带企业、企

业带基地、基地带加工、加工带农户的“龙”型产业体系。种植基地实行区域化、规模化发展，已经达到6万多亩，覆盖了山东、江苏、河北、河南、安徽等10个省区的70多个县市。

有力地促进了第三产业的发展，带动了周边服务业的迅速兴起。

3、人才培养速度加快：

通过注册认证工作的深入开展，借助国内外专家带来的专业指导和丰富信息，为集团培养了大量的品质管理和生产管理专业人才，形成了人员素质不断提高与注册认证工作逐步深入之间的相互促进、相互依赖的良性循环。

4、注册工厂的标杆效应突出：

一部分率先通过认证的工厂，为集团的其他工厂树立起学习的标杆。通过先进经验交流、干部轮岗指导及“比学赶帮超”活动的开展，带动全集团各工厂不断改善，大大增强了全企业的竞争力。

通过注册认证，加快发展步伐，使龙大集团的明天更加辉煌

龙大集团在注册认证法令、法规的指引下，解放思想、实干快干，走出了一条农业产业化经营的成功道路。龙大集团为了进一步与国际接轨，大力实施有机食品工业的发展规划，有机蔬菜的种植及加工已经顺利地通过了日本(JAS)和欧盟(BCS)的注册认证。同时在市场区域上重点加强对欧美和拉非市场的开发力度，设立了多个跨国分支机构，实施全球化经营。

(龙大食品集团有限公司供稿)

HACCP认证为产品保驾护航

——扬州五亭食品有限公司HACCP认证纪实

20世纪90年代，速冻技术的成熟和消费者对传统美食的需求，给淮扬菜点带来了广阔的发展空间。扬州五亭食品有限公司紧紧抓住了这一发展机遇，确立了“以现代科技促进扬州传统名特食品工业化发展”的经营思想，及时调整产品结构，于1995年研究开发了“五亭牌”系列速冻扬州包子，并实现了扬州速冻包子工业化生产。

“五亭牌”速冻包子的问世，是对扬州包子过去只能现做现卖局限性的一次重大变革，同时也给公司带来了巨大的社会效益和显著的经济效益。2003年产品远销日本、香港。现在公司已成为扬州包子产销规模最大的食品工业企业，年生产能力达4500吨。

“民族的，才是世界的”。随着中国加入世贸组织，公司于2002年初制定了“将扬州传统名特食品融入世界经济贸易”的发展战略。五亭公司深深知道，要想让包子做强做大，使五亭包子走向世界，首先必须在食品安全控制方面与国际接轨，也就是要预防和控制从“农场到餐桌”整个食品生产、加工、储存、运输和销售过程中的所有可能出现的食品安全危害。2002年下半年公司领导统一思想，决定在公司内建立和实施HACCP体系。2003年2月成立了HACCP作业小组，并在物力、财力和政策上给予全力支持。公司共投入了600多万元，新建了厂房、购置了设备，完善了HACCP计划的前提条件，建立了HACCP计划。当然，在体系建立初期，HACCP小组在工作过程中也遇到了不少困难。对蒸制工序CCP的关键限值的建立及确认就费尽周折，监控记录的表格就修订了4次。每一次修订，HACCP小组成员都查阅了大量的资料，并实施跟踪验证。包子是采用蒸箱来蒸制的，为了对该CCP的关键限值进行确认，首先要确定蒸箱的热分布是否均匀，找出冷点，其次在冷点连续检测包子的中心温度，观察在达关键限值时该冷点包子中心温度的变化，计算出该冷点处包子中心温度达到关键限值后持续的时间是否达到要求，再根据测定结果对该CCP关键限值作出评价。通过这一系列反复的活动，小组成员、工程技术人员及公司员工的食品安全意识得到了进一步增强，工作技能及团结协作的精神风貌得到了充分的展示，参与人员各方面都得到了锻炼。

体系自2003年7月开始运行以来，不断加强对体系的维护，协调计划的实施，推进体系的运行。

2004年2月，公司主动向中国检验认证集团质量认证有限公司申请进行HACCP认证。在认证过程中，审核组发现公司未对肉包蒸制工序CCP点进行致病菌检测。通过审核组的指导和公司对不符合项的整改，我们对细

菌总数、大肠菌群、致病菌的分类和检测方法有了更清晰的了解，对食品的质量、安全、卫生又有了新的认识。公司及时选派人员到上级部门进行业务学习，使他们更好地为食品安全服务。

公司通过中国检验认证集团质量认证有限公司的HACCP认证后，公司的食品安全管理工作得到了进一步加强，产品质量稳定上升，公司的知名度和诚信度大幅度提高。国内要求地区总经销的客户络绎不绝，前来洽谈的境外客户如台湾、新加坡、加拿大等国家和地区的客户也不断增加，五亨包子成功地为北京航空配餐，市政府官员也多次来公司考察，产品市场份额不断扩大。

（扬州五亨食品有限公司供稿）

腐乳飘香万里 振兴民族之葩

——绍兴咸亨食品有限公司HACCP认证纪实

水乡绍兴，自古以来人杰地灵，物产丰饶。

以生产绍兴腐乳闻名的绍兴咸亨食品有限公司，前身为绍兴咸亨酱园，创建于清乾隆年间，专业生产绍兴腐乳已有260多年历史。

2001年，公司董事长余龙生在一次偶然的机会中听到HACCP这个新理念，马上意识到这是食品工厂发展上台阶的一个重要管理手段；他当即找到当时在进出口食品检验行业中颇有名气的中国检验认证集团浙江有限公司(CCIC浙江)，咨询有关HACCP认证事宜。在公司总经理的带领下，公司上下掀起学习HACCP理论的新高潮，中国检验认证集团也派出资深培训教师多次上门授课。当时的咸亨公司，尽管刚迁新厂房，但由于还停留在传统产品的作坊式阶段，离HACCP理念的要求还非常遥远。通过HACCP的导入，公司先后投入上百万元对厂房进行大规模改造，初步具备了一个现代企业的雏形。但仅有这些还是远远不够的，作为一家百年老厂，传统的工艺操作方式深深地烙印在操作工人心中，要想改变这一切并非是一朝一夕的事。于是公司掀起第二次宣贯HACCP的热潮，尤其是加强了对一线操作员工HACCP理念的培养。长达二年的艰苦细致的工作终于迎来了丰硕的果实，2003年7月，公司顺利通过了中国检验认证集团质量认证公司（CCIC）的审核，取得了金灿灿的HACCP认证证书。

接下来发生的所有的一切似乎都是顺理成章的，HACCP证书就像是一块敲门砖，香港、日本、美国、澳大利亚等发达国家的大门依次向咸亨公司敞开，带着醇香的腐乳小方送上千千万万的海外餐馆和家庭餐桌。2003年公司年产腐乳8 000t，比2002年产值增长12.5%，销售额增长了7.5%，出口增长9.7%，过去产品中带有苍蝇或杂物的投诉奇迹般地下降为0%。公司成为绍兴市的样板食品生产工厂，当地政府管理部门组织的参观团络绎不绝；最令人高兴的是，公司顺利通过国家质检总局的原产地与产品注册考核，“咸亨”商标成为全国唯一通过考核的腐乳品牌，列入国家保护商标行列。

绍兴腐乳，这朵鲜艳的民族之葩，正重新焕发活力，吐出芬芳的气息，向世人展现它的绮丽和娇艳。

（绍兴咸亨食品有限公司供稿）

诸城外贸公司在认证注册中发展壮大

诸城外贸有限责任公司是520户国家重点企业、151户全国农业产业化重点龙头企业、全国食品工业20大杰出企业之一，在2002年中国500强企业排序中名列318位，在国家统计局对1 588家大型工业企业排序中名列194位。公司拥有2.6万名职工、60多家自属企业、23家中外合资企业，是中国肉鸡、玉米淀粉出口生产基地和饲料级黄色素出口生产基地。公司通过卫生注册的有冻鸡、熟食品、葡萄糖和食品级天然色素等产品。2003年公司实现销售收入53.2亿元，利税2.03亿元，出口创汇1.54亿美元，同比分别增长25%、13%、32%。

充分认识认证注册的重要性，加快与国际市场接轨的步伐

公司于1975年成立之初，就立足当地资源优势，搞食品加工出口。20多年来，公司在扩大产品出口，参与国际市场竞争的过程中，始终把贯彻落实卫生注册认证各项要求作为提高企业管理水平的重要措施，应当说公司发展壮大的过程，也是认证注册工作在企业不断拓展的过程。20世纪80年代初，公司建立了肉鸡一条龙生产体系。为了规范生产管理，全面提升企业档次，根据国家卫生注册规定，对厂区环境、车间卫生、工艺流程、加工设备、化验条件等进行全面改造完善，使企业迈上了一个新的台阶，成为国内禽肉加工行业最早获得卫生注册的企业之一。伴随着国外卫生注册制度的实施，公司把认证注册作为走向国际市场的突破口，1982年公司通过了日本厚生省对宰鸡车间的考核注册，公司冷冻产品顺利打入了日本市场。随着出口业务的不断扩大，公司又先后取得了意大利、南非、欧盟、韩国、瑞士、马来西亚、新加坡等国家对宰鸡车间的卫生注册，拿到了进入这些国家的“通行证”。近年来，为了突破国外技术壁垒，公司进行了结构调整，加快了附加值高、受限少的熟食品的生产力度。公司自2001年以来先后两次通过了日本农林水产省对偶蹄动物热加工车间注册，3个熟食品生产厂通过了日本农林水产省的卫生注册，还有2个熟食品厂对韩国注册。公司在加快产品卫生注册的同时，为了实现生产管理与国际接规，先后在肉鸡、包装、淀粉产业领域、6个厂通过了ISO9002质量体系、ISO14001环保体系认证，3个肉鸡宰杀厂全部通过了HACCP认证；此外，公司还通过了欧盟对宰兔车间的卫生注册。实践证明，认证注册是食品加工出口的“命根子”，也是加快企业发展的“牛鼻子”，是出口企业宝贵的“无形资产”。搞好卫生注册工作是推动企业自身快速发展的需要，也是应对当前国外技术贸易壁垒的需要。同时，也是实现生产管理与国际接轨，不断提高整体运营水平，参与国际市场竞争的需要。

强化措施，建立健全出口食品安全卫生体系

近年来，围绕认证注册工作，重点抓好如下工作。

1、加强领导，把认证注册纳入企业建设的基础性工作进行规划。公司建立了由总经理任组长，各部门主要负责人为成员的认证注册工作领导小组，确定了把认证注册作为企业基础工作的指导方针，使认证注册工作做到了统一领导、统一组织、统一规划、统一部署。定期召开会议，对国际、国内认证注册工作进行研究部署，明确标准要求，制定了注册认证目标工作计划，各部门成立了专门的工作机构，配备专职人员负责注册认证工作，定期对认证注册工作进行考评，发现问题及时纠正。加强了对职工的业务培训，使职工人人熟悉掌握认证注册的基本要求，严格按照标准规范操作，确保卫生体系有效运行。为保证认证注册工作正常有序开展，做到万无一失，公司建立了工作责任制，规定凡因工作不到位影响了认证注册和复查的部门和个人，要受到责任追究或处罚。2000年以来，公司按照认证注册计划，先后迎接了国外和国内40多次认证注册考核和复查，由于领导重视，措施有力，没有出现任何纰漏，企业整体素质明显提高。在认证注册工作中，公司还加强了与检验检疫部门的联系，及时了解和掌握国内外认证注册方面的规定和信息，结合公司实际，细化、量化认证注册标准，做到了与国际标准基本同步。2002年以来，领导小组在对过去20多年的肉鸡生产进行综合评估的基础上，对照认证注册要求和国外标准，组织编写了主要由《肉鸡生产自控管理体系》和《兽医卫生管理体系》组成的体系文件，制定了肉鸡生产加工一体化管理中各环节的质量控制标准，从而有效地促进了公司基

础工作的发展，形成了生产有标准、操作有制度、责任有落实的局面。

2、联系实际，把认证注册同企业卫生质量控制、兽医队伍、自检自控体系建设有机结合起来。公司在认证注册中，根据国家规定和国外要求，注重了与日常卫生质量管理的有机结合，特别是针对肉鸡疫病、药残的控制，采取了以下几项措施：一是加强了标准化饲养场的新建与改造。按照国质检食[2003]212 号文《出口肉禽饲养场备案的基本条件和要求》，先后投资 6 000 万元，新建与改造批次饲养 10 万只以上标准化、规模化、现代化的自属商品鸡场 53 个，并使其达到全部封闭、纵向通风、网上饲养、水线饮水和无害化处理的标准，同时出台优惠政策，帮助农民新建标准化、规模化社会合同饲养场 209 个。全公司有检验检疫局备案养殖场 76 个，提高了饲养水平，稳定了出口货源供应。二是严格用药管理。对购入的药品批批进行检测，严把进药关；在药品的领取使用上，实行处方用药管理；在用药监管上，公司建立了巡回兽医、乡镇站长、分公司经理对所辖区域的巡查、记录、上报制度，在加大对合同场户的指导力度，提高其科学饲养水平的同时，对合同养鸡户的疫病和用药以及死淘情况实施全面监控，坚决杜绝从“五统一”一体化体系之外购药购料，坚决杜绝使用违禁药物和延期停药。同时为了确保宰杀鸡源合格，公司对宰前鸡源实施了饲养场兽医、肉鸡饲养鉴定小组、宰前兽医和宰杀线挑拣四次分类，从根本上确保产品质量。三是加强疫病、药残的检测监控。先后投资 600 多万元，引进国外先进的液相、气相色谱仪和荧光 RT-PCR 等先进的检测设备和技术，建成了由药残、两毒、微生物和饲料检测四大检测室组成的中心实验室，并从大中专院校招聘检验人才 31 人。目前，中心实验室已能按进口国的要求，开展对疫病、药残、微生物的检测化验。形成了宰前由集团公司检测中心，加工过程中由宰杀厂实验室，成品由检验检疫部门实验室检测的三个层次的检测体系。四是制定并实施了《肉鸡产品标识追踪实施方案》。建立了从源头到最终产品出口的全过程产品质量追踪系统，明确了各个环节的责任，一旦某个环节产品出现问题，能及时查找、纠正，防止不合格产品流出国门。

3、强化后续管理工作，巩固认证注册成果。作为一个企业，不能为了注册而注册，通过认证注册并不是最终目的，关键是要保持企业可持续发展，不断适应国际市场新形势的需要。为此，公司加强了认证注册后续管理工作，提出要以认证注册为契机，强化后续管理，创建世界一流食品加工企业的目标。管理领导小组每年都组织内部审核工作，高标准、严要求，按照国际标准和国内要求，逐个环节、逐项内容进行检查，对发现的各类不符合项，及时反馈有关部门和人员，制定整改措施，认真进行纠偏工作，如公司三个宰杀加工厂都实施了 HACCP 管理，为保证管理体系的有效运转，我们每年两次进行内审，针对肉鸡加工环节中的质量控制要求进行危害分析，对关键控制点控制措施进行验证，着重检查各工序是否按体系要求和 GMP、SSOP 等规范进行操作，各种卫生质量控制记录是否规范完整。持续的跟踪验证和改进，确保了认证注册效果，促进企业年年都上新台阶。严格的质量管理使公司通过了多个国家和地区的卫生注册认证和复检，并得到了国外专家的一致好评。1997 年 7 月，欧盟兽医官来检查时看到公司现代化的加工厂连声说：“没想到中国有如此好的肉鸡宰杀企业。”新加坡原产局两位官员来公司考核后竖起大拇指赞叹道：“世界水平！”

认证注册为企业发展注入了生机和活力

认证注册工作在企业的开展，逐渐显示出巨大的推动作用，使企业取得了良好的经济效益和社会效益，增强了企业发展后劲，认证注册成为产品出口的“通行证”、“金钥匙”、“助推器”。

1、认证注册是产品出口的“通行证”。由于通过了多个国家和地区的卫生注册，取得进入这些国家的“通行证”，为公司建立不同产品不同市场、同一产品多个市场的多元化销售格局创造了条件。国际市场，肉鸡系列先后出口到日本、新加坡、马来西亚、文莱、中东、东欧、俄罗斯等国家与地区，使肉鸡出口国家扩大到近 30 个。2003 年，在主导市场日本对中国禽肉封关近四个月的情况下，由于公司对日本以外多个国家进行了注册，取得了进入这些市场的主动权，公司先后对其他国家出口各类冻鸡产品 8 784t，占所有出口冻品总量的 65%，同时由于公司有偶蹄类热加工企业注册代号，日本允许出口熟食品，公司抓住这一线生机，全年出口熟食品 2.1 万 t，有效地扭转了因日本市场 4 个月不能出口而受限的局面，把贸易大战带来的风险降到了最低。

2、认证注册是提高产品质量的“金钥匙”。多年来，为了加快对发达国家的产品出口，公司按照最先进国家的要求，建立现代化工厂，引进国际先进的管理模式，使卫生质量控制体系越来越科学、严格，生产水平得到了质的飞跃，以“质量求生存”的意识和“追求尽善尽美，满足顾客期望”的质量方针，已深入到每一个职工心中，使我公司出口产品质量有了可靠的保障。有一次,日本一客户对我公司下熟食品唐杨棒订单,但要求细菌总数不超过100个,这个标准连苛刻的日本客户也认为难以达到,但是通过公司对生产过程卫生条件的控制,生产出来的产品的细菌总数没有超过40个,日本客户非常吃惊,连说没想到,随后把大批订单放在了公司。2003年,在国外技术壁垒高筑的情况下,公司共出口各类肉鸡产品3.5万吨,产品无一出现问题。

3、认证注册是食品出口企业的"助推器"。近年来,通过不断加强食品卫生注册,促进了公司整个肉鸡产业的迅速发展,使企业有了发展潜力,有能力开发更多的食品工业项目,在肉鸡产业不断发展壮大的同时,公司又进军淀粉、色素、花生油等食品生产领域。目前公司围绕肉鸡、淀粉、色素、包装等主导产品形成了肉鸡良种繁育、饲料生产、产品包装、宰杀加工、熟食品生产、淀粉生产、色素提炼、热电联产等支柱产业。其中肉鸡一体化生产体系形成年产父母代种鸡250万套、商品代雏鸡1亿只、饲料50万t、加工冻鸡15万t、分割出口4万t、加工熟食品8万t的规模,是全国最大的肉鸡出口生产基地之一;玉米淀粉年产能力120万t,居全国同行业前列;色素提炼形成年加工天然色素3亿g的能力,产销量已达世界贸易总量的50%,带动基地30万亩,是全球最大的饲料级天然黄色素出口生产基地。

(山东诸城外贸有限责任公司供稿)

昆明卷烟厂在贯标认证中提升企业文化内涵

昆明卷烟厂创建于1922年,已有80多年历史,是国一家大型企业,生产设备具备国际先进水平,有充裕的优质原料基地,创有"云烟"、"香格里拉"、"红山茶"、"茶花"、"大重九"、"春城"等深受消费者喜爱的名优品牌。

1996年昆烟在云南烟草企业中率先推行ISO9000标准,1997年8月通过体系认证,2000年9月通过第一次复评,2003年9月第二次复评时完成2000版标准转换。昆烟质量管理体系的建立和运行,奠定了企业坚实的质量管理基础,形成了企业文化的核心——制度文化的重要部分。近年,昆烟产品质量得到稳步提高,品牌竞争力和企业形象进一步提升,经济效益增长显著,贯标认证实效日渐突出。

构建了以ISO9000标准为基础的质量控制及保障体系

以ISO9000标准为框架,企业将质量形成的整个过程——市场调研、产品开发、原辅料采购、生产过程控制、产品检验、不合格品控制、市场服务、改进等工作,在原有基础上按标准的要求加以规范和提升,以5W1H的形式文件化、程序化,建立了企业《质量手册》、《程序文件》及三层文件,规范了相关质量记录。

通过体系文件的执行,各项工作内容、流程得以理顺,形成了"处处有标准、事事有程序、人人讲规范"的制度化管理秩序,为企业的质量控制及保障提供了管理平台。通过质量管理体系的持续有效运行,全员质量意识不断提高、培养起了"预防为主"的工作思想。

组织结构进一步整合和优化质量管理工作进一步理顺和规范

根据发展需求、市场变化,结合标准要求,企业适时进行组织机构调整,进一步优化了组织结构、管理层次;通过工作职责、岗位职责的完善,以及《质量手册》、《程序文件》、各类管理规定、操作规程、作业指导等三层文件对具体职责的不断优化,各部门、各级人员职责更加明确、接口更加清晰,避免了职责空档、交叉、错位等现象。通过日常检查、内审、外审、管理评审这些自我完善、自我监督的机制,质量管理体系持久运行,并持续改进提高,不断与标准要求靠拢、不断与企业实际结合,企业质量管理工作不断规范,管理流程不断优化。

形成了具有昆烟特色的质量管理文化

多年的贯标工作中,昆烟以体系认证为基点,遵循ISO9000标准"以顾客为关注焦点、领导作用、全员参与、过程方法、管理的系统方法、持续改进、基于事实的决策方法、与供方互利的关系"的八项质量管理原则,不断改进提高,企业质量管理理念从保证产品质量逐渐向追求顾客满意的层面升华,形成了具有昆烟特色的质量管理文化。

面对激烈的市场竞争，昆烟树立危机意识，打造学习型企业，提出了“全员营销”的思想观念，贯彻“严、细、实”的工作要求，在生产过程中，坚持“消费者满意的产品才是合格产品”的质量观，追求质量“零缺陷”，推行“精细加工”和“精确控制”理念，逐步实现由指标控制转向参数控制、由结果控制转向过程控制，以全员全过程的工作质量保证最终产品质量，满足并超越顾客的要求。

产品质量稳步提高，效益显著

在高标准、严控制下，产品质量稳步提高，质量事故和消费者投诉逐年下降，在市场抽检、行检、商检中合格率连年保持 100%。过硬的产品质量维护和提升了我们品牌的形象、企业的形象。

“云烟”、“红山茶”、“茶花”、“大重九”被授予“全国名优卷烟”称号；“云烟”2000 年被国家工商局认定为“中国驰名商标”，荣列“2001 年全国市场同类产品销量第三名”及“2001 年全国市场最具影响力的名优卷烟”，2002 年被认定为“中国名牌产品”，2003 年“云烟”系列产品位居全国市场同类产品销量第二名。

企业 2000 年荣获“全国质量管理先进单位”，2001 年被列入“中国卷烟工业企业重点骨干企业”，成为“十五”期间烟草行业要“壮大一批”的四家企业之一。2001 年至 2003 年企业税利连续 3 年保持了年均 25%的高增长幅度，2003 年创历史新高，实现税利 72.05 亿元。

（昆明卷烟厂供稿）

落实注册规定　强化源头控制
开创出口禽肉食品安全卫生新局面
——河南华英禽业集团卫生注册和认证纪实

河南华英禽业集团是一家以肉鸭、肉鸡加工为主的大型禽类食品出口企业，是河南省 63 家重点工业企业、全国农业产业化重点龙头企业、全国质量管理先进企业、全国 1 588 家大型工业企业集团之一，1996 年获得自营进出口权。具备年屠宰加工樱桃谷鸭 5 000 万只，肉鸡 2 000 万只，熟食 3 000t，羽绒 5 000t，饲料 40 万 t 的生产能力。是目前世界上最大的鸭加工企业。在行业内率先通过了 ISO9000 质量管理体系和 HACCP 体系的认证，正在建立 ISO14001 环境管理体系。集团所属的 4 个出口食品加工企业，在国家认监委的关心指导下，在河南及信阳检验检疫局的大力支持和直接推动下，先后取得了国内出口企业卫生注册，冻鸭产品取得对日、韩卫生注册资格。完成了对新加坡、马来西亚、瑞士和对韩肉鸡、对日熟食卫生注册申报工作。集团年禽肉加工能力达 12 万 t，其中可生产出口产品 2 万 t 以上，年可实现出口创汇 4 000 万美元以上。2002 年 5 月以来，已实现出口鸭肉 1.7 万 t，其中鸭肉对韩出口 8 600 多 t、对日出口 1 000t、对俄罗斯出口近 3 000t，均已通过官方严格的精密检验，实现出口创汇 3 500 多万美元。

中国入世以后，各进口国纷纷提高了中国禽肉进口的门槛，鸭加工行业也不例外地经受了巨大的冲击。华英禽业集团从 2002 年初起，认真对照新的《出口食品生产企业卫生注册登记管理规定》和《出口食品生产企业卫生要求》，下大决心要把食品安全卫生质量体系建好。通过大量卓有成效的工作。已形成了以三大体系为基础，兽医管理体系为主线，企业自控自律，检验检疫机构监督管理相结合的良好局面。华英禽业集团的主要做法是：

1、认真学习 领会《规定》精神，从认识上重视出口产品安全。新的注册管理规定从企业注册登记的宏观管理，到对注册登记出口企业的日常监督管理都作了详细的规定，突出了出口食品加工企业建立质量保证体系的重要性，将 HACCP 体系的建立和实施作为出口食品企业的必备条件。这些措施的出台，对推动企业质量管理进步，使企业树立诚信和法制观念，具有极大促进作用。

对具有四个出口注册厂号的华英禽业集团而言，严格执行《规定》，不仅是企业的责任，也是企业生存和发展的需要。2003 年，在集团范围内开展了“养殖规范管理年”活动．重点把疫病防治、残留控制和加工过程卫生控制的三大体系以及检测体系、兽医管理体系按照ISO9000的原理进行了有机整合，在河南和信阳局的指导帮助下，形成了一个保证食品安全的有效控制体系。

2、建立基地，落实备案要求，从源头上促进出口产品安全。为迅速适应新的出口形势，根据集团养殖场区实际情况，为更好地落实“五统一”管理制度，从转变农业产业化经营模式入手，改“公司+基地+农户”为“公司+基地”，先后投资1亿多元人民币，将县城宁西铁路以北、淮河以南，沿312、106国道东西各5公里，约200平方公里的无特定规定疫病区内，建立了年出栏30~60万只的养殖场27个，年养殖出栏外贸商品鸭能力达1 500万只以上，并实行全进全出，在整个区域内不允许存在其他畜禽养殖场，使整个防疫环境得到有效控制。在信阳局的严格把关下，按照《出口肉禽饲养场备案的基本条件和要求》，在严格实施备案制度的基础上，推行了量化评估和动态管理，确保了各项管理措施落实到位。这些养殖场已经全部具备选址科学、布局合理、功能齐全、设施及人员到位的管理要求，从源头上有效促进了大养殖的稳步健康发展。

3、夯实基础，健全兽医体系，从组织上保障出口产品安全。按照国家食品安全局的要求，于2003年3月，着手建立更为科学合理的集团三级兽医管理体系，编制了《兽医体系管理手册》，在养殖场按照一场一兽医，60万只场2名兽医的配置方案进行了合理配置，并完善运行了《出口备案养殖场日常记录表》和供宰鸭源的2次评估，进一步理顺了检验检疫程序。面向集团内外公开招聘兽医人员，通过严格的测试筛选，招聘了一批专业知识精、工作能力强、具备较强事业心和责任感的兽医人员充实到兽医队伍。坚持“内外结合”的培训形式，邀请英方阎新建博士、国内郭玉璞等一批资深专家参与对全体兽医人员进行了密集培训，全年参训人员达到2 100多人次。对养殖、饲料、检验、加工环节的体系人员进行了系统培训和测试，具备兽医资格人员达到了87人。形成了兽医总监全面决策监控、部门兽医实施监督管理、基层兽医负责具体实施，保健中心、检验中心、药品中心、消毒中心及各专家组提供技术支持的三级管理体系。通过一年来的运行，达到了制度健全、人员精干、技术先进、设备完善、运行通畅、预警有效的预期目标，从组织上起到了很好的促进和保障作用。

4、完善体系，规范操作行为，从过程上控制出口产品安全。重新修订了集团《兽医卫生管理手册》和《药残控制管理手册》。与加工环节的卫生质量保证体系一起，构建了疫病防治、残留控制和加工质量卫生保证三大体系，通过全方位、多角度的管理控制，使每一个可能引入危害的因素都得到了有效控制。

在注册认证方面，积极开展出口食品卫生注册、ISO9001和HACCP三项认证的咨询培训工作。不断组织技术革新，改进工艺，更新设备，为质量体系的有效实施提供良好基础。在积极推行实施的同时，不断对其有效性进行验证，在实践中加以完善和提高，构建了一个有效的ISO9001质量管理体系和HACCP食品安全控制体系，为华英禽肉产品打入和占领国际市场奠定了扎实基础。

在加工环节，按照出口食品企业卫生要求，重点做好产品卫生控制。充实了宰前、宰后兽医岗位，强化宰前宰后的检验检疫，对可疑病禽做到了隔离急宰及无害化处理，避免交叉感染；对净膛、分割、包装、仓储等关键岗位操作人员进行了重点培训，提高人员规范操作意识，减少因人为操作失误而造成的产品污染，确保加工过程的卫生达标。在出口产品的控制上，做到专厂、专线、专号生产、分批消毒、批次管理，无不合格产品出厂的记录，市场投诉为零，产品满意度得到了市场的有力认可。

5、加大投入，完善检测措施，从手段上确保出口产品安全。加大投入，改善了检验中心、保健中心的软硬件设施。一是对保健中心进行了迁址新建，在原来疫病诊断、指导家禽健康养殖等基础上，增加了疫病检测项目，重点对“禽流感”和“新城疫”开展监控。二是配置先进设备，提高自检能力。集团于2002年投资60余万元购置了高效液相色谱仪、紫外分光光度计和酶标仪等药残检验设备，检验中心可开展4大类共11种药残检测项目。两大中心坚持对出口原料鸭及产品实行疫病和残留检验。为提高检测水平和效率，2003年6月份，我们又投资60多万元，引进了荧光RT-PCR检测设备。三是积极开展化验室体系建设，不断提高分析能力和技术水平。按照ISO/IEC17025标准，以微生物和残留检测为重点，完善标准和程序，在运行过程中验证体系的有效性和符合性，不断提高自检水平。残留检出限由10PPb降到0.2PPb，有力的保证了出口食品的安全。在自检基础上，每月两次送样到国家局指定的官方实验室进行病毒分离培养检验和农兽残检验，验证自检准确程度。

6、加强领导，强化考核力度，从制度上巩固出口产品安全。一是成立了以总经理为组长，主抓质量、出口的副总为副组长的出口产品安全卫生领导小组。这个领导小组除履行在集团的正常职责外，主要是对出口产品的全过程进行指导、协调、监督，主抓出口的副组长代表客户对出口产品全过程进行监督和把关，行使一票否决的权力。通过这种组织权力的安排，有力地确保了出口产品万无一失。二是在信阳检验检疫局的指导下，成立了出口产品稽查小组。严格按照《兽医卫生防疫手册》、《药残控制管理手册》和《兽医体系管理手册》的文件规定，对出口产品产销过程涉及单位的职责履行情况进行重点监察，通过现场抽检、查看记录、询问人员等方式，对出口产品安全控制措施予以监督，确保出口产品的卫生安全。三是加大行政管理力度，制定了严格的管理考核办法，明确相关单位将出口产品安全控制作为中心工作来抓。凡对出口产品安全工作落实不到位的单位，将严格按照管理规定，对该单位负责人实行停薪、停职处分，从制度上确保各项安全措施落实到位。

（河南华英禽业集团供稿）

实施规范管理　确保食品安全

——学生营养餐定点生产企业北京都丽梦食品有限公司认证实效

北京都丽梦食品有限公司是经国家教育部中介，中、日两国政府批准，由中国农业大学与日本国京食株式会社合资兴办的以生产和经营快餐食品为主的中日合资企业，目前主要向北京市中、小学生供应营养餐和中国百胜集团（肯得基、必胜客等）提供快餐产品。公司位于北京市海淀区圆明园西路 2 号——中国农业大学西校区院内，成立于 1995 年 9 月 22 日；1997 年正式投产，现有职工 200 人，厂房面积 5 000m²；中日双方注册资本 2 400 万元人民币，设计日生产能力 5 万份，各类产品全部采用保温车或冷藏车配送。公司 2001 年 3 月通过 ISO9002 国际质量体系认证，2002 年 12 月通过北京市卫生局 HACCP 体系认证，2003 年 2 月通过 ISO9001 质量管理体系认证，2003 年 10 月通过中国质量认证中心（CQC）HACCP 体系认证。进行 ISO9001 质量管理体系和 HACCP 体系认证为公司的规范化管理提供了理想的框架，是公司实施规范化管理的前提。公司刚刚成立时，公司领导就十分重视企业队伍的培养和从业人员的素质的提高，先后四次向日本国京食株式会社派遣研修人员，学习日本企业先进的管理经验和学生营养餐制作技术，从而为企业实施规范化管理奠定了良好的基础。在 ISO9001 质量管理体系和 HACCP 体系认证过程中，公司首先向中国质量认证中心咨询并请专家对公司全体人员培训，培训首先从公司高级管理人员开始，再向各分厂中层骨干、基层负责人和员工分别展开。在培训中，对生产过程产品制作的各种质量要求，危害点进行了分析，对关键危害点采取相应的控制措施，并把生产过程和关键控制点编成“七字经”使全体员工增强了以过程控制和预防为主的食品质量和安全的思想，并逐步落实到实际控制操作中去。通过一次又一次的培训，终于得到了解决，从而保证了 ISO9001 质量管理体系和 HACCP 体系的建立和运行。

根据 ISO9001 质量管理体系和 HACCP 体系标准要求，结合公司的工作实践，编写质量手册、程序文件、作业指导书和质量、监控记录，把公司的两大体系全都囊括在这四类文件中。通俗地说，在确立了公司的质量方针、质量目标和安全目标后，为了达到这个方针、目标，公司各个部门按照公司的质量方针、质量和安全目标再制定部门的更加详细的质量方针、质量和安全目标，按照形成文件化的程序去工作，对所做的事情进行详细的质量记录，并签字对此负责任。在 ISO9001 质量管理体系和 HACCP 体系认证过程中，公司也遇到许多困难。比如，在质量管理体系和 HACCP 体系试运行阶段，各岗位责任人员需要填写很多质量记录，如《杀菌消毒记录》、《中心温度控制记录》、《CCP 监控记录》等。无形中给员工们增加了很多工作量，使大家烦躁、不理解。但日积月累后，他们发现虽然是点滴小事，却都是重要环节，一旦最终成品出现问题，马上可以找出记录，追查原因。大家都说：“好记性不如烂笔头。别看记录小，对产品质量、安全控制还真起了大作用。”

通过 ISO9001 质量管理体系和 HACCP 体系认证，使公司有了一个长期的食品质量方针、质量和安全目标。更重要的是，它使公司的管理模式文件化、制度化、法制化。程序文件和作业指导书覆盖了整个公司的工作，大到质量方针、目标，小到每个人每道工序的具体工作。每个人在工作中要依据程序文件、作业指导书中的相关要求去做，而不是像以前仅仅依靠领导的责任心和多年的经验去管理。ISO9001质量管理体系和HACCP体系使公司各项工作“有法可依”。实行法制管理，强制管理，甚至连洗手、上厕所，作业指导书文件中都有具体要求。通过实施，公司上下基本形成一个习惯，工作中如遇到问题，就应像查字典一样看看程序文件和作业指导书是怎么要求的，然后按照文件中的要求去做。文件化的程序要求使工作有了标准和依据，工作思路清晰了，工作更有序了。

ISO9001质量管理体系是系统工程，要求全员参与、全程管理，有一套特别严格的要求，每位员工都有自己的任务。ISO9001质量管理体系许多感性的东西上升到理性的层面，上升到可以操作的层面。即目标提出来后，还必须有实现目标的途径。通过认证，每一位员工都知道了大目标下自己的小目标是什么，减少工作的盲目性，提高工作的自觉性。过去，营养餐生产企业更多地着眼于对结果的管理，如菜肴是否按时炒出，按时盛装，按时送到学校等，而忽略了对全过程的质量管理。如员工的培训是否都落实到每个人，加工中的重要环节是否有人把关负责等。而ISO9001质量管理体系则把过程细化了。比如说做一件事都要求有计划、有记录、有追溯。这有助于提高公司管理的质量。

HACCP(危害分析和关键控制点)体系是科学、简便、实用的预防性食品安全控制体系，是建立在GMP(良好操作规范)和SSOP(卫生标准操作程序)基础上的食品安全卫生自我控制的最有效手段之一。现已获得联合国粮农组织/世界卫生组织(FAO/WHO)和国际食品法典委员会(CAC)的认同。为了保证学生营养餐食用的卫生安全，公司依据中华人民共和国卫生行业标准《食品企业通用卫生规范》(GB14881-94)、《学生营养餐生产企业卫生规范》(WS103-1999)、北京市地方标准《送餐企业卫生规范》(DB11/116-1999)和国际食品法典委员会颁布的《HACCP体系及其应用准则》，结合公司的现行实际情况，确定了公司的食品卫生安全保证体系的组织机构、职责和对各卫生安全要素的控制要求。

建立HACCP体系，是企业强化自我约束机制的出发点、归结点，通过不断完善HACCP体系管理，编制HACCP计划方案，积极推行HACCP体系管理活动，规范公司全体员工的质量、卫生行为，使企业的食品安全控制更具有了坚实的基础。GMP(食品良好生产规范)是国际上普遍采用的食品生产先进管理方法。学生营养餐的GMP，要求营养餐公司具备合理的生产环境、生产过程、先进的生产设备、科学的生产规范、完善的质量控制以及严格的操作程序，并通过对生产工艺流程系统的正确控制，达到全面提升学生营养餐质量的目标。企业在硬件改造的基础上，依靠先进技术，提高产品质量，确保产品安全不断提高。努力加大科技含量，充分利用先进技术，是我公司持之以恒追求的目标。伴随国家对绿色食品、无公害食品、有机食品的大力推广，我公司特别重视对各种原材料采购的质量控制，在国内市场现有条件下，尽一切可能严格选择原材料进货单位，规范进货标准，明确食品原材料质量责任。例如：使用农药残留检测仪，对各类蔬菜严格检查，保证产品质量；在生产车间使用臭氧杀菌消毒机，对空气中的细菌、病毒、有害物质进行杀灭，降解有毒、有害气体及烟雾异味，以达到无死角、无二次污染、无残留物、防霉保鲜、彻底消毒的目的。

ISO9001质量管理体系认证和HACCP体系认证是市场经济发展到一定阶段的产物，也是企业提高自身素质和加快规范化管理进程的需要。公司在ISO9001质量管理体系中应用HACCP体系，使公司形成了一个更加有效的食品安全控制体系，使两个体系相互促进，比单独实施任何一个体系的效果更好，使企业的规范化管理进程大大加快。从而实现生产全过程的产品质量控制和安全控制，并不断完善持续性的质量改进机制，确保消费者满意，保证产品食用安全。实践证明，ISO9001质量管理体系认证和HACCP体系认证对企业的发展起了重大作用，公司自开业以来，在为上千万人次的供餐服务中，产品安全率达到100%，被北京市学生营养餐工作办公室首批评为学生营养餐定点生产单位，公司生产的卫生、营养、美味的学生营养餐深受北京市广大中、小学生的好评，并连续五年被评为北京市营养餐生产先进企业。更为可喜可贺的是公司实施了规范化管理，实现了“双认证”，通过了中国百胜集团的严格考核，成为世界级品牌的食品企业的定点供应商。公司在不断发展壮大的同时，遵循“安全、营养、快捷、顾客至上、稳步发展”的理念，除了成功地承担为北京市中、小学生每日提供一至两万份营养配餐的服务外，还出色地完成了北京大学、清华大学、北京林业大学、北京科技大学、北京航空航天大学的校庆供餐任务。在今后公司的发展中，公司将坚定不移地实施规范化管理，以ISO9001质量管理体系认证和HACCP体系为依托，不断提高公司自身素质，以“改革，创新，务实。”的工作方针，为中国学生营养餐事业和餐饮业的发展作出自己的努力！

(作者：北京都丽梦食品有限公司董事长助理张效军)

CCC认证与企业发展

作为一家日本独资企业，公司内部实施的是TQM管理体制，在CCC认证初期，本以为以以往的体系为依托，一定能够符合新制度下工厂质量保证能力的要求，但在了解了《强制性产品认证管理规定》和《产品强制性认证实施细则》后，我感到公司目前的管理体系标准仍需提高，否则就不能很好地满足新制度下工厂质量保证能力的要求。为此，从2002年3月份开始，依据《强制性产品认证管理规定》中的相关要求，在公司内部开始施行CCC认证工作。

首先，任命公司品质管理部负责此次CCC认证所有推进工作，明确了《产品强制性认证实施细则》为CCC推进工作的依据；

其次，组织技术开发部、制造综合部、生产管理部等与CCC认证相关部门，每月进行会议研讨，一方面可以加深各部门人员对CCC认证的理解，另一方面对每月的CCC认证推进工作进行总结，及时发现公司内部存在的与新制度不符合处并制定改进措施，保证CCC认证推进工作在公司内部顺利开展；

再次，通过各种渠道与相关方就新制度中涉及的内容进行商讨，以保证期限内完成产品新、老标志的转换工作。

经过2002年度1年的努力，《第一批实施强制性产品认证的产品目录》中所涉及本公司的3大类产品(照明设备、低压电器、低压成套设备)，均顺利实施新、老标志的转换并已开发新品的CCC认证，截至2004年8月份，本公司共获得CCC认证证书19张，认证申请中的产品有2大类、4个品种。对目前正在开发中的新产品，要求技术开发部严格按照该产品对应的《产品强制性认证实施细则》中要求，做好技术更新工作，特别是照明设备在CCC型式试验中要求达到的EMC特性要求。

与此同时，为保证公司的质量保证体系满足《产品强制性认证实施细则》中“强制性产品认证工厂质量保证能力要求”，进一步完善了公司的各项制度。

第一、明确了公司质量负责人在CCC认证推进工作中的职责，要求其对比分析ISO9001:2000版标准中相关条款与《产品强制性认证实施细则》中质量保证能力要求的差异，并就差异之处进行体系文件的完善，本公司共增添了三级文件4份。

第二、进一步明确了与相关方之间的关系，按照《产品强制性认证实施细则》中“关键元器件和材料的检验/验证”，要求供应商定期提供关键元器件和材料的检验/验证记录；同时，对取得认证的产品每年将随机抽取的样品送相应检测机构，进行产品是否持续符合标准要求的检测，同时，公司内部积极引进先进的产品特性评价设备，包括高低温冲击试验机、盐水喷雾试验机、可编程恒温恒湿试验机及CONDUCTING EMISSION等。

第三、再次明确了“认证产品的一致性”要求，对已取得认证的产品的变更，严格按照先申报后变更的原则，保持与认证机构的经常性联系，确保认证产品持续符合规定的要求。

经过不断的摸索、改进，完善了公司TQM管理体制，保证了产品实现的各个过程在受控状态下进行，工厂的质量保证能力得到了中国质量认证中心（CQC）的认可。

付出必定会有回报，2003年度，本公司产品在国内市场的销售额呈现大幅度上升，在国内重点工程项目竞标中捷报频传，圆满完成了日本事业部制定的目标，同时，改善后的质量管理体系经过日本品质专家的两次检查，得到了很高的评价。

以上成绩的取得，与本公司积极推进公司产品CCC认证工作是密不可分的，可见CCC制度的推行不仅仅树立了公司产品在消费者心目中的形象，而且完善了公司的质量管理体系，可以说是“一举两得”。

(作者:上海松下电工池田有限公司高文国)

创新永不辍　党旗耀眼红

——江西铜业集团公司党建工作质量体系认证回头看

江西铜业集团公司(以下称江铜集团)党委积极探索新形势下国有企业党建工作的新路子，率先将ISO9000质量管理体系导入到党建工作中，于2002年9月通过了中国质量认证中心(CQC)江西评审中心的现场考核,10月获得了中国质量认证中心(CQC)颁发的全国第一张党建工作质量管理体系注册证书,开创了我国国有企业在党建工作中推行ISO9000质量管理体系的先河。江铜集团建立并运行党建工作质量体系,作为探索新时期加强和改进国有企业党建工作新路子的有益尝试,得到了中组部组织局、国家认监委、江西省委组织部和企业工委等上级组织的充分肯定和高度评价。2002年12月26日,中国质量认证中心(CQC)与江铜集团党委在人民大会堂联合举行了颁证会,新华社、《人民日报》、《经济日报》、《国门时报》、中央电视台、中央人民广播电台、《江西日报》、江西电视台等数十家中央和地方新闻媒体进行了报道。

中共江西检验检疫局党组再次派出调研组对体系的运行情况进行了回头看。

优化管理,整合体系

江铜集团公司同时实施行政工作和党建工作两套ISO9000质量管理体系，总体上是相辅相成、相得益彰的。通过围绕促进生产经营任务的完成和目标的实现,使基层党建工作和生产经营工作有机地结合起来，从而有效地消除了基层两套体系“两张皮”的现象。但是,作为集团公司的最基本单位，一方面需要应对上级部门方方面面的事务，另一方面由于许多基层党支部书记多为行政负责人兼任，面对着两套体系的双重压力和许多重复性考核,产生畏难情绪,故基层的一些具体工作也因考核过多受到影响。

江铜集团公司党政班子认真分析了两套体系的质量方针和质量目标，针对基层党建与行政许多工作有交叉融合的特点,以优化管理,提高效率为目标,对两套体系进行了积极而稳妥的“一体化管理”整合。整合不是全面铺开，而是选择了生产工艺比较先进的贵溪冶炼厂硫酸车间试点，以科学设置管理模块为两套体系整合的切入点,依据ISO9000质量管理体系的原则和车间的实际,设置了“质量目标”、“岗位职权”、“过程沟通”、“业绩测评”等10个模块,涵盖了生产、党建工作的各个方面。具体就是将工厂(公司)下达的各项工作任务和车间管理要求作为统一的质量目标,车间党政围绕同一个目标开展工作,合理确定岗位职权、人力资源等资源保障,明确各项工作的衔接和信息沟通渠道,通过过程监视和业绩考核,不断持续改进,达到过程管理的PDCA循环,实现了职责、目标、文件、指挥和实施等管理功能的“五统一”。硫酸车间的“一体化管理”整合自去年年底试点以来,即显现出简练直观、通俗易懂、信息畅通、易操作、易实施等优点,车间党政的合力进一步增强,工作效率进一步提高。车间主任和党支部书记都反映,“一体化管理”整合后,党政管理由“通气型”变为“协作型”,较好地发挥了互补作用,实现了人和谋一,同时双重考核的压力也大为减轻,管理也更加精细化了。

在硫酸车间试点显现初步成效之后，贵溪冶炼厂的核心工艺——熔炼车间也于今年3月开始了“一体化管理”整合试验,这是一个较大的车间,职工人数达250余人,党员约占职工总数的30%。该车间借鉴硫酸车间试点的经验,又结合自身的特点,将“一体化管理”整合的切入点定为5个平台,即产量、质量、成本、党建、安全环境,通过“一体化管理”,使目标更加明确。

“一体化管理”整合优化了基层的管理模式,减少了管理环节,为基层找到了一种更精简有效的管理方法,使党建工作围绕企业的生产经营这个中心发挥保障和服务作用更加突出,有力地促进了生产经营。今年1~5月份,硫酸车间生产的硫酸超计划3万余吨，一级品率达100%。两套体系的“一体化管理”整合已在贵溪冶炼厂的13个主流程党支部推行。

与时俱进,创新不辍

为保证体系旺盛的生命力，江铜集团公司党委按照马克思主义和“三个代表”重要思想不断发展的、前进的原理以及ISO9000质量管理体系持续改进的原则，坚持用时代发展的要求审视自己，根据各个时期党的方针政策的要求，不断为体系注入鲜活的内容，使体系的运行保持与时代发展同步，与国有企业党建工作面临的形势与任务同步，与企业的快速发展同步。

今年，江铜集团公司党委按照党的十六大提出的“创造出更加灿烂的先进文化”的要求，将党建工作体系的“五大控制过程”扩展为“六大控制过程”，增加了“企业文化建设”的控制过程。“塑造好文化”是江铜集团公司党建工作体系的质量目标之一，将“企业文化建设”纳入过程控制，从而不断丰富全体职员的精神世界，增强精神力量，凝聚人心，使集团上下始终保持昂扬向上的精神状态，为集团公司的发展提供不竭的动力和后劲。

江铜集团公司党建工作不断创新的一个重要原因，就是善于从群众的实践创造和发展要求中获得前进动力，能够尊重群众的首创精神，及时发现群众、基层创造的新鲜经验，悉心汲取群众的智慧和经验，有效凝聚群众的创造和力量。今年中共江西省委组织部、企业工委在全省企业中开展了争创“十面红旗”的活动，江铜集团公司党委发现这一活动的内容与基层党支部“特色工作”中的“党员创星”活动相通，于是对基层的经验进行总结提高，把上级党组织的要求与自身实际有机地结合起来，开展了争创“十面红旗和六颗红星”的活动。由于该活动的主题来自于基层，又回到基层，使上级党组织对企业党建工作的要求有效地切入到企业的生产经营和改革发展中，因而生动活泼，效果明显。江铜集团公司党委正是这样善于把基层和群众的积极性引导好、保护好、发挥好，善于把基层和群众创造的零碎的、表象的、感性的经验系统化、本质化、理论化，使得党建工作常抓常新，活力无穷。

因“实”制宜，化繁为简

在体系运行初期，一些基层党组织反映体系文件有的过于繁琐复杂，有些文件之间存在重复，不便于操作。针对这一问题，江铜集团党委在符合ISO9001:2000质量管理体系基本精神的基础上，从实际情况出发，从实践需要出发，对体系进行了删繁就简：一是简化体系文件，原先是两级体系文件，即集团公司制定一级体系文件，下属厂矿公司制定二级体系文件，现在改为只有集团公司一级体系文件，下属厂矿公司不再制定二级体系文件，只要编制《目标与职责》和补充作业规范部分，同时体系文件也由5本减为3本，党支部、党小组的《党员议事活动记录》等近10本记录，统一归并为《党支部作业手册》和《党小组作业手册》，简单明了；二是合并文件功能，将内容、功能类似的文件合并，如将多种会议记录合并成一种，删除了程序文件的编写导则程序，相关内容合并进了文件控制程序中；三是统一裁减表单，原先编制两级体系文件，各下属厂矿公司既有上级的表单，又有自行制定的表单，结果全公司表单繁多，各不相同，显得杂乱，现在集团公司统一、规范了各种相关表单，将70多种精简为54种，并将统一的表单的电子文本发给下属厂矿公司。

通过化繁为简，不仅使整个体系文件更加简练、通俗，易于操作，而且使整个体系更加紧凑，更加一致，集团公司党委管理的一贯性也明显增强。

从目前的运行情况看，江铜集团在党建工作中导入ISO9000质量管理体系，体现了该体系的适宜性、充分性和有效性，同时也表明了该集团党建工作质量体系从“导入”进入了“创新”阶段，这项把马列主义的普遍原理和世界先进的管理科学的新方法与中国国有企业党建工作的实践紧密结合起来的探索是成功的、有效的，对于当前加强和改进国有企业的党建工作具有重要的现实意义。

自然，该体系的运行也还存在一些不足之处，如体系的运行不够平衡，主业单位一般运行得较好，多种经营部门则参差不齐；一些习惯性做法尚未完全扭转过来等，目前，江铜集团公司正在继续改进。

(作者:傅国栋)

在 CCC 的历练中不断提升

对于常州光阳摩托车有限公司（以下简称光阳）来说，CCC 认证已深入到公司管理体制的方方面面。

常州光阳是由台湾光阳工业股份有限公司与常州新区发展总公司共同投资成立的集团公司。主要生产经营摩托车及摩托车发动机。常州光阳秉承光阳工业一贯追求品质的作风，承袭光阳制造的高新技术，吸纳光阳公司严格的管理机制，短短几年中，就赢得了消费者的心。

2002 年 8 月，常州光阳自主研发的第一款弯梁车下线成功。此款车原应出口外销需求而开发，所以车型定型后即进行了严格的 ECE 法规认证，当月，光阳即向中国质量认证中心（CQC）申请此款车及其发动机单元的 CCC 认证。当时，CCC 对于光阳来说尚属新生事物，负责 CCC 认证的工作人员通过仔细研读认证实施规则，发现在产品的技术标准方面 CCC 认证基本同于 ECE 法规认证，差异在于对质量保证能力体系的要求。针对这个问题，光阳严格按照 CCC 认证对质量保证能力体系的要求，整合公司现有的质量体系，使之与高品质的产品相适应。如今，光阳的质量管理控制体系更趋严格与完善。2003 年 4 月，光阳一次性完成了所有其他批量机种的 CCC 认证。

为适应 CCC 认证高标准的测试需求，光阳建立了自己的研发中心。研发中心的设立是光阳发展史上重要的里程碑，如今光阳不仅可以独立自主开发适应市场需求的产品，而且还拥有一批尖端高新的测试设备。凭借这些硬件，再加上高质量的软环境，光阳自信地向消费者承诺——光阳的产品完全满足高标准要求!

（作者：潘梅剑）

“三位一体”好处多

——实施质量、环境、职业安全健康一体化贯标认证的体会

企业赖以生存和发展的基础是产品质量，而在产品质量形成的过程中，可能甚至必然对环境造成影响并给员工带来危害。如何保证和提高产品质量，减少环境污染，保障员工的安全健康是企业面临的且必须解决的重要课题。

烟台万华合成革集团有限公司是国内大型轻、化工联合企业集团。1996 年 7 月开始按 ISO9001 标准建立质量保证体系，1998 年通过了 ISO9001 质量保证体系认证。在此基础上 2001 年通过环境管理体系认证和职业安全健康管理体系认证。笔者认为“质量、环境、职业安全健康”三位一体的综合管理体系能够满足企业的总体需求。

三个体系一体化是企业管理的最佳选择

ISO9000、ISO14000、OHSAS18000 的管理模式，无论从内容还是效果上都能够给企业管理注入新的活力。但一个企业仅因对象不同，而搞三个平行管理体系，笔者认为违反了管理的系统原则。根据系统的观念，为达到组织管理效果总体最佳，实现 1+1>2，其所有相互关联或相互作用的要素，都必须纳入一个整体考虑。个别子系统的优化不一定会使系统整体优化，相反，在一定程度上反而会增大企业整体管理的复杂性和无序性，降低系统功能和管理效果。

建立“质量、环境、职业安全健康”三位一体的管理体系，企业可以站在一定的高度上，制定出企业的方针、目标、规定责任、权限、配备资源，充分利用三个体系重合部分，统一组织、统一培训、统一文件控制、统一进行内部审核和管理评审，提高贯标效果，节约时间和资金，达到最佳效果，从而避免质量、环境、职业安全健康三个体系独立贯标给企业造成的诸多重复甚至混乱，以及系统资源

的局部短缺甚至浪费。

在世界经济贸易活动中,企业的活动、产品或服务中所涉及的职业安全健康问题越来越受到普遍关注。尤其中国加入世贸组织后,如何在保证和提高产品质量的基础上,减少环境污染,保障员工的健康与安全,与世界经济接轨,已是摆在企业面前迫在眉睫的首要问题。为此,企业要生存发展,就很有必要进行"质量、环境、职业安全健康"三个管理体系的贯标认证。

贯标的关键是人人参与,形成合力

烟台万华集团是集化工、轻工于一身的大型企业。不论是从设备工艺的复杂程度,还是从产品的特点上来看,建立和实施职业安全健康管理体系都存在着诸多难点。为此集团公司成立了由总经理挂帅和各单位一把手组成的认证委员会,下设认证办公室,积极组织推进贯标工作。

鉴于公司人员较多、生产特点比较复杂的情况,公司明确了集团公司——子公司——车间——班组各级培训的责任和要点。针对不同岗位、不同人员、不同特点,实施不同形式的培训。通过培训,不仅提高了全体员工对贯标的认识和理论水平,操作人员的规范化操作水平也得到普遍提高。如今,集团公司的全体员工经历了被动接受管理到积极参与管理的一个质的飞跃,形成了爱我万华,人人参与的合力。

管理体系的运行是一个不断发展、不断改进、不断完善的过程,是一个长期和持续的过程。为此,万华集团以三个坚持、三个到位、三个延伸、三项活动为总体要求,不断推动贯标工作的深入。

三个坚持首先就是坚持贯标工作的长期性。因为取得体系认证证书绝不是贯标工作的目的,而是对前段贯标工作的评价和认可,贯标只有开始,没有结尾。第二个坚持就是坚持贯标工作的严肃性,严格执行标准和公司制定的体系文件。第三个坚持就是坚持贯标工作的有效性。注重实效,不搞形式。

三个到位是指思想到位,把贯标工作变为日常工作,变要我做为我要做;工作到位,以确保质量、环境、职业安全与健康处于受控状态;责任到位,做倒各尽其职,各负其责。

三个延伸是指贯标范围的延伸:在质量的基础上延伸到环境和安全,在已认证的子公司基础上延伸到尚未认证的公司;管理内容的延伸:向国际先进的技术看齐,制定严格的产品内控标准;要素内涵的延伸:重新认识要素,深层次地理解其内涵,注重三个标准要素的异同点,系统优化各项管理工作,提高整体素质。

三项活动包括实施质量改进工程、坚持开展QC小组活动、开展质量成本的管理。

贯标认证效果显著

贯标认证使万华集团提高了职工质量、环境、职业安全卫生意识,明确了工作职责,规范了职工行为。"该说到的一定要说到,说到的一定要做到"的贯标要求日益深入人心。规范的科学管理,推进了各项管理工作的开展,理顺了各部门之间的接口,整个管理工作都遵循着PDCA模式进行着良性循环。

同时万华集团还取得了明显的技术经济效果,产品质量稳定提高,使集团公司70个重要环境因素、54个危险因素得到了有效控制,提高了经济效益和企业的竞争力。

总之,万华集团在ISO9000、ISO14000、OHSAS18000一体化贯标和认证的工作中取得了较好的效果。但也存在一些问题需去解决。比如,如何突出体系的整体性和有效性,把握体系的关联性和动态性等方面还需要进一步摸索。

(作者:烟台万华合成革集团有限公司　于文祥)

前后有对比 事业有奔头
——CCC让新比利公司走向持续发展路

上海新比利帷幕墙有限公司自2003年7月份通过CCC认证以来，不论从体系管理、产品质量还是销售都取得了大幅度的改善和提高，不但在很大程度上杜绝了公司产品出厂后的安全隐患，而且还为公司的发展提供了强有力的保障，很好地树立了公司的品牌形象。

CCC认证前后管理效果对比

CCC认证前，公司虽然也有比较具体完善的管理体制，但是在安全玻璃生产管理上针对性不强，比较混乱。在进行CCC认证前，公司由于缺乏一个强制性的管理执行标准，以致各部门不能真正做到很好地互相配合与协作，生产管理也比较随意、涣散，不够规范。进行CCC认证以后，公司在生产管理方面有了明显的改善。如今，公司已建立了一套完善的采购、生产、销售、服务一条龙的管理体系，围绕CCC认证各部门在统一的体系框架下配合协作，共同为公司生产管理水平的提高努力。

CCC认证前后产品质量对比

产品质量的好坏是一个公司赖以生存和发展的基础。在实施CCC制度前，公司对玻璃产品的质量要求缺乏统一认识，只是根据国家标准或企业标准判定产品质量的好坏，往往跟不上市场和顾客的要求，为公司的生产发展带来了一定的阻力；进行CCC认证后，使公司的质量管理体系得到了进一步的完善，生产工作的重心更加明确，生产的积极主动性被大大提高。公司严格按照CCC制度所规定的标准执行。从而产品质量有了可靠的保障，市场信誉度得到了相应的提高。

CCC认证前后产品销售对比

生产销售额、利润率是衡量一个企业能否稳定、顺利发展的基本标准，而产品质量的好坏与其销售额、利润率又紧密联系在一起。公司进行CCC认证后，产品质量不断提高，产品的销售额也相应地增长。从2002年年销售额8 000万元上升到2003年的1.8亿元，几乎上升了125%，为公司创造了相当可观的效益。不仅如此，由于有了比较完善的管理以及质量保障体系，使得客户对公司的产品更加放心。如今，公司已跻身国内同行业前三位，成为市场竞争中的佼佼者。

CCC不仅为新比利公司的市场开发提供了强有力的保证，树立了良好的企业品牌形象，它所带来的效益也为公司的后续发展奠定了坚实的基础，使公司顺利地走向可持续发展的道路。

（作者：赵子东）

精心的准备 细致的安排

——龙岩三华彩印有限公司质量管理体系认证纪实

近年来，世界各地包括中国的许多印刷企业都建立了ISO9000体系，并把推行ISO9000系列标准作为开展质量管理工作的重点，以适应国际市场的需要。目前，中国印刷包装及相关行业已有近三万家企业已经通过或正在争取通过质量认证。福建三华彩印有限公司(简称三华彩印)是其中之一。

为了顺利推行ISO9000标准，三华彩印有计划、按步骤地开展了一系列的工作。

领导的重视和参与，是认证工作取得成功的前提。为了使认证一次性通过，公司领导多次召开部门经理会进行专题研究，并决定从各部门抽调熟悉公司情况、具有较强业务能力的人员，成立"ISO办"，在认证准备期间，总经理温庆巍亲自过问该工作的准备情况，叮嘱工作人员要注意各项细节，避免出现意外而造成被动，力争使审核一次通过。

齐心协力，高效率的工作，是认证得以一次通过的保证。"ISO办"一成立，相关人员立即以百分之百的热情投入新的工作之中。由于该项工作任务重、涉及范围广，大家又没有相关的知识和经验，他们便一边自己努力学习ISO标准和相关知识，一边着手质量手册和程序文件的制订工作，同时，加紧与各对口部门进行沟通、协商，确保制订的文件与实际工作紧密联系、有机结合，方便工作的开展，使该项工作尽快走上正轨。在制订文件的过程中，"ISO办"相关人员，互相帮助，一起讨论发现的每个问题，不放过一丝细小的纰漏。

精心的准备，细致的安排，交出令人满意的答卷。从质量体系框架初步建立后的试运来看，情况良好，对内审及自查自纠中存在的问题的整改情况也比较令人满意，离正式的认证只差一步。为了走好这一步，公司上下积极动员起来。一方面，"ISO办"与审核小组保持密切联系，协商、确定认证审核的具体时间和安排，随时了解他们的情况和要求，做到"心中有数"；另一方面，积极向公司汇报、说明进展及安排情况，与各部门协调生产安排、原辅料供应、设备维护等相关事宜，确保生产的顺畅。此外，还利用下班时间到生产车间，对机长、操作工、检验员等人员进行现场交谈，了解准备情况及对质量方针、质量目标、质量体系、工艺程序、岗位职责等知识的掌握程度，对体系和认证工作的看法和意见。在审核末次会议上，审核组长宣布现场审核通过，这是对三华彩印几个月来辛苦工作最好的肯定。

有效运行、持续改进，顺利通过首次监督审核。2003年9月三华彩印首次迎来了两家评审机构：CQC（厦门评审中心)和DNV(挪威船级社广州办)一年一度的日常监督现场审核。评审机构的专家们在公司ISO办公室的协助下，对公司质量管理体系的日常运行状况、公司的管理评审、内部质量审核和质量管理体系在实现质量目标方面的有效性，以及ISO9001:2000标准主要条款的执行等方面进行了针对性的评审。专家们以高度负责的态度通过观察工作环境，查阅现场记录，询问操作要求，了解体系的现状，发现存在的问题。在监督审核末次会议上，审核组对公司质量管理体系的运行工作给予了充分肯定，同时也诚恳地提出了工作中存在的不足和有待改进的方面，并对有效可行的具体措施提出了科学的建议。公司总经理温庆巍在认真听取了专家们的总结和建议后表示，本次审核所发现的问题和专家们的建议正是公司目前存在的薄弱环节和工作难点，也是今后工作的重点和突破口，相信通过建立和不断完善质量管理体系定会提升公司的全面管理工作，为实现公司的全面健康发展打下坚实的基础。

(作者：邹海)

紧抓CCC契机 提升核心竞争力

隆鑫工业集团总部位于重庆市经济开发区白鹤工业园区隆鑫工业园，主要生产"隆鑫"牌、"华鹰"牌、"尊隆"牌三大品牌的摩托车和"隆鑫"牌摩托车发动机，以及通用汽油机、电动自行车及摩托车零部件等产品。隆鑫集团是国内摩托车行业首批通过CCC认证的企业之一。

在进行CCC认证之初，隆鑫集团软、硬件建设并举，斥巨资建设了国内一流水平的隆鑫集团技术中心，由技术中心统一负责CCC认证工作的计划、组织、协调和指导工作。该技术中心拥有国内先进的正、逆向先进设计及制造软硬件设施、国内领先水平的工况法试验室等，能满足摩托车及发动机开发、质量控制和产品认证的需求，具备了摩托车21项强制性检测能力，系统地保证了研发产品的试验验证、现行产品的质量控制及售后产品的质量分析和改进。随着技术中心成车和零部件检测项目的不断增加，检测水平得到明显提高，也吸引了重庆其他摩托车企业前来送样检测。

隆鑫集团目前已有400多款产品获得CCC证书。隆鑫集团在摩托车及发动机新产品研发及定型检验的同时，同步申请CCC认证，使集团的新产品能够顺利快速地走向国内外市场。

在CCC认证的同时，隆鑫集团对关键零部件产品进行了CQC标志认证，不但促进了零部件技术和质量水平的提高，扶优扶强，形成了一批零部件小巨人，真正起到了优化配套体系的作用，而且采用通过CQC标志认证的关键零部件，避免了重复检测，减少了企业的负担，也为国际互认，开拓国际市场提供了便利。

通过CCC认证，隆鑫集团的基础技术管理工作上了一个台阶。最大的好处是产品数据管理更加规范统一。对于多品牌的摩托车及发动机企业来说，在产品研发、采购、生产、销售、出口过程中，使用产品数据的环节很多，很容易出现数据不一致。而实施CCC认证后，则保证了产品数据处于受控状态，且具有可追溯性，从而保证了产品的一致性。同时对集团正在实施的ERP管理有明显的促进作用。

（作者：司辉）

代理3C申请，CCC强制性产品认证，CQC、CB、CE、UL、VDE、ISO9000、ISO14000、生产许可证等认证咨询
金誉检测：电器校验台、仪表校验台、漏电测试仪、工频耐压台、成套综合校验台等
金誉成套：箱式变电站、高、低压成套电气
OKW
中国·金誉
CCC CE CB CQC ISO9001
总机:0577-62733222 Http://www.okw.cn E-mail:okw@okw.cn
金誉认证:62727891/2/3 传真:62729200 柳市翔金花园7-8号
金誉检测:62733001/2/3 传真:62733003 柳市翔金花园18号
金誉成套:62715000/66/77 传真:62715055 柳市薛宅工业区

CNAT
中国认证人员与培训机构国家认可委员会认可
的国家注册审核员及国家注册内审员培训机构
诚信 科学 务实
天津长城认证培训中心
TIANJIN GREATWALL CERTIFICATION TRAINNING CENTER
认可范围：
ISO 14000 国家注册审核员
ISO 9000 国家注册内审员
ISO 14000 国家注册内审员
GB/T 28001 国家注册内审员
TEL:022-23042355 23042359(FAX) 天津市和平区沙市道46号长发公寓2六门7层
http:\\www.gwtc.com.cn E-mail:webmaster@gwtc.com.cn

CQC四川评审中心主任

CQC

CQC四川评审中心

中国质量认证中心（以下简称CQC）是中编委批准的中国国家认证机构。CQC四川评审中心是中国质量认证中心设在四川地区的直属分支机构、是具有独立法人资格的评审认证实体。开展的评审认证项目有：ISO9000、ISO14000、OHSAS18000和HACCP、TL9000、QS-9000、ISO16949：2002、BS7799和SA8000等管理体系认证，以及CQC区域性自愿产品认证、CQC质量环保产品认证和有机食品等产品认证。

CQC四川评审中心的全体员工狠抓认证评审工作质量不动摇，通过召开中心年度工作目标任务安排会和季度审核员工作会以及举行各种定期培训等方式进行宣传贯彻落实，努力加强审核员队伍建设，提高审核员素质和能力，明确要求全体审核员必须遵循CQC第六版质量手册的有关规定开展认证评审活动，严格规范审核员审核行为，在认证审核工作中要切实做到清正廉洁，公正无私，为广大申请人提供优质、高效的认证评审服务。我们还加大了对获证企业的后续服务，通过走访企业，召开获证企业片区会议等形式，及时收集了解获证企业的意见，通过专家现场讲解辅导，帮助企业管理者进一步理解标准，提高管理水平，有效保证了监审工作的质量。通过与客户交流，增强了CQC四川评审中心与企业之间的沟通,为广大客户间的沟通与交流提供了一个新平台。使企业可以及时了解到当前的认证趋势、认证政策，为企业持续改进质量管理体系，实现从优秀到卓越的顺利跨越奠定良好的基础。为提升企业的组织力、市场应变力和综合实力，在质量管理上提供了有力的支持。深化了企业对ISO9000：2000标准的理解，使他们能更好地贯彻实施内部审核和管理评审等质量管理活动，将质量管理体系和企业的实际有效地结合起来，使企业更加健康有序地发展。我们还定期向认证企业发放了审核工作意见调查表，收集顾客反馈意见和建议，及时持续改进我们的审核工作，使认证审核始终接受广大企业和社会有关部门的监督。围绕市场开发，积极开展各种形式的宣传推广活动，进一步加大四川评审中心的竞争力。围绕国际国内认证认可形势变化，在努力办好自办《认证快讯》的同时，举办大型户外广告，积极主动联系《国门时报》、《中国质量报》、《中国质量认证》、《CQC认证》、《四川日报》、《成都商报》、《华西都市报》《成都日报》《成都晚报》等新闻媒体，开展各种认证的宣传推广活动，均取得良好效果。

CQC四川评审中心不断解放思想、转变观念，坚持以认证市场为导向，以评审质量为生命，以热情服务为宗旨。目前，中国质量认证中心四川评审中心已成功认证了包括峨眉山、九寨沟、五粮液、长虹在内的2000多家知名企业，为四川经济实现跨越式发展做出较大贡献。并且评审工作的质量和认证企业的素质也在逐步提高，为推动全省认证评审工作向纵深发展，促进四川省对外经济贸易发展做出了积极贡献，取得了良好的经济效益和社会效益。通过我们的努力和热情服务，提高了四川省各类企业质量管理和环境管理的水平，提升了四川商品的品牌形象和知名度，增强了参与国内外市场的竞争力，为全省经济和社会实现跨越式发展做出了应有贡献。

四川评审中心在以后工作中将继续以自己的实际行动时时处处维护CQC这一中国最具权威性和最具影响力的认证品牌。愿与CQC所有分支机构一道共同努力，共铸中国认证领域的航空母舰。采取切实有效措施，确保审核工作质量，将四川评审中心的发展由“速度型”转变为“质量型”，实施名牌发展战略，努力打造CQC四川评审中心的金字招牌。

坚持优质服务　共铸认证航母

CHINA CERTIFICATION & INSPECTION GROUP JIANGSU CO.,LTD.

中国检验认证集团江苏有限公司

中检集团江苏有限公司的高层管理者都具有丰富的海内外检验、认证、鉴定、管理等方面的工作经验，是一个年轻、团结、创新、有战斗力的团体。

公司简介

中国检验认证集团是在原中国进出口商品检验总公司基础上改制重组、经中国国务院批准成立、国家质量监督检验检疫总局和国家认证认可监督管理委员会认可、以“检验、鉴定、认证、测试”为主业的跨国检验认证机构。

集团公司已与世界多个检验认证机构建立了合作关系，包括UL（美国安全检测试验所）、CSA（加拿大标准协会）、TÜV Rheinland（德国莱茵技术监护顾问有限公司）、KEMA（荷兰电工材料能源研究院）、JET(日本电气安全环境研究所)、ULC（加拿大保险商实验室）、BV（法国船级社）、ITS（英之杰集团）、OMIC(日本海外货物检查株式会社)、NKKK(日本海事检定协会)、SK（新日本检定株式会社）、COTECNA 集团、日本谷物检定协会、GeneScan（德国基因时代检测有限公司）等。

中国检验认证集团江苏有限公司前身是中国进出口商品检验总公司江苏分公司，成立于1980年，并在江苏全省各地设有23家分支机构和2家合资检验公司。公司于1998年在全国检验检疫系统中首家通过了ISO9002质量管理体系的认证，2002年8月通过了ISO/IEC17020检查机构认可准则的认可，进一步提升了公司的管理水平和竞争能力。

1998年，公司与德国TÜV合作成立了江苏添福产品服务有限公司，设立了全套的符合国际标准要求的安全性能测试实验室和电磁兼容性测试实验室，现已成为亚洲第一流的测试中心。2003 年，与德国 GeneScan 公司合作开展了非转基因身份保持（IP）认证业务，并取得国家认监委认可，受集团公司委托设立了非转基因身份保持（IP）认证操作管理中心。

地址：江苏省南京市白下路 1 号 中检大厦
邮编：210001
电话：25-52343300
传真：25-52343366
网址：www.ccicjs.com

中检集团江苏有限公司拥有经验丰富的专业技术人员和先进的检验仪器设备。

CHINA CERTIFICATION & INSPECTION GROUP JIANGSU CO.,LTD.

温州科建企业管理顾问有限公司

（国家认证认可监督管理委员会批准认证咨询机构

CNCA-Z-12Q-2002-004

认证咨询机构批准书

温州市科建企业管理顾问有限公司

温州市新城禾源大厦13楼B室

经审查，你机构符合《认证机构及认证培训、咨询机构审批登记与监督管理办法》及其相关文件的有关规定，准予设立并开展批准范围内的认证咨询工作。

批准范围：质量管理体系认证咨询、环境管理体系认证咨询***

职业安全与健康管理体系认证咨询***

批 准 号：CNCA-Z-12Q-2002-004

有效期限：2002年7月31日至2006年7月30日

发证日期：二〇〇二年七月三十一日

换证日期：2003年7月25日

国家认证认可监督管理委员会

注册证书

Certificate of Registration

No：CJ0604070

兹证明 温州市科建企业管理顾问有限公司

有资格从事强制性产品认证代理申办业务。

This is to certify that

温州市科建企业管理顾问有限公司

is qualified to act as agency involving in the application for the China Compulsory Certificaiton.

有效期：2003年4月21日至2006年4月20日

Valid from April 21 2003 to April 20 2006

科建辉煌六周年（1998–2004

发展里程

●1998年8月在温州注册成立，辉煌六年来，已为20多个行业近1000多家企业提了企业管理咨询、ISO9000、ISO14000、OSHMS18000、QS9000、VDA6.1 ISO/TS16949、HACCP、CCC、CE、GS、UL认证咨询服务。

●2000年11月经浙江省质量技术监督局批准，荣获质量认证咨询机构国家备案资证书（备案号：浙–014–2000）。

●2002年4月经国家环境保护总局批准，荣获中国环境管理体系咨询机构备案资证书（证书编号：环资备字[2002]163号）。

●2002年8月全国首批荣获国家认证认可监督管理委会批准，为浙江省唯一一（有效期至2006月7月30日）同时具备ISO9000、ISO14000管理体系认证咨询资的机构（批准号：CNCA–Z–12Q–2002–004）。

●2003年1月获“浙江省咨询行业先进企业”荣誉证书。

●2003年4月获全国首批有资格从事强制性产品认证（CCC）代理申办业务的构。

●2003年8月荣获OSHMS18000职业安全与健康管理体系认证咨询资格，成为浙省首家同时具备质量管理体系认证咨询、环境管理体系认证咨询、职业安全与健管理体系认证咨询、CCC强制性产品认证代理申办业务的大型认证咨询机构。

●2004年8月注册成立上海科能管理咨询有限公司。

●浙江省最大的咨询公司之一（100余名员工）。

●全中国服务区域最广的咨询公司之一，在上海、江苏、福建、江西、台州、华、丽水等地设有分支机构，能就近为客户提供服务。

服务范围：

- IS09000、IS014000、OSHMS18000认证咨询服务
- QS9000、VDA6.1、ISO/TS16949认证咨询服务
- HACCP、SA8000、GMP、GSP、TL9000认证咨询服务
- CCC中国强制性产品认证代理
- 环境标志、中国真皮标志认证咨询服务
- CE、GS、UL认证咨询服务
- ISO9000：2000换版咨询，年度监督与复评辅导服务
- 企业管理咨询
- ISO9000、IS014000、OSHMS18000内审员培训
- 中小企业基础管理（生产、营销、财务、仓储、5S）培训
- 职业经理培训

温州科建企业管理顾问有限公司

地址：温州市新城禾源大厦13楼B室

总机：0577–88916500 88916600 88916700

直线：0577–88916001 88916002 88916009

传真：0577–88916016 邮编：325000

联系人：叶剑淼 赵晓瑚

http://www.kejian.org E-mail:sale@kejian.org

上海科能管理咨询有限公司

地址：上海市陕西北路1283弄9号玉城大厦2802室

电话：021–62994785 62994786

021–62994787 62994789

传真：021–62998341 邮编：200060

瑞安分公司

地址：瑞安市安居街22幢4单元2楼

直线：0577–65895656 传真：0577–65893900

台州办事处

地址：台州市路桥区路桥大道61号中兴大厦508室

直线：0576–2466927 传真：0576–2466927

金华办事处

地址：金华市宾虹路811号6楼

直线：0579–3180406 传真：0579–3185405

丽水办事处

地址：丽水市括巷路220号201室

直线：0578–2119905 传真：0578–2112292

江苏办事处

地址：江苏省常州市延陵东路联通大厦515室

直线：0519–8111148 传真：0519–8111148

认

咨

浙江省首家同时具备质量/环境/职业安全与健康管理体系、CCC认证咨询资

方圆标志认证中心山西分中心
（CQM/SXH）

方圆标志认证中心山西分中心（CQM/SXH）是方圆标志认证中心在山西省设立的分支机构。

方圆标志认证中心山西分中心的前身是山西质量认证审核中心。山西质量认证审核中心是经山西省机构编制部门1998年批准的、由山西省质量技术监督局创办的、2002年通过国家认证认可监督管理委员会批准的认证审核机构（批准号：CNCA-R-2002-002-04）。

方圆标志认证中心山西分中心经过多年的发展，已形成完整的评价服务体系，拥有质量、环境、职业健康安全等人正领域的国家注册审核人员180余名，认证企业突破400家。中心树立高度的社会责任感，坚持认证的有效性、服务的规范性、技术的精湛性，把满足社会对认证的需求作为永远追求的目标，持续稳定地为社会提供高效增值的认证服务。

国家质检总局李长江、国家认监委主任王凤清视察方圆标志认证中心山西分中心

国家认可委专家在方圆标志认证中心山西分中心评审

山西国经兆维认证咨询中心（有限公司）
（原名山西兆维认证咨询中心）

山西国经兆维认证咨询中心（原名山西兆维认证咨询中心）是专业认证咨询的科技型技术咨询服务机构，是首批通过国家认监委2002年8月重新登记备案的咨询机构之一（批准号：CNCA-Z-06Q-2002-002、CNCA-Z-01Q-2002-001），是山西省科技厅2000年7月首批认定的18家科技型企业之一，是山西省唯一拥有3C资质的单位，是山西省商联会、企业家协会、品牌协会等十几家协会理事、常务理事单位，在省内同行业中成立最早、自制最全、规模最大、业绩最多。

先后为山西海鑫钢铁集团公司、山西省汽运集团、山西石林房地产开发有限公司、山西恒康乳业有限公司、山西大酒店、太原建筑工程总公司、山西培训工作。中心2002年11月被陕西省科技厅、省科委、省工商联评为"山西省优秀科技企业"，2004年3月被太原市政府授予"太原市先进科技中介机构"荣誉称号。2001年12月捐资在山西大学设立"兆维创新奖励基金"。中心领导被原太原市委、市政府聘为科技顾问。

中心地址：山西省太原市桃园北路189号科器大厦三、四层

电话：0351—36336498　0351—3332906

传真：0351—3331991

邮编：030002

中电力咨询
sinopower

北京中电力企业管理咨询有限责任公司

中国企业联合会领导来我公司视察工作

公司领导成员

北京中电力企业管理咨询有限责任公司成立于1998年，具有独立法人资格，是经中国国家认证认可监督管理委员会批准的从事ISO 9000质量管理/ISO 14000环境管理/OHSAS 18000职业健康安全管理体系认证咨询的备案机构(批准号：CNCA—Z—01Q—2002—049)。

公司追求“管理创新、行业领先”的理念，经过近六年的发展，逐步建立了规范、高效的国际标准认证咨询服务体系；培养了一支知识化、专业化、高素质的咨询队伍，探索出富有成效的“中电力咨询”模式。公司以严谨的工作和优质的服务，为国内300多家电力企业提供了高品质的咨询服务，并在认证咨询行业树立了良好的公司形象。为拓宽服务领域，满足客户各方面的需要，在多年从事质量/环境/安全健康管理体系认证咨询的基础上，公司与国内知名大专院校、专业咨询机构合作国，开展了企业发展战略咨询、业务流程再造咨询、标准化管理咨询、建立学习型组织咨询、工程项目管理咨询和现场5S管理咨询等业务。

为更好地满足客户各方面的需要，公司与国内知名软件公司合作，成功地研制开发出了企业管理系列软件：EME班组建设管理信息系统、EME教育培训管理信息系统、EME标准化体系管理信息系统。

公司始终不渝地坚持“规范权威咨询，不断创新顾客满意；诚信高效服务，持续改进追求卓越”的质量方针，围绕客户需求持续改进咨询服务，为企业不断学习、应用先进的管理理念和管理技术，提供高效、增值的认证咨询服务，一如既往地帮助客户在激烈的市场竞争中建立和保持长久的竞争优势。

总经理虞旭清在山西省电力公司推行实施SHEQ管理体系暨流程管理研讨会上讲演

公司与华北电力集团公司签订《华北电力集团安全生产环境质量管理体系合同》的签字仪式

地址：北京宣武广内大街6号枫桦豪景A8-1201#　邮编：100053
电话：(010)83548309/11/12转　83548319/20/31　传真：(010)83548321
网址：www.sinopower.com.cn　zdl.com.cn
E-mail: bjzdl@public.bta.net.cn　zdl@sinopower.com.cn

深圳市深监管理认证培训中心有限公司
国家质量技术监督局深圳培训中心
深圳市质量技术监督培训中心

中心主任石岩先生，高级工程师，资深教师，中国国情研究会研究员，西部大开发经济顾问，2002年被国家质量监督检验检疫总局授予全国质量管理先进工作者。

国家质检总局质量司于献忠司长在我中心举办的"深圳市质监系统干部知识更新专题讲座"上讲课。

首批经国家认证认可监督管理委员会批准的认证培训机构；

我国最早开展质量认证审核人才培训的专业机构之一；

深圳市质量技术监督局直属专职培训机构；

广东省质量技术监督局指定的全国质量专业职业资格考试考前培训机构；

深圳市人事局认定的深圳市专业技术人员继续教育基地。

本培训中心荟萃了讲师、副教授、高级工程师以上职称的专、兼职教师50多人。其中，有20多名CNAT注册资格的审核员培训教师，十数名国家质检总局注册的质量专业职业资格考培教师，构成了专业化从事质量、计量、标准化及质量技术监督业务的培训师资队伍。

培训中心拥有近千平方米宽畅明亮的教学场所和现代化的多媒体教学设施，服务周到，后勤保障一流。

培训中心自1994年创办以来，一直有效运行着符合标准规范的培训管理体系，在教学研究方面形成了具有自己开发课程能力的师资队伍，在教学管理方面形成了具有特色的模式，获得了优良的教学效果和良好声誉。中心也采取请进来、走出去的多种办学方式，不仅在本中心常年开设各类培训课程，也上门为企业开展不同规模的教学培训，多年来为企业培训了数万名优秀的质量管理骨干和质量、计量、标准工作人才，提高了企业人员的素质和能力，为企业产生经济效益奠定了基础。2000年被原国家质量技术监督局授予"1995–1999年全国质量技术监督教育工作先进集体"荣誉称号。

培训中心现已开设的课程共40多门，并且建立了自己的教材体系和教研系统，现正不断地开发适应社会发展需要的各种新课程。

主要课程：

★ ISO9000国家注册审核员
★ ISO9000内审员
★ ISO9001：2000标准理解、实施及文件编写
★ ISO14001标准理解与实施
★ OHSMS18001标准理解与实施
★ HACCP（食品生产的危害分析与关键控制点体系建立
★ ISO/TS16949：2002汽车行业质量管理体系解与实施
★ 计量检定国家职业资格（长度量具、量仪；器；电磁；无线电；光学眼镜定配、眼镜
★ 化学检验国家职业资格
★ 食品检验国家职业资格
★ 物流管理职业资格培训
★ 质量专业技术人员职业资格考前培训
★ 深圳市专业技术人员、公务员继续教育培训
★ 常用统计技术
★ 统计过程控制与SPC
★ 6西格玛概论
★ 6西格玛管理概论与实务（绿带知识）
★ 测量系统分析（MSA）
★ 抽样检验
★ 质量检验管理与方法
★ 计量技术与管理
★ 质量机能展开（QFD）
★ 现场管理与5s
★ 实验设计与田口方法
★ 可靠性基础
★ 质量改进与新老七工具

俄罗斯标准化研究院代表团来我中心访问

北京东方凯姆质量认证中心简介

（中国农机产品质量认证中心）

Beijing CAM Quality Certification Centre

(China Certification Centre for Agricultural Machinery)

中国农机产品质量认证中心成立大会

中国农机产品质量认证中心审核人员
到日本企业现场审核

中国农机产品质量认证中心审核人
到香港企业现场审核

北京东方凯姆质量认证中心（中国农机产品质量认证中心），英文名称为 Beijing CAM Quality Certification Centre (China Certification Centre for Agricultural Machinery)，缩写为 CAM，成立于 1998 年 4 月 28 日，是经原国家质量技术监督局批准，由农业部牵头组建，对农机产品实施认证管理，为国内外企业提供认证服务，具有独立法人地位的第三方认证机构。

中心内设综合部、检验协调部、体系审核部、技术培训部和技术委员会。中心拥有一支包括国家注册各级别的专业审核员队伍，中心还有十几家经国家实验室认可的分包检验机构，丰富的资源保证了认证工作的顺利开展。

中心自成立以来，按照国际认可准则建立和实施质量管理体系，并于 2000 年、2004 年先后两次获得国家认可资格（认可证书号为 CNAB080-P）。2002年被国家认证认可监督管理委员会指定为9家首批实施国家强制性认证的认证机构之一，负责承担植保机械强制性产品认证工作。中心先前还开展了拖拉机、内燃机、收割机、旋耕机、畜牧机械等农机产品的合格认证与安全认证，至今已有200余家企业的数百个产品获得农机产品自愿性认证和强制性认证证书。

中心将始终不渝地遵照守法、诚信、有效、服务的质量方针，为企业不断提供满意的认证服务。努力把CAM认证标志培育成为农民信任、企业追求、政府支持、国际互认的优秀服务品牌。

中国农机产品质量认证首批获证产品颁证会

★ CAM 认证标志

农机产品质量合格认证标志

农机产品质量安全认证标志

强制性产品认证标志

★ 联系方式

通讯地址：北京市朝阳区东三环南路十里河
北京东方凯姆质量认证中心
（中国农机产品质量认证中心）

邮政编码：100021

电话 / 传真：010-67347471 67328702

（综合部）：010-67316737(Fax)

E-mail: cam@agri.gov.cn

网址：www.amic.agri.gov.cn

CNAL 认可的专业化实验室

通标标准技术服务有限公司近十年来，建立了涵盖电子电器、纺织品、玩具、轻工产品、化学、食品、农产、矿产、石化、材料等领域的专业实验室，投资上亿元购置了先进的仪器设备，为客户提供第一流的检测分析服务。

通标公司实验室按国际惯例、国际标准运作。例如，设在天津塘沽的矿产实验室在长期参与的由 Laboratory Quality Services International 主办的循环样比对国际质量保证计划中取得了优异的成绩。

通标公司实验室也得到 CNAL 审核认可和中国其他相关机构的认可。

专业的人才，先进的实验室设备以及完善的质量管理与控制系统使通标公司有能力始终如一地提供独立的有竞争性的专业服务，同时也是帮助客户保持其竞争性并将风险将至最低的伙伴。

CNAL/HKAS 认可实验室	CNAL/HKAS 证书号	联系电话
通标公司上海分公司检测中心	L0599	021 64951616
通标公司上海分公司检测中心 GSM 实验室	L1486	021 64951616
通标公司青岛分公司检测中心	L0604	021 64951616
通标公司蛇口实验室、番禺石化实验室，珠海石化实验室和东莞石化实验室	L0163	0755 26390237
通标公司镇海实验室	L0765	0574 87695350
通标公司天津分公司矿产实验室	L0878	022 25706692 / 25704323
通标公司广州实验室广州电磁兼容实验室	L0141	020 38481001
通标公司广州实验室	L0167	020 38481001 / 82169300
通标公司深圳分公司玩具实验室	HOKLAS 078	0755 83114358

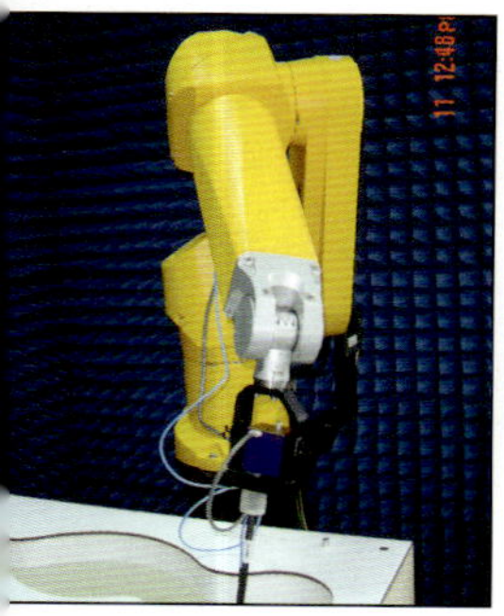

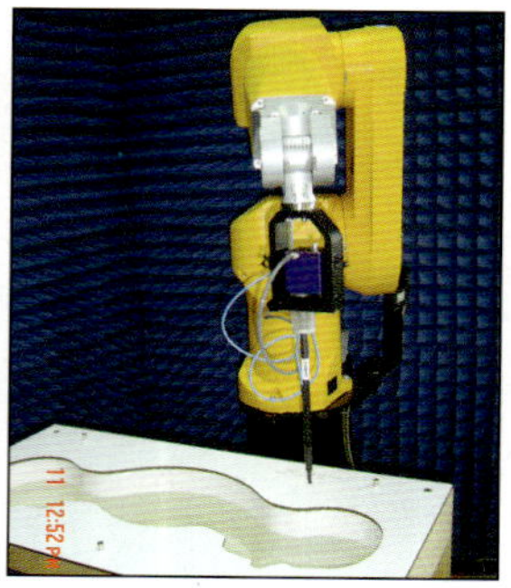

SGS

WHEN YOU NEED TO BE SURE

An International Leader

in Testing, Inspection and Certification

Intertek ETL SEMKO

一步到位——您需要的电子电器产品国际认证服务

ETL SEMKO 隶属于 Intertek 天祥集团。其历史可追溯到 1904 年爱迪生创办的电器测试实验室，历经百年历史，ETL SEMKO 业务发展已经遍布世界，拥有 40 家实验室和 43 家分公司的规模。

ETL SEMKO 为电子电器产品出口提供一步到位的测试认证服务，包括产品安全测试和认证、EMC 测试以及能效测试、性能及对比测试、电子电器产品的验货服务。在实验室认可方面，ETL SEMKO 在美洲、欧洲和亚太地区获得广大行业机构及政府认证管理机构的认可。

我们颁发的部分认证标志：

ETL 安全认证　Warnock Hersey 安全认证　德国GS安全认证标志　S安全认证　欧共体CE 标志测试

Intertek ETL SEMKO 获得的部分认可：

- 中国实验室国家认可委员会（CNAL）
- 美国联邦政府职业安全与健康署（OSHA）
- 美国国家标准协会（ANSI）
- 美国联邦通信委员会 （FCC）
- 欧盟政府进行大部分 CE 指令验证的提名机构（NB）
- 德国实验室认可机构（ZLS）
- 英国电器产品认证部（BEAB）
- 韩国电器测试局（KETI）
- 新加坡标准、生产力和创新委员会（SPRING）

上海	温州	厦门	广州
电话：(86-21) 6495 6565	(86-577) 8881 2176	(86-592) 2395 700	(86-20) 8396 6868
传真：(86-21) 6495 6263	(86-577) 8881 2119	(86-592) 2395 900	(86-20) 8222 8170

请登录我们的网站:www.china.intertek-etlsemko.com

Jiangsu TÜV Product Service Ltd.

江苏添福产品服务有限公司

江苏添福产品服务有限公司(Jiangsu TÜV Product Service Ltd.)是由中国南京进出口商品检验公司和德国 TÜV Product Service GmbH 合资建立的专业检测认证公司。

合资外方所属的 TÜV 南德意志集团是全球较大的 TÜV 机构，其历史可追溯到 1866 在曼海姆设立的一家监测蒸汽锅炉的技术安全机构。今天，整个集团的业务涵盖了科技和技术创新的各个领域并发挥着行业伙伴的作用。

TÜV 南德意志集团在全球设有 110 个分支机构，11000 多名员工，共颁发了 200,000 多张产品证书和 20,000 多张质量管理体系证书。

江苏添福产品服务有限公司于 1998 年 6 月在江苏江阴正式开业。2000 年 8 月，公司自江阴搬至无锡，检测能力从原来的 EMC 检测拓展到了 EMC 检测和安全检测。2001 年 7 月，值公司成立三周年之时，公司又投资 120 万美元兴建 10 米法电波暗室。新实验大楼与 10 米法电波暗室于 2002 年 12 月竣工。自公司开业以来，国家认证认可监督管理委员会王凤清主任曾多次到公司视察工作，并先后参加了公司开业、电波暗室奠基典礼及落成剪彩典礼。

作为国内最具实力的机电产品综合检测实验室之一，公司配备有电磁兼容和安全实验室，实验室用房面积 3800m^2，各类先进的仪器设备 400 余台／套，可以按照 IEC 标准、欧盟 EN 标准、中国 GB 标准、美国 UL 标准、加拿大 CSA 标准进行检测，可检测的产品包括家用电器、电动工具、灯具、信息设备、视听产品、通讯产品、工科医设备及大型机器等。公司于 2003 年 6 月获得 CB 测试实验室认可；2003 年 9 月被美国联邦通讯委员会(FCC)接受为注册的 EMC 测试场地；2004 年 1 月通过了日本 VCCI 认可，同时还可进行美国 UL、加拿大 CSA 等机构的目击测试。

目前公司在上海、广州和深圳设有分公司，主要业务范围包括 CE、EMC、GS、CB 等产品认证服务和管理体系认证服务，EMC 检测和安全性检测以及有关方委托的检验。

国家认监委主任王凤清为江苏添福产品服务有限公司检测大楼落成剪彩

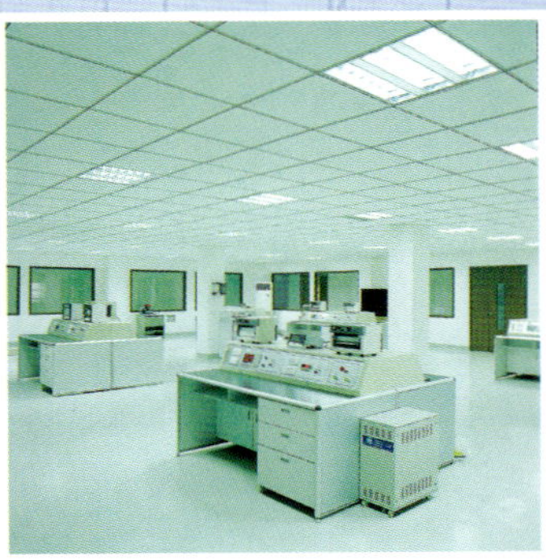

江苏添福产品服务有限公司安全实验室之一

江苏添福产品服务有限公司无锡实验室全景

国家认监委主任王凤清参观 1 法电波暗室

中联认证中心

中联认证中心是由原中国机械工业质量体系认证中心、中国机械安全认证中心、中机管理体系认证中心和机械工业环境管理体系认证中心于2002年8月整合成立的大型综合性认证服务实体。原中国机械工业质量体系认证中心成立于1994年，是我国较早成立并首批获得国家认可的认证机构之一。该认证机构在我国最早开展质量管理体系研究工作，长期承担着我国CSBTS/TC151/SC2质量体系分委会秘书处的工作，为我国ISO9000系列标准的引入采用和贯彻做出了积极的贡献。整合后的中联认证中心业务领域为：质量管理体系认证、QS-9000认证、环境管理体系认证、职业健康安全管理体系认证、机械产品安全认证。

十年来中联认证中心作为机械科学研究院组建的认证机构，除了从事管理体系认证和产品认证外，还承担了大量的科研任务，涉及的主要科研工作有：质量管理技术研究、环境工程技术研究、安全工程技术研究、机械产品安全技术研究、机械工业安全生产技术研究、军工配套产品“三化”研究、国防科技工业配套行业标准化技术研究、机械产品可靠性技术研究和环保机械、机械安全、质量管理及军品标准的制修订等工作。共获得数十项国家及省部级科技进步奖项。在从事认证和科研工作的同时，还锻炼培养了一大批具有坚实专业理论知识和丰富实践工作经验的高级专业技术人才。

经过十年来年的努力，中联认证中心的工作得到了社会及广大企业的认同，中心在发展过程中注重认证服务质量，坚持科学、客观、公正的方针，以信誉和质量求发展。

ZHONG LIAN REN ZHENG ZHONG XIN
ZHONG LIAN REN ZHENG ZHONG XIN
HONG LIAN REN ZHENG ZHONG XIN

China Hurtless Beverage Certification Center (Beijing)

中饮标（北京）安全饮品认证中心 China Hurtless Beverage Certifica-tion Center（Beijing）是经中国国家认证认可监督管理委员会批准，依法注册成立的中国饮品行业目前唯一的安全饮品认证机构。

中饮标（北京）安全饮品认证中心在中国国家认证认可监督管理委员会的监督指导下，严格遵守《中华人民共和国认证认可条例》，按照国家规定、依据安全饮品认证标准，对中华人民共和国境内生产和销售的饮品进行"独立公正、规范准确、权威性、专业化"的安全饮品认证，为全国饮品生产企业进行安全饮品认证提供法律保证。

中饮标（北京）安全饮品认证中心经国家工商行政管理总局批准，注册了证明商标"安全饮品"标志。凡通过"安全饮品"认证的饮品，可在本中心统一管理下在其产品的包装、标签、广告、宣传、说明书中使用"安全饮品"标志，为消费者提供真实、可靠的饮品安全信息；切实维护消费者和饮品生产企业的利益。

本中心拥有一批致力于饮品生产和管理的质量、卫生、安全检查员、审核员和技术专家，秉承"科学、公正、高效"的工作方针，全心全意为饮品企业发展服务、为人民健康事业发展服务。

中饮标(北京)安全饮品认证中心

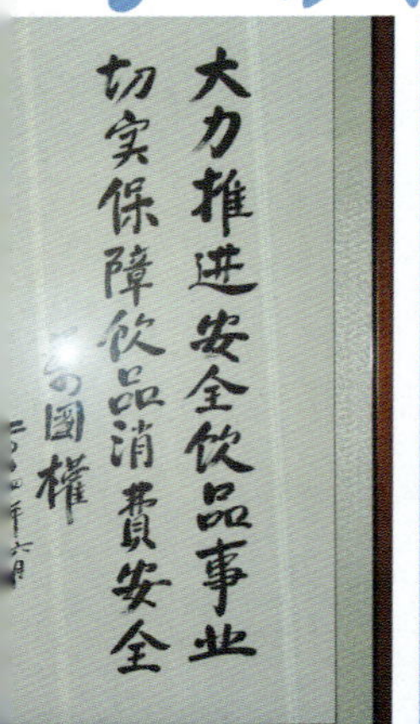

"科学、公正、高效"

地址:北京市崇文区光明路 11 号天玉大厦九层

邮编:100061

联系电话:010-51903377 51902276

传真:010-51902226

E-MAIL:anquanyinpin@vip.sina.com aqyp@sina.com

商标下载：www.aqyp.org.cn

中标认证中心

为缓解我国能源紧张局面，1998年我国颁布实施了《中华人民共和国节约能源法》。为了有效开展节能产品认证工作、保障节能产品的健康发展和市场公平竞争、促进节能产品的国际贸易，在原国家经济贸易委员会的组织领导下成立了中国节能产品认证中心（现中标认证中心），并于1999年依据节能法颁布了《中国节能产品认证管理办法》，标志着我国节能产品认证制度的正式建立。经过几年努力，我国节能产品认证工作获得了较大的发展。

节能产品认证作为第三方产品质量认证的一种，目前采用"工厂质量保证能力+产品实物质量检验+获证后监督"的认证模式，是认证模式中最为严格的一种形式。有效地开展工厂质量保证能力的审查、充分体现节能产品认证特点，是科学实施节能产品认证制度的关键所在。"以产品能耗指标/效率为核心，以开发/设计—采购—生产和进货检验—过程检验—最终检验为两条基本审查路线，突出关键/特殊生产过程和关键检验环节，对影响产品能耗指标/效率的关键零部件和材料的一致性进行现场确认"是当前节能产品认证审查的基本原则。

产品实物检验是节能产品认证中非常重要的一环，其检验原则是检验能效指标及影响能效指标的主要产品性能指标，以防止能效指标为达到节能评价值而以牺牲产品主要性能为代价。

节能产品认证旨在通过推广高效的节能产品，引导和激励企业开发和生产更多的优质的节能产品、有效促进绿色消费进而减缓能源供应紧张的局面，节约能源，减少污染物排放，创造一个和谐的生态环境，从而取得良好的经济、社会和环境效益。

节能产品认证始终紧紧围绕国家经济可持续发展的战略精神，紧密配合国家节能工作的整体部署，使认证能够成为有效推动我国节能工作的重要手段之一，从而获得了社会及企业的影响，并赢得了国际同行的极大认可。随着我国市场经济的发展，政府行政管理职能的转变，节能产品认证将发挥越来越重要作用。

ZHONG BIAO REN ZHENG

方针并监督中心独立、客观、公正、科学地开展消防产品第三方认证工作。

中心拥有近2000m²的独立办公场所及功能齐全的办公通讯设施。现有工作人员23名，另有根据中心评聘规定聘用的专、兼职工厂检查员240余名，其中高级检查员30余名，检查员148余名；上述人员中，同时具备CNAT级别审核员资质的国家注册验证审核员4名，高级审核员15名，审核员19名，实习审核员76人，人力资源完全能够满足目前所从事的产品认证工作需要。

中心将强制性3C认证和型式认可中的产品检验工作，分包给已获中国实验室国家认可委员会（CNAL）认可的国家消防电子产品质量监督检验中心、国家固定灭火系统和耐火构件质量监督检验中心、国家消防装备质量监督检验中心和国家防火建筑材料质量监督检验中心，并按有关规定对上述消防产品及消防相关产品质量检验机构的分包工作过程实施监督管理。

中心财务状况稳定，根据财综[2003]85号文（财政部、国家发展和改革委员会联合发文）的规定，中心采用“自收自支”的财务运营方式。中心以认证业务收入支付各项费用，并建立了涉及产品认证连带责任的专项风险资金。中心无需接受并承诺不接受任何方式的资助。

中心坚持“公正、客观、规范、严谨，持续改进”的质量方针，为确保人民生命财产的安全，科学严谨地实施消防产品的合格评定工作，向社会提供准确、客观的消防产品质量认证服务。

检中心材料特性试验装置

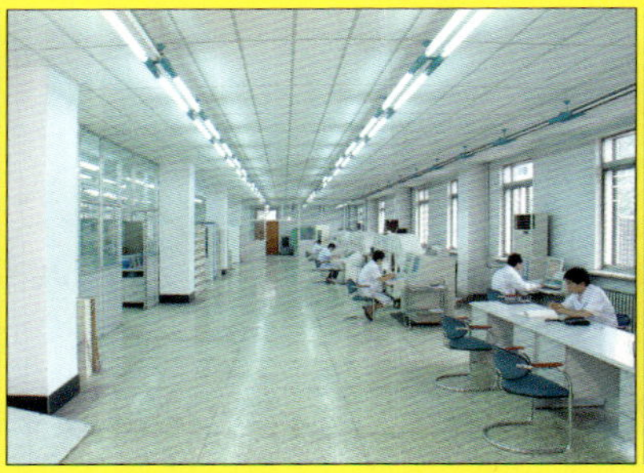
沈阳质检中心消防电子产品检测室

上海质检中心消防车产品检测装置

天津质检中心耐火构件检测装置

地址：北京市崇文区永外西革新里甲108号
邮编：100077
负责人：东靖飞
联系人：马智扬、赵辉
电话：010-67274320 67274308
传真：010-87278660
网址：http://www.cccf.com.cn
电子邮箱：cccf@263.net

公安部消防产品合格评定中心办公楼

公安部消防产品合格评定中心

公安部消防局领导作重要指示

中心技术评定工作会议

公安部消防产品合格评定中心成立于2002年9月29日，系公安部部属事业单位，具有独立法人资格。中心的业务范围为：负责消防产品和消防相关产品质量认证；消防产品和消防相关产品认证标准、规则及细则的拟定；对“中国消防产品信息网”实施管理。经国家认证认可监督管理委员会授权，目前中心已开展了火灾报警产品、消防水带产品、自动喷水灭火系统产品和汽车消防车产品的强制性3C认证工作；同时，对灭火剂、灭火器、防火门、消火栓、消防水枪、消防接口、消防应急灯具、防火封堵材料、可燃气体报警设备等产品开展了型式认可工作。中心已通过中国认证机构国家认可委员会的认可（注册号：CNAB073－P）。

截至2004年8月底，3C认证获证企业总数为246家，发放证书1550余张；型式认可获证企业总数1730余家，发放证书7790余张。上述认证信息均可在“中国消防产品信息网”(www.cccf.com.cn)和国家认监委网站www.cnca.gov.cn(3C部分）上具体查询。

中心设主任一人，副主任一人。下设中心办公室、综合部、评审部、技术监督部及财务部，并设立技术评定小组实施认证评定和专业评定工作；中心设有代表与消防产品认证有利害关系的各方代表组成的管理委员会，以批准中心运作

四、建筑企业认证

中铁十三局集团有限公司
借助体系认证 实施名牌战略

中铁十三局集团有限公司是大型施工企业集团，具有铁路、公路、水利水电、房屋建设、市政、城市轨道交通工程施工的资质。创建于1948年8月，1984年1月改编为铁道部第十三工程局，2001年6月改制为中铁十三局集团有限公司。

中铁十三局集团于1998年8月获得ISO9002:1994质量管理体系认证。2003年4月进行了2000版质量体系换版，此后又获得ISO14001:1996环境管理体系认证和GB/T28001-2001职业健康安全管理体系认证。

自认证以来，公司坚持"科学管理、科技兴局、以质树誉、以优取胜"的经营战略，坚持"争创行业一流、实现顾客期望、奉献满意工程"的质量方针，大力实施名牌战略，促进企业健康发展。

实施名牌战略，首先大力实施人才战略。谁拥有人才，谁就拥有未来。2001年集团公司选派21名优秀技术骨干脱产进入同济大学，攻读工程硕士研究生。2002年集团公司组织45名技术干部参加同济大学举办的桥隧高级工程师培训班。同时，每年利用职工技术培训中心举办各类技术培训班，开展工地技术培训，举行技术比武大练兵。目前，集团公司13 000人中拥有专业技术干部5 102人，其中高级工程师331人；技术工人5 381人、高级技师19人，技师183人。

实施名牌战略，就要敢于向"高、大、难"工程进军。集团公司在黄河上共修建了四座大桥。成功地开发研制了ZQJ-32/56移动支架造桥机，顺利地实施了箱型简支梁的架设。秦沈客运专线辽河特大桥，全长2 433.59m，应用自行研究设计的GZ24/32-8000型移动造桥机，利用变频、无线自动摇控等技术，提高了造桥机的自动化程度，使移动支架行走系统和喂送系统有新的突破，解决了铁路桥梁的中长跨度双线箱梁架设等技术难题，成功地完成了大桥拼架。去年年底竣工的乌江黄草大桥位于重庆境内，大桥主跨168m，是中国目前跨度最大的双线悬灌铁路桥梁，被称为中国铁路第一跨。广州地铁公纪区间，地铁跨度在国内最大——20.5m，且间距最小，仅为0.8m。采用注浆长大双层管棚超前支护、中隔壁CD法、CRD法及双侧壁导坑分步开挖等施工方法，攻克了技术难关。

实施名牌战略，就是要拥有先进的机械设备。2003年集团公司耗资一亿多元从德国购入全断面隧道掘进机，投入广州地铁施工。集团公司拥有国内外先进施工机械3 000余台套，机械化施工能力达85%，年施工能力50亿元以上，在新型大跨桥梁、长大隧道、深水桥梁基础、高层建筑、地下设施等施工领域积累了丰富的施工经验，在深水取水、水下隧道、风积沙隧道、连续多点顶推、移动支架法架梁、桥梁悬灌施工等高难项目上取得了新的突破。

大力实施名牌战略，硕果累累。仅认证以来，集团公司曾先后多次获得国家级、省部级奖励。深圳梧桐山隧道、深圳盐坝高速公路大梅沙隧道获得国家建筑工程最高奖——鲁班奖。承建的宁夏石中高速公路吴忠黄河特大桥、成都三环路立交桥等多项工程获得铁道部优质工程奖。引松入长工程老爷岭隧道获"全国用户满意工程"称号。企业获"全国守合同重信誉企业"称号，是吉林省"建筑优秀企业"和"明星企业"。

创名牌、树信誉、促发展。2003年集团公司承揽任务又创历史新高，突破50亿元，发展势头强劲。实践证明，只要依靠科技，大力实施名牌战略，企业就会不断向前发展。

（吉林省质量技术监督局供稿）

浙江省长城建设集团股份有限公司

实行科学规范管理 提高经济效益与社会效益

浙江省长城建设集团股份有限公司（前身浙江省第三建筑工程公司），始建于建国初期，迄今已有五十多年历史。集团公司技术先进，装备精良，实力雄厚，下设十八个土建专业分公司和建筑安装、建筑装饰、机械施工、防水防腐分公司及工贸、电器、房地产、建设检测科技开发公司等。是国家建筑施工总承包一级企业。

公司五十多年来立足浙江，面向全国，跻身世界，先后承建了各类工业及民用建筑安装工程。并打入国际市场，在科威特、缅甸、新加坡、塞拉里昂等国家享有良好的声誉。

建立起质量管理、环境管理、职业健康安全管理一体化的管理体系

集团公司自1993年起宣贯ISO9000系列标准，1995年5月开展全集团公司范围的贯标活动，1996年11月通过ISO9002质量体系认证(证书号1096B053)，并于1999年9月通过复评换证(证书号1099B0095)。2000年宣传贯彻2000版ISO9000系列标准，2001年1月起开展全集团范围的ISO9001:2000、ISO14001:1996、OHSAS18001:1999整合体系的宣传贯彻活动，并于2001年12月通过ISO9001:2000、ISO14001:1996、OHSAS18001:1999整合管理体系的认证（证书号1001Q10152R2L、1001E10003R0L、1001S10001R0L），使集团公司质量管理、环境管理、职业健康安全管理逐步与国际接轨。同时在实施过程中通过内部审核、管理评审等手段不断寻求改进机会，先后对管理手册、程序文件作了多次修改完善和三次换版，使管理体系文件进一步得到完善和提升。

科学规范的管理带来了良好的经济效益和社会效益

集团年施工产值从认证前的几个亿到2003年的三十多亿，2003年施工产值在浙江省建筑行业排名第九。期间集团公司先后出台了多个第三层次文件，如安全生产管理制度、生产管理制度等，并注重制度的合理性、兼容性及可操作性，使集团公司的生产管理趋于规范化。集团公司注重技术进步，发挥管理优势，为浙江省编写地下围护施工、大体积砼施工等多项省级建筑施工工法，其中倒置式保温防水屋面施工工法被评为国家级工法。撰写出地下室“半逆作法”施工技术和大面积防静电水磨石施工工艺的论文，屋面渗漏通病防治科技成果荣获省建设科技进步一等奖。1998年集团公司被建设部评为全国建筑业新技术应用先进集体，2000年集团公司又被建设部评为全国建设科技创新工作先进单位。

集团坚持质量兴业宗旨，先后创出了鲁班奖、建设部优质样板工程和国家银质奖、上海市“白玉兰”杯、省优质住宅、省钱江杯、市西湖杯等优质工程，其中交通银行杭州分行金融大楼工程获国家建筑最高奖——鲁班奖，还被列为杭州市“城市建设十大新景观”之一。中大花园公建III获全国建设工程银质奖，浙江省肿瘤医院病房楼、杭州汇丽绣花制衣公司综合楼被评为全国建筑装饰最高奖——金奖，浙江出版印刷物资大楼、杭州邵逸夫医院医疗科教综合楼、瑞安安阳电信大楼、杭州海关大楼、嘉兴市工商局综合业务大楼、市总工会办公楼及工人文化宫活动大楼、南都银座公寓II标段等工程获浙江省“钱江杯”优质工程；上海耀华·天地苑5号楼获上海市“白玉兰”优质工程。

在科学规范管理的基础上经济效益稳步提高，社会效益显著。集团公司始终坚持重合同、守信用，严格认真地履行每一份合同，工程合同工期履约率达到100%，从1988年起至今被浙江省工商行政管理局授予“重合同、守信用”单位称号。1993年起至今，被浙江省人民政府命名为“浙江省重合同守信用先进单位”。2001年被国家工商行政管理总局命名为全国首批“重合同守信用”企业（全省各行业共17家）。2003年被评为全国“守合同重信用”公示企业和“浙江省工商企业信用AAA级‘守合同重信用’单位”。集团已连续十四年被评为“资金信用等级AAA企业”，连续三年荣获浙江省施工企业管理优秀奖，浙江省人民政府授予省级文明单位和浙江省先进基层党

组织；被建设部评为全国企业形象最佳单位、国家建设部精神文明建设先进单位，获得浙江省思想政治工作创新特等奖，并率先在全省建安企业中通过了“三合一”整合管理体系（质量、环境、职业健康安全）。2001 年被中国质协、中国科协、中华全国总工会、共青团中央评为全国质量管理小组活动优秀企业，被中华人民共和国建设部评为全国建设技术创新工作先进单位；2002 年被评为浙江省先进建筑施工企业；2003 年被中国建筑装饰协会评为中国建筑装饰行业百强企业。

展望未来，任重道远

面临充满机遇和挑战的新世纪，集团公司将以现代企业新形象、新构架、新运作，坚持“质量顾客满意、环境社会满意、安全员工满意、管理精益求精”的管理方针，围绕纵横拓展，周边扩张的经营战略，实现企业二次创业争一流的总体目标，始终以超越顾客的期望为宗旨，为海内外用户提供一流的产品、一流的服务、一流的环境。

（作者：浙江省长城建设集团股份有限公司 董事长 葛相校）

五、交通、邮电企业认证

实行“三标一体”认证 实现多方共赢

——江苏宁沪高速公路股份有限公司认证情况

江苏宁沪高速公路股份有限公司(以下简称“宁沪公司”)成立于1992年8月，主要从事公路投资、建设、经营和管理，并发展公路沿线的客运及其他附属服务(包括加油、餐饮、购物、住宿、汽车修理及广告等)。宁沪公司作为江苏省惟一基建项目上市公司，分别于1997年6月27日在香港联交所发行H股并上市交易;2001年1月16日在上海证券交易所上市A股。宁沪公司目前管理的公路里程超过600公里，是公路行业中资产规模最大的上市公司之一。

2003年宁沪公司通过了ISO9001质量管理体系、ISO14001环境管理体系、OHSAS18001职业健康安全管理体系认证，成为世界范围内通过ISO9001、ISO14001、OHSAS18001标准一体化认证的首家高速公路管理公司。

“三标一体”的管理体系认证是国际标准在企业实际运用上的管理创新，也是提升企业管理水平的一项战略性决策。质量管理体系的建立，实现了以顾客满意为中心的企业质量管理运行机制;环境管理体系的建立，使企业的生产性和社会性功能实现了统一，明确了公司的可持续发展之路;职业健康安全管理体系的建立，形成了基于危险源辨识，并以方针、目标和管理方案对所有职业健康安全风险予以严密监控，杜绝了各类事故的发生。“三标一体”的质量、环境和职业健康安全管理体系是对三个管理体系的整合，为企业、顾客、员工、社会多方共赢搭建了一个现实可行、运行有效的管理框架。

实践证明，宁沪公司三标一体认证成效显著，具体表现在以下五个方面：

一、更新了企业价值观，推进了现代企业建设。通过建立管理体系，公司确定了以“顾客满意为宗旨兼顾环境绩效和安康要求”这一基本方针，并贯穿于整个过程管理，面对市场，面向顾客，为驾乘人员提供切切实实的优质服务，不断提高顾客满意度，从而使公司的全体员工更加明确企业的社会价值，牢固地树立了以人为本的经营管理基本理念，加快了建立现代企业的进程。

二、提高了管理水平和管理效率。“三标一体”管理体系的建立，明确了工作职责，规范了职工行为，完善了监控机制;做到了各项工作责任明确，有章可循，措施得力，监督有效;理顺了各部门各单位之间的工作接口，整个管理工作遵循着PDCA模式，各项工作进入了良性循环的轨道，更有效地利用资源，降低管理费用，提高管理效率。

三、提高了服务质量和服务水平。公司的最高管理者、中层干部及业务骨干都已将三大标准的原则、方法和要求与公司的管理思想、组织行为相融合，贯穿于经营活动中，形成满足顾客和相关方面要求的价值观，通过完善的体系传递给客户，使服务水平不断提高。

四、完善了一套全体员工培训的好教材。“三标一体”管理体系编制完成后，一套系统的员工培训教材随即诞生。在文件下发运行后，几乎所有的管理者和员工都感到身边多了一位随身“老师”，它告诉员工如何让顾客满意的同时保护环境和维护职业安全健康。

五、实现了经济效益、环境效益和社会效益的统一，为宁沪公司的可持续发展奠定了基础。通过健全的三级监控体系，公司不断设定新的目标。目前，由公司投资的沪宁高速公路江苏段扩建工程正在进行，并确立了质量一流、管理先进、环境优美的全方位建设目标，扩建工程全面竣工后，作为宁沪公司核心资产的沪宁高速公路江苏段将实现通过量、道路质量、管理、环境、安全生产等方面的全面升级，一条崭新的现代化通衢大道将出现在江苏大地上，从而将为江苏社会和经济的持续发展，同时也为宁沪公司各项事业的持续发展，奠定坚实的基础!

(江苏出入境检验检疫局推荐)

施行ISO质量管理标准 促进机场事业腾飞

南京禄口国际机场位于江苏省南京市东南部，设施设备先进、配套齐全，满足世界上各类运输机全重起降并具备特殊货物处理能力，地面交通十分便捷，是中国重要的干线机场和华东地区主要的货运机场。自1997年7月1日通航到2003年底，共开通国际、国内航线83条，累计运送旅客1370多万人次，货邮吞吐量达到35.8万t以上。2003年，旅客吞吐量达到332万人次，货邮吞吐量达到9.68万吨，在全国机场分别排在第15位和第10位。

公司一贯高度重视和认真贯彻国家、民航总局、华东管理局的有关法规和行业要求，1998年，公司按照民航总局62号令的要求，全面推行规范化管理，于2000年7月通过了民航华东管理局组织的符合性认证，2001年11月通过民航总局组织的安全评估，公司基础管理工作实现了第一次质的飞跃。ISO9001:2000质量管理标准颁布后，公司于2002年组织贯彻实施。2002年2月，首先对公司及下属公司进行了为期一周的管理诊断，对照ISO9001:2000质量管理标准，发现通过推行规范化管理，可基本解决职责分配和工作程序的标准化问题，但在接口环节的衔接配合和流程的优化组合方面还存在不足。考虑南京禄口国际机场有限公司主要是为旅客、航空公司提供客运、货运代理服务，下属8家公司主要是面向市场，在机场主营业务外为旅客、货主、用户提供票务代理、货运代理、旅客运输、配餐服务、民航系统设备安装及旅游服务，经过充分论证，聘请深圳康达信管理顾问有限公司进行指导，在机场公司和下属8家公司整体推行ISO9001:2000标准，于2002年12月通过了中国质量认证中心的审核认证。由于是民航系统机场公司率先做到整体贯彻ISO9001:2000标准，在行业中有示范性，2003年1月9日，公司组织召开了隆重的颁证大会，国家认证认可监督管理委员会相关领导应邀到会向禄口机场及其所属公司颁发了ISO9001:2000国际质量认证体系证书。

在“安全第一，文明至上，效益为中心，创建国内一流机场”的质量方针指导下，坚持客货并举，积极实施货运主导型发展战略，一手抓安全保障，一手抓服务质量改进。坚持以顾客需求为导向，每年向旅客、货主、航空公司等发放问卷调查表，对收集数据进行统计分析，充分发挥广大干部员工参与质量改进活动，开展群众性质量管理小组活动，每年按计划进行内审、管理评审和监督审核，实现质量管理体系的持续改进，机场公司事业发展取得了新的突破。2003年，在充分的市场调研、论证后，利用第五航权，开通了新加坡至南京至芝加哥的货运航线，还先后开通了南京至阿姆斯特丹、曼谷、悉尼的国际货运航线，机场货运事业进入新的发展期，2003年货运吞吐量达到近10万t，比2002年增加了42.55%。还开通了台北经澳门到南京的货运航线、香港到南京货运航线，开通了南京到新加坡的客运航线。同样，机场旅客吞吐量也得到迅猛发展，2003年，克服“非典”带来的影响，旅客吞吐量达到332万人次。

在机场事业得到迅猛发展的同时，精神文明方面也取得了丰硕成果。2003年，面对突如其来的“非典型肺炎”疫情，公司应急处置预案发挥极其重要的作用，处置及时、果断、正确，获省、市政府好评。此外，2003年10月，机场公司被授予“全国质量管理小组活动优秀企业”称号，动力技术部成本控制QC小组被授予“全国优秀质量管理小组”称号；2003年11月，机场公司被评为南京市2002~2003年度花园式单位；2003年12月，机场公司被评为江苏省文明单位。

（南京禄口国际机场有限公司企业管理发展部供稿）

优化管理 建设绿色公交

——广州市电车公司推行管理体系认证的实践与成效

广州市电车公司是广州市公共交通的国有骨干企业之一，主营无轨电车、公共汽车营运，电车输变电设备、线网的安装和维护以及广告等业务，兼营电车、汽车维修及驾驶员培训等业务。

1960年通车后，公司经过40多年的发展，现拥有营运车辆1 210辆(电车近300辆)，开辟营运线路60条(电车线路14条)，公司资产达4亿元，电车继北京、上海跃居全国第三，并大力推进环保公交车的更新改造，全面推广LPG单燃料高级环保公交车。在大力发展生产的同时，不断深化企业改革，实现从领导的思想观念转变到抓生产关系的转变。为此公司选择了通过取得ISO9001质量管理体系、ISO14001环境管理体系和OHSAS18001职业健康安全管理体系认证，促使公司向现代化管理迈进，最终实现生产方式的转变。

2003年9月公司成立认证办公室，以"优质服务、优美环境、优先安全、优化管理，建设绿色公交"为公司的管理方针，全力推动贯标工作。在全体员工的配合下，经过半年多的努力，公司通过中方委审核组的认证审核，并获得推荐认证，成为全国首个同时获得三个体系认证的公交企业。这标志着广州市公交管理开始由传统的管理方式向与国际接轨的规范化、现代化管理方式的转变。

一、体现质量管理成果。公司凭借良好的质量管理，通过投标取得6条线路的经营权，经过合理的开发设计，经营状况良好，取得较好社会效益和经济效益。公司又根据市场的发展需要，设计开发了8条夜班线路，满足了市民出行的需要。为提升服务质量，公司在车厢内的宣传用语改变成温馨的个性化提示和承诺，车辆和服务设施在不断变革和进步，驾驶员着装统一，热情有礼，操作规范，为乘客提供了温馨、和谐、舒适的乘坐环境。公司在多次的顾客满意度调查中，顾客满意度均达到85%以上。在车辆维修车间，明确的质量标识、产品分类、功能分区为车辆的维修质量提供了有力的保证，使车辆的维修返修率逐月下降，达到了较好水平。

二、职业健康安全管理效果显著。公司始终把员工安全放在第一位，制定并严格执行各项安全规章制度，遵照安全生产法的有关规定和管理体系的要求，正确识别危险源，杜绝各类职业健康安全事故的发生，保障员工的人身安全。加强教育，增强员工自我保护意识，积极配合与支持安全生产工作。公司重新审定了员工安全用品配置，购进大批安全帽、反光衣等劳保安全用品，进一步确保员工的生产安全。公司自管理体系运行至今，没有发生一起工伤事故，真正实现了安全生产；对乘客，公司坚持一日多次进行车厢保洁消毒工作，加强车身清洁作业，确保为乘客提供干净清洁的乘车环境；具有透气和防水的ABS塑料座椅，具有防滑设计的安全扶手、车厢地板，均受到了市民的好评。充分体现公司以人为本的服务宗旨，务求为乘客提供健康、卫生、安全的优质服务。

三、环境管理有突破。为改善营运过程对环境的影响，公司大力推广环保清洁能源，投入大量资金进行LPG高级环保公交车的更新应用，现LPG公交车的尾气排放是优于欧Ⅱ标准。通过LPG公交车的推广应用，大大改善了公交车辆的尾气治理，解决了多年公交车尾气污染对乘客和城市环境造成的不良影响。为改善车辆维修对环境的影响，公司积极提高员工的环保意识，对生产、生活产生的垃圾进行分类回收，变废为宝，不但营造了清洁优美的工作环境，还为公司带来了经济效益。

通过三个管理体系的认证，体现了企业从传统的公交管理向现代化的公交管理转变的努力与决心。通过企业全体员工坚持不懈的努力，在加快企业服务硬件建设的同时，从基础管理做起，大力改善企业服务的软硬环境，使企业公交管理与国际接轨，实现现代化管理。

(该企业由广东省质量技术监督局推荐)

南京邮政局
贯标工作的收获和面对的问题

南京邮政局自2000年开始贯标工作,2001年取得了方圆标志认证中心颁发的GB/T19002-1994质量体系认证证书,2002年启动转版,2003年取得了GB/T19001:2000质量管理体系认证证书。

南京邮政局贯标工作得到了几任最高管理者和管理者代表的关注和支持，最高管理者不断接受质量管理知识教育,组织建立质量管理体系,主持管理评审,以顾客为关注焦点,制定质量目标,提供资源保证,并监督实施;管理者代表积极推动各部门按GB/T19001-2000质量管理体系要求管理、组织和提供服务,对质量手册、程序文件等作了三次较大改动,坚持亲自参加内审,用内审促进体系运行，自2000年贯标以来，南京邮政局已实施了9次质量管理体系内审,接受方圆江苏审核中心监督审核3次,体系运行正常。

南京邮政局贯标收获

南京邮政局贯标以来收获很大，主要表现在以下几个方面：

1、树立了以顾客为中心的经营理念,关注企业可持续发展。围绕“以增强顾客满意为目的”,南京邮政局认真做好市场调研,成立客户服务部,利用多种渠道与顾客沟通,在Internet上开设局长信箱,与江苏省质协联合在最大的鼓楼支局设立用户投诉站,加大服务环境设施投人,推广优质服务,开好经营分析会和质量分析会,开展“进校园、进社区、进军营、进商厦、进村庄”五进工程,开发新业务,满足个性化需求,开拓市场。南京邮政局在贯标中认真落实各项措施,赢得了用户,近两年企业明信片的制作量跃居全省第一、全国领先。

2、确立了文件的法规地位,变人管人为制度管人。南京邮政局按照ISO9001:2000标准建立了文件化的质量管理体系,做到“写有依据、做有根据、说有证据”。文件是企业的法规，凡文件规定了的就要执行，就要按文件办理,“合法又合理,按法办;合法不合理,按法办;合理不合法,按法办”;对文件没有规定的,由各级在其职责范围内处理后再用文件形式规范；对不适用的文件及时按程序修改,修改前按原文办,修改后按新规定办。做事要留痕迹,凭证据说话。这样做大大减少了领导的协调工作,各部门已经习惯于遇事找文件,而不是忙于请示了。由于明确了文件的法规地位,文件成了管理和生产的依据,中层干部调动时文件列入移交,一改过去“人走文无”,后任又要重新摸索的工作状况。

3、强化了合同意识。邮政是服务性行业,卖邮票、送报刊,捆捆扎扎,递递拿拿,似乎不与合同打交道。通过贯标，全局职二都明确了南京邮政局处理每一件包裹、信函,投递每一件报刊,销售每一张邮票都是在履行合同,都包含有经济(法律)责任和经济利益,不能马马虎虎。

4、建立了持续改进的机制。邮政过去有很多好的制度和做法,如20世纪90年代的创部奖,可惜都没能持之以恒,原因之一是缺乏持续改进的机制和方法。南京邮政局按照ISO9000标准要求一年两次对局质量管理体系的符合性、适宜性、充分性、有效性实施内部审核,中国方圆标志委员会江苏审核中心每10~12个月对南京邮政局进行一次监督审核，有效地促使南京邮政局在质量管理工作中一年上一个台阶,保持持续改进的良好势头。

5、培养了一支队伍。通过贯标,全局干部职工的质量意识普遍提高,以顾客为中心、按文件办事已成为大家的实际行动。遍布市局机关及各部门单位的熟悉ISO9000标准的内审员,已成为贯标的主力军,他们参加市局的内审,在审核中加深理解,并注意取他人之长,回到本单位积极推动贯标,成效卓著。南京邮政局在从GB/T19002-1994版向GB/T19001-2000版转换时没有聘请顾问,依靠这支队伍一举成功。

6、提高了管理水平。ISO9000族标准是一个“管理”标准,这个标准告诉了贯标者管什么、怎么管,是各级管理人员极好的二作范本。南京邮政局管理人员通过贯标接受了许多现代化的管理理念，学到了很多好的管理方法。

7、质量效益全面提高。自2000年贯标以来,南京邮政局年年都完成了国家局、省局下达的质量指标,经济效益逐年增长，2002年经济总量在全国邮政省会（包括京、津、沪、渝）局中居第六位，2003年居第五位，收支差增幅居第二位，继2001年被中国质量协会评为全国质量效益型先进企业后，连续获得省、市级文明单位等多种光荣称号，2003年获得江苏省服务质量奖。

QMS运作中遇到的问题

1、文件管理。ISO9000族质量管理体系标准将文件定义为“信息+载体”，邮政系统机构庞大，业务种类繁多，全程全网联合作业，全国性、省级文件来源广泛，主管部门业务指导性文件改动频繁，且多采用覆盖型，文件管理难度大。

2、顾客满意。邮件传递大都需要两个以上的邮局联合作业，顾客的满意程度是与邮件的整个传递过程有关的，我们的控制范围有限，目前只能在本局控制范围内做好服务。

3、过程增值。ISO9000系列八项管理原则中“过程方法”要求尽可能减少非增值过程，最大限度地提升和改进增值过程，但没有给出过程是否增值的评价标准，以及“减少”、“提升”和“改进”的方法，在实际运用时较难把握。

（江苏省质量技术监督局推荐）

尽享ISO增值服务

——重庆市电信公司导入ISO9001：2000质量管理体系侧记

中国电信集团重庆市电信公司通过了中国质量认证中心（CQC）重庆评审中心的认证注册审核，成为中国电信集团中第一家通过ISO9001:2000质量管理体系认证的省级通信营运企业。

重庆市电信公司是中国电信产业战略重组后以原重庆市电信局为基础组建的主营固定语音、数据、图像及多媒体通信业务的大型国有企业。公司成立于2000年7月，下辖34个区县（市）电信局和16个城区电信局及城区生产单位，资产总值超过100亿，员工超过1万余人。公司为了提升通信能力和通信质量，首先加强通信网络和技术装备建设，已建成全国最大的023本地固定电话网以及以此为基础的综合业务数字网、智能网、宽带网和电视会议网等增值网络。至2002年底，本地网交换机总容量达到542.33万门，长途交换机容量达到7.05万路端，长途电路达到8.06万路，固话客户达到401.4万户，互联网客户达到27.88 万户，宽带客户达到4.59万户，电话主线普及率达到12.96%。同时作为基础通信网络，重庆市电信公司还为移动、联通、网通、铁通等电信营运商提供互联互通服务，并提供党政专用通信、抗震救灾通信、应急通信等普遍通信义务服务。

近年来，由于电信行业竞争加剧，各家通信运营服务企业纷纷以提高服务质量、规范服务流程、控制运营成本、加快市场响应节拍为提升竞争能力的重要手段。因此重庆市电信公司在走外延式发展的同时，积极进行机制创新、管理创新、服务产品创新和技术创新，大胆改造计划经济条件下形成的运行机制和业务流程，以管理平台的建设和不断改进来支撑通信能力、通信质量、服务质量和市场网络建设的持续提高，取得了不凡的业绩。2001年和2002年连续两年的绩效考核综合评价在中国电信集团公司中名列前茅，也是中国电信集团西部地区惟一连续四年保持赢利的省级企业。

为了在不凡的业绩面前更上一个台阶，同时作为面向客户、面向市场的现代企业制度建设的一个重要环节和方式，重庆市电信公司于2002年7月开始在中国电信集团中率先导入ISO9001:2000国际质量管理标准，改造企业的管理体系和业务流程、提高管理水平和市场运营效能。公司在贯标和管理体系建设过程中通过特色而卓有成效的工作，使贯标工作和企业的营销服务和网络运行工作有机结合在一起，使贯标工作和管理体系的运行落到了实处，使管理体系的建设、运行与改进成为不同管理层面、不同系统的自觉行动。

重庆市电信公司根据企业的管理特点和人力资源现状，把贯标工作作为“一把手工程”、全员工程、长期工程、系统工程，通过公司上下联动、左右联动、全员参与、持之以恒的推进方式，并导入绩效考核，有力地推进了质量管理体系的建设和运行，并取得了初步的成效：

1、搭建起系统的管理平台。公司根据服务流程和通信网络建设与维护的流程，建立了系统化的“245”的管理体系架构。其中"2"指管理体系有市公司管理层和二级生产经营单位两个层面组成;"4"指质量管理体系根据管理智能分为经营服务系统、工程建设系统、运行维护系统和综合管理系统;"5"指质量管理体系由业务受理、安装和施工、通信服务支撑、计收费和后续服务等主过程过程,每一主过程又延伸出多个相关的过程。在这些过程分析的基础上,按照两个管理层面制定了对过程进行策划、运作、控制和改进的作业文件,并优化各过程在不同系统中的连接,确保体系的系统性和协调性。

2、建立起了面向客户的营销服务体系。公司在贯标的同时结合集团公司再造营销服务渠道,积极而稳妥地建设面向客户的营销服务渠道,完善了大客户经理制、商业客户经理制、社区客户经理制、农村客户统包责任制、10000 号客户服务中心制。通过这些工作,整合和完善了营销渠道和服务渠道,进一步贴近了终端客户,有效地提升了市场占有率和服务及时率。

3、站在客户的角度重新优化服务流程,提升了服务质量。在体系建设的同时,公司根据"以顾客为关注焦点"的理念,对一些长期在计划体制下形成的服务规范和服务流程重新进行了审视和改进,变"自己方便"为"客户方便"。营业部门开展了"一台清"服务流程的试点和推广,大客户事业部门推行了大客户绿色工作票流程,同时各部门强化了客户投诉和查询的"首问负责制"。通过这些工作,有效地推进了中国电信"用户至上、用心服务"理念的实施。

4、加快了后台系统对前台营销服务系统、管理职能部门对基层单位的市场反馈的响应速度。通过业务流程的整合和通信支撑网络的建设以及机关工作作风的转变,提高了各个过程的绩效,根本地保证了市场反应的提速,也有力地提高了服务质量和市场竞争力。

5、通信和服务质量持续提升。审核时,列入公司 2003 年度的质量目标全面完成。7 项通信质量指标进入全国省级电信公司排名前五名。其中 IP 网络丢包率、光缆干线传输电路可用率、端到端电路开通及时率、端到端故障恢复及时率列全国第一名。2003 年度大客户满意度列中国电信集团第三名。良好的通信和服务质量也赢得了社会和客户的赞誉,获得了 2002 年度重庆市行风评议"优良单位"称号。

(作者:张建国)

六、金融、贸易企业认证

质量体系认证使重庆恒升拍卖有限公司经营管理更上一层楼

重庆恒升拍卖有限公司成立于2000年12月，是由原国家国内贸易局批准，工商行政管理局核准注册的全国性、综合性的专业拍卖公司。公司注册资金1 000万元，主要从事罚没物资、无主物资、涉案物品、各类无形资产、股权、债权等财产权利以及文化艺术品等有收藏价值的拍卖，是目前西南惟一一家有文物艺术品拍卖的合法机构。恒升拍卖拥有自己购置的拍卖场所，该场所面积1 000平方米，装修典雅豪华，并建立了自己的网站，加大对拍卖品的策划、宣传，为拍品的成交打下良好的基础。

公司经营概况

重庆恒升拍卖有限公司致力于机会均等、透明公开、诚实守信的市场竞争机制的建立。通过规范的运作，切实维护委托人的利益，为竞买人提供了一个公平竞争的平台。恒升拍卖更注重拍卖程序的合法性和诚信化，深知依照法定程序公开、公平、公正地实施拍卖是拍卖的灵魂，强调拍卖程序的诚实守信是公司发展壮大的精髓。通过公司的规范运作，在全行业内树立了无任何法律纠纷的典范，为政府、法院、海关及各金融单位处置资产及时变现提供了良好的渠道，深受委托方的好评；与各级法院和金融单位建立了长久合作关系，取得了良好的社会效益和经济效益。迄今为止公司共举行了101期拍卖会，接受委托拍卖品总额20亿元左右，成交总额达到9亿元，取得突破性的发展。在2003年，合作业务增多，从重庆市高级人民法院到各级基层法院都与公司建立了良好的合作关系；与金融系统、四大国有银行、四大资产公司、各级政府经委、煤管局等合作单位也建立了良好的合作关系。公司在原有的业务基础上，继续拓宽了拍品的种类，包括动产、不动产、无形资产、实物、股权、债权、车辆、文物艺术品等拍卖。

体系认证促管理水平更上层楼

公司的各个部门不断提高协调配合工作，完善各项规章制度，对文件资料进行专业化管理，保密归档；严格的审核登记制度，建立了庞大的竞买客户资料库，做好"重合同守信用企业"，向中国拍卖企业评定报审工作，并取得了"A级拍卖企业资质证书"；被高新区工商局评定为"2003年重合同守信用企业"；公司获得了国家文物局颁发的"文物拍卖许可证"，成为首批获得文物拍卖许可证的38家拍卖企业中的一员，同时也是西南地区惟一获得此许可证的拍卖企业。随着公司业务的不断壮大，公司现有专职职工23人，全部具有大学学历，其中包括拍卖师3名、文博专业人员6名、律师1名、评估师2名、会计师3名、产权经纪人2人、专业摄影1名、获得拍卖人员资格证书的12人，具有中高级职称的人员占公司员工的90%。另外，公司按业绩大小，遵照相关规定，对公司员工及时奖励，提高了员工的积极性和主动性；又根据行业工作的特点，组织员工学习和考察工作，对工作时间作了一些灵活安排，既使员工得到了合理的休息，又适应了公司业务的高速发展。在今后逐步创造公平竞争的市场环境中，公司将在法制化的轨道上健康发展，真正走上良性发展轨道，突出主业，扶优扶强，提高公司的整体素质和综合竞争力。

拍卖行业是一个专业性强、要求较高的特种行业，尤其注重对员工素质和专业知识的培养、提高。培训工作在本公司领导的重视下，系统、全面地展开。

在通过了ISO9001:2000后，公司在人员的管理上有了明显的提高；公司的管理机制更加规范化，提高了员工的工作效率，从而促进了公司业绩的提高；在文件资料档案的存放上，公司也严格按质量管理体系来做，使得资料更加规范化，提高了工作效率。

（重庆恒升拍卖有限公司供稿）

山东交通物流公司
以质量管理求发展

山东交通物流公司是山东交通运输集团所属全资子公司，是国家经贸委和省经贸委确定的第一批全国34家物流重点联系企业之一，也是山东省人民政府、济南市人民政府列出的物流重点扶持企业之一，与山东交通学院建立了产学研共建关系，在现代物流理论方面保证了公司的发展。

公司集交通综合运输、海陆空货运代理、仓储理货、装卸配载、货运交易市场等诸多物流功能于一体，功能完善。公司拥有0.5~20t集装箱车40辆，8~14米在档普通车300多辆；仓储基地占地180余亩，仓储面积30 000平方米，集装箱堆场11 000平方米，各种装卸机具100余台套，仓储理货设施齐全，其业务功能包含仓储、运输、装卸、代理、配载、简加工、包装、停车、食宿等物流功能，是一个大型的货物仓储周转中心，并已和日本松下、日本东芝、韩国LG、创维集团、新大洲集团等国内外几十家客户建立了长期稳定的合作关系。

物流是一个新兴事物，它包含了诸多新技术和多种新要求。因此，对于质量管理的要求也就更加严格。在山东交通物流公司业绩与规模不断发展壮大的同时，2002年，公司开始引入ISO9001:2000质量管理体系标准，从此，系统、科学的管理逐步深入人心，ISO9001:2000质量管理体系标准在公司得到了自觉、严格的遵守和执行实施，并于同年取得了方圆标志认证中心认证证书。

通过质量管理体系认证，贯彻ISO9001:2000标准，使公司在各个方面不断进步，收获了累累硕果。

1、贯彻ISO9001:2000标准，强化了基础现场严细管理。基础现场的严细管理，不但使仓储服务的流程更加清晰，权责更加明确，管理更加规范，而且，顾客抱怨和顾客投诉也都有了非常明显的减少，顾客满意率大大提高。公司在2004年2月份进行的顾客满意度调查中，仓储服务的顾客满意率达到了94%，比2003年末的调查数据上升了5个百分点。顾客满意了，与客户合作双赢的关系就更加稳定。公司仓储部的仓库饱和率达到了100%，露天仓储资源也得到了充分的利用。

2、贯彻ISO9001:2000标准，使管理成果得到了肯定。质量管理激发了广大干部职工勇于创新、严格管理的主动性和自觉性。公司质量管理小组根据体系文件要求编写了《降低承运货物分流发送差错率》等服务改进成果，并推荐到质量评审委员会，分别获得部、省优奖章，同时，收集汇总各部门在管理方面取得的成果，受邀参加了在烟台举行的QC成果汇报、交流研讨会，与其他同样取得突出成绩的公司企业一起相互学习、相互促进，从中吸取先进经验，极大地提高了公司的社会效益与知名度。

3、贯彻ISO9001:2000标准，提高了公司核心竞争力。公司各部门在工作过程中按照体系文件办事，凡事做到有理可依、有据可查、有章可循，全面改善、提高服务质量。通过这些措施，公司信誉得到肯定，工作效率得到提高。通过严格质量管理，各业务部门业务节节攀升，在巩固了原有客户的基础上，相继开发出多家大客户，并成为这些客户值得信赖和主要的合作伙伴。尤其是与松下、LG、百事可乐等跨国大企业集团合作洽谈时，ISO9001认证和公司管理有效的质量体系，成为公司竞争力的重要方面，对于占领高端物流市场起到了决定性作用。通过与这些大公司、大企业的合作，既验证了公司管理改进的成果，也为公司下一步发展打下良好基础；在为公司带来巨大效益的同时，也扩大了社会知名度，使公司成为山东省，乃至全国，都享有一定声誉的现代物流企业。

（山东交通物流公司供稿）

七、文化企业和医疗认证

镇北堡西部影城质量管理体系认证体会

宁夏华夏西部影视城有限公司所属的镇北堡西部影城是特殊的文化企业，1993 年 3 月成立，同年 9 月 21 日正式开始营业，系股份有限责任公司，由著名作家张贤亮控股并任董事长，凭借董事长张贤亮的知名度与得天独厚的地理位置及民营经济体制，以最少的资金投入，通过智力策划、设计、创意，并运用现代的企业管理制度和国际质量管理体系的规范，使镇北堡西部影城发展成为自然旅游资源与人文资源交相辉映，民族历史文化与现代影视艺术相结合的特色旅游典型，其影响力和投入产出比为宁夏各旅游景区之最，是宁夏首府银川市惟一一家通过 ISO9001 国际质量管理体系认证的旅游景区，也是获得国家级 AAAA 景区称号的旅游企业。

公司“以旅客和剧组为关注焦点”，面对日益增长的服务需求，围绕如何规范服务管理、提高服务质量水平，建立了 ISO9001 国际质量管理体系，并实施了促进服务进行持续改进的质量管理体系。现将公司认证的体会分为以下几个阶段来介绍：

一、认识学习阶段。2002 年 5 月，公司请咨询机构的专家对全体员工进行了为期一周的培训，使员工对 ISO9001:2000《质量管理体系——要求》标准经历了从无到有、由浅入深的认识过程。不仅从意识上认知，且迅速贯彻落实到具体的工作进程中。在学习的基础上，公司专门组织人员编写《质量手册》及《质量管理体系第二层文件》，并于当年的 8 月 18 日正式公布开始运行。

二、体系运行的初级阶段。在运行的初期，由于处于浅层次的、被动的，而不是深入的、主动的状态，刚刚建立起来的 QMS 与模式倡导的体系发生了偏离，甚至使公司 QMS 处于无所适从的紊乱状态。当其结果达不到预想的效果时，有的员工甚至管理层开始对 QMS 建立的依据产生怀疑，而公司董事长张贤亮高瞻远瞩，从长远的、战略性的角度出发，坚定的动员大家通过集体学习、分组讨论的形式，从为什么不适应、是什么原因、应该怎么办等几个方面深度检讨。从管理层带头，强制性要求不折不扣地执行依照公司的各项规章制度制订的 QMS 的各个过程和环节。董事长张贤亮多次倡导必须逐步依靠规章制度去建立并完善适合公司自身特色的质量文化，不能因为管理者个人身份的变更而导致文化形态的变更，否则企业永远不可能建立属于自己的文化特征。

经过一段时间的运行，发现 QMS 运行比以前更完善、更系统、更适用、更规范了，特别是当某一过程或活动的主要负责部门与协办部门在履行某项质量职能时，因不能把责任和活动接口界定清楚而导致相互间的工作配合和沟通不力、出现问题时互相推诿的情况减少了。

三、体系运行的成熟阶段。运行一年后，公司发现在实际运行过程中，实际运行与现行手册的规定有一定出入，制度所定的程序操作性不强，特别是公司在组织结构上、发展定位等方面都发生了较大的变化，有些管理程序，尤其是涉及多个部门接口关系的程序，规定不细致，接口不清晰，流向不顺畅，导致执行困难。许多环节由于缺少有效管理，往往依照领导或当事人的意愿行事，当领导或当事人变更时，使得后继者无所适从，“另起炉灶”，造成管理上的随意性。所以公司再次组织专人依据 ISO9001:2000 对第一版手册及文件进行了重新编写，建立起完善考核激励机制，使各部门明确其在 QMS 运行中的角色、所承担职能的重要性，强化其遵守企业规章的观念。就这样，公司定期并且及时地自我完善 QMS 规章，把富有成效的做法和经验、新的法律法规与标准要求，纳入 QMS 管理规章中。

四、体系运行的创新阶段。镇北堡西部影城在 QMS 的实践中不断探索、创新，活学活用，主要表现为以下几点：

1、实行一线员工“诚信服务卡”跟踪制，让每一位游客随时对各项服务质量进行监督和检查，以便及时发现问题，责成责任部门实施整改，并及时跟踪验证其结果。“诚信服务卡”跟踪制得到了游客的广泛好评，也得到了区市旅游局、银川市质量技术监督局各领导的赞扬。

2、员工评议制度是西部影城管理的重要形式，也是员工自我教育、自我提高的一个重要手段，体现了员工参与管理企业的原则。每月，全体员工本着诚实、公平、公正的态度，认真填写评议表，对其他员工的工作进行评议，分出优异与失误，起到了督促作用，并使公司对员工有一次可以向公司最高领导直接说话的机会，使优秀的员工能够得以施展自己的才能，不适应要求的员工，企业可随时辞退，从而使职工队伍的整体素质得到逐步提高。

通过员工评议及平时的各项考核，选择出在品格、素质、能力、责任心几方面较强的年轻人担任部门经理，负责具体的经营管理。基层的经营，则由各部门选择年富力强、经验丰富的组长进行具体管理，各部门各岗位严格按照 ISO9001:2000 国际质量管理体系规定的岗位职责及标准工作，各部门都有工作日志，对每日的工作情况进行详细记录。

3、通过落实"失误责任承担制"，使员工明确各岗位职责及任职能力要求，强化全体员工的责任心，真正意义上做到了"齐抓共管"，使企业成为企业家与员工的利益共同体，共同建设第二家园。

4、为了提高员工的业务水平，强化职业道德，增强敬业精神，公司给每一个员工提供各种学习、进取的机会，除举办各种培训(每周至少 1 次，课时 2 小时)，请专家、学者、专业人员对导游业务、礼貌礼仪、保安业务、国际形势、政治思想教育、工商企业管理等进行专项学习，还将员工送出去旅游，为全面提升员工素质创造条件。通过贯彻 ISO9001:2000 国际质量管理体系标准，使公司员工意识到游客和剧组是公司的朋友和衣食父母，要想生活得更好，收入更高，公司就必须关注游客和剧组的需求，把他们的需求放在第一位，持续不断地开发宁夏人文景观及自然景观资源，吸纳海内外影视艺术，注入先进文化，更好地为游客和剧组服务。

5、镇北堡西部影城是对外宣传宁夏的一个窗口。为了使这个"窗口"更加明亮、美观，公司首先对导游员进行不断培训，除上岗前的强化培训外，每星期还请专业老师向全体员工授课；第二，对工作人员进行不定期的考核，加强工作人员的业务技能；第三，对导游讲解词不断更新，使导游词的内容更加丰富、精彩。经过几年的努力，影城导游员已成为宁夏旅游景区（点）上一道靓丽的风景线。开业 10 年来，镇北堡西部影城未受到游客任何投诉，这在全国的旅游景区(点)中是罕见的。

6、公司专门制定了服务投诉处理程序，并开设了投诉专用电话，由基地经理主抓，安排一名责任心强、熟悉景区情况的工作人员做质检员，检查景点内不合格服务，追查不合格服务的原因，及时为广大游客排忧解难，化解矛盾，方便了游客，有效监督了工作人员的服务，维护了企业形象。

7、为了更好地体现人性化服务，今年公司率先实行了导游员"个性化着装"，不仅让导游员充分发挥个人创造性，而且很容易融合到游客当中，更具有亲和力，服务更周到、更细致。

实施 ISO9000 国际标准，是市场的需要，是游客提出的新要求，也确是企业生存和发展的需要。要实实在在地提高企业的管理水平，要建立现代企业管理制度和国际接轨，路子要走对，观念要更新，企业要从人治变成法制，要从无序的管理变成有序的管理，就必须坚定不移地实施并持续改进 ISO9001！

（宁夏华夏西部影视城有限公司镇北堡西部影城供稿）

质量环境兼容管理体系在湖南省儿童医院的应用

湖南儿童医院是一所集儿童医疗、保健、康复、科研、教学于一体的三级甲等医院。院领导从医院发展的战略高度于 2003 年 2 月同时导入 ISO9001 标准和 ISO14001 标准，于 2004 年 5 月 18~20 日顺利通过了中国质量认证中心（CQC）专家组的现场审核，并于 6 月 28 日获得 CQC 颁发的证书，成为全国率先同时通过 ISO 质量环境标准双认证的医院之一。

建立质量环境兼容管理体系的必要性

医疗服务是由人提供的，医疗服务的特点是医疗服务过程的不可贮存性，不同技能的医务人员，提供的服务效果不同，服务质量具有一定的可变性，服务质量及服务结果较难定量评价。医院是"生命机器"的修理厂，服务质量一方面依赖于所具有的人力资源，同时也依赖于所具有的技术和设备资源，医疗服务责任重大，不满意或不合格的医疗服务一旦发生，都可能给生命带来危害。医疗服务的特点表明，如欲在医院形成稳定的服务质量，必须用先进的管理体系来提供质量保证。

目前，国内绝大多数医院并未将 ISO9001 与 ISO 14001 相融合，而是分别建立质量管理体系和环境管理体系。医院在推动这两套管理体系时，可能会产生不必要的资源浪费，过多的管理体系标准会给医院带来不便和经济负担，造成不必要的资源浪费。建立质量环境兼容管理体系有利于减少体系建设的工作量，有利于减少两体系要求或要素之间的重复，有利于提高管理效能，有利于保证管理体系的协调性、有序性和统一性。另外，建立质量环境兼容管理体系，既可以为今后再出现新的管理体系(如职业安全与健康)提供兼容的经验，又可探索出在医院内建立统一的管理体系方法，实现真正的一体化全面管理。

建立质量环境兼容管理体系的方法

ISO9001 标准和 ISO14001 标准均强调以 PDCA(计划-实施-检查-改进)持续改进的概念来运作，两者的相容性很高，在导入 ISO 质量环境标准时，湖南儿童医院将两个标准融合为 5 个层面和 11 个过程：5 个层面为核心层面、策划层面、执行层面、检查层面和改进层面；11 个过程为顾客满意管理过程、产品质量管理过程、环境管理过程、人力资源管理过程、文件管理过程、监视与测量过程、审核管理过程、纠正和预防过程、管理评审过程、产品实现运作过程和环境运作过程。根据 ISO9001 和 ISO14001 标准特点，该医院对文件记录、能力意识培训、内部沟通、管理评审、内部审核及纠正和预防措施等条款进行兼容或整合，制定了 10 个共性兼容文件。(1)文件和记录的兼容：ISO9001 和 ISO14001 标准对文件和记录控制的要求基本相同，该医院通过对各层次文件的整合以及记录表格的整合，建立质量环境兼容管理体系通用的《体系文件控制程序》、《特殊文件控制程序》、《记录控制程序》。(2)能力、意识和培训的兼容：ISO9001 和 ISO14001 标准有关能力、意识和培训的要求均涉及人力资源管理，管理要求是相同的，只是内容不同。通过建立《人力资源管理程序》文件，强化相关人员达到胜任本职工作所需要的能力，并树立质量环境意识。(3) 内部沟通的兼容：ISO9001 和 ISO14001 均要求建立内部沟通过程或程序，通过建立《信息沟通程序》文件，保证有关质量管理体系有效性和环境管理体系及其环境因素的内外部有关信息在医院各层次和职能间能够充分沟通、交流。(4)管理评审的兼容：ISO9001 和 ISO14001 标准均要求进行管理评审，只是输入的内容不同而已，可以将质量方面的管理评审和环境方面的管理评审结合在一起，通过建立《管理评审控制程序》，每年召开一次管理评审会议，从而节省了人力和物力。(5) 内部审核的兼容：ISO9001 标准的内部审核和 ISO14001 标准的环境管理体系审核基本构架相同，内审员可按《内部审核程序》文件要求，进行质量环境兼容管理体系的一体化审核。(6) 纠正和预防措施的兼容：ISO9001 和 ISO14001 标准均要求对不符合要求的不合格事实或潜在的不合格现象分析原因，该医院通过建立《纠正、预防措施控制程序》文件，确定制定纠正或预防措施的标准，对执行效果进行追踪，评价纠正和预防措施的有效性。(7)管理方针：ISO9001 标准要求制定质量方针，要求提供顾客满意的医疗服务，承诺持续改进质量管理体系的有效性。ISO14001 要求制定环境方针，承诺遵守法律法规和其他要求，承诺污染预防和持续改进环境绩效。质量方针和环境方针的内容虽然不同，但管理方式是相同的，均在《质量环境管理手册》中详细阐述，传达至全体员工，付诸实施，并评审其持续的适宜性。(8)运作管理：ISO9001 标准中"生产和服务提供的控制"和 ISO14001 标准的"运行控制"是相同的项目，只是管理的对象不尽相同。前者控制的是提供医疗服务的作业流程，后者是对各种污染物排放涉及的环境因素的控制以及对异常和紧急情况的处理等。(9) 监视和测量：ISO9001 标准和 ISO14001 标准对监视和测量装置的控制要求是相同的，即进行校准和维护，只是对象不同。该医院按 ISO9001 标准和 ISO14001 标准要求，制定各部门的《质量检验规范》、《环境监测规范》，对全院的医疗服务过程、环境表现、运行控制、目标和指标的实现程度和环境管理方案实施的效果进行监视和测量。实施监视和测量的目的都是为了发现问题，及时采取纠正、预防措施，实施有效的运行控制，寻找持续改进的机会。

该医院建立质量、环境兼容管理体系的主要方法是：领导全程参与，职工人人参与，质管部结合医院实际情况，对两个标准进行适当的整合，组织全院各部门相关人员编制 ISO 文件体系架构及管理体系文件，通过内部审核和管理评审，不断发现问题并改进工作，在全院建立起由主管院领导督查、质管部督查、职能部门督查、科室自查的定期督促检查机制，由此推动质量环境管理体系的持续有效运行。

该医院在建立质量、环境兼容管理体系过程中特别强调领导的作用，院长和管理者代表自始至终参与管理体系的策划、设计及贯标认证的每个推行阶段，亲自制订医院的质量方针和环境方针(质量方针：德高业精创儿童健康乐园，务实思新促儿医持续发展。环境方针：遵守法规树环保意识，高效低耗建绿色医院)，建立 ISO 推行组织机构(主要包括成立质管部，建立质控员、环管员、文管员、内审员等组织)，建立激励机制，规范规章制度，制订各级人员职责和权限，创建医院文化，在医院各层次建立职业道德理念，激发、鼓励和承认员工的贡献，加强交流与沟通，创造员工成长的内部环境，最终满足患者、社区、法律法规的要求。主管院领导负责将医院质量、环境活动分解到每个职能部门，再由职能部门分解到每个人，要求全员参与，对全体员工进行ISO质量环境标准的教育和培训，使每个员工都了解其岗位的工作目标和内容、达到目标的要求和方法，使全院职工都努力参与各项质量环境管理活动，以实现医院的承诺。

建立质量环境兼容管理体系的意义

湖南儿童医院ISO质量环境管理体系运行后，医院各项工作做起来有标准，管理考核有依据，质量和环境管理各个环节都达到细化、量化，极大的提升了职工的质量意识、环保意识和法律法规意识；规范了医疗、护理及管理行为，减少了医疗纠纷；极大的提高了医疗服务质量和医院整体素质，树立了全新的医疗服务形象。通过贯标认证，让社会、病人及家属、医院职工都看得见医院管理的进步。

实施ISO质量环境管理体系后，规范了各部门职责，变定性的人治为定量的法治，细化及深化了部门职责及作业流程，强化了医疗安全，健全了医院的质量管理体系、医疗新业务的准入管理制度、医学继续教育体系、重点专科建设及人才培养体系，完善了医院感染与环境监控体系、公共卫生突发事件应急处理体系及持续改进体系。通过规范医疗过程，减少了资源浪费及不必要的成本，各科室在治病救人的基础上，建立以病人为中心的服务观念，充分满足病人的需要，不断改善整体服务质量。通过ISO质量环境标准双认证，表明医院具有持续提供优质服务的能力，从而树立起“绿色医疗环境，百姓放心医院”安全和可信赖的形象。

通过ISO9001标准和ISO14001标准双认证后，该医院建立了一个系统化的管理平台，通过自我评价、内部审核、管理评审等方法正确评估医院管理业绩，不断发现问题或缺点，及时采取纠正、预防措施，得以持续改进。通过长期接受第三方认证机构的监督审核，监督医院质量环境管理体系运行的有效性，这也是促进医院不断改进的有力手段。自导入ISO9001标准和ISO14001标准以来，每个员工都在积极寻找机会，提高自身的知识、能力和经验，不断改进工作中存在的问题，每个员工还树立了责任感，增强了质量、环保和法规意识，真正做到事事有人管，人人有专责，工作有标准，检查有依据，跟踪有措施。

(作者：陈桦 杨寿松 陈伟华 彭彩云 王光明 邹爱军)

完善管理机制 提升服务质量

——辽宁国旅卫生保健中心建立运行ISO9001质量管理体系体会

辽宁国际旅行卫生保健中心(以下简称“辽宁旅保中心”)于2002年1月11日通过中国质量认证中心(CQC)组织的现场评审、审核认证，成为全国检验检疫系统最早通过ISO9001:2000版质量管理体系评审认证的保健中心之一。

ISO9000质量管理体系的建立及经验

近几年来，随着国家对外开放的深入，国际交流日益频繁，出入境人员越来越多，传染病监测和旅行卫生保健的任务也越来越重。尤其是“三检合一”后辽宁旅保中心的各项工作有了长足的进步，业务量增加，工作范围扩大，原有的管理模式已跟不上形势发展的需要。建立与国际管理接轨的质量管理体系，提高保健中心的管理水平和服务质量势在必行。

建立质量管理体系确实是一项复杂、细致、需要花费大量时间和精力的工作，辽宁旅保中心建立质量管理体系时全国检验检疫系统的旅保中心中尚无先例，没有经验可以借鉴，经过大量细致的工作实践，辽宁旅保中心总结出了一套切实可行的办法和经验。

1、领导重视。在辽宁旅保中心ISO9000体系的建立和运行过程中，得到国家局、省局各级领导的高度重视，辽宁旅保中心领导班子更是全身心地投入，为体系的建立和运行创造条件，成立ISO9000编写小组，抽调5名各科负责人负责编写质量管理体系文件。

2、全员参与。质量管理体系的建立和运行ISO9000

体系仅靠几个人是不行的，必须全员参与。为此，辽宁旅保中心聘请专家利用双休日对全体员工进行培训，提高其质量管理意识。体系运行以来，辽宁旅保中心全体人员都能够深刻理解质量方针和质量目标，明确自己的岗位职责和权限，明确操作流程和操作规范。都能够严格按照体系文件的要求进行日常工作。

3、骨干的带头作用。辽宁旅保中心选派业务骨干参加 CQC 举办的 ISO9000 管理体系主任评审员学习班，在体系的建立和运行中充分发挥骨干的带头作用。由业务骨干组成的 ISO9000 体系文件编写小组，在较短的时间内结合中心的实际情况顺利完成了大规模的体系文件的编写和修订工作。

4、密切联系工作实际。在整个体系文件编写中，辽宁旅保中心把重点放在体现科学有效的管理原则和有效运行上，辽宁旅保中心根据自身的实际情况在进行科学地识别的基础上，结合保健业务发展的趋势和特点，制定出中心的质量方针“科学严谨、优质高效、公正热忱、持续改进”；对体检、检验、预防接种、出具证书、旅行卫生保健咨询等服务全过程进行有效控制，切实达到了保证工作质量和提高服务水平的目的。

例如满意的概念，对保健中心而言不仅包括没有错误、没有异议、顾客满意，由于中心出具的证书必须以事实为依据，真实、公正、客观地反映为顾客所提供的服务，必须符合有关法律法规的要求，因此“满意”实际上是相对的，而不是绝对地满足顾客的一切要求。

5、注意与其他管理体系的接口。在建立辽宁旅保中心 ISO9001 质量管理体系之前，中心实验室已经建立并运行了 ISO/IEC17025 实验室质量管理体系。两套体系是否冲突？如何有效运行两套体系？通过对这两个“标准”的特性分析，辽宁旅保中心将 ISO9001:2000 和 ISO/IEC17025 中共性的要素相结合，以 ISO9001:2000 为基础，将 ISO/IEC17025 中关于对设备、测试环境、检测方法、样本采集、不确定度、检验过程控制等技术要素融合其中，从而使中心建立的管理体系，既满足 ISO9001:2000 质量管理体系的要求，又符合 ISO/IEC17025 实验室能力测试体系中对技术要素的要求。在两套体系的运行过程中，管理要素严格按中心的 ISO9001:2000 体系的要求运行，如定期组织内审、管理评审，而实验室的内审，则通过补充 ISO/IEC17025 的技术要素，在 ISO9001:2000 的内审活动中一次完成，这样既避免了程序上的繁琐，又达到了有机的统一。

ISO9000 质量管理体系的运行情况

1、质量方针，持续贯穿整个体系的运行之中。辽宁旅保中心将质量方针贯穿到全部的工作过程当中，严格按照体系规定运行，从而保证了所提供的服务和出具的证书能够保证客观、公正、准确。

2、坚持持续改进。体系运行两年多来，辽宁旅保中心坚持按照持续改进的原则，不断地完善和提高质量管理体系。随着工作的变化、业务的拓展以及对体系认识的深化，体系文件进行了多次的修改和调整，使之更加符合实际工作的需要，更加方便快捷，更加能满足受检者的需要。充分、有效地利用内审、管理评审和监督审核的过程和结果，不断改进提高。辽宁旅保中心的 ISO9000 质量管理体系在不断持续改进的基础上，已经进行内部审核、管理评审各三次，并且顺利通过了 CQC 的两次年度审核。辽宁旅保中心充分利用各种审核过程和结果，对发现的问题及时予以纠正、预防，改进完善。实践证明，辽宁旅保中心 ISO9000 质量管理体系的建立和运行是适宜的、有效的。

运行 ISO9000 质量管理体系的收获

辽宁旅保中心建立和运行 ISO9000 质量管理体系，实现了管理模式与国际管理接轨，提高了工作质量和服务水平，扩大了社会影响，增加了知名度和信誉，社会效益和经济效益也得到提高。

1、规范、完善了管理。通过建立 ISO9000 质量管理体系，规范了管理，使辽宁旅保中心的各项工作实现了标准化、规范化、程序化、文件化的管理模式，各项工作井然有序。

2、提高了应急能力。在建立和运行质量管理体系的过程中，辽宁旅保中心对突发事件的应急处理进行了规定，例如在 2003 年初防控 SARS 的战斗中，辽宁旅保中心根据“非典”疫情特点，按照 ISO9000 的管理体系的要求，制订、实施了各项应急措施及消毒隔离措施，打赢了“非典”这场特殊的战斗。

3、提高了工作质量和服务水平。通过对人员、岗位、仪器设备、环境、卫生、环境保护、防护、校准和维护等方面因素的有效控制，保证了检查、检测结果的准确无误。畅通的沟通和反馈渠道保证了辽宁旅保中心优质服务的惯性。

4、提高了工作效率。辽宁旅保中心的年体检量在 3 万人左右，高峰期可达一天 300 余人次。运行了体系后，按照应急和特殊情况的预案规定，从策划到实施全部有章可循，工作人员及时调整、充实到各个岗位，分工非常明确，整个中心像一部高效运行的机器，工作效率得到了明显的提高。

5、方便了受检者。ISO9000体系运行以来，辽宁旅保中心以质量方针为总指导，进一步为受检者着想，先后增设了体检专区、触摸咨询电脑、流动咨询、预约服务等项目，极大地方便了受检者。

6、扩大了社会影响，提高了经济效益。辽宁旅保中心的服务环境、服务态度、工作质量、管理水平得到了社会各界的认可。良好的社会影响，极大地促进了新业务的开展，带动了经济效益的不断提高。凭借ISO9001质量管理体系，辽宁旅保中心还加大了信息化管理的步伐，正在逐步建立起"保健中心信息管理系统"信息化平台，运用信息化管理对业务流程的关键控制点和科与科之间的业务活动，进行实时监控，保证整体服务质量的客观性、公正性和可追溯性，为中心的持续改进和新目标的制定提供客观依据。

（作者：李黎）

八、旅游企业和饭店认证

提高服务意识 规范工作程序 推动武夷山旅游经济工作再上新台阶

——福建武夷山旅游发展股份有限公司ISO质量管理体系导入情况

福建武夷山旅游发展股份有限公司系武夷山风景名胜区控股的现代股份制企业,负责武夷山景区旅游投资开发和经营管理。公司于2002年通过了ISO9001:2000质量体系认证,为福建利税300强和AAA级信用企业。

2001年5月16日,公司最高管理者发布实施《质量手册》,标志着公司管理与国际标准化的管理接轨。导入质量管理体系后,全体员工的服务质量意识有很大提高,工作程序化、标准化,树立了"以顾客为关注焦点"的服务意识。以"优质、高效、创新"质量方针为指导思想,领导重视、全员参与、提高质量意识,全面推进股份公司质量管理建设,推动管理上新台阶。公司通过ISO质量管理体系三年来,旅游接待人数始终保持11%以上的增长速度,总收入始终保持18%左右的增长速度,2002年更是突破亿元大关。被中国消费者协会授予2003~2004年度全国"诚信单位"荣誉称号,成为124家全国"诚信单位"中惟一一家景区"诚信单位"。

回顾近三年来ISO9001:2000质量管理体系导入工作,武夷山旅游发展股份有限公司主要做了以下几方面工作:

统一思想、加强领导,全面推进ISO质量管理体系导入工作

1、提高认识。福建武夷山旅游发展股份有限公司是武夷山旅游业的龙头企业。对游客而言,公司的形象很大程度上代表了武夷山的形象;另外,随着旅游市场竞争渐趋白热化,周边景区宣传攻势一浪高过一浪,全国有102个景区提供竹筏漂流服务。这种背景之下,只有管理好、宣传好、建设好、树立好"精品景区"的牌子,才能吸引更多的游客前来武夷山游览。所以,加强景区质量管理建设,增强服务意识,建立和维护良好的景区形象,既是顾客的要求也是公司应对旅游市场竞争发展的要求和树立武夷山"世界双遗产"的形象的重要举措。

2、及时成立ISO推进领导小组及常设机构。公司于2001年3月5日成立ISO推进领导小组,以总经理为组长,分管领导为副组长,各部门抽调一名骨干组成的ISO推进领导小组,下设办公室,负责组织、编制、协调、指导和督促ISO质量管理体系建立工作。文件发布实施前公司召开全员动员会,各部门依照股份公司的有关精神,根据部门的实际情况制定具体的工作方案,建立健全工作责任制,做到每一项工作都有明确的责任领导、责任部门具体责任人,一级抓一级,层层抓落实,严格按照各个阶段的步骤和内容开展ISO质量管理体系的建立和实施。2002年3月25日公司正式获得ISO质量管理认证证书后,为确保质量管理体系有效持续运行,公司成立质量管理部,主要负责ISO质量管理体系运行的监视和测量。

内强素质、外树形象,促进员工队伍建设

1、重视内审员队伍建设。公司要求各部门配备一至二名内审员,其中一名是部门副职或办公室主任兼职,制定《内审员管理办法》,规范内审员的职责与权限。前后共三次派员到方圆福建审核中心参加培训内审员,现有内审员33名,成为质量管理体系的主力军。

2、加强员工培训。以员工教育培训中心为阵地,充分利用旅游淡季,定期或不定期举办培训班为员工"充电",特别是抓好每年度的员工培训工作,不断增强员工的自立意识、竞争意识、效率意识、民主法制意识和开拓创新精神,增强员工的诚信观念。公司还与旅游中专学校联办了三届竹筏中专班。目前竹筏分公司"文明示范排"、"重要接待排"的成员大部分来自中专班学员,他们为景区发展注进了新的活力。员工业余学习文化氛围日渐浓厚,部分员工利用休息时间参加各种类型的函授学习。近一年来,公司培训员工及景区其他从业人员962多人次,50多人通过自学、函授取得了大专文凭,还有27人正在参加函授、网络学院的学习,从而为创建活动的可持续发展注入了新鲜血液,增加了新的活力。

强化管理、优化服务,营造良好旅游环境

1、强化制度建设,坚持以制度管人。公司及时出台了

《岗位管理制度》,详细规定了每个岗位的职责、要求和奖惩标准;各部门还对各项工作程序进行细化,确保每位游客都能得到规范、优质的服务。如从排工的考勤、安全规范行排、文明优质服务三方面制定了详细的考评制度和奖扣分标准,针对社会上反应强烈的收小费服务行为,明确规定不得收取小费,否则给予严厉处罚。规定排工若有向游客索取或有暗示小费等行为,经查实后,除退还所收小费外,一次扣20分,还要按收受小费金额的20倍-50倍进行罚款。较好地健全了公司的内部约束机制和奖罚机制。

2、规范景区各项服务,提高服务质量。

(1)优质服务,文明讲解。九曲溪竹筏漂流是武夷山景区最具特色、最经典的旅游项目,公司现有排工500多人,占公司员工总数的60%以上,其中200多人经过竹筏中专班培训,其余300多人是直接从农民转入,文化素质整体偏低,而且以往排工受到的投诉占公司总投诉的80%以上,所以公司围绕重点,加强监督,展开评比,确保九曲溪竹筏漂流成为精品旅游项目。竹筏分公司按照ISO质量管理体系的要求,规范了排工九曲溪导游词的讲解,让游客高兴而来,满意在竹筏,营造文明诚信氛围,提升服务质量。

(2)保持景区环境整洁。物业分公司将旅游线路划分为全日、重点和一般三种不同类型的保洁线路,采取"定人员、定路段、定任务、定标准、定报酬、定奖惩"的"六定"管理措施和三种形式十三种类别的激励工资制,统一了保洁员着装,运用几人一组的形式进行跟踪保洁,极大地提高了保洁员的互助精神,有效地调动了保洁员的工作积极性。

(3)维护购物市场秩序。与景区工商所、市防疫站密切配合,切实加强行业监督管理工作,把好年检和换证关,景区各摊网点做到文明经商、明码标价,并定期不定期对各摊网点进行检查,防止出售假冒伪劣商品及过期食品,让游客在景区放心地购物。

(4)强化安全管理。公司成立安全监督管理机构,并在质量管理部设置专职安全员岗位,形成质量、安全两手抓。一是广泛开展安全教育,制定切实可行的安全管理制度,落实安全目标责任制;二是搞好重点保护(天游阁、三清殿、仿宋古街等)古建筑的消防工作;三是杜绝火种进入景区,在景区的危险地段设置警示标志、防护措施和救护措施;四是定期或不定期地进行检查,发现问题及时整改,重点抓好旅游道路安全、九曲溪竹筏旅游安全和花轿安全;五是建立完善的"110"报警服务、"120"医疗救护、"122"交通事故报警服务、"12315"消费者保护服务等各种快速反应社会服务网络,全天候服务,及时处理各种突发事件,确保游客权益不受侵害;六是在重点景区设立医疗急救站,以便及时救护在旅游中意外扭伤、碰伤、头晕等游客。此外,在内部重视安全工作的同时,引导教育游客注意安全,形成人人重视安全的良好局面。公司导入体系至今无一起重大安全事故发生,竹筏漂流年落水率控制在5起以下。

(5)全力做好假日旅游服务工作。详细制定了迎接假日旅游黄金周的各种预案,采取各种应急措施,全力解决假日旅游存在的住宿难、乘车难、乘竹筏难、上天游难等突出问题,动员全社会各方面力量,最大限度地为游客排忧解难,让游客满意,实现少投诉,直至零投诉。公司利用价格杠杆和统筹计划手段,合理调节游客旅游线路,事先组织大批公安、交警及景区机关后勤人员充实基层工作,在核心区、重要地段维护旅游秩序,疏导游客,控制杂乱场面,确保节日期间和重要接待工作忙而不乱、安全有序。

公开服务承诺,提高游客满意度

各部门根据公司质量目标的要求,做出既有实实在在的内容又切实可以兑现的承诺,并将承诺张贴到墙上醒目的位置,以服务承诺的形式向社会公开质量目标:竹筏分公司提出绝不向游客暗示索要小费;物业分公司提出各摊点、商店绝不出售假冒、伪劣、过期、变质等商品,若出现短斤少两、以次充好,则按"假一罚十,少两罚斤"的方法处理,摄影从业人员在为游客拍摄像片时必须做到保质保量,且在当日内须将冲洗好的像片送到顾客手中后收款,如需邮寄的在当日用挂号信寄出;门票分公司提出限时服务,售票时间小团队不超过2分钟,大团队(10人以上)不超过3分钟,结算单票不超过4分钟;监察大队提出投诉查处按程序办事,一般投诉3个工作日办结,重大投诉7个工作日办结,查处率100%,并反馈投诉人,做到24小时值班,来电询问有问必答,来电求援有求必应。

随着质量管理体系运行的持续改进,质量第一、诚实守信、优质服务、爱岗敬业的浓厚氛围在景区内随处可见、随处可感,质量管理体系运行开始成为股份公司员工的自觉行动。据统计,从2002年8月至2003年8月份,公司员工救助昏迷游客19起,拾到游客物品及时归还36起,帮助游客打捞落水物品6起,下崖帮助游客寻找腰包4起,调解购物纠纷2起,因优质服务受到来信表彰52起。同时,游客投诉率也大幅度下降,前半年(2002年8月10日-2003年2月10日),监察大队共接到书面或电话投诉30起,而后半年(2002年2月11日-2003年8月10日),监察大队共接到书面或电话投诉13起,投诉率下降了一半以上;游客的满意率也从94.7%提高到95.4%,

上升了0.7%。

在贯彻ISO质量管理体系标准的过程中存在的问题:一是质量管理体系运行不平衡,记录控制、数据分析二项内容比较薄弱;二是部门之间不平衡,有的部门工作比较被动,质量管理意识还较为淡薄,内部沟通不及时;三是员工之间不平衡,整体素质有待继续提高。

总之, ISO9001:2000质量管理体系的成功导入,使公司员工的服务质量显著提高,工作程序化、标准化,使公司取得了明显的经济效益和社会效益,为武夷山旅游经济的发展作出了贡献。今后,作为一个从传统景区转变经营模式衍变而成的股份公司,面对国家加入WTO后充满机遇和挑战的时代和全国方兴未艾的投资旅游业热潮,福建武夷山旅游发展股份有限公司将进一步推进ISO9001:2000质量管理建设,依托武夷山风景区作为世界双遗产地打造世界精品旅游景点的发展规划,依托武夷山风景区四十年的成功运作经验,通过股票上市、收购、兼并其他景区景点的方法做强、做大企业,提高公司实力,通过创品牌、树声誉、多元化发展,加强企业竞争力,提高员工凝聚力,造福社会,打造百年可持续发展企业。

(作者:福建武夷山旅游发展股份有限公司　陈美中)

探索风景区管理新模式

柯岩风景区目前是绍兴规模最大、功能最全的风景旅游区,并已达到国家"AAA"级旅游区管理水平。为实现国家一流风景区的目标,景区遵循"环境保护是前提,服务质量是生命,游客满意是根本"的管理思路,积极导入ISO9001/ISO14001质量环境管理体系,以提高景区经营管理水平和员工素质、完善旅游接待服务功能,提高品位,树立形象,增强旅游市场竞争能力。为提高效率、节约资源,景区在导入两个管理体系时,将其合二为一,一并进行。

确立贯标指导思想保证资源充分性

在导入ISO9001和ISO14001管理体系后,景区确定了"从实际出发,抓重点、攻难关、不图形式、务求实效"的指导思想,把贯标作为头等大事来抓。制定详细的贯标计划,把贯标工作列入年度的总体目标,抽调一批文化层次高、责任心强、有一定工作经验和活动能力的管理人员组成ISO推进委员会和贯标工作小组。每月召开ISO推进委员会例会,贯标工作小组会议则根据需要随时召开,并多次召开全体员工动员大会。力求在人员、组织、设备、场地、资金上给予贯标充分的资源保证。

明确短长期目标　强调人人参与

景区经过几个月努力,编制完成《质量环境手册》,其中明确提出"一流景区、一流服务、一流效益"的质量方针和"严守环保法规、预防环境污染、保护景观资源、实现持续发展"的环境方针,并确定了景区远期目标和年度目标。在此基础上,景区编写了25个程序、28个服务流程及操作规范、22个管理制度、4个管理方案和大量图表,由此形成了一套富有景区特色、结构合理、层次分明、可操作性强的质量管理体系文件。为保证贯标的实施质量,景区分别组织领导、各部门、各班组人员学习标准知识和相关体系文件,极大地提高了员工的贯标意识、服务意识、环保意识,使员工都能参与到这项活动之中,并自觉按照规定的职责开展工作。

以顾客为中心　实现软硬件国际标准化

在提高员工素质、加强服务质量的前提下,为更好地体现"以顾客为中心"的服务宗旨,景区对硬件设施进行适当的调整,如重新整修略显陈旧的停车场、厕所、休息场所等服务设施,增设游客中心、游客医疗室、游客影视厅等,整改景区内一些影响环境的因素,添置大型化油装置和三级污水处理系统等。景区大到道路的选线,小到路灯、座椅、景点说明牌、指示牌等配套设施的设计、选材、色彩都尽力做到和风景区环境相融合,以努力达到硬件设施的国际标准化要求。

探索景区管理新模式　实现社会经济效益双丰收

导入ISO9000/ISO14001以后,景区实现了管理有程序、工作有标准、行为有规范、信息有反馈,并树立起了时时处处为游客着想的"以人为本"的经营理念。定期开展的内部质量审核和外部质量审核活动使景区能不断寻找不足、不断纠正、积极采取预防措施,由此为景区管理水平和服务质量的提高提供了保障。自贯标以来,景区的市场竞争力明显增强。

质量环境管理体系的完善是永无止境的,通过认证只不过是取得了"入学证书","贯标只有开始,没有终结",景区将一如既往地坚持着。

(作者:徐礼金)

浙江世界贸易中心大饭店与ISO9001

浙江世界贸易中心大饭店位于杭州市金融、商业和文体中心的显著位置，毗邻西湖风景区，闹中取静，地理位置极为优越，隶属于浙江世界贸易中心，整体造型气势雄伟，具游龙之势，位列“杭州城市建筑十大新景观”之首。饭店拥有393间套豪华住房，类型丰富，设有SPA中心、健身中心、壁球馆、游泳池等各项高级娱乐设施。二期建设的世贸中心写字楼“世贸大厦”自1998年1月正式开业以来，已吸引了众多国内外知名企业的进驻，其个性化、酒店式的物业管理在同行中独树一帜。浙江世界贸易中心大饭店目前已成为杭州地区高星级酒店中的佼佼者。

浙江世界贸易中心大饭店认为，ISO9001是ISO9000国际质量管理标准体系中的主体标准，适用于企业单位贯标认证。它将服务的最终质量视为所有工作过程质量的输出，倡导结构化和系统化管理方法，强调以顾客为中心，通过文件化管理体系和基于事实的决策，追求持续改进的效益。最终达到升华企业内部管理，产品质量得以提升、保证，竞争能力得以加强的目的。

在此魅力号召下，浙江世界贸易中心大饭店于2000年6月开始全面建立和贯彻实施ISO9001质量管理体系。ISO9001贯标工作涉及面广，工作量庞大，周期较长，是饭店新世纪初开拓新局面的一项重大工程。在饭店最高管理者的亲自关心下，在贯标主任直接带领下，在各个部门大力协作和实施下，饭店以极大的热情，从贯标知识宣传培训、法律法规收集、文件编写、体系试运行、内部审核、管理评审到认证审核做了大量的工作，顺利地在服务质量管理方面向国际标准化迈出了坚实的一步。

2001年6月11日，浙江世界贸易中心大饭店为庆祝顺利通过ISO9001国际标准质量管理体系的认证举行了隆重的授牌仪式。浙江世界贸易中心大饭店总经理吴启元先生从香港品质保证局董事局行政总裁陈锦新先生手中接过了崭新闪亮的认证证书，这标志着浙江世界贸易中心大饭店在中国入世的时代潮流中成功实现与国际接轨，由此也成为内地首家获得ISO9001:2000版质量认证的旅游涉外饭店。

通过一年多的建立和运行ISO9001质量管理体系，浙江世界贸易中心大饭店在质量管理工作上已跃上了一个新台阶，经济效益和社会效益更是逐步上升。首先从内部管理上说，通过精心编制，饭店拥有了一套全面符合国际标准要求又十分结合饭店实际的质量管理体系文件，突出强调了“顾客满意”的服务至高理念，并严格规定了饭店日常运行中各个质量环节的重点把关要领，可以说是浙江世界贸易中心大饭店的一部执行宝典；通过各部门各岗位建立的质量记录，既帮助大饭店及时真实地发现存在的问题，也便于工作考评、纠正错误和整改；通过定期的内审和管理评审，不但饭店管理人员素质得以提升，也能有效地降低成本，使管理水平更上一层楼。其次，从经营角度看，随着世贸大饭店管理水平的不断提高，社会声誉和宾客认可度也随之提高，饭店客房出租率和营业收入都得到不同程度的攀升。世贸大饭店将在ISO9001质量管理的航程上继续阔步，向更高的目标迈进。

浙江世贸中心大饭店又顺利通过了香港品质保证局对饭店ISO9001质量标准体系进行的三年一度的换证审核，此次换证审核的依据是ISO9001质量管理体系标准以及饭店提出的“做精做细”总体要求。换证审核的顺利通过标志着世贸大饭店的质量体系运行有效，并已逐步趋于成熟。审核中，审核专家对饭店高层所提出的“做精做细”理念，以及关注空气质量问题，进行空调管道的内壁清洗尤为赞赏，认为这是一个超前服务的概念。同时也建议酒店在今后的工作中应进一步关注数据分析方面的问题，减少不必要的文件，简化日常工作记录，学会运用数据来说明问题、分析服务水平趋势，运用科学有效的数据分析方法强化各项管理。

（浙江世界贸易中心大饭店供稿）

第十四部分 法 规

一、法律

《中华人民共和国产品质量法(修正)》

(1993年2月23日第七届全国人民代表大会常务委员会第三十次会议通过,根据2000年7月8日第九届全国人民代表大会常务委员会第十六次会议《关于修改〈中华人民共和国产品质量法〉的决定》修正)

目 录

第一章 总 则
第二章 产品质量的监督
第三章 生产者、销售者的产品质量责任和义务
　第一节 生产者的产品质量责任和义务
　第二节 销售者的产品质量责任和义务
第四章 损害赔偿
第五章 罚 则
第六章 附 则

第一章 总 则

第一条 为了加强对产品质量的监督管理，提高产品质量水平，明确产品质量责任，保护消费者的合法权益,维护社会经济秩序,制定本法。

第二条 在中华人民共和国境内从事产品生产、销售活动,必须遵守本法。

本法所称产品是指经过加工、制作，用于销售的产品。

建设工程不适用本法规定;但是,建设工程使用的建筑材料、建筑构配件和设备，属于前款规定的产品范围的,适用本法规定。

第三条 生产者、销售者应当建立健全内部产品质量管理制度,严格实施岗位质量规范、质量责任以及相应的考核办法。

第四条 生产者、销售者依照本法规定承担产品质量责任。

第五条 禁止伪造或者冒用认证标志等质量标志;禁止伪造产品的产地,伪造或者冒用他人的厂名、厂址;禁止在生产、销售的产品中掺杂、掺假,以假充真,以次充好。

第六条 国家鼓励推行科学的质量管理方法，采用先进的科学技术，鼓励企业产品质量达到并且超过行业标准、国家标准和国际标准。

对产品质量管理先进和产品质量达到国际先进水平、成绩显著的单位和个人,给予奖励。

第七条 各级人民政府应当把提高产品质量纳入国民经济和社会发展规划，加强对产品质量工作的统筹规划和组织领导,引导、督促生产者、销售者加强产品质量管理,提高产品质量,组织各有关部门依法采取措施,制止产品生产、销售中违反本法规定的行为,保障本法的施行。

第八条　国务院产品质量监督部门主管全国产品质量监督工作。国务院有关部门在各自的职责范围内负责产品质量监督工作。

县级以上地方产品质量监督部门主管本行政区域内的产品质量监督工作。县级以上地方人民政府有关部门在各自的职责范围内负责产品质量监督工作。

法律对产品质量的监督部门另有规定的，依照有关法律的规定执行。

第九条　各级人民政府工作人员和其他国家机关工作人员不得滥用职权、玩忽职守或者徇私舞弊，包庇、放纵本地区、本系统发生的产品生产、销售中违反本法规定的行为，或者阻挠、干预依法对产品生产、销售中违反本法规定的行为进行查处。

各级地方人民政府和其他国家机关有包庇、放纵产品生产、销售中违反本法规定的行为的，依法追究其主要负责人的法律责任。

第十条　任何单位和个人有权对违反本法规定的行为，向产品质量监督部门或者其他有关部门检举。产品质量监督部门和有关部门应当为检举人保密，并按照省、自治区、直辖市人民政府的规定给予奖励。

第十一条　任何单位和个人不得排斥非本地区或者非本系统企业生产的质量合格产品进入本地区、本系统。

第二章　产品质量的监督

第十二条　产品质量应当检验合格，不得以不合格产品冒充合格产品。

第十三条　可能危及人体健康和人身、财产安全的工业产品，必须符合保障人体健康和人身、财产安全的国家标准、行业标准；未制定国家标准、行业标准的，必须符合保障人体健康和人身、财产安全的要求。

禁止生产、销售不符合保障人体健康和人身、财产安全的标准和要求的工业产品。具体管理办法由国务院规定。

第十四条　国家根据国际通用的质量管理标准，推行企业质量体系认证制度。企业根据自愿原则可以向国务院产品质量监督部门认可的或者国务院产品质量监督部门授权的部门认可的认证机构申请企业质量体系认证。经认证合格的，由认证机构颁发企业质量体系认证证书。

国家参照国际先进的产品标准和技术要求，推行产品质量认证制度。企业根据自愿原则可以向国务院产品质量监督部门认可的或者国务院产品质量监督部门授权的部门认可的认证机构申请产品质量认证。经认证合格的，由认证机构颁发产品质量认证证书，准许企业在产品或者其包装上使用产品质量认证标志。

第十五条　国家对产品质量实行以抽查为主要方式的监督检查制度，对可能危及人体健康和人身、财产安全的产品，影响国计民生的重要工业产品以及消费者、有关组织反映有质量问题的产品进行抽查。抽查的样品应当在市场上或者企业成品仓库内的待销产品中随机抽取。监督抽查工作由国务院产品质量监督部门规划和组织。县级以上地方产品质量监督部门在本行政区域内也可以组织监督抽查。法律对产品质量的监督检查另有规定的，依照有关法律的规定执行。

国家监督抽查的产品，地方不得另行重复抽查；上级监督抽查的产品，下级不得另行重复抽查。根据监督抽查的需要，可以对产品进行检验。检验抽取样品的数量不得超过检验的合理需要，并不得向被检查人收取检验费用。监督抽查所需检验费用按照国务院规定列支。

生产者、销售者对抽查检验的结果有异议的，可以自收到检验结果之日起十五日内向实施监督抽查的产品质量监督部门或者其上级产品质量监督部门申请复检，由受理复检的产品质量监督部门作出复检结论。

第十六条　对依法进行的产品质量监督检查，生产者、销售者不得拒绝。

第十七条　依照本法规定进行监督抽查的产品质量不合格的，由实施监督抽查的产品质量监督部门责令其生产者、销售者限期改正。逾期不改正的，由省级以上人民政府产品质量监督部门予以公告；公告后经复查仍不合格的，责令停业，限期整顿；整顿期满后经复查产品质量仍不合格的，吊销营业执照。监督抽查的产品有严重质量问题的，依照本法第五章的有关规定处罚。

第十八条　县级以上产品质量监督部门根据已经取得的违法嫌疑证据或者举报，对涉嫌违反本法规定的行为进行查处时，可以行使下列职权：

（一）对当事人涉嫌从事违反本法的生产、销售活动的场所实施现场检查；

（二）向当事人的法定代表人、主要负责人和其他有关人员调查、了解与涉嫌从事违反本法的生产、销售活动有关的情况；

（三）查阅、复制当事人有关的合同、发票、账簿以及其他有关资料；

（四）对有根据认为不符合保障人体健康和人身、财产安全的国家标准、行业标准的产品或者有其他严重质量问题的产品，以及直接用于生产、销售该项产品的原辅材料、包装物、生产工具，予以查封或者扣押。

县级以上工商行政管理部门按照国务院规定的职责范围，对涉嫌违反本法规定的行为进行查处时，可以行使前款规定的职权。

第十九条 产品质量检验机构必须具备相应的检测条件和能力，经省级以上人民政府产品质量监督部门或者其授权的部门考核合格后，方可承担产品质量检验工作。法律、行政法规对产品质量检验机构另有规定的，依照有关法律、行政法规的规定执行。

第二十条 从事产品质量检验、认证的社会中介机构必须依法设立，不得与行政机关和其他国家机关存在隶属关系或者其他利益关系。

第二十一条 产品质量检验机构、认证机构必须依法按照有关标准，客观、公正地出具检验结果或者认证证明。

产品质量认证机构应当依照国家规定对准许使用认证标志的产品进行认证后的跟踪检查；对不符合认证标准而使用认证标志的，要求其改正；情节严重的，取消其使用认证标志的资格。

第二十二条 消费者有权就产品质量问题，向产品的生产者、销售者查询；向产品质量监督部门、工商行政管理部门及有关部门申诉，接受申诉的部门应当负责处理。

第二十三条 保护消费者权益的社会组织可以就消费者反映的产品质量问题建议有关部门负责处理，支持消费者对因产品质量造成的损害向人民法院起诉。

第二十四条 国务院和省、自治区、直辖市人民政府的产品质量监督部门应当定期发布其监督抽查的产品的质量状况公告。

第二十五条 产品质量监督部门或者其他国家机关以及产品质量检验机构不得向社会推荐生产者的产品；不得以对产品进行监制、监销等方式参与产品经营活动。

第三章 生产者、销售者的产品质量责任和义务

第一节 生产者的产品质量责任和义务

第二十六条 生产者应当对其生产的产品质量负责。

产品质量应当符合下列要求：

（一）不存在危及人身、财产安全的不合理的危险，有保障人体健康和人身、财产安全的国家标准、行业标准的，应当符合该标准；

（二）具备产品应当具备的使用性能，但是，对产品存在使用性能的瑕疵作出说明的除外；

（三）符合在产品或者其包装上注明采用的产品标准，符合以产品说明、实物样品等方式表明的质量状况。

第二十七条 产品或者其包装上的标识必须真实，并符合下列要求：

（一）有产品质量检验合格证明；

（二）有中文标明的产品名称、生产厂厂名和厂址；

（三）根据产品的特点和使用要求，需要标明产品规格、等级、所含主要成份的名称和含量的，用中文相应予以标明；需要事先让消费者知晓的，应当在外包装上标明，或者预先向消费者提供有关资料；

（四）限期使用的产品，应当在显著位置清晰地标明生产日期和安全使用期或者失效日期；

（五）使用不当，容易造成产品本身损坏或者可能危及人身、财产安全的产品，应当有警示标志或者中文警示说明。

裸装的食品和其他根据产品的特点难以附加标识的裸装产品，可以不附加产品标识。

第二十八条 易碎、易燃、易爆、有毒、有腐蚀性、有放射性等危险物品以及储运中不能倒置和其他有特殊要求的产品，其包装质量必须符合相应要求，依照国家有关规定作出警示标志或者中文警示说明，标明储运注意事项。

第二十九条 生产者不得生产国家明令淘汰的产品。

第三十条 生产者不得伪造产地，不得伪造或者冒用他人的厂名、厂址。

第三十一条 生产者不得伪造或者冒用认证标志等质量标志。

第三十二条 生产者生产产品，不得掺杂、掺假，不得以假充真、以次充好，不得以不合格产品冒充合格产品。

第二节 销售者的产品质量责任和义务

第三十三条 销售者应当建立并执行进货检查验收制度，验明产品合格证明和其他标识。

第三十四条 销售者应当采取措施，保持销售产品

的质量。

第三十五条 销售者不得销售国家明令淘汰并停止销售的产品和失效、变质的产品。

第三十六条 销售者销售的产品的标识应当符合本法第二十七条的规定。

第三十七条 销售者不得伪造产地，不得伪造或者冒用他人的厂名、厂址。

第三十八条 销售者不得伪造或者冒用认证标志等质量标志。

第三十九条 销售者销售产品，不得掺杂、掺假，不得以假充真、以次充好，不得以不合格产品冒充合格产品。

第四章 损害赔偿

第四十条 售出的产品有下列情形之一的，销售者应当负责修理、更换、退货；给购买产品的消费者造成损失的，销售者应当赔偿损失：

(一)不具备产品应当具备的使用性能而事先未作说明的；

(二)不符合在产品或者其包装上注明采用的产品标准的；

(三)不符合以产品说明、实物样品等方式表明的质量状况的。

销售者依照前款规定负责修理、更换、退货、赔偿损失后，属于生产者的责任或者属于向销售者提供产品的其他销售者(以下简称供货者)的责任的，销售者有权向生产者、供货者追偿。

销售者未按照第一款规定给予修理、更换、退货或者赔偿损失的，由产品质量监督部门或者工商行政管理部门责令改正。

生产者之间，销售者之间，生产者与销售者之间订立的买卖合同、承揽合同有不同约定的，合同当事人按照合同约定执行。

第四十一条 因产品存在缺陷造成人身、缺陷产品以外的其他财产(以下简称他人财产)损害的，生产者应当承担赔偿责任。

生产者能够证明有下列情形之一的，不承担赔偿责任：

(一)未将产品投入流通的；

(二)产品投入流通时，引起损害的缺陷尚不存在的；

(三)将产品投入流通时的科学技术水平尚不能发现缺陷的存在的。

第四十二条 由于销售者的过错使产品存在缺陷，造成人身、他人财产损害的，销售者应当承担赔偿责任。

销售者不能指明缺陷产品的生产者也不能指明缺陷产品的供货者的，销售者应当承担赔偿责任。

第四十三条 因产品存在缺陷造成人身、他人财产损害的，受害人可以向产品的生产者要求赔偿，也可以向产品的销售者要求赔偿。属于产品的生产者的责任，产品的销售者赔偿的，产品的销售者有权向产品的生产者追偿。属于产品的销售者的责任，产品的生产者赔偿的，产品的生产者有权向产品的销售者追偿。

第四十四条 因产品存在缺陷造成受害人人身伤害的，侵害人应当赔偿医疗费、治疗期间的护理费、因误工减少的收入等费用；造成残疾的，还应当支付残疾者生活自助具费、生活补助费、残疾赔偿金以及由其扶养的人所必需的生活费等费用；造成受害人死亡的，并应当支付丧葬费、死亡赔偿金以及由死者生前扶养的人所必需的生活费等费用。

因产品存在缺陷造成受害人财产损失的，侵害人应当恢复原状或者折价赔偿。受害人因此遭受其他重大损失的，侵害人应当赔偿损失。

第四十五条 因产品存在缺陷造成损害要求赔偿的诉讼时效期间为二年，自当事人知道或者应当知道其权益受到损害时起计算。

因产品存在缺陷造成损害要求赔偿的请求权，在造成损害的缺陷产品交付最初消费者满十年丧失；但是，尚未超过明示的安全使用期的除外。

第四十六条 本法所称缺陷，是指产品存在危及人身、他人财产安全的不合理的危险；产品有保障人体健康和人身、财产安全的国家标准、行业标准的，是指不符合该标准。

第四十七条 因产品质量发生民事纠纷时，当事人可以通过协商或者调解解决。当事人不愿通过协商、调解解决或者协商、调解不成的，可以根据当事人各方的协议向仲裁机构申请仲裁；当事人各方没有达成仲裁协议或者仲裁协议无效的，可以直接向人民法院起诉。

第四十八条 仲裁机构或者人民法院可以委托本法第十九条规定的产品质量检验机构，对有关产品质量进行检验。

第五章 罚 则

第四十九条 生产、销售不符合保障人体健康和人身、财产安全的国家标准、行业标准的产品的，责令停止生产、销售，没收违法生产、销售的产品，并处违法生产、销售产品（包括已售出和未售出的产品，下同）货值金额等值以上三倍以下的罚款；有违法所得的，并处没收违法所得；情节严重的，吊销营业执照；构成犯罪的，依法追究刑事责任。

第五十条 在产品中掺杂、掺假，以假充真，以次充好，或者以不合格产品冒充合格产品的，责令停止生产、销售，没收违法生产、销售的产品，并处违法生产、销售产品货值金额百分之五十以上三倍以下的罚款；有违法所得的，并处没收违法所得；情节严重的，吊销营业执照；构成犯罪的，依法追究刑事责任。

第五十一条 生产国家明令淘汰的产品的，销售国家明令淘汰并停止销售的产品的，责令停止生产、销售，没收违法生产、销售的产品，并处违法生产、销售产品货值金额等值以下的罚款；有违法所得的，并处没收违法所得；情节严重的，吊销营业执照。

第五十二条 销售失效、变质的产品的，责令停止销售，没收违法销售的产品，并处违法销售产品货值金额二倍以下的罚款；有违法所得的，并处没收违法所得；情节严重的，吊销营业执照；构成犯罪的，依法追究刑事责任。

第五十三条 伪造产品产地的，伪造或者冒用他人厂名、厂址的，伪造或者冒用认证标志等质量标志的，责令改正，没收违法生产、销售的产品，并处违法生产、销售产品货值金额等值以下的罚款；有违法所得的，并处没收违法所得；情节严重的，吊销营业执照。

第五十四条 产品标识不符合本法第二十七条规定的，责令改正；有包装的产品标识不符合本法第二十七条第（四）项、第（五）项规定，情节严重的，责令停止生产、销售，并处违法生产、销售产品货值金额百分之三十以下的罚款；有违法所得的，并处没收违法所得。

第五十五条 销售者销售本法第四十九条至第五十三条规定禁止销售的产品，有充分证据证明其不知道该产品为禁止销售的产品并如实说明其进货来源的，可以从轻或者减轻处罚。

第五十六条 拒绝接受依法进行的产品质量监督检查的，给予警告，责令改正；拒不改正的，责令停业整顿；情节特别严重的，吊销营业执照。

第五十七条 产品质量检验机构、认证机构伪造检验结果或者出具虚假证明的，责令改正，对单位处五万元以上十万元以下的罚款，对直接负责的主管人员和其他直接责任人员处一万元以上五万元以下的罚款；有违法所得的，并处没收违法所得；情节严重的，取消其检验资格、认证资格；构成犯罪的，依法追究刑事责任。

产品质量检验机构、认证机构出具的检验结果或者证明不实，造成损失的，应当承担相应的赔偿责任；造成重大损失的，撤销其检验资格、认证资格。

产品质量认证机构违反本法第二十一条第二款的规定，对不符合认证标准而使用认证标志的产品，未依法要求其改正或者取消其使用认证标志资格的，对因产品不符合认证标准给消费者造成的损失，与产品的生产者、销售者承担连带责任；情节严重的，撤销其认证资格。

第五十八条 社会团体、社会中介机构对产品质量作出承诺、保证，而该产品又不符合其承诺、保证的质量要求，给消费者造成损失的，与产品的生产者、销售者承担连带责任。

第五十九条 在广告中对产品质量作虚假宣传，欺骗和误导消费者的，依照《中华人民共和国广告法》的规定追究法律责任。

第六十条 对生产者专门用于生产本法第四十九条、第五十一条所列的产品或者以假充真的产品的原辅材料、包装物、生产工具，应当予以没收。

第六十一条 知道或者应当知道属于本法规定禁止生产、销售的产品而为其提供运输、保管、仓储等便利条件的，或者为以假充真的产品提供制假生产技术的，没收全部运输、保管、仓储或者提供制假生产技术的收入，并处违法收入百分之五十以上三倍以下的罚款；构成犯罪的，依法追究刑事责任。

第六十二条 服务业的经营者将本法第四十九条至第五十二条规定禁止销售的产品用于经营性服务的，责令停止使用；对知道或者应当知道所使用的产品属于本法规定禁止销售的产品的，按照违法使用的产品（包括已使用和尚未使用的产品）的货值金额，依照本法对销售者的处罚规定处罚。

第六十三条 隐匿、转移、变卖、损毁被产品质量监督部门或者工商行政管理部门查封、扣押的物品的，处被隐匿、转移、变卖、损毁物品货值金额等值以上三倍以下的罚款；有违法所得的，并处没收违法所得。

第六十四条 违反本法规定，应当承担民事赔偿责任和缴纳罚款、罚金，其财产不足以同时支付时，先承担民事赔偿责任。

第六十五条 各级人民政府工作人员和其他国家机

关工作人员有下列情形之一的，依法给予行政处分；构成犯罪的，依法追究刑事责任：

(一)包庇、放纵产品生产、销售中违反本法规定行为的；

(二)向从事违反本法规定的生产、销售活动的当事人通风报信，帮助其逃避查处的；

(三)阻挠、干预产品质量监督部门或者工商行政管理部门依法对产品生产、销售中违反本法规定的行为进行查处，造成严重后果的。

第六十六条 产品质量监督部门在产品质量监督抽查中超过规定的数量索取样品或者向被检查人收取检验费用的，由上级产品质量监督部门或者监察机关责令退还；情节严重的，对直接负责的主管人员和其他直接责任人员依法给予行政处分。

第六十七条 产品质量监督部门或者其他国家机关违反本法第二十五条的规定，向社会推荐生产者的产品或者以监制、监销等方式参与产品经营活动的，由其上级机关或者监察机关责令改正，消除影响，有违法收入的予以没收；情节严重的，对直接负责的主管人员和其他直接责任人员依法给予行政处分。

产品质量检验机构有前款所列违法行为的，由产品质量监督部门责令改正，消除影响，有违法收入的予以没收，可以并处违法收入一倍以下的罚款；情节严重的，撤销其质量检验资格。

第六十八条 产品质量监督部门或者工商行政管理部门的工作人员滥用职权、玩忽职守、徇私舞弊，构成犯罪的，依法追究刑事责任；尚不构成犯罪的，依法给予行政处分。

第六十九条 以暴力、威胁方法阻碍产品质量监督部门或者工商行政管理部门的工作人员依法执行职务的，依法追究刑事责任；拒绝、阻碍未使用暴力、威胁方法的，由公安机关依照治安管理处罚条例的规定处罚。

第七十条 本法规定的吊销营业执照的行政处罚由工商行政管理部门决定，本法第四十九条至第五十七条、第六十条至第六十三条规定的行政处罚由产品质量监督部门或者工商行政管理部门按照国务院规定的职权范围决定。法律、行政法规对行使行政处罚权的机关另有规定的，依照有关法律、行政法规的规定执行。

第七十一条 对依照本法规定没收的产品，依照国家有关规定进行销毁或者采取其他方式处理。

第七十二条 本法第四十九条至第五十四条、第六十二条、第六十三条所规定的货值金额以违法生产、销售产品的标价计算；没有标价的，按照同类产品的市场价格计算。

第六章 附 则

第七十三条 军工产品质量监督管理办法，由国务院、中央军事委员会另行制定。

因核设施、核产品造成损害的赔偿责任，法律、行政法规另有规定的，依照其规定。

第七十四条 本法自1993年9月1日起施行。

注：“惩治生产、销售伪劣商品犯罪活动”的有关规定(出自《刑法》中“破坏社会主义市场经济秩序罪”)

为依法惩治生产、销售伪劣商品犯罪活动，根据刑法有关规定，最高人民法院、最高人民检察院于2001年4月9日就办理这类案件具体应用法律的若干问题作出解释，自2001年4月10日起施行，其主要内容如下：

第一条 刑法第一百四十条规定的“在产品中掺杂、掺假”，是指在产品中掺入杂质或者异物，致使产品质量不符合国家法律、法规或者产品明示质量标准规定的质量要求，降低、失去应有使用性能的行为。

刑法第一百四十条规定的“以假充真”，是指以不具有某种使用性能的产品冒充具有该种使用性能的产品的行为。

刑法第一百四十条规定的“以次充好”，是指以低等级、低档次产品冒充高等级、高档次产品，或者以残次、废旧零配件组合、拼装后冒充正品或者新产品的行为。

刑法第一百四十条规定的“不合格产品”，是指不符合《中华人民共和国产品质量法》第二十六条第二款规定的质量要求的产品。

对本条规定的上述行为难以确定的，应当委托法律、行政法规规定的产品质量检验机构进行鉴定。

第二条 刑法第一百四十条、第一百四十九条规定的“销售金额”，是指生产者、销售者出售伪劣产品后所得和应得的全部违法收入伪劣产品尚未销售，货值金额达到刑法第一百四十条规定的销售金额三倍以上的，以生产、销售伪劣产品罪(未遂)定罪处罚。

货值金额以违法生产、销售的伪劣产品的标价计算；没有标价的，按照同类合格产品的市场中间价格计算。货值金额难以确定的，按照国家计划委员会、最高人民法院、最高人民检察院、公安部1997年4月22日联合发布的《扣押、追缴、没收物品估价管理办法》的规定，委托指定的估价机构确定。

多次实施生产、销售伪劣产品行为，未经处理的，伪劣产品的销售金额或者货值金额累计计算。

第三条 经省级以上药品监督管理部门设置或者确定的药品检验机构鉴定，生产、销售的假药具有下列情形之一的，应认定为刑法第一百四十一条规定的"足以严重危害人体健康"：

(一)含有超标准的有毒有害物质的；

(二)不含所标明的有效成份，可能贻误诊治的；

(三)所标明的适应症或者功能主治超出规定范围，可能造成贻误诊治的；

(四)缺乏所标明的急救必需的有效成份的。

生产、销售的假药被使用后，造成轻伤、重伤或者其他严重后果的，应认定为"对人体健康造成严重危害"。

生产、销售的假药被使用后，致人严重残疾，三人以上重伤、十人以上轻伤或者造成其他特别严重后果的，应认定为"对人体健康造成特别严重危害"。

第四条 经省级以上卫生行政部门确定的机构鉴定，食品中含有可能导致严重食物中毒事故或者其他严重食源性疾患的超标准的有害细菌或者其他污染物的，应认定为刑法第一百四十三条规定的"足以造成严重食物中毒事故或者其他严重食源性疾患"。

生产、销售不符合卫生标准的食品被食用后，造成轻伤、重伤或者其他严重后果的，应认定为"对人体健康造成严重危害"。

生产、销售不符合卫生标准的食品被食用后，致人死亡、严重残疾、三人以上重伤，十人以上轻伤或者造成其他特别严重后果的。应认定为"后果特别严重"。

第五条 生产、销售的有毒、有害食品被食用后，造成轻伤、重伤或者其他严重后果的，应认定为刑法第一百四十四条规定的"对人体健康造成严重危害"。

生产、销售的有毒、有害食品被食用后，致人严重残疾、三人以上重伤、十人以上轻伤或者造成其他特别严重后果的，应认定为"对人体健康造成特别严重危害"。

第六条 生产、销售不符合标准的医疗器械、医用卫生材料，致人轻伤或者其他严重后果的，应认定为刑法第一百四十五条规定的"对人体健康造成严重危害"。

生产、销售不符合标准的医疗器械、医用卫生材料，造成感染病毒性肝炎等难以治愈的疾病、一人以上重伤、三人以上轻伤或者其他严重后果的，应认定为"后果特别严重"。

生产、销售不符合标准的医疗器械、医用卫生材料，致人死亡、严重残疾、感染艾滋病、三人以上重伤、十人以上轻伤或者造成其他特别严重后果的，应认定为"情节特别恶劣"。

医疗机构或者个人，知道或者应当知道是不符合保障人体健康的国家标准、行业标准的医疗器械、医用卫生材料而购买、使用，对人体健康造成严重危害的，以销售不符合标准的医用器材罪定罪处罚。

没有国家标准、行业标准的医疗器械，注册产品标准可视为"保障人体健康的行业标准"。

第七条 刑法第一百四十七条规定的生产、销售伪劣农药、兽药、化肥、种子罪中"使生产遭受较大损失"，一般以二万元为起点；"重大损失"，一般以十万元为起点；"特别重大损失"，一般以五十万元为起点。

第八条 国家机关工作人员徇私舞弊，对生产、销售伪劣商品犯罪不履行法律规定的查处职责，具有下列情形之一的，属于刑法第四百一十四条规定的"情节严重"：

(一)放纵生产、销售假药或者有毒、有害食品犯罪行为的；

(二)放纵依法可能判处二年有期徒刑以上刑罚的生产、销售、伪劣商品犯罪行为的；

(三)对三个以上有生产、销售伪劣商品犯罪行为的单位或者个人不履行追究职责的；

(四)致使国家和人民利益遭受重大损失或者造成恶劣影响的。

第九条 知道或者应当知道他人实施生产、销售伪劣商品犯罪，而为其提供贷款、资金、账号、发票、证明、许可证件，或者提供生产、经营场所或者运输、仓储、保管、邮寄等便利条件，或者提供制假生产技术的，以生产、销售伪劣商品犯罪的共犯论处。

第十条 实施生产、销售伪劣商品犯罪，同时构成侵犯知识产权、非法经营等其他犯罪的，依照处罚较重的规定定罪处罚。

第十一条 实施刑法第一百四十条至第一百四十八条规定的犯罪，又以暴力、威胁方法抗拒查处，构成其他犯罪的，依照数罪并罚的规定处罚。

第十二条 国家机关工作人员参与生产、销售伪劣商品犯。

《中华人民共和国进出口商品检验法》

(1989年2月21日第七届全国人民代表大会常务委员会第六次会议通过 根据2002年4月28日第九届全国人民代表大会常务委员会第二十七次会议《关于修改〈中华人民共和国进出口商品检验法〉的决定》修正)

目 录

第一章 总则

第一条 为了加强进出口商品检验工作,规范进出口商品检验行为,维护社会公共利益和进出口贸易有关各方的合法权益,促进对外经济贸易关系的顺利发展,制定本法。

第二条 国务院设立进出口商品检验部门(以下简称国家商检部门),主管全国进出口商品检验工作。国家商检部门设在各地的进出口商品检验机构(以下简称商检机构)管理所辖地区的进出口商品检验工作。

第三条 商检机构和经国家商检部门许可的检验机构,依法对进出口商品实施检验。

第四条 进出口商品检验应当根据保护人类健康和安全、保护动物或者植物的生命和健康、保护环境、防止欺诈行为、维护国家安全的原则,由国家商检部门制定、调整必须实施检验的进出口商品目录(以下简称目录)并公布实施。

第五条 列入目录的进出口商品,由商检机构实施检验。前款规定的进口商品未经检验的,不准销售、使用;前款规定的出口商品未经检验合格的,不准出口。本条第一款规定的进出口商品,其中符合国家规定的免予检验条件的,由收货人或者发货人申请,经国家商检部门审查批准,可以免予检验。

第六条 必须实施的进出口商品检验,是指确定列入目录的进出口商品是否符合国家技术规范的强制性要求的合格评定活动。

合格评定程序包括:抽样、检验和检查;评估、验证和合格保证;注册、认可和批准以及各项的组合。

第七条 列入目录的进出口商品,按照国家技术规范的强制性要求进行检验;尚未制定国家技术规范的强制性要求的,应当依法及时制定,未制定之前,可以参照国家商检部门指定的国外有关标准进行检验。

第八条 经国家商检部门许可的检验机构,可以接受对外贸易关系人或者外国检验机构的委托,办理进出口商品检验鉴定业务。

第九条 法律、行政法规规定由其他检验机构实施检验的进出口商品或者检验项目,依照有关法律、行政法规的规定办理。

第十条 国家商检部门和商检机构应当及时收集和向有关方面提供进出口商品检验方面的信息。

国家商检部门和商检机构的工作人员在履行进出口商品检验的职责中,对所知悉的商业秘密负有保密义务。

第二章 进口商品的检验

第十一条 本法规定必须经商检机构检验的进口商品的收货人或者其代理人,应当向报关地的商检机构报检。海关凭商检机构签发的货物通关证明验放。

第十二条 本法规定必须经商检机构检验的进口商品的收货人或者其代理人,应当在商检机构规定的地点和期限内,接受商检机构对进口商品的检验。商检机构应当在国家商检部门统一规定的期限内检验完毕,并出具检验证单。

第十三条 本法规定必须经商检机构检验的进口商品以外的进口商品的收货人,发现进口商品质量不合格或者残损短缺,需要由商检机构出证索赔的,应当向商检机构申请检验出证。

第十四条 对重要的进口商品和大型的成套设备,收货人应当依据对外贸易合同约定在出口国装运前进行预检验、监造或者监装,主管部门应当加强监督;商检机构根据需要可以派出检验人员参加。

第三章 出口商品的检验

第十五条 本法规定必须经商检机构检验的出口商品的发货人或者其代理人,应当在商检机构规定的地点和期限内,向商检机构报检。商检机构应当在国家商检部门统一规定的期限内检验完毕,并出具检验证单。对本法规定必须实施检验的出口商品,海关凭商检机构签发的货物通关证明验放。

第十六条 经商检机构检验合格发给检验证单的出口商品，应当在商检机构规定的期限内报关出口；超过期限的，应当重新报检。

第十七条 为出口危险货物生产包装容器的企业，必须申请商检机构进行包装容器的性能鉴定。生产出口危险货物的企业，必须申请商检机构进行包装容器的使用鉴定。使用未经鉴定合格的包装容器的危险货物，不准出口。

第十八条 对装运出口易腐烂变质食品的船舱和集装箱，承运人或者装箱单位必须在装货前申请检验。未经检验合格的，不准装运。

第四章 监督管理

第十九条 商检机构对本法规定必须经商检机构检验的进出口商品以外的进出口商品，根据国家规定实施抽查检验。国家商检部门可以公布抽查检验结果或者向有关部门通报抽查检验情况。

第二十条 商检机构根据便利对外贸易的需要，可以按照国家规定对列入目录的出口商品进行出厂前的质量监督管理和检验。

第二十一条 为进出口货物的收发货人办理报检手续的代理人应当在商检机构进行注册登记；办理报检手续时应当向商检机构提交授权委托书。

第二十二条 国家商检部门可以按照国家有关规定，通过考核，许可符合条件的国内外检验机构承担委托的进出口商品检验鉴定业务。

第二十三条 国家商检部门和商检机构依法对经国家商检部门许可的检验机构的进出口商品检验鉴定业务活动进行监督，可以对其检验的商品抽查检验。

第二十四条 国家商检部门根据国家统一的认证制度，对有关的进出口商品实施认证管理。

第二十五条 商检机构可以根据国家商检部门同外国有关机构签订的协议或者接受外国有关机构的委托进行进出口商品质量认证工作，准许在认证合格的进出口商品上使用质量认证标志。

第二十六条 商检机构依照本法对实施许可制度的进出口商品实行验证管理，查验单证，核对证货是否相符。

第二十七条 商检机构根据需要，对检验合格的进出口商品，可以加施商检标志或者封识。

第二十八条 进出口商品的报检人对商检机构作出的检验结果有异议的，可以向原商检机构或者其上级商检机构以至国家商检部门申请复验，由受理复验的商检机构或者国家商检部门及时作出复验结论。

第二十九条 当事人对商检机构、国家商检部门作出的复验结论不服或者对商检机构作出的处罚决定不服的，可以依法申请行政复议，也可以依法向人民法院提起诉讼。

第三十条 国家商检部门和商检机构履行职责，必须遵守法律，维护国家利益，依照法定职权和法定程序严格执法，接受监督。

国家商检部门和商检机构应当根据依法履行职责的需要，加强队伍建设，使商检工作人员具有良好的政治、业务素质。商检工作人员应当定期接受业务培训和考核，经考核合格，方可上岗执行职务。

商检工作人员必须忠于职守，文明服务，遵守职业道德，不得滥用职权，谋取私利。

第三十一条 国家商检部门和商检机构应当建立健全内部监督制度，对其工作人员的执法活动进行监督检查。

商检机构内部负责受理报检、检验、出证放行等主要岗位的职责权限应当明确，并相互分离、相互制约。

第三十二条 任何单位和个人均有权对国家商检部门、商检机构及其工作人员的违法、违纪行为进行控告、检举。收到控告、检举的机关应当依法按照职责分工及时查处，并为控告人、检举人保密。

第五章 法律责任

第三十三条 违反本法规定，将必须经商检机构检验的进口商品未报经检验而擅自销售或者使用的，或者将必须经商检机构检验的出口商品未报经检验合格而擅自出口的，由商检机构没收违法所得，并处货值金额百分之五以上百分之二十以下的罚款；构成犯罪的，依法追究刑事责任。

第三十四条 违反本法规定，未经国家商检部门许可，擅自从事进出口商品检验鉴定业务的，由商检机构责令停止非法经营，没收违法所得，并处违法所得一倍以上三倍以下的罚款。

第三十五条 进口或者出口属于掺杂掺假、以假充真、以次充好的商品或者以不合格进出口商品冒充合格进出口商品的，由商检机构责令停止进口或者出口，没收违法所得，并处货值金额百分之五十以上三倍以下的罚款；构成犯罪的，依法追究刑事责任。

第三十六条 伪造、变造、买卖或者盗窃商检单证、印章、标志、封识、质量认证标志的，依法追究刑事责任；尚不够刑事处罚的，由商检机构责令改正，没收违法所得，并处货值金额等值以下的罚款。

第三十七条 国家商检部门、商检机构的工作人员违反本法规定，泄露所知悉的商业秘密的，依法给予行政处分，有违法所得的，没收违法所得；构成犯罪的，依法追究刑事责任。

第三十八条 国家商检部门、商检机构的工作人员滥用职权，故意刁难的，徇私舞弊，伪造检验结果的，或者玩忽职守，延误检验出证的，依法给予行政处分；构成犯罪的，依法追究刑事责任。

第六章 附则

第三十九条 商检机构和其他检验机构依照本法的规定实施检验和办理检验鉴定业务，依照国家有关规定收取费用。

第四十条 国务院根据本法制定实施条例。

第四十一条 本法自1989年8月1日起施行。

《中华人民共和国标准化法》

（1988年12月29日第七届全国人民代表大会常务委员会第五次会议通过，1988年12月29日中华人民共和国主席令第11号公布，1989年4月1日起施行）

目 录

第一章 总 则

第一条 为了发展社会主义商品经济，促进技术进步，改进产品质量，提高社会经济效益，维护国家和人民的利益，使标准化工作适应社会主义现代化建设和发展对外经济关系的需要，制定本法。

第二条 对下列需要统一的技术要求，应当制定标准：

（一）工业产品的品种、规格、质量、等级或者安全、卫生要求。

（二）工业产品的设计、生产、检验、包装、储存、运输、使用的方法或者生产、储存、运输过程中的安全、卫生要求。

（三）有关环境保护的各项技术要求和检验方法。

（四）建设工程的设计、施工方法和安全要求。

（五）有关工业生产、工程建设和环境保护的技术术语、符号、代号和制图方法。

重要农产品和其他需要制定标准的项目，由国务院规定。

第三条 标准化工作的任务是制定标准、组织实施标准和对标准的实施进行监督。

标准化工作应当纳入国民经济和社会发展计划。

第四条 国家鼓励积极采用国际标准。

第五条 国务院标准化行政主管部门统一管理全国标准化工作。国务院有关行政主管部门分工管理本部门、本行业的标准化工作。

省、自治区、直辖市标准化行政主管部门统一管理本行政区域的标准化工作。省、自治区、直辖市政府有关行政主管部门分工管理本行政区域内本部门、本行业的标准化工作。

市、县标准化行政主管部门和有关行政主管部门，按照省、自治区、直辖市政府规定的各自的职责，管理本行政区域内的标准化工作。

第二章 标准的制定

第六条 对需要在全国范围内统一的技术要求，应当制定国家标准。国家标准由国务院标准化行政主管部门制定。对没有国家标准而又需要在全国某个行业范围内统一的技术要求，可以制定行业标准。行业标准由国务院有关行政主管部门制定，并报国务院标准化行政主管部门备案，在公布国家标准之后，该项行业标准即行废止。对没有国家标准和行业标准而又需要在省、自治区、直辖市范围内统一的工业产品的安全、卫生要求，可以制定地方标准。地方标准由省、自治区、直辖市标准化行政主管部门制定，并报国务院标准化行政主管部门和国务院有关行政主管部门备案，在公布国家标准或者行业标准之后，该项地方标准即行废止。

企业生产的产品没有国家标准和行业标准的，应当制定企业标准,作为组织生产的依据。

企业的产品标准须报当地政府标准化行政主管部门和有关行政主管部门备案。已有国家标准或者行业标准的,国家鼓励企业制定严于国家标准或者行业标准的企业标准,在企业内部适用。

法律对标准的制定另有规定的,依照法律的规定执行。

第七条 国家标准、行业标准分为强制性标准和推荐性标准。保障人体健康,人身、财产安全的标准和法律、行政法规规定强制执行的标准是强制性标准,其他标准是推荐性标准。

省、自治区、直辖市标准化行政主管部门制定的工业产品的安全、卫生要求的地方标准,在本行政区域内是强制性标准。

第八条 制定标准应当有利于保障安全和人民的身体健康,保护消费者的利益,保护环境。

第九条 制定标准应当有利于合理利用国家资源,推广科学技术成果,提高经济效益,并符合使用要求,有利于产品的通用互换,做到技术上先进,经济上合理。

第十条 制定标准应当做到有关标准的协调配套。

第十一条 制定标准应当有利于促进对外经济技术合作和对外贸易。

第十二条 制定标准应当发挥行业协会、科学研究机构和学术团体的作用。

制定标准的部门应当组织由专家组成的标准化技术委员会,负责标准的草拟,参加标准草案的审查工作。

第十三条 标准实施后,制定标准的部门应当根据科学技术的发展和经济建设的需要适时进行复审,以确认现行标准继续有效或者予以修订、废止。

第三章 标准的实施

第十四条 强制性标准,必须执行。不符合强制性标准的产品,禁止生产、销售和进口。推荐性标准,国家鼓励企业自愿采用。

第十五条 企业对有国家标准或者行业标准的产品,可以向国务院标准化行政主管部门或者国务院标准化行政主管部门授权的部门申请产品质量认证。认证合格的,由认证部门授予认证证书,准许在产品或者其包装上使用规定的认证标志。

已经取得认证证书的产品不符合国家标准或者行业标准的,以及产品未经认证或者认证不合格的,不得使用认证标志出厂销售。

第十六条 出口产品的技术要求,依照合同的约定执行。

第十七条 企业研制新产品、改进产品,进行技术改造,应当符合标准化要求。

第十八条 县级以上政府标准化行政主管部门负责对标准的实施进行监督检查。

第十九条 县级以上政府标准化行政主管部门,可以根据需要设置检验机构,或者授权其他单位的检验机构,对产品是否符合标准进行检验。法律、行政法规对检验机构另有规定的,依照法律、行政法规的规定执行。

处理有关产品是否符合标准的争议,以前款规定的检验机构的检验数据为准。

第四章 法律责任

第二十条 生产、销售、进口不符合强制性标准的产品的,由法律、行政法规规定的行政主管部门依法处理,法律、行政法规未作规定的,由工商行政管理部门没收产品和违法所得,并处罚款;造成严重后果构成犯罪的,对直接责任人员依法追究刑事责任。

第二十一条 已经授予认证证书的产品不符合国家标准或者行业标准而使用认证标志出厂销售的,由标准化行政主管部门责令停止销售,并处罚款;情节严重的,由认证部门撤销其认证证书。

第二十二条 产品未经认证或者认证不合格而擅自使用认证标志出厂销售的,由标准化行政主管部门责令停止销售,并处罚款。

第二十三条 当事人对没收产品、没收违法所得和罚款的处罚不服的,可以在接到处罚通知之日起十五日内,向作出处罚决定的机关的上一级机关申请复议;对复议决定不服的,可以在接到复议决定之日起十五日内,向人民法院起诉。当事人也可以在接到处罚通知之日起十五日内,直接向人民法院起诉。当事人逾期不申请复议或者不向人民法院起诉又不履行处罚决定的,由作出处罚决定的机关申请人民法院强制执行。

第二十四条 标准化工作的监督、检验、管理人员违法失职、徇私舞弊的,给予行政处分;构成犯罪的,依法追究刑事责任。

第五章 附 则

第二十五条 本法实施条例由国务院制定。

第二十六条 本法自1989年4月1日起施行。

《中华人民共和国计量法》

(1985年9月6日第六届全国人民代表大会常务委员会第十二次会议通过,1985年9月6日中华人民共和国主席令第28号公布,1986年7月1日起施行)

目 录

第一章 总 则

第一条 为了加强计量监督管理，保障国家计量单位制的统一和量值的准确可靠,有利于生产、贸易和科学技术的发展，适应社会主义现代化建设的需要，维护国家、人民的利益,制定本法。

第二条 在中华人民共和国境内，建立计量基准器具、计量标准器具,进行计量检定,制造、修理、销售、使用计量器具,必须遵守本法。

第三条 国家采用国际单位制。

国际单位制计量单位和国家选定的其他计量单位，为国家法定计量单位。国家法定计量单位的名称、符号由国务院公布。

非国家法定计量单位应当废除。废除的办法由国务院制定。

第四条 国务院计量行政部门对全国计量工作实施统一监督管理。

县级以上地方人民政府计量行政部门对本行政区域内的计量工作实施监督管理。

第二章 计量基准器具、计量标准器具和计量检定

第五条 国务院计量行政部门负责建立各种计量基准器具,作为统一全国量值的最高依据。

第六条 县级以上地方人民政府计量行政部门根据本地区的需要,建立社会公用计量标准器具,经上级人民政府计量行政部门主持考核合格后使用。

第七条 国务院有关主管部门和省、自治区、直辖市人民政府有关主管部门,根据本部门的特殊需要,可以建立本部门使用的计量标准器具，其各项最高计量标准器具经同级人民政府计量行政部门主持考核合格后使用。

第八条 企业、事业单位根据需要,可以建立本单位使用的计量标准器具，其各项最高计量标准器具经有关人民政府计量行政部门主持考核合格后使用。

第九条 县级以上人民政府计量行政部门对社会公用计量标准器具,部门和企业、事业单位使用的最高计量标准器具,以及用于贸易结算、安全防护、医疗卫生、环境监测方面的列入强制检定目录的工作计量器具，实行强制检定。未按照规定申请检定或者检定不合格的,不得使用。实行强制检定的工作计量器具的目录和管理办法,由国务院制定。

对前款规定以外的其他计量标准器具和工作计量器具，使用单位应当自行定期检定或者送其他计量检定机构检定，县级以上人民政府计量行政部门应当进行监督检查。

第十条 计量检定必须按照国家计量检定系统表进行。国家计量检定系统表由国务院计量行政部门制定。

计量检定必须执行计量检定规程。国家计量检定规程由国务院计量行政部门制定。没有国家计量检定规程的,由国务院有关主管部门和省、自治区、直辖市人民政府计量行政部门分别制定部门计量检定规程和地方计量检定规程,并向国务院计量行政部门备案。

第十一条 计量检定工作应当按照经济合理的原则,就地就近进行。

第三章 计量器具管理

第十二条 制造、修理计量器具的企业、事业单位，必须具备与所制造、修理的计量器具相适应的设施、人员和检定仪器设备，经县级以上人民政府计量行政部门考核合格,取得《制造计量器具许可证》或者《修理计量器具许可证》。

制造、修理计量器具的企业未取得《制造计量器具许可证》或者《修理计量器具许可证》的,工商行政管理部门不予办理营业执照。

第十三条 制造计量器具的企业、事业单位生产本单位未生产过的计量器具新产品，必须经省级以上人民政府计量行政部门对其样品的计量性能考核合格，方可投入生产。

第十四条 未经国务院计量行政部门批准，不得制造、销售和进口国务院规定废除的非法定计量单位的计量器具和国务院禁止使用的其他计量器具。

第十五条 制造、修理计量器具的企业、事业单位必须对制造、修理的计量器具进行检定，保证产品计量性能合格，并对合格产品出具产品合格证。

县级以上人民政府计量行政部门应当对制造、修理的计量器具的质量进行监督检查。

第十六条 进口的计量器具，必须经省级以上人民政府计量行政部门检定合格后，方可销售。

第十七条 使用计量器具不得破坏其准确度，损害国家和消费者的利益。

第十八条 个体工商户可以制造、修理简易的计量器具。

制造、修理计量器具的个体工商户，必须经县级人民政府计量行政部门考核合格，发给《制造计量器具许可证》或者《修理计量器具许可证》后，方可向工商行政管理部门申请营业执照。

个体工商户制造、修理计量器具的范围和管理办法，由国务院计量行政部门制定。

第四章 计量监督

第十九条 县级以上人民政府计量行政部门，根据需要设置计量监督员。计量监督员管理办法，由国务院计量行政部门制定。

第二十条 县级以上人民政府计量行政部门可以根据需要设置计量检定机构，或者授权其他单位的计量检定机构，执行强制检定和其他检定、测试任务。

执行前款规定的检定、测试任务的人员，必须经考核合格。

第二十一条 处理因计量器具准确度所引起的纠纷，以国家计量基准器具或者社会公用计量标准器具检定的数据为准。

第二十二条 为社会提供公证数据的产品质量检验机构，必须经省级以上人民政府计量行政部门对其计量检定、测试的能力并可靠性考核合格。

第五章 法律责任

第二十三条 未取得《制造计量器具许可证》、《修理计量器具许可证》制造或者修理计量器具的，责令停止生产、停止营业，没收违法所得，可以并处罚款。

第二十四条 制造、销售未经考核合格的计量器具新产品的，责令停止制造、销售该种新产品，没收违法所得，可以并处罚款。

第二十五条 制造、修理、销售的计量器具不合格的，没收违法所得，可以并处罚款。

第二十六条 属于强制检定范围的计量器具，未按照规定申请检定或者检定不合格继续使用的，责令停止使用，可以并处罚款。

第二十七条 使用不合格的计量器具或者破坏计量器具准确度，给国家和消费者造成损失的，责令赔偿损失，没收计量器具和违法所得，可以并处罚款。

第二十八条 制造、销售、使用以欺骗消费者为目的的计量器具的，没收计量器具和违法所得，处以罚款；情节严重的，并对个人或者单位直接责任人员按诈骗罪或者投机倒把罪追究刑事责任。

第二十九条 违反本法规定，制造、修理、销售的计量器具不合格，造成人身伤亡或者重大财产损失的，比照《刑法》第一百八十七条的规定，对个人或者单位直接责任人员追究刑事责任。

第三十条 计量监督人员违法失职，情节严重的，依照《刑法》有关规定追究刑事责任；情节轻微的，给予行政处分。

第三十一条 本法规定的行政处罚，由县级以上地方人民政府计量行政部门决定。本法第二十七条规定的行政处罚，也可以由工商行政管理部门决定。

第三十二条 当事人对行政处罚决定不服的，可以在接到处罚通知之日起十五日内向人民法院起诉；对罚款、没收违法所得的行政处罚决定期满不起诉又不履行的，由作出行政处罚决定的机关申请人民法院强制执行。

第六章 附 则

第三十三条 中国人民解放军和国防科技工业系统计量工作的监督管理办法，由国务院、中央军事委员会依据本法另行制定。

第三十四条 国务院计量行政部门根据本法制定实施细则，报国务院批准施行。

第三十五条 本法自1986年7月1日起施行。

二、行政法规和法规性文件

《中华人民共和国认证认可条例》

（中华人民共和国国务院令第390号）

第一章 总则

第一条 为了规范认证认可活动，提高产品、服务的质量和管理水平，促进经济和社会的发展，制定本条例。

第二条 本条例所称认证，是指由认证机构证明产品、服务、管理体系符合相关技术规范、相关技术规范的强制性要求或者标准的合格评定活动。

本条例所称认可，是指由认可机构对认证机构、检查机构、实验室以及从事评审、审核等认证活动人员的能力和执业资格，予以承认的合格评定活动。

第三条 在中华人民共和国境内从事认证认可活动，应当遵守本条例。

第四条 国家实行统一的认证认可监督管理制度。国家对认证认可工作实行在国务院认证认可监督管理部门统一管理、监督和综合协调下，各有关方面共同实施的工作机制。

第五条 国务院认证认可监督管理部门应当依法对认证培训机构、认证咨询机构的活动加强监督管理。

第六条 认证认可活动应当遵循客观独立、公开公正、诚实信用的原则。

第七条 国家鼓励平等互利地开展认证认可国际互认活动。认证认可国际互认活动不得损害国家安全和社会公共利益。

第八条 从事认证认可活动的机构及其人员，对其所知悉的国家秘密和商业秘密负有保密义务。

第二章 认证机构

第九条 设立认证机构，应当经国务院认证认可监督管理部门批准，并依法取得法人资格后，方可从事批准范围内的认证活动。

未经批准，任何单位和个人不得从事认证活动。

第十条 设立认证机构，应当符合下列条件：

（一）有固定的场所和必要的设施；

（二）有符合认证认可要求的管理制度；

（三）注册资本不得少于人民币300万元；

（四）有10名以上相应领域的专职认证人员。

从事产品认证活动的认证机构，还应当具备与从事相关产品认证活动相适应的检测、检查等技术能力。

第十一条 设立外商投资的认证机构除应当符合本条例第十条规定的条件外，还应当符合下列条件：

（一）外方投资者取得其所在国家或者地区认可机构的认可；

（二）外方投资者具有3年以上从事认证活动的业务经历。

设立外商投资认证机构的申请、批准和登记，按照有关外商投资法律、行政法规和国家有关规定办理。

第十二条 设立认证机构的申请和批准程序：

（一）设立认证机构的申请人，应当向国务院认证认可监督管理部门提出书面申请，并提交符合本条例第十条规定条件的证明文件；

（二）国务院认证认可监督管理部门自受理认证机构设立申请之日起90日内，应当作出是否批准的决定。涉及国务院有关部门职责的，应当征求国务院有关部门的意见。决定批准的，向申请人出具批准文件，决定不予批准的，应当书面通知申请人，并说明理由；

（三）申请人凭国务院认证认可监督管理部门出具的批准文件，依法办理登记手续。

国务院认证认可监督管理部门应当公布依法设立的认证机构名录。

第十三条 境外认证机构在中华人民共和国境内设立代表机构，须经批准，并向工商行政管理部门依法办理登记手续后，方可从事与所从属机构的业务范围相关的推广活动，但不得从事认证活动。

境外认证机构在中华人民共和国境内设立代表机构的申请、批准和登记，按照有关外商投资法律、行政法规和国家有关规定办理。

第十四条 认证机构不得与行政机关存在利益关系。

认证机构不得接受任何可能对认证活动的客观公正产生影响的资助；不得从事任何可能对认证活动的客观公正产生影响的产品开发、营销等活动。

认证机构不得与认证委托人存在资产、管理方面的利益关系。

第十五条 认证人员从事认证活动，应当在一个认证机构执业，不得同时在两个以上认证机构执业。

第十六条 向社会出具具有证明作用的数据和结果的检查机构、实验室，应当具备有关法律、行政法规规定的基本条件和能力，并依法经认定后，方可从事相应活动，认定结果由国务院认证认可监督管理部门公布。

第三章 认证

第十七条 国家根据经济和社会发展的需要，推行产品、服务、管理体系认证。

第十八条 认证机构应当按照认证基本规范、认证规则从事认证活动。认证基本规范、认证规则由国务院认证认可监督管理部门制定；涉及国务院有关部门职责的，国务院认证认可监督管理部门应当会同国务院有关部门制定。

属于认证新领域，前款规定的部门尚未制定认证规则的，认证机构可以自行制定认证规则，并报国务院认证认可监督管理部门备案。

第十九条 任何法人、组织和个人可以自愿委托依法设立的认证机构进行产品、服务、管理体系认证。

第二十条 认证机构不得以委托人未参加认证咨询或者认证培训等为理由，拒绝提供本认证机构业务范围内的认证服务，也不得向委托人提出与认证活动无关的要求或者限制条件。

第二十一条 认证机构应当公开认证基本规范、认证规则、收费标准等信息。

第二十二条 认证机构以及与认证有关的检查机构、实验室从事认证以及与认证有关的检查、检测活动，应当完成认证基本规范、认证规则规定的程序，确保认证、检查、检测的完整、客观、真实，不得增加、减少、遗漏程序。

认证机构以及与认证有关的检查机构、实验室应当对认证、检查、检测过程作出完整记录，归档留存。

第二十三条 认证机构及其认证人员应当及时作出认证结论，并保证认证结论的客观、真实。认证结论经认证人员签字后，由认证机构负责人签署。

认证机构及其认证人员对认证结果负责。

第二十四条 认证结论为产品、服务、管理体系符合认证要求的，认证机构应当及时向委托人出具认证证书。

第二十五条 获得认证证书的，应当在认证范围内使用认证证书和认证标志，不得利用产品、服务认证证书、认证标志和相关文字、符号，误导公众认为其管理体系已通过认证，也不得利用管理体系认证证书、认证标志和相关文字、符号，误导公众认为其产品、服务已通过认证。

第二十六条 认证机构可以自行制定认证标志，并报国务院认证认可监督管理部门备案。

认证机构自行制定的认证标志的式样、文字和名称，不得违反法律、行政法规的规定，不得与国家推行的认证标志相同或者近似，不得妨碍社会管理，不得有损社会道德风尚。

第二十七条 认证机构应当对其认证的产品、服务、管理体系实施有效的跟踪调查，认证的产品、服务、管理体系不能持续符合认证要求的，认证机构应当暂停其使用直至撤销认证证书，并予公布。

第二十八条 为了保护国家安全、防止欺诈行为、保护人体健康或者安全、保护动植物生命或者健康、保护环境，国家规定相关产品必须经过认证的，应当经过认证并标注认证标志后，方可出厂、销售、进口或者在其他经营活动中使用。

第二十九条 国家对必须经过认证的产品，统一产品目录，统一技术规范的强制性要求、标准和合格评定程序，统一标志，统一收费标准。

统一的产品目录(以下简称目录)由国务院认证认可监督管理部门会同国务院有关部门制定、调整，由国务院认证认可监督管理部门发布，并会同有关方面共同实施。

第三十条 列入目录的产品，必须经国务院认证认可监督管理部门指定的认证机构进行认证。

列入目录产品的认证标志，由国务院认证认可监督管理部门统一规定。

第三十一条 列入目录的产品，涉及进出口商品检验目录的，应当在进出口商品检验时简化检验手续。

第三十二条 国务院认证认可监督管理部门指定的从事列入目录产品认证活动的认证机构以及与认证有关的检查机构、实验室(以下简称指定的认证机构、检查机构、实验室)，应当是长期从事相关业务、无不良记录，且已经依照本条例的规定取得认可、具备从事相关认证活动能力的机构。国务院认证认可监督管理部门指定从事列入目录产品认证活动的认证机构，应当确保在每一列入目录产品领域至少指定两家符合本条例规定条件的机构。

国务院认证认可监督管理部门指定前款规定的认证机构、检查机构、实验室，应当事先公布有关信息，并组织在相关领域公认的专家组成专家评审委员会，对符合前款规定要求的认证机构、检查机构、实验室进行评审；经评审并征求国务院有关部门意见后，按照资源合理利用、公平竞争和便利、有效的原则，在公布的时间内作出决定。

第三十三条 国务院认证认可监督管理部门应当公布指定的认证机构、检查机构、实验室名录及指定的业务范围。

未经指定，任何机构不得从事列入目录产品的认证以及与认证有关的检查、检测活动。

第三十四条 列入目录产品的生产者或者销售者、进口商，均可自行委托指定的认证机构进行认证。

第三十五条 指定的认证机构、检查机构、实验室应当在指定业务范围内，为委托人提供方便、及时的认证、检查、检测服务，不得拖延，不得歧视、刁难委托人，不得牟取不当利益。

指定的认证机构不得向其他机构转让指定的认证业务。

第三十六条 指定的认证机构、检查机构、实验室开展国际互认活动，应当在国务院认证认可监督管理部门或者经授权的国务院有关部门对外签署的国际互认协议框架内进行。

第四章 认可

第三十七条 国务院认证认可监督管理部门确定的认可机构(以下简称认可机构)，独立开展认可活动。

除国务院认证认可监督管理部门确定的认可机构外，其他任何单位不得直接或者变相从事认可活动。其他单位直接或者变相从事认可活动的，其认可结果无效。

第三十八条 认证机构、检查机构、实验室可以通过认可机构的认可，以保证其认证、检查、检测能力持续、稳定地符合认可条件。

第三十九条 从事评审、审核等认证活动的人员，应当经认可机构注册后，方可从事相应的认证活动。

第四十条 认可机构应当具有与其认可范围相适应的质量体系，并建立内部审核制度，保证质量体系的有效实施。

第四十一条 认可机构根据认可的需要，可以选聘从事认可评审活动的人员。从事认可评审活动的人员应当是相关领域公认的专家，熟悉有关法律、行政法规以及认可规则和程序，具有评审所需要的良好品德、专业知识和业务能力。

第四十二条 认可机构委托他人完成与认可有关的具体评审业务的，由认可机构对评审结论负责。

第四十三条 认可机构应当公开认可条件、认可程序、收费标准等信息。

认可机构受理认可申请，不得向申请人提出与认可活动无关的要求或者限制条件。

第四十四条 认可机构应当在公布的时间内，按照国家标准和国务院认证认可监督管理部门的规定，完成对认证机构、检查机构、实验室的评审，作出是否给予认可的决定，并对认可过程作出完整记录，归档留存。认可机构应当确保认可的客观公正和完整有效，并对认可结论负责。

认可机构应当向取得认可的认证机构、检查机构、实验室颁发认可证书，并公布取得认可的认证机构、检查机构、实验室名录。

第四十五条 认可机构应当按照国家标准和国务院认证认可监督管理部门的规定，对从事评审、审核等认证活动的人员进行考核，考核合格的，予以注册。

第四十六条 认可证书应当包括认可范围、认可标准、认可领域和有效期限。

认可证书的格式和认可标志的式样须经国务院认证认可监督管理部门批准。

第四十七条 取得认可的机构应当在取得认可的范围内使用认可证书和认可标志。取得认可的机构不当使用认可证书和认可标志的，认可机构应当暂停其使用直至撤销认可证书，并予公布。

第四十八条 认可机构应当对取得认可的机构和人员实施有效的跟踪监督，定期对取得认可的机构进行复评审，以验证其是否持续符合认可条件。取得认可的机构和人员不再符合认可条件的，认可机构应当撤销认可证书，并予公布。

取得认可的机构的从业人员和主要负责人、设施、自行制定的认证规则等与认可条件相关的情况发生变化的，应当及时告知认可机构。

第四十九条 认可机构不得接受任何可能对认可活动的客观公正产生影响的资助。

第五十条 境内的认证机构、检查机构、实验室取得境外认可机构认可的，应当向国务院认证认可监督管理部门备案。

第五章 监督管理

第五十一条 国务院认证认可监督管理部门可以采

取组织同行评议,向被认证企业征求意见,对认证活动和认证结果进行抽查，要求认证机构以及与认证有关的检查机构、实验室报告业务活动情况的方式,对其遵守本条例的情况进行监督。发现有违反本条例行为的,应当及时查处,涉及国务院有关部门职责的,应当及时通报有关部门。

第五十二条 国务院认证认可监督管理部门应当重点对指定的认证机构、检查机构、实验室进行监督,对其认证、检查、检测活动进行定期或者不定期的检查。指定的认证机构、检查机构、实验室,应当定期向国务院认证认可监督管理部门提交报告,并对报告的真实性负责;报告应当对从事列入目录产品认证、检查、检测活动的情况作出说明。

第五十三条 认可机构应当定期向国务院认证认可监督管理部门提交报告,并对报告的真实性负责;报告应当对认可机构执行认可制度的情况、从事认可活动的情况、从业人员的工作情况作出说明。

国务院认证认可监督管理部门应当对认可机构的报告作出评价,并采取查阅认可活动档案资料、向有关人员了解情况等方式,对认可机构实施监督。

第五十四条 国务院认证认可监督管理部门可以根据认证认可监督管理的需要,就有关事项询问认可机构、认证机构、检查机构、实验室的主要负责人,调查了解情况,给予告诫,有关人员应当积极配合。

第五十五条 省、自治区、直辖市人民政府质量技术监督部门和国务院质量监督检验检疫部门设在地方的出入境检验检疫机构，在国务院认证认可监督管理部门的授权范围内，依照本条例的规定对认证活动实施监督管理。

国务院认证认可监督管理部门授权的省、自治区、直辖市人民政府质量技术监督部门和国务院质量监督检验检疫部门设在地方的出入境检验检疫机构，统称地方认证监督管理部门。

第五十六条 任何单位和个人对认证认可违法行为,有权向国务院认证认可监督管理部门和地方认证监督管理部门举报。国务院认证认可监督管理部门和地方认证监督管理部门应当及时调查处理，并为举报人保密。

第六章 法律责任

第五十七条 未经批准擅自从事认证活动的，予以取缔，处10万元以上50万元以下的罚款，有违法所得的,没收违法所得。

第五十八条 境外认证机构未经批准在中华人民共和国境内设立代表机构的，予以取缔，处5万元以上20万元以下的罚款。

经批准设立的境外认证机构代表机构在中华人民共和国境内从事认证活动的,责令改正,处10万元以上50万元以下的罚款,有违法所得的,没收违法所得;情节严重的,撤销批准文件,并予公布。

第五十九条 认证机构接受可能对认证活动的客观公正产生影响的资助，或者从事可能对认证活动的客观公正产生影响的产品开发、营销等活动,或者与认证委托人存在资产、管理方面的利益关系的,责令停业整顿;情节严重的,撤销批准文件,并予公布;有违法所得的,没收违法所得;构成犯罪的,依法追究刑事责任。

第六十条 认证机构有下列情形之一的,责令改正,处5万元以上20万元以下的罚款,有违法所得的,没收违法所得;情节严重的,责令停业整顿,直至撤销批准文件,并予公布:

(一)超出批准范围从事认证活动的;

(二)增加、减少、遗漏认证基本规范、认证规则规定的程序的;

(三)未对其认证的产品、服务、管理体系实施有效的跟踪调查,或者发现其认证的产品、服务、管理体系不能持续符合认证要求，不及时暂停其使用或者撤销认证证书并予公布的;

(四)聘用未经认可机构注册的人员从事认证活动的。

与认证有关的检查机构、实验室增加、减少、遗漏认证基本规范、认证规则规定的程序的，依照前款规定处罚。

第六十一条 认证机构有下列情形之一的，责令限期改正;逾期未改正的,处2万元以上10万元以下的罚款:

(一)以委托人未参加认证咨询或者认证培训等为理由,拒绝提供本认证机构业务范围内的认证服务,或者向委托人提出与认证活动无关的要求或者限制条件的;

(二)自行制定的认证标志的式样、文字和名称,与国家推行的认证标志相同或者近似,或者妨碍社会管理,或者有损社会道德风尚的;

(三)未公开认证基本规范、认证规则、收费标准等信息的；

（四）未对认证过程作出完整记录，归档留存的；

（五）未及时向其认证的委托人出具认证证书的。

与认证有关的检查机构、实验室未对与认证有关的检查、检测过程作出完整记录，归档留存的，依照前款规定处罚。

第六十二条 认证机构出具虚假的认证结论，或者出具的认证结论严重失实的，撤销批准文件，并予公布；对直接负责的主管人员和负有直接责任的认证人员，撤销其执业资格；构成犯罪的，依法追究刑事责任；造成损害的，认证机构应当承担相应的赔偿责任。

指定的认证机构有前款规定的违法行为的，同时撤销指定。

第六十三条 认证人员从事认证活动，不在认证机构执业或者同时在两个以上认证机构执业的，责令改正，给予停止执业6个月以上2年以下的处罚，仍不改正的，撤销其执业资格。

第六十四条 认证机构以及与认证有关的检查机构、实验室未经指定擅自从事列入目录产品的认证以及与认证有关的检查、检测活动的，责令改正，处10万元以上50万元以下的罚款，有违法所得的，没收违法所得。

认证机构未经指定擅自从事列入目录产品的认证活动的，撤销批准文件，并予公布。

第六十五条 指定的认证机构、检查机构、实验室超出指定的业务范围从事列入目录产品的认证以及与认证有关的检查、检测活动的，责令改正，处10万元以上50万元以下的罚款，有违法所得的，没收违法所得；情节严重的，撤销指定直至撤销批准文件，并予公布。

指定的认证机构转让指定的认证业务的，依照前款规定处罚。

第六十六条 认证机构、检查机构、实验室取得境外认可机构认可，未向国务院认证认可监督管理部门备案的，给予警告，并予公布。

第六十七条 列入目录的产品未经认证，擅自出厂、销售、进口或者在其他经营活动中使用的，责令改正，处5万元以上20万元以下的罚款，有违法所得的，没收违法所得。

第六十八条 认可机构有下列情形之一的，责令改正；情节严重的，对主要负责人和负有责任的人员撤职或者解聘：

（一）对不符合认可条件的机构和人员予以认可的；

（二）发现取得认可的机构和人员不符合认可条件，不及时撤销认可证书，并予公布的；

（三）接受可能对认可活动的客观公正产生影响的资助的。

被撤职或者解聘的认可机构主要负责人和负有责任的人员，自被撤职或者解聘之日起5年内不得从事认可活动。

第六十九条 认可机构有下列情形之一的，责令改正；对主要负责人和负有责任的人员给予警告：

（一）受理认可申请，向申请人提出与认可活动无关的要求或者限制条件的；

（二）未在公布的时间内完成认可活动，或者未公开认可条件、认可程序、收费标准等信息的；

（三）发现取得认可的机构不当使用认可证书和认可标志，不及时暂停其使用或者撤销认可证书并予公布的；

（四）未对认可过程作出完整记录，归档留存的。

第七十条 国务院认证认可监督管理部门和地方认证监督管理部门及其工作人员，滥用职权、徇私舞弊、玩忽职守，有下列行为之一的，对直接负责的主管人员和其他直接责任人员，依法给予降级或者撤职的行政处分；构成犯罪的，依法追究刑事责任：

（一）不按照本条例规定的条件和程序，实施批准和指定的；

（二）发现认证机构不再符合本条例规定的批准或者指定条件，不撤销批准文件或者指定的；

（三）发现指定的检查机构、实验室不再符合本条例规定的指定条件，不撤销指定的；

（四）发现认证机构以及与认证有关的检查机构、实验室出具虚假的认证以及与认证有关的检查、检测结论或者出具的认证以及与认证有关的检查、检测结论严重失实，不予查处的；

（五）发现本条例规定的其他认证认可违法行为，不予查处的。

第七十一条 伪造、冒用、买卖认证标志或者认证证书的，依照《中华人民共和国产品质量法》等法律的规定查处。

第七十二条 本条例规定的行政处罚，由国务院认证认可监督管理部门或者其授权的地方认证监督管理部门按照各自职责实施。法律、其他行政法规另有规定的，依照法律、其他行政法规的规定执行。

第七十三条 认证人员自被撤销执业资格之日起5

年内，认可机构不再受理其注册申请。

第七十四条 认证机构未对其认证的产品实施有效的跟踪调查，或者发现其认证的产品不能持续符合认证要求，不及时暂停或者撤销认证证书和要求其停止使用认证标志给消费者造成损失的，与生产者、销售者承担连带责任。

第七章 附则

第七十五条 药品生产、经营企业质量管理规范认证，实验动物质量合格认证，军工产品的认证，以及从事军工产品校准、检测的实验室及其人员的认可，不适用本条例。

依照本条例经批准的认证机构从事矿山、危险化学品、烟花爆竹生产经营单位管理体系认证，由国务院安全生产监督管理部门结合安全生产的特殊要求组织；从事矿山、危险化学品、烟花爆竹生产经营单位安全生产综合评价的认证机构，经国务院安全生产监督管理部门推荐，方可取得认可机构的认可。

第七十六条 认证认可收费，应当符合国家有关价格法律、行政法规的规定。

第七十七条 认证培训机构、认证咨询机构的管理办法由国务院认证认可监督管理部门制定。

第七十八条 本条例自2003年11月1日起施行。1991年5月7日国务院发布的《中华人民共和国产品质量认证管理条例》同时废止。

《中华人民共和国标准化法实施条例》

(1990年4月6日国务院令第53号)

第一章 总则

第一条 根据《中华人民共和国标准化法》(以下简称《标准化法》)的规定，制定本条例。

第二条 对下列需要统一的技术要求，应当制定标准：

(一)工业产品的品种、规格、质量、等级或者安全、卫生要求；

(二)工业产品的设计、生产、试验、检验、包装、储存、运输、使用的方法或者生产、储存、运输过程中的安全、卫生要求；

(三)有关环境保护的各项技术要求和检验方法；

(四)建设工程的勘察、设计、施工、验收的技术要求和方法；

(五)有关工业生产、工程建设和环境保护的技术术语、符号、代号、制图方法、互换配合要求；

(六)农业(含林业、牧业、渔业，下同)产品(含种子、种苗、种畜、种禽，下同)的品种、规格、质量、等级、检验、包装、储存、运输以及生产技术、管理技术的要求；

(七)信息、能源、资源、交通运输的技术要求。

第三条 国家有计划地发展标准化事业。标准化工作应当纳入各级国民经济和社会发展计划。

第四条 国家鼓励采用国际标准和国外先进标准，积极参与制定国际标准。

第二章 标准化工作的管理

第五条 标准化工作的任务是制定标准、组织实施标准和对标准的实施进行监督。

第六条 国务院标准化行政主管部门统一管理全国标准化工作，履行下列职责：

(一)组织贯彻国家有关标准化工作的法律、法规、方针、政策；

(二)组织制定全国标准化工作规划、计划；

(三)组织制定国家标准；

(四)指导国务院有关行政主管部门和省、自治区、直辖市人民政府标准化行政主管部门的标准化工作，协调和处理有关标准化工作问题；

(五)组织实施标准；

(六)对标准的实施情况进行监督检查；

(七)统一管理全国的产品质量认证工作；

(八)统一负责对有关国际标准化组织的业务联系。

第七条 国务院有关行政主管部门分工管理本部门、本行业的标准化工作，履行下列职责：

(一)贯彻国家标准化工作的法律、法规、方针、政策，并制定在本部门、本行业实施的具体办法；

(二)制定本部门、本行业的标准化工作规划、计划；

(三)承担国家下达的草拟国家标准的任务，组织制定行业标准；

(四)指导省、自治区、直辖市有关行政主管部门的标准化工作；

(五)组织本部门、本行业实施标准；

(六)对标准实施情况进行监督检查；

(七)经国务院标准化行政主管部门授权，分工管理本行业的产品质量认证工作。

第八条 省、自治区、直辖市人民政府标准化行政主管部门统一管理本行政区域的标准化工作，履行下列职责：

(一)贯彻国家标准化工作的法律、法规、方针、政策，并制定在本行政区域实施的具体办法；

(二)制定地方标准化工作规划、计划；

(三)组织制定地方标准；

(四)指导本行政区域有关行政主管部门的标准化工作，协调和处理有关标准化工作问题；

(五)在本行政区域组织实施标准；

(六)对标准实施情况进行监督检查。

第九条 省、自治区、直辖市有关行政主管部门分工管理本行政区域内本部门、本行业的标准化工作，履行下列职责：

(一)贯彻国家和本部门、本行业、本行政区域标准化工作的法律、法规、方针、政策，并制定实施的具体办法；

(二)制定本行政区域内本部门、本行业的标准化工作规划、计划；

(三)承担省、自治区、直辖市人民政府下达的草拟地方标准的任务；

(四)在本行政区域内组织本部门、本行业实施标准；

(五)对标准实施情况进行监督检查。

第十条 市、县标准化行政主管部门和有关行政主管部门的职责分工，由省、自治区、直辖市人民政府规定。

第三章 标准的制定

第十一条 对需要在全国范围内统一的下列技术要求，应当制定国家标准(含标准样品的制作)：

(一)互换配合、通用技术语言要求；

(二)保障人体健康和人身、财产安全的技术要求；

(三)基本原料、燃料、材料的技术要求；

(四)通用基础件的技术要求；

(五)通用的试验、检验方法；

(六)通用的管理技术要求；

(七)工程建设的重要技术要求；

(八)国家需要控制的其他重要产品的技术要求。

第十二条 国家标准由国务院标准化行政主管部门编制计划，组织草拟，统一审批、编号、发布。

工程建设、药品、食品卫生、兽药、环境保护的国家标准，分别由国务院工程建设主管部门、卫生主管部门、农业主管部门、环境保护主管部门组织草拟、审批；其编号、发布办法由国务院标准化行政主管部门会同国务院有关行政主管部门制定。

法律对国家标准的制定另有规定的，依照法律的规定执行。

第十三条 对没有国家标准而又需要在全国某个行业范围内统一的技术要求，可以制定行业标准(含标准样品的制作)。制定行业标准的项目由国务院有关行政主管部门确定。

第十四条 行业标准由国务院有关行政主管部门编制计划，组织草拟，统一审批、编号、发布，并报国务院标准化行政主管部门备案。

行业标准在相应的国家标准实施后，自行废止。

第十五条 对没有国家标准和行业标准而又需要在省、自治区、直辖市范围内统一的工业产品的安全、卫生要求，可以制定地方标准。制定地方标准的项目，由省、自治区、直辖市人民政府标准化行政主管部门确定。

第十六条 地方标准由省、自治区、直辖市人民政府标准化行政主管部门编制计划，组织草拟，统一审批、编号、发布，并报国务院标准化行政主管部门和国务院有关行政主管部门备案。

法律对地方标准的制定另有规定的，依照法律的规定执行。

地方标准在相应的国家标准或行业标准实施后，自行废止。

第十七条 企业生产的产品没有国家标准、行业标准和地方标准的，应当制定相应的企业标准，作为组织生产的依据。企业标准由企业组织制定(农业企业标准制定办法另定)，并按省、自治区、直辖市人民政府的规定备案。

对已有国家标准、行业标准或者地方标准的，鼓励企业制定严于国家标准、行业标准或者地方标准要求的企业标准，在企业内部适用。

第十八条 国家标准、行业标准分为强制性标准和推荐性标准。

下列标准属于强制性标准：

(一)药品标准，食品卫生标准，兽药标准；

(二)产品及产品生产、储运和使用中的安全、卫生标准，劳动安全、卫生标准，运输安全标准；

(三)工程建设的质量、安全、卫生标准及国家需要控制的其他工程建设标准;

(四)环境保护的污染物排放标准和环境质量标准;

(五)重要的通用技术术语、符号、代号和制图方法标准;

(六)通用的试验、检验方法标准;

(七)互换配合标准;

(八)国家需要控制的重要产品质量标准。

国家需要控制的重要产品目录由国务院标准化行政主管部门会同国务院有关行政主管部门确定。

强制性标准以外的标准是推荐性标准。

省、自治区、直辖市人民政府标准化行政主管部门制定的工业产品的安全、卫生要求的地方标准,在本行政区域内是强制性标准。

第十九条 制定标准应当发挥行业协会、科学技术研究机构和学术团体的作用。

制定国家标准、行业标准和地方标准的部门应当组织由用户、生产单位、行业协会、科学技术研究机构、学术团体及有关部门的专家组成标准化技术委员会,负责标准草拟和参加标准草案的技术审查工作。未组成标准化技术委员会的,可以由标准化技术归口单位负责标准草拟和参加标准草案的技术审查工作。

制定企业标准应当充分听取使用单位、科学技术研究机构的意见。

第二十条 标准实施后,制定标准的部门应当根据科学技术的发展和经济建设的需要适时进行复审。标准复审周期一般不超过五年。

第二十一条 国家标准、行业标准和地方标准的代号、编号办法,由国务院标准化行政主管部门统一规定。

企业标准的代号、编号方法,由国务院标准化行政主管部门会同国务院有关行政主管部门规定。

第二十二条 标准的出版、发行办法,由制定标准的部门规定。

第四章 标准的实施与监督

第二十三条 从事科研、生产、经营的单位和个人,必须严格执行强制性标准。不符合强制性标准的产品,禁止生产、销售和进口。

第二十四条 企业生产执行国家标准、行业标准、地方标准或企业标准,应当在产品或其说明书、包装物上标注所执行标准的代号、编号、名称。

第二十五条 出口产品的技术要求由合同双方约定。

出口产品在国内销售时,属于我国强制性标准管理范围的,必须符合强制性标准的要求。

第二十六条 企业研制新产品、改进产品、进行技术改造,应当符合标准化要求。

第二十七条 国务院标准化行政主管部门组织或授权国务院有关行政主管部门建立行业认证机构,进行产品质量认证工作。

第二十八条 国务院标准化行政主管部门统一负责全国标准实施的监督。国务院有关行政主管部门分工负责本部门、本行业的标准实施的监督。

省、自治区、直辖市标准化行政主管部门统一负责本行政区域内的标准实施的监督。省、自治区、直辖市人民政府有关行政主管部门分工负责本行政区域内本部门、本行业的标准实施的监督。

市、县标准化行政主管部门和有关行政主管部门,按照省、自治区、直辖市人民政府规定的各自的职责,负责本行政区域内的标准实施的监督。

第二十九条 县级以上人民政府标准化行政主管部门,可以根据需要设置检验机构,或者授权其他单位的检验机构,对产品是否符合标准进行检验和承担其他标准实施的监督检验任务。检验机构的设置应当合理布局,充分利用现有力量。

国家检验机构由国务院标准化行政主管部门会同国务院有关行政主管部门规划、审查。

地方检验机构由省、自治区、直辖市人民政府标准化行政主管部门会同省级有关行政主管部门规划、审查。

处理有关产品是否符合标准的争议,以本条规定的检验机构的检验数据为准。

第三十条 国务院有关行政主管部门可以根据需要和国家有关规定设立检验机构,负责本行业、本部门的检验工作。

第三十一条 国家机关、社会团体、企业事业单位及全体公民均有权检举、揭发违反强制性标准的行为。

第五章 法律责任

第三十二条 违反《标准化法》和本条例有关规定,有下列情形之一的,由标准化行政主管部门或有关行政主管部门在各自的职权范围内责令限期改进,并可通报批评或给予责任者行政处分:

(一)企业未按规定制定标准作为组织生产依据的;

(二)企业未按规定要求将产品标准上报备案的;

(三)企业的产品未按规定附有标识或与其标识不符的；

(四)企业研制新产品、改进产品、进行技术改造，不符合标准化要求的；

(五)科研、设计、生产中违反有关强制性标准规定的。

第三十三条 生产不符合强制性标准的产品的，应当责令其停止生产，并没收产品，监督销毁或作必要技术处理；处以该批产品货值金额百分之二十至百分之五十的罚款；对有关责任者处以五千元以下罚款。

销售不符合强制性标准的商品的，应当责令其停止销售，并限期追回已售出的商品，监督销毁或作必要技术处理；没收违法所得；处以该批商品货值金额百分之十至百分之二十的罚款；对有关责任者处以五千元以下罚款。

进口不符合强制性标准的产品的，应当封存并没收该产品，监督销毁或作必要技术处理；处以进口产品货值金额百分之二十至百分之五十的罚款；对有关责任者给予行政处分，并可处以五千元以下罚款。

本条规定的责令停止生产、行政处分，由有关行政主管部门决定；其他行政处罚由标准化行政主管部门和工商行政管理部门依据职权决定。

第三十四条 生产、销售、进口不符合强制性标准的产品，造成严重后果，构成犯罪的，由司法机关依法追究直接责任人员的刑事责任。

第三十五条 获得认证证书的产品不符合认证标准而使用认证标志出厂销售的，由标准化行政主管部门责令其停止销售，并处以违法所得二倍以下的罚款；情节严重的，由认证部门撤销其认证证书。

第三十六条 产品未经认证或者认证不合格而擅自使用认证标志出厂销售的，由标准化行政主管部门责令其停止销售，处以违法所得三倍以下的罚款，并对单位负责人处以五千元以下罚款。

第三十七条 当事人对没收产品、没收违法所得和罚款的处罚不服的，可以在接到处罚通知之日起十五日内，向作出处罚决定的机关的上一级机关申请复议；对复议决定不服的，可以在接到复议决定之日起十五日内，向人民法院起诉。当事人也可以在接到处罚通知之日起十五日内，直接向人民法院起诉。当事人逾期不申请复议或者不向人民法院起诉又不履行处罚决定的，由作出处罚决定的机关申请人民法院强制执行。

第三十八条 本条例第三十二条至第三十六条规定的处罚不免除由此产生的对他人的损害赔偿责任。受到损害的有权要求责任人赔偿损失。赔偿责任和赔偿金额纠纷可以由有关行政主管部门处理，当事人也可以直接向人民法院起诉。

第三十九条 标准化工作的监督、检验、管理人员有下列行为之一的，由有关主管部门给予行政处分，构成犯罪的，由司法机关依法追究刑事责任：

(一)违反本条例规定，工作失误，造成损失的；

(二)伪造、篡改检验数据的；

(三)徇私舞弊、滥用职权、索贿受贿的。

第四十条 罚没收入全部上缴财政。对单位的罚款，一律从其自有资金中支付，不得列入成本。对责任人的罚款，不得从公款中核销。

第六章 附则

第四十一条 军用标准化管理条例，由国务院、中央军委另行制定。

第四十二条 工程建设标准化管理规定，由国务院工程建设主管部门依据《标准化法》和本条例的有关规定另行制定，报国务院批准后实施。

第四十三条 本条例由国家技术监督局负责解释。

第四十四条 本条例自发布之日起施行。

《中华人民共和国计量法实施细则》

(1987 年 1 月 19 日国务院批准 1987 年 2 月 1 日国家计量局发布)

第一章 总 则

第一条 根据《中华人民共和国计量法》的规定，制定本细则。

第二条 国家实行法定计量单位制度。国家法定计量单位的名称、符号和非国家法定计量单位的废除办法，按照国务院关于在我国统一实行法定计量单位的有关规定执行。

第三条 国家有计划地发展计量事业，用现代计量技术装备各级计量检定机构，为社会主义现代化建设服务，为工农业生产、国防建设、科学实验、国内外贸易以及人民的健康、安全提供计量保证，维护国家和人民的利益。

第二章 计量基准器具和计量标准器具

第四条 计量基准器具(简称计量基准，下同)的使用必须具备下列条件:(一)经国家鉴定合格;(二)具有正常工作所需要的环境条件;(三)具有称职的保存、维护、使用人员;(四)具有完善的管理制度。符合上述条件的,经国务院计量行政部门审批并颁发计量基准证书后,方可使用。

第五条 非经国务院计量行政部门批准,任何单位和个人不得拆卸、改装计量基准或者自行中断其计量检定工作。

第六条 计量基准的量值应当与国际上的量值保持一致。国务院计量行政部门有权废除技术水平落后或者工作状况不适应需要的计量基准。

第七条 计量标准器具(简称计量标准,下同)的使用,必须具备下列条件:(一)经计量检定合格;(二)具有正常工作所需要的环境条件;(三)具有称职的保存、维护、使用人员;(四)具有完善的管理制度。

第八条 社会公用计量标准对社会上实施计量监督具有公证作用。县级以上地方人民政府计量行政部门建立的本行政区域内最高等级的社会公用计量标准,须向上一级人民政府计量行政部门申请考核;其他等级的,由当地人民政府计量行政部门主持考核。经考核符合本细则第七条规定条件并取得考核合格证的,由当地县级以上人民政府计量行政部门审批颁发社会公用计量标准证书后,方可使用。

第九条 国务院有关主管部门和省、自治区、直辖市人民政府有关主管部门建立的本部门各项最高计量标准,经同级人民政府计量行政部门考核,符合本细则第七条规定条件并取得考核合格证的,由有关主管部门批准使用。

第十条 企业、事业单位建立本单位各项最高计量标准,须向与其主管部门同级的人民政府计量行政部门申请考核。乡镇企业向当地县级人民政府计量行政部门申请考核。经考核符合本细则第七条规定条件并取得考核合格证的,企业、事业单位方可使用,并向其主管部门备案。

第三章 计量检定

第十一条 使用实行强制检定的计量标准的单位和个人,应当向主持考核该项计量标准的有关人民政府计量行政部门申请周期检定。使用实行强制检定的工作计量器具的单位和个人,应当向当地县(市)级人民政府计量行政部门指定的计量检定机构申请周期检定。当地不能检定的,向上一级人民政府计量行政部门指定的计量检定机构申请周期检定。

第十二条 企业、事业单位应当配备与生产、科研、经营管理相适应的计量检测设施,制定具体的检定管理办法和规章制度,规定本单位管理的计量器具明细目录及相应的检定周期,保证使用的非强制检定的计量器具定期检定。

第十三条 计量检定工作应当符合经济合理、就地就近的原则,不受行政区划和部门管辖的限制。

第四章 计量器具的制造和修理

第十四条 企业、事业单位申请办理《制造计量器具许可证》,由与其主管部门同级的人民政府计量行政部门进行考核;乡镇企业由当地县级人民政府计量行政部门进行考核。经考核合格,取得《制造计量器具许可证》的,准予使用国家统一规定的标志,有关主管部门方可批准生产。

第十五条 对社会开展经营性修理计量器具的企业、事业单位,办理《修理计量器具许可证》,可直接向当地县(市)级人民政府计量行政部门申请考核。当地不能考核的,可以向上一级地方人民政府计量行政部门申请考核。经考核合格取得《修理计量器具许可证》的,方可准予使用国家统一规定的标志和批准营业。

第十六条 制造、修理计量器具的个体工商户,须在固定的场所从事经营。申请《制造计量器具许可证》或者《修理计量器具许可证》,按照本细则第十五条规定的程序办理。凡易地经营的,须经所到地方的人民政府计量行政部门验证核准后方可申请办理营业执照。

第十七条 对申请《制造计量器具许可证》和《修理计量器具许可证》的企业、事业单位或个体工商户进行考核的内容为:(一)生产设施;(二)出厂检定条件;(三)人员的技术状况;(四)有关技术文件和计量规章制度。

第十八条 凡制造在全国范围内从未生产过的计量器具新产品,必须经过定型鉴定。

定型鉴定合格后,应当履行型式批准手续,颁发证书。在全国范围内已经定型,而本单位未生产过的计量器具新产品,应当进行样机试验。样机试验合格后,发给合格证书。凡未经型式批准或者未取得样机试验合格证书的计量器具,不准生产。

第十九条 计量器具新产品定型鉴定,由国务院计量行政部门授权的技术机构进行;样机试验由所在地方的省级人民政府计量行政部门授权的技术机构进行。计量器具新产品的型式，由当地省级人民政府计量行政部门批准。省级人民政府计量行政部门批准的型式，经国务院计量行政部门审核同意后，作为全国通用型式。

第二十条 申请计量器具新产品定型鉴定和样机试验的单位，应当提供新产品样机及有关技术文件、资料。负责计量器具新产品定型鉴定和样机试验的单位，对申请单位提供的样机和技术文件、资料必须保密。

第二十一条 对企业、事业单位制造、修理计量器具的质量，各有关主管部门应当加强管理，县级以上人民政府计量行政部门有权进行监督检查，包括抽检和监督试验。凡无产品合格印、证，或者经检定不合格的计量器具，不准出厂。

第五章 计量器具的销售和使用

第二十二条 外商在中国销售计量器具，须比照本细则第十八条的规定向国务院计量行政部门申请型式批准。

第二十三条 县级以上地方人民政府计量行政部门对当地销售的计量器具实施监督检查。凡没有产品合格印、证和《制造计量器具许可证》标志的计量器具不得销售。

第二十四条 任何单位和个人不得经营销售残次计量器具零配件，不得使用残次零配件组装和修理计量器具。

第二十五条 任何单位和个人不准在工作岗位上使用无检定合格印、证或者超过检定周期以及经检定不合格的计量器具。在教学示范中使用计量器具不受此限。

第六章 计量监督

第二十六条 国务院计量行政部门和县级以上地方人民政府计量行政部门监督和贯彻实施计量法律、法规的职责是：

（一）贯彻执行国家计量工作的方针、政策和规章制度，推行国家法定计量单位；

（二）制定和协调计量事业的发展规划，建立计量基准和社会公用计量标准，组织量值传递；

（三）对制造、修理、销售、使用计量器具实施监督；

（四）进行计量认证，组织仲裁检定，调解计量纠纷；

（五）监督检查计量法律、法规的实施情况，对违反计量法律、法规的行为，按照本细则的有关规定进行处理。

第二十七条 县级以上人民政府计量行政部门的计量管理人员，负责执行计量监督、管理任务；计量监督员负责在规定的区域、场所巡回检查，并可根据不同情况在规定的权限内对违反计量法律、法规的行为，进行现场处理，执行行政处罚。计量监督员必须经考核合格后，由县级以上人民政府计量行政部门任命并颁发监督员证件。

第二十八条 县级以上人民政府计量行政部门依法设置的计量检定机构，为国家法定计量检定机构。其职责是：负责研究建立计量基准、社会公用计量标准，进行量值传递，执行强制检定和法律规定的其他检定、测试任务，起草技术规范，为实施计量监督提供技术保证，并承办有关计量监督工作。

第二十九条 国家法定计量检定机构的计量检定人员，必须经县级以上人民政府计量行政部门考核合格，并取得计量检定证件。其他单位的计量检定人员，由其主管部门考核发证。无计量检定证件的，不得从事计量检定工作。计量检定人员的技术职务系列，由国务院计量行政部门会同有关主管部门制定。

第三十条 县级以上人民政府计量行政部门可以根据需要，采取以下形式授权其他单位的计量检定机构和技术机构，在规定的范围内执行强制检定和其他检定、测试任务：

（一）授权专业性或区域性计量检定机构，作为法定计量检定机构；

（二）授权建立社会公用计量标准；

（三）授权某一部门或某一单位的计量检定机构，对其内部使用的强制检定计量器具执行强制检定；

（四）授权有关技术机构，承担法律规定的其他检定、测试任务。

第三十一条 根据本细则第三十条规定被授权的单位，应当遵守下列规定：（一）被授权单位执行检定、测试任务的人员，必须经授权单位考核合格；（二）被授权单位的相应计量标准，必须接受计量基准或者社会公用计量标准的检定；（三）被授权单位承担授权的检定、测试工作，须接受授权单位的监督；（四）被授权单位成为计量纠纷中当事人一方时，在双方协商不能自行解决的情况下，由县级以上有关人民政府计量行政部门进行调解和仲裁检定。

第七章 产品质量检验机构的计量认证

第三十二条 为社会提供公证数据的产品质量检验机构，必须经省级以上人民政府计量行政部门计量认证。

第三十三条 产品质量检验机构计量认证的内容：

（一）计量检定、测试设备的性能；

（二）计量检定、测试设备的工作环境和人员的操作技能；

（三）保证量值统一、准确的措施及检测数据公正可靠的管理制度。

第三十四条 产品质量检验机构提出计量认证申请后，省级以上人民政府计量行政部门应指定所属的计量检定机构或者被授权的技术机构按照本细则第三十三条规定的内容进行考核。考核合格后，由接受申请的省级以上人民政府计量行政部门发给计量认证合格证书。未取得计量认证合格证书的，不得开展产品质量检验工作。

第三十五条 省级以上人民政府计量行政部门有权对计量认证合格的产品质量检验机构，按照本细则第三十三条规定的内容进行监督检查。

第三十六条 已经取得计量认证合格证书的产品质量检验机构，需新增检验项目时，应按照本细则有关规定，申请单项计量认证。

第八章 计量调解和仲裁检定

第三十七条 县级以上人民政府计量行政部门负责计量纠纷的调解和仲裁检定，并可根据司法机关、合同管理机关、涉外仲裁机关或者其他单位的委托，指定有关计量检定机构进行仲裁检定。

第三十八条 在调解、仲裁及案件审理过程中，任何一方当事人均不得改变与计量纠纷有关的计量器具的技术状态。

第三十九条 计量纠纷当事人对仲裁检定不服的，可以在接到仲裁检定通知书之日起十五日内向上一级人民政府计量行政部门申诉。上一级人民政府计量行政部门进行的仲裁检定为终局仲裁检定。

第九章 费 用

第四十条 建立计量标准申请考核，使用计量器具申请检定，制造计量器具新产品申请定型和样机试验，制造、修理计量器具申请许可证，以及申请计量认证和仲裁检定，应当缴纳费用，具体收费办法或收费标准，由国务院计量行政部门会同国家财政、物价部门统一制定。

第四十一条 县级以上人民政府计量行政部门实施监督检查所进行的检定和试验不收费。被检查的单位有提供样机和检定试验条件的义务。

第四十二条 县级以上人民政府计量行政部门所属的计量检定机构，为贯彻计量法律、法规，实施计量监督提供技术保证所需要的经费，按照国家财政管理体制的规定，分别列入各级财政预算。

第十章 法律责任

第四十三条 违反本细则第二条规定，使用非法定计量单位的，责令其改正；属出版物的，责令其停止销售，可并处一千元以下的罚款。

第四十四条 违反《中华人民共和国计量法》第十四条规定，制造、销售和进口国务院规定废除的非法定计量单位的计量器具和国务院禁止使用的其他计量器具的，责令其停止制造、销售和进口，没收计量器具和全部违法所得，可并处相当其违法所得百分之十至百分之五十的罚款。

第四十五条 部门和企业、事业单位和各项最高计量标准，未经有关人民政府计量行政部门考核合格而开展计量检定的，责令其停止使用，可并处一千元以下的罚款。

第四十六条 属于强制检定范围的计量器具，未按照规定申请检定和属于非强制检定范围的计量器具未自行定期检定或者送其他计量检定机构定期检定的，以及经检定不合格继续使用的，责令其停止使用，可并处一千元以下的罚款。

第四十七条 未取得《制造计量器具许可证》或者《修理计量器具许可证》制造、修理计量器具的，责令其停止生产、停止营业，封存制造、修理的计量器具，没收全部违法所得，可并处相当其违法所得百分之十至百分之五十的罚款。

第四十八条 制造、销售未经型式批准或样机试验合格的计量器具新产品的，责令其停止制造、销售，封存该种新产品，没收全部违法所得，可并处三千元以下的罚款。

第四十九条 制造、修理的计量器具未经出厂检定或者经检定不合格而出厂的，责令其停止出厂，没收全部违法所得；情节严重的，可并处三千元以下的罚款。

第五十条 进口计量器具，未经省级以上人民政府计量行政部门检定合格而销售的，责令其停止销售，封存计量器具，没收全部违法所得，可并处其销售额百分之十至百分之五十的罚款。

第五十一条 使用不合格计量器具或者破坏计量器具准确度和伪造数据，给国家和消费者造成损失的，责令其赔偿损失，没收计量器具和全部违法所得，可并处二千元以下的罚款。

第五十二条 经营销售残次计量器具零配件的，责令其停止经营销售，没收残次计量器具零配件和全部违法所得，可并处二千元以下的罚款；情节严重的，由工商行政管理部门吊销其营业执照。

第五十三条 制造、销售、使用以欺骗消费者为目的的计量器具的单位和个人，没收其计量器具和全部违法所得，可并处二千元以下的罚款；构成犯罪的，对个人或者单位直接责任人员，依法追究刑事责任。

第五十四条 个体工商户制造、修理国家规定范围以外的计量器具或者不按照规定场所从事经营活动的，责令其停止制造、修理，没收全部违法所得，可并处以五百元以下的罚款。

第五十五条 未取得计量认证合格证书的产品质量检验机构，为社会提供公证数据的，责令其停止检验，可并处一千元以下的罚款。

第五十六条 伪造、盗用、倒卖强制检定印、证的，没收其非法检定印、证和全部违法所得，可并处二千元以下的罚款；构成犯罪的，依法追究刑事责任。

第五十七条 计量监督管理人员违法失职，徇私舞弊，情节轻微的，给予行政处分；构成犯罪的，依法追究刑事责任。

第五十八条 负责计量器具新产品定型鉴定、样机试验的单位，违反本细则第二十条第二款规定的，应当按照国家有关规定，赔偿申请单位的损失，并给予直接责任人员行政处分；构成犯罪的，依法追究刑事责任。

第五十九条 计量检定人员有下列行为之一的，给予行政处分；构成犯罪的，依法追究刑事责任：

（一）伪造检定数据的；

（二）出具错误数据，给送检一方造成损失的；

（三）违反计量检定规程进行计量检定的；

（四）使用未经考核合格的计量标准开展检定的；

（五）未取得计量检定证件执行计量检定的。

第六十条 本细则规定的行政处罚，由县级以上地方人民政府计量行政部门决定。罚款一万元以上的，应当报省级人民政府计量行政部门决定。没收违法所得及罚款一律上缴国库。本细则第五十一条规定的行政处罚，也可以由工商行政管理部门决定。

第十一章 附 则

第六十一条 本细则下列用语的含义是：

（一）计量器具是指能用以直接或间接测出对象量值的装置、仪器仪表、量具和用于统一量值的标准物质，包括计量基准、计量标准、工作计量器具。

（二）计量检定是指为评定计量器具的计量性能，确定其是否合格所进行的全部工作。

（三）定型鉴定是指对计量器具新产品样机的计量性能进行全面审查、考核。

（四）计量认证是指政府计量行政部门对有关技术机构计量检定、测试的能力和可靠性进行的考核和证明。

（五）计量检定机构是指承担计量检定工作的有关技术机构。

（六）仲裁检定是指用计量基准或者社会公用计量标准所进行的以裁决为目的的计量检定、测试活动。

第六十二条 中国人民解放军和国防科技工业系统涉及本系统以外的计量工作的监督管理，亦适用本细则。

第六十三条 本细则有关的管理办法、管理范围和各种印、证标志，由国务院计量行政部门制定。

第六十四条 本细则由国务院计量行政部门负责解释。

第六十五条 本细则自发布之日起施行。

《国务院办公厅关于加强认证认可工作的通知》

（国办发 [2002] 11 号）

各省、自治区、直辖市人民政府，国务院各部委、各直属机构：

质量是经济工作的生命线，认证认可和合格评定是质量管理和质量保证的一个重要手段。改革开放以来，经过各有关部门的积极探索，我国认证认可工作从无到有，迅速发展，取得了明显成绩。但也存在着政出多门、多重标准、重复收费、监督不力等问题。为了适应社会主义市场经济发展的需要，促进认证认可工作健康、有序地发展，经国务院批准，现就有关问题通知如下。

一、加强认证认可工作的重要意义和指导思想

认证是保证产品、服务、管理体系符合技术法规和标准要求的合格评定活动。认可是对从事认证及相关的检测检验机构（实验室）和审核人员资质条件与能力的合格评定活动。开展认证认可工作，对从源头上确保产品安全，规范市场行为，指导消费和促进对外贸易具有重要作用。当前，加强认证认可工作，既是我国加入世贸组织和参与经济全球化的需要，也是适应社会生产力发展和满足人民群众日益增长的物质文化需求的需要；既是规范市场秩序的重要手段，也是提高我国产品质量、增强出口产品竞争力以及保护国内产业的重要举措。各地区、各部门务必从发展经济、促进贸易、增强我国经济实力的高度充分认识加强认证认可的重要意义。

认证认可工作的指导思想是：按照"三个代表"重要思想的要求，坚持统一规划、强化监管、规范市场、提高效能和与国际接轨的原则，建立在国家认证认可监督管理委员会（以下简称：国家认监委）统一管理、监督和综合协调下，各有关方面共同实施的工作机制，建立全国统一的国家认可制度和强制性认证与自愿性认证相结合的认证制度，积极推进认证机构及相关机构的改革，逐步实现认证机构的社会化。

二、当前的主要任务和工作重点

（一）建立统一的国家认可制度。

国家只建立一套认可制度体系。国家认监委要按照国际通行做法，对现有的认可机构进行调整，建立集中统一的国家认可机构，履行国家认可职责，对认证机构、认证咨询机构、认证培训机构、认证人员实施资格认可；对校准、检测、检验机构及实验室实施统一的资格认定。

（二）建立适应市场经济发展要求的认证制度。

1、建立强制性产品认证制度。对涉及人类健康和安全、动植物生命和健康，以及环境保护和公共安全的产品实行强制性产品认证制度。要尽快对这类产品统一目录，统一技术法规、标准和合格评定程序，统一标志，统一收费标准。积极创造条件，尽快实现强制性认证与生产许可证的统一；目前，仍按国家认监委的"三定"规定进行管理。

2、建立自愿性认证制度。国家鼓励并积极推行自愿性认证，制定统一的自愿性认证管理办法，统一标准和合格评定程序。各部门可以根据行业需要，在统一规划、标准和合格评定程序的前提下，积极推动自愿性认证工作。自愿性认证应当坚持企业自愿申请的原则，政府管理部门不得干预企业的自主权。

3、积极推动认证机构改革，逐步实现社会化。当前，认证机构要从行政管理部门中分离出来，成为独立承担民事责任的主体。认证机构要对其认证结果负责，加强对获准认证的企业、产品和认证标志的跟踪监督。使用认证标志的产品，因产品不符合认证要求给消费者造成损害的，认证机构要承担连带责任。

4、加强对认证机构及认证咨询、培训机构的管理。认证机构及认证咨询、培训机构（包括中外合资、合作机构和外商独资机构）的设立必须经国家认监委批准，工商行政管理部门凭批准文件依法登记注册；其他机构一律不得从事与认证有关的经营性活动。认证机构应取得国家认可机构的资质认可并接受监督和管理。认证机构在认证活动中要公平竞争，不得与认证咨询机构有任何利益关系，不得开展与认证有关的任何咨询业务。对违法违规的机构和人员，依法追究其相应责任。

5、加强行业指导，建立自律机制。要加强对认证机构及认证咨询机构、认证培训机构的行业指导，促使其提高业务水平，增强竞争力。要建立健全认证机构、认证咨询机构、认证培训机构的行业自律组织，形成认证工作机构的行业自律机制。

（三）整顿和规范认证市场。

要集中力量对自愿性认证、认证咨询及其相关机构和国外认证、检测、咨询、培训机构在我国境内的活动进行整顿和规范；加强市场上认证商品的监督检查，严肃查处强制性认证产品逃避认证和加贴假冒认证标志等行为；查处虚假认证和买证、卖证等行为，强化认证的后续监管。要严格对从事认证活动人员的管理，规范认证认可收费行为，严肃处理违法违规的机构和人员。

（四）建立健全工作制度，完善法制。

国家认监委要抓紧建立健全和规范认证认可的各项工作制度，并积极创造条件加快立法，使这项工作尽快纳入法制化、规范化的轨道。各地区和有关部门要根据国家的法律法规和世贸组织规则，对认证认可方面的规章和行政性文件进行全面清理，维护认证认可工作的统一性。要加强对认证认可国际指南、准则和标准的研究，积极参与国际标准化组织有关认证认可国际准则的制定，进一步推动认证认可工作的国际互认。力争在较短的时期内，建立统一完善、符合国际通行规则的国家认证认可体系。

三、统一步调，形成合力

认证认可工作涉及面广，专业性、技术性强，需要各有关部门的共同努力和密切协作。国家认监委应按照国务院的要求和"三定"规定，认真履行职责。各有关部门要积极支持国家认监委的工作，在国家认监委统一规划与有效监管的基础上，各负其责，密切配合，共同搞好我国的认证认可事业。要尽快建立认证认可工作部际联席会议制度，协调动作，形成合力。

中华人民共和国国务院办公厅

二〇〇二年二月十一日

三、部门规章

《强制性产品认证管理规定》

（国家质检总局令 2001 年第 5 号）

2001 年 11 月 21 日国家质量监督检验检疫总局局务会审议通过，2002 年 5 月 1 日起施行。

第一章 总 则

第一条 为完善和规范强制性产品认证工作，切实维护国家、社会和公众利益，根据国家产品安全质量许可、产品质量认证的法律法规的规定以及国务院赋予国家质量监督检验检疫总局和国家认证认可监督管理委员会的职能，制定本规定。

第二条 国家对涉及人类健康和安全，动植物生命和健康，以及环境保护和公共安全的产品实行强制性认证制度。

第三条 根据国务院授权，国家认证认可监督管理委员会主管全国认证认可工作。

第四条 国家对强制性产品认证公布统一的《中华人民共和国实施强制性产品认证的产品目录》(以下简称《目录》)、确定统一适用的国家标准、技术规则和实施程序、制定和发布统一的标志、规定统一的收费标准。

第五条 凡列入《目录》的产品，必须经国家指定的认证机构认证合格、取得指定认证机构颁发的认证证书、并加施认证标志后，方可出厂销售、进口和在经营性活动中使用。

第二章 强制性产品认证的组织管理

第六条 国家质量监督检验检疫总局根据国家有关法律法规，制定国家强制性产品认证的规章和制度；批准、发布《目录》。

第七条 国家认证认可监督管理委员会负责全国强制性产品认证制度的管理和组织实施工作，履行以下职责：

(一)对全国认证认可工作实施监督管理，协调有关认证认可工作的重大问题；

(二)拟定、调整并与国家质量监督检验检疫总局联合发布《目录》；

(三)制定和发布《目录》中产品认证实施规则；

(四)确定《目录》中产品认证适用的认证模式；

(五)制定和发布认证标志；

(六)规定认证证书的式样和格式；

(七)指定认证机构和为其服务的检测机构、检查机构承担强制性产品认证和认证活动中的检测、检查工作；

(八) 公布指定认证机构和为其服务的指定检测机构、检查机构的名录及其工作范围；

(九)公布获得认证的产品及其企业名录；

(十)审批特殊用途产品免于强制性认证的事项；

(十一)指导各地质检行政部门对强制性产品认证违法行为的查处工作；

(十二)受理强制性产品认证的投诉、申诉工作，组织查处重大认证违法行为；

(十三)指导处理有关强制性产品认证工作中的重大事宜。

第八条 各地质检行政部门负责履行以下职责：

(一)按照法定职责，对所辖地区《目录》中产品实施监督；

(二)对强制性产品认证违法行为进行查处。

第九条 指定认证机构的职责：

(一)在指定的工作范围内按照产品认证实施规则开展认证工作；

(二)对获得认证的产品，颁发认证证书；

(三)对获得认证的产品进行跟踪检查；

(四)受理有关的认证投诉、申诉工作；

(五)依法暂停、注销和撤销认证证书。

第三章 强制性产品认证制度的实施

第十条 《目录》中产品认证适用以下单一的认证模式或者若干认证模式的组合，具体包括：

(一)设计鉴定；

(二)型式试验；

(三)制造现场抽取样品检测或者检查；

(四)市场抽样检测或者检查；

(五)企业质量保证体系审核；

(六)获得认证的后续跟踪检查。

产品认证模式依据产品的性能，对人体健康、环境和公共安全等方面可能产生的危害程度，产品的生命周期特性等综合因素，按照科学、便利等原则予以确定。

具体的产品认证模式在认证实施规则中规定。

第十一条 《目录》中产品认证实施规则包括以下基本内容：

(一)适用的产品范围;

(二)适用的产品对应的国家标准和技术规则;

(三)认证模式以及对应的产品种类和标准;

(四)申请单元划分规则或者规定;

(五)抽样和送样要求;

(六)关键元器件的确认要求(根据需要);

(七)检测标准和检测规则等相关要求;

(八)工厂审查的特定要求(根据需要);

(九)跟踪检查的特定要求;

(十)适用的产品加施认证标志的具体要求;

(十一)其他规定。

第十二条 《目录》中产品认证的程序包括以下全部或者部分环节:

(一)认证申请和受理;

(二)型式试验;

(三)工厂审查;

(四)抽样检测;

(五)认证结果评价和批准;

(六)获得认证后的监督。

第十三条 《目录》中产品的生产者、销售者和进口商可以作为申请人,向指定认证机构提出《目录》中产品认证申请。

第十四条 申请人申请《目录》中产品认证应当遵守以下规定:

(一)按照《目录》中产品认证实施规则的规定,向指定认证机构提交认证申请书、必要的技术文件和样品;

(二)申请人为销售者、进口商时,应当向指定认证机构同时提交销售者和生产者或者进口商和生产者订立的相关合同副本;

(三)申请人委托他人申请《目录》中产品认证的,应当与受委托人订立认证、检测、检查和跟踪检查等事项的合同,受委托人应当同时向指定认证机构提交委托书、委托合同的副本和其他相关合同的副本;

(四)按照国家规定缴纳认证费用。

第十五条 指定认证机构负责受理申请人的认证申请,根据认证实施规则的规定,安排型式试验、工厂审查、抽样检测等活动,做出认证决定,向获得认证的产品颁发认证证书。

指定认证机构在一般情况下,应当自受理申请人认证申请的90日内,做出认证决定并通知申请人。

第十六条 认证证书是证明《目录》中产品符合认证要求并准许其使用认证标志的证明文件。

认证证书包括以下基本内容:

(一)申请人;

(二)产品名称、型号或者系列名称;

(三)产品的生产者、生产或者加工厂(场)所;

(四)认证模式;

(五)认证依据的标准和技术规则;

(六)发证日期和有效期;

(七)发证机构。

第十七条 认证标志的名称为“中国强制认证”(英文名称为“China Compulsory Certification”,英文缩写为“CCC”,也可简称为“3C”标志。),认证标志是《目录》中产品准许其出厂销售、进口和使用的证明标记。

认证证书的持有人应当按照认证标志管理规定的要求使用认证标志。

第十八条 指定认证机构应当按照具体产品认证实施规则的规定,对其颁发认证证书的产品及其生产厂(场)实施跟踪检查。

第十九条 指定认证机构对下列情形之一的,应当注销认证证书:

(一)《目录》中产品认证适用的国家标准、技术规则或者认证实施规则变更,认证证书的持有人不能满足上述变更要求的;

(二)认证证书超过有效期,认证证书的持有人未申请延期使用的;

(三)获得认证的产品不再生产的;

(四)认证证书的持有人申请注销的。

第二十条 指定认证机构对下列情形之一的,应当责令暂时停止使用认证证书:

(一)认证证书的持有人未按规定使用认证证书和认证标志的;

(二)认证证书的持有人违反《目录》中产品认证实施规则和指定的认证机构要求的;

(三)监督结果证明产品不符合《目录》中产品认证实施规则要求,但是不需要立即撤销认证证书的。

第二十一条 指定认证机构对下列情形之一的,应当撤销认证证书:

(一)在认证证书暂停使用的期限内,认证证书的持有人未采取纠正措施的;

(二)监督结果证明产品出现严重缺陷的;

(三)获得认证的产品因出现严重缺陷而导致重大质

量事故的。

第二十二条 申请人和认证证书持有人对指定认证机构的认证决定有异议的，可以向做出认证决定的认证机构提出投诉、申诉，对认证机构处理结果仍有异议的，可以向国家认证认可监督管理委员会申诉。

第四章 强制性产品认证的监督管理

第二十三条 指定认证机构和为其提供服务的指定检测机构、检查机构应当遵守以下规定：

(一)接受国家认证认可监督管理委员会的监督管理；

(二)根据国家产品质量认证的法律、法规规定，在指定范围内实施《目录》中产品认证、检测和检查工作；

(三)保证认证结果的准确，承担相应的法律责任；

(四)定期向国家认证认可监督管理委员会报送《目录》中产品认证信息；

(五)保守认证产品的商业秘密和技术秘密，不得非法占有他人的科技成果；

(六)未经许可，不得向其他认证机构转让认证受理权、认证决定权、检测权和检查权；

(七)不得从事认证工作职责范围内的咨询和产品开发工作；

(八)不得擅自与其他机构或者组织签署双边或者多边互认《目录》中产品的认证、检测和检查结果的协议；

(九)不得依照前项所述协议颁发《目录》中产品认证证书；

(十) 配合各地质检行政部门对违反质量认证法律、法规和规章行为的查处工作；

(十一)建立《目录》中产品认证投诉、申诉制度，公正处理指定范围内的《目录》中产品认证的争议。

第二十四条 获得《目录》中产品认证的生产者、销售者、进口商应当遵守以下规定：

(一)保证提供实施认证工作的必要条件；

(二)保证获得认证的产品持续符合相关的国家标准和技术规则；

(三)保证销售、进口的《目录》中产品为获得认证的产品；

(四)按照规定对获得认证的产品加施认证标志；

(五)不得利用认证证书和认证标志误导消费者；

(六)不得转让、买卖认证证书和认证标志或者部分出示、部分复印认证证书；

(七)接受各地质检行政部门和指定认证机构的监督检查或者跟踪检查。

第五章 罚 则

第二十五条 《目录》中的产品，未按本规定实施认证的，可以处三万元以下罚款，责令限期实施认证。

第二十六条 《目录》中的产品获得认证证书、未按规定使用认证标志的，责令限期改正；逾期不改的，可以处一万元以下罚款。

第二十七条 伪造、冒用认证证书、认证标志，以及其他违反国家有关产品安全质量许可、产品质量认证法律法规的行为，依照有关法律法规的规定予以处罚。

第二十八条 指定认证机构和为其提供服务的指定检测机构和检查机构出具虚假证明，或者伪造有关文件，依法承担相应的责任。

第二十九条 本章规定的行政处罚，由各地质检行政部门依据国家质量监督检验检疫总局行政案件办理程序的有关规定实施。

第六章 附 则

第三十条 本规定中的认证实施规则、认证标志等具体管理制度由国家认证认可监督管理委员会另行制定。

第三十一条 本规定由国家质量监督检验检疫总局授权国家认证认可监督管理委员会负责解释。

第三十二条 本规定自2002年5月1日起施行。

《无公害农产品管理办法》

(农业部、国家质检总局令2002年第12号)

2002年1月30日国家认证认可监督管理委员会第7次主任办公会议审议通过，2002年4月3日农业部第5次常务会议、2002年4月11日国家质量监督检验检疫总局第27次局长办公会议审议通过，2002年4月29日起施行。

第一章 总 则

第一条 为加强对无公害农产品的管理，维护消费者权益，提高农产品质量，保护农业生态环境，促进农业可持续发展，制定本办法。

第二条 本办法所称无公害农产品，是指产地环境、生产过程和产品质量符合国家有关标准和规范的要求，经认证合格获得认证证书并允许使用无公害农产品标志的未经加工或者初加工的食用农产品。

第三条 无公害农产品管理工作，由政府推动，并实行产地认定和产品认证的工作模式。

第四条 在中华人民共和国境内从事无公害农产品生产、产地认定、产品认证和监督管理等活动，适用本办法。

第五条 全国无公害农产品的管理及质量监督工作，由农业部门、国家质量监督检验检疫部门和国家认证认可监督管理委员会按照“三定”方案赋予的职责和国务院的有关规定，分工负责，共同做好工作。

第六条 各级农业行政主管部门和质量监督检验检疫部门应当在政策、资金、技术等方面扶持无公害农产品的发展，组织无公害农产品新技术的研究、开发和推广。

第七条 国家鼓励生产单位和个人申请无公害农产品产地认定和产品认证。实施无公害农产品认证的产品范围由农业部、国家认证认可监督管理委员会共同确定、调整。

第八条 国家适时推行强制性无公害农产品认证制度。

第二章 产地条件与生产管理

第九条 无公害农产品产地应当符合下列条件：

(一)产地环境符合无公害农产品产地环境的标准要求；

(二)区域范围明确；

(三)具备一定的生产规模。

第十条 无公害农产品的生产管理应当符合下列条件：

(一)生产过程符合无公害农产品生产技术的标准要求；

(二)有相应的专业技术和管理人员；

(三)有完善的质量控制措施，并有完整的生产和销售记录档案。

第十一条 从事无公害农产品生产的单位或者个人，应当严格按规定使用农业投入品。禁止使用国家禁用、淘汰的农业投入品。

第十二条 无公害农产品产地应当树立标示牌，标明范围、产品品种、责任人。

第三章 产地认定

第十三条 省级农业行政主管部门根据本办法的规定负责组织实施本辖区内无公害农产品产地的认定工作。

第十四条 申请无公害农产品产地认定的单位或者个人(以下简称申请人)，应当向县级农业行政主管部门提交书面申请，书面申请应当包括以下内容：

(一)申请人的姓名(名称)、地址、电话号码；

(二)产地的区域范围、生产规模；

(三)无公害农产品生产计划；

(四)产地环境说明；

(五)无公害农产品质量控制措施；

(六)有关专业技术和管理人员的资质证明材料；

(七)保证执行无公害农产品标准和规范的声明；

(八)其他有关材料。

第十五条 县级农业行政主管部门自收到申请之日起，在10个工作日内完成对申请材料的初审工作。

申请材料初审不符合要求的，应当书面通知申请人。

第十六条 申请材料初审符合要求的，县级农业行政主管部门应当逐级将推荐意见和有关材料上报省级农业行政主管部门。

第十七条 省级农业行政主管部门自收到推荐意见和有关材料之日起，在10个工作日内完成对有关材料的审核工作，符合要求的，组织有关人员对产地环境、区域范围、生产规模、质量控制措施、生产计划等进行现场检查。

现场检查不符合要求的，应当书面通知申请人。

第十八条 现场检查符合要求的，应当通知申请人委托具有资质资格的检测机构，对产地环境进行检测。

承担产地环境检测任务的机构，根据检测结果出具产地环境检测报告。

第十九条 省级农业行政主管部门对材料审核、现场检查和产地环境检测结果符合要求的，应当自收到现场检查报告和产地环境检测报告之日起，30个工作日内颁发无公害农产品产地认定证书，并报农业部和国家认证认可监督管理委员会备案。

不符合要求的，应当书面通知申请人。

第二十条 无公害农产品产地认定证书有效期为3年。期满需要继续使用的，应当在有效期满90日前按照本办法规定的无公害农产品产地认定程序，重新办理。

第四章 无公害农产品认证

第二十一条 无公害农产品的认证机构，由国家认证认可监督管理委员会审批，并获得国家认证认可监督管理委员会授权的认可机构的资格认可后，方可从事无公害农产品认证活动。

第二十二条 申请无公害产品认证的单位或者个人(以下简称申请人),应当向认证机构提交书面申请,书面申请应当包括以下内容:

(一)申请人的姓名(名称)、地址、电话号码;

(二)产品品种、产地的区域范围和生产规模;

(三)无公害农产品生产计划;

(四)产地环境说明;

(五)无公害农产品质量控制措施;

(六)有关专业技术和管理人员的资质证明材料;

(七)保证执行无公害农产品标准和规范的声明;

(八)无公害农产品产地认定证书;

(九)生产过程记录档案;

(十)认证机构要求提交的其他材料。

第二十三条 认证机构自收到无公害农产品认证申请之日起,应当在15个工作日内完成对申请材料的审核。

材料审核不符合要求的,应当书面通知申请人。

第二十四条 符合要求的,认证机构可以根据需要派员对产地环境、区域范围、生产规模、质量控制措施、生产计划、标准和规范的执行情况等进行现场检查。

现场检查不符合要求的,应当书面通知申请人。

第二十五条 材料审核符合要求的、或者材料审核和现场检查符合要求的 (限于需要对现场进行检查时),认证机构应当通知申请人委托具有资质资格的检测机构对产品进行检测。

承担产品检测任务的机构,根据检测结果出具产品检测报告。

第二十六条 认证机构对材料审核、现场检查(限于需要对现场进行检查时)和产品检测结果符合要求的,应当在自收到现场检查报告和产品检测报告之日起,30个工作日内颁发无公害农产品认证证书。

不符合要求的,应当书面通知申请人。

第二十七条 认证机构应当自颁发无公害农产品认证证书后30个工作日内,将其颁发的认证证书副本同时报农业部和国家认证认可监督管理委员会备案,由农业部和国家认证认可监督管理委员会公告。

第二十八条 无公害农产品认证证书有效期为3年。期满需要继续使用的,应当在有效期满90日前按照本办法规定的无公害农产品认证程序,重新办理。

在有效期内生产无公害农产品认证证书以外的产品品种的,应当向原无公害农产品认证机构办理认证证书的变更手续。

第二十九条 无公害农产品产地认定证书、产品认证证书格式由农业部、国家认证认可监督管理委员会规定。

第五章 标志管理

第三十条 农业部和国家认证认可监督管理委员会制定并发布《无公害农产品标志管理办法》。

第三十一条 无公害农产品标志应当在认证的品种、数量等范围内使用。

第三十二条 获得无公害农产品认证证书的单位或者个人,可以在证书规定的产品、包装、标签、广告、说明书上使用无公害农产品标志。

第六章 监督管理

第三十三条 农业部、国家质量监督检验检疫总局、国家认证认可监督管理委员会和国务院有关部门根据职责分工依法组织对无公害农产品的生产、销售和无公害农产品标志使用等活动进行监督管理。

(一)查阅或者要求生产者、销售者提供有关材料;

(二)对无公害农产品产地认定工作进行监督;

(三)对无公害农产品认证机构的认证工作进行监督;

(四)对无公害农产品的检测机构的检测工作进行检查;

(五)对使用无公害农产品标志的产品进行检查、检验和鉴定;

(六)必要时对无公害农产品经营场所进行检查。

第三十四条 认证机构对获得认证的产品进行跟踪检查,受理有关的投诉、申诉工作。

第三十五条 任何单位和个人不得伪造、冒用、转让、买卖无公害农产品产地认定证书、产品认证证书和标志。

第七章 罚 则

第三十六条 获得无公害农产品产地认定证书的单位或者个人违反本办法,有下列情形之一的,由省级农业行政主管部门予以警告,并责令限期改正;逾期未改正的,撤销其无公害农产品产地认定证书:

(一)无公害农产品产地被污染或者产地环境达不到标准要求的;

(二)无公害农产品产地使用的农业投入品不符合无公害农产品相关标准要求的;

(三)擅自扩大无公害农产品产地范围的。

第三十七条 违反本办法第三十五条规定的,由县级以上农业行政主管部门和各地质量监督检验检疫部门根据各自的职责分工责令其停止，并可处以违法所得1倍以上3倍以下的罚款，但最高罚款不得超过3万元；没有违法所得的，可以处1万元以下的罚款。

第三十八条 获得无公害农产品认证并加贴标志的产品，经检查、检测、鉴定，不符合无公害农产品质量标准要求的，由县级以上农业行政主管部门或者各地质量监督检验检疫部门责令停止使用无公害农产品标志，由认证机构暂停或者撤销认证证书。

第三十九条 从事无公害农产品管理的工作人员滥用职权、徇私舞弊、玩忽职守的，由所在单位或者所在单位的上级行政主管部门给予行政处分；构成犯罪的，依法追究刑事责任。

第八章 附 则

第四十条 从事无公害农产品的产地认定的部门和产品认证的机构不得收取费用。

检测机构的检测、无公害农产品标志按国家规定收取费用。

第四十一条 本办法由农业部、国家质量监督检验检疫总局和国家认证认可监督管理委员会负责解释。

第四十二条 本办法自发布之日起施行。

《进口食品境外生产企业注册管理规定》

(国家质检总局令 2002年第16号)

第一章 总 则

第一条 为保护我国农、林、牧、渔业生产安全和人体健康，加强对进口食品的检验检疫和监督管理，根据《中华人民共和国进出境动植物检疫法》及其实施条例、《中华人民共和国食品卫生法》和《中华人民共和国进出口商品检验法》及其实施条例的有关规定，制定本规定。

第二条 本规定适用于向中国输出食品(含食用性动植物产品，下同)的境外生产、加工、存放企业(以下简称国外生产企业)的注册管理。

第三条 根据国务院的授权，中华人民共和国国家认证认可监督管理局(以下简称国家认证认可监督管理局)统一管理进口食品境外生产企业注册和监督管理工作。

第四条 国家认证认可监督管理局负责制定、公布《实施企业注册的进口食品目录》(以下简称《目录》)。

第五条 凡向中国输出《目录》内产品的境外生产企业，须向国家认证认可监督管理局申请注册。

未获得注册的境外生产企业的食品，不得进口。

第六条 本规定所称“食品”，系指各种供人食用或者饮用的成品和原料。

第二章 注册条件

第七条 申请注册的境外生产企业所在国家（地区）的兽医服务体系、植物保护体系、公共卫生管理体系须经国家认证认可监督管理局评估合格。

第八条 申请注册的境外生产企业所在国家（地区）应为非疫区。应提供必要的资料，证明向中国输出的食品所用动植物原料来自非疫区。

第九条 申请注册的境外生产企业应是经所在国家（地区）主管当局批准的并在其有效监管之下的企业，其卫生条件应符合中国法律法规和标准规范的有关规定。

第三章 注册申请及批准

第十条 境外生产企业申请注册，应当向国家认证认可监督管理局提出正式书面申请，并提供以下资料：

(一)本国(地区)的动植物疫情，兽医卫生、公共卫生、植物保护和农药、兽药残留监控等方面的法律、法规；所在国家(地区)主管当局机构设置和人员情况以及法律法规执行等方面的书面资料；

(二)申请注册的境外生产企业名单；

(三)所在国家(地区)主管当局对被推荐企业的检疫、公共卫生实际情况的评审报告；

(四)所在国家(地区)主管当局关于企业符合中国法律、法规要求的承诺；

(五)企业的有关资料(厂区、车间、冷库的平面图，工艺流程图等)。

第十一条 国家认证认可监督管理局组织专家对输出国家(地区)提供的上述资料进行审查。符合要求的，派出评审组对所推荐的境外生产企业进行实地评审并向国家认证认可监督管理局提交评审报告，经国家认证认可监督管理局批准后对符合条件的境外生产企业予以注册。

第四章 监督管理

第十二条 国家认证认可监督管理局对进口食品境外生产企业的注册实施监督管理，必要时对已获得注册的国外生产企业进行复查。

第十三条 对复查不符合要求的国外生产企业，国家认证认可监督管理局将通知企业所在国家（地区）主管当局，由其督促企业在规定的时间内整改或取消该企业的注册资格。企业若继续申请保留注册，在其整改完成后，所在国家（地区）主管当局应向国家认证认可监督管理局提交书面整改报告。经审查批准后，恢复其对中国的出口。

第十四条 已获得注册的国外生产企业必须在其所在国家（地区）主管当局的监督下，从事向中国输出食品的生产、加工和存放，在合格产品包装上标注国家认证认可监督管理局认可的注册编号。

第十五条 已获得注册的国外生产企业的产品在进口时，由出入境检验检疫机构依法实施检验检疫。

第十六条 已获得注册的国外生产企业的产品经检验检疫不合格时，依照中国的有关法律、法规的规定，予以退回、销毁或者作卫生除害处理，情节严重的吊销其注册资格。

第十七条 进口食品国外生产企业注册编号专厂专用，不得将注册编号转让他人使用。若发现已获得注册的国外生产企业向中国输出非本企业产品或者将注册编号转让给其他企业的，国家认证认可监督管理局将吊销其注册资格。

第五章 附 则

第十八条 国际组织或者输出国家（地区）主管当局发布疫情通告，或产品在进口检验检疫中发现疫情、公共卫生失控等严重问题时，由中华人民共和国国家质量监督检验检疫总局以公告形式暂停进口该国家（地区）所有相关产品。

第十九条 输出国家（地区）主管当局应当协助国家认证认可监督管理局派出的评审组完成实地评审工作。

第二十条 已获得注册的国外生产企业发生变更时，输出国家（地区）主管当局应当及时通知国家认证认可监督管理局。

第二十一条 提交给国家认证认可监督管理局的有关注册的文字材料须是中文或英文本。

第二十二条 本规定由国家质量监督检验检疫总局授权国家认证认可监督管理局负责解释。

第二十三条 本规定自公布之日起施行。原国家出入境检验检疫局1999年12月30日公布的《进口食品国外生产企业注册管理规范（试行）》同时废止。

《出口食品生产企业向国外卫生注册管理规定》

（国家质检总局令2002年第20号）

第一章 总 则

第一条 为加强对出口食品生产企业的监督管理，保证出口食品的安全和卫生质量，根据《中华人民共和国食品卫生法》、《中华人民共和国进出口商品检验法》及其实施条例的有关规定，制定本规定。

第二条 国家对出口食品生产、加工、储存企业（以下简称出口食品生产企业）实施卫生注册、登记制度。凡在中华人民共和国境内生产、加工、储存出口食品的企业，必须取得卫生注册证书或者卫生登记证书后，方可生产、加工、储存出口食品。

第三条 国家认证认可监督管理委员会（以下简称国家认监委）主管全国出口食品生产企业卫生注册、登记工作。国家质量监督检验检疫总局(以下简称国家质检总局)设在各地的直属出入境检验检疫局（以下简称直属检验检疫局）负责所辖地区出口食品生产企业的卫生注册、登记工作。未经卫生注册或者登记企业的出口食品，国家质检总局设在各地的出入境检验检疫机构（以下简称检验检疫机构）不予受理报检。

第四条 国家认监委根据出口食品的风险程度，公布和调整《实施出口食品卫生注册、登记的产品目录》(以下简称《注册目录》，附件1)。对《注册目录》内食品的生产企业，实施卫生注册管理；对《注册目录》以外食品的生产企业实施卫生登记管理。

第二章 申 请

第五条 申请卫生注册的出口食品生产企业，应当按照《出口食品生产企业卫生要求》(附件2)建立卫生质量体系。申请卫生登记的出口食品生产企业，应当根据产品特点并参照《出口食品生产企业卫生要求》建立卫生质量体系。

第六条 出口食品生产企业在新建、扩建或者改建前，应当向所在地的直属检验检疫局申请选址、设计的卫生审查，审查合格方能施工。

第七条 出口食品生产企业在生产出口食品前，应当向直属检验检疫局申请卫生注册或者卫生登记，填写并提交《出口食品生产企业卫生注册／登记申请书》(一式三份)。总厂、分厂、联营厂以及不在同一厂区的加工车间应当分别提出申请。

第八条 出口食品生产企业在提交《出口食品生产企业卫生注册／登记申请书》时，应当提供本企业的卫生质量体系文件、厂区平面图、车间平面图、工艺流程图等有关资料。

第三章 评审和发证

第九条 直属检验检疫局接受出口食品生产企业提交的卫生注册申请书和有关资料后，组成由主任评审员任组长、1-2 名具备资格的评审员参加的评审组，在 10 个工作日内完成该申请书和有关资料的审核。经审核不符合要求的，受理申请的直属检验检疫局应当在 10 个工作日内通知出口食品生产企业在 30 日内补正，逾期未补正的，视为撤回申请；经审核符合要求的，由评审组组长负责制定评审计划，并与出口食品生产企业商定评审的具体时间，按时进行评审。

第十条 评审依据

(一)《出口食品生产企业卫生要求》；

(二)对列入《卫生注册需评审 HACCP 体系的产品目录》(附件 3)的出口食品生产企业的评审依据为《出口食品生产企业卫生要求》和国际食品法典委员会《危险分析和关键控制点(HACCP)体系及其应用准则》。《卫生注册需评审 HACCP 体系的产品目录》由国家认监委公布和调整。

第十一条 评审组在进行现场评审前，应当将评审的目的、依据、范围、方法和要求告知出口食品生产企业，并听取其有关情况的报告。

第十二条 评审组应当采取提问、查阅记录、现场检查、抽样验证等方式进行评审并做好记录。

第十三条 在评审结束后，评审组应当将评审情况告知出口食品生产企业，对存在的问题提出不符合项报告和限期改进的意见。

出口食品生产企业应当在限期内将整改情况报告受理申请的直属检验检疫局。

评审组组长在评审工作结束后，应当向直属检验检疫局提交评审报告。

第十四条 直属检验检疫局对评审组提出的评审报告和出口食品生产企业的整改情况进行审核，并在 15 个工作日内做出评审结论。对评审不合格的，签发评审不合格通知；对评审合格的，批准注册并颁发卫生注册证书。证书编号规则由国家认监委另行公布。

经评审不合格的出口食品生产企业，自不合格通知发出之日起 6 个月内不得重新提出卫生注册申请。重新提出申请的，在申请前应当认真整改。

第十五条 卫生注册证书和卫生登记证书有效期为 3 年。卫生注册证书由国家认监委统一印制，由直属检验检疫局向卫生注册企业颁发。卫生登记证书由国家认监委统一印制，以直属检验检疫局名义向卫生登记企业颁发。

第四章 监督管理

第十六条 直属检验检疫局对注册企业实施监督管理。监督管理的主要内容包括：

(一)检查企业是否持续符合规定的卫生注册条件；

(二)卫生质量体系是否有效地运行；

(三)卫生注册编号使用管理情况；

(四)出口产品原料、辅料和成品的安全卫生质量状况及出口检验检疫等情况。

第十七条 对注册企业监督管理的方式包括：

(一)日常监督管理。由检验检疫机构派员对卫生注册企业实施日常监督管理。

(二)定期监督检查。直属检验检疫局组织卫生注册评审员对卫生注册企业定期实施监督检查。对肉类、水产、罐头、肠衣类卫生注册企业，每年至少组织一次全面监督检查。对季节性出口产品的卫生注册企业，应当按照生产季节进行监督检查。对获得国外卫生注册的企业，应当至少每半年(或者生产季节)进行一次全面监督检查。对其他卫生注册企业，直属检验检疫局可视具体情况确定监督检查次数。定期监督检查应当包括日常监督管理中发现问题的改正情况。

(三)换证复查。出口食品注册企业应当在证书有效期满前 3 个月向直属检验检疫局提出复查申请。受理申请的直属检验检疫局按照本规定第三章规定的评审要求，对申请企业进行复查，合格的予以换证，不合格的或者未申请换证的不予换证。

监督管理工作应当做好记录，并将发现的问题书面通知被检查企业。

第十八条 在对卫生注册企业的监督管理过程中，有下列情形之一的，直属检验检疫局应当书面通知企业限期整改，并暂停受理其出口报检，直至确认企业整改符合要求：

(一) 发现有对产品安全卫生质量构成严重威胁的因素包括原料、辅料和生产加工用水(冰)等，不能保证其产品安全卫生质量的；

(二)经出口检验检疫发现产品安全卫生质量不合格，且情况严重的。

第十九条 在对卫生注册企业的监督管理过程中，有下列情形之一的，由直属检验检疫局发出通知，吊销其卫生注册证书：

(一)有本规定第十八条第(一)项或者第(二)项所列情形，且在限期内未完成整改的；

(二)企业因原料、生产、加工、储存内部管理等原因，其产品在国外出现卫生质量问题造成不良影响的；

(三)企业隐瞒出口产品安全卫生质量问题的事实真相，造成严重后果的；

(四)企业拒不接受监督管理的；

(五)借用、冒用、转让、涂改、伪造卫生注册证书、注册编号、卫生注册标志，或者本企业未注册食品使用本企业注册食品的注册编号的；

被吊销卫生注册证书的企业，自收到吊销通知书之日起1年内不得重新提出卫生注册申请。

第二十条 有下列情形之一的，视为企业的卫生注册资格自动失效：

(一)卫生注册企业的名称、法人代表或者通讯地址发生变化后30日内未申请变更的；

(二)卫生注册企业的生产车间改建、扩建、迁址完毕或者其卫生质量体系发生重大变化后30日内未申请复查的；

(三)1年内没有出口注册范围内食品的；

㈣逾期未申请换证复查的。

第二十一条 国家认监委对直属检验检疫局的卫生注册工作实行监督检查，必要时可以组织专家对卫生注册企业进行监督抽查。

第五章 附 则

第二十二条 对申请卫生登记的出口食品生产企业的评审、发证和监督管理由直属检验检疫局参照《出口食品生产企业卫生要求》以及本规定第三章、第四章的有关规定实施。

第二十三条 出口食品生产企业需要办理国外卫生注册的，必须按照本规定取得卫生注册证书或者卫生登记证书，依照《出口食品生产企业申请国外卫生注册管理办法》的有关要求，向所在地直属检验检疫局提出申请，由其向国家认监委申请推荐。

第二十四条 本规定由国家质检总局授权国家认监委负责解释。

第二十五条 本规定自2002年5月20日起施行。原国家进出口商品检验局1994年11月14日公布的《出口食品厂、库卫生注册细则》(国检监〔1994〕79号)同时废止。

《认证违法行为处罚暂行规定》

(国家质检总局令2002年第29号)

《认证违法行为处罚暂行规定》已经2002年10月18日国家质量监督检验检疫总局局务会议审议通过，现予公布，自2002年12月15日起施行。

第一条 为加强对认证活动的监督管理，规范认证市场，打击认证违法行为，维护认证工作秩序，根据国家认证认可法律、行政法规的规定，制定本规定。

第二条 国家质量监督检验检疫总局（以下简称国家质检总局）负责统一管理认证违法行为的行政处罚工作。国家认证认可监督管理委员会（以下简称国家认监委)负责组织查处认证违法行为。

各地质量技术监督机构和出入境检验检疫机构按照职责分工负责所辖地区的认证行政处罚工作。

第三条 认证机构、认证培训机构、认证咨询机构(含外商投资认证机构、认证培训机构、认证咨询机构，下同)未经国家认监委批准或者认证机构、认证培训机构未按国家认监委要求获得认可机构认可，擅自从事认证、认证培训、认证咨询活动的，责令其停止相关活动，处3万元罚款；由国家认监委予以公告。

第四条 认证机构、认证培训机构、认证咨询机构在设立过程中出具虚假证明骗取批准资格，责令其停止认证、认证培训、认证咨询活动，处3万元罚款；由国家认监委撤销其批准资格，并予以公告。

第五条 认证机构、认证培训机构、认证咨询机构及其分支机构有下列行为之一的，处3万元罚款；由国家认监委暂停或者撤销其批准资格，并予以公告：

(一)从事虚假认证、认证培训、认证咨询活动的；

（二）出卖认证证书、认证标志等认证证明文件的；

（三）超越国家认监委批准的业务范围进行认证、认证培训、认证咨询活动的。

第六条 认证机构、认证培训机构、认证咨询机构及其分支机构有下列行为之一的，处1万元以上3万元以下的罚款；由国家认监委暂停其批准资格，可予以公告：

（一）进行虚假或者误导性宣传的；

（二）使用不正当竞争手段恶意竞争或者从事损害认证公正性和有效性活动的；

（三）其他违反认证工作基本准则的。

第七条 产品认证机构出具虚假证明的，依据《中华人民共和国产品质量法》第五十七条规定给予处罚，由国家认监委暂停或者撤销其批准资格，可予以公告。

第八条 产品认证机构出具的认证证明不实，造成重大损失的，由国家认监委暂停或者撤销其批准资格，可予以公告。

第九条 认证机构违反《中华人民共和国产品质量法》第二十一条的规定，未依法履行认证跟踪检查职责的，由国家认监委暂停或者撤销其批准资格，可予以公告。

第十条 认证机构、认证培训机构、认证咨询机构的办事机构（含外国认证机构、认证培训机构、认证咨询机构的在华常驻代表机构）直接从事认证、认证培训、认证咨询活动的，责令其停止认证、认证培训、认证咨询活动，处3万元罚款，并予以公告。

第十一条 认证机构、认证培训机构、认证咨询机构被国家认监委暂停或者撤销批准资格的，自被暂停批准资格期间或者被撤销批准资格之日起，不得从事认证、认证培训、认证咨询活动。违反上述规定的，按照本规定第三条进行处罚。

第十二条 认证机构、认证培训机构、认证咨询机构被国家认监委撤销批准资格的，国家认监委3年内不再受理以该机构名义提出的机构设立申请。

第十三条 认证机构、认证培训机构、认证咨询机构的工作人员违反认证基本准则的，由认可机构暂停其认证从业资格；情节严重的，由认可机构撤销其认证从业资格。

认证机构、认证培训机构、认证咨询机构的工作人员被暂停认证从业资格期间或者被撤销认证从业资格之日起，任何认证机构、认证培训机构、认证咨询机构不得聘用其从事认证、认证培训、认证咨询工作。违反上述规定的，按照本规定第六条进行处罚。

第十四条 转让、买卖、伪造或者冒用批准文件、认可标志、认可证书、认证证书以及其他认证证明文件的，责令改正，并处3万元罚款。

第十五条 认证违法行为情节严重，构成犯罪的，应当依法移交司法机关追究刑事责任。

第十六条 国家认证认可法律、行政法规以及部门规章已经明确规定认证违法行为的行政处罚的，从其规定。

第十七条 各地质量技术监督机构、出入境检验检疫机构实施行政处罚，应当遵守国家质检总局规定的行政处罚程序。

第十八条 行政相对人对行政处罚不服的，可依法申请行政复议或者提起行政诉讼。

第十九条 国家认监委统一组织对国家认证认可制度执行情况进行监督检查，对重大认证违法案件进行督办和业务指导。

第二十条 本规定由国家质检总局负责解释。

第二十一条 本规定自2002年12月15日起施行。

《强制性产品认证代理申办机构管理办法》

（国家质检总局令2002年第32号）

2002年10月18日国家质量监督检验检疫总局局务会议审议通过，2002年12月10日起施行。

第一章 总 则

第一条 为加强对强制性产品认证代理申办机构的管理，规范代理行为，维护委托人和代理申办机构的合法权益，保证强制性产品认证制度的顺利实施，根据有关法律、法规的规定，制定本办法。

第二条 本办法所称强制性产品认证代理申办机构(以下简称代理申办机构)是指受产品生产者、销售者或者进口商(以下简称委托人)的委托，在委托权限范围内，以委托人的名义申请办理强制性产品认证相关事宜的中介组织。

第三条 国家认证认可监督管理委员会(以下简称国家认监委)对代理申办机构实行注册制度。

第四条 代理申办机构应当向国家认监委申请注册，取得国家认监委颁发的注册证书后，方可从事强制性产品认证代理申办业务(以下简称代理业务)。

第五条 取得注册证书的代理申办机构,应当向经国家认监委指定的承担强制性产品认证工作的相关机构(以下简称指定机构)提出代理业务申请,并接受其业务指导和监督。

第六条 代理申办机构应当遵守强制性产品认证制度规定,并根据委托人申请提供代理业务,对其代理业务的真实性和合法性负责,对其代理行为依法承担法律责任。

第二章 资格审定和注册

第七条 代理申办机构申请注册应当具备下列条件:

(一) 境内代理申办机构应当具有工商行政管理部门颁发的《企业法人营业执照》;境外代理申办机构应当具有相关管理部门的证明文件;

(二)有固定的营业场所和开展代理业务所需设施及办公条件;

(三)有健全的组织机构和规章制度;

(四)从事代理业务的人员应当具有3年以上从事代理业务的工作经历,具备编制和组织申请文件的相应专业能力和语言能力,了解所代理产品的认证实施规则的有关规定,并经国家认监委指定的机构培训、考核合格,取得合格证书;

(五)至少具有2名符合本条第四项规定的人员;

(六)有关法律、法规规定的其他条件。

第八条 代理申办机构申请注册时应当提交下列文件资料:

(一)由法定代表人签名并加盖印章的代理申办机构注册申请表;

(二)境内代理申办机构应当具有工商行政管理部门颁发的《企业法人营业执照》及其复印件;境外代理申办机构应当具有相关管理部门的证明文件;

(三)固定营业场所的证明;

(四)企业的章程(中文);

(五)从事代理业务人员的培训合格证书;

(六)公章印模和授权签字人的签名样式;

(七)其他需要提交的有关文件。

第九条 代理申办机构注册程序:

(一)代理申办机构向国家认监委提出注册申请,并提供本办法第八条规定的文件资料;

(二)国家认监委对代理申办机构提供的文件资料进行书面审查,必要时可以进行实地调查;

(三) 国家认监委对符合要求的代理申办机构颁发注册证书。

第十条 注册证书自发证之日起3年内有效。需要延期的,代理申办机构应当在注册证书有效期满前3个月内向国家认监委提出申请,按照本办法规定重新办理注册手续。

第三章 代理业务

第十一条 代理申办机构在办理代理业务时,应当按照强制性产品认证制度的规定要求,向指定机构提出申请并提交下列文件资料:

(一)代理申办机构业务员的培训合格证书;

(二)代理申办机构的注册证书副本;

(三)委托人的委托书、委托合同副本和其他相关合同副本。委托书应当载明委托人和与代理申办机构双方的名称、地址、法定代表人姓名以及代理事项、权限和期限、双方责任等内容,并有法定代表人签名和加盖双方公章;

(四)有关代理业务需要提交的其他资料。

第十二条 代理申办机构应当按照国家认监委及其指定机构的要求,提供委托人和与代理业务有关的文件、资料、样品等。

第十三条 代理申办机构不得与行政机关或者指定机构有行政隶属关系或者其他利益关系。

第十四条 代理申办机构不得转让代理业务,不得从事所代理业务的样品检测、工厂审查等活动。

第十五条 代理申办机构应当建立代理业务账册和有关营业记录,真实、准确、完整地记录其代理业务中的所有活动,并在规定的期限内完整保留代理业务中的各种单证、票据、函电等。

第十六条 代理申办机构对代理中知悉的商业秘密负有保密义务。

第十七条 代理申办机构应当及时将指定机构出具的申请费用或者购买标志费用等票据交付委托人。

第十八条 代理申办机构因为合并或者分立,变更法人的,应当按照本办法重新申请注册后,方可从事代理业务。

第十九条 代理申办机构应当接受国家认监委对其业务记录的核查,并配合国家认监委对代理业务中的违法、违规行为进行调查和处理。

第四章 监督管理

第二十条 国家认监委定期对获准注册的代理申办机构名录进行公告。

第二十一条 国家认监委对代理申办机构实行年审制度。代理申办机构应当在每年3月31日之前向国家认监委提交上一年度的《年审报告书》和《注册证书》,办理年审手续。

《年审报告书》的主要内容包括:上一年度代理业务量和业务情况分析;代理活动中的差错及其原因;执行有关规定的情况;经营管理、自我评估等情况。

第二十二条 代理申办机构有下列行为之一的,国家认监委应当暂停其6个月的代理申办资格,并责令改正:

(一)因管理不善,对强制性产品认证制度的实施造成不良影响的;

(二) 未按照规定参加年审或者无正当理由不参加年审的;

(三)未按照规定建立账册和营业记录,或者未能完整保留有关单证、票据、函电的;

(四)其他违反强制性产品认证制度规定的。

第二十三条 代理申办机构有下列行为之一的,国家认监委应当撤销其从事代理业务的资格并在3年内不予受理其注册申请:

(一) 代理申办机构在申请资格认定或者资格复审时弄虚作假的;

(二)被暂停代理业务后,拒不整改的;

(三)已不具备注册条件的;

(四)年审不合格的;

(五)采用虚报、隐瞒申请费用或者购买标志费用等手段欺骗委托人,获取不当利益的,或者有其他欺诈行为的;

(六)拒绝接受国家认监委的核查,或者对国家认监委调查和处理代理业务中的违法、违规行为不予配合的;

(七)注册后,连续2年未开展代理业务的。

第五章 附 则

第二十四条 本办法由国家质检总局负责解释。

第二十五条 本办法自2002年12月10日起施行。原国家出入境检验检疫局2000年5月31日公布的《进口商品安全质量许可申请代理机构管理办法》同时废止。

四、行政规范性文件

(一) 综 合

《认证认可法规和行政规范性文件制定程序的规定》

(国认法[2002]9号)

第一章 总 则

第一条 为规范国家认证认可监督管理委员会(以下简称认监委)有关认证认可、安全质量许可、卫生注册和合格评定方面及强制性认证的法律、行政法规或规章(以下简称法规)和行政规范性文件(以下简称规范性文件)的制定程序,保证法规、规范性文件的质量,根据国家立法法、行政法规及规章制定程序的法定要求和国务院的授权,制定本规定。

第二条 认监委法规和规范性文件的立项、起草、审查、决定、发布、解释和备案适用本规定。

第三条 对有关国家认证认可、安全质量许可、卫生注册和合格评定及强制性认证和监督管理工作(以下简称认证认可工作)中的重大事项,应当研究起草法规。

对有关国家认证认可工作的具体事项,以及技术规则或技术要求,可以制定规范性文件。

第四条 本规定中的规范性文件是指认监委根据法律、法规、规章的授权以及国务院的决定、命令,依照法定权限和程序制定的,以规范形式表述,在一定时间内相对稳定并在一定范围内普遍适用的各种决定、办法、规则、实施细则等的总称。

第五条 规范性文件的名称可以称规定、办法、规则、规范、实施细则、技术规则等。

对某一方面的认证认可工作制定的行为规范可称为“规定”。对某一项认证认可工作制定的行为规范可称“办法”、“规则”等。

第六条 法规的起草和规范性文件的制定工作由本委政策和法律事务部(以下简称法律部)综合协调和统一管理。

第二章 立 项

第七条 根据工作需要,本委各部门认为需要起草法规、制定规范性文件的,应当结合本部门的职责范围,于每年11月30日前向法律部提出下一年度的法规、规范性文件立项计划。

第八条 法规的立项计划应当符合全国人大、国务院和国家质量监督检验检疫总局(以下简称质检总局)的有关规定,明确法规的名称、起草部门、完成时间,对制定法规的必要性、所要解决的主要问题、拟确立的主要制度等作出说明。

第九条 各部门提出的法规、规范性文件立项计划经法律部汇总、协调后,拟定委年度法规和规范性文件立项计划,报委领导批准后印发执行。

法规立项计划经委领导批准后,报质检总局审定。

第十条 根据工作需要,对未列入计划但急需制定法规、规范性文件的,可以由主办部门提出,经法律部协调并报委领导批准后,补充进立项计划。

第三章 起 草

第十一条 法律部负责组织法律、行政法规、综合性的规章和规范性文件的起草工作,各部门应当予以配合。

业务主管部门负责组织起草专门性规章和规范性文件,并从专业技术上进行把关。法律部对起草工作进行立法指导和协调。

第十二条 法规、规范性文件的内容应当用条文表述。条为基本单位,应当一条确立一个规则并连续编号。条以下可以分款、项、目。款不冠数字,项和目冠以数字。条文较多的可以分章、节。

第十三条 法律、行政法规已经明确规定的内容,规章、规范性文件原则上不作重复规定。

第十四条 法规、规范性文件的内容涉及认证认可的程序等方面规定时,应当符合有关国际指南、规则或标准。

第十五条 起草部门在完成法规、规范性文件的草拟稿后,应当将草拟稿印发各有关方面征求意见,必要时可以在有关刊物上公开征求意见。

第十六条 起草部门在起草法规、规范性文件的同时,应当拟写起草说明。起草说明应当包括以下内容:

(一)起草法规、制定规范性文件的必要性;

(二)起草的基本经过;

(三)拟确立的主要制度和措施;

(四)拟解决的主要问题;

(五)有关方面对草拟稿的意见;

(六)其他需要说明的问题。

第十七条 法规、规范性文件的起草工作完成后,起草部门应当将草案及起草说明、征求意见的处理情况和其他有关材料交法律部作立法审查。

第四章 审 查

第十八条 法律部从以下几个方面对草案进行立法审查:

(一)是否符合国家有关法律、行政法规的规定;

(二)是否与有关法规、规范性文件协调;

(三)对各方面意见的处理是否正确、合理;

(四)是否符合有关的立法技术要求;

(五)需要审查的其他内容。

第十九条 草案有以下情形之一的,法律部可以缓办或者退回起草部门:

(一)起草法规、制定规范性文件的基本条件不成熟或者没有起草、制定必要的;

(二)草案立法依据不足或者与有关法律、行政法规相抵触、矛盾的;

(三)有关方面对草案规定的主要内容存在较大争议,起草部门未与有关方面充分协商的;

(四)草案在立法技术上存在较大问题,需要作全面调整和修改的。

第二十条 对重要的或者主要内容存有重大意见分歧的草案,法律部可以组织召开座谈会、论证会等,充分听取各方面的意见进行协调,力求达成一致意见;不能达成一致意见的,要把争议的实质要点及倾向性意见报委主任办公会议审议决定。

第二十一条 法律部应当将立法审查意见反馈给起草部门,起草部门应当根据意见及时进行修改,并将修改后的草案交法律部。

第二十二条 法律部对法规、规范性文件草案作进一步的审核,形成法规、规范性文件草案和对草案的说明。

第五章 决定、发布与解释

第二十三条 规范性文件根据内容分为重要的和一般的两类。

一般的规范性文件,由起草部门送法律部会签后,报委主任或者其委托的其他委领导签发;法规和重要的规范性文件草案,由法律部提交委主任办公会议审议。

第二十四条 委主任办公会议审议法规、重要的规范性文件草案时,可以由法律部或者起草部门作说明。

第二十五条 法律部应当根据委主任办公会议的决

定,对法规和重要的规范性文件草案进行修改。

第二十六条 法规草案修改后,由委主任或者其委托的其他委领导签发,报质检总局。

重要的规范性文件草案修改后,由委主任或者其委托的其他委领导签发。

第二十七条 规范性文件通过后,应当在认监委指定的刊物上登载。

第二十八条 除特别情况外,规范性文件应当自公布之日起至少30日后施行。

第二十九条 对规范性文件的解释由法律部商有关部门提出意见,报请委领导或者委主任办公会议批准后发布。

规范性文件的解释同规范性文件具有同等效力。

第六章 附 则

第三十条 认监委与国务院其他部门联合制定规范性文件,参照本规定执行。

第三十一条 规范性文件每5年进行一次清理、确认,由法律部组织实施。

第三十二条 规范性文件制定发布后,起草部门应当将规范性文件的正式文本一式五份送法律部备案。

第三十三条 以认监委名义编辑、出版的法规、规范性文件汇编以及外文译本,由法律部按照国务院和质检总局的有关规定执行。

第三十四条 本规定由认监委法律部负责解释。

第三十五条 本规定自发布之日起施行。

《认证认可申诉、投诉处理办法》

(国家认监委2002年第2号公告)

第一章 总 则

第一条 为及时、准确、公正地处理认证认可申诉、投诉,保护当事人的合法权益,根据国家有关法律法规和国务院赋予国家认证认可监督管理委员会(以下简称认监委)的职能,制定本办法。

第二条 任何组织和个人认为认证认可工作机构、人员或者获证组织的行为属于违法违规的,均有权依据本办法向认监委提出申诉、投诉。

第三条 处理申诉、投诉应当遵循以下原则:

(一)以事实为依据,以法律法规为准绳原则;

(二)保护当事人合法权益原则;

(三)合法性与合理性原则;

(四)公开、公平、公正原则;

(五)高效与经济原则。

第四条 认监委政策与法律事务部(以下简称法律部)负责统一受理认证认可申诉、投诉,并组织查处重大认证认可违法行为。

第五条 对属于认证认可一般违规行为的申诉、投诉,由法律部移交有关业务监管部门处理;对属于认证认可重大违规或者违法行为的申诉、投诉,由法律部组织有关业务监管部门成立案件处理工作小组审查处理。

第二章 申诉的处理程序

第六条 当事人对有关认证认可工作机构的决定有异议的,应当向作出决定的机构提出申诉,对处理结果仍存有异议的,可以向认监委提出申诉。

当事人认为认证认可工作机构的行为严重侵害了自身的合法权益的,也可以直接向认监委提出申诉。

第七条 当事人向认监委提起申诉应当符合下列条件:

(一)有明确的被诉方;

(二)有具体的申诉请求、事实和理由;

(三)属于认证认可工作范畴。

第八条 当事人申诉应当采用书面形式,一式两份,并载明下列事项:

(一)当事人的名称、地址、联系电话、邮政编码(当事人为自然人的应当写明:姓名、住址、联系电话、邮政编码);

(二)被申诉人的名称、地址、联系电话、邮政编码;

(三)申诉的要求、理由及相关的事实根据。

第九条 当事人委托代理人进行申诉的,应当向认监委提交授权委托书。

第十条 认监委应当自收到申诉书之日起7个工作日内,作出以下处理:

(一)申诉符合本办法规定的予以受理;

(二)申诉不符合规定的,应当书面通知申诉人,并告知不予受理的理由。

第十一条 下列申诉不予受理或者终止受理:

(一)法院、仲裁机构或者其他行政机关已经受理或者处理的;

(二)当事人无法证实自己权益受到侵害的;

(三)不属于认证认可工作范畴的。

第十二条 认监委受理当事人申诉后，承办人应当填写申诉案件立案登记表，同时附上有关材料。

第十三条 认监委受理申诉案件后，应当在5个工作日内将申诉书副本发送被申诉人，被申诉人收到申诉书副本后，应当在5日内提交答辩书和有关证据。

第十四条 当事人应当对自己的申诉提供证据。认监委认为有必要收集证据的，可以根据法律、行政法规及规章的规定，自行收集或者召集有关当事人进行调查，有关当事人应当配合。

第十五条 认监委可以委托有关认证、认可机构协助调查、取证，受委托的认证、认可机构应当予以协助。

第十六条 认监委对专门性问题认为需要鉴定或者检测的，可以交由当事人约定的法定鉴定或者检测机构鉴定、检测，也可以由认监委指定并经当事人同意的法定鉴定或者检测机构鉴定、检测。鉴定或者检测费用由申诉人或者被申诉人预付，处理终结时，该费用由责任方承担。

第十七条 当事人提出的申诉案件属于可以协商和解或者调解的，应当制作调解书。

第十八条 调解书应当写明申诉请求和当事人协议的结果。调解书由承办人签名，加盖认监委印章送达当事人。

第十九条 认监委在受理当事人申诉之日起三个月内作出处理决定。

因特殊情况需要延长处理期限的，应当报认监委主管领导批准。

第二十条 对被申诉人的违规行为，认监委可以作出通报批评、暂停相关资格等处理决定。

对一般的违规行为，由承办业务监管部门提出处理决定的建议，交法律部会签后，报认监委主管领导审核签发。

对重大的违规行为，由案件处理工作小组提出处理决定的建议，报认监委主管领导审核签发。

第二十一条 对被申诉人的违法行为，由认监委移送地方质检行政部门进行处理。地方质检行政部门应当及时将查处情况报认监委。

第三章 投诉的处理程序

第二十二条 向认监委提出投诉应当包括下列事项：

(一)有明确的被投诉方；

(二)有具体的投诉事实；

(三)与投诉人的联系方式。

第二十三条 认监委法律部接到投诉后，应当进行初步核实。下列投诉不予受理或者终止受理：

(一)法院、仲裁机构或者其他行政机关已经受理或者处理的；

(二)投诉的事实不确凿、不充分或者与事实不符的；

(三)不属于认证认可工作范畴的。

第二十四条 投诉符合立案条件的，应当填写投诉案件立案登记表，依照本办法第五条的规定受理案件。

第二十五条 认监委可以将收到的投诉案件委托认可机构或者地方质检行政部门进行处理。接受委托的机构或者部门应当及时将处理结果报认监委法律部。

第二十六条 处理投诉案件，认监委认为有必要收集证据的，可以根据法律、行政法规及规章的规定，自行收集证据或者组织人员到现场进行调查，有关方面应当配合，如实提供相关证据。

第二十七条 认监委在立案之日起三个月内作出处理决定。

第二十八条 对被投诉人的违规行为，认监委可以作出通报批评、暂停相关资格等处理决定。

对一般的违规行为，由承办业务监管部门提出处理决定的建议，交法律部会签后，报认监委主管领导审核签发。

对重大的违规行为，由案件处理工作小组提出处理决定的建议，报认监委主管领导审核签发。

第二十九条 对被投诉人的违法行为，由认监委移送地方质检行政部门进行处理。地方质检行政部门应当及时将查处情况报认监委。

第三十条 对投诉案件作出处理后，有明确的投诉人的，承办人应当将处理结果告知投诉人。

第四章 申诉、投诉的监督管理

第三十一条 法律部应当定期检查申诉、投诉案件的处理情况，发现问题及时纠正。

第三十二条 认监委应当建立和健全申诉、投诉档案管理制度。申诉、投诉案件结案后7日内，承办人应当将申诉、投诉档案移交法律部。

档案的保管期，可以根据申诉、投诉的重要性和保留价值确定。

第三十三条 认监委应当建立申诉、投诉处理信息统计制度。

第三十四条 负责处理申诉、投诉案件的工作人员，与申诉、投诉事件有直接利害关系的，应当回避。

第三十五条 负责处理申诉、投诉的工作人员对涉及到任何与申诉、投诉案件有关的非公开情况负有保密责任。

第五章 附 则

第三十六条 本办法所称申诉，是指当事人直接受到有关认证认可工作机构作出决定的影响时提出的异议。

本办法所称投诉，是指任何组织和个人认为有关认证认可工作机构、人员或获证组织存在违法违规问题的举报。

本办法所称认证认可工作机构，是指从事认证认可工作的认可/注册机构、认证机构、认证咨询机构、认证培训机构，以及相关的检测、检验机构等。

第三十七条 本办法由认监委负责解释。

第三十八条 本办法自公布之日起施行。

《国家认监委实施认证认可行政处罚若干规定》

（国家认监委2003年第17号公告）

为贯彻实施《中华人民共和国认证认可条例》，保障和监督国家认证认可监督管理委员会（以下简称国家认监委）有效实施行政管理，保护公民、法人和其他组织的合法权益，促进国家认监委行政处罚工作程序化、规范化，根据《行政处罚法》及国家质量监督检验检疫总局规定的行政处罚程序的有关规定，国家认监委制定了《国家认证认可监督管理委员会实施认证认可行政处罚若干规定》。现予以公告，自公告之日起施行。

附件：国家认证认可监督管理委员会实施认证认可行政处罚若干规定

二〇〇三年十二月九日

附件：

国家认证认可监督管理委员会实施认证认可行政处罚若干规定

第一条 为保证认证认可行政处罚工作程序化、规范化，严格依法行政，根据《中华人民共和国认证认可条例》和国家质量监督检验检疫总局（以下简称国家质检总局）规定的行政处罚程序，制定本规定。

第二条 本规定所称认证认可行政处罚是指国家认证认可监督管理委员会（以下简称国家认监委）对违反有关法律、法规、规章的公民、法人和其他组织而实施的行政处罚。

第三条 国家认监委法制工作机构具体负责组织实施国家认监委行政处罚工作。

第四条 国家认监委实施行政处罚的案件包括：

（一）对依法应当取得国家认监委批准、指定、备案的认证机构、认证培训机构、认证咨询机构、检查机构、实验室实施行为罚的违法案件；

（二）对取得境外认可机构认可，未向国家认监委备案的认证机构、检查机构、实验室实施警告处罚的违法案件；

（三）认可机构违法案件；

（四）认证人员违法执业的案件；

（五）其他需要国家认监委实施行政处罚的违法案件。

第五条 有下列情形之一的，应当予以立案：

（一）国家认监委在监督管理中发现认为需要给予行政处罚的；

（二）国家认监委受理公民、法人和其他组织举报后，经初步核查，认为需要给予行政处罚的；

（三）有关部门移送并认为需要给予行政处罚的；

（四）地方质检部门移送并需要给予行政管理相对人行为罚的；

（五）其他需要立案的。

第六条 国家认监委法制工作机构负责统一立案。立案时应填写《行政处罚案件立案审批表》，经批准后立案。

第七条 国家认监委对依职权监督管理或者受理的公民、法人和其他组织的举报，经核查，发现涉嫌违法行为的，可以交地方质量技术监督部门和各地出入境检验检疫机构（以下简称各地质检部门）调查取证。涉嫌重大违法的行为，由国家认监委组织各地质检部门和相关技术机构进行调查取证。

各地质检部门在案件调查取证阶段，应当接受国家认监委的政策、技术指导和对案件的督查。

第八条 案件调查结束后，国家认监委法制工作机构和有关业务监管部门组成案件审理小组，根据调查结果和有关证据材料，按照国家质检总局规定的行政案件审理工作规则进行审理。

案件审理小组应当由三至五名成员，成员由国家认监委法制工作机构、相关业务监管部门负责人组成。

对于需要由各地质检部门对行政管理相对人的违法行为实施财产罚的，首先由各地质检部门对行政管理相对人实施财产罚。各地质检部门应当在作出行政处罚决定后10日内将案件有关材料提交国家认监委。

第九条 案件审理终结，案件审理小组对违法行为提出处理意见：

(一)违法事实清楚、证据确凿，依法应当给予行政处罚的，根据情节及具体情况，给予相应的行政处罚；

(二)违法行为轻微，依法可以免予行政处罚的，免予行政处罚；

(三)违法事实不能成立的，不予行政处罚；

(四)违法事实认定不清、证据不足的或者程序违法的，责成案件调查机构补正或者纠正；

(五)违法案件依法不属于国家认监委管辖的，移送有关部门或者司法机关进行处理。

第十条 国家认监委法制工作机构应当将上述意见以及作出处理意见的事实、理由和依据，告知行政管理相对人，听取其陈述和申辩；其中依法属于听证范围的，同时告知行政管理相对人享有申请听证的权利。

第十一条 案件审理小组应当充分听取行政管理相对人的陈述和申辩，并记录在案。

第十二条 国家认监委对实施责令停业整顿、撤销批准文件等行为罚的违法案件，应当履行听证程序。

对应当履行听证程序的案件，国家认监委应行政管理相对人的申请，按照质检总局规定的有关行政案件听证工作规则，举行听证。

听证工作由国家认监委法制工作机构主持。

第十三条 国家认监委负责人对案件审理小组提出的处理意见进行审核，签发行政处罚决定或者其他行政处理决定。

案件情节复杂或者重大违法行为给予较重处罚的，应当提交委主任办公会议讨论决定。

第十四条 国家认监委作出行政处罚决定后，由国家认监委法制工作机构制作行政处罚决定书，并送达行政管理相对人。

第十五条 国家认监委送达行政处罚文书，应当遵循下列原则：

(一)直接送达行政管理相对人的，由行政管理相对人在送达回证上注明收到日期，并签名或者盖章，行政管理相对人在送达回证上的签收日期为送达日期。行政管理相对人是法人、经营单位或者其他组织的，交其收发部门签收；行政管理相对人是公民的，交其本人签收，本人不在的，交其同住的成年家属或者所在单位签收；行政管理相对人指定代收的，交代收人签收。行政管理相对人拒绝接受有关文书的，送达人应当邀请有关人员到场，说明情况，在送达回证上记明拒收的事由和日期，由送达人、见证人签名或者盖章，将文书留在行政管理相对人的收发部门或者住处，即视为送达。

(二)直接送达有困难的，可以挂号邮寄送达，也可以委托当地质检部门代为送达。

(三)无法采取上述几种方式送达的，可以公告，自公告发布之日起经过六十日，即视为送达。

第十六条 国家认监委实施行政处罚的案件，一般应当在立案后3个月内结案；因特殊情况不能按期结案的，须报国家认监委负责人批准，适当延长办理期限。

第十七条 行政管理相对人对国家认监委实施的行政处罚不服的，可以依法向国家质检总局申请行政复议或者提起行政诉讼。

第十八条 本规定自发布之日起施行。

(二) 认 证

《强制性产品认证标志管理办法》

(国家认监委2001年第1号公告)

第一章　总　则

第一条 为加强对国家强制性产品认证标志（以下简称认证标志）的统一监督管理，维护消费者合法权益，根据国家有关法律、法规的规定，制定本办法。

第二条 本办法适用于《中华人民共和国实施强制性产品认证的产品目录》(以下简称《目录》)中产品的认证标志的制定、发布、使用和管理。

第三条 国家认证认可监督管理委员会统一制定、发布认证标志，对认证标志实施监督管理。

第四条 列入《目录》的产品，必须获得国家认证认可监督管理委员会指定的认证机构（以下简称指定认证机构）颁发的认证证书，并在认证有效期内，符合认证要求，方可使用认证标志。

第五条 列入《目录》的产品必须经认证合格、加施认证标志后，方可出厂、进口、销售和在经营活动中使用。

第二章 认证标志的式样

第六条 认证标志的名称为“中国强制认证”（英文缩写“CCC”）。

第七条 认证标志的图案由基本图案、认证种类标注组成。

（一）基本图案

基本图案如图一所示。

图一：认证标志基本图案

（二）认证种类标注

认证种类标注如图二所示。在认证标志基本图案的右部印制认证种类标注，证明产品所获得的认证种类，认证种类标注由代表认证种类的英文单词的缩写字母组成，如图二中的“S”代表安全认证。

国家认证认可监督管理委员会根据认证工作需要制定和发布有关认证种类标注。

图二 认证标志图案

第八条 在认证合格的特殊产品（如电线、电缆）上适用“中国强制认证”标志的特殊式样：“中国强制认证”的英文缩写“CCC”字样。

第九条 认证标志的规格

认证标志分为标准规格认证标志和非标准规格认证标志。

（一）标准规格认证标志分为五种，其规格标准见表一和图三。

表一 标准规格认证标志的尺寸 单位：Θ

规格 尺寸	1号	2号	3号	4号	5号
A	8	15	30	45	60
A1	7.5	14	28	42	56
B	6.3	11.8	23.5	35.3	47
B1	5.8	10.8	21.5	32.3	43

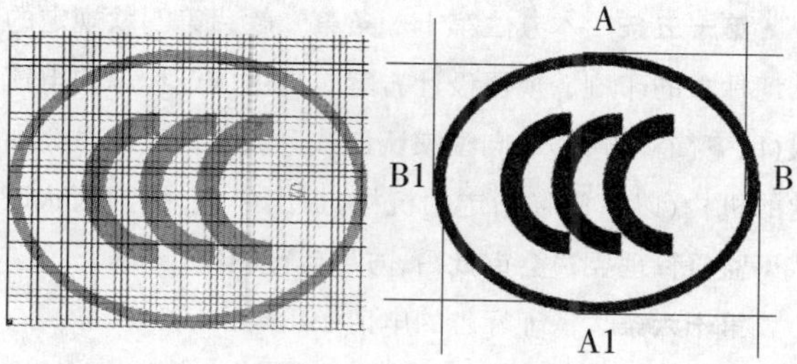

图三 认证标志图案比例图

（二）非标准规格认证标志的规格与表一的规定不同，但必须与标准规格认证标志的尺寸成线性比例。

第十条 认证标志的颜色

（一）国家认证认可监督管理委员会统一印制的标准规格认证标志（以下简称统一印制的标准规格认证标志）的颜色为白色底版、黑色图案；

（二）如采用印刷、模压、模制、丝印、喷漆、蚀刻、雕刻、烙印、打戳等方式（以上各种方式在以下简称印刷、模压）在产品或产品铭牌上加施认证标志，其底版和图案颜色可根据产品外观或铭牌总体设计情况合理选用。

第三章 认证标志的使用

第十一条 获得认证的产品使用认证标志的方式可以根据产品特点按以下规定选取：

（一）统一印制的标准规格认证标志，必须加施在获得认证产品外体规定的位置上；

（二）印刷、模压认证标志的，该认证标志应当被印刷、模压在铭牌或产品外体的明显位置上；

（三）在相关获得认证产品的本体上不能加施认证标志的，其认证标志必须加施在产品的最小包装上及随附文件中；

（四）获得认证的特殊产品不能按以上各款规定加施认证标志的，必须在产品本体上印刷或者模压“中国强制认证”标志的特殊式样。

第十二条 获得认证的产品可以在产品外包装上加施认证标志。

第十三条 在境外生产并获得认证的产品必须在进口前加施认证标志；在境内生产并获得认证的产品必须在出厂前加施认证标志。

第四章 认证标志的制作、申请和发放

第十四条 统一印制的标准规格认证标志的制作由国家认证认可监督管理委员会指定的印制机构承担。

第十五条 本办法第十一条第二款、第四款规定的认证标志的印刷、模压设计方案应当由认证标志的申请人(以下简称申请人)向国家认证认可监督管理委员会指定的机构(以下简称指定的机构)提出申请，经国家认证认可监督管理委员会审批后，方可自行制作。

第十六条 认证标志的申请使用

(一)申请人必须持申请书和认证证书的副本向指定的机构申请使用认证标志；

(二)申请人委托他人申请使用认证标志的，受委托人必须持申请人的委托书、申请书和认证证书的副本向指定的机构申请使用认证标志；

(三)申请人以函件或者电讯方式申请使用认证标志的，必须向指定的机构提供申请书、认证证书副本的书面或者电子文本，申请使用认证标志。

第十七条 申请人申请使用认证标志，应当按照国家规定缴纳统一印制的标准规格认证标志的工本费或者模压、印刷认证标志的监督管理费。

第十八条 统一印制的标准规格认证标志由指定的机构发放。

第五章 认证标志的监督管理

第十九条 国家认证认可监督管理委员会对认证标志的制作、发放和使用实施统一的监督、管理。

各地质检行政部门根据职责负责对所辖地区认证标志的使用实施监督检查。

指定认证机构对其发证产品的认证标志的使用实施监督检查。

受委托的国外检查机构对受委托的获得认证产品上的认证标志的使用实施监督检查。

第二十条 指定认证机构和指定的机构有义务向申请人告知认证标志的管理规定，指导申请人按规定使用认证标志。

第二十一条 申请人应当遵守以下规定：

(一)建立认证标志的使用和管理制度，对认证标志的使用情况如实记录和存档；

(二)保证使用认证标志的产品符合认证要求；

(三)对超过认证有效期的产品，不得使用认证标志；

(四)在广告、产品介绍等宣传材料中正确地使用认证标志，不得利用认证标志误导、欺诈消费者；

(五)接受国家认证认可监督委员会、各地质检行政部门和指定认证机构对认证标志使用情况的监督检查。

第二十二条 经国家认证认可监督管理委员会指定的认证机构、检测机构及检查机构可以在其业务及广告宣传中正确地使用认证标志，不得利用认证标志误导、欺诈消费者。

第二十三条 承担统一印制的标准规格认证标志制作工作的企业，必须对认证标志的印制技术和防伪技术承担保密义务，未经国家认证认可监督管理委员会的授权，不得向任何机构或个人提供统一印制的标准规格认证标志和印制工具。

第二十四条 认证有效期内的产品不符合认证要求，指定认证机构应当责令申请人限期纠正，在纠正期限内不得使用认证标志。

第二十五条 伪造、变造、盗用、冒用、买卖和转让认证标志以及其他违反认证标志管理规定的，按照国家有关法律法规的规定，予以行政处罚；触犯刑律的，依法追究其刑事责任。

第二十六条 指定认证机构和指定的机构及其工作人员不履行职责或者滥用职权的，按有关规定予以处理。

第六章 附 则

第二十七条 本办法所称的认证标志的申请人为认证证书的持有人。

第二十八条 本办法由国家认证认可监督管理委员会负责解释。

第二十九条 本办法自2002年5月1日起实施。

《第一批实施强制性产品认证的产品目录》

(国家质检总局和国家认监委2001年第33号公告)

根据《中华人民共和国产品质量法》、《中华人民共和国进出口商品检验法》、《中华人民共和国进出口商品检验法实施条例》、《中华人民共和国产品质量认证管理条例》和《强制性产品认证管理规定》的规定,国家质量监督检验检疫总局和国家认证认可监督管理委员会决定发布《第一批实施强制性产品认证的产品目录》(以下简称《目录》),《目录》共有19类132种产品(见附件)。对列入《目录》内的商品,从2002年5月1日起受理申请,自2003年5月1日起,未获得强制性产品认证证书和未加施中国强制性认证标志的产品不得出厂、进口、销售。

附件:第一批实施强制性产品认证的产品目录

二〇〇一年十二月三日

附件:

第一批实施强制性产品认证的产品目录

一、电线电缆(共5种)

电线组件、矿用橡套软电缆、交流额定电压3kV及以下铁路机车车辆用电线电缆、额定电压450/750V及以下橡皮绝缘电线电缆、额定电压450/750 V及以下聚氯乙烯绝缘电线电缆

二、电路开关及保护或连接用电器装置(共6种)

器具耦合器(家用和类似用途、工业用)、插头插座(家用和类似用途、工业用)、热熔断体、小型熔断器的管状熔断体、家用和类似用途固定式电气装置的开关、家用和类似用途固定式电气装置电器附件外壳

三、低压电器(共9种)

漏电保护器、断路器(含RCCB、RCBO、MCB)、熔断器、低压开关(隔离器、隔离开关、熔断器组合电器)、其他电路保护装置(保护器类:限流器、电路保护装置、过流保护器、热保护器、过载继电器、低压机电式接触器、电动机启动器)、继电器(36V<电压≤1000V)、其他开关(电器开关、真空开关、压力开关、接近开关、脚踏开关、热敏开关、液位开关、按钮开关、限位开关、微动开关、倒顺开关、温度开关、行程开关、转换开关、自动转换开关、刀开关)、其他装置(接触器、电动机起动器、信号灯、辅助触头组件、主令控制器、交流半导体电动机控制器和起动器)、低压成套开关设备

四、小功率电动机(共1种)

小功率电动机

五、电动工具(共16种)

电钻(含冲击电钻)、电动螺丝刀和冲击扳手、电动砂轮机、砂光机、圆锯、电锤(含电镐)、不易燃液体电喷枪、电剪刀(含双刃电剪刀、电冲剪)、攻丝机、往复锯(含曲线锯、刀锯)、插入式混凝土振动器、电链锯、电刨、电动修枝剪和电动草剪、电木铣和修边机、电动石材切割机(含大理石切割机)

六、电焊机(共15种)

小型交流弧焊机、交流弧焊机、直流弧焊机、TIG弧焊机、MIG/MAG弧焊机、埋弧焊机、等离子弧切割机、等离子弧焊机、弧焊变压器防触电装置、焊接电缆耦合装置、电阻焊机、焊机送丝装置、TIG焊焊炬、MIG/MAG焊焊枪、电焊钳

七、家用和类似用途设备(共18种)

1.家用电冰箱和食品冷冻箱:有效容积在500立升以下,家用或类似用途的有或无冷冻食品储藏室的电冰箱、冷冻食品储藏箱和食品冷冻箱及它们的组合

2.电风扇:单相交流和直流家用和类似用途的电风扇

3.空调器:制冷量不超过21000大卡/小时的家用及类似用途的空调器

4.电动机-压缩机:输入功率在5000W以下的家用和类似用途空调和制冷装置所用密闭式(全封闭型、半封闭型)电动机-压缩机

5.家用电动洗衣机:带或不带水加热装置、脱水装置或干衣装置的洗涤衣物的电动洗衣机

6.电热水器:把水加热至沸点以下的固定的贮水式和快热式电热水器

7.室内加热器:家用和类似用途的辐射式加热器、板状加热器、充液式加热器、风扇式加热器、对流式加热器、管状加热器

8.真空吸尘器:具有吸除干燥灰尘或液体的作用,由串激整流子电动机或直流电动机驱动的真空吸尘器

9.皮肤和毛发护理器具:用作人或动物皮肤或毛发护理并带有电热元件的电器

10.电熨斗:家用和类似用途的干式电熨斗和湿式(蒸汽)电熨斗

11.电磁灶:家用和类似用途的采用电磁能加热的灶具,它可以包含一个或多个电磁加热元件

12.电烤箱:包括额定容积不超过10升的家用和类似用途的电烤箱、面包烘烤器、华夫烙饼模和类似器具

13.电动食品加工器具:家用电动食品加工器和类似用途的多功能食品加工器

14.微波炉:频率在300MHz以上的一个或多个I.S.M.波段的电磁能量来加热食物和饮料的家用器具,它可带有着色功能和蒸汽功能

15.电灶、灶台、烤炉和类似器具:包括家用电灶、分离式固定烤炉、灶台、台式电灶、电灶的灶头、烤架和烤盘及内装式烤炉、烤架

16.吸油烟机:安装在家用烹调器具和炉灶的上部,带有风扇、电灯和控制调节器之类用于抽吸排除厨房中油烟的家用电器

17.液体加热器和冷热饮水机

18.电饭锅:采用电热元件加热的自动保温式或定时式电饭锅

八、音视频设备类(不包括广播级音响设备和汽车音响设备)(共16种)

总输出功率在500W(有效值)以下的单扬声器和多扬声器有源音箱、音频功率放大器、调谐器、各种广播波段的收音机、各类载体形式的音视频录制、播放及处理设备(包括各类光盘磁带等载体形式)、及以上设备的组合,为音视频设备配套的电源适配器、各种成像方式的彩色电视接收机、监视器(不包括汽车用电视接收机)、黑白电视接收机及其他单色的电视接收机、显象(示)管、录像机、卫星电视广播接收机、电子琴、天线放大器、声音和电视信号的电缆分配系统设备与部件

九、信息技术设备(共12种)

微型计算机、便携式计算机、与计算机连用的显示设备、与计算机连用的打印设备、多用途打印复印机、扫描仪、计算机内置电源及电源适配器充电器、电脑游戏机、学习机、复印机、服务器、金融及贸易结算电子设备

十、照明设备(共2种)(不包括电压低于36V的照明设备)

灯具、镇流器

十一、电信终端设备(共9种)

调制解调器 (音频调制解调器、基带调制解调器、DSL调制解调器,含卡)、传真机(传真机、电话语音传真卡、多功能传真一体机)、固定电话终端(普通电话机、主叫号码显示电话机、卡式管理电话机、录音电话机、投币电话机、智能卡式电话机、IC卡公用电话机、免提电话机、数字电话机、电话机附加装置)、无绳电话终端(模拟无绳电话机、数字无绳电话机)、集团电话(集团电话、电话会议总机)、移动用户终端(模拟移动电话机、GSM数字蜂窝移动台 (手持机和其他终端设备)、CDMA数字蜂窝移动台 (手持机和其他终端设备)、ISDN终端[网络终端设备(NT1、NT1+)、终端适配器(卡)TA]、数据终端(存储转发传真/语音卡、POS终端、接口转换器、网络集线器、其他数据终端)、多媒体终端(可视电话、会议电视终端、信息点播终端、其他多媒体终端)

十二、机动车辆及安全附件(共4种)

(一)汽车:在公路及城市道路上行驶的M、N、O类车辆

(二)摩托车

(三)汽车、摩托车零部件:汽车安全带、摩托车发动机

十三、机动车辆轮胎(共3种)

(一)汽车轮胎:轿车轮胎(轿车子午线轮胎、轿车斜交轮胎)、载重汽车轮胎(微型载重汽车轮胎、轻型载重汽车轮胎、中型/重型载重汽车轮胎)

(二)摩托车轮胎:摩托车轮胎(代号表示系列、公制系列、轻便型系列、小轮径系列)

十四、安全玻璃(共3种)

汽车安全玻璃(A类夹层玻璃、B类夹层玻璃、区域钢化玻璃、钢化玻璃)、建筑安全玻璃(夹层玻璃 、钢化玻璃)、铁道车辆用安全玻璃(夹层玻璃 、钢化玻璃、安全中空玻璃)

十五、农机产品(共1种)

植物保护机械[背负式喷雾机(器)、背负式喷粉机(器)、背负式喷雾喷粉机]

十六、乳胶制品(共1种)

橡胶避孕套

十七、医疗器械产品(共7种)

医用X射线诊断设备、血液透析装置、空心纤维透析器、血液净化装置的体外循环管道、心电图机、植入式心脏起搏器、人工心肺机

十八、消防产品(共3种)

火灾报警设备(点型感烟火灾报警探测器、点型感温火灾报警探测器、火灾报警控制器、消防联动控制设备、手动火灾报警按钮)、消防水带、喷水灭火设备(洒水喷头、湿式报警阀、水流指示器、消防用压力开关)

十九、安全技术防范产品(共1种)

入侵探测器(室内用微波多普勒探测器、主动红外入侵探测器、室内用被动红外探测器、微波与被动红外复合入侵探测器)

《关于实施强制性产品认证制度有关问题的通知》

(国家认监委2001年第2号公告)

各省、自治区、直辖市质量技术监督局,各直属检验检疫局,各有关单位:

根据国家质量监督检验检疫总局和国家认证认可监督管理委员会发布的《强制性产品认证管理规定》、《强制性产品认证标志管理办法》、《第一批实施强制性产品认证的产品目录》(以下简称《目录》)等强制性产品认证制度(以下简称"新制度")的有关规定,现将实行新制度与原国家出入境检验检疫局颁布并组织实施的进口商品安全质量许可制度和原国家质量技术监督局颁布并组织实施的产品安全认证强制性监督管理制度(以下简称"老制度")之间的过渡安排中的有关问题通知如下:

一、新制度的实施和老制度的废止

根据《强制性产品认证管理规定》,新制度自2002年5月1日起实施。为保证新、老制度的顺利过渡并维护有关各方的合法权益,老制度自2003年5月1日起废止。

二、新、老制度适用产品的监督管理

1、自2003年5月1日起,国内企业出厂、进口的《目录》内产品须获得强制性产品认证证书(以下简称"新证书"),并加施强制性产品认证标志(以下简称"新标志"),方可出厂、进口。

2、自2003年5月1日起,经销商、进口商不得再购进、进口和销售未获得新证书及未加施新标志的《目录》内产品。2003年4月30日前已经购进、进口但尚未售出的已获进口商品安全质量许可证书及CCIB标志或安全认证合格证书及长城标志(以下统称"老证书"、"老标志")的《目录》内的产品,应在所在地质检部门备案,方可在质检部门监管下继续销售。

3、自2003年5月1日起,获得新证书及新标志的产品如果继续使用印有老标志的外包装,须加施新标志,方可出厂、进口、销售。

4、2003年4月30日前,原须获老证书及老标志《目录》内的产品,可以凭老证书及老标志或新证书及新标志出厂、进口、销售。

5、自2002年5月1日起,原须获老证书及老标志的产品此次不再列入《目录》的,其原须获得的老证书及老标志不再作为其出厂、进口、销售的条件。

三、认证申请的受理

1、自2002年5月1日起,经国家认证认可监督管理委员会指定的认证机构(以下简称"指定的认证机构")开始受理《目录》内产品新证书及新标志的申请,不再受理老证书及老标志的申请。

2、2002年4月30日前,原须获老证书和老标志的《目录》内的产品仍可继续申请获得老证书及老标志。

四、其他事项

1、已申请但尚未获得老证书或已获得老证书的《目录》内产品,经申请人申请并由指定的认证机构确认符合条件后,可获得新证书并使用新标志。

2、上述获取新证书和新标志所需的费用,由申请人按实际发生的项目及新制度的收费标准支付。

国家认证认可监督管理委员会

二〇〇一年十二月三日

《强制性产品认证实施规则》

(国家认监委2001年第3号公告)

根据《强制性产品认证管理规定》(中华人民共和国国家质量监督检验检疫总局令第5号),我委制定了《强制性产品认证实施规则》(共47份),现予以公告,自2002年5月1日起施行。(详见《附录》)

二〇〇一年十二月七日

《关于CCC认证标志发放管理中心责任任务》

(国家认监委2002年第7号公告)

根据《强制性产品认证管理规定》(中华人民共和国质量监督检验检疫总局令第5号)及《强制性产品认证标志管理办法》(中国国家认证认可监督管理委员会公告2001年第1号),现指定"CCC认证标志发放管理中心"统一负责中国强制性产品认证标志—— "CCC"标志的发放管理工作。CCC认证标志发放管理中心具体任务如下:

一、发放和管理国家认证认可监督管理委员会统一印制的标准规格的"CCC"标志;

二、受国家认证认可监督管理委员会的委托，对于特殊式样的“CCC”标志以及认证证书持有者自行印刷、模压等方式使用认证标志的设计方案进行核准和管理；

三、向国家认证认可监督管理委员会、各地质检部门、指定认证机构、证书持有者、社会各界提供有关标志管理方面的信息。

CCC认证标志发放管理中心的联络方式如下：

联系电话：010-65043418

传　　真：010-65069049

地　　址：北京市朝阳区芳草地西街15号

邮　　编：100020

有关规定将公布于中国国家认证认可监督管理委员会网站(www.cnca.gov.cn)。

二〇〇二年四月三十日

《承担强制性产品认证工作的认证机构及业务范围》

(国家认监委2002年第4号公告)

根据《强制性产品认证管理规定》(中华人民共和国国家质量监督检验检疫总局令第5号)，在认证机构提出申请、认可机构认可及现场能力确认的基础上，同时为保持与原相关认证工作的延续性，经评审委员会评审，批准9家认证机构即日起在指定的业务范围内承担强制性产品认证工作，现予以公告。(详见《附录》)

二〇〇二年三月二十九日

《承担强制性产品认证检测工作的指定检测机构》

(国家认监委2002年第5号公告)

根据《强制性产品认证管理规定》(中华人民共和国国家质量监督检验检疫总局令第5号)，在检测机构提出申请、认可机构认可及现场能力确认的基础上，根据认证机构的推荐，同时为保持与原相关认证工作的延续性，经评审委员会评审，批准68家检测机构从即日起在指定的业务范围内承担强制性产品认证的检测工作，现予以公告。(详见《附录》)

二〇〇二年三月二十九日

《无需办理或可申请免于办理强制性认证的产品范围》

(国家认监委2002年第8号公告)

根据《强制性产品认证管理规定》(中华人民共和国国家质量监督检验检疫总局令第5号)、《强制性产品认证标志管理办法》(中国国家认证认可监督管理委员会公告2001年第1号)、《第一批实施强制性产品认证的产品目录》(中华人民共和国国家质量监督检验检疫总局和中国国家认证认可监督管理委员会公告2001年第33号)，自2003年5月1日起，列入《目录》内的产品未获得强制性产品认证证书和未加施中国强制性产品认证标志不得出厂销售、进口和在经营性活动中使用。为保证强制性产品认证制度的顺利实施，针对生产、进口和经营性活动中的特殊情况，对以下无需办理或可申请免于办理强制性认证的产品范围，予以公告，自公告之日起实施：

一、无需办理强制性认证的产品范围

1.外国驻华使、领馆、办事机构、入境人员从境外带入境内的自用物品(不含从出国人员服务公司购买的物品)；

2.政府间援助、赠送的物品；

3.展览品(非展销品)；

4.特殊用途(军事等目的)的产品。

对于不需要办理强制性产品认证的产品，无需申请强制性产品认证证书，也不需加施中国强制性认证标志。

二、可免于办理强制性认证的产品范围

1.为科研、测试需要进口和生产的产品；

2. 以整机全数出口为目的而用进料或来料加工方式进口的零部件；

3.根据外贸合同，专供出口的产品(不包括该产品有部分返销国内或内销的)；

4.为考核技术引进生产线需要进口的零部件；

5.直接为最终用户维修目的而进口和生产的产品；为已停止生产的产品提供的维修零部件；

6.其他特殊情况的产品。

对于可免于办理强制性认证的产品，生产厂商、销售商或其代理人向中国国家认证认可监督管理委员会提出申请，并提交证明符合免办条件的证明材料、责任担保书、产品符合性声明(包括型式试验报告)等，经批准获得《免办强制性产品认证证明》后，可出厂销售、进口和在经营性活动中使用。

二〇〇二年五月二十一日

《第一批实施强制性产品认证的产品目录》中产品的适用范围

（国家质量监督检验检疫总局、国家认监委 2002年第60号公告）

为进一步明确实施强制性产品认证的产品适用范围，根据《第一批实施强制性产品认证的产品目录》（国家质量监督检验检疫总局、国家认证认可监督管理委员会2001年公告第33号）及2002年海关通关业务系统《商品综合分类表》，国家质量监督检验检疫总局、国家认证认可监督管理委员会制定了《〈第一批实施强制性产品认证的产品目录〉中产品的适用范围》。现予以公告，自公告之日起施行。（《〈第一批实施强制性产品认证的产品目录〉中产品的适用范围》详见《附录》）

说　明

《〈第一批实施强制性产品认证的产品目录〉中产品的适用范围》中分四个栏目，其中第2、3栏目即“HS编码”及“商品名称及备注”是依照2002年海关通关业务系统《商品综合分类表》作为对产品适用范围的初步快速识别；第4栏目即“认证适用范围”是对产品适用范围的进一步细化说明，应以该栏目判定此产品是否属于认证范围。如果一个HS编码同时对应整机产品和组成整机产品的零部件，则该编码对应的认证适用范围是指整机产品。“同左”是指与HS编码描述完全相同，该编码对应的所有产品均属于强制性产品认证的产品目录范围内；“不适用于”是指此类范围的产品不属于强制性产品认证的产品目录范围内；“仅限于”是指只有此类范围的产品属于强制性产品认证的产品目录范围内。

本目录未经许可，不得翻印。

本目录自公布之日起施行。

二〇〇二年七月

转发《国家计委关于强制性产品认证收费标准的通知》的通知

（国认证函[2002]111号）

各指定认证机构、产品检测机构、检查机构、标志发放管理中心：

现将《国家计委关于强制性产品认证收费标准的通知》（计价格[2002]889号）和已报国家计委备案的《强制性产品认证的产品检测费标准》及《强制性产品认证工厂审查监督审核人员的人·日数核定标准》转发给你们，请按照执行。

为了便于各单位执行上述收费标准，现就有关问题补充通知如下：

一、关于“申请费”的计收

“申请费”，按申请的单元数计收。

二、关于“产品检测费”的计收

根据国家计委计价格［2002]889号关于产品检测费的规定，国家认监委按照强制性产品认证所依据的产品检测标准和技术规则，对原国家物价局、财政部《关于发布〈产品质量监督检验收费管理试行办法〉的通知》（[1992]价费字496号）中没有规定的检验项目和已经发生变化的检测项目作了必要的增补和调整，编制了强制性产品认证的产品检测费标准，并经国家发展计划委员会备案。请各有关单位按照本通知下发的强制性产品认证的产品检测费标准计收检测费用。

三、关于“工厂审查费”的计收

“工厂审查费”按照本通知下发的强制性产品认证工厂审查监督审核人·日数核定标准计收。

企业获得国家认监委授权的认证机构颁发的质量体系认证证书，且在证书的有效期内，免于对企业的有关质量管理体系的审查，除此之外的其他必要的审查，按实际发生的工作人·日计收“工厂审查费”。

四、关于“批准与注册费”的计收

“批准与注册费”的收费与“申请费”的计收方式相同。按申请的单元数量计收。

五、关于“监督复查费”的计收

“监督复查费”按不超过认证时的“工厂审查费”和“产品检测费”的各25%收取。

对涉及认证产品扩展和变更的监督复查，即对产品的系列扩展以及名称、部件、商标、材料以及加添软件等的变更的监督复查，按实际发生费用计收“工厂审查费”和“产品检测费”。凡影响产品安全和电磁兼容（EMC）性能的变更，按新申请认证办理。

六、关于“年金”的计收

“年金”按获证产品的单元数计收。

七、关于直接在产品或包装上使用非标准规格的认证标志的标志使用费计收

直接在产品或包装上自行印刷或模压使用的非标准规格的认证标志，由申请人持认证机构颁发的认证证书到国家认监委指定的强制性产品认证标志发放管理机构办理审核手续，按每一种标志使用形式交纳使用费1000元/年。“每一种标志使用形式”是指：

(一) 备案的自行印刷或模压标志的认证标志的种类不变、绝对尺寸不变，标志(含工厂代码)图形的组成部分相对尺寸不变，标志的工厂代码不变，标志颜色不变，则称为一种使用形式。

(二)满足以上条件的认证标志不论在所备案产品的何种规格型号、任何部位上使用均认定为一种使用形式。

使用非标准规格的认证标志的产品，指玻璃、轮胎和国家认监委指定的其他产品。

八、关于强制性产品认证收费的执行时间

根据国家质量监督检验检疫总局令 (2001年第5号)，强制性产品认证制度自2002年5月1日起施行。各指定认证机构和产品检测机构计收相关费用的时间应按此时间执行。

鉴于强制性产品认证收费批准执行的时间较晚，自2002年5月1日至本通知下发之日期间，凡申请人交纳的认证费高于收费标准及本通知规定的，各收费单位应主动向申请人退回多收的部分；低于标准的，应通知申请人补交少交的部分。

九、加强对强制性产品认证收费的管理和监督检查

(一)承担强制性产品认证业务的认证机构和产品检测机构、检查机构、标志发放管理机构应严格执行强制性产品认证收费的各项规定，自觉接受国家认监委和价格主管部门的监督检查。

(二)强制性产品认证收费为经营服务性收费，收费单位为企业或事业单位的，都应依法纳税。认证机构或产品检测机构、检查机构目前仍为事业单位的，应尽快到指定的价格主管部门申领《收费许可证》后，方可向申请人收取认证费用。

(三)根据国家质量监督检验检疫总局令(2001年第5号)和国家认监委的有关规定，承担强制性产品认证的认证机构和产品检测机构、检查机构因出具虚假证明或者伪造有关文件，除依法承担相应的责任外，有下列情况之一的，应当接受国家认监委和价格主管部门对有关认证收费问题的处理。

1.按照强制性产品认证的有关规定，应当注销或者撤销认证证书而没有及时采取相关措施，且继续收取认证证书持有人的认证费用的；

2. 未经许可向其他机构转让认证受理权、认证决定权、检测权和检查权而获取的认证费用，超越权限与其他机构(组织)签署互认认证、检测、检查结果而获取的认证费用，超范围、超标准收取的认证费用等；

3.认证结果的准确性有误，造成直接经济损失的；

4.未按照有关规定上缴有关管理费，或者瞒报、虚报和不上报强制性产品认证收费情况的。

附件：

1.《国家计委关于强制性产品认证收费标准的通知》(计价格[2002]889号)

2.强制性产品认证的产品检测费标准(详见《附录》)

3.强制性产品认证工厂审查监督审核人员的人·日数核定标准(详见《附录》)

二〇〇二年八月二十二日

附件1：

国家发展计划委员会文件

计价格[2002]889号

国家计委关于强制性产品认证收费标准的通知

国家认证认可监督管理委员会：

你委《关于强制性产品认证收费问题的函》(国认证函[2002]40号)收悉。为规范强制性产品认证收费行为，适应我国加入WTO的要求，经研究，现就具备强制性产品认证资格的认证机构对涉及人类健康和安全、动植物生命和健康，以及环境保护和公共安全的产品实行强制性产品认证的收费项目和收费标准及有关事项通知如下：

一、强制性产品认证收费项目和收费标准

(一) 申请费。是认证机构受理申请人申请强制性产品认证的费用。

申请费收费标准为600元。其中，受理境外申请，由于支付通讯费用相对较多，另收通讯费500元；非中文资料另收翻译费1000元。

(二)产品检测费。是产品检测机构按照产品认证标准和技术要求进行检测并出具检测报告的费用。

产品检测费按原国家物价局、财政部《关于发布〈产品质量监督检验收费管理试行办法〉的通知》([1992]价费字 496 号)规定的收费标准执行。[1992]价费字 496 号文件没有规定收费标准的检验项目，暂由你委按照补偿检测成本的原则核定收费标准，报我委备案后实施。检测成本主要包括检测人员经费、材料费、水电燃料费、检测用房维护费、仪器设备折旧费、管理费等。

(三)工厂审查费。是认证机构按照认证产品的工厂审查要求所进行的文件审查、现场审核和出具工厂审查报告的费用。

工厂审查费收费标准为每个监督审核员每个工作日 3500 元。具体所需监督审核员的人数和审查的天数(人·日数)，由你委根据强制性产品认证实施规则严格核定，报我委备案后实施。

对获得国家认可的质量体系认证证书等的企业，在证书有效期内一般不实施强制性产品认证的质量保证能力的审查，不收相应的审查费。

考虑到认证的交通费用差别较大，按照国际惯例，审核人员往返交通费用由认证的申请人负担。认证机构不得向认证企业收取食宿费。

(四)批准与注册费。是认证机构对符合认证要求的产品进行评定，颁发认证证书的费用。批准与注册费(含证书费)收费标准为每次 800 元。

(五)监督复查费。是认证机构根据产品认证实施规则中规定的复查内容，对认证企业进行监督复查所发生的费用，具体包括工厂审查费和抽样检测费。监督复查费按不超过认证时的工厂审查费和产品检测费的各 25%收取。但对涉及认证产品扩展和变更的监督复查，其工厂审查费和产品检测费应按实际发生费用收取。

(六)年金。是产品认证批准注册后的保持、责任风险、提供相关信息和处理申诉、投诉及争议等的费用。

年金标准为获证产品每年 400 元。

(七) 认证标志费。是认证标志制作和实施管理的费用。分为标志费或标志批准使用费两种。

对按规定直接使用认证标志(CCC)的，收取标志费。标志费的具体收费标准为：8 毫米标志每枚 0.07 元；15 毫米标志每枚 0.14 元；30 毫米标志每枚 0.28 元；45 毫米标志每枚 0.52 元；60 毫米标志每枚 0.56 元。

对经认证机构批准在产品或包装上自行印刷或模压标志的，收取标志批准使用费。标志批准使用费收费标准为每一种标志使用形式每年 1000 元。

二、强制性产品认证收费为经营服务性收费，收费单位应依法纳税。认证机构目前仍为事业单位的，应按规定到指定的价格主管部门申领《收费许可证》。

三、收费单位不得擅自扩大收费范围，提高收费标准，并自觉接受价格主管部门的监督检查。

四、非强制性产品认证收费仍按《国家计委、国家质量技术监督局关于印发产品质量认证收费管理办法和收费标准的通知》(计价格[1999]1610 号)规定执行。

五、本通知自 2002 年 5 月 1 日起试行。试行期为 2 年，试行期满后，由你委向我委重新申报。

二〇〇一年六月十一日

《强制性产品认证代理申办机构名录》

(国家认监委 2003 年第 2 号公告)

根据《强制性产品认证代理申办机构管理办法》(2002 年国家质检总局局长令第 32 号)，现将经国家认监委审核注册的强制性产品认证代理申办机构予以公布(见附件)。

自本公告发布之日起，承担强制性产品认证任务的认证机构、标志发放管理机构不得受理未经注册的代理机构的申办业务。

拟申请获得强制性产品认证的生产企业、进口商、经销商，本着自愿的原则可以自由选择以上经注册的机构代理申办业务；任何部门、单位和个人，不得采取强迫或不正当竞争等手段干涉生产企业、进口商、经销商的申办业务，影响他们的自由选择。违反以上原则的行为一经发现，国家认监委将予以严厉查处。

附件：强制性产品认证代理申办机构名录(详见《附录》)

二〇〇三年四月十五日

《属于CCIB、CCEE管理的产品目录及CCIB和CCEE重复管理的产品目录》

（国家认监委2003年第7号公告）

为保证强制性产品认证制度的顺利实施和有关各方的合法权益，经研究决定，2003年7月31日前已经进口（指完成报关手续）、出厂销售的未获得强制性产品认证的产品准许继续销售。但其中属于原进口安全质量许可证目录内的进口产品，无CCIB或CCC标志的和属于原安全认证强制性监督管理（CCEE认证）目录内的产品，无长城标志或CCC标志的，不得销售。对于进口安全质量许可证目录与安全认证（CCEE认证）目录内重复的产品，获得其中任意一种认证证书均予以承认。

特此公告。

附件：属于CCIB、CCEE管理的产品目录及CCIB和CCEE重复管理的产品目录（详见《附录》）

二〇〇三年七月二十五日

《承担强制性产品认证检测任务的机构及其业务范围》

（国家认监委2003年第8号公告）

为了确保强制性产品认证工作有效实施，方便申请人办理认证，决定增加承担强制性产品认证检测任务的机构，同时对已指定的检测机构的业务范围进行调整，现将增加和调整后的承担强制性产品认证检测任务的机构及其业务范围予以公告。

国家认监委2002年第5号公告、国家认监委国认证函[2002]65号和国认证函[2003]8号文件同时废止。

附件：承担强制性产品认证检测任务的机构及其业务范围　（详见《附录》）

二〇〇三年八月三日

《承担强制性产品认证工作的认证机构及其业务范围》

（国家认监委2003年第11号公告）

强制性产品认证制度实施以来，部分指定认证机构的组织结构或名称发生了变更，同时为了确保强制性产品认证工作有效实施，方便申请人办理认证，决定对已指定的部分认证机构的业务范围进行调整，现将变更和调整后的承担强制性产品认证工作的认证机构及其业务范围公告如下：

附件：承担强制性产品认证工作的认证机构及其业务范围（详见《附录》）

国家认监委2002年第4号公告同时废止。

二〇〇三年九月二日

《无线局域网产品实施强制性产品认证》

（国家质检总局、国家认监委2003年第113号公告）

根据《中华人民共和国产品质量法》、《中华人民共和国进出口商品检验法》、《中华人民共和国进出口商品检验法实施条例》、《中华人民共和国认证认可条例》和《强制性产品认证管理规定》的规定，现决定对无线局域网产品实施强制性产品认证。自2004年6月1日起，未获得强制性产品认证证书和未加施中国强制性认证标志的无线局域网产品不得出厂、进口、销售或者在其他经营活动中使用。

自2004年1月1日起，委托人可以向指定机构提出认证产品的检测、认证委托。

特此公告。

二〇〇三年十二月一日

《承担无线局域网产品强制性认证、检测工作机构》

（国家认监委2003年第20号公告）

根据《中华人民共和国认证认可条例》、《强制性产品认证管理规定》，认监委研究决定，暂时指定以下机构从即日起在指定的业务范围内承担无线局域网产品（实施规则号：CNCA-11C-048）的强制性产品认证、检测工作，现予以公告。

一、认证机构

(一)中国质量认证中心

地址:北京市芳草地西街 15 号 100020

联系人:李怀林

电话:010-85622233

(二)中国电磁兼容认证中心

地址:北京北三环东路 18 号 100013

联系人:滕俊恒

电话:010-64214583

(三)中国电子技术标准化研究所产品认证中心

地址: 北京市东城区安定门东大街 1 号 100007

联系人:童本敏

电话:010-64007801

二、检测机构

国家无线电频谱监测和检验中心

地址:北京西城区北礼士路 80 号 100037

联系人:苑克龙、王美蓉

电话:010-68344335、68368866 转 1910、1906

二○○三年十二月三十一日

关于印发《〈第一批实施强制性产品认证的产品目录〉中部分产品详细适用范围》的通知

(国认证[2003]46 号)

各省、自治区、直辖市及计划单列市、新疆生产建设兵团质量技术监督局,各直属出入境检验检疫局:

为便于强制性产品认证的行政执法检查工作,我委对《〈第一批实施强制性产品认证的产品目录〉中部分产品详细适用范围》(国家质检总局、国家认监委 2002 年联合公告第 60 号)中的低压电器、电线电缆、电路开关保护或连接用电器装置、小功率电动机等产品的适用范围做了补充说明(见附件)。现印发给你们,请遵照执行。

附件:《第一批实施强制性产品认证的产品目录》中部分产品详细适用范围

二○○三年八月十二日

附件:

《第一批实施强制性产品认证的产品目录》中部分产品详细适用范围

一、电线电缆和电线组件

(一)电线电缆

1. 聚氯乙烯绝缘无护套电缆电线 (GB5023.3-1997;JB8734.2-1998):

227IEC01(BV) 450/750V 1.5-400;

227IEC02(RV) 450/750V 1.5-240;

227IEC05(BV) 300/500V 0.5-1;

227IEC06(RV) 300/500V 0.5-1;

227IEC07(BV-90) 300/500V 0.5-2.5;

227IEC08(RV-90) 300/500V 0.5-2.5;

BV 300/500V 0.75-1;

BLV 450/750V 2.5-400;

BVR 450/750V 2.5-70;

2. 聚氯乙烯绝缘聚氯乙烯护套电缆 (GB5023.4-1997;JB8734.2-1998):

227IEC10(BVV) 300/500V 1.5-35 2-5 芯;

BVV 300/500V 0.75-10; (1 芯)

BLVV 300/500V 2.5-10; (1 芯)

BVVB 300/500V 0.75-10 2-3 芯;

BLVVB 300/500V 2.5-10 2-3 芯;

3. 聚氯乙烯绝缘软电缆电线(GB5023.5-1997;JB8734.3-1998):

227IEC41(RTPVR) 300/300V 0.8 (2 芯)

227IEC42(RVB) 300/300V 0.5-0.75 (2 芯)

227IEC43(SVR) 300/300V 0.5-0.75 (1 芯)

227IEC52(RVV) 300/300V 0.5-0.75 (2-3 芯)

227IEC53(RVV) 300/500V 0.75-2.5 (2-5 芯)

RVS 300/300V 0.5-0.75 (2 芯)

4.聚氯乙烯绝缘聚氯乙烯护套电梯电缆和(或)耐油软电缆(GB5023.6-1997;GB5023.7-1997):

227 IEC 71f(TVVB) 300/500 0.75-1 (3-24 芯)

227 IEC 71f(TVVB) 450/750 1.5-2.5 (3-12 芯)

227 IEC 71f(TVVB) 450/750 4-25 (4,5 芯)

227 IEC 74(RVVYP) 300/500 0.5-2.5 (2-60 芯)

227 IEC 75(RVVY) 300/500 0.5-2.5 (2-60 芯)

5.聚氯乙烯绝缘安装用电线和(或)屏蔽电线(JB8734.4-

1998;JB8734.5-1998)：

AV,AV-90 300/300 0.08-0.4 (1芯)

AVR,AVR-90 300/300 0.08-0.4 (1芯)

AVRB 300/300 0.12-0.4 (2芯)

AVRS 300/300 0.12-0.4 (2芯)

AVVR 300/300 0.08-0.4 (2芯)

AVVR 300/300 0.12-0.4 (3-24芯)

AVP,AVP-90 300/300 0.08-0.4 (1芯)

RVP,RVP-90 300/300 0.08-2.5 (1芯)

RVP,RVP-90 300/300 0.08-1.5 (2芯)

RVVP, RVVP1 300/300 0.08-2.5 (1芯)

RVVP, RVVP1 300/300 0.08-1.5 (2芯)

RVVP, RVVP1 300/300 0.12-1.5 (3芯)

RVVP, RVVP1 300/300 0.12-0.4 (4-24芯)

6. 耐热橡皮绝缘电缆 (GB5013.3-1997; GB5013.7-1997)：

245 IEC 03(YG) 300/500 0.5-16 (1芯)

245 IEC 04(YYY) 450/750 0.5-95 (1芯)

245 IEC 05(YRYY) 450/750 0.5-95 (1芯)

245 IEC 06(YYY) 300/500 0.5-1 (1芯)

245 IEC 07(YRYY) 300/500 0.5-1 (1芯)

7. 橡皮绝缘电梯电缆和（或）电焊机电缆 (GB5013.5-1997;GB5013.6-1997)：

245 IEC 70(YTB) 300/500 0.75-1 (6,9,12,18,24,-30芯)

245 IEC 74(YT) 300/500 0.75-1 (6,9,12,18,24,-30芯)

245 IEC 75(YTF) 300/500 0.75-1 (6,9,12,18,24,-30芯)

245 IEC 81(YH) 16-95 (1芯)

245 IEC 82(YHF) 16-95 (1芯)

8. 通用橡套软电缆电线 (GB5013.4-1997;JB8735.2-1998)：

245 IEC 53(YZ) 300/500 0.75-2.5 (2-5芯)

245 IEC 57(YZW) 300/500 0.75-2.5 (2-5芯)

245 IEC 66(YCW) 450/750 1.5-400 (1芯)

245 IEC 66(YCW) 450/750 1-25 (2,5芯)

245 IEC 66(YCW) 450/750 1-95 (3芯)

245 IEC 66(YCW) 450/750 1-150 (4芯)

YQ,YQW 300/300 0.3-0.5 (2-3芯)

YZ,YZW 300/500 4-6 (2-5芯)

YZ,YZW 300/500 0.75-6 (6芯)

YZ,YZW 300/500 1.5-6 (3+1芯)

YZB,YZWB 300/500 0.75-6 (2-6芯)

YC 450/750 1.5-400 (1芯)

YC 450/750 1.5-95 (2芯)

YC 450/750 1.5-150 (3,4芯)

YC 450/750 1.5-25 (5芯)

YC 450/750 2.5-150 (3+1芯)

YCW 450/750 35-95 (2芯)

YCW 450/750 120-150 (3芯)

YCW 450/750 2.5-150 (3+1芯)

9. 橡皮绝缘编织软电缆 (GB5013.4-1997;JB8735.3-1998)：

245 IEC 51(RX) 300/300 0.75-1.5 (2-3芯)

RX 300/300 0.3-0.5;2.5-4 (2-3芯)

RXS 300/300 0.3-4 (2芯)

RXH 300/300 0.3-4 (2-3芯)

10. 铁路机车车辆用电缆电线 (GB12528.1-1990;JB8145-1995)：

DCXF 750 1-300 (1芯); 1500 1.5-300 (1芯)

DCH 750 0.5-300 (1芯)

DCEH 750 0.5-300 (1芯);1500 1-300 (1芯); 3000 2.5-300 (1芯)

11. 采煤机用橡套软电缆 (GB12972.2-1991; GB12972.3-1991; GB12972.4-1991)：

UC 0.38/0.66KV 16-50 (动力3芯) 4-10 (接地1芯) 2.5-4(控制3,4,7芯)

UCP 0.38/0.66KV

UCP 0.66/1.14KV 35-95(动力3芯) 6-25(接地1芯) 6-10(控制3芯)

UCPJB 0.66/1.14KV 35-95(动力3芯) 16-50(接地1芯) 2.5(控制2芯)

UCPJR 0.66/1.14KV

UCPT 0.66/1.14KV 16-95(动力3芯) 16-50(接地1芯) 16-50(监视1芯)

12. 矿用移动橡套软电缆 (GB12972.5-1991;GB12972.6-1991;GB12972.7-1991; GB12972.9-1991)：

UY 0.38/0.66KV 4-70(动力3芯) 4-25(接地1芯)

UYP 0.38/0.66KV

UYP 0.66/1.14KV 10-95(动力3芯) 10-25(接地1芯)

UYPJ 3.6/6KV 25-50(动力3芯) 16-25/3(接地3芯) 2.5(控制3芯)

UYP 3.6/6KV 16-50(动力3芯) 16-25(接地1芯)

UYPD 3.6/6KV

UYPT 3.6/6KV 16-50(动力 3 芯) 16-25/3(接地 3 芯);

UYPTD 3.6/6KV

UYQ 0.3/0.5KV 1-2.5(2,3,4,7,12 芯)

13. *矿用电钻电缆*(GB12972.8-1991):

UZ 300/500V 2.5-4(动力 3 芯) 2.5-4(接地 1 芯) (2.5-4(控制 1 芯))

UZP 300/500V

14. *矿工帽灯电线*(GB12972.10-1991):

UM 0.75-1.2 (2 芯)

UM-1

(二)电线组件

适用于家用和类似一般设备所用的电线组件(即,由带不可拆线插头和不可拆线的连接器的软缆或软线构成的组件),不适用于工业用电线组件,也不适用于加长电线组件。

二、电路开关、保护或连接用电器装置

(一) 家用及类似用途器具耦合器

具体的产品包括:

1.用于冷条件下Ⅱ类设备的 0.2A 连接器
2.用于冷条件下Ⅱ类设备的 0.2A 器具输入插座
3.用于冷条件下Ⅰ类设备的 2.5A 连接器
4.用于冷条件下Ⅰ类设备的 2.5A 器具输入插座
5.用于冷条件下Ⅱ类设备的 2.5A 连接器
6.用于冷条件下Ⅱ类设备的 2.5A 器具输入插座
7.用于冷条件下Ⅱ类设备的 6A 连接器
8.用于冷条件下Ⅱ类设备的 6A 器具输入插座
9.用于冷条件下Ⅰ类设备的 10A 连接器
10.用于冷条件下Ⅰ类设备的 10A 器具输入插座
11.用于热条件下Ⅰ类设备的 10A 连接器
12.用于酷热条件下Ⅰ类设备的 10A 连接器
13.用于热条件下Ⅰ类设备的 10A 器具输入插座
14.用于酷热条件下Ⅰ类设备的 10A 器具输入插座
15.用于冷条件下Ⅱ类设备的 10A 连接器
16.用于冷条件下Ⅱ类设备的 10A 器具输入插座
17.用于冷条件下Ⅰ类设备的 16A 连接器
18.用于冷条件下Ⅰ类设备的 16A 器具输入插座
19.用于酷热条件下Ⅰ类设备的 16A 连接器
20.用于酷热条件下Ⅰ类设备的 16A 器具输入插座
21.用于冷条件下Ⅱ类设备的 16A 连接器
22.用于冷条件下Ⅱ类设备的 16A 器具输入插座
23.Ⅰ类设备用 2.5A 插头连接器
24.Ⅰ类设备用 2.5A 器具插座
25.Ⅱ类设备用 2.5A 插头连接器
26.Ⅱ类设备用 2.5A 器具插座
27.Ⅰ类设备用 10A 插头连接器
28.Ⅰ类设备用 10A 器具插座
29.Ⅱ类设备用 10A 插头连接器
30.Ⅱ类设备用 10A 器具插座
31.Ⅰ类设备用 16A 插头连接器
32.Ⅰ类设备用 16A 器具插座
33.Ⅱ类设备用 16A 插头连接器
34.Ⅱ类设备用 16A 器具插座
35.由器具输入插座和连接器组成的器具耦合器
36.由器具插座和插头连接器组成的互连耦合器
37.互连电线组件
38.两极不可拆线连接器
39.两极带接地不可拆线连接器
40.器具耦合器
41.连接器
42.器具输入插座
43.互连耦合器
44.插头连接器
45.器具插座

(二)家用及类似用途插头插座

具体的产品包括:

1.单相两极可拆线插头
2.单相两极带接地可拆线插头
3.单相两极不可拆线插头
4.单相两极带接地不可拆线插头
5.单相两极双用明装插座
6.单相两极双用暗装插座
7.单相两极带接地明装插座
8.单相两极带接地暗装插座
9.带保护门单相两极双用明装插座
10.带保护门单相两极双用暗装插座
11.带保护门单相两极带接地明装插座
12.带保护门单相两极带接地暗装插座
13.带开关单相两极双用明装插座
14.带开关单相两极双用暗装插座
15.带开关单相两极带接地明装插座
16.带开关单相两极带接地暗装插座
17.单相两极双用、两极带接地明装插座

18.单相两极双用、两极带接地暗装插座

19.带保护门单相两极双用、两极带接地明装插座

20.带保护门单相两极双用、两极带接地暗装插座

21.带开关单相两极双用、两极带接地明装插座

22.带开关单相两极双用、两极带接地暗装插座

23.单相两极可拆线移动式插座

24.单相两极带接地可拆线移动式插座

25.单相两极不可拆线移动式插座

26.单相两极带接地不可拆线移动式插座

27.单相两极带接地不可拆线移动式多位插座

28.电线加长组件

29.单相两极或两极带接地器具插座

30.三相四极可拆线插头

31.三相四极不可拆线插头

32.三相四极明插座

33.三相四极暗插座

34.组合型插座

(三)家用及类似用途固定式电气装置的开关

具体的产品包括：

1.明装式或暗装式按钮开关

2.明装或暗装式拉线开关

3.明装式或暗装式旋转开关

4.明装或暗装跷板式单极开关

5.明装或暗装跷板式两极开关

6.明装或暗装跷板式三极开关

7.明装或暗装跷板式三极加中线开关

8.明装或暗装跷板式双路开关

9.明装或暗装跷板式有公共进入线的双路开关

10.明装或暗装跷板式有一个断开位置的双路开关

11.明装或暗装跷板式两极双路开关

12.明装或暗装跷板式双路换向开关(或中间开关)

13.明装或暗装倒扳式单极开关

14.明装或暗装倒扳式两极开关

15.明装或暗装倒扳式三极开关

16.明装或暗装倒扳式三极加中线开关

17.明装或暗装倒扳式双路开关

18.明装或暗装倒扳式有公共进入线的双路开关

19.明装或暗装倒扳式有一个断开位置的双路开关

20.明装或暗装倒扳式两极双路开关

21.明装或暗装倒扳式双路换向开关(或中间开关)

(四)热熔断体

具体的产品包括：

1.金属外壳热熔断体

2.塑料外壳热熔断体

3.陶瓷外壳热熔断体

4.陶瓷底座热熔断体

(五)小型熔断器

具体的产品包括：

1. 快速动作高分断能力的5×20mm熔断体 (标准规格单1)(管状熔断体)

2. 快速动作低分断能力的5×20mm熔断体 (标准规格单2)(管状熔断体)

3.延时动作(耐浪涌)低分断能力的5×20mm熔断体(标准规格单3)(管状熔断体)

4.快速动作低分断能力的6.3×32mm熔断体(标准规格单4)(管状熔断体)

5.延时动作(耐浪涌)高分断能力的5×20mm熔断体(标准规格单5)(管状熔断体)

6. 快速动作低分断能力的超小型熔断体 (标准规格单1)(超小型熔断体)

7. 快速动作低分断能力的超小型熔断体 (标准规格单2)(超小型熔断体)

8. 快速动作低分断能力的超小型熔断体 (标准规格单3)(超小型熔断体)

9.延时,低分断能力的超小型熔断体(标准规格单4)(超小型熔断体)

(六)工业用插头插座和耦合器

具体的产品包括：

1.工业用插头

2.工业用明装插座

3.工业用暗装式插座

4.工业用耦合器

5.工业用连接器

6.工业用器具插座

(七)家用和类似用途固定式电气装置电器附件外壳

具体的产品包括：

1.塑料或金属面板

2.明装式安装盒

3.暗装式或暗装塑料安装盒

4.暗装式或暗装金属安装盒

5.半暗装式塑料或金属安装盒

6.塑料或金属盖或盖板

7.塑料或金属外壳

8.塑料配电箱箱体

9.金属配电箱箱体

10.塑料照明箱箱体

11.金属照明箱箱体

三、低压电器

（一）熔断器（限于36V以上，额定电压交流1200V及以下/直流1500V及以下的熔断器）

具体的产品包括：

插入式熔断器、螺旋式（快速）熔断器、快速熔断器、半导体器件保护用熔断器、有填料封闭管式熔断器、有填料封闭管式圆筒帽形熔断器、有填料封闭管式螺栓连接熔断器、有填料封闭管式刀形触头熔断器、圆管式熔断器、无填料管式熔断器、微型熔断器、模数化螺旋式熔断器等。

（二）断路器（限于36V以上，额定电压交流1200V及以下/直流1500V及以下的断路器）

具体的产品包括：

塑料外壳式断路器、电子式塑料外壳式断路器、智能型塑料外壳式断路器、电动机保护用断路器、电动机保护开关、万能式（框架式）断路器、智能型万能式断路器、船用万能式断路器、直流快速断路器、磁场断路器、自动灭磁开关、无熔丝断路器、遮断器、不带过电流保护的断路器、抽屉式塑料外壳式断路器、船用塑料外壳式断路器、漏电遮断器、限流断路器、抽屉式万能（框架式）断路器、带熔断器的断路器、空气断路器、真空断路器、设备用断路器、漏电断路器（包括带过电流保护的剩余电流动作的断路器及不带过电流保护的剩余电流动作的断路器）、隔离式漏电断路器、电磁式漏电断路器、小型（微型）断路器等。

（三）隔离开关及隔离器（限于36V以上，额定电压交流1200V及以下/直流1500V及以下的隔离开关及隔离器）

具体的产品：

刀开关（俗称令克）、隔离器、刀型转换开关、刀型转换隔离开关、刀型隔离器、刀型转换隔离器、隔离开关、自动转换开关、双投开关、隔离开关熔断器组、熔断器式隔离器、熔断器式隔离开关、熔断器式开关、负荷开关、铁壳开关、开启式负荷开关、倒顺开关、组合开关等。

（四）其他电路开关等电气装置（限于36V以上，额定电压交流1200V及以下/直流1500V及以下的产品）

具体的产品有：

交流接触器、直流接触器、切换电容接触器、船用交流接触器。

（五）其他电路保护装置（限于36V以上，额定电压交流1200V及以下/直流1500V及以下的产品）

具体的产品有：

漏电保护器、漏电保护开关、移动式或固定式漏电保护插头/插座、过流保护器、热保护器、过载继电器、控制与保护开关电器、电动机软启动器、电磁起动器、综合保护起动器、电动机保护起动器、自耦减压起动器、手动起动器、转子变阻式起动器、可逆起动器、星三角起动器、漏电继电器、电子式电动机保护器、设备断路器等。

（六）继电器（限于36V以上，额定电压交流1200V及以下/直流1500V及以下的继电器）

具体的产品有：

电流继电器、过电流继电器、过电流延时继电器、热过载继电器、过载继电器、时间继电器、晶体管时间继电器、通用继电器、中间继电器、直流电磁继电器、接触器式继电器、延时接触器式继电器、电压继电器、频率继电器、温度继电器、液位继电器、速度继电器等。

（七）其他开关（限于36V以上，额定电压交流1200V及以下/直流1500V及以下的产品）

具体的产品有：

电器开关、真空开关、压力开关、电感式接近开关、电容式接近开关、超声波式接近开关、光电式接近开关、脚踏开关、热敏开关、液位开关、按钮开关、定位式按钮、钥匙式操作按钮、指示灯式按钮、自由按钮、导向按钮、限位开关、微动开关、温度开关、行程开关、微动开关、直接式信号灯、减压式信号灯、辅助触头组件、主令控制器、凸轮开关等。

（八）其他电气装置（限于36V以上，额定电压交流1200V及以下/直流1500V及以下的产品）

具体的产品有：

刀开关（俗称令克）、隔离器、刀型转换开关、刀型转换隔离开关、刀型隔离器、刀型转换隔离器、隔离开关、自动转换开关、双投开关、隔离开关熔断器组、熔断器式隔离器、熔断器式隔离开关、熔断器式开关、负荷开关、铁壳开关、开启式负荷开关、倒顺开关、组合开关等、交流接触器、直流接触器、切换电容器接触器、船用交流接触器、真空接触器、家用接触器、模数化终端组合电器等。

（九）低压成套开关设备

包括：低压成套开关柜、照明配电箱、动力配电箱、母线槽、固定面板式开关柜、抽屉式开关柜、电动机控制中心(GCK)、交流低压配电柜、组合式开关柜、多功能配电装置、电缆分线箱等。

具体的详细产品范围包括：

1.低压开关柜(GB7251.1-1997)：产品额定电压为交流不超过1000V，额定频率不超过1000Hz。包括：

(1)开启式成套设备；

(2)固定面板式成套设备；

(3)封闭式成套设备。

★ 低压抽出式成套开关设备；

★ 低压分隔式成套开关设备；

★ 低压混合式成套开关设备；

★ 低压固定封闭式成套开关设备(包括固定接线开关柜、动力柜等)；

★ 柜组式成套开关设备；

★ 箱式成套开关设备；

★ 箱组式成套开关设备。

2.母线槽(GB7251.2-1997)：产品额定电压为交流不超过1000V，额定频率不超过1000Hz。包括：

(1)密集绝缘母线槽；

(2)空气绝缘母线槽；

(3)滑触式母线槽；

3.配电板(箱)(GB7251.3-1997)：产品标称对地电压为交流不超过300V。包括：

用于非专业人员使用(民用)的固定封闭式、带有保护器件的户内配电板(箱)。输出电路包含有短路保护器件，在输入总负载电流不超过250A时，每个保护器件的额定电流不超过125A。

(1)照明配电箱；

(2)电能表计量箱；

(3)插座箱；

4.建筑工地用成套设备(ACS)(GB7251.4-1998)：产品额定电压为交流不超过1000V，额定频率不超过1000Hz。包括：

(1)进线和计量建筑工地用成套设备；

(2)主配电建筑工地用成套设备；

(3)配电建筑工地用成套设备；

(4)变压器建筑工地用成套设备；

(5)终端配电建筑工地用成套设备；

(6)插座出线式建筑工地用成套设备。

5. 动力配电网用电缆分线箱 (CDCs)(GB7251.5-1998)：公用配电网内的低压三相输配电系统产品。包括：

(1)落地式、墙挂式、柱挂式电缆分线箱；

(2)端子分线、刀开关分线、刀熔开关分线、断路器分线、熔断器分线等电缆分线箱。

四、小功率电动机[仅限于36V以上、1100W(同步转速折算到1500转/分)以下的产品]

(一)具体的产品包括：

1.三相异步电动机(YS系列)

2.电阻起动异步电动机(YU系列)

3.电容起动异步电动机(YC系列)

4.电容运转异步电动机(YY系列)

5.双值电容异步电动机(YL系列)

6.罩极电动机(按用途和结构确定单元数)

7.三相电泵

8.三相盘式制动异步电动机

9.三相离合器电动机

10.单相离合器电动机

11.水泵用电动机(按结构确定单元数)

12.家用缝纫机电动机

13.洗衣机用电动机(按结构确定单元数)

14.洗衣机脱水用电动机

15.空调器风扇用电动机(按结构确定单元数)

16.交流台扇用电动机(包括壁扇、落地扇等结构相同的电动机)

17.转页扇电动机

18.吸排油烟机用电动机

19.家用换气扇用电动机

20.食品搅拌器用串励电动机

21.家用真空吸尘器用单相串励电动机-风机

22.永磁同步电动机(按结构确定单元数)

23.爪极式永磁同步电动机

24.直流电动机(按结构确定单元数)

25.各类规定用途的塑封、塑壳电动机(按用途、结构确定单元数)

26.各类规定用途的交流异步电动机、交流同步电动机、交流串励电动机、直流电动机(按用途、结构确定单元数)

(二)下列产品不在CCC认证目录内：

未列入 CCC 认证目录的 1.1 kw 以下的电机产品清单

产 品 名 称	机座号、规格
Y 系列(IP44)三相异步电动机	80、90
YD 系列(IP44)变极多速三相异步电动机	80、90
YZC 系列(IP44)低噪声三相异步电动机	80、90
YH 系列(IP44)高转差率三相异步电动机	80、90
YCJ 系列齿轮减速三相异步电动机	71、80、90
Y2 系列(IP54)三相异步电动机	63、71、80、90
YDT 系列(IP44)变极多速三相异步电动机	80、90
YEP 系列(IP44)旁磁制动三相异步电动机	80、90
YEJ 系列(IP44)电磁制动三相异步电动机	80、90
Y-W、Y-WF 系列户外及户外化学腐蚀三相异步电动机	80、90
Y-F 系列防腐蚀型三相异步电动机	80、90
Y-M 系列木工用三相异步电动机	71、80、90
YLJ 系列(IP21)力矩三相异步电动机	63、71、80、90
CK 系列三相异步电动机	63、71、80、90
振动源三相异步电动机	0.09-1.1kW
小型变频电机	80、90
小型平面制动三相异步电动机	0.37-1.1kW
控制微电机	1.1KW 以下

五、相关目录产品的说明

1.下列产品不在 3C 认证目录内:手机电池、手机充电器、有线调制解调器(Cable Modem)、宽带路电器、以太网交换机、摄相机、医疗场所用灯具、舞台灯具、通风灯具、游泳池和类似场所用灯具、手提灯、灯泡、卤钨灯、普通照明用自镇流荧光灯(节能灯)、霓虹灯变压器、加湿器、空气清新器、负离子发生器、螺柱焊机、光纤熔接机、热熔电焊机、激光焊接机、高频加热焊机、波峰焊机、铅焊机、超声焊机、电烙铁、微风吊扇、鉴相鉴幅漏电继电器、脉冲型漏电继电器、蒸汽熨刷、有单独蒸汽发生器的电熨斗、咖啡研磨机、电压力锅、转换器(包含万用孔插座、多用孔插座,GB2099.3 标准)。

2.掌上电脑(PDA):须带有实体键盘和适配器,否则不在 3C 认证目录内。

《关于对实施强制性产品认证制度的产品不再实施出口质量许可证制度的通知》

(国认证[2003]19 号)

各直属检验检疫局、各强制性产品认证指定认证机构、各有关实验室:

为避免重复管理,经研究决定,对实施强制性产品认证制度的产品,不再实施出口质量许可证制度。不再实施出口质量许可证制度的产品目录见附件。

以上决定自本文件发布之日起施行,请遵照执行。

附件:不再实施出口质量许可证制度的产品目录

二〇〇三年四月十日

附件：

不再实施出口质量许可证制度的产品目录

一、电焊机

二、IC 卡式电度表

三、电线电缆

四、1100 瓦以下的小功率电机

五、摩托车

六、汽车

七、工程机械（汽车起重机、罐车）

八、低压电器

九、电子产品

1.收录音机、组合音响

2.黑白电视机、彩色电视机

3.录放像机

4.微型电子计算机系统

十、轻工机电产品

1.家用洗衣机

2.家用电冰箱

3.电风扇

4.电饭锅

5.电熨斗

6.灯具

十一、电动工具

十二、医疗器械产品（包括通用 X 射线机）

《关于明确强制性产品认证制度和工业产品生产许可证制度管理范围有关问题的通知》

（国质检认联[2003]46 号）

各省（自治区、直辖市）质量技术监督局、计划单列市质量技术监督局、新疆生产建设兵团质量技术监督局，各强制性产品认证指定认证机构、各生产许可证审查部、各有关实验室：

根据国家质检总局党组关于强制性产品认证制度和工业产品生产许可证制度关系的决定，实施强制性产品认证制度的产品和实施工业产品生产许可证制度的产品原则上不再交叉。对低压电器等 17 种与强制性产品认证有关的产品，不再实施工业产品生产许可证制度（见附件 1）。同时，对食品电烤炉等 6 类产品实施强制性产品认证制度和实施工业产品生产许可证制度的适用范围做了进一步明确（见附件 2）。以上决定自本文件发布之日起施行，请各有关单位遵照执行。

附件：

1、不再实施工业产品生产许可证行政审批的部分项目目录。

2、部分需明确范围的产品目录

二OO三年二月二十七日

附件 1

不再实施工业产品生产许可证行政审批的部分项目目录

1、低压电器生产许可证审批

2、广播电视接收机生产许可证审批

3、家用音响生产许可证审批

4、通讯设备生产许可证审批

5、轮胎生产许可证审批

6、电熨斗生产许可证审批

7、荧光灯生产许可证审批

8、消防器材生产许可证审批

9、防盗报警器生产许可证审批

10、安全玻璃生产许可证审批

11、空调器生产许可证审批

12、防爆照明灯具生产许可证审批

13、微机系统生产许可证审批

14、矿灯生产许可证审批

15、煤电钻生产许可证审批

16、医用诊断 X 线机及防护装置生产许可证审批

17、中小型起重运输设备生产许可证审批

附件 2

部分需明确范围的产品目录

1、食品电烤炉类：

家用电烤箱产品（包括额定容积不超过 10 升的家用和类似用途的电烤箱、面包烘烤器、华夫烙饼模和类似器具产品）实施强制性产品认证制度，不再实施工业产品生产许可证制度。

2、内燃机类：

摩托车发动机产品实施强制性产品认证制度，不再

实施工业产品生产许可证制度。

3、电线电缆类：

"矿用橡套软电缆"、"交流额定电压3kV及以下铁路机车车辆用电线电缆"、"额定电压450/750V及以下橡皮绝缘电线电缆"、"额定电压450/750V及以下聚氯乙烯绝缘电线电缆"产品实施强制性产品认证制度，不再实施工业产品生产许可证制度。

4、制冷设备类：

"家用电冰箱、食品冷冻箱"（有效容积在500立升以下，家用或类似用途的有或无冷冻食品储藏室的电冰箱、冷冻食品储藏箱和食品冷冻箱及他们的组合）产品，以及"电动机-压缩机"（输入功率在5000W以下的家用和类似用途空调和制冷装置所用密闭式（全封闭型、半封闭型））产品实施强制性产品认证制度，不再实施工业产品生产许可证制度。

5、橡胶制品类：

乳胶产品（橡胶避孕套）实施强制性产品认证制度，不再实施工业产品生产许可证制度。

6、电器附件类：

家用和类似用途插头插座产品实施强制性产品认证制度，不再实施工业产品生产许可证制度。

《关于强制性产品认证承认质量体系认证证书有关问题的通知》

（国认证函[2003]65号）

强制性产品认证各指定认证机构、有关质量认证机构：

根据国家计委《国家计委关于强制性产品认证收费标准的通知》（计价格[2002]889号）和国家认监委《转发<国家计委关于强制性产品认证收费标准的通知>的通知》（国认证函[2002]111号），为减轻认证企业负担，避免重复检查和重复收费，中国认证机构国家认可委员会根据认证机构的业务范围、认证经验和行为记录，向认监委推荐了强制性产品认证可承认的质量体系认证证书颁发机构及其业务范围。经审查研究，同意授权45家质量认证机构，作为强制性产品认证可承认的质量体系认证证书的颁发机构，名录及其业务范围(见附件)。

各强制性产品认证指定认证机构在受理强制性产品认证时，企业凡获得上述机构在授权业务范围内所颁发的质量体系认证证书，且证书在有效期内的，经指定认证机构审核确认，可以免于对企业有关质量保证能力相同部分的审查，并根据审核工作量酌情减收工厂检查费，强制性产品认证工厂审查中的其他内容不能免除。国家认监委和各地质检部门将对该项活动的执行情况进行监督。

附件：强制性产品认证可承认的质量体系认证证书颁发机构

名录及其业务范围(详见《附录》)

二〇〇三年四月十七日

《关于部件自愿性认证有关要求的通知》

（国认证函[2003]134号）

各强制性产品认证指定认证机构、检测机构及相关产品认证机构：

为了保证强制性产品认证工作有效实施，缩短认证周期，减少整机强制性产品认证费用，国家认监委研究决定，要求强制性产品认证机构在整机认证中，对6家具备规定资质和技术能力的认证机构（见附件）出具的部件自愿性认证证书，经审核符合规定的，承认其认证结果，免于对部件进行单独测试。现就有关要求明确如下，请遵照执行。

一、承认部件自愿性认证结果的具体要求

（一）部件自愿性认证结果应符合以下条件：

1.认证模式和检测标准符合认监委发布的《部件自愿性认证实施规则》；

2.检测机构已经过中国实验室国家认可委员会(CNAL)认可，依据的检测标准在其认可范围内；

3.认证证书和检测报告中的产品型号、规格、制造商和生产厂与申请强制性产品认证整机所用零部件的产品型号、规格、制造商和生产厂一致（或覆盖）。

（二）强制性产品认证指定认证机构在受理整机认证申请时，应对部件自愿性认证证书、检测报告等相关资料进行审核，对于符合上述条件的部件自愿性认证结果，应当予以承认，免于对部件进行单独测试，不得收取该部件的检测费用或资料审核费用。

（三）强制性产品认证指定检测机构在整机检测时，应进一步核查部件自愿性认证检测报告及其适用性，对不符合《部件自愿性认证实施规则》要求的，不予承认。

二、对部件自愿性认证机构的要求

1.认证机构应按照认监委发布的《部件自愿性认证实施规则》实施认证；

2.认证证书格式和认证标志图案由认证机构自行设计并报认监委备案，证书内容至少包括：①申请人；②商标；③制造商；④生产厂名称及所在地；⑤产品名称和系列、型号、规格；⑥认证依据的实施规则、标准或技术要求；⑦发证日期、生效日期和有效期；⑧发证机构；

3.认证机构应公布获证产品信息；

4.认证机构开展认证及有关的宣传活动，应坚持公开、公正、公平的原则，防止利用认监委指定的强制性产品认证业务，明示或暗示申请人向其申请自愿性认证。

三、监督管理要求

为了确保部件自愿性认证顺利实施，国家认监委将加强对批准的部件自愿性认证机构、强制性产品指定认证机构和检测机构的监督管理。

1.各机构应主动向认监委反映在部件自愿性认证实施过程中和承认部件自愿性认证结果过程中出现的问题；

2.对于违反《部件自愿性认证实施规则》或本《通知》要求的，认监委将根据情节轻重进行处理，暂停或撤销其资格；

3.强制性产品认证机构不得以产品的部件未获自愿性认证为由，拒绝接受整机产品申请强制性认证，不得强制要求申请人对部件进行自愿性认证，而拒绝部件连同整机一起检测；

4.自愿性认证机构未获得国家认可机构认可的部件自愿性认证业务范围的，必须在2003年12月31日前获得认可；

5.部件自愿性认证机构应及时向认监委汇报工作进展情况，提供发证产品信息，并每半年提交一份书面工作总结。

四、国家认监委将不断完善已发布的部件自愿性认证实施规则；根据需要，可被强制性产品认证承认的部件自愿性认证范围将逐步扩大。

附件：部件自愿性认证机构名录及其业务范围(详见《附录》)

二〇〇三年八月一日

《关于调整强制性产品认证指定认证机构业务范围的通知》

（国认证函[2003]170号）

各强制性产品认证指定认证机构、检测机构：

强制性产品认证制度实施以来，部分指定认证机构的组织结构或名称发生了变更，同时为了确保强制性产品认证工作有效实施，方便申请人办理认证，决定对已指定的部分认证机构的业务范围进行调整，现公布变更和调整后的承担强制性产品认证任务的认证机构及其业务范围，请遵照执行。

附件：承担强制性产品认证工作的认证机构及其业务范围(详见《附录》)

二〇〇三年九月一日

(三)认 可

关于印发《国家认可机构监督管理办法》的通知

(国认可[2002]20 号)

各省、自治区、直辖市质量技术监督局,各直属出入境检验检疫局:

根据国务院赋予国家认证认可监督管理委员会的职责和《国务院办公厅关于加强认证认可工作的通知》(国办发[2002]11 号)精神,为建立健全国家认可制度,加强对国家认可机构的监督管理,保证认证认可工作的质量,我委在征求国务院有关部门意见的基础上,制定了《国家认可机构监督管理办法》,现印发给你们,请遵照执行。

二〇〇二年四月四日

国家认可机构监督管理办法

第一条 为了建立健全国家认可制度，加强对国家认可机构的监督管理,保证认证认可工作的质量,根据国务院赋予国家认证认可监督管理委员会(以下简称:国家认监委)的职责,制定本办法。

第二条 本办法所称的国家认可制度是指由国家实施的,对认证机构、实验室、认证培训机构、认证人员进行认可管理的制度。

第三条 本办法所称的国家认可机构是指由国家授权的,从事认证机构认可、实验室认可、认证培训机构和认证人员认可的机构。

第四条 国家认监委统一管理、监督和综合协调全国的认证认可工作，为建立和实施国家认可制度履行以下职责:

(一)负责国家认可制度的建立和实施;

(二)制定对国家认可机构的基本要求;

(三)负责国家认可机构的设立、授权和监督管理;

(四)公布国家认可机构名录及相关信息;

(五)制定、发布国家认可标志;

(六)管理国家认可机构在认可领域的国际合作。

第五条 国务院有关行政主管部门通过以下方式参与国家认可制度的建立和实施:

(一)在国家认监委统一管理、监督和综合协调下,通过全国认证认可工作部际联席会议制度，向国家认监委提出有关认可方面的建议和意见;

(二) 通过参加设立在国家认可机构的相关委员会,对国家认可机构的工作进行指导和监督;

(三)推动本行业、本部门适用国家认可制度,促进认证工作的发展。

第六条 国家认监委按照国际通行规则，建立集中统一的国家认可机构,履行国家认可职能。

第七条 国家认可机构的设立由国家认监委进行审批。

国家认监委对国家认可机构的基本条件、能力及其相关委员会的组成、章程进行评审后,颁发国家认可机构授权证书。

第八条 国家认可机构应当符合相关国际准则要求,并具备以下基本条件:

(一)具有法人资格,能够独立承担民事法律责任;

(二)具有确保公正性的原则和程序,并以公正的方式实施管理;

(三)具有确保其公正性的政策并形成文件,包括国家认可机构保证认证工作公正性的规则，有关认可事项的申诉、投诉程序等,并且保证有关各方均能参与认可制度的建立和实施;

(四)根据认可范围和工作量,配备足够的人员,这些人员的教育、培训、技术知识和经历应当满足认可工作的要求;

(五)确保管理者和全体人员不受任何可能影响其认可结果的商业、财务和其他方面的压力;

(六)确保其相关机构的活动不影响认可活动的保密性、客观性和公正性。

第九条 国家认可机构的以下事项应当事前征得国家认监委的同意:

(一) 参加国际组织和有关国际方面的重大活动,向国际组织投票表决的重要事项;

(二)签订国际双边或者多边协议。

第十条 国家认可机构的下列工作应当向国家认监委书面报告:

(一)认可准则(要求)的制定与修订;

(二)重要会议;

(三)主要管理人员的变化;

(四)认可的批准、暂停和撤销;

(五)重要的申诉、投诉及处理结果;

(六)其他重要事项。

第十一条 国家认监委通过以下方式对国家认可机构及认可制度的执行情况实施监督:

(一)对国家认可机构实施例行的年度监督评审和日常监督；

(二)对获准认可的认证机构、实验室、培训机构等实施监督；

(三)对获得认证的单位实施监督；

(四)对获得认证的产品实施监督、抽查；

(五)对获得认可的认证人员实施监督。

第十二条 国家认监委受理对国家认可机构和认可质量的申诉和投诉，并组织调查和处理。

第十三条 国家认可机构发生违反有关国际准则和国家认监委有关规定的，由国家认监委责令其采取措施予以纠正，并对有关责任人进行查处。

第十四条 国家认可机构认可的认证机构、实验室、认证培训机构和认证人员违反认可准则和国家认监委有关规定的，由国家认监委责令国家认可机构对其进行处理，暂停或者撤销相关机构、人员的证书。

第十五条 本办法由国家认监委负责解释。

第十六条 本办法自2002年5月1日起施行。

关于印发《认证机构及认证培训、咨询机构审批登记与监督管理办法》的通知

(国认可联[2002]21号)

各直属出入境检验检疫局，各省、自治区、直辖市、计划单列市、新疆生产建设兵团质量技术监督局、工商行政管理局、外经贸委(厅、局)：

为了落实《国务院办公厅关于加强认证认可工作的通知》(国办发[2002]11号)要求，加强对认证机构及认证培训、咨询机构的监督管理，规范认证市场，国家认证认可监督管理委员会、国家质量监督检验检疫总局、国家工商行政管理总局、对外贸易经济合作部联合制定了《认证机构及认证培训、咨询机构审批登记与监督管理办法》，现印发你们，请遵照执行。

对已经设立的认证机构及认证培训、咨询机构的整顿和规范工作将按照国务院的有关规定另行通知。已经依法设立的认证机构及认证培训、咨询机构应当按本办法规定的要求于2002年7月31日之前重新登记，逾期未办理的，不得继续开展相关的经营活动。

国家认监委　　国家质检总局

国家工商总局　　外经贸部

二〇〇二年四月二日

认证机构及认证培训、咨询机构审批登记与监督管理办法

第一章　总　则

第一条 为加强对认证机构及认证培训、咨询机构的监督管理，规范认证市场，依据国家有关法律法规、国务院有关规定和我国认证认可工作的具体情况，制定本办法。

第二条 本办法所称认证机构，是指对产品、服务、管理体系按照技术法规和标准进行合格评定活动的经营机构。

本办法所称认证培训机构，是指对认证审核员、认证检查员、认证咨询师、内部审核员等与认证相关的专业人员进行培训的经营机构。

本办法所称认证咨询机构，是指从事与认证相关的咨询服务的经营机构。

第三条 认证机构及认证培训、咨询机构应当遵守国家有关法律法规的规定，符合有关国际准则的要求，保证认证、认证咨询、认证培训工作的质量。

第四条 在中华人民共和国境内对从事与认证及认证培训、咨询有关经营性活动的机构进行审批、登记注册和监督管理适用本办法。

第二章　组织管理

第五条 国家认证认可监督管理委员会(以下简称国家认监委)统一管理、监督和综合协调全国认证认可工作，履行以下职责：

(一)制定、发布并组织实施认证认可和合格评定的监督管理制度、规定；

(二)对认证机构及认证培训、咨询机构及其分支机构以及外国认证机构及认证培训、咨询机构在华常驻代表机构的设立进行审批；

(三)委托各直属出入境检验检疫局，各省、自治区、直辖市质量技术监督局对认证咨询机构的设立进行审查；

(四)对认证机构及认证培训、咨询机构及其分支机构、外商投资认证机构及认证培训、咨询机构设立的办事机构以及外国认证机构及认证培训、咨询机构在华设立的常驻代表机构实施监督，并对其违法行为依法进行查

处,公布查处结果;

(五)授权国家认可机构对认证机构、认证培训机构、认证人员实施国家认可、注册制度;

(六)公布批准设立的认证机构及认证培训、咨询机构等的有关信息;

(七)受理对认证机构及认证培训、咨询机构的投诉并组织查处和对外公告。

第六条 各直属出入境检验检疫局,各省、自治区、直辖市质量技术监督局履行以下职责:

(一)受国家认监委委托,对认证咨询机构及其分支机构以及外国认证咨询机构在华常驻代表机构,在所辖地区的设立进行审查;

(二)在国家认监委的统一组织下,对所辖地区的认证机构及认证培训、咨询机构及其分支机构、外商投资认证机构及认证培训、咨询机构设立的办事机构,以及外国认证机构及认证培训、咨询机构在华设立的常驻代表机构实施监督管理。

第七条 国家认监委授权的国家认可机构履行以下职责:

(一)执行国家认证认可工作的方针政策;

(二)组织制定认可、注册准则与程序;

(三)对认证机构、认证培训机构和认证人员实施认可、注册;

(四)对认可的机构和注册的人员实施认可监督与管理。

第三章 认证机构和认证培训机构的审批与登记注册

第八条 设立认证机构应当具备以下条件:

(一)有固定的经营场所;

(二)有与其从事认证业务相适应的注册资本(金)、办公条件、人力资源和技术资源;

(三)符合有关认证机构要求的质量管理体系文件;

(四)法律法规及国家认监委依法规定的其他条件。

第九条 设立认证培训机构应当具备以下条件:

(一)有固定的经营场所;

(二)有与其从事业务相适应的注册资本(金)、培训教学设施、人力资源和办公条件;

(三)符合有关认证培训机构要求的质量管理体系文件;

(四)拥有自有(授权)的知识产权培训课程;

(五)法律法规及国家认监委依法规定的其他条件。

第十条 认证机构和认证培训机构的审批与登记注册按以下程序办理:

(一)申请者向国家认监委提出申请,提交书面申请报告并附相关证明材料;

(二)国家认监委在正式受理申请后60个工作日内决定是否批准,决定批准的,由国家认监委向申请者出具批准文件;

(三)申请者凭国家认监委出具的批准文件到工商行政管理部门依法办理登记注册。

第十一条 认证机构和认证培训机构可以设立非法人性质的分支机构,其审批与登记注册程序比照第十条的规定办理。

第四章 认证咨询机构的审批与登记注册

第十二条 设立认证咨询机构应当具备以下条件:

(一)有固定的经营场所;

(二)有与其从事业务相适应的注册资本(金)、办公条件、人力资源和技术资源;

(三)符合有关认证咨询机构要求的质量管理体系文件;

(四)法律法规及国家认监委依法规定的其他条件。

第十三条 认证咨询机构的审批与登记注册按以下程序办理:

(一)申请者向拟设立机构所在地省、自治区、直辖市质量技术监督局提出申请,提交书面申请报告并附相关证明材料;

(二)省、自治区、直辖市质量技术监督局在正式受理申请后60个工作日内对申请者进行审查,提出审查意见,报国家认监委审批;

(三)申请者凭国家认监委出具的批准文件到工商行政管理部门依法办理登记注册。

第十四条 认证咨询机构可以设立非法人性质的分支机构,其审批与登记注册程序比照第十三条的规定办理。

第五章 外商投资认证机构及认证培训、咨询机构的审批与登记注册

第十五条 外商投资认证机构及认证培训、咨询机构(包括中外合资、合作机构和外商独资机构)应为有限责任公司,其设立除应当分别具备第八条、第九条、第十二条规定的条件外,注册资本不得低于35万美元,外方投资者还应当在所在国取得国家认可资格或者承认,并具有3年以上的相关服务经验。

2003年12月11日前暂不审批外资控股的认证机构及认证培训、咨询机构的设立申请，2005年12月11日前暂不审批外商独资的认证机构及认证培训、咨询机构的设立申请。

第十六条 外商投资认证机构和认证培训机构的审批与登记注册按以下程序办理：

（一）申请者向国家认监委提出申请，提交书面申请报告并附相关证明材料；

（二）国家认监委在正式受理申请后60个工作日内决定是否批准。决定批准的，由国家认监委向申请者出具批准文件；

（三）申请者在得到国家认监委的批准文件后，向所在地的省级外经贸主管部门呈报设立认证机构或认证培训机构的申请文件，省级外经贸主管部门初审后转报外经贸部，外经贸部依照国家有关外商投资的法律、法规对上报文件进行审批；

（四）申请者凭国家认监委出具的批准文件和外经贸部出具的批准证书，到国家工商行政管理总局或其授权的地方工商行政管理局依法办理登记注册。

第十七条 外商投资认证咨询机构的审批与登记注册按以下程序办理：

（一）申请者向拟设立机构所在地直属出入境检验检疫局提出申请，提交书面申请报告并附上相关证明材料；

（二）直属出入境检验检疫局在正式受理申请后60个工作日内对申请者进行审查，提出审查意见，报国家认监委审批；

（三）申请者在得到国家认监委的批准文件后，向所在地的省级外经贸主管部门呈报设立认证咨询机构的申请文件，省级外经贸主管部门初审后转报外经贸部，外经贸部依照国家有关外商投资的法律、法规对上报文件进行审批；

（四）申请者凭国家认监委出具的批准文件和外经贸部出具的批准证书到国家工商行政管理总局或其授权的地方工商行政管理局依法办理登记注册。

第十八条 外商投资认证机构及认证培训、咨询机构可以设立非法人性质的分支机构，其审批与登记注册程序分别比照第十六条、第十七条的规定办理。

第十九条 外商投资认证机构及认证培训、咨询机构设立办事机构，应当按外商投资企业分支机构登记程序依法登记注册。

外商投资认证机构及认证培训、咨询机构的办事机构只能从事与其所属机构经营范围相关的联络业务，不得从事经营活动。

第六章 外国认证机构及认证培训、咨询机构在华常驻代表机构的审批与登记注册

第二十条 拟在中国境内设立常驻代表机构的外国认证机构及认证培训、咨询机构应当在所在国取得国家认可资格或者承认，并具有3年以上的相关服务经验。

第二十一条 外国认证机构和认证培训机构拟在中国境内设立常驻代表机构的审批和登记注册按以下程序办理：

（一）申请者向国家认监委提出申请，提交书面申请报告并附上相关证明材料；

（二）国家认监委在正式受理申请后60个工作日内决定是否批准，决定批准的，由国家认监委向申请者出具批准文件；

（三）申请者凭国家认监委出具的批准文件到国家工商行政管理总局或其授权的地方工商行政管理局，依法办理登记注册。

第二十二条 外国认证咨询机构拟在中国境内设立常驻代表机构的审批和登记注册，按以下程序办理：

（一）申请者向拟设立机构所在地直属出入境检验检疫局提出申请，提交书面申请报告并附上相关证明材料；

（二）直属出入境检验检疫局在正式受理申请后60个工作日内对申请者进行审查，提出审查意见，报国家认监委审批；

（三）申请者凭国家认监委出具的批准文件到国家工商行政管理总局或其授权的地方工商行政管理局，依法办理登记注册。

第二十三条 外国认证机构及认证培训、咨询机构在中国设立的常驻代表机构不是认证及认证培训、咨询的经营机构，应当遵守《国务院关于管理外国企业常驻代表机构的暂行规定》（国发1980[272]）的有关规定。

外国认证机构及认证培训、咨询机构在中国设立的常驻代表机构，可在中华人民共和国境内从事非直接经营性活动，代表该机构进行其经营范围内的业务联络和介绍、市场调研、技术交流等业务活动。

第七章 监督管理

第二十四条 国家认监委对认证机构和认证培训机构（含外商投资认证机构和认证培训机构）及其分支机

构、外商投资认证机构和认证培训机构的办事机构，以及外国认证机构和认证培训机构在华常驻代表机构实施业务监督。

对认证机构和认证培训机构及其分支机构的监督包括：年度报告审查，对机构运作进行监督抽查，对有关认证企业、产品进行抽查。

对外商投资认证机构和认证培训机构的办事机构，以及外国认证机构和认证培训机构在华常驻代表机构的监督包括：年度报告审查；对机构运作进行监督抽查。

国家认监委对认证机构及认证培训、咨询机构的投诉组织查处和对外公告。

第二十五条 各直属出入境检验检疫局，各省、自治区、直辖市质量技术监督局，按照职责分工对认证咨询机构（含外商投资认证咨询机构）及其分支机构、外商投资认证咨询机构的办事机构以及外国认证咨询机构在华常驻代表机构实施监督，监督内容包括：年度报告审查；对机构运作进行监督抽查。

第二十六条 国家认监委授权的国家认可机构对已获得国家认可资格的认证机构、认证培训机构实施认可监督。

第二十七条 认证机构登记注册后，应当按照批准文件规定的要求和期限，通过国家认监委授权的国家认可机构的评审、资格认可。

第二十八条 认证机构和认证咨询机构之间不得有任何利益关系，认证机构不得开展与认证有关的任何咨询业务，认证咨询机构不得开展任何认证业务，认证咨询机构的任何人员不得参与本机构两年内咨询的企业的认证审核活动。

第八章 罚 则

第二十九条 对未经批准、未经登记注册擅自从事认证及认证培训、咨询经营性活动的，由国家认监委、工商行政管理等有关部门依法予以查处。

第三十条 被审批部门撤销批准资格的认证机构及认证培训、咨询机构及其分支机构，外商投资认证机构及认证培训、咨询机构的办事机构以及外国认证机构及认证培训、咨询机构在华常驻代表机构，应当依法向工商行政管理部门申请办理变更登记或者注销登记，逾期不办理的，由工商行政管理部门依法予以查处。

第三十一条 认证机构及认证培训、咨询机构在设立过程中出具虚假证明，或者伪造有关批准文件的，依法追究相应的责任。

第三十二条 取得国家认可资格的认证机构和认证培训机构发生违反认可准则行为的，由国家认可机构依照认可准则和程序进行处理，国家认监委实施监督。

第三十三条 认证机构及认证培训、咨询机构及其分支机构以及外国认证机构及认证培训、咨询机构在华常驻代表机构发生下列行为之一的，由国家认监委根据情节给予书面警告、暂停或者撤销批准资格的处理，触犯刑律的，移交司法机关处理：

（一）欺骗、误导性宣传；

（二）违反认证认可准则的要求；

（三）弄虚作假，有欺诈行为；

（四）从事损害认证公正性和有效性的活动，或者使用不正当的竞争手段；

（五）机构条件发生变化，不再符合本办法的要求；

（六）其他违反本办法规定的行为。

第三十四条 认证机构及认证培训、咨询机构以及外国认证机构及认证培训、咨询机构在华常驻代表机构的人员违反有关规定，具有国家认证人员注册资格的，由国家认可机构依照注册准则和程序进行处理；情节严重的，由国家认监委取消其认证行业从业资格并予以通报；触犯刑律的，移交司法机关处理。

第九章 附 则

第三十五条 香港特别行政区、澳门特别行政区和台湾地区的申请者在中国其他省、自治区、直辖市设立合资、合作机构和独资机构从事认证及认证培训、咨询活动或者设立常驻代表机构从事与认证相关的联络业务，比照本办法第五章、第六章的规定办理。

第三十六条 认证机构及认证培训、咨询机构变更与认证及认证培训、咨询有关的经营范围，按本办法的规定到原审批部门办理变更审批，获得批准的，持批准文件到工商行政管理部门依法办理变更登记。

外商投资认证机构及认证培训、咨询机构更换合营方或者变更与认证及认证培训、咨询有关的经营范围，按本办法的规定到原审批部门办理变更审批，获得批准的，持批准文件和批准证书到工商行政管理部门依法办理变更登记。

第三十七条 国家认监委按本办法规定出具的批准文件在中华人民共和国境内有效。

第三十八条 本办法规定提交的各类申请文件以中

文为准。

第三十九条 本办法规定的审批收费按国家有关规定执行。

第四十条 本办法由国家认证认可监督管理委员会、国家质量监督检验检疫总局、国家工商行政管理总局、对外贸易经济合作部按职责分工负责解释。

第四十一条 本办法自二〇〇二年五月一日起施行。

《关于对〈认证机构及认证培训、咨询机构审批登记与监督管理办法〉审批条件若干解释的通知》

（国认可[2002]26 号）

各省、自治区、直辖市、计划单列市、新疆生产建设兵团质量技术监督局，各直属检验检疫局：

国家认证认可监督管理委员会、国家质量监督检验检疫总局、国家工商行政管理总局、对外贸易经济合作部，于 2002 年 4 月 2 日联合发布了《认证机构及认证培训、咨询机构审批登记与监督管理办法》(国认可联[2002]21 号，以下简称《办法》)。为了确保对其中有关审批要求的一致理解和准确实施，根据《办法》第四十条的规定，我委对《办法》中的审批条件作如下解释，并对申请时应提交的文件做如下说明：

第一部分 关于设立认证机构

一、《办法》第八条规定：设立认证机构应当具备以下条件：

(一)有固定的经营场所；

(二)有与其从事认证业务相适应的注册资本(金)、办公条件、人力资源和技术资源；

(三)符合有关认证机构要求的质量管理体系文件；

(四)法律法规及国家认监委依法规定的其他条件。

对有关内容解释如下：

(一)注册资本(金)不低于 300 万元；

(二)从事管理体系认证的认证机构，要具有 10 名以上(含 10 名)专职国家注册审核员(其中至少 5 名是国家注册高级审核员)或同等的认证人员；

(三)从事产品认证的机构具有 10 名以上(含 10 名)专职国家注册检查员（其中至少 5 名是国家注册高级检查员)或同等的认证人员；

(四)对特殊情况，具体条件由国家认监委根据具体情况决定。

二、《办法》第十条(一)款规定：申请者向国家认监委提出申请，提交书面申请报告并附相关证明材料。

解释如下：

申请设立认证机构的应当向国家认监委提交以下文件：

(一)申请书；

(二)组织章程；

(三)《企业名称预先核准通知书》(复印件)；

(四)经营场所使用证明(复印件)；

(五)拟聘用的主要负责人、专职人员的身份证明(复印件)、聘用和应聘说明和专业资格证明(复印件)，取得境外机构注册资格的审核员，还需取得中国国家认证人员培训认可委员会(CNAT)出具的等同注册资格确认文件；

(六）质量管理体系文件（包括 ISO/IEC 导则 62、65、66 所要求的文件等)；

(七)收费标准及认证收费用途的说明；

(八)国家认监委要求的其他文件、证明材料。

第二部分 关于设立认证培训机构

一、《办法》第九条规定：设立认证培训机构应当具备以下条件：

(一)有固定的经营场所；

(二)有与其从事业务相适应的注册资本(金)、培训教学设施、人力资源和办公条件；

(三)符合有关认证培训机构要求的质量管理体系文件；

(四)拥有自有(授权)的知识产权培训课程；

(五)法律法规及国家认监委依法规定的其他条件。

对有关内容解释如下：

(一)有固定的教室等教学设施；

(二)注册资本(金)不低于 100 万元；

(三)具有 3 名以上(含 3 名)具有培训教师资格的专职教师，每项课程(指质量管理体系培训、环境管理体系培训、职业健康安全管理体系培训、产品认证等)的专职教师不得少于 2 名；

(四) 仅拥有境外授权知识产权的培训课程的机构适用于《办法》第十五条有关合作机构的规定；

(五)对特殊情况，具体条件由国家认监委根据具体情况决定。

二、《办法》第十条(一)款规定：申请者向国家认监委提出申请，提交书面申请报告并附相关证明材料。

解释如下：

申请设立认证培训机构的应当向国家认监委提交以下文件：

(一)申请书；

(二)组织章程；

(三)《企业名称预先核准通知书》(复印件)；

(四)经营场所使用证明(复印件)；

(五)拟聘用的机构主要负责人、培训教师及管理人员身份证明(复印件)、聘用和应聘说明和培训教师资格证明(复印件)，取得与 CNAT 签署互认协议的其他国家认可机构的培训教师资格的，还需取得 CNAT 出具的等同资格确认文件；

(六)质量管理体系文件(包括 IATCA 培训课程提供者准则所要求的有关文件等)；

(七)收费标准及收费用途的说明等；

(八)培训大纲和教材，非自有知识产权的还应提供授权证书(复印件)；

(九)国家认监委要求的其他文件、证明材料。

第三部分　关于设立认证咨询机构

一、《办法》第十二条规定：设立认证咨询机构应当具备以下条件：

(一)有固定的经营场所；

(二)有与其从事业务相适应的注册资本(金)、办公条件、人力资源和技术资源；

(三)有关认证咨询机构要求的质量管理体系文件；

(四)法律法规及国家认监委依法规定的其他条件。

对有关内容解释如下：

(一)注册资本(金)不低于 50 万元；

(二)具有 5 名以上专职国家注册咨询师或审核员(其中至少 2 人为高级咨询师或高级审核员)，或同等资格的咨询人员；

(三)符合有关认证咨询机构要求的质量管理体系文件，包括：合同评审、咨询项目策划与咨询实施计划编制、咨询提供过程、符合性审核、咨询机构人员管理与培训、分支机构的控制(存在时)、不合格控制与纠正措施、内部质量体系审核与管理评审、文件和资料控制、保密、客户投诉与跟踪服务；

(四)对特殊情况，具体条件由国家认监委根据具体情况决定。

二、《办法》第十三条(一)款规定：申请者向拟设立机构所在地省、自治区、直辖市质量技术监督局提出申请，提交书面申请报告并附相关证明材料。

解释如下：

申请设立认证咨询机构的应当向拟设立机构所在地省、自治区、直辖市质量技术监督局(外商投资认证咨询机构应当向所在地直属出入境检验检疫局)提交下列文件：

(一)申请书；

(二)组织章程；

(三)《企业名称预先核准通知书》(复印件)；

(四)经营场所使用证明(复印件)；

(五)拟聘用机构主要负责人、专业人员的身份证明(复印件)、聘用和应聘说明和专业资格证明(复印件)；

(六)质量管理体系文件；

(七)国家认监委要求的其他文件、证明材料。

第四部分　关于设立外商投资认证机构及认证培训、咨询机构(包括中外合资、合作机构和外商独资机构)

一、《办法》第十五条规定：外商投资认证机构及认证培训、咨询机构(包括中外合资、合作机构和外商独资机构)应为有限责任公司，其设立除应当分别具备第八条、第九条、第十二条规定的条件外，注册资本不得低于 35 万美元，外方投资者还应当在所在国取得国家认可资格或者承认，并具有 3 年以上的相关服务经验。

2003 年 12 月 11 日前暂不审批外资控股的认证机构及认证培训、咨询机构的设立申请，2005 年 12 月 11 日前暂不审批外商独资的认证机构及认证培训、咨询机构的设立申请。

对有关内容解释如下：

除注册资本(金)以外，前面第一部分、第二部分、第三部分对《办法》第八条、第九条、第十二条规定有关内容作出的解释，对设立外商投资认证机构及认证培训、咨询机构同样适用。

二、《办法》第十七条(一)款规定申请者向拟设立机构所在地直属出入境检验检疫局提出申请，提交书面申请报告并附相关证明材料。

解释如下：

办理申请时，除了应当按本解释第一、二、三部分的规定向审批机关提交相应的文件以外，还应提交以下文件：

(一)合资合同；

(二)项目建议书和可行性报告；

(三)投资各方的资信证明、登记注册证明(复印件)、法定代表人证明(复印件);

(四)外方投资者的国家认可资格或承认证明(复印件)和业务介绍。

第五部分 关于外国认证机构及认证培训、咨询机构在华设立常驻代表机构

《办法》第二十一条规定:外国认证机构和认证培训机构拟在中国境内设立常驻代表机构按以下程序办理:

申请者向国家认监委提出申请,提交书面申请报告并附上相应证明材料。

《办法》第二十二条规定:外国认证咨询机构拟在中国境内设立常驻代表机构的审批和登记注册按以下程序办理:

申请者向拟设立机构所在地直属出入境检验检疫局提出申请,提交书面申请报告并附上相关证明材料。

解释如下:申请时应当向审批机关提交以下文件:

(一) 由该机构董事长或者总经理签署的申请书,内容包括常驻代表机构名称、负责人员、业务范围、驻在期限、驻在地点等;

(二)由该机构所在国或者所在地区的有关当局出具的开业合法证书;

(三)由同该机构有业务往来的金融机构出具的资本信用证明书;

(四)该机构委任常驻代表机构人员的授权书和他们的简历;

(五)该机构的国家认可资格或承认证明(复印件)和业务介绍。

(六) 法律法规要求的其他文件、证明材料。

《关于对认证机构及认证培训、咨询机构进行重新确认和登记有关事项的通知》

(国认可联[2002]33号)

各省、自治区、直辖市、计划单列市、新疆生产建设兵团质量技术监督局、外经贸委(厅、局),各直属检验检疫局:

根据《国务院办公厅关于加强认证认可工作的通知》(国办发[2002]11号)有关要求,国家认证认可监督管理委员会(以下简称国家认监委)、国家质量监督检验检疫总局、国家工商行政管理总局、对外贸易经济合作部联合发布了《认证机构及认证培训、咨询机构审批登记与监督管理办法》(国认可联[2002]21号)(以下简称《办法》),自2002年5月1日起施行。为了落实《办法》中关于认证机构及认证培训、咨询机构重新登记的要求,现就有关事项通知如下:

一、已依法设立的认证机构及认证培训、咨询机构

凡在2002年5月1日前已依法设立的认证机构及认证培训、咨询机构,应当按《办法》规定的要求于2002年7月31日前重新确认登记,逾期不办理的,不得继续开展相关的经营活动。

对2002年5月1日前已经依法设立的认证机构及认证培训、咨询机构,在重新确认工作中,原则上对注册资本以及外商投资企业的外方持股比例的规定不作要求,对目前暂不能达到国家认监委《关于对〈认证机构及认证培训、咨询机构审批登记管理办法〉审批条件若干解释的通知》(国认可[2002]26号)(以下简称《解释》)中规定的人员和技术条件,但无违法违规行为的,可予以确认并限期在2003年4月30日前达到《解释》中规定的条件。对特殊情况,由国家认监委(外商投资企业由国家认监委会同外经贸部)根据具体情况决定。

(一)申请重新确认的认证机构及认证培训、咨询机构,须报送下列文件:

1.申请书;

2.原批准文件、批准证书、营业执照;

3.验资报告;

4.其他与经营范围相关的材料。

(二)认证机构及认证培训、咨询机构重新办理确认和登记的有关具体程序如下:

1.已依法设立的认证机构和认证培训机构

凡是已依法登记注册或批准的经营或业务范围含认证或认证培训并从事认证、认证培训经营性活动的单位,应当在2002年6月15日前向国家认监委提交相关的文件。

由国家认监委对提交的文件进行审查,必要时组织进行现场审查,符合条件的,颁发确认文件,核定认证、认证培训的经营范围。对发现有严重违法违规行为,不再适合从事认证、认证培训经营活动的,国家认监委将不予颁发确认文件。

获得国家认监委确认文件的,内资认证机构、认证培训机构应当凭国家认监委出具的确认文件在2002年7月31日之前到工商行政管理部门办理重新登记;外商投

资认证机构、认证培训机构通过所在地省级外经贸主管部门向外经贸部申请重新确认,在外经贸部确认后,持国家认监委出具的确认文件和外经贸部出具的批准证书在2002年7月31日前到工商行政管理部门办理重新登记。

认证机构、认证培训机构原为事业法人或社团法人的,该认证机构、认证培训机构应当凭国家认监委出具的确认文件在2002年7月31日之前到工商行政管理部门依法申请办理登记注册。

逾期不办理或未取得国家认监委确认文件的，如继续开展认证、认证培训的经营活动,按《办法》的有关规定依法予以查处。

认证机构和认证培训机构在办理重新确认和登记手续时,其已设立的分支机构应一并办理。

2.已依法设立的认证咨询机构

凡是已依法登记注册或批准的经营或业务范围含认证咨询并从事认证咨询经营性活动的单位，应当在2002年6月15日前按《办法》第十三条或第十七条规定的要求分别向所在地省、自治区、直辖市质量技术监督局或直属出入境检验检疫局提交相关的文件。

对内资认证咨询机构,由所在地省、自治区、直辖市质量技术监督局对提交的文件进行审查，对外商投资认证咨询机构由直属出入境检验检疫局对提交的文件进行审查,必要时组织进行现场审查。符合条件的,由国家认监委颁发确认文件,核定认证咨询的经营范围;对发现有严重违法违规行为,不再适合从事认证咨询经营活动的,国家认监委将不予颁发确认文件。

获得国家认监委确认文件的，内资认证咨询机构应当凭国家认监委出具的确认文件在2002年7月31日之前到工商行政管理部门办理重新登记；外商投资认证咨询机构应通过所在地省级外经贸主管部门向外经贸部申请重新确认。在外经贸部确认后,持国家认监委出具的确认文件和外经贸部出具的批准证书在2002年7月31日前到工商行政管理部门办理重新登记。

认证咨询机构原为事业法人或社团法人的，该认证咨询机构应当凭国家认监委出具的确认文件在2002年7月31日之前到工商行政管理部门依法申请办理登记注册。

逾期不办理或未取得国家认监委确认文件的，如继续开展认证咨询的经营活动,按《办法》的有关规定依法予以查处。

认证咨询机构在办理重新确认和登记手续时，其已设立的分支机构应一并办理。

3.已依法设立的外国认证机构和认证培训机构在华常驻代表机构

凡是已依法设立的外国认证机构和认证培训机构在华常驻代表机构，应当在2002年6月15日前向国家认监委提交相关的文件。

由国家认监委对提交的文件进行审查，必要时组织进行现场审查,符合条件的,颁发确认文件,核定业务范围。对发现有严重违法违规行为,不再适合从事相应活动的,国家认监委将不予颁发确认文件。

获得国家认监委确认文件的，应当凭国家认监委出具的确认文件在2002年7月31日之前到工商行政管理部门办理重新登记。

逾期不办理或未取得国家认监委确认文件的，如继续开展有关认证、认证培训的业务活动,按《办法》的有关规定依法予以查处。

4.已依法设立的外国认证咨询机构在华常驻代表机构

凡是已依法设立的外国认证咨询机构在华常驻代表机构，应当在2002年6月15日前向所在地直属出入境检验检疫局提交相关的文件。

由直属出入境检验检疫局对提交的文件进行审查,必要时组织进行现场审查,符合条件的,由国家认监委颁发确认文件，核定业务范围。对发现有严重违法违规行为,不再适合从事相应活动的,国家认监委将不予颁发确认文件。

获得国家认监委确认文件的，应当凭国家认监委出具的确认文件在2002年7月31日之前到工商行政管理部门办理重新登记。

逾期不办理或未取得国家认监委确认文件的，如继续开展有关认证咨询的业务活动,按《办法》的有关规定依法予以查处。

二、 其他单位

自2002年5月1日起,凡是登记注册或批准的经营或业务范围没有明确包含"认证"及"认证培训"、"认证咨询"的单位,在未获国家认监委批准(外商投资企业同时应经外经贸部批准)、未经工商行政管理部门登记注册之前继续从事认证及认证培训、咨询经营性活动的,按《办法》的有关规定依法予以查处;要求继续开展相应的经营活动的,应当按《办法》的规定办理审批和登记手续。

以上通知的要求请遵照执行!

二〇〇二年五月二十九日

《关于明确认证咨询机构审批登记工作有关问题的通知》

（认办可函[2002]77号）

各省、自治区、直辖市质量技术监督局，各直属检验检疫局：

国家认监委、国家质检总局、国家工商总局、外经贸部4月2日联合发布了《认证机构及认证培训、咨询机构审批登记与监督管理办法》（国认可联[2002]21号以下简称《管理办法》），4月30日，国家认监委印发了《关于对〈认证机构及认证培训、咨询机构审批登记与监督管理办法〉审批条件若干解释的通知》（国认可[2002]26号，以下简称《解释》）。为了《管理办法》的顺利实施，保证《管理办法》的正确理解和文件执行的一致性，做好上述机构审批登记和重新审批工作，国家认监委于2002年5月12日至13日在福州市举办了《管理办法》宣传贯彻学习研讨班，研讨班重点对认证咨询机构审批登记中涉及的一些具体问题进行了研讨。现就认证咨询机构审批登记工作有关问题作如下说明，请遵照执行。执行中如有问题请与认监委认可监管部联系。

一、审批相关的问题

1.机构的类型

(1)认证咨询机构；

(2)非法人分支机构，即具有经营职能的派出机构；

(3)办事机构，即仅有宣传联络职能的派出机构；

(4)在华常驻代表机构；

(5)分包机构，指承担分包业务的机构。

2.分支机构

(1)认证咨询机构设立的分支机构只能是非法人性质的分支机构，属“分公司”的概念，需领取营业执照，不需要注册资本，其营运资金由总部提供。名称结构应为：XX咨询中心YY分中心。

(2)认证咨询机构投资设立并依法登记的独立法人实体属“子公司”概念，不是“非法人性质的分支机构”。

3.办事机构

(1)认证咨询机构不得在经营范围不含“认证咨询”的机构设立办事机构（如办事处）。

(2)XX咨询中心YY办事处等办事机构都是本机构的派出机构，工作人员由本机构直接聘用，办公设施由本机构提供或者租用。

4.分包、分包机构和兼职

(1)一个认证咨询机构将咨询工作委托给另一个机构，由另一个机构组织实施，并向委托的认证咨询机构提交咨询报告的，属于“分包”业务。

(2)认证咨询机构不得将认证咨询的经营活动分包给经营范围不含“认证咨询”的机构。

(3)承担分包任务的机构不得以委托机构及其分支机构和办事机构的名义开展业务、签订合同，只能以本机构的工商登记名称和分包具体业务的名义开展业务、签订合同和承担相应的法律责任。

(4)一个认证咨询机构将咨询任务直接指派给非专职的咨询人员，与此咨询人员签订聘用合同，此咨询人员以该认证咨询机构咨询员的名义进行审核活动的，属于“兼职”的概念。

5.内审员培训与认证咨询

(1)内审员培训机构：以内审员培训的名义开展培训经营活动、颁发内审员培训证书的机构。

(2)咨询过程的内审员培训活动：认证咨询机构在认证咨询过程中，为接受咨询的组织及其人员提供有关内部审核的培训和指导，不颁发内审员培训合格证书的，视为咨询活动的组成部分，不需要取得内审员培训机构资格。

6.审批条件的设置

(1)目的：提高认证行业的整体实力和水平，避免低水平重复建设和过度无序竞争，鼓励和推动规模化、集约化发展。

(2)基本条件在四部门《管理办法》和认监委中已经规定。

7.出资方

出资方可以是法人或自然人。法人或自然人共同出资的，对出资比例不作限定；中外合资的，对中方出资者不作限定。

8.认证机构、咨询机构和培训机构

(1)认证机构不得投资认证咨询机构，认证咨询机构不得投资认证机构。

(2)新申请的机构，认证机构和咨询机构的字号不得相同，采取顺序优先的原则。重新登记的机构，请相关机构互相协商，要求不得重名。

(3)认证机构或认证咨询机构可以同时成为认证培训机构，但其作为认证培训机构的资格需得到认监委的批准。

9.人力资源

(1)审批条件所要求的"专职咨询师或审核员"是指法定退休年龄以下、仅与本机构签订劳动合同的人员。

(2) 法定退休年龄以上的咨询师或审核员可作为机构的全日制工作人员，但不能计算在审批条件所要求的"专职咨询师或审核员"。

(3) 认证咨询机构设立分支机构应确保该分支机构有两名以上专职咨询师或审核员，其中有一名高级咨询师或审核员。

(4)持有中国认证人员国家注册委员会(CRBA)、中国国家进出口企业认证机构认可委员会(CNAB)、中国认证人员国家注册委员会环境管理专业委员会(CRCEA)注册审核员证书的审核人员不需要办理确认手续。

(5) 具有同等资格咨询人员的认定由中国国家认证人员培训认可委员会(CNAT)进行，请申请人与CNAT联系，由CNAT出具确认文件。

10.技术资源

(1) 审批条件规定认证咨询机构应有5名专职咨询师或审核员，可以是不同业务类型的咨询师或审核员，如:质量管理体系(QMS)咨询师或审核员、环境管理体系(EMS)咨询师或审核员、职业健康安全管理体系(OHSAS)咨询师或审核员等。

(2) 认证咨询机构的技术资源应能支撑其咨询业务类型(QMS、EMS、OHSAS)，认证咨询机构的业务范围为两个或两个以上类型的，每个类型应有两名相应资质的咨询师或审核员(不含实习咨询师或审核员)。

(3) 目前在审批过程和审批文件中暂时不对认证咨询机构的专业范围(如:机械、电子、建设等)作界定。

(4) 认证咨询机构的兼职人员不能作为审批咨询类型的技术资源。

11.认证咨询机构的质量管理体系文件

对认证咨询机构的质量管理体系文件，在审批时应按GB/T 19001国家标准和认监委统一制定的《文件审查报告》进行审查。

12.注册资本/人力资源条件的控制

首先由申请者在申请文件上明确承诺将具备的注册资本/人力资源条件，然后在营业执照上明示注册资本，最后由各地质检部门在换发认证咨询机构批准证书时验证实际到位的注册资本/人力资源。

二、重新登记

1.范围与要求

(1)已依法设立的认证咨询机构是指:工商登记、社团登记、事业单位的注册经营范围或经批准的业务范围含"认证咨询"字样的机构，以及已经质量技术监督局、检验检疫局、环境保护局按有关规定备案的认证咨询机构。

(2)对已经依法设立的认证咨询机构注册资本(金)及外商投资认证咨询机构的外资比例不再要求符合《管理办法》及《解释》的要求。

(3)人力资源、技术资源达不到《管理办法》及《解释》要求的，过渡期至2003年4月30日止，应在批准书上注明。

(4)所有已依法设立的机构都必须在2002年7月31日前重新办理确认与登记手续，逾期未办理的，不得继续从事相应的业务活动。

(5)原为事业法人或社团法人的认证咨询机构，也须在2002年7月31日之前办理工商登记，逾期未办理工商登记的，不得继续从事认证咨询活动。

(6) 认证咨询机构分支机构的重新登记手续应与总部一并办理，由总部向总部所在地统一申请。总部所在地质检部门在受理申请和审查过程中，可请分支机构所在地质检部门提供协助。分支机构所在地质检部门发现该分支机构有问题的，应向其总部所在地质检部门或国家认监委认可监管部提供信息。

(7)发现有严重违法违规行为、不再适合从事认证咨询经营活动的，国家认监委将不予颁发确认文件。

2.重新登记的工作要求

(1)分类把关。

对A类咨询机构，即具备备案资格(包括质量技术监督局、检验检疫局或环境保护局的备案资格)，无不良行为记录的咨询机构，应尽快完成重新确认程序(体系文件审查)，原则上不要因为重新登记而影响他们的正常咨询活动；

对B类咨询机构，即已依法设立，但无备案资格的咨询机构，在重新确认过程中，应全面进行文件审查，并在全面文件审查中将系统性审查与重点内容审查相结合；

对C类咨询机构，即违规行为反映较多的机构，应重点审查，包括必要时进行现场审查。

(2)应优先办理重新登记的审批确认工作，对新机构的审批暂缓至2002年7月31日以后。

(3)重新登记阶段的审查应与登记后的监督相结合，对于非重大问题，可以在登记后进行监督检查。

三、审批文件、报送材料与审批周期

1、申请文件与报送材料

(1)申请书中申请单位的公章是指申请者的印章。

(2)对于提供的证明材料"复印件"怀疑造假时，可以要求申请者提供原件。

(3) 申请者提交的申请材料应以书面文件和电子媒体两种形式提供。

(4) 各地质检部门报认监委的材料为申请书和初审合格推荐书，不报申请书规定的附件，也应当采用书面文件和电子媒体两种形式报送。

2、认监委的审批周期

认监委应当在收到各地质检部门的认证咨询机构推荐材料后三周内，完成审批程序。

四、监督管理的系统结构

行政监督与认可监督相结合；认监委统一组织与各地质检部门实施相结合；检查监督与投诉调查相结合；机构运作监督与活动结果监督相结合；认证机构监督与认证培训、认证咨询机构监督相结合。

五、审批与监督

(1)新机构审批要求：重点审查与总体审查相结合，控制入门条件，包括：注册资金的保证，人力资源、技术资源的保证，质量管理体系的文件保证。

(2)登记后监督要求：保证审批条件的落实与实施的有效性，包括：对认证咨询机构登记后的首次年度监督尽量到现场实施评审。

(3)认证咨询机构的监督由各地质检部门直接实施。

六、其他有关事项

认监委和各地质检部门应通过网站、报纸等多种途径共同对审批登记要求进行宣传。

1、认监委网站的网址是：www.cnca.gov.cn

2、认证咨询机构审批与监督的联系方式

(1)认监委的负责部门：认可监管部

(2)认可监管部联系人：张志国，

电话：(010)65994680，传真：(010)65994070，

电子邮件：zhangzg@cnca.gov.cn

3、经认监委批准设立的机构跨地区进行咨询活动时，不需要在活动所在地进行备案。各地质检部门需要证实相关机构的合法性时，可随时从认监委网站查询。

4、4月2日四部门联合发布了《管理办法》，原国家质量技术监督局、原国家出入境检验检疫局发布的关于认证咨询机构、内审员培训机构的管理办法同时废止。

二〇〇二年六月七日

《关于发布〈软件过程及能力成熟度评估指南〉(试行稿)的通知》

(国认可联[2002]49号)

各省、自治区、直辖市及计划单列市质量技术监督局，信息产业主管部门，各直属出入境检验检疫局，中国认证机构国家认可委员会，中国认证人员与培训机构国家认可委员会：

为落实《国务院关于印发鼓励软件产业和集成电路产业发展若干政策的通知》(国发[2000]18号)，推动《软件过程能力评估模型》(SJ/T11234)和《软件过程能力成熟度模型》(SJ/T11235)两项标准的贯彻执行，信息产业部组织有关单位起草了《软件过程及能力成熟度评估指南》(试行稿，以下简称《指南》)，并且通过了由国家认证认可监督管理委员会和信息产业部组织的专家审定，现予以发布执行。

该《指南》为支持一致性的软件过程及能力成熟度评估活动和保证评估结果的可信度提供了科学的评估方法，是评估机构规范评估管理的依据。国家认证认可监督管理委员会将根据上述标准和指南建立软件过程及能力成熟度评估领域实施第三方自愿性认证的国家认可制度，授权中国认证机构国家认可委员会(CNAB)和中国认证人员与培训机构国家认可委员会(CNAT)制定和发布对评估机构和评估人员的认可准则和规范，对评估机构和评估人员实行资格认可；有关的评估机构要按照《指南》的要求，尽快建立评估体系，在获得国家认监委对评估机构的批准后，还需通过国家认可机构的认可方能从事评估工作。为使这一工作健康发展，信息产业部将会同国家认监委制定试点计划并组织有关机构做好评估试点工作。

二〇〇二年八月二十八日

(四)卫生注册与农产品认证

《进口食品国外生产企业注册程序》

(国家认监委2001年第35号公告)

第一条 为加强对进口食品国外生产企业注册和实施工厂审查工作，根据《进口食品国外生产企业注册管理规范》，制定本程序。

第二条 中华人民共和国国家认证认可监督管理局(以下简称国家认证认可监督管理局)负责进口食品注册

管理和组织实施。

凡向中国输出《实施企业注册的进口食品目录》所列食品的国外生产企业，必须先向国家认证认可监督管理局提交进口食品卫生注册的书面申请。

第三条 国外生产企业向中国申请注册，必须由所在国(地区)主管食品安全卫生控制的当局填写符合规定内容的食品安全卫生控制的调查问卷，并进行自我评估。

第四条 国家认证认可监督管理局在接到国外生产企业提交的进口食品卫生注册书面申请、所在国(地区)食品安全卫生控制当局填写的调查问卷及相关的审查材料后，组织专家进行材料评估。

第五条 材料经专家审查并符合注册要求的，国家认证认可监督管理局将通知申请人安排实地评审；对不符合要求的，通知申请人补充材料或者通知其不受理申请的理由。

第六条 对国外生产企业的实地评审

国家认证认可监督管理局派出评审组对国外生产企业进行实地评审。评审内容包括：对所在国(地区)有关食品安全卫生控制体系的验证、对生产企业卫生质量体系的运行状况的评审。

(一)实地验证

1、实地验证是对国外生产企业所在国(地区)食品安全卫生控制体系实际运作情况实施的验证。根据需要，可以对农药、兽药残留监控体系与疫病监控体系等进行专项验证。

2、实地验证计划应当根据调查问卷中的有关内容制定并实施。

3、评审组应当会同国外主管当局的代表确认实地验证计划和实地验证的程序。

4、评审组应当做好实地验证记录。

(二)对企业的实地评审

1、召开见面会。由评审组组长介绍评审要求，确认评审过程、保密承诺等。

2、要求被审查企业现场提供资料。国外生产企业至少应当提供本企业的卫生质量体系控制计划、计划执行和验证记录等。

3、现场评审。评审组依据《中华人民共和国食品卫生法》和相应的食品生产企业卫生规范要求对申请食品注册的企业进行现场评审。评审的内容应当包括企业的生产卫生条件和从原料至成品整个生产、加工、储存、运输过程各环节的安全卫生控制。

评审组对生产企业进行现场评审，应当做好现场记录。必要时，还应当现场摄影以补充相关记录。

4、评审分析。评审组按评审进程的需要，召开内部会议研究讨论：(1)评审的进度；(2)对观察结果形成统一看法，尤其是明确不符合项及其严重程度；(3)评价生产企业卫生质量体系的运作状况；(4)在评审中需要及时解决的其他问题；(5)形成评审初步报告。

5、情况通报。评审组在现场评审结束后可召开通报会，向企业客观陈述现场评审中发现的问题，对企业的自我解释，做好记录。

评审组对评审的生产企业是否通过现场评审不做出最终结论。

(三)评审组应当写出评审工作报告，提交国家认证认可监督管理局。

评审组起草的评审报告至少应当包括下列内容：

1、评审的目的和背景；

2、验证和评审的概况(评审组成员、被评审企业名单)；

3、该类食品工业的状况；

4、对输出国(地区)食品安全卫生控制体系的验证情况；

5、企业食品生产的卫生控制状况和存在问题；

6、对生产企业的评审结果；

7、结论和推荐意见。

第七条 国家认证认可监督管理局组织对评审报告进行技术审查。

第八条 国家认证认可监督管理局将评审情况向输出国(地区)主管当局反馈并征求意见。

第九条 国家认证认可监督管理局在考虑国外主管当局意见的基础上，形成最终评审报告及被批准注册的国外生产企业名单，并通报国外主管当局。

第十条 国家认证认可监督管理局定期对外公布获得卫生注册的国外生产企业名单。

第十一条 国家认证认可监督管理局对已注册的进口食品国外生产企业实施监督管理。包括：

(一)对国外生产企业实施定期或不定期的复查

国家认证认可监督管理局可根据对进口食品的检验和监管情况以及进口食品存在问题的危害程度，确定是否对国外生产企业进行溯源性检查或复查。

(二)对食品安全卫生控制体系的重新评估

1、当输出国(地区)的食品生产的法律、法规、规范和标准发生变化时，应当及时向国家认证认可监督管理局通报。必要时，国家认证认可监督管理局对其食品安全卫生控制体系进行重新评估。

2、当输出国（地区）由于发生重大疫情或者公共卫生失控等严重问题而暂停进口时，国家认证认可监督管理局可根据情况对其食品安全卫生控制体系进行重新评估。

（三）取消国外生产企业注册资格

1、在国家认证认可监督管理局定期或者不定期复查中，发现食品注册企业所在国（地区）的食品安全卫生控制体系或者食品注册企业存在安全卫生问题或者隐患，将通报所在国（地区）主管当局，并作出要求企业在规定时间内整改或者取消该企业注册资格的决定。

2、已获得注册的国外生产企业的产品经检验检疫发现有严重的卫生控制问题或者多次出现卫生质量事故，国家认证认可监督管理局将通报其所在国（地区）主管当局，并取消该企业的注册资格。

3、对已获得注册的国外生产企业向中国出口非本企业产品或将注册编号转让给其他企业的，国家认证认可监督管理局将通报其所在国（地区）主管当局，并取消该企业的注册资格。

（四）已注册企业情况变更的备案

已注册的国外生产企业更改企业名称、生产场所、生产工艺、注册产品品种、卫生质量体系等，必须经所在国（地区）主管当局核查并签署意见后，报国家认证认可监督管理局办理变更备案手续。其中，注册产品品种、生产场所、生产工艺、卫生质量体系发生重大变化者，国家认证认可监督管理局将要求其重新办理注册。

第十二条 本程序由国家认证认可监督管理局负责解释。

《出口食品生产企业申请国外卫生注册管理办法》

（国家认监委2002年第12号公告）

根据《中华人民共和国进出口商品检验法》和《出口食品生产企业卫生注册登记管理规定》的规定，国家认监委制定了《出口食品生产企业申请国外卫生注册管理办法》。现予以公告，自2003年1月18日起施行。

附件：出口食品生产企业申请国外卫生注册管理办法

二〇〇二年十二月十九日

附件：

出口食品生产企业申请国外卫生注册管理办法

第一条 为规范出口食品生产企业申请国外卫生注册工作，根据《中华人民共和国进出口商品检验法》和国家质量监督检验检疫总局《出口食品生产企业卫生注册登记管理规定》，制定本办法。

第二条 国家认证认可监督管理委员会（以下简称国家认监委）主管全国出口食品生产企业国外卫生注册工作。各直属出入境检验检疫局（以下简称直属检验检疫局）负责所辖地区出口食品生产企业申请国外卫生注册的评审和注册企业的监督管理工作。

第三条 出口食品生产企业向国外申请卫生注册应当具备以下条件：

（一）已获得出口食品生产企业卫生注册证书或者卫生登记证书；

（二）卫生质量管理体系符合拟申请卫生注册的国家或者地区有关法律法规的要求；

（三）产品的质量安全卫生稳定，最近一年内未出现安全卫生质量问题；

（四）能够维护国家的声誉和企业的信誉。

第四条 出口食品生产企业申请国外卫生注册，应当向所在地直属检验检疫局提出书面申请，并提供能够证明符合本办法第三条规定条件的有关资料以及厂区平面图、车间平面图、工艺流程图、卫生质量体系文件、主要生产工序的图片和国外要求的其他相关资料等。

第五条 受理申请的直属检验检疫局，应当组成评审小组（评审人员至少3人，其中主任评审员不少于2人），在20个工作日内完成对申请材料和有关资料的审查。

申请材料和有关资料符合要求的，应当组织对申请企业进行现场评审。申请材料和有关资料不符合要求的，应当通知申请企业在30日内对申请材料和有关资料进行补正，逾期未补正的，视为撤回申请。

第六条 评审依据：

（一）《出口食品生产企业卫生注册登记管理规定》规定的卫生注册评审依据；

（二）有关国家或者地区的有关法律法规及其主管当局规定的技术规范和卫生管理要求。

第七条 经现场评审不符合要求的，申请企业6个月内不得重新提出申请。

第八条 评审组应当做好现场评审记录，出具评审报告，对评审结果负责。

第九条 申请企业经评审符合要求的，各直属检验检疫局应当填写《出口食品生产企业申请国外卫生注册推荐表》(格式附后)，连同有关申请材料(必要时)一并上报国家认监委。

各直属检验检疫局应当按照相关国家或者地区的注册申请要求， 逐项核实推荐所需的申请材料和有关资料。

第十条 各直属检验检疫局上报的出口食品生产企业申请国外卫生注册材料，经国家认监委审核符合要求的，由国家认监委(以"中华人民共和国国家认证认可监督管理局"名义)统一向有关国家或者地区的主管当局推荐。

各直属检验检疫局上报的出口食品生产企业申请国外卫生注册材料，经国家认监委审核不符合要求的，不予对外推荐。

国家认监委对被推荐企业卫生条件等需要核实的，可以直接组成评审组进行复审，经复审不符合要求的，不予对外推荐。

第十一条 有关国家或者地区主管当局要求来华对出口食品生产企业进行检查或者复查的，由国家认监委组织安排，有关直属检验检疫局负责通知被检查企业。

第十二条 获得国外卫生注册的企业，应当保证本企业能够持续满足卫生注册条件，可以随时接受有关国家或者地区主管当局的检查。

第十三条 获得国外卫生注册的企业，由所在地直属检验检疫局按照《出口食品生产企业卫生注册登记管理规定》和有关国家或者地区主管当局规定的要求，对其实施监督管理。

第十四条 直属检验检疫局对获得国外卫生注册企业的监督管理工作应当指定专门机构负责。

第十五条 对获得国外卫生注册的出口食品生产企业的卫生注册编号，实行专厂、专号、专用管理。

注册企业不得将其他企业加工的产品以本企业注册编号出口。

违反专厂、专号、专用管理规定，国家认监委可吊销其国外卫生注册。被吊销国外卫生注册的企业，自被吊销之日起一年内不得申请国外卫生注册。

第十六条 各地出入境检验检疫机构受理食品出口报检时，应当对出口食品生产企业的卫生注册编号进行验证。对违反专厂、专号、专用的，不得接受报检、放行。

第十七条 出口食品生产企业注册证书或者登记证书被吊销或者自动失效的，其获得国外卫生注册的资格自动失效。各直属检验检疫局应当将上述情况及时报国家认监委。

第十八条 获得国外卫生注册的出口食品生产企业，其出口产品在国外出现质量安全卫生问题，造成不良影响的，由国家认监委吊销其对国外卫生注册资格，并向国外相关机构通报。

被吊销国外卫生注册资格的企业，自被吊销之日起3年内不得申请恢复对相关国家的注册资格。

第十九条 获得国外卫生注册的出口食品生产企业，连续12个月未向有关国家或者地区出口注册产品的，应当在恢复对有关国家或者地区出口注册产品前30日内，向所在地直属检验检疫局申请复查。经复查合格的企业，方可向有关国家或者地区出口产品。

第二十条 对出口食品生产企业进行评审、复审和接待国外官方检查、复查的费用由申请对国外卫生注册的企业承担。

第二十一条 本办法由国家认监委负责解释。

第二十二条 本办法自2003年1月18日起施行。原国家进出口商品检验局1993年4月24日发布的《出口食品生产企业向国外卫生注册管理规定》(国检监[1993]125号)和原国家出入境检验检疫局1999年1月12日发布的《关于规范推荐出口食品加工企业对国外卫生注册做法的通知》(国检认[1999]6号)，同时废止。

出口食品生产企业
国外卫生注册推荐表

企业名称 ____________________

企业地址 ____________________

注册产品 ____________________

注册国家(地区) ________________

推荐单位 ____________________

推荐时间 ____________________

国家认证认可监督管理委员会 制

企业信息	
企业名称	
企业地址	
出口食品(卫生)注册/登记编号	
拟注册产品	
拟注册国家(或地区)	
法人代表	
电话	
传真	
电子信箱	
邮政编码	
对其他国家或地区卫生注册的情况	

企 业 概 况

备注:填写内容不够,可加页。

<table>
<tr><td rowspan="2">推荐依据</td><td>中文</td><td></td></tr>
<tr><td>英文</td><td></td></tr>
<tr><td>直属出入境检验检疫局推荐意见</td><td colspan="2">根据________________的申请，我局组织由________、________、同志组成的评审组于________年________月________日对该企业进行了评审，认为符合要求，推荐其对________注册。

负责人签名：　　　　　　　　（公章）
年　月　日</td></tr>
<tr><td>备注</td><td colspan="2">1、用中文、英文二种文字打印填写，文字简练、清楚。
2、企业概况应包括企业历史、性质、规模、设施、品种、生产能力、人员及其素质、卫生质量体系、生产及出口情况等资料。
3、进口国或地区有特殊要求的，需另附材料。
4、推荐依据是指国内、外的法律、法规的名称、编号等。</td></tr>
</table>

关于印发《出口日用陶瓷质量许可证审核要求》的通知

（国认注函[2003]204）

各直属检验检疫局：

根据《中华人民共和国进出口商品检验法》及《关于出口商品质量许可证管理办法》，国家认监委制定了《出口日用陶瓷质量许可证审核要求》及有关程序性文件。现印发给你们，请于2004年5月1日起执行。

各检验检疫机构要严格执行出口日用陶瓷质量许可制度，不得受理未获证企业产品的出口报检。

附件：《出口日用陶瓷质量许可证审核要求》和程序文件

二〇〇三年十二月三十一日

附件：

出口日用陶瓷质量许可证审核要求

一、前　言

1.编制依据和适用范围

本要求根据《出口商品质量许可证管理办法》制定，规定了对出口日用陶瓷生产企业质量管理体系的要求，适用于检验检疫机构对出口日用陶瓷质量许可证的管理和审核。

2.本要求在编制时参照了ISO9001:2000《质量管理体系要求》，质量管理术语引用了ISO9000:2000《质量管理体系基础和术语》。

3.企业申请

3.1 首次申请

企业应填写《出口日用陶瓷质量许可证申请书》(一式两份)并提交如下相关资料(一套)：

a.申请产品的型式实验报告；

b.企业内审报告；

c.有效的质量管理体系文件；

d.营业执照复印件；

e.工艺流程图；

f.企业简要平面图。

g.如果本要求中的部分条款不适用，企业应当同时提交书面报告，说明不适用的原因。

3.2 复审申请

出口日用陶瓷质量许可证有效期为三年，获证企业应当在其证书有效期满前六个月向检验检疫机构提出复审申请，提交的申请资料同3.1条款要求，同时还应提交企业三年来生产情况、产品质量分析及技术改造情况等材料。

有下列情况之一的，获证企业必须重新申请复审：企业质量管理体系发生重大变化；企业生产条件发生重大变更；企业停止生产出口产品一年以上，重新恢复出口前；因产品质量造成顾客重大索赔、退货、投诉。

4.实施审核的工作要求和方法

4.1 文件审核要求和方法

直属检验检疫局受理企业申请后，首先实施文件审核，审核文件是否满足本要求，对存在问题的应当退回企业修改。文件审核通过后方进行现场审核。

4.2 现场审核结论

审核结论分为“推荐发证”和“不推荐发证”。

4.2.1 有下列情况之一的审核结论可判为不推荐发证：

a)发现严重不符合项；

b)发现一般不符合项六个(含六个)以上。

对判定为不推荐发证的，检验检疫机构在六个月后方受理其重新申请。

4.2.2 发现六个以下一般不符合项的审核结论判定为推荐发证。其不符合项必须在规定的时间内纠正并经检验检疫机构验证合格。

5.监督管理

检验检疫机构负责组织对获证企业的监督管理。

二、审核要求

1.质量管理体系和管理职责

1.1 企业应识别质量管理体系所需的过程，编制能满足本要求的质量手册及其他质量管理体系文件。

1.2 企业应制定文件控制程序，以保证相关质量文件的批准、发放、更改、回收、归档等过程始终受控，确保各个场所使用的都是有效文件。

1.3 企业应制定质量记录控制程序，质量记录应保持清晰，易于识别和检索。

1.4 企业最高管理者应策划并制定切实可行的质量方针和目标，质量目标中要有明确的外观质量和铅镉控制目标，各级人员应能一致理解企业的质量方针和目标。

1.5 企业应设立相应的组织机构，明确相关部门/人员的职责和权限。机构设置的繁简可根据实际情况确定，但必须确保策划的质量管理体系所需的过程都受控。

2.资源管理

2.1 企业应明确从事影响产品质量工作人员的要求，制定并有效实施培训制度/计划。

2.2 企业应确定、提供并维护为达到产品符合要求的日用陶瓷生产所需的基础设施。

2.3 企业应建立生产设备档案/台账，制定生产设备的维护保养计划，对制泥、烧成等重要设备定期进行检修。

2.4 企业应制定外包控制程序，以评价、选择经确认符合本要求的外包方，确保外包过程受控。

2.5 企业的厂房和仓储条件等应能满足生产周转和环境安全、卫生的要求。

3.产品实现过程

3.1 企业应对与产品有关的要求进行有效评审，以确保产品符合相关法律、法规和顾客的要求。

3.2 企业应制定采购控制程序，明确主要原材料选择和评价供方的方法及控制措施。采购合同/计划或其他资料要明确质量要求、执行标准及验收方法等主要内容并经审批。采购控制程序应有效执行。

3.3 企业应对设计和开发过程进行策划和控制，保持设计和开发记录。

3.4 企业应制定并有效执行原、辅材料、半成品和成品的检验/验证要求。

3.5 企业应制定原料、成型、烧成、彩烤等生产过程的工艺要求。

3.6 企业应严格执行工艺要求，定期进行检查，保持记录。

3.7 企业应识别并确定关键过程，对关键过程实施连续监视并有效控制。

3.8 企业应以适宜的方法标识产品和检验状态，以防止产品的混淆，或误用不合格品。

3.9 企业应对产品的包装、储运和交付进行有效控制。

3.10 企业应制定监视和测量设备控制程序，应当建立监视和测量设备档案/台账。对监视和测量设备的管理和使用做出规定，并定期计量/校准，以保证在使用过程中始终受控。

4.测量、分析和改进

4.1 企业应制定主要原、辅材料检验/验证控制程序，主要原、辅材料应经过检验/验证合格后方可投入生产。

4.2 企业应制定粗坯首件检验、半成品检验、工序互检等控制程序，并有效执行，以保证各工序产品质量，并保持检验记录。

4.3 企业应制定成品检验控制程序，以验证产品要求已得到满足。

4.4 企业应制定不合格品控制程序，确保不符合要求的产品得到识别和控制，防止其非预期的使用或交付。企业不得以任何理由交付铅、镉溶出量不合格的产品。

4.5 企业应规定数据收集、分析的方法，利用获得的数据对企业质量管理体系运行状况进行分析并持续改进。

4.6 企业应确定获取和利用顾客反馈信息的方法，及时处理顾客的意见。

4.7 企业应制定内部质量审核程序，策划并定期对质量管理体系运行情况进行审核，每年应至少进行一次内部质量审核。

4.8 企业应制定纠正和预防措施的控制程序，采取措施以消除不合格和潜在不合格的原因，防止不合格发生。

质量许可证程序文件(7-1 部分)

中华人民共和国　出入境检验检疫局

出 口 日 用 陶 瓷 质 量 许 可 证

申 请 书

□初次申请　　□复审换证　　□重新申请

申 请 号____________________

申请单位____________________

申请日期____________________

国家认证认可监督管理委员会　制

申　请　须　知

一、企业应如实填写,一式两份。

二、用钢笔填写(或打印),文字工整,字迹清晰。

三、应在自查合格的基础上,向所在地出入境检验检疫局提交申请。

四、申请时应提交下列文件资料(一套):

1.申请产品的型式实验报告;

2.企业内审报告;

3.有效的质量管理体系文件;

4.营业执照复印件;

5.工艺流程图;

6.企业简要生产平面图。

五、“重新申请”是指被审核不合格或被吊销许可证的企业,在满规定期限后的再次申请。

六、“企业认证情况”是指企业获得 ISO9000、ISO14000 等体系认证的情况。

一、企业概况：

企业名称	中文				
	英文				
企业地址	中文				
	英文				
企业网址		邮编		电子邮箱	
法人代表		电话		电子邮箱	
联系人		电话		传真	
申请产品名称	□白胎 □色釉 □釉下彩 □釉上彩 □其他				
执行的产品标准名称及编号（包括内控标准）					

企业认证情况	获得的认证名称	认证机构名称	认证时间

企业总人数		管理人员		检验人员	

占地面积		建筑面积	
年总产值	万元，其中出口　　万美元		

二、3 年来产品生产及出口情况：

年 度	年产量	出口量	出口主要国家/地区

三、主要生产设备情况(可另附页)：

设备名称	型 号	规 格	生产厂/国家	数 量	备 注

四、监视和测量设备情况(可另附页)：

设备名称	型　号	计量/校准时间	生产厂/国家	数 量	备 注

五、产品质量综合分析、评价及技术改造情况(可另附页):

六、申请单位声明:

我单位申请办理出口日用陶瓷质量许可证,保证提供的材料真实、准确,不论审核结果如何,均愿意承担有关审核、监督管理等发生的一切合理费用。保证严格遵守国家有关出入境检验检疫法律、法规,遵守检验检疫机构的有关管理规定和要求,履行工厂职责。

法人代表(签名):

申请单位(盖章):

年 月 日

质量许可证程序文件(7-2 部分)

中华人民共和国 出入境检验检疫局

出口日用陶瓷质量许可证审核通知单

<table>
<tr><td colspan="3">被审核方名称:</td><td>申请号:</td></tr>
<tr><td colspan="4">地 址:</td></tr>
<tr><td colspan="4">产品种类: □白胎 □色釉 □釉上彩 □釉下彩 □</td></tr>
<tr><td colspan="4">审核依据及目的:
依据《出口日用陶瓷质量许可证审核要求》进行审核,以确定是否推荐颁发出口日用陶瓷质量许可证。</td></tr>
<tr><td colspan="4">审核日期:</td></tr>
<tr><td>审核组长:
组 员:</td><td>姓 名</td><td>组 别</td><td>资 格</td></tr>
</table>

经办人/日期: 审批人/日期:

联 系 电 话: (盖章)

质量许可证程序文件(7-3 部分)：

出口日用陶瓷质量许可证

审 核 表

申 请 号 ________________

申请单位 ________________

申请日期 ________________

国家认证认可监督管理委员会

编 制 说 明

1.编制依据和适用范围

本表根据《出口商品质量许可证管理办法》和《出口日用陶瓷质量许可证审核要求》制定,适用于检验检疫机构对出口日用陶瓷企业质量许可证审核,不作为最终审核报告。

2.本表中的“审核记录”由审核人员填写主要审核内容

3.实施审核工作要求和方法

3.1 文件审核要求和方法

直属检验检疫局受理企业申请后,首先实施文件审核,审核文件是否满足本要求,对存在问题的应当退回企业修改。文件审核通过后方进行现场审核。

3.2 现场审核结论

审核结论分为“推荐发证”和“不推荐发证”。

3.2.1 有下列情况之一的审核结论可判为不推荐发证：

(a)发现严重不符合项；

(b)发现一般不符合项六个(含六个)以上。

对判定为不推荐发证的,检验检疫机构在六个月后方受理其重新申请。

3.2.2 发现六个以下一般不符合项的审核结论判定为推荐发证，但其不符合项必须在规定的时间内纠正并经检验检疫机构验证合格。

注:本表“审核要点”中的内容仅供审核人员参考,并不包括审核内容全部。

<table>
<tr><th rowspan="2">项目</th><th rowspan="2">条款</th><th rowspan="2">质量管理体系要求</th><th rowspan="2">审核要点(供参考)</th><th rowspan="2">审 核 记 录</th><th colspan="3">审核结果(以√表示)</th></tr>
<tr><th>符合</th><th>不符合</th><th>不适用</th></tr>
<tr><td rowspan="5">1.
质量管理体系和管理职责</td><td>1.1</td><td>企业应识别质量管理体系所需的过程,编制能满足本要求的质量手册及其他质量管理体系文件。</td><td>1. 质量管理体系文件包括质量手册、程序文件、作业指导书、工艺文件,相关法律、法规、产品标准及其他外来文件等。
2. 企业是否识别了质量管理体系所需的过程,编制了质量手册。质量手册是否包括质量方针、质量目标、管理职责、资源管理、产品实现过程、测量、分析和改进等方面的内容。</td><td></td><td></td><td></td><td></td></tr>
<tr><td>1.2</td><td>企业应制定文件控制程序,以保证相关质量文件的批准、发放、更改、回收、归档等过程始终受控,确保各个场所使用的都是有效文件。</td><td>1. 企业是否编制了文件控制程序并明确了文件控制要求。
2.查阅企业各部门/人员使用的文件是否为有效版本。
3.文件发放记录是否包括了文件编号、版本号、名称、发放日期、实施日期、制定部门、持有人等。
4.文件更改时,是否对相应受控文件均实施更改,并保持记录。对失效文件,是否及时收回并适当处置。</td><td></td><td></td><td></td><td></td></tr>
<tr><td>1.3</td><td>企业应制定质量记录控制程序,质量记录应保持清晰,易于识别和检索。</td><td>1. 质量记录控制程序是否明确质量记录的编制、标识、归档、保存期限和处理方法等。
2.质量记录是否清晰、完整,易于识别和检索。</td><td></td><td></td><td></td><td></td></tr>
<tr><td>1.4</td><td>企业最高管理者应策划并制定切实可行的质量方针和目标,质量目标中要有明确的外观质量和铅镉控制目标,各级人员应能一致理解企业的质量方针和目标。</td><td>1. 质量方针和目标是否经企业最高管理者批准发布。
2. 质量目标是否可测量,并与质量方针保持一致,是否定期评价。查阅其相关记录。
3. 质量目标是否分解到各有关部门。抽查企业有关人员是否能一致理解质量方针和质量目标。
4.抽查质量目标的完成情况。</td><td></td><td></td><td></td><td></td></tr>
<tr><td>1.5</td><td>企业应设立相应的组织机构,明确相关部门/人员的职责和权限。机构设置的繁简可根据实际情况确定,但必须确保策划的质量管理体系所需的过程都受控。</td><td>1. 企业是否设立了相应的组织机构,质检部门/人员能否独立行使职权。
2.企业工艺技术、生产计划、质量管理、设备管理、监视和测量等主要质量活动是否有相关部门/人员负责。</td><td></td><td></td><td></td><td></td></tr>
</table>

项目	条款	质量管理体系要求	审核要点(供参考)	审 核 记 录	审核结果(以√表示)		
					符合	不符合	不适用
2. 资源管理	2.1	企业应明确从事影响产品质量工作人员的要求，制定并有效实施培训制度/计划。	1. 检查企业是否制定了培训制度/计划，是否按计划要求进行培训并保持了相关记录。 2.抽查有关人员，特别是设计和开发、烧成、试制、监视和测量等关键过程人员：a.是否符合其任职要求。b.是否通过了培训并考核合格。c.是否具备质量意识并熟悉其职责和权限。 3.检查电工、锅炉司炉工、电焊工等国家强制性要求必须获得相关资格证的特殊工种人员，是否有相应的资质证明材料。				
	2.2	企业应确定、提供并维护为达到产品符合要求的日用陶瓷生产所需的基础设施。	检查企业的基础设施是否满足生产要求，生产设备如制泥、成型、烧成设备是否完好且运转正常。				
	2.3	企业应建立生产设备档案/台账，制定生产设备的维护保养计划，对制泥、烧成等重要设备定期进行检修。	1.查阅其生产设备档案/台账是否包括了生产设备的型号、名称、进厂时间、使用年限、故障和维修情况等。 2. 抽查生产设备维护保养计划及落实情况。 3.抽查球磨机、练泥机、成型机、窑炉等重要设备是否有定期检修计划和检修记录。				
	2.4	企业应制定外包控制程序，以评价、选择经确认符合本要求的外包方，确保外包过程受控。	1. 企业是否制定了对外包方的选择、评价和控制程序。 2.查阅企业对外包方的评价、选择及控制等有关记录是否符合规定要求，企业是否对外包过程进行有效控制。				
	2.5	企业的厂房和仓储条件等应能满足生产周转和环境安全、卫生的要求。	检查生产现场、仓库等环境是否安全、清洁卫生；产品和工装器具是否摆放整齐，道路畅通。				

项目	条款	质量管理体系要求	审核要点(供参考)	审 核 记 录	审核结果(以√表示)		
					符合	不符合	不适用
3. 产品实现过程	3.1	企业应对与产品有关的要求进行有效评审,以确保产品符合相关法律、法规和顾客的要求。	1. 抽查产品有关要求及评审记录是否满足要求,特别是:(1)合同或订单各项条款表述准确且与顾客达成共识;(2) 评审过程符合程序文件要求且在合同或订单签订之前进行;(3) 合同或订单按期完成;(4) 合同或订单的变更是否与顾客达成共识并及时通知各相关部门/人员。 2. 合同或订单是否及时准确转化成便于掌握的生产通知单或其他实施性文件并发放到各相关部门/人员。				
	3.2	企业应制定采购控制程序,明确主要原材料选择和评价供方的方法及控制措施。采购合同/计划或其他资料要明确质量要求、执行标准及验收方法等主要内容并经审批。采购控制程序应有效执行。	1. 企业是否制定了采购控制程序。 2. 抽查主要原、辅材料供方评价、选择和控制记录,是否符合程序要求。 3. 抽查主要原、辅材料采购合同/计划,是否明确了采购的质量要求。 4.需验证供方检验结果时,是否在采购合同/计划中明确要求。 5. 企业如何处置不合格的采购物资?是否保持记录。				
	3.3	企业应对设计和开发过程进行策划和控制,保持设计和开发记录。	1. 企业是否对设计和开发进行策划,制定设计和开发方案,并满足相关法律法规和顾客的要求。 2.抽查设计和开发方案,是否通过试制来确定批量生产工艺要求。 3. 抽查各相关部门使用的设计和开发文件是否一致。				
	3.4	企业应制定并有效执行原、辅材料及半成品和成品的检验/验证要求。	1.企业有能力进行检测的,是否制定了主要原、辅材料及半成品和成品检验标准。 2. 对不具备检测能力的是否制定了委托检验或验证规定,以确保质量符合要求。 3.检验/验证要求中是否包含了检验项目、抽样方法、验收准则等内容。				

项目	条款	质量管理体系要求	审核要点(供参考)	审 核 记 录	审核结果(以√表示)		
					符合	不符合	不适用
3. 产品实现过程	3.5	企业应制定原料、成型、烧成、彩烤等生产过程的工艺要求。	1.企业是否对泥、釉料配方、粗坯、精坯、施釉、烧成、彩烤、监视和测量等主要工序都制定了工艺要求或作业指导书。 2. 抽查同一产品各工序的工艺要求是否准确、一致。				
	3.6	企业应严格执行工艺要求,定期进行检查,保持记录。	1.抽查配料、粗坯、施釉、烧成、监视和测量等工序是否按工艺要求执行。 2.抽查企业的相关记录,记录是否反映了各生产工序执行工艺及质量情况,发现问题要有纠正措施并对其效果进行检查。				
	3.7	企业应识别并确定关键过程,对关键过程实施连续监视并有效控制。	企业是否识别并确定了配料、施釉、烧成、烤花等工序为关键工序,并实施以下控制: 1.关键工序人员是否经资格确认。 2.是否具备适宜的设备。 3. 是否制定了适宜的方法对生产过程进行连续监控或有效控制。抽查相关质量记录。				
	3.8	企业应以适宜的方法标识产品和检验状态,以防止产品的混淆,或误用不合格品。	1.标识方法是否适宜,能否正确识别产品和检验状态。 2.检查原、辅材料及半成品、成品等标识是否易于识别或可追溯。				
	3.9	企业应对产品的包装、储运和交付进行有效控制。	1.企业是否制定了产品包装、储运和交付控制程序。 2.抽查产品出入库记录,库内堆放标识、库存环境、包装条件、运输过程等是否能确保产品符合要求。				
	3.10	企业应制定监视和测量设备控制程序,应当建立监视和测量设备档案/台账。对监视和测量设备的管理和使用做出规定,并定期计量/校准,以保证在使用过程中始终受控。	1. 企业是否具有常规的测试设备,对不能检测的项目是否规定了控制方法。 2. 抽查主要监视和测量设备准确度和精确度是否符合要求。 3.监视和测量设备档案/台账是否包括了型号、名称、购入时间、使用年限、校准周期等。 4.监视和测量设备的计量/校准计划及实施情况(国家未列入强检或无计量标准的要提供自检规程和自检报告)。 5. 检查企业监视和测量设备是否按程序要求进行计量/校准状态标识。				

项目	条款	质量管理体系要求	审核要点(供参考)	审 核 记 录	审核结果(以√表示)		
					符合	不符合	不适用
4.测量分析和改进	4.1	企业应制定主要原、辅材料检验/验证控制程序，主要原、辅材料应经过检验/验证合格后方可投入生产。	1.企业是否制定了主要原、辅材料检验/验证控制程序。 2.抽查长石、黏土、石英、釉料、颜料、花纸等检验记录，是否经过检验/验证合格后才投入生产。				
	4.2	企业应制定粗坯首件检验、半成品检验、工序互检等控制程序，并有效执行，以保证各工序产品质量，并保持检验记录。	1. 企业是否制定并执行了粗坯首件检验、半成品检验、工序互检等控制程序。 2. 抽查有关人员是否熟悉相关检验控制程序和检验标准、是否清楚抽样方法和验收准则。 3.抽查粗坯首件检验记录。				
	4.3	企业应制定成品检验控制程序，以验证产品要求已得到满足。	1. 企业是否制定了成品检验控制程序。 2.抽查成品检验记录，其抽样方法、检验项目等是否符合标准要求。 3.不具备检测能力的，是否委托具备资质的检测单位检测。				
	4.4	企业应制定不合格品控制程序，确保不符合要求的产品得到识别和控制，防止其非预期的使用或交付。企业不得以任何理由交付铅、镉溶出量不合格的产品。	1. 企业是否制定了不合格品控制程序。 2.不合格品控制程序，是否明确了职责部门和相应的处置方法。 3.抽查不合格品处置记录。特别是铅、镉溶出量不合格产品处置记录。 4. 当发现突发性或连续性不合格品时，是否及时通报相关部门并采取有效的纠正和预防措施。				
	4.5	企业应规定数据收集、分析的方法，利用获得的数据对企业质量管理体系运行状况进行分析并持续改进。	1. 企业是否制定了适宜的数据分析方法。 2.抽查数据分析的记录。				
	4.6	企业应确定获取和利用顾客反馈信息的方法，及时处理顾客的意见。	1. 检查有关部门是否熟悉获取和利用顾客反馈信息的方法。 2. 对顾客反馈的问题或投诉是否及时处理。				

项目	条款	质量管理体系要求	审核要点(供参考)	审 核 记 录	审核结果(以√表示)		
					符合	不符合	不适用
4.测量分析和改进	4.7	企业应制定内部质量审核程序,策划并定期对质量管理体系运行情况进行审核,每年应至少进行一次内部质量审核。	1. 企业是否制定了内部质量审核程序。 2. 内部质量审核是否策划并制定了审核计划/方案。 3.审核人员是否经过培训,是否具备从事内部质量审核的能力。 4.内部质量审核结论是否客观、公正，是否提出了持续改进措施并有效实施。 5.是否保持内部质量审核记录。				
	4.8	企业应制定纠正和预防措施的控制程序，采取措施以消除不合格和潜在不合格的原因,防止不合格发生。	1. 企业是否制定了纠正和预防措施的控制程序。 2.抽查有关质量信息和记录,当发现不合格或潜在不合格时,企业是否根据其影响程度,组织有关部门/人员分析原因,制定并实施有效的纠正和预防措施。 3. 是否对纠正和预防措施进行评审。				

质量许可证程序文件(7-4 部分)：

中华人民共和国　　出入境检验检疫局

出口日用陶瓷质量许可证审核报告

<table>
<tr><td>申请企业名称：</td><td>申请号：</td></tr>
<tr><td colspan="2">申请企业地址(包括质量管理体系覆盖的分支机构地址)：</td></tr>
<tr><td colspan="2">申请出口日用陶瓷质量许可证的产品：□白胎　□色釉　□釉上彩　□釉下彩　□</td></tr>
<tr><td colspan="2">审核依据：《出口日用陶瓷质量许可证审核要求》</td></tr>
<tr><td colspan="2">审核类型：□初次申请　□复审换证　□重新申请</td></tr>
<tr><td colspan="2">审核组成员：</td></tr>
<tr><td colspan="2">审核日期：</td></tr>
<tr><td colspan="2">审核结果：
审核中发现：　严重不符合项(　　)个；　　一般不符合项(　　)个。
跟踪验证方式：　□书面验证　　□现场验证</td></tr>
<tr><td colspan="2">对被审核工厂的评价：</td></tr>
<tr><td colspan="2">审核结论：　□推荐发证　　□不推荐发证
被审核方代表签名：　　审核组长签名：
年　月　日　　年　月　日</td></tr>
</table>

说明：本次审核基于抽样调查，不能包含被审核方全部的质量管理活动，因此，未发现的不符合项可能仍存在于目前的工厂质量管理体系中。

质量许可证程序文件(7-5 部分):

中华人民共和国　　出入境检验检疫局

出口日用陶瓷质量许可证审核不符合项一览表

申请企业:　　　　　　　　　　　　　申请号:

序号	依据条款	不 符 合 项 描 述	不符合项性质	纠正结果

审核组长:　　　　　　　　被审核方代表:

审核日期:　　　　　　　　日期:

纠正措施跟踪情况:　　　　□纠正措施有效　　□

审核员:　　　　　　　　　跟踪日期:

*企业不符合项纠正报告附后

质量许可证程序文件(7–6 部分)：

中华人民共和国　　出入境检验检疫局

出口日用陶瓷质量许可证审核签到表

企业名称：　　　　　　　　　　　　　　　　　　　　　　年　　月　　日

姓　名	工作部门	职　务	姓　名	工作部门	职　务

□见面会　　　　　　　　　　□总结会

质量许可证程序文件(7–7 部分)：

中华人民共和国　　出入境检验检疫局

出口日用陶瓷质量许可证

审 批 意 见 书

申　　请　　号：＿＿＿＿＿＿＿＿＿＿＿＿
申请单位名称：＿＿＿＿＿＿＿＿＿＿＿＿
出口产品名称：＿＿＿＿＿＿＿＿＿＿＿＿

审 批 意 见

根据《出口日用陶瓷质量许可证审核要求》和审核结果，现决定颁发出口日用陶瓷质量许可证，许可证编号为＿＿＿＿＿＿＿＿，有效期至＿＿＿＿＿＿。

经　办　人(签名)：

受权批准人(签名)：

(盖章)

年　　月　　日

关于下发输美日用陶瓷认证有关文件的通知

（国认注函[2003]208 号）

各直属检验检疫局：

为适应输美日用陶瓷认证监管的需要，进一步规范输美日用陶瓷认证工作，国家认监委根据工作需要，修订了《执行〈关于对美出口的调制、盛放或贮存食品和饮料的陶瓷器皿问题谅解备忘录〉的工作要求》中的附件一《输美日用陶瓷生产厂认证条件》及附件二《认证程序文件》，制定了《输美日用陶瓷生产厂认证证书》格式。

现将《输美日用陶瓷生产厂认证条件(2003 版)》、《认证程序文件》、《输美日用陶瓷生产厂认证证书(样本)》印发给你们，请于 2004 年 5 月 1 日起执行。原《输美日用陶瓷生产厂认证条件》及《认证程序文件》同时废止；空白认证证书由国家认监委统一印制，各直属局根据需要领取。

附件：1.输美日用陶瓷生产厂认证条件(2003 版)

2.认证程序文件

3.输美日用陶瓷生产厂认证证书(样本)

二〇〇三年十二月三十一日

附件 1：

输美日用陶瓷生产厂认证条件

(2003 版)

一、前 言

1、编制依据和应用范围

本认证条件是依据《关于对美出口的调制、盛放或贮存食品和饮料的陶瓷器皿问题谅解备忘录》(简称《备忘录》)制定的。本认证条件规定了对输美日用陶瓷生产厂的质量管理要求，适用于检验检疫机构对输美日用陶瓷生产厂认证。

2、与出口日用陶瓷质量许可证的关系

输美日用陶瓷生产厂认证是在出口日用陶瓷质量许可证考核合格的基础上进行的，由工厂自愿申请。

3、与其他管理体系的相容性

本认证条件能够与其他质量管理体系要求相容，在工厂现场评审时可以与其他质量管理体系相互结合。

4、术语和定义

本认证条件采用《备忘录》和 ISO9000:2000《质量管理体系 基础和术语》中的术语和定义。

(a)日用陶瓷：用于调制、盛放或贮存食品或饮料的陶瓷器皿。对具有调制、盛放或贮存食品和饮料功能但不是用作上述用途的陶瓷器皿，如无识别和标识措施，将会被视为日用陶瓷。

(b) 铅、镉控制：保证日用陶瓷铅、镉溶出量符合相关技术法规或标准要求的必要监控过程和资源。

(c) 严重不符合项：严重不符合本认证条件规定的客观事实，该客观事实会导致铅镉控制失控。

(d) 一般不符合项：不符合本认证条件规定的客观事实，但过多或过于集中会导致铅镉控制失控。

(e) 复审：检验检疫机构对获证厂每年进行的监督审核或在特殊情况下的重新认证审核。

5、工厂首次认证和复审申请

5.1 首次认证申请

首次申请认证的工厂应向所在地直属检验检疫局提交如下申请资料：

(a)《输美日用陶瓷生产厂认证申请书》和《输美日用陶瓷生产厂认证条件调查/审核表》；

(b)工厂工商营业执照复印件、工厂平面图、申请认证产品的生产工艺流程图；

(c)工厂现行质量管理体系文件和内部审核报告；

(d)如果本认证条件中的部分条款不适用，工厂应提交书面报告说明不适用的原因。

5.2 复审申请

获证厂每年应接受一次复审。有以下情况之一的，获证厂必须重新申请复审：工厂质量管理体系发生重大变化；工厂变更生产条件；增加认证产品种类；认证产品铅、镉控制质量发生较大的波动；发生因铅、镉问题被美国 FDA 扣留的事件。

获证厂应向检验检疫机构提交复审申请，申请资料包括：

(a)《输美日用陶瓷生产厂认证申请书》和《输美日用陶瓷生产厂认证条件调查/审核表》；

(b)工厂自上一次审核/复审以来的输美日用陶瓷质量分析和内部审核报告；

(c)工厂工商营业执照复印件、工厂平面图、申请认证产品的生产工艺流程图、现行质量管理体系文件(现行质量管理体系文件的内容如与上一次审核一致的，可免于提交，但工厂应在内部审核报告中声明)。

6、实施认证审核工作的要求和方法

6.1 文件审核和现场审核

直属检验检疫局受理工厂认证申请后，首先实施文件审核，审核文件是否满足本认证条件要求，对存在问题的应退回工厂修改。文件审核通过后方进行现场审核。

6.2 审核结论

审核完毕，应当做出审核结论。审核结论分为"符合"和"不符合"。对审核结论判定为符合的，如果存在一般不符合项必须在规定的时间内纠正并经检验检疫机构验证合格。对审核结论判定为不符合的，检验检疫机构在六个月后方受理其认证申请。

对有下列情况之一的，审核结论判为不符合：

(a)发现严重不符合项；

(b)发现一般不符合项六个(含六个)以上。

7、特殊处理

如果工厂一年以上没有生产输美日用陶瓷，则工厂的认证代号和认证标志自动暂停使用；工厂的日用陶瓷恢复输美前必须提出复审申请，复审合格后方准许其使用认证代号和认证标志。

二、认证条件

1、铅镉控制管理机构

1.1 铅镉控制管理机构的组成

工厂应建立铅镉控制管理机构，负责其产品的铅镉控制。该机构负责人应由工厂最高管理者担任。机构成员应由铅镉控制过程相关部门的人员组成。

1.2 铅镉控制管理机构的职责和权限

1.2.1 工厂应明确该机构成员涉及铅镉控制过程的管理职责和权限。

1.2.2 该机构应识别产品铅镉控制所需的过程和方法，编制满足本认证条件要求的质量管理文件，并确保其实施和持续改进。

1.2.3 工厂在申请首次认证和复审前，该机构应组织内部审核。

1.3 铅镉控制管理机构的质量目标

该机构应制定铅镉控制质量目标，确保工厂产品的铅、镉溶出量符合输美日用陶瓷限量标准：

(a)有严于美国FDA要求的铅、镉溶出量内控标准；

(b)工厂一年内铅、镉溶出量出厂检验批次合格率达到95%以上；

(c)工厂出口产品一年内经检验检疫机构检验铅、镉溶出量一次检验批次合格率达到98%以上；

(d)其他相关的质量目标或指标。

2.文件管理

2.1 文件的编制和控制

2.1.1 铅镉控制机构应编制覆盖本认证条件的质量管理文件，其内容至少应包括：

(a)采购控制；

(b)采购产品检验或验证；

(c)试烧及生产工艺要求的确定和管理；

(d)窑炉和烧成控制；

(e)铅镉控制关键点的确定和控制；

(f)产品铅、镉溶出量的检测；

(g)生产批次的管理；

(h)工厂认证代号的使用和管理；

(i)认证标志的订购、使用和管理。

2.1.2 工厂应编制文件控制程序，控制对文件的编制、审批、发放、更改，以确保机构成员、管理人员和生产检验各环节成员能及时得到相关的有效文件。

2.2 工厂应有认证产品涉及的铅镉控制标准，包括美国FDA铅、镉溶出量限量标准，美国加州65准则(适用时)以及国家相关标准。

3.记录控制

工厂铅镉控制记录至少应包括以下方面的内容：

(a)釉料、颜料及花纸等原材料的进货检验或验收记录；

(b)试烧及试烧产品检验(含试烧样品铅、镉溶出量项目)记录；

(c)釉浆浓度监测记录(适用时)；

(d)烧成、彩烤记录；

(e)产品检验(含最终产品铅、镉溶出量项目)记录；

(f)生产批次管理记录；

(g)认证标志的订购、使用和管理记录；

(h)花纸/色釉档案。

4.采购

工厂应选择合格供方，以确保所采购的产品符合铅镉控制要求。

5.生产工艺要求的确定

5.1 工厂应对首次使用的颜料、花纸、釉料等进行试烧。

5.2 工厂应根据试烧结果确定批量生产工艺要求，经审批后方投入批量生产。

5.3 生产过程中工艺要求如有改变，应经铅镉控制管理机构重新验证和审批。

6、生产过程控制

6.1 窑炉设备的选择和控制

6.1.1 烧成应具备符合工艺要求的窑炉设备。釉上装饰的彩烤应具备符合工艺要求的辊道窑。

6.1.2 窑炉的工作仪表等仪器设备应按要求检定或校准,并定期进行运行检查。

6.2 烧成控制

6.2.1 工厂应对装窑方法、烧成时间、烧成温度、通风条件等按烧成制度进行有效控制。

6.2.2 工厂应制定低铅、镉溶出量产品不得与高铅、镉溶出量产品同窑烧制的制度并有效实施。

6.3 铅镉控制关键点的确定

工厂应根据生产工艺要求和产品质量动态识别、确定铅镉控制关键点,编制相应的管理文件并有效实施。

6.4 对影响铅镉控制的分包,工厂应评价、选择符合本认证条件的分包方并有效控制;选择的分包方应经确认。

7、铅、镉溶出量不合格产品处理

工厂应对铅、镉溶出量不合格产品有严格的标识、隔离措施,并进行原因分析,采取相应的纠正、预防措施。

8、铅、镉溶出量检测

8.1 检测能力要求

8.1.1 对具备检测能力的工厂,其实验室的仪器、设备、试剂、人员、环境、标准、方法等应能够有效保证铅、镉溶出量检测结果准确。

8.1.2 不具备检测能力的工厂,应委托具备铅、镉溶出量检测能力的实验室检测。

8.2 工厂应按规定对产品进行铅、镉溶出量检测,确认输美产品的铅、镉溶出量符合工厂的内控标准。

8.3 认证的产品铅、镉溶出量必须经抽样检测合格。

9、生产批次、工厂认证代号和认证标志的管理

9.1 生产批次管理

工厂必须确保同一生产批号产品的瓷釉、成分、装饰花型、烧成时间、烧成温度等方面保持一致。

9.2 工厂认证代号

9.2.1 工厂必须保证其认证代号不得以任何理由转让给其他工厂使用。

9.2.2 工厂应在输美认证产品包装箱、厂检记录、厂检合格单上标明工厂认证代号。

9.3 认证标志管理

9.3.1 认证标志的订购、使用与加贴方式应符合规定的要求。

9.3.2 认证标志应由专人保管,并定期清点。工厂应保持标志领取记录。

附件 2：

输美认证程序文件(7-1 部分)

输 美 日 用 陶 瓷 厂 认 证

申 请 书

☐ 首次申请　　　　☐复审申请

申　请　号：________________

申 请 单 位：________________

申 请 日 期：________________

国家认证认可监督管理委员会　制

<table>
<tr><td rowspan="2">申请单位名称</td><td colspan="3">中文</td></tr>
<tr><td colspan="3">英文</td></tr>
<tr><td rowspan="2">申请单位地址</td><td colspan="3">中文</td></tr>
<tr><td colspan="3">英文</td></tr>
<tr><td>邮政编码</td><td></td><td>传　真</td><td></td></tr>
<tr><td>电子邮箱</td><td colspan="3"></td></tr>
<tr><td>申请认证产品种类</td><td colspan="3">☐白胎　☐色釉　☐釉下彩
☐釉上彩　☐紫砂　☐</td></tr>
</table>

	姓　名	职　务	电话号码
申请单位法人代表			
申请单位负责人			
申请单位联系人			

申请单位声明：

1.为使我厂　　　　　　　　产品顺利对美国出口，我们愿意按《关于对美出口的调制、盛放或贮存食品饮料的陶瓷器皿问题谅解备忘录》及相关要求控制铅、镉溶出量，特向出入境检验检疫部门申请认证以便向美国 FDA 推荐。

2.我们同意遵守有关考核规定和要求，履行考核认证程序。

3.不论考核结果如何，均按规定承担有关费用。

申请单位法人代表（签字）：

申　请　单　位（盖章）

年　　月　　日

一、工厂概况：

各部门/车间名称	负责人姓名	电　话	共有人数

工厂占地面积_________ m^2，其中厂房面积__________ m^2

·申请认证产品的投产日期：

·涉及铅、镉的材料品种及供应者：

材料名称　　　　　　　　　　　　供应者

二、工厂涉及铅镉控制的主要生产设备概况：

序号	设备名称	型号	规格	生产厂家	数量	备注

三、工厂主要检验设备；

序号	设备名称	型号	规格	生产厂家	数量	备注

四、最近三年来年产量及出口量情况：(单位：万件)

年 份	生产量	出口量	主要输往国家(地区)

五、最近三年来国外客户对质量的反映和处理情况：

客户名称	意见内容	处理结果

六、最近三年来产品铅镉控制情况

检验年份	铅镉合格率	
	工厂自验合格率	商检检验合格率

本申请书所附资料:		
1	质量体系文件	1套
2	调查/审核表	1份
3	申请产品的型式试验报告	1份
4	工厂简要生产平面图	1份
5	简要工艺流程图	1份
6	出口陶瓷质量许可证复印件	1份
7	工商营业执照复印件	1份

说明:表中申请书所附资料如与出口陶瓷质量许可证相同的,可免于提交。

输美认证程序文件(7–2 部分)

中华人民共和国　　　出入境检验检疫局

输美日用陶瓷生产厂认证审核通知书

<table>
<tr><td colspan="4">被审核方名称：</td></tr>
<tr><td colspan="4">地址：</td></tr>
<tr><td colspan="4">产品种类：□白胎　□色釉　□釉上彩　□釉下彩　□</td></tr>
<tr><td colspan="4">审核目的：验证被审核方是否符合《输美日用陶瓷生产厂认证条件(2003 版)》的要求，以确定是否推荐颁发日用陶瓷输美认证证书。</td></tr>
<tr><td colspan="4">审核依据：□《输美日用陶瓷生产厂认证条件(2003 版)》</td></tr>
<tr><td colspan="4">现场审核日期：</td></tr>
<tr><td>审核组成员</td><td>姓 名</td><td>组 别</td><td>资 格</td></tr>
<tr><td>审核组长：
组　　员：</td><td></td><td></td><td></td></tr>
</table>

经办人/日期：　　　　审批人/日期：

联 系 电 话：　　　　(盖章)

输美认证程序文件(7-3 部分)

输美日用陶瓷生产厂认证工作

调查/审核表

申请号：______________________________

出口陶瓷质量许可证号：______________________

申请单位名称：__________________________

□ 首次申请　　　　□复审申请(认证代号：____T____)

填表日期：　　　　________年________月________日

编 制 说 明

1.编制依据和适用范围

本表是依据《关于对美出口的调制、盛放或贮存食品和饮料的陶瓷器皿问题谅解备忘录》和《输美日用陶瓷生产厂认证条件(2003 版)》制定的，供申请人内部审核和指导审核员审核，不作为最终审核报告。

2.本表中的“对应文件及条款”栏由申请人填写；“审核记录”由审核人员填写

3.实施认证审核工作的要求和方法

3.1 文件审核的要求和方法

直属检验检疫局受理工厂认证申请后，首先实施文件审核，审核文件是否满足本认证条件要求，对存在问题的应退回工厂修改。文件审核通过后方进行现场审核。

3.2 现场审核结论

审核结论分为“符合”和“不符合”。对审核结论判定为符合的，如果存在一般不符合项必须在规定的时间内纠正并经检验检疫机构验证合格。对判定为不符合的，检验检疫机构在六个月后方受理其认证申请。对有下列情况之一的，判为不符合：

(a)发现严重不符合项；

(b)发现一般不符合项六个(含六个)以上。

注：本表“审核要点”中的内容仅供审核人员参考，并不包括审核内容全部。

项目	输美日用陶瓷生产厂认证条件	质量管理文件审核情况		现场审核				
		对应文件及条款(申请人填写)	文件审核结果	审核要点(供参考)	审核记录	审核结果(用√表示)		
						符合	不符合	不适用
1.铅镉控制管理机构	1.1 铅镉控制管理机构的组成							
	工厂应建立铅镉控制管理机构，负责其产品的铅镉控制。该机构负责人应由工厂最高管理者担任。机构成员应由铅镉控制过程相关部门的人员组成。			1.是否按要求建立了铅镉控制管理机构。 2. 是否已授权/任命机构负责人。 3.是否有铅镉空制管理机构图。				
	1.2 铅镉控制管理机构的职责和权限							
	1.2.1 工厂应明确该机构成员涉及铅镉控制过程的管理职责和权限。			是否有文件明确该机构成员涉及铅镉控制的管理职责和权限。				
	1.2.2 该机构应识别产品铅镉控制所需的过程和方法，编制满足本认证条件要求的质量管理文件，并确保其实施和持续改进。			该机构是否根据工厂的实际情况,对产品铅镉控制涉及的人力资源、基础设施、工作环境、产品实现、监视和测量的过程和方法进行策划、编制质量管理文件,并确保其有效实施和持续改进。				
	1.2.3 工厂在申请首次认证和复审前,该机构应组织内部审核。			1. 是否按本认证条件组织了内审,查阅工厂内审报告。 2.抽查有关记录,确认内审过程中发现的问题是否采取了有效的纠正和预防措施。				
	1.3 铅镉控制机构的质量目标							
	该机构应制定铅镉控制质量目标，确保工厂产品的铅、镉溶出量符合输美日用陶瓷的限量标准：(a)有严于美国 FDA 要求的铅、镉溶出量内控标准;(b)工厂一年内铅、镉溶出量出厂检验批次合格率达到95%以上；(c) 工厂出口产品一年内经检验检疫机构检验铅、镉溶出量一次检验批次合格率达到98%以上。(d)其他相关的质量目标或指标			1. 是否制定了铅镉控制质量目标,其质量目标是否可测量。 2.工厂铅镉控制质量目标是否形成文件并传达到机构成员。 3.是否对铅镉控制质量目标的实现进行定期考核、分析。查阅工厂目标考核记录。				

项目	输美日用陶瓷生产厂认证条件	质量管理文件审核情况		现场审核				
		对应文件及条款(申请人填写)	文件审核结果	审核要点(供参考)	审核记录	审核结果(用√表示)		
						符合	不符合	不适用
2.文件管理	2.1 文件的编制和控制							
	2.1.1 铅镉控制机构应编制覆盖本认证条件的质量管理文件，其内容至少应包括：(a) 采购控制；(b)采购产品检验或验证；(c)试烧及生产工艺要求的确定和管理；(d)窑炉和烧成控制；(e)铅镉控制关键点的确定和控制；(f)产品铅、镉溶出量的检测；(g)生产批次的管理；(h)工厂认证代号的使用和管理；(i) 认证标志的订购、使用和管理。			查阅质量手册、程序文件及相关文件资料，确认工厂编制的质量管理文件是否覆盖了本认证条件的要求。				
	2.1.2 工厂应编制文件控制程序，控制对文件的编制、审批、发放、更改，以确保机构成员、管理人员和生产检验各环节成员能及时得到相关的有效文件。			1. 是否对文件的编制、审批、发放、更改进行有效控制。2. 检查铅镉控制管理机构成员、管理人员和生产检验各环节成员是否能得到相关文件。				
	2.2 工厂应有认证产品涉及的铅镉控制标准，包括美国FDA铅、镉溶出量限量标准、美国加州65准则(适用时)以及国家相关标准。			查阅工厂收集的标准是否齐全、有效。				
3.记录控制	工厂铅镉控制记录至少应包括以下方面的内容：(a)釉料、颜料及花纸等原材料的进货检验或验收记录；(b)试烧及试烧产品检验 (含试烧样品铅、镉溶出量项目)记录；(c) 釉浆浓度监测记录(适用时)；(d)烧成、彩烤记录；(e) 产品检验(含最终产品铅、镉溶出量项目)记录；(f)生产批次管理记录；(g)检验检疫认证标志的认购、使用和管理记录；(h)花纸/色釉档案。			1.是否有满足本认证条件要求的涉及铅镉控制记录以证实其工作的有效性。2.抽查记录，确认记录设计的项目是否合理。3.检查记录的填写是否清晰、完整。4.记录是否有专人保管，是否编目、归档便于查阅，并规定其保存期限。				

项目	输美日用陶瓷生产厂认证条件	质量管理文件审核情况		现场审核				
		对应文件及条款(申请人填写)	文件审核结果	审核要点(供参考)	审核记录	审核结果(用√表示)		
						符合	不符合	不适用
4. 采购	工厂应选择合格供方，以确保所采购的产品符合铅镉控制要求。			1.查阅对供方选择、评价的准则和记录，工厂对供方是否进行了有效控制。 2. 抽查工厂采购产品的检验或验收记录，工厂对涉及铅镉控制的原、辅材料是否经检验或验证合格后方投入生产。				
5. 生产工艺要求的确定	5.1 工厂应对首次使用的颜料、花纸、釉料等进行试烧。			1.查阅试烧记录，工厂是否对首次使用的颜料、花纸、釉料等进行了试烧，以确定工艺要求。 2. 试烧完成后是否进行了抽样检测，其铅、镉溶出量是否符合工厂内控标准。				
	5.2 工厂应根据试烧结果确定批量生产工艺要求，经审批后方投入批量生产。			1.是否进行了批量生产前工艺要求的确定。 2.是否经铅镉控制管理机构审批后方投入生产。				
	5.3 生产过程中工艺要求如有改变，应经铅镉控制管理机构重新验证和审批。			检查工厂工艺要求的更改是否经审批。				
6. 生产过程控制	6.1 窑炉设备的选择和控制							
	6.1.1 烧成应具备符合工艺要求的窑炉设备。釉上装饰的彩烤应具备符合工艺要求的辊道窑。			检查窑炉配置是否适用，其技术性能、运行状态是否正常。				
	6.1.2 窑炉的工作仪表等仪器设备应按要求检定或校准，并定期进行运行检查。			1.检查窑炉的压力表、温度表等仪器设备是否正常。 2. 是否有计量检定合格证或校准记录。 3.是否有定期运行检查或维修记录。				

<table>
<tr><th rowspan="3">项目</th><th rowspan="3">输美日用陶瓷生产厂认证条件</th><th colspan="2">质量管理文件审核情况</th><th colspan="5">现场审核</th></tr>
<tr><th rowspan="2">对应文件及条款(申请人填写)</th><th rowspan="2">文件审核结　果</th><th rowspan="2">审核要点(供参考)</th><th rowspan="2">审核记录</th><th colspan="3">审核结果(用√表示)</th></tr>
<tr><th>符合</th><th>不符合</th><th>不适用</th></tr>
<tr><td rowspan="6">6.生产过程控制</td><td colspan="8">6.2 烧成控制</td></tr>
<tr><td>6.2.1 工厂应对装窑方法、烧成时间、烧成温度、通风条件等按烧成制度进行有效控制。</td><td></td><td></td><td>1.查阅是否有窑炉操作规程。
2.操作人员是否接受了必要的培训，是否熟悉操作规程，并且具备相应的能力，是否按规程进行操作。
3. 抽查烧成记录，检查烧成温度、彩烤温度等是否有异常，是否符合规定的工艺要求。</td><td></td><td></td><td></td><td></td></tr>
<tr><td>6.2.2 工厂应制定低铅、镉溶出量产品不得与高铅、镉溶出量产品同窑烧制的制度并有效实施。</td><td></td><td></td><td>查阅工厂烧成制度和生产计划、记录，确认其符合性。</td><td></td><td></td><td></td><td></td></tr>
<tr><td colspan="8">6.3 铅镉控制关键点的确定</td></tr>
<tr><td>工厂应根据生产工艺要求和产品质量动态识别、确定铅镉控制关键点，编制相应的管理文件并有效实施。</td><td></td><td></td><td>1. 查阅相关文件，检查是否对铅镉控制关键点进行了识别。
2.是否有相应的管理制度，确保铅镉控制关键点得到有效监控。
3.是否根据质量活动采取相应措施，适时调整保证铅镉控制关键点。</td><td></td><td></td><td></td><td></td></tr>
<tr><td>6.4 对影响铅镉控制的外包，工厂应评价、选择符合本认证条件的外包方并有效实施；选择的外包方应经确认。</td><td></td><td></td><td>1.是否制定了对外包方的评价、选择、控制的管理制度。
2.外包方是否经确认、备案。
3. 查阅工厂对外包方的评价、选择及控制等有关记录是否符合规定要求，工厂是否对外包方进行有效控制。</td><td></td><td></td><td></td><td></td></tr>
</table>

项目	输美日用陶瓷生产厂认证条件	质量管理文件审核情况		现场审核				
		对应文件及条款(申请人填写)	文件审核结果	审核要点(供参考)	审核记录	审核结果(用√表示)		
						符合	不符合	不适用
7. 铅、镉溶出量不合格产品处理	工厂应对铅、镉溶出量不合格产品有严格的标识、隔离措施，并进行原因分析，采取相应的纠正、预防措施。			对涉及铅、镉溶出量超标的不合格品，工厂是否进行严格的标识和隔离管理，铅镉控制管理机构是否进行原因分析，并采取有效的纠正和预防措施。				
8. 铅、镉溶出量检测	8.1 检测能力要求							
	8.1.1 对具备检测能力的工厂，其实验室的仪器、设备、试剂、人员、环境、标准、方法等应能够有效保证铅、镉溶出量检测结果准确。			1. 是否有符合要求的实验室，实验室有关规定能否保证检测工作的有效进行。现场了解及检查相关仪器、设备、环境等，确认是否符合要求。 2.检查实验室工作人员的检测技术水平。				
	8.1.2 不具备检测能力的工厂，应委托具备铅、镉溶出量检测能力的实验室检测。			1.是否按规定抽样检测并建立检测记录档案。 2.检查委托检测的实验室是否已获得计量认证的资质。				
	8.2 工厂应按规定对产品进行铅、镉溶出量检测，确认输美产品的铅、镉溶出量符合工厂的内控标准。			查阅工厂检测报告是否齐全，其检测项目、方法是否符合规定要求。				
	8.3 认证的产品铅、镉溶出量必须经抽样检测合格。			检查认证产品的铅、镉溶出量检测报告，其检测结果是否合格。				
9. 生产批次、工厂认证代号和认证标志的管理	9.1 生产批次管理							
	工厂必须确保同一生产批号产品的瓷釉、成分、装饰花型、烧成时间、烧成温度等方面保持一致。			抽查生产计划和记录等相关资料，确认其是否符合规定的要求。				

项目	输美日用陶瓷生产厂认证条件	质量管理文件审核情况		现场审核				
		对应文件及条款(申请人填写)	文件审核结果	审核要点(供参考)	审核记录	审核结果(用√表示)		
						符合	不符合	不适用
9. 生产批次、工厂认证代号和认证标志的管理	9.2 工厂认证代号							
	9.2.1 工厂必须保证其认证代号不得以任何理由转让给其他工厂使用。			检查认证代号的使用是否符合规定。				
	9.2.2 工厂应在输美认证产品包装箱、厂检记录、厂检合格单上标明工厂认证代号。			现场检查和查阅记录、单证,确认其是否符合规定。				
	9.3 认证标志管理							
	9.3.1 认证标志的订购、使用与加贴方式必须符合规定的要求。			1.检查标志订购和使用的记录。2.确认认证标志的加贴方式是否符合要求。				
	9.3.2 认证标志应由专人保管,并定期清点。工厂应保持标志领取记录。			1. 是否有专人保管,确保标志不损坏、不遗失。工厂是否定期清点标志的使用情况。 2.检查领取和使用记录、台账,确认其是否有效管理。				

输美认证程序文件(7-4 部分)

不符合项报告

被审核部门:________________ 报告编号:________________

陪 同 人:________________ 申 请 号:________________

审核组成员在审核现场完成此栏目 审核日期:

审核记录

依据的文件:________________

详细情况:________________

审核组长签字:

审核组长确认后完成此栏目 确认日期:

结论:上述情况为一个□严重 □一般不符合项,应引起被审核方注意。

备注:________________

纠正工作将通过: □文件审核 □跟踪访问。

被审核方意见/纠正措施:________________

预计完成时间:

审核组长签字: 被审核方代表签字:

纠正措施落实后完成此栏目 调查核实日期:

落实情况:□已纠正,满意。 □部分纠正,不太满意,继续跟踪。

□没纠正,不满意,重新纠正。

(必要时见附件说明)

审核组长或受权人签字:

*不符合项纠正报告附后

输美认证程序文件(7–5 部分)

输美日用陶瓷生产厂认证审核/复审报告

一、申请单位名称：

二、审核简况

审核日期：_____年_____月_____日至_____年_____月_____日

审核类型：☐初次审核 ☐复审申请

审核依据：☐《输美日用陶瓷生产厂认证条件(2003 版)》

三、审核结果：

1.对工厂质量体系文件审核情况见《输美日用陶瓷生产厂认证工作调查/审核表》，审核中共发现　　个不符合项。

结论及处理：______________________________

____

____

2.对现场审核情况见《输美日用陶瓷生产厂认证工作调查/审核表》，审核中共发现_____个不符合项，详情及纠正情况见不符合项报告第_______________号。

结论：

四、评定意见：鉴于以上审核结果，评定意见如下：

☐该厂符合认证条件要求

☐该厂不符合认证条件要求

五、审核人员签名

组长：_____________

组员：_____________ _____________

六、本报告附件共　　件　　页：

附件 A：名称_____________________ 页数_____________________

附件 B：名称_____________________ 页数_____________________

说明：本次审核基于抽样调查，不能包含被审核方全部的质量管理活动，因此，未发现的不符合项可能仍存在于目前的工厂质量管理体系中。

输美认证程序文件(7–6 部分)

中华人民共和国　　出入境检验检疫局

输美日用陶瓷生产厂认证审核

签到表

工厂名称：　　　　　　　　　　　　　　　　　　　　　　　　年　　月　　日

姓名	工作部门	职务	姓名	工作部门	职务

☐见面会　　　　　　　　　　　　☐总结会

输美认证程序文件(7–7 部分)

输美日用陶瓷生产厂认证审批意见书

申 请 号：______________________________

申请单位名称：____________________________

申请认证的产品种类：______________________

审批意见

根据《输美日用陶瓷生产厂认证条件(2003 版)》和审核结果,现决定:批准认证,授予认证编号为 ________。

经办人:(签字)

受权批准人:(签字)

(盖章)
年 月 日

附件 3

中 华 人 民 共 和 国

The People's Republic of China

输 美 日 用 陶 瓷 生 产 厂 认 证 证 书

Manufacturer Certificate for Ceramic Tableware Exported to the United States

认证编号：

Manufacturer code:

单位名称：

Manufacturer name:

单位地址：

Manufacturer address:

经审查，你单位符合输美日用陶瓷生产厂认证条件，特发此证。

This is to certify that the above mentioned manufacture complies with the conditions of certified manufacture for ceramic tableware exported to the United States after inspection.

认证产品种类：

Product category:

发证日期：

Date of issue:

本证书的有效性依据发证机构的复审获得保持。

The validity depends on the follow up inspection by the issuer.

（印章）

关于印发《关于建立农产品认证认可工作体系实施意见》的通知

（国认注联[2003]15号）

各省、自治区、直辖市、计划单列市、新疆生产建设兵团农业（畜牧、渔业、农垦、农机化、乡镇企业、饲料）厅（局、委、办）、经贸委、外经贸厅、卫生厅、环保局、工商局、质技监局，各直属检验检疫局：

现将《关于建立农产品认证认可工作体系的实施意见》印发给你们，请认真贯彻执行。

二〇〇三年二月二十七日

关于建立农产品认证认可工作体系的实施意见

在我国经济进入新的发展阶段和加入世界贸易组织的新形势下，随着工业化进程和城市建设的迅速发展，人民群众生活水平的不断提高，对“菜篮子”产品的质量卫生安全提出了新的要求。对农产品的质量安全卫生施行认证认可管理，是做好新阶段的“菜篮子”工作的一项重要任务，也是实现农业现代化、推进农业产业化进程和进一步扩大对外开放的一项重要措施。根据《国务院关于新阶段“菜篮子”工作的通知》（国发[2002]15号）和《国务院办公厅关于加强认证认可工作的通知》（国办发[2002]11号）提出的要求，现就建立农产品认证认可工作体系有关工作提出以下实施意见。

一、建立农产品认证认可工作体系的指导思想和目的

全面贯彻“三个代表”重要思想，坚持国务院确定的统一规划、强化监管、规范市场、提高效能和与国际接轨的认证认可工作原则，在国家认证认可监督管理委员会统一管理、监督、综合协调和各有关方面共同实施的工作机制下，建立并完善我国农产品认证认可工作体系，提高农产品认证评价的一致性和有效性，促进农产品等“菜篮子”产品的质量卫生安全水平的提高，为农业结构调整，增加农民收入，改善我国生态环境，扩大农产品出口创汇服务。

二、建立农产品认证认可工作体系的工作重点

（一）建立统一、规范的农产品认证认可体系。我国农产品认证要借鉴和引入工业产品认证认可的经验和有关做法，统一认可制度、统一认可机构、统一认可标准和认可程序，保证认可工作的公正、公开、公平，加快农产品认证工作。

（二）实行统一的农产品认证机构、认证咨询机构和认证培训机构的国家认可制度。按照国家认证认可监督管理委员会、国家质量监督检验检疫总局、国家工商行政管理总局、对外贸易经济合作部《关于印发〈认证机构及认证培训、咨询机构审批登记与监督管理办法〉的通知》（国认可联[2002]21号）有关规定，从事农产品认证、认证咨询和认证培训等业务的机构要办理审批和登记注册；农产品认证机构应当取得国家认证认可监督管理委员会授权的认可机构的资质认可；对农产品认证培训机构、农产品认证人员实施注册、备案制度。

（三）以与国际接轨为目标，结合我国国情，建立国家农产品认证标准。以现阶段我国业已开展了的“无公害农产品”、“绿色食品”和“有机食品”等认证为基础，统一、完善相关的认证标准体系，逐步使我国农产品认证与国际通行的认证标准和认证形式接轨。

（四）制定有利于社会监督和促进有序竞争的农产品认证标志（标识）管理办法。通过认证标志，建立认证质量的可追溯制度，认证机构要对其认证结果的有效性承担责任。

根据国家有关规定，适时对直接食用的农产品实行强制性产品认证制度和出口验证制度。

（五）加强对农产品认证机构、认证咨询机构与认证培训机构的管理和监督检查。通过政策引导和加强监督管理，引入市场竞争机制，培育一批运作规范、社会信誉高、符合国际通行规则要求的农产品认证机构。加强对境外相关认证机构、认证咨询机构和有关代理机构以及独立检查员的监督检查。

（六）在农产品生产、加工企业中积极推行HACCP（危害分析与关键控制点）管理体系及认证。调动全社会的积极性，通过认证帮助、指导企业在生产过程中建立并调整关键控制点限值，及时纠正偏差，保证产品的质量卫生安全符合规定要求，提高企业的科学管理水平。

（七）推动建立贯穿农产品种植、养殖、加工、储运、经销全过程的质量卫生安全管理体系。在农产品生产、加工、储运、经销企业（包括种植业、养殖业、加工业、储存运输业、批发、零售业等）中开展质量管理体系认证、环境管理体系认证、职业健康安全管理体系认证，促进农产品生产、加工、经销企业质量管理水平的全面提高。

三、建立农产品认证认可工作体系应注意的几个问题

(一)开展农产品认证认可工作,要适应我国农业、农村经济工作和农业可持续发展的需要,为推进农业产业化进程和实现农业现代化服务;要符合国家环境保护法律法规的要求,为保护和改善我国生态环境服务;要通过认证推动我国农产品出口创汇。

(二)要加快与农产品认证相关的国家标准及行业标准、有关技术法规的制、修订进程,使各类认证标准层次分明,并具有可操作性。积极推进我国有关农产品认证领域的国际间相互认可工作。

(三)发挥各种农村经济组织和行业(产业)协会在农产品认证活动中的示范和桥梁、纽带作用,坚持循序渐进、逐步推广的工作方针,努力提高农产品质量,扩大出口创汇,真正使农民得到实惠。

(四)利用WTO"绿箱"政策和借鉴国外做法,扶植具备条件的农产品生产、加工企业积极发展有机农业,对获得有机认证的生产、加工企业给予一定的政策优惠。

(五)农产品认证认可工作体系的建立和实施,需要各有关部门相互支持,形成合力。国家认证认可监督管理委员会要积极主动地为各行业、地区开展农产品认证工作提供指导和服务;国务院各有关部门和地方各级政府要积极运用认证结果作为"菜篮子"产品质量卫生安全的监控手段。各有关部门各司其职,促进认证工作在农产品生产、加工、经销中的实施,共同培育开放有序、监管有效的农产品认证市场。

(六)国家认证认可监督管理委员会要会同有关部门制定有关农产品认证的监督管理办法,建立、健全对农产品认证机构及认证检测机构等的有关要求。

《食品生产企业危害分析与关键控制点(HACCP)管理体系认证管理规定》

(国家认监委2002年第3号公告)

第一章 总 则

第一条 为了规范食品生产企业危害分析与关键控制点(以下简称HACCP)管理体系的建立、实施、验证以及HACCP的认证工作,提高食品的安全卫生质量,扩大食品出口,根据《中华人民共和国食品卫生法》、《中华人民共和国进出口商品检验法》、《中华人民共和国进出口商品检验法实施条例》和国务院的有关规定,制定本规定。

第二条 国家鼓励从事生产、加工出口食品的企业(以下简称企业)建立并实施HACCP管理体系。列入《出口食品卫生注册需要评审HACCP管理体系的产品目录》(以下简称《目录》)的企业,必须建立和实施HACCP管理体系。

第三条 各地出入境检验检疫机构负责所辖区域内企业HACCP管理体系的验证工作,并根据国外食品卫生管理机构的要求,出具HACCP验证证书。

第四条 根据国务院的有关规定,国家认证认可监督管理委员会(以下简称国家认监委)负责全国HACCP管理体系认证认可工作的统一管理、监督和综合协调工作,监督管理HACCP管理体系的实施和出入境检验检疫机构的验证工作,负责调整和公布《目录》。

第二章 企业HACCP管理体系建立和运行的基本要求

第五条 企业应当在符合国家有关食品安全卫生要求的基础上,建立HACCP管理体系。

企业必须建立和实施卫生标准操作程序,达到以下卫生要求:

(一)接触食品(包括原料、半成品、成品)或与食品有接触的物品的水和冰应当符合安全、卫生要求;

(二)接触食品的器具、手套和内外包装材料等必须清洁、卫生和安全;

(三)确保食品免受交叉污染;

(四)保证操作人员手的清洗消毒,保持洗手间设施的清洁;

(五)防止润滑剂、燃料、清洗消毒用品、冷凝水及其它化学、物理和生物等污染物对食品造成安全危害;

(六)正确标注、存放和使用各类有毒化学物质;

(七)保证与食品接触的员工的身体健康和卫生;

(八)清除和预防鼠害、虫害。

第六条 建立HACCP管理体系应当符合HACCP原理的基本要求:

(一)进行危害分析,提出预防措施;

(二)确定关键控制点(CCPs);

(三)确定关键限值;

(四)建立监控程序;

(五)建立纠偏行动计划;

(六)建立记录保持程序;

(七)建立验证程序。

第七条 企业实施 HACCP 管理体系时,必须由本企业接受过 HACCP 培训或者其工作能力等效于经过 HACCP 培训的人员承担相应工作。

第八条 企业负有执行职责的最高管理者负责批准 HACCP 计划。HACCP 管理体系的运行必须有效保证食品符合安全卫生要求。企业在执行中应当定期或者根据需要及时对 HACCP 计划进行内部审核和调整。

第三章 认　证

第九条 从事 HACCP 管理体系认证（以下简称 HACCP 认证)的机构,应当获得国家认监委的批准,并按有关规定取得国家认可机构的资格认可。

第十条 申请从事 HACCP 认证的认证机构应当具有足够数量的专业评审人员，上述人员应当获得食品相关专业的本科以上学历、有食品工艺方面的实践经验、接受过 HACCP 培训并取得了认证人员注册机构的注册。

第十一条 HACCP 认证的依据是国家有关法律法规、国家标准或者行业标准和有关国际标准、准则或者规范等。

第十二条 企业建立和实施的 HACCP 管理体系可申请 HACCP 认证。经认证机构按照规定评审符合要求的,由认证机构颁发 HACCP 认证证书。

第四章 验　证

第十三条 出入境检验检疫机构根据有关规定对企业建立和实施的 HACCP 管理体系进行验证。验证的依据是本规定第二章的基本要求。

根据中国政府主管部门与外国(地区)有关机构签订的双边协议或者合同约定及国外有关要求，企业应当接受国外食品卫生管理机构的验证。

第十四条 出入境检验检疫机构对下列企业实施验证:

(一)产品列入《目录》的企业;

(二)国外有关机构要求由出入境检验检疫机构出具 HACCP 验证证书的企业。

第十五条 验证的重点是:

(一)企业建立和实施 HACCP 管理体系的证明文件或者认证机构的 HACCP 认证文件;

(二)企业 HACCP 计划的合理性,即对所有潜在的显著危害进行全面、合理的分析,提出了适当的控制措施;

(三)企业 HACCP 计划实施的有效性,即 HACCP 计划的实施情况,以及实施后企业及产品安全卫生质量得到有效保证。

第五章 监督管理

第十六条 国家认监委对企业建立并实施 HACCP 管理体系实施监督，对出入境检验检疫机构的 HACCP 验证工作进行业务指导和监督检查。

第十七条 国家认监委监督、管理全国的 HACCP 认证认可工作,监督、规范 HACCP 认证活动。从事 HACCP 认证的认证机构、认证咨询和培训机构(含中外合资、合作、外商独资机构)的设立应当符合国家的有关规定。

第十八条 国家认监委负责国外食品卫生管理机构及其他相关机构对我国企业 HACCP 验证的管理和协调工作,受理有关的投诉、申诉,并组织调查和处理。

第十九条 出入境检验检疫机构在 HACCP 验证中,发现认证机构（含中外合资、合作、外商独资机构)的 HACCP 认证工作达不到规定要求及虚假认证和买证、卖证的,应当报国家认监委进行查处。

第六章 附 则

第二十条 本规定中以下术语的含义是:

(一)“关键控制点（Critical Control Point，简称 CCP)”是指可将某一项食品安全危害防止、消除或降低至可接受水平的控制点。

(二)“危害分析和关键控制点（Hazard Analysis and Critical Control Point,简称 HACCP)”是指对食品安全危害予以识别、评估和控制的系统化方法。

(三)“HACCP 计划” 是指在 HACCP 原理基础上制定的列出了操作程序的书面文件。

(四)“HACCP 管理体系” 是指企业经过危害分析找出关键控制点，制定科学合理的 HACCP 计划在食品生产过程中有效地运行并能保证达到预期的目的，保证食品安全的体系。

(五)“HACCP 管理体系认证” 是指企业委托有资格的认证机构对本企业所建立和实施的 HACCP 管理体系进行认证的活动。

(六)“验证”是指出入境检验检疫机构或国外食品卫生管理机构及其他相关机构对企业建立和实施的 HACCP 管理体系进行的监督检查活动。

第二十一条 对其他食品生产企业建立并实施 HACCP 管理体系及其认证、验证的管理、监督,可以参照本规定执行。

第二十二条 本规定由国家认监委负责解释。

第二十三条 本规定自 2002 年 5 月 1 日起施行。

《无公害农产品标志管理办法》

（农业部、国家认监委2003年第231号公告）

根据《无公害农产品管理办法》，农业部、国家认证认可监督管理委员会联合制定了《无公害农产品标志管理办法》，现予以公告。

无公害农产品标志管理办法

第一条 为加强对无公害农产品标志的管理，保证无公害农产品的质量，维护生产者、经营者和消费者的合法权益，根据《无公害农产品管理办法》，制定本办法。

第二条 无公害农产品标志是加施于获得无公害农产品认证的产品或者其包装上的证明性标记。

本办法所指无公害农产品标志是全国统一的无公害农产品认证标志。

国家鼓励获得无公害农产品认证证书的单位和个人积极使用全国统一的无公害农产品标志。

第三条 农业部和国家认证认可监督管理委员会（以下简称国家认监委）对全国统一的无公害农产品标志实行统一监督管理。

县级以上地方人民政府农业行政主管部门和质量技术监督部门按照职责分工依法负责本行政区域内无公害农产品标志的监督检查工作。

第四条 本办法适用于无公害农产品标志的申请、印制、发放、使用和监督管理。

第五条 无公害农产品标志基本图案、规格和颜色如下：

（一）无公害农产品标志基本图案为：

（二）无公害农产品标志规格分为五种，其规格、尺寸（直径）为：

规格	1号	2号	3号	4号	5号
尺寸 mm	10	15	20	30	60

（三）无公害农产品标志标准颜色由绿色和橙色组成。

第六条 根据《无公害农产品管理办法》的规定获得无公害农产品认证资格的认证机构（以下简称认证机构），负责无公害农产品标志的申请受理、审核和发放工作。

第七条 凡获得无公害农产品认证证书的单位和个人，均可以向认证机构申请无公害农产品标志。

第八条 认证机构应当向申请使用无公害农产品标志的单位和个人说明无公害农产品标志的管理规定，并指导和监督其正确使用无公害农产品标志。

第九条 认证机构应当按照认证证书标明的产品品种和数量发放无公害农产品标志，认证机构应当建立无公害农产品标志出入库登记制度。无公害农产品标志出入库时，应当清点数量，登记台账；无公害农产品标志出入库台账应当存档，保存时间为5年。

第十条 认证机构应当将无公害农产品标志的发放情况每6个月报农业部和国家认监委。

第十一条 获得无公害农产品认证证书的单位和个人，可以在证书规定的产品或者其包装上加施无公害农产品标志，用以证明产品符合无公害农产品标准。

印制在包装、标签、广告、说明书上的无公害农产品标志图案，不能作为无公害农产品标志使用。

第十二条 使用无公害农产品标志的单位和个人，应当在无公害农产品认证证书规定的产品范围和有效期内使用，不得超范围和逾期使用，不得买卖和转让。

第十三条 使用无公害农产品标志的单位和个人，应当建立无公害农产品标志的使用管理制度，对无公害农产品标志的使用情况如实记录并存档。

第十四条 无公害农产品标志的印制工作应当由经农业部和国家认监委考核合格的印制单位承担，其他任何单位和个人不得擅自印制。

第十五条 无公害农产品标志的印制单位应当具备以下基本条件：

（一）经工商行政管理部门依法注册登记，具有合法的营业证明；

（二）获得公安、新闻出版等相关管理部门发放的许可证明；

（三）有与其承印的无公害农产品标志业务相适应的技术、设备及仓储保管设施等条件；

(四)具有无公害农产品标志防伪技术和辨伪能力;

(五)有健全的管理制度;

(六)符合国家有关规定的其他条件。

第十六条 无公害农产品标志的印制单位应当按照本办法规定的基本图案、规格和颜色印制无公害农产品标志。

第十七条 无公害农产品标志的印制单位应当建立无公害农产品标志出入库登记制度。无公害农产品标志出入库时,应当清点数量,登记台账;无公害农产品标志出入库台帐应当存档,保存期限为5年。

对废、残、次无公害农产品标志应当进行销毁,并予以记录。

第十八条 无公害农产品标志的印制单位,不得向具有无公害农产品认证资格的认证机构以外的任何单位和个人转让无公害农产品标志。

第十九条 伪造、变造、盗用、冒用、买卖和转让无公害农产品标志以及违反本办法规定的,按照国家有关法律法规的规定,予以行政处罚;构成犯罪的,依法追究其刑事责任。

第二十条 从事无公害农产品标志管理的工作人员滥用职权、徇私舞弊、玩忽职守,由所在单位或者所在单位的上级行政主管部门给予行政处分;构成犯罪的,依法追究刑事责任。

第二十一条 对违反本办法规定的,任何单位和个人可以向认证机构投诉,也可以直接向农业部或者国家认监委投诉。

第二十二条 本办法由农业部和国家认监委负责解释。

第二十三条 本办法自公告之日起实施。

《无公害农产品产地认定程序/无公害农产品认证程序》

(农业部、国家认监委2003年第264号公告联合发布)

为全面实施"无公害食品行动计划",规范和推进无公害农产品产地认定和产品认证工作,农业部、国家认证认可监督管理委员会共同制定了《无公害农产品产地认定程序》和《无公害农产品认证程序》,现予公告。本公告自发布之日起执行。

二〇〇三年四月十七日

无公害农产品产地认定程序

第一条 为规范无公害农产品产地认定工作,保证产地认定结果的科学、公正,根据《无公害农产品管理办法》,制定本程序。

第二条 各省、自治区、直辖市和计划单列市人民政府农业行政主管部门(以下简称省级农业行政主管部门)负责本辖区内无公害农产品产地认定(以下简称产地认定)工作。

第三条 申请产地认定的单位和个人(以下简称申请人),应当向产地所在地县级人民政府农业行政主管部门(以下简称县级农业行政主管部门)提出申请,并提交以下材料:

(一)《无公害农产品产地认定申请书》;

(二)产地的区域范围、生产规模;

(三)产地环境状况说明;

(四)无公害农产品生产计划;

(五)无公害农产品质量控制措施;

(六)专业技术人员的资质证明;

(七)保证执行无公害农产品标准和规范的声明;

(八)要求提交的其他有关材料。

申请人向所在地县级以上人民政府农业行政主管部门申领《无公害农产品产地认定申请书》和相关资料,或者从中国农业信息网站(www.agri.gov.cn)下载获取。

第四条 县级农业行政主管部门自受理之日起30日内,对申请人的申请材料进行形式审查。符合要求的,出具推荐意见,连同产地认定申请材料逐级上报省级农业行政主管部门;不符合要求的,应当书面通知申请人。

第五条 省级农业行政主管部门应当自收到推荐意见和产地认定申请材料之日起30日内,组织有资质的检查员对产地认定申请材料进行审查。

材料审查不符合要求的,应当书面通知申请人。

第六条 材料审查符合要求的,省级农业行政主管部门组织有资质的检查员参加的检查组对产地进行现场检查。

现场检查不符合要求的,应当书面通知申请人。

第七条 申请材料和现场检查符合要求的,省级农业行政主管部门通知申请人委托具有资质的检测机构,对其产地环境进行抽样检验。

第八条 检测机构应当按照标准进行检验，出具环境检验报告和环境评价报告，分送省级农业行政主管部门和申请人。

第九条 环境检验不合格或者环境评价不符合要求的，省级农业行政主管部门应当书面通知申请人。

第十条 省级农业行政主管部门对材料审查、现场检查、环境检验和环境现状评价符合要求的，进行全面评审，并做出认定终审结论。

(一)符合颁证条件的，颁发《无公害农产品产地认定证书》；

(二)不符合颁证条件的，应当书面通知申请人。

第十一条 《无公害农产品产地认定证书》有效期为3年。期满后需要继续使用的，证书持有人应当在有效期满前90日内按照本程序重新办理。

第十二条 省级农业行政主管部门应当在颁发《无公害农产品产地认定证书》之日起30日内，将获得证书的产地名录报农业部和国家认证认可监督管理委员会备案。

第十三条 在本程序发布之日前，省级农业行政主管部门已经认定并颁发证书的无公害农产品产地，符合本程序规定的，可以换发《无公害农产品产地认定证书》。

第十四条 《无公害农产品产地认定申请书》、《无公害农产品产地认定证书》的格式，由农业部统一规定。

第十五条 省级农业行政主管部门根据本程序可以制定本辖区内具体的实施程序。

第十六条 本程序由农业部、国家认证认可监督管理委员会负责解释。

第十七条 本程序自发布之日起执行。

无公害农产品认证程序

第一条 为规范无公害农产品认证工作，保证产品认证结果的科学、公正，根据《无公害农产品管理办法》，制定本程序。

第二条 农业部农产品质量安全中心（以下简称中心）承担无公害农产品认证(以下简称产品认证)工作。

第三条 农业部和国家认证认可监督管理委员会(以下简称国家认监委)，依据相关的国家标准或者行业标准发布《实施无公害农产品认证的产品目录》(以下简称产品目录)。

第四条 凡生产产品目录内的产品，并获得无公害农产品产地认定证书的单位和个人，均可申请产品认证。

第五条 申请产品认证的单位和个人（以下简称申请人)，可以通过省、自治区、直辖市和计划单列市人民政府农业行政主管部门或者直接向中心申请产品认证，并提交以下材料：

(一)《无公害农产品认证申请书》；

(二)《无公害农产品产地认定证书》(复印件)；

(三)产地《环境检验报告》和《环境评价报告》；

(四)产地区域范围、生产规模；

(五)无公害农产品的生产计划；

(六)无公害农产品质量控制措施；

(七)无公害农产品生产操作规程；

(八)专业技术人员的资质证明；

(九)保证执行无公害农产品标准和规范的声明；

(十)无公害农产品有关培训情况和计划；

(十一)申请认证产品的生产过程记录档案；

(十二)“公司加农户”形式的申请人应当提供公司和农户签订的购销合同范本、农户名单以及管理措施；

(十三)要求提交的其他材料。

申请人向中心申领《无公害农产品认证申请书》和相关资料，或者从中国农业信息网站(www.agri.gov.cn)下载。

第六条 中心自收到申请材料之日起，应当在15个工作日内完成申请材料的审查。

第七条 申请材料不符合要求的，中心应当书面通知申请人。

第八条 申请材料不规范的，中心应当书面通知申请人补充相关材料。申请人自收到通知之日起，应当在15个工作日内按要求完成补充材料并报中心；中心应当在5个工作日内完成补充材料的审查。

第九条 申请材料符合要求，但需要对产地进行现场检查的，中心应当在10个工作日内做出现场检查计划，并组织有资质的检查员组成检查组，同时通知申请人并请申请人予以确认。检查组在检查计划规定的时间内完成现场检查工作。现场检查不符合要求的，应当书面通知申请人。

第十条 申请材料符合要求（不需要对申请认证产品产地进行现场检查的)，或者申请材料和产地现场检查符合要求的，中心应当书面通知申请人委托有资质的检测机构对其申请认证产品进行抽样检验。

第十一条 检测机构应当按照相应的标准进行检验，并出具产品检验报告，分送中心和申请人。

第十二条 产品检验不合格的，中心应当书面通知申请人。

第十三条 中心对材料审查、现场检查(需要的)和产品检验符合要求的，进行全面评审，在15个工作日内做出认证结论。

(一) 符合颁证条件的，由中心主任签发《无公害农产品认证证书》;

(二) 不符合颁证条件的，中心应当书面通知申请人。

第十四条 每月10日前，中心应当将上月获得无公害农产品认证的产品目录同时报农业部和国家认监委备案，由农业部和国家认监委公告。

第十五条 《无公害农产品认证证书》有效期为3年，期满后需要继续使用的，证书持有人应当在有效期满前90日内按照本程序重新办理。

第十六条 任何单位和个人(以下简称投诉人)对中心检查员、工作人员、认证结论、委托检测机构、获证人等有异议的均可向中心反映或投诉。

第十七条 中心应当及时调查、处理所投诉事项，并将结果通报投诉人，并抄报农业部和国家认监委。

第十八条 投诉人对中心的处理结论仍有异议，可向农业部和国家认监委反映或投诉。

第十九条 中心对获得认证的产品应当进行定期或不定期的检查。

第二十条 获得产品认证证书，有下列情况之一的，中心应当暂停其使用产品认证证书，并责令限期改正。

(一)生产过程发生变化，产品达不到无公害农产品标准要求；

(二)经检查、检验、鉴定，不符合无公害农产品标准要求。

第二十一条 获得产品认证证书，有下列情况之一的，中心应当撤销其产品认证证书：

(一) 擅自扩大标志使用范围；

(二) 转让、买卖产品认证证书和标志；

(三) 产地认定证书被撤销；

(四) 被暂停产品认证证书未在规定限期内改正的。

第二十二条 本程序由农业部、国家认监委负责解释。

第二十三条 本程序自发布之日起执行。

《绿色市场认证管理办法》

(国家认监委、商务部2003年第14号公告)

国家认证认可监督管理委员会、商务部联合制定了《绿色市场认证管理办法》，现予以公告。

二〇〇三年十月二十三日

绿色市场认证管理办法

第一章 总 则

第一条 为了推进全国“三绿工程”建设，促进绿色市场认证工作，建立确保食品安全的流通网络体系，维护消费者的权益，根据《中华人民共和国认证认可条例》(以下简称《条例》)，制定本办法。

第二条 本办法中所称的绿色市场，是指经认证机构按照有关绿色市场标准或者技术规范要求认证，并允许使用绿色市场标牌（志）的农副产品批发市场和零售市场。

第三条 国家对在中华人民共和国境内从事农副产品批发和零售的市场实施绿色市场认证。绿色市场认证坚持政府推动，企业自愿的原则。

第四条 绿色市场认证的管理及质量监督工作，由国家认证认可监督管理委员会和商务部按照《条例》和国务院的有关规定，分工负责，共同做好工作。

第五条 地方认证监督管理部门和商务主管部门应当扶持绿色市场的发展，组织绿色市场新技术的研究、开发和推广。

第六条 本办法适用于在中华人民共和国境内的绿色市场认证活动。

第二章 组织管理

第七条 从事绿色市场认证的认证机构，由国家认证认可监督管理委员会按《条例》有关规定审核批准，并征求商务部意见。获得批准的认证机构需经认可机构认可后，方可从事绿色市场认证活动。

第八条 设立、申请从事绿色市场认证的认证机构及认证人员应当具备《条例》规定的条件。

第九条 国家认证认可监督管理委员会会同商务部制定《绿色市场认证实施规则》，确定认证标准、技术规范和认证程序。

第十条 从事绿色市场认证的认证机构履行以下职责:

(一)在批准的业务范围内按规定要求开展认证工作;

(二)按照规定对获得认证的绿色市场,颁发或者撤销认证证书,决定允许或者停止使用认证标牌(志);

(三)对认证标牌(志)使用情况进行监督管理;

(四)对认证市场的持续符合性进行监督检查;

(五)受理有关的认证投诉、申诉和争议工作。

第三章 认证程序

第十一条 申请绿色市场认证的委托人应当向认证机构提交书面申请,并提交相关资料。

(一)委托人基本情况。包括名称、地址、规模、市场硬件设施、资产状况、信用等级、经营情况等;

(二)委托人的营业执照、卫生许可证、证明其合法经营的其他资质证明复印件;

(三)委托人的管理体系文件及相关文件;

(四)地方商务主管部门提供的有关企业信誉证明材料;

(五)保证执行绿色市场标准和技术规范的声明;

(六)其他有关材料。

第十二条 认证机构负责受理委托人的认证申请。认证机构自收到认证申请之日起,应在10个工作日内完成对申请材料的审核。材料审核不符合要求的,应当书面通知委托人。

第十三条 对申请材料审核符合要求的委托人,认证机构应当在规定时限内委派认证人员,按照绿色市场标准和技术规范对其进行现场审核。

第十四条 认证机构应当根据申请材料、现场审核报告等进行综合评价,在10个工作日内做出认证决定。向获得认证的委托人颁发绿色市场认证证书,准许使用绿色市场标牌(志)。绿色市场认证证书有效期3年。

第十五条 认证机构应当将其颁发的认证证书的副本报国家认证认可监督管理委员会和商务部备案。

第十六条 国家认证认可监督管理委员会、商务部定期联合公布绿色市场名单。

第十七条 认证证书期满需要继续使用的,应当在有效期满90天前向认证机构申请复审,复审的申请手续同初次申请。复审通过后重新颁发认证证书。

第四章 认证标牌(志)管理

第十八条 绿色市场认证标牌(志):

(一) 基本图案(见附件);

(二)绿色市场标准规格标牌为60cm × 37cm铜牌,颜色为金色底版,绿色图案。

第十九条 获得绿色市场认证证书的委托人可以在认证有效期内使用绿色市场认证标牌(志),并接受认证机构的监督管理。

第二十条 获得绿色市场认证证书的,允许悬挂绿色市场认证标牌;委托人可以在宣传材料等信息载体上印制绿色市场认证标志,但是不得在销售的产品或者产品的销售包装上使用绿色市场认证标志。

第二十一条 印制绿色市场认证标志时可根据需要按基本图案规格等比例放大或者缩小,但不得变形、变色。

第二十二条 认证机构对有下列情形之一的,应当注销认证证书,并停止其使用认证标牌(志):

(一)认证适用的标准变更,获得绿色市场认证证书的委托人不能满足变更要求的;

(二)认证证书超过有效期,获得绿色市场认证证书的委托人未申请复审的;

(三) 获得绿色市场认证证书的委托人申请注销的。

第二十三条 认证机构对有下列情形之一的,应当暂停其使用认证证书和认证标牌(志);

(一)获得绿色市场认证证书的委托人未按规定使用认证标牌(志);

(二)监督检查结果证明获得绿色市场认证证书的委托人运营中不符合认证要求,但是不需要立即撤销认证证书的。

第二十四条 认证机构对有下列情形之一的,应当撤销认证证书并停止其使用认证标志:

(一) 监督检查结果证明运营中不符合认证要求,需要立即撤销认证证书的;

(二)认证证书暂停使用期间,获得绿色市场认证证书的委托人未采取有效纠正措施的;

(三)绿色市场出现严重质量、安全和卫生事故的。

第二十五条 任何单位或个人不得伪造、冒用、转让、买卖绿色市场标牌、标志。

第五章 监督管理

第二十六条 认证机构应当对绿色市场每年进行一次跟踪监督检查,也可根据情况进行不定期抽查。

第二十七条 监督检查合格的，认证机构发给《年度确认通知书》，认证证书继续使用；监督检查不合格的，暂停使用认证证书和绿色市场标牌(志)，并限期整改。整改合格的继续使用认证证书和绿色市场标牌(志)，整改无效的，撤销其认证证书，并停止使用认证证书和绿色市场标牌(志)。

第二十八条 委托人对认证机构的认证决定或者处理有异议的，可以向做出决定的认证机构提出申诉，对认证机构处理结果仍有异议的，可以向国家认证认可监督管理委员会申诉、投诉。

第二十九条 认证机构违反国家有关认证认可法律法规规定的，按相关法律法规处理。

第六章 附则

第三十条 绿色市场认证按照国务院价格主管部门批准的收费标准收取认证费用。

第三十一条 本办法由国家认证认可监督管理委员会和商务部负责解释。

第三十二条 本办法自发布之日起施行。

附件：绿色市场认证标牌基本图案

一、绿色市场认证标牌基本图案

二、绿色市场认证标志基本图案

《饲料产品认证管理办法》

（国家认监委2003年第19号公告）

为提高饲料质量安全卫生水平，规范饲料产品认证工作，促进饲料工业和养殖业的发展，维护人体健康，保护动物生命安全，国家认证认可监督管理委员会、农业部根据《中华人民共和国认证认可条例》、《饲料和饲料添加剂管理条例》，联合制定了《饲料产品认证管理办法》，现予以公告。

二〇〇三年十二月三十一日

饲料产品认证管理办法

第一章 总 则

第一条 为提高饲料质量安全卫生水平，规范饲料产品认证工作，促进饲料工业和养殖业的发展，维护人体健康，保护动物生命安全，根据《中华人民共和国认证认可条例》、《饲料和饲料添加剂管理条例》，制定本办法。

第二条 本办法所称的饲料产品认证，是指企业自愿申请，认证机构对饲料和饲料添加剂产品及其生产过程按照有关标准或者技术规范要求进行合格评定的活动。

饲料产品认证的对象，包括单一饲料、添加剂预混合饲料、浓缩饲料、配合饲料、精料补充料等饲料产品及营养性饲料添加剂和一般饲料添加剂等饲料添加剂产品(以下简称饲料产品)。

第三条 在中华人民共和国境内从事饲料产品认证及其监督管理适用本办法。

第四条 全国饲料产品认证管理及质量监督工作，由国家认证认可监督管理委员会、农业部按照国务院“三定”方案赋予的职责和有关规定，分工协作，共同实施。

第五条 凡经国家认证认可监督管理委员会批准依法设立的认证机构，在获得认可机构的认可后，均可从事饲料产品认证活动。

第六条 饲料产品认证采用统一的认证标准、技术规范、合格评定程序，标注统一的饲料产品认证标志(以下简称认证标志)。

第七条 国家鼓励饲料企业申请饲料产品认证。

凡实行生产许可证和批准文号管理的饲料和饲料添加剂，饲料行政管理部门可以凭认证机构颁发的饲料产品认证证书向获证企业免检换发产品批准文号。

第二章 组织实施

第八条 国家认证认可监督管理委员会会同农业部制定《饲料产品认证实施规则》。

第九条 从事饲料产品认证的认证机构(以下简称认证机构)、认证人员和承担饲料产品认证检测任务的检测机构(以下简称检测机构)应当符合有关法律、行政法规和技术规范规定的资质能力要求。

第十条 认证机构应当履行以下职责：

(一)在批准的业务范围内按照规定要求开展认证工作；

(二)按照规定对获得认证的饲料产品，颁发或者撤销饲料产品认证证书，决定允许或者停止使用饲料认证标志；

(三)对饲料认证标志使用情况进行跟踪检查；

(四)对认证产品的持续符合性进行跟踪检查；

(五)受理有关的认证投诉、申诉。

第十一条 饲料产品认证实行对产品抽样检验、企业现场检查和认证后跟踪检查为主的组合认证模式。

第十二条 申请饲料产品认证的单位或者个人(以下简称申请人)应当向认证机构提交书面申请。

第十三条 认证机构自受理申请人的认证申请之日起，应当在规定的时间内完成对申请材料的审核。

材料审核不符合要求的，应当书面通知申请人。

第十四条 认证机构对材料审核符合要求的，应当通知申请人，并委派认证人员对企业生产环境和生产过程等情况进行现场检查，抽取样品委托检测机构对样品进行检测。

第十五条 认证机构对现场检查和样品检测结果符合要求的，应当按照认证基本规范、认证规则的要求进行综合评价，在规定的时间内颁发饲料产品认证证书。

对不符合要求的，应当书面通知申请人。

第十六条 认证机构应当对认证产品的持续符合性进行定期跟踪检查，也可根据情况进行不定期跟踪检查。

第十七条 申请人对认证机构的认证决定或者处理有异议的，可以向做出决定的认证机构提出申诉，对认证机构处理结果仍有异议的，可以向国家认证认可监督管理委员会申诉或者投诉。

第十八条 国家认证认可监督管理委员会和农业部定期公布获得饲料产品认证的产品名单。

第三章 证书、标志管理

第十九条 饲料产品认证证书是饲料产品符合认证要求并准许其使用认证标志的证明文件。饲料产品认证证书格式应当符合国家有关规定，由认证机构制发。

饲料产品认证证书包括以下基本内容：

(一)申请人名称；

(二)认证饲料产品名称、规格或者系列名称；

(三)饲料产品的生产者名称、生产场所地址；

(四)认证模式；

(五)认证依据的标准或者技术法规；

(六)发证日期和有效期；

(七)发证机构和证书编号。

第二十条 认证标志的基本图案、颜色

××××(标注认证机构名称)

使用认证标志时，必须在认证标志下标注认证机构名称。

第二十一条 获得饲料产品认证证书的申请人(以下简称认证证书持有人)，应当在获得认证的产品或者其包装物上标注认证标志，并接受认证机构的跟踪检查。

第二十二条 认证机构对有下列情形之一的，应当注销并收回饲料产品认证证书，通知认证证书持有人停止使用认证标志：

(一)认证适用的标准变更，认证证书持有人不能满足变更要求的；

(二)饲料产品认证证书超过有效期，认证证书持有人未申请复审的；

(三)获得认证的产品不再生产的；

(四)认证证书持有人申请注销的。

第二十三条 认证机构对有下列情形之一的，应当通知认证证书持有人暂时停止使用饲料产品认证证书和认证标志：

(一)认证证书持有人未按照规定使用饲料产品认证证书和认证标志的；

(二)认证证书持有人违反认证机构要求的；

(三)监督检查结果证明生产过程或者产品不符合认证要求，但是不需要立即撤销饲料产品认证证书的。

第二十四条 认证机构对有下列情形之一的，应当撤销并收回饲料产品认证证书，通知认证证书持有人停止使用认证标志：

(一)监督检查结果证明生产过程或者产品不符合认证要求，需要立即撤销饲料产品认证证书的；

(二)饲料产品认证证书暂停使用期间，认证证书持

有人未采取有效纠正措施的；

（三）获证产品出现严重质量、安全和卫生事故的。

第二十五条 认证证书持有人在获得认证的产品或者其包装物上标注认证标志时，可以根据需要等比例放大或者缩小，但不得变形、变色。

第二十六条 任何单位和个人不得转让、买卖、伪造、冒用饲料产品认证证书和认证标志。

第四章 监督管理

第二十七条 国家认证认可监督管理委员会和农业部根据职责分工，依法对认证产品的生产、销售以及认证标志使用等活动进行监督管理。

第二十八条 认证机构以及检测机构应当遵守以下规定：

（一）根据国家有关法律、行政法规规定，实施认证、认证检测和认证检查工作；

（二）保证认证、认证检测、认证检查等活动的客观独立、公开公正和诚实信用，并承担相应的法律责任；

（三）保守认证产品的商业秘密和技术秘密，不得非法占有他人的科技成果；

（四）不得从事认证工作职责范围内的咨询、产品开发和营销等活动；

（五）配合有关执法部门对违法、违规行为的查处工作。

第二十九条 认证证书持有人应当遵守以下规定：

（一）保证提供实施认证工作的必要条件，接受认证机构的跟踪检查；

（二）保证获得认证的产品持续符合规定的标准和技术规范要求；

（三）正确使用饲料产品认证证书、认证标志，不得利用饲料产品认证证书和认证标志误导公众；

（四）依法接受有关执法部门的监督检查。

第三十条 对违反国家有关法律、行政法规规定的，依照法律、行政法规规定处罚。

第五章 附 则

第三十一条 饲料产品认证及检测按照国务院价格主管部门批准的产品认证、检测收费标准收取相关费用。

第三十二条 本办法由国家认证认可监督管理委员会、农业部负责解释。

第三十三条 本办法自发布之日起实施。

（五）实验室监管

关于印发《计量认证/审查认可（验收）工作程序》及有关工作表格的通知

（国认实[2002]42号）

各省、自治区、直辖市质量技术监督局，各国家计量认证行业评审组：

为规范全国的计量认证和审查认可工作，根据《产品质检机构计量认证管理办法》、《产品质检机构计量认证/审查认可（验收）评审准则》的有关规定，国家认监委制定了《计量认证/审查认可（验收）工作程序》及有关配套工作表格，现印发给你们，请遵照执行。

有关工作表格，国家计量认证行业评审组，自9月1日起正式使用，省级质量技术监督局的计量认证/审查认可工作建议使用。

附件：1.计量认证/审查认可（验收）工作程序

2.计量认证工作用表格

二〇〇二年七月二十七日

附件1：

计量认证/审查认可（验收）工作程序

第一条 为保证全国计量认证/审查认可(验收)评审工作的一致性，提高评审工作质量，制定本“程序”。

第二条 国家认证认可监督管理委员会和各省、自治区、直辖市质量技术监督部门(以下简称发证部门)实施的计量认证/审查认可评审工作，应当遵照“本程”序执行。

第三条 依法应当实施计量认证的检测机构向发证部门提出计量认证申请时，需提交以下材料：

（一）计量认证/审查认可（验收）申请书（以下简称“申请书”）；

（二）法人资格证明或法人授权证明文件；

（三）上级或有关部门批准机构设置的证明文件；

（四）质量手册；

（五）程序文件目录；

（六）典型检测报告（1−2份）；

（七）参加能力验证活动的证明材料（近两年初次申请除外）。

第四条 发证部门负责组织对申请材料的真实性、规范性进行审查,并做出如下处理：

(一)符合要求的,受理申请；

(二)申请材料存在问题,经申请方改正后,符合要求的,受理申请；

(三)不符合要求的,不予受理。

第五条 发证部门根据申请单位的申请,制定现场评审计划,指定评审组长,选配评审员,组成评审组。评审组应当由有资格的评审员组成,必要时可聘请有关技术专家参加。

现场评审的日期应当于受理申请后二个月之内安排,并提前通知申请单位。

现场评审一般需要3天时间,规模较小或申请项目较少的检测机构,评审组一般为3-4人组成,评审时间可为2天;规模较大或申请项目较多的检测机构,评审组人员可适当增多,评审时间可适当延长。

第六条 现场评审按下述程序进行：

(一)预备会议。由评审组长主持召开,主要内容是：确定评审日程和现场考核实验项目,明确评审方法和评审员分工等。

现场考核实验项目要选择能够覆盖检测机构申请项目的范围和有代表性的产品,现场考核实验项目数量不低于检测机构申请项目的15%。

(二)首次会议。由评审组长主持召开。介绍评审组的日程安排,确认评审计划,安排现场试验项目,明确评审的目的和依据,以及需要申请单位配合的要求,听取申请单位领导的简要介绍等。

(三)考察实验室。由申请单位负责人向评审组成员介绍实验室情况,以便了解其环境和硬件设施的基本情况。

(四)实施评审。评审组成员按照分工进行评审。评审过程中,评审组长主持召开由被评审方有关人员参加的座谈会,以及对授权签字人逐一进行考核,并做好考核记录。

(五)评审组汇总情况。评审组长主持对评审情况进行汇总,确定评审通过的项目,提出不符合项和整改要求,形成评审结论并做好评审记录。

(六)与被评审方领导沟通。评审组将评审汇总的情况向被评审方有关领导通报,不符合项要经其确认。

(七)末次会议。由评审组长主持召开。宣布评审结论和评审通过的项目,提出整改要求和期限等。

第七条 现场评审应当做到：

(一)评审员要严格按照《产品质量检验机构计量认证/审查认可(验收)评审准则》的要求实施评审。评审中要相互协调、配合,对发现的问题及时沟通,确保现场评审客观、公正、准确、全面。

(二)评审员应当认真做好评审记录。

(三)评审组长根据评审结果,填写“计量认证/审查认可(验收)评审报告”(以下简称“评审报告”)。

第八条 评审结论为“符合”、“基本符合”、“基本符合,需现场复核”、“不符合”四种。

评审结论为“基本符合”的,检测机构应当根据评审组提出的不符合项在商定的时间内完成整改,将整改情况填写“现场评审不符合项整改报告”由评审组长确认并签署意见。

评审结论为“基本符合,需现场复核”的,检测机构除按前款要求进行整改以外,评审组长还要限期组织现场复核,确认其符合要求后,在检测机构填写的“整改报告”上签署意见。现场复核只针对不符合项进行考核。

评审结论为“不符合”的,检测机构应当按照本《程序》第三条的规定重新提出申请。

第九条 评审组长要在评审工作(包括实施整改)结束后10日内将下述材料报送发证部门。

(一)申请材料；

(二)现场考核材料,包括检验报告、座谈会记录等；

(三)评审报告；

(四)整改报告。

第十条 发证部门对评审材料进行审查,并做出以下处理：

(一)经审查符合要求的,20个工作日之内,由发证部门颁发计量认证或计量认证和审查认可(验收)合格证书(扩项的除外),允许检测机构在检验报告上使用“CMA”或“CMA”和“CAL”标志。

(二)经审查不符合要求的,由评审组长组织补充完善；

(三)评审材料严重失实的,另选派评审组重新进行评审。

第十一条 发证部门对年度通过评审的检测机构及检验项目以公报(或公告)的形式予以发布,并汇编成名录。

第十二条 发证部门对检测机构通过评审后的材料统一归档管理,保存期限为五年。

第十三条 计量认证和审查认可(验收)证书有效期

为五年，到期复查换证的检测机构应当提前半年提出申请。复查换证申请材料与本《程序》第三条规定相同，现场评审程序与初次现场评审程序一致。

第十四条 检测机构新增检验能力的，可向发证部门申请“扩项”，申请材料包括：

(一)申请书；

(二)质量手册(有变化时)；

(三)扩项产品的典型检验报告(1-2份)；

扩项的受理和现场评审工作按照本《程序》第三条、第六条的有关规定执行。

第十五条 检测机构在证书有效期内出现下列情况的，应当向发证部门办理变更手续：

(一)检测机构的法律地位、管理体制、行政隶属关系发生变更的；

(二)检测机构法人代表、技术或质量负责人变更的，需书面备案。授权签字人变更的，必须经过考核；

(三)检测机构质量体系做出重大调整，需将换版后的质量手册予以备案；

(四)检测机构名称、场所变更的，应当持变更文件办理变更手续；

(五)检验标准(包括产品标准和方法标准)更新或修订的，应当按以下方式进行处理：

若检验标准没有发生重大变化时，可由检测机构技术负责人组织有关专家论证，并做好记录，待监督评审或复查换证时，由评审组确认。

若检验标准发生了重大变化，使现有环境条件达不到标准要求或检验设备不能满足标准要求或因检验项目增加，需添置新的仪器设备时，检测机构需填写“检验依据变更审批表”，由发证部门指派评审员进行现场确认。

第十六条 本工作程序自发布之日起实施。省级质量技术监督局可以根据本规定制定本省的计量认证/审查认可工作程序实施细则。

附件2：

计量认证工作用表格

目 录

注：本系列工作表格为国家计量认证工作表格，地方计量认证/审查认可评审参考使用

表 1 国家计量认证审批单

<table>
<tr><td>被评审
机构名称</td><td colspan="2"></td><td>原证书
编 号</td><td></td></tr>
<tr><td>评审类型</td><td colspan="4">1、单一计量认证： □首次 □复查 □扩项 □监督/扩项 □其他
2、“二合一”： □首次 □复查 □扩项 □监督/扩项
3、“三合一”： □首次 □复查 □扩项 □监督/扩项</td></tr>
<tr><td>计量认证
评审计划文号</td><td></td><td>实验室
认可批文号</td><td colspan="2"></td></tr>
<tr><td>提交评审
资料情况</td><td colspan="4">1.计量认证/审查认可(验收)申请书； □
2.计量认证/审查认可(验收)评审报告； □
3.检测报告各 1 份(近期做过的和评审组现场选定的)； □
4.经审批机关核准的计量认证评审组名单或评审通知； □
5.法人证明复印件、机构设置批文(首次)、干部任命文件、授权书； □
6.证书附表清样 2 份； □
7.整改报告 1 份； □
8.软盘 1 张(内容包括评审报告第一页“概况”和证书附表)
用 MS-word 97 版本编辑。 □

经手人： 交接时间：</td></tr>
<tr><td>对报审资料初审意见(发现的问题及问题改正情况)</td><td colspan="4">
初审人： 初审日期： 年 月 日</td></tr>
<tr><td>审核人
意 见</td><td colspan="4">
初审人： 初审日期： 年 月 日</td></tr>
<tr><td>批准人
意 见</td><td colspan="4">
批准人 批准日期： 年 月 日</td></tr>
</table>

注:单一计量认证此表的第 1-4 栏由评审组填写；“二合一”,“三合一”评审此表 1-4 栏由 CNAL 秘书处(或评审机构)填写。

国家认证认可监督管理委员会编制

表2 计量认证现场评审日程计划表

第 页共 页

<table>
<tr><td>被评审机构名 称</td><td colspan="4"></td></tr>
<tr><td>评审类别</td><td colspan="4">□首次评审 □复查评审 □扩项评审 □监督评审</td></tr>
<tr><td>评审范围</td><td colspan="4">(申请认证项目、质量手册、程序文件等)</td></tr>
<tr><td>评审日期</td><td></td><td>评审地点</td><td colspan="2"></td></tr>
<tr><td colspan="5">评 审 工 作 日 程 安 排</td></tr>
<tr><td>日期</td><td>时间</td><td colspan="2">工 作 内 容</td><td>评审组分工</td></tr>
<tr><td></td><td></td><td colspan="2"></td><td></td></tr>
<tr><td rowspan="2">作 息 时间</td><td>工作时间</td><td>上午:</td><td colspan="2">下午:</td></tr>
<tr><td>用餐时间</td><td>早餐:</td><td>午餐:</td><td>晚餐:</td></tr>
<tr><td>评审计划安排人</td><td>评审组长:</td><td colspan="3">日期: 年 月 日</td></tr>
</table>

注:1.本表仅供评审组参用;为准确控制评审时间,也可制定较详细的评审活动日程安排。

2.请在 "□"内打"√" 表示所选项。

国家认证认可监督管理委员会编制

表 3 计量认证现场考核试验项目计划表

第 页 共 页

序号	样品名称	样品编号	依据的标准、检测方法			检测项目名称	所用仪器名称型号	试验形式选择	检测人员	样品来源
			名称及代号	应检总项数	现场抽查项数					
说明	1、现场抽查试验共________项,基本覆盖所申请计量认证项目的________类的检测能力,抽检试验项目占申请总类数的________%。 2、现场试验所涉及的仪器种类占检测用所配备仪器种类的 %。 评审组长签名: 主考评审员签名 评审日期: 年 月 日									

注:1.“试验形式选择”指人员比对,样品复测,仪器比对;

2.“样品来源”指盲样、实验室自备以及其他方式准备的样品。

国家认证认可监督管理委员会编制

表4　计量认证现场考核授权签字人评价记录表

第　页共　页

考核的主要内容：

1.具备相应的工作经历；2.具备相应的职责权利；3.熟悉或掌握检测技术及实验室体系管理程序；4.熟悉或掌握所承担签字领域的相应技术标准方法；5.熟悉检测报告审核签发程序；6.对检测结果做出相应评价的判断能力；7.熟悉《计量认证/审查认可（验收）评审准则》及其相关的法律法规技术文件的要求。

序号	被考核人姓名	职务及职称	经考核后所确认的签字领域

给予评价意见：

主考评审员/技术专家签名：　　　　　　　　　　年　月　日

国家认证认可监督管理委员会编制

表5 计量认证现场评审首/末次会议签到表

第　页，共　页

<table>
<tr><td>受检机构名称</td><td colspan="3"></td></tr>
<tr><td>会议名称</td><td colspan="2">□计量认证首次会议</td><td>□计量认证末次会议</td></tr>
<tr><td>会议日期</td><td></td><td>会议地点</td><td></td></tr>
<tr><td>评审组长</td><td></td><td>法人或其授权代表</td><td></td></tr>
<tr><td colspan="4">参加会议人员名单</td></tr>
<tr><td colspan="2">评审组成员</td><td colspan="2">被评审单位主要成员名单</td></tr>
<tr><td>评审职位</td><td>签　　名</td><td>签　　名</td><td>职　　务</td></tr>
<tr><td>评审组长</td><td></td><td></td><td></td></tr>
<tr><td></td><td></td><td></td><td></td></tr>
<tr><td></td><td></td><td></td><td></td></tr>
<tr><td></td><td></td><td></td><td></td></tr>
<tr><td></td><td></td><td></td><td></td></tr>
<tr><td></td><td></td><td></td><td></td></tr>
<tr><td>评审员</td><td></td><td></td><td></td></tr>
<tr><td>技术专家</td><td></td><td></td><td></td></tr>
<tr><td></td><td></td><td></td><td></td></tr>
<tr><td></td><td></td><td></td><td></td></tr>
<tr><td>评审监督员</td><td></td><td></td><td></td></tr>
<tr><td>特邀人员</td><td></td><td></td><td></td></tr>
<tr><td></td><td></td><td></td><td></td></tr>
<tr><td>列席人员</td><td colspan="2">工作单位及部门</td><td>职务或技术职称</td></tr>
<tr><td></td><td colspan="2"></td><td></td></tr>
<tr><td></td><td colspan="2"></td><td></td></tr>
<tr><td></td><td colspan="2"></td><td></td></tr>
</table>

注：1.被评审机构保留1份，以备查；

2.不够可加页。

国家认证认可监督管理委员会编制

表 6 计量认证现场评审首/末次会议记录表

第　页共　页

<table>
<tr><td>被评审机构
名　称</td><td colspan="5"></td></tr>
<tr><td>会议名称</td><td colspan="5">□计量认证评审首次会议　　□计量认证评审末次会议</td></tr>
<tr><td>会议地点</td><td colspan="5"></td></tr>
<tr><td>会议日期</td><td colspan="5"></td></tr>
<tr><td>会议主持人
(评审组长)</td><td></td><td>记录员</td><td></td><td>参加人数</td><td></td></tr>
<tr><td colspan="6">会议内容摘要:</td></tr>
</table>

注:1.此表由评审组成员记录;

2.被认证机构保留会议记录 1 份。

国家认证认可监督管理委员会编制

表 7 计量认证现场抽查原始记录、检测报告情况记录表

被评审机构名称：

第 页共 页

序号	原始记录		检测报告		原始记录与检测报告信息的一致性评价
	编号	发现缺陷或错误内容摘要	编号	发现缺陷或错误内容摘要	
抽查结论	现场抽查原始记录及其检测报告共________份，其中符合要求的________份，有缺陷的________份。 故评为： □ 符合； □ 基本符合但有缺陷； □ 不符合。 评审组建议： 抽查人签名： 主考评审员签名： 被评审机构签名： 年 月 日				

注：此表由评审组存 1 份完整内容的。

国家认证认可监督管理委员会编制

表 8　对评审员现场评审工作考核表(评审组用)

参加评审机构名称		评审组长	
		评审组长所在单位	
参加评审日期		参加评审地点	

评审员姓名																				
考核内容 \ 评定为	优	良	中	差	优	良	中	差	优	良	中	差	优	良	中	差	优	良	中	差
1.熟悉法律、法规和评审准则及评审方法																				
2.忠于职守、坚持原则、保证其公正性																				
3.履行保密职责																				
4.能有效排除干扰和压力,保证评审工作的顺利进行																				
5.有合作精神及沟通协调能力																				
6.有口头交流能力和文字综合能力																				
7.不给被评审单位做咨询																				
8.自觉接受监督																				
9.遵守评审时间及工作态度																				

评审组长建议:

评审组长签字:　　　　日期:　　年　月　日

注:评审组长在完成评审工作后的 7 天内填写此表并上报计量认证行业评审组,各行业评审组收到此表后 7 天内上报国家计量认证办公室。

国家认证认可监督管理委员会编制

表 9 被评审机构对评审员的工作表现满意程度信息反馈表

<table>
<tr><td colspan="2">被评审机构名称</td><td colspan="3"></td></tr>
<tr><td colspan="2">评审组长姓名</td><td></td><td>评审日期</td><td>年 月 日 至 月 日</td></tr>
<tr><td>评审机构对评审员工作表现满意程度</td><td colspan="4">(请在□中打上“√”)
1.对评审组长工作表现是否满意？ □满意 □基本满意 □不满意
2.对评审员工作表现是否满意？ □满意 □基本满意 □不满意
3.对技术专家工作表现是否满意？ □满意 □基本满意 □不满意
4.对评审组成员工作的具体表现满意或不满意程度可用文字叙述(纸不够可加页)：</td></tr>
<tr><td>对评审建议与意见</td><td colspan="4">(公章)
年 月 日</td></tr>
</table>

注：1.此表由被评审单位填写并直接反馈到国家认证认可监督管理委员会实验室评审处。

2.国家认证认可监督管理委员会 地址：北京朝阳区朝外大街甲 10 号。邮编：100020

电话：010-65994683 传真：010-65994071

国家认证认可监督管理委员会编制

表 10 CMA 国家计量认证评审组成员建议名单

<table>
<tr><td>被评审机构名称</td><td colspan="4"></td></tr>
<tr><td>评审时间及地点</td><td colspan="2"></td><td>评审计划文号</td><td></td></tr>
<tr><td>评审类型</td><td>□首次评审</td><td>□复查评审</td><td>□扩项评审</td><td>□其他</td></tr>
<tr><td>评审员级别</td><td>姓　名</td><td>所在单位及电话</td><td>评审项目</td><td>评审员证号</td></tr>
<tr><td>评审组长</td><td></td><td></td><td></td><td></td></tr>
<tr><td rowspan="5">注册评审员</td><td></td><td></td><td></td><td></td></tr>
<tr><td></td><td></td><td></td><td></td></tr>
<tr><td></td><td></td><td></td><td></td></tr>
<tr><td></td><td></td><td></td><td></td></tr>
<tr><td></td><td></td><td></td><td></td></tr>
<tr><td rowspan="4">特邀评审专家</td><td>姓　名</td><td>所在单位及电话</td><td>评审项目</td><td>专业、职称</td></tr>
<tr><td></td><td></td><td></td><td></td></tr>
<tr><td></td><td></td><td></td><td></td></tr>
<tr><td></td><td></td><td></td><td></td></tr>
<tr><td>评审组名称</td><td colspan="2">(加盖评审组印章有效)
填报日期：　　年　　月　　日</td><td>国家认监委审批意见</td><td>批准人
年　　月　　日</td></tr>
</table>

注：1、此表由计量认证行业评审组负责人填写；

2、上报评审组成员名单时必须附计量认证申请书复印件 1 份；

3、邀请被评审机构所在地的省、自治区、直辖市质量技术监督局 1 名具有评审员资格的人员参加；

4、“评审项目”栏，填写评审员所承担的评审项目的类别名称。

国家认证认可监督管理委员会编制

表 11 CMA 办理计量认证机构更名申请表

现用名称		认证证书号			
		有效期限			
机构认证名称		认可证书号			
		有效期限			
申请更名名称					
更名原因	□单纯更名 □原有名称已不能含盖实际业务范围 □体制改革机构发生变化 □其他				
现法人单位名称		法人性质	□企业法人 □社团法人 □事业法人 □其他		
更名必要性说明					
法定代表人		电话		传真	
联系人		电话		传真	
通信地址				邮编	
更名机构在法人中的行政隶属关系					
行业管理部门审批意见（附批文）	（公章） 年 月 日	评审组确认意见	（公章） 年 月 日		
审批部门意见	（公章） 年 月 日				
备注					

注：办理计量认证更名申请时，请将计量认证证书附表及计量认证合格证书一并上报审批更名。

国家认证认可监督管理委员会编制

表 12 CMA 办理标准变更申请及审批备案表

第　页共　页

<table>
<tr><td colspan="2">申请机构
名　称</td><td colspan="2">（公章）</td></tr>
<tr><td>序号</td><td>原认证项目名称</td><td>已批准的标准名称及代号（含年号）</td><td>变更后的标准名称及代号（含年号）</td></tr>
<tr><td></td><td></td><td></td><td></td></tr>
<tr><td colspan="2">说明标准变更原因（内容或技术指标）及发布时间</td><td colspan="2"></td></tr>
<tr><td colspan="2">技术/评审机构确认意见</td><td colspan="2">（公章）
确认机构：　　年　月　日</td></tr>
<tr><td colspan="2">批准部门审核备案意见</td><td colspan="2">（公章）
批准人签字：　　年　月　日</td></tr>
</table>

注：1.申请须上报证书附表复印件；

2."技术/评审机构"指相关标委会、CNAL、国家计量认证行业评审组或省以上质量技术监督部门。

国家认证认可监督管理委员会编制

上报计量认证证书附表内页和软盘内容的要求

根据《国家计量认证审批单》中提交评审资料情况栏的第6、7两款的要求，对各评审组上报计量认证证书附表的清样及软盘内容的格式统一规范，为使上报的计量认证证书附表内页及软盘的内容符合要求，并能有效的利用，现对打印计量认证证书附表内页和软盘内容做如下要求：

一、计量认证证书附表封面由国家计量认证办公室打印。国家计量认证评审组要提供评审通过的计量认证项目附表清样一式2份和软盘1张。

二、打印计量认证证书附表格式的要求：

1.用A4纸打印，页边距：上边距为2.54厘米、下边距为2.5厘米，左右为2.5~3厘米之间的格式制表录入；

2.录入软件：用MS-word文档；

3. 附表内页顶端的标题用小三号或四号仿宋体，其余的一律用五号仿宋体；

4.每页均要加上表头；

5.附表内页表格的右上角加上“第　页　共　页”；

6.所有项目序号要放在序号栏内；

7.为修改、调整方便，不要加页眉和页脚、分页符。

三、软盘的内容包括：

1.评审报告中的“概况”；

2.计量认证证书附表。

重庆出入境检验检疫局

重庆出入境检验检疫局主要担负重庆地区的出入境卫生检疫、动植物检疫、进出口商品检验、鉴定、安全认证、卫生注册及监督管理和进出境交通工具检验检疫的行政执法工作。内设16个处室，下设万州出入境检验检疫局、涪陵出入境检验检疫局、九龙坡港出入境检验检疫局、重庆江北机场办事处、重庆上桥铁路东站办事处、重庆国际邮件互换局办事处6个分支机构。

重庆出入境检验检疫机构认真践行"三个代表"重要思想，积极开展"三个文明"建设，2003年先后获得重庆"百佳"文明单位、重庆市党建工作先进单位、重庆市直机关模范职工之家等称号，法规处法规科为全国青年文明号。重庆局现拥有理化、微生物、丝类、农畜品等实验室，羽毛实验室是西南地区唯一获得国际羽协认可的实验室。重庆检验检疫局在国家认监委领导下，贯彻落实《中华人民共和国认证认可条例》，开展认证有效性监督检查，推进CCC认证，完善检疫卫生注册工作和出口产品质量许可等工作。出口企业中95%已获得CCC认证。中国质量认证中心重庆评审中心已分别完成了重庆中国电信公司、中国嘉陵集团有限公司等600多家企业ISO9000、ISO14000、OHSAS18000、HACCP的认证工作。

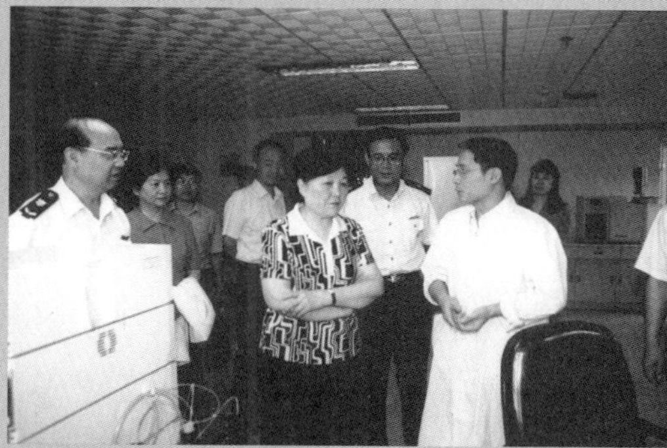

国家认监委王凤清主任视察重庆出入境检验检疫局

①国家认监委王凤清主任主持召开"重庆出口企业代表座谈会"，指导重庆做好3C认证、进出口卫生、检疫注册和安全许可等认证工作。

②重庆检验检疫局党组书记、局长刘式尧深入三峡库区，指导肉类生产企业进行出口卫生、检疫注册认证。

③按照统一规范要求，重庆检验检疫局组建了国家局重点实验室1个，区域性中心实验室8个。

④国家认监委在重庆召开CQC颁证大会。

地址：重庆市江北区杨河一村76号　电话：（023）67721325

陕西出入境检验检疫局

党组书记、局长：李玉生（中）党组成员、副局长：王彦魁（右二）、段勇鹏（左二）、张艳芳（女）（纪检组长）（右一）、王成德（左一）

2003年5月20日，国家质检总局局长李长江与陕西省人民政府省长贾治邦在西安签署《关于促进陕西水果、果汁出口的合作备忘录》

副省长赵德全向我局颁发省级文明机关牌匾

陕西出入境检验检疫局是国家质检总局设在陕西地区的直属行政执法机构。负责陕西省行政区域的出入境卫生检疫、动植物检疫和进出口商品检验、鉴定、认证和监督管理。在宝鸡、汉中、榆林设有分支机构，在西安咸阳国际机场和西安陆运口岸设有办事机构。现有职工250余人。拥有较高水平和权威性的专业检测实验室，其中有国家质检总局批准的国家级实验室2个、区域性6个和1个常规实验室；设备价值4000万元，检测手段齐全，方法先进，胜任多门类、多学科、多项目的检测、科研和情报信息开发等工作。

在国家质检总局和陕西省政府的领导下，陕西检验检疫局紧密结合当地实际，求真务实、开拓进取，紧紧抓住西部大开发和我国加入世贸组织的有利时机，积极转变执法观念和作风，加快科技进步，努力提高把关水平，促进外贸扩大出口，建立和完善了一套与世贸规则相适应的工作机制，检验检疫事业进入了快速发展时期。近年来，陕西检验检疫局将工作重点逐步向涉及安全、卫生、健康、环保、反欺诈和关系国计民生等方面转移，有效地防止和堵截了国外疫病和疫情,保护了人体健康和我国的经济利益。同时，陕西检验检疫局狠抓两个文明建设，努力塑造对外良好形象，精神文明创建工作取得了显著成效，2003年被陕西省委省政府评为省级文明机关。

重庆市质量技术监督局

重庆市强制性产品认证工作电视电话会议

重庆市强制性产品认证工作电视电话会议

重庆市强制性产品认证工作电视电话会议

2003 年全国质量月宣传活动

重庆市质量技术监督局现辖 42 个区县（市）分局，10 个直属单位，全系统在职人员 1744 名。近年来，重庆市质监局在国家质检总局和重庆市委、市政府的领导下，深入贯彻“三个代表”重要思想，全面落实十六大和十六届三中全会精神，团结一致，求实务新，努力工作，积极进取，认真履行综合管理和行政执法两大职能，坚持扶优与打假、监督与服务相结合，营造了企业公平竞争的市场环境、消费者放心的购物环境，各项工作取得了显著成效，多次受到国家质检总局和市政府的表彰，为重庆经济和社会发展做出了新贡献。

在新的形势下，重庆市质监局党组审时度势地提出了“为企业和经济发展服务，全力推进重庆早日建成小康社会和长江上游经济中心”的基本任务，确定了建设长江上游一流局的发展目标，推出了以创名牌、推认证、挖金山、上标准四大工程为主体的质量兴渝战略的基本框架后，形成了“一条主线、两个贴紧、三位一体、四大跟踪、五百工程”的质量技术监督工作的指导思想和工作思路。坚持“低位进入，高位服务”，热情为基层、为企业服务，为群众办实事，不搞形式主义，重在收实效。切实加强作风建设，坚持精神文明、物质文明两个文明一起抓，两副担子一起挑，两个成果一起要。围绕树立良好的行业形象、执法形象、机关形象，狠抓思想作风、工作作风和生活作风建设，以廉政促勤政，以勤政体现廉政。

随着重庆直辖和国家“西部大开发”战略的实施，给重庆认证认可工作带来了发展的机遇和挑战。为把发展的机遇，开创重庆认证认可工作新局面。重庆市质监局充分利用电视、报刊等媒体优势，营造良好的舆论氛围，组织开展了重庆市 WTO&ISO 电视专题座谈会、强制性产品认证和《中华人民共和国认证认可条例》宣贯会等形式多样、收效甚佳的宣传活动，面向全社会宣传认证认可工作，普及认证认可知识。着力加强技术机构评审工作的规范化管理，贴紧实际，先后制定了一系列的规范性文件，建立重庆市技术机构认证项目管理数据库，促进全市技术机构评审工作朝科学、规范化方向发展。切实加大执法力度，严厉查处各类扰乱认证市场秩序的违法违规活动，力求为认证市场创造一个公平合理的竞争环境。截止到 2003 年底，重庆市拥有国家实验室认可机构 15 家，国家级计量认证机构 22 家，省级计量认证和审核认可机构 80 家，省级计量认证机构 192 家。全市 1831 家企业获得质量管理体系认证证书，2789 个产品获得强制性产品认证证书。

HE NAN SHENG ZHI LIANG JI SHU JIAN DU JU

HE NAN SHENG ZHI LIANG JI SHU JIAN DU JU

河南省质量技术监督局党组书记 局长包建民在认真阅读认证认可有关文件

河南省质量技术监督局

国家质检总局党组书记李传卿在河南省局调研期间与省局领导班子成员合影

在国家总局和认监委的统一领导下，河南省质量技术监督局始终坚持以"三个代表"重要思想和党的十六大精神为指导，认真贯彻《认证认可条例》等法律法规，积极组织实施质量认证，坚持一手抓认证推动和服务，一手抓监督和管理，调动一切积极因素，推动了认证认可工作的不断向前发展。

河南省认证工作起步于90年代中期，相对经济发达省、市起步较晚，但经过数年的发展，已从无到有，初步形成了认证认可工作基本框架：建立了认证机构、咨询机构、拥有一批注册资格审核员队伍，认证覆盖了自愿性和强制性产品认证、服务、管理体系认证等领域。在1997年前，全省通过了ISO9000认证企业仅136家，到2000年发展到1000多家。自2001年国家认监委成立以后，认证事业发展迅猛，截止到2003年底，全省体系认证企业达3040家，有400多人取得了国家注册审核员资格，2个经国家认可的认证审核机构，3家经国家批准的认证内审员培训机构，26家备案咨询机构，40个经国家CNAL认可的实验室，2家检测机构承担强制性产品认证检测工作，360余家企业通过强制性产品认证。认证认可工作，越来越受到广大企业和社会各界的高度重视和普遍欢迎，获证企业的产品质量、服务质量及管理水平不断提高，认证服务的领域在不断延伸和扩大，对促进河南经济的发展作用越来越大。特别是实施强制性认证制度，对于确保产品质量安全，保护环境，保护人身健康和国家安全等重要作用普遍得到社会赞同。

HE NAN SHENG ZHI LIANG JI SHU JIAN DU JU

HE NAN SHENG ZHI LIANG JI SHU JIAN DU JU

HE NAN SHENG ZHI LIANG JI SHU JIAN DU JU

中汽认证中心

【中汽认证中心简介】

中国汽车产品认证中心成立于1998年，是根据《中华人民共和国产品质量法》、《中华人民共和国标准化法》和《中华人民共和国认证认可条例》等法律法规并经国家主管部门批准建立的、具有第三方公正性地位的汽车产品和管理体系认证机构。

1999年7月经中国产品质量认证机构国家认可委员会（CNACP）评审合格，CSBTS和CNACP向CCAP颁发了《产品质量认证机构国家认可证书》，注册号为：A08-99。经CNCA授权，CNAB向CCAP颁发了《质量管理体系认证机构国家认可证书》，注册号为：CNAB071—Q。2002年10月16日，经国家工商行政管理总局批准，CCAP注册为：中汽认证中心，同时获得国家工商行政管理总局颁发的企业法人营业执照，其注册号为：1000001003721，核定经营范围为：认证。2003年12月，CCAP获得CNCA颁发的《认证机构批准书》，批准号为：CNCA-R-2002-071。批准的业务范围为：质量管理体系认证；环境管理体系认证；职业健康安全管理体系认证；产品认证(具体类别详见附件)。

CCAP实施国际通行的认证制度。认证活动严格遵守国家有关产品认证和管理体系认证法律法规的规定。CCAP的宗旨是：努力促进汽车产品质量提高，确保用户和消费者利益；以保障人身安全、保护生态环境、节约能源为己任，服务于社会。CCAP的质量方针是：客观公正、依法认证；科学管理、确保质量。CCAP拥有一批具有汽车专业知识并经国家指定机构培训、考核合格后取得资格证书的专职和兼职管理体系审核员和工厂条件审查员，并拥有一批能够承担汽车产品检验工作，并经国家CNAL认可的检验实验室。

常年法律顾问：君泽君律师事务所许兰亭律师

【机动车辆产品认证范围】

一、强制性认证产品（经中国国家认证认可监督管理委员会2003年第11号公告批准）：汽车产品、摩托车产品、摩托车发动机产品、汽车安全带产品。

二、部件自愿性认证产品（经中国国家认证认可监督管理委员会2003年第6号公告批准）：汽车灯具（前照灯、前雾灯、后雾灯、信号灯、倒车灯、转向信号灯、后牌照板照明装置、驻车灯、侧标志灯）；机动车回复反射器；汽车座椅及座椅头枕；汽车后视镜；汽车门锁；门铰链；汽车内饰件材料；机动车用喇叭；汽车燃油箱；摩托车前照灯；摩托车后视镜；汽车发动机；汽车制动软管总成；汽车制动主缸；汽车制动器；汽车风窗玻璃刮水器；汽车风窗玻璃洗涤器；汽车空调（HFC－134a）用制冷装置；汽车空调（HFC－134a）用压缩机；汽车（含摩托车）车速里程表。

三、机动车辆自愿性认证产品（经中国认证机构国家认可委员会认可）：

1、4912汽车底盘零部件

汽车离合器；汽车机械式变速器；汽车传动轴；汽车驱动桥；汽车钢板弹簧;汽车钢制车轮；汽车轻合金车轮；汽车机械式转向器；汽车动力转向器；汽车动力转向油泵；汽车筒式减振器；汽车前轴；汽车排气消声器；汽车半轴；汽车转向盘；汽车用带点火开关的转向锁；汽车真空助力器；汽车气制动系统用空气干燥器；燃气汽车专用装置部件（汽车用压缩天然气减压调节器、汽车用压缩天然气电磁阀、汽车用汽油电磁阀、汽车用液化石油气蒸发调压器、汽车用液化石油气电磁阀）；汽车用高强度螺栓和螺母；汽车发动机气门弹簧；柴油机油泵油嘴(柴油机喷油泵总成；柴油机喷油泵柱塞偶件；柴油机喷油泵出油阀偶件；柴油机喷油器总成；柴油机喷油器针阀偶件；柴油机活塞式输油泵；供油角度自动提前器）；汽车发动机连杆；汽车用空气滤清器；汽车V带；汽车多楔带；汽车发动机冷却水泵；汽车发动机机油泵。

2、4921汽车车身附件

汽车用普通气弹簧；汽车遮阳板；汽车空调（HFC－134a）用贮液干燥器；汽车空调（HFC－134a）用液气分离器；汽车空调（HFC－134a）用热力膨胀阀；汽车空调（HFC－134a）用软管组合件；汽车空调（HFC－134a）用密封件；机动车用三角警告牌；客车乘客门门泵；汽车玻璃升降器。

3、摩托车及边三轮摩托车零部件

摩托车排气消声器、摩托车减振器、摩托车铝合金车轮、摩托车轮辋、摩托车操纵拉索、摩托车防盗装置、摩托车制动器、摩托车用转速表。

4、469汽车、摩托车用照明和电器设备

汽车用分电器；汽车用起动机；汽车用交流发电机；汽车信号闪光器；车用电线束插接器（汽车片式插接件、汽车片式插接器）。

摩托车排气消声器、摩托车减振器、摩托车铝合金车轮、摩托车轮辋、摩托车操纵拉索、摩托车防盗装置、摩托车制动器、摩托车用转速表。

4、469汽车、摩托车用照明和电器设备

汽车用分电器；汽车用起动机；汽车用交流发电机；汽车信号闪光器；车用电线束插接器（汽车片式插接件、汽车片式插接器）。

【管理体系认证范围】

经中国国家认证认可监督管理委员会批准，CCAP具备开展质量管理体系、环境管理体系、职业健康安全管理体系认证资格，批准号：CNCA-R-2002-071

一、质量管理体系（GB/T 19001-2000 idt ISO 9001:2000）认证业务范围

（一）14大类 橡胶和塑料制品

1、14.01.01 橡胶轮胎、橡胶管的制造

2、14.01.02 用过轮胎的翻新和再造

3、14.01.03 其他橡胶制品的制造

4、14.02.01 塑料板、塑料片、塑料管及塑料壳体的制造

5、14.02.04 其他塑料制品的制造

(二)17大类 基础金属及金属制品

1、17.05.01 铁的铸造

2、17.05.02 钢的铸造

3、17.05.03 经金属的铸造

4、17.05.04 其他有色金属的铸造

5、17.09.00 金属锻造、冲压成型、压轧及滚压成型；粉末冶金

6、17.10.01 金属的热处理及表面处理

7、17.10.02 一般机械加工

8、17.11.03 锁及铰链的制造

9、17.12.04 紧固件、螺栓制品、金属链及弹簧的制造

10、17.12.05 其他金属加工制品的制造

（三）18大类 机械及设备

1、18.01.02 泵及压缩机的制造

2、18.01.03 旋塞及阀类的制造

3、18.01.04 轴承、齿轮、齿轮装置及传动装置的制造

4、18.02.03 非家用冷冻设备及换气设备的制造

（四）19大类 电子、电气及光电设备

1、19.02.00 电动机、发电机及变压器的制造

2、19.05.00 蓄电池及电池的制造

3、19.06.00 照明器具及电灯的制造

4、19.07.01 发动机及汽车用电气装置的制造

（五）22大类 汽车、挂车及半挂车的制造

1、22.01.00 汽车制造

2、22.02.00 汽车车体制造，挂车及半挂车的制造

3、22.03.00 汽车零件、附件及发动机的制造

4、22.05.01 摩托车的制造

（六）29大类 批发及零售，汽车、摩托车、个人及家庭用品的修理

1、29.01.00 汽车的销售

2、29.02.00 汽车的保养及修理

3、29.03.00 汽车零件及配件的销售

4、29.04.00 摩托车的销售、保养、维修及零件和配件的销售

二、环境管理体系（GB/T 24001-1996 idt ISO 14001:1996）认证业务范围

（一）21大类 金属制品及设备制造业

1、21.1 金属制品及设备制造业

（二）22大类 交通运输设备制造业

1、22.1 陆上运输设备制造业

三、职业健康安全管理体系（GB/T 28001-2001 idt OHSAS 18001:1999）认证业务范围

（一）一般行业

1、J 机械设备制造业

2、K 交通运输设备制造业

公司简介

上海恩可埃认证有限公司（Shanghai NQA Certification Co., Ltd.简称 SNQA），经国家认监委批准，工商登记注册的具有独立法人资格的中英合资认证公司。SNQA 使用英国国家质量保证有限公司（NQA）所有的认证资源，颁发经 UKAS，RAB，RvA 认可的 NQA 质量管理体系认证证书，并为中国（含香港、台湾、澳门）、越南、缅甸、老挝等国家和地区提供认证服务。

凭借 NQA 在全球的资源优势，同时又有庞大的国内优秀审核员队伍作支持，我们可以很便捷、准确地组合出针对不同客户、不同要求的审核人员配置，专业、敬业和职业的审核员们将为客户提供量身定做的超值服务。

SNQA 秉承“创品牌、树信誉，倡客户终身服务；重稳定、求发展，争一流认证机构”的宗旨，专注于认证服务、技术创新，为您提供保障与证明，并与客户一起创造新的价值。

SNQA 严格遵守国家相关法律法规的规定，并按照认证认可监管机构的要求，建立并运行有效的管理体系，确保按有关规定的要求开展认证审核的管理和实施，确保认证的质量满足要求，并随时接受国家监管部门的监督和检查。

Shanghai NQA Certification Co., Ltd.

上海恩可埃认证有限公司

nqa.china

我们的方向：

* 我们致力成为认证领域的领跑者；
* 我们致力为客户提供超值的服务，建立专业、务实的关系，不断 超越客户的期望；
* 我们持续发展，积极面对竞争，不断寻找新的契机以实现我们的 目标；
* 我们致力于提供优越的工作条件和环境，为员工的发展提供最广阔的空间。

如果您有任何询问、建议或投诉，敬请致电 021-68671512 或到我们的网站 WWW.SNQA.COM.CN 查询上海恩可埃认证有限公司

nqa.china

国家安全生产监督管理局安全科学技术研究中心

JO JIA AN KE REN ZHENG ZHONG XIN

刘铁民
国家安全科学技术研究中心主任

国家安科中心图

国家安全生产监督管理局安全科学技术研究中心（简称国家安科中心）是国家安全生产监督管理局直属事业单位，是安全科学技术领域中国家级科研机构。自成立二十余年来，国家安科中心不断开拓奋斗，已经发展成为在安全领域具有重要影响的科研机构之一，拥有一支国内一流的高素质科技队伍，现设5个综合管理部门、9个业务处室，另有中国劳动保护工业企业协会秘书处挂靠本中心。

认证中心是国家安科中心的主要业务处室之一，是经中国国家认证认可监督管理委员会批准，并经中国国家认证机构认可委员会认可的专业认证机构，是全国第一家开展职业健康安全管理体系认证的机构，1998年起开展认证试点工作，并组织起草了2001年国家经贸委发布的《职业安全健康管理体系指导意见》、《职业安全健康管理体系审核规范》及其实施指南等文件及国家培训教程。目前主要从事的业务包括职业健康安全管理体系、环境管理体系与质量管理体系认证。

认证中心拥有一支高学历、高素质的人员以及经验丰富的审核认证队伍，现有职业健康安全管理体系国家注册主任审核员20名，注册审核员50余名；环境管理体系国家注册高级审核员、审核员30余名；质量管理体系高级审核员、审核员20余名。迄今为止，通过安科中心认证的企业已有400余家，涉及建筑、冶金、电子、化工、机械、电力、煤炭等行业。

国家安科中心认证中心奉行公正廉明、科学求实、优质服务、信誉为本的工作原则，愿与社会各生产经营单位携手共创企业科学管理新水平。

GUO JIA AN KE REN ZHENG ZHONG XIN

北京国金恒信管理体系认证有限公司

北京国金恒信管理体系认证有限公司是经中国国家认证认可监督管理委员会批准、中国认证机构国家认可委员会认可的第三方认证机构。目前从事的业务范围包括质量、环境和职业健康安全管理体系认证及内审员培训。其前身是中国冶金工业质量体系认证中心，成立于1995年。

成立近九年来，本公司恪守“客观公正、科学严谨、信誉权威、持续发展”的工作方针，严格按照国家有关的法律法规、认可规范、国际导则和指南开展认证工作，培养造就了一支能力强、作风硬、水平高、懂管理的专业审核员队伍，树立了公司的品牌，也赢得了市场。依据国家统计局2002年度按照销售额、资产总额、从业人员等三项指标的统计结果，至2003年底，大型冶金企业中位列前80名的已有56家通过了我公司的质量管理体系认证。

通过近九年的发展，我公司已由以冶金主体及附属配套行业为主体的行业性认证机构逐渐发展成为跨领域、多门类的综合性认证机构。至2003年底，在质量管理体系认证方面，我公司获准认可的大类认证业务范围有15个；在环境管理体系认证方面，目前获准认可的中类认证业务范围有5个；在职业健康和安全管理体系认证方面，目前获准认可的大类认证业务范围有5个。

公司的全体员工感谢老客户多年来的信任和支持，我们将坚定不移地履行对您的服务承诺，不断改进我们的工作，向您提供更满意的服务。同时，我们也期盼新客户的到来，我们将与您共同为企业打造更坚实的管理基础，迎接企业更为美好的明天。

北京大陆航星质量认证中心二00三年度工作会议暨技术研讨会 2003.11.15 北京

北京大陆航星质量认证中心

北京大陆航星质量认证中心（简称HXQC）是经国家认证认可监督管理委员会(CNCA)、中国认证机构国家认可委员会(CNAB)批准认可具有独立法人资格的第三方认证和培训机构，批准号：CNAB-R-2002-045，注册号：CNAB045，批准业务范围：质量管理体系、环境管理体系、职业健康安全管理体系、基于HACCP的食品安全管理体系认证，可颁发国家认可、国际互认的管理体系认证证书。

HXQC是严谨务实的专业认证机构，业务范围已达34个大类(QMS)，可对制造业、建筑业、农业（食品）、服务业等行业进行认证。中国水利水电集团、中国科学院机关事务管理局、香河县人民政府、中华通信系统公司、苏州邮政局、江苏一建、新疆建工集团、河北航天金穗公司、北京生产力促进中心、中石化南京公司、苏州大学后勤集团、山东第一测绘院、唐山中山医院、北京阳坊胜利涮羊肉食品集团、武钢企发集团、成都出租车公司、广州公路实业发展公司、上海大众汽车销售服务公司、北京瑞星科技公司、金华亚曼汽车、清河毛纺厂、徐州高级技工学校、天天假日饭店、东岳老年公寓等众多著名组织已成为HXQC的忠实顾客。

HXQC拥有一批以高级审核员为主体的QMS、EMS、OHSAS、HACCP和国军标的审核队伍，在建立、实施、评价管理体系的工作中积累了丰富的理论和实践经验及雄厚的专业实力，将为申请认证组织提供一流的认证服务。根据申请组织意愿，经过审核认证，本中心既可颁发国家认可/国际互认的单一管理体系的认证证书，也可通过一次联合审核颁发多种证书。

HXQC的服务宗旨是“公正、高效、增值、满意”，其服务向所有申请人开放，不附加额外的财务或其他条件，不以申请方的规模或是否是某一协会或社团的成员以及认证组织的数量作为提供服务的条件。

为保证认证工作的独立性和公正性，HXQC不从事认证方面的咨询工作，不接受来自其他任何方面的压力，不直接或间接地提供任何影响认证过程和结论可信性、客观性与公正性的咨询或服务。

HXQC的网站（www.hxqc.cn、中文网址：中国认证\中国认证认可）在业内以信息量大、更新快而享有很高声誉，日点击率4000次左右。

受CNAB委托，HXQC曾承担了PAC宣传片的设计、制作任务，并得到CNAB领导的赞许；2003年，HXQC又与国务院机关事务管理局有关部门合作研发“政府机关服务标准”。

正在稳健发展中的HXQC，真诚欢迎各界的光临与合作！

上海达卫师认证有限公司

SHANGHAI D.A.S. CERTIFICATION CO.,LTD.

上海达卫师认证有限公司是经中国国家认证认可监督管理委员会（CNCA）批准的中外合资认证机构（批准号 CNCA-RF-2003-31）分包英国 UKAS/DAS 认证。

英国皇家认可委员会 UKAS（United Kingdom Accreditation Service）的认可标志在世界上得到一百多个国家的一致认可，带有 UKAS 皇冠标志的认可标记和认证证书是全球质量、权威、信誉和成功的象征。

英国 DAS 认证有限公司是 UKAS 批准和所属的国际知名认证机构，在中国、波兰、韩国、希腊、法国、美国、土耳其、加拿大、泰国、印度、日本、澳大利亚等十余国家设立分支机构，能够为全球客户提供真诚、权威、科学、有效的国际认证服务。

上海达卫师认证有限公司质量方针：真诚、权威、科学，助您成功和腾飞

DAS 认证宗旨：

令您不仅达到国际标准，还达到您顾客满意之标准；

令您更明确卫护质量目标、监督体系持续改进；

令您成为贯彻标准的师表风范。

管理体系认可范围：

ISO9001:2000、QS9000/TS16949

HACCP、SA8000、ISO14001

ISO18000

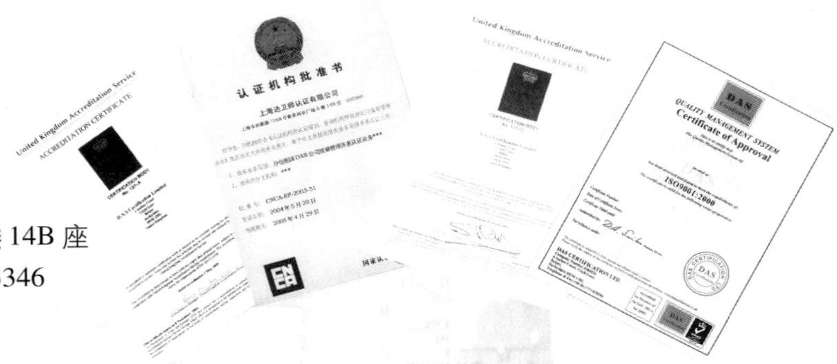

地址：上海市西康路 1068 号维多利广场 A 楼 14B 座

电话：021-62773910　62773930　62773346

传真：021-62773343　62773345

E-mail: das_china@online.sh.cn

http://www.dascertification.co.uk

英国认证协会会长、DAS 总裁向沈卫总经理颁发证书的合影

上海超高工程塑料有限公司厂门外景

上海超高工程塑料有限公司简介

上海超高工程塑料有限公司由工程师李鸿宾和经济硕士张志龙于 1998 年 2 月发起组建，已通过了 ISO9001:2000 质量体系认证，其主导产品“超高分子量聚乙烯耐磨衬板”（以下简称“耐磨衬板”）、“陶瓷超高耐磨衬板”及其“耐磨衬板”的派生产品，以其独特的性能和实用性被广泛应用于钢铁、电厂、码头、造船业等。

电话：021-56176666 转各部

传真：021-56175272

E-mail: ackey@shcei.com.cn

金山保安公司概况

上海市保安服务总公司金山区公司是国务院批准的公安部所属保留特殊专业公司，是中国保安协会会员单位，是起步较早、规模较大、技术水平较高的专业保安公司之一。2004 年 5 月 11 日，该公司通过上海达卫师认证有限公司认证，获得 ISO9001:2000 英国 UKAS/DAS 质量管理体系认证证书，成为上海保安服务业首家通过质量管理体系认证的保安专业公司。

地址：上海市保安服务总公司金山区公司

电话：021-67261199　传真：021-67260110

珂玛认证培训公司

珂玛企业重视企业文化的作用力，通过台湾和大陆文化相融合进行企业文化建设。随着国家对认证市场的进一步整理和规范，公司诚实地遵照各类法律法规、规章制度，在确立良好的道德价值、法制观念的基础上激发公司员工的积极性、创造性。"创造价值、服务社会"一直以来都是我珂玛公司的信诺和准则。

我们的管理特色是：

一、提高内部管理水平和效率。运用台湾和大陆卓越的管理人才和良好道德素质的人才队伍进行运作管理。员工每人每天都制定工作重点和工作目标，使得我们的工作能够有条不紊的展开。通过每个员工的努力，我们各项认证业务活动成功展开，取得了业界的一致好评与肯定。

二、提高审核员队伍的素质建设不仅是我公司认证事业的发展需要，同时也反映了我们对客户要求的负责和完美服务的追求。我公司为审核人员定期进行认证培训教育，定期召开审核技术会议。从审核经历的探讨过程中，交流审核经验，提高审核人员的专业技能。

三、精心安排实习审核员的审核经历。对初次参加审核的实习审核人员，由有经验的高级审核人员进行有计划日程的陪同审核培训，并建立起实习审核人员的业绩评定机制。公司鼓励实习审核人员多参加培训，提高自身认证素质，短期内达到较高的专业标准。

四、"创造价值，服务社会"是我们公司的信诺和准则。

在开展认证业务的过程中，我公司一直强调员工要把国家和人民的利益放在首位，不能为了追求企业自身的利益违反有关认证规范和社会道德。创造价值，服务社会，回馈社会，在认证实践中追求卓越、科学、规范、客观、公正的开展认证活动，自觉的维护行业的信誉和形象既是我公司的社会责任，也是我公司一直以来的追求。

五、"信誉第一，方便客户"是我公司服务的要求，公司的生存靠信誉，得到社会和客户的认同和肯定。经过长期的市场竞争，事实证明珂玛用自身认真的工作态度和完善的服务标准赢得了新老客户的信任。我们深知企业从台湾来到大陆，时代赋予我们的责任就是追求高定位，向社会提供规范优质的服务，特色鲜明的认证服务是我们的特点，与国际接轨的资源控制管理理念使得我珂玛公司在日渐激烈的认证市场上具有强劲的竞争实力。

珂玛认证培训公司拥有丰富的验证实绩，认证通过 企业遍布各个省地，认证范围广泛：江苏松林汽车零部件有限公司、富士康集团公司（深圳）、达丰电 脑（上海）有限公司，川奇光电科技（扬州）有限公司，大连英那河食品有限公司，上海灿坤实业有限公司，富港电子(天津)有限公司，通化市雪冰花葡萄酒有限公司，良维（厦门）吸塑包装有限公司，南京宏运电子有限公司，青岛高科技工业园市政公司等。

近期通过我公司ISO9001:2000审核的"汉地产开发投资集团有限公司"，在武汉市2003年度房地产行业综合实力评比中荣登榜首，其规模和实力堪称业界翘楚。

发挥行业特色，坚持认证审核质

JCC Zhong Jianxie Certification Centre of System Beijing

北京中建协质量体系认证中心

JCC

中心主任：顾勇新

中心副主任：董光

中心副主任：常义

北京中建协质量体系认证中心（英文：Zhong Jianxie Certification Centre of System Beijing，简称：JCC）是中国建筑业协会的直属机构，由国家建设部批准自1994年9月正式成立，经工商管理部门注册登记，是具有企业法人资格的科技服务实体。是最早成立的一批质量管理体系认证机构之一。

JCC经国家认证认可监督管理委员会（CNCA）批准（批准号为：CNCA-R-2002-023)，中国认证机构国家认可委员会（CNAB）于1995年评定认可，确认符合CNAB-AC11：2002(ISO/IEC导则62：1996)《认证机构实施质量体系认证的认可基本要求》的规定，具备了质量管理体系、环境管理体系和职业健康安全管理体系国家认可资格。注册号分别为：CNAB023-Q、CNB023-E、CNAB14-S。

JCC面向社会，重点是面向全国建设领域的企事业单位，进行管理体系认证及相关的培训。

开展的主要业务有：

◆受理建设领域（包括：建筑安装施工、建筑设计、混凝土生产、工程建设监理、工程造价咨询、房地产开发与销售、物业管理、自来水供应、出租汽车服务、环境卫生服务等）的申请方或委托方的要求，按期选定的质量、环境职业健康安全管理体系标准和有关要求，进行管理体系审核，对认证合格单位出具带有国家认可标志、国际互认标志和JCC认证标志的认证证书，并进行认证后的监督管理。JCC的认证标志是“华表”标志。

根据CNAB对认证机构认可业务的分类，JCC的质量管理体系认证业务范围是：16混凝土、水泥、石灰、石膏及其它；17基础金属及金属制品；27水的生产与供给；28建设；31运输、仓储及通信；32金融中介、房地产、出租服务；34科技服务；39其他社会服务。

JCC的环境管理体系认证业务范围是：11.2陶瓷、玻璃及其它非金属矿物制品制造业；21.1金属制品及设备制造业；25.1房屋和土木工程建筑业；25.2建筑安装、装饰业。

JCC的职业健康安全管理体系认证业务范围是：1一般行业；6非金属矿物品制造业；10地质勘察、水利管理业；11建筑业。

◆接受政府有关部门委托，对指定的重大建设项目进行管理体系审核。

◆进行贯彻管理体系标准的培训（包括管理体系内部审核员取证培训）。

◆开展国际合作业务，与国外认证机构建立合作关系，为国内建设企事业单位申请国外管理体系认证提供服务。

JCC拥有一支具有扎实的建设行业各类专业技术知识、丰富的管理经验、熟练掌握管理体系审核技能、充分准确理解质量、环境和职业健康安全管理体系标准、经国家正式注册的审核员队伍。JCC始终贯彻“坚持标准，科学严谨，公正廉洁，热情真挚，高质量地为建设企事业单位和全社会服务，不断改进并争取超越顾客的需求和期望”的质量方针，坚持不移的奉行“严格遵守国家法律、法规，遵循国际标准和国际惯例，客观公正地进行质量、环境和职业健康安全管理体系认证，为推动我国建设领域的企业管理水平的提高做出贡献”的宗旨，在1995年获得国家认可委对认证资格的认可，开始对建设领域特色，坚持以提高认证审核工作质量为生存与发展的根本。一直坚持“以质量求生存，以质量求发展”的原则，稳步发展，至今已经发展到拥有近50名专职审核员和管理人员、100多名兼职审核员、拥有获证组织800多家（有将近200家组织是作质量、环境和职业健康安全管理体系）的认证机构。

JCC的认证工作质量得到获证组织和行业主管部门的好评。JCC将继续贯彻执行质量方针，为我国认证认可事业的健康发展做出了应有的贡献。

国经兆维（集团）

GUO JING ZHAO WEI

国际标准的推广者 政府政策的落实者 科学管理的推动者 认证咨询的探索者

北京国经兆维认证咨询中心是国家正式批准建立的具有公益性质的国际化、科技性、特大型的咨询培训机构，技术转移机构，知识产权创新运用机构；国经兆维总部设在北京西二环，是一个具有国内领先服务水准的以认证咨询和培训为主的认证咨询、认证培训服务提供者，包括一个中心（国经兆维认证咨询中心）、两个院（国经兆维管理科学研究院、国经兆书画研究院）、三个技委会（国经兆维标准化委员会、国经兆维非标准化技术委员会、中国博士专家交流促进委员会）；专业从事ISO9000、ISO14000、OHSAS18000、HACCP、CCC、GMP/GSP、CMM等先进国际标准化管理体系的认证咨询与认证培训工作。凭借专业化服务和规范化管理，2002年8月中心在国内同行业中首批首家通过国家认证认可监督管理委员会的重新登记备案（咨询批准号：CNCA-Z-01Q-2002-001 培训批准号：CNCA-P-2002-094）。2004年国家认监委指定中心承担全国认证咨询师专业培训工作。中心计算机辅助六西格玛设计软件包（DFSS2005）开发工作与国际领先水平同步。

国经兆维目前拥有国内博士专家交流促进委员会在技术上的鼎力支持、拥有强大的资深专家队伍、拥有全面的行业信息资料查询系统和知识管理库、拥有专业化网站www.iemd.net和发送量在3.6万册的《国经兆维》杂志，仅总部就拥有1500m^{2}自主产权二层办公楼、148部直拨电话等一流的硬件、软件设施。中心自主研发了客户服务管理软件、财务管理软件、办公自动化软件系统来加强内部管理、外部服务。

中心2003年，被北京市工商局评为“守信企业”；2004年北京市科技局认定中心为“高新技术企业”；连续几年被中关村科技园、得胜园评为“中介服务机构推荐单位”；中心领导还分别获得北京13位创业女性之一、新长征突击手、杰出青年、优秀企业家、科技管理贡献奖。中心还担任国际品牌认定委员会成员、《法制新闻》杂志社副总编、《世界标准化与质量管理》副理事长。中心先后获得北京福田等客户90余面锦旗赠予。

IEMD,它代表的不仅仅是国经兆维，它更体现着一种文化、一个品牌、一种精神！中心已制定了2004-2010年七年三大步的中期发展目标。IEMD将和中国广大企业一起走向更加辉煌灿烂的明天！